COMENTÁRIOS AO
NOVO CÓDIGO DE PROCESSO CIVIL

SOB A PERSPECTIVA DO
PROCESSO DO TRABALHO
(Lei n. 13.105, de 16 de março de 2015)

O prof. Manoel Antonio Teixeira Filho transcreve os artigos do novo CPC e, com sua reconhecida autoridade, comenta-os sob a perspectiva do processo do trabalho, preocupando-se em opinar sobre a incidência, ou não, dessas disposições no processo especializado. Os artigos que versam sobre matérias que não são da competência da Justiça do Trabalho são, também, transcritos, a fim de propiciar ao leitor uma visão sistemática do NCPC. Com o objetivo de facilitar a compreensão dos temas alusivos ao incidente de desconsideração da personalidade jurídica e às tutelas provisórias, o autor inseriu fluxogramas específicos. O Prof. Manoel Antonio Teixeira Filho argui a inconstitucionalidade de determinadas normas, como nos casos dos arts. 947, § 3º (assunção de competência) e 985, I e II (incidente de resolução de demandas repetitivas). Trata-se de um livro indispensável para advogados, magistrados, membros do Ministério Público, professores de Direito e acadêmicos.

COMENTÁRIOS AO
NOVO CÓDIGO DE PROCESSO CIVIL
SOB A PERSPECTIVA DO PROCESSO DO TRABALHO

(Lei n. 13.105, 16 de março de 2015)

MANOEL ANTONIO TEIXEIRA FILHO

COMENTÁRIOS AO
NOVO CÓDIGO
DE PROCESSO CIVIL
SOB A PERSPECTIVA DO PROCESSO DO TRABALHO

(Lei n. 13.105, 16 de março de 2015)

EDITORA LTDA.
© Todos os direitos reservados

Rua Jaguaribe, 571
CEP 01224-003
São Paulo, SP — Brasil
Fone (11) 2167-1101
www.ltr.com.br
Dezembro, 2015

Versão impressa — LTr 5391.4 — ISBN 978-85-361-8664-1
Versão digital   — LTr 8854.5 — ISBN 978-85-361-8695-5

Produção Gráfica e Editoração Eletrônica: RLUX
Projeto de capa: FÁBIO GIGLIO
Impressão: CROMOSETE GRÁFICA

Dados Internacionais de Catalogação na Publicação (CIP)
(Câmara Brasileira do Livro, SP, Brasil)

Teixeira Filho, Manoel Antônio
    Comentários ao novo código de processo civil sob a perspectiva do processo do trabalho : (Lei n. 13.105, 16 de março de 2015) / Manoel Antônio Teixeira Filho. — São Paulo : LTr, 2015.

    Bibliografia.

    1. Direito processual do trabalho — Brasil 2. Processo civil — Legislação — Brasil I. Título.

15-10401   CDU-347.9:331(81)(094.4)

Índice para catálogo sistemático:

1. Brasil : Código de processo civil e processo do trabalho :
    Direito   347.9:331(81)(094.4)

À minha esposa, Rosagela, aos nossos filhos, Manuel e João Luís, aos netos Manuelzinho, Carolina, Vanessa e Isadora, e às noras Jaqueline e Viviane — por tudo o que representam para mim.

ÍNDICE DAS MATÉRIAS

Preâmbulo 15

PARTE GERAL
LIVRO I
DAS NORMAS PROCESSUAIS CIVIS
TÍTULO ÚNICO
DAS NORMAS FUNDAMENTAIS E DA APLICAÇÃO DAS NORMAS PROCESSUAIS

Capítulo I	— Das Normas Fundamentais do Processo Civil (Arts. 1º a 12)	19
Capítulo II	— Da Aplicação das Normas Processuais (Arts. 13 a 15)	44

LIVRO II
DA FUNÇÃO JURISDICIONAL
TÍTULO I
DA JURISDIÇÃO E DA AÇÃO (ARTS. 16 A 20)

TÍTULO II
DOS LIMITES DA JURISDIÇÃO NACIONAL E DA COOPERAÇÃO INTERNACIONAL

Capítulo I	— Dos Limites da Jurisdição Nacional (Arts. 21 a 25)	56
Capítulo II	— Da Cooperação Internacional	60
Seção I	— Disposições Gerais (Arts. 26 e 27)	60
Seção II	— Do Auxílio Direto (Arts. 28 a 34)	61
Seção III	— Da Carta Rogatória (Arts. 35 e 36)	62
Seção IV	— Disposições Comuns às Seções Anteriores (Arts. 37 a 41)	63

TÍTULO III
DA COMPETÊNCIA INTERNA

Capítulo I	— Da competência	64
Seção I	— Disposições Gerais (Arts. 42 a 53)	64
Seção II	— Da Modificação da Competência (Arts. 54 a 63)	71
Seção III	— Da Incompetência (Arts. 64 a 66)	76
Capítulo II	— Da Cooperação Nacional (Arts. 67 a 69)	78

LIVRO III
DOS SUJEITOS DO PROCESSO
TÍTULO I
DAS PARTES E DOS PROCURADORES

Capítulo I	— Da Capacidade Processual (Arts. 70 a 76)	82
Capítulo II	— Dos Deveres das Partes e de Seus Procuradores	92
Seção I	— Dos Deveres (Arts. 77 e 78)	92
Seção II	— Da Responsabilidade das Partes por Dano Processual (Arts. 79 a 81) ..	97
Seção III	— Das Despesas, dos Honorários Advocatícios e das Multas (Arts. 82 a 97) ..	100
Seção IV	— Da Gratuidade da Justiça (Arts. 98 a 102)	113

Capítulo III	— Dos Procuradores (Arts. 103 a 107)	117
Capítulo IV	— Da Sucessão das Partes e dos Procuradores (Arts. 108 a 112)	121

TÍTULO II
DO LITISCONSÓRCIO (ARTS. 113 A 118)

TÍTULO III
DA INTERVENÇÃO DE TERCEIROS

Capítulo I	— Da Assistência	134
Seção I	— Disposições Comuns (Arts. 118 e 120)	134
Seção II	— Da Assistência Simples (Arts. 121 a 123)	141
Seção III	— Da Assistência Litisconsorcial (Art. 124)	144
Capítulo II	— Da Denunciação da Lide (Arts. 125 a 129)	145
Capítulo III	— Do Chamamento ao Processo (Arts. 130 a 132)	150
Capítulo IV	— Do Incidente de Desconsideração da Personalidade Jurídica (Arts. 133 a 137)	157
Capítulo V	— Do *Amicus Curiae* (Art. 138)	163

TÍTULO IV
DO JUIZ E DOS AUXILIARES DA JUSTIÇA

Capítulo I	— Dos Poderes, dos Deveres e da Responsabilidade do Juiz (Arts. 139 a 143)	167
Capítulo II	— Dos Impedimentos e da Suspeição (Arts. 144 a 148)	177
Capítulo III	— Dos Auxiliares da Justiça (Art. 149)	200
Seção I	— Do Escrivão, do Chefe de Secretaria e do Oficial de Justiça (Arts. 150 a 155)	200
Seção II	— Do Perito (Arts. 156 a 158)	204
Seção III	— Do Depositário e do Administrador (Arts. 159 a 161)	207
Seção IV	— Do Intérprete e do Tradutor (Arts. 162 a 164)	208
Seção V	— Dos Conciliadores e Mediadores Judiciais (Arts. 165 a 175)	209

TÍTULO V
DO MINISTÉRIO PÚBLICO (ARTS. 176 A 181)

TÍTULO VI
DA ADVOCACIA PÚBLICA (ARTS. 182 A 184)

TÍTULO VII
DA DEFENSORIA PÚBLICA (ARTS. 185 A 187)

LIVRO IV
DOS ATOS PROCESSUAIS

TÍTULO I
DA FORMA, DO TEMPO E DO LUGAR DOS ATOS PROCESSUAIS

Capítulo I	— Da Forma dos Atos Processuais	221
Seção I	— Dos Atos em Geral (Arts. 188 a 192)	221
Seção II	— Da Prática Eletrônica de Atos Processuais (Arts. 193 a 199)	227
Seção III	— Dos Atos das Partes (Arts. 200 a 202)	231
Seção IV	— Dos Pronunciamentos do Juiz (Arts. 203 a 205)	234

Seção V	— Dos Atos do Escrivão ou do Chefe de Secretaria (Arts. 206 a 211)	239
Capítulo II	— Do Tempo e do Lugar dos Atos Processuais	243
Seção I	— Do Tempo (Arts. 212 a 216)	243
Seção II	— Do Lugar (Art. 217)	246
Capítulo III	— Dos Prazos	246
Seção I	— Disposições Gerais (Arts. 218 a 232)	246
Seção II	— Da Verificação dos Prazos e das Penalidades (Arts. 233 a 235)	261

TÍTULO II
DA COMUNICAÇÃO DOS ATOS PROCESSUAIS

Capítulo I	— Disposições Gerais (Arts. 236 e 237)	264
Capítulo II	— Da Citação (Arts. 238 a 259)	266
Capítulo III	— Das Cartas (Arts. 260 a 268)	281
Capítulo IV	— Das Intimações (Arts. 269 a 275)	285

TÍTULO III
DAS NULIDADES (ARTS. 276 A 283)

TÍTULO IV
DA DISTRIBUIÇÃO E DO REGISTRO (ARTS. 284 A 290)

TÍTULO V
DO VALOR DA CAUSA (ARTS. 291 A 293)

LIVRO V
DA TUTELA PROVISÓRIA

TÍTULO I
DISPOSIÇÕES GERAIS (ARTS. 294 A 299)

TÍTULO II
DA TUTELA DE URGÊNCIA

Capítulo I	— Disposições Gerais (Arts. 300 a 302)	308
Capítulo II	— Do Procedimento da Tutela Antecipada Requerida em Caráter Antecedente (Arts. 303 e 304)	315
Capítulo III	— Do Procedimento da Tutela Cautelar Requerida em Caráter Antecedente (Arts. 305 a 310)	321

TÍTULO III
DA TUTELA DA EVIDÊNCIA (ART. 311)

LIVRO VI
DA FORMAÇÃO, DA SUSPENSÃO E DA EXTINÇÃO DO PROCESSO

TÍTULO I
DA FORMAÇÃO DO PROCESSO (ART. 312)

TÍTULO II
DA SUSPENSÃO DO PROCESSO (ART. 313 A 315)

TÍTULO III
DA EXTINÇÃO DO PROCESSO (ARTS. 316 E 317)

PARTE ESPECIAL
LIVRO I
DO PROCESSO DE CONHECIMENTO E DO CUMPRIMENTO DE SENTENÇA
TÍTULO I
DO PROCEDIMENTO COMUM

Capítulo I	— Disposições Gerais (Art. 318)	345
Capítulo II	— Da Petição Inicial	346
Seção I	— Dos Requisitos da Petição Inicial (Arts. 319 a 321)	346
Seção II	— Do Pedido (Arts. 322 a 329)	361
Seção III	— Do Indeferimento da Petição Inicial (Art. 330 e 331)	373
Capítulo III	— Da Improcedência Liminar do Pedido (Art. 332)	377
Capítulo IV	— Da Conversão da Ação Individual em Ação Coletiva (Art. 333)	379
Capítulo V	— Da Audiência de Conciliação ou de Mediação (Art. 334)	380
Capítulo VI	— Da Contestação (Arts. 335 a 342)	386
Capítulo VII	— Da Reconvenção (Art. 343)	416
Capítulo VIII	— Da Revelia (arts. 344 a 346)	426
Capítulo IX	— Das Providências Preliminares e do Saneamento (Art. 347)	442
Seção I	— Da Não Incidência dos Efeitos da Revelia (Arts. 348 e 349)	442
Seção II	— Do Fato Impeditivo, Modificativo ou Extintivo do Direito do Autor (Art. 350)	443
Seção III	— Das Alegações do Réu (Arts. 351 a 353)	444
Capítulo X	— Do Julgamento Conforme o Estado do Processo	445
Seção I	— Da Extinção do Processo (Art. 354)	445
Seção II	— Do Julgamento Antecipado do Mérito (Art. 355)	445
Seção III	— Do Julgamento Antecipado Parcial do Mérito (Art. 356)	446
Seção IV	— Do Saneamento e da Organização do Processo (Art. 357)	447
Capítulo XI	— Da Audiência de Instrução e Julgamento (Arts. 358 a 368)	449
Capítulo XII	— Das Provas	476
Seção I	— Disposições Gerais (Arts. 369 a 380)	476
Seção II	— Da Produção Antecipada da Prova (Arts. 381 a 383)	515
Seção III	— Da Ata Notarial (Art. 384)	520
Seção IV	— Do Depoimento Pessoal (Arts. 385 a 388)	521
Seção V	— Da Confissão (Arts. 389 a 395)	535
Seção VI	— Da Exibição de Documento ou Coisa (Arts. 396 a 404)	544
Seção VII	— Da Prova Documental	551
Subseção I	— Da Força Probante dos Documentos (Arts. 405 a 429)	551
Subseção II	— Da Arguição de Falsidade (Arts. 430 a 433)	566
Subseção III	— Da Produção da Prova Documental (Arts. 434 a 438)	569
Seção VIII	— Dos Documentos Eletrônicos (Arts. 439 a 441)	572
Seção IX	— Da Prova Testemunhal	573

Subseção I	— Da Admissibilidade e do Valor da Prova Testemunhal (Arts. 442 a 449) ...	573
Subseção II	— Da Produção da Prova Testemunhal (Arts. 450 a 463)	589
Seção X	— Da Prova Pericial (Arts. 464 a 480)...	609
Seção XI	— Da Inspeção Judicial (Arts. 481 a 484)...	626
Capítulo XIII	— Da Sentença e da Coisa Julgada...	630
Seção I	— Disposições Gerais (Arts. 485 a 488)..	630
Seção II	— Dos Elementos e dos Efeitos da Sentença (Arts. 489 a 495)..............	645
Seção III	— Da Remessa Necessária (Art. 496)..	681
Seção IV	— Do Julgamento das Ações Relativas às Prestações de Fazer, de Não Fazer e de Entregar Coisa (Arts. 497 a 501).......................................	683
Seção V	— Da Coisa Julgada (Arts. 502 a 508)..	687
Capítulo XIV	— Da Liquidação de Sentença (Arts. 509 a 512)...................................	700

TÍTULO II
DO CUMPRIMENTO DA SENTENÇA

Capítulo I	— Disposições Gerais (Arts. 513 a 519)..	716
Capítulo II	— Do Cumprimento Provisório da Sentença que Reconhece a Exigibilidade de Obrigação de Pagar Quantia Certa (Arts. 520 a 522)	727
Capítulo III	— Do Cumprimento Definitivo da Sentença que Reconhece a Exigibilidade de Obrigação de Pagar Quantia Certa (Arts. 523 a 527)	736
Capítulo IV	— Do Cumprimento de Sentença que Reconheça a Exigibilidade de Obrigação de Prestar Alimentos (Arts. 528 a 533)	749
Capítulo V	— Do Cumprimento de Sentença que Reconheça a Exigibilidade de Obrigação de Pagar Quantia Certa pela Fazenda Pública (Arts. 534 e 535).	751
Capítulo VI	— Do Cumprimento de Sentença que Reconheça a Exigibilidade de Obrigação de Fazer, de Não Fazer ou de Entregar Coisa	755
Seção I	— Do Cumprimento de Sentença que Reconheça a Exigibilidade de Obrigação de Fazer ou de Não Fazer (Arts. 536 e 537)	755
Seção II	— Do Cumprimento de Sentença que Reconheça a Exigibilidade de Obrigação de Entregar Coisa (Art. 538)..	759

TÍTULO III
DOS PROCEDIMENTOS ESPECIAIS

Capítulo I — Da Ação de Consignação em Pagamento (Arts. 539 a 549)................................	759
Capítulo II — Da Ação de Exigir Contas (Arts. 550 a 553)...	771
Capítulo III — Das Ações Possessórias..	773
Seção I — Disposições Gerais (Arts. 554 a 559)..	774
Seção II — Da Manutenção e da Reintegração de Posse (Arts. 560 a 566)........................	776
Seção III — Do Interdito Proibitório (Arts. 567 e 568)...	778
Capítulo IV — Da Ação de Divisão e da Demarcação de Terras Particulares	782
Seção I — Disposições Gerais (Arts. 569 a 573)..	783
Seção II — Da Demarcação (Arts. 574 a 587)...	783
Seção III — Da Divisão (Arts. 588 a 598)..	784
Capítulo V — Da Ação de Dissolução Parcial de Sociedade (Arts. 599 a 609).......................	786

Capítulo VI	— Do Inventário e da Partilha	788
Seção I	— Disposições Gerais (Arts. 610 a 614)	788
Seção II	— Da Legitimidade para Requerer o Inventário (Arts. 615 e 616)	789
Seção III	— Do Inventariante e das Primeiras Declarações (Arts. 617 a 625)	789
Seção IV	— Das Citações e das Impugnações (Arts. 626 a 629)	791
Seção V	— Da Avaliação e do Cálculo do Imposto (Arts. 630 a 638)	792
Seção VI	— Das Colações (Arts. 639 a 641)	793
Seção VII	— Do Pagamento das Dívidas (Arts. 642 a 646)	793
Seção VIII	— Da Partilha (Arts. 647 a 658)	794
Seção IX	— Do Arrolamento (Arts. 659 a 667)	796
Seção X	— Disposições Comuns a Todas as Seções (Arts. 668 a 673)	797
Capítulo VII	— Dos Embargos de Terceiro (Arts. 674 a 681)	798
Capítulo VIII	— Da Oposição (Arts. 682 a 686)	807
Capítulo IX	— Da Habilitação (Arts. 687 a 692)	814
Capítulo X	— Das Ações de Família (Arts. 693 a 699)	816
Capítulo XI	— Da Ação Monitória (Arts. 700 a 702)	816
Capítulo XII	— Da Homologação do Penhor Legal (Arts. 703 a 706)	826
Capítulo XIII	— Da Regulação de Avaria Grossa (Arts. 707 a 711)	827
Capítulo XIV	— Da Restauração de Autos (Arts. 712 a 718)	828
Capítulo XV	— Dos Procedimetos de Jurisdição Voluntária	831
Seção I	— Disposições Gerais (Arts. 719 a 725)	831
Seção II	— Da Notificação e da Interpelação (Arts. 726 a 729)	833
Seção III	— Da Alienação Judicial (Art. 730)	835
Seção IV	— Do Divórcio e da Separação Consensuais, da Extinção Consensual de União Estável e da Alteração do Regime de Bens do Matrimônio (Arts. 731 a 734)	835
Seção V	— Dos Testamentos e dos Codicilos (Arts. 735 a 737)	836
Seção VI	— Da Herança Jacente (Arts. 738 a 743)	836
Seção VII	— Dos Bens dos Ausentes (Arts. 744 e 745)	838
Seção VIII	— Das Coisas Vagas (Art. 746)	839
Seção IX	— Da Interdição (Arts. 747 a 758)	839
Seção X	— Disposições Comuns à Tutela e à Curatela (Arts. 759 a 763)	841
Seção XI	— Da Organização e da Fiscalização das Fundações (Arts. 764 e 765)	842
Seção XII	— Da Ratificação dos Protestos Marítimos e dos Processos Testemunhá842veis Formados a Bordo (Arts. 766 a 770)	842

LIVRO II
DO PROCESSO DE EXECUÇÃO
TÍTULO I
DA EXECUÇÃO EM GERAL

Capítulo I	— Disposições Gerais (Arts. 771 a 777)	844
Capítulo II	— Das Partes (Arts. 778 a 780)	851

Capítulo III	— Da Competência (Arts. 781 e 782)	865
Capítulo IV	— Dos Requisitos Necessários para Realizar Qualquer Execução	867
Seção I	— Do Título Executivo (Arts. 783 a 785)	867
Seção II	— Da Exigibilidade da Obrigação (Arts. 786 a 788)	873
Capítulo V	— Da Responsabilidade Patrimonial (Arts. 789 a 796)	875

TÍTULO II
DAS DIVERSAS ESPÉCIES DE EXECUÇÃO

Capítulo I	— Disposições Gerais (Arts. 797 a 805)	885
Capítulo II	— Da Execução para a Entrega de Coisa	891
Seção I	— Da Entrega de Coisa Certa (Arts. 806 a 810)	891
Seção II	— Da Entrega de Coisa Incerta (Arts. 811 a 813)	894
Capítulo III	— Da Execução das Obrigações de Fazer ou de Não Fazer	896
Seção I	— Disposições Comuns (Art. 814)	896
Seção II	— Da Obrigação de Fazer (Arts. 815 a 821)	896
Seção III	— Da Obrigação de Não Fazer (Arts. 822 e 823)	904
Capítulo IV	— Da Execução por Quantia Certa	905
Seção I	— Disposições Gerais (Arts. 824 a 826)	905
Seção II	— Da Citação do Devedor e do Arresto (Arts. 827 a 830)	909
Seção III	— Da Penhora, do Depósito e da Avaliação	913
Subseção I	— Do Objeto da Penhora (Arts. 831 a 836)	913
Subseção II	— Da Documentação da Penhora, de seu Registro e do Depósito (Arts. 837 a 844)	934
Subseção III	— Do Lugar de Realização da Penhora (Arts. 845 e 846)	939
Subseção IV	— Das Modificações da Penhora (Arts. 847 a 853)	940
Subseção V	— Da Penhora de Dinheiro em Depósito ou em Aplicação Financeira (Art. 854)	946
Subseção VI	— Da Penhora de Créditos (Arts. 855 a 860)	953
Subseção VII	— Da Penhora das Quotas ou das Ações de Sociedades Personificadas (Art. 861)	955
Subseção VIII	— Da Penhora de Empresa, de Outros Estabelecimentos e de Semoventes (Arts. 862 a 865)	957
Subseção IX	— Da Penhora de Percentual de Faturamento de Empresa (Art. 866)	959
Subseção X	— Da Penhora de Frutos e Rendimentos de Coisa Móvel ou Imóvel (Arts. 867 a 869)	960
Subseção XI	— Da Avaliação (Arts. 870 a 875)	962
Seção IV	— Da Expropriação de Bens	967
Subseção I	— Da Adjudicação (Arts. 876 a 878)	967
Subseção II	— Da Alienação (Arts. 879 a 903)	973
Seção V	— Da Satisfação do Crédito (Arts. 904 a 909)	993
Capítulo V	— Da Execução Contra a Fazenda Pública (Art. 910)	997
Capítulo VI	— Da Execução de Alimentos (Arts. 911 a 913)	997

TÍTULO III
DOS EMBARGOS À EXECUÇÃO (ARTS. 914 A 920)

TÍTULO IV
DA SUSPENSÃO E DA EXTINÇÃO DO PROCESSO DE EXECUÇÃO

Capítulo I	— Da Suspensão do Processo de Execução (Arts. 921 a 923)	1026
Capítulo II	— Da Extinção do Processo de Execução (Arts. 924 e 925)	1030

LIVRO III
DOS PROCESSOS NOS TRIBUNAIS E DOS MEIOS DE IMPUGNAÇÃO DAS DECISÕES JUDICIAIS

TÍTULO I
DA ORDEM DOS PROCESSOS E DOS PROCESSOS DE COMPETÊNCIA ORIGINÁRIA DOS TRIBUNAIS

Capítulo I	— Disposições Gerais (Arts. 926 a 928)	1033
Capítulo II	— Da Ordem dos Processos no Tribunal (Arts. 929 a 946)	1037
Capítulo III	— Do Incidente de Assunção de Competência (Art. 947)	1051
Capítulo IV	— Do Incidente de Arguição de Inconstitucionalidade (Arts. 948 a 950)	1052
Capítulo V	— Do Conflito de Competência (Arts. 951 a 959)	1065
Capítulo VI	— Da Homologação de Decisão Estrangeira e da Concessão do Exequatur à Carta Rogatória (Arts. 960 a 965)	1070
Capítulo VII	— Da Ação Rescisória (Arts. 966 a 975)	1073
Capítulo VIII	— Do Incidente de Resolução de Demandas Repetitivas (Arts. 976 a 987)	1175
Capítulo IX	— Da Reclamação (Arts. 988 a 993)	1182

TÍTULO II
DOS RECURSOS

Capítulo I	— Disposições Gerais (Arts. 994 a 1.008)	1185
Capítulo II	— Da Apelação (Arts. 1.009 a 1.014)	1271
Capítulo III	— Do Agravo de Instrumento (Arts. 1.015 a 1.020)	1294
Capítulo IV	— Do Agravo Interno (Art. 1.021)	1304
Capítulo V	— Dos Embargos de Declaração (Arts. 1.022 a 1.026)	1305
Capítulo VI	— Dos Recursos para o Supremo Tribunal Federal e para o Superior Tribunal de Justiça	1331
Seção I	— Do Recurso Ordinário (Arts. 1.027 e 1.028)	1331
Seção II	— Do Recurso Extraordinário e do Recurso Especial Subseção I — Disposições Gerais (Arts. 1.029 a 1.035)	1332
Subseção II	— Do Julgamento dos Recursos Extraordinário e Especial Repetitivos (Arts. 1.036 a 1.041)	1351
Seção III	— Do Agravo em Recurso Especial e em Recurso Extraordinário (Art. 1.042)	1357
Seção IV	— Dos Embargos de Divergência (Arts. 1.043 e 1.044)	1359

LIVRO COMPLEMENTAR
DISPOSIÇÕES FINAIS E TRANSITÓRIAS (ARTS. 1.045 A 1.072) 1361

Bibliografia 1373

PREÂMBULO

1. O novo Código de Processo Civil (Lei n. 13.105, de 16.3.2015) foi concebido com a finalidade de possibilitar uma prestação jurisdicional mais rápida, simples e, em razão disso, mais efetiva, segundo os elaboradores do Anteprojeto. Pode-se, entretanto, colocar em dúvida esses desideratos de rapidez e simplicidade diante de artigos como os de números 133/137, 138, § 3º, 219, 226, III, 489, § 1º, 942, 982 e 1.015, entre outros. O NCPC exalta, ainda o contraditório prévio.

O CPC de 1973, a despeito das inúmeras alterações que lhe foram introduzidas ao longo dos anos, havia esgotado o seu ciclo, pois já não conseguia atender às exigências provenientes da dinâmica das relações sociais e dos conflitos de interesses daí derivantes. Ademais, essas alterações estavam a comprometer a organicidade daquele Código, que passou a ser visto por muitos como uma "colcha de retalhos" — além de tudo, esgarçada, acrescentamos.

Só o tempo demonstrará se o objetivo no novo CPC será alcançado, ou não. Como sentenciaria Bertold Brecht, em Galileu Galilei: "A verdade é filha do tempo; não, da autoridade".

2. O Código de 2015 trouxe consideráveis inovações em relação ao de 1973, conforme procuramos demonstrar nas páginas deste livro. Em ocasiões que tais, é natural que a doutrina passe a empenhar-se em interpretar o sentido e o alcance das novas disposições. Essa tarefa, entretanto, apresenta um considerável *plus* quando se trata dos estudiosos do processo do trabalho, pois estes, além de se dedicarem à interpretação e ao alcance das normas do novo estatuto processual civil, devem manifestar-se sobre o elemento essencial da *compatibilidade*, ou não, dessas disposições com o sistema do processo do trabalho.

Desde as suas origens, a CLT (Decreto-Lei n. 5.452, de 1º.5.1943) autoriza a adoção subsidiária de normas do processo civil, contanto que sejam atendidos os dois requisitos fundamentais, expressos no art. 769: a) omissão do Texto legal cosolidado; e b) compatibilidade da norma do "direito processual comum" com o processo do trabalho. O art. 15 do novo CPC, todavia, estabelece que "Na ausência de normas que regulem processos eleitorais, **trabalhistas** ou administrativos, **as disposições deste Código lhes serão aplicadas supletiva e subsidiariamente**" (destacamos).

Essa é, por certo, a disposição à qual os estudiosos do processo do trabalho devem dedicar maior atenção, em virtude da preocupante literalidade desse preceptivo, que não contém referência ao elemento essencial da *compatibilidade*, a que se refere o art. 769, da CLT. Sob a perspectiva do art. 15 do CPC, portanto, seria bastante, para a incidência das suas normas no processo do trabalho, a existência de *omissão* da CLT, e da legislação processual trabalhista esparsa, quanto a determinada matéria. A prevalecer a dicção do art. 15, do CPC, o processo do trabalho será profundamente golpeado naquilo que tem de mais seu, em seus princípios fundamentais, em seu núcleo vital, não sendo despropositado pensar que isso representará o começo do fim desse processo especializado. Para já, entretanto, devemos dizer que o art. 15, do CPC não possui eficácia derrogante do art. 769, da CLT, pois somente esta, por enfeixar um conjunto de normas *específicas*, possui legitimidade e autoridade técnica, política e ideológica para definir aquilo que convém e o que não convém ao processo do trabalho. Lembremo-nos do vetusto — mas sempre elucidativo — princípio de que norma geral não revoga norma especial (LINDB, art. 2º, §§ 1º e 2º).

Eventual interpretação equivocada (ou, melhor: desastrada) do art. 15, do CPC, sob a perspectiva do processo do trabalho, poderá trazer para o sistema deste último, por exemplo, o assombroso § 1º do art. 489 daquele, que não considera fundamentada qualquer decisão que não atender aos desmedidos rigores do seu § 1º, incisos I a VI.

A Emenda Constitucional n. 45/2004, que ampliou a competência da Justiça do Trabalho para alcançar os conflitos de interesses oriundos das relações de trabalho, não pode constituir pretexto para o abandono dos princípios medulares do processo que se pratica nessa Justiça Especializada.

3. Preocupados com os rumos que a doutrina e a jurisprudência trabalhistas possam tomar na interpretação das disposições do CPC — a começar pelo malsinado art. 15 — elaboramos estes *Comentários* com o objetivo não apenas de analisar, uma a uma, as normas integrantes do novel estatuto processual civil, mas de fazê-lo sob a perspectiva indeclinável do processo do trabalho. Com esse propósito, buscamos demonstrar que muitas disposições do CPC são incompatíveis com o processo do trabalho; que outras devem ser adaptadas às particularidades deste processo especializado; que outras se aplicam por inteiro. Nesse mister, jamais deixamos de destacar a necessidade de absoluto respeito à essência do processo do trabalho, representada pelos princípios em que se funda e que lhe dão autonomia ideológica em face do estatuto de processo civil, em que pese ao fato de alguns escritores atuais parecerem, em lamentável rasgo de imprudência, desejar dar fim a essa autonomia.

Conforme fosse a importância do assunto, dedicamos maior ou menor extensão aos nossos comentários.

Quando a norma versava sobre matéria que não se integrava à competência da Justiça do Trabalho, limitamo-nos a transcrevê-la, a fim de possibilitar ao leitor uma visão sistemática do CPC. O teor das normas vetadas, e as correspondentes razões dos vetos, também foram por nós reproduzidos.

Por outro lado, a inserção de alguns fluxogramas, conquanto não seja habitual em livros da espécie "Comentários", foi motivada por nossa preocupação didática de facilitar a compreensão do procedimento judicial referente à figura que estávamos examinando. Esses fluxogramas não têm, contudo, a pretensão de esgotar todas as particularidades e situações possíveis quanto aos incidentes processuais de que tratam.

4. Alguns esclarecimentos de caráter ortográfico devem ser feitos, levando-se em consideração a existência de controvérsia acerca da grafia de determinados vocábulos utilizados na elaboração deste livro.

a) *prequestionamento* ou *pré-questionamento*? O *Vocabulário Ortográfico da Língua Portuguesa* (4. ed. Rio de Janeiro: Imprinta, 2004. p. 644), elaborado pela Academia Brasileira de Letras, registra a forma *prequestionamento*. Todavia, segundo o *Formulário Ortográfico Brasileiro*, deve-se empregar o hífen nos vocábulos formados pelos prefixos *pós*, **pré**, *pró*, que têm acento próprio, por causa da evidência de seus significados e da sua pronunciação (*pós-meridiano, pré-escolar, pró-britânico*), ao contrário de seus homógrafos não acentuados, que, por serem diversificados foneticamente, se aglutinam com o segundo elemento (*pospor, preanunciar, procônsul*); logo, o correto seria *pré-questionamento*, assim como pré-executividade. Sob este aspecto, pode-se dizer que a forma *prequestionamento* traduz cacografia, embora reconhecidamente consagrada. O TST, por exemplo, fez uso dessa forma de grafia, como revelam: a sua Súmua n. 297; as OJs da SBDI-I ns. 62, 118, 119, 151 e 256; da SBDI-II ns. 124 e 135. Dada essa oscilação ortográfica entre o uso consagrado e a fórmula oficial, usamos, de maneira indistinta, tanto uma grafia quanto outra.

b) *uni-recorribilidade* ou *unirrecorribilidade*? Conforme o Acordo Ortográfico promulgado pelo Decreto n. 6.583, de 29.9.2008 (cuja vigência, prevista para 1º.1.2015, foi prorrogada para 1º.1.2016 pelo Decreto n. 7.875, de 27.12.2012), assinado em Lisboa, em 16.12.1990, *não* se fará uso do hífen quando o prefixo terminar em vogal e o segundo elemento começar com **r** ou **s**; portanto, *unirrecorribilidade* (un**i** + **r**ecorribilidade).

c) *Decreto-Lei* ou *Decreto-lei*? A utilização das iniciais maiúsculas em nomes compostos não foi objeto de regramento no Formulário Ortográfico elaborado em 1943. Como obserevam os estudiosos, a única referência que tem sido adotada é o exemplo *Capitão-de-Mar-e-Guerra*, mencionado no item 14º. Com base nesse exemplo, concluiu-se que todos os nomes próprios devem ser iniciados com letra maiúscula. Tudo estaria bem, não fosse o fato de, no item 12º, que trata de documentos oficiais, haver-se formulado este exemplo: "Decreto-lei" (com ele minúsculo). Celso Luft, em seu *Grande Manual de Ortografia Globo*, afirma que em todas as composições hifenizadas "os elementos gozam de independência gráfica", razão pela qual deve ser grafado: Decreto-Lei (com ele maiúsculo). Concordamos com Celso Luft.

5. Não temos o dom da inerrância. Mortais, somos falíveis e temos consciência dessa condição humana. O que se contêm neste livro são as impressões dos primeiros momentos, dos contatos iniciais com o novo CPC e com as inovações por ele trazidas. Ao analisarmos as suas disposições, sob a óptica do processo trabalho, procuramos nos descondicionar de antigas opiniões geradas na vigência do Código que se foi. Nesse mister, talvez possamos ter sido traídos, em determinados momentos, pelo inconsciente. Nossa principal preocupação consistiu, conforme ressaltamos, em preservar o núcleo íntimo, o substrato vital do processo do trabalho, tão frequentemente — e cada vez mais — ameaçado pelas incursões que muitos dos seus intérpretes e aplicadores vêm empreendendo, sem a necessária reflexão, aos sedutores domínios do processo civil.

6. Na análise doutrinária e jurisprudencial das normas do novo CPC, sob o ponto de vista do processo do trabalho, é razoável imaginar que surgirão aquelas zonas cinzentas, nebulosas, nas quais proliferam as dúvidas, as hesitações da inteligência; incertezas que soem ser exteriorizadas sob a forma vocabular de *talvez*, *quem sabe*, *não sei bem*, não *estou seguro* etc. É necessário, todavia, que essa fase — embora justificável diante de tão expressivas novidades —, depois de algum tempo seja superada, para que a calmaria possa retornar aos sítios do processo do trabalho, se é que algum dia ela existiu. Não somos partidários da doutrina aporética, conforme a qual todos os princípios filosóficos possuem razões favoráveis e desfavoráveis, de tal modo que se deve ficar em permanente dúvida ou indecisão. Nosso livro é um modesto contributo para a tentativa de definir posições e de assinalar rumos — a quem os quiser seguir.

7. A propósito, cremos haver chegado o momento de o processo do trabalho deixar de deslumbrar-se com a suntuosa mansão do processo civil e tratar de construir uma nova moradia para si. Para a edificação dessa vivenda redentora deverão ser convocados todos aqueles que, independentemente da função, atividade ou título, estejam efetivamente empenhados em conceder a esse processo plena autonomia técnica, política, sistêmica e ideológica. Uma espécie de carta de alforria legal e institucional. Talentos não faltarão. O novo CPC não foi concebido para resolver os problemas do processo do trabalho: apenas serve como rolha redonda para orifício quadrado.

CÓDIGO DE PROCESSO CIVIL

PARTE GERAL

LIVRO I
DAS NORMAS PROCESSUAIS CIVIS

TÍTULO ÚNICO
DAS NORMAS FUNDAMENTAIS E DA APLICAÇÃO DAS NORMAS PROCESSUAIS

CAPÍTULO I
DAS NORMAS FUNDAMENTAIS DO PROCESSO CIVIL

• **Nótula histórica**

O Anteprojeto do novo CPC foi elaborado por uma comissão de juristas, presidida pelo Ministro Luiz Fux, sendo entregue ao Senado Federal, onde se converteu no PLS n. 166/2010.

A Exposição de Motivos do Anteprojeto indica os objetivos pelos quais foram orientados os trabalhos da Comissão: "Com evidente redução da complexidade inerente ao processo de criação de um novo Código de Processo Civil, poder-se-ia dizer que os trabalhos da Comissão se orientaram precipuamente por cinco objetivos: 1) estabelecer expressa e implicitamente verdadeira sintonia fina com a Constituição Federal; 2) criar condições para que o juiz possa proferir decisão de forma mais rente à realidade fática subjacente à causa; 3) simplificar, resolvendo problemas e reduzindo a complexidade de subsistemas, como, por exemplo, o recursal; 4) dar todo o rendimento possível a cada processo em si mesmo considerado; e, 5) finalmente, sendo talvez este último objetivo parcialmente alcançado pela realização daqueles mencionados antes, imprimir maior grau de organicidade ao sistema, dando-lhe, assim, mais coesão".

O PLS n. 166/2010 foi aprovado em 15 de dezembro de 2010, vindo a ser encaminhado à Câmara dos Deputados no dia 20 do mesmo mês, onde recebeu o n. 8.046/2010. Aqui, foi apresentado um Substitutivo, cujo texto retornou ao Senado em 27 de março de 2014, em razão do disposto no parágrafo único do art. 65, da Constituição Federal. Em 9 de abril de 2014, a Mesa Diretora da Câmara dos Deputados remeteu o ofício n. 558/14/SGM-P, "comunicando a correção de inexatidão material verificada nas páginas 195 e 212 dos autógrafos anteriormente enviados".

Em 17 de dezembro de 2014, foi aprovado e votado no Senado o Parecer n. 956/2014, apresentado pelo Senador Vital do Rêgo. Houve aprovação do texto, salvo quanto a algumas alterações que constaram do adendo de n. 1.099/2014.

Em 24 de fevereiro de 2015, o texo foi encaminhado à Presidência da República, para sanção, no dia seguinte. Curiosamente, esse texto apresentava expressiva quantidade de modificações, em relação ao que constava do Parecer n. 956/2014, aprovado pelo Senado. O texto converteu-se na Lei n. 13.105, de 16.3.2015, publicada no Diário Oficial da União do dia subsequente, com vetos parciais.

Art. 1º O processo civil será ordenado, disciplinado e interpretado conforme os valores e as normas fundamentais estabelecidos na Constituição da República Federativa do Brasil, observando-se as disposições deste Código.

• **Comentário**

Do ponto de vista estrutural, o CPC está dividido, essencialmente, em duas Partes: a) a *Geral*; e b) a *Especial*. A primeira compreende os arts. 1º a 317; a segunda, os arts. 318 a 1.072, abrangendo os Livros I ("Do Processo de Conhecimento e do Cumprimento da Sentença"), II ("Do Processo de Execução"), III "Dos Processos nos Tribunais e dos Meios de Impugnação das Decisões Judiciais") e um Livro Complementar ("Disposições Finais e Transitórias)".

A existência de uma Parte Geral, nos Códigos do passado, sempre foi reclamada pela doutrina, que via nessa parte o local apropriado para serem lançados os princípios e regras fundamentais do processo. O CPC de 2015 dedicou a esses princípios e regras, dentro da Parte Geral, o Capítulo I, Título Único, do Livro I, ao qual denominou: "Das Normas Fundamentais do Processo Civil". Logo no art. 1º verifica-se a preocupação do legislador em que as normas do CPC sejam interpretadas em consonância com as disposições da Constituição Federal. Por isso, aí declarou: "O processo civil será ordenado, disciplinado e interpretado conforme os valores e as normas fundamentais estabelecidos na Constituição da República Federativa do Brasil, observadas as disposições deste Código". A referência a valores talvez fosse dispensável, por estar implícita no conceito de normas.

A *constitucionalização* do processo deixou de ser um simples anseio da doutrina, para converter-se, entre nós, especialmente a partir de 1988, em uma realidade normativa incontestável. Basta correr os olhos, por exemplo, pelo art. 5º, da Constituição Federal, para verificar que muitos dos seus incisos contêm disposições de natureza processual. O referido artigo, aliás, está contido, não por obra do acaso, no Título II, do Livro I, que trata "*Dos Direitos e Garantias Fundamentais*" (destacamos).

A expressão *constitucionalização do processo* foi inspirada em texto de Italo Andolina e Giuseppe Vignera (*Il modelo costituzionale del processo civile italiano*, Turim: Giapicchelli, 1990).

A propósito, sob a perspectiva de um Estado Democrático de Direito a finalidade de um Código de Processo Civil não é outra que não a de tornar concretas e exequíveis as normas constitucionais alusivas ao direito de ação. Justamente por isso, é que o Código atual possui caráter valorativo das regras constitucionais, como declara o seu art. 1º. Assim, não apenas a sua ordenação e disciplina devem preservar a exaltar os valores expressos na Constituição da República, mas, também — e acima de tudo — a sua interpretação deve subordinar-se a essa regra. Em termos objetivos, significa dizer que a interpretação de uma norma processual em desacordo com a Constituição Federal implica desrespeito à própria Constituição.

O processo, para além de ser um método estatal de solução de conflitos intersubjetivos de interesses, tendo como objeto um bem ou uma utilidade da vida, ou seja, de consistir num instrumento de efetividade do direito material — conquanto, em tese, possa haver processo sem direito material — traduz-se num importante mecanismo a serviço do Estado Democrático de Direito em que se constitui a República Federativa do Brasil (CF, art. 1º, *caput*). Com efeito, sendo, o Estado, detentor monopolístico da atividade jurisdicional, ele tem não só o *poder*, mas o correspondente *dever* de solucionar os conflitos de interesses ocorrentes no âmbito da sociedade, sejam individuais, sejam coletivos. E, para a solução desses conflitos, o Estado se utiliza do processo, do *due process of law* (devido processo leal) de que nos falava Eduardo III no *Statute of Westminster of the Liberties of London*, de 1354. Pode-se, por isso, cogitar da própria *efetividade do processo*, se considerarmos a sua finalidade político-social de evitar ou de eliminar, mediante pronunciamento jurisdicional impositivo, conflitos de interesses em nome da necessidade da preservação ou da pacificação das relações estabelecidas entre as pessoas viventes em sociedade. Se o sistema processual não for eficiente, o ordenamento jurídico deixa de possuir efetividade, suas normas se convertem em simples fontes de ilusões e de frustrações. É por meio do processo judicial que o direito material se realiza, torna-se concreto e justifica a sua existência.

O processo apresenta finalidade bifronte: a) sob a perspectiva da parte, revela-se como instrumento de defesa do direito violado ou na iminência de sofrer lesão, isto é, de acesso à ordem jurídica justa; b) sob o ponto de vista estatal, manifesta-se como instrumento de pacificação das relações sociais. Avulta-se, aqui, a figura do *Estado social*. A propósito, a História do direito dos povos demonstra sempre ter havido uma relação muito íntima entre o processo judicial e o regime político adotado, de tal modo que quanto mais ditatorial foi o regime, mais intensa se tornou a restrição à utilização do processo; em sentido inverso, quanto mais democrático se revelou o regime, tanto mais larga foi a possibilidade de acesso à justiça, vale dizer, a instauração do processo. Repisemos: o art. 1º, do novo CPC, ressalta o binômio Constituição-processo, ou melhor, coloca em destaque a necessidade de o processo judicial ser ordenado, disciplinado e — especialmente — interpretado em consonância com as normas fundamentais da Constituição da República.

Por esse motivo, conforme já salientamos, a interpretação de qualquer norma legal cumpre ser efetuada em estrita obediência aos preceitos constitucionais que consagram direitos fundamentais. Canotilho adverte que "a interpretação da Constituição pré-compreende uma teoria dos direitos fundamentais" (CANOTILHO, J. J. Gomes. *Direito constitucional*. 6. ed. Coimbra: Almedina, 1993. p. 505). Perez Luño, por sua vez, observa que "para cumplir sus funciones los derechos fundamentales están dotados de una especial fuerza expansiva, o sea, de una capacidad de proyectar-se, a través de los conseguientes métodos o técnicas, a la interpretación de todas las normas del ordenamiento jurídico. Así, nuestro Tribunal Constitucional há reconocido, de forma expressiva, que los derechos fundamentales son el parámetro 'de conformidad con el cual deben ser interpretadas todas las normas que componen nuestro ordenamiento'" (PEREZ LUÑO, Antonio

Enrique. *Derechos humanos, Estado de Derecho y Constitucion*. 3. ed. Madrid: Tecnos, 1990. p. 310).

Embora o texto do art. 1º do CPC se refira à ordenação, disciplina e interpretação de suas disposições de acordo com as *normas* fundamentais estabelecidas na Constituição da República, na verdade, para esse efeito deverão ser considerados também os *princípios* consagrados pelo texto constitucional. A Constituição, aliás, declara que os direitos e garantias, nela expressos, não excluem outros derivantes do regime e dos *princípios* por ela adotados (art. 5º, § 2º). Entre os valores e princípios constitucionais, fundantes de nossa República, incluem-se: a soberania, a cidadania, a segurança jurídica, a dignidade da pessoa humana, os valores do trabalho e da livre iniciativa.

Desde o século XIX, a doutrina classifica os princípios processuais em: a) informativos e b) fundamentais. a) Os *princípios informativos*, por dispensarem demonstrações, são elevados à categoria de axiomas. Têm, por isso, caráter universal. Como observam Cintra, Grinover e Dinamarco, os princípios informativos "não se limitam ao campo da deontologia e perpassam toda a dogmática jurídica, apresentando-se ao estudioso do direito nas suas projeções sobre o espírito e a conformação do direito positivo" (*Teoria geral do processo*. 21. ed. São Paulo: Malheiros, 2005. p. 53).

Por outro lado, esses princípios se fundam em critérios técnicos e lógicos, sendo praticamente destituídos de conteúdo ideológico. Subdividem-se em: 1) lógico; 2) jurídico; 3) político; e 4) econômico.

1) *Lógico*. Significa que cumpre ao processo (e ao procedimento) ser coerente em sua estrutura. Assim, a petição inicial deve anteceder à resposta do réu, do mesmo modo como as preliminares — por definição — vêm antes do mérito, e a instrução deve ser realizada antes da sentença. Em rigor, essa exigência de "logicidade" não constitui um traço exclusivo do processo, sendo, isto sim, um imperativo de qualquer obra ou texto produzido pela mente humana. 2) *Jurídico*. Tanto significa que o processo não deve ser produto da vontade arbitrária do juiz, mas atender a normas legalmente preestabelecidas, como deve ser um instrumento justo, na sua função instrumental de solução estatal de conflitos de interesses tendo por objeto bens ou utilidades da vida. 3) *Político*. Não se pode negar o fato de o processo ser também um instrumento da democracia. Daí, o seu sentido político, consistente na regra de que ele deve corresponder a um máximo de segurança social, com um mínimo de sacrifício das liberdades individuais. Conforme salientamos, a História dos povos demonstra haver uma íntima conexão entre os regimes políticos e o processo, de tal arte que, quase sempre, a instauração de regimes com vocação ditatorial tem acarretado uma considerável redução dos direitos processuais dos indivíduos e das coletividades. 4) *Econômico*. Trata-se de uma regra de ordem prática, segundo a qual se deve obter um máximo do processo com um mínimo de tempo e de atividade jurisdicional, respeitados, à evidência, os direitos e garantias assegurados pela Constituição e pelas normas infraconstitucionais aos litigantes. a) Os *princípios fundamentais*, também denominados de gerais, ao contrário dos informativos, possuem (ou podem possuir) conteúdo político e ideológico. Justamente por esse motivo é que permitem ser contrastados com outros princípios, levando-se em conta determinadas circunstâncias (políticas, sociais, ideológicas etc.). Consequentemente, não possuem caráter axiomático. Para exemplificar: enquanto no processo civil vigora o princípio da *verdade formal*, no processo penal é soberano o princípio da *verdade real*. Ainda: no processo civil predomina o princípio *dispositivo*, ao passo que no processo penal a preeminência é do princípio da *indisponibilidade*. Essa afirmação deve ser feita com certa reserva, porquanto no processo civil há casos de indisponibilidade, como ocorre no âmbito do direito de família, assim como o processo penal contém casos de disponibilidade, como se dá nas ações penais privadas. É oportuno lembrar que alguns autores têm colocado em dúvida a utilidade dos princípios, e do seu estudo, no terreno jurídico. Essa dúvida, porém, é infundada, pois, como dissemos antes, os princípios se destinam não apenas a tornar logicamente compreensível a ordem jurídica e a justificá-la sob o aspecto ideológico, como a servir de fundamento para a interpretação e a própria criação de normas legais. Naturalmente, esses princípios não são eternos nem inflexíveis, razão pela qual poderão ser eliminados ou modificados, ao logo do tempo, a fim de atenderem às transformações sociais, políticas, ideológicas etc., impostas pela dinâmica da sociedade, ou à própria evolução do pensamento jurídico. Podem ser enumerados, entre outros, os seguintes princípios constitucionais do processo civil (e, também, do processo do trabalho):

• devido processo legal (art. 5º, LIV);

• inafastabilidade da jurisdição (art. 5º, XXXV);

• juiz natural (art. 5º, XXXVII);

• juízo competente (art. 5º, LIII);

• igualdade de tratamento (art. 5º, *caput*);

• contraditório e ampla defesa (art. 5º, LV);

• publicidade (arts. 5º, LX, e 93, IX);

• liceidade dos meios de prova (art.5º, LVI);

• fundamentação das decisões (art. 93, IX);

• duração razoável do processo (art. 5º, LXXVIII).

Atendendo à própria norma estampada no seu art. 1º, o novo CPC buscou, ao longo de suas disposições, dar concreção a determinados princípios constitucionais, como ocorreu, por exemplo, no incidente de desconsideração da pessoa jurídica, em que se exigiu, previamente, o contraditório e a produção

Art. 2º

de provas, para, só depois disso, redirecionar-se a ação — se for o caso (arts. 135 e 136).

O CPC atual exaltou, ainda, o direito de efetiva participação dos litigantes no processo, com vistas à obtenção, *em tempo razoável*, de uma decisão do mérito justa a efetiva (art. 6º). Essa norma está em harmonia com o art. 5º, LXXVIII, da Constituição Federal, que assegura a *razoável duração do processo*.

Vejamos, agora, os princípios infraconstitucionais do processo:

- Demanda (CPC, art. 2º);
- Impulso oficial (CPC, art. 2º);
- Irretroatividade (CPC, art. 14);
- Preclusão (CPC, art. 223);
- Oralidade;[1]
- Economia;[2]
- Lealdade (CPC, arts. 5º, 77 e 79);
- Livre investigação das provas (CPC, arts. 139, VIII, e 370);
- Persuasão racional (CPC, art. 371);
- Duplo grau de jurisdição;[3]
- Eventualidade (CPC, art. 336);
- Impugnação especificada dos fatos (CPC, art. 341);
- Informalidade dos atos (CPC, art. 188);
- Sucumbência (CPC, art. 85);
- Estabilidade da lide CPC, art. 329);
- Inalterabilidade dos prazos peremptórios (CPC, art. 222, § 1º);
- Renúncia dos prazos (CPC, art. 225);
- Ônus da prova (CPC, art. 373);
- Conciliação (CPC, arts. 3º; 139, V; 165; 334; 359).

(1) O princípio da *oralidade* não se resume ao predomínio da palavra oral, senão que abarca, também, a) a imediatidade do juiz; b) a identidade física do juiz; c) a concentração dos atos do procedimento; d) a irrecorribilidade das decisões interlocutórias.

(2) O princípio da *economia* encontra-se difuso no texto do CPC, podendo ser resumido como *um máximo de atuação do direito com um mínimo de atividade jurisdicional*.

(3) O princípio do *duplo grau de jurisdição* está expresso nas normas regentes do recurso ordinário e na existência dos tribunais incumbidos do julgamento dos recursos dessa natureza.

Podem ser indicados como princípios específicos do processo do trabalho:

- A correção da desigualdade;[1]
- A jurisdição normativa.[2]

(1) O princípio da desigualdade significa que o legislador deve atribuir ao hipossuficiente uma superioridade jurídica para compensar-lhe a inferioridade econômica. Conforme observa Giovani Tesorieri: "Quando o empregador e o trabalhador assumem no processo as vestes formais de partes não cessam por isso de ser o que sempre terão sido; a história de suas relações não se transforma numa outra história: é a mesma, que continua" (*Lineamenti di Diritto Processuale dei Lavoro*. Padova: Cedam, 1975. p. 4).

(2) O princípio da jurisdição normativa tem sede no art. 114, § 2º, da Constituição Federal, assim redigido "Recusando-se qualquer das partes à negociação ou à arbitragem, é facultados aos respectivos sindicatos ajuizar dissídio coletivo, podendo a Justiça do Trabalho estabelecer normas e condições, respeitadas as disposições convencionais e legais mínimas de proteção ao trabalho". Gallart-Folch afirmou que a sentença normativa da é "confucionista de poderes".

Art. 2º O processo começa por iniciativa da parte e se desenvolve por impulso oficial, salvo as exceções previstas em lei.

• **Comentário**

Este dispositivo constitui, de certo modo, produto da fusão, entre si, os arts. 2º e 262, do CPC de 1973.

O que o texto legal em exame revela é que a jurisdição estatal se mantém em um ontológico "estado inercial". Para que a tutela jurisdicional possa ser regularmente prestada, é necessário que o interessado a provoque, ative-a. Esse princípio possui raízes nos aforismas latinos *nemo iudex sine actore; ne procedat iudex ex officio*. A disposição do art. 2º do CPC é justificável, pois seria algo atentatório à estabilidade das relações sociais e jurídicas se se atribuísse ao próprio magistrado a iniciativa do processo. Teríamos, então, os juízes "fomentadores de lides", que além de provocarem uma perturbação nas relações sociais e jurídicas entre os indivíduos e as coletividades, e entre uns e outros, poderiam, até mesmo, agir de maneira contrária à vontade da parte, pois esta, a despeito da lesão do seu direito ou da iminência de lesão, por ato de terceiro, talvez não desejasse litigar em juízo. Devemos lembrar que a parte pode, por exemplo, valer-se da mediação ou da arbitragem, conquanto sejam práticas escassas no âmbito das relações trabalhistas. Cremos que nem mesmo as Comissões de Conciliação Prévia, previstas nos arts. 625-A a 625-H, da CLT, atingiram, com plenitude, os objetivos desejados pelo legislador, quais sejam: a) solucionar, da maneira mais rápida possível, os conflitos de interesses trabalhistas; b) desafogar os órgãos da Justiça do Trabalho.

Somente em situações excepcionais, legalmente previstas, o juiz poderá tomar a iniciativa do procedimento.

Código de Processo Civil

No sistema do processo civil, portanto, vigora o *princípio* de que a instauração do processo depende de iniciativa do interessado (desde que legalmente legitimado), embora se desenvolva por impulso oficial, ou melhor, por incoação do magistrado. Esse princípio também impera nos domínios do processo do trabalho. No plano dos denominados "dissídios coletivos" havia uma exceção à regra. Ocorre que quando houvesse greve o processo poderia ser instaurado por iniciativa do presidente do Tribunal do Trabalho competente (CLT, art. 856). Este dispositivo da CLT, contudo, foi tacitamente revogado pela Lei n. 7.783, de 28.6.1989 ("Lei de Greve"), cujo art. 8º atribuiu legitimidade somente às partes e ao Ministério Público do Trabalho para a instauração do processo.

No tocante ao *impulso* processual *ex officio* deve ser feita uma ressalva importante: há situações em que, ao contrário da disposição genérica do art. 2º do CPC, a impulsão depende de iniciativa da parte: são as "exceções previstas em lei", de que fala a norma legal em exame. Outrora, citávamos como exemplo, tanto no sistema do processo civil quanto no do trabalho, os artigos de liquidação. No sistema do atual CPC, porém, o art. 509 deixa claro que a liquidação, qualquer que seja a sua modalidade, deve ser *requerida* pelo credor ou pelo devedor, vedando, assim, de maneira implícita, a atuação *ex officio* do magistrado. Entretanto, o art. 879, § 2º, da CLT, em outro extremo, dispõe que "Se a liquidação não for realizada de ofício, o juiz estabelecerá contraditório sobre a conta oferecida por qualquer das partes, observado o prazo de dez dias para manifestação, sob pena de preclusão". Em suma: enquanto o processo civil exige que a liquidação seja *requerida* pela parte (credora ou devedora), o processo do trabalho deixa transparecer, com a frase: "Se a liquidação não for realizada de ofício", inserta no § 2º do art. 879, que esse ato processual pode ser realizado por iniciativa do magistrado. Coloquemos um grão de sal no assunto. Nem tanto ao mar, nem tanto à terra. Entendemos que no processo do trabalho o juiz poderá ordenar, *ex officio*, a liquidação mediante cálculos ou arbitramento, não lhe sendo consentido, porém, tomar a iniciativa na liquidação por meio de artigos (a que o processo civil denominada de liquidação *pelo procedimento comum*: art. 511), pois cabe, exclusivamente, à parte (em geral, o credor), articular os fatos que são do seu interesse — e prová-los.

Art. 3º Não se excluirá da apreciação jurisdicional ameaça ou lesão a direito.

§ 1º É permitida a arbitragem, na forma da lei.

§ 2º O Estado promoverá, sempre que possível, a solução consensual dos conflitos.

§ 3º A conciliação, a mediação e outros métodos de solução consensual de conflitos deverão ser estimulados por juízes, advogados, defensores públicos e membros do Ministério Público, inclusive no curso do processo judicial.

• **Comentário**

Caput. O CPC revogado era omisso quanto ao assunto.

O art. 3º do atual CPC é uma repercussão, no plano do direito infraconstitucional, do inciso XXXV do art. 5º da Constituição Federal.

Tanto a norma constitucional quanto a infraconstitucional *sub examem* cuidam do direito de ação.

Ação, na ordem processual, é a faculdade que a lei atribui aos indivíduos e às coletividades de invocarem a prestação jurisdicional com a finalidade de promoverem a defesa de um direito ou de um interesse — lesado ou na iminência de sofrer lesão —, vinculados a um bem ou a uma utilidade da vida. Os textos constitucionais do passado, ao disporem sobre o assunto, aludiam, apenas, ao *direito lesado*. A Constituição Federal de 1988 trouxe expressivo contributo ao tema ao assegurar o ingresso em juízo também nos casos de *ameaça de lesão*, significa dizer, de direitos colocados em estado de periclitância. Essa *ameaça* está ligada às denominadas *tutelas de urgência* e às liminares em geral, como as previstas na Lei n. 12.016, de 7.8.2009, disciplinadora das ações de mandado de segurança individual ou coletivo, e nos incisos IX e X do art. 659, da CLT.

Habitualmente, alude-se à jurisdição como um *poder* do Estado, no que se está certo, até porque esse poder é monopolístico; não menos verdadeiro, contudo, é que a jurisdição constitui, na mesma escala axiológica, um *dever* do Estado, na razão em que este, ao proibir a autodefesa, corresponde a dizer, a realização de justiça pelas próprias mãos ("exercício arbitrário das próprias razões", diz o art. 345 do Código Penal), assumiu o compromisso moral e histórico de solucionar — com neutralidade e rapidez — os conflitos de interesses surgidos entre os integrantes do grupamento social, bastando, para isso, que o interessado invoque a intervenção estatal.

A jurisdição possui, assim, caráter substitutivo da atividade que as partes, no passado, desenvolviam, mediante a utilização dos meios pessoais de que dispunham, com o escopo de promoverem a defesa de seus direitos e interesses.

Entre nós, a ação se apresenta como um direito subjetivo público, de natureza constitucional.

Art. 3º

O fato de o constituinte brasileiro haver inserido a ação no elenco dos direitos e garantias *fundamentais* é algo de subida importância, pois, em razão disso, o exercício desse direito não pode ser cerceado ou coarctado por lei infraconstitucional ou por emenda constitucional, pois foi derivante de ato da Assembleia Nacional Constituinte. Convém recordar que o Ato Institucional n. 5, de 13 de dezembro de 1968, editado pelo Governo Militar, proibia, em seu art. 11, que fosse submetido à apreciação do Poder Judiciário qualquer ato praticado "de acordo com este Ato Institucional e seus Atos Complementares, bem como os respectivos efeitos". Vetava-se, por essa forma autoritária, o exercício do direito de ação. Felizmente, o AI-5 — como era conhecido na época — faz parte do passado.

Nos dias atuais, qualquer pessoa — física ou jurídica — que tenha sofrido lesão de direito, ou esteja na iminência de sofrê-la, pode ingressar em juízo para tentar obter a reparação do dano ou para impedir que a lesão se consume. Exige-se, apenas, que possua legitimidade e interesse processual — condições da ação (art. 17).

Quando a Constituição da República pretendeu deferir (ainda assim, momentaneamente) o exercício do direito de ação o fez de maneira expressa, como evidencia o § 1º, do art. 217: "O Poder Judiciário só admitirá ações relativa à disciplina e às competições desportivas após esgotarem-se as instâncias da justiça desportiva, regulada em lei". Justamente por esse motivo é que sempre entendemos que a obrigatoriedade de o trabalhador submeter a sua demanda à Comissão de Conciliação Prévia, (CLT, art. 625-D), como pressuposto para o ingresso em juízo, continha (como ainda contém) nítidos laivos de inconstitucionalidade, pois se está, por esse modo, a obstar-lhe o exercício do direito de invocar a prestação jurisdicional do Estado-juiz assegurado, soberanamente, pela Carta Magna. Tem sido esse, inclusive, o entendimento do STF (ADIs ns. 2.139 e 2.160). Do ponto de vista prático, algumas atitudes poderão ser adotadas nos casos concretos, em relação ao tema: a) o próprio autor ("reclamante") pode arguir, na inicial, a inconstitucionalidade do art. 625-D, da CLT, submetendo, por isso, a sua demanda diretamente à apreciação da Justiça do Trabalho; ou b) se o autor nada requerer quanto a isso, o juiz poderá declarar *ex officio* esse antagonismo da precitada norma da CLT com a Constituição Federal, se estiver convencido quanto a esse entrechoque.

§ 1º A arbitragem constitui um dos métodos legais de solução extrajurisdicional de conflito de interesses. Os outros são a conciliação (embora esta possa ser estabelecida em juízo) e a mediação. Conciliação, mediação e arbitragem não se confundem. O *conciliador* reúne as partes para que cheguem a uma solução negociada da controvérsia, argumentando e ponderando quanto à conveniência da conciliação para ambas. Pode ser extrajudicial, como no caso das Comissões de Conciliação Prévia (CLT, arts. 625-A a 625-H), ou judicial. Cuida-se de um negócio jurídico bilateral, de transação, a que comumente se designa de *acordo*. A sentença que o juiz soi lançar na conciliação judicial nada acrescenta ou subtrai ao conteúdo desta, servindo apenas para homologar a vontade das partes e dotar uma delas de um título executivo. Os conflitos de interesses, individuais ou coletivos, submetidos à apreciação da Justiça do Trabalho são sempre sujeitos a conciliação (CLT, art. 764, *caput*). Com vistas a isso, a Lei determina que os juízes e Tribunais do Trabalho façam uso do seu ofício e do seu poder de persuasão para conduzirem as partes a uma solução conciliatória dos conflitos (*ibidem*, § 1º). O *mediador* se limita a facilitar a comunicação entre as partes, a aproximá-las, para que encontrem, com autonomia e solidariedade, e mediante diálogo, uma solução da controvérsia. Ao contrário do conciliador, o mediador não contribui com argumentos para a solução do conflito e nada decide. Muitas vezes, contudo, a mediação se transforma em conciliação. Já o *árbitro* soluciona a controvérsia, atuando como uma espécie de sucedâneo do magistrado. A sua decisão é materializada em sentença, que é irrecorrível, embora a parte possa requerer que dela seja eliminado algum erro material ou que sejam esclarecidos pontos obscuros, duvidosos ou omissos (Lei n. 9.307/1996, art. 30). Também se pode postular a declaração de nulidade da sentença arbitral, nos casos previstos em lei (art. 33).

No âmbito civil, ela é regulada pela Lei n. 9.307, de 23.9.1996, com a redação dada pela Lei n. 13.129, de 26.5.2015. Entre outras disposições, constam da precitada norma legal as seguintes:

"Art. 3º As partes interessadas podem submeter a solução de seus litígios ao juízo arbitral mediante convenção de arbitragem, assim entendida a cláusula compromissória e o compromisso arbitral.

Art. 4º A cláusula compromissória é a convenção através da qual as partes em um contrato comprometem-se a submeter à arbitragem os litígios que possam vir a surgir, relativamente a tal contrato.

§ 1º A cláusula compromissória deve ser estipulada por escrito, podendo estar inserta no próprio contrato ou em documento apartado que a ele se refira.

(...)

Art. 9º O compromisso arbitral é a convenção através da qual as partes submetem um litígio à arbitragem de uma ou mais pessoas, podendo ser judicial ou extrajudicial.

§ 1º O compromisso arbitral judicial celebrar-se-á por termo nos autos, perante o juízo ou tribunal, onde tem curso a demanda.

§ 2º O compromisso arbitral extrajudicial será celebrado por escrito particular, assinado por duas testemunhas, ou por instrumento público.

Art. 10. Constará, obrigatoriamente, do compromisso arbitral:

I — o nome, profissão, estado civil e domicílio das partes;

II — o nome, profissão e domicílio do árbitro, ou dos árbitros, ou, se for o caso, a identificação da entidade à qual as partes delegaram a indicação de árbitros;

III — a matéria que será objeto da arbitragem; e

IV — o lugar em que será proferida a sentença arbitral.

Art. 11. Poderá, ainda, o compromisso arbitral conter:

I — local, ou locais, onde se desenvolverá a arbitragem;

II — a autorização para que o árbitro ou os árbitros julguem por equidade, se assim for convencionado pelas partes;

III — o prazo para apresentação da sentença arbitral;

IV — a indicação da lei nacional ou das regras corporativas aplicáveis à arbitragem, quando assim convencionarem as partes;

V — a declaração da responsabilidade pelo pagamento dos honorários e das despesas com a arbitragem; e

VI — a fixação dos honorários do árbitro, ou dos árbitros".

No terreno das relações trabalhistas, diversas normas legais fazem referência à arbitragem, como, por exemplo, as de Lei n. 7.783, de 28.6.1989, arts. 3º e 7º (Lei de Greve); Lei n. 9.615, de 24.3.1998, art. 90-C (Normas Gerais sobre Desporto); Lei n. 10.101, de 19.12.2000, art. 4º (Participação nos Lucros e Resultados); Lei n. 12.815, de 5.6.2013, art. 37, §§ 1º a 3º (Instalações e atividades portuárias).

A Lei Complementar n. 123, de 14.12.2006, que instituiu o Estatuto Nacional da Microempresa e da Empresa de Pequeno Porte, prevê, no art. 75, a utilização da arbitragem (além de outros meios de solução negociada dos conflitos, como a conciliação prévia e a mediação).

No passado, alguns setores da doutrina e da jurisprudência chegaram a colocar em dúvida a constitucionalidade das Leis que dispunham sobre arbitragem, em face do disposto no inciso XXXV do art. 5º, da Constituição Federal, conforme o qual "a lei não excluirá da apreciação do Poder Judiciário lesão ou ameaça a direito". O STF, todavia, em decisão correta, não viu inconstitucionalidade nessas Leis.

No caso específico da Justiça do Trabalho, a própria Constituição Federal autoriza a adoção da arbitragem nas negociações coletivas: "Frustrada a negociação coletiva, as partes poderão eleger árbitros" (art. 114, § 1.º).

Nos domínios das relações trabalhistas, sejam individuais, sejam coletivas, a arbitragem não tem sido adotada. É muito provável imaginar que a causa disso resida na desconfiança das partes (designadamente, dos trabalhadores) em relação à imparcialidade dos árbitros. Assim, a despeito das críticas que, aqui e acolá, têm sido feitas ao longo dos anos à Justiça do Trabalho, a verdade é que os trabalhadores preferem submeter a esse segmento do Poder Judiciário Federal, especializado, a solução dos conflitos de interesses em que se encontram envolvidos, a submetê-lo a meios não jurisdicionais. Convém lembrar que um dos deveres, dos tantos a que se encontram vinculados os juízes, é, precisamente, o da *imparcialidade*.

§ 2º A CLT, desde as suas origens, elegeu a conciliação judicial como método ou a técnica, por excelência, de resolução dos conflitos de interesses individuais e coletivos. Basta que se leia o art. 764, da CLT, que contém uma autêntica declaração de princípio, segundo a qual esses conflitos devem ser sempre sujeitos à *conciliação*.

O que, em rigor, ocorre em tais casos é *transação*, negócio jurídico bilateral mediante o qual as partes efetuam concessões recíprocas com o objetivo de darem fim ao conflito de interesses (CC, art. 840). A *conciliação* apenas traduz o retorno à harmonia, à concórdia entre os litigantes. Deste modo, é possível que as partes se conciliem (harmonizem os seus espíritos) sem transacionarem; o inverso também é verificável. O *acordo* é sinônimo de transação. Coloquemos de lado, porém, as regras da acribologia (rigor na escolha das palavras) para admitir, em nome da informalidade, que nos domínios do processo do trabalho guardem sinonímia entre si os vocábulos conciliação, acordo e transação.

O processo civil, durante muitas décadas, manifestou certo desprezo à conciliação, privilegiando a solução dos conflitos de interesses por meio de sentença impositiva. Tempos depois, o legislador do processo civil passou não só a admitir, mas a estimular a conciliação, como demonstram, entre outros, os arts. 277, 331, 447 e 488, do CPC revogado.

A "solução consensual", a que se refere o § 2º do art. 3º, do CPC de 2015, compreende a conciliação e a mediação, que são formas de autocomposição dos conflitos de interesses. A jurisdição traduz a heterocomposição, pois se realizava mediante intervenção estatal, ou seja, por um agente externo.

§ 3º Já dissemos, por mais de uma vez, da função eminentemente conciliatória da Justiça do Trabalho. O § 1º do art. 764, da CLT, chega a determinar que os juízes e os Tribunais do Trabalho se empenham na obtenção de uma solução conciliatória da controvérsia, valendo-se, para isso, de seu poder de persuasão. Quando, portanto, o juiz do trabalho insiste na conciliação isso não significa — como, às vezes, se ouve das partes — que ele o faça por estar interessado em "livrar-se" do processo, e sim que está atendendo a um mandamento legal. Por, no mínimo, duas vezes, nas lides individuais ele deverá formular propostas visando a uma solução negociada do conflito: na abertura da audiência (CLT, art. 846, *caput*) e após as razões finais (CLT, at. 850, *caput*). A jurisprudência tem entendido que a falta da segunda proposta conciliatória configurará nulidade processual. Somente se não houver conciliação é que o juízo se converterá em arbitral (CLT, art. 764, § 2º). Nos denominados *dissídios coletivos*, o presidente do Tribunal deverá designar audiência de conciliação, no prazo de dez dias da data do protocolo da petição inicial (CLT, art. 860, *caput*).

Art. 4º

Esse prazo, na prática, tem sido reduzido, levando-se em conta as graves consequências que o movimento paredista possa estar acarretando à comunidade.

É, por isso, plenamente compatível com o processo do trabalho o disposto no § 3º do art. 3º, do CPC, ao impor aos juízes, advogados, defensores públicos e membros do Ministério Público o dever de estimularem a conciliação, a mediação e a adoção de outros métodos de solução consensual dos conflitos de interesses, mesmo no curso do processo judicial.

A CLT, a propósito, admite a conciliação ainda que se tenha encerrado o juízo conciliatório (art. 764, § 3º), equivale a dizer, mesmo na fase de cumprimento da sentença ou na execução de título extrajudicial. Em resumo, a conciliação é possível em qualquer momento do processo.

O CNJ, há alguns anos, instituiu a campanha da Semana Nacional da Conciliação, destinada a fazer com que as partes transacionem e ponham fim ao processo. O mesmo CNP, dentro de sua Política Nacional de Tratamento dos Conflitos de Interesses, aprovou resolução pela qual recomenda aos tribunais do país que ofereçam núcleos consensuais com o objetivo de, mediante conciliação ou mediação, conduzirem à solução negociada das controvérsias existentes entre as partes.

Já no período do Brasil Império, a Carta Constitucional de 1824 dispunha, no Título alusivo do Poder Judicial, que "Sem se fazer constar, que se tem intentado o meio da reconciliação, não se começará Processo algum" (art. 161). Para esssa finalidade, seriam eleitos juízes de paz (art. 162).

Art. 4º As partes têm o direito de obter em prazo razoável a solução integral do mérito, incluída a atividade satisfativa.

• **Comentário**

Nada dispunha o CPC revogado sobre o tema.

O texto atual substituiu o vocábulo *lide*, constante do Projeto original, por *mérito*. Particularmente, não vemos razão relevante para essa alteração, sabendo-se que, tradicionalmente, o vocábulo *lide*, nos domínios do processo, é sinônimo de *mérito*. Na Exposição de Motivos do CPC de 1973, por exemplo, lia-se no inciso II ("Da Terminologia do Projeto") do Capítulo III ("Do Método da Reforma"): "O projeto só usa a palavra 'lide' para designar o mérito da causa". Na doutrina de Carnelutti, lide foi definida como a pretensão resistida e insatisfeita. Talvez, o legislador atual tenha pretendido ser mais didático ao passar a falar em *mérito*, e não, em *lide*.

Aqui, o CPC reproduz a regra da *razoável duração do processo*, inscrita no inciso LXXVIII do art. 5º da Constituição Federal.

É compreensível que o constituinte e o legislador infraconstitucional brasileiros tenham se preocupado com a razoável duração do processo e com a celeridade da sua tramitação. Afinal, desde sempre se diz, com razão, que "justiça tardia é denegação de justiça".

Em termos da realidade prática, entrementes, não tem sido fácil atender-se a esse preceito legal, a começar pela pletora de ações que, dia a dia, deságuam nos órgãos do Poder Judiciário de nosso País, designadamente, na Justiça do Trabalho. Essa maré-montante de ações é desproporcional ao número de unidades judiciárias trabalhistas existentes, fazendo com os que juízes mourejem à exaustão, sem, contudo, conseguir evitar o acúmulo de processos e o consequente descumprimento dos prazos que lhes dizem respeito (para despachar, decidir, sentenciar etc.).

A ampliação da competência da Justiça do Trabalho, derivante da Emenda Constitucional n. 45/2004, contribuiu, em alguma medida, para o agravamento desse quadro de congestionamento processual e de tardança da prestação jurisdicional.

Por mais que o legislador haja se empenhado em instituir mecanismos destinados a obviar o prazo da prestação jurisdicional, os resultados práticos têm sido pequenos, quase inexpressivos, se considerarmos o montante dos processos que tramitam no âmbito da Justiça do Trabalho. O procedimento sumariíssimo, por exemplo, foi uma dessas medidas legislativas de pequeno alcance prático, pois não são muitas as causas a que a ele se submetem (CLT, art, 8252-A). Maior eficiência têm apresentado as "Semanas de Conciliação", instituídas pelo CNJ.

Com os olhos postos na realidade prática, podemos afirmar que a imposição legal de razoável duração do processo e de sua rápida tramitação tem se convertido em mero anseio, dadas as dificuldades materiais para a efetiva concreção desse mandamento que vem da lei. Seria, talvez, o caso de lembrar a sensata advertência de Georges Ripert de que "Quando a lei ignora a realidade, a realidade se rebela ignorando a lei".

O art. 4º do novo CPC tem um mérito inegável, qual seja, o de haver se preocupado em esclarecer que a celeridade processual deve compreender não somente a integralidade do mérito, mas, *a atividade satisfativa*. De modo geral, tanto a doutrina quanto a legislação, durante muitos anos, ao versarem sobre celeridade processual tiveram em conta, apenas, o processo de conhecimento, como se uma sentença condenatória fosse algo que, por si só, satisfizesse, materialmente, as pretensões daquele que foi vitorioso na causa. Com isso, estamos a dizer que a doutrina e a legislação acabavam por ignorar, quase sempre, o processo de execução. Na vigência do CPC de 1973, o legislador procurou corrigir esse inveterado erro de estratégia ao editar a Lei n. 11.232/2005, que, entre outras coisas, trouxe para o processo de conhecimento a antiga execução por quantia certa, num inusitado, mas proveitoso sincretismo (CPC, arts. 475-I a 475-R). É certo que o art. 4º, do novo CPC, ao aludir à "atividade satisfativa" não está, necessariamente, a cogitar somente da execução fundada em título (seja judicial ou extrajudicial), senão que, ao mesmo tempo, de algumas medidas que, a despeito de estarem topologicamente inseridas no processo de conhecimento, necessitam ser satisfeitas de imediato, como é o caso das tutelas de urgência e da evidência, disciplinadas pelos arts. 300 e 311, respectivamente.

Pensamos, todavia, que enquanto não se modificar a estrutura do clássico processo de conhecimento poucos avanços serão obtidos na marcha a favor da celeridade processual. O processo de conhecimento, por pressupor um juízo de convicção, de certeza, subsumido na sentença de mérito, exige uma cognição aprofundada e exaustiva dos fatos. Para isso, o sistema permite às partes requerer o interrogatório da adversa, produzir provas documentais, testemunhais, periciais, requerer inspeção judicial, assim como recorrer e o mais. Tudo isso consome considerável período de tempo. O problema é que essa reformulação da estrutura do processo de conhecimento não pode transgredir determinados princípios constitucionais, como os do contraditório, da ampla defesa e do devido processo legal. Destarte, o equilíbrio entre a necessidade de ser reduzido o tempo de duração do processo e o respeito às precitadas garantias constitucionais do processo se apresenta como um enorme desafio ao legislador do futuro e a quantos desejarem engajar-se nessa tarefa.

O CPC atual procurou dar a sua parcela de contribuição ao tema ao eliminar a oposição e boa parte das medidas cautelares específicas (nominadas), ao reduzir o número de recursos (eliminou-se, por exemplo, o agravo retido), ao suprimir o juízo de admissibilidade *a quo* na apelação etc.

Para que a declaração estampada no art. 4º do CPC não se converta em mais uma das tantas manifestações de simples retórica do legislador será necessário muito "engenho e arte" na tarefa de atribuir-se maior efetividade aos processos de conhecimento e de execução.

De resto, não são apenas *as partes* que possuem o direito de obter, em tempo razoável, a solução integral do mérito (incluída a atividade satisfativa): igual direito possuem os *terceiros* legitimados a intervir no processo. E, por que razão jurídica, haver-se-ia de excluir dessa garantia constitucional o próprio *amicus curiae* (CPC, art. 138)?

A *razoabilidade* na solução dos conflitos de interesses está jungida à celeridade processual; esta, porém, não pode ser realizada a qualquer custo, pois se é certo que está prevista na Constituição Federal (art. 5º LXXVIII), não menos exato é que a Constituição também assegura, como contraponto, o contraditório e a ampla defesa (*ibidem*, LIV).

Art. 5º Aquele que de qualquer forma participa do processo deve comportar-se de acordo com a boa-fé.

• **Comentário**

Há duas espécies de boa-fé em Direito: a) a *subjetiva*, que reside na consciência da pessoa e traduz o conhecimento ou a ignorância de algum vício; b) a *objetiva*, que implica uma regra objetiva de conduta. É desta última que se ocupa a norma legal em exame. Podemos afirmar, por isso, que em tema jurídico boa-fé (*bona fides*) significa a intenção isenta de dolo ou de artifício; sinceridade, retidão de caráter, pureza de intenções. Em suma, é o *agir honestamente*.

Trata-se de um requisito, um princípio, essencial para a validade dos atos jurídicos em geral. O CC a exige em vários momentos, como no caso do art. 422: "Os contratantes são obrigados a guardar, assim na conclusão do contrato, como em sua execução, os princípios de probidade e boa-fé".

O CPC também a impõe, como revela o art. 5º, cuja disposição não está circunscrita às partes, senão que se estende a todos aqueles que, *de alguma forma*, participarem do processo, como são os advogados, as testemunhas, os peritos, os intérpretes, os tradutores, os depositários, os terceiros (aqui incluído o *amicus curiae*), o representante do Ministério Público e, por certo, o próprio magistrado. Tem-se entendido, por exemplo, que a boa-fé objetiva inibe o julgador de proferir – sem justificar a alteração – decisões diferentes sobre uma mesma questão de direito incidente em situações factuais idênticas, ainda que constantes de processos distintos. Em alguns casos, a má-fé judicial pode caracterizar a suspeição prevista em um dos incisos do art. 145.

É certo que, em termos práticos, a maior inflexão da norma legal é sobre as partes, pois estas se encontram envolvidas em um conflito de interesses, em uma disputa judicial sobre o direito e, por isso, naturalmente, tendem a praticar atos contrários à boa-fé para obter sentença favorável às suas pretensões manifestadas na causa. Por esse motivo, o legislador pune a litigância de má-fé (arts. 79 a 81).

No processo judicial admite-se a astúcia; não, a velhacada.

Conquanto, em geral, a má-fé seja utilizada por uma das partes em relação à outra, há situações em que ambas se unem, em conluio, para prejudicar terceiros. Neste caso, incumbirá ao juiz intervir para dar cobro a esse objetivo escuso (art. 142).

Por ser, a boa-fé, um princípio jurídico, ela é presumida; o que se deve provar é o seu oposto: a má-fé.

A boa-fé é essencial à concreção do art. 6º, que preconiza a cooperação de todos os sujeitos do processo, com o objetivo de obter-se, em tempo razoável, a decisão de mérito justa e efetiva.

Art. 6º Todos os sujeitos do processo devem cooperar entre si para que se obtenha, em tempo razoável, decisão de mérito justa e efetiva.

• **Comentário**

O preceito em exame, a despeito de seu propósito elogiável, tem um sentido muito mais romântico do que pragmático, pois fica difícil admitir a possibilidade de as partes, como sujeitos do processo, estando envolvidas em um conflito de interesses — que, em regra, lhes exacerba os ânimos — cooperarem entre si, para os fins previstos em lei. Sejamos francos: beira a surrealismo essa disposição do Código, até mesmo porque contraria a própria natureza humana.

Afinal, como iria, por exemplo, o réu colaborar com o autor, sabendo-se que essa colaboração é contrária aos interesses dele, réu, e pode acarretar-lhe o insucesso na causa?

Mesmo que se entenda que essa colaboração não deve ser *entre as partes*, senão que destas em relação ao processo, ainda assim esse preceito legal será de difícil observância no plano da realidade prática, levando-se em conta os inegáveis interesses contrastantes das partes em relação ao fim do processo e à celeridade deste.

Admitida a possibilidade de impor-se o estrito acatamento à determinação contida no art. 6º, indagamos: qual a sanção para os sujeitos do processo que deixassem de colaborar entre si? No que respeita às partes, poder-se-ia, em alguns casos, aplicar o art. 80, que se ocupada da litigância de má-fé. Considerando-se, porém, que o juiz *também é sujeito* — embora desinteressado — *do processo*, que sanções lhes seriam aplicáveis, e por quem? Pela Corregedoria ou pelo Conselho Nacional de Justiça?

Art. 7º É assegurada às partes paridade de tratamento em relação ao exercício de direitos e faculdades processuais, aos meios de defesa, aos ônus, aos deveres e à aplicação de sanções processuais, competindo ao juiz zelar pelo efetivo contraditório.

• **Comentário**

O CPC revogado era silente quanto ao assunto.

O art. 7º do CPC enfeixa uma série de disposições — nem sempre harmoniosas entre si. A despeito disso, fica nítida a intenção do legislador de colocar em destaque determinados direitos e garantias processuais das partes. Esses direitos se referem: a) ao tratamento igualitário e b) ao contraditório.

Paridade de tratamento. Ao impor ao juiz obediência à igualdade de tratamento, no tocante ao exercício de direitos e faculdades processuais pelas partes, a norma em exame revela a preocupação de fazer com que seja respeitado o preceito inserto no *caput* do art. 5º, da Constituição Federal, declaratório da igualdade de todos perante a lei.

A partir do momento — de extraordinária importância histórica — em que o Estado proibiu os indivíduos de realizar justiça por mãos próprias (autotutela), não só assumiu o compromisso ético e político de efetuar, de maneira rápida e satisfatória, a entrega da prestação jurisdicional, como de ministrar um tratamento rigorosamente **igualitário** às partes.

Em termos objetivos, estamos a dizer que um dos deveres do magistrado consiste em tratar igualmente os litigantes. Esse dever decorre, como dissemos, da regra geral inscrita no art. 5º, *caput*, da Constituição, segundo a qual **todos são iguais perante a lei**, sem distinção de qualquer natureza. Essa regra de isonomia deve ser acatada, portanto, não apenas pelo legislador, mas pelo próprio magistrado.

A Declaração Universal dos Direitos do Homem, aprovada em Resolução da III Sessão Ordinária da Assembleia Geral da ONU, em Paris, 1948, estabelece, no art. 10, *verbis*:

"Todo homem tem direito, **em plena igualdade**, a uma justa e pública audiência por parte de um tribunal independente e **imparcial**, para decidir os seus direitos e deveres ou do fundamento de qualquer acusação criminal contra ele".

A Convenção Americana sobre Direitos Humanos (Pacto de São José da Costa Rica), integrante do ordenamento jurídico brasileiro, em virtude do Decreto n. 678, de 6.11.92, por seu turno, dispõe, no art. 8.1:

"toda pessoa tem direito a ser ouvida, com as devidas garantias e dentro de um prazo razoável, por um juiz ou tribunal competente, independente e **imparcial**, estabelecido anteriormente por lei, na apuração formal de qualquer acusação penal formulada contra ela, ou para que se determinem seus direitos ou obrigações de natureza civil, trabalhista, fiscal ou de qualquer outra natureza" (destacamos).

Seria, em verdade, intolerável a existência de juízes parciais, iníquos, tendenciosos, pois isso colocaria sob grave risco não só a respeitabilidade dos pronunciamentos jurisdicionais, mas a própria razão de ser do Poder Judiciário. Sob esse ângulo, chega a encerrar um certo vício pleonástico a expressão **juiz imparcial**, como se pudessem existir, institucionalmente, juízes parciais.

Quando se fala em imparcialidade judicial não se está unicamente a asseverar que o juiz deve propiciar iguais oportunidades às partes, e sim que, de modo mais amplo, a ele incumbe subministrar um tratamento isonômico aos litigantes em todas as fases do procedimento. A quebra, pelo magistrado, de seu ontológico e indeclinável dever de neutralidade, por traduzir uma forma de discriminação, poderá ensejar a nulidade do processo.

Seria de indagar-se, a esta altura de nossa exposição, se a prerrogativa que o CPC atribui ao Ministério Público, consistente no prazo em dobro para manifestar-se nos autos (art. 180) e, à União, aos Estados, ao Distrito Federal, aos Municípios e respectivas autarquias e fundações de direito público, sob a forma de *reexame necessário* das decisões que lhe forem desfavoráveis (art. 496, *caput*), não acarreta transgressão da norma constitucional que diz da igualdade de todos perante a lei. Certamente que não.

O que o art. 5º, *caput*, da Constituição proíbe é a distinção lesiva *entre iguais*, e não entre pessoas que se encontram vinculadas a situações ou a estados naturalmente distintos. A própria Constituição, em diversos momentos, atribui supremacia ao *interesse público*, em cotejo com o particular, como quando, por exemplo, determina que a execução por quantia certa contra a Fazenda Pública se realiza mediante precatório (art. 100, *caput*), exceto no caso de "pagamento de obrigações definidas em lei como de pequeno valor" (*ibidem*, § 3º).

Por outras palavras: a igualdade não deve ser estabelecida, de maneira exclusiva, sob o ponto de vista *formal*, de tal modo que não se possa ministrar nenhum tratamento diferenciado às pessoas em geral; essa igualdade deve ser determinada, isto sim, segundo o aspecto real, vale dizer, só se deve tratar com isonomia as pessoas *substancialmente* iguais.

Também não são transgressoras do art. 5º, *caput*, da Constituição, as normas infraconstitucionais que atribuem a uma das partes superioridade jurídica para compensar a sua inferioridade econômica, a sua hipossuficiência. Essa é uma das características do processo do trabalho, no qual é visível o seu sentido protetivo do trabalhador. O art. 4º, inciso I, do Código de Defesa do Consumidor (Lei n. 8.078, de 11.9.90), por sua vez, efetua verdadeira e notável *declaração de princípio*, ao reconhecer, expressamente, a "*vulnerabilidade* do consumidor no mercado de consumo", permitindo, em razão disso, dentre outras coisas, que o juiz inverta o ônus da prova em benefício do consumidor, quando este for hipossuficiente (art. 6º, VIII). Destacamos.

A possibilidade, prevista no art. 113, § 1º do CPC, de o juiz reduzir o número de litisconsortes, "*quando este comprometer a rápida solução do litígio ou dificultar a defesa ou o cumprimento da sentença*" também pode ser referida como uma providência legal destinada a preservar a regra de igualdade, contida no art. 5º, *caput*, da Constituição. É que esse número expressivo de pessoas situadas no polo ativo da relação processual pode acarretar um *desequilíbrio* técnico no processo, em prejuízo do réu. É bem verdade que essa limitação subjetiva de litisconsortes só pode ser efetuada nos regimes do tipo *facultativo*, como deixa claro o próprio texto legal mencionado.

Pondo de lado essas situações extraordinárias, devemos dizer que mesmo no processo de execução, em que o credor tem preeminência jurídica, e o devedor, estado de sujeição, o juiz deve dispensar um tratamento igualitário às partes. Por outro modo de expressão: embora a execução se processe no interesse do credor (CPC, art. 797, *caput*), essa particularidade não autoriza o juiz a fazer tábua rasa do art. 5º, *caput*, da Constituição. A superioridade axiológica (e ideológica) que o credor ostenta em face do devedor é relevante, apenas, para revelar a finalidade do processo de execução, e não para justificar um tratamento discriminatório do devedor, no que respeita à prática de atos processuais destinados à promoção da defesa dos seus legítimos interesses. Por esse motivo, o próprio CPC determina que, quando por vários meios o credor puder promover a execução, o juiz ordenará que seja realizada pelo modo menos gravoso para o executado (art. 805, *caput*).

O art. 7º do CPC reitera o imperativo constitucional de igualdade de todos perante a lei, ao aludir à "paridade de tratamento", a ser observada em relação: a) ao exercício de direitos e faculdades processuais; b) aos meios de defesa; c) aos ônus; d) aos deveres; e e) à aplicação de sanções processuais. Na verdade, o juiz deve ministrar um tratamento paritário (de equanimidade) às partes em *todos os atos* e em *todas as fases* do processo, sob pena de contravir o art. 5º, *caput*, da Constituição da República.

Lancemos alguns escólios sobre esses elementos integrantes da exigência legal de tratamento paritário.

Exercício de direitos e faculdades processuais. Nos domínios do processo judicial, as partes possuem direitos e faculdades. Como a Constituição da República declara que todos são iguais perante a lei, é evidente que essa igualdade deve ser observada quanto ao exercício, pelas partes, de seus direitos e faculdades processuais. Desse modo, se o juiz ministrar um tratamento anti-igualitário a um dos litigantes, contaminará o processo de nulidade, a partir desse momento. O tratamento igualitário significa, pois, a imposição do sistema legal para que o juiz seja imparcial na condução de todos os atos do processo.

Meios de defesa. Esta expressão legal não deve ser interpretada em sentido estrito, ou seja, significante apenas do ato pelo qual o réu reage em face das pretensões formuladas pelo autor. A *defesa*, para os efeitos do dispositivo legal em estudo, também se refere ao autor, pois fica fora de qualquer dúvida razoável que este também *defende* os seus direitos e interesses em juízo. Deste modo, a lei assegura a paridade de tratamento às partes, para efeito de utilização dos meios de defesa de seus direitos e interesses manifestados na causa.

Ônus da prova. O vocábulo em foco tem o sentido de *encargo* processual. Os ônus da prova (CLT, art. 818), do depósito do valor para efeito de interposição de recurso (CLT, art. 899, § 1º) e do pagamento das custas e emolumentos (CLT, arts. 789, 789-A e 789-B) são dos mais comuns no sistema do processo do trabalho. O ônus a que se refere o texto *sub examen* não é atinente às sanções processuais, pois quanto a elas a mesma norma legal faz alusão específica. Todavia, a paridade de tratamento quanto ao *ônus* merece uma nota particular. Embora a distribuição do ônus da prova entre os litigantes conste do art. 818 da CLT, os juízes do trabalho aplicavam, em muitos casos, a regra do art. 6º, VIII, da Lei n. 8.078/1990 (Código de Defesa do Consumidor), por força do qual ele poderia inverter o ônus da prova quando a alegação da parte (autor) fosse verossímil ou quando ela fosse hipossuficiente. O CPC atual, contudo, trouxe o art. 373, cujo § 1º estabelece: "Nos casos previstos em lei ou diante de peculiaridades da causa, relacionadas à impossibilidade ou à excessiva dificuldade de cumprir o encargo nos termos do *caput* ou à maior facilidade de obtenção da prova do fato contrário, poderá o juiz atribuir o ônus da prova de modo diverso, desde que o faça por decisão fundamentada, caso em que deverá dar à parte a oportunidade de se desincumbir do ônus que lhe foi atribuído". Em que pese ao fato de a CLT não ser omissa quanto ao tema, é certo que os juízes do trabalho tenderão a aplicar o art. 373, cujo § 1º, do CPC, pelas mesmas razões que faziam uso do art. 6º, VIII, da Lei n. 8.078/1990.

Quanto a nós, desde longa data sustentamos a opinião de que no processo do trabalho deveria ser observado, em matéria de distribuição do ônus da prova, o princípio da *aptidão para a prova*. Escrevemos a esse respeito: "Constatada que seja a insuficiência do dispositivo processual trabalhista (referíamo-nos ao art. 818, da CLT), competirá ao julgador verificar, em concreto, **quem estava apto a produzir a prova,** segundo os meios e condições de que realmente dispunha, pouco importando que se trate de prova positiva ou negativa ou de que o interesse seja deste ou daquela parte" (*A prova no processo do trabalho*. São Paulo: LTr, 1. ed., 1985; 9. ed., 2010. p. 100).

Deveres. Quando falamos em deveres das partes (e de terceiros em geral) estamos ingressando no tema da *deontologia processual*. O processo, como método ou técnica estatal de solução de conflitos de interesses protegidos pela ordem jurídica, possui um substrato ético, do qual se extraem deveres a serem observados pelas partes. Esses deveres estão dispersos pelo texto do CPC, podendo ser referidos, como corolário, entre outros, os arts. 6º e 77.

Sanções. Quando as partes descumprem os seus deveres processuais, submetem-se a sanções previstas no sistema, como nos casos de litigância de má-fé, de uso deliberado de medidas procrastinatórias, de ato atentatório à dignidade do poder judiciário etc. Na aplicação dessas sanções, o juiz deve observar, à risca, a regra legal da paridade de tratamento, da qual se desvencilhará arbitrariamente se, por exemplo, por faltas praticadas por ambas as partes contra os seus deveres processuais, vir a punir somente uma delas.

Efetivo contraditório. O contraditório processual é uma das garantias constitucionais (CF, art. 5º, LV).

A Constituição de 1967, com a Emenda n. 1 de 1969, assegurava o contraditório, apenas, para o processo penal (art. 153, § 16), embora a doutrina do período entendesse que essa garantia era extensível aos processos civil e administrativo. Talvez, por isso, a Constituição Federal de 1988 tenha se preocupado em assegurar, de maneira expressa, o contraditório (e a ampla defesa) "em processo judicial ou administrativo", conforme declara o inciso LV do art. 5º.

O princípio do contraditório significa a imposição legal de *audiência bilateral (audiatur et altera parte)*, ou seja, a necessidade de o juiz, caso tenha ouvido uma das partes, também ouvir a outra; traduz, enfim, de modo mais amplo, a imposição legal de dar-se conhecimento da ação (ao réu) e de todos os atos processuais às partes, e de assegurar-lhes a possibilidade de reagir juridicamente aos atos que lhes forem desfavoráveis. Resumindo: o contraditório consiste na "ciência bilateral dos atos contrariáveis", como se costuma dizer em doutrina. Esse princípio não deve, todavia, ser interpretado como uma exigência de que os litigantes se manifestem, efetivamente, acerca dos atos e termos do processo, e sim que lhes sejam concedida a *oportunidade* para essa manifestação. Se, por exemplo, o réu for regularmente citado e deixar de responder à ação, tornar-se-á revel (o que se deverá verificar, apenas, é se ocorreu o efeito da revelia: CPC, art. 345), sem que isso implique violação ao princípio constitucional do contraditório: no caso, ele teve oportunidade para se defender, e a desperdiçou.

Se bem refletirmos, veremos que o princípio do contraditório está intimamente ligado com o da *igualdade de tratamento* (C.F., art. 5º, *caput*), pois a audiência bilateral a que nos referimos há pouco nada mais é do que uma emanação do dever imposto ao magistrado de dispensar um tratamento equânime, paritário, aos litigantes. Exatamente por isso é que, mesmo no processo do trabalho, onde as normas legais tendem à proteção do trabalhador, o princípio do contraditório deve ser observado à risca. Esse princípio, como parece estar evidente a esta altura, não tem um conteúdo *ideológico*, e sim *político*. Se fosse ideológico, justificaria a sua aplicação em benefício apenas de uma das partes, com a consequente desconsideração de um outro princípio, qual seja, o da *igualdade de tratamento*.

O contraditório, na verdade, figura como cláusula inerente ao Estado de Direito, segundo o qual os atos processuais devem ser praticados não somente com *transparência* (publicidade), mas com indispensável *ciência* das partes (bilateralidade).

A despeito disso, alguns estudiosos, sentiram-se à vontade para reduzir a área de incidência do princípio em exame ao terreno da *prova*. Essa restrição, porém, é injustificável, acima de tudo, porque a própria Constituição não a consagra. De outro lado, embora devamos reconhecer que o princípio do contraditório possa aflorar com mais intensidade no sítio das provas, não menos exato é que ele se manifesta, vivamente, em vários outros momentos do procedimento, como já dissemos. Basta lembrar a fase das razões ou das alegações finais, de que cuida o art. 850, caput, da CLT: o princípio do contraditório exige que o juiz conceda a palavra a ambos os litigantes, em ordem sucessiva. O mesmo se diga quanto à sustentação oral, nos tribunais: haverá quebra desse princípio se se permitir que apenas uma das partes (estando ambas inscritas) assome à tribuna para realizá-la. No processo do trabalho, a oportunidade para a apresentação de razões finais está subordinada à regra da bilateralidade.

Por outro lado, também não se justifica limitar o contraditório ao processo *de conhecimento*. Por força da regra contida no art. 5º, inciso LV, da Constituição, esse princípio deve ser observado, de igual modo, nos processos *cautelar* e de *execução*. Essa nossa afirmação requer algumas considerações complementares. Em primeiro lugar, devemos reiterar a advertência, feita em linhas anteriores, de que o fato de, na execução, o credor possuir preeminência jurídica, e o devedor, estado de sujeição, não autoriza o juiz a deitar fora o princípio da *igualdade de tratamento*, inscrito no art. 5º, *caput*, da Constituição. Por essa mesma razão, o princípio do contraditório (que se imbrica com o da igualdade de tratamento) deve ser aplicado no processo de execução. Em segundo, no processo cautelar, o fato de o juiz conceder a medida liminar sem audiência do réu (*inaudita altera parte*) não configura, como, às vezes se tem imaginado, uma transgressão ao princípio do contraditório. A concessão da cautela, sem o conhecimento do réu, é necessária justamente para evitar que ele, sendo citado, torne a medida ineficaz, vale dizer, frustre os objetivos desta. O contraditório será estabelecido mais tarde, quando ocorrer a citação. Trata-se, como se vê, de um contraditório *diferido*.

Considerando que o tema relativo à concessão, de modo geral, de providências jurisdicionais *inaudita altera parte* ainda tem provocado controvérsias no âmbito da doutrina e da jurisprudência, no que toca a haver, nesse ato do juiz, violação, ou não, do princípio constitucional do contraditório, devemos ocupar-nos por mais algum tempo com ele. As medidas *liminares* são características não apenas das ações cautelares, mas também de várias outras, como as de mandado de segurança, as possessórias, a popular, a civil pública, a coletiva (CDC, art. 84, § 3º). Em muitos desses casos, a medida é outorgada sem audiência do réu; isso não implica, todavia, ofensa ao princípio do contraditório, pelos seguintes motivos: a) está em jogo, nessas situações, muitas vezes, não apenas o interesse do autor, representado por uma situação de periclitância do seu direito, mas o próprio interesse público; b) a prévia citação do réu poderia tornar ineficaz a medida; c) a liminar pode ser impugnada por meio de recurso ou de mandado de segurança, conforme se trate de processo civil ou de processo do trabalho, respectivamente; d) a liminar tem caráter provisório; e) a liminar pode ser revogada por ato do próprio juiz, a instância do interessado; e f) há, conforme já salientamos, um contraditório *diferido*, ou seja, adiado, projetado para mais tarde.

Os argumentos que expendemos quanto ao binômio: liminares *inaudita altera parte*/princípio do contraditório são aplicáveis, *mutatis mutandis, à tutela da evidência,* prevista no art. 311, do CPC. Chame-se a atenção, apenas, ao fato de o juiz somente poder realizar a antecipação dos efeitos da tutela a requerimento da parte interessada, nunca *ex officio* (art. 299, *caput*).

No plano do processo penal, o contraditório é efetivo, real, motivo por que mesmo sendo o réu revel deverá existir defesa técnica, como exige o art. 261, do CPP, conjugado com o art. 497, V, do mesmo Código, que determina seja concedido defensor ao réu, quando o juiz reputá-lo indefeso. Nos processos civil, trabalhista e administrativo esse princípio, como foi dito, estará atendido com a simples concessão de *oportunidade* para que a parte seja ouvida.

Por fim, um escólio sobre a *ampla defesa*, à qual o *contraditório* serve. Assim dizemos porque o princípio do contraditório se destina a permitir que as partes promovam a ampla defesa dos seus direitos e interesses, no processo. Sob esse aspecto, não se pode negar que aquele está a serviço desta. Pois bem. O inciso LV do art. 5º da Constituição assegura o contraditório e a ampla defesa, com os meios e *recursos* inerentes a esta. Conforme veremos no momento oportuno, o vocábulo *recursos* não foi aí utilizado com o sentido técnico, que possui na terminologia processual, de meio de impugnação dos pronunciamentos jurisdicionais, e sim para expressar os instrumentos e providências de ordem geral, necessários para possibilitar a realização da ampla defesa (produção de provas, audiência a respeito dos fatos e termos do processo etc.). Com isso, estamos a dizer que o *duplo grau de jurisdição* não constitui garantia constitucional, mas tradição de nossas normas infraconstitucionais. Por esse motivo, a tentativa de obter do STF a declaração de inconstitucionalidade do § 4º do art. 2º da Lei n. 5.584, de 26.6.1970 não obteve êxito. Esse dispositivo legal veda a interposição de recurso das sentenças emitidas nas causas de valor não excedente a dois salários-mínimos vigentes na sede do juízo, salvo se versarem sobre matéria constitucional.

Ao dizer que o magistrado deve zelar pelo *efetivo* contraditório, o art. 7º do CPC procura evitar que essa garantia constitucional se torne mero anseio, mero recurso de retórica do constituinte, sem repercussão no plano da realidade. A norma possui, conseguintemente, caráter pragmático.

Art. 8º

Art. 8º Ao aplicar o ordenamento jurídico, o juiz atenderá aos fins sociais e às exigências do bem comum, resguardando e promovendo a dignidade da pessoa humana e observando a proporcionalidade, a razoabilidade, a legalidade, a publicidade e a eficiência.

• **Comentário**

Não há correspondência com o Código revogado.

O texto do Projeto primitivo era este: "Art. 6º Ao aplicar a lei, o juiz atenderá aos fins sociais a que ela se dirige e às exigências do bem comum, observando sempre os princípios da dignidade da pessoa humana, da razoabilidade, da legalidade, da impessoalidade, da moralidade, da publicidade e da eficiência".

Parte da redação deste dispositivo foi tomada por empréstimo: a) ao art. 5º da LINDB, assim redigido: "Na aplicação da lei, o juiz atenderá aos fins sociais a que ela se dirige e às exigências do bem comum"; b) ao art. 37, *caput*, da Constituição Federal, que enuncia os princípios que devem ser observados pela administração pública, a saber: legalidade, impessoalidade, moralidade, publicidade e eficiência. Outros princípios foram incorporados ao art. 8º, do novo CPC.

O Código de Ética da Magistratura Nacional, por sua parte, estabelece: "Art. 1º O exercício da magistratura exige conduta compatível com os preceitos deste Código e do Estatuto da Magistratura, norteando-se pelos princípios da independência, da imparcialidade, do conhecimento e capacitação, da cortesia, da transparência, do segredo profissional, da prudência, da diligência, da integridade profissional e pessoal, da dignidade, da honra e do decoro"

Da conjugação dos arts. 37, *caput*, da CF, 6º, do CPC, e 1º, do CEMN, temos os seguintes princípios, entre outros, a serem atendidos pelo magistrado, no exercício de suas funções:

• Legalidade;
• Impessoalidade;
• Moralidade;
• Publicidade;
• Eficiência;
• Dignidade da pessoa humana;
• Razoabilidade;
• Independência;
• Imparcialidade;
• Conhecimento e capacitação;
• Cortesia;
• Transparência;
• Segredo profissional e pessoal;
• Prudência;
• Diligência;
• Integridade profissional e pessoal;
• Dignidade;
• Honra;
• Decoro.

Para sermos francos, a "carga" de princípios que as normas legais supracitadas depositaram nos ombros dos magistrados é algo que, se atendida à risca e em sua integralidade, transformará os juízes em semideuses... Talvez, tenha faltado aí um outro princípio: o de *fazer justiça*.

Passemos, agora, apenas ao exame dos princípios enumerados no art. 8º do CPC.

Atendimento aos fins sociais e às exigência do bem comum. O art. 5º, da Lei n. 12.376, de 30.12.2010 (Lei de Introdução às Normas do Direito Brasileiro), estabelece: "Na aplicação da lei, o juiz atenderá aos fins sociais a que ela se dirige e às exigências do bem comum". Como se nota, o art. 8º do atual CPC, reproduz, em essência, a regra do art. 5º da sobredita Lei de Introdução.

Em que pese ao fato de a norma supracitada ser amplamente aplicável aos direitos material e processual do trabalho, ela deve, sempre que for o caso, ser conjugada com a do art. 8º, *caput*, da CLT, na parte em que ordena às autoridades administrativas e à Justiça do Trabalho "que nenhum interesse de classe ou particular prevaleça sobre o interesse público".

A prevalência do interesse público sobre o privado não é um princípio restrito a este ou àquele ramo do Direito, senão que compreende todos os ramos. A própria sobrevivência da organização social depende deste princípio. Realmente, se, como regra, os interesses privados tivessem supremacia sobre o interesse público, certamente a sociedade humana estaria em risco. Deste modo, a vida em sociedade impõe o sacrifício do interesse particular ao interesse público. Na verdade, o nosso texto constitucional não contém declaração específica a respeito da prevalência do interesse público sobre o particular; nada obstante, esse princípio se encontra esparso por diversas das disposições de nossa Constituição, como são os casos, por exemplo, das pertinentes à desapropriação (art. 5º, XXIV), *à função social da propriedade (art. 170, III), à defesa do consumidor* (*ibidem*, V), ao meio ambiente (*ibidem*, VI). A própria Lei de Greve (Lei n. 7.783, de 28.6.1989) ao mencionar, no art. 10, quais são os serviços ou atividades essenciais (para os efeitos do art. 11), demonstra haver colocado o interesse público acima do interesse particular.

Dignidade da pessoa humana. Um dos fundamentos do Estado Democrático de Direito, em que se constitui a República Federativa do Brasil, é a dignidade da pessoa humana (CF, art. 1º, III).

A dignidade da pessoa humana é conceituada por Ingo Wolfgang Sarlet como uma "qualidade intrínseca e distintiva de cada ser humano que o faz merecedor do mesmo respeito e consideração por parte do Estado e da comunidade, implicando, neste sentido, um complexo de direitos e deveres fundamentais que assegurem a pessoa tanto contra todo e qualquer ato de cunho degradante e desumano, como venham a lhe garantir as condições existentes mínimas para uma vida saudável, além de propiciar e promover sua participação ativa e co-responsável nos destinos da própria existência e da vida em comunhão com os demais seres humanos". (*Dignidade da pessoa humana e direitos fundamentais na Constituição Federal de 1988*. Porto Alegre: Livraria do Advogado, 2001. p. 60).

Estabelece, a propósito o art. 3º, do Código de Ética da Magistratura Nacional, instituído pela Resolução n. 60, de 19.9.2008, do CNJ: "*A atividade judicial deve desenvolver-se de modo a garantir e fomentar a dignidade da pessoa humana,* objetivando assegurar e promover a solidariedade e a justiça na relação entre as pessoas" (destacamos). E o art. 22, do mesmo Código: "O magistrado tem o dever de cortesia para com os colegas, os membros do Ministério Público, os advogados, os servidores, as partes, as testemunhas e todos quantos se relacionem com a administração da Justiça".

Razoabilidade. A razoabilidade nada mais é do que um critério hermenêutico. Surgiu nos Estados Unidos a partir do *due process of law*. A contar dos anos 30, os magistrados da Suprema Corte daquele país passaram a fazer largo uso desse critério, a ponto de Charges Hughes haver afirmado que a Constituição seria aquilo que a Suprema Corte desejasse que fosse. Deste modo, o que poderíamos chamar de a primeira versão do princípio da razoabilidade teve natureza processual. Ocorre que, inicialmente, não se admitia a possibilidade de esse critério ser utilizado para a interpretação de atos provenientes da legislação. Era, assim, uma garantia para a regularidade do processo penal, que, mais tarde, acabou sendo estendida para os processos civil e administrativo.

Posteriormente, passou-se a sustentar que o critério da razoabilidade não deveria restrito ao processo, devendo, por esse motivo, ser aplicado também para a verificação dos meios e sua compatibilidade com os fins desejados pelo legislador. Dizendo por outros termos, sempre que determinado dispositivo legal contivesse normas que se encontrassem em aparente conflito com os valores por elas protegidos, o intérprete deveria levar em conta esses valores e optar pela norma que tutelasse o valor que deveria prevalecer no julgamento.

Luis Recaséns Siches já nos falava "del logos de lo razonable". Este pensador espanhol situou a sua *lógica do razoável* como mediação entre a teoria (representada pelos princípios gerais do ordenamento jurídico) e a praxe. Disse ele: "Na aplicação do direito não a uniformidade lógica do raciocinio matemático e sim a flexibilidade do etendimento razoável do preceito" (*Filosofia de la interpretacion juridica*. 1956. p. 128).

Conforme escreveu Luis Gustavo de la Cruz Mallaupoma:

"Recaséns Siches considera que los juristas han cometido un grave error en la teoría y la práctica jurídicas del siglo XIX, por haber querido tratar los contenidos de las normas jurídicas empleando métodos de la lógica tradicional, es decir de la lógica habitualmente llamada matemático-física, deductiva, silogística, sistemática, de la lógica que va desde su fundación en el *Organon* de Aristóteles hasta las lógicas contemporáneas; que si bien esa lógica vale para la matemática, la física y otras ciencias de la naturaleza, es inservible para el tratamiento de los problemas prácticos de conducta humana — domésticos, familiares, económicos, sociales, jurídicos, etc. Ahora bien, esa lógica de "lo racional", la lógica pura, la lógica matemático física, todas consideradas como lógica tradicional no constituyen la totalidad de la lógica ya que es sólo una parte del logos, hay otra parte del logos — que es tan lógica como la racional pero diferente de ésta — que se denomina el logos de los asuntos humanos o **lógica de lo razonable**. Lo razonable pertenece al campo de la razón con igual o tal vez mejor derecho que lo meramente racional desde el ángulo formalista. Pertenece al reino de la lógica pero es diferente a la lógica de lo racional formalista, en el sentido tradicional es necesario tener en cuenta el campo de lo razonable como otro sector de la razón que también podemos denominar el logos de lo humano. **En síntesis, estamos hablando de la aplicación del logos de lo razonable a la interpretación de normas, a las decisiones administrativas y a las sentencias judiciales, porque en materia de interpretación, debemos trabajar con razones. La lógica de lo razonable es una razón impregnada de puntos de vista estimativos, de criterios de valoración, de pautas axiológicas que además lleva las enseñanzas recibidas de la experiencia propia y de la experiencia del prójimo a través de la historia.** Por lo tanto, estamos dentro de un campo lógico, pero no de la lógica de lo racional, sino de la lógica de lo humano o de lo razonable. El problema de la interpretación del Derecho es un problema de lógica material, de lógica de los contenidos y no de lógica formal. **Ante cualquier caso, fácil o difícil, hay que proceder razonablemente, percatándonos de la realidad y del sentido de los hechos, comprendiendo las valoraciones en que se inspira el orden jurídico positivo, viendo el propósito de la norma** en cuestión y apreciando las valoraciones complementarias que produzca el Juez en armonía con dicho orden jurídico positivo, y, relacionándolos. De ese modo se debe llegar a la solución satisfactoria. Conviene destacar que este movimiento se ha gestado a partir de una Filosofía del Derecho que ha prestado mayor atención a la interpretación judicial" (ldelacruz2908[arroba]hotmail.com). *Destacamos.*

Atualmente, podemos conceituar a *razoabilidade* como um critério de valoração dos atos praticados pelo Poder Público, com a finalidade de verificar se eles encontram imbuídos do valor *justiça*, que é ínsito a todo e qualquer ordenamento jurídico.

A despeito do fato de havermos dito que o critério (ou princípio) da realidade tenha como objetivo estabelecer um parâmetro entre os meios e os fins, ou seja, o exame da adequação entre meios e fins, constatamos que ele tem sido utilizado, em alguns casos, para avaliar a aceitação dos próprios fins.

Em nosso sistema constitucional, o devido processo legal, a que se refere o inciso LIV do art. 5º da C pode ser apontado como sede do princípio da razoabilidade, conquanto devamos admitir que ainda não existe, entre nós, uma teoria muito sólida a respeito deste princípio.

Seja como for, o art. 8º do novo CPC determina que o juiz, ao aplicar a lei ao caso concreto, atenda, entre outros princípios, ao da razoabilidade. Parece-nos existir um certo conflito principiológico entre os arts. 8º e 140, parágrafo único, do Código. Este último somente autoriza o juiz a decidir com equidade nos casos previstos em lei, ao passo que o primeiro lhe impõe, na aplicação da lei, atender ao princípio da razoabilidade, sabendo-se que a razoabilidade, sob certo aspecto, significa decidir com equidade. É bem verdade que o art. 140, parágrafo único, constitui reprodução literal do art. 127 do CPC de 1973; entretanto, naquele Código do passado não existia norma correspondente à do art. 8º do CPC atual.

Não poderíamos deixar de lançar algumas considerações também sobre o princípio da *proporcionalidade*, que, não raro, é congeminado com o da razoabilidade.

Ele significa, no plano processual, que a atividade do juiz somente pode ser considerada válida se for exercida na exata medida da extensão e da intensidade (ou seja, na proporção) da quantidade de atuação jurisdicional necessária para atingir os objetivos desejados. Sob este aspecto, a proporcionalidade muito se aproxima da razoabilidade, pois sem esta não há aquela.

Em alguns casos, o excesso de atividade jurisdicional — corresponde a dizer, a desobediência ao princípio da proporcionalidade — pode ser extirpado via mandado de segurança, de recurso ou de correição parcial; em outros, o excesso é de tal magnitude que se torna inevitável a declaração de nulidade do próprio ato. Exemplo do primeiro caso é a realização da penhora de bens em valor muito acima daquele que corresponde ao crédito do exequente, sendo certo que o devedor possui outros bens penhoráveis, de valor proporcional ao crédito e que atendem à gradação legal; do segundo, a aplicação de penalidade pecuniária à parte que ofereceu embargos de declaração com o manifesto escopo de prequestionar a matéria, com vistas à interposição de recurso de revista ou de recurso extraordinário.

Legalidade. O princípio da legalidade está inscrito no inciso II, do art. 5º, da Constituição Federal: "ninguém será obrigado a fazer ou deixar de fazer alguma coisa senão em virtude de lei". Em nosso sistema normativo, portanto, a lei é o parâmetro da conduta humana. A legalidade gera a segurança jurídica, seja por explicitar às pessoas o que elas podem fazer ou o que não podem, seja por afastar a arbitrariedade dos poderes públicos ou mesmo dos atos praticados por particulares. Na Inglaterra costuma-se afirmar que os jurisdicionados não podem ser tratados "como cães, que só descobrem que algo é proibido quando o bastão toca seus focinhos" (Bentham, em citação de R. C. Caenegem, Judges, Lesgislators & Professors, p. 161), para demonstrar a necessidade de serem evitadas decisões que surpreendam, de maneira desfavorável, as partes. Daí, a imprescindibilidade da segurança jurídica, que está vinculada à *proteção da confiança* que o jurisdicionado deposita no Poder Judiciário. Como observa José Joaquim Gomes Canotilho, "a proteção da confiança se prende mais aos componentes subjetivos da segurança, designadamente a calculabilidade e previsibilidade dos indivíduos em relação aos efeitos dos actos" (*Direito constitucional e teoria da Constituição.* Coimbra: Almedian, 2000. p. 256).

A legalidade constitui uma espécie de viga mestra da estrutura dos Estados Democráticos de Direito. Por meio dela, dá-se a saber aos indivíduos e às coletividades o que lhes é lícito fazer e o que é ilícito. A este respeito, devemos lembrar a importância da "Lei das XII Tábuas" (*Lex Duodecim Tabularum* ou *Duodecim Tabulae*), pois foi por meio dela que o povo romano soube, pela primeira vez, quais eram os seus direitos e suas obrigações no âmbito da sociedade em que vivia. Nos primeiros tempos da República Romana as leis eram mantidas em segredo pelos pontífices e por outros representantes dos patrícios. Eram executadas com extrema severidade contra os plebeus. Todavia, em 462 a.C., um plebeu chamado Terentílio (*Gaius Terentilius*) propôs a compilação e a publicação de um código legal oficial, a fim de que os plebeus pudessem conhecer as leis e, assim, não serem surpreendidos pela aplicação delas. Apesar da resistência dos patrícios, os dez primeiros textos (códigos) foram promulgados, sendo posteriormente afixados no Fórum romano, para conhecimento de todos.

Impessoalidade. Este princípio está a significar que o juiz deve subministrar um tratamento igualitário a todos os jurisdicionados, independentemente das opções políticas, religiosas, filosóficas, ideológicas, esportivas etc. de cada um.

Essa regra de tratamento isonômico está enunciada no próprio *caput* do art. 5º, da Constituição Federal, conforme a qual "todos são iguais perante a lei, sem distinção de qualquer natureza".

Expressa, pois, o art. 8º do CPC, o dever de o magistrado tratar as partes sem favoritismos ou perseguições. Vê-se, assim, que os requisitos de impessoalidade e de imparcialidade são sinônimos na ordem processual.

A Declaração Universal dos Direitos do Homem, aprovada em Resolução da III Sessão Ordinária da Assembleia Geral da ONU, em Paris, 1948, estabelece, no art. 10, *verbis*:

"Todo homem tem direito, em plena igualdade, a uma justa e pública audiência por parte de um tribunal independente e imparcial, para decidir os seus direitos e deveres ou do fundamento de qualquer acusação criminal contra ele".

A Convenção Americana sobre Direitos Humanos (Pacto de São José da Costa Rica), integrante do ordenamento jurídico brasileiro, em virtude do Decreto n. 678, de 6.11.92, por seu turno, dispõe, no art. 8.1:

"toda pessoa tem direito a ser ouvida, com as devidas garantias e dentro de um prazo razoável, por um juiz ou tribunal competente, independente e imparcial, estabelecido anteriormente por lei, na apuração formal de qualquer acusação penal formulada contra ela, ou para que se determinem seus direitos ou obrigações de natureza civil, trabalhista, fiscal ou de qualquer outra natureza".

Moralidade. Assim como a Administração Pública, o Poder Judiciário se encontra jungido ao dever legal de agir em conformidade com os princípios da moralidade.

As pessoas, de modo geral, utilizam os vocábulos *ética* e *moral* como se fossem sinônimos. Essa confusão provavelmente deriva do fato de essas palavras estarem associada à mesma realidade (filosófica, histórica, religiosa, psicológica, política, jurídica etc.). Com efeito, o vocábulo *ética* é oriundo do grego *ethos*, que significa o modo de ser, o caráter de uma pessoa; moral, por sua vez, é originária do latim *mores*, que indica costume.

No terreno dos conceitos, contudo, esses vocábulos se desassemelham. A Moral pode ser definida como o conjunto de normas convencionais que disciplinam o bom comportamento das pessoas em sociedade. Por isso, Durkheim a considerava a "ciência dos costumes". Os preceitos morais são transmitidos de várias formas: pela educação, pela religião, pela tradição, pelo convívio humano. A Ética tem sido definida como o conjunto de valores que orientam os indivíduos em seus relacionamentos sociais. O objetivo da Ética é, por assim dizer, o bem-estar social.

A Moral possui caráter: a) prático; b) restrito; c) histórico; e d) relativo. A Ética: a) envolve uma reflexão filosófica sobre a moral; b) busca justificar a moral; c) o seu objeto conduz a ação; e d) a sua finalidade consiste em orientar de maneira racional a vida humana em sociedade.

Desde os tempos mais remotos, o ser humano tem consciência moral, que lhe permite distinguir o bem do mal. A Ética surgiu com a filosofia grega, particularmente com Sócrates.

Alguns estudiosos, apesar de afirmarem que a Ética é teórica e que a Moral é essencialmente prática, reconhecem que se complementam, levando-se em conta que tanto o conhecer como o agir influem nas ações humanas.

Tanto a Ética quanto a Moral pertencem ao patrimônio dos valores humanos, ou melhor, dos homens livres

Publicidade. O princípio da publicidade assegura uma *transparência* do processo, permitindo, entre outras coisas, que o público em geral tenha acesso às salas de sessão dos órgãos jurisdicionais. O art. 368, do CPC, por exemplo, declara que as audiências serão públicas, ressalvadas as exceções legais. A Constituição Federal afirma, no inciso IX do art. 93, que todos os julgamentos do Poder Judiciário serão públicos; e o inciso LX do art. 5º da mesma Constituição declara que a lei somente poderá restringir a publicidade dos atos processuais quando a defesa da intimidade ou o interesse social o exigirem. Em nome do princípio da publicidade, as pessoas podem requerer certidões de atos processuais em geral; tratando-se de processo que corra em segredo de justiça, diz o art. 189, § 2º, do CPC, que o direito de o terceiro requerer certidão está restrito ao dispositivo da sentença, e aos casos de inventário e partilha decorrente de separação judicial, e, ainda assim, desde que demonstre interesse jurídico em obter a certidão. Parece-nos, contudo, que essa disposição do CPC está em antagonismo com o art. 5º, inciso XXXIV, letra "b", da Constituição, que assegura a todos a obtenção de certidões em repartições públicas, para defesa de direitos e esclarecimentos de situações de interesse pessoal. Sendo assim, pensamos que o juiz não possa indeferir o requerimento de certidão relativa a *qualquer ato processual*, formulado por terceiro, contanto que este demonstre a necessidade de obtê-la, para efeito de promover a defesa de um seu direito ou de obter esclarecimento de situação de foro pessoal.

Pode-se dizer que o princípio da publicidade visa a permitir ao povo fiscalizar a atuação dos juízes e de todos os sujeitos do processo. Convém rememorar que o devido processo legal constitui um instrumento democrático de solução de conflitos de interesses tutelados pela ordem jurídica. Os julgamentos secretos, felizmente, fazem parte do passado. A reação contra esses julgamentos esotéricos surgiu com a Revolução Francesa de 1789, que proclamou a publicidade dos atos processuais como garantia de independência, de imparcialidade e de responsabilidade da magistratura e, ao mesmo tempo, de justiça para os jurisdicionados.

A Declaração Universal dos Direitos do Homem, enunciada pela Organização das Nações Unidas em 1948, assegura o princípio *da publicidade popular* do processo (art. 10), que é de certa forma ampla, pois enseja ao povo acompanhar (logo, fiscalizar) a atuação dos juízes, mediante, *e. g.*, o comparecimento às sessões de audiência e de julgamento. Ao declarar que *"todos os julgamentos do Poder Judiciário serão públicos"* (destacamos), a Constituição Federal de 1988 revela haver perfilhado esse princípio fundamental (art. 93, inciso IX).

Existe, entretanto, no sistema do processo civil uma publicidade menos ampla (dita, por isso mesmo, restrita), que diz respeito às partes e seus procuradores e, eventualmente, a terceiros. O próprio texto constitucional, conforme já referimos, indica os casos em que a lei poderá restringir a publicidade dos atos processuais: "Quando *a defesa da intimidade* ou o *interesse social* o exigirem" (art. 5º, LX; realçamos). Em tais situações, os atos processuais serão realizados em *segredo de justiça*.

Embora o processo civil haja consagrado o princípio da publicidade popular, pelo qual se consente que as pessoas em geral compareçam às salas de audiências ou de sessões dos órgãos jurisdicionais, seja para assistir a esses atos por mera curiosidade; seja para fiscalizar a atuação dos juízes, das partes, dos advogados ou do Ministério Público, isso não significa que tais espectadores possam *interferir* nos trabalhos que aí se desenvolvem, ou *perturbar* a boa ordem desses trabalhos, como: comunicando-se, por palavras ou gestos, com as partes, advogados e testemunhas; formulando críticas à atuação do juiz ou dos advogados; aplaudindo ou vaiando as declarações das partes ou das testemunhas; conversando em voz alta etc. Esse comportamento é atentatório à dignidade da Justiça e incompatível com o decoro que se exige de quem se encontra nas dependências das unidades judiciárias. Por isso, vindo qualquer pessoa a adotar atitudes dessa natureza, o juiz, no exercício do seu inerente *poder de polícia*, a advertirá para que se abstenha de fazê-lo, sob pena de ser retirada da sala de audiência ou de sessões (CPC, art. 360, inciso II; CLT, art. 816). Se houver necessidade, o juiz poderá requisitar força policial, além da segurança interna do fórum ou tribunal, a fim de que a sua ordem seja cumprida (*CPC*, *ibidem*, III; e art. 139, VII).

De uns tempos até esta altura, aliás, tem sido frequente — e, sobretudo, perturbadora — a presença de telefones celulares nas salas de audiências ou de sessões, cujos aparelhos passam a receber chamadas durante a realização desses atos processuais. Pouco importa que sejam as partes, seus advogados ou terceiros que estejam a portar essa espécie de aparelho: ao juiz incumbirá solicitar que sejam desligados, sob pena de a pessoa ser retirada da sala de audiências, ou adotada outra providência que a situação esteja a exigir.

Não se imagine, porém, que o magistrado, ao determinar que sejam retiradas da sala de audiência pessoas que estejam a perturbar os trabalhos estará, com isso, golpeando o princípio constitucional da publicidade. Ora, é elementar que esse princípio, embora seja extremamente necessário, pelas razões já apontadas, não autoriza que as pessoas se comportem de maneira inconveniente no recinto em que se realiza a audiência, ou mesmo em suas proximidades. É importante lembrar que o juiz tem o dever de manter a ordem e o decoro na audiência e de determinar que sejam retiradas da sala as pessoas que estiverem, de algum modo, perturbando os trabalhos.

Aliás, se o juiz, eventualmente, mandar que a porta da sala de audiências seja fechada, em decorrência de vozearia ou ruído intenso que esteja sendo produzido em sala contígua ou em corredor próximo, também não estará desacatando o princípio constitucional da publicidade dos atos processuais, senão que adotando uma providência indispensável para que a audiência possa ser realizada sem essas interferências sonoras externas e perturbadoras.

O princípio da publicidade também não significa que qualquer pessoa, seja jornalista ou não, possa filmar ou gravar em fitas magnéticas ou por outro meio tudo o que se passa na audiência. Ocorre que isso poderá acarretar violação do direito à *intimidade* (e à preservação da *imagem*), de que são detentores as pessoas em geral. Basta observar que a própria Constituição autoriza o afastamento ocasional do princípio da publicidade, quando isso for necessário para assegurar a intimidade da parte (art. 5º, LV). Embora essa regra constitucional seja dirigida ao legislador, nada obsta a que o magistrado a adote, desde que fundamente o seu ato (CF, art. 93, IX).

Eficiência. O princípio da eficiência, trazido, pela primeira vez, *formalmente*, para os sítios do processo civil, diz, em última análise, da boa administração da justiça. Essa boa administração talvez possa ser sintetizada sob a fórmula: um máximo de atuação jurisdicional em um mínimo de tempo. Sob este aspecto, o princípio em exame é fronteiriço ao da celeridade processual (CF, art. 5º, inciso LXXVIII).

Código de Processo Civil

Art. 9º Não se proferirá decisão contra uma das partes sem que ela seja previamente ouvida.

Parágrafo único. O disposto no caput não se aplica:

I – à tutela provisória de urgência;

II – às hipóteses de tutela da evidência previstas no art. 311, incisos II e III;

III – à decisão prevista no art. 701.

• **Comentário**

Caput. Sem correspondência com o Código revogado.

Este preceito constitui ressonância do princípio da bilateralidade e do contraditório, que tem sede constitucional (CF, art. 5º, LV). O art. 7º do CPC, por sua vez, em harmonia com a Constituição Federal, determina que o juiz deverá zelar pelo *efetivo contraditório*. O art. 9º visa, especialmente, a dar concreção ao princípio constitucional, ao procurar impedir a prolação de *decisão-surpresa*, que tantos danos tem causado aos interesses, ao direito e ao patrimônio das partes.

Uma ponderação: cremos que a norma legal em tela disse mais do que pretendia. Na verdade, não é necessário que para efeito de emissão de sentença ou de decisão o juiz *ouça*, previamente, a parte contra a qual decidirá. Será suficiente que o juiz conceda *oportunidade* para o litigante manifestar-se a respeito. Isso feito, o silêncio desta não impedirá o proferimento da sentença ou da decisão. A aplicar-se o sentido meramente literal no preceito legal em foco não se poderia condenar o réu à revelia, uma vez que ele não teria sido *ouvido*.

A propósito, o artigo que estamos a comentar contém certo surrealismo. Assim dizemos porque ele deixa claro que o juiz deverá ouvir (entenda-se: conceder-lhe oportunidade para manifestar-se), *de maneira prévia*, a parte *contra a qual decidirá*. Em termos práticos, isto é algo, no mínimo, curioso, pois ao assim agir o juiz estará revelando à parte que *irá* proferir decisão contrária aos interesses desta, vale dizer, estará, ainda de modo implícito, *antecipando o resultado do julgamento*. E se o magistrado, após ouvir a parte contra a qual, a princípio, decidiria, resolver modificar o seu entendimento e decidir contra a outra parte? Certamente, antes disso deverá dar oportunidade a esta última para manifestar-se acerca de uma decisão futura...

Como a norma em estudo faz referência à decisão, em sentido genérico, devemos entender que as suas disposições compreendem também a sentença e o acórdão. Pois bem. Como deveria agir o juiz, por exemplo, em relação às matérias que devesse conhecer *ex officio*, como a ausência de pressuposto indispensável à constituição e ao desenvolvimento regular do processo (art. 485, VI, e § 3º): mesmo assim, deveria abrir oportunidade para o autor manifestar-se de maneira prévia? Cremos que a jurisprudência trabalhista deverá munir-se de extrema cautela na aplicação do art. 9º, do CPC, a fim de evitar a submissão do processo do trabalho a determinados formalismos com este incompatíveis. Em nenhum momento, durante a vigência do CPC de 1973, inquinou-se, na Justiça do Trabalho, de nulo o processo em virtude de suposta violação ao art. 5º, LV, da Constituição Federal, em decorrência de não se dar oportunidade prévia para a manifestação da parte contra a qual se viria a decidir. Sucede que o *contraditório* não necessita ser prévio, nem imediato, podendo ser diferido para momento posterior do processo, como o da contestação ou do recurso.

Parágrafo único. Após proibir o magistrado de proferir decisão contra uma das partes, sem conceder oportunidade para esta manifestar-se, previamente (princípio), o legislador estabeleceu exceções a essa regra, especificando-as. Passemos a examiná-las.

Inciso I. *Tutela provisória de urgência*. Por princípio legal (CPC, art. 294), tanto as as tutelas de urgência quanto as da evidência são provisórias, podendo, por isso, a qualquer tempo, ser revogadas ou modificadas, embora conservem a sua eficácia na pendência do processo (art. 296).

As tutelas de urgência, no sistema do atual CPC, correspondem às medidas cautelares em geral, previstas no Código revogado. Note-se que o art. 300 faz menção ao "perigo de dano ou o risco ao resultado útil do processo".

Ao declarar que, nos casos mencionados nos incisos I a III — nos quais se incluem as tutelas de evidência e da urgência — o juiz poderá proferir decisão sem ouvir, previamente, a parte, o legislador não está a transgredir o preceito contido no art. 5º, LIV, da Constituição Federal, pois o contraditório pode ser *diferido*, vale dizer, ficar reservado para fase ulterior do processo. Nos casos da tutela de urgência, essa fase é a da contestação (CPC, art. 306).

Iremos lançar comentários pormenorizados sobre essa espécie de tutela quando examinarmos os artigos do CPC que a disciplinam.

Desde logo, todavia, devemos dizer que se inserem nessa exceção legal (portanto, podem ser concedidas *inaudita altera parte*) as liminares concedidas com fundamento nos incisos IX e X do art. 659, da CLT. A primeira se destina a "tornar sem efeito transferência disciplinada pelos parágrafos do art. 469 desta Consolidação"; a segunda, a "reintegrar no emprego dirigente sindical afastado, suspenso ou dispensado pelo empregador". Ambas as liminares produzem os seus efeitos "até decisão final do processo". A propósito, em relação ao inciso X deve ser trazida à lembrança a OJ n. 142, da SBDI-2, do TST, assim enunciada: "MANDADO DE SEGURANÇA. REINTEGRAÇÃO LIMINARMENTE CONCEDIDA (DJ 4.5.2004) Inexiste direito líquido e certo a ser oposto contra ato de Juiz que, antecipando a tutela jurisdicional, determina a reintegração do empregado até a decisão final do processo, quando demonstrada a razoabilidade do direito subjetivo material, como nos casos de anistiado pela Lei n. 8.878/94, aposentado, integrante de comissão de fábrica, dirigente sindical, portador de doença profissional, portador de vírus HIV ou detentor de estabilidade provisória prevista em norma coletiva".

Inciso II. *Tutela da evidência*. Corresponde, *mutatis mutandis*, à antecipação dos efeitos da tutela, de que tratava o art. 273 do CPC anterior. No Código atual, a sua sede é o art. 311, que prevê a concessão da medida "independentemente da demonstração de perigo de dano ou de risco ao resultado útil do processo". Essa tutela será prestada nas situações indicadas pela norma legal refeida.

É interessante observar que o legislador alude à tutela *de* urgência e à tutela *da* evidência. No primeiro caso, fez uso, apenas, da preposição *de*, a indicar que a medida se refere a qualquer situação de *urgência* — caracterizada não só pela probabilidade do direito, mas pelo perigo de dano ou de risco ao resultado útil do processo —; no segundo, porém, ele contraiu a preposição *de* com o artigo definido *a*, por forma a revelar que se cuida da tutela diante de uma situação evidente, que salta aos olhos, para cuja concessão, por esse motivo, não se cogita da probalidade do direito, nem se exige a presença de perigo de dano ou de risco ao resultado útil do processo.

O art. 9º do CPC autoriza, por exceção, o juiz a decidir *sem* audiência prévia da parte nos casos dos incisos II e III do art. 311 do mesmo estatuto processual, ou seja, quando: "II — as alegações de fato puderem ser comprovadas apenas documentalmente e houver tese firmada em julgamento de casos repetitivos ou em súmula vinculante; III — se tratar de pedido reipersecutório fundado em prova documental adequada do contrato de depósito, caso em que será decretada a ordem de entrega do objeto custodiado, sob cominação de multa".

Ficam fora a incidência do art. 311, portanto, os incisos I e IV, vale dizer, nesses casos o juiz deve ouvir, antes, a parte.

Estabelecem esses preceptivos legais: "I — ficar caracterizado o abuso do direito de defesa ou o manifesto propósito protelatório da parte". "IV — a petição inicial for instruída com prova documental suficiente dos fatos constitutivos do direito do autor, a que o réu não oponha prova capaz de gerar dúvida razoável".

Se, no caso dos incisos I e IV, o juiz decidir sem ouvir, antes, as partes, estará cometendo erro de procedimento, o que significa dizer, praticando ato contrário à lei, que poderá ser impugnado por meio de ação mandamental (mandado de segurança), considerando-se a liquidez e a certeza do direito do impetrante em ter sido ouvido previamente à decisão — sem prejuízo de reclamação correcional.

Por ocasião dos comentários específicos ao art. 311 iremos nos aprofundar no exame das suas disposições.

Inciso III. *Decisão do art. 701*. Consta dessa norma do CPC: "Sendo evidente o direito do autor, o juiz deferirá a expedição de mandado de pagamento, de entrega de coisa ou para execução de obrigação de fazer ou de não fazer, concedendo ao réu prazo de 15 (quinze) dias para o cumprimento e o pagamento de honorários advocatícios de cinco por cento do valor atribuído à causa". Essa norma é pertinente à ação monitória.

Há, no entanto, mais uma exceção, prevista no próprio CPC, à norma do art. 9º. Referimo-nos aos arts. 562 e 568. O primeiro, que diz respeito à manutenção e à reintegração de posse, estabelece: "Estando a petição inicial devidamente instruída, o juiz deferirá, **sem ouvir o réu**, a expedição do mandado liminar de manutenção ou de reintegração"; e o segundo, que versa sobre o interdito proibitório: "Aplica-se ao interdito proibitório o disposto na Seção II deste Capítulo", na qual se encontra o art. 562.

Conquanto não desconheçamos a regra de que as exceções, por sua natureza, não devam ser interpretadas de maneira ampliativa, atrevemo-nos a dizer que, além das mencionadas nos incisos I a III do art. 9º, e nos arts. 562 e 568, há, quando menos, mais uma, que autoriza o juiz a decidir contra a parte sem ouvi-la previamente. Temos em vista o parágrafo único art. 774 do CPC, que manda o juiz aplicar multa ao executado que praticar ato atentatório à dignidade da justiça. Neste caso, praticado o ato, não faria sentido ouvir-se o executado antes de aplicar-lhe a penalidade pecuniária, levando-se em conta, inclusive, o fato de que os atos configuradores desse atentado são objetivamente constatáveis, como se pode verificar pela leitura dos incisos I a V do art. 774.

É evidente que muitas controvérsias surgirão, nos planos da doutrina e da jurisprudência, acerca da interpretação e da aplicação do art. 9º do CPC, em decorrência do espectro abrangente que o princípio, nele contido, apresenta. Um exemplo: por força do art. 1.023, § 2º, o juiz deverá intimar o embargado para, querendo, manifestar-se no prazo de cinco dias sobre os embargos declaratórios, na *hipótese* de o acolhimento destes implicar modificação da decisão embargada. Aparentemente, portanto, se os embargos declaratórios não forem dotados de aptidão para modificar a decisão a que se dirigem o juiz não estará obrigado a intimar a parte contrária, pois a decisão não será *contra* esta (art. 9º). Todavia, como existirão situações em que a decisão dos embargos declaratórios, embora não tenha escopo modificativo da decisão embargada, poderá ser proferida *contra* os interesses do adversário do embargante, só restará ao juiz ouvir, previamente, o *ex adverso* deste.

Deixando, o juiz, de conceder às partes oportunidade para que se manifestem de maneira prévia sobre a decisão que irá proferir (art. 9º), a consequência processual será a nulidade dessa decisão. Não acreditamos que se trate de ineficácia.

Fora do sistema do CPC, há outras situações que autorizam a concessão de medida liminar, de natureza cautelar, sem audiência da parte oposta. A primeira é a do art. 7º, III, da Lei n. 12.016, de 7.8.2009, disciplinadora da ação de mandado de segurança; a segunda consiste no art. 10, § 3º, da Lei n. 9.869, de 10.11.1999, na parte relativa à ação direta de inconstitucionalidade; a terceira é materializada pelos incisos IX e X do art. 659, da CLT.

Art. 10. O juiz não pode decidir, em grau algum de jurisdição, com base em fundamento a respeito do qual não se tenha dado às partes oportunidade de se manifestar, ainda que se trate de matéria sobre a qual deva decidir de ofício.

• **Comentário**

O CPC revogado era omisso acerca do tema.

O art. 10 está imbricado com os arts. 7º e 9º do mesmo Código.

Essa norma, a despeito de sua preocupação em atender a determinados princípios constitucionais, como o do contraditório e da ampla defesa (CF, art. 5º, LV), contém algo de surrealista.

Quando uma das partes apresenta algum fundamento jurídico, para efeito de formulação de pedido ou de simples requerimento, é compreensível que o juiz deva, antes de decidir, ouvir a parte contrária. Neste caso, há uma situação *concreta* nos autos, materializada no fundamento do pedido ou do requerimento, sobre o qual o litigante adverso deve manifestar-se no prazo que lhe for assinado. Sob este aspecto, o art. 10 do CPC não merece reparo, pois se destina a evitar a *decisão-surpresa*, de que fala a doutrina. Em rigor, dever-se-ia dizer *decisão-surpresa desfavorável*. Seja como for, o fato é que sem saber se a decisão será favorável ou desfavorável a uma das partes, o juiz deverá, antes, conceder oportunidade para que a outra se manifeste. Todavia, tratando-se de matéria a que o magistrado, por força de lei, deva conhecer *ex officio*, vale dizer, sem que tenha havido provocação de qualquer das partes, surge, a nosso ver, o caráter surrealista da norma, pois, neste caso, nada há ainda de concreto nos autos. O que se tem, apenas, é a *virtualidade* de uma decisão, sem que dela se conheçam os fundamentos. Deste modo, em termos práticos, teremos uma situação muito semelhante àquela a que o art. 9º do mesmo Código nos conduz: a revelação do fundamento de uma decisão que será proferida (ato futuro, portanto). Digamos que o juiz vá pronunciar, por sua iniciativa, a ilegitimidade ativa. Nesta hipótese, como o art. 10 do CPC proíbe que ele decida "com base em fundamento a respeito do qual não se tenha dado às partes oportunidade de se manifestar, ainda que se trate de matéria sobre a qual tenha que decidir de ofício", só lhe restará comunicar ao autor que *irá* extinguir o processo sem resolução do mérito, em virtude de carência da ação (ilegitimidade ativa *ad causam*). Qual a finalidade prática dessa intimação, sabendo-se que se trata não de decisão (ato concreto), mas de mera indicação dos fundamentos de uma de decisão que virá (ato futuro)? Não seria mais lógico que o autor, no exemplo que formulamos, aguardasse a decisão ou a sentença, e a indicação de seus fundamentos, para, somente depois disso, tomar as medidas previstas no sistema processual, como, *v. g.*, interpor recurso ordinário, oferecer embargos declaratórios ou impetrar mandado de segurança?

Ademais, houve uma certa dispersão do legislador, pois os conteúdos dos arts. 9º e 10 poderiam ter sido fundidos em uma só norma. Essas dois dispositivos legais se entrelaçam, pois ambos versam sobre o princípio de que o juiz não pode decidir sem audiência prévia das partes.

Entre as matérias que o juiz pode conhecer *ex officio* encontram-se os pressupostos de constituição e de desenvolvimento válido e regular do processo; a existência de perempção, litispendência ou coisa julgada; a ausência de legitimidade ou de interesse processual e a morte da parte, sendo a ação intransmissível por força de lei. Em todos esses casos, o juiz, por sentença, extinguirá o processo (art. 316), sem resolução do mérito (art. 485, incisos IV, V, VI e IX e § 3º).

Nos casos em que, efetivamente, a parte deveria ser ouvida previamente, mas esse direito não lhe foi assegurado pelo juiz, será cabível mandado de segurança, sem prejuízo de, em alguns casos, ela manifestar o costumeiro "protesto antipreclusivo" e, em grau de recurso — sendo-lhe desfavorável a sentença —, alegar nulidade processual por violação ao direito de audiência prévia, porquanto estará configurado o prejuízo de que cogita o art. 794, da CLT.

Pensamos, todavia, que a jurisprudência trabalhista, com sua vocação vanguardeira (rebeldia criativa) poderá abrandar o rigor da norma, em casos como o de tutela de urgência, sob pena de o referido rigor implicar dano irreparável ou de difícil reparação ao direito do requerente da medida.

Art. 11. Todos os julgamentos dos órgãos do Poder Judiciário serão públicos, e fundamentadas todas as decisões, sob pena de nulidade.

Parágrafo único. Nos casos de segredo de justiça, pode ser autorizada a presença somente das partes, de seus advogados, de defensores públicos ou do Ministério Público.

• **Comentário**

Caput. O CPC revogado silenciara a respeito do assunto.

Tem-se, aqui, uma reprodução, parcial e literal, das regras contidas nos incisos LX, do art. 5º, e IX, do art. 93, da Constituição Federal.

Publicidade. Sobre este princípio processual já nos manifestamos quando dos comentários ao art. 8º.

Fundamentação. Em nossa tradição, a exigência de que as decisões judiciais sejam fundamentadas é formulada por normas infraconstitucionais, como é o caso dos arts. 11, *caput*, e 489, II, do CPC, e do art. 832, *caput*, da CLT. Igual imposição era encontrada nas Ordenações Filipinas (Livro III, Título LXVI, n. 7), no Regulamento Imperial n. 737, de 1850, e em diversos códigos estaduais de nosso País. Entrementes, considerando a extraordinária importância jurídica e política da motivação dos pronunciamentos jurisdicionais, essa exigência acabou sendo elevada, entre nós, à categoria de princípio constitucional. Com efeito, estabelece o art. 93, inciso IX, da Constituição em vigor, que todas as decisões judiciais serão fundamentadas, sob pena de nulidade. Deve ser dito, porém, que Constituições estrangeiras anteriores à nossa, de 1988, já haviam exigido fundamentação nas decisões judiciais, como as da Itália, da Bélgica, e de alguns de países da América Latina.

O princípio que estamos a examinar possui estreita ligação com os postulados essenciais dos regimes democráticos dos Estados de Direito, aos quais repugna a possibilidade de as pessoas serem submetidas a decisões judiciais *arbitrárias*, assim entendidas aquelas que refletem não o comando da lei, mas a vontade pessoal do magistrado, influenciada, quase sempre, por motivos de ordem política, religiosa, social, ética, econômica, corporativa, afetiva, etc.

Por força do inciso X do mesmo artigo da Constituição, também devem ser fundamentadas as decisões administrativas proferidas pelos tribunais.

Fundamentar a decisão significa, pois, a exigência de que o juiz indique as razões de fato e de direito, com base nas quais formou a sua convicção jurídica acerca dos fatos da causa. Como escreve Nelson Nery Junior, "A motivação da sentença pode ser analisada por vários aspectos, que vão desde a necessidade de comunicação judicial, até sua submissão, como ato processual, ao estado de direito e às garantias constitucionais estampadas no art. 5º, CF, trazendo consequentemente a exigência da imparcialidade do juiz, a publicidade das decisões judiciais, a legalidade da mesma decisão, passando pelo princípio constitucional da independência jurídica do magistrado, que pode decidir de acordo com sua livre convicção, desde que motive as razões de seu convencimento (princípio do livre convencimento motivado". (*Princípios do processo civil na Constituição Federal*, 3. ed. São Paulo: Revista dos Tribunais, 1996. p. 169/170).

Fórmulas costumeiras, adotadas pelos juízes, como: "Defiro nos termos da lei", ou "Indefiro por falta de previsão legal", muito em voga em passado recente, já não se justificam em face da regra constitucional específica e impositiva (art. 93, IX). Decisões como essas, por serem vagas, genéricas, são destituídas de fundamento jurídico, e, como tais, nulas.

Não será nula, contudo, a decisão que se fundar em Súmula — muito embora as Súmulas, de modo geral, não contenham a motivação do seu enunciado. Também inexistirá nulidade da decisão que se basear, de forma exclusiva, em parecer exarado pelo Ministério Público, conquanto seja sempre conveniente que o juiz encontre argumentos próprios para decidir desta ou daquela maneira.

A revelia, por sua vez, não é pretexto para o juiz deixar de fundamentar a decisão condenatória do réu, embora seja aceitável que presuma verdadeiros os fatos narrados pelo autor, quando não houver, quanto a isso, nenhum obstáculo legal.

As decisões interlocutórias não escapam à exigência do art. 93, inciso IX, da Constituição, motivo por que serão nulas se destituídas de fundamentação, ainda que lacônica. Note-se que a referida norma constitucional impõe a existência de motivação em *todas as decisões* proferidas pelo Poder Judiciário, e não somente nas sentenças ou nos acórdãos.

Motivadas juridicamente devem ser também as *liminares* em geral (mandado de segurança, possessórias, cautelares, ação civil pública, ação direta de inconstitucionalidade etc.) e as sentenças proferidas no processo cautelar. A urgência na concessão daquelas não justifica a ausência de um mínimo de fundamentação da medida, do mesmo modo como a cognição sumária e o juízo de probabilidade, característicos do processo cautelar, não autorizam a emissão de sentença infundada.

Mesmo nos casos de extinção do processo sem resolução do mérito (CPC, art. 485), a sentença deverá ser fundamentada. O Código atual, ao contrário do anterior (art. 459, parágrafo único) não permite que, nesse caso, a sentença seja concisa.

Cremos, todavia, que as sentenças meramente homologatórias não necessitam de fundamentação, mesmo que tenham como objeto transação. Na transação, em verdade, não há solução jurisdicional do conflito (portanto, impositiva), mas, consensual (logo, negociada); a transação constitui, assim, negócio jurídico realizado pelas partes, mediante concessões recíprocas e com a finalidade de dar fim ao litígio. Deverá ser fundamentada, porém, a sentença que se *recusar* a homologar a transação, porquanto se colocará em antagonismo com a vontade manifestada pelos transatores.

É evidente que haverá casos em que se ficará em dúvida sobre se a decisão não possui fundamento ou está fundamentada de modo extremamente lacônico: o fato se situará, então, naquelas zonas grises, tão comuns nos sítios jurídicos, onde predomina a incerteza, a hesitação da inteligência, a insegurança. A investigação prática a respeito deste assunto, embora seja algo tormentosa, é de grande relevância, pois se se concluir que a decisão não contém fundamento jurídico será nula.

De resto, se a fundamentação é de boa ou de má qualidade é algo que diz respeito exclusivo à valoração subjetiva dos argumentos utilizados pelo juiz, como razão de decidir, é uma questão ligada, portanto, à axiologia dos pronunciamentos jurisdicionais, sem qualquer vinculação com o tema das nulidades.

O § 1º do art. 489, do atual CPC, entretanto, não considera fundamentada qualquer decisão que incorrer em uma das previsões contidas nos seus incisos I a VI. Estamos serenamente convencidos de que esse parágrafo é inaplicável ao processo do trabalho; reservamo-nos para demonstrar as razões de nosso entendimento quando dos comentários ao antedito preceptivo legal.

Parágrafo único. Do ponto de vista topológico, este parágrafo único deveria ter sido objeto de artigo próprio, pois em nada se relaciona com o *caput* do art. 11, que se ocupa da fundamentação dos pronunciamentos jurisdicionais.

Pondo de lado essa impropriedade técnica do legislador, devemos dizer que estamos diante de mais uma reprodução parcial do inciso IX do art. 93, da Constituição Federal, que, após enunciar o princípio da publicidade dos atos processuais, permite ao legislador infraconstitucional limitar a presença, nos atos processuais, "às próprias partes e a seus advogados, ou somente a estes".

Sobre o princípio da publicidade e sua importância para os Estados Democráticos de Direito, ou Estados Judiciais, já nos pronunciamos quando dos comentários ao art. 8º.

O processo se desenvolve em segredo de justiça sempre que: a) assim impuser o interesse público ou social; b) disser respeito a casamento, separação de corpos, divórcio, separação, união estável, filiação, alimentos, guarda de crianças e adolescentes; c) dele constarem dados protegidos pelo direito constitucional à intimidade; e d) se refira à arbitragem (inclusive acerca de cumprimento de carta arbitral), contanto que a confidencialidade estipulada na arbitragem seja comprova perante o juízo (CPC, art. 189, I a IV).

Conquanto o parágrafo único do art. 11, do CPC, repetindo a regra do inciso IX do art. 93 da CF, assegure a publicidade dos *julgamentos* realizados pelo Poder Judiciário, na verdade aí se disse menos do que se pretendia (ou deveria), pois, em rigor, essa publicidade diz respeito a *todos os atos do processo* e não apenas ao seu momento de culminância, que é o do julgamento da causa. Não fosse assim, os demais atos do processo poderiam ser praticados de maneira velada, kafkaniana, por assim dizer. A propósito, o art. 813, *caput*, da CLT, proclama a publicidade das audiências — a demonstrar, com isso, que a norma constitucional supracitada deve ser inteligida em seu sentido amplo, para abarcar todos os atos integrantes do devido processo legal, exceto quando o juiz, com fundamento na lei, impuser a prática de certos atos mediante publicidade restrita, assim entendida a que permite a participação somente das partes ou de seus advogados regularmente constituídos.

Ao facultar ao magistrado que, nos casos em que o processo tramita em segredo de justiça, apenas consinta a presença das partes, seus advogados ou defensores públicos, ou do Ministério Público, o parágrafo único do art. 11 do CPC — a exemplo do inciso IX do art. 93 da Constituição Federal —, como afirmamos, está a versar sobre o que denominamos de *publicidade restrita* do processo, contraparte da *publicidade ampla*.

Tramitando, o processo, em segredo de justiça, estabelece o art. 189, do CPC, que: "§ 1º O direito de consultar os autos de processo que tramite em segredo de justiça e de pedir certidões de seus atos é restrito às partes e aos seus procuradores. § 2º O terceiro que demonstrar interesse jurídico pode requerer ao juiz certidão do dispositivo da sentença, bem como de inventário e de partilha resultantes de divórcio ou separação".

Art. 12. Os juízes e os tribunais deverão obedecer à ordem cronológica de conclusão para proferir sentença ou acórdão.

§ 1º A lista de processos aptos a julgamento deverá estar permanentemente à disposição para consulta pública em cartório e na rede mundial de computadores.

§ 2º Estão excluídos da regra do caput:

I — as sentenças proferidas em audiência, homologatórias de acordo ou de improcedência liminar do pedido;

II — o julgamento de processos em bloco para aplicação de tese jurídica firmada em julgamento de casos repetitivos;

III — o julgamento de recursos repetitivos ou de incidente de resolução de demandas repetitivas;

IV — as decisões proferidas com base nos arts. 485 e 932;

V — o julgamento de embargos de declaração;

VI — o julgamento de agravo interno;

VII — as preferências legais e as metas estabelecidas pelo Conselho Nacional de Justiça;

VIII — os processos criminais, nos órgãos jurisdicionais que tenham competência penal;

IX — a causa que exija urgência no julgamento, assim reconhecida por decisão fundamentada.

§ 3º Após elaboração de lista própria, respeitar-se-á a ordem cronológica das conclusões entre as preferências legais.

§ 4º Após a inclusão do processo na lista de que trata o § 1º, o requerimento formulado pela parte não altera a ordem cronológica para a decisão, exceto quando implicar a reabertura da instrução ou a conversão do julgamento em diligência.

§ 5º Decidido o requerimento previsto no § 4º, o processo retornará à mesma posição em que anteriormente se encontrava na lista.

§ 6º Ocupará o primeiro lugar na lista prevista no § 1º ou, conforme o caso, no § 3º, o processo que:

I — tiver sua sentença ou acórdão anulado, salvo quando houver necessidade de realização de diligência ou de complementação da instrução;

II — se enquadrar na hipótese do art. 1.040, inciso II.

- **Comentário**

Caput. A norma consubstancia um dever do magistrado, não uma faculdade. No plano teórico, ela é imbuída de um justo propósito: fazer com que as sentenças ou acórdãos sejam proferidos segundo a ordem cronológica de conclusão ao juiz ou ao relator. Em termos práticos, sejamos sinceros, nem sempre a norma terá condições de ser aplicada, à risca. Justifiquemo-nos.

Em primeiro grau de jurisdição, por exemplo, haverá casos em que diversos processos serão conclusos ao magistrado, na mesma data, para julgamento. Pode ocorrer, entretanto, de determinado processo conter matéria de extrema complexidade, ou inédita etc., por forma a exigir que o juiz se veja forçado a dedicar-se a um estudo mais aprofundado do tema — consumindo, nisso, alguns dias — e, por esse motivo, não consiga efetuar o julgamento juntamente com os demais autos de processos que lhe foram conclusos na mesma data. Nesta hipótese, incumbirá ao magistrado justificar o motivo pelo qual deixou de atender à regra inscrita no art. 12 do CPC.

Nos tribunais, a aplicação do preceito legal tornar-se-á ainda mais difícil, pois o julgamento, por princípio, não compete, apenas, ao relator, mas aos demais membros integrantes do colegiado. Deste modo, pode ser que os autos sejam incluídos em pauta, para julgamento, mas um ou mais deles não possam ser julgados em decorrência, digamos, de vista solicitada por algum dos magistrados. Em decorrência disso, processos inclusos na pauta subsequente poderão vir a ser julgados antes daquele que integrava a pauta anterior e que foi objeto de pedido de vista.

Em síntese, conquanto a intenção do legislador seja louvável, por tentar evitar preterições intencionais nos julgamentos realizados pelo Poder Judiciário — ou seja, por exigir transparência na administração dos processos passíveis de julgamento — queremos crer que as circunstâncias da realidade conspirarão contra o pleno sucesso desse seu objetivo, pois nem sempre será possível atender-se à ordem cronológica de conclusão dos autos, para efeito de julgamento da causa. Em concreto, os juízes terão que decidir: a) se cumprem rigorosamente a lei e, nesse caso, o primeiro processo a ser julgado pode ser de grande complexidade, exigindo muito tempo para o seu estudo, cuja consequência será um considerável atraso no julgamento das demais causas, ou b) se não acatam a lei, para poderem julgar, primeiramente, os processos mais simples, que são em maior número, deixando os mais complexos para o final, ainda que os julguem com algum atraso. Só o tempo dirá se estamos certos ou errados nessa opinião. Mais uma vez, citamos Sir Oliver Wendell: "Quando a lei ignora a realidade, a realidade se rebela, ignorando a lei".

§ 1º A norma está a demonstrar que, em primeiro grau, o juiz deverá encaminhar à secretaria o rol dos processos aptos a serem julgados, a fim de que esse órgão o disponibilize, em caráter permanente, em suas dependências e na internet, para consulta pública, vale dizer, por quem quer que seja. Pondo à frente o disposto no *caput* da mesma norma, essa lista deve ser elaborada conforme a ordem cronológica de conclusão dos processos.

O escopo da norma é a transparência como instrumento para a verificação, pelas partes e terceiros, quanto à fidelidade judicial à ordem estabelecida na lista.

§ 2º Ao princípio de que os juízes e tribunais, para efeito de julgamento, devem atender à ordem cronológica de conclusão, o próprio legislador estabelece algumas exceções.

Façamos uma breve análise delas.

Inciso I. *Sentenças proferidas em audiência, homologatórias de acordo ou de improcedência liminar do pedido.*

São três as exceções previstas no inciso I do art. 12, a saber: a) as sentenças proferidas em audiência, tenham resolvido o mérito, ou não. Incluem-se no primeiro caso também as proferidas à revelia do réu; b) as sentenças homologatórias de acordo (transação), muito frequentes na Justiça do Trabalho; e c) sentenças de rejeição liminar e integral dos pedidos, a que o legislador, incorrendo em uma inveterada impropriedade terminológica, se refere como sendo de "improcedência" (*sic*). Os pedidos são *acolhidos* ou *rejeitados*, conforme expressa o art. 490 do CPC. Só estão abrangidas pelo texto legal em exame as sentenças de rejeição *liminar* das pretensões deduzidas pelas partes, como a mencionada no art. 355.

Inciso II. *Julgamento de processos em bloco para aplicação da tese jurídica firmada em julgamento de casos repetitivos.*

No sistema do CPC, o incidente em questão é regulado pelos arts. 976 a 987 do CPC, que aludem a *demandas* repetitivas; esses preceptivos legais são aplicáveis, em caráter supletivo, ao processo do trabalho (CLT, art. 769).

Inciso III. *Julgamento de recursos repetitivos ou de incidente de resolução de demandas repetitivas.*

No âmbito da Justiça do Trabalho, o incidente de resolução de recursos de revista repetitivos é disciplinado pelos arts. 896-B e 896-C, da CLT, introduzidos pela Lei n. 13.015, de 21.7.2014.

Inciso IV. *Decisões proferidas com base nos arts. 485 e 932.*

O art. 485 enumera, em dez incisos, os casos em que o juiz extinguirá o processo sem resolver o mérito. O 932 indica as incumbências do relator. Essa duas normas legais serão examinadas no momento oportuno.

Inciso V. *Julgamento de embargos de declaração.*

Os embargos de declaração estão previstos no art. 897-A, da CLT. Considerando a precariedade dessas disposições, torna-se inevitável a incidência supletivo-subsidiário dos arts. 1.022 a 1.026 do CPC.

Inciso VI. *Julgamento de agravo interno.*

Esse recurso é disciplinado pelo art. 1.021 do CPC. É cabível das decisões proferidas pelo relator (logo, monocráticas), sendo julgado pelo órgão colegiado de que o relator participa.

Inciso VII. *Preferências legais e as metas estabelecidas pelo Conselho Nacional de Justiça.*

Preferências legais. Todos os casos que, por força de lei, têm preferência no processamento e no julgamento não se submetem à regra contida no *caput* do art. 12 do CPC, vale dizer, podem ser julgados independentemente da ordem cronológica de conclusão. Dentre esses casos podem ser referidos: a) o do art. 896-C, § 10, da CLT: "Transcorrido o prazo para o Ministério Público e remetida cópia do relatório aos demais Ministros, o processo será incluído em pauta na Seção Especializada ou no Tribunal Pleno, devendo ser julgado com preferência sobre os demais feitos"; b) o do inciso III do art. 1.038 do CPC: o relator poderá "requisitar informações aos tribunais inferiores a respeito da controvérsia e, cumprida a diligência, intimará o Ministério Público para manifestar-se. (...) § 2º Transcorrido o prazo para o Ministério Público e remetida cópia do relatório aos demais ministros, haverá inclusão em pauta, devendo ocorrer o julgamento com preferência sobre os demais feitos, ressalvados os que envolvam réu preso e os pedidos de *habeas corpus*"; c) o do art. 1.048, I, também do CPC: "Terão prioridade de tramitação em qualquer juízo ou tribunal os procedimentos judiciais: I — em que figure como parte ou interessado pessoa com idade igual ou superior a 60 (sessenta) anos ou portadora de doença grave, assim compreendida qualquer das enumeradas no art. 6º, inciso XIV, da Lei n. 7.713, de 22 de dezembro de 1988"; *d) o do art. 71, da* Lei n. 10.741, de 1º de outubro de 2003, que instituiu o Estatuto do Idoso.

Metas do CNJ. A partir de 2009, o Conselho Nacional de Justiça — CNJ — vem estabelecendo metas de nivelamento para o Poder Judiciário nacional.

Inciso VIII. *Processos criminais, nos órgãos jurisdicionais que tenham competência penal.*

A Justiça do Trabalho não possui competência penal.

Inciso IX. *Causa que exija urgência no julgamento, assim reconhecida por decisão fundamentada.*

Essas causas não se restringem às denominadas *tutelas de urgência* (CPC, art. 300), senão que compreendem todas aquelas que exijam um julgamento urgente. Essa urgência deve ser reconhecida por decisão judicial fundamentada, como exige a norma *sub examen* e o inciso IX do art. 93 da Constituição Federal.

§ 3º A norma harmoniza dois fatos expressivos: de um lado, a imposição para que os casos sejam julgados de acordo com a ordem cronológica das conclusões; de outro, a necessidade de serem respeitados as preferências legais. Desse modo, elaborada a lista a que se refere o *caput,* incumbirá ao magistrado atender à cronologia das conclusões pertinentes às preferências legais. Há, portanto, duas ordens cronológicas a serem atendidas: a relativa aos processos em geral, e as alusivas às preferências legais, conquanto a lista seja uma só. Um elemento comum subordina essas cronologias: as conclusões dos processos ao magistrado.

§ 4º Pode ocorrer de, elaborada a lista, uma das partes vir a peticionar ao juízo. Essa petição superveniente à lista, em princípio, não altera a cronologia ali estabelecida, salvo se acarretar a reabertura da instrução processual ou a conversão do julgamento em diligência.

§ 5º A declaração contida neste parágrafo só faz sentido se a apreciação da petição *não* implicar a reabertura da instrução ou a conversão do julgamento em diligência. Se, ao contrário, produzir essas consequências, o processo não retornará à mesma posição que antes ocupava na lista.

§ 6º O legislador indica, aqui, alguns casos em que o processo deverá figurar como o primeiro da lista, seja em caráter geral (qualquer processo concluso), seja em particular (preferências legais). Examinemos esses casos.

Inciso I. Anulado o processo, ele passará a ocupar o primeiro lugar na lista. Se, todavia, em decorrência dessa nulificação houver necessidade de realização de alguma diligência ou de complementação da instrução, o processo não ocupará essa posição de preeminência na lista.

Inciso II. O art. 1.040 do CPC está ligado ao tema do julgamento da multiplicidade de recursos extraordinário e especial. O inciso II dispõe que, publicado o acórdão: "o órgão que proferiu o acórdão recorrido, na origem, reexaminará o processo de competência originária, a remessa necessária ou o recurso anteriormente julgado, se o acórdão recorrido contrariar a orientação do tribunal superior".

CAPÍTULO II

DA APLICAÇÃO DAS NORMAS PROCESSUAIS

Art. 13. A jurisdição civil será regida pelas normas processuais brasileiras, ressalvadas as disposições específicas previstas em tratados, convenções ou acordos internacionais de que o Brasil seja parte.

• **Comentário**

Dispunha o CPC revogado: "Art. 1.211. Este Código regerá o processo civil em todo o território brasileiro".

A norma em exame contém um princípio e uma exceção. O princípio é de que a atividade jurisdicional brasileira será exercida pelas normas processuais de nosso país; a exceção consiste na existência de disposições expressamente previstas em tratados, convenções ou acordos internacionais de que o Brasil seja parte.

Cumpre observar que, nos termos do § 2º do art. 5º da Constituição Federal: "Os direitos e garantias expressos nesta Constituição não excluem outros decorrentes do regime e dos princípios por ela adotados, **ou dos tratados internacionais em que a República Federativa do Brasil seja parte**" *(destacamos).* Esses tratados se incorporam ao ordenamento jurídico de nosso país, exceto se conflitantes com o texto constitucional.

O § 3º do art. 5º do Texto Constitucional, introduzido pela Emenda n. 45/2004, declara que os tratados e as convenções internacionais sobre direitos humanos, desde que aprovados na Câmara dos Deputados e no Senado Federal, em dois turnos, por três quintos dos votos dos respectivos membros dessas Casas, "serão equivalentes às emendas constitucionais".

Os demais tratados e convenções internacionais, que não se refiram a direitos humanos, assumem o *status* de lei ordinária, subordinando-se, portanto, às normas constitucionais. A esse respeito, é pertinente observarmos o que dispõe o art. 382, do Decreto n. 3.048, de 6.5.1999, que aprovou o Regulamento da Previdência Social: "Os tratados, convenções e outros acordos internacionais de que Estado estrangeiro ou organismo internacional e o Brasil sejam partes, e que versem sobre matéria previdenciária, serão interpretados como lei especial".

Art. 14. A norma processual não retroagirá e será aplicável imediatamente aos processos em curso, respeitados os atos processuais praticados e as situações jurídicas consolidadas sob a vigência da norma revogada.

• **Comentário**

Dispunha o art. 1.211 do CPC revogado: "Este Código regerá o processo civil em todo o território brasileiro. Ao entrar em vigor, suas disposições aplicar-se-ão desde logo aos processos pendentes".

Por outro lado, consta do art. 915 da CLT: "Não serão prejudicados os recursos interpostos com apoio em dispositivos alterados ou cujo prazo para interposição esteja em curso à data da vigência desta Consolidação".

Em todos os casos aqui mencionados estamos diante de normas de *direito intertemporal*, ou seja, de normas que regulam a sucessão de leis (processuais) no tempo.

A regra fundamental, inscrita no inciso XXXVI do art. 5º da Constituição Federal, é de que a lei deve respeitar, além do direito adquirido e da coisa julgada, o *ato jurídico perfeito*, vale dizer, aquele que foi praticado em estrita observância das normas legais então vigentes.

Deste modo, embora o princípio seja de que as normas processuais têm vigência imediata, sendo por isso aplicáveis aos processos em trâmite (casos pendentes), os atos praticados anteriormente à modificação do texto legal não podem ser modificados pelo novo texto, pois consubstanciam *ato jurídico perfeito,* ou *direito processual adquirido.*

Em tema de recurso, todavia, as regras de direito intertemporal apresentam uma singularidade. Assim dizemos porque devem ser separadas duas situações: a) o cabimento e a admissibilidade do recurso; b) o seu processamento. No primeiro caso, será aplicável a lei em vigor na data da prolação da decisão da qual se pretende recorrer; no segundo, incidirá a lei vigente na data da efetiva interposição do recurso.

É oportuno recordar que diante do problema de direito intertemporal três soluções doutrinárias foram propostas, a saber:

a) *a que se fundamenta na unidade do processo* e segundo a qual, embora o procedimento seja composto de fases distintas, deve prevalecer a *unidade processual,* de sorte que o recurso deveria ser regido pela lei velha, pois a incidência da nova importaria em ruptura dessa unidade, quanto mais não seja porque não se poderia fazer com que a lei posterior retroagisse para alcançar os atos já praticados;

b) *a que se calca na autonomia das fases do procedimento*. Este sistema parte da premissa da especificidade e autonomia de cada fase procedimental (postulatória, instrutória, decisória, recursal, executória); deste modo, a lei atingiria a fase do procedimento que estivesse em curso, respeitando as que se encontrassem encerradas. Isto significa que cada fase poderia ser disciplinada por normas diversas, sem prejuízo da harmonia entre elas e justamente por força da autonomia de cada uma;

c) *a que se lastreia no isolamento dos atos processuais*, isto é, que entende ser a lei nova inaplicável aos atos processuais já realizados, bem como aos efeitos destes, conquanto venha a incidir nos atos futuros. Esta solução difere da anterior porque não circunscreve a eficácia da lei às denominadas fases do procedimento.

A doutrina propendeu, com acerto, para o último sistema de solução indicado.

Realmente, em matéria de direito intertemporal o postulado básico, nuclear, é de que o recurso será regido pela lei que estiver em vigor na data do proferimento da decisão, respeitados os atos anteriores e os efeitos que tenham produzido.

Como decorrência da adoção desses princípios, pelo nosso sistema normativo, e feita a ressalva de que a lei regente da interposição do recurso é a vigente na data da *publicação* da sentença, temos que:

1) se a lei superveniente conceder recurso, que era antes vedado, a decisão manter-se-á irrecorrível, ainda que a lei nova tenha entrado em vigor dentro do prazo para a interposição do recurso, por ela fixado;

2) se a lei nova suprimir recurso existente, subsistirá a recorribilidade daquelas decisões que, segundo a lei revogada, poderiam ser objeto da interposição do remédio por ela previsto, e agora supresso, observado o prazo fixado para a interponibilidade;

Art. 15

3) se o recurso for interposto na vigência da lei revogada, mas não estiver ainda julgado, deverá sê-lo segundo essa lei e não de acordo com a nova; sendo assim, se o recurso anteriormente cabível era o de agravo de petição, e agora passou a ser o ordinário, deverá ser interposto, processado e julgado como agravo de petição.

Esclareça-se, contudo, que o *procedimento* a ser obedecido, inclusive para o julgamento, será o estabelecido pela *nova lei*, que neste caso se aplica — ato contínuo à sua vigência — aos processos pendentes (art. 14 do CPC).

Esse princípio também atua em matéria de competência; isto significa que se a lei nova atribuir a órgão diverso a competência para julgar o recurso já interposto (mas ainda não apreciado), o julgamento competirá ao órgão previsto na lei posterior.

Em sentido algo oposto ao que até aqui foi comentado, podemos asseverar que se a lei nova tornar irrecorrível a sentença *ainda não proferida*, não se há que argumentar com o fato de, ao tempo em que a ação foi proposta, a lei vigente prever a possibilidade da interposição do recurso; com a vigência da nova lei, a sentença tornou-se inevitavelmente irrecorrível, pois ainda não havia sido publicada. O exemplo foi trazido para tornar enfático o princípio de que *o recurso se rege pela lei em vigor na data da publicação da decisão que se pretende impugnar por esse meio*.

Art. 15. Na ausência de normas que regulem processos eleitorais, trabalhistas ou administrativos, as disposições deste Código lhes serão aplicadas supletiva e subsidiariamente.

• **Comentário**

A CLT, desde sempre, determina a aplicação subsidiária ao processo do trabalho de normas do "direito processual comum" quando aquele for omisso e desde que as normas do "processo comum" não sejam incompatíveis com as do processo do trabalho.

A subsidiariedade pode ser: a) *específica* (ou expressa) e b) *genérica* (ou aberta). No primeiro caso, o próprio texto trabalhista indica os dispositivos do CPC que serão aplicáveis ao processo do trabalho, como ocorre com os arts. 836 e 882, da CLT, que fazem menção à ação rescisória (arts. 485 e seguintes, do CPC) e à ordem preferencial dos bens penhoráveis (art. 655 do CPC), respectivamente; no segundo, situa-se o art. 769, da CLT.

O art. 15 do CPC estabelece que, na omissão ("ausência de normas") do processo do trabalho (para cogitarmos, apenas, deste), ser-lhe-ão aplicáveis *supletiva* e *subsidiariamente* as normas daquele estatuto processual civil. Estamos diante de um enigma sintático. Em princípio, a aplicação: a) *supletiva* ocorreria quando *houvesse* norma expressa na CLT, mas insuficiente para alcançar, com eficiência, os seus objetivos práticos, razão por que a regra do CPC a auxiliaria na consecução desse escopo; b) *subsidiária* se verificaria nos casos de omissão da CLT, quando, então, a norma da CLT teria a finalidade de suprir essa lacuna, de colmatá-la, por assim dizer. Para Maria Helena Diniz (*As lacunas do direito*. 8. ed., São Paulo: Saraiva, 2007. p. 68/70 e 95), podem existir três espécies de lacunas na lei, a saber: a) *normativa*, caracterizada por inexistência de norma; b) *ontológica*, em que a norma existe, mas está ultrapassada, desatualizada diante dos fatos sociais; c) *axiológica*, em que a norma existe, mas se revela injusta ou insatisfatória.

Ocorre, entrementes, que nos termos do art. 15 do CPC o pressuposto exclusivo para a aplicação de normas desse Código ao processo do trabalho consiste na *omissão* da CLT e da legislação trabalhista esparsa. Trata-se, pois, de *lacuna normativa*, segundo a classificação elaborada de Maria Helena Diniz. Logo, há certa contradição na literalidade do art. 15 ao aludir à incidência de suas normas no processo do trabalho em caráter *subsidiário*.

Como registro históriooco, devemos observar que no art. 15 do PLS n. 166/2010, oriundo do Senado Federal, não havia referência às causas *trabalhistas*. Esse artigo aludia à aplicação *supletiva* do CPC aos processos penais, eleitorais ou administrativos. Posteriormente, o Substitutivo elaborado pela Câmara dos Deputados (Projeto n. 8.046/2010) inseriu o vocábulo *trabalhistas* e passou a fazer referência à aplicação *supletiva* e *subsidiária* das normas do CPC. A propósito, em 16.12.2014, os Senadores Romero Jucá, Eunício Oliveira e Ana Amélia requereram destaque para votação em separado do vocábuilo "trabalhista". No dia seguinte, esse vocábulo foi aprovado, com voto contrário da Senadora Ana Amélia. Fizeram uso da palavra a própria Senadora e os Senadores Vital do Rêgo (Relator), Pedro Taques, Randolfe Rodrigues, Paulo Paim e Aloysio Nunes Ferreira.

Não é esta, no entanto, a principal questão a ser analisada pelos estudiosos do processo do trabalho no exame do art. 15 do CPC. Há algo mais grave a ser enfrentado.

Em primeiro lugar, o art. 15 não tem eficácia derrogante do art. 769, da CLT, sabendo-se que esta, na parte processual, constitui *norma específica* para solucionar os conflitos de interesses que são da competência constitucional da Justiça do Trabalho (LINDB, art. 2º, §§ 1º e 2º). Destarte, não basta que o processo do trabalho seja *omisso* em relação a determinado tema; a adoção de norma do processo civil somente será lícita *se não for incompatível* com o processo do trabalho (CLT, art. 769) — não apenas do ponto de vista da literalidade das disposições deste, mas de seus princípios essenciais.

Sejamos francos: não havia necessidade de o art. 15 do CPC fazer referência aos "processos trabalhistas", pois a incidência naquele nos casos de omissão deste processo especializado já estava prevista, com melhor técnica e maior sensibilidade, pelo art. 769 da CLT. É sempre preferível que o processo do trabalho declare quais as normas do CPC que lhe *convêm*, do que o CPC, com certa soberba, arvorar-se em elemento colmatador do processo do trabalho no tocante aos pontos lacunosos que este apresenta, sem considerar, para esse efeito, a sua *compatibilidade* com o processo do trabalho.

Insistamos neste ponto: um dos requisitos para a adoção subsidiária, pelo processo do trabalho, de normas integrantes do processo civil, é a *compatibilidade* destas com aquele. Essa compatibilidade deve ser não apenas sistemática, mas, também, ideológica. Está-se com isso a advertir não ser suficiente a *conveniência* de o sistema do processo do trabalho ser, circunstancial e topicamente, colmatado ou aperfeiçoado por norma do processo civil, sob o ponto de vista pragmático, e sim, que a adoção destas deve respeitar os princípios fundamentais e históricos de que se nutre o processo do trabalho, entre os quais, o da ontológica *inferioridade do trabalhador* — e a necessidade de o processo legal atribuir a este uma superioridade jurídica, para compensar-lhe a inferioridade técnica e econômica. A legislação processual deve, por isso, ser *corretiva dessa ontológica desigualdade,* sendo oportuno lembrar a observação feita por Giovanni Tesorieri de que *"Quando o empregador e o trabalhador assumem no processo as vestes formais de partes não cessam, por esse motivo, de ser o que sempre terão sido; a história das suas relações não se transforma numa outra história: é a mesma, que continua"* (Lineamenti di Diritto Processuale del Lavoro, Padova: Cedam, 1975, p. 4).

O consentimento para a aplicação subsidiária de normas do processo civil ao processo do trabalho faz parte de nossa tradição legislativa. O substantivo *subsidiária* tem, no texto do art. 769, o sentido daquele que presta auxílio, que fortifica. Entendemos que, em determinadas situações particulares, o intérprete do art. 769 da CLT não se deve satisfazer com o fato de estarem presentes os mencionados requisitos da omissão e da compatibilidade, para incursionar pelos domínios do CPC, à cata de norma subsidiária; ele deverá verificar, também, se o processo do trabalho *necessita*, para a sua efetividade, da norma exógena. Desse modo, em casos especiais, serão três os requisitos para a adoção supletória de normativos do processo civil, nesta ordem: omissão, compatibilidade e necessidade. Um exemplo: conquanto o processo do trabalho legislado nada disponha sobre o recurso adesivo, e este, em tese, possa ser compatível com o referido processo, não havia necessidade de ser aqui admitido, conforme procuramos demonstrar em nosso livro (*Sistema dos recursos trabalhistas*. 11. ed. São Paulo: LTr, 2014. p. 451 a 465). Para exemplificar: a Súmula n. 196, do TST, dispunha, em seu enunciado original, que o recurso adesivo era *incompatível* com o processo do trabalho; posteriormente, contudo, alterou-se esse enunciado para dizer que o mencionado recurso, ao contrário, era *compatível* com esse processo. Se tivesse sido posto à frente o requisito — por nós sugerido — da *necessidade*, é provável que se tivesse preservado a redação primitiva da Súmula, para regozijo da própria Justiça do Trabalho.

Há alguns anos, o então Deputado Federal Luiz Antonio Fleury havia apresentado o Projeto de Lei n. 7.152/2006, que acrescentava ao art. 769, da CLT, o parágrafo único, com a esta redação: "Parágrafo único. O direito processual comum também poderá ser utilizado no processo do trabalho, inclusive na fase recursal ou de execução, naquilo em que permitir maior celeridade ou efetividade de jurisdição, **ainda que existente norma previamente estabelecida em sentido contrário**" (destacamos).

Tratava-se, aí, de incidência *substitutiva*, pois não pressupunha a *omissão* do processo do trabalho; ao contrário, a norma do CPC seria aplicável sempre que ensejasse maior celeridade ou efetividade da jurisdição, a despeito da existência de regra do processo do trabalho, em sentido oposto.

Lia-se na Justificação desse Projeto de Lei:

"O art. 769 da Consolidação das Leis do Trabalho — CLT determina que se apliquem ao processo do trabalho as normas do processo civil, de modo subsidiário, quando houver omissão sobre o tema na legislação trabalhista. Porém, quando há disposição celetista sobre o tema, nos termos do referido artigo, fica impedida a utilização, no processo do trabalho, das normas do processo civil, ainda que propiciem maior celeridade e efetividade de jurisdição. Esta limitação legal, todavia, não teria razão de existir, pois gera uma estagnação do processo do trabalho em relação aos avanços patrocinados no âmbito do processo civil. (...) O texto ora proposto, ainda, elimina eventual controvérsia sobre futuras alterações do próprio processo do trabalho, de modo a que as normas do processo civil poderiam ser aplicadas apenas em relação às disciplinas pré-existentes (sic). Assim, se o processo do trabalho resolver disciplinar de modo diferente uma determinada situação, ainda que em confronto com a celeridade por todos buscada, esta solução, por mais recente, é que irá prevalecer".

Na verdade, o Projeto Fleury implicava uma submissão, uma rendição incondicional do processo do trabalho ao processo civil no terreno da execução. Este passaria, mais do que nunca, a ser uma espécie de *alter ego* daquele. Para os sonhadores que, como nós, sempre se bateram pela autonomia legislativa, ideológica e curricular do processo do trabalho, essas tentativas de alterações legislativas representavam um rude golpe nesses anseios auto-

Art. 15

nomistas. Vitoriosas que fossem essas tentativas, só nos restaria encomendar um *réquiem* em memória do processo do trabalho.

Temos fundado receio de que, se não for rigorosamente observado o requisito da *compatibilidade* (e, antes, o da *omissão*; e, em certas situações, o da *necessidade*), o *art. 15 do CPC* possa converter-se, na prática, em uma espécie de mecanismo de destruição não só do art. 769 da CLT, mas de todo o processo do trabalho, pois quanto mais as disposições do CPC forem aplicadas ao processo do trabalho, tanto mais o sistema deste estará sob risco de esgarçamento, de perda de sua identidade ideológica e, em consequência, de sua extinção.

Conforme tivemos oportunidade de mencionar, no dia 26 de junho de 2015, em conferência proferida no encerramento do 55º Congresso de Direito Material e Processual do Trabalho, realizado pela LTr, em São Paulo, outrora, quando a CLT era ainda uma donzela ingênua — uma espécie de Dama das Camélias — ela permitiu que esse belo e sedutor príncipe, que é o processo civil, a visitasse nas condições estabelecidas pelo art. 769 da CLT. O tempo passou, as inúmeras visitas se sucederam e chegamos ao ano de 2015. Agora, remoçado, esse príncipe tornou-se audaz, atrevido, pois pretende visitar, por meio do art. 15, quando bem entender, essa senhora envelhecida e desprotegida, que é a CLT.

Mais do que nunca, é momento de pensarmos na instituição de um Código de Processo do Trabalho. Reiteremos o que dissemos no preâmbulo deste livro: é momento de o processo do trabalho deixar de deslumbrar-se, alienadamente, com a suntuosa mansão do processo civil e construir nova moradia para si. O desafio está lançado.

Enquanto o sonho não se realiza, sistematizemos, em linhas gerais, a ordem de incidência, em caráter subsidiário e supletivo, no processo do trabalho, de normas externas, forâneas. Em todas essas situações, será indispensável o atendimento ao requisito da *compatibilidade* (CLT, art. 769):

a) No processo de conhecimento:

a.a.) CPC.

Previsão: CLT, art. 769; CPC, art. 15.

b) No processo cautelar:

b.a.) CPC.

Previsão: CLT, art. 769; CPC, art. 15.

c) No processo de execução:

c.a.) Lei n. 6.830/80 (exceto quanto aos arts. 835, § 2º, e 848, par. único).

Previsão: CLT, art. 889.

c.b.) CPC.

Previsão: CLT, art. 769; CPC, art. 15.

LIVRO II

DA FUNÇÃO JURISDICIONAL

TÍTULO I

DA JURISDIÇÃO E DA AÇÃO

Art. 16. A jurisdição civil é exercida pelos juízes e pelos tribunais em todo o território nacional, conforme as disposições deste Código.

• **Comentário**

A norma, com pequenas alterações na literalidade, já constava do art. 1º, do CPC revogado.

A CLT contém disposição análoga: "O processo da Justiça do Trabalho, no que concerne aos dissídios individuais e coletivos e à aplicação de penalidades, reger-se-á em todo o território nacional pelas normas estabelecidas neste Título" (art. 763) — que trata do "Processo Judiciário do Trabalho".

Das normas legais supracitadas extraem-se as seguintes conclusões objetivas:

a) a jurisdição, como monopólio estatal, caracteriza-se por sua unidade, o que significa dizer que esse poder-dever do Estado é uno e indivisível. Não possuímos, no Brasil, todavia, uma jurisdição constitucional nem uma jurisdição administrativa, ao contrário do que se verifica em alguns países. Por outro lado, conquanto a Constituição Federal proclame a independência e a harmonia dos Poderes da União, entre si (art. 2º), há casos em que o Legislativo julga, como nas situações previstas nos incisos I e II, do art. 52 da mesma Constituição;

b) os juízes e os Tribunais do Trabalho exercem atividade jurisdicional somente no território brasileiro. Este é o princípio da aderência da jurisdição ao território.

São características da jurisdição:

a) vinculação ao território;

b) constituir monopólio;

c) pressupor existência de lide;

d) ser secundária;

e) ser instrumental;

f) ser substitutiva;

g) ser provocada;

h) ser irrecusável;

i) ser coercitiva;

j) ser desinteressada;

k) ser declaratória, condenatória, constitutiva, mandamental, executiva e cautelar.

Não se pode deixar de mencionar, nesta altura, o princípio do *juiz natural*, materializado no inciso XXXVII da Constituição da República, conforme o qual "não haverá juízo ou tribunal de exceção". Tribunal ou juízo de exceção é o que se institui para julgar determinado ato ou fato já ocorrido. A cláusula constitucional do juiz natural representa a garantia de que alguém somente poderá ser condenado por órgão jurisdicional preexistente ao ato praticado pela pessoa (réu). Proíbe-se, portanto, em nosso sistema, a criação de órgão destinado ao julgamento de questões *ex post facto*.

Para que a cláusula do juiz natural não ficasse gravemente comprometida pelas vicissitudes e injunções da realidade prática, a Constituição da República concedeu aos magistrados determinadas garantias mínimas, indispensáveis ao pleno exercício das suas funções, como as da vitaliciedade, da inamovibilidade e da irredutibilidade de vencimentos (art. 95, incisos I a III, respectivamente).

O princípio do juiz natural compreende, portanto, os seguintes elementos: a) preconstituição do órgão jurisdicional; b) competência do órgão; c) independência e imparcialidade dos juízes.

Juízo natural e *juízo especializado*, todavia, são expressões que não se confundem. Enquanto aquela, como afirmamos, espelha a garantia constitucional de que ninguém poderá ser julgado a não ser por órgão jurisdicional preconstituído, este indica a existência de órgãos jurisdicionais de competência específica (em contraposição à competência comum), como são os casos da Justiça do Trabalho, da Justiça Eleitoral e da Justiça Militar.

Art. 17. Para postular em juízo é necessário ter interesse e legitimidade.

• **Comentário**

Regra semelhante constava do art. 3º do CPC revogado. Este dispunha que o interesse e a legitimidade eram requisitos necessários para "propor ou contestar ação". Sempre sustentamos que essa norma legal dizia menos do que pretendia (*minus dixit quam voluit*) ou deveria dizer, pois essas condições também eram indispensáveis para excepcionar, para recorrer, para impugnar, para embargar, enfim, para praticar qualquer ato processual. O CPC atual, em linguagem mais, precisa, fala que a legitimidade e o interesse são necessários para "postular em juízo".

O interesse e a legitimidade traduzem *condições* necessários para o exercício do direto constitucional de ação e para a prática de todos os atos indispensáveis à consecução dos objetivos que levaram as partes a litigar em juízo.

A despeito de a ação, como pudemos ver, constituir um direito subjetivo público de índole constitucional, de par com ser autônoma e abstrata, o correspondente exercício pode ser subordinado ao atendimento de certos requisitos legais, como medida tendente a evitar que a atuação do poder-dever jurisdicional do Estado seja provocado por aquele que não reúna condições para realizar essa invocação. Permitir, pois, que o interessado impetrasse a tutela jurisdicional sem a observância de quaisquer requisitos seria, em nome do direito de ação, abrir larga oportunidade ao abuso do direito, às aventuras judiciais.

As condições da ação foram realçadas na doutrina do notável Enrico Tullio Liebman, cuja residência, em nosso País, entre os anos de 1940 e 1946, inspirou o surgimento do que Alcalá-Zamora viria a denominar, mais tarde, de "Escola Processual de São Paulo" — ou "do Brasil?", como indagam, com razão, Cintra, Grinover e Dinamarco (obra cit., 8. ed., 1986. p. 80).

Discípulo de Chiovenda, Liebman conhecia em profundidade as doutrinas processuais italiana e alemã, pois além de grande estudioso do assunto era Professor titular de direito processual civil na Universidade de Parma. A extraordinária cultura jurídica e a personalidade afável do jovem mestre italiano logo motivaram a que pensadores brasileiros dele se acercassem, ávidos de entrarem em contato com as ideias imperantes na velha Europa. Surgiram, então, as reuniões semanais na casa de Liebman, em São Paulo. Como anota Cândido Dinamarco, *"Sob sua orientação segura, os discípulos ganharam asas e alcançaram voos alcandorados no céu da cultura processualística"* (*Fundamentos do processo civil moderno*. São Paulo: Revista dos Tribunais, 1986. p. 8).

Alfredo Buzaid, um dos discípulos de Liebman, absorveu, com fidelidade, as lições do mestre; mais que isso, utilizou-as na elaboração do anteprojeto do Código de Processo Civil de 1973, ao tempo em que era Ministro da Justiça.

Com efeito, aquele diploma processual civil fazia referência às condições da ação no art. 267, VI, declarando, em harmonia com a doutrina de Liebman, que elas compreendiam: *a)* a possibilidade jurídica do pedido; *b)* a legitimidade das partes; e *c)* o interesse processual.

A inexistência de quaisquer dessas condições poderia conduzir ao indeferimento da petição inicial (CPC, art. 295, II e III e parágrafo único, III), com a consequente extinção do processo sem pronunciamento sobre o mérito (CPC, art. 267, VI).

a) Possibilidade jurídica do pedido

A expressão "pedido juridicamente impossível" tem sido, na prática, incorretamente interpretada. No âmbito do processo do trabalho, *e. g.,* quando o empregado deduz uma pretensão fundada em direito que, em verdade, nem a lei, o contrato ou o instrumento normativo lhe conferem, costuma-se declará-lo carecedor da ação, sob o argumento de que o seu pedido, por não ter amparo em quaisquer das fontes citadas, *é* juridicamente impossível. *Venia concessa*, como bem adverte Moniz de Aragão, a possibilidade jurídica de um pedido judicial não deve ser, como geralmente o é, conceituada segundo o ângulo da existência, no ordenamento jurídico, de uma previsão que torne o pedido viável, em tese, mas, ao contrário, com vistas à *inexistência*, nesse ordenamento, de forma que o faça inviável (*Comentários ao Código de Processo Civil*. Rio de Janeiro: Forense, v. II, 1974. p. 436).

Bem se percebe, pois, que no exemplo citado o empregado não poderia ser declarado carecente da ação, na medida em que inexiste, no ordenamento legal, qualquer *veto* à pretensão por ele apresentada. Uma coisa, consequentemente, é a lei *não prever* o direito invocado pela parte e outra, a lei *proibir* a formulação de certos pedidos.

Quando a lei não ampara um determinado pedido, este deve ser rejeitado, sem que se pronuncie eventual carência da ação, relativamente a quem o formulou.

Erro inveterado, como já alertamos, em que vem incidindo a jurisprudência trabalhista, no que respeita ao assunto em exame, é declarar o autor carecedor da ação sempre que não reconhece o vínculo de emprego com o réu, por ele pretendido. Até onde sabemos, não há, no ordenamento legal, qualquer regra vedatória de um pedido dessa natureza; além disso, o réu, na hipótese, não seria parte ilegítima para responder à ação, tão certo como o autor teria inegável interesse de agir em juízo.

O caso é, portanto, de *rejeição do pedido* (reconhecimento da relação de emprego), que envolve exame do mérito e não de imaginária "carência da ação", que acarretaria a extinção do processo sem resolução das questões de fundo (lide).

Estas nossas considerações, aliás, vêm a propósito.

De acordo com o sistema construído por Liebman, a ausência de quaisquer dessas condições enseja a declaração de carência da ação e a extinção do processo sem prospecção do mérito. É precisamente neste ponto que lavramos divergência quanto à doutrina liebmaniana quanto ao pedido juridicamente impossível. Ocorre que se há nas estruturas normativas um veto à dedução de certo pedido, a sentença, que faz respeitar esse veto, invade o campo do mérito e, conseguintemente, acarreta a extinção do processo *com exame* do *meritum causae*. Ilustremos com um caso característico: o do pedido lastreado em dívida oriunda de jogo (Código Civil, art. 814: ("As dívidas de jogo ou de aposta não obrigam a pagamento"). Conformando-se esse pedido, com perfeição, ao conceito doutrinário de *impossibilidade jurídica*, é óbvio que a sua rejeição, pela dicção jurisdicional, acarreta um inevitável aportamento ao mérito da causa. A entender-se de maneira oposta, ter-se-ia de justificar a possibilidade de o autor renovar o pedido, mediante nova ação, tantas quantas fossem as vezes que desejasse, porquanto, segundo o tratamento que o CPC de 1973 deu à matéria, a pronúncia de carência não inibia ao autor de ingressar em *juízo*, novamente, com o mesmo tipo de pedido, contanto que em ação renovada (art. 268, *caput*).

Por aí se constata o deslize cometido, a princípio, pelo ilustre jurista italiano, ao introduzir a *possibilidade jurídica do pedido* no grupo das *condições da ação*. Dissemos a *princípio* porque, mais tarde, Liebman reformulou o seu entendimento a respeito do assunto, para excluir a possibilidade jurídica do pedido do elenco das condições da ação, como revelam estas suas palavras: "Le condizioni dell'azione, poco fa menzionate, sono l'interesse ad agire e la legittimazione. Esse sono, come già accenato, i requisiti di esistenza dell'azione, e vanno percio accertate in giudizio (anche se, di solito, per implicito) preliminarmente all'esame del mérito. Solo si ricorrono questi condizioni, puo considerasi esistente l'azione e sorge per il giudice la necessità di providere sulla domanda, per accoglierla o respingerla" (obra cit., p. 120). Essas condições ficaram, por isso, segundo ele, reduzidas a *duas: a)* legitimidade *ad causam;* e *b)* o interesse processual, em que pese ao fato de, as três condições, apontadas por Liebman, permanecerem integradas ao sistema do CPC de 1973, até os últimos momentos de sua vigência.

Pela nossa parte, íamos além: considerávamos uma só condição da ação: o interesse processual, conquanto admitíssemos que nessa qualidade também fosse mantida a ilegitimidade *ad causam*, desde que a parte declarada ilegítima não pudesse intentar, novamente, a ação — ao contrário, pois, do disposto no art. 268, daquele CPC do passado.

b) Legitimidade *ad causam*

A legitimidade para a causa figura, legalmente, como uma das condições da ação (CPC, art. 17). Tanto pode ser ativa quanto passiva.

Via de regra, a legitimidade *ad causam* é do possível titular do direito material que dá conteúdo à *res in iudicio deducta*. Segue-se, que tirante os casos de legitimação anômala ou extraordinária — que configuram a denominada substituição processual — somente pode integrar a relação jurídica processual a pessoa que seja titular da obrigação correspondente ao direito alegado. Daí referir-se Liebman à "pertinência da ação àquele que a propõe e em confronto com a outra parte" (*Manuale di diritto processuale civile*. 3. ed. Milão: Giuffrè, v. I, p. 120).

Podemos afirmar, por outras palavras, que a legitimidade para a causa consiste na individualização daquele a quem pertence o interesse processual e daquele perante o qual se formula a pretensão.

Retornemos ao exemplo do autor que ingressa em juízo visando a obter um provimento declaratório de existência de relação de emprego com o réu, para enfatizarmos a impropriedade científica das sentenças que, negando a presença do *vínculo* empregatício, consideram o autor carecente da ação, por ser o réu, *supostamente*, parte ilegítima *ad causam*.

Ora, provada que esteja a prestação pessoal de serviços ao réu, é elementar que este se encontra passivamente legitimado para a causa; portanto, é precisamente diante dele que o autor deve manifestar a sua pretensão, sabendo-se que "são legitimados para agir, ativa e passivamente, os titulares dos interesses em conflito" (SANTOS, Moacyr Amaral. *Primeiras linhas de direito processual civil*. São Paulo: Saraiva, v. I, 1978. p. 144).

Sempre, pois, que o réu estiver vinculado a uma situação jurídica proveniente das alegações formuladas pelo autor, ele estará, fora de qualquer dúvida, legitimado para a causa.

Ilegitimidade do réu existiria, isto sim, se (ainda no exemplo da relação de emprego) o autor houvesse deduzido a sua pretensão diante de pessoa *diversa* daquela para a qual prestou serviços.

Mesmo que o órgão jurisdicional não reconheça a relação de emprego desejada pelo autor (logo, a sentença seria declaratória-negativa) isso não significa que devesse declará-lo carecente da ação, porquanto as correspondentes *condições* foram atendidas (supondo-se que sim). Os juízes que, em casos dessa espécie, emitem um decreto de carência, ignoram que o interesse de agir em juízo é processual e algo abstrato, que em nada se relaciona com o direito material que, acaso, busque proteger; confundem, em síntese, o exercício do direito de ação com o *resultado* da prestação jurisdicional. O que deve ser evitado.

Como asseveramos no ensejo da apreciação da possibilidade jurídica do pedido, pelo sistema das condições da ação, construído por Liebman e incorporado pelo diploma processual civil de 1973, a consequência da declaração de carência é a extinção do processo *sem* penetração no mérito. Em termos concretos, isso equivale a afirmar que se a sentença considerar o réu parte ilegítima *ad causam* essa circunstância não impedirá o autor de voltar a ajuizar ação em face do mesmo réu, com fundamento na mesma causa de pedir e deduzindo os mesmos pedidos, tantas quantas forem as vezes que quiser, pois a isso o autorizava o art. 268, *caput*, daquele CPC, cuja restrição, lá estampada, só alcançava os casos em que a sentença acolhesse a alegação de perempção, litispendência ou coisa julgada, de que cuidava o art. 267, inc. V, do mesmo Código.

A solução legal para o problema, como se conclui, era absolutamente inadmissível, pois estimulava, ainda que em tese, a formação de um permanente *estado de litigiosidade*, provocativo de inevitáveis turbulências nas relações sociais. por esse motivo, sempre manifestamos o nosso parecer de que a declaração de ilegitimidade *ad causam* do réu implicava — ao contrário do disposto no art. 268, *caput*, do CPC de 1973 — um pronunciamento acerca do "mérito subjetivo", de sorte a tolher ao autor a possibilidade de deduzir, novamente, diante do mesmo réu, as mesmas pretensões. Verificamos, agora, que o atual CPC fez-se sensível a essas objeções doutrinárias, pois o seu art. 486, após declarar, no *caput*, que a sentença sem resolução do mérito não impede que a parte proponha de novo a ação, ressalva, no § 1º, que nos casos de *ilegitimidade* ou *falta de interesse* processual (inciso VI do art. 485), entre outros, o novo ajuizamento da ação "depende da correção do vício". Retornaremos ao assunto na oportunidade do comentário específico ao dispositivo legal mencionado.

c) Interesse processual

No passado, por influência da teoria civilista da ação, o interesse de agir em juízo era considerado como uma espécie de repercussão do interesse protegido pelo direito material; com isso, dizia-se que quando o direito subjetivo era ameaçado ou lesado, o que nele estava contido recebia a denominação de *interesse de agir*.

Modernamente, porém, em virtude do reconhecimento da autonomia do direito de ação, já não se confunde o interesse que é próprio do direito substancial com o interesse de agir judicialmente, ou seja, com o *interesse processual*.

Debruçando-se sobre o problema do interesse no plano processual, a doutrina cindiu-se em duas correntes: a primeira entende que o interesse, motivador do ingresso em juízo, decorre da *necessidade* de obter um pronunciamento jurisdicional a propósito da *res in iudicio deducta*; a segunda sustenta que esse interesse é caracterizado pela *utilidade* que o decreto judicial proporciona ao autor, com ser eficiente para solver o conflito de interesses em que se encontra o envolvido.

Dizendo-se por outra forma: pela primeira corrente doutrinária, o interesse existirá sempre que o indivíduo invocar a tutela jurisdicional do Estado, com vistas à solução do litígio, que não pôde dirimir extrajudicialmente; pela segunda, o interesse se relaciona com o pressuposto de que o provimento jurisdicional seja efetivamente eficaz para resolver o conflito de interesses.

Observa Moniz de Aragão que conforme seja o ponto de vista que se adote, o CPC de 1973 parece haver incorporado uma e outra dessas teorias, argumentando com o parágrafo único do art. 4º, daquele Código, a teor do qual era admissível a ação declaratória ainda que tivesse ocorrido a lesão do direito: "Se a lei reputasse válida a opinião dos que se filiam à primeira corrente, não haveria necessidade da regra inscrita no art. 4º, parágrafo único, pois para estes é evidente que basta a simples necessidade de ingressar em juízo para estar preenchido o requisito do interesse; se a lei faz o esclarecimento referido no mencionado texto, é porque reconhece que, sem essa ressalva, a ação declaratória não poderia ser proposta. Logo, esse dispositivo cria exceção à regra geral, a qual consiste na segunda teoria acima indicada" (obra cit., p. 440).

Os argumentos do ilustre jurista não foram afetados pelo art. 19 do atual CPC — que constitui reprodução literal do art. 4º do CPC revogado.

Não tem sido, todavia, convergente a opinião da doutrina acerca da existência de um interesse processual — antigo interesse de agir em juízo. Já em 1928 Invrea refutava todas as concepções sobre o tema. A seu ver, a ideia de interesse era supérflua, redundante, porquanto o interesse estaria relacionado, intimamente, com a propositura da ação. Deitou críticas contundentes às teorias de Mortara (da *utilidade*) e de Chiovenda (da *necessidade*). Com apoio na afirmação de que a liberdade jurídica não deve receber restrições desnecessárias, concluiu ser imprescindível que exista uma razão jurídica — e não um mero interesse — para ser aceita essa restrição. Para ele, a razão jurídica se caracterizava pelo fato de o réu haver cometido uma lesão de direito (motivo por que deve arcar com as consequências do seu ato) ou pela necessidade de o autor obter um provimento jurisdicional para fazer atuar o seu direito (considerando que o limite da liberdade jurídica é o direito alheio).

Carnelutti também anatemiza o conceito de interesse processual, julgando-o "morto, e, se não está morto, moribundo". Essa conclusão do ilustre jurista italiano está em harmonia com o seu entendimento de que o conteúdo do processo não é a ação e sim a lide, que surge quando alguém deseja a tutela de um interesse, em oposição ao interesse de terceiro, que resiste à satisfação do interesse do autor. Carnelutti reputa ser o interesse simples reflexo da existência da lide; inexistindo lide, representa ele uma daquelas situações que devem ser objeto de um processo, a fim de fazer surgir o direito: "Quando se diz, pois, que existe uma lide (ou uma destas situações) e que, respeito a ela, se deve encontrar naquela relação, que constitui a *legitimatio*, já se disse tudo; e o interesse de agir não representa senão a quinta roda do carro... Se, pois, se considera o próprio processo, não só a lide é uma condição do interesse de agir, mas a sua existência absorve esse inútil requisito: os pressupostos da ação são portanto estes dois: a lide e a legitimação" (Lide e Processo. In: *Studi di Diritto Processuale*, v. III, p. 21 e segs).

Não aceitamos a opinião de Carnelutti.

Em primeiro lugar, a lide, por si só, não justifica o interesse; basta imaginar o recurso interposto pela parte que foi integralmente vencedora na ação: conquanto exista a lide, é manifesto o seu *desinteresse* (considerado o vocábulo em sua significação processual) em formular uma pretensão recursal; em princípio, que necessidade ou mesmo utilidade justificaria o fato de impugnar a sentença que lhe foi integralmente favorável? Em segundo, há casos em que inexiste lide (pretensão resistida por outrem) mas o interesse de agir não só é concreto como está até mesmo previsto em lei. Invocamos, neste momento, a ação declaratória, cujo pressuposto é exatamente a *incerteza* quanto à relação que constitui o objeto do litígio; incerteza objetiva e atual, ou seja, capaz de provocar uma efetiva hesitação quanto à verdadeira vontade da lei e ser existente e não apenas aleatória. Essa situação de dubiedade deve ser ainda de natureza jurídica e apta para acarretar dano ao autor.

O interesse processual não é, portanto, como assevera Carnelutti, algo inútil, desnecessário; ao reverso, ele representa a mais característica das condições da ação.

O diploma processual civil de 1973, em modificação acertada, suprimiu do interesse a adjetivação que o marcava no texto do Código de 1939. O CPC em vigor manteve-se na mesma trilha (art. 17). Na atualidade se exige, pois, unicamente que a parte tenha *interesse*. Repisemos: o art. 3º do CPC de 1973, ao declarar que para propor ação era necessário ter interesse (além de legitimidade) acabou por dizer menos do que na realidade pretendia, sabendo-se que esse interesse era *também* exigido para contestar, excepcionar o juízo, recorrer, reconvir, embargar, impugnar etc., e não apenas para "propor ou contestar ação". O CPC atual não incidiu nesse erro, pois exige legitimidade e interesse "para postular em juízo".

Do terceiro se requer, por igual, interesse jurídico para intervir nos autos.

Carência da ação

A falta de quaisquer das condições legalmente previstas para o exercício do direito de ação fará com que o autor seja declarado carecedor ou carecente da ação, mediante o indeferimento da petição inicial (art. 330, II e III), com a consequente extinção do processo sem julgamento do mérito (CPC, art. 485, I e VI).

A presença das condições da ação é tarefa que incumbe ao juiz realizar, inclusive, *ex officio*. Essas condições devem ser examinadas *in status assertionis*, vale dizer, sem levar em conta as provas produzidas pela parte. Verificando a ausência de quaisquer das condições da ação, o juiz declarará o autor carecedor da ação, indeferindo a petição inicial. O ato pelo qual a inicial é indeferida constitui sentença (CPC, art. 203, § 1º), porque põe fim ao processo, embora sem resolução do mérito. Logo, no sistema do processo do trabalho essa sentença pode ser impugnada por meio de recurso ordinário (CLT, art. 895, "a"). Ao recorrer, a parte poderá requerer ao juiz que reconsidere a sua decisão, no prazo de cinco dias (CPC, art. 331, *caput*). Não havendo retratação, o juiz mandará citar o réu parta manifestar-se sobre o recurso (*ibidem*, § 1º)

Devemos dedicar alguma atenção, agora, ao *momento* em que o juiz deverá verificar a existência das condições da ação. Podemos dizer que, de modo geral, no processo civil é quando ele toma contato com a petição inicial, para determinar a citação do réu. Assim, nessa oportunidade, verá se o autor é parte legítima, se possui interesse processual e se o pedido formulado não é juridicamente impossível. Há casos, porém, em que a ilegitimidade do réu só se revela na contestação, ou em que a legitimidade, ou não, do próprio autor, depende da produção de provas. No sistema do processo do trabalho, o momento ordinário, por assim dizer, de verificação da presença das condições da ação dificilmente coincidirá com o do processo civil, pois o juiz do trabalho, exceto em situações excepcionais, não despacha a petição inicial, ordenando a citação do réu. Esse ato processual é praticado, de maneira automática, pela secretaria do juízo. Em regra, o juiz do trabalho terá contato com a inicial na audiência destinada à recepção da resposta do réu, ou um pouco antes disso. Mesmo assim, os juízes do trabalho costumam não verificar, ato contínuo, a presença das condições da ação, reservando-se para fazê-lo no momento da prolação da sentença. Esse procedimento não é, tecnicamente, correto, por, quando menos, duas razões jurídicas: a) se a legitimidade, o interesse processual e a possibilidade jurídica do pedido constituem condições essenciais para o exercício da ação, é ilógico diferir-se o exame da existência, ou não, dessas condições, para a o momento da emissão sentença de fundo; b) a declaração de carência da ação, realizada somente na sentença de fundo, revela um dispêndio inútil de atividade jurisdicional e de atividade privada, pois, antes dessa declaração, pode ter havido instrução processual, como a produção de provas testemunhais, periciais etc. Deste modo, como justificar-se que a pessoa carecedora ação — por ser destituída de legitimidade, por exemplo — pôde praticar todos esses atos processuais de instrução e outros mais?

No tocante ao *interesse processual*, em particular, pode haver uma certa dificuldade, na prática, quanto ao momento da verificação da sua presença. É de elementar conclusão que faltará esse interesse ao empregado que, sem haver sido demitido, postular a sua reintegração no emprego, mesmo sendo portador de estabilidade. Não é com situações dessa ordem que nos preocupamos, e sim, com as deste tipo: o trabalhador ingressa em juízo, pretendendo a condenação do empregador à obrigação de fazer, consistente na concessão de férias; no ensejo da contestação, o réu demonstra que embora o trabalhador haja adquirido o direito às férias (CLT, art. 130), o período de concessão ainda não se esgotou (CLT, art. 134). Diante disso, o juiz poderia, logo em seguida, indeferir a petição inicial (CPC, art. 330, III), sob o correto argumento de ser, o trabalhador, carecente da ação (CPC, art. 485, VI), em virtude da ausência de interesse processual (CPC, art. 17). Caso, todavia, o juiz se reservasse para apreciar essa preliminar na sentença de fundo e verificasse, nessa oportunidade, que o período concessivo das férias já se havia exaurido, sem que o réu a tivesse concedido, poderia impor a este a condenação à correspondente obrigação de fazer, pois o interesse do autor, que inexistia no início do processo, acabou por aflorar no curso deste.

Carecedor da ação seria, também, o impetrante de mandado de segurança se, antes do julgamento desta ação, o ato impugnado viesse a ser revogado pela autoridade que o praticou.

A Súmula n. 192, III, do TST, invocando o art. 512 do CPC de 1973 (que corresponde ao art. 1.008 do CPC de 2015) declara ser *juridicamente impossível* o pedido de rescisão de sentença substituída por acórdão. Há, nisso, um deslize doutrinário da Súmula.

O que se convencionou denominar de *juridicamente impossível* é o pedido no tocante ao qual haja um *veto legal* à sua formulação em juízo, como seria o caso de alguém pretender o reconhecimento judicial de relação de emprego em desacordo com o art. 37, II, da Constituição Federal. Uma coisa, portanto, é o pedido juridicamente impossível; outra, a inexistência do direito alegado pela parte. Pois bem. Se o autor pretende desconstituir, por meio de ação rescisória, uma sentença substituída por acórdão, o caso é de falta de *interesse processual*, não de pedido juridicamente impossível. Esse interesse está sempre ligado ao binômio: necessidade/utilidade que o provimento jurisdicional representa para os interesses do autor. Assim, se a sentença não mais existe (por ter sido substituída pelo acórdão), falta ao autor interesse processual em desconstituí-la. É como se estivesse atacando um fantasma. No sistema do CPC de 1973, tanto o interesse quanto a possibilidade jurídica (além da legitimidade) integravam as condições da ação (embora Liebman, autor dessa doutrina, haja, mais tarde, revisto o seu pensamento para excluir do elenco dessas condições a possibilidade jurídica do pedido). O CPC de 2015, atento a isso, prevê como condições para o exercício da ação apenas o interesse processual e a legitimidade (art. 17). A ausência de qualquer deles tornará o autor carecedor da ação (CPC, art. 485, VI).

Art. 18. Ninguém poderá pleitear direito alheio em nome próprio, salvo quando autorizado pelo ordenamento jurídico.

Parágrafo único. Havendo substituição processual, o substituído poderá intervir como assistente litisconsorcial.

• **Comentário**

Caput. Trata-se de reprodução, quase literal, do art. 6º do CPC revogado. O texto atual não fala em autorização *da lei*, mas em autorização do *ordenamento jurídico*, expressão de maior espectro e pouco apropriada, pois compreende, além da lei, a doutrina e a jurisprudência. A despeito da literalidade da norma legal em exame, entendemos que a sua acepção deva ser estrita, por forma a significar, apenas, a norma legal. Devemos lembrar que o art. 5º inciso II, da Constituição Federal declara que ninguém será obrigado a fazer ou deixar de fazer alguma coisa senão em *virtude de lei*. Nesse dispositivo constitucional repousa o princípio da *legalidade* ou da *reserva legal*, de extrema importância para os Estados Democráticos de Direito.

Em princípio, está legitimado para o processo a pessoa que seja titular do direito material que se pretende ver defendido em juízo. É a "pertinência subjetiva da causa", de que nos fala a doutrina. Neste caso, estamos diante da legitimação *ordinária*.

Há situações, entretanto, em que a lei atribui legitimidade a quem não é titular do direito material correspondente: trata-se da denominada legitimação *extraordinária* ou *anômala*, de que a substituição processual constitui espécie.

Particularmente, entendemos que não possuímos uma substituição processual genuína, assim entendida aquela que se verificou em certa fase do Direito Romano. Aqui, havia, basicamente, dois tipos de substituto: a) o *cognitor* e b) o *procurator*, cuja diferença fundamental, entre ambos, residia em que deste último se poderia exigir, em certos casos, a prova do mandato. Demais, a sua participação no processo fazia com que a demanda não fosse consumativa, permitindo, assim, que o titular do direito voltasse a ingressar em juízo com a mesma postulação. Já o *cognitor* tornava a ação consumativa, inibindo, dessa forma, a repetição da demanda, pelo titular do direito; e a ele não se impunha a prova do mandato.

A primeira referência histórica à figura do cognitor (verdadeiro substituto processual), de que se tem notícia, está na "Rethorica ad Herennium", do século II, a.C.

O traço característico das ações com transposição de pessoas, existentes nessa fase do Direito Romano, repousava no fato de que o substituto assumia as consequências do julgamento eventualmente desfavorável ao substituído. Ora, em nosso meio, o sindicato, ao atuar na qualidade de "substituto processual", não assume, jurídica ou economicamente, o resultado do julgamento, seja este favorável ou desfavorável ao substituído. Logo, o que, no Brasil, se supõe tratar-se de substituição processual não passa de simples mandato que a norma legal, por motivos de ordem política, jurídica e prática, atribui às entidades sindicais. É, pois, um mandato *ad litem*, no exercício do qual, como dissemos, o sindicato não tem o seu círculo jurídico afetado, direta ou indiretamente, em decorrência do julgamento do mérito (salvo, no que toca às despesas processuais, aí incluídas as custas e os honorários, do advogado ou do perito).

Seja como for, construímos um conceito *à brasileira* da figura da substituição processual e com base nesse conceito todos temos nos entendido.

Sob esta perspectiva, pode-se concluir que o inciso III do art. 8º da Constituição Federal atribui ao sindicato a qualidade de substituto processual dos integrantes da categoria.

Parágrafo único. O texto do projeto original do Senado estabelecia: "Havendo substituição processual, o juiz determinará que seja dada ciência ao substituído da pendência do processo; nele intervindo, cessará a substituição". O fato de o substituído processual intervir no processo faria, portanto, cessar a substituição. Essa consequência processual era inaceitável, pois contrariava postulados dessa modalidade de legitimação anômala, como o de que, por meio dela, o substituto buscava uma solução jurisdicional uniforme para toda a categoria, vale dizer, para o universo dos substituídos.

Com maior descortino jurídico, o projeto do Senado foi alterado pela Câmara, para dispor que se houver substituição processual o substituído poderá intervir na qualidade de assistente litisconsorcial. Logo, subsistirá a substituição. Da assistência litisconsorcial nos diz o art. 124 do CPC: "Considera-se litisconsorte da parte principal o assistente sempre que a sentença influir na relação jurídica entre ele e o adversário do assistido". A expressão legal "parte principal" faz supor que o assistente se torne parte no processo em que foi admitido, o que não é correto. Somente as partes — como elementos fragmentários de um todo, que é a lide — podem deduzir *pretensões*, faculdade de que o assistente não dispõe, mesmo sendo litisconsorcial.

Art. 19. O interesse do autor pode limitar-se à declaração:

I — da existência, da inexistência ou do modo de ser de uma relação jurídica;

II — da autenticidade ou da falsidade de documento.

• **Comentário**

Caput. Cuidar-se-ia, aqui, de reprodução literal do art. 4º do CPC revogado, não fosse a particularidade de o texto atual haver inserido, no inciso I, o "modo de ser de uma relação jurídica".

Conforme a classificação doutrinária das ações, proposta por Pontes de Miranda, estas são declaratórias, constitutivas, condenatórias, mandamentais e executivas.

Concentremo-nos, exclusivamente, na ação declaratória.

Nos termos do art. 19 do CPC, o interesse do autor pode limitar-se à declaração da existência, inexistência ou do modo de ser de uma relação jurídica, ou, ainda, à autenticidade ou à falsidade de documentos. Na verdade, a doutrina e a jurisprudência vêm dando uma interpretação mais ampla a essa norma legal, do que aquela sugerida por sua expressão literal. Tem-se admitido, por exemplo, no âmbito da Justiça do Trabalho, o exercício de ação declaratória visando à pronunciação de nulidade de cláusula constante de acordo ou de convenção coletiva de trabalho. Neste caso, não se está questionando a existência, inexistência ou o modo de ser de relação jurídica, nem a autenticidade ou a falsidade de documento. A Lei Complementar n. 75, de 20 de janeiro de 1993, a propósito, em seu art. 83, atribui legitimidade ao Ministério Público do Trabalho para "IV — propor as ações cabíveis para declaração de nulidade de cláusula de contrato, acordo coletivo ou convenção coletiva de trabalho que viole as liberdades individuais ou coletivas ou os direitos individuais indisponíveis dos trabalhadores".

O que não se pode admitir é o emprego da ação declaratória para formular consulta aos órgãos do Poder Judiciário. Permite-se contudo, o ajuizamento de "dissídio coletivo" para obter a intepretação de cláusula de convenção ou de acordo coletivo de trabalho ou de norma legal. Entretanto, segundo a OJ n. 7, da SDC do TST: "Não se presta o dissídio coletivo de natureza jurídica a interpretação de normas de caráter genérico (...)".

Mais algumas nótulas sobre a ação declaratória: a) o seu exercício é imprescritível. Particularmente, entendemos ser possível o exercício da ação declaratória ainda que se tenha exaurido o prazo para o ajuizamento de ação rescisória. Seria o caso de ingressar-se com *ação declaratória de ineficácia da coisa julgada material* (teoria da relativização da coisa julgada); b) a sentença declaratória transita em julgado; c) a sentença, contudo, não comporta execução. O art. 290, do CPC de 1939, dispunha que "na ação declaratória, a sentença que passar em julgado valerá como preceito, mas a execução do que houver sido declarado somente poderá promover-se em virtude de sentença condenatória". Essa regra do CPC de 1939 foi tacitamente recepcionada pelo CPC de 1973. O CPC atual, de certo modo, diz a mesma coisa por outras palavras (art. 515, I); d) pode haver reconvenção (art. 343) em ação declaratória (STF, Súmula n. 258).

Inciso I. Conforme destacamos no comentário ao *caput*, o legislador inseriu, como objeto da ação declaratória, também o *"modo de ser de uma relação jurídica"*. No processo do trabalho, por exemplo, a ação declaratória poderia ser utilizada pelo autor com o escopo exclusivo de ver reconhecida (declarada) a existência de contrato de trabalho com o réu. Seria declaratória "pura". Em termos práticos, todavia, o autor prefere ajuizar ação de conteúdo misto — declaratório e condenatório —, pois, reconhecida a existência da pretendida relação de emprego, o órgão jurisdicional estará, ato contínuo, em condições de impor ao réu a condenação que a prova dos autos esteja a autorizar, observado, por certo, o limite dos pedidos contidos na inicial (CPC, arts. 141 e 492).

Inciso II. A ação em estudo pode também ter como objeto exclusivo a autenticidade ou a falsidade de documento. Usualmente, essa declaração se destina a constituir fundamento para os pedidos a serem formulados na ação principal, de mérito. No terreno do processo do trabalho tem sido raro o uso da ação declaratória para essa finalidade. Usualmente, o documento é submetido a exame pericial, no curso do processo, cumprindo à sentença de mérito pronunciar-se sobre a conclusão estampada no respectivo laudo. Trata-se do incidente de falsidade material, regulado pelos arts. 430 a 433 do CPC.

Art. 20. É admissível a ação meramente declaratória, ainda que tenha ocorrido a violação do direito.

• **Comentário**

O fato de já haver ocorrido a lesão do direito não impede o exercício da ação *meramente* declaratória.

São pressupostos para o exercício da ação declaratória incidental:

1) ser objeto de petição inicial;

2) haver litispendência;

3) a questão principal ter sido contestada;

4) a questão prejudicial de mérito ser passível de ação declaratória autônoma;

5) ser, o juiz, dotado de competência;

6) o procedimento ser idêntico para ambas as ações.

No processo do trabalho, as ações declaratórias incidentais "puras" são raramente utilizadas, pois este processo, muito mais pragmático, admite que temas como a existência ou inexistência de relação jurídica, ou a falsidade ou autenticidade de documento sejam debatidos nos autos da mesma ação de mérito (que é única), sem necessidade de ajuizamento de ação declaratória específica.

TÍTULO II
DOS LIMITES DA JURISDIÇÃO NACIONAL E DA COOPERAÇÃO INTERNACIONAL
CAPÍTULO I
DOS LIMITES DA JURISDIÇÃO NACIONAL

Art. 21. Compete à autoridade judiciária brasileira processar e julgar as ações em que:

I — o réu, qualquer que seja a sua nacionalidade, estiver domiciliado no Brasil;

II — no Brasil tiver de ser cumprida a obrigação;

III — o fundamento seja fato ocorrido ou ato praticado no Brasil.

Parágrafo único. Para o fim do disposto no inciso I, considera-se domiciliada no Brasil a pessoa jurídica estrangeira que nele tiver agência, filial ou sucursal.

• **Comentário**

Caput. Com pequenas nuanças de literalidade, a regra contida no art. 20 do atual CPC é reprodução da inserta no art. 88 do CPC revogado.

É importante observar que o art. 21 do CPC em vigor embora esteja inserido no Capítulo que trata dos *Limites da Jurisdição Nacional*, expressa situações em que a competência é *concorrente* com a internacional. Basta verificar que no art. 23 as competências ali descritas são *exclusivas* da autoridade judiciária brasileira.

Inciso I. Independentemente da nacionalidade do réu, Será competente a autoridade judiciária brasileira se ele possuir domicílio em nosso país. Domicílio e residência, embora constituam vocábulos utilizados como sinônimos, pela linguagem popular, possuem, na terminologia jurídica, significados distintos. Domicílio é o lugar onde a pessoa física estabelece a sua residência com ânimo definitivo (CC, art. 70). Residência é o lugar em que a pessoa mora, com ânimo de permanecer, ainda que dele se ausente em caráter temporário.

Inciso II. Se a obrigação tiver de ser cumprida no Brasil, a competência será da autoridade judiciária de nosso País, ainda que as partes residam ou estejam domiciliados em país estrangeiro.

Inciso III. Do mesmo modo será competente a autoridade judiciária brasileira se o fato tiver ocorrido no Brasil ou o fato tiver sido aqui praticado, pouco importando o país em que as partes residem ou tenham constituído domicílio.

Parágrafo único. O preceito em exame esclarece que para efeito dessa limitação jurisdicional considera-se domiciliada no Brasil a pessoa jurídica estrangeira que aqui possuir agência, filial ou sucursal. Na verdade, pouco importa a denominação que se dê ao estabelecimento da pessoa jurídica estrangeira, instalada ou em funcionamento em nosso país: a competência será da Justiça brasileira.

As disposições do artigo em exame são aplicáveis, *mutatis mutandis*, ao processo do trabalho (CLT, art. 769).

Sabemos que a jurisdição constitui manifestação da soberania do Estado e se encontra vinculada a limites territoriais.

Ora, sendo o Estado detentor do monopólio jurisdicional, pareceria lógico afirmar que quaisquer de seus órgãos existentes no território nacional poderia, de maneira indiferente, conhecer os conflitos de interesses estabelecidos entre os indivíduos e as coletividades e solucioná-los, pouco importando o lugar, dentro desse território, em que tais conflitos viessem a ocorrer; a matéria que lhes desse conteúdo e as pessoas neles envolvidas. Embora lógica uma suposição dessa ordem, salta aos olhos a inconveniência prática de atribuir-se aos órgãos jurisdicionais aquilo que bem se poderia denominar de "atuação indistinta" em face da massa de conflitos de interesses eclodidos no país — máxime como o nosso, de dimensões continentais.

Sensível a isso e levando em conta a extensão territorial, a densidade demográfica, a natureza das lides, a qualidade das pessoas e outros critérios adequados, as normas legais prefixaram a *quantidade* de jurisdição atribuída aos órgãos judiciários, para efeito de melhor exercício das funções que lhe são imanentes. Com base nesse fato, podemos dizer que a outorga de competência a determinado órgão jurisdicional exclui, por princípio, a competência dos demais.

Justifica-se, por esse motivo, a tradicional conceituação da competência como a *medida ou quantidade da jurisdição*, o seu elemento de quantificação: cada órgão integrante do Poder Judiciário só estará autorizado a exercer as suas funções na exata medida ou quantidade de competência que lhes for atribuída por lei. Por isso, quando uma ação é submetida à apreciação de determinado juízo, sem que, nisso, se observe a medida da jurisdição que lhe coube, segundo o sistema legal, se diz que este é incompetente, ou seja, não possui competência.

A classificação da competência dos diversos órgãos jurisdicionais variará conforme seja o critério que se venha a adotar. Em termos gerais, a doutrina assim a tem classificação: a) internacional e interna; b) originária e derivada; c) objetiva e subjetiva; d) exclusiva e concorrente; e) absoluta e relativa; f) de foro e de juízo; g) material; h) funcional; i) em razão da pessoa; j) segundo o valor da causa); l) em razão do território.

Essa classificação, entretanto, nos parece ser excessivamente fragmentária; para que se possa ter noção do que estamos a dizer, basta verificar que a competência interna compreende a estabelecida em razão do valor, da matéria, da pessoa, da hierarquia (funcional), e do território. Esta foi, aliás, a classificação estrutural perfilhada pelo próprio CPC, como revelam, dentre outros, os arts. 21 a 25 do CPC.

Em todo o caso, e sem prejuízo de virmos a dedicar, logo adiante, maior atenção à classificação que se funda nos critérios internacional e interna, devemos lançar algumas breves considerações sobre a classificação genérica, adotada pela doutrina, de que falamos há pouco.

Competência originária e derivada. Diz-se *originária* da competência que é atribuída a determinado órgão para conhecer da causa diretamente, ou seja, em primeiro lugar. As ações trabalhistas, por exemplo, são da competência originária das Varas do Trabalho, do mesmo modo que a ação rescisória entra na competência originária dos Tribunais do Trabalho. A competência é *derivada* quando o órgão atua na revisão de um julgamento anterior. É característica dos tribunais, em tema de recurso. Por esse motivo, costuma-se denominá-la, também, de recursal.

Competência objetiva e subjetiva. O que determina esta classificação é o fato de adotar-se como critério a pessoa, ou um elemento impessoal. Adotado este último, teremos as competências em razão da matéria, do valor, do território e funcional; se, ao contrário, a pessoa estiver no centro do critério, a competência será subjetiva.

Competência exclusiva e concorrente. Exclusiva é a competência cometida a somente um órgão jurisdicional; concorrente, a que se atribui a mais de um desses órgãos.

Competência de foro e de juízo. Foro, aqui, é sinônimo de território. No sistema do processo do trabalho, a competência em razão do foro é fixada, em princípio, com base na localidade da prestação de serviços (CLT, art. 651). Esse critério visa, ainda que em tese, a atender aos interesses do trabalhador ou do empregado. Pode ocorrer, entretanto, de no mesmo foro (território) haver mais de um juízo competente para apreciar a causa; neste caso, define-se a competência em prol de um dos juízos, levando-se em conta, especialmente, a natureza da lide.

Passemos, agora, ao exame da classificação essencial, que se funda no critério internacional e nacional.

Para os efeitos do parágrafo único do art. 21 do CPC considera-se domiciliada em nosso País a pessoa jurídica estrangeira que aqui tiver agência, filial ou sucursal.

Se bem refletirmos, verificaremos que, em rigor, essa norma do processo civil cuida de jurisdição e não de competência.

Esclarece o art. 24 que a ação promovida perante tribunal estrangeiro não induz litispendência, nem impede que a autoridade judiciária brasileira conheça da mesma causa e das que lhe forem conexas, *"ressalvadas as disposições em contrário de tratados internacionais e acordos bilaterais em vigor no Brasil"*. Isto significa, por outro lado, existir *competência concorrente* entre as autoridades judiciárias brasileiras e as estrangeiras. Não fosse assim, a propositura, em nosso País, de ação já ajuizada no exterior, configuraria litispendência.

Competência Internacional

Há relevantes razões para que um Estado não projete a sua jurisdição para além dos limites de seu território. Dentre essas razões, destacam-se as seguintes: a) violação da soberania de outros Estados; b) respeito às convenções internacionais; c) razões de interesse particular do próprio Estado.

Justamente para preservar a soberania de outros Estados é que se atribui a determinadas pessoas ou organismos a prerrogativa da imunidade de jurisdição, como se dá: a) com os Estados estrangeiros; b) com os chefes de Estado estrangeiro; c) com os agentes diplomáticos.

Cabe, aqui, uma observação relevante. Enquanto, no âmbito do processo civil, se percebe uma tendência de ampliar-se as imunidades jurisdicionais, para compreender não apenas os atos praticados *iure imperi* — como ocorre atualmente —, mas, também, os *iure gestionis*, no processo do trabalho essa tendência não se verifica.

A regra essencial, enfim, é de que cada Estado somente possui jurisdição dos limites de seu território. Coerente com este princípio, dispõe o art. 21, do CPC, que será competente a autoridade judiciária brasileira, quando: a) o réu, independentemente de qual seja a sua nacionalidade, estiver domiciliado no Brasil; b) no Brasil tiver de ser cumprida a obrigação; c) a ação decorrer de fato ocorrido ou de ato praticado no Brasil (incisos I a III, respectivamente).

Competência Interna

No sistema do atual CPC, a competência interna está disciplinada no Livro I, Título III, Capítulo I.

Para Chiovenda a competência deve ser estabelecida com vistas a três critérios: *a)* objetivo; *b)* territorial; e *c)* funcional. O critério *objetivo* põe à frente certos aspectos *externos* da lide, como a matéria, as pessoas e o valor da causa.

Competência material da Justiça do Trabalho

Moacyr Amaral Santos (*Primeiras linhas de direito processual civil*. São Paulo: Saraiva, 1º v., 1978. p. 179) lembra que, em épocas remotas, o critério que se baseava na condição das pessoas para determinar a competência dos órgãos jurisdicionais teve elevada importância, pois motivou o surgimento das mais diversas jurisdições especiais; estas, contudo, foram desaparecendo à medida que os povos se encaminharam para a democracia, regime em que dominam os princípios da liberdade e da igualdade. A nossa Constituição, por exemplo, ao dispor sobre os direitos e garantias individuais assegura que não haverá foro privilegiado nem tribunais de exceção (art. 5º, XXXVII), com o que coloca em destaque o princípio do *juiz natural*.

Essa declaração formulada pelo texto constitucional não impede, porém, que em determinadas situações se leve em conta *a condição das pessoas* envolvidas na lide como critério fixador da competência, desde que respeitado o princípio do *juiz natural*.

A Constituição Federal, por exemplo, atribui aos juízes federais competência para processar e julgar as causas em que a União, entidade autárquica ou empresa pública federal, forem interessadas na condição de autoras, rés, assistentes ou oponentes. Trata-se de competência em razão da pessoa (*ratione personae*). Excetuam-se as causas relativas à falência, a acidente de trabalho e as sujeitas à Justiça Eleitoral e à Justiça do Trabalho (art. 109, I).

A competência da Justiça do Trabalho é estabelecida em razão da matéria (*ratione materiae*).

Tradicionalmente, essa Justiça era dotada de competência para solucionar conflitos entre empregados e empregadores (relação de emprego). No texto da Constituição Federal de 1988, entretanto, essa competência passou a dizer respeito às lides envolvendo trabalhadores e empregadores (continuou a envolver relação de emprego). A Emenda Constitucional n. 45/2004 acarretou uma profunda ruptura com essa tradição ou com esse paradigma constitucional, ao atribuir competência a essa Justiça para processar e julgar "as ações oriundas da relação de trabalho" (art. 114, inciso I).

Código de Processo Civil

Faz-se oportuno lembrar que a relação de trabalho é o gênero, do qual a relação de emprego constitui espécie, observando-se, ainda, que: a) trabalho é "toda energia humana, física ou intelectual, empregada com um fim produtivo", conforme Arnaldo Süssekind (*Curso de direito do trabalho*. Rio de Janeiro: Renovar, 2002. p. 3); b) nos termos do art. 593, do Código Civil de 1916, a prestação de serviço, que não estivesse sujeita às leis trabalhistas ou a lei especial, reger-se-ia pelas disposições daquele Código, especificamente, as constantes do Capítulo VII ("Da Prestação de Serviço"), do Título VI ("Das Várias Espécies de Contrato"), do Livro I ("Do Direito das Obrigações"), Parte Especial.

Art. 22. Compete, ainda, à autoridade judiciária brasileira processar e julgar as ações:

I – de alimentos, quando:

a) o credor tiver domicílio ou residência no Brasil;

b) o réu mantiver vínculos no Brasil, tais como posse ou propriedade de bens, recebimento de renda ou obtenção de benefícios econômicos;

II – decorrentes de relações de consumo, quando o consumidor tiver domicílio ou residência no Brasil;

III – em que as partes, expressa ou tacitamente, se submeterem à jurisdição nacional.

• **Comentário**

Caput e incisos. A competência, aqui, também é *concorrente*.

A Justiça do Trabalho é destituída de competência para solucionar conflitos de interesses derivantes de alimentos ou de relações de consumo (incisos I e II).

Caso, porém, as partes, de modo expresso ou tácito, se disponham a submeter-se à jurisdição brasileira, a Justiça do Trabalho será competente, desde que respeitado o art. 114 e incisos, da Constituição Federal.

Art. 23. Compete à autoridade judiciária brasileira, com exclusão de qualquer outra:

I – conhecer de ações relativas a imóveis situados no Brasil;

II – em matéria de sucessão hereditária, proceder à confirmação de testamento particular e ao inventário e à partilha de bens situados no Brasil, ainda que o autor da herança seja de nacionalidade estrangeira ou tenha domicílio fora do território nacional;

III – em divórcio, separação judicial ou dissolução de união estável, proceder à partilha de bens situados no Brasil, ainda que o titular seja de nacionalidade estrangeira ou tenha domicílio fora do território nacional.

• **Comentário**

Caput e incisos. Disposição semelhante constava do art. 89 do CPC anterior.

A competência de que se ocupa a norma é *exclusiva* das autoridades judiciárias brasileiras.

Também neste caso, a Justiça do Trabalho é destituída de competência para apreciar as causas mencionadas nos incisos I a III.

Art. 24. A ação proposta perante tribunal estrangeiro não induz litispendência e não obsta a que a autoridade judiciária brasileira conheça da mesma causa e das que lhe são conexas, ressalvadas as disposições em contrário de tratados internacionais e acordos bilaterais em vigor no Brasil.

Parágrafo único. A pendência de causa perante a jurisdição brasileira não impede a homologação de sentença judicial estrangeira quando exigida para produzir efeitos no Brasil.

• **Comentário**

Caput. Reproduziu-se, em parte, o *caput* do art. 90 do CPC revogado.

A norma estabelece: 1) o princípio de que a ação promovida perante tribunal estrangeiro: a) não induz litispendência; b) não impede que a autoridade judiciária brasileira conheça da mesma causa e das

Arts. 25 e 26

que lhe forem conexas; 2) a exceção consistente na existência de disposições em contrário, contidas em tratados internacionais e acordos bilaterais em vigor no Brasil. Trata-se, portanto, de competência *concorrente*.

Parágrafo único. O fato de a causa ajuizada no Brasil estar pendente não obsta a homologação de sentença judicial ou arbitral estrangeira, no que se refere à produção de seus efeitos em nosso país.

Não esclarece o legislador, no entanto, qual a repercussão, no processo pendente na Justiça brasileira, da homologação da sentença estrangeira. Seguramente, será a extinção do processo mediante resolução do mérito.

Art. 25. Não compete à autoridade judiciária brasileira o processamento e o julgamento da ação quando houver cláusula de eleição de foro exclusivo estrangeiro em contrato internacional, arguida pelo réu na contestação.

§ 1º Não se aplica o disposto no caput às hipóteses de competência internacional exclusiva previstas neste Capítulo.

§ 2º Aplica-se à hipótese do caput o art. 63, §§ 1º a 4º.

• **Comentário**

Caput. Sem correspondência no CPC anterior.

A regra é inaplicável ao processo do trabalho, ao qual repugna a eleição de foro exclusivo estrangeiro.

§ 1º Exame prejudicado.

§ 2º Exame prejudicado.

CAPÍTULO II
DA COOPERAÇÃO INTERNACIONAL

Seção I
Disposições Gerais

Art. 26. A cooperação jurídica internacional será regida por tratado de que o Brasil faz parte e observará:

I — o respeito às garantias do devido processo legal no Estado requerente;

II — a igualdade de tratamento entre nacionais e estrangeiros, residentes ou não no Brasil, em relação ao acesso à justiça e à tramitação dos processos, assegurando-se assistência judiciária aos necessitados;

III — a publicidade processual, exceto nas hipóteses de sigilo previstas na legislação brasileira ou na do Estado requerente;

IV — a existência de autoridade central para recepção e transmissão dos pedidos de cooperação;

V — a espontaneidade na transmissão de informações a autoridades estrangeiras.

§ 1º Na ausência de tratado, a cooperação jurídica internacional poderá realizar-se com base em reciprocidade, manifestada por via diplomática.

§ 2º Não se exigirá a reciprocidade referida no § 1º para homologação de sentença estrangeira.

§ 3º Na cooperação jurídica internacional não será admitida a prática de atos que contrariem ou que produzam resultados incompatíveis com as normas fundamentais que regem o Estado brasileiro.

§ 4º O Ministério da Justiça exercerá as funções de autoridade central na ausência de designação específica.

Código de Processo Civil

• **Comentário**

Caput, **incisos e parágrafos**. A norma não se refere à *cooperação processual*, mas, à *cooperação jurídica*, expressão de maior amplitude. Apesar disso, na prática, a cooperação que tenderá a ser invocada com maior frequência será a *processual*.

A cooperação jurídica internacional tanto pode ser *ativa* quanto *passiva*. No primeiro caso, ela é pleiteada pelo Brasil a um Estado estrangeiro; no segundo, por um estado estrangeiro ao Brasil.

Essa cooperação constará de tratado de que o Brasil faça parte e deverá observar o disposto nos incisos I a V do art. 26.

De modo geral, a cooperação jurídica internacional pressupõe a existência de semelhança entre as garantias processuais constantes do sistema constitucional brasileiro e as do Estado que tenha solicitado a cooperação. Note-se que o art. 26 determina que a cooperação esteja prevista em tratado de que o Brasil faça parte, embora declare que: a) na inexistência de tratado, a cooperação jurídica internacional possa ser realizada com base em reciprocidade, manifestada por meio diplomático (§ 1º); b) essa reciprocidade não será exigida quando for o caso de homologação de sentença estrangeira (§ 2º); c) na cooperação jurídica internacional não será admitida a realização de atos que contrariem ou que gerem resultados incompatíveis com as normas fundamentais regente do Estado brasileiro (§ 3º); d) cumprirá ao Ministério da Justiça exercer as funções de autoridade central na ausência de designação específica (§ 4º).

Mencionemos a existência de um Projeto de Código Modelo de Cooperação Interjurisdicional para Iberoamérica, destinado a formular diretrizes para as questões de direito processual envolvendo países da América Latina.

Art. 27. A cooperação jurídica internacional terá por objeto:

I — citação, intimação e notificação judicial e extrajudicial;

II — colheita de provas e obtenção de informações;

III — homologação e cumprimento de decisão;

IV — concessão de medida judicial de urgência;

V — assistência jurídica internacional;

VI — qualquer outra medida judicial ou extrajudicial não proibida pela lei brasileira.

• **Comentário**

Caput **e incisos**. A norma especifica, nos incisos I a VI, o objeto da cooperação jurídica internacional. Esse rol envolve, na verdade, atos processuais, exceto os que podem ser praticados por organismos extrajudiciais.

Seção II

Do Auxílio Direto

Art. 28. Cabe auxílio direto quando a medida não decorrer diretamente de decisão de autoridade jurisdicional estrangeira a ser submetida a juízo de delibação no Brasil.

Art. 29. A solicitação de auxílio direto será encaminhada pelo órgão estrangeiro interessado à autoridade central, cabendo ao Estado requerente assegurar a autenticidade e a clareza do pedido.

Art. 30. Além dos casos previstos em tratados de que o Brasil faz parte, o auxílio direto terá os seguintes objetos:

I — obtenção e prestação de informações sobre o ordenamento jurídico e sobre processos administrativos ou jurisdicionais findos ou em curso;

II — colheita de provas, salvo se a medida for adotada em processo, em curso no estrangeiro, de competência exclusiva de autoridade judiciária brasileira;

III — qualquer outra medida judicial ou extrajudicial não proibida pela lei brasileira.

Art. 31. A autoridade central brasileira comunicar-se-á diretamente com suas congêneres e, se necessário, com outros órgãos estrangeiros responsáveis pela tramitação e pela execução de pedidos de cooperação enviados e recebidos pelo Estado brasileiro, respeitadas disposições específicas constantes de tratado.

Art. 32. No caso de auxílio direto para a prática de atos que, segundo a lei brasileira, não necessitem de prestação jurisdicional, a autoridade central adotará as providências necessárias para seu cumprimento.

Art. 33. Recebido o pedido de auxílio direto passivo, a autoridade central o encaminhará à Advocacia-Geral da União, que requererá em juízo a medida solicitada.

Parágrafo único. O Ministério Público requererá em juízo a medida solicitada quando for autoridade central.

Art. 34. Compete ao juízo federal do lugar em que deva ser executada a medida apreciar pedido de auxílio direto passivo que demande prestação de atividade jurisdicional.

• **Comentário**

Arts. 28 a 34. O *auxílio direto*, de que trata a norma em exame, significa que o pedido é encaminhado diretamente à autoridade nacional incumbida de recebê-lo e de adotar as providências necessárias. Diz-se que o auxílio é *direto* porque dispensa a expedição de carta rogatória. Assim, por não ser o caso de medida judicial fica dispensado o *exequatur* do STJ, via de regra exigido pelo art. 105, I, letra "i", da Constituição Federal. Os arts. 28 a 34, do CPC, não são inconstitucionais. O art. 29 do CPC, aliás, declara que a solicitação de auxílio direto será encaminhado pelo órgão estrangeiro interessado à autoridade central, cumprindo ao Estado requerente assegurar a autenticidade e a calreza da solicitação.

Neste caso, não há juízo de delibação.

O art. 30 aponta, nos incisos I a III, os objetos do pedido de auxílio direito, sem prejuízo de outros serem previstos em tratados de que o Brasil participe.

Os arts. 31 a 33 estabelecem o procedimento a ser observado.

O art. 34 esclarece competir ao juiz federal do lugar em que deva ser executada a medida apreciar o pedido de auxílio direto passivo que implique prestação de atividade jurisdicional. Neste caso, pode-se colocar em dúvida a constitucionalidade do auxílio direto.

Seção III
Da Carta Rogatória

Art. 35. (VETADO).

Dispunha o texto vetado:

Art. 35. Dar-se-á por meio de carta rogatória o pedido de cooperação entre órgão jurisdicional brasileiro e órgão jurisdicional estrangeiro para prática de ato de citação, intimação, notificação judicial, colheita de provas, obtenção de informações e de cumprimento de decisão interlocutória, sempre que o ato estrangeiro constituir decisão a ser executada no Brasil.

Razões do veto: "Consultados o Ministério Público e o Superior Tribunal de Justiça, entende-se que o dispositivo impõe que determinados atos sejam praticados exclusivamente por meio de carta rogatória, o que ofende a celeridade e a efetividadade da cooperação jurídica internacional que, nesses casos, poderia ser processada pela via do auxíliodireto".

Art. 36. O procedimento da carta rogatória perante o Superior Tribunal de Justiça é de jurisdição contenciosa e deve assegurar às partes as garantias do devido processo legal.

§ 1º A defesa restringir-se-á à discussão quanto ao atendimento dos requisitos para que o pronunciamento judicial estrangeiro produza efeitos no Brasil.

§ 2º Em qualquer hipótese, é vedada a revisão do mérito do pronunciamento judicial estrangeiro pela autoridade judiciária brasileira.

Código de Processo Civil

• **Comentário**

Caput e parágrafos. A norma disciplina o procedimento da carta rogatória no âmbito do STJ. A matéria, em princípio, não é de interesse do processo do trabalho. Em todo o caso, devemos destacar os seguintes requisitos da carta rogatória: a) o seu procedimento é de jurisdição contenciosa; b) deve assegurar às partes a garantia do devido processo legal; c) a defesa deverá ficar restrita ao atendimento dos requisitos necessários para que o pronunciamento jurisdicional estrangeiro produza efeitos no Brasil; d) é vedada a revisão do mérito da causa pela autoridade judiciária brasileira.

Denomina-se carta rogatória: a) *ativa*, a que é remetida pela justiça do Brasil para ser cumprida em outro país; b) *passiva*, a que é encaminha à autoridade brasileira por país estrangeiro.

O Decreto-Legislativo n. 61/95 aprovou o texto da Convenção Interamericana sobre Cartas Rogatórias, firmada na capital do Panamá em 30 de janeiro de 1975, por ocasião da I Conferência Especializada Interamericana sobre Direito Internacional Privado, e do Protocolo Adicional, firmado em Montevidéu, em 8 de maio de 1979.

O art. 963 do CPC indica os requisitos a serem observados pelo Superior Tribunal de Justiça, com vistas à homologação de decisão proferida por autoridade judiciária estrangeira.

Seção IV
Disposições Comuns às Seções Anteriores

Art. 37. O pedido de cooperação jurídica internacional oriundo de autoridade brasileira competente será encaminhado à autoridade central para posterior envio ao Estado requerido para lhe dar andamento.

Art. 38. O pedido de cooperação oriundo de autoridade brasileira competente e os documentos anexos que o instruem serão encaminhados à autoridade central, acompanhados de tradução para a língua oficial do Estado requerido.

Art. 39. O pedido passivo de cooperação jurídica internacional será recusado se configurar manifesta ofensa à ordem pública.

Art. 40. A cooperação jurídica internacional para execução de decisão estrangeira dar-se-á por meio de carta rogatória ou de ação de homologação de sentença estrangeira, de acordo com o art. 960.

Art. 41. Considera-se autêntico o documento que instruir pedido de cooperação jurídica internacional, inclusive tradução para a língua portuguesa, quando encaminhado ao Estado brasileiro por meio de autoridade central ou por via diplomática, dispensando-se ajuramentação, autenticação ou qualquer procedimento de legalização.

Parágrafo único. O disposto no caput não impede, quando necessária, a aplicação pelo Estado brasileiro do princípio da reciprocidade de tratamento.

• **Comentário**

Arts. 37 a 41. Os arts. 37 a 39 dispõem sobre o procedimento a ser observado no caso de o pedido de cooperação jurídica internacional ser formulado por autoridade brasileira competente. Destaque-se a regra do art. 39, segundo a qual o pedido passivo de cooperação jurídica internacional deverá ser recusado se implicar manifesta ofensa à ordem jurídica. A norma constitui repercussão do estabelecido no art. 17, da Lei de Introdução às Normas do Direito Brasileiro, assim redigido: "As leis, atos e sentenças de outro país, bem como quaisquer declarações de vontade, não terão eficácia no Brasil, quando ofenderem a soberania nacional, a ordem jurídica e os bons costumes".

O art. 40 esclarece que a cooperação jurídica internacional destinada à execução de decisão estrangeira será processada por meio de carta rogatória ou de homologação de sentença estrangeira, nos termos do art. 960.

O art. 41 dispõe sobre aspectos formais do documento que instruir o pedido de cooperação jurídica internacional.

TÍTULO III

DA COMPETÊNCIA INTERNA

CAPÍTULO I

DA COMPETÊNCIA

Seção I

Disposições Gerais

Art. 42. As causas cíveis serão processadas e decididas pelo juiz nos limites de sua competência, ressalvado às partes o direito de instituir juízo arbitral, na forma da lei.

• **Comentário**

Norma semelhante constava do art. 86 do CPC revogado.

A competência pode ser classificada em: a) interna e internacional; b) originária e derivada; c) objetiva e subjetiva; d) exclusiva e concorrente; e) absoluta e relativa; f) de foro e de juízo; g) material; h) funcional; i) em razão da pessoa; j) segundo o valor da causa. A competência absoluta compreende: a) a material; b) em razão da pessoa; e c) a funcional; a competência relativa enfeixa: a) a territorial; e b) segundo o valor da causa. A competência objetiva abarca: a) a material; b) a territorial; e c) segundo o valor da causa; a subjetiva se refere à pessoa (*ratione personae*). A classificação da competência variará, enfim, conforme seja o critério que se adote.

Causas cíveis. Entenda-se: causas trabalhistas.

Juiz. São órgãos da Justiça do Trabalho, nos termos do art. 111 da Constituição Federal: a) o Tribunal Superior do Trabalho; b) os Tribunais Regionais do Trabalho; c) os Juízes do Trabalho (ou melhor: as Varas do Trabalho: art. 112).

Juízo arbitral. No processo do trabalho, a arbitragem só é prevista em sede de dissídio coletivo (CF, art. 114, § 1º). Assim dizemos porque a Lei n. 13.129, de 27.5.2015, embora tenha sido editada com a finalidade de "ampliar o âmbito de aplicação da arbitragem" foi vetada na parte em que instituía uma Câmara para solucionar os conflitos (individuais) de interesses trabalhistas . A Lei n. 13.129 alterou as Leis ns. 9.307, de 23.9.1996, e 6.404, de 15.12.1976.

A arbitragem e a mediação são formas de solução extrajurisdicional de conflitos de interesses.

Na mediação, a solução do conflito é obtida pela participação de uma terceira pessoa alheia ao conflito e que não detém poderes para impor aos conflitantes a solução que considere ser a melhor. A mediação traduz ato de aproximação e de aconselhamento. O Decreto Federal n. 1.572, de 28.7.1995, regulamentou a mediação na negociação coletiva de natureza trabalhista. Posteriormente, o Decreto Federal n. 5.063, de 3.5.2004, em seu art. 17, atribuiu à Secretaria de Relações do Trabalho competência para "III — planejar, coordenar, orientar e promover a prática da negociação coletiva, mediação e arbitragem".

Na arbitragem, ao contrário, o árbitro tem o poder de apresentar uma solução para o caso.

Assim, enquanto na arbitragem há decisão e imposição, na mediação há, apenas, aconselhamento e colaboração. A mediação poderá ser instituída antes ou depois do litígio; no primeiro caso, diz-se que ela é preventiva; no segundo, contenciosa.

Entretanto, grassa, nos sítios da doutrina brasileira, intensa polêmica quanto à conveniência de haver mediação e arbitragem nos conflitos individuais do trabalho.

No âmbito das relações civis, a arbitragem é regulada pela Lei n. 9.307, de 23.9.1996, com as alterações introduzidas pela Lei n. 13.129/2015. Dessa modalidade de solução extrajurisdicional de conflitos de interesses poderão valer-se todas as pessoas capazes e desde que o litígio se refira a direitos patrimoniais disponíveis (art. 1º). A arbitragem poderá ser direito ou de equidade, a critério das partes (art. 2º). O árbitro pode ser qualquer pessoa capaz e que possua a confiança das partes (art. 13). Já não há laudo arbitral, e sim, sentença arbitral (art. 23), que produz entre as partes e seus sucessores os mesmos efeitos da sentença emitida pelos órgãos do Poder Judiciário (art. 31); sendo condenatória, constituirá título executivo judicial (*ibidem*). A parte interessada poderá tentar obter, do Poder Judiciário, a decretação de nulidade da sentença arbitral, nos casos previstos em lei (art. 33, *caput*), inclusive, em sede de embargos do devedor (art. 33, § 3º).

A arbitragem, entretanto, não exclui a conciliação. Tanto isto é certo que, no início do procedimento, o árbitro ou o tribunal arbitral deverão tentar conciliar as partes (art. 21, § 4º), sem prejuízo de estas se conciliarem, voluntariamente (art. 28).

A Constituição Federal prevê o uso da arbitragem nos denominados dissídios coletivos (art. 114, § 1º).

Cabe aqui, no entanto, uma relevante indagação: é possível a aplicação supletiva da Lei n. 9.307/96 na esfera dos conflitos *individuais* entre trabalhadores e empregadores, funcionando como árbitro o Ministério Público do Trabalho? O assunto vem provocando profunda cisão nas manifestações doutrinárias e jurisprudenciais. Os juristas que recusam a aplicação da arbitragem nos conflitos individuais de trabalho se fundam nos seguintes argumentos, dentre outros: a) o fato de o art. 1º da Lei n. 9.307/96 declarar que a arbitragem somente poderá ser adotada para solucionar litígios pertinentes a direitos patrimoniais disponíveis — sabendo-se que a indisponibilidade e a irrenunciabilidade constituem traços característicos dos direitos dos trabalhadores; b) a legislação trabalhista é omissa quanto à arbitragem; c) a arbitragem implica a realização de despesas, que não poderiam ser suportadas pelos trabalhadores; d) a arbitragem levaria a um esvaziamento da Justiça do Trabalho; e) a arbitragem seria inconstitucional; f) o juízo de equidade, que pode ser escolhido pelas partes, acarretaria uma perigosa flexibilização das normas do Direito do Trabalho; g) o trabalhador brasileiro ainda não estaria preparado, técnica, política e economicamente, para fazer uso da arbitragem; h) as partes, especialmente os trabalhadores, mantêm uma certa desconfiança em relação à arbitragem.

A despeito da vastidão e do ponderável conteúdo desses argumentos, não concordamos com eles. Examinemo-los.

a) Os direitos dos trabalhadores são indisponíveis e irrenunciáveis. Separemos uns dos outros, para efeito de análise do argumento de que estamos a dissentir.

Indisponibilidade: incidem em manifesto equívoco aqueles que supõem serem de ordem pública todas as normas componentes da legislação trabalhista; muitas delas são dispositivas, possuindo caráter eminentemente patrimonial. Não podemos nos esquecer, acima de tudo, que o Direito do Trabalho integra o ramo do Direito Privado. Se os direitos dos trabalhadores fossem indisponíveis, ficaria difícil explicar a razão pela qual a CLT afirma, com predicamento de princípio medular, que todas as causas submetidas à apreciação dos órgãos da Justiça do Trabalho serão sempre sujeitas à conciliação (CLT, art. 764), determinando, em razão disso, que os juízes do trabalho formulem propostas conciliatórias em duas oportunidades, quando menos (arts. 846 e 850, *caput*). Também não possui consistência jurídica o argumento de que os direitos dos trabalhadores somente se tornam disponíveis após a ruptura do contrato de trabalho, uma vez que essa distinção não consta do art. 764, da CLT — sendo certo que ao intérprete não é lícito distinguir quando a lei não o faz.

Como afirmamos há pouco, a transação (conciliação) constitui um negócio jurídico bilateral, uma forma de solução consensual, portanto, não jurisdicional do conflito de interesse, à qual o magistrado empresta a sentença, apenas, a fim de dotar o credor de um título executivo, para a hipótese de inadimplemento da obrigação, ou de o cumprimento desta não se dar nas condições estabelecidas pelas partes. Não menos importante é assinalar que a transação pode compreender, até mesmo, verbas ou postulações não constantes da inicial, pois é lícito aos transatores redimensionarem, por força de suas vontades convergentes, os limites objetivos da lide. Constava, a esse respeito, do art. 475-N, do CPC revogado: "*São títulos executivos judiciais: I (...); III — a sentença homologatória de conciliação ou de transação, ainda que inclua matéria não posta em juízo*" (destacamos). O fato de o art. 515, II, não conter a expressão: "ainda que inclua matéria não posta em juízo" não está a significar, a nosso ver, que essa inclusão se tornou vedada, pois a transação continua a ser um negócio jurídico bilateral, que, por isso, não se submete às limitações impostas pelos arts. 141 e 492, do CPC, que só incidem nos casos de solução *jurisdicional* (impositiva) da lide. Vale dizer, esses dispositivos legais têm como destinatário exclusivo o magistrado, não as partes.

Irrenunciabilidade. Este tema é, juridicamente, bem mais delicado do que o da indisponibilidade. Qualquer manifestação volitiva do trabalhador, implicando, por exemplo, renúncia a salário, a férias, a descanso semanal remunerado, a horas extras, a adicional noturno etc. é ineficaz, em virtude da cláusula de irrenunciabilidade em que se inserem esses direitos. Mesmo sendo manifestada em juízo, a renúncia de direitos, pelo trabalhador, deve ser examinada com a necessária prudência e — por que não dizer — desconfiança pelo magistrado. Dificilmente se admitirá renúncia que tenha por objeto direitos assegurados constitucionalmente. Cuidando-se, todavia, de direitos previstos em regulamentos internos da empresa, poder-se-á admitir a renúncia circunstancial, como quando essa renúncia for feita no âmbito de uma transação, cujas condições sejam altamente favoráveis ao trabalhador, no tocante a outros direitos postulados na causa.

Enfim, os argumentos fundados na indisponibilidade e na irrenunciabilidade dos direitos dos trabalhadores não são de magnitude capaz de afastar, por si sós, a adoção da arbitragem no plano dos conflitos individuais do trabalho, desde que se adotem, aqui, as mesmas regras de proteção que informam o Direito Material do Trabalho.

b) Omissão da legislação trabalhista. O fato de a CLT não conter disposição acerca da arbitragem não significa que esta não possa ser utilizada como técnica de solução de litígios individuais. Aliás, a omissão da CLT constitui, justamente, um dos pressupostos para a adoção supletiva de normas do Direito Comum (art. 8º) ou do Direito Processual Civil (art. 769). O outro pressuposto é o da ausência de incompatibilidade dessas normas externas com os Direitos Material e Processual do Trabalho. Preservado o escopo protectivo, de que falamos na letra "a" retro, não vemos inconveniente no uso da arbitragem para a solução de lides individuais trabalhistas.

Se omissão há na CLT, isto não ocorre na legislação esparsa. Realmente, a Lei n. 10.101, de 19.12.2000, versando sobre a participação dos trabalhadores nos lucros ou resultados da empresa, dispõe, no art. 4º, que se a negociação, visando a essa participação, gerar um impasse, as partes poderão fazer uso da mediação (inciso I) ou da arbitragem de ofertas finais (inciso II). Neste tipo de arbitragem, o árbitro "deve restringir-se a optar pela proposta apresentada, em caráter definitivo, por uma das partes". O laudo arbitral terá força normativa, independentemente de homologação judicial (*ibidem*, § 4º).

Mencione-se, ainda, a Lei n. 8.630, de 25.2.1993, que dispôs sobre o regime jurídico da exploração dos portos organizados e das instalações portuárias, cujo art. 23, § 1º, prevê a possibilidade de as partes se valerem da arbitragem de ofertas finais, caso a comissão paritária, por elas instituída, não consiga solucionar os litígios decorrentes da aplicação da antedita norma legal, particularmente, os seus arts. 18, 19 e 21.

Também deve ser referido o Decreto n. 88.984, de 10.11.1983, do Ministro do Trabalho, que criou o Serviço Nacional de Mediação e Arbitragem, constituído por árbitros independentes, remunerados pelas partes.

c) Onerosidade financeira para o trabalhador. O argumento de que a arbitragem acarretaria para o trabalhador determinadas despesas (custos) que ele não poderia sustentar não possui a relevância que possa aparentar. Essas despesas poderiam, por exemplo, ser custeadas pelo empregador, sem embargo de o árbitro ser indicado pelas partes, mediante comunhão de vontades. A atribuição desse encargo pecuniário ao empregador pode ser obtida por meio de acordo ou de convenção coletiva de trabalho ou, mesmo, de cláusula particular, ajustada pelos litigantes.

Ademais, devemos lembrar que a Lei Complementar n. 75, de 20.5.1993, em seu art. 83, inciso XI, autorizou o Ministério Público do Trabalho a funcionar como árbitro — caso em que inexistirá qualquer encargo ou ônus financeiro para os litigantes. Essa atividade do Ministério Público está disciplinada pela Resolução n. 44/99, do Conselho Superior do Ministério Público do Trabalho. É oportuno registrar que o *Parquet* trabalhista vem funcionando, há algum tempo, como árbitro nos conflitos coletivos do trabalho.

d) Esvaziamento da Justiça do Trabalho. Este argumento parte do pressuposto equivocado de que a arbitragem provocaria um esvaziamento dos órgãos da Justiça do Trabalho. Ora, arbitragem e Justiça do Trabalho não são instituições que se excluem, senão que se complementam. O mesmo receio de esvaziamento da Justiça do Trabalho tomou de assalto alguns espíritos inquietos quando se anunciou a instituição das Comissões de Conciliação Prévia (Lei n. 9.958, de 12.1.2000). Todavia, essas Comissões estão a funcionar, em diversos pontos do País, sem que haja notícia de que teriam acarretado um esvaziando da Justiça do Trabalho, nos locais em que se encontram instaladas. A arbitragem figuraria como uma das formas de solução alternativa (não jurisdicional) dos conflitos individuais do trabalho, convivendo, em harmonia, com os órgãos da Jurisdição Especializada.

É oportuno trazer à lembrança a observação de que a arbitragem é sempre facultativa, motivo pelo que as partes em conflito terão liberdade para adotá-la ou para se dirigirem à Justiça do Trabalho. Por isso, dissemos que a arbitragem constitui uma das vias *alternativas* de solução de conflitos de interesses disponíveis.

e) Inconstitucionalidade. O fato de a Constituição Federal somente haver feito referência à arbitragem no âmbito dos denominados dissídios coletivos (art. 114, § 1º) não pode ser interpretado como um veto à utilização dessa técnica na esfera dos conflitos individuais, tendo como árbitro o Ministério Público do Trabalho. O que o constituinte pretendeu, com isso, foi somente enfatizar a possibilidade da utilização da arbitragem nos conflitos coletivos, sem a restringir a estes.

f) Flexibilização das normas do Direito do Trabalho. O argumento em foco está ligado à possibilidade de as partes autorizarem o árbitro a decidir por equidade. A equidade, considerada em si mesmo, pode ser uma faca de dois gumes, pois de, de um lado, talvez implique uma "flexibilização" das normas de Direito do Trabalho (naquilo que, à evidência, puder ser "flexibilizado"), de outro, poderá ser vantajosa ao trabalhador, pois o árbitro não estará jungido à aplicação da lei ao caso concreto, podendo, pois, dilatar o campo dos direitos do trabalhador.

É razoável supor, entretanto, que, na prática, nenhuma das partes optará pela arbitragem de equidade, preferindo que seja de direito, caso em que o patrimônio jurídico do trabalhador não correrá o risco de lesões, porquanto, juntamente com a norma a ser aplicada ao caso concreto, irão os princípios que lhes são inerentes.

g) Despreparo do trabalhador brasileiro. O argumento *data venia*, chega a ser irônico: o trabalhador brasileiro estaria despreparado para a arbitragem e, por isso, não a devemos adotar. Entretanto, é justamente a falta de prática da arbitragem que provoca esse "despreparo" do trabalhador brasileiro.

Logo, cessada a causa (falta de prática), cessará o efeito (despreparo).

Reconhecemos, entretanto, que o uso da arbitragem não faz parte da cultura de nosso trabalhador, razão pela qual, em termos da realidade concreta, essa técnica de solução de conflitos individuais não venha a ser por ele adotada. Isto, porém, não pode ser erigido como obstáculo à aceitação, em tese, da adoção da arbitragem.

Código de Processo Civil Art. 43

h) Desconfiança em relação à arbitragem. De certo modo, a manifestação que realizamos na alínea anterior abarca esta outra ("h"). Em todo o caso, reforcemos nossa opinião, dizendo que o fato de o trabalhador brasileiro desconfiar da neutralidade do árbitro não constitui empecilho à admissão da arbitragem como técnica ou método de solução não jurisdicional de conflitos individuais do trabalho. Insistamos em esclarecer que a arbitragem será uma via alternativa de solução desses conflitos. Não sendo, portanto, obrigatória, caberá ao trabalhador decidir por ela ou pelo ingresso na Justiça do Trabalho.

Em resumo, entendemos que a arbitragem pode ser utilizada como instrumento de solução de conflitos individuais de trabalho, contanto que: 1) sejam rigorosamente observadas as regras estabelecidas pela Lei n. 9.307/96; 2) o trabalhador opte pela arbitragem de modo expresso e sem nenhum vício de consentimento; 3) sejam respeitadas as garantias legais e constitucionais mínimas de proteção ao trabalhador; 4) seja permitida a assistência do trabalhador pelo sindicato de sua categoria, onde houver; 5) não haja despesas ou encargos pecuniários para o trabalhador; 6) funcione como árbitro o Ministério Público do Trabalho.

Idealmente, a arbitragem trabalhista deveria ser objeto de norma legal específica. Enquanto não sobrevier essa norma, seria recomendável que a matéria fosse disciplinada em acordo ou convenção coletiva de trabalho. Por meio desses instrumentos, o sindicato representativo da categoria dos trabalhadores poderia normatizar a adoção da arbitragem, nos conflitos individuais, fazendo com que determinados princípios protetivos do trabalhador, legalmente previstos, fossem preservados, evitando-se, por esse modo, que a arbitragem pudesse constituir-se em meio de burlar a legislação ou, de qualquer forma, de lesar os direitos ou interesses da classe trabalhadora.

Art. 43. Determina-se a competência no momento do registro ou da distribuição da petição inicial, sendo irrelevantes as modificações do estado de fato ou de direito ocorridas posteriormente, salvo quando suprimirem órgão judiciário ou alterarem a competência absoluta.

• **Comentário**

Esta norma é reprodução, quase literal, do art. 86 do CPC revogado.

A norma em exame contém um princípio e uma exceção. O princípio é de que a competência se determina no momento em que a petição inicial é submetida a registro ou distribuição. A exceção ocorre quando as posteriores modificações do estado de fato ou de direito da causa suprimirem o órgão judiciário ou alterarem a competência absoluta.

O artigo *sub examen* consagra a regra da *perpetuatio iurisdictionis* (perpetuação da jurisdição), que tem como escopo proteger a parte, seja autora ou ré, evitando que o processo possa ser deslocado para outra unidade jurisdicional sempre que ocorrer alguma modificação na organização judiciária ou mesmo em tema de distribuição de competências. É evidente que o princípio da *perpetuatio iurisdictionis* não incide nos casos de incompetência absoluta, como a que se fixa em valor da matéria ou do aspecto funcional (hierarquia).

Uma das primeiras Súmulas adotadas pelo STF foi a de n. 10, pela qual aquele Tribunal estabeleceu: "*Instalada a Junta de Conciliação e Julgamento, cessa a competência do Juiz de Direito em matéria trabalhista, inclusive para a execução das sentença por ele proferidas*". A Súmula em questão cogita da competência supletiva do Juiz de Direito, prevista nos arts. 668 e 669 da CLT. Embora a Emenda Constitucional n. 24/99 tenha eliminado a representação classista no âmbito da Justiça do Trabalho, e, em razão disso, alterado a denominação dos órgãos de primeiro grau de Juntas de Conciliação para Varas do Trabalho, observada esta modificação orgânica e terminológica a regra contida na Súmula n. 10, do STJ, permanece íntegra.

Posteriormente, em decorrência da Emenda Constitucional n. 45/2004, que ampliou a competência da Justiça do Trabalho, muitas controvérsias surgiram na doutrina e na jurisprudência.

Visando a dirimir essas dissenções, o STJ adotou a Súmula n. 267, com este enunciado: "A competência estabelecida pela EC n. 45/2004 não alcança os processos já sentenciados". O TST, por sua vez, editou a Instrução Normativa n. 27, em 16 de fevereiro de 2005, cujo teor é o seguinte:

INSTRUÇÃO NORMATIVA N. 27 de 2005

Editada pela Resolução n. 126 Publicada no Diário da Justiça em 22.2.05

Dispõe sobre normas procedimentais aplicáveis ao processo do trabalho em decorrência da ampliação da competência da Justiça do Trabalho pela Emenda Constitucional n. 45/2004.

Art. 1º As ações ajuizadas na Justiça do Trabalho tramitarão pelo rito ordinário ou sumaríssimo, conforme previsto na Consolidação das Leis do Trabalho, excepcionando-se, apenas, as que, por disciplina legal expressa, estejam sujeitas a rito especial, tais como o Mandado de Segurança, *Habeas Corpus*, *Habeas Data*, Ação Rescisória, Ação Cautelar e Ação de Consignação em Pagamento.

Art. 2º A sistemática recursal a ser observada é a prevista na Consolidação das Leis do Trabalho, inclusive

Arts. 44 e 45

no tocante à nomenclatura, à alçada, aos prazos e às competências.

Parágrafo único. O depósito recursal a que se refere o art. 899 da CLT é sempre exigível como requisito extrínseco do recurso, quando houver condenação em pecúnia.

Art. 3º Aplicam-se quanto às custas as disposições da Consolidação das Leis do Trabalho.

§ 1º As custas serão pagas pelo vencido, após o trânsito em julgado da decisão.

§ 2º Na hipótese de interposição de recurso, as custas deverão ser pagas e comprovado seu recolhimento no prazo recursal (arts. 789, 789 — A, 790 e 790 — A da CLT).

§ 3º Salvo nas lides decorrentes da relação de emprego, é aplicável o princípio da sucumbência recíproca, relativamente às custas.

Art. 4º Aos emolumentos aplicam-se as regras previstas na Consolidação das Leis do Trabalho, conforme previsão dos arts. 789 — B e 790 da CLT.

Art. 5º Exceto nas lides decorrentes da relação de emprego, os honorários advocatícios são devidos pela mera sucumbência.

Art. 6º Os honorários periciais serão suportados pela parte sucumbente na pretensão objeto da perícia, salvo se beneficiária da justiça gratuita.

Parágrafo único. Faculta-se ao juiz, em relação à perícia, exigir depósito prévio dos honorários, ressalvadas as lides decorrentes da relação de emprego.

Art. 7º Esta Resolução entrará em vigor na data da sua publicação.

Sala de Sessões, 16 de fevereiro de 2005.

VALÉRIO AUGUSTO FREITAS DO CARMO

Diretor-Geral de Coordenação Judiciária

Art. 44. Obedecidos os limites estabelecidos pela Constituição Federal, a competência é determinada pelas normas previstas neste Código ou em legislação especial, pelas normas de organização judiciária e, ainda, no que couber, pelas constituições dos Estados.

• **Comentário**

No plano da Justiça do Trabalho — que integra o Poder Judiciário Federal —, a sua competência é determinada pela Constituição da República (art. 114), pela CLT (arts. 643, 650 a 653, 677 a 680; pela Lei n. 7.701, de 21.12.1988, arts. 1º ao 6º) e por legislação esparsa.

Art. 45. Tramitando o processo perante outro juízo, os autos serão remetidos ao juízo federal competente se nele intervier a União, suas empresas públicas, entidades autárquicas e fundações, ou conselho de fiscalização de atividade profissional, na qualidade de parte ou de terceiro interveniente, exceto as ações:

I — de recuperação judicial, falência, insolvência civil e acidente de trabalho;

II — sujeitas à justiça eleitoral e à justiça do trabalho.

§ 1º Os autos não serão remetidos se houver pedido cuja apreciação seja de competência do juízo perante o qual foi proposta a ação.

§ 2º Na hipótese do § 1º, o juiz, ao não admitir a cumulação de pedidos em razão da incompetência para apreciar qualquer deles, não examinará o mérito daquele em que exista interesse da União, de suas entidades autárquicas ou de suas empresas públicas.

§ 3º O juízo federal restituirá os autos ao juízo estadual sem suscitar conflito se o ente federal cuja presença ensejou a remessa for excluído do processo.

• **Comentário**

Caput, **incisos e parágrafos**. A norma não se aplica à Justiça do Trabalho, conforme ressalva, de maneira expressa, o inciso II, do *caput*.

Art. 46. A ação fundada em direito pessoal ou em direito real sobre bens móveis será proposta, em regra, no foro de domicílio do réu.

§ 1º Tendo mais de um domicílio, o réu será demandado no foro de qualquer deles.

§ 2º Sendo incerto ou desconhecido o domicílio do réu, ele poderá ser demandado onde for encontrado ou no foro de domicílio do autor.

§ 3º Quando o réu não tiver domicílio ou residência no Brasil, a ação será proposta no foro de domicílio do autor, e, se este também residir fora do Brasil, a ação será proposta em qualquer foro.

§ 4º Havendo 2 (dois) ou mais réus com diferentes domicílios, serão demandados no foro de qualquer deles, à escolha do autor.

§ 5º A execução fiscal será proposta no foro de domicílio do réu, no de sua residência ou no do lugar onde for encontrado.

• **Comentário**

Caput e **parágrafos**. O processo do trabalho possui normas próprias sobre competência territorial (CLT, art. 651). Além disso, a Justiça do Trabalho não possui competência para solucionar ações versando acerca de direito real sobre bens imóveis.

Art. 47. Para as ações fundadas em direito real sobre imóveis é competente o foro de situação da coisa.

§ 1º O autor pode optar pelo foro de domicílio do réu ou pelo foro de eleição se o litígio não recair sobre direito de propriedade, vizinhança, servidão, divisão e demarcação de terras e de nunciação de obra nova.

§ 2º A ação possessória imobiliária será proposta no foro de situação da coisa, cujo juízo tem competência absoluta.

• **Comentário**

Caput e **parágrafos**. A Justiça do Trabalho não possui competência para apreciar ações fundadas em direito real sobre imóveis.

Art. 48. O foro de domicílio do autor da herança, no Brasil, é o competente para o inventário, a partilha, a arrecadação, o cumprimento de disposições de última vontade, a impugnação ou anulação de partilha extrajudicial e para todas as ações em que o espólio for réu, ainda que o óbito tenha ocorrido no estrangeiro.

Parágrafo único. Se o autor da herança não possuía domicílio certo, é competente:

I – o foro de situação dos bens imóveis;

II – havendo bens imóveis em foros diferentes, qualquer destes;

III – não havendo bens imóveis, o foro do local de qualquer dos bens do espólio.

• **Comentário**

Caput e **parágrafo único**. A Justiça do Trabalho não possui competência para apreciar matéria relacionada à herança. Por outro lado, não se aplica a essa Justiça Especializada a regra em exame quanto aos casos em que o espólio seja réu, em face do disposto no art. 651, da CLT.

Art. 49. A ação em que o ausente for réu será proposta no foro de seu último domicílio, também competente para a arrecadação, o inventário, a partilha e o cumprimento de disposições testamentárias.

• **Comentário**

A Justiça do Trabalho não possui competência para apreciar a matéria.

Art. 50. A ação em que o incapaz for réu será proposta no foro de domicílio de seu representante ou assistente.

• **Comentário**

A norma não se aplica à Justiça do Trabalho, que possui regra própria sobre competência territorial (CLT, art. 651).

Art. 51. É competente o foro de domicílio do réu para as causas em que seja autora a União.

Parágrafo único. Se a União for a demandada, a ação poderá ser proposta no foro de domicílio do autor, no de ocorrência do ato ou fato que originou a demanda, no de situação da coisa ou no Distrito Federal.

• **Comentário**

A norma não se aplica à Justiça do Trabalho, que possui regra própria sobre competência territorial (CLT, art. 651).

Art. 52. É competente o foro de domicílio do réu para as causas em que seja autor Estado ou o Distrito Federal.

Parágrafo único. Se Estado ou o Distrito Federal for o demandado, a ação poderá ser proposta no foro de domicílio do autor, no de ocorrência do ato ou fato que originou a demanda, no de situação da coisa ou na capital do respectivo ente federado.

• **Comentário**

A norma não se aplica à Justiça do Trabalho, que possui regra própria sobre competência territorial (CLT, art. 651).

Art. 53. É competente o foro:

I – para a ação de divórcio, separação, anulação de casamento e reconhecimento ou dissolução de união estável:

a) de domicílio do guardião de filho incapaz;

b) do último domicílio do casal, caso não haja filho incapaz;

c) de domicílio do réu, se nenhuma das partes residir no antigo domicílio do casal;

II – de domicílio ou residência do alimentando, para a ação em que se pedem alimentos;

III – do lugar:

a) onde está a sede, para a ação em que for ré pessoa jurídica;

b) onde se acha agência ou sucursal, quanto às obrigações que a pessoa jurídica contraiu;

c) onde exerce suas atividades, para a ação em que for ré sociedade ou associação sem personalidade jurídica;

d) onde a obrigação deve ser satisfeita, para a ação em que se lhe exigir o cumprimento;

e) de residência do idoso, para a causa que verse sobre direito previsto no respectivo estatuto;

f) da sede da serventia notarial ou de registro, para a ação de reparação de dano por ato praticado em razão do ofício;

IV – do lugar do ato ou fato para a ação:

a) de reparação de dano;

b) em que for réu administrador ou gestor de negócios alheios;

V – de domicílio do autor ou do local do fato, para a ação de reparação de dano sofrido em razão de delito ou acidente de veículos, inclusive aeronaves.

• **Comentário**

A norma não se aplica à Justiça do Trabalho, seja porque esta não possui competência para apreciar as matérias mencionadas nos incisos I e II, seja porque, quanto aos incisos III e IV, o processo do trabalho possui regra própria sobre competência territorial (CLT, art. 651).

Seção II
Da Modificação da Competência

Art. 54. A competência relativa poderá modificar-se pela conexão ou pela continência, observado o disposto nesta Seção.

• **Comentário**

Repete-se, aqui, a regra inscrita no art. 102 do CPC revogado. A mencionar-se o fato de este Código do passado fazer menção específica às competências em razão do valor e do território, ao passo que o atual se refere, de modo genérico, à competência *relativa* — o que, em essência, é a mesma coisa.

A competência *relativa* poderá ser modificada pela conexão ou pela continência, cujos conceitos são enunciados pelos arts. 55 e 56, respectivamente, que serão comentados em seguida.

Não se admite a modificação da competência *absoluta* (matéria, pessoa, funcional).

Art. 55. Reputam-se conexas 2 (duas) ou mais ações quando lhes for comum o pedido ou a causa de pedir.

§ 1º Os processos de ações conexas serão reunidos para decisão conjunta, salvo se um deles já houver sido sentenciado.

§ 2º Aplica-se o disposto no *caput*:

I — à execução de título extrajudicial e à ação de conhecimento relativa ao mesmo ato jurídico;

II — às execuções fundadas no mesmo título executivo.

§ 3º Serão reunidos para julgamento conjunto os processos que possam gerar risco de prolação de decisões conflitantes ou contraditórias caso decididos separadamente, mesmo sem conexão entre eles.

• **Comentário**

Caput. O substantivo *conexão* sugere, lexicamente, a ideia de ligação, vinculação, articulação.

Sempre fizemos objeções à redação do art. 103 do CPC anterior. Em primeiro lugar, porque utilizava o vocábulo *objeto* como sinônimo impróprio de *pedido*; em segundo, porque, primeiramente, deveria ter aludido à causa de pedir e, depois, ao pedido ("objeto"), a fim de atender à ordem lógica com que as coisas se dispõem na petição inicial. De qualquer modo, a conjunção coordenativa *ou*, constante da redação desse dispositivo legal, revelava que para a configuração da conexão bastava a presença de *um* destes elementos coincidentes: causas de pedir *ou* pedidos; não, de ambos. O CPC de 2015 manteve essa alternatividade. É oportuno rememorar que a causa de pedir é constituída pela narração dos fatos, mais os fundamentos jurídicos da pretensão.

O texto atual substituiu, de maneira correta, o vocábulo *objeto* por *pedido*; entrementes, manteve a referência ao *pedido* com precedência à *causa de pedir*, incorrendo, assim no mesmo deslize lógico (ou cronológico) do legislador de 1973.

Por tratar-se de matéria de ordem pública, a conexão deve ser conhecida, *ex officio*, pelo juiz (CPC, art. 337, VIII, e, especialmente, § 5º).

Desde a vigência do CPC de 1973, a jurisprudência vem admitindo a possibilidade de o conceito de conexão ser maleável, em face das peculiaridades dos casos concretos, por forma a admiti-la mesmo sem a presença dos requisitos legais. Essa possibilidade se destina a evitar a ocorrência de decisões judiciais antagônonicas, contraditórias entre si. A partir daí, a doutrina passoua classificar a conexão em: a) própria; e b) imprópria. A primeira se caracteriza pelo fato de a causa de pedir ou o pedido ser comum a uma ou mais ações; a segunda, pela *semelhança* entre as causas de pedir ou os pedidos, entre causas distintas, que depende, no todo ou em parte, da solução de questões idênticas.

A conexão própria está subdividida em simples ou qualificada; a simples, por sua vez, pode ser objetiva ou subjetiva. Em rigor, a conexão simples subjetiva nada mais é do que a *continência*, que será examinada mais adiante.

§ 1º Não se reúnem os processos, e sim, os autos. O processo, como método estatal de solução de conflitos de interesses, tem natureza imaterial, não podendo, por isso, ser reunido a outro.

O *pedido* é a pretensão — na maioria das vezes de caráter material — que a parte formula em juízo; a *causa de pedir* é o conjunto dos fatos e das normas jurídicas incidentes, de que a parte se utiliza para deduzir a sua pretensão. Por motivos de ordem lógica, conforme destacamos, a *causa petendi* antecede ao pedido. A falta de quaisquer deles torna a petição inicial inepta (CPC, art. 330, § 1º), podendo conduzi-la ao indeferimento (idem, *ibidem*, I), se não for corrigida a irregularidade (art. 321).

A causa de perdir pode ser: a) *remota*, consistindo no dirieto em que o autor fundamenta a sua pretensão; ou b) *próxima*, caracterizada pela lesão do direito ou pela ameaça de lesão. Para que se configure identidade de causa de pedir é suficiente que duas ou mais ações possuam as mesmas partes, a mesma *causa petendi* ou o mesmo medido. Somente para efeito de litispendência ou de coisa julgada é que se requer a identidade de todos os elementos da causa de pedir.

Podemos asseverar que as razões pelas quais os sistemas de processo judicial instituíram a figura da conexão são de duas ordens: a) pragmática; b) jurídica. A primeira se destina a julgar uma ou mais causas conexas mediante sentença única, atendendo, assim, ao princípio da *concentração*, que diz de um máximo de resultado com um mínimo de atividade jurisdicional; o segundo visa a impedir que causas contendo pedidos ou causas de pedir idênticas venham a receber pronunciamentos jurisdicionais antagônicos.

Como o escopo da conexão é realizar o julgamento conjunto das causas (art. 55), fica evidente que a reunião dos respectivos autos não será possível quando uma ou mais das causas já houver sido julgada. Para os efeitos da norma em exame, o fato de uma das causas já haver sido *instruída* não impede a reunião dos respectivos autos, porquanto a reunião é feita com vistas ao *julgamento*.

§ 2º A norma contida no *caput* é aplicável às seguintes situações:

Inciso I. Nos casos em que houver a execução de título extrajudicial e a ação cognitiva estiverem fundadas no mesmo ato jurídico será admissível a reunião dos autos, para julgamento conjunto. É elementar que, para isso, pressupõe-se a competência do juízo para apreciação de ambas as causas.

Inciso II. Desde que as execuções (ou cumprimento da sentença) se baseiem no mesmo título executivo, poderá ocorrer a reunião dos respectivos autos, para os efeitos do *caput* do art. 55.

§ 3º A norma permite a reunião de autos de processo mesmo que não haja conexão entre eles, se, decididos em separado, puderem gerar risco de decisões conflitantes ou contraditórias.

Fica difícil admitir, no âmbito do processo do trabalho, a possibilidade de haver demandas cujas causar de pedir e pedidos não sejam idênticos e, mesmo assim, o julgamento separado delas possa acarretar a existência de sentenças conflitantes ou contraditórias. De qualquer modo, essa reunião só será possível se o órgão jurisdicional detiver competência para apreciar a matéria que dá conteúdo aos diversos processos.

Art. 56. Dá-se a continência entre 2 (duas) ou mais ações quando houver identidade quanto às partes e à causa de pedir, mas o pedido de uma, por ser mais amplo, abrange o das demais.

• **Comentário**

Idêntica disposição constava do art. 104 do CPC revogado.

O CPC atual substituiu, de modo acertado, o vocábulo *objeto*, constante do Código anterior, por *pedido*.

No substantivo *continência* está a noção de conter alguma coisa. Sob a perspectiva processual, é empregado para identificar a existência de duas demandas, em que há identidade quanto às partes e à causa de pedir, embora o pedido de uma, por ser mais amplo, abarque o da outra. Pode-se falar, por isso, em causa continente (mais ampla) e causa contida (menos ampla). É certo que também na continência há uma certa conexão, se considerarmos, por exemplo, a identidade das causas de pedir. Não traduziria impropriedade técnica, portanto, afirmar-se que a continência é espécie do gênero conexão. A propósito, na continência, ao contrário da conexão, o legislador não fez uso da conjunção coordenativa *ou*, e sim da conjunção *e*, de tal maneira que para efeito de configuração daquela, se exige identidade de partes e de *causa petendi* — além de os pedidos formulados em uma das ações abranger os contidos em outra.

Idealmente, essa identidade de causa de pedir e de pedido deve ser absoluta, conquanto seja admissível, em certos casos, a meramente relativa.

Art. 57. Quando houver continência e a ação continente tiver sido proposta anteriormente, no processo relativo à ação contida será proferida sentença sem resolução de mérito, caso contrário, as ações serão necessariamente reunidas.

• **Comentário**

Trata-se de inovação do CPC.

O princípio estabelecido pela norma em foco é de que, no caso de continência, o processo da ação contida, sendo posterior ao da continente, será extinto sem resolução do mérito. Estabelece o texto, entretanto, que se não ocorrer essa extinção as ações serão, necessariamente, reunidas.

Para já, impõe-se um reparo ao texto legal, ao fazer referência à reunião *de ações*, o que é impossível, se considerarmos a ação como o direito de alguém invocar a prestação da tutela jurisdicional. O conceito de ação, como o de processo, é, pois, imaterial. O que se reúnem, no caso, são os *autos dos processos* concernentes às ações ligadas entre si mediante conexão ou continência.

Essa reunião de autos atende à política de ordem pública, destinada a evitar o proferimento de decisões conflitantes ou repetitivas. Efetivamente se dois ou mais processos tramitassem separados, embora houvesse, entre eles, identidade de causa de pedir, de pedidos ou de partes, poderia ocorrer de cada juiz emitir: a) uma sentença de conteúdo diferente, fazendo com que esse contraste entre os pronunciamentos jurisdicionais gerasse no espírito das partes não só uma insegurança jurídica, como uma certa perda de credibilidade no Poder Judiciário; b) sentenças repetitivas, relativas às mesmas pessoas e à mesma causa de pedir, numa consequência que não seria menos comprometedora do que a mencionada na letra anterior ("a").

Justamente por estar em causa, em tais situações, matéria de ordem pública é que o juiz pode ordenar, por sua iniciativa, a reunião de autos, nos casos de conexão ou de continência. Quanto ao réu, poderá requerer essa reunião, sob a forma de preliminar, na contestação que vier a oferecer (CPC, art. 337, VIII). Mesmo que não a requeira nessa oportunidade, não haverá preclusão; por isso, poderá fazê-lo, em princípio, a qualquer tempo, desde que as causas não tenham sido julgadas, e, em alguns casos, excepcionalmente, que não tenham sido instruídas. Interpretação do art.55, § 1º, do CPC O importante é que as causas sejam julgadas de maneira simultânea, vale dizer, pela mesma sentença. Nada obsta a que também o autor requeira a reunião de autos, conquanto possa solicitar, antes, a distribuição da petição inicial relativa à segunda ação por dependência à primeira (CPC, art. 286, I).

Como as ações conectadas entre, si em virtude de conexão ou de continência, devem ser julgadas pela mesma sentença, isto corresponde a asseverar que se uma das causas já houver recebido sentença não será possível a reunião de autos.

Art. 58. A reunião das ações propostas em separado far-se-á no juízo prevento, onde serão decididas simultaneamente.

• **Comentário**

O artigo em foco reproduz parte do art. 105 do CPC revogado, no que se refere ao fato de, havendo conexão ou continência, as causas serem julgadas simultaneamente. A diferença que há, entre o art. 58 do CPC atual e o art. 105 do CPC revogado, é que o primeiro esclarece que a reunião de autos ocorrerá no juízo prevento, lembrando-se que a prevenção se configura com o registro ou a distribuição da petição inicial (CPC, art. 59).

Também aqui, a reunião será dos autos e não das ações.

Art. 59. O registro ou a distribuição da petição inicial torna prevento o juízo.

• **Comentário**

Dispunha o art. 106, do CPC revogado, que se estivessem tramitando em separado ações perante juízes que possuíssem a mesma competência territorial seria considerado prevento aquele que despachasse em primeiro lugar.

Para logo, chamamos a atenção à particularidade de que a prevenção só será possível quanto se tratar de competência territorial (*ratione loci*), que é relativa.

A regra do art. 106, do CPC, se referia à competência *de juízo*, assim entendida a que se verificava no âmbito da mesma comarca. Há, também, a competência *de foro*, que se dá entre comarcas, e de acordo com a qual a competência se define no momento do registro ou da distribuição da petição inicial (art. 43). É neste caso que o juízo se torna prevento, para todos os efeitos, inclusive, do art. 59.

Deve-se entender por *registro*, com vistas ao art. 59 do CPC, o *protocolo* da petição inicial.

Art. 60. Se o imóvel se achar situado em mais de um Estado, comarca, seção ou subseção judiciária, a competência territorial do juízo prevento estender-se-á sobre a totalidade do imóvel.

• **Comentário**

Disposição análoga estava no art. 107 do CPC revogado.

A norma não incide no processo do trabalho, pois a Justiça do Trabalho não tem competência para dirimir conflitos de interesses pertinentes a bens imóveis.

Art. 61. A ação acessória será proposta no juízo competente para a ação principal.

• **Comentário**

O tema constava do art. 108 do CPC revogado.

Ação acessória. Esclarece a norma em exame que a ação acessória deverá ser "proposta" no juízo competente para a ação principal. Seria o caso, por exemplo, com vistas ao processo do trabalho, das tutelas de urgência ou da evidência (CPC, art. 300 e 311).

Um retoque doutrinário: em rigor, a ação não se *propõe*: *exerce-se*, por tratar-se de um direito (público subjetivo, com assento constitucional).

Art. 62. A competência determinada em razão da matéria, da pessoa ou da função é inderrogável por convenção das partes.

• **Comentário**

As competências, aqui referidas, são de ordem pública; por esse motivo, são inderrogáveis pela manifestação volitiva das partes.

Por outro modo de expressão: a incompetência do juízo, nesses casos, é absoluta, razão por que a desobediência à norma legal implicará irreversível nulidade do processo. Nem mesmo, aliás, o juiz pode alterar as regras legais sobre essa espécie de incompetência. Eventual sentença proferida por juízo absolutamente incompetente, que transitar em julgado, poderá ser objeto de ação rescisória (CPC, art. 966, II).

Art. 63. As partes podem modificar a competência em razão do valor e do território, elegendo foro onde será proposta ação oriunda de direitos e obrigações.

§ 1º A eleição de foro só produz efeito quando constar de instrumento escrito e aludir expressamente a determinado negócio jurídico.

§ 2º O foro contratual obriga os herdeiros e sucessores das partes.

§ 3º Antes da citação, a cláusula de eleição de foro, se abusiva, pode ser reputada ineficaz de ofício pelo juiz, que determinará a remessa dos autos ao juízo do foro de domicílio do réu.

§ 4º Citado, incumbe ao réu alegar a abusividade da cláusula de eleição de foro na contestação, sob pena de preclusão.

• **Comentário**

Caput. Conforme expressa o art. 62, a competência em razão da matéria, da pessoa ou da função é inderrogável pela convenção das partes. Ao contrário disso, a competência em razão do valor e do território pode ser modificada pela vontade dos litigantes. Não havia necessidade, porém de o legislador haver dito que, em decorrência dessa derrogação, seria ajuizada ação "oriunda de direitos e obrigações". Ora, modificada a competência em razão do valor ou do território, estaria aberta a possibilidade do exercício das ações em geral.

Pensamos, contudo, que a norma em exame seja inaplicável à Justiça do Trabalho, na qual a competência *ratione loci* é fixada pelo art. 651, da CLT. A não se entender assim, a norma poderia ser utilizada em prejuízo do trabalhador, fazendo, por exemplo, com que tivesse de ajuizar a ação em localidade muito distante daquela em que prestou serviços ou em que foi contratado.

Talvez, fosse possível admitir-se, em caráter excepcional, a incidência, no processo do trabalho, do preceito inscrito no art. 63, do CPC, se a modificação da competência territorial viesse em benefício do trabalhador, como quando se dispusesse que a ação seria aforada na localidade em que ele estivesse residindo.

§ 1º A validade foral da eleição do foro para o exercício da ação está subordinada, nos casos em que for admitida, a dois requisitos legais, a saber: a) constar de instrumento público; b) dizer respeito, de forma expressa, a determinado negócio jurídico. Logo, não se consente que essa eleição: a) seja feita pela via tácita ou oral, nem b) que seja genérica.

§ 2º A vontade manifestada pelas partes, no que se refere à eleição do foro, deve ser acatada por seus herdeiros ou sucessores. Nada obsta, no entanto, a que estes, em concerto com a parte contrária, alterem essa competência, contanto que: a) a ação não tenha sido, ainda, ajuizada; b) atendam às exigências formais estampadas no parágrafo anterior, do art. 63.

§ 3º Vista sob a perspectiva do processo civil, a norma merece encômios, pois revela a preocupação do legislador em impedir que a eleição de foro possa vir em detrimento do interesse de uma das partes. A despeito disso, seguimos entendendo que, em princípio, a precitada eleição é incompatível com o processo do trabalho, até porque se o magistrado verificar que ela é abusiva cumprir-lhe-á ordenar a remessa dos autos ao juízo de domicílio *do réu* — via de regra, o empregador, contravindo, assim, a regra do art. 661, da CLT.

§ 4º Ainda que se entenda que o preceptivo legal em exame não atribua apenas ao réu o direito de alegar a abusividade da cláusula de eleição do foro, perseveramos em nossa opinião de que a cláusula é inconciliável com o espírito protectivo do trabalho, salvo — reiteremos — se em algum caso concreto ela for aplicada em benefício deste.

Art. 64

Seção III
Da Incompetência

Art. 64. A incompetência, absoluta ou relativa, será alegada como questão preliminar de contestação.

§ 1º A incompetência absoluta pode ser alegada em qualquer tempo e grau de jurisdição e deve ser declarada de ofício.

§ 2º Após manifestação da parte contrária, o juiz decidirá imediatamente a alegação de incompetência.

§ 3º Caso a alegação de incompetência seja acolhida, os autos serão remetidos ao juízo competente.

§ 4º Salvo decisão judicial em sentido contrário, conservar-se-ão os efeitos de decisão proferida pelo juízo incompetente até que outra seja proferida, se for o caso, pelo juízo competente.

• **Comentário**

Caput. A matéria pertinente à incompetência era tratada nos arts. 112 e 113 do CPC revogado.

O CPC atual introduziu, todavia, algumas modificações expressivas, que serão demonstradas a seguir.

Forma de alegação. No sistema do CPC revogado, a incompetência relativa deveria ser arguida mediante exceção (art. 112) e a absoluta, como preliminar da contestação (art. 301, II). Destarte, naquele sistema, alegar-se a incompetência relativa como preliminar de mérito constituía erro tão crasso quanto alegar-se a incompetência absoluta por meio de exceção.

O art. 64 do atual CPC, rompendo essa tradicional dualidade de formas de arguição da incompetência, dispõe que tanto a relativa quanto a absoluta devem ser alegadas como preliminar da contestação. Deu-se, portanto, tratamento igualitário à matéria ao dispensar-se a incompetência relativa do formalismo da *resposta excecional*.

Tecnicamente argumentando, esta disposição do CPC não incide no processo do trabalho, porquanto o art. 799, *caput*, da CLT, deixa claro que a incompetência (relativa) deve ser objeto de *exceção*.

Entretanto, não podemos deixar de reconhecer o caráter simplificador do procedimento, inscrito no art. 64 do CPC, que prevê a arguição de incompetência, absoluta ou relativa, como preliminar da contestação. Sendo assim, sentimo-nos à vontade para admitir, em nome da aludida simplificação do procedimento, que mesmo no processo do trabalho ambas as incompetências possam ser apresentadas como preliminar da contestação — senão como regra inflexível, ao menos como faculdade da parte.

Em resumo, as razões de ordem lógica, que justificaram, no passado, a exigência de que as exceções e a contestação, como modalidades de resposta do réu, fossem apresentadas em peças separadas, agora devem ceder lugar às razões pragmáticas, que recomendam a reunião dessas manifestações processuais em peça única, ainda que de maneira individualizada e destacada.

Não se trata, aqui, de submissão ou de subserviência ao CPC, e sim de deferência ao bom senso e de respeito ao interesse das partes.

Por falarmos em bom senso, devemos ponderar que se algum magistrado vier a entender que não se aplica ao processo do trabalho a regra inscrita ano art. 64, *caput*, do CPC, uma vez que a CLT não é omissa sobre o tema (art. 769), não deverá prejudicar a parte que entendeu possível a incidência daquela norma do CPC e, em razão disso, alegou a incompetência absoluta em sede de contestação. Bem faria o magistrado se, nesta hipótese — numa espécie de aplicação analógica do princípio da fungibilidade —, convertesse a preliminar em exceção, suspendesse o processo e intimasse o excepto para manifestar-se em 24 horas (CLT, art. 800).

§ 1º *Em qualquer tempo e grau de jurisdição.* Justamente por ser absoluta, a incompetência em razão da matéria, da pessoa e da função pode ser alegada em qualquer momento do processo e deve ser declarada de ofício. Note-se que para a parte é uma faculdade: *pode* alegar; todavia, para o juiz é uma imposição do sistema: *deve* declarar, por sua iniciativa. É certo que tanto a alegação quanto a declaração mencionada no preceito legal só podem ocorrer se a sentença ou o acórdão não houverem transitado em julgado. É oportuno esclarecer que, em nosso sistema jurídico, o nulo transita em julgado, cujo pronunciamento jurisdicional somente pode ser desconstituído por meio de ação rescisória.

§ 2º *Manifestação da parte contrária.* Com essa expressão, a norma legal está a indicar que se trata de incompetência *alegada* por uma das partes. Quando a incompetência é declarada pelo juiz, *ex officio*, não há parte contrária. Isto não significa, entretanto, que o magistrado não deva ouvir ambas as partes antes de pronunciar a incompetência absoluta, pois o parágrafo em exame dispõe que "**Após manifestação da parte** contrária, o juiz decidirá imediatamente a alegação de incompetência" (destacamos).

Remessa dos autos ao juízo competente. Declarada a incompetência, seja a relativa, seja a absoluta, os autos serão remetidos ao juízo competente. O § 2º do art. 64 do CPC reproduz a regra contida na parte final do § 2º do art. 113 do CPC revogado. Temos, entretanto, uma ponderação a fazer. No caso de incompetência absoluta nem sempre o juiz que a pronunciou deverá determinar a remessa dos autos ao juízo indicado como competente. Justifiquemo-nos.

Entrementes, o envio dos autos só deverá ocorrer quando o conteúdo da petição inicial puder ser aproveitado pelo juízo declarado competente. Exemplifiquemos. Se o autor ingressa na Justiça do Trabalho pretendendo obter um provimento declaratório da existência de relação de emprego com o réu, formulando, em razão disso, pedidos típicos do contrato de trabalho (aviso-prévio, férias, 13º salário, horas extras e o mais), e as sentença vier a concluir que ele não era empregado, mas sócio do estabelecimento, de nada valerá a ordem de encaminhamento dos autos à Justiça Comum, porquanto esta não terá como apreciar pedidos que pressupunham a existência de um contrato de trabalho — não reconhecido pela Justiça do Trabalho. Sendo assim, motivos de foro pragmático sugerem que, quando o juízo que se declarar incompetente perceber que a petição inicial *não poderá ser aproveitada por aquele que entende ser competente*, deverá extinguir o processo sem exame do mérito, permitindo, com isso, que o autor possa ingressar no Juízo Comum com a ação que desejar, exceto se pretender impugnar, por meio de recurso ordinário, a sentença (e aqui se trata mesmo de sentença) declaratória da incompetência da Justiça do Trabalho.

Estamos, pois, a sugerir a adoção do princípio do *aproveitamento da petição inicial*, como critério pelo qual o juízo que se considerou incompetente em razão da matéria determinará a remessa, ou não, dos autos ao juízo por ele reputado competente.

§ 3º O § 2º do CPC revogado estabelecia que, declarada a incompetência absoluta, somente os atos decisórios seriam nulos. O § 3º do art. 64 do Código atual contém um princípio e uma exceção: a) o princípio é que os efeitos da decisão proferida pelo juízo incompetente serão conservados até que nova decisão seja proferida (se for o caso) pelo juízo competente; b) a exceção está em que esses efeitos da decisão emitida pelo juízo incompetente somente não subsistirão se houver declaração judicial em sentido contrário.

§ 4º A norma enuncia um importante princípio: os efeitos da decisão proferida pelo juízo incompetente permanecerão até que outra decisão seja emitida, se for o caso, pelo juízo competente. A regra legal é aplicável tanto à incompetência relativa quanto a absoluta. Evita-se, com isso, um *vácuo jurisdicional*. Por exceção, esses efeitos não permanecerão se houver decisão em sentido contrário a isso. Em que pese ao fato de a sentença emitida por juízo absolutamente incompetente seja nula, não podemos ignorar a particularidade de que, em nosso sistema jurídico, o nulo transita em julgado, razão pela qual os efeitos desse pronunciamento jurisdicional prevalecerão até que seja rescindido pela via própria.

Art. 65. Prorrogar-se-á a competência relativa se o réu não alegar a incompetência em preliminar de contestação.

Parágrafo único. A incompetência relativa pode ser alegada pelo Ministério Público nas causas em que atuar.

• **Comentário**

Caput. O CPC revogado possuía disposição semelhante (art. 114), lembrando-se, contudo, que no sistema do mencionado Código a incompetência relativa deveria ser alegada mediante exceção, que era uma das modalidades de resposta do réu, ao lado da contestação e da reconvenção (art. 297).

Duas nótulas adicionais: a) a norma em estudo se refere, exclusivamente, à competência *relativa* (em razão do território ou do valor); b) se o réu não a alegar, na contestação (como preliminar), duas consequências advirão: b.a) ficará precluso o seu direito de alegá-la mais tarde; b.b) a competência ficará prorrogada. Não estamos, todavia, de acordo com o verbo *prorrogar*, utilizado pelo legislador — tanto da atualidade quanto do passado. O que ocorre, a nosso ver, quando o réu deixa de alegar a incompetência relativa, não é a *prorrogação* da competência, e sim, o seu *deslocamento* para o juízo que, a princípio, não a detinha e no qual a ação foi exercida.

No processo do trabalho, em princípio, essa prorrogação da competência ocorrerá se a parte (no geral, o réu) não a alegar por meio de *exceção*.

Parágrafo único. Ao declarar que o Ministério Público pode alegar a incompetência *relativa*, a norma em estudo não está restringindo, como se possa supor, a legitimidade do *Parquet* a essa espécie de incompetência. O escopo do texto legal foi, apenas, o de destacar que ele também pode alegar a incompetência relativa, sem prejuízo de deter a mesma legitimidade em relação à absoluta. De resto, essa incompetência pode ser arguida em qualquer causa em que o Ministério Público atue, seja na qualidade de parte, seja na de assistente, seja na de litisconsorte, de *custos legis* etc. Particularmente, entendemos

Art. 66

que o Código não deveria ter atribuído legitimidade ao *Parquet* para arguir a incompetência *relativa* nas causas em que atuar, não na qualidade formal de parte, mas de fiscal da lei (*custos legis*). Como a incompetência *relativa* pode ser "prorrogada" (melhor: deslocada), fica claro que não há, aqui, interesse público a justificar a arguição do Ministério Público. Seja como for, o fato objetivo é que a norma legal lhe atribui essa legitimidade. Bem ou mal, *legem habemus*.

Art. 66. Há conflito de competência quando:

I – 2 (dois) ou mais juízes se declaram competentes;

II – 2 (dois) ou mais juízes se consideram incompetentes, atribuindo um ao outro a competência;

III – entre 2 (dois) ou mais juízes surge controvérsia acerca da reunião ou separação de processos.

Parágrafo único. O juiz que não acolher a competência declinada deverá suscitar o conflito, salvo se a atribuir a outro juízo.

• **Comentário**

Caput. O CPC revogado possuía norma correspondente, em parte (art. 115).

Inciso I. Diz-se que o conflito de competência é *positivo* quando dois ou mais juízes se declaram competentes;

Inciso II. Será *negativo*, quando dois ou mais juízes se declararem incompetentes. O CPC esclarece que, neste último caso, o conflito pressupõe o fato de um juiz estar atribuindo ao outro, reciprocamente, a competência.

Inciso III. Há, também, conflito de competência quando dois ou mais juízes controvertem sobre a reunião ou a separação de autos de processos.

Parágrafo único. O CPC revogado não continha disposição semelhante. Mesmo assim, na prática, o juiz que não reconhecia a competência que lhe havia sido atribuída por outro juiz, geralmente, suscitava o conflito.

O que o CPC fez, portanto, foi converter em *dever* esse suscitamento, conforme se infere da redação imperativa da norma legal. O magistrado somente estará dispensado do cumprimento desse dever processual se entender que a competência é de outro juízo, que não aquele que se declarara incompetente.

Exemplifiquemos ambas as situações.

Se o juízo "A" declarar-se incompetente, e ordenar a remessa dos autos ao juízo "B", e este entender ser competente o "A", aquele deverá suscitar o conflito negativo.

Se o juízo "A" declarar-se incompetente, e determinar o envio dos autos ao juízo "B", e este entender que competente é o juízo "C", não suscitará o conflito, limitando-se a encaminhar os autos ao juízo "C" — que deverá suscitar o conflito, caso entenda não ser competente para apreciar a causa, e sim, o "B".

Situação não prevista pelo CPC ocorrerá se, neste último exemplo, o juízo "C" entender que a competência é do juízo "A". O juízo "C" não poderá suscitar o conflito negativo porque quem o considerou competente foi o juízo "B", não o "A". Parece-nos, então, que o juízo "A" é quem deverá suscitar o conflito negativo, que, como dissemos, pressupõe o fato de um juízo estar atribuindo ao outro a competência.

CAPÍTULO II

DA COOPERAÇÃO NACIONAL

• **Comentário**

O CPC revogado aludia à *competência internacional* (arts. 88 a 90). Essa denominação, todavia, era equivocada, pois, em rigor, o que aí se disciplinava era, por assim dizer, a *concorrência* entre a jurisdição brasileira e a estrangeira. Ou melhor, definiam-se os casos que seriam apreciados, exclusivamente, pela jurisdição de nosso país. Justamente por isso é que o art. 88 daquele Código declarava: "É competente (*sic*) a autoridade judiciária brasileira (...)".

A harmonia entre os Poderes da União, declarada pelo art. 2º da Constituição Federal, se realiza, no plano concreto, entre outras formas, pela cooperação entre esse Poderes.

A Cooperação Nacional, de que trata o art. 67 do CPC, significa a cooperação *interna* que deve ser prestada pelos diversos órgãos integrantes do Poder Judiciário brasileiro, uns em relação aos outros, compreendendo não apenas os magistrados, mas os próprios serventuários. Visa-se, com essa cooperação, a uma prestação jurisdicional mais célere e eficaz. Justamente por esse motivo, é que a cooperação nacional não deverá ser limitada, por exemplo, às cartas precatórias, devendo, ao contrário, abranger o maior leque de atos, para que a prestração jurisdicional se realize, conforme dissemos, com celeridade e eficácia, atendendo-se com isso, ao mandamento inscrito no art. 5º, LXXVIII, da Constituição Federal.

Art. 67. Aos órgãos do Poder Judiciário, estadual ou federal, especializado ou comum, em todas as instâncias e graus de jurisdição, inclusive aos tribunais superiores, incumbe o dever de recíproca cooperação, por meio de seus magistrados e servidores.

• **Comentário**

Cuida-se de inovação do atual CPC.

O dispositivo em foco estabelece o *dever de cooperação* entre todos os órgãos integrantes do Poder Judiciário nacional, pouco importando que sejam especializados ou comuns e independentemente do grau de jurisdição em que se situem.

A expressão *"inclusive aos tribunais superiores"*, utilizada na redação da norma, compreende o próprio STF, que é o "Superior dos Superiores" — daí por que é denominado de Supremo (que está acima de qualquer outro, o mais importante).

Esse dever de colaboração recíproca independe de requerimento das parte ou do interessado, cumprindo, por isso, ser realizado *ex officio*; além disso, tem como objetivo fazer com que o processo seja efetivo, vale dizer, atinja a sua finalidade, e no menor espaço de tempo possível. Dizendo-se por outro modo, para além daquela cooperação que deve existir entre pessoas e instituições integrantes de uma sociedade organizada e solidária, a norma em consideração converteu essa colaboração, no plano judiciário, em *dever*, vinculando-a a um escopo pragmático: a efetividade do processo como técnica ou instrumento estatal destinado a solucionar conflitos de interesses ocorrentes entre os membros do grupamento social.

Uma das formas pelas quais os órgãos do Poder Judiciário brasileiro colaboram entre si é a carta precatória; na carta de ordem não há, em rigor, colaboração, e sim, subordinação. A carta rogatória, por sua vez, envolve autoridade judiciária estrangeira. Esta, entretanto, não está sujeita a determinação contida no art. 67 do CPC.

Art. 68. Os juízos poderão formular entre si pedido de cooperação para prática de qualquer ato processual.

• **Comentário**

O art. 68 complementa as disposições do art. 67. Na prática, os juízos já formulavam, a outros juízos, pedido de colaboração destinada à prática de atos processuais. Agora, os arts. 68 e 67 do CPC institucionalizam, sob a forma de *dever*, essa colaboração recíproca entre os diversos órgãos integrantes do Poder Judiciário de nosso país, sejam estaduais ou federais, comuns ou especializados, monocráticos ou colegiados, lembrando-se que a esse dever estão submetidos os próprios tribunais superiores.

O texto em exame deixa claro que, em princípio, a cooperação deve ser *solicitada*. Isto não significa dizer que o juízo não poderá, por sua iniciativa, colaborar como outro, visando à efetividade do processo. O *pedido* a que se refere o art. 68 CPC é necessário para que o juízo solicitado possa saber, com precisão, em que consiste a cooperação desejada pelo solicitante. O instrumento pelo qual essa solicitação poderá ser formulada fica a critério de cada juízo e vinculado a cada caso concreto: ofício, *e-mail*, telefone etc. Do ponto de vista pragmático, o ideal é que se adote a forma escrita, pois *scripta manent, verbi volant* ("os escritos permanecem; as palavras voam").

A norma *sub examem* afirma que a cooperação compreende a prática de "qualquer ato processual". Não se pode, entrementes, incluir nessa referência genérica a sentença.

Art. 69. O pedido de cooperação jurisdicional deve ser prontamente atendido, prescinde de forma específica e pode ser executado como:

I — auxílio direto;

II — reunião ou apensamento de processos;

III — prestação de informações;

IV — atos concertados entre os juízes cooperantes.

§ 1º As cartas de ordem, precatória e arbitral seguirão o regime previsto neste Código.

§ 2º Os atos concertados entre os juízes cooperantes poderão consistir, além de outros, no estabelecimento de procedimento para:

I — a prática de citação, intimação ou notificação de ato;

II — a obtenção e apresentação de provas e a coleta de depoimentos;

III — a efetivação de tutela provisória;

IV — a efetivação de medidas e providências para recuperação e preservação de empresas;

V — a facilitação de habilitação de créditos na falência e na recuperação judicial;

VI — a centralização de processos repetitivos;

VII — a execução de decisão jurisdicional.

§ 3º O pedido de cooperação judiciária pode ser realizado entre órgãos jurisdicionais de diferentes ramos do Poder Judiciário.

• **Comentário**

Caput. A norma determina que o pedido de colaboração jurisdicional seja prontamente atendido. Em concreto, sabemos que esse pronto atendimento nem sempre será possível, em virtude do alto grau de congestionamento de processos nas diversas unidades judiciárias instaladas em nosso País. Conforme esclarecemos, o pedido não depende de forma específica, podendo ser formulado de maneira informal. Os incisos I a IV indicam alguns atos jurisdicionais que poderão ser objeto do pedido de colaboração entre juízos.

Inciso I. *Auxílio direto.* Neste caso, o pedido é encaminhado de modo direto ao juízo ao qual incumbirá a prática do ato, como, por exemplo, a busca e apreensão de documentos ou o cumprimento de carta precatória. Diz-se que o pedido é *direto* porque não é formulado por meio de carta precatória ou de carta de ordem.

Inciso II. *A reunião ou o apensamento* não é de *processos*, e sim de *autos* dos processos. Um juízo, que se considere prevento, pode solicitar a outro que lhe sejam encaminhados determinados autos, para serem juntados a outros, em decorrência de conexão ou de continência. Se o juízo ao qual se solicitou a remessa dos autos julgar-se competente para apreciar a causa, ou as causas — recusando-se, portanto, a remeter os autos ao solicitante — deverá suscitar o correspondente conflito positivo (CPC, art. 66, I), a fim de que o tribunal defina qual deles é o competente.

Aliás, o conflito não deverá ser suscitado apenas quando estiver em causa o tema da competência, mas também quando o juízo ao qual se solicitou a remessa dos autos entender que não estão presentes os pressupostos legais alusivos à reunião dos autos, no juízo solicitante, vale dizer, não há, entre as diversas lides, conexão ou continência. Conquanto não se trate, aqui, de competência, a solução do impasse deverá, por analogia, ser feita sob a forma de conflito, sob pena de a desinteligência entre os juízes resultar num impasse que só acarretará prejuízo às partes.

Inciso III. *Prestação de informações.* Essa tem sido uma das mais frequentes formas de colaboração entre os diversos órgãos integrantes do Poder Judiciário brasileiro. Referidas informações podem dizer respeito ao paradeiro do réu, à existência de bens penhoráveis pertencentes ao executado etc., constantes dos autos que se encontram no juízo ao qual se requereu as informações.

Inciso IV. *Atos concertados.* Em situações especiais, será lícito aos juízes estabelecerem os atos processuais que, a título de colaboração mútua, serão por eles praticados. O espectro desses atos é vasto, podendo compreender, além de outros, os mencionados nos incisos I a III do mesmo dispositivo legal. Alguns desses atos são mencionados no § 2º do art. 69.

§ 1º A norma esclarece que as cartas precatória e rogatória se subordinarão ao procedimento esta-

Código de Processo Civil Art. 69

belecido nos arts. 260 a 268. As cartas precatórias, conforme dissemos, se compreendem no círculo do dever de cooperação entre os órgãos jurisdicionais. O mesmo não se dá com as cartas de ordem, cuja denominação está a indicar um vínculo de subordinação do juízo rogado em relação ao rogante. Aqui não há, pois, simples linearidade, senão que hierarquização.

§ 2º A enumeração dos atos processuais, realizada pelo texto legal, que podem ser objeto da cooperação entre juízos, não é taxativa (*numerus clausus*), como elucida a expressão "além de outros", prudentemente inserida pelo legislador.

A fazer uso da expressão "atos concertados", o preceptivo legal em exame parece estar a indicar que a cooperação deve ser pactuada, ajustada, significa dizer, conter, de modo formal, a deliberação dos juízos e, talvez, a especificação dos atos a serem praticados. Se foi essa intenção do legislador, dela dissentimos, pois a colaboração, por traduzir um inequívoco *dever* de todos os órgãos do Poder Judiciário brasileiro, como evidencia o *caput* do art. 67 do CPC, não precisa ser *concertada*, podendo ser solicitada sempre que isso for necessário.

§ 3º Dada a importância da cooperação para o atingimento do escopo do processo da melhor maneira, a norma deixa claro que ela pode ser estabelecida entre órgãos jurisdicionais de diferentes ramos do Poder Judiciário. Assim, os órgãos da Justiça do Trabalho tanto podem solicitar a colaboração dos órgãos da Justiça Comum, estadual ou federal, como estes podem pedir a colaboração daquela.

Não percamos de vista o fato de a cooperação constituir, conforme dissemos, um *dever*, motivo por que nenhum órgão integrante do Poder Judiciário de nosso país poderá recusá-la sem uma razão justificável.

81

LIVRO III
DOS SUJEITOS DO PROCESSO
TÍTULO I
DAS PARTES E DOS PROCURADORES
CAPÍTULO I
DA CAPACIDADE PROCESSUAL

Art. 70. Toda pessoa que se encontre no exercício de seus direitos tem capacidade para estar em juízo.

• **Comentário**

Reprodução, quase literal, do art. 7º do CPC revogado.

Conceito

Derivado do latim *pars, partis*, o vocábulo parte sugere a ideia de porção, de elemento fragmentário de um todo. No campo específico da terminologia jurídica significa "os sujeitos do contraditório instituído perante o juiz", segundo Liebman (*Manualle di diritto processuale civile*. Milano: Giuffrè, I, n. 41, p. 75). Apesar de o juiz ser também *sujeito* do processo, a qualidade de *parte* está restrita às pessoas que possuem *interesses* manifestados na causa. O magistrado, como órgão estatal, não tem a sua atuação no processo impulsionada por algum interesse (que se ligue a bens ou a utilidades da vida), mas, sim, pelo indeclinável poder-dever de ministrar a tutela jurisdicional necessária para promover a defesa de direito ou interesse dos litigantes. Sob este aspecto, é correto asseverar que o juiz é sujeito *desinteressado* do processo.

O predicamento de parte deriva da titularidade das situações jurídicas, ativas e passivas, que integram a relação processual (faculdades, poderes, deveres, ônus, sujeições etc.); "ser parte significa, então, ser titular dessa situação global perante o juiz, o qual, sendo a encarnação do Estado no processo, também é titular de poderes e deveres, além da autoridade que ali exerce e que tem como correspectivo a já referida sujeição das partes" (DINAMARCO, Cândido Rangel. *Litisconsórcio*. São Paulo: Revista dos Tribunais, 1984. p. 7).

O indivíduo e as coletividades adquirem o *status* formal de parte no momento em que passam a deter a titularidade das situações jurídicas mencionadas, mesmo que não tenham exercido nenhum dos poderes ou faculdades que a norma legal lhes atribui. De modo geral, adquire-se a qualidade de parte por quatro meios: 1) pela *demanda*, pois quem toma a iniciativa da impetração da tutela jurisdicional assume a posição de demandante (como autor, exequente e o mais); 2) pela *citação*, uma vez que a pessoa diante da qual o autor formula pretensões se converte em réu, ou seja, em parte legítima para responder à ação, podendo resistir, juridicamente, a essas pretensões, ou subordinar-se à elas; 3) pela *intervenção*, voluntária ou compulsória, em processo de terceiros; 4) pela *sucessão*, espontânea ou coacta, da parte originária.

Embora, em regra, a parte no processo seja titular do direito material alegado em juízo, há casos, legalmente previstos, em que, por exceção, se atribui legitimidade para alguém postular, em nome próprio, direito alheio: trata-se do fenômeno a que se convencionou denominar de *substituição processual* e que consiste, na verdade, em uma procuração legal para a lide (*ad litem*). Aqui, não há coincidência entre as qualidades de parte na relação processual e de titular do direito material, porquanto esse direito é defendido por quem não lhe detém a titularidade.

Por esse motivo, temos formulado o seguinte conceito de parte:

É (1) a pessoa (2) que deduz em juízo, (3) em seu nome, (4) pretensões de direito material, (5) próprio ou de outrem, (6) ou puramente processuais, (7) e aquele em face de quem essas pretensões são formuladas.

Dissemos:

(1) *É a pessoa*, porquanto o autor tanto pode ser pessoa física ou jurídica. No tocante à pessoa física, convém destacar a regra inserida no art. 70, do CPC, segundo a qual todo aquele que se encontre no exercício de seus direitos tem capacidade para estar em juízo; quanto às pessoas jurídicas, serão ativa ou passivamente representadas na forma do art. 75, do mesmo Código, ou seja: a) a União, pela Advocacia-Geral da União, diretamente ou mediante órgão vinculado; b) os Estados e o Distrito Federal, por seus procuradores; c) o Município, por seu prefeito ou procurador; d) a

autarquia e a fundação de direito público, por quem a lei do ente federado designar; e) a massa falida, pelo administrador judicial; f) a herança jacente ou vacante, por seu curador; g) o espólio, pelo inventariante; h) a pessoa jurídica, por quem os respetivos atos constitutivos designarem ou, não havendo essa designação, por seus diretores; i) a sociedade e a associação irregulares e outros entes organizados sem personalidade jurídica, pela pessoa a quem couber a administração de seus bens; j) a pessoa jurídica estrangeira, pelo gerente, representante ou administrador de sua filial, agência ou sucursal aberta ou instalada no Brasil; k) o condomínio, pelo administrador ou síndico.

(2) que deduz em juízo, porque está implícita nessa afirmação o reconhecimento de que o juiz não pode, em princípio, prestar a tutela jurisdicional por sua iniciativa (*ex officio*); para que a jurisdição seja retirada de seu ontológico estado inercial, é indispensável que o interessado, na medida de seu interesse, e atendendo aos requisitos legais, a invoque expressamente (CPC, art. 2º);

3) em seu nome, porque, conforme pudemos demonstrar, em princípio a titularidade do direito material (*ad causam*) atribui à pessoa a titularidade da relação processual: desta maneira, quem é parte na relação material, naturalmente, o é na relação processual (*ad processum*);

4) pretensões de direito material, sabendo-se que, no geral, a pessoa ingressa em juízo para promover a defesa de um direito material (ou substancial), seja para obter a reparação do dano sofrido, seja para impedir que a ameaça de lesão se consume etc., em que pese ser possível a existência de ação sem direito material, como se dá, por exemplo, nas ações declaratórias negativas.

5) próprio ou de outrem, uma vez que, embora o ordinário seja a postulação, pelo autor, de direito material de que se julgue titular, há situações extraordinárias, previstas em lei, em que a parte postula, em seu nome, direito de terceiro: é o fenômeno jurídico da substituição processual, que traduz, sob o aspecto técnico, uma legitimidade anômala;

6) ou puramente processuais, pois há casos em que não está em jogo nenhum direito material, senão que pretensões exclusivamente de natureza processual. Podemos referir como exemplo medida cautelar destinada a impedir que o adversário, no curso do processo, viole penhora, arresto, sequestro ou imissão na posse; prossiga em obra embargada; pratique qualquer outra inovação no estado de fato da causa;

7) e aquele em face de quem essas pretensões são formuladas, porquanto a legitimidade do réu independe da existência do direito alegado pelo autor. Com isso, estamos a asseverar que se a sentença vier a rejeitar os pedidos formulados pelo autor, nem por isso o réu terá sido parte ilegítima. O que se exige é que a lide tenha "pertinência subjetiva", vale dizer, que a relação jurídica material envolva a pessoa que figura no polo passivo da relação processual. A propósito, como a ação traduz o direito público subjetivo de invocar a prestação da tutela jurisdicional, e como o Estado é detentor do monopólio jurisdicional, sabe-se, modernamente, que ela não é exercida "contra" o réu, mas contra o Estado e em face do réu.

Se o autor, ou o próprio réu, for parte ilegítima, o processo será extinto, sem exame do mérito, pois aquele será carecedor da ação (art. 485, VI).

Não se pode confundir, entretanto, a legitimidade para a causa ou para o processo com o resultado da entrega da prestação jurisdicional quanto ao mérito. No passado, eram frequentes os casos em que o juiz, entendendo inexistir a relação de emprego alegada pelo autor, considerava-o carecente da ação e extinguia o processo sem julgamento do mérito. Ora, o deslize técnico perpetrado pelo juiz, em tais situações, eram manifesto. Se o autor prestou, efetivamente, serviços ao réu, este — e ninguém mais — estará legitimado para responder às pretensões postas em juízo por aquele. Se, ao final do processo, o juiz convencer-se de que não estavam presentes os pressupostos constitutivos de alegada relação de emprego, deverá rejeitar o pedido formulado pelo autor (art. 490), e não declará-lo carecedor da ação, fundando-se da suposta ilegitimidade do réu. Ilegitimidade passiva haveria, aí sim, se o autor houvesse exercido a ação diante de pessoa diversa daquela para a qual prestou serviços.

Dentre os diversos princípios concernentes às partes, três merecem destaque:

1) da *dualidade*, que pressupõe a existência de, pelo menos, duas partes (autor e réu), ou dois grupos de interesses contrapostos, conforme preferir-se. Note-se que não estamos a cogitar da *presença* das partes em juízo, como imaginária exigência para a validade do desenvolvimento processual; se assim agíssemos, estaríamos a fazer censurável concessão a superadas concepções romanísticas do passado remoto e a negar essa dualidade nos casos de revelia. A dualidade nada mais expressa do que a exigência de que a *relação processual* seja ontologicamente integrada por, no mínimo, duas partes; havendo uma só pessoa, provavelmente estaremos diante não de parte, mas de interessado, pois não haveria processo, senão que simples procedimento ("jurisdição voluntária");

2) da *igualdade*, de acordo com o qual o magistrado deve subministrar um tratamento igualitário às partes cuja imposição legal emana do seu dever de neutralidade, como órgão incumbido

de solucionar, de maneira heterônoma e monopolística, o conflito de interesses. Esse princípio, acima de tudo, está inscrito no *caput* do art. 5º, da Constituição Federal, e representa, sem dúvida, uma das pilastras de sustentação de nosso Estado Democrático de Direito (CF, art. 5º, I). O referido mandamento constitucional encontra ressonância no art. 139, I, do CPC;

3) do *contraditório*, pelo qual se assegura não apenas ao réu o direito de defender-se, com amplitude, como também ao autor e a terceiros. A ampla defesa integra o elenco dos direitos e garantias que a Constituição Federal comete aos indivíduos e às coletividades (art. 5º, LV) e constitui traço característico do Estado Democrático de Direito em que se funda a nossa República (art. 1º, *caput*).

Capacidade

A capacidade processual compreende as capacidades: a) de ser parte; b) de estar em juízo; e c) postulatória.

a) Capacidade de ser parte (ou de direito)

Tem-na todo aquele que é sujeito de direitos. *"Toda pessoa é capaz de direitos e deveres na ordem civil"*, declara o art. 1º do Código Civil. Parte, sob esse ângulo, é, portanto, todo aquele que se encontra no gozo de seus direitos.

Os incapazes, por exemplo, têm capacidade de ser parte (podendo, pois, integrar a relação jurídica processual) embora não a possuam para estar em juízo, vale dizer, para praticar atos processuais com efeitos jurídicos. Falta-lhes, em síntese, a necessária legitimidade para o processo (*ad processum*).

O processo civil (assim também o do trabalho) atribui a capacidade de ser parte não só às pessoas físicas, como às jurídicas, e, ainda, a determinadas massas patrimoniais, como o condomínio, a massa falida, as heranças jacente ou vacante, e, até mesmo, ao espólio — que nem sequer possui personalidade jurídica (art. 75).

b) Capacidade de estar em juízo (ou processual)

É regulada pelos art. 70 do CPC: *"Toda pessoa que se encontre no exercício de seus direitos tem capacidade para estar em juízo"*. Figura como pressuposto de constituição válida da relação processual (CPC, art. 485, IV).

Conforme vimos na letra anterior, no âmbito do direito comum, certas pessoas, conquanto se encontrem no gozo dos seus direitos, não possuem capacidade para exercê-los. É, mais ou menos, o que se passa na órbita processual, em que a capacidade de ser parte não se confunde com a de estar em juízo. De modo geral, esta última só é cometida às pessoas que estejam no exercício dos seus direitos, razão por que não possuem *legitimatio ad processum*, dentre outros, os menores de idade, os portadores de enfermidade ou deficiência mental, que não possuírem o necessário discernimento para a prática de atos jurídicos, assim como aqueles que, por motivos ainda que transitórios, não puderem manifestar a sua vontade (Código Civil, art. 3º, I a III).

No processo do trabalho, a legitimidade *ad processum* é adquirida aos 18 anos de idade (CLT, art. 792); se o trabalhador possuir 14 anos de idade, ou mais, mas menos de 18, deverá ser representado em juízo pelo pai, mãe, tutor, curador, ou, na falta destes, pela Procuradoria da Justiça do Trabalho (CLT, art. 793). Inexistindo, na localidade, órgão da Procuradoria, ao juiz incumbirá nomear curador à lide (*ibidem*). O mesmo se aplica quanto aos ébrios habituais; aos viciados em tóxicos; aos que, por deficiência mental, tenham o discernimento reduzido; aos excepcionais, sem desenvolvimento mental completo (Código Civil, art. 4º, II e III).

Duas breves notas: se o trabalhador, menor de 18 anos, estiver sob tutela (em virtude de falecimento dos pais; de terem estes sido declarados ausentes ou decaído do pátrio poder), há necessidade de autorização do juiz competente (em matéria civil) para que a ação seja proposta, por força da regra contida no art. 1.748, V, do Código Civil. A doutrina tem entendido que, na situação referida, a legitimidade para o processo somente é obtida mediante o concurso dessas duas providências legais: a representação do menor e a autorização judicial. Por outro lado, se o trabalhador for curatelado (decorrente de interdição originada por demência, surdo-mudez que o impeça de manifestar a sua vontade etc.), será necessária não apenas a mencionada autorização do juiz, para o ingresso em juízo, como a fixação, também por ato do juiz civil, dos limites da interdição.

Para os menores de idade a incapacidade cessará: 1) pela concessão dos pais, ou de um deles, na falta de outro, mediante instrumento público, independentemente de homologação judicial, ou por sentença, ouvido o tutor, se o menor possuir dezesseis anos completos; 2) pelo casamento; 3) pelo exercício de emprego público efetivo; 4) pela colação de grau em curso de ensino superior; 5) pelo estabelecimento civil ou comercial, ou pela existência de relação de emprego, desde que, em função deles, o menor com dezesseis anos completos tenha economia própria (Código Civil, art. 5º, parágrafo único, I a V).

Tanto a capacidade de ser parte, quanto a de estar em juízo, por traduzirem pressupostos indispensáveis para a constituição e o desenvolvimento regulares da relação jurídica processual, devem ser examinados *ex officio*, em qualquer tempo e grau de jurisdição, enquanto não transitada em julgado a sentença de mérito (CPC, art. 485, § 3º). A referência legal ao trânsito em julgado, como limite final para que o juiz possa se pronunciar, por sua iniciativa, acerca dos aludidos pressupostos, deve ser adequadamente interpretada, sob pena de conduzir a graves distorções de seu verdadeiro escopo. É lógico que o juiz de primeiro grau, ao emitir a sentença de mérito, não mais poderá alterá-la, seja para que finalidade for, salvo em decorrência de embargos declaratórios ou para corrigir meras inexatidões materiais, como erros de cálculo e de escrita (CPC, art. 494, I). Assim o é, porque o juiz, ao pronunciar-se sobre as questões de fundo da lide, cumpre e acaba o seu ofício jurisdicional. Pode o tribunal, no entanto, em grau de recurso, declarar a falta de capacidade de ser parte ou de estar em juízo, pois a menção legal à sentença de mérito constitui proibição dirigida, apenas, ao juiz que a prolatou. Caberá ao tribunal, pois, manifestar-se sobre tais capacidades, tenham, ou não, sido estas objeto de exame pelo juízo *a quo*. Convencendo-se de que se acha ausente qualquer desses pressupostos de constituição, o órgão *ad quem* deverá determinar a extinção do processo, sem julgamento do mérito.

Estatui o art. 76 do CPC que se for verificada a incapacidade processual ou a irregularidade de representação, o juiz, suspendendo o processo, marcará prazo razoável para ser sanada a falha. Alguns esclarecimentos devem ser feitos, sobre essa dicção legal. Em primeiro lugar, a incapacidade processual, no caso, é a que diz respeito à legitimidade *ad processum* (estar em juízo) pois a incapacidade de ser parte não pode ser sanada; em segundo, que incapacidade processual e irregularidade de representação são coisas distintas. Aquela, como vimos, respeita à *legitimatio ad processum*, à aptidão para praticar atos processuais com efeitos jurídicos; esta diz daquelas pessoas (jurídicas, em regra), cuja representação judicial a lei define (CPC, art. 60), tendo em vista o fato de constituírem uma abstração jurídica ou de não possuírem personalidade jurídica.

Não sendo cumprido o despacho judicial que ordenou a correção da incapacidade processual ou da irregularidade de representação, se a providência couber: a) ao autor, o processo será extinto sem exame do mérito; b) ao réu, se a providência lhe couber, será considerado revel (ainda que possam não ocorrer os efeitos da revelia; c) ao terceiro, será considerado revel ou excluído do processo, conforme seja o polo em que se situe (CPC, art. 76, § 1.º, I a III).

c) *Capacidade postulatória*

Na esfera do processo civil, a capacidade postulatória pode ser reconhecida como a aptidão ou o direito de a pessoa dotada de legitimidade *ad processuam* participar da demanda por meio de quem se encontre legalmente habilitado para postular em juízo, vale dizer, por intermédio de advogado. Leia-se, a propósito, o art. 103: "A parte será representada em juízo por advogado regularmente inscrito na Ordem dos Advogados do Brasil".

Para Calamandrei, a capacidade postulatória é o poder que alguém tem de tratar diretamente com o juiz, de expor-lhe pessoalmente as pretensões das partes. Perceba-se que esse *ius postulandi* não é exercido pela parte, mas por seu procurador judicial. Agindo nessa qualidade, l, o advogado, contanto que possua o correspondente mandato, poderá praticar, em nome do mandante, todos os atos processualmente admitidos e necessários à defesa deste, salvo aqueles para os quais a lei exija poderes especiais (art. 105, *caput*, parte final).

Podemos asseverar, diante disso, que, no processo civil, os advogados são, por excelência, os titulares do direito de postular em juízo, nada obstante a lei também atribua essa prerrogativa aos estagiários (Lei n. 8.906/94, art. 3º, § 2º); estes, entretanto, não podem praticar atos privativos de advogado. Isso quer dizer, de outro modo, que no mencionado processo somente se reconhece o *ius postulandi* àqueles que se encontram regularmente inscritos nos quadros da Ordem dos Advogados do Brasil.

O processo do trabalho, no entanto, atribui a capacidade postulatória às próprias partes, como demonstra o art. 791, *caput*, da CLT, sem que isso exclua, à evidência, a possibilidade de ser outorgado mandato a advogado, para postular em nome delas. Resta saber, porém, se esse dispositivo legal ainda está em vigor. Pelo que nos cabe opinar, devemos dizer que não. Essa revogação, segundo pensamos, aconteceu já com o advento da Lei n. 4.215/63, que instituiu o chamado Estatuto da Ordem dos Advogados do Brasil, cujo art. 67 declarava que o exercício da advocacia (entenda-se: capacidade postulatória) era privativo dos inscritos no quadro da Ordem dos Advogados do Brasil. A Lei n. 4.215/63: a) é posterior à CLT, que entrou em vigor em 1943; b) tem preeminência hierárquica com relação a esta, que é produto de Decreto-Lei; c) tem maior autoridade técnica, porquanto se trata de norma legal específica, no que toca ao exercício da advocacia. A doutrina e a jurisprudência trabalhistas, entrementes, munidas de argumentos mais piedosos e emotivos do que jurídicos, concluíram, sem convicção, que o art. 791, *caput*, da CLT, não teria sido revogado pelo art. 67 da Lei n. 4.215/63.

Sucedem-se os anos e vem a lume a atual Constituição Federal, trazendo em seu art. 133 a afirmação de que "o advogado é indispensável à administração da justiça". Reacende-se a polêmica em torno da sobrevivência do art. 791, *caput*, da CLT. Sustentam alguns que essa norma ordinária segue vigorando, pois a declaração constitucional de que o advogado é indispensável à administração da justiça não constitui nenhuma novidade normativa, porquanto já constava do art. 68, da Lei n. 4.215/63. Demais, a considerar-se revogado aquele dispositivo da CLT, revogadas também estariam outras normas legais que permitiam ao indivíduo promover, pessoalmente, a sua defesa em juízo, como, *v. g.*, requerer *habeas corpus*. Coloquemos as coisas em seus corretos lugares. O enunciado do art. 133 da Constituição da República está a significar, exatamente, o que sua expressão literal exprime: para a administração da justiça, é imprescindível a presença de advogado. Se a frase não é nova, pouco importa. O fato é que foi alcandorada ao plano constitucional, e o art. 133, que a materializa, não por acaso está inserido no Capítulo (IV), que versa sobre as funções essenciais à justiça.

Nem se objete que, de qualquer forma, esse preceito constitucional não é auto-aplicável, porquanto há, no final de sua redação, a ressalva "nos limites da lei", sendo certo que essa norma legal regulamentadora ainda não foi editada. *Data venia*, em primeiro lugar, essa reserva, ou melhor, esse aposto, está gramaticalmente ligado à frase "sendo (o advogado) inviolável por seus atos e manifestações no exercício da profissão" e não à declaração de que é indispensável à administração da justiça; em segundo, estando o art. 133 e o precitado Capítulo IV contidos no Título V do texto constitucional, que dispõe sobre a "Defesa do Estado e das Instituições Democráticas", fica fora de qualquer dúvida razoável que o art. 133 é alcançado pela regra do art. 5º, § 2º, da mesma Constituição, conforme a qual as normas definidoras dos direitos e garantias fundamentais têm aplicação imediata.

Se nenhuma dessas normas legais existissem, ainda assim deveríamos, em nome da sensatez e do sentimento de justiça, pugnar pelo banimento do malsinado art. 791, *caput*, da CLT, que, até onde pudemos ver, causou muito mais danos do que benefícios ao trabalhador. Com efeito, sustentado, durante vários lustros, pelo discurso retórico e enganoso de estar a serviço do trabalhador e de atender ao princípio da simplicidade (?) do procedimento, o *ius postulandi* outorgado por aquela norma representou, na prática, um engodo, uma sutil, mas fatal, esparrela para o trabalhador e, de certa maneira, também para o empregador humilde. As razões desse embuste são palmares: convidadas a atuar em juízo sem o acompanhamento de advogado, as partes, quase sempre, se veem envolvidas no inextricável cipoal do processo, em que pululam os prazos e as preclusões. A consequência dramática é que, em função disso, muitas vezes assistem aos seus direitos e pretensões serem fulminados, inexoravelmente, pelas regras inflexíveis do procedimento, desse *due process of law* de que, talvez, tivessem ouvido da boca de algum juiz pedante, mas que para elas, em sua insciência, soa a grego, é uma frase de sentido apenas misterioso, esotérico.

Quantas vezes, ao tempo em que integrávamos a magistratura, presenciamos, em audiência — na qual o trabalhador se encontrava sem advogado —, o réu, por seu competente procurador judicial, arguir, mediante exceção, a incompetência *ratione loci* do juízo, obrigando-nos a dizer àquele miserável trabalhador, que agora ele se tornara excepto e dispunha do prazo de 24 horas para manifestar-se a respeito da exceção... Nunca, em nenhum caso, ocorreu essa manifestação; pelo menos, no prazo legal. Sem culpa do juiz, violências como a descrita foram cometidas contra o trabalhador e — como ressaltamos — contra o próprio empregador humílimo que comparecia a juízo sem advogado, atraído pelo cântico sedutor do art. 791, da CLT.

A presença do advogado no processo representa, pois, quando menos, o equilíbrio, a igualdade técnica entre as partes, ainda que em tese. Quando apenas uma delas comparece com advogado, o que se vê, não raro, não é uma disputa justa, mas um massacre daquela que está promovendo, pessoalmente, a defesa dos seus direitos e interesses. E a causa desse desequilíbrio reside no ardiloso *ius postulandi* com que o art. 791, *caput*, da CLT, acena para os incautos.

O fato de estarmos aqui a sustentar a revogação desse artigo não corresponde a dizer que, em nenhum caso, a parte poderá postular em juízo sem advogado. Ora, estamos falando em termos de *princípio* (necessidade de advogado, como fator de efetiva distribuição de justiça); sendo assim, se, em determinada situação, inexistir, na localidade, advogado, ou ocorrer recusa ou impedimento dos que houver, poderá a parte, *por exceção*, ingressar em juízo pessoalmente — hipótese em que ficará sujeita aos riscos que mencionamos.

Em determinadas regiões do país, aliás, é tão intensa a participação de advogados no processo do trabalho, quanto é, em outras, a atuação pessoal das partes. O ideal seria que, futuramente, todo o país ficasse homogeneizado pela primeira situação. O art. 791, da CLT, na realidade, só tem em seu favor o irônico argumento de que facilita a condução do processo pelo juiz e cria ambiente mais propício à conciliação. Isso é muito pouco para justificar a permanência do *ius postulandi*. Um tal argumento, denuncie-se, é produto de mera conveniência do magistrado e nada tem de relevante para os reais objetivos da justiça, como instituição, além de colocar os interesses das partes em posição subalterna. Seria momento, portanto, de entoarmos, ainda que tardiamente, um réquiem em memória do art. 791, *caput*, da CLT.

Infelizmente, contudo, o Supremo Tribunal Federal, na ADI n. 1.127-8, concedeu medida liminar, suspendendo a eficácia de algumas das disposições da Lei n. 8.906/94, dentre as quais, a do inciso I, do art. 1º, assim redigido: "Art. 1º São atividades privativas de advocacia: I — a postulação a qualquer órgão do Poder Judiciário e aos juizados especiais" (DJU de 29.6.2001). O STF excluiu, assim, a aplicação dessa norma no âmbito da Justiça do Trabalho e da Justiça de Paz, de tal maneira que, por força dessa decisão, se assegurou a eficácia do art. 791, *caput*, da CLT, que, como sabemos, atribui capacidade postulatória às partes. Posteriormente, o Excelso Pretório confirmou a liminar, em sessão de 17.5.2006 (DJU de 26.5.2006).

Código de Processo Civil   Arts. 71 e 72

Art. 71. O incapaz será representado ou assistido por seus pais, por tutor ou por curador, na forma da lei.

• **Comentário**

Reprodução do art. 8º do CPC revogado.

Absolutamente incapazes. Estabelece o art. 3º do Código Civil serem absolutamente incapazes de exercer, pessoalmente, os atos da vida civil: a) os menores de 16 anos; b) os que, por enfermidade ou deficiência mental, não tiverem o necessário discernimento para a prática dos atos da vida civil; c) aqueles que, mesmo em decorrência de causa transitória, não puderem expressar a sua vontade.

Os absolutamente incapazes são representados em juízo (CC, art. 1.634, V e 1.690, *caput*) e os atos por eles praticados, pessoalmente, são nulos (CC, art. 166, I).

Relativamente incapazes. São, nos termos do art. 4º do CC: a) os maiores de dezesseis anos e menores de dezoito anos; b) os ébrios habituais, os viciados em tóxicos, e os que, por deficiência mental, tenham o discernimento reduzido; c) os excepcionais, destituídos de desenvolvimento mental completo; d) os pródigos.

Os relativamente capazes (no tocante a determinados atos ou à maneira de exercê-los) são assistidos em juízo (CC, art. 1.634, VII e 1.690, *caput*) e os atos que praticarem são anuláveis (CC, art. 171, I).

Em princípio, a menoridade cessa aos 18 anos de idade (CC, art. 5º, *caput*), embora possa cessar, antes disso: a) pela concessão dos pais, ou de algum deles na falta do outro, mediante instrumento público, que não exige homologação ou sentença judiciais, ouvido o tutor, desde que o menor possua 16 anos de idade completos; b) pelo casamento; c) pelo exercício de emprego público efetivo; d) pela colação de grau em curso de ensino superior; e) pelo estabelecimento civil ou comercial ou pela existência de relação de emprego, desde que, em função deles, o menor com 16 anos completos possua economia própria (*ibidem*, parágrafo único, I a V).

Na Justiça do Trabalho, os maiores de 18 anos e menores de 21 anos, assim como as mulheres casadas, poderão promover ação sem a assistência de seus pais, tutores ou curadores (CLT, art. 792). O texto da CLT alusivo à mulher casada foi derrogado pela Lei n. 4.121, de 27.8.1962 (Estatuto da Mulher Casada).

Os menores de 18 anos serão representados pelo pai, mãe, ou tutor e, na ausência destes, pelo Ministério Público do Trabalho, pelo sindicato, pelo Ministério Público Estadual ou por curador nomeado em juízo (CLT, art. 793).

A capacidade dos índios é regulada por legislação especial (CC, art. 4º, parágrafo único) — no caso, a Lei n. 6.001/1973 (Estatuto do Índio).

Art. 72. O juiz nomeará curador especial ao:

I — incapaz, se não tiver representante legal ou se os interesses deste colidirem com os daquele, enquanto durar a incapacidade;

II — réu preso revel, bem como ao réu revel citado por edital ou com hora certa, enquanto não for constituído advogado.

Parágrafo único. A curatela especial será exercida pela Defensoria Pública, nos termos da lei.

• **Comentário**

Caput. Reprodução literal do art. 9º do CPC revogado.

A norma especifica os casos em que o juiz nomeará curador especial.

Inciso I. *Incapaz.* No processo do trabalho, como vimos, a designação de curador ao incapaz ocorrerá na situação prevista no art. 793 da CLT; nada obsta a que se aplique, em caráter supletivo, a regra do art. 72 do CPC, na parte em alude ao fato de os interesses dos representantes do menor serem conflitantes com os deste. Se vier a cessar a incapacidade da parte, cessará, *ipso facto*, a atuação do curador. Trata-se, pois, de relação direta entre causa e efeito.

A participação do curador especial não dispensa a presença do Ministério Público, nos casos em que a intervenção deste é obrigatória.

Inciso II. *Réu preso.* Pode-se aplicar ao processo do trabalho a regra do art. 72, II, do CPC, sempre que for necessário para preservar as garantias constitucionais do contraditório, da ampla defesa e do devido processo legal (CF, art. 5º, incisos LIV e LV nesta ordem). O CPC anterior fazia alusão, apenas, ao *réu preso*; o texto atual exige que o réu preso tenha sido *revel*, para efeito de nomeação de curador especial. Revel. A doutrina e a jurisprudência firmaram o entendimento de que a norma não incide no processo do trabalho no que diz respeito à citação com hora certa. Interpretação dos arts. 841, § 1º, e 852, parte final, da CLT.

Parágrafo único. A lei, no caso, é o art. 793, da CLT, congeminada com o art. 1.767, do Código Civil. A diferença entre as figuras da tutela e da curatela está em que a tutela se destina à proteção do patrimônio e da pessoa da criança ou do adolescente, ao passo que a curatela tem como finalidade a proteção do patrimônio de uma pessoa maior de idade, que não está capacitada para a prática de atos jurídicos.

Dentre os poderes de que dispõe o curador especial podem ser mencionados os de apresentar defesa (alegando, inclusive, prescrição intercorrente) requerer a produção de provas, interpor recursos, oferecer embargos à execução. Ele não pode, todavia, confessar.

Art. 73. O cônjuge necessitará do consentimento do outro para propor ação que verse sobre direito real imobiliário, salvo quando casados sob o regime de separação absoluta de bens.

§ 1º Ambos os cônjuges serão necessariamente citados para a ação:

I – que verse sobre direito real imobiliário, salvo quando casados sob o regime de separação absoluta de bens;

II – resultante de fato que diga respeito a ambos os cônjuges ou de ato praticado por eles;

III – fundada em dívida contraída por um dos cônjuges a bem da família;

IV – que tenha por objeto o reconhecimento, a constituição ou a extinção de ônus sobre imóvel de um ou de ambos os cônjuges.

§ 2º Nas ações possessórias, a participação do cônjuge do autor ou do réu somente é indispensável nas hipóteses de composse ou de ato por ambos praticado.

§ 3º Aplica-se o disposto neste artigo à união estável comprovada nos autos.

• **Comentário**

Norma semelhante constava do art. 10 do CPC revogado.

Caput. A Justiça do Trabalho não possui competência para apreciar ações versando sobre direitos reais imobiliários.

§ 1º A citação de ambos os cônjuges, no processo do trabalho, somente será exigível nos casos previstos nos incisos II e III. Não se trata, aqui, de autorização ou de outorga do cônjuge, e sim de constituição de regime litisconsorcial do tipo necessário (CPC, art. 114).

§ 2º Dificilmente, haverá uma situação que justifique a incidência deste parágrafo no processo do trabalho. Também aqui se cuida de litisconsórcio necessário.

§ 3º A matéria não é da competência da Justiça do Trabalho.

Art. 74. O consentimento previsto no art. 73 pode ser suprido judicialmente quando for negado por um dos cônjuges sem justo motivo, ou quando lhe seja impossível concedê-lo.

Parágrafo único. A falta de consentimento, quando necessário e não suprido pelo juiz, invalida o processo.

• **Comentário**

Caput e **parágrafo único**. Reprodução, quase literal, do art. 11 do CPC revogado.

A Justiça do Trabalho não possui competência para apreciar ações relativas a direitos reais imobiliários.

Código de Processo Civil

Art. 75. Serão representados em juízo, ativa e passivamente:

I – a União, pela Advocacia-Geral da União, diretamente ou mediante órgão vinculado;

II – o Estado e o Distrito Federal, por seus procuradores;

III – o Município, por seu prefeito ou procurador;

IV – a autarquia e a fundação de direito público, por quem a lei do ente federado designar;

V – a massa falida, pelo administrador judicial;

VI – a herança jacente ou vacante, por seu curador;

VII – o espólio, pelo inventariante;

VIII – a pessoa jurídica, por quem os respectivos atos constitutivos designarem ou, não havendo essa designação, por seus diretores;

IX – a sociedade e a associação irregulares e outros entes organizados sem personalidade jurídica, pela pessoa a quem couber a administração de seus bens;

X – a pessoa jurídica estrangeira, pelo gerente, representante ou administrador de sua filial, agência ou sucursal aberta ou instalada no Brasil;

XI – o condomínio, pelo administrador ou síndico.

§ 1º Quando o inventariante for dativo, os sucessores do falecido serão intimados no processo no qual o espólio seja parte.

§ 2º A sociedade ou associação sem personalidade jurídica não poderá opor a irregularidade de sua constituição quando demandada.

§ 3º O gerente de filial ou agência presume-se autorizado pela pessoa jurídica estrangeira a receber citação para qualquer processo.

§ 4º Os Estados e o Distrito Federal poderão ajustar compromisso recíproco para prática de ato processual por seus procuradores em favor de outro ente federado, mediante convênio firmado pelas respectivas procuradorias.

• **Comentário**

A matéria constava do art. 12 do CPC revogado.

A doutrina tem separado os conceitos de *presentação* e de *representação*. Cuida-se de uma questão de semiótica. Na *presentação* figura somente uma pessoa, que ocupa o lugar de outra, como ocorre com o Presidente da República, que presenta (apresenta) o Brasil. Trata-se de uma relação orgânica, por assim dizer. Na *representação*, ao contrário, há duas figuras: a do representante e a do representado, agindo aquele em nome deste. Há, entre eles, uma relação jurídica.

Não se confunde a representação em juízo com a capacidade postulatória, pois esta última só é reconhecida a quem se encontra legalmente habilitado para exercê-la, caso dos advogados regularmente inscritos na OAB, conquanto, no processo do trabalho, essa capacidade (*ius postulandi*) seja cometida às partes (CLT, art. 791, *caput*), exceto para efeito de atuação no TST.

Caput. Dispõe sobre a representação judicial da entidade e pessoas que menciona nos incisos I a X. O representante não é parte, pois age em nome do representado e no interesse deste; por isso, o círculo jurídico pessoal do representante não sofre os efeitos da coisa julgada material. A representação processual das partes figura como pressuposto legal de constituição e de desenvolvimento regular do processo (CPC, art. 485, IV).

Inciso I. A União será representada pela Advocacia-Geral da União, de maneira direta ou mediante órgão vinculado. A representação dos Estados incumbirá aos procuradores. Os procuradores das pessoas jurídicas de direito público não requerem mandato especial para atuar em juízo, uma vez que a sua nomeação para o cargo os investem, de maneira automática, no poder de representação.

Inciso II. Quanto ao Estado e o Distrito Federal, a representação caberá ao prefeito ou procurador;

Inciso III. O Município será representado pelo Prefeito ou por seu Procurador.

Inciso IV. Autarquias e fundações de direito público. A sua representação judicial está subordinada à legislação do respectivo ente federado.

Inciso V. A representação da massa falida caberá ao administrador judicial. Essa representação se constitui com a decretação da falência e a nomeação do administrador pelo juiz. Ao procurador caberá outorgar procuração ao advogado para atuar em juízo na defesa dos direitos e interesses da massa falida.

Inciso VI. A herança jacente ou vacante se configura quando alguém falece sem deixar testamento (*ab intestato*) nem herdeiro legítimo notoriamente conhecido (CC, art. 1.819). Essa herança não possui personalidade jurídica; a sua representação judicial é realizada pelo seu curador.

Inciso VII. O espólio será representado pelo inventariante.

Inciso VIII. A representação das pessoas jurídicas de direito privado caberá a quem os estatutos designarem. Inexistindo disposição estatutária a esse respeito, a representação ficará a cargo dos seus diretores. A norma tem incidência mais ampla do que a sua expressão literal esteja a sugerir, porquanto é aplicável, igualmente, às sociedades por cotas de responsabilidade limitada (caso em que a representação será exercida pelo sócio-gerente ou por outro sócio que o contrato social indicar), às entidades sindicais, às associações em geral, às fundações etc.

Inciso IX. A sociedade e a associação irregulares serão representadas em juízo pela pessoa à qual competir a administração dos seus bens. O mesmo se aplica às sociedades e associações destituídas de personalidade jurídica.

Inciso X. A pessoa jurídica estrangeira será representada pelo gerente, representante ou administrador de sua filial, agência ou sucursal aberta ou instalada no Brasil.

Inciso XI. Ao síndico ou ao administrador caberá a representação judicial do condomínio. Normalmente, a prova de que a pessoa é sindica se faz com ata da assembleia dos condôminos que a elegeram. Não raro, todavia, o mandato do síndico se extingue, sem que outro seja eleito. Entendemos que, nesse ínterim, se deve considerar prorrogado de maneira tácita o mandato, sob pena de o condomínio ficar sem representação judicial. Eleito o novo síndico, e feita a prova pela juntada da respectiva ata, a representação do condomínio incumbirá a ele, daí para frente, sendo, todavia, sempre prudente que o juiz solicite que o novo sindicato ratifique os atos processuais praticados pelo anterior, no período de presuntiva prorrogação do mandato.

§ 1º Sendo dativo o inventariante, todos os herdeiros e sucessores do *de cujus* serão autores ou réus nas ações em que o espólio figurar como parte.

§ 2º A irregularidade na constituição das sociedades ou associações sem personalidade jurídica não pode ser por elas oposta em juízo. Afinal, mesmo em juízo a ninguém será lícito beneficiar-se de sua situação irregular.

§ 3º Duas nótulas são necessárias: a) não importa o título ou a denominação que se dê à unidade ou estabelecimento estrangeiro instalado ou em funcionamento no Brasil (filial, agência, sucursal etc.): presume-se que o seu gerente está por ela autorizado a receber a citação; b) na Justiça do Trabalho, a citação para o processo de conhecimento é realizada, por força do art. 841, § 1º, da CLT, mediante registro postal, sendo irrelevante o fato de o correspondente aviso de recebimento não ser assinado pelo gerente, e sim, por qualquer outra pessoa vinculada à agência ou filial estrangeira, ou mesmo pelo porteiro do prédio.

§ 4º A norma faculta aos Estados e ao Distrito Federal firmar compromisso recíproco destinado à prática de ato processual por seus procuradores em favor de outro ente federado, por meio de convênio celebrado pelas respectivas procuradorias. Parece-nos ter dupla finalidade essa disposição legal: a) reduzir o tempo de duração do processo; b) reduzir despesas processuais.

Art. 76

Art. 76. Verificada a incapacidade processual ou a irregularidade da representação da parte, o juiz suspenderá o processo e designará prazo razoável para que seja sanado o vício.

§ 1º Descumprida a determinação, caso o processo esteja na instância originária:

I – o processo será extinto, se a providência couber ao autor;

II – o réu será considerado revel, se a providência lhe couber;

III – o terceiro será considerado revel ou excluído do processo, dependendo do polo em que se encontre.

§ 2º Descumprida a determinação em fase recursal perante tribunal de justiça, tribunal regional federal ou tribunal superior, o relator:

I – não conhecerá do recurso, se a providência couber ao recorrente;

II – determinará o desentranhamento das contrarrazões, se a providência couber ao recorrido.

• **Comentário**

Caput. Verificada a falta de capacidade processual (art. 70) ou a irregularidade de representação (art. 75), cumprirá ao juiz suspender o processo (arts. 76 e 313, VIII) e assinar prazo razoável para ser sanado o defeito. Trata-se, aqui, da concreção do princípio da *proteção*, segundo o qual só se deve pronunciar a nulidade quando não for possível suprir a falta ou repetir o ato, desde que não tenha sido arguida por quem lhe deu causa (CLT, art. 796, *a* e *b*).

§ 1º Não sendo cumprida, no prazo fixado, a determinação contida no despacho judicial, verificar-se-ão as consequências processuais indicadas nos incisos I a III.

Inciso I. Se a providência couber ao autor, o juiz decretará a nulidade do processo, extinguindo-o, sem resolução do mérito (CPC, art. 485, IV);

Inciso II. Se couber ao réu, será considerado revel (art. 341). Pode ocorrer, porém, de não se verificar o *efeito* da revelia, caso em que competirá ao juiz decidir com base nos elementos existentes no autos.

Inciso III. Se couber ao terceiro, será considerado revel ou excluído do processo, dependendo de seu *status* no processo. Parece-nos haver uma certa contradição no texto (contradição, aliás, que vem do CPC anterior), pois se, por definição, terceiro é quem não integra a relação processual (conquanto a própria parte possa oferecer embargos de terceiro), fica difícil admitir — ao menos nos sítios do processo do trabalho — a possibilidade de ele ser declarado revel, sabendo-se que a revelia é ato próprio do réu, ou seja, de quem é parte no processo

§ 2º Ocupa-se, aqui, a norma, com o fato de os autos se encontrarem no tribunal, em grau de recurso, e o despacho corretivo não ser atendido pela parte, no prazo assinado pelo relator.

Inciso I. Se a providência incumbir ao recorrente, o recurso não será admitido. O legislador insiste em fazer uso do verbo *conhecer*; ora, se o relator não *conhecesse* do recurso, como poderia, depois, dizer que é intempestivo, que está deserto etc.? Afinal, o juízo recursal não é de *conhecimento,* e sim, de *admissibilidade*.

Inciso II. Se ao recorrido cabia sanar a falha, e este não atendeu ao despacho, as contrarrazões por ele oferecidas serão desentranhadas. Não nos parece acertada essa solução legal, pois as contrarrazões deveriam permanecer nos autos, mas não ser "conhecidas". O desentranhamento poderá criar dificuldades de ordem prática se o recorrido impugnar a ordem de desentranhamento e obtiver sucesso, caso em que se teria de intimá-lo para trazer aos autos, novamente, as suas contrarrazões.

CAPÍTULO II

DOS DEVERES DAS PARTES E DE SEUS PROCURADORES

Seção I

Dos Deveres

Art. 77. Além de outros previstos neste Código, são deveres das partes, de seus procuradores e de todos aqueles que de qualquer forma participem do processo:

I – expor os fatos em juízo conforme a verdade;

II – não formular pretensão ou de apresentar defesa quando cientes de que são destituídas de fundamento;

III – não produzir provas e não praticar atos inúteis ou desnecessários à declaração ou à defesa do direito;

IV – cumprir com exatidão as decisões jurisdicionais, de natureza provisória ou final, e não criar embaraços à sua efetivação;

V – declinar, no primeiro momento que lhes couber falar nos autos, o endereço residencial ou profissional onde receberão intimações, atualizando essa informação sempre que ocorrer qualquer modificação temporária ou definitiva;

VI – não praticar inovação ilegal no estado de fato de bem ou direito litigioso.

§ 1º Nas hipóteses dos incisos IV e VI, o juiz advertirá qualquer das pessoas mencionadas no caput de que sua conduta poderá ser punida como ato atentatório à dignidade da justiça.

§ 2º A violação ao disposto nos incisos IV e VI constitui ato atentatório à dignidade da justiça, devendo o juiz, sem prejuízo das sanções criminais, civis e processuais cabíveis, aplicar ao responsável multa de até vinte por cento do valor da causa, de acordo com a gravidade da conduta.

§ 3º Não sendo paga no prazo a ser fixado pelo juiz, a multa prevista no § 2º será inscrita como dívida ativa da União ou do Estado após o trânsito em julgado da decisão que a fixou, e sua execução observará o procedimento da execução fiscal, revertendo-se aos fundos previstos no art. 97.

§ 4º A multa estabelecida no § 2º poderá ser fixada independentemente da incidência das previstas nos arts. 523, § 1º, e 536, § 1º.

§ 5º Quando o valor da causa for irrisório ou inestimável, a multa prevista no § 2º poderá ser fixada em até 10 (dez) vezes o valor do salário-mínimo.

§ 6º Aos advogados públicos ou privados e aos membros da Defensoria Pública e do Ministério Público não se aplica o disposto nos §§ 2º a 5º, devendo eventual responsabilidade disciplinar ser apurada pelo respectivo órgão de classe ou corregedoria, ao qual o juiz oficiará.

§ 7º Reconhecida violação ao disposto no inciso VI, o juiz determinará o restabelecimento do estado anterior, podendo, ainda, proibir a parte de falar nos autos até a purgação do atentado, sem prejuízo da aplicação do § 2º.

§ 8º O representante judicial da parte não pode ser compelido a cumprir decisão em seu lugar.

Código de Processo Civil

• **Comentário**

O Capítulo em exame trata da *deontologia processual*, compreendendo os deveres de probidade e de lealdade.

Caput. Embora este Capítulo se intitule "Dos Deveres das Partes e de seus Procuradores", na verdade as suas disposições alcançam, também, "todos aqueles que de qualquer forma participem do processo" (como o Ministério Público, os peritos, os intérpretes, os leiloeiros, além de outros), conforme esclarece o *caput* do art. 77. Nem poderia ser de modo diverso, pois sendo o processo — como instrumento estatal de solução de conflitos de interesses — dotado de um conteúdo ético, seria injustificável vincularem-se, apenas, as partes e seus procuradores aos deveres estabelecidos nos incisos da referida norma do CPC, deixando-se os terceiros à vontade para praticarem atos contrários a esse conteúdo ético.

Em seis incisos, o art. 77 enumera os casos que configuram violação aos deveres das partes, de terceiros, e dos procuradores de umas e de outros.

Inciso I. *Exposição dos fatos conforme a verdade*. Está implícito, aqui, a imposição de acatamento ao princípio da boa-fé processual. É necessário esclarecer que nos sítios processuais podem existir duas verdades: a *real*, ou seja, os fatos tais como ocorreram na realidade sensível, e a *formal*, que se constitui nos autos do processo referente do caso concreto. O ideal é que a verdade formal sempre corresponda à real. Nem sempre, todavia, isso acontece. Para os efeitos processuais, prevalecerá a verdade *formal*, pois o que não está nos autos não existe no mundo (*quod non est in autos non est in mundo*), como afirma o vetusto apotegma latino.

Em um cenário — como o processual — caracterizado por um ontológico antagonismo de interesses, por um acentuado contraditório, a norma legal em estudo parece estar destinada à ineficácia, pois a parte ou o terceiro jamais tenderão a não dizer em juízo algo que seja contrário aos seus interesses manifestados na causa. Não será fácil, por isso, determinar-se, no caso concreto, qual das partes (para cogitarmos apenas destas) quebrou o dever de expor os fatos de acordo com a verdade — até porque esta verdade é de natureza subjetiva: requer-se, apenas, que parte acredite ser veraz o que está alegando.

Seja como for, constatado que seja que a parte faltou com a verdade dos fatos, estará descumprindo um dever processual específico, sujeitando-se, em razão disso, às sanções previstas em lei (CPC, art. 80, II e 81).

Inciso II. *Pretensões e defesas destituídas de fundamento*. Este dever processual deve ser interpretado por modo a não configurar negativa às garantias constitucionais do contraditório e da ampla defesa. O que se exige, pois, é que a parte aja com boa-fé, motivo por que o dever de não formular pretensões e defesas destituídas de fundamento se entrelaça com o expor os fatos de acordo com a verdade. Embora a norma em estudo aluda à *defesa*, devemos esclarecer que a sua incidência não está restrita à *contestação* elaborada pelo réu, senão que abarca, por igual, os atos praticados pelo autor ou por terceiros, sempre que estes estiverem *defendendo* os seus interesses na causa. Ao aludir ao ato de a parte, seu advogado ou terceiros formularem pretensão ou apresentarem defesa *cientes* de que são destituídas de fundamento o texto legal quer dizer que esses atos devem ter uma fundamentação razoável, seja jurídica, seja lógica. Argumentar-se contra texto inequívoco de lei — que, por isso, vem recebendo interpretações convergentes da doutrina e da jurisprudência — constitui um exemplo de quebra do dever em exame.

Inciso III. *Provas ou atos inúteis ou desnecessários*. Sob certo aspecto, o que é inútil é desnecessário, e vice-versa. Os nossos dicionaristas, aliás, indicam esses vocábulos como sinônimos. Apesar disso, o legislador, cauteloso, fez uso de ambos os vocábulos para impedir qualquer interpretação que pudesse levar à conclusão de que o uso de somente um deles não significaria a inclusão do outro.

Embora não constitua regra geral, podemos dizer que, em tese, é ao réu que convém a prática de atos inúteis ou desnecessários à declaração ou à defesa do direito, pois isso significa provocar um retardamento na entrega da prestação jurisdicional. De qualquer modo, a norma legal em estudo também é aplicável ao autor (e a terceiros), conforme dissemos. Neste caso, talvez não se possa dizer que as provas ou os atos inúteis ou desnecessários por eles requeridos tenham o escopo de retardar a solução do conflito; o indeferimento judicial de requerimento dessa natureza se justificará como providência destinada a evitar dispêndio inútil de atividade jurisdicional. É óbvio que se as provas produzidas e os atos praticados forem imprescindíveis à declaração ou à defesa do direito não podem ser considerados inúteis ou desnecessários.

Inciso IV. *Cumprir com exatidão as decisões jurisdicionais*. Estamos diante do *contempt of court*, oriundo dos países da *Common Law*. Não há, na Língua Portuguesa, um vocábulo que corresponda, com absoluta fidelidade de significado, ao *contempt* do Inglês; de modo geral, esse vocábulo tem sido traduzido como significante de *desacato*.

O *contempt of court* é, assim, a desobediência, o desacato às ordens ou decisões judiciais. Conquanto, muitas vezes, os doutrinadores brasileiros liguem a caracterização o *contempt of court* ao prejuízo acarretado ao direito ou aos interesses do adversário, entendemos que ele se configura com o fato objetivo do descumprimento de uma ordem ou decisão judiciais, independentemente de esse seu ato implicar prejuízo ao adversário. O que está no centro do conceito do *contempt*, portanto, não é o dano à parte contrária, e sim o ato judicial descumprido.

Podemos classificar o *contempt of court* em *direto* e *indireto*. No primeiro caso, o descumprimento da ordem ou da decisão do magistrado se dá no âmbito da própria unidade judiciária, como quando, por exemplo, a parte insiste em praticar atos manifestamente tumultuários da audiência; em tentar comunicar-se, mediante sinais convencionais, com o seu cliente ou com as testemunhas quando estiverem depondo; em proferir palavras ofensivas da honra do adversário ou do próprio magistrado; em prosseguir com a sustentação oral quando lhe tenha sido cassada a palavra etc. No segundo, o desacato ou desobediência ocorre fora do âmbito físico do Judiciário, como quando a parte deixa de apresentar documentos exigidos pelo magistrado; põe-se a criar obstáculos à efetivação da ordem judicial ou a empreender manobras destinadas a retardar a execução do ato; abstém-se de praticar ato que deveria realizar ou pratica ato em relação ao qual deveria abster-se etc.

Passemos a análise técnica do conteúdo do inciso IV do art. 77 do CPC.

Há aqui, na verdade, *dois* deveres.

O primeiro é quanto a cumprir com exatidão as decisões judiciais em geral, sejam de natureza antecipatória, sejam de natureza final. O art. 26 da Lei n. 12.016/2009, a propósito, esclarece constituir "Crime de desobediência, nos termos do art. 330 do Decreto-Lei n. 2.848, de 7 de dezembro de 1940, o não cumprimento das decisões proferidas em mandado de segurança, sem prejuízo das sanções administrativas e da aplicação da Lei n. 1.079, de 10 de abril de 1950, quando cabíveis".

Duas nótulas são ainda necessárias para a compreensão da matéria: a) não basta que a parte ou o terceiro cumpram as decisões judiciais; para que esse deve legal seja atendido, é imprescindível que o façam *com exatidão*, vale dizer, com absoluta fidelidade aos termos em que a obrigação foi imposta pelo pronunciamento jurisdicional. Se, por exemplo, a decisão determinou a reintegração do empregado nas mesmas condições anteriores à ruptura irregular do contrato de trabalho, inclusive, com o pagamento das salários vencidos e vincendos, mas o réu, embora pagando todos esses salários, venha, sem qualquer justificativa, a reintegrar o trabalhador em local ou localidade diversa daquela em que exercia as suas funções, estará perpetrando quebra do dever de *exato* cumprimento da ordem judicial; b) o crime de desobediência se configura não apenas com o descumprimento de qualquer decisão judicial (Código Penal, art. 330).

O segundo dever é o de não criar embaraços à efetivação das decisões judiciais, de natureza antecipatória ou final. O fato de a parte suscitar incidentes processuais injustificáveis pode ser referido com um dos exemplos de transgressão ao inciso IV do art. 77 do CPC.

Inciso V. *Declinar o endereço residencial ou profissional*. Note-se que a indicação do endereço, residencial ou comercial, em que a parte ou o terceiro receberão intimação, não deve ser indicado, apenas, na petição inicial (CPC, art. 319, II) ou na resposta do réu, mas — como esclarece o preceito legal *sub examen* —, no primeiro momento que couber à parte ou ao terceiro manifestar-se nos autos. Além disso, esse dever somente será integralmente satisfeito se houver informação, nos autos, da sua alteração, tenha sido em caráter temporário ou definitivo.

Inciso VI. *Inovação ilegal no estado de fato*. No sistema do CPC anterior, a inovação ilegal do estado de fato caracterizava o *atentado*, uma das espécies de medida cautelar específica. Uma das raras que possuíam natureza apenas incidental, pois o atentado era praticado no curso do processo (CPC, de 1972, art. 879, III). A inovação ilegal no estado de fato configura crime, nos termos do art. 347, do Código Penal.

§ 1º *Ato atentatório à dignidade da jurisdição*. O descumprimento do disposto no inciso IV ("cumprir com exatidão as decisões jurisdicionais, de natureza antecipada ou final, e não criar embaraços a sua efetivação"); e VI ("não praticar inovação ilegal no estado de fato de bem ou direito litigioso"), do art. 77, fará com que o juiz advirta a parte, seu advogado ou terceiros em geral que a sua conduta processual poderá ser punida como ato atentatório à dignidade da justiça.

Em princípio, poder-se-ia imaginar que a norma legal em exame seria aplicável, apenas, aos processos de conhecimento e cautelar, uma vez que em relação ao processo de execução há norma específica (art. 774). Ocorre que este artigo do CPC tem como destinatário exclusivo o *executado*, ao passo que o art. 77 é aplicável às partes, seus advogados, e a "todos aqueles que de qualquer forma participam do processo". Dificilmente acontecerá, na prática, de o executado praticar atos que não estejam abrangidos pelo art. 774, mas estejam pelo art. 77, incisos IV e VI. É oportuno observar que as sanções previstas no § 2º do art. 77 estão vinculadas, com exclusividade, aos inciso IV e VI, que estampam os deveres de cumprir com exatidão as decisões jurisdicionais e de não criar obstáculos à sua efetivação ou, ainda, de não praticar inovação ilegal no estado de fato de bem ou direito litigioso. Destarte, se o devedor, por exemplo, incidir na prática de atos previstos no referido inciso IV, a sua atitude, provavelmente, estará tipificada no inciso IV do art. 774, que trata da resistência injustificada às ordens judiciais. Consequentemente, a sanção *pecuniária* a ser-lhe aplicada é a mencionada no parágrafo único do art. 774 (multa não excedente a vinte por cento do valor atualizado do débito em execução), sem prejuízo das de natureza criminal, civil e processual previstas no § 1º do art. 77.

Observe-se que o art. 772, II, do CPC, faculta o juiz, em qualquer momento do processo, advertir que a sua conduta constitui ato atentatório à dignidade da justiça.

§ 2º O parágrafo anterior faculta ao magistrado *advertir* a parte, seu advogado ou o terceiro que a sua conduta poderá caracterizar ato atentatório à dignidade do Poder Judiciário. Vindo quaisquer dessas pessoas a adotar a conduta que fora objeto de advertência pelo juiz, este *deverá* aplicar ao responsável multa de até vinte por cento do valor da causa. A fixação da multa, levando em conta o limite legal estabelecido, será fixada de acordo com a gravidade da conduta do infrator da norma. Essa penalidade pecuniária ser-lhe-á aplicada sem prejuízo das sanções criminais, civis e processuais cabíveis, nos termos do § 2º do art. 77.

§ 3º Se a multa não for paga no prazo fixado pelo juiz, será inscrita como dívida ativa da União ou do Estado após o trânsito em julgado da decisão que a impôs. A sua cobrança atenderá ao procedimento referente à execução fiscal, cujo produto verterá ao fundo previsto no art. 97.

Dispõe o art. 97 do CPC: "A União e os Estados podem criar fundos de modernização do Poder Judiciário, aos quais serão revertidos os valores das sanções pecuniárias processuais destinadas à União e aos Estados, e outras verbas previstas em lei".

No âmbito da Justiça do Trabalho, a "execução fiscal" a que alude a norma legal em exame é regida pela Lei n. 6.830, de 22.9.1980, que versa sobre a cobrança judicial da dívida ativa da Fazenda Pública.

§ 4º A multa mencionada no § 2º pode ser aplicada sem prejuízo das previstas nos arts. 523, § 1º, e 536, § 1º.

§ 5º Em princípio, a multa é fixada com base no valor da causa (§ 2º). Se valor assim obtido for irrisório ou inestimável, permite-se a fixação da multa em até dez vezes o valor do salário-mínimo.

É de duvidosa constitucionalidade a norma em estudo, na parte em que autoriza a fixação da multa com base no salário-mínimo. Ocorre que a Constituição Federal, no art. 7º, IV, que integra o capítulo dos "Direitos Sociais", veda a vinculação do salário-mínimo *"para qualquer fim"*. É certo que o adjetivo *qualquer*, utilizado pelo constituinte, não possui sentido e alcance absolutos, por forma a vedar a vinculação do salário-mínimo, por exemplo, ao valor da alçada, para efeito de definição do procedimento judicial a ser observado (CLT, art. 852-A). Se nos lembrarmos, todavia, de que a proibição estampada no inciso IV do art. 7º da Constituição Federal teve como finalidade impedir que o salário-mínimo fosse utilizado como fator de correção monetária de aluguéis e de multas pecuniárias — com repercussão no fenômeno inflacionário —, veremos que nossa suspeita quanto à constitucionalidade do § 5º do art. 77 do CPC, no que toca a autorizar a fixação da multa com fulcro no salário-mínimo, não é de todo infundada.

Os deveres processuais das partes, entretanto, não se resumem aos enumerados no art. 77 do CPC. Outros existem, como os estabelecidos no art. 379 do mesmo Código: a) comparecer a juízo e responder ao que lhe for interrogado; b) colaborar com o juízo na realização de inspeção judicial que for considerada necessária; c) praticar ato que lhe for determinado (incisos I a III).

Quanto aos terceiros, a lei impõe-lhes, entre outros deveres, os de: a) informar ao juiz os fatos e as circunstâncias de que tenha conhecimento; b) exibir a coisa ou o documento que esteja em seu poder (art. 380, I e II).

§ 6º O que a norma está a expressar, em essência, é que os advogados, públicos ou privados, assim como os membros da Defensoria Pública e do Ministério Público podem ser advertidos pelo juiz de que as suas condutas são passíveis de punição por ato atentatório à dignidade da justiça. A consequência, contudo, não será a aplicação de penalidade pecuniária (§§ 2º a 5º), e sim a comunicação ao órgão de classe ou à corregedoria, para efeito de apuração de eventual responsabilidade disciplinar.

§ 7º Se o juiz reconhecer que houve inovação ilegal no estado de fato de bem ou direito, objeto do litígio, determinará o restabelecimento do estado anterior (*status quo ante*). Além disso, proibirá a parte de falar nos autos até a purgação do atentado, sem prejuízo da aplicação da multa prevista no § 2º.

O texto legal em exame menciona a proibição *da parte* falar nos autos. Algumas observações a esse respeito são necessárias. Em primeiro lugar, dita vedação não é restrita à parte, alcançando, também, "todos aqueles que de qualquer forma participem do processo" (art. 77, *caput*). Em segundo, a proibição de falar nos autos, a nosso ver, é inconstitucional, pois, em última análise, impede a atuação do princípio-garantia do contraditório assegurado pelo art. 5º, inciso LV, da Suprema Carta Política do país. O fato de essa proibição cessar com a purgação da mora não elide o antagonismo da norma processual com a Constituição da República.

Proibição dessa natureza era encontrada no art. 601, *caput*, do CPC de 1973, que tratava, exatamente, do ato atentatório à dignidade da justiça quando praticado na execução. Posteriormente, essa sanção foi substituída por multa não superior a vinte por cento do valor atualizado do débito em execução. A referida alteração decorreu da constatação de que a penalidade anterior (proibição de falar nos autos) contravinha o inciso LV do art. 5º da Constituição Federal.

A prevalecer a disposição da parte final do § 7º do art. 77 do atual CPC seria de indagar-se se a parte — para pensarmos, apenas, nesta — nem mesmo poderia falar nos autos (sem purgar o atentado) para, por exemplo, manifestar a sua intenção de celebrar acordo com a parte contrária...

§ 8º A responsabilidade da parte não se transfere ao seu procurador judicial, pois este apenas representa a parte, não a substitui.

Art. 78. É vedado às partes, a seus procuradores, aos juízes, aos membros do Ministério Público e da Defensoria Pública e a qualquer pessoa que participe do processo empregar expressões ofensivas nos escritos apresentados.

§ 1º Quando expressões ou condutas ofensivas forem manifestadas oral ou presencialmente, o juiz advertirá o ofensor de que não as deve usar ou repetir, sob pena de lhe ser cassada a palavra.

§ 2º De ofício ou a requerimento do ofendido, o juiz determinará que as expressões ofensivas sejam riscadas e, a requerimento do ofendido, determinará a expedição de certidão com inteiro teor das expressões ofensivas e a colocará à disposição da parte interessada.

• **Comentário**

Caput. O fato de as partes, em processos judiciais, estarem envolvida em um conflito de interesses não lhes constitui razão para, na a defesa dos seus direitos e interesses, fazerem uso de palavras ofensivas da honra, da dignidade, do caráter de quem quer que participe do processo. O mesmo se afirme quanto aos advogados, aos juízes, aos membros do Ministério Público, da Defensoria Pública e de outras pessoas que participem do processo. A todos se impõe o dever de urbanidade.

Conforme temos sempre dito, a força persuasiva do argumento reside na solidez de sua fundamentação jurídica, e não na agressividade de que se possa fazer dotado. É oportuno recordar que a civilidade — para além de ser um imperativo de harmoniosa convivência social — é uma regra que se impõe a quantos estejam praticando atos no processo.

Expressões ofensivas. O CPC anterior aludia, em seu art. 15, ao uso de expressões *injuriosas*. A injúria, ao lado da difamação e da calúnia, constituem crimes contra a honra (CP, arts. 138 a 140). O CPC atual veda o emprego de expressões *ofensivas,* que podem configurar, ou não, os mencionados crimes contra a honra. A *ofensa* nem mesmo precisa constituir qualquer tipo de crime; basta que exponha ao ofendido a uma situação de constrangimento familiar ou social.

Embora produzida na vigência do CPC revogado, esta ementa do STF é de inegável atualidade: "A providência prevista no art. 15 do CPC prescinde do contraditório, ainda que ocorra mediante provocação de uma das partes, e compreende o uso de todo e qualquer vocábulo que discrepe dos padrões costumeiros, atingindo as raias da ofensa" (STF, ADin 1.231-2-AgReg, rel. Min. Marco Aurélio, in Inf. STF, de 18-8-97, n. 80, p. 2).

O juiz. A norma é aplicável ao próprio magistrado, que, por esse motivo, não deve empregar expressões ofensivas em suas manifestações, tanto nos autos do processo, quanto em audiência ou sessão. As manifestações escritas podem consistir em despachos, decisões interlocutórias, sentenças, acórdãos etc.

Qualquer pessoa. Além das especificadas no *caput* do art. 78, a regra abrange "qualquer pessoa que participe do processo", entre as quais se incluem os advogados, os membros do Ministério Público e da Defensoria Pública, as testemunhas, o perito, o tradutor, além de outras.

§ 1º O *caput* do art. 78 faz referência ao uso de expressões ofensivas "nos escritos apresentados"; mas a proibição legal de não ofender incide, igualmente — nem poderia ser de outro modo — nas manifestações orais e presenciais. Analisando a norma sob os aspectos gramatical e jurídico, parece-nos que conclusão adequada seria esta: as *expressões* se referem às *manifestações orais*; as *condutas* são presenciais. Assim pensamos porque as ofensas feitas *por escrito* são objeto do *caput*, e as *orais* estão compreendidas pelo § 1º, ficando difícil perceber quais seriam as *manifestações presenciais* (que não seriam escritas, nem orais). Talvez, se materializem em algum gesto de participante do processo que esteja presente na audiência ou na sessão.

Quando o réu, em sua defesa oral —, como lhe permite o art. 847, da CLT —, estiver utilizando palavras ofensivas ao autor, ao advogado deste e a quem que esteja participando do processo, o juiz poderá cassar-lhe a palavra, sem que isto implique ofensa às garantias constitucionais do contraditório e da ampla defesa? A questão é, sem dúvida, delicada, por modo a exigir extrema prudência do magistrado. Antes de mais nada, é necessário lembrar que a cassação da palavra, seja em que momento processual for, deve ser precedida de advertência específica; se, a despeito dessa advertência, o réu perseverar no uso de expressões ofensivas, só restará ao juiz cassar-lhe a palavra, sem que isso possa configurar ofensa às garantias constitucionais mencionadas. Afinal de contas, essas garantias não significam a permissão para que a parte ofenda a honra ou a dignidade do adversário, do advogado deste, do magistrado e de outras pessoas. O mal uso dessas garantias as anula.

O que será passível de discussão, isto sim, é se as expressões utilizadas pelo réu eram efetivamente, ofensivas, ou não. Por esse motivo, o juiz deverá fazer constar da ata as expressões dessa natureza, que as tenha mando riscar, ou as palavras ofensivas que as tenha cassado, a fim de que o tribunal possa apreciar eventual alegação de nulidade do processo, formulada pelo réu, ao argumento de que o ato do magistrado acarretou-lhe transgressão às garantias constitucionais do contraditório e, em especial, da ampla defesa.

Muitas vezes, a ofensa oral está não propriamente na palavra ou na expressão e sim na entonação ou na inflexão com que são proferidas. Como diria o notável poeta português, Sidónio Muralha, que viveu em Curitiba: "O peso da pedra eu comparo à força do arremesso".

§ 2º Em um primeiro lançar de olhos pode-se ter a impressão de que o texto em exame esteja a aludir somente à riscadura de expressões ofensivas utilizada por uma das partes em relação à outra, ou destas em relação ao Ministério Público ou à Defensoria Pública, e vice-versa. Neste caso, faz sentido a determinação legal para que o magistrado, *ex officio* ou a instância do ofendido, ordene a riscadura das expressões ofensivas e, a requerimento do ofendido, faça expedir certidão com inteiro teor dessas expressões, pondo, em seguida, a certidão à disposição da parte interessada — e não somente do ofendido.

Considerando, porém que o juiz também está subordinado à proibição contida no *caput* do art. 78 do CPC — que a ele faz expressa alusão —, quanto ao emprego de expressões injuriosas, é evidente que se o magistrado fizer uso dessas expressões em seus pronunciamentos escritos, o ofendido poderá solicitar-lhe que risque as expressões, além de mandar expedir a certidão.

Seção II
Da Responsabilidade das Partes por Dano Processual

Art. 79. Responde por perdas e danos aquele que litigar de má-fé como autor, réu ou interveniente.

• **Comentário**

Perdas e danos. O direito de ação (CF, art. 5º, XXXV), o direito à ampla defesa (CF, art. 5º, LV), assim como, de modo geral, o acesso ao Poder Judiciário não podem constituir pretexto para que a parte ou o terceiro acarretem danos aos litigantes em decorrência de postulações motivadas por má-fé. Em razão disso, a norma legal sob exame impõe ao litigante de má-fé o dever de indenizar por perdas e danos.

Litigante de má-fé. A norma em estudo se aplica não somente às partes, mas aos terceiros em geral, que intervierem na causa.

Má-fé. Deve ser considerada como a intenção manifesta de causar dano a outrem. A má-fé processual possui muitas facetas: ora, revela-se sob a forma de alteração ou de ocultamento dos fatos essenciais ao descobrimento da verdade; ora, de distorção interpretativa de normas legais ou regulamentares; ora, de sonegação de informações ao juiz ou de prestação de informações falsas etc. Pouco importa a sua gênese, para os efeitos do art. 68.

É certo que, na prática, poderão existir aquelas "zonas cinzas", tomadas pela neblina da incerteza, em que o magistrado terá dificuldade em definir se o ato praticado pela parte ou por terceiro foi produto, ou não, de má-fé. Na dúvida, deverá concluir que não, pois a presunção ordinária é de que as partes e terceiros agem com boa-fé (*bona fides*). Essa presunção tanto mais se justifica quando o ato tenha sido praticado pelo autor, vale dizer, por quem provocou o exercício da função jurisdicional.

A propósito, muito mais comedido na aplicação desse dispositivo legal deverá ser o magistrado do trabalho quando a parte estiver atuando em juízo sem advogado, como lhe faculta o art. 791, *caput*, da CLT. Em situações como essa calha com perfeição a sentença latina *summum ius, summa iniuria* (Cícero, "Dos Deveres"), a significar que o excesso de rigor na aplicação da lei constitui causa de injustiça.

Art. 80. Considera-se litigante de má-fé aquele que:

I — deduzir pretensão ou defesa contra texto expresso de lei ou fato incontroverso;

II — alterar a verdade dos fatos;

III — usar do processo para conseguir objetivo ilegal;

IV — opuser resistência injustificada ao andamento do processo;

V — proceder de modo temerário em qualquer incidente ou ato do processo;

VI — provocar incidente manifestamente infundado;

VII — interpuser recurso com intuito manifestamente protelatório.

Art. 80

• **Comentário**

Caput. A matéria era regida pelo art. 17 do CPC revogado.

O rol dos casos tipificadores de litigância de má-fé, a nosso ver, é taxativo (*numerus clausus*). Assim concluímos com base no princípio doutrinário de que as normas legais impositivas de penalidades devem ser interpretadas restritivamente.

Inciso I. Há, aqui, uma tipificação bifurcada, a saber: deduzir pretensão ou defesa contra: a) texto expresso de lei ("texto expresso" é expressão redundante) ou b) fato incontroverso. No primeiro caso (a), argumenta-se contra texto ("expresso") de norma legal. Algumas ponderações, todavia, são necessárias: a.a.) nem sempre o texto é claro, inequívoco, comportando interpretações divergentes entre si; há sensos literais confusos; a.b.) mesmo que o texto seja claro, poder-se-á arguir, inclusive de maneira difusa, a sua inconstitucionalidade — sem que, em ambas as situações, possa considerar-se a parte como litigante de má-fé. No segundo caso (b), formula-se pretensão ou defesa contra fato incontroverso. Um fato pode ter se tornado incontroverso por diversas formas. Porque teve a participação de ambos os litigantes, porque o seu reconhecimento fora expressamente reconhecido pela parte que agora o nega, porque é do conhecimento geral da população, como os dias que são feriados nacionais etc. Razões de ordem ética levaram o legislador a caracterizar esta atitude da parte como configuradora de má-fé processual.

Inciso II. De modo geral, a alteração da verdade dos fatos consiste em afirmar a existência de um fato que não existe (ou não existiu), de negar a existência de fato existente (ou que existiu); de modificar a natureza ou a característica do fato, de recusar o reconhecimento da existência de fato efetivamente notório etc.

Um esclarecimento: para que se caracterize a litigância de má-fé, na situação em exame, é necessário que o fato (cuja verdade venha a ser alterada) tenha ligação direta com a causa. Destarte, se o fato, considerado em si mesmo, for inegavelmente relevante, mas não tiver nenhuma pertinência com o caso concreto, o seu falseamento não estará compreendido pelo inciso II do art. 80.

Inciso III. O processo constitui método ou técnica de que se utiliza o Estado para a solução jurisdicional dos conflitos de interesses. Como o processo é dotado de um conteúdo ético, fica evidente que somente poderá ser utilizado para alcançar objetivo previsto em lei. Por esse motivo, sempre que a parte fizer uso do processo para conseguir objetivo ilegal será considerado litigante de má-fé. Seria o caso de alguém formular pedido que a lei repute juridicamente impossível, como se daria, por exemplo, no caso de o autor pretender o reconhecimento judicial da existência de relação de emprego com a União, com o Estado-membro, com o Distrito Federal ou com o Município, na vigência da Constituição Federal de 1988, sem que tenha prestado concurso público e sem que se trate de cargo em comissão, de livre nomeação e exoneração, ou de "contratação por tempo determinado para atender a necessidade temporária de excepcional interesse público" (CF, art. 37, incisos II e IX).

Uma outra situação tipificadora do uso do processo para conseguir objetivo ilegal está prevista no art. 142 do CPC, segundo o qual se o juiz ficar convencido de que autor e réu estão fazendo uso do processo para praticar ato simulado ou atingir fim proibido por lei "proferirá decisão que impeça os objetivos das partes, aplicando, de ofício, as penalidades da litigância de má-fé".

Inciso IV. O vocábulo *processo* (do latim *processus*) sugere a ideia de marcha à frente, de caminhar adiante — em direção à sentença de mérito, que constitui o mais importante acontecimento do universo processual, embora situações anômalas possam fazer com que o processo se extinga sem resolução do mérito. Foi, justamente, em razão desse sentido de caminhar para frente, inerente ao conceito de processo judicial, que o legislador instituiu a figura da *preclusão*, como providência tendente a evitar o *retrocesso*, vale dizer, o retorno a fases já encerradas do processo. Pois bem. Sempre que uma das partes oferecer resistência injustificada ao andamento do processo estará praticando ato de má-fé. Essa resistência tanto pode ser expressa quanto tácita; a consequência será a mesma. Habitualmente, é o réu quem se dedica a empreender manobras proteladoras do curso processual, máxime quanto pressente o insucesso na causa. Apesar disso, o autor também pode oferecer resistência injustificada à tramitação do processo, ainda que isto seja algo infrequente e pareça contrariar o senso lógico.

O art. 774, II, do CPC, considera ato atentatório à dignidade da justiça a oposição maliciosa à execução, mediante o emprego de ardis e de meios artificiosos pelo executado. Por outras palavras, com essa atitude o executado está oferecendo resistência injustificada ao processo de execução (art. 80, IV), embora a penalidade a que estará sujeito seja muito mais grave do que a prevista no art. 80 do CPC.

Inciso V. Proceder de modo temerário é agir com precipitação, com imprudência, de maneira arriscada, perigosa, audaciosa. É malferir as regras do bom senso e da prudência. Pouco importa que essa atitude seja posta em prática pelo autor, pelo réu ou por terceiro, em qualquer ato ou incidente do processo.

Inciso VI. Como *incidentes* podem ser considerados todos os acontecimentos que não fazem parte da regular tramitação do processo. Alguns incidentes são necessários para preservação dos direitos ou interesses de que os provoca. Tal é o caso, por exemplo, dos incidentes de falsidade documental (CPC, arts. 430 a 433) e de desconsideração da personalidade jurídica (CPC, arts. 133 a 137). Sempre, todavia, que a parte provocar um incidente processual destituído de um mínimo de fundamentação ou de razoabilidade jurídica estará litigando de má-fé. Note-se a dicção legal: incidentes *manifestamente* infundados, significa dizer, que saltam aos olhos, que prescindem de qualquer investigação ou reflexão aprofundadas. Usualmente, é o réu quem se lança a estas práticas, nada obstante o autor também a elas possa dedicar-se, em determinadas situações que lhe convenham. Esses incidentes, no processo do trabalho, são resolvidos por meio de decisão interlocutória (CPC, art. 203, § 2º), rememorando-se que aqui vigora o princípio da irrecorribilidade (imediata e autônoma) das decisões dessa natureza como patenteia o § 1º do art. 893 da CLT.

Inciso VII. O direito de recorrer dos pronunciamentos jurisdicionais desfavoráveis está previsto nas leis processuais. Reputa-se litigante de má-fé a parte ou o terceiro que interpõem recurso com objetivo manifestamente protelatório. Na prática, nem sempre será fácil definir, com precisão, quando se está recorrendo com esse escopo e quando o exercício do recurso deriva de uma natural e justificável irresignação da parte ou do terceiro em face da sentença ou do acórdão. No caso dos recursos de natureza extraordinária, — como, no processo do trabalho, os recursos de revista, de embargos e do próprio recurso extraordinário — será menos difícil a configuração da situação mencionada no inciso VII do art. 80, porquanto há diversas Súmulas, tanto do TST quanto do STF, vedando a interposição de recursos nas situações que mencionam. Contrariadas, sem fundamentação jurídica aceitável, essas Súmulas a parte poderá ser considerada litigante de má-fé, uma vez que o recurso por ela interposto tenderá a ser reputado manifestamente protelatório. A propósito, um recurso extraordinário interposto contra o teor de Súmula Vinculante do STF poderá caracterizar o intuito protelatório do recorrente, sabendo-se que tais Súmulas são de acatamento obrigatório por todos os órgãos do Poder Judiciário e pela administração pública (CF, art. 103-A, *caput*).

Art. 81. De ofício ou a requerimento, o juiz condenará o litigante de má-fé a pagar multa, que deverá ser superior a um por cento e inferior a dez por cento do valor corrigido da causa, a indenizar a parte contrária pelos prejuízos que esta sofreu e a arcar com os honorários advocatícios e com todas as despesas que efetuou.

§ 1º Quando forem 2 (dois) ou mais os litigantes de má-fé, o juiz condenará cada um na proporção de seu respectivo interesse na causa ou solidariamente aqueles que se coligaram para lesar a parte contrária.

§ 2º Quando o valor da causa for irrisório ou inestimável, a multa poderá ser fixada em até 10 (dez) vezes o valor do salário-mínimo.

§ 3º O valor da indenização será fixado pelo juiz ou, caso não seja possível mensurá-lo, liquidado por arbitramento ou pelo procedimento comum, nos próprios autos.

• **Comentário**

Caput. O *caput* e os §§ 1º e 2º constituem reprodução, quase literal, do art. 18, §§ 1º e 2º, do CPC revogado.

Valor da multa. No *caput* do art. 18 do CPC anterior a multa era de *um* por cento sobre o valor da causa. O texto atual dispôs que a multa deverá ser superior a um por cento e inferior a dez por cento do valor da causa, corrigido. Além da multa, o litigante de má-fé será condenado a indenizar a parte contrária pelos prejuízos a esta acarretados; a pagar honorários advocatícios e todas as despesas por esta efetuadas. Despesas decorrentes do ato de má-fé por parte do adversário, elucide-se.

Condenação do improbus litigator. É imposta pelo juiz, por sua iniciativa ou a requerimento do interessado (e legitimado). Essa condenação não traduz faculdade do magistrado, senão que um seu dever, como evidencia o verbo utilizado pelo legislador ("condenará").

Dever de indenizar. O dever de o litigante de má-fé pagar multa e indenizar a parte contrária pelos prejuízos por esta sofridos está vinculado, exclusivamente, à prática de quaisquer dos atos descritos nos incisos I a VII do art. 80, não se subordinando, portanto, ao resultado do julgamento da causa. Deste modo, se, por exemplo, o réu opuser resistência injustificada ao andamento do processo, mas, mesmo assim, vier a ser vitorioso na decisão de mérito, subsistirá a condenação por litigância de má-fé, que, acaso, lhe tenha sido imposta pelo juiz. Uma exceção ao princípio de que a condenação por litigância de má-fé não está jungida ao resultado da decisão de mérito talvez possa estar no inciso III do art. 80, pois se a parte fizer uso do processo para conseguir objetivo ilegal, além de ser condenada por litigância de má-fé, provavelmente, ficará vencida, *ipso facto*, na decisão de fundo, ou seja, o seu pedido será rejeitado por ser contrário à lei.

Honorários advocatícios e demais despesas. Além da condenação ao pagamento de multa e de indenização por perdas e danos, o litigante de má-fé será condenado a pagar honorários advocatícios à parte contrária e a ressarci-la das despesas que tenha efetuado em decorrência do ato praticado pelo *improbus litigator*.

No processo do trabalho, a condenação ao pagamento de honorários de advogado somente será possível nos casos de assistência judiciária gratuita (Lei n. 5.584/70, art. 16; Súmulas ns. 219 e 329, do TST) e da Instrução Normativa n. 27/2005, art. 5º, do mesmo Tribunal.

Mesmo que a parte esteja recebendo o benefício constitucional da justiça gratuita (CF, art. 5º, LXIV) poderá ser condenada por litigância de má-fé, porquanto o sobredito benefício não pode servir de pretexto para a impunidade de quem incide em uma das previsões dos incisos I a VII do art. 80 do CPC. Sob esse aspecto, todos são iguais perante a lei (CF, art. 5º, *caput*).

§ 1º *Condenação proporcional ou solidária*. Regra idêntica constava do § 1º do art. 18 do CPC revogado. Se o ato caracterizador de má-fé for praticado por mais de uma pessoa, o juiz condenará cada uma delas na proporção do seu interesse na causa ou solidariamente. É certo que, na prática, nem sempre será fácil ao magistrado determinar essa proporção, hipótese em que poderá impor condenação solidária. No caso de os litigantes de má-fé terem estabelecido conluio para prejudicar a parte contrária serão condenados de maneira solidária.

§ 2º *Multa. Valor da causa irrisório ou inestimável*. O CPC revogado era omisso a esse respeito. Sendo irrisório ou inestimável o valor da causa, a multa será fixada em até dez vezes o valor do salário-mínimo. Não prevalecerá, portanto, o critério estabelecido no *caput* da norma em exame. Controvérsias poderão ocorrer, nos casos concretos, sobre se o valor atribuído à causa é irrisório, ou não.

Conforme argumentamos quando dos comentários ao § 5º do art. 77, a fixação de multa com base em salário-mínimo é de duvidosa constitucionalidade Ocorre que a Constituição Federal, no art. 7º, IV, que integra o capítulo dos "Direitos Sociais", veda a vinculação do salário-mínimo "para qualquer fim". É certo que o adjetivo *qualquer*, utilizado pelo constituinte, não possui sentido e alcance absolutos, por forma a vedar a vinculação do salário-mínimo, por exemplo, ao valor da alçada, para efeito de definição do procedimento judicial a ser observado (CLT, art. 852-A). Se nos lembrarmos, todavia, de que a proibição estampada no inciso IV do art. 7º da Constituição Federal teve como finalidade impedir que o salário-mínimo fosse utilizado como fator de correção monetária de aluguéis e de multas pecuniárias — com repercussão no fenômeno inflacionário —, veremos que nossa suspeita quanto à constitucionalidade do § 5º do art. 77 do CPC, no que toca a autorizar a fixação da multa com fulcro no salário-mínimo, não é de todo infundada.

§ 3º *Valor da indenização*. Norma idêntica estava no § 2º do art. 18 do CPC revogado. Em princípio, o montante da indenização corresponderá a vinte por cento do valor da causa; não sendo possível a adoção desse critério, o montante será liquidado por arbitramento ou pelo procedimento comum, significa dizer, por meio de artigos.

Seção III
Das Despesas, dos Honorários Advocatícios e das Multas

Art. 82. Salvo as disposições concernentes à gratuidade da justiça, incumbe às partes prover as despesas dos atos que realizarem ou requererem no processo, antecipando-lhes o pagamento, desde o início até a sentença final ou, na execução, até a plena satisfação do direito reconhecido no título.

§ 1º Incumbe ao autor adiantar as despesas relativas a ato cuja realização o juiz determinar de ofício ou a requerimento do Ministério Público, quando sua intervenção ocorrer como fiscal da ordem jurídica.

§ 2º A sentença condenará o vencido a pagar ao vencedor as despesas que antecipou.

• **Comentário**

Caput. Despesas. Antecipação do pagamento. Disposição semelhante se continha no art. 19, *caput*, do CPC revogado. O princípio aqui enunciado é o de que incumbe às partes antecipar o pagamento das despesas referentes aos atos processuais que realizem, ou que requeiram. No processo de conhecimento essa antecipação vai desde o início do processo até a emissão da sentença; no processo de execução o aludido encargo somente cessará com a plena satisfação do direito expresso na sentença.

Justiça gratuita. A exceção a esse princípio consiste no fato de a parte estar recebendo o benefício da justiça gratuita, quando, então, não necessitará antecipar o pagamento das mencionadas despesas; aliás, estará dispensada do pagamento das despesas mesmo no final da causa. A *justiça gratuita* não se confunde com a *assistência judiciária*. A primeira significa a dispensa do pagamento das despesas processuais *lato sensu*, sendo regulada pelo § 3º do art. 790 da CLT; a segunda se traduz no fornecimento impositivo e gracioso de advogado para a defesa dos direitos e interesses da parte no processo, sendo regida pela Lei n. 5.584, de 26 de junho de 1970 (arts. 14 a 19). A Lei n. 1.060/1950, em seu art. 3º, enumera as isenções de que são beneficiárias as pessoas que recebem *assistência judiciária*; cuida-se, na verdade, de *justiça gratuita*.

Nos casos de litigância de má-fé, todavia, a parte que assim agir ficará sujeita às penalidades prevista no art. 81, do CPC, mesmo que esteja recebendo o benefício da justiça gratuita. Ocorre que esse benefício não lhe dá o direito de praticar atos legalmente descritos como configuradores de litigância de má-fé.

O Conselho Superior da Justiça do Trabalho, pela Resolução n. 35, de 23 de maio de 2007 (DJ de 19 de abril do mesmo ano) regulou, no âmbito do primeiro e segundo graus dessa Justiça Especializada, a antecipação e o pagamento de honorários periciais, "no caso de concessão à parte do benefício de justiça gratuita".

§ 1º O § 2º do art. 19 do CPC revogado trazia disposição semelhante. As despesas relativas a atos que o juiz determinar *ex officio* ou a requerimento do Ministério Público deverão ser adiantadas pelo autor — salvo se este estiver recebendo o benefício da justiça gratuita, acrescentemos. Essa norma é de duvidosa aplicação no processo do trabalho.

§ 2º A razão pela qual a lei determina que a sentença condene o vencido a pagar ao vencedor as despesas que houver antecipado reside na necessidade de fazer com que o patrimônio do vencedor não fique desfalcado.

Art. 83. O autor, brasileiro ou estrangeiro, que residir fora do Brasil ou deixar de residir no país ao longo da tramitação de processo prestará caução suficiente ao pagamento das custas e dos honorários de advogado da parte contrária nas ações que propuser, se não tiver no Brasil bens imóveis que lhes assegurem o pagamento.

§ 1º Não se exigirá a caução de que trata o *caput*:

I — quando houver dispensa prevista em acordo ou tratado internacional de que o Brasil faz parte;

II — na execução fundada em título extrajudicial e no cumprimento de sentença;

III — na reconvenção.

§ 2º Verificando-se no trâmite do processo que se desfalcou a garantia, poderá o interessado exigir reforço da caução, justificando seu pedido com a indicação da depreciação do bem dado em garantia e a importância do reforço que pretende obter.

• **Comentário**

Caput. Se não possuir bens imóveis no Brasil, que garantam o pagamento das custas e dos honorários de advogado da parte contrária, o autor — independentemente de sua nacionalidade — que residir fora do Brasil ou deixar de residir no país durante a tramitação do processo, deverá prestar caução suficiente para a satisfação dessas despesas. Se, ao contrário, possuir bens imóveis bastantes para essa finalidade, estará dispensado do caucionamento legal.

Indaga-se: qual a consequência processual para o autor de deixar de atender a esse mandamento legal? Depende de qual seja a situação de fato, ou seja, se o autor: a) que reside fora do país deixar de prestar a caução; b) deixar de residir no Brasil no curso do processo. No primeiro caso, poder-se-ia determinar a extinção do processo sem resolução do mérito (art. 485, X), condenando-se o autor ao pagamento das custas processuais e dos honorários do advogado da parte adversa; no segundo, dependeria da fase em que se encontrasse o processo quando o autor deixasse de residir no Brasil. Se, por exemplo, o réu não havia sido ainda citado, poder-se-ia adotar a mesma solução para o caso do autor que, residindo fora de nosso país, deixasse de prestar caução; se o réu já tivesse sido citado, não se poderia cogitar de confissão do autor (a não ser que ele deixasse de comparecer à audiência em que deveria depor), podendo sancioná-lo com multa pecuniária, a ser fixado segundo o prudente arbítrio do magistrado.

§ 1º A norma indica exceções à exigência de caução, formulada pelo *caput*.

Inciso I. Cuida-se de reciprocidade prevista em acordo ou tratado internacional de que o Brasil participe, desde que tenham sido referendados pelo congresso nacional (CF, art. 84, VIII);

Inciso II. A existência título executivo (sejam extrajudiciais ou judiciais) em favor do autor justifica, ainda que em tese, a dispensa da caução.

Inciso III. Exigindo-se a caução no caso de *ação*, e sabendo-se que a reconvenção traduz uma *ação* do réu em face do autor no mesmo processo, não vemos razão de ordem lógica ou jurídica para dispensar o reconvinte de prestar caução. Todavia, *habemus legem*.

Art. 84

§ 2º Conforme consta do *caput*, o escopo da caução é garantir que ela assegure o pagamento, pelo autor que ficar vencido na causa, o pagamento das custas processuais e dos honorários de advogado da parte contrária. Sendo assim, se durante a tramitação processual a parte interessada demonstrar que a caução já não atende a essa finalidade (porque teria sido desfalcada), poderá (faculdade) requerer ao juiz que a complemente. Para isso, deverá (imposição legal) indicar (e comprovar) a depreciação do bem oferecido em garantia e o valor necessário à complementação (reforço).

A despeito do silêncio da lei, entendemos que o inverso também será possível, vale dizer, facultar-se ao autor a possibilidade de requerer a redução do valor caucionado, quando demonstrar que esse valor se tornou, por alguma razão que deverá comprovar, excessivo.

Art. 84. As despesas abrangem as custas dos atos do processo, a indenização de viagem, a remuneração do assistente técnico e a diária de testemunha.

• **Comentário**

Despesas processuais. Esta expressão compreende todos os gastos que são necessários à tramitação do processo, à sua instrução e ao proferimento da sentença. As despesas são, assim, o gênero do qual participam as custas, os emolumentos, as diárias das testemunhas, os honorários periciais, as indenizações de viagens etc.

Estabelece o art. 790, § 1º, da CLT, que em se tratando de empregado que não tenha obtido o benefício da justiça gratuita, ou isenção de custas, "o sindicato que houver intervindo no processo responderá solidariamente pelo pagamento das custas devidas". Esse dispositivo tem sido muito mal interpretado na prática e também pela jurisprudência; daí por que, os sindicatos vêm sendo condenados, em caráter solidário, ao pagamento das custas mesmo quando se encontram prestando aquela mera assistência judiciária gratuita, a que faz menção a Lei n. 5.584/70, art. 14. Ora, o sindicato, na espécie, não é *parte* na relação jurídica processual nem sujeito do processo. A presença da entidade sindical nos autos decorre do fato de a referida lei impor-lhe a prestação de assistência judiciária aos integrantes da categoria, associados ou não, sob pena de responsabilidade dos seus diretores (art. 18). Quando o sindicato atua na qualidade de substituto processual (como ocorre nos casos previstos pelos arts. 195, § 2º, e 872, parágrafo único, da CLT e na Lei n. 8.073/90), é justificável a sua condenação ao pagamento das custas. Nem se suponha que a alusão feita pelo § 1º do art. 790 da CLT à *intervenção* do sindicato no processo legitime o entendimento de que ele, nesse caso, possa ou deva ser condenado solidariamente ao pagamento das custas. *Data venia*, em linguagem processual, *intervir* tem um significado próprio, inconfundível. Intervir significa meter-se de permeio, intrometer-se em relação jurídica alheia. Desse modo, se a entidade interviesse nos autos para agir como assistente *ad adiuvandum* da parte (porque teria interesse em que a sentença fosse favorável a esta), seria admissível a sua condenação nas custas, na hipótese de os pedidos do autor (assistido) serem rejeitados. A razão legal está em que o assistente simples atua como auxiliar da parte principal, exercendo os mesmos poderes e sujeitando-se, em consequência, aos mesmos ônus processuais que o assistido (CPC, art. 121, *caput*).

Ao ministrar assistência judiciária aos integrantes da categoria profissional, o sindicato, *venia concessa*, não está agindo como assistente da parte, senão que se desincumbindo de uma obrigação oriunda de norma legal. Podemos afirmar, sem receio de erro, que qualquer condenação do sindicato ao pagamento solidário das custas, nesse caso, será manifestamente *ilegal*. Lamentavelmente, a Súmula n. 223, do STF, ao estatuir que "Concedida a isenção de custas ao empregado, por elas não responde o sindicato que o representa em juízo", admite, embora de maneira implícita, a sua condenação ao pagamento das custas sempre que o autor não houver obtido a mencionada isenção. A Súmula citada, como é evidente, incorreu no mesmo erro de certo segmento da jurisprudência trabalhista, cujo fato se originou de uma interpretação distorcida no § 1º do art. 790, da CLT.

Aliás, se bem refletirmos, veremos que o sindicato já não está obrigado a prestar assistência judiciária gratuita aos integrantes da categoria. Assim opinamos porque, ao tempo da Constituição de 1967, com a Emenda n. 1, de 1969, as entidades sindicais exerciam "funções delegadas de poder público" (art. 166, *caput*), razão por que a Lei n. 5.584/70 foi coerente com o sistema constitucional, então vigente, ao atribuir ao sindicato a obrigação de prestar assistência judiciária graciosa. No sistema da Constituição Federal de 1988, entrementes, as entidades sindicais já não exercem funções delegadas de poder público. Certamente por esse motivo foi que a Constituição atribuiu *ao Estado* o dever de prestar "assistência jurídica integral e gratuita aos que comprovarem insuficiência de recursos" (art. 5º, inciso LXXIV). Sendo assim, colocaram-se em antagonismo com a mencionada norma constitucional as normas infraconstitucionais que cometeram ao sindicato o encargo de ministrar assistência judiciária aos integrantes da categoria profissional. Em temos concretos: a referida norma constitucional revogou, de maneira tácita, amplamente, os arts. 14 a 16 da Lei

Código de Processo Civil

n. 5.584/70, e parcialmente o art. 17 da mesma norma legal. É relevante observar que a assistência jurídica, a que se refere o art. 5º, inciso LXXIV, da Constituição, possui um sentido abrangente, compreendendo não apenas a assistência judiciária, mas, também, a inserção da pessoa na ordem jurídica justa. Tempos depois, o § 10 do art. 789, da CLT, foi revogado pela Lei n. 10.537, de 27 de agosto de 2002.

Art. 85. A sentença condenará o vencido a pagar honorários ao advogado do vencedor.

§ 1º São devidos honorários advocatícios na reconvenção, no cumprimento de sentença, provisório ou definitivo, na execução, resistida ou não, e nos recursos interpostos, cumulativamente.

§ 2º Os honorários serão fixados entre o mínimo de dez e o máximo de vinte por cento sobre o valor da condenação, do proveito econômico obtido ou, não sendo possível mensurá-lo, sobre o valor atualizado da causa, atendidos:

I — o grau de zelo do profissional;

II — o lugar de prestação do serviço;

III — a natureza e a importância da causa;

IV — o trabalho realizado pelo advogado e o tempo exigido para o seu serviço.

§ 3º Nas causas em que a Fazenda Pública for parte, a fixação dos honorários observará os critérios estabelecidos nos incisos I a IV do § 2º e os seguintes percentuais:

I — mínimo de dez e máximo de vinte por cento sobre o valor da condenação ou do proveito econômico obtido até 200 (duzentos) salários-mínimos;

II — mínimo de oito e máximo de dez por cento sobre o valor da condenação ou do proveito econômico obtido acima de 200 (duzentos) salários-mínimos até 2.000 (dois mil) salários-mínimos;

III — mínimo de cinco e máximo de oito por cento sobre o valor da condenação ou do proveito econômico obtido acima de 2.000 (dois mil) salários-mínimos até 20.000 (vinte mil) salários-mínimos;

IV — mínimo de três e máximo de cinco por cento sobre o valor da condenação ou do proveito econômico obtido acima de 20.000 (vinte mil) salários-mínimos até 100.000 (cem mil) salários-mínimos;

V — mínimo de um e máximo de três por cento sobre o valor da condenação ou do proveito econômico obtido acima de 100.000 (cem mil) salários-mínimos.

§ 4º Em qualquer das hipóteses do § 3º:

I — os percentuais previstos nos incisos I a V devem ser aplicados desde logo, quando for líquida a sentença;

II — não sendo líquida a sentença, a definição do percentual, nos termos previstos nos incisos I a V, somente ocorrerá quando liquidado o julgado;

III — não havendo condenação principal ou não sendo possível mensurar o proveito econômico obtido, a condenação em honorários dar-se-á sobre o valor atualizado da causa;

IV — será considerado o salário-mínimo vigente quando prolatada sentença líquida ou o que estiver em vigor na data da decisão de liquidação.

§ 5º Quando, conforme o caso, a condenação contra a Fazenda Pública ou o benefício econômico obtido pelo vencedor ou o valor da causa for superior ao valor previsto no inciso I do § 3º, a fixação do percentual de honorários deve observar a faixa inicial e, naquilo que a exceder, a faixa subsequente, e assim sucessivamente.

Art. 85

§ 6º Os limites e critérios previstos nos §§ 2º e 3º aplicam-se independentemente de qual seja o conteúdo da decisão, inclusive aos casos de improcedência ou de sentença sem resolução de mérito.

§ 7º Não serão devidos honorários no cumprimento de sentença contra a Fazenda Pública que enseje expedição de precatório, desde que não tenha sido impugnada.

§ 8º Nas causas em que for inestimável ou irrisório o proveito econômico ou, ainda, quando o valor da causa for muito baixo, o juiz fixará o valor dos honorários por apreciação equitativa, observando o disposto nos incisos do § 2º.

§ 9º Na ação de indenização por ato ilícito contra pessoa, o percentual de honorários incidirá sobre a soma das prestações vencidas acrescida de 12 (doze) prestações vincendas.

§ 10. Nos casos de perda do objeto, os honorários serão devidos por quem deu causa ao processo.

§ 11. O tribunal, ao julgar recurso, majorará os honorários fixados anteriormente levando em conta o trabalho adicional realizado em grau recursal, observando, conforme o caso, o disposto nos §§ 2º a 6º, sendo vedado ao tribunal, no cômputo geral da fixação de honorários devidos ao advogado do vencedor, ultrapassar os respectivos limites estabelecidos nos §§ 2º e 3º para a fase de conhecimento.

§ 12. Os honorários referidos no § 11 são cumuláveis com multas e outras sanções processuais, inclusive as previstas no art. 77.

§ 13. As verbas de sucumbência arbitradas em embargos à execução rejeitados ou julgados improcedentes e em fase de cumprimento de sentença serão acrescidas no valor do débito principal, para todos os efeitos legais.

§ 14. Os honorários constituem direito do advogado e têm natureza alimentar, com os mesmos privilégios dos créditos oriundos da legislação do trabalho, sendo vedada a compensação em caso de sucumbência parcial.

§ 15. O advogado pode requerer que o pagamento dos honorários que lhe caibam seja efetuado em favor da sociedade de advogados que integra na qualidade de sócio, aplicando-se à hipótese o disposto no § 14.

§ 16. Quando os honorários forem fixados em quantia certa, os juros moratórios incidirão a partir da data do trânsito em julgado da decisão.

§ 17. Os honorários serão devidos quando o advogado atuar em causa própria.

§ 18. Caso a decisão transitada em julgado seja omissa quanto ao direito aos honorários ou ao seu valor, é cabível ação autônoma para sua definição e cobrança.

§ 19. Os advogados públicos perceberão honorários de sucumbência, nos termos da lei.

• **Comentário**

Caput. *Honorários de advogado.* A matéria estava regulada no art. 20 do CPC anterior. Comparando-se ambas as normas, temos que o art. 85 do CPC, ao contrário do art. 20 do Código anterior, não declara que os honorários advocatícios são também devidos quando o advogado postular em causa própria.

Na Justiça do Trabalho, os honorários, em princípio, somente devidos nas situações previstas na Súmula n. 219, do TST, referendada, por assim dizer, pela Súmula n. 329, do mesmo Tribunal. Esses honorários foram instituídos pela Lei n. 5.584, de 26.6.1970, dele sendo beneficiária a entidade sindical que estiver ministrando assistência judiciária a integrante da categoria. Por esse motivo, ditos honorários têm sido peculiarmente denominados de *assistenciais*. Honorários tipicamente *advocatícios* são os devidos nos termos da Instrução Normativa n. 27/2005, do TST (art. 5º), vale dizer, nas lides que não se refiram à relação de emprego. Neste caso, pode ser adotado o princípio da sucumbência, de que trata o CPC.

Por outro lado, há uma tendência jurisprudencial de admitir a possibilidade da condenação, na Justiça do Trabalho, ao pagamento de honorários de advogado em qualquer caso de sucumbência, tal como ocorre nos domínios do processo civil.

§ 1º Nos casos aqui mencionados, os honorários de advogado serão devidos de maneira *cumulativa*.

A norma, a nosso ver, é inaplicável na Justiça do Trabalho, pelas razões expostas no comentário ao *caput* — quanto mais não seja, de maneira cumulativa.

A possibilidade de haver condenação, em grau de recurso, na Justiça do Trabalho, ao pagamento de honorários — sejam os denominados *assistenciais*, sejam os tipicamente *advocatícios*, seria no caso de a parte, vencida em primeiro grau, interpor recurso da sentença e o tribunal, dando-lhe provimento, impor ao recorrido (e vencido) o pagamento a esse título.

§ 2º Anteriormente, tratando-se de assistência judiciária regida pela Lei n. 5.584/1970, os honorários assistenciais eram devidos até o máximo de 15% "sobre o líquido apurado na execução da sentença", por força do disposto no art. 11, § 1º, da Lei n. 1.060, de 5.2.1950, à qual a Lei n. 5.584/70 ainda faz remissão integrativa (art. 14, *caput*). Ocorre que o art. 11 da Lei n. 1.060/1950 foi expressamente revogado pelo art. 1.068, do atual CPC. Logo, no processo do trabalho, seja nos casos de assistência judiciária gratuita, ou não, ou mesmo nas lides que não digam respeito à relação de emprego — mas, por óbvio, entre na competência da Justiça do Trabalho —, os honorários serão fixados na forma do § 2º do art. 85 do CPC: entre o mínimo de dez e o máximo de vinte por cento sobre o valor da condenação ou do proveito econômico obtido.

Quando não for possível apurar o montante dos honorários com base no valor da condenação ou no do proveito econômico obtido, o juiz os deverá calcular com fulcro no valor atualizado da causa, observados os critérios mencionados nos incisos I a IV.

§ 3º O legislador estabeleceu, em cinco incisos, critérios minuciosos para efeito de fixação dos honorários de advogado devidos pela Fazenda Pública. Essa fixação deve observar: a) o grau de zelo do profissional; b) o lugar de prestação do serviço; c) a natureza e a importância da causa; d) o trabalho realizado pelo advogado e o tempo exigido para o seu serviço — tal como previsto nos incisos I a IV do § 2º do mesmo preceptivo legal.

§ 4º A norma estabelece critérios complementares para a apuração dos valores devidos a título de honorários de advogado. Suas disposições são claras, não merecendo, por isso, comentários. A única observação a ser feita é de que será considerado o salário-mínimo em vigor na data em que for proferida a sentença líquida; sendo ilíquida, prevalecerá o salário-mínimo que estiver a viger na data da emissão da sentença de liquidação.

§ 5º Nas situações aqui previstas, o valor dos honorários obedecerá à faixa inicial do inciso I do § 3º e, no que a exceder, a faixa subsequente e assim por diante.

§ 6º A norma esclarece que os limites e critérios estabelecidos nos §§ 2º e 3º são aplicáveis seja qual for o conteúdo da decisão, mesmo nos casos de rejeição total dos pedidos ou de sentença sem resolução do mérito.

§ 7º O princípio é de que no cumprimento da sentença em Face da Fazenda Pública não são devidos honorários quando ensejar a expedição de precatório; a exceção reside em que os honorários serão devidos se a emissão do precatório não for impugnada.

§ 8º Nos casos aqui mencionados, o juiz calculará os honorários mediante apreciação equitativa e observância do contido no § 2º, ou seja: a) o grau de zelo do profissional; b) o lugar de prestação do serviço; c) a natureza e a importância da causa; d) o trabalho realizado pelo advogado e o tempo exigido para o seu serviço — tal como previsto nos incisos I a IV do § 2º do mesmo preceptivo legal.

§ 9º A regra é objetiva: nas ações de indenização por ato ilícito contra pessoa, o percentual dos honorários terá como base de cálculo o montante das prestações vencidas, acrescido de doze prestações vincendas.

§ 10. A expressão "perda de objeto" é pouco técnica; o caso é de perda do *interesse processual*, que constitui uma das condições para o exercício da ação (art. 17).

Posto de lado esse retoque terminológico, devemos dizer que a norma se nos afigura algo enigmática, pois a perda do interesse processual se refere ao autor, ao passo que quem dá "causa ao processo" é o réu. Sendo assim, a perda de interesse processual pelo autor fará com que o réu deva pagar honorários àquele?

§ 11. A norma, a nosso ver, é inaplicável à Justiça do Trabalho, em que os honorários, quando cabíveis, não são calculados com fulcro em atos ou fases processuais, mas no valor da condenação. Assim também entendemos em relação às causas que não decorram de relação de emprego, mas sejam da competência dessa Justiça Especializada.

§ 12. Análise prejudicada, em razão do que expusemos no comentário ao § 11. Para quem divergir de nossa opinião, o teor do preceito legal se justifica pelo fato de a natureza e a finalidade dos honorários de advogado não se confundirem com as das multas pecuniárias.

§ 13. Análise prejudicada, em razão do que expusemos no comentário ao § 11.

§ 14. A norma em estudo contém três enunciações básicas, a saber: a) os honorários constituem direito do advogado (motivo por que, entre outras coisas, não podem ser objeto de transação sem que nisso consinta o advogado); b) possuem os mesmos privilégios dos créditos decorrentes da legislação trabalhista; c) não podem ser compensados quando houver sucumbência parcial.

§ 15. Se for da conveniência do advogado, este pode solicitar ao juízo que os honorários que lhe são devidos sejam pagos em favor da sociedade de advogados de que seja sócio. Mesmo neste caso, os honorários continuarão protegidos pelo § 14.

Arts. 86 e 87

§ 16. No regime da CLT, os juros da mora são devidos a contar do momento em que "for ajuizada a reclamação inicial" (art. 883, *in fine*). Tratando-se, todavia, de honorários de advogado, os juros incidirão "*a partir da data do trânsito em julgado da decisão*" (§ 16 do art. 85 *sub examen*). A despeito de este parágrafo do art. 85 ser *específico*, no tocante aos honorários de advogado, entendemos ser possível sustentar-se o argumento de que, no processo do trabalho, os juros moratórios alusivos a esses honorários devem submeter-se à *regra única* inserta no art. 883 da CLT. Por outras palavras: como os honorários de advogado, na Justiça do Trabalho, soem incidir sobre o montante dos créditos do trabalhador — cujos juros são calculados conforme o art. 883, da CLT — os juros atinentes aos precitados honorários, automaticamente, submetem-se ao mesmo critério.

Sendo assim, a regra do § 16 do art. 85 somente seria aplicável, no âmbito da Justiça do Trabalho, nas ações decorrentes da relação de trabalho (TST, IN n. 27/2005, art. 5º).

§ 17. A particularidade de o advogado estar atuando, judicialmente, em causa própria não lhe prejudica o direito à percepção de honorários, se vencedor na causa. Basta ver que se ficasse vencido teria de pagar honorários à parte vencedora.

§ 18. Lembremos que o *caput* do art. 85 estabelece que "A sentença condenará o vencido a pagar honorários ao advogado do vencedor". Se a sentença for omissa, neste ponto, caberá ao advogado: a) oferecer embargos de declaração antes de interpor recurso da sentença; b) se a sentença já transitou em julgado, ele poderá ingressar com ação autônoma, destina à fixação e à cobrança dos honorários.

A "ação autônoma" a que se refere a norma legal pode ser exercida no próprio juízo que emitiu a sentença omissa. Nos casos em que estiverem presentes os requisitos legais, a precitada ação poderá ser a monitória (CPC, art. 700).

§ 19. Esta foi a grande conquista dos advogados públicos, no âmbito do atual CPC. O direito a esses honorários deverá ser objeto de legislação própria.

Art. 86. Se cada litigante for, em parte, vencedor e vencido, serão proporcionalmente distribuídas entre eles as despesas.

Parágrafo único. Se um litigante sucumbir em parte mínima do pedido, o outro responderá, por inteiro, pelas despesas e pelos honorários.

• **Comentário**

Caput. No processo do trabalho não há condenação ao pagamento *pro rata* de custas processuais (CLT, art. 789). Destarte, em princípio, o dispositivo em exame não se aplica ao referido processo. Não se poderia, contudo, entender compreendidos no vocábulo *despesas* os honorários de advogado, de tal arte que estes também seriam proporcionalmente distribuídos entre os litigantes, na forma do art. 85? Entendemos que sim, embora devamos reconhecer que: 1) o art. 21, do CPC revogado, fazia menção a honorários e a despesas; 2) o art. 85 do CPC atual (que cogita da existência de diversos autores ou de diversos réus) também alude, separadamente, às despesas e aos honorários. Seja como for, não faria sentido admitir-se que somente as despesas (aqui não incluídos os honorários de advogado) devessem ser proporcionalmente distribuídas entre os litigantes, mas os mencionados honorários, não, no caso de cada litigante for, em parte, vencedor e vencido.

O § 4º do art. 789 da CLT prevê que nos denominados *dissídios coletivos* as partes vencidas responderão de maneira solidária pelo pagamento das custas processuais. Não se trata aqui, todavia, de custas *pro rata*, e sim de responsabilidade solidária dos vencidos pelo pagamento das custas, que é coisa diversa.

Parágrafo único. Regra inaplicável ao processo do trabalho, pelas razões expostas no *caput*.

Art. 87. Concorrendo diversos autores ou diversos réus, os vencidos respondem proporcionalmente pelas despesas e pelos honorários.

§ 1º A sentença deverá distribuir entre os litisconsortes, de forma expressa, a responsabilidade proporcional pelo pagamento das verbas previstas no *caput*.

§ 2º Se a distribuição de que trata o § 1º não for feita, os vencidos responderão solidariamente pelas despesas e pelos honorários.

• **Comentário**

Caput. No caso de regime litisconsorcial, seja ativo, passivo ou misto, os litisconsortes vencidos responderão, de maneira proporcional, pelas despesas e pelos honorários de advogado. Novamente, devemos dizer que não há custas *pro rata* no processo do trabalho. Os litisconsortes vencidos serão condenados a pagá-las em caráter solidário: incidência analógica da regra contida no § 4º do art. 789 da

CLT. Aquele que pagar a dívida afeta à totalidade dos litisconsortes sub-rogar-se-á no pagamento, podendo, mediante ação regressiva, exigir dos demais litisconsorte a cota parte de cada um.

§ 1º Caberá à sentença distribuir entre os litisconsortes, de modo expresso, a responsabilidade proporcional pelo pagamento dos valores a que se refere o *caput* deste artigo.

§ 2º Caso a sentença não realize a distribuição proporcional das responsabilidades dos vencidos pelo pagamento das despesas e dos honorários, estes responderão de maneira solidária pelo pagamento.

Art. 88. Nos procedimentos de jurisdição voluntária, as despesas serão adiantadas pelo requerente e rateadas entre os interessados.

• Comentário

A locução "jurisdição voluntária", embora consagrada pela legislação, pela doutrina e pela jurisprudência, é equívoca, porquanto não há, aqui, jurisdição (mas administração pública de interesses privados), processo (mas mero procedimento), ou partes (mas simples interessados); nem há voluntariedade, pois o procedimento deve ser iniciado mediante provocação do interessado, do Ministério Público ou da Defensoria Pública (CPC, art. 720).

A regra é de que, nestes casos, incumbe ao requerente adiantar as despesas, que, depois, serão rateadas entre os interessados.

O preceito não será aplicado se um dos interessados, ou todos eles, estiverem recebendo o benefício da justiça gratuita.

De qualquer modo, entendemos que a regra do art. 88 do CPC é incompatível com o processo do trabalho, ao qual, em princípio, repugna a antecipação do pagamento de despesas.

Art. 89. Nos juízos divisórios, não havendo litígio, os interessados pagarão as despesas proporcionalmente a seus quinhões.

• Comentário

A Justiça do Trabalho não possui competência para apreciar a matéria.

Os denominados juízos divisórios compreendem quatro modalidades, a saber: a) ação divisória; b) ação demarcatória; c) ação de partilha; e d) ação discriminatória.

Art. 90. Proferida sentença com fundamento em desistência, em renúncia ou em reconhecimento do pedido, as despesas e os honorários serão pagos pela parte que desistiu, renunciou ou reconheceu.

§ 1º Sendo parcial a desistência, a renúncia ou o reconhecimento, a responsabilidade pelas despesas e pelos honorários será proporcional à parcela reconhecida, à qual se renunciou ou da qual se desistiu.

§ 2º Havendo transação e nada tendo as partes disposto quanto às despesas, estas serão divididas igualmente.

§ 3º Se a transação ocorrer antes da sentença, as partes ficam dispensadas do pagamento das custas processuais remanescentes, se houver.

§ 4º Se o réu reconhecer a procedência do pedido e, simultaneamente, cumprir integralmente a prestação reconhecida, os honorários serão reduzidos pela metade.

• Comentário

Caput. Quem *desiste* da ação é o autor (art. 485, VIII); quem reconhece a "*procedência*" do pedido é o réu (art. 487, III, "a"); somente neste último caso é que o processo se extingue *com* exaustão do mérito. A *renúncia* à pretensão tanto pode ser manifestada pelo autor quanto pelo réu (art. 487, III, "c").

Em todas essas situações, a parte que desistiu da ação, reconheceu o direito alegado ou renunciou à pretensão pagará as despesas e os honorários de advogado.

No processo do trabalho, a norma incidirá em termos. Vejamos: a) se o autor desistir da ação será responsável pelo pagamento das despesas processuais, aqui incluídas as custas (CLT, art. 789, II), exceto se estiver recebendo o benefício da assistência judiciária gratuita (CLT, art. 790, § 3º). Tratando-se de conflito decorrente de *relação de emprego*, não pagará honorários à parte contrária, seja porque esses honorários somente são devidos quando houver condenação, seja porque também apenas são exigíveis no caso de assistência judiciária gratuita (Lei n. 5.584/70, art. 14). Se o conflito derivar de *relação de trabalho*, proceder-se-á, no que couber, de acordo com o art. 90 do CPC, por força do disposto no art. 5º da Instrução Normativa n. 27/2005 do TST; b) se o réu reconhecer o direito alegado pelo autor, a sentença condenatória daquele imporá o pagamento das despesas processuais e dos honorários de advogado, conforme seja o caso da Lei n. 5.584/70 ou da Instrução Normativa n. 27/2005, do TST; c) se houver renúncia à pretensão, proceder-se-á da maneira como expusemos nas letras "a" e "b", retro, conforme o renunciante seja o autor ou o réu.

§ 1º Se a desistência, a renúncia ou o reconhecimento for parcial, a responsabilidade pelo pagamento das despesas e dos honorários será proporcional à parcela que foi objeto da desistência, da renúncia ou do reconhecimento.

§ 2º Aplica-se aqui a regra do art. 789, § 3º, da CLT.

§ 3º Aplica-se aqui a regra do art. 789, § 3º, da CLT.

§ 4º A norma diz respeito exclusivo ao réu; se este, ao mesmo tempo, reconhecer o direito alegado pelo autor e cumprir, de modo integral, a prestação reconhecida, os honorários serão reduzidos pela metade.

Art. 91. As despesas dos atos processuais praticados a requerimento da Fazenda Pública, do Ministério Público ou da Defensoria Pública serão pagas ao final pelo vencido.

§ 1º As perícias requeridas pela Fazenda Pública, pelo Ministério Público ou pela Defensoria Pública poderão ser realizadas por entidade pública ou, havendo previsão orçamentária, ter os valores adiantados por aquele que requerer a prova.

§ 2º Não havendo previsão orçamentária no exercício financeiro para adiantamento dos honorários periciais, eles serão pagos no exercício seguinte ou ao final, pelo vencido, caso o processo se encerre antes do adiantamento a ser feito pelo ente público.

• **Comentário**

Caput. No sistema do processo do trabalho, a regra é de que o pagamento das despesas processuais será efetuado após o trânsito em julgado da sentença, independentemente de quem haja requerido a prática de atos processuais que geraram as despesas. Incidência analógica do § 1º do art. 789, da CLT.

§ 1º As perícias requeridas pela Fazenda Pública, pelo Ministério Público ou pela Defensoria Pública poderão ser realizadas por entidade também pública; havendo previsão orçamentária, o requerente da perícia poderá antecipar os valores.

§ 2º Se no orçamento da Fazenda Pública, do Ministério Público ou da Defensoria Pública não houver previsão para o adiantamento dos honorários periciais, eles serão pagos no orçamento seguinte, ou no final do processo, pela parte vencida, se o processo encerrar-se antes do adiantamento a ser efetuado pelo ente público.

No sistema do processo do trabalho, entrementes, os honorários do perito deverão ser pagos no final do processo, tal como ocorre com as verbas devidas ao autor quando vencedor na causa. Não há razão jurídica para serem privilegiados neste processo os mencionados honorários. O que se pode admitir é que o litigante antecipe parcela mínima desses honorários, para que o perito possa satisfazer as despesas oriundas da realização do exame técnico. O total dos honorários do perito será pago, no final, pela parte que sucumbir no objeto da perícia, ressarcindo-se, à parte vencedora neste ponto, o valor das despesas que, acaso, tenha antecipado.

Tratando-se de parte que esteja recebendo o benefício da justiça gratuita, o pagamento dos honorários periciais é disciplinado pela Resolução n. 66, de 10 de junho de 2010, do Conselho Superior da Justiça do Trabalho (DJ de 15.6.2010).

Eis o teor da precitada Resolução:

PODER JUDICIÁRIO

JUSTIÇA DO TRABALHO

CONSELHO SUPERIOR DA JUSTIÇA DO TRABALHO

RESOLUÇÃO N. 66/2010

Regulamenta, no âmbito da Justiça do Trabalho de primeiro e segundo graus, a responsabilidade pelo pagamento e antecipação de honorários do perito, do tradutor e do intérprete, no caso de concessão à parte do benefício de justiça gratuita.

O PRESIDENTE DO CONSELHO SUPERIOR DA JUSTIÇA DO TRABALHO, no uso de suas atribuições regimentais,

Considerando o princípio constitucional de acesso dos cidadãos ao Poder Judiciário e o dever do Estado de prestar assistência judiciária integral e gratuita às pessoas carentes, conforme disposto nos incisos XXXV, LV e LXXIV do art. 5º da Constituição Federal;

Considerando o direito social do trabalhador à redução dos riscos inerentes ao trabalho, por meio de normas de saúde, higiene e segurança (inciso XXII, art. 7º, da Constituição Federal);

Considerando a ampliação da competência material da Justiça do Trabalho, determinada pela Emenda Constitucional n. 45/2004, bem como a necessidade de prova pericial, principalmente nos casos em que se discute indenização por dano moral, dano material, doença profissional, acidente de trabalho, insalubridade ou periculosidade;

Considerando o art. 790-B da Consolidação das Leis do Trabalho que dispõe que "a responsabilidade pelo pagamento dos honorários periciais é da parte sucumbente na pretensão objeto da perícia, salvo se beneficiária de justiça gratuita";

Considerando a existência de rubrica orçamentária específica destinada a despesas resultantes da elaboração de laudos periciais, em processos que envolvam pessoas carentes;

Considerando a necessidade de regulamentar o pagamento de honorários periciais no âmbito da Justiça do Trabalho de 1ª e 2ª Instâncias, de modo a serem uniformizados os procedimentos atinentes à matéria;

Considerando as decisões proferidas nos autos dos processos nos CSJT-268/2006-000-90-00.4 e CSJT-2012616- 70.2008.5.00.0000,

RESOLVE:

Regulamentar, no âmbito da Justiça do Trabalho de primeiro e segundo graus, a responsabilidade pelo pagamento e antecipação de honorários do perito, do tradutor e do intérprete, no caso de concessão à parte do benefício de justiça gratuita, nos termos da presente Resolução.

Art. 1º Os Tribunais Regionais do Trabalho deverão destinar recursos orçamentários para:

I — o pagamento de honorários periciais, sempre que à parte sucumbente na pretensão for concedido o benefício da justiça gratuita;

II — o pagamento de honorários a tradutores e intérpretes, que será realizado após atestada a prestação dos serviços pelo juízo processante, de acordo com a tabela constante do Anexo.

§ 1º Os valores serão consignados sob a rubrica "Assistência Judiciária a Pessoas Carentes", em montante estimado que atenda à demanda da Região, segundo parâmetros que levem em conta o movimento processual.

§ 2º O juiz poderá ultrapassar em até 3 (três) vezes os valores fixados na tabela constante do Anexo, observados o grau de especialização do tradutor ou intérprete e a complexidade do trabalho, comunicando-se ao Corregedor do Tribunal.

Art. 2º A responsabilidade da União pelo pagamento de honorários periciais, em caso de concessão do benefício da justiça gratuita, está condicionada ao atendimento simultâneo dos seguintes requisitos:

I — fixação judicial de honorários periciais;

II — sucumbência da parte na pretensão objeto da perícia;

III — trânsito em julgado da decisão.

§ 1º A concessão da justiça gratuita a empregador, pessoa física, dependerá da comprovação de situação de carência que inviabilize a assunção dos ônus decorrentes da demanda judicial.

§ 2º O pagamento dos honorários poderá ser antecipado, para despesas iniciais, em valor máximo equivalente a R$ 350,00 (trezentos e cinquenta reais), efetuando-se o pagamento do saldo remanescente após o trânsito em julgado da decisão, se a parte for beneficiária de justiça gratuita.

§ 3º No caso de reversão da sucumbência, quanto ao objeto da perícia, caberá ao reclamado-executado ressarcir o erário dos honorários periciais adiantados, mediante o recolhimento da importância adiantada em GRU — Guia de Recolhimento da União, em código destinado ao Fundo de "assistência judiciária a pessoas carentes", sob pena de execução específica da verba. (NR)

Art. 3º Em caso de concessão do benefício da justiça gratuita, o valor dos honorários periciais, observado o limite de R$ 1.000,00 (um mil reais), será fixado pelo juiz, atendidos:

I — a complexidade da matéria;

II — o grau de zelo profissional;

III — o lugar e o tempo exigidos para a prestação do serviço;

IV — as peculiaridades regionais.

Parágrafo único. A fixação dos honorários periciais, em valor maior do que o limite estabelecido neste artigo, deverá ser devidamente fundamentada.

Art. 4º Havendo disponibilidade orçamentária, os valores fixados nesta Resolução serão reajustados anualmente no mês de janeiro, com base na variação do IPCA-E do ano anterior ou outro índice que o substitua, por ato normativo do Presidente do Tribunal.

Art. 5º O pagamento dos honorários efetuar-se-á mediante determinação do presidente do Tribunal, após requisição expedida pelo Juiz do feito, observando-se, rigorosamente, a ordem cronológica de apresentação das requisições e as deduções das cotas previdenciárias e fiscais, sendo o valor líquido depositado em conta bancária indicada pelo perito, tradutor ou intérprete.

Parágrafo único. O valor dos honorários será atualizado pelo IPCA-E ou outro índice que o substitua, a partir da data do arbitramento até o seu efetivo pagamento.

Art. 6º As requisições deverão indicar, obrigatoriamente: o número do processo, o nome das partes e respectivos CPF ou CNPJ; o valor dos honorários, especificando se de adiantamento ou se finais; o número da conta bancária para crédito; natureza e característica da atividade desempenhada pelo auxiliar do Juízo; declaração expressa de reconhecimento, pelo Juiz, do direito à justiça gratuita; certidão do trânsito em julgado e da sucumbência na perícia, se for o caso; e o endereço, telefone e inscrição no INSS do perito, tradutor ou intérprete.

Art. 7º Os Tribunais Regionais do Trabalho poderão manter sistema de credenciamento de peritos, tradutores e intérpretes para fins de designação, preferencialmente, de profissionais inscritos nos órgãos de classe competentes e que comprovem sua especialidade na matéria sobre a qual deverão opinar, a ser atestada por meio de certidão do órgão profissional a que estiverem vinculados.

Art. 8º As Presidências de Tribunais Regionais do Trabalho ficam autorizadas a celebrar convênios com instituições com notória experiência em avaliação e consultoria nas áreas de Meio Ambiente, Promoção da Saúde, Segurança e Higiene do Trabalho, e outras, capazes de realizar as perícias requeridas pelos Juízes.

Art. 9º O pagamento dos honorários está condicionado à disponibilidade orçamentária, transferindo-se para o exercício financeiro subsequente as requisições não atendidas.

Art. 10. Nas ações contendo pedido de adicional de insalubridade, de periculosidade, de indenização por acidente do trabalho ou qualquer outro atinente à segurança e saúde do trabalhador, o Juiz poderá determinar a notificação da empresa reclamada para trazer aos autos cópias dos LTCAT (Laudo Técnico de Condições Ambientais de Trabalho), PCMSO (Programa de Controle Médico de Saúde Ocupacional) e PPRA (Programa de Prevenção de Riscos Ambientais), e de laudo pericial da atividade ou local de trabalho, passível de utilização como prova emprestada, referentes ao período em que o reclamante prestou serviços na empresa.

Art. 11. Fica revogada a Resolução n. 35/2007.

Art. 12. Esta Resolução entra em vigor na data de sua publicação.

Brasília, 10 de junho de 2010.

Ministro MILTON DE MOURA FRANÇA

Presidente do Conselho Superior da Justiça do Trabalho

Art. 92. Quando, a requerimento do réu, o juiz proferir sentença sem resolver o mérito, o autor não poderá propor novamente a ação sem pagar ou depositar em cartório as despesas e os honorários a que foi condenado.

• **Comentário**

A norma — que constava do art. 28 do CPC revogado — só atua no caso de a extinção do processo, sem resolução do mérito, tiver sido requerida pelo réu.

O texto em exame, contudo, é inconstitucional, pois veda o exercício do direito ação, assegurado pelo inciso XXXV do art. 5º da Suprema Carta Política de nosso País. Note-se a expressão da do art. 92 do CPC: "não poderá propor novamente a ação"; a norma, portanto, está a inibir o direito constitucional de provocar o exercício função (poder-dever) jurisdicional do Estado com o objetivo de evitar a lesão de direito ou de reparar a lesão sofrida.

Ora, as despesas processuais e os honorários em que a parte foi condenada poderão ser cobrados nos mesmos autos do processo, não se justificando que o não pagamento dessas quantias constitua obstáculo ao exercitamento do direito constitucional de ação.

Os arts. 731 e 732, da CLT, somente não podem ser inquinados de inconstitucionais porque foram revogados, implicitamente, pelo § 4º do art. 141 da Constituição Federal de 1946. Quando o texto constitucional é cronologicamente posterior à norma ordinária que com ele contrasta, o fenômeno jurídico que aí se verifica não é o da inconstitucionalidade, e sim o da derrogação ou revogação tácita da norma infraconstitucional.

No caso do art. 92 do CPC, há inconstitucionalidade, que poderá declarada de maneira incidental nos casos concretos. O mesmo afirmamos em relação ao art. 486, § 3.º, do CPC, que será objeto de nossos comentários no momento oportuno.

Art. 93. As despesas de atos adiados ou cuja repetição for necessária ficarão a cargo da parte, do auxiliar da justiça, do órgão do Ministério Público ou da Defensoria Pública ou do juiz que, sem justo motivo, houver dado causa ao adiamento ou à repetição.

• **Comentário**

Quando a parte, o serventuário, o órgão do Ministério Público, a Defensoria Pública ou o próprio juiz derem causa ao adiamento ou à repetição de determinado ato, sem justo motivo, o pagamento das despesas daí decorrentes ficará sob a responsabilidade do causador do adiamento ou da repetição.

Esta norma, em tese, pode ser aplicada ao processo do trabalho, pois não é justo, nem ético, que uma das partes seja obrigada a realizar despesas (com viagem, diárias de testemunhas, estada em hotel etc.) em razão de ato cujo adiamento ou repetição foram provocados, sem justo motivo, pelo adversário.

No tocante ao Ministério Público e ao magistrado, porém, a norma só deverá incidir em situações verdadeiramente excepcionais e desde que o adiamento ou a repetição do ato tenha ocorrido sem justo motivo. O juiz, por exemplo, que tenha assumido a direção do processo após o encerramento da instrução pode determinar nova produção de provas, sempre que as existentes nos autos não forem suficientes para formar a sua convicção jurídica acerca dos fatos alegados pelas partes — sem que esse seu ato se submeta à sanção do art. 92 do CPC.

Código de Processo Civil

Art. 94. Se o assistido for vencido, o assistente será condenado ao pagamento das custas em proporção à atividade que houver exercido no processo.

• **Comentário**

Esta regra não incide no processo do trabalho. Aqui, os assistentes ou os litisconsorciados serão condenados ao pagamento das custas processuais, solidariamente ao vencido. Aplicação analógica do § 4º do art. 789 da CLT. Ademais, no processo do trabalho não há custas em proporção à atividade exercida no processo.

A assistência, como modalidade de intervenção de terceiros, é regulada pelos arts. 119 a 124 do CPC; o art. 124 rege, especificamente, a assistência litisconsorcial.

Art. 95. Cada parte adiantará a remuneração do assistente técnico que houver indicado, sendo a do perito adiantada pela parte que houver requerido a perícia ou rateada quando a perícia for determinada de ofício ou requerida por ambas as partes.

§ 1º O juiz poderá determinar que a parte responsável pelo pagamento dos honorários do perito deposite em juízo o valor correspondente.

§ 2º A quantia recolhida em depósito bancário à ordem do juízo será corrigida monetariamente e paga de acordo com o art. 465, § 4º.

§ 3º Quando o pagamento da perícia for de responsabilidade de beneficiário de gratuidade da justiça, ela poderá ser:

I — custeada com recursos alocados no orçamento do ente público e realizada por servidor do Poder Judiciário ou por órgão público conveniado;

II — paga com recursos alocados no orçamento da União, do Estado ou do Distrito Federal, no caso de ser realizada por particular, hipótese em que o valor será fixado conforme tabela do tribunal respectivo ou, em caso de sua omissão, do Conselho Nacional de Justiça.

§ 4º Na hipótese do § 3º, o juiz, após o trânsito em julgado da decisão final, oficiará a Fazenda Pública para que promova, contra quem tiver sido condenado ao pagamento das despesas processuais, a execução dos valores gastos com a perícia particular ou com a utilização de servidor público ou da estrutura de órgão público, observando-se, caso o responsável pelo pagamento das despesas seja beneficiário de gratuidade da justiça, o disposto no art. 98, § 2º.

§ 5º Para fins de aplicação do § 3º, é vedada a utilização de recursos do fundo de custeio da Defensoria Pública.

• **Comentário**

Caput. No processo do trabalho a remuneração do assistente técnico será paga pela parte que o indicou. A do perito, entretanto, será suportada pela parte que sucumbiu no objeto da perícia, salvo se estiver recebendo o benefício da justiça gratuita (CLT, art. 790-B; TST).

O dispositivo em foco não é aplicável ao processo do trabalho, que não exige o adiantamento de honorários do perito. O máximo que se poderia admitir é que ao norma incidisse nos casos de perícia não obrigatória, como, por exemplo, a contábil. Tratando-se de perícia obrigatória, tal como a destinada a apurar a existência ou inexistência de insalubridade ou periculosidade (CLT, art. 195, § 2º), e, quanto à primeira, a classificar-lhe o grau, os honorários periciais serão pagos no final do processo.

No comentário ao art. 465, § 4º, iremos demonstrar os fundamentos do nosso ponto de vista quanto à incompatibilidade com o processo do trabalho das normas do CPC que determinam o adiantamento, ainda que parcial, dos honorários periciais.

§ 1º A norma, segundo nosso entendimento, não se aplica ao processo do trabalho, em que o pagamento dos honorários periciais, assim como das despesas processuais em geral, deve ser realizado (pelo vencido) somente no final do processo, significar dizer, após o trânsito em julgado da sentença (CLT, art. 789, § 1º, primeira parte).

Sabemos que, a despeito disso, na prática, os juízes do trabalho soem determinar, em qualquer tipo de perícia, que a parte requerente antecipe parte dos honorários como estímulo a que o *expert* assuma o encargo e possa fazer frente às despesas iniciais com a assunção desse *munus*. A nosso ver, o acatamento da parte a essa determinação só se justifica a título de "colaboração com o juízo".

§ 2º A norma disciplina o depósito da quantia referente aos honorários do perito. Consta do § 4º do art. 465: "§ 4º O juiz poderá autorizar o pagamento de até cinquenta por cento dos honorários arbitrados a favor do perito no início dos trabalhos, devendo o remanescente ser pago apenas ao final, depois de entregue o laudo e prestados todos os esclarecimentos necessários".

§ 3º A norma dispõe sobre o custeio ou pagamento dos honorários periciais quando a parte for beneficiária da justiça gratuita.

Inciso I. A perícia poderá ser custeada com recursos alocados ao orçamento do ente público e realizada por servidor do Poder Judiciário ou por órgão público conveniado.

Inciso II. Se a perícia for realizada por particular, o valor será fixado conforme tabela do tribunal respectivo ou, em caso de sua omissão, do Conselho Nacional de Justiça, e pago com recursos alocados ao orçamento da União, do Estado ou do Distrito Federal.

No caso de beneficiário de gratuidade da justiça, no processo do trabalho, incide a Resolução n. 66/2010, do Conselho Superior da Justiça do Trabalho, que reproduzimos quando do comentário ao § 2º do art. 91 do CPC.

§ 4º No caso do § 3º, ocorrendo o trânsito em julgado da decisão final, o juiz oficiará a Fazenda Pública para que promova, contra a pessoa condenada ao pagamento das despesas processuais, a execução dos valores gastos com a perícia ou com a utilização de servidor público ou da estrutura de órgão público. Se o responsável pelo pagamento das despesas for beneficiário da gratuidade da justiça, deverá ser observado o contido no art. 98, § 2º.

§ 5º A norma veda a utilização de recursos do fundo de custeio da Defensoria Pública para os efeitos do disposto no § 3º.

Art. 96. O valor das sanções impostas ao litigante de má-fé reverterá em benefício da parte contrária, e o valor das sanções impostas aos serventuários pertencerá ao Estado ou à União.

• **Comentário**

No caso de condenação por litigância de má-fé (art. 80), o valor verterá em benefício da parte contrária; as sanções impostas aos serventuários pertencerá, na Justiça do Trabalho, à União, salvo no caso do art. 668 da CLT, em que pertencerão ao Estado.

Houve impropriedade do legislador ao utilizar o verbo *reverter*; ora, este verbo sugere a ideia de retornar ao ponto anterior, de retroceder, de voltar à posse ou à propriedade de alguém. No caso em exame, o valor das sanções não "reverte" em benefício da parte contrária (pois nunca pertenceram a esta), senão que vertem (correm, transbordam, saem) para ela.

Art. 97. A União e os Estados podem criar fundos de modernização do Poder Judiciário, aos quais serão revertidos os valores das sanções pecuniárias processuais destinadas à União e aos Estados, e outras verbas previstas em lei.

• **Comentário**

Matéria sujeita à regulamentação legislativa.

Seção IV
Da Gratuidade da Justiça

Art. 98. A pessoa natural ou jurídica, brasileira ou estrangeira, com insuficiência de recursos para pagar as custas, as despesas processuais e os honorários advocatícios tem direito à gratuidade da justiça, na forma da lei.

§ 1º A gratuidade da justiça compreende:

I — as taxas ou as custas judiciais;

II — os selos postais;

III — as despesas com publicação na imprensa oficial, dispensando-se a publicação em outros meios;

IV — a indenização devida à testemunha que, quando empregada, receberá do empregador salário integral, como se em serviço estivesse;

V — as despesas com a realização de exame de código genético — DNA e de outros exames considerados essenciais;

VI — os honorários do advogado e do perito e a remuneração do intérprete ou do tradutor nomeado para apresentação de versão em português de documento redigido em língua estrangeira;

VII — o custo com a elaboração de memória de cálculo, quando exigida para instauração da execução;

VIII — os depósitos previstos em lei para interposição de recurso, para propositura de ação e para a prática de outros atos processuais inerentes ao exercício da ampla defesa e do contraditório;

IX — os emolumentos devidos a notários ou registradores em decorrência da prática de registro, averbação ou qualquer outro ato notarial necessário à efetivação de decisão judicial ou à continuidade de processo judicial no qual o benefício tenha sido concedido.

§ 2º A concessão de gratuidade não afasta a responsabilidade do beneficiário pelas despesas processuais e pelos honorários advocatícios decorrentes de sua sucumbência.

§ 3º Vencido o beneficiário, as obrigações decorrentes de sua sucumbência ficarão sob condição suspensiva de exigibilidade e somente poderão ser executadas se, nos 5 (cinco) anos subsequentes ao trânsito em julgado da decisão que as certificou, o credor demonstrar que deixou de existir a situação de insuficiência de recursos que justificou a concessão de gratuidade, extinguindo-se, passado esse prazo, tais obrigações do beneficiário.

§ 4º A concessão de gratuidade não afasta o dever de o beneficiário pagar, ao final, as multas processuais que lhe sejam impostas.

§ 5º A gratuidade poderá ser concedida em relação a algum ou a todos os atos processuais, ou consistir na redução percentual de despesas processuais que o beneficiário tiver de adiantar no curso do procedimento.

§ 6º Conforme o caso, o juiz poderá conceder direito ao parcelamento de despesas processuais que o beneficiário tiver de adiantar no curso do procedimento.

§ 7º Aplica-se o disposto no art. 95, §§ 3º a 5º, ao custeio dos emolumentos previstos no § 1º, inciso IX, do presente artigo, observada a tabela e as condições da lei estadual ou distrital respectiva.

§ 8º Na hipótese do § 1º, inciso IX, havendo dúvida fundada quanto ao preenchimento atual dos pressupostos para a concessão de gratuidade, o notário ou registrador, após praticar o ato, pode requerer, ao juízo competente para decidir questões notariais ou registrais, a revogação total ou parcial do benefício ou a sua substituição pelo parcelamento de que trata o § 6º deste artigo, caso em que o beneficiário será citado para, em 15 (quinze) dias, manifestar-se sobre esse requerimento.

Art. 98

• **Comentário**

Caput. A justiça gratuita, assim como a assistência judiciária, estão compreendidas na expressão "assistência jurídica integral e gratuita", contida no inciso LXXIV do art. 5º da Constituição Federal — que abrange, ainda, o acesso à ordem jurídica justa.

O benefício não é exclusivo da pessoa física, sendo também concedido à jurídica, como patenteia o art. 98, I, do CPC.

Justiça gratuita. No processo do trabalho a justiça gratuita está prevista no § 3º do art. 790 da CLT. Poderá ser concedida *ex officio* ou a requerimento do interessado, em qualquer grau de jurisdição, àqueles que perceberem salário igual ou inferior ao dobro do mínimo legal, ou declararem, sob as penas da lei, não estarem em condições de pagar as custas do processo sem prejuízo do sustento próprio ou familiar.

Assistência judiciária gratuita. Significa a designação de advogado para promover a defesa dos direitos e interesses em juízo daquele que perceber salário igual ou inferior ao dobro do mínimo legal (§ 1º do art. 14 da Lei n. 5.584/70). A prova do valor do salário pode ser feita com a apresentação da carteira de trabalho, cópia do recibo salarial ou outro documento idôneo.

A norma legal referida assegura esse direito também àquele que provar que a sua situação econômica não lhe permite demandar sem detrimento do sustento pessoal e da família. A comprovação desse fato deve ser feita mediante atestado fornecido pela autoridade local do Ministério do Trabalho (Lei n. 5.584/70, art. 14, § 2º); não havendo no local a mencionada autoridade, o atestado deverá ser emitido pelo delegado de polícia da circunscrição onde reside o trabalhador (*ibidem,* § 3º).

Essas disposições da referida norma legal, todavia, não teriam sido tacitamente derrogadas pela Lei n. 7.115, de 29 de agosto de 1983, cujo art. 1º estabelece que "A declaração destinada a fazer prova de vida, residência, pobreza, dependência econômica, homonímia ou bons antecedentes, quando firmada pelo próprio interessado ou por procurador bastante, e sob as penas da lei, presume-se verdadeira", esclarecendo o parágrafo único que essa disposição somente não se aplica para fins de prova em processo *penal*? Não houve derrogação, porque a Lei n. 7.115/83 se ocupa de declaração a ser utilizada para fim não judicial.

§ 1º O texto enumera as verbas que estão compreendidas na justiça gratuita. De modo geral, essa especificação não exige comentários esclarecedores, exceto a que se refere à indenização devida à testemunha. A CLT dispõe que as testemunhas não poderão sofrer qualquer desconto pelas faltas aos serviços, em decorrência do seu comparecimento à audiência para depor, quando devidamente arroladas ou convocadas (art. 822). O inciso IV do art. 98 do CPC diz, por outras palavras, a mesma coisa em relação à testemunha empregada. Se não for empregada, receberá indenização a ser arbitrada pelo juiz.

O art. 468, do CPC, declara que o depoimento prestado em juízo é considerado serviço público; por esse motivo, a testemunha, quando sujeita ao regime da legislação trabalhista, não pode sofrer desconto do salário nem do tempo de serviço quando tiver de comparecer à audiência, para depor.

§ 2º A norma em exame parece conflitar com a do § 1º, incisos I e VI, que dispensam, expressamente, o beneficiário da justiça gratuita quanto ao pagamento de custas processuais e de honorários de advogado. O conflito é apenas aparente, pois enquanto os incisos I e VI, do § 1º, dizem respeito aos honorários do advogado que está prestando assistência judiciária, o § 2º se refere aos honorários do advogado da parte contrária.

§ 3º Se o beneficiário da gratuidade da justiça ficar vencido na causa as obrigações oriundas de sua sucumbência ficarão sob condição suspensiva e somente poderão ser executadas se, nos cinco anos posteriores ao trânsito em julgado da decisão que as certificou, o credor demonstrar que deixou de existir a situação de insuficiência de recursos que justificou a concessão da gratuidade. Decorrido esse prazo, extinguem-se tais obrigações do beneficiário. Note-se que na situação em exame o ônus da prova quanto à cessação da situação de insuficiência de recursos do sucumbente é do credor.

§ 4º A particularidade de alguém estar recebendo o benefício da justiça gratuita não a exime de pagar as multas processuais que lhe tenha sido impostas. Essas multas, de modo geral, decorrem da transgressão do conteúdo ético do processo, como método estatal de solução de conflitos de interesses. Dispensar a parte beneficiária da justiça gratuita de multas seria conceder-lhe uma carta de alforria para perpetrar, impunemente, infrações ao referido substrato ético do processo.

§ 5º A gratuidade pode ter como objeto alguns atos do processo, assim, como materializar-se sob a forma de redução percentual das despesas processuais que o beneficiário tiver de adiantar no curso do procedimento.

§ 6º No processo do trabalho, não há obrigação de a parte adiantar despesas processuais, quanto mais não seja se for beneficiária da gratuidade da justiça.

§ 7º Estabelece o art. 95: "Cada parte adiantará a remuneração do assistente técnico que houver indicado, sendo a do perito será adiantada pela parte que houver requerido a perícia ou rateada quando a perícia for determinada de ofício ou requerida por ambas as partes. (...). § 3º Quando o pagamento da perícia for de responsabilidade de beneficiário de gratuidade da justiça, ela poderá ser: I — custeada com recursos alocados no orçamento do ente público e realizada por servidor do Poder Judiciário ou por órgão público conveniado; II — paga com recursos alocados no orçamento da União, do Estado ou do Distrito Federal, no caso de ser realizada por particular, hipótese em que o valor será fixado conforme tabela do tribunal respectivo ou, em caso de sua omissão, do Conselho Nacional de Justiça. (...) § 5º Para fins de aplicação do § 3º, é vedada a utilização de recursos do fundo de custeio da Defensoria Pública".

Repitamos o que dissemos em relação ao § 6º: não há, no processo do trabalho, norma legal que imponha o adiantamento de despesas processuais (CF, art. 5º, II). Aqui, o princípio é de que as despesas sejam pagas no final do processo.

§ 8º Em princípio, o preceito não se aplica ao processo do trabalho, pois as custas e os emolumentos são devidos à União. Pode-se admitir a incidência da norma quando for o caso do art. 668, da CLT.

Art. 99. O pedido de gratuidade da justiça pode ser formulado na petição inicial, na contestação, na petição para ingresso de terceiro no processo ou em recurso.

§ 1º Se superveniente à primeira manifestação da parte na instância, o pedido poderá ser formulado por petição simples, nos autos do próprio processo, e não suspenderá seu curso.

§ 2º O juiz somente poderá indeferir o pedido se houver nos autos elementos que evidenciem a falta dos pressupostos legais para a concessão de gratuidade, devendo, antes de indeferir o pedido, determinar à parte a comprovação do preenchimento dos referidos pressupostos.

§ 3º Presume-se verdadeira a alegação de insuficiência deduzida exclusivamente por pessoa natural.

§ 4º A assistência do requerente por advogado particular não impede a concessão de gratuidade da justiça.

§ 5º Na hipótese do § 4º, o recurso que verse exclusivamente sobre valor de honorários de sucumbência fixados em favor do advogado de beneficiário estará sujeito a preparo, salvo se o próprio advogado demonstrar que tem direito à gratuidade.

§ 6º O direito à gratuidade da justiça é pessoal, não se estendendo a litisconsorte ou a sucessor do beneficiário, salvo requerimento e deferimento expressos.

§ 7º Requerida a concessão de gratuidade da justiça em recurso, o recorrente estará dispensado de comprovar o recolhimento do preparo, incumbindo ao relator, neste caso, apreciar o requerimento e, se indeferi-lo, fixar prazo para realização do recolhimento.

• **Comentário**

Caput. A parte que desejar o benefício da justiça gratuita poderá requerê-lo na petição inicial ou na contestação. O terceiro deverá formular o requerimento na petição de ingresso nos autos ou quando da interposição de recurso.

§ 1º Se a parte já havia formulado alguma manifestação nos autos, o requerimento poderá ser feito mediante petição simples, nos autos do processo, sem suspender a sua tramitação.

§ 2º Somente de ficar evidente a inexistência dos pressupostos legais é que o juiz poderá indeferir o requerimento de concessão de justiça gratuita. Mesmo assim, caberá ao magistrado intimar a parte para comprovar, no prazo que lhe assinar, o preenchimento desses pressupostos.

§ 3º A pessoa natural (dita, também, física) tem a seu favor a presunção legal de ser verdadeira a alegação de que não dispõe de condições financeiras para suportar eventuais despesas processuais, cuja satisfação lhe venha a ser atribuída.

§ 4º O fato de a parte estar sendo assistida por advogado particular não lhe retira o direito à gratuidade da justiça, desde que preencha os requisitos legais.

§ 5º O princípio legal é este: se o recurso disser respeito exclusivo ao valor dos honorários de sucumbência devidos ao advogado de beneficiário, estará sujeito a preparo; e a exceção: o preparo não será exigido se o próprio advogado comprovar fazer jus à gratuidade da justiça.

§ 6º A norma estabelece a *pessoalidade* do benefício da justiça gratuita, dela não podendo ser destinatários o litisconsorte ou o sucessor do beneficiário, exceto se houver requerimento expresso, por parte destes, que venha a ser deferido pelo magistrado. Nota-se, assim, que o benefício somente não se transfere ao litisconsorte ou ao sucessor de maneira *automática*, motivo pelo qual se pode falar de uma *pessoalidade relativa* em relação ao beneficiário original.

7º Se acontecer de a concessão do benefício da gratuidade da justiça ser requerida em grau de recurso, o requerente ficará dispensado de efetuar o preparo. Competirá ao relator apreciar o requerimento; se o indeferir, deverá fixar prazo para que o recorrente (e requerente) efetue o preparo exigido por lei. Essa regra pode ser aplicada ao processo do trabalho, com o qual é compatível.

Art. 100. Deferido o pedido, a parte contrária poderá oferecer impugnação na contestação, na réplica, nas contrarrazões de recurso ou, nos casos de pedido superveniente ou formulado por terceiro, por meio de petição simples, a ser apresentada no prazo de 15 (quinze) dias, nos autos do próprio processo, sem suspensão de seu curso.

Parágrafo único. Revogado o benefício, a parte arcará com as despesas processuais que tiver deixado de adiantar e pagará, em caso de má-fé, até o décuplo de seu valor a título de multa, que será revertida em benefício da Fazenda Pública estadual ou federal e poderá ser inscrita em dívida ativa.

• **Comentário**

Caput. Caso a gratuidade da justiça seja concedida, a parte contrária poderá impugnar a decisão judicial nos momentos processuais e no prazo mencionados no artigo *sub examen*. A impugnação será efetuada nos próprios autos, sem suspender a tramitação do processo.

Parágrafo único. Acolhida a impugnação e revogado o benefício, a parte deverá pagar as despesas processuais que tiver deixado de antecipar. No caso de má-fé, de sua parte, pagará, a título de multa, até o décuplo do valor dessas despesas, que verterá em benefício da Fazenda Pública federal ou do Estado, podendo ser inscrita como dívida ativa.

Art. 101. Contra a decisão que indeferir a gratuidade ou a que acolher pedido de sua revogação caberá agravo de instrumento, exceto quando a questão for resolvida na sentença, contra a qual caberá apelação.

§ 1º O recorrente estará dispensado do recolhimento de custas até decisão do relator sobre a questão, preliminarmente ao julgamento do recurso.

§ 2º Confirmada a denegação ou a revogação da gratuidade, o relator ou o órgão colegiado determinará ao recorrente o recolhimento das custas processuais, no prazo de 5 (cinco) dias, sob pena de não conhecimento do recurso.

• **Comentário**

Caput. A decisão que indeferir o requerimento de gratuidade, ou que o acolher, poderá ser atacada, no sistema do processo civil, por meio de agravo de instrumento. No processo do trabalho, o meio impugnativo poderá ser o mandado de segurança, pois aqui o agravo de instrumento possui efeito apenas liberativo de recurso denegado por decisão monocrática (CLT, art. 897, "b"). Se o acolhimento ou a rejeição se der mediante sentença, caberá recurso ordinário.

§ 1º A norma pode ser aplicada ao processo do trabalho, nos termos do comentário que efetuamos ao *caput* do art. 101.

§ 2º No caso de recurso ordinário, a norma pode incidir no processo do trabalho.

Art. 102. Sobrevindo o trânsito em julgado de decisão que revoga a gratuidade, a parte deverá efetuar o recolhimento de todas as despesas de cujo adiantamento foi dispensada, inclusive as relativas ao recurso interposto, se houver, no prazo fixado pelo juiz, sem prejuízo de aplicação das sanções previstas em lei.

Parágrafo único. Não efetuado o recolhimento, o processo será extinto sem resolução de mérito, tratando-se do autor, e, nos demais casos, não poderá ser deferida a realização de nenhum ato ou diligência requerida pela parte enquanto não efetuado o depósito.

• **Comentário**

Caput. O trânsito em julgado da decisão que revogar o benefício da justiça gratuita acarretará, para o beneficiário, as consequências processuais previstas neste artigo.

Parágrafo único. Passando em julgado a decisão revogadora da justiça gratuita, o autor deverá recolher as despesas de cujo adiantamento havia sido dispensado. Se não as recolher, o processo será extinto sem resolução do mérito, diz a norma; esta pressupõe que a sentença de mérito ainda não havia sido proferida. Se proferida estava, não se pode cogitar de extinção do processo sem julgamento do mérito. Neste caso, a solução consistiria em promover a cobrança, nos próprios autos, das despesas processuais devidas pelo autor, ex-b beneficiário da gratuidade da justiça.

CAPÍTULO III

DOS PROCURADORES

Art. 103. A parte será representada em juízo por advogado regularmente inscrito na Ordem dos Advogados do Brasil.

Parágrafo único. É lícito à parte postular em causa própria quando tiver habilitação legal.

• **Comentário**

Caput. Disposição idêntica estava na primeira parte do *caput* do art. 36 do CPC revogado.

A norma tem aplicação restrita no processo do trabalho. Assim dizemos porque o art. 791, *caput*, da CLT, atribui capacidade postulatória às partes, ou seja, permite-lhes promover a defesa dos seus direitos e interesses em juízo sem a participação de advogado. Por força de recentes interpretações jurisprudenciais, todavia, tem-se entendido que esse *ius postulandi* está limitado ao primeiro (Varas) e segundo (Tribunais Regionais) graus da jurisdição trabalhista, de tal modo que as postulações no âmbito do TST devem ser realizadas por advogados (TST, Súmula n. 425). Neste caso, haverá incidência da regra contida no art. 103 do CPC.

O exercício da advocacia é regido pela Lei n. 8.906, de 4 de julho de 1994. O seu art. 1º estabelece: "São atividades privativas de advocacia: I — a postulação a qualquer órgão do Poder Judiciário e aos juizados especiais". Entretanto, na Adi n.1.127-8-DF, sendo Relator o Ministro Paulo Brossar o STF suspendeu, liminarmente, a eficácia do mencionado artigo "no que não disser respeito aos juizados especiais, previstos na Constituição Federal de 1998, inciso I, excluindo a aplicação do dispositivo até a decisão final na ação, em relação aos Juizados de Pequenas Causas, à Justiça do Trabalho e à Justiça de Paz" (DJU de 7.10.1994, p. 26822). Destacamos.

Tempos depois, na ADI n. 1.127-8, o Excelso Pretório declarou ser inconstitucional a expressão "qualquer". Em razão dessas decisões subsiste — contra a nossa opinião — a capacidade postulatória prevista no *caput* do art. 791 da CLT.

Os requisitos para a inscrição do advogado na OAB constam do art. 8º da Lei n. 8.906/1994 e compreendem: a) capacidade civil; b) diploma ou certidão de graduação em direito, obtido em instituição de ensino oficialmente autorizada e credenciada; c) título de eleitor e quitação do serviço militar, se for brasileiro; d) aprovação em Exame de Ordem; e) não exercer profissão incompatível com a advocacia; f) idoneidade moral; g) prestar compromisso perante o Conselho (incisos I a VII, nessa ordem). O Exame de Ordem é regulamentado por meio de provimento do Conselho Federal da OAB (*ibidem*, § 1º).

O art. 10 da Lei supracitada determina que a inscrição principal do advogado seja efetuada no Conselho Seccional em cujo território pretender estabelecer o seu domicílio profissional, na forma do Regulamento Geral.

Os estagiários, regularmente inscritos na OAB, podem praticar os atos descritos no art. 1º da Lei n. 8.906/94, desde que o façam em conjunto cm advogado e sob a responsabilidade deste (*ibidem*, § 2º do art. 3º).

Os requisitos para a inscrição dos estagiários estão previstos no art. 9º da mencionada norma legal.

Parágrafo único. Constituía a parte final do *caput* do art. 36 do CPC revogado.

No sistema do processo civil, o advogado pode postular em causa própria, desde que possua habilitação legal; não a tendo, estará autorizado fazê-lo (sempre em causa própria) quando não existir (na comarca, em princípio) advogado habilitado ou ocorrer recusa ou impedimento dos que houver.

No processo do trabalho, como vimos, a parte poderá atuar em causa própria (CLT, art. 791, *caput*) mesmo não sendo advogada; por mais forte razão poderá fazê-lo — sem as restrições do parágrafo único do art. 86 do CPC — se for graduada em direito, ainda que não esteja inscrita na OAB. O que não se admite, mesmo no processo do trabalho, é que o advogado não inscrito na OAB atue como procurador judicial da parte.

Art. 104. O advogado não será admitido a postular em juízo sem procuração, salvo para evitar preclusão, decadência ou prescrição, ou para praticar ato considerado urgente.

§ 1º Nas hipóteses previstas no caput, o advogado deverá, independentemente de caução, exibir a procuração no prazo de 15 (quinze) dias, prorrogável por igual período por despacho do juiz.

§ 2º O ato não ratificado será considerado ineficaz relativamente àquele em cujo nome foi praticado, respondendo o advogado pelas despesas e por perdas e danos.

• **Comentário**

Caput. Constituía a primeira parte do *caput* do art. 37 do CPC revogado. Este, contudo, não fazia referência à preclusão.

Procuração. Configura-se o mandato quando uma pessoa recebe de outrem poderes para, sem seu nome, praticar atos (genéricos ou específicos) ou administrar interesses (CC, art. 653). A procuração é o instrumento do mandato (*ibidem*).

O Código Civil regula o mandato nos arts. 653 a 691, aos quais se subordina o mandato judicial (art. 692).

A Lei n. 8.906/94 estatui no art. 5º, *caput*: "O advogado postula, em juízo ou fora dele, fazendo prova do mandato".

Reconhecimento de firma. A exigência de que a procuração somente seria válida se a firma do outorgante tivesse sido reconhecida por tabelião foi eliminada, ainda na vigência do CPC de 1973, pela Lei n. 8.952/94.

Ausência de procuração. Somente se for indispensável para evitar a preclusão, a prescrição ou a decadência ou para a prática de atos reputados urgentes é que se admitirá a atuação do advogado em juízo sem a existência de procuração.

Dispõe o § 1º do art. 5º da Lei n. 8.906/94: "O advogado, afirmando urgência, pode atuar sem procuração, obrigando-se a apresentá-la no prazo de 15 (quinze) dias, prorrogável por igual período".

Renúncia ao mandato. Se o advogado renunciar ao mandato deverá, durante os dez dias subsequentes à notificação ao cliente, quanto à renúncia, a representá-lo, exceto se vier a ser substituído antes do término desse prazo (Lei n. 8.906/94, art. 5º, § 3º).

§ 1º. Era a parte final do *caput* do art. 37 do CPC revogado.

Se o advogado, nas situações previstas na parte final do *caput* do art. 104, praticou atos processuais sem possuir procuração, ficará obrigado a exibir, independentemente de caução, o instrumento do mandato no prazo de quinze dias, prorrogável por igual período, mediante despacho do juiz.

Essa prorrogação não é automática, dependendo de requerimento fundamentado do advogado.

§ 2º Constituía o parágrafo único do art. 37 do CPC revogado, conforme o qual se os atos praticados pelo advogado que não possuísse procuração não fossem ratificados (após a juntada do instrumento do mandato) seriam considerados juridicamente *inexistentes*, respondendo o advogado por despesas e perdas e danos, se houver.

Este era um dos raros (senão o único) momentos em que o CPC de 1973 fazia alusão a ato *inexistente*. Ainda naquela altura, ponderávamos que se bem examinássemos veríamos que não se cuidava, em rigor, de ato inexistente, mas de ato *ineficaz*; assim dizíamos porque um ato juridicamente inexistente não poderia ser ratificado. O nada a nada conduziria.

O CPC atual, com maior propriedade, alude à *ineficácia* dos atos não ratificados.

A Súmula n. 164, do TST, dispõe: "O não-cumprimento das determinações dos §§ 1º e 2º do art. 5º da Lei n. 8.906, de 4.7.1994 e do art. 37, parágrafo único, do Código de processo Civil importa o não-conhecimento de recurso, por inexistente, exceto na hipótese de mandato tácito". A redação da Súmula deve ser reformulada, para atualizá-la à em relação ao CPC atual.

Art. 105

Art. 105. A procuração geral para o foro, outorgada por instrumento público ou particular assinado pela parte, habilita o advogado a praticar todos os atos do processo, exceto receber citação, confessar, reconhecer a procedência do pedido, transigir, desistir, renunciar ao direito sobre o qual se funda a ação, receber, dar quitação, firmar compromisso e assinar declaração de hipossuficiência econômica, que devem constar de cláusula específica.

§ 1º A procuração pode ser assinada digitalmente, na forma da lei.

§ 2º A procuração deverá conter o nome do advogado, seu número de inscrição na Ordem dos Advogados do Brasil e endereço completo.

§ 3º Se o outorgado integrar sociedade de advogados, a procuração também deverá conter o nome dessa, seu número de registro na Ordem dos Advogados do Brasil e endereço completo.

§ 4º Salvo disposição expressa em sentido contrário constante do próprio instrumento, a procuração outorgada na fase de conhecimento é eficaz para todas as fases do processo, inclusive para o cumprimento de sentença.

• **Comentário**

Caput. A matéria era tratada no *caput* do art. 38 do CPC revogado.

A procuração geral para o foro (cláusula *ad iudicia*) habilita o advogado à prática de todos os atos processuais, salvo aqueles para os quais a lei exige poderes especiais e que devem constar de cláusula específica, como para receber citação, confessar, reconhecer o direito alegado pela parte contrária, transigir, desistir, renunciar ao direito sobre o qual se funda a ação, receber e dar quitação, firmar compromisso e assinar declaração de hipossuficiência econômica.

O § 2º do art. 5º da Lei n. 8.906/94 também dispõe que a procuração geral para o foro em geral habilita o advogado a praticar todos os atos processuais, em qualquer juízo ou grau de jurisdição, "salvo os que exijam poderes especiais".

§ 1º Com redação mais sucinta, a norma constava do parágrafo único do art. 38 do CPC revogado.

Admite-se a assinatura digital, pelo outorgante da procuração, na forma da lei. A Lei, no caso, é a n. 11.419, de 19 de dezembro de 2006 (DOU de 20.12.2006), que dispõe sobre a informatização do processo judicial.

A *assinatura digital* é um mecanismo eletrônico baseado na criptografia, ou seja, em chaves criptográficas.

Chaves criptográficas são um conjunto de bits tendo como base um determinado algoritmo capaz de cifrar e decifrar informações. Com vistas a isso, é possível utilizar chaves *simétricas* ou chaves *assimétricas*; estas últimas também são denominadas de *chaves públicas*.

A *certificação digital*, por sua vez, é um documento eletrônico com assinatura digital, que possui dados como o nome do usuário, da entidade emissora, o prazo de validade e a chave pública. Por meio do certificado digital a pessoa (parte) tem a certeza e a segurança de estar se comunicando com a pessoa, com a entidade ou com a instituição pretendida — no caso, com os órgãos do Poder Judiciário.

§ 2º A norma refere os dados essenciais à identificação do outorgado.

§ 3º Estamos diante de uma novidade. Se o outorgado integrar sociedade de advogados, a procuração deverá conter a denominação desta, seu número de registro na OAB e o endereço onde se encontra sediada, sem prejuízo de atendimento ao disposto no § 2º.

§ 4º O mandato que se outorga ao advogado na fase de conhecimento possui eficácia para todas as demais fases, inclusive, a de cumprimento da sentença ou de execução, exceto se a procuração contiver disposição em sentido contrário, ou seja, restringindo os poderes a determinada fase do processo ou do procedimento.

Art. 106. Quando postular em causa própria, incumbe ao advogado:

I — declarar, na petição inicial ou na contestação, o endereço, seu número de inscrição na Ordem dos Advogados do Brasil e o nome da sociedade de advogados da qual participa, para o recebimento de intimações;

II — comunicar ao juízo qualquer mudança de endereço.

§ 1º Se o advogado descumprir o disposto no inciso I, o juiz ordenará que se supra a omissão, no prazo de 5 (cinco) dias, antes de determinar a citação do réu, sob pena de indeferimento da petição.

§ 2º Se o advogado infringir o previsto no inciso II, serão consideradas válidas as intimações enviadas por carta registrada ou meio eletrônico ao endereço constante dos autos.

• **Comentário**

Caput. No essencial, reproduziu-se o teor do *caput* e dos incisos I e II do art. 39 do CPC revogado. Este, porém, fazia alusão à parte e ao advogado.

Ao aludir à "incumbência" do advogado, quando postular em causa própria, na verdade, a lei está a referir-se ao *dever* deste. Entendemos que esse dever, a despeito da literalidade da norma legal em exame, também existe quando o advogado estiver atuando na qualidade de procurador judicial da parte e, não apenas, em causa própria. O mesmo dizemos quando a própria parte estiver postulando, pessoalmente, em juízo.

Inciso I. O advogado deve indicar, na inicial ou na contestação, o endereço em que receberá intimação pertinente a atos do processo.

Inciso II. Qualquer mudança no endereço indicado pelo advogado deverá ser comunicada ao juízo.

§ 1º Se o *advogado* deixar de indicar, na inicial, o endereço em que receberá intimações o juiz, antes de ordenar a citação do réu, mandará que a omissão seja suprida, no prazo de cinco dias, sob pena de indeferimento da mencionada peça processual. Essa disposição legal, como dissemos, não é restrita *ao advogado*, devendo ser observada, igualmente, *pelo autor* quando estiver atuando pessoalmente (*ius postulandi*).

§ 2º Há, também, o *dever* de o advogado (ou a parte) comunicar ao juízo a mudança de endereço, sob pena de serem consideradas válidas as intimações encaminhadas, mediante carta registrada ou meio eletrônico, ao advogado ou à parte (*ius postulandi*), para o endereço anteriormente indicado ("constante dos autos").

Art. 107. O advogado tem direito a:

I — examinar, em cartório de fórum e secretaria de tribunal, mesmo sem procuração, autos de qualquer processo, independentemente da fase de tramitação, assegurados a obtenção de cópias e o registro de anotações, salvo na hipótese de segredo de justiça, nas quais apenas o advogado constituído terá acesso aos autos;

II — requerer, como procurador, vista dos autos de qualquer processo, pelo prazo de 5 (cinco) dias;

III — retirar os autos do cartório ou da secretaria, pelo prazo legal, sempre que neles lhe couber falar por determinação do juiz, nos casos previstos em lei.

§ 1º Ao receber os autos, o advogado assinará carga em livro ou documento próprio.

§ 2º Sendo o prazo comum às partes, os procuradores poderão retirar os autos somente em conjunto ou mediante prévio ajuste, por petição nos autos.

§ 3º Na hipótese do § 2º, é lícito ao procurador retirar os autos para obtenção de cópias, pelo prazo de 2 (duas) a 6 (seis) horas, independentemente de ajuste e sem prejuízo da continuidade do prazo.

§ 4º O procurador perderá no mesmo processo o direito a que se refere o § 3º se não devolver os autos tempestivamente, salvo se o prazo for prorrogado pelo juiz.

• **Comentário**

Caput. Enumera alguns dos direitos processuais do advogado. Em termos gerais, repetiu-se o disposto no art 38 do CPC revogado.

Inciso I. Em princípio, o advogado tem o direito de examinar, em cartório ou secretaria de Vara ou de Tribunal, os autos de qualquer processo, possua, ou não, procuração. São ilegais, portanto, os atos administrativos (Portarias, Resoluções etc.) que, vez

Código de Processo Civil

ou outra, os órgãos jurisdicionais editam para vedar esse acesso do advogado aos autos. A única exceção legal se verifica quando se tratar de processo tramitando em segredo de justiça, caso em que apenas o advogado que possui procuração nos autos os poderá examinar.

Inciso II. Nos casos em que o advogado estiver atuando, ele poderá requerer a retirada os autos da escrivania ou da secretaria pelo prazo de cinco dias.

Inciso III. Sempre que o advogado tiver de falar nos autos, por determinação judicial, poderá retirar os autos em carga, pelo prazo legal (cinco dias), nos casos previstos em lei. Nesta hipótese, e ao contrário da referida no inciso anterior, não haverá necessidade de *requerimento*.

§ 1º Nas escrivanias e nas secretarias das unidades jurisdicionais há um livro destinado a registrar a retirada dos autos pelo advogado. Esse livro será assinado pelo advogado. Além disso, costuma-se registrar nos próprios autos, mediante carimbo, a data da retirada e a data em que deverão ser restituídos. É óbvio que só se pode cogitar da existência de livro para esse fim nos processos físicos.

§ 2º Quando o prazo for comum às partes, os respectivos advogados somente poderão retirar os autos: a) em conjunto; ou b) mediante acordo prévio — sempre por petição nos mesmos autos. Se, por inadvertência, o serventuário efetuar a entrega dos autos a um dos advogados sem que tenham sido atendidas as exigências legais, o outro poderá requerer ao juiz a devolução do seu prazo em decorrência desse obstáculo judicial.

§ 3º Mesmo sendo comum o prazo, cada advogado poderá retirar os autos da escrivania ou da secretaria, independentemente de ajuste com o advogado oposto, pelo prazo de duas a seis horas, para a extração de cópias de peças. Cuida-se da denominada "carga rápida", que já era consentida por grande parte dos juízes mesmo antes do advento da autorização legal. Esta retirada prescinde de requerimento ao magistrado, podendo ser solicitada, oralmente, ao próprio serventuário. Mesmo assim, o advogado deverá assinar o livro de carga, com a marcação do horário em que os autos lhe foram entregues (§ 1º). Deve ser desestimulada a prática, adotada por algumas unidades judiciárias, de efetuar a entrega dos autos ao advogado "em confiança", ou seja, sem assinatura no livro próprio, por estar em desacordo com a norma legal e pelos riscos que essa incúria pode envolver.

§ 4º Se o advogado deixar de restituir os autos no prazo legal (cinco dias), perderá o direito de, no mesmo processo, obter a "carga rápida", exceto se o prazo tiver sido prorrogado pelo juiz. Cumpre lembrar que a denominada "carga rápida" é geralmente utilizada nas situações em que o prazo é comum e não houve, entre os advogados, prévio ajuste para a retirada conjunta ou sucessiva dos autos.

CAPÍTULO IV
DA SUCESSÃO DAS PARTES E DOS PROCURADORES

Art. 108. No curso do processo, somente é lícita a sucessão voluntária das partes nos casos expressos em lei.

• **Comentário**

Regra semelhante estava no art. 41 do CPC revogado, que aludia à "substituição" voluntária das partes. A respeito desse texto legal escrevemos: "Embora o legislador tenha aludido à substituição, cuida-se de sucessão, que é coisa diversa. Realmente, na substituição processual (...) a pessoa, legalmente legitimada, promove em juízo, em nome próprio, a defesa de direito alheio; na sucessão (...), uma pessoa assume a posição da outra, tornando-se, dessa forma, parte na relação jurídica processual. Ademais, enquanto a substituição ocorre com vistas ao ingresso em juízo, a sucessão se dá no curso do processo, ou seja, quando a relação processual já se encontrava estabelecida" (*Curso de direito processual do trabalho*. São Paulo: LTr, 2009. v. I, p. 248).

O texto atual, em melhor técnica, alude à "sucessão voluntária" das partes.

O princípio doutrinário da *perpetuatio legitimationis* diz da fixação das partes no processo ou da estabilidade subjetiva da lide. Esse princípio, consagrado pelo art. 41 do CPC anterior, foi preservado pelo Código atual.

A estabilização subjetiva da lide se configura com a citação válida, pois é nesse momento que a coisa se torna litigiosa (CPC, art. 240, *caput*).

Art. 109. A alienação da coisa ou do direito litigioso por ato entre vivos, a título particular, não altera a legitimidade das partes.

§ 1º O adquirente ou cessionário não poderá ingressar em juízo, sucedendo o alienante ou cedente, sem que o consinta a parte contrária.

§ 2º O adquirente ou cessionário poderá intervir no processo como assistente litisconsorcial do alienante ou cedente.

§ 3º Estendem-se os efeitos da sentença proferida entre as partes originárias ao adquirente ou cessionário.

• **Comentário**

Caput. Houve reprodução literal do *caput* do art. 42 do CPC revogado.

A regra contida no *caput* do art. 109 do CPC constitui manifestação do princípio da estabilização subjetiva da lide.

§ 1º Por esse motivo, o adquirente ou o cessionário não podem ingressar em juízo com a finalidade de suceder ao alienante ou ao cedente, exceto se com isso concordar a parte contrária.

§ 2º Faculta-se ao adquirente e ao cessionário intervir no processo, na qualidade de assistente litisconsorcial do alienante ou o cedente. Justifica-se a assistência litisconsorcial sempre que a sentença puder influir na relação jurídica existente entre a parte principal e o assistente (CPC, art. 124).

Uma interpretação apressada dessas disposições do art. 109 do CPC poderia levar à equivocada conclusão quanto a serem elas aplicáveis ao processo do trabalho, no caso de sucessão de empregadores (ou sucessão empresarial, como preferem alguns). O equívoco seria de duas ordens: em primeiro lugar, nas situações que configuraram *sucessão de empregadores* o objeto da ação não é o estabelecimento empresarial (como suposta coisa litigiosa), nem houve alienação do direito do trabalhador. Logo, já por este motivo seria possível repelir-se a incidência, no processo do trabalho, do § 2º do art. 109 do CPC; em segundo lugar, por força do disposto no art. 448, da CLT (sem prejuízo da regra estampada no art. 10, do mesmo texto legal), a mudança na propriedade ou na estrutura jurídica da empresa não afeta os contratos individuais de trabalho. Conseguintemente, sob a perspectiva do processo do trabalho, o sucessor responde pelo adimplemento das obrigações trabalhistas que, a princípio, estavam a cargo do sucedido. Destarte, se, por exemplo, a ação trabalhista é ajuizada em face de A, atual empregador, e, no curso do processo, A vende o estabelecimento a B, este se torna o responsável pela satisfação dos direitos que a sentença vier a reconhecer ao trabalhador. Eventual cláusula inserta no contrato de compra e venda do estabelecimento, firmado entre A e B, pelo qual este não teria responsabilidade pelo cumprimento das obrigações trabalhistas assumidas por aquele, seria nula do ponto de vista do processo do trabalho, em decorrência do art. 448, da CLT. Em termos concretos, caberia a B cumprir as obrigações contidas na sentença condenatória e, sub-rogando-se nisso, ingressar na Justiça Comum em face de A, para fazer valer a mencionada cláusula contratual, ou seja, para ver-se reembolsado das quantias que pagou aos trabalhadores.

Em síntese, no processo do trabalho o adquirente ou o cessionário sucedem ao alienante ou ao cessionário por força de Lei (CLT, arts. 10 e 448); a sucessão independe do consentimento da parte contrária e se dá, não a raro, contra a vontade do próprio adquirente ou do cessionário.

§ 3º A sentença proferida entre as partes originárias estende os seus efeitos ao adquirente ou ao cessionário. No processo do trabalho, pelas razões expostas no § 2º, a sentença não se *estende* ao adquirente ou ao cessionário como se fossem terceiros, senão que os alcançam como parte no processo; parte sucessora da primitiva.

Art. 110. Ocorrendo a morte de qualquer das partes, dar-se-á a sucessão pelo seu espólio ou pelos seus sucessores, observado o disposto no art. 313, §§ 1º e 2º.

• **Comentário**

A matéria era regida pelo art. 43 do CPC revogado.

Esta disposição é compatível com o processo do trabalho. Vindo qualquer das partes a falecer, será sucedida pelo espólio ou pelos seus sucessores, atendendo-se ao procedimento estabelecido pelo art. 313, do mesmo Código. Sendo assim, feita prova do óbito, o juiz suspenderá o processo (inciso I e § 1º).

Essa suspensão se destina a aguardar que o *de cujus* seja sucedido pelo espólio ou por quem for seu sucessor legal. No processo do trabalho, menos formalista, a sucessão poderá ser realizada por quaisquer das pessoas indicadas como dependentes habilitados perante a Previdência Social (Lei n. 6.858, de

24 de novembro de 1980). As quotas devidas aos menores de idade ficarão depositadas em caderneta de poupança, só podendo ser liberadas quando a pessoa completar dezoito anos de idade, "salvo autorização do Juiz para aquisição do imóvel destinado à residência do menor e de sua família ou para dispêndio necessário à subsistência e educação do menor" (*ibidem*, § 1º).

Não havendo dependentes habilitados perante a Previdência Social, a sucessão ocorrerá na forma da lei civil.

Conquanto o dispositivo legal em exame cuide, apenas, da morte da *parte* e de sua sucessão, não podemos ignorar dois outros fatos relevantes, quais sejam: a) a repercussão que a morte da parte acarreta no mandato; b) a morte do advogado da parte.

No primeiro caso, falecendo a parte outorgante, o mandato ficará, automaticamente, extinto (CC, arts. 682, II, e 692), motivo pelo qual os sucessores do *de cujus* deverão outorgar nova procuração ao advogado ou constituir outro advogado.

Todavia, quando se tratar de ação intransmissível, o processo será extinto (art. 485, IX). Tal será o caso, por exemplo, da ação de mandado de segurança.

No segundo caso, novo advogado deverá ser constituído, salvo se da procuração constar o nome de outros advogados, além do falecido.

Art. 111. A parte que revogar o mandato outorgado a seu advogado constituirá, no mesmo ato, outro que assuma o patrocínio da causa.

Parágrafo único. Não sendo constituído novo procurador no prazo de 15 (quinze) dias, observar-se-á o disposto no art. 76.

• **Comentário**

Caput. Reproduziu-se o art. 44 do CPC revogado.

Como, no sistema do processo civil, a parte deve atuar em juízo por meio de advogado, é evidente que ao revogar o mandato outorgado ao advogado a parte deverá, no mesmo ato, constituir outro, que, a contar daí, assumirá o patrocínio da causa.

A revogação poderá ser expressa ou tácita: lá, a parte cientifica a renúncia ao outorgante; aqui, materializa-se com a simples outorga de procuração a outro advogado, sem ressalva quanto à anterior.

Em princípio, o texto legal em estudo é aplicável ao processo do trabalho. Aqui, entrementes, poderá ocorrer a singularidade de a parte preferir não constituir novo advogado, passando a fazer uso da capacidade postulatória que lhe atribui o art. 791, *caput*, da CLT. Com vistas a isso, será conveniente dar ciência ao juiz a esse respeito. Como dissemos em linhas anteriores, a jurisprudência somente tem admitido o exercício do *ius postulandi* nos órgãos de primeiro e de segundo graus da Justiça do Trabalho (TST Súmula n. 425): logo, a atuação no TST só será aceita se ocorrer por intermédio de advogado (regularmente constituído, por certo). Nesta hipótese, incide, em sua plenitude, o art. 111 do CPC.

Parágrafo único. Se novo procurador não for constituído no prazo de quinze dias, o juiz suspenderá o processo e designará prazo razoável para que seja sanado o vício. Descumprida a determinação, as consequências são apontadas pelos incisos I a III do art. 76, conforme a omissão tenha sido do autor, do réu ou de terceiro. Ressalte-se, também neste caso, a possibilidade de o autor e o réu passarem a atuar sem advogado, nos termos do art. 791, *caput*, da CLT

Art. 112. O advogado poderá renunciar ao mandato a qualquer tempo, provando, na forma prevista neste Código, que comunicou a renúncia ao mandante, a fim de que este nomeie sucessor.

§ 1º Durante os 10 (dez) dias seguintes, o advogado continuará a representar o mandante, desde que necessário para lhe evitar prejuízo

§ 2º Dispensa-se a comunicação referida no caput quando a procuração tiver sido outorgada a vários advogados e a parte continuar representada por outro, apesar da renúncia.

• **Comentário**

Caput. *Mutatis mutandis*, o preceito já se continha no art. 45 do CPC revogado.

O advogado poderá, a qualquer tempo, renunciar ao mandato judicial. Para tanto, deverá comunicar o mandante, a fim de que este nomeie sucessor. Caberá ao advogado renunciante comprovar nos autos a sua manifestação de não mais prosseguir no desempenho do mandato.

§ 1º Constituía a parte final do art. 45 do CPC revogado.

Durante os dez dias subsequentes à comunicação da renúncia ao outorgante o advogado deverá prosseguir atuando nos autos. A medida se destina a evitar que o outorgante venha a ser prejudicado pela renúncia do seu advogado ao mandato. Duas nótulas adicionais: 1) o advogado somente estará obrigado a continuar representando o mandante durante os dez dias a que se refere a norma legal se isto for necessário para evitar prejuízo a este; 2) o outorgante poderá dispensar essa atuação pós-renúncia do seu advogado. Por uma elementar regra de prudência, o advogado deverá exigir que essa dispensa seja manifestada por escrito, a fim de juntá-la aos autos e, com isso, colocar-se a salvo das sanções previstas em lei.

§ 2º O CPC revogado era omisso.

Quando a procuração for outorgada a vários advogados, aqueles que vierem a renunciar ao mandato não necessitarão dar ciência disso ao outorgante, desde que este continue a ser representado pelos advogados que não renunciaram.

TÍTULO II

DO LITISCONSÓRCIO

Art. 113. Duas ou mais pessoas podem litigar, no mesmo processo, em conjunto, ativa ou passivamente, quando:

I — entre elas houver comunhão de direitos ou de obrigações relativamente à lide;

II — entre as causas houver conexão pelo pedido ou pela causa de pedir;

III — ocorrer afinidade de questões por ponto comum de fato ou de direito.

§ 1º O juiz poderá limitar o litisconsórcio facultativo quanto ao número de litigantes na fase de conhecimento, na liquidação de sentença ou na execução, quando este comprometer a rápida solução do litígio ou dificultar a defesa ou o cumprimento da sentença.

§ 2º O requerimento de limitação interrompe o prazo para manifestação ou resposta, que recomeçará da intimação da decisão que o solucionar.

• **Comentário**

Caput. Reprodução literal do *caput* do art. 46 do CPC revogado.

Conceito. Pela nossa parte, definimos o litisconsórcio como: (1) a aglutinação, (2) originária ou superveniente, (3) voluntária ou coacta, (4) de pessoas, em um ou em ambos os polos da mesma relação processual, (5) nos casos autorizados por lei.

Dissemos:

(1) a aglutinação, porque há, no litisconsórcio, uma reunião, um agrupamento de pessoas (físicas ou jurídicas), em um ou em ambos os polos da relação jurídica processual. Preferimos não utilizar substantivos como coligação, associação, agregação, por sugerirem uma inevitável comunhão de interesses entre os litisconsortes. Embora essa comunhão possa estar presente na maioria dos litisconsórcios, em determinadas situações o que se verifica é exatamente o oposto: os litisconsortes mais preocupados em digladiar entre si, do que com o adversário-comum. Esse eventual antagonismo de interesses entre os litisconsortes, a propósito, fez com que o legislador do passado, após declarar que o recurso interposto por um dos litisconsortes a todos aproveitava, estabelecesse a ressalva de que "salvo de distintos ou opostos os seus interesses" (CPC, de 1973, art. 509, *caput*). No CPC atual a ressalva é expressa no art. 1.005.

(2) originária ou superveniente, pois o regime litisconsorcial pode ser constituído anteriormente ao ingresso em juízo, ou no curso do processo, conforme demonstraremos mais adiante;

(3) voluntária ou coacta, porquanto a formação do litisconsórcio pode emanar da vontade exclusiva das partes (facultativo) ou de determinação legal (necessário);

(4) de pessoas, em um ou em ambos os polos da mesma relação processual, uma vez que essa aglutinação pode ser apenas de autores (litisconsórcio ativo); apenas de réus (litisconsórcio passivo); ou de autores e de réus (litisconsórcio misto);

(5) nos casos autorizados por lei, sabendo-se que a formação de um regime litisconsorcial, mesmo sendo do tipo facultativo, está subordinada ao atendimento a certos requisitos legais, que serão apreciados a seu tempo.

Na ordem processual são admitidas duas espécies de cumulação: a) a objetiva e b) a subjetiva

a) Cumulação objetiva. Está regulada pelo art. 327, do CPC, que assim dispõe: "É lícita a cumulação, num único processo, contra (sic) o mesmo réu, de vários pedidos, ainda que entre eles não haja conexão".

São requisitos de admissibilidade da cumulação (§ 1º)

1. que os pedidos sejam compatíveis entre si;

2. que seja competente para conhecer deles o mesmo juízo;

3. que seja adequado para todos os pedidos o tipo de procedimento (*ibidem*, § 1º). Se, porém, para cada pedido corresponder um tipo diverso de procedimento, a cumulação será aceita se o autor fizer uso do procedimento ordinário (*ibidem*, § 2º).

b) Cumulação subjetiva. Diz respeito à pluralidade de partes, e de sujeitos, no mesmo processo. A expressão compreende, por isso, não apenas os regimes litisconsorciais como toda e qualquer situação em que haja essa multiplicidade subjetiva: assistência, chamamento ao processo — embora se possa colocar em dúvida a admissão dessa última modalidade de intervenção de terceiros no processo do trabalho.

São inconfundíveis entre si, no entanto: 1) a cumulação subjetiva; 2) o concurso subjetivo de ações; 3) o concurso subjetivo de demandas.

1) *Cumulação subjetiva*. Já dissemos tratar-se da multiplicidade de partes e de sujeitos no mesmo processo;

2) *Concurso subjetivo de ações*. Ocorre quando duas ou mais pessoas se acham legalmente legitimadas para invocar a prestação da tutela jurisdicional. Materializa-se no litisconsórcio unitário simples: vários empregados possuem legitimidade para postular em juízo a declaração de nulidade de regulamento interno do empregador. O litisconsórcio, neste caso, seria unitário, porquanto se a sentença pronunciasse a nulidade do referido regulamento, essa dicção jurisdicional aproveitaria, de maneira uniforme, a todos os litisconsortes. Estamos a pressupor, obviamente, uma ação declaratória, da qual o reconhecimento jurisdicional da nulidade do regulamento interno constitua o seu único objeto;

3) *Concurso subjetivo de demandas*. Caracteriza-se quando a relação jurídica material dos autores (para cogitarmos unicamente destes) com o réu-comum não for una. Desta maneira, a sentença irá manifestar-se sobre um feixe de relações jurídicas substanciais, tipificando, com isso, o litisconsórcio *simples*. Como existe aqui uma multiplicidade de demandas, é elementar que cada comparte só poderá pleitear o que corresponder à sua participação (fração) no todo. O procedimento será um só, embora sejam diversas as relações jurídicas materiais e as demandas que delas decorrem. Convém lembrar que o vocábulo *demanda* significa, na terminologia processual, o ato pelo qual o *provimento* jurisdicional é solicitado; a ação, por sua vez, traduz o direito público subjetivo de invocar a prestação da *tutela* jurisdicional. Destarte, enquanto a demanda é *atuação*, a ação é *poder* (ou direito).

Inciso I. Repete o inciso I do ar. 46 do CPC revogado.

Comunhão de direitos ou obrigações pertinentes à lide. Ocorre, por exemplo, quando há solidariedade entre os litisconsortes, seja a ativa (CC, art. 267), seja a passiva (CC, art. 275).

Essa comunhão provém, via de regra, da relação jurídica *material* que vincula, entre si, as partes envolvidas no conflito de interesses. Para que essa comunhão de direitos ou obrigações permita a formação do litisconsórcio *facultativo* é indispensável que a lide não deva ser composta de modo uniforme para todos os litisconsortes; caso contrário, o regime litisconsorcial será *necessário/unitário*.

No processo do trabalho, como reflexo do direito material correspondente, a comunhão de direitos, no geral, é pertinente aos trabalhadores; de obrigações, aos empregadores. Neste último caso, existe entre os coobrigados um vínculo de solidariedade ou de sucessividade. Solidariedade haverá quando for o caso de grupo econômico (CLT, art. 2º, § 2º); sucessividade, quando se tratar de empreiteiro principal (CLT, art. 455), embora alguns veja, aqui, um caso típico de solidariedade.

Inciso II. Repete o inciso III do art. 46 do CPC revogado.

Conexão entre as causas. O CPC revogado conceituava a conexão como a existência de duas ou mais ações quando lhes fosse comum o objeto ou a causa de pedir. O Código atual, de modo correto, substituiu o vocábulo *objeto* por *pedido*, embora tenha perpetrado o mesmo deslize técnico do anterior ao colocar o pedido antes da causa de pedir, quando se sabe que, em uma ordem lógica, esta antecede à aquele.

A *causa petendi* é constituída pelos fundamentos de fato e de direito da pretensão deduzida pelo autor.

É dessa comunhão entre a *causa petendi* ou entre os pedidos que cogita, por meio de linguagem inadequada ("identidade de matéria"), o art. 842, da CLT.

A identidade entre a causa de pedir e os pedidos deve ser, o quanto possível, plena, sob pena de acarretar profundos transtornos ao procedimento e, em especial, à instrução oral e à sentença. Bem fará, portanto, o juiz, se, diante de uma identidade mínima, ordenar o "desmembramento" das causas, ou, até mesmo, a extinção do processo, como um todo, por falta de pressuposto indispensável à constituição do regime litisconsorcial (CPC, art. 485, IV). Como exemplo de identidade mínima, citamos o caso em que dezenas de empregados ingressam em juízo, litisconsorciados, pedindo, todos, horas extras, sendo que alguns deles também pleiteiam, ora, equiparação salarial, ora, adicional de insalubridade, ora, adicional noturno. Em suma, embora a causa de pedir e o pedido referentes às horas extras sejam comuns a todos, os pedidos de equiparação salarial, adicional de insalubridade ou noturno são formulados por uns e outros. Situações como esta implicam graves transtornos à instrução processual, porquanto os fatos a serem objeto de investigação são, subjetivamente, variados, múltiplos, do mesmo modo como acarretam dificuldade na entrega da prestação jurisdicional, pois a sentença deverá particularizar os diversos litisconsortes, para efeito de saber que verbas caberão a uns e a outros. Não se pode tolerar que, em nome do princípio da simplicidade dos procedimentos trabalhistas, se permita a instauração de tumultos processuais

Inciso III. Repete o inciso IV do ar. 46 do CPC revogado.

Afinidade de questões por ponto comum de fato ou de direito. Em sede processual, o vocábulo *questões* sugere a existência de determinado ponto controvertido em relação a fato ou a direito; envolve, enfim, certos aspectos ou elementos da causa, que deverão ser considerados para efeito de proferimento da sentença. A lei faz alusão à *afinidade*, não à *identidade*. Tem-se, assim, que será bastante para a regular formação do regime litisconsorcial facultativo a mera similitude das questões, no tocante a determinado ponto de fato ou de direito.

É de remota ocorrência, no plano do processo do trabalho, essa hipótese, até porque, em princípio, a preeminência para a constituição do litisconsórcio, neste processo, é a *identidade* de causas de pedir ou de pedidos (CLT, art. 842).

O CPC atual não reproduziu um outro pressuposto para a constituição do regime litisconsorcial, mencionado no inciso II do art. 46, vale dizer, quando: "os direitos ou as obrigações derivarem do mesmo fundamento de fato ou de direito"

A norma legal não cogitava de os direitos ou as obrigações decorrerem de fatos iguais, e sim do *mesmo* fato.

§ 1º *Espécie de litisconsórcio.* Devemos dizer, para já, que estamos a cuidar de denominado litisconsórcio "multitudinário", que se caracteriza pela presença de um excessivo número de compartes. O adjetivo *multitudinário* não se encontra dicionarizado, sendo, portanto, um neologismo concebido pela doutrina.

Cumpre-nos também esclarecer que a limitação do número de litisconsortes só se justifica nos regimes litisconsorciais do tipo *facultativo*, cuja formação, como sabemos, depende apenas da vontade das partes. Seria desarrazoado supor que essa redução quantitativa pudesse ser realizada nos sítios do litisconsórcio *necessário*, pois aqui é indispensável que todas as pessoas ligadas à relação jurídica material controvertida participem, pela citação, da relação processual.

Esta nossa observação é feita somente em caráter reforçativo, pois o art. 113, § 1º, do CPC, é extremamente claro ao afirmar que a redução do número de pessoas só será possível no litisconsórcio *facultativo*.

Causas para a limitação. Em duas situações, a lei autoriza o juiz a limitar o número de litisconsortes:

b.a.) quando esse número comprometer a rápida solução do litígio.

b.b.) quando dificultar a defesa ou o cumprimento da sentença.

b.a.) *Comprometer a solução da lide.* Em muitos casos, o número elevado de litisconsortes pode prejudicar não apenas a instrução processual, mas a própria entrega da prestação jurisdicional. Neste caso, o juiz poderá, por sua iniciativa (*ex officio*), realizar essa redução numérica. O seu ato traduzirá decisão interlocutória (art. 203 § 2º), e, como tal, deverá ser fundamentado, sob pena de nulidade (Const. Federal, art. 93, IX). Sendo interlocutória, a decisão não poderá ser objeto de recurso, por força da regra estampada no art. 893, § 1º, da CLT.

O réu não terá interesse processual para requerer a limitação do número de litisconsortes ativo, quando fundada na dificuldade da solução do litígio, porquanto cumprirá ao juiz, exclusivamente, a iniciativa de examinar se haverá, ou não, esse embaraço.

Aliás, não há razão para recusar-se a possibilidade de o juiz, em casos especiais, reduzir o próprio número de *réus* (litisconsórcio *passivo*), desde que possa demonstrar que o elevado número destes provocará sérios transtornos, seja com vistas à instrução processual, seja em relação à própria solução do litígio. É evidente que também nesta hipótese essa limitação só será possível no âmbito do regime litisconsorcial *facultativo*.

Embora a norma legal não o diga, é razoável presumir que a limitação do número de *autores*, em princípio, deverá ser efetuada *antes* da contestação, conquanto essa redução não se vincule, teleologicamente, a este ato do réu. O certo é que se deve fixar um momento máximo, no curso do procedimento, para que a limitação do número de litisconsortes seja realizada. O momento ideal, a propósito, é antes da citação.

b.b.) *Dificultar a defesa ou o cumprimento da sentença.* Não raro, o elevado número de litisconsortes (ativos) vinha acarretando, nos domínios do processo civil, graves dificuldades para os réus promoverem a sua defesa. Esse número excessivo criava, por assim dizer, um desequilíbrio na lide, nomeadamente quando figurasse como ré a Fazenda Pública, em decorrência das notórias dificuldades, por exemplo, de ela coligir documentos, obter informações perante os diversos órgãos ou departamentos, acerca da situação funcional de cada litisconsortes, e o mais.

A jurisprudência do período registra inúmeras situações casos em que o elevado número de litisconsortes ativos criava graves entraves à defesa, fosse ré a Fazenda Pública, ou não, havendo situações em que o número de autores era superior a mil!

Por isso, muito antes da alteração introduzida por meio do parágrafo único do art. 46 do CPC revogado, já se ouviam apelos de determinados réus, dirigidos ao juiz da causa, para que fosse diminuída a quantidade de autores, nos litisconsórcios facultativos. Embora alguns desses requerimentos fossem atendidos, o juiz não deixava de sentir uma ponta de dificuldade para acolhê-los, pois inexistia norma legal prevendo essa possibilidade de redução.

A alteração legislativa a que nos referimos veio, assim, atender aos justificados clamores da realidade — fato que, em tese, sempre merecerá encômios gerais.

Entretanto, assim como o réu não pode solicitar a redução do número de litisconsortes, alegando dificuldade na entrega da prestação jurisdicional, o juiz está impedido de efetuar essa redução ao argumento de que o número elevado de litisconsortes dificultará a defesa do réu. Se o juiz agir *ex officio* neste caso estará praticando ato arbitrário e declinando de seu ontológico dever de neutralidade. Afinal, quem possui interesse em dizer se o número de litisconsortes acarretará embaraços à elaboração da resposta é o réu, não o juiz.

Poderá ocorrer, isto sim, de as duas situações se conjugarem, de tal modo que a redução do número de litisconsortes como fundamento tanto a dificuldade na entrega da prestação jurisdicional (ato do juiz) quanto a dificuldade na realização da defesa (ato do réu), circunstância que autorizará, ainda mais, a limitação.

A norma contida no § 1º do art. 113, do CPC, incide, em caráter supletivo, no processo do trabalho, pois ausente o obstáculo legal da incompatibilidade (CLT, art. 769).

Uma nota essencial: embora o mencionado § 1º aluda, à dificuldade na elaboração da *defesa*, no § 2º faz referência, à interrupção do prazo para a *resposta*, cujo conceito é mais amplo, por abranger as exceções, a contestação e a reconvenção. Entenda-se, portanto, que a redução do número de litisconsortes está ligada à dificuldade na formulação da *resposta*, *lato sensu*.

A redução do número de litisconsortes também poderá ser deferida pelo juiz quando a quantidade deles, sendo expressiva, puder dificultar o cumprimento da sentença. É curiosa essa inovação legal, pois se o número de litisconsortes não dificultou a elaboração da defesa, na fase de conhecimento, por que motivo iria dificultar o cumprimento da correspondente sentença?

Havendo desmembramento do regime litisconsorcial multitudinário, a interrupção da prescrição retroagirá à data da propositura da ação original, nos termos do § 1º do art. 240.

Litisconsórcio e prazo em dobro

Dispõe o art. 229 do CPC que se os litisconsortes possuírem diferentes procuradores, de escritórios de advocacia distintos, ser-lhes-ão contados em dobro os prazos para falar nos autos.

O benefício legal do prazo dúplex está subordinado a dois requisitos: a) partes estarem representadas por advogados diferentes; e b) que esses advogados integrem escritórios diversos. Logo, não se aplica a regra do prazo em dobro quando as partes estiverem representadas por advogados diversos, mas de um mesmo escritório.

Cabe, aqui, uma indagação: a norma do art. 229 do CPC é aplicável ao processo do trabalho? A SBDI-I, do TST, por sua OJ n. 310, entende que não, ao argumento de sua "incompatibilidade com o princípio da celeridade inerente ao processo trabalhista". Divergimos desse entendimento. Em primeiro lugar, porque a existência de prazo simples, especialmente no litisconsórcio passivo numeroso, pode acarretar grave ofensa à garantia constitucional da ampla defesa (Constituição Federal, art. 5º, LV). Basta imaginar um regime litisconsorcial formado por seis ou sete réus, cada qual com advogado próprio: dificilmente cada um deles poderia, no prazo simples (que é comum) retirar os autos em carga para contestar, recorrer, embargar, impugnar etc. Pensar-se na divisão dos prazos entre eles é algo fantasioso em situação como a aventada. Não se ignore o fato de o litisconsórcio passivo haver sido constituído em decorrência da vontade do autor (facultativo); logo, também há um aspecto ético a justificar a duplicação do prazo para os co-réus. Em segundo lugar, o argumento de que o art. 229 (art. 191, do CPC revogado), é inconciliável com o princípio da celeridade do procedimento trabalhista peca pelo excesso, pois certamente, não reside nisso a causa, ainda que remota, da notória demora na solução dos conflitos de interesses submetidos à apreciação da Justiça do Trabalho. O que representa, afinal, uma duplicação de prazos, num processo que, não raro, tramita por cinco, seis ou mais anos?

Se bem refletirmos, veremos que a questão atinente à incidência, ou não, do art. 229 do CPC no processo do trabalho deve ser examinada não à luz da compatibilidade ou incompatibilidade daquela norma com este processo, e sim, da garantia constitucional da ampla defesa, há pouco mencionada. O que está em causa, pois, não é o art. 769, da CLT, mas o art. 5º, inciso LV, da Suprema Carta Política do País, à qual se submete toda a legislação infraconstitucional.

Justamente por estarmos convencidos da aplicação do art. 229 do CPC ao processo do trabalho é que faremos, a seguir, outras observações, desta feita, de caráter objetivo. Ei-las:

a) havendo diferentes advogados, de escritórios de advocacia diversos, o prazo será em dobro, mesmo que esses procuradores se pronunciem em conjunto, vale dizer, na mesma peça processual. O art. 229 não faz nenhuma exceção quanto a esse fato;

b) se, inicialmente, os litisconsortes possuíam apenas um advogado, e, mais tarde, passaram a ter distintos procuradores judiciais, de escritórios de advocacia diversos, farão jus ao prazo em dobro, a partir do momento em que ocorreu a presença de mais de um advogado na causa;

c) se, ao contrário, os litisconsortes possuíam advogados diversos, e, depois, passaram a ter um só advogado, cessará para eles o prazo em dobro a contar do momento em que o advogado passou a ser único;

d) desfeito, no curso do procedimento, o regime litisconsorcial (facultativo, portanto) a parte remanescente não terá, em seu benefício, a partir daí, o prazo em dobro;

e) caso apenas um dos litisconsortes haja recorrido (litisconsórcio facultativo), o seu prazo será em dobro, contanto que os demais compartes, que não recorreram, estivessem representados por outro advogado, de outro escritório;

f) caracterizada a revelia de um dos réus litisconsorciados, o outro não terá o benefício do prazo em dobro, a partir daí, pois, na hipótese, somente este terá advogado constituído nos autos;

g) havendo substabelecimento da procuração, mediante cláusula de reserva de poderes, e persistindo um advogado comum aos litisconsortes, estes não terão direito ao prazo em dobro, ainda que até certa fase do procedimento tenham sido representados por diferentes advogados de escritórios diversos;

h) a regra do art. 229 se aplica não apenas aos prazos previstos em lei, senão que aos fixados pelo juiz;

i) cuidando-se de razões finais, no caso de litisconsórcio, o prazo, que formará com o da prorrogação um só todo, será dividido entre os do mesmo grupo, se não convencionarem de modo diverso (art. 364, § 1º).

Classificação dos litisconsórcios:

1. Quanto ao momento da constituição:

   1.1. originário;

   1.2. superveniente.

2. Quanto à obrigatoriedade, ou não, da formação:

   2.1. necessário;

   2.2. facultativo.

3. Quanto à posição das partes no plano do direito material:

   3.1. simples;

   3.2. unitário.

4. Quanto à posição das partes na relação processual:

   4.1. ativo;

   4.2. passivo;

   4.3. misto.

§ 2º Em que momento o réu deve requerer essa limitação? Respondendo de maneira objetiva: tão logo seja citado e dentro do prazo para a resposta, conforme se trate de procedimento ordinário ou sumaríssimo. Para tanto, ele deverá formular petição ao juiz da causa, requerendo a redução do número de litisconsortes ativos, e indicando as necessárias razões por que o faz (motivação). Esse requerimento *interrompe* o prazo para a defesa (CPC, art. 113, § 2º), que só começará a fluir a contar da intimação do réu a respeito da decisão que apreciou o requerimento.

Algumas anotações complementares devem ser efetuadas:

1) Como a lei faz referência à *interrupção* do prazo para a defesa, isto significa que, apresentado o requerimento destinado à redução do número de litisconsortes, o prazo anterior, que eventualmente havia se iniciado, apaga-se por inteiro. Desta forma, ao ser intimado da decisão do juiz acerca do seu requerimento, fundado no § 2º art. 113 do CPC o réu terá o prazo integral para elaborar a sua resposta. Se o efeito fosse o da *suspensão*, o prazo que se havia iniciado seria computado, de tal modo que, ao ser intimado da mencionada decisão, o réu disporia, apenas, do saldo do prazo para a sua defesa. Essa interrupção, no processo do trabalho, pode apresentar algumas dificuldades de ordem prática, considerando-se que, de modo geral, a resposta não é apresentada em prazo fixo, uniforme, legalmente preestabelecido e na secretaria da Vara, senão que em audiência. Mesmo assim, o requerimento de redução do número de litisconsortes terá efeito interruptivo do prazo, de tal maneira que enquanto não for apreciado pelo juiz, a audiência não se realizará.

2) No sistema do processo civil o requerimento do réu deve ser apreciado no prazo máximo de dez dias (art. 226, II), pois, como dissemos, esse ato judicial constitui decisão interlocutória, e não mero despacho de expediente. Nesse prazo, o juiz deverá apreciar o requerimento, seja qual for a decisão que venha a adotar. Esse prazo máximo, por princípio, também deverá ser observado no processo do trabalho. O que não se pode conceber é, mesmo dentro do prazo, o juiz lance na petição do requerente despacho como: "Aguarde-se a audiência", pois essa sua atitude, no caso, soará a escárnio; afinal, o que

o réu deseja saber, exatamente, é se na audiência designada deverá apresentar defesa com relação a *todos* os autores litisconsorciados, ou a *alguns* deles. Portanto, diante de despacho dessa índole, seria aconselhável ao réu dirigir-se, novamente, ao juiz, o quanto antes, para, desta feita, fazê-lo apreciar o requerimento no prazo legal. Eventual insistência do magistrado em não apreciar esse requerimento ensejará reclamação correcional, ou, até mesmo, em situações mais graves ou dramáticas, a impetração de mandado de segurança.

A propósito, se ocorrer de o regime litisconsorcial, além de numeroso, ser constituído de maneira irregular, vale dizer, sem atendimento aos requisitos legais, o réu poderá formular ao juiz, na mesma peça processual, *dois* requerimentos, em ordem sucessiva: o primeiro, para que o processo seja extinto sem exame do mérito, exatamente em decorrência de o litisconsórcio ser irregular (CPC, art. 485, IV); o segundo — no caso de o juiz rejeitar o primeiro requerimento —, para que seja reduzido o número de litisconsortes, a fim de não ter prejudicada a garantia constitucional da ampla defesa (CPC, art. 113, § 2º; Constituição Federal, art. 5º, LV).

Caso o juiz acolhesse o primeiro requerimento, não só ficaria prejudicado o segundo, como a decisão poderia ser impugnada mediante recurso ordinário, por tratar-se de sentença, segundo o conceito que vem do art. 203, § 1º, do CPC. Caso fosse acolhido o segundo requerimento, cumpriria ao juiz verificar o critério pela qual imporia a redução do número de litisconsortes ativos. Desse assunto nos ocuparemos no item subsequente.

c) Critério para a limitação. Questão, sem dúvida, delicada é a pertinente ao critério a ser utilizado pelo juiz, para efeito de limitar o número de litisconsortes. Se, de um lado, é certo que esse critério não pode ser de natureza eminentemente *subjetiva* — pelos inconvenientes de ordem prática que sói acarretar — não menos exato é afirmar que não se pode estabelecer, *a priori*, um critério *objetivo* que seja infalível na generalidade dos casos.

Poder-se-ia imaginar que um desses critérios objetivos residiria na *causa petendi*, de modo que esta seria determinante do fracionamento do litisconsórcio em tantos grupos quantas fossem as similitudes das *causas de pedir*. Um tal raciocínio, contudo, estaria comprometido por um indisfarçável paralogismo, pois a formação de um regime litisconsorcial *facultativo* (o único a que se refere o art. 113, § 1º, do CPC) requer comunhão de interesses, com relação à lide; ou que os direitos e obrigações derivem do mesmo contrato; ou que haja conexão, entre as demandas, pelo objeto ou causa de pedir; ou ocorra afinidade de questões por um ponto comum de fato ou de direito (I a IV). Deste modo, se nenhum desses requisitos legais estiver presente (mormente o relativo à conexão entre a causa de pedir e o pedido), o juiz não deverá limitar o número de litisconsortes, mas extinguir o processo sem resolução do mérito, por ausência de pressuposto legal necessário à constituição do regime litisconsorcial (art. 113 e 485, IV).

Essa extinção poderá ser realizada *ex officio* (e, nesta hipótese, até mesmo sem que o réu tenha sido ainda citado) ou a requerimento do interessado (réu). A propósito, se o réu, ao ser citado, verificar que o a formação do regime litisconsorcial não atendeu às exigências legais, e, além disso, o número de litisconsortes é extremamente elevado, poderá, como dissemos, adotar duas providências, nessa ordem: a) requerer ao juiz a extinção do processo, por falta de pressuposto legal indispensável à regular constituição do litisconsórcio; b) em caráter sucessivo (ou em nome do princípio da eventualidade, de que se ocupa o art. 336, do CPC), solicitar a redução do número de litisconsortes.

Na situação que acabamos de referir, fica evidente que o réu estaria alegando uma *preliminar* (extinção do processo) fora da contestação e antes desta; entretanto, seria ilógico pensar-se que o réu deveria requerer (antes da contestação, à evidência), apenas, a limitação do número de litisconsortes, e aguardar a fase de contestação para, só aí, alegar a preliminar de irregularidade na formação do regime litisconsorcial. Portanto, essa aparente quebra do *iter* do procedimento, que sugerimos, se destina a evitar dois pronunciamentos jurisdicionais (um, concernente à limitação subjetiva do litisconsórcio; outro, à extinção do processo), fato que, além de implicar ocasional malbaratamento de atividade jurisdicional, consagraria o ilogismo de dar-se preeminência cronológica ao *menos* (limitação), em detrimento do *mais* (extinção).

Não é só. Se o juiz determinar a redução do número de litisconsortes, estará em causa também um outro critério, qual seja, o de quantos litisconsortes permanecerão no processo e quantos passarão a integrar o processo desmembrado. Digamos que o regime litisconsorcial esteja constituído por cinquenta autores e o juiz entenda necessária a redução desse número. Qual o critério que adotará para manter no processo um número considerado razoável, seja para os efeitos da resposta do réu, ou da entrega da prestação jurisdicional? Essa definição dependerá de cada caso concreto, levando-se em conta as pretensões formuladas pelos autores. Pois bem. Admitamos que permaneçam no processo vinte litisconsortes: o que será feito dos outros trinta? O processo, quanto a estes, será extinto sem exame do mérito? Certamente que não, pois isso implicaria manifesta injustiça. A solução seria distribuir esses litisconsortes, por exemplo, em dois grupos de quinze. De qualquer modo, se a redução do número original se deu sob o fundamento de que era prejudicial à elaboração da defesa, seria irônico se se designasse para a mesma data a audiência destinada a receber as respostas do réu, referentes aos três grupos de litisconsortes; um, de trinta deles, que permaneceram no processo; dois, de quinze, referentes aos excluídos do processo original. Melhor teria sido, nessa hipótese, que não houvesse redução do número de litisconsortes. Menor não seria a ironia se, fracionados os litisconsortes nos três grupos (ou processos) mencionados, estes viessem a requerer, posteriormente, a reunião dos respectivos autos, em virtude de serem conexas as matérias deles constantes...

Art. 114. O litisconsórcio será necessário por disposição de lei ou quando, pela natureza da relação jurídica controvertida, a eficácia da sentença depender da citação de todos que devam ser litisconsortes.

• **Comentário**

O art. 47 do CPC de 1973 estabelecia que haveria litisconsórcio *necessário* quando, por disposição de lei ou da natureza da relação jurídica, o juiz tivesse de decidir a lide de maneira uniforme para todas as partes. Sempre criticamos essa definição legal, que confundia o litisconsórcio *necessário* com o *unitário*. Toda vez que a decisão deva ser uniforme para os compartes, estaremos diante de regime litisconsorcial do tipo *unitário*; será *necessário* quando todas as pessoas vinculadas à mesma relação jurídica material devam ser citadas para integrar a relação processual.

O texto atual afirma ser *necessário* o litisconsórcio: a) por disposição de lei; ou b) quando, pela natureza da relação jurídica controvertida, a eficácia da sentença depender da citação de todos que devam ser litisconsortes.

Continua atual o que escrevemos em outros livro: "Será necessário o litisconsórcio que não puder ser dispensado, mesmo que todos os interessados concordem com a dispensa. É, portanto, irrecusável. Assim se dá porque se torna absolutamente imprescindível que todas as pessoas vinculadas à relação jurídica material submetida à apreciação jurisdicional sejam citadas, a fim de integrarem a relação processual. Se tais pessoas comparecerão a juízo, ou não, é algo que não tornará nulo o processo, pois, como se afirmou, o que se exige é que sejam citadas" (*Curso de direito processual do trabalho — processo de conhecimento*. V. I. São Paulo: LTr, 2009. p. 264).

O legislador não esgotou a configuração dos casos de litisconsórcio necessário, permitindo a caracterização desse regime litisconsorcial em outras situações previstas em lei.

Art. 115. A sentença de mérito, quando proferida sem a integração do contraditório, será:

I — nula, se a decisão deveria ser uniforme em relação a todos que deveriam ter integrado o processo;

II — ineficaz, nos outros casos, apenas para os que não foram citados.

Parágrafo único. Nos casos de litisconsórcio passivo necessário, o juiz determinará ao autor que requeira a citação de todos que devam ser litisconsortes, dentro do prazo que assinar, sob pena de extinção do processo.

• **Comentário**

Caput. Regra semelhante constava do parágrafo único do art. 47 do CPC revogado.

Inciso I. A sentença será nula se não forem citados todos os litisconsortes necessários.

Conforme dissemos há pouco, quando o litisconsórcio for do tipo necessário deverão ser citadas todas as pessoas vinculadas à mesma relação jurídica material. Sendo assim, se o juiz verificar que algumas dessas pessoas não foram cientificadas da existência da ação fixará prazo para que o autor lhes promova a citação. Não sendo atendido o despacho, o processo será extinto sem resolução do mérito.

Inciso II. A sentença será ineficaz em relação aos litisconsortes necessários que não foram citados, nos outros casos.

Parágrafo único. No regime litisconsorcial passivo necessário o juiz deverá determinar ao autor que requeira a citação de todas as pessoas que devam figurar no processo como litisconsortes, dentro do prazo que fixar, sob pena de extinção do processo. Se o juiz determinasse, desde logo, a citação dessas pessoas, estaria suprindo uma incúria do autor.

Art. 116. O litisconsórcio será unitário quando, pela natureza da relação jurídica, o juiz tiver de decidir o mérito de modo uniforme para todos os litisconsortes.

• **Comentário**

O tema era tratado na primeira parte do art. 47 do CPC revogado. Na verdade, este Código incidiu no equívoco de conceituar o litisconsórcio *unitário* como sendo o *necessário*.

Um litisconsórcio é *unitário* quando mérito tiver de ser decidido de maneira uniforme para todos os compartes.

Mutatis mutandis, é o que consta do texto atual, *sub examen:* será unitário quando a situação jurídica submetida à apreciação judicial tiver de receber solução jurisdicional uniforme.

Art. 117. Os litisconsortes serão considerados, em suas relações com a parte adversa, como litigantes distintos, exceto no litisconsórcio unitário, caso em que os atos e as omissões de um não prejudicarão os outros, mas os poderão beneficiar.

• **Comentário**

O princípio inscrito na norma legal em exame consagra a autonomia da manifestação da vontade dos litisconsortes entre si, em face do adversário comum. Isso significa que cada litisconsorte poderá praticar, por si, os atos processuais que interessem à defesa do direito de todos, ou deixar de praticar tais atos, sem que isso acarrete prejuízos ou benefícios aos demais.

O art. 48 do CPC revogado afirmava que os atos e omissões de um litisconsorte não prejudicariam nem beneficiariam os demais. Sempre discordamos dessa disposição legal, por entendermos que os *atos* praticados por um deles poderiam beneficiar os outros.

Mesmo na vigência do CPC anterior observávamos o princípio inscrito no art. 48 do CPC só incidia nos regimes litisconsorciais do tipo *simples,* em que a lide pode ser solucionada de maneira diversa para os litisconsortes, porquanto nesse regime há uma aglutinação de demandas que podem ser submetidas à apreciação judicial de maneira individualizada, motivo por que, em tal hipótese, cada uma pode receber solução diversa da que foi dada às outras. Lembremos que o contraposto do litisconsórcio *simples* é o *unitário,* no qual a decisão uniforme é um imperativo legal (CPC art. 116), sob pena de ineficácia da sentença. Desta maneira, supor-se que a autonomia dos litisconsortes, enunciada no art. 48, do CPC revogado, seria aplicável também ao litisconsórcio *unitário* equivaleria a negar a uniformidade da decisão, que, como dissemos, caracteriza essa modalidade de regime litisconsorcial. Por isso, no litisconsórcio *unitário* os atos de um litisconsorte, ao contrário do que preceituava o art. 48 do CPC revogado, embora não possam prejudicar os demais, poderiam, sem dúvida, beneficiá-los.

Atento a esta advertência doutrinal, o legislador da atualidade cuidou de esclarecer que: a) as disposições do art. 117 do CPC não se aplicam ao litisconsórcio unitário; b) nessa espécie de regime litisconsorcial os atos de um litisconsorte podem beneficiar os demais.

Certos setores da doutrina, no entanto, vêm manifestando algum desagrado pelos critérios de *benefício* ou de *prejuízo* derivante de ato ou de omissão de um dos litisconsortes (regime simples, insista-se). São dois, basicamente, os argumentos em que se apoia essa corrente de opinião: a) não há razão juridicamente razoável para que a parte omissa seja agraciada por ato de um seu comparte; b) antes de encerrado o processo, é até mesmo impossível aferir-se qual teria sido a atitude mais "desfavorável". Em consequência dessas objeções, tem-se sugerido o binômio: *comportamentos alternativos* e *comportamentos determinantes* para fixar-se a extensão daqueles a todos os litisconsortes, e de negar-se a eficácia destes, quando não unânimes ou quando não forem dirigidos ao universo dos litisconsortes (MOREIRA, José Carlos Barbosa. *Litisconsórcio unitário.* Rio de Janeiro: Forense, 1972. p. 146).

Prestigiando essa nova nomenclatura (ou novo critério), podemos dizer que no litisconsórcio *unitário* os comportamentos *determinantes* só geram os efeitos que lhe são próprios quando tenham sido adotados pela integralidade dos compartes, ou tenham sido manifestados pelo adversário. Assim sendo, ausente essa imprescindível unanimidade, tais comportamentos não liberam efeitos nem mesmo quanto àqueles que os adotarem. De outro lado, os comportamentos ditos *alternativos* produzem eficácia com relação a todos os litisconsortes, ainda que externados apenas por um deles. Justificam-se essas soluções em virtude de, no litisconsórcio *unitário,* a resolução do mérito ser uniforme para todos os que se encontram aglutinados num dos polos da relação jurídica processual.

Feitas essas considerações, apreciemos, a seguir, à luz do art. 117 do CPC, algumas situações aludidas em outras disposições do mesmo Código.

a) *Contestação.* Dispõe o art. 844, parágrafo único, da CLT, que a falta de contestação induz revelia,

Art. 118

além de confissão quanto à matéria de fato. O processo civil possui regra semelhante, materializada no art. 344 do CPC. O art. 345, I do estatuto processual civil contém a ressalva de que o efeito da revelia não ocorrerá se, entre outras coisas, havendo *pluralidade* de réus, algum deles contestar a ação. Esse dispositivo é aplicável ao processo do trabalho.

Referida norma, no entanto, só incide nos regimes litisconsorciais (passivos) *unitários*, pois nesses, como tantas vezes assinalamos, a solução da lide deve ser uniforme para todos os litisconsortes. Logo, será irrelevante o fato de alguns litisconsortes deixarem de oferecer contestação: serão revéis, mas, apesar disso, não se dará o efeito da revelia, que é a presunção de veracidade dos fatos narrados na inicial. A *contrario sensu*, se o litisconsórcio for do tipo *simples*, poderão ser presumidos verdadeiros os fatos não contestados pelos litisconsortes revéis — justamente porque nesta espécie de regime a lide pode ser solucionada de maneira desigual para os compartes, exceto se as defesas desses litisconsortes se basearem nos mesmos fundamentos de fato e de direito em que se fundaram as demais contestações.

b) *Reconvenção* (CPC, art. 343). Em princípio, inexistem obstáculos legais à formulação reconvenção em sede de litisconsórcio. O que se deve examinar é se esses pedidos apresentam conexidade com a ação principal ou com o fundamento da defesa.

Os pedidos deduzidos na resposta reconvencional todavia, não se subordinam, necessariamente, ao regime litisconsorcial em que forem manifestados. Assim, mesmo que o litisconsórcio seja *unitário*, o julgamento dos mencionados pedidos não exigirá uniformidade no que tange aos diversos litisconsortes, em decorrência da autonomia (ontológica e teleológica) desses pedidos. De outra parte, no litisconsórcio simples o réu pode apresentar reconvenção em relação a todos os litisconsortes ou a alguns deles, porquanto o que tipifica esse regime é a independência das demandas e, como consectário lógico, o caráter fragmentário e heterogêneo do pronunciamento jurisdicional acerca do mérito pertinente a cada uma.

c) *Confissão*. Há confissão quando a parte admite como verdadeiro um fato contrário aos seus interesses manifestados na causa e favorável ao adversário (CPC, art. 389). Esclarece, porém, o *caput* do art. 391, do mesmo Código: "A confissão judicial faz prova contra o confitente, não prejudicando, todavia, os litisconsortes".

Não há a menor dúvida de que essa norma legal incide no litisconsórcio *simples*, em razão da possibilidade de a lide ser solucionada de forma não-uniforme para todos os litisconsortes. Incidiria, contudo, no litisconsórcio *unitário*? Seguramente que não. É bem verdade que se poderia supor o contrário, alegando-se que a confissão de um litisconsorte prejudicaria os demais, em virtude da necessidade de a lide ser solucionada de maneira uniforme para todos. Semelhante raciocínio, porém, estaria comprometido por intransponível paralogismo. Ora, se a relação jurídica material, nessa espécie de regime litisconsorcial, deve receber solução jurisdicional uniforme, é óbvio que a confissão efetuada por um dos litisconsortes é absolutamente ineficaz, não apenas quanto aos demais, mas com relação ao próprio confitente, sob pena de, a não se entender desse modo, estar-se permitindo, com visível incoerência, que a lide seja dirimida de maneira desigual, o que contrariaria a própria razão-de-ser do litisconsórcio *unitário*. Se bem refletirmos, veremos que a confissão, na hipótese, não passará de uma impressão pessoal da parte, acerca dos fatos alegados pelo adversário.

Art. 118. Cada litisconsorte tem o direito de promover o andamento do processo, e todos devem ser intimados dos respectivos atos.

• **Comentário**

Reprodução literal do art. 49 do CPC revogado.

A norma em foco trata do *impulso processual* por parte dos litisconsortes.

Essa regra legal atua, com amplitude, no litisconsórcio *simples*, constituído que é por diversas demandas. A particularidade de tais demandas manterem a sua individualidade gera não apenas a possibilidade de solução jurisdicional diversificada para cada uma, mas, antes, a liberdade dos litisconsortes no que atine à prática de atos processuais.

Embora a nossa assertiva possa acarretar alguns sobressaltos no espírito alheio, o fato é que entendemos ser aplicável também ao litisconsórcio *unitário* o texto legal m estudo. A singularidade de, neste regime, a solução do mérito dever ser homogênea não subtrai, de cada litisconsorte, a faculdade de promover a realização de atos processuais indispensáveis à defesa dos direitos e interesses manifestados na causa.

O que devemos inteligir, em síntese, da redação do dispositivo legal mencionado, é que, tanto no litisconsórcio *simples* quanto no *unitário*, não há necessidade de todos os litisconsortes praticarem o (mesmo) ato, para este atinja a finalidade desejada, sendo bastante para isso que o ato seja realizado ou requerido por um dos compartes. É essencial não perdermos de vista o fato de estarmos a falar de *impulso processual*, que, por isso, pode ser realizado por um dos litisconsortes. Aliás, a *intimação*, a que se refere o art. 118 do CPC deve ser feita não apenas à parte contrária, senão que aos demais litisconsortes, pois estes devem ser cientificados dos atos praticados no processo por um deles ou por alguns deles, em nome de todos.

Desistência da ação. Tanto pode ocorrer no litisconsórcio *simples* quanto no *unitário*. Para esse fim, dois preceitos legais devem ser observados: a) oferecida a contestação, a desistência só será possível com a concordância do réu (art. 485, § 4º); b) o ato de desistir da ação apenas produzirá efeitos depois de homologado por sentença (art. 200, par. único).

Vejamos a repercussão dessa desistência nos litisconsórcios: 1) ativo e 2) passivo.

1. *Litisconsórcio ativo*: 1.1. um dos autores desiste da ação: esta prossegue quanto aos demais; 1.2. todos os litisconsortes desistem da ação: extingue-se o processo sem julgamento do mérito (art. 485, VIII); 1.3. havendo apenas dois litisconsortes, um deles desiste da ação: extingue-se o litisconsórcio e o processo prossegue com o autor remanescente; 1.4. um ou mais autores desistem de um ou mais pedidos: o regime litisconsorcial se mantém, ainda que reduzida quantitativamente a cumulação objetiva;

2. *Litisconsórcio passivo*: 2.1. o autor desiste da ação em face de um dos litisconsortes, havendo três ou mais destes: o processo prossegue quanto aos demais réus; 2.2. o autor desiste da ação quanto a um dos litisconsortes, havendo apenas dois destes: desfaz-se o regime litisconsorcial e o processo prossegue com o réu remanescente 2.3. o autor desiste da ação, relativamente a todos os réus: o processo se extingue sem exame do mérito (art. 485, VIIII).

Seria, contudo, admissível a desistência no litisconsórcio *necessário*? É evidente que não. Afinal de contas, o que caracteriza essa modalidade de regime litisconsorcial, como vimos, é a necessidade de serem citadas todas as pessoas vinculadas à relação de direito material controvertida (art. 114). Nem mesmo o juiz poderá excluir da relação processual litisconsorte *necessário*.

Recurso. Estabelece o art. 1.005, *caput*: "O recurso interposto por um dos litisconsortes a todos aproveita, salvo se distintos ou opostos os seus interesses".

Essa regra legal, em princípio, só faz sentido quanto ao litisconsórcio *unitário*. Assim dizemos porque se a sorte (*sors*) dos litisconsortes, no campo do direito material, deve ser igual para todos, eventual entendimento de que o recurso interposto por um deles *não* aproveitaria aos demais haveria de conduzir à ousada negação do princípio de decisão uniforme para todos.

No litisconsórcio *simples*, ao contrário, a solução da lide não precisa ser idêntica para todos. Aqui, como tantas vezes dissemos, predomina a autonomia da vontade dos litisconsortes, a que alude o art. 48, do CPC. Desta maneira, o recurso interposto por um dos litisconsortes não beneficiará os demais, que não recorrerem. Consequentemente, em relação aos demais formar-se-á a coisa julgada material. Uma exceção: no caso de litisconsórcio simples e *passivo*, o recurso interposto por um dos litisconsortes aproveitará os demais se, nos termos do art. 1.005, par. único, *as defesas oferecidas ao credor lhes forem comuns*. *Defesas comuns*, para esse efeito, não devem ser consideradas as que forem elaboradas em um uma só peça, mas as que apresentarem idênticos fundamentos de fato e de direito.

Imbricações das modalidades litisconsorciais

Por meio deste título, queremos designar as principais combinações possíveis entre as diversas espécies de regimes litisconsorciais. Vejamos:

a) *Litisconsórcio facultativo e simples*. Revela-se como o de maior incidência no processo do trabalho. É a ele que se refere o art. 842, da CLT. A despeito de essa norma legal só se haver preocupado com a forma *ativa* do litisconsórcio em foco, nada obsta a que a cumulação de partes se dê, de igual modo, no polo passivo da relação processual. Sob este ângulo, o regime litisconsorcial poderia ser: 1) apenas ativo (autores); 2) apenas passivo (réus) ou 3) misto (autores e réus).

A *facultatividade* provém do fato de a formação do litisconsórcio depender, unicamente, da vontade da pessoa. Dois ou mais empregados, p. ex., poderiam litigar isoladamente com o empregador comum; no entanto, se entre as respectivas causas de pedir ou pedidos houver conexão, poderiam demandar de maneira conjunta, vale dizer, litisconsorciados. A *simplicidade* está em que a solução do conflito de interesses não precisa ser uniforme para os litisconsortes. Essa possibilidade de o resultado da prestação jurisdicional ser diversa para os compartes nada mais é do que reflexo da autonomia das respectivas demandas, que foram agrupadas, apenas, por uma conveniência dos titulares das pretensões.

b) *Litisconsórcio facultativo e unitário*. Embora a fonte dessa modalidade litisconsorcial seja a manifestação volitiva da pessoa, o seu traço particular, em cotejo com o litisconsórcio facultativo e simples, objeto de exame na letra anterior, reside no fato de que a lide, aqui, deve ser solvida de modo uniforme para os litisconsortes. Nem mesmo o juiz pode colocar obstáculos à constituição do regime litisconsorcial do tipo unitário. O que define se o regime a ser adotado, com vistas à cumulação subjetiva (de partes) é unitário ou simples é a cindibilidade, ou não, do direito material subjacente: se a cisão for admissível, será *simples*; se não for, será *unitário*. Se, p. ex., o empregador institui um regulamento interno, que os trabalhadores reputam ser lesivo aos seus direitos ou interesses, estes podem (logo, há facultatividade) consorciar-se para ingressar em juízo, hipótese em que o pronunciamento jurisdicional deverá ser uniforme para todos eles: *só declara que o regimento interno causou as lesões alegadas pelos trabalhadores* (e, neste caso, será nulo, nos termos dos art. 9º e 468, da CLT), ou *só* diz inexistirem essas lesões (e, consequentemente, a norma interna será válida). Não seria admissível, lógica e juridicamente, que a sentença declarasse ser o regimento interno válido para alguns trabalhadores e inválido para outros, se todos se encontrassem na mesma situação de fato e de direito — identidade, aliás, que justificou a formação do litisconsórcio.

c) *Litisconsórcio necessário e unitário*. Será necessário o litisconsórcio toda vez que for exigida a presença, no mesmo processo, do conjunto das pessoas legalmente legitimadas pela relação jurídica de direito material que deu origem ao conflito intersubjetivo de interesses. Sem a citação de todas essas pessoas a sentença será nula ou ineficaz (arts. 114 e 115, I e II). Esclareça-se que o que faz a sentença destituída de eficácia, na espécie, não é a falta de comparecimento de um ou mais dos litisconsortes, e sim a ausência de sua citação. Os textos modernos, rompendo com antigas tradições, não exigem a presença da parte em juízo para que a relação processual se estabeleça e se desenvolva com regularidade. Corolário disso é a figura da revelia.

A unitariedade do litisconsórcio em exame radica em que (ao contrário do simples) o mérito deve ser apreciado de maneira uniforme para todos aqueles que se encontram agrupados em um ou em ambos os polos da relação processual.

O que desassemelha, portanto, o litisconsórcio *necessário* e unitário do *facultativo* e unitário é, apenas, o ato determinante da constituição de um e de outro, pois o primeiro é produto do comando legal; o segundo, da vontade da parte.

d) *Litisconsórcio necessário e simples*. Em regra, o litisconsórcio que for necessário será unitário, pois a unitariedade parece advir da necessidade que assinala a constituição dessa espécie litisconsorcial. Em situações bem menos frequentes, todavia, o litisconsórcio pode ser necessário e simples, como aconteceria, *e. g.*, no processo civil, se a sentença declarasse o usucapião, embora excluísse parte da área, em decorrência de contestação apresentada por um dos confinantes.

Às modalidades litisconsorciais que examinamos poderiam, ainda, ser adjungidas outras, que implicariam, p. ex., litisconsórcio facultativo-alternativo-simples; facultativo-alternativo-unitário; facultativo-eventual-simples; facultativo-eventual-necessário, que se apresentariam nas forma ativa ou passiva, originária ou superveniente. Essa viabilidade de múltiplas combinações entre as diversas modalidades de litisconsórcio demonstra, de um lado, a riqueza do universo de que fazem parte; de outro, a complexidade prática e doutrinária a que tais imbricações soem conduzir.

TÍTULO III

DA INTERVENÇÃO DE TERCEIROS

CAPÍTULO I

DA ASSISTÊNCIA

Seção I

Disposições Comuns

Introdução

O CPC anterior indicava como formas de intervenção de terceiros: a) a oposição (arts. 56 a 61); b) a nomeação à autoria (arts. 62 a 69); c) a denunciação da lide (arts. 70 a 76); c) o chamamento ao processo (arts. 77 a 80). A assistência não era considerada intervenção de terceiro (arts. 50 a 55).

Alterando esse critério, o CPC vigente: a) *excluiu* do elenco das intervenções de terceiros: 1) a oposição e 2) a nomeação à autoria; b) *incluiu* no rol: 1) a assistência; 2) o incidente de desconsideração da personalidade jurídica; 3) o *amicus curiae*. Sendo assim, são estas, no sistema do CPC atual, as modalidades de intervenção de terceiro:

- assistência;
- denunciação da lide;
- chamamento ao processo;
- incidente de desconsideração da personalidade jurídica;
- *amicus curiae*.

Dediquemo-nos à assistência.

Resumo histórico

A origem remota da assistência, como forma de intervenção voluntária em processo alheio, parece ter as suas raízes no direito Romano. Bártolo, em seus escritos, alude à assistência como intromissão de terceiro no processo, para auxiliar o autor ou o réu (*ad adiuvandi reo vel actorem*), sem confundi-la com a oposição (*ad infringendum iura competitorum*).

Da figura em estudo se ocuparam as Ordenações Filipinas, no Livro 3º, Título XX, § 32, e o Regulamento Imperial n. 737. Estatuía o art. 124, deste: "Para ser o assistente admitido, é preciso que ele alegue o interesse aparente que tem na causa: se é fiador, sócio, consenhor de coisa indivisa, vendedor de coisa demandada".

Estava também na Consolidação de Ribas: "O assistente pode ser admitido como tal, desde que prove o interesse que tem na causa, embora não o tenha feito por artigos e nem com audiência das partes".

O CPC de 1939 previa, unicamente, a assistência *litisconsorcial* (art. 93). O fato de esse estatuto processual não haver dedicado nenhuma disposição à assistência *simples* espelha o preconceito que Pedro Batista Martins — elaborador do anteprojeto — tinha sobre essa modalidade. São dele estas palavras: "O Código reagiu contra as tendências individualistas das legislações anteriores, que transformaram o instituto da assistência em instrumento de conluio e de má-fé" ("Comentários", I, n. 238).

Premido, talvez, pelas circunstâncias, o eminente jurista teve de ceder em parte, inserindo naquele estatuto processual, como afirmamos, a figura da assistência *litisconsorcial*.

A CLT é, rigorosamente, omissa quanto ao tema da assistência. Como esta não é incompatível com o processo do trabalho, a solução reside na incidência supletiva, neste processo, dos arts. 119 a 124, daquele Código.

Conceito

Assistência (1) é ato pelo qual terceiro (2) intervém, (3) de maneira voluntária, (4) em processo alheio, (5) motivado pelo interesse jurídico (6) em que a sentença seja favorável ao assistido.

Justifiquemos essa definição.

(1) *É o ato pelo qual terceiro*. Trata-se, realmente, de terceiro, porque a pessoa que se mete de permeio no processo não está vinculada à relação material controvertida, estabelecida entre as partes. Mesmo que a sua interveniência seja aceita, o assistente não se torna parte, mas simples *auxiliar* do assistido, a quem o art. 121, do CPC, em má técnica, se refere como auxiliar da "parte principal", como se o assistente também se tornasse parte (secundária). Em suma, o assistente não é parte, senão que *sujeito interessado* do processo.

Embora o assistente manifeste interesse próprio e postule também em nome próprio, defende, na verdade, direito alheio.

Como auxiliar que é, o assistente não pode praticar atos contrários aos interesses do assistido.

(2) *Intervém*. O art. 119, do CPC, faz uso do verbo *intervir* no sentido de alguém intrometer-se, de meter-se de permeio em processo em que não está em jogo um seu direito, senão que um seu interesse jurídico.

(3) *De maneira voluntária*. Nenhuma norma legal obriga o terceiro a intervir em processo alheio. A sua intervenção, portanto, será sempre voluntária, segundo seja o seu interesse jurídico em realizá-la. Note-se que o art. 119, *caput*, do CPC, diz que o terceiro *poderá* intervir, a indicar, portanto, que se trata de uma *faculdade* deste.

Está claro, pois, que nem mesmo o juiz poderá determinar que terceiro intervenha, na qualidade de assistente, contra a vontade deste.

(4) *Em processo alheio*. É óbvio que a ideia de intervenção se encontra logicamente adjungida a processo alheio, ou seja, a conflito de interesses em que figurem como autor e réu pessoas distintas daquela que deseja intervir. Contudo, como ficou dito, o assistente não se torna parte, mas mero auxiliar de uma das partes (assistido). Trata-se, portanto, quase sempre, de uma assistência *ad adiuvandum tantum*.

Como é de elementar conclusão, o processo alheio, no qual o terceiro deseja intervir como assistente, é aquele em que ainda não se formou a coisa julgada material (CPC, art. 502). Se a *res iudicata* já se constituiu, a causa deixa de estar *pendente* (CPC, art. 119, *caput*), fechando-se, em razão disso, a possibilidade de haver intervenção. Esta será admitida, porém, na execução, se houver *embargos do devedor*, hipótese em que o assistente poderá ter interesse em que a sentença resolutiva desses embargos seja favorável a uma das partes (credor ou devedor).

(5) *Motivado pelo interesse jurídico*. Em que pese ao fato de o art. 17 do CPC declarar que para postular em juízo seja necessária a existência de *interesse* (sem qualificá-lo de econômico ou moral, como fazia o art. 2º, c*aput*, do CPC de 1939), que constitui, por isso, uma das condições da ação, esse interesse, para efeito de assistência, deve ser *jurídico,* como demonstra o art. 119, *caput*, do CPC atual. Coerente com essa disposição legal, estabelece a Súmula n. 82, do TST: "A intervenção assistencial, simples ou adesiva, só é admissível se demonstrado o interesse jurídico e não o meramente econômico". Um esclarecimento: a Súmula em tela alude à assistência simples ou adesiva; não se trata, contudo, de duas espécies de assistência, senão que de uma só, pois os vocábulos "simples" e "adesiva" são, para os efeitos da assistência, sinônimos. O oposto da assistência *simples* é a *litisconsorcial*, conforme veremos mais adiante.

Entrementes, abrindo uma exceção a essa regra, a Lei n. 9.469, de 10.7.97, após estatuir, no art. 5º, *caput*, que a União poderá intervir nas causas em que figurarem, como autoras ou rés, autarquias, fundações públicas, sociedades de economia mista e empresas públicas federais, dispôs, enfaticamente, no parágrafo único: *"As pessoas jurídicas de direito público poderão, nas causas cuja decisão possa ter reflexos, ainda que indiretos, de natureza econômica, intervir, independentemente de demonstração de interesse jurídico, para esclarecer questões de fato e de direito, podendo juntar documentos e memoriais reputados úteis ao exame da matéria e, se for o caso, recorrer, hipótese em que, para fins de deslocamento de competência, serão consideradas partes"* (destacamos).

(6) *Em que a sentença seja favorável ao assistido*. O interesse jurídico do terceiro, em intervir na qualidade de assistente de alguma das partes, está intimamente vinculado ao desejo de que a sentença seja *favorável* ao assistido. Esse interesse deve existir tanto na assistência *simples* quanto na *litisconsorcial*, conforme procuraremos demonstrar mais à frente, ao nos ocuparmos com as espécies de assistência.

Justificativa da assistência

Conquanto alguns autores de outrora tenham manifestado certa antipatia pela assistência, em virtude de as leis da época a haverem transformado em instrumento de conluio e de má-fé (LOPES DA COSTA. *Direito processual civil brasileiro*. Rio de Janeiro, 1959, v. I, n. 483), as fontes romanas revelam que essa modalidade de intervenção em processo alheio foi concebida, justamente, para evitar que o conluio, a má-fé, ou mesmo a negligência de um dos litigantes viesse a acarretar danos a terceiros. Essa prática teria sido inaugurada no período da *extra ordinem cognitio* (iniciada no séc. III, d.C, e instauradora da justiça pública, pois o pretor passou a apreciar o mérito das demandas e a proferir sentença).

Postas à frente as razões históricas da assistência, verifica-se que o seu uso como instrumento de conluio ou de má-fé, com a finalidade de prejudicar terceiro, decorreu de lamentável deturpação do instituto, estimulada por situações de outros tempos.

Mais do que nunca, entretanto, se justifica, modernamente, a presença dessa figura em nosso ordenamento processual, como providência destinada a permitir que terceiro intervenha em processo alheio, para, agindo no interesse próprio, promover a defesa do direito a quem assiste (*ut causam aiuvat ad vitoriam*). Como coadjutor, o terceiro atuará ao lado de um dos contendores, praticando, um e outro, atos que possam assegurar a obtenção de um provimento jurisdicional favorável ao direito ou ao interesse do assistido, pois essa vitória na causa representará, em última análise, a preservação, a tutela dos interesses que levaram o terceiro a intrometer-se no processo.

Não se pode negar, contudo, que em determinadas hipóteses o que o impele a intervir na relação processual estabelecida entre autor e réu não é, necessariamente, o desejo de auxiliar um deles, e sim a preocupação de impedir o conchavo, o concerto lesivo, a conspiração contra seus legítimos interesses. Inexistente em nosso sistema processual a figura da assistência, o terceiro ficaria em enormes dificuldades para encontrar outro expediente legal que pudesse evitar velhacadas dessa natureza.

Sem que devam ser desconsideradas essas preocupações do terceiro, a regra a ser observada é a de que o escopo da assistência se concentra em adjuvar uma das partes envolvidas no conflito de interesses; essa atuação em prol de um dos litigantes corresponde, sob certo aspecto, à oportunidade que a lei concede ao terceiro para promover a defesa dos seus interesses, antes do momento em que, provavelmente, pretendia fazê-lo (em outro processo).

Curiosamente, a assistência quase não tem sido praticada no processo do trabalho. É razoável supor que esse escasso manejo da assistência seja, em boa medida, reflexo da pobreza histórica da doutrina trabalhista sobre o assunto, pois a ela incumbia, por excelência, exaltar a utilidade desse instituto; ou afirmar o contrário.

Atendidos os requisitos de legitimidade (CPC, art. 17), de interesse jurídico (CPC, art. 119) e de competência (CF, art. 114), poderá ser admitido, em tese, como assistente, no processo do trabalho: a) um trabalhador em relação a outro; b) o sindicato em relação ao trabalhador; c) um trabalhador em relação ao sindicato; d) o sindicato em relação ao empregador; e) um empregador em relação a outro empregador.

Ilustremos, com exemplos, a nossa afirmação.

a) Um trabalhador ingressa em juízo, alegando ser detentor de estabilidade no emprego, instituída pelo empregador, mediante norma interna genérica, e haver sido despedido sem justa causa, pedindo, em razão disso, a sua reintegração. Ao contestar, o empregador alega que a norma interna invocada pelo autor não lhe atribui — e nem a qualquer outro trabalhador — estabilidade no emprego. Como essa norma interna é genérica, vale dizer, aplicável a todos os trabalhadores daquela empresa, qualquer outro trabalhador da empresa poderia requerer a sua admissão no processo, na qualidade de assistente do autor, porquanto teria manifesto interesse jurídico em que a sentença fosse favorável a este. Eventual sentença desfavorável ao autor poderia, de certa forma, prejudicar as pretensões do assistente, a serem formuladas em ação futura, com base na mesma norma interna.

b) Conquanto as entidades sindicais estejam legalmente legitimadas a agir na qualidade de substitutas processuais dos integrantes da categoria, isso não as impede — ao contrário, as autoriza — de intervir, em determinados processos, como assistente do trabalhador, esteja este figurando como autor ou como réu. O requisito essencial para essa intervenção é existência de interesse jurídico, por parte do assistente.

Seria o caso, por exemplo, de estar-se discutindo, na causa, qual a natureza jurídica (salarial, ou não) de certa quantia paga pelo empregador não apenas ao autor, mas aos demais trabalhadores. Não somente estes estariam legitimados para intervirem como assistente do autor, como o próprio sindicato estaria, levando-se em conta que a matéria é de interesse de parcela considerável da categoria, ou de toda a categoria. O sindicato também estará legitimado a intervir como assistente do Ministério Público do Trabalho em ações civis públicas, nas quais soem estar em causa interesses coletivos, difusos ou individuais homogêneos.

c) Agindo, o sindicato, como substituto processual, será admissível que um ou mais trabalhadores, integrantes da categoria por aquele abrangida, intervenham no processo, como assistentes do sindicato. Não ignoremos que esses trabalhadores são, em derradeira análise, os titulares dos direitos materiais alegados em juízo. Apesar disso, como assistente não se tornariam parte, embora possuíssem inegável interesse jurídico em auxiliar o sindicato na defesa das pretensões formuladas em juízo. Como assistentes, eles estariam promovendo, ainda que por via oblíqua, a defesa dos próprios direitos materiais em que se funda a ação, motivo por que bem se percebe que a assistência, na hipótese, não seria simples (ou adesiva), senão que litisconsorcial (ou qualificada).

d) Nada impede que um sindicato de empregadores se introduza em processo do qual esteja participando (geralmente, como réu) um seu filiado, para auxiliá-lo. Digamos que o trabalhador esteja a sustentar que o adicional de insalubridade deva ser calculado com base na sua efetiva remuneração, e não no salário-mínimo. Haveria, aí, nítido interesse jurídico do assistente, pois a tese do autor, se acolhida pela sentença, poderia estimular o ajuizamento de ações semelhantes em face de outros empregadores;

e) Um empregador poderia, também, intervir no processo para assistir a outro empregador. Isso não transbordaria da competência constitucional da Justiça do Trabalho, pois inexistiria litígio, lide, entre o assistente a o assistido. Ao contrário, as relações entre ambos seriam harmoniosas, em decorrência da comunhão de interesses. Por mais forte razão, se poderia permitir que empresa integrante do grupo econômico interviesse no processo para auxiliar outra empresa do mesmo grupo. O fundamental, para essa intervenção, é que demonstrasse possuir interesse jurídico e não somente econômico.

Embora o terceiro se apresente, voluntariamente, como assistente, a sua efetiva admissão no processo não depende apenas da sua vontade: a ele cumprirá requerer ao juiz a intervenção. O ato pelo qual o juiz defere ou indefere a assistência não comporta recurso, por traduzir decisão interlocutória.

Classificação

Pudemos deixar demonstrado, nas linhas anteriores, que o *interesse jurídico* constitui o requisito essencial para que o assistente possa intervir em processo alheio, a bem de uma das partes. Considerando o grau, a intensidade desse interesse, assim como as repercussões que a sentença possa acarretar na órbita jurídica do assistente, a doutrina passou a distinguir duas modalidades básicas de assistência, a saber:

a) simples (também dita adesiva ou comum);

b) litisconsorcial (também denominada de qualificada ou autônoma).

O interesse processual

Em tempos passados, por influência da teoria civilista — que considerava a ação e o processo como simples capítulos do direito material — o interesse de agir em juízo era visto como uma espécie de extensão do interesse protegido pelo direito substancial; com isso, afirmava-se que quando o direito subjetivo era ameaçado ou lesado, o que nele se continha recebia a denominação de interesse de agir.

Modernamente, contudo, em decorrência do reconhecimento doutrinário da autonomia do direito de ação, já não se confunde o interesse que é próprio do direito material, com o de atuar em juízo (interesse processual).

Para Chiovenda, o interesse de invocar a prestação da tutela jurisdicional emana da *necessidade de* obter-se um provimento a respeito da *res in iudicio deducta*; para Mortara, todavia, esse interesse surge da *utilidade* que o decreto jurisdicional pode propiciar ao autor, solvendo o conflito de interesses. O atual CPC de nosso País parece haver adotado ambas as opiniões. Chegamos a essa conclusão pela leitura do art. 20, que permite o exercício da ação declaratória incidental, mesmo que tenha ocorrido a lesão do direito.

No sistema do vigente estatuto processual civil — que perfilhou, no particular, a doutrina liebmaniana — o interesse de agir figura como uma das condições da ação (arts. 17 e 485, VI). E, opostamente ao Código de 1939, que exigia que o interesse fosse, além de legítimo, econômico ou moral (art. 2º, *caput*), o atual só fala em interesse, sem qualquer qualificação ou adjetivação. Ao declarar, porém, que para propor ação é necessário haver interesse e legitimidade, o art. 3º, do CPC revogado dizia menos do que deveria (*minus dixit quam voluit*), pois o interesse processual é igualmente indispensável para contestar, excepcionar, formular pedido contraposto, recorrer, embargar, impugnar, intervir no processo. etc. Representa, por assim dizer, a medida da admissibilidade de qualquer atuação em juízo. Andou certo, pois, o CPC atual, ao exigir o interesse e a legitimidade para *postular em juízo* (art. 17).

Doutrinalmente, o interesse processual pode ser *de fato* ou *de direito* (jurídico). Em geral, aquele é de natureza econômica. Já o interesse *de direito* ou *jurídico* provém da existência, entre o direito controvertido e o que o indivíduo deseja proteger com o sucesso daquele, de um nexo, uma dependência, de tal sorte que a solução do conflito pode repercutir de maneira favorável ou desfavorável na posição jurídica do terceiro. Como anota Moacyr Lobo da Costa, toda vez que o terceiro detiver a titularidade de uma relação jurídica, "cuja consistência prática ou econômica dependa da pretensão de uma das partes do processo, ele deve ser admitido a intervir na causa, para atuar no sentido de que a sentença seja favorável à pretensão da parte a que aderiu. Não se trata, evidentemente, de interesse prático ou econômico, que não legitima a intervenção. Deve existir uma relação jurídica, entre o terceiro e a parte, cuja consistência prática ou econômica dependa da pretensão dessa parte, na lide, e possa ser afetada pela decisão da causa" (*Assistência*, 1968, apud MARQUES, José Frederico. Obra cit., p. 272).

É diversa, entrementes, a *intensidade* com que o interesse jurídico se manifesta na assistência *simples* e na *litisconsorcial:* naquela, o interesse é diáfano, rarefeito, e, por isso, de difícil constatação, muitas vezes; nesta, contudo, ele se apresenta, quase sempre, denso, concreto, e, em virtude disso, facilmente perceptível. Sucede que, enquanto na assistência *simples* o terceiro tem uma relação jurídica apenas *conexa* com o direito controvertido no processo, ou dele dependa, na *litisconsorcial* ele é um dos *titulares* do direito material litigioso, sendo suficiente, portanto, que faça prova dessa qualidade para ser admitido a intervir na causa.

Art. 119. Pendendo causa entre 2 (duas) ou mais pessoas, o terceiro juridicamente interessado em que a sentença seja favorável a uma delas poderá intervir no processo para assisti-la.

Parágrafo único. A assistência será admitida em qualquer procedimento e em todos os graus de jurisdição, recebendo o assistente o processo no estado em que se encontre.

• **Comentário**

A norma em exame cuida da assistência simples.

Na busca de um critério capaz de separar a assistência *simples* da *litisconsorcial,* a doutrina acabou por identificá-lo no fato de, na primeira espécie, o assistente estar impulsionado pelo interesse na vitória do assistido; e, em consequência, na derrota do adversário deste (SANTOS, Moacyr Amaral. *Primeiras linhas de direito processual civil.* 4. ed. São Paulo: Saraiva, 1979, 2º v., p. 40). *Data venia,* não nos parece correto esse critério, pois é evidente que também na assistência *litisconsorcial* o assistente, de igual modo, deseja contribuir para o sucesso do assistido, e para o insucesso do adversário deste. O objetivo da vitória do assistido não deve ser visto, portanto, como algo que distinga a assistência simples da litisconsorcial, senão que, ao contrário, como uma finalidade comum às duas espécies assistenciais.

Em nosso ver, será mais científico eleger-se como critério distintivo o da existência, ou não, de *relação jurídica* entre o assistente e o adversário do assistido. No primeiro caso, a assistência será *litisconsorcial;* no segundo, *simples.*

A assistência *simples* se caracteriza, pois, pelo fato de não estar sendo disputado, na causa, direito do assistente, e sim do assistido; apesar disto, a vitória deste poderá trazer benefícios ao direito daquele — direito que, devemos insistir, não é objeto do processo de que o assistente participa, nessa qualidade. Daí, o *interesse* (jurídico) que ele possui, em *auxiliar* o assistido (*ad adiuvandum tantum*), com o fito de vê-lo vencedor na causa. Para esse fim, a lei atribui ao assistente uma espécie de legitimidade extraordinária, ou anômala, porquanto, inexistindo entre ele e o adversário do assistido, qualquer relação jurídica material, estaria desapercebido de legitimidade (ordinária) para intervir no processo.

Para que o assistente possa atuar, com eficácia, como auxiliar do assistido, a lei lhe concede os poderes e faculdades da parte assistida, embora lhe imponha, em contrapartida, ônus processuais idênticos aos desta (CPC, art. 121). No exercício desses poderes e faculdades, entretanto, não poderá o assistente contrariar a vontade do assistido, como: dispensar provas, cuja produção tenha sido requerida pelo assistido; produzir provas que tenham sido dispensadas por este; aceitar conclusão contida em laudo pericial, que tenha sido impugnado pelo assistido; admitir como autêntico documento relativamente ao qual o assistido suscitou o incidente de falsidade material etc.

Para que melhor sejam compreendidas as razões jurídicas desse veto doutrinário imposto ao assistente (consistente em não o permitir agir de modo oposto aos interesses do assistido), torna-se necessário sublinhar o caráter meramente *subsidiário* de sua atuação no processo. O assistente — convém repisar — não é o titular do direito material em litígio; logo, não se debate no processo direito seu. Cumpre-lhe, por esse motivo, apenas, *complementar,* por assim dizer, a atividade processual do assistido, devendo, nesse mister, agir em absoluta harmonia com a vontade e com os interesses deste no processo. Permitir que o assistente pudesse atuar de maneira antagônica aos interesses do assistido implicaria desferir duro golpe nas razões históricas que levaram o gênio humano a conceber a figura da assistência.

Mesmo no caso de revelia do assistido, incumbirá ao assistente, como substituto processual (CPC, art. 121, parágrafo único), praticar os atos processuais "segundo o interesse e a vontade presumível", daquele (art. 861, do Código Civil).

Como o assistente *ad adiuvandum tantum* não é titular do direito material controvertido na causa, fica desautorizado a praticar qualquer ato que traduza, de uma forma ou de outra, disposição desse direito. Ser-lhe-á defeso, na linha dessa regra inflexível e de boa consistência jurídica, entre outras coisas:

a) reconhecer a "procedência" do pedido formulado pelo adversário do assistido (CPC, art. 487, III, "a");

b) transigir (*ibidem*, III);

c) renunciar ao direito em que se funda a ação (*ibidem*, V);

d) confessar (CPC, art. 386).

De outro lado, faltará ao terceiro o indispensável *interesse jurídico* em casos como estes:

a) do credor, em ação condenatória promovida por terceiro, em face do devedor;

b) de entidade religiosa ou filosófica, para ver prevalecer princípio moral ou ético, que defende;

c) de jurista, para defender ponto de vista que pretende seja triunfante etc.

Todavia, conforme alertamos antes, há, no art. 121, *caput*, do CPC, uma disposição que ser não for adequadamente interpretada poderá conduzir a sérias consequências de ordem prática. Referimo-nos à parte do texto em que se afirma que o assistente atuará como auxiliar da "parte principal". Ora, essa expressão é equívoca, pois pode fazer supor que o assistente também seja parte ("secundária", na hipótese), o que não corresponde à verdade. Nem mesmo por metonímia poderíamos reconhecer no assistente a qualidade de parte. *Parte*, como sabemos, é a pessoa que se encontra diretamente vinculada à lide, ao conflito intersubjetivo de interesses. Se a lide é o todo e as partes são só seus elementos fragmentários, é evidente que o terceiro não pode ser considerado parte, sob pena de graves perturbações dos conceitos. O terceiro é, no máximo, sujeito do processo.

Parágrafo único. A assistência será admitida em qualquer procedimento e em todos os graus de jurisdição. O assistente recebe o processo no estado em que se encontre.

Procedimento. Antes de nos manifestarmos acerca do procedimento, devemos lembrar que *processo* pode ser:

a) de conhecimento;

b) de execução;

c) cautelar.

O *procedimento*, por sua vez, se divide em:

a) comum ; e

b) especial.

O procedimento comum subdivide-se em: 1) ordinário; 2) sumaríssimo (CLT, arts. 852-A a 852-I), embora certos juristas vejam no § 3º do art. 2º da Lei n. 5.584/1970 um procedimento sumário. Parece-nos, contudo, que a simples dispensa do resumo dos depoimentos, com o lançamento na ata das conclusões sobre a matéria factual, não tenha o condão de instituir um novo procedimento, como sistema próprio.

O procedimento *comum* é a regra; o *especial*, a exceção. Tanto isto é certo, que o art. 318, do CPC, declara: "Aplica-se a todas as causas o procedimento comum, salvo disposição em contrário deste Código ou de lei". O procedimento *comum* trabalhista se subdivide em: a.a.) *ordinário* e a.b.) *sumaríssimo*.

Os procedimentos *especial* e *sumariíssimo* (este, espécie do *comum*) são regulados pelas disposições que lhes são próprias, aplicando-lhes, todavia, em caráter subsidiário, as normas regentes do procedimento *ordinário*.

À luz do art. 119, parágrafo único, do CPC, portanto, a assistência será admissível tanto nos procedimentos *comum* e *especial*, compreendendo, aqueles, o *ordinário* e o *sumaríssimo*.

De outra parte, a assistência também será permitida:

a) nos processos de conhecimento, de execução e cautelar;

b) nos procedimentos de jurisdição contenciosa, de modo geral.

Discute-se, porém, o seu cabimento nos procedimentos de "jurisdição voluntária" (melhor: que envolvam administração pública de interesses privados). Entendemos ser inadmissível a assistência neste caso, pois aqui não há *processo* (pressuposto do art. 119, *caput*, do CPC), mas mero procedimento.

Graus de jurisdição

Por outro lado, o art. 119, par. único, do CPC, admite a assistência em *todos os graus de jurisdição*, vale dizer, em primeiro grau ou perante os tribunais.

A autorização legal para que a assistência ocorra em qualquer grau de jurisdição pressupõe a inexistência de trânsito em julgado da sentença ou do acórdão. Não estamos asseverando, com isso, que a assistência não seria admissível na ação rescisória e sim que a causa, em que o terceiro deseja intervir como assistente, não tenha sido ainda julgada. Nosso entendimento se baseia no fato de o art. 119, *caput*, do CPC, subordinar a intervenção do assistente ao interesse deste em que a sentença *futura* venha a ser favorável ao assistido. Note-se que o legislador aludiu a "causa pendente".

Art. 120

Resumindo nossa opinião: na Justiça do Trabalho, a assistência será cabível nos processos de conhecimento e cautelar e nos procedimentos comum ordinário, comum sumaríssimo, e especial. No processo de execução a assistência deve, em princípio, ser repelida, pois o assistente já não pode auxiliar o assistido em seu escopo de obter um pronunciamento jurisdicional favorável. Dissemos em princípio, porque, havendo embargos do devedor, e considerando que estes possuem natureza cognitiva, abre-se a possibilidade da assistência.

Todavia, o parágrafo único do art. 119, do CPC, faz clara ressalva de que o assistente receberá o processo na fase em que se encontre, procurando, com isso, evitar que a intervenção do assistente possa acarretar um regresso a fase já oclusas do procedimento, provocando, com isso, um *retrocesso*, cuja noção se contrapõe à de *processo* (marcha avante).

A expressão legal: "recebe o processo no estado em que se encontre", no entanto, contém uma impropriedade científico-terminológica. Com efeito, sendo, o processo, método ou técnica estatal destinada a solução de conflitos de interesses, torna-se sobremodo difícil conceber a ideia de que o assistente (ou quem quer que seja) possa *recebê-lo*. Melhor teria feito o legislador, se dissesse, por exemplo, que o assistente interviria no feito, segundo a fase em que o procedimento se encontrasse. De qualquer forma, imperfeições terminológicas ao largo, o que de certo fica é o fato de o assistente, ao meter-se de permeio em processo alheio, pendente, não poder renovar atos praticados pelas partes ou procurar realizar atos que estas deixaram de fazê-lo no momento processual oportuno, no tocante aos quais se operou a preclusão.

Art. 120. Não havendo impugnação no prazo de 15 (quinze) dias, o pedido do assistente será deferido, salvo se for caso de rejeição liminar.

Parágrafo único. Se qualquer parte alegar que falta ao requerente interesse jurídico para intervir, o juiz decidirá o incidente, sem suspensão do processo.

• **Comentário**

Caput. O artigo em exame traça o procedimento atinente à assistência. Em termos gerais é o seguinte:

a) o terceiro, que possuir interesse jurídico em que a sentença seja favorável a uma das partes, deverá formular, por escrito, a correspondente petição, que será submetida à distribuição por dependência e juntada aos autos;

b) as partes serão intimadas para, no prazo de quinze dias (comum), dizer se concordam, ou não, com a intervenção;

b.a.) Se nenhuma das partes impugnar o pedido, no prazo legal, a assistência será deferida (idem, ibidem), exceto se for o caso de rejeição liminar do pedido;

Parágrafo único. Se qualquer das partes alegar que falece ao assistente interesse jurídico para intervir, o juiz decidirá o incidente nos próprios autos e sem suspensão do processo. A decisão deverá ser proferida no prazo de dez dias (CPC, art. 226, II) e, por ser interlocutória, será irrecorrível (CLT, art. 893, § 1º).

No sistema do CPC anterior, o juiz determinava o desentranhamento da petição da pessoa interessada em intervir como assistente, e da impugnação, a fim de serem autuadas em apenso, decidindo o incidente em cinco dias. O CPC atual deixa claro que: a) a decisão será proferida nos próprios autos; b) sem suspensão do processo.

Algumas nótulas acerca desse procedimento legal devem ser acrescentadas.

Em primeiro lugar, tratando-se de assistência *simples*, pensamos que o mero fato de inexistir impugnação pelas partes não autorizará, por si só, o deferimento da intervenção do terceiro. Se o juiz se convencer de que falta ao terceiro o imprescindível *interesse jurídico* de intervir, poderá, por sua iniciativa, obstar-lhe a possibilidade de intervir como assistente. Cumpre lembrar que o *interesse processual*, por ser uma das condições da ação (CPC, art. 17), pode e deve ser apreciado pelo juiz, *ex officio* (CPC, art. 485, § 3º).

Em segundo, se a impugnação vier acompanhada de documentos, é indispensável que o juiz dê vista destes ao terceiro, atendendo, assim, à regra inscrita no art. 437, § 1º, do CPC; não ficará fora de possibilidade ocorrer a arguição de falsidade desses documentos, hipótese em que o incidente será processado na forma prevista pelos arts. 430 a 433, do CPC.

Em terceiro, a produção de provas, quando necessária, será regida pelas norma gerais do CPC. Por outro lado, se as provas forem desnecessárias ou meramente protelatórias, caberá ao juiz indeferir o requerimento de produção (CPC, art. 139, III).

Em quarto, sendo o caso de assistência *litisconsorcial*, a sua intervenção poderá ser admitida mesmo que haja discordância das partes e desde que tenham sido satisfeitos os requisitos legais, em especial, a existência do interesse jurídico e a possibilidade de a sentença influir na relação jurídica material entre o terceiro e o adversário daquele a quem deseja assistir (CPC, art. 124).

O ato pelo qual o juiz acolhe, ou não, o pedido de assistência, configura *decisão interlocutória* (CPC, art. 203, § 2º), pois a assistência surge como um incidente processual. No sistema do processo civil essa decisão poderá ser impugnada por meio de agravo de instrumento (CPC, art. 1.015); no do processo do trabalho, contudo, não será admissível recurso imediato, em razão do disposto no art. 893, § 1º, da CLT, que consubstancia o princípio da irrecorribilidade (autônoma) das decisões interlocutórias.

Seção II
Da Assistência Simples

Art. 121. O assistente simples atuará como auxiliar da parte principal, exercerá os mesmos poderes e sujeitar-se-á aos mesmos ônus processuais que o assistido.

Parágrafo único. Sendo revel ou, de qualquer outro modo, omisso o assistido, o assistente será considerado seu substituto processual.

• **Comentário**

Caput. Na assistência simples a atividade do terceiro interveniente se concentrando propósito de coadjuvar o assistido, de praticar, enfim, os atos conducentes à obtenção de uma sentença favorável a este. É que, nessa modalidade de assistência, não sendo o assistente titular de relação jurídica material com o adversário do assistido, a sua atuação em juízo haverá de dar-se no sentido de auxiliar a parte a quem assiste e, em consequência, beneficiar-se, ainda que de forma indireta, do sucesso deste na causa. Na assistência *litisconsorcial*, entretanto, o que move o terceiro a intervir no processo e a praticar aí diversos atos, não é o mero escopo de auxiliar o assistido e sim o de promover a defesa do próprio direito, porquanto nesse tipo de interveniência o assistente ou é co-titular do direito disputado ou é titular exclusivo desse direito, como se dá, por exemplo, quando intervém em processo em que se encontra atuando um seu substituto processual.

Embora tanto o assistente *simples* (*ad adiuvandum tantum*), de que cogita o art. 121, do CPC, quanto o *litisconsorcial* (CPC, art. 124) possam, de um lado, exercer poderes idênticos aos que são cometidos à parte à qual assistem, e, de outro, devam submeter-se aos mesmos ônus processuais inerentes a esta (CPC, art. 121, *caput*), a diferença fundamental entre as duas situações está em que, enquanto na assistência *simples* o terceiro se encontre impossibilitado de praticar atos contrários aos interesses do assistido, na *litisconsorcial* esse veto inexiste, motivo por que o interveniente poderá colocar-se, eventualmente, em antagonismo com os interesses do assistido. Não estamos a pensar em um antagonismo permanente, sistemático, e sim ocasional, ditado pelas circunstâncias ou particularidades da causa. O fato essencial, contudo, a ser realçado, reside na faculdade de o assistente litisconsorcial poder agir em desacordo com a vontade do assistido.

Parágrafo único. Se o assistido for revel, o assistente — seja simples ou litisconsorcial — passará a agir, quanto a este, na qualidade de substituto processual. Caso, mais tarde, o assistido revel passe a atuar no processo, como lhe permite a lei (CPC, art. 346, parágrafo único), cessará a substituição processual. No sistema do CPC de 1973, revel o assistido, o assistente se tornaria seu gestor de negócios (art. 52, parágrafo único).

Art. 122. A assistência simples não obsta a que a parte principal reconheça a procedência do pedido, desista da ação, renuncie ao direito sobre o que se funda a ação ou transija sobre direitos controvertidos.

• **Comentário**

A despeito de o assistente haver sido admitido a intervir nos autos do processo, isso não impede que a *parte principal* (sic) reconheça o direito alegado pelo adversário, desista da ação ou transija sobre direitos disponíveis, caso em que, terminando o processo, cessa a intervenção do assistente.

A norma legal, neste ponto, está a dirigir-se à assistência *simples*, em que a preeminência é da manifestação volitiva e dos interesses do assistido. Conquanto o assunto seja polêmico, entendemos que na assistência *litisconsorcial* não incide a sobredita disposição legal, por serem autônomas as vontades do assistente e do assistido, no que respeita à parcela do direito material que lhes cabe, em face do adversário deste.

Art. 123

Com isso, estamos a asseverar que o assistente *litisconsorcial* poderá, entre outras coisas: recorrer, mesmo quanto o assistido não o faça; prosseguir no processo, ainda que o assistido haja desistido da ação, renunciado ao direito em que se funda a pretensão, reconhecido a "procedência" do pedido, transacionado etc. Reconhece-se essa faculdade, esse poder ao assistente, em virtude de sua qualidade de co-titular do direito material controvertido, que não pode ser totalmente afetado por ato do assistido. O assistente *litisconsorcial* pode, enfim, prosseguir no processo — mesmo que o assistido haja se afastado, por que motivo seja — sempre que isso for necessário para empreender a defesa do direito que lhe corresponde. Não pode, contudo, o assistente *litisconsorcial* (e, por mais forte razão, o assistente *simples*), reconvir ou alterar o pedido ou a causa de pedir, do mesmo modo como ambos não podem desistir da ação, renunciar ao direito pertencente ao assistido.

Sob certo aspecto, a *assistência litisconsorcial* possui íntima ligação com o *regime litisconsorcial unitário* (por força do qual a decisão deve ser uniforme para todos os compartes), de tal maneira que se o próprio assistido, digamos, renunciar ao direito em que se funda o pedido, reconhecer o direito alegado pelo adversário, transigir, renunciar etc., esses atos serão ineficazes se com eles não concordar o assistente (litisconsorcial).

Com relação ao assistente *simples*, a sua atividade processual fica inteiramente subordinada à do assistido, sendo-lhe defeso, por isso, praticar atos contrários à vontade ou ao interesse deste. Nessa linha de critério, o assistente *litisconsorcial* poderá:

a) a) interpor recurso, se o assistido não o fizer, mesmo que este tenha renunciado ao direito de recorrer (CPC, art. 999) ou desistido do recurso interposto (CPC, art. 998);

b) arguir matéria de ordem pública, a cujo respeito a lei impõe ao juiz o conhecimento *ex officio* (CPC, art. 485, § 3º);

c) arguir impedimento e suspeição do juiz ou do perito;

d) contestar;

e) alegar prescrição e decadência, mesmo que o assistido não o faça;

f) arguir a inconstitucionalidade de lei ou de ato normativo do Poder Público;

g) praticar atos destinados ao desenvolvimento do processo;

h) impugnar documentos e suscitar incidente de falsidade (CPC, art. 430);

i) produzir provas;

j) requerer diligências;

k) participar da audiência etc.

A propósito, podemos estabelecer a seguinte regra de ordem prática: ao assistente *litisconsorcial* será permitido realizar todos os atos que possam ser praticados pelo *simples*, embora a recíproca não seja verdadeira. De outro lado, enquanto a atuação do assistente *simples* fica invariavelmente subordinada à do assistido, não podendo aquele, por essa razão, praticar atos contrários à vontade deste, a atuação do assistente *litisconsorcial*, ao contrário, é independente e autônoma, cuja particularidade o autorizará a praticar atos eventualmente opostos à vontade do assistido. O motivo dessa diversidade de poderes entre os assistentes *simples* e *litisconsorcial* está em que enquanto o primeiro possui mero interesse jurídico em que a decisão seja favorável ao assistido (CPC, art. 119), o segundo defende direito próprio, porquanto a sentença poderá causar repercussão na relação jurídica havida ou existente entre ele e o adversário do assistido (CPC, art. 124).

Art. 123. Transitada em julgado a sentença no processo em que interveio o assistente, este não poderá, em processo posterior, discutir a justiça da decisão, salvo se alegar e provar que:

I — pelo estado em que recebeu o processo ou pelas declarações e pelos atos do assistido, foi impedido de produzir provas suscetíveis de influir na sentença;

II — desconhecia a existência de alegações ou de provas das quais o assistido, por dolo ou culpa, não se valeu.

• **Comentário**

Caput. Tem razão Celso Agrícola Barbi ao asseverar que a locução "transitada em julgado", que inaugura a redação do dispositivo legal reproduzido, pode conduzir ao erro de imaginar-se que se trata da figura da *coisa julgada*: "Mas, para afastar qualquer equívoco, basta notar que a coisa julgada visa a tornar imutável a parte dispositiva da sentença, aquela parte final em que o juiz decide sobre o pedido, excluídos expressamente os motivos da sentença e a verdade dos fatos estabelecidos como fundamento dela, como se vê no art. 469, itens I e II" (*Comentários ao Código de Processo Civil*. 2. ed. Rio de Janeiro: Forense, v. I, 1981. p. 302).

A referência deve ser entendida em relação ao art. 486, incisos I e II do CPC vigente.

Efetivamente, a *res iudicata* material tem por finalidade fazer com que se torne imutável e indiscutível o provimento jurisdicional de mérito, motivo por que essa eficácia da sentença (CPC, art. 502) não permite que se discuta, em outro processo, a mesma questão tornada definitiva pela autoridade da coisa julgada. Já a eficácia de sentença se relaciona com o princípio da economia processual: "Para isto, o legislador usa também a mesma técnica de que lançou mão para a coisa julgada, isto é, da imutabilidade; mas esta não vai alcançar a parte dispositiva, e sim os motivos, a apreciação dos fatos que levaram à sentença na causa em que houve assistência" (*ibidem*, p. 303).

A eficácia referida pelo art. 123, do CPC, conforme a qual o assistente não pode, em processo posterior, *discutir a justiça da decisão* passada em julgado, tem como objeto apenas os fatos e as questões apreciadas pelo juiz e que determinaram a conclusão contida na sentença (*decisum*). Assim sendo, não se submetem à regra da imutabilidade outras circunstâncias que não tiveram influência na decisão, ou que não foram examinadas pelo juiz.

Discutir a justiça da decisão significa que, tendo existido um devido processo legal anterior, em que os fatos foram provados e, com base nessa prova, foi proferida a sentença, tais fatos e provas, em princípio, devem ser acatados pelo juiz do segundo processo, salvo se o autor demonstrar a ocorrência de quaisquer das situações indicadas nos incisos I e II, do art. 123 do CPC, que configuram a má gestão do processo (*exceptio male gesti processus*), por parte do assistido.

De qualquer forma, parece-nos que essa disposição legal somente seja aplicável ao assistente *litisconsorcial*, na medida que este ou é co-titular do direito litigioso ou é o seu titular exclusivo. O assistente meramente *ad adiuvandum* (simples) não pode, em princípio, ter a sua esfera jurídica atingida pela eficácia da sentença (imutabilidade dos seus efeitos), pois o direito controvertido não lhe pertence: tem como titular o assistido. O assistente *simples* será afetado, apenas, de maneira reflexa, pela sentença, levando-se em conta que, não sendo titular do direito disputado na causa, a sua motivação no processo sói ser motivada, tão-só, pelo *interesse jurídico* em auxiliar o assistido em seu objetivo de obter sucesso da ação.

O assistente *litisconsorcial* é, portanto, o único que se torna suscetível de ser juridicamente alcançado pela eficácia da sentença passada em julgado. Essa eficácia, no entanto, diz respeito essencialmente às suas relações com o assistido e não com o adversário deste.

Inciso I. Em caráter excepcional, o assistente poderá questionar a decisão, em processo futuro, se provar que pela fase em que se encontrava o procedimento, ao intervir no processo, ou pelas declarações e atos do assistido, ficou impedido de produzir provas capazes de influir no resultado do julgamento.

Fase do procedimento. Preferimos essa locução à "recebeu o processo", empregada pelo legislador. *Processo*, como vimos, é método, é técnica estatal destinada à solução de conflitos intersubjetivos de interesses. O *procedimento*, por sua vez, é o conjunto dos atos que praticam as partes (autor e réu) ou os sujeitos do processo (juiz, representante do Ministério Público, oficial de justiça, contador, partidor, tradutor e outros), desde a inicial até a sentença e para além dela. Assim, a fase, é do *procedimento*, não do *processo*, exceto se desejarmos prestar homenagem à acirologia. De qualquer modo, o assistente não "recebe" nem o processo nem o procedimento. Em rigor, ele intervém no processo.

A propósito, se o assistente interveir tardiamente (a fase de instrução, por exemplo, já se encontrava encerrada), por forma a não lhe ser mais possível influir no resultado do julgamento, poderá, com base nesse ingresso serôdio, discutir, em processo futuro, a decisão proferida na causa em que interveio. Pensamos que, mesmo assim, o terceiro deverá comprovar as razões que o impediram de intervir tempestivamente, sob pena de, a não se lhe exigir essa prova, render-se ensejo a que intervenha modo propositadamente tardio no processo, a fim de poder, mais tarde (e com fundamento nesse fato), discutir a decisão anterior.

Todavia, a intervenção não deverá ser admitida quando a sentença houver transitado em julgado, porquanto, nesta hipótese, o assistente em nada poderá contribuir para o sucesso do assistido, na causa, ressalvada a possibilidade dessa interveniência na execução, havendo embargos do devedor.

Declarações e atos do assistido. Se o assistente se viu impedido de produzir as provas que pretendia, em decorrência de declarações ou de atos do assistido, a lei lhe coloca ao alcance a possibilidade de ingressar em juízo para questionar a decisão emitida na causa anterior. A razão é palmar: se pudesse ter produzido, naquele processo, as provas desejadas, é provável que o resultado do julgamento fosse diverso.

Inciso II. Desconhecimento da existência de alegações ou de provas. Pode acontecer de o assistido, por dolo ou culpa, deixar de fazer uso de certas declarações ou provas e, com isso, acabar recebendo sentença desfavorável às suas pretensões manifestadas nos autos. Essa conduta, dolosa ou culposa, do assistido permitirá ao assistente — alegando e provando o seu desconhecimento, à época, quanto a tais declarações ou provas — vir a juízo para, em ação própria, discutir a sentença.

As causas pelas quais a lei autoriza ao assistente discutir, excepcionalmente, a decisão proferida no processo em que interviera (CPC, art. 123, incisos I e II) evidenciam que o legislador procurou regular a eficácia da sentença, apenas, no tocante às relações do assistente com o assistido e não às estabelecidas entre aquele e o adversário deste.

Seção III
Da Assistência Litisconsorcial

Art. 124. Considera-se litisconsorte da parte principal o assistente sempre que a sentença influir na relação jurídica entre ele e o adversário do assistido.

• **Comentário**

Originária do direito italiano medieval, a assistência *litisconsorcial* tornou-se conhecida do direito germânico no século XVIII, onde foi denominada de *interventio mixta* (intervenção *ad infringendum iura unius competitoris*).

Também aqui cabe, *mutatis mutandis*, a crítica que formulamos ao art. 121, do mesmo Código, no ponto em que se refere ao assistente (simples) como auxiliar da "parte principal". Ora, o assistente, mesmo sendo litisconsorcial, não se torna parte, ao intervir no processo, pois lhe faltam poderes para formular *pedidos*, deduzir *pretensões* vinculadas ao direito material. O que esse assistente recebe da lei são certos poderes de propulsão do processo, bem mais amplos do que aqueles que são cometidos ao assistente simples. Por ser titular de relação jurídica material com o réu, o assistente litisconsorcial pode praticar os mesmos atos processuais do assistido (este, sim, é parte), como: arguir impedimentos e suspeições; discutir matéria de fato ou de direito; produzir provas; participar das audiências; apresentar memoriais etc.

Mais do que isso, pode, até mesmo, agir de maneira eventualmente contrária aos interesses do assistido, como *e. g.*, interpor recurso quando este não o fizer, ou prosseguir no processo em defesa do seu direito, quando o assistido desistir da ação ou reconhecer a "procedência" do pedido. Nestes aspectos, a dessemelhança da assistência *litisconsorcial* com a *simples* é profunda.

Conforme vimos, a regra contida no art. 122, do CPC, de que a assistência não obsta a que a "parte principal"(*sic*) reconheça a procedência do pedido, desista da ação e o mais, só é aplicável, em princípio, à assistência do tipo *simples*, não à *litisconsorcial*.

O que se deve entender, de uma vez para sempre, é que o assistente litisconsorcial, por ser titular de relação jurídica material com o réu, tem um interesse de agir no processo muito mais intenso que o do assistente meramente simples (*ad adiuvandum*), e, não raro, do que o do próprio assistido. Sensível a esta particularidade, a lei lhe atribuiu o *status* processual de litisconsorte (ainda que, como isso, não se torne parte), cumulando-o de um vasto elenco de poderes necessários à defesa do direito próprio, que poderá ser virtualmente atingido pela sentença. Atingido de forma direta, esclareça-se, ao contrário, portanto do que se passa na assistência simples, onde a repercussão da sentença no círculo jurídico do assistente ocorre de modo indireto, ou reflexo.

Sob esse ângulo, parece-nos haver antinomia entre os arts. 124, *caput*, e 506, ambos do CPC. Assim dizemos porque enquanto o primeiro considera o assistente como litisconsorte da parte principal — sempre que a sentença houver de influir na relação jurídica entre ele e o adversário do assistido, de tal modo que o assistente será afetado pela eficácia da coisa julgada material — o segundo assevera que a sentença só produzirá coisa julgada às *partes* entre as quais é dada, *não prejudicando terceiros* (e o assistente o é). Ora, se para encontrarmos sentido na dicção do art. 506, do CPC, concluirmos que o assistente litisconsorcial, por ser terceiro, não será atingido pela *res iudicata*, tornaremos letra morta o art. 124 do mesmo Código, que sustenta o oposto. Sendo assim, cremos que a melhor solução jurídica para superar essa aguda aporia está em reconhecer que ele será, efetivamente, alcançado pela eficácia da coisa julgada material que se vier a formar no processo em que interveio. Em resumo: a preeminência deve ser do art. 124, do CPC, derrogando-se, com essa interpretação, o art. 506, sob pena de admitir-se a possibilidade de o assistente litisconsorcial *não* ser afetado pela *res iudicata*.

Em duas situações, basicamente, ocorrerá a assistência litisconsorcial:

1) quando o direito sobre o qual as partes (autor e réu) controvertem pertencer também ao assistente, que, em virtude disso, poderia defendê-lo de modo individual, em ação própria. Note-se que na assistência simples (CPC, art. 119) o direito litigioso tem como titular exclusivo o assistido, possuindo, o assistente, mero interesse jurídico em que o pronunciamento jurisdicional seja favorável àquele.

2) quando o direito disputado pertencer, apenas, ao assistente, mas estiver sendo vindicado por um seu substituto processual, como se dá, por exemplo, na ação civil pública (Lei n. 7.347, de 24.7.85, art. 19), ou quando o sindicato está postulando, em nome próprio, direito pertencente à correspondente categoria.

Vejamos, a seguir, alguns dos pontos de contato que há entre a assistência *litisconsorcial* e a *simples*:

a) a suspeição e o impedimento do juiz podem ser arguidos tanto pelo assistente simples quanto pelo litisconsorcial;

b) estes também pode alegar a falta de pressuposto essencial para a formação e o desenvolvimento regulares da relação jurídica processual;

c) nenhum deles pode transigir quanto ao direito, na parte que pertence ao assistido; de igual modo, não lhes será lícito reconhecer a procedência do pedido ou renunciar a essa parcela do direito do assistido;

d) ambos não podem, igualmente, promover ação declaratória incidental, capaz de provocar repercussões prejudiciais na esfera jurídica do assistido com o seu adversário;

e) vencido o assistido, tanto o assistente simples quanto o litisconsorcial serão condenados solidariamente nas custas processuais. Não incide no processo do trabalho a regra do art. 94, do CPC, segundo a qual "Se o assistido for vencido, o assistente será condenado ao pagamento das custas em proporção à atividade que houver exercido no processo".

A propósito, estabelece o art. 790, § 1º, da CLT, que se o trabalhador não houver obtido o benefício da justiça gratuita, ou isenção de custas, "o sindicato que houver intervindo no processo responderá solidariamente pelo pagamento das custas devidas". Certo setor da jurisprudência, malferindo a letra e o espírito da norma citada, sustenta que o sindicato deve responder, de modo solidário, pelo pagamento das custas processuais quando houver prestado assistência judiciária gratuita (Lei n. 5.584/70, art. 14) ao trabalhador. Nada mais equivocado. O verbo *intervir*, constante do § 1º do art. 790, da CLT, foi utilizado pelo legislador em seu significado próprio, nos domínios processuais, qual seja, meter-se, alguém, de permeio, em processo de outrem, como assistente. A precitada corrente jurisprudencial desatenta a isso, acabou por confundir os conceitos díspares de *assistência judiciária* e *assistência processual*. Da primeira trata o art. 14, da Lei n. 5.584/70; da segunda, os arts. 121 a 124, do CPC. Quando o sindicato ministra assistência judiciária gratuita ao trabalhador ele o faz por imperativo legal e não por um mero ato de vontade. Exerce, por assim dizer, um *munus* público. As custas, portanto, deverão ser suportadas, exclusivamente, pelo trabalhador, judiciariamente assistido, caso a sentença lhe seja desfavorável por inteiro e não tenha obtido a dispensa do pagamento (justiça gratuita).

O CPC anterior determinava que se aplicasse mandou ao assistente litisconsorcial, no que respeitasse ao pedido de intervenção, sua impugnação e o julgamento do incidente, o disposto no art. 51, que versava sobre a assistência simples (art. 54, parágrafo único). Embora o CPC atual não tenha reproduzido a regra, isso não significa que não a tenha recepcionado de maneira implícita.

CAPÍTULO II
DA DENUNCIAÇÃO DA LIDE

Retrospecto histórico

Traços da denunciação da lide atual são encontrados no direito antigo, como o grego, o romano, o germânico, apenas para referirmos alguns. Interessa-nos, todavia, o estudo da matéria a partir de legislações mais recentes.

Nas Ordenações Afonsinas, a denunciação da lide aparecia com a denominação romana de chamamento à autoria, sendo disciplinada, com minúcias, no Livro III, Títulos XV e XVI. Destaque-se, apenas, o fato de, nessas Ordenações, a ação originária e a de indenização serem separadas, sendo que esta somente poderia ser exercida se ocorrida a evicção. Por esse motivo, o chamado não era obrigado a ingressar no processo. As Manuelinas introduziram pequenas modificações na matéria, que era regulada no Livro III, Títulos XXX e XXXI. Como alteração digna de nota, mencionemos o caráter obrigatório da denunciação (ainda aqui denominada de chamamento à autoria). As Filipinas, inseriram muito poucas modificações nesse "chamamento", que era regido pelos Títulos XLIV e XLV do Livro III.

O Regulamento Imperial n. 737, de 1850, ocupou-se com a denunciação (a que chamava de "autoria") nos arts. 111 e 117. Mais tarde, a Consolidação do Conselheiro Antônio Joaquim Ribas cuidou da denunciação (ainda denominada de "chamamento à autoria") nos arts. 262 a 264 e 268 a 278.

O CPC brasileiro de 1939, fortemente influenciado no particular pelos direitos alemão e austríaco, continuou a falar em "chamamento à autoria", disciplinando-a nos arts. 95 a 98. O CPC de 1974, cientificamente mais bem elaborado do que o anterior, versa sobre a denunciação da lide nos arts. 70 a 76.

Conceito

A denunciação da lide é (1) ação incidental, (2) exercida pelo autor ou pelo réu, (3) em caráter obrigatório, (4) perante terceiro, (5) com o objetivo de fazer com que este seja condenado a ressarcir os prejuízos que o denunciante vier a sofrer, em virtude da sentença, (6) pela evicção, ou para evitar posterior exercício da ação regressiva, que lhe assegura a norma legal ou a disposição contratual.

Dissemos:

(a) *Ação incidental*, porque a denunciação traduz uma ação que é posta em juízo no mesmo processo em que litigam autor e réu. Com isso, passam a coexistir no mesmo processo duas (ou mais) ações: uma,

Art. 124

ligando autor e réu; outra, o denunciado ao adversário do denunciante. Essa modalidade de intervenção de terceiro atende à política de economia dos atos processuais, pois a despeito de haver duas demandas, a instrução e a sentença serão uma só. Nesta, o juiz solverá o conflito de interesses existente entre as partes primitivas e, se os pedidos do autor forem acolhidos, ele poderá, se for o caso, requerer o cumprimento da sentença também contra o denunciado, nos limites da condenação deste na ação regressiva.

O CPC revogado dispunha que, nesta hipótese, o juiz declararia o direito do evicto ou a responsabilidade por perdas e danos, valendo como título executivo (art. 76), fato que nos levou a afirmar que a denunciação figurava, assim, como ação secundária, sendo, com a principal, exercida no mesmo processo (*simultaneus processus*). O Código atual não modificou, substancialmente, o sistema, pois a denunciação da lide continuou a ser considerada uma ação de regresso, exercida de maneira incidental.

(b) *Ajuizada pelo autor ou pelo réu*, pois o CPC atual permite que a denunciação seja feita tanto pelo autor quanto pelo réu (arts. 125, 127 e 128).

(c) *Em caráter facultativo*, uma vez que a denunciação da lide passou a ser opcional, como revela o art. 125, do CPC. No sistema do CPC anterior, a denunciação era obrigatória. Sob o aspecto histórico, é importante registrar que quando da tramitação do projeto do Código de 1973 na Câmara Federal este recebeu emenda (n. 96), pela qual a denunciação seria *facultativa*; essa emenda, contudo, foi rejeitada pelo Plenário. Nova emenda foi apresentada no Senado, sendo, também aqui, rechaçada. O caráter facultativo da denunciação acabou sendo consagrado pelo vigente CPC.

(d) *Perante terceiro*, sabendo-se que o denunciante, antes de intervir no processo, não é parte. Aceitando a denunciação, o terceiro converter-se-á formalmente em parte, ou melhor, em litisconsorte do denunciante, sendo a denunciação realizada tanto pelo autor (CPC, art. 127) quanto pelo réu (CPC, art. 128, I).

(e) *Com o objetivo de fazer com que este seja condenado a ressarcir, em ação regressiva, os prejuízos que o denunciante vier a sofrer, em virtude da sentença*, porquanto, conforme dissemos há pouco, a sentença deverá, primeiro, solucionar o conflito de interesses estabelecido entre autor e réu e, depois, caso acolha os pedidos formulados por aquele, requerer o cumprimento da sentença também contra o denunciado, nos limites da condenação deste na ação de regresso, nos termos do art. 128, parágrafo único, do CPC;

No CPC anterior, conforme salientamos, a sentença que acolhesse os pedidos formulados pelo autor deveria declarar, conforme fosse o caso, "o direito do evicto, ou a responsabilidade por perdas e danos, valendo como título executivo" (art. 76). Destarte, o que fazia um das partes denunciar a lide a terceiro era o risco de perder a coisa demandada (evicção) ou evitar ter que ingressar, mais tarde, com ação regressiva, na hipótese de pretender receber do terceiro o *quantum* que teve de pagar por força da sentença.

Natureza jurídica

O CPC de 1939 vinculava-se ao sistema romano, pois a denunciação da lide tinha como escopo único trazer o denunciado ao processo para promover a defesa do denunciante. Dispunha o art. 97 daquele Código: "Vindo a juízo o denunciado, receberá o processo no estado em que este se achar, e a causa com ele prosseguirá, **sendo defeso ao autor litigar com o denunciante**" (destacamos). O CPC de 1973 adotou a construção germânica, fazendo com que a denunciação da lide se convertesse em uma ação de regresso, exercida antecipadamente, com o objetivo de o denunciante ver-se ressarcido dos prejuízos que sofrer, no caso de sucumbência. Patenteia a nossa assertiva o disposto no inciso III do art. 70 do referido Código. Agiu com inegável acerto o legislador brasileiro de 1973, pois se a denunciação da lide não implicasse esse exercício antecipado e eventual da ação regressiva, o terceiro teria que aguardar o julgamento da ação primitiva, para, só depois disso, e na hipótese de o denunciado ficar vencido, ajuizar em face dele a ação de regresso.

A referida ação de regresso, cumpre-nos dilucidar, era exercida não somente de maneira antecipada, mas *condicionada*, pois levava em conta a eventualidade de o denunciante ficar vencido na causa primitiva, motivo por que deveria acautelar-se mediante o uso dessa ação. A denunciação da lide traduzia, portanto, uma *ação condenatória de regresso*, exercida de modo antecipado e condicionado ao insucesso do denunciante na ação principal.

A propósito, em que pese ao fato de o art. 76 do CPC de 1973 afirmar que a sentença *declararia* o direito do evicto ou a sua responsabilidade por perdas e danos, na verdade esse pronunciamento jurisdicional era *condenatório*. Aliás, justamente por ser *condenatória* é que a sentença valia como título executivo (CPC, art. 475-N, I), segundo a parte final do art. 76, daquele Código.

A denunciação da lide é ação, que possibilita o exercício do direito de regresso.

Processo em que é admissível

Como espécie de intervenção de terceiro, a denunciação da lide é admissível exclusivamente no processo *de conhecimento*. Assim o é, porque essa denunciação constitui ação: a) *incidental*.

Logo, não se admite a denunciação no processo *de execução*, ainda que haja embargos do devedor, pois a sentença de mérito já terá sido proferida. O fato de a execução ser provisória em nada modifica a nossa opinião, pela mesma razão apontada.

Não cabe também a denunciação em *embargos de terceiro*, porquanto aqui não se exerce pretensão quanto à propriedade, posse ou uso da coisa, mas apenas se intenta livrá-la de constrição judicial, como: penhora, depósito, arresto, sequestro, alienação judicial, arrecadação, arrolamento, inventário, partilha (CPC, art. 674, *caput*).

Repele-se, ainda, o emprego da denunciação no processo *cautelar*, porquanto neste não há obrigação de indenizar.

Por outro lado, mesmo que se trate de processo *de conhecimento*, a denunciação será vedada no procedimento sumário, do processo civil, e do sumariíssimo, do processo do trabalho, *ex vi* do disposto no art. 280, do CPC.

A Lei n. 8.078, de 11.9.90 (Código de Defesa do Consumidor), no art. 88, veda a possibilidade de haver denunciação da lide, declarando que a ação de regresso, de que trata o seu art. 13, deverá ser exercida de maneira autônoma.

Art. 125. É admissível a denunciação da lide, promovida por qualquer das partes:

I – ao alienante imediato, no processo relativo à coisa cujo domínio foi transferido ao denunciante, a fim de que possa exercer os direitos que da evicção lhe resultam;

II – àquele que estiver obrigado, por lei ou pelo contrato, a indenizar, em ação regressiva, o prejuízo de quem for vencido no processo.

§ 1º O direito regressivo será exercido por ação autônoma quando a denunciação da lide for indeferida, deixar de ser promovida ou não for permitida.

§ 2º Admite-se uma única denunciação sucessiva, promovida pelo denunciado, contra seu antecessor imediato na cadeia dominial ou quem seja responsável por indenizá-lo, não podendo o denunciado sucessivo promover nova denunciação, hipótese em que eventual direito de regresso será exercido por ação autônoma.

• **Comentário**

Caput. A denunciação da lide pode ser realizada tanto pelo autor quanto pelo réu e possui caráter facultativo.

Inciso I. A Justiça do Trabalho não possui competência para apreciar denunciação da lide feita "ao alienante imediato, no processo relativo à coisa cujo domínio foi transferido ao denunciante, a fim de que possa exercer os direitos que da evicção lhe resultam".

Inciso II. Em tese, poder-se-ia admitir a competência da Justiça do Trabalho para apreciar denunciação formulada *"àquele que estiver obrigado, por lei ou pelo contrato, a indenizar, em ação regressiva, o prejuízo do que for vencido no processo"*, desde que estivesse em causa uma relação de trabalho ou de emprego. Todavia, faremos considerações específicas, mais adiante (art. 129) sobre o binômio: denunciação da lide x processo do trabalho.

§ 1º O direito regressivo será exercitado mediante ação autônoma em três casos: a) quando a denunciação da lide for indeferida; b) deixar de ser promovida; c) não for legalmente permitida. Neste caso, portanto, o direito de regresso será exercido sem que haja denunciação da lide.

O atual CPC (art. 125) eliminou a possibilidade de denunciação da lide "ao proprietário ou ao possuidor quando, por força da obrigação ou do direito, em casos como o do usufrutuário, do credor pignoratício, do locatário, o réu, citado em nome próprio, exerça a posse direta da coisa demandada", prevista no CPC revogado (art. 70, II. De qualquer forma, faltava à Justiça do Trabalho competência para apreciar a matéria.

§ 2º É admissível apenas uma denunciação sucessiva pelo denunciado contra seu sucessor imediato na cadeia dominial ou que tenha a responsabilidade de indenizá-lo. O denunciado sucessivo não poderá promover nova denunciação, caso em que eventual direito de regresso deverá ser exercida mediante ação autônoma.

Art. 126. A citação do denunciado será requerida na petição inicial, se o denunciante for autor, ou na contestação, se o denunciante for réu, devendo ser realizada na forma e nos prazos previstos no art. 131.

• **Comentário**

Se o denunciante for o autor, a citação do denunciado deverá ser efetuada na petição inicial. A pretendida pelo réu deverá ser feita na contestação; decorrido o momento fixado em lei, em princípio consumar-se-á a preclusão, exceto se houver anuência da parte contrária à denunciante e chancela judicial

Tanto num caso como noutro, a citação deve ser promovida no prazo de trinta dias, sob consequência de a denunciação ficar sem efeito. Se o renunciado residir em outra comarca, seção ou subseção judiciárias, ou estiver em lugar incerto, o prazo para a citação será de dois meses (CPC, art. 131).

Art. 127. Feita a denunciação pelo autor, o denunciado poderá assumir a posição de litisconsorte do denunciante e acrescentar novos argumentos à petição inicial, procedendo-se em seguida à citação do réu.

• **Comentário**

Sendo a denunciação realizada pelo autor, o denunciado poderá: a) assumir a qualidade de litisconsorte do denunciante; b) acrescentar outros documentos à petição inicial. Isso feito, proceder-se-á à citação do réu.

Art. 128. Feita a denunciação pelo réu:

I — se o denunciado contestar o pedido formulado pelo autor, o processo prosseguirá tendo, na ação principal, em litisconsórcio, denunciante e denunciado;

II — se o denunciado for revel, o denunciante pode deixar de prosseguir com sua defesa, eventualmente oferecida, e abster-se de recorrer, restringindo sua atuação à ação regressiva;

III — se o denunciado confessar os fatos alegados pelo autor na ação principal, o denunciante poderá prosseguir com sua defesa ou, aderindo a tal reconhecimento, pedir apenas a procedência da ação de regresso.

Parágrafo único. Procedente o pedido da ação principal, pode o autor, se for o caso, requerer o cumprimento da sentença também contra o denunciado, nos limites da condenação deste na ação regressiva.

• **Comentário**

Caput. Cuida-se de denunciação da lide efetuada *pelo réu*, observando-se que deve ser feita na contestação (art. 126). O procedimento está previsto nos incisos que serão a seguir examinados.

Inciso I. Se o denunciado contestar o pedido feito pelo autor, o processo seguirá o seu curso, sendo, na ação principal, constituído um regime litisconsorcial integrado pelo denunciante (réu) e pelo denunciado.

Inciso II. Pode acontecer, todavia, de o denunciado tornar-se revel. Nesta hipótese, faculta-se o denunciante deixar de prosseguir com a sua defesa, caso a tenha oferecido, assim como abster-se de recorrer. A atuação do denunciante ficará limitada à ação regressiva.

Inciso III. Também pode dar-se de o denunciado admitir como verdadeiros os fatos alegados pelo autor na ação principal. Isso ocorrendo, o denunciante poderá seguir em sua defesa, ou, se resolver aderir à confissão do denunciado, requer a "procedência da ação" de regresso.

Parágrafo único. Se o juiz acolher o pedido formulado na ação principal, permite-se ao autor, sendo o caso, requerer o correspondente cumprimento da sentença também contra o denunciado, obedecido os limites da condenação a este imposta pela sentença proferida na ação de regresso.

Art. 129. Se o denunciante for vencido na ação principal, o juiz passará ao julgamento da denunciação da lide.

Parágrafo único. Se o denunciante for vencedor, a ação de denunciação não terá o seu pedido examinado, sem prejuízo da condenação do denunciante ao pagamento das verbas de sucumbência em favor do denunciado.

• **Comentário**

Caput e **parágrafo único**. Efetuada a denunciação, regularmente, duas situações podem apresentar-se: a) o denunciado ser vencido na ação principal; b) ser, nela, vencedor. No primeiro caso, o juiz passará ao julgamento da denunciação da lide; no segundo, os pedidos formulados na denunciação da lide não serão apreciados, sendo o denunciante condenado ao pagamento das verbas decorrentes de sua sucumbência, em benefício do denunciado.

Em resumo, a denunciação da lide somente poderá ser apreciada se o denunciante ficar vencido, quanto ao mérito, na ação principal. Deste modo, se, ao contrário, ele for vencedor naquela ação, perderá o indispensável interesse processual, relativamente à denunciação, pois nada terá a ressarcir-se perante o denunciado, uma vez que nada pagou. Vale lembrar, ainda, que também ficará prejudicado o julgamento da denunciação se o autor desistir da ação principal, ou esta, por algum outro motivo, vier a ser extinta sem pronunciamento sobre o mérito.

Caso, porém, o denunciante venha ser condenado na ação principal, deverá o juiz, na mesma sentença, apreciar a denunciação. Isso significa que a denunciação poderá ser acolhida ou rejeitada. Se acolhida, a sentença condenará o denunciado a indenizar o denunciante; se rejeitada (por não existir nenhuma obrigação, por parte do denunciado, de ressarcir o denunciante, ou porque houve prescrição extintiva do direito de regresso etc.), o denunciante deverá suportar, sem possibilidade de ressarcimento, as consequências da condenação que lhe foi imposta pela sentença proferida na ação principal.

Parece-nos entretanto, não ser admissível a condenação solidária do denunciante e do denunciante, em favor do autor, por inexistir relação jurídica a interligá-los. Dizendo por outro modo: não haver relação jurídica entre o denunciado (ação secundária) e o autor (ação principal).

A respeito aos honorários de advogado, breves comentários devem ser expendidos. Como a sentença apreciará duas lides, tenha-se como certo que deverá impor duas condenações ao pagamento de honorários de advogado. Assim, por exemplo, se o denunciante ficar vencido na ação principal (pressuposto para a apreciação da denunciação) e também vencido da denunciação, deverá suportar o pagamento de dois honorários, em virtude dessa dúplice sucumbência. Se, no entanto, o denunciante ficar vencido na ação principal, mas tornar-se vencedor na denunciação, deverá pagar, apenas, os honorários atinentes à causa principal, em que sucumbiu; quanto aos honorários relativos à denunciação, serão incluídos na condenação do denunciado. Esse entendimento também se aplica no âmbito da Justiça do Trabalho, no caso de o conflito ser entre pessoas que estiveram juridicamente vinculadas por uma relação não-trabalhista (civil, por exemplo), nos termos da Instrução Normativa n. 27/2005, art. 5º, do TST; se, todavia, a lide for entre trabalhador e empregador, os honorários somente serão devidos se aquele estiver recebendo assistência judiciária gratuita, conforme a Lei n. 5.584/70 e as Súmulas ns. 219 e 329, do TST.

Discute-se, na doutrina e na jurisprudência, de quem seria a responsabilidade do pagamento dos honorários pertinentes à denunciação se o autor desistir da ação principal. Parece-nos que, no caso, a responsabilidade por esse pagamento não seria do denunciante, mas o próprio autor, pois, em derradeira análise, foi ele quem, ao ingressar com a ação (principal), obrigou o denunciante (réu) a contratar os serviços de advogado, para ajuizar a denunciação — que acabou ficando prejudicada em virtude da desistência da ação principal

Em tema de recurso, algumas nótulas também são necessárias.

Da sentença que julgar as ações principal e secundária caberá, no sistema do processo civil, apelação (CPC, art. 1.009); no do processo do trabalho, recurso ordinário (CLT, art. 895, "a"). Todavia, se o juiz, por exemplo, indeferir liminarmente a petição inicial da denunciação estará proferindo decisão interlocutória (CPC, art. 203 § 2º), em decorrência do caráter *incidental* da denunciação, motivo por que esse ato judicial, no processo civil, poderá ser impugnado por meio de agravo; no processo do trabalho caberá recurso ordinário, incumbindo ao interessado obter efeito suspensivo a este recurso. Imaginar-se que no processo do trabalho a decisão que indeferisse, liminarmente, a petição inicial de denunciação da lide não seria recorrível por tratar-se de decisão interlocutória (CLT, art. 893, § 1º), seria privar o terceiro da *oportunidade* de exercer uma ação antecipada e condicional em face de uma das partes.

Denunciação e processo do trabalho

Como se pode perceber, a denunciação da lide é uma ação incidental, promovida pelo autor ou pelo réu, em caráter compulsório, em face de terceiro, com o objetivo de fazer com que este seja condenado a ressarcir os prejuízos que o denunciante vier a sofrer, em virtude de sentença, pela evicção ou para evitar posterior exercício de ação de regresso, que lhe assegura a norma legal ou o contrato.

A denunciação da lide, enfim, é uma ação regressiva, exercida pela parte interessada, de modo antecipado e condicional, perante terceiro, no mesmo processo em que contende com outrem.

A doutrina trabalhista, sempre que lança olhares ao CPC, costuma referir como exemplo característico de denunciação da lide, no processo do trabalho, a sucessão de empregadores (ou de "empresas", como se diz, de maneira equivocada). *Data venia*, nada mais inexato. Imaginemos que um determinado empregador, pessoa jurídica, a que denominaremos de "X", venda o estabelecimento comercial a outrem, também pessoa jurídica, que chamaremos de "Y". Este mantém os mesmos empregados, embora altere a denominação do estabelecimento, inclusive, com novo CNPJ. O novo empregador, *ad cautelam*, faz inserir no contrato de aquisição do estabelecimento cláusula segundo a qual não se responsabiliza por nenhum débito, inclusive trabalhista, anterior a essa aquisição. Tempos depois, um desses empregados ingressa com ação, na Justiça do Trabalho, em face de "Y", pretendendo receber certas quantias referentes ao período em que o estabelecimento pertencia ao antigo empregador ("X"). O atual empregador ("Y"), então, denunciaria à lide o antigo ("X"), com fundamento na mencionada cláusula do contrato de aquisição do estabelecimento, a fim de que este fosse responsabilizado pelo pagamento dos valores postulados pelo empregado. Esta situação tem sido indicada por alguns setores da doutrina para justificar o suposto cabimento da denunciação da lide no processo do trabalho.

Com o respeito que nos mereça essa corrente de pensamento, não podemos com ela concordar. Primeiramente, porque, no caso, a responsabilidade pelo pagamento dos valores pretendidos pelo empregado é do atual empregador, por força do disposto nos arts. 10 e 448, da CLT; segundamente, porque a Justiça do Trabalho não teria competência (mesmo agora, na vigência da EC n. 45/2004) para solucionar a lide (incidental) que se formaria entre duas pessoas jurídicas, "X" e "Y", e entre as quais inexiste ou inexistiu relação de trabalho. Para a Justiça do Trabalho, ademais, não tem nenhuma relevância o fato de haver, no contrato de venda e compra do estabelecimento comercial, cláusula pela qual o comprador não se responsabilizaria pelo adimplemento das obrigações afetas ao primeiro empregador. Destarte, se o atual empregador ("Y") vier a ser condenado a pagar valores relativos ao período em que "X" era o empregador, aquele, com base em documento comprovativo desse pagamento acionaria este, na justiça comum, em ação regressiva, para fazer valer a mencionada cláusula. Cada coisa, pois, a seu tempo e no devido lugar.

Sabemos que o art. 128, I, do CPC, estabelece que se a denunciação for efetuada pelo réu (como no exemplo que acabamos de examinar), e o denunciado aceitar o pedido, e contestá-lo, o processo prosseguirá entre o autor, de um lado e o denunciante, de outro. Apesar disso, subsistem obstáculos intransponíveis à aceitação da denunciação da lide na Justiça do Trabalho, porque é da *essência* dessa forma de intervenção de terceiro que a sentença, declarando a "procedência da ação", valha, para o denunciante, como título executivo. Desta forma, com base nesse título judicial, o denunciante terá direito de promover, no mesmo órgão jurisdicional e no mesmo processo, a consequente execução para que o denunciado o reembolse das quantias que teve de pagar, em decorrência da sentença condenatória. É evidente que a Justiça do Trabalho não possui competência para essa execução.

Vê-se, assim, que nem mesmo nos contratos de subempreitada (CLT, art. 455) o empreiteiro principal poderia denunciar à lide o subempreiteiro, ainda que um e outro fossem pessoas físicas. O problema é que a sentença condenatória do empreiteiro principal *teria* de valer como título executivo na própria Justiça do Trabalho, para que este pudesse receber do subempreiteiro o que pagou ao empregado. Nem por antonomásia se poderia reconhecer a existência de relação de trabalho (Constituição Federal, art. 114, inciso I) entre o empreiteiro principal e o subempreiteiro.

Note-se que o próprio parágrafo único do art. 455, da CLT, ao efetuar a ressalva de que o empreiteiro principal poderá exercer ação regressiva, diante do subempreiteiro, "nos termos da lei civil", insinua a competência da Justiça Comum para apreciar essa demanda.

Mesmo que assim não se entenda, para que se possa cogitar em tese, da competência da Justiça do Trabalho para apreciar denunciação da lide após o advento da EC n. 45/2004, será absolutamente indispensável não se perder de vista os fatos de que: a) essa modalidade de intervenção de terceiro configura o exercício, antecipado e condicionado, de ação regressiva, promovida pelo denunciante em face do denunciado; b) a sentença condenatória do denunciante ao pagamento de quantias ao autor (trabalhador) servirá para aquele promover execução forçada, no mesmo processo (logo, no mesmo órgão jurisdicional), em face do denunciado.

À guisa de registro histórico, cumpre assinalar que a OJ n. 227, da SBDI-1, do TST, segundo a qual: "*Denunciação da lide. Processo do Trabalho. Incompatibilidade*" foi cancelada pelo Pleno do TST (DJ de 10.11.2005), de tal maneira que, a partir daí, se passou a admitir essa espécie de intervenção de terceiros no processo do trabalho. Pela nossa parte, como dissemos, hoje a admitimos com reservas, vale dizer, não de maneira geral e indistinta, mas, apenas, naqueles casos em que não haja transgressão à regra constitucional fixadora da competência da Justiça do Trabalho.

CAPÍTULO III

DO CHAMAMENTO AO PROCESSO

Art. 130. É admissível o chamamento ao processo, requerido pelo réu:

I – do afiançado, na ação em que o fiador for réu;

II – dos demais fiadores, na ação proposta contra um ou alguns deles;

III – dos demais devedores solidários, quando o credor exigir de um ou de alguns o pagamento da dívida comum.

• **Comentário**

Caput. O tema era objeto do art. 77 do CPC revogado.

Conceito

O chamamento ao processo pode ser conceituado como (1) a faculdade (2) atribuída ao réu, (3) de fazer com que os demais coobrigados venham a integrar a relação processual, (4) na qualidade de litisconsortes, (5) com a finalidade de submetê-los aos efeitos da sentença (6) e, dessa forma, permitir àquele que saldar a dívida receber, dos demais, a quota-parte que a cada um cabe.

Dissemos:

(1) *A faculdade*, porque o art. 130, do CPC, ao afirmar ser admissível o chamamento ao processo, deixa visível que esse ato não é obrigatório, mas facultativo.

(2) *Atribuída ao réu*, porquanto o chamamento constitui ato (faculdade) exclusivo do réu.

(3) *De fazer com que os demais coobrigados venham a integrar a relação processual*, uma vez que, por meio desse chamamento, o réu não pretende ser excluído do processo, senão que fazer com que as demais pessoas coobrigadas (afiançados) venham a participar da relação processual, por haver um vínculo de solidariedade passiva entre estes e aquele (Cód. Civil, arts. 275 a 285).

(4) *Na qualidade de litisconsortes*, cuja formação decorre, justamente, do fato de essas pessoas estarem vinculadas por laços de solidariedade, sendo, por isso, coobrigadas com o réu, perante o credor.

(5) *Com a finalidade de submetê-los aos efeitos da sentença*, pois a integração dos coobrigados, na relação jurídica processual, constitui providência indispensável para as esferas jurídicas destes possam vir a ser afetadas pela coisa julgada material que se constituir.

(6) *E, dessa forma, permitir àquele que saldar a dívida receber, dos demais, a quota-parte que a cada um cabe*, porque, embora a sentença proferida no processo em que se deu o chamamento seja formalmente uma só, sob o aspecto substancial ela possuirá dois capítulos: no primeiro, conterá (se for o caso) a condenação dos devedores coobrigados ao pagamento de determinada quantia ao credor; no segundo, declarará a responsabilidade daqueles (CPC, art. 132), valendo como título executivo para o que pagar a dívida, que poderá ser exigida por inteiro do devedor principal ou de cada um dos codevedores, na proporção que lhes tocar (*ibidem*). Este último capítulo da sentença não será exclusivamente declaratório, mas também *condenatório*: tanto isto é verdadeiro, que valerá como título executivo (*ibidem*).

É importante ressaltar que o devedor *principal*, quando acionado, não poderá chamar ao processo os demais coobrigados, como os seus fiadores, por exemplo. O instituto do chamamento foi concebido para permitir que um devedor secundário possa trazer ao processo não apenas os demais, da mesma classe, mas também o principal.

O chamamento ao processo tem caráter de ação incidental e se destina, sem dúvida, a evitar a ação de regresso, por parte daquele que pagar a dívida, perante o afiançado ou o codevedor.

O exercício do chamamento ao processo pressupõe, de um lado, que a relação de direito legitime a presença de terceiro na relação processual, na qualidade de codevedor; de outro, que, em virtude dessa mesma relação jurídica substancial, o pagamento da dívida por um dos coobrigados o autorize a exigir dos demais o correspondente reembolso.

Sob essa perspectiva é que o art. 130, do CPC, admite o chamamento: a) do afiançado, na ação em que o fiador for réu; b) dos outros fiadores, quando para a ação for citado apenas um deles; c) de todos os devedores solidários, quando o credor exigir de um ou de alguns deles, parcial ou totalmente, a dívida comum (incisos I a III, respectivamente).

Reiteremos, contudo, a advertência de que se a ação for posta em juízo diante do devedor principal, este não poderá chamar ao processo outros coobrigados (afiançados), como o fiador, porquanto a relação de direito material não lhe autoriza o exercício de ação regressiva perante este.

Finalidade

Conforme acabamos de asseverar, o chamamento se destina a permitir ao réu trazer ao processo outras pessoas que, por possuírem vínculos de direito material com o autor, deseja verem responsabilizadas e condenadas ao pagamento da dívida. Essa faculdade que a norma legal comete ao réu, portanto, faz com que a demanda seja ampliada, do ponto de vista subjetivo, a fim de abarcar terceiros, que serão (ou poderão ser) condenados a suportar os efeitos da sentença.

Não nos parece, todavia, que essa modalidade de intervenção de terceiros, a despeito de sua finalidade, deva merecer largos elogios. Com efeito, ao deixar ao talante exclusivo do réu a formação desse regime litisconsorcial passivo (e facultativo), o legislador acabou por fazer com que o autor se veja obrigado a litigar com pessoas em face das quais não pretendeu exercer o direito de ação. Provavelmente, o autor, por motivos ponderáveis, haja decidido demandar exclusivamente diante do réu — mas, agora, por força do chamamento por este realizado, se vê não apenas constrangido a litigar com pessoas não escolhidas por ele, como em situação de inferioridade numérica, pois terá diante de si, a reagir às suas pretensões, não um, mas vários réus. Neste sentido também é o pensamento de Celso Agrícola Barbi, para quem, "do ponto de vista do credor o chamamento é desvantajoso, porque estende o processo a devedores com quem ele não quis demandar, além de retardar o andamento da causa com as discussões que podem surgir entre os co-devedores, e que são sem interesse para o credor. Por esses motivos, o instituto enfraquece o direito de crédito, ao complicar e retardar os meios para a sua exigência em juízo" (obra citada, p. 358).

Esse chamamento, por outro ângulo, atropela alguns princípios clássicos, dentre os quais sobressai o de que pertence à natureza íntima da solidariedade passiva o poder de o credor exigir unicamente de um devedor a integralidade da dívida (CC, arts. 264 e 275).

Não é só. O chamamento ao processo merece críticas também pelo fato de ampliar, contra o autor, os riscos da demanda, sabendo-se que na hipótese de seu insucesso poderá ser condenado a pagar os honorários dos advogados contratados pelos terceiros que intervieram no processo pela vontade exclusiva do réu primitivo.

Processos em que é cabível

O chamamento, como modalidade de intervenção de terceiro, é admissível, por excelência, no processo de conhecimento. Inaceitável é, todavia, o chamamento no caso de reconvenção, de que fala o art. 343 (embora se trate de processo de conhecimento), porquanto, aqui, o réu, é autor, ao passo que o chamamento é ato exclusivo do réu, enquanto preservar essa qualidade.

No processo de execução não será possível o chamamento, por uma razão elementar: essa modalidade de intervenção de terceiro, como dissemos, constitui uma ação de natureza condenatória, traduzindo, por isso, um processo de conhecimento. O que se busca, com o chamamento, é obter um título executivo contra os demais devedores. Ora, é inconcebível pretender-se esse título no processo de execução, que se funda, aliás, num título dessa natureza. Desta maneira, se o devedor (fiador, avalista) pagar sozinho o que era devido por muitos, se sub-rogará nos direitos do credor, podendo executar os co-devedores nos mesmos autos.

Pelo mesmo motivo, não se admite chamamento no cumprimento da sentença — que, em última análise, é execução.

Quanto ao processo cautelar, em princípio não se tem admitido o chamamento, justamente porque este visa à condenação de pessoa coobrigada, particularidade que é incompatível com o escopo do processo cautelar.

Chamamento e processo do trabalho

O art. 130, do CPC, relaciona três situações que ensejam o chamamento ao processo. As mencionadas nos incisos I e II, por terem como pressuposto contrato de *fiança*, põem-se afastadas da competência da Justiça do Trabalho. Interessa-nos, apenas, o inciso III, que prevê o chamamento "de todos os devedores solidários, quando o credor exigir de um ou de alguns deles, parcial ou totalmente, a dívida comum".

Tem-se indicado, como situação a que bem se ajustaria o chamamento ao processo, a do art. 2º, § 2º, da CLT, que trata da responsabilidade solidária das empresas componentes de grupo econômico. Assim sendo, segundo esse entendimento, se o trabalhador exercer a ação apenas diante de uma dessas "empresas", esta poderá chamar as demais ao processo, em decorrência do vínculo de solidariedade que há entre todas.

Não é bem assim.

Em primeiro lugar, o empregado (ou trabalhador, em sentido amplo) será compelido a demandar, contra sua vontade, com outras empresas, pois o chamamento ao processo é ato exclusivo do réu (CPC, art. 78); em segundo, essa aglutinação de réus poderia lançar o trabalhador em uma certa inferioridade processual, por motivos evidentes; em terceiro, incumbiria à sentença fixar a cota-parte de responsabilidade de cada réu, necessitando, para isso, não somente ingressar no exame da relação jurídica existente entre eles, como solucionar os conflitos que venham a ocorrer entre esses réus, quanto à existência, ou não, de solidariedade entre uns e outros; em quarto — *the last, but not the least* — a sentença valerá como título a ser executado, no mesmo processo, em favor daquele que satisfizer, sozinho, a dívida, com a finalidade de exigir de cada um dos co-devedores a cota-parte que a estes couber, nos termos da sentença. Nos dois últimos casos, faltaria competência à Justiça do Trabalho.

Cumpre lembrar que, no processo do trabalho, havendo grupo econômico (CLT, art. 2º, § 2º) cabe ao trabalhador decidir se exercerá a ação em face de um, de alguns ou de todos os integrantes desse grupo. Embora a Súmula n. 205, do TST, tenha sido cancelada, subsiste o seu espírito, segundo o qual a execução não poderá ser dirigida à empresa que não participou do processo de conhecimento e, portanto, não figura no título executivo.

Enfim, devemos dizer que todas as formas de intervenção de terceiro, previstas no CPC, traduzem espécies bem definidas, com procedimento e finalidade específicos, de tal maneira que somente poderemos cogitar de oposição, de nomeação à autoria, de denunciação da lide e de chamamento ao processo se forem respeitadas as características de cada uma delas.

Se, para as utilizarmos no processo do trabalho, houver necessidade de as mutilarmos, por certo o que teremos como resultado serão *aparentes* oposições, *aparentes* nomeações à autoria, *aparentes* denunciações à lide e *aparentes* chamamentos ao processo. Se assim for, haveremos de admitir a incidência dessas modalidades de intervenção de terceiro no aludido processo.

Seja como for, parece-nos necessário recomendar extrema prudência nas discussões sobre a admissibilidade dessas intervenções no processo do trabalho, até porque elas, muitas vezes, geram consequências tumultuantes no procedimento judicial, que, por sua vez, soem acarretar maior tardança na solução das lides em que tais intervenções ocorrerem. Nada justifica a pressa em fazer com que o processo do trabalho capitule diante dessas criações do processo civil, notadamente, se levarmos em consideração o fato de que a já ressaltada simplicidade do primeiro permite resolver, em alguns casos, com idêntica eficiência e menor complexidade, os problemas para os quais o segundo instituiu as intervenções de terceiro.

Uma nota adicional sobre o *factum principis*

Dispõe o art. 486, da CLT: "No caso de paralisação temporária ou definitiva do trabalho, motivada por ato de autoridade municipal, estadual ou federal, ou pela promulgação de lei ou de resolução que impossibilite a continuação da atividade, prevalecerá o pagamento da indenização, que ficará a cargo do governo responsável. § 1º Sempre que o empregador invocar em sua defesa o preceito do presente artigo, o Tribunal do Trabalho competente notificará a pessoa de direito público apontada como responsável pela paralisação do trabalho para que, no prazo de trinta dias, alegue o que entender devido, passando a figurar no processo como chamada à autoria. § 2º Sempre que a parte interessada, firmada em documento hábil, invocar defesa baseada na disposição deste artigo e indicar qual o juiz competente, será ouvida a parte contrária, para, dentro de três dias, falar sobre essa alegação. § 3º Verificada qual a autoridade responsável, a Junta de Conciliação ou Juiz dar-se-á por incompetente, remetendo os autos ao Juiz Privativo da Fazenda, perante o qual correrá o feito nos termos previstos no processo comum".

A redação dessa norma legal é anterior à Emenda Constitucional n. 45/2004, que eliminou a representação classista no âmbito da Justiça do Trabalho. Em razão disso, os órgãos de primeiro grau, que eram colegiados (Juntas de Conciliação e Julgamento) passaram a ser monocráticos (Varas do Trabalho: CF, art. 116).

Para alguns juristas, a situação descrita no art. 486, da CLT, configura um caso específico de denunciação da lide.

Temos entendimento discrepante. Antes de revelarmos as razões que nos levam a divergir daquela opinião, devemos reavivar o conceito de *factum principis*, sob a óptica do direito material do trabalho: é o ato, de natureza administrativa ou legislativa, da administração pública, que impossibilita a execução, temporária ou definitiva, do contrato de trabalho.

Esse *factum principis*, porém — que constitui matéria de defesa do réu —, não configura o *chamamento à autoria* do álbum processual civil de 1939 (arts. 95 a 98) e, quanto menos, a *denunciação da lide* disciplinada pelos arts. 70 a 76 do CPC de 1973 e 125 a 129 do CPC atual. Com efeito, é necessário chamar a atenção à particularidade de que, em virtude do disposto no art. 486, da CLT, a administração pública, responsável pela impossibilidade de execução do contrato de trabalho, passa a figurar no processo na qualidade de suposta chamada à autoria. Assim afirmamos porque o instituto do chamamento à autoria, regulado pelo CPC de 1939, estava umbilicalmente ligado à evicção, de cujos riscos visava a resguardar a parte que procedia ao chamamento. O *factum principis*, que está na substância material do art. 486, da CLT, não pressupõe a evicção, e sim o pagamento da indenização, diretamente, aos trabalhadores, pelo Poder Público que deu causa à paralisação, temporária ou definitiva, dos trabalhos.

Mais grave ainda será pensar que o 'chamamento" da administração pública, no caso de *factum principis*, corresponde à denunciação da lide trazida pelo CPC de 1973. Enquanto, lá, o "chamamento' do Poder Público, quando deferido pelo órgão jurisdicional, faz desaparecer a responsabilidade do empregador pelo pagamento da indenização (que passa a ser do "chamado"), aqui, o denunciante permanece no processo, a litigar com o denunciado, com o objetivo de munir-se de título executivo que lhe permita ressarcir-se, perante este, do que vier a ser condenado na ação principal, ajuizada pelo autor (CPC, art. 76). Ademais, a intromissão do Poder Público no processo, em decorrência de *factum principis*, segundo o sistema do art. 486, da CLT, desloca a competência para a Justiça Comum, fato que não se verifica nos casos genuínos de denúncia da lide, em que, se o terceiro aceitar a qualidade que lhe é atribuída e contestar os pedidos efetuados pelo autor e pelo próprio denunciado, ambas as lides serão apreciadas pelo mesmo juízo, mediante uma só sentença (CPC, art. 129).

Além disso, no *factum principis* a responsabilidade pelo pagamento da indenização devida ao trabalhador é, exclusivamente, do Poder Público que tornou impossível ao empregador executar o contrato de trabalho, ao passo que, em tema de denunciação da lide, o réu-denunciante, embora venha a ser condenado a pagar determinada quantia ao autor, poderá, pela denúncia, exercer, de modo antecipado, a sua ação regressiva diante do denunciado, para restituir ao seu patrimônio aquilo que foi compelido a pagar na causa originária (ou principal).

O Poder Público, como autor do ato (administrativo ou legislativo) que deu causa à paralisação, temporária ou definitiva, do trabalho não tem ação regressiva em face do empregador, seja no mesmo processo em que se deu a sua intervenção, seja em processo autônomo.

Como, pois, sustentar-se, diante desses tão marcantes traços distintivos, que o "chamamento à autoria", malferido no texto do art. 486, da CLT, corresponda à denunciação da lide regulada pelo CPC atual?

Em verdade, a intervenção da administração pública no processo, no caso de *factum principis*, deve ser reconhecida como modalidade atípica, *sul generis*, porquanto não se amolda a nenhuma das espécies previstas do diploma processual civil em vigor.

Como estamos tendo como centro de nosso discurso o *factum principis*, convém deitarmos mais algumas considerações sobre esse assunto.

No geral, quando se dá a cessação da atividade empresarial (e a consequente impossibilidade de execução do contrato de trabalho), derivante de ato do Poder Público, o trabalhador ingressa em juízo postulando não apenas a indenização, como, *v. g.*, salários, férias, gratificações natalinas, horas extras etc. Qual o procedimento a ser observado pelo Juiz do Trabalho em situações como essa?

Primeiramente, verificará se o réu apontou a autoridade responsável pela "paralisação do trabalho" (CLT, art. 486, § 1º); se não o fez, determinará, por despacho, que supra a omissão, no prazo que lhe assinar, pena de responder pela indenização que, em princípio, está a cargo do Poder Público — exceto se houver notoriedade quanto ao Poder causador da inexecução do contrato (CPC, art. 374, I).

A prova que o réu deve fazer a respeito da pessoa de direito público responsável pela paralisação do trabalho deve ser, exclusivamente, documental, cabendo-lhe, ainda, indicar o juízo que entende ser competente para apreciar esse capítulo da inicial (CLT, art. 486, § 2º). Em seguida, o juiz mandará intimar o autor, para que se pronuncie, em três dias, sobre essa alegação do réu (*ibidem*).

Dentre as objeções que pode o autor formular, nessa oportunidade, se inclui a relativa à própria inexistência do *factum principis*, porque o ato não teria sido praticado pelo Poder Público e sim por particular, ou a não configuração desse fenômeno, em virtude, por exemplo, de a cessação das atividades do empregador haver decorrido de atos ilícitos ou irregulares deste — hipótese em que este seria responsabilizado também pelo pagamento da indenização, por força do princípio legal de que os riscos da atividade econômica devem ser suportados pelo empregador e não pelo empregado ou por terceiro (CLT, art. 2º, *caput*).

Se o juízo trabalhista entender que realmente não é o caso de *factum principis* mandará excluir o Poder Público da relação processual, passando o empregador a responder, integralmente, pela satisfação dos direitos que vierem a ser reconhecidos pela sentença, em prol do autor. Como a decisão pela qual se considera inexistente o *factum principis* alegado pelo réu é interlocutória (CPC, art. 203, § 2º), não poderá ser impugnada imediatamente, mas apenas quando do proferimento da sentença de fundo, que compuser a lide (CLT, art. 893, § 1º). Caso, ao contrário, o juízo trabalhista se convença da configuração do *factum principis*, deverá: a) ordenar o desmembramento dos pedidos, fazendo com que o relativo à indenização seja autuado apartadamente; b) determinar a remessa destes autos à Justiça Comum, permanecendo na Justiça do Trabalho os autos contendo pedidos perante os quais deve responder o empregador. Pensamos que o ato judicial trabalhista que declara a existência do *factum principis* e manda, em consequência, encaminhar os autos à Justiça Comum seja recorrível autonomamente, vez que se trata de sentença típica, ou seja, de ato capaz de provocar a extinção do processo. Do processo concernente à indenização, fazendo, pois, com que essa demanda seja retirada da jurisdição trabalhista. Daí o cabimento do recurso ordinário, pelo autor, ao Tribunal Regional do Trabalho. Incidência analógica da regra estampada no § 2º do art. 799, da CLT.

A sentença emitida pela Justiça do Trabalho, que determina a remessa dos autos à Comum, não tem, entretanto, eficácia vinculativa deste juízo, pois é a este que compete, por excelência, dizer se verdadeiramente há *factum principis*, ou não. Neste aspecto, a lide está circunscrita ao réu e ao Poder Público, que foi por aquele apontado como o responsável pela impossibilidade de execução do contrato de trabalho. Convencendo-se o Juízo Comum de que não ocorreu o *factum principis*, providenciará a devolução dos autos ao órgão da jurisdição trabalhista perante o qual incidente fora suscitado — cabendo, a nosso ver, da sentença proferida pela Justiça Comum o recurso de apelação (CPC, art. 1.009).

Na hipótese de o Juízo Comum reconhecer a existência de *factum priricipis* deverá excluir do processo o empregador (em virtude de sua ilegitimidade *ad causam*), passando, em seguida, à apreciação do pedido de indenização, formulado pelo autor. Curiosamente, aliás, a Justiça Comum será chamada a aplicar o Direito do Trabalho, pois a indenização devida pelo Poder Público ao trabalhador (que deste não é empregado) será calculada segundo o critério estabelecido pelo art. 477, da CLT. Não se pode cogitar, aqui, de a indenização ser apurada com fundamento na legislação civil (perdas e danos), pois é preciso ter-se em conta que é devida em razão de um contrato de trabalho, tendo o legislador, por motivos de ordem política, indicado a administração pública como responsável pelo pagamento das indenizações trabalhistas em decorrência das repercussões que o seu ato de império provocou naquele contrato.

No caso do art. 132, do CPC, a condenação dos coobrigados (litisconsortes) é certa, ainda que indistintamente lançada, sendo incerta, apenas, no momento em que a decisão é proferida, a legitimidade para promover a execução relativa ao segundo capítulo da sentença, de que nos ocupamos há instantes. Possuirá legitimidade para esse fim aquele que vier — e aqui está o elemento incerto — a satisfazer a dívida. Só nesse aspecto é que pode haver incerteza, pois derivará de evento futuro (o pagamento) a legitimidade para exercer a pretensão executiva em face dos outros compartes. Acreditamos, por esse motivo, não ser despropositado falar que a condenação, na hipótese em estudo, é certa (quanto à sua existência), conquanto a correspondente execução seja diferida, vez que dependente de ulterior definição quanto à legitimidade para realizá-la.

Persistindo: o que efetivamente se subordina a condição ou a termo, com vistas à aplicação do art. 131, do CPC, não é a existência da condenação, pois este é certa, é concreta, e sim a legitimidade para promovê-la, de um lado, e para suportá-la, de outro.

Por fim, embora se deva dizer que o chamamento não representa exercício de ação regressiva do chamador em face do chamado, mas apenas convocação para a formação de litisconsórcio passivo, não se pode deixar de ponderar que referida ação de regresso será exercida, mais tarde, por aquele que pagar a dívida (exceto se for o devedor principal), com o objetivo de ressarcir-se disso.

Inciso I. Embora seja admissível no processo do trabalho o *benefício de ordem*, de que trata o art. 827, do Código Civil, isso não significa que esse processo deva aceitar o chamamento ao processo, previsto no inciso I do art. 130 do CPC. Ocorre que, no caso do benefício de ordem, o fiador, quando demandado pelo pagamento da dívida, deve nomear bens do devedor, situados no mesmo município, livres e desembargados, o quanto vastem para solver o débito, ao passo que o chamamento ao processo se destina a fazer com que a sentença valha como título executivo em favor do réu (fiador), para exigi-la do devedor principal ou dos co-devedores, no mesmo processo. Ocorre que a Justiça do Trabalho não possui competência para dirimir conflitos entre fiador e devedor.

Inciso II. Também aqui falta competência à Justiça do Trabalho, pela mesma razão exposta em relação ao inciso I.

Inciso III. Os arts. 275 a 285 do Código Civil tratam da solidariedade passiva. Por força do disposto no art. 275 desse Código, o credor tem direito a exigir e a receber de um ou de alguns dos devedores solidários, parcial ou totalmente, a dívida comum. Neste caso, os devedores que figuram como réus na lide podem chamar ao processo dos demais devedores solidários. A Justiça do Trabalho não possui competência para solucionar conflitos que se venham a estabelecer entre devedores solidários.

Considerando a possibilidade de a nossa opinião a respeito da incompetência da Justiça do Trabalho para apreciar intervenção de terceiro sob a forma de chamamento ao processo — exceto se cogitarmos de um chamamento *sui generis* —, devemos proceder ao exame das demais disposições do CPC acerca da matéria.

Art. 131. A citação daqueles que devam figurar em litisconsórcio passivo será requerida pelo réu na contestação e deve ser promovida no prazo de 30 (trinta) dias, sob pena de ficar sem efeito o chamamento.

Parágrafo único. Se o chamado residir em outra comarca, seção ou subseção judiciárias, ou em lugar incerto, o prazo será de 2 (dois) meses.

• **Comentário**

Caput. Cumpre ao réu: b) na contestação, requerer a citação das pessoas que pretenda ver integradas no polo passivo da relação processual; b) promover-lhes a citação no prazo de trinta dias. Decorrido esse prazo, sem que as citações tenham sido realizadas, ficará sem efeito o chamamento, prosseguindo o processo com as partes originais.

Feita a citação, na forma da lei, os terceiros (chamados) intervirão no processo, assumindo *posições jurídicas* distintas: uma, diante do autor; outra, do réu e dos demais chamados, se houver.

No primeiro caso, os chamados serão litisconsortes do réu primitivo. Trata-se de regime litisconsorcial: *ulterior*, pois a sua constituição se dá depois de o autor haver ingressado em juízo; *passivo*, porque os compartes se encontram situados no polo passivo da relação processual; *facultativo*, porquanto a lei não exige a formação desse litisconsórcio: este é produto exclusivo da vontade do réu; *simples*, na medida que a decisão não precisa ser uniforme para todos os coobrigados.

Como os intervenientes se tornam litisconsortes do réu primitivo, a eles também se atribui o encargo de responder à ação e de promover, de modo geral, as respectivas defesas. Dentro dessa linha de orientação, caber-lhes-á, por exemplo, apresentar exceções de impedimento e suspeição e, eventualmente, de incompetência (relativa). Se a ação foi exercida perante juízo incompetente (em razão do lugar), não se pode negar o direito de os chamados alegarem essas exceções, mesmo que o réu não as tenha arguido. Estamos a falar de exceções porque temos a atenção voltada para a Justiça do Trabalho (CLT, arts. 799 a 802)

De maneira geral, portanto, os chamados deverão exercer os mesmos direitos e faculdades que a lei concede ao réu primitivo, sendo certo, por outro lado, que se encontram sujeitos aos mesmos ônus atribuídos a este. Em decorrência disso, se os chamados deixarem de responder, sem justificativa, à ação, serão considerados revéis e, provavelmente, confessos, no tocante aos fatos narrados na petição inicial, conquanto os atos e omissões de uns não beneficiem nem prejudiquem os outros, em virtude de haver aí um regime litisconsorcial do tipo *simples*, como dissemos. É oportuno lembrar que o litisconsórcio simples é aquele em que a decisão não necessita ser igual para todos os compartes — ao contrário, pois, do que ocorre em sede de litisconsórcio *necessário*.

No segundo caso, levando-se em conta o fato de que o chamamento espelha uma ação exercida pelo réu em face de terceiros, estes deverão contestá-la, alegando o que entenderem ser útil ou conveniente para a defesa dos seus direitos e interesses, aí compreendida a impugnação da própria qualidade de coobrigados, que lhe foi irrogada por aquele. Caso tenham êxito quanto a essa alegação, serão excluídos do processo, que retornará, sob o aspecto subjetivo, ao estado anterior ao chamamento.

Parágrafo único. Se o chamado residir em comarca, seção ou subseção judiciárias diversas daquela em que a ação foi exercida, ou estar em lugar incerto, o prazo para a citação será de dois meses.

Art. 132. A sentença de procedência valerá como título executivo em favor do réu que satisfizer a dívida, a fim de que possa exigi-la, por inteiro, do devedor principal, ou, de cada um dos codevedores, a sua quota, na proporção que lhes tocar.

• **Comentário**

Com o chamamento, passam a existir no mesmo processo duas ações: a do autor diante do réu e a deste perante os chamados. Em decorrência dessa particularidade, a sentença, que compuser as lides referidas, deverá possuir dois capítulos, quando menos. Se, no primeiro, condenar o réu a pagar determinada quantia ao autor, no segundo examinará as relações estabelecidas entre os coobrigados e entre estes e o devedor principal, valendo como título executivo em prol do que pagar a dívida. Tem-se, por isso, que esse segundo capítulo do provimento jurisdicional também será de natureza condenatória, dada a sua exequibilidade.

Este capítulo da sentença, aliás, está a reclamar algumas considerações complementares, sob pena de graves distorções exegéticas do art. 132, do CPC. Não se pense que a sentença, nesta parte, é prolatada em favor de um dos coobrigados e, em razão disso, contra os demais. Dela se beneficiará, na realidade, aquele que satisfizer a dívida, quando, então, a sentença servirá como título executivo perante os outros co-devedores. Assim dizemos porque sendo uma só sentença, é elementar que no segundo capítulo não poderá fazer alusão a nenhum dos litisconsortes, nominalmente, a quem a decisão favoreceria, porquanto naquele momento não se sabe qual deles irá saldar a dívida — e, em consequência disso, promover a execução diante dos outros coobrigados, para reembolsar-se, no todo ou em parte, do que pagou ao autor. Cabe esclarecer, contudo, que esse reembolso só será possível se a dívida for satisfeita por um dos co-devedores *solidários*, uma vez que se quem pagou foi o devedor *principal* este não poderá exigir daqueles nenhum ressarcimento.

A singularidade de a norma legal afirmar que o devedor (solidário, insista-se) que satisfizer a dívida poderá exigi-la dos demais coobrigados, embora, no momento da prolação da sentença, não se saiba a quem essa disposição da sentença beneficiará (pois não se sabe quais dos co-devedores pagará a dívida), levou alguns autores a concluir que se cuidava de sentença *condicional*. Foi o caso de Celso Agrícola Barbi: "Essa sentença contém, portanto, uma decisão quanto às relações entre o devedor principal e o fiador e às relações entre os co-fiadores ou devedores solidários. Mas a determinação de quem poderá usá-la para executar outrem é fato futuro e incerto (...) para se completar ela depende de uma condição, que é o mencionado pagamento, feito por pessoa que não é o devedor principal. Por isso, ela deve ser enquadrada na categoria das sentenças condicionais, que são muito pouco estudadas pela doutrina nacional!" (obra cit., p. 371/372). Não estamos, *data venia*, inteiramente de acordo com a opinião desse notável jurista. *Condicional*, para os efeitos do art. 132, do CPC, não é a sentença, como instrumento de prestação da tutela jurisdicional (e a condenação que ela contém), e sim a *relação jurídica* que se há de estabelecer entre os diversos coobrigados. Repugna ao sistema do processo civil vigente em nosso meio a emissão de *sentenças condicionais*, ou melhor, a existência de *condenações condicionais*, como evidencia o art. 492, parágrafo único, do Código: "A decisão deve ser certa, ainda que resolva relação jurídica condicional". A *certeza*, que a lei impõe como nota essencial da sentença, exprime a ideia de que ela deve se apresentar de maneira precisa quanto à absolvição ou à condenação, como resultado do julgamento.

No caso do art. 132 do CPC, a condenação dos coobrigados (litisconsortes) é certa, ainda que indistintamente lançada; a única *incerteza* que possa haver, no momento em que a decisão é proferida, diz respeito à *legitimidade* para promover a execução forçada diante dos demais co-devedores. Estará legitimado para isso aquele *que vier* — e aqui está o elemento *incerto* — a satisfazer a dívida. Somente nesse aspecto é que se pode pensar em incerteza, pois derivará de evento futuro (o pagamento) a legitimidade para exercer a pretensão executiva perante os outros coobrigados.

Duas nótulas derradeiras: a) nada impede que o autor, vencedor na ação, promova a execução da sentença não apenas em face do réu (chamador), mas, ao mesmo tempo, diante de todos os coobrigados (chamados). Seria desarrazoado supor que o autor só poderia realizar a execução contra o réu. Nada mais equivocado. A execução, apenas, diante do réu, é uma faculdade do credor. Afinal, não foi ele quem chamou os demais co-devedores para integrar a relação processual; b) a norma em exame alude à sentença de *procedência*; a expressão é inadequada. O legislador, na verdade, deveria referir-se à sentença que *acolher* os pedidos formulados na inicial; com isso, estaria prestando homenagem à acribologia e ao próprio art. 490 do CPC, conforme o qual o juiz proferirá sentença *acolhendo* ou *rejeitando*, no todo ou em parte, os pedidos formulados pelo autor. Sob o rigor da técnica e da lógica, mesmo que o juiz rejeite todas as pretensões do autor, a sentença terá sido "procedente", pois *proceder* significa vir de algum lugar, de algum ponto; e a sentença veio das mãos e da mente do magistrado, como manifestação do *imperium* estatal.

O novo CPC eliminou a figura da *nomeação à autoria*, prevista nos arts. 62 a 69 do Código anterior. Isso deveu-se ao fato de o legislador de 2015 haver transmigrado parte do conteúdo desses artigos do CPC de 1973 para os arts. 338 e 339 do novo CPC, sobre os quais nos manifestaremos no momento oportuno.

CAPÍTULO IV

DO INCIDENTE DE DESCONSIDERAÇÃO DA PERSONALIDADE JURÍDICA

Art. 133. O incidente de desconsideração da personalidade jurídica será instaurado a pedido da parte ou do Ministério Público, quando lhe couber intervir no processo.

§ 1º O pedido de desconsideração da personalidade jurídica observará os pressupostos previstos em lei.

§ 2º Aplica-se o disposto neste Capítulo à hipótese de desconsideração inversa da personalidade jurídica.

• **Comentário**

Caput. CPC revogado nada dispunha a respeito do tema.

Quando se fala em *desconsideração* da personalidade jurídica não se está afirmando que essa personalidade será *anulada,* deixará de existir, na generalidade dos casos, seja para os efeitos processuais, seja para os materiais, no presente e no futuro. O que o substantivo *desconsideração* significa, em tema de processo judicial, é que a personalidade jurídica não será levada em conta, para os efeitos *específicos* do caso concreto, em que o incidente foi suscitado, como medida destinada a proteger os interesses do autor, juridicamente tuteláveis. Se a desconsideração da personalidade jurídica for requerida já na inicial, não se cogitará de incidente, por tratar-se de postulação originária.

Em nosso meio, a desconsideração da personalidade jurídica era prevista em leis materiais, mesmo antes da instituição do novo CPC. Vejamos.

Dispõe o art. 28, do Código de Defesa do Consumidor (Lei n. 8.078/90): "Art. 28. O juiz poderá desconsiderar a personalidade jurídica da sociedade quando, em detrimento do consumidor, houver abuso de direito, excesso de poder, infração da lei, fato ou ato ilícito ou violação dos estatutos ou contrato social. A desconsideração também será efetivada quando houver falência, estado de insolvência, encerramento ou inatividade da pessoa jurídica provocada por má administração".

A Lei n. 8.884/94 (Anti-truste) estabelece: "Art. 18. A personalidade jurídica do responsável por infração da ordem econômica poderá ser desconsiderada quando houver da parte deste abuso de direito, excesso de poder, infração da lei, fato ou ato ilícito ou violação dos estatutos ou contrato social. A desconsideração também será efetivada quando houver falência, estado de insolvência, encerramento ou inatividade da pessoa jurídica provocados por má administração".

Consta da Lei n. 9.605/1998 (dispondo sobre sanções penais e administrativas derivadas de condutas e atividades lesivas ao meio ambiente*):* "Art. 4º Poderá ser desconsiderada a pessoa jurídica sempre que sua personalidade for obstáculo ao ressarcimento de prejuízos causados à qualidade do meio ambiente".

Estabelece o art. 50 do Código Civil (Lei n. 10.406/2002) "Em caso de abuso da personalidade jurídica, caracterizado pelo desvio de finalidade, ou pela confusão patrimonial, pode o juiz decidir, a requerimento da parte, ou do Ministério Público quando lhe couber intervir no processo, que os efeitos de certas e determinadas relações de obrigações sejam estendidos aos bens particulares dos administradores ou sócios da pessoa jurídica".

Não havia, porém uma norma *processual* específica, disciplinando o *procedimento* para obter-se, em juízo, a desconsideração da personalidade jurídica. A ausência dessa norma conduzia a uma diversidade de procedimentos, estabelecidos conforme fosse o entendimento de cada magistrado.

Os textos legais há pouco reproduzidos constituem consagração da doutrina da desconsideração da pessoa jurídica (*disregard of legal entity*) surgida nos países da *Common Law*.

Não é pacífica, entre os estudiosos, qual teria sido o primeiro caso concreto em que se aplicou essa teoria. Para alguns, teria sido no caso Salomon x Salomon Co, em 1897, na Inglaterra. É bem verdade que essa decisão proferida pelo juiz de primeiro grau foi reformada pela Casa dos Lordes, que, conservadora, assegurou a autonomia patrimonial da sociedade, uma vez que esta se encontrava regularmente constituída. Para outros, a teoria da desconsideração da pessoa jurídica teria sido utilizada, pela primeira vez, nos Estados Unidos da América do Norte, em 1809, no caso Bank of United States x Deveaux, em que o juiz John Marshall levantou o véu da pessoa jurídica (*piercing the corporate veil*) e responsabilizou os sócios. Não se discutia, nesse caso, a autonomia patrimonial da pessoa jurídica e sim a competência da justiça federal daquele país, que somente seria exercida para solucionar controvérsia entre cidadãos de estados diversos. Como não era possível considerar-se a sociedade cidadã, tomou-se em conta os seus sócios, pessoas físicas, e, em razão disso, declarou-se a competência da justiça federal para apreciar o caso.

Muito antes de essa doutrina penetrar o direito positivo brasileiro, a Justiça do Trabalho, com seu caráter vanguardeiro, autorizava, em determinadas situações, a penhora de bens dos sócios nas causas em que figurava como devedora a sociedade à qual ele pertencia ou pertencera. Pragmática, essa Justiça não questionava se teria havido, ou não, abuso da personalidade jurídica, preferindo colocar à frente o fato objetivo de que o patrimônio dos sócios havia sido beneficiado, de algum modo, pela força de trabalho dos empregados, motivo por que esse patrimônio deveria suportar os atos de execução.

Na jurisprudência anglo-saxônica a desconsideração da personalidade jurídica era identificada pelas denominações *disregard of legal entity* ou *disregard doctrine*. A primeira caiu no gosto dos juristas brasileiros. Nos países da *Common Law* são utilizadas expressões como "levantar o véu da pessoa jurídica" (*piercing the corporate veil*). Na Alemanha usa-se *Durchgriff derr juristichen Person*; na Itália, *superamento della personalitá giuridica*, a Argentina e em alguns países de língua espanhola, *desestimácion de la personalidad*.

No Brasil, como dissemos, ganhou a preferência dos juristas e da própria lei a expressão "desconsideração da personalidade jurídica". Alguns estudiosos aludem à "despersonalização da pessoa jurídica". A expressão, contudo, é inadequada, porquanto *despersonalizar* sugere a ideia de anular, de cancelar a personalidade jurídica, o que não corresponde à realidade. A *desconsideração* da personalidade jurídica se faz, no caso concreto, apenas para proteger os direitos ou interesses dos indivíduos ou das coletividades derivantes das relações obrigacionais estabelecidas com a sociedade. Em suma, a desconsideração da personalidade jurídica não afeta a existência de fato ou de direito da pessoa jurídica; não a destrói.

Abuso de direito. A legislação brasileira em vigor sói eleger o *abuso* como critério determinante da desconsideração da personalidade jurídica. Nos termos do CC, esse abuso se configura pelo desvio da finalidade da sociedade ou pela confusão patrimonial. Do ponto de vista do processo do trabalho esse critério é muito restritivo. É preferível, pois, o critério estampado no art. 28 do CDC, conforme o qual o abuso se caracteriza não apenas pelo abuso de direito, mas pelo excesso de poder, por infração à lei, por fato ou ato ilícito, pela violação dos estatutos ou do contrato social ou inatividade da pessoa jurídica acarretada por má administração, elucidando, no § 5º, que "Também poderá ser desconsiderada a pessoa jurídica sempre que sua personalidade for, de alguma forma, obstáculo ao ressarcimento de prejuízos causados aos consumidores".

Aí está: com vistas ao processo do trabalho, poder-se-á desconsiderar a pessoa jurídica sempre que, de algum modo, a personalidade desta puder constituir empecilho à satisfação do direito dos trabalhadores ou dos prestadores de serviços, pessoas físicas.

Para efeito de incidência do art. 8º, da CLT, deve-se concluir que o art. 28 do CDC tem preeminência axiológica em relação ao art. 50 do CC.

Em que pese ao fato de o CPC deixar claro que a desconsideração da personalidade jurídica deverá ser objeto de *requerimento* da parte ou do Ministério Público, estamos convencidos de que, no processo do trabalho, o juiz poderá agir *ex officio* em relação à matéria, por força do disposto no art. 765, da CLT, desde que haja nos autos elementos capazes de fundamentar a sua decisão (CF, art. 93, IX).

No sistema do CPC, o juiz deve estabelecer um *contraditório incidental* antes de resolver o incidente. Daí, a justificável preocupação que o art. 135 desse Código está a suscitar no espírito dos magistrados do trabalho e dos credores trabalhistas, uma vez que o incidente do contraditório prévio pode acarretar um longo retardamento do trâmite processual, pois o sócio, o terceiro e a própria sociedade tenderão a empenhar-se em impedir a desconsideração da per-

Código de Processo Civil

sonalidade jurídica, mediante a produção de provas que poderão consumir largo período de tempo. Iremos manifestar-nos sobre esse contraditório mais adiante.

§ 1º Do ponto de vista da norma em exame, embora seja razoável concluir-se que os "pressupostos previstos em lei" sejam os referidos no art. 50, do CC, pela nossa parte entendemos que são os expressos no art. 28 do CDC, pelas razões exaradas quando do comentário ao *caput* do art. 135 do CPC.

§ 2º A desconsideração *inversa* da personalidade caracteriza-se pelo fato de atribuir-se responsabilidade à pessoa jurídica em decorrência de ato praticado por sócio desta, como ocorre, por exemplo, quando o sócio transfere bens de sua propriedade para a sociedade, com o objetivo de ocultar o seu patrimônio em face de ação ou de execução, atual ou futura, contra ele dirigida. Por outras palavras, nessa espécie de *desconsideração*, o sócio faz uso abusivo (e fraudulento) da sociedade de que participa, com o objetivo de ocultar o seu patrimônio material, ou seja, dele, sócio. Caso o ato tenha sido praticado por um dos sócios, os demais deverão ser intimados do incidente, para que, se desejarem, dele participem.

Art. 134. O incidente de desconsideração é cabível em todas as fases do processo de conhecimento, no cumprimento de sentença e na execução fundada em título executivo extrajudicial.

§ 1º A instauração do incidente será imediatamente comunicada ao distribuidor para as anotações devidas.

§ 2º Dispensa-se a instauração do incidente se a desconsideração da personalidade jurídica for requerida na petição inicial, hipótese em que será citado o sócio ou a pessoa jurídica.

§ 3º A instauração do incidente suspenderá o processo, salvo na hipótese do § 2º.

§ 4º O requerimento deve demonstrar o preenchimento dos pressupostos legais específicos para desconsideração da personalidade jurídica.

• **Comentário**

Caput. A norma está a declarar que o incidente de desconsideração da personalidade jurídica é admissível no processo de conhecimento, no cumprimento da sentença e na execução fundada em título extrajudicial. Como o texto legal se refere a "todas as fases do processo de conhecimento", significa que a desconsideração pode ser requerida na própria petição inicial, quando for o caso. É o que consta, aliás, do § 2º.

O processo do trabalho atual não contém o procedimento do *cumprimento da sentença*; *de lege ferenda*, entretanto, o incorporará, como revela o PLS n. 606/2011, que "Altera e acrescenta dispositivos à Consolidação das Leis do Trabalho, aprovada pelo Decreto-Lei n. 5.452, de 1º de maio de 1943, para disciplinar o cumprimento das sentenças e a execução de títulos extrajudiciais na Justiça do Trabalho".

Sob o ponto de vista do processo do trabalho, *de lege lata*, portanto, a regra do art. 134 do CPC significa que o incidente de desconsideração da personalidade jurídica caberá no processo de conhecimento e no de execução, seja esta fundada em título judicial, seja em título extrajudicial.

§ 1º Instaurado o incidente, cumprirá ao juiz determinar que o fato seja comunicado, de imediato, ao distribuidor, para as devidas anotações (CLT, art. 783). Essa comunicação será desnecessária quando a desconsideração da personalidade jurídica for requerida na petição inicial, hipótese em que não haverá, em rigor, *incidente*.

§ 2º Conforme dissemos, a instauração do incidente será dispensável se a desconsideração da personalidade jurídica houver sido requerida na petição inicial. Neste caso, será citado o sócio ou a pessoa jurídica. Para clarificar: se o autor, já na petição inicial, requerer a desconsideração da personalidade jurídica, o juiz mandará citar o sócio ou o representante legal da pessoa jurídica, para responder à ação, na qual um deles figura como réu. Em termos práticos, no processo do trabalho é conveniente que o autor dirija a ação ao empregador (ou ex-empregador), pessoa jurídica, e, ao mesmo tempo, digamos, ao sócio desta, pois se o juiz entender que não é o caso de desconsiderar a personalidade jurídica, excluirá da relação processual o sócio, permanecendo no processo a pessoa jurídica. Sendo a ação dirigida, apenas, ao sócio, e vindo o juiz a recusar a pretendida desconsideração da personalidade jurídica, o processo deverá ser extinto por falta, no polo passivo da relação jurídica processual, de pessoa legitimada para responder às pretensões deduzidas pelo autor (CPC, art. 485, IV). Embora o assunto esteja aberto a debates, entendemos que o sócio, por força dos princípios da concentração, da eventualidade e da celeridade, não deverá limitar-se a negar a sua ilegitimidade passiva, mas, também, pronunciar-se sobre o mérito da causa (CPC, art. 336). Não faria sentido abrir-lhe prazo específico para isso somente na hipótese de ser desconsiderada a personalidade jurídica.

§ 3º No processo civil, a instauração do incidente acarretará a suspensão do processo, salvo se a desconsideração da personalidade jurídica houver sido requerida na petição inicial. Resolvido o incidente, o processo retomará o seu curso regular.

No processo do trabalho, o princípio assente é de que os incidentes processuais não acarretam a suspensão do processo. De modo geral, esses incidentes são resolvidos por meio de decisões interlocutórias. Sob esse aspecto, é oportuno lembrar a regra inscrita no art. 893, § 1º, da CLT, conforme a qual essas decisões não são recorríveis de imediato: a sua impugnação ficará reservada para a fase da sentença, ou seja, da "decisão definitiva". Logo, o processo do trabalho repele a suspensão de que trata o § 3º do art. 134, do CPC. Essa suspensão implicaria um atentado contra o princípio da celeridade processual, que se encontra constitucionalizado (CF, art. 5º, LXXVIII)

§ 4º Constitui ônus do requerente demonstrar o atendimento aos pressupostos legais específicos para a desconsideração da personalidade jurídica, sob pena de o incidente não ser instaurado. Esses pressupostos, a nosso ver, são os mencionados no art. 28 do CDC: abuso de direito, excesso de poder, infração da lei, fato ou ato ilícito ou violação dos estatutos ou contrato social, falência, estado de insolvência, encerramento ou inatividade da pessoa jurídica provocada por má administração.

Entendemos, porém, que o parágrafo em exame também é inaplicável ao processo do trabalho, por atribuir ao credor exquente o encargo de demonstrar a presença dos pressupostos legais específicos concerntes à desconsideração da personalidade jurídica. A jurisprudência trabalhista, desde sempre, construiu um critério objetivo, segundo o qual, para a configuração dessa desconsideração é bastante que o devedor não possua bens suficientes para responder à execução, caso em que os atos executivos se processam no patrimônio da pessoa jurídica a que ele se encontra vinculado.

Art. 135. Instaurado o incidente, o sócio ou a pessoa jurídica será citado para manifestar-se e requerer as provas cabíveis no prazo de 15 (quinze) dias.

• **Comentário**

Uma vez instaurado o incidente, o passo seguinte constituirá na citação do sócio ou da pessoa jurídica, conforme seja o caso, visando a duas finalidades, a saber: a) manifestar-se dentro de quinze dias, e, no mesmo prazo: b) requerer a produção de provas. Caberá ao juiz indeferir, mediante decisão fundamentada, postulações meramente protelatórias (art. 139, III).

Temos, com vistas ao processo do trabalho, uma visão peculiar, que se destina, de um lado, a preservar princípios fundamentais desse processo, sem malferir a garantia constitucional do contraditório – que não necessita ser prévio, podendo revelar-se diferido. Para nós, a instrução processual deverá ocorrer (sem suspensão do processo) após a efetivação da penhora de bens do sócio, tal como sempre se fez nos domínios desse processo especializado, por obra da jurisprudência.

Desse modo, enquanto, no processo civil, a citação do réu e a instrução do incidente antecedem à penhora dos bens , no processo do trabalho, a penhora antecede ao ato citatório. Assim, garantida a execução, o réu será citado para manifestar-se e, se for o caso, produzir provas. Cuida-se, portanto, de um contraditório diferido, que é perfeitamente admissível.

Entendemos que, no processo do trabalho, esse prazo deverá ser de cinco dias, por analogia ao disposto no art. 841, *caput*, da CLT.

A citação do sócio ou da pessoa jurídica fará surgir entre eles um litisconsórcio necessário (art. 114), embora não seja unitário (art. 116), pois sendo os interesses do sócio e da sociedade, muitas vezes conflitantes, o juiz não terá como "decidir o mérito de modo uniforme para todos os litisconsortes" (art. 116).

Manifestação. O pronunciamento do réu deverá ser, apenas, em relação ao incidente. No sistema do processo do trabalho, menos formalista do que o do processo civil, se o incidente for suscitado antes da contestação, o réu poderá dedicar, na peça contestatória, um capítulo sobre o incidente; se este for suscitado após a contestação, ao réu cumprirá formular manifestação exclusiva acerca do incidente. No primeiro caso, poder-se-á admitir que a instrução seja unificada, vale dizer, compreenda tanto os fatos alusivos ao incidente quanto os pertinentes à causa principal; no segundo caso, entretanto, a instrução terá como objeto exclusivo o incidente.

Caso o réu não se manifeste, será revel? De maneira alguma. Estamos pressupondo que essa manifestação devesse ocorrer antes do momento destinado ao oferecimento da contestação à ação na qual o incidente foi suscitado. A revelia só se configura quando o réu deixar (sem justificativa legal) de contestar *a ação* (art. 344). O incidente de que estamos a tratar não constitui, *per se*, ação; ele apenas surge no curso da ação. O que se pode admitir é que a ausência de manifestação do réu conduza à presunção de veracidade dos fatos pertinentes ao incidente (art. 341, *caput*, por analogia), ou seja, à desconsideração da personalidade jurídica, sem que isso prejudique a realização da instrução destinada ao mérito da causa e o proferimeto da correspondente sentença. Deste modo, em tese, mesmo havendo a desconsideração da personalidade jurídica — via presunção derivante da ausência de manifestação do réu quanto ao tema —, ele poderá ser vencedor na causa, seja porque o autor não se desincumbiu do ônus que lhe competia, seja porque o réu de desincumbiu desse encargo, seja porque o pedido era juridicamente impossível etc.

Instrução. Na instrução do incidente, o sócio poderá: a) valer-se de todos os meios de prova em direito admitidas, desde que sejam necessárias e compatíveis com a situação do caso concreto; b) requerer a expedição de carta precatória; c) o depoimento pessoal do credor etc. Não se afasta a possibilidade de haver confissão real (espontânea ou provocada) do autor, ou mesmo confissão presumida (*ficta*), caso este deixe de comparecer a juízo, sem justificativa, para depor. Os efeitos desta confissão, como é evidente, ficarão circunscritos ao incidente, não se projetando para a causa principal. Conquanto a norma legal em exame seja omissa, não podemos deixar de reconhecer o direito de o autor produzir contraprova, aí inclusos o depoimento do réu e a ocorrência de confissão, por parte deste, nas modalidades há pouco mencionadas.

A expressão legal "se necessária" revela que nem sempre haverá instrução do procedimento, seja porque o réu deixou de manifestar-se no prazo legal, seja porque se cuida de matéria exclusivamente de interpretação jurídica (ou "de direito", como se costuma dizer).

Caso o incidente tenha sido suscitado, *originalmente*, no tribunal, competente para processá-lo e julgá-lo será o relator do processo (art. 136, parágrafo único). Embora o vocábulo *originalmente* não apareça na redação do art. 136, parágrafo único, ele está expresso no art. 932, VI, que trata das atribuições e competências ("incumbências") do relator.

Havendo necessidade de serem produzidas provas orais, o relator fará expedir carta de ordem a uma das Varas do Trabalho existentes na jurisdição do tribunal.

Se a desconsideração da personalidade jurídica foi requerida já na petição inicial, eventual revelia do réu fará com que os efeitos a ela inerentes atinjam tanto os fatos ligados ao mérito quanto aos vinculados ao incidente. Não ocorrendo os efeitos da revelia (CLT, art. 844; CPC, art. 344), caberá ao juiz determinar que o autor indique as provas que pretende produzir, designando audiência para essa finalidade, se for o caso.

Pode ser admitida no incidente de desconsideração da personalidade jurídica a figura do *amicus curiae*, por iniciativa do juiz, do relator ou de quem pretender manifestar-se, desde que atendidos os pressupostos legais da relevância da matéria, da especificidade do tema objeto da demanda ou da repercussão social da controvérsia (art. 138, *caput*). Podem intervir nessa qualidade a pessoa natural ou jurídica, assim como o órgão ou a entidade especializada, com representatividade adequada, no prazo de quinze dias da sua intimação (*ibidem*). Cumprirá ao juiz definir os poderes do *amicus curiae* (art. 138, § 2º), cuja decisão será irrecorrível (art. 138, *caput*).

Art. 136. Concluída a instrução, se necessária, o incidente será resolvido por decisão interlocutória.

Parágrafo único. Se a decisão for proferida pelo relator, cabe agravo interno.

• **Comentário**

Caput. O ato pelo qual o juiz resolve o incidente de desconsideração da personalidade jurídica traduz decisão interlocutória, legalmente conceituada como "todo pronunciamento judicial de natureza decisória que não se enquadre no § 1º" do art. 203.

No processo do trabalho, essa decisão, por ser interlocutória, não poderá ser impugnada de imediato, em razão do disposto no art. 893, § 1º, da CLT. Sendo assim, a sua impugnação será diferida para a fase de agravo de petição (estamos cogitando, neste momento, de o incidente ter sido suscitado no processo de execução) que vier a ser interposto da sentença resolutiva dos embargos à execução (CLT, art. 884). Esta nossa assertiva está a merecer uma explicitação. Proferida, pelo juiz do trabalho, a decisão interlocutória, e sendo ela irrecorrível de imediato, haverá a penhora de bens dos sócios. Estes, entretanto, não poderão ingressar com embargos de terceiro, pois a matéria já foi objeto da aludida decisão interlocutória. Poderão, contudo, oferecer embargos à execução, mas sem questionar a sua legitimidade para a execução, pois esta matéria também foi apreciada pela decisão interlocutória. Assim, proferida a sentença resolutiva dos embargos à execução (nos quais os sócios poderão questionar os valores da condenação, os critérios de cálculo etc.) estes poderão, em sede de agravo de petição, impugnar a decisão interlocutória que desconsiderou a personalidade jurídica.

Admitir-se a imediata impugnação da decisão interlocutória que desconsiderou a personalidade jurídica será malferir a regra inscrita no § 1º do art. 893 da CLT. Somente em situações verdadeiramente excepcionais é que se admitirá a impugnação da aludida decisão — e, ainda assim, via mandado de segurança. O próprio TST tem admitido o uso de ação mandamental (e não de agravo de petição) na execução, como demonstra o item III de sua Súmula n. 417.

Parágrafo único. Sendo a decisão interlocutória proferida pelo relator, esse ato jurisdicional poderá ser impugnado por meio de agravo interno (que não se confunde com o agravo regimental, conquanto este, em rigor, também seja "interno"). A norma em exame está em harmonia com o art. 1.021 do CPC, que prevê a interposição de agravo contra decisão proferida pelo relator.

Art. 137

Art. 137. Acolhido o pedido de desconsideração, a alienação ou a oneração de bens, havida em fraude de execução, será ineficaz em relação ao requerente.

• **Comentário**

O efeito principal da decisão judicial que desconsidera a personalidade jurídica da empresa consiste em permitir a penhora de bens de sócio. Entretanto, se, quando já ajuizada a ação em que a sociedade figura como ré, o sócio vendeu ou alienou bens pessoais, a lei considera que esses atos foram praticados em fraude à execução, cuja consequência será a sua ineficácia em relação ao requerente, ou seja, ao credor. À primeira vista, poderia parecer desnecessária a declaração feita pelo art. 137, pois o art. 792, que disciplina a fraude à execução, assevera, em seu § 1º: "A alienação em fraude à execução é ineficaz em relação ao exequente". Por ironia, a presença do art. 137, com seu teor, tornou-se necessária, porque o art. 792, § 1º, disse menos do que deveria: não só a alienação, mas, também, a oneração de bens em fraude à execução serão ineficazes no que tange ao exequente. O *caput* do art. 792, aliás, menciona tanto a oneração quanto a alienação de bens.

Para que se configure a fraude à execução é necessário que o devedor tenha vendido todos os seus bens, quando já ajuizada a ação, sem reservar alguns para atenderem à satisfação do crédito do exequente. Desse modo, se ele vendeu diversos bens, mas conservou alguns em sua propriedade, suficientes para atender ao escopo da execução que contra ele se processa ou será processada, aquela alienação não será havida como fraudatória da execução.

As situações configuradoras dessa modalidade de fraude estão especificadas no art. 792, assim redigido: "A alienação ou a oneração de bem é considerada fraude à execução: I — quando sobre o bem pender ação fundada em direito real ou com pretensão reipersecutória, desde que a pendência do processo tenha sido averbada no respectivo registro público, se houver; II — quando tiver sido averbada, no registro do bem, a pendência do processo de execução, na forma do art. 828; III — quando tiver sido averbado, no registro do bem, hipoteca judiciária ou outro ato de constrição judicial originário do processo onde foi arguida a fraude; IV — quando, ao tempo da alienação ou da oneração, tramitava contra o devedor ação capaz de reduzi-lo à insolvência; V — nos demais casos expressos em lei".

Considerações mais detalhadas sobre a fraude à execução serão expendidas quando de nossos comentários ao art. 792, do CPC.

De outra parte, considerando existir um entrelaçamento dos arts. 9º, 133/137 e 795, do CPC, realizaremos, quando dos comentários a este último, uma sistematização entre eles.

Uma consideração final: em que pese ao fato de as primeiras manifestações escritas dos juízes do trabalho acerca dos arts. 133 a 137 do CPC serem no sentido da incompatibilidade dessas normas legais com o processo do trabalho — por força do princípio inquisitivo de que este se nutre, e por traduzirem tais normas um procedimento burocrático, embaraçante da celeridade processual — entendemos que, com as adaptações que sugerimos, o incidente de desconsideração da personalidade jurídica, traçado pelos sobreditos normativos, pode ser adotado pelo processo do trabalho, com o qual será conciliável.

Em resumo: a) com o escopo de preservar a preeminência do art. 769, da CLT, em relação ao art. 15, do CPC, e, em consequência, os amplos poderes que o art. 765, da CLT, comete ao juiz do trabalho, assim como a sua faculdade de dar início *ex officio* à execução (CLT, art. 878, *caput*) e o princípio da irrecorribilidade imediata das decisões interlocutórias (*CLT, art. 893, § 1º*); b) com a finalidade de assegurar o contraditório previsto na Constituição Federal (art. 5º, LV), sem prejuízo da celeridade na tramitação processual — que também é garantia constitucional: *ibidem*, LXXVIII), sugerimos a adoção, pela Justiça do Trabalho, do seguinte procedimento alusivo ao incidente de desconsideração da personalidade jurídica:

a) faculdade de o juiz dar início, *ex officio*, ao incidente;

b) manutenção do critério objetivo, e exclusivo, da inexistência de bens da pessoa jurídica, que possam ser penhorados;

c) citação do réu e realização da instrução do incidente somente depois de penhorados bens do sócio (ou, de qualquer modo, garantida a execução);

d) irrecorribilidade imediata e autônoma da decisão interlocutória que soluciona o incidente.

Uma situação fronteiriça à da desconsideração da personalidade jurídica deve ser mencionada: a da pessoa física que onera ou vende bens quando já havia, contra si, demanda capaz de reduzi-la à insolvência (CPC, art. 792, IV). Neste caso, estará caracterizada a fraude à execução, espécie do gênero ato atentatório à dignidade da justiça (art. 774, I), permitindo ao juiz declarar a ineficácia do ato realizado pelo devedor (art. 792, § 1º) e aplicar-lhe multa não superior a vinte por cento do valor atualizado do débito em execução (art. 774, parágrafo único). No incidente de desconsideração da personalidade jurídica, segundo o art. 792, § 3º, do CPC, a fraude à execução somente ocorre a partir da citação da parte cuja personalidade se pretende desconsiderar. É bem verdade que, neste caso, antes de declarar a fraude, o juiz deverá intimar o terceiro adquirente, que poderá oferecer embargos de terceiro no prazo de quinze dias (*ibidem*, § 4º).

O fluxograma que apresentamos a seguir espelha o procedimento do incidente de desconsideração da personalidade jurídica *tal como traçado pelo CPC*, não levando em conta a adaptação desse procedimento ao processo do trabalho, que sugerimos há pouco.

Fluxograma 1

INCIDENTE DE DESCONSIDERAÇÃO DA PERSONALIDADE JURÍDICA

(NCPC, arts. 133/137)

Manoel Antonio Teixeira Filho

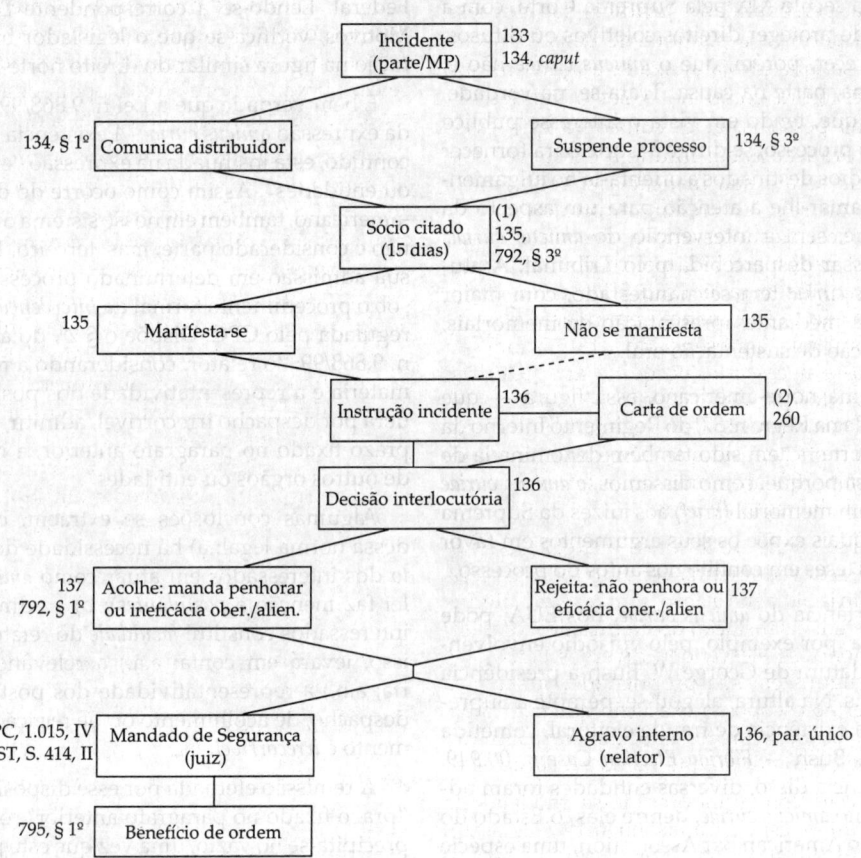

(1) Admite-se a intervenção do *amicus curiae* (art. 138).

(2) Quando o incidente for suscitado, *originalmente*, no tribunal.

CAPÍTULO V

DO AMICUS CURIAE

Art. 138. O juiz ou o relator, considerando a relevância da matéria, a especificidade do tema objeto da demanda ou a repercussão social da controvérsia, poderá, por decisão irrecorrível, de ofício ou a requerimento das partes ou de quem pretenda manifestar-se, solicitar ou admitir a participação de pessoa natural ou jurídica, órgão ou entidade especializada, com representatividade adequada, no prazo de 15 (quinze) dias de sua intimação.

§ 1º A intervenção de que trata o *caput* não implica alteração de competência nem autoriza a interposição de recursos, ressalvadas a oposição de embargos de declaração e a hipótese do § 3º.

§ 2º Caberá ao juiz ou ao relator, na decisão que solicitar ou admitir a intervenção, definir os poderes do *amicus curiae*.

§ 3º O *amicus curiae* pode recorrer da decisão que julgar o incidente de resolução de demandas repetitivas.

A figura do *amicus curiae*

Caput. O *amicus curiae* ("amigo da corte") surgiu no processo penal inglês, conquanto alguns autores afirmem que figura semelhante já era encontrada no direito romano. Da Inglaterra, o *amicus curiae* passou para o direito norte-americano, sendo adotado no início do século XIX pela Suprema Corte, com a finalidade de proteger direitos coletivos ou difusos. Cabe esclarecer, porém, que o *amicus curiae* não é, nem se torna, parte na causa. Trata-se, na verdade, de alguém que, tendo em vista o interesse público aflorado no processo, se dirige à Corte para fornecer a esta subsídios destinados a orientá-la no julgamento, ou a chamar-lhe a atenção para um aspecto da matéria, que, sem a intervenção do *amicus curiae*, poderia passar despercebida pelo Tribunal. A atuação *amicus curiae* tem se manifestado, com maior intensidade, mediante apresentação de memoriais, ou formulação de sustentação oral.

No sistema norte-americano, essa figura — que está regulada na Regra n. 37, do Regimento Interno da Suprema Corte — tem sido também denominada de *brandies-brief*, porque, como dissemos, o *amicus curiae* apresenta um memorial (*brief*) aos juízes da Suprema Corte, nos quais expõe os seus argumentos em favor de uma das teses em conflito nos autos do processo.

A importância do *amicus curiae*, nos EUA, pode ser avaliada, por exemplo, pelo episódio envolvendo a candidatura de George W. Bush à presidência daquele país. Na altura, alegou-se, perante a Suprema Corte, a existência de fraude eleitoral, cometida por George Bush — *Florida Election Case n. 00.949*. Em decorrência disso, diversas entidades foram admitidas como *amicus curiae*, dentre elas, o Estado do Alabama e o American Bar Association, uma espécie de Ordem dos Advogados do Brasil. Mesmo assim, o resultado do julgamento foi favorável a Bush.

Nos EUA, o procedimento atinente à intervenção do *amicus curiae*, em traços gerais, é este: o interessado deve apresentar o consentimento das partes envolvidas no conflito. Esse consentimento pode ser amplo, compreendendo a prática de todos os atos permitidos ao *amicus curiae*, ou restrito, ficando limitado a certos atos, como a apresentação de memoriais e à formulação de sustentação oral.

No caso de os litigantes se recusarem a autorizar a pessoa a ingressar como *amicus curiae*, esta, ao dirigir-se à Suprema Corte, deverá instruir o seu pedido com os motivos da recusa das partes.

Deve ser dito que a Suprema Corte poderá admitir o *amicus curiae* mesmo contra a vontade das partes demandantes. Tudo dependerá das razões que o *amicus* apresentar à Corte, para justificar o seu interesse em atuar nessa qualidade. Em outras situações, a Corte, antes de admitir o *amicus curiae*, poderá realizar uma audiência com as partes, com a finalidade de obter solução mais apropriada para o incidente.

O *amicus curiae* no direito brasileiro

A instituição, em nosso meio, da figura do *amicus curiae* foi obra da Lei n. 9.868, de 10 de novembro de 1999, que regulamentou o processo e julgamento da ação direta de inconstitucionalidade e da ação declaratória de constitucionalidade no Supremo Tribunal Federal. Lendo-se a correspondente Exposição de Motivos, verifica-se que o legislador buscou inspiração na figura similar do direito norte-americano.

É bem verdade que a Lei n. 9.868/99 não faz uso da expressão a*micus curiae.* A existência desta figura, contudo, está insinuada na expressão "outros órgãos ou entidades". Assim como ocorre do direito norte-americano, também em nosso sistema o *amicus curiae* não é considerado parte, mas, terceiro. Entretanto, a sua admissão em determinado processo não se faz sob o procedimento formal da *intervenção de terceiros*, regulada pelo CPC. Dispõe o § 2º, do art. 7º, da Lei n. 9.868/99: "o relator, considerando a relevância da matéria e a representatividade dos postulantes, poderá por despacho irrecorrível, admitir, observado o prazo fixado no parágrafo anterior, a manifestação de outros órgãos ou entidades".

Algumas conclusões se extraem, de imediato, dessa norma legal: a) há necessidade de *requerimento* dos interessados em atuar como *amicus curiae* (a lei faz menção a *postulantes*); b) a admissão desses interessados constitui *faculdade* do relator, que, para isso, levará em conta: a.a.) a relevância da matéria; a.b.) a representatividade dos postulantes; c) o despacho, de acolhimento ou de rejeição do requerimento é *irrecorrível*.

A remissão efetuada por esse dispositivo legal ao "prazo fixado no parágrafo anterior", ou seja, ao 1º, precipita-se no vazio, uma vez que este parágrafo foi vetado.

O § 2º do art. 7º, da Lei n. 9.868/99 revela, ainda, uma expressiva distinção da figura do *amicus curiae* brasileiro em relação ao similar norte-americano: sucede que o direito de nosso país não exige autorização das partes, para que o *amicus curiae* seja admitido nos autos do processo; essa admissão, conforme salientamos, depende, apenas, de requerimento do interessado e de despacho do relator.

Em essência, merece largos elogios a Lei n. 9.869/99, na parte em que abriu a possibilidade de atuação do *amicus curiae*, pois isso representou, sem dúvida, a concessão de um notável espaço para que os grupos sociais representativos participem, de maneira efetiva, de certas decisões do Supremo Tribunal Federal, o que significa dizer, por outras palavras, que possam também exercer, ainda que com as restrições impostas pela norma legal, o controle da constitucionalidade das leis e dos atos normativos do Poder Público. Sob certo aspecto, podemos firmar que a instituição da figura do *amicus curiae* traduziu um ato de prestigiamento legislativo do cidadão, ao colocar-lhe ao alcance das mãos a possibilidade de, mediante órgão ou entidade representativa, manifestar-se a respeito de leis das quais, como membro da sociedade, é, ou poderá ser, destinatário. Permitiu-se, enfim, por meio da figura do *amicus curiae*, a democratização dos debates acerca da constitucionalidade dos atos da legislatura, da administração e da própria magistratura.

Entre os casos concretos, julgados pelo STF, em que se admitiu a figura do *amicus curiae*, um dos mais expressivos e emblemáticos consistiu no *Habeas Corpus* n. 82.424/RS, envolvendo crime de racismo e anti-semitismo, no qual figurava como paciente o editor Siegfried Ellwanger, sendo autoridade co-autora o Superior Tribunal de Justiça. O STF, por sete votos contra três, adotou os argumentos expostos no memorial (aceito como *amicus curiae*) elaborado pelo prof. Celso Lafer e denegou a ordem pretendida pelo mencionado editor. Eis um trecho do voto do Ministro Celso Mello: "irrepreensível, neste ponto, o magistério, sempre douto e erudito, do eminente professor Celso Lafer, da Faculdade de Direito da Universidade de São Paulo (que é a minha "alma mater"), cujo parecer — oferecido na legítima e informal condição de amicus curiae — bem analisa a questão em foco (fls. 120/122)". In: *Crime de racismo e anti-semitismo*: um julgamento histórico no STF: *Habeas Corpus* n. 82.424/RS. Brasília: Supremo Tribunal Federal, 2004, p. 57.

Como é fato notório, embora a questão fundamental, — objeto de intensos e proveitosos debates estabelecidos no Plenário —, nesse julgamento, fosse o alcance do sentido do vocábulo *racismo*, a que se refere o inciso XLII, do art. 5º, da Constituição Federal, o STF superou o conceito biológico de raça, para ocupar-se com o conceito étnico-racial fornecido pela Antropologia, pela Sociologia e por outros ramos das Ciências Sociais.

O *amicus curiae* no texto do atual CPC

No sistema do CPC vigente, a intervenção do *amicus curiae* em processo alheio apresenta as seguintes características:

a) pode ser solicitada pelo juiz ou pelo relator, *ex officio*, ou ser requerida por qualquer das partes, ou por quem desejar manifestar-se;

b) o *amicus curiae* pode ser pessoa natural ou jurídica, órgão ou entidade especializada, com representatividade adequada;

c) no caso de requerimento, este deve ser formulado no prazo de quinze dias da intimação da pessoa, órgão ou entidade referidos na letra "b", reto;

d) os requisitos para a admissão do *amicus curiae* são: a relevância da matéria, a especificidade do tema objeto da demanda ou a repercussão social da controvérsia;

e) a decisão do juiz,= ou de orelator, que admitir o *amicus curiae*, é irrecorrível (art. 138, caput);

f) tratando-se do incidente de resolução de demandas repetitivas (art. 976), o *amicus curiae* terá legitimidade para recorrer da correspondente decisão do relator (art. 138, § 3º).

§ 1º A intervenção do *amicus curiae* não acarreta a alteração da competência do órgão jurisdicional nem autoriza a interposição de recurso. A própria norma que veda a interposição de recursos pelo *amicus curiae* traz duas exceções: a) o oferecimento de embargos de declaração; b) a decisão que julgar o incidente de resolução de demandas repetitivas.

Será sempre aconselhável que o juiz, antes de admitir a intervenção do *amicus curiae* — quando requerida por este ou por uma das partes — ouça as partes, no primeiro caso, ou a adversa, no segundo, em prazo que fixar. Esse contraditório prévio pode ser útil ao próprio magistrado, porquanto poderá obter subsídios para a sua decisão quanto admitir ou recusar a intervenção do *amicus*.

§ 2º A referência legal ao juiz e ao relator revela que o *amicus curiae* pode intervir tanto em primeiro grau (Varas) quanto nos demais graus de jurisdição Tribunais). A decisão pela qual o juiz ou o relator solicitar (*ex officio*) ou admitir (requerimento) a intervenção do *amicus curiae* deverá definir quais são os poderes deste. Essa decisão deve ser fundamentada (CF, art. 93, IX); assim, também, a que não admitir a intervenção. É relevante observar, contudo, que o magistrado não poderá atribuir ao *amicus* os mesmos poderes de que são legalmente dotadas as partes, pois o *amicus* não se torna parte ao ser admitido a intervir. Não nos parece que o preceito legal em foco deva ser visto como uma espécie de cheque em branco que o sistema entregou ao magistrado para preenchê-lo segundo a sua conveniência. O que se pode admitir é que esses poderes variem caso a caso, conforme sejam as circunstâncias, pois o texto legal afirma que o juiz ou o relator definirá os poderes *do amicus* na decisão (ou seja, em cada caso) que solicitar ou admitir a intervenção deste. Faz-se oportuno lembrar que anteriormente ao advento do atual CPC os tribunais restringiam a atuação do *amicus* à apresentação de memoriais e à sustentação oral. O STF, por exemplo, no julgamento da ADIn n. 3.615/2008, entendeu que o *amicus curiae* não possui legitimidade para recorrer. Mais recentemente, porém, o Ministro Celso de Mello, relator na ADIn 5.022-MC/RO, de 16.1.2013, manifestou-se favorável à ampliação dos poderes do *amicus curiae*: "Cumpre permitir, desse modo, ao *amicus curiae*, em extensão maior, o exercício de determinados poderes processuais. Esse entendimento é perfilhado por autorizado magistério doutrinário, cujas lições *acentum* a essencialidade da participação legitimadora do *amicus curiae* nos processos de fiscalização abstrata de constitucionalidade (...) ou, ainda, a faculdade de solicitar a realização de exames periciais sobre o objeto ou sobre questões derivadas do litígio constitucional ou a prerrogativa de propor a requisição de informações complementares, bem assim a pedir a convocação de audiências públicas, sem prejuízo, como esta Corte já o tem afirmado, do direito de recorrer de decisões que recusam o seu ingresso formal no processo de controle normativo abstrato. Cabe observar que o Supremo Tribunal Federal, em assim agindo, não só garantirá maior efetividade e atribuirá maior legitimidade às suas decisões, mas, sobretudo, valorizará, sob uma perspectiva eminentemente pluralística, o sentido essencialmente democrático dessa participação processual, enriquecida pelos elementos de informação e pelo acervo de experiências que o *amicus curiae* poderá transmitir à Corte Constitucional, notadamente em um processo — como o de controle abstrato da constitucionalidade — cujas implicações políticas, sociais, econômicas, jurídicas e culturais são de irrecusável importância, de indiscutível magnitude e que inquestionável significação para a vida do País e a de seus cidadãos".

O *caput* do art. 138, do CPC, na trilha do art. 7º, § 2º, da Lei n. 9.868, de 10.11.1999, todavia, não permite ao *amicus curiae* recorrer da decisão do juiz ou do relator que não lhe permitirem o ingresso no processo, contrariando, assim, a tendência do STF.

Caso a parte venha a desistir do pedido que motivou a admissão do *amicus curiae* no processo, e essa desistência seja homologada, cessará, *ipso facto*, a intervenção do *amicus*. Trata-se de relação de causa e efeito.

§ 3º O incidente de resolução de demandas repetitivas está previsto no art. 976 do CPC. Da decisão aí proferida o *amicus curiae* se encontra legitimado para interpor recurso.

Em que pese ao fato de a lei ser omissa no tocante ao assunto, estamos serenamente convencidos de que se aplicam ao *amicus curiae* as regras do art. 447 do CPC, no que se refere ao *impedimento* e à *suspeição* de testemunhas. Não nos parece haver razão jurídica para colocar-se o *amicus* ao largo dessas normas legais. Se não for assim, as manifestações do *amicus*, seja nos memoriais, seja na sustentação oral etc., estariam gravemente comprometidas pelo fato de ele ser cônjuge ou companheiro de uma das partes, ascendente ou descendente delas, possuir amizade ou amigo íntimo com uma delas etc.

Amicus curiae e assistência

Conquanto as figuras do *amicus curiae* e da assistência constituam, no sistema do CPC, espécies do gênero intervenção de terceiros, há expressivas diferenças entre elas. Consideremos a assistência *simples*:

a) O juiz pode solicitar, *ex officio*, a intervenção do *amicus* (art. 138, *caput*), mas a do assistente, não (art. 120);

b) O requerimento do interessado em intervir como *amicus* não depende de manifestação das partes, ao contrário do que se passa com a assistência, em relação à qual a manifestação do adversário do assistido é indispensável (art. 120);

c) Os poderes do *amicus curiae*, a despeito do art. 138, § 2º, do CPC, são muito inferiores ao do assistente, pois este é dotado dos mesmos poderes do assistido (art. 121);

d) Ao contrário do assistente (art.), o *amicus* não possui ônus processuais, nem é condenado ao pagamento de custas (art. 121);

e) O *amicus* pode, em causa futura, voltar a sustentar o entendimento que foi derrotado no julgamento da causa anterior, ao passo que o assistente não pode discutir, em outro processo, a justiça da decisão, salvo nos casos expressamente previstos em lei (art. 123).

O *amicus curiae* e o processo do trabalho

Em termos gerais, as disposições do CPC pertinentes à intervenção do *amicus curiae* são aplicáveis ao processo do trabalho, inclusive, em primeiro grau de jurisdição. Aqui, as entidades sindicais, sejam representativas da categoria profissional, sejam da categoria econômica, como pessoas jurídicas, encontram-se legitimadas para intervirem na qualidade de *amicus curiae*. O mesmo se afirme quanto aos trabalhadores e as empresas, individualmente considerados. O que se deve colocar à frente, como critério para essa modalidade de intervenção, é: a) a relevância da matéria; b) a especificidade do tema objeto da causa; ou c) a repercussão social da controvérsia.

Os mencionados requisitos devem ser observados não somente quando a intervenção do *amicus curiae* for *requerida* pelas partes ou por quem deseje manifestar-se, mas, também, quando for *solicitada* pelo juiz ou pelo relator, *ex officio*. O ato pelo qual um e outro solicitam a participação do *amicus* constitui *decisão*; em que pese do fato de ela ser irrecorrível (art. 138, *caput*), deve ser *fundamentada*, por exigência constitucional (CF, art. 93, IX). Isso nos motiva à formulação de uma pergunta inevitável e inquietante: caso a decisão *não seja fundamentada* — limitando-se, digamos, determinar a intimação da pessoa, órgão ou entidade para intervir como *amicus curiae* —, mesmo assim será irrecorrível? Recurso *típico* (ou *genuíno*) não seria admissível, seja pela dicção inequívoca da norma específica do art. 138, *caput*, do CPC, seja por força do princípio que se irradia do art. 893, § 1º, da CLT. A despeito disso, seria cabíveis embargos declaratórios, por dois motivos: a) estes constituem recurso *anômalo*, não sendo, por isso, alcançados pela vedação contida no art. 138, *caput*, do CPC; b) ao contrário do CPC de 1973, que restringia o cabimento desses embargos às *sentenças e aos acórdãos (art. 535, I), o CPC de 2015 os* admite *de qualquer decisão* (art. 1.022, *caput*). Os embargos declaratórios, no caso, seriam fundados em *omissão* do pronunciamento jurisdicional (*ibidem*, II). A partir desse momento, duas situações se apresentam: a) o juiz ou o relator supre a omissão, indicando os fundamentos pelos quais admitiu o *amicus curiae*; b) o juiz ou o relator não supre a lacuna, por alguma razão. No primeiro caso, nada há a fazer, porquanto a irregularidade foi sanada; no segundo, caberá à parte alegar a nulidade da decisão que admitiu o *amicus curiae* — e do próprio incidente —, por falta de fundamentação da referida decisão. Essa alegação teria, apenas, efeito antipreclusivo.

Somente no recurso que vier a interpor da sentença (de mérito) é que a parte poderá arguir a nulidade da decisão que admitiu a intervenção do *amicus curiae*, em decorrência de não ter sido fundamentada (CLT, art. 893, § 1º). A arguição de nulidade, aliás, deverá abranger todos os atos processuais posteriores à sobredita decisão.

Devemos esclarecer que essas nossas considerações são de caráter geral, pois a adequada solução ao problema que apresentamos dependerá, essencialmente, de quem tenha requerido a intervenção do *amicus curiae* e de quem tenha ficado vencido no julgamento da causa, vale dizer, no mérito.

Embora admitamos a compatibilidade do art. 138 do CPC com o processo do trabalho, devemos ponderar que a presença do *amicus curiae* neste processo não deverá ser amplamente admitida, pois — queiramos, ou não — essa presença pode acarretar um indesejável golpe na celeridade da prestação jurisdicional, bastando argumentar, por exemplo, com a legitimidade que a lei atribui ao amicus para oferecer embargos de declaração e para recorrer da decisão referente ao incidente de resolução de demandas repetitivas. Por esse motivo, bem fariam os magistrados do trabalho — designadamente, os de primeiro grau de jurisdição — se abrissem mão da regra do § 2º do art. 138, por forma a não conceder ao *amicus* outros "poderes", além dos mencionados.

TÍTULO IV
DO JUIZ E DOS AUXILIARES DA JUSTIÇA

CAPÍTULO I
DOS PODERES, DOS DEVERES E DA RESPONSABILIDADE DO JUIZ

Art. 139. O juiz dirigirá o processo conforme as disposições deste Código, incumbindo-lhe:

I — assegurar às partes igualdade de tratamento;

II — velar pela duração razoável do processo;

III — prevenir ou reprimir qualquer ato contrário à dignidade da justiça e indeferir postulações meramente protelatórias;

IV — determinar todas as medidas indutivas, coercitivas, mandamentais ou sub-rogatórias necessárias para assegurar o cumprimento de ordem judicial, inclusive nas ações que tenham por objeto prestação pecuniária;

V — promover, a qualquer tempo, a autocomposição, preferencialmente com auxílio de conciliadores e mediadores judiciais;

VI — dilatar os prazos processuais e alterar a ordem de produção dos meios de prova, adequando-os às necessidades do conflito de modo a conferir maior efetividade à tutela do direito;

VII — exercer o poder de polícia, requisitando, quando necessário, força policial, além da segurança interna dos fóruns e tribunais;

VIII — determinar, a qualquer tempo, o comparecimento pessoal das partes, para inquiri-las sobre os fatos da causa, hipótese em que não incidirá a pena de confesso;

IX — determinar o suprimento de pressupostos processuais e o saneamento de outros vícios processuais;

X — quando se deparar com diversas demandas individuais repetitivas, oficiar o Ministério Público, a Defensoria Pública e, na medida do possível, outros legitimados a que se referem o art. 5º da Lei n. 7.347, de 24 de julho de 1985, e o art. 82 da Lei n. 8.078, de 11 de setembro de 1990, para, se for o caso, promover a propositura da ação coletiva respectiva.

Parágrafo único. A dilação de prazos prevista no inciso VI somente pode ser determinada antes de encerrado o prazo regular.

• **Comentário**

Caput. A norma deixa claro que o juiz não poderá dirigir o processo segundo a sua vontade, e sim, com observância das disposições legais do CPC. Esse é um imperativo do Estado Democrático de Direito ou do Estado Constitucional. O magistrado é, por assim dizer, o reitor soberano do processo. É evidente que as "disposições deste Código" não podem estar em antagonismo com a Constituição da República.

O art. 139 do Código enumera, nos incisos que serão a seguir examinados, os poderes e os deveres do magistrado na condução do processo.

Inciso I. A determinação na norma processual para que o juiz ministre às partes igualdade de tratamento constitui emanação do princípio constitucional de que todos são iguais perante a lei (CF, art. 5º, *caput*). Muitos órgãos jurisdicionais italianos costumam estampar em suas paredes ou pórticos a inscrição: *La legge è uguale per tutti*. Eventual tratamento anti-igualitário, pelo magistrado, poderá conduzir à nulidade do processo, com inevitável desperdício de atividade jurisdicional e privada, e desprestígio do Poder Judiciário.

A partir do momento — de extraordinária importância histórica — em que o Estado proibiu os indivíduos de realizar justiça por mãos próprias (autotutela), não só assumiu o compromisso ético e político de efetuar, de maneira rápida e satisfatória, a entrega da prestação jurisdicional, como de ministrar um tratamento rigorosamente *igualitário* às partes.

Em termos objetivos, estamos a dizer que um dos deveres do magistrado consiste em tratar igualmente os litigantes. Esse dever decorre da regra geral inscrita no art. 5º, *caput*, da Constituição, segundo a qual *todos são iguais perante a lei*, sem distinção de qualquer natureza. Essa regra de isonomia deve ser acatada, portanto, não apenas pelo legislador, mas pelo próprio magistrado.

A expressão: *juiz imparcial* soa a pleonasmo vicioso, pois não pode haver, institucionalmente, juízes parciais.

A Declaração Universal dos Direitos do Homem, aprovada em Resolução da III Sessão Ordinária da Assembleia Geral da ONU, em Paris, 1948, estabelece, no art. 10, *verbis*:

> Todo homem tem direito, em plena igualdade, a uma justa e pública audiência por parte de um tribunal independente e imparcial, para decidir os seus direitos e deveres ou do fundamento de qualquer acusação criminal contra ele.

A Convenção Americana sobre Direitos Humanos (Pacto de São José da Costa Rica), integrante do ordenamento jurídico brasileiro, em virtude do Decreto n. 678, de 6-11-92, por seu turno, dispõe, no art. 8.1:

> Toda pessoa tem direito a ser ouvida, com as devidas garantias e dentro de um prazo razoável, por um juiz ou tribunal competente, independente e imparcial, estabelecido anteriormente por lei, na apuração formal de qualquer acusação penal formulada contra ela, ou para que se determinem seus direitos ou obrigações de natureza civil, trabalhista, fiscal ou de qualquer outra natureza.

Seria, em verdade, intolerável a existência de juízes parciais, iníquos, tendenciosos, pois isso colocaria sob grave risco não só a respeitabilidade dos pronunciamentos jurisdicionais, mas a própria razão de ser do Poder Judiciário. Sob esse ângulo, chega a encerrar um certo vício pleonástico a expressão *juiz imparcial*, como se pudessem existir, institucionalmente, juízes parciais.

Quando se fala em imparcialidade judicial não se está unicamente a asseverar que o juiz deve propiciar iguais oportunidades às partes, e sim que, de modo mais amplo, a ele incumbe subministrar um tratamento isonômico aos litigantes em todas as fases do procedimento. A quebra, pelo magistrado, de seu ontológico e indeclinável dever de neutralidade, por traduzir uma forma de discriminação, poderá ensejar a nulidade do processo.

Caberia indagar, a esta altura de nossa exposição, se a prerrogativa que o Decreto-Lei n. 779/69 atribui à União, ao Estado-membro, ao Distrito Federal, ao Município e autarquias ou fundações de direito público consistente no prazo em quádruplo para contestar e em dobro para recorrer (art. 1º, incisos II e III), além do *reexame necessário* das decisões que lhe forem desfavoráveis (*ibidem*, V), não acarreta transgressão da norma constitucional que diz da igualdade de todos perante a lei. Certamente que não. O que o art. 5º, *caput*, da Constituição proíbe é a distinção lesiva entre iguais, e não entre pessoas que se encontram vinculadas a situações ou a estados naturalmente distintos. Sob este aspecto, compreende-se que a finalidade do Decreto-Lei n. 779/69 não foi estabelecer uma odiosa discriminação entre pessoas ou realizar um aviltamento da dignidade dos particulares em geral, senão que dar preeminência ao *interesse público*. Note-se que a própria Constituição, em diversos momentos, atribui supremacia ao interesse público, em cotejo com o particular, como quando, por exemplo, determina que a execução por quantia certa contra a Fazenda Pública se realiza mediante precatório (art. 100, *caput*), exceto no caso de "pagamento de obrigações definidas em lei como de pequeno valor" (*ibidem*, § 3º).

Por outras palavras: a igualdade não deve ser estabelecida, de maneira exclusiva, sob o ponto de vista *formal*, de tal modo que não se possa ministrar nenhum tratamento diferenciado às pessoas em geral; essa igualdade deve ser determinada, isto sim, segundo o aspecto real, vale dizer, só se deve tratar com isonomia as pessoas *substancialmente* iguais.

Como ponderaram Cintra, Grinover e Dinamarco na vigência do CPC de 1973: "Fazenda e Ministério Público gozam da dilação de prazos prevista no art. 188 do Código de Processo Civil: as partes não litigam em igualdade de condições e o benefício de prazo se justifica, na medida necessária ao estabelecimento da verdadeira isonomia. A Fazenda, em virtude da complexidade dos serviços estatais e da necessidade de formalidades burocráticas; o Ministério Público, por causa do desaparelhamento e distância das fontes de informação e de provas. Outras prerrogativas, que se justificam pela idoneidade financeira e pelo interesse público, são a procrastinação do pagamento das despesas processuais (dispensa de preparo) e a concessão da medida cautelar independentemente de justificação prévia e de caução (CPC, arts. 27, 511 e 816, inc. I)" (*Teoria geral do processo*. 21. ed. São Paulo: Malheiros, 2005. p. 56). Conquanto essa opinião dos ilustres juristas tenha sido manifestada na vigência do CPC revogado, a sua atualidade é inegável.

Também não são transgressoras do art. 5º, *caput*, da Constituição, as normas infraconstitucionais que atribuem a uma das partes superioridade jurídica para compensar a sua inferioridade econômica, a sua hipossuficiência. Essa é uma das características do processo do trabalho, no qual é visível o seu sentido protetivo do trabalhador. O art. 4º, inciso I, do Código de Defesa do Consumidor (Lei n. 8.078, de 11.9.90), por sua vez, efetua verdadeira e notável *declaração de princípio*, ao reconhecer, expressamente, a "*vulnerabilidade* do consumidor no mercado de consumo", permitindo, em razão disso, dentre outras coisas, que o juiz inverta o ônus da prova em benefício do consumidor, quando este for hipossuficiente (art. 6º, VIII). Destacamos.

A possibilidade, prevista no art. 113, § 1º, do CPC, de o juiz, no litisconsórcio facultativo, reduzir o número de litisconsortes, quando o número destes, por ser elevado, puder dificultar a defesa (ou comprometer a rápida solução do litígio), também pode ser referida como uma providência legal destinada a preservar a regra de igualdade, contida no art. 5º, *caput*, da Constituição. É que esse número expressivo de pessoas situadas num dos polos (ativo) da relação processual pode acarretar um *desequilíbrio* técnico no processo, em prejuízo do réu. É bem verdade que essa limitação subjetiva de litisconsortes só pode ser efetuada nos regimes do tipo *facultativo*, como deixa claro o próprio texto legal mencionado.

Pondo de lado essas situações extraordinárias, devemos dizer que mesmo no processo de execução, onde o credor tem preeminência jurídica, e o devedor, estado de sujeição, o juiz deve dispensar um tratamento igualitário às partes. Por outro modo de expressão: embora a execução se processe no interesse do exequente (art. 797), essa particularidade não autoriza o juiz a fazer tábua rasa do art. 5º, *caput*, da Constituição Federal. A superioridade axiológica (e ideológica) que o credor ostenta em face do devedor é relevante, apenas, para revelar a finalidade do processo de execução, e não para justificar um tratamento discriminatório do devedor, no que respeita à prática de atos processuais destinados à promoção da defesa dos seus legítimos interesses.

Inciso II. O inciso II do art. 125 do CPC revogado aludia ao dever de "velar pela rápida solução do litígio". Essa expressão era menos ampla do que a atual: "velar pela duração razoável do processo". Embora aquela demonstrasse, de maneira mais nítida, o escopo da celeridade preconizada as suas disposições estavam circunscritas à *solução do litígio*, fato que se dá com a sentença de mérito; a segunda tem sentido mais amplo, porque determina a duração razoável *do processo*, aqui compreendida, por certo, a fase de cumprimento da sentença ou de execução e a integral satisfação dos direitos reconhecidos ao autor/credor. O art. 5º, inciso LXXVIII, da Constituição Federal alude à "razoável duração do processo", com os meios "que garantam a celeridade de sua tramitação", abarcando, assim, ambas as expressões estampadas nas normas infraconstitucionais referidas.

Promover a *razoável duração do processo*, com a finalidade de *assegurar a celeridade de sua tramitação* figura, portanto, um dos deveres constitucionais dos magistrados.

Inciso III. Em menor extensão, a regra estava no inciso II do art. 125 do CPC revogado.

O texto em exame expressa dois deveres do magistrado: a) prevenir ou reprimir qualquer ato contrário à dignidade do Poder Judiciário; b) indeferir postulações meramente protelatórias. Em ambos os casos há, por parte do litigante ou de terceiro, transgressão ao conteúdo ético do processo, motivo por que cumprirá ao juiz aplicar, *ex officio*, as medidas e as sanções legalmente previstas, inclusive, as pertinentes à litigância de má-fé (art. 80). O parágrafo único do art. 370 do CPC reitera o dever do juiz no tocante ao indeferimento, mediante decisão fundamentada, de diligências inúteis ou puramente procrastinatórias.

Na hipótese de requerimentos "meramente protelatórios" o juiz deverá munir-se da cautela de verificar se há, efetivamente, o objetivo de retardar o curso do processo, sob pena de o indeferimento da postulação da parte configurar violação à garantia constitucional da ampla defesa e do devido processo legal.

Inciso IV. As ordens judicias devem ser cumpridas. Com vistas a isso, o legislador dotou o magistrado de poderes para impor todas as medidas necessárias — indutivas, coercitivas, mandamentais ou sub-rogatórias — ao cumprimento da ordem por este emitida, inclusive nas ações cujo objeto seja uma prestação em dinheiro (obrigação de pagar quantia certa).

Inciso V. Preceito dessa natureza estava no inciso IV do art. 125 do CPC revogado, que aludia ao dever do magistrado de "tentar, a qualquer tempo, conciliar as partes".

Uma das características históricas do processo do trabalho é a conciliação. Esta não deriva da vontade do magistrado, mas da imposição da Lei (CLT, art. 794), devendo ser proposta, quando menos, em dois momentos processuais: após a abertura da audiência (CLT, art. 86, *caput*) e após as razões finais (CLT, art. 850, *caput, in fine*), devendo ser tentada, inclusive, na execução.

Em rigor, os vocábulos *conciliação* e *transação* possuem significados distintos na terminologia processual. A *conciliação* significa a pacificação, a harmonização dos espíritos, a concórdia; a *transação* tem um sentido mais pragmático, traduzindo um negócio jurídico bilateral pelo qual as partes previnem ou eliminam conflitos de interesses, mediante concessões recíprocas (CC, art. 840). Deste modo, em tese, pode haver conciliação sem transação, e vice-versa.

Justamente por tratar-se de negócio jurídico bilateral é que a transação permite o redimensionamento objetivo da lide, por modo a fazer com que sejam objeto dela parcelas ou pretensões não mencionadas na petição inicial. A transação, mesmo quando realizada em juízo, constitui forma de solução não jurisdicional do conflito; a sentença, que os juízes do trabalho soem lançar nessas ocasiões, nada podem acrescentar a esse ato negocial privado, nem dele retirar o que quer que seja, em que pese ao fato de o juiz poder recursar-se a homologá-lo, quando entender que há grave lesão à ordem jurídica ou ao interesse público.

Após hesitar por longos anos, o processo civil admitiu a transação (acordo), por influência confessada do processo do trabalho. Dela se ocupavam, por exemplo, os arts. 277, 331, 447 a 449 do CPC de 1973.

O inciso V do art. 139 do CPC atual reafirma e reforça essa tendência do processo civil, ao determinar que o juiz busque, de maneira prioritária e a qualquer tempo, a conciliação (transação) entre os litigantes, valendo-se, para isso, de conciliadores ou de mediadores judiciais.

É o reconhecimento definitivo, pelo processo civil, de uma técnica há muitas décadas posta em prática pela Justiça do Trabalho; é o reconhecimento de que a transação é a melhor das modalidades de solução de conflitos de interesses, por ser produto da vontade exclusiva dos próprios litigantes, por traduzir uma solução consensual da lide, sempre mais desejável do que a solução jurisdicional com seu caráter impositivo.

Inciso VI. Com a finalidade de atribuir maior efetividade à tutela do bem jurídico em causa, o juiz pode dilatar os prazos processuais e alterar a ordem de produção dos meios de prova, adequando-os às necessidades do conflito. A norma, em princípio, mantém harmonia com o art. 765, da CLT, que atribui ao juiz do trabalho ampla liberdade na direção do processo.

Dilação de prazos. Entendemos, porém, que o juiz — seja da Justiça Comum, seja da Justiça do Trabalho — não pode ampliar prazos processuais peremptórios, como: para apresentar contestação, recorrer, reconvir, embargar, etc., exceto em decorrência de força maior (CLT, art. 775), devidamente comprovada ou que se insira no conceito de fato notório (art. 374, I).

Alteração da ordem de produção das provas. No sistema do processo do trabalho, a ordem de produção das provas é a seguinte: a) depoimento pessoal das partes (CLT, art. 848, *caput*); b) inquirição das testemunhas; (*ibidem*, § 2º); c) audição do perito (*ibidem*).

O fato de o perito ser ouvido após o depoimento dos litigantes e da inquirição das testemunhas não significa que o exame pericial deva ser realizado após a produção das mencionadas provas orais. Seja como for, o inciso VI do art. 139, do CPC, dota o magistrado da faculdade de alterar a ordem de produção das provas, quando entender que isso possa conferir maior efetividade à tutela do direito. Por certo, o juiz deverá demonstrar, com argumentos, que está atendendo a essa vinculação que a norma legal faz da alteração da ordem de produção das provas com a efetividade na proteção do direito debatido em juízo.

Inciso VII. Para que o juiz possa exercer, com eficiência, as suas atividades diretivas do processo, a lei lhe concede *poder de polícia*, pelo qual ele pode, entre outras providências: a) manter a ordem e o decoro nas salas de audiências; b) determinar que se retirem dessas salas os que estiverem se comportando de maneira inconveniente; c) requisitar força policial, ou a segurança interna do fórum ou do tribunal (CPC, arts. 139, VII e 360, II e III). Os poderes de polícia do magistrado podem ser: a) preventivos (manutenção da ordem e do decoro); ou b) repressivos (retirada de pessoas das salas de audiências). A requisição de força policial ou a intervenção da segurança interna pode ser efetuada tanto num quanto noutro casos.

A CLT estabelece no art. 816: "O juiz ou presidente manterá a ordem das audiências, podendo mandar retirar do recinto os assistentes que a perturbarem".

Em situações extremas — como quando a segurança do magistrado, dos advogados, das partes, do representante do Ministério Público, das testemunhas, do perito, estiver em risco, em decorrência de atitudes manifestamente hostis de quem quer seja — o magistrado poderá até mesmo determinar a revista pessoal, a fim de certificar-se se essas pessoas hostis portam armas ou artefatos capazes de provocar danos físicos a quem se encontrar, por exemplo, na sala de audiência.

Quem se recusar a cumprir a ordem do magistrado, nas situações aqui cogitadas, estará perpetrando crime de desobediência (CP, art. 331), podendo ser presa em flagrante (CP, art. 319, III).

Inciso VIII. Quando uma das partes requer o *depoimento* pessoal da outra, e esta, pessoalmente intimada, deixar de comparecer à audiência, sem justificativa plausível ou, comparecendo, recusar-se a depor será considerada confessa (art. 385, § 1º).

Por outro lado, o juiz — especialmente do trabalho: CLT, art. 765 — pode determinar, a qualquer tempo, o comparecimento pessoal da parte para *interrogá-la* a respeito dos fatos da causa. O mesmo acontece no processo civil (CPC, art. 139, VIII). Neste caso, se a parte deixar de comparecer, mesmo sem qualquer justificativa aceitável, não será confessa.

Os arts. 385, § 1º, e 139, VIII, do CPC, deixam claro, portanto, a diversidade das consequências processuais quando a parte, regularmente intimada, deixar de comparecer à audiência ou, comparecendo, recusar-se, sem justificativa legal, a depor: a) para prestar depoimento pessoal; b) para ser interrogada. Somente no primeiro caso haverá confissão (presumida, *ficta*).

Essa diversidade de consequências é importante para efeito de estudo do tema nos domínios do processo do trabalho; aqui, em rigor, conquanto somente haja *interrogatório* (CLT, art. 848), doutrina e jurisprudência acabaram por atribuir a este o mesmo efeito do *depoimento pessoal* (TST, Súmula n. 74, I) com vistas ao não comparecimento injustificado da parte à audiência em que deveria depor/ser interrogada.

Inciso IX. Os pressupostos processuais podem ser classificados em:

1. Pressupostos de *existência* do processo:

a) jurisdição;

b) partes;

c) ação (citação): inexistência ou nulidade (art. 337, I).

2. Pressupostos de *validade* do processo:

a) inexistência de incompetência absoluta ou relativa (art. 337, II);

b) não ser inepta a inicial (art. 337, IV);

c) inexistência de perempção (art. 337, V);

d) inexistência de litispendência (art. 337, VI);

e) inexistência de coisa julgada (art. 337, VII);

f) inexistência de conexão (art. 337, VIII);

g) inexistência de incapacidade de parte, defeito de representação ou falta de autorização (art. 337, IX);

h) inexistência de causas suspensivas ou extintivas do processo (arts. 313 e 315).

Conforme se nota, os pressupostos de validade do processo são, em parte, de índole negativa, como a litispendência, a coisa julgada, a perempção.

Em livro de nossa autoria (*A sentença no processo do trabalho*. 4. ed. São Paulo: LTr, 2010. p. 1.153), elaboramos outra classificação dos pressupostos processuais, baseando-nos em critério distinto do anterior. Ei-los:

3. Pressupostos de constituição, compreendendo:

a) subjetivos (partes e juiz);

b) objetivo (ação).

4. Pressupostos de desenvolvimento, abarcando:

a) quanto às partes: capacidade de ser parte; capacidade de estar em juízo; capacidade postulatória;

b) quanto ao juiz: jurisdição; competência; imparcialidade;

c) quanto ao procedimento: inicial apta; citação válida; inexistência de perempção; de litispendência; de coisa julgada; de conexão. Esta classificação não deita por terra a anterior. Serve para demonstrar que poderão existir tantas classificações quantos forem os critérios que se venha a perfilhar.

A propósito, adotando outro ângulo óptico, determinado segmento da inteligência doutrinal tem reconhecido a presença de duas classes de pressupostos processuais:

a) objetivos; e

b) subjetivos.

a) Os objetivos se desdobram em:

a.a) elementos intrínsecos: regularidade do procedimento, citação regular;

a.b) elementos extrínsecos: ausência de impedimentos (coisa julgada, litispendência, compromisso arbitral).

b) Os subjetivos concernem:

b.a) ao juiz: investidura, competência, imparcialidade;

b.b) às partes: capacidade de ser parte, de estar em juízo e postulatória.

Não é nosso propósito, neste livro, ingressar no exame do acerto ou do desacerto dos critérios utilizados pela doutrina para empreender a classificação dos pressupostos processuais. Apesar disso, desejamos, ainda que *en passant*, efetuar um pequeno retoque nesta última, porquanto inclui a incompetência como elemento subjetivo, ligando-a à pessoa do juiz, quando se sabe que a falta de competência é sempre do juízo.

Se fôssemos nos deixar guiar pelo espírito de concisão, bem poderíamos pensar em distribuir esses pressupostos em três classes:

a) regular exercício do direito de ação;

b) competência do órgão jurisdicional;

c) investidura do juiz.

As classificações minuciosas, a despeito de poderem ser censuradas em nome de um capricho que pouco atende aos objetivos pragmáticas, se justificam, amplamente, em razão de seu escopo didático, pois individualizam e revelam todos os elementos de que se valeu o jurista.

Inciso X. Ao ter diante de si diversas ações individuais repetitivas, o juiz deverá oficiar ao Ministério Público, à Defensoria Pública e, sempre que possível, aos legitimados referidos nas normas legais indicadas, para, sendo o caso, promoverem o ajuizamento da ação coletiva correspondente. O incidente de resolução de demandas repetitivas é regulado pelos arts. 976 a 987 do CPC.

Parágrafo único. Vimos, no comentário ao inciso VI, que o juiz pode dilatar os prazos processuais e alterar a ordem de produção dos meios de prova,

Art. 140

adequando-os às necessidades do conflito de modo a conferir maior efetividade à tutela do direito. Pois bem. O parágrafo único, *sub examen*, esclarece que a dilação dos prazos somente pode ser deferida antes de encerrado o prazo regular; caso contrário, o que haverá será *reabertura* irregular do prazo.

Art. 140. O juiz não se exime de decidir sob a alegação de lacuna ou obscuridade do ordenamento jurídico.

Parágrafo único. O juiz só decidirá por equidade nos casos previstos em lei.

• **Comentário**

Caput. Reprodução literal do art. 126 do CPC revogado.

Instila-se no texto legal em exame o princípio da indeclinabilidade da função jurisdicional. Só em legislações do passado é que se permitia ao juiz recusar-se a decidir quanto o caso lhe parecesse obscuro (*non liquet*). O Direito Romano, em certa fase, autorizava o juiz a agir deste modo porque ele poderia ser responsabilizado, civilmente, pelos prejuízos acarretados às partes na hipótese de proferir sentença equivocada.

Nos tempos modernos, ao contrário, podemos dizer que o juiz está condenado a decidir.

Para isso, deverá aplicar ao caso concreto os princípios e as normas constitucionais e as normas legais; não as havendo, decidirá de acordo com a analogia, os costumes e os princípios gerais de direito.

Analogia. Significa a aplicação de norma legal destinada a regular situação jurídica semelhante (*ubi eadem legis ratio, ibi eadem legis dispositivo*). Com base neste critério, tem-se admitido que o juiz possa dar uma interpretação mais ampla à norma legal sempre que esta disser menos do que pretendia (*minus dixit quam voluit*). Não estamos de acordo com essa opinião. Em nosso ver, neste caso, não há analogia (que pressupõe a existência de lacuna no ordenamento jurídico), e sim, interpretação colmatadora de norma legal, vale dizer, interpretação necessária para dar *completude* ao dispositivo de lei.

Costumes. Em nosso sistema há pouco espaço para a incidência dos costumes como elemento de integração das lacunas legais. Em todo o caso, o juiz pode decidir com base nos costumes, consistentes em práticas sociais repetitivas e uniformes.

Princípios gerais de direito. São regras abstratas, consagradas pelo Direito, que podem ser utilizadas pelo juiz nas situações em que o direito expresso não fornece solução para determinado caso concreto.

Em suma, o magistrado não pode deixar de proferir decisão alegando lacuna ou obscuridade da lei. A propósito, no caso de lacuna, a integração pode ocorrer de duas maneiras: a) pela autointegração (analogia); b) pela heterointegração (costumes, princípios gerais de direito e equidade).

Dediquemos algumas palavras à interpretação de normas legais.

Interpretar uma norma legal significar buscar extrair-lhe o sentido e o alcance. Essa interpretação não constitui apanágio ou prerrogativa dos juízes, senão que uma faculdade que se concede a todos aqueles a quem se costumou designar de operadores do direito, compreendendo, além dos magistrados, os advogados, os professores de direito, os membros do Ministério Público, os juristas. É verdade que, em última análise, a interpretação que acabará por prevalecer será a dos juízes, pois a estes o sistema constitucional atribui o poder de aplicar a lei aos casos concretos — e nessa aplicação está ínsita a interpretação da norma.

São conhecidos diversos métodos de interpretação da lei. De modo geral, a doutrina tem consagrado os seguintes: a) literal; b) lógico; c) sistemático; d) histórico; e) teleológico; f) conforme a Constituição; g) político.

Passemos a examiná-los.

a) *Literal.* Nosso sistema de direito é positivo, vale dizer, escrito. As leis, portanto, são expressas por meio de palavras. Conseguintemente, a mais natural das interpretações de normas legais é a que se funda na literalidade desta. Por intermédio deste método verificam-se o significado léxico dos vocábulos utilizados pelo legislador, sua função gramatical, assim como a acentuação e a pontuação utilizados. Por esse motivo, também se tem denominado esse método de gramatical, ou de semântico.

Voga, porém, nos meios jurídicos, a máxima de que a interpretação literal é a mais pobre de quantas se conhecem. Essa regra não é inteiramente correta. Em nosso sistema, como sabemos, a intenção, a vontade do legislador é manifestada por meio de palavras. Logo, a interpretação literal, em princípio, seria a mais apropriada, até mesmo para justificar a afirmação quanto a ser a lei um organismo vivo, que se desprende da vontade de quem a concebeu, adquirindo vida própria. Essa vida própria se traduz na interpretação que a sua expressão literal sugere. Sob este aspecto, pode-se afirmar que a interpretação literal seria a mais genuína de todas. O que ocorre é que, com o passar do tempo, muitas vezes, a lei, em sua manifestação escrita, acaba por ser superada pela extraordinária dinâmica dos fatos sociais, de tal maneira que a sua interpretação meramente literal já não corresponde à realidade em que ela incidirá, aos fatos sociais que a tiveram como pressuposto. Em momentos como este, principalmente, é que se diz ser a interpretação literal a mais pobre de todas.

É essa mesma dinâmica dos fatos sociais que permite colocar de lado, em alguns casos, o velho aforismo latino, conforme o qual a lei clara não requer interpretação (*lex clara non indiget interpretationem*). Requer, sim, sob a pena de fazer-se com que a lei se torne injusta ou inútil. Diz-se, aliás, com ar de chalaça, que a pessoa sempre busca o espírito da lei quando a literalidade desta é contrária aos interesses do seu intérprete.

b) *Lógico*. Toda obra do pensamento humano deve possuir, entre outras virtudes, a de ser lógica. Uma contradição que possa estar a ocorrer, por exemplo, entre a fundamentação da sentença e o seu dispositivo deve ser eliminada por meio de embargos declaratórios. Não é diferente o que se exige das leis, como produto da cerebração humana. Uma norma legal, portanto, deverá ser harmoniosa em suas diversas partes, períodos ou disposições. Desta forma, o método de interpretação que estamos a examinar se concentra na obtenção do sentido lógico do preceito.

Pode-se, assim, afirmar que o método lógico de interpretação tem como pressuposto o conteúdo da norma e não a relação desta com o contexto em que se insere. Qualquer interpretação que se funde nesse contexto não será do tipo lógico, mas, sistemático, conforme veremos a seguir.

c) *Sistemático*. As normas legais não existem isoladamente. Elas integram a complexa estrutura que compõe o nosso sistema de direito positivo. Sendo assim, cumpre ao intérprete examinar a norma à luz do conjunto das demais normas reguladoras da matéria. Muitas vezes, a conclusão a que o intérprete chega é que a norma estudada está em conflito com o conjunto de que ela participa. Isto ocorrendo, deverá atribuir à norma uma interpretação capaz de harmonizá-la com o sistema. Daí a razão de designar-se de sistemático esse método de interpretação.

d) *Histórico*. O método histórico busca encontrar o sentido da norma mediante o estudo não somente de sua tramitação legislativa, mas, também, pelo cotejo com as legislações do passado.

No primeiro caso, são estudadas, por exemplo, as ementas ao texto, aceitas ou rejeitadas, o seu conteúdo etc.; no segundo, como o assunto era tratado na legislação revogada ou se esta era omissa quanto ao tema. Às vezes, verifica-se, sob o ângulo histórico, que determinado fato era regulado pela legislação anterior, no tocante ao qual o texto atual nada dispôs. Nesta hipótese, cumpre ao intérprete investigar se esse silêncio foi produto da vontade do legislador (não mais quis manter a regra) ou de uma sua mera inadvertência (deveria ter tratado do assunto, mas se esqueceu de fazê-lo). Nesta última situação, poderá concluir que a norma atual recepcionou, de maneira tácita, o preceito constante da anterior, revogada, desde que ao sistema em vigor não repugne essa conclusão. Para ilustrar: o CPC atual não contém nenhuma norma acerca dos princípios da variabilidade e da fungibilidade, que eram previstos nos arts. 809 e 810, do CPC, de 1939. Entretanto, doutrina e jurisprudência, uníssonas, entendem que o Código de 1973l recepcionou, pela via tácita, aqueles princípios. No que estão certas. O mesmo se pode afirmar em relação ao CPC de 2015.

e) *Teleológico*. Este método de interpretação põe em evidência a finalidade da norma legal. A regra fundamental, a ser observada pelo intérprete, nesse momento, é a estampada no art. 5º, do Decreto-Lei n. 4.657, de 4 de setembro de 1942 (habitualmente denominado de Lei de Introdução do Código Civil), segundo a qual "Na aplicação da lei, o juiz atenderá aos fins sociais a que ela se dirige e às exigências do bem comum". Constitui irradiação prática desse preceito, por exemplo, a regra do art. 899, § 1º, da CLT: conquanto esta não declare que o depósito pecuniário, como pressuposto objetivo para a admissibilidade de recursos, seja exigível apenas ao réu (empregador), esta é a conclusão a extrair-se sob o prisma teleológico da norma, pois se sabe que esse depósito se destina a desestimular a interposição de recursos protelatórios e a assegurar, ainda que em parte, a futura execução da sentença ou do acórdão condenatórios.

f) *Conforme a Constituição*. De uns tempos até esta altura tem ganhado considerável prestígio o método que se convencionou denominar de "conforme a Constituição". É, entre nós, a propósito, o mais recente dos métodos. De modo geral, esse método é utilizado quando todos os outros falharam, ou melhor, foram insuficientes para a obtenção do efetivo sentido do preceito interpretado.

É relevante, contudo, chamar a atenção ao fato de que a interpretação conforme a Constituição se baseia em um pressuposto essencial: o de que a norma possua significados diversos, estando alguns em harmonia com a Constituição, e outros, não. Talvez seja mais correto dizer que esse pressuposto é de que a norma comporte diversas interpretações, algumas em consonância com a Constituição, outras em dissonância com esta. Isto corresponde a afirmar que nenhum intérprete estará autorizado a valer-se desse método no caso de o texto apreciado estar, unicamente, em conflito com a Constituição. Nesta hipótese, a parte interessada poderá arguir a inconstitucionalidade do preceito, seja em ação direta ou incidentalmente, sem prejuízo de o juiz declarar, por sua iniciativa, e por dever de ofício, o antagonismo da norma com a Constituição.

g) *Político*. A doutrina nunca se deu conta de que este método deveria ser incluído no rol dos tradicionalmente aceitos. O método político, cuja adoção por todos estamos a sugerir, não é produto de abstrata cerebração; ao contrário, é filho das experiências da vida. O método em questão se funda numa espécie de *conveniência institucional subjacente*. Assim dizemos porque essa conveniência nunca é expressamente declarada, embora possa ser pressentida ou intuída. Com efeito, há casos em que o resultado da interpretação de determinada norma legal ordinária, ou mesmo da Constituição, obtido pela utilização dos métodos tradicionais, se revela politicamente inconveniente — não para o intérprete, considerado em si, mas para as instituições ou para o interesse público.

Quando o Supremo Tribunal Federal declarou, por exemplo, que o valor do salário-mínimo, fixado anualmente por ato do Presidente da República, atende aos imperativos do inciso IV, do art. 7º, da Constituição Federal deu, como é evidente — e, de certa forma, compreensível — uma interpretação *política* aos preceitos contidos na Carta Magna. O mesmo ocorreu quando o Excelso Pretório declarou que art. 192, § 3º, da CF, que fixava em doze por cento ao ano a taxa de juros da mora, não era autoaplicável. Esse dispositivo, posteriormente, foi revogado pela EC n. 40/2003.

Nós mesmos, em linhas anteriores, dissemos que o art. 765, da CLT, que atribui aos juízes do trabalho ampla liberdade na direção do processo, deve receber, nos dias de hoje, uma interpretação compatível com o regime democrático sob o qual estamos a viver. Com isso, estávamos alvitrando uma interpretação *política* desse preceito legal.

Examinamos, até esta altura, os métodos de interpretação das normas legais. Quem se dedica à atividade interpretativa, contudo, pretende obter um resultado prático disso. Por isso, levando-se em conta esse resultado, a interpretação se desdobra em: a) declarativa; b) extensiva; c) restritiva; e d) abrrogante.

a) *Interpretação declarativa*. Apresenta pontos de contato com a literal, pois consiste em atribuir ao texto legal o sentido sugerido pelas palavras com que foi redigido.

b) *Interpretação extensiva*. Ocorre quando se conclui ser a lei aplicável a situações que não estão abrangidas pela sua expressão literal. Trata-se, pois, de uma interpretação transbordante do texto legal.

c) *Interpretação restritiva*. É oposta à extensiva, uma vez que se configura mediante a limitação da incidência da norma legal a um âmbito mais estrito de situações do que sugerido pelo texto da lei. Geralmente, é utilizada na interpretação de exceções previstas nas normas legais ("*Não se pode interpretar de maneira ampliativa uma norma que, por sua natureza, é restritiva*", costuma-se advertir em doutrina).

d) *Interpretação abrrogante*. Caracteriza-se quando, verificada a existência de incompatibilidade intransponível entre dois dispositivos legais ou entre um dispositivo de lei e um princípio geral de direito, conclui-se pela inaplicabilidade da norma legal objeto de interpretação.

Parágrafo único. Reproduziu-se o art. 127 do CPC revogado.

Objetivamente falando, decidir por equidade significa aplicar a lei em atendimento aos fins sociais e às exigências do bem comum (Lei n. 12.376, de 30.12.2010 — Lei de Introdução às Normas do Direito Brasileiro, art. 5º).

Vista sob o aspecto subjetivo, a equidade é a própria realização da justiça no caso concreto.

Convém lembrar o brocardo jurídico conforme o qual a aplicação rigorosa da norma legal pode conduzir à injustiça (*summum ius, summa iniuria*).

Seja como for, o fato é que o juiz somente poderá decidir por equidade quando a norma legal for lacunosa ou obscura. Nos casos dos arts. 8º e 769 da CLT, todavia, não há julgamento por equidade, senão que mera adoção supletiva de normas dos direitos material e processual do trabalho, desde que essas normas sejam compatíveis com os respectivos direitos material e processual trabalhistas.

Art. 141. O juiz decidirá o mérito nos limites propostos pelas partes, sendo-lhe vedado conhecer de questões não suscitadas a cujo respeito a lei exige iniciativa da parte.

• **Comentário**

A matéria era regida pelo art. 128, do CPC revogado.

Em princípio, os limites objetivos da lide são estabelecidos pelo autor, na petição inicial (art. 317), instrumento pelo qual ele provoca o exercício da função jurisdicional do Estado, retirando-a de seu ontológico estado inercial (CPC, art. 2º). Esses limites também podem ser fixados pelo réu, na contestação (art. 335) ou na reconvenção (art. 343).

Podemos apontar a existência de duas lides: a social e a judicial. A primeira traduz a convergência de duas ou mais vontades ou desejos sobre o mesmo bem, sem que nenhuma dessas pessoas renuncie à sua pretensão; a segunda se forma quando esse conflito é submetido à apreciação do Poder Judiciário, uma vez que o nosso sistema legal não permite a realização de justiça — ou, melhor, a satisfação de pretensões — pelas próprias mãos. A lide social não deixa, portanto, de ser um embrião da lide judicial. Para os efeitos do art. 141 do CPC só nos interessa esta última.

Já estava do direito romano antigo a máxima de que a sentença deveria ser conforme o pedido (*sententia debet esse conformis libelo*).

Incumbe (logo, é dever) ao juiz solucionar a lide dentro dos limites estabelecidos pelas partes, sendo-lhe defeso manifestar-se acerca de questões não suscitadas a cujo respeito a lei exige a iniciativa da parte.

Deste modo, a sentença será: a) *extra petita*, quando conceder aquilo que não fora pedido pela parte; b) *ultra petita*, quando deferir mais do que havia sido pleiteado; c) *infra petita*, quando apreciar menos do que fora pedido.

Excluem-se do campo de incidência do art. 141 do CPC, todavia, as matérias que o juiz pode, por força de lei, conhecer de ofício, como são as de ordem pública. Há, também, os denominados *pedidos implícitos*, entre os quais se incluem, no processo do trabalho, o de correção monetária e dos juros da mora. Destarte, ainda que não tenham sido expressamente formulados o juiz poderá incluí-los na condenação, sem que isso implique julgamento *extra petita*.

Art. 142. Convencendo-se, pelas circunstâncias, de que autor e réu se serviram do processo para praticar ato simulado ou conseguir fim vedado por lei, o juiz proferirá decisão que impeça os objetivos das partes, aplicando, de ofício, as penalidades da litigância de má-fé.

• **Comentário**

A matéria estava parcialmente prevista no art. 129 do CPC revogado.

Ato simulado. A doutrina, ao pronunciar-se sobre o tema, costuma aludir a *processo simulado*. Essa expressão, contudo, é inadequada. O processo, no caso, é real, verdadeiro; simulada é a *lide*, o conflito de interesses estabelecido entre as partes. A própria norma legal alude ao fato de as partes se servirem do processo (ato verdadeiro e concreto) para praticar ato simulado (conflito de interesses). Não há necessidade de que a simulação se destine a prejudicar terceiros, embora, de modo geral, ela tenha essa finalidade (*consilium fraudis*), como ocorre, por exemplo, quando autor e réu efetuam acordo em processo judicial, reconhecendo a existência de relação de emprego que nunca existiu, com o objetivo de o primeiro obter aposentadoria no INSS.

Fim proibido por lei. Se o autor pretender, por exemplo, obter a declaração judicial da existência de contrato de trabalho (tácito) com a União, com Estado-membro, com o Distrito Federal, ou com o Município, na vigência da atual Constituição Federal, sem que se trata de cargo em comissão declarado em lei de livre nomeação ou exoneração, e sem que a alegada contratação tenha decorrido de necessidade temporária de excepcional interesse público, essa pretensão, será ilegal, por força do disposto no inciso II, do art. 37, da Constituição.

Quando o fim é proibido por lei, diz-se que o pedido é juridicamente impossível. Melhor seria substituir-se pela expressão "pedido juridicamente inatendível". Com efeito, o que é *impossível* no caso, não é o pedido em si (que pode ser formulado) e sim o seu *acolhimento judicial*. Por isso, entendemos ser mais adequada a expressão *pedido juridicamente inatendível* — pedido que, obviamente, foi formulado.

Decisão obstativa. Sempre que o juiz estiver convencido de que as partes se valeram do processo para praticar ato simulado ou para tentar conseguir fim proibido por lei, deverá proferir decisão obstativa dessa intenção, aplicando às partes as penalidades relativas à litigância de má-fé (art. 80). O art. 129 do CPC anterior fazia alusão à *sentença*, no que estava correto, pois esta era conceituada como o ato pelo qual o juiz punha fim ao processo. O CPC atual assim a define no art. 203: "§ 1º Ressalvadas as disposições expressas dos procedimentos especiais, sentença é o pronunciamento por meio do qual o juiz, com fundamento nos arts. 485 e 487, põe fim à fase cognitiva do procedimento comum, bem como extingue a execução". Como o ato pelo qual o juiz impede que as partes façam uso do processo para realizar ato simulado ou tentar obter fim vedado por lei *extingue o processo*, melhor teria agido o legislador da atualidade se considerasse como *sentença* o ato jurisdicional, e não, como simples *decisão*.

Art. 143. O juiz responderá, civil e regressivamente, por perdas e danos quando:

I — no exercício de suas funções, proceder com dolo ou fraude;

II — recusar, omitir ou retardar, sem justo motivo, providência que deva ordenar de ofício ou a requerimento da parte.

Parágrafo único. As hipóteses previstas no inciso II somente serão verificadas depois que a parte requerer ao juiz que determine a providência e o requerimento não for apreciado no prazo de 10 (dez) dias.

• **Comentário**

Caput. A matéria estava prevista no art. 133, *caput*, do CPC revogado.

O magistrado, conquanto detenha poderes diretivos do processo (CLT, art. 765), não está isento de responder por perdas e danos. Em princípio, a parte que se sentir prejudicada por ato — omissivo ou comissivo — do juiz deverá promover ação autônoma em face do poder público. No caso de juiz do trabalho, a ação deverá ser exercida na Justiça Federal, figurando como ré a União. Esta, pagando a indenização, poderá promover ação de regresso em face do magistrado, nos casos de dolo ou culpa, nos termos do § 6º do art. 37 da Constituição Federal.

De modo geral, a doutrina tem indicado os seguintes requisitos, para que o poder público seja chamado a indenizar a parte prejudicada por ato do magistrado: a) comprovação de dano moral ou material sofrido pela parte; b) conduta omissiva ou comissiva do juiz; c) nexo de causalidade entre o dano sofrido e a conduta do magistrado.

A responsabilidade civil do poder público será sempre *objetiva*, levando-se em conta o *risco* assumido.

Inciso I. Repete a regra do inciso I do art. 133 do CPC revogado.

Agindo com dolo ou fraude (expressões que se equivalem, para os efeitos do dispositivo legal em estudo, pois a fraude é produto de dolo), no exercício de suas funções, o juiz ficará sujeito a responder por perdas e danos.

Culpa. Mesmo que o ato do juiz acarrete dano à parte ou a terceiro, não se cogitará de indenização por perdas e danos se o ato decorreu de culpa.

Inciso II. Repete a regra do inciso II do art. 133 do CPC revogado.

Se o magistrado recusar, omitir ou retardar, sem motivo justificável, a adoção de providência que deveria adotar, *ex officio* ou a requerimento da parte, também responderá por perdas e danos. Muitas vezes, por suposto, a notória sobrecarga de processos que tramitam pela Vara e pelo gabinete do magistrado será invocada como justificativa para ele deixe de tomar providência que o caso concreto estava a exigir.

Cabe aqui uma indagação relevante: configurados quaisquer dos atos mencionados nos incisos I e II do art. 143, a ação será ajuizada em face do magistrado que praticou o ato ou da União (no caso da Justiça do Trabalho)? Entendemos que deva ser em face da União, seja porque o art. 37, § 6º, da Constituição Federal dispõe: "As pessoas jurídicas de direito público e as de direito privado prestadoras de serviços públicos responderão pelos danos que seus agentes, nessa qualidade, causarem a terceiros, **assegurado o direito de regresso** contra o responsável nos casos de dolo ou culpa" (destacamos), seja porque o art. 143 do CPC, *caput*, afirma que o juiz responderá, civil e *regressivamente* por perdas e danos. Assim, ajuizada a ação em face da União, e sendo esta condenada a pagar ao autor indenização por perdas e danos, em decorrência de ato praticado pelo magistrado, sub-rogar-se-á nesse pagamento e ajuizará, em face do magistrado, *ação de regresso* com o objetivo de ressarcir-se do que teve de pagar por força de pronunciamento jurisdicional.

Parágrafo único. A matéria vinha disciplinada no parágrafo único do art. 133 do CPC revogado.

As situações mencionadas no inciso II, do art. 143, do CPC só se configuração depois que a parte requerer ao juiz que determine a providência e o pedido não for apreciado no prazo de dez dias. O texto atual, ao contrário do anterior, já não diz que esse pedido deverá ser formulado "por intermédio do escrivão".

Em síntese, a caracterização das situações previstas no aludido dispositivo legal não é automática, dependendo de pedido (ou melhor: requerimento) da parte interessada.

CAPÍTULO II
DOS IMPEDIMENTOS E DA SUSPEIÇÃO

Art. 144. Há impedimento do juiz, sendo-lhe vedado exercer suas funções no processo:

I — em que interveio como mandatário da parte, oficiou como perito, funcionou como membro do Ministério Público ou prestou depoimento como testemunha;

II — de que conheceu em outro grau de jurisdição, tendo proferido decisão;

III — quando nele estiver postulando, como defensor público, advogado ou membro do Ministério Público, seu cônjuge ou companheiro, ou qualquer parente, consanguíneo ou afim, em linha reta ou colateral, até o terceiro grau, inclusive;

IV — quando for parte no processo ele próprio, seu cônjuge ou companheiro, ou parente, consanguíneo ou afim, em linha reta ou colateral, até o terceiro grau, inclusive;

V — quando for sócio ou membro de direção ou de administração de pessoa jurídica parte no processo;

VI — quando for herdeiro presuntivo, donatário ou empregador de qualquer das partes;

VII — em que figure como parte instituição de ensino com a qual tenha relação de emprego ou decorrente de contrato de prestação de serviços;

VIII — em que figure como parte cliente do escritório de advocacia de seu cônjuge, companheiro ou parente, consanguíneo ou afim, em linha reta ou colateral, até o terceiro grau, inclusive, mesmo que patrocinado por advogado de outro escritório;

IX — quando promover ação contra a parte ou seu advogado.

§ 1º Na hipótese do inciso III, o impedimento só se verifica quando o defensor público, o advogado ou o membro do Ministério Público já integrava o processo antes do início da atividade judicante do juiz.

§ 2º É vedada a criação de fato superveniente a fim de caracterizar impedimento do juiz.

§ 3º O impedimento previsto no inciso III também se verifica no caso de mandato conferido a membro de escritório de advocacia que tenha em seus quadros advogado que individualmente ostente a condição nele prevista, mesmo que não intervenha diretamente no processo.

• **Comentário**

Caput. Ainda que por outras palavras, o veto à atuação do juiz impedido estava expresso no *caput* do art. 134 do CPC revogado.

O estatuto processual civil de 1939 não estabelecia nenhuma distinção de ordem sistemática entre as causas de impedimento e de suspeição. Todas elas vinham enfeixadas sob o título de suspeição e se encontravam arroladas no art. 185.

Pedro Baptista Martins chegou a afirmar ser inteiramente destituída de interesse pragmático qualquer separação nesse sentido (*Comentários ao Código de Processo Civil*. V. III, tomo I, p. 54).

A CLT, editada na vigência do CPC, deixou-se influenciar por este, de tal modo que também não distinguiu os casos de suspeição dos de impedimento (art. 801). Tudo aqui foi tratado (e encambulhado) como suspeição, embora o parentesco (letra "c") diga respeito ao impedimento.

Conforme demonstraremos adiante, o impedimento, no processo do trabalho, não deriva, apenas, do parentesco do juiz, senão que também de todas aquelas causas mencionadas nos incisos do art. 144 do CPC.

O atual CPC (a exemplo do CPC de 1973), mais didático, trata, de maneira separada, os casos de impedimento e de suspeição (arts. 144 e 145, nessa ordem). Essa disjunção não derivou de mero capricho do legislador, justificando-se, acima de tudo, por motivos científicos e práticos. Científicos, porque as causas de impedimento do magistrado são muito mais graves do que as de suspeição, vale dizer, apresentam-se muito mais comprometedoras de sua atuação e do dever legal de neutralidade inerente ao exercício das funções; práticos, porque o silêncio da parte, diante do impedimento, é irrelevante, pois o fato de ela nada alegar acerca do assunto não faz com que se torne sem efeito a proibição legal de o juiz impedido funcionar no processo; na suspeição, ao contrário, a falta de manifestação da parte, no momento oportuno, é interpretada pelo sistema como aceitação tácita da presença do magistrado no comando processual.

A doutrina de nosso País tem sustentado, de maneira uniforme, que a razão de as normas legais haverem instituído o veto à atuação judicial, nas situações de impedimento (e, também, de suspeição), decorreu da preocupação de assegurar-se a imparcialidade do magistrado na condução do processo. Nós mesmos, em linhas transatas, escrevemos que a neutralidade do juiz constitui um dos pressupostos necessários ao regular desenvolvimento da relação jurídica processual. Isso não quer dizer que estejamos plenamente de acordo com aqueles que veem no impedimento uma política legislativa devotada, *exclusivamente*, à necessidade de evitar a participação no processo de um juiz parcial, tendencioso. Expliquemo-nos. Não há negar que o juiz, como órgão estatal incumbido de solucionar os conflitos de interesses, deve ser imparcial e que o fato, por exemplo, de ele ser parente ou cônjuge de um dos litigantes, ou, mesmo, parte, coloca em risco esse princípio fundamental da neutralidade. Todavia, se admitirmos a hipótese em que um juiz impedido tenha conduzido o processo, desde o início, e decidido contra a parte a quem, em princípio, se imaginava que estaria propenso a favorecer (por ser seu cônjuge ou parente), parece-nos que ficará um pouco abalado o argumento segundo o qual o veto legal, sob a forma de impedimento, se vincula, de maneira exclusiva, ao receio de imparcialidade do magistrado. Pensamos, assim, que há, nesse veto, também um conteúdo de natureza ética (pois não podemos nos esquecer que o processo é o método formal de que se utiliza o Estado para solucionar as lides), de tal sorte que mesmo vindo o juiz a decidir contra os interesses de um seu parente ou de seu cônjuge, qualquer destes poderá tentar obter um decreto jurisdicional de nulidade do processo ou de desconstituição dos efeitos da coisa julgada material, conforme seja o caso.

Em resumo, a proibição legal de o magistrado atuar em determinadas causas provém não somente da preocupação de assegurar-se aos litigantes a imparcialidade judicial, mas, também, de razões de ordem ética — capazes, por si sós, em algumas situações, de conduzir à nulidade do processo ou à desconstituição da *res iudicata*, quando o magistrado não observar essa imposição legal de abstenção, no que tange ao exercício das suas funções.

Por traduzir, o impedimento, um veto legal *absoluto* à atuação do juiz, estamos convencidos de que essa proibição alcança todos os atos processuais, motivo por que eventual desrespeito do magistrado a essa proibição acarretará a nulidade total do processo, tirante a petição inicial. De nada adiantaria, para a parte interessada, ver anulados somente os atos decisórios, ou desconstituídos os efeitos da coisa julgada material, se o pronunciamento de mérito se baseou em atos processuais antecedentes, que foram praticados sob a direção do juiz impedido. Tais atos estão, fora de qualquer dúvida razoável, contaminados pelo desacato judicial à proibição que emana do art. 144, do CPC.

Não se pense, entretanto, que os atos praticados por juiz impedido integram a classe (algo inexplorada pela doutrina) dos inexistentes. Nada disso. Inexistentes seriam esses atos se quem os realizasse não fosse juiz. Sendo-o, referidos atos existem, ainda que comprometidos por vícios insanáveis. Se fossem inexistentes, é óbvio que não poderiam ser objeto de ação anulatória ou rescisória, e, sim, de ação declaratória (de inexistência), embora esta nem sempre seja necessária.

Dissemos, há pouco, que o impedimento corresponde a um veto legal absoluto à atuação do juiz. Essa afirmação é inteiramente verdadeira, não apenas em face da dicção inequívoca da norma legal (art. 144, *caput*), mas também se levarmos em conta o fato de que, na suspeição, o dever judicial de abstenção é relativo, haja vista que se a parte deixar de arguir a suspeição no momento oportuno esse seu silêncio permitirá a participação do juiz no processo, ainda que seja amigo íntimo ou inimigo capital de uma das partes; credor ou devedor de qualquer delas; tenha interesse no objeto da lide etc.

As próprias causas de impedimento, legalmente previstas, justificam a razão por que o veto legal, neste caso, é inflexível. Essas causas, aliás, podem ser objetivamente constatadas, pois a prova, em regra, é documental (sem prejuízo de outros meios, por lei admitidos), ao passo que as causas de suspeição envolvem, muitas vezes, aspectos fortemente subjetivos, como se dá com a amizade íntima, com a inimizade capital, com o interesse no objeto do litígio e o mais.

O juiz, como representante, por excelência, do Estado, tem o dever de ser neutro, imparcial, seja na condução do processo — oportunidade em que deve ministrar um tratamento equânime às partes, seja no momento da entrega da prestação jurisdicional. Eventual quebra desse dever de imparcialidade poderá conduzir à decretação de nulidade do processo.

Inciso I. Constituía o inciso II do art. 134 do CPC revogado.

Mandatário, perito, membro do Ministério Público, testemunha (CPC, art. 144, I). Em um único inciso, a lei enfeixa diversas causas de impedimento à atuação do juiz. Passemos a examiná-las.

a) *Mandatário da parte*. Embora, em geral, na prática, o impedimento do magistrado decorra de mandato judicial, o veto legal à sua atuação no processo alcança também os casos de mandato extrajudicial. Desse modo, pouco importa que o juiz figure nos autos como advogado de uma das partes, como representante legal ou como preposto, porquanto, em todas essas situações, estará impedido de atuar.

São frequentes os casos em que o advogado se torna juiz do trabalho, e, mais tarde, tem diante de si autos de processo no qual funcionou como procurador judicial de um dos litigantes. O impedimento, aqui, estará configurado, impondo-lhe o dever de abster-se de funcionar nesse processo. Mesmo que a procuração recebida tenha sido revogada ou haja ele renunciado ao mandato, não deixará de existir o impedimento, ainda que tenham sido mínimos os atos praticados. Pensamos, mesmo, que o impedimento se caracteriza pela mera outorga da procuração, ainda que o advogado, agora juiz, não tenha praticado nenhum ato no processo. Sucede que essa simples outorga já revela uma relação (profissional) entre o juiz e a parte, fato que é suficiente para obstar a atuação do primeiro nos autos em que esta figura como parte. Não ignoramos que a lei se refere à *intervenção* do advogado no processo. A despeito disso, seguimos entendendo que o fato de a procuração por ele recebida habilitá-lo a intervir no processo é bastante para fazer nascer o seu impedimento, tempos depois, como juiz. Como dissemos, a existência dessa procuração demonstra que houve uma relação de confiança (portanto, com certa intimidade) entre o juiz (então, advogado) e a parte.

Questão ainda não arrostada a fundo pela doutrina respeita ao fato de o juiz haver emitido *parecer*, cujas conclusões sejam favoráveis a um dos litigantes. Estamos, como se nota, cogitando daquelas situações em que o magistrado é, também, o que se convencionou denominar de jurista ou jurisconsulto.

O assunto deve ser examinado sob dois ângulos distintos:

1) se o parecer foi elaborado a pedido de terceiro, sem qualquer vinculação com o caso concreto, nenhuma restrição haverá à atuação do magistrado. Nesta hipótese, a parte apenas usou o mencionado parecer como adminículo doutrinal às suas razões, à semelhança do que ocorre com os artigos elaborados pelos juristas em geral e publicados em revistas, jornais especializados ou na *Internet*, que são juntados aos autos pelos litigantes; 2) se o parecer foi produzido a pedido de uma das partes, a situação, também aqui, se desdobra, conforme essa elaboração tenha ocorrido: a) antes do ajuizamento da ação, ou b) no curso do processo.

No primeiro caso, não se poderá cogitar de impedimento, pois não há previsão legal para ao fato. Haveria, entretanto, motivo para suspeição do magistrado, não por eventual amizade íntima com a parte que encomendou o parecer, mas pela justificável tendência de o juiz julgar de acordo com as conclusões lançadas no parecer, particularidade que faria aflorar o seu interesse no julgamento da lide em favor do mencionado litigante (CPC, art. 145, IV). No segundo, a suspeição seria ainda mais nítida, porquanto o juiz, ao confeccionar o parecer a pedido de uma das partes, encontrando-se em curso o processo, estaria, ainda que por vias transversas, sutis, aconselhando, censuravelmente, essa parte acerca do objeto da causa, e, com isso, incidindo na restrição legal (CPC, art. 145, IV).

b) *Perito*. Havendo o juiz oficiado nos autos como perito, estará impedido de aí atuar. É elementar que se trata de hipótese em que o perito funcionou antes de haver-se tornado juiz; se já o fosse, não poderia exercer as suas funções de experto.

Haverá impedimento mesmo que o juiz tenha atuado como assistente do perito.

Pergunta-se: a partir de que momento se estabelece, para o magistrado o impedimento, em decorrência de haver atuado nos autos como perito: da prestação do compromisso legal; da realização do exame técnico; da apresentação do laudo?

A simples prestação do compromisso legal, a nosso ver, não cria o impedimento, pois esse ato não traduz uma efetiva atuação do perito, senão que o atendimento a uma formalidade legal. Cabe esclarecer que a despeito do disposto no art. 466, *caput*, do CPC, a CLT o exige que o *expert* preste compromisso formal, como demonstra o art. 827.

Quanto ao fato de haver realizado o exame (mas não tendo chegado a apresentar o laudo correspondente), em princípio deve gerar o impedimento, pois o juiz poderá ser levado a decidir sob forte influência de seus conhecimentos privados do fato, adquiridos em função da perícia, o que é inadmissível, porquanto não se trata de fato notório, nem incontroverso.

Por mais forte razão, o impedimento se caracterizará se houve a entrega do laudo. Realmente, se já consta dos autos o parecer do perito, e considerando que constitui meio de prova, não será lícito ao juiz formar o seu convencimento jurídico com base em um laudo por ele próprio produzido, ao tempo em que exercia as funções de experto. Mesmo que o juiz — argumentando-se em tese — não acatasse as conclusões estampadas no laudo, isso não tornaria lícita a sua atuação nos autos, vez que, neste, oficiou como experto.

c) *Membro do Ministério Público*. Tendo o juiz funcionado como agente do Ministério Público estará impedido de exercer as funções no processo.

d) *Testemunha*. É óbvio que se o juiz prestou declarações nos autos, como testemunha, estará impedido de aí atuar. Sendo o testemunho um meio de prova, seria aberrante do bom-senso imaginar que o juiz pudesse decidir com fulcro nas próprias declarações prestadas como testemunha. Mesmo que ele desprezasse essas declarações, o seu impedimento subsistiria, em face de sua participação.

É irrelevante, ainda, que viesse a decidir contra a parte que o arrolou como testemunha, ou que a sua indicação haja decorrido da iniciativa do juiz, que, na época, conduzia o processo ("testemunha referida").

Assinale-se que a situação contemplada pela norma legal em exame é a do juiz que presta declarações, como testemunha, antes de haver ingressado na magistratura. Assim dizemos porque se o juiz da causa for apontado como testemunha, deverá: a) declarar-se impedido, se tiver conhecimento de fatos, que possam influir na decisão; b) se nada souber, mandará excluir o seu nome (art. 452, I e II).

Preceitua o § 4º do art. 447, do digesto processual civil, contudo, que, sendo estritamente necessário, poderão ser ouvidas "testemunhas" menores, impedidas ou suspeitas. Em rigor, a menção legal às testemunhas é equivocada, dado que se tais pessoas ficam dispensadas do compromisso legal (art. 458), como afirma o art. 447, § 5º, é evidente que serão ouvidas como meros informantes. Essa nossa objeção, entrementes, não alcança o juiz da causa. Assim, como asseveramos há pouco, se ele for arrolado como testemunha e tiver conhecimento de fatos capazes de influir no resultado do julgamento deverá dar-se por impedido, caso em que a parte que o indicou não poderá desistir do seu depoimento (art. 452, I). A proibição quanto a essa desistência visa a impedir que a parte indique o juiz como testemunha apenas para afastá-lo da direção do processo. Dessa forma, ele deverá ser inquirido, pelo juiz que for designado em seu lugar, não como informante, e, sim, como testemunha. O impedimento, de que fala o art. 452, I, é quanto ao exercício das funções de magistrado, não sendo defeso, portanto, ao juiz (que se afastou do processo) ser ouvido como testemunha.

O que não se pode admitir é que o juiz se ofereça como testemunha para ser inquirido no processo a que dirige. Essa atitude seria comprometedora do prestígio e da dignidade do Poder Judiciário, pois o que as partes desejam é que o juiz conduza com imparcialidade o processo e profira a sentença, e, não, que se disponha, por iniciativa própria, a servir como testemunha em favor de uma delas.

Inciso II. Esta causa de impedimento constava do inciso III do art. 134 do CPC revogado.

Por força da norma legal supracitada, o juiz estará proibido de exercer as suas funções no processo que conheceu em primeiro grau de jurisdição, tendo-lhe proferido sentença ou decisão.

Uma notícia histórica: no texto do Projeto do Código de Processo Civil de 1973, esse veto era previsto, apenas, com relação aos processos em que o juiz houvesse emitido *sentença*. Em decorrência de alteração introduzida por Emenda apresentada pela Comissão Especial do Senado, acrescentou-se ao texto o vocábulo *decisão*, de maneira a tornar mais ampla a proibição dirigida ao magistrado. Essa modificação foi acertada, considerando-se os termos segundo os quais se encontrava redigido, primitivamente, o dispositivo citado. Ocorre que se a referência fosse, apenas, à sentença, o juiz poderia funcionar no mesmo processo, em segundo grau, ainda que, em primeiro, houvesse proferido, nele, alguma decisão (geralmente, interlocutória). Por outro lado, se o texto aludisse, somente, às decisões, isso poderia levar à absurda conclusão que o fato de haver proferido sentença não criaria o impedimento do magistrado. Assim dizemos tendo em conta a classificação e a conceituação dos atos judiciais estabelecidas pelo art. 162, daquele CPC, que compreendiam os despachos (ordinatórios e decisórios), as decisões interlocutórias e as sentenças (e, ainda, os acórdãos).

A regra inscrita no art. 144, inciso II, do atual digesto de processo civil, merece alguns escólios exegéticos.

Em primeiro lugar, o impedimento do juiz se prende ao fato de haver proferido, num mesmo processo, sentença ou decisão interlocutória. Em princípio, portanto, esse impedimento inexistirá se, embora sendo idêntica a matéria, ele a tenha apreciado em primeiro grau, mediante sentença, num determinado processo, vindo a examiná-la, mais tarde, no tribunal, em outro processo. Em segundo, como o impedimento se constitui no tocante ao mesmo processo, algumas conclusões lógicas se extraem: a) esse veto subsistirá ainda que o juiz tenha sido, digamos, relator do acórdão num Tribunal Regional, e, mais tarde, quando integrante do Tribunal Superior do Trabalho, venha a ser sorteado como relator, no mesmo processo, em face do recurso de revista interposto do acórdão emitido pelo Regional. Não cremos que mereça interpretação restritiva a referência que o Código faz à atuação do juiz em primeiro grau; ora, se ele funcionou no mesmo processo, ainda que, num primeiro momento, num Tribunal Regional, e, num segundo, num Tribunal Superior, terá sido desrespeitado o verdadeiro sentido da vedação contida no texto, legal em exame; b) se, porém, o juiz proferiu a sentença rescindenda, não estará impedido de participar do julgamento (inclusive como relator) da ação rescisória. Esse é o entendimento jurisprudencial cristalizado na Súmula n. 252, do Supremo Tribunal Federal. Dá-se que, nesse caso, a atuação do juiz, na ação rescisória, ocorre em outro processo, vale dizer, em processo diverso daquele em que foi lançada a sentença rescindenda. A ação rescisória — nunca é inútil recordar — instaura uma nova relação jurídica processual, razão por que dela pode participar o juiz que haja funcionado no julgamento que produziu a sentença cujos efeitos se visa a desconstituir.

Impõe-se, aqui, uma regra de temperamento, de bom senso. Parece-nos que, a despeito da Súmula n. 252, do Excelso Pretório, haverá impedimento se a ação rescisória fundar-se em certos fatos que digam respeito à *pessoa* do magistrado, como se verifica, por exemplo, nas alegações de prevaricação, concussão, corrupção e impedimento. A considerar-se que inexistirá impedimento, ter-se-á de admitir que o juiz, em sede de ação rescisória, pode manifestar-se, sob a forma de voto, acerca da afirmação, feita pela parte, de atos de corrupção ou de concussão que ele teria praticado quando do proferimento da sentença rescindenda. Se bem pensarmos, veremos que ele estaria, nesta hipótese, sendo juiz em causa própria, o que é inconcebível em um regime democrático; c) se o magistrado houver, tão somente, proferido despacho em primeiro grau, não estará impedido de participar do processo, em segundo grau. Uma ressalva, entretanto, se faz necessária. O despacho, que não inibe a atuação do juiz no processo, em outro grau de jurisdição, é, apenas, aquele do tipo ordinatório ou de expediente, destinado à simples impulsão processual. Sabemos, contudo, que há certos despachos que contêm um *plus*, com relação aos ordinatórios: são os *decisórios*, que traduzem um ato resolutivo, por parte do juiz, com carga mais intensa do que aquela que pode ser encontrada em alguns despachos de mero expediente. Exemplo característico do despacho-decisório (conquanto não seja o único), de que estamos a cuidar, é aquele pelo qual o juiz não admite recurso. O caráter profundamente *decisório* desse despacho fez, inclusive, com que o legislador trabalhista o tornasse suscetível de ataque pelo agravo de instrumento (CLT, art. 897, "b"). Desta forma, se o juiz emitiu o despacho-decisório, denegatório do recurso, não poderá participar do julgamento, no tribunal, do agravo de instrumento interposto daquele despacho, pois a sua atuação estaria se dando no mesmo processo. É sempre relevante lembrar que o recurso, ao contrário da ação rescisória, não instaura uma nova relação jurídica processual, senão que, de certa maneira, distende, amplia a que se formou em primeiro grau.

Para efeito de configuração do impedimento, pouco importa se a sentença (para cogitarmos somente desta) tenha apreciado, ou não, o mérito da causa. Assim, se, em primeiro grau, o juiz extinguiu o processo sem exame do mérito, por haver, *e. g.*, declarado inepta a petição inicial, estará impedido de participar do julgamento do recurso ordinário que vier a ser interposto dessa sentença, ou mesmo do recurso interposto da sentença de mérito, proferida no mesmo processo, no caso de o tribunal haver afastado o decreto de inépcia e ordenado a devolução dos autos ao juízo de primeiro grau, para apreciar os pedidos formulados pelo autor, como entendesse de direito. Em todas essas situações, ao juiz seria defeso participar do julgamento do recurso, por haver proferido a sentença impugnada.

Podemos, mesmo, à luz do art. 144, inciso II, do CPC, construir as seguintes regras, de ordem prática: a) o juiz estará impedido de atuar no mesmo processo, em outro grau de jurisdição, sempre que, nele, houver emitido decisão ou sentença, seja de mérito, ou não. É despiciendo, para esse fim, que a sentença (sendo de mérito) tenha sido desconstituída em virtude de ação rescisória; b) o juiz, contudo, não estará impedido de participar do julgamento da sentença rescindenda por ele proferida, exceto se a ação rescisória fundar-se em fatos que digam respeito, essencialmente, à pessoa do juiz, à sua honorabilidade, ao seu caráter etc. (prevaricação, concussão, corrupção, impedimento).

Inciso III. Em termos gerais, a regra já figurava no inciso IV do art. 134 do CPC revogado.

Se estiver postulando nos autos, como defensor ou advogado de um dos litigantes, ou como membro do Ministério Público o cônjuge ou companheira do juiz ou qualquer parente seu, consanguíneo ou afim, em linha reta, ou na colateral até o segundo grau inclusive, o juiz estará impedido de exercer as suas funções nesse processo.

O texto anterior não fazia menção ao defensor e ao membro do Ministério Público, assim como não aludia ao companheiro (ou companheira) do(a) magistrado(a).

A razão do veto legal à atuação do juiz é óbvia: presume-se que ele terá o seu senso (e, acima de tudo, o dever) de imparcialidade perturbado pelo fato de o defensor ou advogado da parte, ou o membro do Ministério Público ser seu cônjuge ou parente, consanguíneo ou afim, na linha reta ou na colateral, até o segundo grau, inclusive. Por esse motivo, o legislador, cauteloso, o afastou da direção do processo.

Cônjuge é o marido ou a mulher. Na vigência do CPC de 1973 entendíamos que a *companheira* ou a *concubina* do magistrado, por não estarem relacionadas no art. 134, que tratava do impedimento, seriam causa de *suspeição*, pois o fato se amoldaria à previsão do art. 135, inciso I, daquele Código (amizade íntima).

O texto atual, entretanto, incluiu, de maneira expressa, o companheiro (ou companheira), que estiver postulando em juízo, como causa de *impedimento* do magistrado. O mesmo tratamento deve ser dado á *concubina*. Essa nossa opinião tanto mais se robustece quando houver filhos comuns e desde que a filiação seja reconhecida, na forma da lei. Neste caso, a presença de filho (ou de filhos) faz com que o vínculo efetivo entre o juiz e a concubina se torne mais concreto e expressivo, de tal modo que se possa considerá-lo impedido de funcionar nos autos em que a concubina sejam parte (mesmo não sendo ele, juiz, réu...).

Como ficará, porém, a situação em que o casamento foi desfeito (divórcio) ou declarado nulo? Não se podendo, neste caso, falar em cônjuge, e não sendo razoável imaginar-se que o ex-cônjuge jamais pudesse influir na disposição do ânimo do juiz, julgamos que, aqui, haverá causa de *suspeição*.

É oportuno rememorarmos, nesta altura, algumas regras a respeito da fixação dos graus de parentesco.

Art. 144

Antes, observemos que parente é a pessoa que se vincula a uma outra por um mesmo tronco (consanguinidade) ou por ser uma delas consanguínea do cônjuge da outra (afinidade). Linha reta é a que liga ascendentes e descendentes: avós, pais, filhos, netos; linha colateral é a que se estabelece entre pessoas que têm o mesmo tronco, excluídos os ascendentes e os descendentes: irmãos, primos.

O grau de parentesco se define segundo o número de gerações que separam duas pessoas. Há, entretanto, uma peculiaridade quanto à contagem das gerações, pois se considera uma na linha reta e outra na colateral. Desse modo, na primeira, subimos ou descemos os graus necessários para ir de uma pessoa para outra. Se desejarmos seguir, p. ex., do filho para o pai, subiremos um grau; se pretendermos o contrário, deveremos descer um grau. Temos, pois, que pai e filho são parentes em primeiro grau; avô e neto, em segundo; bisavô e bisneto, em terceiro, e, assim, sucessivamente. Contagem diversa ocorre na linha colateral. Aqui, subimos de uma pessoa até o descendente comum, para, depois, descermos até a outra. Daí vem, que irmãos são parentes em segundo grau; tios e sobrinhos, em terceiro; primos, em quarto, e, assim, por diante.

O mesmo critério é utilizado para definir os graus de parentesco por afinidade. Por isso, cunhados são parentes em segundo grau; sobrinho (por afinidade) em terceiro etc.

Para os efeitos do inciso III do art. 114, do CPC, deve ser dito que não há limite para o impedimento na linha reta; já na colateral, o dever de abstenção do magistrado só existe até o parentesco em segundo grau (irmão).

Inciso IV. Este motivo de impedimento estava previsto, com menor amplitude, no inciso V do art. 134 do CPC revogado. Expliquemo-nos. O precitado artigo mencionava, em inciso específico (I), como fator de impedimento da atuação do magistrado, o ser *parte* na causa. O Código atual cuida do tema no inciso IV do art. 144, ao fazer uso da expressão "quando ele próprio", ou seja, o magistrado (além do seu cônjuge, companheiro ou parente) for parte no feito.

O magistrado como parte. Conquanto o juiz, na qualidade de representante estatal, seja sujeito do processo, está legalmente impedido de funcionar nos casos em que seja parte. É proveitoso lembrar que o vocábulo *parte* é originário do latim *pars, partis*, sugerindo a ideia de porção de um todo — que é a lide —, de elemento fragmentário de alguma coisa. A proibição legal, a que nos referimos, corresponde, na ordem processual, ao dito popular, segundo o qual "ninguém pode ser juiz em causa própria".

Embora se entenda como parte a pessoa integrada na relação jurídica processual, como sujeito do contraditório estabelecido perante o juiz (Liebman), o conceito dessa figura, para os efeitos da vedação contida no preceito legal *sub examen*, é amplo. Assim, haverá de ser considerado parte o juiz que figurar nos autos como chamado ao processo, terceiro embargante, assistente.

Do mesmo modo, será tido como parte o juiz que se encontre na qualidade de substituído nos autos. Se, por exemplo, o juiz é professor em determinado estabelecimento de ensino superior, em face do qual o sindicato representativo da correspondente categoria profissional ingressa em juízo na qualidade de "substituto" processual, e coincidindo de a ele ser distribuída a inicial, deverá declarar-se impedido. Ainda que o juiz não seja parte, na ação ajuizada pelo sindicato (este, sim, na verdade é parte), nem por isso deixará de existir o veto legal à sua atuação no processo, pois não se pode ignorar o fato de que ele é o titular do direito material postulado naquela ação. E isso é o quanto basta para fornecer a medida do seu interesse na demanda.

A entender-se de modo diverso, na situação de que estamos a nos ocupar, estar-se-á a consagrar o absurdo de autorizar o juiz a proferir sentença em uma causa na qual são evidentes os seus interesses como processualmente substituído. Estar-se-á, em derradeira análise, a permitir que seja juiz de sua própria causa.

Como regra, podemos dizer que o juiz estará impedido de atuar no processo, à luz do art. 144, IV, do CPC, sempre que ficar patente o seu interesse pessoal (e direto) no objeto da ação.

Somente em casos verdadeiramente excepcionais, onde nenhuma outra solução jurídica possa ser encontrada, será permitida a atuação do juiz em processo no qual figure como parte ou como interessado direto. Se, digamos, os juízes federais ajuizarem ação diante da União, visando ao obtenimento de determinado reajuste dos vencimentos, que venha a beneficiar toda a magistratura federal (juízes de primeiro e de segundo graus, e, até mesmo, os Ministros do Supremo Tribunal Federal), a competência para apreciar a ação será da própria Justiça Federal. Desse modo, a ter-se como suspeitos os juízes federais, a ação ficaria sem ser apreciada, o que é inadmissível diante do art. 52, inciso XXXV, da Constituição da República. O mesmo se afirme quanto aos Ministros do STF, no caso de haver sido exercida, neste Tribunal, "ação em que todos os membros da magistratura sejam direta ou indiretamente interessados" (CF, art. 102, I, "n").

Fora disso, o impedimento deve ser declarado pelo juiz, logo que tomar conhecimento do fato determinante, sob pena de ensejar que a parte o faça, por meio de exceção específica.

Nunca é desútil observar que a participação, no processo, de juiz impedido, é de tal modo grave que a sentença, por ele proferida, pode ser objeto de ação rescisória (CPC) art. 884, II).

Cônjuge, companheiro ou parente. Não se confundem as situações previstas nos incisos IIII e IV, do art. 144, do estatuto processual civil. Enquanto na primeira (inciso III), por nós já examinada, o parentesco é entre o defensor, o advogado da parte ou o membro do Ministério Público e o juiz, na segunda (inciso IV), esse parentesco se dá entre a própria parte e o magistrado.

Nesta hipótese, o juiz estará impedido sempre que seu cônjuge, companheiro ou parente (consanguíneo ou afim) em linha reta, ou na colateral, até o terceiro grau, for parte no feito.

Tanto no caso do inciso III, quanto no do IV, o parentesco, por consanguinidade ou afinidade, em linha reta, será sempre causa de impedimento do magistrado. A diferença (além da já destacada no início) entre os dois incisos está em que, neste, o impedimento existirá, na linha colateral, até o terceiro grau (tio ou sobrinho), inclusive. Conclui-se, pois, que, no processo civil, não haverá impedimento se o juiz for, digamos, primo de uma das partes, pois o parentesco, aqui, é em quarto grau.

O processo do trabalho, no entanto, não faz nenhuma distinção entre a linha reta e a colateral, afirmando, apenas, que o impedimento ("suspeição", diz, mal, o art. 801, letra "c", da CLT) haverá se o juiz for parente de uma das partes, por afinidade ou consanguinidade, até o terceiro grau civil.

Estabelece o art. 1.595, § 2º, do Código Civil, que o parentesco por afinidade, na linha reta, não se extingue com a dissolução do casamento ou da união estável, que a originou. Está implícita, na mesma norma legal, a afirmação de que a dissolução do casamento ou da união estável faz cessar o parentesco, por afinidade, na linha colateral. Pensamos, entretanto, que para efeito de impedimento do juiz se deva considerar que a dissolução do casamento não extingue o parentesco por afinidade, mesmo na linha colateral. Digamos que o juiz seja cunhado de uma das partes. O fato de vir a falecer a mulher do juiz, irmã do cunhado deste, não faz desaparecer, só por isso, as sensatas razões pelas quais o legislador processual redigiu a regra do art. 144, inciso IV, do CPC.

Inciso V. A matéria era tratada no inciso VI do art. 134 do CPC revogado. O CPC atual substituiu o vocábulo *órgão* por *sócio ou membro* (de direção ou de administração de pessoa jurídica parte na causa).

Se o juiz for ocupante de cargo de direção ou de administração de pessoa jurídica, parte na causa, estará impedido de exercer as suas funções nesse processo. Pouco importa, para esse fim, que se trate de pessoa física de direito público ou de direito privado.

É bem verdade que dispondo o art. 95, parágrafo único, inciso I, da Constituição Federal em vigor, ser vedado ao juiz "exercer, ainda que em disponibilidade, outro cargo ou função, salvo uma de magistério", torna-se praticamente impossível que ele acumule, com as suas funções de magistrado, a de sócio ou membro de direção ou de administração de pessoa jurídica, ainda que esta não tenha finalidade econômica.

Em rigor, havia um certo equívoco na dicção do art. 134, V, do CPC anterior, porquanto o juiz não se tornava "órgão", e, sim, integrante de órgão. De qualquer modo, colocando-se de lado o problema da ilegalidade dessa acumulação, o fato é que se o juiz for, realmente, sócio ou membro de direção ou de administração de pessoa jurídica, parte na relação processual, estará impedido de atuar nesses autos, por força do estatuído inciso V do art. 144 do vigente estatuto processual civil.

A Lei Orgânica da Magistratura Nacional (Lei Complementar n. 35, de 14 de março de 1979), aliás, também proíbe o juiz de: a) exercer o comércio ou participar de sociedade comercial, inclusive de economia mista, exceto como acionista ou cotista; b) exercer cargo de direção ou técnico de sociedade civil, associação ou fundação, de qualquer natureza ou finalidade, salvo de associação de classe, e sem remuneração (art. 36, incisos 1 e II).

Eventual desrespeito, por parte do magistrado, a essas normas legais e constitucionais proibitivas da acumulação de cargos ou funções o submeterá às penalidades previstas na LOMAN.

Uma ressalva: como é óbvio, não há impedimento legal para que o juiz ocupe certos cargos, como o de Presidente de Associação de magistrados, de Diretor de Escola Judicial etc.

Inciso VI. Esta causa de impedimento do magistrado constava como de suspeição no CPC revogado (art. 135, III).

Herdeiro presuntivo (ou presumido) é a pessoa que está apta a herdar. O adjetivo "presuntivo" revela, assim, tratar-se de situação futura. Para os efeitos da norma legal em exame, é irrelevante investigar se o herdeiro presuntivo é legítimo (herda em virtude de parentesco) ou testamentário (herda por força de disposição inserta em testamento), porquanto, em ambos os casos, haverá impedimento do juiz.

Se, porém, o testamento excluir o juiz da herança, é óbvio que não se poderá pensar em impedimento. É evidente que se o testamento for cerrado somente se saberá se o juiz é herdeiro com a abertura do testamento, o que se dá, em regra, após o falecimento do testador.

Por outro lado, se o juiz for herdeiro legítimo isso não significa, necessariamente, que estará impedido de dirigir o processo, porquanto, para tanto, cumprirá verificar se não há parentes mais próximos, que possam afastá-lo da herança.

Donatário. Se o juiz recebeu alguma doação da parte, esse fato faz presumir um certo sentimento de gratidão do magistrado, que, em função disso, poderá desviar-se do seu dever de imparcialidade para favorecer, ainda que de maneira inconsciente, o doador. Por esse motivo, a lei considera impedido o magistrado que seja donatário de um dos litigantes, como forma de preservar o direito do adversário deste, quanto a um julgamento imparcial.

Cremos, todavia, que só deva constituir causa de impedimento a doação espontânea, ou seja, a que deriva de um ato de liberalidade do doador. A doação remuneratória nada possui de espontaneidade, representando, isto sim, uma contraprestação pelos serviços realizados.

Embora a lei não se refira ao valor da doação, ao incluí-la como motivo de impedimento do magistrado, uma vez mais, as regras de bom-senso alvitram que só as de considerável monta devam ser consideradas para esse fim. No entanto, as doações de pequeno valor, desde que reiteradamente feitas pela mesma pessoa, podem representar um indício da existência de amizade íntima, de uma afeição profunda, entre o juiz e o doador, forma a considerá-lo, senão como impedido, ao menos como suspeito de atuar no processo (art. 145, I).

Empregador. Prevê o processo civil, como causa de impedimento do juiz, o fato de ele ser empregador da parte.

Transportada essa disposição para o terreno peculiar do processo do trabalho, devemos examiná-la sob alguns aspectos, que nos parecem relevantes: a) se o juiz do trabalho for empregador do autor (geralmente, doméstico ou rural) e estiver figurando no processo como parte (réu), o impedimento estará configurado pelo inciso VII do art. 144, e não pelo inciso VI; b) não sendo o juiz parte na causa, o impedimento estará caracterizado pelo inciso VI do art. 144 (a singularidade de ser empregador de um dos litigantes tenderá a fazer com que certos sentimentos de afetividade o levem a decidir em prol do empregado, seja este autor ou réu na ação); c) se o juiz for ex-empregador da parte (e não for réu na causa) será prudente perscrutar se guarda, com relação a esta, sentimentos que possam refletir amizade íntima ou inimizade capital — circunstâncias que, uma vez comprovadas, o tornarão *suspeito* de atuar no processo.

Inciso VII. Não raro, o juiz exerce cargo de magistério em estabelecimento de ensino, com a qual possua relação de emprego. Esta é, a propósito, a única exceção destacada pelo art. 95, parágrafo único, I, da Constituição Federal, ao vedar ao magistrado o exercício de outro cargo ou função, ainda que em disponibilidade. Destarte, se o juiz for empregado de instituição de ensino, ou com ela mantenha contrato de prestação de serviços, estará impedido de atuar na causa em que essa instituição figure como parte.

Em que pese ao fato de a norma legal fazer referência à *parte*, entendemos que haverá impedimento do juiz mesmo que a instituição de ensino haja intervindo na causa na qualidade de *assistente*, seja simples (CPC, art. 121) ou litisconsorcial (CPC, art. 124) embora o assistente não seja parte, mas, *terceiro*. O litisconsorte, entretanto, é parte (CPC, art. 113).

Inciso VIII. Se, na causa, figurar como parte cliente do escritório de advocacia do seu cônjuge, companheiro ou parente, consanguíneo ou afim, na linha reta ou colateral, até o terceiro grau, inclusive, o juiz estará impedido de atuar no processo. O motivo de impedimento, previsto no inciso em exame, não se confunde com o constante do inciso III, do mesmo artigo. Enquanto, no caso deste inciso, o impedimento deriva do fato de as pessoas ali mencionadas estarem atuando na qualidade de defensor público, advogado ou membro o Ministério Público, no inciso VIII as pessoas mencionadas figuram no processo como parte.

Inciso IX. Pode ocorrer de o juiz haver promovido, em outra Vara do Poder Judiciário a que se encontra vinculado, ou mesmo de outro ramo do Judiciário, ação em face da parte ou do advogado que figuram no processo que lhe cabe dirigir. Neste caso, ele estará impedido de atuar no processo. Um retoque doutrinário: em rigor, a ação não é exercida "contra" o réu, e sim, contra o Estado, que é o detentor monopolístico da atividade jurisdicional. Isso fica tanto mais claro se entendermos que a ação constitui o direito (de natureza constitucional, entre nós), pelo qual os indivíduos ou as coletividades invocam a prestação jurisdicional com o objetivo de evitar a lesão de um bem ou utilidade da vida, ou de reparar essa lesão. Por esse motivo, a ação é dirigida *contra* o Estado e *diante* do réu. A realidade demonstra, no entanto, haver uma forte e arraigada tradição de aludir-se ao ajuizamento da ação "contra" o réu. O deslize não é grave.

§ 1º O tema era tratado pelo parágrafo único do art. 134 do CPC revogado.

A caracterização do impedimento do magistrado, na espécie em exame, pressupõe que o defensor, o advogado ou o membro do Ministério Público já se encontrassem postulando nos autos

§ 2º A parte final do parágrafo único do art.134 do CPC revogado dispunha ser *"vedado ao advogado pleitear no processo, a fim de criar o impedimento do juiz"*. Em termos práticos, isso significava que o impedimento era do advogado, cuja quebra desse dever configuraria infração disciplinar, punível pela Ordem dos Advogados do Brasil (Lei n. 8.906, de 4.7.94, art. 34).

O texto atual adverte ser *"vedado criar fato superveniente a fim de caracterizar a impedimento do juiz"* (art. 144, § 2º). Esta norma tem sentido mais amplo do que a anterior, pois as suas disposições não são restritas ao advogado, compreendendo, também, a parte, o defensor, o Ministério Público e os terceiros em geral. Na prática, poderão existir controvérsias quanto à incidência § 2º, *sub examen*, a começar pela imprecisa redação da norma. Com efeito, o texto legal proíbe ("É vedado") a parte, o advogado ou terceiro "criar fato superveniente" (expressão pleonástica); ora, se a parte e o juiz decidirem casar-se este será o "fato superveniente", todavia, a norma legal não pode proibir esse casamento. O que se passa é que o casamento acarretará o impedimento do magistrado (inciso IV).

§ 3º Este parágrafo esclarece, por assim dizer, que estará configurado o impedimento do juiz, no caso do inciso III, mesmo que o mandato outorgado a membro de escritório de advocacia em cujo quadro figure advogado que, individualmente, esteja abrangido pelo precitado inciso, inda que não pratique, de maneira direta, atos no processo.

Art. 145. Há suspeição do juiz:

I — amigo íntimo ou inimigo de qualquer das partes ou de seus advogados;

II — que receber presentes de pessoas que tiverem interesse na causa antes ou depois de iniciado o processo, que aconselhar alguma das partes acerca do objeto da causa ou que subministrar meios para atender às despesas do litígio;

III — quando qualquer das partes for sua credora ou devedora, de seu cônjuge ou companheiro ou de parentes destes, em linha reta até o terceiro grau, inclusive;

IV — interessado no julgamento do processo em favor de qualquer das partes.

§ 1º Poderá o juiz declarar-se suspeito por motivo de foro íntimo, sem necessidade de declarar suas razões.

§ 2º Será ilegítima a alegação de suspeição quando:

I — houver sido provocada por quem a alega;

II — a parte que a alega houver praticado ato que signifique manifesta aceitação do arguido.

• **Comentário**

Caput. O CPC revogado (art. 134, *caput*) *reputava* suspeito o magistrado nas situações que indicava; o texto atual, mais inciso, afirma *haver* suspeição nesses casos.

No momento em que o Estado avocou o monopólio da administração da justiça assumiu, também, o dever de solucionar os conflitos de interesses submetidos à cognição jurisdicional, de maneira não apenas rápida e boa, mas, sobretudo, por meio de juízes imparciais.

A imparcialidade do magistrado constitui, por isso, um dever do Estado e um correspondente direito das partes.

Daí, a existência, em nosso sistema processual, de vetos à atuação de juízes considerados, aprioristicamente, impedidos ou suspeitos.

Conforme havíamos bosquejado no item anterior, diferem-se, entre si, o impedimento e a suspeição, segundo determinados traços específicos. Demonstremo-los.

O dever de abstenção do magistrado, no caso do impedimento, é absoluto, inflexível. Disso derivam algumas consequências de ordem jurídica e prática. A primeira delas é que embora a parte deva arguir o impedimento (art. 146, *caput*), o seu silêncio, quanto a isso, não implica preclusão nem legitima a atuação do magistrado naquele processo. Dessa maneira, pode a parte alegar o impedimento mesmo depois de ultrapassado o momento oportuno. A segunda é que somente a sentença emitida por juiz impedido é rescindível, conforme patenteia o inciso II, do art. 966 do CPC. O impedimento traduz, pois, matéria de ordem pública.

No tocante à suspeição, o dever de abstenção do magistrado é, apenas, relativo. Desta particularidade também emanam algumas consequências jurídicas e práticas. Em primeiro lugar, se a parte deixar de alegar a suspeição formar-se-á, contra ela, a preclusão "temporal", que a impedirá de alegar a suspeição mais tarde. Em segundo, a sentença proferida por juiz suspeito não é rescindível.

Se levarmos em conta os diversos sistemas continentais existentes, a respeito do dever de abstenção do magistrado, podemos dizer que, em nosso meio, as situações de impedimento traduzem o *iudex inhabilis*, e as de suspeição, o *iudex suspectus*. O sistema do *iudex inhabilis* se caracteriza pelo fato de a própria lei proibir a atuação do magistrado que se encontre em uma das situações por ela previstas (dever absoluto de abstenção); pelo do *iudex suspectus*, como a denominação evidencia, a lei embora especifique os casos de suspeição do magistrado, exige a iniciativa das partes, no que tange a alegá-la (dever relativo de abstenção).

Cada sistema de processo, enfim, deverá ocupar-se com o problema da suspeição e do impedimento dos juízes, procurando solucioná-lo segundo a tradição legislativa, as novas necessidades sociais e as singularidades do processo correspondente. O sistema adotado pelo Código de Processo Civil brasileiro em vigor, se não é perfeito, sob os ângulos prático e doutrinário, também não contém falhas de tal gravidade que possam comprometer a sua eficiência.

As causas de suspeição se encontram arroladas no art. 145, do CPC. Essa atitude do legislador foi correta, porque se se limitasse a dizer que o juiz suspeito estaria impedido de atuar no processo, sem, contudo, indicar as causas de suspeição, isso levaria, por certo, a discussões intermináveis acerca do assunto, não só na doutrina e na jurisprudência, como — e o que seria mais preocupante — nos próprios casos concretos. Pensamos, todavia, que o mencionado rol de causas não seja, em rigor, exaustivo, podendo o juiz ser também considerado suspeito sempre que a sua atitude, o seu comportamento estiver proibido por norma legal. Argumentemos com o inciso III, do art. 36, da LOMAN. Nos termos dessa norma, é defeso ao juiz manifestar, por qualquer meio de comunicação, opinião sobre processo pendente de julgamento, a que esteja dirigindo. Se, por exemplo, o magistrado formular um juízo depreciativo a respeito de uma das partes, ou antecipar o resultado do julgamento (prejulgar), fazendo-o com certa publicidade, é elementar que se tornará suspeito para continuar a exercer as suas funções, naquele processo. Essa causa de suspeição, como se vê, não está prevista no art. 145, do diploma processual civil, mas na LOMAN, ainda que esta não aluda a suspeição. Mas, o que se insinua no seu art. 36, III, primeira parte, é exatamente isso.

A CLT, influenciada pelo CPC de 1939, encambulhou, num mesmo dispositivo, casos de impedimento e de suspeição (art. 801). A inimizade pessoal; a amizade íntima e o interesse particular na causa, são, efetivamente, causas de suspeição; o parentesco por consanguinidade ou afinidade até o terceiro grau civil, porém, é, sob a óptica do rigor lógico, motivo de impedimento.

Mesmo no processo do trabalho, as causas de suspeição devem ser as apontadas pelo art. 145, do CPC, não se justificando que situações como a de ser, o magistrado, herdeiro presuntivo, donatário ou empregador de alguma das partes não possam conduzir à suspeição do julgador. O mesmo se afirme quanto ao fato de o juiz receber dádivas, antes ou depois de iniciado o processo; de aconselhar uma das partes sobre o objeto da ação; ou subministrar, a um dos litigantes, meios para atender às despesas do litígio.

Todas essas causas de suspeição, e outras mais, serão examinadas a seguir, sob o inarredável prisma do processo do trabalho.

Inciso I. Esta causa era mencionada, com pequena alteração, no inciso I do art. 135 do CPC revogado.

Amizade íntima. O ser humano é, naturalmente, gregário. O convívio em sociedade faz com que os indivíduos se relacionem entre si. Conforme seja o grau desse relacionamento, poderão surgir amizades. Algumas delas não passarão de consequência natural e efêmera desse contato social e das circunstâncias que o caracterizam; outras, contudo, traduzirão um profundo sentimento de afeição entre as pessoas, fazendo com que a amizade se torne íntima.

Do ponto de vista da necessidade de harmonia nas relações sociais, seria ideal que todos os indivíduos se unissem, uns aos outros, por vínculos de amizade profunda, pois isso, por certo, evitaria muitos dos conflitos que soem eclodir nas sociedades organizadas, colocando em risco a sua estabilidade e, o que é pior, a sobrevivência dos seus integrantes.

O juiz é um ser a quem a lei não proíbe, propriamente, de possuir amizades íntimas, embora o impeça de exercer as suas funções nos processos em que figure como parte pessoa à qual se ligue por essa espécie de amizade. Conquanto seja desagradável dizer, o fato é que o juiz, na qualidade de órgão estatal incumbido de solucionar os conflitos de interesses ocorrentes entre os indivíduos ou as coletividades, deve ter uma vida social algo reservada, nomeadamente nas pequenas cidades, onde haja uma ou duas varas, porquanto a amizade íntima com as pessoas poderá torná-lo suspeito de atuar nas causas em que estas sejam parte. Sob este aspecto, pode-se afirmar que o juiz está condenado a não possuir sentimentos de afeição aprofundada, exceto para com os de seu círculo familiar.

Cabe recordar que o vocábulo *suspeição* é originário do latim *suspectio,* que significa suspeita, desconfiança, conjectura desfavorável quanto à probidade de alguém.

Perceba-se, no entanto, que não é qualquer amizade que tornará o juiz suspeito, mas, apenas, aquela a que a lei denomina de *íntima,* vale dizer, a entranhada, a que é extremamente profunda, capaz, por isso mesma, de causar influência considerável no seu espírito, no seu dever de neutralidade. Andou bem, sem dúvida, o legislador em incluir a amizade íntima entre as causas de suspeição do magistrado, pois este, na prática, poderia, mesmo que de modo inconsciente, decidir a favor do amigo, para não desagradá-lo, ainda que a prova dos autos sugerisse decisão oposta. Não é próprio da natureza humana contrariar os interesses dos amigos especiais.

O que separa a simples amizade da amizade íntima é uma questão de grau de intensidade. Nos casos concretos, nem sempre estará desembaraçada de dificuldades a mensuração desse grau, até porque a lei não oferece critérios ou métodos para isso. Por outras palavras, sabe-se que a amizade íntima constitui motivo de suspeição do magistrado; o que não se pode precisar, muitas vezes, é se a amizade é, verdadeiramente, íntima.

Podem ser apontados, todavia, como indícios dessa amizade: o fato de a parte frequentar, de maneira habitual, a casa do magistrado, ou vice-versa; a troca de favores ou de obséquios entre eles; o fato de o juiz ser namorado ou noivo de uma das partes.

Dentro dessa linha de raciocínio, o compadrio pode ser indicado como causa de suspeição do magistrado, pois é razoável imaginar que este só se compadrou com outrem em virtude de uma amizade íntima.

É interessante observar a disposição constante do Código de Manu, filho de Brahma, a respeito da suspeição das testemunhas, cuja regra pode ser aplicada, em certa medida, aos magistrados: "Não devem ser admitidos em juízo homens cúpidos; nem aqueles dominados por interesse pecuniário; nem os amigos; nem os inimigos; nem os criados de servir; nem os homens de reconhecida má-fé; nem os enfermos; nem os criminosos; nem os que estão na dependência de outrem; nem os que se dedicam a misteres cruéis; nem os velhos e as crianças; nem os homens da classe mista; nem os ébrios; nem os loucos; nem os que sofrem fome e frio; nem os afadigados; nem os coléricos; nem os enamorados; nem os ladrões".

O mesmo Código de Manu considerava as pessoas enamoradas "privadas de sentido" para comparecer a juízo. E, com razão, sabendo-se que o amor profundo representa, sob esse aspecto, uma espécie de paroxismo da amizade íntima, devotada a alguém do outro sexo.

Em outras situações, contudo, torna-se tormentoso investigar — e, sobretudo, definir — se se trata de mera amizade ou de amizade íntima. O fato, por exemplo, de o juiz ser visto com determinado indivíduo, ou grupo de indivíduos, de maneira habitual, em acontecimentos sociais, como inaugurações, festas, casamentos, práticas esportivas etc., por si só não induz a existência de uma amizade entranhada; talvez essa amizade se conforme ao conceito daquelas a que se tem denominado de "sociais", "formais" ou "protocolares". Pode dar-se, todavia, que por trás dessa aparente amizade "social" esteja um intenso sentimento de afeição entre o juiz e tais pessoas, de modo a poder-se sustentar a sua suspeição, nos processos de que participem esses indivíduos.

De qualquer modo, ainda que tenhamos referido alguns exemplos em que estaria delineada a amizade íntima do magistrado, e outros, em que essa intimidade não se configuraria, em princípio, o certo é que não se pode, de maneira apriorística, estabelecer os casos em que a amizade se situa num ou noutro polo. A verificação do grau de intensidade da amizade deverá ser realizada com vistas a cada caso concreto, segundo as particularidades que estejam a assinalá-lo. O juiz, *v. g.*, pode ter sido, efetivamente, amigo íntimo de uma das partes, mas já não sê-lo quando do ajuizamento da ação, em virtude de o longo período de tempo sem contato com a parte ter feito diluir ou, mesmo, desaparecer o sentimento profundo de afeição que havia para com esta. Em outros casos, o que se vê não é uma amizade íntima, e, sim, uma profunda manifestação de afinidade ideológica, política, religiosa etc. do juiz, com relação a um dos litigantes, que se evidencia, *e. g.*, pelo fato de o magistrado saudá-lo, de maneira efusiva, em audiência ... e quase ignorar a presença do adversário, por tal forma discriminado.

Enfim, em tema de amizade íntima, o que mais há são aquelas zonas cinzentas, grises, que impedem uma nítida percepção dos fatos, fazendo com que, não raro, à míngua de elementos palpáveis, se conclua pela inexistência dessa amizade arraigada.

A norma legal também considera suspeito o juiz que possui amizade íntima com o *advogado* da parte, pois esse fato pode ter influência no espírito do magistrado não só durante a tramitação do processo (como na fase de instrução), mas, em especial, no julgamento da causa. O fato de o juiz poder considerar-se suspeito *por motivo íntimo* não justificaria a eliminação da sua amizade íntima com os advogados das partes como causa de suspeição.

Inimizade. A inimizade representa a antítese da amizade íntima, embora possam ser seus destinatários, indiferentemente, o autor ou o réu, conforme for o caso. Seja naquela ou nesta, porém, o que as caracterizam é o marcante traço da intensidade: ambas devem ser figadais, profundas, de sorte a perturbar o senso de equilíbrio e de justiça do magistrado.

Ocupemo-nos da inimizade.

No sistema do CPC de 1973, a inimizade para constituir causa de suspeição do magistrado, deveria ser *capital*, ou seja, profunda, entranhada. Pelo sistema do Código atual basta haver inimizade — sem qualquer adjetivação.

Pareceu ao legislador dispensável pespegar qualquer adjetivo à inimizade, por entender que esta, por si só, já configura a suspeição do magistrado, independentemente de sua intensidade.

Se levarmos em conta o ontológico dever de neutralidade do magistrado na solução dos conflitos de interesses, haveremos de concordar com a supressão do adjetivo *capital* feita pelo legislador

Do mesmo modo como a vida em sociedade conduz ao estabelecimento de amizades íntimas, também produz inimizades. Não interessa ao escopo deste livro examinar as causas sociológicas dessa inimizade, nada obstante se saiba que decorrem de múltiplas razões, dentre as quais sobressaem o espírito de emulação entre os indivíduos, o contraste de opiniões e de paixões, que podem ser de natureza política, econômica, cultural, étnica (infelizmente) e o mais. A vaidade também tem contribuído, consideravelmente, para alimentar a fogueira das dissensões humanas. Assim como a competitividade.

Como elementos indicativos (ou indiciários, como se preferir) de inimizade do juiz para com a parte, podemos apontar, entre tantos, os seguintes: haver ajuizado ação, civil ou criminal, em face da parte, ou ter figurado como réu em ação promovida por esta, pouco importando o resultado do julgamento; haver, o juiz, agredido, física ou moralmente, a parte, ou ter sido por ela agredido, mesmo que, em virtude desse fato, a vítima não tenha ingressado em juízo (criminal); haver, o juiz, manifestado, publicamente, atos de repúdio profundo à parte, ou vice-versa, independentemente dos motivos que determinaram a sua atitude e de possuir, ou não, razão nessa diatribe infamante.

Mesmo nos casos acima apontados, uma regra de temperamento se impõe: se tais fatos ocorrerem há muito tempo, é provável que a inimizade tenha cedido lugar a uma simples malquerença sem maiores consequências no senso de imparcialidade do juiz, de tal modo a autorizar a sua atuação no processo em que figure o antigo desafeto. Apressamo-nos a esclarecer, todavia, que o tempo, nem sempre, é um dissipador de inimizades; em muitos casos, ao contrário, ele a exacerba, impregnando, cada vez mais, o espírito do juiz e obliterando o seu dever de proceder a uma reta aplicação da norma legal. Percebe-se, por isso, o extremo cuidado que deve ter aquele a quem couber decidir se, no exemplo mencionado, a inimizade nascida de um fato ocorrido há vários anos já se diluiu na esteira do tempo, ou, inversamente, recrudesceu.

Um juiz não se tornará inimigo da parte, entretanto, pelo simples motivo de havê-la advertido em audiência ou por despacho ou com ela discutido, de forma acalorada, acerca de fatos da causa. Mesmo uma objurgação do magistrado não o fará, por si só, inimigo da parte, a ponto de torná-lo suspeito de exercer as suas funções no processo. Por mais forte razão, uma sua antipatia para com o litigante não o converterá em inimigo deste.

Um esclarecimento se torna necessário: a despeito de a norma legal aludir à parte, é elementar que será suspeito, também, o juiz que for inimigo do *advogado* da parte. Não concordamos, portanto, com certo segmento da jurisprudência que não admite, como causa de suspeição, o fato de o juiz ser inimigo do advogado da parte. Ora, não há motivo lógico para separar o destinatário dessa inimizade. Se o magistrado tiver o seu espírito dominado por forte aversão ao advogado, é evidente que haverá de deixar-se influenciar por esse sentimento mesquinho e, em função disso, tenderá a decidir contra o constituinte do advogado, máxime se levarmos em consideração que os contatos pessoais do juiz são mais frequentes com o advogado do que com a parte. Ou seja, para o juiz é mais "visível" a figura do procurador judicial, motivo por que não nos parece sensato afirmar que a suspeição somente haveria se a inimizade fosse com relação à parte, que quase não mantém contatos pessoais com o magistrado, exceto na audiência.

Conforme asseveramos há pouco, se o juiz censurar ou advertir o advogado, por algum ato ou omissão deste, seja em audiência ou não, isso não será motivo bastante para considerá-lo inimigo do advogado. Se, todavia, esse procedimento do juiz for sistemático, ou seja, ele costumeiramente advertir ou censurar o advogado, em quase todos os processos de que este participa, ainda que inexistam razões relevantes para tais admoestações, é bem provável que essa reiteração (mormente se infundada) de censuras e de advertências, por espelharem uma "perseguição" obsessiva do juiz, uma retaliação, podem assumir a feição de efetiva inimizade, e, em decorrência disso, torná-lo suspeito para atuar nas causas de que participa o advogado.

Será suspeito, contudo, o juiz que for inimigo de um ascendente ou descendente da parte, ou do cônjuge desta? Em princípio, não, pois a aversão profunda deve ser direta, equivale a dizer, ter como destinatária a própria parte. Há situações, por exemplo, em que o juiz é, longe de qualquer dúvida, inimigo de um dos litigantes, embora mantenha amizade com os filhos, com os pais ou com o cônjuge deste. De qualquer maneira, ficará reservado a cada caso concreto o prudente exame sobre a configuração dessa inimizade com o ascendente, o descendente ou o cônjuge da parte e o grau de comprometimento desse estado de espírito do juiz no tocante a esta.

Em que pese ao fato de não ser possível, conforme dissemos, fixar-se, de modo apriorístico, os exemplos (não as causas, pois estas se encontram previstos em lei) de suspeição derivante de inimizade (e de amizade íntima), podemos enunciar, com objetivo pragmático, a seguinte regra norteadora de ambas as causas de suspeição: sempre que a amizade ou a inimizade do juiz para com a parte ou seu advogado forem capazes, por sua intensidade, de influir, poderosamente, no espírito daquele, e, em razão disso, perturbar o seu dever legal de imparcialidade, ele tornará suspeito para exercer as suas funções no processo em que figure a parte — ou seu advogado., acrescentemos.

Inciso II. Constituía o inciso IV do art. 135 do CPC revogado.

O inciso II do art. 145 enfeixa, na verdade, três causas de suspeição, a saber: a) receber presentes; b) aconselhar alguma das partes; c) subministrar meios a alguma das partes.

Receber presentes. O CPC anterior aludia ao recebimento de *dádivas*. O vocábulo, ao contrário do que supunham alguns estudiosos, não apresentava sinonímia com *doação*. Desta se ocupava o inciso III, do art. 134, daquele Código. *Dádiva* tinha o sentido de presente, oferenda, oblação, sendo produto de um sentimento, de uma afeição, que, nem sempre, se encontram presentes na doação.

O legislador da atualidade preferiu fazer uso do substantivo *presentes*.

Se o juiz receber algum presente, de uma das partes, ou de pessoa que tenha interesse na causa, antes ou depois de iniciado o processo, tornar-se-á suspeito para exercer, aí, as suas funções. O motivo pelo qual o legislador inseriu o presente no elenco das causas de suspeição do magistrado não foi, supostamente, a amizade íntima que possa estar insinuada ou evidenciada nesse ato da parte presenteadora (se fosse assim, o inciso II, do art. 145, do CPC, seria tautológico, pois a espécie já se encontra disciplinada pelo inciso I, do mesmo artigo), ou de terceiro, mas o natural sentimento de gratidão que brotaria no espírito do juiz, fazendo-o, talvez, afastar-se do seu dever de imparcialidade, para retribuir, com uma prestação jurisdicional facciosa, a generosidade da parte ou do terceiro.

É indiscutível que o presente recebido no curso do processo é muito mais comprometedor da neutralidade do juiz do que o realizado antes da instauração do processo. Pouco importa, entretanto, esse elemento cronológico. Aceito o regalo, antes ou depois de iniciado o processo, a suspeição do magistrado estará configurada. Elementarmente, se este o recusar, não se cogitará de suspeição. Note-se que a lei fala em "receber presentes". Cabe, nesta altura, um escólio a respeito do substantivo mencionado. Nada obstante o legislador o tenha utilizado no plural ("presentes"), isso não quer dizer que a suspeição do magistrado somente ocorrerá se ele receber *mais de um presente* da parte, no mesmo processo. É claro que se o mimo for de pequena monta, como um simples chaveiro, uma lapiseira comum, contendo propaganda de determinada marca, haverá necessidade de que esses presentes sejam dados com alguma repetição, e com certa exclusividade, pois, isoladamente, nada representam como elemento de risco à imparcialidade do magistrado. Quem sabe, nem sequer possam ser considerados presentes, e, sim, meros brindes promocionais. Se, contudo, o chaveiro ou a lapiseira ofertados forem de ouro e incrustados com brilhantes ou outras pedras preciosas, é patente que, pelo seu elevado valor econômico, tornará suspeito o magistrado que os aceitar, porquanto, neste caso, não têm, essas verdadeiras joias, o mínimo traço de promoção comercial, publicitária, ou, como dissemos, de "brindes" despretensiosos.

O que irá definir o presente, como causa de suspeição do juiz, nem sempre será, portanto, a espécie de objeto que lhe é ofertado, e, sim, o seu valor econômico. Alguns bens, a propósito, são, por sua natureza, de grande valor econômico, como, *e. g.*, automóveis, apartamentos, lanchas etc. Neste caso, a suspeição do juiz, que os aceitar, é manifesta — e, sobremaneira, lamentável.

Aconselhamento acerca do objeto da causa. A função institucional do juiz é dirigir o processo e efetuar a entrega da prestação jurisdicional solicitada, nunca a de dar conselhos aos litigantes, a respeito da causa.

Se o juiz, desatento à sua posição teleológica no processo, dedicar-se a aconselhar uma das partes a agir desta ou daquela maneira; a requerer a produção de certas provas; a impugnar documentos apresentados pelo adversário; a ensiná-la a formular quesitos e o mais, é elementar que a sua atitude delineará uma censurável parcialidade, da qual brotará a suspeição inevitável. Como tantas vezes assinalamos, ao longo deste livro, o juiz é o Estado ministrando justiça; e, nesse mister, ele deve ser rigorosamente, neutro, imparcial, subministrando um tratamento igualitário às partes. Colocado entre os contendores, mas acima deles, incumbe-lhe dirigir o processo rumo ao seu acontecimento máximo, ao seu ponto de culminância, que é a sentença de mérito. Nesse iter, não lhe é dado lançar conselhos a nenhum dos litigantes, pois isso corresponde a uma inclinação iníqua, a um afastamento de seu ponto de equilíbrio. Sempre temos dito que nenhum juiz consegue propender para a esquerda sem se afastar da direita, e vice-versa, sem que vá, nessa advertência, algum traço de ideologia política.

O aconselhamento do juiz a uma das partes implica, a um só tempo, quebra do seu inomitível dever de imparcialidade, e ato de deslealdade ou de discriminação para com o outro litigante. Nem se imagine que inexistirá suspeição se o juiz ocupar-se em dar conselhos a ambas as partes. Duas violações de um mesmo dever, longe de converter-se em ato regular, logo, tolerável, sublinham a gravidade da violação. Juízes que assim agem, mais do que transgressores de deveres essenciais, são destemperados emocionalmente. Melhor seria que pusessem de lado a toga e vestissem beca.

Tenha-se em conta, porém, que o aconselhamento capaz de suscitar a suspeição do magistrado é o realizado nos casos concretos, submetidos à sua cognição jurisdicional. A ressalva é necessária para elucidar que se a parte reproduzir, nos autos, trechos de opiniões do juiz, manifestadas em livros, em artigos doutrinais, em conferências, ou em aulas, não fará com que este se torne suspeito, ainda que se saiba de sua natural tendência de fazer prevalecer, no caso concreto, ditas opiniões, pois estas foram expendidas abstratamente. Essas opiniões, convém observar, ele não as emitiu na qualidade de magistrado, senão que de jurista ou de professor. Mesmo que as tivesse externado como juiz, em outros casos concretos, isso não o faria suspeito para funcionar nos processos futuros, como é de uma obviedade ofuscante.

Solução diversa haveria de ser adotada se ele viesse a elaborar um parecer, sob encomenda de uma das partes, ainda que antes do ajuizamento da ação, e esse parecer fosse, mais tarde, juntado aos autos do processo. Dá-se que esse parecer, por certo, foi pago pela parte, cujo fato faz surgir determinado vínculo entre esta e o juiz. Não só por isso. É que o parecer foi pedido pela parte ao juiz-jurista, seguramente, com vistas a uma demanda futura, concreta, que, por obra da coincidência, acabou sendo submetida à apreciação jurisdicional do mesmo magistrado. Queremos crer que haja, aqui, razões ponderáveis para reputá-lo suspeito.

Para concluir: conquanto a lei (CPC, art. 145, II), se refira ao fato de o juiz haver aconselhado a parte quanto ao "objeto da causa", não se deve tomar o vocábulo "objeto" em sua acepção técnica, restrita, no sentido de pedido, ou de bem que se visa a obter ou a assegurar com o provimento jurisdicional impetrado. *Objeto*, para os efeitos do inciso II do art. 145, há de ser conceituado como tudo aquilo que diga respeito à ação ou ao processo, *lato sensu*: fundamentos jurídicos do pedido; espécie de ação adequada; requerimentos cabíveis; impugnações; provas etc. Sempre que o juiz aconselhar uma das partes acerca desse objeto, estará rendendo ensejo à sua suspeição, decorrente de uma parcialidade injustificável.

Subministração de meios. Se o juiz, por algum motivo, fornecer à parte meios materiais para atender às despesas do processo, tornar-se-á suspeito, pois o seu ato faz transparecer uma parcialidade vedada por lei.

Certo setor da doutrina vê, nessa subministração de meios, um interesse do magistrado em relação à causa. Pode acontecer, com efeito, em algumas situações, de o juiz propiciar a um dos litigantes meios para atender às despesas processuais por estar interessado no resultado do julgamento. Em rigor, contudo, a suspeição do juiz estará caracterizada pelo fato objetivo de fornecer esses recursos financeiros à parte, pouco importando que possua, ou não, interesse na causa. A presença de eventual interesse do magistrado, a propósito, é tratada no inciso III, do art. 145, do CPC, não no II, sobre o qual estamos a discorrer.

Ainda que o juiz forneça tais recursos financeiros a ambos os litigantes isso não fará com que semelhante tratamento isonômico anule a causa da suspeição. Ao contrário, ambas as partes poderão argui-la, em peças autônomas.

A sua suspeição não deixará, ainda, de existir, se houver, apenas, emprestado à parte quantia necessária para o pagamento das despesas do processo. Esse gesto do magistrado revela, mesmo assim, a sua inclinação no tocante a essa parte, ainda que tenha sido movido por sentimentos nobres, como de filantropia ou de compaixão. Ao juiz não é dado tê-los, nos processos a que preside, pois tais sentimentos, conquanto sejam nobres e elogiáveis no geral, tornam o juiz suspeito, no particular.

Não se encaixa, à evidência, na previsão do inciso II, do art. 145, do CPC, a concessão, pelo juiz, do benefício da justiça gratuita aos necessitados, desde que regularmente requerido (CLT, art. 790, § 3º). Por outro lado, se esse benefício for concedido à parte que a ele não fazia jus o reconhecimento da suspeição do juiz será inevitável, porquanto, em última análise, o que acabou fazendo foi subministrar, por sua iniciativa, meios para que a parte fosse dispensada do pagamento de despesas processuais, sem, como se disse, que tivesse direito a esse benefício. A parcialidade do juiz, na hipótese, seria indisfarçável, levando-se em consideração que as despesas processuais ficam a cargo das partes e que, muitas vezes, o pagamento delas constitui pressuposto para exercício de determinados direitos, como o de interpor recurso, contanto que — no caso — as custas devidas sejam pagas.

Sempre, portanto, que o juiz conceder o benefício da justiça gratuita a um dos litigantes, sem que este a ela faça jus, estará colocando à disposição do outro litigante fortes argumentos para arguir a sua suspeição, com fulcro no inciso II, do art. 145, do digesto de processo civil.

Em alguns casos, a propósito, o juiz dispensa uma das partes do pagamento das custas a que foi condenada. Se essa dispensa decorrer de comprovada modificação da situação financeira da parte, levando-a ao empobrecimento, não se há que cogitar de suspeição; se, todavia, nada justificava essa dispensa — por possuir a parte, digamos, excelente situação econômico-financeira — o ato do juiz poderá ser indicativo de parcialidade; logo, de suspeição.

Inciso III. Sendo a parte credora do juiz, de seu cônjuge, companheiro ou de seus parentes, em linha reta ou na colateral até terceiro grau inclusive, haverá suspeição do magistrado. Assim o é, porque se presume que ele poderia estar propenso, no plano psicológico, a agradar ao seu credor, e, dessa forma, afastar-se do seu dever de neutralidade na condução do processo. Não há negar que, em princípio, a parte, sendo credora do juiz, possui uma certa ascendência sobre este, designadamente se considerarmos os casos em que o débito do magistrado seja de elevada monta.

Para esse efeito, não importa se se trata de dívida vencida, ou não: leva-se em conta, unicamente, o fato objetivo de a parte ser credora do juiz.

Uma ponderação, no entanto, parece-nos indispensável. Embora, segundo a vetusta parêmia latina, não seja lícito ao intérprete distinguir onde a lei não o faz, pensamos que o bom senso esteja a sugerir a inferência de que não deverá ser reputado suspeito o juiz que for devedor de uma das partes, como diversas pessoas o são, por fazer parte dos objetivos sociais desta, digamos, a concessão de crédito pessoal ou financiamento para a aquisição de bens. Citemos, como exemplo, o juiz que obteve, de determinado estabelecimento bancário, um financiamento para a aquisição de casa própria e que, mais tarde, esse estabelecimento venha a ser réu em uma ação, cujo processo deva ser conduzido pelo referido juiz. Conquanto este seja, na verdade, devedor do réu, não nos parece que deva ser, de maneira inexorável, considerado suspeito. É provável que o réu possua milhares e milhares de devedores, nas mesmas condições do juiz, razão por que o fato de este haver obtido (mediante os procedimentos usuais) um crédito junto a tal estabelecimento não o torna, só por isto, suspeito, aos olhos do autor, imaginando-se que ele, juiz, estaria predisposto a decidir em favor do réu, para não desagradar ao seu credor. Estamos afirmando, pois, que a suspeição somente estará caracterizada quando o crédito obtido pelo juiz contenha uma nota algo particular, pessoal, vale dizer, tenha sido concedido em decorrência de sua qualidade de magistrado, expressando, assim, uma espécie de deferência seletiva, de tratamento especial para com ele.

À luz desse critério que estamos a preconizar, não deverá ser inquinado de suspeito o juiz que haja adquirido mercadorias, mediante prestações periódicas, em determinada loja comercial. Assim como os estabelecimentos bancários, as lojas comerciais costumam conceder créditos, ou realizar vendas a prazo, sem que isso represente um tratamento especial, diferenciado, para com o juiz. Muitas vezes, aliás, pela quantidade de devedores que possuem, os estabelecimentos bancários ou as lojas comerciais nem sequer ligam o nome do juiz ao universo de devedores, de tal arte que a relação que se estabelece entre aqueles e o magistrado é marcadamente impessoal, abstrata e, não, particular, ou seja, em caráter especial.

O mesmo se diga quanto ao crédito obtido pelo cônjuge do juiz, ou pelos parentes destes, em linha reta, ou, na colateral, até o terceiro grau.

A propósito, o art. 145, III, do CPC, não alude ao parentesco por afinidade; apesar disso, julgamos que estes estejam alcançados pelo mencionado dispositivo. Assim também pensamos quanto ao parentesco civil, proveniente da adoção; neste caso, a situação nos parece mais nítida, em virtude do uso do substantivo *parentes*, pelo legislador, ao redigir a norma sobredita.

Suspeição haverá, também, sempre que o juiz for *credor* de uma das partes, de cônjuge ou de companheiro ou de parentes desta. Aqui, portanto, a situação é inversa das examinadas anteriormente: a parte deve ao juiz, ao seu companheiro, cônjuge ou a parentes destes.

Se, no caso de o juiz ser devedor da parte, a sua suspeição emana da presunção de que estará, psicologicamente, propenso a agradar ao credor, o que justifica o veto à sua atuação, na hipótese de ser, ao contrário, credor da parte, é uma situação algo ambivalente. Com efeito, sendo o juiz credor de um dos litigantes, tanto poderá tender a favorecer a quem lhe deve, para, desse modo, assegurar a satisfação do crédito que possui junto à parte (pois a sentença favorável poderá atribuir a esta um considerável acréscimo patrimonial), quanto poderá sentir-se motivado a decidir contra o devedor, como medida de represália, por encontrar-se este, suponhamos, em estado de inadimplência, ou, até mesmo, discutindo no juízo civil a existência da dívida, o seu valor ou a sua quitação.

Seja qual for, enfim, o móvel psicológico da inclinação do juiz, o fato concreto é que, sendo ele credor ou devedor de um dos litigantes, do cônjuge, companheiro ou parentes destes, em linha reta, até o terceiro grau, inclusive, torna-se suspeito de exercer as suas funções no processo de que este participe.

Inciso IV. Reprodução literal do inciso V do art. 134 do CPC revogado.

O juiz não é parte na relação processual. É, isto sim, sujeito desinteressado do processo. Assim dizemos porque a ele não é lícito possuir interesse nos processos que dirige, utilizado aqui o vocábulo *interesse* em seu sentido técnico, ligado à necessidade de a parte obter um provimento jurisdicional ou à utilidade que esse provimento pode representar para o seu círculo jurídico ou patrimonial.

Sendo, o magistrado, o Estado distribuindo justiça, não seria tolerável que pudesse, sempre que isso fosse de sua conveniência, abandonar o seu ontológico dever de neutralidade para manifestar interesse no julgamento da causa e, mais do que isso, procurar fazer com que, por suas mãos, as coisas se dispusessem, em concreto, segundo tais interesses que possuísse.

A imparcialidade, por ser, como frisamos, um elemento ontológico da magistratura, faz, até mesmo, com que soem pleonasticamente expressões como: "juiz imparcial"; "juiz neutro", como se fosse possível a existência, como regra, de juízes "parciais".

O interesse, capaz de conduzir à suspeição do magistrado, tanto pode ser de natureza econômica, moral, política, religiosa, étnica etc. É conveniente rememorar, aliás, que o Código de Processo Civil de 1973, ao contrário de 1939, não exigia que o interesse, como uma das condições da ação, fosse econômico ou moral, embora afirmasse que seria necessário para "propor ou contestar ação". Havia, porém, nessa dicção do Código de 1973 um manifesto *minus dixit quam voluit*, por nós tantas vezes denunciado, porquanto o interesse era — e continua sendo —, indispensável também para excepcionar, contestar, recorrer, impugnar, embargar e o mais. Em suma, o interesse, como uma das condições da ação e como requisito para a prática de qualquer ato processual, não precisa ser qualificado de econômico ou moral. O CPC em vigor não incidiu no mesmo deslize, pois assevera que o interesse (ao lado da legitimidade) é indispensável para "*postular em juízo*" (art. 17).

Embora o magistrado não seja parte, ele acaba por externar, em determinados casos, e contra a lei, interesse na causa. Faz-se recomendável, entretanto, uma ponderação: se o interesse do juiz for daqueles essencialmente *jurídicos*, não deverá ser considerado suspeito. Se, por exemplo, se discute na causa a constitucionalidade, ou não, de lei ou de ato normativo do poder público, o juiz, como um estudioso do Direito, pode ter, em abstrato, "legítimo" interesse em pronunciar o antagonismo da norma infraconstitucional com a Suprema Carta Política do País. O interesse *intelectual* na matéria sobre a qual contendem as partes não torna o juiz interessado no julgamento. Caso, entretanto, esse interesse intelectual não seja abstrato, estando, ao contrário, vinculado a um outro, de natureza econômica, moral, política, religiosa etc., que o juiz possua, a sua suspeição adquire contornos visíveis, motivo por que poderá a parte requerer, mediante exceção (CLT, arts. 801 e 802), o seu afastamento da condução do processo.

Questão instigante, por nós já enfrentada, pela rama, em páginas transatas, diz respeito à suspeição do magistrado quando o direito em disputa também lhe pertencer. Perceba-se que estamos falando, a partir de agora, em direito, não em simples interesse. Imaginemos, *v. g.*, que o juiz seja condômino em um imóvel, que esteja sendo reivindicado por um dos condôminos, perante terceiro. Conquanto o juiz não apareça como parte, nesse processo, há um seu direito, como condômino, sendo debatido em juízo. Poder-se-ia pensar, aqui, em suspeição do magistrado, em face do seu notório interesse na causa; entendemos, contudo, que ele estará, na verdade, impedido de exercer as suas funções nesse processo, em decorrência de o seu direito, derivante do condomínio, estar em disputa.

Há, também, controvérsia doutrinária a respeito da suspeição do magistrado que tiver de apreciar ação em que estão sendo postulados direitos dos quais ele será beneficiário imediato. Imaginemos, por exemplo, que os juízes federais (aí incluídos os do trabalho), de determinada região, ingressem na Justiça Federal, pretendendo obter um reajuste de vencimentos, que lhes teria sido sonegado pelo Governo Federal. É evidente que o Juiz Federal, a quem a petição inicial for distribuída, terá interesse na causa, na medida que se beneficiará da sentença que vier a proferir, caso acolha os pedidos formulados pelos autores — em cujo rol ele está inserido. A nosso ver, não se poderia pensar, na espécie, em suspeição, pois o referido juiz é parte da causa; logo, a discussão deve ser deslocada para o campo do impedimento (CPC, art. 114, IV). Ainda que a solução seja perturbadora dos princípios, parece-nos que o caráter excepcional da situação autorizaria a participação desse magistrado, no processo. A entender-se que ele estará impedido, estar-se-á conduzindo o problema a um impasse, a uma aporia, pois se todos os juízes federais de primeiro grau, de determinada região, são parte na ação, isso significa que a eventual lesão de direito material, por eles sofrida, ficaria sem apreciação, sendo violentado, desse modo, o direito público subjetivo de ação, que a Constituição Federal assegura a todos os indivíduos (art. 5º, inciso XXXV). Dizer-se, por absurdo, que a ação deveria ser apreciada por juízes federais de outra região judiciária seria, não apenas, deitar por terra as regras fixadoras da competência territorial, mas, sobretudo, pensar-se que essa providência resolveria o problema, em sua raiz. Ora, ainda que tais juízes não fossem impedidos, por não serem parte no processo, possuiriam interesse na causa, em decorrência da matéria debatida nos autos. Dessa forma, nada mais se faria do que contornar o impedimento para cair na suspeição. Não é o caso de aplicar-se, aqui, a regra do art. 102, I, "n", da Constituição Federal, pois o interesse na causa não é de *todos* os membros da magistratura, senão que, apenas, dos juízes federais.

A situação em foco, contudo, difere daquela em que o juiz tem diante de si uma ação idêntica à que ajuizou. Digamos, *e. g.*, que o autor esteja alegando a nulidade de determinado ato de autoridade administrativa, contra o qual o magistrado também havia se insurgido e, em razão disso, ingressado em juízo, visando a anulá-lo. Neste caso, a mesmeidade de matéria faz aflorar a suspeição do magistrado, pois é razoável supor que ele tenderá a decidir, em prol do autor, exatamente porque ajuizou ação igual, perante outro juízo, onde pretende obter o mesmo resultado prático que o daquele. A respeito desse exemplo, duas observações se impõem. Primeiramente, não há, aqui, mero interesse intelectual do magistrado, senão que um interesse concreto, material, de índole provavelmente econômica; segundamente, a sua suspeição deriva não só desse interesse, mas é reforçada pelo fato de que um outro juiz poderia apreciar a demanda, supondo-se que tal magistrado não estivesse a buscar em juízo a decretação da nulidade do referido ato administrativo.

No exemplo anterior, em que a ação foi ajuizada por todos os juízes federais de determinada região, nenhum outro haveria, na mesma região, que pudesse apreciá-la sem estar, virtualmente, impedido, por ser parte na relação jurídica processual. Para situações excepcionais, há que se encontrar soluções também excepcionais, insólitas. É o que poderíamos denominar de "lógica das excepcionalidades".

§ 1º Após haver arrolado, no art. 145, *caput*, as causas de suspeição do magistrado, o CPC estatui, no § 1º, que ele poderá, ainda, declarar-se suspeito por motivo de foro íntimo.

Essa disposição não constitui novidade, no plano do processo civil, porquanto já constava do Código de 1939 (art. 119) e do de 1973 (art. 135, parágrafo único). A diferença os textos legais de 1939 e de 1973 estava em que, no 1939, o juiz, ao considerar-se suspeito por motivo íntimo, deveria comunicar os correspondentes motivos "ao órgão disciplinar competente" (art. 119, § 1º). Se o juiz deixasse de efetuar essa cientificação, e os motivos da suspeição (apreciados em segredo de justiça) fossem reputados irrelevantes, o juiz ficaria sujeito à pena de advertência (art. 119, § 2º). O Código de 1973 não exigiu essa comunicação. O CPC atual manteve a regra ao dispor que o juiz poderia considerar-se suspeito por motivo íntimo "sem necessidade de declarar suas razões".

A expressão: "motivo de foro íntimo", contida no art. 145, § 1º, do CPC em vigor, é algo vaga, porque deixa ao talante exclusivo do magistrado a natureza da razão pela qual se considerou suspeito para exercer as suas funções no processo. O que se pode construir, doutrinariamente, acerca do assunto, é que esse motivo "de foro íntimo" não pode ser identificado com nenhuma das causas mencionadas pelo art. 145, do mesmo Código.

Teria sido acertado o fato de o legislador da atualidade haver dispensado o juiz de informar ao órgão competente o motivo de a sua íntima suspeição? Entendemos que não. Se, de um lado, pode-se dizer que essa comunicação poderia criar um certo constrangimento ao magistrado, de outro deve ser levado em conta o fato de que a desnecessidade dessa comunicação à Corregedoria pode fazer com que alguns juízes usem o "motivo íntimo" como pretexto para reduzir o seu volume de trabalho, pois, por tal modo censurável, deixarão de participar de alguns ou de muitos processos.

Não estamos, com isso, asseverando que todos os juízes seriam tentados a tais expedientes pouco éticos, até porque os juízes são altamente operosos e responsáveis no desempenho das funções inerentes ao cargo. Parece-nos, todavia, que a existência de um dever do magistrado comunicar as razões determinantes de sua íntima suspeição corresponderia não só a dar uma certa satisfação à Corregedoria, mas a evitar que, mesmo em situações esporádicas, a falta da revelação desses motivos pudesse deixar a critério exclusivo do juiz a escolha dos processos de que não desejasse participar, sem uma razão ponderável.

Embora não haja, no sistema do processo civil vigente, um dever de o juiz indicar os motivos íntimos pelos quais se declarou suspeito (bem ao contrário, a lei o dispensa dessa comunicação) é sempre recomendável que ele os revele ao corregedor, por uma questão de ordem *ética*, mesmo que não venha a ser solicitado a fazê-lo. De qualquer modo, é óbvio que o juiz terá de cientificar ao presidente do tribunal a sua declaração de suspeição por motivo íntimo, a fim de que seja designado outro juiz, para funcionar naquele processo. É proveitoso registrar que o texto do anteprojeto do CPC de 1973, após referir a faculdade de o juiz considerar-se suspeito por motivo íntimo, trazia a expressão: "cuja revelação lhe cause grave dano moral". Por força da emenda n. 196, apresentada pelo Deputado Dias Menezes, foi suprimida a mencionada expressão. Em todo o caso, ela deixava claro que o juiz só poderia declarar-se suspeito por motivo íntimo se a revelação dos motivos fosse capaz de acarretar-lhe grave dano moral. Embora essa locução haja sido eliminada do texto, cremos que o seu espírito deve constituir uma espécie de diretriz ética a ser observada pelo magistrado, sempre que estiver propenso a dar-se por suspeito, em virtude de razões de foro íntimo.

Mesmo reconhecendo que o juiz não está obrigado a indicar o motivo íntimo de sua suspeição, isso não quer dizer que ele poderá fazer uso abusivo dessa faculdade, sem submeter-se a nenhum controle, por parte do corregedor. Se, com frequência, ele declarar-se suspeito sob com esse fundamento, é indispensável que o corregedor procure inteirar-se acerca dos motivos que levam o juiz a afastar-se, seguidamente, da condução dos processos. Não se pode desconsiderar, em episódios como tais, o direito das partes a uma prestação jurisdicional célere (CF, art. 5º, LXXVIII) — direito que poderá ficar duramente comprometido com a reiterada designação de outros juízes para atuarem nos processos em que o titular se deu por suspeito e a demora que essa designação, muitas vezes, acarreta. A situação fica tanto mais grave se considerarmos as regiões em que o número de juízes substitutos é escasso.

Anteriormente ao advento do atual CPC, o Conselho Nacional de Justiça editou a Resolução n. 82/2009, determinando aos magistrados de primeiro e segundo graus que comunicassem à Corregedoria Regional ou à Corregedoria do próprio CNJ, respectivamente, os motivos que os levaram a declarar-se suspeitos por motivo íntimo. Entretanto, a Associação Nacional dos Magistrados do Trabalho — Anamatra — e a Associação dos Magistrados Brasileiros — AMB — ingressaram, no Supremo Tribunal Federal, com a ADI n. 4.260, por entenderem que a referida Resolução do CNJ ofendia alguns dispositivos constitucionais, como os pertinentes às garantias da imparcialidade e da independência dos juízes e do devido processo legal; ao direito à privacidade e à intimidade dos magistrados; à isonomia de tratamento entre os magistrados, pois somente estavam obrigados à indicação dos motivos de suspeição por foro íntimo os magistrados de primeiro e de segundo graus de jurisdição, e não os dos Tribunais Superiores. A Anamatra e a AMB argumentaram, ainda, que o CNJ não em competência em razão da matéria, pois esta é da competência privativa da União. Posteriormente, a AMB impetrou mandado de segurança no STF (autos n. 28215).

Com a entrada em vigor do atual CPC, todavia, essa Resolução do CNJ ficou prejudicada. Assim afirmamos por entendermos que o parágrafo único do art. 145 do CPC é aplicável, em caráter supletivo (CLT, art. 769), ao processo do trabalho.

§ 2º Em vez de declarar que a alegação de suspeição seria "ilegítima", o legislador teria andado em melhor caminho se dissesse que ela *não seria admitida*.

Inciso I. Há um vetusto apotegma jurídico, de origem latina, segundo o qual ninguém pode beneficiar-se da própria torpeza (*nemo turpitudinem potest*). Deste modo, se a parte provocar a suspeição do magistrado, não a poderá denunciar na causa. Em princípio, apenas a parte possui legitimidade para arguir a suspeição, pois somente ela pode *alegá-la*. É à parte que se dirigem os arts. 146, *caput*, e 148, § 1º, do CPC.

Inciso II. Incumbe à parte alegar a suspeição do magistrado no prazo de quinze dias do conhecimento do fato; se não o fizer, estará precluso o seu direito de alegá-la. Por outro lado, se ela vier a praticar determinado ato, após ter conhecimento da existência de causa justificadora da suspeição do magistrado, essa sua atitude é interpretada pelo Código como aceitação tácita da atuação do magistrado. Cuida-se de uma espécie de transposição para o terreno processual do difundido ditado popular: "Quem cala, consente".

No sistema do atual CPC, a suspeição deve ser alegada "em petição específica" (art. 146, *caput*), não mais sob a forma de exceção. No processo do trabalho, conforme procuraremos demonstrar no comentário ao próximo artigo, a exceção e o impedimento devem continuar sendo objeto de *exceção*.

Art. 146.

No prazo de 15 (quinze) dias, a contar do conhecimento do fato, a parte alegará o impedimento ou a suspeição, em petição específica dirigida ao juiz do processo, na qual indicará o fundamento da recusa, podendo instruí-la com documentos em que se fundar a alegação e com rol de testemunhas.

§ 1º Se reconhecer o impedimento ou a suspeição ao receber a petição, o juiz ordenará imediatamente a remessa dos autos a seu substituto legal, caso contrário, determinará a autuação em apartado da petição e, no prazo de 15 (quinze) dias, apresentará suas razões, acompanhadas de documentos e de rol de testemunhas, se houver, ordenando a remessa do incidente ao tribunal.

§ 2º Distribuído o incidente, o relator deverá declarar os seus efeitos, sendo que, se o incidente for recebido:

I — sem efeito suspensivo, o processo voltará a correr;

II — com efeito suspensivo, o processo permanecerá suspenso até o julgamento do incidente.

§ 3º Enquanto não for declarado o efeito em que é recebido o incidente ou quando este for recebido com efeito suspensivo, a tutela de urgência será requerida ao substituto legal.

§ 4º Verificando que a alegação de impedimento ou de suspeição é improcedente, o tribunal rejeitá-la-á.

§ 5º Acolhida a alegação, tratando-se de impedimento ou de manifesta suspeição, o tribunal condenará o juiz nas custas e remeterá os autos ao seu substituto legal, podendo o juiz recorrer da decisão.

§ 6º Reconhecido o impedimento ou a suspeição, o tribunal fixará o momento a partir do qual o juiz não poderia ter atuado.

§ 7º O tribunal decretará a nulidade dos atos do juiz, se praticados quando já presente o motivo de impedimento ou de suspeição.

- **Comentário**

***Caput**. Petição específica*. No sistema do CPC de 1973, a *resposta* do réu compreendia: a) a exceção, a contestação e a reconvenção (art. 297).

Eram objeto de *exceção*, naquele Código: 1) a incompetência relativa (arts. 112, *caput*, e 304); 2) o impedimento e a suspeição do magistrado (art. 304).

O Código atual eliminou as exceções.

Doravante, pois, a incompetência relativa (assim como a absoluta) passa a constituir preliminar da contestação (art. 337, II0); o impedimento e a suspeição do magistrado devem ser alegadas por meio de petição específica (art. 146, *caput*).

A mais relevante das indagações sobre o tema, que se deve formular a seguir, é esta: no processo do trabalho a incompetência relativa do juízo, assim como o impedimento e a suspeição do magistrado devem ser alegadas na forma do atual CPC, ou devem continuar a ser objeto de exceção? Estamos diante, sem dúvida, de um assunto que provocará generalizadas controvérsias nos sítios da doutrina e da jurisprudência trabalhistas.

Mais uma vez, as alterações introduzidas no processo civil acarretam turbulências indesejáveis no processo do trabalho.

Do ponto de vista rigorosamente *técnico*, as modificações impostas no sistema do CPC, quanto à *forma* de arguição da incompetência relativa do juízo, do impedimento e da suspeição do magistrado, não incidem no processo do trabalho. A razão disto é elementar: a CLT não é omissa sobre o tema (CLT, art. 769). Com efeito, os arts. 799 a 802, da CLT, preveem o uso da *exceção* como instrumento processual para a alegação das matérias supracitadas.

Sob a perspectiva *prática*, entretanto, não se pode negar que as alterações introduzidas no atual CPC são de tentadora admissibilidade.

Estamos, pois, diante de um antagonismo entre a *técnica* e a *realidade prática*.

Não constitui tarefa simples argumentar contra a lei; mas, em certas situações, é absolutamente necessário fazê-lo.

Em que pese ao fato de havermos reconhecido que a CLT faz expressa referência às *exceções* como forma de a parte alegar a incompetência relativa do juízo, assim como a suspeição e o impedimento do magistrado, não podemos ignorar que o processo do trabalho, em sua concepção original, é assinalado pelo princípio da simplicidade, lavando-se em consideração a particularidade de a norma legal atribuir capacidade postulatória às partes (CLT, art. 791, *caput*), vale dizer, permitir-lhes promover a defesa dos seus direitos e interesses em juízo sem o patrocínio da causa por advogado. Essa marcante singularidade do processo do trabalho não pode ser posta de lado em situações como a que estamos a examinar.

Para as partes, no processo do trabalho, será muito menos embaraçante, sob o aspecto formal, alegar a incompetência relativa do órgão jurisdicional, ou a suspeição ou o impedimento do juiz, mediante simples petição (CPC, art. 146), do que argui-las mediante *exceção* — que, por se tratar de resposta autônoma do réu, exigirá um procedimento mais formal.

Se o processo civil introduziu as sobreditas alterações em seu sistema, tangido pela preocupação de dar concretude à elogiável política de simplificação do procedimento, por mais forte razão o processo do trabalho deve aceitar essas alterações, a despeito de conter normas próprias sobre a matéria.

Já é tempo de a doutrina e a jurisprudência trabalhistas entenderem que assim como a omissão da CLT não é razão bastante para a adoção supletiva de normas do CPC (ainda que compatíveis com o processo do trabalho), a completude da CLT não é motivo justificável para serem colocadas de lado disposições do CPC que se revelarem muito mais eficazes para o atingimento do escopo do processo do trabalho. Estamos admitindo, portanto, a possibilidade de a incompetência do juízo (relativa), bem como a suspeição e o impedimento do magistrado, serem realizados na forma do CPC; todavia, se a parte as arguir mediante exceção não se poderá deixar de processá-la, pois, afinal de contas, os arts. 799 a 802 da CLT não estão revogados. Em síntese: enquanto a jurisprudência não se definir a respeito do assunto, deve ser permitida a alegação dessas matérias tanto com fulcro nas disposições do CPC quanto nas da CLT. Enquanto isso, espera-se que o magistrado do trabalho tenha bom senso: se a parte arguir a suspeição e o impedimento por meio de petição específica (e o entendimento do juiz for de que deveria ser feita por meio de exceção), que ele, invocando, por analogia, o princípio da fungibilidade (aplicável, em princípio, aos recursos), admita essa petição como exceção e a processo nos termos da CLT; o mesmo se afirme se a parte alegar a suspeição ou o impedimento mediante exceção (e o convencimento do juiz for de que deveria ter sido na forma do CPC), que ele invoque o princípio da fungibilidade e converta a exceção em petição específica, na forma do art. 146 do CPC.

O procedimento no CPC. Nos termos do *caput* do art. 146 do CPC o impedimento ou a suspeição do magistrado serão alegados pela parte: a) no prazo de quinze dias, a contar do conhecimento do fato; b) por petição específica; c) dirigida ao juiz da causa; d) com indicação dos fundamentos jurídicos da recusa; e) podendo ser instruída com documentos em que se fundar a alegação; f) e ser acompanhada de rol das testemunhas, quando for o caso.

Conquanto o art. 312 do CPC revogado cogitasse de *exceção*, a correspondente petição continha os mesmos requisitos da referida no *caput* do art. 146 do atual CPC.

O procedimento no processo do trabalho. A CLT não indica os requisitos que a petição de exceção (se este for o caso) deva conter. Devem ser adotados, por isso, os apontados pelo art. 146, *caput*, do CPC.

O mesmo se afirme quanto ao prazo para o protocolo da petição — embora, em relação ao réu, se tenha estabelecido a praxe de a exceção ser manifestada na mesma oportunidade da contestação (oferecida, de modo geral, em audiência), embora em peça apartada. Conforme salientamos, enquanto a jurisprudência não se firmar acerca do assunto, deve-se admitir que a suspeição e o impedimento sejam — alternativamente — alegados por meio de petição específica (CPC, art. 146, *caput*), ou de exceção (CLT, art. 799).

§ 1º No sistema do processo civil, protocolada a petição simples, o procedimento do juiz inquinado de impedido ou de suspeito deverá ser este: a) se reconhecer o impedimento ou a suspeição, determinará, de imediato, a remessa dos autos ao seu substituto legal: b) se não reconhecer, mandará autuar em apartado a petição específica, devendo, no prazo de quinze dias, apresentar as suas razões, acompanhadas de documentos e do rol de testemunhas, se houver, após o que determinará a remessa do incidente ao tribunal.

Seria esse, também o procedimento a ser observado no processo do trabalho?

Grassa, sobre o assunto, acentuada controvérsia na doutrina e na jurisprudência, que deriva da má redação do art. 802, § 1º, da CLT, *verbis*: "Nas Varas e nos Tribunais Regionais, julgada procedente a exceção de suspeição, será logo convocado, para a mesma audiência ou sessão, ou para a seguinte, o suplente do membro suspeito, o qual continuará a funcionar no feito até decisão final. Proceder-se-á da mesma maneira quando algum dos membros se declarar suspeito".

Antes de nos dedicarmos à interpretação dessa norma legal, façamos um retoque indispensável: conquanto o texto reproduzido só se refira à exceção de *suspeição*, o procedimento, por ele traçado, é igualmente aplicável ao *impedimento*. Como anotamos antes, embora o art. 801, da CLT, só mencione a suspeição, na verdade inclui, no rol das causas que a determinam, o parentesco (letra "c"), que é, à evidência, motivo de impedimento. Neste particular, a norma trabalhista cedeu à influência exercida pelo art. 185, do CPC de 1939.

Voltemos à pergunta formulada. Tudo depende da interpretação *atual* que se der ao art. 802, da CLT. Preocupemo-nos, por enquanto, apenas, com a exceção oferecida em primeiro grau de jurisdição, embora: a) a norma aludida também a preveja perante os Tribunais Regionais; b) entendamos que o processo do trabalho possa adotar a regra do art. 146, *caput*, do atual CPC, por forma a dispensar que as alegações de suspeição ou de impedimento do magistrado sejam objeto de exceção, podendo ser manifestadas por *petição específica*.

O nó górdio do problema, a *vexata quaestio*, reside, principalmente, na expressão legal: "será logo convocado, para a mesma audiência (...), o suplente do membro suspeito". Sob o ângulo estritamente literal, parece-nos irrecusável a conclusão de que o dispositivo sobredito autoriza a participação do juiz inquinado de impedido ou de suspeito, tanto na instrução quanto no julgamento da exceção. A não se entender dessa maneira, por que motivo o legislador terá dito que só se a exceção for julgada "procedente" (vale dizer, acolhida) será convocado, para a mesma audiência ou para a próxima, o suplente, a não ser para demonstrar que o juiz recusado atua na instrução e no julgamento da exceção? Note-se que, no sistema do processo civil, como dissemos, o juiz, se não reconhecer o móvel da recusa, apresentará as suas razões, acompanhadas de documentos e do rol das testemunhas, após o que enviará os autos ao Tribunal competente, onde a exceção será julgada (art. 146, § 1º). No processo do trabalho, contudo, o art. 802, da CLT, afirma que a exceção não somente é apreciada pelo o juiz inquinado de impedido ou suspeito, como este participa da instrução e do julgamento da exceção.

Devemos ponderar, entretanto, que o legislador trabalhista assim dispôs porque, na época, o órgão de primeiro grau da Justiça do Trabalho era colegiado, sendo constituído por um juiz togado e vitalício, que o presidia, e por dois juízes classistas, temporários. Era a estes últimos que a lei atribuía o encargo de julgar (CLT, 850, parágrafo único), cabendo àquele redigir a sentença, como ato formal.

Deste modo, o juiz togado, inquinado de impedido ou de suspeito, não participaria, em tese, do julgamento.

Extinta, porém, a representação classista e passando a ser monocrático o órgão de primeiro grau da jurisdição trabalhista, tudo sugere que se adote, em razão disso, o procedimento traçado pelo art. 146, § 1º, parte final, do CPC, segundo o qual o juiz sobre quem paira a denúncia de impedimento ou de suspeição não participa da instrução nem do julgamento da exceção, pois a competência, para isso, é do Tribunal correspondente. Poder-se-ia dizer que esta nossa sugestão é inaceitável, à luz do art. 769, da CLT, porquanto o processo do trabalho não é omisso quanto à matéria. Para logo, rejeitemos, em caráter proléptico, essa possível objeção com dois argumentos: em primeiro lugar, o art. 802, da CLT, deve receber uma interpretação que se harmonize com a nova realidade trazida pela extinção da representação classista no âmbito dos órgãos da Justiça do Trabalho pela Emenda Constitucional n. 24/1999; em segundo, o afastamento do juiz inquinado de impedido ou de suspeito da instrução e do julgamento da exceção é imperativo dos Estados Democráticos de Direitos, como é o caso do Brasil (CF, art. 1º, *caput*).

Mesmo ao tempo em que a Justiça do Trabalho era integrada pela representação classista, nos sentíamos à vontade para alvitrar que, embora o juiz inquinado de impedido ou de suspeito pudesse, legalmente, participar da instrução e do julgamento da exceção, ele procurasse, sempre que possível, afastar-se do processo, quando a exceção fosse oferecida, para evitar, em derradeira análise, que acabasse realizando um comprometedor julgamento em causa própria. Chamávamos a atenção ao fato de o princípio constitucional do juiz natural (Const. Fed., art. 52, XXXVII) não dever ser inteligido, apenas, como juízo preexistente à lide, senão que como juiz imparcial, a despeito do sentido algo pleonástico dessa expressão. Desse modo, era razoável pensar que o juiz inquinado de suspeito tenderia, ainda que inconscientemente, a conduzir, de modo seletivo, as declarações das testemunhas, para que atestassem a sua insuspeição. De certa forma, pois, a participação do juiz impedido ou suspeito na instrução e no julgamento da exceção se colocava em antagonismo com a garantia fundamental do juiz natural (e imparcial), que a Constituição da República atribui aos indivíduos (art. 52, XXXVII).

Somente se ficasse patente que a exceção nada mais representava do que estratagema da parte para afastar o juiz do processo é que este deveria participar da instrução e do julgamento da exceção. A linha fronteiriça entre a exceção honesta e a artificiosa, todavia, nem sempre seria perceptível; na dúvida, melhor seria que o juiz a tivesse como honesta e, em razão disso, se pusesse ao largo, para que um outro juiz fosse convocado.

§ 2º O art. 306, do CPC anterior, dispunha que, recebida a exceção, o processo ficaria suspenso até que aquela fosse definitivamente julgada. O Código em vigor alterou esse procedimento, pois agora cumprirá ao relator, no tribunal, declarar os efeitos em que recebe o incidente.

Inciso I. Se for no suspensivo, o processo continuará suspenso até o julgamento do incidente;

Inciso II. Não sendo no suspensivo, o processo voltará a tramitar.

§ 3º Pode acontecer que uma das partes (geralmente, o autor) pretenda requerer a concessão de tutela de urgência, mas o relator ainda não tenha declarado o efeito em que recebe o incidente de suspeição ou de impedimento do juiz da causa. Nesta hipótese, caberá à parte solicitar a tutela de urgência ao substituto legal. A norma está a pressupor que haja, na Vara, um juiz substituto daquele que foi inquinado de impedido ou de suspeito; nem sempre, todavia, isso ocorrerá. Nesta hipótese, a parte poderia requerer ao tribunal que designasse um juiz *ad hoc* para apreciar o seu pedido de concessão de tutela de urgência.

§ 4º Se o tribunal rejeitar a arguição de impedimento ou de suspeição, devolverá os autos à origem, para que o juiz continue a atuar no processo; se, ao contrário, acolher a arguição, remeterá os autos ao substituto legal do juiz impedido ou suspeito.

§ 5º Além disso, sendo o impedimento ou a suspeição manifestos, vale dizer, evidentes, fora de qualquer dúvida razoável, condenará o juiz nas custas. O juiz poderá recorrer dessa decisão.

§ 6º Reconhecendo o impedimento ou a suspeição, o tribunal fixará o momento a contar do qual o juiz não poderia ter praticado atos no processo.

§ 7º Este parágrafo constitui decorrência natural do anterior. Com efeito, os atos que o juiz não poderia ter praticado, se já presentes os motivos do seu impedimento ou da sua suspeição, serão declarados nulos pelo tribunal. Conseguintemente, deverão ser repetidos pelo substituto legal do juiz afastado do processo.

Art. 147. Quando 2 (dois) ou mais juízes forem parentes, consanguíneos ou afins, em linha reta ou colateral, até o terceiro grau, inclusive, o primeiro que conhecer do processo impede que o outro nele atue, caso em que o segundo se escusará, remetendo os autos ao seu substituto legal.

• **Comentário**

O tema constava do art. 136 do CPC revogado.

Quando dois ou mais juízes forem parentes, consanguíneos ou afins, em linha reta e colateral, até o terceiro grau, o primeiro que conhecer da causa no tribunal impede que o outro participe do julgamento. Nesta hipótese, o segundo juiz se escusará, remetendo os autos ao seu substituto legal.

Vários apontamentos devem ser efetuados em face dessa norma legal.

Desde logo se percebe, por sua redação, que estamos diante de mais um caso de *impedimento* do magistrado, decorrente de parentesco. Embora, em princípio, a matéria pudesse ser incluída no art. 144, do CPC, que, como vimos, cuida das causas de impedimento, preferiu o legislador, em atitude, em nosso ver, acertada, tratar este caso de modo separado, pela sua marcante peculiaridade.

Realmente, enquanto, no art. 144, incisos III e IV, o parentesco se estabelece entre o juiz e o advogado da parte, ou a própria parte, no art. 147 o parentesco ocorre entre juízes integrantes do mesmo tribunal. Sob este aspecto, deve ser dito que a despeito de a norma legal citada não haver feito alusão expressa impedimento também haverá entre juízes que, mesmo não sendo parentes, se encontrem ligados pelo vínculo do casamento. Seria desarrazoado pensar que o casamento entre magistrados não gerasse o impedimento do que conheceu da causa em segundo lugar, no tribunal. A mesma solução deve ser dada aos casos de concubinato, pois aqui estará presente a mesma preocupação que levou o legislador a redigir os arts. 144 e 145, do CPC.

De outra margem, devem ser considerados como caracterizadoras de parentesco, para os fins das normas legais referidas, a adoção e a legitimação adotiva; ou seja, reputam-se de parentesco as relações entre o adotante e o adotado e entre o adotante e o legitimado, de tal modo que, sendo ambos integrantes do mesmo tribunal (ou turma, ou seção), o primeiro que conhecer da causa impedirá que o outro participe do julgamento.

"Conhecer do processo", a propósito, é a expressão constante do dispositivo legal mencionado. Ela não significa, como se possa supor, que um juiz estará impedido de funcionar no mesmo processo a partir do momento em que o outro, seu parente ou cônjuge, for sorteado como relator ou revisor, ou, mesmo, houver lançado o seu visto nos autos. Nada disso. O impedimento, para os efeitos do art. 147 do estatuto processual civil só se definirá com vistas ao *julgamento* da causa. Desse modo, somente após o proferimento do voto de um dos juízes é que o outro, na situação em exame, ficará impedido de participar do julgamento.

Imaginar-se que a expressão legal: "conhecer do processo" devesse ser interpretada como o ato pelo qual o juiz fosse sorteado como relator ou como revisor, ou, ainda, exarasse o seu ciente nos autos, seria precipitar os fatos, pois, quando da pertinente sessão de julgamento, ele poderia, por exemplo, estar aposentado, cuja particularidade não impediria a participação do seu cônjuge nesse julgamento. O que produz o impedimento de um dos juízes, portanto, é o fato de o seu cônjuge, integrante da mesma turma, câmara ou do pleno, haver votado em primeiro lugar.

É indiscutível, todavia, que se o primeiro juiz votou e veio, depois, a falecer, o outro continuará impedido de participar do julgamento, no caso de este não haver sido concluído na mesma sessão. Como dissemos, proferido o voto por um dos juízes, surgirá o impedimento para o outro, seu cônjuge ou parente, ainda que aquele venha a ser nomeado Ministro do Tribunal Superior do Trabalho, ou a falecer.

Pouco importa, ainda, que se trate de competência originária ou em grau de recurso o primeiro dos cônjuges ou parentes, que proferir seu voto, impedirá o outro de participar do julgamento. Irrelevante, da mesma forma, que o tribunal haja admitido o recurso, ou não, vale dizer, haja emitido, ou não, um pronunciamento sobre o mérito da causa. Assim, basta que o juiz tenha participado da votação em tema de admissibilidade do recurso para que o outro fique impedido de fazê-lo.

Questão que pode oferecer uma certa dificuldade de solucionamento, nos planos doutrinário e jurisprudencial, diz respeito a incidir, ou não, a regra do art. 147, do CPC, nos casos em que, mesmo havendo parentesco ou casamento entre juízes, e se tratando do mesmo processo, a participação desses juízes ocorrer em recursos diversos. Digamos, por exemplo, que o primeiro juiz participou do julgamento do recurso ordinário, e, o segundo, não, por estar impedido, nos termos do art. 147, do CPC. Mais tarde, encontrando-se temporária (férias, licença) ou definitivamente (aposentadoria, "promoção") ausente o primeiro juiz, poderia o segundo participar do julgamento do agravo de petição interposto? Entendemos que sim.

Parece-nos clara a intenção do legislador — fielmente refletida, aliás, na redação da precitada norma legal — de impedir que juízes unidos por vínculos de parentesco ou de matrimônio participem do mesmo julgamento, e não de julgamentos diversos, ainda que realizados no mesmo processo. Ora, se, no exemplo apresentado, o primeiro juiz participou do julgamento do recurso ordinário, mas o outro, não, nada obsta a que este venha a participar do julgamento do agravo de petição, desde que aquele não o faça. O impedimento, portanto, segundo nosso ponto de vista, só se verifica, à luz do art. 147, do digesto de processo civil, no mesmo julgamento, e, não, no mesmo processo, necessariamente. Há impedimento no mesmo julgamento porque um dos juízes, tendo votado, poderá influenciar o outro, seu parente ou cônjuge, que ainda não o fez. Sendo distintos os julgamentos, entretanto, não haverá essa influência, capaz de configurar uma espécie de "julgamento familiar", motivo por que não se aplicará a norma proibitiva constante do art. 147, do CPC.

O CPC atual não reproduziu a regra contida no art. 137, do CPC anterior, que mandava aplicar os motivos de impedimento e de suspeição aos juízes de todos os tribunais, advertindo que o juiz que violasse o dever de abstenção, ou não se declarasse suspeito, poderia ser recusado por qualquer das partes. É provável que o legislador da atualidade tenha considerado desnecessária — e, até mesmo, tautológica — aquela disposição, que já estaria compreendida pelos arts. 144 e 145 do CPC em vigor.

Código de Processo Civil

Art. 148. Aplicam-se os motivos de impedimento e de suspeição:

I – ao membro do Ministério Público;

II – aos auxiliares da justiça;

III – aos demais sujeitos imparciais do processo.

§ 1º A parte interessada deverá arguir o impedimento ou a suspeição, em petição fundamentada e devidamente instruída, na primeira oportunidade em que lhe couber falar nos autos.

§ 2º O juiz mandará processar o incidente em separado e sem suspensão do processo, ouvindo o arguido no prazo de 15 (quinze) dias e facultando a produção de prova, quando necessária.

§ 3º Nos tribunais, a arguição a que se refere o § 1º será disciplinada pelo regimento interno.

§ 4º O disposto nos §§ 1º e 2º não se aplica à arguição de impedimento ou de suspeição de testemunha.

• **Comentário**

Caput. Repete o teor do *caput* do art. 138 do CPC revogado.

O dever de neutralidade não é algo que seja exigível, apenas, do magistrado, aplicando-se, por igual, às demais pessoas referidas nos incisos que se seguirão. Assim o é porque, tendo, o processo, como instrumento estatal de solução de conflitos de interesse, um conteúdo acentuadamente ético, não teria tolerável que, com exceção do magistrado, as demais pessoas que participassem do processo ficassem desvinculadas do compromisso de acatamento a esse substrato ético.

Inciso I. Sintetiza o disposto no inciso I do art. 138 do CPC revogado. Embora o Ministério Público seja instituição permanente, essencial à função jurisdicional do Estado, incumbindo-lhe a defesa da ordem jurídica, do regime democrático e dos interesses sociais e individuais indisponíveis (CF, art. 127, *caput*), os seus membros (procuradores) estão sujeitos às disposições dos arts. 144 e 145 do CPC.

Inciso II. Os auxiliares da Justiça compreendem, entre outros, o escrivão, o chefe da secretaria (CPC, art. 152), o oficial de justiça (CPC, art. 150), o perito (art. 156), o depositário, o administrador (art. 159), o intérprete, o tradutor (art. 162), o conciliador, o mediador (art. 165), o partidor, o distribuidor (CLT, arts. 710, 713 e 721), o contabilista e o regulador de avarias (art. 149). Todos eles poderão ser inquinados de impedidos ou de suspeitos, conforme se ajustem às previsões dos arts. 144 ou 145, respectivamente, do CPC.

Inciso III. Os demais sujeitos imparciais do processo também podem ser declarados impedidos ou suspeitos, ou se declararem como tais. O problema reside em saber, exatamente, que são esses *sujeitos imparciais*. Os sujeitos do processo, por excelência, são as partes e o juiz. O escrivão, o chefe da secretaria, o oficial de justiça, o perito, o depositário, administrador, o intérprete, o tradutor, o conciliador e o mediador, como *auxiliares da justiça*, já estão abrangidas pelo inciso inciso II. O membro do Ministério Público, sendo este parte, é sujeito processual; atuando na qualidade de fiscal da lei também poderia ser assim considerado, contudo, a ele faz referência o inciso I. Nem mesmo se pode imaginar que o inciso III do art. 148 do CPC esteja a cogitar de sujeitos como o *assistente* (simples ou litisconsorcial), pois este não é imparcial, sabendo-se que possui manifesto interesse em que a causa seja decidida em favor da parte à qual assiste (CPC, art. 119, *caput*). O mesmo se afirme quanto ao litisconsorte, que, ademais, é parte. O inciso III do art. 148 parece conter, assim, uma espécie de "cláusula de reserva", destinada a abarcar pessoas, atuais ou futuras, que não estejam compreendidas pelos incisos I e II.

§ 1º No caso de o impedimento ou a suspeição dirigir-se às pessoas mencionadas no *caput* do art. 148, o procedimento a ser observado é este: a) a parte suscitará o impedimento ou a suspeição em petição fundamentada e devidamente instruída (com documentos, gravações etc.); b) na primeira oportunidade em que lhe competir falar nos autos;

§ 2º Em seguida, o juiz mandará processar o incidente em separado, sem suspender o processo; no próximo passo, ouvirá o arguido em quinze dias e facultará a produção de provas, se necessárias.

§ 3º Se a arguição for formulada no tribunal, será disciplina pelo regimento interno.

§ 4º Os casos de impedimento e de suspeição da testemunha não se subordinam ao § 1º do art. 148, mas ao § 1º do art. 454, sob a forma de contradita.

CAPÍTULO III

DOS AUXILIARES DA JUSTIÇA

Art. 149. São auxiliares da Justiça, além de outros cujas atribuições sejam determinadas pelas normas de organização judiciária, o escrivão, o chefe de secretaria, o oficial de justiça, o perito, o depositário, o administrador, o intérprete, o tradutor, o mediador, o conciliador judicial, o partidor, o distribuidor, o contabilista e o regulador de avarias.

• **Comentário**

Disposição semelhante constava do art. 139 do CPC revogado, cuja enumeração dos auxiliares da justiça, entretanto, era menos ampla.

O mecanismo judiciário, para poder funcionar, necessita da participação de diversas pessoas, integrantes, ou não, dos quadros judiciários, a quem a Lei denomina de *auxiliares da justiça*.

O texto legal em exame enumera quem são, ente outros, os auxiliares da justiça.

Seção I

Do Escrivão, do Chefe de Secretaria e do Oficial de Justiça

Art. 150. Em cada juízo haverá um ou mais ofícios de justiça, cujas atribuições serão determinadas pelas normas de organização judiciária.

• **Comentário**

Dispõe a esse respeito o art. 710 da CLT: "Cada Vara terá uma secretaria, sob a direção do funcionário que o presidente designar, para exercer a função de chefe de secretaria, e que receberá, além dos vencimentos correspondentes ao seu padrão, a gratificação de função fixada em lei".

A atual denominação do chefe de secretaria é diretor de secretaria.

Art. 151. Em cada comarca, seção ou subseção judiciária haverá, no mínimo, tantos oficiais de justiça quantos sejam os juízos.

• **Comentário**

Como providência destinada a fazer com que a prestação de serviços jurisdicionais não fique comprometida com a insuficiência de oficiais de justiça, a lei determina que em cada comarca, seção ou subseção judiciária deverá haver, no mínimo, um desses auxiliares da justiça.

Art. 152. Incumbe ao escrivão ou ao chefe de secretaria:

I — redigir, na forma legal, os ofícios, os mandados, as cartas precatórias e os demais atos que pertençam ao seu ofício;

II — efetivar as ordens judiciais, realizar citações e intimações, bem como praticar todos os demais atos que lhe forem atribuídos pelas normas de organização judiciária;

III — comparecer às audiências ou, não podendo fazê-lo, designar servidor para substituí-lo;

IV — manter sob sua guarda e responsabilidade os autos, não permitindo que saiam do cartório, exceto:

a) quando tenham de seguir à conclusão do juiz;

b) com vista a procurador, à Defensoria Pública, ao Ministério Público ou à Fazenda Pública;

c) quando devam ser remetidos ao contabilista ou ao partidor;

d) quando forem remetidos a outro juízo em razão da modificação da competência;

V — fornecer certidão de qualquer ato ou termo do processo, independentemente de despacho, observadas as disposições referentes ao segredo de justiça;

VI — praticar, de ofício, os atos meramente ordinatórios.

§ 1º O juiz titular editará ato a fim de regulamentar a atribuição prevista no inciso VI.

§ 2º No impedimento do escrivão ou chefe de secretaria, o juiz convocará substituto e, não o havendo, nomeará pessoa idônea para o ato.

• **Comentário**

Caput. A norma enumera as atribuições do escrivão.

Em termos gerais, o *caput* e os incisos desta norma legal repetem o que constava do *caput* e dos incisos do art. 141 do CPC revogado.

Incisos. Não vemos necessidade de lançarmos comentários específicos sobre cada um dos incisos que compõem o artigo em foco, pois as suas disposições são autossuficientes em termos de inteligibilidade.

Destaquemos, apenas, as seguintes modificações introduzidas pelo CPC atual:

a) o inciso III do art. 141, do CPC anterior, após afirmar que uma das incumbências do escrivão era a de comparecer às audiências, e, se não pudesse fazê-lo, deveria designar para substituí-lo um escrevente juramentado, "de preferência datilógrafo ou taquígrafo". O inciso III do art. 152 do CPC atual suprimiu a expressão que colocamos entre aspas;

b) inseriu-se o inciso VI no art. 152 para dispor que o escrivão deverá, também, praticar, de ofício, os atos meramente ordinatórios.

Registremos, ainda, o fato de o texto atual (art. 152, IV, "a") haver eliminado a curiosa referência ao verbo *subir*, constante do inciso IV, letra "a", do Código revogado, quando ao autos forem remetidos pelo escrivão para o juiz. O que a praxe tem admitido é o uso desse verbo quando os autos do processo devam ser encaminhados pela Vara ao Tribunal. No lugar do verbo *subir*, o legislador da atualidade inseriu o verbo *seguir*.

O art. 711, da CLT, descreve as atribuições ("competências") da secretaria da Vara. O art. 712 enumera as atribuições específicas do diretor de secretaria. Muitas dessas atribuições, no entanto, acabam sendo exercidas por outros serventuários, como é o caso, por exemplo, da de secretariar a audiência (letra "g").

Algumas organizações judiciárias preveem a figura do escrivão substituto, caso em que a este caberá a prática dos atos inerentes ao cargo quando ocorrer o impedimento do titular. Não havendo substituto, caberá ao juiz nomear pessoa idônea para a prática dos atos processuais. Na Justiça do Trabalho, havendo impedimento do diretor de secretaria as suas funções serão exercidas por serventuário designado (*ad hoc*).

Para efeito de definir as atribuições do diretor de secretaria, no âmbito da Justiça do Trabalho, podem ser aglutinados os arts. 712, da CLT, e 121, do CPC.

Art. 153. O escrivão ou chefe de secretaria deverá obedecer à ordem cronológica de recebimento para publicação e efetivação dos pronunciamentos judiciais.

§ 1º A lista de processos recebidos deverá ser disponibilizada, de forma permanente, para consulta pública.

§ 2º Estão excluídos da regra do caput:

I — os atos urgentes, assim reconhecidos pelo juiz no pronunciamento judicial a ser efetivado;

II — as preferências legais.

§ 3º Após elaboração de lista própria, respeitar-se-ão a ordem cronológica de recebimento entre os atos urgentes e as preferências legais.

§ 4º A parte que se considerar preterida na ordem cronológica poderá reclamar, nos próprios autos, ao juiz do processo, que requisitará informações ao servidor, a serem prestadas no prazo de 2 (dois) dias.

§ 5º Constatada a preterição, o juiz determinará o imediato cumprimento do ato e a instauração de processo administrativo disciplinar contra o servidor.

• **Comentário**

Assim como o art. 12 do CPC exige que os juízes e os tribunais obedeçam à "ordem cronológica de conclusão para proferir sentença ou acórdão", o art. 153 impõe ao escrivão ou ao chefe de secretaria o atendimento à ordem cronológica de recebimento para publicação e efetivação dos pronunciamentos jurisdicionais. A conjugação desses dois dispositivos demonstra a preocupação do atual CPC em evitar preterições na realização de atos processuais.

Dessa regra excluem-se: 1) os atos que o juiz, no pronunciamento jurisdicional a ser realizado, reconhecer como urgentes; 2) as preferências legais. Compreendem-se nesse conceito todos os casos que, por força de lei, têm prioridade no processamento e no julgamento, não se submetendo, portanto, à regra contida no *caput* do art. 12 e no art. 153, do CPC, vale dizer, podem ser julgados independentemente da ordem cronológica. Dentre esses casos podem ser referidos: a) o do art. 896-C, § 10º, da CLT: "Transcorrido o prazo para o Ministério Público e remetida cópia do relatório aos demais Ministros, o processo será incluído em pauta na Seção Especializada ou no Tribunal Pleno, devendo ser julgado com preferência sobre os demais feitos"; b) o do inciso III do art. 1.038 do CPC: "III — requisitar informações aos tribunais inferiores a respeito da controvérsia e, cumprida a diligência, intimará o Ministério Público para manifestar-se. § 1º No caso do inciso III, os prazos respectivos são de 15 (quinze) dias, e os atos serão praticados, sempre que possível, por meio eletrônico. § 2º Transcorrido o prazo para o Ministério Público e remetida cópia do relatório aos demais ministros, haverá inclusão em pauta, devendo ocorrer o julgamento com preferência sobre os demais feitos, ressalvados os que envolvam réu preso e os pedidos de habeas corpus"; c) o do art. 1.048, também do CPC: "Art. 1.048. Terão prioridade de tramitação, em qualquer juízo ou tribunal, os procedimentos judiciais: I — em que figure como parte ou interessado pessoa com idade igual ou superior a 60 (sessenta) anos ou portadora de doença grave, assim compreendida qualquer das enumeradas no art. 6º, inciso XIV, da Lei nº 7.713, de 22 de dezembro de 1988; II — regulados pela Lei nº 8.069, de 13 de julho de 1990 (Estatuto da Criança e do Adolescente)"; d) o do art. 71, da Lei n. 10.741, de 1º de outubro de 2003, que instituiu o Estatuto do Idoso.

Art. 154. Incumbe ao oficial de justiça:

I – fazer pessoalmente citações, prisões, penhoras, arrestos e demais diligências próprias do seu ofício, sempre que possível na presença de 2 (duas) testemunhas, certificando no mandado o ocorrido, com menção ao lugar, ao dia e à hora;

II – executar as ordens do juiz a que estiver subordinado;

III – entregar o mandado em cartório após seu cumprimento;

IV – auxiliar o juiz na manutenção da ordem;

V – efetuar avaliações, quando for o caso;

VI – certificar, em mandado, proposta de autocomposição apresentada por qualquer das partes, na ocasião de realização de ato de comunicação que lhe couber.

Parágrafo único. Certificada a proposta de autocomposição prevista no inciso VI, o juiz ordenará a intimação da parte contrária para manifestar-se, no prazo de 5 (cinco) dias, sem prejuízo do andamento regular do processo, entendendo-se o silêncio como recusa.

• **Comentário**

Caput. De modo geral, são reproduzidas aqui as disposições dos incisos I a V, do art. 143 do CPC revogado.

Incisos I a V. As disposições dos incisos I a V são suficientemente claras, dispensando, assim, o lançamento de comentários específicos. Façamos, pois, considerações de ordem geral.

As atribuições do oficial de justiça, na Justiça do Trabalho, estão descritas, genericamente, no art. 721 da CLT: "a realização dos atos decorrentes da execução dos julgados das Varas do Trabalho e dos Tribunais Regionais do Trabalho, que lhes forem cometidos pelos respectivos presidentes".

Na verdade, as atribuições dos oficiais de justiça trabalhistas não se circunscrevem à realização de atos oriundos da *execução de julgados*. Há situações em que a atuação do oficial de justiça se dá antes disso, como quando houver dificuldade de proceder-se à citação do réu mediante registro postal, em virtude de o endereço indicado pelo autor ser precário: não raro, busca-se a citação por meio de oficial de justiça. Na prática, a citação via edital, prevista pelo art. 841, § 1º, da CLT, somente tem sido realizada quando frustradas as diligências do oficial de justiça.

Considerando-se a já mencionada forma genérica com que o art. 721, *caput*, da CLT, dispõe sobre as atribuições do oficial de justiça, aplica-se, em caráter supletivo, o art. 123, do CPC, exceto quanto a "estar presente às audiências", embora possa, em outros casos, auxiliar o juiz na manutenção da ordem.

Na falta ou impedimento do oficial de justiça, o juiz da Vara poderá atribuir a realização do ato a qualquer serventuário (CLT, art. 721, § 5º). Trata-se do oficial de justiça *ad hoc*.

Novidade trazida pelo CPC atual consta do inciso VI: a determinação para que o oficial de justiça certifique, no mandado, e na oportunidade do cumprimento deste, eventual proposta apresentada pela parte, com vistas à autocomposição do conflito de interesses. A norma é plenamente compatível com o processo do trabalho e reflete a política legislativa de fazer com que as próprias partes solucionem, mediante manifestação convergente de suas vontades, o litígio. Nada obsta a que o oficial de justiça, ao cumprir o mandado, tome a iniciativa de indagar à parte se deseja efetuar acordo (transacionar) com a adversária, fazendo constar do mandado a resposta, se afirmativa, assim como as condições acaso propostas.

Parágrafo único. O efeito prático da determinação inserta no inciso VI, que acabamos de examinar, aflora no parágrafo único: verificando que o mandado registra a proposta de uma das partes, com o objetivo de estabelecer autocomposição, o juiz intimará a outra para que se manifeste a respeito, no prazo de cinco dias. No silêncio desta, o sistema presume que recusou a proposição.

Art. 155. O escrivão, o chefe de secretaria e o oficial de justiça são responsáveis, civil e regressivamente, quando:

I — sem justo motivo, se recusarem a cumprir no prazo os atos impostos pela lei ou pelo juiz a que estão subordinados;

II — praticarem ato nulo com dolo ou culpa.

• **Comentário**

Caput. Reproduziu-se o teor do art. 144 do CPC revogado.

A norma legal responsabiliza o escrivão e o oficial de justiça pela prática dos atos mencionados nos incisos que se seguem. No caso de serventuário da Justiça do Trabalho, a parte prejudicada poderá ajuizar, em face do poder público (União), na Justiça Federal, a correspondente ação de reparação de dano. Cumprirá ao juiz mandar instaurar inquérito administrativo para apurar a falta praticada pelo serventuário.

Inciso I. Em regra, a Lei fixa prazo para prática de atos pelos serventuários do juízo. Quando não, o prazo é estabelecido pelo magistrado. No caso do oficial de justiça do Judiciário Trabalhista, por exemplo, este disporá do prazo de dez dias (CLT, art. 888, *caput*) para realizar avaliação (CLT, art. 721, § 3º).

Quando o oficial de justiça, ou o escrivão, se recusarem, sem justo motivo, a cumprir dentro do prazo os atos determinador por lei ou pelo juiz poderão ser civilmente responsabilizados, sem prejuízo do cometimento de falta funcional.

Inciso II. Pode ocorrer de o escrivão ou o oficial de justiça praticarem ato legalmente nulo; se essa prática foi produto de dolo ou culpa, serão civilmente responsabilizados pelos danos acarretados à parte ou a terceiro, além de, também aqui, se submeterem a inquérito administrativo destinado a apurar a falta cometida e à aplicação da correspondente penalidade.

Seção II
Do Perito

Art. 156. O juiz será assistido por perito quando a prova do fato depender de conhecimento técnico ou científico.

§ 1º Os peritos serão nomeados entre os profissionais legalmente habilitados e os órgãos técnicos ou científicos devidamente inscritos em cadastro mantido pelo tribunal ao qual o juiz está vinculado.

§ 2º Para formação do cadastro, os tribunais devem realizar consulta pública, por meio de divulgação na rede mundial de computadores ou em jornais de grande circulação, além de consulta direta a universidades, a conselhos de classe, ao Ministério Público, à Defensoria Pública e à Ordem dos Advogados do Brasil, para a indicação de profissionais ou de órgãos técnicos interessados.

§ 3º Os tribunais realizarão avaliações e reavaliações periódicas para manutenção do cadastro, considerando a formação profissional, a atualização do conhecimento e a experiência dos peritos interessados.

§ 4º Para verificação de eventual impedimento ou motivo de suspeição, nos termos dos arts. 148 e 467, o órgão técnico ou científico nomeado para realização da perícia informará ao juiz os nomes e os dados de qualificação dos profissionais que participarão da atividade.

§ 5º Na localidade onde não houver inscrito no cadastro disponibilizado pelo tribunal, a nomeação do perito é de livre escolha pelo juiz e deverá recair sobre profissional ou órgão técnico ou científico comprovadamente detentor do conhecimento necessário à realização da perícia.

• **Comentário**

Caput. A matéria era tratada no art. 145, *caput*, do CPC revogado.

Conhecimento técnico ou científico. Há casos em que determinados fatos podem ser percebidos, com precisão, apenas por pessoas que possuam determinado conhecimento *técnico* ou *científico*. Daí por que

Carnelutti se refere aos *fatos de percepção técnica* (*Sistema di Diritto Processuale Civile*. 1º v., n. 209), que não se incluem no cabedal de conhecimentos das pessoas comuns.

A perícia visa não somente à verificação de tais fatos, mas também à sua apreciação pelo experto; em verdade, o laudo pericial contém um *parecer* do perito acerca dos fatos verificados e interpretados tecnicamente. Com base no laudo (mas não necessariamente em obediência a ele) o juiz apreciará os fatos, formando o seu convencimento. Verifica-se, deste modo, que a perícia não é prova, mas sim um *meio* probante.

De nada valeria uma *inspeção judicial* a pessoas ou coisas se os fatos a elas relacionados não pudessem ser captados pelas faculdades sensoriais do magistrado, visto que inaptas (isto é, não especializadas) para tanto. Ainda que, eventualmente, o juiz possuísse conhecimentos técnicos a respeito da matéria, não lhe seria permitido agir como perito, pois estaria, em última análise, funcionando como uma espécie de assessor do litigante, cuja parcialidade seria sobremaneira censurável. Esses conhecimentos especializados, o juiz poderia utilizar *na apreciação do laudo*, a fim de convencer-se, ou não, da conclusão a que chegou o perito. Aliás, a possibilidade de o juiz atuar *como perito* está vedada, dentre outros dispositivos legais, pelo art. 156 do CPC, cuja expressão é imperativa: "quando a prova do fato depender de conhecimento técnico ou científico" o juiz será assistido por perito.

O perito é um auxiliar do juízo (CPC, arts. 149 e 156), contribuindo, mediante compromisso (CLT, art. 827) com a sua cognição técnica para o descobrimento da verdade. E porque *auxiliar* o é, não substitui o juiz, em suas funções jurisdicionais. Supre-lhe, apenas, o desconhecimento ou a ciência imperfeita a respeito de certos fatos de natureza técnica ou científica.

Correta, portanto, a observação de Coqueijo Costa (*Doutrina e jurisprudência do processo trabalhista*. São Paulo: LTr, 1978. p. 16) de que o perito fica alheio aos resultados do processo; ele apenas "contribui para formar o material de conhecimento de que o juiz precisa, sem participar da decisão, que cabe exclusivamente ao magistrado, dada a jurisdição a este ínsita, da qual resulta a coisa julgada, garantida constitucionalmente por ser a maior das certezas humanas". Ao apreciar o laudo, o juiz não julga os fatos em sua essência, mas apenas o resultado da investigação efetuada pelo perito: este surge, pois, como um *tradutor* especializado de tais fatos. Daí a razão de falar-se, na doutrina, em *perito perceptivo*, ou seja, aquele cuja função é substituir o juiz na percepção dos fatos, opostamente ao *judicante*, que se destina a indicar ao magistrado as regras de experiência ou a aplicá-las; nestas últimas funções, o perito presta *assistência* ao magistrado, a quem caberá perceber, pessoalmente, os fatos, como ocorre, *v. g.*, na inspeção judicial.

O perito não se confunde com a testemunha; embora ambos sejam terceiros na relação jurídica processual, o primeiro relata fatos do presente, enquanto o segundo versa sobre fatos pretéritos. Daí por que se diz, em doutrina, que a testemunha envolve uma apreciação *histórica* dos acontecimentos que constituem o motivo da controvérsia estabelecida na ação. Ela, assim, reconstitui em juízo os fatos do passado que ficaram retidos em sua memória e que interessam à instrução do procedimento. Por este motivo, não se pode exigir que a testemunha narre, com absoluta fidelidade, fatos ocorridos há vários anos; seria exigir-lhe acima da sua capacidade mnemônica, com resultados não raro prejudiciais para a ação e para a própria investigação da verdade real que se procura transportar para os autos.

Ademais, enquanto o perito é eminentemente neutro (pois foi nomeado pelo juiz), a testemunha se caracteriza, em regra, pela parcialidade, porquanto a sua presença em juízo deriva de indicação de um dos litigantes.

Da testemunha, por outro lado, não se exige habilitação para prestar declarações; basta, apenas, que tenha *ciência* dos fatos acerca dos quais será interrogada.

Os assistentes técnicos, ao contrário, são *parciais*, no sentido de que funcionam como auxiliares ou consultores do litigante que o indicou. Também deles se exige, em alguns casos, habilitação profissional.

§ 1º O CPC anterior determinava que o perito fosse escolhido entre os profissionais de nível universitário (art. 145, § 1º), devidamente inscritos no órgão de classe competente (OAB, CRC, CREA, CRM etc.). O Código atual fala em nomeação de "profissionais legalmente habilitados", sem exigir-lhes o grau universitário. Os órgãos técnicos ou científicos deverão estar inscritos em cadastro mantido pelo tribunal ao qual o juiz está vinculado.

§ 2º Para efeito de constituição do cadastro a que se refere o § 1º, os tribunais realizarão consulta pública, mediante divulgação na rede mundial de computadores (internet) ou em jornais de grande circulação. Além disso, realizarão consulta direta a universidades, a conselhos de classe, ao Ministério Público, à Defensória Pública e à Ordem dos Advogados do Brasil, com vistas a obterem a indicação de profissionais ou órgãos técnicos interessados.

§ 3º Esses cadastros deverão ser reavaliados e reavaliados periodicamente, levando em conta a formação profissional, a atualização dos conhecimentos e a experiência dos peritos interessados.

Art. 157

§ 4º Caberá ao órgão técnico ou científico nomeado para a realização da perícia informar ao juiz os nomes e os dados dos profissionais que participarão do exame, para efeito de verificar se não ocorrem, em relação a eles, os casos de suspeição ou de impedimento previstos nos arts. 148, II, e 467, do CPC.

§ 5º Pode dar-se de, na localidade, inexistir órgão técnico ou científico inscrito no cadastro organizado e disponibilizado pelo tribunal. Neste caso, o juiz deverá escolher profissional ou órgão técnico ou científico comprovadamente possuidor do conhecimento necessário à realização da perícia.

Art. 157. O perito tem o dever de cumprir o ofício no prazo que lhe designar o juiz, empregando toda sua diligência, podendo escusar-se do encargo alegando motivo legítimo.

§ 1º A escusa será apresentada no prazo de 15 (quinze) dias, contado da intimação, da suspeição ou do impedimento supervenientes, sob pena de renúncia ao direito a alegá-la.

§ 2º Será organizada lista de peritos na vara ou na secretaria, com disponibilização dos documentos exigidos para habilitação à consulta de interessados, para que a nomeação seja distribuída de modo equitativo, observadas a capacidade técnica e a área de conhecimento.

• **Comentário**

Caput. Dever de cumprir o prazo. O experto tem o dever de cumprir o seu ofício dentro do prazo assinado pelo juiz. Não o fazendo, poderá ser destituído do encargo (CPC, art. 468, II). Ser-lhe-á lícito, todavia, requerer a prorrogação do prazo, desde que justifique as razões dessa dilação.

Dever de diligência. O perito deve desempenhar o seu mister com zelo, eficiência e honestidade, sob pena de ser destituído, sem prejuízo de comunicação à correspondente corporação profissional e de pagar multa estabelecida pelo juiz, de acordo com o valor da causa e de reparar eventual prejuízo acarretado às partes em decorrência do atraso do processo.

Escusa do encargo. Em determinados casos, o perito poderá escusar-se do cumprimento do encargo que lhe foi atribuído. Não se confundem, todavia, a *escusa* e a *recusa*. A *escusa* é ato exclusivo do perito ou dos assistentes, consistente no direito de não aceitar o encargo que lhe foi atribuído. A *recusa*, opostamente, é a manifestação de discordância da parte quanto ao perito ou ao assistente do adversário.

§ 1º Tratando-se de *escusa*, deverá o perito ou o assistente, dentro de 15 dias da data da intimação, ou do impedimento superveniente ao compromisso, dirigir-se ao juiz e solicitar-lhe que o dispense do encargo, mencionando as razões que o levam a requerer nesse sentido. Não o fazendo, reputar-se-á que houve *renúncia* ao direito de *escusa*.

No caso de *recusa*, esta deverá ser arguida mediante petição (que mencionará a sua causa), na primeira vez que a parte tiver de falar nos autos ou em audiência. A recusa configura, assim, um incidente, que, por isso, deverá ser processado separadamente, embora sem suspensão do processo, sendo certo que se deverá ouvir o arguido em cinco dias, possibilitando-se a produção de provas pela parte recusante. Em seguida, o juiz resolverá o incidente, de cuja decisão, por ser interlocutória, não caberá recurso (CLT, art. 893, § 1º).

Aceitando a escusa ou acolhendo a impugnação (recusa), o juiz nomeará novo perito (CPC, art. 467, parágrafo único).

§ 2º A Vara ou a Secretaria organizará lista de peritos, colocando às disposição dos interessados, para consulta, os documentos exigidos para a a habilitação, a fim de que a nomeação seja distribuída de modo equitativo, observando-se a capacidade técnica e a área de conhecimento do *expert*. Essa exigência legal se destina a evitar que o juiz nomeie, no mais das vezes, o perito de sua preferência, em detrimento dos demais.

Na prática, diversos juízes do trabalho, muito antes do advento da norma legal, já vinham instituindo um rol de peritos, a fim de consultá-lo sempre que tivessem de proceder à nomeação de um profissional habilitado, incumbido da realização de exames técnicos. Nem sempre, contudo, a nomeação era realizada de maneira equitativa.

Art. 158. O perito que, por dolo ou culpa, prestar informações inverídicas responderá pelos prejuízos que causar à parte e ficará inabilitado para atuar em outras perícias no prazo de 2 (dois) a 5 (cinco) anos, independentemente das demais sanções previstas em lei, devendo o juiz comunicar o fato ao respectivo órgão de classe para adoção das medidas que entender cabíveis.

• Comentário

Conforme afirmamos anteriormente, o perito, como auxiliar da justiça (CPC, arts. 149 e 156), deve exercer as suas funções com zelo, eficiência e honestidade. Por isso, se, motivado por dolo ou culpa, vier a prestar informações inverídicas responderá pelos prejuízos acarretados à parte, ficará inabilitado a atuar pelo período de dois a cinco anos, e sujeitar-se-á às sanções previstas na legislação penal. Sobre a falsa perícia (e o falso testemunho) dispõe o art. 342 do Código Penal: "Fazer afirmação falsa, ou negar ou calar a verdade, como testemunha, perito, tradutor ou intérprete em processo judicial, policial ou administrativo, ou em juízo arbitral: Pena — reclusão, de um a três anos, e multa". A pena será aumentada de um terço se o crime for praticado mediante suborno (§ 2º). Seja como for, o perito deixará de ser punido se, antes da sentença, retratar-se ou declarar a verdade (§ 3º).

O juiz também comunicará o fato ao respectivo órgão de classe, para a adoção das medidas que o acaso estiver a requerer.

Seção III
Do Depositário e do Administrador

Art. 159. A guarda e a conservação de bens penhorados, arrestados, sequestrados ou arrecadados serão confiadas a depositário ou a administrador, não dispondo a lei de outro modo.

• Comentário

Repete-se a redação do art. 148 do CPC revogado.

Os bens que forem penhorados, arrestados, sequestrados ou arrecadados pela justiça serão confiados a depositário ou a administrador, desde que a lei não disponha de modo diverso.

Nos casos em que os bens apreendidos por ordem judicial forem de difícil remoção poderão ser depositados em poder do próprio executado (CPC, art. 840, § 2º). Mesmo que não haja dificuldade na remoção (ou se trate de bem inamovível) o depósito em mãos do executado pode ser consentido pelo credor (*ibidem*). Nesta última hipótese, pressupõe-se a existência de requerimento do executado.

Art. 160. Por seu trabalho o depositário ou o administrador perceberá remuneração que o juiz fixará levando em conta a situação dos bens, ao tempo do serviço e às dificuldades de sua execução.

Parágrafo único. O juiz poderá nomear um ou mais prepostos por indicação do depositário ou do administrador.

• Comentário

Reproduziu-se o art. 149, *caput*, do CPC revogado.

Conquanto o depositário e o administrador sejam auxiliares da justiça (CPC, art. 149), o exercício de suas funções não se dá a título gratuito. Por esse motivo, cumprirá ao juiz da causa fixar a remuneração a ser paga a um e a outro, atendendo aos seguintes critérios concorrentes: a) a situação dos bens; b) o tempo de serviço despendido pelo depositário ou pelo administrador; c) as dificuldades da execução do trabalho de um e de outro.

No caso de o próprio executado ficar como depositário (CPC, art. 840, § 2º), entendemos não lhe ser devida a remuneração a que se refere a norma legal em exame. Assim dizemos porque a simples manutenção em seu poder dos bens judicialmente constritos já traduz uma vantagem econômica para o executado, que poderá continuar a fazer uso desses bens, desde que os conserve em bom estado.

Arts. 161 e 162

Art. 161. O depositário ou o administrador responde pelos prejuízos que, por dolo ou culpa, causar à parte, perdendo a remuneração que lhe foi arbitrada, mas tem o direito a haver o que legitimamente despendeu no exercício do encargo.

Parágrafo único. O depositário infiel responde civilmente pelos prejuízos causados, sem prejuízo de sua responsabilidade penal e da imposição de sanção por ato atentatório à dignidade da justiça.

• **Comentário**

Caput. Reproduziu-se o teor do art. 150 do CPC revogado.

Assim como o escrivão (art. 152), o oficial de justiça (CPC, art. 150) e o perito (art. 156), o depositário e o administrador (art. 159) respondem pelos prejuízos que, por dolo ou culpa, causarem à parte. Além disso, perderão a remuneração que lhes foi arbitrada pelo juiz (art. 161), embora tenham o direito de receber o que legitimamente despenderam no exercício do encargo.

Parágrafo único. Se o depositário for considerado infiel, responderá civilmente pelos prejuízos acarretados, além de ser responsabilizado penalmente e de receber sanção pela prática de ato atentatório à dignidade da justiça.

Lamentavelmente, o STF editou a Súmula Vinculante n. 25, para dispor: "É ilícita a prisão civil de depositário infiel, qualquer que seja a modalidade de depósito". Essa Súmula, a nosso ver, está em manifesto antagonismo com o art. 5º LXVII, da Constituição Federal, assim redigido: "Não haverá prisão civil por dívida, **salvo** a do responsável pelo inadimplemento voluntário e inescusável de obrigação alimentícia **e a do depositário infiel**" (destacamos). Além disso, subtraiu dos juízes uma das mais eficazes medidas punitivas dos depositários descumpridores as suas obrigações legais. Não estamos convencidos do acerto dessa dessa Súmula; quanto menos, de sua constitucionalidade.

Seção IV

Do Intérprete e do Tradutor

Art. 162. O juiz nomeará intérprete ou tradutor quando necessário para:

I — traduzir documento redigido em língua estrangeira;

II — verter para o português as declarações das partes e das testemunhas que não conhecerem o idioma nacional;

III — realizar a interpretação simultânea dos depoimentos das partes e testemunhas com deficiência auditiva que se comuniquem por meio da Língua Brasileira de Sinais, ou equivalente, quando assim for solicitado.

• **Comentário**

Caput. Reproduziu-se, com pequena alteração, o teor do *caput* do art. 151 do CPC anterior. O intérprete é auxiliar da justiça (arts. 149 e 162) e sua função é analisar documento redigido em língua estrangeira. Não se confunde com o tradutor, que é contratado pela própria parte com a finalidade de traduzir para o português um texto elaborado em língua estrangeira e cujo documento será — ou foi — juntado aos autos.

Inciso I. Os documentos redigidos em língua estrangeiras devem ser traduzidos por pessoa habilitada. Mesmo que o juiz tenha o domínio da língua estrangeira, em que o documento foi elaborado, a presença do intérprete, a nosso ver, será indispensável. Eventual análise do documento realizada pelo juiz, em substituição ao intérprete, pode colocar em dúvida, muitas vezes, a sua imparcialidade e abrir caminho para a alegação de suspeição. Há controvérsia na doutrina sobre a possibilidade de o próprio magistrado atuar como intérprete.

Inciso II. Algumas vezes, a parte e as testemunhas são pessoas estrangeiras, que não sabem expressar-se na língua portuguesa. Diante disso, o juiz nomeará tradutor, a fim de verter, para a nossa língua, as declarações que prestarem. O que dissemos, em relação ao magistrado atuar como intérprete, se aplica, *mutatis mutandis*, à possibilidade de ele servir como tradutor.

Inciso III. O surdo não pode depor quando o conhecimento dos fatos depender dos sentidos que lhe faltam (CPC, art. 447, § 1º, IV). Se, todavia, o surdo-mudo vivenciou ou presenciou determinado fato relevante, que está sendo debatido em juízo, poderá depor a respeito, como parte ou testemunha, conforme seja o caso. Neste caso, incumbirá ao profissional realizar a interpretação simultânea do depoimento da parte ou da testemunha portadora de deficiência auditiva, que se comunique por meio da Língua Brasileira de Sinais, desde que seja solicitado.

Art. 163. Não pode ser intérprete ou tradutor quem:

I – não tiver a livre administração de seus bens;

II – for arrolado como testemunha ou atuar como perito no processo;

III – estiver inabilitado para o exercício da profissão por sentença penal condenatória, enquanto durarem seus efeitos.

• **Comentário**

Caput. Reprodução, quase literal, do *caput* do art. 152 do CPC revogado. Acrescentou-se, no texto, a figura do tradutor.

O exercício do encargo de intérprete ou de tradutor judicial é vedado a determinadas pessoas, que a Lei indica.

Inciso I. Se a pessoa for, por exemplo, curatelada (CC, art. 1.767) não terá a livre administração dos seus, não podendo, por isso, servir como intérprete ou tradutor em juízo.

Inciso II. Não poderá funcionar como intérprete ou tradutor aquele que tiver sido arrolado como testemunha ou atuar como perito *no mesmo processo*. Em sentido inverso, se a pessoa foi arrolada como testemunha, ou atuou como perito em *outro* processo, não estará impedida de funcionar como intérprete ou tradutora.

Inciso III. A sentença penal condenatória, transitada em julgado, inabilita a pessoa a servir como intérprete ou tradutora judicial. Trata-se, no caso, de pena de interdição temporária de exercício de direito (CP, art. 47, II).

O que acontecerá se a pessoa tiver sido indicada como intérprete ou tradutora e sobrevier sentença penal proibitória do exercício da atividade? Embora entendamos que a inabilitação a que se refere o inciso III do art. 163 do CPC só ocorra, como afirmamos, com o trânsito em julgado da sentença penal condenatória, nada obsta a que o juiz do trabalho (para cogitarmos, apenas, deste), como providência de mera cautela, revogue a nomeação do intérprete ou do tradutor, a fim de que não se venha alegar, mais tarde, nulidade processual em razão de a sentença penal acabar transitando em julgado antes mesmo de a sentença trabalhista haver sido proferida.

Art. 164. O intérprete ou tradutor, oficial ou não, é obrigado a desempenhar seu ofício, aplicando-se-lhe o disposto nos arts. 157 e 158.

• **Comentário**

O intérprete ou tradutor não atua em juízo a título de gentileza ou de mera colaboração com o Poder Judiciário. A sua atividade constitui um *munus público*. Não por acaso a norma legal em foco afirma: *"O intérprete ou tradutor, oficial ou não, é obrigado a prestar o seu ofício"* (destacamos). Por esse motivo, não lhe é permitido, sem justo motivo, escusar-se ao encargo.

Não havendo motivo legítimo para a escusa, aplicar-se-á o disposto no art. 157, do CPC.

Por outro lado, se o intérprete ou o tradutor, por dolo ou culpa, prestar informação inverídica responderá pelos prejuízos que, em razão disso, acarretar à parte, ficando, ainda, inabilitado pelo período de dois a cinco anos para atuar em outros processos, sem prejuízo de sujeitar-se às sanções penais previstas em lei (CPC, art. 158).

Seção V

Dos Conciliadores e Mediadores Judiciais

• **Comentário**

O CPC anterior nada dispunha sobre o tema. O Código atual exalta a preocupação do legislador em estimular as partes à autocomposição do conflito de interesses, por meio de transação. Essa preocupação está materializada nos cerca de 11 artigos, 22 parágrafos e cinco incisos, mediante os quais a matéria é disciplinada.

O acordo, desde sempre, constituiu o escopo fundamental da Justiça do Trabalho, como patenteia o art. 764, *caput*, da CLT. Não por acaso, os órgãos de primeiro grau dessa Justiça Especializada eram denominados de Junta de Conciliação e Julgamento. *Junta,* porque se tratava de um colegiado composto pelo magistrado e por dois juízes classistas, com investidura temporária, representando, um, a categoria profissional, e, outro, a econômica. Em termos históricos, aliás, é importante observar que a Constituição Política do Império do Brasil, de 25 de março de 1824, "oferecida e jurada por Sua Majestade o Imperador", estabelecia no art. 161: "Sem se fazer constar que se tem intentado o meio da **reconciliação**, não se começará processo algum" (destacamos).

Conciliação. A CLT utiliza, indistintamente, os vocábulos *conciliação* (ex.: arts. 764, 846, 850) e *acordo* (art. 847) para designar aquilo que o Código Civil, em melhor técnica, denomina de *transação* (arts. 840 a 850). A transação é um negócio jurídico bilateral, por força do qual as partes, mediante concessões mútuas, solucionam o conflito de interesses. O CPC vigente também faz uso do substantivo *conciliação.* Em rigor, *conciliação* e transação (acordo) não são expressões sinônimas: a *conciliação* significa a pacificação, a harmonização dos espíritos, a concórdia, ao passo que a *transação,* como dissemos, constitui negócio jurídico bilateral. Destarte, as partes podem conciliar-se, sem, necessariamente, transacionarem; e vice-versa. Coloquemos de lado essas sutilezas linguísticas, tão caras à acribologia, e tomemos o vocábulo *conciliação* como significante de *transação,* de *acordo.*

Mediação. Na mediação, a solução do conflito é obtida pela participação de uma terceira pessoa alheia ao conflito e que não detém poderes para impor aos conflitantes a solução que considere ser a melhor. A mediação traduz ato de aproximação e de aconselhamento.

O CNJ, há alguns anos, instituiu a campanha da Semana Nacional da Conciliação, destinada a fazer com que as partes transacionem e ponham fim ao processo. O mesmo CNJ, dentro de sua Política Nacional de Tratamento dos Conflitos de Interesses, aprovou resolução pela qual *recomenda* aos tribunais do país que ofereçam núcleos consensuais com o objetivo de, mediante conciliação ou mediação, conduzirem à solução negociada das controvérsias existentes entre as partes.

Agora, o art. 165 do CPC *determina* aos tribunais a criação de centros judiciários de solução consensual de conflitos. A esses centros incumbirá: a) a realização de sessões e de audiências destinadas à conciliação e à mediação; b) desenvolver programas visando a auxiliar, orientar e estimular a autocomposição do litígio.

Lembremos que, nos termos do art. 42, do CPC, "As causas cíveis serão processadas e decididas pelo juiz nos limites de sua competência, ressalvado às partes o direito de instituir juízo arbitral, na forma da lei". A arbitragem, entretanto, não exclui a conciliação. Tanto isto é certo que, no início do procedimento, o árbitro ou o tribunal arbitral deverão tentar conciliar as partes, sem prejuízo de estas se conciliarem, voluntariamente.

No âmbito específico das relações de trabalho, o Decreto n. 88.984, de 10.11.1983, do Ministro do Trabalho, criou o Serviço Nacional de Mediação e Arbitragem, constituído por árbitros independentes, remunerados pelas partes.

Questão relevante, a ser nesta altura enfrentada, se refere a saber se incidem no processo do trabalho os arts. 165 a 175, do CPC, que versam sobre a conciliação e a mediação judiciais.

Em termos de organismos *extrajudiciais,* a CLT contém as Comissões de Conciliação Prévia, que, até onde sabemos, pouco têm contribuído para o atingimento do objetivo que lhes motivou a instituição.

Relativamente à *conciliação* judicial, a CLT possui normas próprias, que não perderam a eficácia ao longo dos anos e das décadas. Além disso, há as recomendações do CNJ, que têm produzido resultados satisfatórios. A *mediação judicial,* prevista no atual CPC, a nosso ver, não trará nenhuma utilidade prática às partes, nem mesmo aos escopos da Justiça do Trabalho, a começar pelo fato de o mediador nada decidir, uma vez que a sua atuação se limita a aproximar as partes, ou, conforme está na dicção do art. 165, § 3º, do CPC, a auxiliar "aos interessados a compreender as questões e os interesses em conflito, de modo que eles possam, pelo restabelecimento da comunicação, identificar, por si próprios, soluções consensuais que gerem benefícios mútuos".

Fica aberta possibilidade, todavia, de a Justiça do Trabalho valer-se de algumas das disposições dos arts. 165 a 175, do CPC, relativamente à conciliação, desde que possam representar um expressivo contributo ao objetivo medular dessa Justiça, que reside — como tantas vezes enfatizamos — na solução negociada, consensual, do conflito de interesses.

Pelas razões que até esta quadra expusemos, limitar-nos-emos a reproduzir os arts. 165 a 175, do CPC, sem os comentarmos.

Art. 165. Os tribunais criarão centros judiciários de solução consensual de conflitos, responsáveis pela realização de sessões e audiências de conciliação e mediação e pelo desenvolvimento de programas destinados a auxiliar, orientar e estimular a autocomposição.

§ 1º A composição e a organização dos centros serão definidas pelo respectivo tribunal, observadas as normas do Conselho Nacional de Justiça.

§ 2º O conciliador, que atuará preferencialmente nos casos em que não houver vínculo anterior entre as partes, poderá sugerir soluções para o litígio, sendo vedada a utilização de qualquer tipo de constrangimento ou intimidação para que as partes conciliem.

§ 3º O mediador, que atuará preferencialmente nos casos em que houver vínculo anterior entre as partes, auxiliará aos interessados a compreender as questões e os interesses em conflito, de modo que eles possam, pelo restabelecimento da comunicação, identificar, por si próprios, soluções consensuais que gerem benefícios mútuos.

Art. 166. A conciliação e a mediação são informadas pelos princípios da independência, da imparcialidade, da autonomia da vontade, da confidencialidade, da oralidade, da informalidade e da decisão informada.

§ 1º A confidencialidade estende-se a todas as informações produzidas no curso do procedimento, cujo teor não poderá ser utilizado para fim diverso daquele previsto por expressa deliberação das partes.

§ 2º Em razão do dever de sigilo, inerente às suas funções, o conciliador e o mediador, assim como os membros de suas equipes, não poderão divulgar ou depor acerca de fatos ou elementos oriundos da conciliação ou da mediação.

§ 3º Admite-se a aplicação de técnicas negociais, com o objetivo de proporcionar ambiente favorável à autocomposição.

§ 4º A mediação e a conciliação serão regidas conforme a livre autonomia dos interessados, inclusive no que diz respeito à definição das regras procedimentais.

Art. 167. Os conciliadores, os mediadores e as câmaras privadas de conciliação e mediação serão inscritos em cadastro nacional e em cadastro de tribunal de justiça ou de tribunal regional federal, que manterá registro de profissionais habilitados, com indicação de sua área profissional.

§ 1º Preenchendo o requisito da capacitação mínima, por meio de curso realizado por entidade credenciada, conforme parâmetro curricular definido pelo Conselho Nacional de Justiça em conjunto com o Ministério da Justiça, o conciliador ou o mediador, com o respectivo certificado, poderá requerer sua inscrição no cadastro nacional e no cadastro de tribunal de justiça ou de tribunal regional federal.

§ 2º Efetivado o registro, que poderá ser precedido de concurso público, o tribunal remeterá ao diretor do foro da comarca, seção ou subseção judiciária onde atuará o conciliador ou o mediador os dados necessários para que seu nome passe a constar da respectiva lista, a ser observada na distribuição alternada e aleatória, respeitado o princípio da igualdade dentro da mesma área de atuação profissional.

§ 3º Do credenciamento das câmaras e do cadastro de conciliadores e mediadores constarão todos os dados relevantes para a sua atuação, tais como o número de processos de que participou, o sucesso ou insucesso da atividade, a matéria sobre a qual versou a controvérsia, bem como outros dados que o tribunal julgar relevantes.

§ 4º Os dados colhidos na forma do § 3º serão classificados sistematicamente pelo tribunal, que os publicará, ao menos anualmente, para conhecimento da população e para fins estatísticos e de avaliação da conciliação, da mediação, das câmaras privadas de conciliação e de mediação, dos conciliadores e dos mediadores.

§ 5º Os conciliadores e mediadores judiciais cadastrados na forma do *caput*, se advogados, estarão impedidos de exercer a advocacia nos juízos em que desempenhem suas funções.

§ 6º O tribunal poderá optar pela criação de quadro próprio de conciliadores e mediadores, a ser preenchido por concurso público de provas e títulos, observadas as disposições deste Capítulo.

Art. 168. As partes podem escolher, de comum acordo, o conciliador, o mediador ou a câmara privada de conciliação e de mediação.

§ 1º O conciliador ou mediador escolhido pelas partes poderá ou não estar cadastrado no tribunal.

§ 2º Inexistindo acordo quanto à escolha do mediador ou conciliador, haverá distribuição entre aqueles cadastrados no registro do tribunal, observada a respectiva formação.

§ 3º Sempre que recomendável, haverá a designação de mais de um mediador ou conciliador.

Art. 169. Ressalvada a hipótese do art. 167, § 6º, o conciliador e o mediador receberão pelo seu trabalho remuneração prevista em tabela fixada pelo tribunal, conforme parâmetros estabelecidos pelo Conselho Nacional de Justiça.

§ 1º A mediação e a conciliação podem ser realizadas como trabalho voluntário, observada a legislação pertinente e a regulamentação do tribunal.

§ 2º Os tribunais determinarão o percentual de audiências não remuneradas que deverão ser suportadas pelas câmaras privadas de conciliação e mediação, com o fim de atender aos processos em que deferida gratuidade da justiça, como contrapartida de seu credenciamento.

Art. 170. No caso de impedimento, o conciliador ou mediador o comunicará imediatamente, de preferência por meio eletrônico, e devolverá os autos ao juiz do processo ou ao coordenador do centro judiciário de solução de conflitos, devendo este realizar nova distribuição.

Parágrafo único. Se a causa de impedimento for apurada quando já iniciado o procedimento, a atividade será interrompida, lavrando-se ata com relatório do ocorrido e solicitação de distribuição para novo conciliador ou mediador.

Art. 171. No caso de impossibilidade temporária do exercício da função, o conciliador ou mediador informará o fato ao centro, preferencialmente por meio eletrônico, para que, durante o período em que perdurar a impossibilidade, não haja novas distribuições

Art. 172. O conciliador e o mediador ficam impedidos, pelo prazo de 1 (um) ano, contado do término da última audiência em que atuaram, de assessorar, representar ou patrocinar qualquer das partes.

Art. 173. Será excluído do cadastro de conciliadores e mediadores aquele que:

I — agir com dolo ou culpa na condução da conciliação ou da mediação sob sua responsabilidade ou violar qualquer dos deveres decorrentes do art. 166, §§ 1º e 2º;

II — atuar em procedimento de mediação ou conciliação, apesar de impedido ou suspeito.

§ 1º Os casos previstos neste artigo serão apurados em processo administrativo.

§ 2º O juiz do processo ou o juiz coordenador do centro de conciliação e mediação, se houver, verificando atuação inadequada do mediador ou conciliador, poderá afastá-lo de suas atividades por até 180 (cento e oitenta) dias, por decisão fundamentada, informando o fato imediatamente ao tribunal para instauração do respectivo processo administrativo.

Art. 174. A União, os Estados, o Distrito Federal e os Municípios criarão câmaras de mediação e conciliação, com atribuições relacionadas à solução consensual de conflitos no âmbito administrativo, tais como:

I – dirimir conflitos envolvendo órgãos e entidades da administração pública;

II – avaliar a admissibilidade dos pedidos de resolução de conflitos, por meio de conciliação, no âmbito da administração pública;

III – promover, quando couber, a celebração de termo de ajustamento de conduta.

Art. 175. As disposições desta Seção não excluem outras formas de conciliação e mediação extrajudiciais vinculadas a órgãos institucionais ou realizadas por intermédio de profissionais independentes, que poderão ser regulamentadas por lei específica.

Parágrafo único. Os dispositivos desta Seção aplicam-se, no que couber, às câmaras privadas de conciliação e mediação.

TÍTULO V

DO MINISTÉRIO PÚBLICO

Art. 176. O Ministério Público atuará na defesa da ordem jurídica, do regime democrático e dos interesses e direitos sociais e individuais indisponíveis.

• **Comentário**

O CPC revogado nada continha a esse respeito.

A Constituição Federal declara no art. 127: "O Ministério Público é instituição permanente, essencial à função jurisdicional do Estado, incumbindo-lhe a defesa da ordem jurídica, do regime democrático e dos interesses sociais e individuais indisponíveis".

Justamente por esse motivo, incluiu o *Parquet* no capítulo que trata "Das funções essenciais à justiça".

O art. 1º da Lei Complementar n. 75, de 20 de maio de 1993 — que dispõe sobre a organização, as atribuições e o estatuto do Ministério Público da União —, repete a declaração contida no art. 127, da Constituição Federal, e, nos arts. 83 e 84, fixa as atribuições do Ministério Público do Trabalho.

Art. 177. O Ministério Público exercerá o direito de ação em conformidade com suas atribuições constitucionais.

• **Comentário**

Repete a regra inscrita no art. 81, do CPC revogado, exceto quanto à afirmação de que o Ministério Público possui, no processo, "os mesmos poderes e ônus que às partes".

Entrementes, como o *Parquet*, no caso, estará agindo na qualidade formal de *parte* (e não de fiscal da lei), é certo que terá os mesmos poderes, faculdades e ônus de que são legalmente dotados os litigantes em geral.

Estatui a Lei Complementar n. 75/1993:

Art. 83. Compete ao Ministério Público do Trabalho o exercício das seguintes atribuições junto aos órgãos da Justiça do Trabalho:

I – promover as ações que lhe sejam atribuídas pela Constituição Federal e pelas leis trabalhistas;

II – manifestar-se em qualquer fase do processo trabalhista, acolhendo solicitação do juiz ou por sua iniciativa, quando entender existente interesse público que justifique a intervenção;

III – promover a ação civil pública no âmbito da Justiça do Trabalho, para defesa de interesses coletivos, quando desrespeitados os direitos sociais constitucionalmente garantidos;

IV – propor as ações cabíveis para declaração de nulidade de cláusula de contrato, acordo coletivo ou convenção coletiva que viole as liberdades individuais ou coletivas ou os direitos individuais indisponíveis dos trabalhadores;

V – propor as ações necessárias à defesa dos direitos e interesses dos menores, incapazes e índios, decorrentes das relações de trabalho;

VI – recorrer das decisões da Justiça do Trabalho, quando entender necessário, tanto nos processos em que for parte, como naqueles em que oficiar como fiscal da lei, bem como pedir revisão dos Enunciados da Súmula de Jurisprudência do Tribunal Superior do Trabalho;

VII — funcionar nas sessões dos Tribunais Trabalhistas, manifestando-se verbalmente sobre a matéria em debate, sempre que entender necessário, sendo-lhe assegurado o direito de vista dos processos em julgamento, podendo solicitar as requisições e diligências que julgar convenientes;

VIII — instaurar instância em caso de greve, quando a defesa da ordem jurídica ou o interesse público assim o exigir;

IX — promover ou participar da instrução e conciliação em dissídios decorrentes da paralisação de serviços de qualquer natureza, oficiando obrigatoriamente nos processos, manifestando sua concordância ou discordância, em eventuais acordos firmados antes da homologação, resguardado o direito de recorrer em caso de violação à lei e à Constituição Federal;

X — promover mandado de injunção, quando a competência for da Justiça do Trabalho;

XI — atuar como árbitro, se assim for solicitado pelas partes, nos dissídios de competência da Justiça do Trabalho;

XII — requerer as diligências que julgar convenientes para o correto andamento dos processos e para a melhor solução das lides trabalhistas;

XIII — intervir obrigatoriamente em todos os feitos nos segundo e terceiro graus de jurisdição da Justiça do Trabalho, quando a parte for pessoa jurídica de Direito Público, Estado estrangeiro ou organismo internacional.

Art. 84. Incumbe ao Ministério Público do Trabalho, no âmbito das suas atribuições, exercer as funções institucionais previstas nos Capítulos I, II, III e IV do Título I, especialmente:

I — integrar os órgãos colegiados previstos no § 1º do art. 6º, que lhes sejam pertinentes;

II — instaurar inquérito civil e outros procedimentos administrativos, sempre que cabíveis, para assegurar a observância dos direitos sociais dos trabalhadores;

III — requisitar à autoridade administrativa federal competente, dos órgãos de proteção ao trabalho, a instauração de procedimentos administrativos, podendo acompanhá-los e produzir provas;

IV — ser cientificado pessoalmente das decisões proferidas pela Justiça do Trabalho, nas causas em que o órgão tenha intervindo ou emitido parecer escrito;

V — exercer outras atribuições que lhe forem conferidas por lei, desde que compatíveis com sua finalidade.

Art. 178. O Ministério Público será intimado para, no prazo de 30 (trinta) dias, intervir como fiscal da ordem jurídica nas hipóteses previstas em lei ou na Constituição Federal e nos processos que envolvam:

I — interesse público ou social;

II — interesse de incapaz;

III — litígios coletivos pela posse de terra rural ou urbana.

Parágrafo único. A participação da Fazenda Pública não configura, por si só, hipótese de intervenção do Ministério Público.

• **Comentário**

Caput e *incisos*. Em termos gerais, a matéria estava disciplinada no art. 82 do CPC revogado.

O Ministério Público do Trabalho atuará como fiscal da lei (*custos legis*) nos casos previstos na Lei Complementar n. 75/1993.

Parágrafo único. O fato de a Fazenda Pública participar do processo não dispensa a intervenção do Ministério Público, nos casos previstos em lei.

Por esse motivo, nos termos do art. 83 da Lei Complementar n. 75/93, cumpre-lhe "XIII — intervir obrigatoriamente em todos os feitos nos segundo e terceiro graus de jurisdição da Justiça do Trabalho, quando a parte for pessoa jurídica de Direito Público, Estado estrangeiro ou organismo internacional".

O Ministério Público não é mais representante das pessoas jurídicas de direito público; bem ao contrário, o art. 129, IX, da Constituição Federal proíbe-lhe "a representação judicial e a consultoria jurídica de entidades públicas".

Art. 179. Nos casos de intervenção como fiscal da ordem jurídica, o Ministério Público:

I — terá vista dos autos depois das partes, sendo intimado de todos os atos do processo;

II — poderá produzir provas, requerer as medidas processuais pertinentes e recorrer.

• **Comentário**

Caput e *incisos*. Repete-se o teor do art. 83 do CPC revogado.

A norma não se aplica ao Ministério Público do Trabalho, que possui estatuto próprio (Lei Complementar n. 75/1993).

Código de Processo Civil

Dispõe o art. 18 da sobredita norma legal:

Art. 18. São prerrogativas dos membros do Ministério Público da União:

I — institucionais:

a) sentar-se no mesmo plano e imediatamente à direita dos juízes singulares ou presidentes dos órgãos judiciários perante os quais oficiem;

b) usar vestes talares;

c) ter ingresso e trânsito livres, em razão de serviço, em qualquer recinto público ou privado, respeitada a garantia constitucional da inviolabilidade do domicílio;

d) a prioridade em qualquer serviço de transporte ou comunicação, público ou privado, no território nacional, quando em serviço de caráter urgente;

e) o porte de arma, independentemente de autorização;

f) carteira de identidade especial, de acordo com modelo aprovado pelo Procurador-Geral da República e por ele expedida, nela se consignando as prerrogativas constantes do inciso I, alíneas *c, d* e *e* do inciso II, alíneas *d, e* e *f*, deste artigo;

II — processuais:

a) do Procurador-Geral da República, ser processado e julgado, nos crimes comuns, pelo Supremo Tribunal Federal e pelo Senado Federal, nos crimes de responsabilidade;

b) do membro do Ministério Público da União que oficie perante tribunais, ser processado e julgado, nos crimes comuns e de responsabilidade, pelo Superior Tribunal de Justiça;

c) do membro do Ministério Público da União que oficie perante juízos de primeira instância, ser processado e julgado, nos crimes comuns e de responsabilidade, pelos Tribunais Regionais Federais, ressalvada a competência da Justiça Eleitoral;

d) ser preso ou detido somente por ordem escrita do tribunal competente ou em razão de flagrante de crime inafiançável, caso em que a autoridade fará imediata comunicação àquele tribunal e ao Procurador-Geral da República, sob pena de responsabilidade;

e) ser recolhido à prisão especial ou à sala especial de Estado-Maior, com direito a privacidade e à disposição do tribunal competente para o julgamento, quando sujeito a prisão antes da decisão final; e a dependência separada no estabelecimento em que tiver de ser cumprida a pena;

f) não ser indiciado em inquérito policial, observado o disposto no parágrafo único deste artigo;

g) ser ouvido, como testemunhas, em dia, hora e local previamente ajustados com o magistrado ou a autoridade competente;

h) receber intimação pessoalmente nos autos em qualquer processo e grau de jurisdição nos feitos em que tiver que oficiar".

Não constitui objetivo deste livro lançar comentários sobre a Lei Complementar n. 75/93; entretanto, pelo aspecto polêmico do tema, devemos dedicar algumas considerações ao disposto no art. 18, I, dessa Lei, que inscreve entre as prerrogativas institucionais dos membros do Ministério Público a de "a) sentar-se no mesmo plano e imediatamente à direita dos juízes singulares ou presidentes dos órgãos judiciários perante os quais oficiem".

Conforme escrevemos em outro livro (*Manual da audiência trabalhista*. São Paulo: LTr, 2010. p. 126/127):

"(...) o Conselho Superior da Justiça do Trabalho editou a Resolução n. 7/2005, para dispor: "Art. 1º A prerrogativa de assento à direita e no mesmo plano do Magistrado, prevista na alínea "a", do inciso I, do art. 18, da Lei Orgânica do Ministério Público da União, é assegurada a todos os membros do Ministério Público do Trabalho que oficiarem como 'custos legis' ou como parte nos órgãos da Justiça do Trabalho. Art. 2º Havendo disponibilidade de espaço físico nas Varas do Trabalho ou a possibilidade de adaptação das unidades, deve ser colocado o assento do Procurador no mesmo plano e à direita do Magistrado".

O Ministério Público, no exercício de suas atribuições constitucionais (CF, art. 127), pode atuar como: a) fiscal da lei ou b) como parte. Somente no primeiro caso é que ele, em rigor, oficia. Aliás, o *Parquet* pode oficiar mesmo nos processos em que figura como parte — a demonstrar, por este modo, que ambas as atribuições ou *status* não se confundem. Pois bem. A letra "a", do inciso I, do art. 18, da Lei Complementar n. 75/93, atribui aos membros do Ministério Público a prerrogativa de sentar-se à direita do magistrado e no mesmo plano deste nos processos em que oficiar, ou seja, funcionar como fiscal da lei (*custos legis*). Embora certas vozes costumem afirmar que a interpretação literal de um texto de lei seja a mais pobre de todas, isto não significa que a letra da lei deva ser sempre desprezada. Afinal, é por meio da literalidade que a norma legal se manifesta ao mundo sensível. A propósito, também se diz que quando se invoca o espírito da lei é porque a sua letra é desfavorável aos interesses do intérprete. Seja como for, estamos convencidos de que a Lei Complementar n. 75/93 restringiu a sobredita prerrogativa do Ministério Público aos processos em que funcionar como fiscal da lei. Sob esta perspectiva, percebe-se que a Resolução n. 7/2005, do CSJT, transbordou dos limites da Lei Complementar ao estender essa prerrogativa aos casos em que o Ministério Público atua na qualidade formal de parte.

Há, também, um outro aspecto, de ordem política que não pode ser desconsiderado. A prevalecer o entendimento de que o membro do Ministério Público teria direito de sentar-se no mesmo plano do juiz e à direita deste, inclusive nos processos em que atuasse como parte, teríamos a seguinte visão cênica da sala de audiências: na mesa transversal à destinada aos litigantes estariam, lado a lado, o magistrado e o membro do Ministério Público; na outra mesa, solitária, isolada, estaria a parte contrária, com o espírito certamente tomado por uma compreensível sensação de inferioridade e com a mente perturbada pela ideia de que a Justiça e o Ministério Público estariam unidos contra ela. Não nos parece essa a visão que um Estado Democrático de Direito deva propiciar ao réu.

A este respeito, é oportuno transcrevermos as considerações que Francesco Carnelutti expendeu com vistas ao processo penal: "Disso resulta, naturalmente, a exigência de igualdade entre o Ministério Público e o defensor, sobre a qual se funda o equilíbrio do processo penal. (...) As forças da lógica operam, certamente, sobre a história; mas encontram, em razão da miséria humana, resistências, que lhes diminuem a ação. (...) Se, na reforma do processo penal, cuja urgência é, enfim, profunda e difusamente sentida, não nos dermos conta disso, faltará uma das direções mais seguras. Até que o espectador de um processo penal não se escandalize porque o Ministério Público está no alto, ao lado do juiz, e o defensor embaixo, ao lado do imputado, não se criará o ambiente propício a uma verdadeira civilidade penal" (Mettere il pubblico ministero al suo posto. In: *Rivista di Diritto Processuale*, Padova: Cedam, 1953, v. VIII, Parte I, p. 264).

A relevância das atribuições que a Constituição da República comete ao Ministério Público, e as efetivas prerrogativas a ele atribuídas, não deixam de existir pelo simples fato de o membro do Parquet sentar-se à mesa reservada para as partes, nos processos em que age nesta qualidade.

Uma nótula sobre a prerrogativa a que se refere a letra "b", inciso I, do art. 18 da Lei Complementar n. 75/93: na prática, nem sempre os membros do Ministério Público (assim como os magistrados e os advogados) fazem uso de vestes talares (beca, toga). A razão é elementar: o substantivo *talar* é oriundo da forma latina *talaris, e*, significante daquilo "que desce até os tornozelos, até os calcanhares". Não raro, as becas e togas vão somente até à altura dos joelhos; logo, não são talares...

Art. 180. O Ministério Público gozará de prazo em dobro para manifestar-se nos autos, que terá início a partir de sua intimação pessoal, nos termos do art. 183, § 1º.

§ 1º Findo o prazo para manifestação do Ministério Público sem o oferecimento de parecer, o juiz requisitará os autos e dará andamento ao processo.

§ 2º Não se aplica o benefício da contagem em dobro quando a lei estabelecer, de forma expressa, prazo próprio para o Ministério Público.

• **Comentário**

Caput. O art. 188 do CPC revogado assegurava ao Ministério Público, quando parte, o prazo em quádruplo para contestar e em dobro para recorrer.

O texto atual concede-lhe o prazo em dobro, seja para contestar, seja para recorrer, como parte ou como fiscal da lei.

Omissa a Lei Complementar n. 75/1993 a esse respeito, aplica-se o art. 188, *caput*, do CPC.

§ 1º Entendemos que esta norma é inaplicável ao Ministério Público do Trabalho, que pode deixar de exarar parecer. A esse respeito é oportuno recordar que o inciso XVI do art. 6º da Lei Complementar n. 75/93 obrigava o Ministério Público a "intervir em todos os feitos, em todos os graus de jurisdição" quando fosse interessado na causa pessoa jurídica de direito público, Estado estrangeiro ou organismo internacional.

O mencionado inciso, no entanto, foi vetado pelo Sr. Presidente da República, sob este argumento: "O dispositivo amplia em demasia o conceito de interesse público, previsto no art. 82, III, do CPC. Tratando-se de tema estritamente processual, deve ser deixada ao Poder Judiciário a interpretação do alcance da norma já existente no Código próprio. Ademais, a disposição inviabiliza o exercício das outras relevantes atribuições do Ministério Público, pois isso representaria impor ao Ministério Público o dever de tomar conhecimento de todas as causas em andamento — e não só na Justiça Federal — em que a União e os Estados Federados e Municípios e suas descentralizações com personalidade de direito público — vale dizer suas autarquias — fossem partes".

§ 2º A contagem de prazo em dobro, para o Ministério Público, não será observada quando houver norma legal fixando, de modo expresso, prazo próprio para o *Parquet*.

Art. 181. O membro do Ministério Público será civil e regressivamente responsável quando agir com dolo ou fraude no exercício de suas funções.

• **Comentário**

Regra idêntica estava contida no art. 85 do CPC revogado.

Omissa a Lei Complementar n. 75/1993, aplica-se ao Ministério Público do Trabalho a norma *sub examen*.

Assim como os magistrados, os membros do Ministério Público do Trabalho (para cogitarmos, apenas, deste) possuem determinados deveres específicos.

Estatui, a esse respeito, a Lei Complementar n. 75/93:

Art. 236. O membro do Ministério Público da União, em respeito à dignidade de suas funções e à da Justiça, deve observar as normas que regem o seu exercício e especialmente:

I — cumprir os prazos processuais;

II — guardar segredo sobre assunto de caráter sigiloso que conheça em razão do cargo ou função;

III — velar por suas prerrogativas institucionais e processuais;

IV — prestar informações aos órgãos da administração superior do Ministério Público, quando requisitadas;

V — atender ao expediente forense e participar dos atos judiciais, quando for obrigatória a sua presença; ou assistir a outros, quando conveniente ao interesse do serviço;

VI — declarar-se suspeito ou impedido, nos termos da lei;

VII — adotar as providências cabíveis em face das irregularidades de que tiver conhecimento ou que ocorrerem nos serviços a seu cargo;

VIII — tratar com urbanidade as pessoas com as quais se relacione em razão do serviço;

IX — desempenhar com zelo e probidade as suas funções;

X — guardar decoro pessoal.

Art. 237. É vedado ao membro do Ministério Público da União:

I — receber, a qualquer título e sob qualquer pretexto; honorários, percentagens ou custas processuais;

II — exercer a advocacia;

III — exercer o comércio ou participar de sociedade comercial, exceto como cotista ou acionista;

IV — exercer, ainda que em disponibilidade, qualquer outra função pública, salvo uma de magistério;

V — exercer atividade político-partidária, ressalvada a filiação e o direito de afastar-se para exercer cargo eletivo ou a ele concorrer".

Além dos deveres, a Lei Complementar n. 75/93 estabelece as seguintes proibições aos membros do Ministério Público da União:

I — receber, a qualquer título e sob qualquer pretexto; honorários, percentagens ou custas processuais;

II — exercer a advocacia;

III — exercer o comércio ou participar de sociedade comercial, exceto como cotista ou acionista;

IV — exercer, ainda que em disponibilidade, qualquer outra função pública, salvo uma de magistério;

V — exercer atividade político-partidária, ressalvada a filiação e o direito de afastar-se para exercer cargo eletivo ou a ele concorrer.

Quanto à vedação do exercício da advocacia (inc. II), contudo, dispõe o art. 29, § 3º, do Ato das Disposições Constitucionais Transitórias: "§ 3º Poderá optar pelo regime anterior, no que respeita às garantias e vantagens, o membro do Ministério Público admitido antes da promulgação da Constituição, observando-se, quanto às vedações, a situação jurídica na data desta". Por força dessa norma, permitiu-se, entre outras coisas, aos membros do Ministério Público (admitidos antes da promulgação da CF/19880) o exercício da advocacia, o que fez gerar, na prática a existência de duas classes de membros do *Parquet*: a dos que podem advogar e a dos que estão impedidos de fazê-lo. Isso é lamentável, não só pela discriminação que a norma contém e pela incompatibilidade das duas atividades, mas porque o membro do Ministério Público poderá acabar dedicando maior atenção à advocacia do que às relevantes funções institucionais que deveria exercitar como defensor da ordem jurídica, do regime democrático e dos interesses sociais e individuais indisponíveis (CF, art. 127, *caput*).

TÍTULO VI

DA ADVOCACIA PÚBLICA

Art. 182. Incumbe à Advocacia Pública, na forma da lei, defender e promover os interesses públicos da União, dos Estados, do Distrito Federal e dos Municípios, por meio da representação judicial, em todos os âmbitos federativos, das pessoas jurídicas de direito público que integram a administração direta e indireta.

• **Comentário**

O CPC revogado não continha Título ou Capítulo específicos para disciplinar a Advocacia Pública.

A Constituição Federal estabelece, no art. 131: "A Advocacia-Geral da União é a instituição que, diretamente ou através de órgão vinculado, representa a União, judicial e extrajudicialmente, cabendo-lhe, nos termos da lei complementar que dispuser sobra sua organização e funcionamento, as atividades de consultoria e assessoramente jurídico do Poder Executivo".

A Lei Complementar n. 73, de 10.2.1993, atendendo ao preceito constitucional transcrito, instituiu a Lei Orgânica da Advocacia-Geral da União.

O art. 182 do CPC indica a atribuição da Advocacia Pública: defender e promover os interesses públicos, tanto da União, dos Estados-Membros, do Distrito Federal quanto dos Municípios. Essa defesa se realiza mediante representação judicial em todos os âmbitos federativos, das pessoas jurídicas de direito público que façam parte da administração direta e indireta.

As pessoas jurídicas de direito público compreendem as: a) de direito interno: a União, os Estados, o Distrito Federal, os Territórios, os Municípios, as autarquias e as demais entidades de caráter público criadas por lei (CC, art. 41, I a V); b) de direito externo: os Estados estrangeiros e todas as pessoas que forem regidas pelo direito internacional público (CC, art. 42).

Integram a *administração direta* todas as entidades federativas: a União, os Estados, o Distrito Federal, os Territórios e os Municípios. Fazem parte da administração indireta ou descentralizada: a) as autarquias e suas espécies (agências reguladoras); b) as fundações; c) as empresas Públicas; d) e as sociedades de economia mista.

Art. 183. A União, os Estados, o Distrito Federal, os Municípios e suas respectivas autarquias e fundações de direito público gozarão de prazo em dobro para todas as suas manifestações processuais, cuja contagem terá início a partir da intimação pessoal.

§ 1º A intimação pessoal far-se-á por carga, remessa ou meio eletrônico.

§ 2º Não se aplica o benefício da contagem em dobro quando a lei estabelecer, de forma expressa, prazo próprio para o ente público.

• **Comentário**

Caput. Todos os órgãos e entidades mencionadas no *caput* possuem o benefício do prazo em dobro para as suas manifestações no processo. O prazo dúplice passará a fluir da data da intimação pessoal do representante legal. O CPC de 1973 restringia essa prerrogativa à Fazenda Pública (art. 188).

§ 1º A pessoalidade da intimação será realizada mediante de carga dos autos, remessa ou por meio eletrônico.

§ 2º Esse benefício, contudo, deixará de existir quando houver norma legal estabelecendo, de maneira expressa, prazo próprio para o ente público.

Art. 184. O membro da Advocacia Pública será civil e regressivamente responsável quando agir com dolo ou fraude no exercício de suas funções.

• **Comentário**

O membro da Advocacia Pública poderá ser responsabilizado, civilmente, e de maneira regressiva, quando agir de forma dolosa ou fraudulenta no exercício das suas funções.

Dispõe o art. 32, da Lei n. 8.906, de 4-7-1994 (EAOAB): "O advogado é responsável pelos atos que, no exercício profissional, praticar com dolo ou culpa. Parágrafo único. Em caso de lide temerária, o advogado será solidariamente responsável com seu cliente, desde que coligado com este para lesar a parte contrária, o que será apurado em ação própria".

Da conjugação dos dois dispositivos legais reproduzidos, conclui-se que os membros da Advocacia Pública serão civil e regressivamente responsáveis quando, no exercício de suas funções, agirem: a) com dolo; b) com fraude; ou c) com culpa em sentido estrito. A propósito, sob o rigor vocabular e conceitual não se pode negar que a fraude esteja compreendida no dolo.

TÍTULO VII
DA DEFENSORIA PÚBLICA

Art. 185. A Defensoria Pública exercerá a orientação jurídica, a promoção dos direitos humanos e a defesa dos direitos individuais e coletivos dos necessitados, em todos os graus, de forma integral e gratuita.

• Comentário

A Constituição Federal determina que o Estado preste assistência jurídica integral e gratuita aos que comprovarem a sua insuficiência de recursos financeiros (art. 5º, LXXIV). O art. 134 da Constituição declara que "A Defensoria Pública é instituição essencial à função jurisdicional do Estado, incumbindo-lhe a oprientação jurídica e a defesa, em todos os graus, dos necessitados, na forma do art. 5º, LXXIV".

Como *necessitados*, para os efeitos da assistência judiciária, devem ser considerados os *hipossuficientes*, econômica ou financeiramente. A Lei n. 1.060, de 5.2.1950, estabelece normas para a concessão de assistência judiciária aos necessitados. Os arts. 2º, 3º, 4º, 6º, 7º, 11, 12 e 17 dessa Lei foram revogados pelo art. 1.072, III, do atual CPC.

A Lei Complementar n. 80, de 12.1.1994, organizou a Defensoria Pública da União, do Distrito Federal e dos Territórios.

Na Justiça do Trabalho, a assistência judiciária gratuita vem sendo ministrada pelas entidades sindicais de trabalhadores, por força do disposto no art. 14, da Lei n. 5.584, de 16.6.1970. Quando inexistir, na localidade, sindicato da categoria profissional, a assistência judiciária deverá ser prestada pelo Promotor Público ou pela Defensoria Pública (*ibidem*, art. 17). Aplicam-se, em caráter supletivo, as normas da Lei n. 1.060/50.

A despeito de a Lei n. 5.584/1970 ser digna de todas as referências encomiásticas a ela dirigidas, e de continuar a ser mencionada como fundamento para concessão de assistência judiciária gratuita, no âmbito da Justiça do Trabalho, entendemos que, no tocante a cometer ao sindicato de trabalhadores o *dever* de prestar essa assistência, essa norma legal foi, tacitamente, derrogada pelo art. 5º, inciso LXIV, da Constituição Federal de 1998, que, conforme vimos, atribuiu *ao Estado* a incumbência de prestar assistência judiciária gratuita. Em que pese ao fato de a entidade sindical não estar mais jungida a esse dever, isso não significa que esteja impedida de efetuar essa prestação de cunho social. O que pomos em dúvida, entretanto, é o direito de o sindicato receber os honorários a que se refere o art. 16 da Lei n. 5.584/70, considerando-se que ele já não tem o dever ou encargo de prestar assistência judiciária aos trabalhadores a ele vinculados.

Art. 186. A Defensoria Pública gozará de prazo em dobro para todas as suas manifestações processuais.

§ 1º O prazo tem início com a intimação pessoal do defensor público, nos termos do art. 183, § 1º.

§ 2º A requerimento da Defensoria Pública, o juiz determinará a intimação pessoal da parte patrocinada quando o ato processual depender de providência ou informação que somente por ela possa ser realizada ou prestada.

§ 3º O disposto no caput aplica-se aos escritórios de prática jurídica das faculdades de Direito reconhecidas na forma da lei e às entidades que prestam assistência jurídica gratuita em razão de convênios firmados com a Defensoria Pública.

§ 4º Não se aplica o benefício da contagem em dobro quando a lei estabelecer, de forma expressa, prazo próprio para a Defensoria Pública.

• Comentário

Caput. Assim como o Ministério Público (art. 180) e a Advocacia Pública (art. 183), a Defensoria possui prazo em dobro para realizar as suas manifestações no processo.

§ 1º A ela a norma legal também concede a prerrogativa de fluência dos prazos somente depois da intimação pessoal, a ser efetuada na forma do art. 183, § 1º.

Art. 187

§ 2º Ciente de que, na prática, haveria situações em que somente a parte patrocinada poderia adotar determinada providência ou prestar alguma informação útil ao processo, o legislador permitiu que o defensor público requeresse ao juiz a intimação da parte, para que tomasse a providência ou prestasse a informação.

§ 3º O preceptivo legal é claro: os escritórios de prática jurídica, vinculados às faculdades de Direito reconhecidas na forma da lei e as entidades que prestam assistência jurídica gratuita em virtude de convênios firmados com a Defensoria Pública também possuem prazo em dobro para as suas manifestações no processo.

§ 4º A exemplo da ressalva feita em relação ao Ministério Público e à Advocacia Pública, o benefício do prazo dúplice não se aplica à Defensoria Pública quando houver norma legal que fixe, de maneira expressa, prazo específico para ela.

Art. 187. O membro da Defensoria Pública será civil e regressivamente responsável quando agir com dolo ou fraude no exercício de suas funções.

• **Comentário**

Do mesmo modo que o magistrado (art. 143), o membro do Ministério Público (art. 181) e da Advocacia Pública (art. 184), o defensor público responderá, civil e regressivamente, nos casos em que agir com dolo ou fraude no exercício das suas funções.

LIVRO IV

DOS ATOS PROCESSUAIS

TÍTULO I

DA FORMA, DO TEMPO E DO LUGAR DOS ATOS PROCESSUAIS

CAPÍTULO I

DA FORMA DOS ATOS PROCESSUAIS

Seção I

Dos Atos em Geral

Art. 188. Os atos e os termos processuais independem de forma determinada, salvo quando a lei expressamente a exigir, considerando-se válidos os que, realizados de outro modo, lhe preencham a finalidade essencial.

• **Comentário**

Repete o conteúdo do *caput* do art. 154 do CPC revogado.

A norma em estudo, ao afirmar que os atos processuais não dependem de forma determinada, exalta o princípio da simplicidade dos atos processuais. Esse princípio somente não será observado quando a lei exigir que o ato se revista de determinada forma, como é o caso da sentença.

E, ao declarar que serão considerados válidos os atos que, praticados de outro modo, lhe preencham a finalidade essencial, o legislador colocou em evidência o princípio da *instrumentalidade*, que é reiterado pelo art. 277 do mesmo Código.

A despeito de a CLT ser omissa quanto ao princípio em exame, a sua aplicação ao processo do trabalho é indiscutível, dada a (ainda que relativa ou aparente) simplicidade do procedimento que a este corresponde.

O princípio em estudo consagra, ainda que de maneira implícita, o reconhecimento de que as formas processuais não representam um fim em si mesmas, senão que um meio (= sentido instrumental) de atribuir legalidade extrínseca aos atos do procedimento.

A realidade prática revela que esse princípio foi amplamente assimilado pelo processo do trabalho, na qual, entre outras coisas, vem sendo aceita a resposta escrita (exceção, contestação) do réu, quando deveria, segundo a lei, ser apresentada oralmente, em audiência (CLT, art. 847). O mesmo fenômeno vem ocorrendo quanto às razões finais, que passaram a ser apresentadas, com a tolerância de alguns juízes, sob a forma de memoriais escritos, por influência do processo civil. Pessoalmente, sempre tivemos certa restrição quanto a isso, por entendermos que as razões finais orais não poderiam ser *substituídas* por memoriais escritos, pois aquelas deveriam ser aduzidas em audiência (CLT, art. 850, *caput*), ao passo que estes, em regra, eram apresentados na secretaria do juízo; logo, depois de a segunda proposta de conciliação haver sido formulada — circunstância que assinala o sentido tumultuário do procedimento, de que se reveste essa prática inovadora. O que se poderia permitir é a apresentação de memoriais, sem prejuízo de serem formuladas, antes, de maneira oral, razões finais. O fato de o CPC atual haver passado também a falar em *razões finais* (art. 364, § 2º) não altera a opinião que acabamos de manifestar, pois se trata de simples mudança de nomenclatura, uma vez que as antedita razões são apresentadas *por escrito*.

Se a parte comparecer, de maneira espontânea, ao juízo, para alegar a nulidade — seja quanto à citação, seja quanto a qualquer outro ato processual —, o prazo para a contestação ou para embargos à execução será contado da data do aludido comparecimento a juízo (CPC, art. 329, § 1º).

É necessário advertir, contudo, que a nulidade deverá ser pronunciada se a inobservância da forma prescrita em lei acarretar manifesto prejuízo a uma das partes, ou, eventualmente, a ambas, ou, ainda, implicar uma injustificável discriminação processual, como quando, p. ex., o juiz exigir que o autor apresente as suas razões finais, oralmente, em audiência, permitindo, no entanto, ao réu oferecê-las por escrito, posteriormente à audiência, ou seja, em prazo maior. Neste caso, teria ocorrido quebra do dever de imparcialidade, a que o magistrado está subjugado, por força do disposto no art. 5º, II, da Constituição Federal.

Tirante situações como a narrada, que evidenciam tratamento judicial anti-igualitário, a observação mais importante a ser feita, a respeito do assunto com o qual estamos a nos ocupar, é de que o processo do trabalho não deve ser visto como o "reino das formas", título que, talvez, possa calhar bem ao processo civil, menos preocupado com a informalidade e a simpleza dos atos do procedimento.

De resto, dispõe o art. 772, da CLT, que os atos e termos processuais, que devam ser assinados pelas partes, quando estas, por motivo justificado, não puderem fazê-lo, "serão firmados a rogo, na presença de duas testemunhas, sempre que não houver procurador legalmente constituído", lembrando-se que os atos e termos do processo podem ser escritos à tinta, datilografados ou a carimbo (art. 771).

Art. 189. Os atos processuais são públicos, todavia tramitam em segredo de justiça os processos:

I — em que o exija o interesse público ou social;

II — que versem sobre casamento, separação de corpos, divórcio, separação, união estável, filiação, alimentos e guarda de crianças e adolescentes;

III — em que constem dados protegidos pelo direito constitucional à intimidade;

IV — que versem sobre arbitragem, inclusive sobre cumprimento de carta arbitral, desde que a confidencialidade estipulada na arbitragem seja comprovada perante o juízo.

§ 1º O direito de consultar os autos de processo que tramite em segredo de justiça e de pedir certidões de seus atos é restrito às partes e aos seus procuradores.

§ 2º O terceiro que demonstrar interesse jurídico pode requerer ao juiz certidão do dispositivo da sentença, bem como de inventário e de partilha resultantes de divórcio ou separação.

• **Comentário**

Caput. Reproduziu-se a regra do *caput* do art. 155 do CPC revogado.

Publicidade. A declaração contida neste normativo, de que os atos processuais são públicos, constitui emanação tópica da garantia/mandamento inscrito no art. 93, inciso IX, da Constituição Federal ("*todos os julgamentos dos órgãos do Poder Judiciário serão públicos*").

É perceptível a intimidade da relação que há entre o princípio da publicidade dos atos processuais e os regimes democráticos. Em sentido inverso, esse princípio é tanto mais coarctado quanto mais os regimes políticos manifestam tendência ditatorial.

Pode-se dizer que o princípio da publicidade visa a permitir ao povo fiscalizar a atuação dos juízes e de todos os sujeitos do processo. Convém rememorar que o devido processo legal constitui um instrumento democrático de solução de conflitos de interesses tutelados pela ordem jurídica. Os julgamentos secretos, felizmente, fazem parte do passado. A reação contra esses julgamentos esotéricos surgiu com a Revolução Francesa de 1789, que proclamou a publicidade dos atos processuais como garantia de independência, de imparcialidade e de responsabilidade da magistratura e, ao mesmo tempo, de justiça para os jurisdicionados.

A Declaração Universal dos Direitos do Homem, enunciada pela Organização das Nações Unidas em 1948, assegura o princípio *da publicidade popular* do processo (art. 10), que é de certa forma ampla, pois enseja ao povo acompanhar (logo, fiscalizar) a atuação dos juízes, mediante, *e. g.*, o comparecimento às sessões de audiência e de julgamento.

Segredo de justiça. Existe, no sistema do processo civil, uma publicidade menos ampla (dita, por isso mesmo, restrita), que diz respeito às partes e seus procuradores e, eventualmente, a terceiros. O próprio texto constitucional indica os casos em que a lei poderá restringir a publicidade dos atos processuais: "Quando a defesa da intimidade ou o interesse social o exigirem" (art. 5º, LX). Em tais situações, os atos processuais serão realizados em segredo de justiça. O art. 189 do CPC, define esses casos: a) quando o exigir o interesse público ou social; b) quando a causa disser respeito a casamento, separação de corpos, divórcio, separação, união estável, filiação, alimentos e guarda de crianças e adolescentes; c) em que constem dados protegidos pelo direito constitucional à intimidade; d) que se refiram à arbitragem (incluído o cumprimento da carta arbitral), contanto que a confidencialidade determinada na arbitragem seja comprovada no juízo. Nestas hipóteses, a audiência será realizada com as portas da sala fechadas. Os incisos I, III e IV do art. 189 do CPC são aplicáveis ao processo do trabalho.

Embora o processo civil haja consagrado o princípio da publicidade popular, pelo qual se consente que as pessoas em geral compareçam às salas de audiências ou de sessões dos órgãos jurisdicionais, seja para assistir a esses atos por mera curiosidade; para fiscalizar a atuação dos juízes, das partes, dos advogados ou do Ministério Público, isso não significa que tais espectadores possam *intervir* nos trabalhos que aí se desenvolvem, ou *perturbar* a boa ordem dos trabalhos, como: comunicando-se, por palavras ou gestos, com as partes, advogados e testemunhas; formulando críticas à atuação do juiz ou dos advogados; aplaudindo ou vaiando as declarações das partes ou das testemunhas; conversando em voz alta etc. Esse comportamento é atentatório à dignidade da Justiça e incompatível com o decoro que se exige de quem se encontra nas dependências das unidades judiciárias. Por isso, vindo qualquer pessoa a adotar atitudes dessa natureza o juiz, no exercício do seu inerente *poder de polícia*, a advertirá para que se abstenha de fazê-lo, sob pena de ser retirada da sala de audiência ou de sessões (CPC, art. 360, II; CLT, art. 816). Se houver necessidade, o juiz poderá requisitar a segurança interna do órgão ou força policial, a fim de que a sua ordem seja cumprida (*CPC, ibidem*, III).

De uns tempos até esta altura, aliás, tem sido frequente — e, sobretudo, perturbadora — a presença de telefones celulares nas salas de audiências ou de sessões, cujos aparelhos passam a receber chamadas durante a realização desses atos processuais. Pouco importa que sejam as partes, seus advogados ou terceiros que estejam a portar essa espécie de aparelho: ao juiz incumbirá solicitar que sejam desligados, sob pena de a pessoa ser retirada da sala de audiências, ou adotada outra providência que a situação esteja a exigir.

Não se imagine, porém, que o magistrado, ao determinar que sejam retiradas da sala de audiência pessoas que estejam a perturbar os trabalhos estará, com isso, golpeando o princípio constitucional da publicidade. Ora, é elementar que esse princípio, embora seja extremamente necessário, pelas razões já apontadas, não autoriza que as pessoas se comportem de maneira inconveniente no recinto em que se realiza a audiência ou a sessão ou mesmo em suas proximidades. É importante lembrar que o juiz tem o dever de manter a ordem e o decoro na audiência e de determinar que sejam retiradas da sala as pessoas que estiverem, de algum modo, perturbando os trabalhos.

Aliás, se o juiz, eventualmente, mandar que a porta da sala de audiências ou de sessões seja fechada, em decorrência de vozearia ou ruído intenso que esteja sendo produzido em sala contígua ou em corredor próximo, também não estará desacatando o princípio constitucional da publicidade dos atos processuais, senão que adotando uma providência indispensável para que a audiência ou a sessão possam ser realizadas sem essas interferências sonoras externas e perturbadoras.

O princípio da publicidade também não significa que qualquer pessoa, seja jornalista ou não, possa filmar ou gravar em fitas magnéticas tudo o que se passa na audiência. Ocorre que isso poderá acarretar violação do direito à *intimidade* (e à preservação da *imagem*), de que são detentores as pessoas em geral. Basta observar que a própria Constituição autoriza o afastamento ocasional do princípio da publicidade, quando isso for necessário para assegurar a *intimidade* da parte (art. 5º, LV). Embora essa regra constitucional seja dirigida ao legislador, nada obsta a que o magistrado a adote, desde que fundamente o seu ato.

Inciso I. *Interesse público ou social.* Argumenta Celso Antonio Bandeira de Melo: "o interesse do todo, nada mais é do que uma forma, um aspecto, uma função qualificada do interesse das partes, ou seja, não há como se conceber que o interesse público seja contraposto e antinômico ao interesse privado, caso assim fosse, teríamos que rever imediatamente nossa concepção do que seja a função administrativa. O interesse público, portanto, nada mais é do que uma dimensão, uma determinada expressão dos direitos individuais, vista sob um prisma coletivo" (*Curso de direito administrativo*. São Paulo: Malheiros)

Sempre que estiver em causa o interesse público ou social, cumprirá ao juiz, *ex officio* ou a requerimento do interessado, providenciar para que o processo tramite em segredo de justiça.

Inciso II. A Justiça do Trabalho não possui competência para apreciar as matérias mencionadas neste inciso.

Inciso III. Esta causa não figurava no art. 155 do CPC revogado. Sempre que os autos contiverem dados que se encontrem protegidos pelo direito constitucional à intimidade o processo correrá em segredo de justiça.

Dados, para esse efeito, são informações, registros, contidos em documentos apresentados pelas partes ou por terceiros, neste último caso incluídos os órgãos públicos.

Direito à intimidade. O inc. X do art. 5º da Constituição Federal assegura a inviolabilidade da intimidade e da vida privada (assim como da honra e da imagem) das pessoas. Para Celso Ribeiro Bastos o direito á intimidade "Consiste ainda na faculdade que tem cada indivíduo de obstar a intromissão de estranhos na sua vida privada e familiar, assim como de impedir-lhe o acesso a informações sobre a privacidade de cada um, e também impedir que sejam divulgadas informações sobre esta área da manifestação existencial do ser humano" (Tribunal Regional

Federal da 1ª Região. *A Constituição na visão dos tribunais — interpretação e julgados — artigo por artigo.* v. I. Brasília: Saraiva, 1997. p. 30).

Edilson Pereira Farias observa que "A intimidade, como exigência moral da personalidade para que em determinadas situações seja o indivíduo deixado em paz, constituindo um direito de controlar a indiscrição alheia nos assuntos privados que só a ele interessa, tem como um de seus fundamentos o princípio da exclusividade, formulado por Hannah Arendt com base em Kant. Esse princípio, visando a amparar a pessoa dos riscos oriundos da pressão social niveladora e da força do poder político, comporta essencialmente três exigências: "a solidão (donde o desejo de estar só), o segredo (donde a exigência de sigilo) e a autonomia (donde a liberdade de decidir sobre si mesmo como centro emanador de informações)". (*Colisão de direitos — a honra, a intimidade, a vida privada e a imagem versus a liberdade de expressão e informação.* 2. ed. Porto Alegre: Sérgio Antonio Fabris Editor, 2000. p. 140).

O processo do trabalho tem conferido uma interpretação um pouco mais ampla ao inciso III do art. 189 do CPC, fazendo, por exemplo, com que tramitem em segredo de justiça, em alguns casos, os processos em que se impute ao autor a prática de crime ou homossexualismo.

Inciso IV. Para que a arbitragem motive o processamento da causa em segredo de justiça é necessário que a cláusula de confidencialidade estipulada na arbitragem seja comprovado no juízo por onde tramite o feito.

§ 1º Norma semelhante estava no parágrafo único do art. 155 do CPC revogado. Em nome do princípio da publicidade do processo as pessoas podem requerer certidões de atos processuais em geral; tratando-se de processo que corra em segredo de justiça o direito de consultar os autos e de pedir certidões é restrito às partes e seus procuradores. Essa disposição está em harmonia com o art. 7º, inciso XIII, da Lei n. 8.906/94 (Estatuto da OAB).

§ 2º O mesmo texto legal afirma que o direito de o *terceiro* requerer certidão está restrito ao dispositivo da sentença, e aos casos de inventário e partilha decorrente de separação judicial, e, ainda assim, desde que demonstre interesse jurídico em obter a certidão. Parece-nos, contudo, que essa disposição do CPC está em antagonismo com o art. 5º, inciso XXXIV, letra "b", da Constituição, que assegura *a todos* a obtenção de certidões em repartições públicas, para defesa de direitos e esclarecimentos de situações de interesse pessoal. Sendo assim, pensamos que o juiz não possa indeferir o requerimento de certidão relativa a *qualquer ato processual*, formulado por terceiro, contanto que este demonstre a necessidade de obtê-la, para efeito de promover a defesa de um seu direito ou de obter esclarecimento de situação de foro pessoal.

A propósito do assunto com o qual estamos a nos ocupar, é importante recordar o disposto no art. 152, V, do CPC, que inclui entre as atribuições do escrivão "*fornecer certidão de qualquer ato ou termo do processo, independentemente de despacho, observadas as disposições referentes ao segredo de justiça*". Isso significa que nos processos envolvendo segredo de justiça o escrivão (ou o diretor da secretaria) somente poderá emitir certidão mediante despacho do juiz.

Art. 190. Versando o processo sobre direitos que admitam autocomposição, é lícito às partes plenamente capazes estipular mudanças no procedimento para ajustá-lo às especificidades da causa e convencionar sobre os seus ônus, poderes, faculdades e deveres processuais, antes ou durante o processo.

Parágrafo único. De ofício ou a requerimento, o juiz controlará a validade das convenções previstas neste artigo, recusando-lhes aplicação somente nos casos de nulidade ou de inserção abusiva em contrato de adesão ou em que alguma parte se encontre em manifesta situação de vulnerabilidade.

• **Comentário**

Caput. Estamos, sem dúvida, diante de uma inovação legislativa que pode ser considerada revolucionária. Tradicionalmente, as partes se submetem às normas processuais existentes, sem que lhe seja concedida margem expressiva de disponibilidade. Como exemplo, mencionemos a possibilidade de os litigantes suspenderem o processo ou de obterem o adiamento da audiência, mediante vontades convergentes (CPC de 1973, arts. 265, II, e 453, I, respectivamente).

O que nos apresenta, agora, o art. 190 do CPC é algo muito mais amplo, pois comete às partes a faculdade de estabelecerem mudança no próprio procedimento e convencionarem a respeito dos seus ônus, poderes, faculdades e desde que o objeto da causa deveres processuais. Cuida-se, pois, de um negócio jurídico processul. Essa possibilidade pode ser colocada em prática antes ou depois de iniciado o processo, desde que as partes sejam capazes e o direito admita autocomposição. Por outras palavras, o legislador atribui às partes larga disponibilidade do procedimento judicial, por modo a criarem normas próprias, destinadas a regerem a sua atuação em juízo.

Talvez, a doutrina do processo civil venha a lançar generosos elogios a essa inovação. Os doutrinadores do processo do trabalho, entretanto, devem olhá-la com extrema reserva. Pela nossa parte, vamos além: entendemos que a inovação é inconciliável com o processo do trabalho. Não podemos nos esquecer que ainda está em vigor o art. 791, *caput*, da CLT, que atribui às partes capacidade postulatória, vale dizer, a faculdade de ingressarem em juízo, seja na qualidade de autora, seja na de ré, sem necessidade de advogado. Mesmo que, de *lege ferenda*, se venha a tornar obrigatória a presença do advogado no processo do trabalho, seguiremos com nossa opinião quanto à incompatibilidade do art. 189, do CPC, com aquele processo.

Note-se que o sobredito preceptivo legal não apenas permite às partes alterar o procedimento, para amoldá-lo às especificidades do caso concreto, mas, também, convencionar sobre os seus ônus, poderes, faculdades e deveres processuais, antes ou durante o processo. Essa faculdade legal, na prática, pode representar um grave risco para o trabalhador, sobre o qual poderão recair a maioria dos ônus e deveres processuais.

Não nos esqueçamos de que o *devido processo legal*, assegurado pela Constituição da República (art. 5º, LIV), traduz uma *segurança jurídica* para os litigantes, que se submeterão a normas regentes da atuação em juízo *de toda e qualquer pessoa* que pretenda promover a defesa de um bem ou de uma utilidade da vida.

O novo CPC estimula, sem dúvida, a realização de negócios jurídicos processuais, como evidenciam os seus arts. 168, 190, 191 e 471. Devemos saber, contudo, que dentre os pressupostos doutrinários para a realização desse negócio jurídico adquirem especial relevância os seguintes: a) a manifestação volitiva dos litigantes deve ser consciente, livre e provida de boa-fé; b) deve existir igualdade substancial entre os litigantes. Esses pressupostos ajustam-se, como a mão à luva, aos direitos civil e processual civil.

A realidade do processo do trabalho, entretanto, é completamente diversa.

Não há carga alguma de ideologia na afirmação de que, em tema de direito material ou processual do trabalho, a vontade do mais fraco, paradoxalmente, conspira contra ele. O hipossuficiente, não raro, escraviza-se pelas próprias palavras. Lembremo-nos da sábia e prudente advertência formulada por Lacordaire: "Entre o forte e o fraco, entre o rico e o pobre, é a liberdade que escraviza, é a lei que liberta". E, como afirma Giovanni Tesorieri: "Quando o tomador de trabalho e o trabalhador assumem no processo as vestes formais de partes, não cessam por isso de ser o que sempre terão sido; a história das suas relações não se transforma numa outra história: é a mesma, que continua" (*Lineamenti di Diritto Processuale del Lavoro*, Padova: Cedam, 1975, p. 4).

Parágrafo único. Considerando a possibilidade de a convenção que as partes estabelecerem com fundamento no *caput* do art. 189 conter alguma nulidade ou inserção de cláusula abusiva em contrato de adesão ou deixar uma das partes em estado de vulnerabilidade, o juiz, *ex officio* ou a requerimento do interessado, recusará a aplicação do que foi convencionado. A despeito desse dever que se atribui ao magistrado, continuamos serenamente convencidos de que o art. 190 do CPC é inconciliável com o processo do trabalho.

Para aferirmos os riscos que a aplicação do art. 190, do CPC, poderá trazer ao processo do trabalho, bastas referirmos o teor dos seguintes enunciados aprovados no Fórum Permanente de Processualistas Civis, realizado em Salvador (2013), Belo Horizonte (2014) e Vitória (2015): 19. "(art. 190) São admissíveis os seguintes negócios processuais, dentre outros: pacto de impenhorabilidade, acordo de ampliação de prazos das partes de qualquer natureza, acordo de rateio de despesas processuais, dispensa consensual de assistente técnico, acordo para retirar o efeito suspensivo de recurso, acordo para não promover execução provisória; pacto de mediação ou conciliação extrajudicial prévia obrigatória, inclusive com a correlata previsão de exclusão da audiência de conciliação ou de mediação prevista no art. 334; pacto de exclusão contratual da audiência de conciliação ou de mediação prevista no art. 334; pacto de disponibilização prévia de documentação (pacto de disclosure), inclusive com estipulação de sanção negocial, sem prejuízo de medidas coercitivas, mandamentais, sub-rogatórias ou indutivas; previsão de meios alternativos de comunicação das partes entre si. (Grupo: Negócio Processual; redação revista no III FPPC- RIO e no V FPPC-Vitória)". 21. (art. 190) *São admissíveis os seguintes negócios, dentre outros: acordo para realização de sustentação oral, acordo para ampliação do tempo de sustentação oral, julgamento antecipado do mérito convencional, convenção sobre prova, redução de prazos processuais. (Grupo: Negócio Processual; redação revista no III FPPC-Rio).*

Art. 191. De comum acordo, o juiz e as partes podem fixar calendário para a prática dos atos processuais, quando for o caso.

§ 1º O calendário vincula as partes e o juiz, e os prazos nele previstos somente serão modificados em casos excepcionais, devidamente justificados.

§ 2º Dispensa-se a intimação das partes para a prática de ato processual ou a realização de audiência cujas datas tiverem sido designadas no calendário.

Art. 192

• **Comentário**

Caput. Como nossa opinião quanto a incompatibilidade do art. 190, do CPC, com o processo do trabalho, pode não prevalecer, devemos examinar o que se passaria após as partes haverem alterado o procedimento e convencionado a respeito dos seus ônus, poderes, faculdades e deveres processuais. As partes, mediante "comum acordo", com o juiz, tendo como fundamento o § 1º, do art. 191, poderiam estabelecer *calendário* para a prática dos atos processuais, quando fosse o caso. *Comum acordo* é pleonasmo vicioso. Pode haver acordo que não seja *comum*? Ou pode haver acordo contra a vontade de uma das partes? Bastaria que o legislador houvesse aludido, apenas, a *acordo*, para haver dito tudo.

O art. 191, do CPC, é incompatível com o processo do trabalho, pelo mesmo motivo que rechaçamos a possibilidade de incidência do art. 190 no sobredito processo especializado. O fato de haver a participação do magistrado nesse acordo *sui generis*, destinado à "calendarização" *do processo*, não altera a nossa opinião. O art. 791, *caput*, da CLT, ainda está a viger, conforme decidiu o STF.

§ 1º O calendário tem caráter vinculativo do juiz e das partes, de tal modo que os prazos nele fixados somente poderão ser modificados em situações excepcionais, devidamente justificadas.

§ 2º Caso o calendário preveja datas para a realização dos diversos atos processuais, incluída a audiência, as partes não precisarão ser intimadas quando chegarem as datas preestabelecidas. Imagine-se, na prática, o que ocorrerá no caso de a parte estar exercendo a capacidade postulatória que lhe atribui o art. 791, *caput*, da CLT. O art. 191 do CPC foi elaborado com vistas a uma realidade totalmente diversa da que caracteriza a do processo do trabalho.

Art. 192. Em todos os atos e termos do processo é obrigatório o uso da língua portuguesa.

Parágrafo único. O documento redigido em língua estrangeira somente poderá ser juntado aos autos quando acompanhado de versão para a língua portuguesa tramitada por via diplomática ou pela autoridade central, ou firmada por tradutor juramentado.

• **Comentário**

Caput. O art. 156 do CPC revogado formulava a exigência de que em todos os atos e termos do processo fosse feito uso do *vernáculo*.

Manifestando-nos a esse respeito, dizíamos que se fôssemos levar à risca a interpretação literal desse preceito chegaríamos à surrealista conclusão de que o legislador estaria obrigando a que todos os atos e termos processuais fossem redigidos na língua tupi, pois o vocábulo *vernáculo* significa, lexicamente, aquilo é da própria terra, que é próprio de um país. Na verdade, o legislador quis se referir à Língua Portuguesa, que é a oficial de nosso País, conforme proclama o art. 13, *caput*, da Constituição Federal.

Voltemos a atenção para o texto atual que, curvando-se às críticas como a que havíamos formulado, substituiu o substantivo *vernáculo* pela expressão *língua portuguesa*.

O objetivo do legislador é justificável, porquanto pretendeu, com isso, evitar o uso — notadamente, se constante, abusivo — de palavras, expressões ou períodos inteiros em língua estrangeira, fato que, por certo, acarretaria dificuldade de compreensão por quantos tivessem necessidade de ler o texto inserido na peça processual. Afinal, nem o juiz, nem as partes, nem o Ministério Público, nem terceiros em geral, residentes no Brasil, estão obrigados a conhecer outra Língua, além da Portuguesa. Por outro lado, a obrigatoriedade do uso de nossa Língua, nos atos e termos do processo, alcança todas essas pessoas. O uso excessivo de vocábulos estrangeiros, por exemplo, numa petição inicial, poderia acarretar graves prejuízos ao direito constitucional de ampla defesa, que a Constituição assegura aos litigantes e aos acusados em geral (art. 5º. LV), mormente se consideramos que, no processo do trabalho, as partes não necessitam de advogado, por serem dotadas de capacidade postulatória (CLT, art. 791). O que não se dizer, então, de uma sentença redigida com utilização profusa de palavras e expressões estrangeiras, por forma a dificultar ou a impedir que as partes possam saber, exatamente, o que o juiz pretendeu expressar? Talvez, fosse o caso de serem oferecidos embargos de declaração fundados na obscuridade do texto...

A propósito da regra contida no art. 192, do CPC — de aplicação supletiva ao processo do trabalho, em virtude do disposto no art. 769, da CLT — outras observações devem ser feitas: a) do ponto de vista técnico, a desobediência a essa norma legal autoriza o juiz a considerar inexistentes os atos ou termos redigidos em língua estrangeira; não é o caso de mandar riscar o texto, pois não se trata de expressões ofensivas (CPC, art. 78, § 2º); b) embora a Língua Portuguesa seja originária do Latim vulgar, para os efeitos do art. 192, do CPC, em rigor, o Latim deve ser considerada Língua estrangeira; c) tolera-se o uso ocasional e apropriado de certos vocábulos pertencente a línguas estrangeiras, até porque alguns deles estão fortemente entranhados em nossa tradição jurídica, como é o caso dos latinos *data venia*, *ex officio*, *habeas corpus*, *ultra* e *extra petita*, *mutatis mutandis, in loco, caput, verbis* e tantos outros e dos ingleses *writ, commom law*.

Parágrafo único. Reproduziu-se a regra do art. 157 do CPC revogado.

Pela mesma razão que o art. 192 exige que todos os atos e termos do processo sejam redigidos em língua portuguesa, o seu parágrafo único determina que somente poderá ser juntado aos autos do processo documento em língua estrangeira quando acompanhado de versão para o Português que houver tramitado por via diplomática ou pela autoridade central, ou firmada por tradutor juramentado.

Mesmo que o juiz tenha o domínio da língua estrangeira em que o documento foi redigido deverá exigir o cumprimento da lei. De igual modo, não se consente que o próprio magistrado realize a versão do texto estrangeiro para a Língua Portuguesa.

A regra do art. 192, parágrafo único, do CPC não só é translúcida como é imperativa.

Além de estar vertido para o Português, o documento elaborado em língua estrangeira, para produzir efeito em juízo, não necessita ser inscrito em Registro Público se autenticado por via consular (STF, Súmula n. 259).

Seção II
Da Prática Eletrônica de Atos Processuais

Art. 193. Os atos processuais podem ser total ou parcialmente digitais, de forma a permitir que sejam produzidos, comunicados, armazenados e validados por meio eletrônico, na forma da lei.

Parágrafo único. O disposto nesta Seção aplica-se, no que for cabível, à prática de atos notariais e de registro.

• **Comentário**

Caput. Atos processuais eletrônicos. A penetração dos meios eletrônicos no processo judicial é um fato concreto, inevitável, e vem ocorrendo de maneira crescente. A prestação jurisdicional não pode prescindir dos avanços tecnológicos, embora a tecnologia, considerada em si mesma, não possa constituir garantia de uma prestação jurisdicional eficiente e de boa qualidade. A tecnologia é, apenas, um instrução a serviço da jurisdição.

A norma em foco permite que os atos processuais sejam realizados, inteira ou parcialmente, sob a forma digital, desde que possam ser produzidos, comunicados, armazenados e validados por meio eletrônico, na forma da lei.

Na forma da lei. A utilização de meios eletrônicos para a prática de atos processuais é disciplinada pela Lei n. 11.419/2006, a seguir parcialmente reproduzida:

"O PRESIDENTE DA REPÚBLICA Faço saber que o Congresso Nacional decreta e eu sanciono a seguinte Lei:

CAPÍTULO I

DA INFORMATIZAÇÃO DO PROCESSO JUDICIAL

Art. 1º O uso de meio eletrônico na tramitação de processos judiciais, comunicação de atos e transmissão de peças processuais será admitido nos termos desta Lei.

§ 1º Aplica-se o disposto nesta Lei, indistintamente, aos processos civil, penal e trabalhista, bem como aos juizados especiais, em qualquer grau de jurisdição.

§ 2º Para o disposto nesta Lei, considera-se:

I — meio eletrônico qualquer forma de armazenamento ou tráfego de documentos e arquivos digitais;

II — transmissão eletrônica toda forma de comunicação a distância com a utilização de redes de comunicação, preferencialmente a rede mundial de computadores;

III — assinatura eletrônica as seguintes formas de identificação inequívoca do signatário:

a) assinatura digital baseada em certificado digital emitido por Autoridade Certificadora credenciada, na forma de lei específica;

b) mediante cadastro de usuário no Poder Judiciário, conforme disciplinado pelos órgãos respectivos.

Art. 2º O envio de petições, de recursos e a prática de atos processuais em geral por meio eletrônico serão admitidos mediante uso de assinatura eletrônica, na forma do art. 1º desta Lei, sendo obrigatório o credenciamento prévio no Poder Judiciário, conforme disciplinado pelos órgãos respectivos.

§ 1º O credenciamento no Poder Judiciário será realizado mediante procedimento no qual esteja assegurada a adequada identificação presencial do interessado.

§ 2º Ao credenciado será atribuído registro e meio de acesso ao sistema, de modo a preservar o sigilo, a identificação e a autenticidade de suas comunicações.

§ 3º Os órgãos do Poder Judiciário poderão criar um cadastro único para o credenciamento previsto neste artigo.

Art. 3º Consideram-se realizados os atos processuais por meio eletrônico no dia e hora do seu envio ao sistema do Poder Judiciário, do que deverá ser fornecido protocolo eletrônico.

Parágrafo único. Quando a petição eletrônica for enviada para atender prazo processual, serão consideradas tempestivas as transmitidas até as 24 (vinte e quatro) horas do seu último dia.

CAPÍTULO II

DA COMUNICAÇÃO ELETRÔNICA DOS ATOS PROCESSUAIS

Art. 4º Os tribunais poderão criar Diário da Justiça eletrônico, disponibilizado em sítio da rede mundial de computadores, para publicação de atos judiciais e administrativos próprios e dos órgãos a eles subordinados, bem como comunicações em geral.

§ 1º O sítio e o conteúdo das publicações de que trata este artigo deverão ser assinados digitalmente com base em certificado emitido por Autoridade Certificadora credenciada na forma da lei específica.

§ 2º A publicação eletrônica na forma deste artigo substitui qualquer outro meio e publicação oficial, para quaisquer efeitos legais, à exceção dos casos que, por lei, exigem intimação ou vista pessoal.

§ 3º Considera-se como data da publicação o primeiro dia útil seguinte ao da disponibilização da informação no Diário da Justiça eletrônico.

§ 4º Os prazos processuais terão início no primeiro dia útil que seguir ao considerado como data da publicação.

§ 5º A criação do Diário da Justiça eletrônico deverá ser acompanhada de ampla divulgação, e o ato administrativo correspondente será publicado durante 30 (trinta) dias no diário oficial em uso.

Art. 5º As intimações serão feitas por meio eletrônico em portal próprio aos que se cadastrarem na forma do art. 2º desta Lei, dispensando-se a publicação no órgão oficial, inclusive eletrônico.

§ 1º Considerar-se-á realizada a intimação no dia em que o intimando efetivar a consulta eletrônica ao teor da intimação, certificando-se nos autos a sua realização.

§ 2º Na hipótese do § 1º deste artigo, nos casos em que a consulta se dê em dia não útil, a intimação será considerada como realizada no primeiro dia útil seguinte.

§ 3º A consulta referida nos §§ 1º e 2º deste artigo deverá ser feita em até 10 (dez) dias corridos contados da data do envio da intimação, sob pena de considerar-se a intimação automaticamente realizada na data do término desse prazo.

§ 4º Em caráter informativo, poderá ser efetivada remessa de correspondência eletrônica, comunicando o envio da intimação e a abertura automática do prazo processual nos termos do § 3º deste artigo, aos que manifestarem interesse por esse serviço.

§ 5º Nos casos urgentes em que a intimação feita na forma deste artigo possa causar prejuízo a quaisquer das partes ou nos casos em que for evidenciada qualquer tentativa de burla ao sistema, o ato processual deverá ser realizado por outro meio que atinja a sua finalidade, conforme determinado pelo juiz.

§ 6º As intimações feitas na forma deste artigo, inclusive da Fazenda Pública, serão consideradas pessoais para todos os efeitos legais.

Art. 6º Observadas as formas e as cautelas do art. 5º desta Lei, as citações, inclusive da Fazenda Pública, excetuadas as dos Direitos Processuais Criminal e Infracional, poderão ser feitas por meio eletrônico, desde que a íntegra dos autos seja acessível ao citando.

Art. 7º As cartas precatórias, rogatórias, de ordem e, de um modo geral, todas as comunicações oficiais que transitem entre órgãos do Poder Judiciário, bem como entre os deste e os dos demais Poderes, serão feitas preferentemente por meio eletrônico.

CAPÍTULO

ELETRÔNICO

Art. 8º Os órgãos do Poder Judiciário poderão desenvolver sistemas eletrônicos de processamento de ações judiciais por meio de autos total ou parcialmente digitais, utilizando, preferencialmente, a rede mundial de computadores e acesso por meio de redes internas e externas.

Parágrafo único. Todos os atos processuais do processo eletrônico serão assinados eletronicamente na forma estabelecida nesta Lei.

Art. 9º No processo eletrônico, todas as citações, intimações e notificações, inclusive da Fazenda Pública, serão feitas por meio eletrônico, na forma desta Lei.

§ 1º As citações, intimações, notificações e remessas que viabilizem o acesso à íntegra do processo correspondente serão consideradas vista pessoal do interessado para todos os efeitos legais.

§ 2º Quando, por motivo técnico, for inviável o uso do meio eletrônico para a realização de citação, intimação ou notificação, esses atos processuais poderão ser praticados segundo as regras ordinárias, digitalizando-se o documento físico, que deverá ser posteriormente destruído.

Art. 10. A distribuição da petição inicial e a juntada da contestação, dos recursos e das petições em geral, todos em formato digital, nos autos de processo eletrônico, podem ser feitas diretamente pelos advogados públicos e privados, sem necessidade da intervenção do cartório ou secretaria judicial, situação em que a autuação deverá se dar de forma automática, fornecendo-se recibo eletrônico de protocolo.

§ 1º Quando o ato processual tiver que ser praticado em determinado prazo, por meio de petição eletrônica, serão considerados tempestivos os efetivados até as 24 (vinte e quatro) horas do último dia.

§ 2º No caso do § 1º deste artigo, se o Sistema do Poder Judiciário se tornar indisponível por motivo técnico, o prazo fica automaticamente prorrogado para o primeiro dia útil seguinte à resolução do problema.

§ 3º Os órgãos do Poder Judiciário deverão manter equipamentos de digitalização e de acesso à rede mundial de computadores à disposição dos interessados para distribuição de peças processuais.

Art. 11. Os documentos produzidos eletronicamente e juntados aos processos eletrônicos com garantia da origem e de seu signatário, na forma estabelecida nesta Lei, serão considerados originais para todos os efeitos legais.

§ 1º Os extratos digitais e os documentos digitalizados e juntados aos autos pelos órgãos da Justiça e seus auxiliares, pelo Ministério Público e seus auxiliares, pelas procuradorias, pelas autoridades policiais, pelas repartições públicas em geral e por advogados públicos e privados têm a mesma força probante dos originais, ressalvada a alegação motivada e fundamentada de adulteração antes ou durante o processo de digitalização.

§ 2º A arguição de falsidade do documento original será processada eletronicamente na forma da lei processual em vigor.

§ 3º Os originais dos documentos digitalizados, mencionados no § 2º deste artigo, deverão ser preservados pelo seu detentor até o trânsito em julgado da sentença ou, quando admitida, até o final do prazo para interposição de ação rescisória.

§ 4º (VETADO)

§ 5º Os documentos cuja digitalização seja tecnicamente inviável devido ao grande volume ou por motivo de ilegibilidade deverão ser apresentados ao cartório ou secretaria no prazo de 10 (dez) dias contados do envio de petição eletrônica comunicando o fato, os quais serão devolvidos à parte após o trânsito em julgado.

§ 6º Os documentos digitalizados juntados em processo eletrônico somente estarão disponíveis para acesso por

Código de Processo Civil

meio da rede externa para suas respectivas partes processuais e para o Ministério Público, respeitado o disposto em lei para as situações de sigilo e de segredo de justiça.

Art. 12. A conservação dos autos do processo poderá ser efetuada total ou parcialmente por meio eletrônico.

§ 1º Os autos dos processos eletrônicos deverão ser protegidos por meio de sistemas de segurança de acesso e armazenados em meio que garanta a preservação e integridade dos dados, sendo dispensada a formação de autos suplementares.

§ 2º Os autos de processos eletrônicos que tiverem de ser remetidos a outro juízo ou instância superior que não disponham de sistema compatível deverão ser impressos em papel, autuados na forma dos arts. 166 a 168 da Lei n. 5.869, de 11 de janeiro de 1973 — Código de Processo Civil, ainda que de natureza criminal ou trabalhista, ou pertinentes a juizado especial.

§ 3º No caso do § 2º deste artigo, o escrivão ou o chefe de secretaria certificará os autores ou a origem dos documentos produzidos nos autos, acrescentando, ressalvada a hipótese de existir segredo de justiça, a forma pela qual o banco de dados poderá ser acessado para aferir a autenticidade das peças e das respectivas assinaturas digitais.

§ 4º Feita a autuação na forma estabelecida no § 2º deste artigo, o processo seguirá a tramitação legalmente estabelecida para os processos físicos.

§ 5º A digitalização de autos em mídia não digital, em tramitação ou já arquivados, será precedida de publicação de editais de intimações ou da intimação pessoal das partes e de seus procuradores, para que, no prazo preclusivo de 30 (trinta) dias, se manifestem sobre o desejo de manterem pessoalmente a guarda de algum dos documentos originais.

Art. 13. O magistrado poderá determinar que sejam realizados por meio eletrônico a exibição e o envio de dados e de documentos necessários à instrução do processo.

§ 1º Consideram-se cadastros públicos, para os efeitos deste artigo, dentre outros existentes ou que venham a ser criados, ainda que mantidos por concessionárias de serviço público ou empresas privadas, os que contenham informações indispensáveis ao exercício da função judicante.

§ 2º O acesso de que trata este artigo dar-se-á por qualquer meio tecnológico disponível, preferencialmente o de menor custo, considerada sua eficiência.

§ 3º (VETADO)

CAPÍTULO IV
DISPOSIÇÕES GERAIS E FINAIS

Art. 14. Os sistemas a serem desenvolvidos pelos órgãos do Poder Judiciário deverão usar, preferencialmente, programas com código aberto, acessíveis ininterruptamente por meio da rede mundial de computadores, priorizando-se a sua padronização.

Parágrafo único. Os sistemas devem buscar identificar os casos de ocorrência de prevenção, litispendência e coisa julgada.

Art. 15. Salvo impossibilidade que comprometa o acesso à justiça, a parte deverá informar, ao distribuir a petição inicial de qualquer ação judicial, o número no cadastro de pessoas físicas ou jurídicas, conforme o caso, perante a Secretaria da Receita Federal.

Parágrafo único. Da mesma forma, as peças de acusação criminais deverão ser instruídas pelos membros do Ministério Público ou pelas autoridades policiais com os números de registros dos acusados no Instituto Nacional de Identificação do Ministério da Justiça, se houver.

Art. 16. Os livros cartorários e demais repositórios dos órgãos do Poder Judiciário poderão ser gerados e armazenados em meio totalmente eletrônico.

Art. 17. (VETADO)

Art. 18. Os órgãos do Poder Judiciário regulamentarão esta Lei, no que couber, no âmbito de suas respectivas competências.

Art. 19. Ficam convalidados os atos processuais praticados por meio eletrônico até a data de publicação desta Lei, desde que tenham atingido sua finalidade e não tenha havido prejuízo para as partes".

Parágrafo único. As disposições desta Seção II são aplicáveis, no que couberem, à realização de atos notariais e de registro.

Art. 194. Os sistemas de automação processual respeitarão a publicidade dos atos, o acesso e a participação das partes e de seus procuradores, inclusive nas audiências e sessões de julgamento, observadas as garantias da disponibilidade, independência da plataforma computacional, acessibilidade e interoperabilidade dos sistemas, serviços, dados e informações que o Poder Judiciário administre no exercício de suas funções.

• **Comentário**

A norma determina que os sistema de automação processual: a) respeitem o princípio constitucional da publicidade dos atos processuais (CF, art. 93, I), o direito das partes e seus procuradores ao acesso e à participação nos atos processuais, como as audiências e as sessões de julgamento; b) observe as garantias da disponibilidade, independência da plataforma computacional, acessibilidade e interoperabilidade dos sistemas, serviços, dados e informações que o Poder Judiciário administre no exercício de suas funções.

Além disso, o sistema de automação deverá assegurar a possibilidade de qualquer advogado — mesmo sem participar do processo — ter acesso aos autos eletrônicos, para consulta, salvo se for o caso de segredo de justiça.

Art. 195. O registro de ato processual eletrônico deverá ser feito em padrões abertos, que atenderão aos requisitos de autenticidade, integridade, temporalidade, não repúdio, conservação e, nos casos que tramitem em segredo de justiça, confidencialidade, observada a infraestrutura de chaves públicas unificada nacionalmente, nos termos da lei.

• Comentário

O texto contém disposições de ordem técnica sobre o registro de atos processuais realizados por meio eletrônico.

A jurisprudência tem entendido que se não existir identidade entre o titular do certificado digital utilizado para assinar a peça processual e o advogado cujo nome figura na petição, esta é inexistente. Trata-se de inexistência jurídica, e não, material. Não seria o caso, porém, de aplicar-se, por analogia, o art. 321 do CPC, máxime no processo do trabalho?

Art. 196. Compete ao Conselho Nacional de Justiça e, supletivamente, aos tribunais, regulamentar a prática e a comunicação oficial de atos processuais por meio eletrônico e velar pela compatibilidade dos sistemas, disciplinando a incorporação progressiva de novos avanços tecnológicos e editando, para esse fim, os atos que forem necessários, respeitadas as normas fundamentais deste Código.

• Comentário

A norma em exame encerra duas disposições, a saber: a) declara a competência do Conselho Nacional de Justiça para regulamentar a prática e a comunicação oficial de atos processuais por meios eletrônicos; b) velar pela compatibilidade dos sistemas, regulando a incorporação progressiva de novos avanços tecnológicos e editando, com vistas a isso, os atos que se fizerem necessários, respeitadas as normas fundamentais do próprio CPC.

Como ainda não se pode exigir que todos os tribunais brasileiros, assim como todos os jurisdicionados, façam uso do mesmo sistema operacional e do mesmo editor de texto, houve necessidade de o legislador determinar que haja compatibilidade dos sistemas.

Os tribunais podem, em caráter supletivo, praticar os atos que são atribuídos ao Conselho Nacional de Justiça por este artigo.

Art. 197. Os tribunais divulgarão as informações constantes de seu sistema de automação em página própria na rede mundial de computadores, gozando a divulgação de presunção de veracidade e confiabilidade.

Parágrafo único. Nos casos de problema técnico do sistema e de erro ou omissão do auxiliar da justiça responsável pelo registro dos andamentos, poderá ser configurada a justa causa prevista no art. 223, caput e § 1º.

• Comentário

Caput. Para dar concreção ao princípio constitucional da publicidade dos atos processuais, os tribunais deverão divulgar as informações contidas em seu sistema de automação em página própria da rede mundial de computadores. A divulgação, por esse modo realizada, tem, em seu benefício, a presunção legal de veracidade e confiabilidade.

Parágrafo único. A ocorrência de problemas técnicos do sistema (como seria o caso de congestionamento) e de erro ou omissão do auxiliar da justiça responsável pelo registro da tramitação poderá caracterizar a justa causa a que se refere o art. 223, *caput*, e § 1º.

Código de Processo Civil

Art. 198. As unidades do Poder Judiciário deverão manter gratuitamente, à disposição dos interessados, equipamentos necessários à prática de atos processuais e à consulta e ao acesso ao sistema e aos documentos dele constantes.

Parágrafo único. Será admitida a prática de atos por meio não eletrônico no local onde não estiverem disponibilizados os equipamentos previstos no *caput*.

• **Comentário**

Caput. A norma obriga os órgãos (ou unidades) do Poder Judiciário a manterem, de forma gratuita, à disposição dos interessados, equipamento necessários à prática de atos processuais, assim como à consulta e ao acesso ao sistema e aos documentos de que trata o *caput*. Cuida-se da garantia legal à acessibilidade plena ao sistema processual eletrônico, por parte dos interessados.

A ausência desses equipamentos, ou a sua inoperância, pode, a nosso ver, configurar a justa causa prevista no § 1º do art. 223, ou, até mesmo, a nulidade processual, desde que o interessado demonstre o manifesto prejuízo sofrido (CLT, art. 794) e não lhe tenham sido colocados à disposição meios não eletrônicos para a prática do ato processual.

Parágrafo único. Se, no órgão judiciário, não houver equipamento necessário à prática de atos processuais por meio eletrônico, o interessado poderá realizar esses atos por meio físico. A mesma possibilidade deverá ser-lhe assegurada se, havendo equipamentos eletrônicos, não forem colocados à disposição do interessado ou estiverem sem condições de regular funcionamento.

Art. 199. As unidades do Poder Judiciário assegurarão às pessoas com deficiência acessibilidade aos seus sítios na rede mundial de computadores, ao meio eletrônico de prática de atos judiciais, à comunicação eletrônica dos atos processuais e à assinatura eletrônica.

• **Comentário**

Cuida-se de norma de caráter humanitário aplicada aos portadores de deficiência (física, visual, auditiva etc.), consistente em assegurar-lhes o acesso aos sítios na rede mundial de computadores, ao meio eletrônico de prática de atos judiciais, à comunicação eletrônica dos atos do processo e à assinatura também eletrônica.

Os portadores de deficiência visual, por exemplo, possuem extrema dificuldade de acesso aos sítios da *internet*, para a prática de atos processuais, ou para o acesso aos dados constantes do sistema eletrônico, razão pela qual as unidades do Poder Judiciário devem cumprir o disposto no art. 199, em relação a esses e aos demais portadores de deficiência.

Seção III
Dos Atos das Partes

Art. 200. Os atos das partes consistentes em declarações unilaterais ou bilaterais de vontade produzem imediatamente a constituição, modificação ou extinção de direitos processuais.

Parágrafo único. A desistência da ação só produzirá efeitos após homologação judicial.

• **Comentário**

Caput. Reprodução literal do art. 158 do CPC revogado.

O art. 200, do CPC atual, expressa a regra de que os atos das partes, consistentes em declarações unilaterais ou bilaterais de vontade, produzem, de imediato, a constituição, a modificação ou a extinção de direitos processuais. Podemos mencionar como exemplos disso, entre tantos, a desistência de recurso (CPC, art. 998), a renúncia ao direito de recorrer (CPC, art. 999), a aceitação, tácita ou expressa, da sentença ou da decisão (CPC, art. 1.000).

Algumas observações complementares, de ordem prática, são necessárias:

Art. 200

a) as disposições do art. 200, *caput*, do CPC, se aplicam não apenas às partes, mas aos terceiros intervenientes, como nos casos de assistência (art. 119) e de chamamento ao processo (art. 130);

b) os efeitos previstos nessa norma legal se verificam não somente no caso de haver declaração de vontade, mas, também quando houver silêncio da parte, em situações que exigiam a sua manifestação. Como exemplo, citamos o art. 341, do CPC, que consubstancia o princípio da impugnação especificada dos fatos, e o art. 436, I e IV, do mesmo Código, que impõe a manifestação da parte sobre a autenticidade da assinatura constante de documento particular e quanto à veracidade do conteúdo;

c) o art. 200, *caput*, do CPC, alude a atos; já os fatos processuais, de modo geral, produzem efeitos por si sós, ou seja, independentemente da vontade dos litigantes. A morte de uma das partes ou do respectivo procurador, *v. g.*, é um fato processual, que acarreta, de modo automático, a suspensão do processo (CPC, art. 313, I). É evidente que esse falecimento deve ser provado nos autos, para que o juiz ordene a suspensão do processo, ainda que o texto atual, ao contrário do anterior, não mencione a necessidade dessa comprovação;

d) os atos das partes, a que se refere o art. 200, *caput*, do CPC, são atos capazes de gerar efeitos no processo. Sob este aspecto, a doutrina separa os atos processuais em duas classes: 1) atos processuais simples, em que a vontade da parte está vinculada às consequências previstas em lei, como seria o caso da desistência de recurso interposto; 2) negócios jurídicos processuais, em que o resultado pretendido está na razão e na proporção diretas da vontade convergente das partes. Exemplo característico desse tipo de negócio é a transação — a que o processo do trabalho denomina de acordo ou conciliação.

A doutrina, aliás, nos apresenta um classificação mais ampla dos atos processuais das partes. Ei-la:

1) *atos de obtenção*: destinam-se a obter um resultado favorável por meio da atividade jurisdicional. Esse resultado não significa, necessariamente, que somente esteja contido na sentença, como ato final do processo; poderá, isto sim, refletir-se, por exemplo, no deferimento de realização de determinada prova ou diligência, na concessão de liminar ou na antecipação dos efeitos da tutela.

Os atos de obtenção se subdividem em:

1.1.) postulatórios: como o vocábulo está a indicar, consistem naqueles em que há um pedido expresso, como se dá com a petição inicial, com as exceções, com a contestação, com os pedidos contrapostos etc.;

1.2.) *de evento físico*: aqui não há pedido ou requerimento expresso, mas a obtenção do resultado está implícita, como acontece com o depósito para recurso, com o pagamento das custas, com a antecipação de despesas a serem realizadas pelo perito etc.;

1.3.) *instrutórios*: têm como finalidade comprovar a veracidade dos fatos alegados, com o escopo de obter um pronunciamento jurisdicional favorável; aqui, o ato não contém pedido expresso.

2) *dispositivos*: são atos que constituem manifestação de vontade das partes, traduzindo-se em negócio jurídico realizados nos autos do processo e que se submetem à homologação, pelo juiz. É o que ocorre, tipicamente, com a transação. A homologação judicial, todavia, não é da essência do ato, sendo necessária, apenas, para dotar o credor de título executivo para promover a correspondente execução forçada.

Os atos dispositivos se subdividem em:

2.1.) *submissivos*: são os unilaterais que produzem efeito, independentemente de pronunciamento jurisdicional, e implicam submissão da parte que o pratica às pretensões do adversário, como se verifica no reconhecimento da "procedência" do pedido (CPC, art. 487, III, "a") e na renúncia ao direito em que se funda a ação ou a reconvenção (CPC, art. 487, III, "c");

2.2.) de *desistência*: configuram-se quando a parte deixar de desincumbir-se de um encargo ou ônus processual, seja este omissivo (não arrolamento das testemunhas, no prazo previsto em lei ou assinado pelo juiz) ou comissivo (declarando que não tem intenção de impugnar os cálculos de liquidação elaborador pelo contador do juízo). Estes atos pertencem ao grupo dos dispositivos porque os efeitos por eles produzidos derivam da exclusiva vontade da parte, sem qualquer interferência judicial. Esses efeito, contudo, não se revelam sob a forma de sucumbência por não afetarem a lide;

2.3.) negócios jurídicos processuais: constituem manifestação bilateral de vontade, com a finalidade de atender a uma conveniência das partes, com extinção ou não do processo. No primeiro caso, temos a transação (acordo); no segundo, o adiamento da audiência, a suspensão do processo etc.

Parágrafo único. Esclarece que a desistência da ação somente produzirá efeito depois de homologada por sentença. Isto significa dizer que este parágrafo constitui exceção à regra estampada no *caput* da mesma norma. A desistência da ação, portanto, não é ato da parte (autor) que produz, de maneira imediata e automática, a extinção de direito processual. A propósito, no sistema do processo civil a desistência da ação, quando já oferecida a contestação, somente será possível com a concordância do réu (art. 485, § 4º).

No processo do trabalho, como a resposta é apresentada, geralmente, em audiência, nada obsta a que se aceite a desistência, contanto que manifestada antes da audiência.

Art. 201. As partes poderão exigir recibo de petições, arrazoados, papéis e documentos que entregarem em cartório.

• Comentário

Repete-se o texto do art. 160 do CPC revogado.

Em regra, as partes ou seus procuradores permanecem com cópias autenticadas das peças protocoladas em juízo. Essas cópias são importantes não apenas para a comprovação formal da realização do ato e de sua submissão ao protocolo dentro do prazo legal, mas, também, no caso de restauração de autos (art. 713, II).

A exigência de *recibo*, segundo o conceito clássico desse vocábulo, é algo rara na prática. É aconselhável, por isso, que o legislador, no futuro, modifique a redação do dispositivo em exame, para assegurar às partes e seus advogados o direito de ver *autenticadas* (mecânica ou eletronicamente) as cópias das peças processuais que apresentarem em juízo.

Essa autenticação é desnecessária quando a peça for apresentada em audiência, como é o caso, no processo do trabalho, da contestação; a entrega deste instrumento de defesa do réu ficará registrada na ata, comprovando-se, assim, a sua apresentação tempestiva em juízo. A norma em foco, aliás, por motivos absolutamente lógicos, alude à entrega de peças processuais *em cartório*, não em audiência.

Art. 202. É vedado lançar nos autos cotas marginais ou interlineares, as quais o juiz mandará riscar, impondo a quem as escrever multa correspondente à metade do salário-mínimo.

• Comentário

Regra constante do art. 161 do CPC revogado.

Lexicamente, o substantivo *cota* é polissêmico. Dentre os seus significados está o expressar o sinal alfabético ou numeral que serve para classificar as peças de um processo. Por motivos semânticos, o vocábulo passou a significar a nota, o apontamento que são efetuados nos autos do processo, seja pelas partes, pelos peritos, pelos serventuários e pelos terceiros em geral. Examinemos, agora, as expressões utilizadas pela norma legal em foco.

Cotas marginais. São observações ou acréscimos efetuados pelas partes, por terceiros ou por serventuários à margem do texto. Para os efeitos da lei, devem ser considerados também as anotações efetuadas ao pé da página, ao final desta. Não estamos a cogitar das tradicionais *notas de rodapé*, que passaram a constar também das petições apresentadas em juízo e que estão vinculadas aos números de chamamento inseridos no texto principal. O que se veda são as notas escritas (geralmente à mão) no pé da página após o texto haver sido elaborado.

Cotas interlineares. São as mesmas observações ou acréscimos realizados entre as linhas do texto.

Riscagem e multa. Tanto em um caso como em outro, o juiz mandará riscar essas cotas, impondo a quem as lançou multa correspondente à metade do salário-mínimo vigente na sede do juízo. A riscadura é ato que deve ser praticado *ex officio*, ou seja, independentemente de requerimento da parte contrária.

Reiterando o que afirmamos quando do comentário ao § 5º do art. 77, do CPC, é de duvidosa constitucionalidade a norma em estudo, na parte em que autoriza a fixação da multa com base no salário-mínimo. Ocorre que a Constituição Federal, no art. 7º, IV, que integra o capítulo dos "Direitos Sociais", veda a vinculação do salário-mínimo "para qualquer fim". É certo que o adjetivo *qualquer*, utilizado pelo constituinte, não possui sentido e alcance absolutos, por forma a vedar a vinculação do salário-mínimo, por exemplo, ao valor da alçada, para efeito de definição do procedimento judicial a ser observado (CLT, art. 852-A). Se nos lembrarmos, todavia, de que a proibição estampada no inciso IV do art. 7º da Constituição Federal teve como finalidade impedir que o salário-mínimo fosse utilizado como fator de correção monetária de aluguéis e de multas pecuniárias — com repercussão no fenômeno inflacionário —, veremos que nossa suspeita quanto à constitucionalidade do § 5º do art. 77 do CPC, no que toca a autorizar a fixação da multa com fulcro no salário-mínimo, não é de todo infundada.

A Súmula n. 356, do TST assevera: "O art. 2º, § 4º, da Lei n. 5.584, de 26.6.1970 foi recepcionado pela CF/88, **sendo lícita a fixação do valor da alçada com base no salário-mínimo** (destacamos). O mesmo entendimento é aplicável ao art. 852-A, da CLT, que instituiu o procedimento sumaríssimo para as causas de valor não excedente a quarenta vezes o salário-mínimo. Em ambos os casos, a adoção do salário-mínimo como critério de cálculo não acarreta efeitos inflacionários; logo, não contravém o preceito constitucional.

Seção IV

Dos Pronunciamentos do Juiz

Art. 203. Os pronunciamentos do juiz consistirão em sentenças, decisões interlocutórias e despachos.

§ 1º Ressalvadas as disposições expressas dos procedimentos especiais, sentença é o pronunciamento por meio do qual o juiz, com fundamento nos arts. 485 e 487, põe fim à fase cognitiva do procedimento comum, bem como extingue a execução.

§ 2º Decisão interlocutória é todo pronunciamento judicial de natureza decisória que não se enquadre no § 1º.

§ 3º São despachos todos os demais pronunciamentos do juiz praticados no processo, de ofício ou a requerimento da parte.

§ 4º Os atos meramente ordinatórios, como a juntada e a vista obrigatória, independem de despacho, devendo ser praticados de ofício pelo servidor e revistos pelo juiz quando necessário.

• **Comentário**

Caput. O assunto constava do art. 162 do CPC revogado.

Aquele Código do passado indicava como *atos* do juiz as sentenças, as decisões interlocutórias e os despachos. Essa referência a *atos*, entrementes, era inadequada, uma vez que havia outros atos que o juiz praticava, além dos referidos, como era o caso da inspeção judicial (arts. 440 a 443). O CPC atual, mais preciso, alude ao gênero *pronunciamentos* do juiz, que a) compreende as espécies: sentenças, decisões interlocutórias e despachos; e b) exclui, por óbvio, a inspeção por tratar-se de ato que não envolve *pronunciamento*, mas mera *constatação* ou inspecionamento do magistrado (art. 481).

O processo constitui o método de solução estatal (logo, heterônomo) dos conflitos de interesses — pertinentes a bens ou a utilidades da vida — estabelecidos entre os indivíduos ou as coletividades. Ao juiz, em especial, a tradição e as leis reservaram a relevante função de condutor, de reitor exclusivo do processo.

Como, por outro lado, o escopo das partes é, em princípio, a obtenção de uma sentença de mérito, que componha a lide, podemos dizer que todos os atos que o juiz pratica no processo, ou manda praticar, se destinam, direta ou indiretamente, a preparar o provimento jurisdicional de fundo. Mesmo um simples despacho, que defira a juntada de documentos, ou a indefira, está intimamente ligado ao objetivo processual de que falamos. Em um certo sentido, o próprio despacho que defere, por exemplo, o adiamento de uma audiência não se afasta desse propósito de preparação da sentença de mérito, pois, não raro, o adiamento visa a permitir a uma das partes, ou a ambas, realizar determinados atos vinculados a esse acontecimento mais importante do processo, ao seu momento de culminância, que é o da prolação da sentença de mérito.

Levando em conta essa estreita relação entre o ato e o fim do processo, parece-nos também correto afirmar que toda vez em que o ato não se vincular, ainda que obliquamente, com o objetivo do processo — segundo as particularidades do caso concreto — a sua prática deve ser evitada pelo juiz, ou por este inibida (se a iniciativa for das partes), pois faltará a esse ato o requisito imprescindível da necessidade ou da utilidade, capaz de justificar a sua realização. Se, *e. g.*, a matéria que dá conteúdo à ação é daquelas a que se costuma designar de "exclusivamente de direito", de nenhuma utilidade será para o processo a realização de audiência destinada à instrução oral; o mesmo se diga de um despacho que defere a produção de prova testemunhal quando o fato somente possa ser provado mediante exame pericial, por força de lei, como é o caso do art. 195, § 2º, da CLT.

Em suma, o ato processual só deve ser praticado pelo juiz, pela parte, pelo perito, ou por quem quer que seja, quando atender a dois requisitos fundamentais: a) guardar pertinência com o escopo do processo, tendo em vista o caso concreto; b) ser, além disso, relevante, pois é conhecida a existência de atos que, a despeito de estarem ligados ao fim do processo, são absolutamente irrelevantes, despiciendos. É óbvio que, em qualquer hipótese, se deverá ter em mente os princípios que dizem respeito às preclusões temporal, lógica e consumativa, de cujas consequências somente pode escapar o juiz e, ainda assim, em certas situações particulares. Em determinados casos, a validade do ato está submetida ao imperativo da forma, como se dá, por motivos plenamente justificáveis, com a sentença.

Não nos interessam, todavia, por ora, esses aspectos formais, pois está em nossa intenção, apenas, demonstrar os atos que o juiz pode (e, muitas vezes, deve) realizar no processo, bem como o conceito e finalidade que a cada um correspondem.

§ 1º O § 1º do art. 162 do CPC anterior, em sua redação primitiva, conceituava a sentença como o ato pelo qual o juiz punha fim ao processo, examinando, ou não, o mérito. Posteriormente, o conceito passou a ser este: "Sentença é o ato do juiz que implica algumas das situações previstas nos arts. 267 e 269 desta lei". Os precitados artigos dispunham sobre a extinção do processo sem exame do mérito (art. 267) e com exame do mérito (art. 269). Essa reformulação do conceito de sentença, realizada por aquele Código, foi necessária em decorrência de haver-se, por força da Lei n. 11.232/2005, efetuado o que se denominou na altura de sincretismo entre a cognição e a execução, consistente em trazer para o processo de conhecimento a clássica execução por quantia certa fundada em título judicial. Sendo assim, passou-se a aludir ao "cumprimento da sentença" e não mais à execução da sentença — embora, em essência, o referido cumprimento traduzisse uma forma de execução. Pois bem. Em decorrência desse fato, já não podia ser possível manter o primitivo conceito de sentença como o ato pelo qual o juiz punha fim ao processo (de conhecimento), porquanto o processo não mais findava com esse ato judicial: ao contrário, o cumprimento da sentença se dava no próprio processo cognitivo em que ela fora emitida.

O § 1º do art. 203, do CPC atual, seguindo essa nova orientação, após ressalvar as previsões expressas nos procedimentos especiais, conceitua a sentença como "o pronunciamento por meio do qual o juiz, com fundamento nos arts. 485 e 487, põe fim à fase cognitiva do procedimento comum, bem como o que extingue a execução".

O Código atual colocou em destaque dois aspectos fundamentais, quais sejam: a) deixou claro que a sentença não extingue o processo, senão que encerra a fase cognitiva do procedimento comum; b) haverá sentença, também, no processo de execução, como a resolutiva dos embargos do devedor (art. 920, III).

O conceito de sentença, enunciado pelo § 1º do art. 203, seria aplicável ao processo do trabalho? Necessariamente, não. Justifiquemo-nos. Como pudemos demonstrar, a reformulação do antigo conceito de sentença, consagrado pelo CPC anterior, decorreu do fato de haver-se trazido a execução de título judicial, por quantia certa, para o processo de conhecimento. Todavia, no processo do trabalho não houve — nem há — esse sincretismo: aqui, a execução, seja qual for a sua modalidade e independentemente do título em que se funde, é autônoma em relação ao processo cognitivo. Tanto isso é certo, que o art. 880, *caput*, da CLT, dispõe que o devedor será *citado* para cumprir a obrigação estampada no título executivo.

Destarte, por mais estranho que possa parecer, no processo do trabalho subsiste o antigo conceito de sentença como o ato pelo qual o juiz põe fim ao processo, examinando, ou não, o mérito da causa. Em rigor, aliás, a referência feita pelo § 1º do art. 203 do CPC atual aos arts. 485 e 487 revela que não foi de todo abandonada a tradicional concepção de que a sentença faz findar o processo de conhecimento e o processo de execução. Se bem refletirmos, aliás, veremos que o próprio § 1.º do art. 203 do CPC, apesar de declarar que a sentença põe fim à fase cognitiva do procedimento comum e à execução, na verdade, levando-se em conta as situações previstas nos arts. 485 e 487 do mesmo Código, veremos que haverá aí *extinção do processo*: sem resolução do mérito, no primeiro caso, com resolução, no segundo.

O vocábulo *sentença* é originário da forma latina *sententia* (de *sentio, is si sum, ire* = sentir). Por esse motivo, em Roma, a sentença traduzia o sentimento, a impressão do julgador acerca dos fatos e dos direitos alegados pelos litigantes. Não se tratava, por isso, de uma insensível dicção jurisdicional, porquanto dotada de uma certa carga de sentimentos pessoais do juiz. Como acentua Lauterbach, por meio da sentença, o juiz declarava o que sentia: *quod iudex per eam quid sentiat declaret* ("Colleg. Pandect.", Livro 42, Título 1, § 1º).

Os romanos, por outro lado, separavam, com nitidez, a *sententia* da *interlocutio*, pois enquanto aquela expressava a opinião do magistrado sobre o mérito da causa, esta correspondia ao ato pelo qual ele resolvia, no curso do processo, as diversas *locuções* apresentadas pelos demandantes.

Posteriormente, por influência do direito germânico, o vocábulo sentença passou a ser utilizado para significar toda e qualquer decisão tomada pelo juiz, no curso do processo ou no final deste. Daí, as expressões "sentença definitiva" e "sentença interlocutória", muito em voga no período. O efeito prático dessa ampliação do conceito de sentença pôde ser verificado com o fato de haver-se permitido a impugnação, mediante recurso, das *interlocutiones*.

Classicamente, porém, a sentença sempre foi entendida como o pronunciamento jurisdicional que acarretava a extinção do processo com julgamento do mérito. Isso era o que ocorria no direito romano, antes da referida influência do direito germânico. Percebe-se, desse modo, que não foi doutrinalmente correto o conceito de sentença, elaborado pelo CPC de 1973, na medida em que denominava de sentença, também, o ato pelo qual o juiz punha fim ao processo, mesmo sem julgamento do mérito. Implicitamente, o CPC atual diz a mesma coisa (art. 203, § 1º).

Não podemos deixar de reconhecer, todavia, que sob o aspecto prático esse critério foi muito útil, pois, no sistema do diploma processual de 1939, adotavam-se as denominações de sentença definitiva e de *sentença terminativa*, conforme o ato judicial desse cobro ao processo com exame do mérito, ou não, respectivamente, sendo que no primeiro caso caberia apelação e, no segundo, agravo de petição.

O que não se justifica, nos tempos modernos, é a expressão "sentença interlocutória", pela manifesta contradição que ela encerra nos próprios termos. Realmente, se sentença, na definição da lei, é o ato pelo qual o juiz põe fim ao processo (pouco importando, para esse efeito, se com ou sem exame do mérito) e decisão interlocutória é o ato pelo qual ele resolve certos incidentes processuais, constitui ilogismo inescusável o emprego da aludida expressão.

O processo do trabalho denomina de sentença determinados atos que, em rigor, não o são, seja sob o ângulo óptico da doutrina ou da própria lei. No art. 884, §§ 3º e 4º, por exemplo, há referência à "sentença" de liquidação. Ora, se sentença é, essencialmente, o ato judicial dotado de aptidão (sendo esse, além disso, o seu objetivo) para dar fim ao processo (ou à fase cognitiva do procedimento comum) é óbvio que não se pode chamar de sentença o ato pelo qual o juiz aprecia os cálculos, para definir o *quantum debeatur*, a fim de tornar, com isso, exigível o título executivo, pois não se insere no escopo desse ato a extinção do processo (de execução), mas, ao contrário, a continuidade desse processo, mediante a "quantificação" do valor da dívida. Dessa maneira, o que a lei designa de "sentença de liquidação" é, na verdade, uma *decisão liquidatária*, monocrática, assinalada por acentuado traço de interlocutoriedade, não tanto pelo seu conteúdo, mas pelo fato de não poder ser objeto de impugnação autônoma. Esse ato, como é de lei (CLT, art. 884, § 3º), somente poderá ser impugnado na oportunidade dos embargos do devedor, sejam estes oferecidos, ou não.

O mesmo se pode dizer, *mutatis mutandis*, do ato pelo qual o órgão de primeiro grau resolve as exceções de suspeição, impedimento e incompetência, que, por não comportar impugnação autônoma pela via dos recursos, não pode ser considerado sentença, exceto se, com relação à incompetência, for "terminativo do feito" (CLT, art. 799, § 2º). Segundo a Súmula n. 214, do TST: "Na Justiça do Trabalho, nos termos do art. 893, § 1º, da CLT, as decisões interlocutórias não ensejam recurso imediato, salvo nas hipóteses de decisão: a) de Tribunal Regional de Trabalho contrária à Súmula ou Orientação Jurisprudencial do Tribunal Superior do Trabalho; b) suscetível de impugnação mediante recurso para o mesmo Tribunal; c) que acolhe exceção de incompetência territorial, com a remessa dos autos para Tribunal Regional distinto daquele a que se vincula o juízo excepcionado, consoante o disposto no art. 799, § 2º, da CLT".

Deve ser feita aqui, ainda, uma necessária separação dos conceitos de sentença e de julgamento, não em nome de um capricho doutrinal, mas tendo em conta as relevantes necessidades de ordem prática, a que essa delimitação visa a atender. *Julgamento*, na terminologia do processo, é o ato pelo qual se decide alguma coisa. Apresenta, por isso, sinonímia com decisão. Já a *sentença* é o ato formal que espelha, detalhada e fundamentadamente, o *resultado* do julgamento. No plano do processo do trabalho essa dissociação de conceitos era importante, pois, em virtude da, então, peculiar composição colegiada dos órgãos de primeiro grau de jurisdição, o julgamento (= decisão) deveria ser realizado, como queria a lei, pelos juízes classistas (CLT, art. 850, parágrafo único), cabendo ao juiz togado a elaboração da sentença. Este apenas participaria do julgamento para desempatar ou "proferir decisão que melhor atenda ao cumprimento da lei e ao justo equilíbrio entre os votos divergentes e ao interesse social" (*ibidem*). Em resumo, o juiz togado somente votaria em situações extraordinárias, legalmente previstas.

Sabemos, a propósito, que determinados juízes togados, insatisfeitos com a votação convergente dos classistas, cometiam a estes, às vezes (como absurda represália), o encargo de redigir a sentença. *Data venia*, como esclarecemos há pouco, a elaboração da sentença constitui atribuição indelegável do juiz togado, até porque esta consiste num ato formal, que deve conter o relatório, a fundamentação e o dispositivo (no procedimento sumaríssimo, apenas o relatório e o dispositivo: CLT, art. 852-I, *caput*), motivo por que esses requisitos formais jamais poderiam ser respeitados pelos juízes classistas, de quem não se exigia nenhum conhecimento ou formação jurídicos para o exercício das funções (CLT, art. 661). Destarte, impor-lhes a redação da sentença correspondia não apenas a violentar os princípios e o bom-senso, como a incentivar a emissão de sentenças virtualmente nulas, pela falta de requisitos essenciais.

Extinta a representação classista, pela Emenda Constitucional n. 20/98, o julgamento e a sentença constituem, nos dias atuais, obra exclusiva do magistrado. Como sempre deveria ter sido, aliás.

No âmbito dos Tribunais do Trabalho, por exemplo, nas sessões realiza-se o *julgamento* da causa, embora o *acórdão*, espelhando o resultado desse julgamento, somente venha a ser elaborado e publicado mais tarde.

§ 2º O § 2º do art. 162 do CPC anterior conceituava a decisão interlocutória como o ato pelo qual o juiz, no curso do processo, resolvia questão incidente.

O texto atual formula o conceito desse ato judicial mediante a adoção do critério de *exclusão*: é todo *pronunciamento de natureza decisória* que não se ajuste ao conceito de sentença.

Sob certo aspecto, esse conceito resolve um problema que há muitos anos vem sendo acarretado pelo art. 897, letra "b", da CLT. Ocorre que essa norma processual trabalhista prevê a interposição de agravo de instrumento "*dos despachos* que denegarem a interposição de recursos" (destacamos). Sempre chamamos atenção ao fato de que não se cuida, aí, de "despacho", e sim de decisão de traço interlocutório. Os despachos genuínos não são recorríveis, seja no sistema do processo do trabalho, seja no do processo civil (CPC, art. 1.001). Ao asseverarmos que o ato monocrático pelo qual o juiz do trabalho não admite recurso tem natureza de decisão interlocutória parece estarmos em rota de colisão com o art. 893, § 1º, da CLT, que veda a interposição de recurso das decisões interlocutórias. Entrementes, esse *princípio* cede à *exceção* expressa na alínea "b" do art. 897 da própria CLT.

Há decisões interlocutórias ligadas ao mérito da causa, como a que concede a tutela da evidência (CPC, art. 311), e interlocutórias que não se ligam ao mérito, como as que deferem ou indeferem a produção de provas.

§ 3º Estava no § 3º do art. 162 do CPC anterior: "São despachos todos os demais atos do juiz praticados no processo, de ofício ou a requerimento da parte, a cujo respeito a lei não estabelece outra forma".

Em essência, o § 3º do art. 203 do CPC vigente reproduziu aquela regra, apenas excluindo a expressão "a cujo respeito a lei não estabelece outra forma", por entendê-la desnecessária, e substituindo o substantivo *atos* por *pronunciamento*.

Essa substituição foi correta.

O interrogatório das partes, a inquirição de testemunhas, a inspeção judicial, dentre outros, são, indiscutivelmente, *atos* que o juiz pratica no processo. Nem por isso, entretanto, devemos considerá-los como despachos, por não se ajustarem aos conceitos de sentença e de decisão interlocutória. Revelava-se imperfeito, portanto, o critério utilizado pelo CPC revogado para tentar definir o que fosse o despacho processual, pois conduzia a uma conclusão equívoca e tumultuante dos princípios.

Realmente, os despachos, em sua essência, são atos que o juiz realiza, por sua iniciativa ou a requerimento do interessado, com a finalidade de impulsionar o processo, de conduzi-lo ao seu objetivo fundamental, que é o de preparar ou provocar o advento da sentença — idealmente, de mérito. Focalizando o assunto por outro ângulo, podemos asseverar que os despachos constituem o elemento material, visível, da presença do juiz, na qualidade de condutor do processo.

Convém lembrar que o vocábulo *processus* significa marcha adiante, caminhar para frente; deste modo, é por meio dos despachos que juiz impulsiona o processo em direção à sentença de mérito.

A revelação do elemento teleológico natural do despacho torna compreensível o fato de, em regra, ele ser provido de um caráter ordinatório do procedimento, motivo por que a lei, a doutrina e a jurisprudência costumam denominá-lo *de expediente* ou *de mero expediente*, pois nessas expressões está implícito o seu sentido de dar propulsão ao processo e ao procedimento.

Quando o juiz, *e. g.*, ordena a intimação de testemunhas, abre prazo para que as partes se manifestem sobre o laudo pericial ou sobre os cálculos do contador, designa audiências, determina a condução coercitiva de testemunhas etc., está praticando atos necessários ao tramitar evolutivo do processo, atos a que se designa de despachos ordinatórios, de expediente ou de mero expediente. Os despachos refletem assim a rotina da atuação do juiz nos autos do processo.

Dada a sua natureza e finalidade, os despachos ordinatórios não estão sujeitos ao imperativo da forma, ao contrário, portanto, do que ocorre com a sentença. Exige a lei, unicamente, que eles sejam redigidos, datados e assinados pelo juiz (CPC, art. 205). Cabe aqui, todavia, um esclarecimento. A norma legal deve ser adequadamente interpretada, na parte em que alude à redação do despacho. Embora redigir signifique, sem maiores rebuços, escrever, não se deve entender que o juiz deva, sempre, redigir os despachos; o que dele se requer é que os elabore, ou seja, que os despachos sejam produto de sua celebração, na medida em que, por princípio, é indelegável o exercício das funções jurisdicionais. Desse modo, nada impede que o juiz elabore (= produza) o despacho, em forma de minuta, e determine ao datilógrafo ou a qualquer outro funcionário que o redija (à máquina) em definitivo ("passe-o a limpo", como se costuma dizer). Estabelece, contudo, o § 4º, do art. 203, do CPC, que os atos de natureza meramente ordinatória, como a juntada de documentos e a vista obrigatória, devem ser praticados de ofício pelo servidor e revistos pelo juiz quando necessário. Esta norma legal visa, por assim dizer, a desburocratizar os serviços judiciários e a reduzir o volume de trabalho do magistrado.

Não constituindo um ato formal, como dissemos, o despacho pode ser redigido segundo critério pessoal de cada juiz. O importante é que se apresente legível e inteligível. Daí por que não é aconselhável que seja manuscrito, sob pena de impedir ou de dificultar o entendimento acerca do que dele consta. A vida forense tem demonstrado, com certa frequência, que os juízes afeitos a lançar, manualmente, despachos, o fazem, quase sempre, de forma ilegível, obrigando as partes, em razão disso, a solicitar a alguns serventuário do juízo que "interpretem" aquelas garatujas judiciais. Em alguns casos, o resultado dessa interpretação não coincide com o verdadeiro conteúdo do despacho, induzindo a parte em erro.

Uma outra característica dos despachos do tipo ordinatório consiste na ausência de preclusão. Isso significa que o juiz pode revogar despachos por ele proferidos, ou, mesmo, por outro juiz, no processo. Algumas vezes, por exemplo, o juiz, examinando melhor os autos, entende desnecessária a realização de exame pericial já deferido (por ele ou por outro juiz que tenha atuado no feito), mas ainda não realizado; diante disso, nada o impede de revogar aquele despacho. A parte que discordar dessa revogação poderá, no momento oportuno, manifestar o seu "protesto", por restrição do direito de defesa e arguir a nulidade do processo, a partir desse ato judicial, caso a sentença lhe seja desfavorável, nesse ponto.

É inegável que os despachos ordinatórios contêm uma certa carga de decisão, ainda que tênue. Quando o juiz, p. ex., determina a juntada de documentos aos autos, ou o comparecimento das partes à audiência, para serem interrogadas, é elementar que há, nesse seu ato (despacho), uma carga, embora diminuta, de decisão. Em rigor, aliás, raramente o juiz praticará, no processo, um ato que não derive de uma sua decisão. O que variará é a intensidade desta. O que se deve considerar, no entanto, é que os traços de "decisão", presentes muitas vezes nos despachos ordinatórios, são não apenas sutis, quase imperceptíveis, mas, acima de tudo, estão diretamente ligados à propulsão do procedimento. Nos despachos decisórios, ou resolutivos, ao contrário, não se tem em conta o procedimento e seu curso, mas certos atos processuais praticados pelas partes, ou cuja prática foi por elas requerida, capazes de afetar, diretamente, os direitos ou interesses do adversário. Por isso, o juiz é chamado a decidir a respeito. E pelo mesmo motivo admite-se, em alguns casos, a impugnação autônoma desses despachos, mediante recurso ou mandado de segurança.

§ 4º A regra constava do § 4º do art. 162 do CPC revogado. Esta norma legal, ao autorizar a prática, *ex officio*, pelo servidor, de atos meramente ordinatórios, visou a desburocratizar os serviços judiciários e, em especial, a reduzir o volume de trabalho do magistrado. Havendo necessidade, esses atos serão revistos pelo juiz. É evidente que o serventuário, na situação de que estamos a falar, estará praticando atos *em nome* do juízo, e não em nome próprio. Existem atos que são da atribuição do serventuário, como os descritos nos arts. 711 e 712 da CLT.

É absolutamente necessário, todavia, que o juiz, na aplicação do art. 203, § 4º, do CPC, não transponha os limites da norma, delegando ao serventuário a prática de atos que não sejam meramente ordinatórios, mas decisórios.

A propósito, entendemos que o legislador não deveria ter *imposto* a prática dos atos ordinatórios pelo servidor do juízo, sendo preferível que tivesse atribuído ao magistrado a *faculdade* de delegar a prática desses atos. Justamente por isso, entendemos que esse dispositivo legal não incide no processo do trabalho em seu caráter imperativo, devendo ser interpretada como facultativo. Onde consta: "devendo", leia-se: "podendo". Afinal, não se pode impedir o juiz de praticar atos que são inerentes ao exercício de suas funções. Haveria uma espécie de *capitis deminutio* do magistrado. Seja como for, o fato de o magistrado, mesmo da justiça comum, vir a praticar ato ordinatório, ou seja, que a lei comete ao servidor, não acarretará, só por isso, nulidade processual.

Art. 204. Acórdão é o julgamento colegiado proferido pelos tribunais.

• **Comentário**

Repete-se, com pequena alteração (alude-se a julgamento *colegiado*), o art. 163 do CPC revogado.

A teor do artigo em exame recebe o nome de acórdão o julgamento colegiado proferido pelos tribunais. Há, nisso, uma patente imprecisão de conceito, dado que encambulha os de acórdão e de julgamento. Quando o tribunal (Pleno, Turmas, Seções Especializadas, etc.), em suas sessões, realiza *julgamentos*, o que ele faz é *decidir* sobre as matérias submetidas à sua cognição. Nas sessões o que há, portanto, são *julgamentos* (ou decisões); os *acórdãos* correspondentes serão elaborados posteriormente e publicados. Até onde sabemos, nas sessões colhem-se os votos dos integrantes do tribunal, cabendo ao relator, ao revisor ou ao redator designado, conforme seja o caso, confeccionar, mais tarde, no prazo regimental, o pertinente acórdão. Segue-se, que, rigor à frente, não se pode aceitar a afirmação constante do art. 204 do CPC, de que *acórdão é o julgamento colegiado* efetuado pelos tribunais. É, isto sim, o espelho formal do *resultado* do julgamento. Ninguém, por certo, haverá, *v. g.*, de atrever-se a apresentar embargos de declaração ao *julgamento*, sabendo-se que o destinatário desses embargos, no caso, deverá ser o acórdão.

A alguns pode revelar-se pleonástica a expressão legal "julgamento *colegiado* proferido pelos tribunais", porquanto estes são sempre colegiados. Há casos em que a própria norma legal atribui competência ao relator, como integrante de um colégio de juízes, decidir sozinho, vale dizer, de modo unipessoal, como se dá nos casos previstos no CPC; e, tais situações, haverá decisão e não, acórdão.

Código de Processo Civil

Art. 205. Os despachos, as decisões, as sentenças e os acórdãos serão redigidos, datados e assinados pelos juízes.

§ 1º Quando os pronunciamentos previstos no *caput* forem proferidos oralmente, o servidor os documentará, submetendo-os aos juízes para revisão e assinatura.

§ 2º A assinatura dos juízes, em todos os graus de jurisdição, pode ser feita eletronicamente, na forma da lei.

§ 3º Os despachos, as decisões interlocutórias, o dispositivo das sentenças e a ementa dos acórdãos serão publicados no Diário de Justiça Eletrônico.

• **Comentário**

Caput. A matéria era disciplinada, com maior amplitude, pelo *caput* do art. 164 do CPC revogado.

Os atos praticados pelo juiz, como despachos, decisões, sentença e acórdãos, serão por ele redigidos, datados e assinados. A falta, não suprida, da assinatura do magistrado fará com que esses atos seja considerados juridicamente inexistentes. Uma observação fundamental: se houver recurso interposto de sentença ou de acórdão não assinados, o recurso não deverá ser admitido, em decorrência da falta do pressuposto subjetivo do *interesse processual*. Com efeito, se esses atos jurisdicionais, quando não assinados pelo juiz, são juridicamente inexistentes, o recorrente não possui interesse processual em impugná-los porque, em rigor, os sobreditos atos em nada o obrigam. O ato inexistente é o *nihil* jurisdicional, o nada, o vazio.

Um reparo de ordem técnica: embora a norma legal em exame afirme que os despachos, as decisões, as sentenças e os acórdãos deverão se *redigidos* pelo magistrado, na verdade o que se deve entender é que esses atos devem ser produto intelectual do magistrado, podendo ser redigidos por um serventuário sob ditado do magistrado ou mediante cópia de texto por ele elaborado. Redigir significa manifestar por escrito aquilo que se pensa, que se decidiu. Por isso, nada obsta a que os precitados atos processuais sejam redigidos pelo escrivão, pelo diretor da secretaria ou por algum serventuário, desde que o conteúdo desses atos seja produto da cerebração do magistrado, sendo por ele assinados.

§ 1º Constituía a segunda parte do *caput* do art. 164 do CPC revogado. Dentre os pronunciamentos jurisdicionais (CPC, art. 203) que possam ser proferidos oralmente, a sentença é o mais frequente — senão o único. Há juízes que costumam ditar a sentença a um serventuário; neste caso, o datilógrafo ou digitador a redigirá, submetendo, depois, o texto ao magistrado para revisão e assinatura. A datação (art. 205, *caput*) poderá ser feita pelo serventuário.

A CLT, no art. 851, § 2º, estabelece que a ata, *devidamente assinada pelo juiz*, será juntada aos autos no prazo improrrogável de 48 horas, contado da data da audiência de julgamento.

§ 2º Repete a regra do parágrafo único do art. 164 do CPC revogado. Os pronunciamentos dos juízes, em todos os graus de jurisdição, podem ser assinados eletronicamente, conforme previsto em lei.

O art. 1º, inciso III, da Lei n. 11.419/2006, considera assinatura eletrônica as seguintes formas de identificação inequívoca do signatário: "a) assinatura digital baseada em certificado digital emitido por Autoridade Certificadora credenciada, na forma de lei específica; b) mediante cadastro de usuário no Poder Judiciário, conforme disciplinado pelos órgãos respectivos".

§ 3º Inovação do CPC atual. A norma determina que a íntegra de qualquer pronunciamento jurisdicional (despacho, decisão interlocutória, sentença, acórdão) seja publicada no Diário de Justiça Eletrônico.

Seção V

Dos Atos do Escrivão ou do Chefe de Secretaria

Art. 206. Ao receber a petição inicial de processo, o escrivão ou o chefe de secretaria a autuará, mencionando o juízo, a natureza do processo, o número de seu registro, os nomes das partes e a data de seu início, e procederá do mesmo modo em relação aos volumes em formação.

• **Comentário**

Conforme vimos anteriormente, o Diretor de Secretaria integra o grupo dos órgãos auxiliares da Justiça do Trabalho. As atribuições e competência estão descritas nos arts. 711 e 712, da CLT. O cargo de diretor de secretaria, na Justiça do Trabalho, corresponde ao de escrivão, na organização judiciária estadual. O cargo é de confiança, motivo por que o funcionário poderá dele ser removido *ad nutum*.

O vocábulo *secretaria* possui conotação administrativa; por isso, melhor seria que o legislador do futuro passasse a denominar o órgão do primeiro grau trabalhista de cartório.

Quando o juízo de direito estiver investido na jurisdição trabalhista (CLT, arts. 668/669), o escrivão fará as vezes do diretor de secretaria (CLT, arts. 716/717).

Em termos gerais, o disposto nos arts. 206 a 211 do CPC são aplicáveis ao processo do trabalho.

As atribuições genéricas da secretaria das Varas do Trabalho constam do art. 711 da CLT; as específicas do diretor de secretaria estão no art. 712. Na prática, todavia, essas atribuições se interpenetram em decorrência da necessidade dos serviços. É evidente que a enumeração contida nessas normas legais não é exaustiva, até porque os avanços tecnológicos podem impor novas atribuições ou alterar as existentes.

Nada obsta a que se aplique, em caráter supletivo, a regra do art. 206 do CPC, que traça o procedimento a ser cumprido pelo escrivão (ou diretor de secretaria) a partir do recebimento da petição inicial.

Dispõe, ainda, o art. 777, da CLT: "Os requerimentos e documentos apresentados, os atos e termos processuais, as petições ou razões de recursos e quaisquer outros papéis referentes aos feitos formarão os autos dos processos, os quais ficarão sob a responsabilidade dos escrivães ou chefes de Secretaria".

Art. 207. O escrivão ou o chefe de secretaria numerará e rubricará todas as folhas dos autos.

Parágrafo único. À parte, ao procurador, ao membro do Ministério Público, ao defensor público e aos auxiliares da justiça é facultado rubricar as folhas correspondentes aos atos em que intervierem.

• **Comentário**

Caput. Repetiu-se, em parte, o art. 167, *caput*, do CPC revogado.

A CLT, no tocante ao diretor da secretaria, afirma que ele deverá "subscrever as certidões e os termos processuais" (art. 712, "h"), nada dispondo acerca da numeração e do lançamento de rubrica nas folhas dos autos processuais. A regra do art. 162 do CPC é compatível com o processo do trabalho.

Parágrafo único. Reproduziu-se o teor do parágrafo único do art. 167 do CPC revogado. A faculdade que a norma *sub examen* atribui às pessoas por ela mencionadas de rubricarem as folhas correspondentes aos atos processuais de que participarem significa uma garantia para essas pessoas quanto à autoria e à fidelidade do conteúdo desses atos. Embora, no sistema do processo do trabalho, a ata da audiência seja assinada, apenas, pelo juiz (CLT, art. 851, § 2º).

Desde muito tempo, contudo, vem-se permitindo que as partes, os advogados e os terceiros que participaram da audiência assinem a ata. Essa praxe é salutar, por propiciar segurança jurídica a todos, motivo por que deve ser mantida.

Pelo mesmo motivo, deve-se facultar que as pessoas mencionadas no art. 207, parágrafo único, do CPC rubriquem as folhas que digam respeito aos atos processuais *oficiais* de que elas participaram. Falamos em atos *oficiais*, porque as folhas dos documentos por elas próprias produzidos ou por seus advogados (como petições, contestações, recursos, embargos, laudos etc.) poderão ser livremente rubricadas — como sói acontecer na prática

Art. 208. Os termos de juntada, vista, conclusão e outros semelhantes constarão de notas datadas e rubricadas pelo escrivão ou pelo chefe de secretaria.

• **Comentário**

Transcrição literal do art. 168 do CPC revogado.

Parece haver antinomia entre este artigo e o § 4º do art. 203, pois enquanto este afirma que os despachos meramente ordinatórios, como a juntada de documentos e a vista obrigatória, serão praticados de ofício *pelo servidor* (em sentido geral), o art. 208 estabelece que os termos de vista, de conclusão e outros semelhantes constarão de notas datas e assinadas *pelo escrivão* ou pelo chefe de secretaria.

Por outro lado, o art. 773 da CLT dispõe: "Os termos relativos ao movimento dos processos constarão de simples notas, datadas e rubricadas pelos Chefes de Secretaria ou escrivães".

Nossa conclusão é a seguinte: a) os atos meramente ordinatórios *podem* se praticados (de ofício) por *qualquer servidor*, sendo revistos pelo juiz quando for necessário (CPC, art. 203, § 4º). Destacamos o verbo *poder* para demonstrar nossa opinião de que, no processo do trabalho, a mencionada norma do CPC perde o seu caráter impositivo (*devem ser praticados*) para traduzir uma *faculdade* pela qual o juiz delega ao servidor a realização de tais atos; b) não sendo o caso de atos meramente ordinatórios, nem de pronunciamentos jurisdicionais (CPC, art. 203), os atos deverão ser praticados pelo *diretor da secretaria* ou pelo escrivão. Como exemplo, referimos a parte final do art. 209, *caput*, a ser examinado.

Art. 209. Os atos e os termos do processo serão assinados pelas pessoas que neles intervierem, todavia, quando essas não puderem ou não quiserem firmá-los, o escrivão ou o chefe de secretaria certificará a ocorrência.

§ 1º Quando se tratar de processo total ou parcialmente documentado em autos eletrônicos, os atos processuais praticados na presença do juiz poderão ser produzidos e armazenados de modo integralmente digital em arquivo eletrônico inviolável, na forma da lei, mediante registro em termo, que será assinado digitalmente pelo juiz e pelo escrivão ou chefe de secretaria, bem como pelos advogados das partes.

§ 2º Na hipótese do § 1º, eventuais contradições na transcrição deverão ser suscitadas oralmente no momento de realização do ato, sob pena de preclusão, devendo o juiz decidir de plano e ordenar o registro, no termo, da alegação e da decisão.

• **Comentário**

Caput. Houve reprodução literal do *caput* do art. 169 do CPC revogado.

Os atos e termos processuais mencionados no texto legal em estudo devem ser assinados pelas pessoas que neles interviram. Este é o princípio legal. Quando estas não puderem ou não quiserem assiná-los, incumbirá ao escrivão certificar a ocorrência nos autos. Façamos uma ponderação: se a parte, a testemunha, o perito e os terceiros em geral se recusarem a assinar a ata da audiência de que participaram não haverá necessidade de o diretor da secretaria certificar o fato nos autos, sendo bastante que o juiz faça consignar na ata a recusa manifestada por quaisquer dessas pessoas — e, talvez, o próprio motivo que as levou a agirem desse modo.

Os despachos, as decisões interlocutórias e as sentenças não são assinadas pelas partes, porque estas — para utilizarmos a expressão legal — não interviram na elaboração desses atos.

A preocupação do legislador de que os atos e termos processuais seja digitados, datilografados ou escritos com tinta escura e indelével é plenamente justificável, pois se esses atos e termos forem lavrados, por exemplo, com tinta que se esmaeça, que se dissipe ao longo do tempo, haverá graves consequências processuais. A propósito, há alguns anos se aceitava, em juízo, documento reproduzido sob a forma de fac-símile ("fax"). Todavia, a prática demonstrou que os escritos constantes dessas cópias acabavam se apagando em alguns meses, motivo por que hoje somente se deve admitir essa espécie de reprodução documental em situações excepcionais e desde que o original ou cópia obtida por meio mais eficiente seja juntada aos autos.

A referência do artigo em exame à tinta *escura* impede, por exemplo, que o ato ou o termo processual seja elaborado com tinta amarela, lilás etc. A tradição consagrou o uso de tinta preta. Tudo é uma questão de bom-senso. O escopo da norma é fazer com que o texto seja legível; assim, também não será possível admitir-se o uso de tinta escura lançada em papel escuro, pois isso impedirá ou dificultará sobremaneira a leitura do texto.

§ 1º Disposição semelhante constava do § 2º do art. 169 do CPC revogado.

A norma dispõe sobre as cautelas que devem ser adotadas para efeito de produção e armazenamento em arquivo eletrônico inviolável dos atos processuais praticados na presença do juiz.

§ 2º. Em essência, a disposição estava contida no § 3º do art. 169 do CPC revogado.

Poderá ocorrer de a parte, a testemunha, o perito, os terceiros perceberem que a transcrição do ato não está sendo realizada de maneira fiel à realidade das declarações efetivamente prestadas. Diante disso, o interessado deverá, de modo oral, requerer a retificação do ponto que entende estar em conflito com a realidade, cabendo ao juiz decidir desde logo o incidente. Tanto a alegação do interessado quanto a decisão do juiz deverão constar do termo.

Se o interessado nada alegar, no momento indicado pela norma legal, quanto à divergência entre o que foi declarado e o que está sendo transcrito, ocorrerá a preclusão, de modo a impedi-lo de arguir eventual nulidade processual em grau de recurso.

Art. 210. É lícito o uso da taquigrafia, da estenotipia ou de outro método idôneo em qualquer juízo ou tribunal.

• **Comentário**

Houve reprodução literal do art. 170 do CPC revogado.

A norma diz da licitude da utilização, em qualquer grau de jurisdição, além da taquigrafia e da estenotipia, de outros métodos idôneos destinados ao registro dos atos, termos, depoimentos e declarações prestados em juízo.

Taquigrafia. Do grego *taqui* (rápido" e *grafia* (escrita), a taquigrafia é um método que faz uso de abreviatura ou de símbolos com o objetivo de aumentar a velocidade ou a brevidade da escrita. Usualmente é feita a mão mediante o uso de caneta.

Estenotipia. Tem a mesma finalidade da taquigrafia, embora utilize máquinas apropriadas. Nisto é que se distingue da taquigrafia.

Os sinais ou elementos gráficos relativos à taquigrafia ou à estenotipia deverão ser transcritos, decodificados e juntados aos autos, dando-se vista à partes pelo prazo (comum ou sucessivo) que lhes for assinado.

Art. 211. Não se admitem nos atos e termos processuais espaços em branco, salvo os que forem inutilizados, assim como entrelinhas, emendas ou rasuras, exceto quando expressamente ressalvadas.

• **Comentário**

Repetiu-se, com variação de somenos importância, o art. 171 do CPC revogado.

Espaços em branco. A norma legal não está a aludir àqueles espaços em branco que caracterizam as margens, o alto ou o pé das folhas relativas às peças processuais, e sim aos espaços vazios deixados no campo destinado à recepção do texto. Também não cogita do espaço entre uma linha e outra (entrelinhas), embora não seja de estimular-se a prática, muitas vezes verificada, de a parte deixar um espaço excessivamente largo entre as linhas do texto. Alguns tribunais determinam que o verso da folha, estando em branco, receba uma observação, geralmente a carimbo, quanto a isso.

Os espaços em branco devem ser inutilizados.

Entrelinhas. De certa forma, o artigo em foco reitera a proibição contida no art. 202 do mesmo Código, quanto ao lançamento de cotas *interlineares* nas petições.

Emendas. São complementos a uma frase, a um período. Quando efetuados entre uma linha e outra não deixam de ser abrangidos, igualmente, pela vedação legal às cotas interlineares.

Rasuras. São raspaduras feitas na escrita, seja para eliminar uma letra ou palavra, seja para substituí-las por outras. Para os efeitos da norma em exame aqui se incluem os borrões.

As entrelinhas, as emendas, as rasuras e os borrões devem ser expressamente ressalvadas. Na prática, os advogados costumam apor uma rubrica ao lado do texto interlinear, emendado, rasurado ou borrado.

Não sendo feita a ressalva, o juiz mandará riscar aquilo que tiver sido inserido nas entrelinhas, ou a emenda realizada, aplicando à parte multa correspondente à metade do salário-mínimo vigente na sede do juízo (CPC, art. 202).

CAPÍTULO II
DO TEMPO E DO LUGAR DOS ATOS PROCESSUAIS

Seção I
Do Tempo

Art. 212. Os atos processuais serão realizados em dias úteis, das 6 (seis) às 20 (vinte) horas.

§ 1º Serão concluídos após as 20 (vinte) horas os atos iniciados antes, quando o adiamento prejudicar a diligência ou causar grave dano.

§ 2º Independentemente de autorização judicial, as citações, intimações e penhoras poderão realizar-se no período de férias forenses, onde as houver, e nos feriados ou dias úteis fora do horário estabelecido neste artigo, observado o disposto no art. 5º, inciso XI, da Constituição Federal.

§ 3º Quando o ato tiver de ser praticado por meio de petição em autos não eletrônicos, essa deverá ser protocolada no horário de funcionamento do fórum ou tribunal, conforme o disposto na lei de organização judiciária local.

• **Comentário**

Caput. A mesma regra estava contida no *caput* do art. 172 do CPC revogado.

O dispositivo em exame, todavia, não incide do processo do trabalho, que possui norma própria, de conteúdo idêntico. Efetivamente, consta do art. 770, da CLT: "Os atos processuais serão públicos, salvo quando o contrário determinar o interesse social, e realizar-se-ão nos dias úteis das 6 às 20 horas". Além dos declarados em lei, são considerados feriados, para efeitos forenses, os sábados, os domingos e os dias em que não houve expediente no foro (CPC, art. 216). Esses dias não serão *úteis* para a prática de atos processuais, salvo se houver previsão legal em sentido contrário (art. 212. § 2º).

§ 1º Repete-se o teor do § 1º do art. 172 do CPC revogado.

A lei proíbe, em princípio, que o ato processual seja concluído após as 20 horas, exceto se tiver sido iniciado antes disso; o adiamento prejudicar a diligência ou acarretar grave dano. Por mais forte razão, o ato processual não pode ser *iniciado* após às 20 horas.

A norma á aplicável ao processo do trabalho.

§ 2º O § 2º do art. 172 do CPC revogado permitia que a *citação* e a *penhora* pudessem ser realizadas (em caráter excepcional) em domingos e feriados, mediante autorização expressa do juiz.

O texto atual permite que as citações, as intimações e as penhoras sejam realizadas no período de férias forenses, nos feriados e dias úteis, fora do horário previsto no caput, independentemente de autorização judicial, devendo ser observado, todavia, o princípio constitucional da inviolabilidade da casa (CF, art. 5º, XI).

O parágrafo único do art. 770, da CLT, permite que a *penhora* possa ser realizada em domingo ou feriado, *mediante autorização expressa do juiz*. Não há referência à citação, nem à intimação.

Sendo assim, temos o seguinte quadro no processo do trabalho: não só a penhora, mas, também, a intimação e citação poderão ser realizadas em domingos e feriados, mesmo antes das 6 horas ou depois das 20 horas, desde que autorizadas, de maneira expressa, pelo juiz.

§ 3º Reproduziu-se, em termos gerais, o § 3º do art. 172 do CPC revogado, acrescentando-se a ressalva de que a norma se dirige aos atos processuais *não eletrônicos*, ou aos atos *físicos*.

Um registro histórico necessário: na vigência do antigo Código havia intensa controvérsia doutrinária e jurisprudencial acerca de qual o momento final para a prática de determinado ato, a cargo da parte ou do terceiro interveniente. Assim se discutia porque havia casos, por exemplo, em que a parte protocolava a petição no órgão competente, mas fora do horário de expediente. A Lei n. 8.952/94 deu fim a essa celeuma, ao inserir o § 3º no art. 172, daquele CPC, para esclarecer que, em tal situação, a petição deveria ser protocolada "dentro do horário de expediente, nos termos da lei de organização judiciária local". Um recurso protocolado além do horário de funcionamento do setor de protocolo era, portanto, intempestivo. Em resumo, o princípio geral era de que os atos processuais deveriam ser praticados entre as 6 e as 20 horas; contudo, caberia ao Tribunal local fixar o horário de funcionamento do protocolo, cujo período poderia ser inferior ao previsto no art. 770, *caput*, da CLT. O que não se admitia é que o Tribunal estendesse o funcionamento do protocolo para além das 20 horas.

O texto atual, como dissemos, manteve, em sua essência, o princípio consagrado pelo texto anterior, apenas substituindo a expressão "dentro do horário de expediente" por "no horário de funcionamento do fórum ou tribunal".

Situação que tem provocado discussões no terreno da doutrina e da jurisprudência ocorre quanto a parte ingressa nas dependências do fórum dentro do horário de expediente, mas em decorrência de fila formada no serviço de protocolo acaba por apresentar a petição após o horário de funcionamento daquele setor. Sob o rigor da lei, a petição deve ser *apresentada* ao protocolo, como dissemos, "no horário de funcionamento" *do órgão*; todavia, se a demora no atendimento decorrer de morosidade do serventuário, de problema técnico com o sistema de informatização, ou mesmo se derivou de um afluxo elevado de pessoas no mesmo horário etc., a petição deve ser protocolada mesmo após o horário estabelecido. O problema, contudo, é muito mais complexo, a partir do fato de que a parte poderia estar nas dependências do fórum há muito tempo, mas, em decorrência de conversa com pessoas conhecidas, acabou por lembrar-se de protocolar a petição somente nos últimos minutos do horário — vindo, então, a encontrar fila considerável no serviço de protocolo, fazendo com que a sua petição fosse *apresentada* quando já ultrapassado o horário de funcionamento do setor.

Art. 213. A prática eletrônica de ato processual pode ocorrer em qualquer horário até as 24 (vinte e quatro) horas do último dia do prazo.

Parágrafo único. O horário vigente no juízo perante o qual o ato deve ser praticado será considerado para fins de atendimento do prazo.

• **Comentário**

Caput. Cuida-se de inovação do atual CPC.

Os atos processuais eletrônicos não se submetem à regra inscrita no do art. 212 e seu § 3º, podendo ser praticados em qualquer horário.

O art. 10, da Lei n. 11.419, de 19 de dezembro de 2006, que regula a informatização do processo judicial, dispõe: "§ 1º Quando o ato processual tiver que ser praticado em determinado prazo, por meio de petição eletrônica, serão considerados tempestivos os efetivados até as 24 (vinte e quatro) horas do último dia".

Inegavelmente, essa disposição legal trouxe mais tranquilidade às partes e seus advogados, que passaram a dispor de maior prazo para o protocolo de peças processuais.

Serão ilegais, portanto, quaisquer atos administrativos (portarias, resoluções etc.) editados por Tribunal com o objetivo de reduzir o horário para o protocolo de petição eletrônica, fixado pelo art. 10, § 1º, da Lei n. 11.419/2006.

Parágrafo único. A fim de evitar dúvidas e controvérsias, a norma esclarece que, para os efeitos do *caput*, prevalecerá o horário vigente no juízo no qual o ato processual deverá ser praticado. Em um país, como o nosso, com mais de um fuso horário e com a existência do denominado "horário de verão", requer muita cautela do advogado quando tiver de praticar, por meio eletrônico, algum ato de processo que tramita em Estado diverso daquele em que exerce a sua atividade profissional.

Art. 214. Durante as férias forenses e nos feriados, não se praticarão atos processuais, excetuando-se:

I — os atos previstos no art. 212, § 2º;

II — a tutela de urgência.

• **Comentário**

Caput. O princípio contido neste dispositivo legal é de que durante as férias forenses e nos feriados não se praticam atos processuais, exceto nos casos que serão demonstrados, mais adiante.

São feriados nacionais, de acordo com a Lei n. 662/49, com a redação dada pela Lei n. 10.607, de 19.12.2002:

1º de janeiro (Confraternização Universal);

21 de abril (Tiradentes);

Código de Processo Civil

1º de maio (Dia do Trabalho);

7 de setembro (Independência do Brasil);

2 de novembro (Finados);

15 de novembro (Proclamação da República);

25 de dezembro (Natal).

Ainda:

12 de outubro (Nossa Senhora Aparecida, Padroeira do Brasil): Lei n. 6.802/1980.

A Lei n. 10607/2002 (art. 3º) revogou, expressamente, a Lei n. 1.266, de 8 de dezembro de 1950, que dispunha:

Art. 1º Será feriado nacional o dia em que se realizarem eleições gerais em todo o país.

Parágrafo único. Quando as eleições se estenderem a uma ou mais de uma circunscrição eleitoral, ou somente a um ou mais de um município ou distrito, o dia para elas fixado será feriado apenas nos círculos eleitorais onde se realizem.

Art. 2º Quando não se tratar de data fixada pela Constituição ou por lei ordinária, serão as eleições marcadas para um domingo ou dia já considerado feriado por lei anterior.

Estabelece a Lei n. 9.093, de 12 de setembro de 1995:

Art. 1º São feriados civis: I — os declarados em lei federal; II — a data magna do Estado fixada em lei estadual; III — os dias do início e do término do ano do centenário de fundação do Município, fixados em lei municipal.

Art. 2º São feriados religiosos os dias de guarda, declarados em lei municipal, de acordo com a tradição local e em número não superior a quatro, neste incluída a Sexta-Feira da Paixão.

A Lei n. 9.093/1995 revogou, de maneira expressa, o art. 11 da Lei n. 605, de 5 de janeiro de 1949.

Inciso I. Durante as férias forenses e os feriados poderão ser praticados os atos referidos no art. 212, § 2º, quais sejam, intimações, citações e penhoras.

Inciso II. De igual modo, poderá ser prestada a tutela de urgência (CPC, art. 300); não, porém, a da evidência (CPC art. 311).

Art. 215. Processam-se durante as férias forenses, onde as houver, e não se suspendem pela superveniência delas:

I — os procedimentos de jurisdição voluntária e os necessários à conservação de direitos, quando puderem ser prejudicados pelo adiamento;

II — a ação de alimentos e os processos de nomeação ou remoção de tutor e curador;

III — os processos que a lei determinar.

• **Comentário**

Caput. O art. 174, *caput*, do CPC revogado, continha regra idêntica. O texto atual apenas acresceu a expressão "onde as houver", ao referir-se às férias forenses.

A norma legal especifica os casos que se processam durante as férias e que não se suspendem pela superveniência delas.

As férias coletivas foram abolidas no âmbito dos órgãos de primeiro grau e nos tribunais de segundo grau pela EC n. 45/2004, que acrescentou o inciso XII ao art. 93, da Constituição Federal, assim redigido: "a atividade jurisdicional será ininterrupta, sendo vedado férias coletivas nos juízos e tribunais de segundo grau, funcionando, nos dias em que não houver expediente forense normal, juízes em plantão permanente". Essa disposição constitucional se aplica ao recesso da Justiça do Trabalho (e da Justiça Federal Comum), que havia sido instituído pela Lei n. 5.010/66, compreendendo o período de 20 de dezembro a 6 de janeiro do ano subsequente e que, na prática, era considerado feriado forense. Não são afetadas, portanto, as normas do Regimento Interno do TST (para cogitarmos, apenas, deste), concessivas de férias aos Srs. Ministros, nos períodos de 2 a 31 de janeiro e de 2 a 31 de julho de cada ano.

Inciso I. Substancialmente, repete-se a regra do § 1º do art. 174 do CPC revogado. Substituiu-se, apenas, a expressão "atos de jurisdição voluntária", constante deste, por "procedimentos de jurisdição voluntária". Mesmo assim, o erro permaneceu. O que, habitualmente, se tem designado como *jurisdição voluntária* é um contrassenso, pois não há aqui atividade jurisdicional (mas administração pública de interesses privados), nem voluntariedade, pois o procedimento depende de iniciativa do interessado.

Também se processam durante as férias e não se suspendem pela superveniência delas, os procedimentos necessários à conservação de direitos, quando puderem ser prejudicados pelo adiamento;

Inciso II. A Justiça do Trabalho não possui competência para apreciar as matérias referidas neste inciso.

Inciso III. Reproduziu-se a redação do inciso III do art. 174 do CPC revogado. Retirou-se, apenas o adjetivo federal, que qualificava o tipo de lei.

Desde que haja *lei* determinante, a causa será processada durante as férias e não se suspenderá pela superveniência.

Art. 216. Além dos declarados em lei, são feriados, para efeito forense, os sábados, os domingos e os dias em que não haja expediente forense.

• **Comentário**

O art. 175 do CPC revogado declarava serem feriados, para efeito forense, os domingos e os dias declarados por lei. O texto em vigor tem espectro mais amplo: afirma serem feriados não somente os domingos e os dias declarados por lei, mas, também, os sábados e os dias em que não houver expediente no foro.

Seção II
Do Lugar

Art. 217. Os atos processuais realizar-se-ão ordinariamente na sede do juízo, ou, excepcionalmente, em outro lugar em razão de deferência, de interesse da justiça, da natureza do ato ou de obstáculo arguido pelo interessado e acolhido pelo juiz.

• **Comentário**

Repete-se, em parte o *caput* do art. 175 do CPC revogado.

Em princípio, os atos processuais são praticados na se de órgão jurisdicional, seja o caso de juízo deprecante, seja o de juízo deprecado.

Permite-se que o ato processual seja realizado fora da sede do órgão jurisdicional em virtude de: a) deferência legal; b) interesse da justiça; c) obstáculo arguido pelo interessado e acolhido pelo juiz (*ibidem*).

Deferênci alegal: decorre de prerrogativas que a lei atribui a determinadas pessoas, em virtude do cargo que ocupam. É o caso das mencionadas no art. 454, do CPC (Presidente e Vice-Presidente da República, Presidente do Senado, Presidente da Câmara dos Deputados, Ministros de Estado, Ministros dos Tribunais Superiores, Ministros de Estado, Procurador-Geral da República, Senadores e Deputados Federais, Governadores, Deputados Estaduais, Desembargadores, Juízes de Tribunais Regionais, Conselheiros de Tribunais de Contas dos Estados e do Distrito Federal, dentre outros), que são inquiridos como testemunhas em sua residência ou no local em que exercem a função;

Interesse da Justiça: como se dá, *e. g.*, com a inspeção judicial (CPC, arts. 481/484);

Natureza do ato: caso do exame pericial (CPC, art. 464).

Obstáculo: é o que se passa, por exemplo, com a testemunha que, em decorrência de doença ou outro motivo relevante, não possa vir a juízo para depor (CPC, arts. 449, parágrafo único). Neste caso, a coleta de seu depoimento será realizada em local diverso (hospital, clínica, residência da testemunha).

CAPÍTULO III
DOS PRAZOS

Seção I
Disposições Gerais

Art. 218. Os atos processuais serão realizados nos prazos prescritos em lei.

§ 1º Quando a lei for omissa, o juiz determinará os prazos em consideração à complexidade do ato.

§ 2º Quando a lei ou o juiz não determinar prazo, as intimações somente obrigarão a comparecimento após decorridas 48 (quarenta e oito) horas.

§ 3º Inexistindo preceito legal ou prazo determinado pelo juiz, será de 5 (cinco) dias o prazo para a prática de ato processual a cargo da parte.

§ 4º Será considerado tempestivo o ato praticado antes do termo inicial do prazo.

Código de Processo Civil

Art. 218

• **Comentário**

Caput. Repetiu-se, em parte, o *caput* do art. 177 do CPC revogado.

Seriam, por certo, desastrosas as consequências para o processo se cada parte, e o próprio juiz, pudessem praticar os prazos que lhes incumbissem no prazo que desejassem. Os anseios gerais dirigidos à celeridade processual fizeram com que os sistemas legais estabelecessem prazos para a prática de atos por todos os sujeitos do processo.

Já se disse, com propriedade, que o tempo constitui uma das dimensões fundamentais da vida humana (ALVIM, Arruda. *Manual de direito processual civil*. São Paulo: Revista dos Tribunais, 1979. v. I, p. 272). E o fator tempo relaciona-se, intimamente, com o processo, no qual os atos dos sujeitos que dele participam (e não apenas das partes, em sentido estrito) devem ser praticados dentro dos prazos fixados por lei.

Não é unânime, entre os dicionaristas, a etimologia do vocábulo *prazo*. Sustenta Caldas Aulete (*Dicionário contemporâneo da língua portuguesa*. Rio de Janeiro: Delta, 1964. v. 4, p. 3234), que ele é originário do latim *placitum* (de *placere* = agradar, estar contente); para De Plácido e Silva (*Vocabulário jurídico*. Rio de Janeiro: Forense, 1967. v. 3, p. 1.192) a sua origem está em *platea* (praça, espaço), também do latim, do qual proveio a forma *plazo* da língua espanhola, para expressar o espaço de tempo em que as coisas são feitas.

Parece-nos mais congruente a origem indicada por *De* Plácido e Silva, pois, na terminologia processual, prazo significa, exatamente, o lapso de tempo, estabelecido por lei ou pelo próprio juiz, dentro do qual uma ou ambas as partes devem praticar os atos que lhes competem.

Do verbete *prazo* defluem o verbo *aprazar* (marcar prazo) e os substantivos *aprazamento* (designação de prazo) e *aprazador* (o que dá prazo).

Não se permite ao juiz reduzir prazos peremptórios sem a concordância das (CPC, art. 222, § 1º).

A Lei n. 5.584/70, em disposição elogiável, procedeu à homogeneização dos prazos recursais, no âmbito da Justiça do Trabalho, fixando-os em oito dias (art. 6º), que são aplicáveis também às contrarrazões. Essa uniformização dos prazos, contudo, está circunscrita aos recursos arrolados no art. 893, I a IV, da CLT, ao qual a sobredita Lei faz expressa referência. Sendo assim, os demais recursos previstos no processo do trabalho (como, *v. g.*, o pedido revisional, o agravo regimental etc.) serão interpostos nos prazos estabelecidos pelas respectivas normas legais que os disciplinam.

O prazo para o oferecimento de embargos de declaração é de cinco dias (CLT, art. 897-A). Anteriormente, o prazo variava segundo os embargos se dirigissem à sentença ou ao acórdão; no primeiro caso, o prazo era de 48 horas (CPC, art. 465); no segundo, de cinco dias (CPC, art. 536). Essa dicotomia de prazos, entretanto, foi eliminada pela Lei n. 8.950/94. Posteriormente, a Lei n. 9.957/2000 acrescentou ao art. 897, da CLT, a letra "A", para dispor que o prazo de apresentação dos embargos declaratórios é de cinco dias, tenham como objeto sentença ou acórdão.

Raros são os prazos processuais não uniformes. Um desses casos é o do agravo regimental, cujo, contanto que o faça de modo expresso prazo ora é fixado em cinco dias, ora em oito dias, pelos regimentos internos dos tribunais.

Se, na fluência do prazo para recorrer, sobrevier o falecimento do litigante (ou do interessado, nos casos de administração pública de interesses privados) ou do seu advogado, ou ocorrer motivo de força maior que suspenda o processo, o prazo restante será restituído em benefício da parte, do herdeiro ou do sucessor, contra quem recomeçará a fluir a contar da intimação (CPC, art. 1.004). A morte da parte, contudo, não acarreta, por si só e de maneira automática, a suspensão do prazo; para que isso aconteça, há necessidade de que o fato seja levado ao conhecimento do juízo pelo qual se processa o feito.

Na Justiça do Trabalho, a União, os Estados-membros, o Distrito Federal, os Municípios, as autarquias e as fundações de direito público interno (*sic*), que não explorem atividade econômica, possuem, por força do Decreto-Lei n. 779/69, entre outras prerrogativas, a do prazo em quádruplo para contestar (melhor seria para *responder*, pois a contestação, no sistema do processo do trabalho, figura apenas como uma das espécies de resposta do réu) e em dobro para recorrer (art. 1º, II e III).

Em termos práticos, as pessoas jurídicas de direito público mencionadas no Decreto-Lei n. 779/69 terão, por princípio, o prazo de dezesseis dias para interporem recurso; dissemos *por princípio* porque, no caso de recurso extraordinário, esse prazo será de trinta dias. E, se reconhecermos a qualidade de recurso (embora *sui generis*) do pedido de revisão a que se refere o art. 2º, § 1º, da Lei n. 5.584/70, seremos levados a concluir que tais pessoas terão o prazo de noventa e seis horas para fazer uso da medida. Do mesmo modo, o prazo para a oposição de embargos declaratórios será de dez dias. Esta foi, aliás, a posição adotada pela SBDI, do TST, conforme demonstra a sua OJ n. 192: "Embargos declaratórios. Prazo em dobro. Pessoa jurídica de direito público. Decreto-Lei n. 77/69. É em dobro o prazo para interposição de embargos declaratórios por Pessoa Jurídica de Direito Público".

A parte pode renunciar ao prazo fixado, exclusivamente, em seu favor, desde que o faça de modo expresso (CPC, art. 225).

Possuindo os litisconsortes procuradores judiciais diversos, de distintos escritórios de advocacia, ser-lhes-ão contados em dobro os prazos para todas as suas manifestações, em qualquer juízo ou tribunal, independentemente de requerimento. (CPC, art. 229). Essa norma é compatível com o processo do trabalho — embora a OJ n. 310, da SDI-I, do TST, afirme o contrário, com fundamento no princípio da celeridade processual. *Data venia*, o TST preocupou-se mais com a gota do que com o oceano: afinal, o que significam cinco dias a mais (prazo em dobro) em um processo que, não raro, leva cinco, seis, oito, dez anos para ser concluído?

O comando rígido dos prazos, entretanto, não constrange apenas as partes; projeta-se muito além, para subjugar os demais sujeitos do processo e, em particular, o magistrado, a quem, de certo modo, tiraniza. Tanto isso é verdadeiro, que ao juiz são fixados, dentre tantos, os seguintes prazos: a) cinco dias para exarar despachos de expediente (CPC, art. 226, I); b) dez dias para proferir decisão interlocutória (*ibidem*, II) c) trinta dias para sentenciar (*ibidem*, III); d) cinco dias para julgar embargos à execução e impugnação à sentença de liquidação (CLT, art. 885).

Quanto aos embargos de declaração, o prazo para julgá-los era de cinco dias, em virtude da incidência supletiva do art. 536, do CPC então vigente, no processo do trabalho. Nos tempos atuais, todavia, o julgamento, neste processo, deverá ocorrer na primeira audiência subsequente à apresentação dos embargos declaratórios; os demais graus de jurisdição, na primeira sessão ulterior ao oferecimento dos embargos (CLT, art. 897-A).

Podemos dizer que o juiz está condenado à atividade, sendo punido se parar, exceto nos casos autorizados por lei. Com efeito, estabelece a alínea "d", do art. 658, da CLT, que se o juiz exceder, sem justificativa razoável, aos prazos que lhe são fixados, sujeitar-se-á ao desconto correspondente a um dia de vencimento para cada dia de retardamento. Essa disposição, entretanto, conflitava com o art. 95, III, da Constituição Federal de 1946, que assegurava — como as atuais asseguram — aos magistrados a irredutibilidade de vencimentos, ressalvados os impostos gerais e os extraordinários. Logo, sendo inconstitucional, o desconto previsto na letra "d", do art. 658, da CLT, nunca foi posto em prática. Dispõe, entretanto, a letra "e", do inciso II, do art. 93, da Constituição Federal, que não será promovido o juiz que, sem justificativa, retiver autos em seu poder além do prazo legal. Sem prejuízo dessa sanção, os autos deverão ser devolvidos à secretaria do juízo com o despacho ou a decisão necessários.

Não prevendo a lei outro prazo, nem havendo sido fixado pelo juiz: a) as intimações apenas obrigarão a comparecimento após o decurso de 48 horas da sua efetivação (CPC, art. 218, § 2º); b) será de cinco dias o prazo para a prática de ato processual a cargo da parte (ibidem, § 3º).

No processo do trabalho, presume-se recebida a notificação (intimação, citação) 48 horas horas após a postagem do correspondente instrumento. A prova do seu não recebimento ou da entrega após o decurso desse prazo constitui ônus do destinatário (TST, Súmula n. 16).

Classificação

Os prazos processuais podem ser classificados em: a) legais e judiciais; b) dilatórios e peremptórios; c) próprios e impróprios.

a) Os prazos *legais* são assim considerados por serem previstos em lei. São, de modo geral — mas, não necessariamente — imutáveis, pois as partes não possuem poder de disposição quanto a eles. Dizem-se *judiciais* os prazos assinados pelo juiz, nos casos em que a lei não prevê um prazo específico. O juiz fixará o prazo atendendo à necessidade de tempo para a realização do ato. Nestes casos, a parte poderá requerer a dilatação do prazo, desde que demonstre a necessidade disso. Muitas vezes, por exemplo, o juiz determina à parte que junte aos autos, num determinado prazo, certos documentos; se, porém, a quantidade desses documentos e o local em que se encontram arquivados impedirem o cumprimento do despacho judicial no prazo estabelecido, cumprirá à parte, na medida do seu interesse, e antes da exaustão do, solicitar seja prorrogado. Na hipótese de o prazo não estar previsto em lei, nem haver sido assinado pelo juiz, o ato deverá ser praticado em cinco dias (CPC, art. 218, § 3º). Curiosa é a situação do prazo para o réu responder à ação rescisória, porquanto o legislador o fixou de quinze a trinta dias (CPC, art. 970). Trata-se, em rigor, de um prazo *legal*, embora com a particularidade de não ser rígido, mas, flexível, segundo o prudente arbítrio do relator;

b) Prazos *dilatórios* são os que podem ser modificados pela vontade das partes ou pelo juiz. Digamos que o juiz do trabalho, por influência do art. 364, § 2º, do CPC, haja fixado o prazo sucessivo de quinze dias para a apresentação de razões finais escritas (ou de memoriais). Percebendo que esse prazo é escasso, as partes poderão solicitar a sua ampliação. *Peremptórios* são os prazos que não admitem alteração. Sobre eles versa o *caput* do art. 222, § 1º, do CPC: "Ao juiz é vedado reduzir prazos peremptórios sem anuência das partes". Constitui exemplo disso o prazo para a contestação, para recorrer, para oferecer embargos à execução etc;

Por outro lado, na comarca, seção ou subseção judiciária onde for difícil o transporte, o juiz pode prorrogar os prazos até dois meses (CPC, art. 222, *caput*). Esse limite poderá ser excedido no caso de calamidade pública (*ibidem*, § 2º).

c) Prazos *próprios* são os que dizem respeito aos atos a serem praticados pelas partes ou pelos terceiros intervenientes. *Impróprios* são os prazos a cargo do juiz e dos serventuários da justiça.

§ 1º Constituía a parte final do art. 177 do CPC revogado.

Código de Processo Civil

A norma legal em estudo afirma que se a lei for omissa, caberá ao juiz assinar prazo para a prática do ato processual, levando em conta a complexidade do ato.

Diante disso, é conveniente analisarmos os princípios característicos dos prazos judiciais, que deverão ser atendidos pelo magistrado.

a) Princípio da utilidade dos prazos

Significa que os prazos fixados por lei ou assinados pelo juiz devem ser úteis, isto é, hábeis à satisfação dos objetivos processuais para os quais foram instituídos. Há, assim, uma profunda relação entre o prazo e a finalidade a que se destina, de acordo com os critérios adotados pelo legislador para a consequente fixação.

Daí, a existência de prazos com maior ou menor duração.

Um efeito prático extrai-se dessa regra: é que se a parte, em decorrência de justa causa, não pôde valer-se do prazo útil, total ou parcialmente, que lhe era assegurado, cumprirá o juiz assinar-lhe prazo para a prática do ato. Esse é o preceito do art. 223, § 2º do CPC, de aplicação supletiva no processo do trabalho.

De outro lado, levando-se em conta o fato de que o prazo está vinculado ao tempo necessário à prática do ato, os juízes devem ser cautelosos quanto à assinação de prazo, às partes e a todos, enfim, que devam praticar atos nos autos. Assim dizemos porque se ele fixar prazo excessivamente longo, estará contribuindo para o dilargamento do tempo de duração do processo; se, ao contrário, o prazo assinado for muito curto, ou exíguo, poderá configurar violação à garantia da ampla defesa, prevista no inciso LV, do art. 5º, da Constituição Federal, por forma a gerar a nulidade do processo, a contar desse momento. Há casos, por exemplo, em que uma das partes junta aos autos centenas e centenas de documentos, e o juiz concede, à outra, o escasso prazo de cinco dias para manifestar-se a respeito.

O princípio da utilidade, porém, não é absoluto, pois são computados na fluência do prazo os dias em que, ordinária ou extraordinariamente, não houver expediente no foro. Citamos, como exemplo do primeiro caso, os sábados, os domingos, os feriados e o denominado recesso do Judiciário Federal, no período de 20 de dezembro a 6 de janeiro, instituído pela Lei n. 5.010/66 e pelo art. 218, do CPC; do segundo, o dia em que se houver determinado o fechamento do fórum ou em que o expediente forense tenha sido encerrado antes do horário normal.

É ônus do recorrente a comprovação de que o último dia útil do prazo para a interposição do recuso era feriado local, Essa comprovação desse ser efetuada na data da interposição do recurso (TST, Súmula n. 385).

Por outro lado, a contagem do prazo de cinco dias para apresentação dos originais de recurso interposto mediante fac-símile começa a fluir do dia subsequente ao término do prazo recursal, nos termos do art. 2º, da Lei n. 9.800/1999, e não do dia seguinte à interposição do recurso, caso esta tenha ocorrido antes do termo final do prazo (TST, Súmula n. 387, II).

É relevante lembrar que os prazos não se iniciam nem se vencem em dias desúteis (CLT, arts. 775 e parágrafo único). Sendo contínuos e irrelevantes, os prazos somente podem ser prorrogados nos casos previstos em lei (CLT, art. 775, *caput*).

Sempre que uma das partes houver criado algum obstáculo, o prazo ficará suspenso para a outra. Seria o caso, *e. g.*, de um dos litigantes retirar os autos da Secretaria, para efeito de interposição de recurso, quando o prazo fosse comum; nessa hipótese, o prazo deveria ser restituído ao *ex adverso*, por tempo igual ao que faltava para a sua complementação (CPC, art. 221, *caput*).

O vencimento dos prazos deverá ser sempre certificado nos autos, pelo escrivão ou pelo diretor da Secretaria do órgão (CLT, art. 776). Embora essa certificação não tenha eficácia para subordinar o juízo de admissibilidade *a quo*, ou mesmo o *ad quem*, é certo que a sua existência nos autos, além de obrigatória, permite melhor verificação formal, e de maneira mais rápida, quanto à tempestividade, ou não, do apelo interposto.

b) Princípio da continuidade

Esse princípio é algo fronteiriço com o da utilidade, com o qual, em certos aspectos, entrelaça-se.

Por ele, afirma-se que os prazos são contínuos, cuja suspensão, como fato excepcional, está rigidamente disciplinada por lei. O princípio da continuidade identifica-se, portanto, com a afirmação de que os prazos, uma vez iniciados, devem ter livre curso até o seu final.

Suspensão e interrupção, contudo, não se confundem. Enquanto na primeira o prazo que havia fluído é aproveitado, na segunda esse aproveitamento não ocorre. Importa dizer: lá, a contagem do prazo prossegue a partir do momento em que se verificou a suspensão; aqui, tudo se apaga, iniciando-se nova contagem. Outrora, por exemplo, o efeito dos embargos de declaração era suspensivo; agora, é interruptivo (CPC, art. 1026, *caput*). O recesso forense e as férias coletivas dos Ministros do TST suspendem os prazos para recurso (TST, Súmula n. 262, II).

A Lei n. 11.969, de 6.7.2009 (DOU de 7 do mesmo mês e ano) acrescentou disposição ao § 2º, do art. 40, do CPC de 1973, para permitir que, mesmo sendo comum às partes o prazo, os autos pudessem ser retirados pelo advogado, pelo prazo de uma hora, para a obtenção de cópias, independentemente de ajuste com o adversário. É o que a praxe forense passou a denominar de "carga rápida" — que já era permitida, aliás, mesmo antes do advento da mencionada norma legal. Essa regra foi reproduzida pelo § 3º do art. 107 do CPC em vigor. Segundo este, os autos poderão ser retirados pelo prazo de duas a seis horas, independentemente de ajuste com a parte contrária e sem prejuízo da fluência do prazo.

c) Princípio da inalterabilidade

Iterando o que disséramos na oportunidade do exame do princípio da utilidade, a duração do prazo guarda estreita conexão com a necessidade de tempo que o ato processual requer para ser praticado. Sob esse prisma, tanto a redução quanto a ampliação dos prazos ferem esse equilíbrio, essa ordem harmoniosa que há entre o lapso de tempo (prazo) e a finalidade a que se visa (prática de determinado ato). Pode-se mesmo asseverar que o princípio da inalterabilidade é consequência direta do da utilidade, ao qual, aliás, *Moacyr Amaral Santos* reconhece base científica (*Primeiras linhas*, p. 253).

O princípio legal é de que nem o juiz, nem as partes (ou terceiros), podem reduzir ou dilatar prazos processuais, exceto nas situações expressamente previstas em lei.

d) Princípio da peremptoriedade.

Dizem-se peremptórios aqueles prazos que são fixados sem qualquer possibilidade de serem alterados; disso decorre que terminam, inexoravelmente, no dia do seu vencimento (*dies ad quem*). São fatais.

Os prazos para interposição de recursos, *v.g.*, caracterizam-se pela peremptoriedade.

O decurso *in albis* do prazo implica a extinção automática, ou seja, independentemente de declaração judicial (CPC, art. 223, *caput*), do direito de praticar o ato (preclusão temporal), possibilitando-se à parte, entretanto, comprovar que deixou de praticá-lo em razão de força maior (CLT, art. 775, *caput*) — a que o processo civil denomina justa causa (CPC, art. 223, *caput*). O processo civil conceitua a justa causa como o evento alheio à vontade da parte e que a impediu de praticar o ato por si ou por mandatário (*ibidem*, § 1º).

e) Princípio da preclusão

A preclusão, em sentido amplo, configura-se pela perda de uma faculdade ou de um direito processual, que, por não haver sido exercido no momento ou no tempo oportuno, fica extinto.

É bem verdade que esse conceito mais se aproxima da preclusão temporal, que, todavia, não é a única espécie. Além dela, há a *lógica*, que diz da incompatibilidade entre o ato que se deseja praticar e o anteriormente realizado, e a *consumativa*, que indica a impossibilidade de colocar-se em prática o ato em virtude de já haver sido realizado.

A preclusão não se confunde com a sanção. Esta é a consequência prevista em lei para o descumprimento de determinada norma processual, pressupondo, desse modo, o inadimplemento de uma *obrigação* afeta à parte. Na preclusão, ao contrário, inexiste qualquer vínculo obrigacional que tenha sido desrespeitado pelo litigante. Quem deixa fluir em branco o prazo de recurso não está, nem de longe, inadimplindo uma obrigação, mas, apenas, deixando, espontânea ou involuntariamente, de valer-se de uma *faculdade* processual. E o efeito preclusivo desse ato omisso não pode ser comparado a uma sanção.

Daí, o correto magistério de Arruda Alvim de que a preclusão não concerne à existência de um direito, dizendo respeito, isso sim, às faculdades processuais (obra cit., p. 283).

Nenhuma exposição sobre os prazos processuais pode prescindir do estudo acerca dos critérios estabelecidos para a correspondente *contagem*. E a obediência a esse conselho coloca-nos diante, especialmente, das Súmulas ns. 1 e 197 do TST, motivando-nos a comentá-las.

Dispõe a Súmula n. 1 que "Quando a intimação tiver lugar na sexta-feira, ou a publicação com efeito de intimação for feita nesse dia, o prazo judicial será contado da segunda-feira imediata, salvo se não houver expediente, caso que fluirá do dia útil que se seguir".

A Súmula, como se vê, apenas explicita a regra legal (CLT, art. 765) de que os prazos não se iniciam (nem se vencem) em dias não úteis. Para que a fluência do prazo tenha início é imprescindível que as partes sejam *intimadas* (CPC, art. 231). Não se confunda, entretanto, o dia em que a intimação foi feita (*dies a quo*) com o dia em que se inicia a contagem do prazo; somente aquele é excluído, pois *dies a quo non computatur*.

Se a intimação ocorreu em uma sexta-feira, o prazo apenas terá início na segunda-feira subsequente, salvo se nesse dia, por qualquer motivo, não houver expediente no foro, hipótese em que a fluência iniciar-se-á na terça-feira e, ainda assim, se esse dia for útil.

Se a parte for intimada no sábado, o prazo se iniciará no primeiro dia útil imediato; mas a *contagem*, no dia subsequente (TST, Súmula n. 262, I).

Quando a intimação for feita pela publicação do ato no jornal oficial, é necessário que dela constem, sob pena de nulidade, os nomes das partes, de seus advogados, com o respectivo número da inscrição na Ordem dos Advogados do Brasil, ou, se assim requerido, da sociedade de advogados (CPC, art. 272, § 2º). Estabelece a mesma norma processual: "§ 3º A grafia dos nomes das partes não deve conter abreviaturas. § 4º A grafia dos nomes dos advogados deve corresponder ao nome completo e ser a mesma que constar da procuração ou que estiver registrada junto à Ordem dos Advogados do Brasil". Em ambos os casos, portanto, rejeita-se a braquigrafia.

Havendo erro ou omissão na publicação, uma nova deverá ser feita, fluindo a partir da última o prazo. Na hipótese, contudo, de o tribunal entender que a republicação era desnecessária, o prazo será contado da primeira publicação, cuja consequência virtual será o não-conhecimento do recurso, por intempestivo. Que se acautelem as partes e seus procuradores quanto a essa particularidade.

Regra específica norteia a contagem dos prazos fixados por hora ou por minuto; aqui, a contagem deveria ser feita, em rigor, minuto a minuto ou hora a hora; a praxe forense, com o beneplácito da jurisprudência, contudo, não tem levado à risca essa regra, notadamente em relação ao prazo/hora.

Está no enunciado da Súmula n. 30 do TST: "Quando não juntada a ata, ao processo (sic), em 48 (quarenta e oito) horas contadas da audiência de julgamento (art. 851, § 2º, da CLT), o prazo para recurso será contado da data em que a parte receber a intimação da sentença".

O teor da Súmula requer alguns comentários.

Antes, porém, observemos que o recurso em questão é o ordinário, dado que se trata de sentença proferida pelo órgão de primeiro grau; e que a juntada da ata se dá *nos autos*, e não no processo, como consta.

O princípio geral é de que os litigantes serão intimados da sentença na própria audiência em que essa for proferida (CLT, arts. 834 e 852). Pode ocorrer, todavia, que, em tal oportunidade, a sentença não esteja ainda concluída; nessa hipótese, permite-se que o juízo comunique às partes presentes, por antecipação, apenas o *resultado* do julgamento, providenciando para que a ata, contendo a sentença completa (relatório, fundamento e dispositivo), seja juntada nos autos dentro de quarenta e oito horas. É dessa situação que cogita a Súmula n. 30, em exame.

Ao estabelecer, entretanto, que, se a sentença não vier aos autos naquelas quarenta e oito horas, o prazo para o recurso será contado da data em que as partes forem efetivamente intimadas da sentença, a Súmula acaba afirmando, por via transversa, que, se a junção acontecer no referido prazo, a contagem para o exercício da pretensão recursal será liberada desde a data da audiência de julgamento.

Surge, diante disso, a nossa discordância quanto a esse singular critério.

Sem embargo, a prevalecer a orientação perfilhada pela Súmula n. 30, o recorrente teria, como se percebe, somente *seis* dias para interpor o recurso, na medida que o prazo teria começado a fluir já da audiência de julgamento. Ora, nessa ocasião inexistia a sentença, como ato jurisdicional formal, contendo relatório, fundamentação e dispositivo; o que nos autos estava lançado era apenas o *resultado* do julgamento. Como iria a parte legitimada, em consequência, exercer a sua pretensão se ainda não lhe fora dada a possibilidade de conhecer os *fundamentos* da decisão (que constituem exigência constitucional: Constituição Federal, art. 93, inciso IX) e, acima de tudo, o *dispositivo*, contra o qual, como sabemos, essencialmente se dirige a impugnação? E o que não se falar do oferecimento de embargos declaratórios?

O critério adotado, implicitamente, pela Súmula fere de morte, pois, certos princípios medulares do processo, dentre os quais o da *utilidade* dos prazos e o de *equanimidade*, no que respeita ao tratamento que o juiz deve conceder às partes, seus direitos e interesses.

É elementar que, mesmo juntada a sentença aos autos nas quarenta e oito horas a que se refere a Súmula, o prazo recursal somente poderá ser contado da data em que os litigantes forem intimados da *completa e efetiva entrega da prestação jurisdicional*. Fora disso, é restringir direitos processuais assegurados pela Constituição da República. Por outro lado, entendemos que a faculdade de o juiz mandar juntar nos autos a sentença quarenta e oito horas após a audiência de julgamento só se justifica quando for o caso de audiência incindível, ou seja, na qual são praticados todos os atos do procedimento legal, inclusive (e por princípio), a prolação da própria sentença. Nenhuma razão lógica ou jurídica há para invocar-se essa faculdade quando se adotar, no juízo, a praxe de *fracionar* a audiência (tripartindo-a, p. ex., em inicial, de instrução e de julgamento).

Com efeito, se, encerrada a instrução, o juiz designar, para uma outra data, a audiência de julgamento, advindo esta, a sentença deverá estar elaborada, redigida, juntada aos autos e à disposição das partes, não se justificando que, nessa ocasião, unicamente, seja proclamado o *resultado* do julgamento, para trazer-se aos autos, nas quarenta e oito horas subsequentes, a sentença integral. Compreende-se que essa junção posterior da ata, contendo a sentença, tenha sido permitida quando se tratar de audiência indivisível, pela virtual dificuldade, já mencionada, de o juiz proceder, no mesmo ato, ao julgamento motivado.

Cindida que seja a audiência, nada mais autoriza a reservar-se a juntada da sentença nas quarenta e oito horas que se seguirem à audiência de julgamento.

Para ficar claro: conquanto a junção posterior da sentença, contendo relatório (exceto no procedimento sumariíssimo: CLT, art. 852-I, *caput*), fundamentação e dispositivo, só se justifique nos casos em que a audiência foi, efetivamente, una, isto não quer dizer que o prazo para a interposição do recurso deva ser contado da data da audiência, pois, se assim fosse, as partes disporiam, na verdade, de seis dias (e não de oito, como lhes assegura a lei) para recorrer. Afinal, segundo alertamos há pouco, como se poderia contar o prazo da audiência se as partes nem sequer conheciam os fundamentos pelos quais o juiz decidiu o conflito de interesses deste ou daquele modo? Insistamos da advertência, de extrema relevância, de que a fundamentação de qualquer decisão judicial (em cujo conceito se compreende a sentença) constitui mandamento e garantia constitucionais, como patenteia o inciso IX, do art. 93, da Magna Carta Política.

§ 2º Sempre que a lei for omissa, ou não houver fixação pelo juiz, a parte ou o terceiro somente estarão obrigados a comparecer ao local que o juiz determinar depois de decorridas quarenta e oito horas da intimação.

Esse prazo visa a permitir que o destinatário da intimação tenha condição de comparecer ao local indicado sem maiores transtornos em relação a outros compromissos que possa ter assumido anteriormente.

Os prazos fixados em hora devem ser contados minuto a minuto, motivo por que quando a intimação for realizada por oficial de justiça este deverá fazer constar do mandado a hora em que o destinatário foi intimado. Quando a intimação for efetuada por via postal não haverá condições de efetuar-se a contagem do prazo de 24 horas minuto a minuto; na prática, o prazo será contado como se tivesse sido fixado em dias.

§ 3º Regra idêntica estava no art. 185 do CPC revogado.

Normalmente, a lei fixa prazos para a prática dos diversos atos processuais. Quando a norma legal for omissa a esse respeito, incumbirá ao juiz ao assinar o prazo; se não houver assinação judicial, a lei estabelece o prazo de cinco dias para a prática do ato processual a cargo da parte ou de terceiro.

Essa disposição da lei (que já constava, como se disse, do art. 185 do CPC de 1973) é altamente salutar por atribuir segurança jurídica às partes e terceiros, uma vez que, no silêncio de norma legal específica ou do magistrado, elas saberão que o prazo será de cinco dias. Ausente essa dicção do art. 218, § 3º, do CPC, o sistema apresentaria uma lacuna que tenderia a causar transtornos e prejuízos às partes e aos terceiros.

Sabendo que o prazo de que dispõem é de cinco dias, mas considerando-o insuficiente para a prática do ato, à parte ou ao terceiro incumbirá requerer ao juiz a prorrogação, pelo tempo que sugerirem, apresentando-lhe, com vistas a isso, argumentos convincentes.

Não raro, na Justiça do Trabalho os juízes determinam, em ação civil pública, a citação do réu para "responder no prazo legal". Como a Lei n. 7.347/85 não fixa esse prazo, nem o juiz o faz (supondo que assim ajam), o prazo será de cinco dias (CPC, art. 218, § 3º). Considerando exíguo esse prazo, caberá ao réu requerer, tão logo seja citado, a prorrogação, levando em conta a complexidade da matéria em que se funda a ação, a enorme quantidade de documentos que instruem a inicial, o longo tempo necessário para a coleta de elementos para a elaboração da defesa etc.

§ 4º Nada dispunha o CPC revogado. Parece haver uma certa obviedade no texto em foco, ao afirmar não serem intempestivos os atos praticados antes da ocorrência do termo inicial do prazo. Todavia, a norma tem grande utilidade prática, especialmente na Justiça do Trabalho. Assim dizemos porque se consolidou, aqui, certa jurisprudência, conforme qual se a parte, dentro do prazo, interpôs recurso, e, no mesmo prazo, a parte contrária ofereceu embargos de declaração ao ato jurisdicional (sentença, acórdão), julgados os embargos declaratórios a parte que interpôs o recurso deverá ratificá-lo, sob pena de não ser admitido por "intempestividade por precipitação", ou expressão análoga. Sempre divergimos desse entendimento jurisprudencial, produto de um rigor excessivo, incompatível com o processo do trabalho. Agora, por força da incidência supletiva da norma expressa no art. 218, § 3º, do CPC (CLT, art. 769), dificilmente conseguirá sustentar-se a referida manifestação jurisprudencial, pois o CPC declara *não ser intempestivo* o ato (recurso, por exemplo) praticado *antes mesmo do advento do termo inicial da contagem*; quanto mais não seja, intempestivo *não* poderá ser considerado o recurso interposto quando *já iniciado o prazo*.

A nova matriz legislativa torna superada, portanto, a Súmula n. 418, do STJ: "É inadmissível o recurso especial interposto antes da publicação do acórdão dos embargos de declaração, sem posterior ratificação".

A regra do § 4º, sob certo aspecto, estimula a celeridade processual.

Art. 219. Na contagem de prazo em dias, estabelecido por lei ou pelo juiz, computar-se-ão somente os dias úteis.

Parágrafo único. O disposto neste artigo aplica-se somente aos prazos processuais.

• **Comentário**

Caput. Quando o prazo for estabelecido — por lei ou pelo juiz — em dias, serão computados, apenas, de forma contínua, os dias úteis. Estamos diante de uma inovação revolucionária do CPC, quanto à contagem dos prazos fixados em dias. Outrora, se a parte fosse intimada numa sexta-feira, dia 5, para praticar determinado ato processual em dez dias, o prazo se venceria no dia 17, quarta-feira. Segundo o critério estabelecido pelo CPC atual, o prazo findar-se-ia no dia 19, sexta-feira, uma vez que não se computariam, por não serem úteis, os dias 6 e 13 (sábados), 7 e 14 (domingos).

Entendemos que a norma seja compatível com o processo do trabalho, não sendo razoável contra-argumentar-se que ela conspiraria contra o princípio da celeridade processual (como fez a OJ n. 310, da

Código de Processo Civil

SBDI-I, do TST, em relação à duplicação do prazo no litisconsórcio), pois essa celeridade vem sendo mais gravemente desrespeitada por outros atos, da própria Justiça do Trabalho, como a demora na emissão das sentenças, no julgamento dos recursos, etc.

Um esclarecimento: a regra da contagem dos prazos em dias úteis somente será aplicada aos prazos que se iniciarem após a entrada em vigor no CPC de 2015.

Parágrafo único. Tratando-se de um Código de Processo, é evidente que as disposições, dele constantes, somente são aplicáveis aos prazos processuais, e não aos de direito material. O que o legislador, provavelmente, pretendeu dizer é que as disposições do art. 219 se aplicam somente aos prazos oficiais (como tais entendidos os previstos em lei ou fixados pelo juiz), não alcançando os convencionais (produto da vontade das partes, quando isso for possível).

Art. 220. Suspende-se o curso do prazo processual nos dias compreendidos entre 20 de dezembro e 20 de janeiro, inclusive.

§ 1º Ressalvadas as férias individuais e os feriados instituídos por lei, os juízes, os membros do Ministério Público, da Defensoria Pública e da Advocacia Pública e os auxiliares da Justiça exercerão suas atribuições durante o período previsto no *caput*.

§ 2º Durante a suspensão do prazo, não se realizarão audiências nem sessões de julgamento.

• **Comentário**

Caput. A Lei n. 5.010, de 30.5.1966, instituiu o denominado "recesso do Poder Judiciário Federal", compreendendo o período de 20 de dezembro a 6 de janeiro. Entretanto, com o advento da Emenda Constitucional n. 45/2004, que inseriu no art. 93 da Constituição o inciso XII, para dispor que a atividade jurisdicional é ininterrupta, muitos setores da doutrina — no qual nos incluímos — entenderam que, com isso, ficou derrogada, no particular, a Lei n. 5.010/1966.

O atual CPC declara que o trâmite processual ficará suspenso no período de 20 de dezembro a 20 de janeiro, inclusive. Isto não significa, porém, que o Código esteja a restabelecer o antigo recesso do Poder Judiciário Federal. O art. 220 versa sobre tema diverso, qual seja, a suspensão do curso processual no mencionado período.

§ 1º Ao comentarmos o *caput*, dissemos que o art. 218 do CPC não estava restabelecendo o recesso judiciário instituído pela Lei n. 5.010/1966. Tanto é correta essa afirmação, que o legislador preocupou-se em esclarecer, no § 1º do art. 220, que "os juízes, os membros do Ministério Público, da Defensoria Pública e da Advocacia Pública, e os auxiliares da Justiça exercerão suas atribuições durante o período previsto no *caput*".

§ 2º Suspenso o prazo, não serão realizadas audiências (Varas) nem sessões (Tribunais) de julgamento. Examinada a norma sob o ponto de vista estritamente literal, conclui-se que ela somente veda, no período de suspensão do processo, a realização de audiência ou sessões *de julgamento*, não atingindo, portanto, as audiências ou sessões, por exemplo, de conciliação ou de instrução.

O § 2º do art. 220, do Substitutivo da Câmara dos Deputados, dispunha: "Durante a suspensão do prazo, o órgão colegiado não realizará audiências nem proferirá julgamentos". As disposições do texto em vigor são aplicáveis tanto às Varas quanto aos Tribunais, pois, ao contrário do anterior, não há referência específica a órgão *colegiado*.

Art. 221. Suspende-se o curso do prazo por obstáculo criado em detrimento da parte ou ocorrendo qualquer das hipóteses do art. 313, devendo o prazo ser restituído por tempo igual ao que faltava para sua complementação.

Parágrafo único. Suspendem-se os prazos durante a execução de programa instituído pelo Poder Judiciário para promover a autocomposição, incumbindo aos tribunais especificar, com antecedência, a duração dos trabalhos.

• **Comentário**

Caput. A regra, *mutatis mutandis*, constava do art. 180 do CPC revogado.

O texto atual declara ficar suspenso o prazo: a) por obstáculo criado pela parte; ou b) na ocorrência de quaisquer das situações previstas no art. 313. Pode ser incluída, para esse efeito, a greve nos serviços judiciários e nos correios. Nesses casos, o prazo deverá ser restituído à parte ou ao terceiro por tempo igual ao que faltava para sua complementação.

O *obstáculo* de que fala a Lei como causa para a suspensão do processo é todo ato praticado por uma das partes que impede a outra de exercer um direito processual. Mencionemos, como exemplo, o fato de uma delas retirar os autos da secretaria ou da escrivania, sendo comum o prazo, e sem que o tenha dividido com a adversa (mediante acordo, portanto).

Parágrafo único. O art. 165 do CPC dispõe: "Os tribunais criarão centros judiciários de solução consensual de conflitos, responsáveis pela realização de sessões e audiências de conciliação e mediação e pelo desenvolvimento de programas destinados a auxiliar, orientar e estimular a autocomposição". Durante a execução dos programas a que se refere a norma legal, os prazos ficam suspensos. Com vistas a isso, cabe aos tribunais indicar, com antecedência, a duração dos trabalhos vinculados a esses programas, a fim de que as partes fiquem sabendo por quanto tempo perdurará a suspensão dos prazos destinados à prática de atos processuais.

Art. 222. Na comarca, seção ou subseção judiciária onde for difícil o transporte, o juiz poderá prorrogar os prazos por até 2 (dois) meses.

§ 1º Ao juiz é vedado reduzir prazos peremptórios sem anuência das partes.

§ 2º Havendo calamidade pública, o limite previsto no caput para prorrogação de prazos poderá ser excedido.

• **Comentário**

Caput. Norma semelhante estava na parte final do *caput* do art. 182 do CPC anterior. Havendo dificuldade de transporte até a unidade judiciária competente, o juiz poderá prorrogar os prazos por até dois meses. Entendemos que essa prorrogação dependerá, em princípio, de requerimento da parte interessada. A esta caberá, inclusive, o encargo de demonstrar a dificuldade de transporte, salvo se essa dificuldade inserir-se no conceito de fato notório (CPC, art. 374, I).

§ 1º O CPC revogado proibia que as partes, mesmo por meio de acordo, reduzissem ou prorrogassem prazos peremptórios (art. 182, *caput*, primeira parte). O Código atual, embora não tenha reproduzido a regra, veda ao juiz a possibilidade de reduzir prazos peremptórios sem a concordância das partes — sob pena de nulidade, acrescentamos (CPC, art. 222, § 1º).

§ 2º Reproduziu-se a norma do parágrafo único do art. 182, do CPC revogado. Nos casos de calamidade pública — inundações, tremores de terra intensos, deslizamentos, incêndios e outras catástrofes — o juiz poderá conceder prorrogação do prazo por tempo superior a dois meses. De modo geral, a calamidade pública, por sua natureza, configura fato notório, independendo, por isso, de prova.

Art. 223. Decorrido o prazo, extingue-se o direito de praticar ou de emendar o ato processual, independentemente de declaração judicial, ficando assegurado, porém, à parte provar que não o realizou por justa causa.

§ 1º Considera-se justa causa o evento alheio à vontade da parte e que a impediu de praticar o ato por si ou por mandatário.

§ 2º Verificada a justa causa, o juiz permitirá à parte a prática do ato no prazo que lhe assinar.

• **Comentário**

Caput. Reprodução, quase literal, do *caput* do art. 183 do CPC revogado.

Decorrido o prazo — seja previsto em lei, seja assinado pelo magistrado — ficará extinto, independentemente de declaração judicial, o direito de a parte praticar ou emendar o ato processual. O que a norma em foco está a expressar é que a perda do direito é automática, vale dizer, não precisa ser declarada pelo juiz. Decorrido em branco o direito estará fulminado pela preclusão temporal, salvo se a parte comprovar que não o praticou ou não o emendou por justa causa.

A propósito, em processo, há várias modalidades de preclusão: a temporal, a lógica e a consumativa. A *temporal* se verifica quando a parte, sem motivo justificado, deixa de praticar o ato que lhe incumbia ou o pratica fora do prazo; a *lógica* ocorre quando se pretende praticar ato incompatível com o anterior-

Código de Processo Civil

mente realizado pela mesma parte; a *consumativa* se configura quando se deseja praticar ato já realizado.

O texto legal em exame cogita, portanto, da preclusão temporal.

O art. 775, *caput*, parte final, da CLT, permite a prorrogação dos prazos "em virtude de força maior, devidamente comprovada". As normas legais precitadas não tratam da mesma situação; enquanto o art. 223, *caput*, do CPC, cogita do fato de a parte não haver podido praticar ou emendar o ato, o art. 775, *caput*, da CLT, se ocupa com o caso em que a parte irá realizar o ato, embora necessite de prazo maior para fazê-lo.

§ 1º Repete-se a redação do § 1º do art. 183 do CPC revogado.

Justa causa, para os efeitos da lei, é o evento alheio à vontade da parte e que a impediu de praticar o ato (dentro do prazo legal), por si ou por mandatário. A imprevidência exclui a justa causa. Para os efeitos da norma legal em estudo podem ser consideradas sinônimas entre si as expressões *justa causa* e *força maior*. Esta última é materialmente conceituada pelo art. 501 da CLT como "*todo acontecimento inevitável, em relação à vontade do empregador, e para a realização do qual este não concorreu, direta ou indiretamente*".

§ 2º Repete-se a redação do § 2º do art. 183 do CPC revogado.

Comprovada a justa causa, o juiz autorizará a parte a praticar o ato no prazo que lhe vier a assinar.

Art. 224. Salvo disposição em contrário, os prazos serão contados excluindo o dia do começo e incluindo o dia do vencimento.

§ 1º Os dias do começo e do vencimento do prazo serão protraídos para o primeiro dia útil seguinte, se coincidirem com dia em que o expediente forense for encerrado antes ou iniciado depois da hora normal ou houver indisponibilidade da comunicação eletrônica.

§ 2º Considera-se como data de publicação o primeiro dia útil seguinte ao da disponibilização da informação no Diário da Justiça eletrônico.

§ 3º A contagem do prazo terá início no primeiro dia útil que seguir ao da publicação.

• **Comentário**

Caput. O mesmo critério de contagem dos prazos estava estampado no *caput* do art. 184 do CPC revogado.

O processo do trabalho possui norma própria a respeito do assunto. Dispõe o art. 775 da CLT: "Os prazos estabelecidos neste Título contam-se com exclusão do dia do começo e inclusão do dia do vencimento (...)". A propósito, a primeira Súmula adotada pelo TST — e ainda subsistente — versou sobre prazo, dispondo: "Quando a intimação tiver lugar na sexta-feira, ou a publicação com efeito de intimação for feita nesse dia, o prazo judicial será contado da segunda-feira imediata, inclusive, salvo se não houver expediente, caso em que fluirá no dia útil que se seguir". Na indicação dos precedentes, veem-se os nomes ilustres dos Ministros Délio Albuquerque Maranhão, Aldílio Tostes Malta e Arnaldo Lopes Sussekind, que tanto contribuíram com seus votos e livros para o aprimoramento dos direitos material e processual do trabalho.

A regra do *caput* do art. 224 do CPC deve ser articulada com a do art. art. 219 do mesmo Código, conforme a qual "Na contagem de prazo em dias, estabelecido pela lei ou pelo juiz, computar-se-ão somente dias os úteis".

§ 1º Se os dias de início e de vencimento do prazo coincidirem com dia em que o expediente do foro foi encerrado antes, ou iniciado depois da hora normal, ou houver indisponibilidade da comunicação eletrônica, os referidos dias serão prorrogados para o primeiro dia útil subsequente. Na Justiça do Trabalho, os atos processuais realizar-se-ão nos dias úteis, das 6 às 20 horas (CLT, art. 770, *caput*), conquanto a penhora possa ocorrer em domingo ou feriado, mediante autorização expressa do juiz (*ibidem*, parágrafo único). Em rigor, não apenas a penhora, mas os atos processuais comprovadamente urgentes poderão ser realizados em dias que não sejam úteis — desde que autorizados, previamente, pelo magistrado competente.

§ 2º O Código dirime, aqui, uma dúvida que tomava de assalto o espírito de alguns advogados: nos processos eletrônicos, quando se deveria considerar realizada a publicação do ato? Diz-nos a norma em exame: a data da *publicação* é a do primeiro dia útil seguinte ao da disponibilização da informação do Diário da Justiça eletrônico. Assim, se o ato foi disponibilizado em uma quinta-feira, tem-se que a publicação se deu na sexta-feira seguinte.

§ 3º Este parágrafo complementa ao anterior: a *contagem* do prazo será iniciada no primeiro dia útil subsequente ao da publicação. Deste modo, para retomarmos o exemplo anterior, se o ato foi *disponibilizado* na quinta-feira, considera-se que a *publicação* ocorreu na sexta-feira, sendo que o primeiro dia da contagem do prazo será a segunda-feira, se for útil.

Art. 225. A parte poderá renunciar ao prazo estabelecido exclusivamente em seu favor, desde que o faça de maneira expressa.

• **Comentário**

Repetiu-se a regra do art. 186 do CPC revogado, acrescentando-se a necessidade de a renúncia ser expressa.

No processo do trabalho, essa norma do CPC deve ser aplicada com extrema cautela, designadamente, se a parte estiver postulando em causa própria (*ius postulandi*), ou seja, sem o patrocínio de advogado (CLT, art. 791, *caput*).

Há uma distinção sutil entre *desistência de prazo* e *renúncia a prazo*. No primeiro caso, o prazo já estava em curso; no segundo, ainda não se havia iniciado. Distinção semelhante há entre as expressões *fugir do calor* e *fugir ao calor*: lá, a pessoa *já estava* em ambiente com elevada temperatura; aqui, ela quer *evitar entrar* em ambiente onde haja calor intenso.

O princípio legal é de que a renúncia ao prazo deve ser expressa. Entretanto, há situações — também previstas em lei — em que, por exceção, se admite a renúncia tácita. Uma delas reside no art. 1.000, do CPC, assim redigido: "A parte que aceitar expressa ou **tacitamente** a decisão não poderá recorrer". Se, por exemplo, o réu, no prazo para recorrer da sentença condenatória, comparecer a juízo e solicitar a expedição de guia para o *pagamento* das quantias mencionadas na sentença, e depois disso, ingressar com recurso ordinário, há que se entender que houve aceitação tácita da sentença, caracterizada pelo fato de ele agir de maneira incompatível com a intenção de recorrer.

Art. 226. O juiz proferirá:

I — os despachos no prazo de 5 (cinco) dias;

II — as decisões interlocutórias no prazo de 10 (dez) dias;

III — as sentenças no prazo de 30 (trinta) dias.

• **Comentário**

Caput. A matéria era tratada no art. 189 do CPC revogado.

O juiz não pratica atos no momento em que melhor lhe convier; bem ao contrário, os atos de sua competência devem ser realizados dentro dos prazos estabelecidos por lei.

Inciso I. *Despacho*. Os despachos de mero expediente são atos destinados à impulsão do processo, cujo conceito léxico é de *marchar adiante, caminhar para frente*. Embora o processo se instaure por iniciativa da parte, ele se desenvolve por impulso do magistrado (CPC, art. 2º); é por meio de despachos de expediente que o juiz impulsiona o processo em direção ao seu ponto de atração, de coroamento, de exaustão: a sentença de mérito, conquanto situação anômalas possam levar a que o processo se extinga sem resolução da lide (mérito).

O CPC revogado fixava o prazo de dois dias para a emissão de despachos pelo juiz; o texto atual elevou para cinco dias esse prazo.

Os despachos constituem espécie do gênero *pronunciamentos judiciais* e seu conceito é estabelecido pelo critério de exclusão: são despachos os atos práticos pelo juiz no processo, de ofício ou a requerimento do interessado, que não sejam sentença nem decisão interlocutória (CPC, art. 203, § 3º).

Uma das características do despacho é a sua informalidade. Isto significa dizer que, ao contrário das sentenças, os despachos não têm a sua validade ou eficácia vinculadas ao elemento formal.

Inciso II. *Decisões interlocutórias* são atos pelos quais o juiz resolve, no curso do processo, determinadas questões. O CPC revogado conceituava as decisões interlocutórias como o ato pelo qual o juiz, na tramitação do processo, resolvia questões incidentes (art. 162, § 2º). O Código atual, a exemplo do que fez em relação aos despachos, conceitua a decisão interlocutória pelo método da exclusão: são assim considerados os atos que não sejam sentenças nem despachos (art. 203, § 2º). No fundo, porém, subsiste a ideia de que as decisões interlocutórias estão jungidas a certos incidentes surgidos no curso processual.

É de dez dias o prazo para o juiz proferi-las. Esse também era o prazo no sistema do CPC anterior.

Inciso III. O CPC atual conceitua a sentença como o ato pelo qual o juiz, com fundamento nos arts. 485 e 487 do mesmo Código, põe fim à fase cognitiva do procedimento comum, bem como o que extingue a execução. No processo do trabalho deve subsistir o antigo conceito de sentença, formulado pelo art. 162, § 1º, do CPC revogado, como o ato pelo qual o juiz põe fim ao processo (de conhecimento), resolvendo, ou não, o mérito da causa. Esse conceito foi recepcionado pelo processo do trabalho, que ainda separa, formalmente, os processos de conhecimento e de execução. A propósito, a referência feita pelo art. 203, § 1º, do CPC, aos arts. 485 e 487 demonstra que a sentença não apenas "põe fim à fase cognitiva do procedimento comum" (para cogitarmos apenas deste), senão que, no geral, dá fim ao próprio processo.

As sentenças devem ser proferidas no prazo de trinta dias; no CPC anterior esse prazo era de dez dias (art. 189, II). Essa ampliação do prazo decorreu, por suposto, do extremado rigor do atual CPC quanto aos *elementos essenciais da sentença*, especificados no art. 489. Acerca desse rigor nos manifestaremos na oportunidade dos comentários ao referido artigo.

Art. 227. Em qualquer grau de jurisdição, havendo motivo justificado, pode o juiz exceder, por igual tempo, os prazos a que está submetido.

• **Comentário**

Repete-se, no essencial, a regra do art. 187 do CPC revogado.

Conforme vimos no comentário ao art. 224, o Código estabelece prazo ao juiz para a prática dos atos que lhe competem. Entretanto, desde que haja motivo justificado, ele poderá exceder aos prazos previstos em lei. Entre esses motivos relacionam-se: a sobrecarga dos serviços do gabinete; a doença do magistrado ou de membro de sua família, o falecimento de familiar; o fechamento do fórum etc.

Será sempre pudente que o juiz, ao ultrapassar os prazos legais, justifique o motivo à corregedoria. É relevante observar o disposto no art. 93, inciso I, letra "e", da Constituição Federal: "não será promovido o juiz que, injustificadamente, retiver os autos em seu poder além do prazo legal, não podendo devolvê-los ao cartório sem o devido despacho ou decisão".

Estabelece a Lei Complementar n. 35, de 14 de março de 1979 (Lei Orgânica da Magistratura Nacional — LOMAN):

Art. 35. São deveres do magistrado:

I — (...);

II — não exceder injustificadamente os prazos para sentenciar ou despachar;

Art. 42. São penas disciplinares:

I — advertência;

II — censura;

III — remoção compulsória;

IV — disponibilidade com vencimentos proporcionais ao tempo de serviço;

V — aposentadoria compulsória com vencimentos proporcionais ao tempo de serviço;

VI — demissão.

Parágrafo único. As penas de advertência e de censura somente são aplicáveis aos juízes de primeira instância.

Art. 43. A pena de advertência aplicar-se-á reservadamente, por escrito, no caso de negligência no cumprimento dos deveres do cargo.

Art. 44. A pena de censura será aplicada reservadamente, por escrito, no caso de reiterada negligência no cumprimento dos deveres do cargo, ou no procedimento incorreto, se a infração não justificar punição mais grave.

Parágrafo único. O juiz punido com a pena de censura não poderá figurar em lista de promoção por merecimento pelo prazo de 1 (um) ano, contado da imposição da pena.

Art. 228. Incumbirá ao serventuário remeter os autos conclusos no prazo de 1 (um) dia e executar os atos processuais no prazo de 5 (cinco) dias, contado da data em que:

I — houver concluído o ato processual anterior, se lhe foi imposto pela lei;

II — tiver ciência da ordem, quando determinada pelo juiz.

§ 1º Ao receber os autos, o serventuário certificará o dia e a hora em que teve ciência da ordem referida no inciso II.

§ 2º Nos processos em autos eletrônicos, a juntada de petições ou de manifestações em geral ocorrerá de forma automática, independentemente de ato de serventuário da justiça.

Art. 229

• **Comentário**

Caput. O tema era tratado no *caput* do art. 190 do CPC revogado. O prazo para o serventuário fazer os autos conclusos ao juiz era de vinte e quatro horas, e de quarenta e oito horas para executar os atos processuais afetos ao serventuário. O Código atual estabelece o prazo de um dia para a conclusão ao magistrado, e elevou para cinco dias o prazo para a execução dos atos pelo serventuário.

Inciso I. Os prazos fixados no *caput* serão contados da data em que o serventuário houver concluído o ato processual anterior, se lhe foi imposto por lei;

Inciso II. Os mencionados prazos serão contados da data em que o serventuário teve ciência da ordem, quando determinada pelo juiz.

§ 1º No caso do inciso II, o serventuário deverá certificar o dia e a hora em que ficou ciente da ordem judicial.

A norma atual repete a contida no inciso II do art. 190 do CPC revogado, cujos incisos I e II estabeleciam os prazos em horas. Deste modo, se o prazo para a execução de ato ordenado pelo juiz for de cinco dias, não fará sentido exigir-se que o serventuário certifique a hora em que teve conhecimento da determinação judicial.

Seja como for, a realidade é que, no processo do trabalho, mesmo nos casos em que os prazos para o serventuário são fixados em horas estes não certificam a hora em que tiveram ciência da ordem judicial, pois, na prática, os prazos em horas acabam sendo contados como sendo em dias.

§ 2º Inovação do CPC atual.

Quando se tratar de processo eletrônico, a juntada de petições, ou as manifestações em geral deverão ser realizadas de maneira automática, prescindindo de ato do serventuário. A norma visa a desburocratizar o processo e a contribuir com a sua celeridade. Para que o preceito legal possa ser efetivamente cumprido, há necessidade de haver, no juízo, tecnologia adequada.

Art. 229. Os litisconsortes que tiverem diferentes procuradores, de escritórios de advocacia distintos, terão prazos contados em dobro para todas as suas manifestações, em qualquer juízo ou tribunal, independentemente de requerimento.

§ 1º Cessa a contagem do prazo em dobro se, havendo apenas 2 (dois) réus, é oferecida defesa por apenas um deles.

§ 2º Não se aplica o disposto no caput aos processos em autos eletrônicos.

• **Comentário**

Caput. No sistema do CPC revogado, quando os litisconsortes possuíssem diferentes procuradores o prazo ser-lhes-ia contado em dobro para contestar, para recorrer e, de modo geral, para falar nos autos (art. 191). O CPC atual não alterou a essência da norma anterior: apenas esclareceu que a contagem de prazo em dobro ocorrerá quando os diferentes procuradores integrarem escritórios jurídicos *distintos*. Em sentido inverso, não haverá a contagem dúplice do prazo processual se, a despeito de serem diferentes os procuradores, eles fizerem parte do *mesmo* escritório jurídico.

Cabe, aqui, uma observação de ordem prática: quando o prazo for fixado por lei, não haverá dificuldade em saber que deverá ser contado de forma dúplice para os litisconsortes. Dificuldade poderá surgir, contudo, quando o prazo for assinado pelo juiz, pois não se saberá se esse prazo já está duplicado, ou não. Digamos que sejam partes no processo, de um lado, o Ministério Público, de outro, determinada pessoa física, com seu advogado. Não há, pois, litisconsórcio. O juiz despacha algo como: "Manifestem-se as partes no prazo sucessivo de dez dias, a iniciar-se pelo Ministério Público". Neste caso, o prazo deverá ser contado em dobro somente para o Ministério Público, por força do disposto no art. 180, do CPC. No processo em que forem partes o Ministério Público (como autor, digamos) e os litisconsortes (como réus), se o despacho judicial for: "Manifestem-se as partes no prazo comum de dez dias", presume-se que esse prazo já esteja duplicado para todos. Enfim, o juiz deverá tomar o cuidado de esclarecer se o prazo por ele assinado já está em dobro, ou não.

A OJ n. 310, da SBDI-I, do TST, todavia, entende não ser aplicável ao processo do trabalho a regra do CPC que determina a contagem em dobro do prazo quando os litisconsortes possuírem procuradores judiciais distintos (e integrantes de escritórios jurídicos diversos). Entende, a referida OJ, que a norma do CPC é incompatível "com o princípio da celeridade inerente ao processo trabalhista". Esse argumento, contudo, é insustentável, seja do ponto de vista prático, seja do ponto de vista jurídico. Com efeito, sob o aspecto prático, a mencionada OJ soa a irrisão, pois se considerarmos que, em média, a coisa julgada, na Justiça do Trabalho, consome algo em torno de quatro, cinco anos, ou mais, para ser constituída, que influência teria nesse grave quadro de tardança a mera duplicação de um prazo para recorrer, para embargar etc.? Há situações em que o juiz, por exemplo, leva dois, três, quatro meses, ou mais, para proferir a sentença e nunca se disse que essa explosão do prazo conspira contra o princípio da celeridade inerente ao processo do trabalho. O mesmo se afirme quando um tribunal demora um ano para colocar o processo em pauta, para julgamento. Sob o aspecto jurídico, a inaplicabilidade ao processo do trabalho da regra contida no art. 229, do CPC (art. 191, no CPC revogado) transgride a garantia constitucional da ampla defesa e do devido processo legal (CF, art. 5º, LIV e LV), pois muitas vezes os litisconsortes com advogados diferentes e participantes de escritórios jurídicos distintos não conseguem chegar a um entendimento quanto à retirada dos autos em carga, criando-lhes, com isso, enormes dificuldades para contestar, para recorrer, para embargar etc.

Já é tempo de a SBDI-I, do TST, cancelar a sua OJ n. 310, em respeito às garantias constitucionais da ampla defesa e do devido processo legal.

Aliás, diante da redação dos arts. 180 e 186 do CPC a SBDI-I, do TST, também afirmaria que o Ministério Público e a Defensoria Pública não poderiam ter contado em dobro os prazos em seu favor porque isso atentaria contra o princípio da celeridade do processo do trabalho? A propósito, nesse processo especializado a Fazenda Pública dispõe não do prazo em dobro, mas em quádruplo para contestar, por força da regra contida no inciso II do art. 1º do Decreto-Lei n. 779/69.

§ 1º Tratando-se de regime litisconsorcial passivo, constituído por duas pessoas com advogados diferentes e integrantes de escritórios de advocacia diversos, cessará a contagem do prazo em dobro se apenas um dos réus oferecer defesa. A norma não explicita, entretanto, o seu alcance: a cessação de prazo em dobro perduraria por todo o processo, mesmo que o réu revel viesse a interpor recurso ordinário da sentença? Entendemos que não. O texto legal parece estar a pressupor que o réu revel não praticaria nenhum ato nos autos do processo. Praticado que seja o ato — no caso, a interposição de recurso ordinário —, restabelece-se a contagem dobrada dos prazos processuais em decorrência da atuação do outro litisconsorte no processo.

§ 2º Se o processo for eletrônico, não se aplica a regra da contagem em dobro dos prazos, mesmo que os litisconsortes possuam diferentes procuradores, integrantes de escritórios de advocacia diversos.

Art. 230. O prazo para a parte, o procurador, a Advocacia Pública, a Defensoria Pública e o Ministério Público será contado da citação, da intimação ou da notificação.

• **Comentário**

Em um Estado de Direito é elementar que os prazos processuais somente passarão a ser contados a partir da data em que o destinatário tomar ciência deles. Essa cientificação faz parte do devido processo legal, que é, entre nós, uma garantia constitucional (CF, art. 5º, LIV).

Não somente para as partes, os procuradores, a Advocacia Pública, a Defensoria Pública e o Ministério Público os prazos passam a fluir da citação, da intimação ou da notificação: o mesmo critério deve ser observado em relação aos terceiros em geral.

A intimação do Ministério Público deve ser *pessoal*, como determinam os arts. 180, *caput,* e 183, § 1º, do CPC. A propósito, *pessoal* também deve ser a intimação da União, dos Estados, do Distrito Federal, dos Municípios e suas autarquias e das fundações de direito público (CPC, art. 183, *caput*).

Art. 231. Salvo disposição em sentido diverso, considera-se dia do começo do prazo:

I — a data de juntada aos autos do aviso de recebimento, quando a citação ou a intimação for pelo correio;

II — a data de juntada aos autos do mandado cumprido, quando a citação ou a intimação for por oficial de justiça;

III — a data de ocorrência da citação ou da intimação, quando ela se der por ato do escrivão ou do chefe de secretaria;

IV — o dia útil seguinte ao fim da dilação assinada pelo juiz, quando a citação ou a intimação for por edital;

V — o dia útil seguinte à consulta ao teor da citação ou da intimação ou ao término do prazo para que a consulta se dê, quando a citação ou a intimação for eletrônica;

VI — a data de juntada do comunicado de que trata o art. 232 ou, não havendo esse, a data de juntada da carta aos autos de origem devidamente cumprida, quando a citação ou a intimação se realizar em cumprimento de carta;

VII — a data de publicação, quando a intimação se der pelo Diário da Justiça impresso ou eletrônico;

VIII — o dia da carga, quando a intimação se der por meio da retirada dos autos, em carga, do cartório ou da secretaria.

§ 1º Quando houver mais de um réu, o dia do começo do prazo para contestar corresponderá à última das datas a que se referem os incisos I a VI do caput.

§ 2º Havendo mais de um intimado, o prazo para cada um é contado individualmente.

§ 3º Quando o ato tiver de ser praticado diretamente pela parte ou por quem, de qualquer forma, participe do processo, sem a intermediação de representante judicial, o dia do começo do prazo para cumprimento da determinação judicial corresponderá à data em que se der a comunicação.

§ 4º Aplica-se o disposto no inciso II do *caput* à citação com hora certa.

• **Comentário**

Caput. O art. 241 do CPC revogado também continha incisos estabelecendo critérios para o início da fluência dos prazos. O CPC em vigor revelou-se mais meticuloso.

Para logo, recordemos a regra contida no art. 219, *caput*, do mesmo Código, conforme a qual "Na contagem de prazo em dias, estabelecido por lei ou pelo juiz, computar-se-ão somente os úteis".

Inciso I. No processo do trabalho, sendo o ato processual realizada pelo correio o prazo terá início não na data da juntada aos autos do comprovante de recebimento, mas da data em que o destinatário após a sua assinatura no respectivo instrumento.

Inciso II. No processo do trabalho, não se considera como dia do início do prazo aquele em que o mandado foi juntado aos autos, devidamente cumprido pelo oficial de justiça, e sim, a data em que o destinatário após a sua assinatura no instrumento processual, ou a data em que o oficial de justiça certificou o cumprimento da ordem judicial.

Inciso III. Caso a citação ou a intimação se dê mediante ato do escrivão ou do diretor da secretaria, a data será a da ocorrência desses atos.

Inciso IV. Sendo o caso de citação por edital (CLT, art. 841, § 1º), nada obsta a que, no processo do trabalho, se adote o disposto no inciso IV do art. 231 do CPC, de acordo com o qual o prazo passa a correr do dia útil subsequente ao término da dilação assinada pelo juiz.

Inciso V. Quando a intimação for efetuada por meio eletrônico, o prazo passará a fluir do dia útil seguinte à consulta ao seu conteúdo ou ao fim do prazo para que a consulta se realize.

Inciso VI. Não há razão para o processo do trabalho rejeitar o critério de contagem do prazo quando a citação ou a intimação se der por meio de carta.

Inciso VII. Se a intimação for feita pelo Diário da Justiça, impresso ou eletrônico, será a data da publicação.

Inciso VIII. Se ocorrer a retirada, mediante carga, dos autos da secretaria ou do cartório, considerar-se-á a intimação efetuada na data da carga.

§ 1º No processo do trabalho a contestação é oferecida em audiência. Desse modo, independentemente do número de réus, o momento processual para defender-se é o mesmo para todos. Sob este aspecto, não há muito interesse em questionar-se se o processo do trabalho deve adotar, ou não, o critério consagrado pelo art. 231, § 1º, do CPC.

No caso de litisconsórcio passivo, o processo do trabalho deverá colocar de lado o critério perfilhado pelo CPC e considerar como data do começo do prazo para contestar aquela em que cada litisconsorte foi citado. Preconizamos, pois, uma individualização dos prazos. Considerando-se que nem sempre as citações se darão na mesma data, a adoção do critério baseado na "última das dats" poderia, em muitos casos: a) beneficiar quem fosse citado em primeiro lugar; b) prejudicar quem fosse citado por último.

Tratando-se de ações que não fazem parte do sistema original do processo do trabalho, mas são neste admitidas (rescisória, cautelar, consignação em pagamento etc.), alguns juízes determinam que a contestação seja apresentada na secretaria da Vara. Mesmo nesses casos, entendemos que não se deva adotar o critério estampado no art. 231, § 1º, do CPC, e sim, considerar-se como dia do início do prazo aquele em que cada litisconsorte foi citado. Estamos a preconizar, também nesses casos, a individualização das citações e, em consequência, dos prazos para a contestação de cada litisconsorte.

§ 2º A norma cuida, aqui, não de citação, e sim, de intimação. Se houver mais de um intimado, o CPC adota o critério que sugerimos para a citação dos litisconsortes no processo do trabalho: o prazo, para cada um, é contado individualmente.

§ 3º Ainda existe, no processo do trabalho, o *ius postulandi* (CLT, art. 791, *caput*), segundo o STF (embora não seja esse o nosso entendimento). Sendo assim, se a parte estiver atuando em juízo, sem o concurso de advogado, pode-se aplicar a regra do parágrafo em exame, por forma a considerar-se como dia do começo do prazo para o cumprimento de determinações judiciais a data em que ocorrer a correspondente comunicação.

§ 4º Outrora, tínhamos a opinião de que a citação com hora certa, prevista no CPC, era inaplicável ao processo do trabalho. A dinâmica da vida, no entanto, levou-nos a modificar a antiga opinião. Com efeito, presenciamos diversos casos em que o réu, com endereço certo, se esquivava, por meio de artifícios, à citação, frustrando, com isso, a realização desse ato processual. Isso ocorria, com mais frequência, nos casos urgentes, como de medidas cautelares impositivas de multa ao réu que perseverasse na prática de certos atos danosos ao direito e aos interesses legítimos do autor. Ainda que aceitemos, em situações extraordinárias, a citação com hora certa, no processo do trabalho, mantemos o entendimento de que o prazo para a contestação, se preestabelecido pela lei ou pelo juiz, deverá ser contado não da juntada do mandado cumprido, e sim, daquela em que o réu foi citado.

Art. 232. Nos atos de comunicação por carta precatória, rogatória ou de ordem, a realização da citação ou da intimação será imediatamente informada, por meio eletrônico, pelo juiz deprecado ao juiz deprecante.

• **Comentário**

O objetivo da norma legal é agilizar a informação, pelo juízo deprecado ao deprecante, sobre a prática do ato processual objeto da carta precatória, rogatória ou de ordem. Todavia, o juízo deprecado somente terá condições de informar ao deprecante, por meios eletrônicos, a realização da citação ou intimação, se possuir condições tecnológicas para isso. Caso contrário, a informação será prestada pelos meios tradicionais.

Seção II
Da Verificação dos Prazos e das Penalidades

Art. 233. Incumbe ao juiz verificar se o serventuário excedeu, sem motivo legítimo, os prazos estabelecidos em lei.

§ 1º Constatada a falta, o juiz ordenará a instauração de processo administrativo, na forma da lei.

§ 2º Qualquer das partes, o Ministério Público ou a Defensoria Pública poderá representar ao juiz contra o serventuário que injustificadamente exceder os prazos previstos em lei.

Art. 234

• **Comentário**

Caput. Ao magistrado, em sua indeclinável qualidade de reitor do processo, a lei atribui o dever de verificar se o serventuário excedeu, sem motivo legítimo, os prazos previstos em lei para a prática de atos de sua atribuição. Esse desrespeito ao prazo tanto pode ser verificado pelo juiz, *ex officio*, ou a requerimento do interessado.

A CLT, em seu art. 712, parágrafo único, declara que os serventuários que, sem motivo justificado, não realizarem os atos dentro dos prazos fixados, "serão descontados em seus vencimentos, em tantos dias quantos os do excesso". Essa norma, todavia, é inconstitucional.

§ 1º Comprovado que o serventuário ultrapassou os prazos legais, sem motivo legítimo, caberá ao juiz determinar a instauração de procedimento (e não, *data venia*, "processo") administrativo, na forma da lei, para apuração do fato e, se for o caso, a aplicação da penalidade cabível. Nesse procedimento, assegurar-se-ão ao serventuário o contraditório e a ampla defesa, que são garantias constitucionais (CF, art. 5º, LV).

§ 2º Não somente as partes, como também o Ministério Público e a Defensoria Pública poderão representar ao juiz contra o serventuário que, sem justificativa plausível, haja ultrapassado os prazos previstos em lei. Embora o texto legal em exame cogite da prática do ato, pelo serventuário, em desrespeito ao prazo previsto na legislação, devemos dizer que o procedimento administrativo também poderá ser instaurado, por mais forte razão, quando ele nem sequer praticar o ato que lhe competia.

Art. 234. Os advogados públicos ou privados, o defensor público e o membro do Ministério Público devem restituir os autos no prazo do ato a ser praticado.

§ 1º É lícito a qualquer interessado exigir os autos do advogado que exceder prazo legal.

§ 2º Se, intimado, o advogado não devolver os autos no prazo de 3 (três) dias, perderá o direito à vista fora de cartório e incorrerá em multa correspondente à metade do salário-mínimo.

§ 3º Verificada a falta, o juiz comunicará o fato à seção local da Ordem dos Advogados do Brasil para procedimento disciplinar e imposição de multa.

§ 4º Se a situação envolver membro do Ministério Público, da Defensoria Pública ou da Advocacia Pública, a multa, se for o caso, será aplicada ao agente público responsável pelo ato.

§ 5º Verificada a falta, o juiz comunicará o fato ao órgão competente responsável pela instauração de procedimento disciplinar contra o membro que atuou no feito.

• **Comentário**

Caput. Reproduziu-se, em parte, a regra do art. 195 do CPC revogado.

Ao juiz incumbe não apenas verificar se o serventuário excedeu ao prazo, ou não, mas, também, se as partes, seus advogados, o defensor público e o membro do Ministério Público também não descumpriram os prazos estabelecidos.

Duas nótulas objetivas a): se, por exemplo, o juiz fixou o prazo de dez dias para o advogado da parte manifestar-se nos autos, mas concedeu-lhe o prazo de cinco dias para permanecer com os autos do processo, o advogado deverá devolvê-los ao juízo dentro de cinco dias, e não de dez dias. Restituindo-os, digamos, no oitavo dia, estará sujeito à sanção do § 2º do art. 234 do CPC; b) a aplicação do disposto nessa norma legal requer a prévia intimação ao advogado.

Quanto ao perito, se este exceder ao prazo fixado pelo juiz, para o cumprimento das diligências, o magistrado providenciará a sua substituição (CPC, art. 468, II), sem prejuízo de comunicar a ocorrência à corporação profissional respectiva e impor multa ao perito (*ibidem*, § 1º).

§ 1º Se o advogado deixar de restituir os autos ao juízo, no prazo legal, qualquer interessado poderá exigir-lhe a devolução, É a clássica "cobrança de autos".

§ 2º Deixando, o advogado, de restituir os autos no prazo de três dias, após a sua regular intimação, perderá o direito de vista fora da secretaria ou do cartório e incidirá em multa correspondente a meio salário-mínimo.

Duas observações objetivas: em primeiro lugar, é de duvidosa constitucionalidade a imposição de multa calculada com base no salário-mínimo. Assim dizemos em razão do disposto no art. 7º, IV, da

Código de Processo Civil

Constituição Federal, que proíbe a vinculação do salário-mínimo "para qualquer fim". Esse critério já era adotado pelo art. 196, do CPC anterior; em segundo, o art. 195, daquele CPC declarava que se o advogado não restituísse os autos no prazo legal, o juiz, de ofício, mandaria riscar tudo o que o advogado houvesse escrito após a retirar dos autos em carga, além de fazer desentranhar todas as alegações e documentos por este apresentados. Na prática, entrementes, os juízes raramente faziam valer o rigor da lei, limitando-se a oficiar à Seccional da OAB para a aplicação da penalidade cabível, porquanto a retenção abusiva de autos, pelo advogado, configura infração disciplinar, nos termos do art. 34, XXII, da Lei n. 8.906/94.

§ 3º Verificada a falta praticada pelo advogado, o juiz deverá comunicar o fato à seção local da Ordem dos Advogados do Brasil, para instauração do procedimento disciplinar e aplicação de multa, se for o caso.

§ 4º Se a falta for cometida por membro do Ministério Público, da Defensoria Pública ou da Advocacia Pública, a multa, quando for o caso, será aplicada ao agente público responsável pelo ato.

§ 5º Além disso, o juiz comunicará a falta ao órgão competente responsável pela instauração do procedimento disciplinar contra aquele que a praticou.

Art. 235. Qualquer parte, o Ministério Público ou a Defensoria Pública poderá representar ao corregedor do tribunal ou ao Conselho Nacional de Justiça contra juiz ou relator que injustificadamente exceder os prazos previstos em lei, regulamento ou regimento interno.

§ 1º Distribuída a representação ao órgão competente e ouvido previamente o juiz, não sendo caso de arquivamento liminar, será instaurado procedimento para apuração da responsabilidade, com intimação do representado por meio eletrônico para, querendo, apresentar justificativa no prazo de 15 (quinze) dias.

§ 2º Sem prejuízo das sanções administrativas cabíveis, em até 48 (quarenta e oito) horas após a apresentação ou não da justificativa de que trata o § 1º, se for o caso, o corregedor do tribunal ou o relator no Conselho Nacional de Justiça determinará a intimação do representado por meio eletrônico para que, em 10 (dez) dias, pratique o ato.

§ 3º Mantida a inércia, os autos serão remetidos ao substituto legal do juiz ou do relator contra o qual se representou para decisão em 10 (dez) dias.

- **Comentário**

Caput. A matéria estava contida no *caput* do art. 198 do CPC revogado.

Se o juiz tem o poder e o dever de fiscalizar o cumprimento, pelos serventuários, pelos auxiliares da Justiça, pelas partes, seus advogados, pelos terceiros intervenientes e pelo Ministério Público, dos prazos estabelecidos em lei (ou assinados pelo magistrado), não menos verdadeiro é que qualquer dos litigantes, o Ministério Público ou a Defensoria Pública podem formular representação ao corregedor do tribunal ou ao Conselho Nacional de Justiça contra o magistrado ou relator que excedeu aos prazos fixados em lei, regulamento ou regimento interno.

No plano da realidade prática sabemos que os juízes, muitas vezes, não cumprem os prazos estabelecidos em lei, seja para efeito de despachar, de apreciar pedido de concessão de liminar, de emitir decisões em geral e de sentenciar. É lamentável o fato de, muitos desses magistrados, nem sequer se preocuparem em dar uma satisfação às partes acerca do motivo do descumprimento do prazo. Não raro, esse descumprimento deriva da sobrecarga de serviços, do elevado volume de atos a serem praticados pelo juiz. Apesar disso, bem fariam os senhores juízes se esclarecessem às partes e aos advogados as razões do retardamento na prática do ato, seja em consideração a estes, seja, até mesmo, para salvaguardar-se de eventual representação ou penalidade. Tem-se questionado na Justiça do Trabalho, aliás, com certa dose de razão, se a parte será responsável pela correção monetária e pelos juros da mora referentes ao período em que juiz ultrapassou (largamente, muitas vezes) o prazo legal para proferir a sentença (ou o acórdão). O que está em causa, aqui, é uma inegável questão de ordem ética.

§ 1º Distribuída a representação ao órgão competente, o juiz será ouvido; depois disso, não sendo o caso de arquivamento liminar, será instaurado o procedimento para apuração da responsabilidade do magistrado, que deverá ser intimado por meio eletrônico, a fim de, se desejar, oferecer, no prazo de quinze dias, sua justificativa.

O dever legal de cumprir os prazos não se restringe ao juiz de primeiro grau, senão que compreende toda a magistratura, aqui incluídos os juízes dos Tribunais Regionais e os Ministros dos Tribunais Superiores. A responsabilidade deles, no caso de excederam, sem motivo legítimo, aos prazos fixados em lei, regulamento ou regimento interno será apurada na forma do procedimento traçado pela norma *interna corporis*.

§ 2º Decorridas quarenta e oito horas subsequentes à apresentação ou não da justificativa por parte do magistrado, e sem prejuízo das sanções administrativas aplicáveis, o corregedor do Tribunal ou o Conselho Nacional de Justiça, sendo o caso, determinará a intimação do magistrado por meio eletrônico, para que, no prazo de dez dias, pratique o ato em relação ao qual se omitira.

Caso a representação se funde no fato de o juiz haver praticado o ato muito além do prazo legal, o corregedor do tribunal ou o relator no Conselho Nacional de Justiça, como é evidente, não intimarão o magistrado para que, no prazo de dez dias, pratique o ato, e sim, para que justifique porque o fez quando excedido o prazo previsto na lei, no regulamento ou no regimento interno.

§ 3º Não sendo atendida a determinação, os autos serão encaminhados ao substituto legal do magistrado ou do relator contra o qual foi feita a representação, para proferir decisão em dez dias.

TÍTULO II

DA COMUNICAÇÃO DOS ATOS PROCESSUAIS

CAPÍTULO I

DISPOSIÇÕES GERAIS

Art. 236. Os atos processuais serão cumpridos por ordem judicial.

§ 1º Será expedida carta para a prática de atos fora dos limites territoriais do tribunal, da comarca, da seção ou da subseção judiciárias, ressalvadas as hipóteses previstas em lei.

§ 2º O tribunal poderá expedir carta para juízo a ele vinculado, se o ato houver de se realizar fora dos limites territoriais do local de sua sede.

§ 3º Admite-se a prática de atos processuais por meio de videoconferência ou outro recurso tecnológico de transmissão de sons e imagens em tempo real.

• **Comentário**

Caput. Como reitor exclusivo do processo, somente o juiz pode emitir ordens para a prática de atos processuais. O executor dessas ordens poderá ser o diretor da secretaria ou escrivão, o oficial de justiça, o perito, o contador, o intérprete, o tradutor, enfim, todos aqueles a quem a lei classifica como auxiliares da justiça. Os destinatários serão as partes ou terceiros.

Excepcionalmente, o próprio CPC permite que o ato processual seja realizado sm ordem pessoal do magistrado, como se dá no caso do § 4º do art. 203: "Os atos meramente ordinatórios, como a juntada e a vista obrigatória, independem de despacho, devendo ser praticados de ofício pelo servidor e revistos pelo juiz quando necessário".

§ 1º As cartas são, portanto, utilizadas para a prática de atos processuais fora da jurisdição do órgão em que a ação foi exercida e compreendem três espécies, a saber: a) de ordem; b) rogatória; c) precatória.

§ 2º Trata-se, aqui, da *carta de ordem*, que é expedida pelo tribunal a juízo de grau inferior, a ele vinculado.

§ 3º Atento à evolução da tecnologia, o legislador permitiu a prática de atos processuais por meio de videoconferência ou de outro recurso tecnológico de transmissão de som e imagens em tempo real.

Art. 237

Art. 237. Será expedida carta:

I – de ordem, pelo tribunal, na hipótese do § 2º do art. 236;

II – rogatória, para que órgão jurisdicional estrangeiro pratique ato de cooperação jurídica internacional, relativo a processo em curso perante órgão jurisdicional brasileiro;

III – precatória, para que órgão jurisdicional brasileiro pratique ou determine o cumprimento, na área de sua competência territorial, de ato relativo a pedido de cooperação judiciária formulado por órgão jurisdicional de competência territorial diversa;

IV – arbitral, para que órgão do Poder Judiciário pratique ou determine o cumprimento, na área de sua competência territorial, de ato objeto de pedido de cooperação judiciária formulado por juízo arbitral, inclusive os que importem efetivação de tutela provisória.

Parágrafo único. Se o ato relativo a processo em curso na justiça federal ou em tribunal superior houver de ser praticado em local onde não haja vara federal, a carta poderá ser dirigida ao juízo estadual da respectiva comarca.

• **Comentário**

Caput. Toda a matéria sobre as cartas era regida pelo art. 201 do CPC revogado, que não possuía incisos.

Inciso I. O CPC anterior afirmava que a carta de ordem seria expedida a juiz "subordinado ao tribunal de que ela emanar"; o atual alude "a juízo a ele vinculado" (art. 236, § 2º). Ambos os textos, em essência, dizem a mesma coisa com outras palavras. Como os tribunais, de modo geral, não possuem estrutura para a prática de certos atos relativos a processos de sua competência originária (ação rescisória, mandado de segurança contra ato de juiz do próprio tribunal, dissídio coletivo etc.), a lei instituiu as denominadas *cartas de ordem*, dirigidas a juiz integrante de grau jurisdicional inferior, para que pratique o ato que lhe for determinado. Trata-se, aqui, efetivamente de *determinação*, porquanto a relação que se estabelece entre o juízo expedidor da ordem e o seu receptor é de subordinação deste em relação àquele.

Inciso II. O princípio da soberania impede que a justiça de um país pratique, diretamente, atos no território de outro país. Para evitar ofensa a essa soberania, o CPC adotou o instrumento da carta rogatória, destinado a solicitar que autoridade judiciária estrangeria pratique ato alusivo a processo em curso em órgão da jurisdição brasileira.

Inciso III. Um órgão da jurisdição, em princípio, não pode praticar atos na jurisdição de outro órgão jurisdicional. Por esse motivo, o juízo por onde se processa o feito deverá solicitar (requisitar) a outro juízo, por meio de carta precatória, a prática de ato na área da competência jurisdicional deste. Na carta precatória, ao contrário da rogatória, não há imposição, mas *colaboração*.

A Justiça do Trabalho, com sua reconhecida vocação vanguardeira, desde muito tempo passou a praticar determinados atos processuais em jurisdição diversa não por intermédio de carta precatória, e sim, por via postal. A própria citação, muitas vezes, foi — e continua sendo — realizada por esse modo. Essa prática inspirou-se no princípio da instrumentalidade dos atos processuais, inscrito no art. 244 do CPC anterior (art. 277 do Código atual), conforme o qual quando a lei prescrever determinada forma, o juiz considerará válido o ato se, realizado de outro modo, alcançar-lhe a finalidade, lembrando-se, ainda, que no processo do trabalho somente serão declarados nulos os atos que acarretarem manifesto prejuízo à parte (CLT, art. 794).

Poderá ocorrer, todavia, de o juízo deprecado deixar a cumprir a carta, alegando que a competência para apreciar a causa (em cujos autos se expediu a precatória) é sua. Nesta hipótese, ele deverá suscitar conflito positivo de competência (CPC, art. 951).

Inciso IV. *A carta arbitral* é expedida com a finalidade de fazer com que órgão do Poder Judiciário ordene o seu cumprimento, na sua jurisdição, de ato objeto de pedido de cooperação judiciária feito por juízo arbitral. Esse ato pode traduzir-se, inclusive, em efetivação de tutela provisória.

Parágrafo único. Estamos diante de uma inovação legal. Se determinado ato referente ao processo que tramita na Justiça Federal ou em Tribunal Superior deva ser praticado em localidade na qual não haja Vara Federal, a carta precatória poderá ser dirigida ao juízo estadual da respectiva comarca. Cuida-se de uma forma de "cooperação judiciária" facultada pela norma em estudo.

CAPÍTULO II

DA CITAÇÃO

Art. 238. Citação é o ato pelo qual são convocados o réu, o executado ou o interessado para integrar a relação processual.

• **Comentário**

O CPC anterior conceituava a citação como "o ato pelo qual se chama a juízo o réu ou o interessado, a fim de se defender" (art. 213). Esse conceito, entretanto, não era correto. Assim dizemos porque, em rigor, a finalidade da citação não é "chamar" o réu a juízo e sim dar-lhe ciência da existência da ação, para que se possa defender. O verbo "chamar", utilizado na redação do art. 213, do CPC de 1973, poderia induzir à equivocada conclusão de que o réu estaria obrigado a vir a juízo ou que a relação jurídica processual somente se estabeleceria se o ele se defendesse. Na verdade, como dissemos, o escopo da citação é o de comunicar ao réu a propositura da ação, a fim de que ele responda aos termos da petição inicial, se desejar. Mesmo que o réu deixe de responder à ação, a relação processual terá sido regularmente estabelecida, cujo processo tramitará à sua revelia.

O Código atual conceitua a citação como "o ato pelo qual são convocados o réu, o executado ou o interessado para integrar a relação processual". Não é, também, uma redação perfeita, pois o verbo *convocar* sugere a ideia de obrigatoriedade de comparecimento a juízo. Por isso, seguimos entendendo que a citação é o ato pelo qual o juiz dá *ciência* ao réu, ao executado ou ao interessado quanto à existência da ação. Ademais, da maneira como está redigida a norma legal em exame, tem-se a falsa impressão de que se as pessoas aí referidas, depois de citadas, não vierem a juízo não estarão integrando a relação processual. Ora, sabemos que essa integração se dá não com o comparecimento a juízo, ou a postulação nos autos, mas com a simples citação. Este ato processual traduz, pois *cientificação* e não, *convocação* — como se a parte, o executado ou o interessado, ao não atenderem a essa convocação, seriam conduzidos a juízo de modo coercitivo ("debaixo de vara", na linguagem do passado).

Ao contrário do processo civil, o do trabalho não exige que da inicial conste o requerimento de citação do réu (CLT, art. 840, § 1º), pois como já salientamos, aqui, esse ato de comunicação processual é efetuado, *ex officio*, pela secretaria do órgão jurisdicional.

A citação constitui manifestação dos Estados Democráticos de Direito, porquanto, a um só tempo, oferece ao réu oportunidade para defender-se, e lhe permite exercer o direito constitucional de ampla defesa.

A CLT, pouco apegada aos rigores científicos, utiliza o vocábulo *notificação* para designar não apenas a citação, mas os demais atos de comunicação processual, como a intimação (art. 841).

Art. 239. Para a validade do processo é indispensável a citação do réu ou do executado, ressalvadas as hipóteses de indeferimento da petição inicial ou de improcedência liminar do pedido.

§ 1º O comparecimento espontâneo do réu ou do executado supre a falta ou a nulidade da citação, fluindo a partir desta data o prazo para apresentação de contestação ou de embargos à execução.

§ 2º Rejeitada a alegação de nulidade, tratando-se de processo de:

I — conhecimento, o réu será considerado revel;

II — execução, o feito terá seguimento.

• **Comentário**

Caput. O CPC anterior aludia, apenas, à citação do réu; o atual incluiu a do executado. Aquele Código do passado fazia referência, aliás, à citação inicial do réu, como se existissem citações posteriores, no mesmo processo.

Sem a citação do réu o processo de conhecimento será nulo; o mesmo se afirme quanto ao processo de execução em que não houver citação do executado.

Ao comentarmos o art. 238, dissemos que a citação é o ato pelo qual se dá ciência ao réu da ação ajuizada; ampliemos, a agora, esse conceito, para tê-lo

Código de Processo Civil Art. 240

como o ato indispensável pelo qual se dá ciência ao réu da existência da ação, e, ao executado, ciência da execução.

A citação é pressuposto legal para a existência do processo; logo, a sua falta faz com que o processo seja considerado juridicamente inexistente; se a citação for realizada com desrespeito à norma legal, o processo será nulo. Em que pese ao fato de a doutrina asseverar que a ausência de citação torna o processo inexistente, parece-nos mais apropriado à técnica e aos princípios cogitar, na espécie, de processo ineficaz. Como a ausência de citação pode ser convalidada pelo comparecimento espontâneo do réu a juízo, fica difícil admitir-se a possibilidade de validar-se um ato inexistente.

O art. 239, entretanto, dispensa a citação em dois casos: a) de indeferimento da petição inicial (art. 330); b) de "improcedência" liminar do pedido (art. 332).

§ 1º Pode acontecer, todavia, de o réu ou o executado comparecerem a juízo, de maneira espontânea, ou seja, sem terem sido citados. Nesta hipótese, a nulidade estará suprida, contando-se o prazo (para a defesa ou para os embargos do devedor) a partir da data desse comparecimento.

É necessário, observar, contudo, que se o comparecimento não for pessoal, por parte do réu, mas de seu advogado, este deverá juntar aos autos não apenas a procuração, sendo necessário que desta constem também poderes para receber citação (CPC, art. 105).

Lancemos uma ponderação oportuna: se o réu, em uma ação trabalhista, não tiver sido formalmente citado, mas, a despeito disso, ficar ciente da existência da ação e do teor da petição inicial e, no prazo legal, oferecer contestação, na qual alega, em preliminar, a nulidade (ou inexistência jurídica) do processo por falta de citação, não deveria o juiz acolher a preliminar, pois a ausência de citação não acarretou nenhum prejuízo ao réu. Convém lembrar a particularidade de o processo do trabalho haver consagrado o princípio da transcendência, conforme o qual não há nulidade sem prejuízo (CLT, art. 794). Na situação por nós imaginada, seria render injustificado apego ao formalismo a declaração de nulidade processual, pelo simples fato de o réu não haver sido citado — embora tenha podido oferecer, sem prejuízo ou constrangimento, resposta à inicial. Razão teria o réu, isto sim, se viesse a saber, por acaso, da existência da ação dois ou três dias antes da audiência (em desrespeito ao art. 841, *caput*, da CLT), na qual deveria oferecer a sua resposta, e, em razão disso, elaborasse, às pressas, e de maneira imperfeita, essa resposta. Aqui, além de ter ocorrido violação à garantia constitucional da ampla defesa (CF, art. 5º LV), o prejuízo seria manifesto, por modo a autorizar a declaração judicial de nulidade do processo, por falta de citação.

§ 2º Sendo rejeitada a alegação de nulidade, as consequências processuais serão as indicadas nos incisos seguintes.

Inciso I. No processo de conhecimento, o réu será considerado revel; é necessário esclarecer, porém, que nem sempre ocorrerá o *efeito* característico da revelia, que é a presunção de veracidade dos fatos alegados na petição inicial (CLT, art. 844, *caput*, CPC, art. 344). O CPC prevê as situações em que esse efeito não se verificará (art. 345, I a IV).

Inciso II. No processo de execução, diz a norma que "*o feito terá prosseguimento*". Essa declaração legal, contudo, precisa ser interpretada com certa reserva, pois também no processo de conhecimento *o feito terá prosseguimento* mesmo que o réu seja revel.

Art. 240. A citação válida, ainda quando ordenada por juízo incompetente, induz litispendência, torna litigiosa a coisa e constitui em mora o devedor, ressalvado o disposto nos arts. 397 e 398 da Lei n. 10.406, de 10 de janeiro de 2002 (Código Civil).

§ 1º A interrupção da prescrição, operada pelo despacho que ordena a citação, ainda que proferido por juízo incompetente, retroagirá à data de propositura da ação.

§ 2º Incumbe ao autor adotar, no prazo de 10 (dez) dias, as providências necessárias para viabilizar a citação, sob pena de não se aplicar o disposto no § 1º.

§ 3º A parte não será prejudicada pela demora imputável exclusivamente ao serviço judiciário.

§ 4º O efeito retroativo a que se refere o § 1º aplica-se à decadência e aos demais prazos extintivos previstos em lei.

• **Comentário**

Caput. O assunto era tratado no *caput* do art. 219 do CPC revogado.

A norma se ocupa dos *efeitos* processuais da citação válida.

Litispendência. Ocorre quando se repete ação que está em curso (CPC, art. 337, § 3º). Uma ação é

Art. 240

idêntica à outra quando tiverem as mesmas partes, a mesma causa de pedir e mesmo pedido (*ibidem*, § 2º). Cuida-se, como se vê, de uma tríplice identidade. Quanto à identidade das partes, porém, queremos chamar a atenção para o fato de que, para os efeitos exclusivos da litispendência, deverão ser consideradas iguais as ações em que figure, numa, como autor, determinado trabalhador ou grupo de trabalhadores, consorciados na lide, e, noutra, o sindicato da classe, atuando como substituto processual, desde que as causas de pedir e os pedidos sejam os mesmos. O que se deve ter em mente, em situações como esta, é que, em ambas as ações, o titular do direito material é o mesmo: o trabalhador.

Em sede de mandado de segurança, estabelece a Lei n. 12.016, de 3 de agosto de 2009: "art. 22 (...). § 1º O mandado de segurança coletivo não induz litispendência para as ações individuais, mas os efeitos da coisa julgada não beneficiarão o impetrante a título individual se não requerer a desistência de seu mandado de segurança no prazo de 30 (trinta) dias a contar da ciência comprovada da impetração da segurança coletiva".

Coisa litigiosa. A litigiosidade, aqui, se refere à coisa que constitui objeto da demanda. Este efeito processual da citação válida alcança tanto as partes quanto os terceiros. Sobre as partes se revela, por exemplo, sob a forma de proibição de inovarem o estado de fato da causa; se isto ocorrer, a parte prejudicada poderá invocar o poder geral de cautela do magistrado, a fim de que este imponha à parte a obrigação de abster-se da prática do ato.

Constituição em mora. Estamos diante de um dos efeitos materiais da citação válida. É legalmente considerado em mora o devedor que não efetuar o pagamento e o credor que não quiser recebê-lo, no tempo, lugar e forma que a lei ou o contrato estabelecer (Código Civil, art. 394). Duas observações se tornam necessárias, acerca do tema. Primeiramente, o devedor será constituído em mora mesmo que a citação tenha sido ordenada por juiz incompetente; segundamente, como procuramos demonstrar, no processo do trabalho deve ser levada em conta, para essa finalidade, não a citação, mas a simples entrega da petição inicial em juízo, ou a sua distribuição. A acrescentar, que a mora, como havíamos anotado há pouco, traduz um efeito de natureza material da citação válida.

Interrupção da prescrição. Em um primeiro lançar de olhos, pareceria haver omissão do *caput* do art. 240, do CPC, ao não mencionar a interrupção da prescrição, decorrente da citação válida. Pensamos, no entanto, que o legislador procurou separar as situações, que antes estavam englobadas no art. 219 do CPC revogado. Assim, é a *citação* (válida) que induz litispendência, torna litigiosa e coisa e constitui o devedor em mora, ao passo que o *despacho* que ordena a citação é a causa interruptiva da prescrição (art. 240, § 1º)

É interessante observar que a redação primitiva do § 1º, do art. 219, do CPC anterior, possuía a seguinte redação: "A prescrição considerar-se-á interrompida na data do despacho que ordenar a citação". Por força da Lei n. 8.952/94, no entanto, a redação daquele dispositivo passou a ser esta: "A interrupção da prescrição retroagirá à data da propositura da ação". Diante disso, indagávamos: qual das duas disposições prevaleceria? Entendíamos que era a do Código Civil, pois este (Lei n. 10.406, de 10.1.2002) era posterior à Lei n. 8.952/94, que alterou a redação do § 1º do art. 219, do CPC. O CPC atual volta a dizer que a prescrição é interrompida pelo *despacho* que ordena a citação. Logo, este é o princípio legal a ser observado.

É proveitoso ressaltar o seguinte, acerca da interrupção da prescrição: esta será interrompida somente uma vez (Código Civil, art. 202, *caput*). Em termos concretos, isto significa que, no processo do trabalho, se o processo em que ocorreu a citação do réu foi extinto, sem resolução do mérito, embora o autor possa intentar, novamente, a ação (CPC, art. 485, *caput*), a nova citação não interromperá a prescrição. De qualquer modo, mesmo tendo sido extinto o primeiro processo, terá havido interrupção da prescrição, ainda que restrita aos pedidos lá formulados (TST, Súmula n. 268).

O *caput* do art. 240, em exame, faz expressa ressalva aos arts. 397 e 398 do CC. O primeiro estabelece: "O inadimplemento da obrigação, positiva e líquida, no seu termo, constitui de pleno direito em mora o devedor. Parágrafo único. Não havendo termo, a mora se constitui mediante interpelação judicial ou extrajudicial"; e, o segundo: "Nas obrigações provenientes de ato ilícito, considera-se o devedor em mora, desde que o praticou".

§ 1º A interrupção da prescrição, ainda que derivante de despacho exarado por juízo incompetente, retroagirá à da propositura da ação (*ibidem*, § 1º).

§ 2º No processo do trabalho, a citação (notificação) do réu, em rigor, independe de requerimento formulado na inicial (CLT, art. 840, § 1º), pois esse ato é praticado *ex officio* (CLT, art. 841, *caput*). Assim, dificilmente haverá situação que justifique a incidência, nesse processo, do art. 238, § 2º, do CPC. Se, contudo, em situação verdadeiramente excepcional, o juiz do trabalho determinar que a parte promova a citação do réu, ela disporá do prazo de dez dias para cumprir o despacho. Não sendo cumprido no prazo, não se considerará interrompida a prescrição.

§ 3º A parte não poderá ser prejudicada pela demora imputável exclusivamente aos serviços judiciários. A regra possui conteúdo ético.

§ 4º *Decadência*. O CPC anterior era omisso quanto ao efeito interruptivo da decadência, produzido pela citação válida. O CPC atual supriu essa lacuna ao declarar que esse efeito se verificará não somente quanto à decadência, senão que também aos demais prazos extintivos previstos em lei.

Art. 241. Transitada em julgado a sentença de mérito proferida em favor do réu antes da citação, incumbe ao escrivão ou ao chefe de secretaria comunicar-lhe o resultado do julgamento.

• **Comentário**

A norma em apreciação está vinculada ao art. 332, nos termos do qual, independentemente da citação do réu, o juiz rejeitará, desde logo, o pedido nos casos previstos nos incisos I a IV do aludido artigo. Dispõe o § 2º do mesmo dispositivo legal que se não for interposta apelação, pelo autor, o réu será intimado do trânsito em julgado da sentença.

O art. 241 esclarece que a comunicação do trânsito em julgado da decisão de mérito favorável ao réu, antes da citação, será feita pelo escrivão — ou pelo diretor da secretaria, no caso da Justiça do Trabalho. Mesmo que a comunicação seja efetuada por outro serventuário, que não o chefe da secretaria (no caso da Justiça do Trabalho), não haverá nulidade, desde que o réu tenha sido, efetivamente, cientificado do trânsito em julgado da decisão.

Art. 242. A citação será pessoal, podendo, no entanto, ser feita na pessoa do representante legal ou do procurador do réu, do executado ou do interessado.

§ 1º Na ausência do citando, a citação será feita na pessoa de seu mandatário, administrador, preposto ou gerente, quando a ação se originar de atos por eles praticados.

§ 2º O locador que se ausentar do Brasil sem cientificar o locatário de que deixou, na localidade onde estiver situado o imóvel, procurador com poderes para receber citação será citado na pessoa do administrador do imóvel encarregado do recebimento dos aluguéis, que será considerado habilitado para representar o locador em juízo.

§ 3º A citação da União, dos Estados, do Distrito Federal, dos Municípios e de suas respectivas autarquias e fundações de direito público será realizada perante o órgão de Advocacia Pública responsável por sua representação judicial.

• **Comentário**

Caput. Regra semelhante estava no *caput* do art. 215, do CPC revogado.

O destinatário natural da citação, no processo de conhecimento, é o réu; no de execução, o devedor. Opostamente ao processo civil (CPC, art. 242), o processo do trabalho não exige que a citação seja *pessoal* no processo de conhecimento. Eventual exigência quanto a essa pessoalidade poderia permitir ao réu colocar em prática certas manobras protelatórias, que não conviriam ao autor, nem à seriedade da Justiça do Trabalho. Por isso, a citação é realizada via Correio, mediante registro postal, com aviso de recebimento (CLT, art. 841). Considera-se realizada a citação, tanto que o seu instrumento seja recebido no endereço dele constante. Se, por exemplo, esse instrumento for recebido pelo porteiro de edifício, seja comercial ou residencial, o fato de acabar não chegando ao conhecimento do destinatário (réu) é algo que a jurisprudência trabalhista atribui a uma desorganização interna dos serviços do prédio. A citação terá sido realizada.

A Súmula n. 16, do TST, presume recebida a "notificação" 48 horas depois de sua postagem, esclarecendo que o seu não recebimento ou a entrega após o decurso desse prazo constitui ônus da prova do destinatário. Esse prazo de 48 horas foi extraído do parágrafo único do art. 774, da CLT, de acordo com o qual se o réu não for encontrado ou recusar-se a receber a citação, "o Correio ficará obrigado, sob pena de responsabilidade do servidor, a devolvê-la no prazo de 48 horas, ao Tribunal de origem".

O CPC revogado, convém salientar, que só admitia a citação pelo correio quando o réu fosse comerciante ou industrial domiciliado no país (art. 222, *caput*, em sua redação primitiva); todavia, inspirado no processo do trabalho, aquele estatuto processual civil acabou convertendo essa exceção em regra, para admitir a citação por via postal, ressalvados os casos apontados as letras "a" a "f" da redação do art. 222, dada pela Lei n. 8.710, de 24.9.93. O art. 247, do CPC em vigor, manteve essa norma.

No processo do trabalho, se o réu criar embaraços ao recebimento da citação, ou não for localizado, esta será feita por edital, inserto no jornal oficial ou particular, que publicar o expediente forense. Inexistindo quaisquer desses jornais, a citação será realizada mediante a afixação do seu instrumento na sede da Vara (CLT, art. 841, § 1º). Pode-se aplicar ao processo do trabalho, em caráter excepcional, a citação com hora certa, prevista nos arts. 252/254, do CPC.

Na execução trabalhista, o devedor será citado por oficial de justiça (CLT, art. 880, § 2º). Se o devedor, procurado por duas vezes no espaço de 48 horas, não for encontrado, a citação será realizada por meio de edital, publicado no jornal oficial ou, na falta deste, afixado na sede da Vara ou Juízo, durante cinco dias *(ibidem,* § 3º).

Embora afirme que a citação será pessoal, o art. 240 do CPC permite que seja realizada na pessoa do representante legal ou do procurador do réu, do executado ou do interessado.

§ 1º No sistema do CPC, se o réu estiver ausente, a citação será feita na pessoa de seu mandatário, administrador, preposto ou gerente, quando a ação decorrer de atos por eles praticados. No processo do trabalho, como dissemos, a citação será realizada pelo Correio, mediante registro postal (CLT, art. 841, § 1º). Se o réu criar embaraços ao recebimento da citação ou não for encontrado, a citação será realizada por edital *(ibidem);* e, em casos excepcionais, com hora certa.

§ 2º A matéria de locação de imóveis não é da competência da Justiça do trabalho.

§ 3º União, dos Estados, do Distrito Federal, dos Municípios e de suas respectivas autarquias e fundações de direito público serão citados perante o órgão da Advocacia Pública responsável por sua representação em juízo.

Art. 243. A citação poderá ser feita em qualquer lugar em que se encontre o réu, o executado ou o interessado.

Parágrafo único. O militar em serviço ativo será citado na unidade em que estiver servindo, se não for conhecida sua residência ou nela não for encontrado.

• **Comentário**

Caput. Repete-se a regra do *caput* do art. 216 do CPC revogado, acrescentando-se a referência ao executado e ao interessado.

O princípio legal é de que o réu, o executado ou o interessado serão citados em qualquer lugar em que se encontrarem. Essa norma só é aplicável ao processo do trabalho na execução, pois a citação, no processo cognitivo, é efetuada pelo Correio, mediante registro postal, sendo, por isso, irrelevante cogitar-se do lugar em que se encontra o citando: o instrumento de citação será entregue à pessoa que estiver no endereço constante desse instrumento.

Se, em situação excepcional, a citação do réu trabalhista dever ser efetuada por oficial de justiça, no processo de conhecimento, estará presente o pressuposto para a incidência do art. 243, *caput,* do CPC.

Parágrafo único. Mesmo no caso de militar, a citação, no processo do trabalho, será efetuada mediante registro postal, exceto se tratar-se de execução, quando o ato citatório será feito por oficial de justiça. Apenas neste último caso é que se atenderá à regra do parágrafo único do art. 243.

Art. 244. Não se fará a citação, salvo para evitar o perecimento do direito:

I — de quem estiver participando de ato de culto religioso;

II — de cônjuge, de companheiro ou de qualquer parente do morto, consanguíneo ou afim, em linha reta ou na linha colateral em segundo grau, no dia do falecimento e nos 7 (sete) dias seguintes;

III — de noivos, nos 3 (três) primeiros dias seguintes ao casamento;

IV — de doente, enquanto grave o seu estado.

• **Comentário**

Caput. Repete-se o *caput* do art. 217 do CPC revogado.

Somente se for necessário para evitar o perecimento do direito é que se fará a citação nas situações indicadas nos incisos deste artigo. O perecimento do direito pode ocorrer em casos como os de prescrição e de decadência.

Inciso I. *Ato de culto religioso.* A pessoa que estiver assistindo a ato dessa natureza não pode ser citada. Algumas dificuldades de ordem prática podem surgir em relação a esse preceito legal. Em primeiro lugar, o que se deve entender como religião? O culto ou a devoção prestados a qualquer ser, entidade, mesmo que não possuam natureza divina ou extraterrena? A solução dessa questão deverá ficar reservada a cada caso concreto. Por outro lado, o que se deve entender por "estar assistindo" a ato de culto religioso? Se a pessoa estiver assistindo a esse ato pela televisão não poderá ser citada? Pensamos que o inciso em exame somente deverá ser aplicado em benefício da pessoa que estiver assistindo ao ato religioso no lugar em que este esteja sendo realizado. É o que se poderia denominar de assistência "presencial". Enfim, o escopo do preceito legal é respeitar o sentimento religioso das pessoas. Pela mesma razão, não poderá ser citado quem estiver *oficiando* o culto, como os padres, os pastores e outros líderes religiosos.

Inciso II. *Falecimento*. Também não poderá ser citado o cônjuge, o companheiro ou qualquer parente do falecido, consanguíneo ou afim, em linha reta ou na linha colateral em segundo grau, no dia do óbito e nos sete dias subsequentes, pouco importando o lugar em que se encontrem essas pessoas. O CPC anterior não incluía o *companheiro* (ou companheira) nesse rol.

Inciso III. *Casamento*. O CPC anterior aludia às *bodas*. O substantivo *bodas* tanto pode referir-se a aniversário de casamento (bodas de prata, de ouro, de rubi etc.), quanto às próprias núpcias. É neste último sentido que se deveria interpretar a norma legal revogada. A atual substituiu o vocábulo, passando a falar, com mais acerto, em casamento. Assim, os noivos não poderão ser citados nos três dias de casamento, aqui incluído o próprio dia em que as núpcias se realizaram.

Inciso IV. *Doentes*. Por motivos piedosos, humanitários, a lei veda a citação dos doentes, enquanto for grave o seu estado de saúde. Em alguns casos, aliás, a pessoa, dado o seu elevado grau de enfermidade, nem mesmo teria lucidez ou discernimento para receber a citação. A gravidade do estado de saúde do "citando", ou, de qualquer modo, o seu discernimento para receber a citação deverão ser comprovados por declaração médica, seja mediante atestado, seja mediante laudo.

Art. 245. Não se fará citação quando se verificar que o citando é mentalmente incapaz ou está impossibilitado de recebê-la.

§ 1º O oficial de justiça descreverá e certificará minuciosamente a ocorrência.

§ 2º Para examinar o citando, o juiz nomeará médico, que apresentará laudo no prazo de 5 (cinco) dias.

§ 3º Dispensa-se a nomeação de que trata o § 2º se pessoa da família apresentar declaração do médico do citando que ateste a incapacidade deste.

§ 4º Reconhecida a impossibilidade, o juiz nomeará curador ao citando, observando, quanto à sua escolha, a preferência estabelecida em lei e restringindo a nomeação à causa.

§ 5º A citação será feita na pessoa do curador, a quem incumbirá a defesa dos interesses do citando.

• **Comentário**

Caput. A norma constava do CPC anterior, cujo art. 218, *caput*, aludia, em linguagem inapropriada, à *demência* da parte.

A citação não será efetuada se o réu foi mentalmente incapaz ou, por qualquer motivo, estiver incapacitado de recebê-la. A razão é elementar: ele não terá consciência do conteúdo do ato judicial e das consequências que este acarretará.

§ 1º Verificando quaisquer das situações mencionadas no *caput* deste artigo, o oficial de justiça descreverá e certificará de maneira minuciosa a ocorrência, vale dizer, demonstrará o motivo pelo qual deixou de cumprir o mandado citatório. Essa descrição detalhada é necessária para que o juiz verifique sobre a necessidade de agir da maneira prevista no parágrafo seguinte.

§ 2º Devolvido o mandado aos autos, e certificando-se do que dele consta, o juiz nomeará médico para examinar o citando. O laudo médico deverá ser apresentado em cinco dias. A escolha do médico ficará, portanto, a critério do juiz, que deverá atender às qualificações e às especialização do referido profissional.

§ 3º Não haverá necessidade de nomeação de médico, na forma do § 2º, se algum familiar do citando apresentar declaração do médico deste, atestando a sua incapacidade.

§ 4º Se o laudo concluir pela impossibilidade de a pessoa ser citada, o juiz — desde que concorde com as conclusões do *expert* —, dará um curador ao citando. Para efeito de designação do curador, deverão ser observadas as preferências estabelecidas na lei; além disso, a nomeação ficará restrita à causa.

A curatela pode ser conceituada como o instituto destinado à proteção da pessoa e à administração do seu patrimônio econômico. O art. 1.766 do CC declara estarem sujeitos à curatela: a) as pessoas que, por enfermidade ou deficiência mental, não possuírem o necessário discernimento para os atos da vida civil; b) aqueles que, por outra causa duradoura, não puderem manifestar a sua vontade; c) os deficientes mentais, os ébrios habituais e os viciados em tóxicos; d) os excepcionais sem completo desenvolvimento mental. A interdição pode ser promovida: a) pelos pais ou tutores; b) pelo cônjuge, ou por qualquer parente; c) pelo Ministério Público (CC, art. 1.768).

O cônjuge ou o companheiro, desde que não esteja separado judicialmente ou de fato, é, de direito, curador do outro, quando interdito (CC, art. 1.775).

§ 5º A citação será realizada na pessoa do curador, incumbindo a este promover a defesa judicial dos direitos e interesses do réu.

Art. 246. A citação será feita:

I — pelo correio;

II — por oficial de justiça;

III — pelo escrivão ou chefe de secretaria, se o citando comparecer em cartório;

IV — por edital;

V — por meio eletrônico, conforme regulado em lei.

§ 1º Com exceção das microempresas e das empresas de pequeno porte, as empresas públicas e privadas são obrigadas a manter cadastro nos sistemas de processo em autos eletrônicos, para efeito de recebimento de citações e intimações, as quais serão efetuadas preferencialmente por esse meio.

§ 2º O disposto no § 1º aplica-se à União, aos Estados, ao Distrito Federal, aos Municípios e às entidades da administração indireta.

§ 3º Na ação de usucapião de imóvel, os confinantes serão citados pessoalmente, exceto quando tiver por objeto unidade autônoma de prédio em condomínio, caso em que tal citação é dispensada.

• **Comentário**

Caput. Reproduz-se, com pequenas alterações, o *caput* do art. 221 do CPC revogado.

A norma passa a indicar, em seus incisos, as formas pelas quais a citação será realizada.

Inciso I. *Pelo correio.* Conforme afirmamos há pouco, no processo do trabalho a citação pelo correio, mediante aviso de recebimento, constitui o princípio a ser observado nos processos de conhecimento e cautelar (CLT, art. 841). De certa maneira, esse princípio acabou sendo adotado pelo processo civil, após longo período de hesitação. Mesmo assim, o CPC veda a citação por esse meio: 1) nas ações de estado; 2) quando o réu for incapaz; 3) quando o réu for pessoa jurídica de direito público; 4) quando o réu residir em local não atendido pela entrega domiciliar de correspondência; 5) quando o autor a requerer de outra forma (art. 247). O CPC atual excluiu, do elenco dessas exceções, os *processos de execução,* aos quais se referia a letra "d" do art. 222 do CPC de 1973.

Inciso II. *Por oficial de justiça.* No processo de conhecimento trabalhista, a citação do réu não é feita, em regra, pelo oficial de justiça, e sim mediante registro postal. Na execução, todavia, esse ato é praticado pelo oficial de justiça (CLT, art. 880, § 2º). O mandado executivo não se destina, apenas, a citar o devedor. As outras finalidades (decorrentes da citação) são para que pague no prazo de 48 horas ou nomeie bens à penhora; se o devedor não fizer nenhuma coisa nem outra, ser-lhe-ão penhorados tantos bens quantos bastem para satisfazer o escopo da execução (CLT, art. 883). No mesmo mandado o oficial de justiça nomeará o depositário dos bens e intimará o devedor para oferecer embargos, no prazo de cinco dias (CLT, art. 884).

Embora a citação por oficial de justiça seja a forma consagrada na execução, isto não quer dizer que esses oficiais somente possam atuar na execução. Há casos, embora excepcionais, em que a citação no processo de conhecimento é efetuada por oficial de justiça. Tal ocorre, geralmente, nos casos em que o Correio não encontra o endereço do réu. Enfim, ficará sempre reservado ao prudente arbítrio do juiz do trabalho a possibilidade de — repitamos: em caráter excepcional — determinar a citação do réu por oficial de justiça. O próprio CPC permite a citação por oficial de justiça "nas hipóteses previstas neste Código ou na lei, ou quando frustrada a citação pelo correio" (art. 249).

Nas situações que justifiquem a citação por oficial de justiça, no processo de conhecimento trabalhista, o mandado deverá conter os requisitos do art. 250, do CPC: a) nomes do autor e do réu, com seus domicílios ou residências; b) o objetivo da citação, com todas as especificações da petição inicial, bem como a menção do prazo para contestar, sob pena de revelia, ou para embargar a execução; c) a aplicação de sanção, se houver; d) a intimação do citando para comparecer, acompanhado de advogado ou de defensor público, à audiência de conciliação ou de mediação, com a menção do dia, da hora e do lugar do comparecimento; e) a cópia da petição inicial, do despacho ou da decisão que deferir tutela provisória; f) VI — a assinatura do escrivão ou do chefe de secretaria e a declaração de que o subscreve por ordem do juiz.

Inciso III. *Pelo escrivão ou chefe da secretaria.* Essa forma de citação será possível quando o réu comparecer ao cartório ou à secretaria do juízo.

Inciso IV. *Por edital.* No processo do trabalho, há previsão de citação por edital quando: a) o réu, no processo de conhecimento, criar embaraços para recebê-la ou não for localizado (CLT, art. 841, § 1º); b) o devedor, no processo de execução, procurado no espaço de 48 horas, não for encontrado (CLT, art. 880, § 3º).

Levando em conta o conteúdo ético do processo, como método estatal de solução de conflitos de interesses tutelados pela ordem jurídica, a lei pune, com multa correspondente a cinco salários-mínimos, a parte que requerer a citação por edital, alegando, de maneira dolosa, os requisitos do art. 256, I e II, do CPC (*ibidem*, art. 258, *caput*). A fixação da multa com base em salários-mínimos atenta contra o disposto no art. 7º, IV, da Constituição Federal, motivo por que o juiz deverá adotar um outro critério. A multa verterá para a parte contrária (*ibidem*, parágrafo primeiro).

Inciso V. *Por meio eletrônico.* A possibilidade de citação por este meio foi instituída pela Lei n. 11.419, de 19 de dezembro de 2006, que inseriu o inciso IV, no art. 221, do CPC anterior. O art. 6º, da precitada norma legal, dispõe que, sendo observadas as formas e as cautelas do seu art. 5º, as citações, inclusive da Fazenda Pública, poderiam ser feitas por meio eletrônico, "desde que a íntegra dos autos seja acessível ao citando". É evidente que se o réu não puder ter acesso integral ao conteúdo dos autos, a citação eletrônica será inválida, porquanto manifesto o seu prejuízo (CLT, art. 794). No CPC atual, a previsão de citação por meio eletrônico consta do inciso IV do art. 246.

§ 1º As empresas públicas e privadas devem manter cadastro junto aos sistemas de processo em autos eletrônicos, com a finalidade de receberem citações e intimações, cujos atos deverão ser realizadas, de preferência, por esse meio. Excluem-se dessa exigência legal as microempresas e as empresas de pequeno porte.

§ 2º A regra contida no § 1º é aplicável à União, aos Estados, ao Distrito Federal, aos Municípios e às entidades da administração indireta.

§ 3º A Justiça do Trabalho não possui competência para apreciar ações de usucapião.

Art. 247. A citação será feita pelo correio para qualquer comarca do país, exceto:

I — nas ações de estado, observado o disposto no art. 695, § 3º;

II — quando o citando for incapaz;

III — quando o citando for pessoa de direito público;

IV — quando o citando residir em local não atendido pela entrega domiciliar de correspondência;

V — quando o autor, justificadamente, a requerer de outra forma.

• **Comentário**

Caput. Regra idêntica estava no *caput* do art. 222 do CPC revogado.

Após enunciar o princípio de que a citação pelo correio poderá ser efetuada para qualquer comarca do país, o texto legal aponta algumas exceções a essa regra.

Inciso I. *Ações de estado.* A Justiça do Trabalho não possui competência para apreciar ações a esse respeito.

Inciso II. *Réu incapaz.* Também no processo do trabalho deverá ser observada essa exceção. A incapacidade pode ser absoluta (CC, art. 3º) ou relativa (CC, art. 4º); no primeiro caso, o incapaz será representado por quem a lei designar; no segundo, será assistido. A citação será efetuada por oficial de justiça, na pessoa do representante ou do assistente.

Inciso III. Tratando-se de processo de conhecimento, a norma não incide no processo do trabalho. Aqui, como tantas vezes assinalamos, a citação é realizada pelo correio, mediante registro postal (CLT, art. 841, § 1º).

Inciso IV. Elementarmente, se o local em que o réu residir ou exercer as suas atividades não for atendido pela entrega domiciliar de correspon-

Art. 248

dência, a citação não poderá ser feita pelo correio, devendo ser realizada, isto sim, por oficial de justiça — mesmo no processo do trabalho.

Inciso V. Se o autor requerer que a citação não seja efetuada pelo correio, mas por outra forma, que indicar, cumprirá ao juiz verificar: a) se o fundamento desse requerimento é justificável; b) se a forma alternativa de citação, apontada pelo autor, é legalmente adequada. Se o fundamento não se justificar, o juiz indeferirá o requerimento. Deferindo-o, não significa que o ato citatório será realizado pela forma indicada pelo autor, pois o juiz poderá decidir-se pela forma que seja legalmente adequada ao caso concreto.

Uma observação complementar: o inciso em exame afirma que a citação não será realizada pelo correio "quando o autor, justificadamente, a requerer de outra forma". Não basta, portanto, que haja o requerimento do autor: é fundamental que esse requerimento seja: a) fundamentado; b) acolhido pelo magistrado. Logo, a não realização do ato citatório pelo correio não dependerá de instância do autor, como faz parecer a norma legal, senão que de acolhimento judicial dessa postulação.

Art. 248. Deferida a citação pelo correio, o escrivão ou o chefe de secretaria remeterá ao citando cópias da petição inicial e do despacho do juiz e comunicará o prazo para resposta, o endereço do juízo e o respectivo cartório.

§ 1º A carta será registrada para entrega ao citando, exigindo-lhe o carteiro, ao fazer a entrega, que assine o recibo.

§ 2º Sendo o citando pessoa jurídica, será válida a entrega do mandado a pessoa com poderes de gerência geral ou de administração ou, ainda, a funcionário responsável pelo recebimento de correspondências.

§ 3º Da carta de citação no processo de conhecimento constarão os requisitos do art. 250.

§ 4º Nos condomínios edilícios ou nos loteamentos com controle de acesso, será válida a entrega do mandado a funcionário da portaria responsável pelo recebimento de correspondência, que, entretanto, poderá recusar o recebimento, se declarar, por escrito, sob as penas da lei, que o destinatário da correspondência está ausente.

• **Comentário**

Caput. A matéria era regida pelo *caput* do art. 223 do CPC revogado.

Nos termos do art. 841, *caput,* da CLT, caberá ao escrivão ou ao diretor da secretaria, no prazo de 48 horas, remeter a segunda via da petição inicial (ou do termo) ao réu, notificando-o, ao mesmo tempo, para comparecer à audiência de julgamento, que será a primeira desimpedida, depois de cinco dias. Uma breve análise dessa norma legal nos autoriza às seguintes conclusões: a) a citação pelo correio constitui a forma clássica do processo do trabalho; logo, aqui não se cogita do *deferimento* judicial por essa forma, a que se refere o art. 248 do CPC: a citação mediante registro postal não só é *automática,* como característica do processo do trabalho; b) o prazo para a resposta do réu, em princípio, não é preestabelecido pois ela será apresentada ou formulada no dia da audiência; c) a audiência nem sempre será de julgamento: poderá ser meramente inicial naqueles juízos que adotarem a praxe de fragmentar a audiência; d) conquanto o art. 841, § 1º, da CLT, não o exija, o instrumento trabalhista de citação ("notificação") indica o juízo por onde se processa o feito e o seu endereço.

§ 1º O carteiro, ao fazer a entrega do instrumento de citação, no endereço deste constante, exigirá que a pessoa que o receber assine o recibo correspondente.

§ 2º A norma não incide no processo do trabalho; aqui, como dissemos, mesmo que o réu esteja constituído sob a forma de pessoa jurídica, considerar-se-á realizada, validamente, a citação cujo recibo seja assinado por quem se encontrar no endereço estampado no correspondente instrumento, pouco importando se a pessoa é dotada, ou não, de poderes de gerência geral ou de administração. Essa pessoa pode ser, por exemplo, até mesmo o porteiro do edifício; o que não se admite é que seja simples cliente do réu.

§ 3º No processo de conhecimento, o instrumento de citação deverá conter os requisitos do art. 250. Examinaremos esses requisitos ao comentarmos o precitado artigo.

§ 4º O adjetivo *edilício* significa, no texto da lei, aquilo que se refere à edificação. O princípio insculpido neste parágrafo consagra, de certo modo, o procedimento há muito adotado pela Justiça do Trabalho, consistente em considerar válida a citação cujo instrumento é recebido pelo serviço de portaria de condomínio ou de loteamento com controle de acesso. A norma, porém, autoriza o empregado da portaria a recusar o recebimento da correspondência se declarar, por escrito e sob as penas da lei, que o destinatário está ausente. O que se deve entender por *ausência*, para os efeitos da norma legal em estudo? Antes de mais nada, não se trata, necessariamente, da ausência a que se refere o art. 22, do Código Civil, capaz, até mesmo, de autorizar a abertura provisória da sucessão (art. 26). Por outro lado, não se pode considerar ausente o citando que, por exemplo, estiver por algumas horas fora do local em que reside ou trabalha. É necessário, pois, que a ausência seja razoável, considerável, decorrente, digamos, do fato de o citando estar em viagem por alguns dias. O problema é que o empregado do serviço de portaria deve declarar a ausência do destinatário ao funcionário do Correio incumbido da entrega da correspondência. Em virtude disso, deverão surgir alguns problemas de ordem prática, a começar pelo fato de o referido funcionário do Correio nem mesmo esperar que o empregado da portaria redija a declaração de que fala a norma legal.

Havendo dúvida sobre se o destinatário está, ou não, ausente, a sua citação poderá ser feita por oficial de justiça.

Conquanto o § 4º do art. 248 do CPC faça alusão a *condomínios* edilícios (e a loteamentos com controle de acesso), as suas disposições são aplicáveis aos edifícios em geral, mesmo que não integrantes de condomínio.

Art. 249. A citação será feita por meio de oficial de justiça nas hipóteses previstas neste Código ou em lei, ou quando frustrada a citação pelo correio.

• **Comentário**

Preceito semelhante estava no art. 224 do CPC revogado.

Na Justiça do Trabalho, a citação por meio de oficial de justiça é realizada, de ordinário, no processo de execução; somente em casos excepcionais será efetuada por esse meio no processo de conhecimento, como quando o réu residir em local não servido pelo serviço domiciliar de entrega de correspondência, ou ficar frustrada a citação pelo correio.

Art. 250. O mandado que o oficial de justiça tiver de cumprir conterá:

I – os nomes do autor e do citando e seus respectivos domicílios ou residências;

II – a finalidade da citação, com todas as especificações constantes da petição inicial, bem como a menção do prazo para contestar, sob pena de revelia, ou para embargar a execução;

III – a aplicação de sanção para o caso de descumprimento da ordem, se houver;

IV – se for o caso, a intimação do citando para comparecer, acompanhado de advogado ou de defensor público, à audiência de conciliação ou de mediação, com a menção do dia, da hora e do lugar do comparecimento;

V – a cópia da petição inicial, do despacho ou da decisão que deferir tutela provisória;

VI – a assinatura do escrivão ou do chefe de secretaria e a declaração de que o subscreve por ordem do juiz.

• **Comentário**

Caput. Reproduziu-se a regra do *caput* do art. 225 do CPC.

Estabelecem-se, aqui, os requisitos que deverá conter o mandado citatório a ser cumprido pelo oficial de justiça.

Inciso I. *Nomes do autor e do citando*. São necessários para definir os limites subjetivos da lide. Não há necessidade de mencionar as suas qualificações pessoais. A indicação do endereço do domicílio ou residência do réu ou citando se destina à verificação da fidelidade do mandado em relação ao endereço contido na inicial. No tocante ao autor, essa exigência perde um pouco o sentido prático.

Inciso II. *Finalidade da citação*. No processo de conhecimento é dar ciência ao réu da existência da ação e dos pedidos formulados pelo autor — que são "*as especificações constantes da petição inicial*" a que alude o texto legal em estudo. Em princípio, no processo do trabalho não há necessidade de o mandado indicar o prazo para a contestação, pois esta, em regra, é apresentada em audiência. O que o mandado trabalhista deve conter é a advertência de que se a contestação não for oferecida no momento processual oportuno configurar-se-á a revelia. Por outras palavras, na Justiça do Trabalho o mandado citatório (CLT, art. 841, § 2º) deverá expressar a advertência contida na parte final do *caput* do art. 844, da CLT. No processo de execução, o ato citatório se destina, entre outras coisas, a convocar o devedor a adimplir obrigação contida no título executivo e espelhada no correspondente mandado, sob pena de penhora.

Inciso III. *Aplicação de sanção.* Se o mandado consubstanciar alguma ordem judicial, dele constará a sanção aplicável no caso de descumprimento dessa ordem.

Inciso IV. Cuida-se, aqui, de intimação do citando para comparecer à audiência de conciliação ou de mediação, mencionando-se o dia, a hora e o lugar em que será realizada. Nos casos em que a norma puder ser aplicada ao processo do trabalho não haverá necessidade de o citando comparecer acompanhado por advogado, pois ainda vigora (contra nossa opinião) o art., 791, *caput*, da CLT, que atribui às partes a capacidade postulatória, mediante a qual podem ingressar em juízo e aí praticar todos os atos necessários à defesa dos seus direitos e interesses, sem a presença de advogado. Exige-se a presença de procurador judicial, apenas, A Súmula n.º 425, do TST, limita o *ius postulandi* às Varas e aos Tribunais Regionais do Trabalho.

Do instrumento de intimação do citando deverá constar a advertência de que o seu não comparecimento injustificado à audiência configurará ato atentatório à dignidade da justiça, sendo-lhe aplicada multa de até dois por cento da vantagem econômica pretendida ou do valor da causa, cuja penalidade verterá em benefício da União ou do Estado, conforme seja o caso (art. 334, § 8º).

Inciso V. *Cópia da inicial e do despacho.* No processo do trabalho, via de regra, o juiz não exara despacho na inicial, pois o ato de citação é realizado pelo escrivão ou pelo diretor da secretaria, *ex officio* (CLT, art. 841). Nos casos em que o juiz lançar o despacho na inicial (como se dá nas ações civis públicas, nas ações cautelares inominadas, nas ações consignatórias) cópia do despacho deverá acompanhar o mandado de citação, embora seja aceitável a sua transcrição nesse instrumento. Tendo ocorrido o deferimento de tutela provisória, cópia da correspondente decisão deve acompanhar o mandado.

Ordinariamente, como dissemos, a defesa, no processo do trabalho, é apresenta (escrita) ou formulada (oralmente) na própria audiência. Sob o rigor da lei, aliás, deveria ser sempre manifestada sob a forma oral (CLT, art. 847); no entanto, ponderáveis razões de ordem prática levaram os juízes do trabalho a aceitar as defesas escritas, de tal modo que, hoje, muitos magistrados chegam a irritar-se quando o réu informa que fará oralmente a sua defesa.

Em situações extraordinárias, como no caso de ações civis públicas, alguns juízes entendem que a resposta do réu não deverá ser apresentada em audiência, e sim em prazo por eles predeterminado; sendo assim, o mandado citatório deverá indicar qual será esse prazo. A propósito, alguns despachos judiciais exarados na inicial das mencionadas ações causam profundas inquietações no espírito dos réus quando dizem: "Cite-se o réu para contestar no prazo legal". Qual seria esse *prazo legal*, do ponto de vista do juiz, quando a lei não o define?

Inciso VI. O escrivão deverá assinar o mandado, explicitando que o faz por ordem do juiz. No processo do trabalho não há necessidade de dessa explicitação.

Art. 251. Incumbe ao oficial de justiça procurar o citando e, onde o encontrar, citá-lo:

I — lendo-lhe o mandado e entregando-lhe a contrafé;

II — portando por fé se recebeu ou recusou a contrafé;

III — obtendo a nota de ciente ou certificando que o citando não a apôs no mandado.

• **Comentário**

Caput. Reprodução literal do *caput* do art. 226 do CPC revogado.

O texto legal em exame afirma que o oficial de justiça deverá citar o réu no lugar em que o encontrar. Não se aplicará esta norma, entretanto, nas situações indicadas nos arts. 244 e 245.

Inciso I. No processo civil cumprirá ao oficial de justiça ler o mandado ao réu e entregar-lhe a contrafé (cópia da petição inicial). Se o réu for surdo-mudo, mas souber ler, entendemos que o fato de o oficial de justiça deixar de ler-lhe o conteúdo do mandado não será causa de nulidade processual; afinal, o réu tomou ciência, pela leitura realizada, do teor dessa ordem judicial. Nulidade haverá se o réu, embora não sendo surdo, seja cego ou não saiba ler.

Seja como for, no processo do trabalho a citação (processo de conhecimento) não é realizada por oficial de justiça e sim pelo correio. Nas situações em que se impõe a citação por meio de oficial de justiça não se tem exigido que leia o teor do mandado ao réu: basta que lhe informe o motivo da citação e lhe entregue a contrafé.

Inciso II. O oficial de justiça declarará, ainda, se o réu recebeu a contrafé ou se recusou a recebê-la.

Inciso III. O oficial de justiça deverá solicitar ao réu que aponha a sua nota de "ciente" na cópia do mandado, que ser juntado aos autos. Se o réu recusar-se a lançar essa nora, incumbirá ao oficial de justiça certificar o fato, submetendo-o à consideração do juiz. É aconselhável, por isso, que o oficial procure inteirar-se do motivo da recusa, mencionando-o no mandado, a fim de que o juiz possa avaliar se o ato do réu foi justificável, ou não. Muitas vezes, o citando alega não ser parte legítima, indicando outra pessoa para ser citada, caso em que o juiz deverá mandar intimar o autor para que se manifeste a respeito no prazo que lhe assinar.

Art. 252. Quando, por 2 (duas) vezes, o oficial de justiça houver procurado o citando em seu domicílio ou residência sem o encontrar, deverá, havendo suspeita de ocultação, intimar qualquer pessoa da família ou, em sua falta, qualquer vizinho de que, no dia útil imediato, voltará a fim de efetuar a citação, na hora que designar.

Parágrafo único. Nos condomínios edilícios ou nos loteamentos com controle de acesso, será válida a intimação a que se refere o caput feita a funcionário da portaria responsável pelo recebimento de correspondência.

• **Comentário**

Caput. Transcreveu-se o art. 227 do CPC revogado.

Sempre sustentamos, em livros, que a citação com hora certa não era admissível no processo do trabalho, em razão de a CLT não ser omissa (art. 769) quanto ao assunto. Com efeito, consta do art. 841, § 1º, desse texto legal que se o réu criar embaraços para receber a citação esta será realizada por edital.

Estamos propensos a rever nossa opinião; aliás, já o fizemos em páginas anteriores deste livro.

A citação edilícia, prevista no § 1º do art. 841, da CLT, não só consome muito tempo, como impõe ao autor o pagamento das despesas de publicação — salvo se for beneficiário da justiça gratuita. A citação com hora certa não apresenta os problemas acarretados pelo edital. Ademais, não expõe a imagem do réu à curiosidade popular. Por essas razões, cremos que o processo do trabalho possa adotar a citação com hora certa, nas situações em que não for possível realizar esse ato pelo correio e quando se verificar que o réu está se esquivando de receber a citação.

O procedimento atinente a essa modalidade citatória é este: a) o oficial de justiça comparecerá por três vezes, em dias (e, talvez, horários) diferentes ao endereço do réu, constante do mandado; b) não o encontrando, e havendo suspeita de ocultação, deverá intimar qualquer pessoa da família de que, no dia seguinte (sendo útil), retornará para realizar a citação na hora que indicar; c) se o oficial de justiça não encontrar pessoa da família do réu, deverá fazer a intimação a qualquer vizinho.

É necessário enfatizar este ponto: para que a citação com hora certa seja legalmente possível, é imprescindível que o oficial de justiça se convença de estar havendo intuito de ocultação ao recebimento da citação por parte do réu. Se, por exemplo, as diligências desse serventuário forem frustradas em razão de o réu estar ausente por motivo justificável (viagem, doença, etc.) não poderá haver citação com hora certa, incumbindo ao oficial certificar o fato e submetê-lo à apreciação do magistrado, que deverá adotar as providências que o caso comportar.

Estando presente o pressuposto legal para a citação com hora certa, o oficial de justiça deverá atender ao procedimento estabelecido no art. 252.

Parágrafo único. O adjetivo *edilício* significa, no texto da lei, aquilo que se refere à edificação.

Será válida a intimação de que trata o *caput* feita a empregado da portaria responsável pelo recebimento de correspondência.

Conquanto a norma legal faça alusão a *condomínios* edilícios (e a loteamentos com controle de acesso), as suas disposições são aplicáveis aos edifícios em geral, mesmo que não integrantes de condomínio.

Art. 253. No dia e na hora designados, o oficial de justiça, independentemente de novo despacho, comparecerá ao domicílio ou à residência do citando a fim de realizar a diligência.

§ 1º Se o citando não estiver presente, o oficial de justiça procurará informar-se das razões da ausência, dando por feita a citação, ainda que o citando se tenha ocultado em outra comarca, seção ou subseção judiciárias.

§ 2º A citação com hora certa será efetivada mesmo que a pessoa da família ou o vizinho que houver sido intimado esteja ausente, ou se, embora presente, a pessoa da família ou o vizinho se recusar a receber o mandado.

§ 3º Da certidão da ocorrência, o oficial de justiça deixará contrafé com qualquer pessoa da família ou vizinho, conforme o caso, declarando-lhe o nome.

§ 4º O oficial de justiça fará constar do mandado a advertência de que será nomeado curador especial se houver revelia.

• **Comentário**

Caput. No dia e hora designados, o oficial de justiça voltará ao endereço de residência ou de domicílio do réu para realizar a diligência. Esse retorno ao local mencionado no mandado independe de despacho judicial.

§ 1º Não estando presente o réu, o oficial de justiça deverá informar-se acerca do motivo da ausência, dando por feita a citação, mesmo que o réu se tenha ocultado em outra comarca ou seção judiciária. Uma observação relevante: é recomendável que o oficial de justiça busque certificar-se do motivo da ausência do réu não neste momento, mas quando de suas anteriores tentativas de citação (art. 252), porquanto será este o momento oportuno para ele convencer-se de que a ausência do réu é justificável ou faz parte da estratégia deste de fugir à citação. Após decidir-se pela citação com hora certa (que, reitere-se, independe de novo despacho judicial) não faz muito sentido o oficial de justiça procurar saber a razão da ausência do réu.

§ 2º A citação com hora certa será considerada efetivada em uma destas situações: a) se a pessoa da família ou o vizinho, que houver sido intimado, estiver ausente; b) embora presente uma dessas pessoa, se recuse a receber o mandado.

§ 3º Em seguida, o oficial de justiça certificará a ocorrência, deixando contrafé com pessoa da família do réu ou com qualquer vizinho deste, conforme seja o caso. Da certificação deverá constar o nome do familiar ou do vizinho.

§ 4º Incumbirá ao oficial de justiça fazer constar do mandado a advertência de que, se houver revelia, será nomeado curador especial.

Art. 254. Feita a citação com hora certa, o escrivão ou chefe de secretaria enviará ao réu, executado ou interessado, no prazo de 10 (dez) dias, contado da data da juntada do mandado aos autos, carta, telegrama ou correspondência eletrônica, dando-lhe de tudo ciência.

• **Comentário**

Reprodução, quase integral, do art. 229 do CPC revogado.

A citação com hora certa nem sempre traduzirá a certeza de que o réu, o executado ou o interessado foi, efetivamente, cientificado da existência da ação, pois o vizinho pode não lhes ter entregar o instrumento citatório (contrafé) deixado pelo oficial de justiça. Por isso, a lei determina que, efetuada a citação com hora certa, o escrivão remeta, no prazo de dez dias, ao réu, ao executado ou ao interessado carta, telegrama ou correspondência eletrônica, dando-lhe conhecimento de tudo. A ausência do envio de carta, telegrama ou correspondência eletrônica às pessoas mencionadas no texto legal tornará, a nosso ver, nula a citação — exceto se, a despeito disso, elas oferecerem a contestação.

Art. 255. Nas comarcas contíguas de fácil comunicação e nas que se situem na mesma região metropolitana, o oficial de justiça poderá efetuar, em qualquer delas, citações, intimações, notificações, penhoras e quaisquer outros atos executivos.

• **Comentário**

Repete-se, em essência, o art. 230 do CPC revogado.

Se as comarcas forem contíguas e entre elas houver fácil acesso ("comunicação", diz a lei), ou se estiverem situadas na mesma região metropolitana, o oficial de justiça poderá efetuar, em qualquer delas, citações, intimações, notificações, penhoras e quaisquer outros atos executivos.

Parece-nos, efetivamente, que a expressão legal "fácil comunicação" deva ser interpretada como "fácil acesso". Ocorre que, modernamente, com os expressivos e incessantes avanços tecnológicos, especialmente a *Internet*, a citação de alguém residente ou estabelecido a milhares de quilômetros de distância em relação ao juízo da causa poderia ser considerada lícita, tendo em vista essa facilidade de comunicação.

Seja como for, a incidência do art. 255 pressupõe: a) que as comarcas sejam contíguas; ou b) integrem a mesma região metropolitana. A Constituição Federal, em seu art. 25, § 3º, autoriza os Estados federados, por meio de lei complementar, "instituir regiões metropolitanas, aglomerações urbanas e microrregiões, constituídas por agrupamento de municípios limítrofes, para integrar a organização, o planejamento e a execução de funções públicas de interesse comum". Foi dentro desse espírito e desse objetivo constitucionais que o art. 255 do CPC permitiu a citação de que se ocupa.

Art. 256. A citação por edital será feita:

I — quando desconhecido ou incerto o citando;

II — quando ignorado, incerto ou inacessível o lugar em que se encontrar o citando;

III — nos casos expressos em lei.

§ 1º Considera-se inacessível, para efeito de citação por edital, o país que recusar o cumprimento de carta rogatória.

§ 2º No caso de ser inacessível o lugar em que se encontrar o réu, a notícia de sua citação será divulgada também pelo rádio, se na comarca houver emissora de radiodifusão.

§ 3º O réu será considerado em local ignorado ou incerto se infrutíferas as tentativas de sua localização, inclusive mediante requisição pelo juízo de informações sobre seu endereço nos cadastros de órgãos públicos ou de concessionárias de serviços públicos.

• **Comentário**

Caput. Disposição semelhante estava no *caput* do art. 231 do CPC revogado.

Cuida-se, aqui, dos casos em que a citação por edital será realizada.

Inciso I. Podem existir casos em que o autor desconhece ou não tem certeza de quem deva figurar na relação processual na qualidade de réu. Diante disso, a citação será feita por edital. Essa situação é remotíssima no processo do trabalho.

Inciso II. A citação também será realizada por edital quando for ignorado, incerto ou inacessível o lugar em que o réu se encontrar.

Inciso III — Nos demais casos previstos em lei a citação será edilícia. Insere-se aqui o § 1º do art. 841 da CLT, em que pese ao fato de havermos manifestado propensão a admitir a citação com hora certa quando houver suspeita de que o réu esteja se esquivando à ação da justiça.

§ 1º Lugar inacessível, para os efeitos da norma legal em estudo, não é apenas o país que recusar o cumprimento de carta rogatória — como parece sugerir o texto legal —, senão que todo aquele em que o acesso não for possível, por motivos geográficos (montanhas, rios caudalosos), perigosos (favelas hostis, áreas de terras tomadas por posseiros ou em permanente estado de conflito social), bélicos (guerras, guerrilhas) etc.

§ 2º A citação por edital, nos casos de ser inacessível o lugar onde se encontre o réu, deverá ser divulgada pelo rádio, nas comarcas onde houver emissoras de radiodifusão. O objetivo é dar a maior publicidade possível a esse ato processual.

§ 3º Este parágrafo articula-se com o inciso II, que alude ao fato de o citando estar em lugar incerto e inacessível. O réu será assim considerado se revelarem infrutíferas as tentativas de sua localização, inclusive mediante requisição pelo juízo de informações sobre seu endereço nos cadastros de órgãos públicos ou de concessionárias de serviços públicos.

Art. 257. São requisitos da citação por edital:

I — a afirmação do autor ou a certidão do oficial informando a presença das circunstâncias autorizadoras;

II — a publicação do edital na rede mundial de computadores, no sítio do respectivo tribunal e na plataforma de editais do Conselho Nacional de Justiça, que deve ser certificada nos autos;

III — a determinação, pelo juiz, do prazo, que variará entre 20 (vinte) e 60 (sessenta) dias, fluindo da data da publicação única ou, havendo mais de uma, da primeira;

IV — a advertência de que será nomeado curador especial em caso de revelia.

Parágrafo único. O juiz poderá determinar que a publicação do edital seja feita também em jornal local de ampla circulação ou por outros meios, considerando as peculiaridades da comarca, da seção ou da subseção judiciárias.

• **Comentário**

Caput. A matéria era tratada, de maneira algo diversa, no art. 232 do CPC revogado.

A norma estabelece os requisitos para a validade da citação por edital.

Inciso I. Aqui deverão ser e mencionadas a manifestação do autor ou a certidão do oficial de justiça sobre a ocorrência de uma das situações especificadas no art. 255.

Inciso II. A norma anterior determinava que houvesse publicação do edital uma vez no órgão oficial e pelo menos duas vezes no jornal local; exige-se, agora, que a publicação seja feita no sítio (*site*) eletrônico do respectivo tribunal e na plataforma de editais do CNJ, sendo certificada nos autos.

Inciso III. A determinação do juiz, fixando o prazo de vinte dias a sessenta dias, fluindo a contar da primeira publicação; havendo mais de uma o prazo será contado da primeira.

Inciso IV. A norma exige que do edital conste a advertência de que será nomeado curador especial em caso de revelia. Entendemos que deverá ser inserida antes a advertência de que, havendo revelia, serão considerados verdadeiros os fatos alegados na inicial.

Parágrafo único. Faculta-se ao juiz, tendo em vista as peculiaridades da comarca ou da seção judiciária, determinar que o edital seja publicado em jornal local, de grande circulação, por outros meios.

Art. 258. A parte que requerer a citação por edital, alegando dolosamente a ocorrência das circunstâncias autorizadoras para sua realização, incorrerá em multa de 5 (cinco) vezes o salário-mínimo.

Parágrafo único. A multa reverterá em benefício do citando.

• **Comentário**

Caput. O assunto era regulado pelo *caput* do art. 233 do CPC revogado.

Trata-se de sanção processual, de natureza pecuniária, destinada a punir a parte que atenta contra o conteúdo ético das normas processuais ao requerer, de maneira dolosa, a citação edilícia sem que estejam presentes os requisitos legais. A multa será de cinco vezes o salário-mínimo vigente na sede do juízo. Essa fixação com base em salários mínimo, a nosso ver, afronta o inciso IV do art. 7º da Constituição Federal.

Parágrafo único. A multa não tem caráter de taxa judiciária; por isso, verterá em favor do réu (*citando*, diz a lei). Reverter é retornar ao ponto inicial; como a multa em questão nunca pertenceu ao réu, é evidente que não reverterá, senão que *verterá* em seu benefício.

Art. 259. Serão publicados editais:

I — na ação de usucapião de imóvel;

II — na ação de recuperação ou substituição de título ao portador;

III — em qualquer ação em que seja necessária, por determinação legal, a provocação, para participação no processo, de interessados incertos ou desconhecidos.

Código de Processo Civil   Art. 260

• Comentário

Caput. Inovação legal.

Inciso I. A Justiça do Trabalho não possui competência para apreciar ações de usucapião.

Inciso II. Também em tema de recuperação ou substituição de título ao portador a Justiça do Trabalho é desapercebida de competência.

Inciso III. Haverá necessidade de publicação de edital nas ações em que, por imposição legal, os interessados incertos ou desconhecidos devam ser provocados para participar do processo.

CAPÍTULO III

DAS CARTAS

Art. 260. São requisitos das cartas de ordem, precatória e rogatória:

I — a indicação dos juízes de origem e de cumprimento do ato;

II — o inteiro teor da petição, do despacho judicial e do instrumento do mandato conferido ao advogado;

III — a menção do ato processual que lhe constitui o objeto;

IV — o encerramento com a assinatura do juiz.

§ 1º O juiz mandará trasladar para a carta quaisquer outras peças, bem como instruí-la com mapa, desenho ou gráfico, sempre que esses documentos devam ser examinados, na diligência, pelas partes, pelos peritos ou pelas testemunhas.

§ 2º Quando o objeto da carta for exame pericial sobre documento, este será remetido em original, ficando nos autos reprodução fotográfica.

§ 3º A carta arbitral atenderá, no que couber, aos requisitos a que se refere o caput e será instruída com a convenção de arbitragem e com as provas da nomeação do árbitro e de sua aceitação da função.

• Comentário

Caput. Norma semelhante estava no *caput* do art. 202 do CPC revogado.

O texto legal indica os requisitos essenciais das cartas de ordem (art. 237, I), precatória (*ibidem*, III) e rogatória (*ibidem*, II).

Inciso I. *Indicação dos juízes de origem e de cumprimento do ato*. É medida necessário para saber-se qual o órgão expedidor da carta e qual o órgão que a deverá cumprir — embora as cartas possuam caráter itinerante (art. 262).

Inciso II. *Inteiro teor da petição, do despacho judicial e da procuração outorgada ao advogado*. Petição inicial: destina-se a permitir ao réu o exercício da ampla defesa, assegurado constitucionalmente. Despacho: visa a permitir ao juízo deprecado verificar se houve autorização do deprecante para a emissão da carta. Procuração: demonstrar que o autor está representado regularmente por advogado e quais são os poderes a este conferidos. Se a parte estiver postulando em causa própria (CLT, art. 791, *caput*), é evidente que não se cogitará de mandato judicial.

Inciso III. *Menção do ato processual que lhe constitui o objeto*. Tem como finalidade especificar qual o ato processual a ser praticado, a fim de evitar que outro ato seja realizado.

Inciso IV. O encerramento com a assinatura do juiz. A exigência tem natureza formal, com o escopo de dar autenticidade à carta.

§ 1º Permite ao juiz mandar trasladar para a carta diversos outros documentos, sempre que estes devam ser examinados, na diligência, pelas partes, pelos peritos ou pelas testemunhas. A enumeração desses documentos, feita pela norma legal em exame, é meramente exemplificativa e não taxativa.

§ 2º Se o objeto da carta for exame pericial de documento, este deverá ser remetido no original, ficando nos autos reprodução fotográfica. A exigência é plenamente justificável, pois, quase sempre, o perito não tem condições técnicas de verificar, por exemplo, a autenticidade de documento que lhe foi remetido sob a forma de fotocópia. Como medida de cautela, cópia fotográfica do documento deverá ficar nos autos, para o caso de extravio ou destruição do original.

Arts. 261 e 262

§ 3º Tratando-se de carta arbitral, esta atenderá, no que couber, aos requisitos mencionados no *caput* e deverá ser instruída com a convenção de arbitragem e com as provas da nomeação do árbitro e de sua aceitação para o exercício da função.

Art. 261. Em todas as cartas o juiz fixará o prazo para cumprimento, atendendo à facilidade das comunicações e à natureza da diligência.

§ 1º As partes deverão ser intimadas pelo juiz do ato de expedição da carta.

§ 2º Expedida a carta, as partes acompanharão o cumprimento da diligência perante o juízo destinatário, ao qual compete a prática dos atos de comunicação.

§ 3º A parte a quem interessar o cumprimento da diligência cooperará para que o prazo a que se refere o *caput* seja cumprido.

• **Comentário**

Caput. Reprodução literal do teor do art. 203 do CPC revogado.

A norma determina que, em todas as cartas, o juízo expedidor declare o prazo dentro do qual as diligências deverão ser cumpridas. Com vistas à fixação desse prazo, o juiz levará em conta alguns critérios objetivos, como a facilidade das comunicações e a natureza da diligência (*ibidem*).

A fixação de prazo para o cumprimento da carta constitui providência necessária para que o juízo expedidor (ordenador, rogante ou deprecante) possa controlar o tempo do processo. A despeito da clareza dessa exigência legal, os juízes, raramente, a cumprem. A consequência é que o juízo a quem se ordenou, rogou ou deprecou o cumprimento da carta, muitas vezes, leva um tempo excessivo para desincumbir-se desse mister, em detrimento dos interesses das partes ou de uma delas. Nas cartas de ordem o problema não assume essa gravidade, porque como se trata de uma relação hierárquica entre os juízos ordenador e ordenado, este sempre se preocupa em dar-lhes rápido cumprimento. A situação se torna algo grave nas cartas precatórias, pois aqui não há relação de hierarquia e sim de colaboração entre os juízos deprecante e deprecado. Em decorrência disso, o deprecante, quase sempre, se sente constrangido de declarar o prazo para o cumprimento da precatória, o que é censurável, pois,

conforme se disse, a fixação desse prazo decorre de exigência legal.

Nenhuma nulidade processual, todavia, haverá se a carta for cumprida em prazo superior ao fixado.

§ 1º Expedida a carta, o juiz mandará intimar as partes. Nem sempre essa intimação será ordenada pelo "juiz do ato de expedição da carta", fato que não acarretará nulidade processual. Na verdade, deve-se entender que o legislador pretendeu aludir ao *juízo* do ato de expedição da carta.

§ 2º Diz, a norma em exame, que as partes acompanharão o cumprimento da carta no juízo destinatário, a este cabendo a prática dos atos de comunicação. O texto legal não deixa claro se esse "acompanhamento" pelas partes constitui dever ou faculdade, destas. Parece-nos que trata de faculdade, até porque nem sempre as partes terão condições (sejam financeiras, sejam de outra natureza) para acompanhar o cumprimento da carta.

§ 3º Aqui, há um nítido dever de cooperação que o sistema impõe à parte à qual interessa o cumprimento da carta no prazo estabelecido pelo juízo expedidor. Em princípio, a ninguém mais do que ela se interessa em que esse prazo seja cumprido. O que pode ocorrer, na prática, é que a parte não tenha condições de realizar essa cooperação, por motivos diversos, desde financeiros, de compromissos inadiáveis, anteriormente assumidos e coincidentes com o período de cumprimento da carta etc.

Art. 262. A carta tem caráter itinerante, podendo, antes ou depois de lhe ser ordenado o cumprimento, ser encaminhada a juízo diverso do que dela consta, a fim de se praticar o ato.

Parágrafo único. O encaminhamento da carta a outro juízo será imediatamente comunicado ao órgão expedidor, que intimará as partes.

Código de Processo Civil

• Comentário

Caput. Reproduziu-se a regra do art. 204 do CPC revogado.

Ao examinarmos os requisitos essenciais legalmente previstos para a validade das cartas dissemos que o constante do inciso I, do art. 260, do CPC, se justificava pela necessidade de saber-se qual o juízo que a deveria cumprir. Devemos observar, no entanto, que como as cartas possuem caráter itinerante, antes ou depois de ser-lhes determinado o cumprimento poderão ser apresentadas a juízo diverso do nelas mencionado, a fim de praticar, neste, o ato ali previsto. Se, por exemplo, a carta precatória for encaminhada ao juízo "X", mas este considerar-se incompetente em razão do lugar para cumpri-la, poderá ordenar a remessa da carta ao juízo "Y", dando ciência ao deprecante.

Parágrafo único. Se o juízo ao qual a carta havia sido dirigida encaminhá-la a outro juízo, deverá comunicar, de imediato, ao expedidor da carta, que, por sua vez, dará ciência às partes. Essa intimação é necessária para que as partes, se desejarem, acompanhem o cumprimento da carta (art. 261, § 2º) e cooperem para que o cumprimento ocorra no prazo estabelecido (*ibidem*, 3º).

Art. 263. As cartas deverão, preferencialmente, ser expedidas por meio eletrônico, caso em que a assinatura do juiz deverá ser eletrônica, na forma da lei.

• Comentário

Há um visível estímulo do sistema para que os atos processuais sejam praticados por meio eletrônico. Inserem-se nesse escopo as cartas, especialmente, as de ordem e as precatórias. O juiz assinará eletronicamente a carta, na forma da lei. A utilização do meio eletrônico traduz ato de aconselhamento, não de imposição legal.

Art. 264. A carta de ordem e a carta precatória por meio eletrônico, por telefone ou por telegrama conterão, em resumo substancial, os requisitos mencionados no art. 250, especialmente no que se refere à aferição da autenticidade.

• Comentário

A remissão ao art. 250 é equivocada, porquanto esta norma legal se ocupada dos requisitos do *mandado* a ser cumprido pelo oficial de justiça. A remissão correta deveria ter sido ao art. 260, que versa sobre os requisitos das cartas em geral.

Art. 265. O secretário do tribunal, o escrivão ou o chefe de secretaria do juízo deprecante transmitirá, por telefone, a carta de ordem ou a carta precatória ao juízo em que houver de se cumprir o ato, por intermédio do escrivão do primeiro ofício da primeira vara, se houver na comarca mais de um ofício ou de uma vara, observando-se, quanto aos requisitos, o disposto no art. 264.

§ 1º O escrivão ou o chefe de secretaria, no mesmo dia ou no dia útil imediato, telefonará ou enviará mensagem eletrônica ao secretário do tribunal, ao escrivão ou ao chefe de secretaria do juízo deprecante, lendo-lhe os termos da carta e solicitando-lhe que os confirme.

§ 2º Sendo confirmada, o escrivão ou o chefe de secretaria submeterá a carta a despacho.

• Comentário

Caput. Norma transportada do art. 207 do CPC revogado.

Quando a carta for transmitida por telefone, o procedimento a ser observado, nos termos do texto legal em exame, é o seguinte: a) o secretário do tribunal ou o escrivão do juízo de origem transmitirá, por telefone, a carta de ordem ou a precatória, ao juízo no qual deverá ser cumprida; b) essa transmissão será feita ao escrivão do primeiro ofício da primeira vara, se houver na comarca mais de um ofício ou de uma vara; c) a carta conterá, em resumo substancial, os requisitos exigidos pelo art. 260, do CPC.

§ 1º O escrivão, no mesmo dia, ou no dia útil imediato, telefonará ou enviará mensagem eletrônica ao secretário do tribunal ou ao escrivão do juízo de origem, lendo-lhe os termos da carta e solicitando-lhe que os confirme.

§ 2º Sendo confirmados os termos, o escrivão submeterá a carta a despacho judicial.

Art. 266.
Serão praticados de ofício os atos requisitados por meio eletrônico e de telegrama, devendo a parte depositar, contudo, na secretaria do tribunal ou no cartório do juízo deprecante, a importância correspondente às despesas que serão feitas no juízo em que houver de praticar-se o ato.

• **Comentário**

Ao declarar que serão praticados de ofício os atos requisitados por meio de correio eletrônico e de telegrama, a lei dispensa a parte de comparecer ao juízo ao qual foi endereçada a carta de ordem ou a precatória, para dar-lhe cumprimento. O que da parte se exige é que deposite, na secretaria do tribunal ou no cartório do juízo a que a carta foi encaminhada, a importância correspondente às despesas que serão neste realizadas (*ibidem*). Esta parte final da norma, em princípio, é inaplicável na Justiça do Trabalho.

Art. 267.
O juiz recusará cumprimento a carta precatória ou arbitral, devolvendo-a com decisão motivada quando:

I — a carta não estiver revestida dos requisitos legais;

II — faltar ao juiz competência em razão da matéria ou da hierarquia;

III — o juiz tiver dúvida acerca de sua autenticidade.

Parágrafo único. No caso de incompetência em razão da matéria ou da hierarquia, o juiz deprecado, conforme o ato a ser praticado, poderá remeter a carta ao juiz ou ao tribunal competente.

• **Comentário**

Caput. Houve transposição literal do *caput* do art. 208 do CPC revogado.

O texto prevê a possibilidade de o juiz deprecado recusar cumprimento à carta precatória nas situações indicadas nos incisos subsequentes.

Inciso I. No caso específico da *precatória*, o juízo deprecado poderá recusar-se a cumpri-la se não atender aos requisitos previstos na aludida norma legal. A carta, aqui, se ressente de formalidade que a lei considera fundamental. E se a carta *de ordem* não preencher os requisitos do art. 260, do CPC? Como se cuida, aqui, de uma relação hierárquica, o juiz não poderá recusar-se a cumprir a carta, e devolvê-la ao tribunal ou ao relator; caber-lhe-á, isto sim, comunicar ao remetente o fato, solicitando-lhe que a falha seja suprida, a fim de que a carta possa ser cumprida, assim como a fixação de novo prazo para o seu cumprimento.

Inciso II. Um dos motivos pelos quais o juízo deprecado poderá recusar-se a cumprir a carta precatória consiste na sua incompetência em razão da matéria ou da hierarquia — que é absoluta.

Inciso III. Pode ocorrer de o juízo deprecado colocar-se em dúvida quanto à autenticidade da carta. Diante disso, deverá devolvê-la ao deprecante, para que este determine, *e. g.*, a autenticação das peças ou confirme a sua assinatura.

Parágrafo único. A despeito do disposto no inciso II da norma legal *sub examen*, o juízo deprecado, conforme o ato a ser praticado, poderá encaminhar a carta ao juiz ou tribunal que considerar competente.

Art. 268.
Cumprida a carta, será devolvida ao juízo de origem no prazo de 10 (dez) dias, independentemente de traslado, pagas as custas pela parte.

• **Comentário**

Cumpridas a carta, seja precatória, de ordem ou rogatória, deverá ser devolvida ao juízo de origem, no prazo de dez dias, independentemente de traslado. Cumprirá à parte interessada, *quando for o caso*, o pagamento das custas.

CAPÍTULO IV

DAS INTIMAÇÕES

Art. 269. Intimação é o ato pelo qual se dá ciência a alguém dos atos e dos termos do processo.

§ 1º É facultado aos advogados promover a intimação do advogado da outra parte por meio do correio, juntando aos autos, a seguir, cópia do ofício de intimação e do aviso de recebimento.

§ 2º O ofício de intimação deverá ser instruído com cópia do despacho, da decisão ou da sentença.

§ 3º A intimação da União, dos Estados, do Distrito Federal, dos Municípios e de suas respectivas autarquias e fundações de direito público será realizada perante o órgão de Advocacia Pública responsável por sua representação judicial.

• **Comentário**

Caput. O art. 234 do CPC de 1973 conceituava a intimação como o ato pelo qual se dava ciência a alguém dos atos e termos do processo, para que fizesse ou se abstivesse de fazer alguma coisa. O CPC atual suprimiu a expressão "para que faça ou deixe de fazer alguma coisa", constante daquele Código do passado. Essa supressão foi, até certa medida, correta, pois a intimação nem sempre se destina a fazer com que a parte ou o terceiro pratiquem ou se abstenham de praticar determinados atos; muitas vezes, a intimação tem a finalidade exclusiva de dar ciência a alguém dos atos os termos do processo.

§ 1º Inovação do CPC atual. Ao permitir ao advogado realizar a intimação do advogado adverso pelo correio, o legislador procurou desafogar os serviços das escrivanias ou secretarias judiciais. Na prática, a intimação efetuada nos termos deste dispositivo legal deve ficar sob o controle do juiz, a fim de verificar a sua correção ou lisura. Não estamos a asseverar que o advogado poderá agir de má-fé, e sim que a intimação do adversário, por ele promovida, poderá estar em desacordo com as formalidades da lei. A advogado que providenciou a intimação incumbirá juntar aos autos cópia do ofício de intimação do comprovante de recebimento (AR).

§ 2º Ao ofício de intimação deverá ser anexada cópia do despacho, da decisão ou da sentença, enfim, do ato em relação ao qual o advogado adverso deva ser cientificado.

§ 3º Tratando-se da União, dos Estados, do Distrito Federal, dos Municípios e de suas respectivas autarquias e fundações de direito público será a intimação será efetuada perante o órgão de Advocacia Pública responsável por sua representação judicial.

O Ministério Público, nas ações em que figurar como réu, também não poderá ser intimado pelo advogado da parte contrária, em face do disposto no art. 18, II, "h", da Lei Complementar n. 75, de 20.5.1993.

Art. 270. As intimações realizam-se, sempre que possível, por meio eletrônico, na forma da lei.

Parágrafo único. Aplica-se ao Ministério Público, à Defensoria Pública e à Advocacia Pública o disposto no § 1º do art. 246.

• **Comentário**

A assunto era tratado no parágrafo único do art. 237 do CPC revogado.

O processo judicial caminha a passos largos para a sua "eletronização". Por esse motivo, a norma legal estabelece que as intimações, sempre que possível, deverão ser realizadas por meio eletrônico, conforme dispuser a Lei — que, no caso, é a de n. 11.419, de 19.12.2006, que dispôs sobre a informatização do processo judicial. Consta do Capítulo II, com o título de *Da Comunicação Eletrônica dos Atos Processuais*, dessa norma legal: "Art. 4º Os tribunais poderão criar Diário da Justiça eletrônico, disponibilizado em sítio da rede mundial de computadores, para publicação de atos judiciais e administrativos próprios e dos órgãos a eles subordinados, bem como comunicações em geral". O Capítulo III disciplina, nos arts. 8º a 13, o *processo eletrônico*.

Art. 271. O juiz determinará de ofício as intimações em processos pendentes, salvo disposição em contrário.

Art. 272

• **Comentário**

Repete-se a norma do art. 235 do CPC revogado.

Embora o processo civil não possa ser instaurado por iniciativa do juiz, a sua tramitação deve ser realizada por iniciativa do magistrado. É o que revela o texto legal em exame, que manda o juiz expedir, de ofício, intimações em processos pendentes, exceto se houver disposição legal em sentido oposto.

O princípio trazido pela norma legal em exame, portanto, é de que o juiz deva determinar, por sua iniciativa, as intimações (em processos em curso), exceto se a norma legal exigir a iniciativa da parte ou do interessado. Essa disposição tem ampla afinidade com o processo do trabalho (CLT, art. 765).

Art. 272. Quando não realizadas por meio eletrônico, consideram-se feitas as intimações pela publicação dos atos no órgão oficial.

§ 1º Os advogados poderão requerer que, na intimação a eles dirigida, figure apenas o nome da sociedade a que pertençam, desde que devidamente registrada na Ordem dos Advogados do Brasil.

§ 2º Sob pena de nulidade, é indispensável que da publicação constem os nomes das partes e de seus advogados, com o respectivo número de inscrição na Ordem dos Advogados do Brasil, ou, se assim requerido, da sociedade de advogados.

§ 3º A grafia dos nomes das partes não deve conter abreviaturas.

§ 4º A grafia dos nomes dos advogados deve corresponder ao nome completo e ser a mesma que constar da procuração ou que estiver registrada na Ordem dos Advogados do Brasil.

§ 5º Constando dos autos pedido expresso para que as comunicações dos atos processuais sejam feitas em nome dos advogados indicados, o seu desatendimento implicará nulidade.

§ 6º A retirada dos autos do cartório ou da secretaria em carga pelo advogado, por pessoa credenciada a pedido do advogado ou da sociedade de advogados, pela Advocacia Pública, pela Defensoria Pública ou pelo Ministério Público implicará intimação de qualquer decisão contida no processo retirado, ainda que pendente de publicação.

§ 7º O advogado e a sociedade de advogados deverão requerer o respectivo credenciamento para a retirada de autos por preposto.

§ 8º A parte arguirá a nulidade da intimação em capítulo preliminar do próprio ato que lhe caiba praticar, o qual será tido por tempestivo se o vício for reconhecido.

§ 9º Não sendo possível a prática imediata do ato diante da necessidade de acesso prévio aos autos, a parte limitar-se-á a arguir a nulidade da intimação, caso em que o prazo será contado da intimação da decisão que a reconheça.

• **Comentário**

Caput. O art. 236, *caput*, do CPC revogado considerava feitas as intimações pela publicação dos atos processuais no órgão oficial. Essa disposição, contudo, estava restrita ao Distrito Federal, às Capitais dos Estados e aos Territórios. O texto atual eliminou essa restrição, de tal maneira que a regra é aplicável a todas as comarcas e tribunais do país.

§ 1º Os advogados podem requerer ao juiz que nas intimações a eles dirigidas não figurem os seus nomes, e sim, o da sociedade de que fazem parte, desde esta esteja regularmente inscrita na OAB. Cabe aos advogados requerentes o ônus de demonstrar que a sociedade está devidamente inscrita na OAB. Se essa comprovação não for efetuada, as intimações serão feitas em nome dos advogados que constam da procuração.

§ 2º Para que a intimação seja válida, é indispensável que dela conste os nomes das partes e dos advogados e o número de inscrição destes últimos na Ordem dos Advogados do Brasil ou da sociedade de advogados, se houver requerimento neste último caso. O CPC anterior exigia que os nomes das partes e de seus advogados fossem "suficientes para sua identificação". Conquanto essa exigência não esteja expressamente formulada pelo Código em vigor, está implícita no parágrafo em foco.

§ 3º A norma exige que a grafia dos nomes das partes seja realizada por extenso, vale dizer, sem abreviaturas. Não se admite aqui, portanto, a braquigrafia. Estando o nome das partes abreviado, o

Código de Processo Civil

juiz deverá determinar que a lei seja cumprida. Se a providência judicial não for determinada, só haverá nulidade processual se a abreviatura do nome da parte causar-lhe manifesto prejuízo processual (CLT, art. 794).

§ 4º O nome dos advogados deve ser gravado de modo completo e coincidir com o que consta da procuração existente nos autos ou registrado na Ordem dos Advogados do Brasil.

§ 5º Caso haja nos autos petição expressa para que as comunicações dos atos processuais sejam efetuadas em nome dos advogados indicados, haverá nulidade processual se as comunicações forem dirigidas a advogados diversos dos apontados, ainda que integrantes do mesmo escritório jurídico.

§ 6º O advogado, a sociedade de advogados, a Advocacia Pública, a Defensoria Pública ou o Ministério Público podem credenciar pessoas para a retirada dos autos do cartório ou da secretaria, caso em que essa retirada implicará intimação automática de qualquer decisão proferida nos autos, mesmo que pendente de publicação. Conquanto a norma legal se refira à existência de decisão, entendemos que as suas disposições se aplicam, também, no caso de despachos — ainda que não publicados. A propósito, para que esses efeitos na norma legal se verifiquem não há necessidade de que no credenciamento feito às pessoas, para que retirem os autos do cartório ou da secretaria, lhes sejam outorgados poderes para receber intimações. O ato intimatório, como ressaltamos, é automático, pois ocorre *ex vi legis*.

§ 7º O credenciamento de que trata o parágrafo anterior deve ser requerido ao juiz pelo advogado ou pela sociedade de advogados. Logo, não é automático, por depender de deferimento judicial.

§ 8º Sendo o caso de nulidade da intimação, caberá à parte prejudicada alegá-la como preliminar do próprio ato que deva praticar. Se o vício alegado for reconhecido, *o ato* será considerado tempestivo. É importante observar que a nulidade deverá ser arguida na primeira oportunidade em que a parte tiver de falar nos autos ou em audiência (CLT, art. 795, *caput*), sob pena de preclusão. Além disso, a nulidade não poderá ser alegada por quem lhe deu causa (CLT, art. 796, "b").

§ 9º Há situações em que não se torna possível a prática imediata do ato, por depender de prévio acesso aos autos. Neste caso, a parte deverá limitar-se a alegar a nulidade da intimação; o prazo para a prática do ato passará a fluir da intimação da decisão que pronunciar a nulidade.

Art. 273. Se inviável a intimação por meio eletrônico e não houver na localidade publicação em órgão oficial, incumbirá ao escrivão ou chefe de secretaria intimar de todos os atos do processo os advogados das partes:

I – pessoalmente, se tiverem domicílio na sede do juízo;

II – por carta registrada, com aviso de recebimento, quando forem domiciliados fora do juízo.

• **Comentário**

Caput. Com algumas alterações, reproduziu-se a regra do art. 2.237 do CPC anterior.

Pode ocorrer de ser inviável a intimação por meio eletrônico e na localidade não haver publicação em órgão oficial. Diante disso, caberá ao escrivão ou diretor da secretaria intimar o advogado das partes (ou de terceiros) de todos os atos processuais. A forma dessas intimações está prevista nos incisos do dispositivo legal em foco.

Inciso I. A intimação será pessoal se as partes ou os terceiros tiverem domicílio na sede do juízo.

Inciso II. Far-se-á a intimação mediante carta registrada, com aviso de recebimento, se as partes ou terceiros forem domiciliadas fora dos limites territoriais do juízo.

No processo do trabalho, todavia, em quaisquer das duas situações mencionadas nos incisos supracitados a intimação será por meio de registro postal, pois esta é, em princípio, a forma consagrada pelo art. 841, § 1º, da CLT. É certo que esse dispositivo legal se ocupa da *citação*; todavia, como dissemos, a *forma* a ser observada, no tocante à comunicação de qualquer ato processual, será sempre a indicada nesse normativo da CLT, excetuados os praticados na execução.

Art. 274. Não dispondo a lei de outro modo, as intimações serão feitas às partes, aos seus representantes legais, aos advogados e aos demais sujeitos do processo pelo correio ou, se presentes em cartório, diretamente pelo escrivão ou chefe de secretaria.

Parágrafo único. Presumem-se válidas as intimações dirigidas ao endereço constante dos autos, ainda que não recebidas pessoalmente pelo interessado, se a modificação temporária ou definitiva não tiver sido devidamente comunicada ao juízo, fluindo os prazos a partir da juntada aos autos do comprovante de entrega da correspondência no primitivo endereço.

Art. 275

• **Comentário**

Caput. Regra idêntica figurava no *caput* do art. 238 do CPC revogado.

Exceto em situações expressamente ressalvadas por lei, as intimações às partes, aos seus representantes legais, aos advogados e aos demais sujeitos do processo serão efetuadas pelo correio. Caso essas pessoas estejam no cartório ou na secretaria, a intimação será feita, diretamente, pelo escrivão ou diretor da secretaria.

Parágrafo único. As partes, seus advogados e terceiros possuem, entre outros, estes deveres: a) mencionar o endereço no qual serão intimadas; b) comunicar ao juízo a mudança do endereço, seja temporária, seja definitiva. Caso cumpram o primeiro desses deveres, mas não o segundo, a lei presume válidas as intimações dirigidas ao endereço constante dos autos, mesmo que não sejam recebidas pessoalmente.

No sistema do CPC, os prazos passarão a fluir da data em que o comprovante da entrega do instrumento de intimação for juntado aos autos; o sistema do processo do trabalho, contudo, menos formalista, conta os prazos a partir da data em que a pessoa recebeu a intimação, presumindo-se que a tenha recebido quarenta e oito horas depois de sua postagem, constituindo ônus do destinatário provar que não a recebeu ou que a recebeu após esse prazo (TST, Súmula n. 16).

Art. 275. A intimação será feita por oficial de justiça quando frustrada a realização por meio eletrônico ou pelo correio.

§ 1º A certidão de intimação deve conter:

I — a indicação do lugar e a descrição da pessoa intimada, mencionando, quando possível, o número de seu documento de identidade e o órgão que o expediu;

II — a declaração de entrega da contrafé;

III — a nota de ciente ou a certidão de que o interessado não a apôs no mandado.

§ 2º Caso necessário, a intimação poderá ser efetuada com hora certa ou por edital.

• **Comentário**

Caput. Reitera-se a regra do art. 239, *caput*, do CPC revogado, adicionando-se a frustração da intimação por meio eletrônico.

Sempre que, por algum motivo, não for possível a intimação pelo correio ou por meio eletrônico, esta será efetuada por oficial de justiça.

§ 1º Estabelece-se, nos incisos que se seguirão, os requisitos para a validade da certidão de intimação, a ser lavrada pelo oficial de justiça.

Inciso I. A indicação do lugar e a descrição da pessoa intimada e, sempre que possível, do número da sua carteira de identidade e do órgão expedidor visa a verificar a conformidade desses dados com os fornecidos pela parte contrária ou por terceiro. No processo do trabalho não se exige a "descrição da pessoa intimada" — exceto em casos excepcionais.

Inciso II. A veracidade dos atos praticados pelo oficial de justiça não necessita de provas, pois esse auxiliar do juízo possui fé pública. Sendo assim, basta-lhe declarar que entregou a contrafé ao destinatário da intimação para que se considere verdadeira a certificação quanto a isso. No processo civil, embora o oficial de justiça também possua fé pública, os atos e diligências que lhe competem serão realizados, "sempre que possível na presença de 2 (duas) testemunhas".

Inciso III. Realizado ato pelo oficial de justiça, ele deverá obter do intimado a nota de ciente; caso o destinatário se recuse a fazê-lo, o oficial de justiça certificará a ocorrência dessa recusa. A prudência sugere da certidão conste também o motivo pelo qual o destinatário se recusou a exarar a nota de ciência no instrumento de citação. Caberá ao juiz avaliar se esse motivo era justificável, ou não. Conforme seja o seu convencimento, o juiz poderá: a) mandar que se pratique o ato em nome de outra pessoa; b) considerar validamente realizada a intimação feita no destinatário que se recusou a lançar a nota de ciência; c) adotar outra solução que lhe pareça mais adequada à situação. A norma em exame guarda simetria formal com o art. 249 do mesmo Código, que dispõe sobre a citação.

§ 2º Havendo necessidade, a intimação — assim como a citação — poderá ser realizada com hora certa ou por edital. No primeiro caso, deverá ser observado o procedimento descrito nos arts. 252 a 254; no segundo, os requisitos do art. 256.

Caso o réu, ao ser citado, apresente proposta de autocomposição — fato que reconhecemos ser extremamente raro —, cumprirá ao oficial de justiça certificá-la no mandado (CPC, art. 154, VI); diante disso, o juiz determinará a intimação do autor, para manifestar-se no prazo de cinco dias, sobre a proposta, sem prejuízo da tramitação do processo (*ibidem*, parágrafo único).

TÍTULO III
DAS NULIDADES

Art. 276. Quando a lei prescrever determinada forma sob pena de nulidade, a decretação desta não pode ser requerida pela parte que lhe deu causa.

• **Comentário**

Regra idêntica estava no art. 243 do CPC revogado.

Cuidando-se e ato praticado de forma diversa da prevista em lei, a nulidade não poderá ser requerida por quem lhe deu causa. Essa vedação legal possui conteúdo, manifestamente, ético. A CLT contém norma da mesma natureza, como atesta a letra "b" do art. 796, conforme a qual a nulidade não poderá ser arguida "por quem lhe tiver dado causa".

Art. 277. Quando a lei prescrever determinada forma, o juiz considerará válido o ato se, realizado de outro modo, lhe alcançar a finalidade.

• **Comentário**

Reproduziu-se, em parte, a regra do art. 244 do CPC anterior. Este continha uma ressalva: o ato seria considerado válido *se não houvesse cominação de nulidade*. Essa ressalva foi excluída pelo texto atual, fato que nos permite concluir que se cuida, agora, sob o ponto de vista doutrinário, de anulabilidade, e não de nulidade; entretanto, para mantermos harmonia com o texto legal seguiremos falando de nulidade.

Aqui, efetivamente, reside o princípio da *instrumentalidade*. Em princípio, os atos processuais têm a sua validade vinculada ao requisito da *forma*. Se, entretanto, o ato for praticado sob forma diversa da prevista em lei, mas atingir a sua finalidade, não se lhe decretará a anulação: será válido. Esse princípio é altamente elogiável, pois a forma não constitui um fim em si mesma, senão que um elemento de mera exteriorização ou materialização do ato processual.

O processo do trabalho, há muito tempo, vem fazendo uso intenso desse princípio. Mencionemos, como exemplo, a resposta do réu, que em vez de ser formulada ou apresentada oralmente, como determina o art. 847 da CLT, vem sendo feita por escrito, gerando, com isso, maior segurança jurídica para o réu e menor dispêndio de tempo na audiência. Nas causas de grande complexidade, as razões finais, que também devem ser formuladas sob a forma oral (CLT, art. 850, *caput*, primeira parte), são, muitas vezes, apresentadas por escrito.

O importante é que o ato, independentemente de sua forma, atinja a finalidade — sem prejuízo, é certo, para a parte contrária e sem que implique violação de norma de ordem pública.

Art. 278. A nulidade dos atos deve ser alegada na primeira oportunidade em que couber à parte falar nos autos, sob pena de preclusão.

Parágrafo único. Não se aplica o disposto no *caput* às nulidades que o juiz deva decretar de ofício, nem prevalece a preclusão provando a parte legítimo impedimento.

• **Comentário**

Caput. Repetiu-se a regra do *caput* do art. 245 do CPC revogado.

A lei permite à parte alegar a nulidade de atos processuais. A parte, entrementes, não poderá reservar-se para alegá-la no momento que lhe convier: a alegação deverá ser feita na primeira oportunidade que tiver de falar nos autos, sob pena de preclusão. A preclusão, no caso, é a "temporal". Como o vocábulo *processo* significa macha adiante, caminhar para a frente — em direção à sentença, o legislador, visando a impedir o retrocesso, ou seja, o retorno do processo a fases pretéritas, instituiu a figura da preclusão "temporal", que se caracteriza pela perda do direito de praticar o ato ou de manifestar-se nos autos se já decorrido o momento oportuno para fazê-lo.

O processo do trabalho apresenta regra semelhante, conforme a qual as nulidades (relativas) deverão ser declaradas mediante provocação das partes, que as deverão arguir na primeira oportunidade que tiverem de falar nos autos ou em audiência (CLT, art. 795, *caput*).

Parágrafo único. A lei estabelece duas exceções ao princípio da preclusão: a) não se aplica às matérias que o juiz deva conhecer *ex officio* — regra que, *mutatis mutandis*, também consta do § 1º do art. 795 da CLT; b) não prevalece se a parte provar que não a alegou por legítimo impedimento. Em resumo: no caso da letra 'a' a nulidade é absoluta; no da letra "b" é relativa.

Em tema de nulidade processual é absolutamente imprescindível que não se deixe de fazer referência àqueles princípios informativos do sistema — por nós denominados de *temperadores* das nulidades — aos quais sempre deverão ser submetidas as arguições dessa natureza. É aconselhável, portanto, que os examinemos.

a) Princípio da transcendência

Constitui, verdadeiramente, a viga-mestra de toda a estrutura de moderação ou de impedimento da declaração de nulidade. Por ele se diz não haver nulidade sem prejuízo para parte que a alega (*pas de nullité sans grief*, segundo a expressão francesa conhecida). A sua sede legal são os arts. 794 da CLT e 282, § 1º, do CPC. Por outras palavras, significa que o prejuízo é a *medida* da nulidade; sem aquele, esta é nenhuma.

Digamos, *e. g.*, que o juiz tenha indeferido algumas reperguntas feitas por uma das partes, embora não devesse fazê-lo, em razão de elas serem oportunas, pertinentes e relevantes para a elucidação dos fatos controvertidos. Em razões finais, argui-se a nulidade processual a partir do instante em que ocorreram ditos indeferimentos. A sentença, porém, é totalmente favorável à parte que teve rejeitadas as suas reperguntas. Nessa hipótese, o ato do juiz, consistente no mencionado indeferimento, não acarretou, a final, nenhum prejuízo à parte, pois as suas pretensões foram acolhidas, por inteiro, pelo provimento jurisdicional. Logo, inexistiu qualquer nulidade. Conquanto reconheçamos que, por força de princípio, o interesse em recorrer esteja subordinado ao fato de a parte ficar vencida, na causa — de tal arte que se ela for vencedora não possuirá interesse em impugnar a decisão —, devemos ponderar que há situações, reveladas pelas experiência da vida, que sugerem abrir-se uma exceção a esse princípio, sem invalidá-lo. Digamos que o empregado tenha pretendido produzir prova testemunhal, destinada a demonstrar a veracidade da jornada de trabalho mencionada na petição inicial, e contestada pelo réu, e o juiz, por qualquer motivo, haja indeferido a produção dessa prova, fazendo com que o empregado manifestasse seu "protesto" ou arguisse a nulidade processual no momento das razões finais. A sentença, todavia (e de forma surpreende), é favorável ao empregado, acolhendo o seu pedido de horas extras ao fundamento de que, não havendo, o réu, juntado aos autos os registros da jornada (a que estava obrigado), presume-se verdadeira a jornada indicada na inicial. Trata-se, à evidência, de uma tese. Diante disso, o empregado poderia interpor recurso, visando a obter uma declaração de nulidade da sentença, por restrição ao direito de defesa, consistente no ato pelo qual o juiz impediu o autor (empregado) de produzir prova testemunhal. É evidente que o episódio, narrado sem maiores explicações, poderia parecer, aos olhos dos pensadores ortodoxos, algo surrealista, pois — haver-se-ia de indagar — que interesse possuiria o empregado, neste caso, uma vez que foi totalmente vencedor na causa? Eis a questão. Ocorre que, a deixar a situação como estava, o empregado poderia ver a sentença modificada pelo tribunal, em decorrência de recurso interposto pela parte contrária, cujo acórdão repeliria a tese adotada pela sentença, diria da absoluta ausência de prova quanto à jornada de trabalho aludida na inicia e declararia indevidas as horas extras. Justamente para evitar isso, é que o empregado, mesmo tendo sido vencedor em primeiro grau, possuiria interesse em recorrer da sentença, para, obtendo uma declaração de nulidade do processo, poder produzir a prova testemunhal de que dispunha e, deste modo, ensejar a que o acolhimento do seu pedido de horas extras, pela nova sentença, se funde em prova efetiva, cabal, por forma a permitir que a sentença favorável possa, agora, resistir a uma impugnação via recurso ordinário.

Uma sentença sem fundamento, por exemplo, que tenha sido inteiramente favorável ao autor, deverá ter a sua nulidade pronunciada, pois a motivação traduz elemento essencial para a validade desse ato e sua exigência vem da própria Constituição da República (art. 93, IX). Expliquemo-nos melhor. Na hipótese, poderá o próprio autor arguir a nulidade da sentença, embora tenha sido vencedor na causa. O seu interesse processual (CPC, art. 17) reside na possibilidade de a parte contrária recorrer pelo mesmo motivo, ou, até mesmo, ingressar, mais tarde, com ação rescisória, com fulcro no art. 966, V, do CPC. O recurso do autor poderá ser autônomo ou adesivo.

O importante a ser registrado é o fato de o princípio da transcendência não poder atuar quando a norma violada expressar um interesse público; inversamente, esse princípio poderá — e, sobremaneira, deverá — atuar quando a norma desrespeitada for daquelas que tutelam, essencialmente, interesses particulares. Sob esse ângulo, inexistirá razão jurídica, ou política, para decretar-se a nulidade de um ato que não trouxe nenhum prejuízo, direto ou indireto, mediato ou imediato, para a parte que a alega. Ressalve-se, apenas, o seu interesse processual nas situações em que, como demonstramos, o prejuízo poderá não se manifestar de imediato, mas somente, algum tempo depois.

b) Princípio da instrumentalidade

Embora a lei prescreva determinada forma, sem a cominação de nulidade para o caso de inobservância, valerá o ato se, praticado de modo diverso, alcançar a mesma finalidade (CPC, arts. 188 e 277).

Este princípio consagra, ainda que implicitamente, o reconhecimento de que as formas processuais não são um fim em si mesmas, mas, sim, meros meios de atribuir legalidade extrínseca aos atos do procedimento. O processo do trabalho, em nome de sua ontológica simplicidade, deve aceitar, sem restrições, esse salutar princípio.

Na prática, felizmente, isso já vem ocorrendo.

Basta ver que a defesa do réu, por lei, deve ser aduzida *oralmente*, tanto que o art. 847 da CLT lhe defere o tempo de vinte minutos para isso; nada obstante, as defesas, como soem acontecer, são apresentadas por escrito, sem que se saibam de arguições de nulidade, efetuadas pelos autores, pela não-observância da *forma legal* (oral). Ainda que a arguição fosse feita, haveria de ser rechaçada em decorrência da invocação do princípio que estamos a examinar. A propósito, a razão pela qual se constituiu a praxe de aceitar defesas escritas é elementar: essa forma interessa não só ao réu, mas ao próprio juiz. Ao réu, porque este prefere elaborar, previamente, a resposta, em seu escritório, cercado de todos os recursos tecnológicos que a informática lhe propicia, inclusive quanto a coletâneas de jurisprudência e de doutrinas, a fazê-lo, oralmente, em meio à algaravia e à turbulência que caracterizam as audiências trabalhistas; ao juiz, porque economiza tempo, bastando ver que não necessita conceder vinte minutos para cada réu elaborar a defesa, fato que faria com que a pauta contivesse um número de audiências muito inferior ao que é, usualmente, nela inserido.

O mesmo fenômeno vem ocorrendo quanto às *razões finais*, que passaram a ser apresentadas, com a tolerância de alguns juízes, sob a forma escrita, por influência do processo civil (CPC, art. 364, § 2º). Pessoalmente, temos certa restrição a isso, por entendermos que as razões finais orais não podem ser *substituídas* por memoriais escritos, pois aquelas devem ser aduzidas em audiência (CLT, art. 850, *caput*), ao passo que estes, em regra, são apresentados na secretaria do juízo; logo, depois de a segunda proposta de conciliação haver sido formulada — circunstância que assinala o sentido tumultuário do procedimento, de que se reveste essa prática inovadora. O que se poderia permitir é a apresentação de memoriais, sem prejuízo de serem formuladas, antes, de maneira oral, razões finais.

Cumpre advertir, contudo, que a nulidade deverá ser pronunciada se a inobservância da forma prescrita em lei acarretar manifesto prejuízo a uma das partes, ou, eventualmente, a ambas, ou, ainda, implicar uma injustificável discriminação processual, como quando, p. ex., o juiz exigir que o autor apresente as suas razões finais, oralmente, em audiência, permitindo, no entanto, ao réu oferecer memorial escrito, posteriormente à audiência, ou seja, em prazo maior. Neste caso, teria ocorrido quebra do dever de imparcialidade, a que o magistrado está subjugado.

Excluídas situações como a narrada, que evidenciam tratamento judicial anti-igualitário, a observação mais importante a ser feita, a respeito do assunto com o qual estamos a nos ocupar, é de que o processo do trabalho não deve ser visto como o "reino das formas", título que, talvez, possa calhar bem ao processo civil, menos preocupado com a informalidade e a simpleza dos atos do procedimento.

A praxe judiciária, a propósito, em elogiável atitude zetética, tem dado alguns passos adiante, rumo à plena consagração do princípio da instrumentalidade. Mencione-se, com exemplo, a citação ou intimação de réu estabelecido ou domiciliado em comarca distinta daquela em que a ação foi proposta, cujo ato é realizado via postal e não mediante carta precatória. O processo civil, aliás, tem seguido os passos inovadores do processo do trabalho. Como corolário desta afirmação, note-se que o art. 222, do CPC revogado, em sua redação primitiva, dispunha que "A citação pelo correio só é admissível quando o réu for comerciante ou industrial, domiciliado no Brasil". Mais tarde, contudo, mediante elogiável concessão ao princípio da simplicidade, próprio do processo do trabalho, deu-se a esse dispositivo legal nova redação, segundo a qual a citação pelo correio poderia ser efetuada "para qualquer comarca do País", salvo nos poucos casos que especificava (art. 222, letras "a" a "f"). Em termos gerais, o atual CPC manteve essa disposição (art. 247, I a V).

Voltemos à realidade do processo do trabalho, para repisar a observação de que, a despeito de, em determinados casos, não se observar a forma legal, o ato atingir o objetivo desejado por lei, não se pronunciará a nulidade; a única possibilidade de o desvio da moldura legal conduzir à declaração de nulidade seria se disso resultasse manifesto *prejuízo* ao réu, cabendo a este, por certo, a prova do fato.

c) Princípio da convalidação

Expressa que a nulidade pode ser sanada pelo consentimento da parte contrária, salvo se resultar de quebrantamento de norma pública cogente, devendo ser alegada na primeira oportunidade em que a parte tiver de falar em audiência ou nos autos (CLT, art. 795, *caput*). O CPC possui norma semelhante (art. 278, *caput*). Duas conclusões práticas se extraem desse princípio: a) a nulidade *relativa* pode ser sempre convalidada pela anuência do litigante adverso; b) a *absoluta*, nunca.

No primeiro caso, o assentimento poderia ser tácito ou expresso; tácito ocorreria, p. ex., sempre que o réu deixasse de arguir a exceção de incompetência *ratione loci* do juízo, fazendo com que, pelo silêncio, a competência acabasse se estabelecendo em favor deste. É que a incompetência em razão do lugar é relativa. Já a *ratione materiae* e a *ratione personae*, sendo absolutas, não seriam afetadas pelo eventual silêncio da parte. Nessa hipótese, poderia o juízo delas conhecer de ofício, em qualquer tempo ou grau de jurisdição (CPC, art. 64, § 1º) — enquanto não formada a coisa julgada material, alertemos.

Em rigor, não há, na CLT ou no CPC, uma norma específica, na qual se possa afirmar estar presente o princípio da convalidação, segundo o seu enunciado na doutrina ("a nulidade pode ser sanada pelo consentimento, mesmo tácito, da parte contrária"). Na verdade, esse princípio está *insinuado* nos arts. 795, *caput*, da CLT, e 241, *caput,* do CPC, ao exigirem que a nulidade seja alegada na primeira oportunidade em que q parte tiver de manifestar-se em audiência ou nos autos (CLT, "sob pena de preclusão" (CPC).

Essa imposição legal possui base lógica. Realmente, o vocábulo "processo" traz, em si, sob o aspecto etimológico, a ideia de "marcha à frente", de "seguir adiante". Sendo assim, concebeu-se a figura da *preclusão* para evitar a volta a fases anteriores do procedimento, para impedir-se o *retrocesso*. Por esse motivo, se a parte deixar de arguir a nulidade, na primeira ocasião em que tiver de falar nos autos ou em audiência, estará configurada a preclusão "temporal", que a impedirá de alegar, mais tarde, a nulidade, perante o tribunal. Que a impedirá, enfim, de alegar a nulidade na mesma relação processual. Talvez, somente em sede de ação rescisória possa vir a obter a nulificação do processo.

d) Princípio da proteção

Só se acolhe a nulidade se não for possível suprir a falta ou repetir o ato, desde que não tenha sido arguida por quem lhe deu causa (CLT, art. 796, "a" e "b"; CPC, art. 276 e 283).

Em certos casos, por exemplo, o juiz pode converter o julgamento em diligência para que seja praticado um ato *omitido* pelo próprio juízo (oferecimento da oportunidade para aduzir razões finais), ou para que seja *repetido* um ato realizado de forma irregular (aceitação de razões finais por escrito, fora da audiência). Suprida a falta ou repetido o ato, salva-se o processo da declaração de nulidade, evitando-se, com essa providência, um desperdício de atividade jurisdicional e, mesmo, de tempo, privada.

O princípio em estudo somente faz sentido, como se percebe, se for aplicado antes do julgamento, pois o seu escopo é, exatamente, o de evitar a pronúncia de nulidade. E essa pronunciação é feita quando do julgamento. Dessa maneira, estamos a sustentar que se o juiz de primeiro grau não mandasse suprir a falta, nem repetir o ato, quando essas providências fossem necessárias, o tribunal, caso desse provimento ao recurso da parte prejudicada, no exemplo mencionado, deveria decretar a nulidade do processo, a contar do momento em que a falta não fosse suprida, ou o ato, repetido. Logo, não poderia o tribunal fazer uso do princípio da proteção, na espécie em exame, pois esse princípio é, teleologicamente, inconciliável com o decreto de nulificação do processo — decreto que ele visa, justamente, a evitar.

Todavia, o § 1º, do art. 938, do CPC, estabelece que "Constatada a ocorrência de vício sanável, inclusive aquele que possa ser conhecido de ofício, o relator determinará a realização ou a renovação do ato processual, no próprio tribunal ou em primeiro grau, intimadas as partes; § 2º cumprida a diligência de que trata o § 1º, o relator, sempre que possível, prosseguirá no julgamento do recurso".

A respeito desta norma legal, algumas observações devem ser feitas: a) em primeiro lugar, ela é aplicável a todo e qualquer recurso — e, não mais, apenas ao de apelação, conforme constava do texto legal revogado (art. 515, § 4º); b) em segundo, ela só incide nos casos de nulidade sanável (ou suprível); c) em terceiro, constitui um incidente no julgamento do recurso; d) em quarto, traduz um dever do relator, e não uma sua faculdade; e) em quinto, não será possível a aplicação da referida norma em todos os casos, a cuja conclusão se chega em decorrência da ressalva legal: "sempre que possível".

Revelados os princípios a que denominamos de *moderadores do sistema das nulidades processuais*, cabe-nos expender uma nota final sobre o problema da arguição da invalidade dos atos do processo. Tanto o processo do trabalho (CLT, art. 796, "b") quanto o civil (CPC, art. 276) contêm regra de que a nulidade não pode ser alegada por quem lhe tenha dado causa. De certa forma, é a aplicação do apotegma *nemo allegans propriam turpitudinem auditur*, oriundo do direito romano, concebido para combater o dolo processual. Não é ético, portanto, que alguém, tendo sido o causador da nulidade, venha a alegá-la em seu benefício. Fosse isso possível, estaria a tirar proveito da própria torpeza.

Essa regra, no entanto, só pode ser aplicada às anulabilidades (e, também, às meras irregularidades), na medida em que as nulidades (absolutas) podem e devem ser decretadas pelo juiz, *ex officio*, em virtude de serem derivantes de infração a normas de ordem pública. Destarte, mesmo que a parte tenha dado causa à nulidade, nada a impede de alegá-las em juízo, ainda que venha a ser beneficiada pelo decreto jurisdicional de nulificação do ato. O regime das nulidades não é igual ao das anulabilidades.

A par dos princípios examinados, situam-se alguns preceitos legais, de grande utilidade para a matéria relativa às nulidades processuais. Um deles estabelece que anulado o ato serão reputados de nenhum efeito todos os subsequentes, que dele dependerem (CPC, art. 281); sob outro aspecto, diz-se que a nulidade de uma parte do ato não contaminará as outras, que dela sejam independentes (*ibidem*). A exata compreensão desse preceito recomenda que se lembre a classificação doutrinária dos atos processuais em três espécies: a) simples; b) compostos; c) complexos.

Os atos *simples* são os que têm existência isolada, vale dizer, em si mesmos; para a sua validade nada mais se exige que a atividade da parte. Os *compostos* (ou complexos), ao contrário, são constituídos pela aglutinação de vários atos simples, sem que estes percam a sua individualidade. Daí por que duas ordens de efeitos jurídicos caracterizam esses atos: os efeitos provenientes de cada ato unitário e os efeitos decorrentes do conjunto deles. Os atos *compostos*, segundo *Carnelutti*, se apresentam como uma variedade dos atos simples (ou singulares), distinguindo-se em sua forma, no sentido de que para produzirem o efeito jurídico é necessário não apenas uma só ação, mas uma multiplicidade de ações.

No tribunal, a arguição de nulidade será apreciada preliminarmente, ou seja, antes do exame do mérito, deste não se conhecendo se incompatível com a decisão tomada em relação àquela (CPC, art. 938, *caput*). Sendo a nulidade sanável, o órgão *ad quem*, havendo necessidade, converterá o julgamento em diligência, determinando a realização ou a renovação do ato processual, no próprio tribunal ou em primeiro grau de jurisdição, intimadas as partes (*idem, ibidem*, § 1º).

Mesmo sendo o caso de nulidade suprível, a regra da conversão do julgamento em diligência não vem sendo, no geral, observada pelos tribunais trabalhistas; no plano ideal, seria desejável que o fosse, como medida tendente a evitar uma demora angustiante na formação da coisa julgada, pois a pronúncia de nulidade traz a consequência danosa de implicar a invalidade do processo a contar do ato inquinado — ao passo que a conversão do julgamento em diligência teria o efeito benéfico de acarretar, unicamente, a sanação do ato imprestável.

Se a preliminar de nulidade for rejeitada, ou se a apreciação do mérito não for com ela incompatível, iniciar-se-á a discussão e o julgamento da matéria principal, pronunciando-se a respeito desta os juízes vencidos na preliminar (CPC, art. 939).

Art. 279. É nulo o processo quando o membro do Ministério Público não for intimado a acompanhar o feito em que deva intervir.

§ 1º Se o processo tiver tramitado sem conhecimento do membro do Ministério Público, o juiz invalidará os atos praticados a partir do momento em que ele deveria ter sido intimado.

§ 2º A nulidade só pode ser decretada após a intimação do Ministério Público, que se manifestará sobre a existência ou a inexistência de prejuízo.

• **Comentário**

Caput. Em menor amplitude, a matéria estava contida no *caput* do art. 246 do CPC revogado.

O juiz não pode obrigar o Ministério Público a intervir nos autos; nem mesmo o juiz do trabalho, a despeito dos amplos poderes diretivos do processo que a lei lhe concede (CLT, art. 765). O que ao magistrado cumpre é intimar o *Parquet* para que este, desejando, venha aos autos. Inexistindo essa intimação, o processo será nulo (princípio), salvo se o próprio Ministério Público entender que a falta de intimação não acarretou prejuízo ao interesse público (exceção).

§ 1º Se o processo tramitar sem o *conhecimento* (e não sem a *intervenção*) do Ministério Público, o juiz o anulará a partir do momento em que o *Parquet* deveria ter sido intimado (cientificado). Cuida-se, portanto, de nulidade absoluta, e, como tal, insanável.

Não importa que a falta de intimação do Ministério Público não tenha acarretado prejuízo à parte: o Ministério Público tem o *direito* de ficar ciente da existência do processo, uma vez que pode estar em causa não só um interesse público, mas estarem as partes fazendo uso do processo com a finalidade de prejudicar terceiros ou de perpetrar fraude contra entidades públicas ou de realizarem ato simulado; e essa cientificação se faz por meio de intimação.

§ 2º Conforme afirmamos no comentário ao *caput*, a nulidade somente será pronunciada pelo juiz após a intimação do Ministério Público, cabendo a este dizer da inexistência, ou não, de prejuízo, derivante da falta da intimação prevista no *caput*.

Art. 280. As citações e as intimações serão nulas quando feitas sem observância das prescrições legais.

• **Comentário**

Transcrição literal do art. 247 do CPC revogado.

Em que pese ao caráter imperativo da texto legal em exame, nem sempre a realização da citação ou da intimação em desconformidade com a lei tornará nulos esses atos processuais. Para que essa nulidade se configure, no processo do trabalho, é imprescindível a ocorrência de *manifesto prejuízo* à parte ou ao terceiro: essa é a regra soberana que se irradia do art. 794 da CLT, que corporifica o princípio doutrinário da *transcendência*.

Na Justiça do Trabalho, por exemplo, há muito tempo adotou-se a prática de citar pelo correio o réu residente ou domiciliado em outra jurisdição, embora, em tais casos, devesse ser expedida carta precatória. Somente haverá nulidade se o réu demonstrar que a sua citação por via postal lhe trouxe manifesto prejuízo.

Art. 281. Anulado o ato, consideram-se de nenhum efeito todos os subsequentes que dele dependam, todavia, a nulidade de uma parte do ato não prejudicará as outras que dela sejam independentes.

• **Comentário**

Reproduziu-se o art. 248 do CPC anterior.

O procedimento judicial (cogitemos somente do trabalhista) é constituído por diversas fases, logicamente encadeadas: a) postulatória; b) conciliatória; c) instrutória; d) decisória; e) recursal; f) executiva. Cada fase, por sua vez, é integrada por diversos atos.

O princípio materializado no preceito legal *sub examen* é de que a nulidade do ato faz com que sejam por ela contaminados todos os atos subsequentes; há, porém uma exceção: a nulidade de uma parte do ato (ou de uma fase) não prejudicará os atos que dela sejam independentes. Note-se: somente serão atingidos os atos subsequentes; não, os que que tenham sido anteriormente praticados. Por outro lado, para a invalidação dos atos subsequentes é necessário que a parte interessada ou o magistrado demonstre que esses atos são dependentes do que foi anulado.

Regra semelhante consta do art. 798 da CLT: "A nulidade do ato não prejudicará senão os posteriores que dele dependam ou sejam consequência".

Se, por exemplo, um processo for conduzido por juiz impedido, todos os atos processuais deverão ser declarados nulos, pois o veto legal à atuação do juiz impedido é absoluto (CPC, art. 144). O mesmo se afirme em relação ao fato de o juiz haver proibido a parte de produzir determinada prova, vindo a proferir a sentença em desfavor dessa parte. Declarado nulo o ato que indeferiu a produção de prova, todos os posteriores, inclusive a sentença, serão alcançados pelo decreto nulificador. Todavia, se o ato judicial for suscetível de fragmentação, a nulidade de parte desse ato não contamina a outra parte. A audiência, por exemplo, é um ato processual complexo, sendo integrado pelas propostas destinadas à solução consensual do litígio, pelo interrogatório das partes, pela inquirição das testemunhas, pelas razões finais etc. Caso o juiz deixe de formular a segunda proposta de conciliação, ele próprio, no momento de proferir a sentença, dando-se conta dessa falha, poderá converter o julgamento em diligência, para a finalidade específica de formular a segunda proposta de solução negociada da lide. Vale dizer, a audiência, como ato judicial complexo e fragmentável, não é anulada, sendo, isso sim, colmatada, complementada com a formulação da aludida proposta conciliatória.

Art. 282. Ao pronunciar a nulidade, o juiz declarará que atos são atingidos e ordenará as providências necessárias a fim de que sejam repetidos ou retificados.

§ 1º O ato não será repetido nem sua falta será suprida quando não prejudicar a parte.

§ 2º Quando puder decidir o mérito a favor da parte a quem aproveite a decretação da nulidade, o juiz não a pronunciará nem mandará repetir o ato ou suprir-lhe a falta.

• **Comentário**

Caput. Repete-se a regra do art. 249 do CPC revogado.

Sempre que o juiz pronunciar a nulidade deverá especificar que atos foram por ela atingidos, determinando as providências necessárias para que sejam repetidos ou retificados, conforme seja o caso. Muitas vezes, a nulidade de um ato contamina todos os atos processuais subsequentes.

Dispõe o art. 797 da CLT: "O juiz ou Tribunal que pronunciar a nulidade declarará os atos a que ela se estende".

§ 1º No processo do trabalho não se pronunciará a nulidade quando for possível suprir-se falta ou repetir-se o ato: tal é o princípio doutrinário da *proteção*, inscrito no art. 796, "a" e "b" da CLT, e no art. 276 do CPC. Mesmo que a falta não seja suprida, nem o ato repetido, não se pronunciará a nulidade se disso não derivou manifesto prejuízo às partes ou aos terceiros: eis o princípio da *transcendência*, contido no art. 794, da CLT. Esse princípio é uma espécie de viga mestra de todo o sistema de temperamento das nulidades processuais; a sua *ratio*, além de lógica, é dotada de uma finalidade extremamente pragmática, destinada a superar certas formalidades processuais. Afinal, se a prática do ato, ou a sua omissão, não acarretou nenhum prejuízo às partes, ou mesmo aos terceiros, por que motivo deverá o juiz pronunciar a nulidade processual, a não ser por uma apego obsessivo ao formalismo? O princípio da transcendência é tanto mais necessário ao processo do trabalho, em virtude da capacidade postulatória que o art. 791, *caput*, da CLT, atribui às partes, pela qual podem postular em juízo sem o patrocínio por advogado. Nesse contexto, é compreensível que as partes pratiquem atos em desconformidade com o modelo legal; não menos verdadeiro é que o juiz do trabalho deverá, em tais situações, abrandar a aplicação das regras processuais nulificantes de atos processuais, valendo-se, para isso, dos arts. 282, § 2º, do CPC, 794 e 796 da CLT entre outras disposições legais.

§ 2º Sempre que puder decidir a causa em favor da parte à qual a declaração de a nulidade aproveita, o juiz não a declarará nem mandará repetir o ato ou suprir a falta. Trata-se de nova manifestação do princípio da *proteção*.

A norma legal em estudo, todavia, deve ser interpretada e aplicada com alguma reserva, ao menos no processo do trabalho. Digamos, por exemplo, que o juiz haja, sem fundamento legal, indeferido a produção de prova testemunhal, requerida pelo autor, e por meio da qual ele pretendia comprovar a jornada de trabalho indicada na inicial. O autor argúi, oportunamente, a nulidade do processo. Na sentença, o juiz, embora rejeite essa arguição, decide em favor do autor, ao argumento de que o ônus da prova seria do réu — quando se sabe que, no caso, esse ônus incumbia do autor. A fragilidade desse argumento judicial faria, mais tarde, com que o tribunal desse provimento ao recurso ordinário interposto pelo réu, rejeitando o pedido de horas extras formulado pelo autor, sem possibilidade de o recurso de revista por ele interposto ser admitido, em decorrência da Súmula n. 126, do TST, que veda o revolvimento, por meio desse recurso de índole extraordinária, de fatos e provas. Pois bem. O que estamos a dizer é que o juiz, ao proferir a sentença, não deveria submeter-se às disposições do art. 282, § 2º, do CPC, e sim, ter acolhido a arguição de nulidade processual e permitido ao autor produzir a prova testemunhal necessária à demonstração da veracidade da jornada de trabalho mencionada na petição inicial, por forma a fazer com que a sentença pudesse resistir, com êxito, a um ataque via recurso ordinário.

Art. 283. O erro de forma do processo acarreta unicamente a anulação dos atos que não possam ser aproveitados, devendo ser praticados os que forem necessários a fim de se observarem as prescrições legais.

Parágrafo único. Dar-se-á o aproveitamento dos atos praticados desde que não resulte prejuízo à defesa de qualquer parte.

• **Comentário**

Caput. No essencial, a norma já constava do *caput* do art. 249 do CPC revogado.

O processo não é um fim em si mesmo; é método ou técnica de que se utiliza o Estado para solucionar os conflitos de interesses ocorrentes entre os indivíduos e as coletividades. Embora a forma, em tema processual, traduza medida de segurança jurídica às partes, o formalismo constitui uma deturpação, uma anomalia.

Foi levando em conta esses aspectos que se concebeu o princípio da *instrumentalidade*, materializado nos arts. 277 do CPC.

O art. 283 do mesmo Código consubstancia os princípios da *transcendência* e da *proteção* ao declarar que o erro quanto à forma do processo acarreta, apenas, a anulação dos atos que não possam ser aproveitados, completando: devem ser praticados somente os atos que forem necessários para o cumprimento da lei. De qualquer modo, no processo do trabalho o dispositivo legal em foco deverá ser aplicado, sempre que possível, à luz do art. 794 da CLT, vale dizer, dando-se preeminência à declaração inserta nessa norma, segundo a qual só se decretará a nulidade se dos atos decorrer manifesto prejuízo à defesa de qualquer das partes (*pas de nullité sans grief*).

Parágrafo único. Este parágrafo reitera o princípio da transcendência, ao afirmar que serão aproveitados os atos praticados desde que isso não acarrete prejuízo à defesa. Um retoque: o vocábulo *defesa* não deve ser interpretado em sentido estrito, como ato exclusivo do réu, senão que em sentido amplo, por modo a compreender o próprio autor, pois este também *defende* os seus direitos e interesses em juízo.

TÍTULO IV

DA DISTRIBUIÇÃO E DO REGISTRO

Art. 284. Todos os processos estão sujeitos a registro, devendo ser distribuídos onde houver mais de um juiz.

• **Comentário**

Houve trasladação da regra contida no art. 251 do CPC revogado.

O art. 784 da CLT dispõe sobre a distribuição dos feitos submetidos à competência da Justiça do Trabalho.

A distribuição só justifica quando houver mais de uma Vara (ou juízo de Direito) na comarca. O artigo em exame alude à existência de "mais de um juiz". A expressão é incorreta. Pode ocorrer, por exemplo, de haver na comarca apenas uma Vara, na qual atuem dois juízes (titular e auxiliar): nem por isso haverá distribuição. Esta só é necessária quando na comarca houver mais de uma unidade jurisdicional (Vara) — e, ainda assim, desde que elas detenham aa mesma competência.

De qualquer modo, o que se deve distribuir não é o processo (como está na lei) e sim a petição inicial.

O objetivo da distribuição é duplo: a) evitar que a parte escolha o juiz de sua predileção; b) propiciar uma distribuição igualitária do volume de ações entre os juízes dotados da mesma competência.

Embora a distribuição deva ser *prévia*, em situações verdadeiramente extraordinárias ela poderá ser *posterior*, ou seja, ocorrer após a inicial ter sido despachada por determinado juiz. Essas situações extraordinárias soem ocorrer nos dias em que não há expediente no fórum e dizem respeito às tutelas de urgência.

Art. 285. A distribuição, que poderá ser eletrônica, será alternada e aleatória, obedecendo-se rigorosa igualdade.

Parágrafo único. A lista de distribuição deverá ser publicada no Diário de Justiça.

• **Comentário**

Caput. Manteve-se a regra básica do art. 252 do CPC revogado, acrescentando-se os esclarecimentos de que a distribuição será alternada e aleatória e poderá ser eletrônica.

Conforme asseveramos no comentário ao art. 284, são duas, basicamente, as razões pelas quais o processo civil e o processo do trabalho ordenam a distribuição: a) evitar que a parte escolha o juiz de sua predileção; b) propiciar uma divisão equitativa do volume das petições iniciais ajuizadas;

Por esse motivo, a distribuição deve ser realizada na ordem rigorosa da apresentação das petições ao distribuidor (CLT, art. 783).

Nos casos em que um dos juízes está legalmente impedido de atuar na causa, a distribuição não será efetuada na "ordem rigorosa de apresentação" da petição inicial, hipótese em que haverá compensação na distribuição.

Parágrafo único. Esta inovação legislativa exige que a lista de distribuição seja publicada no Diário de Justiça.

Art. 286. Serão distribuídas por dependência as causas de qualquer natureza:

I — quando se relacionarem, por conexão ou continência, com outra já ajuizada;

II — quando, tendo sido extinto o processo sem resolução de mérito, for reiterado o pedido, ainda que em litisconsórcio com outros autores ou que sejam parcialmente alterados os réus da demanda;

III — quando houver ajuizamento de ações nos termos do art. 55, § 3º, ao juízo prevento.

Parágrafo único. Havendo intervenção de terceiro, reconvenção ou outra hipótese de ampliação objetiva do processo, o juiz, de ofício, mandará proceder à respectiva anotação pelo distribuidor.

• **Comentário**

Caput. A mesma regra constava do *caput* do art. 253 do CPC revogado.

Dispõe-se, aqui, sobre a distribuição por dependência.

Inciso I. *Conexão ou continência.* Consideram-se conexas duas ou mais ações, quando lhes for comum a causa de pedir ou o pedido (CPC, art. 55, *caput*). Ocorre a continência sempre que entre duas ou mais ações houver identidade de partes e de causa de pedir, mas o objeto de uma, por ser mais amplo, abrange o das outras (art. 56). Sendo assim, há necessidade de a distribuição ser realizada por dependência.

Inciso II. *Reiteração do pedido.* Há casos em que o processo se extingue sem resolução do mérito (art. 485). Apesar disso, a parte poderá propor, novamente, a ação (art. 486), exceto — dizemos nós — se o processo foi extinto por ilegitimidade (e, em alguns casos, por falta de interesse processual). A nova petição inicial será distribuída por dependência ao mesmo juízo que proferiu a sentença extintiva do processo anterior, sem resolução da lide. Da mesma forma se procederá no caso de litisconsórcio (ativo ou passivo) ou de serem parcialmente alterados os réus (passivo).

Código de Processo Civil

O escopo da lei, neste particular, é impedir que a parte, por meio de desistência da ação, acabe escolhendo o juiz de sua preferência, ou, quando menos, afaste a atuação do juiz que não convém aos seus interesses. Cautelosa, a norma legal impõe que a distribuição seja feita (aqui está a *dependência*) ao mesmo juiz ao qual fora distribuída a ação da qual o autor desistiu.

Haverá necessidade de distribuição, mesmo que, tendo sido extinto o processo sem resolução do mérito, a nova petição inclua outros autores, além do primitivo.

Inciso III. *Ações idênticas ao juízo prevento.* Pode dar-se de já estarem tramitando em juízo determinadas ações e, posteriormente, alguém ingressar com ação de conteúdo idêntico ao daquelas. Neste caso, a petição inicial da ação recente será distribuída por dependência ao juízo pelo qual tramitam ações idênticas. O escopo da norma legal é o de obter uma certa uniformidade nas decisões acerca da mesma matéria.

Parágrafo único. No caso de reconvenção, intervenção de terceiro ou outro modo de ampliação objetiva do processo, cumprirá ao juiz determinar, *ex officio*, que o distribuidor proceda à respectiva anotação. Esse assentamento se destina a permitir ao distribuidor exercer um controle não só das petições iniciais e de respostas, mas daquelas por meio das quais o terceiro se mete de permeio em processo de outrem. Se o juiz deixar de ordenar a anotação ensejará a que o corregedor — geralmente em correição ordinária — o advirta em relação a essa falta.

Art. 287. A petição inicial deve vir acompanhada de procuração, que conterá os endereços do advogado, eletrônico e não eletrônico.

Parágrafo único. Dispensa-se a juntada da procuração:

I — no caso previsto no art. 104;

II — se a parte estiver representada pela Defensoria Pública;

III — se a representação decorrer diretamente de norma prevista na Constituição Federal ou em lei.

• **Comentário**

Caput. A matéria estava prevista, em outros termos, no art. 254 do CPC revogado.

O CPC (art. 103) exige que a parte (ou o terceiro) seja representada em juízo por advogado (regularmente inscrito na OAB). Por isso, quando da distribuição, a petição inicial deverá estar acompanhada do instrumento do mandato outorgado ao advogado. Além disso, a petição deverá conter o endereço das partes e do advogado (do autor), assim como o endereço eletrônico (*e-mail*), quando houver. Normalmente, todos esses dados estão impressos na própria folha em que a petição é redigida.

Parágrafo único. A norma indica, nos incisos I e II, os casos em que, por exceção, não será necessária a procuração.

Inciso I. O art. 104, do CPC, proíbe o advogado de postular em juízo sem procuração, *salvo para evitar preclusão, decadência*. É no tocante a essa exceção que o art. 285, parágrafo único, I, faz referência ao art. 104. O art. 791, *caput*, da CLT, permite às partes atuar sem advogado (*ius postulandi*), embora a Súmula n. 425, do TST, restrinja essa capacidade postulatórias às Varas e Tribunais Regionais do Trabalho.

Inciso II. *Representação pela Defensoria Pública.* Nos casos em que a parte se encontra representada pela Defensoria Pública não há necessidade de apresentar procuração.

Inciso III. *Representação decorrer diretamente da Constituição Federal*, como se dá com o Advogado-Geral da União e com o Ministério Público.

Sempre, pois, que a Constituição da República atribuir a determinada entidade ou órgão a representação judicial de alguém ficará dispensada a apresentação de procuração.

Art. 288. O juiz, de ofício ou a requerimento do interessado, corrigirá o erro ou compensará a falta de distribuição.

• **Comentário**

Repete-se a norma do art. 255 do CPC revogado.

Se acontecer de a distribuição conter alguma falha, ou de nem mesmo ter sido realizada, cumprirá ao juiz corrigi-la *ex officio*, mediante compensação.

Cuida-se de um dever imposto ao magistrado, a fim de serem preservadas as regras contidas nos arts. 284, 285 e 286, do CPC, e 783, da CLT.

A falta de distribuição, ou a distribuição incorreta, poderá acarretar a nulidade do próprio processo, cujo alcance dependerá da fase em que este se encontre.

Art. 289. A distribuição poderá ser fiscalizada pela parte, por seu procurador, pelo Ministério Público e pela Defensoria Pública.

• **Comentário**

O art. 256, do CPC revogado, permitia às partes e aos seus advogados fiscalizar a distribuição. O texto atual, de maneira correta, estende essa faculdade ao Ministério Público e à Defensoria Pública. Afinal, a distribuição não é algo que se insere na esfera exclusiva dos interesses dos litigantes; a sua regularidade é de interesse público, seja para evitar uma divisão desproporcional da massa de causas entre os juízos dotados da mesmas competência, seja para obstar a que a parte escolha o juiz de sua preferência.

A fiscalização da distribuição atende ao imperativo de *transparência* dos atos processuais.

De qualquer modo, a fiscalização da distribuição não é um dever, mas uma faculdade do *Parquet* e da Defensoria Pública, aquele agindo na qualidade de *custos legis*.

Art. 290. Será cancelada a distribuição do feito se a parte, intimada na pessoa de seu advogado, não realizar o pagamento das custas e despesas de ingresso em 15 (quinze) dias.

• **Comentário**

Preceito semelhante estava contido no art. 257 do CPC revogado.

A norma não tem incidência no processo do trabalho; aqui, as custas são sempre pagas no final (CLT, arts. 789, § 1º, e 789-A, *caput*); ademais, não há custas de distribuição.

TÍTULO V

DO VALOR DA CAUSA

Art. 291. A toda causa será atribuído valor certo, ainda que não tenha conteúdo econômico imediatamente aferível.

• **Comentário**

Repete-se, com pequena alteração literal, o teor do art. 258 do CPC revogado.

O valor da causa constitui um dos requisitos da petição inicial no processo civil (CPC, art. 319, V). Ausente esse requisito, o juiz mandará intimar o autor para suprir a falta no prazo de quinze dias; não sendo cumprido o despacho, a inicial será indeferida (CPC, art. 321, parágrafo único), extinguindo-se o processo sem resolução do mérito (CPC, art. 467, I).

Em rigor, o processo do trabalho não exige que o valor da causa conste da inicial. Basta um lançar de olhos ao art. 840 da CLT, para atestar-se a veracidade desta assertiva. A Lei n. 5.584, de 26 de junho de 1970, aliás, veio lançar uma pá de cal sobre a questão. Com efeito, estabelece o § 2º da sobredita norma legal que o juiz, antes de passar à instrução da causa, "fixar-lhe-á o valor para a determinação da alçada, se este for indeterminado no pedido". Não se diz aí que o juiz deverá intimar a parte para suprir a falta: cumprirá a ele atribuir um valor á causa.

Algumas nótulas adicionais relevantes: a) embora o processo do trabalho não imponha a indicação do valor da causa, na inicial, tudo sugere que a parte (ou seu advogado) faça a indicação — como, aliás, tem ocorrido na prática (talvez, por influência do CPC); b) por força de construção jurisprudencial se tem exigido, no processo do trabalho, a menção ao valor da causa em iniciais como de ação rescisória, de ação de mandado de segurança, de ações cautelares inominadas, de ação de consignação em pagamento, enfim, de determinadas causas regidas pelo processo civil, submetidas ao procedimento especial, mas utilizadas para veicular pretensões oriundas da relação de emprego; c) nas ações derivantes da relação de trabalho é conveniente referir o valor da causa, na inicial, em razão do disposto no art. 1º da Instrução Normativa n. 27/2005, do TST.

Código de Processo Civil

Art. 292. O valor da causa constará da petição inicial ou da reconvenção e será:

I — na ação de cobrança de dívida, a soma monetariamente corrigida do principal, dos juros de mora vencidos e de outras penalidades, se houver, até a data de propositura da ação;

II — na ação que tiver por objeto a existência, a validade, o cumprimento, a modificação, a resolução, a resilição ou a rescisão de ato jurídico, o valor do ato ou o de sua parte controvertida;

III — na ação de alimentos, a soma de 12 (doze) prestações mensais pedidas pelo autor;

IV — na ação de divisão, de demarcação e de reivindicação, o valor de avaliação da área ou do bem objeto do pedido;

V — na ação indenizatória, inclusive a fundada em dano moral, o valor pretendido;

VI — na ação em que há cumulação de pedidos, a quantia correspondente à soma dos valores de todos eles;

VII — na ação em que os pedidos são alternativos, o de maior valor;

VIII — na ação em que houver pedido subsidiário, o valor do pedido principal.

§ 1º Quando se pedirem prestações vencidas e vincendas, considerar-se-á o valor de umas e outras.

§ 2º O valor das prestações vincendas será igual a uma prestação anual, se a obrigação for por tempo indeterminado ou por tempo superior a 1 (um) ano, e, se por tempo inferior, será igual à soma das prestações.

§ 3º O juiz corrigirá, de ofício e por arbitramento, o valor da causa quando verificar que não corresponde ao conteúdo patrimonial em discussão ou ao proveito econômico perseguido pelo autor, caso em que se procederá ao recolhimento das custas correspondentes.

• **Comentário**

Caput. Com alguns pontos de dessemelhança, a matéria era regida pelo art. 259 do CPC revogado.

Os incisos seguintes contêm regras destinadas à fixação do valor da causa, a ser indicado na petição inicial.

Inciso I. Este critério é aplicável, em parte, ao processo do trabalho. Aqui, porém, não se exige que os valores já sejam expressos na inicial, monetariamente corrigidos e acrescidos dos juros da mora (CLT, art. 840, § 1º), nem que se leve em conta "outras penalidades". No processo do trabalho, tanto a correção monetária quanto os juros moratórios serão calculados na fase de liquidação da sentença. No procedimento sumaríssimo, entretanto, deverão constar os valores dos pedidos (CLT, art. 852-B, I), que, por sua vez, repercutirão no valor atribuído à causa.

Inciso II. Critério aplicável ao processo do trabalho, feita, sempre, a ressalva de que esse processo não exige que o valor da causa figure na petição inicial.

Inciso III. A ação de alimentos não é da competência da Justiça do Trabalho, a despeito do caráter alimentar de muitas verbas derivantes do contrato de trabalho.

Inciso IV. A Justiça do Trabalho é destituída de competência para apreciar ações de demarcação, divisão e reivindicação.

Inciso V. Esta norma é aplicável ao processo do trabalho, na qual são frequentes os pedidos de indenização por dano moral.

Inciso VI. Havendo pedidos cumulados, o valor das causa corresponderá à soma de todos eles.

Inciso VII. No caso de a inicial conter pedidos alternativos, considerar-se-á o de maior valor.

Inciso VIII. Havendo pedido subsidiário, adotar-se-á o valor do pedido principal.

§ 1º O critério pode ser adotado pelo processo do trabalho. Não raro, aqui, quando o contrato de trabalho está em vigor, a inicial apresenta pedidos concernentes a "verbas" (valores) vencidas e vincendas.

§ 2º Se a obrigação for por tempo indeterminado ou por tempo superior a um ano, o valor das prestações vincendas será igual a uma prestação anual; sendo inferior a um ano, corresponderá á soma das prestações.

§ 3º Quando verificar que o valor atribuído não corresponde ao conteúdo patrimonial em discussão ou ao proveito econômico buscado pelo autor.

Trata-se de importante inovação do atual CPC.

Sempre sustentamos, antes da vigência do atual CPC, a possibilidade de o juiz do trabalho alterar, por sua iniciativa, o valor da causa, como, por exemplo, quando o valor dado a esta pelo autor é manifestamente inferior ao valor do pedido, expresso na mesma peça processual. Realmente, nos casos em que, por exemplo, a soma dos pedidos corresponde a duzentos salários-mínimos, que razões éticas ou jurídicas autorizam o autor a atribuir à causa o valor equivalente a dez ou doze salários-mínimos, a não ser para fazer com que a causa se submeta ao procedimento sumaríssimo (CLT, arts. 852-A a 852-I), que, por motivos imperscrutáveis, é de sua conveniência?

Pois bem. Agora, o próprio processo civil admite a possibilidade de o juiz alterar, por arbitramento, *ex officio*, nas situações que especifica, o valor atribuído à causa pelo autor.

De qualquer sorte, no processo do trabalho as custas atinentes ao valor arbitrado pelo juiz à causa serão pagas no final, não se cogitando, portanto, de recolhimento imediato delas ou de sua complementação.

Art. 293. O réu poderá impugnar, em preliminar da contestação, o valor atribuído à causa pelo autor, sob pena de preclusão, e o juiz decidirá a respeito, impondo, se for o caso, a complementação das custas.

• **Comentário**

A tema da impugnação o valor atribuído à causa era disciplinado de modo diverso pelo art. 261 do CPC revogado.

Pelo sistema do CPC atual essa impugnação não mais será autuada em apenso, devendo ser manifestada sob a forma de preliminar da contestação.

A impugnação manifestada na própria contestação, como preliminar, atende ao princípio da simplificação do processo — regra que não era respeitada pelo CPC anterior ao determinar que a impugnação fosse autuada em separado (mesmo sem suspensão do processo).

O ato pelo qual o juiz decide a impugnação ao valor da causa traduz decisão interlocutória (CPC, art. 203, § 2º), sendo irrecorrível de imediato no sistema do processo do trabalho (CLT, art. 893, § 1º).

Caso o réu deixe de impugnar, na contestação, o valor atribuído à causa na inicial, operar-se-á a preclusão "temporal", que o impedirá de manifestar essa contrariedade mais tarde. Não há, todavia, preclusão para o juiz — ao menos, para o juiz do trabalho. Destarte, se o magistrado verificar a ocorrência de quaisquer das situações previstas nos incisos e parágrafos do art. 292 do CPC deverá, *ex officio*, com fulcro no § 3º dessa norma legal, alterar o valor da causa, para mais ou para menos, a fim de adequá-lo ao pedido, ao conteúdo patrimonial visado pelo autor, ou ao proveito econômico por ele colimado.

LIVRO V

DA TUTELA PROVISÓRIA

TÍTULO I

DISPOSIÇÕES GERAIS

Introdução

Antes de nos dedicarmos a comentar as diversas disposições que integram este Livro, devemos formular algumas considerações de ordem propedêutica.

Durante a vigência do CPC de 1973, discordamos dos autores que sustentavam o caráter *provisório* das medidas cautelares. Demonstrávamos que medidas como os protestos, as notificações, as interpelações e a justificação nem sempre eram marcadas pela provisoriedade. Como fundamento de nossa objeção argumentávamos, por exemplo, com o art. 861, segundo o qual a justificação poderia ser realizada para simples documentação, sem qualquer interesse do requerente em utilizá-la com vistas à propositura de ação judicial. Nesse caso, ela possuía caráter *definitivo*. O art. 861 estava assim redigido: "Quem pretender justificar a existência de um fato ou relação jurídica, **seja para simples documento**, seja para servir de prova em processo regular, exporá, em petição circunstanciada, a sua intenção" (destacamos).

Nossa objeção, todavia, não cabe em relação ao atual CPC, cujo Livro V versa sobre *Tutela Provisória*, pois, conforme veremos mais adiante, o Código não classifica o protesto, a notificação, a interpelação e a justificação como medidas cautelares (tutela de urgência).

No sistema do CPC anterior, havia o Livro III, que dispunha sobre o *Processo Cautelar*. As *medidas cautelares* compreendiam a) as *inominadas*, derivantes do poder geral de cautela do magistrado (art. 798); e b) as *nominadas*, que enfeixavam o arresto, o sequestro, a caução, a busca e apreensão, a exibição, a produção antecipada de provas, a justificação, os protestos, as notificações, as interpelações e o atentado — apenas para referirmos as que eram aplicáveis ao processo do trabalho. Por outro lado, o art. 273 tratava da antecipação dos efeitos da tutela, providência de natureza, essencialmente, satisfativa, sem qualquer traço de cautelaridade.

O CPC atual empreendeu uma profunda e complexa modificação da sistematização desses temas, a começar pelo fato de o seu Livro V disciplinar o que ali se denominou de "Tutela Provisória". Esta compreende:

a) a *tutela de urgência*, que se subdivide em:

    a.a.) tutela antecipada; e

    a.b.) tutela cautelar; e

b) a *tutela da evidência*.

A tutela *de urgência*, pode ser concedida em caráter:

a) antecedente (desdobrando-se em liminar ou mediante justificação prévia); e

b) incidental.

Podemos verificar, portanto, que o novo CPC classifica a *tutela provisória* segundo três critérios: a) em decorrência da necessidade, ou não, de demonstração de perigo de demora da prestação da tutela jurisdicional, a tutela pode ser: a.a.) de urgência ou a.b.) da evidência (art. 294, *caput*); b) em razão do momento em que é pedida, a tutela pode ser: b.a.) antecedente ou b.b.) incidental (art. 294, parágrafo único); c) em virtude da aptidão da tutela para ensejar ao autor obter, desde logo, o resultado útil do processo, ela pode ser: c.a.) antecipada (com caráter satisfativo) ou c.b.) cautelar (art. 294, parágrafo único).

Em largo traço, podemos afirmar que no sistema do novo CPC a *tutela provisória* de urgência e da evidência ocupa o espaço que o Código anterior destinava às medidas cautelares e à antecipação dos efeitos da tutela, respectivamente.

Do ponto de vista do processo do trabalho, não seria despropositado afirmar, porém, que a disciplina e o procedimento da *tutela provisória* (gênero) tornaram-se mais complexos e intricados do que havia ao tempo das ações cautelares e da antecipação dos efeitos da tutela, regidos pelo CPC de 1973.

O art. 301, do CPC de 2015, declara que a *tutela de urgência cautelar* pode ser efetivada mediante arresto, sequestro, arrolamento de bens, registro de protesto contra alienação de bem "e qualquer outra medida idônea para asseguração do direito". Entretanto, medidas como o sequestro, a caução, a busca e apreensão nem mesmo são disciplinadas por esse Código, ao passo que o arresto é somente previsto na execução (art. 830), e a exibição de documento ou coisa é localizada apenas no capítulo das provas (art. 396).

Seja como for, a disciplina legal imposta a essas tutelas permite concluir que a de *urgência* também possui traços de satisfatividade, ao tornar-se *estável* (art. 304). De outro ponto, a possibilidade de o juiz conceder "qualquer outra medida idônea para asseguração do direito" revela que o Código preservou o notável *poder geral de cautela* do magistrado, poder que continuará, portanto, a servir como uma espécie de pedra angular do sistema ou como cheque em branco emitido pelo legislador em favor do juiz, que o preencherá quando tiver diante de si situações que espelhem um estado de periclitância do direito alegado pelo requerente.

A propósito, na vigência do CPC anterior, a Justiça do Trabalho, em muitos casos, vinha atribuindo caráter *satisfativo* às medidas derivantes do poder geral de cautela do magistrado (na reintegração de empregado estável, por exemplo). Se essa atitude da Justiça do Trabalho era passível de receber críticas, sob os aspectos histórico e teleológico, uma vez que as medidas cautelares não foram instituídas para servir como instrumento de defesa do direito material, senão que de defesa do direito ao processo (daí a razão de serem consideradas "instrumento do instrumento" por certos segmentos doutrinários), do ponto de vista *político* a utilização de tais medidas acautelatórias inominadas para promover a defesa do direito material era justificável, pois o processo de conhecimento — tanto civil quanto trabalhista — não dispunha de mecanismo capaz de ensejar uma proteção imediata e eficaz do direito material ameaçado de lesão.

Com o advento da antecipação dos efeitos da tutela — mediante reformulação do conteúdo do art. 273 do CPC anterior —, o processo cognitivo passou a ser dotado de mecanismo apto a propiciar a defesa imediata do direito material, nas situações indicadas pela referida norma legal, designadamente, no caso do inciso I ("fundado receio de dano irreparável ou de difícil reparação"), restringindo-se, a partir daí, de maneira drástica, o manejo das cautelares inominadas com o escopo de proteção do direito material.

Essa separação, sob o ângulo finalístico, do instrumento legal de defesa do direito *ao processo* (tutela de urgência, cautelar) em relação ao instrumento de defesa do próprio *direito material* (tutela de urgência antecipada e tutela da evidência) deve também ser observada na aplicação dos pertinentes dispositivos que compõem o atual CPC.

Em conclusão: as modificações introduzidas pelo legislador de 2015 no sistema das antigas medidas cautelares e antecipatórias da tutela — designadamente, a que se refere *à tutela de urgência antecipada* — fará com que os doutrinadores se vejam forçados a reordenar as suas ideias, significa dizer, a romper, em boa parte, com os entendimentos sedimentados no passado, para se amoldarem aos novos tempos. É razoável supor, em razão disso, que haverá não só opiniões divergentes como críticas e elogios a essas modificações. Deste modo, os primeiros momentos de regência do CPC — como sói acontecer diante de legislações novas — tenderão a ser assinalados por uma inquietante turbulência doutrinária, no particular, com provável irradiação nos sítios da jurisprudência. Quem viver, verá.

Art. 294. A tutela provisória pode fundamentar-se em urgência ou evidência.

Parágrafo único. A tutela provisória de urgência, cautelar ou antecipada, pode ser concedida em caráter antecedente ou incidental.

• **Comentário**

Caput. A *tutela provisória* é o gênero, do qual as tutelas *de urgência* e *da evidência* constituem espécies. Como já salientamos, as tutelas de urgência, por sua vez, compreendem a cautelar e a antecipada.

Em termos gerais, o panorama apresentado pelo atual CPC, a respeito dos temas sobre os quais estamos a discorrer, é o seguinte:

a) Se a *urgência*:

a.b.) for *contemporânea* à propositura da ação principal, o caso é de tutela *antecipada* antecedente (art. 303);

a.b.) *preceder* à propositura da ação principal, utiliza-se a tutela *cautelar* antecedente (art. 305);

a.c.) for *posterior* à propositura da ação principal, far-se-á o manejo da tutela cautelar incidental (art. 294, parágrafo único).

b) Se não houver urgência: tutela da evidência (art. 311).

As tutelas de urgência são regidas pelos arts. 300 a 310; a tutela da evidência, pelo art. 311. Além disso, os arts. 294 a 299 contêm disposições gerais sobre a tutela provisória, ou seja, de urgência e da evidência.

Parágrafo único. O art. 796 do CPC anterior declarava que o procedimento cautelar poderia ser instaurado antes ou no curso do processo principal, acrescentando a equivocada expressão "e deste (processo principal) é sempre dependente". O CPC em vigor manteve a regra de que a tutela de urgência, seja cautelar, seja antecipada, pode ser concedida em caráter antecedente (liminarmente ou mediante justificação prévia) ou incidental, embora haja abandonado a antiga menção à dependência dessas medidas a processo principal.

Art. 295. A tutela provisória requerida em caráter incidental independe do pagamento de custas.

• **Comentário**

Diz-se que a tutela provisória possui caráter incidental quando requerida no curso de um processo. Neste caso, o requerente da medida estará dispensado do pagamento de custas. Aplica-se a regra tanto à tutela de urgência cautelar quanto a satisfativa, desde que incidentais, assim como à tutela da evidência.

Art. 296. A tutela provisória conserva sua eficácia na pendência do processo, mas pode, a qualquer tempo, ser revogada ou modificada.

Parágrafo único. Salvo decisão judicial em contrário, a tutela provisória conservará a eficácia durante o período de suspensão do processo.

• **Comentário**

Caput. O CPC anterior continha disposição semelhante, embora circunscrita ao processo cautelar (art. 807, *caput*).

A norma compreende tanto a tutela provisória de urgência quanto a da evidência. Embora, por princípio legal, ambas as modalidades de tutela conservem a sua eficácia na pendência do processo, elas podem: a) a qualquer tempo, ser revogadas ou modificadas por ato do próprio juiz; b) ser cassadas, no processo do trabalho, por meio de mandado de segurança, se concedidas antes da sentença (TST, Súmula n. 414, II); caso sejam concedidas na própria sentença resolutiva do mérito, poderão ser impugnadas mediante recurso ordinário (*ibidem*, I).

Um esclarecimento deve ser feito: no caso da tutela *cautelar* concedida em caráter *antecedente*, ela se torna *estável* se da decisão concessiva o réu não interpuser recurso (art. 304, *caput*). Somente poderá ser revista, reformada ou anulada por meio de ação autônoma (art. 304, § 2.º), a ser distribuída por dependência (art. 286).

Parágrafo único. O art. 313 do CPC indica os casos em que o processo será suspenso. O art. 314 declara que durante a suspensão é vedada a prática de qualquer ato processual, ressalvando, contudo, a possibilidade de o juiz determinar a realização de atos urgentes, com a finalidade de evitar danos irreparáveis. Como é de lei, o juiz não poderá assim agir nos casos de arguição de impedimento ou de suspeição.

Pois bem. Mesmo durante a suspensão do processo, a tutela provisória (urgência ou evidência) conserva a eficácia que lhe é inerente (princípio: art. 296, *caput*), salvo se houver decisão judicial em sentido oposto (exceção: art. 296, parágrafo único). Note-se que a norma legal faz referência a *decisão*, não a mero despacho. A decisão deve ser fundamentada (CF, art. 93, IX), requisito que não se exige do simples despacho. Conjugando-se o *caput* do art. 296 com o seu parágrafo, chega-se à conclusão de que, conquanto a tutela provisória conserve a sua eficácia na pendência do processo, inclusive quanto este estiver suspenso, o juiz pode, por decisão, revogá-la ou modificá-la ("a qualquer tempo", diz a lei). Entendemos que essa revogação ou modificação, para revestir-se de regularidade, somente poderá ocorrer se houver requerimento da parte interessada; não se permite ao juiz, portanto, agir *ex officio* nessa matéria, mesmo o juiz do trabalho, que possui ampla liberdade na direção do processo (CLT, art. 765). Assim entendemos porque a lei veda ao juiz a possibilidade de conceder a tutela por sua iniciativa; esta deve ser requerida pelo interessado (art. 299). Há, pois, necessidade de solução simétrica entre o ato de concessão e o de revogação ou modificação da tutela.

Art. 297. O juiz poderá determinar as medidas que considerar adequadas para efetivação da tutela provisória.

Parágrafo único. A efetivação da tutela provisória observará as normas referentes ao cumprimento provisório da sentença, no que couber.

• **Comentário**

Caput. Efetivar a tutela significa obter os resultados práticos desejados pelo ato concessivo. Com vistas a isso, a norma permite ao juiz adotar as medidas necessárias. A adequação da medida vincula-se não ao resultado prático a que nos referimos, e sim, à própria natureza da obrigação a ser satisfeita: de pagar, de fazer ou não fazer, de entregar coisa.

Parágrafo único. Ao vincular a efetivação da tutela provisória ao cumprimento provisório da sentença, o legislador procurou deixar claro que essa efetivação, no que couber:

I — corre por iniciativa e responsabilidade do requente, que se obriga, se a sentença for reformada, a reparar os danos que o executado haja sofrido;

II — fica sem efeito, sobrevindo decisão que modifique ou anule a sentença, restituindo-se as partes ao estado anterior e liquidando-se eventuais prejuízos nos mesmos autos;

III — se a decisão objeto de efetivação provisória for modificada ou anulada apenas em parte, somente nesta ficará sem efeito a efetivação;

IV — o levantamento de depósito em dinheiro e a prática de atos que importem transferência de posse ou alienação de propriedade ou de outro direito real, ou dos quais possa resultar grave dano ao réu, dependem de caução suficiente e idônea, arbitrada de plano pelo juiz e prestada nos próprios autos (CPC, art. 520).

Art. 298. Na decisão que conceder, negar, modificar ou revogar a tutela provisória, o juiz motivará seu convencimento de modo claro e preciso.

• **Comentário**

Caput. O § 1º do art. 271, do CPC revogado, que dispunha sobre a antecipação dos efeitos da tutela, continha regra semelhante.

Em rigor, a *fundamentação* — a que o texto legal em exame alude como *razões do convencimento do juiz* — da decisão concessiva, denegatória ou modificativa da tutela de urgência ou da tutela da evidência, para além de constituir uma exigência da norma infraconstitucional, traduz uma imposição constitucional, como evidencia o inciso IX do art. 93 da Suprema Carta Política de nosso país. A ausência de fundamentação torna a decisão nula de pleno direito.

O único contributo que o art. 298 do CPC terá trazido estará na referência à indicação *clara e precisa* das razões do convencimento do juiz, ou seja, da fundamentação da decisão. Para isso, entrementes, não havia necessidade de norma legal, pois os requisitos de clareza e precisão são exigíveis de qualquer pronunciamento do magistrado. Talvez, o legislador estivesse preocupado em evitar o oferecimento de embargos declaratórios fundados em obscuridade...

Parágrafo único. No processo do trabalho, a decisão concessiva ou denegatória da tutela de urgência ou da tutela da evidência: a) se for proferida no curso do processo principal terá natureza interlocutória, razão pela qual não será recorrível (CLT, art. 893, § 1º), embora possa ser atacada por meio de mandado de segurança; b) se for emitida em caráter antecedente: b.a.) de maneira liminar, comportará a impetração de mandado de segurança; b.b.) por sentença, ensejará a interposição de recurso ordinário, pois estará, nesse caso, pondo fim ao procedimento.

Art. 299. A tutela provisória será requerida ao juízo da causa e, quando antecedente, ao juízo competente para conhecer do pedido principal.

Parágrafo único. Ressalvada disposição especial, na ação de competência originária de tribunal e nos recursos a tutela provisória será requerida ao órgão jurisdicional competente para apreciar o mérito.

• **Comentário**

Caput. A matéria constava do *caput* do art. 800 do CPC revogado.

Estabelecia o art. 800, *caput* daquele CPC: "As medidas cautelares serão requeridas ao juiz da causa; e, quando preparatórias, ao juiz competente para conhecer da ação principal". Com pequenas nuanças de literalidade, essa disposição era encontrada no art. 682 do Código de 1939.

O legislador do passado incorrera em inescusável erro ao afirmar que as providências cautelares poderiam ser "preparatórias" (sic). *Data venia*, as medidas preparatórias, em sua exata conceituação na ordem processual, figuram como requisito necessário ao exercício de certas ações ou procedimentos, como o destinado a constituir o devedor em mora. Não há nelas, conseguintemente, qualquer traço de provisoriedade.

Lançados esses escólios, cumpre-nos enfrentar, a seguir, o multifacetado problema da competência em sede de tutela provisória; para tanto, é imperativo que separemos as tutelas: a) antecedentes; b) contemporâneas; c) incidentais.

a) Tutela provisória antecedente

No caso das medidas em questão, é possível cogitarmos de *antecedência* por pressuporem, em regra, um processo principal e *futuro*. Podem ser antecedentes as *tutelas de urgência*, sejam de natureza cautelar, sejam de natureza antecipada.

O princípio inscrito no art. 299 do CPC é de que a tutela provisória deverá ser requerida ao juiz da causa; entretanto, quando *antecedente*, será solicitada ao juízo competente para conhecer do pedido principal.

E se a tutela for requerida a juízo *que não seja o competente* para apreciar a causa principal: haverá nulidade do processo caso a tutela seja concedida? A respostas variará conforme se trate de incompetência absoluta ou relativa. No primeiro caso, a nulidade será inevitável.

Mesmo em tema de tutela provisória *cautelar* estaria o juízo absolutamente incompetente impedido de emitir providências destinadas a conjurar situações de manifesto risco de dano a direito do autor? A pergunta, em sua essência, põe em cotejo duas grandes verdades jurídicas representadas, de um lado, pelo veto legal à atuação do juízo absolutamente incompetente e, de outro, pela necessidade de urgência na expedição de medidas cautelares, sob pena de lesão irreparável ao direito ou ao interesse do autor.

A solução aponta para o acatamento às regras de competência. Sem embargo, em que pese ao fato de a providência acautelatória reclamar urgente concessão, para debelar estados de periclitância de direito, não é jurídico que essa premência autorize a desconsiderar-se, por inteiro, as normas legais respeitantes à distribuição binária das competências, em absoluta e relativa. Seja no confronto com a relativa, seja com as medidas cautelares, a preeminência indeclinável é da incompetência *absoluta*, pois o seu substrato jurídico e político é o interesse público na sua soberania.

Houvesse de prevalecer a urgência ontológica das providências cautelares, seríamos levados a presenciar situações tão insólitas quão agressoras das regras de competência, em que um empregado deduziria sua pretensão cautelar perante a Justiça Militar ou a Justiça Eleitoral, — tudo em nome da urgência na obtenção da medida. Insistimos em argumentar que os atos decisórios praticados por juiz absolutamente incompetente não se convalidam; e ninguém, por certo, sentir-se-á em boa sombra para afirmar que inexiste conteúdo decisório no ato judicial de outorga da providência acautelatória solicitada pela parte;

Afaste-se, pois, *de lege lata*, a possibilidade de o juízo plenamente destituído de competência conceder medidas dessa natureza; o juiz, aliás, deve conhecer *ex officio* da incompetência absoluta, em atendimento ao comando do art. 64, § 1º, do CPC, que em nenhum instante coloca o conhecimento judicial acerca da incompetência absoluta como *faculdade* e sim como inegável *dever*.

Tratando-se, todavia, de incompetência meramente *relativa*, como é a *ratione loci*, incide o preceito do art. 65 do CPC, que prevê a "prorrogação" da competência na hipótese de o réu não a alegar como preliminar da contestação. Colocamos entre as aspas o substantivo *prorrogação* porque, em rigor, a jurisdição não se *prorroga*, e sim, *desloca-se*.

Aqui, como se percebe, não há aquele antagonismo entre duas verdades jurídicas, que sói ocorrer quando se cuida de incompetência absoluta; sendo relativa a competência territorial e havendo urgência na obtenção da medida cautelar, a conciliação entre ambas se concretiza na escolha, pelo autor, do juízo perante o qual requererá a providência. Algumas situações, contudo, podem, na prática, derivar-se dessa "harmonização". Vejamos.

Se o juiz deferir medida liminar *sem audiência da parte contrária* — ressaltando que não lhe será *lícito* conhecer de *ofício* da incompetência relativa —, o réu poderá, no ensejo de sua contestação arguir em caráter preliminar a incompetência (art. 64, *caput*).

Deixando o réu de arguir a incompetência relativa, na contestação, desloca-se a competência ao juízo que, a princípio, não a possuía (CPC, art. 65). Esse deslocamento se dá não apenas para efeito de apreciação do pedido de tutela cautelar, se não que também com vistas à apreciação e dirimência da própria causa principal. Estamos sustentando, pois, que o juízo concessor da tutela cautelar, cuja incompetência não foi objeto de arguição, se torna *prevento* para a ação principal, em consonância com a declaração estampada no art. 59, do CPC. Daí vem que se após fixar-se, por essa forma, a prevenção, o empregador vier, p. ex., a ingressar, no juízo que a princípio seria o competente, com uma ação de consignação em pagamento, poderá o trabalhador (réu nessa ação) oferecer exceção de incompetência *ratione loci*, em decorrência da prevenção estabelecida em favor do juízo que expediu a medida acautelatória. Pensar-se de modo diverso será permitir que o pedido de tutela provisória se processe perante um juízo e a de mérito em outro, com incontornáveis problemas de ordem prática, lembrando, *v. g.*, que a extinção do processo principal acarreta a caducidade da medida acautelatória (CPC, art. 309, III).

A solução, que ora alvitramos ao problema de providências acautelatórias jurisdicionais requeridas perante juízo relativamente incompetente, é a que melhor atende à necessidade de urgência na emissão de tais medidas, sem que isso implique irresponsável abandono das regras determinativas da distribuição das competências. Para aquilatarmos o absurdo a que conduziria uma interpretação servil à literalidade do art. 299 do CPC, merece ser trazida à baila o já antológico exemplo formulado por Lopes da Costa, a respeito da venda de um rebanho, envolvendo pessoas com diferentes domicílios, cujos animais se encontram apascentando em uma região distante. Ciente o comprador de que o rebanho está

Art. 299

na iminência de ser desviado para outro lugar, seria insensato exigir-lhe que solicitasse a providência no juízo do domicílio do vendedor, para, só depois disso, fazer valer a providência por intermédio de carta precatória: essa imposição faria com que ele corresse o risco de encontrar o seu gado transformado em bife (obra cit., p. 32).

Tutela provisória incidental

Não apresenta maiores dificuldades — práticas e doutrinárias — o exame da competência referente às tutelas: a) de urgência requeridas incidentalmente, ou seja, no curso do processo principal, e b) as tutelas da evidência, em qualquer caso, será competente o juízo da causa principal, como dispõe o art. 299, *caput*, do CPC.

O processo do trabalho repele o princípio da identidade física do juiz (exceto, talvez, para efeito de embargos de declaração), daí por que o magistrado que houver presidido a audiência concernente à tutela provisória (ou mesmo proferido decisão nesses autos) não fica vinculado ao processo principal.

Até esta quadra, discorremos sobre a competência no plano dos órgãos de primeiro grau da Justiça do Trabalho; é de grande relevância para a plena investigação do assunto, que cuidemos de verificar, agora, essa competência no âmbito dos tribunais.

Parágrafo único. Estabelecia o art. 800, do CPC revogado: "Interposto o recurso, a medida cautelar será requerida diretamente ao tribunal". Interposto o recurso, portanto, a competência para isso seria do tribunal *ad quem*. Note-se que a norma legal em foco se referia à *interposição* do recurso e não à sua *admissibilidade*. Esta é cronologicamente posterior àquela. Afinal, só se pode admitir um recurso que tenha sido interposto. A propósito, é importante esclarecer que se considera interposto o recurso no momento em que a correspondente petição é protocolada no juízo competente. A partir daí, cessa a competência do juízo *a quo* para conceder tutelas provisórias. Interposto o recurso, os únicos atos processuais que lhe são permitidos praticar, depois disso, dizem respeito à admissibilidade, ou não, do próprio recurso, ou à execução provisória da sentença, caso requerida.

No tribunal, a competência para apreciar o pedido de emissão de tutela provisória é, em princípio, do relator do recurso ou da ação originária.

O CPC atual não alterou a regra do passado; apenas a tornou mais clara e abrangente: nas ações de competência originária dos tribunais e nos casos em que os feitos se encontrem nessas cortes em grau de recurso será delas a competência para apreciar requerimentos de concessão de tutelas de urgência ou de tutelas de evidência.

Particularidades

Até aqui tivemos em conta o fato de a causa já encontrar-se no tribunal, com distribuição a relator. É sobremaneira importante, para os efeitos práticos e doutrinários, dedicarmos algumas linhas ao estudo do problema da competência cautelar naquelas situações *intermediárias*, ou seja, quando o feito não foi ainda distribuído, ou nem sequer os autos chegaram ao tribunal.

Apreciemos tais situações peculiares, pressupondo que, em todas elas, o juiz já tenha proferido sentença de mérito.

Autos ainda em primeiro grau

Poderá acontecer de a tutela de urgência (ou da evidência) necessitar ser requerida quando, apesar de interposto o recurso, os autos ainda se encontrarem em primeiro grau (aguardando, *v. g.*, o decurso do prazo para as contrarrazões ou ultimando alguma providência de praxe).

Entendemos que, neste caso, como a tutela é do tipo incidental, deverá ser requerida ao próprio juiz de primeiro grau, pois, nos termos do art. 299, *caput*, as tutelas de urgência ou da evidência serão solicitadas "ao juiz da causa". Enquanto os autos não forem remetidos ao tribunal, o "juiz da causa" é o proferidor da decisão recorrida. Imaginar-se que, mesmo nesta hipótese, a competência seria do (futuro) relator, no tribunal, seria conspirar contra as relevantes razões que levaram o legislador a instituir essas modalidades de tutela. O que o réu poderia fazer diante de uma sentença condenatória seria ingressar com ação cautelar inominada, no tribunal, visando a obter efeito suspensivo ao recurso por ele interposto (TST, Súmula n. 414, I; STF. Súmula n. 635).

Autos no tribunal, sem distribuição a relator

Inspirados no art. 673 do Código italiano, alguns juristas brasileiros entendiam que se não houvesse norma regimental para a espécie, a competência seria do Presidente da Corte até que se viesse a sortear o relator.

Tínhamos opinião divergente. E argumentávamos:

No parágrafo único do art. 849 do Anteprojeto do Código de Processo Civil brasileiro de 1973, atribuía-se realmente ao Presidente da Corte a competência para emitir medidas acautelatórias quando não houvesse sido ainda sorteado relator. Registre-se, todavia, que ao ser remetido ao Congresso Nacional, o Projeto indicava ter sido eliminada a competência do Presidente do Tribunal. Em termos de CPC brasileiro, portanto, não nos parecia apropriado argumentar, sobre esses assuntos, com espeque no Código italiano.

Na precisa lição de Galeno Lacerda, "não cabe outorgar, em nosso sistema, ao Presidente dos Tribunais atividade jurisdicional sobre medidas cautelares atinentes a causas que lhe escapam por completo à jurisdição (...). Prendê-lo, nestas circunstâncias, ao processo e julgamento de uma lide cautelar incidente constitui ruptura com a lógica dos princípios do sistema. Nem caberia atribuir-lhe competência só para a liminar, devolvendo-se o processo da cautela ao relator, após a distribuição. Repugnaria aos princípios de organização judiciária e de disciplina hierárquica, conceder-se a membro de Câmara ou Turma isoladas competência para rever ou reconsiderar ato do Presidente do Tribunal" ("Comentários ao Código de Processo Civil, v. III, tomo I, Rio de Janeiro: Forense, 2. ed., 1981, p. 290/291).

Código de Processo Civil

Posteriormente, entra a viger o CPC de 1973, cujo art. 800, parágrafo único, continha a seguinte redação: *"Nos casos urgentes, se a causa estiver no tribunal, será competente o relator do recurso"* (destacamos).

Todavia, por força da Lei n. 8.952, de 13.12.94, a nova redação ao art. 800, parágrafo único, do CPC, passou a ser esta: "Interposto o recurso, a medida cautelar será requerida diretamente ao tribunal". Não mais se falou, pois, que a competência seria *do relator*. Destarte, se os autos do recurso se encontrassem no tribunal, ainda sem sorteio de relator, entendíamos que a competência para apreciar a ação cautelar seria do presidente do tribunal, ou de quem o Regimento Interno indicasse.

Mais uma pergunta se impunha, em tema de tão variados matizes: a competência do presidente do tribunal era plena, significava dizer, alcançava o *julgamento* de ação cautelar, ou restrita, limitando-se à concessão de liminar?

O parágrafo único do art. 800 do CPC não era elucidativo quanto a esse ponto.

Nada obstante as normas *interna corporis* dos tribunais possam dispor a respeito da matéria, os princípios tradicionais, que informam o sistema de distribuição de competências, sugeriam que se outorgasse ao presidente do tribunal competência apenas para conceder, ou não, providências *liminares*, atribuindo à Turma ou Câmara, conforme fosse a denominação que se adotasse, a competência para *julgar a ação cautelar*. A regra, ademais, era de boa lógica, pois não seria recomendável que o presidente do tribunal usurpasse a competência que era, essencialmente, do órgão colegiado, fracionário ou não.

Esse nosso ponto de vista subsiste em face do atual CPC?

Sob certo aspecto, sim.

Para logo, é conveniente observar que o parágrafo único do art. 299, parágrafo único, do CPC manteve o princípio fundamental, consagrado pelo parágrafo único do art. 800 do CPC anterior, de que estando o processo do tribunal a tutela antecipada *"será requerida ao órgão jurisdicional compete para apreciar o mérito"*. Não só tutela de urgência antecipada, mas, também, a tutela de urgência cautelar.

No âmbito do tribunal, a competência funcional para apreciar o requerimento de concessão dessas tutelas será o relator do processo principal. Se ainda não tiver sido sorteado o relator (digamos que os autos se encontrem no Ministério Público, para exarar parecer) nada obsta a que o próprio presidente do tribunal aprecie o pedido de liminar (quando for o caso), deixando ao relator, mais tarde, a incumbência de conduzir o processo até a inclusão dos autos em pauta para julgamento.

Assim é recomendável que os regimentos internos dos Tribunais *do Trabalho* contenham disposições acerca da competência do seu presidente (ou do vice) para apreciar pedido de concessão de tutelas de urgência (cautelares ou antecipadas) nesse período a que chamamos de *intermediário*, em que os autos já foram encaminhados pelo juízo *a quo* ao tribunal, mas ainda não foram distribuídos a relator.

Fluxograma 2

NOVO CPC

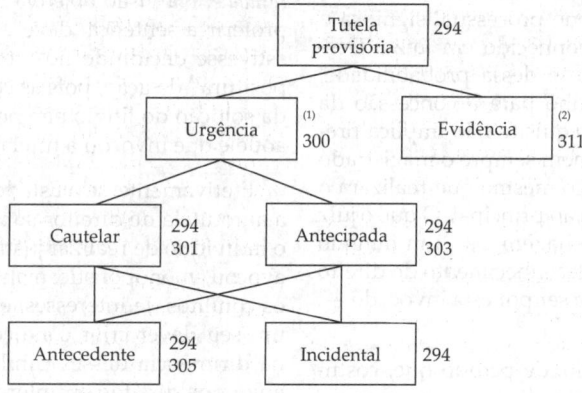

(1) Pressupostos:
- probabilidade do direito;
- perigo de dano ou risco ao resultado útil do processo (303).

(2) Pressupostos:
- abuso do direito de defesa ou manifesto propósito protelatório (311, I);
- as alegações de fato puderem ser comprovadas só com documentos e houver tese firmada em julgamento de casos repetitivos ou em súmula vinculante (311, II) (*);
- tratar-se de pedido reipersecutório fundado em prova documental adequada (311, III) (*);
- petição inicial instruída com prova documental suficiente dos fatos constitutivos do direito do autor, a que o réu não oponha prova capaz de gerar dúvida razoável (311, IV).

(*) O juiz poderá decidir, liminarmente (311, par, único).

TÍTULO II

DA TUTELA DE URGÊNCIA

CAPÍTULO I

DISPOSIÇÕES GERAIS

Art. 300. A tutela de urgência será concedida quando houver elementos que evidenciem a probabilidade do direito e o perigo de dano ou o risco ao resultado útil do processo.

§ 1º Para a concessão da tutela de urgência, o juiz pode, conforme o caso, exigir caução real ou fidejussória idônea para ressarcir os danos que a outra parte possa vir a sofrer, podendo a caução ser dispensada se a parte economicamente hipossuficiente não puder oferecê-la.

§ 2º A tutela de urgência pode ser concedida liminarmente ou após justificação prévia.

§ 3º A tutela de urgência de natureza antecipada não será concedida quando houver perigo de irreversibilidade dos efeitos da decisão.

• **Comentário**

Caput. Os pressupostos legais para a concessão de tutela de urgência (cautelar ou satisfatia) são: a) a probabilidade do direito (material); b) o perigo de dano (irreparável ou de difícil reparação; ou c) o risco ao resultado útil do processo.

Probabilidade do direito. Embora possa haver divergência doutrinária acerca da interpretação da norma legal em exame, entendemos que o *direito*, no caso, é o *material* vale dizer, aquele que será objeto de postulação no processo principal. A probabilidade se refere àquilo aquilo que se apresenta razoável, que pode ocorrer; no terreno processual significa o direito passível de ser reconhecido em juízo. Destarte, o juiz, convencendo-se dessa probabilidade, terá avançado meio caminho para a concessão da tutela. A avaliação desse requisito não implica prejulgamento — até porque nem sempre o magistrado que conceder a tutela será o mesmo que realizará o julgamento do mérito na ação principal. O que o juiz faz, apenas, é examinar se há, em tese, um mínimo de viabilidade jurídica de reconhecimento do direito invocado pela parte — ou a ser por esta invocado —, no processo principal.

Se se trata, por exemplo, de pedido que, costumeiramente, é rejeitado pelos órgãos jurisdicionais, o juiz poderá deixar de conceder a tutela requerida com base nesse fato, pois não se pode afirmar existir, neste caso, probabilidade o direito vir a ser reconhecido.

De igual modo, se o pedido de mérito estiver em confronto com súmula vinculante do STF (CF, art. 103-A) será insensato pensar na probabilidade de o direito alegado vir a ser reconhecido em juízo.

Além disso, não nos esqueçamos que há pedidos considerados *juridicamente impossíveis*, que, por esse motivo, não podem ser acolhidos pelo pronunciamento jurisdicional. Tratando-se de pedido dessa espécie cumprirá ao juiz, nos autos da tutela de urgência, indeferi-la, porquanto não estará caracterizada, aqui, a probabilidade do direito a que se refere o art. 300, *caput*.

Já nas obras de Chiovenda se capta a preocupação do grande jurista europeu em demonstrar os riscos de danos a que ficam submetidos os litigantes, desde o ingresso em juízo até a efetiva composição da lide, considerando-se que o processo, assim como as ações humanas em geral, é marcado pela *temporalidade*. Na visão objetiva de Chiovenda, o juiz, ao proferir a sentença, deve procurar fazê-lo como se estivesse decidindo no momento da própria "propositura" da ação, pois as consequências na demora da solução do litígio não podem ser suportadas por aquele que invocou a tutela jurisdicional do Estado.

Efetivamente, se o Estado moderno tornou defesa a autotutela de direitos subjetivos, ou seja, impediu o indivíduo de realizar justiça pelas próprias mãos e avocou, monopolisticamente, o encargo de dirimir os conflitos de interesses, é elementar que constitui um seu dever criar condições para que a tardança na dirimência desses conflitos não ocorra em prejuízo dos direitos ou interesses de quem provocou o exercício da função jurisdicional. A Hugo Alsina não passou despercebida essa particularidade: "Si el Estado al asumir la función de administrar justicia prohibe e los individuos la autodefensa de sus derechos, no puede, en situaciones como las enunciadas, desentenderse de las consecuencias de la demora que necesariamente ocasiona la instrucción del proceso, y debe por tanto proveer las medidas necesarias para prevenilas, colocándolas en manos del juez u los litigantes. Tales son las llamadas medidas precautorias" (*Tratado teorico e practico de derecho procesal civil y comercial*. 2. ed. Buenos Aires: Bibliográfica Argentina, 1963, v. 5, p. 447 e seguintes).

Como sabemos, dentre os princípios informativos do processo está o da *celeridade* na entrega da prestação jurisdicional invocada. É bem verdade que, em tema de processo do trabalho (para falarmos apenas dele), esse princípio se encontra reduzido a mero *anseio*, pois a solvência dos conflitos entre empregados e empregadores tem sido feita em espaço de tempo muito superior ao desejável — sem que os juízes possam ser responsabilizados por essa lentidão. Considerando que não há possibilidade prática de reduzir o tempo de emissão da sentença satisfativa — pois o congestionamento judiciário é crescente —, instituíram-se as tutelas de urgência, que correspondem, assim, não apenas ao instrumento eficaz de que se pode socorrer a parte para evitar as consequências deletérias da demora na composição da lide, mas um vivo exemplo de que, em concreto, a celeridade do procedimento (principal) está reduzida a simples anelo de todos.

As providências de urgência representam, em última análise, uma expressiva contraposição ao mito da celeridade procedimental, de que tanto ouvimos falar pela linguagem quase retórica da doutrina nacional. Dentro dessa mesma relação, é possível vaticinarmos que se, em futuro, tal celeridade tornar-se real, efetiva, terão cessado, em grande parte, as razões de fato e de direito que hoje justificam a existência das tutelas de urgência.

Lembra Castro Villar que o perigo na demora não deve ser entendido como o perigo genérico de dano jurídico, mas especificamente, "o perigo de dano posterior, derivante do retardamento da medida definitiva" (*Ação cautelar inominada*. Rio de Janeiro: Forense, 1986. p. 17).

É de grande importância para o assunto verificarmos, em seguida, qual deve ser a atitude do juiz na apreciação do requisito do perigo de dano, decorrente da demora da solução definitiva da lide.

Realçando o nosso entendimento de que na avaliação de um pedido cautelar o juiz não pode ingressar no mérito da causa (exceto nas situações que apontamos), devemos dizer que na apreciação do alegado *periculum in mora* ele deve ater-se aos fatos relacionados a esse pressuposto. Segundo o magistério de *Liebman*, o perigo na demora não é uma relação jurídica, traduzindo-se, isto sim, numa situação de fato, complexa e mutável, da qual o juiz extrairá dos elementos de probabilidade acerca da iminência de um dano ao direito da parte (Unidade do procedimento cautelar. In: *Problemi*, apud VILLAR, Castro, obra cit., p. 18) — direito ao processo e não direito material, insistimos em esclarecer.

Adverte Lopes da Costa que o dano deve ser *provável*, não sendo suficiente para a concessão da medida a *possibilidade* ou a *eventualidade* de dano, justificando que "possível é tudo, na contingência das cousas criadas, sujeitas à interferência das forças naturais e da vontade dos homens. O possível abrange assim até mesmo o que raríssimamente acontece. Dentro dele cabem as mais abstratas e longínquas hipóteses. A probabilidade é o que, de regra, se consegue alcançar na previsão. Já não é um estado de consciência, vago, indeciso, entre afirmar e negar, indiferente. Já caminha na direção da certeza. Já para ela propende, apoiado nas regras da experiência comum ou da experiência técnica" (*Medidas preventivas*. 2. ed. Belo Horizonte, 1958. p. 43).

O art. 798 do CPC revogado, que versava sobre o poder geral de cautela do juiz, dispunha que este poderia determinar providências dessa natureza (embora as considerasse, erroneamente, "provisórias") quando houvesse *fundado receio* de que uma parte (errava mais uma vez a lei ao utilizar a expressão "antes do julgamento da lide") causasse ao direito da outra lesão grave e de difícil reparação. Além das impropriedades técnicas denunciadas, o texto legal citado incidia no equívoco de supor que a providência somente poderia ser concedida se a lesão ao "direito" (ou interesse?) do requerente decorresse de *ato da parte contrária*, como se não fosse possível emitir a providência toda vez que ficasse demonstrado que o dano adviria de *fatos naturais* (inundações, abalos sísmicos e outros fenômenos dessa espécie). Não está em nossos desígnios, todavia, nos fixarmos nas críticas ao enunciado do art. 798 do CPC anterior, e sim localizarmos nessa norma legal o critério a ser observado, esmo nos dias atuais, pelo juiz, para efeito de apurar a existência, ou não, do *perigo de dano*.

Sem embargo, o risco de dano, externado pelo solicitante da tutela de urgência, deve ser *fundado*, ou seja, palpável, perceptível, real e não simplesmente imaginário, de modo a permitir uma constatação — o quanto possível — objetiva pelo juiz. A não ser assim, teríamos de admitir que um simples *receio* infundado da parte fosse suficiente para tornar exigível a outorga da tutela. Com *perigo de dano* o legislador atual procurou afastar do campo de apreciação judicial qualquer manifestação meramente subjetiva da parte, de avaliação difícil, imprecisa; quando não, impregnada de subjetivismo do próprio juiz.

O *perigo de dano* não deve, por isso, ser produto de um capricho ou sentimento meramente pessoal da parte, e sim de justificado temor de dano, de tal modo que o juiz não fique em dúvida quanto a isso.

É claro que mesmo regido pela cláusula legal do *perigo de dano* o magistrado haverá de realizar uma prospecção, ainda que superficial, epidérmica, do perigo alegado pelo requerente. Pondera Alberto dos Reis que nem faria sentido que o juiz, para certificar-se da existência do direito (adapte-se para perigo de *dano*) houvesse de empreender um exame tão longo, tão refletido, como o que há de efetuar no processo principal (*A figura do processo cautelar*, p. 26, *apud* VILLAR, Castro, obras cit., p. 18). É que, nesse caso — arremata o ilustre jurista — o processo cautelar perderia a sua razão de ser: mais valeria esperar pela decisão definitiva (*ibidem*).

A finalidade da tutela de urgência impetra, pois, um conhecimento judicial rápido, sumário, a respeito do perigo, não devendo o juiz impor à parte a prova concreta do dano e sim levar em conta, com vistas à avaliação desse pressuposto, a *probabilidade* de um dano proveniente da demora na composição da lide. Nesse aspecto, portanto, a tutela de urgência é caracterizada por uma *summa cognitio*, que tem por objeto os fatos concernentes ao risco de dano temido pelo requerente. A iminência do dano e a consequente urgência de que a parte necessita na obtenção da providência judicial justificam, plenamente, a sumariedade na apreciação dos fatos — mesmo que, ao final, o juiz venha a denegar a medida solicitada.

Convém acrescentar que a probabilidade de dano, a que nos referimos, não deve ser avaliada — em nome da *summa cognita* que se impõe — de maneira arbitrária pelo juiz, até porque, em nenhum momento, a lei lhe atribui alguma arbitrariedade na prática de seus atos, decisórios ou não. O que a ele se reconhece, em matéria de tutela de urgência, é a *discricionariedade*, que não se confunde com a arbitrariedade. Apreciará o julgador, em face disso, a probabilidade de dano sob o império das regras que informam a sua persuasão racional, donde provém o seu dever de indicar, mesmo que laconicamente, os motivos (fundamentos) que influíram na formação do seu convencimento sobre a periclitância do direito do requerente da tutela.

No que respeita ao autor, embora deva mencionar, na inicial, as provas que pretende produzir, não se deve pensar que no atendimento a esse ônus ele fique rigidamente atrelado aos preceitos que regem a produção das provas nos processos em geral. Daí vem, que poderá o juiz admitir certos meios de *justificação* dos fatos, mais ou menos livres, reservando-se ao julgador o exame, segundo seu prudente arbítrio, da veracidade das alegações da parte.

Pensamos, contudo, ser absolutamente dispensável a verificação quanto ao surgimento temporal do perigo na demora, para efeito de concessão da tutela de urgência. Não nos parece muito jurídico o argumento de que a medida somente poderia ser emitida se o *periculum* preexistisse ao surgimento da pretensão posta em juízo. A nosso ver, o único requisito que se deve ter em conta é o da existência, ou não, desse perigo ao tempo em que o juiz está para decidir sobre a tutela de urgência pedida. Segue-se, que se o perigo existia antes mesmo de ser invocada a jurisdição, mas na época da prolação da sentença já havia desaparecido, terá deixado de existir o interesse do autor na obtenção da tutela. Em outro sentido, se à época do ingresso em juízo o perigo inexistia, mas veio a surgir no curso do processo, assegurada estará a viabilidade jurídica para a expedição da tutela.

Castro Villar também diverge do pensamento doutrinário predominante acerca do assunto: "... não é verdade que deve sempre o interesse surgir de uma situação posterior ao surgimento do próprio direito. Com o surgimento do direito das partes, a situação então encontrada pode mudar. O tempo é um suceder de fatos e esses fatos mudando — situação anterior de perigo existente anteriormente —, pode autorizar a medida cautelar. A medida cautelar é concedida em face dos fatos que demonstram um perigo da mora. Não importa que a situação de perigo fosse anterior. Se os fatos mudam esse perigo, aumentam-no, não há dúvida que para manter o equilíbrio das partes, o juiz pode conceder a medida cautelar. Também se o requerente da medida não conhecia a situação de perigo anterior, a medida pode ser concedida, sem afrontar a situação de equilíbrio entre as partes. Entra no poder de discricionariedade do juiz, que, para proteger o processo, pode autorizar a medida cautelar que melhor se adapta ao estado de fato. Em suma, o que autoriza a medida cautelar é o perigo da mora, e esse perigo deve ser avaliado em face dos fatos, no momento do pedido da medida cautelar, pouco importando se a situação de perigo já existia. Desde que essa situação tenha se alterado, evidente que a medida cautelar pode ser concedida (obra cit., p. 19/20, nota de roda pé n. 42).

Nossa única discrepância da opinião de Castro Villar é no tocante ao momento em que a presença do perigo deve ser exigida, com vistas à apreciação do pedido de tutela de urgência. Enquanto para o jurista mencionado esse momento é o da *formulação* do pedido, pensamos que deve ser o da *apreciação* desse pedido, exatamente por que como dissemos, pode ocorrer de o receio de dano existir na oportunidade do ingresso em juízo (logo, no momento em que a pretensão cautelar foi deduzida), mas vir a desaparecer no ensejo em que o juiz irá dedicar-se à apreciação (entenda-se: proferir decisão) desse pedido — hipótese em que a tutela deverá ser denegada, porquanto não mais existe o interesse do autor no seu conseguimento.

Risco ao resultado útil do processo. O processo constitui método ou técnica de que se utiliza o Estado para solucionar os conflitos de interesses ocorrentes entre os indivíduos ou as coletividades. O *resultado útil* do processo reside, justamente, em garantir que as partes, no curso do procedimento, tenham iguais oportunidades — alegações, produção de provas, impugnações etc.) — para demonstrar a existência do direito que invocaram. Não podemos considerar como resultado útil do processo a asseguração do direito (material) em si, porquanto pode ocorrer de a parte, que efetivamente, possui o direito alegado não o ter reconhecido — por alguma razão — pela sentença. Sempre que houver risco ao resultado útil do processo, a parte interessada poderá requerer ao juiz a concessão de tutela de urgência, a fim de ser afastado esse risco.

§ 1º Houve reprodução parcial do art. 804 do CPC revogado. Se o juiz convencer-se de que a concessão da liminar na tutela de urgência poderá acarretar danos ao requerido, poderá exigir que o requerente preste caução, real ou fidejussória, suficiente para ressarci-lo desses danos.

Desse encargo ficará dispensado o requerente que for economicamente hipossuficiente.

Ocorrendo de o requerente não prestar caução, nem provar que não possui condições econômico-financeiras para prestá-la, isso não corresponde a afirmar que, fatalmente, o juiz deverá indeferir a tutela de urgência por este requerida. É preciso salientar o fato de que a exigência de caução não é obrigatória, inscrevendo-se, ao contrário, no rol das *faculdades* processuais que a lei atribui ao juiz. O verbo *poder*, utilizado na redação do § 1º do art. 300, deixa transparecer essa faculdade.

Esse é o sistema do processo civil. Pergunta-se: o disposto no § 1º do art. 300, do CPC é aplicável ao processo do trabalho?

A caução, de que trata a norma legal em exame, constitui *contracautela*. Em princípio, entendemos que a caução é incompatível com o processo do trabalho, mesmo que o requerente não seja hipossuficiente. Segundo o nosso ponto de vista, portanto, ao juiz do trabalho cabe, diante de um pedido de concessão de tutela de urgência: a) indeferi-la, se ausentes os pressupostos legais; b) concedê-la, sem exigência de caução, se presentes os mencionados pressupostos.

Nada obsta, porém, a que a parte, por sua iniciativa, preste caução como providência destinada a assegurar-lhe a concessão da tutela de urgência. Caso isso ocorra, a caução poderá ser real (hipoteca, penhor, anticrese etc.) ou fidejussória, representada pela garantia pessoal de quem a oferece (autor, fiador). Como a caução se destina a ressarcir a parte contrária dos prejuízos que vier a sofrer pela concessão da tutela, é medida de prudência judicial determinar que o valor a ser caucionado guarde equivalência com o valor estimável do eventual prejuízo.

A caução será prestada nos mesmos autos em que foi solicitada a tutela de urgência, dispensando-se de maiores formalidades. Ao juiz incumbirá fixar o prazo para que o requerente preste a caução; desrespeitado esse prazo, o despacho concessivo da caução será revogado.

O art. 297, parágrafo único, conforme vimos, declara que a efetivação da tutela provisória (gênero) observará, no que couber, as normas atinentes ao cumprimento provisório da sentença. Isso significa que, entre outras coisas, o juiz poderá exigir a prestação de caução (art. 520, IV). Esse caucionamento, contudo, não será necessário se já houver caução prestada com base no art. 300, § 1º, que cuida da tutela de urgência (espécie).

§ 2º Se o juiz convencer-se quanto à probabilidade do direito e ao perigo de dano ou ao risco quanto ao resultado útil do processo, poderá conceder, liminarmente, a tutela de urgência sem audiência da parte contrária (*inaudita altera parte*). Caso contrário, fará com que o requerente justifique as suas alegações; com vistas a isso, poderá designar audiência, permitindo, ou não, a participação do requerido, conforme sejam as circunstâncias. A concessão *inaudita altera parte* da tutela não transgride a garantia constitucional do contraditório e da ampla defesa, pois, no caso, o exercício dessa garantia fica diferido para fase da contestação (CPC, art. 306).

§ 3º A declaração de que a tutela de urgência, de natureza antecipada, não será concedida quando houver perigo de irreversibilidade dos efeitos da decisão foi tomada por empréstimo ao § 3º do art. 273, do CPC anterior, que tratava da antecipação dos efeitos da tutela.

A norma em questão não conflita com o § 1º do mesmo artigo, que permite ao juiz exigir a prestação de caução. Em primeiro lugar, porque no caso de prestação de caução — ressalvado o nosso entendimento de que no processo do trabalho ela não pode ser exigida — não há, em tese, perigo de irreversibilidade da decisão, embora haja risco de dano ao requerido; em segundo, o veto legal à emissão de tutela quando houver perigo de irreversibilidade só incide na tutela urgente de natureza *antecipada*, não na de natureza *cautelar*.

Art. 301. A tutela de urgência de natureza cautelar pode ser efetivada mediante arresto, sequestro, arrolamento de bens, registro de protesto contra alienação de bem e qualquer outra medida idônea para asseguração do direito.

• **Comentário**

A norma deve ser examinada sob dois aspectos: a) ao afirmar que a tutela urgente de natureza cautelar pode ser efetivada por meio de arresto, sequestro, arrolamento de bens, registro de protesto contra alienação de bem. O arresto somente é previsto, no atual CPC, na execução (art. 830). Não há disciplina do sequestro no corpo do Código. O arrolamento de bens e registro de protesto contra alienação de bem escapam à competência da Justiça do Trabalho; b) ao afirmar que o juiz pode conceder qualquer outra medida idônea, no âmbito da tutela urgente de natureza cautelar "para asseguração do direito".

A expressão aspada, a nosso ver, revela a presença do *poder geral de cautela do magistrado*, prevista no art. 798 do CPC anterior , e preservado no sistema do CPC de 2015.

Sobre esse notável e extraordinário poder que o sistema processual coloca à disposição do magistrado encontramos ensejo de dedicar algumas páginas em nosso livro "As Ações Cautelares no Processo do Trabalho" (5. ed. São Paulo: LTr, 2005. p. 157/165), que agora reproduziremos em síntese, depois de adaptá-las ao atual CPC.

No CPC de 1939 não havia previsão expressa do poder geral de cautela do juiz, embora certos autores houvessem sustentado a presença deste poder no art. 765 daquele Código, com fundamento em que: a) o precitado artigo (incs. I, II e III) era tradução do art. 324 do Código de Processo Civil italiano, elaborado por Carnelutti, onde a doutrina daquele país reconhecia uma tal espécie de poder; b) a tradição brasileira sempre atribuiu ao magistrado o poder de conceder medidas de segurança antes mesmo de conhecer a ação principal; c) pela lei então vigente, que investia o juiz de especial poder de conceder medidas de cautela, fora dos casos expressamente autorizados em lei.

Dissecado, sob a óptica doutrinária, o teor do art. 798 do CPC de vejamos agora qual a natureza jurídica do poder geral de cautela, que o Código concede aos juízes.

Não nos parece correta a atitude adotada por certo segmento da doutrina, consistente em buscar a resposta à indagação ora formulada entre as alternativas de jurisdicionariedade e de discricionariedade, de tal modo que a adoção de uma delas excluiria, necessariamente, a outra. Se no campo do direito administrativo essa separação é necessária, nem sempre o é no processual; a entender-se diversamente, ter-se-ia de concluir que o juiz, nos casos de administração pública de interesses privados ("jurisdição voluntária", [sic]), não exerce funções jurisdicionais, o que corresponderia a um intransponível contrassenso. Pensamos, por isso, que o juiz no desempenho de seu poder-dever jurisdicional, possa exercitar atividades onde mais se destaque o conteúdo administrativo dos seus atos, sem que isso implique negativa da existência de um componente jurisdicional.

Definida a nossa posição em face do problema, cremos estar aberta a via à afirmação do caráter essencialmente *discricionário* do poder geral de cautela. Discricionário, contudo, não é o mesmo que *arbitrário*; enquanto o primeiro traduz a margem que a lei abre à atuação da vontade do juiz, o segundo, ao contrário, expressa a atuação judicial *fora* da previsão da norma legal, sendo produto, portanto, do arbítrio exclusivo do magistrado.

Ensina Zitelmann, a respeito do assunto que, "na lei não se contêm, como com tanta frequência crê o não-jurista, decisões concretas dos casos, de tal forma que o papel do juiz se reduzisse ao de um autômato — põe-se o caso e salta a decisão — se não que exige do magistrado valoração independente. Ela só diz aquilo que as regras gerais podem dizer, preservando área indeterminada, a fim de que o juiz tenha espaço bastante para considerar em suas decisões a peculiaridade do caso isolado, cada um deles em nada semelhante ao outro" (Las lacunas del derecho, trad. Espanhola de Lücken im Recht. In: *La ciência del Derecho*. Buenos Aires: Losada, 1949. p. 314/315).

É sabido, porém, que as normas integrantes do devido processo legal (*due process of law*) se destinam a disciplinar, a regrar não apenas a atividade das partes, se não que a própria atuação dos demais sujeitos do processo, dentre eles, em especial, o juiz. Neste último caso, a sujeição do magistrado à imperatividade das normas procedimentais tem o escopo de garantir aos litigantes a necessária *imparcialidade judicial*. Vale ser lembrado o comando do art. 139, do CPC, de acordo com o qual "O juiz dirigirá o processo conforme as disposições deste Código, incumbindo-lhe: I — assegurar às partes igualdade de tratamento".

O princípio assente, portanto, é o de que o juiz, no exercício de sua indeclinável função de diretor do processo, deve dispensar às partes um tratamento isonômico e um dos caminhos para isso é a sua fiel obediência às normas relativas ao procedimento legal. Disto decorre que eventual fuga do magistrado a esses preceitos configurará, quase sempre, uma falta contra o dever de imparcialidade, além de render ensejo à arguição de nulidade do procedimento, ou a impetração de mandado de segurança, por parte daquele a quem a imparcialidade do julgador prejudicou.

Dentro do quadro que ora esboçamos, pareceria difícil, pois, aceitar a existência de um poder discricionário do juiz. Alguns autores chegam mesmo a sustentar que essa discricionariedade somente ocorreria quando o juiz se lançasse à interpretação de normas jurídicas, com o que pretenderam negá-la como ato de *vontade* deste. Com o devido respeito que nos merece essa corrente de opinião, constitui impropriedade palmar confundir o ato de interpretação de norma legal — que é reconhecido à generalidade das pessoas — com o *poder* de discricionariedade do magistrado, que lhe é exclusivo (não entra em consideração, aqui, a administração pública). A presença desse poder, no processo civil, não é cerebrina; está evidenciada na literalidade do art. 300, do Código.

Temos, assim, que o mesmo Código que — como é de sua natureza — traça e delimita a atuação do juiz no processo, e deixa-lhe, em alguns momentos, uma certa faixa, um espaço no qual deverá movimentar-se com liberdade, embora dentro dos limites estabelecidos pela própria lei. Essa atuação balizada do juiz põe em relevo o seu poder discricionário, que

Código de Processo Civil

o exercerá segundo os clássicos critérios de *oportunidade* e *conveniência*.

Observa-se que diante das medidas cautelares específicas, nominadas, a faculdade do juiz cinge-se à concessão ou ao indeferimento da providência impetrada, cuja tipicidade está prevista em lei; já no caso das inominadas (atípicas), esse ato do julgador vai além da simples concessão ou negativa da medida, pois o Código, além de abrir um vastíssimo leque de providências dessa natureza, consente que o juiz as outorgue sempre que reputá-las adequadas — e nesse *julgar* se concentra a sua discricionariedade, em que pese subordinada à iminência de um dano aos interesses do solicitante.

Abriga-se no art. 300 do CPC, conseguintemente, não um dos tantos poderes que o Código atribui, ao longo de suas disposições, ao juiz, na qualidade de reitor do processo; o que aí repousa, em verdade, é um poder extraordinário, amplo, comparável, talvez, ao do pretor romano *"quando, no exercício do imperium, decretava os interdicta"* (LACERDA, Galeno. *Comentários ao Código de Processo Civil*. 2. ed. Rio de Janeiro: Forense, 1981. v. III, tomo I, p. 136).

Valem ser reproduzidas, neste instante, as memoráveis palavras proferidas por Galeno Lacerda sobre a discricionariedade do juiz em sede cautelar: "A notável liberdade discricionária que a lei concede ao juiz para adotar as medidas atípicas mais adequadas para conjurar a situação de aprêmio representa, a nosso ver, o momento mais alto e amplo da criação do direito concreto pela jurisprudência, em sistema codificado, de direito continental, como o nosso. Claro que o juiz não cria, aí, o direito material abstrato. Mas as providências variadas e imprevisíveis, imposta pela força dos fatos, fazem com que os decretos do magistrado assumam o caráter de normas e imperativos concretos de conduta, que significam na verdade, autêntica obra de descoberta e criação singular do direito, emanada do fato, colada ao fato, nascida para o fato. Nesta perspectiva, rasga-se a imagem tradicional do juiz preso e manietado do sistema continental, e dá-se ao juiz moderno dos países codificados o mesmo horizonte criador e novo do pretor romano e dos magistrados anglo-americanos. O diretor cautelar, se nos permitem o neologismo, a todos nivela, aos juízes de todos os tempos e lugares, acima da História e dos sistemas diversificados de elaboração jurídica, numa identidade imposta pelas necessidades permanentes e universais de proteção direta e imediata do homem contra a ameaça, o perigo, o risco, o conflito" (obra cit., p. 157).

Não é despropositado afirmarmos, em virtude das razões até este ponto apresentadas, que o art. 300 do CPC representa autêntica *norma em branco*, que descortina amplos caminhos ao exercício do poder discricionário do juiz; poderá este, para evitar dano à parte contrária, ordenar que o autor preste caução, embora entendamos que essa contracautela seja incompatível com os princípios informativos do processo do trabalho, conforme procuramos demonstrar em linhas anteriores.

A alusão ao processo do trabalho anima-nos a um outro comentário.

Estamos convencidos de que se o processo civil encontrou fortes motivos para conceder ao juiz um poder geral de cautela, o processo do trabalho, *a fortiori*, reclama para os juízes especializados idêntica potestade. A razão é lógica e se encontra estampada no art. 765 da CLT, que atribui ao magistrado do trabalho *"ampla liberdade na direção do processo..."*. Essa amplitude de liberdade, concedida pela lei, justifica não só o impulso oficial do juiz, em relação a determinados atos do procedimento (p. ex., a intimação de testemunhas: art. 825, parágrafo único; o início da execução: art. 878, *caput* etc.), mas a própria necessidade de outorgar-lhe um genérico poder de acautelamento, destinado, acima de tudo, a evitar que atos do réu possam causar aos interesses do autor lesões graves e de difícil reparação.

Esse poder geral de cautela, previsto no art. 300 do CPC, penetra o processo do trabalho pelo permissivo do art. 769 da CLT e se ajusta, com absoluta harmonia, à declaração contida no art. 765, do texto trabalhista.

Viemos, até aqui, cogitando de medidas cautelares *requeridas* pelo interessado; é de suma importância verificarmos agora se o juiz pode emitir, *ex officio*, providências inominadas.

A jurisdição — inclusive trabalhista — é presidida pelo princípio da inércia; isto equivale a dizer que o juiz somente estará autorizado a prestar a tutela jurisdicional quando esta for *solicitada* pela parte ou pelo interessado, nos casos e forma legais (CPC, art. 2º). Os arts. 39, *caput*, e 856 da CLT, surgem como destacadas exceções a essa regra, sem que seja lícito supor que a invalidem.

Sendo esse o princípio regente do processo, como método ou técnica de heterocomposição estatal dos conflitos subjetivos de interesses, não encontramos razões para obstar-lhe a incidência nas tutelas provisórias de urgência, de natureza cautelar. A urgência, que sói caracterizar a concessão de providências acautelatórias, em caráter antecedente ou incidental, não justifica a atuação de ofício do magistrado, ao menos como preceito genérico. Afinal, cabe ao indivíduo, *na medida de seu interesse*, deduzir uma pretensão cautelar, com o objetivo de impedir que ato de outrem lhe acarrete danos profundos e de difícil reparação.

Segundo pensamos, a iniciativa do juiz, na expedição de decretos cautelares, representa séria ruptura com o dever de neutralidade, a que está legalmente submetido, possibilitando, com isso, que a "parte" contrária elimine essa anomalia mediante o manejo do mandado de segurança.

Art. 302

Tipificaria o art. 312 do CPC um caso em que a lei autoriza o juiz a agir independentemente de provocação pelo interessado? A norma está assim redigida: "Durante a suspensão (do processo) é vedado praticar qualquer ato processual, podendo o juiz, todavia, **determinar a realização de atos urgentes a fim de evitar dano irreparável**, salvo no caso de arguição de impedimento e suspeição" (destacamos).

As expressões "atos urgentes" e "dano irreparável" permitem inferir que as providências a serem tomadas pelo juiz, com fundamento no art. 312 do CPC, têm natureza algo *cautelar*. A admissão desse fato não corresponde, porém, ao reconhecimento da possibilidade de o juiz agir *sponte sua* na concessão de tutela de urgência, cautelar. Em nenhum momento, a sobredita norma legal lhe confere incoação para agir. A hipótese, via de consequência, se curva à regra geral que impõe a iniciativa do interessado (*ne procedat iudex sine officio*).

A resposta definitiva está no art. 299, *caput*, do CPC: a tutela provisória (seja de urgência, seja da evidência) *será requerida* ao juiz da causa; sendo assim, a concessão da tutela depende de iniciativa da parte interessada.

Art. 302. Independentemente da reparação por dano processual, a parte responde pelo prejuízo que a efetivação da tutela de urgência causar à parte adversa, se:

I – a sentença lhe for desfavorável;

II – obtida liminarmente a tutela em caráter antecedente, não fornecer os meios necessários para a citação do requerido no prazo de 5 (cinco) dias;

III – ocorrer a cessação da eficácia da medida em qualquer hipótese legal;

IV – o juiz acolher a alegação de decadência ou prescrição da pretensão do autor.

Parágrafo único. A indenização será liquidada nos autos em que a medida tiver sido concedida, sempre que possível.

• **Comentário**

Caput. A matéria estava disciplinada no art. 811 do CPC revogado.

O requerente responderá ao requerido pelos danos processuais que a efetivação da tutela de urgência causar a este. Além disso, também responderá pelos prejuízos acarretados ao requerido nos casos enumerados nos incisos I a IV.

Inciso I. Sentença desfavorável. Significa que a sentença proferida no processo principal rejeitou os pedidos formulados pelo autor — que é o requerente — em benefício de quem se havia concedido a tutela de urgência.

Inciso II. Se a tutela foi obtida em caráter antecedente, a parte beneficiada deverá promover a citação do requerido no prazo de cinco dias; não o fazendo, responderá pelos danos e prejuízos causados a este.

Neste caso, o requerente será pecuniariamente punido em virtude de sua negligência processual.

Inciso III. Cessação da eficácia da medida. O art. 309 prevê as situações em que cessará a eficácia da medida concedida em caráter antecedente. Ocorrendo quaisquer dessas situações, o requerente responderá ao requerido pelos danos e prejuízos acarretados.

Inciso IV. O juiz acolher a alegação de decadência ou da prescrição da pretensão do direito do autor. A norma alude ao *acolhimento* pelo juiz da decadência ou da prescrição. O correto seria fazer menção ao fato de o juiz *pronunciar* a decadência ou prescrição, pois o conhecimento desses temas, no processo civil, independe de alegação da parte interessada: o juiz deve sobre eles manifestar-se *ex officio* (CPC, art. 332, § 1º). No processo do trabalho há controvérsia sobre se o juiz pode conhecer, por sua iniciativa, da prescrição.

Parágrafo único. As indenizações devidas ao requerido pelo requerente serão liquidadas nos mesmos autos em que se concedeu a tutela de urgência. A liquidação poderá ser mediante cálculos, artigos ou arbitramento, obedecido, prioritariamente, o procedimento traçado pelo art. 879, *caput*, da CLT. Tendo sido prestada caução fidejussória (art. 300, § 1º), o correspondente valor poderá ser utilizado, no todo ou em parte, para o pagamento da indenização.

CAPÍTULO II

DO PROCEDIMENTO DA TUTELA ANTECIPADA REQUERIDA EM CARÁTER ANTECEDENTE

Art. 303. Nos casos em que a urgência for contemporânea à propositura da ação, a petição inicial pode limitar-se ao requerimento da tutela antecipada e à indicação do pedido de tutela final, com a exposição da lide, do direito que se busca realizar e do perigo de dano ou do risco ao resultado útil do processo.

§ 1º Concedida a tutela antecipada a que se refere o caput deste artigo:

I — o autor deverá aditar a petição inicial, com a complementação de sua argumentação, a juntada de novos documentos e a confirmação do pedido de tutela final, em 15 (quinze) dias ou em outro prazo maior que o juiz fixar;

II — o réu será citado e intimado para a audiência de conciliação ou de mediação na forma do art. 334;

III — não havendo autocomposição, o prazo para contestação será contado na forma do art. 335.

§ 2º Não realizado o aditamento a que se refere o inciso I do § 1º deste artigo, o processo será extinto sem resolução do mérito.

§ 3º O aditamento a que se refere o inciso I do § 1º deste artigo dar-se-á nos mesmos autos, sem incidência de novas custas processuais.

§ 4º Na petição inicial a que se refere o caput deste artigo, o autor terá de indicar o valor da causa, que deve levar em consideração o pedido de tutela final.

§ 5º O autor indicará na petição inicial, ainda, que pretende valer-se do benefício previsto no caput deste artigo.

§ 6º Caso entenda que não há elementos para a concessão de tutela antecipada, o órgão jurisdicional determinará a emenda da petição inicial em até 5 (cinco) dias, sob pena de ser indeferida e de o processo ser extinto sem resolução de mérito.

- **Comentário**

Caput. Para melhor compreensão do artigo a ser examinado, devemos rememorar que o atual CPC empreendeu uma profunda modificação da sistematização dos temas pertinentes às medidas cautelares e à antecipação dos efeitos da tutela, constantes do Código revogado.

Essa modificação consistiu no fato de o seu Livro V disciplinar o que ali se denominou de "Tutela Provisória". Esta compreende: a) a *tutela de urgência*, que se subdivide em: a.a.) tutela antecipada; e a.b.) tutela cautelar; e b) a *tutela da evidência*. As tutelas de urgência (cautelar e antecipada) subdividem-se em *antecedente* e *incidental*, e podem ser concedidas tanto *liminarmente* quanto após *justificação prévia* (art. 294).

A tutela *de urgência*, como se nota, possui, peculiarmente, caráter heterogêneo, pois tanto pode ser *cautelar* (art. 305) quanto antecipada (art. 303). Sendo antecipada antecedente, poderá tornar-se provisoriamente satisfativa (durante a sua *estabilidade*: art. 304). Nesse caso, a medida revela tênue semelhança com a antecipação dos efeitos da tutela, de que cuidava o art. 273 do CPC revogado, que não possuía, entretanto, possibilidade de tornar-se *estável*. A *tutela da evidência*, por sua vez, tem natureza, essencialmente, satisfativa (art. 311).

O art. 303 versa, de modo específico, *sobre a tutela de urgência antecipada requerida em caráter antecedente*.

Lamentavelmente, contudo, a disciplina legal dessa tutela está a revelar-se extremamente confusa, sendo razoável imaginar, em razão disso, que provocará intensa controvérsia nos domínios da doutrina e da jurisprudência. Feito o registro, devemos ocupar-nos com a interpretação dos arts. 303 e 304.

Se ocorrer de a parte necessitar de uma tutela urgente ao tempo em que já poderia ingressar com a ação cabível, a petição inicial poderá limitar-se ao requerimento de tutela antecipada e à indicação do pedido de tutela final, expondo: a) o conflito de interesses; b) o direito que busca realizar; c) o perigo de dano ou de risco ao resultado último do processo. Como o art. 300 afirma que a tutela de urgência será concedida quando houver elementos que revelem, além do perigo de dano ou o risco ao resultado útil do processo, também a *probabilidade do direito*, articulando-se esse dispositivo legal com o art. 303 temos que, no caso da letra "b", por nós mencionada, cumprirá ao autor indicar não só o *direito que busca realizar*, como a *probabilidade desse direito*, porquanto se trata de tutela *de urgência*.

Em resumo: nos termos do art. 303, o autor terá diante de si duas possibilidades (ou faculdades), quais sejam: a) requerer apenas a tutela provisória urgente satisfativa, indicando o pedido de tutela final; b) requerer, ao mesmo tempo, a tutela provisória urgente antecedente e a tutela satisfativa final. Somente na primeira situação é que ocorrerá a *estabilidade* da tutela, a que se refere o art. 304, *caput*.

O que está no art. 303 do CPC não é uma imposição do sistema, e sim uma *faculdade* que este defere ao autor, como evidencia o verbo *poder*, utilizado na redação dessa norma legal. Deste modo, o autor poderá ingressar com a ação tradicional, de mérito, ou optar pelo procedimento da tutela de urgência antecipada requerida em caráter antecedente. Neste caso, a petição inicial será simplificada, contendo apenas os elementos básicos para que o juiz se convença do direito à tutela pretendida.

O que se deve entender, porém, por "tutela final"? A própria tutela antecipada antecedente concedida ou a tutela de mérito? Aqui se inicia a obscuridade do texto legal. Parece-nos que se trata da própria tutela antecipada antecedente, pois a decisão que a concede, mesmo não sendo impugnada (por meio de recurso, no sistema do CPC: art. 304, *caput*), não fará coisa julgada (art. 304, § 6º), embora se torne estável (*ibidem*). Se a parte desejar rever, reformar ou invalidar essa decisão deverá ajuizar ação específica ("demandar"), em face da outra (art. 304, § 2º).

Entrementes, se a "tutela final" não se referir à lide, ou seja, ao mérito, de tal maneira que a tutela antecipada, sobre a qual estamos a discorrer, seja auto-suficiente, baste a si, por que razão o legislador a teria rotulado de antecedente? Antecedente a quê, se nada mais haveria, além dela? Ademais, que motivo levou o legislador a afirmar, no art. 303, § 6º, que se o autor não emendasse a inicial, no prazo de cinco dias, a inicial seria indeferida "sem resolução do mérito"? Destacamos.

O tema está aberto a controvérsia.

§ 1º Da concessão da tutela antecipada decorrerão as consequências mencionadas nos incisos I e II, a serem examinados. Antes disso, devemos dizer que, segundo entendemos, a norma legal em exame está a referir-se, de maneira implícita, à concessão liminar da tutela, possibilidade prevista no § 2º do art. 300. Sendo assim, a sua concessão ou denegação ensejará a impetração — pelo réu ou pelo autor, respectivamente —, de mandado de segurança, com fundamento analógico no item II, da Súmula n.o 414, do TST. Embora a precitada Súmula aluda à concessão da tutela (antes da sentença), é evidente que o mandamus será cabível também no caso de denegação da tutela. Seria iníquo argumentar-se que o mandado de segurança caberia somente no caso de concessão, negando-se, com isso, a possibilidade de impugnação da decisão denegatória da tutela. Não menos desarrazoado seria sustentar-se que a concessão autorizaria o uso do mandamus, devendo a decisão denegatória ser objeto de agravo de instrumento, sabendo-se que essa modade de recurso, no sistema do processo do trabalho, possui finalidade única: impugnar decisão monocrática denegatória da admissibilidade de recurso.

Inciso I. Intimado da concessão, o autor terá o prazo de quinze dias (ou em prazo maior, que o juiz estabelecer) para: a) aditar a petição inicial, complementando os argumentos inicialmente nela lançados; b) juntar novos documentos, se for o caso; c) confirmar o pedido de tutela final. Pela redação da norma, verifica-se que o juiz poderá fixar prazo maior, ao determinar a intimação do autor. Nada impede, pois, que, aludindo o despacho judicial a quinze dias, o autor requeira a ampliação desse prazo, quando houver comprovada necessidade.

É oportuno insistir neste ponto: por força do disposto no art. 303, *caput*, do CPC, quando a urgência for contemporânea à propositura da ação de mérito, a petição inicial será simplificada, podendo limitar-se, nesta ordem: a) à declaração do autor de que pretende valer-se da faculdade prevista no *caput* do art. 303; b) a exposição dos fatos e do direito; c) à indicação do pedido de tutela final; d) a menção ao direito que visa a realizar; e) a indicação do perigo de dano ou do risco ao resultado útil do processo.

Essa simplificação da inicial é justificável, pois decorre da necessidade de ser obtida, com urgência, a tutela.

Concedida a providência jurisdicional destinada a acautelar o direito do autor, este deverá, no prazo de quinze dias (preconizamos que seja de cinco dias, no processo do trabalho): a) aditar a petição inicial (que era simplificada); b) complementar a argumentação nela exposta; c) juntar outros documentos; e d) confirmar o pedido de tutela final, de mérito (art. 303, § 1º). Se o autor não adita a inicial, o processo será extinto (art. 303, § 2º).

Inciso II. Feito o aditamento à petição inicial, o réu será citado e, ao mesmo tempo, intimado para comparecer à audiência de conciliação ou mediação. A remissão que a norma *sub examen* faz ao art. 334 significa que a audiência deverá ser designada com antecedência mínima de trinta dias, e o réu ser citado com, pelo menos, vinte dias de antecedência. Se, nessa audiência, houver autocomposição (acordo), o processo será extinto com o cumprimento do que foi objeto da transação (CPC, art. 487, III, "b"). Não havendo acordo, o prazo para a contestação será contado da audiência ou da última sessão de conciliação (arts. 303, III, e art. 335, I).

Não cremos que esse procedimento deva ser observado por inteiro no âmbito da Justiça do Trabalho, por ser incompatível com o processo que nela se pratica. Basta ver que, enquanto a CLT estabelece que a audiência deva ser a primeira desimpedida, depois de cinco dias (art. 841, *caput*), o art. 334 do CPC exige que a audiência seja designada com antecedência mínima de trinta dias. Ademais, o réu deverá ser citado com antecedência mínima de vinte dias, e terá o prazo de quinze dias, ou mais, para contestar, que será contado da mencionada audiência (art. 335, I)

Preconizamos, diante disso, que o procedimento da tutela de urgência antecipada, em caráter antecedente, seja adaptado ao processo do trabalho, de tal arte que se poderia aplicar o disposto no *caput* do art. 303 do CPC; entretanto, concedida a tutela: a) o autor aditaria a inicial, juntaria documentos (se fosse o caso) e confirmaria o pedido de tutela final em cinco dias, por simetria ao art. 841, *caput*, da CLT; b) o réu seria citado para comparecer à audiência, a ser designada com observância do prazo fixado no art. 841, *caput*, da CLT. Não havendo autocomposição, o réu teria o prazo de cinco dias para oferecer contestação, a ser protocolada na secretaria do juízo ou remetida eletronicamente. Havendo necessidade, o juiz designaria audiência para a instrução oral do procedimento (depoimento das partes, inquirição das testemunhas e o mais), adução de razões finais e reiteração da proposta conciliatória. O julgamento poderia ser realizado na mesma audiência, ou em outra, especificamente marcada para esse fim.

No processo do trabalho, da decisão que conceder ou denegar a tutela antecipada, seja em caráter antecedente ou incidental, caberá mandado de segurança (TST, Súmula n. 414, II). No processo civil, a decisão será impugnável por agravo de instrumento (CPC, art. 1.015, I).

§ 2º Deixando, o autor, de efetuar, no prazo legal, sem justificativa juridicamente sustentável, o aditamento a que se refere o inciso I do art. 1º, o processo será extinto sem resolução do mérito (CPC, art. 485, X). Nada o impede, contudo, de ingressar com nova ação (art. 303, § 2º, art. 486).

§ 3º O aditamento será efetuado nos mesmo autos, sem que custas adicionais devam ser pagas. Não haveria mesmo razão jurídica para que o aditamento fosse efetuado em autos distintos, posteriormente reunidos aos primitivos.

§ 4º A petição inicial mencionada no *caput* do art. 303 deverá conter o valor da causa. Para esse efeito, o autor considerará o pedido de tutela final, a ser obtido na forma do art. 292 do CPC. A dicção legal *sub examen* poderá suscitar controvérsias no plano do processo do trabalho, pois aqui não se exige que da inicial conste o valor atribuído à causa: basta que se leia o art. 840, § 1º, da CLT, para constatar-se a veracidade de nossa afirmação, que, de resto, é robustecida pelo art. 2º, *caput*, da Lei n. 5.584, de 26.6.1970, conforme o qual o juiz, antes de passar à instrução da causa, fixará o seu valor "se este for indeterminado no pedido". O juiz do trabalho, portanto, não determina à parte que supra essa presuntiva omissão; cumpre ao próprio magistrado arbitrar um valor à causa. Não se aplica ao processo do trabalho, conseguintemente, a regra do art. 292, *caput*, do CPC. Por hábito, os advogados soem indicar nas iniciais trabalhistas o valor da causa, o que é sempre aconselhável; em tais casos, o juiz pode corrigir *ex officio* o referido valor quando se verificar uma das situações previstas no art. 292, § 3º.

§ 5º Na petição inicial, diz a norma, caberá ao autor mencionar que pretende valer-se do benefício previsto no *caput*. Essa opção deve ser manifestada, portanto, de maneira expressa e inequívoca. Não se trata, a nosso ver, de "benefício", mas de *faculdade* a ele concedida pelo sistema, e que a exercerá segundo a sua conveniência ou necessidade. Essa exigência da lei deve constar do preâmbulo da petição inicial.

Embora possa admitir-se a possibilidade de o autor, na inicial, também manifestar a sua intenção de ver o processo prosseguir, após a estabilização da tutela, não cremos que ele tenha interesse quanto a isso, porquanto a tutela conservará os seus efeitos enquanto não for revista, reformada ou invalidada, considerando-se que decisão a concessiva produziu coisa julgada formal (art. 304, § 3º). Por outras palavras, o autor já obteve, com a estabilização da tutela, o resultado útil que buscava alcançar por meio da sentença de mérito.

Quando o § 6º do art. 304 declara que a decisão concessiva da tutela "não fará coisa julgada" está a referir-se à *res iudicata material*, não à *formal*.

§ 6º Pode ocorrer de o juiz entender que não há elementos capazes de autorizar a concessão de tutela antecipada. Diante disso, mandará que o autor emende a inicial, em cinco dias. Sendo emendada no prazo, o juiz verificará se é o caso, ou não, de deferir a tutela. Não havendo emenda, a petição inicial será indeferida, extinguindo-se o processo sem resolução do mérito (CPC, art. 485, I), e condenando-se o autor condenado ao pagamento das custas processuais.

Art. 304. A tutela antecipada, concedida nos termos do art. 303, torna-se estável se da decisão que a conceder não for interposto o respectivo recurso.

§ 1º No caso previsto no *caput*, o processo será extinto.

§ 2º Qualquer das partes poderá demandar a outra com o intuito de rever, reformar ou invalidar a tutela antecipada estabilizada nos termos do caput.

§ 3º A tutela antecipada conservará seus efeitos enquanto não revista, reformada ou invalidada por decisão de mérito proferida na ação de que trata o § 2º.

§ 4º Qualquer das partes poderá requerer o desarquivamento dos autos em que foi concedida a medida, para instruir a petição inicial da ação a que se refere o § 2º, prevento o juízo em que a tutela antecipada foi concedida.

§ 5º O direito de rever, reformar ou invalidar a tutela antecipada, previsto no § 2º deste artigo, extingue-se após 2 (dois) anos, contados da ciência da decisão que extinguiu o processo, nos termos do § 1º.

§ 6º A decisão que concede a tutela não fará coisa julgada, mas a estabilidade dos respectivos efeitos só será afastada por decisão que a revir, reformar ou invalidar, proferida em ação ajuizada por uma das partes, nos termos do § 2º deste artigo.

Art. 304

• **Comentário**

Caput. Estamos diante de mais uma das novidades — a que bem podemos denominar de *revolucionárias* — trazidas pelo atual CPC. Assim dizemos, porque, sendo a tutela antecipada concedida na forma do art. 303, ela se torna *estável* se a correspondente decisão não for impugnada por meio de recurso. A decisão concessiva produz, portanto, coisa julgada *formal*, por modo a impedir que seja discutida no mesmo processo em que foi proferida, até porque este terá sido extinto (art. 304, § 1º). Se a parte interessada desejar rever, reformar ou invalidar a decisão deverá ajuizar ação autônoma, cuja petição inicial será distribuída por dependência (*ibidem*, § 2º). A regra é aplicável apenas à tutela de urgência *antecipada* requerida em caráter *antecedente*, pois é dela que se ocupa o art. 303.

Podemos concluir, pois, que o princípio da estabilização *não* se aplica: a) à tutela de urgência cautelar (arts. 305 a 310); b) à tutela provisória requerida em caráter incidental (arts. 294 e 295); c) à tutela da evidência (art. 311)); d) às tutelas cautelares concedidas na vigência do CPC de 1973 e ainda não cassadas ou revogadas.

Temos, aqui, uma outra questão instigante. O art. 304, *caput*, alude à interposição de *recurso*. É razoável supor que a doutrina do processo do trabalho tenda a rejeitar a possibilidade do uso desse meio impugnativo, ao argumento de que, possuindo a decisão caráter interlocutório, a única possibilidade de impugnação ocorrerá via mandado de segurança. Pois bem. Conforme deixamos expresso no comentário ao § 1º do art. 303, a concessão (ou denegação) da tutela antes de o autor haver emendado a petição inicial, como determina o inciso I do referido § 1º, tem natureza, tipicamente, *interlocutória*, razão pela qual o ato judicial não poderá ser impugnado mediante recurso (CLT, art. 893, § 1º), embora desafie a impetração de mandado de segurança (TST, Súmula n. 414, II). Caso, porém, o autor emende a inicial, o réu seja citado e intimado para comparecer à audiência de conciliação ou mediação, apresente contestação etc., o ato pelo qual o juiz reafirmará a concessão ou denegação da tutela configurará sentença, razão pela qual será admissível o manejo do recurso ordinário, para impugnar a decisão. No fluxograma que apresentaremos ao final dos comentários ao art. 304 procuramos demonstrar essa diversidade de soluções.

Somente se não houver interposição de recurso ordinário da sentença concessiva da tutela (tutela final, frise-se) é que esta adquirirá a *estabilidade* de que trata o art. 304, § 6º.

A estabilidade da tutela visa, a um só tempo: a) a afastar, desde logo, o perigo de dano ou o risco ao resultado útil do processo (art. 303, *caput*); e b) a tornar estável a tutela, diante do silêncio do réu (art. 307).

Podem ser indicados como seus requisitos, os seguintes: a) que o pedido de tutela provisória de urgência antecipada tenha sido formulado de modo autônomo, e deferido pelo juiz; b) que na inicial haja requerimento expresso para a aplicação dessa técnica; c) que a decisão concessiva tenha sido proferida *in limine*, sem audiência da parte contrária; d) que o réu não tenha recorrido dessa decisão.

A decisão concessiva da tutela não pode ser concedida, portanto, pelo juiz, *ex officio*, pois consistindo, essa tutela, em um *benefício* ao autor (art. 303, § 5º), depende de requerimento expresso, por parte deste. Logo, eventual concessão *ex officio* não só traduzirá uma clara violação à lei, como tornará o juiz suspeito.

Por outro lado, se a tutela não for concedida liminarmente e sem audiência do réu, e o autor, diante disso, vier a aditar a inicial, com apresentação do pedido final — como lhe permite o art. 303, § 1º, I —, não será mais possível a incidência do art. 304, ou seja, a *estabilização* da tutela que vier a ser concedida.

Não se estranhe o fato de havermos cogitado da possibilidade de a medida ser concedida inaudita altera parte, pois o art. 9.o, que veda a emissão de decisão contrária a uma das partes, sem que esta seja previamente ouvida, abre exceção para as tutelas de urgência e da evidência (incisos I e II, respectivamente).

Pode ocorrer, entretanto, de o autor vir a impetrar mandado de segurança contra o ato denegatório da concessão da cautela, sem ainda aditar a petição inicial. Nesta hipótese, concedida a tutela na ação mandamental, sem que o réu impugne a decisão monocrática concessiva (recurso ordinário) ou o acordão que julgou o *mandamus* (agravo regimental), pode-se pensar em *estabilidade* da tutela.

Haverá, na prática, enfim, diversas situações que desafiarão a sensibilidade e a argúcia da doutrina e da jurisprudência acerca da possibilidade de a tutela ser estabilizada fora da estrita expressão literal do art. 304.

Devemos examinar, nesta quadra de nossos comentários, em que consiste a *estabilidade da tutela*, a que alude o art. 304 do CPC. Para logo, é necessário esclarecer que a *estabilidade* não se confunde com a *eficácia*. Uma decisão judicial pode ser eficaz sem ser estável, embora o inverso não se admita. *Eficácia* é a aptidão que a medida judicial concedida possui de produzir os efeitos que lhe são inerentes. Uma decisão dotada de eficácia pode ser objeto de execução provisória; *estabilidade* é a qualidade de que se reveste a decisão não impugnada, que pode, em razão disso, ser submetida à execução definitiva.

Estabilidade também não é sinônimo de *imutabilidade*, pois aquela pode ser revista, reformada ou anulada por força de decisão de mérito proferida em processo posterior, ao passo que a segunda não mais pode ser alterada, exceto em sede de ação rescisória.

Em termos práticos, a estabilidade da tutela, prevista no art. 304, significa que a decisão concessiva, conforme já ressaltamos, produziu coisa julgada formal, não podendo, em razão disso, ser revista, reformada ou invalidada no mesmo processo em que foi proferida, até porque este estará extinto (art. 304, § 1º). Para tanto, haverá necessidade de o réu promover ação autônoma e obter sentença de mérito favorável à sua pretensão (art. 304, §§ 2º e 3º).

§ 1º Tornada estável a decisão, o processo será extinto. A extinção deverá ser determinada por sentença (CPC, art. 316). Em outras palavras, a tutela sobreviverá ao próprio processo em que foi concedida, conservando a sua eficácia e tornando-se estável. Sobreviverá, enfim, a decisão interlocutória de mérito que a concedeu. Como o processo foi extinto, pode-se pensar, no plano da Justiça do Trabalho, em interposição de recurso ordinário da respectiva sentença. Transitando em julgado a decisão, será admissível a ação rescisória, pois o art. 966 do atual CPC, ao contrário do art. 485 do CPC revogado, não alude à sentença (ou acórdão) de mérito, como pronunciamento jurisdicional rescindível, e sim, à *decisão* de mérito.

Uma nótula adicional: em que pese ao fato de o art. 296 do CPC declarar que a tutela provisória pode ser, a qualquer tempo, revogada ou modificada, essa possibilidade fica afastada no caso do art. 304 do mesmo Código, porquanto, aqui, houve a extinção do processo, por meio de sentença. O art. 296 pressupõe que o processo ainda esteja *pendente*.

§ 2º Conforme dissemos, a decisão, concessiva da tutela não produz coisa julgada material (CPC, art. 502), mas, apenas, formal. Justamente por esse motivo, qualquer das partes poderá promover ação em face da outra, com a finalidade de rever, reformar ou mesmo invalidar a tutela estabilizada. O verbo *demandar*, utilizado pelo legislador na redação da norma, é, como dissemos, *ação*, conforme revelam o §§ 3º e 4º do próprio art. 304 do CPC.

§ 3º A tutela antecipada, estabilizada, conservará os seus efeitos enquanto não for revista, reformada ou invalidada por *decisão de mérito* proferida na ação prevista no § 2º Fica evidente, portanto, que o juiz não poderá, *ex officio*, rever, reformar ou invalidar a tutela estabilizada. A lei exige a iniciativa da parte interessada. Cumpre-nos indagar: no caso de o réu vir a fazer uso da ação a que se refere o § 2º do art. 304, ele poderá requerer a concessão de tutela antecipada antecedente, com a finalidade de cassar a tutela estabilizada? Pensamos que não, pois o § 3º do art. 304 afirma que a tutela antecipada conservará os seus efeitos enquanto não for revista, reformada ou invalidada por *decisão de mérito*. Esse assunto, entretanto, fica aberto a debates.

§ 4º À parte que desejar rever, reformar ou invalidar a tutela estabilizada cumprirá instruir a petição inicial com os autos em que a medida foi concedida. Com vistas a isso, deverá requerer o desarquivamento dos autos. O juízo em que a tutela havia sido concedida fica prevento para a ação a que se refere o § 2º do art. 304.

§ 5º A ação prevista no § 2º do art. 304 deve ser ajuizada no prazo de dois anos, contados da data da decisão que extinguiu o processo, nos termos do § 1º Trata-se de prazo decadencial, que, por sua natureza, não se sujeita a suspensão ou interrupção. O prazo de dois anos, fixado pela norma em exame, reforça o nosso entendimento quanto a ser possível o exercício de ação rescisória (art. 975) tendo como objeto a decisão interlocutória de mérito, concessiva da tutela estabilizada.

§ 6º Segundo havíamos afirmado, a decisão concessiva da tutela não produz coisa julgada material, e sim, formal. A *estabilidade* da tutela, daí derivante, somente poderá ser afastada por decisão que a revir, reformar ou invalidar. Para isso, a parte interessada deverá demandar a adversa *em outro processo* e obter decisão de mérito que lhe seja favorável (art. 304, § 2º), respeitado o prazo máximo de dois anos para o exercício da nova ação (art. 304, § 5º).

A decisão pertinente à tutela antecipada em caráter antecedente traz, portanto, implícita, a cláusula *rebus sic stantibus* ("estando as coisas assim"), a exemplo do que ocorre com a decisão judicial sobre alimentos, nos termos do art. 15, da Lei n. 5.478, de 25-7-1968: "*A decisão judicial sobre alimentos não transita em julgado e pode a qualquer tempo ser revista, em face da modificação da situação financeira dos interessados*".

Indaga-se, entretanto: decorrido o prazo de dois anos, a que se refere o § 6º do art. 304, do CPC, sem que a ação tenha sido ajuizada, a tutela não mais poderá ser revista, reformada ou invalidada? Entendemos que se houver prova, pela parte interessada, de que depois desse prazo ocorreu modificação expressiva na situação de fato e de direito que levou à concessão ou à denegação da tutela, a respectiva decisão (sentença, segundo nosso ponto de vista) poderá ser objeto de ação rescisória, desde que presente qualquer das causas previstas no art. 966, do CPC. Nesta hipótese, a sentença terá transitado em julgado, a despeito da dicção do art. 304, § 6º, do CPC. Assim dizemos porque a declaração desse preceptivo legal de que a sentença não fará coisa julgada está jungida ao prazo de dois anos, para o exercício da ação prevista no seu § 2º.

Art. 304 — Código de Processo Civil

Fluxograma 3
TUTELA ANTECIPADA, EM CARÁTER ANTECEDENTE

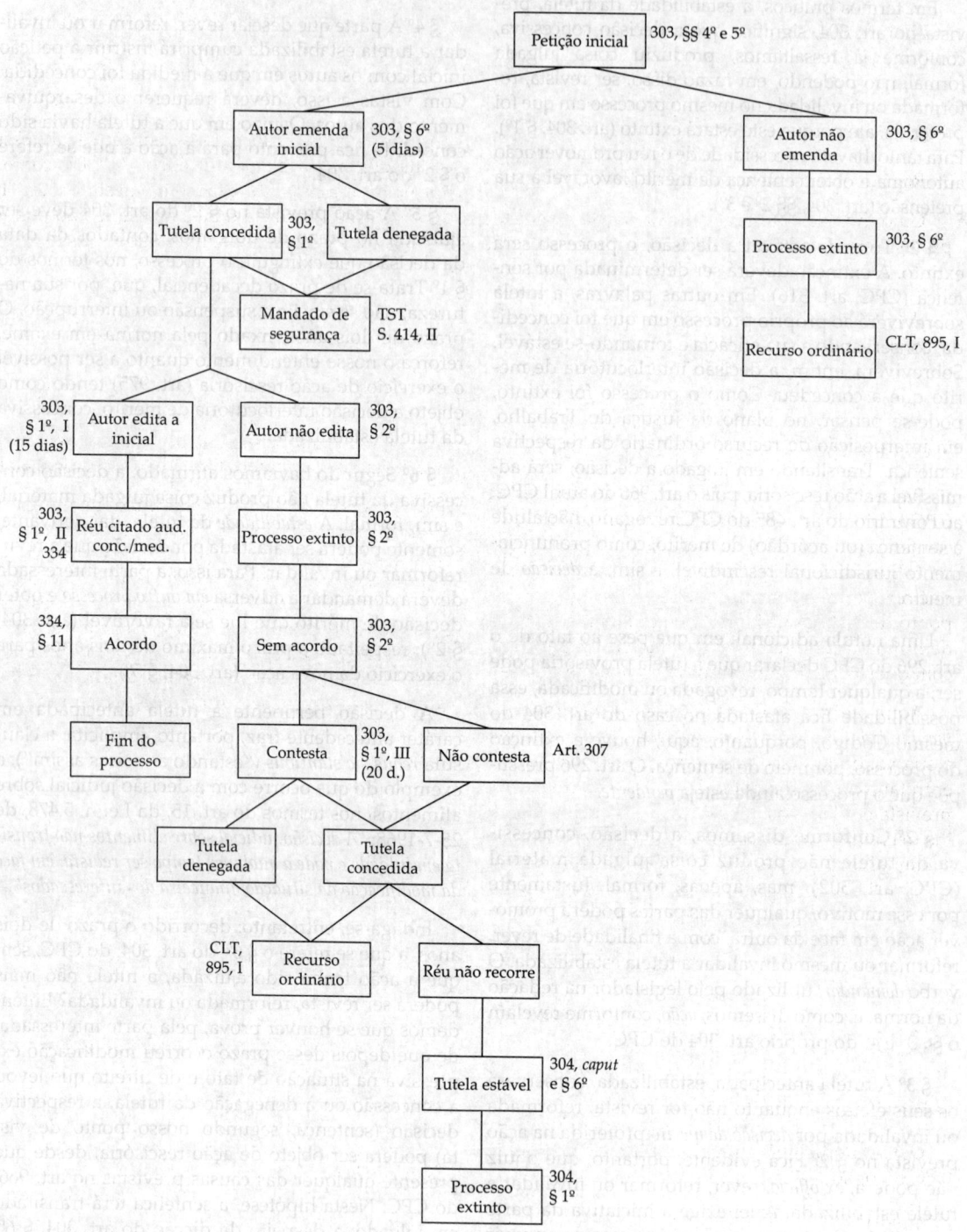

CAPÍTULO III

DO PROCEDIMENTO DA TUTELA CAUTELAR REQUERIDA EM CARÁTER ANTECEDENTE

Art. 305. A petição inicial da ação que visa à prestação de tutela cautelar em caráter antecedente indicará a lide e seu fundamento, a exposição sumária do direito que se objetiva assegurar e o perigo de dano ou o risco ao resultado útil do processo.

Parágrafo único. Caso entenda que o pedido a que se refere o caput tem natureza antecipada, o juiz observará o disposto no art. 303.

• **Comentário**

Caput. Estamos diante de *tutela de urgência cautelar antecedente*, que não se confunde com a antecipada (art. 303), conquanto uma e outra pressuponham *urgência*. A tutela cautelar antecedente pode ser deferida de plano (liminar) ou após justificação prévia determinada pelo juiz.

A redação do art. 305 contém elementos do art. 801 do CPC revogado, inserido nas disposições gerais acerca do processo cautelar. Examinemos os requisitos legais da petição inicial.

Vejamos os requisitos legais que a petição inicial da ação visando à obtenção de uma tutela cautelar antecedente.

A lide e seu fundamento. Na doutrina de Carnelutti, lide é o conflito de interesses qualificado pela pretensão manifestada por um dos litigantes e pela resistência oferecida pelo outro.

Uma nótula sobre o requisito em apreço é importante: ele somente será exigido nas medidas *antecedentes*, pois não há razão lógica para impô-lo no caso das *incidentais*, em que, por definição, há um processo em curso e, nele, a indicação da lide referida pelo texto legal em foco. Nada impede, é verdade, que, ainda assim, a parte faça menção a essa lide, na cautelar incidental.

A lide, a que se refere a norma legal em estudo, é o conflito de interesses que será revelado no processo principal (de conhecimento) e no qual serão formulados os pedidos daí emanantes.

Sempre que nas medidas de urgência antecedentes o autor deixar de mencionar a lide e seu fundamento, o juiz ordenará, por despacho, que a omissão seja sanada, sob pena de indeferimento da inicial (CPC, art. 321, parágrafo único) e extinção do processo (CPC, art. 485, I).

Exposição sumária do direito que se visa a assegurar. Ao utilizar o adjetivo *sumária*, após aludir à exposição, o legislador, de um lado, procurou fazer com que a narração da *causa petendi* se harmonize com o traço de sumariedade, que identifica os procedimentos concernentes às tutelas de urgência de natureza cautelar; de outro, afastou-se da regra genérica do art. 319, III, do CPC, onde esse adjetivo não foi empregado, e, com isso, aproximou-se do sistema procedimental *ordinário* trabalhista, que recomenda "uma breve exposição dos fatos" (CLT, art. 840, § 1º).

Poderíamos mesmo proclamar que o processo do trabalho edificou uma regra de ordem prática, voltada às petições em geral, inspirada na máxima latina *esto brevis et placebis* (sê breve e agradarás).

Os estudos doutrinários que tinham como objeto a *causa de pedir* acabaram por produzir correntes diversas; por apego à brevidade, todavia, dediquemo-nos à apreciação de apenas duas delas, consideradas as mais expressivas e de maior prestígio.

A primeira, chamada de *teoria da substanciação*, entende ser a *causa petendi* representada pelo fato ou pelo conjunto de fatos capazes de sustentar a pretensão deduzida pelo autor, porquanto são eles que fornecem o elemento do qual promana a conclusão; a segunda, denominada de *teoria da individualização*, vê na causa de pedir a relação (ou estado) jurídica afirmada pelo autor, em que se baseia a sua pretensão, deixando o fato em um plano secundário, exceto quando for necessário à individualização da relação jurídica.

O inc. III do art. 319 do CPC revela que o legislador brasileiro perfilhou a teoria da *substanciação*, porquanto fez da narrativa dos fatos e da indicação dos fundamentos jurídicos do pedido um dos requisitos da petição inicial. O Código de 1939, aliás, não só havia adotado essa teoria, como ido mais longe do que o atual, ao dispor que a referida peça deveria mencionar o fato e os fundamentos do pedido "expostos com clareza e precisão, de maneira que o réu possa preparar a defesa" (art. 158, III).

O "direito que se objetiva assegurar" não é, necessariamente, o material, podendo ser, também, o direito ao processo, direito de ação. Com efeito, não é suficiente que se assegure ao indivíduo o direito subjetivo público de invocar a tutela jurisdicional do Estado; é imprescindível que se ponha ao seu alcance um instrumento eficaz para eliminar as situações de periclitância ao direito de agir em juízo. Esse "instrumento" é a tutela de urgência.

Art. 305

Perigo de dano. O perigo deve ser seja *iminente*, vale dizer, o dano esteja prestes a ocorrer; caso contrário, não se justificará a expedição de uma medida de urgência. Sem o *periculum in mora* (quando este for o caso) a pretensão à segurança é mero capricho do solicitante da medida.

Resultado útil do processo. Refere-se ao processo de conhecimento, não ao cautelar. Por meio do processo cognitivo, o autor pretenderá ver reconhecido o seu direito a um bem ou a uma utilidade da vida. Esse é o resultado útil do processo. Caso esse resultado possa estar em risco, a parte terá à sua disposição a tutela de urgência antecipada, de natureza cautelar, para assegurar esse resultado.

Os requisitos para a validade formal da petição inicial da ação que visa a obter a tutela de urgência em caráter antecedente, entretanto, não se resumem à indicação da lide, ao seu fundamento, à exposição sumária do direito que se pretende assegurar, ao perigo de dano e ao risco ao resultado útil do processo, como se lê do art. 303, *caput*. Esse instrumento de provocação da atividade jurisdicional acautelatória deve, ainda, conter os elementos exigidos pelo art. 319, a saber:

Juiz ou tribunal a que é dirigida. O juiz é, antes de tudo, pessoa integrante de um *órgão* da jurisdição estatal. Revela, portanto, um censurável culto ao personalismo o hábito, tantas vezes percebido, de a inicial ser dirigida *nominalmente ao magistrado* e não ao *órgão* (Vara), impessoalmente considerado.

Tratando-se de cautelar requerida antecedentemente, ou seja, não incidental, a petição inicial será dirigida à autoridade judiciária que seria competente para conhecer da ação principal.

Rege-se a elaboração da peça inaugural trabalhista, enfim, nesse aspecto, pelas regras de competência fixada pelo art. 114, da Constituição Federal, pelo art. 651 da CLT e, subsidiariamente, pelas disposições do CPC, naquilo que forem compatíveis com o processo do trabalho (CLT, at. 769) — sem prejuízo de nosso pensamento de que as *medidas de urgência* (especialmente, a cautelar), em situações excepcionais, podem ser emitidas por órgão jurisdicional relativamente incompetente, a quem, em consequência, a petição inicial será dirigida.

Qualificação do requerente e do requerido. A indicação do nome, do prenome, do estado civil, a existência de união estável, da profissão, número de inscrição no CPF ou no CNPJ, do domicílio e da residência do requerente e do requerido se destina não só a identificá-los como pessoas, com vistas ao exame da legitimidade (pertinência subjetiva da ação), mas também a evitar certas confusões provenientes de eventual homonímia e, ainda, a permitir verificar eventual litispendência ou coisa julgada. Mesmo na Justiça do Trabalho, há necessidade da qualificação das partes), e da indicação do domicílio da residência de ambas. O endereço, quanto ao réu, tem a finalidade precípua de possibilitar a sua citação, embora também se destine à comunicação dos demais atos do procedimento. No que tange ao autor, a exigência de a inicial conter o seu endereço tem em conta permitir-lhe a comunicação de tais atos. Se a parte mudar de endereço, sem disso dar ciência ao juízo, considerar-se-ão válidas as comunicações enviadas para o endereço constante dos autos.

Verificando, o juiz, que a peça vestibular não fornece o endereço do autor, deverá intimá-lo, na pessoa do seu advogado, se houver, para suprir a omissão, no prazo que lhe for assinado, sob pena de a inicial ser indeferida, o processo, extinto sem resolução do mérito (CPC, art. 482, I).

As provas que serão produzidas. Por princípio, podem ser utilizados nos procedimento relativos às tutelas de urgência todos os meios legais de prova, assim como os moralmente legítimos, atendendo-se todavia, à exceção de que independem de provas os fatos: *a)* notórios; *b)* afirmados por uma parte e confessados pela contrária; *c)* admitidos, no processo, como incontroversos; *d)* em favor dos quais milita presunção legal de existência ou de veracidade (CPC, art. 374, I a IV). Devemos reconhecer, porém, que no sistema do processo do trabalho não há exigência legal para que o autor faça alusão às provas que pretende produzir (CLT, art. 840, § 1º), conquanto, de modo geral, essa alusão seja realizada, o que não deixa de ser recomendável.

Nas hipóteses em que o fato alegado não dependa de prova; possa ser destinatário das regras (ou máximas) de experiência comum subministradas pela observação do juiz acerca daquilo que ordinariamente acontece; esteja provado documentalmente etc., o pedido do autor poderá ser acolhido sem necessidade de designação de audiência, quando esta fosse exigível.

Os fatos que concernem ao objeto da prova não são aqueles relativos ao mérito do processo principal e sim os pertinentes ao pedido formulado no procedimento (tutela de urgência, cautelar), em especial os envolventes de alegação de risco de dano iminente.

Em tema de processo judicial — é oportuno assinalar —, a *cognição* significa a relação que se estabelece entre o juiz, como sujeito cognoscente, e os fatos da causa, como objeto cognoscível. No processo cautelar, a cognição é superficial e sumária, porquanto está vinculada ao juízo de mera probabilidade; basta ao juiz, portanto, a aparêcia do "bom" direito (*fumus boni iuris*), somada ao perigo na demora (*periculum in mora*), para conceder a providência de acautelamento solicitada. A probabilidade a que nos referimos é de que o autor possa provar, de maneira cabal, no processo de conhecimento, os fatos alegados na inicial. No referido processo de conhecimento, ao contrário, a cognição é aprofundada e exauriente, pois se liga ao juízo de certeza, de convicção. Foi, portanto, com inegável razão que Piero

Calamandrei afirmou, em sua "Introduzione", que "A providência cautelar representa uma conciliação entre duas exigências contrastantes de justiça: de um lado, a de celeridade, e de outro, a de comedimento; entre fazer mal, mas rápido, e fazer bem, embora tarde, o processo cautelar optou pela primeira solução, deixando que o problema do bem e do mal, ou seja, da justiça intrínseca da decisão, seja apreciado, com a ponderação necessária, no processo principal".

Outras considerações sobre o binômio: processo/cognição serão expendidas quando dos comentários ao art. 369, no item "prova e cognição".

O pedido e suas especificações. Embora o pedido não se encontre incluído entre as exigências formuladas pelo art. 303, a sua formulação é absolutamente essencial, mesmo do campo das tutelas de urgência ou de evidência, por inflexão do art. 319, IV.

Se a inicial não contiver o necessário pedido, o juiz fixará prazo para que a falta seja suprida (CPC, art. 321); não sendo atendido o despacho, a inicial deverá ser indeferida (*ibidem*, parágrafo único, I), pois ausente o objeto da tutela jurisdicional invocada. É perfeitamente possível ao requerente, por outro lado, formular mais de um pedido, em ordem subsidiária, a fim de que o juiz conheça do último, caso recusar acolhimento ao primeiro (CPC, art. 326).

Ocorrendo, no entanto, de o autor omitir, na petição inicial, pedido que lhe era lícito fazer, somente por ação distinta poderá formulá-lo, conquanto lhe seja permitido aditar ou alterar o pedido e a causa de pedir, enquanto não proferida a sentença, desde que o faça de boa-fé e não importe prejuízo ao réu, a quem se assegurará o contraditório mediante a possibilidade de sua manifestação no prazo mínimo de quinze dias, facultando-lhe, ainda, a produção de prova suplementar.

Entendemos que mesmo em sede de tutela de urgência o juiz não poderá conceder ao autor medida diversa da pedida, exceto nas hipóteses em que lhe seja lícito adequar os fatos narrados pelo requerente à regra de direito incidente *(da mihi factum, dabo tibi ius)*.

Valor da causa. No processo de trabalho não se exige, em princípio, que o valor da causa figure nas iniciais, conforme demonstra o art. 840, § 1º, da CLT. Somente no procedimento sumaríssimo é que se pode exigir que a inicial indique o valor. Como toda *causa* trabalhista deve ter um valor — com vistas, em certos casos, ao cálculo das custas, e sempre para possibilitar um exame quanto à interponibilidade, ou não, de recurso —, verificando o juiz que a inicial não contém esse valor o fixará em audiência, antes de passar à instrução (Lei n. 5.584/70, art. 2º, *caput).* Considerando, porém, que a falta de indicação do valor da causa, na inicial, renderá ensejo a uma disputa acerca do valor que vier a ser fixado pelo juiz, com provável pedido de revisão (Lei n. 5.584/70, art. 2º, § 1º), que, por sua vez, trará o grave inconveniente de protrair a emissão da medida solicitada pela parte, torna-se recomendável que a inicial indique esse valor, a fim de evitar os transtornos aqui mencionados.

Citação do réu. Embora nossa opinião possa discrepar da predominante, acreditamos inexistir exigência legal de que a peça inaugural traga *requerimento para a citação do réu.* Assim dizemos porque nem o art. 305, nem o art. 319 exigem a formulação desse requerimento. Desde sempre, aliás, sustentamos que o processo do trabalho dispensava esse requerimento, como demonstra o art. 840, § 1º, da CLT)

Se o réu criar embaraços ao recebimento do instrumento de citação, remetido via postal, ou não for encontrado, o ato será realizado por intermédio de edital (CLT, art. 841, § 1º), ou, excepcionalmente, com hora certa (CPC, arts. 252/254), modalidade mais rápida e menos dispendiosa do que a edilícia.

Parágrafo único. Se o juiz verificar que o pedido de tutela de *urgência* em caráter *cautelar* possui natureza de *antecipada,* deverá processá-la nos termos do art. 303. Cuida-se, nesta hipótese, de uma heterotópica incidência do princípio da fungibilidade, assente em tema de recurso. É evidente que, neste caso, o autor deverá ser intimado, a fim de amoldar o procedimento ao traçado pelo art. 303. Em princípio, não vemos prejuízo ao autor, em decorrência dessa convolação de uma ação em outra, embora o procedimento da tutela de urgência antecipada seja um pouco mais embaraçante do que o da tutela cautelar.

No sistema do processo do trabalho, o ato concessivo ou denegatório da tutela cautelar, antecedente ou incidental, pode ser impugnado por meio de mandado de segurança (TST, Súmula n. 414, II).

Art. 306. O réu será citado para, no prazo de 5 (cinco) dias, contestar o pedido e indicar as provas que pretende produzir.

• **Comentário**

O procedimento da tutela de urgência cautelar é mais objetivo, significa dizer, mais célere do que o da tutela antecipada.

No conceito do Código revogado, a citação era o ato pelo qual se *chamava* a juízo o réu ou o interessado, a fim de defender-se. (art. 213). Em nosso ver, o legislador teria dado um passo adiante, rumo à perfeição doutrinária, se ao redigir o art. 213 daquele

Art. 306

Código houvesse dito que a citação tinha o escopo de dar *ciência ao réu da existência* da ação, para que, se desejasse, a ela respondesse.

Nos termos do art. 238 do atual CPC, a citação é o ato pelo qual são *convocados* o réu, o executado ou o interessado para integrar a relação processual. Convenhamos, o legislador da atualidade em quase nada contribuiu para o aprimoramento do conceito desse importante ato processual. Os verbos *chamar* a *convocar* sugerem a ideia de imposição, de obrigação. Ora, o réu, não está obrigado a comparecer a juízo, embora responda pelas consequências de seu não comparecimento; de igual modo, a relação processual pode ser constituída, regularmente, sem a sua presença efetiva. Por isso, repitamos, temos, desde muito tempo, insistido em dizer que a citação nada mais é o do que o ato pelo qual se dá *ciência* ao réu da ação — para que ele, se desejar, ofereça a sua resposta em face dela.

A falta de citação acarreta a nulidade do processo. Dessa maneira, verificando o juiz que o réu não foi citado, deverá determinar o suprimento da falta, atento ao princípio da proteção, a teor do qual somente se deverá declarar a nulidade quando não for possível suprir a ausência do ato ou repeti-lo (CLT, art. 796, "a" e "b").

Caso o réu compareça à audiência, embora não tenha sido citado (ou a citação não tenha sido feita regularmente) e *responda* à ação, não pronunciará o juízo a nulidade, pois inexistente o pressuposto do prejuízo. Todavia, o comparecimento espontâneo do réu ou do executado supre a falta ou a nulidade de citação, caso em que fluirá dessa data o prazo para a apresentação de contestação ou de embargos à execução (CPC, art. 239, § 1º).

No processo do trabalho não se exige que a citação seja pessoal; considera-se citado o réu tanto que o instrumento, remetido pelo correio, seja comprovadamente entregue no endereço constante dos autos, presumindo-se, de qualquer modo, recebido o instrumento citatório 48 horas depois de sua regular expedição; constitui, em face disso, encargo do réu demonstrar que não o recebeu ou que este foi entregue após o decurso das 48 horas (TST, Súmula 16). O bom senso sugere que se afaste essa presunção (relativa, aliás) quando se tratar de citação feita a réu domiciliado em cidade situada fora da jurisdição do órgão perante o qual a ação cautelar foi aforada, máxime se a distância entre tal cidade e a sede do órgão for considerável.

O advogado deve estar provido de poderes específicos para receber citação, em nome do seu constituinte, dado que esse poder não está compreendido pela cláusula *ad iudicia* (CPC, art. 105).

Estabelece o art. 306 do CPC que o réu será citado para, no prazo de cinco dias, contestar o pedido (e indicar as provas que pretende produzir). Trata-se, com efeito, de citação e não de intimação, pois a petição inicial foi indeferida sem que o réu tivesse ciência da ação.

No Anteprojeto e no Projeto do Código de 1973 constava "responder ao pedido"; por força da Emenda n. 135, da Comissão Especial, essa expressão foi substituída pela "contestar o pedido", sob o argumento de inexistir "vantagem em alterar a tradição legislativa e substituir o verbo defender, ou o substantivo defesa, pelo verbo responder, ou o substantivo resposta". O assunto, *data venia*, não deveria ter sido tratado em termos de "vantagem" ou desvantagem e sim de harmonia com o sistema do texto, em que p. ex., no processo de conhecimento, se falava em *resposta* (e não defesa) *do réu* (art. 297).

Uma pergunta se impõe: no processo do trabalho a resposta do réu à ação *deve* ser formulada *em audiência* (CLT, art. 846), ou *pode* ser apresentada em secretaria, no prazo de cinco dias, fixado pelo art. 306 do CPC? Se nos deixássemos impressionar pelo caráter algo retórico do princípio da oralidade e pela expressão literal do art. 846 da CLT, tenderíamos a concluir que a resposta do réu deveria ser sempre oferecida em *audiência*. Esse apego irrefletido à letra da lei, contudo, cometeria a imprudência colossal de eliminar — embora inadvertidamente — a finalidade e a eficácia das providências acautelatórias. Realmente, colocando-se à frente o atual estádio de congestionamento das pautas trabalhistas — que tem sido responsável pelo longo tempo para a realização de audiências —, exigir-se que o autor devesse aguardar que o réu respondesse à ação apenas nessa oportunidade seria fazer com que o remédio produzisse mais danos do que a própria enfermidade. Já advertimos, por mais de uma vez, que a tutela cautelar deve ser prestada com *urgência* (daí, a sua denominação legal de *tutela de urgência, cautelar*), ainda que para negar a medida solicitada. Como tornar-se concreto, real, esse imperativo de celeridade se a resposta devesse ser apresentada em audiência, ou seja, muito tempo depois do ajuizamento da cautelar? Ainda que um e outro juiz conseguissem encontrar espaços nas pautas, para aí inserirem audiências pertinentes às ações cautelares, isso não poderia ser utilizado como fundamento a um critério geral de que a resposta do réu, em tais ações, devesse ser aduzida em audiência: sustentar semelhante ponto de vista seria argumentar com a exceção, em menosprezo à regra geral, que diz da extrema dificuldade em realizar-se, num curto espaço de tempo, audiências destinadas à formulação de resposta a pretensões cautelares.

O notório *mare-magnum* de feitos, que assola os órgãos da Justiça do Trabalho, tem convertido, na prática, o alardeado princípio da oralidade do procedimento, paradoxalmente, em fator de transtorno à desejada rapidez na entrega da prestação jurisdicional; basta citar a "defesa oral", determinada pela CLT (art. 846), que se fosse exigida à risca faria com que se incluísse em pauta um número de audiências muito inferior ao atualmente registrado, dado que somente para aduzir a sua resposta o réu disporia de vinte minutos — tempo que, hoje, tem sido suficiente, em muitos casos, para realizar quase *toda* a instrução oral.

Rompa-se, pois, no terreno das tutelas de urgência, nomeadamente, acautelar, com o mítico princípio da oralidade, a fim de permitir-se que o réu apresente a sua resposta à ação cautelar *em secretaria*, no prazo de cinco dias, ou a remeta por meio eletrônico. Há, nessa proposição, um outro efeito prático: deixando o réu de responder no prazo legal, tornar-se-á revel, sendo, em consequência, admitidos como verdadeiros os fatos alegados pelo autor (CPC, art. 307, *caput*). Por que motivo, portanto, aguardar-se a realização de audiência (consumindo-se, nisso, meses de espera) se a ela, em determinadas hipóteses, o réu não comparecerá por que não tem intenção de formular qualquer espécie de resposta? Mesmo que ele pretendesse responder à ação, seria preferível que o fizesse em secretaria, no quinquídio legal, porquanto se estaria, com isso, abreviando a prestação jurisdicional cautelar, mesmo que consideremos aí a necessidade de realizar a audiência de instrução.

Poderia alguém, todavia, redarguir que com a concessão de providência *liminar* (art. 300, § 2º) os nossos argumentos precipitar-se-iam no vazio, porquanto, com isso, a designação de audiência, para que nela o réu manifestasse a sua resposta, não traria qualquer prejuízo ao autor, pois a situação de periclitância do seu direito teria sido eficazmente dissolvida pela providência concedida *in limine*. Se tal objeção é ponderável no caso e emissão *liminar* da medida, ela se revela desarrazoada quando o juiz *nega* a liminar, ou, concedendo-a esta vem a ser cassada por força de mandado de segurança impetrado pelo réu. Por tudo isso, a prudência sugere o abandono tópico à oralidade, com vistas à adoção do procedimento e do prazo estabelecidos pelo art. 306 do CPC.

Essa atitude do juízo não propiciaria ao réu um forte motivo para arguir a nulidade processual, pois o sistema consagrado pelo processo do trabalho é o da apresentação da "defesa" *em audiência*, como parece resultar incontestável do art. 846 da CLT? Não negamos a existência de um sistema relativo às nulidades processuais; devemos admitir, contudo, que dito sistema é abrandado por um conjunto de contrapesos legais, que se exteriorizam sob a forma de exceções. Dentre essas, destacamos as da *transcendência* e da *instrumentalidade*. A primeira, inscrita nos arts. 794 da CLT e 282, § 1º, do CPC, dispõe que somente se pronunciará a nulidade quando do ato inquinado resultar prejuízo à parte; a segunda, que embora prescrevendo a lei determinada forma, sem a cominação de nulidade, valerá o ato se, praticado por forma diversa, atingir a mesma finalidade (CPC, art. 277). Segue-se, que a determinação para que o réu apresente, por escrito, em secretaria, a sua resposta à ação de tutela cautelar, atinge a mesma finalidade que levou o legislador processual trabalhista a prever a realização de audiência; essa conversão da forma de realização do ato apenas poderá ser declarada nula se o réu demonstrar que ela lhe trouxe visíveis *prejuízos*. Fora disso, é ignorar-se que o processo não constitui um fim em si mesmo e sim um mero instrumento de que se vale o Estado para solucionar os conflitos de interesses. O processo do trabalho jamais poderá — em nome de um verdadeiro sentido teleológico — ser considerado "o reino das formas". Além disso, a CLT não comina de nula a "defesa" apresentada sob forma diversa da prevista no art. 306.

Como dissemos antes, também a citação para a tutela de urgência (cautelar ou antecipada) no processo do trabalho, deve curvar-se à regra genérica contida no art. 841, § 1º, da CLT: mediante registro postal. Se, no entanto, circunstâncias relevantes exigirem que, em determinado caso, esse ato seja realizado por oficial de justiça, o prazo para o réu responder, mesmo assim, não será contado da juntada aos autos do mandado, e sim da data em que o réu foi citado. O mesmo se afirme em relação à efetivação da medida, quando concedida *in limine* ou após justificação prévia (CPC, art. 300, § 2º).

É proveitoso observarmos que o sistema dos prazos processuais é informado por cinco princípios: *a)* da utilidade; *b)* da continuidade; *c)* da inalterabilidade; *d)* da peremptoriedade; *e)* da preclusão.

a) *Utilidade*. Os prazos fixados por lei, ou assinados pelo juiz, devem ser úteis, isto é, hábeis, à satisfação dos objetivos em relação aos quais foram instituídos. Há, assim, uma profunda vinculação entre o prazo e a finalidade a que se liga, de acordo com os critérios adotados pelo legislador para a consequente fixação.

Esse fato justifica a existência de prazos com maior ou menor duração.

Um efeito prático se tira dessa regra. É que se a parte, por motivos que não lhe possam ser irrogados, não puder se valer do prazo útil, total ou parcialmente, que lhe era assegurado, a solução será restituir-lhe, por igual, o faltante. Tal é o preceito do art. 221 do CPC, de aplicação supletiva ao processo do trabalho (CLT, art. 769).

É importante ressaltarmos que os prazos não se iniciam nem se vencem em dias desúteis (CLT, art. 775 e parágrafo único).

Sendo contínuos e irreleváveis, os prazos apenas podem ser prorrogados nos casos previstos em lei (CLT, art. 775, *caput*).

Sempre que uma das partes houver criado algum obstáculo, o prazo ficará suspenso para a outra. Seria o caso, p. ex., de o próprio autor retirar os autos da secretaria quando se encontrava em curso o prazo para o réu responder à ação; nesta hipótese, o prazo deverá ser restituído a este por tempo igual ao que faltava para a sua exaustão (CPC, art. 221).

Art. 307

O vencimento dos prazos será sempre certificado nos autos, pelo escrivão ou pelo diretor da secretaria do órgão (CLT, art. 776). Embora essa certificação não tenha eficácia para subordinar o juízo, é certo que a sua existência nos autos, além de obrigatória, permite melhor verificação quanto à tempestividade, ou não, da resposta apresentada.

b) Continuidade. Este princípio se manifesta fronteiriço com o da utilidade, com o qual, sob certo sentido, se entrelaça.

Por ele se afirma que os prazos são contínuos, cuja suspensão, como fenômeno excepcional, está rigidamente disciplinada por lei. O princípio da continuidade se identifica, portanto, com a afirmação de que os prazos, uma vez iniciados, devem ter livre curso até o seu final.

Suspensão e interrupção, entretanto, não se confundem. Enquanto na primeira o prazo que havia fluído é computado; na segunda não se verifica esse aproveitamento. Equivale dizer: lá, a contagem do prazo prossegue a partir do ponto em que ocorreu a suspensão; aqui, tudo se apaga, iniciando-se nova contagem.

c) Inalterabilidade. Ao discorrermos sobre o princípio da utilidade, pudemos asseverar que a duração do prazo guarda íntima relação com a necessidade de tempo que requer para ser realizado. Sob esse prisma, tanto a redução quanto a ampliação dos prazos rompem esse equilíbrio, essa ordem harmoniosa que há entre o lapso de tempo (prazo) e a finalidade a que se destina (prática de determinado ato). Pensamos mesmo que o princípio da inalterabilidade seja consequência direta do da utilidade, ao qual Moacyr Amaral Santos reconhece base científica (obra cit., p. 253).

A proibição de alterar os prazos processuais é dirigida ao às partes, aos terceiros e a todos os sujeitos do processo, enfim. Os litigantes não podem reduzir ou dilatar prazos peremptórios, ainda que mediante comunhão de vontades. O próprio juiz não pode reduzir prazos peremptórios sem a anuência das partes (art. 222, § 1º).

d) Peremptoriedade. Dizem-se peremptórios aqueles prazos que são fixados sem qualquer possibilidade de serem alterados; disto decorre que a sua exaustão é automática e inexorável no dia do vencimento; são fatais.

O prazo para o oferecimento da resposta, *v. g.*, se caracteriza pela peremptoriedade.

As partes não podem reduzir ou prorrogar prazos peremptórios, ainda que estejam de acordo quanto a isso. Permite-se ao magistrado, porém, nas comarcas de difícil transporte prorrogar quaisquer prazos, mas nunca por mais de dois meses (*ibidem*), exceto nos casos de calamidade pública, quando a prorrogação poderá exceder ao referido limite (*ibidem*, parágrafo único).

O decurso em branco do prazo para a formulação de resposta implica preclusão temporal do exercício desse direito do réu, independentemente de declaração judicial (CPC, art. 223 *caput*), permitindo-lhe, porém, comprovar que deixou de responder em virtude de força maior (CLT, art. 775, *caput*), a que o processo civil denomina de justa causa (CPC, art. 223, *caput*).

e) Preclusão. Configura-se a preclusão, em sentido amplo, pela perda de uma faculdade ou de um direito processual, que por não ser exercitado no tempo oportuno fica automaticamente extinto.

Em rigor, esse conceito se refere à preclusão dita *temporal*, que não é a única espécie. Há também, a *lógica*, que expressa a incompatibilidade entre o ato que se deseja realizar e o anteriormente praticado, e a *consumativa*, que indica a vedação de colocar-se em prática um ato já realizado.

Art. 307.

Não sendo contestado o pedido, os fatos alegados pelo autor presumir-se-ão aceitos pelo réu como ocorridos, caso em que o juiz decidirá dentro de 5 (cinco) dias.

Parágrafo único. Contestado o pedido no prazo legal, observar-se-á o procedimento comum.

• **Comentário**

Caput. Regra idêntica estava no art. 803, *caput*, do CPC revogado.

Se o requerido deixar de contestar o pedido, sem justificativa legal, serão presumidos verdadeiros os fatos alegados pelo requerente. Neste caso, o juiz deverá proferir a decisão em cinco dias.

A norma legal em exame constitui particularização da regra mais ampla, estampada no art. 344 do mesmo Código, de acordo com a qual "Se o réu não contestar a ação, será considerado revel e presumir-se-ão verdadeiras as alegações de fato formuladas pelo autor".

Essa presunção de veracidade, todavia, não é absoluta, conforme demonstram os incisos I a IV do art. 345 do CPC.

Pode ocorrer, também, de o réu oferecer contestação, mas não se manifestar, de modo preciso, sobre os fatos alegados na inicial; neste caso, o réu não será revel, embora sejam presumidos verdadeiros os fatos narrados pelo autor (art. 341), exceto se: a) não for admissível a seu respeito a confissão; b) a inicial não estiver acompanhada de instrumento que a lei considere da substância do ato; ou c) os fatos estiverem em contradição com a defesa, considerada em seu conjunto (*ibidem*, I a III).

Parágrafo único. Contestado o pedido, no prazo legal, será observado o procedimento *comum*. No processo civil, o atual CPC contém dois procedimentos: o comum e o especial. No processo do trabalho, há os procedimentos comum e sumaríssimo, embora alguns estudiosos entendam existir também o sumário, trazido pela Lei n. 5.584/70. Seja como for, o fato concreto é que em ambos os sistemas processuais há o procedimento *comum*, e é a ele que nos remete o parágrafo único do art. 307 do CPC.

Vejamos o caminho que o juiz deverá seguir no caso de o réu apresentar contestação.

Designação de audiência. O juiz designará audiência de instrução e julgamento, se houver prova (geralmente, oral) a ser produzida.

O objeto da prova, em geral — inclusive no processo cautelar —, são os *fatos*; não qualquer fato, mas, por princípio, apenas os: *a)* controvertidos; *b)* relevantes; e *c)* pertinentes. Fatos *incontroversos*, por isso, não precisam ser provados (CPC, art. 374, III). Não basta, porém, que o fato seja controvertido: para que ele seja objeto de prova, há necessidade de que tenha *pertinência* à causa; a impertinência dos fatos inibe a atividade probatória. Não é ainda bastante que o fato seja controvertido e concernente à causa: insta que apresente *relevância* para as pretensões da parte. Bem andará o juiz, portanto, se indeferir a produção de prova respeitante a fato que embora se caracterize pela controvérsia e pela pertinência não possua a mínima importância para a causa.

No processo cautelar (tutela de urgência) não devem ser destinatários de prova os fatos ligados ao direito material, que acaso o autor tenha brandido em juízo. Isso é propriedade do processo de conhecimento, de onde brotará uma sentença de mérito. Em sede cautelar, falar-se em prova dos fatos significa apontar para aqueles relacionados à situação da qual emana o risco de dano iminente e de difícil reparação ao direito do autor. Direito ao processo e não direito material, insista-se.

Afastando-se, todavia, da regra geral, o art. 374 do CPC dispensa a prova relativa a fatos: *a)* notórios; *b)* afirmados por uma parte e confessados pela outra; *c)* admitidos, no processo, como incontroversos; *d)* em cujo favor milita a presunção legal da existência ou de veracidade (incisos I a IV, nessa ordem).

a) *Fatos notórios*. É largamente conhecido o aforismo do direito canônico, que acabou sendo incorporado pelo direito tradicional, conforme o qual *non probandum factum notorium* (os fatos notórios não precisam ser provados).

Está em Calamandrei a mais difundida definição de fato notório: é aquele "cujo conhecimento faz parte da cultura normal própria de determinado círculo social no tempo em que ocorre a decisão" (Per la definizione del fatto notório. *Revista*, p. 297, *apud* SANTOS, Moacyr Amaral. *Prova judiciária*. São Paulo: Saraiva, 1983. v. 1, p. 181). Selecionam-se, ainda, na doutrina, as seguintes definições: fatos notórios são os conhecidos em um círculo maior ou menor por uma multidão ou que são percebidos nas mesmas condições, contanto que também sejam conhecidos pelo Tribunal (Rosenberg); são os fatos conhecidos por todos ou pelo menos por um grande número de pessoas (Schonke); são os fatos conhecidos por todo mundo ou por um grande número de pessoas (*Kisch*); notório é o fato certo para a generalidade das pessoas fora da lide, ainda que no processo seja concretamente discutido (Micheli); são os que, mediante consenso humano geral, se reputam certos e indiscutíveis, seja por que pertencem à história, ou às leis naturais, ou à ciência, ou aos acontecimentos da vida pública; fala-se, além disso, de uma notoriedade mais restrita, isto é, dos fatos ordinariamente conhecidos em determinada circunscrição, de sorte que qualquer pessoa aí residente esteja em condições de dar notícias dele (Chiovenda).

Os conceitos de fato notório, como demonstram os formulados pelos autores referidos, variarão de acordo com o ponto de vista que se adote; em nenhum dos conceitos, entretanto, poderão faltar os elementos essenciais de *generalidade* e *verdade*.

Procurando justificar a desnecessidade de o fato notório ser provado, assim se expressou Lobão: "O que é necessário é que se tenha sempre presente ao espírito o exato conceito da notoriedade, a qual consiste em ser a verdade da existência ou a inexistência do fato tão pública e tão geralmente conhecida, que a ninguém seja possível, senão por teimosia ou por capricho, negá-la ou pô-la em dúvida" (*apud* BATALHA, Wilson de Souza Campos. *Tratado de direito judiciário do trabalho*. São Paulo: LTr, 1977. p. 498), concluindo que "Exigir-se a prova de um fato revestido de tal publicidade é o suprassumo da extravagância, ou zombar do senso humano" (*ibidem*, p. 497).

O nó górdio da questão reside, precisamente, em fixar-se o "exato conceito de notoriedade" do fato, a que aludiu Lobão, pois esse conceito tem a caracterizá-lo uma acentuada relatividade. Veja-se que para um fato ser considerado notório não há necessidade de que com ele se tenham relacionado diretamente os integrantes de cada grupo ou círculo social: é notório que o descobrimento do Brasil se deu a 22 de abril de 1500, a despeito de não termos vivido naqueles tempos.

Cremos que o problema relacionado ao fato notório ainda não se encontra definitivamente solucionado pela doutrina; deve ser, p. ex., tido como notório o fato que, sendo conhecido pelos litigantes, não seja do conhecimento do juiz?

A prevalecer a maioria das opiniões emitidas pelos juristas há pouco mencionados, a resposta seria afirmativa. Pessoalmente, contudo, temos entendimento oposto. Se a parte a quem a notoriedade do fato *prejudica* admite a sua existência, resulta óbvio ser despiciendo perquirir se dele o juiz tem, ou não, ciência, pois a notoriedade, na hipótese, foi aceita pela parte a quem, por princípio, interessava negá-la; não admitindo, entretanto, o litigante a notoriedade do fato alegado pelo adverso (embora efetivamente o seja) e o juiz, por qualquer razão, também desconhecê-lo, como sustentar-se a afirmação de que a ignorância do julgador não implica exigência de que a notoriedade seja comprovada? A ser assim: *a)* ou o juiz diligencia no sentido de verificar se o fato é mesmo notório — e neste caso estará buscando a prova de sua existência, em contrariedade à regra posta no inc. I do art. 374 do CPC; *b)* ou o juiz deixa de realizar essa investigação e julga: 1) a favor da parte a quem a notoriedade *aproveita;* ou 2) contra ela. Na primeira hipótese, com que convicção o faria, se ele próprio, julgador, não tem cognição do fato? Na segunda, como justificar a sua atitude diante do precitado artigo do CPC, que dispensa a prova dos fatos notórios?

Lorenzo Carnelli chegou a dedicar ao assunto proveitosa monografia, na qual concluiu pela condenação do fato notório, como preceito processual, considerando-o mesmo "perigoso, de nome incorreto, discutido e discutível na sua constituição, nos seus fins e no seu alcance" (apud AGUIAR, Pestana de. *Comentários ao CPC*. São Paulo: Revista dos Tribunais, 1977. p. 94). O renomado jurista uruguaio tirou essa inferência após analisar a afinidade e a analogia do fato notório com outros institutos processuais e o consequente risco do elastecimento do conceito de notoriedade, que, de acordo com a sua opinião, passaria a ser utilizado como fator de injustiça na averiguação da verdade, provocando, dessa maneira, uma perigosa fenda no princípio dispositivo, que informa o processo moderno no campo das provas.

b) Fatos confessados. Quando um dos contendores admite como verdadeiro um fato contrário ao seu interesse, que tenha sido alegado pelo adverso, aí estará configurado o fenômeno da *confissão* (CPC, arts. 374, II e 389).

Não importa que a confissão seja real (espontânea ou provocada) ou fictícia, para os efeitos processuais; o que essas modalidades podem refletir é apenas uma diversidade de *eficácias*, pois sendo as duas primeiras *reais*, os seus efeitos são muito mais eficazes do que os inerentes à última, que se trata de confissão presumida, fictícia.

Respeita a lógica e o bom senso, portanto, o inc. II do art. 374 do CPC ao dispensar a prova de um fato alegado por uma das partes e confessado pela parte contrária.

c) Fatos incontroversos. Ao dispensar em um de seus incisos (I), a prova dos fatos alegados por um dos litigantes e confessados pelo adversário, e, em outro (II), dos fatos admitidos no processo como incontroversos, incidiu o art. 374 do CPC, em nosso ver, em vício pleonástico, pois os fatos confessados *também são incontroversos*. Se o legislador houvesse aglutinado, em um só, os dois incisos e dito que ficavam dispensados de prova os fatos *incontroversos*, teria ganhado em síntese e prestado justa homenagem à lógica. Fica aqui a sugestão, com vistas a um aproveitamento *de lege ferenda*.

Para que a controvérsia se estabeleça, impõe-se que a parte impugne os fatos alegados pela outra; essa contestação, porém, deve ser *específica*, ou seja, formulada em relação a cada fato, como exige o art. 341 do CPC, presumindo-se verdadeiros os que não tenham sido objeto de contrariedade. Já não há lugar, pois, em face do atual CPC, para as *contestações genéricas*, que foram largamente utilizadas na vigência do Código de 1939.

d) Fatos cuja existência ou veracidade são presumidas. As presunções que decorrem de um processo de raciocínio lógico do juiz são designadas de *simples* (ou *comuns* ou *de homem*); as provenientes de um preceito normativo denominam-se *legais*.

As presunções requerem, para a sua constituição, o concurso de três elementos: *a)* um fato conhecido (fato-base); *b)* um fato desconhecido; *c)* um nexo de causalidade; excluem-se do campo probatório os dois últimos elementos (fato desconhecido e relação de causalidade), conquanto se possa exigir que a parte demonstre a existência do fato-base, vale dizer, do fato em que a presunção se apoia. Quem invoca, portanto, a presunção legal de existência ou de veracidade de certo fato não está obrigado a provar o *fato presumido* e sim o fato em que se calca a presunção legal. O ônus da prova incumbe, na espécie, à parte favorecida pela presunção.

São exemplos de *praesumptionis iuris* no direito do trabalho: *a)* o art. 447 da CLT, pelo qual, inexistindo acordo ou prova sobre condição essencial do contrato firmado oralmente, esta se *presume* existente como se tivessem ajustado os interessados, na conformidade dos preceitos jurídicos adequados à sua legitimidade; *b)* o parágrafo único do art. 456 da CLT, onde se lê que na falta de prova ou inexistindo cláusula expressa, entende-se (ou seja, *presume-se*) que o empregado se obrigou a todo e qualquer serviço compatível com a sua condição pessoal; *c)* o inc. I do art. 1º do Decreto-Lei n. 779, de 21 de agosto de 1979, que estabelece a *presunção* relativa de validade dos recibos de quitação ou pedidos de demissão de empregados da União, dos Estados-Membros, dos Municípios, do Distrito Federal, das autarquias ou das fundações de direito público (sic), "ainda que não homologados nem submetidos à assistência mencionada nos §§ 1º, 2º e 3º do art. 477 da CLT".

Código de Processo Civil

Dediquemos alguns escólios, agora, ao problema dos fatos que são do conhecimento pessoal do juiz da causa.

Um dos princípios fundamentais que norteiam a atividade do juiz na condução do processo é o da sua *imparcialidade*. Figura entre os deveres legais do juiz, de conseguinte, dispensar um tratamento isonômico, igualitário, às partes, sem propender, emotiva, ideológica ou politicamente, ou por qualquer outra razão, para este ou para aquele lado.

Essa neutralidade do magistrado integra a garantia do devido processo legal, que as legislações modernas outorgam aos indivíduos. Imparcialidade tem, aqui, o alcandorado sentido de garantia de *justiça* às partes. Tão importante é essa garantia que a lei permite que a parte argua, mediante exceção, o impedimento ou a suspeição do juiz, com a finalidade de afastá-los do processo (CLT, art. 801). O fato de o atual CPC haver determinado que o impedimento e a suspeição seja alegada em petição específica (art. 146, *caput*), vale dizer, independentemente de exceção, não altera o nosso argumento, até porque, no processo do trabalho, a lei impõe a formulação de exceção (CLT, art. 801). Talvez, a doutrina e a jurisprudência trabalhistas possam, mercê de uma interpretação arrojada, concluir pela aplicabilidade do art. 146 do CPC ao processo do trabalho. O próprio juiz deve, por sua iniciativa, considerar-se impedido ou suspeito — neste último caso até mesmo por motivo de foro íntimo (CPC, art. 145, § 1º).

É justamente no dever legal de neutralidade do magistrado que se vai buscar o fulcro da proibição de que ele possa decidir com base em fatos que são do seu conhecimento *pessoal*. Afinal, o juiz não pode agir, no processo em que dirige, como *testemunha* de um dos litigantes.

Como adverte Chiovenda, se ao juiz fosse lícito decidir de acordo com a sua ciência privada dos fatos controvertidos, isso seria psicologicamente incompatível com as suas funções, porquanto estaria controlando por si as próprias observações, quando o que se lhe exige é que forme a convicção pessoal por meio do controle de observações alheias.

Nem mesmo a urgência que marca a prestação da tutela jurisdicional cautelar pode ser invocada como fundamento para o juiz emitir a providência requerida com base em fatos não comprovados nos autos, mas dos quais alega possuir conhecimento próprio; fatos cuja prova incumbia à parte que os alegou. Concedendo a medida, em tal hipótese, não estaria o magistrado atendendo à cognição sumária, que é a tônica dos procedimentos acautelatórios, e sim valendo-se de um pretexto para esquivar-se, desautorizadamente, do seu dever legal de imparcialidade.

Fique, então, acertado: permite a lei que o juiz outorgue a medida de cautela mesmo sem audiência do réu, o que não significa poder emiti-la (ainda que com a audiência deste) com base em fatos controvertidos, não provados nos autos, que afirma, *como razão de decidir*, serem do seu conhecimento privado.

Propostas conciliatórias e razões finais. Deve o juiz, nos procedimento atinentes às tutelas de urgência, antecedentes, formular propostas destinadas à conciliação das partes e permitir que estas aduzam razões finais?

Entendemos que sim.

O objetivo fundamental da Justiça do Trabalho é a *conciliação*, (CLT, art. 764), que dá origem à *transação* — a forma ideal de autocomposição dos litígios. Para que esse escopo seja alcançado na prática, exige a lei que o juiz formule em, no mínimo, dois momentos, propostas destinadas a fazer com que os litigantes se conciliem e transacionem, mediante concessões recíprocas (CLT, arts. 847, *caput* e 850, *caput*).

A quem pretenda objetar-nos com o argumento de que a norma processual trabalhista apenas prevê as propostas conciliatórias no processo de *conhecimento*, antecipamos que tal argumento não tem autoridade para garantir que se o processo cautelar estivesse regulado na CLT o legislador não teria determinado que o juiz buscasse, também aqui, a conciliação das partes. Ora, sendo a conciliação o propósito medular da Justiça do Trabalho, como dissemos, é razoável supor que ela não abandonaria esse objetivo no âmbito do processo cautelar. Por outro lado, o fato de a CLT não haver feito referência a propostas conciliatórias *na execução* não pode ser oposto ao pensamento que estamos a manifestar, pois o legislador entendeu desnecessário fazer com que as partes fossem instadas à conciliação após haverem-na recusado, em duas oportunidades, no processo de conhecimento, de onde proveio o título executivo. No processo de conhecimento, como sabemos, há um ambiente propício à conciliação em virtude da incerteza subjetiva a respeito do resultado da prestação jurisdicional invocada; já o processo de execução se peculariza pela certeza da existência do direito de uma das partes (credor), que munido de um título executivo — provimento satisfativo — deseja que o devedor seja compelido a satisfazer a correspondente obrigação consubstanciada na sentença exequenda. A execução faz desaparecer, portanto, aquelas condições favoráveis à conciliação, outrora presentes no processo de conhecimento. Sensível a isso, o legislador preferiu não fazer qualquer referência à conciliação no processo executivo, embora não a proíba, como é palmar.

Esclareça-se: não *exige* a norma legal que o juiz, na execução tente conduzir as partes a um "acordo"; este, porém, *pode* ser realizado por incoação dos litigantes "mesmo depois de encerrado o juízo conciliatório" (CLT, art. 764, § 3º).

A própria doutrina civilista entende que o juiz deve buscar a conciliação nas ações acautelatórias de natureza jurisdicional; *a fortiori*, deve persegui-la o Juiz do Trabalho. Assim como o processo de conhecimento, o cautelar trabalhista deve ser presidido pelo princípio nuclear, que se irradia do art. 764, § 1º da CLT, segundo o qual "... *os Juízes e Tribunais do Trabalho empregarão sempre os seus bons ofícios a persuasão no sentido de uma solução conciliatória dos conflitos"* (sublinhamos).

Queremos deixar claro que a transação pode visar não apenas ao processo cautelar em si, mas à própria lide, que dá ou dará conteúdo ao processo principal, naqueles casos em que exista uma relação entre ambos. A composição da lide material, por intermédio de transação realizada nos autos do processo cautelar, atende aos imperativos de economia e de celeridade na dirimência dos conflitos interindividuais de interesses.

Razões finais. As razões finais, por sua vez, revelam-se imprescindíveis também nos procedimentos de tutela de urgência e de tutela de evidência. É verdade que se levássemos exclusivamente em conta que, no geral, as partes, ao aduzirem essas razões no processo de conhecimento limitam-se a reportar-se aos elementos dos autos, ficaríamos em dificuldade para justificar a importância ou a utilidade das razões finais no processo cautelar; essa atitude, no entanto, cometeria o estrabismo de ignorar aqueles casos em que as razões finais representam a oportunidade específica para a parte arguir nulidades processuais decorrentes de atos praticados na audiência, ou mesmo fora dela. Esse fato é bastante para demonstrar a imprescindibilidade de conceder-se aos demandantes o ensejo para formularem, no processo acautelatório, arguições dessa natureza e outras mais, necessárias à salvaguarda de direitos.

Apoiados nessas considerações, sentimo-nos seguros para afirmar que assim como ocorre no processo de conhecimento, a falta de oportunidade para o oferecimento de razões finais torna nulificável o processo cautelar. É lógico que estamos aqui a nos referir às cautelas *jurisdicionais*, porquanto naquelas de natureza *administrativa* não é cabível a tentativa de conciliação, diante da inexistência de litígio, de lide. Ainda assim, pensamos que se eventualmente os interessados (requerente e requerido) desejarem transacionar nos autos da cautela administrativa a respeito da matéria que constitui ou constituirá objeto de ação principal, não deverá o juiz obstar que o façam, hipótese em que o ato se aperfeiçoará como transação extrajudicial comum (Galeno Lacerda, obra cit., p. 333) — conquanto isso seja algo raro, em concreto, porquanto em certas providências dessa natureza o requerido nem sequer pode *responder* (apresentar defesa, diz a lei).

Autonomia da instrução na tutela de urgência.

A autonomia do processo cautelar (tutela de urgência) determina a autonomia da sua instrução, em cotejo com o processo principal. O objeto da prova não é o mesmo em ambos os processos. Neste, em regra, o fato probando se refere àquele do qual o autor extrai uma pretensão material; no processo cautelar a prova é quanto ao perigo de dano iminente e de difícil reparação ao direito da parte ao processo.

O processo cautelar, além disso, satisfaz-se com a simples verossimilhança do direito alegado, motivo por que a instrução que lhe é própria se caracteriza por uma *summa cognitio* dos fatos; já o processo principal se empenha na busca da verdade dita *real*, utilizando-se, para tanto, de uma fase instrutória — documental e oral — minuciosa e, por isso mesmo, muito mais demorada que a do cautelar. Dizendo-se por outro modo: no processo de conhecimento, a cognição deve ser exaustiva, verticalmente aprofundada, porque o juízo que se formulará, no final, será de certeza; no processo cautelar, entretanto, a cognição é sumária, verticalmente superficial, porquanto o juízo que se formulará, no final, será de mera probabilidade.

São precisamente essas particularidades que impõem o trâmite *separado* de ambos os processos, sob pena de eventual reunião dos respectivos autos, para efeito de unificar-se a instrução, representar um golpe de morte no processo cautelar, pois o seu escopo de celeridade ficaria fatalmente comprometido por esse insensato atrelamento à natural morosidade do processo principal.

Comete inescusável *error in procedendo*, passível de providência correcional, o juiz que, na generalidade dos casos, determina a junção dos autos da cautelar aos do processo principal, com vistas a realizar uma única instrução. A contrário senso, em alguns casos, se o apensamento não acarretar qualquer prejuízo aos propósitos da cautela, poderá ser efetuado sem receio de admoestação censória. Este é, por isso, o critério a ser adotado quando se cuida de verificar quanto à possibilidade e à conveniência de apensar-se os autos da cautelar aos da ação principal, com o fim de unificar-se a instrução de ambas.

De qualquer modo, quando for possível o apensamento da cautelar entrará na faculdade do juiz determiná-lo, ou não. O apensamento não será *das ações*, e sim, *dos autos*. A ação é algo tão imaterial quanto o sentimento, a felicidade, a alegria etc.; logo, não tendo existência concreta não pode ser materialmente jungida a uma outra, ou a coisa alguma.

Sentença. A sentença emitida na ação visando à obtenção de tutela provisória de urgência cautelar, em caráter antecedente, deve, em princípio, atender aos requisitos legais para a validade e eficácia das sentenças em geral, como o mais importante dos pronunciamentos jurisdicionais. Esta nossa assertiva, no entanto, merece maiores explicações, por estar insinuando a incidência do art. 489 do CPC, com seu rigor exacerbado — ao menos, aos olhos do processo do trabalho. Conquanto venhamos a proceder, nos comentários ao art. 489, a uma análise mais detida sobre a aplicação, ou não, desse dispositivo do CPC ao processo do trabalho (seja no processo de conhecimento, nos procedimentos de tutela provisória ou na execução), é conveniente adiantarmos a nossa opinião de que essa norma não incide no processo do trabalho, por uma razão jurídica elementar e essencial: a CLT *não é omissa* sobre o tema (art. 769), como evidencia o seu art. 832.

Interpretando-se o art. 832 da CLT à luz dos sistemas processuais mais modernos, percebe-se que "o resumo do pedido e da defesa" corresponde ao relatório; a "apreciação das provas" e "os fundamentos da decisão", à fundamentação; a "respectiva conclusão", ao dispositivo.

Isso é, a nosso ver, o quanto basta para atender à exigência do processo do trabalho, que ainda prossegue na luta contra a "complexização" que vem sofrendo, há várias décadas, pela infiltração dos dispositivos do processo civil.

Art. 308. Efetivada a tutela cautelar, o pedido principal terá de ser formulado pelo autor no prazo de 30 (trinta) dias, caso em que será apresentado nos mesmos autos em que deduzido o pedido de tutela cautelar, não dependendo do adiantamento de novas custas processuais.

§ 1º O pedido principal pode ser formulado conjuntamente com o pedido de tutela cautelar.

§ 2º A causa de pedir poderá ser aditada no momento de formulação do pedido principal.

§ 3º Apresentado o pedido principal, as partes serão intimadas para a audiência de conciliação ou de mediação, na forma do art. 334, por seus advogados ou pessoalmente, sem necessidade de nova citação do réu.

§ 4º Não havendo autocomposição, o prazo para contestação será contado na forma do art. 335.

• **Comentário**

Caput. O prazo de trinta dias, para que o autor formule o pedido principal, será contado da *efetivação* da tutela cautelar. Note-se que a norma não se refere à *concessão* da medida. Deve-se entender por *efetivação* da tutela a prática de todos os atos, materiais ou processuais, necessários para que a tutela atinja a plenitude dos seus objetivos. Somente depois disso é que passará a fluir o prazo para que o autor formule o pedido principal. A fim de evitar zonas nebulosas quanto à definição do momento em que a tutela estaria *efetivada*, cumprirá ao magistrado: a) determinar esse momento, segundo sua convicção, e, em consequência; b) intimar o autor, para efeito de contagem do prazo mencionado.

Sendo respeitado o prazo de trinta dias, o pedido principal será apresentado nos autos em que foi formulado o pedido de tutela cautelar. Supõe-se, por isso, que se o pedido exceder ao trintídio não será apresentado nos referidos autos. Indaga-se, entrementes: de que prazo disporá o autor, quando já ultrapassados os trinta dias? Cremos que, diante dessa lacuna legal, caberá ao juiz fixar o prazo.

Em qualquer caso, não haverá adiantamento de novas custas processuais, lembrando-se que o processo do trabalho possui regras próprias sobre o pagamento de custas (CLT, arts. 789 e 789-A).

§ 1º A disposição do *caput* do art. 308 pressupõe que o pedido de tutela cautelar anteceda à formulação do pedido principal. Justamente por essa razão é que o CPC a denominou de "tutela cautelar requerida em caráter antecedente". O § 1º desse preceptivo legal, todavia, permite ao autor formular o pedido principal *conjuntamente* com o pedido de tutela cautelar. Um e outro podem, pois, ser contemporâneos ou simultâneos. Caberá ao autor decidir-se a respeito. O importante é que coloque em destaque o pedido cautelar, sob consequência de o juiz não se dar conta da sua existência na peça inicial.

§ 2º A dicção legal de que a causa de pedir pode ser acrescentada no momento da formulação do pedido principal está ligada ao *caput* do artigo, e não, ao § 1.º; em relação a este, não faz sentido cogitar-se de aditamento, pois a *causa petendi* já deve estar expressa na petição.

§ 3º Apresentado o pedido principal — afirma a norma — o juiz designará audiência de conciliação ou mediação, intimando as partes, pessoalmente, ou por meio de seus advogados, dispensando-se nova citação do réu. Examinaremos essa disposição no comentário ao § 4º, subsequente, com o qual o § 3º se imbrica.

§ 4º Não havendo transação (acordo, autocomposição), o prazo para o réu contestar será contado na forma prevista pelo art. 335.

Repisamos, aqui, *mutatis mutandis*, o que escrevemos na oportunidade dos comentários ao art. 303, § 1º, inciso II do CPC: o réu será intimado para comparecer

Art. 309

à audiência de conciliação ou mediação. A remissão que a norma *sub examen* faz ao art. 335 significa que o réu poderá oferecer contestação no prazo de quinze dias (cinco dias, no processo do trabalho), cujo termo inicial será a data a que se referem os incisos I a III do referido artigo. Se, nessa audiência, houver autocomposição (acordo), o processo será extinto com o cumprimento do que foi objeto da transação (CPC, art. 487, III, "b"). Não havendo acordo, o prazo para a contestação será contado da audiência ou da última sessão de conciliação (art. 335, I).

Estabelece, por outro lado, o art. 307, parágrafo único, que se o pedido for contestado no prazo legal será observado o procedimento comum. Por sua vez, o art. 334, que integra o procedimento comum, dispõe que a audiência será realizada com antecedência mínima de trinta dias, devendo o réu ser citado com o prazo mínimo de vinte dias. Não cremos que esse procedimento deva ser observado no âmbito da Justiça do Trabalho, por ser incompatível com o processo que nela se pratica. Basta ver que, enquanto a CLT estabelece que a audiência deva ser a primeira desimpedida, depois de cinco dias (art. 841, *caput*), o art. 334 do CPC exige que a audiência seja designada com antecedência mínima de trinta dias.

Preconizamos, diante disso, que nos domínios da Justiça do Trabalho o procedimento da tutela de urgência antecipada, em caráter antecedente, seja adaptado ao processo do trabalho, de tal arte que o réu seja citado para oferecer contestação em cinco dias.

Em resumo, efetivada a tutela cautelar: a) o autor aditaria a inicial, juntaria documentos (se fosse o caso) e confirmaria o pedido de tutela final em cinco dias, por simetria ao art. 841, *caput*, da CLT; b) o réu seria intimado para comparecer à audiência, a ser designada com observância do prazo fixado no art. 841, *caput*, da CLT. Não havendo autocomposição, o réu teria o prazo de cinco dias para oferecer contestação, a ser protocolada na secretaria do juízo ou remetida eletronicamente. Havendo necessidade, o juiz designaria audiência para a instrução oral do procedimento (depoimento das partes, inquirição das testemunhas e o mais), adução de razões finais e reiteração da proposta conciliatória. O julgamento poderia ser realizado na mesma audiência, ou em outra, especificamente marcada para esse fim.

Art. 309. Cessa a eficácia da tutela concedida em caráter antecedente, se:

I – o autor não deduzir o pedido principal no prazo legal;

II – não for efetivada dentro de 30 (trinta) dias;

III – o juiz julgar improcedente o pedido principal formulado pelo autor ou extinguir o processo sem resolução de mérito.

Parágrafo único. Se por qualquer motivo cessar a eficácia da tutela cautelar, é vedado à parte renovar o pedido, salvo sob novo fundamento.

• **Comentário**

Caput. A matéria estava prevista, de modo diverso, art. 808 do CPC revogado.

Cuida-se, aqui, de enumeração dos casos em que cessará a eficácia da medida deferida de modo antecedente.

Inciso I. Estabelece o art. 308, *caput*, que, efetivada a medida cautelar, o pedido principal deverá ser apresentado pelo requerente (nos mesmos autos) no prazo de trinta dias. Não formulado o pedido principal no prazo, cessará a eficácia da medida, salvo se o requerente comprovar que não atendeu ao prazo por justa causa (CPC, art. 223 § 1º).

Inciso II. A eficácia da medida também findará se ela não for efetivada dentro de trinta dias. *Efetivar*, conforme já esclarecemos, significar praticar todos os atos, materiais ou processuais, necessário ao atingimento dos objetivos da tutela concedida.

Inciso III. Uma outra causa de cessação da eficácia da medida consistirá no fato de o juiz rejeitar os pedidos principais ou extinguir o processo, sem resolução do mérito, em que esses pedidos tenham sido deduzidos.

Parágrafo único. Repete-se a norma do parágrafo único do art. 808 do CPC revogado.

Qualquer que tenha sido o motivo pelo qual cessou a eficácia da medida, a lei proíbe a parte de repetir o pedido, exceto se o fizer sob novo fundamento. Esta disposição está em harmonia com a do art. 505, do mesmo Código, segundo a qual, por princípio, "Nenhum juiz decidirá novamente as questões já decididas relativas à mesma lide", exceto nas situações mencionadas nos incisos I e II.

Por outras palavras: será admissível a repetição do pedido desde que se funde em nova causa de pedir (*causa petendi*).

Código de Processo Civil — Art. 310

Art. 310. O indeferimento da tutela cautelar não obsta a que a parte formule o pedido principal, nem influi no julgamento desse, salvo se o motivo do indeferimento for o reconhecimento de decadência ou de prescrição.

• **Comentário**

Ainda que o juiz rejeite a concessão da medida tutelar cautelar, a parte poderá ingressar com o pedido principal sem que o referido indeferimento influa no julgamento desse pedido. Os raros casos em que, por exceção, o indeferimento repercutirá no julgamento do pedido principal serão quando o juiz pronunciar a prescrição ou a decadência.

Realmente, se o direito material a ser objeto do pedido principal estiver fulminado pela prescrição extintiva ou pela decadência, de nenhuma utilidade prática seria a concessão de medida cautelar (tutela de urgência) desse direito. Por um critério essencialmente pragmático, o legislador veta a possibilidade de a parte repetir o pedido de medida decorrente de tutela de urgência quando estas tiverem sido rejeitadas com fundamento em prescrição ou em decadência.

Fluxograma 4

TUTELA CAUTELAR, EM CARÁTER ANTECEDENTE[1]

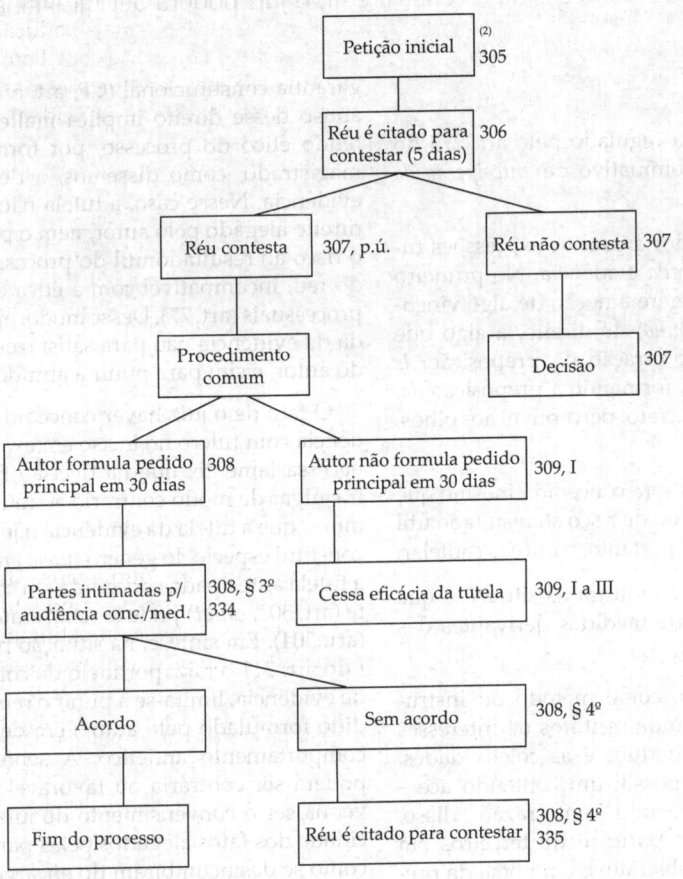

(1) Pressupõe:
- perigo de dano; ou
- risco ao resultado útil do processo.

(2) A inicial indicará:
- a lide e seu fundamento;
- exposição sumária do direito;
- perigo de dano; ou
- risco ao resultado útil do processo

TÍTULO III

DA TUTELA DA EVIDÊNCIA

Art. 311. A tutela da evidência será concedida, independentemente da demonstração de perigo de dano ou de risco ao resultado útil do processo, quando:

I – ficar caracterizado o abuso do direito de defesa ou o manifesto propósito protelatório da parte;

II – as alegações de fato puderem ser comprovadas apenas documentalmente e houver tese firmada em julgamento de casos repetitivos ou em súmula vinculante;

III – se tratar de pedido reipersecutório fundado em prova documental adequada do contrato de depósito, caso em que será decretada a ordem de entrega do objeto custodiado, sob cominação de multa;

IV – a petição inicial for instruída com prova documental suficiente dos fatos constitutivos do direito do autor, a que o réu não oponha prova capaz de gerar dúvida razoável.

Parágrafo único. Nas hipóteses dos incisos II e III, o juiz poderá decidir liminarmente.

• **Comentário**

Caput. O assunto era regulado pelo art. 273 do CPC revogado sob o nominativo de *antecipação da tutela*.

Foi preciso o legislador a usar as expressões tutela *de* urgência e tutela *da* evidência. No primeiro caso, a preposição *de* sugere a noção de algo vinculado a uma fumaça (*fumus*) de direito, a algo que *poderá* acontecer; já a contração da preposição *de* com o artigo definido *a*, formando a preposição *da*, induz à ideia de algo concreto, perceptível aos olhos, evidente.

A tutela da evidência será concedida mesmo que não haja perigo de dano ou de risco ao resultado útil do processo. Não possui, portanto, natureza cautelar.

Os incisos do art. 311 indicam as situações que autorizam a concessão de medidas derivantes das tutelas da evidência.

Inciso I. O processo, como método ou instrumento estatal de solução de conflitos de interesses ocorrentes entre os indivíduos e as coletividades, ou entre uns e outros, possui um conteúdo acentuadamente ético, impondo, em razão disso, um comportamento das partes e de terceiros em consonância com esse substrato. É em nome da preservação dessa substância ética do processo que se erigiram as figuras da litigância de má-fé (art. 80) e do ato atentatório à dignidade da justiça (art. 774) e o ilícito da fraude à execução (art. 792), entre outras.

É, ainda, em atenção ao conteúdo ético do processo que a lei permite ao juiz conceder tutela da evidência quando o requerido estiver abusando do direito de defesa ou empreendendo manobras protelatórias do curso processual. Se, de um ponto, é inegável que o direito de ampla defesa constitui garantia constitucional (CF, art. 5º, LV), de outro, o abuso desse direito implica malferimento do conteúdo ético do processo, por forma a autorizar o magistrado, como dissemos, a deferir a tutela da evidência. Nesse caso, a tutela não leva em conta o direito alegado pelo autor, nem o perigo de dano ou o risco ao resultado útil do processo, mas a *conduta* do réu, incompatível com a ética e com os deveres processuais (art. 77). Desse modo, outorga-se a medida da evidência não para satisfazer eventual direito do autor, e sim para punir a atitude do réu.

O fato de o juiz haver concedido a tutela da evidência com fulcro no inciso em exame não significa, necessariamente, que na decisão final sentença ele irá julgar de modo contrário ao réu. Devemos rememorar que a tutela da evidência não é definitiva, pois constitui espécie do gênero *tutela provisória*. Somente a tutela antecipada concedida em caráter antecedente (art. 303, *caput*) pode ter o atributo da estabilidade (art. 304). Em síntese, na situação prevista no inciso I do art. 311 o juiz, por meio de concessão da tutela da evidência, limita-se a punir o réu (acilhendo o pedido formulado pelo autor) em decorrência do seu comportamento antiético. A sentença, entretanto, poderá ser contrária ou favorável o réu, conforme venha ser o convencimento do juiz acerca da veracidade dos fatos alegados pelas partes e da maneira como se desincumbiram do encargo probatório que lhes atribui a lei.

É evidente que a concessão da tutela pressupõe que o pedido formulado pelo autor, na inicial, não se inclua na esfera daqueles a que a doutrina e a jurisprudência denominam de *juridicamente impossíveis*. É por esse motivo, entre outros, que o autor deve, já na peça de provocação da atividade jurisdicional, indicar o *direito* que pretende ver tutelado.

A mesma sanção constava do inciso II do art. 273 do CPC anterior.

Código de Processo Civil

Inciso II. Os pressupostos legais para a concessão da tutela de evidência são estes: a) a petição inicial estar instruída com documento que comprove, de maneira irrefutável, os fatos alegados pelo autor; e b) haver tese firmada em julgamento de casos repetitivos; c) ou em súmula vinculante. Podemos inserir, também, d) a possibilidade jurídica do pedido. São pressupostos cumulativos e não, alternativos.

Fatos comprovados documentalmente. Algumas observações acerca deste requisito devem ser expendidas. Em primeiro lugar, apenas serão considerados, para os efeitos na norma legal em estudo, os fatos que devam ser comprovados, de maneira exclusiva, por meio de documentos, como seria o caso, por exemplo, no processo do trabalho, do pagamento de salários (CLT, art. 464). Em segundo, pressupõe-se que o documento não tenha sido validamente impugnado, nem sido objeto do incidente de falsidade, a que se refere o art. 430 do CPC.

Tese em casos repetitivos. A tutela da evidência também será concedida, sem necessidade de demonstração de perigo de dano ou de risco ao resultado útil do processo, quando as alegações fato puderem ser provadas apenas por meio de documentos e houver tese firmada em julgamento de casos repetitivos. O incidente de resolução de demandas repetitivas é regido pelo art. 976 e seguintes, do CPC.

Súmulas vinculantes. De igual modo dispensar-se-á a demonstração de dano ou de risco ao resultado útil do processo se as alegações factuais, além de serem provadas apenas mediante documentos, houver súmula vinculante sobre o tema. As denominadas súmulas "vinculantes" foram instituídas pela Emenda n. 45/2004, que inseriu o art. 103-A na Constituição da República. O adjetivo *vinculantes* foi por nós aspado por não encontrar-se dicionarizado. O que há é *vinculativa* ou *vinculatória*. A partir da publicação na imprensa oficial, a súmula terá efeito vinculativo dos demais órgãos do Poder Judiciário e da administração pública direta e indireta, nas esferas federal, estadual e municipal.

Pedido juridicamente possível. Exige-se que o pedido esteja amparado pelo ordenamento jurídico. Se houver, na lei, ao contrário, um veto à formulação de determinado pedido, este será, tecnicamente, considerado juridicamente impossível. Melhor seria que dissesse juridicamente *inatendível*, pois a formulação do pedido, em tese, é (materialmente) *possível*, embora o seu *acolhimento* seja obstado por norma legal.

Inciso III. A Justiça do Trabalho não possui competência para apreciar ação reipersecutória tendo como objeto contrato de depósito. Diz-se que a ação é reipersecutória porque por meio dela o autor busca a restituição de um bem que lhe pertence e que se encontra fora do seu patrimônio.

Inciso IV. Se a petição inicial estiver acompanhada de documento capaz de provar, de maneira "suficiente", os fatos constitutivos do direito do autor, a que o réu não oponha prova capaz de infundir dúvida razoável no espírito do juiz, este poderá conceder a tutela da evidência mesmo que não haja demonstração de perigo de dano ou de risco ao resultado útil do processo. Não basta, portanto, que o documento se revele como prova suficiente, idônea, dos fatos constitutivos do direito do autor: é absolutamente necessário que o réu não oponha ao documento prova capaz de gerar dúvida razoável no espírito do magistrado. Cuida-se, aqui, de prova, exclusivamente, documental, vale dizer, pré-constituída.

Parágrafo único. Nas situações previstas nos incisos II e III, o juiz poderá conceder a tutela *in limine*, vale dizer, antes de ser apresentada a contestação. Como a matéria de que se ocupa o inciso III não se insere na competência da Justiça do Trabalho, resta o inciso II. De qualquer forma, a concessão da medida constituirá *faculdade* do juiz, não se traduzindo, pois, em direito subjetivo processual do autor a obtenção da tutela liminar.

Nos termos do parágrafo único do art. 311, as situações mencionadas no inciso I (abuso do direito de defesa ou manifesto objetivo protelatório) não autorizam o juiz a conceder, *in limine*, a tutela da evidência. Temos, no entanto, uma ponderação a fazer. No caso específico de o réu estar a adotar, de forma manifesta, atitude protelatória do processo, entendemos que o juiz poderá conceder, liminarmente, a tutela, ou seja, sem que a contestação tenha sido apresentada. Digamos que o réu esteja, de modo evidente, se esquivando à citação, fazendo com que o tramite processual fique prejudicado. Situações como essa, a nosso ver, autorizam o juiz a conceder a tutela, desde logo, como providência jurisdicional destinada a punir esse comportamento antiético do réu e a demovê-lo de seu intento.

LIVRO VI
DA FORMAÇÃO, DA SUSPENSÃO E DA EXTINÇÃO DO PROCESSO

TÍTULO I
DA FORMAÇÃO DO PROCESSO

Art. 312. Considera-se proposta a ação quando a petição inicial for protocolada, todavia, a propositura da ação só produz quanto ao réu os efeitos mencionados no art. 240 depois que for validamente citado.

• **Comentário**

Nos termos do art. 263 do CPC revogado, considerava-se proposta a ação quanto a petição inicial fosse despachada pelo juiz, ou simplesmente distribuída. Sempre defendemos o ponto de vista de que, no processo do trabalho, bastaria que a petição inicial fosse *protocolada* em juízo para que se reputasse exercida a ação.

Verificamos que o art. 312, do atual CPC, segue a mesma orientação. Realmente, essa norma legal considera proposta a ação no momento em que a inicial é protocolada, embora declare que, em relação ao réu, somente produzirá os efeitos mencionados no art. 240 com a regular citação deste. Os efeitos a que se refere a norma são: induzir litispendência, fazer litigiosa a coisa, constituir o devedor em mora. A prescrição, contudo, é interrompida pelo despacho que determina a citação (art. 240, § 1º).

Particularmente, não concordamos com o emprego do verbo *propor* para designar o momento em que a parte ingressa em juízo, invocando a prestação jurisdicional do Estado. A ação traduz um direito público subjetivo, com assento constitucional (CF, art. 5º, XXV), motivo pelo qual ela não é "proposta", mas *exercida*. Propor traz a ideia de sugerir, de submeter algo à deliberação de alguém. Mesmo que a petição inicial venha a ser indeferida, com a consequente extinção do processo sem resolução da lide (mérito), o direito de ação terá sido exercido. Aliás, só se extingue um processo que existia; e o processo surgiu com a ação *posta* (mas não "proposta") em juízo.

TÍTULO II
DA SUSPENSÃO DO PROCESSO

Art. 313. Suspende-se o processo:

I – pela morte ou pela perda da capacidade processual de qualquer das partes, de seu representante legal ou de seu procurador;

II – pela convenção das partes;

III – pela arguição de impedimento ou de suspeição;

IV – pela admissão de incidente de resolução de demandas repetitivas;

V – quando a sentença de mérito:

a) depender do julgamento de outra causa ou da declaração de existência ou de inexistência de relação jurídica que constitua o objeto principal de outro processo pendente;

b) tiver de ser proferida somente após a verificação de determinado fato ou a produção de certa prova, requisitada a outro juízo;

VI – por motivo de força maior;

VII – quando se discutir em juízo questão decorrente de acidentes e fatos da navegação de competência do Tribunal Marítimo;

VIII – nos demais casos que este Código regula.

§ 1º Na hipótese do inciso I, o juiz suspenderá o processo, nos termos do art. 689.

§ 2º Não ajuizada ação de habilitação, ao tomar conhecimento da morte, o juiz determinará a suspensão do processo e observará o seguinte:

I – falecido o réu, ordenará a intimação do autor para que promova a citação do respectivo espólio, de quem for o sucessor ou, se for o caso, dos herdeiros, no prazo que designar, de no mínimo 2 (dois) e no máximo 6 (seis) meses;

II – falecido o autor e sendo transmissível o direito em litígio, determinará a intimação de seu espólio, de quem for o sucessor ou, se for o caso, dos herdeiros, pelos meios de divulgação que reputar mais adequados, para que manifestem interesse na sucessão processual e promovam a respectiva habilitação no prazo designado, sob pena de extinção do processo sem resolução de mérito.

§ 3º No caso de morte do procurador de qualquer das partes, ainda que iniciada a audiência de instrução e julgamento, o juiz determinará que a parte constitua novo mandatário, no prazo de 15 (quinze) dias, ao final do qual extinguirá o processo sem resolução de mérito, se o autor não nomear novo mandatário, ou ordenará o prosseguimento do processo à revelia do réu, se falecido o procurador deste.

§ 4º O prazo de suspensão do processo nunca poderá exceder 1 (um) ano nas hipóteses do inciso V e 6 (seis) meses naquela prevista no inciso II.

§ 5º O juiz determinará o prosseguimento do processo assim que esgotados os prazos previstos no § 4º.

• **Comentário**

Caput. O assunto era regulado pelo art. 265 do CPC revogado.

O vocábulo *processo* sugere, na terminologia jurídica, a ideia de "marcha à frente", de um seguir em direção à sentença de mérito, seu ponto de atração, de culminância e de exaustão. Contudo, em determinados casos previstos em lei essa *marcha adiante* é obstada em decorrência de causas voluntárias ou não; ocorre, então, a suspensão temporária do processo. Podemos, em face disso, enunciar o seguinte conceito de suspensão processual: é o ato pelo qual, em virtude de causa prevista em lei, seja voluntária ou não, o curso do processo é temporariamente sustado, sendo, em princípio, vedada a prática de qualquer ato nesse período, a não ser os reputados urgentes, necessários para evitar dano irreparável (art. 314), ou os destinados a restabelecer a própria marcha processual.

Alguns comentários acerca deste nosso conceito devem ser formulados. Em primeiro lugar, a suspensão do processo está ligada a uma relação de causa e efeito: cessada aquela, cessa este; durante o período de suspensão, como é evidente, subsiste o vínculo processual. Em segundo, os atos praticados anteriormente à suspensão não são afetados; aliás, nem mesmo são prejudicados os atos que se iniciaram antes da suspensão, pois sua fluência será retomada quando cessar a causa suspensiva. Em terceiro, dissemos que, em princípio, nenhum atos processual poderia ser praticado durante a suspensão, pois só em casos excepcionais é que se admitirá, nesses ínterim, a realização de atos considerados urgentes, cuja prática seja necessária para evitar dano irreparável. Dentre esses atos se inclui a citação destinada a impedir a prescrição ou a decadência.

É importante observar que a suspensão do processo, para produzir os seus efeitos, depende de decisão judicial; esclareça-se, no entanto, que essa decisão terá natureza meramente declaratória, porquanto, na verdade, o processo se suspende a partir do momento em que sobreveio a causa que a determinou — e não da decisão judicial que ordena a suspensão.

Por outro lado, o fim da suspensão do processo pode ser automático ou depender de um pronunciamento do juiz. No primeiro caso, há a fixação de um momento para o término da suspensão; essa fixação pode decorrer: a) da própria norma legal, como se dá, por exemplo, com a exceção de incompetência, ou b) de ato judicial, como ocorre quando a paralisação tenha sido deferida por certo tempo. No segundo, como não existe a fixação de um prazo, o término da suspensão estará subordinado a uma nova manifestação do juiz, como se verifica, por exemplo, nos casos de força maior.

Inciso I. *Morte ou perda da capacidade processual de qualquer das partes ou de seu representante legal ou de seu procurador.* Falecendo uma das partes na relação jurídica processual (autor e réu), é imprescindível que haja a sua substituição, pelo espólio ou sucessor, nos termos do art. 75, VII, do CPC.

Tratando-se, contudo, de direito intransmissível ou personalíssimo, o falecimento da parte acarretará não a suspensão, mas a própria extinção do processo, como acontece, no âmbito do processo civil, *e. g.*, nas ações de separação conjugal, alimentos, investigação da paternidade, interdição, prestação de contas e de mandado de segurança (CPC, art. 485, IX). No processo do trabalho, o processo de ação mandamental também fica extinto com a morte do impetrante.

Ressalvadas as situações referidas no parágrafo anterior, a morte de uma das partes fará com que o juiz determine a suspensão do processo, sem fixação de prazo, a fim de que os sucessores se habilitem, de acordo com o procedimento específico estabelecido pelos arts. 687 a 692, do CPC. É certo que o os sucessores não tomarem nenhuma iniciativa quanto a isso, a sua negligência poderá fazer com que o juiz extinga o processo sem resolução do mérito, com fundamento no art. 485, III, do mesmo Código.

A suspensão do processo, entretanto, não é automática, pois, afinal de contas, o juiz pode não estar sabendo da morte de uma das partes. Assim, para que o juiz ordene a suspensão, é absolutamente indispensável que se faça prova, nos autos, desse falecimento.

No âmbito específico das relações de emprego, devemos destacar a Lei n. 6.858, de 24 de novembro de 1980, cujo art. 1º, *caput*, estabelece que os valores devidos aos empregados (aí incluídos os pertinentes ao FGTS e ao PIS), não recebidos em vida pelo titular, *"serão pagos, em quotas iguais, aos dependentes habilitados perante a Previdência Social (...) e, na sua falta, aos sucessores previstos na lei civil, indicados em alvará judicial, independentemente de inventário ou arrolamento"* (realçamos).

No caso de morte do advogado de qualquer dos litigantes, o processo não poderá ter prosseguimento, mesmo que a audiência de instrução e julgamento tenha sido iniciada. Nesta hipótese, caberá ao juiz, por sua iniciativa ou a requerimento do interessado, marcar o prazo de quinze dias para que a falta seja suprida. Não sendo atendido esse despacho, vale dizer, deixando a parte de constituir novo advogado, teremos, *em princípio*, as seguintes consequências: se a providência incumbia ao autor, haverá a extinção do processo sem exame do mérito; se ao réu, o processo terá curso à revelia deste (CPC, art. 313, § 3º). Uma nótula essencial: como estamos a versar sobre processo do trabalho, poderá ocorrer de a parte não indicar novo advogado, mas comunicar ao juízo de primeiro grau que passará a atuar pessoalmente, como lhe faculta o art. 791, *caput*, da CLT. Mesmo assim, para efeito de atuação no âmbito do TST haverá necessidade de constituir advogado, em face da interpretação restritiva que esse Tribunal vem dando ao sobredito dispositivo da CLT (Súmula n. 425).

A despeito de a mencionada norma legal não se haver ocupado do tema, parece-nos que a *perda da capacidade* do advogado exigirá, por analogia, o mesmo procedimento observado quanto à morte desse procurador judicial.

É oportuno ressaltar que as regras legais pertinentes à substituição das partes, no caso de falecimento destas, somente são aplicáveis quando a parte for pessoa *física*; assim, o falecimento de um sócio de uma *pessoa jurídica*, sendo esta parte num processo, não acarretará nenhuma repercussão na relação processual, do ponto de vista dos seus sujeitos

Código de Processo Civil — Art. 313

Inciso II. *Convenção das partes.* Sendo, o processo, um método estatal de solução dos conflitos intersubjetivos de interesses e, por isso, integrante do ramo do Direito Público, as partes não ostentam nenhum poder de disposição, quanto às normas processuais. Em caráter excepcional, contudo, a lei permite que elas, mediante acordo, *suspendam* o processo.

Assim, por petição, deverão as partes dirigir-se ao juiz, comunicando-lhe a intenção de suspender o processo. Fizemos uso do verbo *comunicar* porque, segundo o entendimento predominante na doutrina e na jurisprudência, o juiz não pode se opor à suspensão do processo, nesta hipótese. A sua atuação, por esse motivo, não é discricionária, mas vinculada à vontade dos litigantes. Logo, estes não *requerem* a suspensão, senão que a *comunicam*, a fim de que o juiz faça fazer a convenção estabelecida por estes.

A suspensão, entrementes, não poderá exceder a seis meses ou um ano, conforme seja o caso, segundo deixa claro o § 4º, do art. 313, do CPC. Esgotado esse prazo, caberá ao escrivão fazer os autos conclusos ao juiz, para que este ordene o prosseguimento do processo. A retomada do curso processual, quando ultrapassado o prazo máximo legal, não depende, pois, de qualquer manifestação das partes, derivando, isto sim, de ato a ser realizado pelo juiz, *ex officio*.

Inciso III. *Arguição de impedimento ou suspeição.* No sistema do atual CPC o impedimento e a suspeição do magistrado não são mais arguidos por meio de *exceção*, e sim mediante *petição específica* (art. 146).

No processo do trabalho esses vetos legais à atuação do juiz, em princípio, devem continuar sendo objeto de *exceção*, pois a CLT não é omissa no tocante à matéria (art. 769), conforme patenteiam os seus arts. 799 a 802. A despeito disso, seguimos entendendo ser possível, mediante construção doutrinária e jurisprudencial, adotar-se o sistema do CPC vigente ("petição específica"), que, por ser menos formal, se revela compatível com o processo do trabalho. O grande entrave ao sucesso do movimento cuja deflagração estamos a preconizar (e a liderar) é o fato de, como afirmamos, a CLT não ser omissa em relação ao tema.

Enquanto não se tornar vitoriosa a opinião que estamos a sustentar, seguiremos aludindo à exceção como a modalidade típica de resposta do réu para denunciar o impedimento ou a suspeição do magistrado.

Podem ser objeto de exceção o impedimento e a suspeição. As causas de impedimento estão previstas no art. 144, do CPC; as de suspeição, no art. 145. A CLT bordeja o assunto nos arts. 799 a 802.

O art. 799 da CLT, em particular, dispõe que somente terão efeito suspensivo do processo as exceções de suspeição e de incompetência. A norma disse menos do que deveria dizer: a exceção de impedimento também será causa de suspensão do processo. Por outro lado, o art. 801 do mesmo texto legal comete o deslize de inserir o parentesco no rol das causas de suspeição do magistrado, quando, na verdade, cuida-se de impedimento.

O grande problema a ser enfrentado pelo processo do trabalho diz respeito ao *procedimento* a ser observado com vistas às exceções de impedimento e de suspeição.

Ocorre que a CLT se limita a dispor que, apresentada a exceção, o juiz designará audiência, dentro de 48 horas, destinada à instrução e ao julgamento da exceção (CLT, art. 802, *caput*). Os §§ 1º e 2º dessa norma dispõem sobre o acolhimento da exceção e quando esta se dirigir a juiz de direito investido, circunstancialmente, na jurisdição trabalhista.

Na vigência do CPC revogado, a suspeição e o impedimento (assim como a incompetência relativa) deveriam ser objeto de *exceção*, que constituía uma das modalidades de resposta do réu. O atual CPC, conforme dissemos, eliminou a *exceção* como instrumento pelo qual se inquina o juiz de impedido e de suspeito — e, em decorrência disso, não reproduziu os dispositivos que, no Código anterior, regulavam o procedimento dessas exceções. Considerando-se que o processo do trabalho, de um lado, fazia uso supletivo desses dispositivos, e, de outro, ainda prevê a figura das *exceções*, a única solução será argumentar-se que as precitadas normas do CPC revogado foram recepcionadas pelo processo do trabalho, e a este incorporadas, de tal arte que mesmo tendo sido revogadas pelo CPC atual devem seguir sendo observadas pelo processo do trabalho. Trata-se de uma dessas situações em que, ao contrário dos postulados das leis físicas, o efeito permanece mesmo com o desaparecimento da causa.

Sendo assim, traçamos, com vistas ao processo do trabalho, o seguinte procedimento das exceções de impedimento e de suspeição, com base nos preceptivos da CLT, do antigo CPC, e do próprio CPC atual, quando for o caso.

a) mediante petição, a parte arguirá o impedimento ou a suspeição do juiz da causa, indicando o motivo da recusa (CPC, art. 146, *caput*). A petição poderá ser instruída com documentos em que o excipiente fundar a alegação e conterá o rol de testemunhas (*ibidem*);

b) se o juiz reconhecer o impedimento ou a suspeição, determinará a remessa dos autos ao seu substituto legal (CPC, art. 146, § 1º). Não havendo substituto, oficiará ao tribunal a que se encontra vinculado, para a designação de juiz *ad hoc*. Se, ao contrário, o juiz não admitir a causa de impedimento ou de suspeição, designará, dentro de 48 horas, audiência de instrução e julgamento (CLT, art. 802, *caput*);

c) acolhida a exceção, será convocada para a mesma audiência, ou para a seguinte, o substituto do

Art. 313

juiz, que "continuará a funcionar no feito até decisão final" (CLT, art. 802, § 1º). Tanto no CPC anterior (art. 313) quanto no atual (CPC atual, art. 146, § 1º), se o juiz não reconhecer o impedimento ou a suspeição deverá dar as suas razões, acompanhadas de documentos e do rol de testemunhas, se houver, determinando a remessa dos autos (autuados em separado) ao tribunal competente. No processo do trabalho, contudo, o juiz inquinado de impedido ou de suspeito participa do julgamento da exceção, a cuja conclusão se chega pela expressão: "julgada procedente a exceção, será logo convocado (...) o suplente do membro suspeito".

Em todos os textos anteriores, que produzimos, insistimos em ponderar que, de *lege ferenda*, o processo do trabalho deveria adotar o mesmo procedimento do CPC, ou seja, toda vez que o juiz não reconhecer o impedimento ou a suspeição deverá oferecer as suas razões, juntar documentos e rol de testemunhas (se for o caso) e ordenar a remessa dos autos a tribunal a que se encontra vinculado, para julgamento da exceção.

Conquanto haja autorização legal para a participação do juiz do trabalho inquinado de impedido ou de suspeito na instrução e no julgamento da exceção, não podemos deixar de dizer que essa participação atenta contra os mais elementares princípios éticos e contra o próprio direito de a parte ver realizado qualquer julgamento por um juiz imparcial. Não podemos deixar de imaginar o constrangimento a que será submetida a parte ao ter de provar, seja com documentos, seja com testemunhas, que o juiz é suspeito — sabendo-se que o mesmo juiz estará presidindo a audiência de instrução e realizará o julgamento.

Inciso IV. *Demandas repetitivas.* O incidente de resolução de demandas repetitivas é regido pelos arts. 976 a 987 do CPC. Sobre esse incidente discorreremos, com maior profundidade, ao comentarmos os precitados artigos.

Por ora, é pertinente observar que na forma do art. 982, "Admitido o incidente, o relator: I — suspenderá os processos pendentes, individuais ou coletivos, que tramitam no estado ou na região, conforme o caso".

Note-se que somente haverá suspensão dos processos se o incidente for admitido pelo tribunal (art. 981).

Inciso V, letra "a". *Depender do julgamento de outra causa.* Para logo, devemos esclarecer que *prejudicial* e *preliminar* são coisas distintas. Enquanto a primeira, de modo geral, está ligada a questões de natureza processual subordinadoras do exame do mérito, a segunda se vincula diretamente ao mérito, podendo ser objeto de um outro processo. De outro lado, as prejudiciais podem ser *internas* ou *externas*. No primeiro caso, ela é apreciada pelo mesmo juiz da causa; no segundo, é tema de outro processo em curso. Percebe-se, pois, que a suspensão do processo, com base na letra "a" do art. 313, do CPC, traduz *prejudicial externa*.

A propósito, só haverá essa suspensão se *não* puder ocorrer a *reunião de autos*, de que trata o art. 55, do CPC, em virtude da ausência do requisito previsto no § 3º do art. 55, qual seja: risco de decisões contraditórias se as causas forem decididas separadamente. Sendo *possível* a reunião de autos, não haverá suspensão do processo, cabendo ao juiz proferir uma única sentença, e apreciar, por primeiro, a questão prejudicial.

Na hipótese de o autor promover ação em face do réu com o objetivo de ver reconhecida a existência de relação de emprego entre as partes e, sem que essa causa tenha sido julgada, ingressar com outra ação, diante do mesmo réu (mas cuja petição inicial seja distribuída a outra Vara) para, agora, pedir a condenação deste ao pagamento de aviso-prévio, salários, férias, gratificações natalinas, horas extras etc., duas situações poderão ocorrer: a) o juiz que por primeiro determinou a citação, sendo prevento (CPC, art. 58), poderá requerer que o outro lhe encaminhe os autos, a fim de reuni-los e realizar uma só instrução e proferir uma só sentença (*ibidem*); b) o juiz ao qual coube a ação em que o autor pede aviso-prévio, salário, férias, gratificações natalinas, etc. poderá determinar a suspensão do processo, com fulcro na letra "a" do inciso V do art. 313 do CPC, a fim de evitar decisões eventualmente contraditórias (CPC, art. 55, § 3º). Sabemos que, na prática, dificilmente ocorrerá a hipótese de que cogitamos, pois a segunda petição inicial será, automaticamente, distribuída ao juízo prevento (CPC, art. 286, III).

Inciso V, letra "b". *Verificação de fato ou produção de prova.* Pode ocorrer de o juiz mandar verificar certo fato, ou determinar a produção de provas, perante outro juízo (mediante carta precatória). Ora, se essas providências eram necessárias para efeito de julgamento da causa, é óbvio que a sentença não poderá ser proferida (ou outros atos processuais serem praticados) enquanto aquelas providências não forem realizadas. Desta forma, caberá ao juiz determinar a suspensão do processo, sempre que a sua continuidade depender das referidas providências. Essa suspensão não poderá exceder a seis meses ou a um ano, conforme seja hipótese (art. 313, § 4º).

Inciso VI. *Por motivo de força maior.* Força maior, para os efeitos do dispositivo legal em exame, deve ser considerada todo fato que impossibilite o funcionamento do órgão jurisdicional, como incêndio, cataclismos, problemas de segurança, greve nos serviços judiciários, encerramento do expediente forense antes do horário normal, etc. Em tais casos, a suspensão do processo é medida indispensável para evitar que as partes sejam prejudicadas por atos a que não deram causa. A suspensão se inicia no momento em que se caracteriza a força maior, vindo o curso do processo a ser restabelecido tão logo desapareceram os motivos que levaram a essa suspensão. A CLT define a força maior como "todo acontecimento inevitável, em relação à vontade do empregador, e para a realização do qual este não concorreu, direta ou indiretamente" (art. 501). Substitua-se o vocábulo *empregador* por *parte* e ter-se-á uma definição de força maior aplicável no terreno processual. A *justa causa*, a que se refere o art. 223, § 1º, do CPC, corresponde ao de força maior, da CLT, conquanto, lá, o conceito seja processual e, aqui, material.

Inciso VII. *Demais casos.* Para que a enumeração não fosse exaustiva, o legislador preferiu dizer que o processo seria também suspenso nos demais casos previstos no CPC.

Dentre esses casos, podemos indicar:

a) a incapacidade processual ou a irregularidade de representação (art. 76). Aqui, a suspensão será por "prazo razoável";

b) quando o devedor não possuir bens penhoráveis (art. 921, III);

c) quando for concedido o parcelamento ao devedor, nos termos do art. 916 (art. 921, V);

d) nos casos dos arts. 982, I (incidente de resolução de demandas repetitivas) e 1.029, §§ 4º e 5º (recurso extraordinário) do CPC.

Com os olhos postos no processo do trabalho, podemos indicar os embargos à execução (CLT, art. 884). Também aqui há casos em que o juiz suspende o processo para que as partes iniciem ou deem continuidade às tratativas visando a uma solução negociada (acordo, conciliação) do conflito de interesses. Essa suspensão se dá, muitas vezes, sob a forma de retirada dos autos de pauta.

O problema das férias na suspensão do processo

Estabelece o art. 214, *caput*, do CPC, que durante a férias forenses e os feriados não se praticarão atos processuais, salvo os atos previstos no art. 212, § 2º (citações, intimações e penhoras) e as tutelas de urgência (não, porém, a tutela da evidência).

Essa disposição legal, no que diz respeito específico às férias coletivas em primeiro e segundo graus de jurisdição, está, a nosso ver, em antagonismo com o inciso XII ao art. 93, da Constituição da República, acrescentado pela Emenda Constitucional n. 45/2004, assim redigido: "a atividade jurisdicional será ininterrupta, sendo vedado férias coletivas nos juízos e tribunais de segundo grau, funcionando, nos dias em que não houver expediente forense normal, juízes em plantão permanente". As férias coletivas somente são possíveis, portanto, nos tribunais superiores (STF, TST, STJ, dentre outros). Também foi extinto, pela mencionada Emenda Constitucional, o recesso no âmbito da Justiça Federal, Comum e do Trabalho, instituído pela Lei n. 5.010, de 30.5.1966.

Na verdade, o advento das férias forenses não suspende o processo, e, sim, *os prazos*. Sobre este assunto, algumas observações devem ser feitas: a) se determinado ato processual for praticado durante as férias, ele não será nulo; apenas, a sua eficácia só ocorrerá a partir do momento em que terminarem as férias; b) os feriados contínuos não devem ser considerados férias, com vistas ao art. 214, do CPC; c) terminando as férias em uma sexta-feira, o prazo que faltava para a prática do ato suspenso será reiniciado não no sábado, mas na segunda-feira, ou melhor, no primeiro dia útil que se seguir à sexta-feira; d) o prazo de decadência não se interrompe nem se suspende com o advento das férias forenses; e) o prazo do edital, em si, também não se suspende com as férias; o que se passa é que, com o final das férias, terá início o prazo para a prática do ato processual a que se refere o edital; f) entendia-se que o recesso da Justiça Federal, no período de 20 de dezembro a 6 de janeiro, previsto na Lei n. 5.010, de 30.5.66, art. 62, I, se equiparava às férias forenses, para efeito do art. 212, do CPC revogado.

Nos termos do inciso II, da Súmula n. 262, do TST, o *recesso* forense e as férias coletivas dos Ministros daquele Tribunal suspendem os prazos recursais.

É proveitoso lembrar que os feriados não suspendem o prazo; o que acontece é que os prazos não se iniciam nem vencem em dias que não sejam úteis (CLT, art. 775; CPC).

§ 1º Se qualquer das partes ou de seu representante legal vier a falecer ou a perder a sua capacidade processual, o juiz suspenderá o processo, nos termos do art. 689, ou seja: "Proceder-se-á à habilitação nos autos do processo principal, na instância em que estiver, suspendendo-se, a partir de então, o processo". É evidente que o interessado deverá fazer prova quanto ao falecimento ou à perda da capacidade processual.

A norma em exame complementa o que consta do inciso I do mesmo dispositivo legal.

§ 2º Falecendo o procurador de qualquer das partes, mesmo que a audiência de instrução e julgamento já tenha sido iniciada, o juiz marcará o prazo de quinze dias para que a parte constitua novo advogado. Se o despacho judicial não for cumprido, e a providência incumbia: a) ao autor, o juiz extinguirá o processo sem resolução do mérito; b) ao réu, o processo seguirá à sua revelia.

Uma ponderação é necessária, sob a perspectiva do processo do trabalho. Aqui, mesmo que a parte não atenda à determinação judicial para a nomeação de novo advogado não deverá, necessariamente, sofrer as sanções processuais previstas no § 2º do art. 313 do CPC (extinção do processo ou revelia), porquanto ela poderá pretender atuar no processo pessoalmente, como lhe faculta o art. 791, *caput*, da CLT (*ius postulandi*). Seria conveniente, por isso, que, falecendo o advogado da parte, o juiz a intimasse, para, no prazo de quinze dias, indicar novo advogado ou dizer se deseja passar a atuar pessoalmente no processo. Lembremos, todavia, que para efeito de atuação perante o TST será necessária a constituição de advogado, em decorrência da interpretação restritiva que essa Corte de Justiça vem dando ao art. 791, *caput*, da CLT.

§ 3º A suspensão do processo, por força de convenção entre as partes, não poderá ser superior a seis meses. Conquanto as partes tenham a faculdade de suspender o trâmite do processo, isso não significa que ficará reservado ao alvedrio delas a definição quanto ao tempo de suspensão. Afinal, como tantas vezes já assinalamos, o processo não constitui propriedade dos litigantes; por esse motivo, a lei não permite que a suspensão ultrapasse a seis meses. Malgrado o legislador tenha utilizado o advérbio *nunca*, ao redigir a norma *sub examen*, em casos excepcionais o magistrado, levando em conta os argumentos apresentados pelas partes, poderá estender o período de suspensão para além dos seis meses. Digamos que o processo tenha sido suspenso para que as partes estudassem a possibilidade de conciliação e que, decorridos seis meses, elas viessem a juízo para demonstrar que estão na iminência de chegar a um acordo para dar fim ao processo, mas que necessitam de mais dez ou vinte dias para isso. Em situações como essa, o juiz poderá deferir o requerimento, pois o escopo da Justiça do Trabalho segue sendo o de conduzir as partes a uma solução consensual do litígio (CLT, art. 764), sendo, por isso, desaconselhável que o juiz ordene que as partes voltem a litigar quando a possibilidade de transacionarem é concreta e iminente.

§ 4º Quando a suspensão se der com fundamento no inciso V do art. 313, não poderá exceder a um ano.

Com o objetivo de evitar que o processo ficasse indefinidamente suspenso, o legislador fixou o prazo máximo de um ano, em relação às situações enumeradas no inciso V do art. 313. Em princípio, como é elementar, cabe ao magistrado cumprir o mandamento legal. A aplicação da lei, contudo, não deve desprezar as regras do bom senso. Poderá haver casos que justifiquem a transposição do prazo legal. Pensemos no motivo de força maior: se após o decurso de um ano da suspensão do processo ainda subsistir esse motivo, não se justifica o fato de o juiz determinar o restabelecimento do trâmite processual, pois isso implicaria negar a própria razão de ser da força maior como fator impeditivo da prática de atos processuais por uma das partes; ou, às vezes, por ambas. Pensemos em uma inundação de tal magnitude que tenha destruído ou danificado todos os registros processuais — físicos ou eletrônicos — existentes no juízo, impossibilitando o funcionamento do órgão jurisdicional por mais de uma ano. Essa possibilidade, embora remota, não é impossível.

§ 5º É compreensível que, esgotados os prazos a que aludem os §§ 3º e 4º, o juiz determine o prosseguimento do processo. Ressalvamos, no entanto, a possibilidade de, em situações excepcionais, o juiz autorizar a permanência da suspensão do processo por período superior ao fixado na lei, desde que encontre fundamentos de fato e de direito para isso e não haja prejuízo para as partes.

Art. 314. Durante a suspensão é vedado praticar qualquer ato processual, podendo o juiz, todavia, determinar a realização de atos urgentes a fim de evitar dano irreparável, salvo no caso de arguição de impedimento e de suspeição.

• **Comentário**

O art. 266 do CPC revogado se ocupava do assunto.

O princípio inscrito no texto legal em exame é de que nenhum ato poderá ser praticado durante a suspensão do processo. Em caráter excepcional, todavia, o juiz poderá autorizar a prática de atos processuais urgentes, como providência destinada a evitar dano irreparável a uma das partes; ou, em certos casos, a ambas. O juiz somente não se poderá valer dessa faculdade quando estiver sendo inquinado de impedido ou de suspeito.

Art. 315. Se o conhecimento do mérito depender de verificação da existência de fato delituoso, o juiz pode determinar a suspensão do processo até que se pronuncie a justiça criminal.

§ 1º Se a ação penal não for proposta no prazo de 3 (três) meses, contado da intimação do ato de suspensão, cessará o efeito desse, incumbindo ao juiz cível examinar incidentemente a questão prévia.

§ 2º Proposta a ação penal, o processo ficará suspenso pelo prazo máximo de 1 (um) ano, ao final do qual aplicar-se-á o disposto na parte final do § 1º.

• **Comentário**

Caput. Há casos em que o exame do mérito depende da verificação de fato delituoso, que constitui objeto de ação criminal, em curso ou a ser ajuizada. Neste caso, a lei faculta ao juiz suspender o processo até que haja o pronunciamento do juízo criminal. A regra não tem sido muito adotada no processo do trabalho, seja pela autonomia da instrução que aqui se realiza, seja porque, algumas vezes, embora o empregado tenha praticado ato delituoso, esse fato não repercute no contrato do trabalho, sob a forma de justa causa, em virtude da ocorrência do que se convencionou denominar, nestes sítios, de "perdão tácito". Em rigor, não há, nisso, perdão algum, e sim, renúncia tácita ao poder de romper o contrato de trabalho. Em suma, pode ocorrer de um empregado vir a ser condenado pela Justiça Criminal, em razão de determinado ato por ele praticado no âmbito da empresa (furto, roubo, agressão etc.), mas a Justiça do Trabalho considerar que a rescisão do contrato de trabalho foi sem justa causa, em virtude de o empregador somente haver decidido romper o contrato muitos dias ou meses após ter ciência inequívoca do ato praticado pelo empregado.

§ 1º Sendo a ação penal não for ajuizada no prazo de três meses, contado da intimação do ato de suspensão do processo, cessarão os efeitos da suspensão, cumprindo ao juiz examinar, em caráter incidental, a questão prévia, vale dizer, o fato delituoso alegado.

§ 2º Caso a ação penal seja exercida dentro de três meses, o processo ficará suspenso pelo prazo máximo de um ano. Decorrido esse prazo, sem que o juízo criminal haja se pronunciado, o juiz dará sequência ao processo, examinando o fato que motivou a ação penal.

TÍTULO III
DA EXTINÇÃO DO PROCESSO

Art. 316. A extinção do processo dar-se-á por sentença.

• **Comentário**

O CPC revogado conceituava a sentença como o ato pelo qual o juiz punha fim ao processo, examinando, ou não, o mérito da causa (art. 162, § 1º). Posteriormente, a redação dessa norma legal foi alterada, passando a ser esta: "Sentença é o ato do juiz que implica alguma das situações previstas nos arts. 267 e 269". Esses dispositivos legais previam os casos em que o processo se extinguiria sem resolução do mérito ou com resolução deste, respectivamente. A referida alteração conceitual decorreu do fato de o CPC haver trazido para o processo de conhecimento, em inusitado sincretismo, a clássica execução por quantia certa fundada em título judicial (exceto em relação à Fazenda Pública), de tal modo que, a contar daí, não mais se poderia afirmar que a sentença punha fim ao processo (cognitivo), porquanto este prosseguiria para efeito de ser promovido o "cumprimento da sentença".

Mesmo após essa alteração introduzida no art. 162, § 1º, do CPC anterior, argumentávamos que, no processo do trabalho, deveria seguir prevalecendo o conceito segundo o qual sentença era o ato pelo qual o juiz dava fim ao processo, pouco importando, para isso, se o mérito havia sido apreciado, ou não. Nosso entendimento se baseava no fato de, no sistema da CLT, a execução depender de processo próprio, específico. Tanto isto é certo, que o art. 880, *caput*, da CLT, alude à *citação* do executado.

Pois bem. O CPC atual, na mesma linha do anterior, conceitua a sentença como o ato pelo qual o juiz, com fulcro nos arts. 485 e 487, põe fim à fase cognitiva do procedimento comum, ou extingue a execução (art. 203, § 1º).

Mesmo na vigência do atual CPC permanece inalterada a nossa opinião, manifestada ao tempo do CPC revogado, de que no processo do trabalho a sentença deve seguir sendo conceituada como o ato pelo qual o juiz coloca fim ao processo (de conhecimento), julgando, ou não, o mérito da causa. Sob certo aspecto, aliás, e a despeito da *reengenharia redacional* realizada pelo legislador (art. 203, § 1º, do CPC atual) em relação ao art. 162, § 1º, do CPC anterior, verificamos que a ideia de extinção do processo está subjacente a essas normas legais, uma vez que remetem o conceito de sentença a dispositivos que versam sobre a extinção do processo. Basta ver que, no caso do CPC em vigor, os arts. 485 e 487 tratam de situações que, de modo geral, põem fim ao processo.

Além disso, o art. 316, *sub examen*, declara que a *extinção do processo* ocorrerá mediante *sentença*.

O art. 895, I e II, da CLT, alude às sentenças *terminativas* e às *definitivas*; trata-se de linguagem obsoleta, pois na moderna terminologia fala-se de sentença que resolve o mérito (definitiva) e de sentença que não resolve o mérito (terminativa). Sob certo aspecto, ambas são "terminativas", se considerarmos que, de um modo ou de outro, dão fim ao processo de conhecimento ou ao de execução.

Art. 317. Antes de proferir decisão sem resolução de mérito, o juiz deverá conceder à parte oportunidade para, se possível, corrigir o vício.

• **Comentário**

Com o elogiável escopo de salvar o processo das nulidades — e, como isso, evitar o dispêndio inútil de atividade jurisdicional (magistrado) e privada (partes, terceiros) — a lei determina que o juiz, antes de extingui-lo *sem* resolução do mérito, conceda à parte oportunidade para corrigir o vício, quando isso for possível. A norma não incide, portanto, nos casos em que a decisão apreciará o mérito.

Tendo em vista o disposto no art. 485 do CPC, na parte em que se refere à *correção do vício*, podemos enumerar os seguintes casos que comportam a aplicação do art. 317: a) incapacidade processual ou irregularidade de representação (ar. 76); indeferimento da petição inicial (art. 321); b) paralisação do processo por mais de um ano por negligência das partes (art. 485, § 1º; c) por não promover as diligências que lhe incumbem, o autor abandonar a causa por mais de um mês (art. 485, § 1º).

Em sentido contraposto, indiquemos as situações previstas no art. 485 que repelem a incidência do art. 317: a) ausência de pressuposto de constituição e de desenvolvimento válido e regular do processo; b) acolhimento da alegação de perempção, litispendência ou coisa julgada; c) ausência de legitimidade ou de interesse processual; d) existência de convenção de arbitragem ou juízo arbitral reconhecer sua competência; e) desistência da ação; f) morte da parte, nos casos em que a ação seja intransmissível por força de lei.

Um escólio adicional: nos casos de ilegitimidade (passiva) ou de falta de interesse processual — que são condições para o regular exercício do direito constitucional de ação — no sistema do processo civil o juiz não deverá conceder à parte oportunidade para corrigir o vício (CPC, art. 317), cabendo-lhe, isso sim, extinguir desde logo o processo (CPC, art. 485, VI). Para efeito de *novo* ajuizamento da ação a parte deverá ter sanado o vício que levou à extinção do primeiro processo, conforme deixa claro o § 1º do art. 486 do CPC. No processo do trabalho, entrementes, o princípio da simplicidade autoriza o juiz a não extinguir, de plano, o processo, podendo fixar prazo para que a parte corrija a falha (quando isso for possível). Somente se o despacho judicial não for atendido no prazo assinado é que deverá extinguir o processo sem resolução da lide. Digamos que o autor ajuizou a ação em face de parte ilegítima para figurar na relação jurídica processual: diante disso, o juiz do trabalho, convencendo-se dessa ilegitimidade, poderia suspender o processo, fixando prazo razoável para que o autor indicasse a pessoa legitimada para figurar como ré. Cumprido o despacho, o juiz: a) restabeleceria o curso do processo; b) mandaria citar o novo réu; c) excluiria da relação processual o réu originário. Não sendo atendido o despacho, como dissemos, o juiz estaria à vontade para extinguir o processo sem resolução do mérito, em virtude de o autor ser carecedor da ação, derivante da ilegitimidade do réu. O ato pelo qual o juiz daria fim ao processo consistiria em sentença, sendo por isso, impugnável por meio de recurso ordinário (CLT, art. 895, I).

Procedemos dessa maneira, algumas vezes — e sempre com êxito —, quando estávamos no exercício da magistratura.

PARTE ESPECIAL

LIVRO I
DO PROCESSO DE CONHECIMENTO E DO CUMPRIMENTO DE SENTENÇA

TÍTULO I
DO PROCEDIMENTO COMUM

CAPÍTULO I
DISPOSIÇÕES GERAIS

Art. 318. Aplica-se a todas as causas o procedimento comum, salvo disposição em contrário deste Código ou de lei.

Parágrafo único. O procedimento comum aplica-se subsidiariamente aos demais procedimentos especiais e ao processo de execução.

• **Comentário**

Caput. Repete-se a regra contida no art. 271 do CPC.

O *processo judicial* é o método ou o instrumento de que se utiliza o Estado para solucionar, em caráter monopolístico e impositivo, os conflitos de interesse ocorrentes entre os indivíduos e as coletividades, tendo como objeto um bem ou uma utilidade da vida.

Classicamente, o processo vem sendo dividido em: a) de conhecimento; b) de execução; e c) cautelar — embora admita-se, nessa classificação, a inserção dos processos; d) executivos; e e) mandamentais.

O *procedimento* é o rito estabelecido por lei para que a parte ou o terceiro possam promover a defesa dos seus direitos e interesses em juízo. O procedimento, por assim dizer, é o elemento exterior do processo, as suas vestes formais, sendo constituído por um encadeamento preordenado e lógico de atos orgânicos, em regra preclusivos, que se iniciam por provocação da parte e se desenvolvem por impulso oficial (CPC, art. 2º), dirigidos, todos, de maneira direta ou indireta, à preparação do evento mais importante do universo processual: a sentença de mérito.

O procedimento pode ser: a) comum; ou b) especial. O comum se subdivide em: a.a.) ordinário; e a.b.) sumário ou sumariíssimo.

O processo do trabalho possui os procedimentos: a) ordinário; e b) sumariíssimo — conquanto alguns estudiosos entendam, contra o nosso ponto de vista, haver também um procedimento ordinário, trazido pela Lei n. 5.584, de 26 de junho de 1970.

Processo e procedimento não se referem a objetos diversos, senão que a aspecto distintos de um mesmo elemento. O processo e o procedimento compõem a relação jurídica processual, tendo, o primeiro, um traço substancial; e o segundo, um traço formal.

A separação dos conceitos de processo e de procedimento não é inútil nem meramente acadêmica, tendo relevância sob o aspecto prático. Assim afirmamos porque, por exemplo, a Constituição da República atribui competência *exclusiva* à União para legislar sobre *processo* (art. 22, I), ao passo que a competência para editar normas sobre *procedimento* não é só da União, mas, também, em caráter *concorrente*, dos Estados e do Distrito Federal (art. 24, XI).

A regra inscrita no *caput* do art. 302 do CPC é de que o procedimento comum é aplicável a todas as causas, exceto se houver, no próprio CPC ou em lei avulsa, disposição em contrário. Essa regra, *mutatis mutandis*, incide no processo do trabalho. Também aqui, o procedimento, em princípio, é o comum (ordinário ou sumariíssimo) embora se submetam ao procedimento especial ações como: de consignação em pagamento, de prestação de contas, de embargos de terceiro, de habilitação, de restauração de autos, de interdito proibitório etc.

Parágrafo único. A norma determina a aplicação subsidiária do rito (procedimento) comum aos demais procedimentos especiais e ao processo de execução.

Posto à frente o destaque que fizemos no texto legal, nada obsta a incidência supletiva dessa norma no processo do trabalho. Cumpre recordar, entretanto, que no caso de omissão da CLT a respeito de normas regentes do processo de execução, a primeira incursão subsidiária a ser empreendida é aos domínios da Lei n. 6.830/80 (que rege a cobrança judicial da dívida ativa da Fazenda Pública), por força da regra inscrita no art. 889 da CLT. Somente se essa Lei for também omissa é que estará liberado o acesso aos sítios do CPC.

CAPÍTULO II

DA PETIÇÃO INICIAL

Seção I

Dos Requisitos da Petição Inicial

Art. 319. A petição inicial indicará:

I – o juízo a que é dirigida;

II – os nomes, os prenomes, o estado civil, a existência de união estável, a profissão, o número de inscrição no Cadastro de Pessoas Físicas ou no Cadastro Nacional da Pessoa Jurídica, o endereço eletrônico, o domicílio e a residência do autor e do réu;

III – o fato e os fundamentos jurídicos do pedido;

IV – o pedido com as suas especificações;

V – o valor da causa;

VI – as provas com que o autor pretende demonstrar a verdade dos fatos alegados;

VII – a opção do autor pela realização ou não de audiência de conciliação ou de mediação.

§ 1º Caso não disponha das informações previstas no inciso II, poderá o autor, na petição inicial, requerer ao juiz diligências necessárias a sua obtenção.

§ 2º A petição inicial não será indeferida se, a despeito da falta de informações a que se refere o inciso II, for possível a citação do réu.

§ 3º A petição inicial não será indeferida pelo não atendimento ao disposto no inciso II deste artigo se a obtenção de tais informações tornar impossível ou excessivamente oneroso o acesso à justiça.

• **Comentário**

Caput. A assunto era objeto do art. 282 do CPC revogado.

O texto legal indica os requisitos que a petição inicial deve conter.

Antes de examinarmos quais são esses requisitos, devemos exarar algumas considerações de natureza introdutória.

Conceito e finalidade.

Ação e demanda não são, em rigor, vocábulos que guardem sinonímia entre si. Enquanto a ação é o poder que a Constituição atribui ao indivíduo para ativar a função jurisdicional (que se mantém em um ontológico estado inercial) com vistas a obter a tutela de um bem ou de uma utilidade da vida, a demanda (*domanda*, na Itália) traduz o ato pelo qual ele pede o provimento correspondente, ou seja, a entrega da prestação jurisdicional invocada. Esse provimento pode ter efeito declaratório, constitutivo, condenatório — aos quais se poderiam acrescer o mandamental e o executivo, se admitirmos a classificação quinária das ações sugerida por Pontes de Miranda.

É por meio da demanda que o autor formula pedidos (*res in iudicio deducta*). A demanda é, assim, o ato mediante o qual ele postula o provimento da jurisdição. A petição inicial é o instrumento da demanda. Andou certo, por outro lado, Chiovenda, ao dizer que a demanda, na qual o pedido está contido, se apresenta como *qualche cosa come la fondazione deli edificio* (*Diritto e processo*, n. 58, p. 99).

No passado, distinguia-se a petição inicial do *libelo*. Aquela era o ato pelo qual o autor, após demonstrar, de maneira sucinta, o objeto da demanda, limitava-se a requerer a citação do réu para defender-se. Daí, falar-se, na época, em petição inicial citatória, uma vez que ela possuía essa finalidade específica de deflagrar o processo e de estabelecer a relação jurídica que lhe é própria. Dita petição, em geral, antecedia ao libelo; este, originário do latim *libelius*, diminutivo de *liber, libri*, que significa o córtice da árvore (conquanto entendam, alguns, que a palavra provenha de *libra*, balança), por seu turno, consistia na exposição dos fatos da causa e continha o pedido feito pelo autor. Nele, enfim, vinham definidos os limites da demanda. Atento a essa particularidade, Affonso Fraga definiu o libelo como "a exposição breve e clara, articulada ou não, feita em juízo, do conteúdo da pretensão do autor" (*Instituições do processo civil do Brasil*. Tomo II. São Paulo: Saraiva, 1940. p. 201).

Tanto a petição inicial citatória quanto o libelo se apresentavam, habitualmente, sob a forma escrita, embora este fosse oferecido em audiência, a que compareciam os litigantes.

O Regulamento Imperial n. 737, de 1850, começou a romper essa dualidade consagrada pelas Ordenações reinóis, ao tornar apenas facultativa a apresentação da petição inicial citatória e do libelo em peças apartadas e em momentos distintos. Posteriormente, o Código de Processo Civil de 1939 — o primeiro, de caráter unitário, que o País conheceu — exigiu que essas duas peças fossem aglutinadas na petição inicial (art. 158). O CPC de 1973 manteve essa acertada unificação (art. 282), que foi preservada pelo Código atual (art. 319).

Modernamente, portanto, a petição inicial pode ser definida como o ato pelo qual se provoca a ativação do poder-dever jurisdicional do Estado e se pede um provimento, cujos efeitos estarão vinculados ao direito material que se esteja procurando ver reconhecido ou protegido (conquanto o exercício do direito de ação não pressuponha, necessariamente, a existência do direito material, como sabemos). A petição inicial, destarte, é um instrumento não só de provocação da atividade jurisdicional (direito de ação), como de impetração da efetiva entrega da correspondente prestação estatal (demanda).

Na definição que apresentamos não cogitamos da citação do réu, porque o CPC atual já não exige que conste da inicial. No processo do trabalho não se exigiu que a inicial contivesse requerimento para essa finalidade (CLT, art. 840), pois este ato é praticado *ex officio* (CLT, art. 841). O ato citatório é indispensável para estabelecer uma "angularidade" da relação processual (Estado/réu/autor), que, até então, era somente linear (autor/Estado); por esse motivo, deverá ser determinado pelo juiz, independentemente de requerimento do autor.

A petição inicial não deixa de conter uma declaração da vontade do autor, como reconhece Pontes de Miranda (*Comentários ao código de processo civil*. 2. ed., tomo IV. São Paulo: Forense, 1979. p. 3/4), se levarmos em conta o fato de que, por intermédio dela, é posto em atividade o poder jurisdicional do Estado e pedida a entrega da pertinente prestação. Essa vontade, para produzir os efeitos desejados, deve ser jurídica, assim entendida a que se forma com base no ordenamento normativo, seja material ou processual ou nos usos e costumes.

Se bem refletirmos, veremos que a petição inicial pode ser examinada por diversos ângulos. Assim, do ponto de vista do autor, ela é, com efeito, um instrumento que as leis lhe colocam à disposição para ativar a função jurisdicional e obter a correspondente prestação, nos casos de lesão de direito ou de ameaça de lesão (sentença de mérito). Todavia, se a estudarmos sob o aspecto do pedido, verificaremos que ela figura como o elemento delimitador da demanda (ou da lide), motivo por que ao juiz será defeso conceder ao autor mais do que foi pleiteado, ou menos do que lhe deveria ter sido dado, ou proferir sentença, em prol deste, de natureza (melhor: efeito) diversa da pretendida, ou, ainda, condenar o réu em quantidade superior ou em objeto diverso do que lhe foi demandado (CPC, art. 492, *caput*).

Resumindo, a petição inicial será sempre a craveira pela qual se poderá ver se o juiz, ao emitir a sentença de mérito, atendeu ao princípio da adstrição ao pedido, ou dele extravasou, ressalvados os denominados "pedidos implícitos" (correção monetária, juros da mora etc.). Diz-se, também, com certa propriedade, que a inicial é uma espécie de projeto ideal da sentença de mérito que o autor visa a obter.

Sendo, por outro lado, na petição inicial onde se encontra definido o objeto litigioso, isso permite verificar se ocorre a litispendência ou a coisa julgada. O mencionado objeto representa, desse modo, o elemento material desses dois fenômenos processuais, visto sob o ângulo da clássica tríplice identidade: a) de partes; b) de causa de pedir; e c) de pedido. Bulgaro, a propósito, já reconhecia nessas três identidades o traço característico das ações: *iudicium est actum trium personarum: judicis, actoris et rei*.

Em determinadas situações particulares, todavia, poderá haver litispendência mesmo que não se configure a tríplice identidade, de que estamos a falar. Isso ocorrerá, p. ex., quando, entre duas ações, houver mesmeidade de causa de pedir e de pedido, mas, numa, figure como parte o trabalhador, e, noutra, o sindicato, agindo na qualidade de "substituto processual". Ora, a mera inexistência de identidade de partes é irrelevante, pois a tudo sobreleva o fato de que o titular do direito material (objeto litigioso) é o mesmo, em ambas as ações, ou seja, o trabalhador. Voltaremos ao assunto, para tratá-lo com maior profundidade, mais adiante, ao discorrermos sobre a contestação (art. 335).

Constituindo, a jurisdição, um poder-dever estatal, e o processo, um método oficial de solução dos conflitos de interesses amparados pela ordem jurídica, compreende-se o motivo pelo qual o conceito de uma e de outro deva ser incindível. Quando se fala, todavia, em jurisdição *trabalhista* e em processo *do trabalho* não se está negando a unicidade daquela, nem a exclusividade deste, senão que, apenas, realçando a natureza das lides que esses instrumentos estatais se destinam a solucionar.

Foi, justamente, a especificidade das lides trabalhistas que justificou a especialização de um segmento do próprio Poder Judiciário, em nosso País; essa especificidade, por sua vez, se enastra com a necessidade de conceber-se um processo capaz de fazer valer, no plano da realidade prática, o direito material do trabalhador, sendo indispensável, para isso, que o referido processo seja dotado do mesmo escopo tuitivo que assinala o direito substancial, do qual o trabalhador extrai as pretensões que costuma deduzir em juízo.

Examinada sob o aspecto lógico, a petição inicial se assemelha a um silogismo, definido por Aristóteles como "uma série de palavras em que, sendo admitidas certas coisas, delas resultará necessariamente alguma outra, pela simples razão de se terem admitido aquelas".

A premissa maior, no caso, é representada pela demonstração de que os fatos alegados, que figuram como a premissa menor, produzem efeitos na ordem jurídica. Os pedidos derivantes desses fatos e fundamentos jurídicos correspondem à conclusão. Essa concepção silogística da petição inicial justifica, de certa forma, o seu indeferimento em algumas situações de inépcia, como quando, *e. g.*, lhe faltar o pedido ou a causa de pedir; da narração dos fatos não decorrer, de maneira lógica, a conclusão, o pedido for indeterminado ou contiver pedidos entre si inconciliáveis (CPC, art. 330, § 1º, I a IV).

Muito mais do que um simples silogismo, a petição inicial é o instrumento formal, instituído pelos sistemas processuais, de que se vale o indivíduo para ativar a função jurisdicional (ação) e pedir um provimento de mérito (demanda), que poderá ser declaratório, constitutivo, condenatório, mandamental ou executivo, destinado a satisfazer ou a assegurar um bem ou uma utilidade da vida.

Essa petição é, também, o estalão pelo qual se poderá verificar se o magistrado concedeu mais do que se pedia, ou menos do que era devido, ou fora do que havido sido postulado, sabendo-se que, em princípio, o juiz está obrigado a compor a lide nos limites em que foi estabelecida pelos litigantes. Incumbe, assim, às partes traçar o perímetro do conflito de interesses, ou seja, precisar o objeto litigioso, e, ao juiz, respeitar esses lindes — particularidade a que se submetem, por igual, os juízes do trabalho, exceto quando no exercício do denominado "poder normativo", quando, necessariamente, não precisam ficar adstritos aos mencionados limites.

Requisitos

O conjunto desses fatos coloca em evidência a extraordinária importância que a petição inicial ostenta no universo do processo. Essa importância, somada à finalidade da referida petição, fez com que o legislador de nosso país estabelecesse determinados requisitos para a sua validade formal. A CLT os indica, com habitual singeleza, no art. 840; o CPC, mais preciso, os minudencia no art. 319. De modo geral, o processo do trabalho tem aplicado, em caráter supletivo, essa norma do processo civil, salvo quanto ao valor da causa; às provas que o autor pretende produzir e ao requerimento para a citação do réu, segundo veremos adiante.

Podemos separar os requisitos de validade da petição inicial em duas classes: a) subjetivos e b) objetivos. O art. 319, do CPC, cuida, apenas, dos objetivos. Os subjetivos fazem parte do senso comum.

Esquematicamente, os subjetivos compreendem: 1) a precisão; 2) a clareza; e c) a concisão; os objetivos dizem respeito: 1) ao juiz ou tribunal a que a petição é dirigida; 2) aos nomes, prenomes, estado civil, a existência de união estável, profissão, domicílio e residência das partes (ou ao endereço eletrônico); 3) ao CPF; 4) ao fato e aos fundamentos jurídicos do pedido; 5) ao pedido, com as suas especificações; 6) ao valor da causa; 7) às provas com que o autor pretende demonstrar a verdade dos fatos alegados; 8) a opção do autor pela realização ou não de audiência de conciliação ou de mediação — observada, no processo do trabalho, a ressalva feita no que atine aos requisitos aludidos nos números 6, 7 e 8, retro.

Passemos, agora, ao exame pormenorizado dos requisitos *subjetivos* consoante a classificação que apresentamos.

1) *Precisão*. Significa que os fatos devem ser narrados, na inicial, com determinação, ou seja, ser precisados. Uma exposição vaga, imprecisa, desses fatos dificultará não só a resposta do réu (e o regular exercício do seu direito constitucional de ampla defesa) como a própria intelecção do magistrado acerca de qual seja, efetivamente, o conjunto factual, com base no qual o autor extraiu os pedidos formulados (*res in iudicio deducta*).

Essa precisão dos fatos está ligada, por certo, às particularidades de cada caso concreto. Assim, p. ex., se o empregado pretende pedir a condenação do empregador ao pagamento de horas extras deve indicar, na petição inicial, não apenas o horário de início e de término da jornada e seus intervalos e o valor do salário e sua evolução cronológica, como a data da admissão, e, se for o caso, a da cessação do contrato. Cabe-lhe, ainda, esclarecer se havia, ou não, controle escrito da jornada e se os assentamentos constantes desses controles são corretos, ou não. Enfim, cumpre ao autor narrar, de modo preciso, todos os fatos necessários ao conhecimento do juiz, e, em seguida, formular os correspondentes pedidos.

Não seria admissível — retomando o exemplo que utilizamos há pouco —, por isso, que o autor se limitasse a dizer que prestou serviços ao réu (sem mencionar o período em que isso ocorreu) e que as horas extras trabalhadas não lhe foram pagas (sem indicar a jornada de trabalho a que estava sujeito, os intervalos concedidos, o valor do salário e sua evolução etc.). Uma inicial, que assim se apresentasse, estaria roçando as fímbrias da inépcia. Devemos esclarecer que a petição inicial será inepta não somente quando lhe faltar a exposição dos fatos (*causa petendi*), mas, também, quando os fatos forem narrados de maneira imprecisa, de tal arte que não se possa saber, ao certo, quais sejam. É verdade que, em qualquer caso, o decreto jurisdicional de inépcia só será possível se o autor deixar de atender ao despacho do juiz, que lhe ordenou a emenda ou a complementação da inicial, no prazo de quinze dias (CPC, art. 321).

2) *Clareza*. Não basta que os fatos sejam precisados; impõe-se, ainda, que sejam expostos com clareza, para que possam ser entendidos pelo juiz, pela parte contrária e, se for o caso, por terceiros. O requisito em exame concerne, pois, à inteligibilidade da manifestação do autor, lançada na inicial. Se ele não se fizer entender, seguramente, não será atendido pelo juiz em sua postulação.

A clareza, aliás, é algo que não se exige, apenas, da petição inicial; claras devem ser, por igual, a resposta do réu, as razões finais, a sentença (esta, sob pena de render ensejo ao oferecimento de embargos declaratórios), as razões de recurso e as pertinentes contrarrazões etc. A clareza, em síntese, deve estar presente em todos os atos processuais — para não dizermos que também é requerida em toda e qualquer manifestação do pensamento ou da vontade do indivíduo, mesmo no plano coloquial. Sem clareza não pode haver comunicação de vontade ou de ideia.

Não nos compete tentar empreender, aqui, um estudo das causas que levam a parte a elaborar petições obscuras, ininteligíveis, embora seja razoável supor que essa patologia mantenha íntimas ligações com certos estados de desordem mental do indivíduo, fazendo com que o seu pensamento seja externado sob a forma de mistifório. Mas, uma coisa é certa: petições iniciais confusas, incompreensíveis, por serem enigmáticas, tendem a causar prejuízo maior ao próprio autor do que ao réu. Ironia à parte, trata-se de uma das situações em que a criatura se volta contra o criador, para devorá-lo...

A linguagem forense, sem prejuízo da terminologia técnica que lhe é característica, deve ser simples, fluir com naturalidade, sem construções fraseológicas empoladas ou postiças, que só fazem impressionar ao próprio escrevinhador. Não raro, a grandiloquência verbal constitui ingênuo subterfúgio destinado a encobrir a falta ou a escassez de ideias. Evite-se, também, o uso de estrangeirismos, de neologismos ou de arcaísmos. Quanto a estes, merecem lembrança as sentenciosas palavras de Rui Barbosa: "O gosto da antiguidade levado ao arcaísmo, isto é, a mania de rejuvenescer inutilmente formas anacrônicas, ininteligíveis ao ouvido comum na época em que se exumam com o vão intuito de as modernizar, avulta entre os mais ridículos e insensatos vícios do estilo, no falar idiomas vivos" (Réplica. Rio de Janeiro: 2 v., Ministério da Educação e Saúde, 1953, p. 397, n. 481).

No tocante aos estrangeirismos (designadamente os galicismos, os anglicanismos e os italianismos), soem tornar o estilo presunçoso e afetado, sem nada contribuir para a força do argumento. Dispunha, aliás, o art. 156, do CPC anterior, que em todos os atos e termos do processo era obrigatório o uso do *vernáculo*. Como afirmamos em linhas anteriores, a um primeiro lançar de olhos, parecia ter sido intenção do legislador impor, na realização desses atos e termos, o uso exclusivo de línguas indígenas, sabendo-se que *vernáculo* significa *aquilo que é da própria terra*. O que pretendeu o legislador, contudo, foi proibir o uso de línguas estrangeiras. Nesse sentido, talvez tivesse sido melhor que fizesse constar do art. 156 a referência à Língua Portuguesa, que é a adotada, oficialmente, em nosso País. A propósito, a expressão "Língua Portuguesa" estava no Anteprojeto daquela Código, vindo a ser substituída por "vernáculo" no Projeto encaminhado ao Congresso Nacional. Essa novidade trazida pelo estatuto processual civil de 1973 foi necessária para coibir o emprego de línguas alienígenas na linguagem forense, seja oral ou grafada, que tanto dificultam a defesa do réu e a própria intelecção do magistrado.

O Código atual, mais cioso da técnica, faz expressa alusão à Língua Portuguesa (art. 192).

Essa regra do processo civil é compatível com o do trabalho, mormente se considerarmos a presença do trabalhador na relação jurídica processual (pois a resposta do réu poderia vir recheada de frases escritas em língua estrangeira). Mais do que isso, a norma precitada alcança, em princípio, os vocábulos e as expressões latinos. É inevitável reconhecer, entrementes, que o uso dessas expressões está arraigado com profundidade em nosso meio, sendo insensato, por isso, imaginar-se possível fazer desaparecer uma inveterada tradição mediante simples ato legislativo. O que deve ser evitado é o emprego abusivo de termos latinos; ninguém pode negar, contudo, a utilidade e o extraordinário poder de síntese de locuções como: *data venha, habeas corpus, ad iudicia, in itinere, a quo, ad quem,* etc.

Entre os vícios de linguagem mais frequentes, que temos verificado nos escritos forenses, destacam-se: a) a *cacografia* (erro de grafia); b) a *sínquise* (inversão tumultuária na ordem dos termos da oração, tornando a frase incompreensível); c) a *ambiguidade* (uso de palavra ou frase com mais de um sentido); c) a *tautologia* (pleonasmo vicioso; redundância); e) a *cacofonia* (som desagradável ou obsceno, oriundo da reunião da última sílaba de uma frase com a primeira, da seguinte); f) o *parequema* (variação abrandada

Art. 319

do cacófato, consistente em um efeito sonoro apenas desagradável); g) a *assonância* (rima entre palavras próximas); h) a *colisão* (sequência desagradável de palavras em que se repete a mesma consoante); i) *o plebeísmo* (palavras ou expressões próprias do populacho); j) o *preciosismo* (de certo modo, a antítese do plebeísmo, caracterizado pelo emprego de palavras extravagantes, inusitadas, parecendo que o autor elaborou o texto com os olhos postos em um dicionário de vocábulos insólitos).

3) *Concisão*. Os fatos devem ser relatados, na petição inicial não somente de maneira precisa e clara, mas concisa. O art. 840, § 1º, da CLT, com grande descortino e sensibilidade, diz que o autor deverá fazer "uma breve exposição dos fatos". Essa brevidade se justifica, ainda mais, no processo do trabalho, em virtude da especialização (constitucional) do juízo, por força da qual esse ramo do Poder Judiciário só aprecia determinadas classes específicas de lides. Assim, bastará uma resumida exposição dos fatos para que os juízes façam incidir o direito correspondente, quando for o caso.

Petições iniciais verborrágicas trazem vários inconvenientes para o próprio autor, a saber: a) aumentam a possibilidade de serem cometidos erros gramaticais em geral; b) agravam o risco de serem omitidos determinados fatos, essenciais para a informação da demanda, pois o autor acaba se envolvendo com o relato de fatos irrelevantes ou impertinentes; c) tendem a provocar um fastio no juiz — que, na maioria das vezes, deixará para ler a inicial em outra oportunidade, dando preferência às elaboradas com laconismo; d) predispõem à contradição interna, ou seja, ao antagonismo entre os fatos expostos na própria inicial. Além disso, implicam maior consumo de tempo, de papel, de tinta e de tudo o mais.

Concisão, nem por antonomásia, é sinônimo de omissão. Quando se afirma que a petição inicial deve ser concisa se está, na verdade, dizendo que o autor deverá, em primeiro lugar, fazer uma espécie de depuramento prévio dos fatos, selecionando aqueles que são, efetivamente, relevantes para a causa (e com a qual tenham pertinência) e menosprezando os demais, por serem desúteis. Se, *v. g.*, o empregado está pedindo equiparação salarial, é despiciendo, com vistas a essa postulação, o fato de haver sido demitido por justa causa, se nenhum pedido ele pretender formular com relação a isto. Logo, a causa da ruptura do contrato de trabalho constitui fato desprezável, para os efeitos da petição inicial em que o autor esteja pleiteando, exclusivamente, a equiparação salarial. Em segundo lugar, selecionados os fatos essenciais, incumbirá ao autor narrá-los com brevidade, o que equivale a dizer, de maneira objetiva. Unicamente em situações especiais a exposição dos fatos deverá ser alongada. Em suma, a quantidade de narração deve estar articulada com a necessidade de intelecção dos fatos narrados. A falta, neste caso, não é menos prejudicial do que o excesso, conquanto as petições lacunosas possam acarretar maiores prejuízos para o autor do que as verborrágicas. Pior, muito pior, no entanto, são as petições iniciais que conseguem reunir essas duas falhas: omissas a respeito de alguns fatos essenciais e verborrágicas quanto a outros, essenciais ou não.

De modo genérico, não será equivocado concluir que a graforreia vicejante pelos foros judiciais deste País decorre, em larga medida, de nossa cultura "bacharelística", nascida nos bancos das Faculdades de Direito, onde o argumento, quase sempre, é avaliado segundo a quantidade de palavras que se emprega para formulá-lo, e, não, pela sua qualidade intrínseca. É oportuno observar que, na prática, a verborreia tem sido usada, amiúde, como artifício para dissimular a falta de razão jurídica de quem a ela se dedica. O advogado loquaz assim procede embalado pela esperança de confundir os juízes e, com isso, reverter a situação desfavorável de seu constituinte, perante os fatos e o Direito. Segundo o adágio popular, "vagem com muita folha é sinal de pouco feijão"...

Passemos, agora, ao exame dos requisitos *objetivos*, mencionados no art. 319.

Inciso I. *Juízo a que é dirigida*. Esse é o primeiro requisito objetivo, a que a petição inicial deve atender, nos termos do art. 319, I, do CPC. A CLT determina que essa petição contenha a "designação do presidente da Vara, ou do Juiz de Direito, a quem for dirigida" (art. 840, § 1º). Tratando-se, contudo, de matéria que integra a competência originária dos tribunais (ação rescisória, mandado de segurança, ação coletiva, etc.) a petição inicial, também no processo do trabalho, indicará, no seu cabeçalho, o tribunal a que é encaminhada. A propósito, o CPC revogado fazia referência à indicação *do juiz* (art. 282, I); o Código atual, em melhor técnica, se refere ao *juízo*.

O problema de se saber a quem a inicial deve ser dirigida se resolve, sem maiores dificuldades, segundo as normas legais definidoras da competência dos diversos órgãos jurisdicionais; algumas dessas normas são de ordem constitucional, como é o caso do art. 114, da Suprema Carta, que fixa a competência material da Justiça do Trabalho.

Seja como for, não deve a parte mencionar o nome do juiz, como destinatário da petição inicial, pois este não atua, na qualidade de diretor do processo, como pessoa física, senão como órgão estatal. Assim, no primeiro grau da jurisdição trabalhista a inicial deve ser dirigida à Vara do Trabalho ou ao Juiz de Direito que se encontrar, circunstancialmente, investido nessa jurisdição especializada — vale dizer, ao juízo. Demais, a referência nominal ao juiz pode insinuar uma certa intimidade da parte com o magistrado, o que é de todo desaconselhável, em decorrência do dever de neutralidade a que este se acha legalmente jungido. Sob este ângulo, podemos dizer que o juiz é sujeito não só desinteressado, como impessoal, do processo. É claro que o juiz não constitui uma abstração no mundo fenomênico, não é uma espécie de entidade mediúnica; ao contrário, ele é um elemento real e palpável, a quem a lei atribuiu o encargo de reger o processo, com vistas à solução dos conflitos de interesses que forem submetidos à sua cognição. Os traços pessoais da vida do magistrado só adquirem relevância para efeito de configurar a suspeição, proveniente, dentre outras coisas, de amizade íntima com o autor ou de inimizade com o réu.

De resto, a inaplicabilidade, ao processo do trabalho, do princípio da identidade física do juiz (TST, Súmula n. 136) demonstra a absoluta desrazão dos que costumam indicar, na petição inicial, o nome do magistrado que, naquele momento, está respondendo pelo órgão jurisdicional. Não só na inicial, mas em qualquer petição, portanto, deve ser evitada essa *nominalidade*, esse culto injustificável à personalidade do magistrado.

Inciso II. Nomes, prenomes, estado civil, existência de união estável, profissão, número de inscrição no CPF ou no CNPJ, domicílio e residência do autor e do réu. A CLT menciona, apenas, a qualificação das partes (art. 840, § 1º).

O nome, o prenome, o estado civil, a existência de união estável, o número de inscrição no CPF, a profissão, o endereço eletrônico, o domicílio e a residência dos litigantes se destinam não só a propiciar o exame da legitimidade (ativa e passiva), como a verificar a configuração de litispendência ou de coisa julgada e a evitar certos problemas ligados à homonímia. A mera indicação do nome seria insuficiente para isso; daí por que a lei exige a consignação do prenome, ou apelido-de-família. A informação quanto ao estado civil, ou a existência de união estável, em rigor, só se justifica para definir se há necessidade de consentimento uxório ou marital ou de citação de ambos os cônjuges. Nas ações trabalhistas, quase sempre, o réu é pessoa jurídica; assim, caberá ao autor apontar a denominação do estabelecimento ("empresa"), e, de preferência, a sua forma de constituição (sociedade por quotas de responsabilidade limitada, sociedade anônima etc.) e a sua natureza jurídica (de direito público ou de direito privado), assim como o número de inscrição no CNPJ do Ministério da Fazenda.

No caso de grupo econômico-financeiro, é indispensável a indicação de todas as sociedades que o integram, desde que o autor pretenda que elas se tornem responsáveis pelo adimplemento da obrigação que se contiver no título executivo emitido em seu favor. A pessoa jurídica que não fez parte da relação jurídica estabelecida no processo de conhecimento não terá legitimidade para figurar no polo passivo da relação processual que se constituir na execução. Embora a Súmula n. 205, do TST, tenha sido cancelada, não há razão jurídica para abandonar o entendimento que nela estava expresso. Essa regra deve ser observada, enfim, *mutatis mutandis*, sempre que o autor pretender que mais de um réu venha a satisfazer, patrimonialmente, no momento oportuno, os direitos que lhe forem reconhecidos pela sentença passada em julgado (regimes litisconsorciais).

No processo do trabalho, a menção ao domicílio e à residência do réu dizem respeito menos aos aspectos de definição da competência (porquanto esta se encontra fixada pelo art. 651, da CLT) do que à necessidade de comunicação dos atos processuais, máxime, o citatório. Se o réu estiver em lugar incerto, ou desconhecido, esse fato deverá ser esclarecido na inicial, cumprindo ao autor requerer que a citação seja efetuada por meio de edital (CLT, art. 841, § 1º).

Nas ações de segurança (Lei n. 12.016/2009), por outro lado, não há réu, e, sim, autoridade apontada como coatora; a esta não cabe reparar, com seu patrimônio, eventuais prejuízos causados a direito líquido e certo do impetrante, por ato que tenha praticado. Logo, é desnecessário mencionar-lhe, p. ex., o estado civil, a profissão, o domicílio e a residência.

Se o trabalhador não tiver capacidade para estar em juízo (legitimidade *ad processum*) deverá ser representado pelo pai, mãe, tutor, curador, ou, na falta destes, pela Procuradoria da Justiça do Trabalho (CLT, art. 793), ou, finalmente, por um curador à lide. Nestas hipóteses, a petição inicial deverá referir a representação processual, a fim de que o juiz possa examinar a sua regularidade. A capacidade para estar em juízo (assim como a para ser parte, que a precede) traduz pressuposto legal indispensável para a constituição e o desenvolvimento regulares da relação jurídica processual, motivo por que a sua falta, não sendo suprida no prazo assinado pelo juiz (CPC, art. 76, *caput*), provocará a extinção do processo sem resolução do mérito da causa (CPC, art. 485, IV), podendo, exatamente por isso, ser declarada *ex officio* (*ibidem*, § 3º).

Mesmo quando estiver atuando em causa própria, o autor deverá fornecer o endereço em que recebe intimações (CPC, art. 106, I).

Inciso III. *O fato e os fundamentos jurídicos do pedido*. A CLT, como dissemos, exige que o autor elabore, na inicial, "uma breve exposição dos fatos de que resulte o dissídio" (art. 840, § 1º).

Os fatos e os fundamentos jurídicos dos pedidos formam a causa de pedir (*causa petendi*).

Fatos, para os efeitos dos art. 840, § 1º, da CLT, e 319, III, do digesto processual civil, não compreendem apenas os acontecimentos da vida, mas, também, aqueles sucessos que se acham abstratamente previstos em lei. São, pois, fatos jurídicos, cuja subsunção à norma legal incidente é obra que compete ao juiz (*da mihi factum, dabo tibi ius*). Incumbe às partes, portanto, proceder à narração (fiel) dos fatos, e, ao juiz, à (precisa) categorização jurídica dos mesmos.

Art. 319

Em termos práticos, isso equivale a afirmar que eventual erro do trabalhador, na categorização jurídica dos fatos expostos na inicial, em nada o prejudicará porquanto essa conformação dos fatos ao ordenamento jurídico é mister que está afeto ao juiz. O processo do trabalho, mais do que qualquer outro, deve mostrar-se sensível a essa possibilidade de o juiz corrigir ocasional equívoco do autor na tipificação jurídica dos fatos, em nome do princípio da simplicidade — cada vez mais vergastado pelo formalismo injustificável que se vem instalando no âmbito desse processo. Referida providência judicial só não deverá ser adotada se passível de acarretar manifesto prejuízo ao direito de defesa do réu. De outro extremo, se o autor conferiu exata categorização jurídica aos fatos, mas formulou erroneamente os pedidos, não será lícito ao juiz realizar a necessária adequação dos pedidos. A solução, que se dá aqui ao problema, é diversa da sugerida no tocante à mera imperfeição na categorização dos fatos porque o juiz se encontra legalmente vinculado aos pedidos formulados pelo autor (CPC, art. 492). É por esse motivo que falamos, em linhas anteriores, no *princípio da adstrição aos pedidos* (Pontes de Miranda), que é subordinante da entrega da prestação jurisdicional, inclusive a trabalhista, exceto em sede de ação coletiva.

Não deve o autor, porém, relatar todo e qualquer fato que se relacione com o seu contrato de trabalho; cabe-lhe realizar uma prévia seleção desses fatos e indicar, somente, aqueles que sejam relevantes para a causa, tendo em vista os pedidos que pretende formular. Fatos que não se vinculem a esse objetivo são insignificantes, devendo, em decorrência disso, ser postos de lado. Podemos, por isso, enunciar a regra de que, considerado em si mesmo, o fato não é relevante nem irrelevante; a sua relevância ou irrelevância será determinada pelo pedido que o autor desejar formular em juízo. O fato, p. ex., de ele trabalhar em local insalubre é relevante (essencial, mesmo) para a causa em que esteja pleiteando o adicional correspondente; será, contudo, despiciendo numa demanda em que postule, exclusivamente, reintegração no emprego.

Como assinalamos no início deste comentário, não é bastante, para atender às exigências legais (e, por certo, aos ditames do bom-senso), que o autor narre, tão só, os fatos relevantes; é imprescindível que o faça de modo preciso, claro e conciso, ou seja, com especificação, nitidez e brevidade, sob pena de não serem compreendidos pelo juiz, ou, se o forem, tornar-se maçante a leitura de sua narração.

Acrescentemos que a exposição dos fatos, além disso, deve obedecer a uma sequência lógica, ordenada, de tal forma que fluam com leveza e naturalidade, do primeiro ao último. Poucas coisas provocam tanta irritação no leitor quanto as narrações a que denominamos de "dessultórias", assim conceituadas aquelas em que o narrador salta de um fato para outro, vai ao fim e retorna ao começo, e nisso se consome, emaranhando e encambulhando os fatos com esses tumultuantes volteios do seu pensamento, que só fazem render tributos à obscuridade ou à ambiguidade, além de instalar uma justificável irritação no espírito do juiz e do adversário.

Fundamentos jurídicos do pedido. Após realizar a exposição dos fatos, o autor deverá mencionar os fundamentos jurídicos de sua pretensão. Tais fatos e fundamentos compõem, assim, a causa de pedir e revelam os motivos pelos quais o autor está a impetrar a prestação da tutela jurisdicional.

A ausência da *causa petendi* tornará inepta a petição inicial (CPC, art. 330, I e § 1º) e ensejará a extinção do processo, sem pronunciamento sobre as questões de fundo, da demanda (CPC, art. 485, I), se o autor não a emendar ou a complementar no prazo de quinze dias (art. 321).

Nos domínios doutrinais, formaram-se duas correntes acerca da causa de pedir, que vieram a desembocar nas teorias: a) da *substanciação* e b) da *individuação*. Diz-se, pela primeira, de origem germânica, que a *causa petendi* corresponde ao fato ou ao conjunto factual capaz de fundamentar as pretensões do autor, pois é dele que emana a conclusão (pedido). Dessa forma, é bastante que o autor aponte a relação jurídica substancial, da qual decorre o seu pedido, para que a causa de pedir se defina. A segunda, também nascida no seio da doutrina alemã, considera que a causa de pedir é a relação ou estado jurídico afirmado pelo autor como base de sua pretensão, colocando-se, com isso, o fato em posição secundária, salvo quando indispensável para individualizar a relação jurídica. Em suma, a *causa petendi*, para essa teoria, é formada pelos fatos alegados e pela correspondente repercussão que esses fatos produzem na ordem jurídica.

Não versando, nosso comentário, sobre norma que trate de teoria geral do processo não nos cabe, aqui, entreter demorados comentários a respeito de outros aspectos concernentes às teorias citadas. Cumpre-nos observar, entretanto, que o art. 319, inciso III, do CPC, ao exigir, como um dos requisitos para a validade da petição inicial, a indicação dos fatos e dos fundamentos jurídicos do pedido, dá mostras de haver perfilhado a teoria da *substanciação* da causa de pedir. Não há, nisso, aliás, nenhuma novidade, pois o art. 158, inciso III, do diploma processual anterior de 1939, já refletia a adoção da aludida teoria, advertindo, inclusive, que os fatos e os fundamentos jurídicos deveriam ser expostos "com clareza e precisão", de maneira que o réu pudesse preparar a defesa — e, também, que fosse possível ao juiz compreendê-los, aditamos.

Peculiarmente, contudo, o art. 840, § 1º, da CLT, não menciona os fundamentos jurídicos do pedido como um dos requisitos da petição inicial. Teria havido, nisso, mera inadvertência do legislador, ou, ao contrário, uma sua efetiva intenção de dispensar a inicial trabalhista da indicação desses fundamentos?

Código de Processo Civil

Por outras palavras: no processo do trabalho a *causa petendi* estaria circunscrita aos fatos?

Antes de respondermos a essa indagação, devemos investigar em que consistem, verdadeiramente, os fundamentos jurídicos do pedido, exigidos pelo processo civil.

Apressemo-nos em esclarecer que fundamentos jurídicos e fundamentos legais, ao contrário do que se tem imaginado, não são a mesma coisa. Enquanto estes últimos se referem aos dispositivos constantes do ordenamento normativo (leis, cláusulas contratuais ou inseridas em acordos ou convenções coletivas, ou, ainda, em acórdãos proferidos pelos tribunais, no exercício da jurisdição normativa), que atribuem ao autor o direito alegado, aqueles constituem a moldura jurídica dos fatos narrados, ou seja, a relação jurídica em que se baseiam os pedidos. Os fundamentos jurídicos, por estarem ligados ao objeto do processo, são extremamente importantes, entre outras coisas, para: a) aferir a juridicidade dos pedidos; b) determinar a individuação da demanda, com a finalidade de configurar a existência, ou não, de litispendência; c) estabelecer os limites — subjetivos e objetivos — da coisa julgada material.

Demais, conquanto o juiz possa apreciar os pedidos por fundamentos legais diversos dos apresentados pelo autor não lhe será lícito fazê-lo por fundamentos jurídicos não indicados pela parte.

Exaradas essas considerações, devemos concluir que, a despeito do silêncio do art. 840, § 1º, da CLT, a petição inicial, no processo do trabalho, deve referir os fundamentos jurídicos do pedido, que não se confundem, como procuramos demonstrar, com os fundamentos legais. Para clarificar: embora não se exija (mas, também, não se proíba, como é óbvio) ao trabalhador a indicação, na inicial, dos dispositivos legais que, segundo ele, estariam a conter o direito alegado, não lhe será permitido deixar de especificar, nessa peça postulatória, os fundamentos jurídicos do pedido, que são integrados, num sentido geral, pela relação jurídica, pelos fatos constitutivos e pela violação do direito, praticada pelo adversário.

Estatuía o art. 264, *caput*, do CPC revogado, que após a citação do réu o autor somente poderia modificar a causa de pedir (e o pedido) mediante o consentimento daquele, concluindo o parágrafo único desse dispositivo que a modificação não seria admissível, em nenhuma hipótese, após o saneamento do processo. Perguntávamos, na altura, se essa norma incidiria no processo do trabalho; e nós mesmos respondíamos: "sim, em termos". Argumentávamos que o que parecia ter levado o legislador processual civil a redigir o normativo em exame fora o fato de que qualquer modificação da *causa petendi* após a citação do réu poderia trazer prejuízo a este, pois o prazo para a contestação era legalmente preestabelecido (art. 297). No processo do trabalho, contudo, onde a resposta é oferecida em audiência, isto é, sem prazo fixo, não haja razão para obstar-se a modificação da causa de pedir, mesmo após a citação. Dava-se que, de ordinário, a audiência era realizada muitos meses depois de praticado o ato citatório, motivo por que deveria ser permitida a modificação de que estávamos a cuidar. É elementar que se deveria definir um prazo máximo, para que dita modificação pudesse ser feita. Assim sendo, poder-se-ia consenti-la desde que fosse assegurado ao réu o prazo mínimo de cinco dias, de que fala o art. 841, § 1º, da CLT, que seria quadruplicado no caso de tratar-se de pessoa jurídica abrangida pelas prerrogativas instituídas pelo Decreto-Lei n. 779/69 (art. 1º, inciso II). Não havendo, no processo do trabalho, despacho saneador, a modificação da *causa petendi* poderia ser autorizada, uniformemente, de acordo com o critério que de sugeríamos. O que não nos parecia recomendável era a estrita aplicação ao art. 294, do CPC, pois isso só faria render homenagem aos rigores formalísticos daquele processo, que não se coadunavam com a simpleza que deveria presidir o do trabalho.

O CPC atual permite o aditamento ou a alteração do pedido e da causa de pedir: a) independentemente de consentimento do autor, até a citação; b) com a anuência do réu, até o saneamento do processo, assegurando-se a este o contraditório (art. 329, I e II, respectivamente).

Inciso IV. *O pedido e suas especificações.* A CLT, em seu art. 840, § 1º, como não poderia deixar de ser, faz expressa referência ao pedido.

Dada a importância de que se reveste o pedido, no corpo da petição inicial, em particular, e no contexto do processo, em geral, a ele dedicaremos comentário específico, mais à frente. Essa importância pode ser mensurada pelo fato de o pedido constituir-se numa espécie de bitola que delimita a lide, e, em consequência, a própria entrega da prestação jurisdicional. Rememore-se a advertência feita pelo art. 141, do CPC, de que o juiz deve solucionar o mérito "nos limites propostos pelas partes". Mencionemos, também, o art. 492.

Por enquanto, devemos apenas antecipar que o pedido constitui o objeto da demanda, o motivo, enfim, pelo qual alguém ingressa em juízo para impetrar a prestação da tutela jurisdicional. Ninguém vai a juízo, simplesmente, por ir; provoca-se o exercício da função jurisdicional do Estado para formular pedidos, para deduzir pretensões. Podemos, na verdade, classificar os pedidos em *imediatos* e *mediatos*. O *imediato* consiste, exatamente, na referida invocação da tutela jurisdicional; aqui, o indivíduo se limita a ativar essa função estatal. O *mediato* é representado pela utilidade ou pelo bem da vida, que o autor pretende obter, ao impetrar a proteção jurisdicional do Estado. Essa é a mais pura razão pela qual ele ingressa e juízo.

A propósito, as partes (e o autor, em especial), têm uma visão eminentemente pragmática do processo, diferente, portanto, daquela que muitas vezes os magistrados possuem — escolástica, com algum menosprezo à realidade concreta.

Como dissemos, um exame mais aprofundado da matéria será realizado mais adiante.

Inciso V. *Valor da causa*. Exige o digesto de processo civil que a petição inicial indique o valor da causa. A CLT nada nos diz a respeito. Seria, então, de perguntar: no processo do trabalho a inicial não precisa mencionar esse valor? Respondamos com prudência.

É evidente que as causas judiciais, inclusive as trabalhistas, devem, em princípio, ter um valor econômico estimado (CPC, art. 291). No sistema do processo civil esse *quantum* deve ser apontado desde logo, ou seja, na petição inicial. No do trabalho, entretanto, embora não se proíba que o valor venha referido nessa peça, não se exige que ela o contenha. Tanto isso é certo, que o art. 2º, *caput*, da Lei n. 5.584/70, dispõe que se o juiz verificar que a inicial não menciona o valor da causa, ele, antes de passar à instrução, o arbitrará. Ao contrário do CPC (art. 321), a norma trabalhista não diz que o juiz assinará prazo para que o autor supra a (suposta) omissão. Dessa maneira, podemos concluir que, a despeito de as causas trabalhistas também deverem possuir um valor econômico, este não necessita ser apontado na inicial.

No processo civil, vários são os motivos pelos quais as causas devem apresentar um valor econômico (na inicial, como vimos), entre os quais se destacam: a) a determinação da competência, em razão, exatamente, do valor da causa naqueles Estados cuja lei de organização judiciária haja criado cargos de juízes, togados ou leigos, incumbidos do julgamento das causas de que trata o art. 98, I, da Constituição Federal; b) a fixação da taxa judiciária, das custas e de outras despesas processuais; c) a limitação da interponibilidade de recurso extraordinário para o Supremo Tribunal Federal.

O CPC, em seu art. 292, estabelece os critérios a serem considerados para efeito de atribuir-se valor econômico à causa.

No processo do trabalho, a necessidade de dar-se valor à causa emana de três razões fundamentais: a) estabelecer o procedimento (ordinário ou sumaríssimo) a que a causa se submeterá; b) definir a possibilidade de a sentença, aí proferida, ser recorrível, ou não; c) calcular o valor das custas, em casos como o de extinção do processo, sem julgamento do mérito, decorrente da ausência injustificada do autor à audiência "inicial"; do indeferimento da petição inicial; da desistência da ação etc.

No tocante à letra "a", devemos acrescentar que a Lei n. 5.584/70 (art. 2º, § 4º) instituiu as denominadas "ações de alçada exclusiva dos órgãos de primeiro grau", cujo efeito prático foi o de impedir a interposição de recurso (ordinário) das sentenças aí proferidas, exceto se a decisão violar a letra da Constituição Federal ou os princípios em que ela se apoia (Const. Fed., art. 52, § 2º). Nesta hipótese, caberá recurso extraordinário ao STF, ficando a matéria impugnada ("devolução") restrita à que tenha perpetrado ofensa à Constituição.

Alguns intérpretes afoitos, do texto constitucional em vigor, chegaram a afirmar que o § 4º, art. 2º, da sobredita Lei n. 5.584/70, teria sido revogado pelo art. 5º, inciso LV, da atual Suprema Carta Política. O fundamento dessa tese se concentra na suposição de que a antedita norma constitucional, ao assegurar aos litigantes e aos acusados em geral o contraditório e a ampla defesa, "com os meios e recursos a ela inerentes", teria feito desaparecer aquela norma infraconstitucional. *Data venia*, se esses intérpretes açodados houvessem se dedicado a um estudo de nossa história constitucional, teriam percebido que, com pequenas nuanças de literalidade, as Constituições Republicanas de 1891 (art. 72, n. 16), 1934 (art. 113, n. 24), 1946 (art. 141, § 25), 1967 (art. 150, § 15), com a Emenda n. 1/69 (art. 153, § 15), numa sequência cronológica somente quebrada (por motivos políticos conhecidos) pela Carta outorgada em 1937, sempre asseguraram aos indivíduos (e às coletividades) o contraditório e a ampla defesa, com os "meios e recursos" a esta imanentes. Sublinhando: o fato de a vigente Constituição empregar o vocábulo *recurso*, ao cuidar do contraditório e da ampla defesa, não constitui, portanto, nenhuma novidade, pois isso faz parte de nossa tradição constitucional, como procuramos demonstrar. É algo que coincide com a aurora de nossa vida republicana.

Além disso, a Constituição Federal não é um código de processo, de tal maneira que as palavras, nela inseridas, devam ser interpretadas segundo o rigor técnico da terminologia processual.

Em síntese, o art. 52, inciso LV, da Constituição Federal de 1988, não revogou o § 4º, do art. 2º, da Lei n. 5.584/70. Segue-se, que, tirante a possibilidade de ofensa à Constituição, continuam a ser irrecorríveis as sentenças emitidas nas ações de alçada exclusiva dos órgãos de primeiro grau da jurisdição trabalhista, salvo se implicarem violação à Constituição da República. Daí, a importância que ostenta o valor atribuído à causa. Advirta-se que o valor a ser levado em conta para definir a recorribilidade, ou não, de tais sentenças, é o atribuído *à causa*, e, não, o do pedido ou o arbitrado à condenação. Expliquemo-nos.

Basicamente, cinco valores são fixados em uma ação: 1) o da causa; 2) o do pedido; 3) o da condenação; 4) o da execução; 5) o da transação. O que define a possibilidade de a sentença ser impugnada, ou não, é, como asseveramos, o valor dado *à causa*, seja na inicial ou mediante arbitramento do juiz, em audiência, antes de dar início à instrução. Dessa forma, se à causa se atribuiu valor inferior ao de dois salários-mínimos, mas o da condenação corresponde, digamos, a cem salários-mínimos, a sentença será irrecorrível, observada a ressalva feita quanto à violação constitucional.

Esse concluimento nos coloca diante de uma outra indagação, de relevante interesse prático: pode o juiz do trabalho, por sua iniciativa, alterar o valor que o autor deu à causa, na inicial?

Mesmo no tempo em que o sistema do CPC repelia essa possibilidade, sustentávamos o entendimento de que o juiz do trabalho poderia alterar, por sua iniciativa, o valor atribuído à causa, na inicial.

Em linhas gerais, estes eram os nossos argumentos: via de regra, o valor da causa deve corresponder ao do pedido. Isso era absolutamente essencial à compreensão do assunto. A razão era palmar: se a toda causa deve ser atribuído um valor econômico, é elementar que esse valor está ligado àquilo que o autor pede em juízo, vale dizer, ao pedido mediato, à obtenção de um bem ou de uma utilidade da vida, economicamente apreciáveis. Ora, se, por exemplo, os pedidos do autor, expressos sob a forma líquida, na inicial, equivalem a *cem* salários-mínimos, nenhum motivo eticamente defensável haverá para o fato de atribuir, p. ex., valor inferior ao de *dois* salários-mínimos.

Sabemos que, em situações como essa, o autor concede à causa um valor irrisório por encontrar-se seguro quanto ao sucesso na ação (talvez, em face da matéria que dá conteúdo à demanda). Com esse expediente, ele visa a impedir o réu de recorrer da sentença condenatória. O processo, no entanto, é provido de um substrato ético, enquanto método estatal de solução dos conflitos de interesses. Esse inafastável conteúdo ético, a propósito, justifica as sanções previstas no CPC para os casos de litigância de má-fé, assim como para os embargos de declaração protelatórios e para os atos atentatórios à dignidade do Poder Judiciário.

Sob o pano de fundo desse substrato ético, toma-se despicienda a circunstância de o réu não haver impugnado o valor dado à causa, na inicial. Sobrelevava à sua inadvertência o fato de o processo consistir, como advertimos, um método não só oficial e heterônomo (logo, indisponível), mas, essencialmente, ético, de solução dos conflitos. Assim, se o juiz, na qualidade de condutor do processo, convencer-se de que qualquer das partes está praticando ato capaz de acarretar lesão ao mencionado conteúdo ético, deverá tomar a iniciativa de dar cobro a isso. Na espécie de que estamos a cuidar, caber-lhe-á modificar o valor dado à causa (seja para mais ou para menos), sempre que tiver diante de seus olhos elementos que lhe permitam concluir que o autor está atribuindo à causa um valor irreal.

Insistíamos nesse assunto, para que a nossa opinião fosse adequadamente entendida.

Então, prosseguíamos: não estamos a sugerir que o juiz, em todo e qualquer caso, tome a iniciativa de alterar o valor da causa. Por isso, formularemos algumas regras para que essa intervenção *ex officio* se legitime. Em primeiro lugar, a iniciativa judicial nessa matéria só se justifica se a modificação do valor da causa, por ele realizada, for capaz de gerar repercussão em tema de procedimento ou de recorribilidade da sentença. Exemplifiquemos. No primeiro caso, se o autor der à causa um valor não superior a quarenta salários-mínimos, o procedimento será sumariíssimo (CLT, art. 852-A); no segundo — que mais nos interessa —, se a ela for atribuído valor inferior ao de *dois* salários-mínimos, quando o do próprio pedido corresponder, *e. g,* a muito mais do que dois salários-mínimos, torna-se necessária a intervenção judicial *ex officio*. O mesmo se diga na situação inversa: o valor pespegado à causa é muito superior ao de dois salários-mínimos, quando o do pedido mal chega a um salário-mínimo. Ademais, essa iniciativa do juiz deve ser norteada por elementos objetivamente perceptíveis, vale dizer, a elevação ou redução do valor da causa, que vier a efetuar, deverá, de modo geral, derivar de um confronto entre o valor constante da inicial e o do pedido. Isso significa afirmar que se o pedido não se encontrar expresso em valores líquidos, dificilmente o juiz terá condições (concretas) de alterar o valor dado à causa, na inicial, pois qualquer modificação que fizer, quanto a isso, poderá ser de foro subjetivo. É claro que se o valor do pedido for ilíquido, mas os autos contiverem elementos objetivos, que permitam ao juiz concluir que o valor atribuído à causa não corresponde à realidade desses elementos, o valor daquela deverá ser modificado. Muitas vezes, p. ex., embora o pedido não se apresente sob a forma líquida (em decorrência de um gesto estratégico do próprio autor), os autos indicam que o seu salário mensal correspondia a dez vezes o do mínimo legal; ora, tendo este pedido a condenação do réu ao pagamento de aviso-prévio (30 dias), de férias e de 13º salário integrais, sem precisar, no pedido, os pertinentes valores, mas der à causa um valor inferior ao de dois salários-mínimos, estará patente o seu intuito de beneficiar-se (ainda que em tese, pois se a sentença lhe for desfavorável ele poderá ser vítima de sua própria velhacada) dessa atitude sorrateira e desleal.

E concluíamos: o juiz do trabalho, a quem a lei concede ampla liberdade na direção do processo (CLT, art. 765), não pode permitir que sejam perpetrados, sob seus olhos, semelhantes assaltos contra o substrato ético desse mesmo processo. Nesse concerto, eventual tolerância do magistrado soaria a conivência lamentável. Ou a uma quase-prevaricação.

Nossos argumentos, embora não tenham sensibilizado a jurisprudência trabalhista da época, parecem ter sensibilizado o CPC atual. Realmente, estabelece o § 3º do art. 292 desse Código que "O juiz corrigirá, de ofício e por arbitramento, o valor da causa quando verificar que não corresponde ao conteúdo patrimonial em discussão ou ao proveito econômico perseguido pelo autor, caso em que se procederá ao recolhimento das custas corres-

Art. 319

pondentes". Nunca nos sentimos desolados por havermos adotado, outrora, uma atitude heterodoxa em face da doutrina e da jurisprudência trabalhistas, que, apegadas a velhas concepções, não admitiam a possibilidade de o juiz do trabalho alterar o valor atribuído à causa, na inicial — ainda que esse valor estivesse a causar escoriações a certos princípios éticos do processo. Pois bem. Com o advento do atual CPC, somente por teimosia obstinada se poderá continuar sustentado a impossibilidade de o juiz do trabalho alterar, por sua iniciativa, o valor da causa, nos termos do § 3º art. 292 do CPC.

A fixação do valor da causa em salários-mínimos, para efeito de recorribilidade da sentença, é estabelecida pela Lei n. 5.584/70 (art. 2º, § 4º, com a redação que lhe deu a Lei n. 7.402, de 5.11.85). Não estaria, contudo, esse dispositivo da norma ordinária revogado pelo art. 7º, inciso IV, da Constituição Federal em vigor, que veda a vinculação do salário-mínimo "para qualquer fim"? Entendemos que não. Como afirmamos em linhas anteriores, o que a Constituição está a proibir, a nosso ver, é a utilização desse salário com vistas, p. ex., à fixação do valor de alugueis, de multas, de preços em geral, pois isso tem efeito reconhecidamente inflacionário. A simples adoção do salário-mínimo, porém, para a definição das ações da alçada exclusiva dos órgãos de primeiro grau da Justiça do Trabalho não tem nenhuma repercussão inflacionária; logo, não afeta a economia do país. Destarte, a mantença do salário-mínimo, para essa finalidade, não entra em conflito com os verdadeiros motivos que determinaram a elaboração da citada norma constitucional. Esse entendimento, que desde sempre sustentamos, acabou sendo perfilhado pela Súmula n. 356 do TST.

Também no processo do trabalho podem ser aplicados alguns dos critérios traçados pelo art. 292 do CPC, para efeito de fixar-se o valor da causa, seja pelo autor ou pelo juiz. Assim: 1) na cobrança de dívida, serão computados o principal e a correção monetária e outras penalidades, se houver (I). Conforme o CPC, entrarão ainda os juros da mora "vencidos até a propositura da ação". Esse critério, no entanto, não deve ser observado no processo do trabalho, onde os juros moratórios somente são devidos a contar do ajuizamento da inicial (CLT, art. 883); 2) havendo cumulação de pedidos, o valor da causa será obtido pela soma de todos eles (VI); 3) sendo alternativos os pedidos, considerar-se-á o de maior valor (VII); 4) existindo pedido subsidiário, adotar-se-á o valor do principal (VIII); 5) o valor do contrato ou de sua parte incontroversa (II); 6) nas ações de indenização, inclusive, por dano moral, o valor pretendido (V); 7) no caso de prestações vencidas e vincendas, levar-se-á em conta o valor de umas e de outras. O valor das prestações vincendas será igual a uma prestação anual, se a obrigação for por tempo indeterminado ou por tempo superior a um ano; se por tempo inferior, será igual á soma das prestações (§ 1º).

As situações previstas nos demais incisos do art. 292 (III e IV), do CPC, são inaproveitáveis no terreno peculiar do processo do trabalho, por versarem sobre matérias que não se encaixam na competência desta Justiça Especializada.

O Supremo Tribunal Federal firmou o entendimento de que, na ação rescisória, o valor da causa deve ser o mesmo que se atribuiu à demanda que foi apreciada pelo acórdão rescindendo. Para que esse critério seja aceitável, torna-se indispensável, todavia, a correção monetária do aludido valor, que não é "rendimento" do capital, como tem alardeado a retórica oficial, senão que mero fator de recomposição do poder de compra, do dinheiro. O TST, no entanto, pela Instrução Normativa n. 31/2007, regulamentou a forma de realização do depósito prévio, em ação rescisória, previsto no art. 836 da CLT (arts. 2º e 3º).

Ainda se controverte, na doutrina, quanto à necessidade de a inicial, na ação de segurança, mencionar o valor da causa.

Sustentam, alguns estudiosos, que a indicação desse valor é dispensável, pois a reparação que se busca, nesse tipo de ação, não é em pecúnia, mas em espécie. Em que pese ao fato de a reparação aí pretendida não ser, efetivamente, de natureza pecuniária — pois o acórdão nunca é condenatório, mas declaratório ou constitutivo —, não pode ser colocado de parte o mandamento inscrito no art. 291, do CPC, no sentido de que a toda causa deve ser atribuído um valor certo, ainda que não tenha conteúdo econômico aferível de imediato.

Tanto na ação rescisória quanto na de segurança se o relator verificar que a inicial não contém o valor da causa não deve assinar prazo de quinze dias para que o autor supra a falta — sob pena de indeferimento (CPC, art. 321) e consequente extinção do processo sem resolução do mérito (CPC, art. 485, I) —, mas, fixar, ele próprio, esse valor, nos termos do art. 2º, *caput*, da Lei n. 5.584/70.

Nas ações coletivas, torna-se necessária a menção do valor da causa, cuja falta poderá ser suprida mediante despacho do relator. Mesmo nas ações em que o pedido se restrinja à interpretação de norma legal ou de cláusula normativa (os comumente denominados "dissídios coletivos de natureza jurídica") esse valor deve ser indicado, pois a pretensão, aí formulada, que aparenta ser exclusivamente jurídico-interpretativa, se encontra, sempre, vinculada a um conteúdo econômico.

Inciso VI. *As provas com que o autor pretende demonstrar a verdade dos fatos alegados.* A CLT não contém disposição nesse sentido. Conseguintemente, uma nova indagação se impõe: no processo do trabalho é necessário que o autor especifique, na inicial, as provas com as quais deseja provar a verdade dos fatos narrados?

Antes de formularmos a resposta, devemos fazer um pequeno reparo na dicção do art. 319, VI, do CPC, porquanto, em rigor, naquele processo, a inicial deve indicar não as *provas* com que o autor pretende demonstrar a veracidade dos fatos alegados, e, sim, os *meios* de prova que serão utilizados para esse fim. Prova não é meio, mas resultado. O CPC de 1939, mais preciso que o de 1973, e do que o atual, neste ponto, aludia aos meios de prova (art. 158, V).

São dois, basicamente, os motivos pelos quais o processo civil exige que o autor especifique, na inicial, os meios de prova a serem utilizados, a saber: a) atender ao princípio da boa-fé processual; b) permitir ao juiz verificar, em alguns casos, se o meio escolhido é, efetivamente, adequado, ou moralmente legítimo.

Apesar disso, pensamos que, no processo do trabalho, essa regra deve ser aplicada com certa cautela, não tanto pelo fato de a CLT nada dispor quanto a esse requisito, mas em virtude da simplicidade do procedimento. Não estamos a dizer que o autor tem o direito de esconder, do adversário, os meios de que se valerá para provar a veracidade dos fatos narrados na inicial, pois isso atentaria contra o dever de lealdade, a que estão submetidas as partes, mesmo no processo do trabalho. O que estamos a asseverar é que, naquela peça, poderá o autor, simplesmente, requerer a produção de "todas as provas em direito admitidas", vindo a especificar os meios adequados (e moralmente legítimos) no momento oportuno, por força de determinação do juiz.

A realidade prática tem revelado, a todo momento, que somente após a resposta do réu (máxime sob a forma de contestação) é que o autor se encontra, realmente, em condições de definir os meios de prova que necessitará empregar. Muitas vezes, o autor, tomando conhecimento do teor da resposta, acaba por eleger meio de prova diverso daquele que, a princípio, pensava utilizar. De outra parte, eventual ausência de resposta do réu, por implicar revelia e traduzir, quase sempre, a confissão fictícia, pode dispensar a produção de qualquer prova, pelo autor. Tudo isso demonstra a desnecessidade de a petição inicial trabalhista indicar os meios probantes de que o autor pretende fazer uso para comprovar a verdade dos fatos expostos.

Com *meios adequados de prova* queremos expressar aqueles que são aptos para demonstrar a verdade do fato probando. Podemos, mesmo, construir a regra de que, segundo seja a natureza do fato objeto da prova, será o meio legal a empregar-se. Ainda: a natureza do fato determina o pertinente meio de prova. Assim, para a prova de horas extras, *v. g.*, admitem-se os meios documental e testemunhal; para o pagamento de salários só é adequado o meio documental (CLT, art. 464, *caput*), do mesmo modo como a prova da insalubridade ou da periculosidade deve ser feita mediante perícia (CLT, art.195, § 2º).

Não basta, à evidência, que o meio de prova seja adequado; requer-se, acima de tudo, que seja *moralmente legítimo*. O art. 5º, inciso LVI, da Constituição Federal, por seu turno, declara serem inadmissíveis as provas obtidas "por meios ilícitos". Deve-se entender por meios moralmente ilegítimos, dentre outros, os que atentem contra os direitos da personalidade, aí incluídos os relativos à liberdade de pensamento e à privacidade — que foram alteados à categoria constitucional (art. 52, incisos IV, X, XI e XII).

Independentemente disso, devemos renovar a nossa opinião de que, no processo do trabalho, não se deve exigir que o autor mencione, na inicial, os meios pelos quais procurará comprovar a veracidade dos fatos alegados. É suficiente que faça referência a fórmulas genéricas, como "todos os meios em direito permitidos" etc. Caberá ao juiz, no momento oportuno, exigir que ele e o próprio réu especifiquem os meios de que se valerão para provar a verdade dos fatos narrados.

Cabe aqui, no entanto, uma ressalva. Tratando-se de fato que deva ser comprovado mediante documentos, estes devem acompanhar, desde logo, a inicial, como impõe o art. 787, da CLT (o mesmo consta do art. 320 do CPC), exceto se os documentos se encontrarem em poder do adversário ou de terceiros, hipótese em que se adotará o procedimento da exibição (CPC, art. 393), seja antecedente ou incidental.

As considerações, até aqui expendidas, são aplicáveis, *mutatis mutandis*, à ação rescisória, que admite, em princípio, a produção de provas por todos os meios previstos em lei.

Nas ações de segurança, entretanto, não cabe ao juiz (relator) ordenar que o autor especifique os meios de prova de que fará uso, porquanto o art. 6º, *caput*, da Lei n. 12.016/2009, deixa claro não apenas que o meio exclusivo é o documental, como que os documentos devem instruir, de imediato, a petição inicial. Trata-se, pois, de prova pré-constituída.

Inciso VII. *A opção do autor pela realização ou não de audiência de conciliação ou de mediação.* O art. 165 do CPC determina que os tribunais criem centros judiciários destinados à solução consensual dos conflitos de interesses. Esses centros serão responsáveis pela realização das sessões e audiências de conciliação e mediação, entre outras incumbências. No processo civil, caso o outro pretenda submeter, ou não, a sua demanda a uma dessas sessões ou audiências, deverá manifestar a sua intenção na petição inicial. A regra não incide no processo do trabalho, pois aqui, em virtude do disposto no art. 764, *caput*, da CLT, os dissídios, individuais ou coletivos, "serão sempre sujeitos à conciliação", razão pela qual os juízes deverão empregar os seus bons ofícios e poder de persuasão "no sentido de uma solução conciliatória do dissídio" (*ibidem*, § 1º). No processo do trabalho não cabe, pois, à parte, manifestar sua intenção de optar pela realização ou não de audiência de conciliação, pois esta é inerente e essencial ao referido processo. Quanto à mediação, não tem sido posta em prática na Justiça do Trabalho.

Requerimento para a citação do réu. Devemos lançar alguns escólios sobre outro elemento da petição inicial, que era exigido pelo CPC revogado. Referimo-nos ao *requerimento para a citação do réu.* Aquele CPC, em seu art. 282, VII, impunha que a petição inicial contivesse o requerimento para a citação dor réu.

Preso a um formalismo injustificável (e à influência da *ius vocatio*), entendia a doutrina daquele processo que a citação deveria ser *requerida* pelo autor, a fim de que o processo se formasse validamente e, também, de que a citação produzisse os efeitos descritos no art. 219, daquele CPC.

Esse requisito não era — e continua não sendo — encontrado no art. 840, § 1º, da CLT. Não há, nisso, *omissão*, e sim, *silêncio intencional*, que é coisa diversa. Esse *silêncio intencional* deriva de razão de ordem lógica.

Com efeito, se o autor (trabalhador) provoca o exercício da função jurisdicional e deixa claro, na petição inicial, que está exercendo o seu direito de ação em face ("contra", costuma-se dizer, com grande equívoco) de determinada pessoa (réu), que deseja ver condenada a satisfazer-lhe uma pretensão (bem ou utilidade da vida), é elementar, é óbvio, que a citação constitui ato que se impõe, natural e automaticamente, sob pena de, a entender-se de modo diverso, imaginar-se que o autor possa (ou costume) ingressar em juízo movido por simples diletantismo, capricho, ou vaidade, sem desejar a citação do adversário. Isto é algo absolutamente inconcebível no processo do trabalho (para falarmos, apenas, deste), onde o trabalhador, ao exercer o seu direito constitucional de ação e nominar o réu, deixa patente o seu interesse em que este seja cientificado da demanda.

Esta é a visão pragmática do processo, que possuem as partes, e da qual falamos há pouco.

Usando outras palavras: o fato de o autor ajuizar a ação em face do réu deixa evidente o seu intuito de demandar, sendo, por isso, produto de censurável afetação formalista exigir-lhe que requeira, expressamente, a citação do adversário, como se essa comunicação não possa ser algo que decorra *naturalmente* do ato de ingressar em juízo.

Felizmente, o processo civil parecer haver-se convencido disso.

Data e assinatura. O CPC, curiosamente, não introduziu, no rol dos requisitos de validade da petição inicial, a data em que foi elaborada e a assinatura do advogado. A CLT menciona esses requisitos (art. 840, § 1º); quanto à assinatura, alude à do "reclamante" ou de seu representante.

Entendíamos, porém, que a petição inicial deveria ser sempre assinada por advogado, pois o art. 791, *caput*, da CLT, que atribui a ardilosa capacidade postulatória aos litigantes, em nosso ver, fora tacitamente revogado pelo art. 68, da Lei n. 4.215, de 27.4.63 (Estatuto da Ordem dos Advogados do Brasil); quando não, pelo art. 133, da Constituição Federal em vigor. Assim, banido o *ius postulandi*, a petição inicial deveria ser elaborada e assinada por advogado. A parte somente poderia exercer o direito de postular, pessoalmente, em juízo, na hipótese do art. 86, do CPC, ou seja, se não houvesse, no local, advogado, ou, havendo, se recusasse a aceitar o patrocínio da causa ou se encontrasse impedido de receber procuração, ou não ser, o advogado, por motivo relevante e provado, da confiança da parte. Entretanto, o STF, na ADI n. 1.127-8 (DJ de 29.6.2001), concedeu liminar para suspender a eficácia, dentre outras disposições, do inciso I do art. 1º da Lei n. 8.906/94 (Estatuto atual da OAB), que declara ser privativa da advocacia a postulação a qualquer órgão do Poder Judiciário.

Diante disso, não há mais como sustentar a revogação do art. 791, *caput*, da CLT.

Tendo acoimado de ardilosa a capacidade postulatória de que trata o art. 791, *caput*, da CLT, cumpre-nos justificar essa afirmação.

Procurando criar um processo no qual as partes pudessem atuar sem advogado, o legislador trabalhista instituiu um procedimento simplificado. A CLT, como sabemos, entrou a viger em 1943. Nos primeiros momentos, as partes não encontraram maiores dificuldades para exercer o *ius postulandi* que lhes atribui o art. 791, *caput*, da CLT. A vida fluía simples. Todavia, os tempos, agora, são outros. Tudo mudou, de 1943 até esta parte. Ampliou-se, consideravelmente, a base do direito material dos trabalhadores. As novas exigências científicas, nascidas no período que se seguiu ao término da 2ª Guerra Mundial, penetraram o próprio Direito Processual. As relações entre os homens também se tornaram mais complexas. Tudo isso foi, aos poucos, delineando esse fenômeno indesejável, a que se poderia denominar de "complexização do processo". Passou-se a fazer uso, no processo do trabalho, de figuras ou institutos próprios do processo civil (incidente de falsidade documental; ações cautelares, rescisória, de consignação e pagamento, monitória, embargos de terceiro; reconvenção; ação civil pública; embargos à expropriação e o mais).

Essa "complexização" do processo do trabalho não só o desfigurou, em diversos pontos, o *ius postulandi*, traduzido na faculdade legal de o indivíduo ingressar em juízo sem advogado, como tornou praticamente inviável o seu exercício.

E, o que é pior: a parte que vai a juízo, como autor ou réu, pessoalmente, fica em uma colossal inferioridade técnica diante daquela que se faz acompanhar por advogado. Nós mesmos, quando atuávamos como juiz em primeiro grau, vimos, em inúmeras ocasiões, p. ex., o réu, por seu advogado, oferecer, solene e pomposamente, exceção de incompetência *ratione loci* (e a frase vinha escrita em latim, realmente), oportunidade em que, com um certo desassossego no espírito, tínhamos que nos dirigir ao mísero trabalhador, que se encontrava na audiência, para dizer-lhe que (como excepto!...), dispunha do prazo de 24 horas para responder à exceção. Nunca a respondia, é evidente, pois nem sequer sabia como fazê-lo; nem tinha noção do que os prazos processuais representavam. Quanto menos, sabia contá-los. O mesmo ocorria nos casos de reconvenção. Não raro, aliás, o trabalhador levava à audiência, para serem inquiridas como testemunhas, pessoas sobre as quais, por serem suas amigas íntimas, pairava a reserva de suspeição. Era muito difícil para um humílimo trabalhador compreender a razão por que o seu melhor amigo não poderia ser sua testemunha.

Enfim, o processo do trabalho — designadamente, em decorrência de sua "complexização" — se tornou uma espécie de ardil, de esparrela para as partes que ingressam em juízo sem a companhia de advogado. Para sermos francos, mesmo antes dessa "complexização" o *ius postulandi* já correspondia a uma sutil armadilha para o trabalhador e para o próprio empregador, armada pelo legislador, pois enquanto, de um lado, os convidava a atuar em juízo pessoalmente, de outro, lançava sobre eles o escárnio da preclusividade dos prazos, da confissão fictícia e tantas outras regras que somente poderiam ser compreendidas por quem fosse advogado.

O *ius postulandi*, se propicia aos juízes maior liberdade na formulação das propostas conciliatórias e na própria direção do processo, é, na mesma proporção, em infindáveis ocasiões, a causa exclusiva do insucesso do trabalhador em juízo, que, em sua insciência acerca das regras processuais, vê os seus direitos se perderem pelos caminhos labirínticos do procedimento. Desse *due process of law*, que, para ele, soa a grego. Ou a uma irrisão.

Não nos iludamos: a dura realidade do processo fez frustrar os sonhos do legislador, quanto à utilidade do *ius postulandi*. Por isso, hoje, conscientes dessa realidade, estamos serenamente convencidos de que a presença obrigatória do advogado, nas causas trabalhistas, mais do que um imperativo de ordem legal, é uma condição de igualdade técnica, entre as partes, na calorosa disputa pelo direito. Ainda que a primeira razão inexistisse, os fatos da vida haveriam de fazer com que a segunda fosse consagrada.

Os fatos que emanam da realidade concreta — cuja dramaticidade a retórica dos argumentos de mera conveniência jamais consegue ocultar — demonstram que quando um dos litigantes vai a juízo pessoalmente, o que se presencia não é uma disputa justa pelo Direito, mas um massacre empreendido por parte daquele que tem a seu lado um advogado. A contar daí, a tarefa do juiz será fazer o recenseamento dos mortos.

Não foi, por certo, para estimular situações como esta que se instituiu o processo. Que disso se convençam os ardorosos defensores do *ius postulandi*.

Vale reiterar: a presença do advogado em juízo representa um pressuposto fundamental para o equilíbrio técnico na disputa; desacompanhada de advogado, a parte acaba se tornando adversária de si mesma, porquanto é insciente das normas que regem o procedimento, em especial, as relativas à preclusão. Nesse contexto, fica reservada ao juiz do trabalho a árdua tarefa de fazer a contagem das vítimas *do ius postulandi*.

§ 1º Pode dar-se de o autor não possuir elementos que lhe propiciem atender aos requisitos previstos no inciso II, do art. 319 do CPC (indicação do nome, prenome, estado civil, existência ou não de união estável, profissão do réu etc.). Diante disso, ele pode requerer ao juiz a adoção de providências necessárias à obtenção desses elementos de informação, mediante a expedição de ofícios a órgãos públicos (DRT, Secretaria da Receita Federal, Detran etc.) ou privados.

§ 2º Com o objeto político de salvar a petição inicial da inépcia — e, em consequência o processo, de sua extinção —, a norma permite ao juiz não indeferir essa peça processual se for possível a citação do réu, mesmo faltante alguns dos elementos exigidos pelo inciso II do *caput*. É certo que, em determinadas situações, não será possível aplicar esse dispositivo legal, como quando o autor nem sequer indicar o nome do réu, o seu endereço etc.

§ 3º O juiz também estará impedido de indeferir a petição inicial se a obtenção das informações exigidas pelo inciso II tornar impossível ou excessivamente oneroso o acesso à justiça. Em termos práticos, cremos que os magistrados encontrarão alguma dificuldade em acatar a disposição do parágrafo em exame, pois se não se sabe, por exemplo, qual o nome e o prenome do réu como será possível citá-lo?

Art. 320. A petição inicial será instruída com os documentos indispensáveis à propositura da ação.

• **Comentário**

A regra já constava do art. 283 do CPC revogado.

O art. 787 da CLT, após afirmar que a petição inicial ("reclamação escrita") deve ser formulada em duas vias, adverte: "e desde logo acompanhada dos documentos em que se fundar".

Art. 321

Nota-se, pois, que essa exigência é comum aos sistemas do processo civil e do processo do trabalho.

Lamentavelmente, alguns juízes do trabalho, invocando, de maneira equivocada, a simplicidade do procedimento trabalhista e o fato de a instrução não estar encerrada, não têm feito cumprir a exigência que vem do art. 787 da própria CLT, permitindo, em decorrência disso, que o autor junte em momentos posteriores documentos em que se fundam os seus pedidos e que estavam em seu poder antes mesmo do ajuizamento da ação — e que, por isso, deveriam acompanhar a petição inicial.

Essa distensão da disciplina probatória, pertinente aos documentos que devam instruir, desde logo, a inicial, sói acarretar certas consequências tumultuárias do processo, além de estimular certas atitudes escusas da parte. Efetivamente, se o documento constituía o fundamento da causa de pedir e do pedido e já estava em poder do autor antes do ingresso em juízo, que razões éticas ou jurídicas seriam capazes de justificar o fato de ele diferir, retardar a apresentação desse documento em juízo, para apresentá-lo no momento em que melhor lhe conviesse (em audiência ou em razões finais) e, por certo, com o objetivo de surpreender o adversário e de comprometer a ampla defesa deste?

Somente se deveria admitir a apresentação de documentos, por iniciativa do autor, após o protocolo da petição inicial, se ele provasse que não pôde obter a tempo os documentos; se desconhecia a sua existência ou se os documentos se destinam a serem contrapostos a outros, apresentados tempestivamente pelo réu. É evidente que o autor poderia — na verdade, deveria — juntar documentos a qualquer tempo *por determinação do juiz*.

Na ação de segurança, *v. g.*, a inicial deve estar acompanhada de documentos que comprovem a prática de ato da autoridade pública, que tenha perpetrado lesão a direito líquido e certo do impetrante (Lei n. 12.016/2009, art. 6º, *caput*). A prova é, pois, pré-constituída. Se o documento estiver em repartição pública, ou em poder de autoridade pública que se recuse a fornecê-lo por certidão, o juiz ordenará, preliminarmente, a exibição do documento, no original ou em cópia autêntica, fixando em dez dias o prazo para o cumprimento da ordem (§ 1º).

Em sede de ação rescisória, a necessidade de a inicial ser instruída com documentos destinados a provar a verdade dos fatos narrados dependerá da *causa petendi*. Fundando-se o pedido de desconstituição da coisa julgada material, digamos, em violação de literal disposição ou em ofensa à *res iudicata*, deverá o autor juntar à inicial cópia do ato jurisdicional que haja perpetrado quaisquer dessas ofensas. Indispensável será, contudo, a juntada, à inicial, de documento comprovativo do trânsito em julgado da decisão rescindenda. No mesmo sentido, a Súmula n. 299, I, do TST. A propósito, o tema, antes, era tratado pela Súmula n. 107, do mesmo Tribunal, conforme a qual se o documento comprobatório do trânsito em julgado da decisão rescindenda não acompanhasse a petição inicial esta seria liminarmente indeferida. Pusemos, todavia, em dúvida a legalidade desse indeferimento *in limine* da inicial, em face do disposto nos arts. 283 e 284, do CPC revogado. Felizmente, a Súmula n. 299, que cancelou a de n. 107, dispôs que a inicial somente seria indeferida se a parte não suprir a falta do documento no prazo de dez dias, contado de sua intimação para esse fim (inciso II). A julgar pela cronologia dos fatos, nossa crítica foi acolhida.

O CPC atual declara que a petição inicial da ação rescisória será indeferida: a) nos casos do art. 330; e b) se não for efetuado o depósito de cinco por cento sobre o valor da causa (art. 968, § 3º). O art. art. 968, § 3º, todavia, dever ser interpretado em conjunto com o art. 321, por força o do qual o juiz deve conceder ao autor o prazo de quinze dias para emendar ou completar a inicial; somente se o despacho não for cumprido é que o juiz estará autorizado a indeferi-la (*ibidem*, parágrafo único)

Outros documentos há, entretanto, que devem ser apresentados no momento em que o autor ingressa em juízo, e que não podem ser considerados instrutores da inicial, vale dizer, necessários para a prova dos fatos originadores dos pedidos (*res in iudicio deducta*). Dentre eles, podem ser mencionadas a procuração e a cópia da própria inicial; esta acompanhará o instrumento de citação do réu.

Art. 321. O juiz, ao verificar que a petição inicial não preenche os requisitos dos arts. 319 e 320 ou que apresenta defeitos e irregularidades capazes de dificultar o julgamento de mérito, determinará que o autor, no prazo de 15 (quinze) dias, a emende ou a complete, indicando com precisão o que deve ser corrigido ou completado.

Parágrafo único. Se o autor não cumprir a diligência, o juiz indeferirá a petição inicial.

• **Comentário**

Caput. A matéria estava contida no art. 284 do CPC revogado.

Se o juiz verificar que a petição inicial não preenche os requisitos dos arts. 319 e 320, ou que apresenta defeitos ou irregularidades capazes de dificultar o julgamento do mérito, determinará que o autor a emende ou a complete, no prazo de quinze dias, indicando-lhe, de maneira precisa, o que deve ser corrigido. Uma ressalva: no processo do trabalho, em rigor, não se exige que a inicial contenha todos os requisitos exigidos pelo art. 319 do CPC: basta confrontá-los com os expressos no art. 840, § 1º, da CLT.

Por outro lado, estamos serenametn4e convencidos de que — máxime no processo do trabalho — a regra inscrita no *caput* do art. 321 do CPC é aplicável às petições iniciais em geral, aqui compreendidas a da ação rescisória, da ação consignatória, da ação civil pública etc. Somente fica fora da área de incidência do art. 321 a inicial da ação de mandado de segurança nos casos do art. 10 da Lei n. 12.016/2009, que ordena o indeferimento liminar da inicial quando: a) não for o caso de mandado de segurança; b) lhe faltar alguns dos requisitos legais; e c) decorrido o prazo legal para a impetração.

Parágrafo único. Caso o autor deixe de atender ao despacho, o juiz indeferirá a petição inicial. O CPC atual trouxe uma útil inovação ao tema: dá-se que, agora, e ao contrário do que se passava na vigência do CPC anterior, o juiz deverá indicar ao autor, com precisão, o que deve ser corrigido na petição inicial. Essa inovação propicia maior segurança jurídica ao autor.

Formulemos uma nota específica para o problema dos documentos que deveriam acompanhar petição inicial. Se, a despeito da regra inserta nos arts. 787, da CLT, e 320, do CPC, a petição inicial vier desacompanhada dos documentos em que o autor funda a sua pretensão caberá ao juiz determinar que a falta seja suprida, no prazo de quinze dias (CPC, art. 321), sob pena de indeferimento da petição inicial (*ibidem*, parágrafo único), com a consequente extinção do processo sem julgamento do mérito (CPC, art. 485, I). Vai, aqui, uma questão: se a inicial não vier instruída com os documentos exigidos pelo art. 787, da CLT, *nem o juiz ordenar que a omissão seja sanada*, e, além disso, o réu não contestar, especificamente, os fatos alegados na inicial, que deveriam ter sido comprovados mediante os documentos faltantes, isso fará com que tais documentos se tornem inexigíveis, por força da regra estampada no art. 341, *caput*, do CPC, que faz gerar a presunção de veracidade dos fatos não contestados? A resposta variará conforme se trate de instrumento: a) que a lei considere da substância do ato, ou b) que a lei assim não o considere. No primeiro caso, não se verificará o efeito previsto no *caput* do art. 341; no segundo, esse feito é de possível ocorrência.

Seção II

Do Pedido

Art. 322. O pedido deve ser certo.

§ 1º Compreendem-se no principal os juros legais, a correção monetária e as verbas de sucumbência, inclusive os honorários advocatícios.

§ 2º A interpretação do pedido considerará o conjunto da postulação e observará o princípio da boa-fé.

• **Comentário**

Introdução

Caput. A disciplina do tema estava no art. 286 do CPC revogado, que aludia a *pedido certo* ou *determinado*. O CPC atual separou esses conceitos, cuidado do pedido certo no art. 322, e no determinado, no art. 324.

O indivíduo ou as coletividades não invocam a tutela jurisdicional pela simples satisfação de invocá-la, mas para formular pedidos, ou seja, para obter um provimento estatal que lhes assegure um bem ou uma utilidade da vida. Esse pronunciamento da jurisdição terá efeito declaratório, constitutivo, condenatório, conforme exigir o direito material que se deseja ver assegurado. Podem ser incluídos, também, os efeitos mandamental e executivo, se admitirmos a classificação quinária das ações, formulada por Pontes de Miranda.

Dissemos, por essa razão, em páginas pretéritas, que o objeto imediato da ação é a tutela jurisdicional e, o mediato, o pedido que se formula na causa.

É certo, por outro lado, que o pedido não pode ser apresentado sem um mínimo de motivação, vale dizer, da indicação das razões de fato e de direito que levaram o autor a formulá-lo. A causa de pedir é, portanto, a conjugação dos fatos originadores da demanda e dos fundamentos jurídicos em que se lastreia o pedido. Um pedido sem *causa petendi* conduzirá à inépcia da petição inicial, do mesmo modo como inepta será essa peça quando dela constar, apenas, a causa de pedir (CPC, art. 330, I).

Essas considerações propedêuticas já nos permitem definir o pedido, no campo processual, como o objeto mediato da ação, a pretensão que se deduz em juízo, concernente a um bem ou a uma utilidade da vida. O conceito de *res in iudicio deducta*, entretanto, é um pouco mais amplo do que o de pedido, uma vez que o compreende. Com efeito, integram a *res* não somente o pedido, mas a causa de pedir, que enuncia a existência de uma relação jurídica (em regra, material) entre as partes, originadora das postulações do autor.

Pedido e *requerimento*, por sua vez, não se confundem. Aquele, como afirmamos, exprime a pretensão deduzida na causa; este, nada mais espelha do que uma providência que se solicita ao juiz, tendente a fazer com que o acolhimento do pedido se torne possível: requerimento para a juntada de documentos, produção de prova pericial, inquirição de testemunhas etc. Os requerimentos se encontram, portanto, a serviço dos pedidos. Em um determinado aspecto, podemos dizer que enquanto o pedido está ligado ao mérito da causa, o requerimento concerne ao procedimento. Se examinarmos os requisitos para a validade da petição inicial, apontados pelo art. 319, do CPC, veremos que os incisos I, II, V, VI e VII aludem ao procedimento, ao passo que os incisos III (fatos e fundamentos jurídicos do pedido) e IV (pedido e suas especificações) dizem respeito ao mérito da demanda.

Certeza

Não basta que o pedido seja precedido da correspondente *causa petendi*; é indispensável, ainda, que ele seja certo (CPC, art. 322). A certeza se refere ao seu objeto.

Embora o CPC anterior dissesse que o pedido deveria ser *certo* **ou** *determinado*, sempre entendemos que deveria, na verdade, reunir essas duas qualidades, ou seja, ser certo *e* determinado, sem que fosse, nisso, alguma redundância. Realmente, a *certeza* do pedido é algo que toca ao seu objeto: deseja-se saber o que dele consta. A sua *determinação*, contudo, é necessária para individualizá-lo, para especificá-lo, para desassemelhá-lo de outros. Pedir, *e. g.*, a repercussão das horas extras habituais no repouso semanal remunerado não é o mesmo que pleitear a diferença desse repouso em decorrência das diferenças provenientes da inclusão do adicional noturno no cálculo das horas extras.

§ 1º Estão compreendidos na condenação a correção monetária, os juros da mora, as despesas da sucumbência e os honorários de advogado. Com relação a estes últimos, a norma deve ser aplicada no processo do trabalho, mediante observância das Súmulas ns. 219 e 329, do TST, e da Instrução Normativa n. 27/2005, art. 5º, do mesmo Tribunal.

§ 2º Os pedidos não devem ser interpretados de maneira isolada, e sim, em conjunto com os demais. Além disso, a interpretação deverá atender ao princípio da boa-fé.

Art. 323. Na ação que tiver por objeto cumprimento de obrigação em prestações sucessivas, essas serão consideradas incluídas no pedido, independentemente de declaração expressa do autor, e serão incluídas na condenação, enquanto durar a obrigação, se o devedor, no curso do processo, deixar de pagá-las ou de consigná-las.

• **Comentário**

Em geral, a obrigação, a cargo do devedor, é satisfeita mediante uma única prestação; em determinadas situações, porém, a obrigação se desdobra em prestações *sucessivas*, que devem ser realizadas periodicamente. Daí vem a razão de essas prestações serem também denominadas de *periódicas*.

A CLT se ocupa das prestações dessa espécie nos arts. 890 a 892, separando-as em duas classes: a) por prazo determinado; b) por prazo indeterminado. No primeiro caso, o inadimplemento de uma prestação permitirá a exigibilidade imediata (execução) das que lhe sucederem (art. 891); no segundo, a execução abrangerá, a princípio, as prestações devidas até a data do início da execução (art. 892). Conquanto as expressões "contrato por prazo determinado" e "contrato por prazo indeterminado" estejam consagradas pela legislação, pela doutrina e pela jurisprudência, pensamos que seria melhor "contrato com prazo" e "contrato sem prazo".

A regra contida nos arts. 890 a 892, da CLT, é, sem dúvida, de grande utilidade prática, a par de colocar-se em harmonia com os princípios da simplicidade e da celeridade que informam o procedimento trabalhista, na medida em que dispensa o credor do embaraço de promover uma execução, relativamente a cada prestação não efetuada.

As prestações por tempo determinado são muito frequentes nas transações feitas em juízo, em que o réu se obriga a pagar ao autor determinada quantia, fracionada em diversas parcelas (prestações), nas datas, horários e locais preestabelecidos. É de praxe instituir-se, nesses negócios jurídicos bilaterais, cláusula penal (Código Civil, arts. 408 a 416) para o caso de a obrigação não ser cumprida nas condições fixadas. O vencimento das prestações subsequentes é automático, como declara o art. 891, da CLT.

São também encontradiças no processo do trabalho as prestações sucessivas por prazo indeterminado (ou melhor, sem prazo), como acontece, por exemplo, quando a sentença exequenda haja determinado o pagamento de diferenças salariais, estando ainda a viger o contrato de trabalho. A execução, aqui, abarcará, como vimos, as prestações vencidas até o início daquela (CLT, art. 892). A expressão legal "até a data do início da execução" é, a nosso ver, carecente de melhor técnica, devendo, assim, ser inteligida como até o momento em que a execução é promovida. Dessa forma, no exemplo que apontamos, seriam objeto de execução todas as prestações (diferenças salariais) vencidas até o instante em que a execução tivesse início, ainda que ulteriores à prolação da sentença exequenda, salvo, é certo, se, depois desta, o devedor tenha passado a pagar, corretamente, os salários.

Dissentimos, por isso, de Russomano, quando afirma que "Se as prestações forem por tempo indeterminado, por não se conhecer, previamente, seu valor total, como no caso de pagamento de diferenças salariais, não se aplica a regra do art. 892" (*Comentários à CLT*. 9. ed. Rio de Janeiro: Forense, 1982. p. 970); daí por que, conforme o festejado jurista, "A execução atinge apenas as prestações vencidas. Encerrada esta, far-se-á nova execução para cobrança das prestações que venham a vencer" (*Idem, ibidem*). *Data venia*, a locução legal "devidas até a data do ingresso na execução" — com o reparo técnico que inserimos — permite-nos concluir (para não dizer que deixa evidenciado) que estarão compreendidas na execução também as parcelas que se vencerem no ínterim que vai do proferimento da sentença condenatória ao momento em que a execução é promovida, contanto que, reiteremos: a) o contrato de trabalho ainda esteja em vigor; b) subsista a causa determinante da obrigação.

O CPC possui disposição análoga, de conformidade com a qual "Na ação que tiver por objeto cumprimento de obrigação em prestações sucessivas, essas serão consideradas incluídas no pedido, independentemente de declaração expressa do autor; e serão incluídas na condenação, enquanto durar a obrigação, se o devedor, no curso do processo, deixar de pagá-las ou de consigná-las" (art. 323). A referência a "enquanto durar a obrigação" parece ter sido trasladada do processo civil português. De acordo com o art. 323, do estatuto processual civil de nosso País, portanto, a sentença compreenderá não só as prestações exigíveis antes de sua prolação, como aquelas que se vencerem posteriormente a isso, sendo fundamental, para que essa abrangência ocorra, que subsista o negócio jurídico originador da obrigação.

Ao versar sobre a ação de consignação em pagamento, a propósito, o legislador, para não desfigurar o traço característico das prestações sucessivas, inscreveu no art. 541 do CPC o preceito de que "Tratando-se de prestações sucessivas, consignada uma delas, pode o devedor continuar a consignar, no mesmo processo e sem mais formalidades, as que se forem vencendo, desde que os depósitos sejam efetuados até 5 (cinco) dias contados da data do respectivo vencimento".

Dessa maneira, se o próprio processo civil consagra o princípio (altamente saudável) de que as prestações sucessivas, vincendas, são devidas enquanto perdurar a obrigação de que decorrem, e, em função disso, podem ser introduzidas na execução, contanto que subsistente o negócio ou o ato jurídico, por mais forte razão assim se deve entender no plano do processo do trabalho, até porque, como procuramos demonstrar, esta é a verdadeira inteligência do art. 892, da CLT.

José Alberto dos Reis, com muita perspicácia, afirma que a possibilidade de serem executadas as prestações sucessivas, num mesmo processo, reúne duas vantagens fundamentais, a saber: a) poupar o credor das despesas, incômodos e trabalhos, que, inevitavelmente, teria, se lhe fosse exigido promover nova execução para ver realizadas as prestações que se vencerem posteriormente à sentença exequenda; b) dotá-lo de uma sentença com trato sucessivo, isto é, de um título executivo que poderá ser exigido se o devedor deixar de efetuar, no futuro, quaisquer das prestações nele previstas (*Comentários ao código de processo civil*. Coimbra, 1953. v. III, p. 188/189).

Pires Chaves, com os olhos postos no art. 153, § 2º, do CPC de 1939, embora admitisse a possibilidade de a condenação abranger as prestações vencidas e vincendas, enquanto perdurasse a obrigação de que provinham, pensava que as vincendas deviam estar "expressamente pedidas na inicial" (*Da execução trabalhista*. 2. ed. Rio de Janeiro: Forense, 1964. p. 39). Hoje, entretanto, não cabe nenhuma discussão a respeito do assunto, diante da redação translúcida do art. 323, do CPC.

Opinando sobre a execução por prestações sucessivas, o douto Arnaldo Süssekind imaginou que essa modalidade de execução "só pode ser aceita quando o executado estiver em condições de poder cumprir desde logo o julgado ou o acordo" (*Manual da justiça do trabalho. apud* RUSSOMANO, Mozart Victor, obra citada, p. 969/970) parecendo a este jurista que a intenção do legislador, ao instituir essa espécie de execução, "foi a de proteger apenas o empregador economicamente fraco, para o qual o pagamento imediato de grandes quantias poderá acarretar a falência" (*idem, ibidem*), arrematando: "assim sendo, cabe ao juiz, ou presidente do tribunal, verificar, em cada caso concreto, se se justifica a execução por prestações sucessivas" (*idem, ibidem*).

Não concordamos, *concessa venia*, com o parecer desse notável jurista. É de questionar-se, antes de mais nada, se a amplitude de poderes que a lei (CLT, art. 765) atribui ao juiz do trabalho chegaria ao extremo de, afrontando a própria autoridade da coisa julgada material, fragmentar, em diversas parcelas, a obrigação pecuniária imposta pela sentença ao devedor, em nome de uma — presuntiva ou comprovada, pouco importa — dificuldade financeira deste, no que respeita a solver a obrigação, mediante uma só prestação. Até onde sabemos, esse parcelamento só será legítimo se com ele concordar, expressamente, o credor, sendo, por isso, defeso ao juiz substituí-lo nesse ato de manifestação da vontade, a que pretexto seja.

Art. 324

Qualquer decisão do juiz, por sua exclusiva iniciativa, de decompor, em diversas prestações, a obrigação contida, unitariamente, no título executivo, ensejará a que o credor a impugne por meio de agravo de petição (CLT, art. 897, "a"). É certo que o art. 916, *caput*, do CPC, permite que o devedor, se reconhecer o crédito do exequente, o pague da seguinte forma: 30% (acrescidos de custas e honorários de advogado) no ato e até seis parcelas mensais, acrescidas de correção monetária e juros da mora de um por cento ao mês. Essa norma, entretanto, não é de incidência obrigatória no processo do trabalho, pois, embora a CLT seja omissa quanto ao tema, o § 6º do art. 9º, da Lei n. 6.830/80 (CLT, art. 889), estabelece que o executado *"poderá pagar parcela da dívida, que julgar incontroversa, e garantir a execução do saldo devedor"*. Não há, aqui, portanto, previsão para o pagamento parcelado do débito.

É conveniente lembrar, ainda, que a execução se processa no interesse do exequente (CPC, art. 797), ficando o devedor, em razão disso, em um ontológico estado de sujeição do comando que se esplende da sentença exequenda.

Art. 324. O pedido deve ser determinado.

§ 1º É lícito, porém, formular pedido genérico:

I — nas ações universais, se o autor não puder individuar os bens demandados;

II — quando não for possível determinar, desde logo, as consequências do ato ou do fato;

III — quando a determinação do objeto ou do valor da condenação depender de ato que deva ser praticado pelo réu.

§ 2º O disposto neste artigo aplica-se à reconvenção.

• **Comentário**

Caput. A determinação do pedido deriva de sua delimitação qualitativa e quantitativa.

§ 1º A despeito de a determinação do pedido constituir a regra a ser observada, a própria lei permite a formulação de pedido genérico, quando: 1) nas ações universais, o autor não individuar na petição inicial os bens demandados; 2) não for possível determinar, desde logo, as consequências do ato ou do fato ilícito; 3) a determinação do objeto ou do valor da condenação depender de ato que deva ser praticado pelo réu (incisos I a III).

Inciso I. Se a pretensão recair em uma universalidade de bens, não haverá necessidade de o autor especificar esses bens (exceto, é evidente, se dispuser de elementos para individuá-los). Para esse efeito, a universalidade pode ser tanto de fato quanto de direito;

Inciso II. Se, ao ser ajuizada a petição inicial, o autor não puder indicar, desde logo, as consequências legais do ato praticado pelo réu, será suficiente que pleiteie a condenação deste ao ressarcimento dos danos, cujo montante será apurado oportunamente;

Inciso III. Em ações como a de prestação de contas o autor poderá apresentar pedido genérico, sempre que não lhe for possível precisar, desde logo, a quantidade do pedido, por depender, essa "quantificação", de ato a ser realizado pelo réu.

A faculdade relativa à formulação de pedidos genéricos é, sem dúvida, conciliável com o processo do trabalho, conquanto não tenha, aqui, larga aplicação. Uma das razões pelas quais isso ocorre, está, provavelmente, no fato de os valores devidos aos trabalhadores (a título de salários, férias, gratificação natalina, indenização etc.) serem legalmente preestabelecidos; outra, na circunstância de o processo do trabalho não conhecer ações universais (*universitatis facti e universitatis iuris*).

A maior incidência de pedidos genéricos, nas iniciais trabalhistas, tem como fundamento o inciso II, do art. 324, do CPC, pois nem sempre é possível ao trabalhador determinar, de plano a quantidade de horas extras prestadas, de adicional noturno, o montante das comissões retidas e o mais. Aqui, justamente por isso, o pedido é apresentado de maneira ilíquida.

Dispunha, aliás, o par. único do art. 459, do CPC, de 1973 que quando o autor houvesse formulado pedido certo era defeso ao juiz proferir sentença ilíquida. *Data venha*, quer nos parecer que a referência deveria ter sido a pedido *líquido*, não a pedido *certo*. Em primeiro lugar, porque, a entender-se de modo diverso, estar-se-ia imaginando a possibilidade de haver pedidos *incertos*, o que seria inconcebível (afinal, como iria o réu defender-se diante de algo indefinido, e, pelo mesmo motivo, como poderia ser prestada a tutela jurisdicional pretendida?); em segundo, ao requisito da liquidez da sentença deveria corresponder o da liquidez do pedido.

O CPC atual não reproduziu essa norma.

A propósito, uma advertência se faz necessária: o sentido genérico do pedido, a que se refere a lei, reside em seu aspecto quantitativo (*quantum debeatur*), não em seu elemento ontológico (*an debeatur*). Se assim não fosse, haveríamos de concluir que a norma legal autorizaria, até mesmo, as postulações incertas.

Hoje, em nosso meio, a certeza é um elemento que deve estar presente não só da inicial, como na sentença, pois esta deve ser certa ainda quando resolva relação jurídica condicional (CPC, art. 492, parágrafo único). A *condição* é elemento de direito material e está prevista no art. 121 do Código Civil: "Considera-se condição a cláusula que, derivando exclusivamente da vontade das partes, subordina o efeito do negócio jurídico a evento futuro e incerto".

O que poderá acontecer, na prática — como, de fato, tem acontecido — é somente parte dos pedidos ser apresentada de maneira líquida, por não dispor, o autor, de elementos que lhe permitam formulá-los inteiramente líquidos.

Somente no procedimento sumariíssimo trabalhista é que a norma legal exige a formulação de pedidos líquidos (CLT, art. 852-B, I).

Seria desejável, aliás, que os pedidos constantes das iniciais trabalhistas fossem feitos, sempre que possível, de maneira líquida, pois isso permitiria que eventual condenação, imposta pela sentença, fosse traduzida em valores definidos, obviando, dessa forma, a pertinente execução (por quantia certa). A fase de liquidação, nesta hipótese, no que tange ao principal, ficaria restrita à incidência da correção monetária e dos juros da mora. Na maioria das vezes, entretanto, os pedidos são formulados sem determinação dos valores, cujo fato provém muito menos da falta de elementos que possibilitem ao autor apresentá-los liquidamente do que de uma entranhada preguiça, por parte de seu advogado, de indicar a expressão monetária dos diversos pedimentos. Parece radicar nessa multiplicidade de pedidos, que são comumente postos nas iniciais trabalhistas, a causa imediata de serem apresentados de modo ilíquido.

§ 2º Aplicam-se à reconvenção as disposições do art. 324.

Art. 325. O pedido será alternativo quando, pela natureza da obrigação, o devedor puder cumprir a prestação de mais de um modo.

Parágrafo único. Quando, pela lei ou pelo contrato, a escolha couber ao devedor, o juiz lhe assegurará o direito de cumprir a prestação de um ou de outro modo, ainda que o autor não tenha formulado pedido alternativo.

• **Comentário**

Caput. Segundo o didatismo do art. 325, do CPC, o pedido será alternativo quando, pela natureza da obrigação, o devedor puder cumprir a prestação de mais de um modo. Dilucida o parágrafo único desse dispositivo que quando, por força de lei ou do contrato, a escolha couber ao devedor, o juiz lhe assegurará o direito de realizar a prestação de uma ou de outra maneira, ainda que o autor não tenha formulado pedido alternativo.

Caracteriza-se, portanto, a denominada obrigação alternativa pelo fato de ensejar mais de uma prestação, conquanto somente uma delas possa ser exigida do devedor. Satisfeita que seja, ficará extinta a obrigação. É por esse motivo que também se tem chamado de *disjuntiva* essa espécie de obrigação, que, sob esse ângulo, se contrapõe à *conjuntiva*.

Parece-nos, contudo, inadequado o conceito de obrigação alternativa, inscrito no art. 325, do CPC. Aí se afirma que será alternativa a obrigação quando o devedor a puder cumprir por mais de um modo. Na verdade, insinua-se, nessa definição, a possibilidade de a correspondente prestação ser efetuada por mais de uma forma, o que é inexato, pois, em rigor, o que existe é mais de uma *prestação*, embora saibamos que o cumprimento de uma só seja apta para extinguir a obrigação. Mais uma vez, o legislador processual cometeu uma cincada, esquecido, por certo, da advertência que vem das fontes romanas de que toda definição em direito (civil) é perigosa (*omnis definitio in iure civile periculosa est*).

O pedido alternativo não se confunde com a cumulação de pedidos. Aquele, que constitui objeto de nossas investigações, está previsto no art. 325, do CPC e decorre da própria natureza alternativa da prestação a ser realizada; este, ao contrário, reflete a possibilidade de serem cumulados, num só processo, em face do mesmo réu, vários pedidos, ainda que entre eles não haja conexão (CPC, art. 327). Por outras palavras, o pedido alternativo, do art. 325, do CPC, é um só, a despeito de a prestação poder ser realizada por mais de um modo; a cumulação de pedidos revela uma pluralidade de pretensões, aglutinadas num mesmo processo.

Por outro lado, obrigações alternativas e obrigações de prestações complexas não são a mesma coisa. Aquelas, como vimos, são as que permitem ser a correspondente prestação efetuada por mais de um modo, com efeito extintivo de toda a obrigação; estas, contendo um feixe de prestações, exige, para a extinção das obrigações, que todas sejam realizadas. Em resumo: lá, exige-se uma única prestação; aqui, torna-se necessária a realização de todas as prestações para que a obrigação se exaura.

Parágrafo único. Como, na obrigação alternativa, só se requer que uma das prestações seja efetuada, isso significa que alguém deverá escolher essa prestação. Nos termos do art. 252, *caput*, do Código Civil, a escolha compete ao devedor, exceto se houver cláusula contratual atribuindo ao credor o direito de optar por esta ou por aquela prestação. Não permite a lei, entretanto, que o devedor imponha ao credor receber parte em uma espécie de prestação e parte em outra. O que pode haver, nesse terreno, é um acordo de vontades.

Se a escolha couber ao devedor, como está no texto legal, é óbvio que o credor não poderá formular pedido fixo, assim entendido aquele que não permita ao devedor exercer o seu direito de escolher uma ou outra prestação, conforme é da natureza da própria obrigação assumida. Mantemos nossa opinião mesmo no caso de revelia, pois o fato de o réu não vir a juízo para defender-se não torna morta a letra do art. 252, *caput*, do Código Civil, e 325, parágrafo único, do CPC. Não menos lógico é que se a escolha competir ao credor, este precisará indicar, na inicial, a espécie de prestação que deseja ver realizada, por parte do devedor.

Ao processo do trabalho não repugna a formulação de pedido alternativo, desde que essa disjuntividade emane, como frisamos, da índole da obrigação inadimplida, seja esta de foro legal ou convencional.

Havendo o empregador, *e. g.*, descumprido cláusula normativa (jurisdicional, ou não) que o obriga a conceder ao trabalhador alimentação gratuita *ou* (aqui está o elemento disjuntivo) o equivalente em dinheiro, e competindo àquele a escolha, deverá o trabalhador formular, na inicial, pedido alternativo, a fim de que o empregador indique a prestação que deseja realizar, com o objetivo de extinguir a obrigação. Cabendo a escolha ao trabalhador, este mencionará, na petição inicial, a prestação que colima ver realizada.

No caso de reintegração de empregado estável, a obrigação do empregador é uma só: devolver o emprego ao trabalhador. Não existe aqui, portanto, alternatividade. Logo, o pedido do trabalhador será único. A conversão da reintegração em indenização em dobro constitui ato-faculdade exclusivo do juiz, como se lê no art. 496, da CLT. Na prática, todavia, não se tem observado à risca essa regra legal, de tal modo que, muitas vezes, o autor postula, apenas, a indenização.

Cumprirá ao autor, enfim, sempre que for o caso, apresentar o pedido alternativo, incumbindo ao réu, já em sua resposta, especificar qual prestação deseja realizar. Excepcionalmente, permitir-se-á que o direito de escolha seja exercido na execução. De qualquer maneira, escolhida a prestação, a manifestação volitiva do réu será irretratável, salvo se, por motivos que não lhe possam ser irrogados, se tornar impossível a prestação eleita. Mesmo nesta hipótese, o devedor não perderá o direito de escolher uma nova prestação.

Se, por culpa do devedor, não se puder cumprir nenhuma das prestações, e não competindo ao credor a escolha, aquele ficará obrigado a pagar o valor da que por último se impossibilitou, mais as perdas e danos, se houver (Código Civil, art. 254).

Cabendo a escolha ao credor, e uma das prestações se tornar impossível por culpa do devedor, aquele terá direito de exigir ou a prestação subsistente ou o valor de outra, com perdas e danos (*ibidem*, art. 255). Se, por culpa ainda do devedor, nenhuma das prestações puder ser exigida, poderá o credor reclamar o valor de qualquer uma, sem prejuízo de indenização por perdas e danos (*idem*, *ibidem*).

Por fim, se todas as obrigações se tornarem inexequíveis, sem culpa do devedor, a obrigação ficará extinta (Código Civil, art. 256).

Art. 326. É lícito formular mais de um pedido em ordem subsidiária, a fim de que o juiz conheça do posterior, quando não acolher o anterior.

Parágrafo único. É lícito formular mais de um pedido, alternativamente, para que o juiz acolha um deles.

• **Comentário**

Caput. O autor pode formular mais de um pedido, em ordem subsidiária, a fim de que o juiz conheça do posterior, em não podendo acolher o anterior. É o que lhe faculta o art. 326, do atual digesto de processo civil. O CPC anterior aludia à formulação do pedido em ordem *sucessiva* (art. 289), expressão que nos parece mais apropriada do que "ordem *subsidiária*".

Visou o legislador, com isso, a evitar a multiplicação de demandas, fato que seguramente ocorreria se o autor não pudesse efetuar, no mesmo processo, pedidos em ordem subsidiária, porquanto teria de ajuizar tantas ações quantos fossem os pedidos que decorressem da mesma relação jurídica material. Nem se diga dos inconvenientes de ordem prática que esse procedimento acarretaria, a começar com as alegações de suposta litispendência. Além disso, ao ensejar a formulação de pedidos sucessivos, o legislador resguarda o direito do autor, que, sem essa subsidiariedade, poderia perecer.

Para que os pedidos possam ser formulados em caráter subsidiário, há necessidade de que a causa de pedir seja a mesma. Se a *causa petendi* for diversa, é evidente que os pedidos não só serão distintos como autônomos, independentes entre si, por não se encontrarem ligados por nenhum elemento comum. Tratar-se-ão, neste caso, daqueles pedidos acumulados, de que se ocupa o art. 327, do CPC, e sobre os quais nos pronunciaremos mais adiante.

A mesmeidade da causa de pedir figura, portanto, como um dos requisitos essenciais para a subsidiariedade de pedidos. Assim o é porque, em determinadas situações, o ordenamento legal permite que do mesmo fato provenham consequências jurídicas diversas, que, por sua vez, dão origem a pretensões também distintas. Insistamos, contudo, na observação de que inexiste, na ordem subsidiária, cumulação de pedidos, mas, simples ordem preferencial de formulação, de tal modo que somente um possa vir a ser acolhido, se for o caso. Na cumulação, a propósito, há heterogeneidade de causas de pedir; na sucessividade, há unicidade.

Podemos asseverar que, de certa forma, a faculdade que a lei atribui ao autor de formular pedidos subsidiários representa uma espécie de repercussão, no campo da petição inicial, do princípio da eventualidade, materializado no art. 300 do CPC de 1973, que tinha, na contestação, o seu terreno característico. É bem verdade que esse princípio traduzia um dever do réu, ao passo que a subsidiariedade dos pedidos é algo que emana da vontade do autor; logo, é uma sua faculdade. De qualquer modo, tanto na eventualidade quanto na subsidiariedade o que se procurou foi concentrar, num mesmo processo, todas as alegações ou pretensões que possam ser deduzidas em decorrência de uma causa de pedir única. A nosso ver, o art. 300 do CPC de 1973 foi recepcionado, tacitamente, pelo CPC de 2015.

Em doutrina, aliás, quando se examina o tema dos pedidos subsidiários costuma-se aludir a uma cumulação eventual (em contraposição à cumulação efetiva, de que cogita o art. 327, do CPC), precisamente para demonstrar que o pedido posterior é feito na eventualidade de o anterior não ser acolhido.

Atento a essa nota particular, o Direito português fala, com muita propriedade, em pedido *subsidiário*, ao referir o que é apresentado posteriormente — ao qual também se pode chamar de secundário. O atual CPC de nosso país inspirou-se, por suposto, no Direito lusitano.

Para que os pedidos possam ser apresentados em ordem subsidiária, não é bastante a já mencionada identidade de causa de pedir, conquanto esta seja um pressuposto fundamental: é indispensável que os pedidos sejam compatíveis entre si. É oportuno recordar que o projeto do Código de Processo Civil de 1973 trazia, no artigo 293, que regulava a matéria, um parágrafo único, do qual constava que se existisse contradição entre os pedidos o juiz consideraria prejudicado um deles; logo, o outro subsistiria. Essa disposição, embora movida por um objetivo didático, acabou sendo suprimida, com acerto, pois se a inicial contivesse pedidos inconciliáveis seria inepta, segundo o art. 295, parágrafo único, IV, daquele Código, cuja disciplina foi preservada pelo art. 330, § 1º, IV).

Os pedidos ditos subsidiários apresentam uma relação de caráter preferencial, entre si, motivo por que o juiz deve apreciar, inicialmente, o primeiro pedido, somente lhe sendo lícito dedicar-se ao exame do segundo se o anterior foi rejeitado. Destarte, praticará ato tumultuário dessa ordem lógica e preferencial o juiz que apreciar, por primeiro, o pedido posterior, ainda que o acolha. Ora, não podemos esquecer que o primeiro pedido é o mais importante para o autor, é a razão-de-ser de seu ingresso em juízo. O segundo só é por ele apresentado na eventualidade de o primeiro ser repelido. Tendo em vista essa particularidade, sentimo-nos em boa sombra para dizer que o primeiro pedido é o principal, sendo, o posterior, meramente secundário.

O processo do trabalho aceita, com amplitude, a formulação de pedidos em ordem subsidiária, nomeadamente em virtude da multiplicidade de direitos que o contrato de trabalho produz. Se, p. ex., o empregado ingressar em juízo alegando possuir estabilidade no emprego e haver sido despedido sem justa causa, poderá pedir, não apenas, a concernente reintegração (pedido principal), mas, de modo sucessivo (pedido secundário), a condenação do réu a pagar-lhe as parcelas derivantes da rescisão injusta do contrato, caso não se reconheça a existência da alegada estabilidade, mas fique comprovada a inexistência de falta grave, por parte do trabalhador. Perceba-se que se verifica, aqui, a mesma *causa petendi* (fatos essenciais, que dão origem à pretensão + fundamentos jurídicos do pedido). Não se trata, pois, de acumulação de pedidos, porquanto esta supõe a diversidade de causas de pedir; nem de pedido alternativo, porquanto, no exemplo citado, a obrigação só pode ser cumprida de uma forma, segundo se cuide de reintegração ou pagamento de valores devidos pela rescisão injusta do contrato de trabalho.

Em que pese ao fato de a subsidiariedade dizer respeito, quase sempre, às prestações a serem realizadas pelo réu (pedido mediato), nada obsta que se refira à própria natureza do provimento jurisdicional: postula-se, *v. g.*, uma sentença condenatória (pedido principal) e, na hipótese de ser negada, uma declaratória (pedido secundário).

O cotidiano forense tem demonstrado que, no processo do trabalho, mais do que no civil, os autores vêm fazendo largo uso da faculdade legal de formular pedidos em ordem subsidiária, cujo fato, como dissemos, provém da multiplicidade de direitos a que o contrato de trabalho dá origem e da quantidade de pretensões que a lesão desses direitos acarreta.

Como deve ter ficado patente, embora possam ser feitos, em ordem subsidiária, dois ou mais pedidos, somente um deles poderá ser acolhido, conquanto todos possam ser rejeitados. É óbvio que o juiz, tirante situações excepcionais, deverá apreciar esses pedidos no momento em que for redigir a sentença de mérito. Incidiria em manifesto erro de procedimento, por isso, se antes mesmo da instrução, ou liminarmente, viesse a eliminar um dos pedidos, a pretexto de que o outro não lhe parecia "procedente". A arbitrariedade judicial seria, aí, manifesta e censurável.

Sendo pressuposto medular da subsidiariedade de pedidos a *causa petendi*, isso significa que a instrução processual terá como objeto os mesmos fatos; se houver necessidade de a instrução ocupar-se com fatos distintos, é provável que se esteja diante não de pedidos subsidiários (CPC, art. 326), mas de pedidos acumulados (CPC, art. 327), ou de uma falsa subsidiariedade.

Cumpre-nos colocar em foco, nesta altura da exposição, um problema de extrema relevância prática. Enunciemo-lo sob a forma de indagação: se o juiz acolher o primeiro pedido (principal), ficará prejudicada a apreciação do segundo (secundário)?

Uma interpretação superficial do art. 326, do CPC, por certo nos levaria a concluir que sim, pois essa norma legal deixa transparecer que o juiz somente poderá apreciar o pedido posterior se o anterior for rejeitado.

Não nos parece ser essa, contudo, a inferência que melhor atenda aos princípios e ao próprio sistema processual. Para que a nossa opinião possa ser adequadamente compreendida, retomemos o exemplo do trabalhador que alega possuir estabilidade no emprego e haver sido despedido sem justa causa, pedindo, em razão disso: a) reintegração (pedido principal); ou b) condenação do réu ao pagamento das denominadas (impropriamente, diga-se) "verbas rescisórias" (pedido secundário), na hipótese de a pretensão anterior ser repelida. Muito bem. Se concluirmos que o acolhimento do pedido principal prejudicará o exame do secundário, que solução jurídica poderemos oferecer a esse trabalhador, na eventualidade de o tribunal, dando provimento ao recurso interposto pelo réu, rejeitar o pedido, por entender que o autor não possuía estabilidade no emprego, embora reconheça que foi despedido sem justa causa? Como poderia o tribunal, em tal situação, condenar o réu ao pagamento das verbas emanantes da ruptura do contrato, sem que o juízo de primeiro grau tenha se pronunciado a respeito? Ou, acaso, se pretende argumentar que o autor deveria ingressar com outra ação, na qual pediria, exclusivamente, o pagamento dessas verbas, porquanto esse pedido não teria sido alcançado pela coisa julgada material produzida pelo acórdão do tribunal, no julgamento da primeira demanda?

Demais, por força do princípio da exaustão, contido no art. 489, § 1º, IV, do CPC, ao juiz incumbe apreciar todos os argumentos apresentados pelos litigantes, capaz de, em tese, infirmar a decisão tomada pelo juiz. Desse modo, sem que, no exemplo em foco, o juiz examine, também, o segundo pedido (conquanto tenha acolhido o primeiro) esse princípio não terá sido atendido, o que equivale a afirmar, por outras palavras, a entrega da prestação jurisdicional não terá sido realizada integralmente. Nem se objete com o art. 1.013, § 1º, do CPC, a teor do qual na apelação o tribunal poderá apreciar e julgar as questões suscitadas e discutidas no processo, mesmo que a sentença não as tenha julgado, porquanto o segundo pedido (pagamento das verbas decorrentes da ruptura injusta do contrato) não pode ser considerado simples *questão*, apresentando-se, muito acima disso, como autêntico *objeto da pretensão* deduzida pelo autor, ainda que de modo sucessivo.

Mesmo que o juiz acolha o primeiro pedido, portanto, deverá pronunciar-se acerca do segundo (posterior). Não estamos a sustentar que o réu deva ser condenado nos dois pedidos, e, sim, que a sentença, apesar de haver acolhido o primeiro, deverá manifestar-se sobre o segundo, sem efeito condenatório, para tornar completa a prestação jurisdicional e para evitar os inconvenientes de ordem prática, que mencionamos há pouco.

Não hesitamos, inclusive, em afirmar que se o primeiro for acolhido, mas rejeitado o segundo, o autor terá interesse em recorrer da sentença, adesivamente (quanto a este último pedido), atento à eventualidade de o tribunal dar provimento ao recurso do réu, quanto ao primeiro pedido.

Parágrafo único. O autor poderá formular mais de um pedido, de modo alternativo, a fim de que o juiz, não acolhendo um deles, acolha o outro. Sobre os pedidos alternativos já nos manifestamos nos comentários ao art. 325.

Art. 327. É lícita a cumulação, em um único processo, contra o mesmo réu, de vários pedidos, ainda que entre eles não haja conexão.

§ 1º São requisitos de admissibilidade da cumulação que:

I — os pedidos sejam compatíveis entre si;

II — seja competente para conhecer deles o mesmo juízo;

III — seja adequado para todos os pedidos o tipo de procedimento.

§ 2º Quando, para cada pedido, corresponder tipo diverso de procedimento, será admitida a cumulação se o autor empregar o procedimento comum, sem prejuízo do emprego das técnicas processuais diferenciadas previstas nos procedimentos especiais a que se sujeitam um ou mais pedidos cumulados, que não forem incompatíveis com as disposições sobre o procedimento comum.

§ 3º O inciso I do § 1º não se aplica às cumulações de pedidos de que trata o art. 326.

• **Comentário**

Caput. Reproduziu-se o teor do art. 292 do CPC revogado.

Permite o processo civil que o autor cumule, num mesmo processo, diversos pedidos contra o réu, ainda que entre eles inexista conexão.

Essa regra é inteiramente aplicável ao processo do trabalho, em decorrência de sua finalidade de impedir a proliferação de demandas. Inexistente essa faculdade, o trabalhador teria de ajuizar diversas ações, perante o mesmo empregador, sempre que não houvesse conexão entre os pedidos, fato que geraria um transtorno generalizado: para o autor e para o réu, porque teriam de ir a juízo inúmeras vezes, a fim de participar das audiências concernentes a cada processo; e, também, para o juiz, que teria consideravelmente aumentada a sua carga de trabalho (mais audiências, mais sentenças, mais execuções etc.). A cumulação de pedidos, por isso, vem sendo largamente utilizada no processo do trabalho, com indiscutíveis benefícios de ordem prática para todos.

Talvez fosse melhor que o legislador tivesse utilizado o vocábulo *demandas*, no lugar de *pedidos*, pois, como está, fica difícil admitir a possibilidade de pensar-se em conexão (ou falta desta) entre os pedidos. Essa ideia chega a ser perturbadora dos princípios.

Pondo de parte esse aspecto aciorológico da norma, cumpre-nos salientar que a cumulação, de que se ocupa o art. 327, do CPC, é a *objetiva*, precisamente por dizer respeito aos pedidos; a cumulação *subjetiva* é característica dos regimes litisconsorciais, porquanto diz da aglutinação de partes em um dos polos da relação jurídica processual (litisconsórcio ativo ou passivo) ou em ambos (litisconsórcio misto).

A *cumulação de pedidos* não se confunde com o *pedido alternativo*, previsto no art. 325, do mesmo Código, pois, neste, embora haja mais de uma prestação a ser realizada, o cumprimento de uma só é suficiente para extinguir a obrigação, ao passo que, naquela, são várias as obrigações e várias as prestações. Ainda: o pedido dito alternativo é um só, pois deriva de obrigação *disjuntiva*; já a acumulação de pedidos, como a expressão indica, traduz uma reunião de pedidos, que emanam de obrigações distintas, motivo por que há diversas e heterogêneas prestações a serem efetuadas. A obrigação, aqui, é *conjuntiva*.

Não se confunde, também, a *cumulação de pedidos* com os *pedidos subsidiários*, a que alude o art. 326, CPC. Enquanto, naquela, como dissemos, há vários pedidos autônomos, provenientes de causas de pedir distintas, nestes o pedido é único, embora feito em ordem sucessiva, justamente por existir uma só *causa petendi*. Lá, todos os pedidos podem ser acolhidos (se for o caso); aqui, apenas um poderá sê-lo (seja o principal ou o secundário, de acordo com a terminologia que adotamos).

Acumulação de pedidos e *concurso de pedidos* são, também, coisas distintas. Na primeira situação, há dois ou mais pedidos independentes, provindo cada um, em regra, de causa de pedir específica, ou seja, distinta; na segunda, o pedido, em rigor, é um só, conquanto esteja fundado em mais de uma *causa petendi*. O trabalhador pode pedir, *e. g.*, reintegração, alegando possuir estabilidade prevista em norma legal e em cláusula de convenção coletiva de trabalho. O pedido, na espécie, é único: reintegração no emprego; são duas, contudo, as causas de pedir (fatos essenciais + fundamento jurídico do pedido): norma legal e convenção coletiva.

Afirmamos que a cumulação de pedidos é de natureza objetiva. E isso é certo. No campo dessa cumulação, todavia, podemos isolar, como espécies distintas, as cumulações: a) homogêneas; b) heterogêneas; c) independentes; d) dependentes.

a) Na cumulação objetiva *homogênea*, os pedidos se fundam no mesmo fato: o trabalhador presta serviços das 20h às 6h e pede: 1) horas extras e 2) adicional noturno; b) Na *heterogênea*, os fatos em que se baseiam os pedidos são diversos: identidade de funções (= equiparação salarial) e trabalho em local insalubre (= adicional de insalubridade). O que define, portanto, a homogeneidade ou a heterogeneidade dos pedidos, para efeito da classificação que apresentamos, são os fatos da causa, em que se apoiam; c) Na cumulação *independente* os pedidos guardam, entre si, autonomia ontológica, provindo, quase sempre, de causas de pedir diversas: despedida sem justa causa (= aviso-prévio, FGTS etc.) e prorrogação da jornada (= horas extras). d) Na *dependente*, ao contrário, a causa de pedir é, em geral, a mesma, e há uma dependência de um pedido, com relação a outro: reconhecimento da existência do alegado vínculo de emprego (pedido condicionante) e estabilidade no emprego (pedido condicionado). Não reconhecido o vínculo de emprego, no exemplo trazido à balha, ficará prejudicado o pedido atinente à estabilidade. O fato, aqui, é um só: prestação de serviços, em caráter subordinado, pessoal etc., durante o tempo previsto, digamos, em cláusula normativa.

Para que a cumulação objetiva de pedidos se torne possível, é indispensável que: a) estes sejam compatíveis entre si; b) seja competente para conhecer deles o mesmo juízo; c) seja adequado para todos os pedidos o tipo de procedimento (CPC, art. 327, I a III).

De modo geral, esses requisitos enumerados pelo processo civil não causam maiores embaraços ao processo do trabalho, em que: a) a compatibilidade entre os pedidos reunidos deriva da fonte obrigacional comum, de que soem decorrer: o contrato de trabalho; b) a competência do juízo se estabelece a partir dos conflitos oriundos da relação jurídica material entre as partes, sendo estabelecida por norma constitucional; c) os procedimentos são ordinário e sumariíssimo.

Um comentário indispensável: quando a CLT (art. 840, § 1º) e o CPC (art. 322) se referem ao pedido, estão, na verdade, a considerar o capítulo tipicamente postulatório da petição inicial, que sucede à *causa petendi* (e dela advém), e, não, a um só pedido, como se mais de um não fosse lícito formular. Ora, acabamos de ver que isso não somente é possível (CPC, art. 326), como o uso da cumulação de pedidos (demandas, para nós) deve ser estimulado, máxime no processo do trabalho, tendo em vista o efeito inibidor da dispersão (e da consequente proliferação) das demandas, que essa aglutinação enseja.

Ainda que o processo civil não autorizasse a cumulação de pedidos, o bom-senso haveria de fazer com que o processo do trabalho a admitisse, ou a inventasse, pelas razões já mencionadas, às quais se deve acrescer a simplicidade do procedimento e as exigências sociais e políticas de um máximo de atuação do direito com um mínimo de atividade jurisdicional. O que se requer é que os pedidos sejam feitos segundo uma sequência lógica, a fim de evitar que a resposta do réu, a instrução processual e a entrega da prestação jurisdicional sejam prejudicadas. Como orientação geral, os pedidos poderiam ser apresentados na mesma ordem em que os correspondentes fatos, de que se originam, foram narrados. A noção de ordem é essencial no universo do processo. A desordem é tumultuária do procedimento, sendo tanto mais grave quanto consentida ou praticada pelo próprio juiz.

A cumulação de pedidos, a despeito de constituir, na maioria das vezes, iniciativa do autor, pode ser requerida pelo réu, ou promovida pelo juiz, *ex officio*. Isso se verificará nos casos de conexão ou continência entre as demandas, de que falam os arts. 55 e 56, do CPC. A iniciativa do juiz, aqui, é facultativa, como se infere do verbo *poder*, usado na redação dessa norma legal. E profícuo rememorar que haverá conexão quando existir identidade de pedido ou de causa de pedir, entre duas ou mais ações (CPC, art. 55); continência, quando ocorrer identidade entre as partes e a *causa petendi*, mas o pedido de uma, por ser mais amplo, abarcar o da outra (CPC, art. 56).

§ 1º A norma legal estabelece, nos incisos I a III, os requisitos para a que haja cumulação de pedidos, num mesmo processo.

Inciso I. *Compatibilidade*. Significa que os pedidos devem ser juridicamente harmoniosos entre si. No caso de os pedidos serem inconciliáveis cumprirá ao juiz determinar que o autor opte por um deles, ou adote outra providência que a situação exigir. Se o autor não atender ao despacho (CPC, art. 321), a inicial deverá ser indeferida, por inepta (*ibidem*, parágrafo único e art. 330, § 1º, IV). O indeferimento da inicial, por implicar a extinção do processo (CPC, art. 485) sem resolução do mérito, é ato que se materializa por meio de sentença, não de mero despacho (CPC, art. 316).

Inciso II. A competência da Justiça do trabalho é definida pelo art. 114 da Constituição Federal e suplementada por normas infraconstitucionais. Para a cumulação não pedidos não é bastante que estes sejam compatíveis entre si: impõe-se que a Justiça do Trabalho (para cogitarmos apenas dela) seja materialmente competente para apreciá-los. Não será admissível a cumulação se, por exemplo, o autor pedir indenização por danos morais e indenização por acidente do trabalho: em relação a este último pedido a Justiça do Trabalho é destituída de competência (infelizmente).

Inciso III. Mesmo que os pedidos sejam compatíveis entre si, e a Justiça do Trabalho detenha competência para apreciá-los, nem por isso a cumulação desses pedidos estará legalmente autorizada, pois é necessário, ainda, que o procedimento seja adequado para todos eles.

§ 2º Se acontecer (de maneira excepcional, sem dúvida) de para cada pedido feito pelo trabalhador ou pelo empregador (quando este for autor) corresponder um procedimento, a acumulação será permitida se o autor optar pelo ordinário (CPC, art. 327, § 2º). Nada impede que, na falta de escolha, pelo autor, o próprio juiz do trabalho defina o procedimento a ser observado. Essa iniciativa judicial é indispensável, acima de tudo, para preservar os traços característicos deste procedimento. Nos casos em que o réu, *v. g.*, ingressa com ação de consignação e pagamento e o trabalhador reconvém, pode-se adotar o procedimento ordinário, fazendo com que desapareçam certas particularidades que a ação de consignação ostenta no processo civil.

§ 3º A exigência de que os pedidos sejam compatíveis entre si (art. 327, § 1º, I) não se aplica aos pedidos formulados em ordem subsidiária, de que trata o art. 326. Julgamos também que a norma não incida no caso de pedidos alternativos (art. 325)

Art. 328. Na obrigação indivisível com pluralidade de credores, aquele que não participou do processo receberá sua parte, deduzidas as despesas na proporção de seu crédito.

• **Comentário**

Diz-se que a obrigação é indivisível quando a prestação consiste em uma coisa ou fato não susceptíveis de divisão, por sua natureza, por motivo de ordem econômica ou em virtude da razão determinante do negócio jurídico (CC, art. 258).

Tratando-se de obrigação indivisível, com diversos credores, aquele que não fez parte do processo receberá a sua parte, depois de deduzidas as despesas na proporção do seu crédito.

A norma em foco diz respeito ao regime litisconsorcial do tipo facultativo-unitário, dada a indivisibilidade da obrigação.

Art. 329. O autor poderá:

I — até a citação, aditar ou alterar o pedido ou a causa de pedir, independentemente de consentimento do réu;

II — até o saneamento do processo, aditar ou alterar o pedido e a causa de pedir, com consentimento do réu, assegurado o contraditório mediante a possibilidade de manifestação deste no prazo mínimo de 15 (quinze) dias, facultado o requerimento de prova suplementar.

Parágrafo único. Aplica-se o disposto neste artigo à reconvenção e à respectiva causa de pedir.

• **Comentário**

Caput. A norma dispõe sobre o aditamento ou alteração do pedido ou da causa de pedir. Em termos diversos, os arts. 264 e 294 do CPC revogado regulavam a matéria.

Efetivamente, o art. 294 do CPC anterior permitia ao autor *aditar* o pedido *antes da citação*. Citado o réu, o autor somente poderia *modificar* a causa de pedir ou o pedido se com isso concordasse o réu (art. 264, *caput*). Todavia, a *alteração* da causa de pedir ou do pedido era vedada após o saneamento do processo (*ibidem*, parágrafo único).

O CPC atual modificou esse sistema, ao permitir o aditamento ou a alteração do pedido ou da *causa petendi*: a) *até a citação*, independentemente da anuência do réu; b) *até o despacho saneador*, desde que nisso o réu consinta, e a ele se assegure o contraditório mediante a possibilidade de manifestar-se no prazo mínimo de quinze dias, facultando-lhe, ainda, formular requerimento de produção de prova complementar.

Antes de nos pronunciarmos sobre a incidência, ou não, no processo do trabalho, dessa norma do CPC, devemos lançar algumas considerações acerca dos conceitos de aditamento e de alteração, para os efeitos do art. 329.

Aditamento e *modificação* não se confundem. Aquele representa o acréscimo quantitativo de pedidos, vale dizer, a inclusão, na mesma causa, de pedidos inicialmente omitidos; esta não implica a formulação de novos pedidos, senão que a modificação dos já existentes (ou da causa de pedir). Em alguns situações de modificação, o autor altera, apenas, a causa de pedir, sem repercussão no pedido: alegou, equivocadamente, que a insalubridade era em grau médio e pediu o grau máximo; corrigida a causa de pedir, para esclarecer que a insalubridade era em grau máximo, o pedido (de adicional) ficará inalterado; em outras, a modificação da *causa peten-*

di acarreta, inevitavelmente, a alteração do pedido: afirmou ser estável no emprego e postulou a reintegração; ao modificar a causa de pedir, para dizer que não era estável, passa a pleitear as verbas concernentes à ruptura injusta do contrato.

Inciso I. O aditamento e a alteração referidos podem ser realizados até o momento da citação, mesmo sem a concordância do réu.

Ao tempo em que estava a viger o CPC de 1973, sustentamos que o processo do trabalho deveria admitir o aditamento ou a alteração da causa de pedir ou do pedido: a) mesmo depois da citação do réu, e b) independentemente da concordância deste.

Questionávamos: que prejuízo haveria de tolerar-se, no processo do trabalho, um acréscimo de pedidos à inicial, sabendo-se que o réu deve oferecer a sua resposta (defesa) em audiência, sendo esta, no geral, realizada muitos meses depois de efetuada a citação? A não se admitir o aditamento, isso conduziria a uma situação burlesca, quase surrealista: o autor ajuizaria outra ação, na qual formularia os pedidos omitidos na primeira, e, como há, quase sempre, conexão entre ambas, requereria ao juiz a reunião dos autos pertinentes, com fulcro no art. 105, daquele CPC, fazendo com que, a partir daí, a instrução (oral, principalmente) e a sentença fossem, uma só. Por que não se consentir que ele acrescentasse à mesma inicial alguns pedidos, como providência destinada a evitar todos esses transtornos, inclusive para o juiz (que teria de se pronunciar a respeito do requerimento de reunião de autos) e para a secretaria do órgão (que deveria proceder a essa junção, se deferida, e dar ciência às partes)? A menor distância entre dois pontos, despeito de toda a evolução científica, continua sendo a reta.

Não estávamos, com estas considerações, a preconizar ou a estimular aditamentos indiscriminados e tumultuários do procedimento. Nossa preocupação nuclear era pôr de parte os arts. 264 e 294, do CPC de 1973, em face de sua inconciliabilidade com o procedimento trabalhista, que é simplificado (ou deveria ser). Afastada a incidência daquela norma forânea, como se deveria comportar o processo do trabalho?

Em primeiro lugar, sustentávamos, ser indispensável fixar-se um momento que funcionasse como limite máximo para que o aditamento pudesse ser realizado. Fornecia-nos esse momento, ainda que por via analógica ou oblíqua, o art. 841, *caput*, da CLT, segundo o qual a audiência deverá ser a primeira desimpedida, depois de cinco dias. Segue-se, que o aditamento poderia ser permitido sempre que fosse possível resguardar-se o direito do réu de ter, no mínimo, o prazo de cinco dias para responder à ação, contados da citação "complementar", pertinente ao acréscimo de pedidos. Esse prazo de cinco dias tem sido considerado como de preparação para a defesa, não só pela doutrina e pela jurisprudência, mas pela própria lei (Decreto-Lei n. 779/69, art. 1º, inciso II). Sugeríamos, em virtude disso, a sua adoção com vistas ao aditamento.

Não era tudo. Quando falávamos em aditamento estávamos a cogitar de pequenos acréscimos de pedidos: o trabalhador, despedido sem justa causa, postulou aviso-prévio, férias proporcionais e gratificação natalina, também proporcional, mas se esqueceu do FGTS. Este poderia ser objeto de aditamento, respeitadas as regras que alvitrávamos. O que não se deverá tolerar é um acréscimo substancial de pedidos, em número até mesmo superior ao constante da inicial, pois isso poderia ser produto de um meio artificioso, colocado em prática pelo autor, para criar dificuldades à defesa do réu — rememorando-se que este, talvez, só dispusesse de cinco dias para elaborá-la. Em situações como esta, ficaria reservado ao prudente arbítrio do juiz o deferimento, ou não, do acréscimo.

Nosso entendimento considerava, ainda, o *ius postulandi* que o art. 791, *caput*, da CLT atribui às partes, de tal ordem que a aplicação do rigor literal dos arts. 264 e 294, do estatuto processual civil, traduziria violência abominável a essa faculdade que os litigantes possuem, no processo do trabalho, de promoverem, pessoalmente, a defesa de seus direitos e interesses.

Ora, se, no passado, considerávamos algo rígidas, em face do processo do trabalho, as normas dos arts. 264 e 294 do CPC revogado, não podemos deixar de manifestar, agora, a mesma opinião em face do art. 329 do CPC atual.

Mantemos, por isso, o ponto de vista que sustentamos na vigência do CPC anterior: o processo do trabalho deve permitir a alteração ou o aditamento mencionados, mesmo depois da citação do réu, mas antes da apresentação defesa por parte deste, observando-se, para esse fim, o prazo mínimo previsto no art. 841 da CLT.

Inciso II. No processo do trabalho não há, em rigor, uma fase de saneamento. De qualquer forma, nossa opinião sobre o inciso II do art. 329 do CPC é a mesma que expendemos em relação ao inciso I dessa norma legal: o processo do trabalho deve permitir o aditamento ou alteração do pedido ou da causa de pedir mesmo depois da citação do réu, mas antes da apresentação defesa por parte deste, observando-se, para esse fim, o prazo mínimo previsto no art. 841 da CLT. Não é o caso, pois, de conceder-se ao réu o prazo de quinze dias, nem de cogitar-se de "requerimento de prova complementar".

Somente em situações extraordinárias é que se deverá fazer incidir no processo do trabalho o disposto nos incisos I e II, do art. 329 CPC.

Parágrafo único. O entendimento que manifestamos em relação ao *caput* do art. 329 também aplicamos no tocante à reconvenção. Não havia razão jurídica para o legislador da atualidade haver aludido à reconvenção "e à respectiva causa de pedir", pois quem diz reconvenção, diz tudo.

Seção III
Do Indeferimento da Petição Inicial

Art. 330. A petição inicial será indeferida quando:

I — for inepta;

II — a parte for manifestamente ilegítima;

III — o autor carecer de interesse processual;

IV — não atendidas as prescrições dos arts. 106 e 321.

§ 1º Considera-se inepta a petição inicial quando:

I — lhe faltar pedido ou causa de pedir;

II — o pedido for indeterminado, ressalvadas as hipóteses legais em que se permite o pedido genérico;

III — da narração dos fatos não decorrer logicamente a conclusão;

IV — contiver pedidos incompatíveis entre si.

§ 2º Nas ações que tenham por objeto a revisão de obrigação decorrente de empréstimo, de financiamento ou de alienação de bens, o autor terá de, sob pena de inépcia, discriminar na petição inicial, dentre as obrigações contratuais, aquelas que pretende controverter, além de quantificar o valor incontroverso do débito.

§ 3º Na hipótese do § 2º, o valor incontroverso deverá continuar a ser pago no tempo e modo contratados.

• **Comentário**

Caput. O tema constava do art. 295 do CPC revogado.

Quando alguém invoca a prestação da tutela jurisdicional do Estado é elementar que está pretendendo obter um provimento que lhe assegure um bem ou uma utilidade da vida. Isso corresponde a dizer, por outras palavras, que o autor visa, sempre, a um pronunciamento da jurisdição respeitante ao mérito da demanda. Analisado o assunto sob esse ângulo, surge logicamente a conclusão de que apenas os provimentos que examinassem o *meritum causae* deveriam receber a denominação de sentença, pois esta representa a resposta jurisdicional às pretensões formuladas pelo demandante (*res in ludicio deducta*).

O atual Código de Processo Civil, no entanto, conceitua como sentença "o pronunciamento por meio do qual o juiz, com fundamento nos arts. 485 e 487, põe fim à fase cognitiva do procedimento comum, bem como extingue a execução" (art. 203, § 1º).

Não raro, todavia, surgem certos "acidentes de percurso", que impedem o desenvolvimento do processo rumo à sentença de fundo, fazendo com que se finde prematuramente. A sentença, que assim o extingue, a doutrina de outrora, estribada na legislação da época, chamava de *terminativa* — terminologia que os estatutos processuais civis de 1973 e atual abandonaram. Fala-se, hoje, em sentença que resolve o mérito (antiga definitiva) e sentença que não o resolve (antiga terminativa). A CLT, pouco científica, continua a aludir a decisões terminativas e a decisões definitivas (art. 895, I e II).

Variações terminológicas ao largo, o fato é que o processo se extingue por modo *anormal* sempre que a sentença não aprecia o mérito da causa. Essa terminação anômala, mesmo assim, produz alguns efeitos, de caráter endoprocessual para os litigantes. Basta argumentar com o decurso do prazo para a interposição de recurso da sentença, que faz gerar a preclusão, por força da qual as partes ficam impedidas de discutir, novamente, a demanda, na mesma relação processual. A esse fenômeno a doutrina tem designado de "coisa julgada formal", em contraposição à material. A locução referida, embora consagrada, apresenta uma intransponível contradição entre os próprios termos pelos quais é enunciada. Com efeito, se o processo foi extinto *sem* pronunciamento acerca do mérito, não se pode dizer, sem falta contra a lógica, que houve *coisa julgada* (mesmo que "formal" ou "processual") — simplesmente porque a *res*, entendida como a *pretensão de natureza material*, que constitui objeto da lide, não foi julgada!

O que a sentença "terminativa" traz, implícita, é uma declaração de que, em decorrência de determinados empecilhos, a *res* não pôde ser *iudicata*, vale dizer, que a prestação da tutela jurisdicional, em sua mais pura expressão, foi frustrada por esses obstáculos fatais.

Investigada sob a óptica de sua natureza ou de seus efeitos, a sentença "terminativa" pode ser considerada declaratória-negativa, porque afirma a existência de óbices ao exame do mérito, e a impossibilidade de a tutela jurisdicional da *res in Iudicio deducta* ser efetivamente realizada. Nesta hipótese, não atua a regra estampada no art. 492, do CPC, que proíbe o juiz de emitir sentença de natureza diversa da pedida, pois o fato de o provimento ser de índole distinta da pleiteada pelo autor se deveu à singularidade de não se poder chegar ao exame do mérito.

A extinção do processo, sem resolução das questões de fundo da demanda (ou da lide), é algo que se dá, na generalidade dos casos, em detrimento dos interesses do autor, porquanto a ele, mais do que ao réu, convinha o prosseguimento do processo em direção ao seu ponto de culminância: a sentença de mérito. Já a extinção do processo com julgamento do mérito pode ocorrer em benefício ou em desfavor de qualquer dos litigantes, tudo dependendo da formação do convencimento jurídico do juiz acerca dos fatos da causa, das provas produzidas e do direito aplicável.

O indeferimento da petição inicial figura como uma das causas de extinção do processo sem resolução do mérito (CPC, arts. 485, I). O objetivo de nossos comentários faz com que nos detenhamos, exclusivamente, sobre essa causa.

A inicial será indeferida quando: a) for inepta; b) a parte for manifestamente ilegítima; c) o autor carecer de interesse processual; d) não atendidas as prescrições dos artigos 106 e 321, do CPC (art. 330, I a IV).

O CPC atual eliminou duas das causas arroladas no art. 295 do Código revogado, a saber: 1) quando o juiz verificasse, desde logo, a decadência ou a prescrição; 2) o tipo de procedimento escolhido pelo autor fosse inadequado.

A petição inicial somente será indeferida se o autor não atender ao despacho judicial de que trata o art. 321.

Inciso I. *Inépcia.* Tem-se por inepta a petição inicial quando: 1) lhe faltar o pedido ou a causa de pedir; 2) o pedido for indeterminado, exceto nos casos em que se permite a formulação de pedido genérico; 3) da narração dos fatos não decorrer, de maneira lógica, a conclusão; 4) contiver pedidos incompatíveis entre si.

O exame dessas causas de inépcia será realizado no ensejo dos comentários ao § 1º do art. 330.

Inciso II. *Ilegitimidade de parte.* Poderá ser motivo de indeferimento da petição inicial tanto a ilegitimidade para a causa (*ad causam*) quanto para o processo (*ad processum*), embora esta última seja de maior ocorrência, até mesmo porque pode ser verificada sem maiores dificuldades, ou seja, de plano. A investigação da legitimidade para a causa é, muitas vezes, complexa, exigindo, em certos casos, um indisfarçável lançar de olhos nos próprios pedidos formulados. Persistamos, contudo, neste ponto: a ilegitimidade para a causa, apesar das dificuldades de ordem prática, quanto a identificá-la num primeiro exame, também pode ensejar o indeferimento da petição inicial, desde que manifesta.

Preocupamo-nos em expor, desde logo, o nosso ponto de vista a respeito do assunto, tendo em conta o fato de que alguns autores sustentam somente ser possível o indeferimento da inicial se a ilegitimidade for *ad processum*. Ora, se observarmos, com a necessária atenção, o conteúdo do art. 330, do CPC, que se ocupa com o tema, veremos que ele refere a falta de interesse processual (inciso III), elemento que, no sistema do atual Código de Processo Civil, integra as condições da ação (arts. 17 e 485, VI). Sendo assim, não há nenhuma razão para imaginar-se que a única ilegitimidade capaz de autorizar o indeferimento da petição inicial seria a *ad processum*, sabendo-se que a *ad causam* integra o elenco das condições da ação.

Dita ilegitimidade, por outro lado, pode ser ativa ou passiva, contanto que evidente — convém reiterar. O que se deve considerar, a propósito, para os efeitos do art. 330, II, do CPC, como ilegitimidade manifesta? Assim há que ser entendida a que é patente, que salta aos olhos já no primeiro momento, que independe de investigações ou de reflexões aprofundadas.

A legitimidade *ad processum*, em regra, é do titular do direito (material) que se deseja ver judicialmente reconhecido ou protegido: é a pertinência subjetiva da lide, a que se refere a doutrina. Há situações, entretanto, em que a lei atribui legitimidade para invocar a prestação da tutela jurisdicional a quem não detém a titularidade do direito material: tem-se, aqui, uma legitimação extraordinária, a traduzir a figura da substituição processual.

Inciso III. *Falta de interesse processual.* A legislação e a doutrina do passado aludiam ao *interesse de agir.* Em termos gerais, podemos dizer que o interesse processual se encontra vinculado à necessidade que tem a parte de obter um provimento jurisdicional capaz de assegurar-lhe um bem ou uma utilidade da vida, ou à utilidade que, com vistas a esse objetivo, representa o pronunciamento da jurisdição.

É, precisamente, diante desse binômio necessidade/utilidade que deve ser avaliada a existência do interesse de atuar em juízo, seja ativa ou passivamente. A falta desse interesse torna o autor carecente da ação e conduz à extinção do processo sem julgamento do mérito, ou seja, das pretensões materiais por ele deduzidas.

Sempre afirmamos, em obras anteriores, que o interesse processual, em princípio, deve estar presente no momento em que a inical é posta em juízo. Todavia, há situações em que esse interesse pode ser aferido mais tarde. Mencionemos o caso em que o empregado invoca a prestação da tutela jurisdicional, com a finalidade de compelir o empregador a conceder-lhe férias, sem, contudo, haver-se esgotado o prazo concessivo, de que cuida o art. 134, *caput*, da CLT. Embora a inicial pudesse ser indeferida, liminarmente, com fulcro no art. 330, III, do CPC (pois se o empregado ainda não poderia exigir a concessão das férias, qual o seu interesse processual em demandar?), se esse indeferimento não ocorrer (talvez, por inadvertência do juízo) e vir a vencer-se o prazo para o empregador conceder as férias, sem que o faça, nascerá para o empregado, ainda que arrevesadamente, no curso da ação, o interesse processual.

De tal arte, se, ao proferir a sentença de mérito, o órgão jurisdicional cientificar-se de que as férias não foram concedidas, deverá condenar o empregador a fazê-lo.

Continuamos com essa opinião, por entendermos que a solução preconizada se ajusta, com absoluta perfeição, à simplicidade do processo do trabalho, à qual repugnam determinados princípios herméticos do processo civil. O que desejamos, agora, é efetuar um. indispensável esclarecimento, para que esse nosso entendimento não seja equivocadamente interpretado.

Em primeiro lugar, no exemplo há pouco citado, o órgão jurisdicional poderia indeferir, de plano, por sentença, a petição inicial, na medida que se o trabalhador não podia, ainda, exigir que as férias lhe fossem concedidas, estaria evidente a sua falta de interesse processual, vale dizer, a carência da ação, impondo-se, por isso, a extinção do processo sem apreciação do mérito. Na eventualidade, porém, de a inicial não ser indeferida e o período de concessão do gozo das férias esgotar-se durante a ação, aflorará o seu interesse em obter um pronunciamento jurisdicional sobre o pedido lançado na inicial. Em segundo, não será em todas as situações que o interesse processual sobreviverá ao ajuizamento da petição inicial. Nesta hipótese, a inicial deve ser indeferida, *in limine* ou na primeira oportunidade em que o juízo se der conta da falta do necessário processual para demandar. Exemplifiquemos com a ação em que o trabalhador, reconhecendo, na inicial, haver sido despedido sem justa causa, pleitear a denominada "rescisão indireta" do contrato (informando, ainda, que se afasta do serviço, conforme a faculdade que lhe atribui o art. 483, § 3º, da CLT). Qual a sua necessidade de obter, nesse caso, um provimento jurisdicional, se o contrato de trabalho, quando do ingresso em juízo, já se encontrava rompido, sem motivo justo, por parte do empregador?

O mesmo se diga no caso de o trabalhador pedir equiparação salarial a paradigma que recebe salários inferiores aos daquele.

Como escreveu Liebman, "Interesse processual ou interesse de agir existe quando há para o autor utilidade e necessidade de conseguir o recebimento do pedido, para obter, por esse meio, a satisfação do interesse (material) que ficou insatisfeito pela atitude de outra pessoa. E, pois, um interesse de segundo grau, porque consiste no interesse de propor o pedido, tal como foi proposto, para a tutela do interesse que encontrou resistência em outra pessoa, ou que, pelo menos, está ameaçado de encontrar essa resistência. Por isso, brota diretamente do conflito de interesses surgido entre as partes, quando uma delas procura vencer a resistência encontrada, apresentando ao juiz um pedido adequado. A existência do conflito de interesses fora do processo é a situação de fato que faz nascer no autor interesse de pedir ao juiz uma providência capaz de resolver. Se não existe o conflito ou se o pedido do autor não é adequado para resolvê-lo, o juiz deve recusar o exame do pedido como inútil, anti-econômico e dispersivo" (*Estudos sobre o processo civil brasileiro*. São Paulo: José Bushatsky, 1976. p. 125/126).

Inciso IV. *Arts. 106 e 321*. Embora o art. 330 faça alusão genérica ao art. 106, é necessário esclarecer que a petição inicial somente será indeferida no caso do o advogado *do autor* deixar de indicar, na petição inicial, o endereço em que receberá intimações. Nesta hipótese, conforme consta do § 1º do sobredito artigo, o juiz mandará o autor suprir a falta no prazo de cinco dias, "sob pena de indeferimento da petição". No tocante ao art. 321, o indeferimento dessa peça processual dar-se-á se o autor deixar de emendá-la ou completá-la, no prazo legal, a fim de serem preenchidos os requisitos dos arts. 319 e 320.

Decadência e prescrição. No sistema do CPC anterior, o art. 295 incluía no rol das causas que determinavam o indeferimento da petição a decadência ou a prescrição que fossem verificadas "desde logo" pelo juiz (IV).

O CPC atual preferiu deslocar essas causas para o art. 332, que cuida da inovadora "improcedência"(*sic*) liminar do pedido (§ 1º) e sobre o qual lançaremos comentários específicos no momento oportuno.

Procedimento inadequado. O art. 295 do CPC anterior previa o procedimento inadequado, escolhido pelo autor, como causa de indeferimento da petição inicial (V), com a ressalva de que a inicial não seria indeferida se a ação pudesse adaptar-se ao procedimento legal adequado (*ibidem*).

O CPC em vigor não manteve essa previsão.

§ 1º A norma especifica os casos em que a petição inicial será considerada inepta.

Inciso I. A causa de pedir e o consequente pedido constituem requisitos indispensáveis à validade da petição inicial. A petição apta, por sua vez, é pressuposto fundamental para o regular desenvolvimento do processo. A causa de pedir é formada pelos fatos essenciais da causa, mais os fundamentos jurídicos do pedido. O pedido é a razão de ser da demanda, o objeto da pretensão (geralmente de direito material) formulada pelo autor. A petição inicial sem pedido não é petição. Não basta, porém, que ela contenha pedidos; é necessário que faça a *especificação* desses pedidos, justamente para permitir verificar, mais tarde, se a entrega da prestação jurisdicional foi efetuada nos limites em que a demanda foi proposta (CPC, art. 141).

Inciso II. O pedido deve ser certo (art. 322) e determinado (art. 324). Dessa forma, em princípio, deverá ser liminarmente indeferida a petição inicial que contiver pedido indeterminado, exceto se era lícito ao autor formular pedido genérico.

Inciso III. O autor (e, também, o réu) deve narrar os fatos da causa (relevantes, portanto) de modo preciso, claro e conciso. *Fatos*, para esse efeito, são não somente os acontecimentos da vida, mas aqueles sucessos que se acham abstratamente previstos em lei (fatos jurídicos), cuja subsunção à regra de direito pertinente é tarefa que incumbe ao juiz. O *pedido*, como conclusão silogística, deve decorrer, logicamente, dos fatos alegados. A premissa maior são os fundamentos jurídicos; a menor, os fundamentos de fato; a conclusão, o pedido. Se o autor afirma que se demitiu do emprego, não fará sentido (= será ilógico) o seu pedido relativo ao aviso-prévio, que vier a formular. A desconformidade manifesta entre os fatos e os pedidos que deles decorrem configura a inépcia da petição inicial porque coloca em evidência a falta de senso lógico entre ambos.

Inciso IV. O autor pode formular, na mesma petição inicial, mais de um pedido, ainda que entre eles não haja conexão. O art. 327, do digesto processual civil, lhe faculta essa cumulação objetiva, que tem o mérito de evitar a proliferação de demandas, mediante a concentração de todas as pretensões materiais em uma só causa. Um dos requisitos essenciais para essa cumulação é, justamente, a compatibilidade dos pedidos, entre si (CPC, *ibidem*, § 1º, inciso I). Os demais requisitos são a competência do juízo e a adequação do procedimento (incisos II e III). Não pode o autor alegar, p. ex., a um só tempo, que era estável no emprego e que não o era, cumulando os pedidos de reintegração e de pagamento de aviso-prévio etc. O que lhe será lícito fazer, em situações como a descrita, é formular pedidos em ordem sucessiva, de tal modo que se o juiz rejeitar o primeiro, poderá apreciar o segundo.

§ 2º A Justiça do Trabalho não possui competência para apreciar conflitos de interesses que tenham por objeto a revisão de obrigação oriunda de empréstimo, financiamento ou alienação de bens.

§ 3º Não há competência da Justiça do Trabalho, conforme asseveramos no parágrafo anterior, ao que o atual se liga.

Art. 331. Indeferida a petição inicial, o autor poderá apelar, facultado ao juiz, no prazo de 5 (cinco) dias, retratar-se.

§ 1º Se não houver retratação, o juiz mandará citar o réu para responder ao recurso.

§ 2º Sendo a sentença reformada pelo tribunal, o prazo para a contestação começará a correr da intimação do retorno dos autos, observado o disposto no art. 334.

§ 3º Não interposta a apelação, o réu será intimado do trânsito em julgado da sentença.

• **Comentário**

Caput. A regra estava no art. 296 do CPC revogado.

Antes de investigarmos se a sentença extintiva do processo, em decorrência do indeferimento da petição inicial, é recorrível no processo do trabalho devemos fazer um comentário algo correlato.

O fato de o juiz receber uma petição inicial, que eventualmente devesse ser indeferida, não tem efeito preclusivo para o réu, que, por isso, poderá denunciar a irregularidade dessa peça em outro momento, seja antes ou depois da citação ter sido realizada. Como sabemos, no processo do trabalho, em regra, o juiz não despacha a inicial, para efeito de ordenar a citação do réu; ainda que, em situação particular, a despachasse, o seu ato não teria efeito preclusivo para o réu, por ser mero despacho (logo, ordinatório), e, não, decisão interlocutória.

O ato pelo qual o juiz de primeiro grau indefere a petição inicial traduz sentença, porquanto dotado de aptidão para extinguir o processo, ainda que sem resolução do mérito (CPC, art. 485); sendo assim, ela pode ser impugnada por meio de recurso ordinário (CLT, art. 895, I).

Sendo a inicial indeferida pelo relator — porque a competência para apreciar a causa é do tribunal, como ocorre na ação rescisória e em alguns casos de mandado de segurança — dessa decisão monocrática os regimentos internos, de modo geral, preveem a interposição de agravo regimental.

Indeferida a petição inicial, o autor poderá apelar (recorrer ordinariamente, no processo do trabalho), sendo facultado ao juiz, no prazo de cinco dias, reformar a decisão, ou seja, retratar-se.

Algumas nótulas a respeito dessa norma legal são necessárias:

a) a possibilidade de o juiz reformar a sua decisão não se aplica no caso de o recurso haver sido interposto de sentença *que examinou o mérito*, uma vez que, quanto a esta, segue imperando a regra do art. 494, do CPC;

b) a simpleza e o caráter vanguardeiro do processo do trabalho autorizam a conferir uma interpretação ampliativa do *caput* do art. 486, do CPC, de modo a permitir que o juiz possa *desfazer* todo e qualquer ato extintivo do processo *sem* resolução do mérito, não se justificando, assim, que essa possibilidade fique circunscrita às sentenças indeferidoras de iniciais;

c) o prazo de cinco dias, para que o juiz reveja a sentença de indeferimento da inicial (CPC, art. 331, *caput*), não deve ser interpretado como peremptório; sendo assim, pensamos que, no processo do trabalho, possa o magistrado, em situações especiais, anular a sentença anterior mesmo *depois* de esgotado esse prazo. De qualquer modo, a "reforma" da sentença, dentro ou fora do prazo legal, constitui faculdade do juiz, como evidencia o texto do art. 331, do CPC. Isso corresponde a asseverar, por outro lado, que se o juiz mantiver a sentença, dessa decisão, por ser interlocutória, não caberá recurso (CLT, art. 893, § 1º).

Convém repetirmos: o juiz ou o relator somente estarão legalmente autorizados a indeferir a petição inicial se o autor deixar de cumprir o despacho previsto no art. 321.

§ 1º Se o juiz não reformar a sentença, mandará processar o recurso ordinário e citar o réu para oferecer resposta, portanto, para contra-arrazoar o recurso.

Uma nótula complementar: embora a norma legal em exame aluda à citação do réu, este não poderá apresentar contestação à inicial. A citação será, exclusivamente, para que ofereça contrarrazões ao recurso ordinário. Se o tribunal der provimento ao recurso, e o acórdão transitar em julgado, os autos retornarão ao juízo de primeiro grau, que deverá intimar o réu para apresentar defesa, seja em audiência, seja em prazo preestabelecido.

Ao tribunal, portanto, será vedado examinar o mérito da causa, mesmo nos casos previstos no art. 330 do CPC. A rejeição liminar da demanda, de que cuida a precitada norma legal, é ato da competência do juízo de primeiro grau. Admitir que o tribunal pudesse fazê-lo seria, ao menos no sistema do processo do trabalho, impedir que réu pudesse exercer o direito ao contraditório e à ampla defesa, até porque, não se tratando de competência originária do tribunal, o réu somente poderia dispor da visa estreita do recurso de revista para impugnar o acórdão regional.

Assim, caberia ao juiz de primeiro grau, quando fosse o caso, indeferir a petição inicial (CPC, art. 330) ou rejeitar liminarmente a demanda (art. 332). Não poderia ele deixar de indeferir a inicial (quando isso fosse necessário) para rejeitar, *in limine,* a demanda. Se o autor ou o réu fossem parte ilegítima, como poderia o magistrado fechar os olhos para a falta dessa condição da ação e rejeitar, de plano, a demanda?

§ 2º No caso de o tribunal reformar a sentença, o prazo para a contestação passará a fluir da intimação do réu quanto ao retorno dos autos ao juízo de primeiro grau. Caberá ao juiz designar audiência de conciliação ou de mediação, nos termos do art. 334 do CPC. No processo do trabalho, a audiência deverá ser designada no prazo mínimo de cinco dias, e o réu ser intimado no mesmo prazo (CLT, art. 841, *caput*).

§ 3º Não sendo interposto recurso ordinário (no processo do trabalho), o réu será intimado do trânsito em julgado da sentença.

CAPÍTULO III

DA IMPROCEDÊNCIA LIMINAR DO PEDIDO

Art. 332. Nas causas que dispensem a fase instrutória, o juiz, independentemente da citação do réu, julgará liminarmente improcedente o pedido que contrariar:

I — enunciado de súmula do Supremo Tribunal Federal ou do Superior Tribunal de Justiça;

II — acórdão proferido pelo Supremo Tribunal Federal ou pelo Superior Tribunal de Justiça em julgamento de recursos repetitivos;

III — entendimento firmado em incidente de resolução de demandas repetitivas ou de assunção de competência;

IV — enunciado de súmula de tribunal de justiça sobre direito local.

§ 1º O juiz também poderá julgar liminarmente improcedente o pedido se verificar, desde logo, a ocorrência de decadência ou de prescrição.

§ 2º Não interposta a apelação, o réu será intimado do trânsito em julgado da sentença, nos termos do art. 241.

§ 3º Interposta a apelação, o juiz poderá retratar-se em 5 (cinco) dias.

§ 4º Se houver retratação, o juiz determinará o prosseguimento do processo, com a citação do réu, e, se não houver retratação, determinará a citação do réu para apresentar contrarrazões, no prazo de 15 (quinze) dias.

Art. 332

• **Comentário**

Caput. O art. 285-A, do CPC revogado, tratava de assunto algo correlato.

O *caput* do art. 332 do CPC atual também se ocupa de situações que autorizam a rejeição liminar do pedido. A diferença em relação ao art. 330 está em que, no caso deste último, o indeferimento da petição inicial implicará extinção do processo *sem* resolução do mérito (art. 485, I), ao passo que nas situações previstas no art. 332 a extinção, ao contrário, dar-se-á com resolução do mérito (CPC, art. 487) — daí, a razão de o legislador haver atribuído ao Capítulo em que se contém o art. 332 de "improcedência liminar do pedido". Conquanto a legislação, a doutrina e a jurisprudência tenham manifestado apego, gosto pela utilização da expressão "improcedência da ação", "improcedência do pedido" etc., expressões que tais deveriam ser evitadas, por serem, a nosso ver, inadequadas. O verbo *proceder* significa *ter como ponto de partida, vir, provir de algum lugar*. Ora, o pedido provém da inicial; logo, não se pode dizer que seja "improcedente". Se o juiz entende que o autor não possui o direito alegado, deverá *rejeitá-lo*, e não, julgá-lo "improcedente". Como bem observa o art. 490 do próprio CPC, "O juiz resolverá o mérito **acolhendo ou rejeitando**, no todo ou em parte, os pedidos formulados pelas partes" (destacamos).

Se o juiz tiver diante de si um caso em que se justifique: a) o indeferimento liminar da petição inicial e b) a rejeição liminar do pedido, não poderá optar por esta última, especialmente, nos casos de ilegitimidade de parte e de falta de interesse processual. Assim, cumprir-lhe-á indeferir a petição inicial (art. 330, II e III). Se o autor interpuser recurso ordinário da sentença, o juiz poderá reconsiderar a sua decisão — o que significa dizer, em termos práticos, que revogará a sentença. Não reconsiderando a decisão, o juiz mandará citar o réu para oferecer contrarrazões.

Para que o juiz possa rejeitar, de plano, o pedido formulado pelo autor, é imprescindível que a causa dispense a fase instrutória, vale dizer, esteja em condições de ser julgada desde logo.

Como se cuida de pronunciamento sobre o mérito, colocamos em dúvida a possibilidade de o art. 332 do CPC ser aplicado ao processo do trabalho, sem que se tente, antes da rejeição do pedido, a conciliação. Cabe lembrar a declaração inscrita no art. 764 da CLT, de que "Os dissídios individuais ou coletivos submetidos à apreciação da Justiça do Trabalho serão sempre sujeitos à conciliação". Só em casos excepcionais, como quando o processo extinguir-se sem exame do mérito, ou o pedido for juridicamente impossível, é que se poderá deixar de tentar conduzir as partes a uma solução negociada, consensual do litígio. Destarte, quando o juiz do trabalho tiver diante de si uma situação que se conforme à previsão do art. 330 do CPC, deverá designar audiência, visando à conciliação; somente se esta restar frustrada é que ele deverá, por sentença, rejeitar *in limine* o pedido.

Inciso I. *Enunciado da Súmula do STF*. Se o pedido formulado pelo autor estiver em confronto com Súmula do Supremo Tribunal Federal ou do Superior Tribunal de Justiça, o magistrado poderá rejeitar, liminarmente, o pedido, vale dizer, sem citar o réu. Entendemos que, no processo do trabalho, essa norma poderá ser aplicada também no caso de o pedido contrariar Súmula do TST. Não há razão jurídica para excluir-se o TST dessa política de imposição da preeminência da jurisprudência dos Tribunais Superiores.

Inciso II. O pedido será rejeitado, de plano, quando contrariar acórdão do STF ou do STJ, proferido em julgamento de recursos repetitivos. O mesmo se afirme em relação a acórdão do TST. A propósito, ao dispor que "A decisão firmada em recurso repetitivo não será aplicada aos casos em que se demonstrar que a situação de fato ou de direito é distinta das presentes no processo julgado sob o rito dos recursos repetitivos", o art. 896-C, § 16, da CLT, permite entrever que se, ao contrário, a situação factual e jurídica de outros casos *for idêntica* à revelada no julgamento do recurso repetitivo, a decisão aqui proferida será aplicada àqueles casos.

Inciso III. Rejeição liminar do pedido também haverá se este contrariar entendimento firmado em incidente de resolução de demandas repetitivas ou de assunção de competência. O mencionado incidente é regido pelos arts. 976 a 987; a assunção de competência, pelo art. 947.

Inciso IV. Merecerá rejeição de plano, igualmente, o pedido que contrastar com enunciado da Súmula de Tribunal de Justiça sobre direito local.

§ 1º A decadência e a prescrição, quando ocorrentes, também autorizam o juiz a rejeitar, *in limine*, o pedido. Como essa rejeição é feita independentemente de citação do réu, isso significa que o juiz pode conhecer *ex officio* dessas matérias. Essa disposição não estaria em antagonismo com a do art. 141, segundo a qual "*O juiz decidirá o mérito nos limites propostos pelas partes, sendo-lhe vedado conhecer de questões não suscitadas a cujo respeito a lei exige iniciativa da parte*"? Afinal, no caso do § 1º, art. 332 o réu nada alegou quanto à prescrição e à decadência. Respondendo: como, no sistema do processo civil, a prescrição foi elevada à categoria de matérias de ordem pública (*status* que já era ostentado pela decadência), o juiz pode dela conhecer por sua iniciativa. Nesse tema não incide, portanto, a proibição contida no art. 141. Se, todavia, vier a entender-se que o juiz do trabalho não pode se manifestar, *ex officio*, sobre a prescrição não podemos deixar de concluir que haveria, aqui, um contraste do art. 141 do CPC com o art. 332, § 1º, do mesmo Código, sob a perspectiva do processo do trabalho.

§ 2º Se o autor não recorrer da sentença que rejeitou *in limine* a demanda, o réu será intimado do trânsito em julgado desse pronunciamento jurisdicional. Como o *caput* do art. 332 permite esse indeferimento "independentemente da citação do réu", poderá ocorrer de este somente vir a tomar conhecimento da ação ajuizada quando for intimado do trânsito em julgado da sentença.

Aplicado o § 2º ao processo do trabalho, teríamos que levar em consideração a especificidade deste.

Código de Processo Civil   Art. 333

Assim: a) se houvesse um só pedido, e este incorresse em uma das situações previstas nos incisos I a IV, e também no § 1º, do art. 330, o ato pelo qual o juiz o rejeitasse, liminarmente, constituiria *sentença* (CPC, art. 316), sendo, por isso, impugnável por meio de recurso ordinário (CLT, art. 895); b) se a inicial contivesse diversos pedidos, mas apenas um ou alguns deles se amoldassem aos incisos I a IV, e ao § 1º do art. 330, o ato pelo qual o juiz os rejeitasse traduziria *decisão interlocutória*, não sendo passível, e decorrência disso, de impugnação imediata, mas, apenas, quando da emissão da sentença que solucionasse a lide (CLT, art. 893, § 1º).

Conquanto seja razoável admitir-se que, em princípio, o réu não possui interesse processual em recorrer (ordinariamente) da sentença que rejeitou, *in limine*, o único pedido formulado pelo autor, não se lhe pode recusar o reconhecimento da presença desse interesse, em certos casos, para efeito de oferecer embargos de declaração, como quando a sentença apresentar-se omissa, contraditória ou obscura. Dir-se-á, talvez, que como ele somente tomará ciência da ação quando do sua intimação do *trânsito em julgado* da sentença que rejeitou, de plano, o pedido, já não disporá de prazo para oferecer embargos declaratórios. Nada mais equivocado. O trânsito em julgado somente se opera, no caso em exame, *para o autor*. Destarte, o réu será intimado do trânsito em julgado da sentença, oportunidade em que poderá ingressar com embargos de declaração, pois seria juridicamente desarrazoado qualquer argumento de que essa possibilidade estaria preclusa para ele.

§ 3º Se o autor recorrer da sentença que rejeitou liminarmente o pedido, o juiz poderá retratar-se no prazo de cinco dias.

§ 4º Havendo retratação, o juiz determinará o prosseguimento do processo, citando o réu. Não havendo retratação, fará citar o réu para apresentar contrarrazões. O prazo para isso, no processo civil, será de quinze dias; no do trabalho, de oito dias.

Não nos parece que o tribunal, provendo o recurso do autor, possa apreciar os pedidos formulados na inicial. Fazê-lo seria violar, em relação ao réu, as garantias constitucionais do contraditório e da ampla defesa — pois o réu, no caso, nem sequer teria tido oportunidade para apresentar contestação à inicial. Em suas contrarrazões ele teria, quando muito, sustentado que a sentença andou bem ao entender configurada uma das situações previstas nos incisos I a III do art. 332. As contrarrazões, entrementes, nem por antonomásia podem ser havidas como substitutas da contestação. Desse modo, o tribunal, se der provimento ao recurso do autor, deverá limitar-se a afastar a causa que levou o juízo de primeiro grau a rejeitar, de plano, a demanda. Transitado em julgado o acórdão, os autos retornarão ao juízo de primeiro grau, que intimará o réu para apresentar contestação, sendo certo que esse juízo monocrático deverá julgar o mérito sem possibilidade de invocar (novamente) uma das situações previstas nos incisos I a III do art 332 CPC, que haviam sido reconhecidas pela sentença cassada pelo tribunal.

CAPÍTULO IV
DA CONVERSÃO DA AÇÃO INDIVIDUAL EM AÇÃO COLETIVA

Art. 333. (VETADO).

Dispunha o texto vetado:

Art. 333. Atendidos os pressupostos da relevância social e da dificuldade de formação do litisconsórcio, o juiz, a requerimento do Ministério Público ou da Defensoria Pública, ouvido o autor, poderá converter em coletiva a ação individual que veicule pedido que:

I — tenha alcance coletivo, em razão da tutela de bem jurídico difuso ou coletivo, assim entendidos aqueles definidos pelo art. 81, parágrafo único, incisos I e II, da Lei n. 8.078, de 11 de setembro de 1990 (Código de Defesa do Consumidor), e cuja ofensa afete, a um só tempo, as esferas jurídicas do indivíduo e da coletividade;

II — tenha por objetivo a solução de conflito de interesse relativo a uma mesma relação jurídica plurilateral, cuja solução, por sua natureza ou por disposição de lei, deva ser necessariamente uniforme, assegurando-se tratamento isonômico para todos os membros do grupo.

§ 1º Além do Ministério Público e da Defensoria Pública, podem requerer a conversão os legitimados referidos no art. 5º da Lei n. 7.347, de 24 de julho de 1985, e no art. 82 da Lei n. 8.078, de 11 de setembro de 1990 (Código de Defesa do Consumidor).

§ 2º A conversão não pode implicar a formação de processo coletivo para a tutela de direitos individuais homogêneos.

§ 3º Não se admite a conversão, ainda, se:

I — já iniciada, no processo individual, a audiência de instrução e julgamento; ou

II — houver processo coletivo pendente com o mesmo objeto; ou

III — o juízo não tiver competência para o processo coletivo que seria formado.

§ 4º Determinada a conversão, o juiz intimará o autor do requerimento para que, no prazo fixado, adite ou emende a petição inicial, para adaptá-la à tutela coletiva.

§ 5º Havendo aditamento ou emenda da petição inicial, o juiz determinará a intimação do réu para, querendo, manifestar-se no prazo de 15 (quinze) dias.

§ 6º O autor originário da ação individual atuará na condição de litisconsorte unitário do legitimado para condução do processo coletivo.

§ 7º O autor originário não é responsável por nenhuma despesa processual decorrente da conversão do processo individual em coletivo.

§ 8º Após a conversão, observar-se-ão as regras do processo coletivo.

§ 9º A conversão poderá ocorrer mesmo que o autor tenha cumulado pedido de natureza estritamente individual, hipótese em que o processamento desse pedido dar-se-á em autos apartados.

§ 10. O Ministério Público deverá ser ouvido sobre o requerimento previsto no *caput*, salvo quando ele próprio o houver formulado.

CAPÍTULO V

DA AUDIÊNCIA DE CONCILIAÇÃO OU DE MEDIAÇÃO

Art. 334. Se a petição inicial preencher os requisitos essenciais e não for o caso de improcedência liminar do pedido, o juiz designará audiência de conciliação ou de mediação com antecedência mínima de 30 (trinta) dias, devendo ser citado o réu com pelo menos 20 (vinte) dias de antecedência.

§ 1º O conciliador ou mediador, onde houver, atuará necessariamente na audiência de conciliação ou de mediação, observando o disposto neste Código, bem como as disposições da lei de organização judiciária.

§ 2º Poderá haver mais de uma sessão destinada à conciliação e à mediação, não podendo exceder a 2 (dois) meses da data de realização da primeira sessão, desde que necessárias à composição das partes.

§ 3º A intimação do autor para a audiência será feita na pessoa de seu advogado.

§ 4º A audiência não será realizada:

I — se ambas as partes manifestarem, expressamente, desinteresse na composição consensual;

II — quando não se admitir a autocomposição.

§ 5º O autor deverá indicar, na petição inicial, seu desinteresse na autocomposição, e o réu deverá fazê-lo, por petição, apresentada com 10 (dez) dias de antecedência, contados da data da audiência.

§ 6º Havendo litisconsórcio, o desinteresse na realização da audiência deve ser manifestado por todos os litisconsortes.

§ 7º A audiência de conciliação ou de mediação pode realizar-se por meio eletrônico, nos termos da lei.

§ 8º O não comparecimento injustificado do autor ou do réu à audiência de conciliação é considerado ato atentatório à dignidade da justiça e será sancionado com multa de até dois por cento da vantagem econômica pretendida ou do valor da causa, revertida em favor da União ou do Estado.

Código de Processo Civil — Art. 334

§ 9º As partes devem estar acompanhadas por seus advogados ou defensores públicos.

§ 10. A parte poderá constituir representante, por meio de procuração específica, com poderes para negociar e transigir.

§ 11. A autocomposição obtida será reduzida a termo e homologada por sentença.

§ 12. A pauta das audiências de conciliação ou de mediação será organizada de modo a respeitar o intervalo mínimo de 20 (vinte) minutos entre o início de uma e o início da seguinte.

Uma nótula específica sobre a conciliação

A conciliação constitui um ato humano, que remonta a milênios. Se é certo que o espírito de beligerância figura como uma das características dos seres humanos, não menos verdadeiro é que a conciliação acabou sendo adotada como forma de dar fim a essa animosidade dos espíritos, a esse estado de conflitualidade.

Na Grécia, por exemplo, havia os *Irenoficiali*, que eram incumbidos e apaziguar os litigantes, lembrando-se que o vocábulo *Irene*, na língua helênica, significa a paz obtida pela razão, não pela força. O poema épico, *Ilíada*, de Homero, nos mostra alguns episódios em que as disputas entre os guerreiros gregos cessava em decorrência de conciliação. Na Odisseia temos Areta, esposa de Alcínoo, rei dos feácios, também solucionando as disputas travadas entre os seus súditos.

Na Roma antiga a conciliação teve, também, um lugar de destaque. Tanto isto é certo, que se chegou a erigir, nas proximidades do Fórum, um templo dedicado à Deusa *Concórdia* — personificação latina da harmonia, da paz, entre os cidadãos romanos. A primeira construção foi feita por Camilo em 367, a.C. A deusa Concórdia era invocada nas festas familiares da Caristia, e, em 1º de abril, pelas mulheres casadas junto de Fortuna e Vênus. No período Imperial, a Concórdia Augusta era cultuada com a protetora da harmonia, notadamente matrimonial, da casa do Imperador. Os *Feciali*, por sua vez, eram sacerdotes encarregados de controlar a fúria popular; ademais, sem o consentimento dos *Feciali*, o imperador não poderia declarar guerra ou efetuar a paz com outros povos. É interessante observar, todavia, que durante o governo de Calígula a conciliação foi desestimulada; havia uma razão de ordem econômica para isso: é que, como Roma enfrentava dificuldades financeiras, foi estabelecido um imposto de 40% sobre o valor das ações judiciais, a ser recolhido para os cofres públicos. Sob esta perspectiva, a conciliação conspirava contra o objetivo do governo romano, sendo, por isso, até mesmo considerada, nesse período, como uma fraude aos cofres públicos. Com a adoção do cristianismo, Roma voltou a estimular a conciliação. Os imperadores cristãos reconheceram o direito dos bispos agirem como conciliadores nas controvérsias de natureza civil existentes entre os fiéis.

Um dos primeiros países a instituir a conciliação oficial foi a Holanda. Posteriormente, a Revolução Francesa de 1789, inspirada na legislação holandesa, edita, por meio da Assembleia Constituinte, um Decreto, em 16 de agosto de 1790, instituindo a conciliação e os juízes de paz (*juges de paix*). A Constituição Francesa de 1791 assim dispôs, no Capítulo V, art. 6º: "Os Tribunais ordinários não podem receber nenhuma ação civil, sem que lhes seja certificado que as partes compareceram, ou que o demandante fez citar a parte adversa, perante os mediadores para tentar a conciliação".

A conciliação também foi adotada pelo direito luso-brasileiro.

As Ordenações reinóis Filipinas (1595) estabeleciam: "E no começo da demanda dirá o juiz a ambas as partes, que antes que façam despesas, e se sigam entre eles os ódios e dissensões, se devem concordar, e não gastar suas fazendas por seguirem suas vontades, porque o vencimento da causa sempre é duvidoso. E isto, que dissemos, de reduzirem as partes a concórdia, não he de necessidade, mas somente de honestidade nos casos, em que o bem puderem fazer" (Livro 3, Título XX, § 1º).

A Constituição Política do Império do Brasil, jurada a 25 de março de 1824 (cerca de três anos depois de a corte portuguesa haver deixado o nosso País, retornando a Lisboa), dispunha, em seu art. 161: "*Sem se fazer constar, que se tem intentado o meio da reconciliação, não se começará Processo algum*" (destacamos). E constava do art. 162: "Para este fim haverá Juizes de Paz, os quaes serão electivos pelo mesmo tempo, e maneira, por que se elegem os Vereadores das Camaras. Suas attribuições, e Districtos serão regulados por Lei" (mantivemos a grafia da época).

O famoso Regulamento Imperial n. 737, de 25 de novembro de 1850, também dispunha: "Art. 23. Nenhuma causa commercial será proposta em Juizo contencioso, sem que préviamente se tenham tentado o meio da conciliação, ou por acto judicial, ou por comparecimento voluntario das partes" (preservamos a grafia da época). A Consolidação das Leis do Processo Civil, elaborada pelo Conselheiro Antonio Joaquim Ribas, estabelecia no art. 185: "Em regra nenhum processo pode começar sem que se faça constar que se tem intentado o meio conciliatório perante o Juiz de Paz".

É certo, porém, que, proclamada a República, o Governo Provisório editou o Decreto n. 359, de 26 de abril de 1890, cujo art. 1º estatuía: "É abolida a conciliação como formalidade preliminar ou essencial para serem intentadas ou prosseguirem as ações civis e comerciais". Essa regra foi reproduzida pelo Decreto n. 763, de 19 de setembro de 1890. Tais decretos decorreram do entendimento de que a conciliação

Art. 334

não se harmonizava com a liberdade de atuação dos direitos e interesses individuais e de que a experiência demonstrara a pouca utilidade das tentativas de conciliação. Esclareça-se que essa conciliação era extrajudicial. A "Constituição da República dos Estados Unidos do Brazil", promulgada a 24 de fevereiro de 1891, no entanto, permitia aos Estados-membros legislar sobre matéria processual (a competência para legislar sobre direito processual *federal* era privativa do Congresso Nacional: art. 34, item 23). Em razão disso, alguns códigos estaduais previram a conciliação, ainda que de maneira facultativa.

O Código de Processo Civil de 1939 (Decreto-Lei n. 1.608, de 18 de setembro) nada dispôs acerca da conciliação.

A CLT (Decreto-Lei n. 5.452, de 1º e maio de 1943), seguindo a tradição da legislação trabalhista esparsa — e opostamente ao processo civil — não somente consagrou a conciliação como a elegeu como um dos objetivos fundamentais da Justiça do Trabalho (arts. 764, 846, 850 e 860, entre outros).

Após alguns anos de hesitação, o próprio processo civil curvou-se à conciliação, reconhecendo, nela, uma forma mais rápida e socialmente mais adequada de solução dos conflitos de interesses (CPC, de 1973, arts. 125, IV, 278, 331, 447, 449). Não se pode negar que essa atitude do processo civil se inspirou na larga — e bem sucedida — experiência do processo do trabalho, conquanto não se possa deixar de reconhecer que as raízes remotas da conciliação retrotraem a épocas prístinas, conforme procuramos demonstrar. Em rigor, a CLT parece ter servido como fonte de inspiração, bem antes, para a Lei n. 968, de 10 de dezembro de 1949, que tornou obrigatória a tentativa de conciliação nas ações de desquite litigioso e de alimentos.

A Lei n. 9.099, de 26 de setembro de 1995, que instituiu os Juizados Especiais Cíveis e Criminais, dispôs, no art. 21: "Aberta a sessão, o Juiz togado ou leigo esclarecerá as partes presentes sobre as vantagens da conciliação, mostrando-lhes os riscos e as consequências do litígio (...)".

A antedita norma legal, de um lado, buscou inspiração na CLT (ainda que este fato não tenha sido expressamente reconhecido pelo legislador), de outro, serviu como modelo para a redação de alguns dos dispositivos da Lei n. 9.957, de 13 de janeiro de 2000, que instituiu o procedimento sumariíssimo na Justiça do Trabalho. Note-se o texto do art. 852-E, da CLT: "Aberta a sessão, o juiz esclarecerá as partes presentes sobre as vantagens da conciliação (...)".

O atual CPC, como demonstra o art. 334, também exalta a conciliação, reservando para ela, inclusive, uma audiência específica.

Deixemos para trás as considerações históricas, para nos dedicarmos aos comentários de ordem prática.

O objetivo fundamental da Justiça do Trabalho foi, desde sempre, a conciliação, a solução negociada do conflito de interesses.

Algumas vezes, as partes manifestam certa irritação com a insistência do magistrado em obter uma solução consensual do litígio. É preciso esclarecer, contudo, que o empenhar-se em uma solução negociada da lide não traduz um ato de vontade pessoal do juiz, ou uma sua faculdade: trata-se, acima de tudo, de um *dever* que lhe impõe a norma legal. Dispõe, realmente, o § 1º, do art. 764, *da CLT*, que "os juízes e Tribunais do Trabalho empregarão sempre os seus bons ofícios e persuasão no sentido de uma solução conciliatória dos conflitos" — sejam estes individuais ou coletivos.

Não foi obra do acaso, aliás, haver-se denominado, originalmente, de Juntas de *Conciliação* e Julgamento os órgãos de primeiro grau da Justiça do Trabalho. Esses órgãos somente se tornariam judicantes se fossem frustradas as suas tentativas de obter uma solução amigável do litígio. Vale dizer, primeiro, buscava-se a conciliação. Só depois de recusadas as propostas conciliatórias é que se passaria à instrução e ao julgamento da causa. Embora os atuais órgãos de primeiro grau dessa Justiça Especializada tenham passado a ser denominados de Varas, não perderam a finalidade histórica com vistas à qual foram instituídos. Sob este aspecto, nada mudou.

Conquanto seja escopo fundamental da Justiça do Trabalho (CLT, art. 764), a conciliação figura como um dos casos de solução não jurisdicional do conflito, mesmo sendo realizada no âmbito dessa Justiça Especializada. Para que se possa bem entender nossa assertiva, devemos esclarecer, desde logo, que a CLT atribui à conciliação a mesma finalidade da *transação*, compreendida esta como um negócio jurídico bilateral, mediante o qual as partes, fazendo concessões recíprocas, podem prevenir o litígio, ou (como é o mais comum na Justiça do Trabalho), dar-lhe fim (CC, art. 840). A *conciliação*, na verdade, estaria restrita à pacificação dos espíritos, à condução das partes à concórdia, sem que, necessariamente, para isso, devessem *transacionar*. A transação constitui uma forma de solução consensual da lide, um negócio jurídico bilateral, em contraposição à solução jurisdicional, esta com seu traço marcadamente impositivo por ser ato estatal. Materialmente, portanto, a transação é produto exclusivo da vontade das partes. O fato de ela ocorrer nos autos de ação judicial não lhe confere a natureza de ato jurisdicional. A sentença, que os Juízes do Trabalho emitem em tais situações, não se destina a solucionar a lide, senão que a chancelar, a homologar esse negócio jurídico particular, bilateral. Sem a sentença, não haveria título executivo (CPC, art. 515). Assim, se o acordo não fosse cumprido, o credor não teria como promover a execução forçada. O art. 831, parágrafo único, da CLT dispõe que o termo de conciliação valerá como sentença irrecorrível.

Insistamos: nem sempre que há transação ocorre conciliação, entendida esta, como se esclareceu, como a pacificação do espírito dos litigantes. Tanto isto é certo que, não raro, as partes transacionam, embora se mantenham no mesmo estado de animosidade ou de intolerância que as levou a contender em juízo.

Sendo a conciliação/transação um negócio jurídico bilateral, cujo conteúdo é produto exclusivo da manifestação volitiva das partes (transatores), isto significa que podem ser objeto dela não apenas os pedidos constantes da inicial, como aqueles que ao autor seria lícito formular. Essa possibilidade estava prevista, de maneira expressa, art. 475-N, do CPC anterior, segundo a qual a conciliação poderia compreender "matéria não posta em juízo". Embora o art. 515, II, não tenha reproduzido essa ressalva, entendemos ser possível inserir-se na transação valores ou títulos não indicados na inicial, considerando-se própria natureza desse negócio jurídico bilateral.

Efetivamente, constituindo, a transação, um negócio jurídico bilateral, as partes podem redimensionar os limites objetivos da lide, por forma a fazer com que sejam compreendidas pela transação matérias não integrantes das pretensões deduzidas na causa. Os juízes que se recusam a homologar transação realizada nestas condições não se dão conta, por suposto, da verdadeira natureza jurídica desse ato das partes. Além disso, supõem que serem aplicáveis ao caso as normas dos arts. 141 e 492, do CPC, segundo as quais o juiz deve decidir o mérito nos limites propostos pelas partes, sendo-lhe vedado proferir sentença, de natureza diversa da postulada, ou condenar a parte em quantidade superior ou em objeto diverso do que lhe foi demandado. Ora, essas normas legais só se aplicam quando houver solução *jurisdicional* do conflito de interesses, vale dizer, quando a condenação for imposta por sentença. Na transação, como já elucidamos, não há solução jurisdicional, senão que privada, por ser produto exclusivo da manifestação da vontade das partes. Não é outra a razão pela qual se tem inserido a transação no grupo das modalidades de autocomposição dos litígios.

Dispõe o art. 846, da CLT, que o juiz, aberta a audiência, "proporá a conciliação". Cuida-se, como se percebe, da primeira proposta judicial tendente a obter uma solução negociada (e privada) do conflito de interesses. Anteriormente à Lei n. 9.022, de 5 de abril de 1995, que deu nova redação aos arts. 846 e 847, da CLT, a primeira proposta de conciliação era formulada *após* a apresentação da defesa. Esse antigo procedimento era mais lógico, porquanto, ao formular a proposta, o magistrado já havia tomado conhecimento do teor da defesa, e, por esse motivo, ficava mais à vontade para apresentar uma proposta que pudesse satisfazer a ambas os litigantes. Atualmente, como vimos, primeiro, o juiz propõe a conciliação, para, depois, rejeitada a proposta, receber a defesa do réu. Isso significa dizer que, em tese, o juiz é levado a propor a conciliação sem saber qual é o conteúdo da defesa. Estamos convencidos, por isso, de que a alteração legislativa introduzida nos arts. 846 e 847, da CLT, foi desacertada. As razões com as quais se procurou justificar essa alteração jamais foram convincentes. Em todo o caso, nada obsta a que o magistrado, na prática, adote o antigo procedimento, consistente em, primeiro, receber a defesa do réu, para, depois, formular a proposta inicial de conciliação, conquanto da ata conste o inverso.

O dever legal imposto aos juízes do trabalho, para que façam uso de seus "bons ofícios e persuasão" com vistas a conseguir uma solução consensual no litígio, não se exaure em uma simples indagação do magistrado às partes sobre se possuem interesse em solucionar o conflito por essa forma. Cumpre ao juiz, como determina a lei (CLT, art. 764, § 1º), *empenhar-se* em obter a conciliação, não devendo esmorecer diante da primeira resposta negativa das partes. É evidente que, nesse mister, o magistrado deverá ter o cuidado de não coagir os litigantes, nem de prejulgar a causa, sob consequência, neste último caso, de tornar-se suspeito. O que ao juiz cabe é efetuar ponderações acerca da conveniência do acordo para ambas os litigantes. A incerteza, no processo de conhecimento, quanto a quem pertence o direito disputado, constitui um elemento expressivo de que se poderá valer o juiz em sua tentativa de conduzir as partes a uma solução negociada da lide. Enfim, caberá a cada magistrado fazer uso de seu poder de persuasão, com o objetivo de evitar uma solução jurisdicional — sempre impositiva — do conflito, com o que poderá estar, a um só tempo, prestando bons serviços às partes, ao escopo da Justiça do Trabalho, e a si próprio.

Acabamos de afirmar que o juiz deverá ter o cuidado de não prejulgar a lide quando de sua tentativa de conciliar os litigantes. Há situações extraordinárias, contudo, que lhe permitem essa circunstancial transposição de limites, como quando o pedido formulado pelo autor for juridicamente impossível. Nesta hipótese, o magistrado deverá alertar o autor quanto ao fato — não, propriamente, para que este desista da ação, e sim para que reduza, de maneira acentuada, a sua pretensão, a fim de que a conciliação e torne viável. Aparentemente, haveria incoerência do juiz ao, de um lado, esclarecer o autor de que o pedido por este formulado é juridicamente impossível (ou *inatendível*, como preferimos), e, de outro, solicitar-lhe que reduza a sua pretensão. Ocorre que, na situação em exame, a conciliação (transação) poderia ser realizada sem que tivesse, necessariamente, como objeto o direito alegado na inicial, conforme procuramos demonstrar, anteriormente.

Em seu dever de tentar obter a solução consensual do conflito, é sempre recomendável que o juiz ouça também as ponderações das partes, permitindo, em muitos casos, que conversem diretamente entre si (desde que o façam com polidez e respeito mútuo), que conferenciem, de maneira reservada, com seus advogados, que elaborem cálculos, que realizem telefonemas e o mais. É certo que esses atos devem ser praticados com alguma rapidez, para não provocarem um acentuado atraso na realização das audiências posteriores.

Art. 334

• **Comentário**

Caput. Não havia correspondência no CPC revogado.

O art. 334 do CPC estabelece que se a petição preencher os requisitos essenciais e não for o caso de rejeição liminar do pedido (CPC, art. 330) o juiz designará audiência de conciliação (ou de mediação) com antecedência mínima de trinta dias. Da análise conjunta do *caput* e do § 1º do art. 334 CPC se verifica que ao juiz compete: a) designar a audiência de conciliação; b) indicar o mediador ou o conciliador que funcionará nessa audiência. O magistrado não participa, pois, da audiência de conciliação.

A norma em exame não incide no processo do trabalho. Em primeiro lugar, porque nesse processo especializado a conciliação, de ordinário, não necessita ser objeto de uma audiência específica. A audiência trabalhista, em princípio, é uma (CLT, art. 849), na qual o juiz buscará, em dois momentos, a conciliação: na abertura da audiência (CLT, art. 846, *caput*) e após as razões finais (CLT, art. 850, *caput*). Também no procedimento sumaríssimo trabalhista a audiência é una (CLT, art. 852-C). Em segundo lugar, porque o juiz participa da audiência como conciliador. Em terceiro, porque o prazo mínimo para a realização da audiência é de cinco dias, conforme se deduz da literalidade do art. 841, *caput*, da CLT.

A norma disciplina, à minudência, o procedimento pertinente à realização e ao desenvolvimento da audiência de conciliação ou de mediação.

À guisa de introdução, devemos reproduzir os argumentos que expusemos na oportunidade do comentário ao art. 165, que dispõe sobre os conciliadores e os mediadores judiciais.

Conciliação. A CLT utiliza, indistintamente, os vocábulos *conciliação* (ex.: arts, 764, 846, 850) e *acordo* (art. 847) para designar aquilo que o Código Civil, em melhor técnica, denomina de *transação* (arts. 840 a 850). A transação é um negócio jurídico bilateral, por força do qual as partes, mediante concessões mútuas, solucionam o conflito de interesses. O CPC vigente também faz uso do substantivo *conciliação*. Em rigor, *conciliação* e transação (acordo) não são expressões sinônimas: a *conciliação* significa a pacificação, a harmonização dos espíritos, a concórdia, ao passo que a *transação*, como dissemos, constitui negócio jurídico bilateral. Destarte, as partes podem conciliar-se, sem, necessariamente, transacionarem; e vice-versa. Coloquemos de lado essas sutilezas linguísticas, tão caras à acribologia, e tomemos o vocábulo *conciliação* como significante de *transação*, de *acordo*.

Mediação. Na mediação, a solução do conflito é obtida pela participação de uma terceira pessoa alheia ao conflito e que não detém poderes para impor aos conflitantes a solução que considere ser a melhor. A mediação traduz ato de aproximação e de aconselhamento.

O CNJ, há alguns anos, instituiu a campanha da Semana Nacional da Conciliação, destinada a fazer com que as partes transacionem e ponham fim ao processo. O mesmo CNJ, dentro de sua Política Nacional de Tratamento dos Conflitos de Interesses, aprovou resolução pela qual *recomenda* aos tribunais do país que ofereçam núcleos consensuais com o objetivo de, mediante conciliação ou mediação, conduzirem à solução negociada das controvérsias existentes entre as partes

O art. 165 do CPC *determina* aos tribunais a criação de centros judiciários de solução consensual de conflitos. A esses centros incumbirá: a) a realização de sessões e de audiências destinadas à *conciliação* e à *mediação*; b) desenvolver programas visando a auxiliar, orientar e estimular a autocomposição do litígio.

Lembremos que, nos termos do art. 42, do CPC, "As causas cíveis serão processadas e decididas pelo juiz nos limites de sua competência, ressalvada às partes o direito de instituir juízo arbitral, na forma da lei". A arbitragem, entretanto, não exclui a conciliação. Tanto isto é certo que, no início do procedimento, o árbitro ou o tribunal arbitral deverão tentar conciliar as partes (art. 21, § 4º), sem prejuízo de estas se conciliarem, voluntariamente (art. 28).

No âmbito específico das relações de trabalho, o Decreto n. 88.984, de 10.11.1983, do Ministro do Trabalho, criou o Serviço Nacional de Mediação e Arbitragem, constituído por árbitros independentes, remunerados pelas partes.

Questão relevante, a ser nesta altura enfrentada, se refere a saber se incidem no processo do trabalho os arts. 165 a 175, do CPC, que versam sobre a conciliação e a mediação judiciais.

Em termos de organismos *extrajudiciais*, a CLT contém as Comissões de Conciliação Prévia, que, até onde sabemos, pouco têm contribuído para o atingimento do objetivo que lhes motivou a instituição.

No tocante à *conciliação* judicial, a CLT possui normas próprias, que não perderam a eficácia ao longo dos anos e das décadas. Além disso, há as recomendações do CNJ, que têm produzido resultados satisfatórios. A *mediação judicial*, prevista no atual CPC, a nosso ver, não trará nenhuma utilidade prática às partes, nem mesmo aos escopos da Justiça do Trabalho, a começar pelo fato de o mediador nada decidir, uma vez que a sua atuação se limita a aproximar as partes, ou, conforme está na dicção do art. 165, § 3º, do CPC, a auxiliar "aos interessados a compreender as questões e os interesses em conflito, de modo que eles possam, pelo restabelecimento da comunicação, identificar, por si próprios, soluções consensuais que gerem benefícios mútuos".

Fica aberta a possibilidade, todavia, de a Justiça do Trabalho valer-se de algumas das disposições dos arts. 165 a 175, do CPC, relativamente à conciliação, desde que possam representar um expressivo contributo ao objetivo medular dessa Justiça, que reside — como tantas vezes enfatizamos — na solução negociada, consensual, do conflito de interesses.

Se a petição inicial atender aos requisitos legais para a sua validade (CPC, arts. 319 e 320), e não for o caso de rejeição liminar do pedido (art. 330), cumprirá ao juiz designar audiência de conciliação ou de mediação, com o prazo mínimo de trinta dias, e para a qual o réu será citado, pelo menos, com vinte dias de antecedência. Já afirmamos, por diversas vezes, neste livro, que no processo do trabalho esses prazos deverão ser de cinco dias (CLT, art. 841, *caput*).

§ 1º Tanto o conciliador quanto o mediador exercerão as suas funções na audiência de conciliação ou de mediação; com vistas a isso, deverão obedecer às disposições do CPC, assim como as da lei de organização judiciária.

Para logo, é conveniente lembrar que os instrumentos de solução dos conflitos de interesses são classificados, basicamente, em: a) autocomposição; e b) heterocomposição. O primeiro compreende a conciliação, a transação e a mediação; o segundo abrange a arbitragem e a solução jurisdicional. A conciliação pode ser judicial (CLT, art. 764) ou extrajudicial, sendo, neste último caso, regida pelos arts. 625-A a 625-H, da CLT.

Certo segmento da doutrina tem incluído a *mediação* no rol dos mecanismos de *heterocomposição*. Não nos parece correta essa posição. Em que pese à circunstância de o mediador ser terceiro em relação ao conflito, o que se deve levar em conta é o fato de ele não impor a solução desse litígio incumbindo-lhe, apenas, aconselhar as partes, cabendo a estas aceitar, ou não, o parecer do mediador. Segue-se, que na mediação, como na conciliação, predomina a autonomia da vontade das partes envolvidas no conflito de interesses.

Feita a observação, devemos dizer que o § 1º do art. 334 do CPC não se aplica ao processo do trabalho; aqui, é ao próprio magistrado que a norma legal (CLT, arts. 764, 846, *caput*, 840, *caput*) atribui a função de conciliador. Essa regra não se altera no plano dos denominados *dissídios coletivos* (CLT, arts. 860 a 863).

Mesmo nas "Semanas Nacionais de Conciliação", promovidas pelo Conselho Nacional de Justiça e realizadas no âmbito da Justiça do Trabalho, será inaplicável a regra do § 1º *sub examen*, porquanto os próprios magistrados funcionarão como conciliadores.

O Ministério Público do Trabalho, desde que solicitado pelas partes, pode atuar como árbitro nos dissídios de competência da Justiça do Trabalho (Lei Complementar n. 75/93, art. 81, inciso XII). Não vemos impedimento legal a que o Ministério também funcione como mediador.

A mediação também pode ser exercida pelo Delegado Regional do Trabalho, por meios das difundidas "mesas redondas".

§ 2º Pode ocorrer de na primeira audiência não se obter a composição das partes. Isso ocorrendo, o conciliador ou o mediador poderão designar uma segunda audiência, por prazo não superior a dois meses da primeira.

§ 3º A intimação do autor, a fim de comparecer à audiência, será feita na pessoa do seu advogado — cujo endereço deve constar da petição inicial.

§ 4º Não se realizará a audiência nas situações mencionadas nos incisos I e II, que serão, a seguir, examinados.

Inciso I. Se ambas as partes manifestarem, de maneira expressa, a falta de interesse na solução consensual do conflito. A audiência também não será realizada se uma das partes estiver desinteressada na solução do conflito por esse meio. Nesta hipótese, qual a utilidade prática da audiência?

Inciso II. Quando não for admissível a solução negociada da lide (autocomposição). É o caso dos direitos indisponíveis. O art. 841 do CC esclarece que a transação é possível somente nos direitos patrimoniais de caráter privado.

§ 5º O desinteresse do autor na solução consensual do conflito deve ser manifestado na petição inicial. Quanto ao réu, o desinteresse deverá ser revelado por meio de petição, protocolada em juízo com a antecedência mínima de dez dias da data da audiência.

Pelas razões reiteradamente expostas nos comentários aos §§ anteriores, do art. 334 do CPC, o processo do trabalho também repele a aceitação do § 5º. A CLT não concede às partes a possibilidade de se manifestarem, antes da audiência a que devam comparecer, no sentido de serem avessas à conciliação. Ainda que assim o fizessem, essa manifestação volitiva não teria eficácia em face do juiz do trabalho, que, por dever de ofício, proporia a solução negociada do conflito — e nisso insistiria. Não cabe ao juiz do trabalho, por outro lado, dizer, previamente, se a conciliação é viável ou inviável: deverá, sempre, formular as propostas destinadas à solução consensual do conflito de interesses, sob pena de nulidade processual.

§ 6º Nos regimes litisconsorciais, a audiência somente não será realizada se todos os compartes disserem de sua falta de interesse na conciliação ou na mediação.

§ 7º A audiência poderá ser realizada por meios eletrônicos, conforme dispuser a lei.

§ 8º Caso o autor ou o réu não comparecerem à audiência de conciliação, essa falta será considerada ato atentatório à dignidade da justiça, impondo-se à parte multa de até dois por cento da vantagem econômica pretendida ou do valor da causa. Essa multa verterá em benefício da União ou do Estado. É evidente que as disposições do parágrafo em exame somente incidirão no caso de as partes não haverem manifestado, na forma do § 5º desinteresse na solução consensual do conflito.

O processo civil, como instrumento de persuasão do réu para fazê-lo comparecer à audiência considera ou não seu comparecimento injustificado como ato atentatório à dignidade da justiça, tornando-o, por isso, suscetível de sanção processual. A tipificação da conduta do réu estará configurada no inciso IV do art. 774, do CPC: resistir injustificadamente às ordens judiciais. Para que se possa aplicar essa sanção ao réu, o instrumento de intimação para que compareça à audiência não deverá ser formulado da forma de convite, e sim de *ordem* judicial.

A despeito do objetivo que levou o legislador a introduzir essa norma no CPC, entendemos que ela não se aplica ao processo do trabalho. Em primeiro lugar porque, como já referimos, o réu poderá estar atuando sem advogado, de tal modo que a sanção processual prevista no sistema do CPC poderá soar a violência. A admitir-se a incidência desse dispositivo somente quando o réu estivesse representado por advogado acabaríamos por incorrer em discriminação, criando classes distintas de réus para efeito de aplicação dessa penalidade. Em segundo lugar, as partes, na Justiça do Trabalho, estão vinculadas, há muito tempo, a uma sólida cultura de conciliação, sendo, por esse motivo, dispensável a adoção de mecanismos coercitivos destinados a fazer com que o réu compareça à audiência. Aliás, o réu já está motivado a comparecer à audiência pelo próprio sistema do processo do trabalho, pois sabendo-se que aqui não há a designação de audiência específica para a conciliação, senão que de audiência una, ou de audiência inicial e de instrução (e, também, para julgamento), nas quais a conciliação será tentada, o não comparecimento das partes acarretar-lhes-á consequências processuais previstas no próprio sistema (CLT, art. 844) ou na jurisprudência (TST, Súmula n. 74, I).

Mesmo em relação às "Semanas Nacionais de Conciliação" não vemos necessidade de adoção supletiva do § 8º do art. 331, do CPC, haja vista o elevadíssimo número de conciliações obtidas nessas oportunidades — sem nenhum aparato coercitivo dirigido a assegurar o comparecimento das partes às audiências.

§ 9º As partes poderão comparecer à audiência na companhia de seus advogados ou defensores públicos, conforme seja o caso.

§ 10. Faculta-se à parte constituir procurador, mediante procuração específica, dotando-o de poderes para negociar e transigir, e, também, para receber e dar quitação, no caso do réu (CPC, art. 105).

§ 11. A transação será reduzida a termo e homologada por sentença.

No processo do trabalho a conciliação/transação é proposta pelo próprio magistrado e "o termo que for lavrado valerá como decisão irrecorrível", exceto para a Previdência Social, naquilo que disser respeito às contribuições que lhe são devidas (CLT, art. 831, parágrafo único). Somente mediante ação rescisória poderá ser desconstituída a sentença homologatória de transação (TST, Súmula n. 259) — a despeito do disposto no art. 966, § 4º, do CPC.

§ 12. Para efeito de elaboração da pauta, as audiências de conciliação ou de mediação deverão ser realizadas com o intervalo mínimo de vinte minutos, entre o início de uma e o início de outra. Esse período mínimo é necessário para que o conciliador ou o mediador possam tentar conduzir as partes à autocomposição.

Considerando a quantidade de ações cotidianamente ajuizadas na Justiça do Trabalho, não vemos razão para atender-se ao (longo) espaço mínimo de vinte minutos, entre uma audiência e outra; logo, esse espaço poderá ser inferior, ficando a critério do conciliador ou do mediador a sua fixação, levando em conta, por exemplo, o volume de casos.

CAPÍTULO VI

DA CONTESTAÇÃO

Art. 335. O réu poderá oferecer contestação, por petição, no prazo de 15 (quinze) dias, cujo termo inicial será a data:

I — da audiência de conciliação ou de mediação, ou da última sessão de conciliação, quando qualquer parte não comparecer ou, comparecendo, não houver autocomposição;

II — do protocolo do pedido de cancelamento da audiência de conciliação ou de mediação apresentado pelo réu, quando ocorrer a hipótese do art. 334, § 4º, inciso I;

III — prevista no art. 231, de acordo com o modo como foi feita a citação, nos demais casos.

§ 1º No caso de litisconsórcio passivo, ocorrendo a hipótese do art. 334, § 6º, o termo inicial previsto no inciso II será, para cada um dos réus, a data de apresentação de seu respectivo pedido de cancelamento da audiência.

§ 2º Quando ocorrer a hipótese do art. 334, § 4º, inciso II, havendo litisconsórcio passivo e o autor desistir da ação em relação a réu ainda não citado, o prazo para resposta correrá da data de intimação da decisão que homologar a desistência.

Introdução

Entre as formas legalmente previstas de resposta do réu às pretensões manifestadas pelo autor a contestação figura, sem dúvida, como a mais importante. Assim afirmamos porque se o réu deixar, por exemplo, de oferecer exceção, as consequências danosas para o seu círculo jurídico serão, por certo, muito menos graves do que as derivantes da falta de contestação, conforme procuraremos demonstrar ao longo das páginas seguintes.

Devemos, aliás, desde logo observar que a falta de contestação caracteriza não só a revelia, senão que traz consigo, quase sempre, a aceitação tácita da veracidade dos fatos alegados na petição inicial, segundo o ônus da impugnação especificada, de que se ocupa o art. 341, do CPC, e que está implícito no art. 844, *caput*, parte final, da CLT.

A contestação representa, por assim dizer, a forma clássica de resposta do réu, sendo, por isso, a mais frequente de todas, inclusive, no terreno do processo do trabalho. Mais do que isso, ela é uma expressão dos regimes democráticos, aos quais repugna a ideia de que alguém possa ser condenado sem haver recebido oportunidade para defender-se. Kafka, em "O Processo", bem nos demonstra as consequências disso. A história política dos povos demonstra que o direito de defesa, em sentido amplo — no qual se inclui o processual — tende a ser coarctado ou cerceado nos regimes de vocação ditatorialesca. Os argumentos dos acusados não convêm aos tiranos.

Vista, a contestação, sob a perspectiva estritamente processual, podemos afirmar que se traduz na mais alta manifestação do princípio da bilateralidade, segundo o qual o juiz não deve emitir nenhuma decisão acerca de pedido ou requerimento formulado por uma das partes sem ouvir, antes, a parte contrária. Só em situações verdadeiramente excepcionais, expressamente previstas em lei, será lícito ao juiz atender à solicitação de um dos litigantes sem audiência prévia do outro, como se passa, *e. g.*, nos domínios das tutelas de urgência e na ação de mandado de segurança.

Nenhum princípio tuitivo do patrimônio jurídico do trabalhador, por mais fortes e inveteradas que sejam as razões históricas e políticas em que se assente, será capaz de justificar eventual eliminação do direito de defesa do empregador — ou do réu, em geral. Mesmo nos sítios peculiares do processo do trabalho seria inconcebível a ideia de que a tutela dos direitos dos trabalhadores pudesse (ou devesse) ser empreendida, na prática, mediante o sacrifício do direito de resposta do seu adversário.

Ao direito subjetivo público, do trabalhador, de ver apreciada pelo Poder Judiciário qualquer ameaça ou lesão de direito (Const. Federal, art. 52, XXXV), corresponde o do empregador (ou do réu, em sentido amplo) de responder às pretensões deduzidas pelo adversário (Const. Federal, arts. 59, V e LV, por extensão). Veja-se, porém, que a lei não exige que o réu *responda* à ação, e, sim, que lhe seja oferecida a *oportunidade* para responder, se o desejar. Como anotamos, páginas atrás, se a exigência legal fosse de que o réu efetivamente respondesse estaríamos diante de uma norma absurda, não tanto pelo fato de impor que alguém se defendesse contra a sua vontade, mas, acima de tudo, por propiciar aos maus réus condições de fazer com que o procedimento não tivesse curso enquanto não resolvessem demover-se de seu intuito de não responder.

Tanto no sistema do processo civil, quanto no do processo do trabalho, portanto, o réu resistirá (estamos cogitando da contestação) às pretensões formuladas pelo autor se isso for de sua conveniência. O que importa, reitere-se, é a concessão de *oportunidade* para que se defenda.

Quando falamos em autor e réu não estamos a nos referir, necessariamente, a trabalhador e empregador, segundo essa ordem nominal. Embora, na ampla maioria dos casos, no processo do trabalho o autor seja o trabalhador, e o réu, o empregador, há situações em que essas posições se invertem, passando o empregador a figurar no polo ativo da relação processual, e o autor, no passivo, como se dá, por exemplo, nos (impropriamente) chamados "inquéritos" para apuração de falta grave (CLT, art. 494), na ação de exigir contas (CPC, arts. 550/553) e na reconvenção (CPC, art. 343). Essa ocasional alteração topológica, todavia, em nada altera o direito de ampla defesa, constitucionalmente assegurado (art. 59, LV) — que, na hipótese, será exercido pelo trabalhador.

Etimologia e conceito

O substantivo *contestação* é originário da forma latina *contestatio*, de *contestari*. Para Antenor Nascentes, contudo, o termo provém de *contestare*, cujo significado é o de contender com alguém por meio de testemunhas (*testis*) e de provas, embora tenha adquirido o sentido antonímico de refutar (*Dicionário etimológico da língua portuguesa*. 1. ed., 2ª tir., Rio de Janeiro, 1955. p. 133).

Desde há muito, os estudiosos se preocupam em enunciar um conceito de contestação; assim, colhem-se, na seara doutrinal, entre outros, os seguintes: "É a direta contradição do réu à ação do autor" (João Monteiro); "É a negação dos fatos em que se apoia o direito em ação ou a adução de outros que importem o seu desaparecimento" (Affonso Fraga). Os conceitos reproduzidos, no entanto, são, *data venia*, insuficientes para refletir o verdadeiro alcance da contestação. O de João Monteiro, *v. g.*, peca por aludir, apenas, à direta contradição do réu, como se não fosse possível a ocorrência da denominada "defesa indireta"; o de Affonso Fraga, conquanto tenha o mérito de insinuar a possibilidade de haver defesa indireta, não refere a viabilidade de a contestação ter um objeto meramente processual.

Para nós, a contestação consiste no instrumento pelo qual o réu se opõe, direta ou indiretamente, às pretensões formuladas pelo autor. Justifiquemos o conceito.

Em regra, a contestação se dirige ao direito material alegado pelo autor, aos pedidos por este formulados (*res in iudicio deducta*), seja para negar a existência da situação jurídica em que se baseia a pretensão, seja para contrapor um fato que faça eliminar tal situação. Em vários casos, entretanto, o réu, antes de resistir, propriamente dito, às pretensões de direito material do autor, apresenta objeções de ordem puramente processual, como é o caso das preliminares, a que alude o art. 337, do CPC e de alguns dos incisos do art. 485, do mesmo Código. É o que a doutrina tem denominado de "defesa processual".

Sendo assim, qualquer conceito de contestação, para ser completo, deve considerar, também, a defesa processual ou indireta. Em suma: a contestação pode ser como objeto não somente a pretensão deduzida pelo autor, de direito material (defesa direta), como o próprio processo (defesa indireta). Na defesa direta, como ficou dito, o réu visa a obter um provimento jurisdicional que rejeite os pedidos apresentados pelo autor; na indireta, ele se dirige ao processo como instrumento pelo qual o autor impetra a tutela da jurisdição, seja para obter a extinção do processo sem julgamento do mérito, seja para sanar eventuais irregularidades processuais.

Em princípio, na contestação, o réu não formula pedidos, não deduz nenhuma pretensão, senão que resiste a ela. Sob este aspecto, pode-se asseverar que a contestação não altera as dimensões da lide, não modifica, enfim, os lindes objetivos da entrega da prestação jurisdicional, embora deva ser reconhecido que ela amplia o campo de cognição do juiz, pelo trazimento de fatos capazes de modificar, de impedir ou de extinguir o direito em que o autor funda a ação. Os limites da lide são estabelecidos pelo autor, na petição inicial. Somente na reconvenção (CPC, art. 343) é que o réu formula pretensões, oportunidade em que se transforma em autor, para os efeitos dessa modalidade reversiva de resposta.

Escorço histórico

Não há uma uniformidade doutrinária quanto ao momento em que a contestação surgiu no direito romano. Para alguns, ela já era encontrada no período das *legis actiones*; para outros, no entanto, só apareceu na época do processo formulário.

Uma coisa é certa: a contestação já era conhecida na fase do processo por fórmulas, onde aparecia com as denominações de *lis ordinata, iudicium acceptum, constitutum* etc.

Esse processo se caracterizava pelo fato de determinadas fórmulas de ações e de defesas serem elaboradas por jurisconsultos, cabendo aos litigantes pronunciá-las em juízo, na presença do pretor. O rigorismo dessas fórmulas fazia com que se a parte deixasse de mencionar uma única sílaba ou palavra não lhe fosse concedida a ação. Se o fosse, o pretor autorizava o uso da ação, cabendo ao autor formular as suas alegações, e ao réu, responder. Tanto as alegações do autor quanto as do réu deveriam ser comprovadas por meio de testemunhas, derivando daí a denominação de litiscontestação (*litis et cum testatio*).

A *litiscontestatio* constituía, por isso, o procedimento por meio do qual se firmava, com testemunhas, o acordo necessário para a formação da instância.

Com Justiniano, a contestação da lide sofreu algumas alterações (mas não deixou de existir), seja quanto à forma, à natureza ou aos efeitos. Basta observar que se estabelecia entre as partes um outro contrato, que não afetava a relação jurídica original, em que se baseava a *res in ludicio deducta*, e que permitia a reparação do erro causado na ação durante todo o curso do processo.

Na síntese de Affonso Fraga, a contar do momento em que se formava a *litiscontestatio*, surgia um vínculo obrigatório que unia as partes, sujeitando-as a acatar os efeitos que produzia, e que eram estes: a) cada litigante tinha o direito de exigir que a demanda prosseguisse da maneira como fora iniciada, e que fosse resolvida por sentença; b) os pontos essenciais da causa se consideravam fixados, não podendo, por essa razão, o autor modificá-los; c) nenhum dos contendores poderia alienar o objeto ou o direito disputado; d) o autor, se vencedor na demanda, devia ser reposto na situação em que se encontraria se a sentença fosse prolatada ao tempo do surgimento da *litiscontestatio*; e) o objeto da lide deveria, no caso de a sentença ordenar a sua restituição, ser entregue com os seus pertences e acessórios, da mesma forma como se achava à época em que a lide foi contestada; f) a obrigação proveniente da instância atingiria o patrimônio de ambos os litigantes; g) a contestação da lide interrompia a prescrição, tanto a aquisitiva quanto a extintiva (*Instituições do processo civil do Brasil*. Tomo II. São Paulo: Saraiva, 1940. p. 269).

Em termos gerais, o direito canônico abeberou-se dessas disposições do direito romano, conquanto haja efetuado pequena adaptação da *litiscontestatio*, mediante as alterações introduzidas pelos glosadores na Idade Média.

Conforme pudemos ver, a fase processual *in jure* se realizava ante o magistrado, culminando com a *litiscontestatio*, por meio da qual os litigantes se obrigavam a prosseguir no processo, perante o juiz nomeado (fase *apud iudicem*) e a acatar a sentença que fosse por ele proferida. A *litiscontestio* não deixava de representar, também, o momento formal em que o réu se opunha às pretensões do autor, advindo dessa particularidade, provavelmente, o fato de o vocábulo passar para os tempos modernos com o sentido de contestação, de defesa, de objeção.

O CPC de 1939 não dedicou mais do que dois artigos (180 e 181) à contestação. O Código de 1973, ainda que haja disciplinado a matéria em quatro artigos (300 a 303), fê-lo de maneira minuciosa. O CPC atual a regula em oito artigos (335 a 342). A CLT, por sua vez, em nome de uma concisão injustificável, cuida do tema em único artigo (846), e, ainda assim, sem aludir às matérias que podem ser objeto de defesa, exceto quanto à compensação e à retenção, que são previstas no art. 767.

Finalidade e efeitos

Vista sob os interesses do réu, podemos sustentar que a contestação se destina a permitir-lhe que se oponha aos fatos e pretensões deduzidas pelo autor. Que se defenda, enfim, seja de maneira direta, atacando o direito material em que se funda a *res in ludicio deducta*, seja indireta, oferecendo objeção ao próprio processo.

Convém rememorar que a contestação figura como uma das espécies de resposta do réu, à qual é inerente a noção de resistência, de oposição. Se o réu reconhecer a "procedência" do pedido (CPC, art. 487, III, "a") não estará, por certo, oferecendo contestação, e, sim, manifestando uma espécie de *resposta*, que, ao contrário, implica reconhecimento do direito alegado pelo adversário.

A contestação, como asseveramos há instantes, constitui uma das mais significativas expressões dos regimes democráticos, de tal maneira que a doutrina e a jurisprudência não devem admitir eventual renúncia do réu ao direito de defender-se. O que se tolera é a possibilidade de o réu, citado, deixar de responder à ação.

Examinada, porém, sob o ângulo de seus efeitos processuais, a contestação possui esse escopo característico de definir os limites objetivos da lide (e, não, necessariamente do mérito, como procuramos demonstrar a seguir). Efetivamente, embora a inicial estabeleça os limites do pedido, das pretensões formuladas pelo autor, à contestação se reserva a finalidade de fixar os contornos da lide, entendida esta, na lição carnelutiana, como a pretensão resistida. Sob este aspecto, é correto dizer que, sem resistência, não há lide, embora o processo possa ser extinto mediante resolução do mérito como acontece, *v. g.*, em casos como o de revelia.

A contestação faz surgir, ainda, a preclusão das razões de defesa que não foram alegadas no momento oportuno, exceto se: a) relativas a fato ou direito superveniente; b) competir ao juiz conhecer delas de ofício; c) por expressa autorização legal puderem ser formuladas em qualquer tempo e juízo (CPC, art. 342, I a III).

Por outros termos, podemos dizer que cabe à contestação definir os lindes da controvérsia, para os efeitos da produção de provas. Deveras, se só podem ser destinatários de prova os fatos controvertidos (além de pertinentes, relevantes e determinados), e se os fatos não impugnados especificamente fazem gerar a presunção de sua veracidade (CPC, art. 341), logo se percebe que a contestação também atua no sentido de delimitar o campo da prova. Se o réu deixar de impugnar algum fato alegado pelo autor, tal fato se tornará incontroverso, razão por que o juiz não deverá permitir que o réu produza prova a respeito.

A propósito do assunto, convém advertir que o juiz, com vistas à instrução processual deverá, sempre, empenhar-se em realizar uma leitura meticulosa da petição inicial e da contestação, a fim de inteirar-se acerca dos limites da controvérsia, com o que evitará duas situações desagradáveis, não raro encontradas na prática, consistentes em: a) deferir a produção de provas desnecessárias; b) indeferir a produção de provas necessárias. O mesmo se afirme, particularmente, quanto à instrução oral, em que, muitas vezes, o juiz defere perguntas (dirigidas às partes ou às testemunhas) que dizem respeito a fatos incontroversos (e vai, nisso, uma perda de atividade jurisdicional, com resultados, quase sempre, tumultuários) ou indefere as que têm como objeto fatos controvertidos, imaginando que não os sejam (e, desse modo, restringe ou cerceia o direito de defesa da parte, rendendo ensejo à arguição de nulidade processual).

Defesas direta e indireta

As defesas do réu podem se dirigir, em essência: a) ao mérito da causa; ou b) ao próprio processo.

Talvez seja prudente esclarecer que estamos tomando o vocábulo defesa em seu significado estrito de contestação, motivo por que não estamos a fazer referência, *e. g.*, às exceções (incompetência, impedimento e suspeição).

Não vemos, também, maior proveito prático na classificação da contestação em: a) direta, como sendo aquela em que o réu nega o fato constitutivo do direito do autor; e b) indireta, pela qual opõe um fato modificativo, impeditivo ou extintivo do direito do adversário (MOREIRA, José Carlos Barbosa. O novo processo civil brasileiro. 4. ed. Rio de Janeiro: Forense, v. I, p. 65).

A classificação fundamental, medular, deve ter em mira, de um lado, o direito material alegado pelo autor (contestação direta), e de outro, o processo (contestação indireta). Tudo o mais, *concessa venia*, representa a "quinta roda do carro", no terreno da realidade prática. Assim, se o réu contesta a estabilidade no emprego pretendida pelo autor, pouco importa se está alegando um fato modificativo, impeditivo ou extintivo desse direito, pois a verificação, sob esse ângulo, só interessa ao tema do ônus da prova. Como conceito, a contestação, na espécie, será direta, porquanto voltada para o direito material em que se funda a ação. Se o réu asseverar, no entanto, que não houve citação, que o juízo é absolutamente incompetente, que a inicial é inepta, que há perempção, litispendência, coisa julgada ou conexão, que o autor é carecedor da ação etc., estará realizando uma contestação pela via indireta, porquanto o seu alvo, nesse momento, não é o direito material (estabilidade no emprego), mas o universo poliédrico do processo, como método estatal de solução dos conflitos de interesses.

Apreciada a matéria sob o aspecto pragmático, a contestação indireta deve anteceder à direta, como patenteia o art. 337, do digesto de processo civil, conquanto ambas sejam realizadas na mesma peça.

Exceção e contestação

O Código de Processo Civil de 1939, sob o influxo da tradição doutrinal, aludia à exceção como sendo toda e qualquer defesa indireta, fosse quanto ao mérito ou quanto ao processo. Estatuía o seu art. 4: *"O juiz não poderá pronunciar-se sobre o que não constitua objeto do pedido, nem considerar exceções não propostas para as quais seja por lei reclamada a iniciativa da parte"* (destacamos).

Em resumo, aquele Código considerava exceção não só a defesa que tivesse por objeto a incompetência, o impedimento, a suspeição, a litispendência e a coisa julgada, mas o próprio mérito da causa, sempre que o réu alegasse fato modificativo ou extintivo do direito do autor, pois essa espécie de defesa era igualmente havida como indireta. Pelo que se tem notícia, o anteprojeto do Código de 1973, elaborado pelo Prof. Alfredo Buzaid, mantinha essa orientação; entrementes, por força de Emenda introduzida no Senado, rompeu-se com essa tradição, para atribuir à palavra exceção um senso mais estrito, do qual foi excluída a defesa indireta de mérito. Entendemos que a modificação foi acertada, pois todo o ataque ao mérito, à *res in ludicio deducta*, deve ficar reservado, verdadeiramente, à contestação, tendo em conta o fato de que o autor visa a obter um pronunciamento a respeito do mérito (que lhe seja favorável, é óbvio), daí por que a objeção que ele vier a manifestar quanto ao fundo da demanda deve receber o nome de contestação — ainda que esta possa dirigir-se, também, a certos aspectos do processo.

No sistema do estatuto de processo civil de 1973, portanto, a contestação tanto poderia voltar-se para o mérito da causa (direito substancial) ou para o processo (no geral, sob a forma de preliminares), ficando reservada para a exceção as arguições de incompetência relativa do juízo, de impedimento ou de suspeição do juiz (CPC, arts. 304 a 314).

O CPC em vigor rompeu com o Código de 1973, conforme demonstramos, ao eliminar as exceções de incompetência, de suspeição e de impedimento. A primeira deve ser manifestada como preliminar da contestação (art. 64); a segunda e a terceira, por meio de petição específica (art. 146).

Caput e incisos. Não se aplica ao processo do trabalho a regra do art. 335 do CPC, que prevê a contestação: a) por escrito; b) nos prazos estabelecidos em seus incisos I a III.

No processo do trabalho a contestação (assim como a exceção): a) pode ser formulada oralmente; b) na audiência (CLT, art. 847), que deverá a ser a primeira desimpedida no prazo de cinco dias que se seguir à citação ("notificação") do réu (CLT, art. 841, *caput*).

Ainda sobre o art. 335 do CPC

Conquanto o Código de Processo Civil e o processo do trabalho não indiquem os requisitos formais para a validade da contestação, é certo que esta se rege, em determinados pontos, pelas disposições do CPC atinentes à petição inicial (art. 319).

Desta maneira, a contestação deverá mencionar:

a) o juízo para o qual é dirigida. Na petição inicial, não há condições de o autor apontar o juízo a que se dirige, pois este só será conhecido após a distribuição, exceto se houver, na base jurisdicional, uma só Vara do Trabalho. Ao elaborar a contestação, entretanto, o réu já tem conhecimento de qual seja o juízo, razão por que deverá mencioná-lo. Se houver equívoco na referência ao juízo, mas a contestação for entregue àquele por onde se processa a ação, essa escorregadela não acarretará a nulidade do ato, nem qualquer prejuízo processual ao réu. A mesma solução não poderia, entretanto, ser adotada se a contestação, embora aludindo ao juízo correto, fosse entregue em juízo diverso daquele para o qual a petição inicial foi distribuída. É verdade que há uma certa divergência doutrinária acerca do assunto, mas, pelo que nos cabe opinar, um dos requisitos para que se repute efetivamente realizada a contestação é a sua entrega no *juízo competente*. Realmente, não basta que o réu se defenda: é imprescindível que o faça no juízo incumbido de proceder à entrega da prestação jurisdicional invocada pelo autor. Reconhecemos, todavia, que esse problema não é muito frequente no processo do trabalho, porquanto a resposta do réu (e, em particular, a contestação), de modo geral, é oferecida em audiência, sendo, por isso, raro acontecer de a sua apresentação dar-se perante juízo diverso. Uma dessas exceções é a contestação em ação civil pública nos casos em que o juiz fixa prazo para a sua apresentação fora da audiência.

Estamos, em nossas considerações, pressupondo a contestação por escrito, forma pela qual, por força do costume, ela vem sendo apresentada. Se ela for realizada sob a forma oral, em audiência, é evidente que não fará sentido exigir que o réu refira, inicialmente, o juízo;

b) nomes, prenomes, estado civil, existência ou não de união estável, profissão, domicílio e residência das partes. Em rigor, essas indicações são desnecessárias na contestação, por já constarem da petição inicial. Nada impede, contudo, que a contestação as repita, no tocante ao réu. Em outros casos, há erro, na inicial, quanto ao nome, prenome, estado civil, profissão — e, até mesmo, domicílio e residência — do réu, sendo necessário que a contestação os corrija, lembrando, todavia, que, em geral, no processo do trabalho o réu está constituído sob a forma de pessoa jurídica, quando, então, o equívoco da inicial pode estar contida na denominação comercial, no número de inscrição no CNPJ etc.

A propósito, há situações, p. ex., em que a inicial qualifica a ré como sociedade de economia mista, quando esta é entidade autárquica. Diante disso, é indispensável que a contestação chame a atenção do juízo para o fato, pois sendo a ré uma autarquia será beneficiária das prerrogativas inscritas no Decreto-Lei n. 779/69, entre as quais se inclui o prazo em quádruplo para contestar, em dobro para recorrer, e a remessa *ex officio*, na hipótese de o pronunciamento jurisdicional ser-lhe desfavorável;

c) O procedimento. Caberá ao réu, também, quando for o caso, impugnar o procedimento adotado pelo autor. Digamos que este haja atribuído à causa um valor inferior a quarenta salários-mínimos, a fim de que a causa seja regida pelo procedimento sumaríssimo (CLT, art. 852-A). Se o réu pretender que o procedimento seja o ordinário, por estar convencido que o valor da causa excede a quarenta salários-mínimos, deverá manifestar-se a esse respeito na contestação. Mesmo no silêncio do réu, o juiz poderá determinar (*ex officio*, portanto), a conversão do procedimento, quando a própria petição inicial contiver elementos que deixem patente que o valor dos pedidos (ou da causa) não corresponde ao procedimento escolhido pelo autor;

d) Os fatos e os fundamentos jurídicos do pedido. Esse requisito, próprio da petição inicial, deve ser adaptado à contestação, de tal modo que esta mencionará os fatos e os fundamentos jurídicos pelos quais o réu resiste às pretensões deduzidas pelo adversário;

e) O pedido e suas especificações. Outrora, o réu, na contestação, não efetuava pedidos, senão que, apenas se opunha às pretensões do autor. Agora, ele pode contrapor pedidos aos formulados pelo autor. Reiteremos: essa contraposição será efetuada após a contestação, mas na mesma peça processual;

f) O valor da causa. Incumbe ao autor, no processo civil, indicar, logo na inicial, o valor da causa. No processo do trabalho, porém, se a peça inaugural for omissa quanto a esse valor, caberá ao juiz arbitrá-lo, nos termos do art. 2º, *caput*, da Lei n. 5.584/70.

Mencionando, a inicial, o valor da causa, e com ele não concordando o réu, deverá impugná-lo (art. 293). A impugnação, conforme o art. 337, III, do CPC, deve ser feita como preliminar na contestação e não tem efeito suspensivo do processo. O autor poderá manifestar-se sobre a impugnação no prazo que o juiz lhe assinar. O incidente será solucionado na sentença. Não havendo impugnação pelo autor, haverá preclusão — exceto para o juiz que, em determinados casos, poderá alterar *ex officio* o valor atribuído à causa (art. 292, § 3º, e 337, § 5º, combinado com o inciso III do mesmo artigo).

Se o valor da causa foi fixado pelo juiz (por ser a inicial omissa, neste ponto), a parte que não concordar com o valor poderá, nas razões finais, impugná-lo; se o juiz o mantiver, terá, o interessado, o prazo de 48 horas para pedir, ao Presidente do Tribunal correspondente, a revisão desse *quantum*.

Diz a Lei n. 5.584/70 (art. 2º, § 2º) que o pedido de revisão não tem efeito suspensivo, o que é absurdo (o mesmo constava do art. 261 do CPC revogado. Com efeito, imaginemos que o juiz tenha arbitrado à causa um valor inferior a dois salários-mínimos. Neste caso, não só a sentença que vier a ser proferida será irrecorrível (exceto se implicar transgressão de norma constitucional), como "será dispensável o resumo dos depoimentos, devendo constar da Ata a conclusão da Junta (atualmente, Vara) quanto à matéria de fato" (Lei n. 5.584/70, art. 2º, § 3º). Ora, segundo a Lei citada, o juiz poderia fazer constar da ata, tão somente, a conclusão quanto à matéria factual, por tratar-se de ação da alçada exclusiva do órgão de primeiro grau. Se, no entanto, por força de pedido de revisão feito pela parte, o Presidente do Tribunal modificar o valor, elevando-o, por exemplo, para o equivalente a três ou mais salários-mínimos, haverá nulidade da instrução, porquanto não se fez inserir na ata o depoimento das partes e das testemunhas, senão que uma síntese conclusiva acerca dos fatos — que só seria justificável se a ação fosse da alçada exclusiva da Vara. Com a elevação do valor da causa, por decisão unipessoal e irrecorrível do Presidente do Tribunal, a sentença poderá ser impugnada por meio de recurso, oportunidade em que será lícito ao recorrente alegar a nulidade da instrução oral do procedimento em virtude de a ata não conter as declarações prestadas pelas partes e pelas testemunhas.

Na realidade, há uma falha da Lei n. 5.584/70 quanto ao *momento* em que a parte poderá impugnar o valor que o juiz arbitrar à causa. Se esse momento fosse ato contínuo, dando-se efeito suspensivo à impugnação, seguramente ficaria afastado o risco de nulidade processual, derivante do fato de, em virtude da alteração do valor da causa feita pelo Presidente do Tribunal, dever constar da ata a íntegra dos depoimentos dos litigantes e das testemunhas, e, não apenas uma simples conclusão da Vara quanto à matéria de fato.

g) As provas com que pretende demonstrar a verdade dos fatos alegados. Esta é uma disposição aplicável tanto ao autor (inicial) quanto ao réu (contestação). Está intimamente ligada ao ônus da prova (CLT, art. 818).

Para sermos francos, o processo do trabalho nem sequer exige que o autor aluda às provas que pretende produzir oportunamente (nem à citação do réu, nem ao valor da causa). Basta uma simples leitura do art. 840, § 1º, da CLT. Logo, se assim é com relação à inicial não há motivo para que seja diferente quanto à contestação. Pela natural influência que o processo civil exerce no espírito dos advogados que atuam na Justiça do Trabalho, estes tendem a transportar, para o procedimento desta, certas exigências ou particularidades daquele. Uma delas é, justamente, a menção dos meios de prova de que a parte se valerá. Embora o processo do trabalho não proíba, como é elementar, essa referência, não menos exato é que não a exige. Logo, se o réu deixar de expressar, na contestação, os meios de prova com que buscará demonstrar a verdade dos fatos em que se funda a defesa, isso não terá efeito preclusivo, pois faz parte do sistema singular do processo do trabalho a possibilidade de produção de provas (por ambas as partes, aliás), independentemente de requerimento expresso.

Apesar de havermos dito, no início deste tópico, que os requisitos da contestação correspondem, *mutatis mutandis*, aos legalmente previstos para a petição inicial, é necessário acrescentar que, ao contrário do que se passa com a inicial, a falta de qualquer desses requisitos não torna a contestação "inepta", de sorte a justificar o seu "indeferimento". Pior seria pensar-se que haveria, além disso, a extinção do processo sem exame do mérito, em manifesto benefício para o infrator.

Se o réu deixar, *e. g.*, de indicar os fatos e os fundamentos jurídicos de sua resistência à pretensão, estará, muitas vezes, deixando de contestar as alegações expendidas pelo autor, fazendo com que sejam presumidas verdadeiros (CPC, art. 341, *caput*), ficando, por isso, dispensada a prova dos fatos a que elas dizem respeito. Se, por outro lado, o réu deixar de impugnar o valor atribuído à causa, na inicial, a presunção legal é de aceitação tácita desse valor, conquanto o juiz possa, por sua iniciativa, alterar esse valor quando ocorrer a situação descrita no art. 292, § 3º, do CPC. Deixando a contestação de apontar o nome e o prenome, o estado civil, a profissão, o domicílio e a residência do réu etc., o fato não terá, em princípio, nenhuma consequência, como ponderamos, pois esses elementos de informação constam da petição inicial. Problema haverá se o réu, devendo retificar eventuais incorreções contidas na inicial acerca desses dados, descurar-se de fazê-lo.

A contestação no processo eletrônico

No processo eletrônico, a contestação não é apresenta em audiência, nem sob a forma física (impressa). Nos juízos que adotam esse tipo de processo o réu é citado para comparecer à audiência destinada, exclusivamente, à tentativa de conciliação, constando do mesmo instrumento a informação de que se não houver acordo ele disporá de cinco dias (ou outro prazo que o juiz assinar) para apresentar defesa por meio eletrônico. Esse prazo é contado da data da audiência.

Indagamos: esse procedimento é *legalmente* admissível? Do ponto de vista da Lei n. 11.419/2006, sim. Todavia, sob a perspectiva específica do processo do trabalho legislado o mencionado procedimento é questionável. Devemos lembrar que nos termos do art. 850, *caput*, da CLT, a defesa deve ser apresentada *em audiência*. Embora a praxe forense tenha admitido que a defesa possa ser feita por escrito (e não oralmente, como é de lei), ela, mesmo assim, deverá ser apresentada em audiência. Isso significa dizer que estamos considerando ilegal a exigência de que, no processo eletrônico, a contestação seja apresentada fora da audiência? Necessariamente, não. Em primeiro lugar, devemos observar que nem tudo aquilo que não está de acordo com a lei é ilegal; em segundo, que a própria praxe forense acabou consagrando a apresentação de defesa escrita, ainda que o art. 850, parágrafo único, da CLT, deixe evidente que deveria ser formulada oralmente; em terceiro, a mesma praxe admitiu a apresentação de defesa escrita fora da audiência, em certos casos, como de ações cautelares, de ação civil pública etc.; em quarto, não podemos ignorar os avanços da tecnologia eletrônica e a incorporação de seus benefícios pelo processo do trabalho. Um desses benefícios consiste na possibilidade de a defesa poder ser apresentada até as 24 horas do último dia do prazo (art. 3º, parágrafo único).

Fizemos alusão ao fato de a praxe forense trabalhista haver consentido na apresentação da defesa: a) por escrito; e b) fora da audiência para demonstrar que ao lado do processo da lei (*due process os law*) há o processo da praxe, sem que este possa ser considerado ilegal. Uma das virtudes do processo da praxe consiste em sua capacidade de responder, com maior rapidez e eficiência às novas exigências que emanam do dinamismo das relações jurídicas — capacidade de que o processo da lei, notoriamente, é destituído. *Mutatis mutandis*, esse é o argumento que se pode utilizar para justificar a adoção do processo eletrônico no âmbito da Justiça do Trabalho.

Em razão disso, concluímos: no processo eletrônico a apresentação da defesa, fora da audiência e em prazo preestabelecido pelo magistrado, pode ser admitida com fundamento no princípio da instrumentalidade, segundo o qual "Quando a lei prescrever determinada forma, o juiz considerará válido o ato se, realizado de outro modo, lhe alcançar a finalidade" (CPC, art. 277). Se o processo civil, mais formalista do que o processo do trabalho, é dotado de normas como a do art. 277, por mais forte razão o processo do trabalho deve nutrir-se do princípio expresso nessas normas. Somente se houver manifesto prejuízo ao réu é que se poderá inquinar de nula a exigência de que, no processo eletrônico, a contestação seja apresentada fora da audiência. A esse respeito é oportuno ressaltar a regra inscrita no art. 794 da CLT: "Nos processos sujeitos à apreciação da Justiça do Trabalho só haverá nulidade quando resultar dos atos inquinados manifesto prejuízo às partes litigantes". Poderá haver nulidade nos casos em que a parte estiver atuando em juízo pessoalmente (CLT, art. 791, *caput*), pois talvez não tenha conhecimentos suficientes das disposições da Lei n. 11.419/2006, nem os aparatos tecnológicos necessários à apresentação da defesa por meio eletrônico.

Ainda: como, no sistema do processo do trabalho, a primeira proposta de conciliação antecede à formulação da defesa (CLT, arts. 846, *caput*, e 847), o procedimento adotado por alguns juízes do trabalho, no processo eletrônico, consistente em designar audiência específica para a tentativa de conciliação, contando-se daí o prazo para a apresentação da defesa, está em harmonia com os dispositivos legais mencionados.

Entretanto, não podemos concordar com o procedimento adotado por alguns juízes, nos processos eletrônicos, consistente em mandar citar o réu para comparecer à audiência destinada à conciliação, devendo, na mesma oportunidade, apresentar documentos (em papel), como termo de rescisão do contrato de trabalho, recibos de pagamento de salários, de férias, de 13ºs salários etc., *sob pena de revelia e confissão*. No mesmo instrumento de citação faz-se o esclarecimento de que no prazo de cinco dias, contado da audiência, o réu deverá apresentar, por meio eletrônico, contestação e documentos, *sob pena de revelia e confissão*. Como se percebe, esse procedimento da praxe apresenta duas oportunidades em que se poderá considerar o réu revel e confesso: a) se não comparecer à audiência de conciliação; b) se, comparecendo à referida audiência, deixar de apresentar contestação no prazo fixado. Ora, se, no caso da letra "a", a audiência é destinada, exclusivamente, à conciliação, vale dizer, à solução consensual do conflito de interesses, torna-se aberrante dos princípios e transgressora das normas legais incidentes a possibilidade de considerar-se revel (e confesso) quem não estava — nos termos do instrumento de citação — obrigado a oferecer contestação nessa oportunidade; a propósito, a contestação nem mesmo seria aceita, se apresentada. Que se considere o réu revel se não oferecer contestação por meio eletrônico no prazo de cinco dias (ou de outro, que o juiz assinar), contado da audiência, é algo com o que podemos concordar, pelas razões já expostas. O que se nos apresenta inadmissível é reputar-se revel quem deixar de comparecer a uma audiência na qual nem mesmo poderia apresentar contestação!

É necessário dizer que os senhores juízes do trabalho não devem se entusiasmar em excesso com as novas tecnologias eletrônicas aplicáveis ao processo do trabalho, a ponto de ignorarem determinadas garantias processuais *fundamentais* que a Constituição da República oferece aos jurisdicionados, em especial, as do contraditório, da ampla defesa e do devido processo legal. Com maior prudência deverão agir os magistrados quando pretenderem aplicar o processo eletrônico nos casos em que uma das partes — ou ambas — esteja atuando em juízo pessoalmente, ou seja, no regular exercício do *ius postulandi* que lhe atribui o art. 791, *caput*, da CLT.

§ 1º Ressalvado o nosso entendimento de que não se aplica ao processo do trabalho o art. 335 do CPC, devemos dizer que, nos termos do § 1º, havendo regime litisconsorcial passivo, e ocorrendo a situação prevista no art. 334, § 6º, o termo inicial da previsto no inciso II será, em relação a cada litisconsorte, a data de apresentação do respectivo pedido de cancelamento da audiência.

§ 2º Verificando-se a hipótese do art. 334, § 4º, inciso II, e havendo regime litisconsorcial passivo, o autor desistir da ação quanto a réu ainda não citado, o prazo para a resposta passará a fluir da data da intimação da decisão homologatória da desistência.

Art. 336. Incumbe ao réu alegar, na contestação, toda a matéria de defesa, expondo as razões de fato e de direito com que impugna o pedido do autor e especificando as provas que pretende produzir.

• **Comentário**

A matéria constava do art. 300 do CPC revogado.

Estamos diante do "princípio da eventualidade", a que se refere a doutrina.

O vocábulo *processo*, do latim *processus*, sugere a ideia de avançar, de ir adiante. O procedimento, que constitui as suas "vestes formais", traduz o conjunto de atos, legalmente preordenados, que devem ser praticados pelo juiz, pelas partes, por terceiros, pelos serventuários, com a finalidade de preparar o provimento jurisdicional de fundo: a sentença, que é, sem dúvida, o principal acontecimento do processo, o seu ponto de culminância e de exaustão.

Por isso, deixamos dito em linhas passadas que todos os atos praticados no processo visam, direta ou indiretamente, com maior ou menor intensidade, à sentença de mérito, que, sob este aspecto, representa o polo de atração magnética de tais atos, legal e logicamente encadeados.

Esse objetivo de "seguir adiante", que é inerente ao processo (e ao procedimento), ficaria, por certo, gravemente comprometido se fosse possível, como regra, a regressão a fases anteriores do procedimento, ou seja, o retrocesso. A fórmula que o legislador encontrou para impedir esse retroceder foi a preclusão, designadamente, a "temporal". Encarada sob esse aspecto, a preclusão pode ser conceituada como o expediente legal destinado a evitar o recuo do procedimento a fases anteriores, já consumadas; subjetivamente considerada, entretanto, a preclusão corresponde à perda de um direito ou de uma faculdade processual, pelo fato de não haverem sido exercidos no momento oportuno.

A preclusão é, portanto, uma das notas características do processo judicial, inclusive, o trabalhista.

Se estamos a falar, neste momento, de preclusão, é, justamente, porque dela deriva o princípio da eventualidade, por força do qual o réu deve alegar, na contestação, toda a matéria de defesa (CPC, art. 336). Por isso, o princípio em exame também foi chamado "da concentração", por José Alberto dos Reis, uma vez que a defesa do réu deve ser concentrada na contestação.

Já é possível perceber, a esta altura, que enquanto a preclusão diz respeito a ambas as partes, e, em alguns casos, aos terceiros, o princípio da eventualidade está jungido, apenas, ao réu. A denominação atribuída a esse princípio é apropriada, pois é como se o réu devesse dizer: "na eventualidade de o argumento que acabo de expor não ser acatado, submeto à consideração do juízo este outro...", ou: "na eventualidade de ser acolhido o pedido do autor, peço que me seja reconhecido o direito quanto a fazer tal coisa, ou a deixar de fazê-la". Em suma, a atitude que se exige do réu é de que, na oportunidade da contestação, apresente todos os requerimentos cabíveis ou todos os argumentos úteis ou necessários à sua defesa, ainda que lhe pareça ser suficiente um só desses argumentos. Essa exigência, que está na base do princípio da eventualidade, se destina não apenas a evitar o retorno a fases já vencidas do procedimento, senão que também a impedir uma outra espécie de tumulto do procedimento, consistente na apresentação, pelo réu, de outras alegações ou de novos requerimentos, relativos aos mesmos fatos, segundo as circunstâncias de cada momento.

Se, por exemplo, o réu impugnar o fato constitutivo do direito invocado pelo autor, e, além, disso, pretender a compensação de alguma quantia que entende lhe haver pago a mais, deverá alegá-la (requerê-la) na contestação, pois a compensação é matéria de defesa, como esclarece o art. 767, da CLT. Se não o fizer, e o direito postulado pelo autor vier a ser reconhecido pela sentença, não poderá deduzir as quantias que pagara, comprovadamente.

O princípio da eventualidade não significa, como se possa imaginar, que o réu deva formular todos os tipos de *respostas* que o caso concreto ensejar. Esse princípio está circunscrito à *contestação*, que nada mais é do que uma das modalidades de resposta do réu, como vimos. Estabelece, com efeito, o art. 336, do estatuto processual civil, que "compete ao réu alegar, **na contestação**, toda a matéria de *defesa*" (destacamos).

Não importa, conseguintemente, em face da norma legal reproduzida, qual seja a matéria de defesa: todas elas devem ser alegadas na contestação, sob pena de preclusão. É bem verdade que a própria lei refere algumas exceções a esse princípio. Três delas constam do art. 342, do CPC, a saber: a) quando as alegações forem relativas a direito superveniente; b) quando competir ao juiz conhecer delas *ex officio*, como a incompetência absoluta, a inépcia da inicial, a perempção, a litispendência, a coisa julgada, a conexão e a continência, a carência da ação etc.; c) quando, por expressa disposição de lei, puderem ser formuladas em qualquer tempo e juízo, como a incompetência absoluta (CPC, art. 64, § 1º). A prescrição figura como uma das matérias que podem ser alegadas em qualquer tempo e grau de jurisdição (Código Civil, art. 193), embora, dela, o juiz, no sistema do processo civil, possa conhecer *ex officio* (CPC, art. 332, § 1º).

Em livros anteriores, dissemos que sob a perspectiva *ética* nada justificava o fato de a parte silenciar-se sobre a prescrição, ao contestar os pedidos do autor, reservando-se para fazê-lo, a seu exclusivo alvedrio, nas razões finais, no recurso ou na sustentação oral — como se o processo e suas regras devessem ficar sujeitos aos caprichos dos litigantes.

Se, como asseveramos no início deste comentário, o processo encerra a noção de um "marchar para a frente", em direção à sentença de mérito, e a preclusão representa um expediente legal devotado à necessidade de impedir um retorno a fases ultrapassadas do procedimento (retrocesso), ficava evidente que a opinião de que a prescrição extintiva poderia ser alegada, pela primeira vez, mesmo em grau de recurso, conspirava, duramente, contra os objetivos que levaram o legislador a redigir o art. 336, do CPC.

Quantas vezes a realidade prática — essa vestal a quem ninguém ilude — já demonstrou que, após uma lide extenuante, que consumiu tempo, paciência e, não raro, dinheiro do trabalhador, este vê todo o seu sacrifício ser em vão quando o tribunal, acolhendo a alegação de prescrição, feita no recurso do réu, extingue o processo com exame do mérito (CPC, art. 487, II). Quanta atividade jurisdicional também não foi aí desperdiçada em virtude da negligência ou, o que é pior, da astúcia do réu! Tudo isso, em nome do art. 193, do Código Civil, que, segundo nossa óptica, foi fulminado pelo art. 336, do CPC — não sem grande tardança. O art. 193, do Código Civil, deu causa, inúmeras vezes, a transgressões aos princípios éticos do processo, por parte de alguns réus, e deixou, atrás de si, legiões de vítimas.

Nem se diga que o art. 337, do CPC, não faz referência à prescrição. Esse dispositivo legal, como se sabe, declara que o réu deverá, antes de discutir o mérito, alegar as matérias constantes dos incisos I a

Código de Processo Civil

XIII, dentre as quais, como se afirmou, não se inclui a prescrição. Ora, esses incisos do art. 337 dizem respeito às *preliminares*; a prescrição extintiva, como se sabe, é *prejudicial* de mérito, exatamente porque se liga a este. Assim, não poderia o legislador introduzir a prescrição no rol das preliminares a que alude o art. 337, do CPC.

Também não se contra-argumente que o art. 342, III, do CPC, permite ao réu deduzir novas alegações quando, por expressa autorização legal, puderem ser formuladas em qualquer tempo e juízo, pois essa dicção legal se refere a fatos novos (não a "direitos supervenientes", pois esta matéria está prevista no inciso I do mesmo dispositivo), não à prescrição, que, para esse efeito, deve ser tida como fato antigo.

Estes nossos argumentos, no entanto, pareceram perder um pouco a relevância que pudesse ter, em virtude da superveniência da Lei n. 11.280/2006, que deu nova redação ao § 5º, do art. 219, do CPC de 1973, por força do qual o juiz deveria pronunciar, *de ofício*, a prescrição.

O CPC em vigor, todavia, não reproduziu, de maneira expressa, essa regra, fato que poderia motivar-nos a sustentar o ponto de vista de que o juiz já não pode pronunciar, por sua iniciativa, a prescrição. Entretanto, ao dispor que o juiz rejeitará, liminarmente, o pedido quando, entre outras coisas, "verificar, desde logo, a ocorrência de decadência ou de prescrição", o art. 332, § 1º, do CPC revela que o juiz — no plano do processo civil — continua podendo conhecer *ex officio* da prescrição. Assim dizemos porque a rejeição liminar do pedido deverá ocorrer "independentemente de citação do réu".

Uma ponderação indispensável: os juízes do trabalho devem ser extremamente cautelosos na aplicação do art. 336 do CPC quando o réu estiver atuando sem advogado, conforme lhe faculta o art. 791, *caput*, da CLT (*ius postulandi*). Não podemos nos esquecer que a precitada norma legal foi elaborada com vistas a um processo no qual, por princípio, a presença do advogado é indispensável (CPC, art. 103, *caput*).

Art. 337. Incumbe ao réu, antes de discutir o mérito, alegar:

I — inexistência ou nulidade da citação;

II — incompetência absoluta e relativa;

III — incorreção do valor da causa;

IV — inépcia da petição inicial;

V — perempção;

VI — litispendência;

VII — coisa julgada;

VIII — conexão;

IX — incapacidade da parte, defeito de representação ou falta de autorização;

X — convenção de arbitragem;

XI — ausência de legitimidade ou de interesse processual;

XII — falta de caução ou de outra prestação que a lei exige como preliminar;

XIII — indevida concessão do benefício de gratuidade de justiça.

§ 1º Verifica-se a litispendência ou a coisa julgada quando se reproduz ação anteriormente ajuizada.

§ 2º Uma ação é idêntica a outra quando possui as mesmas partes, a mesma causa de pedir e o mesmo pedido.

§ 3º Há litispendência quando se repete ação que está em curso.

§ 4º Há coisa julgada quando se repete ação que já foi decidida por decisão transitada em julgado.

§ 5º Excetuadas a convenção de arbitragem e a incompetência relativa, o juiz conhecerá de ofício das matérias enumeradas neste artigo.

§ 6º A ausência de alegação da existência de convenção de arbitragem, na forma prevista neste Capítulo, implica aceitação da jurisdição estatal e renúncia ao juízo arbitral.

Art. 337

• **Comentário**

Caput. Ocupava-se do tema o art. 301 do CPC revogado.

A norma especifica, em treze incisos, as matérias que o réu deve alegar antes de impugnar o mérito.

Como o autor, via de regra, invoca a prestação da tutela jurisdicional para promover a reparação de direito material lesado, ou para evitar que a lesão se consume, é natural que a defesa do réu tenha como objeto, quase sempre, esse direito invocado pela contraparte.

O autor, entretanto, para demandar em juízo, deve atender a determinados requisitos exigidos pelas leis processuais, uma vez que o processo não é propriedade das partes, senão que — como tantas vezes dissemos — método ou técnica pelo qual o Estado soluciona os conflitos de interesses estabelecidos entre os indivíduos ou as coletividades. Por outro lado, sob o aspecto do direito material, o processo possui caráter instrumental, porquanto o seu fim radica no interesse da parte de que as coisas se disponham, em concreto, conforme aquele direito.

À defesa que tenha como alvo o direito material do autor, ou seja, a própria res in iudicio deducta, costuma-se denominar de direta. Nenhuma falta contra o senso lógico haveria, contudo, se viéssemos a chamá-la de defesa típica, justamente porque, em termos clássicos e históricos, a reação jurídica do réu sempre teve como centro de provocação o direito material alegado pelo autor.

Em algumas situações, todavia, o réu, antes de manifestar-se sobre as questões de fundo da demanda, verifica que o autor não respeitou as normas processuais incidentes (*due process of law*); caber-lhe--á, diante disso, formular as objeções de natureza processual, que o caso comportar. Trata-se, aí, de defesa indireta, pois não tem em mira o direito material sustentado pelo autor, mas o próprio processo.

Essas objeções, por antecederam, topologicamente, à impugnação do mérito, recebem, por isso mesmo, o nome de preliminares.

O efeito prático (e jurídico, por certo) mais expressivo dessas preliminares é revelado pela possibilidade de — tirante raras exceções —, quando acolhidas, acarretarem a extinção do processo, sem pronunciamento jurisdicional acerca do mérito (CPC, art. 485).

Dessa regra legal, extrai-se a conclusão de que as preliminares representam uma espécie de obstáculos eficientes ao julgamento do mérito, pois dotadas de aptidão para dar cobro ao processo sem que o juiz possa, em princípio, se pronunciar a respeito das pretensões formuladas pelo autor.

Por motivos de ordem presumivelmente pragmática, o CPC (art. 337) arrola as preliminares que devam ser suscitadas pelo réu, na contestação — sendo sempre recomendável lembrar que, posto de parte a convenção de arbitragem e a incompetência relativa, delas o juiz pode (e deve) conhecer *ex officio* (*ibidem*, § 5º).

Inciso I. *Citação.* A citação, contanto que regularmente efetuada, tem a finalidade de abrir, para o réu, a oportunidade de exercer o seu direito constitucional de ampla defesa (Const. Federal, art. 5º, LV), em face das alegações expendidas pelo autor. Esse direito de resposta constitui cláusula inerente aos Estados Democráticos de Direito, pois não é concebível que alguém venha a ser condenado sem haver podido se defender, ou seja, sem que tenha recebido, do Estado, a possibilidade de apresentar a sua versão acerca dos fatos da causa.

Deste modo, se não houve citação (inexistência), ou se esta foi realizada mediante violação de norma legal (nulidade), incumbirá ao réu, na contestação, antes de impugnar o mérito da causa, alegar o fato. O verbo incumbir, utilizado na redação da norma legal em estudo demonstra que estamos diante de um ônus do réu. É necessário esclarecer, entrementes, que em determinados casos, como os de inexistência ou de nulidade de citação, o juiz pode conhecer *ex officio* dessas matérias, por serem de ordem pública.

Citação inexistente é aquela que não houve, que não foi realizada; citação nula é a que, embora tenha sido efetuada, o foi contra as normas legais regentes. Ato inexistente é o não-ato, o nihil jurisdicional. É ato que, por não atender a uma exigência fundamental da lei, só existe materialmente (vale dizer, no mundo sensível), e, não, juridicamente.

Se bem refletirmos, veremos que o problema da inexistência do ato processual é algo que precede à sua validade, pois sem que o ato efetivamente exista, não se pode, por uma questão de lógica elementar, dizer se é válido, ou não. A existência constitui, assim, pressuposto para a verificação da validade do ato.

Uma das características mais expressivas dos atos inexistentes repousa na desnecessidade de uma ação judicial específica, declaratória do seu não-ser, conquanto o exercício desta ação, em determinados casos, seja aconselhável. Não estamos, com esta opinião, a afirmar que a inexistência prescinda de um pronunciamento jurisdicional a respeito, e, sim, que ela não precisa ser, sempre, objeto de ação declaratória, inversamente, portanto, ao que se passa com a nulidade, que reclama a ação rescisória, se já tornada imutável a sentença pela autoridade da coisa julgada material.

A citação constitui ato de extrema importância para a regular constituição da relação jurídica processual: autor/Estado/réu (tríplice angularidade). Mais do que isso, é o ato pelo qual se dá ciência ao réu da existência da ação, a fim de que, desejando, possa exercer o direito constitucional ao contraditório e à ampla defesa. Conforme afirmamos quando do comentário ao art. 238 do CPC, a citação não é ato pelo qual se convoca o réu para integrar a relação processual. O verbo convocar, por possuir um sentido de compulsoriedade, é inapropriado, pois o ato de defender-se entra na faculdade do réu. Por

Código de Processo Civil

isso, preferimos conceituá-lo como o ato por meio do qual se cientifica o réu quanto à existência da ação; a partir daí, caberá a ele, segundo seu prudente arbítrio, decidir se contestará, ou não os termos da petição inicial, sabendo, por certo, das consequências processuais de sua eventual opção pelo silêncio (CPC, arts. 341 e 344).

Convém repisarmos: a citação se apresenta como um ato processual de suprema importância para o réu, pois é por meio dessa comunicação processual que ele fica ciente da existência da ação. A citação pode ser tida, portanto, como a mais elevada manifestação do princípio constitucional do contraditório, que se encontra umbilicalmente atada à cláusula processual do devido processo legal (*due process of law*), consagrada pela Suprema Carta Política do País (art. 5º, LIV). Considerada sob esse ângulo, a citação não deixa de refletir um enunciado característico dos regimes democráticos.

Consta do art. 280, do CPC, a advertência de que a citação (assim como a intimação) será nula quando realizada sem observância das prescrições legais. O atendimento a essas prescrições figura, sem dúvida, como uma garantia do direito de defesa do réu. Em que pese à redação imperativa do preceito legal indicado, não podemos ignorar que o processo não é um fim em si mesmo, mas um simples instrumento de tutela do direito material (conquanto saibamos que a ação constitui um direito abstrato de agir, cujo exercício não reclama, necessariamente, a presença de um direito material).

Exatamente por isso, a jurisprudência trabalhista, com sua vocação vanguardeira, acabou por placitar o procedimento adotado por alguns juízes de primeiro grau, consistente em realizar a citação do réu residente ou estabelecido em outra jurisdição sem o instrumento formal da carta precatória, mas pelo correio, com aviso de recebimento. Certamente inspirado nesse procedimento, o art. 247 do CPC declara que a citação será efetuada pelo correio *para qualquer comarca do país*, exceto nos casos ali previstos.

Inciso II. *Incompetência*. Não é de todo equivocado o conceito, há muito difundido pela doutrina, de que a competência constitui a medida da jurisdição que as leis atribuem aos órgãos do Poder Judiciário. Afinal, embora os juízos possam deter, em regra, jurisdição a respeito de determinado limite territorial, nem sempre terão competência para apreciar as lides ocorrentes dentro desses lindes.

Além de traduzir esse elemento delimitador da porção jurisdicional, a competência figura como um princípio constitucional do processo, em nosso meio, pois a Suprema Carta Política Federal, em vigor, inscreveu, no Capítulo dos Direitos e Garantias Individuais e Coletivos, a solene declaração de que ninguém será processado nem sentenciado *"senão pela autoridade **competente**"* (art. 5º, LIII); (destacamos).

A competência, do mesmo modo como a jurisdição, não é de quem a quer, mas de quem a lei a atribui. Portanto, esse *possuir de competência* emana de norma legal, porquanto não fica reservado ao arbítrio dos juízes definir a sua competência, seja quanto à matéria, ao valor, à pessoa, ao local, à hierarquia e o mais. No caso específico da Justiça do Trabalho, a sua competência é material, estando fixada no art. 114, da Constituição da República.

Rigor à frente, pode-se dizer que a competência não está ligada à pessoa física do juiz, senão que ao juízo, pela mesma razão lógica que o impedimento e a suspeição, ao contrário, dizem respeito ao juiz, nunca ao juízo.

São absolutas as incompetências em razão da matéria, da pessoa, e da hierárquica; logo, será relativa a que disser respeito ao território e ao valor.

No sistema do CPC revogado, somente a incompetência absoluta poderia ser objeto de preliminar da contestação; a relativa deveria ser arguida por meio de exceção.

O CPC atual, em atitude acertada, determina que ambas as incompetências sejam alegadas como *preliminar* da contestação (arts. 64 e 337, II). Dissemos ter sido acertada essa modificação introduzida pelo legislador porque simplificou o procedimento ao dispensar o uso da exceção para veicular a incompetência relativa. Conforme temos sustentado ao longo deste livro, espera-se que a doutrina e a jurisprudência trabalhista se sensibilizem quanto à utilidade dessa inovação do CPC para o processo do trabalho, sendo necessário, para isso, conferir uma interpretação derrogante dos arts. 799 a 802, da CLT, que cuidam das exceções. Essa atitude do intérprete trabalhista tanto mais se justifica se considerarmos a sobrevivência do art. 791, *caput*, da CLT, que atribui às partes a faculdade de atuar em juízo sem o patrocínio de advogado. Sem essa atitude, a incompetência relativa continuará sendo objeto de exceção.

Inciso III. *Incorreção do valor da causa*. O art. 292 do CPC indica os critérios objetivos que o autor deverá observar para efeito de indicar, na petição inicial, o valor da causa. Em termos gerais, essa norma do CPC é aplicável ao processo do trabalho. Em todo o caso, remetemos o leitor aos comentários específicos que lançamos ao art. 292. Pois bem. Se o autor desvencilhar-se dos critérios estampados na precitada norma legal, incumbirá ao réu, em preliminar, sob pena de preclusão, alegar a incorreção do valor dado à causa, cabendo ao juiz decidir o incidente (CPC, art. 293). Essa decisão, por ter caráter interlocutório, é irrecorrível no processo do trabalho (CLT, art. 893, § 1º).

Embora possa configurar-se a preclusão para réu, isso não impedirá que o juiz, *ex officio*, altere o valor atribuído à causa, sempre que houver, por parte do autor, desacato aos critérios fixados pelo art. 292 do CPC, ou quando a causa não possuir um conteúdo econômico imediato.

Inciso IV. *Inépcia da petição inicial*. Regra geral, a jurisdição se mantém em um estado de inércia, motivo por que o exercício dessas funções, pela magistratura, deve ser provocado pelo interessado (CPC, art. 2º).

Assim o é, porquanto seria algo comprometedor da estabilidade das relações sociais e jurídicas que se cometesse ao juiz o poder de sair pelo mundo a fomentar lides. Demais, esse poder o faria imparcial, tendencioso, pois estaria a substituir-se ao autor. A provocação do exercício desse poder-dever estatal, a que se chama jurisdição, deve emanar, como salientamos, da parte, na exata medida do seu interesse em obter essa tutela jurisdicional, com o objetivo de preservar um bem ou uma utilidade da vida.

A petição inicial, tomada por essa óptica, representa o instrumento pelo qual o interessado torna ativa a jurisdição, retirando-a do estado inercial a que há pouco aludimos.

Em face de sua elevada importância para o processo, a petição inicial tem a sua validade condicionada ao atendimento de determinadas exigências legais. Além disso, ela estabelece os limites subjetivos e objetivos da lide, pois não apenas identifica as pessoas envolvidas no conflito de interesses como define, quantitativamente, as pretensões que deseja ver acolhidas pelo provimento jurisdicional invocado. Em suma, a petição se revela como uma espécie de estalão, pelo qual se delimita, subjetiva e objetivamente, a lide, para os efeitos do art. 492, do CPC, dentre outros. Ao juiz será defeso proferir sentença que conceda mais (*ultra*) ou fora (*extra*) do que foi pedido, assim como conceder menos (*minus*) do que o direito assegura à parte (CPC, arts. 141 e 492).

No processo do trabalho, os requisitos para a validade da petição inicial são os indicados no art. 840, § 1º, da CLT; no CPC, constam do art. 319. Cumpre ressaltar que no processo do trabalho, ao contrário do civil, não se exige que o autor, na petição inicial: a) aponte os meios de prova com os quais pretende demonstrar a veracidade dos fatos narrados; b) mencione o valor da causa, porquanto este, no silêncio do autor, será fixado pelo juiz, na forma do art. 2º, da Lei n. 5.584/70.

A petição inicial será inepta quando: a) lhe faltar o pedido ou a causa de pedir; b) o pedido for indeterminado; c) da narração dos fatos não decorrer, de maneira lógica, a conclusão; d) contiver pedidos inconciliáveis entre si (CPC, art. 330, § 1º, I a IV). Antes, contudo, de pronunciar a inépcia da inicial caberá ao juiz fixar prazo para que os defeitos ou irregularidades sejam sanados, no prazo de quinze dias (CPC, art. 321). Somente se o autor não emendar ou completar a inicial, nesse prazo, com a finalidade de proceder à sanação determinada, é que a petição será indeferida (CPC, arts. 321, parágrafo único, e 330), com a consequente extinção do processo sem resolução do mérito (CPC, art. 485, I).

Incorrerá, portanto, em erro de procedimento o juiz toda vez que indeferir a petição inicial sem propiciar ao autor a oportunidade para emendá-la ou completá-la, no prazo de quinze dias (CPC, art. 321).

Inciso V. *Perempção.* Foge ao escopo deste livro empreender uma investigação aprofundada sobre os conceitos de prescrição extintiva, decadência e perempção. Deve ser dito, de modo objetivo, que a perempção, ao contrário da decadência, não extingue o direito material que dava conteúdo à ação, cujo processo foi desfeito. Opostamente, ainda, à prescrição extintiva, a perempção não afeta a pretensão de direito material: apenas inibe o exercício da invocação da tutela jurisdicional. Na perempção, portanto, não só o direito material, como a pretensão que a ele corresponde, ficam incólumes, razão por que que podem ser alegados como matéria de defesa.

Casos típicos de perempção, no processo do trabalho, são os estampados nos arts. 731 e 732, da CLT. Este último estabelece, em particular, que se o autor der causa a duas extinções consecutivas do processo (sem julgamento do mérito), em virtude de sua ausência injustificada à audiência (denominada, pela praxe forense, de "inicial"), "incorrerá na pena de perda, pelo prazo de seis meses, do direito de reclamar perante a Justiça do Trabalho". O processo civil de 1973 era dotado de norma assemelhada, mas com efeito mais contundente, como evidenciava o seu art. 268, parágrafo único, por força do qual a extinção do processo, por três vezes, em decorrência de abandono da causa, impediria o autor de intentar a ação, novamente, perante o mesmo réu, ficando-lhe assegurada, porém, a faculdade de alegar o seu direito (material) em defesa.

O CPC atual reproduziu a regra no art. 486, § 3º.

Conquanto tenhamos dito que a perempção se trata de matéria de defesa, estamos convencidos de que as disposições contida na CLT estão em antagonismo com o art. 5º, inciso XXXVI, da Constituição Federal em vigor, que proíbe a exclusão, do conhecimento jurisdicional, de qualquer lesão de direito ou ameaça de lesão. Sob esse prisma, estamos em boa sombra para julgar que os arts. 731 e 732, da CLT, foram revogados pelo art. 141, § 4º, da Constituição Federal de 1946 — que, aliás, "redemocratizou" o País, livrando-o do período ditatorial que marcou a vigência da Carta outorgada em 1937. Houve, no caso, revogação, porque o texto constitucional referido foi editado posteriormente aos arts. 731 e 732, da CLT. Se a cronologia fosse inversa, o que teríamos seria a inconstitucionalidade desses artigos da CLT. Há, por isso, inconstitucionalidade do § 3º do art. 486 do atual CPC.

O fato de o autor poder alegar em defesa o seu direito (CPC, art. 486, § 3º), não elimina o contraste dos arts. 731 e 732, da CLT, e do próprio art. 486, § 3º, do CPC, com a Constituição da República, até porque se não houver ação em que o outrora autor figure como réu ele não poderá alegar, em defesa, o seu direito.

Inciso VI. *Litispendência.* A litispendência e a coisa julgada se identificam por um ponto-comum: a repetição da ação; o que as desassemelha, todavia, é o elemento cronológico: enquanto, na litispendência, repete-se ação que está em curso, na coisa julgada essa repetição diz respeito à ação primitiva já julgada (por sentença contra a qual não mais caiba recurso). Esclarecendo: se a ação anterior já foi apreciada por sentença passível de ser impugnada mediante recurso, o caso é de litispendência, pois aquela ação, nos termos do art. 337, § 3º, primeira parte, do CPC, ainda está em curso. Tanto isso é certo, que poderá haver modificação da sentença (no mesmo processo), em decorrência de recurso interposto. Se, todavia, a sentença proferida na causa primitiva já passou em julgado, a situação, obviamente, é de coisa julgada.

A separação entre os conceitos de litispendência e de coisa julgada, em rigor, atende às exigências científicas da doutrina; do ponto de vista estritamente do art. 337, incisos VI e VII, do CPC, tanto aquela quanto esta devem ser alegadas na contestação, como preliminar, e, se acolhidas, conduzem à extinção do processo sem resolução do mérito (CPC, art. 485, V). Ambas, porém, podem ser pronunciadas de ofício (CPC, art. 485, § 3º) e, extinto o (segundo) processo, não podem as partes intentar, novamente, a ação (CPC, art. 486, *caput*).

Para os efeitos da litispendência, considera-se proposta a ação tanto que tenha sido protocolada (CPC, art. 312). Não há antagonismo entre os arts. 240 e 312, do mesmo diploma processual, na medida em que, com vistas à litispendência, o que se exige é a citação válida (art. 240), e, não apenas, o protocolo da inicial (art. 312). O art. 312, a propósito, deixa claro que o ajuizamento da ação só produz os efeitos descritos no art. 240 com a citação válida.

No processo do trabalho o critério será o do simples protocolo da petição inicial; assim, também, no CPC (art. 312, primeira parte).

Há situações em que a litispendência se situa em uma zona algo nebulosa, imprecisa. Uma delas se dá entre a ação declaratória e a ação condenatória, em que figuram as mesmas partes e que se fundam nas mesmas razões de fato. Digamos, que o trabalhador haja ingressado em juízo postulando, unicamente, a declaração da existência de vínculo de emprego com o réu e que, antes de ser decidida essa causa, ele ingresse com outra ação, em que vise não apenas à mesma declaração, mas à condenação do adversário ao pagamento de determinadas quantias. A situação é peculiar, pois se considerarmos que, na segunda ação, há repetição parcial de pedido constante da anterior (reconhecimento da existência de relação de emprego), seremos levados a admitir uma destas duas soluções: a) extinguir, totalmente, a segunda ação, e, desse modo, estaríamos indo além da medida legal, pois a litispendência estaria restrita a parte dos pedidos, não podendo afetar, portanto, os de natureza condenatória; ou b) extinguir a segunda ação unicamente quanto ao pedido de reconhecimento de vínculo de emprego, e, neste caso, haveria o risco, por exemplo, de declarar-se, na primeira, a inexistência do vínculo, e, apesar disso, vir-se a condenar o réu, na segunda ação, ao pagamento de aviso-prévio, férias, horas extras etc., que tenham sido pleiteados.

A situação, que acabamos de narrar, reflete, sem dúvida, uma litispendência parcial (vínculo de emprego). Duas soluções poderiam, em tese, ser adotadas para evitar a contradição de julgados: a) proceder-se à reunião dos autos correspondentes, em razão da continência *sui generis* representada pela segunda ação; ou b) suspender o segundo processo, com fundamento no art. 313, IV, "a", do CPC, até que houvesse o julgamento definitivo da primeira ação (declaratória).

Conquanto, sob o aspecto rigorosamente técnico, correta seria a segunda solução (suspensão do processo), entendemos que se deva optar, no processo do trabalho, pela primeira (reunião dos autos correspondentes). A suspensão do processo implicaria sem dúvida, uma longa espera pelo trânsito em julgado da sentença que fosse emitida no primeiro processo, ainda que a lei (CPC, art. 313, § 4º) fixe em seis meses ou um ano, conforme seja o caso, o prazo máximo da suspensão. Isso é demasiado tempo para quem está à espera da prestação jurisdicional, máxime se levarmos em conta a habitual demora na solução do conflito, mesmo sem a suspensão do processo. Por isso, aos propósitos do processo do trabalho convém a reunião de ambos os autos (ação declaratória e ação condenatória), a fim de que, por esse modo, se abrevie a solução da lide.

Se, ao contrário, o trabalhador ajuizar ação em que peça um provimento declaratório (da existência de relação de emprego) e, ao mesmo tempo, condenatório (no pagamento, por parte do réu, de certas quantias), e, mais tarde, ingressar com ação exclusivamente declaratória (relação de emprego), estando ainda em curso a primeira, o segundo processo deverá ser extinto em virtude de a litispendência, quando a este, ser total. Aqui, não se deve efetuar a reunião dos autos correspondentes.

Em um caso, pelo menos, o processo civil prevê que a repetição da ação não induzirá litispendência: quando for ajuizada perante tribunal estrangeiro (CPC, art. 24). Cremos, porém, que somente não haverá litispendência se o tribunal brasileiro e o estrangeiro forem competentes para apreciar a causa, e, ainda assim, desde que a decisão proferida pela justiça estrangeira não tenha sido homologada pelo Superior Tribunal de Justiça (Const. Federal, art. 105, I, "i").

É conveniente reiterar que o juiz poderá conhecer, *ex officio*, de todas as matérias enumeradas no art. 337 do CPC, exceto da convenção de arbitragem e a incompetência relativa (*ibidem*, § 4º).

Inciso VII. *Coisa julgada.* A coisa julgada material, nos termos da lei, é a autoridade, que torna imutável e indiscutível a decisão de mérito, não mais sujeita a recurso (CPC, art. 502). *A res iudicata* figura, assim, não como efeito, mas como qualidade da sentença (ou do acórdão). A coisa julgada dita *formal* é a que se constitui nos autos, não se irradiando para além dos limites do processo em que se formou. Examinada à risca, essa expressão consagrada pela doutrina contém acentuada impropriedade técnica, pois nos casos em que se afirma haver coisa julgada formal, a *coisa* (entendida como a *res in iudicio deducta*, a pretensão de direito material controvertida, enfim, que dá conteúdo à lide), simplesmente não foi julgada.

Na esfera da realidade prática, o fenômeno jurídico da coisa julgada material se configura com a repetição de ação já apreciada anteriormente, por pronunciamento jurisdicional de mérito não mais impugnável por meio de recurso. Diante disso, incumbirá ao réu, em sua resposta (contestação) alegar o fato ao juiz, para que o processo seja extinto sem resolução do mérito (CPC, art. 485, V). Ainda que o interesse, quanto a essa extinção, seja, eminentemente, do réu, a lei permite que o juiz, por sua iniciativa, conheça da coisa julgada, em qualquer tempo ou grau de jurisdição, contanto que não ocorrer o trânsito em julgado (CPC, art. 485, § 3º) no processo que ele conduz.

O respeito à coisa julgada, entre nós, foi alteado à categoria de garantia constitucional (Const. Federal, art. 5º, inciso XXXVI), havendo, mesmo, uma inveterada e salutar tradição nesse sentido.

Deslocado o tema para o plano infraconstitucional, devemos recordar que a *res iudicata* constitui pressuposto negativo para o regular desenvolvimento da relação processual, pois não é concebível que as partes retornem a juízo para formular as mesmas pretensões já submetidas a um pronunciamento jurisdicional tornado imutável pela autoridade da coisa julgada. Sob este aspecto, percebe-se, com nitidez, o escopo de pacificação das relações sociais e jurídicas, que é atribuído a esse fenômeno processual. Sem o obstáculo da coisa julgada material, haveria uma tendência de perpetuar-se o conflito de interesses, de maneira a colocar em risco a estabilidade das relações entre os indivíduos, entre estes e as coletividades, ou entre estas.

Levando em conta, no entanto, a falibilidade da natureza humana e a consequente possibilidade de a coisa julgada estar comprometida por eventuais vícios ou falhas, de natureza grave, como a ofensa à lei, à própria Constituição ou à coisa julgada anterior, o legislador instituiu a ação rescisória como instrumento jurídico para desconstituir os efeitos da *res Iudicata* (CPC, art. 966). Como ponderamos algures, em alguns casos, a coisa julgada, longe de atender ao propósito político de pacificação das relações sociais, acaba por se converter em elemento perturbador dessas relações.

Da mesma forma que a litispendência (que é, por assim dizer, o seu elemento embrionário), a coisa julgada requer, em princípio, para a sua configuração, a presença de uma tríplice identidade, a saber: a) de pessoas (*eadem personae*); b) de causa de pedir (*eadem causa petendi*); e c) de pedidos (*eadem res, petitum*). Essa tríade de elementos coincidentes não é, todavia, absoluta, como se tem suposto, uma vez que, em determinadas situações particulares, poderá caracterizar-se a coisa julgada (e, de igual maneira, a litispendência), sem que haja a identidade de pessoas, como se dá, *e. g.*, quando o trabalhador ingressa em juízo para vindicar, pessoalmente, direitos que estão sendo objeto de postulação (litispendência) ou já foram acolhidos ou rejeitados por sentença transitada em julgado (coisa julgada) em ação ajuizada pelo sindicato representativo de sua categoria, na qualidade de substituto processual.

Nesta hipótese, ainda que não haja coincidência de partes (porquanto numa ação figura como tal o trabalhador, e, noutra, o sindicato), há que se colocar acima de tudo o fato de que, tanto numa quanto noutra, o titular do direito material é o mesmo, ou seja, o trabalhador. E isto é o quanto basta para configurar, sem escoriações aos princípios, a litispendência ou a coisa julgada, conforme tenha, a sentença proferida no primeiro processo, passado em julgado, ou não. A entender-se de modo diverso, poderiam surgir decisões antagônicas sobre a mesma matéria, ou repetitivas, num quadro patológico que só faria colocar sob justificada suspeita popular o prestígio dos pronunciamentos da jurisdição.

Inciso VIII. *Conexão*. Consta do inciso VIII, do art. 337, do CPC, que o réu deverá alegar, na contestação, em caráter preliminar, a conexão. Mais uma vez, o legislador disse menos do que pretendia, pois, sendo o caso, o réu deverá alegar, também, a *continência*, cujo conceito processual é mais extenso do que o da conexão.

Realmente, enquanto a conexão se caracteriza pela existência de duas ou mais causas que possuam a mesma causa de pedir ou o mesmo pedido (CPC, art. 55, *caput*), a continência se estabelece pela identidade das causas de pedir e desde que o pedido de uma, por ser mais amplo, abranja o da outra (CPC, art. 56).

Vê-se, assim, que não há razão jurídica para limitar-se a arguição do réu à conexão, como parece impor a imperfeita redação do inciso VIII, do art. 337, do digesto de processo civil.

A finalidade, tanto da conexão quanto da continência, é fazer com que as causas, por refletirem a mesma lide, ou aspectos semelhantes das mesmas lides, tenham os correspondentes autos reunidos, a fim de realizar-se uma só instrução e de proferir-se uma única sentença — providências que emanam de uma indispensável política de economia dos atos do procedimento, além de evitarem a existência de pronunciamentos jurisdicionais conflitantes, acerca da mesma matéria, seja de fato ou de direito.

Se as ações forem exercidas perante o mesmo juízo, o magistrado poderá ordenar a reunião dos autos (CPC, art. 58). Se tiverem tramitando em juízos diferentes a reunião será efetuada no prevento, que as decidirá de maneira simultânea (*ibidem*). Dois escólios devem ser lançados sobre o tema: a) a reunião, no caso, será dos *autos*, e, não, das *ações*, como está na lei, nem dos processos, como está no gosto cientificamente pouco apurado de alguns escritores. Ora, sendo, a ação, um direito público subjetivo de invocar-se a prestação da tutela jurisdicional, e, o processo, um método estatal de solução dos conflitos de interesses, é elementar que possuem existência imaterial, motivo por que jamais poderão ser materialmente reunidos; b) a reunião dos autos entra na faculdade do juiz, a despeito da redação dada ao art. 58 do CPC atual não fazer uso do verbo *poder* ("pode") constante da redação do art. 105 do CPC anterior.

A necessidade de adequada compreensão da disciplina legal respeitante à conexão e à continência recomenda que deixemos clarificado o seguinte: a simples circunstância de haver conexão ou continência não corresponde, por si só, à presença de um obstáculo ao desenvolvimento regular da relação jurídica processual — fato de que nos leva a asseverar que tanto uma quanto outra, ao contrário do que sustenta a corrente doutrinal predominante, não representam elementos impeditivos da validade e da desenvolução regulares do processo, mesmo que o juiz determine a reunião dos autos correspondentes.

A existência de conexão ou de continência deve ser alegada pela parte, ou conhecida pelo juiz, *ex officio*, somente para efeito de junção dos respectivos autos, em nome da necessidade de serem evitadas decisões contrastantes entre si, e, cabe iterar, em nome da própria política judiciária e legislativa de economia dos atos processuais, não se relacionado, assim, de modo algum, com os pressupostos legais de validade ou de desenvolvimento do (segundo) processo.

A desrazão de reputá-las como pressupostos negativos para o desenvolvimento da relação processual fica tanto mais evidente quando se sabe que, como dissemos, a reunião de autos se insere na faculdade do juiz, que, por isso, poderá recusá-la, sem que o seu ato prejudique o segundo processo, em que a conexão ou a continência foram alegadas.

A situação factual e jurídica, aqui, é, portanto, totalmente diversa da que justificou a inclusão da litispendência e da coisa julgada como pressupostos negativos para a validade da relação processual, porquanto, neste caso, há repetição de ações, fenômeno ou anomalia que não ocorre na conexão ou na continência.

Se as ações conexas ou ligadas pela continência estiverem em curso perante juízos distintos, que detenham a mesma competência territorial, considera-se prevento o que, por despacho, ordenou a citação primeiro lugar (CPC, art. 58).

Inciso IX. *Incapacidade de parte, defeito de representação, falta de autorização.* Embora, sob o aspecto prático, tanto a capacidade de ser parte quanto a de estar em juízo devam ser alegadas pelo réu, como preliminar, o rigor doutrinário sugere que os respectivos conceitos sejam separados.

Capacidade de ser parte. Tem-na todo aquele que é sujeito de direitos (Código Civil, art. 1º). *Parte*, sob esta óptica, é, pois, toda pessoa que se encontra no gozo de seus direitos. Os incapazes, por exemplo, possuem capacidade de ser parte (podendo, por isso, integrar a relação jurídica processual), embora não a possuam para *estar em juízo*, ou seja, para praticar atos processuais com efeitos jurídicos.

Capacidade de estar em juízo. É regulada pelos arts. 70 a 76, do CPC. Estabelece o primeiro: "Toda pessoa que se acha no exercício dos seus direitos tem capacidade para estar em juízo".

No processo do trabalho, a legitimidade *ad processum* é adquirida aos 18 anos de idade (CLT, art. 792); se o trabalhador possuir 16 anos de idade ou mais, mas menos de 18, deverá ser representado em juízo pelo pai, mãe, tutor, curador, ou, na falta deles, pela Procuradoria da Justiça do Trabalho (CLT, art. 793). Inexistindo, na localidade, órgão do Ministério Público do Trabalho, ao juiz incumbirá nomear curador à lide (*ibidem*).

Dois outros escólios se fazem convenientes. Se o trabalhador, menor de 18 anos, estiver sob tutela (em decorrência do falecimento dos pais; de terem estes sido declarados ausentes ou decaído do poder familiar), será indispensável a autorização do juiz competente (em matéria civil, é certo) para que a ação seja ajuizada. A doutrina tem entendido que, na situação referida, a legitimidade para o processo somente é obtida com o concurso dessas duas providências legais: a representação do menor e a autorização judicial. Se o trabalhador for curatelado (em virtude de interdição originada pela demência, surdo-mudez etc., que o impeça de manifestar a sua vontade), será necessária não apenas a autorização judicial, para o ingresso em juízo, como a fixação, também por ato do magistrado, dos limites da interdição.

Tanto a capacidade de ser parte quanto a de estar em juízo, por traduzirem pressupostos imprescindíveis para a constituição e o desenvolvimento regulares da relação jurídica processual, devem ser examinadas de ofício, em qualquer tempo e grau de jurisdição, enquanto não proferida a sentença de mérito (CPC, art. 485, IV e § 3º). A referência legal ao proferimento da sentença de mérito como limite final para que o juiz possa se pronunciar, por sua iniciativa, a respeito dos sobreditos pressupostos, deve ser adequadamente inteligida, sob pena de conduzir a graves distorções de seu verdadeiro objetivo. E lógico que o juízo de primeiro grau, ao emitir a sentença de mérito, não mais poderá alterá--la, seja para que finalidade for, exceto para corrigir inexatidões materiais, como erros de cálculo ou de escrita ou em razão de embargos declaratórios (CPC, art. 494). Assim o é porque o órgão jurisdicional, ao pronunciar-se acerca das questões de fundo da causa (lide), cumpre e acaba o seu ofício. Pode o tribunal, entretanto, em grau de recurso, declarar a falta de capacidade de ser parte ou de estar em juízo, pois a menção legal à sentença de mérito constitui proibição dirigida, apenas, ao juízo que a proferiu. Caberá ao tribunal, portanto, manifestar-se sobre tais capacidades, tenham, ou não, sido objeto de exame pelo juízo *a quo*. Convencendo-se de que se acha ausente qualquer desses pressupostos de constituição, o órgão *ad quem* deverá ordenar a extinção do processo, sem julgamento do mérito.

Dispõe o art. 76, do CPC, que se for verificada a incapacidade processual ou a irregularidade de representação, o juiz, suspendendo o processo, assinará prazo razoável para ser sanada a falha. Alguns esclarecimentos devem ser feitos sobre essa regra legal. Em primeiro lugar, a incapacidade processual, na espécie, é a que diz respeito à legitimidade *ad processum* (estar em juízo), pois a incapacidade de ser parte não pode ser sanada; em segundo, que incapacidade processual e irregularidade de representação são coisas distintas. Aquela, como demonstramos, concerne à *legitimatio ad processum*, à aptidão para praticar atos processuais com efeitos jurídicos, ao passo que esta se refere àquelas pessoas (jurídicas, em geral) cuja representação judicial a lei define (CPC, art. 75), tendo em vista o fato de constituírem uma abstração jurídica ou não possuírem personalidade jurídica.

Deixando de ser cumprido o despacho judicial que determinou a correção da incapacidade processual ou da irregularidade de representação, se a providência couber: a) ao autor, o processo será extinto sem exame do mérito; b) ao réu, será considerado revel (ainda que possam não ocorrer os efeitos da revelia: CPC, art. 345; c) ao terceiro, será considerado revel ou excluído do processo, dependendo do polo em que se encontre (CPC, art. 76, § 1º, I a III).

Ordinariamente, as pessoas que participam da relação jurídica processual (partes) são os mesmos sujeitos da relação jurídica material controvertida. Estamos a afirmar, com isso, que, via de regra, as pessoas ingressam em juízo para defender, em nome próprio, direito de que são titulares. Há situações especiais, todavia, legalmente previstas, em que a parte invoca a prestação da tutela jurisdicional em nome próprio, mas para a defesa de direito (material) alheio. A esse fenômeno, caracterizado pela desconformidade entre as pessoas da lide e os sujeitos da relação material controversa, convencionou-se denominar de "substituição processual". O primeiro a fazer uso dessa expressão parece ter sido Chiovenda, embora caiba a Köhler a precedência da elaboração de estudos mais aprofundados sobre o tema.

Como deixamos exarado em páginas anteriores, não possuímos, no Brasil, uma substituição processual autêntica, como tal considerada a que foi posta em prática durante certo período do Direito Romano antigo, nas ações com transposição de pessoas, em que o substituído (*cognitor*) assumia, pessoalmente, os riscos do insucesso na demanda.

Por tratar-se de algo incomum, a substituição processual só poderá ser admitida nos casos expressamente previstos em lei; advertência quanto a isto está contida no art. 18, do CPC.

Os pontos em que fazem a substituição processual diferençar-se da simples representação processual consistem em que, naquela: a) o substituto não precisa do consentimento do substituído para ingressar em juízo; essa autorização é concedida, em abstrato, pela Constituição Federal (art. 8º, III), particularidade que nos leva a reconhecer, no que se tem chamado de "substituição processual", mera outorga de um mandato legal *ad litem*; b) na substituição, o autor postula, em nome próprio, direito de que é titular o substituído; na representação, o representante não age em nome próprio, mas em nome do representado.

Torna-se oportuno lançar alguns comentários também acerca da capacidade postulatória.

Na esfera do processo civil, essa capacidade pode ser definida como a aptidão ou o direito de a pessoa dotada de legitimidade *ad processum* participar da demanda por meio de quem se encontre legalmente habilitado para pleitear em juízo, equivale a dizer, de advogado. Nesse sentido, o art. 103, do CPC: "A parte será representada em juízo por advogado regularmente inscrito na Ordem dos Advogados do Brasil".

Para Calamandrei, a capacidade postulatória é o poder que alguém possui de tratar diretamente com o juiz, de expor-lhe, em pessoa, as pretensões dos litigantes. Observe-se que esse *ius postulandi* não é exercido pela parte, mas por seu procurador judicial (que não deixa de ser uma espécie de representante desta, embora não se deva confundir essa representação com a de que cuida o art. 75, do CPC). Atuando na qualidade de procurador judicial, o advogado, contanto que possua o correspondente mandato, poderá praticar, em nome do mandante, todos os atos processuais legalmente admitidos e necessários à defesa do direito deste, salvo aqueles para os quais a lei exija poderes especiais (CPC, art. 105, parte final).

Ser-nos-á lícito concluir, pois, que no processo civil os advogados são, por excelência, os titulares do direito de postular em juízo, nada obstante a lei, em alguns casos, também atribua essa prerrogativa aos estagiários (Lei n. 8.906, de 4.7.94, art. 3º, § 2º), assim como permita às próprias partes, em situações extraordinárias, postular em causa própria (CPC, art. 103, parágrafo único, e Lei n. 8.906/94, art. 1º, § 1º).

O art. 791, *caput*, da CLT, contudo, atribui capacidade postulatória aos próprios litigantes, embora não exclua, como é evidente, a participação de advogado.

Inciso X. *Convenção de arbitragem.* O Ministério Público do Trabalho, desde que solicitado pelas partes, pode atuar como árbitro nos dissídios de competência da Justiça do Trabalho (Lei Complementar n. 75/93, art. 81, inciso XII).

De *lege ferenda*, a arbitragem deveria ser admitida com maior amplitude na Justiça do Trabalho, não tanto para desafogar os órgãos de primeiro grau dessa jurisdição, mas para permitir uma solução mais rápida do litígio.

O juízo arbitral pode ser constituído também para a solução de conflitos coletivos, pois, quanto a isto, há expressa previsão constitucional (Const. Federal, art. 114, § 1º). Em nosso sistema, entretanto, essa arbitragem é facultativa, e, não obrigatória; provavelmente por esse motivo, ela não tem sido utilizada. Acresça-se a isso o fato de as categorias em conflito preferirem submeter à Justiça do Trabalho a correspondente solução.

A arbitragem, se adotada pelas categorias profissional e econômica, terá o seu procedimento regido pela Lei n. 9.307, de 23.9.96, pois a CLT é inteiramente omissa a respeito da matéria.

O essencial, a ser destacado aqui, é que tendo sido adotado o método da arbitragem, em determinado caso, as partes não poderão ingressar em juízo para solver o mesmo conflito. A arbitragem se destina, exatamente, a evitar que a tutela jurisdicional seja invocada. Se uma das partes, nada obstante a adoção da arbitragem, ingressar em juízo deverá a outra, na oportunidade da contestação, alegar, preliminarmente, a existência da convenção de arbitragem (CPC, art. 337, X) e requerer, em função disso, a extinção do processo sem resolução do mérito (CPC, art. 485, VII).

É necessário reiterar que a existência de convenção de arbitragem deve ser alegada pela parte interessada (como preliminar da contestação), porquanto o juiz não poderá conhecer *ex officio* dessa matéria, conforme adverte o § 3º, do art. 337, do diploma processual civil. Isso significa que se parte nada alegar a respeito, o seu silêncio implicará a aceitação da intervenção jurisdicional e, ao mesmo tempo, a renúncia tácita àquele compromisso.

A presença da convenção de arbitragem representa, portanto, um pressuposto negativo para a validade ou desenvolvimento da relação jurídica processual, em sede de ação coletiva trabalhista.

Inciso XI. *Ilegitimidade e falta de interesse.* As condições da ação foram realçadas na doutrina de Enrico Tullio Liebman e acabaram sendo perfilhadas pelo Código de Processo Civil de nosso País, como atestam os arts. 17 e 485, VI. Ulteriormente, no entanto, esse notável jurista peninsular reformulou, em parte, o seu pensamento, conforme demonstraremos adiante.

Segundo Liebman, as condições da ação eram: 1) a legitimidade *ad causam*; 2) o interesse processual; e c) a possibilidade jurídica do pedido.

Legitimidade para a causa. Tanto pode ser ativa (autor) quanto passiva (réu). No mais das vezes, essa legitimidade diz respeito ao titular do direito material que dá conteúdo aos pedidos (*res in ludicio deducta*), daí por que Liebman se refere à pertinência subjetiva da ação, por parte daquele que a ajuíza, em confronto com o adversário.

Em casos excepcionais, devidamente autorizados, estará legitimado para a causa quem não possui o direito material que se visará a proteger com a ação. É o caso típico do que temos denominado, em nosso meio, de "substituição processual", em que o substituído, embora aja em nome próprio, o faz com o escopo de promover a tutela de direito alheio, vale dizer, de que são titulares exclusivos os substituídos. Não vem ao caso demonstrar, nesta altura, os motivos pelos quais julgamos inexistir, no Brasil, uma substituição processual autêntica, nos moldes da que era praticada no Direito Romano antigo, no âmbito daquelas ações a que a doutrina moderna tem rotulado, com propriedade científica e com fidelidade histórica, de "com transposição de pessoas", em que o substituto (*cognitor*) assumia as consequências do julgamento desfavorável.

A legitimidade para a causa consiste, em resumo, na individualização daquele a quem pertence o interesse processual e daquele perante o qual esse interesse deve ser manifestado. É o que se tem denominado em doutrina de "pertinência subjetiva da lide".

Salta aos olhos o deslize técnico em que incidem os pronunciamentos jurisdicionais que, após declararem a inexistência da pretendida relação de emprego entre as partes, consideram o autor carecedor da ação. *Data venia*, se a alegada prestação de serviços ocorreu, de modo incontroverso, para a pessoa indicada como ré, é óbvio que somente essa estará legitimada para responder às pretensões deduzidas pelo autor. A circunstância de a sentença, mais tarde, não reconhecer a existência de vínculo de emprego não afeta, em nada, a legitimidade das partes. Os que assim não entendem cometem a injustificável escorregadela doutrinal de confundir a legitimidade *ad causam* com o resultado do exame do mérito. Ora, quando se diz que não há relação de emprego entre os litigantes, se está, com isso, emitindo um pronunciamento de mérito, que só foi possível expender depois de reconhecida a legitimidade das partes, para integrar a relação jurídica processual.

De tal arte, se as condições para o regular exercício da ação nada têm a ver com o mérito da causa e se o provimento jurisdicional declarativo da inexistência da relação pretendida só pode ser realizado após a prospecção desse mérito, fica evidente a cincada das sentenças que, apreciando o tema de fundo da demanda, regridem às condições da ação para declarar o autor ser, dela, carecente, sempre que não ficar demonstrada a presença dos pressupostos constitutivos da relação de emprego.

Carência da ação haveria, sem sombra de dúvida, se a ação fosse ajuizada em face de pessoa diversa daquela para o qual o autor, verdadeiramente, prestou serviços. Nesta hipótese, faltaria a "pertinência subjetiva" a que se referiu Liebman, como elemento indispensável para configurar a legitimidade *ad causam*.

É imperioso elucidar-se, de uma vez por todas, que a sentença, ao declarar a existência ou a inexistência da relação de emprego, terá examinado o mérito da causa, de tal forma que o autor não poderá ajuizar, novamente, a ação diante do mesmo réu. Chega, por isso, a ser perturbadora dos princípios e do bom-senso a afirmação, encontradiça em alguns pronunciamentos da jurisdição e em trabalhos doutrinais, de que a inexistência de relação de emprego conduz ao decreto de carência da ação.

Voltando à ilegitimidade que deva, efetivamente, ser alegada sob a forma de preliminar devemos dizer que o réu não está obrigado a indicar a parte que seria legítima para figurar no polo passivo da relação processual; será suficiente que demonstre não ser ele, réu, dotado dessa legitimidade. Nos casos de ilegitimidade ativa, entrementes, serão escassas as situações em que o réu, ao contrário, poderá deixar de apontar a parte legítima. Não desçamos, todavia, a essas minúcias, que, na prática, serão examinadas e solucionadas sem maiores dificuldades.

Interesse processual. Noutros tempos, por influência da teoria civilista da ação (para a qual esta nada mais era do que o próprio direito material em estado de reação a uma violência, ou seja, "preparado para a guerra"), o interesse de agir em juízo era reputado como uma espécie de ressonância do interesse protegido pelo direito material, daí por que se asseverava que quando o direito subjetivo era ameaçado de lesão, ou lesado, o que nele se continha recebia a denominação de interesse processual.

Nos dias atuais, entretanto, em decorrência do reconhecimento da autonomia do direito de ação, já não se confunde o interesse que é próprio do direito material com o que é característico da provocação do exercício da função jurisdicional.

Debruçando-se sobre o problema do interesse processual, a doutrina cindiu-se em duas correntes. A primeira sustentou que o móvel desse interesse é a necessidade que a parte possui de obter um provimento jurisdicional acerca da *res in iudicio deducta*; a segunda, que esse interesse provém da utilidade que o decreto da jurisdição propicia ao autor, com ser dotado de eficácia para solver o conflito.

Do ponto de vista da primeira corrente doutrinal mencionada, como se pode verificar desde logo, haverá interesse sempre que o indivíduo invocar a prestação da tutela jurisdicional do Estado, com o fim de dirimir um conflito, que não foi possível solucionar de maneira negociada; de acordo com o ângulo da segunda corrente, o interesse se relaciona com o pressuposto de que o pronunciamento da jurisdição seja realmente eficaz para dar cobro à lide.

Na verdade, se bem observamos, como fez Moniz de Aragão, veremos que o vigente Código de Processo Civil incorporou ambas as correntes de pensamento, a cuja inferência se chega pelo exame do art. 20, parágrafo único, conforme o qual o exercício da ação declaratória será possível mesmo que já tenha ocorrido a lesão do direito.

Em nosso sistema processual, conseguintemente, o interesse é indispensável para qualquer postulação em juízo.

A existência de um interesse processual não foi, porém, admitida de modo pacífico. Invrea, em 1928, já refutava todas as opiniões doutrinárias que sustentavam essa existência. A seu ver, a ideia de um interesse de agir em juízo era supérflua, porquanto esse interesse estaria naturalmente vinculado com a propositura da ação; por esse motivo, deitou pesadas críticas às teorias de Mortara (da utilidade) e de Chiovenda (da necessidade). Estribando-se no argumento de que a liberdade jurídica não deve receber restrições desnecessárias, arremata ser imprescindível que haja uma razão jurídica — não um simples interesse — para ser aceita essa restrição. Para Invrea, a razão jurídica repousaria no fato de o réu haver perpetrado uma lesão de direito (devendo, por isso, arcar com as consequências do seu ato) ou na necessidade de o autor conseguir um provimento jurisdicional para fazer valer o seu direito (considerando que o limite da liberdade jurídica é o direito alheio).

Carnelutti também combateu o conceito de interesse processual, julgando-o morto, "e, se não está morto, moribundo". Essa conclusão do eminente jurista italiano está em harmonia com a sua ideia de que o conteúdo do processo não é a ação, mas a lide que se estabelece quando alguém deseja a tutela de um interesse, em oposição ao interesse de outrem. Para Carnelutti, o interesse é mero reflexo da existência da lide; inexistindo esta, o interesse representa uma daquelas situações que devem ser objeto de um processo, a fim de fazer surgir o direito.

Dissentimos, todavia, dessa ilustre opinião.

Em primeiro lugar, a existência da lide, por si só, não justifica o interesse processual. Pense-se no caso de um recurso interposto pela parte que foi inteiramente vencedora na causa: embora haja lide, é manifesta a ausência de interesse de agir, pois o julgamento do tribunal não seria útil, nem necessário, ao recorrente vencedor, porquanto a tutela do direito já foi operada pela sentença. Só em situações excepcionais é que se poderia admitir a existência de um interesse processual (recorrer), por parte de quem foi inteiramente vencedor na lide. Em segundo, há casos em que inexiste lide (pretensão resistida), mas o interesse processual não só é concreto, como está previsto em lei, tal como se dá, p. ex., na ação declaratória, cujo pressuposto não é outro que não a incerteza quanto à relação jurídica que constitui o núcleo do conflito. Incerteza objetiva e atual, ou seja, capaz de infundir uma razoável hesitação no espírito do autor, no que toca à verdadeira vontade da lei, além de ser, essa hesitação da inteligência, efetiva, e, não vaga ou aleatória. Dito estado de dubiedade deve ser, ainda, de natureza jurídica e capaz de provocar danos ao autor.

O interesse processual não é, portanto, algo desútil e redundante; ao contrário, representa a mais genuína das condições da ação. Ausente esse interesse, a invocação da tutela jurisdicional não passará de mero capricho do autor, de simples desejo de conflitualidade, sem qualquer amparo no ordenamento jurídico. Como afirmamos, o exercício da ação só se justifica se o provimento da jurisdição for útil ou necessário para restabelecer a integridade do patrimônio jurídico da parte, ou evitar o desfalque desse patrimônio.

O interesse processual pode ser examinado no início da lide, ou no momento em que a entrega da prestação jurisdicional será realizada, conforme seja o caso. Por exemplo: se o trabalhador, ao ingressar em juízo, não possuía direito à fruição de férias, o juiz poderia indeferir, desde logo, a inicial, em virtude da carência da ação; se, todavia, por algum motivo, o juiz não se desse conta de que o direito ao gozo das férias ainda não era exigível, mas, no curso do processo, esse direito viesse a constituir-se, a sentença não deveria considerar o autor carecente da ação, senão que acolher o pedido e fixar o prazo para que o réu concedesse as férias pretendidas (CLT, art. 137).

Possibilidade jurídica do pedido. O art. 267 do CPC de 1973 incluía no elenco das condições da ação a possibilidade jurídica do pedido (inciso VI). O CPC atual, no entanto, excluiu-a, acertadamente, desse elenco (art. 485, VI).

Para efeito de registro histórico, reproduziremos, a seguir, os argumentos que expendemos em outros livros acerca da possibilidade jurídica do pedido como condição da ação.

A expressão clássica: "pedido juridicamente impossível", utilizada para designar aquela classe de postulações que não podem merecer a tutela jurisdicional, tem sido mal interpretada, amiúde, tanto pela doutrina quanto pela jurisprudência. O que essa expressão está a significar não é a falta de previsão legal do direito invocado, mas a existência de um veto, no ordenamento jurídico, à formulação de determinados pedidos.

Se, por exemplo, o empregado pleiteia a condenação do empregador ao pagamento de certa parcela não prevista em lei, em instrumento normativo, em regulamento interno da empresa, em acordo individual etc., o seu pedido deverá ser rejeitado, por falta de amparo legal; não havendo nenhuma proibição legal (*lato sensu*) quanto à formulação desse pedimento, incorrerá em erro inescusável a sentença que declarar o autor carecente da ação.

Em termos gerais, a doutrina liebmaniana se encontra sustentada por argumentos cientificamente apropriados; sob o aspecto essencialmente prático, essa doutrina conclui, como consectário, pela extinção do processo *sem* resolução do mérito, de tal modo que o autor poderá ajuizar, outra vez, a ação. Justamente por isso, é que sempre manifestamos divergência ao pensamento de Liebman, quanto ao pedido juridicamente impossível. Com efeito, se pedido juridicamente impossível, como vimos, é aquele com relação ao qual existe, na ordem legal, um veto à sua formulação, sempre que a sentença fizer prevalecer esse veto implicará a extinção do processo mediante julgamento do mérito. É desarrazoado pensar que, presente ainda essa proibição da lei, possa o autor intentar, mais uma vez, a ação. O reingresso em juízo só seria possível, para formular as mesmas pretensões, se o veto viesse a ser retirado no sistema legal. Fora disso, não se pode cogitar de carência da ação, por ser, o pedido, juridicamente inatendível: o que deve fazer a sentença é rejeitar esse pedido, e, com isso, pôr fim ao processo com resolução do mérito, inibindo, dessa maneira, a possibilidade de o autor ajuizar, uma vez mais, a ação.

Felizmente, contudo, Liebman acabou revendo a sua opinião, neste ponto, para excluir do elenco das condições da ação a possibilidade jurídica do pedido: "*Le condizioni deli azione (...) sono i interesse ad agire e la leggitimazione. Esse sono (...) i requisiti di esistennza deli azione, e vanno percio accertate in giudizio (anche se, di solo, per implicito), preliminarmente ali esame dei merito*" (destacamos). (*Manuale di diritto processuale civile*. 3. ed. Milano: Giuffrè, 1973. v. 1, p. 120).

Um dos casos de pedido juridicamente impossível é o dirigido à obtenção de um provimento jurisdicional declaratório da existência de relação de emprego entre o autor e a União, o Estado-membro, o Município ou o Distrito Federal, posteriormente à vigência da atual Constituição da República. Assim dizemos porque consta do art. 37, inciso II, da norma constitucional: "*a investidura em cargo ou emprego público depende de aprovação em concurso público de provas ou de provas e títulos, ressalvadas as nomeações para cargo em comissão declarado em lei de livre nomeação e exoneração*" (destacamos), e, o § 2º: "A não observância do disposto nos incisos II e III implicará a nulidade do ato e a punição da autoridade responsável, nos termos da lei".

Em votos proferidos no Tribunal do Trabalho da 9ª Região, ao tempo em que o integrávamos, argumentávamos que, na situação referida (Const. Federal, art. 37, II), embora haja um veto, no texto constitucional, quanto à existência de relação de emprego sem prévia aprovação em concurso público, o pronunciamento jurisdicional que fazia prevalecer esse veto, acarretava a extinção do processo *com* resolução do mérito impedindo, assim, o autor de renovar a demanda enquanto subsistisse essa proibição constitucional

Inciso XII. *Falta de caução.* A ausência de caução ou de outra prestação que a lei exija como preliminar constitui o que a doutrina costuma denominar de "impedimento processual", pois não se confunde com os pressupostos de desenvolvimento da relação processual.

Sob o ângulo da resposta do réu, a falta de caução ou de prestação imposta por lei configura "defesa dilatória".

Seja como for, o fato é que a exigência de uma ou de outra dificilmente caberá no processo do trabalho. É evidente que se, em futuro, norma legal vier a impor que o trabalhador preste caução, antes de ingressar em juízo (o que, esperamos, jamais venha a ser exigido), a falta dessa caução ensejará a que o réu alegue, na contestação, como preliminar, o fato.

Inciso XIII. *Justiça gratuita.* O art. 790, § 3º, da CLT, faculta aos juízes, aos órgãos julgadores e aos presidentes dos tribunais do trabalho de qualquer grau de jurisdição conceder, a requerimento do interessado ou *ex officio*, o benefício da justiça gratuita, inclusive quanto a traslados e instrumentos, àqueles que perceberem salário igual ou inferior ao dobro do mínimo legal, ou declararem, sob as penas da lei, não estarem em condições de pagar as custas do processo sem prejuízo do sustento próprio ou familiar.

Verificando, réu, que esse benefício foi concedido de maneira indevida, deverá alegar o fato sob a forma de preliminar da contestação — embora o juiz possa conhecer, por sua iniciativa, dessa matéria, conforme revela o § 5º do art. 337 do CPC.

Não se confundem a *justiça gratuita* (CLT, art. 790, § 3º) e a *assistência judiciária* (Lei n. 5.584/70, art. 14). Aquela, como vimos, se traduz na dispensa de custas, de emolumentos, de honorários do advogado da parte contrária, e do perito — de despesas processuais, enfim; esta significa a designação de advogado para promover a defesa judicial dos interesses da pessoa, sem que ela seja responsabilizada pelo pagamento de honorários.

A questão da decadência e da prescrição

A decadência e a prescrição não foram inseridas no rol do art. 337 do CPC em virtude não constituírem, tecnicamente, *preliminar*. Por outro lado, também não se traduzem no mérito da causa, por não serem expressão do direito postulado em juízo. Por esse motivo, a decadência e a prescrição costumam ser alegadas na contestação sob o título de *prejudiciais do mérito* Note-se: conquanto uma e outra, conforme dissemos, não constituam o mérito da causa, a *res in iudicio deducta*, o legislador, por uma regra de ordem prática, as inseriu no elenco das causas determinantes da extinção do processo mediante exame do mérito (CPC, art. 487, II). Aludimos a uma regra de ordem prática porque a distinção básica que há entre os arts. 485 e 487 do CPC é que, no primeiro, como se dá a extinção do processo sem resolução do mérito, o autor pode exercer, novamente, a ação (art. 486); no caso do art. 487, ao contrário, esse novo ajuizamento da ação é vedado.

O juiz não só pode conhecer *ex officio* da prescrição e da decadência, mas, em decorrência disso, rejeitar, liminarmente o pedido por elas atingido (CPC, art. 332, § 1º).

§ 1º A litispendência ou a coisa julgada se configuram com o ato de a parte reproduzir ação anteriormente ajuizada, e que ainda não se submeteu ao fenômeno da coisa julgada material. A lembrar-se que a litispendência pressupõe a existência, entre duas ou mais causas, de tríplice identidade: de pessoas, de causa de pedir e de pedido. Ao contrário do pensamento jurisprudencial predominante, entendemos que, havendo identidade de causa de pedir e de pedido entre a ação ajuizada pelo trabalhador e a promovida pelo sindicato representativo da sua categoria profissional, na qualidade de substituto processual, estará configurada a litispendência. Embora, na hipótese, não haja identidade de pessoas (pois são distintos os autores em ambas as ações) o que se deve levar em conta é o fato de que titular do direito material é o mesmo: o trabalhador. A entender-se de outro modo estar-se-á criando a possibilidade de virem a existir duas sentenças antagônicas entre si, porquanto o sindicato poderá ter sucesso em sua causa, e o trabalhador ser derrotado na sua; ou vice-versa. Em quaisquer dessas situações o direito material estará sendo objeto de pronunciamentos jurisdicionais conflitantes.

§ 2º Classicamente, a doutrina e a jurisprudência têm exigido a identidade de parte, de causas de pedir e de pedidos para a configuração da litispendência, ou seja, para a repetição de ações de que trata a norma legal em exame. Essa posição doutrinal foi consagrada pelo legislador, como revela o § 2º do art. 337 do CPC.

Embora, em princípio, seja aceitável esse critério, há situações em que estará caracterizada a litispendência sem que ocorra essa tríplice identidade. Repitamos o que dissemos no comentário ao § 1º do mesmo dispositivo legal: nos casos, por exemplo, em que o sindicato está agindo como substituto processual dos integrantes da categoria, e que alguns desses substituídos ingressam em juízo, pessoalmente, para formular os mesmos pedidos que constam da petição elaborada pelo sindicato, tem-se entendido que não se verifica litispendência, pois conquanto haja identidade de causas de pedir e de pedidos, não há identidade das partes. Esse é, como salientamos, o entendimento prevalecente nos sítios da doutrina e da jurisprudência trabalhistas. Temos posição divergente — e heterodoxa. Pouco importa o fato de não haver coincidências de partes, pois o fato essencial a ser considerado é que os titulares do direito material são as mesmas pessoas, ou seja, os trabalhadores substituídos pelos sindicatos que são os mesmos (no todo ou em parte) que também ingressaram pessoalmente em juízo. A não se admitir a litispendência em situações como a narrada, teríamos como consequência: a) existência de pronunciamentos jurisdicionais contrastantes a respeito do direito comum a ambas as ações; ou b) um *bis in idem*, no caso de ambos os pronunciamentos jurisdicionais serem convergentes. Num caso ou noutro, estaríamos diante de uma realidade aberrante.

§ 3º Segundo a lei, ocorre litispendência quando se repete ação que está em curso. Cabe indagar: para esse efeito, até quando se deve considerar que a ação "está em curso". Se lançarmos os olhos, por antecipação, ao parágrafo quarto da mesma norma legal, chegaremos à conclusão de que estará em curso enquanto não se verificar o trânsito em julgado, pois, a contar daí, a repetição da ação configurará coisa julgada.

§ 4º O que separa, no plano dos conceitos, a litispendência da coisa julgada é o elemento cronológico. Em ambos os casos há repetição de ação. Na litispendência, a ação primitiva ainda está em curso; na coisa julgada, ela já foi decidida por sentença da qual não mais cabe recurso. A consequência processual, contudo, é a mesma: a extinção do processo sem resolução do mérito (CPC, art. 485, V).

§ 5º O princípio legal é de que o juiz *deve* conhecer, por sua iniciativa, das matérias previstas nos incisos do art. 337 do CPC. Em termos práticos, isso significa que o magistrado se pronunciará sobre essas matérias mesmo que não tenham sido alegadas pelo réu (como preliminar da contestação). A exceção a esse princípio consiste na convenção de arbitragem e na incompetência relativa. Se o réu não a alegar, o sistema oficial veda a possibilidade de o juiz manifestar-se sobre ela *ex officio*. Do ponto de vista do réu, o seu silêncio faz presumir que renunciou à arbitragem, consentindo em submeter o conflito de interesses à solução jurisdicional. Essa presunção é aceitável, pois em nosso meio o princípio é de que a solução das controvérsias deve ser feita judicialmente; somente em casos excepcionais e que se fará por outros meios, como a arbitragem. Pode-se utilizar, aqui, pois, *mutatis mutandis*, a regra enunciada por Malatesta de que "o ordinário (solução jurisdicional) se presume e o extraordinário (solução não jurisdicional) se prova".

§ 6º Caso o réu deixe de alegar a existência de convenção de arbitragem, o seu silêncio é interpretado pelo sistema como aceitação da jurisdição estatal e renúncia ao juízo arbitral.

Art. 338. Alegando o réu, na contestação, ser parte ilegítima ou não ser o responsável pelo prejuízo invocado, o juiz facultará ao autor, em 15 (quinze) dias, a alteração da petição inicial para substituição do réu.

Parágrafo único. Realizada a substituição, o autor reembolsará as despesas e pagará os honorários ao procurador do réu excluído, que serão fixados entre três e cinco por cento do valor da causa ou, sendo este irrisório, nos termos do art. 85, § 8º.

• **Comentário**

Caput. Permite, a norma, ao réu alegar, na contestação, ser parte ilegítima para figurar na relação jurídica processual ou não ser o responsável pelo prejuízo invocado. Há, na dicção da lei, uma certa redundância, pois se o réu não é o responsável pelo prejuízo alegado pelo autor, torna-se evidente que não é parte legítima. A norma é compatível com o processo do trabalho. Uma nota essencial: a despeito de a norma fazer referência à *alegação* o réu, é evidente que este deverá *comprovar* a sua ilegitimidade ou a inexistência de responsabilidade pelo prejuízo afirmado pelo autor.

Provada a alegação, o juiz facultará ao autor, no prazo de quinze dias, a alteração subjetiva da petição inicial, a fim de substituir o réu. Cuida-se, pois, de um *incidente* de alteração subjetiva da parte situada no polo passivo da relação processual. A norma é compatível com o processo do trabalho.

Parágrafo único. Feita a substituição, o autor reembolsará as despesas e pagará honorários ao advogado do réu que foi excluído do processo. Os honorários serão fixados entre três e cinco por cento do valor da causa; se o valor desta for irrisória, a fixação dar-se-á nos termos do art. 85, § 8º, assim redigido: "Nas causas em que for inestimável ou irrisório o proveito econômico ou, ainda, quando o valor da causa for muito baixo, o juiz fixará o valor dos honorários por apreciação equitativa, observando o disposto nos incisos do § 2º". A norma pode ser aplicada ao processo do trabalho, no caso das lides que não se refiram à relação de emprego.

Art. 339. Quando alegar sua ilegitimidade, incumbe ao réu indicar o sujeito passivo da relação jurídica discutida sempre que tiver conhecimento, sob pena de arcar com as despesas processuais e de indenizar o autor pelos prejuízos decorrentes da falta de indicação.

§ 1º O autor, ao aceitar a indicação, procederá, no prazo de 15 (quinze) dias, à alteração da petição inicial para a substituição do réu, observando-se, ainda, o parágrafo único do art. 338.

§ 2º No prazo de 15 (quinze) dias, o autor pode optar por alterar a petição inicial para incluir, como litisconsorte passivo, o sujeito indicado pelo réu.

• **Comentário**

Caput. Não basta que o réu alegue a sua ilegitimidade (art. 338): é necessário que, ao fazê-lo, também indique quem seria o sujeito passivo da relação jurídica controvertida, desde que, à evidência, essa pessoa seja do seu conhecimento. Caso o réu deixe de fazer essa indicação, o juiz o condenará a pagar as despesas processuais e indenização ao autor pelo prejuízo oriundo da falta de indicação.

§ 1º Se o autor aceitar a indicação feita pelo réu, deverá, no prazo de quinze dias, alterar a petição inicial para a substituição do sujeito passivo, observando-se o que consta do parágrafo único do art. 338. Não a aceitando, cumprirá ao juiz decidir a respeito. Se entender que o réu é, efetivamente, parte ilegítima, extinguirá o processo sem resolução do mérito (art. 485, VI); se, ao contrário, convencer-se de que o réu é parte legítima, determinará o prosseguimento do processo.

Nada obsta, por outro lado, a que o autor desista da ação, com a concordância do réu (art. 485, §§ 4º e 5º), a fim de melhor verificar quem deverá figurar no polo passivo da relação processual a ser instaurada quando do ajuizamento de nova ação (e para a qual o juízo estará prevento).

§ 2º Sendo o caso, o autor poderá, no prazo de quinze dias, optar por alterar a petição inicial para incluir, na qualidade de litisconsorte passivo, a pessoa indicada pelo réu.

Em resumo, no prazo de quinze dias, contados da sua intimação, o autor pode alterar a petição inicial para: a) efetuar a substituição do réu; ou b) incluir, na qualidade de litisconsorte passivo, a pessoa indicada pelo réu.

Os arts. 338 e 339 poderiam ter sido fundidos num só. Ambos vieram a ocupar, em parte, o espaço que era destinado à nomeção à autoria, no sistema do CPC de 1973 (arts. 62 a 69).

Art. 340. Havendo alegação de incompetência relativa ou absoluta, a contestação poderá ser protocolada no foro de domicílio do réu, fato que será imediatamente comunicado ao juiz da causa, preferencialmente por meio eletrônico.

§ 1º A contestação será submetida a livre distribuição ou, se o réu houver sido citado por meio de carta precatória, juntada aos autos dessa carta, seguindo-se a sua imediata remessa para o juízo da causa.

§ 2º Reconhecida a competência do foro indicado pelo réu, o juízo para o qual for distribuída a contestação ou a carta precatória será considerado prevento.

§ 3º Alegada a incompetência nos termos do *caput*, será suspensa a realização da audiência de conciliação ou de mediação, se tiver sido designada.

§ 4º Definida a competência, o juízo competente designará nova data para a audiência de conciliação ou de mediação.

• **Comentário**

Caput. No atual sistema do processo civil, a incompetência relativa não é mais objeto de *exceção*, devendo ser alegada — assim como a absoluta — como preliminar da contestação (art. 64). No processo do trabalho, em princípio, a incompetência relativa segue sendo alegada por meio de *exceção* (CLT, art. 799).

Voltemos ao CPC. Havendo alegação de incompetência — relativa ou absoluta — a contestação poderá ser protocolada no foro de domicílio do réu. Note-se que se trata de uma *faculdade* que a norma legal atribui ao réu. Se isso ocorrer, o fato deverá ser comunicado, de imediato, ao juiz da causa, de preferência, por meio eletrônico.

§ 1º A contestação será submetida à distribuição. Se o réu houver sido citado mediante carta precatória, a contestação será juntada aos autos da precatória, sendo remetida, de imediato, ao juízo da causa.

§ 2º Sendo reconhecida a competência do juízo apontado pelo réu, aquele para o qual a contestação ou a carta precatória havia sido distribuída tornar-se-á prevento.

§ 3º Alegada a incompetência, na forma prevista pelo *caput*, ficará suspensa a realização de audiência destinada à conciliação ou à mediação, se designada.

§ 4º Após ser definida a competência, o juízo competente marcará data para a realização da audiência destinada à conciliação ou à mediação.

Com algumas adaptações, o procedimento traçado pelo art. 340 do CPC pode ser adotado pelo processo do trabalho, reiterando-se que a incompetência relativa deverá ser objeto de exceção. Aqui, todavia, não deverá ser realizada audiência específica para a conciliação ou para a mediação, senão que para a prática de todos os atos processuais subsequentes à apresentação da contestação.

Art. 341. Incumbe também ao réu manifestar-se precisamente sobre as alegações de fato constantes da petição inicial, presumindo-se verdadeiras as não impugnadas, salvo se:

I – não for admissível, a seu respeito, a confissão;

II – a petição inicial não estiver acompanhada de instrumento que a lei considerar da substância do ato;

III – estiverem em contradição com a defesa, considerada em seu conjunto.

Parágrafo único. O ônus da impugnação especificada dos fatos não se aplica ao defensor público, ao advogado dativo e ao curador especial.

• **Comentário**

Caput. A matéria era regida pelo art. 302 do CPC revogado.

Ao tempo em que esteve a viger o Código de Processo Civil de 1939, doutrina e jurisprudência, diante do silêncio do texto legal, admitiam, ainda que com alguma resistência de certos setores, a denominada "contestação por negativa geral", que era enunciada, na prática, por fórmulas como: "o autor não tem direito ao que pede"; "tudo o que lhe era devido foi pago" etc.

Esse tipo de contestação, porém, já não é aceitável, pois o Código atual, seguindo a linha inaugurada pelo CPC de 1973 (art. 302), exige que o réu se manifeste "precisamente sobre as alegações de fato constantes da petição inicial" (art. 341, *caput*), presumindo-se verdadeiros os fatos que não forem expressamente refutados (*ibidem*).

Sob este aspecto, nota-se que o ônus da impugnação especificada, de que estamos a nos ocupar, está imbricado com o princípio da *eventualidade* (CPC, art. 336), porquanto, em ambos os casos, o conteúdo político das normas correspondentes legais reside na preocupação de evitar um refluxo processual, ou seja, que o procedimento regrida a fases já ultrapassadas, oclusas.

A denominação dada ao ônus da impugnação especificada, aliás, parece ter decorrido do fato de o projeto do CPC de 1973 ter feito referência à necessidade de o réu se manifestar "especificadamente" a respeito dos fatos alegados na inicial; na tramitação do projeto, contudo, alterou-se a redação, incluindo-se um outro adjetivo: "precisamente". Em substância, a modificação foi inexpressiva, se considerarmos que a consequência legal da falta de observância desse encargo será a presunção de veracidade dos fatos afirmados pelo autor, na peça inaugural — excetuadas as hipóteses indicadas nos incisos I a III do art. 341 o CPC atual e acerca das quais nos pronunciaremos um pouco mais adiante.

Devemos, agora, verificar em que consistirá, para os efeitos da lei, essa impugnação especificada (ou "precisa").

Quando o autor invoca a prestação da tutela jurisdicional, pretende, por meio do provimento estatal, obter ou preservar um bem ou uma utilidade da vida. Por isso, ele formula pedido nesse sentido. O pedido, contudo, decorre dos fatos narrados na inicial, que, com os fundamentos jurídicos pertinentes, compõem a *causa petendi*. É, precisamente, sobre tais fatos que o réu deve se manifestar. Isso já nos autoriza a uma conclusão parcial: a impugnação, a ser realizada pelo réu, deve tocar aos fatos eficientes, aqui considerados aqueles que fizeram gerar os pedidos formulados pelo autor, ou que, de algum modo, estão adjungidos a esses pedidos. São, enfim, os fatos pertinentes e relevantes. Expliquemo-nos.

Se o trabalhador alega, por exemplo, que cumpria jornada de trabalho superior à ordinária, e, em razão disso, postula a condenação do réu ao pagamento de horas extras, o fato eficiente, a que nos referimos há pouco, e que deve ser objeto de impugnação específica, está representado pela duração da jornada de trabalho, mencionada na inicial. Assim, se o trabalhador afirma, também, que sofria descontos salariais ilegais, mas não pede a consequente devolução dessas quantias, tal fato não necessita ser contestado porque a ele não se seguiu o pedido correspondente. O silêncio do réu, nesta hipótese, não lhe acarretará nenhum prejuízo, seja porque, como dissemos, não houve a formulação do pedido pertinente, seja porque, em outra ação, que vier a ser ajuizada pelo trabalhador, em que postule, agora sim, a devolução dos mencionados descontos, o réu poderá contestar plenamente a *causa petendi*, desincumbindo-se, desta forma, do ônus previsto no art. 341, do CPC.

Insistimos neste ponto: o ônus da impugnação especificada exige que o réu se manifeste, apenas, acerca dos fatos que deram origem à formulação dos pedidos (fatos essenciais) ou que estejam relacionados com estes (fatos adminiculares). Um fato, do qual não se origine um pedido, embora possa ser relevante, do ponto de vista de sua repercussão no patrimônio jurídico do autor, é impertinente para a causa, por não estar ligado às pretensões por ele formuladas em juízo (*res in iudicio deducta*).

Quando se fala que a impugnação do réu deve ser *especificada* se está, de um lado, proibindo a elaboração de contestações genéricas, vagas, em que o réu se limita a dizer que o autor não faz jus ao que pede, que as suas pretensões são absurdas e o mais, e, de outro, exigindo que ele se pronuncie, de maneira precisa (específica), sobre os fatos (pertinentes e relevantes) alegados pelo autor, indicando, inclusive, os motivos pelos quais repele as alegações do adversário. As contestações genéricas, que grassaram na vigência do CPC de 1939, tinham o grave inconveniente de prejudicar a cognição do juiz, e, com isso, a instrução do processo e a entrega da prestação jurisdicional. Com efeito, sem saber, ao certo, quais os fatos que o réu opunha aos narrados pelo autor, o juiz encontrava uma considerável dificuldade para realizar, com eficiência, a instrução (máxime a oral), pois, em rigor, tudo fazia parte do tema controvertido, o que tornava ampla a possibilidade de reperguntas, de produção de provas etc., por parte dos litigantes. Agora, impondo-se ao réu uma impugnação específica dos fatos narrados pelo adversário, permite-se ao juiz delimitar, com objetividade, o tema da controvérsia, com vistas à instrução e à entrega da prestação jurisdicional.

Se o réu tinha, no passado (como tem agora, no presente), diante de si, a oportunidade legal para contestar os fatos alegados pelo autor, não se justificava que o fizesse de modo genérico, vago, como que desejando tirar proveito dessa indefinição factual. Por isso, merece encômios a disposição trazida pelo atual digesto de processo civil (art. 341).

Quando afirmamos que o ônus da impugnação *especificada* permite ao juiz fixar os limites da controvérsia estávamos a nos referir à particularidade de que somente os fatos controvertidos devem ser objeto de atividade probatória; assim, se o réu deixou de impugnar determinado fato, este, em princípio, estará fora do tema da controvérsia, porque é legalmente admitido como verdadeiro.

Cabe, nesta altura, uma sugestão aos juízes: para que o ônus da impugnação especificada alcance os efeitos práticos desejados pelo legislador, é indispensável que o magistrado, antes de realizar a instrução oral do processo, ou de deferir a produção de provas requeridas pelas partes, examine, com atenção, se o fato foi, efetivamente, contestado. Se o juiz não tomar esses cuidados preliminares fundamentais, acabará por permitir a formulação de reperguntas (em audiência) ou a produção de provas em geral a respeito de fatos rigorosamente incontroversos, provocando, não raro, um tumulto no procedimento e, todas as vezes, um desperdício de atividade jurisdicional. Para evitar situações como a mencionada é imprescindível que o juiz leia, atentamente, antes de deferir reperguntas ou a produção de provas pelas partes, a inicial, a contestação, os documentos e outras petições existentes nos autos. Sem esse conhecimento amplo e seguro dos articulados e de tudo o mais que dos autos conste, o juiz será um mau condutor do processo e, em consequência, um frustrador dos objetivos das normas legais devotadas à racionalização e à celeridade do procedimento.

É razoável sustentar que, no processo do trabalho, o ônus da impugnação especificada deva sofrer alguns temperamentos. Esta questão, na verdade, comporta desdobramentos. Para os que sustentam a sobrevivência do *ius postulandi* neste processo fica até mesmo difícil defender a adoção supletiva do aludido princípio, pois, sendo — segundo essa corrente de opinião — lícito às partes ingressar em juízo sem advogado (aí incluído, portanto, o réu), a aplicação do art. 341, do CPC, soará como uma violência contra uma das singularidades do processo do trabalho, pois não será concebível que, de um lado, se permita ao réu formular, pessoalmente, a sua defesa, e, de outro, se faça desabar sobre ele (insciente, em regra, das normas de procedimento), com todas as suas consequências, o ônus da impugnação precisa dos fatos, instituído pelo processo civil, que pressupõe a presença do advogado.

Esse é, todavia, um problema que não nos diz respeito, porquanto estamos convencidos que o art. 133, da Constituição Federal, deu cobro ao falacioso *ius postuland*, a que se referia o art. 791, *caput*, da CLT. Reconhecemos, entrementes, não ser esse o entendimento do Supremo Tribunal Federal, expresso na liminar concedida na ADI n. 1.127-8 (DJU de 29.6.2001).

Mesmo que julguemos indispensável a presença de advogado também no processo do trabalho devemos reconhecer a necessidade de alguns abrandamentos relativos ao ônus da impugnação especificada dos fatos quando aplicado a esse processo.

Destarte, se, *v. g.*, o réu não contestar, de maneira especificada, a alegação do autor, de que a duração da jornada de trabalho excedia à ordinária, mas instruir a contestação com documentos idôneos (cartões-de-ponto, digamos), que demonstrem jamais haver sido ultrapassada a duração da jornada ordinária, devemos entender como impugnado implicitamente o fato. Seria injusto supor-se que o réu, nesta hipótese, teria aceitado como verdadeiro o fato alegado pelo autor, na inicial; a não se pensar assim, por que motivo teria anexado ao instrumento de contestação os cartões-de-ponto? Estes, não há negar, fazem parte do *conjunto* da defesa, que não se resume aos termos da contestação escrita. O próprio CPC, por exceção, deixa de presumir verdadeiros os fatos não impugnados que "*estiverem em contradição com a defesa, considerada em seu conjunto*" (art. 341, III).

Repitamos a advertência que fizemos na oportunidade dos comentários ao art. 336: os juízes do trabalho devem ser comedidos na aplicação do art. 341 do CPC quando o réu estiver atuando sem advogado, ou seja, encontrar-se no exercício da capacidade postulatória que lhe atribui o art. 791, *caput*, da CLT. Roupa que serve em um corpo, nem sempre serve em outro. Em processo, isso recebe o nome de *injustiça*.

Inciso I. *Confissão inadmissível.* Dispõe o art. 392, do CPC, que não vale como confissão a admissão, em juízo, de fatos concernentes a direitos indisponíveis. Considerando que o ônus da impugnação específica dos fatos está jungido ao réu, e que este, no processo do trabalho, em regra é o empregador, fica algo difícil a este beneficiar-se da exceção contida no inciso I, do art. 341, do CPC. Uma exceção a essa exceção, contudo, quase chegou a existir em nosso sistema, porquanto a Medida Provisória n. 417, de 28.1.1994, dispunha, no parágrafo único do art. 5º, não serem aplicáveis à União as cominações de revelia e de confissão, contidas no art. 844, da CLT. Se a União não pudesse confessar, é lógico que não seria prejudicada por eventual silêncio diante de fatos alegados pelo autor ou por não haver se manifestado, de maneira precisa (específica), acerca desses fatos. Isso equivale a afirmar que à União seria lícito elaborar contestação genérica, numa injustificável e iníqua involução aos tempos do CPC de 1939. Talvez por esse motivo, a Lei n. 9.028, de 12.4.1995, não reproduziu a exceção contida no parágrafo único do art. 52, da precitada Medida Provisória, de tal modo que a União pode ser confessa.

Em suma, não se forma a presunção de veracidade dos fatos alegados na inicial e não contestados pelo réu quando não for legalmente admissível a confissão pertinente a esses fatos.

Inciso II. *Instrumento público.* Se a petição inicial estiver desacompanhada de documento público que a lei repute da essência do ato, a ausência de impugnação especificada do fato alegado pelo autor não acarretará os efeitos mencionados no *caput* do art. 341, do CPC.

O inciso II, desse dispositivo do processo civil, está em consonância com os seguintes artigos, do mesmo Código: a) 320, conforme o qual a petição inicial será instruída com os documentos indispensáveis à propositura da ação; b) 345, III, pelo qual a falta de documento dessa natureza fará com que a revelia não produza os efeitos que lhe são inerentes; c) 406, que adverte que quando a lei exigir, como da substância do ato, instrumento público, nenhuma outra prova, por mais especial que seja, pode suprir-lhe a falta.

No processo do trabalho, será muito difícil incidir a exceção em exame, pois a lei não exige, como substância do ato jurídico que faz gerar as pretensões do trabalhador, o instrumento público.

Inciso III. *Contradição com a defesa.* Como assinalamos há pouco, sempre que os fatos narrados pelo autor estiverem em antagonismo com a defesa, considerada em seu *conjunto*, a circunstância de o réu não se desincumbir do ônus da impugnação específica não induzirá a presunção de veracidade dos fatos contidos na petição inicial. Demos, inclusive, o exemplo dos cartões-de-ponto que foram juntados com a contestação, sem que o réu houvesse impugnado, de modo específico, a jornada de trabalho indicada pelo adversário. Outros exemplos poderiam ser aqui aduzidos. O fundamental a entender-se, contudo, é que, pelo menos no processo do trabalho, onde deve ser posto à frente o princípio da simplicidade do procedimento e a possibilidade de exercício do *ius postulandi* (CLT, art. 791, *caput*), a defesa do réu não está circunscrita aos termos da contestação, desta fazendo parte também os documentos por ele juntados.

Parágrafo único. Especifica os casos em que não se aplica o ônus da impugnação especificada dos fatos.

Defensor público. Os arts. 185 a 187 do CPC dispõem sobre a Defensoria Pública.

Advogado dativo. No processo civil, é o profissional do Direito designado para patrocinar a causa à pessoa que não possua condições financeiras para contratar os serviços de advogado. Trata-se, portanto, de um *munus* público, ou legal, como queiram. Essa norma raramente poderá ser aplicada ao processo do trabalho, pois aqui a assistência judiciária aos trabalhadores deve ser ministrada pela correspondente entidade sindical, nos termos da Lei n. 5.584/70, art. 14. Para ficar claro: o ônus da impugnação especificada dos fatos diz respeito ao réu; logo, o parágrafo único do art. 341, do CPC, alude ao réu que esteja recebendo o benefício da assistência judiciária, mediante advogado dativo. No processo do trabalho, essa assistência judiciária não só é prestada ao trabalhador, mas, geralmente, para que este ingresse em juízo, como autor. Por isso, afirmamos ser extremamente remota a incidência, neste processo especializado, do mencionado parágrafo único do art. 341.

Se, no entanto, em determinado caso concreto o trabalhador que estiver recebendo assistência judiciária figurar no processo como réu (ação destinada a apurar a prática de falta grave, sendo ele estável; ação de consignação em pagamento; ação rescisória etc.), não hesitaremos em considerar compatível com o processo do trabalho o teor do parágrafo único do art. 341 do CPC. Até por mais forte razão.

Curador especial. Nas situações em que for exigida, no processo do trabalho, a nomeação de curador especial, não há dúvida de que será aplicável a norma do parágrafo único do art. 341, do estatuto processual civil. Dentre tais situações podemos mencionar a do réu que for mentalmente incapaz ou estiver impossibilitado de receber a citação (CPC, art. 245) e a do réu preso, ou revel citado por edital ou com hora certa (CPC, art. 72, II). O art. 793, da CLT, que faz alusão à curadoria à lide, não tem pertinência com a espécie de que estamos a nos ocupar, porquanto versa sobre a atuação do trabalhador como autor, não como réu.

Ministério Público. A exceção contida no parágrafo único ao art. 341, do CPC, abarca o Ministério Público em quaisquer dos seus dois *status* básicos: de parte e de fiscal da lei.

Como parte, porque o Ministério Público, quando assim age, o faz em nome de um interesse público, não sendo, portanto, sensato imaginar-se que esse interesse devesse ser desconsiderado quando o *Parquet* deixasse de se manifestar, de forma específica, sobre os fatos alegados pelo autor; como fiscal da lei porque, nesta qualidade, não cabe ao Ministério Público resistir às pretensões deduzidas pelo autor, e, sim, oficiar nos autos, exarando parecer ou mesmo recorrendo.

Embora o parágrafo único do art. 341, do CPC, aponte três exceções ao ônus da impugnação especificada dos fatos narrados pelo autor, outras existem, que merecem ser analisadas. Vejamos.

Conexão ou continência. Reputam-se conexas duas ou mais ações quando lhes for comum o pedido ou a causa de pedir (CPC, art. 55, *caput*); há continência, quando a identidade disser respeito às partes e a causa de pedir, mas o objeto de uma, por ser mais amplo, abranger o da outra (CPC, art. 56).

Desses conceitos legais se extrai a inferência de que a impugnação especificada dos fatos alegados pelo autor não será exigível em determinados casos de conexão e de continência. A razão é elementar: se o réu, na primeira ação, contestou os fatos narrados na petição inicial, e se, tanto na conexão quanto na continência, há uma identidade de causas de pedir (fatos, mais o fundamento jurídico), é evidente que os fatos pertinentes à segunda demanda já foram impugnados por meio da contestação apresentada à primeira. Cumpre lembrar que, havendo conexão ou continência, os respectivos autos poderão ser reunidos, com a finalidade de ser realizada instrução única (se for o caso) e proferida uma só sentença (CPC, art. 58). Ao concluirmos que tanto na conexão quanto na continência não incidirá o ônus da impugnação especificada dos fatos o fizemos sob o pressuposto de que houve a mencionada reunião de autos. Passemos ao didatismo dos exemplos. Se o autor alegou, na primeira ação, que a sua jornada de trabalho era das 22 horas de um dia às 7 horas do dia seguinte, com 1 hora de intervalo, e, em decorrência disso, pediu a condenação do réu ao pagamento (apenas) de horas extras, e este impugnou, com precisão, os fatos narrados pelo adversário, estará dispensado, para efeito da ação posterior, em que o autor pleiteia adicional noturno, do ônus de que cuida o art. 341, do CPC. Ora, se a postulação do adicional noturno leva em conta a jornada das 22 horas às 7 horas, com 1 hora de intervalo, é óbvio que, reunidos os autos, nos termos do art. 55, § 3º, do CPC, os fatos relativos à segunda ação já foram contestados na primeira, pois a conexão, aqui, é patente, em decorrência da mesmeidade de *causa petendi*.

A *contrario sensu*, se o réu deixou de impugnar os fatos relativos à primeira ação, ou o fez de forma imprecisa, vaga, o seu silêncio ou a sua incúria poderão repercutir na segunda ação, em que os fatos são os mesmos (diferindo, apenas, os pedidos), contanto que os autos tenham sido reunidos, para o fim previsto no art. 55, § 3º, do diploma processual civil.

Se, todavia, o juiz, por alguma razão, não ordenar a reunião dos autos, caberá ao réu impugnar os fatos alegados em ambas as ações, ainda que sejam os mesmos, uma vez que a não-reunião dos autos fará com que cada causa mantenha a sua individualidade, motivo por que haverá duas sentenças — cujo risco será, sem dúvida, o de serem conflitantes entre si. Justamente para evitar esse antagonismo entre pronunciamentos jurisdicionais que se tenham estribado nos mesmos fatos é que o legislador brasileiro engendrou o expediente da conexão e da continência, cuja junção dos autos correspondentes, entretanto, tornou facultativa.

Na continência, como o objeto (pedido) de uma das ações é mais amplo que o da outra, é razoável deduzir que a causa de pedir também o seja, particularidade que fará com que o réu tenha de impugnar, na ação cujos pedidos são mais amplos, os fatos que não foram alegados na outra, desde que tenha ocorrido a reunião de autos. Se não houve, a solução será a que preconizamos para a conexão: todos os fatos concernentes à ação contendo pedidos mais extensos deverão ser contestados, de maneira específica, mesmo que parte deles já o tenha sido na outra ação.

Enfim, caberá ao juiz verificar, com a prudência que lhe é exigida, em que casos de conexão e de continência o réu estará dispensado de atender ao ônus da impugnação especificada dos fatos, estampado no art. 341, do CPC.

Vejamos, agora, como incidirá a regra do art. 341 em outras situações.

Litisconsórcio. É aconselhável recordar que os regimes litisconsorciais se classificam, segundo: 1) o momento de sua constituição, em: 1.1) originário (que se estabelece antes do ajuizamento da ação ou da resposta); e 1.2) superveniente (que se forma após o ajuizamento da ação ou da resposta); 2) à obrigatoriedade da formação, em: 2.1) necessário (que não pode ser dispensado, ainda que todos os interessados se oponham à sua formação); 2.2) facultativo (quando puder ser formado, ou não, pela vontade dos interessados); 3) quanto à posição das partes em face do direito material: 3.1) simples (quando a causa puder ser decidida de forma diversa, com relação a cada litisconsorte); 3.2) unitário (quando a lide tiver de ser decidida de maneira uniforme para todos os compartes); 4) quanto à posição das partes na relação processual: 4.1) ativo (pluralidade de autores); 4.2) passivo (pluralidade de réus; 4.3) misto (multiplicidade de autores e de réus).

Reavivados esses conceitos, fica fácil perceber que, no litisconsórcio do tipo unitário-passivo, em princípio, a impugnação realizada por um dos litisconsortes, quanto aos fatos narrados pelo autor, aproveita os demais, justamente porque, nessa modalidade de consórcio para a lide (unitário), a decisão deve ser igual para todos os compartes. Por outro modo de expressão: neste caso, os demais litisconsortes estarão liberados do encargo legal de contestar, de modo específico, os fatos constantes da petição inicial: poderão impugná-los de maneira vaga, ou, até mesmo, deixar de impugná-los, que isso não repercutirá em seus círculos jurídicos materiais. Com efeito, é inconcebível que, no litisconsórcio unitário, o pronunciamento jurisdicional seja distinto para os integrantes desse regime, porquanto isso implica negar a própria razão-de-ser dessa espécie de regime litisconsorcial. Se a decisão for heterogênea, é bem provável que estejamos diante de um falso litisconsórcio unitário, ou melhor, estaremos em face de um litisconsórcio simples (antônimo de unitário), onde essa diversidade de soluções é admissível.

Saliente-se, todavia, a regra contida no art. 117 do CPC, de acordo com a qual salvo disposição em contrário, os litisconsortes serão considerados, em suas relações com a parte adversa, como litigantes distintos, exceto no litisconsórcio unitário, caso em que os atos e as omissões de um não prejudicarão os outros, embora possam beneficiá-los.

Ao tempo em que estava em vigor o CPC de 1973, escrevemos a respeito do art. 48: "Pode-se inferir, por outro lado, que a declaração contida no art. 48, do CPC, de que, salvo disposição em contrário, os litisconsortes serão considerados, em suas relações com a parte contrária, como litigantes distintos, de tal maneira que 'os atos e omissões de um não prejudicarão nem beneficiarão os outros', só é aplicável ao litisconsórcio simples, não ao unitário, em que — repise-se — a necessidade de o pronunciamento jurisdicional ser uniforme faz com que os atos praticados por um dos litisconsortes beneficie os demais. O que não se deve aceitar, mesmo no regime unitário, é que as omissões de um dos compartes prejudiquem os demais" (*Litisconsórcio, assistência e intervenção de terceiros no processo do trabalho*. 3. ed. São Paulo: LTr, 1995. p. 122).

Ação coletiva. A regra da impugnação especificada dos fatos, enunciada pelo art. 341, do estatuto processual civil, não incide no plano das ações coletivas trabalhistas, a que se tem denominado, tradicionalmente, de "dissídios coletivos".

Nesse tipo de ação, *sui generis*, o que o autor visa não é um provimento da jurisdição que faça atuar normas legais preexistentes, e, sim, que esse provimento crie direitos (materiais), que irão se agregar ao patrimônio jurídico dos trabalhadores integrantes da categoria representada pelo autor (sindicato).

O silêncio do réu, aqui, não gera a presunção de veracidade dos fatos alegados na petição inicial, precisamente porque o autor não pede a subsunção dos fatos às normas legais, e, sim, como se afirmou, a criação do direito material. Pelo mesmo motivo (talvez, até por mais forte razão jurídica), não se impõe ao réu (ou aos réus) o dever de manifestar-se, precisamente, sobre os fatos narrados na inicial. A regra, como se deduz, é de boa lógica, porquanto se o silêncio absoluto do réu não induz à presunção de veracidade dos fatos alegados pelo autor, seria insensato imaginar que a impugnação, por ser efetuada de maneira algo vaga, imprecisa, atraísse a incidência do art. 341, do CPC, liberando, com isso, os efeitos práticos que essa norma legal refere.

Logo, no caso de litisconsórcio simples-passivo, em sede de ação coletiva, a omissão de um dos litisconsortes, diante dos fatos postos na inicial, não prejudicará os demais — não tanto em decorrência do preceito inscrito no art. 117, do CPC, mas, designadamente, pela singularidade de que, nos "dissídios coletivos", o silêncio do réu (ainda que seja um só) não conduz à presunção de serem verdadeiros os fatos asseverados pelo autor, pois não se cuida de aplicar norma legal preexistente, ligada a tais fatos.

Um nótula crítica: em nosso ver, é inadequada a expressão legal "dissídio coletivo" para designar a ação judicial. Dissídio, em tema de processo judicial, traduz o conflito de interesses. Esse conflito antecede ao ingresso em juízo; tanto isso é certo, que o escopo da ação reside na solução desse conflito de interesses. Logo, o "dissídio coletivo" próprio das relações trabalhistas nada mais é do que peculiar manifestação do clássico conflito de interesses, qualificado, na doutrina carnelutiana, como a pretensão resistida e insatisfeita. Incorrem, por isso, em manifesto deslize técnico todos os que fazem uso da expressão "ajuizar dissídio coletivo" como sinônimo de ajuizamento de ação que tem como *pressuposto* um conflito coletivo.

Ação rescisória. Em regra, a ação rescisória repele a possibilidade de confissão, máxime a presumida.

O motivo dessa rejeição é compreensível: ao contrário das demais ações, a rescisória se dirige ao pronunciamento jurisdicional de mérito transitado em julgado. De certa maneira, a verdade dos fatos em que se fundou a decisão rescindenda, se não se submete ao fenômeno da *res iudicata*, tem uma certa preeminência axiológica no cotejo com os fatos alegados na rescisória, pois, como assinalamos, é com fulcro na prova desses fatos que a sentença rescindenda acolheu os pedidos formulados pelo autor. A Súmula n. 398, do TST, perfilhou este entendimento.

Nas demais ações, a presunção de veracidade dos fatos relatados na petição inicial não tem, contra si, um pronunciamento jurisdicional passado em julgado; daí, a razão pela qual, no terreno da ação rescisória, se não é impossível, é extremamente diminuta a área de aplicação do art. 341, do CPC.

Matéria de direito. Não podemos nos esquecer da regra cardeal de que os efeitos derivantes da inobservância ao princípio da impugnação específica dos *fatos* só se produzem nos casos em que seja admissível a confissão.

Tanto isso é verdadeiro, que o próprio digesto de processo civil, no inciso I do art. 341, ressalva os fatos com relação aos quais não é consentida a confissão. Entre estes, já mencionamos os concernentes a direitos indisponíveis (CPC, art. 392).

Pouco mais haveria a dizer, não fosse a nota particular de a confissão somente dizer respeito a *fatos*, assim considerados todos os acontecimentos da vida capazes de produzir consequências jurídicas. Dessa observação fundamental se retira uma conclusão lógica: a confissão não atua no que tange a *direitos*.

Se o trabalhador alega fazer jus a uma determinada gratificação prevista em norma interna do réu, que anexa à inicial, e este não impugna a afirmação, o juiz poderá, mesmo assim, rejeitar o pedido do autor, caso se convença de que a norma *interna corporis* juntada não lhe concede o direito invocado. Como o reconhecimento do direito alegado, na espécie, depende exclusivamente da interpretação que o magistrado extraia do teor da mencionada norma interna, é curial que não há, aqui, lugar para a confissão, cujo pressuposto são apenas os *fatos*. Pelo mesmo motivo, eventual impugnação imprecisa do réu, quanto ao direito brandido pelo autor, não autorizará a presunção de veracidade dos fatos, de que se ocupa o art. 341, do CPC.

Provam-se, portanto, em juízo, os fatos — contanto que pertinentes, relevantes, e, sobretudo, controvertidos. Só com relação ao conjunto factual é que se admitirá a confissão, que nada mais significa, em termos objetivos, do que a aceitação, tácita ou expressa, como verdadeiro, de um fato contrário aos interesses da parte e favorável ao adversário (CPC, art. 389). O direito, em princípio, não se prova, pois é razoável supor que o juiz o conheça (*iura novit curia*). O juiz do trabalho, em particular, está obrigado a conhecer a legislação federal; por isso, se a parte invocar direito estadual, municipal, consuetudinário ou estrangeiro, o magistrado poderá lhe exigir que prove não só o teor, mas a vigência (CPC, art. 376).

De resto, embora estivéssemos a falar, até esta altura, de exceções ao ônus da impugnação especificada dos fatos, é indispensável que reiteremos estar a ele submetido o próprio trabalhador, nas ações em que figure como réu.

Art. 342. Depois da contestação, só é lícito ao réu deduzir novas alegações quando:

I — relativas a direito ou a fato superveniente;

II — competir ao juiz conhecer delas de ofício;

III — por expressa autorização legal, puderem ser formuladas em qualquer tempo e grau de jurisdição.

• **Comentário**

Caput. O assunto era referido no art. 303 do CPC revogado.

Apresentada a contestação, o réu somente poderá deduzir novas alegações nos casos mencionados nos incisos I a III, do art. 342, que examinaremos mais adiante.

A regra em tela é altamente salutar, se considerarmos os objetivos do processo, como método estatal de solução dos conflitos de interesses, pois se concede ao réu, no momento da contestação, a oportunidade de invocar, de maneira concentrada, tudo aquilo que for essencial para fundamentar a sua reação aos fatos alegados pelo adversário. Nunca é inútil destacar que essa concentração constitui, a um só tempo, um direito e um ônus do réu: direito, porque o impedimento de seu exercício regular pode conduzir à decretação de nulidade do processo; ônus, porque a ele cabe, como dissemos, alegar, nesse ensejo, toda a matéria de defesa, sob consequência de preclusão (princípio da eventualidade).

Para já, devemos responder às seguintes indagações: 1) o que se deve entender por "novas alegações", para os efeitos do art. 342 do CPC?; 2) o disposto nessa norma legal é aplicável tanto ao autor quanto ao réu, ou somente a este? Vejamos.

Novas alegações. O vocábulo *alegação*, na terminologia processual, significa a exposição, o arrazoado que se faz em juízo. Manda, o art. 336, do CPC, que o réu alegue, na contestação, toda a matéria de defesa. O art. 342, do mesmo Código, por sua vez, adverte que *novas* alegações apenas poderão ser expendidas nos casos que menciona. Da conjugação dessas duas normas legais, que estão em perfeita harmonia entre si, tira-se a inferência de que o substantivo *alegação*, em ambas, corresponde não propriamente a uma simples exposição ou arrazoado, mas a fatos, ou seja, a *novos fatos* — que, repetindo o conceito enunciado em páginas anteriores, podem ser considerados todos os acontecimentos da vida dotados de aptidão para produzir efeitos jurídicos.

Parece-nos inevitável, portanto, o entendimento de que esses fatos, por serem *novos*, não se resumem a um enfoque, sob outro ângulo (legal, doutrinário ou jurisprudencial), daqueles fatos já alegados na causa, traduzindo, isto sim, fatos que ocorreram *após* a contestação, equivale a dizer, supervenientes a ela.

Admitimos, por exemplo, que o trabalhador haja ingressado em juízo para postular a denominada "rescisão indireta" do seu contrato de trabalho, continuando, no entanto, a prestar serviços até que a lide seja solucionada, vindo o réu a alegar, na contestação, que não existe motivo legal para o acolhimento do pedido do trabalhador. Se, todavia, ulteriormente à contestação o empregado vier a demitir-se do emprego, estaremos diante de um *fato novo*, que deverá ser alegado pelo réu, a fim de que o juiz o considere para os efeitos da entrega da prestação jurisdicional. Convém lembrar que, a teor do art. 493, do CPC, se, depois de ajuizada a ação, algum fato constitutivo, modificativo, impeditivo ou impeditivo do direito do autor influir no julgamento da causa, cumprirá ao juiz levá-lo em conta, por sua iniciativa ou a requerimento da parte, no momento de proferir a sentença.

Destinatário da norma. É o réu. Quanto ao autor, a possibilidade de aditamento ou de alteração do pedido ou da causa de pedir está contida no art. 329.

Vejamos, agora, os casos que, por exceção, admitem ao réu deduzir novas alegações depois de oferecida a contestação (*mutatio libelli*).

Inciso I. *Fato ou direito superveniente*. Fato superveniente é o surgido após o protocolo da inicial. Direito superveniente é o que veio a se incorporar ao patrimônio jurídico da parte após o ajuizamento da ação. Se, *v. g.*, o autor alega haver sido despedido sem justa causa e pede, em consequência, aviso-prévio, FGTS ou indenização, e, depois de contestado esse direito, mas antes de proferida a sentença, determinado instrumento normativo (acordo ou convenção coletiva) conceder aos trabalhadores do réu estabilidade no emprego, com efeito retroativo ao tempo em que estava a viger o contrato de trabalho do autor, teremos aí um direito superveniente, que poderá ser alegado pelo autor, pois agora o seu pedido deve ser adaptado do novo direito, ou seja, com vistas à reintegração no emprego.

É elementar que a possibilidade de o autor invocar fato ou o direito novo, com modificação dos pedidos, não exclui o direito do réu de ter a oportunidade de se manifestar a respeito, sob pena de violência ao princípio do contraditório e da própria cláusula constitucional da ampla defesa.

Direito superveniente, contudo, para os fins do inciso I, do art. 342, do CPC, não é aquele que, existente antes do ajuizamento da ação, só vem a ser conhecido posteriormente pelo autor. Como afirmamos, a superveniência deve estar vinculada ao surgimento do direito, não à mera cognição de sua existência. A não ser assim, a superveniência constituiria pretexto para suprir a incúria, a negligência da parte, e, o que é pior, para colocar em risco o princípio da estabilização da lide.

À guisa de registro histórico, assinalemos que quando da tramitação do Projeto do CPC de 1973, na Câmara dos Deputados, foi rejeitada a emenda, proposta pelo Relator-Geral, de que o inciso I, do art. 303, contivesse a seguinte redação: "Quando relativas a fato ou norma jurídica supervenientes". Procurava-se, com isso, ampliar o alcance do dispositivo, para permitir, também, a alegação de *fato* superveniente. Esse objetivo foi alcançado pelo art. 342, I, do CPC.

Inciso II. *Conhecimento de ofício*. Há matérias que o juiz pode conhecer por sua iniciativa, ou seja, independentemente de provocação da parte interessada. Entre elas se incluem: os pressupostos de constituição e de desenvolvimento regulares da relação processual; a perempção, a litispendência, a coisa julgada; a legitimidade para a causa e o interesse de agir; a intransmissibilidade legal no caso de morte da parte (CPC, arts. 485, § 3º).

No sistema do processo civil o juiz pode pronunciar, por sua iniciativa, a prescrição e a decadência (CPC, art. 487, II). No âmbito do processo do trabalho há controvérsia quanto à possibilidade de o juiz conhecer, *ex officio*, da prescrição.

Foi, sem dúvida, em virtude da relevância que essas matérias apresentam para o processo que a lei permitiu ao juiz se pronunciar sobre elas mesmo que a parte interessada tenha deixado transcorrer em branco a oportunidade para formular a arguição cabível.

É claro que esse conhecimento *ex officio* só pode ser realizado se não houve, ainda, o proferimento da sentença de mérito. Se já proferida, somente o tribunal poderá conhecer dessas matérias, em grau de recurso.

Inciso III. *Formulação a qualquer tempo*. A situação prevista no inciso III, do art. 342, do CPC, é fronteiriça com a do inciso II, do mesmo dispositivo legal. A diferença está em que, neste, se toma como ponto-de-referência o juiz, e, naquele, as partes.

Tomemos como exemplo a incompetência absoluta. Por força do contido no art. 64, § 1º, do CPC, ela deve ser declarada *ex officio* (juiz) e alegada (parte) em qualquer tempo e grau de jurisdição. Esta última parte da norma legal sobredita é o próprio conteúdo do inciso III, do art. 342, do mesmo diploma processual.

A incompetência relativa, entretanto, não pode ser conhecida de ofício; o juiz somente poderá se pronunciar sobre ela se o réu alegá-la em preliminar da contestação.

A prescrição também pode ser alegada em qualquer tempo e grau de jurisdição (CC, art. 193), conquanto, no processo civil, conforme dissemos, o juiz possa pronunciá-la por sua iniciativa (CPC, art. 487, II).

Os três incisos que estivemos a analisar representam, portanto, exceções aos princípios da imutabilidade da petição inicial (autor) e da eventualidade (réu), inscrito no art. 336, do CPC, respectivamente, que se justificam pela necessidade de atender-se a um princípio mais amplo, que abarca os anteriores: o da estabilização da lide (pretensão resistida).

Devemos acrescentar que se inserem, na previsão do inciso III, do art. 342, também a suspeição e o impedimento supervenientes à contestação. Justifiquemos a nossa assertiva. Adaptemos a situação ao processo do trabalho, onde essas restrições legais à atuação do magistrado devem ser objeto de exceção.

Sabemos que exceção e contestação constituem espécies distintas de respostas do réu. Assim, em princípio, por um motivo de ordem lógica, a exceção (de incompetência, de impedimento e de suspeição) deve anteceder à contestação e também ser julgada antes desta. Estamos levando em consideração o processo do trabalho, que ainda prevê as referidas exceções (CLT, arts. 799 a 802).

Há casos excepcionais, contudo, em que as causas da suspeição ou do impedimento do magistrado surgem *depois* da contestação ou chegam ao conhecimento da parte interessada somente após a ação haver sido contestada. Nesta hipótese, como a suspeição e o impedimento não deixam de ser matéria de defesa (CPC, art. 336), podem ser arguidas, por meio de exceção, mesmo que a contestação já tenha sido oferecida. A refutar-se este entendimento, estar-se-á possibilitando que juízes suspeitos ou impedidos participem do processo, que poderá, em razão disso, vir a ser anulado; ou ser, a sentença transitada em julgado, desconstituída pela via rescisória, no caso de impedimento (CPC, art. 966, II). Além disso, a injustiça perpetrada contra a parte interessada seria manifesta, porquanto esta somente teve ciência da causa da suspeição ou do impedimento depois de apresentada a contestação.

A situação de que estamos a cogitar se encaixa, portanto, ainda que com alguma adaptação, no inciso III, do art. 342, do CPC.

CAPÍTULO VII

DA RECONVENÇÃO

Art. 343. Na contestação, é lícito ao réu propor reconvenção para manifestar pretensão própria, conexa com a ação principal ou com o fundamento da defesa.

§ 1º Proposta a reconvenção, o autor será intimado, na pessoa de seu advogado, para apresentar resposta no prazo de 15 (quinze) dias.

§ 2º A desistência da ação ou a ocorrência de causa extintiva que impeça o exame de seu mérito não obsta ao prosseguimento do processo quanto à reconvenção.

§ 3º A reconvenção pode ser proposta contra o autor e terceiro.

§ 4º A reconvenção pode ser proposta pelo réu em litisconsórcio com terceiro.

§ 5º Se o autor for substituto processual, o reconvinte deverá afirmar ser titular de direito em face do substituído, e a reconvenção deverá ser proposta em face do autor, também na qualidade de substituto processual.

§ 6º O réu pode propor reconvenção independentemente de oferecer contestação.

• **Comentário**

Caput. O Projeto primitivo do CPC abolia a figura da reconvenção, substituindo-a pelo *pedido contraposto*. Com as alterações introduzidas no projeto, a reconvenção acabou sendo restabelecida.

A reconvenção constitui uma das modalidades de resposta do réu, que, no processo do trabalho, compreendem, ainda, a exceção e a contestação. O atual CPC reduziu a duas essas respostas: a contestação e a reconvenção. Na verdade, há outra espécie de resposta, consistente no "reconhecimento da procedência do pedido" (CPC, art. 487, III, "a"). São, pois, quando menos, quatro as modalidades de resposta, no processo do trabalho, e três, no processo civil. A propósito, melhor teria sido que o legislador de 2015 (assim como o de 1973: art. 269, II) não aludisse ao "reconhecimento da procedência do pedido", e sim, ao *reconhecimento do direito alegado pelo autor*.

Escorço histórico

As raízes históricas da reconvenção — como da grande maioria dos institutos do direito processual luso-brasileiro — estão no direito romano antigo e podem ser localizadas no período da *cognitio extraordinaria*. Alguns estudiosos, contudo, sustentam que ela surgiu no período formulário (1949 a.C a 200 d.C), especificamente naquelas ações em que o juiz estava autorizado a decidir por equidade (*actiones bonae fidei*): aqui, os litigantes, estribados no mesmo título (causa), poderiam formular pretensões recíprocas (*mutua petitio, mutua actio*), seja baseando-se em compensação, seja em ação contrária; nesta última hipótese é que estaria caracterizada, conforme o segmento doutrinário a que nos referimos, a reconvenção. A despeito disso, prevalece a corrente de opinião que identifica a origem da ação reconvencional no período da *cognitio extra ordinem*, pois foi aí, com efeito, que ela adquiriu os contornos com que se apresenta ao mundo moderno.

No ano de 530, a Constituição de Justiniano previa a possibilidade de o juiz não apenas absolver o réu, mas de condenar o autor, desde que se convencesse que ele era devedor de alguma coisa ao adversário.

Na verdade, a gênese na reconvenção, em Roma, parece coincidir com a interpretação que se deu à expressão: *in eodem negotio*, pois se dizia que se o autor estava submetido à decisão do juiz, pelo mesmo motivo não poderia recusá-lo (exceção de incompetência) quando, sobre o mesmo negócio (*in eodem negotio*), fosse proferida decisão contrária a seus interesses. Algumas vezes, a referida expressão era ligada ao mérito da demanda, exigindo-se a existência de vínculo material entre a ação do autor e a do réu (conexão de causas); outras, se impunha uma relação de natureza processual (*in eodem iudicio*), vale dizer, sem nenhuma repercussão no direito material.

A denominação de *reconvenção*, com que o instituto passou a ser conhecido nos tempos modernos, foi, todavia, dada pelo direito canônico. Nesse direito, aliás, a reconvenção foi largamente permitida, porquanto isso conviria ao propósito político de colocar à margem da justiça exercida pelos senhores feudais a maior quantidade possível de demandas. Procurava-se, desse modo, estabelecer a supremacia da jurisdição eclesiástica em relação à civil. Exatamente por isso é que a reconvenção era admitida em todas as ações, fossem reais ou pessoais, penais ou reipersecutórias, não se exigindo a cláusula *ex eodem causa* (identidade de causas), porquanto era suficiente que as partes fossem as mesmas, numa e noutra ações.

O direito português, inspirado no intermédio, permitiu a reconvenção sobre o mesmo negócio (*in eodem negotio*), dispensando a vinculação entre as causas (*eodem causa*). Nesse sentido foram todas as Ordenações reinóis.

Na França, entretanto, se escreve um capítulo especial sobre a reconvenção. Ocorre que, no direito consuetudinário francês, a reconvenção não era permitida por um motivo claramente político-financeiro: como a justiça feudal era exercida pelos senhores e constituía, para eles, uma fonte de receita, a reconvenção ia de encontro a esses propósitos. Unicamente em situações excepcionais é que, por meio de "cartas reais", dadas por graça do soberano, se podia fazer uso da ação reconvencional.

Posteriormente, a propagação dessas "cartas", somada à influência do direito canônico, e, máxime, a opinião dos jurisconsultos, a reconvenção passou a ser consentida quando possuísse a mesma causa da ação principal ou fosse empregada como defesa à mencionada ação. Embora o Código de Processo Civil gaulês não a previsse, de maneira expressa, a doutrina e a jurisprudência, baseando-se em certos trechos desse Código, construíram o entendimento de que a reconvenção era uma ação incidente, cujo uso seria possível como instrumento de defesa do réu ou como meio de este obter indenização por perdas e danos provenientes da ação principal.

A disciplina da matéria, no âmbito do direito francês, acabou sendo adotada, com algumas modificações, na Itália. O Código de 1865, por exemplo, estabelecia que o juiz, perante o qual tramitasse a ação principal, seria competente para apreciar a reconvenção, conforme fosse o título indicado pelo autor, ou já deduzido na causa principal, "come mezzo di eccezione" (como meio de exceção).

O Código italiano de 1940 reproduziu essa disposição, no art. 36, onde foram se abeberar os elaboradores do projeto do Código de Processo Civil brasileiro de 1973.

O Regulamento Imperial n. 737, de 1850, permitia que o réu apresentasse reconvenção, "simultaneamente com a contestação, no mesmo termo para ela assinado e sem dependência de prévia citação do autor" (art. 103), conquanto também previsse uma reconvenção imprópria, que poderia ser ajuizada mais tarde, em autos distintos, devendo ser apreciada antes da ação principal.

No Brasil, o CPC de 1939, influenciado pelo direito canônico, autorizava a reconvenção quando o réu tivesse ação que visasse a "modificar ou excluir o pedido" do autor (art. 190). O Código de 1973 dispôs que o réu poderia reconvir ao autor, no mesmo processo, sempre que a reconvenção fosse conexa com a ação principal ou com o fundamento da defesa. O CPC atual repetiu a regra. Desses pressupostos para o exercício da ação reconvencional nos ocuparemos mais adiante.

Conceito

De modo geral, o réu assume uma atitude eminentemente defensiva diante das pretensões formuladas pelo autor, cujo fato se justifica por encontrar-se no polo passivo da relação jurídica processual. A contestação constitui, por isso, a mais característica das modalidades de defesa, de que se pode valer o réu em juízo, uma vez que espelha uma sua resistência aos pedidos deduzidos pelo adversário.

Em determinadas situações, contudo, o réu aproveita o mesmo processo para, além de se defender, assumir uma posição ativa perante o autor, formulando pretensões que devam ser por este satisfeitas. Essa espécie de "contra-ataque" promovido pelo réu põe em relevo a reconvenção, que nada mais é, em termos gerais, do que uma ação deste em face do autor, no mesmo processo. Sob o aspecto sistemático, a reconvenção representa uma das modalidades de resposta do réu.

Estabelecidas essas considerações preliminares, podemos enunciar o seguinte conceito de reconvenção: é a ação do réu, em face do autor, no mesmo processo, atendidos os pressupostos legais específicos.

Antes de examinarmos em que consistem os pressupostos para o regular exercício da ação reconvencional, a que aludimos há pouco, devemos dizer que, sob o ângulo prático, a reconvenção foi instituída com o objetivo de atender à política de economia e de racionalização da entrega da prestação jurisdicional. Com efeito, se o réu pretende exercer o direito de ação perante o autor, essa política sugere que ele aproveite o mesmo processo em que foi citado para manifestar a sua pretensão. Desse modo, com a reconvenção passam a existir duas ações, no mesmo processo, submetidas ao mesmo procedimento judicial e que serão apreciadas por uma só sentença. Essa concentração de ações fornece a medida da economia de atos jurisdicionais que com ela se obtém. Deve ser ainda observado que a reconvenção, como a conexão, também se destina a impedir o proferimento de sentenças eventualmente contrastantes, sobre o mesmo negócio jurídico (*in eodem negotio*), pois é preciso lembrar que o exercício da reconvenção pressupõe, dentre outras coisas, um nexo com a ação principal ou com os fundamentos da defesa (CPC, art. 343).

Pressupostos legais

A reconvenção, como ação, apresenta os seguintes pressupostos:

a) uma causa pendente, pois a reconvenção, como afirmamos, é uma ação exercida pelo réu no mesmo processo, provocando, com isso, uma aglutinação de ações, onde o autor, na primeira, é réu na segunda, e vice-versa;

b) o exercício no momento oportuno, porque a reconvenção deve ser apresentada na fase de defesa. No processo do trabalho, como não há prazo preestabelecido para o oferecimento de resposta, por parte do réu, este deverá apresentar reconvenção na audiência destinada à sua defesa. Sob o aspecto lógico, a reconvenção vem depois da contestação, conquanto se vá examinar, mais adiante, se quem não contestou poderá reconvir. Se o réu perder o prazo para reconvir, só mediante ação específica poderá manifestar as pretensões que poderia ter deduzido em sede reconvencional;

c) a identidade de procedimentos, porquanto a ação e a reconvenção (que também é ação) devem ser julgadas na mesma sentença, e, para isso, é imprescindível que se subordinem ao mesmo procedimento;

d) a conexão com a ação principal ou com o fundamento da defesa (CPC, art. 343), pois, conforme ficou esclarecido, ambas as ações devem estar vinculadas ao mesmo negócio (*in eodem negotio*), que, no processo do trabalho, cumpre ser entendido, na maioria dos casos, como o contrato de trabalho firmado entre partes;

e) a competência do juízo, pois seria inadmissível que a reconvenção fosse apresentada a juízo incompetente para examiná-la, embora este possuísse competência para a ação principal. Esse pressuposto merece especial destaque, com vistas ao processo do trabalho, porquanto o réu (empregador) não poderia reconvir ao autor (empregado), *v. g.*, para tentar receber, deste, o valor de aluguel vencido ou algum título de crédito proveniente de relação meramente civil ou mercantil.

Examinados os pressupostos para o exercício da reconvenção, cumpre-nos indagar se ela pode ser formulada em determinadas ações, como a rescisória, a de consignação em pagamento, a declaratória, a coletiva, assim como nos regimes litisconsorciais, na substituição processual e na execução.

Ação rescisória. Desde que sejam atendidos os pressupostos que comentamos, nada impede o exercício da reconvenção em ação rescisória. O que se deve levar em conta é a exigência de que a reconvenção se funde em uma das causas de rescindibilidade dos pronunciamentos jurisdicionais de mérito, mencionadas nos incisos I a VIII, do art. 966, do CPC. Embora a resposta reconvencional em ação rescisória seja algo de rara ocorrência prática, ela se justificará quando as partes tiverem ficado vencidas parcialmente diante da sentença rescindenda. O fulcro legal da reconvenção, nesta hipótese, não precisa coincidir, necessariamente, com o da ação principal, mas ser com ela conexa ou com o fundamento da defesa. Do mesmo modo, não se requer que em ambas ações sejam invocados os mesmos juízos *rescindens* e *rescissorium*. Tudo dependerá de cada caso concreto que for submetido à cognição jurisdicional do órgão competente para apreciar a ação rescisória e a resposta reconvencional que aí vier a ser oferecida.

Ação de consignação em pagamento. No processo do trabalho, aceita a ação de consignação em pagamento, passou-se a admitir também a possibilidade de ser, no processo a ela pertinente, apresentada reconvenção. Para isso, foi necessário amoldar-se o procedimento especial da ação de consignação ao procedimento ordinário trabalhista. Foi uma indispensável obra de engenharia doutrinária e jurisprudencial. Mais tarde, a Lei n. 8.951, de 13 de dezembro de 1994, alterou o artigo 893, do CPC revogado, de tal maneira que, a contar daí, a petição inicial deve conter, dentre outras coisas, o requerimento para a citação do réu, a fim de que levante o depósito efetuado ou ofereça resposta (inciso II). Assim, o réu passou não mais a ser citado para "vir ou mandar receber a quantia ou a coisa devida". O atual CPC também determina a citação do réu para "levantar o depósito ou oferecer contestação" (art. 542, II).

Essa modificação legislativa facilitou ainda mais a adaptação do procedimento traçado pelo CPC ao que é próprio do processo do trabalho, de tal arte que, aqui, o réu (em regra, o trabalhador) será citado para levantar o depósito feito pelo autor (empregador) ou oferecer contestação. Nesta última hipótese (e na mesma oportunidade), ele poderá, ainda, reconvir, alegando, por exemplo, que era estável no emprego, e pretendendo, em razão disso, a correspondente reintegração.

Ação declaratória. Desde que o réu satisfaça aos requisitos legais específicos, poderá reconvir ao autor na ação em que este busque a obtenção de um decreto jurisdicional que diga da existência ou da inexistência de relação jurídica entre as partes ou da falsidade ou autenticidade de documento (CPC, art. 19). A possibilidade de haver reconvenção em ação declaratória, a propósito, está reconhecida pela Súmula n. 258, do Supremo Tribunal Federal.

Regimes litisconsorciais. É sempre proveitoso recordar que o litisconsórcio, quanto à obrigatoriedade de sua constituição, pode ser:

a) necessário; ou b) facultativo, e, quanto à posição das partes no direito material: a) simples; ou b) unitário.

É necessário quando se impõe a presença de todos na relação processual; facultativo, quando essa presença total não for exigida. Simples, quando a decisão não precisar ser uniforme para todos os litisconsortes; unitário, quando essa uniformidade for indispensável.

Reavivados esses conceitos, logo se percebe que, em princípio, a reconvenção é possível nos regimes litisconsorciais mencionados, conquanto, em algumas situações, essa possibilidade deixe transparecer uma certa irregularidade na constituição do litisconsórcio, especialmente, o unitário, como quando a reconvenção se refira somente a alguns dos consorciados na lide.

Citemos, como ilustração, um caso em que a reconvenção seria regularmente manifestada no âmbito de um regime litisconsorcial trabalhista: diversos empregados, alegando haver sido contratados por prazo determinado e despedidos sem justa causa, ingressam em juízo, em regime de litisconsórcio, pretendendo obter a condenação do empregador ao pagamento da indenização prevista no art. 479, da CLT. Este, no entanto, reconvém, asseverando que os autores romperam os contratos de trabalho sem motivo legal, razão por que deseja vê-los condenados ao ressarcimento dos prejuízos que causaram com esse ato (CLT, art. 480). O regime litisconsorcial, na espécie, é: ativo, pois integrado por diversos autores; originário, porque se constituiu para efeito do ingresso em juízo; facultativo, porquanto a sua formação não era necessária (cada autor poderia ter ajuizado, separadamente, a sua ação); simples, pois a decisão não precisa ser uniforme para todos (parte deles teria direito à indenização pretendida, e, parte, não).

Substituição processual. Reiterando a nossa opinião de que não possuímos, no Brasil, uma substituição processual *genuína*, como tal considerada a que era praticada em certa fase do direito romano antigo, mas simples mandato legal *ad litem* (CF, art. 8º, III), devemos alertar para a necessidade de o § 5º do art. 343, do CPC, ser adequadamente entendido.

Se o autor estiver agindo como substituto processual, caberá ao reconvinte afirmar ser titular do direito material em face do substituído e dirigir a reconvenção ao autor, também na qualidade de substituto processual

Execução. Não cabe reconvenção na execução por algumas razões elementares, dentre as quais podemos mencionar: a) a diversidade não só dos procedimentos, mas de processos, pois é inconcebível que, no de execução, possa o devedor formular, perante o credor, pretensões próprias do processo de conhecimento; b) os embargos do devedor não constituem defesa, mas ação constitutiva incidental que este ajuíza, com o escopo de impugnar o título executivo em que se funda a execução ou de impedir, de qualquer modo, que esta prossiga. Logo, não faz sentido pensar-se que o devedor possa, na oportunidade em que vier a exercer a ação de embargos, formular reconvenção, que outra coisa não é do que também uma ação.

Seria, todavia, cabível reconvenção de reconvenção? A investigação em torno do assunto provocou, já na vigência do CPC de 1939, intensa cizânia doutrinária e jurisprudencial. Se estivesse atento aos fatos do passado, como lhe incumbia, o legislador de 1973 teria percebido estar diante de si a oportunidade histórica de dar cobro a essa controvérsia, seja afirmando a possibilidade de haver reconvenção de reconvenção, seja negando-a. Como se omitiu a respeito, rendeu ensejo à continuidade da dissenção entre os doutos quanto à matéria.

São estas, em síntese, as opiniões doutrinais contrárias ao exercício de uma resposta reconvencional em sede de reconvenção: a) o autor deve atribuir a si a culpa por não haver ajuizado a ação, cujas pretensões pretende manifestar mediante reconvenção; b) permitir-se a reconvenção, por parte do autor, será ensejar um agravamento da complexidade do processo, tornando-o interminável; c) exigindo, a lei, que a reconvenção seja formulada na fase de defesa, aí está implícita a declaração de que somente o réu poderá fazer uso dela.

Por outro lado, eram (e, de certa forma, ainda são) estes os argumentos dos que defendiam a possibilidade de haver reconvenção de reconvenção: a) o autor não sabia que o réu iria reconvir, e o seu interesse em agora também oferecer reconvenção pode provir justamente daquilo que foi alegado na ação do réu; b) as ações envolvendo as partes são em número finito, exaurindo-se em curto espaço de tempo; c) a impugnação à reconvenção é contestação, sob qualquer aspecto que se a examine.

Ora, se houver conexão entre os fatos pertinentes a ambas as reconvenções ou se estiverem vinculadas ao mesmo negócio jurídico (*in eodem negotio*), e se for idêntico o procedimento judicial de ambas e competente o juízo para apreciá-las, não se pode recusar a possibilidade de o autor também reconvir ao réu, exatamente porque o interesse daquele pode ser surgido em decorrência da reconvenção apresentada por este. A entender-se de maneira diversa, o autor seria levado a deduzir a sua pretensão (de direito material) em ação distinta, que por ser conexa com a reconvenção faria com que fosse distribuída por dependência ao mesmo juiz, que, por sua vez, ordenaria a reunião dos autos correspondentes (CPC, art. 58), a fim de que as ações fossem julgadas de maneira simultânea (*ibidem*). Em suma: estar-se-ia, em nome de um formalismo injustificável, impondo ao autor um sacrifício, um desgaste e um dispêndio de tempo e de dinheiro que teriam sido perfeitamente evitados se lhe fosse reconhecido o direito de reconvir ao reconvinte.

Procedimento

a) Petição inicial

Não sendo, a resposta reconvencional, modalidade de contestação, mas ação do réu em face do autor, no mesmo processo, ela deve ser manifestada por meio de petição inicial. Isso corresponde a afirmar que essa petição deverá preencher os requisitos exigidos pelo art. 840, § 1º, da CLT, combinado com alguns do art. 319 do CPC: ou seja: a) nomes e pre-nomes do reconvinte e do reconvindo; b) referência ao juízo a que é dirigida; c) narração dos fatos e indicação dos fundamentos jurídicos do pedido; d) o pedido, com suas especificações.

Não haverá necessidade de ser feita alusão ao estado civil, existência de união estável, número de inscrição no CPF ou no CNPJ, profissão, domicílio e residência do reconvinte e do reconvindo porque essas informações já devem constar dos autos. Sob este aspecto, portanto, a reconvenção coincide com a contestação, na qual também é dispensada a indicação desses dados pessoais das partes.

Como as petições iniciais trabalhistas em geral, a de reconvenção também não precisará conter: a) a indicação dos meios de prova de que o reconvinte se valerá; b) o requerimento de intimação do reconvindo; c) o valor da causa, porquanto no sistema do processo do trabalho: 1) a parte pode produzir (no momento oportuno), sem prévia especificação, todas as provas legalmente permitidas; 2) a citação (a "intimação", na reconvenção, tem essa natureza) é realizada *ex officio* (CLT, art. 841) e 3) conquanto a causa deva ter um valor econômico (CPC, art. 291), não se impõe que esse valor conste da petição inicial (Lei n. 5.584/70, art. 2º, *caput*).

Na vigência do CPC de 1939, a reconvenção era apresentada junto com a contestação, ou seja, na mesma peça (art. 190). No sistema do CPC de 1973 ela passou a ser exigida em petição apartada, pois constitui modalidade específica de resposta do réu. Desta forma, este, comparecendo a juízo, apresentava (se fosse o caso), em petições distintas, contestação e reconvenção. Ainda que assim devesse ser, não pudemos deixar de reconhecer que eventual formulação de ambas as espécies de resposta numa só peça não implicaria nulidade da reconvenção, nomeadamente, no processo do trabalho, em que o princípio da instrumentalidade, inscrito nos arts. 154 e 244, CPC de 1973, recebia especial e justificada exaltação. Ocasionais dificuldades de ordem prática, que pudessem acarretar o oferecimento da contestação e da reconvenção em peça única, seriam facilmente contornáveis. Pois bem. A redação do art. 343 do atual CPC permite concluir que a reconvenção será apresentada na mesma peça da contestação. Neste aspecto, retorna-se ao sistema do CPC de 1939 (art. 190).

Cumprirá ao juiz determinar, *ex officio*, que o distribuidor proceda à anotação da reconvenção (CPC, art. 286, parágrafo único).

A petição inicial da reconvenção deverá ser instruída com os documentos indispensáveis ao ajuizamento dessa ação (CPC, art. 320; CLT, art. 787), exceto se tais documentos já se encontrarem nos autos ou acompanharem a contestação.

Se o juiz verificar que a petição inicial não atende aos requisitos legais, ou que apresenta defeitos ou irregularidades capazes de dificultar o julgamento do mérito, deverá, mediante despacho, fixar prazo para que o reconvinte a emende ou a complete, no prazo de quinze dias (CPC, art. 321, *caput*. Não cumprida a determinação, a petição será indeferida (*ibidem*, parágrafo único).

Questão interessante diz respeito a saber se o ato que indefere a petição inicial de reconvenção é recorrível, no processo do trabalho. Sabemos que, nos demais casos de indeferimento da inicial, a sentença trabalhista, assim como a civil, pode ser impugnada por meio de recurso. No tocante à petição inicial relativa à reconvenção, todavia, há uma particularidade fundamental, capaz de colocar em dúvida a doutrina quanto à possibilidade de esse ato ser recorrível. Na realidade, o problema tem sido examinado pela doutrina à luz do pressuposto de que o indeferimento da inicial da reconvenção se dá por meio de sentença.

Se entendermos que de sentença se trata e que é irrecorrível, teremos sérias dificuldades para explicar as razões pelas quais todas as outras, que extinguem o processo sem julgamento do mérito, são impugnáveis, ou seja, estaremos criando, de modo arbitrário, uma classe de sentença irrecorrível, quando essa restrição somente pode ser imposta por lei. Logo, quando menos para evitar o cometimento de lesão aos princípios e aos legítimos interesses da parte seria de admitirmos a possibilidade de interposição de recurso ordinário da sentença que indeferisse a petição inicial de reconvenção. Este concluimento, contudo, traria outros embaraços de ordem prática, que devem ser agora enfrentados.

Admitido o recurso, na espécie com a qual estamos a nos ocupar, de duas, uma: ou se atribuiria a ele, por exceção, o efeito suspensivo, ou não se lhe pespegaria esse efeito.

Se lhe fosse conferido efeito suspensivo, se estaria não só desrespeitando a lei (CLT, art. 899, *caput*) como estimulando o réu mal- intencionado a reconvir apenas com intuito protelatório; se não lhe atribuísse tal efeito, se estaria provocando graves transtornos no procedimento, pois devendo a reconvenção ser apreciada com a ação principal, pela mesma sentença, essa regra acabaria sendo desobedecida, porquanto a ação principal poderia vir a ser julgada antes da reconvenção, considerando-se o recurso interposto da sentença que indeferiu esta última.

A solução que, a princípio, poderíamos preconizar, dentre as apreciadas — e que, pelo aspecto *sui generis* da matéria, jamais poderia manter a desejável harmonia com os princípios e com o sistema — seria admitir-se o recurso ordinário, com efeito excepcionalmente suspensivo do trâmite processual. Em socorro a essa opinião, poderíamos acrescentar que a não se admitir a possibilidade de o reconvinte recorrer isso poderia significar, em alguns casos, um veto fatal ao seu direito de deduzir uma pretensão (substancial) diante do autor, pois há uma acentuada tendência doutrinária e jurisprudencial de não se reconhecer ao réu (empregador) o exercício de ação autônoma para formular pedidos que impliquem a condenação do autor (trabalhador). Assim, se, p. ex., o réu desejasse receber do autor o aviso-prévio, a que este estivesse obrigado a oferecer, negada a possibilidade de recurso da sentença que indeferisse a petição inicial de reconvenção e vedado o exercício de ação autônoma, para o fim mencionado, ao réu só caberia ver o seu direito espezinhado.

Todavia, optamos por uma outra solução, — esta sim, verdadeiramente heterodoxa, aos olhos do processo civil —, consistente em dar-se à reconvenção, no processo do trabalho, tratamento semelhante ao que é dispensado aos incidentes processuais, de tal sorte que o ato pelo qual se indeferiria a petição de reconvenção assumiria o caráter de decisão interlocutória, cujo efeito prático residiria na impossibilidade de ser impugnada por meio de recurso autônomo. Com isso, caberia ao reconvinte manifestar o seu "protesto" em audiência, ou na primeira vez em que tivesse de falar nos autos (CLT, art. 795, *caput*), a fim de poder, mais tarde, arguir a nulidade do processo, perante o tribunal.

Esta solução, conquanto possa produzir sobressaltos e inquietações no espírito dos estudiosos do processo civil, é a que, a nosso ver, melhor de harmoniza com os princípios e os objetivos do processo do trabalho; além disso, tem o mérito de atenuar as consequências perturbadoras desses princípios e objetivos, acarretadas pela infiltração da reconvenção nesse processo.

Com isso, procuramos, de um lado, desestimular o oferecimento de reconvenção procrastinatória, e, de outro, assegurar o direito de o reconvinte ver apreciado pelo tribunal o merecimento da decisão que indeferiu, *in limine*, a inicial da reconvenção — sem que o exame dessa decisão produza a suspensão do processo, conquanto possa eventualmente anulá-lo.

Nossa opinião de que a reconvenção deva ter, no processo do trabalho, o tratamento que é dado aos incidentes processuais não colide, como se possa imaginar, com a, também nossa, de que a reconvenção deve ser manifestada por petição elaborada com observância dos requisitos legais; o caráter de incidente processual, que procuramos atribuir à reconvenção, visou, tão somente, a encontrar uma solução para o problema da possibilidade de impugnação autônoma, ou não, do ato judicial que indefere a petição inicial.

Se fôssemos considerar a reconvenção como ação do réu, deveríamos cogitar da citação do autor, não de sua intimação. Contudo, o próprio legislador, sem deixar de reconhecer a natureza de ação da resposta reconvencional, preferiu o emprego do vocábulo *intimado* em virtude de as partes já estarem integradas a uma relação jurídica processual, decorrente da ação ajuizada pelo autor-reconvindo (CPC, art. 343, § 1º). O projeto primitivo do CPC fazia referência à citação (art. 320); no Senado, entretanto, recebeu emenda do Relator-Geral, que atribuiu ao dispositivo a redação que hoje apresenta, ao fundamento de que "pela definição legal de citação e mesmo pela natureza desta, ela é o ato pelo qual se chama a juízo o réu; ora, quando o réu reconvém, o reconvindo já está em juízo, já está na relação processual, razão por que é conveniente manter-se a terminologia vigente (art. 193 do CPC) falando-se em intimação e não em citação".

Sem discutirmos o acerto ou o desacerto dessa atitude do legislador, o fato é que a intimação nos deixa mais à vontade para sustentar o ponto de vista de que a reconvenção deve ser cuidada, no processo do trabalho, como um incidente, a ser resolvido por decisão de caráter interlocutório, que, por isso, é insuscetível de impugnação autônoma.

Como a reconvenção deve ser apresentada na mesma oportunidade da contestação, isso significa que, no processo do trabalho, ambas serão manifestadas em audiência. Antes disso, o juiz formulará a primeira proposta de conciliação (CLT, art. 846, *caput*). Por uma questão de ordem lógica, o juiz fará constar da ata, primeiro, a contestação, e depois a reconvenção. É sempre recomendável que faça registrar, também, o número de documentos que instruem uma e outra. Em seguida, intimará o autor para se pronunciar, no prazo que assinar, a respeito da contestação. Ato contínuo, o intimará para responder à reconvenção.

b) Resposta

Surge, aqui, a dúvida sobre qual o prazo para essa resposta a ser apresentada pelo reconvindo. No processo civil é de quinze dias (CPC, art. 343, § 1º); conquanto no processo do trabalho também se venha adotando idêntico prazo, pensamos que estaria em maior equilíbrio com o sistema se fosse assinado o prazo de cinco dias, a que se refere o art. 841, *caput*, parte final, da CLT, pois não deixa de ser ilógico e injusto atribuir-se ao réu o prazo (embora mínimo) de cinco dias para se defender (é nesse sentido que vem sendo interpretada a norma legal mencionada) e de quinze dias para o reconvindo se manifestar.

Seja de cinco ou de quinze dias esse prazo — ressaltando o nosso entendimento de que o primeiro seria o mais correto —, uma outra dúvida surge: a resposta do reconvindo deve ser apresentada em audiência ou na secretaria do juízo? Se nos deixássemos influenciar pelo princípio que informa o processo do trabalho não hesitaríamos em asseverar que a resposta à reconvenção deveria ser apresentada em audiência. Razões de ordem prática, entretanto, sugerem que essa manifestação ocorra na secretaria do juízo, onde será protocolada. A designação de audiência específica para que o reconvindo se pronunciasse sobre a reconvenção causaria enorme transtorno aos juízes, sabendo-se que as pautas das audiências trabalhistas, como é notório,
se encontram congestionadas, sendo, portanto, extremamente difícil encontrar-se vaga para inserir a relativa à reconvenção. De outra parte, a designação de audiência para a finalidade que estamos a examinar, segundo a rigorosa ordem cronológica, poderia fazer com que ficasse para muito além do desejável, pois não se pode perder de vista que a ação e a reconvenção pertencem ao mesmo processo.

Nenhuma nulidade haverá se se determinar que a resposta à reconvenção seja protocolada na secretaria do juízo; ao contrário, motivos de ordem prática recomendam que assim o seja. Mais uma vez, a supremacia é do princípio da instrumentalidade (CPC, art. 277), cuja excelência justifica, até mesmo, pôr-se de lado determinados princípios do processo do trabalho, que o tempo acabou colocando em descompasso com a realidade dos fatos da vida cotidiana do foro, exatamente porque já não atendem aos interesses dos trabalhadores.

A resposta à reconvenção deve observar as mesmas regras estabelecidas pelo CPC, quanto à contestação à ação, em especial as concernentes ao princípio da eventualidade ou da concentração (art. 336) e ao ônus da impugnação especificada dos fatos (art. 341), com as exceções contidas nos incisos deste último dispositivo.

c) Instrução

A despeito de a reconvenção ser ação do réu, que, por isso, não se confunde com a do autor, ambas se subordinam ao mesmo procedimento, inclusive, quanto à instrução.

Assim, as partes e as testemunhas, em seus depoimentos, dirão sobre os fatos da ação e da reconvenção, indistintamente, salvo se algum motivo particular justificar que, na ata, sejam identificadas as respostas por elas dadas, conforme se refiram à ação ou à reconvenção.

Merece comentário particular, todavia, a prova documental. Tanto a CLT (art. 787) quanto o CPC (art. 320) exigem que a petição inicial seja instruída com os documentos indispensáveis ao ajuizamento da ação. Por outro lado, o CPC impõe que também a contestação se faça acompanhada dos documentos destinados a provar os fatos aí alegados (art. 434). Esta determinação do CPC é aplicável ao processo do trabalho, em que pese à injustificada resistência daqueles que supõem que o princípio da simplicidade, que orienta este processo, dispense as partes de qualquer disciplina probatória. Simplicidade, *data venia*, não é pretexto para tumultos ou fugas à ordem. Todas as normas legais até aqui indicadas, portanto, devem incidir, por inteiro, na reconvenção e na resposta que a ela se ofereça. Desta forma, a inicial da reconvenção deve trazer os documentos em que se funda (CLT, art. 787), do mesmo modo como a contestação a ela deve ser instruída com os documentos atinentes aos fatos narrados pelo reconvindo (CPC, art. 434). A junção de documentos, para além desses momentos, só se justifica quando destinados a fazer prova de fatos ocorridos depois dos articulados ou para contrapô-los aos que forem afirmados pela parte contrária (CPC, art. 435). Fora disso, será estimular os litigantes à prática de atos tumultuários do procedimento e abrir ensejo para que os que, movidos pela má-fé, procuram converter o processo em instrumento de suas conveniências.

De resto, estando a reconvenção imbricada com a ação principal, a instrução daquela se funde com a desta, inclusivamente, quanto à prova pericial, às cartas precatórias, à inspeção judicial etc.

d) Razões finais e segunda proposta de conciliação

Encerrada a instrução, incumbirá ao juiz conceder a cada parte o prazo de dez minutos, para que aduzam razões finais (CLT, art. 850, *caput*). Deve ser abandonada a praxe, adotada por alguns juízes, de substituir as razões finais por memoriais escritos. No processo do trabalho, as razões finais devem anteceder à segunda proposta de conciliação; a praxe, a que nos referimos, subverte essa ordem ao permitir que ditas razões sejam oferecidas depois da proposta final de conciliação. O que se pode fazer é facultar a apresentação de memoriais, sem prejuízo das razões finais, que devem ser produzidas no momento previsto em lei.

Decorrido o prazo para as razões finais, sejam ou não aduzidas, o juiz formulará a segunda proposta de conciliação. Como já acentuamos, a conciliação, em concreto, assume as características de transação, assim entendido o negócio jurídico bilateral mediante o qual se põe fim ao processo com julgamento do mérito (CPC, art. 487, III, "b"). Esta expressão legal, se bem a analisarmos, fica muito a dever às exigências científicas a respeito do rigor vocabular. Quando as partes transigem, não há dúvida de que esse ato afeta o mérito da causa; dizer-se, contudo, como fez o legislador, que o processo se extinguirá com julgamento do mérito parece-nos ir-se além da medida, porquanto mesmo que se torne imprescindível para a validade jurídica desse negócio jurídico a sentença homologatória, o juízo, ao emiti-la, nada julga, nada acrescenta e nada retira, senão que dá o seu beneplácito a essa manifestação convergente da vontade das partes. Melhor será, pois, que se diga que, por força da transação e da sentença que a homologa, o processo se extingue com *exaustão* do mérito. Talvez atento a críticas como a que formulamos, o legislador alterou a redação do art. 487, *caput*, do CPC, para dispor que "Haverá *resolução* de mérito; (...)".

e) Desistência

Declara o art. 343, § 2º, do CPC, que a desistência da ação, ou a existência de qualquer causa que a extinga, não obsta o prosseguimento da reconvenção.

Essa dicção legal demonstra a autonomia das ações principal e reconvencional e dos processos que lhes correspondem. A unidade é, apenas, com relação ao procedimento.

Quanto à extinção do processo pertinente à ação principal, o tema não requer maiores explicações; a ponderar-se, contudo, a possibilidade de, em alguns casos, essa extinção provocar inevitável ressonância na própria reconvenção — particularidade que parece não haver sido considerada pelo legislador, ao redigir o art. 343, § 2º, do estatuto processual civil. Digamos, *v. g.*, que o processo relativo à ação principal venha a ser extinto em decorrência da ilegitimidade *ad causam* de uma das partes: é óbvio que esse fato irá repercutir na reconvenção, pois essa ilegitimidade dirá respeito, *ipso facto*, ao reconvinte ou ao reconvindo, provocando, com isso, também a extinção do processo alusivo à ação reconvencional.

No que concerne à desistência da ação, havendo reconvenção, entretanto, o assunto requer uma nota explicativa. Como o réu é citado para ação, e posteriormente a isso apresenta contestação e reconvenção, resulta evidente que a possibilidade de o autor desistir da ação principal fica subordinada à concordância do réu-reconvinte. Vindo este a anuir com a desistência, o processo alusivo à ação principal será extinto (CPC, art. 485, VIII), cujo fato não impedirá o prosseguimento da reconvenção, configurando-se, assim, a hipótese de que cogita o art. 343, do CPC. Caso, porém, o réu não concorde com a precitada desistência, o processo terá curso, juntamente com o da reconvenção.

Para que a desistência da ação produza os efeitos legais pretendidos, será indispensável a sua homologação por sentença (CPC, art. 200, parágrafo único). Isso equivale a afirmar que enquanto não houver homologação, o processo tramitará como se a desistência não tivesse sido manifestada. A não se considerar assim, as palavras da lei cairiam no vazio.

É elementar, por outro lado, que se não havia decorrido o prazo para a resposta do réu a desistência da ação independerá do assentimento deste (CPC, art. 485, § 4º), hipótese em que, mormente no processo do trabalho: a) a homologação do ato não poderá ser recusada pelo juízo; b) o réu não poderá oferecer reconvenção.

Acrescente-se que no regime litisconsorcial do tipo facultativo a desistência da ação é possível, atendidas as exigências legais. No litisconsórcio necessário, porém, a desistência de um dos compartes é inadmissível, precisamente porque, aqui, é imprescindível a integração de todos na relação jurídica processual.

f) Sentença

Serão julgadas pela mesma sentença a ação e a reconvenção. O CPC revogado possuía expressa disposição a esse respeito (art. 318), cuja regra foi, por certo, implicitamente recepcionada pelo Código atual. Há algo de vago, a esse respeito, na parte final da letra "a" do inciso III do art. 487 do CPC.

Essa exigência de julgamento pela mesma sentença é perfeitamente compreensível, pois embora haja uma autonomia ontológica entre a ação principal e a reconvenção, ambas se subordinam a um só procedimento. Logo, incorrerá em *error in procedendo* o órgão jurisdicional que proferir duas sentenças: uma para a ação, outra para a reconvenção. É bem verdade que se isso ocorrer não haverá nulidade das sentenças, cuidando o juiz, todavia, de reuni-las o quanto antes, a fim de que, se for o caso, possam ser impugnadas por um só recurso e se submetam a uma só execução. Eventual separação das sentenças poderia fazer com que, em virtude do julgamento dos recursos, elas se tornassem antagônicas, criando, com isso, uma antinomia que reclamaria muito engenho e arte para ser desfeita.

Em torno da afirmação de que a sentença deva ser uma só devem ser feitas algumas observações. Em primeiro lugar, a própria cronologia do ingresso em juízo faz com que ação, em princípio, seja apreciada antes do que a reconvenção; situações excepcionais, contudo, exigirão que se altere essa ordem, como quando a matéria que dá conteúdo à reconvenção possa abarcar ou prejudicar a da ação principal. Em segundo, a reconvenção deve ser expressa- mente julgada, sendo, por isso, recomendável que se abandone a praxe, estabelecida em certos foros, de considerá-la implicitamente examinada em decorrência do que se decidiu no julgamento da ação principal. Afinal, são duas lides autônomas, que, em razão disso, requererem apreciações distintas, ainda que estas se contenham numa só sentença. Se a sentença julgar, apenas, a ação principal, essa omissão deverá ser sanada por meio de embargos declaratórios. Não sendo oferecidos esses embargos, ou se forem rejeitados, a sentença, transitando em julgado, ensejará o exercício da ação rescisória, pois o juízo, ao deixar de julgar a reconvenção, violou o art. 5º, inciso XXXV, da Constituição Federal, de tal modo que a rescisória estará calcada no inciso V, do art. 966, do CPC.

Na hipótese de o réu, ou mesmo o reconvindo, haver requerido, na contestação que apresentaram, a emissão de sentença declaratória incidental, para que a questão prejudicial, então suscitada, seja alcançada pelo fenômeno da coisa julgada material (CPC, art. 502), caberá ao juízo emitir essa declaração, na mesma sentença que apreciar a ação e a reconvenção.

Pode acontecer, no entanto, de a lide relativa à ação principal estar em condições de ser julgada antecipadamente, mas a da reconvenção, não. Digamos, *v. g.*, que a matéria da ação principal seja exclusivamente de direito, ao passo que a da reconvenção envolva fatos que devam ser provados. Como deverá proceder o juiz, diante disso: julgar, de forma antecipada a ação principal, e, mais tarde, a reconvenção, ou reservar-se para apreciar uma e outra na mesma sentença? Deverão ser julgadas na mesma sentença, sob pena de termos, na verdade, duas sentenças: a da ação e a da reconvenção. Na prática, verificando, o juiz, que na ação principal não haverá necessidade de produzir provas, declarará encerrada a instrução que a ela corresponde, permitindo, contudo, que as partes possam provar os fatos atinentes à reconvenção. Concluída a instrução desta, concederá prazo para as razões finais e formulará a segunda proposta de conciliação, após o que proferirá sentença onde julgará ambas as ações.

Nada impede, também, que, em outra situação, o julgamento seja convertido em diligência, a fim que se pratique algum ato, relativamente à ação principal ou à reconvenção, situação em que, mesmo assim, o juiz providenciará para que ambas sejam julgadas por sentença única.

Sob o aspecto estritamente formal, a sentença deverá atender aos requisitos previstos nos arts. 832, da CLT, e 489, *caput*, do CPC, vale dizer: a) o relatório, no qual o juiz mencionará o nome das partes, o resumo dos pedidos e das respostas e os principais fatos relacionados com a ação principal e com a reconvenção; b) a fundamentação, em que serão apreciados os fatos, à luz das provas e do direito e de outros princípios que possa o juiz invocar; c) o dispositivo, que refletirá o resultado da apreciação feita na motivação, quando o juiz condenará o autor ou o réu, o reconvinte ou o reconvindo, no todo ou em parte.

Quanto aos demais requisitos previstos nos §§ 1º e 2º, do art. 489, do CPC, serão examinados na oportunidade dos comentários a esse dispositivo legal. Para já, entretanto, os consideramos incompatíveis com o processo do trabalho. Será admissível, *mutatis mutandis*, a incidência do disposto no § 3º.

É recomendável que a sentença defina a forma de liquidação (cálculos, artigos, arbitramento), sendo, todavia, imprescindível a indicação do valor das custas devidas (CLT, art. 832, § 2º).

O CPC de 1973 não admitia a reconvenção no procedimento sumário (art. 278, § 1º), embora permitisse ao réu, *na contestação*, formular pedidos, em seu favor, desde que fundados nos mesmos fatos constantes da inicial. Tratava-se aí não de reconvenção (pois os pedidos do réu deveriam ser feitos *na contestação*) e sim de *ação dúplice*. Se, por exemplo, o autor alegasse que o contrato por prazo determinado (CLT, art. 445) fora rescindido pelo réu sem justa causa e, em razão disso, pedisse a condenação deste ao pagamento de indenização, na forma do art. 479, *caput*, da CLT, o réu, embora não pudesse reconvir, poderia formular, na contestação, *pedido contraposto*, com fulcro no art. 480, da CLT, ao argumento de que a ruptura do contrato havia sido de iniciativa do autor, sem justa causa, motivo porque este deveria ser condenado a ressarcir o réu pelos prejuízos que lhe foram acarretados.

Conquanto, sob o rigor técnico, esse pedido contraposto, formulado pelo réu, não configurasse reconvenção, o resultado prático era o mesmo, entre aquele e esta.

Código de Processo Civil

§ 1º Como, no processo do trabalho, a contestação e a reconvenção são apresentadas em audiência, nessa mesma oportunidade o reconvindo será intimado para responder. Esse prazo, do referido processo, deveria ser de cinco dias, por simetria como art. 841, a CLT; todavia, tem-se adotado o mesmo prazo fixado pelo CPC: quinze dias. O reconvindo será intimado, na audiência, na pessoa do seu advogado, exceto se estiver postulando, pessoalmente, em juízo.

Está em harmonia com o princíoio da simplicidade, que informa o processo do trabalho, o enunciado n. 45, do Fórum Permanente de Processualistas Civis (Salvador, 2013), conforme o qual "Para que se considere proposta a reconvenção, não há necessidade de uso desse nomen iuris, ou dedução de um capítulo próprio. Contudo, o réu deve manifestar inequivocamente o pedido de tutela jurisdicional qualitativa ou quantitativamente maior que a simples improcedência da demanda inicial. (Grupo: Litisconsórcio, Intervenção de Terceiros e Resposta do Réu)

§ 2º Eventual desistência da ação, ou ocorrência de alguma causa que impossibilite o exame do mérito, não prejudica a reconvenção, motivo pelo qual o processo prosseguirá quanto a esta.

§ 3º Pode figurar no polo passivo da reconvenção não somente o autor, mas o terceiro. Poderá haver, contudo, um problema de ordem técnica se o terceiro for, por exemplo, um assistente. Realmente, como a reconvenção deve ser apresentada com a contestação, e como ao assistente é permitido intervir no processo enquanto a causa estiver pendente (art. 119 *caput*), pode ocorrer de a intervenção após o oferecimento da reconvenção — que, por motivo óbvio, não terá sido dirigida a ao terceiro. Nesse caso, caberá ao juiz indagar ao reconvinte se pretende, ou não, ver o assistente integrado à relação processual reconvencional. A consulta do magistrado ao reconvinte é necessária, porque este não é obrigado a direcionar a reconvenção também ao assistente, como demonstra o art. 343, § 3º Havendo resposta afirmativa, por parte do assistente, o juiz deverá intimá-lo para responder à reconvenção em quinze dias. Pensamos, todavia, que a inclusão do assistente na relação processual reconvencional somente será possível se não foi realizada a instrução oral do processo (depoimento das partes, inquirição de testemunhas). A não ser assim, a intervenção do assistente seria, manifestamente, tumultuária do procedimento, pois este poderia querer produzir provas dessa natureza depois de realizada a instrução alusiva à ação.

§ 4º Assim como o terceiro pode figurar no polo passivo da relação processual reconvencional (§ 3º), também pode figurar no polo ativo dessa relação. Nada obsta, pois, a que o réu estabeleça um regime litisconsorcial com o assistente, a fim de deduzirem pretensões reconvencionais em face do reconvindo.

§ 5º Caso o autor seja substituto processual, o reconvinte deverá declarar ser titular de direito (material) perante o substituído, e a reconvenção deve ser exercida em face do autor, também na qualidade de substituto processual. Aparentemente, a disposição legal foi inserida no sistema para resolver o problema criado pela redação do art. 315, parágrafo único, do CPC anterior, que vedava a possibilidade de o réu, em nome próprio, reconvir ao autor quando este demandasse em nome de outrem (substituído). No sistema revogado, portanto, não era admissível a reconvenção quando o autor estivesse atuando como substituto processual. No CPC atual, permite-se a reconvenção, desde que o reconvinte afirme ser titular de direito diante do substituído. O autor terá, pois, dupla qualidade de substituto: na ação e na reconvenção. Não se trata, aqui, de faculdade do reconvinte, mas de exigência da lei, como evidencia o verbo *dever*, utilizado na redação do § 5º do art. 343.

§ 6º Ao réu será lícito reconvir sem contestar: é o que está no texto legal. Coloquemos, entrementes, um grão de sal na questão.

Este tema, por sua complexidade, merece análise detida. Digamos que o empregado tenha ingressado em juízo, alegando haver sido despedido sem justa causa, postulando, em consequência, a condenação do réu ao pagamento do aviso-prévio. O réu, todavia, sem impugnar esses fatos e o pedido correspondente, apresenta reconvenção, na qual alega que o autor se demitiu sem justa causa, motivo por que deseja receber, dele, o aviso-prévio, O que está na base dessa questão *é saber se o réu que não impugnou tais fatos pode reconvir.*

Separemos as situações. Se o réu não contesta, é revel, e, em razão disso, verificado o efeito da revelia, o juiz reputará verdadeiros os fatos narrados pelo autor. Incide, aqui, o art. 344, do CPC. Vejamos agora se a mesma solução deve ser adotada no caso de o réu não impugnar determinado fato alegado pelo autor, embora tenha apresentado defesa (omissa quanto ao referido fato, insistamos). É provável que alguém viesse a argumentar que, nesta hipótese, ele poderia reconvir, pois não é revel. E prosseguiria, por suposto: se, na reconvenção, o réu vier a alegar fatos que se contraponham aos narrados pelo autor, a circunstância de não haver impugnado o fato posto pelo adversário na petição inicial não autorizará o juiz a considerá-los verdadeiros. E concluiria dizendo que o próprio art. 341, III, do CPC, declara que os fatos expostos na inicial não serão reputados verdadeiros (diante da falta de impugnação pelo réu) "*se estiverem em contradição com a defesa, considerada em seu conjunto*' (destacamos). Tal argumento, porém, ainda que sedutor, estaria comprometido por um paralogismo indisfarçável.

Realmente, quando o art. 341, III, do CPC, afirma que não serão presumidos verdadeiros os fatos alegados na inicial sempre que estiverem em antagonismo com a defesa, está, evidentemente, a usar o vocábulo *defesa* como sinônimo de *contestação*. Desta forma, ainda que o réu não haja impugnado de maneira expressa tais fatos, a particularidade de eles estarem em contradição com o conjunto da defesa, formado não somente pelos argumentos ou alegações capazes de afastar as expendidas pelo autor, mas também por documentos que instruam a contestação, faz com que a presunção de veracidade não se estabeleça, permanecendo com o autor, conseguin-

Art. 344

temente, o ônus de provar a veracidade dos fatos narrados. Reconvenção, todavia, nem mesmo por antonomásia guarda sinonímia com *defesa*. Segue-se, que se o réu não impugnar os fatos constantes da inicial, estes poderão ser considerados verdadeiros mesmo que ele venha a oferecer reconvenção, na qual alegue fatos que se contraponham aos descritos pelo autor. Ora, no momento em que o réu, devendo impugnar, na contestação, os fatos mencionados pelo autor, não o faz, o seu silêncio gera a "presunção" de que ditos fatos são verdadeiros; ou melhor: faz com que esses fatos se tornem incontroversos, de tal maneira que não só dispensam qualquer atividade probatória (CPC, art. 374, II), como impedem a apreciação dos fatos que o reconvinte vier a contrapor. Persistindo: como a reconvenção é apresentada *posteriormente* à contestação (ainda que na mesma peça) e como, na contestação, o réu *não impugnou* os fatos alegados na petição inicial, a sua tentativa de refutá-los na reconvenção encontra obstáculo na preclusão que fez descer sobre esses fatos a cortina da indiscutibilidade.

CAPÍTULO VIII

DA REVELIA

Art. 344. Se o réu não contestar a ação, será considerado revel e presumir-se-ão verdadeiras as alegações de fato formuladas pelo autor.

• **Comentário**

Conceito

O vocábulo *revel* (do latim *rebellis*) significa, na linguagem processual, aquele que, citado (réu), deixou, sem qualquer justificativa razoável, de contestar os fatos alegados na inicial. O substantivo *revelia* designa, portanto, a qualidade de quem é revel.

Sob este aspecto, há indiscutível sinonímia entre as palavras revelia e contumácia, embora alguns autores tenham procurado fazer crer que esta seria a causa daquela, ou, ainda, que a contumácia seria o gênero, do qual a revelia se apresentaria como espécie. Não nos parece, contudo, que essa tentativa de separar os conceitos de uma e de outra tenha base científica, e, mesmo, léxica. Em essência, tanto a revelia quanto a contumácia traduzem o fato caracterizado pela inexistência de resposta do réu que tenha sido citado.

Revelia, entretanto, não é pena, conforme costumam supor, irmanadas no erro, doutrina e jurisprudência. A *pena* pressupõe o inadimplemento de uma obrigação, sendo certo que nenhuma norma processual moderna obriga o réu a responder à ação. O que há, quando muito, é um seu ônus nesse sentido, cuja quebra fará com que se presumam verdadeiros os fatos alegados pelo autor. Nem mesmo a confissão é pena, ao contrário do que têm alardeado aqueles que não se dão ao cuidado de examinar o senso exato das palavras que utilizam. Não existe uma obrigação legal de impugnar os fatos narrados pelo adversário, mas, apenas, um dever quanto a isso.

O que deve ser entendido, para evitar equívocos comprometedores, é que o réu tem o direito de ser regularmente citado, a fim de que, cientificado, por essa forma, da existência da ação, possa fazer uso da faculdade de se defender. Por outros termos: o direito de ampla defesa lhe é constitucionalmente assegurado, conquanto o efetivo *exercício* desse direito entre no seu livre arbítrio. É verdade que se o réu deixar de responder à ação, sem justificativa razoável, sofrerá as consequências processuais de sua incúria, que, como sabemos, consistirão na presunção de veracidade dos fatos descritos na peça inicial.

Do quanto expusemos até esta parte, podemos formular, sem rebuços, o seguinte conceito de revelia: é a ausência injustificada de contestação do réu, que tenha sido regularmente citado. Aí estão, a nosso ver, os elementos essenciais do conceito, agora mencionados em outra ordem: a) citação do réu; b) ausência de contestação; c) inexistência de justificativa legal desse silêncio.

Nem toda ausência de *resposta* configura revelia. Lembremos que essas respostas compreendem, no processo do trabalho, as *exceções*, a *contestação* e a *reconvenção*. Se o réu deixar, digamos, de excepcionar o juízo, por certo não será revel. A revelia emana, exclusivamente, da falta de *contestação*.

Como a revelia, enquanto fato processual, espelha a ausência de contestação do réu à ação ajuizada pelo adversário, o que ao réu incumbirá, caso se sinta seguro para comprovar os motivos pelos quais deixou de responder, será procurar elidir esse estado, ou seja, a revelia, perante o tribunal, com objetivo de ver assegurado o seu direito de apresentar, no juízo de primeiro grau, a resposta que desejar.

Por esse motivo, incidirá em erro o réu toda vez que, ao interpor recurso ordinário da sentença condenatória proferida à sua revelia, procurar discutir o mérito da causa. Se isso fosse possível, estaria sendo suprimido um grau de jurisdição, levando-se em conta o fato de o réu não haver impugnado o mérito em primeiro grau. Portanto, no caso de revelia, o recurso que vier a ser interposto pelo réu deverá estar circunscrito à elisão do seu estado de revelia, para que ele possa oferecer, no juízo *a quo*, contestação.

É conveniente revermos algumas concepções do passado a respeito da revelia, para que possamos melhor entender esse acontecimento do processo.

Alguns estudiosos chegaram a identificá-la como uma rebelião ao poder do juiz. Dessa rebeldia extraía-se o fundamento para a punição do revel. Essa opinião, contudo, não pode prosperar nos tempos modernos, nos quais a resposta do réu, como afirmamos, não é obrigatória nem figura como requisito fundamental para o desenvolvimento do processo. O que se exige é que ele seja citado, vale dizer, cientificado da existência da demanda.

Chegou-se, também, a reconhecer na revelia a renúncia ao direito de defesa. Essa teoria pecou pelo excesso. Se sustentasse que a contumácia corresponderia à renúncia ao direito de resposta, poderia até ser aceitável. Falar, todavia, em renúncia ao direito de defesa importa ir além da medida, pois o conceito de defesa, como sabemos, é bem mais amplo do que o de resposta. Desde o sistema do CPC de 1939, em nosso meio se assegurou a possibilidade de o revel intervir da causa para se defender, recebendo-a no estado em que se encontre. Isso demonstra que a única renúncia capaz de ocorrer na revelia é quanto ao direito de responder, nunca de se defender.

Pensou-se, ainda, na revelia como uma espécie de desistência da faculdade de agir. Essa corrente de pensamento, conquanto tenha o mérito de aproximar-se da concepção hoje predominante, fica sem poder dar uma explicação suasória diante do fato de que essa desistência acarreta consequências processuais desfavoráveis ao revel. Conforme pudemos argumentar em defesa do conceito que formulamos anteriormente, em que pese ao fato de o exercício do direito de resposta do réu estar ligado a uma sua faculdade, isso não significa que a opção de não fazer uso dessa faculdade não lhe acarrete consequências prejudiciais. Demais, o revel não desiste da faculdade de agir, mas, apenas, de responder (contestar, no caso). Valemo-nos, aqui, das mesmas objeções que lançamos à teoria da renúncia ao direito de defesa: há excesso no seu conteúdo.

A teoria da inatividade, formulada por notáveis juristas italianos (Chiovenda, Beti), procurou explicar a revelia a partir do elemento objetivo da contumácia, desprezando, assim, o subjetivo. Para ela, portanto, a lei levaria em conta, apenas, o aspecto objetivo da revelia, que se manifestaria sob a forma de uma aceleração ou de simplificação do procedimento, em decorrência da falta do contraditório. Exatamente por isso é que essa teoria rejeitou a relevância de questões como confissão fictícia, intenção do revel, justiça da sentença, por serem de foro subjetivo. Essa concepção doutrinária, porém, não se ajusta à nossa realidade legislativa, pois a norma processual não reduz a revelia a mera simplificação do procedimento, prevendo também consequências jurídicas desfavoráveis ao revel, consubstanciadas na presunção (ainda que relativa) de veracidade dos fatos alegados pelo autor.

Nenhuma das teorias aqui expostas, como já se pode inferir, se sustenta diante de nosso sistema processual, embora sejam perfeitamente apropriadas e abalizadas para justificar sistemas vigorantes nos países de origem.

Como afirmamos, no processo civil brasileiro as partes têm deveres em face do processo, como os de expor os fatos em juízo conforme a verdade; não formular pretensões, nem alegar defesa, cientes de que são destituídas de fundamentos; não produzir provas, nem praticar atos inúteis ou desnecessários à declaração ou defesa do direito; cumprir com exatidão as decisões jurisdicionais, de natureza provisória ou final, não criar embaraços à efetivação de pronunciamentos jurisdicionais de natureza antecipatória ou final; declinar o endereço em que receberão intimações e atualizar essas informações quando for o caso; não praticar inovação ilegal no estado de fato de bem ou direito litigioso (CPC, art. 77). Devem ser mencionados, ainda, os deveres de comparecer a juízo para serem interrogadas e de responder ao que lhes for interrogado, assim como de submeter-se à inspeção judicial, de praticar o ato que lhe for determinado (art. 379, I a III); de tratar as testemunhas com urbanidade (CPC, art. 459, § 2º) e de não praticar ato atentatório à dignidade da Justiça (CPC, art. 774), entre outros.

Interessam-nos, em especial, os deveres de expor os fatos em juízo conforme a verdade (CPC, art. 77, I) e de impugnar os fatos alegados pelo autor, sob pena de serem presumidos verdadeiros (CPC, art. 341).

Quando o autor invoca a prestação da tutela jurisdicional, com o escopo de promover a defesa de um bem ou de uma utilidade da vida, ele o faz por meio de um instrumento específico de provocação dessa atividade estatal, a que se denomina petição inicial. Nesta, incumbir-lhe-á narrar os fatos dos quais extrairá, mais adiante, os pedidos. Vimos que esses fatos devem ser narrados de acordo com a verdade. Se tais fatos não correspondem à verdade, cabe ao réu impugná-los. Não o fazendo, a consequência objetiva, prevista pelo nosso sistema processual, é a presunção de veracidade dos fatos constantes da inicial. Os nossos códigos se afastaram, como se percebe, da tradição romana, segundo a qual, mesmo havendo contumácia, o autor permanecia com o ônus de comprovar os fatos alegados. Não vem ao encontro do propósito da análise que estamos a empreender se essa atitude do legislador brasileiro foi correta, ou não, embora antecipemos a nossa opinião de que foi.

À luz do processo civil de nosso País (e, por extensão, do processo do trabalho), a revelia encontra no próprio sistema a justificação (técnica, política, lógica) de sua existência, uma vez que se há um dever do autor (para cogitarmos somente dele) de expor os fatos, na petição inicial, conforme a verdade, e um dever do réu, de impugnar esses fatos, caso os repute inverídicos; é evidente que a revelia, à qual se liga a falta de depoimento do réu, implica o reconhecimento tácito, por parte deste, de que são efetivamente verdadeiros esses fatos.

Se a norma legal ordena, em nome do princípio do contraditório, que se dê ao réu a oportunidade para refutar os fatos afirmados pelo adversário, e ele nem sequer comparece a juízo para fazê-lo, é absolutamente razoável que ditos fatos tenham em seu favor a presunção, ainda que relativa (*iuris tantum*), de veracidade, pois não seria justo exigir que o autor os provasse mesmo quando o réu tenha preferido manter injustificado silêncio diante deles.

Não se trata, portanto, de rebelião ao poder do juiz, nem de renúncia ao direito de defesa, ou de desistência da faculdade de agir ou de inatividade do réu, e, sim, de quebra, por parte deste, dos deveres legais de vir a juízo, a fim de de impugnar, com precisão (especificamente), os fatos narrados pelo autor e de submeter-se ao interrogatório.

Preocupam-se, alguns estudiosos, com a possibilidade de a confissão presumida, decorrente do silêncio do réu, acabar consagrando a inverdade, a mentira, sempre que os fatos expostos na inicial não forem verdadeiros. Ora, essa objeção é insustentável, seja porque se nada há nos autos, capaz de demonstrar que os fatos são falsos, seria de indagar-se com que fundamentos jurídicos se poderia alegar essa falsidade, seja porque a possibilidade de acabar prevalecendo a inverdade não é algo que decorra, com exclusividade, da revelia e da ausência de depoimento, podendo, infelizmente, ser produzida mesmo nos casos em que não ocorra a revelia, bastando, para isso, que o réu induza, por exemplo, as suas testemunhas ao falseamento da verdade.

O que o juiz deve ter em mente, nas situações de revelia (ou de ausência de depoimento do réu), é que a confissão fictícia, como o próprio adjetivo o demonstra, não constitui uma porta escancarada para a admissibilidade, como verdadeiros, dos fatos alegados pelo autor, se não que um expediente, uma fórmula objetiva (e, também, artificiosa), idealizada pelo legislador, para superar o problema acarretado por aquele que deixou de atender aos deveres de impugnar os fatos expostos pelo adversário e de submeter-se ao interrogatório. A presunção de veracidade desses fatos, enfim, não deve ser um pretexto para que o juiz renuncie ao seu poder de direção do processo e ao seu dever de investigação da verdade, mas, sim, um pano-de-fundo, que será utilizado sempre que não lhe for possível fazer aflorar, sem quebra da imparcialidade, a verdade dos fatos.

Ninguém ignora o vetusto mandamento de que juiz deve formar a sua convicção jurídica acerca dos fatos da causa com fulcro na verdade formal, que é aquela constituída nos autos (*quod non est in aclis non est in mundo*); toda vez, porém, que a verdade formal não coincide com a real (os fatos, tais como existiram), essa anomalia fenomênica faz com que opinião pública realize um perigoso saque contra o prestígio dos pronunciamentos da jurisdição.

Por isso, é imprescindível que os juízes sejam comedidos na aplicação prática dos preceitos legais pertinentes à revelia e à confissão ficta, cujas existências, entretanto, se justificam, sob o aspecto pragmático, como providência para resolver situações provocadas por aquele que, sem razão alguma, pôs de lado deveres legais específicos, como os de submeter-se ao interrogatório judicial e de impugnar os fatos alegados pelo adversário.

A abreviação do procedimento, nestas hipóteses, não é um fim visado pelo legislador, senão que uma decorrência lógica da incontrovérsia que o silêncio do réu fez gerar no tocante a esses fatos. Aludimos à abreviação do procedimento porque, nos termos do art. 355, inciso II, do CPC, a revelia constitui um dos casos que autorizam o julgamento *antecipado* do mérito. Essa antecipação significa que o juiz poderá suprimir, no todo ou em parte, a fase de instrução oral do processo.

A revelia e a Súmula n. 122, do TST

Consta da Súmula n. 122, do TST: "A reclamada, ausente à audiência em que deveria apresentar defesa, é revel, ainda que presente seu advogado munido de procuração (...)". *Data venia*, o conteúdo dessa Súmula é, juridicamente, insustentável. Não se ignore a norma do art. 844, *caput*, parte final, da CLT, de acordo com a qual "o não comparecimento do reclamado (à audiência) importa revelia, além de confissão quanto à matéria de fato". É necessário esclarecer, no entanto que essa disposição legal parte do pressuposto de que o réu compareceria, *pessoalmente*, à audiência, para promover a sua defesa, como lhe faculta o art. 791, *caput*, da CLT. Sendo assim, é evidente que a ausência injustificada do réu à audiência significaria que ele não teria apresentado defesa, sendo, por isso, considerado revel. Todavia, quando o réu não vai à audiência, mas a esta comparece o seu advogado, regularmente constituído, considerar-se o réu revele é algo que beira ao surrealismo. Assim dizemos porque o advogado estará portando defesa escrita ou poderá formulá-la oralmente (CLT, art. 847). Em, quaisquer dessas situações o réu jamais poderá ser considerado revel, pois a revelia se configura com a ausência de contestação (defesa). O que se poderia admitir, em tese, é que o réu fosse considerado confesso em virtude de não haver prestado depoimento pessoal. Ainda assim, isso só se justificaria nos juízos que adotam a denominada audiência una. Cuidando-se de audiência fracionada em sessões (inicial, instrução e julgamento), nem mesmo se poderia considerar o réu confesso, uma vez que na audiência inicial, segundo a praxe consagrada, o réu se limitaria a apresentar a defesa; o seu depoimento, assim como o do autor, e a inquirição das testemunhas somente seria realizada na próxima audiência, dita "de instrução".

Súmulas do TST, felizmente, ainda não são vinculativas (o adjetivo *vinculante* não está dicionarizado) — exceto se entendermos que elas podem ser inseridas na previsão do art. 332, I, do CPC. Sendo assim, em atenção aos princípios e ao bom-senso, diante da ausência do réu à audiência em que deveria formular a sua defesa, mas presente o seu advogado regularmente constituído, o juiz deve: a) formular a primeira proposta de conciliação (CLT, art. 8446, *caput*); b) recusada a proposta conciliatória, receber a defesa que o advogado estiver portando, ou permitir-lhe aduzi-la oralmente; c) interrogar o autor (se entender necessário ou conveniente) ou encerrar a instrução; d) abrir oportunidade para a adução de razões finais orais; e) formular a segunda proposta de conciliação; f) proferir sentença. Se o juiz verificar, na audiência, após a defesa do réu, que não ocorreram os efeitos da revelia, determinará que o autor especifique as provas que pretende produzir, na mesma audiência ou na próxima (CPC, art. 345).

Efeitos

O *efeito* jurídico mais expressivo da revelia, como tantas vezes assinalamos, é a presunção de veracidade dos fatos alegados pelo autor, na petição inicial. Nesse rumo, é a dicção do próprio art. 344, do CPC e do art. 844, *caput*, parte final, da CLT.

A doutrina tem entendido configurada, nessas situações, a confissão fictícia ou presumida do réu; é momento, entretanto, de nos determos com um pouco mais de atenção sobre o assunto, a fim de examinarmos se essas opiniões doutrinais são realmente corretas.

Em primeiro lugar, devemos verificar se a presunção de veracidade dos fatos narrados pelo autor deriva, efetivamente, da revelia; em segundo, se essa presunção significa a mesma coisa que confissão fictícia.

Em rigor, a presunção de veracidade, com a qual estamos a nos ocupar, não emana somente da revelia, senão que também da ausência de depoimento do réu. Realmente, conforme demonstramos antes, a revelia nada mais é do que a ausência de defesa (ou de resposta), por parte do réu. Revel, por isso, é todo aquele que, citado, deixa de vir a juízo para se defender. A revelia, por si só, não induz à presunção de veracidade dos fatos narrados pelo autor; essa presunção provém da ausência de contrariedade aos fatos alegados na inicial e de depoimento (pessoal) do réu. Assim, a revelia faz, em regra, com que o réu, além de não se defender, deixe de prestar depoimento, cujas faltas farão gerar a presunção de veracidade dos fatos mencionados pelo autor.

Tanto são coisas distintas a revelia e a confissão fictícia que alguém pode ser confesso sem ter sido revel: é o caso do réu que contesta a ação, mas que deixa de vir a juízo para ser interrogado (ou prestar depoimento, como se prefira). O inverso, contudo, não nos parece possível, pois se o réu é revel, dificilmente será chamado a prestar depoimento, porquanto, segundo dissemos, a revelia, no geral, suprime o seu depoimento, embora o juiz possa ouvir o autor, e, com isso, obter deste uma confissão *real* que sobrepujará a "fictícia" do réu, para efeito de formação do convencimento jurídico do magistrado a respeito dos fatos da causa.

Como estamos aqui a rever conceitos doutrinais assentes, é oportuno indagarmos se, na situação referida, haveria mesmo confissão *real* (efetiva) do autor. Ora, se confissão é a admissão, pela parte, de fatos contrários aos seus interesses, e se, na revelia, nenhum fato — por definição — foi alegado pelo réu, como se justifica a assertiva de que o autor poderia confessar? A pergunta que formulamos é algo ardilosa, uma vez que os fatos admitidos pelo autor, contrários aos seus interesses manifestados na causa, não necessitam ser aqueles alegados pelo réu, mas os que ele próprio, autor, acabou por admitir em juízo, seja voluntária (confissão espontânea) ou involuntariamente (confissão provocada).

Vejamos, agora, se a presunção de veracidade dos fatos alegados pelo autor, emanante da revelia, traduz uma sua confissão fictícia.

Sob o rigor da lógica, julgamos que não.

A ausência de depoimento do réu (que, por sua vez, provém da revelia), a despeito da opinião doutrinária predominante, não configura confissão fictícia ou presumida dos fatos alegados pelo autor. Quer nos parecer que a doutrina, durante largos anos, procurou resolver o problema da ausência de depoimento do réu a partir de um elemento *subjetivo* muito frágil, qual seja, a intenção de este confessar por meio do silêncio. Cientificamente, não se pode conceber a ideia de que o réu, ao deixar de responder à ação, e, em consequência, de prestar depoimento, pretenda, com essa omissão, reconhecer, de maneira tácita, a veracidade dos fatos narrados pelo adversário. Ora, ilação nesse sentido chega a ser absurda, pois como se sabe não há, nesta hipótese, manifestação da vontade do réu. Se, como quer a doutrina tradicional, em situações como a que estamos a examinar, ocorre a confissão fictícia do réu, como se explica o fato de ele, muitas vezes, recorrer da sentença que se baseou nessa *ficta confessio* para tentar demonstrar, por exemplo, que não pôde comparecer a juízo, a fim de se defender ou de prestar depoimento?

Sejamos francos: o que faz gerar a presunção de veracidade dos fatos narrados na petição inicial não é a alardeada *confissão fictícia* do réu, e, sim, a letra da lei (CPC, art. 344), que não se prende a elementos subjetivos. Por outras palavras, o legislador, procurando solucionar o problema da ausência de resposta do réu, ou de seu depoimento, disse que, em tais casos, serão considerados (presumidos) verdadeiros os fatos relatados pelo autor. É uma regra eminentemente objetiva que não leva em conta a vontade, a intenção do réu. Trata-se, enfim, de uma norma pragmática, traçada pelo legislador, com vistas a resolver, com objetividade, o problema da contumácia processual. O art. 344, do CPC, constitui, portanto, uma autorização para que o juiz forme a sua convicção jurídica com base nos fatos constantes da inicial, sem perder-se em elucubrações acerca da eventual intenção (elemento subjetivo) do réu de confessar. A intenção do réu, por isso, não é objeto de julgamento, e, sim o fato objetivo da inexistência de contrariedade aos fatos trazidos pelo autor.

Exatamente por esses motivos é que ao réu, se inconformado com a sentença que lhe foi desfavorável, incumbirá comprovar não a sua vontade de não confessar (elemento subjetivo), mas a sua impossibilidade de responder à ação ou de comparecer a juízo para depor (elemento objetivo).

Como já deixamos exarado em linhas pretéritas, é elementar que a regra contida no art. 344 do CPC não deve ser utilizada pelo juiz de maneira absoluta, como se o revel fosse um celerado, um contraventor. Essa norma legal não o inibe, na qualidade de diretor do processo, de, quando menos, ouvir o autor, e, por essa forma, inteirar-se melhor acerca dos fatos da causa; em muitas dessas ocasiões, como a prática tem revelado, o autor chega, mesmo, a admitir, total ou parcialmente, como verdadeiros certos fatos contrários aos seus interesses externados na causa, caracterizando, com isso (e, aqui, sim) a confissão real, fazendo com que fique anulado o efeito processual que a lei atribui à revelia (CPC, art. 344) e à ausência de depoimento do réu. Essa providência tanto mais se impõe no processo do trabalho, em que as petições iniciais soem conter uma quantidade considerável de fatos.

Uma outra indagação cumpre ser efetuada: os efeitos da revelia se verificam em todas as espécies de ação? Seria, sem dúvida, tarefa ingente tentarmos examinar o fenômeno da revelia em face da multiplicidade das ações admissíveis em juízo. Por isso, iremos nos dedicar ao exame daquelas ações mais frequentes no processo do trabalho, ou que, de qualquer forma, sejam com ele compatíveis.

a) Ação declaratória. Nada obsta o uso desta ação no processo do trabalho, inclusive, em caráter incidental (CPC, art. 20). Conquanto possa ser considerado algo insólito, o fato é que a ação declaratória poderia ser utilizada para obter um provimento jurisdicional que dissesse, exclusivamente, se há (ou houve) relação de emprego entre as partes (CPC, art. 19, I). Na prática, entretanto, o autor prefere ingressar com uma ação declaratória-condenatória, uma vez que isso convém aos seus interesses, que, quase sempre, são de índole econômica (embora o art. 17 do CPC, haja colocado o substantivo "interesse" ao largo de qualquer adjetivação).

Pois bem. Se o réu deixar de responder à ação declaratória será revel, atraindo a incidência, contra si, da regra estampada no art. 344, do CPC. Como asseveramos, não há razão jurídica para recusar-se, em sede de ação declaratória, a atuação dos efeitos inerentes à revelia (e à falta de depoimento do réu).

Mesmo na ação declaratória incidental esses efeitos ocorreriam. Não se diga que a questão prejudicial, objeto da ação declaratória, é a mesma da ação principal, e, com isso, seria impossível considerar-se verdadeiros os fatos alegados pelo autor, na inicial da declaratória. Ora, a circunstância, p. ex., de os fatos narrados pelo autor na declaratória (réu na ação principal) estarem em natural antagonismo com os alegados na petição inicial da ação principal, por si só, não impede a revelia do réu, na declaratória (autor, na principal), e a liberação dos efeitos processuais previstos no art. 344, do CPC. É certo que o magistrado, nesta hipótese, deverá prover-se de cautela redobrada, em virtude da existência de duas ações (principal e declaratória). Citemos um exemplo. O autor ingressou em juízo, pretendendo obter um provimento: a) declaratório da existência de relação de emprego com o réu, e, também: b) condenatório deste ao pagamento de salários, horas extras, indenizações, adicional de insalubridade etc. O réu não só contesta os fatos e os pedidos, como ingressa com uma declaratória incidental, a fim de que o juízo diga, antes de determinar a produção de provas que tenham como objeto fatos outros, não pertinentes diretamente à existência, ou não, do vínculo de emprego (e, sim, às horas extras, à insalubridade e o mais), se houve, ou não, uma relação de emprego entre as partes. Citado, o trabalhador deixa de responder, tomando-se revel e fazendo com que sejam reputados verdadeiros os fatos alegados pelo autor, na declaratória incidental (réu, na ação principal). Nesta hipótese, a confissão do trabalhador terá efeitos também na ação principal, em que figura como autor: declarada a inexistência de vínculo de emprego (escopo exclusivo da declaratória incidental), ficará totalmente prejudicada a ação principal, cujos pedidos, aí formulados, haverão de ser rejeitados.

O que se pode discutir é se a ação declaratória incidental é compatível com o processo do trabalho; entendido que sim, não há como evitar a conclusão de que a revelia, nela ocorrida, terá os seus efeitos repercutidos na ação principal.

No exemplo que formulamos, se bem repararmos veremos que a ação declaratória incidental, ajuizada por aquele que era réu na ação principal, teve como objetivo, na verdade, antecipar o provimento relativo à ação principal, no capítulo concernente à declaração da existência ou inexistência da relação de emprego, como providência tendente a evitar eventual dispêndio de atividade jurisdicional, que seguramente haveria se, produzidas todas as provas na ação principal, inclusive, quanto às horas extras, à insalubridade etc., viesse a sentença aí proferida a afirmar a inexistência de vínculo de emprego entre os litigantes.

b) Nas tutelas de urgência requeridas em caráter antecipado ou cautelar, antecipada. Essas tutelas estão reguladas pelos arts. 303 e 305 do CPC. As tutelas de urgência cautelar vieram, em alguma medida, ocupar o lugar até então reservado ao poder geral de cautela do magistrado (art. 798 do CPC anterior), e as tutelas da evidência substituíram, em certa medida, a antecipação dos efeitos da tutela, de que cuidava o art. 273 do CPC anterior.

Não sendo contestado o pedido de concessão de tutela antecipada ou cautelar, desde que ajuizadas em caráter *antecedente* (ou seja, antes do ingresso da ação principal), serão presumidos aceitos pelo requerido os fatos alegados pelo requerente (CPC, art. 307, *caput*).

c) Ação de segurança. Antes de mais nada, um repelão doutrinário: não se ajuíza *mandado* de segurança, e, sim, ação de segurança; o mandado é o *objeto* da ação. Por isso, costuma-se dizer que ele é impetrado, ou seja, requerido, suplicado.

Não há lugar (desculpem-nos pelo galicismo) na ação de segurança, para os efeitos da revelia (CPC, art. 344). A razão é palmar: o exercício dessa ação pressupõe a existência de "direito líquido e certo". Na verdade, a liquidez e a certeza, na espécie, não são do direito, mas dos fatos de que se origina o pedido. Feito esse retoque doutrinário, devemos dizer que a prova do fato alegado, na ação de segurança, deve ser sempre documental (Lei n. 12.016/2009, art. 6º, *caput*). Trata-se, dessa forma, de meio de prova exclusivo, que é elaborado antes do ingresso em juízo, via de regra. Como não há provas orais (depoimentos, inquirição de testemunhas), pois os fatos devem constar de documentos juntados à petição inicial ou, excepcionalmente, em momento posterior, fica evidente que a falta de informações, pela autoridade apontada como coatora, não produz os efeitos inerentes à revelia. A risca, nem mesmo revelia existe, seja porque a referida autoridade não figura na ação como ré, segundo o conceito clássico desta figura, seja porque a prestação de informações, conforme entendemos, é meramente facultativa.

Seja por uma razão ou por outra, o fato é que a ação de segurança, por sua natureza, repele os efeitos da revelia — se revelia aqui possa existir. Para melhor compreensão da matéria, recomendamos a leitura de nosso (*Mandado de segurança da justiça do trabalho*. São Paulo: LTr, 2010).

d) Ação rescisória. Em princípio, não vemos como possam atuar, em sede de ação rescisória, os efeitos da revelia. Não estamos a asseverar que não possa haver revelia nesta espécie de ação. É óbvio que se o réu, citado regularmente, deixar de se defender será revel. Quanto aos *efeitos* da revelia, no entanto, pensamos que não se produzam na ação rescisória, pois o objetivo desta é a desconstituição da coisa julgada material. Ora, se a sentença passada em julgado se baseou nos fatos alegados e provados pela parte, ou que se tornaram incontroversos, não se pode conceber, sem grave falta contra a lógica, que esses fatos, protegidos pela autoridade da *res iudicata*, cedam lugar aos efeitos da revelia ocorrida na rescisória. No mesmo rumo, a Súmula n. 398, do TST.

Não deixa de ser significativa, por outro lado, a particularidade de o CPC, ao disciplinar o exercício e o procedimento da ação rescisória, não fazer nenhuma remissão ao art. 344, do mesmo Código. O art. 972 se ocupou, apenas, em afirmar que se os fatos narrados dependerem de prova o relator delegará competência ao "órgão que proferiu a decisão rescindenda", para coligi-la. A expressão por nós aspada, utilizada pelo CPC atual, é, à evidência, inadequada, pois mesmo quando a decisão rescindenda for acórdão proferido por Turma ou Câmara do próprio Tribunal, a competência não será delegada e esses órgãos fracionários, mas ao de primeiro grau. Essa delegação será realizada por meio de carta de ordem.

e) Ação coletiva ("dissídio coletivo") Nessa modalidade *sui generis* de ação, o provimento jurisdicional, ao contrário do que classicamente ocorre, não se destina a aplicar norma legal preexistente, senão que a criar a norma jurídica material que regulará, durante certo tempo, as relações entre os integrantes das categorias em conflito.

O acórdão emitido nessas ações ostenta, portanto, caráter normativo; mais do que isso, constitui fonte formal de direito. Já se disse, com propriedade, que o acórdão normativo possui corpo de sentença e alma de lei, e que o poder normativo, que a Constituição Federal comete aos Tribunais do Trabalho, é "confusionista de poderes" (Gallart-Folch).

Essas peculiaridades da ação em exame já são suficientes para evidenciar a impossibilidade de se produzirem, aqui, os efeitos típicos da revelia. E inegável que pode haver revelia nas ações coletivas trabalhistas: basta que o réu deixe de responder; o que não se admite é que os efeitos da contumácia ocorram. A propósito, a disciplina legal atinente a essas ações é diversa da alusiva às ações individuais. Basta ver que, em relação a estas últimas, se o autor deixar de comparecer à audiência haverá extinção do processo ("arquivamento") sem resolução do mérito; se a ausência for do réu, ocorrerá a revelia (CLT, art. 844, *caput*). No tocante às ações (dissídios") coletivos, entrementes, se uma das partes, ou nenhuma delas comparecer à audiência (de conciliação) "o presidente submeterá o processo a julgamento" (CLT, art. 864).

Na petição inicial da ação coletiva o autor não narra fatos que se refiram a uma situação protegida pelo direito, senão que expõe as razões pelas quais deseja ver instituídas, em benefício da categoria, determinadas cláusulas. Logo, se o réu não responde à ação, não cabe ao tribunal considerar verdadeiros os fatos afirmados na inicial, e, sim, verificar se as pretensões aí manifestadas são justas, ou não.

Com certa reserva, podemos dizer que na ação coletiva o tribunal não está subordinado às regras contidas no art. 141 do CPC, razão pela qual lhe será lícito julgar *ultra* ou *extra petita*.

De igual modo, o réu não está escravizado ao princípio da impugnação especificada dos fatos (CPC, art. 341); logo, o seu silêncio, por si só, não autorizará o acolhimento dos pedidos formulados na inicial. O acolhimento ou a rejeição derivarão do juízo de razoabilidade, a que o tribunal deve atender no plano dos dissídios coletivos. Entrarão em jogo, nesse momento, e de maneira conjugada, as necessidades da categoria profissional, a possibilidade de a econômica atender a essas necessidades e os interesses públicos que possam estar em causa.

f) Na execução. Caracteriza-se, processo de conhecimento, pela incerteza quanto a quem efetivamente seja o detentor do direito disputado; dessa incerteza, sob certa medida, brotaram os princípios democráticos da ampla defesa e do contraditório e o dever legal de o magistrado ministrar um tratamento rigorosamente igualitário aos litigantes, sob pena de nulidade do processo, a partir do momento em que se deu a quebra desse dever.

Considerando que o direito invocado pelas partes advém dos fatos alegados, encontra-se em perfeita harmonia com a nota particular do processo cognitivo a regra legal de que a falta de impugnação desses fatos faz com que sejam considerados verdadeiros, tornando-os, assim, incontroversos e dispensando a correspondente produção de provas. Por outros termos, a falta de impugnação dos fatos faz com que, por um artifício do legislador, desapareça a incerteza que figurava como uma espécie de pano-de-fundo do processo de conhecimento.

No processo de execução, todavia, não atuam os efeitos da revelia, pela mesma razão lógica que esses efeitos incidem no processo de conhecimento. Justifiquemo-nos.

Ao contrário do que se passa no processo cognitivo, no de execução há uma certeza quanto ao direito, representada pelo pronunciamento jurisdicional transitado em julgado (estamos cogitando da execução definitiva, embora os nossos argumentos sirvam, em boa medida, à provisória), convertido em título executivo. Desta forma, se, por exemplo, o devedor, em seus embargos, afirma determinados fatos, o silêncio do adversário não deve conduzir à "presunção" de veracidade desses fatos, pois, no processo de execução, os atos que se praticam se destinam a fazer com que as coisas se disponham, no plano da realidade prática, conforme o comando que se esplende da sentença exequenda, ou seja, os fatos são aqueles que derivam do título executivo ou que a ele se ligam, intimamente. Demais, os fatos que possa o devedor alegar, nos embargos, devem, no geral, ser comprovados documentalmente ou por meio de exame pericial, cujos meios de prova repugnam a ideia de que sejam aceitos, pela parte omissa, os fatos alegados pelo adversário.

Nem mesmo na liquidação mediante artigos, em que, segundo se diz, devem ser provados "fatos novos" deve ser admitida a "presunção" de veracidade desses fatos, na hipótese de uma das partes (habitualmente, o devedor) deixar de impugná-los. Na realidade, tais fatos não são "novos", quanto à sua existência, consistindo, isto sim, num detalhamento, numa especificação dos fatos em que se baseou a sentença (título executivo). Assim, se, *v. g.*, o réu foi condenado ao pagamento de horas extras e a sentença determinou que a liquidação se desse por meio de artigos, como o fato-básico (horas extras) já foi demonstrado pelo autor e admitido pela sentença, o "fato novo" (expressão equívoca) nada mais será do que a simples definição do número (quantidade) de horas extras devidas.

Vê-se, portanto, que o denominado "fato novo" nada tem, em rigor, de novo, correspondendo, apenas, à definição, à determinação do fato-básico.

Desta maneira, se o réu deixar de se manifestar sobre os artigos de liquidação apresentados pelo autor, isso não significa que o juiz deva, necessariamente, reputar verdadeiros tais fatos, pois, como foi dito, estes se encontram umbilicalmente ligados à sentença passada em julgado. Assim, eventual aceitação, como verdadeiros, dos fatos alegados pelo autor, em seus artigos de liquidação, poderia estar em antagonismo com a sentença, cuja obrigação, nela contida, deve ser tornada líquida para que o título se torne exigível. Convém lembrar que o escopo da liquidação é o de traduzir, com o máximo de fidelidade, o comando que se irradia do título executivo. Por este motivo, não se pode cogitar de confissão do devedor, sob pena de vir-se a conceder ao credor mais do que a sentença transitada em julgado lhe concedeu. A propósito, o art. 879, § 1º, da CLT, adverte que na liquidação "não se pode modificar, ou inovar, a sentença liquidanda, nem discutir matéria pertinente á causa principal".

É recomendável persistir: no processo de conhecimento, os fatos narrados pelo autor, na inicial, não foram reconhecidos por nenhum pronunciamento da jurisdição; o que o autor pretende, aliás, é que a sentença venha a reconhecer a veracidade desses fatos, surgidos de uma versão da realidade que assinalou a relação jurídica entre as partes. Bem ao contrário, os fatos mencionados nos artigos de liquidação se vinculam a um pronunciamento da jurisdição, motivo por que o silêncio do réu, em face deles, só autorizará o juiz a considerá-los verdadeiros desde que estejam em consonância com a sentença liquidanda.

Para arrematar: enquanto, no processo de conhecimento, o silêncio injustificado do réu diante dos fatos descritos pelo autor permitirá ao juiz julgá-los verdadeiros, porquanto esses fatos estavam "soltos no mundo", na execução, a mudez do devedor não dispensará o juiz de verificar se os fatos afirmados pelo credor refletem, com fidelidade, a sentença a que se ligam. É certo que nos casos em que ocorre essa fidelidade, "parece" que o juiz considerou verdadeiros os fatos alegados pelo credor exclusivamente em decorrência da falta de impugnação, pelo devedor. Essa coincidência tem feito supor ser aplicável, no campo da execução, a regra inscrita no art. 344, do CPC; cuida-se, contudo, de uma distorção óptica, pois, na verdade, quando o juiz aceita os fatos expostos pelo credor é porque estavam em consonância com a sentença liquidanda ou exequenda. Convém lembrar, aqui, a figura mitológica da *Fata Morgana*, das lendas bretãs, que possuía, entre outros poderes, o de distorcer as imagens formadas nas superfícies dos lagos pelas árvores, pessoas, ou objetos próximos.

Art. 345. A revelia não produz o efeito mencionado no art. 344 se:

I – havendo pluralidade de réus, algum deles contestar a ação;

II – o litígio versar sobre direitos indisponíveis;

III – a petição inicial não estiver acompanhada de instrumento que a lei considere indispensável à prova do ato;

IV – as alegações de fato formuladas pelo autor forem inverossímeis ou estiverem em contradição com prova constante dos autos.

• **Comentário**

Caput. Norma correspondente à do art. 320 do CPC revogado.

Passa-se a indicar os casos em que a revelia não produzirá os efeitos previstos no art. 344.

Inciso I. *Pluralidade de réus*. O inciso em exame não tem o alcance que a sua expressão literal faz supor. Somente no regime litisconsorcial do tipo *unitário* é que a contestação apresentada por um dos compartes beneficiará os demais. A razão é compreensível: nessa modalidade de consórcio para a lide, a decisão tem que ser uniforme para todos os compartes; destarte, eventual entendimento de que a contestação oferecida por um litisconsorte não aproveitaria os demais seria aberrante e subversiva do princípio nuclear de que a lide deve ser solucionada de maneira igual para todos.

No litisconsórcio simples, opostamente, os atos praticados pelos litisconsortes não se comunicam, justamente porque, aqui, a decisão não precisa ser homogênea, podendo, por isso, a lide ser composta de modo diversificado para cada litisconsorte. É com vistas a esta espécie de regime litisconsorcial que se deve inteligir o *princípio* contido no art. 117, do CPC.

De qualquer sorte, isto é axiomático: mesmo no litisconsórcio simples, a omissão de um litisconsorte não prejudicará os demais. Conquanto a lei não o diga, essa regra de comedimento foi entretecida pela doutrina e consagrada pela jurisprudência.

Inciso II. *Direitos indisponíveis*. A norma do inciso II, *sub examen*, será reiterada pelo art. 392, *caput*.

Levando-se em consideração que estamos a cuidar dos efeitos da revelia (e das exceções legais), será rara a incidência, no processo do trabalho, do inciso II, do art. 345, pois dificilmente o réu (empregador) terá direito indisponível para ser invocado em seu benefício. Se a realidade prática, no entanto, apontar a existência de indisponibilidade de algum direito do réu, é certo que, nesta hipótese excepcional, a revelia não produzirá os efeitos que lhe são imanentes. Diante disso, caberá ao juiz ordenar que o autor especifique as provas que pretende produzir, se ainda não as houver indicado (art. 348).

A União, os Estados e os Municípios podem confessar; logo, verificam-se, quanto a eles, os efeitos da revelia.

Inciso III. *Instrumento indispensável*. Não se produzirão os efeitos da revelia se a inicial estiver desacompanhada de instrumento que a lei considere ser da essência do ato. O CPC anterior aludia a instrumento *público* (art. 320, III). Cotejando-se ambas as normas, vemos que a atual, ao fazer referência genérica a *instrumento*, está a compreender tanto o público quanto o particular.

No processo do trabalho são raros os casos em que a norma legal exige a presença instrumento público que a lei repute indispensável à prova do fato. Se, entretanto, em um caso singular, for imposta a presença de instrumento público, e a petição inicial não o trouxer, a revelia não acarretará os efeitos referidos no art. 344, do CPC.

Do ponto de vista prático, todavia, o que se deve entender da declaração enunciada pelo art. 345, do CPC, de que se ocorrer uma das hipóteses referidas por essa norma o efeito da revelia não será produzido? Essa dicção da lei significa que subsistirá, para o autor, o ônus de demonstrar a veracidade dos fatos alegados na petição inicial. Em virtude disso, deverá o juiz intimá-lo, a fim de que especifique as provas que pretende produzir, se ainda não as indicou (art. 348). Em regra, a prova será testemunhal. A documental deverá ter sido produzida com a petição inicial (CLT, art. 787; CPC, art. 320). Nem sempre, porém, as provas serão coletadas em audiência, como imaginou o legislador; situações especiais autorizam que seja produzida fora da audiência, como se dá com o exame pericial que for necessário ou indispensável.

Ocorrendo o efeito da revelia, o juiz estará autorizado a realizar o julgamento antecipado do mérito (CPC, art. 355, II), emitindo, em razão disso, a sentença de mérito (*ibidem*). A antecipação, na espécie, decorre da desnecessidade de o processo ser submetido à fase de colheita de provas orais (depoimentos das partes, inquirição de testemunhas). Salta-se, assim, diretamente da revelia para o pronunciamento de mérito — conquanto o juiz possa proceder ao interrogatório do autor. A regra do art. 344 do CPC (assim como do art. 844, *caput*, da CLT) é de boa lógica, pois se o réu, por ser revel, não impugnou os fatos afirmados pelo autor, estes fatos se tornaram incontroversos, tornando dispensável, em virtude disso, a realização de audiência tendente a coligir as provais orais. Somente os fatos controvertidos devem ser objeto de prova (CPC, art. 374, II e III).

A declaração da lei, de que, verificado o efeito da revelia, o juiz conhecerá imediatamente do pedido, proferindo a sentença de mérito (CPC, art. 355, II), reclama alguns temperamentos, que serão a seguir expostos.

Primeiro: como advertimos inúmeras vezes, em páginas anteriores, o efeito da revelia não subtrai, por si só, o poder de o juiz, como reitor soberano do processo (CLT, art. 765), tomar o depoimento do autor, com o propósito não apenas de melhor inteirar-se acerca dos fatos da causa, como de investigar se as declarações deste coincidem com os fatos relatados na inicial. Eventual discrepância entre as declarações do autor e os fatos lançados na inicial configurará confissão *real*, que, por sua vez, autorizará a neutralização do efeito da revelia, nomeadamente para aqueles que veem nesse efeito uma presunção (relativa, por certo) de veracidade dos fatos postos na petição inaugural.

Segundo: nem sempre o juiz, mesmo verificando a ocorrência do efeito da revelia, proferirá sentença de mérito. Nada obsta que ele extinga o processo sem pronunciamento sobre as questões de fundo da demanda quando perceber que está ausente algum pressuposto de constituição ou de desenvolvimento regulares da relação processual (capacidade de ser parte, capacidade de estar em juízo; jurisdição, competência etc.) ou uma das condições da ação (legitimidade *ad causam* e interesse de agir).

O exame desses pressupostos e das condições da ação, aliás, não é uma faculdade, senão que um dever do magistrado, a quem cabe, por esse motivo, pronunciar-se *ex officio* sobre a matéria (CPC, art. 485, § 3º).

Terceiro: não ocorrerá o efeito da revelia toda vez que a matéria for daquelas a que se convencionou designar, não sem uma ponta de impropriedade, como sendo "de direito", em oposição à que é constituída pelos fatos alegados pelo autor e que devam ser por este provados.

"Matéria de fato" e "matéria de direito" não são expressões que necessariamente se contraponham. Esta significa que a formação do convencimento do magistrado dependerá, tão somente, da interpretação que extrair das normas legais invocadas pelo autor; aquela, que os fatos, como acontecimentos da vida dotados de aptidão para produzir consequências na ordem jurídica, para serem aceitos pelo julgador devem ser provados por quem os alegou. É evidente, porém, que a presença de matéria "de fato" não exclui a necessidade de apreciação dos fatos sob o ângulo do direito. No âmbito das matérias de direito encontra-se, também, o *pedido juridicamente impossível*, assim considerado aquele em relação ao qual há um veto da lei quanto ao seu acolhimento judicial. Destarte, a revelia não produz o efeito que lhe é característico quando se tratar de pedido dessa natureza. A propósito, será preferível que se fale de pedido juridicamente *inatendível*, pois, em princípio, todo pedido é possível, do ponto de vista de sua formulação. O seu acolhimento é que se torna impossível.

Quarto: o efeito da revelia não dispensa a sentença de conter os três elementos estruturais exigidos por lei (CLT, art. 832; CPC, art. 489, I a III), a saber: relatório, motivação e dispositivo; especialmente a fundamentação, que é um requisito com sede na Constituição Federal (art. 93, IX). Sobre os demais requisitos previstos nos §§ 1º a 3º do art. 389 do CPC, iremos nos pronunciar quando dos comentários a essa norma legal. No procedimento trabalhista sumariíssimo, a lei dispensa o relatório (CLT, art. 852-I, *caput*).

Quinto: conquanto revel, o réu poderá ser vencedor na causa se houver um fato notório (CPC, art. 374, I) que o beneficie. É bem verdade que se pode discutir se o fato detém, ou não, o atributo de notoriedade. Notório que seja o fato, ele terá preeminência com relação ao efeito da revelia, justamente porque essa nota peculiar da notoriedade prescindirá de prova quanto à existência do fato. Um outro caso em que o revel poderá ser vencedor na causa: se o laudo pericial concluir pela inexistência de insalubridade ou de periculosidade, sendo esse o único pedido formulado pelo autor. Ocorre que, mesmo havendo revelia, a existência de insalubridade (e a classificação de seu grau) ou de periculosidade dependem de exame pericial, por força do disposto no art. 195, § 2º, da CLT.

Sexto: nada impede que o juiz, em determinadas situações, converta o julgamento em diligência, conquanto presente o efeito da revelia, com o propósito de apurar a verdade (real) dos fatos. Não se pode ignorar que o processo do trabalho outorga ampla liberdade diretiva aos juízes (CLT, art. 765). Cuidará o magistrado, entrementes, para que a sua preocupação com o descobrimento da verdade não o afaste do dever de neutralidade, a que se encontra legalmente submetido. Assim, a mesma regra de prudência que aconselha o juiz a não decidir, de modo sistemático, contra o revel, o adverte para que não se converta em defensor dos interesses deste. Estamos convencidos de que os juízes têm sabido encontrar o indispensável ponto de equilíbrio entre essas duas situações contrastantes.

Inciso IV. *Alegações inverossímeis ou em desacordo com a prova.* Estas causas impeditivas da produção dos efeitos inerentes à revelia constituem novidade trazida pelo CPC atual.

Alegações inverossímeis. O efeito característico da revelia é a presunção de veracidade dos fatos alegados na petição inicial. Sob essa perspectiva, ficaria difícil, em princípio, admitir-se a possibilidade de o juiz deixar de reconhecer a ocorrência desse efeito quanto o fato alegado pelo autor lhe parecer inverossímil. Não seriam inconciliáveis, dos pontos de vista lógico e jurídico, a existência dessas duas situações, significa dizer, se a revelia gera a presunção de serem verdadeiros os fatos postos na inicial, como seria possível ao juiz considerar inverossímeis os fatos que nem sequer foram contestados pelo autor? Ainda que em casos remotos, isso é acontecível. Digamos que o autor haja alegado, na inicial, jamais ter usufruído, durante os dez anos em que trabalhou para o réu, de intervalo para repouso ou alimentação. Não é crível, segundo os ditames do senso comum, que isso tenha, efetivamente, ocorrido. Em casos como esse, caberia ao juiz tomar o depoimento do autor e, se verificar que este, muitas vezes, teve esse intervalo com a duração mínima prevista em lei, mandar apurar na fase de liquidação, mediante artigos, quantas vezes houve esse intervalo, e quantas, não. Lembremos que o *senso comum* designa o modo de pensar da maioria das pessoas, o conjunto dos conhecimentos adquiridos pelos seres humanos em geral, durante a vida. São conhecimentos empíricos, que, portanto, não se baseiam em métodos científicos, mas no modo comum de assimilar conhecimentos hauridos do cotidiano. São uma espécie de *máximas de experiência* que se obtém da observação daquilo que ordinariamente ocorre. Essas máximas estavam previstas no art. 335 do CPC anterior, e foram mantidas pelo CPC atual (art. 375).

Desacordo com a prova. O efeito da revelia também não ocorrer se estiver em desacordo com a prova dos autos, notadamente, a documental. Se, por exemplo, o o autor juntou à inicial documento pelo qual se verifica que ele se demitiu do emprego, o juiz pode não considerar a alegação do autor de que teria sido demitido sem justa causa, máxime se ele não alegou qualquer vício de consentimento, de sua parte, na formação do aludido documento.

Revelia e alteração do pedido

O autor poderia efetuar o aditamento de pedido, ou a alteração da causa de pedir sendo o réu revel?

Antes de mais nada, devemos investigar em que momento o réu se torna revel.

A revelia, como afirmamos, constitui fato processual caracterizado pela ausência injustificada de contestação (logo, pelo réu). O efeito da revelia é a presunção de veracidade dos fatos alegados na petição inicial. Pode haver revelia sem o seu efeito, como demonstra o art. 345 do CPC.

Ora, bem. No sistema do processo do trabalho a revelia se dá na audiência a que o réu deveria comparecer, para, entre outras coisas, apresentar contestação. Os *efeitos* dessa contumácia do réu, entrementes, somente devem ser apreciados, *em concreto*, pela sentença de fundo, que conterá o resultado da prestação jurisdicional solicitada pelo autor.

De modo geral, a sentença é proferida na mesma audiência em que se deu a revelia.

Se o juiz verificar a ocorrência de quaisquer das situações legais em que, *a priori*, não se verifica o efeito característico da audiência (CPC art. 345), mandará o autor indicar as provas que pretende produzir.

Lançadas essas considerações, passemos à resposta à indagação formulada no início deste item: o autor pode aditar pedido ou modificar a *causa petendi* sendo réu revel?

No sistema do CPC isso seria possível, nos termos do art. 329: "I — até a citação, aditar ou alterar o pedido ou a causa de pedir, independentemente do consentimento do réu; II — até o saneamento do processo, aditar ou alterar o pedido e a causa de pedir, com o consentimento do réu, assegurado o contraditório mediante a possibilidade de manifestação deste no prazo mínimo de 15 (quinze dias), facultado o requerimento de prova suplementar".

Solução diversa há que ser adotada pelo processo do trabalho. Aqui, como ressaltamos em páginas anteriores, ao comentarmos o art. 329 do CPC, qualquer aditamento de pedido ou modificação da causa de pedir ou do próprio pedido somente será possível se ficar assegurado ao réu o prazo mínimo de cinco dias, de que trata o art. 841, § 1º, da CLT. Admitir-se a incidência do inciso II do art. 329 do CPC no processo do trabalho seria permitir a instalação de tumulto no processo especializado, além de acarretar transtornos na organização das pautas dos juízes. Portanto, no processo do trabalho, configurada a revelia, o autor não poderá acrescentar pedidos, pois estes deverão ser objeto de outra ação. O que, talvez, se possa aceitar é a possibilidade de ser alterada a causa de pedir, desde que isso não implique acréscimo ou alteração dos pedidos. Mesmo assim, razões de ordem ética imporiam o juiz mandar intimar o revel para manifestar-se sobre a alteração da *causa petendi*.

Art. 346

Art. 346. Os prazos contra o revel que não tenha patrono nos autos fluirão da data de publicação do ato decisório no órgão oficial.

Parágrafo único. O revel poderá intervir no processo em qualquer fase, recebendo-o no estado em que se encontrar.

• **Comentário**

Caput. A matéria era regida pelo art. 322 do CPC revogado.

A intimação é o ato pelo qual se dá ciência a alguém dos atos e termos do processo (CPC, art. 269). O art. 234 do CPC anterior prosseguia: "para que faça ou deixe de fazer alguma coisa". Esse conceito legal, contudo, não era inteiramente correto, pois embora contivesse o essencial, não levava em conta os casos em que a intimação era feita não para que se fizesse ou se deixasse de fazer alguma coisa, mas, simplesmente, para que alguém fosse cientificado de algum ato processual, praticado ou que se fosse praticar, como, por exemplo, o adiamento da audiência.

O CPC atual contém redação mais apropriada.

Seja como for, o fato é que a intimação está figadalmente ligada com o que se poderia denominar de política moderna de democratização do processo. Aos tempos atuais repugna a existência de processos semelhantes àqueles de que nos fala Kafka, em seu intrigante livro: "O Processo". Hoje, as partes ou o terceiro juridicamente interessado devem ser intimados dos atos do processo, sob pena de nulidade deste, a contar do momento em que essa cientificação deixou de ser feita.

Estando a parte com advogado regularmente constituído, as intimações pertinentes àquela serão efetuadas na pessoa deste, cujo poder, para esse fim, é inerente à cláusula *ad iudicia* (Lei n. 8.906/94, art. 59, § 2º).

Quebrando a regra da indispensável comunicação dos atos processuais, dispunha o art. 322, do CPC de 1973, que contra o revel os prazos correriam independentemente de intimação, embora ele pudesse intervir em qualquer fase do processo, recebendo o feito no estado em que se encontrasse. É interessante recordar que quando tramitação na Câmara dos Deputados, o Projeto do referido Código de Processo Civil recebeu algumas emendas, neste ponto, dentre as quais deve ser realçada a de n. 276, apresentada pelo Deputado Lysaneas Maciel, que tinha o seguinte teor: "Contra o revel correrão os prazos, mediante publicação no órgão oficial, onde houver, ou afixação de edital bem legível à entrada da sala de audiências, com contagem em dobro. Poderá ele intervir no processo em qualquer fase, recebendo-o no estado em que se encontre". Prevaleceu, contudo, a posição dos que retiravam do revel o direito de receber qualquer forma de intimação dos atos e termos processuais. Pareceu-nos mais acertado este entendimento, pois intimar o revel seria, sem dúvida, um ato de deferência injustificável a quem não quis se defender. Tempos depois, todavia, a Lei n. 11.280/2006 deu nova redação ao art. 322, *caput*, do CPC, que passou a ser a seguinte: "Contra o revel que não tenha patrono nos autos, correrão os prazos independentemente de intimação, a partir da publicação de cada ato decisório". Como se percebe, as alterações quanto á redação anterior da norma foram estas: a) se o revel possuir advogado constituído nos autos, deverá ser intimado na pessoa deste; b) se não possuir advogado, o revel não será intimado, caso em que os prazos fluirão a contar da publicação de cada ato decisório.

O art. 346 do atual CPC, sem afastar-se no essencial da linha adotada pelo art. 322 do CPC anterior, estabelece que se o revel não possuir advogado nos autos os prazos contra ele passarão a fluir da publicação do ato decisório no órgão oficial.

Transportando o tema para o terreno peculiar do processo do trabalho, podemos dizer, em síntese, que ao contrário no que ocorre no processo civil, no do trabalho a lei impõe que o réu seja intimado da sentença proferida à sua revelia (CLT, art. 852), possua, ou não, advogado nos autos. Essa intimação será feita na forma prevista no § 1º, do art. 841, do mesmo texto. A contar daí, ou seja, com relação aos atos que vierem a ser praticados após a intimação da sentença, pode-se aplicar, com alguma adaptação, a regra do art. 343 do CPC, de tal modo que as intimações deverão ser realizadas na pessoa do advogado do revel (se houver nos autos procuração outorgada a ele) ou mediante publicação do despacho no órgão oficial. Já não vigora, portanto, a regra inscrita no art. 322 do CPC revogado de que os prazos contra o revel correm independentemente de intimação

Parágrafo único. Declara, o parágrafo único do art. 346, do CPC, que o revel poderá intervir no processo em qualquer fase, recebendo-o no estado em que se encontrar. Essa disposição exige algumas considerações específicas em face do processo do trabalho.

Em primeiro lugar, é frequente, neste processo especializado, o julgamento antecipado da lide, decorrente da revelia, ser realizado na própria audiência a que o réu deveria comparecer, para apresentar a sua defesa. Em consequência disso, quando este intervém nos autos, via de regra encontra preclusas as fases processuais que medeavam da defesa à sentença, como as da produção de provas e das razões finais. Nesse sentido é que deve ser entendida a ressalva contida no art. 346, do CPC: "recebendo-o (o processo) no estado em que se encontrar". A possibilidade, portanto, de o revel intervir nos autos a qualquer momento não lhe dá o direito de reabrir fases do procedimento já encerradas.

Em segundo, se, por algum motivo, a sentença não foi proferida na mesma audiência em que ocorreu a revelia, de duas, uma: ou o juiz já considerou encerrada a instrução processual (havendo, apenas, designado o julgamento para outra data), ou aprazou audiência para a produção de provas. Na primeira hipótese, é óbvio que o revel, embora possa intervir nos autos, não terá como produzir provas, pois a fase própria já se encontra oclusa, e, portanto, preclusa; na segunda, porém, ser-lhe-á lícito elaborar provas relativas a fatos não atingidos pela presunção de veracidade que derivou da ausência de defesa e do seu depoimento em juízo. Em resumo: como a revelia, no processo do trabalho, também está associada à falta de depoimento do réu, que, por sua vez, autoriza o juiz a considerar verdadeiros os fatos narrados na petição inicial, o revel, na situação que estamos a examinar, que intervier nos autos quando ainda não tenha sido encerrada a fase de instrução, só encontrará oportunidade para produzir provas concernentes a fatos que não tenham sido abrangidos pelo "efeito da revelia" (CPC, art. 344 — o que, convenhamos, será algo raro.

Assim dizemos, porque se ele deixou de impugnar os fatos alegados pelo autor tais fatos se tornaram incontroversos; e, como é de lei, fatos incontestes não devem ser objeto de prova (CPC, art. 374, II e III).

Terá o juiz, entrementes, ampla liberdade para interrogar o autor e o próprio réu, se assim o desejar, permanecendo o "efeito da revelia" como uma espécie de pano-de-fundo capaz de suprir os pontos em que a eventual confissão real não incidir.

Repisemos o assunto. A dicção do art. 346, parágrafo único, do CPC, de que o revel, ao intervir no feito, o receberá "no estado em que se encontrar", é extremamente elucidativa. Se a fase dita probatória já se encontrava encerrada, é elementar que o revel já não poderá produzir provas ou contraprovas; se, ao contrário, essa fase ainda se achava em curso, o revel terá direito a produzir provas, salvo as que tenham como objeto os fatos em relação aos quais atuou o "efeito de revelia". Sendo o réu revel e "confesso", não nos parece possível conceder-lhe oportunidade para produzir provas, basicamente, por duas razões: a) como revel, não apresentou defesa (contestação, em especial); logo, que fatos ele irá provar se nada alegou em juízo?; b) como não impugnou os fatos narrados pelo autor, estes se tornaram incontroversos (foram tacitamente admitidos como verdadeiros); sendo assim, mencionados fatos não necessitam ser provados pelo autor, nem admitem contraprova, pelo réu (CPC, art. 374, II e III).

Poder-se-ia, no entanto, indagar: se, de um lado, estando ainda aberta a fase probatória o revel poderia produzir provas, e, de outro, essas provas não poderiam recair sobre fatos que foram alcançados pelo "efeito da revelia", que fatos, enfim, caberia ao revel provar? Respondendo: os fatos cuja apuração dependesse, por exemplo, de conhecimentos técnicos, de tal maneira que seria necessária a realização de exame pericial. Esta situação fica tão mais evidente no caso de perícia obrigatória, como é a concernente aos adicionais de insalubridade ou de periculosidade. Se o autor pede, digamos, adicional de insalubridade, e o revel, embora citado, não responde, tornando-se, portanto, revel, não ocorrerá aqui o "efeito da revelia", pois nos termos do art. 195, § 2º, da CLT, é indispensável a realização de perícia para a apuração da insalubridade e a classificação do grau correspondente.

Cogitamos, até esta altura, da produção de provas pelo revel no processo de conhecimento. Terá ele direito a produzir provas no processo de execução? Em princípio, sim. Com vistas ao exame desse assunto, separemos a fase de liquidação da sentença da execução propriamente dita.

Na liquidação mediante artigos, sobre a qual recai o nosso interesse, há, como se sabe, uma espécie de "cognição incidental", destinada a apurar "fatos novos". Colocando de lado a impropriedade desta última expressão, o que de concreto fica é que tanto o autor quanto o réu podem oferecer artigos de liquidação, embora, na prática, a iniciativa seja quase sempre daquele. Ora, se a modalidade de liquidação que estamos a apreciar se justifica pela necessidade de serem provados determinados fatos ("novos"), é patente que, apresentados os artigos pelo autor, o réu, mesmo sendo revel, terá direito de manifestar-se sobre eles, no prazo legal, e, em consequência, produzir prova quanto às alegações que vier a expender nessa oportunidade. O "efeito da revelia", ocorrido no processo de conhecimento, não se comunica com a liquidação da sentença, no que concerne aos fatos que digam respeito exclusivamente a esta.

Deste modo, se, em decorrência da revelia e do efeito que lhe é próprio, o juiz considerou verdadeiros os fatos alegados na petição inicial (processo de conhecimento), condenando o revel ao pagamento de horas extras, mas, por falta de elementos nos autos, ordenou a liquidação do número dessas horas por meio de artigos, o efeito da revelia, na espécie, está circunscrito à existência de horas extras, não à *quantidade* destas — até porque essa "quantificação" será objeto da fase de liquidação, via artigos.

Pelos mesmos motivos expostos, poderá o revel, sempre que lhe convier, tomar a iniciativa de apresentar artigos de liquidação.

Na execução, propriamente dita, ao revel (devedor) será amplamente assegurado o direito de produzir provas, máxime em decorrência dos embargos que vier a oferecer. Sabe-se, modernamente, pela voz da melhor doutrina, que os embargos do devedor não constituem exceção, nem contestação, nem reconvenção, mas autêntica ação incidental do devedor no processo de execução. Desde que as matérias suscitadas por este possam ser, efetivamente, objeto de embargos, nada poderá impedir o devedor de produzir as provas respeitantes aos fatos mencionados na sua petição. Também aqui, o "efeito da revelia", incidente no processo de conhecimento, não permeia o de execução — naquilo que for atinente aos fatos característicos deste último processo, insistamos.

A sentença

Do ponto de vista formal, a sentença emitida num processo em que se tenha verificado a contumácia do réu em nada se desassemelha da que é proferida em processo no qual o réu contestou os pedidos formulados pelo autor.

Segue-se, que a sentença deverá conter: a) o relatório (exceto no procedimento sumariíssimo); b) a fundamentação e c) o dispositivo (CLT, art. 832; CPC, art. 489, I a III e §§), que são os três requisitos estruturais dessa modalidade de pronunciamento da jurisdição e cuja falta implicará a nulidade do ato e ensejará o exercício da ação rescisória (CPC, art. 966, V). Mais uma vez, nos reservamos para examinar esses requisitos quando dos comentários ao art. 489.

No relatório, o juiz fará um resumo dos principais acontecimentos do processo, aí compreendida a falta de resposta do réu. Se, mais tarde, o revel interveio nos autos e praticou alguns atos, esse fato deverá ser mencionado no relatório.

Conforme asseveramos em outro livro (*A sentença no processo do trabalho*. 4. ed. São Paulo: LTr, 2010, p. 274/277), em que pese ao fato de o relatório figurar como requisito legal para a validade da sentença, entendemos que, *de lege ferenda*, poderia ser dispensado. Se o escopo do relatório é de natureza política, porque destinado a fazer com que o juiz demonstre às partes haver compulsado os autos e, em razão disso, ficado ciente dos principais sucessos da causa, esse objetivo pode ser perfeitamente alcançável na fundamentação, em que o magistrado, naturalmente, haverá de referir os fatos e examiná-los sob a luz do direito.

De nada vale, por exemplo, elaborar um relatório minucioso se, na motivação, alguns dos fatos relatados (desde que essenciais para a causa) não vierem a ser apreciados.

A prática tem revelado, aliás, um fenômeno digno de nota, quanto aos relatórios das sentenças: ou são extremamente lacônicos, ou exageradamente longos. No primeiro caso, quase sempre, são elaborados pelo próprio juiz, que, premido pela escassez de tempo, faz um arremedo de relatório, nos quais são mencionados uns poucos fatos, e, ainda assim, de maneira vaga; no segundo, a tarefa de confeccionar o relatório é cometida, muitas vezes, a um auxiliar do juiz, que, preocupado em esmerar-se no desempenho desse mister, chega a transcrever, por inteiro, a petição inicial, a resposta do réu, os depoimentos das partes, as inquirições das testemunhas, o laudo pericial e o mais, resultando, tudo isso, num cartapácio sem utilidade.

O art. 852-I, *caput*, da CLT, dispensa o relatório nas sentença proferidas no procedimento sumariíssimo.

Na fundamentação, que é o componente racional da sentença, o juiz procederá ao exame dos fatos alegados, em cotejo com a prova produzida, para, depois, realizar a subsunção dos fatos às regras de direito aplicáveis ao caso.

Sentença que não contivesse fundamentação seria, por certo, ato de pura arbitrariedade jurisdicional, porquanto tenderia a refletir não a atuação do direito, mas a vontade do julgador. Como alerta Franco Lancellotti, não é suficiente que o juiz faça justiça: é necessário que demonstre como fez justiça, para, dessa forma, convencer a todos; ou, quando menos, dar uma satisfação às partes e à comunidade, acrescentamos.

Tamanha é a importância da fundamentação da sentença (ou do acórdão), que, em nosso meio, ela foi alçada à categoria de requisito constitucional. Com efeito, estabelece o art. 93, inciso IX, da Constituição Federal, que todas as decisões do Poder Judiciário devem ser fundamentadas, "sob pena de nulidade". Perceba-se que o constituinte brasileiro se preocupou não apenas em exigir a fundamentação, mas — em atitude algo insólita — em cominar de nulo o pronunciamento jurisdicional que não a contenha.

A revelia não deve ser utilizada como pretexto para proferir-se sentença sem motivação jurídica. Nunca é desútil lembrar que vigora, entre nós, o princípio legal do livre convencimento motivado (ou da persuasão racional, como preferem alguns), inscrito no art. 131 do estatuto processual civil, de 1973, de acordo com o qual o juiz teria ampla liberdade na formação do seu convencimento jurídico acerca dos fatos da causa, desde que o fizesse com base na prova dos autos. Esse dispositivo foi tacitamente recepcionado pelo CPC atual e já havia se incorporado, da mesma forma, ao sistema do processo do trabalho. A respeito do art. 131 do CPC anterior, podemos tomar por empréstimo a ilustração de Eduardo Couture, para dizer que a liberdade que possui o juiz, na formação do seu convencimento jurídico, é semelhante à do presidiário em sua cela: pode andar por onde quiser, desde que dentro do cubículo. A cela, no caso, são as provas existentes nos autos.

Como o réu é revel, a tendência natural é que se verifique o efeito da revelia; em razão disso, o juiz considerará verdadeiros os fatos narrados pelo autor, na petição inicial, e proferirá sentença condenatória do réu — exceto se se tratar, p. ex., de pedido juridicamente impossível ou se o fato depender de prova técnica. Se a revelia não produziu o efeito que lhe é característico, por se tratar de uma das situações previstas no art. 345, do CPC, isso significa que o ônus da prova permaneceu com o autor; caberá ao juiz, em consequência, no momento de decidir, examinar se o autor se desincumbiu, ou não, desse encargo probatório.

É elementar que antes de se dedicar ao exame do mérito, o juiz deverá, *ex officio*, verificar se estão presentes os pressupostos de constituição e de desenvolvimento regulares do processo (capacidade de ser parte, capacidade de estar em juízo, capacidade postulatória, jurisdição, competência, inicial apta, citação válida, inexistência de perempção, litispendência, coisa julgada ou conexão etc.), assim como as condições da ação (legitimidade *ad causam* e interesse processual). Ausentes quaisquer desses requisitos legais, o processo será extinto, sem resolução do mérito, a despeito da revelia. Quanto à inépcia da inicial, o seu indeferimento e a consequente extinção do processo só serão possíveis se o autor deixar de atender ao despacho que lhe ordenou emendar ou completar aquela peça (CPC, art. 321, parágrafo único).

O dispositivo (ou *decisum*) é a parte conclusiva da sentença, no qual deverá estar expresso o resultado do exame que o juiz realizou dos fatos, das provas, das normas jurídicas aplicáveis e das circunstâncias dos autos.

Laborou em erro, portanto, o legislador, ao dizer, no inciso III, do art. 489, do CPC, que no dispositivo o juiz "resolverá as questões principais que as partes lhe submeterem". Ora, no *decisum* o juiz nada *resolve*, senão que proclama o *resultado* daquilo que foi apreciado e resolvido na fundamentação. É, pois, no dispositivo, onde o juiz irá condenar ou absolver o réu (*vel condemnatione vel absolutione contingit*, segundo o Digesto).

O dispositivo apresenta uma importância especial, na medida que, em princípio, é a única parte da sentença que se submete ao fenômeno da coisa julgada material, como demonstra o art. 504, incisos I e II, do CPC. Em termos práticos, isso quer dizer, p. ex., que se o autor formulou, entre outros pedidos, o de horas extras, e o juiz, embora tenha apreciado, na fundamentação, os fatos pertinentes, mas, no dispositivo, deixado de fazer referência a essas horas, elas estarão fora da condenação. Não significa, todavia, que o pedido tenha sido rejeitado: simplesmente, não foi mencionado no dispositivo. Essa omissão do juiz pode ser sanada por meio de embargos declaratórios. Se o autor não fizer uso desses embargos, nem o réu recorrer, a sentença passará em julgado quanto a outras partes da condenação, excluídas as horas extras. Reiteremos: como estas não integraram o dispositivo, é certo que não foram atingidas pela *res iudicata*; em virtude disso, estará aberta, para o autor, a possibilidade de ajuizar outra ação, para pedir a condenação do réu ao pagamento de tais horas. Nesta ação, contudo, não incidirá o "efeito da revelia", ocorrido na anterior. Caberá o autor, diante disso, produzir prova da jornada de trabalho — exceto se o réu deixar, mais uma vez, de apresentar defesa, ou, defendendo-se, não se desincumbir do ônus da impugnação especificada dos fatos (CPC, art. 341).

O dispositivo deve ser uma decorrência lógica do que foi apreciado na fundamentação, uma conclusão congruente, enfim, com os argumentos lá expendidos pelo juiz. Se, por exemplo, na motivação o juiz afirma que ocorreu o efeito da revelia (CPC, art. 344), mas no dispositivo rejeita o pedido do autor, que fora formulado com base nos fatos alcançados pelo referido efeito, é manifesta a contradição entre a motivação e o dispositivo da sentença, motivo por que caberá ao autor eliminar esse antagonismo por intermédio dos embargos declaratórios. Ausentes estes embargos, prevalecerá o que consta do dispositivo (rejeição do pedido, que, na verdade, deveria ter sido acolhido) pois, como se disse, só ele, em regra, transita em julgado.

Exatamente por isso é que, ao contrário do que se passaria com o pedido que não houvesse sido mencionado no *decisum*, o autor não poderá, na situação em tela, ajuizar outra ação para pleitear as horas extras que haviam sido objeto da primeira ação.

De resto, haveriam de prestar homenagem à ciência e ao rigor vocabular os juízes que anatematizassem o arraigado emprego de fórmulas como: "julgar procedente a ação...", "julgar procedente em parte a ação" ou "julgar improcedente a ação...", nas situações em que examinam o mérito da causa. Como já advertimos em outras páginas, a ação é o direito público subjetivo de invocar-se a prestação da tutela jurisdicional do Estado; ora, presentes as suas duas condições (legitimidade *ad causam* e interesse processual), é elementar que a ação "procede", embora os pedidos possam vir a ser rejeitados. Por outro lado, quando se diz que a ação foi "improcedente", fica-se sem dar uma justificativa razoável para o fato de se haver ingressado no exame do mérito quando a ação, como direito subjetivo, "não procedeu". É algo tão absurdo quanto admitir-se efeito sem causa.

Já é tempo de perceber que as condições para o regular exercício da ação em nada se confundem com o mérito da causa. A falta de uma daquelas condições torna o autor carecedor da ação; a ausência do direito invocado, ou de prova dos fatos alegados, faz com que os pedidos sejam rejeitados.

Nem mesmo os pedidos formulados pelo autor devem ser julgados "procedentes" ou "improcedentes". *Procedência* significa a origem, a proveniência de alguma coisa. Ora, um pedido sempre "procede", porque emana de algum lugar. Se se deseja prestar homenagem à acribologia, fale-se em rejeição ou em acolhimento dos pedidos. Merece elogios, por isso, o

CPC, ao declarar, no art. 490, *caput*, que o juiz, pela sentença, colherá ou rejeitará, no todo ou em parte o pedido — malgrado haja, em outros momentos, incorrido no deslize terminológico de aludir à "procedência" e à "improcedência" do pedido.

O *decisum*, por expressa determinação legal, deverá indicar, ainda, o valor das custas a serem pagas pelo vencido (CLT, art. 832, § 2º).

Embora a lei não exija, é sempre conveniente indicar-se, no dispositivo, a forma pela qual será realizada a liquidação (cálculos, artigos ou arbitramento), pois isso evitará o estabelecimento, após o trânsito em julgado da sentença, de polêmica a respeito da modalidade de liquidação a ser observada. A propósito, fórmulas habitualmente empregadas, como: "as verbas da condenação serão apuradas mediante regular liquidação" são, *data venia*, absolutamente inúteis, pois só se prestam para esclarecer o óbvio; o essencial, aí, é sempre deixado à margem: a *modalidade* pela qual a liquidação será processada.

Sendo o caso, o dispositivo determinará, também, a remessa *ex officio* dos autos ao tribunal, para efeito de reexame necessário, em atendimento ao disposto no art. 1º, inciso V, do Decreto-Lei n. 769/69. Esse reexame, ao contrário do que têm sustentado alguns escritores, ainda é indispensável, porquanto o inciso V, do art. 1º, do sobredito Decreto-Lei, não foi revogado pelo art. 5º, *caput*, da Constituição Federal. Traduz certa simploriedade imaginar que o interesse público, que está na base da remessa *ex officio*, possa ser colocado no mesmo plano (político e axiológico) do interesse particular.

Mesmo nas denominadas "ações de alçada exclusiva dos órgãos de primeiro grau", instituídas pelo art. 2º, § 4º, da Lei n. 5.584/70, a remessa *ex officio* deverá ser realizada, pois não se trata de recurso.

No mais, será dispensável que o dispositivo faça referência à correção monetária e aos juros da mora, sabendo-se que ambos integram a classe das "condenações implícitas". As leis processuais não exigem essa menção; nem a proíbem, à evidência. Será recomendável, todavia, que se aluda à correção e aos juros se houver necessidade de fixação dos critérios relativos aos cálculos de uma e de outro.

O dispositivo mandará também intimar as partes e os terceiros, como o Ministério Público do Trabalho e o INSS, quando for ocaso.

Revelia e recurso

Normalmente, o vencido interpõe recurso para ver alterado, em seu benefício, o resultado do julgamento do mérito efetuado pela sentença.

Essa impugnação quanto ao mérito, entretanto, não é possível pelo revel. A razão é incontestável: se a ele fosse concedido discutir as questões de fundo do processo, isso implicaria a supressão de um grau jurisdicional. Com efeito, se o réu é revel, isso significa, por definição, que não se defendeu perante o órgão de primeiro grau; logo, a impugnação do mérito, que viesse a realizar em sede de recurso ordinário, estaria, na verdade, sendo utilizada como sucedâneo camuflado da contestação que deveria ter sido apresentada no juízo *a quo*. Daí, a supressão de um grau jurisdicional, a que nos referimos.

Dita supressão poderia, até mesmo, ser injusta para o autor, bastando argumentar com a possibilidade de o tribunal dar provimento ao recurso do réu, para, digamos, excluir da condenação as horas extras — que constituiriam, senão o único pedido, o mais importante, do ponto de vista econômico. Como a matéria concernente a tais horas envolve fatos (duração da jornada de trabalho), o autor não teria acesso ao recurso de revista, nos termos da Súmula n. 126, do TST.

O que o revel deve buscar, com o recurso que interpuser da sentença de mérito, é a elisão da revelia, de maneira que, vindo a obter êxito nesse propósito, o processo seja anulado, e, em função disso, obtenha uma nova oportunidade para apresentar a sua defesa, no juízo de primeiro grau.

Se alguém é revel é porque não se defendeu; e, se não o fez, foi por algum motivo juridicamente justificável (supondo-se que sim); destarte, cabe ao revel, como afirmamos, fazendo prova do motivo que alegar, tentar obter, do tribunal, um decreto nulificador do processo em que foi emitida a sentença impugnada, a fim de que tenha reaberta a oportunidade de se defender. Como é óbvio, ficará fora da nulificação a petição inicial.

Embora, como regra, não se permita a juntada de documentos em grau de recurso (TST, Súmula n. 8), as particularidades da revelia tornam, muitas vezes, indispensável essa junção — como faculta, aliás, a Súmula mencionada. O documento destinado a elidir a revelia deve declarar, de maneira expressa, "a impossibilidade de locomoção do empregador ou do seu preposto no dia da audiência" (TST, Súmula n. 122, parte final).

Com vistas à admissibilidade do seu recurso, o revel deverá atender a todos os pressupostos subjetivos e objetivos, inclusive, no tocante a estes, realizando o depósito pecuniário exigido por lei e pagando as custas nas quais tenha sido condenado. Se for dado provimento ao recurso, poderá reaver ditos valores, porquanto o processo, em função dos quais esses depósitos ocorreram, foi declarado nulo.

A despeito de havemos sustentado que o revel não poderá, em seu recurso, impugnar o mérito da sentença — senão que tentar elidir a revelia — isso não corresponde a dizer que o juízo a quo poderá denegar o recurso toda vez que verificar que o revel esteja, exclusivamente, impugnando o mérito, e, não, buscando afastar a revelia. Ao juízo *a quo*, cabe advertir, compete, apenas, o exame dos pressupostos subjetivos e objetivos, legalmente exigidos para a *admissibilidade* dos recursos, sendo, portanto, vedado o ingresso na prospecção das razões de mérito da impugnação. Nem mesmo ao tribunal, como órgão *ad quem*, será lícito não admitir o recurso, por esse fundamento. É evidente que o tribunal poderá recusar o recurso por falta de um dos pressupostos a que aludimos há pouco, tão certo como poderá dar ou negar provimento ao recurso, segundo seja o seu convencimento.

Dando provimento ao recurso, o tribunal declarará a nulidade do processo, tirante a petição inicial, e determinará que o juízo de primeiro grau conceda nova oportunidade ao réu, para que se defenda. Em alguns casos, será necessária nova citação deste; em outros, esse ato será dispensável, sendo suficiente que o réu seja intimado quanto à data da audiência a que deverá comparecer para oferecer a resposta que desejar.

Aproveitamos o ensejo para formular uma sugestão ao legislador: para o futuro, seria desejável que se permitisse ao próprio juízo de primeiro grau rever suas sentenças de mérito, quando impugnadas com fundamento em nulidade. Atualmente, essa revisão é vedada pelo art. 494, do CPC. Não raro, o juiz de primeiro grau, diante das razões do recorrente, se convence da nulidade arguida, mas nada pode fazer, a não ser intimar a parte contrária para oferecer contrarrazões, e, decorrido o prazo, determinar a remessa dos autos ao tribunal. Melhor atenderia aos objetivos do processo, sem dúvida, que se permitisse ao próprio juízo proferidor da sentença impugnada modificá-la, em situações como a que narramos, com o que não só se atenderia ao interesse das partes (pois ao autor também não convém a longa espera do julgamento do recurso, pelo tribunal), como se evitaria um maior congestionamento de recursos nos tribunais.

O art. 331, do CPC, permite, apenas, ao juiz modificar a sentença que houver indeferido a petição inicial, ou seja, que tenha extinto o processo sem exame do mérito — que não é o caso, às escâncaras, da revelia. Quanto ao mérito, a modificação somente pode ocorrer no caso do art. 494, II (embargos de declaração).

Pergunta-se: mesmo que *não* tenha ocorrido o "efeito da revelia", de que se ocupa o art. 345, do diploma de processo civil, vindo, contudo, a sentença a condenar o revel em decorrência das provas produzidas pelo autor poderia aquele, no recurso, atacar o mérito da decisão, ou deveria ater-se ao escopo de elidir a revelia? Conquanto tenhamos alterado os termos da indagação, a resposta é a mesma que seria dada na hipótese de esse efeito ter ocorrido: o réu deverá buscar, exclusivamente, a elisão da revelia.

Não importa se o efeito da revelia tenha se verificado, ou não: isto é algo que concerne ao ônus da prova e à formação do convencimento jurídico do magistrado. A tudo sobreleva o fato de que houve revelia e qualquer tentativa de o revel procurar discutir o mérito da sentença impugnada não esconderá o seu objetivo de suprimir um grau de jurisdição, visto que estará, na verdade, apresentando a sua defesa perante o tribunal.

Como o réu geralmente alega, em grau de recurso, que não foi citado para a ação ou que a citação foi feita de forma irregular, parece-nos apropositado fazer uma pequena incursão pelos domínios da teoria dos atos nulos e dos inexistentes, dada a sua íntima conexão com o tema da revelia.

Apreciemos, portanto, esses dois vícios da citação.

Citação nula. Esclareça-se que quando nos referimos à citação nula estamos pressupondo que ela existiu, ou seja, que foi realizada, conquanto em desconformidade com as normas legais incidentes. Se, p. ex., o réu foi citado, no processo de conhecimento, em domingo ou feriado, ou fora do horário do expediente do foro, sem prévia autorização do juiz, o ato, embora tenha sido praticado, o foi em desacordo com a lei (CLT, art. 770), sendo, por esse motivo, nulo (CPC, art. 280).

Apesar disso, não se pode negar que o réu tomou conhecimento da existência da ação, razão pela qual deveria ter comparecido ao órgão de primeiro grau para arguir a nulidade, hipótese em que a citação seria considerada efetuada na data em que ele ou seu advogado fosse intimado da decisão que decretou a nulidade.

Esta é a solução que deve ser dada ao problema também no processo do trabalho. Sendo indiscutível que o nulo transita em julgado, permitindo, portanto, o exercício da ação rescisória (CPC, art. 966, incisos I, II, III, IV, V e VIII, fica difícil admitir a ideia de que o devedor possa, nos embargos à execução, alegar a invalidade do processo de conhecimento em que a citação foi realizada (ainda que de modo irregular). Em muitas situações, aliás, nem se tratará de nulidade, mas de anulabilidade, como quando a citação for feita por forma diversa da prevista em lei (CPC, art. 280).

Citação inexistente. Como tal reputamos a que não foi realizada (logo, inexistiu), seja porque o seu instrumento nem sequer chegou a ser expedido, ou, se o foi, acabou sendo recebido por pessoa diversa daquela para o qual foi endereçado.

Conforme enfatizamos em outros escritos, o que nos parece essencial deixar assinalado é o fato de que se a citação foi inexistente o réu não tomou conhecimento da existência da ação. Nesta perspectiva, é absolutamente necessário que se lhe dê oportunidade para alegar a falta (inexistência) do ato quando oferecer, como devedor, embargos, pois terá sido, na citação para a execução, que tomou ciência, pela primeira vez, da existência da ação (processo de conhecimento).

O tema alusivo à inexistência da citação comporta, ainda, duas variantes, que serão agora examinadas.

a) Inexistência de citação para o processo de conhecimento e de intimação da sentença.

Nesta hipótese, é perfeitamente justificável que se conceda ao devedor a oportunidade para alegar, em seus embargos, a inexistência de citação no processo de conhecimento que ocorreu à sua revelia, porquanto, como observamos, somente no momento da citação para a execução é que ficou ciente daquele processo.

Em face disso, a jurisprudência trabalhista construiu o entendimento de que o devedor, citado para a execução, pode interpor recurso ordinário da sentença (título executivo), pedindo que o tribunal decrete a nulidade (melhor: inexistência) do processo cognitivo, exclusive a petição inicial. Embora essa orientação jurisprudencial esteja imbuída de um elogiável propósito de justiça, parece-nos que ela traz em si um ilogismo incontornável. Assim afirmamos porque se o processo de conhecimento não tem existência jurídica (é, portanto, o não-ser), o réu, ao ser citado para o que se imaginava ser a execução da sentença, deveria alegar a inexistência do processo (cognitivo) perante o próprio juízo de primeiro grau, para que este, reconhecendo a aludida inexistência, abrisse oportunidade para o réu se defender (contestar).

Nem se objete com a regra do art. 494, do CPC. É necessário esclarecer que quando se veda ao juiz a possibilidade de modificar a sentença de mérito não se está considerando, à evidência, a que tenha sido proferida em processo inexistente.

b) Inexistência de citação, com intimação da sentença.

Se o réu não foi citado para o processo de conhecimento (inexistência), mas foi intimado da sentença de mérito, não se concebe que venha a alegar a falta de citação somente na ocasião dos embargos que oferecer, como devedor. O momento oportuno para fazê-lo será o do recurso ordinário que interpuser da sentença. Saliente-se que o processo do trabalho exige que o revel seja intimado da sentença (CLT, art. 852).

É elementar que estamos pressupondo que o revel tenha sido, efetivamente, intimado da sentença; se não o foi, é certo que poderá alegar, nos embargos à execução, a inexistência da citação no processo de conhecimento.

CAPÍTULO IX

DAS PROVIDÊNCIAS PRELIMINARES E DO SANEAMENTO

Art. 347. Findo o prazo para a contestação, o juiz tomará, conforme o caso, as providências preliminares constantes das seções deste Capítulo.

• **Comentário**

As providências preliminares serão tomadas pelo juiz após o decurso do prazo para a contestação e variarão conforme o réu a tenha oferecido, ou não.

No processo civil, essas providências consistem em: a) especificação das provas (art. 348); b) réplica do autor (arts. 350 e 351); e c) audiência preliminar (art. 357, § 3º). A norma pode ser aplicada, *mutatis mutandis*, ao processo do trabalho.

Seção I

Da Não Incidência dos Efeitos da Revelia

Art. 348. Se o réu não contestar a ação, o juiz, verificando a inocorrência do efeito da revelia previsto no art. 344, ordenará que o autor especifique as provas que pretenda produzir, se ainda não as tiver indicado.

• **Comentário**

Se o réu não contestar a ação, caberá ao juiz verificar se ocorreu, ou não, o efeito da revelia, consistente presunção de veracidade dos fatos alegados na inicial (art. 344). Não tendo se concretizado esse efeito, mandará intimar o autor para que especifique quais as provas que pretende produzir, caso já não tenha feito essa especificação (art. 348). O art. 345 aponta as situações que impedem a produção do referido efeito.

Código de Processo Civil

Art. 349. Ao réu revel será lícita a produção de provas, contrapostas às alegações do autor, desde que se faça representar nos autos a tempo de praticar os atos processuais indispensáveis a essa produção.

• **Comentário**

Não havia, no CPC revogado, norma específica sobre a matéria.

O CPC, neste artigo, responde a uma indagação que vinha, desde muito tempo, inquietando a doutrina e a jurisprudência: o revel tem o direito de produzir provas? Diz-nos o art. 349 que sim, contanto que se faça representar por advogado, nos autos, a tempo de praticar os atos necessários a essa produção. O que se deve entender pela expressão legal: "a tempo de praticar os atos processuais indispensáveis a essa produção?". Só se pode concluir que signifique *antes do encerramento da instrução*. Conquanto o revel possa intervir nos autos, recebendo-os no estado em que se encontrar (CPC, art. 346, parágrafo único), isto não significa que ele possa produzir provas como se revel não fosse. *O que a lei lhe permite é contrapor provas às produzidas pelo autor, e, ainda assim — acrescentamos — desde que a prova contraposta seja juntada aos autos antes do encerramento da fase instrutória*.

Na Justiça do Trabalho, conforme dissemos, a contestação, via de regra, é ofertada em audiência. Se a ela não comparecer o réu, será revel. Em casos como esse, a tendência de o juiz do trabalho é proferir a sentença de imediato, vale dizer, na mesma audiência, com fundamento no art. 355, II, do CPC, que trata do julgamento antecipado do mérito. Isso ocorrendo, fica evidente que o réu revel não terá oportunidade para produzir as provas a que se refere o art. 349, pois a instrução processual estará encerrada. Segue-se, que a incidência do art. 349 só será viável se o juiz, embora sendo revel o réu, designar outra audiência para a produção de provas, ou, de qualquer modo, não emitir, de imediato a sentença.

A norma legal em estudo, ao aludir ao fato de que essa contraposição de provas será possível desde que o revel "se faça representar nos autos antes de encerrar-se a fase instrutória" está a aludir à presença do advogado do réu nos autos, sem o que não lhe será permitido produzir provas. Essa regra não se aplica ao processo do trabalho.

Seção II

Do Fato Impeditivo, Modificativo ou Extintivo do Direito do Autor

Art. 350. Se o réu alegar fato impeditivo, modificativo ou extintivo do direito do autor, este será ouvido no prazo de 15 (quinze) dias, permitindo-lhe o juiz a produção de prova.

• **Comentário**

A norma em análise corresponde, em parte, à do art. 326 do CPC revogado.

Pode acontecer de o réu, na contestação, reconhecer o fato em que se funda a ação, mas outro lhe opuser, capaz de impedir, modificar ou extinguir o direito do autor. Neste caso, o autor será ouvido no prazo de quinze dia, sendo-lhe facultado produzir prova e apresentar um rol adicional de testemunhas.

Considerando-se, à risca, a expressão literal do dispositivo legal *sub examen*, podemos dizer que ele não se aplica ao processo do trabalho.

Realmente, aqui, quando o réu alega fato impeditivo, modificativo ou extintivo do direito do autor, o juiz do trabalho se limita a conceder a este último determinado prazo para manifestar-se a respeito, da mesma forma como lhe concederia para pronunciar-se sobre a contestação, ainda que esta não contivesse fato capaz de modificar, de impedir ou de extinguir o direito do autor. O princípio constitucional da bilateralidade impele o juiz a agir dessa maneira. Não se abre, pois, oportunidade para o réu produzir prova específica. A prova poderá ser produzida na fase ordinária de instrução do processo. Os juízes do trabalho, até onde sabemos, não aplicavam o art. 329 do CPC anterior, que cuidava do tema, preferindo examinar a matéria quando da emissão da sentença de mérito. Não há razão para que esse procedimento da magistratura trabalhista seja abandonado na vigência do atual CPC.

Fato *impeditivo* ocorreria, por exemplo, se o réu alegasse que o autor ainda não possui direito a férias anuais remuneradas, porque o seu contrato de trabalho está em vigor há menos de um ano (CLT, art. 130). Um fato *modificativo* haveria se o réu argumentasse que o autor teria direito não à reintegração no emprego, mas à indenização do período correspondente. Teríamos um fato *extintivo* se o réu alegasse, por exemplo, o pagamento dos valores pretendidos pelo autor; a existência de transação etc.

Seção III
Das Alegações do Réu

Art. 351. Se o réu alegar qualquer das matérias enumeradas no art. 337, o juiz determinará a oitiva do autor no prazo de 15 (quinze) dias, permitindo-lhe a produção de prova.

• **Comentário**

Norma semelhante constava do art. 327 do CPC revogado, que fazia remissão ao art. 301, no qual estavam descritas as matérias que incumbiria ao réu alegar, como *preliminar* do mérito. Os juízes do trabalho, raramente, aplicavam a norma, reservando-se para apreciar essas preliminares na oportunidade da proferição da sentença de mérito. É certo que esse procedimento poderia implicar perda de atividade jurisdicional e privada quando o juiz acolhia a preliminar, extinguindo o processo depois de haverem sido rejeitadas as propostas conciliatórias, ter sido realizada a instrução processual, aduzidas razões finais etc. Sempre foi, porém, característica do processo do trabalho não apreciar, de imediato, as preliminares, diferindo essa apreciação para o momento que mencionamos.

Repetindo o que afirmamos em relação ao art. 350, não vemos motivo para modificar esse procedimento no tocante ao art. 351, embora se deva assegurar ao autor a possibilidade de produzir prova contrária às alegações feitas pelo réu em caráter preliminar.

Art. 352. Verificando a existência de irregularidades ou de vícios sanáveis, o juiz determinará sua correção em prazo nunca superior a 30 (trinta) dias.

• **Comentário**

No sistema do processo civil, cumprirá ao juiz, antes de designar audiência para a produção de provas (quando isso for necessário), verificar se há, ou não, irregularidades ou vícios sanáveis. Havendo, determinará que a parte os corrija, em prazo nunca superior a trinta dias, sob pena de extinção do processo, sem resolução do mérito (CPC, art. 485, III).

Trata-se de uma fase de saneamento do processo.

A norma é compatível com o processo do trabalho, observando-se que o prazo *máximo* para a correção das irregularidades ou dos vícios é de trinta dias.

Art. 353. Cumpridas as providências preliminares ou não havendo necessidade delas, o juiz proferirá julgamento conforme o estado do processo, observando o que dispõe o Capítulo X.

• **Comentário**

Cumpridas as providências preliminares ou não havendo irregularidades ou vícios, diz a norma em exame que o juiz procederá ao *julgamento conforme o estado do processo*. Este compreende: a) a extinção do processo (art. 354); b) o julgamento antecipado do mérito (art. 355); e c) o julgamento antecipado parcial do mérito (art. 356).

Nem sempre, contudo, o juiz deverá agir de acordo com o Capítulo X (arts. 354 a 356), como quando as partes pretenderem, ou não, produzir provas, em audiência. O próprio art. 355, aliás, que cuida do *julgamento antecipado do mérito*, dispõe que esse julgamento só será possível quando ocorrer o efeito da revelia "e não houver requerimento de prova" (inciso II) e "não houver necessidade de produção de outras provas" (inciso II).

CAPÍTULO X
DO JULGAMENTO CONFORME O ESTADO DO PROCESSO

Seção I
Da Extinção do Processo

Art. 354. Ocorrendo qualquer das hipóteses previstas nos arts. 485 e 487, incisos II e III, o juiz proferirá sentença.

Parágrafo único. A decisão a que se refere o *caput* pode dizer respeito a apenas parcela do processo, caso em que será impugnável por agravo de instrumento.

• **Comentário**

Caput. O CPC anterior continha norma análoga (art. 329). Verificando-se *quaisquer* das situações descritas no art. 485, o juiz proferirá sentença, sem resolução do mérito. No caso do art. 487, a sentença resolverá o mérito. A referência feita pelo art. 354 aos incisos II e III do art. 487 é imperfeita, pois também na hipótese do inciso I ("acolher ou rejeitar o pedido formulado na ação ou na reconvenção") haverá necessidade de emissão de sentença (CPC, art. 316).

Iremos manifestar-nos, com pormenores, sobre os arts. 485 e 487 quando os comentarmos.

Parágrafo único. O pronunciamento jurisdicional poderá compreender parte das pretensões formuladas pelos litigantes. Essa decisão, no processo civil, será impugnável por meio de agravo de instrumento. No processo do trabalho, por ter caráter interlocutório, somente poderá ser impugnada quando do recurso que se vier a interpor da sentença (CLT, art. 893, § 1º).

Seção II
Do Julgamento Antecipado do Mérito

Art. 355. O juiz julgará antecipadamente o pedido, proferindo sentença com resolução de mérito, quando:

I – não houver necessidade de produção de outras provas;

II – o réu for revel, ocorrer o efeito previsto no art. 344 e não houver requerimento de prova, na forma do art. 349.

• **Comentário**

Caput. A matéria era regida pelo art. 330 do CPC anterior. A norma *sub examen* indica duas situações em que o juiz procederá ao julgamento antecipado do mérito.

Quando o Código fala de julgamento *antecipado* do mérito está a autorizar a solução do conflito sem que o processo tenha exaurido todas as fases que, em geral, o integram, especialmente, a instrutória.

Inciso I. O primeiro desses casos é quando a partes informarem que não pretendem produzir provas (ou outras provas). É importante ressaltar que, sob a perspectiva do processo do trabalho, o julgamento antecipado da lide não poderá prescindir das propostas conciliatórias e das razões finais, sob pena de nulidade processual.

Pode soar a ironia, mas se as partes informarem que não têm outras provas a produzir, além das contidas nos autos, o juiz poderá julgar o mérito em detrimento da parte sobre a qual incidia o *onus probandi*, e desse encargo processual não se tenha desincumbido.

Inciso II. Outra situação que autoriza o julgamento antecipado do mérito é o da revelia. Não basta, entretanto, que o réu seja revel: é indispensável que tenha ocorrido o efeito da revelia: a presunção de veracidade dos fatos alegados na inicial (art. 344), e que o réu não haja requerido a produção de provas, conforme lhe permite o art. 349. O art. 345 do CPC indica os casos em que a revelia não produz o seu efeito. No comentário a esse artigo demonstramos haver outros casos.

Não se verificando o efeito da revelia, o ônus da prova, em princípio, permanece com o autor, razão pela qual o juiz mandará intimá-lo para que especifique as provas que deseja produzir, se ainda não fez essa indicação (art. 348).

O art. 332 do CPC revela, de certa forma, outra situação em que ocorre o de julgamento *antecipado* do mérito (art. 335), embora se refira à "improcedência" *liminar* do pedido. A diferença está em que na "improcedência prevista no art. 322 o julgamento ocorrerá sem que o réu tenha sido citado, ao passo que o art. 355 pressupõe a existência de citação. Além disso, no caso do art. 322 a causa dispensa a *produção* de provas, enquanto o art. 355 diz da desnecessidade de serem produzidas *outras* provas.

Seção III

Do Julgamento Antecipado Parcial do Mérito

Art. 356. O juiz decidirá parcialmente o mérito quando um ou mais dos pedidos formulados ou parcela deles:

I — mostrar-se incontroverso;

II — estiver em condições de imediato julgamento, nos termos do art. 355.

§ 1º A decisão que julgar parcialmente o mérito poderá reconhecer a existência de obrigação líquida ou ilíquida.

§ 2º A parte poderá liquidar ou executar, desde logo, a obrigação reconhecida na decisão que julgar parcialmente o mérito, independentemente de caução, ainda que haja recurso contra essa interposto.

§ 3º Na hipótese do § 2º, se houver trânsito em julgado da decisão, a execução será definitiva.

§ 4º A liquidação e o cumprimento da decisão que julgar parcialmente o mérito poderão ser processados em autos suplementares, a requerimento da parte ou a critério do juiz.

§ 5º A decisão proferida com base neste artigo é impugnável por agravo de instrumento.

• **Comentário**

Caput. O juiz está autorizado a julgar, parcialmente, o mérito quando um ou mais dos pedidos ou parcela deles: a) for incontroverso; b) estiver em condições de imediato julgamento.

Inciso I. Incontroverso é o pedido não contestado e, quando for o caso, também os fatos em que ele se funda.

Inciso II. A causa estará em condições de julgamento, para os efeitos do artigo em exame, quando não houver necessidade de produção de provas (ou de outras provas) ou quando ocorrer o efeito da revelia (art. 355). No primeiro caso, porém, a causa só estará em *condições de ser julgada* após a formulação de propostas visando à solução consensual do conflito e a apresentação de razões finais.

§ 1º A decisão que julgar parte do mérito poderá reconhecer a existência de obrigação líquida ou ilíquida. Essa decisão é sentença (CPC, arts. 203, § 1º, e 487, I).

§ 2º A parte poderá promover a execução provisória da decisão, ou promover-lhe a liquidação, conforme seja o caso, mesmo que tenha havido interposição de recurso da decisão que julgou parcialmente o mérito. O exequente não necessitará prestar caução.

§ 3º Transitando em julgado a decisão, a execução tornar-se-á definitiva.

§ 4º A liquidação e o cumprimento da sentença poderão ser processados em autos suplementares, seja a requerimento da parte, seja por deliberação do juiz. Esses autos suplementares são a carta de sentença.

§ 4º O ato pelo qual o juiz julga de maneira antecipada e parcial o mérito, conforme dissemos, constitui sentença (CPC, art. 487, I). No processo civil será impugnável por meio de agravo de instrumento; no processo do trabalho, todavia, o recurso interponível será o ordinário.

Seção IV
Do Saneamento e da Organização do Processo

Art. 357. Não ocorrendo nenhuma das hipóteses deste Capítulo, deverá o juiz, em decisão de saneamento e de organização do processo:

I — resolver as questões processuais pendentes, se houver;

II — delimitar as questões de fato sobre as quais recairá a atividade probatória, especificando os meios de prova admitidos;

III — definir a distribuição do ônus da prova, observado o art. 373;

IV — delimitar as questões de direito relevantes para a decisão do mérito;

V — designar, se necessário, audiência de instrução e julgamento.

§ 1º Realizado o saneamento, as partes têm o direito de pedir esclarecimentos ou solicitar ajustes, no prazo comum de 5 (cinco) dias, findo o qual a decisão se torna estável.

§ 2º As partes podem apresentar ao juiz, para homologação, delimitação consensual das questões de fato e de direito a que se referem os incisos II e IV, a qual, se homologada, vincula as partes e o juiz.

§ 3º Se a causa apresentar complexidade em matéria de fato ou de direito, deverá o juiz designar audiência para que o saneamento seja feito em cooperação com as partes, oportunidade em que o juiz, se for o caso, convidará as partes a integrar ou esclarecer suas alegações.

§ 4º Caso tenha sido determinada a produção de prova testemunhal, o juiz fixará prazo comum não superior a 15 (quinze) dias para que as partes apresentem rol de testemunhas.

§ 5º Na hipótese do § 3º, as partes devem levar, para a audiência prevista, o respectivo rol de testemunhas.

§ 6º O número de testemunhas arroladas não pode ser superior a 10 (dez), sendo 3 (três), no máximo, para a prova de cada fato.

§ 7º O juiz poderá limitar o número de testemunhas levando em conta a complexidade da causa e dos fatos individualmente considerados.

§ 8º Caso tenha sido determinada a produção de prova pericial, o juiz deve observar o disposto no art. 465 e, se possível, estabelecer, desde logo, calendário para sua realização.

§ 9º As pautas deverão ser preparadas com intervalo mínimo de 1 (uma) hora entre as audiências.

• Comentário

Caput. *Saneamento e organização do processo.* No processo do trabalho não há, em rigor, uma fase específica para o saneamento: o juiz, em momentos diversos do processo, sói adotar medidas saneadoras. Algumas vezes, chega ao extremo de tomar essa providência no momento de proferir a sentença, caso em que, algumas vezes, converte o julgamento em diligência. O escopo da norma reside não apenas no saneamento do processo, mas na sua organização, sem o que o risco de instauração de tumulto processual será provável.

Inciso I. *Questões processuais pendentes.* Havendo questões processuais pendentes, caberá ao juiz solucioná-las na fase de saneamento do processo. Essas questões podem dizer respeito à legitimidade das partes ou de terceiros, à sua representação processual, à existência, ou não, de interesse processual, à espécie de procedimento a ser adotado etc. Este inciso possui um ponto de contato com o art. 352.

Inciso II. *Delimitação das questões de fato.* Essa providência judicial é de extrema importância para a instrução processual e deveria ser adotada pelos juízes do trabalho. Para isso, será indispensável que o magistrado leia, com atenção, os fatos narrados na petição inicial e, com o mesmo cuidado, a contestação, a fim de verificar se aqueles fatos foram contestados, ou não, pelo réu. Sabendo, com precisão, quais são os fatos controvertidos, o juiz se sentirá seguro para dirigir os trabalhos da audiência de instrução. Quando o magistrado não toma o cuidado de inteirar-se acerca dos fatos controvertidos da causa acaba por propiciar um desses dois episódios lamentáveis e que implicam perda de tempo: a) permitir que sejam feitas perguntas às partes e às testemunhas acerca de fatos absolutamente incontroversos; b) indeferir a formulação de perguntas a respeito de fatos controvertidos, supondo que são incontroversos, rendendo ensejo, com isso, à costumeira alegação de nulidade processual por "cerceamento" de defesa.

Especificação dos meios de prova. Na prática, raramente os juízes do trabalho determinam que as partes especifiquem os meios de prova de que pretendem se utilizar para demonstrar a verdade dos fatos por elas alegados. Tanto a inicial quanto a contestação se limitam a requerer "a produção de todas as provas em direito admitidas", vindo a fazer uso do meio adequado no momento oportuno. Isto não significa que o juiz do trabalho jamais possa ou jamais deva agir de acordo com o art. 357 do CPC. Em determinadas situações, é aconselhável que ele, com vistas à designação de audiência destinada à instrução oral do processo, procure saber das partes de que meio de prova se utilizarão — indeferindo-o, se for inadequado. Se, por exemplo, o réu disser que pretende produzir prova testemunhal para comprovar o pagamento dos salários, o juiz, em princípio, deverá indeferir a produção dessa prova, porquanto a comprovação do pagamento de salários deve ser feita mediante recibo, ou por qualquer outro por meio documental (CLT, art. 464). O mesmo devemos afirmar se a parte desejar produzir prova testemunhal para comprovar a existência, ou não, de insalubridade, sabendo-se que o meio de prova legalmente previsto (logo, adequado) é o pericial (CLT, art. 195, § 2º).

Inciso III. *Distribuição do ônus da prova*. No processo do trabalho, "A prova das alegações incumbe à parte que as fizer"(CLT, art. 818). Não é momento para dizermos de nossa interpretação dessa norma legal. A isso nos dedicaremos quando comentarmos o art. 373 do CPC, que distribui o ônus da prova entre os litigantes. Na prática, os juízes do trabalho não costumam distribuir o encargo da prova na fase de saneamento do processo. Geralmente, isso é feito em momento posterior. O importante é que essa distribuição seja realizada com razoável antecedência à audiência de instrução e julgamento, a fim de não colher de surpresa as partes, que acabarão tendo prazo exíguo para preparar as condições destinadas ao atendimento a esse ônus processual.

Inciso IV. Na mesma oportunidade a que nos referimos no estudo do parágrafo anterior, será recomendável que o juiz do trabalho delimite as questões de direito que reputar relevantes para o exame do mérito. Essa providência visa a evitar, por exemplo, que a instrução tenha como objeto fatos irrelevantes, despiciendos, para a solução do conflito de interesses.

Inciso V. *Designação de audiência*. Se que houver necessidade de produzir prova oral, o juiz designará audiência. Para os juízes do trabalho que adotam audiência una, ou quando se tratar de procedimento sumariíssimo, a prova será produzida na própria audiência em que o réu apresentou a sua defesa.

§ 1º A norma faculta às partes (e aos terceiros, quando houver), no prazo de cinco dias, solicitar ao juiz esclarecimentos ou ajustes acerca do saneamento realizado. Decorrido esse prazo, sem quaisquer dessas solicitações, a decisão saneadora torna-se estável.

§ 2º Faculta-se também às partes a apresentação ao juiz de delimitação consensual das questões de fato e de direito referidas nos incisos II ("delimitar as questões de fato sobre as quais recairá a atividade probatória, especificando os meios de prova admitidos") e IV ("delimitar as questões de direito relevantes para a decisão do mérito"). A homologação dessa delimitação consensual, sendo homologada, vincula as partes e o juiz. Somente em situações excepcionais, a nosso ver, o processo do trabalho deverá aplicar a disposição deste parágrafo. A ampla liberdade que o art. 765 da CLT concede ao juiz do trabalho, na direção do processo, o autoriza a não homologar a sobredita delimitação, preferindo examinar o conflito de interesses em todos os seus aspectos, tanto factuais quanto jurídicos.

§ 3º Pensamos que este parágrafo seja inconciliável com o processo do trabalho. Dificilmente, as congestionadas pautas dos órgãos de primeiro grau da Justiça do Trabalho encontrarão espaço para a realização de audiência específica, a fim de o saneamento processual ser efetuado em cooperação com as partes. Como asseveramos há pouco, nem mesmo há, no processo do trabalho, uma fase destinada a esse saneamento, que ocorre em momentos avulsos.

§ 4º Para quem, como nós, sempre sustentou a opinião de que o processo do trabalho, *na fase de conhecimento*, não exige o rol prévio das testemunhas que deporão em juízo, o § 4º e exame revela-se incombinável com o mencionado processo. Não há que se cogitar, portanto, no processo do trabalho, *como regra geral*, da apresentação dos róis das testemunhas. Na fase de conhecimento, rol será necessário nos casos, verdadeiramente, excepcionais, como quando houver necessidade de intimação das testemunhas ou estas deverem ser inquiridas por meio de carta precatória. Fora de situações como as exemplificadas, a exigência do juiz do trabalho não esconde o seu traço de arbitrariedade. Já no processo de execução existe previsão quanto ao rol (CLT, art. 884, § 2º).

§ 5º A norma determina que as partes, ao comparecerem à audiência de cooperação para o saneamento do processo devam devem apresentar o rol das testemunhas. Reiteramos a opinião expressa na análise dos §§ 3º e 4º do art. 354: no processo do trabalho não há uma fase específica para o saneamento, nem exigência para a apresentação dos róis das testemunhas. Mesmo que, em caráter excepcional, o rol seja necessário ele não será oferecido em audiência de saneamento.

§ 6º O número de testemunhas, no processo do trabalho, é regulado pelos arts. 821 e 852-H, § 2º, conforme se trate do procedimento ordinário ou sumaríssimo. Não incide, pois, a regra do § 6º do art. 357 do CPC (CLT, art. 769).

§ 7º Esta norma pode ser aplicada ao processo do trabalho em determinadas situações e desde que o juiz adote critério isonômico, ou seja, reduza a quantidade de testemunhas em números iguais para ambas as partes. O que não se lhe consente, em princípio, é aumentar o número máximo de testemunhas, fixado em lei. Supondo-se que esse excesso do limite legal tenha sido em benefício de ambas as partes, mesmo assim haveria nulidade processual? Entendemos que não. A norma fixadora do limite máximo do número de testemunhas não é de ordem pública.

§ 8º Sendo deferida a produção de prova pericial, o juiz deverá atender ao procedimento traçado pelo art. 465 e fixar, desde logo, o calendário para a sua realização, que compreenderá o prazo para o início e a conclusão dos trabalhos.

§ 9º Ao determinar que as pautas sejam preparadas com intervalo mínimo de uma hora entre uma audiência e outra, o legislador levou em conta, obviamente, a realidade do processo civil — ou da Justiça Comum. Como as Varas do Trabalho designam várias audiências por dia, para tentar dar vazão à pletora de ações, é elementar que não há condições práticas para aplicação da regra inscrita no preceito legal em exame. O que não se concebe é que o juiz do trabalho designe intervalo ínfimo (dois ou três minutos) entre uma audiência e outra. Em resumo: não se aplica ao processo do trabalho o § 9º do art. 357, do CPC.

CAPÍTULO XI

DA AUDIÊNCIA DE INSTRUÇÃO E JULGAMENTO

Art. 358. No dia e na hora designados, o juiz declarará aberta a audiência de instrução e julgamento e mandará apregoar as partes e os respectivos advogados, bem como outras pessoas que dela devam participar.

• **Comentário**

Regra semelhante constava do art. 450 do CPC revogado.

Audiência. Conceito.

Segundo Cândido Rangel Dinamarco (*Instituições de direito processual civil*. 4. ed. São Paulo: Malheiros, 2004. v. III, p. 635), "Audiência de instrução e julgamento é a sessão pública dos juízos de primeiro grau de jurisdição, da qual participam o juiz, auxiliares da Justiça, testemunhas, advogados e partes, com o objetivo de obter a conciliação destas, realizar a prova oral, debater a causa e proferir sentença".

Do ponto de vista estritamente *legal*, a esse conceito muito se aproxima do que é próprio da audiência trabalhista. Assim dizemos, porque sob o rigor da expressão literal dos arts. 843, 845 e 849, da CLT, a audiência, no processo do trabalho, é una e contínua, motivo por que, nela, devem ser praticados todos os atos integrantes do procedimento, posteriores à citação do réu, quais sejam: formulação da primeira proposta conciliatória; recepção da resposta do réu (exceção, contestação, pedidos contrapostos, reconhecimento do direito alegado pelo autor); interrogatório dos litigantes; inquirição das testemunhas; esclarecimentos do perito ou de terceiros; razões finais; segunda proposta de conciliação e, por fim, o julgamento.

Todavia, se levarmos em conta o *processo da praxe* — que se caracteriza, entre outros traços, pelo fracionamento da audiência em: a) inicial; b) de instrução; e c) de julgamento — veremos que o conceito formulado por Dinamarco está mais próximo destas duas últimas.

Em termos gerais, podemos enunciar o seguinte conceito de audiência trabalhista: é o ato público, em princípio indispensável, no qual o réu pode apresentar a sua resposta à petição inicial, e o juiz procede à instrução, formula propostas destinadas à solução consensual do litígio, concede prazo para razões finais e profere sentença.

Decompondo os elementos integrantes do conceito que formulamos, temos:

a) *ato público*, não apenas porque assim determina o art. 813, *caput*, da CLT, mas porque, sendo a sentença um ato processual, está rigidamente submetido ao requisito constitucional da publicidade (CF, art. 93, inciso IX). Em situações extraordinárias, previstas em lei, a audiência poderá realizar-se em segredo de justiça (CPC, art. 189), caso em que a publicidade será restrita, uma vez que desse ato processual participarão, somente, o magistrado, o serventuário (escrevente ou digitador), as partes, seus advogados, testemunhas e o perito. Importa dizer: o público não terá acesso à sala de audiência;

b) *em princípio indispensável,* porque será nela que o réu apresentará a sua resposta à petição inicial, sob a forma de exceção, de contestação, de pedidos contrapostos ou de reconhecimento do direito alegado pelo autor. Fizemos a ressalva de que, *em princípio,* a audiência é indispensável porque haverá uns poucos casos em que, ao contrário, ela poderá ser dispensada, como quando o juiz entender que a resposta do réu pode ser oferecida no serviço de protocolo e não houver necessidade de instrução oral. A esta situação se ajustam, por exemplo, algumas ações cautelares e a ação civil pública, em que pese ao fato de, quanto a esta última, alguns juízes entenderem que também a resposta deva ser apresentada em audiência;

c) *no qual o réu pode apresentar a sua resposta à petição inicia*l, porquanto, conforme afirmamos na letra anterior, é na audiência, em princípio, que o réu poderá manifestar — oralmente ou por escrito — a resposta processual que pretender. No processo do trabalho, a ordem da formulação das respostas é esta: 1) exceção (de suspeição, de impedimento ou de incompetência relativa); 2) reconhecimento do direito em que se fundam os pedidos do autor; 3) contestação; 4) reconvenção. Devemos observar, no entanto, que a presença do réu à audiência não é obrigatória. Para efeito de regularidade no estabelecimento da relação jurídica processual o importante é que ele tenha sido citado para comparecer à audiência. Ausente o réu — e, também, a sua resposta aos termos da inicial --, ele será revel e o processo prosseguirá, seja para a produção de provas (quando não ocorrer o efeito da revelia), seja para o proferimento da sentença (quando aquele efeito ocorrer);

d) *o juiz procede à instrução,* designadamente a oral (interrogatório dos litigantes, inquirição das testemunhas e do perito). Poder-se-ia entender injustificável o fato de havermos, aqui, restringido a instrução à oral. Ocorre que, tanto na teoria quanto na prática, sempre entendemos que os momentos de produção da prova documental são os da petição inicial e da resposta do réu. Vale dizer, a inicial já deve vir acompanhada dos documentos em que se funda (CLT, art. 787), o mesmo se dizendo em relação à resposta do réu (CPC, art. 434). Somente em situações excepcionais será admissível a juntada de outros documentos fora desses momentos específicos, previstos em lei (CPC, art. 435);

e) *formula propostas destinadas à solução consensual do litígio,* uma vez que a finalidade essencial da Justiça do Trabalho reside na solução negociada da causa (CLT, art. 764). Com vistas a isso, o sistema legal impõe ao juiz formular aos litigantes por, quando menos, duas vezes propostas destinadas a este fim. A primeira ocorrerá logo no início da audiência, antes da resposta do réu (CLT, art. 846, *caput);* a segunda, após as razões finais (CLT, art. 850, *caput).*

O art. 139 CPC inclui no elenco das incumbências (atribuições) do magistrado, entre outras, a de "V — promover, a qualquer tempo, a autocomposição (...)";

f) *concede prazo para razões finais,* porque, após o encerramento da instrução, o juiz deverá abrir o prazo de dez minutos, a cada parte, para a apresentação de razões finais (CLT, art. 850, *caput).* Note-se que o efetivo oferecimento dessas razões não é obrigatório; o que a lei exige é que o juiz conceda *oportunidade* para que os litigantes as formulem, se assim desejarem. Na prática, as razões finais têm sido remissivas, vale dizer, as partes se limitam se reportar-se ao que foi alegado e provado nos autos. Especialmente no caso de audiência una e contínua, entretanto, as razões finais constituem o momento oportuno para serem arguidas nulidades processuais, sob pena de preclusão;

g) *e profere sentença.* A sentença é o mais importante dos diversos atos integrantes do universo processual. Nenhum outro ato se pratica no processo que não vise a preparar, direta ou indiretamente, a emissão da sentença. Ela materializa a entrega da prestação jurisdicional buscada pelas partes. É por meio da sentença que o juiz acolhe ou rejeita os pedidos formulados pelo autor e pelo réu (CPC, art. 490, *caput).* Há casos em que a sentença põe fim ao processo sem resolução do mérito; as situações em que isso pode ocorrer estão previstas, basicamente, nos incisos I a XI, do art. 485, do CPC.

No processo do trabalho, raramente a sentença é emitida na mesma audiência em que se realizou a instrução. Os juízes costumam designar audiência específica para o julgamento. Essa atitude, embora implique alargamento do tempo de duração do processo, é justificável, pois o magistrado, muitas vezes, necessita examinar, detalhadamente, as alegações do autor e as do réu, os documentos por eles juntados, os depoimentos de ambos e das testemunhas, os laudos periciais etc., providências que ele dificilmente poderia adotar na própria audiência em que ocorreu a instrução oral do processo. No processo de conhecimento, não raro, é preferível que o magistrado emita uma boa sentença, ainda que tardiamente, a uma sentença emitida desde logo, mas de má qualidade jurídica, que só fará embaraçar o processo de execução.

Fala-se, comumente, no plano do processo do trabalho, em *audiência de instrução,* para designar a que é destinada ao interrogatório dos litigantes e à inquirição das testemunhas. Há nesta expressão, contudo, um evidente equívoco. Dá-se que a instrução processual não ocorre, apenas, na audiência, senão que antes dela, bastando, para isso, que a petição inicial se faça acompanhar por documentos (CLT, art. 787). *Instrução,* em tema processual, é o conjunto dos atos e diligências que se realizam em juízo com o objetivo de comprovar a veracidade dos fatos alegados pelas partes. Sob este aspecto, percebe-se que a prova *documental,* assim como a *pericial,* integram o conceito de instrução processual. Deste modo, a instrução que se realiza em audiência é, preponderantemente, a oral. Dissemos *preponderantemente,* porque, em alguns casos, permitem-se às partes juntar documentos nessa audiência. Seja como for, o fato é que a correntia expressão *audiência de instrução* não pode significar que a *instrução* só se realiza em audiência.

Não deixa de ser curioso observar, a propósito, que, posto à frente o referido *processo da praxe*, teríamos três conceitos de *audiência* no híbrido sistema do processo do trabalho, a saber:

a) *audiência inicial*: ato destinado à primeira tentativa de solução negociada do conflito de interesses (CLT, art. 846) e ao recebimento da resposta do réu (CLT, art. 847);

b) *audiência de instrução*: destinada à produção da prova oral (depoimento das partes, inquirição das testemunhas: CLT, art. 820), à obtenção de esclarecimentos do perito (CPC, art. 361, I) e de terceiros, à formulação de razões finais (CLT, art. 850, *caput*, primeira parte) e à segunda tentativa de solução negociada do litígio (idem, *ibidem*, parte final);

c) audiência de julgamento: destinada à manifestação final do juízo acerca da causa (sentença), podendo dizer respeito ao mérito (lide), ou não.

Como se percebe, no processo do trabalho instituído pela praxe o conceito de audiência está intimamente ligado à espécie de atos que nela são praticados. O conceito que apresentamos no início deste item possui, todavia, caráter genérico, não levando em conta a fragmentação da audiência, adotada pela *praxis*.

Audiência e oralidade

Muito se fala no princípio da oralidade. Este, contudo, não se resume às manifestações orais das partes, testemunhas ou terceiros, como se possa imaginar. Seu conteúdo é mais amplo e complexo, por ser constituído: a) pelo predomínio da palavra oral; b) pela imediatidade do juiz; c) pela identidade física do magistrado; d) pela concentração dos atos do procedimento; e) pela irrecorribilidade (autônoma) das decisões interlocutórias.

a) *Oralidade*. É, precisamente, por ocasião da audiência que se manifesta com mais nitidez o predomínio da palavra oral. Com efeito, será *oralmente* que o réu apresentará a sua defesa (conquanto, na prática, esta venha sendo feita, na maioria das vezes, por escrito), que o juiz formulará as propostas conciliatórias, interrogará os litigantes, as testemunhas e o perito; que uns e outros responderão a essas perguntas e às que lhes forem formuladas por outros sujeitos do processo; que as partes aduzirão razões finais e efetuarão outros requerimentos ou manifestações.

Cabe-nos lembrar que não possuímos, nos dias atuais, em nosso sistema processual — mesmo o trabalhista —, uma oralidade *pura*, mas, somente, como dissemos, a prevalência da forma oral. Assim afirmamos, porque, em determinados momentos do processo, o que predomina é a forma oral, não a escrita, como se dá na audiência. Segue-se, que no processo do trabalho (assim como no civil) os atos escritos convivem com os orais, ora predominando estes, ora aqueles. Diante disso, não será despropositado cogitarmos, entre nós, de uma oralidade *mista;* ou *parcial*.

No âmbito dos tribunais, a oralidade aflora no momento da sustentação da tribuna e nas intervenções dos advogados, tendentes a esclarecer equívoco ou dúvida surgida em relação aos fatos, documentos ou afirmações capazes de influenciar no julgamento, e a replicar acusação ou censura que lhes tenham sido dirigidas na ocasião (Lei n. 8.906/94, art. 7º, inciso X). Os próprios juízes, exclusive o relator, manifestam o seu voto por essa forma, que também é adotada pelo Ministério Público, em suas intervenções na sessão.

Em princípio, pode-se afirmar que oralidade contribui para a celeridade do procedimento, ao passo que a forma escritural tende a retardá-lo, a torná-lo mais formal e, o que é pior, a incentivar o formalismo, que constitui uma deturpação da função social do processo. Há situações, porém, em que, ao contrário, a oralidade conspira contra a celeridade, ao passo que a escrituralidade reduz o tempo do processo, como se dá, por exemplo, com a resposta do réu: apresentada por escrito, consome muito menos tempo do que se for manifestada sob a forma oral, em vinte minutos (CLT, art. 847).

b) *Imediatidade*. De outro lado, é também na audiência que o juiz tem contato direto, pessoal, com os litigantes e com todos os que devam estar presentes a esse ato, ou seja, é nessa ocasião que vem à tona o princípio da imediatidade, ou da imediação, de inegável utilidade prática, por permitir que o magistrado estabeleça uma comunicação (oral) imediata com todos, podendo, inclusive, perceber as reações psicológicas ou emocionais das pessoas a que está a ouvir, e, com isso, avaliar a sinceridade, ou não, das declarações que realizarem ou das respostas que apresentarem. É nessa oportunidade, ainda, que o juiz, quando for o caso, indeferirá as perguntas formuladas pelas partes quando lhe parecerem inoportunas, impertinentes, irrelevantes, capciosas, vexatórias e o mais, assegurando, contudo, ao interessado o direito de vê-las reproduzidas na ata, desde que assim requeiram (CPC, art. 459, § 3º). Mais do que isso, a imediatidade enuncia esse momento particular em que o magistrado procede, diretamente, à coleta da prova oral, com o que exerce um controle eficiente a respeito desses meios probantes. É nesse instante, enfim, que ele, mais do que um mero condutor de audiências, do que um simples interrogador, age como analista sutil e arguto do psiquismo humano — habilidade que as experiências da vida cuidam de acumular-lhe no espírito, aprimorando-lhe a técnica e a eficiência.

Como disse Chiovenda, "quer o princípio da imediação que o juiz, a quem caiba proferir a sentença, haja assistido ao desenvolvimento das provas, das quais tenha de extrair o seu convencimento, ou seja, que haja estabelecido contato direto com as partes, com as testemunhas, com os peritos e com os objetos do processo, de modo que possa apreciar as declarações de tais pessoas e as condições de lugar, e outras, baseado na impressão imediata, que delas teve, e não em informações de outros" (*Instituições de direito processual civil*. São Paulo: Saraiva, 1945, v. III, n. 309).

Conforme se nota, na esfera do processo civil o princípio da imediatidade, ou da imediação, está intimamente ligado ao da identidade física do juiz — que examinaremos no próximo item. No processo do trabalho, contudo, em que ainda hoje não se admite este último princípio, o da identidade não se vincula, necessariamente, ao fato de o juiz que procedeu à instrução oral ser o mesmo que emitirá a sentença (pois nem sempre isto acontece), mas ao fato de a imediatidade ser útil ou necessária para efeito da própria instrução processual.

É, também, por meio da imediatidade que o magistrado procede à acareação da parte com a testemunha ou de uma testemunha com outra (CPC, art. 461, II), e indefere diligências inúteis ou meramente protelatórias requeridas pelos litigantes, além, evidentemente, de tentar conduzi-los a uma solução consensual do litígio (CLT, arts. 846, 850, *caput*, 852-E), escopo fundamental da Justiça do Trabalho (CLT, art. 764).

O princípio da *imediatidade*, sob certo aspecto, se entrelaça com o da *oralidade*, pois traduz a necessidade de o juiz estar em contato direto com as partes e terceiros, designadamente na audiência, aos quais se dirigirá de maneira oral.

Curiosamente, porém, a forma oral, consagrada, dentre outras razões, por prestar bons serviços à celeridade do procedimento, acabou, em certas situações, máxime no processo do trabalho, conspirando contra esse escopo, de tal modo que hoje é a forma *escritural* que vem sendo utilizada como instrumento de celeridade. Corolário expressivo disso, como já salientamos, é a defesa do réu, que, por lei (CLT, art. 847), deveria ser formulada sob a forma oral, em vinte minutos, mas que, pela necessidade de reduzir-se o tempo a ser despendido com a prática desse ato, tem sido feita, na grande maioria dos casos, por escrito, numa praxe que, por ter apresentado resultados extremamente satisfatórios, deveria ser incorporada, de *lege ferenda*, ao sistema oficial, legislado.

Cremos, aliás, que não nos faltam razões ao supormos que a formulação *oral* da defesa do réu, nos dias atuais, sói acarretar uma certa irritação ao magistrado, porquanto essa forma de resposta acarreta considerável consumo de tempo, provocando, com isso, um transtorno na pauta — em regra elaborada com espaços de tempo, entre uma audiência e outra, muito menores do que a parte legalmente dispõe para efetuar a defesa oral (CLT, art. 847).

Entrementes, considerando que o art. 847, da CLT, ainda está em vigor, fica evidente a impossibilidade de o juiz *proibir* a parte de formular, de maneira oral, a sua defesa. A consagração, pela praxe trabalhista, da defesa escrita conveio não somente ao magistrado (pela economia de tempo que apresenta para ser recepcionada) como ao próprio réu, que não se vê constrangido a elaborar a defesa em plena audiência, muitas vezes sob os tamborilar impaciente dos dedos do magistrado, e sob os olhares perturbadores e fulminantes do adversário, e, além disso, desprovido dos meios tecnológicos e de consulta que poderia dispor, caso a defesa fosse realizada por escrito em seu escritório.

Em síntese, o que se percebe, nos dias atuais, em relação à defesa do réu, é: a) a larga e crescente utilização da forma escrita; b) o emprego da forma oral apenas em situações extraordinárias. A formulação, por escrito, da defesa, conquanto esteja em desacordo com o art. 847, da CLT, não gera nulidade por não acarretar prejuízo à parte contrária (CLT, art. 794); prejuízo, aliás, que deve ser *manifesto* (*ibidem*).

A propósito, desde longa data temos sugerido a reformulação da mencionada norma legal, a fim de ser adotada a forma *escrita* da defesa, que seria apresentada, em prazo preestabelecido, ao serviço de protocolo. Economizar-se-ia, com isso, um tempo considerável. Afinal, se o processo do trabalho foi buscar ao processo civil inúmeras disposições (entre as quais, algumas nocivas), para adotá-las em caráter supletivo, não seria demais que importasse, daquele processo comum, a forma escrita da defesa (CPC, art. 335), por ser altamente recomendável, desde que a adaptasse às suas particularidades.

c) Identidade física do juiz. Este princípio traduz a vinculação do magistrado ao processo, máxime, com a instrução que haja realizado.

Na vigência do CPC de 1939, essa identidade era surpreendentemente rígida, como revelava o art. 120 daquele Código: "O juiz transferido, promovido ou aposentado concluirá o julgamento dos processos cuja instrução houver iniciado em audiência, salvo se o fundamento da aposentação houver sido a absoluta incapacidade física ou moral para o exercício do cargo. O juiz substituto, que houver funcionado na instrução do processo em audiência, será o competente para julgá-lo, ainda quando o efetivo tenha reassumido o exercício. Parágrafo único. Se, iniciada a instrução, o juiz falecer ou ficar, por moléstia, impossibilitado de julgar a causa, o substituto mandará repetir as provas produzidas oralmente, quando necessário".

Lia-se, a propósito, na Exposição de Motivos daquele Código do passado: "O princípio que deve reger a situação do juiz em relação à prova e o da concentração dos atos do processo postulam, necessariamente, o princípio da identidade física do juiz. O juiz que dirige a instrução do processo há de ser o juiz que decide o litígio. Nem de outra maneira poderia ser, pois o processo visando à investigação da verdade, somente o juiz que tomou as provas está realmente habilitado a apreciá-las do ponto de vista do seu valor ou da sua eficácia em relação aos pontos debatidos".

A rigidez dessa identidade física do juiz com a causa, a cuja instrução oral houvesse dado início ou concluído, baseava-se na equivocada pressuposição de que, por haver coligido tais provas, somente o mesmo juiz estaria apto para apreciá-las e proferir a sentença. O fato é que essa regra provocava enormes transtornos de ordem prática, pois os magistrados que haviam realizado a instrução deveriam efetuar o julgamento, ainda que *transferidos*, *promovidos* ou *aposentados* — sem falar-se no juiz substituto, que, mesmo com o retorno do titular, deveria proferir as sentenças pertinentes às causas a cuja instrução houvesse presidido. Tudo isso gerava um enorme retardamento na solução dos conflitos, para desespero dos litigantes, e do autor em particular, porquanto fora ele quem, por definição, provocara o exercício da função jurisdicional do Estado, visando a promover a defesa de interesses ou direitos vinculados a bens ou a utilidades da vida, e, por isso, esperava uma rápida solução da lide.

Com o objetivo de abrandar o rigor desse sistema, o art. 132 do CPC de 1973 estabeleceu: "O juiz, titular ou substituto, que concluir a audiência julgará a lide, salvo se estiver convocado, licenciado, afastado por qualquer motivo, promovido ou aposentado, casos em que passará os autos ao seu sucessor". Dispunha, ainda, o parágrafo único dessa norma: "o juiz que proferir a sentença" poderia mandar repetir as provas, se entendesse necessário. Um pequeno retoque nessa expressão legal: não se tratava aí de juiz que *proferir* a sentença, e sim de juiz que *iria* proferi-la.

É elucidativo, a respeito do tema, este trecho da Exposição de Motivos daquele CPC: "Ocorre, porém, que o projeto, por amor aos princípios, não deve sacrificar as condições próprias da realidade nacional. O CPC se destina a servir ao Brasil. Atendendo a estas ponderações, julgamos de bom aviso limitar o sistema de processo oral, não só no que toca ao princípio da identidade da pessoa física do juiz, como também quanto à irrecorribilidade das decisões interlocutórias. O Brasil não poderia consagrar uma aplicação rígida e inflexível do princípio da identidade, sobretudo porque, quando o juiz é promovido para comarca distante, tem grande dificuldade para retornar ao juízo de origem e concluir as audiências iniciadas. O projeto preservou o princípio da identidade física do juiz, salvo nos casos de remoção, promoção ou aposentadoria. A exceção aberta à regra geral confirma-lhe a eficácia e o valor científico".

Segundo as Súmulas ns. 222, do STF, e 136, do TST, o princípio da identidade física do juiz é inaplicável na Justiça do Trabalho. Dois fatos, basicamente, deram origem a esse entendimento: a) a, outrora, composição colegiada dos órgãos de primeiro grau — então denominados de Juntas de Conciliação e Julgamento; b) a necessidade de assegurar-se a celeridade na tramitação processual.

Todavia, as Juntas de Conciliação e Julgamento foram extintas pela Emenda Constitucional n. 24/1999, sendo substituídas pelas Varas do Trabalho, órgãos monocráticos (CF, art. 112). Desapareceu, com isso, um dos argumentos que justificavam a inaplicabilidade, na Justiça do Trabalho, do princípio da identidade física do magistrado. Sucede que, ao tempo das Juntas, quem deveria — por força da legislação vigente — realizar o julgamento das causas eram os juízes classistas, cabendo ao juiz togado redigir a correspondente sentença. Sob este aspecto, era razoável o argumento quanto a ser inaplicável ao processo do trabalho o princípio civilista da identidade física do juiz, pois (ainda que em tese) não era este quem realizava o julgamento.

Restou, contudo, o argumento que afasta a incidência desse princípio como providência destinada a assegurar a celeridade processual. Esse argumento deve prevalecer? Entendemos que não. Como demonstramos há pouco, no passado, o princípio da identidade física do juiz era extremamente rígido (CPC de 1939, art. 120); no CPC de 1973 esse princípio foi abrandado por diversas exceções (estar, o magistrado, convocado, licenciado, afastado por qualquer motivo, promovido, aposentado), de tal modo que a sua aplicação não acarretava grave retardamento à tramitação dos processos na Justiça do Trabalho. A não aplicação desse princípio era particularmente inconveniente em algumas situações, como: a) quando o juiz incumbido de proferir a sentença não era o que participou da instrução processual (mormente, da oral); b) quando o juiz que julgava os embargos de declaração não era o que redigiu a sentença embargada. Em ambos os casos, não raro, ocorria um profundo descompasso entre o que o atual juiz decidiu e o que o primitivo (que estava lotado na mesma Vara, embora dela momentaneamente afastado) decidira. Pior ocorria quando, no primeiro caso, o juiz mandava repetir as provas, cuja medida provocava um considerável retardamento na entrega da prestação jurisdicional.

O art. 132 do CPC de 1973 foi tacitamente recepcionado pelo CPC de 2015.

Pensamos, em razão disso, ser necessário reformular-se o conteúdo das Súmulas n.s 222, do STF, e 136, do TST, para admitir-se a incidência do princípio da identidade física do juiz no processo do trabalho. Já não existem as razões jurídicas e fatuais que justificaram a adoção das mencionadas Súmulas.

d) *Concentração*. A concentração dos atos do procedimento judicial é medida que se destina, essencialmente, a atender à necessidade de rápida solução do conflito de interesses — anseio que jamais seria atingido se muitos dos atos processuais não pudessem, por exemplo, ser aglutinados numa só audiência (resposta do réu, proposta de conciliação, instrução oral, alegações finais etc.). Sob certo aspecto, essa concentração permite que se mantenha a carga de dramaticidade dos fatos da causa, dramaticidade que seria fortemente diluída sem a possibilidade de os atos processuais serem praticados na mesma ocasião, ou, quando menos, o mais próximo possível, uns dos outros.

No plano ideal, é desejável que a própria sentença seja proferida o mais próximo possível dos fatos da causa, a fim de poder-se, de um lado, interpretá-los com a carga de dramaticidade que geralmente possuem (apanhando-os, portanto, em sua efervescência), e, de outro, realizar-se com brevidade a solução do conflito de interesses.

A realidade cotidiana tem demonstrado que quando a sentença é emitida muito tempo depois de o autor haver ingressado em juízo, ou de haver sido efetuada a coleta da prova, o juiz tem diante de si uma realidade algo rarefeita, difusa, glacial, na qual quase não há pulsação ou vida, motivo por que ele tende a efetuar um julgamento insensível. Os próprios Tribunais, ao realizarem o julgamento de recursos, se ressentem dessa ausência de intimidade com a prova oral, pois são levados a apreciá-la e a valorá-la a partir de registros constantes das atas das audiências. Assim, ao contrário dos juízos de primeiro grau, que têm contato direto com os protagonistas do conflito de interesses, e, em decorrência, com os meios de prova, o tribunal se limita a apreciar meros relatos documentais dos fatos. Mesmo no caso de ação rescisória, a instrução oral, quando necessária, é realizada por juiz de primeiro grau, em virtude de carta de ordem (CPC, art. 972) expedida pelo relator. Estas considerações motivam-nos a ponderar que os tribunais, sempre que possível, deveriam prestigiar os pronunciamentos dos órgãos de primeiro grau de jurisdição com relação aos *fatos* da causa, por terem sido eles os coletores da prova.

Não podemos deixar de reconhecer que o princípio da concentração dos atos do procedimento atende, também, à política de economia processual, que pode ser resumida no máximo de atuação do Direito com um mínimo de atividade jurisdicional.

Todos esses argumentos parecem justificar a existência de audiência uma e contínua, no sistema do processo do trabalho; todavia, estamos diante de uma aporia, de um conflito entre a lei e a realidade. Não se nega que, em tese, a concentração dos atos processuais em uma só audiência atende ao princípio da celeridade — anseio de muitos, elevado ao predicamento de preceito constitucional (CF, art. 5º, LXXVIII). Entretanto, essa concentração pode acarretar danos aos direitos das partes, inclusive, os previstos na própria Constituição da República. Admitamos, por exemplo, que o réu apresente sua defesa, elaborada em dezenas e dezenas de laudas e instruída por centenas de documentos, e o juiz abra oportunidade para que o autor se manifeste a respeito disso tudo na própria audiência. É evidente que, nesse caso, o autor estará sendo lesado em seu direito constitucional ao contraditório e à ampla defesa (art. 5º, LV), pois estas garantias não ficam atendidas pelo simples fato de o juiz haver concedido oportunidade para ele pronunciar-se acerca da defesa e dos documentos: é indispensável que a parte disponha de tempo necessário não apenas para tomar conhecimento do conteúdo da defesa e dos documentos, como para apresentar as objeções e impugnações que a situação esteja a merecer — além de, quando for o caso, juntar documentos destinados a serem contrapostos aos apresentados pelo adversário ou de suscitar o incidente de falsidade.

Deste modo, a) ou o juiz concede à parte todo o tempo de que esta necessita para manifestar-se sobre a defesa e os documentos que a instruem — e, nesse caso, talvez fosse necessária meia hora, uma hora ou mais (acarretando, com isso, um enorme atraso no início das audiências subsequentes); b) ou o juiz destinaria uns poucos minutos para a parte realizar o seu pronunciamento — e, neste caso, estaria a restringir-lhe os direitos constitucionais ao contraditório (pleno) e à ampla defesa, com virtual nulidade do processo.

Em um Estado Democrático de Direito, eventual conflito (antinomia) entre princípios constitucionais, deve ser sempre resolvido em favor daquele que se liga, de modo direto, aos fundamentos do próprio regime político. Destarte, entre a celeridade, de um lado, e o direito ao contraditório e à ampla defesa, de outro, o sacrifício deverá ser sempre do primeiro, em benefício destes últimos e em homenagem à Democracia.

Em termos concretos, portanto, estamos a dizer que a concentração dos atos processuais em audiência única e contínua somente será possível quando não implicar violação às garantias constitucionais do contraditório, da ampla defesa — significa dizer, do devido processo legal — das partes; ou de uma delas.

e) *Irrecorribilidade das decisões interlocutórias*. Decisão interlocutória *(inter-* + *locutório*, de *loqu* = *falar, exprimir-se)*, segundo o art. 203, § 2º, do atual CPC, é todo pronunciamento jurisdicional que não se amolde ao conceito de sentença, estabelecido pelo § 1º da mesma norma. O CPC anterior, mais incisivo e didático, conceituava a decisão interlocutória como o ato pelo qual o juiz, no curso do processo, resolvia questão incidente (CPC, art. 162, § 2º). Embora, como dissemos, o atual CPC haja modificado o conceito de decisão interlocutória, a ideia de *incidentalidade* permanecerá, por estar ligada à própria etimologia do vocábulo *interlocução*.

O princípio da irrecorribilidade das decisões dessa natureza figura como uma das características do processo do trabalho, como demonstra o art. 893, § 1º, da CLT. É conveniente efetuarmos, aqui, um pequeno reparo: em rigor, o princípio da irrecorribilidade das decisões interlocutórias não significa que essas decisões jamais possam ser atacadas por meio de recurso; o que o mencionado princípio veda é a impugnação imediata e autônoma de tais decisões. Estas, porém, são suscetíveis de impugnação no recurso que vier a ser interposto da sentença — seja de mérito, ou não. Trata-se, portanto, de impugnação *diferida*, remetida para momento futuro.

Vale lembrar que o procedimento constitui o conjunto de atos processuais (que se inicia pela petição do autor) destinados a preparar a emissão da sentença de mérito, principal acontecimento do universo processual. Muitas vezes, porém, nesse percurso entre a petição inicial e a sentença surgem diversos incidentes, que devem ser removidos pelo juiz, para que o trâmite do procedimento seja desobstruído. São, justamente, esses atos "removedores" de empecilhos à livre e regular tramitação processual a que se denominam de decisões interlocutórias. O que caracteriza as decisões dessa natureza não é a circunstância de haverem examinado, ou não, o mérito da causa e sim de não haverem dado fim ao processo. Uma decisão interlocutória pode examinar o mérito da demanda, como quando, por meio dela, o juiz pronuncia, *ex officio,* a decadência em relação a determinado pedido constante da inicial, mas o processo prossegue no tocante aos demais pedidos, não afetados pela *interlocutio*.

A expressão "sentença interlocutória", que, vez e outra, é utilizada por pessoas pouco afeitas ao rigor da terminologia processual, em lugar de *decisão interlocutória*, contém uma indisfarçável contradição nos próprios termos, pois a referida decisão, como se salientou, é proferida no curso do processo, ao passo que sentença é o ato pelo qual o juiz, quase sempre, põe fim ao processo de conhecimento ou de execução, examinando, ou não, no primeiro caso, o mérito da causa (CPC, art. 158, § 1º, em sua redação primitiva). No processo do trabalho, contudo, podemos seguir conceituando a sentença como ato judicial que dá fim ao processo, pois aqui não foi realizado o sincretismo entre conhecimento e execução (de título judicial, por quantia certa, contra devedor privado) que ocorreu no processo civil. De qualquer sorte, o próprio CPC dispõe que a extinção do processo dar-se-á por sentença (art. 316).

Na verdade, do ponto de vista histórico há uma certa justificativa para a expressão "sentença interlocutória". Ocorre que, no direito romano antigo, as sentenças se contrapunham às *interlocutiones,* que compreendiam todas as manifestações do juiz no curso do processo, sem, contudo, dar fim a este. Todavia, em decorrência de uma deturpação provocada pelo direito germânico — que, depois, se alastrou para os direitos Intermédio e Canônico — passou-se a denominar de "sentenças interlocutórias" aqueles pronunciamentos do magistrado, realizados no curso do processo, pelos quais ele solucionava determinados incidentes. Chegou-se, até mesmo, a admitir o recurso de apelação contra esses pronunciamentos — prática que contrariava os princípios do direito romano, que só permitia o uso da apelação contra sentença, ou seja, contra o ato judicial que julgasse o mérito.

Modernamente, contudo, como dissemos, é inaceitável a expressão "sentença interlocutória", pois a ideia de sentença é inconciliável com a de interlocução: enquanto aquela diz respeito ao pronunciamento final do magistrado, esta se destina a remover certos obstáculos surgidos no curso do processo. Sob esta perspectiva, pode-se afirmar que as interlocuções visam a preparar o advento da sentença, que é — reiteremos — o principal acontecimento do universo processual. A propósito, constava do Anteprojeto do CPC de 1973 que decisão interlocutória era o ato pelo qual o juiz, no curso do processo, resolvia questões incidentes, "a fim de preparar a sentença final" (art. 180, § 2º).

O legislador do CPC de 1973 deixou clara a existência de *decisões* interlocutórias e de sentenças, atribuindo a cada um desses atos judiciais conceitos próprios e inconfundíveis (art. 162, §§ 1º e 2º, aqui referidos em ordem inversa), conquanto, por força da Lei n. 11.232/2005, tenha sido, mais tarde, levado a retocar o conceito de sentença, sem, contudo, alterar-lhe a essência.

O mesmo legislador não levou em conta a natureza do ato judicial, para classificá-lo como decisão interlocutória ou como sentença, mas a repercussão objetiva desse ato no processo: se tivesse eficácia para extingui-lo, seria, em princípio, sentença; se não, decisão interlocutória. Aliás, podemos mesmo asseverar que, do ponto de vista legal, se o ato do juiz não for sentença, nem despacho ordinatório ou de mero expediente, inclinar-se-á a ser reconhecido como decisão interlocutória. O ato pelo qual o juiz homologa os cálculos de liquidação, por exemplo, tem natureza de decisão interlocutória, conquanto o art. 884, § 3º, da CLT, a ele se refira, de maneira equivocada, como sentença. Dá-se que o precitado ato judicial monocrático não põe fim ao processo (de execução); logo, de sentença não se cuida.

A corrente afirmação de que a irrecorribilidade das decisões interlocutórias representa uma emanação do princípio da *oralidade,* merece alguma reserva. Na verdade, as decisões dessa natureza podem ser objeto de recurso, em alguns casos, como, por exemplo, da decisão unipessoal que não admite recurso. Embora a lei (CLT, art. 897, letra "b") aluda a esse ato judicial como *despacho,* trata-se, na verdade, de decisão de traço interlocutório, da qual o próprio sistema oficial, por exceção, admite a interposição do recurso de agravo de instrumento (*ibidem*). Recorrível, também, por meio de agravo será a decisão monocrática proferida com fundamento no art. 896, § 5º, da CLT.

Em alguns casos, vedada a possibilidade de interposição de recurso, por ser interlocutória a decisão, e de formulação de reclamação correcional, será possível a impetração de mandado de segurança, desde que o interessado se sinta seguro para comprovar, mediante documentos: a) a existência de um seu direito líquido e certo; b) a violação (ou a iminência de violação) desse direito pelo ato judicial. O ato pelo qual o juiz, em execução provisória, não aceita os bens oferecidos à penhora pelo devedor e ordena a realização do ato constritivo em dinheiro deste, configura decisão interlocutória, que pode ser atacada via mandado de segurança, cujo procedimento tem a chancela da Súmula n. 417, inciso III, do TST.

Prazo mínimo para a realização da audiência

Estabelece o art. 841, *caput*, da CLT, que o réu será notificado (citado) para comparecer à audiência, "que será a primeira desimpedida, depois de cinco dias".

A jurisprudência, decorrido um certo tempo de hesitação inicial, acabou por fixar o entendimento de que esse quinquídio, a que se refere a norma legal mencionada, diz respeito ao prazo mínimo para a realização da audiência destinada a receber a defesa (resposta) do réu.

Mais tarde, a própria norma legal consagrou esse entendimento, como revela o inciso II, do art. 1º, do Decreto-Lei n. 779/69, ao dispor que as pessoas jurídicas mencionadas no seu *caput* possuem "o quádruplo do prazo fixado no artigo 841, *in fine*, da Consolidação das Leis do Trabalho". Prazo, portanto, de vinte dias para oferecer defesa; ou melhor, para *responder* aos termos da petição inicial (exceção, contestação, pedidos contrapostos, reconhecimento do direito alegado pelo autor).

Destarte, se for concedido ao réu prazo inferior a cinco dias para responder à inicial, haverá nulidade processual, não apenas por ofensa à referida norma da CLT, mas, acima de tudo, aos incisos LIV e LV, do art. 5º, da Constituição Federal, que impõem observância ao devido processo legal (*due processo of law*) e às garantias do contraditório e da ampla defesa, respectivamente. Tratando-se da Fazenda Pública, o prazo mínimo será de vinte dias. Entretanto, se a Fazenda, apesar disso, apresentar sua defesa, digamos, no prazo de cinco dias (fixado pelo juiz), sem arguir a nulidade, ficará precluso o seu direito de alegá-la mais tarde, em face do disposto no art. 795, *caput*, da CLT, conforme o qual a nulidade deverá ser denunciada pelas partes "*à primeira vez em que tiverem de falar em audiência ou nos autos*". O prazo mínimo, previsto em lei, para a formulação da defesa, não configura norma de ordem pública, motivo por que o réu poderá renunciar a ele.

Se, no entanto, o réu comparecer à audiência e alegar nulidade, o juiz deverá conceder-lhe o prazo mínimo de cinco ou de vinte dias para dias para apresentar defesa, conforme seja o caso, atendendo, assim, à regra do art. 841, *caput*, da CLT (e ao inciso II, do art. 1º, do Decreto-Lei n. 779/69, quanto à Fazenda Pública). Em que pese ao fato de, por princípio, a resposta do réu dever ser apresentada em audiência (CLT, art. 847), nada obsta a que, em nome da celeridade processual, lhe seja permitido oferecê-la no serviço de protocolo. Designar-se nova audiência para que, nela, o réu apresente sua resposta, implicará, muitas vezes, considerável retardamento do curso processual, como quando a audiência vier a ser designada para dali a dois ou três meses ou mais.

A registrar-se, ainda, a observação de que, na prática, não é o juiz quem designa a audiência, e sim o diretor de secretaria, de modo automático (CLT, art. 841). O próprio instrumento de citação (a que a CLT denomina de notificação) é expedido por este funcionário do juízo (*ibidem*).

Faz-se necessária, a esta altura, uma ponderação. Embora, como vimos, doutrina e jurisprudência tenham firmado o entendimento de que o prazo de cinco dias, previsto no art. 841, *caput*, da CLT, seja para o réu apresentar defesa — como o que concordamos —, há casos extremamente complexos, que justificam a concessão de prazo de maior duração. É o que se passa, muitas vezes, com a ação civil pública. De modo geral, as matérias que dão conteúdo às pretensões deduzidas neste tipo de ação são complexas, de tal maneira que o prazo de cinco dias, para responder, torna-se exíguo, caracterizando, inclusive, transgressão à garantia constitucional da ampla defesa (CF, art. 5º, LV). Sendo assim, poderá o próprio magistrado assinar, de ofício ou a requerimento do réu, prazo mais extenso, imprescindível para a preservação da mencionada garantia constitucional. Com vistas a isso, levará em conta as peculiaridades do caso concreto. O prazo de que trata o at. 841, *caput*, da CLT, é mínimo, ou seja, pode ser dilatado. Basta ver que o consta do texto legal: a audiência "será a primeira desimpedida, *depois* de cinco dias" (destacamos). Mesmo que o juiz, em tema de ação civil pública, entenda que a resposta do réu não deva ser oferecida em audiência, mas no serviço de protocolo, poderá fixar prazo superior a cinco dias para isso.

De resto, a forma *escrita* da defesa se encontra largamente consagrada pelo processo da praxe e, a despeito de desatender à regra do art. 847, da CLT, não acarreta nenhuma nulidade, porquanto, de modo geral, não traz (manifesto) prejuízo ao réu. Bem ao contrário. Sob este aspecto, é oportuno recordar o princípio da *instrumentalidade*, materializado nos art. 277 do CPC, conforme o qual quando a lei prescrever determinada forma para o ato processual, sem a cominação de nulidade, o juiz o considerará válido se, realizado de outro modo, atingir-lhe a finalidade essencial. É o que se verifica com a resposta escrita, mesmo quando apresentada fora da audiência.

Constitui ato de manifesta hipocrisia ignorar-se a existência de um processo instituído pela praxe forense, por ela consagrado e por todos reconhecido, do qual a resposta escrita faz parte.

Uma nótula de arremate: mesmo quando o autor for pessoa com idade igual ou superior a 60 anos, ou portadora de doença grave, a audiência não poderá ser designada por prazo inferior a cinco dias da data da citação, sob pena de transgressão da regra contida no art. 841, *caput*, da CLT.

A pessoa com 60 anos de idade, ou mais, ou portadora de doença grave, que desejar beneficiar-se da tramitação prioritária do processo deverá: a) juntar prova de sua condição; b) requerer o benefício ao juiz competente para apreciar o litígio. Isto feito, o magistrado determinará ao cartório ou à secretaria a adoção das providências necessárias ao cumprimento da lei (CPC, art. 1.048 § 1º). Os autos do processo deverão receber identificação própria que evidencie o regime de tramitação prioritária (*ibidem*, § 2º). Essa prioridade processual, uma vez concedida, não se extinguirá com a morte do beneficiado, estendendo-se ao cônjuge sobrevivente, ao companheiro ou companheira em união estável (*ibidem*, § 3º) Essas normas são compatíveis com o processo do trabalho, que é omisso neste particular (CLT, art. 769).

A abertura da audiência

O art. 358 do CPC estabelece que no dia e hora designados o juiz declarará aberta a audiência e mandará apregoar as partes e respectivos advogados, assim como outras pessoas que dela devam participar.

A CLT não é omissa no particular. Antes de examinarmos a norma legal específica, devemos observar a disposição no art. 814 da CLT, conforme a qual à audiência deverão comparecer, com a necessária antecedência, "os escrivães ou secretários" — e, por certo, também o magistrado. Duas breves observações: a) a referência a *escrivães* se justifica pelo fato de, inexistindo Vara do Trabalho na localidade, a jurisdição trabalhista ser circunstancialmente exercida pelo juiz de direito (CLT, arts. 668 e 669). A figura do escrivão é característica da Justiça Estadual; b) no tocante ao *secretário*, embora fosse essa a antiga denominação desse auxiliar do juízo trabalhista, a atual é diretor de secretaria.

Dissemos, há, pouco, que a CLT não era omissa em relação ao conteúdo do art. 358 do CPC. Realmente, o art. 815 do texto trabalhista afirma que, na hora designada, o juiz "declarará aberta a audiência".

Na prática, todavia, a abertura da audiência se dá sem esse formalismo sugerido pela norma legal, pois o magistrado não emite declaração quanto a isso, limitando-se a verificar se o digitador e o serventuário encarregado dos pregões estão presentes, se os autos relacionados na pauta encontram-se sobre sua mesa, se o computador (ou a máquina de datilografia) e o sistema de som (onde houver) estão em condições de regular funcionamento etc.

É comum, também, nesse momento, o juiz definir com o digitador e com o serventuário encarregado do pregão algumas questões que estão pendentes de solução, ou traçar certas orientações concernentes à pauta, a algum processo em particular ou ao próprio pregão. Tal é o que poderíamos denominar de "fase dos aprestos", vale dizer, dos preparativos para o início das audiências do dia.

Alguns juízes costumam receber, antes do começo das audiências, os advogados que têm algum assunto urgente a tratar.

Estando tudo em ordem, o magistrado determinará o pregão das partes: "a chamada das partes, testemunhas e demais pessoas que devam comparecer", dispõe o *caput* do art. 815 da CLT.

O pregão das partes

O vocábulo *pregão*, originário do latim *praeconium*, de *praeconari* (apregoar, proclamar), significa, na terminologia processual, a convocação que o porteiro dos auditórios, ou outro serventuário do juízo efetua às partes e seus advogados para que ingressem na sala de audiência, a fim de que esta tenha início. Quem efetua o pregão recebe o nome de pregoeiro (aquele que anuncia em voz alta).

No horário previamente designado, portanto, as partes serão chamadas a ingressar na sala de audiência. Na Justiça do Trabalho, o pregão é efetuado, de modo geral, não pelo diretor da secretaria, e sim por um serventuário do juízo. Em situações algo raras, o próprio magistrado o realiza, seja pessoalmente, seja por meio de sistema de som. O que não se deve admitir é que uma das partes, a título de "gentileza" ou de colaboração com o juízo, realize o apregoamento. Este procedimento não apenas é irregular, pois a parte não é funcionária do órgão jurisdicional, como é também inconveniente, seja por fazer parecer que o litigante que efetuou o pregão desfruta de algum prestígio especial no âmbito da Vara, seja porque pode conduzir a incidentes, como quando o litigante contrário alega que o pregão, em relação a ele, teria sido feito (propositadamente, por suposto) em voz baixa, inaudível — conquanto, como dissemos, apregoar signifique chamar, proclamar ou anunciar em voz *alta*.

Ao tempo em que havia a representação classista na Justiça do Trabalho, alguns magistrados cometiam aos vogais (juízes leigos) a incumbência de realizar o pregão das partes. A utilidade dessa delegação de atribuições era dupla: de um lado, evitar o deslocamento de um serventuário para realizar esse chamamento; de outro, propiciar aos classistas a oportunidade de, ao mesmo tempo, indagar às partes se estavam dispostas à conciliação. Este último procedimento era muito útil, porquanto, com certa frequência, os classistas retornavam à sala de audiência informando ao juiz que os litigantes acabaram de transacionar, faltando, apenas, a formalização do ato, ou dependiam de uma breve intervenção do magistrado para que esse negócio jurídico bilateral se concretizasse. Em que pese ao fato de a representação classista haver sido extinta, nada obsta a que o serventuário incumbido do pregão busque saber dos litigantes se há possibilidade de conciliação, argumentando, inclusive, quanto à conveniência dela para ambos.

As partes devem ficar atentas ao pregão, sob pena de, não o ouvindo, ensejarem a extinção do processo, a declaração de revelia, a confissão — conforme se trate do autor ou do réu e de tratar-se de audiência inicial ou de instrução.

Sendo a audiência a primeira da pauta, esse risco é menos acentuado, pois as partes soem estar mais atentas. Quando, porém, a audiência é posterior à primeira, o risco é mais acentuado, uma vez que esta nem sempre se realiza no horário preestabelecido, fazendo com que, não raro, as partes se distraiam, percam a concentração e, em decorrência disso, não percebam que o apregoamento foi realizado.

Um dos incidentes que costumam ocorrer se refere ao fato de a parte alegar não ter ouvido o pregão efetuado por intermédio de sistema de som. Não lhe será fácil produzir prova a este respeito. Muitas vezes, há uma vozearia, um alarido no local em que as diversas pessoas que participarão das audiências do dia se concentram (antessalas, corredores), fazendo com que o chamamento para determinada audiência não seja ouvido por um dos litigantes; ou por ambos, em certas situações. Em outros casos, há uma falha no sistema de som, impedindo, com isso, que as partes fiquem sabendo que o pregão está sendo realizado. Quando a falha é duradoura, como quando o sistema sonoro simplesmente deixa de funcionar, entra em pane, o próprio juízo pode reconhecê-la e, em razão disso, mandar chamar pessoalmente as partes e seus advogados; quando, todavia, a falha é momentânea, ou seja, acontece, apenas, no exato momento do pregão, as partes terão enormes dificuldades em produzir prova disso.

Regra de prudência sugere, por esse motivo, que as partes e seus advogados fiquem sempre atentos quanto ao que está a ocorrer na sala em que se realiza a audiência anterior àquela de que participarão. Em muitos casos, sempre que for possível, é recomendável que permaneçam no interior da própria sala de audiências, aguardando o momento de serem chamados.

O pregão é sempre dirigido às partes, conforme se encontram identificadas nos autos. Qualquer retificação quanto ao nome ou denominação delas deverá ser feito na audiência. Na Justiça do Trabalho não se apregoam os advogados dos litigantes, até porque, em se tratando de audiência inicial, o órgão jurisdicional, em princípio, desconhece quem seja o advogado do réu — se é que o possui. A prudência e o respeito à classe, entretanto, sugerem que quando for possível se proceda ao pregão também dos advogados das partes. Aliás, quando o nome dos advogados constar dos autos entendemos que o pregão deva ser também realizado em nome deles.

Tratando-se de litisconsórcio, é necessário que o pregão seja realizado em nome de todos os compartes, a fim de evitar-se a alegação de nulidade processual por aqueles que não foram nominalmente chamados. Essa providência é tanto mais necessária no caso de regime litisconsorcial passivo, do tipo facultativo, pelas consequências que a ausência do litigante à audiência pode acarretar-lhe (revelia, confissão). Somente em casos excepcionais — como quando a quantidade de litisconsortes seja extremamente numerosa — é que se poderá, por uma questão de ordem prática, apregoar alguns deles. Mesmo assim, se o juiz verificar que nem todos os litisconsortes estão na sala de audiência, deverá providenciar para que o nome dos ausentes seja objeto de pregão específico, caso não tenham sido expressamente referidos no chamamento inicial.

Devem ser evitados, enfim, pregões em que o serventuário aluda a "Fulano de Tal e *Outros*...". Essa fórmula pragmática "e *Outros*" só tem sido admitida para efeito de constar da "capa" dos autos do processo, ou de certos atos do juiz (despachos, decisões interlocutórias, sentenças, acórdãos), por medida de economia de tempo e de espaço.

No caso de a parte não responder ao pregão, o juiz, disso cientificado pelo serventuário, deverá determinar que o pregão seja repetido, considerando as consequências processuais que advirão para a parte que deixar que ingressar na sala de audiência.

Atendendo ao pregão, os litigantes e seus advogados ingressarão na sala de audiências.

É curioso — para não dizer piegas — observar que, algumas vezes, a parte indaga a seu advogado se deverá cumprimentar, ou não, a outra, quando se encontrarem na sala de audiência. Independentemente do motivo ou da intenção que levou a parte a formular essa indagação, as regras de civilidade e de boa educação recomendam que ela cumprimente, de maneira cordial, o adversário. Ademais, essa atitude é importante para o desarmamento dos espíritos conflitivos ou hostis e, deste modo, preparar um ambiente propício a uma solução consensual do litígio, objetivo essencial da Justiça do Trabalho. A regra vale, também, para os advogados.

Art. 359. Instalada a audiência, o juiz tentará conciliar as partes, independentemente do emprego anterior de outros métodos de solução consensual de conflitos, como a mediação e a arbitragem.

• **Comentário**

No sistema do processo civil, instalada a audiência, o juiz deverá empenhar-se em conciliar as partes, independentemente de ter havido, ou não, tentativa anterior — em audiência específica (CPC, art. 359), acrescentamos.

No processo do trabalho, a primeira tentativa judicial de solução negociada do conflito de interesses também deverá ser realizada após a abertura da audiência e antes da apresentação da defesa do réu (CLT, arts. 846 e 847).

Na primitiva redação do art. 847, da CLT, a primeira tentativa de conciliação era feita *depois* da apresentação da defesa — procedimento que era muito mais adequado e lógico, pois, lendo a petição inicial e a contestação, o juiz dispunha de elementos mais concretos para buscar conduzir as partes a uma solução consensual do litígio. A alteração imposta a essa norma legal foi, em nosso ver, injustificável e tumultuária. Constava da redação original do art. 847 da CLT: "Terminada a defesa, o juiz ou presidente proporá a conciliação". Na prática, o juiz deve continuar a agir conforme a antiga redação do art. 847 da CLT, embora da ata se faça constar o contrário.

Estabelece o art. 847, da CLT, que *antes* de o réu apresentar a sua defesa o juiz deverá proceder à leitura da petição inicial, conquanto a norma faculte às partes dispensá-lo dessa formalidade. Na prática, essa exigência legal não vem sendo atendida, por revelar-se inútil. Ela só se justifica no caso de o réu ser analfabeto, ou não entender a Língua Portuguesa — e, ainda assim, não estar acompanhado por advogado. De qualquer modo, o juiz, *ad cautelam*, deve fazer registrar da ata que as partes dispensaram a leitura da petição inicial. Originalmente, a referência à leitura da petição inicial constava do art. 846 da CLT; mais tarde, por força da Lei n. 9.022/95, essa regra foi transposta para o art. 847, onde ainda hoje se localiza.

Cremos que o único argumento capaz de justificar, nos dias atuais, leitura da inicial seja o *ius postulandi* de que trata o art. 791, *caput*, da CLT. Por isso, dissemos, há pouco, que se o réu possuir advogado regularmente constituído e esteja presente na audiência, não fará nenhum sentido essa leitura; nesse caso, aliás, a falta da leitura não acarretará a nulidade do processo, por inexistência de prejuízo manifesto (CLT, art. 794).

Art. 360. O juiz exerce o poder de polícia, incumbindo-lhe:

I — manter a ordem e o decoro na audiência;

II — ordenar que se retirem da sala de audiência os que se comportarem inconvenientemente;

III — requisitar, quando necessário, força policial;

IV — tratar com urbanidade as partes, os advogados, os membros do Ministério Público e da Defensoria Pública e qualquer pessoa que participe do processo;

V — registrar em ata, com exatidão, todos os requerimentos apresentados em audiência.

• **Comentário**

Caput. Reproduziu-se o art. 445 do CPC revogado.

A norma atribui o poder de polícia aos magistrados e indica as situações em que eles o exercerão. Esse poder já está previsto no art. 139, VII do CPC.

Ao juiz incumbe, com exclusividade, a direção do processo. O processo do trabalho, em particular, comete-lhe amplos poderes diretivos (CLT, art. 765).

Para que o juiz possa desempenhar, com eficiência, as suas funções de condutor do processo, a lei lhe atribui o poder de polícia, pelo qual pode: a) manter a ordem e o decoro na sala de audiências; b) determinar que se retirem da sala de audiência os que se comportarem de modo inconveniente; c) requisitar força policial (CPC, art. 360) ou a segurança interna do fórum ou do tribunal (art. 139, VII). Em face dessa disposição legal podemos classificar o poder de polícia do juiz em: 1) *preventivo* (manutenção da ordem e do decoro; e 2) *repressivo* (retirada de pessoas da sala de audiência). A requisição de força policial ou da segurança interna do fórum ou do tribunal pode ser feita em ambos os casos, funcionando — sempre que necessária — como instrumento indispensável para a execução prática do poder de polícia do magistrado.

Embora de modo mais lacônico, o art. 816, da CLT, estabelece que "O juiz ou presidente manterá a ordem das audiências, podendo mandar retirar

Art. 360

do recinto os assistentes que a perturbarem". Esta norma da CLT está em harmonia não apenas com os demais sistemas processuais que consagram o poder de polícia do magistrado, mas com o art. 765, dela própria, que concede a este, como dissemos, ampla liberdade na direção do processo. A audiência, como é evidente, integra o processo.

Como condutor soberano dos trabalhos na audiência, o juiz deve, em certos casos, agir de maneira enérgica, sem, contudo, ser prepotente ou ditatorial.

Já advertia José Maria Frederico de Souza Pinto (in: *Doutrina das ações*, de José Homem Corrêa Telles, Lisboa: E & H. Laemmert, 1865, aumentada e adequada ao foro do Brasil por José M. F. de Souza Pinto) que "todos os empregados da justiça devem apresentar-se decentemente trajados na audiência; as partes, os advogados e procuradores devem individualmente concorrer para que nela reine o silêncio e a ordem; todos devem respeitar o juiz, interpor seus recursos com moderação e comedimento, e abster-se de mutuamente se injuriarem" — sob pena de o magistrado exercer o seu poder de polícia, para fazer valer essas regras, acrescentamos.

O ambiente da audiência, no que se refere às relações do juiz com as partes e advogados; ou entre uma parte e outra; entre um advogado e outro; entre os advogados e as partes, deve ser, como regra, de respeito e de cordialidade mútuos.

Inciso I. O juiz fará uso desse poder no caso de estar havendo perturbação da ordem dos trabalhos ou quebra do princípio do decoro a que estão subordinados todos aqueles que participam da audiência.

Haverá perturbação da ordem, por exemplo, se as partes ou seus advogados estiverem tumultuando a audiência, mediante intervenções não autorizadas pelo juiz; proferindo palavras ofensivas ao adversário ou ao próprio magistrado etc.

Em rigor, os casos de perturbação da ordem dos trabalhos da audiência se confundem, em boa medida, com o *comportamento inconveniente* de que trata o próximo inciso e que será a seguir examinado.

Inciso II. O magistrado, no regular exercício do seu poder de polícia, está legalmente autorizado a ordenar que se retirem da sala de audiência as pessoas em geral, desde que estejam se comportando de maneira inconveniente e perturbadora dos trabalhos. Assim, por exemplo, se alguém do público presente estiver conversando em voz alta; tentando comunicar-se (por gestos ou palavras) com as partes, seus advogados ou testemunhas; vaiando ou aplaudindo as manifestações ou respostas das partes ou testemunhas, fazendo uso de telefone celular etc., o juiz poderá determinar-lhe que se retire da sala de audiência. Havendo recusa, poderá fazer uso de força policial, ou requisitar a segurança interna do fórum ou tribunal (CPC, art. 139, VII, e 360, III) para que a sua ordem seja cumprida. De qualquer forma, é sempre prudente que o magistrado, primeiro, advirta essa pessoa a respeito de sua atitude inconveniente, só vindo a impor a medida drástica de retirada da sala de audiência no caso de recalcitrância do perturbador. Aqui, como em qualquer outra situação, o bom-senso do magistrado será o seu melhor conselheiro.

A questão se torna delicada, entretanto, quando se trata de verificar a possibilidade de o juiz determinar que se retire da sala de audiência a própria parte, contanto que esta esteja tumultuando os trabalhos da audiência.

Diante de situações dessa natureza, a experiência sugere que, num primeiro momento, o magistrado admoeste o litigante quanto às consequências de suas atitudes indesejáveis; se não obtiver êxito nessa advertência, poderá, num segundo momento, suspender a audiência, e, em conversa reservada com o advogado da parte renitente, tentar solucionar o problema. O diálogo ainda é o melhor caminho para resolver certos incidentes que soem ocorrer durante as audiências judiciais.

Indaga-se, porém: frustradas todas as tentativas de fazer com que o litigante se demovesse de seu comportamento inconveniente, que solução deveria o juiz adotar: a) suspender a audiência?; b) ordenar que a parte se retirasse da sala?

Nenhuma dessas soluções, como se percebe desde logo, seria ideal, ainda que a adoção de uma delas se tornasse inevitável para dar cobro às atitudes indesejáveis da parte e, com isso, permitir que a audiência se desenvolvesse sem interferências tumultuadoras. Demonstremos.

A suspensão da audiência, em alguns casos, é desaconselhável, uma vez que poderá beneficiar o próprio infrator, sempre que este for o réu: assim, bastaria ao réu adotar atitudes inconvenientes, na audiência, para que esta fosse, ato contínuo, suspensa, em detrimento dos interesses do autor. A suspensão só se justificaria se, por algum motivo, ambas as partes estivessem a perturbar a audiência, como quando passassem a discutir, de maneira acalorada e agressiva, mesmo diante da ordem de moderação ou de silêncio imposta pelo magistrado. Fora disso, como dissemos, embora seja lícito ao juiz, em algumas situações particulares, suspender a audiência em virtude de comportamento inconveniente de uma das partes, a suspensão só deverá ser feita se não acarretar prejuízo à parte contrária, ou, por outras palavras, se não vier em benefício do próprio infrator. Em princípio, se a perturbação da audiência estiver sendo realizada pelo autor, nada impede a suspensão, considerando-se que esta, supomos, vem sempre em detrimento deste litigante.

De qualquer forma, isto é axiomático: providenciará o juiz para que eventual imposição para que a parte se retire da sala de audiência não traga manifesto prejuízo a esta, sob pena de ensejar virtual declaração de nulidade do processo, por restrição ao direito de defesa (costumeiramente denominado de "cerceamento"). Se a parte estiver assistida por advogado, a retirada daquela da sala de audiência não lhe trará, em princípio, nenhum prejuízo. O mesmo não se pode dizer se ela não possuir advogado (CLT, art. 791, *caput*) pois neste caso o prejuízo será inevitável. Imagine-se, por exemplo, que o réu, sem advogado, seja retirado da sala de audiência (por estar perturbando os trabalhos) antes do depoimento do autor: como poderá ele, réu, formular perguntas ao adversário se não pôde presenciar o interrogatório deste, se não soube o que o juiz lhe perguntou nem o que foi respondido?

Se a parte desacatar o juiz poderá ser presa (CP, art. 331); todavia, o magistrado cuidará para que a retirada desta da sala de audiência somente acorra em momento que já não possa produzir nenhum prejuízo processual a esse litigante.

Em situações mais graves, como quando a sua segurança física ou a segurança das partes, dos advogados destas, das testemunhas, do perito e de outros estiver em risco, em decorrência de atitudes manifestamente hostis de quem quer que seja, o juiz poderá determinar a revista pessoal, a fim de verificar se essas pessoas portam armas ou artefatos capazes de provocar danos físicos a quem se encontra na sala de audiência.

Caso se configure o crime de falso testemunho, o magistrado tem o poder de efetuar a prisão em flagrante (CPP, art. 319, inciso III), mandando entregar o preso à autoridade policial competente — que, no caso, é a federal. A este respeito, dispõe o Regimento Interno do TST: "Art. 43. Ocorrendo infração de lei penal na sede, ou nas dependências do Tribunal, o Presidente instaurará inquérito, podendo delegar essa atribuição a Ministro da Corte. Parágrafo único. Nos demais casos, o Presidente poderá proceder na forma desse artigo, ou requisitar a instauração de inquérito à autoridade competente". Lê-se, também, no art. 45 da *norma interna corporis* do TST: "Na hipótese de desobediência a ordem emanada do Tribunal ou de seus Ministros, no exercício da função, ou desacato ao Tribunal ou a seus Ministros, o Presidente comunicará o fato ao órgão competente do Ministério Público, provendo-o dos elementos de que dispuser para a propositura da ação penal".

Inciso III. Nos casos extremos o juiz poderá requisitar força policial ou segurança interna do fórum, seja para fazer manter a ordem e o decoro da audiência, seja para retirar da sala as pessoas que estejam se comportando de maneira inconveniente, seja para prender aqueles que tiverem desacatado ordem legítima do magistrado, seja para o que mais for necessário.

Inciso IV. Esta norma, sob o ponto de vista topológico, ficaria melhor se inserta no art. 139, que trata das incumbências do magistrado. O fato de o magistrado ser o reitor exclusivo do processo e estar legalmente dotado de poderes para isso, não o autoriza a desvencilhar-se do *dever de urbanidade*, comum a todas as pessoas que vivem em sociedade. O substantivo *urbanidade* tem aqui o sentido de respeito, de consideração, de civilidade, de boas maneiras. Esse tratamento o juiz deve ministrar às partes, aos advogados, às testemunhas, ao perito, ao tradutor, ao intérprete, ao membro do Ministério Público e da Defensoria pública; enfim, a todos os que, a algum título devam participar do processo — e, não apenas, da audiência.

Inciso V. O juiz deve fazer constar da ata, com exatidão, todos os requerimentos formulados na audiência, pouco importando se foram deferidos ou indeferidos. A expressão legal com exatidão significa que a ata deve registar, com fidelidade, os requerimentos formulados. Essa fidelidade é indispensável para que, mais tarde, tendo havido interposição de recurso ordinário da sentença o tribunal possa verificar se houve, ou não, restrição ao direito de defesa do recorrente.

Art. 361. As provas orais serão produzidas em audiência, ouvindo-se nesta ordem, preferencialmente:

I — o perito e os assistentes técnicos, que responderão aos quesitos de esclarecimentos requeridos no prazo e na forma do art. 477, caso não respondidos anteriormente por escrito;

II — o autor e, em seguida, o réu, que prestarão depoimentos pessoais;

III — as testemunhas arroladas pelo autor e pelo réu, que serão inquiridas.

Parágrafo único. Enquanto depuserem o perito, os assistentes técnicos, as partes e as testemunhas, não poderão os advogados e o Ministério Público intervir ou apartear, sem licença do juiz.

• **Comentário**

Caput. Em termos gerais, é o que constava do art. 452 do CPC revogado.

As provas orais consistem, basicamente, no depoimento das partes e das testemunhas — e, em alguns casos, de terceiros.

Art. 361

Conquanto o art. 361 cuide, apenas, da sequência dos atos a serem praticados na audiência, devemos, para já esclarecer que ao considerarmos o depoimento das partes como espécie do gênero provais orais não estamos deitando por terra a opinião que vimos manifestando, há muito tempo, em outros livros, de que o depoimento pessoal não constitui meio de prova. A não entendermos assim seríamos levados a concluir que tudo aquilo que a parte dissesse a seu favor, no depoimento prestado, terá eficácia para comprovar a veracidade dos fatos por ela alegados em juízo, na inicial ou na contestação, conforme fosse o caso. Meio de prova, portanto, não é o depoimento da parte, em si, mas a *confissão* que, acaso, daí advier.

A ordem de produção das provas orais em audiência, estabelecida pelo art. 361 do CPC, não é impositiva, mas ideal, como permite concluir o advérbio *preferencialmente* utilizado em sua redação.

No processo do trabalho a ordem é esta: a) interrogatório das partes; b) inquirição das testemunhas; c) esclarecimentos dos peritos ou dos técnicos (CLT, art. 848).

Inciso I. No processo civil os peritos e os assistentes técnicos serão ouvidos, preferencialmente, em primeiro lugar. No processo do trabalho, ao contrário, *deverão* ser ouvidos por último (CLT, art. 848, § 2º), ou melhor, aqui, costumeiramente, é ouvido somente o perito — e, ainda, assim, em casos muito raros, porquanto, de modo geral, os esclarecimentos desse experto são prestados por escrito.

Inciso II. Num segundo momento, no processo civil, prestarão depoimento o autor e depois o réu. No processo do trabalho deporão em primeiro lugar (CLT, art. 848, § 1º). Geralmente, em primeiro lugar é interrogado o autor; nos casos, entretanto, em que o ônus da prova incumbe ao réu, firmou-se a praxe de interrogá-lo com precedência ao autor. Essa inversão na ordem dos interrogatórios não gera nulidade processual, salvo se, em situações excepcionais, o autor conseguir provar que ela lhe acarretou manifesto prejuízo (CLT, art. 794).

Inciso III. Por fim, no processo civil, serão inquiridas as testemunhas do autor e as do réu. No processo do trabalho, as testemunhas serão inquiridas depois do interrogatório das partes e antes dos esclarecimentos do perito (CLT, art. 848, § 2º). Assim como ocorreu em relação ao interrogatório das partes, estabeleceu-se a praxe de inquirir, primeiramente, as testemunhas do réu quando a ele incumbir o encargo (ônus) da prova; havendo necessidade, serão inquiridas, a seguir, as testemunhas do autor. Também aqui a inversão na ordem das inquirições não é causa de nulidade processual. Surgirá uma causa nulificante se o juiz desrespeitar o mandamento legal da incomunicabilidade das testemunhas, expresso no art. 456 do CPC.

A propósito, no sistema do processo civil o juiz somente poderá alterar a ordem da inquirição das testemunhas se houver concordância das partes. No processo do trabalho essa inversão independe de anuência dos litigantes por inserir-se nos amplos poderes diretivos que o art. 765 da CLT atribui aos magistrados.

O art. 361 do CPC declara, no inciso III, que o juiz inquirirá "as testemunhas arroladas pelo autor e pelo réu". O processo do trabalho, como regra, não exige o rol prévio das testemunhas que comparecerão à audiência independentemente de intimação. Basta que se leia o art. 825, *caput* e parágrafo único, da CLT, para verificar-se o acerto de nossa conclusão. Somente se houver necessidade de proceder-se à intimação das testemunhas é que se justificará, por um motivo de ordem lógica, a apresentação do rol. Logo, eventual determinação do juiz do trabalho para que as partes apresentem os róis de suas testemunhas, que se dispuseram a comparecer à audiência de maneira *espontânea*, será arbitrária, em face do art. 825, parágrafo único, da CLT. Arbitrária e imprudente, porque exporá as testemunhas do autor a certas "pressões" que sobre elas tenderão a exercer determinados réus, máxime se essas testemunhas ainda estiverem vinculadas ao réu por um contrato de trabalho. Somente quem tem os olhos fechados à realidade, ou apego a regras de conveniência pessoal ficará a vontade para negar a possibilidade de testemunhas do autor, em certos casos, serem pressionadas pelo réu antes de serem inquiridas em juízo. Nos embargos à execução, todavia, as partes, se pretenderem a inquirição de testemunhas, devem apresentar os respectivos róis (CLT, art. 884, § 2º).

Esquematicamente, a ordem da produção das provas orais, na audiência, é a seguinte:

a) processo do trabalho:

- partes;
- testemunhas;
- perito (CLT, art. 848).

b) processo civil:

- peritos e assistentes técnicos;
- partes;
- testemunhas (art. 361, I a III).

Ao magistrado da Justiça Comum o CPC concede a faculdade de "alterar a ordem de produção dos meios de prova, adequando-os às necessidades do conflito" (art. 139, VI), com a finalidade de conferir maior efetividade ao processo.

Parágrafo único. Os advogados e os membros do Ministério Público têm direito de formular perguntas às partes, às testemunhas, ao perito, desde que o façam no momento oportuno, ou seja, quando o juiz conceder-lhes a oportunidade. A lei veda a intervenção dos advogados e do *Parquet* enquanto as referidas pessoas estiverem depondo; somente com expressa autorização do magistrado poderão realizar essa intervenção, sob a forma de "apartes". Não fosse assim, a audiência seria tumultuada e o magistrado poderia perder o controle dos trabalhos.

Art. 362. A audiência poderá ser adiada:

I – por convenção das partes;

II – se não puder comparecer, por motivo justificado, qualquer pessoa que dela deva necessariamente participar;

III – por atraso injustificado de seu início em tempo superior a 30 (trinta) minutos do horário marcado.

§ 1º O impedimento deverá ser comprovado até a abertura da audiência, e, não o sendo, o juiz procederá à instrução.

§ 2º O juiz poderá dispensar a produção das provas requeridas pela parte cujo advogado ou defensor público não tenha comparecido à audiência, aplicando-se a mesma regra ao Ministério Público.

§ 3º Quem der causa ao adiamento responderá pelas despesas acrescidas.

• **Comentário**

Caput. O art. 453 do CPC revogado dispunha sobre o assunto.

No sistema do processo civil a audiência somente poderá adiada nos casos previstos nos incisos I a III do art. 362. Como estamos a nos pronunciar acerca das disposições do CPC sob o ponto de vista do processo do trabalho, devemos transpor os limites impostos pelos referidos incisos do art. 362, para examinar todas as situações que possibilitam o adiamento da audiência trabalhista.

Inciso I. *Convenção das partes.* Se ambos os litigantes requererem o adiamento da audiência, a tendência será de o juiz deferi-lo. É bem verdade que, especialmente no processo do trabalho, as partes não têm o poder de dispor do processo. De qualquer modo, elas deverão indicar (e, às vezes, comprovar) o motivo pelo qual pretendem obter o adiamento da audiência. Cumprirá ao juiz levar em consideração esse motivo, para efeito de deferir ou de indeferir o requerimento conjunto.

Não raro, o pedido de adiamento, conforme dissemos, tem como causa a intenção de as partes iniciarem conversação (ou nela prosseguirem), visando a uma solução negociada (transação) do conflito de interesses. Em tais casos, constituirá medida de bom senso o deferimento judicial do pedido de adiamento.

O art. 362, inciso I, do CPC, permite que a audiência de instrução e julgamento seja adiada mediante *convenção* das partes. Entendemos que essa norma – se levada à risca a sua expressão literal – é inaplicável ao processo do trabalho. Justifiquemo-nos. O texto legal em exame se refere à *convenção* das partes.

Isto significa dizer que o adiamento será produto exclusivo da vontade convergente dos litigantes, que apenas comunicarão ao juiz essa deliberação. No processo do trabalho, fortemente assinalado por um caráter inquisitivo, não basta a manifestação volitiva das partes: para que ocorra o adiamento da audiência (seja ela qual for) é necessário que se requeira ao juiz, vale dizer, que essa intenção dos litigantes seja submetida à apreciação judicial. Havendo indeferimento, a vontade do juiz prevalecerá em relação à das partes.

Não podemos, também, ignorar o fato de o adiamento da audiência poder, algumas vezes, acarretar certos transtornos nas pautas do juízo, principalmente, quando a audiência for de longa duração. Por isso, no processo do trabalho o adiamento não depende, apenas, da conveniência das partes, senão que, por igual, da conveniência do juízo.

O que se pode admitir nesse processo, portanto, é que as partes, em conjunto, *requeiram* o adiamento da audiência, cabendo ao juiz deferir ou indeferir esse requerimento, conforme sejam as razões que o fundamentam.

Inciso II. *Impossibilidade de comparecimento.* A norma legal em exame alude à impossibilidade de comparecimento à audiência de *qualquer* das pessoas que dela deva participar. Vejamos quem são essas pessoas.

Autor. Se a impossibilidade de comparecimento for por motivo relevante, ou de força maior (CLT, art. 501), caberá ao autor requerer o adiamento da audiência, produzindo prova do fato impediente. Essa comprovação, sempre que possível, deve ser documental. Assim, por exemplo, se ele se encontra enfermo, deverá juntar atestado médico, do

Art. 362

qual conste a sua impossibilidade de comparecer à audiência. A Súmula n. 122, do TST, esclarece que o atestado médico deverá declarar, de modo expresso, a impossibilidade de locomoção do empregador ou seu preposto. A alusão a estas pessoas se justifica pelo fato de a Súmula estar a cuidar da elisão da revelia. De qualquer modo, a mencionada Súmula pode ser utilizada como elemento analógico para os demais casos, ou seja, em que o empregado esteja impossibilitado de ir à audiência, seja inicial ou de instrução (ou em que o empregador não possa comparecer à de instrução).

A ponderar, todavia, que, em certos casos, embora a parte possa locomover-se — pessoalmente ou com o auxílio de terceiros —, ela não tem condições de expressar-se em juízo, em decorrência, digamos, de acidente vascular cerebral, popularmente conhecido como "derrame", ou de haver realizado uma cirurgia na boca. Em tais situações, o seu comparecimento à audiência seria inútil, motivo pelo qual bem agirá o juiz se deferir o adiamento desse ato processual.

Réu. A situação do réu é um pouco mais delicada. De modo geral, ele está constituído sob a forma de pessoa jurídica e designa preposto para representá-lo em todos os atos processuais (CLT, art. 843, § 1º). Em princípio, se o preposto não puder comparecer à audiência, seja inicial ou de instrução, poderá ser substituído por outro. Se, todavia, somente o preposto original possuir conhecimento dos fatos, caberá ao réu dar ciência disso ao juiz e, produzindo prova documental da impossibilidade de comparecimento do preposto à audiência, requerer o adiamento desta, especialmente se for a de instrução. Se o réu for pessoa física, sem condições de designar preposto, a solução será requerer o adiamento da audiência (inicial ou de instrução) toda vez em que não puder comparecer a juízo. Também aqui fará prova documental dessa impossibilidade.

Em alguns casos, o autor, tomando ciência do requerimento de adiamento da audiência, formulado pelo réu, desiste do depoimento deste, a fim de que a audiência possa ser realizada. A despeito disso, o juiz pode estar interessado no depoimento do réu, hipótese em que designará nova data para a realização desse ato do processo. Caso contrário, referendará a desistência manifestada pelo autor, com o que tenderá a ficar prejudicado o requerimento de adiamento da audiência formulado pelo réu.

Caberá, enfim, ao juiz, fazendo sempre uso da experiência e do bom-senso, verificar, caso a caso, se o requerimento de adiamento da audiência, formulado pelo autor ou pelo réu, se justifica, ou não; se o documento juntado pela parte é idôneo e convincente; se não se trata de mero estratagema do requerente para protelar o curso do processo etc. Cumpre-nos lembrar que um dos deveres do magistrado, como reitor exclusivo do processo, consiste em "indeferir postulações meramente protelatórias"

Código de Processo Civil

(CPC, art. 139, III), formuladas pelas partes ou por terceiros, pois a ele incumbe "promover o andamento célere da causa", para atender ao mandamento constitucional (CF, art. 5º, LXXVIII).

Conforme argumentamos antes, se o empregado não puder comparecer à audiência, em virtude de doença ou de outro motivo relevante, devidamente comprovado, a lei lhe faculta fazer-se representar por outro empregado integrante da mesma profissão ou pelo sindicato representativo da categoria (CLT, art. 843, § 3º). Essa representação é, apenas, para efeito de adiar a audiência, uma vez que esses representantes — por definição — não substituem o autor, ou seja, não se tornam parte na relação jurídica processual. Sendo assim, não podem ser interrogados em nome dos representados.

Testemunha. Procedimento ordinário. O princípio inscrito no art. 825, *caput*, da CLT, é de que as testemunhas devem comparecer à audiência independentemente de intimação. As que não comparecerem — elucida o parágrafo único desta norma legal — "serão intimadas *ex officio*, ou a requerimento da parte (...)".

Na prática, se o litigante requerer o adiamento da audiência, com fundamento no *caput* do art. 825, da CLT, alegando que uma ou mais de suas testemunhas deixaram de comparecer, o juiz deverá munir-se de extrema cautela.

Em primeiro lugar, perguntará à parte se ela *convidou* a testemunha a comparecer. Se a resposta for negativa, deverá indeferir o requerimento, pois a testemunha, certamente, não seria dotada de poderes paranormais, capazes de permiti-la adivinhar que a parte necessitaria de sua presença em juízo, em determinado dia e horário. Se a resposta for positiva (a testemunha teria sido convidada), o juiz deverá indagar qual é o nome e o endereço dela. Ao menos o nome ou o apelido deverá ser indicado pela parte, a fim de constar da ata. Convencendo-se de que a testemunha fora, efetivamente, convidada, o juiz adiará a audiência, mandando intimá-la. Convencendo-se do contrário, indeferirá o requerimento.

Adiada a audiência, algumas situações poderão ocorrer em relação à nova (ou próxima):

a) comparece a testemunha: o juiz lhe indagará se havia sido realmente convidada pela parte, ou não. Se a resposta for afirmativa, a inquirirá, exceto se for incapaz, suspeita ou impedida; se for negativa, a dispensará e aplicará à parte, que mentiu haver feito convite à testemunha, a multa prevista em lei;

b) comparece pessoa diversa daquela que constou da ata: o juiz não deverá ouvi-la. É preciso deixar claro que o adiamento da audiência ocorrera em razão de *determinada* testemunha (cujo nome constou da ata haver deixado de comparecer). Sendo assim, não se justifica que, agora, a parte apresente testemunha *diversa*, no lugar daquela. Por outras palavras, o adiamento da audiência estava vinculado a *determinada* testemunha (*intuitu personae*) e não a qualquer outra;

c) não comparece a testemunha: o juiz ordenará a sua condução coercitiva, além de aplicar-lhe a multa prevista no art. 730, da CLT (art. 825, parágrafo único).

Testemunha. Procedimento sumariíssimo. Aqui, a solução diverge da adotada em relação ao procedimento ordinário. Sucede que, por força do disposto no art. 852-H, § 3º, da CLT, a audiência somente será adiada se a parte fizer *prova*, no ato, de que a testemunha ausente havia sido convidada a comparecer.

Sendo assim, duas situações poderão verificar-se em audiência:

1) a parte comprova (com documentos ou com testemunhas) que convidara a testemunha: o juiz determina o adiamento, mandando intimá-la. Ao dispor que o juiz ordenará a "imediata condução coercitiva" da testemunha, a norma legal não está, necessariamente, a impor que ele suspenda a audiência e, ato contínuo, determine a condução coercitiva da testemunha, para participar dessa audiência. Nem sempre será possível adotar esse procedimento, cabendo, por isso, ao juiz, adiar a audiência e fazer com que a testemunha seja coercitivamente conduzida à próxima.

Se a testemunha comparecer e afirmar que não havia sido convidada, denunciando, inclusive, ser falsa a assinatura do documento juntado pela parte para comprovar o alegado convite, o juiz deverá adotar as providências que a situação exige, entre as quais podem ser mencionadas: suspender a audiência e determinar a realização de exame pericial para verificar a autenticidade ou a falsidade da assinatura da testemunha no referido documento; dispensar a testemunha, se a falsidade da assinatura puder ser constatada no ato, visualmente; aplicar à parte a multa prevista em lei. Sempre que for o caso, mandará oficiar à autoridade policial competente, para a instauração de inquérito penal;

2) a parte não comprova o convite feito à testemunha: o juiz indeferirá o requerimento de intimação e dará prosseguimento à audiência. A parte poderá requerer que da ata conste o seu "protesto" contra esse ato judicial, alegando, como fundamento (fragilíssimo, no caso), o habitual "cerceamento defesa". Com isto, procurará anular o processo, em grau de recurso, caso a sentença seja desfavorável aos seus interesses exteriorizados na causa. A possibilidade de sucesso, nesse caso, será mínima.

Terceiros em geral. Pode ocorrer de: a) o juiz haver intimado o perito para comparecer à audiência, a fim de prestar esclarecimentos acerca das diligências por ele realizadas e contidas em laudo; b) qualquer das partes requerer a presença de terceiro, que embora não sendo auxiliar do juízo, nem testemunha, possa contribuir para o esclarecimento dos fatos. No primeiro caso (a), o juiz tanto poderá mandar reiterar a intimação ao perito, caso em que suspenderá audiência, como poderá destituí-lo e dar ciência ao órgão de classe competente para as providências cabíveis. A destituição do perito somente deverá ser efetuada se isso não prejudicar as partes. A nomeação de outro perito é desaconselhável, seja porque implicará novas despesas, seja porque mais tempo será consumido com as novas diligências, seja porque o segundo perito não terá condições de prestar esclarecimentos sobre um laudo que não foi por ele elaborado etc. No segundo caso, o juiz poderá adotar providências idênticas às referidas na letra "a", podendo, ainda, entender que o terceiro praticou crime de desobediência. É oportuno lembrar, nesta altura, que ninguém se exime do *dever* de colaborar com o Poder Judiciário para o descobrimento da verdade (CPC, art. 378).

Inciso III. Esta norma veio com alguma tardança, pois já deveria estar em textos legais precedentes. Muitos juízes do trabalho, por exemplo, costumam designar várias audiência na pauta diária, cuja atitude seria digna de encômios, por traduzir a preocupação do magistrado em instruir ou solucionar o maior número possível de casos, não fosse o fato de as audiências, em virtude do seu considerável volume, acabarem sendo realizadas com atrasos consideráveis, que, não raro, excedem a duas horas ou mais, causando enormes transtornos aos compromissos profissionais dos advogados. A norma em exame é plenamente compatível com o processo do trabalho. Os juízes do trabalho precisam aprender a organizar as suas pautas de audiência de maneira racional, por forma a impedir a ocorrência de atrasos colossais. Não cremos que a falta de critério objetivo para a organização da pauta possa ser invocada pelo magistrado para argumentar que os atrasos no início das audiências são *justificados*. Fosse de entender-se assim, a norma legal *sub examen* jamais seria aplicada. Sejamos claros: mesmo no processo do trabalho qualquer das partes possui o direito de retirar-se do fórum se a audiência de que deveria participar atrasar-se, em seu início, de maneira injustificada, por tempo superior a trinta minutos, cuidando, porém, de requerer à secretaria da unidade judiciária declaração ou certidão quanto ao atraso da audiência. Não ignoramos o fato de, na prática, os advogados deixarem de agir dessa maneira, seja por não estarem convencidos da aplicação do art. 362, III, do CPC ao processo do trabalho, seja por temerem alguma represália do juiz.

§ 1º Por princípio, o impedimento de a parte, a testemunha ou o terceiro comparecer deverá ser comprovado até a abertura da audiência. Há casos em que a comprovação do fato até o início da audiência é impossível, como quando a pessoa que deveria participar desse ato processual sofrer acidente de trânsito ou mal súbito a caminho do fórum. Em situações como essa, chegando o fato ao conhecimento do advogado, este, na abertura da audiência, deverá requerer o adiamento, cumprindo ao juiz, se deferir o requerimento, fixar prazo para a comprovação da causa do impedimento de comparecer.

Não provado o impedimento até a abertura da audiência (quando essa comprovação era possível), a audiência será realizada, caso em que o juiz fará incidir as normas legais pertinentes. Se a ausência for: a) do autor: a.a.) à audiência inicial, o processo será extinto sem resolução do mérito; a.b.) à audiência de instrução, será confesso; b) do réu: b.a.) à audiência inicial, será revel e, provavelmente, confesso quanto à matéria de fato; b.b.) à audiência de instrução, será confesso; c) da testemunha, ficará dispensada, aplicando-lhe a multa prevista no art. 730 da CLT.

A ausência do perito tenderá a acarretar o adiamento da audiência, uma vez que se trata de auxiliar do juízo, conquanto, em determinadas situações, o juiz prefira dispensá-lo do encargo. Essa dispensa não é recomendável, pelas razões expostas no comentário ao inciso II da norma legal em exame.

§ 2º No processo civil, o juiz poderá dispensar a produção das provas requeridas pela parte cujo advogado ou defensor público deixar de comparecer à audiência, aplicando-se a mesma regra ao Ministério Público.

Essa norma não incide no processo do trabalho. Se o advogado da parte deixar de comparecer à audiência, esta poderá exercer, sem restrições, e circunstancialmente, *ius postulandi* que lhe confere o art. 791, *caput*, da CLT.

§ 3º A regra conforme a qual quem der causa ao adiamento da audiência responderá pelas despesas acrescidas raramente será aplicada no processo do trabalho. Uma das raras situações ocorrerá se a testemunha tiver que comparecer, novamente, à audiência em virtude do adiamento desta pela ausência justificada da parte contrária, ou mesmo de a parte que a indicou, e requerer o pagamento das despesas que tiver de efetuar em razão do novo comparecimento a esse ato do processo (CPC, art. 462).

A situação não se confunde com a do art. 730, da CLT, que prevê a imposição de multa à testemunha que, sem motivo justificado, deixar de comparecer à audiência para ser inquirida.

Adiamento da audiência por iniciativa do juiz

O juiz, como reitor soberano do processo (CLT, art. 765), pode, por sua iniciativa exclusiva, adiar audiências, inclusive, por motivo de ordem pessoal. Razões de foro ético, no entanto, recomendam que ele indique a causa do adiamento: enfermidade ou mal-estar súbitos, doença em pessoa da família, falecimento de parente ou de colega de profissão, participação em congresso jurídico, envolvimento em acidente de automóvel etc.

Algumas vezes, o adiamento decorre de razões técnicas, como a falta de energia elétrica na sala de audiências e nas demais dependências da Vara; ou de razões de segurança, como o risco de desabamento, a ameaça de invasão, a existência de bomba ou de qualquer outro artefato explosivo etc.

É elementar que, tirante situações como as mencionadas, o juiz deverá, o quanto possível, evitar o adiamento da audiência, a fim de não acarretar uma dilatação do tempo de duração do processo, ou seja, um retardamento na entrega da prestação jurisdicional. Rememoremos, mais uma vez, a regra contida no art. 5º, inciso LXXVIII, da Constituição Federal, que assegura a "razoável duração do processo e os meios que garantam a celeridade de sua tramitação". Por esse motivo, o art. 139, do CPC, inseriu no elenco dos deveres do magistrado o de "velar pela duração razoável do processo" (inciso II). O art. 765, da CLT, por sua vez, determina que os juízes velem "pelo andamento rápido das causas".

Há casos em que o juiz percebe que as partes estão, efetivamente, dispostas a uma conciliação, mas dependem, para isso, de consultar outras pessoas que não se encontram na audiência. Diante disso, o bom-senso sugere que adie a audiência (para a data mais próxima possível), a fim de que os litigantes possam realizar as consultas desejadas e, com isso, acabem transacionando. Quando não, que suspenda, por alguns minutos, a audiência, a fim de que as partes possam estabelecer contato (telefônico, por *e-mail* ou por qualquer outro meio) com quem detenha poderes para autorizar a conciliação, nos termos em que esteja sendo proposta.

Pode ocorrer, ainda, de uma das partes, poucos dias antes da audiência de instrução, juntar aos autos inúmeros documentos, sem que a secretaria da Vara tenha tempo suficiente para cumprir o despacho judicial que determinou a intimação da parte contrária para manifestar-se (em dez dias, digamos) sobre esses documentos. Diante disto, será prudente o adiamento da audiência, para evitar que a parte oposta à que juntou os documentos alegue nulidade processual por restrição à garantia constitucional da ampla defesa.

Enfim, a experiência, o bom-senso e a sensibilidade serão sempre os melhores conselheiros que o juiz deverá consultar toda vez que pensar em assumir a iniciativa de adiar uma audiência.

Em princípio, não cabe recurso do despacho judicial que adia a audiência (CPC, art. 1.001). Em determinados casos, no entanto, a parte poderá impetrar mandado de segurança contra esse ato judicial, desde que esteja em condições de comprovar um seu direito líquido e certo de ver mantida a data inicialmente fixada para a realização da audiência. Se a discordância da parte quanto ao adiamento da audiência prender-se, por exemplo, ao fato de a sua testemunha estar na iminência de ausentar-se do país, em caráter definitivo ou por longo período, talvez o problema possa ser solucionado não com o exercício da ação mandamental, mas com a medida cautelar de produção antecipada dessa prova (CPC, art. 381), contanto que haja condições de fazer com que a audiência a isso destinada seja realizada em data que permita à parte inquirir a testemunha antes de esta ausentar-se.

Se o juiz houver designado audiência para a produção de provas orais e uma das partes não puder comparecer, por motivo justificado, e o juiz, em vez de adiar a audiência, inquirir as testemunhas presentes e marcar outra audiência para o interrogatório das partes, estará criando condições para que o seu ato seja objeto de reclamação correcional — que não é recurso —, por ser tumultuário do procedimento. Assim dizemos porque, nos termos do art. 848, §§ 1º e 2º, da CLT, o interrogatório das partes deve ser realizado *antes* da inquirição das testemunhas. Essa ordem não só dá preeminência axiológica às partes, como protagonistas do processo, como atende a uma regra pragmática e de foro lógico, pois se durante o interrogatório houver confissão (provocada) da parte (CPC, arts. 389 e 390, o fato sobre a qual depôs se torna incontroverso (CPC, art. 374, II e III), tornando dispensável, em razão disso, a inquirição das testemunhas. Não confundamos a *inversão* da ordem dos depoimentos (ouvindo-se, primeiro, o réu) ou das inquirições das testemunhas (ouvindo-se, em primeiro lugar, as do réu), procedimento consagrado pela praxe, com a *subversão* dessa ordem, procedimento tumultuário.

Art. 363. Havendo antecipação ou adiamento da audiência, o juiz, de ofício ou a requerimento da parte, determinará a intimação dos advogados ou da sociedade de advogados para ciência da nova designação.

• **Comentário**

É evidente que se ocorrer a antecipação ou o adiamento da audiência, cumprirá ao juiz determinar a intimação dos advogados ou da sociedade dos advogados dotados de poderes para esse fim. Em que pese ao fato de a norma legal aludir a "requerimento da parte", entendemos, máxime com os olhos postos na Justiça do Trabalho, que a intimação deverá sempre ser feita *ex officio*.

A intimação deverá ser realizada na pessoa da própria parte quando esta estiver atuando em causa própria.

A ausência de intimação, quando exigida por lei, poderá acarretar a nulidade do processo, desde que acarrete manifesto prejuízo à parte (CLT, art. 794).

Art. 364. Finda a instrução, o juiz dará a palavra ao advogado do autor e do réu, bem como ao membro do Ministério Público, se for o caso de sua intervenção, sucessivamente, pelo prazo de 20 (vinte) minutos para cada um, prorrogável por 10 (dez) minutos, a critério do juiz.

§ 1º Havendo litisconsorte ou terceiro interveniente, o prazo, que formará com o da prorrogação um só todo, dividir-se-á entre os do mesmo grupo, se não convencionarem de modo diverso.

§ 2º Quando a causa apresentar questões complexas de fato ou de direito, o debate oral poderá ser substituído por razões finais escritas, que serão apresentadas pelo autor e pelo réu, bem como pelo Ministério Público, se for o caso de sua intervenção, em prazos sucessivos de 15 (quinze) dias, assegurada vista dos autos.

• **Comentário**

Caput. Repete-se o teor do art. 454 do CPC revogado.

A norma não se aplica ao processo do trabalho no tocante ao prazo de vinte minutos. Aqui, as partes disporão de dez minutos para a apresentação de razões finais (CLT, art. 850, *caput*). O que se poderia aplicar do art. 364, *caput*, do CPC, no processo do trabalho, é: a) a ordem sucessiva de formulação das razões finais, iniciando-se pelo autor (embora, na prática essa ordem já venha sendo observada pelos juízes do trabalho); b) a possibilidade de haver prorrogação do prazo de dez minutos, em situações que efetivamente a justifiquem. Conquanto o art. 850, parágrafo único, disponha que o prazo não excederá de dez minutos, eventual prorrogação, desde que em benefício de ambas as partes, não acarretará nulidade do processo CLT, art. 794).

O momento legalmente definido para a apresentação de razões finais, tanto no processo do trabalho quanto no processo civil, é extremamente oportuno, uma vez que, encerrada a instrução, essas razões consistirão na última manifestação que as partes farão em juízo, acerca de preliminares, das prejudiciais ou do mérito da causa, antes de ser proferida a sentença. Destarte, com base nas provas produzidas e na legislação aplicável, cada litigante procurará lançar nos autos argumentos capazes de convencer o juiz quando do proferimento da sentença. Em muitas ocasiões, no entanto, as partes se limitam a efetuar razões finais "remissivas", ou seja, reportam-se aos fatos e provas existentes nos autos, culminando por pedir a "procedência" da ação, vale dizer, no caso do autor, o acolhimento dos pedidos formulados na inicial; do réu, a rejeição desses pedidos.

Há situações, todavia, em que não se justifica malbaratar as razões finais com essas vagas remissões; com efeito, em determinados casos, como quando a causa contém matéria complexa ou inusitada, é sempre aconselhável que as partes se empenhem em demonstrar ao magistrado as razões jurídicas pelas quais esperam que a sentença seja favorável aos seus interesses.

§ 1º No processo civil, havendo litisconsorte ou terceiro interveniente, o prazo (que formará com o da prorrogação um só todo) será dividido entre as pessoas do mesmo grupo, se não convencionarem de outro modo. Essa norma deveria ser aplicada ao processo do trabalho; todavia, ao tempo em que estava a viger o CPC de 1973, a OJ n. 310, da SBDI-I, do TST, afirmava ser inaplicável ao processo do trabalho a norma do art. 191 daquele Código, que determinava a contagem em dobro do prazo quando os litisconsortes possuíssem advogados diversos. Pela mesma razão, a jurisprudência trabalhista majoritária entendia não incidir no processo do trabalho o art. 454, do CPC de 1973, reiterado pelo art. 364, § 1º, do CPC atual. A tendência é ser preservado o entendimento consubstanciado na antedita OJ na vigência do atual CPC. Não vemos incompatibilidade do art. 364 do CPC com o processo do trabalho (CLT, art. 769), uma vez que o prazo será dividido entre os litisconsortes. Deste modo, mesmo que se cogite de dez minutos, esse será o prazo de que o *conjunto* dos litisconsortes disporá para apresentar razões finais. O que a norma do CPC está a expressar é a regra de que o prazo será *dividido* entre as pessoas litisconsorciadas. A ressalva: "se não convencionarem de modo diverso", efetuada pelo § 1º do art. 364 do CPC, não está a significar que cada litisconsorte disporá do prazo de vinte (ou de dez, se aplicada a norma ao processo do trabalho) minutos para aduzir razões finais, e sim que esse prazo poderá ser utilizado, por exemplo, apenas por um dos litisconsortes — se essa for a vontade dos demais.

Deixamos clara a nossa discordância da OJ n. 310, da SBDI-I, do TST. No termos dessa OJ, a regra do art. 191, do CPC revogado era incompatível com "o princípio da celeridade inerente ao processo trabalhista". A referida norma do CPC de 191 dispunha que se os litisconsortes possuíssem advogados distintos ser-lhes-iam "contados em dobro os prazos para contestar, para recorrer e, de modo geral, *para falar nos autos*" (destacamos). Em termos práticos, o que a sobredita OJ estava a expressar é que, também nas razões finais, o prazo de dez minutos não seria duplicado para os litisconsortes, ainda que os seus advogados não fossem os mesmos. Não havia nenhuma razão de ordem técnica — ou mesmo ética — para a SDI-1, do TST, haver adotado a OJ n. 310. Em uma realidade marcada pelo fato de inúmeras Varas do Trabalho estarem proferindo sentença no prazo de um ou dois anos, contado da data do ajuizamento da inicial; em que os Tribunais Regionais consomem meses e meses para o julgamento de recursos; em que o próprio TST, não raro, leva anos para julgar as matérias de sua competência jurisdicional; em que a execução costuma demorar meses e meses, o veto estampado na OJ n. 310, quanto à possibilidade de ser elevado para *vinte minutos* o prazo para a formulação de razões finais pelos litisconsortes, no soava — como ainda soa —, *data venia*, a irrisão. Não haveriam de ser, por certo, esses meros vinte minutos, que atentariam contra o princípio da celeridade processual. Há muitos casos, por exemplo, em que os interesses dos litisconsortes passivos são conflitantes entre si (um dos co-réus não admite a sua qualidade de sucessor do outro ou de integrante do mesmo grupo econômico etc.). Sendo assim, é evidente que a repartição dos dez minutos entre eles lhes acarreta manifesto prejuízo, restringindo-lhes, ademais, o direito constitucional de ampla defesa (CF, art. 5º, inciso LV). Não se pode ignorar, ainda, entre outras coisas, que: a) esse tipo de regime litisconsorcial (passivo) foi constituído por ato do autor; b) que os litisconsortes podem ser numerosos, agravando, ainda mais, o fato de não lhes ser computado em dobro o prazo para formular razões finais orais.

A matéria, que estava regida pelo art. 191 do CPC revogado foi transposta para o art. 229 do atual CPC, sem alteração substancial. O que se fez aqui foi esclarecer que os diferentes procuradores devem integrar escritórios de advocacia diversos.

§ 2º O processo civil não possui, em rigor, uma fase de razões finais, semelhante à do processo do trabalho. O que o CPC prevê é uma fase de *debate* oral; com vistas a isso, "Finda a instrução, o juiz dará a palavra ao advogado do autor e do réu, bem como ao membro do Ministério Público, se for caso de sua intervenção, sucessivamente, pelo prazo de 20 (vinte) minutos para cada um, prorrogável por 10 (dez) minutos, a critério do juiz" (CPC, art. 364, *caput*). Nas razões finais trabalhistas não há debates, senão que manifestações unilaterais das partes. O § 2º do art. 364, do CPC, autoriza o magistrado a substituir os debates orais pelas razões finais escritas, sempre que a causa apresentar questões complexas de fato ou de direito, fixando dia e hora para o oferecimento dessas razões. De algum tempo até esta altura, alguns juízes do trabalho vêm adotando o mesmo procedimento, inspirados na precitada norma do CPC. No que estão, segundo entendemos, equivocados. Justifiquemos a nossa opinião. No sistema do processo do trabalho, as razões finais devem ser apresentadas *antes* da segunda proposta de conciliação, como patenteia o art. 850, *caput*, primeira parte, da CLT. Ao permitir que as razões escritas *substituam* as orais, o juiz do trabalho está fazendo com que aquelas sejam oferecidas *após* a segunda proposta de conciliação, acarretando, com isso, uma subversão processual, capaz de motivar a intervenção correcional.

O que nos parece possível, isso sim, é abrir oportunidade para que os litigantes, antes da segunda proposta de conciliação, aduzam razões finais orais (ainda que remissivas) — sem prejuízo de deferir-lhes a apresentação de razões escritas, no prazo que lhes assinar, quando a causa apresentar manifesta complexidade.

Nesse caso, se houver alguma nulidade a ser arguida pela parte, em virtude de fato ocorrido durante a audiência de instrução, ela deverá fazê-lo não nas razões escritas, e sim nas razões orais, finais. Como as nulidades devem ser alegadas na primeira oportunidade em que as partes tiverem de manifestar-se nos autos ou em audiência (CLT, art. 795, *caput*), é evidente que ao fazê-lo, apenas, no momento das razões escritas, encontrarão precluso o direito de alegar o ato nulificante do processo.

Se, entretanto, a despeito de nossa discordância, o juiz do trabalho simplesmente *substituir* as razões finais orais pelas escritas, não há dúvida de que a parte poderá alegar alguma nulidade no ensejo das razões escritas, pois terá sido esta a primeira oportunidade que lhe foi concedida para falar nos autos após o encerramento da instrução. Nesta hipótese, não se há que cogitar de preclusão "temporal".

Em ações civis públicas, por exemplo, tem sido frequente o juiz do trabalho deferir a apresentação de memoriais, posteriormente ao encerramento da audiência de instrução. A regularidade desse procedimento judicial dependerá de verificar se ele concedeu essa oportunidade sem prejuízo das razões finais, características do processo do trabalho, ou em substituição a estas.

A ausência de apresentação de razões finais, considerada em si mesma, não é causa de nulidade processual; a nulidade decorrerá do fato de não se haver concedido *oportunidade* aos litigantes, para as oferecerem. Assim sendo, se, deferida essa oportunidade, a parte disser que nada tem a alegar em razões finais (nem mesmo em caráter remissivo), nenhuma nulidade haverá. Caso, entretanto, o juiz, por inadvertência, deixe de abrir essa oportunidade aos litigantes, aquele a quem a sentença for desfavorável ficará provido do necessário *interesse processual* para alegar a nulidade do processo. (CPC, art. 17).

Na fixação do prazo para a apresentação de memoriais o juiz deverá agir com sensatez e sensibilidade, pois há casos em que o prazo de cinco dias será suficiente, ao passo que, em outros, dez dias serão irrisórios, diante da profunda complexidade da matéria debatida nos autos e da quantidade de fatos alegados na causa.

No processo civil, as razões finais serão apresentadas em prazo sucessivo, iniciando-se pelo autor. Em termos ideais de justiça, o prazo deveria ser sempre comum, a fim de evitar a indiscutível vantagem que terá aquele que falar por último. Do ponto de vista das partes, no entanto, o prazo comum lhes acarreta um certo transtorno de ordem prática, porquanto não poderão retirar os autos, em carga, considerando ser muito difícil, no mais das vezes, conseguirem dividir, entre si, o prazo. O processo do trabalho deve orientar-se pelo CPC, neste particular.

Já nos pronunciamos acerca da substituição das razões finais orais pelas razões escritas, no plano da Justiça do Trabalho. O que temos visto, em alguns juízos trabalhistas, é outro procedimento, consistente em aceitar razões finais por escrito. Em princípio, não haverá nulidade, pois embora a lei (CLT, art. 850, *caput*), preveja a apresentação oral dessas razões, no prazo de dez minutos para cada parte, o fato de serem apresentadas por escrito não as invalidam, não contaminam o processo de nulidade. Assim dizemos com fundamento no princípio da *instrumentalidade* dos atos processuais, materializado nos arts. 277, do CPC. Estabelece este último que quando a lei prescrever determinada forma, sem cominação de nulidade, o juiz considerará válido o ato se, "realizado de outro modo, lhe alcançar a finalidade". Não se nega que, na situação em exame: a) o art. 850, *caput*, da CLT, não comina de nulas as razões finais oferecidas por forma diversa da prevista (oral); b) estas, apresentadas por escrito, atingiram a sua finalidade.

Estamos a pressupor que as razões finais escritas sejam oferecidas no momento processual oportuno, ou seja, antes da formulação da segunda proposta judicial destinada a obter uma solução negociada (acordo) do conflito de interesses.

Afirmamos que, *em princípio*, a apresentação de razões finais escritas não seria causa de nulidade processual. Essa ressalva se destinou a chamar a atenção a determinadas situações específicas, e excepcionais, em que, *talvez*, a nulidade possa ser configurada. Digamos, por exemplo, que, aberta a oportunidade para a apresentação de razões finais orais (logo, em audiência), uma das partes as apresente, no ato, não apenas por escrito, mas contidas em dezenas e dezenas de páginas, nas quais fez um aprofundado exame das matérias de fato e de direito debatidas na causa. É elementar que se a parte fosse aduzir, de maneira, oral, tudo o que se contém no texto, necessitaria de mais de uma hora. A outra parte, por sua vez, disporia, apenas, de dez minutos para aduzir, oralmente, as suas razões finais, já que não imaginava que o juiz aceitaria as apresentadas por escrito pelo adversário. Esse desequilíbrio poderia motivar a arguição de nulidade processual pela parte que apresentou as suas razões finais orais, como é de lei. O seu prejuízo estaria configurado se a sentença viesse a ser-lhe desfavorável.

No caso em questão, o juiz poderia evitar a arguição de nulidade por uma destes modos viáveis, entre outros: a) não aceitar as razões escritas da parte; b) aumentar o tempo para que a outra parte formulasse oralmente as suas razões finais; c) sugerir que ambas apresentassem razões finais orais, sem prejuízo de posterior oferecimento de memoriais (em prazo comum).

Art. 365. A audiência é uma e contínua, podendo ser excepcional e justificadamente cindida na ausência de perito ou de testemunha, desde que haja concordância das partes.

Parágrafo único. Diante da impossibilidade de realização da instrução, do debate e do julgamento no mesmo dia, o juiz marcará seu prosseguimento para a data mais próxima possível, em pauta preferencial.

• **Comentário**

Caput. Norma semelhante estava inscrita no art. 455 do CPC revogado.

Unidade da audiência

Sob o ângulo rigorosamente da literalidade da lei, a audiência trabalhista deveria ser una e contínua (CLT, art. 849), a fim de atender-se à necessidade de rápida solução do conflito de interesses — princípio fundamental sobre o qual foram elaboradas as normas processuais da CLT. Circunstâncias ponderáveis, todavia, fizeram com que, na prática, a audiência acabasse sendo fragmentada, ou seja, se tornasse descontínua, sendo, mesmo, absolutamente natural falar-se nos dias de hoje — tendo em vista o procedimento ordinário — em audiência inicial, de instrução e de julgamento. Isso não significa que haja mais de uma audiência: na verdade, ela é uma, sob o aspecto ontológico, embora se realize desdobradamente, significa dizer, de modo descontínuo, por meio de sessões específicas. No procedimento sumaríssimo a audiência é uma não apenas no texto da lei (CLT, art. 852-C), mas, também, na prática. Pelo menos, por enquanto.

Se bem refletirmos, veremos que o juiz, ao encerrar a audiência dita inicial e designar a de instrução, está, na verdade, *suspendendo* a audiência — que, como afirmamos, é ontologicamente una —, para ter continuidade ("prosseguimento", costuma-se dizer) em outra data. O mesmo se diga quanto à designação da audiência instrutória, em relação à de julgamento.

Entre os motivos que impuseram a partição da audiência trabalhista (procedimento ordinário) sobressai a necessidade de o magistrado tentar um número maior de conciliações em cada pauta; sendo assim, como a audiência denomina "inicial" tem uma duração rápida, tornou-se possível a inclusão em pauta de diversas dessas audiências, com o escopo de buscar-se uma solução consensual do conflito. Frustrada esta tentativa, o réu oferecerá resposta, designando-se, se for o caso, outra data para o prosseguimento da audiência, oportunidade em que as partes serão interrogadas, e as testemunhas, inquiridas, assim como serão aduzidas razões finais e será renovada a proposta de conciliação. Isso feito, apraza-se a audiência destinada ao julgamento.

É inegável que o fracionamento da audiência acarreta uma dilatação do tempo do trâmite processual — lembrando-se que a Constituição da República assegura a "razoável duração do processo e os meios que garantam a celeridade de sua tramitação" (art. 5º, inciso LXXVIII); que o art. 765, da CLT, determina que os juízes "velarão pelo andamento rápido das causas"; que o CPC tem como um dos deveres do magistrado velar pela duração razoável do processo, art. 139, II). No entanto, é necessário não se perder de vista o fato de a realização de audiência una (compreendendo desde a instrução oral até o julgamento da lide), em muitos casos, implicar ofensa a determinadas garantias constitucionais, como, em especial, as do contraditório, da ampla defesa e do devido processo legal. (CF, art. 5º, incisos LV e LIV, nesta ordem). Conforme dissemos, linhas atrás, há situações em que o réu apresenta defesa consistente em diversas laudas e instruída por expressiva quantidade de documentos (dezenas ou centenas), sendo verdadeiramente insensato exigir-se que o autor sobre eles se manifeste na mesma audiência, em uns poucos minutos. Impor-lhe esse pronunciamento, em tais circunstâncias, é afrontar as garantias constitucionais há pouco mencionadas e ensejar a alegação de nulidade processual. Dar seguimento à audiência (ouvindo as partes, interrogando as testemunhas, abrindo oportunidade para as razões finais e formulando a última proposta de conciliação) e permitir ao autor, posteriormente a tudo isso, manifestar-se sobre os documentos apresentados pelo réu, no prazo que se lhe assinar, será subverter a ordem lógica de prática dos atos processuais, será tumultuar-se o procedimento, por modo a autorizar a formulação de reclamação correcional.

No processo de conhecimento — ao contrário do que se passa no terreno *sui generis* do processo cautelar –, em alguns casos será preferível decidir-se bem, ainda que com alguma tardança, a decidir-se mal, embora desde logo. Convém advertir que uma decisão precipitada, proferida em nome da necessidade de rápida entrega da prestação jurisdicional, pode conduzir a resultados opostos ao desejado, como quando a sentença é anulada pelo tribunal com fundamento na violação das garantias constitucionais do contraditório, da ampla defesa e do devido processo legal. Nesta hipótese, a obsessão de celeridade terá conduzido, de modo paradoxal, ao retardamento da efetiva solução do conflito de interesses.

Estamos a asseverar, portanto, que o ideal trabalhista de audiência una, outrora justificável e concretizável, hoje se apresenta inconciliável com as garantias que a Constituição da República assegura aos litigantes em juízo. É algo como um *impossible dream*.

O fracionamento da audiência

Alguém poderia imaginar que a fragmentação da audiência estaria contravindo o art. 849, da CLT, que diz da sua continuidade, e, também, o princípio da concentração dos atos do procedimento. Entretanto, a questão não deve ser examinada sob este ângulo eminentemente legalista, pois há que se reiterar o fato essencial de que a cisão da audiência visou, em última análise, a atender ao escopo medular da Justiça do Trabalho, que consiste na na solução negociada do conflito intersubjetivo de interesses (CLT, art. 764, *caput* e § 1º). Daí, a razão de ser das denominadas "audiências iniciais", destinadas à conciliação (e à recepção da defesa do réu), que passaram a ser de grande número nas pautas diárias dos juízos.

Por outro vértice, a designação de audiências "de instrução" se destinou não apenas a permitir ao juiz poder melhor inteirar-se a respeito dos fatos probandos, como a assegurar o direito de o autor manifestar-se, em prazo razoável, sobre a defesa e os documentos que a instruem. Por fim, a audiência "de julgamento" justificou-se segundo as razões já mencionadas: ensejar a que o magistrado possa formar, com maior segurança, a sua convicção jurídica acerca dos fatos essenciais da lide, uma vez que a instrução foi encerrada.

Não estamos, aqui, a deitar censuras aos magistrados que cumprem à risca a regra contida no art. 849, da CLT, realizando a audiência de forma una, contínua, no procedimento ordinário — desde que isso não implique violação das garantias constitucionais dos litigantes. Tais juízes merecem os nossos elogios, porquanto sabemos ser extremamente desgastante a realização de audiência una, na qual se realizam todos os atos do procedimento posteriores à citação do réu, inclusive, o julgamento, e se elabora a sentença correspondente. O que estamos a asseverar é que a fragmentação da audiência, em princípio, não induz nulidade processual, em virtude da inexistência de *prejuízo* às partes. Esclareça-se, para logo, que o fato de elas terem de comparecer mais vezes a juízo não constitui critério adequado para avaliar e definir a existência de prejuízo. Segue-se, que somente se o fracionamento da audiência for manifestamente prejudicial aos direitos e interesses dos litigantes é que se poderá pronunciar a nulidade processual (CLT, art. 794).

Não podemos deixar de reiterar a observação de que, em muitos casos, a realização de audiência contínua só se torna possível mediante o sacrifício de considerável parcela dos direitos processuais das partes, assegurados pela Constituição da República, em especial os respeitantes ao contraditório e à ampla defesa e ao devido processo legal. Para fornecer um novo exemplo: se o trabalhador não sabia que o empregador iria alegar, na defesa, a prática de falta grave, como poderia produzir contraprova desse fato, na mesma audiência em que a contestação foi apresentada? Como poderia, também, o trabalhador manifestar-se, em poucos minutos, na mesma audiência, acerca dos inúmeros documentos juntados pelo empregador, que poderiam somar dezenas ou centenas? Demais, há situações em que a audiência contínua é inadmissível, como quando o réu apresenta, além da contestação, reconvenção aqui (CPC, art. 343); aqui, o adiamento é inevitável, pois o autor disporá de quinze dias (ou de prazo menor, conforme seja o entendimento do juiz) para manifestar-se sobre os pedidos mencionados (CPC, art. 343, § 1º). O mesmo se afirme quanto às exceções em geral (suspeição, impedimento, incompetência), pois estas, assim que recebidas, suspendem o processo principal. Estamos a expender essas considerações com os olhos postos no processo do trabalho, que ainda prevê o uso das exceções para os fins mencionados (arts. 799 a 802). No sistema do processo civil, a incompetência relativa deverá ser alegada como preliminar da contestação (CPC, art. 64, *caput*), e o impedimento ou a suspeição do magistrados devem ser objeto de petição específica (CPC, art. 146, *caput*).

O CPC somente autoriza a cisão da audiência em caráter excepcional e, ainda assim, justificada, no caso de ausência do perito ou de testemunha, e desde que haja concordância das partes. Essa regra é inaplicável ao processo do trabalho, pelas razões que expusemos em linhas anteriores, entre as quais se avulta a ampla liberdade do juiz na direção do processo (CLT, at. 765).

Demonstrado que o fracionamento da audiência só acarretará nulidade se vier em manifesto prejuízo aos direitos ou interesses dos litigantes, vejamos, agora, uma espécie de variante dessa situação.

Parágrafo único. Em determinados casos, o juiz ouve os litigantes e, depois, designa outra data para o prosseguimento da audiência, a fim de inquirir as testemunhas. Noutras, ele inquire as testemunhas do autor e marca outra audiência, para ouvir as do réu: haveria nulidade nesses procedimentos? Separemos a situações.

Art. 366

Embora os litigantes e as testemunhas, como regra, devam ser ouvidos na mesma audiência, o fato de o juiz interrogar, numa audiência, as partes, e, noutra, as testemunhas, não acarretará, só por isso, nulidade processual, a despeito de não se dever estimular esse procedimento. O ideal é a concentração da coleta da prova oral, para evitar que as partes, já ouvidas, possam influir nas declarações das testemunhas. Além disso, a designação de audiências distintas (a primeira, para interrogar os litigantes; a segunda, para inquirir as testemunhas) traz o grave inconveniente de prolongar, ainda mais, a duração da fase instrutória, e, em consequência, retardar a solução do litígio.

Se, contudo, o juiz ouvir as testemunhas de uma das partes numa audiência, e as da outra em audiência posterior, certamente estará propiciando uma declaração de nulidade do processo pelo tribunal. Assim dizemos, porque a regra legal é a da incomunicabilidade das testemunhas. Dispõe, com efeito, o art. 456, do CPC, que o juiz deverá inquirir as testemunhas separadamente (e de maneira sucessiva), "providenciará que uma não ouça o depoimento das outras". Essa incomunicabilidade se destina a impedir que a testemunha a ser inquirida possa ser influenciada pelas que já depuseram, colocando em risco, desse modo, a persecução judicial à verdade dos fatos da causa (verdade real).

Muitas vezes, o juiz procura justificar esse fracionamento da coleta da prova oral com o argumento do "adiantado da hora". *Data venia*, embora a lei disponha que as audiências devam ser realizadas entre as 8h e as 18h e não possam ultrapassar cinco horas contínuas (CLT, art. 813, *caput*), nada obsta a que o juiz, em nome do princípio da incomunicabilidade das testemunhas (CPC, art. 456), prorrogue a audiência para além das 18h. O mesmo princípio autoriza o magistrado a fazer com que a audiência dure mais do que cinco horas consecutivas, sem receio de estar, com isso, transgredindo a regra contida no *caput* do art. 813, da CLT. O que não se permite é que a audiência seja *iniciada* após às 18 h, sendo lícito o seu *prosseguimento* após esse horário em casos que sejam justificáveis

Em rigor, nulidade haverá se, digamos, o juiz ouvir alguma testemunha de uma das partes numa audiência e as restantes (ainda que sejam da mesma parte) em outra, pois o que se deve colocar à frente é o fato de que, igualmente nessa hipótese, estará sendo malferida a regra legal da incomunicabilidade das testemunhas (CPC, art. 456). Esse princípio, a propósito, só pode ser afastado nos casos expressamente previstos em lei, como, *v. g.*: a) quando se tratar de carta-precatória (ou rogatória); b) quando houver necessidade de a prova testemunhal ser produzida antecipadamente (CPC, arts. 381 e 382); c) quando a testemunha tiver o direito de ser inquirida em sua residência ou no local em que exerce as funções (CPC, art. 454); d) quando se tratar de testemunha referida (CPC, art. 461, I); e) quando o processo for anulado. Por outras palavras: a regra é de que as testemunhas depõem na sede do juízo (CPC, art. 449), de modo separado e sucessivo (CPC, art. 456). As exceções estão contidas, em boa parte, no art. 454, do mesmo Código.

É certo que o art. 365, parágrafo único, do CPC, declara que se não for possível concluir num mesmo dia a instrução, o debate e o julgamento, o juiz marcará o prosseguimento da audiência para a data mais próxima possível, "em pauta preferencial". O art. 455 do CPC anterior dispunha que o prosseguimento da audiência deveria ser designado "para o dia próximo". O art. 849, da CLT, estabelece que a continuação da audiência deverá ocorrer na "primeira desimpedida", independentemente de intimação. Duas notas complementares: a) a expressão legal "primeira desimpedida", está a significar que a audiência em continuidade deverá ser designada para a primeira data livre nas pautas; b) as partes, na verdade, serão intimadas na própria audiência, cuja conclusão não foi possível; logo, a expressão: "independentemente de intimação" não tem o sentido que a sua literalidade está a insinuar. Seja como for, o fato concreto, conforme salientamos, é que, nos casos referidos, haverá inevitável quebra do princípio da incomunicabilidade das testemunhas, estampado no art. 456 do CPC. E a nulidade decorrerá da existência, ou não, de razão relevante para a quebra desse princípio.

Art. 366. Encerrado o debate ou oferecidas as razões finais, o juiz proferirá sentença em audiência ou no prazo de 30 (trinta) dias.

• **Comentário**

Como assinalamos, no processo do trabalho não há debates, e sim, razões finais, que são aduzidas no prazo máximo de dez minutos (portanto, oralmente) para cada litigante, após o encerramento da instrução e antes da segunda proposta de conciliação (CLT, art. 850, *caput*).

Aduzidas as razões finais, o juiz proferirá a sentença desde logo ou no prazo de trinta dias (arts. 226, III e 366). Esse prazo, no CPC anterior, era de dez dias (art. 189, II). Levando-se em conta a omissão da CLT, no particular, aplicam-se ao processo do trabalho os arts. 226, III e 366 do CPC. Sabemos, contudo, que, na prática, esse prazo nem sempre é obedecido pelos juízes do trabalho, em virtude da notória sobrecarga de serviços a que estão submetidos. A sentença terá condições de ser emitida "desde logo" nos casos de revelia (CLT, art. 844, *caput*), contanto que se verifiquem os efeitos a ela inerentes (CPC, art. 344). Neste caso, estará ocorrendo o julgamento antecipado do mérito (CPC, art. 355, II).

Seja como for, vale lembrar a advertência contida no art. 93, II, letra "e", da Constituição Federal, de que o juiz não poderá ser promovido se, injustificadamente, tiver retido os autos em seu poder além do prazo legal, não podendo, além disso, devolvê-los ao cartório sem o despacho ou a decisão devidos.

Art. 367. O servidor lavrará, sob ditado do juiz, termo que conterá, em resumo, o ocorrido na audiência, bem como, por extenso, os despachos, as decisões e a sentença, se proferida no ato.

§ 1º Quando o termo não for registrado em meio eletrônico, o juiz rubricar-lhe-á as folhas, que serão encadernadas em volume próprio.

§ 2º Subscreverão o termo o juiz, os advogados, o membro do Ministério Público e o escrivão ou chefe de secretaria, dispensadas as partes, exceto quando houver ato de disposição para cuja prática os advogados não tenham poderes.

§ 3º O escrivão ou chefe de secretaria trasladará para os autos cópia autêntica do termo de audiência.

§ 4º Tratando-se de autos eletrônicos, observar-se-á o disposto neste Código, em legislação específica e nas normas internas dos tribunais.

§ 5º A audiência poderá ser integralmente gravada em imagem e em áudio, em meio digital ou analógico, desde que assegure o rápido acesso das partes e dos órgãos julgadores, observada a legislação específica.

§ 6º A gravação a que se refere o § 5º também pode ser realizada diretamente por qualquer das partes, independentemente de autorização judicial.

• **Comentário**

Caput. A matéria dava conteúdo ao art. 457 do CPC revogado.

O "livro de registro das audiências", a que se referem os arts. 815, parágrafo único, e 817, da CLT, corresponde não só ao *termo* de que trata o art. 367 do CPC, como ao que se convencionou, na prática, denominar de *ata*.

O substantivo *ata* é originário do latim *acta, actorum*, que significa "coisas feitas, obras, feitas".

No terreno processual, a ata constitui o instrumento formal (e oficial) de documentação não só dos atos processuais realizados na audiência, mas dos principais fatos ou acontecimentos aí verificados. Atos, para esse efeito, seriam, entre outros, as propostas conciliatórias, a resposta do réu, a juntada de documentos, o interrogatório das partes, a inquirição das testemunhas ou do perito, as razões finais. Fatos, o atraso ou ausência de uma ou de ambas as partes, os requerimentos formulados pelos litigantes, os protestos antipreclusivos por eles manifestados, as determinações feitas pelo juiz, o exercício do seu poder de polícia etc.

Nos processos de alçada exclusiva das Varas do Trabalho o juiz poderá dispensar o resumo dos depoimentos das partes e das testemunhas, caso em que deverá fazer constar da ata a sua conclusão acerca da matéria de fato (CLT, art. 851, § 1º). Aqui, aliás, o legislador fez expressa menção à ata.

Nas causas submetidas ao procedimento sumaríssimo, a ata registrará, de maneira resumida, "os atos essenciais, as afirmações fundamentais das partes e as informações úteis à solução da causa trazidas pela prova testemunhal" (CLT, art. 852-F). Também aqui o legislador não fez referência ao "livro de registro das audiências", senão que à ata. Ressalte-se, entretanto, a má técnica utilizada na redação dessa norma legal, nomeadamente, no que tange às "informações" úteis trazidas pela prova testemunhal. Ora, testemunha não presta *informação*, senão que *depoimento*, cujas declarações constituem meio de prova. *Informações* prestam o perito e outras pessoas, físicas ou jurídicas, que embora não estejam vinculadas ao processo, têm o dever de colaborar com o Poder Judiciário para o descobrimento da verdade (CPC, art. 378).

Aplica-se à ata a regra do art. 211, do CPC, segundo a qual não são admissíveis nos atos e termos processuais espaços em branco, assim como entrelinhas, emendas ou rasuras, exceto se os espaços forem inutilizados e estas, expressamente ressalvadas. A não-inutilização do espaço em branco poderá fazer com que venha a ser abusivamente preenchido por quem essa atitude for conveniente; a ausência de ressalva fará com que seja posta em dúvida a autenticidade do texto inserido entre linhas, emendado ou rasurado. As providências previstas no art. 211, do

Art. 367

CPC, devem ser adotadas pelo magistrado; caso este se omita, cumprirá ao advogado (ou à parte, se estiver atuando pessoalmente), antes de assinar a ata, chamar a atenção do juiz para o fato.

Conquanto a lei só exija, na ata, a assinatura do juiz do trabalho que presidiu a audiência (CLT, art. 851, § 2º), por força da praxe e da influência do CPC de 1973, passou-se a colher também, os autógrafos das partes, de seus advogados e das testemunhas — procedimento que, à evidência, não gera nulidade. Ao contrário, traz maior segurança não só ao magistrado como, por igual, a todos aqueles que participaram da audiência; em especial, as partes. O CPC atual trata do tema no § 2º do art. 367.

A ata deverá ser juntada aos autos dentro do prazo improrrogável de 48 horas, contado da data da audiência (CLT, art. 851, § 2º).

A lei não ordena o fornecimento de cópia da ata às partes; entretanto, sempre que possível, cópia deverá ser entregue a estas, por motivos que nos parecem elementares. Atualmente, em decorrência dos avanços tecnológicos, os registros dos fatos ocorridos em audiência é realizado mediante a digitação da ata no computador, ficando esta à disposição das partes, via *internet*, em sítios do correspondente Tribunal Regional.

Um dos grandes erros em que, algumas vezes, incorrem as partes e seus advogados consiste em não ler a ata antes de assiná-la. Realmente, há casos em que a parte ou seu advogado somente percebem, algum tempo depois (horas, dias, semanas) de haverem assinado a ata, que determinados registros, dela constantes, estão incorretos, como, por exemplo, as declarações de uma testemunha sobre determinado fato. Em tais situações, dificilmente o juiz admitirá a retificação da ata, por não se tratar de mero erro material (CLT, art. 833), e sim, de erro intelectual. Por isso, é sempre aconselhável que a parte ou seu advogado leiam a ata antes de lançar nela a sua assinatura — em que pese ao fato de sabermos que essa leitura deverá ser feita às pressas, considerando-se o azáfama e os atropelos característicos das audiências trabalhistas.

Naqueles juízos que mantêm um monitor — vinculado ao computador — voltado para as partes posicionadas na mesa da sala em que se realiza a audiência o risco de haver falhas na redação da ata fica extremamente reduzido, pois as partes e seus advogados podem controlar, em tempo real, por intermédio do referido monitor, a fidelidade, ou não, dos registros lançados na ata, e intervir — invocando questão de ordem — sempre que verificarem haver divergência entre o que dela deveria constar e o que efetivamente constou.

Idealmente, por isso, todas as salas de audiências deveriam contar com esse utilíssimo recurso tecnológico.

Se a sentença for proferida na audiência deverá, como é óbvio, constar integralmente da ata.

§ 1º No processo civil, em princípio, caberá ao juiz rubricar as folhas do termo de audiência, salvo quando o termo for registrado em meio eletrônico. A expressão "serão encadernadas em volume próprio", referente às folhas do termo, aos olhos do processo do trabalho, está mal redigida e pode conduzir a certas interpretações aberrantes, na prática. O que se de entender, no plano deste processo especializado, é que as precitadas folhas serão transladas para os autos do processo. Essa redação vem do § 1º do art. 457 do CPC anterior.

§ 2º O termo de audiência, no processo civil, será assinado pelo juiz, pelos advogados, pelo membro do Ministério Público e pelo escrivão, estando disso dispensadas as partes. Estas somente subscreverão o termo quando tiver havido algum ato de disposição para cuja prática os advogados não detinham poderes. Poderes que devem constar de cláusula específica, por força da regra contida no art. 105, *caput*, do CPC.

No processo do trabalho, conforme dissemos, o art. 851, § 2º, da CLT, determina que a ata seja assinada apenas pelo juiz (a referência aí feita aos vogais é anacrônica). Na prática, entretanto, a ata é assinada também pelas partes, por seus advogados, pelas testemunhas, pelo perito, enfim, por todos aqueles que tenham participado da audiência, exceto o escrevente ou o digitador. Essa praxe trabalhista deve ser preservada, por traduzir um elemento de segurança jurídica para todos aqueles que, a algum título, participaram da audiência.

§ 3º No processo do trabalho, o escrivão não traslada para os autos cópia autêntica do termo de audiência, senão que o próprio termo, ou melhor, a própria ata original.

§ 4º Também no processo do trabalho deverá ser observado o disposto na legislação específica e nas normas internas dos tribunais, quando se tratar de processo eletrônico. O processo eletrônico é disciplinado pela Lei n. 11.419, de 19 de dezembro de 2006.

§ 5º A norma legal faculta a gravação integral da audiência em imagem e em áudio, em meio digital ou analógico, desde que fique assegurado o rápido acesso das partes e dos órgãos julgadores, observada a legislação específica.

A gravação da audiência pelo sistema audiovisual, tem sido recebida com um misto de euforia e de alguma reserva pela classe dos advogados. Um dos problemas derivantes desse sistema reside no momento em que estes profissionais necessitam transcrever trechos dos depoimentos das testemunhas nas razões do recurso ordinário que estão a elaborar. Ocorre que como não há registro por escrito, eles perdem muito tempo realizando a transcrição desses depoimentos. Não raro, necessitam ouvir diversas vezes o mesmo trecho, para poderem ter certeza do que aí consta e realizar a correspondente transcrição fiel. Há, pois, uma considerável dificuldade operacional para os advogados, que, em alguns casos, pode configurar violação à garantia constitucional da ampla defesa. Espera-se, por isso, que o sistema seja aprimorado, por forma a evitar esses embaraços para as partes e seus procuradores judiciais.

Essa dificuldade, aliás, também existe para os juízos deprecados, pois estes, de modo geral, não estão familiarizados com o sistema de registro audiovisual dos depoimentos tomados em audiência, motivo por que, muitas vezes, o magistrado acaba não conseguindo ter acesso ao conteúdo do CD ou do DVD que lhe foi remetido com a carta precatória, para servir como subsídio, com vistas ao depoimento das testemunhas a serem inquiridas no juízo deprecado. Os próprios relatores, nos tribunais — sejam os Regionais, seja o Superior do Trabalho —, seguramente também não se sentem confortáveis diante de depoimentos que foram objeto de registro pelo sistema audiovisual, pois há sempre um considerável consumo adicional de tempo no ato de transcrever esses depoimentos no voto do relator ou do revisor.

Tais fatos demonstram a necessidade de aprimoramento do sistema, a fim de poder ser, efetivamente, utilizado em proveito de todos.

§ 6º O CPC revogado permitia às partes a gravação somente dos depoimentos das testemunhas (art. 417, *caput*). O Código atual ampliou, em atitude elogiável, essa possibilidade ao permitir a gravação *integral* da audiência — sem que para isso necessite de autorização do juiz. Houve, pois, um expressivo avanço.

Art. 368. A audiência será pública, ressalvadas as exceções legais.

• **Comentário**

Quando afirmamos, há pouco, que a audiência constitui um ato público e solene, estávamos, por certo, com a atenção concentrada nas disposições dos arts. 813 e 815, da CLT. Retornamos, agora, ao assunto, para observar que o princípio da publicidade, considerando a sua importância no contexto dos regimes democráticos, está previsto (ainda que de maneira implícita) no art. 5º, inciso LX, da Constituição Federal. Assim asseveramos porque esta norma constitucional adverte que a publicidade dos *atos processuais* só poderá ser restringida quando feita em nome do interesse social ou da necessidade de preservação da intimidade do indivíduo. A sentença constitui ato processual.

Aliás, é oportuno ressaltar que o princípio em exame não fica circunscrito à audiência, senão que compreende o universo dos atos processuais, no qual a audiência ostenta, sem dúvida, posição realçada. Destarte, só em situações excepcionais é que se poderá pôr de lado esse salutar princípio, como nos casos mencionados no art. 189, do CPC, em que o processo tramita em segredo de justiça.

O princípio da publicidade das audiências permite o controle popular desse ato processual, pois é sabido que, ressalvados os casos do art. 189, do CPC, qualquer pessoa pode presenciar a audiência, conquanto, não sendo parte ou não estando, por qualquer modo, legitimada, não possa nela intervir, nem perturbar os trabalhos que aí se realizam, sob pena de o juiz, fazendo uso do seu poder de polícia, mandar retirar da sala os assistentes que estiverem perturbando os trabalhos da audiência (CLT, art. 816), ou se comportando de maneira inconveniente (CPC, art. 360, II).

É proveitoso recordar as palavras sentenciosas de Eduardo Couture sobre a publicidade da audiência: *"La justicia oral e pública consiste em poder realizar de viva voz este alto menester de decidir la suerte de los conciudadanos. Las ventajas de la publicidad no pueden ser postas en duda. Cada tiempo, quando se debaten estas cosas, se repite el famoso aforismo de Mirabeau: no lo temo a los jueces, ni a los más abyectos, ni a los más depravados, ni a mis mismos enemigos, si es que su justicia deben hacerla em presencia del pueblo. Todos sabemos bien que el pueblo es el juez de los jueces"* (Estudios de derecho procesal civil. Tomo I, Buenos Aires: Ediar, 1948. p. 153).

Estrutura orgânica da audiência trabalhista

Não poderíamos encerrar os nossos comentários sem demonstrarmos, ainda que de maneira concisa, mas com preocupação didática, a sequência, legalmente preordenada, dos atos que soem ser praticados nas audiências trabalhistas.

a) abertura (CLT, art. 815, *caput*);

b) pregão (das partes, testemunhas ou demais pessoas que devam comparecer (*ibidem*);

c) primeira proposta de conciliação (CLT, art. 846, *caput)*;

d) apresentação da defesa (exceção, contestação, pedidos contrapostos (CLT, art. 847);

e) interrogatório dos litigantes e produção das demais provas orais (CLT, art. 848);

f) razões finais (CLT, art. 850, *caput*);

g) segunda proposta de conciliação (*ibidem*);

h) sentença (*ibidem*).

CAPÍTULO XII

DAS PROVAS

Seção I

Disposições Gerais

Art. 369. As partes têm o direito de empregar todos os meios legais, bem como os moralmente legítimos, ainda que não especificados neste Código, para provar a verdade dos fatos em que se funda o pedido ou a defesa e influir eficazmente na convicção do juiz.

• **Comentário**

A CLT se ressente, em sua parte processual, de melhor tratamento sistemático a respeito da prova (a Seção IX, do Título X: "Do Processo Judiciário do Trabalho") dedica à matéria somente treze artigos (818 a 830), sendo que o 826 foi revogado, por incompatibilidade lógica, pelo art. 3º da Lei n. 5.584/70 (Decreto-Lei n. 4.657, de 4-9-42, art. 2º, § 1º), obrigando, em razão disso, que, frequentemente, todos os exercentes de profissões forenses trabalhistas se valham, em caráter supletivo, das normas processuais civis concernentes à matéria, desde que satisfeito o requisito essencial da compatibilidade (CLT, art. 769).

Em sentido amplo, o vocábulo *prova* (originário do latim *proba*, de *probare* = demonstrar) significa tudo o que demonstra a veracidade de uma proposição ou a realidade de um fato, sem nos esquecermos, ainda, dos sentidos de indício, sinal, ensaio, experiência, que ele também sugere (AULETE, Caldas. *Dicionário contemporâneo da língua portuguesa*. Rio de Janeiro: Delta, 1964. p. 3.300).

Para nós, prova: (1) É a demonstração (2), segundo as normas legais específicas (3), da verdade dos fatos (4) relevantes (5) e controvertidos (6) no processo.

Dissemos (1) demonstração, porque, em concreto, a atividade probatória, que às partes preponderantemente incumbe em decorrência do ônus que a lei lhes atribui (CLT, art. 818), consiste em trazer aos autos elementos que demonstrem a verdade dos fatos alegados e com base nos quais deverão desenvolver um raciocínio lógico, tendente a influir na formação do convencimento do órgão jurisdicional; (2) segundo as normas legais específicas, porque o direito processual não apenas estabelece as modalidades de prova admitidas em juízo, como também disciplina o procedimento probatório das partes; (3) da verdade dos fatos, porque, regra genérica, o objeto da prova são os fatos, como tais considerados todos os acontecimentos do mundo sensível, capazes de provocar repercussão na ordem jurídica; só excepcionalmente se exigirá prova do direito (CPC, art. 376); (4) relevantes, porque a prova não deve incidir sobre todos os fatos narrados na ação, mas somente em relação àqueles que se revelam importantes (relevantes) para a justa composição da lide; (5) e controvertidos, porquanto devem ficar fora do campo da prova os fatos incontroversos, assim entendidos os que, sendo afirmados por uma das partes, são confessados pela parte contrária (CPC, art. 374, II); os admitidos no processo como incontroversos (CPC, art. 374, III), bem assim os notórios (art. 374, I) e aqueles em cujo favor milita a presunção legal de existência ou de veracidade (art. 374, IV); (6) no processo, pois os fatos a serem provados são os que foram trazidos pelas partes ao conhecimento do juiz; assim, os fatos que permaneceram à margem do litígio (embora pudessem ser relevantes), ou que foram narrados intempestivamente, não podem ser destinatários da prova — *"Quod non est in actis non est in mundo"*, adverte o conhecido apotegma jurídico, de larga e proveitosa aplicação na realidade forense.

Princípios reitores da prova

Amauri Mascaro Nascimento (*Curso de direito processual do trabalho*. São Paulo: Saraiva, 1978. p. 199) aponta como princípios regentes da prova no processo do trabalho os seguintes:

a) da necessidade da prova, em virtude do qual os fatos que são do interesse das partes devem ser demonstrados em juízo, não bastando que sejam meramente alegados. O próprio juiz só pode julgar de acordo com o alegado e provado;

b) da unidade da prova, que embora possa ser constituída por diversos meios, se corporifica em um todo, uno, que deverá ser apreciado englobadamente;

c) da lealdade ou probidade da prova, segundo o qual há um interesse de todos em que a verdade seja encontrada, sem deformações, razão por que as partes devem colaborar para que a vontade da lei possa incidir no caso concreto, via prestação jurisdicional, sem vícios ou falsos pressupostos;

d) da contradição, porque a parte contra quem foi produzida a prova tem o direito de impugná-la, de produzir contraprova, sendo, por isso, inadmissível a produção secreta de provas;

e) da igualdade de oportunidades de prova, com o que se garante às partes a mesma oportunidade para requererem a produção de provas, ou mesmo para produzi-las;

f) da legalidade, que vincula a produção de provas à forma prevista na lei;

g) da imediação, que significa não apenas a direção da coleta da prova, pelo juiz, mas a direta intervenção deste na instrução, notadamente nos sistemas que adotam a oralidade;

h) da obrigatoriedade da prova, a poder da qual "sendo a prova de interesse não só das partes, mas do Estado que quer o esclarecimento da verdade, as partes devem ser compelidas pelo Juiz a apresentar no processo determinada prova, sofrendo sanções no caso de omissão, especialmente as presunções que passam a militar contra aquele que se omitiu e a favor de quem solicitou" (obra cit., p. 199).

Façamos uma breve análise desses princípios.

a) Necessidade da prova

Com efeito, os fatos narrados em juízo devem ser cabalmente provados para que o órgão judicante os admita como verdadeiros. O encargo da prova incumbirá a quem a existência do fato aproveite, conforme seja a hipótese, e de acordo com os critérios de partição desse ônus, fixados em lei (CLT, art. 818). Esse *onus probandi*, contudo, como vimos, não compreende os fatos notórios, os incontroversos e aqueles que a lei presume existentes ou verdadeiros (CPC, art. 374, I a IV). A necessidade está em que o juiz não se pode deixar impressionar com meras alegações expendidas pelas partes, exigindo-lhe a lei que decida, que forme a sua convicção, com apoio na prova produzida nos autos. Incide no particular, portanto, a regra latina *"secundum allegata et probata index iudicare debit"*, que dá conteúdo aos sistemas processuais modernos. Não seria desarrazoado afirmarmos que, em princípio, o juiz não deve acreditar em nenhuma das partes, razão pela qual elas devem demonstrar a veracidade ou a verossimilhança dos fatos alegados.

Sobre ser dispositivo, inquisitivo ou misto o sistema adotado pelo processo do trabalho, veremos mais adiante. Desta maneira, ao juiz, tangido pelo dever legal de imparcialidade e consciente de que crer em ambas as partes é impossível, por uma questão elementar de lógica formal, resta apenas a alternativa de, até prova em contrário, não acreditar em nenhuma delas. Desse princípio também se extrai a regra de que o juiz não pode decidir com base no seu conhecimento pessoal dos fatos controvertidos — ressalvado o nosso entendimento, já manifestado, de que, em certas circunstâncias, ele pode valer-se dessa cognição pessoal para orientar-se na instrução oral do processo.

b) Unidade (ou comunhão) da prova

É curial que a prova deva ser apreciada como um todo. Isto não significa, porém, que diante do complexo probatório o juiz só possa decidir, exclusivamente, a favor desta ou daquela parte. Essa atitude somente será exigível se a controvérsia concernir, apenas, a um fato eficiente, como, por exemplo, quando o empregado alegar que foi despedido sem justa causa (postulando, como consectário, o aviso-prévio, o 13º salário proporcional, as férias proporcionais, as guias para a liberação do FGTS etc.) e o empregador, manifestando a sua contrariedade, sustentar que o empregado se demitiu. Neste caso, impõe-se que o juiz, com fundamento nas provas, acolha como verdadeiro apenas um dos dois fatos-base mencionados (despedida injusta ou demissão).

Considerando, todavia, que as petições iniciais trabalhistas, em geral, contêm inúmeros pedidos, que decorrem, muitas vezes, de causas (fatos eficientes) heterogêneas, é palmar que ante o complexo probatório — e sempre com fulcro nele — o juiz acolha parte dos pedidos do autor (e, consequentemente, parte dos pedidos do réu), sempre que for o caso.

Assim, o princípio em exame está a indicar que as provas devem ser apreciadas em seu conjunto, sem que se tenha de decidir, com exclusividade, em favor de um dos litigantes, só porque teria provado a maioria dos fatos em que se apoiam os seus pedidos. Para esse efeito, pouco importa que o conjunto probatório seja constituído por uma miscigenação de meios (documentos, testemunhas, perícia e todos os demais, moralmente legítimos, previstos em lei); sobreleva, sim, o fato de que esses meios, indistintamente, se revistam de eficácia para provar o que pretendem, atuando, desta maneira, na formação do convencimento do julgador.

Em alguns casos, a exigência de que a prova seja examinada em seu conjunto faz com que o juiz verificando, por exemplo, que a prova testemunhal quanto à duração da jornada de trabalho ficou dividida, decida pela média dos depoimentos, de tal arte que não condena o réu a pagar ao autor as quatro horas extras diárias pretendidas, mas, em contrapartida, também não absolve o réu: condena-o, sim, a pagar duas horas extras diárias. Não estamos dizendo que o juiz deverá, sempre, adotar essa atitude "salomônica", e sim que em algumas situações ser-lhe-á lícito agir desse modo.

c) Lealdade ou probidade da prova

A prova, tal como o processo em geral, tem um propósito marcadamente ético; por isso, em um plano ideal se pode afirmar que todos os sujeitos do processo (juiz, partes, advogados, Ministério Público, terceiros legitimados e o mais) têm interesse em que a verdade dos fatos aflore nos autos sem laivos de meia-verdade ou de falsa-verdade. Esse anseio, visa a resguardar, sob um aspecto mais amplo, a própria respeitabilidade do Poder Judiciário e das decisões por ele proferidas.

Na prática, todavia, sabemos que não raro esse desiderato só se manifesta na consciência de quem tem o poder-dever constitucional de julgar, porquanto, propulsionadas às vezes por interesses subalternos, as partes se empenham em acobertar a verdade que lhes é prejudicial, valendo-se, nesse afã, de meios artificiosos, desleais e antiéticos. Andou certo, por conseguinte, o legislador processual ao instituir uma punição ao litigante de má-fé, que se caracteriza, entre outras coisas, por alterar, intencionalmente, a verdade dos fatos e por fazer uso do processo com o intuito de conseguir objetivo ilegal (CPC, art. 80, II e III, respectivamente).

O inalienável conteúdo ético do processo fez com que a lei, até mesmo, tivesse procurado impedir que as partes, em conchavo, pudessem se servir do processo para praticar ato simulado ou conseguir fim defeso por lei, determinando, para tanto, que o juiz, disso se convencendo, profira sentença "que impeça os objetivos das partes" (CPC, art. 142). Essa disposição legal demonstra, entre outras coisas, que o processo não constitui propriedade das partes.

Logo, o objetivo de apreender a verdade, de materializá-la nos autos por intermédio de elementos palpáveis e apropriados, nem sempre preside o comportamento dos litigantes, a quem, ao contrário, em determinadas circunstâncias a verdade real não convém, razão por que se interessam em construir, nos autos, uma verdade *formal* que não coincida com aquela. Tais atitudes escusas, de que por vezes se valem os litigantes, não elimina nem compromete o caráter ético do processo, embora seja forçoso reconhecer que possam pôr em risco a sua respeitabilidade aos olhos dos jurisdicionados — ou da opinião pública em geral.

d) Contraditório

O contraditório não é uma peculiaridade da prova, se não que uma das características mais profundas de todo o devido processo legal (as audiências serão públicas: CLT, art. 813, *caput*), que encontra raízes na máxima latina *audiatur et altera parte*. Note-se que a doutrina e o direito alemães aludem à bilateralidade da audiência ("grundsatz des beiderseitigen gehors"), no qual se enastra, por certo, o da contradição quanto à prova. Observam, a propósito, Cintra, Grinover e Dinamarco (*Teoria geral do processo*. São Paulo: Rev. dos Trib., 1979. p. 25), que "No princípio do contraditório também se estriba outro direito de natureza constitucional: o direito de defesa (art. 153, § 15), segundo o qual *nemo inauditus damnari potest*". Atualmente, essa referência feita pelos citados autores é ao art. 5º, inciso LV, da Constituição Federal de 1988.

Desta forma, a parte contra quem se produziu ou se vai produzir a prova tem o direito de impugná-la pelos meios previstos em lei, estabelecendo-se, assim, o contraditório. Na linha dessa garantia legal, a parte tem o direito de manifestar-se sobre os documentos juntados pela *ex adversa*, bem como poderá contraditar as testemunhas (CPC, art. 457, § 1º) por quaisquer dos motivos mencionados na lei processual (CLT, art. 829 e CPC, art. 447, §§ 1º, 2º e 3º), recusar o perito (CPC, art. 467) etc.

A contradição, todavia, não se resume à impugnação da prova produzida ou que se vai produzir (ato elisivo); pode a parte, inclusive, realizar a contraprova (ato elisivo-constitutivo), com o que estará não somente neutralizando a prova elaborada pelo adversário, mas constituindo uma outra, que a substitui opostamente.

Já não se admite que a prova seja produzida secreta ou sub-repticiamente, como outrora; tanto assim é que sempre que uma das partes juntar documentos aos autos a outra deverá, necessariamente, ser intimada para manifestar-se a respeito no prazo de quinze dias (CPC, art. 437, § 1º), sob pena de nulidade processual — salvo se dessa omissão do juiz não resultar nenhum prejuízo à parte contra a qual o documento foi produzido (CLT, art. 794).

e) Igualdade de oportunidades

O tratamento igualitário que o juiz deve ministrar às partes também se manifesta — e quem sabe com maior intensidade — no terreno da prova. Por força desse princípio, aos litigantes se deve conceder a mesma oportunidade para requererem a produção de provas, ou para produzi-las, sob pena de a infringência dessa garantia conduzir, virtualmente, à nulidade do processo, por restrição do direito de defesa.

Já dissemos, em linhas pretéritas, que a lei não exige que a parte produza prova, mas sim, que lhe seja assegurada a *oportunidade* de, querendo, produzi-la. Este é pois, o conteúdo e o alcance do princípio da igualdade de oportunidades. É certo que, também aqui, só se declarará a nulidade se houver manifesto prejuízo à parte a quem não se concedeu a mesma oportunidade para produzir provas, pois o prejuízo constitui, fundamentalmente, como vimos, o pressuposto legal para a configuração daquela: di-lo, claramente, o art. 794 da CLT, que deu concreção ao princípio doutrinário universal da transcendência, que informa o sistema das nulidades processuais e que se identifica na máxima francesa *pas de nullité sans grief*. O prejuízo, contudo, por si só, não basta; tratando-se de nulidade relativa, devem as partes argui-la na primeira vez que tiverem de falar em audiência ou nos autos (CLT, art. 795, *caput*). Note-se que a locução legal "tiverem de" traz implícita a ideia de um direito de a parte manifestar-se, que se articula com o momento processual oportuno para exercitá-lo. De tal arte, não se deveria consentir, *v. g.*, em nome da boa ordem processual, que o litigante, ato contínuo à prática do ato (ou ausência da prática de ato necessário) que entendesse ensejar a declaração de nulidade, se pronunciasse em audiência ou nos autos, arguindo-a. É preciso que o fizesse no instante oportuno.

Temos visto, por exemplo, o juiz permitir que seja consignado na ata o "protesto" do advogado cujo requerimento, destinado à intimação das testemunhas do seu constituinte, foi indeferido. Estamos pressupondo, à evidência, que o indeferimento ocorreu ao início da audiência de instrução. Em rigor, naquele momento o advogado não *tinha* de falar, segundo o sentido legal da expressão. Se a parte interessada pretendia, no caso, arguir a nulidade do processo a partir do instante em que o seu requerimento foi indeferido, deveria fazê-lo nas razões finais, que constituiriam, na hipótese, o momento processual adequado. Estamos a referir-nos, insistamos em esclarecer, à denominada "audiência de instrução". Se se tratasse de audiência "inicial" (segundo a praxe que se constituiu, no tocante ao procedimento ordinário, de fragmentar-se a audiência em três sessões: inicial, instrução e julgamento), é certo que a parte deveria manifestar, desde logo, o seu "protesto" quanto a determinado ato judicial aí praticado, ou que deixou de ser praticado, porquanto se se reservasse para fazê-lo na audiência seguinte (de "instrução"), seguramente o juiz iria considerar precluso esse direito. Daí aludir-se, em tais situações, com certa propriedade, ao "protesto antipreclusivo".

Ultrapassada a oportunidade própria, sem que a parte interessada tenha inquinado de nulo o ato, este se convalida, tornando-se hábil à produção dos efeitos que a lei prevê — salvo, é certo, se tratar-se de nulidade absoluta, que pode ser pronunciada de ofício ou por provocação da parte em qualquer tempo ou grau de jurisdição. E assim o é porque o ato nulo é natimorto, ou seja, não tem existência eficaz na ordem jurídica processual. Por aí se vê que houve deslize técnico do legislador trabalhista ao supor que as nulidades (em sentido amplo), para serem declaradas, devem ser arguidas pelo interessado nos momentos que previu (CLT, art. 795, *caput*). Somente as anulabilidades e as nulidades relativas se submetem a esse comando legal, pois seria equivocado supor-se que a preclusão temporal incidisse em matéria de nulidade absoluta.

Verificada, entretanto, que seja a causa da anulabilidade ou da nulidade relativa, nem por isso será pronunciada; ocorre que o propósito político de salvar o processo das nulidades (Pontes de Miranda), que dá conteúdo ao art. 796 da CLT, determina que a declaração não seja feita sempre que se puder suprir a falta ou repetir-se o ato (letra "a"). Aqui reside, como se vê, o princípio doutrinário da *proteção*. Declarada a nulidade absoluta, esta só afetará os atos decisórios (CLT, art. 795, § 1º).

f) Legalidade

O direito à produção de provas não pode ser exercido ao talante exclusivo das partes; a lei, prudente, o subordina à observância de determinados requisitos, como os de tempo, lugar, meio, adequação etc. *Tempo*, porque há momentos oportunos para que sejam produzidas. Assim, salvo exceções, não se admite a produção de provas em grau de recurso (Súmula n. 8 do TST), sabendo-se em esses momentos são fixados, igualmente, na fase de conhecimento; *lugar*, porque, por princípio legal, as provas devem ser coligidas em audiência; *meio*, porque a lei especifica quais os que são hábeis para demonstrar a verdade dos fatos controvertidos na ação; *adequação*, porque certos fatos só podem ser provados mediante determinada espécie de meio. O pagamento de salários, e. g., só se prova documentalmente (CLT, art. 464), assim como a comprovação da existência de atividades ou locais insalubres, e a consequente graduação, só é admissível por meio de prova pericial (CLT, art. 195, § 2º). A *adequação* significa, em resumo, que o meio de prova deve ser condizente (ou compatível) com a natureza do fato probando.

Por tudo isto, podemos afirmar que as partes estão submetidas a uma rígida *disciplina probatória*, criteriosamente estabelecida em lei, que as impede de agir segundo seu livre arbítrio nesse campo. Cumpre ao juiz fazer com que essa disciplina legal seja observada, sob consequência de ensejar um tumulto do procedimento.

g) Imediação

O processo moderno já não é, como antes, propriedade das partes (*sachen der parteien*), na medida em que dele não podem dispor, conforme lhes aprouver. Nem o juiz é mera figura apática, um convidado de pedra, que fica de braços cruzados a ver os litigantes se digladiarem livremente. Ele, ao contrário, é sujeito do processo, competindo-lhe dirigi-lo com exclusividade (CLT, art. 765), acompanhando e fiscalizando, *pari passu*, a atividade das partes e de terceiros, acolhendo ou rejeitando requerimentos dirigidos à produção de provas, podendo, inclusive, tomar a iniciativa de "determinar qualquer diligência necessária ao esclarecimento" das causas (CLT, art. 765) e de indeferir as diligências meramente protelatórias O art. 139 do CPC enumera outras incumbências do magistrado.

O princípio da imediação (ou imediatidade), do qual o da oralidade decorre, se manifesta com mais nitidez no interrogatório das partes e na inquirição das testemunhas, do perito e dos técnicos, em que pese ao fato de, no processo moderno, vigorar uma oralidade mista, uma vez que a genuína somente se verificou, segundo as fontes, entre os romanos, como procedimento, no período das ações da lei e, mais tarde, também entre os germanos invasores. Lecionam, a propósito, Cintra, Grinover e Dinamarco (ob. cit., p. 290), que: "Mais do que a verdadeira oralidade, em seu sentido primitivo, a oralidade moderna representa um complexo de ideias e de caracteres que se traduzem em vários princípios distintos, ainda que intimamente ligados entre si, dando ao procedimento oral seu aspecto particular: os princípios da concentração, da imediação ou imediatidade, da identidade física do Juiz, da irrecorribilidade das interlocutórias".

Esse princípio, está, há muito, consagrado na doutrina alemã ("Unmittelbarkeit") e foi subdividido por Goldschmidt em dois outros: a) sob o ângulo subjetivo ou formal, temos o que estabelece deva o juiz manter contato pessoal e imediato com os meios de prova, sobretudo o oral; b) sob o ângulo objetivo ou material, temos o que preconiza que os meios probantes devem estar, o quanto possível, mais próximos da percepção sensorial do juiz e das partes. Convém salientar que, modernamente, o grau de credibilidade das declarações orais das partes e das testemunhas pode ser avaliado segundo os métodos da psicologia judiciária, preconizada por estudiosos como Altavila e Myra y Lopez.

Obrigatoriedade da prova

Dissentimos do entendimento doutrinário predominante, de que a parte tem a obrigação de provar em juízo a verdade dos fatos em que se assenta a inicial ou a resposta, conforme seja a hipótese. Desta forma, se a sentença não acolher o pedido da parte que deixou de produzir a necessária prova foi porque não se convenceu (e nem mesmo o poderia) de que os fatos narrados por ela fossem verdadeiros — sendo equivocado ver-se nesse pronunciamento jurisdicional desfavorável uma *sanção* processual, pois não ocorreu o inadimplemento de nenhuma obrigação. As partes têm, apenas, um ônus de provar, perante o juiz, a veracidade dos fatos alegados, cujo encargo a lei lhes atribui em consonância com o interesse em verem admitida judicialmente tal verdade. Eduardo Couture (*Fundamentos del derecho procesal civil*, 1974, n. 153, p. 241/243), por exemplo, entende que há uma imposição e uma sanção processual à parte que não produz a prova que lhe incumbia; não concordamos com a referência à sanção processual.

A doutrina civilista, aliás, se refere ao princípio da auto-responsabilidade das partes, que, posta à margem a redundância da expressão, significa exatamente que elas devem suportar as consequências de sua inércia, de sua incúria processual, de seus erros insanáveis e até mesmo dos seus atos maliciosos — sem que se deva vislumbrar aí (e particularmente nos dois primeiros casos) qualquer *sanção* — como sinônimo de *pena* ou de *punição*.

Sem embargo de esses princípios regentes da prova serem, no geral, satisfatórios para revelar os diversos caracteres desse instituto processual (exceção feita, a nosso ver, ao da obrigatoriedade), outros podem ser acrescidos ao elenco (Devis Echandia (*Teoria general de ia prueba judicial*. Tomo 1, Buenos Aires: 1972. p. 137) chega a mencionar quase três dezenas de princípios; outros autores costumam extrair subprincípios em virtude do fracionamento de alguns princípios de acordo com o critério que adotam), como, por exemplo, 1) o do *livre convencimento motivado*, consistente na liberdade que possui o juiz na apreciação das provas, desde que atenda aos fatos e circunstâncias dos autos, mesmo que não tenham sido alegados pelas partes, cabendo-lhe, neste caso, indicar, na sentença, os motivos que lhe formaram o convencimento; 2) da *coercitibilidade*, segundo o qual o juiz não pode decidir contra a prova dos autos, ou à margem dela. Esse princípio, como se nota, se conjuga com o do livre convencimento motivado, embora não se confundam. O princípio medular determina que o juiz decida com fundamento na prova produzida (daí a coercitibilidade), nada obstante possa atender a outros fatos e circunstâncias mencionados nos autos, como faculta a lei, ainda que não tenham sido alegados pelas partes (livre convencimento motivado).

Meios de prova

Os meios especificados no CPC

Meios ou instrumentos, no caso, são as fontes por intermédio das quais o juiz obtém os elementos de prova necessários ao estabelecimento da verdade formal. Tais elementos ou motivos, para Pontes de Miranda (*Comentários*, p. 327), são os informes sobre fatos, ou julgamento a respeito deles, que derivam do emprego dos referidos meios

Armando P. López (*Derecho procesal del trabajo*. Puebla: México: Cajica, p. 246) lembra que os meios ou instrumentos de prova se denominavam, antigamente, de classes e foram manifestados nestes versos latinos: *Aspectum, scultum, testis, notória, escriptum. Jurans, confessus, presumptio, fama, probavit.*

São dois, basicamente, os sistemas legais relacionados aos meios de prova: o *enumerativo*, que ao especificar quais são os meios admissíveis os limita, e o *exemplificativo*, que embora enumere alguns desses meios permite ao juiz valer-se de outros, não indicados. Na vigência do Código Processual Civil de 1939 formou-se, na doutrina brasileira, intensa polêmica quanto a ser taxativa ou enunciativa a lei acerca dos meios probantes; entrementes, o diploma de 1973, ao estatuir que *"Todos os meios legais, bem como os moralmente legítimos, ainda que não especificados neste Código, são hábeis para provar a verdade dos fatos, em que se funda a ação ou a defesa* (sublinhamos), deixou clara a enunciatividade. Obrou com acerto o legislador processual de 1973, pois na provecta lição de Carnelutti *"Quando a busca da verdade material está limitada de tal modo que esta não possa ser concebida em todo o caso e com qualquer meio, o resultado, seja mais ou menos rigoroso o limite, é sempre o de que não se trata já de uma busca da verdade material, senão um processo de fixação formal dos fatos"* (*La prueba civil*. Trad. de Alcalá-Zamora y Castillo. Buenos Aires: 1955, p. 25). O art. 369 do CPC atual manteve essa regra.

O CPC em vigor especifica os seguintes meios de prova: a) depoimento pessoal (arts. 385 a 388); b) confissão (arts. 389 a 393); c) prova documental (arts. 396 a 404 e 405 a 441); d) prova testemunhal (arts. 442 a 463); e) prova pericial (arts. 464 a 480) e f) inspeção judicial (arts. 481 a 484), embora admita todos os demais, desde que previstos em lei e moralmente legítimos. A exibição de documento ou coisa (CPC, arts. 396 a 404) não constitui meio de prova, e, sim, procedimento probatório, que é coisa diversa.

Cumpre registrar, como apontamento histórico, que na fase de elaboração legislativa a Câmara Federal rejeitou a emenda que fora proposta ao projeto de lei que visava a instituir o CPC de 1973 e segundo a qual se propunha a seguinte redação ao, então, art. 336: *"Todos os meios legais, bem como os ministrados pelas conquistas científicas, desde que compatíveis com os princípios de ordem pública e com a dignidade humana, ainda que não especificados no direito positivo, são hábeis para provar a verdade dos fatos em que se funda a ação ou a defesa"* (In: *Diário do Congresso Nacional*. Seção l, Suplemento ao n. 99, ed. de 28-IX-72). O argumento, contido na emenda rejeitada pelo Plenário da Câmara, era de que a expressão: "Todos os meios legais, bem como os moralmente legítimos", como constava, era tautológica, além do que conduzia a confundir-se entre moral e direito. A tautologia estava em que meios legais e meios legítimos eram, fundamentalmente, a mesma coisa: "Só é legítimo o que é legal, pelo que, se o meio de prova não encontrar amparo na lei, não se legitima para ser admitido, por melhor que seja o princípio moral em que se lastrear". No Senado Federal, contudo, nenhuma emenda foi apresentada.

A Constituição Federal em vigor não admite as provas obtidas por meios ilícitos (art. 5º, LVI).

Os indícios e as presunções, conforme demonstraremos oportunamente, não constituem meio de prova.

Os meios especificados na CLT

A CLT se revela omissa quanto a uma previsão sistemática dos meios de prova admissíveis no processo do trabalho, conquanto faça referência: a) ao interrogatório das partes (art. 848, 852-F); b) à confissão (art. 844, *caput*); c) à prova documental (arts. 787, 830, 852-H, § 1º); d) à prova testemunhal (arts. 819, 820, 821 a 825, 828, 829, 848, § 2º, 852-H, §§ 1º e 2º); e) à prova pericial (arts. 827, 848, § 2º, 852-H, § 4º). Salvo quanto ao interrogatório e à prova testemunhai, a CLT, como se disse, se ressente de uma *sistematização* dos demais meios probantes aludidos.

Relativamente à perícia, ainda, a Lei n. 5.584, de 26 de junho de 1970, que dispôs sobre normas de direito processual do trabalho, fez breves menções no art. 3º, *caput* e seu parágrafo único, que não chegam, porém, a satisfazer as exigências técnicas da matéria.

Quanto à inspeção judicial, a lacuna da CLT é plena, porquanto não faz qualquer referência a essa modalidade de prova, que, nada obstante, incide supletivamente no processo do trabalho, pois ausente o obstáculo da incompatibilidade. Desta forma, seja porque é omissa a CLT, seja porque é incompleta em relação aos meios de prova a que alude, superficialmente, o intérprete é forçado a recorrer às disposições do CPC, com fundamento no permissivo do art. 769 do texto trabalhista consolidado. Impõe-se que o faça, contudo, com a necessária cautela, porquanto a adoção irrefletida de normas processuais civis pode implicar uma perigosa transubstanciação do direito processual do trabalho, fazendo com que se distancie da influência que sobre ele exerce o direito material correspondente. É preciso não se esquecer que o processo civil se lastreia no dogma da igualdade formal das partes, que informa o direito substancial comum e que constitui, mesmo, o sustentáculo de todo o direito positivo liberal e racionalista, que se edificou no processo histórico da Revolução Francesa de 1789. Já o direito material do trabalho, ao contrário, consagra a desigualdade real das partes, fixada como pressuposto para a sua atuação protectiva do trabalhador, cujo caráter está muito bem expresso nas palavras de Gallart-Folch: "Eminentemente desigual, o Direito do Trabalho se propõe compensar com uma superioridade jurídica a inferioridade econômica do trabalhador", hoje erigidas em verdadeiro lema doutrinário deste Direito especializado.

É precisamente da desigualdade real das partes, no plano das relações jurídicas materiais intersubjetivas, que devem ser extraídos os princípios fundamentais que, *de lege ferenda*, deverão reger o direito processual correspondente.

Os meios moralmente legítimos

A questão relativa aos meios de prova moralmente legítimos é muito mais complexa do que se possa conceber, a partir do fato de inexistirem critérios objetivos para se determinar a moralidade ou a imoralidade do meio ou instrumento de que se valeu a parte para produzir a prova pretendida. Parece-nos, todavia, que possam ser considerados imorais os meios que atentem contra os direitos da personalidade, particularmente quanto à liberdade de pensamento e à privacidade, que foram alcançados à categoria dos direitos constitucionais (art. 5º, IV, X, XI, XII).

Cabe enfatizar, neste aspecto, a inviolabilidade do sigilo da correspondência e das comunicações telegráficas e telefônicas, que conduz à inaceitabilidade da produção sub-reptícia de provas, como as gravações de conversações telefônicas, telegráficas etc., porque obtidas mediante violação desses direitos. A jurisprudência do Supremo Tribunal Federal, contudo, tem admitido a validade da gravação de conversação telefônica quando for realizada por uma das partes envolvidas no conflito de interesses.

Frederico Marques (*Instituições de direito processual civil*. 3. ed. Rio de Janeiro: Forense, 1958. p. 178) inclui, também, as provas obtidas mediante tortura, narcoanálise e outros meios clandestinos.

Na prática, a questão se torna tormentosa para o juiz, a quem incumbirá declarar se o meio utilizado é imoral ou não, sendo inevitável que tenha, para tanto, de recorrer ao direito material e à própria Constituição, pois se sabe que "não fica às leis dizer, a seu arbítrio, o que se há de entender por sigilo da correspondência e das comunicações telegráficas e telefônicas" — lembra Pontes de Miranda (*Comentários*, p. 344), que conclui: "Aliás, produzir prova, sem ser em segredo, em Juízo, equivale a publicar".

Sobre a apreciação e valoração da prova discorreremos na oportunidade do comentário ao art. 371.

Prova e cognição

Do ponto de vista filosófico, o substantivo *cognição* significa o ato de adquirir conhecimento. O verbo *conhecer*, por sua vez, traduz a noção ou a informação que se obtém, no tocante a determinada coisa ou fato.

Não é diverso o sentido que o vocábulo cognição apresenta no plano do processo judicial. Aqui, ele expressa o ato pelo qual o juiz toma conhecimento dos fatos narrados pelos litigantes e sobre os quais deverá emitir um pronunciamento, à luz das normas legais incidentes. Há, portanto, uma relação indissociável entre o magistrado, como ser cognoscente, e os fatos alegados pelas partes, como objeto cognoscível, que pode ser sintetizada na vetusta parêmia latina: "*da mihi factum, dabo tibi ius*" ("dê-me o fato e dar-te-ei o direito"). Em termos gerais, portanto, às partes incumbe narrar, com precisão e fidelidade, os fatos dos quais extraem pretensões (geralmente, de direito material), e, ao juiz, proceder à categorização jurídica desses fatos, vale dizer, declarar qual a norma legal incidente.

É necessário esclarecer, todavia, que a atividade jurisdicional não deve ser vista segundo uma óptica dogmática tradicional, que de tal modo deva ser resumida a uma aplicação mecânica das normas jurídicas, convertendo-se o juiz mera *bouche de le loi*. Modernamente, as circunstâncias da vida e as contingências do Direito têm autorizado o juiz a buscar, na lei, um sentido que, embora possa estar em antagonismo com a sua expressão literal, se harmoniza com o fim social a que ela se destina ou com as transformações dos padrões axiológicos da sociedade, impostas pela dinâmica das relações interindividuais ou coletivas. Isso não corresponde a afirmar que, no sistema normativo de nosso País, seja lícito, como princípio, ao juiz criar a norma legal, numa espécie de *judge made law*, conquanto isso seja possível em sede de ações (dissídios) coletivas, em face das quais os tribunais trabalhistas brasileiros podem fazer largo uso do poder normativo, que lhes atribui o art. 114, § 2º, da Constituição Federal em vigor.

A cognição jurisdicional varia, entretanto, em amplitude e em profundidade; daí, cogitar-se, em doutrina, das cognições: a) horizontal; e b) vertical, respectivamente. O que determina a amplitude ou a profundidade da cognição é a pretensão material formulada em juízo.

Quando se diz que a cognição é *horizontal*, se está, com isso, realçando a *extensão* com que ela deverá ser realizada em face do conflito intersubjetivo de interesses. Sob este ângulo, a cognição poderá ser parcial ou total, conforme tenha como objeto parte da lide ou a lide por inteiro. Assim, por exemplo, numa ação em que um trabalhador estável, demitido sem justa causa, pede, exclusivamente, a condenação do empregador ao pagamento de horas extras, a cognição é parcial, pois não cabe discutir se a demissão teria sido correta, ou não, uma vez que esse fato não integra o conflito de interesses submetido, naqueles autos, à apreciação jurisdicional.

A cognição *vertical* se liga à *profundidade* com que deverá ocorrer a atividade jurisdicional, ou seja, ao grau com que esse conhecimento haverá de ser realizado. Destarte, se, *v. g.*, em virtude de recurso ordinário o tribunal só pode apreciar a matéria impugnada, conforme a regra latina *tantum devolutum quantum appellatum*, consagrada pelo art. 1.013, *caput*, do CPC, isso significa que, dentro dessa extensão (plano horizontal), a ele será permitido ir até o último grau de profundidade, em sua atividade cognoscitiva (plano vertical). Assim dizemos porque, no recurso ordinário, a cognição vertical é plena; em outros casos, contudo, ela é bem menos intensa, conforme veremos adiante. De qualquer forma, podemos, desde logo, aderir à classificação doutrinal da cognição vertical em: a) exaustiva; b) sumária; e c) superficial.

Será, justamente, com vistas ao aspecto da profundidade da cognição jurisdicional que examinaremos, a seguir, o problema da exigibilidade da prova judicial. Teremos em conta, portanto, a partir deste momento, o binômio cognição vertical/prova, ao qual a doutrina de nosso país não tem dedicado a atenção que a importância do tema está a reclamar.

Cognição exaustiva. É característica do processo de conhecimento, importa asseverar, daquele processo em que se busca a solução de um conflito intersubjetivo de interesses. A cognição, aqui, é exaustiva, não apenas sob o prisma da intensidade com que é realizada, mas, também, tendo em conta que visa, com a solução da lide, a impedir a repetição da demanda.

Esse traço peculiar do processo de conhecimento permite que a cognição do juiz seja ampla, em seu sentido vertical, porquanto, como dissemos, a sentença se reveste de um efeito exaustivo da lide. Nesse processo, a cognição é de tal maneira intensa, que deu o nome ao próprio processo.

É, precisamente, por esse motivo, que, no processo do tipo cognitivo, a prova deve ser plena, cabal, efetivamente suasória, porque esse caráter de exaustão se amolda inteiramente ao escopo do processo em que ela é produzida. Assim, se o trabalhador afirma que trabalhava além da jornada ordinária, é absolutamente indispensável que prove, de maneira inequívoca, o fato alegado, exceto se este se tornou incontroverso, por não haver sido, e. g., contestado pelo réu (CPC, art. 341, *caput*). Convém repisar: no processo de conhecimento, a necessidade de a prova ser cabal decorre da finalidade desse processo, que é a de solucionar definitivamente a lide, sabendo-se que o juiz, para formar a sua convicção jurídica acerca dos fatos da causa, deverá fundar-se na prova dos autos, salvo se, em situações excepcionais, puder invocar as máximas de experiência, ou seja, aquelas experiências comuns "subministradas pela observação do que ordinariamente acontece" e desde que inexistam normas jurídicas específicas para o caso concreto — conforme declarava o art. art. 335, do CPC revogado, cuja norma foi preservada pelo art. 375 do Código atual.

Percebe-se, por outro lado, a especial relevância com que se apresenta, diante desse quadro, o ônus da prova, porquanto se a parte dele não se desincumbir, de modo satisfatório, poderá ver o seu direito definitivamente sepultado pela sentença de mérito desfavorável. Dessa mesma particularidade extrai-se a regra de que cumpre assegurar aos litigantes, com certa amplitude, a possibilidade de produzirem as provas necessárias à comprovação dos fatos narrados, sob pena de eventual restrição ou cerceamento desse direito conduzir à decretação da nulidade do processo.

A cognição exaustiva, que estamos a examinar, se torna mais nítida no procedimento ordinário, em que os princípios constitucionais do contraditório e da ampla defesa atuam com maior intensidade, exigindo, em decorrência disso, que a prova dos fatos alegados seja sempre plena, de sorte a não deixar dúvida quanto à veracidade dos fatos sobre os quais incidiu. Mesmo no procedimento sumaríssimo, a cognição é exaustiva, embora, aqui, por motivos de política legislativa, se tenha procurado uma simplificação do procedimento, mediante a concentração de determinados atos. O que não se deve ignorar é que, também no procedimento sumaríssimo, o escopo da sentença é o de solucionar a lide, isto é, dirimir, em caráter definitivo (= exaustivo), o conflito de interesses.

Pelas considerações até este ponto expendidas, torna-se possível concluir que, no domínio das ações de segurança, a cognição é exaustiva, pois o pronunciamento jurisdicional (sentença mandamental) será de mérito, se considerarmos que o pedido do impetrante não poderá ser objeto de uma nova ação de segurança, exceto se calcar-se em *causa petendi* diversa da anterior. A prova, na ação de segurança, é, quase, sempre, pré-constituída, porquanto a Lei n. 12.016/2009 estabelece, por outras palavras, que a prova é essencialmente documental, e que os documentos devem acompanhar, desde logo, a petição inicial (art. 6º, *caput*). No que tange ao momento da produção da prova documental, aliás, coloca-se na mesma ordem de exigência o art. 787 da CLT. A este respeito, merece ser lembrada a Súmula n. 415, do TST: "Mandado de segurança. Art. 284, CPC. Aplicabilidade. Exigindo o mandado de segurança prova documental pré-constituída, inaplicável se torna o art. 284 do CPC quando verificada na petição inicial do *mandamus* a ausência de documento indispensável ou de sua autenticação". A referência, agora, deve ser ao art. 321 do CPC atual.

Cognição sumária. É típica dos juízos de probabilidade, das situações em que há um direito apenas aparente. Exatamente por isso, a cognição sumária se dá em um grau de profundidade inferior ao que é próprio da cognição exaustiva. Justifica-se a cognição sumária segundo a dramaticidade da situação trazida a juízo, cuja tutela jurisdicional não poderia ser prestada a tempo de evitar o dano ao direito da parte, se a cognição devesse ser aprofundada, ou seja, verticalmente exaustiva.

Fica evidente, pois, que a cognição sumária é própria do processo cautelar, teleologicamente instituído para atender às situações de urgência, assinaladas, dramaticamente, pela existência de direitos periclitantes. Melhor esclarecendo: a cognição sumária é inerente não, propriamente, ao processo cautelar, como um todo, mas com vistas ao proferimento da sentença cautelar. Como procuraremos demonstrar, mais adiante, em sede de liminar cautelar a cognição não é sumária, e, sim, superficial. Sumária pode ser considerada, igualmente, a cognição com vistas às tutelas de urgência e da evidência.

Quando dizemos que a cognição é sumária, no processo cautelar, para efeito de emissão da sentença que lhe é própria, estamos, na verdade, afirmando que se trata de um juízo de probabilidade: concede-se a medida cautelar, mediante sentença, tendo como pressuposto a probabilidade de o autor provar, no processo de conhecimento, de maneira plena, a veracidade do fato alegado.

A cognição, neste caso, incide na prova produzida no processo cautelar (tutela de urgência), sendo suficiente, para isso, que esta seja, apenas, razoável, em contraposição à cabal, que é típica do processo de conhecimento, onde o elemento certeza é colocado à frente.

Insistindo: enquanto, no processo de conhecimento, a prova deve ser plena, cabal, levando-se em consideração o fato de que, nesse processo, haverá a solução da lide, ou seja, um pronunciamento sobre o mérito da demanda, a formulação, enfim, de um juízo de certeza, de convicção, no processo cautelar, para efeito da sentença, será suficiente uma prova razoável (portanto, não plena), porquanto, em regra, não há lide nessa espécie de processo, vale dizer, a sentença não se pronuncia, em caráter definitivo ("satisfativo") sobre o direito material alegado pelo autor; aqui, pois, como se frisou, o juízo é de mera probabilidade. Em rigor, a finalidade do processo cautelar não é a tutela do direito material, e, sim, a tutela do próprio processo de conhecimento, motivo por que se tem entendido que, sob essa perspectiva, o processo cautelar é um "instrumento do instrumento".

Resumo

Convém efetuarmos, agora, por um imperativo didático, um resumo das ideias até aqui manifestadas sobre o binômio cognição vertical/prova.

1) A cognição jurisdicional pode ser vista sob duas ópticas: a) *horizontal*, que diz da sua amplitude, podendo, por isso, ser parcial ou total; e b) *vertical*, que se refere à profundidade, classificando-se em: a) exaustiva; b) sumária; e c) superficial.

2) A cognição exaustiva é própria do processo de conhecimento, que traduz um juízo de certeza. Aqui, a prova deve ser plena, pois destinada a influenciar na formação do convencimento jurídico do magistrado, com vistas à solução do conflito inter-subjetivo de interesse, vale dizer, da lide. A sentença mandamental pressupõe, igualmente, um juízo de certeza, devendo, em razão disso, fundar-se em prova cabal, pré-constituída.

3) A cognição sumária é característica dos juízos de probabilidade. É o caso do processo cautelar, no que respeita à sentença, e da liminar, nas ações de segurança, assim como nas tutelas de urgência e de evidência tutela. A convicção do juiz se forma com base em provas, apenas, razoáveis, pois se imagina, no plano do processo cautelar, que o autor irá provar, de maneira plena, o fato, no processo de conhecimento; e se supõe que o impetrante, na ação mandamental, não terá alterado o reconhecimento do seu direito, por ser líquido e certo.

4) A cognição superficial é inerente às liminares cautelares, que podem ser concedidas sem que haja qualquer prova acerca do fato alegado. É um juízo de mera verossimilhança, de verdadeira intuição do magistrado, no sentido de que o autor irá, durante a instrução do próprio processo cautelar, produzir prova razoável sobre o fato em que baseou o pedido. Nem se haveria que cogitar, aqui, do pressuposto do *fumus boni iuris*, exigível, apenas, para efeito de prolação da sentença cautelar.

Perpetrará, portanto, falta contra a natureza da cognição que é típica das liminares cautelares, o juiz que indeferir a medida, sob o argumento exclusivo de que não estava presente o pressuposto do *fumus boni iuris*. Essa aparência de bom direito, como advertimos, só se requer com relação à sentença acautelatória.

Seria, mesmo, ilógico, que, tendo o processo cautelar a finalidade de atender a uma situação de periclitância de direito — integrando, exatamente por isso, as denominadas "tutelas de urgência" —, de tal maneira que a sentença deva ser emitida o quanto antes, devesse exigir-se uma cognição exaustiva, e, em consequência, uma prova plena, cabal. A necessidade da pronta entrega da prestação da tutela cautelar faz com que o juiz se satisfaça com uma prova, apenas, razoável (o que não se justifica é a emissão da *sentença* cautelar sem um mínimo de prova do fato alegado). Tratando-se de juízo de mera probabilidade, cabe-lhe, sendo o caso, proferir a sentença, sob o pressuposto de que o autor terá condições de provar, no processo de conhecimento, de modo amplo e exaustante, o fato em que funda as suas pretensões de direito material.

É, de igual forma, sumária, a cognição jurisdicional em tema de *liminar* em ação de segurança, pois o juízo, nesta situação, é de probabilidade: embora se funde em prova plena (que é documental e pré-constituída), a liminar concede a segurança a título precário, sabendo-se que pode ser, inclusive, cassada. Só a sentença mandamental, que espelha um juízo de certeza (ainda que recaia sobre a mesma prova), tem aptidão para atribuir a segurança em caráter definitivo (exaustivo).

Cognição superficial. Sua sede, por excelência, é a liminar cautelar (tutela de urgência). O juízo, aqui, é de simples verossimilhança, a significar que o juiz outorga, *in limine,* a providência acautelatória, supondo que o solicitante possa provar, no curso da instrução sumária do próprio processo cautelar, o fato alegado. Provar de maneira somente razoável, como dissemos, pois a prova cabal é exigida, apenas, no processo de conhecimento.

Embora possa revelar-se perturbadora dos princípios a nossa opinião, o fato é que, se bem verificarmos, veremos que, para efeito de concessão da liminar cautelar não se requer, nem mesmo, o clássico pressuposto do *fumus boni iuris* (embora se deva examinar o do *periculum in mora*), exigível, unicamente, com vistas ao proferimento da sentença cautelar. Dizendo por outra forma: o juízo, em sede de liminar acautelatória, é, na verdade, de *pura intuição*, pois não sendo necessária a demonstração da veracidade do fato alegado, o que fica é, justamente, esse misto de pressentimento, de sensação e de descortino do magistrado, a que se chama intuição. Nada há de aberrante nesta inferência, se tivermos a sensibilidade suficiente para perceber: 1) o caráter não definitivo de uma liminar; 2) a possibilidade de ser demonstrada, durante a instrução do processo cautelar, a dramaticidade da situação de fato que levou o indivíduo a postular a concessão liminar da medida; 3) o verdadeiro sentido do poder geral de cautela, que a norma legal comete aos magistrados.

Abalançamo-nos a asseverar, portanto, que, em muitos casos, o juiz pode conceder, *liminarmente*, a medida acautelatória sem nenhuma prova nos autos quanto à veracidade dos fatos alegados pelo autor, como quando as experiências da vida infundirem em seu espírito a sensação de que possam estar em risco, no caso concreto, certos valores humanos fundamentais, cuja tutela jurisdicional deve ser prestada de imediato, sob pena de tais valores sofrerem lesões irreparáveis ou de difícil reparação. A *sentença* cautelar, no entanto, deve fundar-se em prova, ainda que mínima.

Código de Processo Civil

Art. 370. Caberá ao juiz, de ofício ou a requerimento da parte, determinar as provas necessárias ao julgamento do mérito.

Parágrafo único. O juiz indeferirá, em decisão fundamentada, as diligências inúteis ou meramente protelatórias.

• **Comentário**

Caput. Constituía a primeira parte do art. 130 do CPC revogado.

O art. 139, III, do CPC atual, faz referência ao indeferimento de postulações "meramente protelatórias"; o art. 370 alude a diligências "inúteis ou meramente protelatórias". Faltou, pois, harmonia sistemática, neste particular, embora reconheçamos que qualquer diligência *inútil* seja *protelatória*; logo, a melhor redação é a do art. 139, III.

A análise do tema não será suficientemente precisa se não expendermos, antes, algumas considerações acerca dos princípios dispositivo e inquisitivo do processo — com necessária definição do processo do trabalho em face deles.

O princípio dispositivo ("Dispositiomaxime") significa que o juiz só pode julgar segundo o alegado e o provado: *iudice secundum allegata et probata iudicare debet*. Evidentemente que a prova, em consonância com este princípio, deve ser produzida pelas partes.

Conforme afirmou Chiovenda (*Princípios de derecho procesal civil*. Tomo II, Madrid: Instituto Editorial Réus, sem data, p. 293), o predomínio do princípio dispositivo em um processo não significa domínio da vontade das partes, mas acentuada apreciação da sua atividade, *no es reconocimiento de un pretendido derecho suyo de disposición sobre el material del pleito, sino sanción de responsabilidad en la procuración del material de conocimiento al juez*.

Pelo princípio inquisitivo ("Offizialmaxime"), também dito autoritário, se dá prevalência à iniciativa do juiz não somente na direção do processo, como também na constituição do complexo probatório, sendo que, em casos excepcionais, a ele se outorga o poder-dever de iniciar a ação, mesmo sem a provocação da parte. Esta singularidade não ocorre com os processos civil e do trabalho brasileiros.

Com apoio em Campos Batalha (ob. cit., p. 381/383), podemos indicar como características do processo inquisitivo as seguintes:

a) *Ne procedat judex ex officio. Nemo judex sine actore*. Com isto se quer dizer que o exercício da função jurisdicional, que constitucionalmente se cometeu ao Estado-juiz, requer a regular provocação (iniciativa) da parte interessada (CPC, art. 2º). Daí por que, salvo exceções previstas em lei, o juiz não pode agir de ofício, *sponte* própria; logo não se admite, à luz desse princípio, a existência de ação sem autor (parte). E assim o é porque não conviria à própria estabilidade social pudesse o juiz sair a fomentar lides, quando nem mesmo o titular do interesse ou do direito subjetivo tomasse a iniciativa de fazê-lo.

A jurisdição, em nosso sistema processual, se caracteriza, portanto, pela inércia (CPC, art. 2º). Uma vez provocado, regularmente, o exercício da função jurisdicional, estando presentes os pressupostos de constituição e desenvolvimento regulares da relação jurídica processual, bem assim as condições da ação, não poderá o juiz omitir-se na entrega da prestação jurisdicional invocada; seria proclamar, indiretamente o *non liquet*, cuja atitude é defesa pelo art. 140 do CPC vigente.

b) *Sententia debet esse conformis libello. Ne eat judex ultra petita partium. Secundum allegata et probata partium judex judicare debet. Judex judicat secundum allegata et probata partium, non secundum conscientiam suam. Quod non est in actis, non est in mundo*. A sentença deve conter-se nos limites do pedido. O juiz não pode conceder além do pedido pela parte. O juiz deve julgar segundo o alegado e provado pela parte. O juiz julga segundo o alegado e provado pela parte, não segundo a sua consciência. O que não está nos autos não existe no mundo — tais são os apotegmas jurídicos, de origem latina, que, em conjunto, dão conteúdo ao princípio dispositivo.

c) *Narra mihi factum, dabo tibi jus. Iura novit cúria.*

Às partes cabe narrar os fatos em que se fundamenta a ação ou a resposta e ao juiz aplicar a lei à espécie, pois se presume que o julgador conheça o direito (*iura novit curia*).

O processo do trabalho em face de ambos os princípios

Quando se trata de indagar quais dos princípios — dispositivo ou inquisitivo — preside o processo do trabalho, cumpre que se distinga, antes de responder, entre ações (dissídios) individuais e coletivas. No que tange à segunda, não hesitamos em afirmar que o processo que as rege tem caráter nitidamente inquisitivo, visto que, entre outras características: a) têm legitimidade para "instaurar a instância" (na linguagem já obsoleta do art. 856 da CLT) também o Presidente do Tribunal do Trabalho, de ofício ou a requerimento da Procuradoria daquela Justiça, sempre que ocorrer suspensão do trabalho. Mesmo a admitir-se, *ad argumentandum*, que essa norma da CLT tenha sido tacitamente revogada pela Emenda Constitucional n. 45/2004, subsistirá o traço inquisitivo do processo do trabalho; b) não se aplica ao acórdão normativo o mandamento de julgamento *esse conformis libello*, podendo o Tribunal conceder *ultra petita* (o art. 858, alíneas "a" e "b" da CLT,

Art. 370

aliás, nem mesmo exige que da petição conste o pedido); c) é possível estender-se as decisões aí proferidas "aos demais empregados da empresa que forem da mesma profissão dos dissidentes" (CLT, art. 868, *caput*).

Com relação às ações individuais, entendemos que diante da lei vigente não se pode deixar de reconhecer que o seu caráter é preponderantemente dispositivo, pois, em geral: a) a "propositura" da ação depende da iniciativa da parte; b) o juiz não pode julgar *extra* ou *ultra petita*; c) o julgamento deve ter em conta o que foi alegado e provado pelas partes. Isto não significa, porém, que se deva deixar de reconhecer, em alguns casos, um certo componente inquisitivo como ocorre, por exemplo, na hipótese do art. 39 e §§ da CLT, quando haverá ação sem iniciativa do autor, sendo certo que o traço de inquisitoriedade também está insculpido no próprio art. 765, do mesmo texto. Nem se ignore a faculdade de o juiz ou o tribunal converter o pedido de reintegração de empregado estável em indenização dúplice, na forma do permissivo do art. 496 da CLT e a execução da sentença ou do acordo *ex officio* (CLT, art. 878, *caput*).

Concluímos, por isto tudo, que o processo do trabalho é inquisitivo, no que concerne às ações coletivas (até mesmo porque, a entender-se em sentido contrário, estar-se-ia negando, desacauteladamente, a eficácia normativa dos acórdãos proferidos em dissídios coletivos), sendo informado por ambos os princípios quanto às ações individuais, conquanto haja aqui preponderância do dispositivo.

O reconhecimento desse fato, todavia, não impede que se possa sustentar, com apoio na lei em vigor, a possibilidade de o juiz do trabalho tomar a iniciativa de determinar, em certas hipóteses, que a parte produza prova dos fatos alegados. Basta que se veja a faculdade que, nesse sentido, lhe confere o precitado art. 765 da CLT.

Observe-se que não estamos asseverando que o juiz possa (ou deva) produzir a prova — o que seria absurdo; afirmamos, sim, que o julgador pode, desde que entenda necessário para a formação do seu convencimento jurídico, ordenar que a parte faça vir aos autos a prova de serem verdadeiros os fatos narrados.

Enfatize-se que, modernamente, o juiz não é mero espectador do litígio que se desenvolve entre as partes, *no es un convidado de piedra en el proceso, sino una figura principal, premunida de lo que la doctrina denomina poderes de dirección, justificados por la misma naturaleza del proceso, en el que no se debate unicamente el interés individual del trabajador sino un interés social tutelado por el Estado* (Prof. Ricardo Nugent, Congresso Internacional sobre Justiça do Trabalho, Brasília, 1981).

Verificamos, portanto, que a própria doutrina alienígena, embora reconhecendo que o impulso processual deve caber, essencialmente, às partes, em termos gerais, não nega que, em certos casos, *el Juez debe ejercitarlo de oficio ordenando la práctica de algunas diligencias para el mejor esclarecimiento de los hechos controvertidos, sin esperar que los sujetos de la relación procesal lo soliciten* (Prof. Ricardo Nugent, *ibidem*). A propósito, esta regra foi incorporada pelo próprio processo civil brasileiro, como evidencia o art. 2º, do CPC: "O processo começa por iniciativa da parte, e se desenvolve por impulso oficial, salvo as exceções previstas em lei".

No respeitante à *prova emprestada*, entendemos que o juiz, desde que tenha conhecimentos de que, em outros autos, se produziu prova que poderá ser utilizada na ação que lhe compete julgar, poderá tomar a iniciativa de fazer com que ela seja para cá trasladada; não se há de invocar, na espécie, o componente dispositivo do processo do trabalho, porquanto se trata de fato que é do conhecimento do julgador, quanto mais não seja se a prova que se irá tomar por empréstimo foi produzida perante o mesmo juízo, embora em autos distintos.

No mais, o juiz do trabalho deve aplicar apenas em casos excepcionais o disposto no art. 313, V, "a" e "b" do CPC, que determina a suspensão do processo nas hipóteses que menciona, pois a entrega da prestação jurisdicional trabalhista deve ser célere em virtude do caráter alimentar de muitas das lides que tornam a Justiça do Trabalho, seguramente, o mais pletórico dos órgãos judiciários brasileiros.

Parágrafo único. Compunha a segunda parte do art. 130 do CPC revogado.

Efetuada, pelas partes, a indicação do *thema probandum*, o passo seguinte será a apreciação, pelo juiz, quanto à admissibilidade, ou não, das provas propostas. Esse ato é privativo do magistrado, tanto que dispõe o CPC, no parágrafo em exame, que "o juiz indeferirá, em decisão fundamentada, as diligências inúteis ou meramente protelatórias".

O CPC de 1973 não aludia à fundamentação da decisão pela qual o juiz indeferia a produção de provas. De qualquer modo, essa exigência estava contida no inciso IX do art. 93 da Constituição Federal, que comina, aliás, de nula, a decisão que não for fundamentada.

O processo civil apresenta um momento que, se não é o único, é sem dúvida o principal, em que o juiz deverá se pronunciar quanto à admissibilidade, ou não, das provas apontadas pelos litigantes: é na oportunidade do saneamento do processo (CPC, art. 357, II). Esse saneamento é realizado por meio de decisão, não de despacho. Essa fase de saneamento inexiste no processo do trabalho, porquanto é na audiência que o juiz, em regra, toma contato, pela primeira vez, com a petição inicial, sendo aí também oferecida pelo réu a sua resposta. Considerando que a realidade prática consagrou o fracionamento da audiência, no procedimento ordinário, como pudemos observar, é exatamente na primeira (dita inicial) e com vistas à segunda (denominada instrutória) que o juiz deverá apreciar os pedidos das partes, relativamente às provas que pretendem produzir. Conquanto o processo do trabalho se caracterize pela simplicidade, é recomendável que o juiz, em audiência, determine que as partes especifiquem quais os meios de que pretendem se valer para produzir as provas relacionadas aos fatos narrados, pois a mera referência, costumeiramente feita na inicial e na contestação, de que visarão produzir "todas as provas em direito admitidas, como depoimentos pessoais, inquirição de testemunhas etc", além de vaga, pode, em certos casos, constituir motivo para a alegação de cerceamento de defesa, na medida em que o juiz poderá deixar de apreciar o pedido de produção de certa prova, inserida ou insinuada naquela alusão genérica, formulada pelos litigantes.

Reconhecemos, todavia, que, em concreto, essa providência judicial não vem sendo adotada, provavelmente em decorrência do amplo poder de direção do processo que a lei (CLT, art. 765) confere ao juiz do trabalho e que se manifesta até mesmo na iniciativa de realizar diligências probatórias. Entendemos, porém, que essa faculdade do juiz não deve ser exercida com intensidade tal, a ponto de acabar por substituir a atividade das partes, a quem a lei atribui, fundamentalmente, a iniciativa da prova e o correspondente ônus de produzi-las, como medida necessária à admissão de serem verdadeiros os fatos alegados.

Na hipótese de o juiz indeferir a produção de determinada prova, dessa decisão não caberá recurso, competindo à parte que se sentir prejudicada externar a sua discordância na primeira vez que tiver de falar em audiência ou nos autos, sob pena de preclusão temporal, ressalvado o seu direito de renovar a arguição em grau de recurso. Se o indeferimento, por exemplo, ocorreu no início da audiência de instrução, o instante oportuno para arguir possível restrição do direito de defesa — e a consequente nulidade processual — será o das razões finais, muito embora não se possa negar a existência de uma praxe a exigir que essa insatisfação seja manifestada, ato contínuo, sob a forma de protesto.

A nulidade, contudo (e desde que, em verdade, se houvesse configurado um indeferimento irregular), só será declarada (e não decretada) se do ato inquinado decorrer manifesto prejuízo à parte, por força do disposto no art. 794 da CLT, que positivou o princípio doutrinário alienígena *pas de nullité san grief*. Se o juiz acolher a arguição da parte, poderá — desde que a sentença não tenha sido ainda prolatada — reabrir a instrução processual, para efeito de possibilitar que ela produza a prova que havia sido indeferida. A matéria, neste caso, se rege pelo princípio da proteção, corporificado no art. 796, alínea "a" da CLT, que estabelece: "A nulidade não será pronunciada: quando for possível suprir-se a falta ou repetir-se o ato".

Declarada a nulidade, o juiz ou o tribunal (conforme seja a competência) especificará os atos a que ela se estende (CLT, art. 797; CPC, art. 282, *caput*), sendo certo que a nulidade não prejudicará senão os posteriores, que do ato inquinado dependam ou dele sejam consequência (CLT, art. 798).

No procedimento sumariíssimo, o deferimento ou indeferimento de produção de provas deverá ser efetuado no início da audiência (que, em princípio, deve ser una, nos termos do art. 852-C, da CLT). De resto, aplicam-se a este procedimento, *mutatis mutandis*, as considerações que expendemos quanto ao ordinário.

Art. 371. O juiz apreciará a prova constante dos autos, independentemente do sujeito que a tiver promovido, e indicará na decisão as razões da formação de seu convencimento.

• **Comentário**

A norma constava, em parte, do art. 131 do CPC revogado.

O fato de o legislador de 2015 não haver repetido o vocábulo livremente, que constava do texto de 1973, não significa que o juiz ficou destituído de liberdade na apreciação da prova produzida nos autos, máxime no caso dos juízes do trabalho, aos quais o art. 765 da CLT concede, desde sempre, ampla liberdade na condução do processo.

O art. 371 do CPC abriga dois princípios, a saber: a) o da *impessoalidade da prova*; e b) o da *persuasão racional* — a que preferimos denominar de *livre convencimento motivado*.

Impessoalidade da prova. A declaração legal de que o juiz apreciará a prova "independentemente do sujeito que a tiver promovido" deve ser considerada em termos, ao menos no processo do trabalho. Se, por exemplo, o réu juntou aos autos documento por ele produzido, que prova em favor do autor, é elementar que a eficácia probante do mencionado documento é muito maior, do ponto de vista de sua valoração, do que se a prova tivesse sido produzida por um outro documento juntado pelo próprio autor — e, talvez, produzido por terceiro. O mesmo se diga quanto à prova testemunhal: se o conteúdo das declarações da testemunha indicada pela parte provarem contra esta, é evidente que a prova terá maior consistência suasória — sempre sobre o aspecto valorativo — do que se as declarações da testemunha provassem em benefício de quem a indicou.

Livre convencimento motivado. O juiz tem ampla liberdade para formar o seu convencimento jurídico acerca dos fatos da causa, contanto que o faça com base na prova dos autos. A sua liberdade nesse campo, pode ser comparada à de um prisioneiro na cela: pode ir aonde desejar, desde que seja no interior do cárcere — que, na alegoria, são as provas produzidas pelas partes.

O juiz, portanto, deverá indicar, sempre, na sentença, as provas que influíram na formação do seu convencimento jurídico a respeito dos fatos da causa. Sendo omissa a sentença, neste particular, caberá à parte interessada oferecer embargos de declaração, a fim de ser suprida a falta. Mesmo que os embargos declaratórios não sejam oferecidos, haverá nulidade processual, por violação ao art. 371 do CPC e, acima de tudo, do inciso IX do art. 93 da Constituição Federal.

Apreciação e valoração da prova

Como a norma legal em exame alude à apreciação das provas pelo magistrado, devemos dedicar algumas considerações ao tema da valoração da prova — máxime do ponto de vista do processo do trabalho.

Para Miguel Reale (*Filosofia do direito*. São Paulo: Saraiva, 1965. p. 60), valorar não é o mesmo que avaliar, pois no primeiro caso se analisa a coisa sob o critério de valor: "Quando se compra um quadro não se valora, mas se avalia. Em tal caso, compara-se um objeto com outros. Valorar, ao contrário, pode ser a mera contemplação de algo, sem cotejos ou confrontos, em sua singularidade, sob um prisma de valor. O crítico de arte valora um quadro ou uma estátua, porque os compreende sob um prisma valorativo, um seu 'sentido' ou 'significado'".

Os ordenamentos processuais, ao longo de sua história, admitiram, basicamente, três sistemas de apreciação das provas, a saber:

a) o da prova legal ou positiva;

b) o da livre convicção; e

c) o da persuasão racional.

Façamos uma breve exposição sobre cada um deles.

a) Da prova legal ou positiva.

O sistema da prova legal (ou da prova tachada) tem raízes nas ordálias ou juízos de Deus, muito em voga na antiguidade. A ordália consistia em submeter a pessoa a determinada prova, supondo-se que Deus não a deixaria sair com vida, ou sem algum sinal evidente, no caso, de não dizer a verdade; por isso, as ordálias também foram denominadas de *juízos de Deus*. Essas provas eram aplicadas mediante bebidas acres; pelo fogo; pela água, em temperatura muito baixa ou muito alta; pelo cadáver; pelas serpentes; pela cruz e por muitos outros — sendo que todas elas fugiam ao controle do julgador, a quem competiria, apenas, aguardar o resultado que provocavam, proclamando-o logo em seguida.

A prova das bebidas amargas era utilizada em relação à mulher acusada de adultério; se após ingerir a bebida o seu rosto se contraísse e os olhos ficassem impregnados de sangue, era considerada culpada; na prova pelo fogo o acusado tocava com a língua em um pedaço de ferro incandescente, ou tinha de caminhar com os pés descalços sobre barras de ferro, sem manifestar dor; na prova das serpentes, ele era posto no meio delas, havendo a crença absurda de que somente seria picado se fosse, realmente, culpado; na prova do pão e queijo, se impunha ao acusado deglutir quantidade considerável desses alimentos: caso não o conseguisse, era tido como culpado. Tais exemplos mostram, aos olhos da moderna ciência processual, a absurdeza de um tal sistema de provas.

Dentre os povos que adotaram esse sistema se encontram os hebreus, os gregos e os hindus, muito embora tenham sido os europeus quem, sob o domínio germânico-barbárico, fizeram difundir, largamente, a utilização das ordálias. A esse tempo, contudo, havia um outro meio de prova, de feição nitidamente religiosa, chamado *juramento*, que era usado pelos gregos, hindus e romanos. Mesmo com a reprovação da Igreja, o juramento logrou se difundir na Idade Média. Considerando, todavia, a grande incidência de juramentos falsos, houve necessidade de instituir-se a figura dos conspurcadores (*juratores, conjuratores*) — consistente no juramento, feito por terceiros, em abono ao que era prestado por outrem.

Lembra Moacyr Amaral Santos (*Comentários*, p. 19) que no século X se generalizou o *duelo*, ou combate judiciário, que era a mais apreciada e utilizada das ordálias. E, de tal modo se desenvolveu essa modalidade de prova *per pugnam*, "que até mesmo as testemunhas — *conjuratores* — de uma e outra parte combatiam entre si".

No sistema (ou critério) das ordálias, como dissemos, o juiz possuía uma função eminentemente passiva, pois se limitava a assistir os litigantes se digladiarem, vindo, depois, a declarar o resultado da lide. Mais tarde, "Sob a influência do Direito Canônico e dos estudos e do Direito Romano, a partir do século XI, abolidas as ordálias, e, a contar do século XIV, condenado o duelo, restabeleceram-se os meios romanos de prova, documentos e testemunhas, especialmente estas" (SANTOS, Moacyr Amaral, ob. cit., *ibidem*).

Sucede, contudo, que nesse sistema cada prova tinha uma valoração prévia e inflexível, estabelecida por lei, razão por que R. W. Millar (*Los princípios formativos del procedimiento civil*. 1945, p. 122) pôde afirmar, com grande propriedade, que o objetivo era reduzir o juiz a um mero contador.

As *Conclusiones Probactionum* de Mascardus, publicadas em 1588, retratam um dos mais significativos exemplos da inflexibilidade desse sistema, que se assentava no prévio tarifamento do valor das provas. De tal arte, para ele o depoimento de uma só testemunha nada valia (*testis unus, testis nullus*).

Quer nos parecer, porém, que a antiga afirmação de que "testemunha única é testemunha nenhuma" não é originária da máxima *testis unus, testis nullus*, do Direito Romano, mas sim, da *dictum unius, dictum nullius*, extraída do Deuteronômio (Capítulo XIX, v. 15), em e se lê: "Não valerá contra alguém uma só testemunha, qualquer que seja o delito de que o acusem, mas tudo passará como certo se depuserem duas ou três testemunhas". A origem da expressão parece-nos, assim, canônica. Já o depoimento de duas testemunhas fidedignas (*testis classi*) constituía prova plena (*plena probatio*): *testibus duobus fide dignis credendum*.

O rigor do sistema, contudo, não se detinha aí: um testemunho fidedigno poderia valer como meia prova (*semiplena probatio*), um testemunho duvidoso (*testis suspectus*) tinha valor inferior a meia prova (*probatio semiplena minor*), sendo que um testemunho fidedigno mais um testemunho duvidoso equivaliam a mais de meia prova (*probatio semiplena major*).

Salta aos olhos do processualista moderno a irracionalidade desse sistema, onde a avaliação da prova era feita segundo critérios estereotipados por lei, dando-se, inclusive, prevalência ao aspecto quantitativo (e não qualitativo) da prova testemunhal. Afinal, sabemos que há uma série de fatores que devem ser sopesados pelo juiz, sempre que tiver de apreciar o teor dos depoimentos das testemunhas: "Assim, umas vezes o mérito interno do depoimento, outras vezes as qualidades e reputação das testemunhas, outras o seu número, outras as coincidências que venham em socorro de algumas, tais são as circunstâncias, que o Juiz deverá examinar com religiosa atenção, e escrupulosa imparcialidade", ressalta Paula Batista (*Compêndio de teoria e prática*. 1901, § 159, p. 207).

b) Da livre convicção

O sistema da livre convicção surge como verdadeira antítese do anterior (da prova legal); sua origem é romana e foi amplamente utilizada pelos germânicos — ou povos de cultura germânica.

Com o advento da Revolução Francesa, o sistema da prova legal foi profundamente abalado; em relação ao processo penal, *e. g.*, um decreto da Assembleia Constituinte de setembro de 1791 dispunha que os jurados decidissem *suivant votre conscience et votre intime conviction* (segundo a sua consciência e a sua íntima convicção). Por este motivo, o sistema da livre convicção é também conhecido como da *íntima convicção*. Independentemente da nomenclatura, contudo, ele consagrou a soberania do juiz no campo da indagação da verdade e da apreciação das provas. De tal sorte, a verdade surgia na consciência do julgador, sem que ele tivesse de subordinar-se a certas regras legais de valoração da prova. A sua convicção se originava, ademais, não somente do conjunto probatório existente nos autos, mas até mesmo de certos conhecimentos privados que pudesse ter acerca dos fatos. E a liberalidade desse sistema atingiu a sua culminância ao dispensar que o juiz indicasse os motivos que influíram na formação do seu convencimento.

Tornou-se antológica, aliás, a figura do "bom" juiz Magnaud, em França, que, na qualidade de Presidente do Tribunal de primeiro grau de Château-Thierry, entre 1889 e 1904, se revelou manifestamente piedoso para com os fracos, os pobres, os oprimidos e, com o mesmo ardor, enérgico e insensível em relação aos ricos, aos poderosos, aos influentes em geral. Na observação precisa de Carlos Maximiliano (*Hermenêutica e aplicação do direito*. 8. ed. Rio-São Paulo: Livraria Freitas Bastos, 1965. p. 95), nas mãos do juiz Magnaud "a lei variava segundo a classe, mentalidade religiosa ou inclinações políticas das pessoas submetidas à sua jurisdição".

Essa liberdade racional no julgamento estava expressa na antiga máxima latina *iudex prout religio suggerit, sententiam proferre debet* (o juiz deve proferir a sentença segundo a sua consciência). Daí também resultava a faculdade que se deferia aos julgadores de não decidirem o litígio quando a prova era insuficiente. O juiz, enfim, era uma espécie de "senhor do processo".

Felizmente, não há mais lugar, nos modernos sistemas processuais, para a existência do "bom" juiz Magnaud, conforme se verá a seguir. Aliás, foram, por certo, todos aqueles a quem esse juiz favoreceu, em sua parcialidade, que o rotularam de "bom". Se fosse dado aos vencidos (ou prejudicados) escrever a história, seguramente, o adjetivo que se teria pespegado àquele juiz seria o de "mau". Um juiz não se deve preocupar em ser "bom" ou "mau" — e sim, em ser justo e honesto.

c) Da persuasão racional (livre convencimento motivado)

O sistema da persuasão racional, ou do convencimento racional, constitui uma espécie de síntese dialética (tese + antítese + síntese) dos anteriores (prova legal e persuasão racional) se bem que, em verdade, tenha surgido com os códigos napoleônicos "como reação ao critério da livre convicção, aplicado em seu processo" (SANTOS, Moacyr Amaral, ob. cit., p. 20).

A respeito desse sistema, assim se pronunciou Porras López (ob. cit., p. 254): *Durante el siglo pasado se estructuró el sistema misto en virtud cual se formo un solo sistema con la concurrencia del aspecto positivo de los sistemas de la prueba libre y de la legal o tasada*. Por isso, dissemos que se trata de uma síntese dos outros dois.

No sistema da persuasão racional, embora se permita ao juiz apreciar livremente as provas, isto não significa que possa se deixar orientar por suas impressões pessoais: ao contrário, a sua convicção deverá ser formada com base na prova produzida nos autos (*iudex secundum allegata et probata partium iudicare debet*). O seu convencimento, por isto, longe de ser arbitrário, fica ajoujado a certas regras jurídicas específicas, bem como a regras de lógica jurídica, sem desprezo pelas máximas de experiência. Por esta razão, ele apreciará livremente a prova, atendendo aos fatos e circunstâncias constantes dos autos, ainda que não alegados pelas partes, mas deverá indicar, na sentença, os motivos que lhe formaram o convencimento. Essa regra foi reproduzida, com pequeno acréscimo, pelo art. 371 do CPC atual.

Sob a perspectiva do princípio da persuasão racional, (a que preferimos denominar de livre convencimento motivado) podemos dizer, que a liberdade do juiz corresponde à liberdade do prisioneiro na cela: vai aonde quiser, desde que seja dentro do cárcere (Eduardo Couture). Essa vinculação da formação do convencimento jurídico do magistrado — acerca dos fatos da causa — à prova dos autos é um imperativo fundamental dos Estados Democráticos de Direito.

Pode-se estabelecer, pois, que, sob a óptica desse sistema, a convicção do juiz fica adstrita a quatro pressupostos legais: a) aos fatos deduzidos na ação; b) à prova desses fatos, realizada nos autos; c) às regras legais específicas e às máximas de experiência; e d) à indicação dos motivos que determinaram a formação do seu convencimento.

O CPC de 1973, conforme dissemos, adotou claramente o princípio da persuasão racional (livre convencimento motivado), como se constata pela expressão do art. 131, já mencionado, princípio que foi mantido pelo CPC atual (art. 371), que apenas retirou o adjetivo *livremente*, que constava do texto anterior. Não há dúvida de que o sistema da persuasão racional foi também adotado pelo Direito Processual do Trabalho, cuja inferência se extrai — embora palidamente — da leitura do art. 832, *caput* da CLT, onde se alude à "apreciação das provas" e aos "fundamentos da decisão". A adoção supletiva de certas normas processuais civis, entrementes, como era o caso do art. 131, robustecia essa conclusão.

Quanto às ações (dissídios) coletivos, cremos não haver erronia em afirmar-se que prepondera aí o sistema do livre convencimento (ou livre convicção), pois não ocorre, necessariamente, a vinculação da decisão às provas dos autos; a ser assim, estar-se-iam subtraindo, em muitos casos, a normatividade dessas decisões e o próprio caráter jurígeno que lhe é peculiar. Essa dualidade do processo do trabalho, que também se manifesta em outros aspectos (é informado, como vimos, pelos princípios dispositivo/inquisitivo, no plano das ações individuais e inquisitivo, no das ações coletivas) faz vincar ainda mais a sua dessemelhança com o processo civil, que repele, em regra, qualquer tratamento anfibológico de seus princípios ou institutos — nada obstante os embargos de declaração constituam exceção marcante a esse monomorfismo sistemático do CPC.

O princípio *in dubio pro misero* e a apreciação da prova

Inspirada, por certo, no princípio *in dubio pro reo*, característico do processo penal, a doutrina processual trabalhista construiu o do *in dubio pro misero* (ou *pro operario*), para resolver o problema da dúvida que, frequentemente, toma de assalto o espírito do julgador diante da prova dividida, ao ensejo de proferir a sentença. Procurando justificar a adoção desse princípio, disse o eminente Prof. Cesarino Júnior (*Direito processual do trabalho*, p. 38, *apud* BATALHA, Campos, ob. cit., p. 533): "Na dúvida, isto é, quando militam razões pró e contra, é razoável decidir a favor do economicamente fraco, num litígio que visa, não satisfazer ambições, mas a prover às necessidades imediatas da vida. Isto é humano, isto atende ao interesse social, ao bem comum. Nada tem de ousado, ou de classista. Classista seria sempre decidir a favor do empregado, com dúvidas ou sem dúvidas, com a lei, sem a lei ou contra a lei". E, mais adiante: "... assim, o elemento ético-social, concretizado na tutela razoável do trabalhador, contribui para uma solução humana e justa".

Discrepamos, entretanto, do pensamento do notável jurista pátrio — e por extensão da própria manifestação doutrinai predominante em que ele se insere. A este respeito, convém lembrar que o IV Congresso Ibero-Americano de Direito do Trabalho e Previdência Social concluíra que *O princípio in dubio pro operario incide nos processos trabalhistas, quando no espírito do julgador não exista uma convicção derivada de análise das provas produzidas*. Data venia, a dúvida deve ser decidida segundo o ônus da prova — que a cada litigante incumbia — sem prejuízo da possibilidade de o juiz determinar a reabertura da instrução para a coleta complementar de provas, com o propósito de melhor formar a sua convicção.

Entendemos, pois, que o princípio *in dubio pro operario* não incide em matéria de apreciação da prova. Há que se destacar, primeiramente, que o estado de hesitação da inteligência, que caracteriza a dúvida, é de foro essencialmente subjetivo, nascendo no imo do intérprete (no caso, o julgador). Vale dizer, a dúvida não está na prova produzida (que muitas vezes contém uma definição em prol de um dos litigantes) e sim na pessoa a quem compete apreciar essa mesma prova. Tem-se, então, que essa possibilidade de hesitação do julgador, ou mesmo de haver idiossincrasia interpretativa da prova, revela a fragilidade do princípio, fazendo com que deva ser rechaçado pelo processo do trabalho. Não é este, porém, o nosso principal argumento. Ora, o pressuposto concreto para a incidência desse princípio (isto para os que sustentam o seu cabimento) é a falta ou a insuficiência de provas. Excepcionalmente poderá concernir à existência recíproca de provas (ambas as partes provaram os fatos alegados). Em qualquer caso, no entanto, a questão deverá ser solucionada à luz do ônus objetivo da prova, segundo o critério contido no art. 818 da CLT.

Decidir-se em favor do empregado — apenas porque de empregado se trata — é atitude piedosa, de favor, que se ressente de qualquer lastro de juridicidade. Torna a sentença frágil, suscetível de virtual reforma pelo grau da jurisdição superior. Não estamos incorrendo em contradição, relativamente ao que até aqui expusemos em defesa de um reconhecimento sistemático quanto à existência de uma desigualdade real entre o empregado e o empregador. A compensação dessa desigualdade, contudo, há de ser outorgada por leis processuais adequadas e não pela pessoa do julgador, a poder de certos critérios subjetivos e casuísticos.

Convém frisar: ou se prova ou não se prova. Se, em determinado caso, entretanto, as provas forem insuficientes (de ambos os lados), o resultado do provimento jurisdicional deve ser desfavorável a quem incumbia o *onus probandi*. Se os litigantes, ao contrário, fizerem prova satisfatória dos fatos narrados, de modo a que se possa admitir que a prova ficou dividida, deverá o julgador, autorizado pelo princípio da persuasão racional (livre convencimento motivado) apreciar qual a *melhor* prova, tendo em vista a natureza dos fatos, as circunstâncias dos autos e outros elementos de que possa se valer para indicar como motivos formadores do seu convencimento. Certamente que não nos abalançamos a tarifar critérios doutrinários que deverão ser observados pelo julgador quando tiver diante de si uma prova dividida. Está perdida no tempo, felizmente, a prova legal. Deste modo, a sua apreciação ficará reservada ao discernimento de cada juiz. O que nos parece imprescindível é que ele, com maior ou menor intensidade, forme a sua convicção, evitando de decidir, piedosamente, em prol do empregado, como se o princípio (?) *in dubio pro operario* possuísse qualquer eficácia nesse campo.

Não negamos, contudo, que esse princípio possa, em outras hipóteses, incidir no ordenamento processual trabalhista. Nem há paradoxo na afirmação. Sem embargo, em matéria de *interpretação de norma legal*, seja substancial ou processual, deve o juiz decidir — sempre que houver dúvida razoável — em prol do empregado, porque essa atitude estará perfeitamente cônsona com o caráter tuitivo que anima tais normas, notadamente as primeiras.

Efetivamente, se a legislação do trabalho é protetiva do empregado, nada mais lógico do que admitir-se que o juiz, sendo tomado de assalto por dúvida razoável quanto ao verdadeiro conteúdo e alcance de determinada norma legal, opte pela interpretação que for mais favorável ao empregado, máxime, se essa norma for de natureza material.

Essa interpretação com base na cláusula *in dubio pro misero* está, no caso, em harmonia com a natureza protetiva da própria norma legal interpretada.

Mais uma observação pertinente, de ordem prática: se autor e réu deixarem de comparecer à audiência em que seriam interrogados, não deverá o juiz decidir a favor do autor, em nome do princípio *in dubio pro misero*, e sim, decidir contra a parte que detinha o ônus da prova (CLT, art. 818).

Art. 372. O juiz poderá admitir a utilização de prova produzida em outro processo, atribuindo-lhe o valor que considerar adequado, observado o contraditório.

• **Comentário**

Cuida-se de novidade do atual CPC, embora o tema tenha sido largamente debatido nos sítios da doutrina e da jurisprudência.

Trata-se da denominada *prova emprestada*.

A prova emprestada, para Bentham (apud CATHARINO, Martins. *Contrato de emprego*. Bahia: Trabalhistas, 1962. p. 338), é a que "já foi feita juridicamente, mas em outra causa, da qual se extrai para aplicá-la à causa em questão". Esclareça-se que a prova emprestada nada tem a ver com a preconstituída, do mesmo modo que, em regra, só se refere à prova testemunhai, porquanto a documental e a pericial mantêm a sua eficácia mesmo fora dos autos ou do juízo em que foram produzidas. Quanto à prova pericial, todavia, a sua realização será indispensável sempre que as condições de fato, pertinentes à causa atual, não coincidirem com aquelas que motivaram a realização do exame pericial, no processo anterior

Segue-se, conseguintemente, que a prova emprestada concerne às denominadas provas *casuais*, ou seja, às "que se colhem ou se produzem no curso do processo, sem que tenham sido intencionalmente constituídas e preparadas para a demonstração dos fatos ali deduzidos pelos litigantes" (SANTOS, Moacyr Amaral, ob. cit., p. 321). Sintetizando: a prova emprestada atine àquelas de natureza oral, que são, por princípio, produzidas em audiência e, invariavelmente, na presença do juiz (depoimentos das partes, das testemunhas, dos peritos).

Muito se discutiu, na doutrina, acerca da admissibilidade dessa prova, em outros autos ou juízo. Affonso Fraga (*Instituições*, cits., II, p. 369) sustentava a impossibilidade da admissão, argumentando que a verdade resultante da prova é uma só, em qualquer tempo e lugar, razão por que produz efeito entre as partes; e aduzia: "Outra, porém, deve ser a solução se a ulterior controvérsia se ferir entre qualquer das partes e terceiro, por isso que, nesta hipótese, a prova dos fatos contestados não se faz em presença e em contradição deste, conforme preceitua a lei; e assim, lhe não poderá ser oposta". Em verdade, o fundamento básico da corrente doutrinária que entendia não ser possível a aceitação da prova emprestada residia, como se pode constatar pelo próprio pensamento de Affonso Fraga, no fato de que, ao admiti-la, estar-se-ia escoriando o princípio da identidade física do juiz (que, por sua vez, integra o da oralidade), porquanto importaria consentir que a prova fosse produzida sem a sua presença.

Esse argumento, contudo, restou prostrado diante da determinação legal de que a inquirição de testemunhas residentes em outra jurisdição fosse feita por intermédio de carta precatória. Sendo assim, como exigir-se que a prova deva ser sempre produzida na presença do juiz da causa? Ademais, na eventualidade de o processo ser anulado, por exemplo, em virtude de incompetência absoluta, estabelece a lei (CPC, art. 64, § 4º) que, salvo decisão judicial em contrário, "conservar-se-ão os efeitos de decisão proferida pelo juízo incompetente, até que outra seja proferida, se for o caso, pelo juízo competente".

Não só a fragilidade do argumento dos que entendiam que a prova emprestada colidia com o princípio da identidade física do juiz levou a melhor doutrina, contrariamente, a admitir essa modalidade de prova, como, também, o reconhecimento de que ela contribui, sobremaneira, para a economia — e a consequente celeridade — do procedimento. Com efeito, essa prova, quando trasladada para outros autos, evita, em muitos casos, um dispêndio de atividade probatória das partes (com grande economia de tempo), visto que a verdade dos fatos já está nela demonstrada, razão por que o seu aproveitamento deve ser o quanto possível, admitido pelo juízo. Acresça-se, por outro lado, que o princípio da identidade física do juiz é inaplicável ao processo do trabalho (Súmula n. 136 do TST), embora estejamos convencidos de que esse princípio deva ser revisto, quando menos, para ser abrandado.

O exemplário, quanto ao cabimento da prova emprestada no direito processual do trabalho, é vasto, cujos matizes variarão conforme os casos concretos em que se verifiquem. O que se deve pôr em realce, nesta matéria, é que tal espécie de prova é plenamente compatível com o processo especializado, em atenção ao qual, aliás, parece ter sido concebida.

Não queremos com isto dizer, porém, que a prova emprestada deva ser, obrigatoriamente, aceita pelo juiz; como diretor do processo, por certo que haverá de submeter-se ao seu prudente arbítrio admissibilidade, ou não, dessa prova.

Criteriosa, a doutrina estabeleceu algumas regras de ordem prática, relacionadas à eficácia da prova emprestada, que deverão ser observadas em conjunto; ei-las: a) a prova emprestada de natureza oral, mantém a eficácia do processo em que foi produzida, segundo seja o poder de convencimento que traga consigo; b) a eficácia e o aproveitamento dessa prova (também de natureza oral) estão na razão inversa da possibilidade de sua produção; c) a eficácia da prova emprestada equivale à da que se colheu mediante carta precatória.

Cumpre ressaltar, entrementes, que essas regras estão vinculadas às diversas situações em que se encontram as partes em relação à prova emprestada. Deste modo, "Consideradas as pessoas dos litigantes no processo para o qual é transportada, será de se distinguir a prova conforme tenha, no processo anterior, sido produzida: a) entre as mesmas partes; b) entre uma das partes daquele e terceiros; c) entre terceiros" (SANTOS, Moacyr Amaral, ob. cit., p. 322/323).

Acrescentamos, ainda, pela nossa parte, d) a prova que tendo sido produzida no juízo criminal, seja trasladada para o juízo do trabalho.

a) Produzida entre as mesmas partes

É elementar que, por princípio, a prova produzida anteriormente, em outros autos de processo, entre as mesmas partes que estão outra vez a litigar, guarda, em relação a elas, eficácia absoluta. Lembramo-nos de um caso concreto onde o empregado, alegando que a sua jornada diária de trabalho era de 8h às 23h, ajuizou ação postulando, apenas, as horas extraordinárias daí oriundas. A Vara, em face da prova produzida, admitiu como verdadeira essa jornada e condenou o empregador ao pagamento dessas horas. Posteriormente, já transita em julgado a sentença, o empregado ingressa com nova ação, pleiteando, desta feita, o adicional noturno (das 22h às 23h), pois houvera omitido esse pedido na ação anterior. Diante disto, a Vara, considerando que naquela ação o empregador negara o trabalho no período noturno (logo, não poderia ter recibos de pagamento dessa parcela), entendeu desnecessária a produção de provas quanto à jornada de trabalho, porquanto, como se disse, já fora feita em outros autos. Nem poderia ser de maneira diversa, pois a instrução, neste último caso, seria de nenhuma utilidade. Correta foi, portanto, a determinação da Vara para que se tomasse por empréstimo aquela prova, com manifesta economia de tempo e de atividade jurisdicional, a par de constituir medida garantidora da harmonia da ordem jurídica, evitando, assim, a existência de sentenças eventualmente conflitantes.

Sem embargo, admitamos que não se procedesse assim e que, na segunda ação, o empregado não fizesse prova de ser verdadeira a jornada de trabalho que constituía o pressuposto de fato (*causa petendi*) do seu pedido; ter-se-ia, então de negar-lhe o adicional noturno pretendido, por força do ônus da prova que lhe incumbia, muito embora essa jornada houvesse, em outros autos, sido admitida como verdadeira, por sentença com trânsito em julgado.

Essa desarmonia na ordem jurídico-processual seria, inegavelmente, nefasta sob todos os aspectos;

afinal, ainda que formal a verdade há de ser uma só. Deste modo, a sua eficácia há de espraiar-se por onde quer que se encontrem a litigar essas partes e desde que a controvérsia se refira à jornada de trabalho existente no período em que vigorou o contrato.

Em outro caso, por exemplo, o empregado pretendeu obter uma declaração judicial de existência de relação de emprego com o réu e a consequente condenação deste ao pagamento dos salários retidos e da indenização por tempo de serviço, em vista de ter sido despedido sem justa causa legal. Nada mais pediu. O réu, desatento ao princípio processual da impugnação especificada dos fatos (CPC, art. 341), limitou-se a contestar a existência do vínculo de emprego, deixando de impugnar os demais fatos. A sentença, exaurida a instrução processual, acolheu integralmente os pedidos do autor. Mais tarde, ele voltou a juízo com outra ação, postulando os 13ºs salários, e as férias, uma vez que se descuidara de fazê-lo na ação transata, na qual, aliás, também restou comprovado que ele era assíduo ao serviço. Ora, bem. Admitida, pela sentença, a existência de um contrato de trabalho entre as partes, tacitamente estabelecido, no período mencionado na inicial, a atitude que ao réu se impunha era, exclusivamente, de negar o direito do autor às parcelas pretendidas, opondo-lhe, talvez, um fato modificativo, impeditivo (faltas excessivas ao serviço — que não era o caso) ou extintivo (pagamento). Nada mais. Logo, transportada daqueles para estes autos a prova quanto ao tempo de serviço, à assiduidade do empregado, ao valor da remuneração etc., a instrução concernente à segunda ação estaria completa, sendo injustificável que se tivesse de repetir todas essas provas.

Nem há alegar-se cerceamento de defesa, porquanto a prova fora colhida com rigorosa observância aos princípios legais que informam esse instituto processual. Novamente aqui a prova emprestada, quando inequívoca a sua admissibilidade, demonstra acentuada utilidade como fator de economia processual, bem assim o seu caráter de elemento mantenedor da harmonia das resoluções judiciais.

b) Entre uma das partes e terceiro

Talvez seja essa uma das hipóteses mais encontradiças no processo do trabalho. Sabemos que certos empregadores figuram, constantemente, como parte passiva nas relações processuais que se estabelecem na Justiça do Trabalho.

Exemplo: um empregado (A) promove ação em face do ex-empregador (B), asseverando que começava a trabalhar às 6h da manhã pois tinha de ordenhar, juntamente com outro empregado (C), cerca de quinze vacas antes de iniciar o seu serviço na parte da lavoura, pertencente ao mesmo ex-empregador. Considerando que a sua jornada se encerrava por volta das 18h, (A) pediu a condenação de (B) ao pagamento de horas extras, sabendo-se que o seu intervalo intrajornada era de uma hora. O réu contesta não apenas os pedidos, mas, em particular, a existência desses animais em sua propriedade, alegando, ainda, que a única atividade lá explorada era a agrícola, razão por que o autor (A) iniciava a sua jornada sempre às 8h, assim como (C) — em que pese ao fato de este não figurar na ação. A prova, todavia (inclusive mediante inspeção judicial) demonstrou que o réu estava faltando com a verdade, pois se constatou não somente a existência daquele número de reses, mas também que ele comercializava, com terceiros, o leite extraído por (A) (e por C). Via de consequência, e também porque se provou que a ordenha se iniciava, realmente, às 6h, as horas extras foram deferidas pela sentença. Pouco tempo depois, o outro empregado (C) ajuíza ação "contra" o mesmo ex-empregador (B), pleiteando horas extras, pois a sua jornada de trabalho era idêntica à de (A). Pergunta-se: considerando-se que, na ação anterior, o próprio réu admitiu que C era seu empregado e que tanto ele quanto A faziam os mesmos serviços (embora tenha alegado que não havia extração de leite, na fazenda), cuja jornada se encerrava às 18h e que, acima de tudo, se demonstrou que a ordenha se iniciava às 6h, dela também participando C, por que motivo se procederia, aqui, à instrução processual, a não ser para satisfazer a despiciendos anseios psicológicos do réu, articulados, por certo, a um propósito subjacente de procrastinar a prolação da sentença, que já a pressentia desfavorável? Nada mais racional e necessário, pois, do que trasladar-se para estes autos a prova anteriormente produzida.

Conforme veremos mais adiante, a prova emprestada — desde que a sua produção tenha sido correta e a sua inserção em outros autos possível — pode, até mesmo, neutralizar, em certos casos, a eficácia dos efeitos inerentes à *ficta confessio*, decorrente da ausência injustificada de uma das partes à audiência em que deveria ser interrogada.

c) Entre terceiros

São infrequentes, na Justiça do Trabalho, as hipóteses em que possa ocorrer o aproveitamento da prova produzida em ação envolvendo terceiros. Nada obsta, contudo, por princípio, o empréstimo dessa prova, conquanto a sua eficácia, em relação aos autos para os quais é transportada, não possa ser equiparada àquela que apresenta a prova que foi acolhida entre as mesmas partes, ou entre uma das partes e terceiro. A resposta é evidente: neste caso, a nenhuma das partes se possibilitou contraditar a prova anteriormente produzida entre terceiros ou mesmo oferecer contraprova. Aqui, mais do que nunca, a sua admissibilidade deverá subordinar-se à extrema prudência do juiz, sendo de reiterar-se que, mesmo admitida, os seus efeitos serão quase nenhum.

d) Produzida no juízo criminal

A prova judiciária, como instituto processual, é inegavelmente, una; variará a sua origem, contudo, segundo seja o juízo em que é obtida (civil, criminal, trabalhista etc.). Essa unidade científica (ontológica) da prova poderia fazer supor, consequentemente, que ela devesse ter, em outros juízos, a mesma eficácia que possui no juízo em que foi produzida, pois *per summa ratio* a prova é una. Inferência nesse sentido, todavia, não seria correta e muito menos admissível, do ponto de vista do direito processual do trabalho, sendo conveniente esclarecer que nenhum dispositivo legal obriga a que o Juízo do Trabalho acolha a prova elaborada em outro, como no caso o criminal, pois nem sempre os objetivos que norteiam a colheita da prova são idênticos aos diversos juízos. Como bem observa Campos Batalha (ob. cit., p. 531), "os pressupostos da responsabilidade penal não se confundem com os pressupostos da responsabilidade trabalhista".

Pode o juiz do trabalho, em virtude disso, proceder à instrução processual, segundo as normas e princípios específicos da CLT e da doutrina trabalhista — suplementadas pelas disposições do CPC —, sempre que houver necessidade, ficando a prova colhida no juízo criminal como uma espécie de pano-de-fundo, ou de adminículo para o julgador, que nela poderá se estribar para dar início ao interrogatório das partes e das testemunhas. A trasladação pura e simples da prova produzida no juízo criminal, para o do trabalho, com o consequente sacrifício da instrução processual própria deste e com o propósito de fazer com que também aqui ela se revista da mesma eficácia que possui no juízo de origem, é, *venia permissa*, procedimento que deve ser evitado, pois, a ser assim, estar-se-á golpeando a fundo o processo do trabalho em um dos seus momentos mais significativos — o que constituiria, acima de tudo, meio passo para a transfiguração da sua identidade científica, com reflexos deletérios na busca de sua autonomia enciclopédica.

Não se trata de menoscabo à prova criminal, mas, ao contrário, de preservação dos princípios nucleares que animam a prova trabalhista; eis a diferença vital, que autoriza ao juiz do trabalho a rejeitar aquela, ou a deixá-la vir aos autos como um ponto de referência em relação aos fatos que devam ser objeto da instrução neste juízo. Caso, porém, o juiz do trabalho entenda ser conveniente, por alguma razão ponderosa especial, sobrestar a ação trabalhista, até que sobre o fato-comum se pronuncie a justiça criminal, poderá fazê-lo com espeque no art. 313, V, "a" do CPC, de subsidiariedade restrita. Advirta-se, contudo, que a expressão legal revela meramente uma *faculdade* do juiz, sendo errôneo afirmar-se que haja, aí, um comando impositivo que o constranja a agir desta maneira. Não negamos que, excepcionalmente, deva ser determinado o sobrestamento da ação trabalhista como medida destinada a garantir o equilíbrio do ordenamento jurídico, visto que, a não se proceder desta maneira, estar-se-ia criando a possibilidade de dois juízos se pronunciarem de maneira conflitante sobre um mesmo fato submetido à sua cognição jurisdicional. Temos, assim, que a sabedoria e a prudência do magistrado do trabalho deverão ser convocadas para atuarem, com segurança, sempre que tiver de — entre as necessidades de manutenção da estabilidade da ordem jurídica e a de preservação dos princípios fundamentais que informam o processo do trabalho — optar por uma delas, tarefa que, na prática, se torna tormentosa, quanto mais não seja quando se perde de vista que a preeminência é desta última.

Se a própria prova obtida no juízo criminal não constrange o juízo trabalhista, muito menos o farão os depoimentos colhidos em inquéritos policiais, autênticos procedimentos administrativos a cargo da polícia judiciária, nas quais, nem sempre, são observados os princípios constitucionais que tutelam o indivíduo. Tais inquéritos podem, quando muito, constituir um elemento de orientação (ou de informação) do juízo trabalhista, relativamente a determinados fatos que devam ser objeto de indagação às partes e às testemunhas. Nada mais que isso — salvo se a parte, em audiência, confirmar as declarações constantes do inquérito, que lhe são desfavoráveis. Com razão, portanto, Galdino Siqueira (*Curso de processo criminal*, 1930, p. 306, *apud* BATALHA, Campos, ob. cit., p. 532), quando afirma que esse inquérito não constitui um ato judicial, um processo regular, por força do qual possa haver condenação ou absolvição, mas sim um ato extrajudicial, uma informação preparatória e preventiva feita enquanto não intervém a autoridade judiciária competente.

e) Produzida pelo Ministério Público do Trabalho

O Ministério Público do Trabalho costuma colher, nos autos de procedimentos preparatórios, investigatórios etc., os depoimentos de empregados ou ex-empregados da empresa.

Esses depoimentos devem ser aceitos com reserva pelo juiz do trabalho pelos seguintes motivos:

a) foram tomados, em muitos casos, sem efetiva observância das garantias constitucionais do contraditório dialético e da ampla defesa;

b) foram colhidos no interesse do Ministério Público, que, mais tarde, figurará como parte em juízo (ações civis públicas, ações civis coletivas etc.).

Não estamos, com estas considerações, colocando dúvidas quanto à lisura do *Parquet* na coleta de depoimentos nos procedimentos de natureza administrativa por ele instaurados, e sim, realçando o fato de que as provas devem ser produzidas em juízo, sob a orientação do magistrado, sempre jungido ao seu ontológico dever de imparcialidade e de desinteresse particular na causa. Estamos colocando em evidência, portanto, as garantias constitucionais do devido processo legal.

Para resumir: a) prova emprestada é a produzida em outro processo; b) o juiz não é obrigado a admitir a prova emprestada, conforme se infere do verbo *poder* ("poderá"), utilizado na redação do art. 372, a traduzir, assim, uma faculdade do magistrado; c) deve ser respeitado o contraditório; d) a admissão de prova emprestada não retira o direito de a parte produzir prova nos autos em que a prova foi tomada por empréstimo; e) a prova emprestada não significa que ela somente poderá se deferida quando houver impossibilidade de produzir prova nos autos para os quais se deseja transportá-la;

f) sob o prisma da valoração, a prova emprestada, em princípio, não se reveste da mesma eficácia da que é dotada a produzida nos autos em que a prova foi trasladada por empréstimo. Estamos a assevderar, portanto, que se houver contraste entre a prova emprestada e a produzida no juízo que a trouxe deverá prevalecer a produzida no referido juízo, por ser específica para o respectico processo. Não se cuida, aqui, qae princípio absoluto, senão que de aconselhamento.

Art. 373. O ônus da prova incumbe:

I — ao autor, quanto ao fato constitutivo de seu direito;

II — ao réu, quanto à existência de fato impeditivo, modificativo ou extintivo do direito do autor.

§ 1º Nos casos previstos em lei ou diante de peculiaridades da causa relacionadas à impossibilidade ou à excessiva dificuldade de cumprir o encargo nos termos do caput ou à maior facilidade de obtenção da prova do fato contrário, poderá o juiz atribuir o ônus da prova de modo diverso, desde que o faça por decisão fundamentada, caso em que deverá dar à parte a oportunidade de se desincumbir do ônus que lhe foi atribuído.

§ 2º A decisão prevista no § 1º deste artigo não pode gerar situação em que a desincumbência do encargo pela parte seja impossível ou excessivamente difícil.

§ 3º A distribuição diversa do ônus da prova também pode ocorrer por convenção das partes, salvo quando:

I — recair sobre direito indisponível da parte;

II — tornar excessivamente difícil a uma parte o exercício do direito.

§ 4º A convenção de que trata o § 3º pode ser celebrada antes ou durante o processo.

• **Comentário**

Caput. Reproduziu-se a regra do art. 333 do CPC revogado.

Síntese histórica

A preocupação doutrinária em estabelecer um critério preciso para a partição do ônus da prova entre os litigantes remonta a épocas priscas. Lembra Campos Batalha (ob. cit., p. 488) que, na antiguidade, Aulus Gellius (*Noctes Atticae*, Livro XIV, Cap. II), inspirando-se em seu mestre, o filósofo Favorinus (apoiado nos ensinamentos de Catão), afirmava que se as provas produzidas não convencessem, dever-se-ia decidir a favor do litigante mais probo; na hipótese de ambos possuírem a mesma reputação, a decisão deveria propender em favor do réu. Tratava-se, como se vê, de um critério de natureza complementar (somente incidiria se a prova não fosse suasória), que se assentava na honorabilidade das partes. O subjetivismo e o caráter discriminatório de que era provido, contudo, revela a falibilidade desse critério.

Foi no Direito Romano que se concebeu a regra *semper onus probandi ei incumbit qui dicit*, ou *semper necessitas probandi incumbit illi qui agit* (o ônus da prova incumbe a quem afirma ou age). Assim se dispôs porque quem por primeiro ingressava em juízo era o autor; consequentemente, como era ele quem afirmava, o *onus probandi* lhe era atribuído (*actori incumbit onus probandi*). Desse modo, o encargo da prova não se transferia ao réu, mesmo que negasse os fatos alegados pelo autor (*ei incumbit probatio qui dicit, non negat*: Paulus, "Digesto", Livro XXII, Título III, *de probationibus et praesumptionibus*, fragmento n. 2). Não era correta, todavia, essa construção doutrinária porque, em determinados casos, a alegação feita pelo réu envolvia um fato capaz de modificar, impedir ou extinguir o direito do autor. Reconheceu-se, então, que a resposta do réu continha (ou poderia conter) também uma afirmação; daí por que a ele se atribuiu o ônus da prova sempre que isto ocorresse, erigindo-se, em seguida, a regra *reus in excipiendo fit actor*, que Ulpiano (*Digesto*, Livro XLIV, Título l, *de exceptionibus*, fragmento n. 1) assim enunciou: *reus in exceptione actor est*. Esclareça-se que a *exceptione* (exceção) referida no texto de Ulpiano correspondia à atual defesa.

Posteriormente, os glosadores, manuseando os textos romanos e baseados em Paulus (*Digesto*, Livro XXII, Título III, fragmento n. 2), elaboraram um sistema de distribuição da carga probatória calcado em duas regras fundamentais: *afirmanti non neganti incumbit probatio* ("a quem afirma, não a quem nega, incumbe o ônus da prova") e *negativa non sunt probanda* ("não se provam os fatos negativos"). A partir daí, empenhou-se equivocadamente a doutrina em pôr à frente, na elaboração de critérios voltados à distribuição desse ônus, se a prova era positiva ou negativa, pois se sustentava ser impossível a segunda. Essa atitude constitui a grande característica do Direito medieval, que se infiltrou em parte no Direito português antigo e acabou por repercutir no próprio Código de Processo Civil brasileiro, de 1939, em cujo art. 209, § 1º, se estatuía: "Se o réu, na contestação, negar o fato alegado pelo autor, a este incumbirá o ônus da prova".

Observa Porras López (ob. cit., p. 249) que esses princípios se fizeram mais rigorosos na Idade Média *debido al procedimiento esencialmente inquisitorial que privo en aquélla, en este sentido, terrible época de la humanidad. Los princípios tradicionales invocados perfeccionados se aplicaban en la obscuridad de la clandestinidad, no en ei debate público y contradictorio y sobre princípios de igualdad, sino en la penumbra, en la obscuridad y en el secreto apenas alumbrado por las lúgubres y terribles velas del Santo Oficio, en donde el poderoso aplastaba al débil.*

A propósito dos métodos de inquisição medieval, das pessoas acusadas de heresia, sugerimos a leitura do livro "Manual dos Inquisidores", de Nicolau Eymerich, escrito em 1376 (2. ed. Brasília: Rosa dos Tempos, 1993).

A afirmação, porém, de que o fato negativo não se prova é inexata, ao menos como regra geral. Há hipóteses em que uma alegação negativa traz, inerente, uma afirmativa, conforme veremos em item específico, mais adiante. Antecipe-se, contudo, que o princípio de que a negativa não se prova só prospera quando se trata de negativa indefinida, exatamente porque aí a impraticabilidade da prova reside não na negatividade, mas sim na indefinição do que a parte alegou. Acertadamente, pois, a doutrina passou a extrair outra interpretação dos textos romanos mais consentânea com a nova tendência concluindo por estabelecer que o ônus da prova incumbia ao autor. Tal regra, todavia, não era absoluta, pois ao réu se deslocava esse encargo toda vez que, a par de negar a situação jurídica narrada pelo autor, a ele opusesse uma outra, visto que *réus in exceptione actore est*, como afirmava Ulpiano. E foi sob essa nova orientação que se edificou a teoria clássica do encargo da prova, segundo a qual "incumbe o ônus da prova àquela das partes que alega a existência ou inexistência de um fato do qual pretenda induzir uma relação de direito" (SANTOS, Moacyr Amaral, *Primeiras linhas*, p. 305).

Entre os autores que contribuíram para a construção dessa teoria se encontram Lessona, Mattirolo, Ricci, Garsonnet Et Bru, João Monteiro e outros, conquanto, ao longo dos anos, novas correntes de pensamento se formaram como resultado das interpretações idiossincráticas dos textos romanos, *v. g.*, as lideradas por Bentham, Webber, Bethmann-Hollweg, Fltting, Gianturco, Demogue — apenas para nomear alguns.

Bentham, por exemplo, entendia que a questão relacionada ao *onus probandi* deveria ficar reservada ao exame de cada caso concreto, quer dizer, provaria a parte a quem fosse mais fácil e menos dispendioso o atendimento a esse ônus; Bethmann, por sua vez, asseverava que o encargo incumbiria sempre ao réu, cujo pensamento o ilustre jurista fazia estribar no próprio Direito germânico, de acordo com o qual o autor não litigava em tutela do seu direito, e sim para fazer cessar a injustiça proveniente da parte contrária. Assim também Heinrich Beck (*Die Beweislast*, apud MIRANDA, Pontes de. *Comentários ao CPC*, p. 326). Declareuil (apud CIRIGLIANO, Raphael, *op. cit*, p. 38), de maneira algo peculiar, entendia que todas as teorias construídas a respeito do tema eram imaginosas, destituídas de fundamentos históricos e destrutíveis pela lógica; daí por que, em seu ver, o princípio assente de que provar compete sempre ao réu é falso, quer se considere a prova um encargo ou um favor; para o referido jurista, em consequência, a prova incumbe àquele que é fraco. Comumente, o mais fraco é o que é acusado pelo mais forte, embora em alguns casos possa ocorrer o oposto; diante disso, sendo mais forte o acusado, este constrangerá, mesmo sendo réu, o adversário a provar.

Segundo Bar e Laband (*ibidem*), o ônus da prova não deveria ser fixado em leis, mas imposto pelo juiz ao litigante que oferecesse melhores argumentos, ou parecesse, à primeira vista, estar com a razão; esse sistema, como se constata, caracterizava-se pelo arbítrio do magistrado, que, em certos casos, tinha mesmo de prejulgar para poder impor o encargo da prova à parte que lhe parecesse estar com a razão. Dentro desse caleidoscópio doutrinário podemos mencionar, ainda, Unger (*apud* BATALHA, Campos, ob. cit., p. 489), para quem o ônus da prova não deveria ser atribuído, por princípio, a nenhum dos litigantes, porquanto, partindo-se do pressuposto da igualdade entre eles, venceria quem houvesse produzido a melhor prova. João Monteiro (*ibidem*, p. 490) proclamava que esse encargo recaía sobre a parte que alegasse determinados fatos em juízo, para deles deduzir algum direito, embora admitisse as regras estabelecidas por Lessona, no sentido de que: a) o ônus não é determinado com vistas à qualidade do fato probando, mas pela qualidade jurídica que, na ação, possui aquele que o invoca; b) ao autor compete provar o fundamento da ação, assim como, ao réu, o da defesa.

A moderna concepção doutrinária

Podemos dizer que, ressalvadas pequenas dissenções secundárias, a doutrina moderna a propósito da partição do ônus da prova se concentra em Chiovenda, que atribuiu ao autor o encargo de provar os fatos constitutivos do seu direito e ao réu os fatos capazes de modificar, impedir ou extinguir o direito daquele. São do notável jurista as palavras: "o ônus de afirmar e provar se reparte entre os litigantes, no sentido de que é deixado à iniciativa de cada um deles provar os fatos que deseja sejam considerados pelo Juiz, isto é, os fatos que tenham interesse sejam por este tidos como verdadeiros" (*apud* SANTOS, Moacyr Amaral. *Primeiras linhas*, p. 306).

Para Chiovenda os fatos constitutivos são os que dão vida a uma vontade concreta da lei e à expectativa de um bem por parte de determinada pessoa; os extintivos são, em sentido contrário, os que fazem cessar a vontade concreta da lei e a consequente expectativa de um bem; os impeditivos se relacionam à falta de uma das circunstâncias que devem concorrer com os fatos constitutivos a fim de que estes produzam os efeitos que lhe são inerentes e normais.

Perfilhando o entendimento de Chiovenda, de quem fora discípulo, Enrico Tullio Liebman (*apud* BATALHA, Campos, ob. cit., p. 493), afirma que *l'attore deve provare i fatti costitutivi, che sono il fondamento della sua domanda; tocca poi ai convenuto provare i provare i fatti impeditivi, estintivi o modificativi che possono giustificare il rigetto della domanda dei attore*, ressalvando ainda que a posição do réu (convenuto) é muito cômoda, visto que *non sorge a suo carico nessun onere, finchè l'attore non abbia provato il fatto costitutive (actore non probante, réus absolvitur); soltanto se il fatto costitutivi sia provato, soergerà per lui la necessita di contrapporgli un'eccezione e di provare i fatti impeditivi, estintivi o modificativi su cui si fonda (réus in excipiendo fit actor).*

Carnelutti, contudo, classificou os fatos a respeito dos quais se deveriam estabelecer as regras do *onus probandi* em constitutivos, extintivos, convalidativos e invalidativos (impeditivos). Observa Campos Batalha (ob. cit., p. 492) que o ilustre jurista italiano, em seu *Sistema di Diritto Processuale Civile* (Padova, Cedam, 1936), fizera uma diferenciação básica entre fatos principais e fatos secundários, tendo incluído na primeira categoria os fatos constitutivos e os extintivos (que são antitéticos) e na segunda os impeditivos e os modificativos. Essa classificação, entretanto, não satisfez a Carnelutti, para quem a solução deveria ser buscada no estudo da relação entre a situação jurídica inicial e a situação jurídica final, dado que entre ambas pode existir uma relação de compatibilidade ou de incompatibilidade; sendo assim, o efeito jurídico do fato está em permitir que a situação jurídica inicial seja mantida, ou impor seja eliminada. Segue-se, portanto, que o fato dito extintivo, na verdade, é um fato constitutivo em relação à nova situação jurídica criada pelo réu, embora a sua eficácia extintiva se refira à situação jurídica inicial, a que deu causa o autor.

Nem sempre a nova situação jurídica exclui a anterior, limitando-se, apenas, a retirar-lhe ou acrescentar-lhe alguma coisa, do mesmo modo como pode ocorrer de as duas situações serem autônomas ou complementares: "Sob este ponto de vista, o binômio fato constitutivo ou fato extintivo se integra no trinômio fato constitutivo, fato extintivo (ou melhor, fato substitutivo) e fato complementar" (BATALHA, Campos, *idem, ibidem*). Daí decorre a razão de Carnelutti ter concluído que o fato impeditivo, também dito invalidativo, constitui a espécie negativa do fato complementar, cuja espécie positiva seria o fato convalidativo.

Segundo Porras López (ob. cit., p. 251) a doutrina moderna concernente ao ônus da prova pode ser resumida nestes princípios: *a) La carga de la prueba es una obligación, un derecho y um deber, en la ciência procesal moderna; b) Debe probar, el que esté en aptitud de hacerlo, independientemente de que sea el actor o el demandado; c) Para la distribución de la carga de la prueba debe atenderse no tanto a la situación de los contendientes, sino a la finalidad del proceso, ya que quien ofrezca mejores pruebas, obtendrá una sentencia favorable; d) Las pruebas se dirigen al juez, a fin de que este resuelva los juicios 'secundum allegata et probata'.*

No plano do direito positivo brasileiro vigente a investigação a propósito das teorias relacionadas à distribuição do ônus da prova perde o interesse prático, vez que o CPC adotou a que atribui ao autor o encargo de provar os fatos constitutivos do seu direito e, ao réu, os fatos modificativos, impeditivos ou extintivos desse direito (art. 373, I e II). Essa disposição do CPC, contudo, não incide supletivamente no processo do trabalho, como se tem suposto, e conforme pretenderemos demonstrar, mais adiante, no item "O problema do ônus da prova no processo do trabalho".

Ônus e obrigação

Não há, em rigor, uma obrigação legal de provar; tão somente, um ônus. Cumpre, então, que se distinga um do outro.

Disse Carnelutti (*Sistema*, p. 94 e 95): "A diferença entre ônus e obrigação se funda na sanção diversa a quem não cumpre determinado ato; existe obrigação quando a inatividade dá lugar a uma sanção jurídica (execução ou pena); se, ao contrário, a abstenção, em relação ao ato determinado, faz perder somente os efeitos últimos desse mesmo ato, nos encontramos frente à figura do ônus".

O onus probandi se vincula ao interesse da parte em ver provados os fatos narrados em juízo; daí por que a lei fixou, objetivamente, e com base nesse interesse, os critérios relativos à distribuição desse encargo processual. Tanto é verdadeiro que o ônus da prova não constitui uma obrigação, que, em certos casos, mesmo que a parte dele não tenha se desincumbido poderá ter acolhida a sua pretensão, que tinha como pressuposto o fato que deixou de provar: isso poderia ocorrer, por exemplo, na hipótese de a parte contrária, inadvertidamente, produzir, em benefício da outra, a prova que a esta competia.

Entendemos correta, de outro lado, a distinção que a doutrina tem feito entre ônus perfeito e ônus imperfeito; no primeiro caso, se a parte dele não se desincumbe terá, contra si, consequências jurídicas prejudiciais, como *v. g.,* quando deixa de interpor recurso da sentença que lhe foi desfavorável; no segundo, todavia, nem sempre a incúria ou a inércia da parte, quanto à produção da prova que lhe incumbia, trar-lhe-á resultados danosos. E aqui se encaixa, perfeitamente, o exemplo que mencionamos há pouco, acerca do fato de uma parte acabar por produzir, de maneira desastrada, determinada prova em favor da outra.

Enfim, à ideia de ônus da prova não se adjunge a de sanção processual, como pretende Eduardo Couture (*Fundamentos del derecho procesal*, 1951).

Ônus e dever

Para Pontes de Miranda (*Comentários ao código de processo civil*. 2. ed., v. I. Rio de Janeiro: Forense, 1979. p. 322) a diferença entre dever e ônus está em que "(a) o dever é em relação a alguém, ainda que seja a sociedade; há relação jurídica entre dois sujeitos, um dos quais é o que deve: a satisfação é do interesse do sujeito ativo; ao passo que (b) o ônus é em relação a si mesmo; não há relação entre sujeitos: satisfazer é do interesse do próprio onerado. Não há sujeição do onerado; ele escolhe entre satisfazer, ou não ter a tutela do próprio interesse. Por onde se vê como a teoria do ônus da prova diz respeito, de perto, à pretensão à tutela jurídica".

Inexiste, portanto, também um dever de provar, seja em face da parte contrária, seja perante o próprio juiz. Há, sim, mero *ônus*, em virtude do qual a parte que dele não se desincumbiu corre o risco (*alea iudiciorum*) de não ver acolhida a sua pretensão, que se fundamentava na existência do fato cuja prova deixou de produzir. Esse é, também, o pensamento de Trueba Urbina (*Nuevo derecho procesal del trabajo*. México: Porrua, 1971. p. 374).

A necessidade de provar, pois, não emerge de uma obrigação ou de um dever processual das partes, se não que se vincula, diretamente, ao seu interesse em ver admitidos como verdadeiros, pela sentença, os fatos que constituem o pressuposto da pretensão *in iudicio deducta*.

Sem razão, por isso, Kisch (*apud* MARQUES, José Frederico. *Manual de direito processual civil*. 1. ed., v. II, n. 457, p. 187), que embora tenha afirmado que o *onus probandi* se articula com a necessidade de a parte provar para vencer na causa, conclui ser possível reconhecer-se, aí, uma imposição e uma sanção de ordem processual.

Ônus objetivo e ônus subjetivo

Adotando como critério os sujeitos do processo, Coqueijo Costa (*Direito judiciário do trabalho*. Rio de Janeiro: Forense, 1978. p. 290), provavelmente com apoio em Cintra, Grinover e Dinamarco (ob. cit., p. 318), distingue entre ônus subjetivo e ônus objetivo, consistindo o primeiro na indagação que se deve fazer acerca de qual dos litigantes há de suportar o "risco da prova frustrada", sendo que o segundo se volta para o magistrado, porquanto, para este, quando da elaboração da sentença, importará o demonstrado e não quem o demonstrou. Dissentimos, *data venia*, em alguns aspectos, do entendimento do ilustre jurista. Primeiramente, porque não nos parece ser possível sustentar-se a afirmação de que há um ônus objetivo voltado para o juiz, quando se sabe que, na apreciação da prova, o julgador deverá valer-se de certos critérios de avaliação (e o nosso sistema consagrou o da persuasão racional ou do livre convencimento motivado), sendo, assim, inadmissível supor-se que esses critérios constituam, no caso, um ônus, segundo a acepção que o vocábulo sugere à ciência jurídica processual. Por outra parte, cremos que, se não como regra genérica, ao menos em determinadas hipóteses, deve o juiz levar em consideração *quem* produziu a prova. A nossa divergência, no particular, não é, a rigor, quanto ao pensamento de Coqueijo Costa, mas, em sentido mais amplo, em relação ao próprio princípio da *aquisição processual*, consagrado pela doutrina civilista, e segundo o qual pouco importa para o juiz quem produziu a prova, já que ela pertence ao processo e será apreciada de acordo com o seu valor intrínseco. Imaginemos, por exemplo, que a prova da despedida sem justa causa do empregado tenha sido feita pelas testemunhas apresentadas pelo próprio réu: por certo que, diante disto, o juiz estará muito mais seguro na formação do seu convencimento, quanto ao fato, do que estaria se essa prova houvesse sido feita pelo empregado. Por fim, não nos parece que o ônus, em relação às partes, seja subjetivo; trata-se, a nosso ver, de ônus nitidamente objetivo, pois é oriundo de disposição legal específica; vale dizer, porque fixado pelo direito positivo processual. A objetividade, assim, se relaciona à distribuição da carga da prova, feita por lei, e não à pessoa do juiz; e, em que pese ao fato de essa partição legal do ônus ter como destinatários os litigantes, nem por isso se pode afirmar que ele seja subjetivo.

Incisos I e II. Dispõe o art. 373 do CPC, que o ônus da prova incumbe (I) ao autor, quanto ao fato constitutivo do seu direito; (II) ao réu, quanto à existência de fato modificativo, impeditivo ou extintivo daquele direito. Constata-se, diante disto, que o legislador processual civil adotou, no particular, a teoria de Chiovenda e, em especial, a de Carnelutti, para quem, quando determinada pessoa "opõe uma pretensão em Juízo, deve provar os fatos que a sustentam; e quem opõe uma exceção deve, por seu lado, provar os fatos de que resultam" (*apud* SANTOS, Moacyr Amaral, ob. cit., p. 307).

Nada mais lógico e justo tenha o processo civil distribuído, desta forma, o ônus objetivo da prova entre os litigantes, sabendo-se que partiu do pressuposto da igualdade formal que os caracteriza. Deste modo, e porque formalmente colocados em um plano de isonomia jurídica, ao autor incumbirá a prova dos fatos que alegou, como condição necessária à incidência, em seu benefício, da vontade concreta da lei que ampara a sua pretensão deduzida em juízo, do mesmo modo como ao réu se atribui esse encargo processual sempre que opuser um fato capaz de modificar, impedir ou extinguir o direito do autor, pois, conforme vimos, *reus in excipiendo fit actor*.

Na prática, todavia, há casos onde ocorre certa dificuldade em distinguir-se, com precisão, entre fatos constitutivos, modificativos, impeditivos e extintivos, quando se busca estabelecer a quem incumbirá *o onus probandi*. Cremos ser conveniente, diante disto, rememorar a lição de Liebman (*Corso di diritto processuale civile*, 1952. p. 153), que poderá, inclusive, ser utilizada como critério doutrinário para separar as espécies de fatos mencionados. Para o festejado jurista, o melhor critério é o que qualifica como constitutivo o fato específico de que decorre o efeito jurídico invocado pela parte, "despido de todas aquelas circunstâncias concomitantes que, embora sejam imprescindíveis para a produção de consequências jurídicas, não necessitam de prova, pelo seu caráter de normalidade, desde que para o fato específico a prova foi produzida". Quer nos parecer que esse critério, assente em uma tétrade de fatos (constitutivos, modificativos, impeditivos e extintivos), não só atende, no geral, às necessidades do processo civil neste aspecto, mas respeita, de perto, um dos seus princípios medulares, estadeado na igualdade formal das partes — cujo pressuposto igualitário, aliás, é reflexo direto do direito material civil e tem raízes no próprio texto constitucional (CF, art. 5º, *caput*).

O problema do ônus da prova no processo do trabalho

Provavelmente em virtude da disposição didática do art. 333 do CPC de 1973, reproduzido pelo art. 373 do CPC de 2015, que ao intérprete trabalhista desavisado tanto impressionou, erigiu-se, no âmbito da Justiça do Trabalho, a praxe de adotar-se o mesmo critério estampado naquele dispositivo para resolver o problema relacionado à distribuição da carga da prova entre os litigantes, fazendo-se, inclusive, sempre que for o caso, expressa invocação da mencionada norma processual civil.

Sem pretendermos ser deselegantes, acreditamos, com sinceridade, que tal atitude do intérprete trabalhista revela um desses hábitos cuja quebra honraria mais do que a observância — nas palavras do imortal Shakespeare (*Hamlet*. Trad. de Carlos Alberto Nunes, São Paulo: Melhoramentos, sem data. p. 42/43). Justifiquemo-nos. A CLT, ao estatuir, no art. 818, que "A prova das alegações incumbe à parte que as fizer", demonstra, à evidência plena, que possui dicção expressa e específica sobre a matéria, desautorizando, desta maneira, que o intérprete — a pretexto de que o art. 769 do mesmo texto, o permite — incursione pelos domínios do processo civil com a finalidade de perfilhar, em caráter supletivo, o critério consubstanciado no art. 373 e incisos. Não seria equivocado asseverar-se, portanto, que tais incursões são irrefletidas, pois não se têm dado conta de que lhes falece o requisito essencial da omissão da CLT.

Com efeito, o art. 769, da CLT, longe de constituir permissivo para a invocação subsidiária daquela norma processual civil, se planta como obstáculo intransponível para a admissibilidade desse procedimento ínvio. Nada obstante esse fato nos pareça incontestável, segue grassando, na prática, o costume sobre o qual estamos a lançar censura. Dir-se-á, provavelmente, que o conteúdo do art. 373 do CPC não colide com a expressão do art. 818 da CLT, porquanto, literalidade à parte, em essência um e outro dizem a mesma coisa, consagram idêntico critério. Ainda que se admita, por apego à argumentação, que colidência inexista, não se pode negar que, mesmo assim, subsistirá íntegro o veto legal (CLT, art. 769) à adoção supletória do art. 373, do diploma processual civil, por não ser a CLT omissa quanto à matéria, como expusemos. Ademais, se ambos os textos expressam a mesma coisa, como se tem equivocadamente suposto, seria, por certo, redundante e tautológica a atração para o processo do trabalho da norma processual civil referida — cujo fato tornaria, por isso, no mínimo desaconselhável essa atitude.

A colisão, porém, do dispositivo pertencente ao processo civil com o art. 818 da CLT, é frontal. É o que pretendemos demonstrar nas linhas que se seguirão.

Argumentemos com um exemplo significativo, encontrável a mancheias no cotidiano forense: o pedido de horas extras. Pois bem. Alegando, o autor (empregado), que realizava trabalho em jornada extraordinária (cujo fato, contudo, é contestado pelo réu), mas não produzindo prova quanto a isso, o seu pedido relativo às horas extras, em consequência, será rejeitado pelo órgão judicante, constituindo corolário desta assertiva a manifestação jurisprudencial vogante. Certamente que o julgador, aqui, fez incidir, consciente ou inconscientemente, o critério estabelecido pelo art. 373 do CPC (I), do ponto de vista do qual o fato (trabalho em jornada excedente à normal) era *constitutivo* do direito do autor. Daí, a rejeição do seu pedido.

Diverso, todavia, haveria de ser o resultado da entrega da prestação jurisdicional, caso, na hipótese, se houvesse apreciado a matéria, rigorosamente, sob a óptica sensível do art. 818 da CLT. Realmente, o réu, ao contestar a pretensão do autor (*causa petendi* + pedido), afirmando que ele jamais trabalhou em jornada extraordinária, atraiu para si, automaticamente, o *onus probandi*, visto que expendeu uma alegação relevante e substitutiva da anterior, não se podendo ignorar que, ao teor do art. 818 da CLT, "A prova das alegações incumbe à parte que as fizer" — itere-se. E, se o réu não se desincumbe desse encargo, ter-se-á como verdadeira a jornada de trabalho indicada na peça inicial. Esclareça-se, entretanto, com propósito proléptico, que, no caso: a) não ocorreu a inversão do ônus objetivo da prova contra o réu (cuja inversão, no plano doutrinário, tem buscado apoio apenas em razões de fato e não no direito positivo vigente), mas sim a aplicação do exato sentido da dicção do art. 818 da CLT; b) o réu, ao negar a existência de trabalho em jornada extraordinária, não opôs um fato impeditivo ao direito do autor, como se possa imaginar; se assim se devesse entender, então o ônus da prova passaria a ser do réu, não havendo razão plausível para que a jurisprudência uniforme venha repelindo a pretensão do autor. Fato impeditivo haveria se, por exemplo, o réu, reconhecendo a jornada alegada pelo autor, juntasse aos autos prova de que havia acordo escrito prevendo a prorrogação da jornada, em decorrência da supressão do trabalho aos sábados; e extintivo seria o fato oposto se o réu, admitindo a jornada apontada pela parte contrária, comprovasse que as horas extras correspondentes foram pagas; c) seria errôneo supor-se que, ao se atribuir ao réu a prova de que não houve jornada extraordinária, estar-se-ia exigindo a produção de prova negativa. Nada mais inexato. A prova, na hipótese, seria eminentemente positiva, pois a ele caberia demonstrar que a jornada do autor sempre foi a ordinária, tal como fixada em lei. Por outro lado, conforme exporemos a seu tempo, a moderna concepção doutrinária processual deitou por terra, acertadamente, a complexa construção do Direito Romano antigo quanto à impossibilidade da prova dos fatos negativos, corporificada na máxima *negativa non sunt probanda*. Se o ré não produzisse prova da jornada alegada na defesa, presumir-se-ia verdadeira a declinada na inicial.

Se dúvida ainda possa existir quanto à dessemelhança dos efeitos processuais derivantes da aplicação, a um mesmo caso, das disposições constantes do art. 373 do CPC, e das insertas no art. 818 da CLT, acresça-se um outro exemplo. O empregado alega que foi despedido sem justa causa legal (logo, a princípio, o *onus probandi* é seu); o réu, entrementes, afirma que não o despediu (mas não alega abandono de emprego). Não provando o empregado o despedimento injusto, o seu pedido (indenização, aviso-prévio etc.), à luz do processo civil, seria rejeitado, na medida em que o fato era constitutivo do seu direito, sendo certo que o réu, ao negar a despedida, não opôs nenhum dos fatos integrantes da tríade (impeditivos, modificativos e extintivos) a que o legislador processual civil o jungiu em matéria de ônus da prova. Fazendo-se incidir, no entanto, em sua extrema sensibilidade, o critério consagrado pelo art. 818 da CLT, ao réu incumbiria provar que não despediu o empregado, sob consequência de, não o fazendo, admitir-se como verdadeira a alegação de ter havido dispensa sem justa causa legal — até mesmo porque não é crível, como princípio, que o empregado deixe voluntariamente o emprego, em detrimento dos direitos adquiridos em virtude do contrato de trabalho e da própria subsistência física, pessoal ou familiar.

A prova, neste caso, seria negativa, mas não impossível: bastaria que se procurasse saber do empregado quem o despediu, cabendo ao réu trazer a juízo a pessoa então indicada para ser inquirida como testemunha. Não a trazendo, deixaria de produzir a prova que lhe incumbia e a consequência seria a admissão de ser verdadeiro o fato (despedida injusta) narrado pelo empregado.

Tudo o que até agora se disse acerca do ônus da prova no processo do trabalho se aplica, *mutatis mutandis*, às demais controvérsias que são trazidas ao conhecimento da Justiça do Trabalho, como, *v. g.*, a concernente à existência ou inexistência de relação de emprego, sem prejuízo de, à disposição do art. 818 da CLT se engajarem, para perfeccioná-la, as presunções e a própria contribuição doutrinária. Isto nos leva a afirmar, por conseguinte, que a grande tarefa da doutrina trabalhista brasileira, que tanto se tem empenhado em cristalizar o princípio da inversão do ônus da prova, em benefício do trabalhador, consistirá em encontrar, no próprio conteúdo do art. 818 da CLT, os fundamentos que até então vem procurando, abstratamente, para dar concreção ao princípio da inversão do encargo da prova em prol do trabalhador. Vale dizer: o caminho sugerido é o da elaboração de uma precisa exegese daquele artigo, cujo verdadeiro sentido ainda não foi idealmente apreendido pela inteligência doutrinária.

Preocupação dessa ordem, aliás, desde longa data tem unido pensadores de diversos países, sendo oportuno lembrar que entre as conclusões aprovadas pelo IV Congresso Ibero-Americano de Direito do Trabalho e Previdência Social, realizado em São Paulo no distante 1972, está a que dispõe: "Sendo a inversão do ônus da prova, em favor do empregado, uma das características do Direito Processual comum que amplie essa inversão contra o empregado, sobretudo no que diz respeito à confissão feita por falta de depoimento pessoal do trabalhador".

Nada obsta, contudo, a que paralelamente a doutrina continue perseguindo outros fundamentos de fato para a consolidação desse princípio, com o que estará, sem dúvida, robustecendo ainda mais o espírito que anima o art. 818 da CLT. O que não nos parece ser possível, pelas razões expostas, é trasladar-se para o processo do trabalho, no qual a desigualdade real das partes é fato inomitível, o critério civilista a respeito da distribuição do ônus objetivo da prova, que se sabe estar estribado, ao contrário, no pressuposto da igualdade formal dos litigantes. Não somos nós que estamos a proclamar essa desigualdade; já a denunciou, há muito, a própria doutrina alienígena, como se lê em Giovanni Tesorieri (*Lineamenti di diritto processuale dei lavoro*. Padova: Cedam, 1975. p. 4): "Quando o dador de trabalho e o trabalhador assumem no processo as vestes formais de partes, não cessam por isso de ser o que sempre terão sido; a história das suas relações não se transforma numa outra história: é a mesma, que continua".

Por este motivo, temos para conosco que o mesmo caráter anti-igualitário do direito material — na feliz expressão de Camerlynck Lyon-Caen (*Derecho del trabajo*. Madrid: Aguilar, 1974. p. 24) — deverá presidir tanto a interpretação das normas processuais quanto o seu processo de elaboração legislativa: é o que recomendam a lógica e a consciência jurídica.

Concluímos, portanto, que o art. 818 da CLT, desde que o intérprete saiba captar, com fidelidade, o seu verdadeiro conteúdo ontológico, deve ser o único dispositivo legal a ser invocado para resolver os problemas relacionados ao ônus da prova no processo do trabalho, vedando-se, desta forma, qualquer invocação supletiva do art. 373, do CPC, seja porque a CLT não é omissa, no particular, seja porque há manifesta incompatibilidade com o processo do trabalho. Discordamos, por essa razão, dos que sustentam ser o art. 818 da CLT, *insuficiente* para disciplinar a distribuição da carga probatória entre os litigantes (com o que se insinua a necessidade de incidência complementar da norma processual civil). Interessante é observar que essa insuficiência somente passou a ser alegada após a vigência do atual CPC...

Admitamos, apenas *ad argumentandum*, que em determinado caso o art. 818 da CLT, se revele, efetivamente, insatisfatório para resolver a matéria; nem por isso, todavia, deverá o intérprete, ato contínuo, arremessar-se aos braços do CPC, buscando socorro no art. 373. Constatada que seja a insuficiência do dispositivo processual trabalhista, competirá ao julgador verificar, em concreto, quem estava apto a produzir a prova, segundo os meios e condições de que realmente dispunha, pouco importando que se trate de prova positiva ou negativa ou de que o interesse fosse desta ou daquela parte. Assim, o princípio da *aptidão para a prova*, a que já se referira Porras López, deve ser eleito como o principal elemento supletivo do processo do trabalho, em cujo âmbito permanecerá em estado de latência, vindo a aflorar sempre que convocado para dirimir eventuais dificuldades em matéria de ônus da prova, proscrevendo-se, em definitivo, a presença incômoda do art. 373 do CPC, que nada mais representa — em última análise — do que uma abstração da realidade prática do processo do trabalho.

Não se pretende, com isto, criticar o critério que o processo civil adotou para o seu uso; censura-se, sim, o fato de ele estar sendo adotado sem maiores reflexões pelo intérprete trabalhista, sem se dar conta de que esse procedimento está causando profundas lesões nos princípios doutrinários e nas disposições positivadas, que dão corpo e alma a este processo de notória especificidade, não apenas técnica (ou material), mas, sobretudo, ontológica e finalística.

A propósito, muito mais coerente e harmoniosa com os princípios do processo do trabalho seria a adoção subsidiária do inciso VIII, do art. 6º, da Lei n. 8.078, de 11 de setembro de 1990 (Código de Defesa do Consumidor), segundo o qual constituem direitos básicos do consumidor, entre outros: "a facilitação da defesa de seus direitos, *inclusive com a inversão do ônus da prova, a seu favor, no processo civil, quando, a critério do juiz, for verossímil a alegação ou quando for ele hipossuficiente, segundo as regras ordinárias de experiência*" (destacamos).

Como se nota, o Código de Defesa do Consumidor, numa atitude vanguardeira, sob a perspectiva legislativa, autorizou o juiz a inverter o ônus da prova, em benefício do consumidor, em duas situações específicas, a saber: a) quando forem verossímeis as suas alegações; b) quando este for hipossuficiente, ou seja, economicamente debilitado. Pois bem. Conquanto entendamos que o art. 818, da CLT, seja autossuficiente, em matéria de *onus probandi*, nada obsta a que se utilize, em caráter supletivo, a regra inscrita no inciso VIII, do art. 6º, do CDC, máxime, nos casos em que o trabalhador for hipossuficiente.

Debruçados sobre o quadro que a realidade nos coloca diante dos olhos, podemos concluir, pela voz da consciência jurídica e sem perdermos o senso do comedimento, que a adoção reiterada de normas processuais civis, com a generalidade com que vem sendo feita, poderá desaguar em uma fatal transubstanciação do processo do trabalho, com profundas alterações em sua estrutura orgânica e em seu conteúdo axiológico, com a consequente perda da própria identidade enciclopédica; o que será, sem dúvida, lamentável. A necessidade vital de preservação do processo do trabalho está, portanto, a convocar os estudiosos da disciplina, para que se empenhem em fornecer adminículos doutrinários capazes de conferir a esse processo uma efetiva autonomia científica, uma vez que a meramente didático-curricular já não satisfaz — sem desprezar-se, nesse mister, a elaboração de uma teoria geral própria.

É verdade que Trueba Urbina (*Nuevo derecho procesal del trabajo*. México, 1971, p. 25) entende que o direito processual do trabalho já conquistou essa autonomia "pela especificidade das instituições, dos seus princípios básicos e pela sua independência frente a outras disciplinas, ainda que isto não exclua a existência de relações entre as mesmas", terminando por afirmar que "Estas características fundamentais definem a autonomia científica". A razão que possa ter o ilustre jurista mexicano se circunscreve aos limites geográficos do seu país, em virtude do direito positivo lá vigente; no máximo, compreenderia um restrito grupo de países, entre os quais não se inclui o Brasil, em que o processo do trabalho ainda se ressente, legal e doutrinariamente, de fundamentos capazes de proclamar-lhe a almejada autonomia plena.

Se, em alguma hipótese, for absolutamente necessária a adoção supletória de determinada disposição pertencente ao processo civil, deverá o intérprete trabalhista ter em mente que "as normas do processo comum devem adquirir o espírito do processo trabalhista sempre que forem transportadas para o Direito Processual do Trabalho", segundo a prudente recomendação de Nicola Jaeger (*Corso di diritto processuale dei lavoro*, p. 5), *apud* Russomano (*Direito processual do trabalho*. São Paulo: LTr, 1977. p. 1.127).

Sem renunciarmos, um milímetro sequer, às nossas convicções acerca do ônus da prova no processo do trabalho — que estamos defendendo, heterotopicamente, desde 1985, com a publicação do livro "A Prova no Processo do Trabalho" —, reconhecemos que a doutrina e a jurisprudência trabalhistas, majoritárias, sempre admitiram a aplicação supletiva do art. 333 do CPC — art. 373 do atual CPC.

§ 1º Excepcionando a regra inscrita no *caput*, o § 1º autoriza o juiz: a) nos casos previstos em lei; ou b) em face de peculiaridades do caso concreto relacionadas à impossibilidade ou à excessiva dificuldade de cumprir o encargo nos termos do referido parágrafo; ou c) à maior facilidade na obtenção da prova do fato contrário, a distribuir o ônus da prova de modo diverso, mediante decisão fundamentada. Por motivo de ordem lógica, o juiz deverá conceder à parte a oportunidade de desincumbir-se do encargo que lhe foi atribuído.

Essa inversão consagra o princípio da *aptidão para a prova*, a que já se referira Porras López, e a cujo pensamento aderimos há vários lustros, por ajustar-se ao processo do trabalho "como a mão à luva" (Machado de Assis). No plano doutrinário, é ainda identificada como *teoria das cargas probatórias dinâmicas* — em contraposição à *estática*, que se encocntrava estampada no art. 333 do CPC de 1973.

A inversão constitui *faculdade* do juiz — que, em razão disso, poderá manter-se apegado ao dogmatismo do *caput* do art. 373. Trata-se, portanto, de peculiar *poder discricionário vinculado*. Assim dizemos porque se, de um lado, o juiz tem a faculdade (discricionariedade) de inverter, ou não, o ônus da prova, de outro, essa inversão não pode ser arbitrária, uma vez que se encontra vinculada às situações expressamente mencionadas no § 1º do art. 373 do CPC.

Peculiaridades da causa. Muitas vezes, uma das partes detém, naturalmente, os meios de prova (documentos, estatísticas internas, boletins de produção etc.). Neste caso, tudo sugere que se atribua a ela o encargo da prova, que, em princípio, era do adversário. Essas peculiaridades estão jungidas à impossibilidade ou à excessiva dificuldade de cumprir o encargo nos termos do *caput* ou à maior facilidade de obtenção da prova do fato contrário.

Fundamentação da decisão. É requisito constitucional (CF, art. 93, IX). A sua falta acarretará a nulidade não apenas da decisão que inverteu o ônus da prova, mas de todos os atos posteriores e que dela seja decorrência. Na fundamentação, o juiz deverá demonstrar estarem presentes os requisitos legais para a inversão do encargo probatório.

Desincumbência do ônus. É algo elementar que o juiz deve conceder à parte oportunidade para que se desincumba do *onus probandi* que lhe foi cometido. O legislador proclamou o óbvio.

§ 2º O encargo probatório que foi transferido à parte contrária àquela que, em princípio, o detinha, não pode ser de tal ordem que a impossibilite de desincumbir-se desse ônus ou que isso lhe seja extremamente dificultoso. Parece irônico, mas a prova dessa impossibilidade ou dessa dificuldade deverá ser feita pela parte a quem o juiz transferiu o ônus de demonstrar a veracidade dos fatos por ela alegados na causa. Produzida essa prova, a consequência será manter-se o *onus probandi* em relação à parte que o detinha, nos termos do *caput* do art. 373. Ressalvado o nosso entendimento quanto à autossuficiência do art. 818 da CLT para atender às necessidade da partição do ônus da prova entre os litigantes, devemos dizer que a decisão pela qual o juiz inverte o ônus, com fulcro no art. 373, § 1º, do CPC, tem caráter interlocutório, razão pela qual, no sistema do processo do trabalho, é irrecorrível de imediato (CLT, art. 893, § 1º), conquanto, em alguns casos, possa ser objeto de mandado de segurança.

§ 3º A norma prevê a possibilidade de, mediante convenção das partes, o ônus da prova ser distribuído de modo diverso do estabelecido em lei, exceto nas situações mencionadas nos incisos I e II. A norma não incide no processo do trabalho, com o qual é, às escâncaras, incompatível, por sujeitar a parte mais fraca às consequências dessa inversão do encargo probatório, ainda que consideremos o disposto nos incisos I e II do § 3º do art. 373, do CPC. Retornaremos ao assunto após o exame dos incisos I e II, precitados.

Inciso I. Quando o ônus incidir em direito indisponível. Esses direitos são os pertinentes à liberdade, à propriedade, à intimidade etc.

Inciso II. O encargo da prova também não poderá ser transferido quando tornar à parte, que o recebeu, excessivamente difícil o exercício do direito.

A CLT não possui qualquer disposição idêntica ou assemelhada sobre essa matéria; em face disto, uma indagação necessária logo surge: seria aplicável ao processo do trabalho o ajuste de vontades a que se refere o § 3º do art. 373 do CPC? Embora a questão esteja, em tese, aberta a debates, apressamo-nos, pela nossa parte, em responder negativamente. Duas são, fundamentalmente, as razões que sustentam o nosso entendimento. Em primeiro lugar, é necessário não se esquecer que essa convenção pode ser feita extrajudicialmente (antes do processo), o que significa que admitir-se a sua incidência no processo do trabalho seria reconhecer, *ipso facto*, a possibilidade de ser feita na vigência do contrato de trabalho, ou seja, quando o trabalhador ainda se encontra formalmente subordinado ao comando volitivo do empregador em decorrência de um inerente estado de sujeição que se origina no exato momento em que o contrato é firmado. Assim sendo, é medida de extrema cautela e bom-senso repelir-se a aplicação da referida norma processual civil ao processo do trabalho. Em segundo lugar, o acentuado componente inquisitivo do processo do trabalho, articulado com o critério específico e coagente, contido no art. 818 da CLT, impede que as partes ajustem, entre si, critérios a respeito da distribuição do ônus da prova diversos — e acima de tudo conflitantes — do previsto no ordenamento processual trabalhista, ao qual repulsa, como vimos, a adoção subsidiária do próprio *caput* do art. 373 do CPC.

Entendemos, ademais, que o ônus da prova se relaciona, diretamente, com a atividade do juiz, motivo por que não se deve consentir que manifestação de vontade das partes possa influir sobre essa atividade, máxime quando se trata de juiz do trabalho, em face da disposição contida no art. 765 da CLT.

Cumpre lembrar, aliás, que muito antes do advento do próprio CPC de 1973, pensadores de nomeada Chiovenda (*Instituciones*, 3º v., n. 281); Silva Melendo (*La prueba procesal*. 1º v., 1963. p. 94); Jaime Guasp (*Derecho procesal civil*, p. 304); Devis Echandía (*Tratado*, 5º v., n. 731) já não admitiam o estabelecimento dessas convenções, tendo Chiovenda afirmado que "Não é lícita a distribuição convencional do ônus da prova" (*Principii*, p. 797), pois "As partes não podem tolher ao Juiz a liberdade de avaliação da prova" (*ibidem*). Nada obstante, o CPC vigente a adotou, com as restrições indicadas (art. 373).

Ainda sob a ótica do processo do trabalho, acreditamos que nem mesmo o condicionar-se a validade e a eficácia dessa convenção à inexistência de prejuízo ao trabalhador, ou a ocorrência de benefício a ele, como de *lege ferenda* já se cogitou, eliminará a sua inconveniência para o processo especializado e para os princípios substanciais que o animam, porquanto a essa mera adaptação formal subsistirá o ranço civilista da medida.

O instante sugere, a propósito, uma observação crítica. Ainda que, em determinada hipótese, seja omissa a CLT e mesmo ausente o óbice da incompatibilidade, não se deve, só por isto, transportar-se para cá, avidamente, a norma processual civil, cuja regra de prudência deveria nortear sempre o intérprete nas vezes em que tivesse, diante de si, a tarefa de suplementar lacuna do processo do trabalho. Esta observação nos conduz à reiteração de uma outra. Se é certo afirmar-se que o direito material do trabalho é um direito inacabado (e, quiçá, seja esta a sua grande virtude), não menos exato será declarar-se que o processo do trabalho está ainda na pré — (ou proto) história de sua autêntica elaboração científica —

como tal entendida a criação de institutos próprios, que não apenas reflitam, fielmente, a especificidade desse processo e sejam aptos para resolver os problemas que lhe competem, mas, sobretudo, que possibilitem, em concreto, a atuação da vontade do direito material correspondente.

Somos dos que entendem que o direito processual do trabalho deve, teleologicamente, servir ao Direito do Trabalho, pois, a não ser assim, esse processo perderá o caráter de especialidade que lhe conferiram a lei e a doutrina. Essa convivência simbiótica entre o processo do trabalho e o direito material a que se refere é vital para ambos. E a harmonia de tal convívio só será possível se a preeminência for do direito material, na medida em que *El procedimiento no tiene una finalidad en si; nace y vive por y para el derecho material* (FERRO, Bartoloni. *El procedimiento civil y el orden jurídico y político*. In: *Estúdios de derecho procesal en honor de hugo Alsina*. p. 90, citado por Júlio J. Martinez Vivot, conferência sobre *La organización de los tribunales del trabajo*, no Congresso Internacional sobre Justiça do Trabalho, Brasília, abril de 1981).

No mencionado Congresso, aliás, a maioria dos Relatores manifestou a sua preocupação de que o processo do trabalho deva nutrir-se do mesmo caráter tuitivo que informa o direito substancial do trabalho, como se constata pelas palavras do Prof. Enrique Alvares Del Castillo, do México: *Restabelecer la verdadera igualdad procesal es un propósito necesario y fundamental del nuevo derecho procesal social del trabajo que asiste a las clases trabajadoras y que es cumplimiento indispensable de la justicia social. El derecho procesal del trabajo en sus expresiones legales, de diferente manera, vive en general un retraso histórico, mantenido por un juridicismo individualista que hace prevalecer la idea de la estricta igualdad formal de las partes en el proceso de trabajo y que mantiene una confusión de principios y políticas que han impedido establecer e implementar un juicio de trabajo en que impere la equidad y la buena fé. Este fenómeno perjudica directamente a los desiguales, que teniendo derecho a procedimientos que les favorezcan y les ayuden, se ven privados de su aplicación real, porque a fin de cuentas, se les niega el caracter social y de clase que debe tener el derecho procesal del trabajo, instrumento indispensable de los tribunales del trabajo.*

O Professor Ricardo Nugent, do Peru, citando Stafforini (ob. refer., p. 4), pôde afirmar com grande propriedade: *las reglas procesales han de adaptarse a la índole de los derechos que tienden a hacer efectivos y cuando se trata de matérias jurídicas especiales, como la del trabajo, que justifican la existencia de um derecho autônomo ha de admitirse la necesidad de un fuero y procedimiento propios*. Daí por que uma das conclusões do Congresso Internacional sobre Justiça do Trabalho, relacionadas ao Tema III ("Características do processo do trabalho"), foi, precisamente, de que "Quanto aos princípios universais do mesmo processo, são três: o da sua adequação ao Direito do Trabalho material; o do tratamento desigual, para melhorar a igualdade processual; e o teleológico, da sua finalidade específica" (*Anais*, p. 151).

Não pretendemos, em momento algum, ao revelar o nosso pensamento a respeito do assunto e ao fazer convergir o de outros juristas, muito mais ilustres, proclamar a necessidade de que a Justiça do Trabalho seja protecionista; o que se deseja, sim, é a exata adequação do processo do trabalho ao direito substancial a que corresponde e em relação ao qual existe para servir. Bater-se por um órgão do Poder Judiciário parcial seria insânia, pois se estaria negando a base histórica, institucional e ontológica sobre que se assenta esse Poder: a neutralidade na composição estatal das lides. Após todas essas considerações, devemos dizer que o máximo que poderíamos transigir, quanto à incidência, no processo do trabalho, da regra contida no § 3º do art. 373, do CPC, seria aceitar a convenção entre as partes, tendo como objeto a distribuição do ônus da prova, somente nos casos em que essa distribuição se desse em manifesto benefício do trabalhador; fora disso, a convenção seria nula.

§ 4º A distribuição do *onus probandi*, por força de manifestação convergente da vontade das partes, pode ser realizada antes de iniciado o processo, ou posteriormente a isso. A norma, pelas razões expostas anteriormente, não calha ao processo do trabalho.

Art. 374. Não dependem de prova os fatos:

I — notórios;

II — afirmados por uma parte e confessados pela parte contrária;

III — admitidos no processo como incontroversos;

IV — em cujo favor milita presunção legal de existência ou de veracidade.

• **Comentário**

Caput. Repete-se a regra do *caput* do art. 334 do CPC revogado.

Inciso I. *Fatos notórios*. É conhecido o aforismo do Direito canônico, que acabou sendo incorporado ao Direito tradicional, segundo o qual *non probandum factum notorium*. Em tradução mais ou menos livre: os fatos notórios não necessitam de prova.

Leciona Pontes de Miranda (ob. cit., p. 351) que os fatos notórios que estão na ordem dos fatos empíricos, com as proposições evidentes na ordem lógica, compreendem a notoriedade *iuris* e a *facti*. O *notorium iuris* é absoluto quando se trata de norma jurídica e relativo se resulta de sentença transitada em julgado; o *notorium facti*, por sua vez, decorre de fato que é conhecido de todos os que integram determinado círculo social, "de modo que não há dúvida a respeito de tal fato".

A mais difundida definição de fato notório é a formulada por Calamandrei: é aquele "cujo conhecimento faz parte da cultura normal própria de determinado círculo social no tempo em que ocorre a decisão" (*apud* SANTOS, Moacyr Amaral, ob. cit., p. 46).

A doutrina alienígena, contudo, nos fornece diversas outras definições: fatos notórios são os conhecidos em um círculo maior ou menor por uma multidão ou que são percebidos nas mesmas condições, contanto que também sejam conhecidos pelo Tribunal (ROSENBERG, *apud* NASCIMENTO, Amauri Mascaro, ob. cit., p. 200); são os fatos conhecidos por todos ou pelo menos por um grande número de pessoas (SCHONKE, *idem, ibidem*); são os fatos conhecidos por todo o mundo ou por um grande número de pessoas (KISCH, *idem, ibidem*); notório é o fato certo para a generalidade das pessoas fora da lide, ainda que concretamente no processo seja discutido (MICHELI, *idem, ibidem*); são os que, mediante consenso humano geral, se reputam certos e indiscutíveis, seja porque pertencem à história, ou às leis naturais, ou à ciência, ou às ocorrências da vida pública; fala-se, além disso, de uma notoriedade mais restrita, isto é, dos fatos ordinariamente conhecidos em determinada circunscrição, de sorte que qualquer pessoa aí residente esteja em condições de dar notícias dele (CHIOVENDA, *apud* BATALHA, Wilson de Souza Campos. *Tratado de direito judiciário*. São Paulo: LTr, 1977. p. 498).

Embora seja possível reproduzirem-se inúmeros outros conceitos de fato notório, que variarão conforme o ponto de vista que se adote, parece-nos irrepreensível a afirmação de que a nenhum deles deverão faltar os elementos essenciais de *generalidade* e *verdade*. De resto, trata-se de meras manifestações idiossincráticas da inteligência humana, o que é absolutamente normal.

Procurando justificar a desnecessidade da prova dos fatos notórios, assim se expressou Gusmão: "O que é necessário é que se tenha sempre presente ao espírito o exato conceito da notoriedade, a qual consiste em ser a verdade da existência ou inexistência do fato tão pública e tão geralmente conhecida, que a ninguém seja possível, senão por teimosia ou por capricho, negá-la ou pô-la em dúvida" (*idem*, p. 497).

E conclui: "Exigir-se a prova de um fato revestido de tal publicidade é o suprassumo da extravagância, ou zombar do senso humano" (*idem, ibidem*).

O busílis da questão, todavia, reside exatamente em se fixar o "exato conceito da notoriedade" do fato, a que se referiu o mencionado autor, pois esse conceito se caracteriza justamente por sua relatividade. Como lembra Moacyr Amaral Santos (*op. cit.*, p. 46/47), há fatos conhecidos em todo o mundo cristão (como o Natal), sendo que outros o são apenas em determinado país (a colheita do café, no Brasil). Além disso, para que um fato seja reputado notório, não há necessidade de que com ele tenham se relacionado diretamente os integrantes de cada círculo social: "Notório é que a Independência do Brasil se deu a 7 de setembro de 1822, sem embargo de não termos vivido naquela época", conclui o ilustre jurista (*ibidem*).

Parece-nos inafastável, contudo, o reconhecimento de que a matéria concernente ao fato notório não está suficientemente elucidada pela doutrina. Basta que se indague, por exemplo, se deve ser considerado notório o fato que, embora sendo do conhecimento dos litigantes, é desconhecido pelo juiz. De acordo com os autores citados — à exceção de Rosenberg — a resposta é afirmativa. Temos, porém, entendimento divergente. De efeito, se a parte a quem a notoriedade do fato prejudica admite a sua existência, resulta claro que será irrelevante cogitar-se se o juiz o conhece, ou não, porquanto a notoriedade foi aceita pelo litigante a quem, por princípio, interessava negá-la. Nesta hipótese, a questão perde, à evidência, o seu interesse prático. Se, ao contrário, o litigante não admite que o fato narrado pelo *ex adverso* seja notório (embora efetivamente o seja) e o juiz, por qualquer razão, também o desconhecer, como sustentar-se a afirmação de que a ignorância pelo julgador não exigirá a comprovação da notoriedade? A ser assim, a) ou o juiz diligencia no sentido de constatar se o fato é notório, e neste caso estará buscando a prova da sua existência (contrariando, com isto, o que estatui o art. 374, I, do CPC), ou b) o juiz não realiza essa investigação e julga (1) a favor da parte a quem a notoriedade beneficia, ou (2) contra ela. Na primeira hipótese, com que convicção o fará, se ele próprio, julgador, não tem cognição do fato? Na segunda, como justificar a sua atitude em face do precitado dispositivo do CPC, que torna dispensável a prova dos fatos notórios? *Venia concessa* da manifestação doutrinária predominante (que tem na lei, sem dúvida, o seu maior argumento), entendemos que, em determinadas circunstâncias, será lícito ao juiz exigir da parte a prova da notoriedade do fato — circunstância, aliás, que coloca em dúvida a notoriedade do fato. Saiba-se, contudo, que não é o ser conhecido pelo juiz ou pelo tribunal que confere ao fato a notoriedade de dispensá-lo de prova, assim como a confissão é ineficaz contra a notoriedade inequívoca.

Por outro lado, embora a parte a quem a notoriedade prejudica não possa, em regra, produzir prova quanto a não ser notório o fato, não se há como negar-lhe o direito de demonstrar que o fato é inverídico. É preciso ter em mente que a notoriedade nem sempre está, como deveria, assentada na verdade. Admitamos, à guisa de exemplo, que se tenha como notório o fato de certo estabelecimento comercial haver encerrado as suas atividades (os meios de comunicação divulgaram amplamente notícia nesse sentido; as portas do estabelecimento estão fechadas; as placas com o nome foram retiradas etc.). Sucede, porém, que na realidade o estabelecimento está funcionando normalmente, conquanto de maneira sub-reptícia, porque isto convém ao seu proprietário. Sabendo disso, ao empregado, que está em juízo, se deverá permitir não a prova da inexistência da notoriedade do fato (estar o estabelecimento fechado) mas, sim, que é falso o pressuposto em que a notoriedade se apoia (ou seja, a cessação das atividades).

As considerações que expusemos servem para demonstrar que, a despeito de ser intensa a contribuição doutrinária para a dirimência das questões pertinentes ao tema, a controvérsia, como dissemos, ainda subsiste, acerba e crescente, provavelmente até mesmo em decorrência das oscilações semânticas que o vocábulo *notório* apresentou ao longo dos anos. Lorenzo Carnelli (*O fato notório*, apud AGUIAR, Pestana de, ob. cit., p. 94), em concepção que merece ser detidamente apreciada, e com a qual simpatizamos, chegou a dedicar ao problema excelente monografia, na qual concluiu pela condenação desse instituto processual, considerando-o "perigoso, de nome incorreto, discutido e discutível na sua constituição, nos seus fins e no seu alcance". O respeitado jurista uruguaio chegou a essa inferência após analisar a afinidade e a analogia do fato notório com outros institutos e o consequente risco de um elasticemento do conceito de notoriedade, que, a seu ver, passaria a ser utilizado como meio de njustiças na investigação da verdade, abrindo, dessa maneira, uma indesejável fenda no princípio dispositivo que informa a relação jurídica processual.

Inciso II. *Fatos confessados*. Embora a confissão, como meio de prova, venha a ser apreciada, com minudência, no momento oportuno, convém antecipar, *en passant*, que também os fatos narrados por uma das partes e confessados pela outra não dependem de prova, a teor do inciso II do art. 374 do CPC. A dicção legal, quanto a isto, é absolutamente lógica, pois o pressuposto da prova quanto aos fatos é que, em relação a eles, haja controvérsia; se, todavia, a parte admite a veracidade do fato, que é contrário ao seu interesse e favorável ao do adversário, resta caracterizada a confissão (CPC, art. 389), sendo, assim, desnecessária qualquer outra prova a respeito.

Inciso III. *Fatos incontroversos*. As mesmas razões lógicas que levaram o legislador a dispensar de prova os fatos confessados se aplicam aos incontroversos (CPC, art. 374, III). À risca, aliás, os fatos confessados também são incontroversos. Quer nos parecer, por isso, que o legislador processual ao estabelecer (CPC, art. 374) que independem de prova (I) os fatos afirmados por uma parte e confessados pela parte contrária e (II) os admitidos no processo como incontroversos, incorreu em vício tautológico, porquanto as hipóteses previstas em ambos os incisos são idênticas: essa é a conclusão inevitável que decorre do cotejo entre as expressões legais utilizadas. Bastaria, em nosso ver, que ele houvesse dito, de maneira aglutinada e mais coerente, que não dependeriam de prova os fatos incontroversos, admitidos nos autos.

Não é suficiente, contudo, para afastar a presunção de veracidade, que a parte impugne os fatos; impõe-se que o faça especificamente, ou seja, manifestando contrariedade em relação a cada um deles, porquanto não mais se admite a denominada contestação genérica. E assim o é porque "O réu deve tomar posição definida quanto aos fatos articulados na petição (inicial)", conforme dispunha o Código de Processo Civil português (art. 494). Tal como Calmon de Passos (*Comentários ao código de processo civil*. 3. ed., v. III. Rio de Janeiro: Forense, , 1979. p. 377), entendemos que o CPC vigente atribuiu reciprocamente às partes o ônus de impugnar, com precisão, os fatos alegados pela adversa, sempre que tenham de manifestar-se a propósito deles. No processo do trabalho esse ônus, não raro, produz efeitos extremamente contundentes, quanto mais não seja para o réu que aduz, de maneira oral, em audiência, a sua resposta (CLT, art. 845). Não nos parece possível, entretanto, mesmo neste caso, qualquer abrandamento dos efeitos legais inerentes à ausência de impugnação específica dos fatos, não apenas porque esse presuntivo poder não se compreende dentre os que a lei defere ao juiz do trabalho (CLT, art. 765), como também não compete ao juiz auxiliar o réu a formular a sua defesa.

Pestana de Aguiar (ob. cit., p. 96), por sua parte, reconhece quatro modalidades de fatos incontroversos: a) os que decorrem da admissão expressa da parte contrária; b) os que derivam do silêncio (admissão tácita) da parte contrária; c) os que assim se tornam pela dedução que se extrai do pronunciamento do litigante adverso; d) os que são incontroversos por sua própria natureza.

A inexistência de controvérsia quanto ao fato, contudo, não impede que o juiz, em determinadas hipóteses, exija a prova correspondente, como quando percebe que as partes estão agindo em conluio, com a finalidade de simularem algum ato. Cite-se, como exemplo, o caso em que o réu admite a relação de emprego pretendida pelo autor (e que em verdade inexistiu) para, desse modo, propiciar-lhe obter alguns benefícios perante a Previdência Social. Convencendo-se disso, pelas circunstâncias da causa, o juiz proferirá sentença que obste aos objetivos das partes, por força do disposto no art. 142 do CPC, de comando cogente.

Inciso IV. *Fatos presumidos existentes ou verossímeis*. De igual modo, não dependem de prova os fatos em cujo favor milita presunção legal de existência ou de veracidade (CPC, art. 374, IV). As presunções que derivam de um processo de raciocínio lógico do juiz são designadas de *simples*; as que promanam de um preceito de lei denominam-se *legais*. As presunções simples, comuns ou de homem (*hominis*), são sinônimas. Cumpre esclarecer, todavia, que a regra legal que afirma independerem de prova tais fatos deve ser entendida *stricto sensu*, pois ela não autoriza, como se possa imaginar, que a parte que invoca uma presunção legal nada tenha de provar. Na lição de Moacyr Amaral Santos (*op. cit.*, p. 49), quem chama em seu favor uma presunção "deverá necessariamente demonstrar que está na situação de poder invocá-la".

As *praesumptionis iuris* requerem, para a sua constituição, o concurso de três pressupostos: a) um fato conhecido (fato-base); b) um fato desconhecido; c) um nexo de causalidade. Anota Coppola (Presuncione. In: *Nuovo digesto italiano*, n. 8, apud COUTURE, Eduardo. *Fundamentos del derecho procesal civil*, 1951, n. 91) que, na realidade, o que fica fora do campo do objeto da prova são os dois últimos elementos, ou seja, o fato desconhecido e a relação de causalidade. E acrescenta: "Porém nada subtrai da atividade probatória a demonstração do fato em que a presunção deve apoiar-se".

À vista de tais considerações, é possível estabelecer-se que a parte invocadora da presunção legal de existência ou de veracidade do fato não está obrigada a provar o fato presumido, mas, sim, o fato no qual a lei assenta a presunção. Em sentido convergente está Aguillera de Paz (*apud* SANTOS, Moacyr Amaral, ob. cit., p. 50), quando observa que se a demonstração de veracidade é quanto ao fato-base, "não pode haver dúvida alguma de que sua prova compete ao favorecido pela presunção".

O ordenamento legal trabalhista contempla alguns casos de presunção dessa natureza, bastando verificar-se o art. 447 da CLT, pelo qual, inexistindo acordo ou prova sobre condição essencial ao contrato firmado oralmente, esta se presume existente como se a tivessem ajustado os interessados na conformidade dos preceitos jurídicos adequados à sua legitimidade. Também no parágrafo único do art. 456, do mesmo texto, se lê que na falta de prova ou inexistindo cláusula expressa, entende-se (isto é, presume-se) que o empregado se obrigou a todo e qualquer serviço compatível com a sua condição pessoal.

Fatos que são do conhecimento pessoal do magistrado

Uma das regras fundamentais, que norteiam a atividade do juiz na direção do processo, é a da sua imparcialidade. Disto decorre que, colocado entre as partes e acima delas, impõe-se-lhe dispensar um tratamento processual rigorosamente equânime, sem propender, emotiva, ideológica, ou por qualquer outra razão, para este ou para aquele lado. Essa imparcialidade do julgador integra a garantia do *due process of law*, consagrada pelas legislações modernas e, em particular, pela Constituição Federal vigente em nosso meio (art. 5º, inciso LIV). Foi visando a assegurar, teoricamente, uma igualdade de tratamento às partes, que o direito processual brasileiro erigiu os obstáculos do impedimento e da suspeição do magistrado (CLT, art. 801, *caput*, CPC, arts. 144 e 145), chegando até mesmo a autorizar que o próprio julgador se declare suspeito por motivo de foro íntimo (CPC, art. 145, § 1º).

É incontestável que, por sua finalidade salutar, o dever de neutralidade do magistrado, como integrante de um Poder constitucionalmente instituído para compor os conflitos intersubjetivos de interesses, deve ser sempre exigido, sob pena de a sua inobservância conduzir à nulidade da sentença, do acórdão, ou do próprio processo, a implicar, assim, enormes prejuízos às partes, além de acarretar irrecuperável dispêndio de atividade jurisdicional.

A afirmação do imperativo da imparcialidade do juiz, contudo, não importa contradição ou renúncia ao nosso entendimento de que, assim como o direito material, o processual deve nutrir-se, o quanto possível, de um propósito protectivo do trabalhador. Embora coexistam, simbioticamente, Judiciário e processo, o caráter protecionista que a este se tem pretendido conferir não se comunica nem altera a imparcialidade daquele. É precisamente desse dever legal de neutralidade diante dos litigantes que se extrai a proibição de o magistrado decidir com fundamento no conhecimento pessoal do fato controvertido, pois, a ser deste modo, ele estaria atuando como testemunha da parte a quem o reconhecimento do fato aproveita. Conforme observou Chiovenda (*Instituições de direito processual civil*, v. 2, 1945, p. 474, apud CIRIGLIANO, Raphael. *Prova civil*. 2. ed. São Paulo: Rev. dos Trib., 1981. p. 31), se o juiz pudesse decidir de acordo com a sua cognição privada dos fatos, isto seria psicologicamente incompatível com as suas funções, visto que estaria controlando por si as próprias observações, quando o que se lhe exige é formar uma convicção pessoal mediante o controle de observações alheias. Eis, em síntese, o princípio que emana da lei.

Sucede, todavia, que o mandamento legal que ordena ao juiz abster-se de julgar de acordo com a sua ciência pessoal dos fatos, se observado rigidamente, poderá acarretar, em alguns casos, considerável lesão ao conteúdo ético do processo. Justifiquemos. A poder do princípio medular, que veta ao juiz a possibilidade de decidir com base em sua cognição pessoal do fato, este não poderia, *v. g.*, se ausente dos autos qualquer prova produzida pela parte, reconhecer a jornada de trabalho do empregado, mencionada na inicial (que indica a presença de horas extraordinárias), mesmo que soubesse ser ela verdadeira porque o viu, diversas vezes, trabalhando após o período ordinário. É imperioso indagar, diante disto, se em nome da imparcialidade do magistrado será sempre obrigatório que ele decida em consonância com o princípio mencionado, mesmo que tal atitude possa constituir um poderoso estímulo para que a parte mal intencionada utilize o processo como instrumento para acobertar, talvez em definitivo, a verdade que lhe é desfavorável? Como exigir-se que o juiz, em audiência, sabendo que a parte ou suas testemunhas, em tais casos, estão, às escâncaras, faltando com a verdade, deva ficar inerte, preso em si e às regras processuais, vendo à sua frente a respeitabilidade do processo e do próprio Judiciário ser afrontada, não apenas impunemente, mas com grande proveito para o infrator? Nem se perca de vista o fato de a própria lei processual (CPC, art. 80) haver criado a figura do litigante de má-fé (*improbus litigator*), exatamente para desestimular ou punir propósitos dessa índole. Não se pode ignorar que se o conhecimento pessoal do fato houvesse decorrido de inspeção judicial (CPC, art. 481), a sua admissibilidade, no processo seria indiscutível. Não nos parece *vênia permissa*, que a justificativa, na hipótese, possa sempre residir na circunstância de as partes estarem presentes à inspeção (CPC, art. 483, parágrafo único); nem sempre estão, embora houvessem sido previamente intimadas. Neste caso, o juiz toma conhecimento dos fatos sem o acompanhamento das partes e de seus advogados; e o que presenciou poderá utilizar no julgamento, sem receio de perpetrar, com isso, alguma lesão a direitos dos litigantes.

Apressamo-nos a esclarecer que não estamos propugnando que juiz, quando for o caso, deva invariavelmente decidir com fulcro na cognição pessoal do fato. Queremos dizer que, em face da peculiaridade da Organização Judiciária trabalhista, as normas processuais civis nem sempre incidem em sua plenitude, devendo, em face disto, sujeitar-se às adaptações que essa mesma particularidade reclama. Ponha-se claro, acima de tudo, a reciprocidade da exceção, *id est*, o conhecimento do fato, pelo juiz, sempre que isso ocorresse, aproveitaria, por igual, ao réu (empregador), pois estariam presentes os mesmos pressupostos, voltados à preservação da respeitabilidade e da dignidade do processo e do Judiciário, como instituições extremamente necessárias para a garantia da estabilidade social.

De qualquer modo, não vemos obstáculo a que o juiz utilize, com a necessária discrição, a sua cognição pessoal dos fatos da causa para efeito de orientar-se na instrução oral do procedimento, ou seja, para proceder ao interrogatório das partes e à inquirição das testemunhas, a fim de verificar se estão falando a verdade, ou distorcendo-a.

Art. 375

Art. 375. O juiz aplicará as regras de experiência comum subministradas pela observação do que ordinariamente acontece e, ainda, as regras de experiência técnica, ressalvado, quanto a estas, o exame pericial.

• **Comentário**

Reproduziu-se o art. 335 do CPC revogado.

Máximas de experiência

As disposições do art. 375 do CPC atual traduzem aquilo que o pensamento doutrinário denomina de *máximas de experiência*. O substantivo *máximas* tem aqui o sentido de preceito, de princípio.

A doutrina das regras ou máximas de experiência (*Algemeine Erfharugssatze*) foi elaborada por Stein, para quem elas consistiam "em condições ou juízos hipotéticos de conteúdo geral, independentes do caso concreto que se tem de julgar e de seus elementos particulares, e que são adquiridos pela experiência, mas que são autônomas em face dos casos particulares, de cuja observação se deduzem e que pretendem ter valor em relação aos novos casos" (*La scienza privata dei giudice*, 1893, p. 103 e segs., *apud* SANTOS, Moacyr Amaral, ob. cit., p. 51/52). Delas também disse Rosenberg: "Máximas de experiência são tanto as regras de experiência e cultura gerais como as regras de uma perícia ou erudição especiais nas artes, ciência, ofício ou profissão, comércio e tráfico (também os costumes do tráfico, os usos do comércio etc.): em parte se extraem da observação do modo de viver e obrar das pessoas, em parte são o resultado da investigação científica ou de uma atividade profissional ou artística. Servem para a apreciação jurídica (subsunção) dos fatos, particularmente, quando a aplicação do direito depende de juízos de valor; e, portanto, representam elementos essenciais da mesma norma jurídica aplicável, da premissa maior jurídica no silogismo do Juízo judicial; ou servem para a comprovação de fatos, em particular, na apreciação da prova para examinar o valor probatório do meio de prova e para concluir dos fatos não controvertidos ou provados a verdade de outros fatos discutidos; e formam, assim, a premissa maior do silogismo judicial em relação à estimação das afirmações sobre os fatos" (*Tratado de derecho procesal civil*, 2º v., p. 211).

As máximas de experiência constituem, portanto, na expressão legal, regras de que o juiz poderá valer-se para atingir a verdade dos fatos e cuja importância ainda mais se avulta nos sistemas que consagram o princípio da livre apreciação da prova. Ditas máximas, porém, não poderão atuar quando houver norma jurídica a reger a espécie, exatamente porque o pressuposto legal para a sua invocação é a inexistência de normas jurídicas específicas. Michele Taruffo (*Studi sulla rilevanza della prova*. Padova: 1970, *apud* AGUIAR, Pestana de, ob. cit., p. 106) faz referência a alguns autores, dentre os quais Schwinge, que considerou como normas em branco, porque enseja a utilização genérica das máximas de experiência. Mesmo assim — convém esclarecer — as máximas, quando possível a sua incidência no caso concreto, não se transformam em normas jurídicas: apenas suplementam a estas, pois "Não se juridicizam tais regras de experiência, apenas delas se faz conteúdo de regra jurídica" (MIRANDA, Pontes de. *Comentários ao código de processo civil*. 2. ed. v. I. Rio de Janeiro: Forense, 1979. p. 361) Por este motivo, anota Moacyr Amaral Santos (ob. cit., p. 53) que "Assim, por exemplo, o Juiz não poderá valer-se de máximas de experiência em face de presunções legais, mas, necessariamente, delas se utilizará, como premissa maior, em face do indício, para extrair uma presunção de homem".

A lei (CPC, art. 375) se refere às regras de experiência comum e às regras de experiência técnica (ressalvado, quanto a esta, o exame pericial), como conteúdo das máximas de experiência. As regras da experiência comum se formam com base na observação, pelo juiz, daquilo que habitualmente acontece (*Eo quod plerunque accidit*) e são por ele livremente aplicadas — "malgrado seja hoje uma liberdade de certo modo vinculada às máximas que se forem consagrando", aduz Pestana de Aguiar (ob. cit., p. 106). Essas máximas integram o cabedal de cultura do julgador, que, por isso, não deve ignorá-las quando tiver de apreciar, por exemplo, o teor de um depoimento ou de um documento, pois elas são úteis para conduzir à verdade dos fatos aí relatados.

As regras de experiência técnica, ao contrário das anteriores, não integram o conhecimento geral, de que normalmente é dotado o juiz, se não que provêm de conhecimentos especializados e relativos às ciências, às partes ou às profissões. "São regras desconhecidas ou imperfeitamente conhecidas pelo Juiz, que solicita para bom entendimento a cooperação do perito" (SANTOS, Moacyr Amaral, ob. cit., p. 54). Há que se observar, contudo, que nem sempre o juiz deverá socorrer-se dos conhecimentos especializados do perito, porquanto, em certas hipóteses, nada obsta a que ele se valha, nesse mister, "de livros ou de informes periciais havidos em outros processos" (ROSENBERG, ob. cit., p. 212), ou até mesmo supra a sua insciência ou a sua insuficiência de conhecimentos acerca do fato mediante investigação pessoalmente efetuada.

Máximas de experiência e fato notório

Tanto as máximas de experiência quanto os fatos notórios integram o patrimônio de noções pacificamente armazenadas por uma determinada esfera social, onde se insere o magistrado, a que se pode denominar cultura (CALAMANDREI. Per Ia definizione dei fatto notório. In: *Riv. di Diritto Procesuale Civile*, 1925. p. 292 e segs.). A diferença entre ambos, todavia, está em que falta às máximas de experiência a evidência dos fatos a serem comprovados, de que são possuidores os fatos ditos, por isso mesmo, notórios. Aquelas, ademais, no correto magistério de Pestana de Aguiar (ob. cit., p. 106), dependem "de uma atividade intelectual de certo modo mais complexa, ainda que independente de cultura jurídica, pois consistente num raciocínio dedutivo com base em experiência vivencial adquirida". De outra parte, o fato notório não requer, para a sua configuração, uma repetição costumeira, como ocorre com os fatos que ensejam o estabelecimento das máximas.

Máximas de experiência e indícios

Segundo Pontes de Miranda (*Comentários ao código de processo civil*. Rio de Janeiro: Forense, 1979. p. 361), o indício é o fato que conduz a outro ato, enquanto que a máxima geral de experiência é atividade intelectual do juiz. Pedro Batista Martins (*Comentários ao CPC*. v. III, n. 225, 1942. p. 281), por sua vez, identifica como aspecto comum a ambos o emprego do método indutivo, mediante o qual se busca estabelecer a presunção *hominis* ou *facti*, embora não deixe também de reconhecer uma dessemelhança sutil, considerando que as máximas se assentam exclusivamente na experiência vivencial para a dedução a ser extraída, ao passo que os indícios se lastreiam nas próprias circunstâncias que envolvem o caso concreto.

Observa, a propósito, Devis Hernando Echandía (*Teoria general de la prueba judicial*. 5º v. Buenos Aires: Victor P. de Zavaglia Editor, 1972. p. 250), que o juiz não pode desprezar as máximas de experiência quando aprecia a prova de indícios, pois somente como auxílio delas poderá reconhecer, nesses vários indícios, o mérito de formar a necessária e suficiente convicção. É do eminente jurista a assertiva: "Essa qualificação de indício necessário e a capacidade indicadora dos não-necessários, conforme sua conexão entre si e com o fato por se provar, não podem reconhecer-se sem o auxílio das regras de experiência, pois de outra maneira não poderia o Juiz aplicá-los".

Máximas de experiência e prova *prima facie*

A prova *prima facie*, também denominada de prova de primeira aparência (*Beweis des ersten Anscheins*), segundo as fontes doutrinárias, teria surgido na Alemanha, com Rumelin. Com apoio nessa espécie de prova o magistrado forma o seu convencimento segundo princípios práticos da vida e da observação daquilo que costumeiramente ocorre. Não se trata de um juízo oriundo de conhecimentos privados do juiz, nada obstante se forme fora dos elementos probantes existentes nos autos. No dizer de Pestana de Aguiar (ob. cit., p. 106/107) constitui, "sob certo ângulo de visão, uma exceção à regra *quod non est in actis non est in mundo*, mas que se forma por meio de noções pertencentes ao patrimônio cultural comum, eis que se sustem naquilo que de ordinário acontece". Em verdade, as máximas de experiência se constituíram em fonte da prova de primeira aparência.

Máximas de experiência e usos e costumes

Ponha-se ao largo eventual equívoco entre um e outro; enquanto as máximas (ou regras) de experiência se apresentam como proposições acerca de determinados fatos, os usos e costumes são aqueles fatos que comumente se verificam, são a própria vida em si, faltando a *eles* "a contemplação que se nota nas máximas da experiência", como bem salientou Pontes de Miranda (*Comentários*, p. 371). Efetivamente, as máximas decorrem de uma observação acerca daquilo que ordinariamente sucede, ao passo que os usos e costumes são os próprios fatos que soem acontecer na existência de uma comunidade ou de qualquer agregação social, com as características que lhe são inerentes.

O legislador processual permitiu que somente as máximas de experiência sejam invocadas pelo juiz para a formação de sua convicção jurídica a propósito dos fatos que foram articulados pelas partes. Não os usos e costumes, aos quais apenas se reservou o atributo de serem fontes diretas de direito.

Máximas de experiência e processo do trabalho

Entendemos que as máximas de experiência têm ampla aplicação, em caráter supletório, no processo do trabalho, principalmente se considerarmos que o juízo trabalhista é especializado, o que lhe possibilita, sem dúvida, uma efetiva observação dos fatos que ordinariamente acontecem nos sucessivos casos que lhe são submetidos ao conhecimento, por intermédio das ações aforadas. É preciso não esquecer, contudo, que as regras de experiência, a serem aplicadas ante a inexistência de normas jurídicas, devem se referir à experiência comum, ou seja, àquela que integra o patrimônio de conhecimentos ou noções acumuladas por determinados círculos sociais, não se admitindo, conseguintemente, que a pretexto de invocação dessas máximas o juiz se valha, apenas, da sua cognição pessoal.

No plano da Justiça do Trabalho podem ser mencionadas, exemplificativamente, como regras de experiência comum — cuja aplicabilidade, contudo, haverá de ajustar-se às peculiaridades de cada caso concreto —, as observações feitas em relação aos fatos de que, quando ocorre intensa precipitação pluvial, não há atividade na lavoura (logo, em geral o empregado não trabalha nesses dias); nas épocas de balanço, em certos períodos do ano (Natal, Páscoa etc.), determinados estabelecimentos, que comerciam produtos cuja procura nessas ocasiões é intensa, funcionam até mais tarde; os motoristas de caminhão percebem salário à base de percentagem sobre o valor do frete; nos períodos de safra, a atividade rural é mais intensa etc.

Convém enfatizar que as regras de experiência derivam, na prática, não somente da observação de fatos que em geral acontecem no âmbito nacional, senão que igualmente de fatos que possam estar circunscritos a uma região do País, a um só Estado da Federação, a uma região dentro do Estado, a uma só cidade, a determinada espécie de atividade econômica, a um grupo de empresas ou, até mesmo, a uma só empresa. O que efetivamente importa, para o estabelecimento dessas máximas, é a iteração dos fatos que lhe deram conteúdo ("observação do que ordinariamente acontece", diz a lei) e sua cognição pelo magistrado e por um grupo social, a constituir-lhes, deste modo, um certo acréscimo cultural satisfatoriamente sedimentado; daí por que a utilização, em concreto, dessas máximas de experiência, encontra amparo na própria consciência cultural do referido agrupamento humano.

Estabelecida, no entanto, determinada máxima de experiência, isto não significa que ela se torna definitiva, imutável; afinal, nem mesmo às leis se reconhece esse atributo. Desta maneira, modificada que seja a situação de fato que lhe deu causa, a máxima — mero efeito de observação — haverá de ser reformulada, para ajustar-se à nova realidade, sendo imperativo, em outros casos, a sua revogação, ou desfazimento. Essa possibilidade (ou melhor: necessidade) de mutação das regras de experiência, a propósito, também fora detectada pela mente arguta de Eduardo Couture (ob. cit., p. 272/273), para quem o progresso da ciência é constituído pela derrogação de algumas máximas de experiência por outras, mais exatas; e aduz: *y aun frente a los princípios de la lógica tradicional, la lógica moderna muestra como el pensamiento humano se halla en constante progreso en la manera de razonar*. A observação do eminente jurista uruguaio é irretorquível.

Art. 376. A parte que alegar direito municipal, estadual, estrangeiro ou consuetudinário provar-lhe-á o teor e a vigência, se assim o juiz determinar.

• **Comentário**

Norma idêntica estava inserida no art. 337 do CPC revogado.

Prova do direito invocado

Dispunham as Ordenações Filipinas (Livro 3º, Título LIII, 7) que "(...) e se tal Direito for escrito, posto que dele se possa articular, não será a parte obrigada depor a ele, assim, como não é obrigada depor ao artigo fundado em Direito Comum" (o direito comum, aí, se refere àquele que era aplicável, a todas as pessoas, em contraposição ao direito singular, que não se exigia fosse do conhecimento do julgador, a expressar, desse modo, o princípio universal de que o direito não depende de prova (*ius allegatur, non probatur*). Assenta-se esse princípio no pressuposto de que o juiz conhece o direito (*iura novit curia*); de tal arte, aos litigantes cabe narrar os fatos, incumbindo ao juiz aplicar a norma legal incidente (*da mihi factum dabo tibi ius*).

Uma das características da norma legal, é, precisamente, a sua obrigatoriedade; daí a advertência constante da Lei de Introdução ao Código Civil (art. 3º), de que "Ninguém se escusa de cumprir a lei, alegando que não a conhece". E o conhecimento da legislação mais se exige do magistrado, que é um técnico nessa matéria e a quem compete aplicá-la. Por este motivo, o CPC vigente estabelece que "O juiz não se exime de decidir sob alegação de lacuna ou obscuridade do ordenamento jurídico" (art. 140).

Ao julgador, portanto, o ordenamento processual veda escusar-se de efetuar a entrega da prestação jurisdicional alegando que a lei é lacunosa ou obscura, do que se conclui que ele não apenas está "condenado à atividade", pois a lei o pune por parar — conforme asseverou Pontes de Miranda —, como, também, está obrigado a conhecer, em princípio, as normas legais invocadas pelos litigantes.

Direito municipal, estadual, estrangeiro ou consuetudinário

Seria desarrazoado, entretanto, exigir que o juiz conhecesse não apenas o direito municipal, estadual e federal, mas, também, o estrangeiro e o consuetudinário. Foi prudente, por isso, o legislador processual civil ao atribuir à parte que invoca, em seu benefício, quaisquer desses direitos, o encargo de provar-lhe o teor e a vigência (CPC, art. 376). É preciso atentar-se, contudo, para a particularidade de que a parte não está, automaticamente, obrigada a produzir tal prova: para que isto ocorra, há necessidade de que o juiz o determine ("se assim o juiz determinar", diz o artigo citado). Via de regra, na Justiça do Trabalho o direito das partes (logo, também, o seu interesse) está contido em leis federais, porquanto a Constituição da República atribui competência privativa à União para legislar sobre Direito do Trabalho e Direito Processual, dentre outros (art. 22, I). Em todo o caso, haverá situações que entrarão em causa o direito municipal, o estadual, o estrangeiro e o consuetudinário, caso em que o juiz do trabalho agirá da forma prevista no art. 376 do CPC.

Interessante é observar que o CPC se refere não somente à prova do *conteúdo* (teor) da lei, mas também da sua *vigência*. Isto significa dizer que, quando assim ordenar o juiz, a parte deverá demonstrar que a lei invocada ainda está em vigor — prova que, em certas hipóteses, não será tão fácil quanto se possa supor. Afinal, como pondera Moacyr Amaral Santos (ob. cit., p. 62), as leis não foram feitas para serem revogadas. Sendo este o princípio, provado o seu teor, seria de presumir-se que ainda estivesse a viger a norma legal. Entendemos que a prova da vigência, quando necessária, deva ser feita mediante declaração do Poder Público competente, ou por parecer de jurisconsulto especializado na matéria sobre que versa o texto legal ou de indicação de norma legal que haja revogada a anterior.

Quanto ao direito consuetudinário, afirma Santiago Sentis Melendo (*El juez y el derecho*, 1957. p. 172 a 185 e 229 a 252, apud MARQUES, José Frederico. *Instituições*, v. III, 1962. p. 372/373) que a prova pode também ser feita via presunções ou exames periciais. Aliás, não se há de confundir direito consuetudinário (ou costumeiro) com usos e costumes; aquele "se irradia de repetição de atitudes humanas que o meio social fez regras jurídicas"; estes, ao contrário, constituem simples repetições de atos que não se inserem no sistema jurídico (MIRANDA, Pontes de. *Comentários ao CPC*, p. 368).

O costume se forma pela tradição, pela prática uniforme, reiterada e generalizada de determinados atos da vida dos povos, daí por que se pode estabelecer alguns requisitos essenciais para a sua admissibilidade como direito: a) a uniformidade; b) a iteratividade; c) a generalidade; d) a moralidade; e) a obrigatoriedade. *Uniformidade*, porque a prática deve ser sempre a mesma; *iteratividade*, porque dela se exige a constância, a continuidade (embora, no sistema do direito positivo brasileiro vigente, não se fixe prazo para a configuração do costume, quanto ao fator tempo, valendo lembrar que a Lei de 18 de agosto de 1769, em seus §§ 12 e 14, estabelecia o prazo de cem anos para a *jurisdização* do costume); *generalidade*, porque deve abranger todo o grupo social, que geograficamente pode estar limitado a uma cidade, a uma região, a um Estado-membro etc.; *moralidade*, porque o costume, se contrário à moral, não tem eficácia jurídica; *obrigatoriedade*, sabendo-se que ele deve se impor ao grupo social, constrangendo-o a acatá-lo.

Os costumes são admitidos, porém, nas hipóteses de lacuna ou falha legal; por este motivo, devem ser sempre repelidos os costumes *contra legem* (e, consequentemente, contra a moral). A dificuldade quanto à prova do costume, diante da sua imutabilidade, em alguns casos, está refletida na velha máxima latina *consuetudo est dificilime probationis quia modo est alba modo est nigra* (é dificílimo provar o costume, pois ora ele é branco, ora é negro).

Acordos e convenções coletivas

É inegável que tanto os acordos (CLT, art. 611, § 1º) quanto as convenções coletivas de trabalho (*ibidem*, art. 611, *caput*) devem ter a sua existência demonstrada nos autos, desde que neles se fundamente a pretensão das partes. Mesmo as convenções coletivas (que são instrumentos normativos intersindicais) de âmbito nacional não fogem à regra, pois não se compreendem no conceito de fato notório, como se tem imaginado. Cumpre lembrar, aliás, que a lei não exige sejam publicadas, determinando, apenas, que se deposite uma de suas vias, para fins de registro e arquivo, no Departamento Nacional do Trabalho (Secretaria de Emprego e Salário), ou nos órgãos regionais do Ministério do Trabalho, conforme seja o caso (CLT, art. 614, *caput*). Em que pese ao justo propósito, pareceu-nos, *data venia*, dissociada da realidade forense atual a conclusão a que chegaram os participantes do IV Congresso Ibero-Americano de Direito do Trabalho e Seguridade Social (São Paulo, setembro de 1972), de que "as sentenças, convenções e acordos coletivos, que reúnam todos os requisitos formais exigidos pelo ordenamento jurídico de cada país, presumem-se conhecidos pelo julgador". Essa mesma conclusão, contudo, mais adiante, em disposição que se nos depara algo colidente com a primeira parte, estabelece, *verbis*: "*Recomenda-se, por necessário, a obrigação de publicar, em órgãos oficiais da imprensa, as sentenças, convenções e acordos coletivos*" (sublinhamos). A obrigação (legal), todavia, de publicação só concerne às sentenças (melhor: acórdãos) normativas e não aos acordos e convenções.

Desta maneira, calcando o empregado o seu pedido em cláusula constante de acordo ou de convenção coletiva, caberá a ele provar-lhe o teor e a vigência (embora esta, em regra, venha expressa no próprio instrumento), sob pena de ser rejeitada a sua pretensão, porquanto, diante da maré-montante de tais ajustes coletivos existentes no País, seria insensato exigir-se que o juiz tivesse conhecimento de todos eles. O fato de uma via desse instrumento ser, necessariamente, depositada nos órgãos previstos em lei, não libera a parte interessada do ônus de provar-lhe a existência, sob a suposição de que, para tanto, bastaria o juiz determinar que se oficiasse ao órgão administrativo, a fim de informar a respeito. Se assim acaso o fizer, terá sido por ato de mera liberalidade, pois a lei não o compele a tanto. Entendemos, contudo, que na hipótese de o juiz ter conhecimento da existência de determinado acordo ou convenção coletiva (porque, por exemplo, constante de outros autos de processo, que tramita ou tramitou pela mesma Vara), nada impede que ordene à Secretaria expedir certidão do teor daquele instrumento, para ser juntada aos autos relativos ao caso *sub judice*. Essa faculdade está compreendida na disposição muito ampla do art. 765 da CLT.

Procurando evitar a formação de controvérsia quanto à existência, ou não, de acordo ou convenção coletiva de trabalho, algumas entidades sindicais passaram, sistematicamente, logo após a assinatura do respectivo instrumento, a entregar à Secretaria da Vara uma via do ajuste coletivo, devidamente formalizada e arquivada (geralmente na Delegacia Regional do Trabalho). A praxe que, quanto a isto, se constituiu em algumas localidades, nada obstante não esteja prevista em lei, não causa nenhuma lesão às normas processuais trabalhistas. E ela mais se justifica quando a entidade sindical está, constantemente, ministrando assistência judiciária aos empregados, não sendo razoável exigir-se que a cada ingresso em juízo tenha de juntar cópia do acordo ou da convenção coletiva. É verdade, porém, que se houver interposição de recurso haverá necessidade, em alguns casos, de a parte interessada juntar às suas razões — sem receio de perpetrar ofensa à Súmula n. 8, do TST — certidão da Secretaria da Vara concernente ao teor e à vigência do ajuste, para que o Tribunal ad quem tenha, assim, elementos para apreciar a matéria sobre que versa o apelo.

Analisando o problema relativo à atitude do juiz diante da invocação, por qualquer das partes, quanto à existência de acordo ou convenção coletiva, assim se manifestou Eduardo R. Stafforini (*Derecho procesal social*. Buenos Aires: Tipogr. Editora Argentina, 1955. p. 566): *Pero teniendo en cuenta ei procedimiento inquisitivo y Ia actitud dinâmica que frente ai proceso caracteriza ai juez dei trabajo, puede concluirse que, invocada Ia convención colectiva por alguna de Ias partes, ei juez posee Ia facultad* (sublinhamos) *de ejercitar todos los médios que Ia ley pone a sua alcance para tomar conocimiento de Ia existência y dei texto de Ia convención invocada, no con el propósito de suplir Ia omisión de Ias partes al respecto, sino de agotar los médios a su alcance para resolver Ia controvérsia de acuerdo a derecho.*

Verificamos, portanto, que embora o ilustre jurista argentino tenha apreciado a questão à luz do direito positivo vigente em seu país, a conclusão a que chegou é a mesma que, particularmente, adotamos, pois qualquer diligência do juiz, no sentido de apurar a existência e o conteúdo de acordo ou convenção coletiva de trabalho, emanará sempre de uma faculdade e não de um dever ou obrigação legal.

Por outro lado, a SBDI-I do TST, adotou a Orientação Jurisprudencial n. 36, para dispor: "O instrumento normativo. Cópia não autenticada. Documento comum às partes. Validade. O instrumento normativo em cópia não autenticada possui valor probante, desde que não haja impugnação ao seu conteúdo, eis que se trata de documento comum às partes". Por outras palavras, a jurisprudência da mencionada SBDI admite a eficácia probante de documento comum às partes, cujo conteúdo não tenha merecido impugnação pelo litigante contrário, mesmo que o documento tenha sido apresentado sob a forma de fotocópia não autenticada, ou seja, em desacordo com o art. 830, da CLT. Uma nótula: a expressão "eis que", utilizada na redação da precitada OJ, é inadequada; essa expressão, do ponto de vista gramatical, sugere a ideia de que algo aconteceu de surpresa: "Eu estava caminhando, eis que surge um veículo em alta velocidade".

Regulamentos de empresa

Assim como os instrumentos normativos, os regulamentos empresariais, sempre que a sua existência e conteúdo se relacionarem diretamente com a controvérsia estabelecida na ação, deverão ser juntados aos autos. Se a existência do regulamento for incontroversa, mas as partes discutirem apenas sobre a redação, o alcance etc., de um ou mais dos dispositivos que o compõem, é evidente que o encargo da prova é do empregador; na eventualidade, porém, de este negar a existência de norma *interna corporis*, não há como retirar do empregado o encargo da prova.

Ocorrendo, todavia, de o empregado — ciente de que é seu o ônus da prova quanto à existência do regulamento — requerer, em juízo, na forma do art. 396 e segs., do CPC, a exibição desse documento e o empregador, intimado a tanto, deixar de efetuar a exibição; não apresentar qualquer declaração no prazo do art. 398 (5 dias), ou tiver a sua recusa havida por ilegítima, o juiz, ao decidir o pedido, "*admitirá como verdadeiros os fatos que, por meio do documento ou da coisa, a parte pretendia provar*" (sublinhamos), segundo a regra do art. 400, *caput* do CPC.

Note-se que a lei, aqui, não se refere à possibilidade de o juiz tornar concreta a presunção de veracidade quanto ao documento; se assim pretendesse o legislador, teria utilizado a expressão verbal, *poderá admitir*. Ao dizer, contudo, que o juiz *admitirá* tal veracidade, a lei se fez coagente, impositiva, encerrando uma presunção absoluta (*iuris et de iure*).

Tratados e convenções internacionais

A prova da existência, conteúdo e vigência dos tratados e convenções internacionais deverá ser feita, nos autos, pela parte interessada. Conquanto um e outro não constituam, à risca, o direito estrangeiro a que alude o art. 376 do CPC, somos de parecer que se deva aplicar, analogicamente, à espécie, o mesmo critério contido nesse artigo; importa dizer: a parte somente estará obrigada a produzir prova da existência de tratado ou convenção internacional invocada se o juiz assim o determinar. Não se ignore, além disso, que em certos casos as convenções internacionais da OIT, quando ratificadas pelo Brasil, se incorporam ao nosso direito positivo.

Determinando o juiz que a parte junte aos autos comprovante da existência de quaisquer desses instrumentos e considerando que a publicação sempre é feita em língua estrangeira (como nos casos das publicações da OIT), a juntada deve ser precedida de versão, para o Português, firmada por tradutor juramentado (CPC, art. 192, parágrafo único), porquanto o nosso direito processual exige em todos os atos e termos o uso da língua portuguesa, conforme consta do art. 192 do CPC.

Art. 377. A carta precatória, a carta rogatória e o auxílio direto suspenderão o julgamento da causa no caso previsto no art. 313, inciso V, alínea "b", quando, tendo sido requeridos antes da decisão de saneamento, a prova neles solicitada for imprescindível.

Parágrafo único. A carta precatória e a carta rogatória não devolvidas no prazo ou concedidas sem efeito suspensivo poderão ser juntadas aos autos a qualquer momento.

• **Comentário**

Caput. Repete-se a norma do art. 338 do CPC revogado.

Os requisitos legais para que as cartas precatória e rogatória suspendam o julgamento da causa são os seguintes: a) serem imprescindíveis para o proferimento da sentença de mérito (CPC, art. 313, V, "b": quando a sentença de mérito não puder ser proferida senão depois de ser verificado determinado fato ou produzida certa prova, requisitada a outro juízo); b) terem sido requeridas antes do saneamento do processo.

Como no processo do trabalho não há uma fase específica para o saneamento processual, caberá ao magistrado verificar: a) se a prova que a parte pretende produzir por meio de carta precatória ou de carta rogatória é, efetivamente, imprescindível para o julgamento do mérito; b) se o requerimento formulado pela parte é tempestivo. A tempestividade, no caso, significa que a fase de instrução oral do processo ainda não estava encerrada. Atendidos esses dois requisitos, o magistrado estará autorizado a suspender o julgamento da causa. Note-se que a suspensão não impedirá a prática de outros atos processuais que se fizerem necessários, exceto o julgamento da lide.

Parágrafo único. Se a carta precatória ou a carta rogatória não forem devolvidas dentro do prazo de seu cumprimento, fixado pelo juízo expedidor, ou tiverem sido deferidas sem efeito suspensivo, poderão ser juntadas aos autos a qualquer momento — mas antes do julgamento final.

Art. 378. Ninguém se exime do dever de colaborar com o Poder Judiciário para o descobrimento da verdade.

• **Comentário**

Repetição literal do art. 339 do CPC revogado.

Muitas vezes, o juiz, para melhor inteirar-se a respeito dos fatos da causa, e para formar o seu convencimento jurídico acerca desses fatos, necessita obter informações de pessoas em geral, mesmo que não figurem como parte no processo.

Todas essas pessoas têm o dever legal que colaborar com o órgão jurisdicional no descobrimento da verdade. A propósito, o legislador utilizou de maneira correta o substantivo *descobrimento*, que se refere ao ato de descobrir; a *descoberta* é a coisa que se descobriu.

O dever de todos colaborarem com o Poder Judiciário para o descobrimento da verdade traduz, portanto, um encargo (*munus*) público.

É evidente que o magistrado deverá exercer com a indispensável prudência a sua faculdade de procurar obter informações úteis ou necessárias ao julgamento da lide, máxime quando agir *ex officio*. Não podemos esquecer que recai sobre as partes o ônus da prova (CLT, art. 818), motivo por que se o magistrado empenhar-se em obter provas que, em princípio, deveriam ser produzidas pelos litigantes, poderá revelar-se parcial (logo, suspeito) aos olhos de um deles.

A parte ou o terceiro que deixar de atender à determinação judicial para prestar informações ou para encaminhar documentos cometerá o crime de desobediência.

Art. 379. Preservado o direito de não produzir prova contra si própria, incumbe à parte:

I — comparecer em juízo, respondendo ao que lhe for interrogado;

II — colaborar com o juízo na realização de inspeção judicial que for considerada necessária;

III — praticar o ato que lhe for determinado.

• **Comentário**

Caput. O direito de não produzir prova contra si (*nemo tenetur se detegere*) surgiu no âmbito do direito criminal e está previsto no art. 5º, inciso LXIII, da Constituição Federal, ao dispor que o preso será informado dos seus direito, entre os quais de inclui o de "permanecer calado". O art. 8º, § 2º, letra "g", do Pacto de San José da Costa Rica, prevê o direito que qualquer pessoa *"não ser obrigada a depor contra si mesma, nem a confessar-se culpada"*. A translação desse direito para os domínios do processo civil pode ter efeitos devastadores na investigação sobre a verdade real. Não podemos ignorar o fato de o próprio CPC de 2015 conter os arts.: a) 77, segundo o qual, além dos previstos nesse Código, constituem deveres das partes (assim como de seus procuradores e de todos aqueles que de alguma forma participem do processo): *"I – Expor os fatos em juízo conforme a verdade"*; b) 378: *"Ninguém se exime do dever de colaborar com o Poder Judiciário para o descobrimento da verdade "*; 385: *"Cabe à parte requerer o depoimento pessoal da outra parte, a fim de que esta seja interrogada na audiência de instrução e julgamento, sem prejuízo do poder do juiz de ordená-lo de ofício. § 1º Se a parte, pessoalmente intimada para prestar depoimento pessoal e advertida da pena de confesso, não comparecer ou, comparecendo, se recusar a depor, o juiz aplicar-lhe-á a pena"*; c) 390, *caput*: *"A confissão judicial pode ser espontânea ou provocada"*.

O *caput* do art. 379 do CPC, portanto — no tocante à ressalva quanto ao direito de a a parte não produzir prova contra si —, deve receber, designadamente nos sítios do processo do trabalho, interpretação necessária para harmonizá-lo com os mencionados dispositivos do próprio CPC. Mesmo a admitir-se que o art. 379, *caput*, somente poderia ser aplicado, no âmbito do processo do trabalho, em situações nas quais a parte poderia vir a sofrer sanções de natureza penal, as consequência da aplicação desse dispositivo seriam desastrosas para o escopo da instrução trabalhista, bastando argumentar, por exemplo, com o fato de o autor recusar-se a responder perguntas formuladas pelo magistrado sobre se teria praticado agressão física contra o empregador ou ato lesivo da honra ou da boa fama deste, ou de superiores hierárquicos (CLT, art. 482, "j" e "k").

O art. 77 do CPC aponta, em seis incisos, alguns dos deveres a que se encontram vinculadas não apenas as partes, mas todas as pessoas que de algum modo participem do processo.

O art. 379 acrescenta outros deveres às partes.

As duas normas legais sobreditas integram a *deontologia processual* referente às partes. Para esse efeito, devem ser considerados o chamado ao processo e o assistente, embora este último, em rigor, não seja parte na relação processual.

Inciso I. O princípio legal é de que a parte deve comparecer a juízo e responder ao que lhe for perguntado. Se a parte, regularmente intimada, deixar, por exemplo, de comparecer a juízo para depor, incidirá no que a doutrina e a jurisprudência costumam chamar de confissão fictícia — expressão que preferimos substituir por confissão presumida. Se, comparecendo a juízo, deixar e responder ao que lhe for perguntado, ou responder de maneira evasiva, o juiz, levando em conta as demais circunstâncias e elementos da causa, declarará, na sentença, se houve recusa de depor (art. 386).

Inciso II. O CPC anterior dispunha que a parte deveria "submeter-se à inspeção judicial" (art. 340, II) que fosse considerada necessária. O Código atual se refere à colaboração da parte com o juízo "na realização de inspeção judicial" que for reputada necessária. Na verdade, mesmo na vigência do CPC revogado a intenção do legislador fora a de declarar que a parte deveria colaborar com o órgão judicial na realização da inspeção. Aquela antiga redação ("submeter-se") não significava que a parte deveria ser objeto de inspeção judicial.

Inciso III. A parte tem não só o dever de *praticar* o ato que lhe for determinado pelo juiz, como de *abster-se* de praticá-lo, quando for o caso. No primeiro caso, há imposição de obrigação de fazer; no segundo, de não fazer.

Art. 380. Incumbe ao terceiro, em relação a qualquer causa:

I – informar ao juiz os fatos e as circunstâncias de que tenha conhecimento;

II – exibir coisa ou documento que esteja em seu poder.

Parágrafo único. Poderá o juiz, em caso de descumprimento, determinar, além da imposição de multa, outras medidas indutivas, coercitivas, mandamentais ou sub-rogatórias.

• **Comentário**

Caput. A matéria estava contida no art. 341 do CPC revogado.

Não somente as partes, mas os terceiros em geral também estão subordinados a determinados deveres processuais, que a lei indica.

O dispositivo em exame constitui irradiação do art. 378, conforme o qual ninguém se exime do dever de colaborar com o Poder Judiciário para o descobrimento da verdade.

Inciso I. Se o terceiro tiver conhecimento de determinados fatos ou circunstâncias atinentes ao processo, deverá, de modo espontâneo, informá-los ao juiz. No processo do trabalho, por exemplo, um sindicato de trabalhadores deverá, mesmo na qualidade de terceiro, fornecer ao juízo informações acerca de certos fatos de que tem conhecimento, e que são importantes para o julgamento da lide.

Código de Processo Civil

O mesmo procedimento deverá ser adotado pelo Ministério Público do Trabalho, nas causas em que não é parte.

Inciso II. Nos casos em que o terceiro tiver em seu poder coisa ou documento importantes para a solução do caso concreto, incumbir-lhe-á, de maneira espontânea ou por determinação judicial, exibi-los ao magistrado. A exibição compulsória é regulada pelo art. 403 do CPC.

Parágrafo único. Se o terceiro descumprir a ordem judicial de exibição de coisa ou de documento, o magistrado poderá impor-lhe multa, sem prejuízo da adoção de outras medidas tendentes a compeli-lo ao cumprimento da ordem (medidas indutivas, coercitivas, mandamentais ou mesmo sub-rogatórias). Essa disposição legal, provavelmente, deitará por terra a Súmula n. 372, do STJ, assim enunciada: "Na ação de exibição de documentos, não cabe a aplicação de multa cominatória".

O terceiro que deixar de atender, sem justificativa, à ordem judicial praticará o crime de desobediência (CP, art. 330).

Seção II
Da Produção Antecipada da Prova

Art. 381. A produção antecipada da prova será admitida nos casos em que:

I — haja fundado receio de que venha a tornar-se impossível ou muito difícil a verificação de certos fatos na pendência da ação;

II — a prova a ser produzida seja suscetível de viabilizar a autocomposição ou outro meio adequado de solução de conflito;

III — o prévio conhecimento dos fatos possa justificar ou evitar o ajuizamento de ação.

§ 1º O arrolamento de bens observará o disposto nesta Seção quando tiver por finalidade apenas a realização de documentação e não a prática de atos de apreensão.

§ 2º A produção antecipada da prova é da competência do juízo do foro onde esta deva ser produzida ou do foro de domicílio do réu.

§ 3º A produção antecipada da prova não previne a competência do juízo para a ação que venha a ser proposta.

§ 4º O juízo estadual tem competência para produção antecipada de prova requerida em face da União, de entidade autárquica ou de empresa pública federal se, na localidade, não houver vara federal.

§ 5º Aplica-se o disposto nesta Seção àquele que pretender justificar a existência de algum fato ou relação jurídica para simples documento e sem caráter contencioso, que exporá, em petição circunstanciada, a sua intenção.

• **Comentário**

Caput. O tema estava disciplinado no art. 846 do CPC revogado.

No sistema do CPC anterior, a produção antecipada de provas constituía providência cautelar típica ou nominada (arts. 846/851).

O CPC atual passou a tratar do tema no Livro I, que se ocupa da Parte Geral — embora essa alteração topológica não tenha eficácia para retirar da produção antecipada de provas a sua íntima substância de providência cautelar, ao menos no caso do inciso I.

Antes de nos dedicarmos ao exame dos incisos do art. 381, convém lançarmos algumas considerações propedêuticas a respeito do assunto.

Apontamentos históricos

A origem da prova *ad perpetuam* remonta ao direito romano. Extrai-se essa conclusão pela leitura das "Pandectas", particularmente do Fr. 40 D. *Ad Legem Aquiliam* (IX, 2) e Fr. 3, § 5, D. *De Carvoniano edicto* (XXXVII, 10).

Assinala Carlo Lessona que na Novela 90, Capítulo IX, se localiza a verdadeira demonstração da existência da *prova para futura memória*, embora tendo como pressuposto a lesão já configurada do direito, arrematando o ilustre pensador: "aqui temos, verdadeira e precisamente, a prova para futura memória (...) e, como se vê da premissa de Justiniano, ela teria sido criada pela prática judiciária, que o imperador se limitou a consagrar e tornar real" (*Trattato delle prove in matéria civile*, v. 4, n. 365, 1916).

De maneira algo generalizada, o direito estrangeiro moderno — atendida a peculiaridade da legislação de cada país — prevê essa modalidade de prova, como ocorre em Portugal, na Alemanha, Áustria, Itália, Espanha, Argentina, Colômbia, sem embargo de outros.

A prova *ad perpetuam* também estava no texto das antigas Ordenações reinóis portuguesas; ilustremos com o que dispunham, acerca do assunto, as Afonsinas: "E se o auctor, antes da demanda começada, requerer ao Julgador, que lhe sejam perguntadas algumas testemunhas sobre a cousa, que entende demandar, alegando que são muito velhas, ou enfermas de grande enfermidade, ou estão aviadas para se partir para fóra do reino, e que seus ditos têm cerrados para os dar em ajuda de sua prova, e se abrirem e publicarem ao tempo, que com direito se deva fazer, manda-la-ás o Julgador perguntar, sendo ele primeiramente informado da dita velhice ou enfermidade, ou longa absencia, sendo outrossim a parte contrária citada, para ver como juram, em pessoa, se poder ser achada, se não à porta de sua casa, presente sua mulher, ou visinhança, que lho hajam de notificar. E se por parte do réo for feito semelhante requerimento, ainda que as testemunhas não sejam velhas, nem enfermas, nem esperem ser absentes, serão perguntadas em todo caso, sendo a parte citada em sua pessoa, ou em sua casa, para ver como juram, e as inquirições cerradas, assim como dito he no requerimento feito por parte ao autor; porque dito réu não sabe, quando lhe será feita a demanda, nem está em seu poder de lhe ser feita tarde ou cedo; e se assi não fossem perguntadas as testemunhas em todo o tempo por ele requerido, poderiam falecer ao tempo da demanda feita, e perecer seu direito" (Livro 3º, Título 55, §§ 7º e 8º).

O Regulamento Imperial n. 737, de 1850, não se descuidou da matéria, à qual dedicou o Título VII — "Processos Preparatórios e Incidentes"; o seu art. 178 dispunha sobre a produção *ad perpetuam* da prova testemunhal: "Se alguma testemunha houver de ausentar-se, ou por sua avançada idade ou estado valetudinário houver receio de que ao tempo da prova já não exista, poderá, citada a parte, ser inquirida a requerimento dos interessados, aos quais será entregue o depoimento para dele se servirem quando e como lhes convier".

Lembra Moacyr Amaral Santos que o antedito Regulamento era omisso quanto ao depoimento das partes, observando, contudo, que a doutrina lastreada nas próprias Ordenações e em *Ribas* admitia o depoimento *ad perpetuam,* embora "apenas antes do período probatório, mas depois de intentada a ação, nunca anteriormente a esta" (*Prova judiciária*. v. I. São Paulo: Saraiva, 1983. p. 323).

O Regulamento n. 737 também nada continha a respeito da produção *ad perpetuam* de *exames* ou *perícias;* ambos os meios de prova aludidos, porém, eram aceitos pela doutrina e pela jurisprudência, tanto em caráter *preparatório* quanto *incidental*. Nesta última hipótese, a prova *ad perpetuam* era consentida ainda que os autos se encontrassem em segundo grau de jurisdição ("segunda instância", na linguagem da época).

Tempos depois, os diversos códigos estaduais, inspirados naquele notável Regulamento, previram a prova *ad perpetuam*; em linhas gerais, os casos de admissibilidade da medida eram semelhantes aos previstos no Regulamento n. 737: permitiam o depoimento dos litigantes somente após o ajuizamento da ação, antes ou depois da dilação probatória; já os exames e vistorias *ad perpetuam* eram admitidos, inclusive, como medida *preventiva*.

Os meios de prova na produção antecipada

Os meios de prova, que podem ser objeto da antecipação compreendem os: *a)* orais; *b)* periciais; e *c)* oculares.

Os *orais* abarcam o interrogatório da parte e a inquirição de testemunhas e, em alguns casos, do perito.

Os *documentos* não são objetos de antecipação e sim de *exibição*; o procedimento que a eles concerne tem sede nos arts. 396 a 404 do CPC. O conceito de documento foi por nós esboçado em obra anterior, merecendo ser aqui reproduzido pela oportunidade: é todo o meio idôneo e moralmente legítimo, capaz de comprovar, materialmente, a existência de um fato. Não é exato asseverar que documento é algo que "contenha escritos", pois a prevalecer essa definição teríamos de negar, em ingente equívoco, a qualidade de documento à fotografia e a outros meios probantes materiais, como as reproduções cinematográficas e os registros fonográficos e os eletrônicos.

A prova pericial abarca o exame, a vistoria e a avaliação; o art. 846 do CPC anterior aludia, em injustificada restrição, apenas ao exame pericial, como se não pudessem ser objeto de produção antecipada as vistorias e as avaliações.

Meio *ocular* de prova, típico, é a inspeção judicial, a que conceituamos como o ato pelo qual o juiz, no curso do processo, por sua iniciativa ou a requerimento da parte, e com o propósito de buscar esclarecimentos acerca de fatos relevantes para a decisão da causa, examina, diretamente, em juízo, ou no local em que se encontrem, pessoas ou coisas, utilizando-se para isso, de suas percepções sensoriais comuns. Pode o magistrado, assim, no exercício do seu poder geral de cautela, inspecionar pessoas ou coisas, até mesmo antes do aforamento da ação principal. O inspecionamento no *curso* do processo principal (CPC, art. 481 está restrito às ações não cautelares. Nada há que obste, todavia, seja a inspeção derivante do poder geral de cautela do magistrado, hipótese em que, a providência poderá ser requeria *antecedentemente* ao ingresso em juízo da ação de mérito.

Inciso I. O art. 849 do CPC (inserido no Livro III, que tratava do *processo cautelar*) anterior previa a realização antecipada do exame *pericial* quando houvesse fundado receio de que viesse a tornar-se impossível ou muito difícil a verificação de certos fatos na pendência da ação. O CPC atual, como se percebe, aproveitou, em grande parte, aquela redação, sem restringi-la, todavia, ao exame pericial. Destarte, qualquer prova (exceto a documental) poderá ser produzida de modo antecipado, desde que se verifique o pressuposto legal da impossibilidade ou da dificuldade de ser realizada na pendência da causa.

A antecipação da prova, no caso do inciso I, tem natureza cautelar.

Conquanto o art. 381 do CPC atual não tenha reproduzido a expressão literal dos incisos I (se a parte ou a testemunha tiver de ausentar-se) e II (se, em virtude da idade ou de moléstia grave, houvesse justo receio de que ao tempo da prova já não existam a parte ou a testemunha, ou estejam impossibilitadas de depor) do art. 847 do CPC revogado, podemos dizer que o conteúdo desses incisos está compreendido pela expressão genérica "haja fundado receio de que venha a tornar-se impossível ou muito difícil a verificação de certos fatos na pendência da ação" do inciso I do art. 381 do CPC em vigor.

Por esse motivo, iremos nos pronunciar acerca das duas situações previstas nos incisos I e II do art. 847 do CPC anterior, como exemplos que se encaixam na dicção do inciso I do art. 381 do CPC atual.

Assim sendo, é proveitoso repetirmos o que dissemos, a este respeito, em outro livro (*Curso de direito processual do trabalho.* v. III. São Paulo: LTr, 2009. p. 2.570/2.572):

a.a) Ausência. Embora o inc. I do art. 847 do CPC não o declarasse, de maneira expressa, era curial que a ausência, de que ele cogitava, deveria ser: 1) iminente; e 2) duradoura.

Realmente, se a parte ou as testemunhas forem ausentar-se em data muito distante (dali a vários meses), por princípio não se justifica a antecipação do depoimento ou da inquirição, pois umas e outras ainda não se terão ausentado ao tempo da realização da audiência instrutória relativa ao processo principal. Não há, contudo, regra fixa para isso. Na Justiça do Trabalho, como sói acontecer, as audiências pertinentes à ação de mérito vêm sendo designadas para datas muito distantes, de tal sorte que, em determinadas situações, esse fato pode justificar a produção *antecipada* da prova oral, ainda que a possibilidade de ausência da parte contrária e das testemunhas não seja *iminente*. Caberá ao Juiz, como é de seu ofício, verificar, em cada caso concreto, quanto à necessidade, ou não, de ser antecipada a prova pretendida.

Não basta, no entanto, que a ausência seja iminente; para a concessão da providência acautelatória impõe-se que tenha caráter *duradouro* ou mesmo *definitivo*. Se a parte ou as testemunhas forem ausentar-se momentaneamente, por pouco tempo, de forma que seja razoável presumir que estarão de volta quando da realização da audiência concernente ao processo principal, deverá o juiz recusar o pedido cautelar de antecipação de seus depoimentos, que acaso tenha sido formulado. Tecnicamente, faltará ao requerente o necessário *interesse* de obter a antecipação da prova, bem andando o juiz que, por sentença, declará-lo carecedor da ação, com a consequente extinção do processo (CPC atual, art. 485, VI).

A ausência pode ser em relação à comarca, à seção judiciária ou ao próprio país, cabendo, em qualquer caso, ao requerente justificar a necessidade de antecipação da prova. Aí também atuará o prudente arbítrio do magistrado, que poderá, *e.g.*, negar a antecipação sempre que se convencer de que a ausência da parte ou das testemunhas — conquanto iminente e duradoura — nenhum prejuízo ou transtorno trará ao autor, que as poderá ouvir por meio de carta precatória ou rogatória. Reconhecemos, porém, que na hipótese de ausência do país o autor ficará mais à vontade para demonstrar a necessidade da antecipação do depoimento ou da inquirição, diante das notórias dificuldades que terá para obter essas provas por intermédio de carta rogatória, que reclama um procedimento embaraçante, cabendo lembrar a exigência do art. 192, parágrafo único do CPC de que apenas poderá ser juntado aos autos documento (e a rogatória o é) redigido em língua estrangeira (ou seja, contendo depoimento da parte ou das testemunhas) quando acompanhado de versão em português, firmada por tradutor juramentado — com todos os inconvenientes que as dúvidas suscitadas quanto à fidelidade da versão costumam acarretar.

Não está fora de propósito afirmar que em certos casos poderá o juiz até mesmo deter-se no exame da *necessidade* de a parte ou as testemunhas se ausentarem, pois pode dar-se de a alegada ausência constituir mero pretexto para o requerente conseguir a antecipação da prova. É apropriado observar que a expressão legal *ter de* indica uma obrigatoriedade de ausentar-se; houvesse o legislador empregado a locução "ter que", estaríamos diante de uma ausência meramente facultativa.

a.b) Idade avançada ou *moléstia grave*. Estatuía o inc. II do art. 847 do CPC que se por motivo de idade ou de moléstia grave houvesse "justo receio" de que ao tempo da prova a parte ou as testemunhas já não existissem ou estivessem impossibilitadas de depor, poderia o interessado pedir que sejam ouvidas antecipadamente. Melhor seria que o Código, ao invés de "justo receio", houvesse dito *risco*, porquanto aquela expressão apresentava uma tônica no elemento *subjetivo* (que é, na prática, de difícil constatação), ao passo que o termo *risco*, por seu sentido *objetivo*, permitiria uma verificação mais fácil e mais segura quanto à sua existência concreta.

Incumbirá ao requerente provar a senectude ou o estado valetudinário da parte ou das testemunhas; caso contrário, o seu pedido será indeferido.

A regra legal é de que as provas (orais) devem ser produzidas em audiência (CLT, arts. 846 a 848). Pode acontecer, todavia, de a parte ou as testemunhas, cujos depoimentos se deseja obter antecipada-

Art. 381

mente, em decorrência de idade senil ou de grave enfermidade, nem sequer possuírem condições de comparecer à audiência cautelar; comprovado o fato, o juiz designará, conforme as circunstâncias, dia, hora e *lugar* para serem ouvidas. Se elas nem ao menos reunirem condições para depor, cumprirá ao juiz denegar a medida acautelatória impetrada, diante da impossibilidade de ser produzida essa prova oral. Caracteriza-se, aí, o fenômeno da *impraticabilidade* da obtenção da prova.

O alcance prático das disposições do inciso I do art. 381 do CPC não se limita às situações por nós examinadas, senão que compreende todo e qualquer caso em que haja risco de que se venha a tornar impossível ou extremamente dificultosa a verificação de fatos relevantes para a solução do conflito de interesses submetido à apreciação jurisdicional.

Inciso II. Estamos diante de uma novidade introduzida pelo Código atual.

O processo civil, inspirando-se na experiência de décadas do processo do trabalho, exalta a conciliação, ou seja, a transação como modalidade de solução não jurisdicional — logo, consensual — do conflito de interesses (art. 334).

Foi, justamente, com vistas a isso que o legislador permitiu a antecipação da prova sempre que ela possa influir na tentativa de conciliação. Aqui, como se nota, a antecipação não possui índole cautelar, pois a sua realização não pressupõe risco algum de dano aos direitos ou interesses dos litigantes. Trata-se, isto sim, de medida de caráter adminicular, devotada à criação de condições para que a conciliação se efetive.

Teoricamente, o preceito é aplicável ao processo do trabalho, conquanto tenhamos profunda dúvida sobre se os juízes do trabalho dele se valerão. A antecipação da prova poderá retardar, ainda mais, a solução do conflito na hipótese de a conciliação não ocorrer. Além disso, constituirá tarefa algo delicada e tormentosa para o juiz verificar, *a priori*, se a prova a ser produzida de maneira antecipada será "suscetível de viabilizar a autocomposição ou outro meio adequado de solução de conflito" (art. 381, II). Não é insensato imaginar que, em determinados casos, a prova por essa forma obtida produza efeitos contrários aos desejados pelo legislador e pelo magistrado, vale dizer, torne-se um obstáculo à solução negociada do conflito — ou seja, à conciliação. Seja como for, a norma legal coloca à disposição dos magistrados a possibilidade de autorizarem a produção antecipada da prova quando estiverem convencidos que essa providência contribuirá para a solução negociada da lide.

A despeito disso, não nos parece lícita a atuação *ex officio* do magistrado, pois o escopo de viabilizar a conciliação pode ser sobreposto pela sensação de parcialidade do juiz manifestada pela parte à qual a antecipação da prova prejudicou. Será sempre desejável, por isso, que o magistrado apenas aja mediante requerimento do interessado. A propósito, o art. 397 permite concluir que a antecipação da produção da prova será sempre *requerida* pelo interessado.

Inciso III. Outra inovação do CPC em vigor.

A preocupação do legislador, aqui, não foi o de conduzir às partes à conciliação, e sim justificar ou evitar ao ajuizamento da ação.

Não cremos que essa medida tenha aceitação na prática — máxime se tivermos os olhos postos no processo do trabalho.

Em primeiro lugar, porque a ação judicial traduz inegável direito constitucional (CF, art. 5º, XXXV), cujo exercício não pode ficar, portanto, submetido a condições além daquelas que se justificam por motivos de ordem lógica e que se encontram consagradas pela pátina do tempo, quais seja, a legitimidade e o interesse. Como seria possível "evitar o ajuizamento da ação", com base na prova produzida antecipadamente, sem que isso implicasse espantosa transgressão ao inciso XXXV do art. 5º da Constituição Federal?

Em segundo lugar, o procedimento destinado à produção antecipada de provas — independentemente do resultado a que conduziria — exigiria que os órgãos jurisdicionais tivessem, nas pautas de audiências (estamos cogitando das provas orais), espaços que bem sabemos não existirem, fazendo com que as audiências ficassem designadas para datas muito mais distantes do que as que seriam reservadas para o caso de a parte ingressar em juízo sem submeter-se ao procedimento da produção antecipada de provas.

O tempo encarregar-se-á de demonstrar se estamos certos ou equivocados em nossa opinião. Por enquanto, envolve-nos a impressão de que, visto sob a perspectiva do processo do trabalho, o inciso III do art. 381 do CPC é produto de um ocasional devaneio do legislador.

Valoração da prova produzida antecipadamente

Pertencem ao passado os sistemas da *prova legal* (com suas raízes nas ordálias ou juízos de Deus) e da *livre convicção* (de origem romana e amplamente utilizada pelos germânicos e ampliada pela influência da Revolução Francesa), ambos extremados: o primeiro, por meter uma camisa-de-força no convencimento do juiz quanto às provas; o segundo, por dar muitas asas à liberdade do juiz nessa atitude valorativa.

Modernamente, o princípio que informa o sistema de valoração judicial das provas é o da *persuasão racional*, também dito do *livre convencimento motivado*, que corresponde a uma espécie de síntese aperfeiçoada dos anteriores. Surgiu com os códigos napoleônicos e foi incorporado pelo atual Código de Processo Civil brasileiro, como demonstra o art. 371. Segundo ele, o juiz apreciará *livremente* a prova, atendendo aos fatos e circunstâncias dos autos, ainda que não alegados pelas partes, mas *deverá* indicar, na sentença, os *motivos* que influíram na formação do seu *convencimento*.

Código de Processo Civil — Art. 382

Sob a óptica desse sistema, a formação da convicção jurídica do juiz se subordina a quatro pressupostos legais: *a)* os fatos narrados na causa; *b)* a prova desses fatos, feita nos autos; *c)* a incidência das normas legais específicas e a eventual invocação das máximas de experiência; *d)* a indicação do motivo que influiu na formação do seu convencimento.

O princípio da persuasão racional (a que preferimos denominar de *livre convencimento motivado*), mesmo antes do advento do atual CPC, já se encontrava timidamente insinuado na CLT, conforme revela o art. 832, *caput*, quando determina que da sentença deverão constar, dentre outros elementos, a *apreciação das provas* e *os fundamentos da decisão*.

A valoração da prova produzida antecipadamente em nada difere da realizada no curso do processo, inclusive, no tocante à inaplicabilidade da máxima *in dubio pro misero* (na dúvida, o juiz deve decidir a favor do empregado).

§ 1º O arrolamento de bens constitui matéria que não se insere na competência da Justiça do Trabalho.

§ 2º Será competente para a produção antecipada de prova o juízo do foro onde esta deve ser produzida ou do foro de domicílio do réu. No processo do trabalho, será sempre do juízo em que a prova deve ser produzida.

§ 3º O juízo no qual se produziu, de maneira antecipada, a prova, não fica prevento para a ação a ser ajuizada.

§ 4º No processo do trabalho, a matéria é regida pelos arts. 668 e 669 da CLT.

§ 5º A prova pode ser produzida sem que seja para instruir processo futuro, mas para simples documentação. Esse era o procedimento da *justificação* (medida cautelar específica) prevista no art. 861 do CPC revogado.

Art. 382. Na petição, o requerente apresentará as razões que justificam a necessidade de antecipação da prova e mencionará com precisão os fatos sobre os quais a prova há de recair.

§ 1º O juiz determinará, de ofício ou a requerimento da parte, a citação de interessados na produção da prova ou no fato a ser provado, salvo se inexistente caráter contencioso.

§ 2º O juiz não se pronunciará sobre a ocorrência ou a inocorrência do fato, nem sobre as respectivas consequências jurídicas.

§ 3º Os interessados poderão requerer a produção de qualquer prova no mesmo procedimento, desde que relacionada ao mesmo fato, salvo se a sua produção conjunta acarretar excessiva demora.

§ 4º Neste procedimento, não se admitirá defesa ou recurso, salvo contra decisão que indeferir totalmente a produção da prova pleiteada pelo requerente originário.

• **Comentário**

Caput. O assunto era regido pelo art. 848 do CPC.

A petição inicial deverá ser elaborada com atendimento aos requisitos exigidos pelos art. 840, § 1º, da CLT, suplementados pelos do art. 305 do CPC, no que couberem.

Especificamente, o requerente deverá: a) justificar, de modo sumário, a necessidade da antecipação; b) indicar, com precisão, os fatos sobre os quais incidirá a prova.

A necessidade de antecipação está ligada aos incisos I a III do art. 381. Na verdade, do ponto de vista da parte, a necessidade está jungida, apenas, ao inciso I. Os fatos em relação aos quais recairá a prova devem ser, entre outras coisas, pertinentes à lide, relevantes e controvertidos.

§ 1º Atendendo aos princípios constitucionais do contraditório, da ampla defesa e do devido processo legal, a norma em exame determina que o juiz cite os interessados na produção da prova ou no fato a ser provado. A citação poderá ser ordenada *ex officio* ou a requerimento da parte (autor); não será necessária, todavia, se não existir caráter contencioso, ou seja, se o interessado desejar produzir a prova para simples documentação.

§ 2º É vedado ao juiz manifestar-se sobre a ocorrência ou a inocorrência do fato, assim como sobre as consequências jurídicas. O pronunciamento a esse respeito deverá ser realizado na sentença que solucionar a lide, se for o caso.

§ 3º Em princípio, as pessoas interessadas poderão requerer a produção de outras provas no mesmo procedimento, contanto que se relacionem ao mesmo fato. Essa possibilidade deverá, entretanto, ser vetada pelo juiz sempre que se convencer de que o deferimento poderá acarretar excessiva demora. Neste caso, os interessados deverão requerer a produção da prova em procedimento distinto, atendida a regra contida no *caput* do art. 382.

§ 4º A regra é a da inadmissibilidade de qualquer defesa ou recurso no procedimento da produção antecipada de provas. O recurso será cabível, apenas, no caso de o juiz indeferir, no todo, a produção da prova. A menção legal ao "requerente originário" está a indicar que somente este poderá recorrer, quando isso for possível, não se concedendo esse direito aos interessados a que se refere o § 3º do mesmo artigo.

No sistema do processo civil, a produção antecipada de provas será objeto de procedimento específico, tenha ela sido requerida antes do ajuizamento da ação ou no curso do processo. Em termos práticos estamos a dizer que o requerimento será autuado e tramitará apenso aos autos principais, se houver.

No processo do trabalho, entretanto, se a produção antecipada for requerida no curso processual, tanto poderá ser autuada em separado quanto o requerimento poderá ser formulado nos autos do processo principal, levando-se em conta a simplicidade do procedimento trabalhista. No primeiro caso, o ato judicial que indeferir a antecipação da prova traduzirá sentença, sendo, por isso, interponível recurso ordinário; no segundo, o ato configurará decisão interlocutória, por modo a impedir a sua impugnação mediante recurso (CLT, art. 893, § 1º). Essa solução dicotômica em tema de possibilidade de impugnação do ato judicial deriva da peculiaridade da legislação processual trabalhista.

Em alguns casos, poderá ocorrer de a parte ter indeferido o seu requerimento de produção antecipada de prova, mas, apesar disso, acabar produzindo a prova na fase processual oportuna, razão pela qual não terá argumento para alegar eventual nulidade do processo, com base nesse fato, mesmo que a sentença lhe seja desfavorável. Aliás, a particularidade de a parte haver podido produzir a prova no momento processual oportuno (fase de instrução) revela que o juiz andou certo ao indeferir a produção antecipada.

Art. 383. Os autos permanecerão em cartório durante 1 (um) mês para extração de cópias e certidões pelos interessados.

Parágrafo único. Findo o prazo, os autos serão entregues ao promovente da medida.

• **Comentário**

Caput. Ao art. 851 do CPC revogado possuía disposição análoga.

A fim de que os interessados possam extrair cópias ou certidões, os autos do procedimento permanecerão em cartório ou em secretaria pelo prazo de um mês.

Parágrafo único. Decorrido o prazo previsto no *caput*, os autos serão entregues a quem promoveu a medida.

Os autos contendo a prova produzida por antecipação poderão ser juntados aos autos da ação principal, quando for o caso. Expliquemo-nos. Dissemos que o requerimento de produção antecipada de provas será autuado separadamente (conquanto admitamos a possibilidade ser juntado, desde logo, aos autos principais), tramitando *apenso* aos autos principais. Pois bem. Findo o procedimento da antecipação da prova os autos correspondentes serão *juntados* aos principais.

Seção III

Da Ata Notarial

Art. 384. A existência e o modo de existir de algum fato podem ser atestados ou documentados, a requerimento do interessado, mediante ata lavrada por tabelião.

Parágrafo único. Dados representados por imagem ou som gravados em arquivos eletrônicos poderão constar da ata notarial.

• **Comentário**

Caput. A Lei n. 8.935, de 18 de novembro de 1994, que regulamentou o art. 236 da Constituição Federal, alude à ata notarial no art. 7º, para dizer que a sua lavratura é da competência exclusiva dos tabeliães de notas.

A *ata notarial*, como meio de atestação da existência e do modo de existir de algum fato, constitui mais uma das inovações introduzidas no sistema do processo civil pelo legislador. No processo do trabalho, a eficácia probante da ata não é absoluta, pois os fatos nela documentados podem e devem ser objeto de perquirição judicial e sem prejuízo do ônus da prova. Dizendo-se de outro modo: impugnada a ata e o seu conteúdo, incumbirá à parte que a trouxe aos autos valer-se de prova, produzida em juízos — como a testemunhal — para demonstrar a veracidade do conteúdo da ata. Em suma, desconsidera-se a ata e produz-se a prova por outros meios, com a indeclinável participação neutral do magistrado e em atendimento ao princípio constitucional do contraditório.

Parágrafo único. A ata notarial também poderá conter dados representados por imagens ou som gravados em arquivos eletrônicos.

Seção IV
Do Depoimento Pessoal

Art. 385. Cabe à parte requerer o depoimento pessoal da outra parte, a fim de que esta seja interrogada na audiência de instrução e julgamento, sem prejuízo do poder do juiz de ordená-lo de ofício.

§ 1º Se a parte, pessoalmente intimada para prestar depoimento pessoal e advertida da pena de confesso, não comparecer ou, comparecendo, se recusar a depor, o juiz aplicar-lhe-á a pena.

§ 2º É vedado a quem ainda não depôs assistir ao interrogatório da outra parte.

§ 3º O depoimento pessoal da parte que residir em comarca, seção ou subseção judiciária diversa daquela onde tramita o processo poderá ser colhido por meio de videoconferência ou outro recurso tecnológico de transmissão de sons e imagens em tempo real, o que poderá ocorrer, inclusive, durante a realização da audiência de instrução e julgamento.

• **Comentário**

Caput. Há correspondência com o art. 343 do CPC revogado.

Interrogatório e depoimento

Não apenas a doutrina como, também, os diversos ordenamentos jurídicos processuais vêm, ao longo de sua história, distinguindo o interrogatório do depoimento das partes. A distinção, que se tem feito, não é cerebrina como se possa cogitar, se não que decorre da própria razão finalística desses institutos processuais, segundo demonstraremos.

Interrogatório

Dispunham as Ordenações Filipinas (Livro 3º, Título 20, § 4º), que "Tanto que o réu for citado e vier a Juízo, o Juiz fará, assim que o autor como o réu, de seu ofício ou à petição da parte, as perguntas que bem lhe parecer, assim para a ordem do processo como para a decisão da causa". Esse interrogatório das partes acontecia *initio litis*, ou seja, antes da produção das provas. Caso o juiz, pelas respostas obtidas, se considerasse capacitado para julgar, proferia decisão definitiva; se não, ordenava que o autor oferecesse libelo na primeira audiência. Tal peculiaridade levou Cândido Mendes de Almeida (*Código filipino*, de 1970, p. 387, *apud* SANTOS, Moacyr Amaral. *Comentários*, p. 84) a observar, com precisão, que se os juízes fizessem vigorar essa prática muitas demandas morreriam no nascedouro.

O célebre Regulamento Imperial n. 737, de 1850, também previa o interrogatório dos litigantes (conquanto ocorresse após os autos virem conclusos ao juiz, para julgamento), bem como, alguns Códigos de Processo Estaduais. Deste modo, se após examinar os autos o juiz entendesse que seria necessário, para melhor formar o seu convencimento, determinava a citação das partes para que, em dia e hora previamente designados, viessem à sua presença, a fim de serem interrogadas. Poderia acontecer, então, que se verificasse a confissão nas respostas ao magistrado, a que se referia o art. 162 do Regulamento mencionado.

Lembra Moacyr Amaral Santos (ob. cit., p. 84/85) que o CPC de 1939 não atribuía ao interrogatório a finalidade prevista no art. 342 do Código de 1973 — nem no art. 139, VIII, do CPC atual, acrescentamos —, pois o Texto revogado se limitava a disciplinar o depoimento pessoal, ainda que determinado de ofício, a ser colhido na audiência de instrução e julgamento.

Depoimento

Não é exatamente apropriado dizer-se depoimento *pessoal*, porquanto pessoais também o são os depoimentos das testemunhas e do perito. A lógica sugere, portanto, que se diga depoimento das partes — que, aliás, pode ser prestado por elas próprias (logo, neste caso será mesmo pessoal) ou por intermédio de terceiro, como se dá, comumente, com o empregador (logo, não será, em rigor, pessoal, no sentido da própria parte), por meio de preposto.

O depoimento, de modo geral, depende de requerimento da parte contrária, como evidencia o art. 385, do CPC. Ele, em si, não constitui prova; será, contudo, *meio* de prova sempre que provocar a confissão (CPC, arts. 389).

Objeto do depoimento são os fatos (relevantes e controversos) relacionados à causa e não o direito; nada obstante, pode-se admitir a prova de direito consuetudinário mediante depoimento da parte.

Distinção entre ambos

Com base no próprio ordenamento processual civil vigente, podemos apontar os mais expressivos traços de dessemelhança entre o interrogatório e o depoimento:

a) enquanto o interrogatório é sempre determinado de ofício pelo juiz (CPC, art. 139, VIII), o depoimento deve ser requerido pela parte adversa (CPC, art. 385);

b) o interrogatório pode ser determinado em qualquer estado ou fase do processo (CPC, art. 139, VIII); já o depoimento deve ser colhido na audiência de instrução e julgamento (CPC, art. 361, II);

c) o interrogatório tanto pode ser único quanto repetir-se mais vezes, desde que assim entenda necessário o juiz; o depoimento, em regra, é um só.

A distinção fundamental, todavia, entre um e outro está em sua *finalidade*: enquanto o interrogatório busca obter das partes certos esclarecimentos (ao magistrado) sobre os fatos da causa, o depoimento, embora não despreze esse esclarecimento, pode acarretar a confissão. (CPC, arts. 389).

Desta forma, embora o interrogatório e o depoimento tenham, no particular, um elemento comum, que é a obtenção de esclarecimento acerca dos fatos narrados nos autos, somente este último pode implicar confissão da parte.

Dispõe, com efeito, o art. 385, § 1º, que se a parte, pessoalmente intimada, recusar-se a depor, "o juiz *aplicar-lhe-á a pena de confissão*"; e o art. 139, inciso VIII, do mesmo Código, insere no elenco dos poderes do juiz, o de "determinar, a qualquer tempo, o comparecimento pessoal das partes, para inquiri-las sobre os fatos da causa, **hipótese em que não incidirá a pena de confesso**" (destacamos).

Aí está: tratando-se de *depoimento*, a parte que não comparecer, ou, comparecendo, recusar-se a depor, ensejará que se presumam verdadeiros os fatos contra ela alegados, pois se configura, na espécie, a *ficta confessio* (CPC, art. 385, § 1º). Não se pode cogitar de confissão, todavia, se for o caso de interrogatório, porquanto o juiz não tem interesse em extrair a confissão da parte (CPC, art. 139, VIII). Por essa razão, compartilhamos o entendimento de Moacyr Amaral Santos (ob. cit., p. 86), manifestado na vigência do CPC de 1973, de que "O inadimplemento desse dever, que se reflete no de outro, qual o de 'expor os fatos em Juízo conforme a verdade' autoriza a aplicação de uma sanção, que todavia não é prevista no art. 343"(o artigo, no Código atual, é o 345). E conclui: "Não nos parece aplicável a pena de confissão, do art. 343, relativa ao depoimento pessoal, porque o interrogatório não tem a finalidade deste e sim apenas a de aclarar os fatos da causa".

Parece-nos nítida, o quanto basta, a linha fronteiriça entre o *interrogatório* e o *depoimento* das partes, a desautorizar, com isso, que se afirme haver sinonímia processual entre ambos e identidade de efeitos.

A matéria na CLT

A CLT, em absoluta falta de sistematização científica, ora se refere a *depoimento* (art. 819, *caput*), ora a *interrogatório* (art. 848, *caput*, § 1º), fazendo com que o intérprete conclua, à primeira vista, que ela conferiu um tratamento unitário à matéria, porquanto utiliza, indistintamente, como sinônimos entre si, ambos os vocábulos.

Temos para conosco que o deslinde da questiúncula deve ser buscado não pela análise isolada da significação de um e outro vocábulo, mas mediante uma visão *sistêmica* do problema relacionado ao comparecimento e à audição das partes no juízo trabalhista.

É inegável que no plano do processo do trabalho as partes *devem* comparecer à audiência: este é o comando do art. 843, *caput* da CLT, iterado pelo art. 845 do mesmo texto. Dois podem ser apontados como os motivos determinantes dessa disposição legal: a) propiciar a que o juiz (CLT, art. 846, *caput* e 850, *caput*) torne concreto o objetivo medular da Justiça do Trabalho, qual seja, a conciliação (CLT, art. 764, *caput* e §§ 1º a 3º); e b) possibilitar que prestem esclarecimentos sobre os fatos controvertidos da causa.

Já é possível, a esta altura, estabelecermos uma ilação parcial: o comparecimento das partes, ao juízo trabalhista (à audiência), constitui *dever legal*; consequentemente, independe de requerimento do litigante contrário — em que pese ao fato de, por influência do processo civil, a petição inicial e a contestação, em geral, conterem requerimento nesse sentido (o que, em verdade, é desnecessário).

Presentes as partes, frustrada a primeira proposta conciliatória, e apresentada a defesa, proceder-se-á à instrução processual (procedimento ordinário), *interrogando-se* os litigantes (CLT, art. 848, *caput*), após o que poderão retirar-se (§ 1º). A menção legal ao *interrogatório* das partes poderia, de certo modo, levar a que se concluísse, desde logo, repugnar ao sistema da CLT o substantivo *depoimento*; isto seria precipitado, pois, como vimos, a CLT alude ao depoimento no art. 819, *caput*. Com que escopo o teria feito?

Diz o *caput* do art. 848 da CLT que não havendo acordo *"seguir-se-á a instrução do processo, podendo o presidente, ex officio ou a requerimento de qualquer juiz temporário, interrogar os litigantes"* (sublinhamos). A referência a "juiz temporário" já não se justifica, pois a representação classista foi extinta. Disto resulta que: a) o *interrogatório* das partes somente poderá ocorrer: 1) por iniciativa do juiz; 2) todavia, o juiz não está compelido a proceder ao interrogatório dos litigantes, pois esse ato constitui faculdade sua; tanto isso é certo, que o legislador empregou o verbo *poder* (podendo) e não o *dever* (devendo). Assim também entendeu, há alguns anos, a 1ª Turma do TST, sendo relator o eminente Ministro Raymundo de Souza Moura: "O interrogatório dos litigantes é facultado pelo Juiz, salvo comprovada pelas partes a necessidade de esclarecimento com aquela peça processual. O contrário acontece com os depoimentos das testemunhas numerárias, que só se dispensam se o Juiz fundamentar a desnecessidade da aludida prova" (Ac. RR-61/73 (22/73), de 9.8.73, in *Revista do TST*, 1973/1974). Vale reproduzir, ainda, como observação histórica, a seguinte ementa de acórdão proferido pelo Pleno da mesma Corte: "Na Justiça do Trabalho só é lícito à parte pedir a reinquirição da outra, e não o interrogatório, assim mesmo subordinada ao deferimento pelo Juiz-Presidente (CLT, art. 820)". (Ac. 1.690/73 — ERR — 1.024/74, Rei. Min. Coqueijo Costa, in Ísis de Almeida, ob. cit., p. 84).

Dir-se-á, contudo, que o art. 820 da própria CLT, demonstra o desacerto de nossa conclusão, visto estabelecer que as partes poderão ser reinquiridas, por intermédio do juiz, a *requerimento* "das partes, seus representantes ou advogados" (sublinhamos). Convém redarguir, entretanto, em caráter proléptico, que o art. 820 deve ser entendido em conjunto com o art. 848. Desta forma, somente se o juiz, por iniciativa sua, efetuar o *interrogatório* dos litigantes é que a parte poderá reinquirir (o prefixo re é bastante elucidativo) a que estiver sendo interrogada. Verifica-se, destarte, que o art. 848 constitui o pressuposto legal para a atuação do art. 820 da CLT, na parte em que permite a reinquirição pelos litigantes. Aliás, consta do próprio art. 848 que a requerimento de qualquer juiz temporário o magistrado poderia interrogar os litigantes. Como dissemos, conquanto a figura do juiz classista tenha sido banida da Justiça do Trabalho, o preceito legal mencionado demonstra que somente o classista poderia requerer o interrogatório das partes, sendo vedado esse requerimento, portanto, aos litigantes. Por outras palavras, não há, na CLT, dispositivo legal que autorize a parte a requerer o interrogatório (ato exclusivo do juiz) ou mesmo o depoimento da outra. Esse silêncio da CLT não traduz omissão do legislador, e sim uma sua intenção de circunscrever ao *interrogatório* o meio de obtenção de esclarecimentos das partes.

O fato de os arts. 819 e 820 estarem compreendido na Seção das provas e o 848, na da audiência de julgamento, em nada altera, *venia permissa*, os nossos argumentos, quanto mais não seja se colocarmos à frente a ausência de sistematização científica do legislador processual trabalhista, já denunciada.

Na mesma linha de raciocínio que estamos sustentando — que sabemos ser colidente com a doutrina predominante —, entendemos que o indeferimento, pelo juiz, de *requerimento* da parte, no sentido de determinar a intimação da outra, para vir a juízo a fim de *depo*r, não configura restrição do direito de defesa, não sendo, pois, causa de nulidade processual, por suposto. O mesmo se diga na hipótese de, em audiência, o juiz dispensar, *sponte sua*, o interrogatório dos litigantes, ainda que presentes.

Do conjunto desses fatos e da soma das conclusões parciais, ou intermediárias, construímos uma final: a CLT, manifestando o traço inquisitivo do processo que ela disciplina (nada obstante haja, também, um componente de disponibilidade), não previu o *depoimento* das partes, como fez o atual CPC (art. 385), mas, apenas, o *interrogatório* (art. 848), que é coisa distinta. A referência por ela feita ao *depoimento*, nos arts. 819 e 820 não foi na acepção técnica do vocábulo.

Aplicam-se ao procedimento sumariíssimo, *mutatis mutandis*, as considerações que até aqui expendemos com relação ao ordinário.

Por uma questão de metodologia nos reservamos para nos manifestar, mais adiante, sobre as consequências processuais trabalhistas relacionadas ao não comparecimento (injustificado) das partes à audiência em que deveriam ser interrogadas.

Queremos, todavia, deixar claro o seguinte: embora as nossas conclusões acerca da inexistência de depoimento pessoal, no sistema do processo do trabalho *de lege lata*, tenham decorrido de uma rigorosa interpretação harmoniosa com o substrato *ideológico* dos preceitos contidos na CLT, reconhecemos que, sob a perspectiva dos princípios que informam os modernos sistemas processuais, em especial os da democratização e da constitucionalização do processo, essas conclusões, mais do que perturbadoras, são insustentáveis. Talvez por isso, os segmentos majoritários da doutrina e da jurisprudência trabalhistas tenham preferido ignorar o texto da CLT, a sua ideologia, a sua íntima essência, para admitir a figura do *depoimento*, à feição do processo civil. Não temos nenhuma objeção quanto a essa atitude. O que não poderíamos admitir é que a CLT conteria a figura do *depoimento* das partes e que seríamos incapazes de perceber isso. Em nome dos princípios e dos ideais democráticos, todavia, admitimos a possibilidade de o *depoimento* dos litigantes ser aceito no sistema do processo do trabalho, mediante a adoção supletiva de normas do CPC. Por esse motivo, e também por uma questão de ordem eminentemente prática, passaremos, a contar de agora, a aludir a *depoimento*, quando for o caso — sem que isso implique renúncia à nossa antiga convicção. Sentimo-nos, neste momento, como aquele personagem de Graciliano Ramos, em "Vidas Secas", que não se atrevia a mudar a tradição, embora sofresse com ela.

Quem deve depor

A regra geral é que as partes devem depor pessoalmente sobre os fatos da causa. O motivo é lógico, pois foram as próprias partes que narraram tais fatos. Todavia, os empregados (autores) poderão se fazer representar pelo sindicato (melhor: entidade sindical) a que são filiados (CLT, art. 843, *caput*, e § 2º). Quer nos parecer que o legislador conferiu a representação em juízo a tal entidade: a) em razão do interesse presumido que ela possa ter na ação, considerando que o autor é integrante da categoria por ela representada; b) como medida prática para contornar a dificuldade decorrente da exigência legal de que as partes (pouco importando qual seja o número, de cada lado) devem comparecer à audiência.

Como se trata de representação (e não de substituição processual), não resta dúvida que na hipótese de o juiz entender conveniente, ou necessário, deverão vir a juízo, pessoalmente, tantos autores quantos forem indicados. A mera presença de um membro da diretoria da entidade sindical não supre, absolutamente, a ausência da parte, porquanto apenas esta se encontra apta a prestar esclarecimentos acerca dos fatos alegados. Sendo elevado o número de empregados que figuram na ação (cuja reunião se fez, certamente, ao teor do art. 842 da CLT), e acontecendo de o juiz reputar necessário o depoimento de alguns deles, a praxe consagrou deferir-se a dois ou a três desses autores a representação dos demais, para esse efeito. Assim, tais empregados, compondo uma espécie de "comissão", deporão em nome próprio e no dos demais, que, como eles, são autores na mesma ação. Embora essa "comissão" seja *sui generis*, não há negar que tem contribuído, sobremaneira, para obviar essa fase do procedimento. É curial, todavia, que os outros empregados manifestem a sua concordância, no particular, devendo esse fato ser mencionado na ata da audiência. Essa outorga informal de poderes encontra amparo no princípio da simplicidade, que informa o processo do trabalho.

Conquanto a hipótese do art. 843, da CLT (ação individual plural) não configure, em rigor, o litisconsórcio ativo e facultativo, a que se referem o art. 113 do CPC, e 842, da própria CLT, é elementar que cada autor deve ser considerado, em suas relações com a parte contrária, como litigante distinto, individualizado; sendo assim, os atos e omissões de um não prejudicarão nem beneficiarão os outros (CPC, art. 117), como, por exemplo, no caso de um deles não comparecer a juízo para depor, a despeito de haver o juiz assim ordenado.

Por outro lado, é plenamente compatível com o processo do trabalho a regra inscrita no art. 113, § 1º, do CPC, segundo a qual o juiz poderá limitar o número de litisconsortes ativos-facultativos, quando este comprometer: a) a rápida solução do conflito de interesses; ou b) dificultar a elaboração da defesa ou o cumprimento da sentença. No primeiro caso, a redução pode ser ordenada *ex officio*; no segundo, depende de requerimento do réu. Nesta última situação, apresentado o requerimento, o prazo para a resposta do réu ficará suspenso até que ele seja intimado da decisão a respeito da limitação do número de litisconsortes.

Uma nótula importante: tratando-se de um regime litisconsorcial ativo-facultativo, irregularmente formado, caberá ao réu, desde que citado para a ação, dirigir ao juiz da causa, mesmo em instrumento único, dois requerimentos: a) o primeiro, visando à extinção do processo, sem exame do mérito, em virtude da mencionada irregularidade na constituição do litisconsórcio (CPC, art. 485, inciso IV); b) o segundo, em ordem subsidiária (CPC, art. 326), destinado a reduzir o número de litisconsortes (CPC, art. 113, § 1º).

Relativamente ao réu (que nem sempre é empregador), estabelece o § 1º do art. 843 da CLT, que ele poderá fazer-se representar (e não substituir) pelo gerente, ou qualquer outro proposto que tenha conhecimento do fato. A medida é salutar, tendo em vista que muitos empregadores não dispõem de tempo para comparecer a juízo, pois não podem se afastar de suas atividades econômicas sem graves transtornos administrativos. Note-se, porém, que a lei não exige que o preposto possua conhecimento *pessoal* (logo, direto) dos fatos, e sim que, indagado a respeito desses fatos, revele conhecê-los, ainda que por intermédio de terceiros (indireto).

Hipotética exigência de que a cognição dos fatos da causa, pelo preposto, fosse *pessoal*, poderia acarretar graves problemas de ordem prática para o réu — além de coarctar-lhe o direito constitucional de ampla defesa —, como quando o autor houvesse prestado serviços em diversas filiais e inexistisse um preposto que houvesse trabalhado nessas mesmas filiais.

Muito se discutiu, na doutrina e na jurisprudência, se o proposto deveria ser empregado, ou não, da pessoa que representa em juízo. Desde sempre integramos a corrente de pensamento que exigia, do preposto, essa qualidade. Duplo era o fundamento, de nossa opinião, sendo um de direito e outro de fato. De direito, porque o próprio § 1º do art. 843, da CLT, alude, primeiramente, ao *gerente* e, depois, ao preposto. Ficou aí patente o intuito do legislador em esclarecer que o representante do empregador deve ter vínculo de emprego com este, na medida em que não há como desvincular, no Direito do Trabalho, o gerente da relação de emprego. Não fosse assim, não haveria motivo para o legislador haver feito expressa referência à figura do gerente; bastaria que dissesse que a representação poderia ficar a cargo de qualquer pessoa designada pelo empregador, ou seja, de *preposto*. Dentro desse propósito, que orienta o precitado parágrafo, só se poderia concluir que o preposto deveria, também, ser empregado do réu. O fundamento de fato estava em que, a admitir-se que a representação pudesse ser exercida por quem não mantivesse vínculo de emprego com o representado implicaria, em certos casos, permitir o exercício da procuratura judicial por quem não estivesse legalmente habilitado a fazê-lo, a refletir-se numa espécie de "preposição profissional". Tal era o caso dos contadores, que, em decorrência de serem, habitualmente, designados como prepostos dos seus clientes, acabavam se instruindo não apenas em matéria de Direito do Trabalho, mas, até mesmo, em questões processuais. O argumento contrário, de que o risco da indicação do preposto era exclusivamente do empregador (visto que as suas declarações obrigariam o preponente) não deveria causar impressão favorável a quem estivesse familiarizado com a realidade prática. Com efeito, determinados prepostos não empregados eram extremamente habilidosos, medindo cada palavra a ser proferida por ocasião do interrogatório, sendo que alguns se abalançavam, até mesmo, a formular conclusões pessoais quanto aos fatos sobre os quais eram interrogados...

Sendo o preposto empregado do réu, ele dificilmente teria condições de atuar em juízo, nessa qualidade, em nome de outros réus: limitá-lo-ia, em princípio, o contrato de trabalho. Somente por motivos excepcionais, de conseguinte, se deveria consentir que o preposto não fosse empregado do réu. O TST, acolhendo o ponto de vista que sempre defendemos, adotou, por sua SBDI-I, a Orientação Jurisprudencial n. 99, assim enunciada: "Preposto. Exigência da condição de empregado. Exceto quanto à reclamação de empregado doméstico, o preposto deve ser necessariamente empregado do reclamado. Inteligência do art. 843, § 1º da CLT". Mais tarde, essa OJ foi convertida na Súmula n. 377, que dispensou a exigência de vínculo de emprego, também, no caso de o réu ser micro ou pequeno empresário.

Será sempre conveniente, portanto, que o preposto compareça à audiência, em que deporá, portando algum documento (como a CTPS) comprobatório da sua qualidade de empregado do preponente, salvo se tratar de ação exercida por empregada doméstica, de micro ou de pequeno empresário ou de litígio derivante de "relação de trabalho", casos em que o preposto não necessita manter vínculo de emprego com o réu.

De qualquer forma, entendemos que a falta de comprovante da qualidade de empregado, do preposto, constitui irregularidade sanável, motivo por que o juiz deverá assinar prazo razoável para que a comprovação seja feita, sob as penas da lei (CPC, arts. 76 e 330).

É proveitoso destacar, de resto, que a representação judicial, por preposto, não constitui apanágio do empregador, como faz supor o § 1º do art. 843 da CLT. Mesmo nas ações em que se postula o reconhecimento de uma relação jurídica de emprego (em que somente após a prolação da sentença, e ainda assim se for o caso, se poderá dizer se o réu é empregador, ou não) essa representação é possível. O mesmo se diga do réu, nas ações oriundas de "relação de trabalho" (CF, art. 114, I).

O art. 75 do CPC declara a quem incumbe a representação processual das pessoas ou entidades ali indicadas. Nada impede, contudo, que esses representantes nomeiem prepostos para os efeitos processuais trabalhistas (inclusive o de prestar depoimento), com apoio no § 1º do art. 843 da CLT.

Inexiste, por outro lado, *dispositivo legal* impediente de o advogado atuar, cumulativamente, como preposto do seu constituinte — desde que mantenha vínculo de emprego com este. Há, apenas, o Provimento n. 60 (de 4.11.87), do Conselho Federal da Ordem dos Advogados do Brasil, a proibir o advogado de "funcionar no mesmo processo simultaneamente como patrono e preposto do empregador" (art. 1º), por entender incompatíveis, entre si, as mencionadas funções.

Seria de imaginar-se, no entanto — a prevalecer a opinião doutrinária de que divergimos —, o que ocorreria se se permitisse que o advogado fosse constituído preposto do réu, mesmo que não mantivesse vínculo de emprego com este...

Tudo sugere, portanto, que a qualidade de empregado do preponente seja essencial ao preposto.

Depoimento do menor de dezoito anos

Não concordamos com os ilustres juristas que afirmam ser *objetivo* principal das depoimento das partes obter a confissão. O que aí se busca, *data venia*, é ouvir dos litigantes determinados esclarecimentos ou complementos quanto aos fatos narrados na causa; daí por que a confissão surge, nesse concerto, como autêntico acidente do depoimento. Nem se suponha estarmos pretendendo asseverar que a inquirição dos litigantes é modalidade probatória; só o é, bem sabemos, meio de prova quando conduz à confissão.

Nem por isso, todavia, nos parece correto sustentar que a finalidade desse ato é extrair o reconhecimento de serem verdadeiros os fatos alegados pela parte contrária. Provavelmente, os que assim entendem partem do resultado objetivo para o processo que a confissão traz.

O menor de dezoito anos e maior de 14 pode prestar depoimento, contanto que esteja regularmente assistido (não se há de falar em representação, ainda que possua menos de 16 anos, pois a hipótese não se rege pelo Código Civil, mas sim pelos arts. 7º, XXIII da CF e 792 da CLT, com necessária adaptação do art. 793, do texto consolidado, aos dispositivos precitados) por seu pai, mãe, tutor, curador, a fim de, igualmente, esclarecer ou complementar fatos relacionados à ação, e se do depoimento decorrer a sua confissão, nada obsta que seja reconhecida e que produza os efeitos que lhe são inerentes (CPC, art. 389). Sabendo-se que o trabalhador, com menos de 18 anos, pode assinar recibos (CLT, art. 439), dando quitação do valor correspondente, não há por que deixar de reconhecer-lhe a capacidade de confessar, desde que: a) a confissão seja judicial; b) esteja assistido por seu pai, mãe, tutor, curador ou outro responsável legal.

Observe-se, aliás, que esses responsáveis podem interferir no depoimento do autor menor de idade, salvo se o fizerem com escopo tumultuário; a não se admitir essa interveniência, de nenhuma eficácia seria a presença do responsável na audiência.

Em determinadas ações o depoimento do menor é absolutamente necessário, como quando houver sido despedido por justa causa legal; somente ele, nesta hipótese, poderá dizer a respeito do ato faltoso que lhe é assacado pelo empregador, de modo que negar-se a sua possibilidade de depor seria subtrair do juiz um dos caminhos conducentes à verdade formal, cuja investigação, em regra, é tormentosa, não se podendo, à vista disso, prescindir da audição daqueles que estão intimamente vinculados aos fatos.

Depoimento mediante intérprete

O depoimento das partes que não souberem se expressar em Português, ou dos surdos-mudos, ou dos mudos, que não saibam escrever, será efetuado por meio de intérprete nomeado pelo juiz (CLT, art. 819 e § 1º). Diante disto, deverá o juiz designar um intérprete toda vez que houver necessidade de: a) verter em Português (a que o art. 819 da CLT, se refere, impropriamente, como língua nacional) as declarações das partes (e também das testemunhas) que não souberem se expressar nessa Língua (o CPC, em seu art. 162, II, emprega a expressão: "que não *conhecerem* o idioma nacional", *venia concessa*, a parte pode *conhecer* o Português mas não saber se *manifestar* neste idioma); b) realizar a interpretação simultânea dos depoimentos das partes e testemunhas com deficiência auditiva que se comuniquem por meio da Língua Brasileira de Sinais, ou equivalente, quando assim for solicitado (CPC, art. 162, III).

A lei impede de servirem como intérpretes as pessoas que: a) não tiverem a livre administração dos seus bens; b) forem arroladas como testemunhas ou atuarem como perito nos mesmos autos; c) estiverem inabilitadas ao exercício da profissão por sentença penal condenatória, enquanto durar o seu efeito (CPC, art. 163, l a III).

Uma vez nomeado, o intérprete terá o dever de cumprir o ofício, empregando toda sua diligência; poderá, todavia, escusar-se do encargo alegando motivo legítimo (CPC, art. 157). A escusa será apresentada dentro de cinco dias da data da intimação, ou do impedimento superveniente ao compromisso, sob pena de se considerar renunciado o direito de alegá-la (parágrafo único). Caso o juiz aceite a escusa, nomeará novo intérprete.

Entendemos que o intérprete poderá ser substituído pelos mesmos motivos que autorizam a substituição do perito, ou seja, quando: a) se ressentir do conhecimento da língua para a qual deva verter as declarações das partes; b) sem motivo legítimo, deixar de cumprir o encargo no prazo que lhe foi assinado (CPC, art. 468, l e II).

O intérprete que, por ato doloso ou culposo, efetuar tradução diversa da que seria correta, responderá (civilmente) pelos prejuízos que causar à parte, além do que ficará inabilitado, por dois anos, a funcionar como tal em outros processos, sem prejuízo das sanções penais incidentes. Efetivamente, dispõe o art. 342 do Código Penal — que integra o Capítulo dos Crimes Contra a Administração da Justiça — que incorrerá nesse crime quem fizer "afirmação falsa, ou negar ou calar a verdade, como testemunha, perito, tradutor ou *intérprete em processo judicial...*". Ademais, o art. 164 do CPC faz remissão integrativa ao art. 158 do mesmo Código.

As despesas com intérprete correrão sempre por conta da parte a quem o interrogatório interessar (CLT, art. 819, § 2º).

Mesmo que o juiz tenha o domínio do idioma estrangeiro a ser vertido para o Português, não deverá ser dispensada a nomeação do intérprete, pois a tradução direta pelo magistrado poderia implicar não apenas quebra do princípio da imparcialidade, como também provocar certas áreas de atrito com as partes, uma vez que estas poderiam, por exemplo, discordar da fidelidade da tradução etc.

A nomeação de intérprete, a propósito, nos casos mencionados é obrigatória (CLT, art. 819), o que afasta, por si só, a possibilidade de o julgador dispensá-lo, alegando que entende o idioma advena pelo qual se expressará a parte, ou a linguagem mímica do surdo-mudo, ou do mudo, que deva ser interrogado.

A ordem dos depoimentos

Na mesma ordem de ingresso em juízo deporão os litigantes: primeiro, o autor; depois, o réu. Parece residir neste aspecto, aliás, a base lógica que levou o legislador processual civil de 1973 a dispor: "A parte será interrogada na forma prescrita para a inquirição de testemunhas" (art. 344, *caput*), sabendo-se que primeiramente eram inquiridas as do autor e, depois, as do réu. O CPC atual estabelece a ordem de produção das provas orais: a) perito e assistentes técnicos; b) autor e réu; c) testemunhas do autor e testemunhas do réu (art. 361, II).

Na Justiça do Trabalho, procede-se, em primeiro lugar, à inquirição do autor e, posteriormente, à do réu, a despeito de o art. 848 da CLT não indicar, expressamente, essa ordem. Se não a indica, é certo que também não a proíbe.

Embora as partes devam depor na mesma forma de inquirição das testemunhas, é elementar que não há necessidade de serem qualificadas, uma vez que já o foram na inicial e na contestação, respectivamente, bem como delas não se tomará o compromisso legal e nem se lhes advertirá quanto às consequências penais acerca de fazerem afirmação falsa ou calarem a verdade, pois nesse ato interrogativo não se insere nenhum meio de prova — sem prejuízo do dever de verdade a que estão submetidas.

A inversão da ordem dos depoimentos

Em determinado momento do passado, alguns juízes, *sponte sua*, passaram a inverter a ordem dos depoimentos dos litigantes, ouvindo, primeiramente, o réu. Essa alteração, como era de se esperar, provocou a manifestação da doutrina e, em especial, da jurisprudência, podendo-se afirmar que se estabeleceu, no âmbito de cada uma, uma profunda cisão, balizada pela afirmativa, de um lado, e pela negativa, de outro, quanto à licitude dessa inversão.

Sem que no mova qualquer soberba, devemos dizer que fomos um dos que primeiro adotaram esse procedimento — até então, heterodoxo.

A corrente que não admitia a possibilidade de alteração argumentava com a nulidade processual.

Tínhamos opinião divergente. Nada impedia que o juiz do trabalho, se assim entendesse conveniente, ouvisse, em primeiro lugar, o réu. Se essa inversão poderia, a princípio, envolver descompasso com a base lógica a respeito da ordem dos depoimentos dos litigantes, a que há pouco nos referimos, é indiscutível que não implicava nenhuma lesão ao processo do trabalho, que, se adotou a ordem indicada pelo CPC, o fez apenas por uma questão pragmática e não — o que seria absurdo — por imposição daquela norma processual civil. Com efeito, essa inversão era adotada, principalmente, nos casos em que o ônus da prova incumbia ao réu. Sendo assim, ouvido este, com precedência ao autor, e vindo a confessar, seria dispensável o depoimento do autor e, em muitos casos, a inquirição das testemunhas. Insta observar, ademais, que nem mesmo o CPC de 1973 cominava de nulo o ato que acarretasse a inversão daquela ordem. Como se não bastasse, a nulidade, ainda que houvesse, somente seria declarada se o ato inquinado acarretasse manifesto prejuízo à parte, conforme se fez estampar, sabiamente, no art. 794 da CLT, que positivou o princípio doutrinal, já mencionado, de que "não há nulidade sem prejuízo" (*pas de nullité sans grief*).

Não víamos como a parte interessada pudesse demonstrar que a inversão da ordem dos depoimentos lhe trouxera manifestos prejuízos; prejuízos processuais, certamente. Admitamos, por exemplo, que, depondo em primeiro lugar, o réu acabasse, mesmo involuntariamente, confessando serem verdadeiros os fatos narrados pelo autor. Estaria aqui o prejuízo a ser alegado como causa de nulidade processual? É óbvio que não. A confissão do réu, na hipótese, haveria de ser considerada em si mesma, ou seja, segundo a sua significação para o processo e não com vistas ao fato de haver sido obtida antes do interrogatório do autor. Ora, se de confissão real, provocada, se trata (e não de *ficta confessio*) é evidente que a inversão da ordem dos depoimentos, além de em nada influir quanto a esse ato do réu, contribuiu, sobremaneira, para abreviar o procedimento, na medida em que, confessado o fato, já se torna desnecessário ouvir-se o autor e inquirir-se as testemunhas acerca desse mesmo fato (CPC, atual art. 374, II). Afinal, confissão é confissão; é a "rainha das provas", diz-se com propriedade. Demais, determinada a separação das partes, durante o depoimento, de modo que uma não ouça o que a outra está respondendo, a inversão, como é evidente, não repercute no que disserem ou deixarem de dizer.

Pois bem. Os anos se passaram e estamos diante de um novo CPC, cujo art. 456, parágrafo único, dispõe que o juiz poderá *alterar a ordem dos depoimentos* das testemunhas se as partes concordarem. Regra idêntica não constava do art. 413 do CPC anterior. Conquanto o art. 456, parágrafo único, do atual CPC, condicione a inversão da ordem dos depoimentos das testemunhas à concordância das partes, não podemos deixar de reconhecer que isso representou um passo — embora tímido — do legislador em direção ao entendimento, hoje predominante nos sítios do processo do trabalho, de que essa inversão: a) pode referir-se tanto aos depoimentos das partes quanto das testemunhas; b) independe de anuência dos litigantes, *ex vi* do disposto no art. 765 da CLT.

A proibição de desconto no salário

Estatui o art. 822, da CLT, que as *testemunhas* não poderão sofrer qualquer desconto nos seus salários (nem do tempo de serviço) pelas faltas ao serviço em virtude do seu comparecimento a juízo, para serem inquiridas, quando devidamente arroladas ou convidadas. A razão reside no fato de o depoimento das testemunhas ser considerado serviço público, conforme declaração constante do art. 463, parágrafo único, do CPC.

Curiosamente, todavia, a CLT nada dispôs, quanto a isso, em relação à pessoa dos *litigantes*, sendo razoável supor-se que a proibição de efetuar desconto no salário do empregado, quando parte em ação trabalhista, tenha parecido óbvia ao legislador; daí, a omissão a respeito.

Não obstante, o silêncio do texto legal rendeu ensejo à formação de controvérsia doutrinária e jurisprudencial a respeito do assunto. Chegou-se, até mesmo, a afirmar que a licitude de desconto estaria condicionada ao resultado do provimento jurisdicional — cujo fato não elimina o desacerto da tese que entendia ser possível o desconto. Realmente, dizer-se que o desconto será lícito, se as pretensões do empregado forem rejeitadas pela sentença, e ilícito, se forem acolhidas (ainda que parcialmente), é negar-se o direito de ação, que é público e está assegurado constitucionalmente (CF, art. 5º, XXXV); o exercício desse direito, por esse motivo, independe da existência de um direito material e, se existente este, pouco importa se for acolhido ou rejeitado pelo pronunciamento jurisdicional.

Em boa hora, portanto, o TST editou a Súmula n. 155, que veio pôr fim à (injustificável) controvérsia, estabelecendo que "As horas em que o empregado faltar ao serviço para comparecimento necessário, como parte, à Justiça do Trabalho, não serão descontadas dos seus salários". A Súmula, como se constata, não se restringe à hipótese de comparecimento do empregado a juízo para depor, muito embora seja nesse caso em que ele revele a utilidade das suas disposições; desta forma, o desconto será ilícito quando, mesmo para outra finalidade, o comparecimento for necessário. Essa necessidade há de ser apurada em relação a cada caso concreto, embora se possa estabelecer, desde logo, que estando o empregado a litigar pessoalmente, sempre que for intimado de algum ato processual (juntada de documentos pelo réu, prolação da sentença e o mais), dificilmente deixará de ser necessário o seu comparecimento ao juízo por onde se processa a causa. Convém enfatizar que a Súmula alude à sua comparência à Justiça

Art. 385

do Trabalho e não somente à presença do juiz, como ocorre no interrogatório. Assim sendo, o trabalhador terá de faltar algumas horas ao serviço para ir à Secretaria da Vara, a fim de compulsar os autos, seja para pronunciar-se sobre os documentos, seja para buscar elementos para fundamentar as suas razões ou contrarrazões de recurso etc.

A dicção da Súmula, porém, de que não serão descontadas do salário as *horas* em que ele faltar ao serviço, para o fim mencionado, deve ser entendida em termos. Em primeiro lugar, não seria justo, por exemplo, que só se deixasse de descontar o tempo em que o empregado permanecesse no interior do prédio onde funciona o órgão judiciário trabalhista, se, pela distância do local de trabalho até a Vara, ele necessitar demorar muito tempo mais, principalmente se teve de se valer de transporte coletivo. O que não se dizer, então, do trabalhador rural, cujas dificuldades para locomover-se até o perímetro urbano (onde, em regra, está instalada a Vara ou o Juízo de Direito) são enormes? É elementar, consequentemente, que todo o tempo que o empregado despender para ir à Justiça do Trabalho, como parte, bem como o em que lá permanecer e o que gastar com o retorno, não deve ser descontado do seu salário. Em segundo, a Súmula afirma que não serão descontadas do empregado as *horas* que ele faltar ao serviço para comparecer, como parte, à Justiça do Trabalho. A aplicar-se a referida Súmula com o rigor de sua literalidade, chegar-se-ia à injusta conclusão de que se ele faltasse, por exemplo, trinta ou quarenta minutos ao serviço, para comparecer à Justiça do Trabalho, esses minutos poder-lhe-iam ser descontados do salário. Não é este, por certo, o escopo da Súmula. Desta forma, há que se entender que não lhe será descontado o *período de tempo* em que ele faltar ao serviço para comparecimento necessário à Justiça do Trabalho.

Como uma normatização dessas hipóteses é desaconselhável, tanto pela heterogeneidade, de um lado, quanto pelas peculiaridades individuais, de outro, que se reserve, também aqui, para cada caso concreto, a apreciação quanto ao tempo em que o empregado realmente necessitou consumir para atender, como parte, a um interesse pessoal ou a uma intimação judicial.

Esclareça-se que a Súmula incidirá mesmo se o autor (reclamante) faltar ao serviço atual para comparecer à Justiça do Trabalho em decorrência de ação aforada em face do seu ex-empregador. A Súmula não fez, acertadamente, qualquer distinção nesse aspecto. Basta, pois, que o comparecimento seja necessário, para que o desconto fique desautorizado. Ao empregado caberá, evidentemente, fazer prova de que esteve em juízo, bem assim, do tempo que para isso teve de consumir.

§ 1º No processo do trabalho, a intimação da parte, para comparecer à audiência, para depor, nem sempre é pessoal. Seja como for, o fato é que ela deverá ser intimada para esse ato. Conforme já dissemos em linhas anteriores, feita a intimação, a parte comparecerá, ou não, à audiência. Não comparecendo, será confessa (TST, Súmula n. 74, I). Comparecendo, mas recusar-se a depor, também será confessa. A recusa em depor poderá configurar-se de maneira expressa ou subentendida. No primeiro caso, de rara ocorrência, a parte diz ao juiz que não deporá — sem que estejam presentes quaisquer das situações enumeradas nos incisos I a IV, do art. 388 do CPC; no segundo, mais frequente, ela responde por meio de evasivas. Esta última situação será por nós examinada, com maior profundidade, no comentário ao art. 386.

§ 2º Proibição de a parte que ainda não depôs ouvir o depoimento da outra. Estabelece o dispositivo legal em exame ser "vedado a quem ainda não depôs **assistir** ao interrogatório da outra parte" (destacamos). Logo, a norma é imperativa, coagente, compelindo a que o juiz, como diretor do processo, a respeite e a faça respeitar.

Na verdade, o que o legislador pretendeu dizer foi da proibição de a parte que ainda não depôs *ouvir* o depoimento da adversária. A não se entender deste modo, poder-se-ia imaginar que nada impediria a parte que ainda não depôs de ouvir o depoimento da *ex adversa*, desde que não o *assistisse*, não o presenciasse. A propósito, também não se deverá permitir que a parte, mesmo não podendo *ouvir* o depoimento da outra, o *assista*, ou seja, presencie-o. Ocorre que, nesse caso, ela poderá, mediante leitura labial, saber o que a adversária está dizendo no depoimento a que realiza. Em suma, o objetivo do art. 385, § 2º, do CPC, é de que a parte que ainda não depôs não tome ciência, por qualquer meio, do conteúdo das declarações da sua adversária quando esta estiver depondo em audiência.

O art. 456, *caput*, do CPC, mais preciso, alude à proibição de uma testemunha *ouvir* o que a outra está dizendo.

Embora a CLT seja omissa sobre a matéria, o comando do § 2º do art. 385 do CPC deve incidir, supletivamente, no processo do trabalho. Em diversas Varas, aliás, já se vem procedendo dessa maneira. Seria de alvitrar-se, a propósito, que o procedimento se generalizasse. Sem embargo, o exercício da judicatura nos revelou que quando a *parte*, que está depondo em juízo, já tem conhecimento do teor do depoimento da adversária, a sua preocupação maior é de rebater as declarações do litigante adverso e não de responder às perguntas que lhe são formuladas de acordo com as alegações que ela, depoente, expendeu na inicial ou na contestação, conforme seja o caso. Assim, o conhecimento prévio das declarações da parte contrária permite a que a outra, ao ser inquirida, procure construir os fatos de modo a impugnar os que foram objeto das respostas do adversário. Correta, portanto, a advertência de Pestana de Aguiar (ob. cit., p. 136) de que, a não se determinar a separação dos litigantes, "ficaria sempre em melhor posição a parte que depusesse por último, pois poderia disso auferir vantagens, em desequilíbrio da igualdade das partes, ao se armar de argumentos de defesa".

Não concordamos com os que sustentam que a determinação do juiz para que, enquanto uma das partes estiver depondo, a outra permaneça fora da sala de audiência implica: a) ofensa ao princípio da publicidade da audiência; e b) cerceamento de defesa, a resultar em inevitável nulidade processual. *Venia concessa*, se ofensa ao princípio da publicidade da audiência (CLT, art. 813, *caput*) houvesse, ter-se-ia de admitir que ela estaria sendo perpetrada pela própria lei (CPC, art. 385, § 2º), pois é esta quem proíbe, expressamente, à parte que ainda não depôs de ouvir o depoimento da outra ou assisti-lo. Além disso, valesse o argumento de desrespeito a essa publicidade, ter-se-ia de permitir que as próprias testemunhas, que ainda não foram inquiridas, permanecessem na sala de audiência, ouvindo a inquirição das outras. Não é isso, entretanto, o que consta do art. 456, *caput*, do CPC.

Estando a parte acompanhada de advogado, a sua saída da sala não lhe trará qualquer prejuízo, porquanto caberá ao seu patrono formular as reperguntas à parte contrária, desde que deferidas pelo juiz. Entendemos, por essa razão, que somente se deverá permitir que o litigante assista ao depoimento do *ex adverso* quando estiver atuando em juízo sem advogado (CLT, art. 791, *caput*), pois nesse caso a sua retirada da sala de audiências o impediria de efetuar as referidas perguntas — e o seu prejuízo seria inequívoco. O mesmo se diga quando o advogado estiver postulando em causa própria, ou quando estiver acumulando a qualidade de preposto (embora, como vimos, esta cumulação seja veda pelo Provimento n. 60/87, do Conselho Federal da OAB). Fora disso, é fazer-se cumprir a lei processual civil, que, por ser compatível com o processo do trabalho, nele incidirá em caráter subsidiário.

Por outro lado, a assertiva de que o procedimento de impedir-se que a parte que ainda não depôs ouça o depoimento da outra configura cerceamento de defesa envolve excesso de conteúdo. *Cerceamento* provém de *cercear*, verbo transitivo significante de "cortar cerce", cortar pela raiz; desta forma, o que ocorreria na hipótese, no máximo, seria uma *restrição*, uma limitação do direito de defesa. Nunca, porém, um cerceamento, que somente se daria se não se houvesse possibilitado ao réu formular quaisquer das espécies de resposta previstas em lei (exceção, contestação, pedidos contrapostos etc.): aqui se teria, efetivamente, cortado rente o seu direito constitucional de defesa (CF, art. 5º, LV), que não se resume ao processo penal. De qualquer sorte, a regra do § 2º do art. 385, do CPC, não constitui nenhuma restrição ao direito constitucional de ampla defesa, desde que observadas as cautelas que sugerimos.

Também nas ações em que haja vários autores (cumulação objetiva, estabelecida com fundamento no permissivo art. 842 da CLT) ou vários réus, deverá o juiz aplicar a disposição vedatória inscrita no § 2º do art. 385, do CPC, de modo a impedir que os autores e os réus que ainda não depuseram ouçam ou assistam ao depoimento dos respectivos compartes ou dos adversários. A proibição, nessa circunstância, se destina a evitar que as partes se limitem a repetir as declarações dos seus companheiros de lide, feitas momentos antes no depoimento a que presenciaram. Em suma, cumpre ao juiz do trabalho providenciar para que o litigante que ainda não depôs não ouça nem assista ao depoimento de outros, sejam adversos ou não, sem receio de cometer ofensa a qualquer dispositivo ou princípio informativo do processo do trabalho. A fim de pacificar a matéria, aliás, é aconselhável que, de *lege ferenda*, se dote este processo de norma idêntica à do processo civil, cuja conveniência é ditada pelas experiências da vida forense.

Uma nota crítica. Conforme demonstramos no início dos nossos comentários, o CPC separa, com nitidez, as figuras *do interrogatório* e do *depoimento*. O primeiro é de iniciativa exclusiva do magistrado e não gera confissão (art. 139, VIII); o segundo decorre tanto de requerimento das partes como de iniciativa do e pode implicar confissão (art. 389). Por esse motivo, o CPC, na Seção que trata do depoimento pessoal, não deveria utilizar, como fez, o vocábulo *interrogatório* (art. 385, § 2º), pois essa atitude pode ser confusionista dos conceitos dessas figuras.

§ 3º A norma permite ao juiz fazer uso de videoconferência ou de outro meio tecnológico de transmissão de sons e imagens para tomar o depoimento da parte que residir em comarca, seção ou subseção judiciária diversa daquela em que tramita o processo. O uso desses meios pode ocorrer, inclusive, durante a realização da audiência de instrução e julgamento. Na prática, aliás, o depoimento deve ser colhido durante a mencionada audiência, sob pena de haver quebra do princípio da incomunicabilidade entre os depoimentos das partes (CPC, art. 385, § 2º).

Art. 386. Quando a parte, sem motivo justificado, deixar de responder ao que lhe for perguntado ou empregar evasivas, o juiz, apreciando as demais circunstâncias e os elementos de prova, declarará, na sentença, se houve recusa de depor.

• **Comentário**

Dentre os deveres processuais das partes se inclui o de comparecer a juízo e responder ao que lhes for indagado. Daí por que quando o litigante deixar de responder, injustificadamente, ou utilizar evasivas, cumprirá ao juiz, apreciando as demais circunstâncias e elementos dos autos, declarar, na sentença, que houve recusa de depor. O anteprojeto do CPC, de 1973, em seu art. 375 procurava formular algumas hipóteses de recusa: "quando a parte, sem motivo justificado, deixar de responder a algumas perguntas, ou empregar evasivas, como 'não saber', ou 'não recordar', o juiz, apreciando cuidadosamente todas as demais circunstâncias e elementos de prova, declarará se houve recusa de depor".

É importante assinalar, portanto, que essa recusa, segundo a lei, decorre de: a) a parte deixar de responder sem motivo justificado; ou b) responder mediante evasivas ou subterfúgios.

a) No primeiro caso, a ausência de resposta é desprovida de qualquer motivo justo: a parte tem conhecimento do fato sobre o qual foi interrogada, mas nada responde. Para que a recusa se configure, porém, não há necessidade de que o litigante diga, expressamente, que não quer responder à indagação; basta que deixe de fazê-lo sem motivo defensável — o que equivalerá, tacitamente, à recusa. É elementar que não se poderá cogitar de recusa se a parte desconhecer o fato que foi objeto da indagação. Nesta hipótese, cumpre que se verifique se a ignorância do fato é escusável, ou não; se não o for, a parte deverá ser declarada confessa quanto a tal fato. Exemplifiquemos: se o réu (pessoalmente ou por preposto) afirma desconhecer por que motivo o empregado foi despedido, embora na contestação houvesse dito que foi em decorrência de haver cometido ato de insubordinação, torna-se evidente que a ignorância desse fato essencial o fará confesso; se, todavia, o desconhecimento se relaciona a fato irrelevante para a causa, ou se a cognição de fato relevante for inexigível (como, e. g., no caso de indagar-se a um balconista-preposto de que maneira era feito o lançamento contábil de determinada verba), não se caracterizará a negativa de responder, a que se refere o art. 386 do CPC, de aplicação supletiva ao processo do trabalho.

b) Poderá ocorrer, por outro lado, que a parte responda às perguntas formuladas, fazendo-o, contudo, por meio de evasivas, ou seja, valendo-se de subterfúgios, de tergiversações, de tal modo que não afirme nem negue o fato indagado, com o propósito de não definir a sua posição diante dele e de criar um estado de incerteza na consciência do julgador. Nesta hipótese, o interrogado procura confundir os demais sujeitos do processo a respeito do fato, formulando respostas ambíguas, que provocarão o surgimento de zonas grises no campo da instrução processual e da própria entrega da prestação jurisdicional. Não têm sido infrequentes, na prática, comportamentos dessa índole. Itere-se: convencendo-se, o juiz, pelas demais circunstâncias e provas dos autos, que a parte se utilizou, propositadamente, de evasivas para responder às indagações, deverá, na sentença (não se deve aplicar, *incontinenti*, a "pena" de confissão), declarar que houve recusa de depor, reputando-a, em consequência, confessa quanto ao fato ou a um conjunto deles.

Situação delicada se forma quando o depoente alega que não se recorda do fato; se estiver falseando a verdade (o que nem sempre é fácil de descobrir), isto equivalerá à recusa de depor; caso contrário, o seu lapso mnemônico não lhe deverá acarretar nenhuma sanção processual, quanto mais não seja quando a pergunta se referir a fatos muitos antigos, ou a cifras, estatísticas, a grandes quantidades, etc. Ninguém, afinal de contas, é um computador de dados. Por essa razão, deve o juiz, sempre que possível, indeferir reperguntas que imponham ao interrogado responder acerca de tais assuntos, de difícil memorização. Nada obsta, entretanto, a que o depoente consulte a breves apontamentos (CPC, art. 387) com a finalidade de poder responder a indagações dessa natureza.

Muitas vezes, a resposta que se pretende extrair da memória do depoente é perfeitamente obtenível por intermédio de documentos, ou de perícia técnica; diante disso, caberá ao juiz também indeferir reperguntas nesse sentido. Em consideração ponderativa sobre o problema, disse Carlo Lessona (*Prueba em derecho civil*, 1928, 1º v., n. 553, *apud* SANTOS, Moacyr Amaral, ob. cit., p. 103/104): "Tudo depende, para isso, do critério do Juiz, que apreciará a pretensa falta de memória em suas relações com os fatos e com o estado da pessoa que depõe e reconhecerá, de conseguinte, em dita alegação, uma escusa provável ou um artificioso pretexto".

A parte, todavia, não é obrigada a depor sobre os fatos descritos nos incisos I a IV do art. 388 do CPC, que serão por nós examinados a seu tempo. Nesses casos, não se configurará a recusa de depor, impedindo, assim, que o depoente seja submetido às disposições do art. 386 do mesmo Código.

Art. 387. A parte responderá pessoalmente sobre os fatos articulados, não podendo servir-se de escritos anteriormente preparados, permitindo-lhe o juiz, todavia, a consulta a notas breves, desde que objetivem completar esclarecimentos.

• **Comentário**

Perguntas. Reperguntas. Indeferimento

Os litigantes são inquiridos diretamente pelo juiz que preside a audiência, mediante a formulação de perguntas a respeito dos fatos em que se funda a ação (CLT, art. 848, *caput*), desde que controvertidos. Essa é uma das manifestações do princípio da *imediatidade*. A confissão, que daí acaso advier, constituirá acidente e não objetivo do depoimento.

O depoimento das partes, assim, dá início à instrução oral do procedimento, que será complementada com a inquirição de testemunhas, do perito, e dos técnicos, se houver. Sem razão, em nosso ver, Isis de Almeida (*Curso de direito processual do trabalho.* São Paulo: Sugestões Literária, 1981. p. 38) ao afirmar que "A instrução, segundo o disposto no art. 848 da CLT, tem início com o interrogatório das partes...", sendo certo que o ilustre autor se referia à instrução em sentido amplo, e não à oral, em particular. Na verdade, a instrução começa já com a petição inicial, desde que esta esteja acompanhada de documentos. Afinal, não é comum aludir-se aos "documentos que *instruem* a inicial"?

Para que essa fase da instrução (como também as demais) não se torne dispersiva, difusa, deverá o juiz, antes de ouvir os litigantes, fixar os pontos controvertidos, em relação aos quais incidirão as perguntas e as provas. Essa providência de natureza saneadora é determinada pelo art. 357, II, do CPC, e visa, salutarmente, a evitar que as partes, seus procuradores ou advogados formulem reperguntas impertinentes, inoportunas ou irrelevantes, ensejando com isso a que o juiz as indefira, sem se falar na grande perda de tempo que tudo isso acarreta. Destarte, cientes de quais são os pontos controvertidos, os litigantes estarão em melhores condições de efetuar as indagações que desejarem e de produzir as demais provas que forem necessárias, com substancial economia para o procedimento. Essa norma processual civil, por seu propósito eminentemente disciplinador da atividade probatória das partes, deve ser amplamente utilizada pelo processo do trabalho, com o qual guarda inegável compatibilidade.

Nem todas as respostas dos litigantes às perguntas formuladas pelo juiz deverão constar da ata da audiência, mas, somente, as que tiverem relevância para a causa. Incumbirá ao magistrado, portanto, munido da necessária prudência, efetuar uma triagem e um depuramento prévios das respostas, com o propósito de evitar que na ata sejam lançadas as que forem inúteis para a instrução e o julgamento da causa.

No tocante ao procedimento sumariíssimo, dispõe o art. 852-F, da CLT, que da ata da audiência deverão constar, resumidamente, dentre outras coisas, as "afirmações fundamentais das partes" — vale dizer, em melhor técnica, as declarações essenciais prestadas pelos litigantes.

Em regra, os litigantes devem limitar-se a responder apenas sobre aquilo que lhes for indagado; excepcionalmente, contudo, poderá o juiz consentir que exponham com maior amplitude os fatos, com a finalidade de melhor compreendê-los, máxime, quando se referirem a assuntos técnicos, ou a determinadas peculiaridades relacionadas à atividade ou à organização empresarial. Sucede que fatos dessa natureza não podem ser satisfatoriamente entendidos mediante respostas lacônicas, monossilábicas, representadas por meros *sim* ou *não*. Cuidará o juiz, porém, de verificar quanto à necessidade de recorrer a essa exceção, sob pena de permitir, desacauteladamente, as respostas narrativas, expendidas, muitas vezes, com o objetivo de desviar a atenção do magistrado e de contornar a pergunta formulada.

A lei não indica como se deve postar a parte que está depondo; o bom senso, no entanto, sugere que fique colocada de frente para o juiz (que assim poderá, como dissemos, analisar as suas reações emocionais às perguntas feitas) e de costas para o seu advogado (impedindo, com isto, que possa comunicar-se com ele). Nada há de fútil em tais considerações, que emanam, em concreto, de uma realidade forense, onde esses fatos soem acontecer.

O juiz facultará que, sempre por seu intermédio, as partes, seus representantes ou advogados, formulem *reperguntas*. O vocábulo, que tem previsão léxica, provém do verbo transitivo *reperguntar*, formado da adição do prefixo *re* ao verbo *perguntar*. Não se trata, pois, de neologismo; logo, depara-se-nos injustificável a censura que, uma vez ou outra, se tem feito quanto ao seu emprego na linguagem processual.

Cientes de quais são os pontos controvertidos, fixados pelo juiz, as partes poderão fazer reperguntas à adversa, que estiver sendo depondo. Não se deve permitir que o advogado formule reperguntas ao próprio constituinte, pois o expediente, além de desútil, pode se prestar a eventual conluio entre ambos, segundo o qual a parte responderia às indagações previamente elaboradas por seu advogado ou por ela própria.

Consulta a breves notas

Salvo nos casos de representação processual, a parte responderá pessoalmente sobre os fatos que lhe forem indagados, não lhe sendo permitido, em qualquer hipótese, servir-se de escritos adrede preparados; desde que o objetivo, contudo, seja complementar ou precisar esclarecimento, o juiz consentirá que efetue consulta a breves notas (CPC, art. 387), como acontece, *a.e.*, quando o empregado manuseia a sua Carteira de Trabalho com a finalidade de verificar os assentamentos ali efetuados. Ficará, por certo, ao prudente arbítrio do juiz apurar se a consulta a tais notas visa, efetivamente, a completar ou precisar declarações, ou se a parte está, na verdade, buscando responder às perguntas segundo as anotações que, para tanto, propositadamente preparou.

Não apenas por isso, mas igualmente para avaliar as próprias reações psicológicas das partes diante das perguntas formuladas — e assim constatar se está havendo tergiversação — é que o princípio da imediação do juiz constitui um dos essenciais, entre os tantos que informam o processo moderno. É na audiência destinada à instrução oral do processo que esse princípio se revela com mais nitidez.

Legalmente investido na direção do processo, ao juiz caberá indeferir reperguntas indutivas, isto é, capazes de conduzir a parte a expender uma resposta não pretendida e que atenda aos interesses do interlocutor (perguntante), como, *v.g.*, quando se discute se o empregado teria ou não perpetrado agressão física ao empregador e este, no interrogatório daquele, indaga com que objeto a agressão foi cometida. Evidentemente que nessa pergunta se insinua que a agressão teria acontecido, razão por que bem obrará o juiz em indeferi-la.

A despeito de o CPC só prever a transcrição, na ata (e desde que o requeira a parte interessada), de perguntas indeferidas pelo juiz e formuladas às *testemunhas* (art. 459, § 3º), somos de opinião que, no processo do trabalho, essa transcrição caberá igualmente no caso de a repergunta haver sido dirigida à *parte*, na oportunidade do seu depoimento, bastando, para tanto, que o interessado assim requeira. Como a lei não esclarece se a transcrição deverá ser feita ato contínuo ao indeferimento, ou ao final da ata, caberá ao juiz adotar o critério que melhor lhe convier. Pela nossa parte, entendemos que a transcrição deva ser imediata, a fim de manter a fidelidade com o teor da pergunta indeferida. Quando o juiz se reserva para transcrever essas perguntas no final da ata (e da audiência), não raro surgem incidentes desagradáveis, pois nem sempre a parte, cujas perguntas foram indeferidas, concorda com o teor da transcrição. Outros juízes costumam ir anotando as perguntas indeferidas, para transcrevê-las no final da ata. Mesmo assim, há riscos de a parte discordar do teor da transcrição, uma vez que não pôde tomar conhecimento do que o juiz anotou a título de perguntas indeferidas. Tudo sugere, portanto, que a transcrição da pergunta se dê ato contínuo, vale dizer, logo após cada indeferimento.

Esse tipo de problema não acontece nas audiências gravadas pelo sistema audiovisual.

O interesse da parte em ver transcrito na ata o teor das reperguntas indeferidas está em que, com base nisso, poderá argumentar, perante o tribunal competente quanto à nulidade do processo em face dessa presuntiva restrição do direito de defesa. Tenha-se como certo: a *discordância* da parte, seu representante ou advogado, quanto ao indeferimento de reperguntas, não deveria ser consignada na ata, ainda que o requeressem. Tal "protesto" constitui, manifestamente, modalidade canhestra de comportamento processual, conquanto consagrada em todos os juízos trabalhistas. Nada haveria de despótico em vedar a inserção desse "protesto" na ata; a parte, que não se conformasse com o indeferimento da repergunta, teria, nas razões finais, o momento processual apropriado para manifestar essa e outras contrariedades a atos do juiz, bem como, para arguir a nulidade do processo, se assim o pretendesse.

Reconhecemos, contudo, que a falta de uma uniformidade, por parte dos juízos quanto ao procedimento a ser adotado pela parte diante de atos do magistrado que considere prejudiciais aos interesses do seu constituinte, manifestados na causa, tem feito com que o referido "protesto" se torne necessário, a fim de evitar preclusão. Essa situação fica tanto mais clara quando o ato judicial, contra o qual o litigante se insurge, é praticado na audiência dita "inicial": muitas vezes, a parte, receosa de que se deixar para arguir a nulidade processual, apenas, nas razões finais ouvirá do juízo a declaração de estar precluso o seu direito, acaba por externar, desde logo, o seu "protesto", numa reação humana espontânea e compreensível, à luz da psicologia individual. Por esse motivo, a praxe, com sua reconhecida criatividade, tem adjetivado esse peculiar "protesto" de "antipreclusivo". Protesto, aliás, que integra o *processo da praxe*, que convive, em harmonia, com o *processo da lei* (devido processo legal).

Vale observar que o ordenamento processual não exige, nem impede, que o juiz justifique, na própria ata, ou na sentença, os motivos pelos quais indeferiu as reperguntas; o escrúpulo e o zelo profissionais, entretanto, sugerem que o faça.

Nada obstante as atas, por força da tradição, sejam elaboradas com redação compacta, sem espaços, parágrafos etc., a prática consagrou que as relativas a audiências fossem redigidas ao estilo até certo modo literário, com parágrafos, títulos e o mais. Não há negar que essa maneira de elaborá-las facilita a localização das respostas, a par de contribuir para o aspecto estético. A localização, a que nos referimos, é quanto a quem respondeu e não a quem perguntou ou reperguntou, porquanto, em relação a isto, não há necessidade de especificação — em que pese, mais uma vez, ao fato de a lei não vedar que seja feita.

É sempre prudente advertir que enquanto estiverem depondo as partes (ou inquiridas as testemunhas, o perito, os assistentes técnicos) não poderão, a parte contrária, seu representante ou seu advogado, intervir ou apartear sem o consentimento do juiz (CPC, art. 361, parágrafo único). Algumas vezes, as conhecidas "questões de ordem", que são brandidas como justificativa para a intervenção, visam, no fundo, a tumultuar o depoimento, a instaurar um estado de intranquilidade em quem está sendo submetido a ele. Por isso, deverá o juiz manter-se atento, coibindo, com rigor e justiça, essas interferências tumultuárias, tão a gosto dos que pressentem o insucesso na causa.

Dispõe o art. 848, § 1º, da CLT, que terminado o depoimento ("interrogatório", diz a norma) qualquer dos litigantes poderá retirar-se, prosseguindo a instrução com seu representante. Dever-se-á providenciar, contudo, para que, ao deixar a sala de audiência, a parte não se comunique com as suas testemunhas, que se encontrem nas dependências da Vara, pois poderá relatar-lhes o que se passou no seu depoimento. Por essa mesma razão é que não se deve fracionar a audiência, dita instrutória, ouvindo-se as partes em uma oportunidade e inquirindo-se as testemunhas em outra. Salta aos olhos a inconveniência dessa divisão: o futuro depoimento das testemunhas poderá ser fortemente influenciado (para não dizer conduzido) pelo que fora prestado pelas partes. A saída, aliás, de um ou de ambos os litigantes da sala de audiências após o depoimento é desaconselhável em alguns casos, pois poderá ocorrer de o juiz desejar acareá-los com as testemunhas (CPC, art. 461, II), na mesma audiência, sendo que isso não será possível se já tiverem se ausentado. De modo geral, os litigantes, mesmo depois de deporem, permanecem na sala de audiência, até porque, não raro, podem prestar informações a seus advogados a respeito, por exemplo, das testemunhas da parte contrária (se possuem amizade íntima com quem as indicou, se são inimigas da parte contrária, etc.), com vistas ao oferecimento de contradita (CPC, art. 457, § 1º).

Art. 388. A parte não é obrigada a depor sobre fatos:

I — criminosos ou torpes que lhe forem imputados;

II — a cujo respeito, por estado ou profissão, deva guardar sigilo;

III — acerca dos quais não possa responder sem desonra própria, de seu cônjuge, de seu companheiro ou de parente em grau sucessível;

IV — que coloquem em perigo a vida do depoente ou das pessoas referidas no inciso III.

Parágrafo único. Esta disposição não se aplica às ações de estado e de família.

• **Comentário**

Caput. Ocupava-se do assunto o art. 347 do CPC revogado.

Embora a parte tenha o dever de responder, conforme a verdade, ao que lhe for perguntado, a própria norma legal a dispensa de depor sobre determinados fatos. Vejamos quais são esses fatos.

Inciso I. *Criminosos ou torpes*. Leciona Moacyr Amaral Santos (ob. cit., p. 110) que a regra canônica *positioni criminosae non est respondentum* se calcava na moral e na equidade natural, sob o argumento de que obrigar alguém a responder sobre tais fatos seria constrangê-lo a mentir ou confessar a própria torpeza. "Daí a máxima jurídica, vigorante por muito tempo e mesmo acolhida expressamente no Direito pátrio anterior àquele Código: *nemo tenetur detegere propriam turpitudinem*".

A despeito de o CPC vigente eximir o depoente de responder acerca de fatos criminosos ou torpes, que lhe são irrogados, repetimos que essa disposição não deve incidir, com amplitude, no processo do trabalho. Em certas situações, há necessidade absoluta de que a parte responda sobre tais fatos. Como desobrigar-se, assim, o empregado de responder à alegação de haver se apropriado, indebitamente, de coisa móvel do empregador, se esse fato: a) foi apresentado como justa causa para a resolução do contrato de trabalho (CLT, art. 482, alínea "a"); e b) constitui crime contra o patrimônio, *ex vi* do disposto no art. 168 e seguintes do Código Penal; c) deve ser amplamente investigado, a fim de fornecer ao juiz elementos que possam influir, de maneira eficaz, na formação do seu convencimento jurídico acerca da existência, ou não, da alegada justa causa?

Desobrigando-se o empregado de responder a respeito desse fato criminoso que lhe foi atribuído, a instrução processual trabalhista ficaria sensivelmente prejudicada — cujo prejuízo se avultaria, à míngua de outros elementos de prova. É imprescindível, portanto, que nessas hipóteses o litigante seja ouvido (até porque se presume que tenha interesse em esclarecer os fatos), sob pena de, deixando de responder sem justo motivo às perguntas, configurar-se a recusa de depor — a ensejar, em consequência, a aplicação das sanções processuais correspondentes, a despeito da regra inscrita no art. 388, I, do CPC.

O argumento de que a moralidade constitui o conteúdo ideológico do inc. I do art. 388, do CPC, *data venia*, não nos convence; ora, conforme a escorreita redargüição de Mattirolo (*Trattato di diritto giudiziario civile italiano*. 2º v., n. 739, *apud* SANTOS, Moacyr Amaral, p. 111), "Na verdade, não compreendemos como se possa invocar a moralidade, para repelir nos Juízos Cíveis os interrogatórios sobre fatos torpes ou criminosos, quando sobre os mesmos fatos a pessoa pode e deve ser interrogada nas causas penais pelo magistrado. A moralidade é coisa absoluta, não relativa: aquilo que é considerado moral no Juízo Criminal não pode ser tido como imoral no Juízo Cível".

Resumindo: sempre que a investigação do fato — mesmo que seja criminoso ou torpe — se revele importante ou indispensável para a instrução da causa trabalhista, principalmente se com ela se relacionar de maneira direta, os litigantes deverão responder às indagações que lhes forem formuladas e que tenham por objeto referido fato. Não é inútil lembrar que até mesmo alguns comentaristas do atual CPC manifestaram discordância da atitude do legislador que, desprezando a melhor doutrina, introduziu, via inc. I do art. 388, tão indesejável exceção ao dever de a parte responder ao que lhe for perguntado.

Para evitar o constrangimento da parte que tiver de depor acerca de fatos ilícitos ou criminosos que lhe estejam sendo imputados, o juiz poderá determinar, *ex officio* ou a requerimento do interessado, que o processo se realize em segredo de justiça (CPC, arts. 11, parágrafo único, e 189). Com essa providência, preserva-se a intimidade, a honra e a imagem da parte.

Inciso II. *Manutenção de sigilo.* O CPC dispensa, igualmente, as partes de responderem sobre fatos a cujo respeito, em virtude de estado ou profissão, devam guardar sigilo. Adverte Carvalho Santos (*Código de processo civil interpretado.* 5. ed., v. III, Rio-S. Paulo: Freitas Bastos, 1959. p. 337) que o vocábulo *estado*, contido na lei, foi empregado não como significativo de uma situação jurídica, mas de "uma condição pessoal da atividade social, habitual e inteiramente distinta da profissão, da arte e do ofício, porque inspirada em princípios religiosos, morais ou cívicos, como, *v. g.*, o estado de sacerdote, o estado de irmã de caridade".

Indubitavelmente, o sigilo envolve uma questão de foro íntimo do interrogado; sendo assim, a ele caberá, segundo seu arbítrio, mantê-lo ou rompê-lo. Ao juiz incumbirá verificar se o resguardo do sigilo é legítimo, vale dizer, se se insere na previsão legal ou, ao contrário, constitui mero pretexto para a parte esquivar-se de responder a determinadas perguntas.

O advogado pode recusar-se a depor e a informar o que constitua sigilo profissional, por força do disposto no art. 7º, inciso XIX, da Lei n. 8.906/1994. Esse direito de recusa, entretanto, só se concretiza na hipótese de o advogado haver sido arrolado como testemunha em processo no qual atuou, ou deva atuar, ou quando tenha de depor sobre fato relativo a pessoa de quem seja ou foi procurador judicial, ainda que o seu constituinte o autorize e tanto ou assim o solicite. Logo, quando o advogado estiver litigando em causa própria não poderá invocar o resguardo de sigilo como motivo da recusa em ser interrogado. Nem o poderia, pois se isso fosse possível ter-se-ia de interrogar apenas a parte contrária, a importar em grave escoriação ao princípio da bilateralidade desse ato.

O sigilo bancário deve ser preservado até o momento em que a sua quebra seja do legítimo interesse do Poder Judiciário. Há casos, por exemplo, em que o empregado alega receber parte do salário extra folha ("por fora", costuma-se dizer) mediante depósito em sua conta corrente. Negado o fato pelo réu, o juiz poderia, por sua iniciativa ou a requerimento ao empregado, determinar que o estabelecimento bancário remetesse ao Poder Judiciário os extratos da conta-corrente do trabalhador, a fim de verificar se deles consta, efetivamente, o lançamento de créditos alusivos àquela parcela dos salários.

Inciso III. *Desonra.* Trata-se de inovação do CPC atual. Sempre que a pergunta formulada à parte implicar uma resposta capaz de acarretar-lhe desonra, ou ao seu cônjuge, companheiro ou a parente em grau sucessível, ela poderá deixar de responder, sem que isso caracterize a recusa de que fala o art. 386 do CPC. A propósito, nos termos dessa norma legal a recusa deve ser injustificada; logo, quando a parte deixa de responder com base em uma das situações mencionadas no art. 388 não há recusa, nem esta é injustificada. O que há é escusa legítima — ressalvado o nosso entendimento de que no caso do inciso I do art. 388 o empregado deverá responder às perguntas que tenham por objeto a investigação de fato de natureza criminosa que lhe tenha sido atribuído pelo empregador, como justa causa para a ruptura do contrato de trabalho. O mesmo se diga em relação ao empregador quando o empregado tenha imputado a este o cometimento ato criminoso caracterizador de justa causa para a rescisão contratual.

Uma outra ponderação: haverá casos em que a parte deverá responder à pergunta, mesmo que esta lhe acarrete desonra, como quando se discute a existência, ou não, da falta grave de ato lesivo da honra ou da boa fama (CLT, art. 482, "j" e "k"). A recusa em responder pode causar embaraços à investigação da verdade real.

Inciso IV. *Perigo de vida.* Outra inovação do CPC atual. É algo óbvio que se a resposta da parte representar-lhe perigo de vida (melhor: perigo de morte ou risco à vida), ou às pessoas mencionadas no inciso III, ela poderá deixar de fornecê-la.

Parágrafo único. A Justiça do Trabalho não tem competência para apreciar ações que versem sobre estado e família. Nada obstante, a norma legal em foco dá uma certa sustentação ao nosso argumento de que nos casos em que se discute no juízo trabalhista a existência ou inexistência da falta grave de ato lesivo da honra ou da boa fama não se aplica a regra estampada no inciso III do art. 388 do CPC.

Seção V
Da Confissão

Art. 389. Há confissão, judicial ou extrajudicial, quando a parte admite a verdade de fato contrário ao seu interesse e favorável ao do adversário.

• **Comentário**

Reproduziu-se a regra do art. 348 do CPC.

Introdução

A lide, inclusive a trabalhista, é informada por um conflito intersubjetivo de interesses emergente de uma pretensão (do autor) que foi resistida (pelo réu). Raramente, o trabalhador figura como réu na relação jurídica processual, embora isto seja possível (CLT, art. 494).

Com efeito, é natural que o homem manifeste interesse sobre determinado bem ou utilidade da vida; não menos compreensível é que se verifique a coincidência de duas (ou mais) pessoas externarem interesse acerca de um mesmo bem ou utilidade da vida. Se isso acontecer, e uma ou mais dessas pessoas desistir da sua pretensão, por forma a ficar uma só interessada naquele bem, não haverá conflito de interesses. Entrementes, não raro, as pessoas não renunciam às suas pretensões, fazendo com que se configure, então, esse tipo de conflito. Se o conflito não for solucionado de maneira negociada, consensual (transação, por exemplo) só restará a uma delas ingressar em juízo com o escopo de obter um provimento que lhe assegure o bem ou a utilidade da vida pretendidos — com a consequente exclusão das pretensões manifestadas pelas demais pessoas interessadas.

Desta forma, porque extremados na ação em virtude de interesses contrapostos, nada mais lógico e necessário do que exigir-se dos litigantes o desempenho de uma atividade processual tendente a demonstrar, segundo o critério legal objetivo de distribuição do respectivo *onus probandi* (CLT, art. 818), serem verdadeiros os fatos narrados ao juiz.

Por intermédio da prova, portanto, a parte buscará demonstrar não apenas a veracidade dos fatos que alegou, mas, também, de certo modo, que os fatos deduzidos pelo adversário são inverídicos; vale repetir, de conseguinte, que a necessidade de provar decorre diretamente do interesse que possui o litigante em ver admitidos como verdadeiros, pelo magistrado, os fatos em que se fundamenta a ação ou a resposta, segundo seja a hipótese. Não há impropriedade, por isso, na afirmação de que incumbe à parte, segundo os meios de prova legalmente admitidos, e o ônus que lhe é atribuído pelo sistema, reproduzir, em juízo, a situação de fato da vida real — da qual extraiu as pretensões formuladas na causa —, a fim de que o magistrado, tendo diante de si essa reprodução, possa examinar os fatos e aplicar a norma jurídica regente do caso concreto.

Poderá ocorrer, contudo, de o litigante, de maneira inadvertida ou não, acabar reconhecendo a verdade de um fato, contrário ao seu interesse e favorável ao do adversário: tal é a configuração e o próprio conceito genérico de confissão, que a lei procurou estabelecer (CPC, art. 389), didaticamente. Essa característica da confissão levou a *communis opinio doctorum* a qualificá-la de "a rainha das provas" (*regina probationum*; *probatio probatissima*) e a proclamar que não existe maior prova do que a confissão pela própria boca (nulla *est maior probatio quam próprio ore confessio*), pois confessar em juízo é o mesmo que se condenar (*confessus in iure pro condemnato habitur*).

O conceito legal (CPC, art. 389) de confissão foi tomado à doutrina de Chiovenda (*Princípios de derecho procesal civil*, tomo II, p. 291), segundo a qual *La confesión es la declaración que hace una parte de la verdad de los hechos afirmados por el adversário y favorable a este*. Neste sentido, a propósito, a unanimidade doutrinária.

Em rigor, no entanto, esse conceito está correto em parte, porquanto não se pode aplicá-lo por inteiro à denominada *ficta confessio*, em que, conforme veremos no momento oportuno, não há uma *declaração* da parte a respeito da veracidade dos fatos alegados pela outra, mas mera *presunção* legal quanto a isto.

A confissão, quando feita pelo réu, não se confunde com o reconhecimento jurídico do pedido, pois ela não implica extinção do processo (com resolução do mérito), como acontece no caso deste último (CPC, art. 487, III, "a"); mesmo confessado o fato, o processo não terá o seu curso prejudicado, vindo a sentença a ser proferida em seu momento próprio. Na hipótese, entretanto, de o réu deixar de comparecer, sem justificativa, à primeira audiência será, além de revel, provavelmente confesso quanto à matéria de fato (CLT, art. 844, *caput*), ensejando, com isso, a que se proceda ao julgamento antecipado do mérito (CPC, art. 355, II), com a consequente prolação da sentença na própria audiência, se for o caso. Esse julgamento antecipado só não ocorrerá se não se verificar o efeito da revelia (CPC, art. 345).

Confissão não é pena

Ao contrário do que tem proclamado boa parte da doutrina — e, até mesmo, o legislador (CPC, art. 385, § 1º) —, a confissão não é *pena*, segundo a acepção desse vocábulo na ciência processual. Trata-se de mero reconhecimento — expresso, ou presumido — do sistema legal de serem verdadeiros os fatos narrados pela parte adversa. Mesmo no caso de *ficta confessio*, não se pode asseverar a existência de uma pena, pois a parte não é punida em virtude da sua ausência à audiência em que deverá depor; referida ausência enseja, tão-somente, que se presumam verdadeiros os fatos alegados pelo adversário. Essa presunção, ademais, porque relativa (*iuris tantum*), pode ser elidida por outros meios de prova moralmente legítimos, como o documental e o pericial.

Convém rememorar que a palavra *pena* (do latim *poena*) designa, no plano do Direito em geral, qualquer tipo de "imposição, de castigo ou de aflição, a que se submete a pessoa por qualquer espécie de falta cometida" (De Plácido e Silva, ob. cit., p. 1.138); daí por que atribuir-se, modernamente, à confissão o caráter de castigo (pena) implica utilização imprópria do vocábulo. Pontes de Miranda (*Comentários ao CPC*, de 1973, p. 401) também reconheceu que "*Pena, propriamente dita não há mais; há a cominação*" (sublinhamos); tem-se, pois, que a expressão *poena confessis* possui, nos dias de hoje, um significado meramente histórico.

Elementos da confissão

Podemos identificar na confissão três elementos, que estão intimamente interligados: a) o elemento objetivo; b) o elemento subjetivo; e c) o elemento intencional, que dizem respeito ao seu objeto, ao seu sujeito e à vontade, nessa ordem.

a) Elemento objetivo

O objeto da confissão são os fatos desfavoráveis ao confitente e favoráveis à parte contrária. É evidente que tais fatos devem ter sido alegados pelo adversário; estes constituem, consequentemente, um dos pressupostos para que a confissão se configure. Moacyr Amaral Santos (ob. cit., p. 382/383) indica como condições para que o fato possa ser confessado as seguintes:

1. Que seja próprio e pessoal do confitente, vale dizer, se o fato for de terceiro, o seu reconhecimento pela parte não poderá valer como confissão, mas, talvez, como testemunho.

2. Que seja favorável à parte que o invoca e desfavorável ao confitente, a significar que a confissão prejudicará apenas o confitente e não os terceiros ou os compartes (litisconsortes: CPC, art. 391), pois os compartes ou litisconsortes são considerados, relativamente à parte contrária, como litigantes distintos, razão por que os atos e as omissões de um não prejudicarão nem beneficiarão os outros, exceto no litisconsórcio unitário (CPC, art. 117).

3. Que o fato seja suscetível de renúncia. A confissão só é possível se os fatos se referirem a direito que o confitente poderia renunciar ou sobre ele transigir, pois a confissão acerca de direitos indisponíveis é ineficaz (CPC, art. 392). De tal arte, estará destituída de validade a confissão — ainda que feita em juízo — do empregado, de que concordou em receber menos que o salário-mínimo, conquanto cumprisse jornada de trabalho normal e não fosse aprendiz. Considerando-se que as disposições legais concernentes ao salário-mínimo são de ordem pública, a confissão que implicar renúncia a esse direito de índole constitucional (CF, art. 165, l) é absolutamente ineficaz.

4. Que o fato seja de natureza que a sua prova não exija forma especial. Em determinados casos, a CLT impõe forma especial para a comprovação do ato. Mencione-se o pagamento de salários, que o art. 464 estabelece seja efetuado mediante recibo assinado pelo empregado. Sendo assim, não se deve consentir que a confissão possa valer como sucedâneo de um meio de prova (documental) expressamente fixado por lei — como sendo da substância do ato — salvo se as circunstâncias peculiaríssimas autorizarem a tanto. O mesmo se afirme quanto à existência de insalubridade ou de periculosidade no local de trabalho, caso em que a prova deve ser pericial (CLT, art. 195, § 2º).

b) Elemento subjetivo

O ponto de referência, aqui, não é o fato confessado, mas a *pessoa* do confitente, de quem se requer possua capacidade e legitimação. Capacidade, porque se há de verificar se o confitente é capaz e maior de idade; sendo menor, a confissão, para alguns autores, é inadmissível. Nós outros, porém, conforme pudemos expor em linhas passadas, entendemos que somente não poderá confessar o empregado menor de 16 anos de idade, porquanto abaixo desta faixa etária não se consente que trabalhe (CF, art. 7º, inciso XXXIII). Não estamos, com isto, revelando ignorância quanto à distinção entre capacidade para confessar e capacidade para agir: apenas estamos adequando tais normas do direito positivo comum às particularidades do Direito do Trabalho e do correspondente processo.

Embora a confissão seja ato próprio da parte, a lei permite que o faça por intermédio de representante (preposto, no caso do empregador, contanto que possua poderes específicos para isso: CPC, art. 392, § 2º); forçoso é admitir, entretanto, que o poder de o preposto confessar está implícito no art. 843, § 1º da CLT, ao estabelecer que as suas declarações, em juízo, "obrigarão o proponente". Também o advogado, como mandatário, poderá confessar em nome do constituinte, bastando que da procuração conste o necessário poder (CPC, art. 105, *caput*).

c) Elemento intencional

Vem afirmando, a doutrina, de maneira praticamente uniforme, que a confissão pressupõe a vontade de o confitente reconhecer como verdadeiros os fatos narrados pelo adversário, de tal modo que nesse ato volitivo se assenta o *animus confitendi*. Acreditamos, todavia, que essa afirmação não possa ser feita em caráter genérico, porque, se é verdade que o elemento intencional preside a confissão *espontânea*, não menos certo é que ele está ausente na confissão *provocada* e na *fictícia*. Não atinamos como se possa sustentar, com êxito, que o *animus confitendi* ocorra nestas duas últimas modalidades, quando se sabe que, na provocada, a confissão é extraída do depoimento da parte e, na fictícia, decorre de uma presunção legal; significa dizer que a intenção do confitente inexiste, nada obstante os efeitos processuais sejam os mesmos da confissão espontânea.

Confissão e reconhecimento do pedido

Confissão e reconhecimento do pedido constituem expressões sinônimas? Seguramente que não.

Enquanto a confissão diz respeito a fatos (dos quais se origina o pedido), o reconhecimento tem como objeto o próprio pedido.

Sem razão, contudo, Sérgio Rizzi ao sustentar que "a confissão compõe o fundamento da decisão de mérito, e o reconhecimento a parte dispositiva" (obra cit., p. 160), pois este último integra também a motivação da sentença, sob pena de a sua aparição apenas no *decisum* acarretar a nulidade desse ato jurisdicional.

Não se pode igualmente asseverar, de modo generalizado, que nem sempre a confissão faz com que o juiz decida contra o confitente, porquanto se tal afirmação é verdadeira, ela não serve como critério para separar a confissão do reconhecimento sabendo-se que também em relação a este o juiz poderá decidir a favor de quem o efetuou: o réu reconhece o pedido formulado pelo autor, mas esse pedido é juridicamente impossível, ou o juízo é absolutamente incompetente para apreciar a ação.

Naquilo que nos interessa, em especial, devemos dizer que o reconhecimento do pedido, embora se distinga da confissão, deve ser também admitido como causa de rescindibilidade dos julgados, sendo necessário, para isso, que se dê ao vocábulo *confissão* um sentido mais largo do que a sua expressão literal está a sugerir.

Art. 390. A confissão judicial pode ser espontânea ou provocada.

§ 1º A confissão espontânea pode ser feita pela própria parte ou por representante com poder especial.

§ 2º A confissão provocada constará do termo de depoimento pessoal.

• **Comentário**

Caput. A norma constava, com algumas alterações, do art. 349 do CPC revogado.

Espécies de confissão

A confissão é: a) judicial; ou b) extrajudicial.

a) *Judicial*. Como a palavra indica, é a confissão feita em juízo; compreende: a.a) a espontânea; a.b) a provocada; e a.c) a fictícia.

a.a) *Confissão espontânea* (ou voluntária) é a que a parte geralmente faz por meio de petição: daí por que é também designada de confissão por petição. É preciso entender-se, porém, não se resumir essa petição à forma escrita (embora seja a mais frequente), pois petição significa o ato de pedir — e isto pode ser feito, também, oralmente, em audiência. Essa espécie de confissão se aplica tanto ao autor quanto ao réu. Aqui, o reconhecimento de serem verdadeiros os fatos alegados pelo adversário decorrem de iniciativa do confitente; logo, o elemento intencional (vontade) existe. Judicial também é a confissão quando a parte, na oportunidade do seu depoimento, admite, *sponte sua*, a veracidade de fatos contrários aos seus interesses e favoráveis ao adversário; nesse caso, a confissão constará da ata da audiência. Aliás, da confissão espontânea, em geral, se lavrará um termo nos autos.

a.b) *Confissão provocada*, segundo o sistema do CPC (art. 390, *caput)*, é a que se origina do depoimento do litigante, seja em face das perguntas formuladas pelo juiz, ou pela parte contrária, seu representante ou advogado. Nos casos típicos de *interrogatório* não há confissão presumida nem fictícia (CPC, art. 139, VIII).

a.c) *Confissão fictícia*. Contrariamente às espécies de confissão já examinadas, que são todas expressas (por escrito ou oralmente), a *ficta confessio* é presumida; logo, tácita (inexpressa). Sobre essa modalidade de confissão judicial expenderemos, mais adiante, considerações específicas e pormenorizadas.

b) *Extrajudicial*. O CPC prevê a confissão feita extrajudicialmente, chegando a atribuir-lhe, em certos casos, a mesma eficácia probatória da judicial (art. 394, *caput*); se essa confissão houver sido formulada a terceiro, será livremente apreciada pelo juiz. Conquanto essa modalidade de confissão incida, em tese, no processo do trabalho, a sua admissibilidade, em concreto, deve ser repelida, máxime, quando o confitente for o empregado; e assim haverá de ser, porque, não raro, o documento que contém a sua confissão foi obtido na vigência do contrato de trabalho, ou seja, quando o trabalhador ainda se encontrava naquele ontológico estado de sujeição às ordens e à vontade do empregador.

O problema da *ficta confessio* no processo do trabalho (tese)

A CLT não prevê a confissão fictícia do empregado; fá-lo, apenas, em relação ao empregador, ao declarar que o seu não comparecimento à audiência importará, além de revelia, confissão quanto à matéria de fato (art. 844, *caput*).

Essa inexistência de previsão legal acerca da matéria, como era de se esperar, rendeu ensejo ao surgimento de intensa cizânia doutrinária e jurisprudencial, e desaguou na formação de duas correntes de pensamento antagônicas: uma, a entender que não se pode, no processo do trabalho, presumir a confissão do empregado; outra, ao reverso, a sustentar que a *ficta confessio* é perfeitamente compatível com ele. Visando a dar cobro à controvérsia, o TST adotou a Súmula n. 74, para dispor: "Aplica-se a pena de confissão à parte que, expressamente intimada com aquela cominação, não comparecer à audiência em prosseguimento, na qual deveria depor".

Sempre entendemos que a confissão fictícia era inadmissível no processo do trabalho. A nossa se baseava em dois argumentos: a) o processo do trabalho adotou o sistema do *interrogatório* e não o do *depoimento* das partes, razão por que, em princípio, não se poderia cogitar de *ficta confessio*. O próprio CPC reconhece isso (art. 139, VIII); b) todavia, com o objetivo de proteger o trabalhador, o legislador tornou destinatário dessa modalidade de confissão somente o empregador. Prova disso é o fato de o art. 844, *caput*, da CLT, estabelecer consequências processuais distintas para o caso de o não comparecimento à audiência ser do autor ou do réu. No primeiro caso, haverá extinção do processo sem resolução do mérito ("arquivamento", diz a norma legal citada); no segundo, o revel será revel e confesso quanto à matéria de fato. Bem poderia o legislador haver declarado que a ausência do empregado à audiência, desde que presente o réu, não impediria o prosseguimento do processo, vindo o autor a ser considerado confesso quanto aos fatos alegados na contestação. Se assim não dispôs foi porque desejou preservar o trabalhador cãs consequências processuais da confissão fictícia — no caso, derivante da ausência de depoimento pessoal.

Chegamos mesmo a dizer ser alentador verificar que um jurista do quilate de Coqueijo Costa (ob. cit., p. 238) não hesitou em asseverar que *"o processo do trabalho reduziu a confissão ficta ao âmbito da revelia do reclamado, que é quase sempre patronal, protegendo, assim, processualmente, o empregado"* (sublinhamos), conquanto entendamos que ela não ocorre, apenas, no caso de revelia, mas também na audiência em prosseguimento.

Em harmonia com os nossos argumentamos, chegamos a lançar críticas à Súmula n. 74, do TST, por ela não se haver dado conta que o sistema adotado pelo processo do trabalho era, exclusivamente, o do *interrogatório*.

Reconhecíamos, entrementes, ser heterodoxo o nosso entendimento sobre a matéria contida na CLT; todavia, a doutrina admitia a figura do "depoimento pessoal" no processo do trabalho, e, por isso, à semelhança do que se passava nos domínios do processo civil, presumia confessa a parte (seja autora ou ré) que deixasse de comparecer, sem justificativa ponderável, à audiência em que deveria depor (TST, Súmula n. 74, I).

Ao comentarmos, há pouco, o *caput* do art. 385 do CPC, dissemos, sob o título "A matéria na CLT", que por uma questão de ordem eminentemente prática passaríamos a aludir a *depoimento*, quando fosse o caso — sem que isso implicasse renúncia à nossa antiga convicção de que o sistema da CLT é, apenas, o do *interrogatório*.

Sendo assim, em coerência com essa nossa atitude passaremos a admitir, também para os efeitos práticos, a possibilidade de haver confissão fictícia do trabalhador.

Feita essa ressalva, devemos dizer que verificada a ausência (injustificada) da parte (autora ou ré) à audiência em prosseguimento, na qual deveria ser depor, não se deve, ato contínuo, fazer constar da ata a aplicação da "pena" de confesso. Procedimento dessa ordem é irregular, por traduzir pronunciamento jurisdicional precipitado, visto que manifestado fora do momento oportuno e do seu instrumento formal específico: a sentença que comporá a lide. À sentença, portanto, e somente a ela, caberá apreciar as consequências processuais da contumácia da parte, quando, então, o juiz fará incidir a vontade concreta da lei.

Considerando que a *ficta confessio* constitui mera presunção de veracidade dos fatos alegados pela parte contrária, pode o juiz, como já dissemos, dar continuidade à instrução oral do procedimento, ouvindo o litigante presente, as testemunhas, determinando a juntada, a exibição ou a requisição de documentos. Trata-se, porém, de *faculdade* do julgador como pessoa incumbida da emissão da sentença, e que tem, por isso, justo motivo para perseguir a verdade real. A confissão fictícia, desta maneira, atuará como um pano de fundo, sendo invocada sempre que, em determinado ponto, não houver prova que favoreça o confitente. Isto também é certo: a parte confessa não tem o direito de produzir provas, com o escopo de elidir a confissão. A este respeito, dispõe o inciso II, da Súmula n. 74, do TST: "A prova pré-constituída nos autos pode ser levada em conta para confronto com a confissão ficta (art. 400, inciso I, do CPC), não implicando cerceamento de defesa o indeferimento de provas posteriores". A alusão da Súmula deve ser entendida como feita ao art. 443, I, do CPC em vigor. Em síntese, o direito que assiste à parte confessa não vai além de exigir que o magistrado leve em consideração os documentos que ela havia juntado aos autos, antes de configurar-se a sua confissão presumida.

Equivocou-se, todavia, a Súmula n. 74, do TST, ao condicionar (item I) a incidência dos efeitos inerentes à *ficta confessio* à circunstância de haver a parte sido intimada, prévia e expressamente, dessa cominação; *rogata venia*, trata-se de submissão às regras do processo civil (CPC, art. 385, § 1º), porquanto a CLT, em nenhum momento, assim o exige, mesmo em relação ao réu (art. 844, *caput*). Argumentar-se com hipotética omissão do texto consolidado acerca da matéria é acreditar que o CPC seja o *alter ego* indefectível da CLT, é dar-se ao art. 769 uma interpretação muito mais ampla do que a sua natureza comporta, é fazer tábua rasa das particularidades e dos princípios que animam o processo do trabalho.

O processo civil prevê uma outra hipótese de confissão presumida, aplicável exclusivamente ao réu; sucede que, cabendo a este manifestar-se precisamente acerca dos fatos alegados na petição inicial, o seu silêncio gerará a presunção de serem verdadeiros tais fatos (CPC, art. 341, *caput*). Entendemos que essa regra, atinente ao ônus de impugnação específica aos fatos narrados pelo autor, é plenamente compatível com o processo do trabalho, motivo por que deverá ser admitida, salvo: a) se não for possível, a seu respeito, a confissão; b) a petição inicial não estiver acompanhada de instrumento que a lei considere da essência do ato; c) se estiver em contradição com a defesa, considerada em seu conjunto (CPC, art. 341, incisos I a III).

Acreditamos ser extremamente difícil ocorrer no processo fator impeditivo dos efeitos da confissão ficta, previsto no CPC, previsto no art. 341, II, qual seja, o de a petição inicial estar desacompanhada do instrumento que a lei considerar da substância do ato. Atente-se que não se trata de qualquer documento público, mas apenas daquele que seja, segundo o comando legal, da *substância do ato* a que se relaciona a ausência de impugnação específica por parte do réu. Talvez possa ajustar-se a esse conceito legal a certidão de nascimento do filho, na ação em que o trabalhador pede a condenação do réu ao pagamento de "salário-família".

Considerando que, geralmente, as iniciais trabalhistas narram diversos fatos, deve o réu precatar-se em manifestar contrariedade a todos eles; caso contrário, será reputado confesso, nos termos do art. 341, do CPC. Ao juiz também incumbirá verificar, para efeito de instrução do procedimento, se os fatos constantes da inicial foram objeto de impugnação, pois os que não o foram se presumem confessados, não havendo motivo para fazerem parte do *thema probandum*, sob pena de se acabar neutralizando os efeitos dessa confissão. Advirta-se, porém, que não se admite a contestação genérica (muito em voga na vigência do CPC anterior), como se vinha formulando com certa frequência; a inadmissibilidade — e a consequente ineficácia — da resposta por negativa geral, a propósito, encontra fundamento no próprio art. 341, *caput* do CPC.

§ 1º A confissão espontânea também pode ser efetuada pelo representante do autor, desde que detenha poderes especiais.

§ 2º A confissão provocada deverá constar do termo de depoimento pessoal da parte. Isso não está a significar — ao menos, do ponto de vista do processo do trabalho — que o juiz deverá abrir um capítulo sob o título "confissão", "confissão provocada" ou quejandos. Essa espécie de confissão se evidencia pelo simples registro da declaração prestada pela parte, consistente em admitir como verdadeiro um fato contrário aos seus interesses e favorável ao adversário. Os efeitos da confissão provocada serão apreciados pelo juiz quando da elaboração da sentença, e não, durante a audiência.

Por princípio, a confissão em geral pode ser feita pelas partes, desde que tenham: a) capacidade e b) legitimidade. Segundo expusemos, o empregado maior de 16 anos, todavia, pode confessar, bastando que esteja regularmente assistido por seu responsável legal (pai, mãe, tutor, curador).

O processo civil só admite a confissão *provocada* se feita pela própria parte; quanto à espontânea, conforme vimos, tanto poderá ser efetuada pela parte quanto por seu mandatário, contanto que tenha poderes para isso (CPC, art. 390, § 1º). O processo do trabalho também acolhe a confissão provocada, mesmo que realizada por intermédio de mandatário (com poderes específicos, por certo), salvo se se tratar do preposto, a que alude o § 1º do art. 843 da CLT, cujos poderes para confessar, como dissemos, estão contidos, de maneira implícita, na referida norma legal: "cujas declarações obrigarão o preponente".

Relativamente ao advogado, a lei exige, para a validade da confissão, que do instrumento de mandado conste, de maneira expressa, poder para tanto (CPC, art. 105). Isto significa que, sendo especial esse poder, não se pode presumi-lo implícito na cláusula *ad iudicia*: ou está expressamente mencionado, ou não existe.

Quanto ao preposto — insistimos em afirmar — não há necessidade de menção de poderes específicos para isso, pois a CLT estabelece, claramente, que as suas declarações obrigarão o preponente (art. 843, § 1º). A habilitação para que o preposto possa atuar em juízo, aliás, não se tem feito via procuração, mas apenas por meio de simples credencial (que a prática denomina de carta), na qual, em regra, se faz a sua apresentação ao juiz (mencionando o nome, a qualificação, o número dos autos e pouca coisa mais), sem qualquer especificação de poderes, exatamente em virtude do que dispõe a norma legal supracitada. A propósito, é interessante observar que o preposto, na Justiça do Trabalho, está dotado de poderes para transigir. Nem mesmo o reconhecimento da firma do proponente é exigido, a menos que haja dúvida quanto à autenticidade da assinatura.

Como já havíamos afirmado, se houver alguma irregularidade na representação pelo preposto (como, *v. g.*, se deixou de trazer a credencial etc.), o juiz deverá, sem suspensão do processo (ao contrário, portanto, do que determina o CPC, art. 76, *caput*), assinar prazo razoável para a sanação do defeito; não sendo cumprido o despacho, se a providência competir: a) ao réu, será declarado revel (inciso II); b) ao terceiro, será excluído do processo (inciso III).

O não comparecimento do preposto à audiência em que deveria depor conduz à confissão ficta do preponente, que não a elidirá ainda que logre provar a negligência ou a eventual má-fé que caracterizou a ausência do seu representante.

A presença de colega de profissão, ou de representante do sindicato à audiência, na hipótese de doença ou de outro motivo ponderável que impeça ao empregado-autor de comparecer, a que se refere o § 2º do art. 843, da CLT, terá o efeito somente de determinar o adiamento da audiência, porquanto tais pessoas, não podendo ser interrogadas em nome da parte, também não poderão confessar.

Art. 391. A confissão judicial faz prova contra o confitente, não prejudicando, todavia, os litisconsortes.

Parágrafo único. Nas ações que versarem sobre bens imóveis ou direitos reais sobre imóveis alheios, a confissão de um cônjuge ou companheiro não valerá sem a do outro, salvo se o regime de casamento for o de separação absoluta de bens.

• **Comentário**

Caput. Repete-se a regra do art. 350 do CPC revogado.

Qualquer confissão real (e não, fictícia) do trabalhador ou do empregador somente deverá ser aceita se realizada em juízo, no qual eles poderão manifestar a sua vontade livre de pressões, constrangimentos ou coações; por esse motivo, também não devem ser admitidas as confissões extraídas em inquéritos policiais, nos quais, muitas vezes, ficam gravemente comprometidas as garantias constitucionais do contraditório e da ampla defesa (Const. Federal, art. 5º, inciso LV). O mesmo se afirme quanto aos depoimentos prestados em autos de procedimento investigatório ou de inquérito civil público, promovidos pelo Ministério Público do Trabalho. Não basta, portanto, que o CPC contemple determinada figura ou instituto para que, de modo automático, o processo do trabalho dela se valha em suas reconhecidas omissões; é imperativo, acima de tudo, que ditas figuras ou institutos sejam compatíveis com o processo para o qual são trasladadas, sendo que, em certos casos, a compatibilidade, por si só, também se revela insuficiente, pois esbarra em um elemento muito mais sutil: a inconveniência. Por outras palavras, para a incidência supletiva, no processo do trabalho, de normas do processo civil não basta que aquele seja omisso e que as normas deste sejam compatíveis com os princípios do primeiro: é necessário investigar-se, também, se o processo do trabalho efetivamente *necessita* das normas do processo civil, com vistas ao atingimento de seus objetivos.

Desta maneira, não somente a confissão extrajudicial do empregado feita a terceiro, como prevê o CPC, mas também a realizada ao empregador, deverá ser livremente apreciada pelo juiz, que lhe atribuirá a eficácia que entender possível. Por outras palavras: na apreciação dessa espécie de confissão o julgador trabalhista valer-se-á de sua persuasão racional (livre convencimento motivado, como preferimos).

Por mais forte razão, em nenhuma hipótese — entendemos nós — deverá o processo do trabalho admitir a confissão extrajudicial feita por empregado menor de idade; este somente poderá confessar, mesmo em juízo, se: a) devidamente assistido por seu responsável legal; e b) se se tratar de confissão real.

Já a confissão extrajudicial oral, admitida pelo CPC, deverá ser confirmada em juízo por testemunhas; assim sendo, ela se converterá em prova testemunhal, perdendo, em consequência, a qualificação original, o que equivale a afirmar que, considerada em si mesma, a sua eficácia é nenhuma.

Parágrafo único. A norma não se aplica ao processo do trabalho. A Justiça do Trabalho não possui competência para dirimir ações versando sobre bens imóveis ou direitos sobre imóveis alheios.

Código de Processo Civil

Art. 392. Não vale como confissão a admissão, em juízo, de fatos relativos a direitos indisponíveis.

§ 1º A confissão será ineficaz se feita por quem não for capaz de dispor do direito a que se referem os fatos confessados.

§ 2º A confissão feita por um representante somente é eficaz nos limites em que este pode vincular o representado.

• **Comentário**

Caput. Reproduziu-se o conteúdo do art. 351 do CPC revogado.

Também no processo do trabalho não se admitirá a confissão de fatos que se refiram a direitos indisponíveis. De modo geral, são direitos indisponíveis das pessoas os pertinentes à vida, à liberdade, à saúde, à cidadania, à família etc. São direitos indisponíveis do trabalhador, entre outros, os previstos no art. 7º da Constituição Federal. A disponibilidade, que nesses casos possa haver, não é quanto ao direito em si, mas à eventual *expressão* do direito. Sabemos, por exemplo, que o direito à jornada de oito horas diárias e quarenta e quatro horas semanais está protegido pela cláusula da indisponibilidade; se, todavia, o trabalhador estiver postulando em juízo determinada quantidade de horas extras (*expressão* do direito à referida jornada), nada o impede de transacionar (o que significa *disposição parcial da expressão do direito*), admitindo receber um total de horas extras inferior ao que está postulando na causa, ou, até mesmo, àquele que foi reconhecido pela sentença.

A *indisponibilidade* do direito, para os efeitos trabalhistas, é sinônimo de *irrenunciabilidade*.

§ 1º Para que a confissão seja eficaz, equivale a dizer, produza os efeitos legais pretendidos, é indispensável que o confitente possua capacidade para dispor dos direitos a que se referem os fatos confessados. A norma legal em exame constitui reprodução literal do art. 213 do Código Civil.

§ 2º No processo civil, a eficácia da confissão realizada por um representante da parte está vinculada aos limites em que o confitente pode vincular o representado. No processo do trabalho, entrementes, não incide essa regra, pois a confissão do preposto (CLT, art. 843, § 1º) pode compreender a totalidade dos fatos alegados na petição inicial. Essa amplitude do raio de incidência da confissão está implícita na própria norma legal mencionada. Não se poderá, em razão disso, admitir no processo do trabalho carta de preposto na qual o preponente restrinja os poderes de confissão do preposto, porquanto isso implicaria restringir a própria aplicação do art. 843, § 1º, da CLT.

Art. 393. A confissão é irrevogável, mas pode ser anulada se decorreu de erro de fato ou de coação.

Parágrafo único. A legitimidade para a ação prevista no *caput* é exclusiva do confitente e pode ser transferida a seus herdeiros se ele falecer após a propositura.

• **Comentário**

Caput. A matéria estava contida no art. 352 do CPC revogado.

A confissão, por princípio, é irretratável. Entretanto, quando houver decorrido de algum vício do consentimento (erro, dolo ou coação) poderá ser revogada. Examinemos esses vícios.

Erro de fato. Já estava no Direito antigo o reconhecimento de que a pessoa induzida em erro era destituída de vontade (*cum errantis nulla voluntas sit*). Não é qualquer erro que autorizará o desfazimento da confissão, mas somente o erro substancial, assim considerado o que interessa à natureza do ato, o objeto principal da declaração, ou algumas das qualidades a ele essenciais (Cód. Civil, art. 139, inciso I). Erro substancial será igualmente o que disser respeito a qualidades essenciais de pessoa, a quem se referir a declaração de vontade (Cód. Civil, art. 139, inciso II) e, ainda, sendo de direito e não implicando recusa à aplicação da lei, for o motivo único ou o principal do negócio jurídico (*ibidem*, III).

Entende Ísis de Almeida (ob. cit., p. 70) que, no caso de confissão do empregado, decorrente de erro, o juiz, constatando o vício, pode e deve "ter a iniciativa de revogar a confissão, ou, simplesmente, considerá-la anulada de ofício". Compartilhamos esse pensamento, em termos. É evidente que o processo do trabalho não se deve curvar, de modo subserviente, ao processo civil, em matéria de revogação de confissão, exigindo que a parte interessada (confitente) tome a iniciativa de afora a ação anulatória a que se refere o art. 393, parágrafo, do CPC. A existência de duas ações paralelas e interdependentes seria desastrosa para o processo do trabalho, violentando, com profundidade, os princípios medulares que o informam, e, em particular, o da celeridade. A propósito, o projeto do CPC de 1973 já fora alvo de justas críticas, nesse particular, tendo o deputado José Camargo apresentado emenda com a finalidade de suprimir o dispositivo que condicionava o desfazimento da confissão à ação anulatória, argumentando, com razão, ser duvidoso que essa ação anulatória incidental trouxesse vantagem à outorga da prestação jurisdicional. Essa emenda, lamentavelmente, não vingou êxito. Deste modo, acreditamos que, no processo do trabalho, não se deva exigir do confitente a "propositura" de ação anulatória; convencendo-se de que a confissão emanou de erro, dolo ou coação, deverá o juiz demonstrar as razões em que se funda, quanto a isto, a sua convicção, deixando assim de reconhecer à *ficta confessio* os efeitos legais que, em outras circunstâncias, lhe seriam inerentes; enfim, a "desconsideraria".

Diante disto, a revogação, por iniciativa da parte, somente deverá ser exigida no caso de a sentença haver transitado em julgado. O remédio adequado será, então, a rescisória, na medida em que, publicada a sentença de mérito, o juízo cumpre e acaba o ofício jurisdicional, somente podendo alterá-la nas hipóteses previstas em lei (CPC, art. 494). É legitimamente possível invocar-se, em defesa deste entendimento, não somente os princípios informadores do processo do trabalho, já mencionados, mas também o da persuasão racional do julgador (ou do livre convencimento motivado) tornado concreto na ordem jurídica pelo art. 131 do próprio CPC de 1973 e preservado pelo art. 371 do CPC atual.

Do ponto de vista histórico, é importante registrar que na fase de elaboração legislativa do CPC de 1973 emenda proposta pela Comissão visou a conferir ao então art. 356 do projeto a seguinte redação: "Retratando-se o confitente, sob a alegação de erro, dolo ou violência, o Juiz apreciará a retratação de acordo com o seu livre convencimento". Em rigor, dever-se-ia ter feito referência ao livre convencimento motivado ou à persuasão racional, expressões sinônimas na doutrina processual. De resto, a emenda proposta pela Comissão era inatacável; infelizmente, contudo, não prosperou.

Coação. A coação, como causa do desfazimento da confissão, há de ser tal que incuta à parte fundado receio de dano à sua pessoa, à sua família, ou a seus bens, iminente e igual, pelo menos, ao receado em relação ao ato extorquido (Cód. Civil, art. 151).

Dispõe a lei que o juiz, ao apreciar a coação, levará em conta o sexo, a idade, a condição, a saúde, o temperamento do confitente e todas as demais circunstâncias, que lhe possam influir na gravidade (Cód. Civil, art. 152).

Não se considera coação a ameaça do exercício normal de um direito, nem o simples temor reverencial (Cód. Civil, art. 153).

O direito material do trabalho deveria, em respeito à sua natureza protetiva do empregado, rejeitar a figura da coação como vício da manifestação volitiva deste, porquanto, sob o ângulo civilista, a coação não se presume, pois se parte do pressuposto da igualdade formal das partes. Cumpre à doutrina trabalhista, portanto, propiciar condições para que a presunção de *pressão econômica*, a que se referiu o notável Oliveira Viana, já em 1939, seja admitida substitutivamente à coação civilista.

Dolo. O CPC atual eliminou o dolo como causa para a anulação da confissão. Não entendemos o motivo dessa defecção. O vocábulo *dolo* é originário do latim *dolus*, significando, em Direito Civil, "toda espécie de artifício, engano, ou manejo astucioso promovido por uma pessoa, com a intenção de induzir outrem à prática de um ato jurídico, em prejuízo deste e proveito próprio ou de outrem" (De Plácido e Silva, ob. cit., p. 563). Os atos jurídicos provenientes de atividade dolosa da parte, por isso, são anuláveis (Cód. Civil, art. 145). Pelas mesmas razões a confissão, quando oriunda de dolo, poderá ser revogada. A propósito, o art. 145 do CC está a demonstrar que a confissão pode ser anulada em decorrência de dolo, a despeito do silêncio do art. 393, parágrafo único, do CPC.

Dispunha o art. 352 do CPC revogado que a confissão oriunda de erro, dolo ou coação, poderia ser revogada: a) por ação anulatória, se estivesse pendente a causa em que foi feita; b) por ação rescisória, se tivesse ocorrido o trânsito em julgado da sentença da qual constitua o único fundamento.

O CPC atual limitou a asseverar, no art. 393, *caput*, que a confissão é irrevogável, embora possa ser tornada sem efeito mediante ação anulatória. Conquanto tenhamos dito, há pouco, que no processo do trabalho a confissão não precisa, *necessariamente*, ser objeto de ação anulatória, pois o juiz pode desconsiderá-la *ex officio* se a sentença de mérito ainda não foi emitida — contanto que encontre elementos nos autos para isso. Nossa referência ao art. 393, *caput*, no CPC, entretanto, não foi somente com o propósito de reiterar a nossa opinião quanto à desnecessidade de ação anulatória no processo do trabalho, mas para observar que essa norma legal, ao contrário do art. 352, II do CPC de 1973, não faz menção à ação rescisória no caso de ter ocorrido o trânsito em julgado da sentença que tenha adotado como único fundamento a confissão emanante de erro, dolo ou coação.

Nesta hipótese, não há negar que a sentença deverá ser desconstituída por meio de ação rescisória, e não de ação anulatória. Seria, verdadeiramente, perturbador dos princípios clássicos, e dos próprios sistemas processuais, ocasional entendimento de que a sentença, mesmo tendo transitado e julgado — e, em decorrência disso, produzido coisa julgada material — seria suscetível de desconstituição mediante ação anulatória. Está no art. 966, III, do CPC, aliás, a possibilidade do exercício da ação rescisória quando o pronunciamento jurisdicional de mérito, transitado em julgado, haver derivado de dolo da parte vencedora em detrimento da vencida.

Mesmo no sistema do atual CPC, portanto, a confissão decorrente de erro de fato, dolo ou coação poderá ser desfeita: a) por ação anulatória, se pendente de julgamento o processo em que ocorre; b) por ação rescisória se a sentença transitou em julgado, tendo como fundamento exclusivo essa confissão.

Se a sentença rescindenda se houver utilizado de outros fundamentos para decidir acerca do mesmo fato, a rescisória será incabível, dado que a confissão, no caso, não influiu diretamente no resultado da prestação jurisdicional. Por outro modo de expressar: a rescisória somente será admissível se houver uma relação de causa e efeito entre a confissão e o resultado do julgamento, contido na sentença.

Caberá ao confidente a iniciativa de ajuizar a ação (anulatória ou rescisória, segundo seja a hipótese) tendente a revogar a confissão, esclarecendo o CPC que, uma vez iniciada a ação, esse direito passará para os herdeiros do confitente (art. 393, parágrafo único).

Um registro histórico a propósito da coação: a França, durante a monarquia, havia a *quéstion préalable*, que consistia em um interrogatório mediante tortura do condenado antes da execução da pena. Esse interrogatório infamante visava a fazer com que o condenado denunciasse seus cúmplices. A confissão do condenado era obtida, antes, na *question préparatoire*. Havia, ainda, o *interrogatoire sur la sallette*. A *sallette* era um pequeno banco de madeira, no qual se sentava o acusado quando do seu último interrogatório, antes da aplicação da pena. Todas essas práticas foram abolidas em 1780, por Luís XVI, como uma das medidas destinadas a tentar apaziguar o povo e os próprios nobres que se revoltavam contra ele, seja, no primeiro caso, pelo aumento do preço do pão, seja, em ambos, porque desejavam a imediata convocação dos Estados-Gerais.

Parágrafo único. É do confitente a legitimidade para promover a ação destinada a revogar a confissão. Esse exercício é, portanto, personalíssimo; todavia, uma vez ajuizada, a ação passa a seus herdeiros. O mesmo se afirme quanto à ação rescisória dirigida à sentença que se fundou, com exclusividade, em confissão oriunda erro, dolo ou coação.

Art. 394. A confissão extrajudicial, quando feita oralmente, só terá eficácia nos casos em que a lei não exija prova literal.

• **Comentário**

A matéria era tratada o art. 353 do CPC revogado.

Qualquer confissão real (e não, fictícia) do trabalhador ou do empregador somente deverá ser aceita se realizada em juízo, no qual eles poderão manifestar a sua vontade livre de pressões, constrangimentos ou coações; por esse motivo, também não devem ser admitidas as confissões extraídas em inquéritos policiais, nos quais, muitas vezes, ficam gravemente comprometidas as garantias constitucionais do contraditório e da ampla defesa (Const. Federal, art. 5º, inciso LV). O mesmo diga quanto aos depoimentos prestados em autos de procedimento investigatório ou de inquérito civil público, promovidos pelo Ministério Público do Trabalho. Não basta, portanto, que o CPC contemple determinada figura ou instituto para que, de modo automático, o processo do trabalho dela se valha em suas reconhecidas omissões; é imperativo, acima de tudo, que ditas figuras ou institutos sejam compatíveis com o processo para o qual são trasladadas, sendo que, em certos casos, a compatibilidade, por si só, também se revela insuficiente, pois esbarra em um elemento muito mais sutil: a inconveniência. Por outras palavras, para a incidência supletiva, no processo do trabalho, de normas do processo civil não basta que aquele seja omisso e que as normas deste sejam compatíveis com os princípios daquele: é necessário investigar-se, também, se o processo do trabalho efetivamente *necessita* das normas do processo civil, com vistas ao atingimento de seus objetivos.

Desta maneira, não somente a confissão extrajudicial do empregado feita a terceiro, como prevê o CPC, mas também a realizada ao empregador, deverá ser livremente apreciada pelo juiz, que lhe atribuirá a eficácia que entender possível. Por outras palavras: na apreciação dessa espécie de confissão o julgador trabalhista valer-se-á de sua persuasão racional (livre convencimento motivado, como preferimos).

Por mais forte razão, em nenhuma hipótese — entendemos nós — deverá o processo do trabalho admitir a confissão extrajudicial feita por empregado menor de idade; este somente poderá confessar, mesmo em juízo, se: a) devidamente assistido por seu responsável legal e b) se se tratar de confissão real.

Já a confissão extrajudicial oral, admitida pelo CPC, deverá ser confirmada em juízo por testemunhas; assim sendo, ela se converterá em prova testemunhal, perdendo, em consequência, a qualificação original, o que equivale a afirmar que, considerada em si mesma, a sua eficácia é nenhuma.

No sistema do CPC, a confissão extrajudicial efetuada oralmente somente terá eficácia nos casos em que a lei não imponha prova escrita. No processo do trabalho, entrementes, como já deixamos salientado em linhas transatas, nem mesmo a confissão extrajudicial escrita possui eficácia, pois os fatos por esse modo confessados devem ser confirmados em juízo pela própria parte. Por mais forte razão, repugna a esse processo a possibilidade de ser admitida a confissão extrajudicial feita oralmente.

Art. 395. A confissão é, em regra, indivisível, não podendo a parte que a quiser invocar como prova aceitá-la no tópico que a beneficiar e rejeitá-la no que lhe for desfavorável, porém cindir-se-á quando o confitente a ela aduzir fatos novos, capazes de constituir fundamento de defesa de direito material ou de reconvenção.

• **Comentário**

Trata-se de transposição literal do art. 354 do CPC revogado.

Estamos diante do princípio legal da indivisibilidade da confissão (*confessio dividi non debet*). O próprio Código, todavia, admite a cisão quando o confitente aduzir fatos novos, suscetíveis de constituírem fundamento de defesa de direito material (art. 395, segunda parte). Em todo o caso, o princípio legal estabelece que a confissão deve ser considerada como um todo incindível.

No processo do trabalho, contudo, é desaconselhável a aceitação da indivisibilidade da confissão porque, em geral, tanto o autor quanto o réu narram fatos os mais diversos, nada impedindo, portanto, que sejam considerados confessos em relação a alguns desses fatos e não necessariamente a todos. É preciso não esquecer que, no processo civil, comumente, a *causa petendi*, apontada pelo autor, é uma só (e o pedido também), daí por que a regra da incindibilidade da confissão que aí se verificar encontra, nesta particularidade, o seu pressuposto lógico — que inexiste, à evidência, no caso das iniciais trabalhistas, pródigas que são em matéria de *causa petendi* e de pedidos. Nada mais coerente com a realidade das pretensões que o caracterizam, conseguintemente, tenha o CPC admitido o fracionamento da confissão, apenas, em caráter excepcional, isto é, diante de fatos novos, assim entendidos aqueles não pertencentes originalmente à causa.

É exatamente em nome do respeito à realidade do processo do trabalho que se há de evitar, aqui, a adoção, como princípio, da indivisibilidade da confissão. Na hipótese, todavia, de a ação concernir a um único fato, é palmar que a confissão, acaso existente, não possibilitará ser fracionada: a unidade do fato exigirá a unidade da confissão.

Seção VI
Da Exibição de Documento ou Coisa

Art. 396. O juiz pode ordenar que a parte exiba documento ou coisa que se encontre em seu poder.

• **Comentário**

Reproduziu-se, literalmente, o art. 355 do CPC revogado.

No sistema do CPC de 1973, a exibição de documento poderia ser: a) *incidental* (arts. 355/363), ou seja, feita no curso do processo; ou b) *cautelar* (CPC, arts. 844/845), vale dizer, antecedente ao ajuizamento da ação principal.

O CPC atual prevê a exibição nos arts. 396/404. Embora o conteúdo dessas normas corresponda ao dos arts. 355/363 do CPC revogado, que regulavam o exercício da exibição *incidental*, entendemos que o fato de o legislador da atualidade, consistente em não reproduzir as disposições dos arts. 844/845 daquele Código, que cuidavam a exibição *antecedente* (cautelar) não deve ser interpretado como sendo produto de sua intenção de eliminar a exibição *antecedente*, senão que fazer com que os arts. 396/404 disciplinem tanto a exibição incidental quanto a antecedente.

A exibição documental tem origem no Direito Romano (*ad exhibendum e de adendo*).

São pressupostos para essa exibição: a) ser, o documento, relevante para a solução do conflito de interesses; b) estar em poder da parte contrária; c) esta não o haver juntado de maneira espontânea.

Conceito

Um dos mais antigos e conhecidos conceitos de exibição vem de Ulpiano: é trazer a público, submeter à faculdade de ver e tocar (*est in publicum producere et vivendi tangendique hominis facultatem praebere*); retirar a coisa do segredo em que se encontra, nas mãos de quem a possuir (*proprie extra secretum habere*). ("Digesto", *De libero homine axhibendo*, 48.39, 7º, fr. 3).

Não basta, entretanto, que alguém venha a juízo e manifeste intenção de ver exibidos determinados documentos, ou coisas móveis, ou escrituração contábil; é imprescindível, acima de tudo, que a pretensão do requerente esteja fundada em um *interesse jurídico* na exibição, pois essa espécie de ação não está livre de obediência à regra cardeal enunciada no art. 17 do CPC. O interesse, no caso, reside na necessidade (ou, quando menos, na utilidade) que a parte possui de, por intermédio da exibição, constituir ou assegurar certo meio de prova, embora possa, em alguns casos, valer-se dessa ação simplesmente para tomar conhecimento da coisa que se encontra em poder de outrem, terceiro ou não.

Ausente esse interesse, o requerente deverá ser declarado, por sentença, carecedor da ação, extinguindo-se o processo sem pronunciamento acerca do "mérito" (CPC, art. 485, VI).

É elementar que a exibição não se destina a privar, em caráter definitivo, a parte contrária ou o terceiro da posse do bem; por meio dela apenas se visa a um exame — interno ou externo — da coisa (com a finalidade já explicitada), que, depois disso, é restituída a quem a exibiu. Pode o Juiz, todavia, determinar que o bem permaneça durante certo tempo nos autos, ou que seja removido a depósito judiciário, a fim de que o promovente da ação possa examiná-lo com mais tempo.

Pretensão à exibição

Estando as partes, portanto, subordinadas com rigidez ao encargo legal de produzir as provas das alegações que fizerem em juízo, não seria justo exigir que uma delas se desincumbisse desse encargo estando o meio probante (documento, *e. g.*) em posse da outra ou mesmo de terceiro. Ciente disso, o legislador permitiu que a parte pudesse deduzir uma pretensão específica, com o escopo de compelir a que outrem exibisse judicialmente a coisa ou o documento, que precisasse examinar, seja para assegurar determinada prova ou para produzi-la, com vistas a uma ação de mérito, já aforada ou que desejasse aforar.

A pretensão exibitória poderá ser exercida por quem tiver interesse na exibição; nesse aspecto, era mais precisa a redação do art. 216 do CPC de 1939, ao fazer expressa referência ao *interessado* como parte legítima para formular essa postulação judicial. Daí se extrai a conclusão de que embora, na grande maioria dos casos, no processo do trabalho a exibição seja requerida pelo empregado, nada impede que essa pretensão seja exercitada pelo empregador, contanto que atenda à *condição* essencial do *interesse* processual (CPC, art. 17) e tenha a Justiça do Trabalho competência em razão da matéria.

O interesse na exibição está relacionado com o escopo de *preparar* o ajuizamento de uma ação, ou de *prevenir* essa propositura. A parte que possui o documento ou a coisa não poderá eximir-se da exibição ordenada alegando que não estaria obrigada a produzir prova contra si: o princípio é o da obrigação legal de exibir (e não de produzir prova contrária aos próprios interesses). Como veremos mais adiante, há situações em que a parte contrária ou o terceiro podem recusar-se à exibição, provando não possuírem obrigação legal quanto a isso (invocando, p. ex., o sigilo profissional).

A legitimação passiva, na exibitória, é daquele que está jungido ao dever legal de exigir; isto corresponde a dizer que nem sempre o réu, na ação de exibição, é o mesmo da ação principal, tal como se dá quando a pretensão do requerente é exercida em face de terceiro.

A exibição, tanto preparatória quanto incidental, não pode ser ordenada de ofício, sendo, ao contrário, regida pelo princípio da demanda, de modo a exigir a *iniciativa* do interessado (CPC, art. 2º). Note-se que estamos cogitando de *exibição*, pois o juiz, no regular exercício do seu poder diretivo do processo, pode determinar que qualquer das partes *junte* aos autos documento que entender útil ou necessário à instrução do procedimento, sem que se possa ver nisso qualquer componente de exibição cautelar.

Quando o terceiro for entidade pública (CPC, art. 438), caberá ao juiz *requisitar*, *ex officio* ou a requerimento do interessado: *a)* as certidões necessárias à prova das alegações dos litigantes (I); *b)* os procedimentos administrativos nas causas em que forem interessados a União, o Estado, o Distrito Federal, o Município, ou as respectivas entidades da administração pública indireta (II). O desatendimento à ordem judicial ensejará não apenas a aplicação de sanções disciplinares pelos órgãos públicos superiores competentes, como caracterizará a responsabilidade penal por *crime de desobediência* (Cód. Penal, art. 330).

Figurando, porém, a União, o Estado ou o Município como parte passiva na relação jurídica processual, poderá o autor requerer que exibam (incidentalmente) documento ou coisa, do mesmo modo que poderá se utilizar da exibitória cautelar com a finalidade de "preparar" a ação principal a ser posta em juízo.

Sintetizando o nosso parecer: se as pessoas jurídicas de direito público mencionadas detiverem o documento ou a coisa na qualidade de *terceiro*, contra elas não caberá a exibição incidental, competindo ao juiz efetuar a necessária requisição por sua iniciativa ou a instância do interessado (art. 438). No caso de exibição de índole *cautelar*, no entanto, é lícito ao juiz — a requerimento do interessado — determinar que a União, o Estado, ou o Município exibam o documento ou a coisa, que possuem na qualidade de terceiro, em virtude do caráter "preparatório" da ação principal, que apresenta esse procedimento acautelatório.

A matéria no texto legal

a) Exibição incidental

Não possui, como afirmamos, natureza caracteristicamente cautelar. É requerida no curso de um processo principal (daí a incidentalidade que a marca), pelo autor ou pelo réu, tendo como sujeito passivo a parte adversa ou terceiro. Os arts. 401 e 402, do Código inscreveram, a propósito, entre os deveres do terceiro, em relação a qualquer pleito judicial, o de exibir documento ou coisa que esteja em seu poder. Esse dever específico decorre de outro, bem mais amplo — uma vez que alcança a todas as pessoas —, com sede no art. 378 do mesmo diploma processual: "Ninguém se exime do dever de colaborar com o Poder Judiciário para o descobrimento da verdade"; *mutatis mutandis*, é o que está no art. 645 da CLT.

b) Exibição cautelar

O seu sentido teleológico é o de preparar (= produzir ou assegurar) a prova a ser utilizada no processo principal. Longe, pois, de pressupor um processo em curso, tem em mira um processo futuro. Efetivamente, a exibitória cautelar tende a obter ou a garantir certos elementos de prova de que se precisará para instruir o processo principal, a ser instaurado.

Como acentua Pontes de Miranda, o alvo dessa exibição é assegurar a pretensão a conhecer os dados de uma ação antes de "propô-la", motivo por que "Metê-la na classe das exibições que correspondem à pretensão, à asseguração da prova não é, certo, contra a natureza das coisas; pois a prova se destina ao convencimento do juiz e o autor está promovendo a formação de elementos que possam levá-lo ao cumprimento do seu *ônus* de afirmar e de provar" (obra cit., p. 362/363).

Tendo a parte, portanto, o encargo legal de produzir a prova quanto à veracidade das alegações feitas em juízo, e desejando precatar-se contra o risco de realizar uma instrução deficiente do procedimento de mérito (com repercussões altamente prejudiciais ao seu direito ou interesse), poderá buscar socorro na exibição cautelar, ora em estudo.

c) Objeto da exibição

Na exibição incidental o objeto é coisa ou o documento que se acha em poder da parte contrária ou de terceiro; na *cautelar* é: *a)* a coisa móvel que se encontra na posse de outrem e que o requerente considere sua ou tenha interesse em conhecer; *b)* o documento próprio ou comum, em poder de co-interessado, sócio, condômino, credor ou devedor, ou de terceiro que o tenha em sua guarda, como inventariante testamenteiro, depositário ou administrador de bens alheios; *c)* a escrituração comercial por inteiro, balanços e documentos de arquivo, nos casos expressos em lei.

Coisa. Exibem-se, somente, bens *móveis*; os imóveis são passíveis apenas de *vistorias* (*ad perpetuam rei memoriam*), pois não possuem mobilidade própria nem podem ser removidos por força alheia.

Raramente o processo do trabalho acolherá pretensões exibitórias fundadas em direito real sobre a coisa; em regra, a exibição de bem móvel, neste processo, decorre de um interesse exclusivamente *provativo*.

Documento. Entenda-se como *documento:* a) *próprio*, aquele que pertence ao autor; b) *comum*, o que se refere à determinada relação jurídica de que o autor participe ou tenha participado.

No processo do trabalho entram, perfeitamente, no conceito de documento comum, *v. g.*, os recibos de pagamento de salários e de férias, o próprio contrato de trabalho e o instrumento de sua ruptura, os cartões ou livros de controle de frequência etc. Sendo assim, se o empregado necessitar inteirar-se do conteúdo de um desses documentos, que se encontra em poder do empregador — com a finalidade de produzir prova em processo futuro —, poderá ingressar com a ação cautelar de exibição, precatando-se, dessa forma, contra possíveis surpresas desfavoráveis ao seu direito ou interesse, que poderiam advir da sua insciência quanto ao teor do documento.

Essa cautela nominada poderia ser manejada, p. ex., com o objetivo de fazer com que o empregador exibisse em juízo *todos* os documentos *comuns*, assinados pelo empregado, desde o contrato de trabalho até o instrumento de sua formal terminação, a fim de evitar que, na fase de instrução do procedimento principal, viesse o trabalhador a ser surpreendido com documentos que, assinados em branco, acabassem sendo posteriormente preenchidos pelo empregador, com o intuito de comprovar o pagamento das parcelas postuladas na inicial. Realmente, uma das grandes dificuldades enfrentadas pelo empregado, quando em juízo, consiste na produção da prova de que os documentos juntados pelo empregador foram assinados em branco, pois nem sempre uma perícia grafotécnica pode acusar a anterioridade da assinatura em relação ao texto. Justamente para evitar situações dessa ordem é que o trabalhador pode exercer uma pretensão cautelar exibitória, em caráter preparatório da ação de mérito, destinada a compelir o empregador a apresentar *todos* os documentos comuns que tenham sido assinados pelo requerente; exibidos que sejam e vindo o empregador a juntar, *no processo principal*, documentos comuns assinados pelo empregado, *que deixou de exibir na ação cautelar*, a forte presunção que contra ele militará é de que o documento foi *preenchido depois do lançamento da assinatura do empregado* — única razão lógica para o fato de não haver sido exibido nos autos da ação cautelar, juntamente com os demais que o foram.

Embora a lei fale em documento de conteúdo *comum* (art. 399, III), há que se considerar como tal o que, a despeito de haver sido produzido sem a participação do requerente, tenha influência direta na relação jurídica material estabelecida entre ele e a parte contrária, pouco importando que o documento se encontre, legitimamente, em mãos de terceiro. O interesse jurídico, em vê-lo exibido em juízo, é indiscutível. Exemplifiquemos com um contrato de prestação de serviços, feito entre o empregador e terceiro, por força do qual o trabalhador passou a desempenhar suas atividades no estabelecimento comercial (ou industrial etc.) deste.

O pedido de exibição de documento deverá ser formulado com atendimento aos requisitos constantes do art. 397 do CPC, *ad instar* do que tem como objeto a exibição de coisa móvel.

Poderia o requerente suscitar, nos autos da exibição cautelar, incidente de falsidade quanto ao documento cuja exibição solicitou? Responder que sim seria manifestar desconhecimento da finalidade das providências acautelatórias em geral, da qual não se afasta a exibição. O incidente de falsidade deverá, por isso, ser suscitado nos autos do *processo principal*, e lá resolvido. O máximo que se permite é que o requerente da exibição *alegue* (diga, fale) que o documento é falso, para que a sua eventual omissão não possa ser interpretada, no processo principal, como aceitação da autenticidade do documento. Alegar falsidade, porém, não é o mesmo que *suscitar* o incidente disciplinado pelos arts. 430 a 433 do CPC.

Art. 397. O pedido formulado pela parte conterá:

I – a individuação, tão completa quanto possível, do documento ou da coisa;

II – a finalidade da prova, indicando os fatos que se relacionam com o documento ou com a coisa;

III – as circunstâncias em que se funda o requerente para afirmar que o documento ou a coisa existe e se acha em poder da parte contrária.

• **Comentário**

Caput. Repete-se o teor do art. 356 do CPC revogado.

A norma indica os requisitos que deve conter o pedido de exibição de documento.

Inciso I. A individuação é necessária, a fim de que a parte exiba, exatamente, o documento ou a coisa que foi objeto da determinação judicial. Cabe ao requerente, pois, especificar, à minudência, as características do documento ou da coisa, sob pena de possibilitar que a parte contrária exiba, voluntária ou involuntariamente, documento ou coisa diversa do desejado.

Inciso II. É imprescindível, também que o requerente informe ao juiz qual a finalidade da prova, fazendo uma indicação dos fatos que se relacionam com o que pretende seja exibido, pois isto permitirá ao magistrado apreciar quanto à relação, ou não, desses fatos, com o documento ou a coisa; ainda que haja esse relacionamento, o pedido poderá ser rejeitado, caso se verifique que os fatos são irrelevantes para a causa, ou impertinentes, ou, ainda, incontroversos. Ademais, não basta que o requerente seja parte; cumpre-lhe demonstrar que possui *interesse* na exibição (CPC, art. 17).

Inciso III. Se o requerente diz estar o documento ou a coisa em poder do adversário, é razoável que se exija dele um esclarecimento acerca das razões que o levam a afirmar que o documento ou a coisa existe, bem assim, que estão em poder da outra parte. Essa providência ensejará a que o juiz, mais tarde, possa melhor apreciar eventual alegação da parte a quem se ordenou a exibição de que não possui o documento ou a coisa.

Art. 398. O requerido dará sua resposta nos 5 (cinco) dias subsequentes à sua intimação.

Parágrafo único. Se o requerido afirmar que não possui o documento ou a coisa, o juiz permitirá que o requerente prove, por qualquer meio, que a declaração não corresponde à verdade.

• **Comentário**

Caput. Regra idêntica estava contida no art. 357 do CPC revogado.

Solicitada a exibição, o requerido deverá apresentar a sua resposta nos cinco dias subsequentes à sua intimação.

Arts. 399 e 400

Parágrafo único. Afirmando que não possui o que lhe foi solicitado exibir, o juiz permitirá que o requerente prove, por meios legalmente admissíveis, que a declaração não é verdadeira.

Note-se que o art. 397, III, do CPC, exige que o requerente mencione as circunstâncias pelas quais entende que o documento existe e se encontra em poder da parte contrária. Desta maneira, se a parte contrária alegar que não possui o documento não necessitará fazer prova disso (seria prova negativa). Incumbirá, isso sim, ao requerente provar, nos cinco dias subsequentes à sua intimação, que a declaração do requerido não corresponde à verdade (art. 398), podendo, inclusive, pedir a condenação de deste por litigância de má-fé (art. 80, II).

Art. 399. O juiz não admitirá a recusa se:

I — o requerido tiver obrigação legal de exibir;

II — o requerido tiver aludido ao documento ou à coisa, no processo, com o intuito de constituir prova;

III — o documento, por seu conteúdo, for comum às partes.

• **Comentário**

Caput. Repetiu-se a regra do art. 358 do CPC revogado.

A recusa da parte em exibir o documento ou a coisa não será aceita pelo magistrado nos casos previstos nos incisos que examinaremos a seguir.

Inciso I. Obrigação legal de exibir. Em princípio, a parte tem o dever legal de exibir todo e qualquer documento que se encontre em seu poder e que seja útil ou indispensável à solução do conflito de interesses. Somente em casos excepcionais, legalmente previstos, a parte poderá ser dispensada desse dever, como quando o documento contiver registros estritamente confidenciais, cuja revelação em juízo possa violar a intimidade ou a honra da parte ou de pessoa de sua família, ou de colocar em risco a vida de um e de outros.

Inciso II. Alusão ao documento. Se a própria parte requerida fez referência ao documento, no processo, é evidente que já lhe admitiu a existência (e, talvez, a posse), motivo pelo qual, ressalvadas as situações extraordinárias, não poderá recusar-se a exibi-lo em juízo. Muitas vezes, por exemplo, a parte, na oportunidade do seu interrogatório em audiência, faz menção a determinado documento que se encontra em seu poder; neste caso, sendo o documento importante para a solução da lide, poderá o juiz, *ex officio* ou a requerimento do interessado, ordenar a exibição.

Inciso III. Documento de conteúdo comum às partes. Esta é uma das situações mais frequentes, no processo do trabalho, que levam o juiz a determinar que a parte exiba documentos. De modo geral, os documentos atinentes à relação jurídica existente ou havida entre as partes é comum a ambas. Neste caso, uma delas não poderá recusar-se a exibi-los diante de determinação judicial nesse sentido.

Art. 400. Ao decidir o pedido, o juiz admitirá como verdadeiros os fatos que, por meio do documento ou da coisa, a parte pretendia provar se:

I — o requerido não efetuar a exibição nem fizer nenhuma declaração no prazo do art. 398;

II — a recusa for havida por ilegítima.

Parágrafo único. Sendo necessário, o juiz pode adotar medidas indutivas, coercitivas, mandamentais ou sub-rogatórias para que o documento seja exibido.

• **Comentário**

Caput. A matéria era tratada, em menor extensão, pelo art. 359 do CPC revogado.

O CPC atual esclarece que será *na sentença* que o juiz admitirá como verdadeiros os fatos que a parte pretendia comprovar por meio do documento ou da coisa, nas situações especificadas nos incisos I e II. O art. 359 do CPC anterior apenas dizia "Ao decidir o pedido", ensejando a que se imaginasse tratar-se de decisão de traço interlocutória. Está claro, agora, que essa manifestação do juiz deverá ocorrer na sentença que resolver a lide.

Inciso I. Diz o inciso que se o requerido não efetuar a exibição no prazo legal, nem efetuar nenhuma declaração no prazo do art. 398, o juiz admitirá como verdadeiros os fatos que a parte pretendia comprovar com os documentos. A referência feita ao art. 398 significa que o prazo para a parte exibir o documento ou fazer qualquer declaração será de cinco dias.

Inciso II. Com "recusa ilegítima" a norma está a dizer que essa atitude do requerido não possui amparo legal. Desse modo, se a recusa partir de um dos litigantes o juiz estará autorizado pelo sistema a admitir, na sentença, como verdadeiros os fatos narrados pelo requerente da exibição. A recusa será reputada ilegítima, por exemplo, nos casos previstos nos incisos I a III do art. 399.

Parágrafo único. Com o objetivo de fazer com que o documento seja exibido, o juiz poderá fazer uso de medida indutivas, coercitivas, mandamentais ou sub-rogatórias.

Art. 401. Quando o documento ou a coisa estiver em poder de terceiro, o juiz ordenará sua citação para responder no prazo de 15 (quinze) dias.

• **Comentário**

A diferença existente entre o art. 401, *sub examen*, e o art. 360 do CPC revogado, é que este fixava o prazo de dez dias para o terceiro proceder à exibição, ao passo que aquele elevou o prazo para quinze dias.

Pode acontecer de a coisa ou o documento, que se deseja ver exibidos judicialmente, encontrarem-se em mãos de terceiro; nesse caso, dele exigir-se-á exibição.

Diz-se terceiro porque se trata de pessoa alheia à relação jurídica (geralmente material) estabelecida entre aqueles que figuram ou figurarão como partes no processo principal, de mérito; por outro lado, o terceiro é *parte* no procedimento da exibição, na medida em que é dele que se reclama a apresentação, em juízo, da coisa ou do documento que se acha — ou diz achar-se — em seu poder.

Também aqui, a petição inicial deverá ser elaborada com obediência aos requisitos legais, especialmente, aos do art. 397, no que couberem. Estando em ordem essa peça, o juiz determinará a citação do terceiro, para responder à ação no prazo de quinze dias (art. 401).

Art. 402. Se o terceiro negar a obrigação de exibir ou a posse do documento ou da coisa, o juiz designará audiência especial, tomando-lhe o depoimento, bem como o das partes e, se necessário, o de testemunhas, e em seguida proferirá decisão.

• **Comentário**

Copiou-se o art. 361 do CPC revogado.

Caso o terceiro negue a obrigação legal de exibir, ou a posse do documento ou da coisa, cumprirá ao juiz designar audiência especial, para tomar o depoimento do terceiro e das partes e, se necessário, de testemunhas indicadas por uns e outros.

Neste caso, ato pelo qual o juiz resolve o incidente traduz decisão de natureza interlocutória — e não, sentença. No sistema do processo do trabalho o ato sobredito é irrecorrível (CLT, art. 893, § 1º) — embora comporte impugnação por meio de mandado de segurança, na hipótese de o terceiro sentir-se seguro em demonstrar, mediante prova pré-constituída, o seu direito líquido e certo de não efetuar a exibição.

Art. 403. Se o terceiro, sem justo motivo, se recusar a efetuar a exibição, o juiz ordenar-lhe-á que proceda ao respectivo depósito em cartório ou em outro lugar designado, no prazo de 5 (cinco) dias, impondo ao requerente que o ressarça pelas despesas que tiver.

Parágrafo único. Se o terceiro descumprir a ordem, o juiz expedirá mandado de apreensão, requisitando, se necessário, força policial, sem prejuízo da responsabilidade por crime de desobediência, pagamento de multa e outras medidas indutivas, coercitivas, mandamentais ou sub-rogatórias necessárias para assegurar a efetivação da decisão.

• **Comentário**

Caput. A matéria estava no art. 362 do CPC revogado.

Recusando o terceiro, sem justo motivo, a efetuar a exibição, o juiz determinar-lhe-á que proceda ao depósito do documento ou da coisa em cartório, ou em outro lugar que indicar, no prazo de cinco dias, impondo ao requerente que o embolse das despesas que realizar.

Parágrafo único. Se o terceiro descumprir a ordem, o juiz expedirá mandado de apreensão, requisitando, conforme as circunstâncias, força policial, sem prejuízo de responsabilizá-lo pelo crime de desobediência (Código Penal, art. 300), pelo pagamento de multa e da imposição de outras medidas mandamentais, sub-rogatórias, indutivas e coercitivas.

Art. 404

Quer nos parecer que no processo do trabalho, as suas peculiaridades e os seus princípios fundamentais recomendam que o incidente de exibição de documento, quando se referir a terceiro, seja processado apartadamente, pois fazê-lo nos autos principais seria possibilitar a instalação de um tumulto do procedimento, com graves repercussões no curso da ação e no sempre presente anseio de rápida entrega da prestação jurisdicional — tudo isso em eventual prejuízo dos interesses do autor, designadamente quando a exibição for requerida pelo réu, ao terceiro.

Art. 404. A parte e o terceiro se escusam de exibir, em juízo, o documento ou a coisa se:

I — concernente a negócios da própria vida da família;

II — sua apresentação puder violar dever de honra;

III — sua publicidade redundar em desonra à parte ou ao terceiro, bem como a seus parentes consanguíneos ou afins até o terceiro grau, ou lhes representar perigo de ação penal;

IV — sua exibição acarretar a divulgação de fatos a cujo respeito, por estado ou profissão, devam guardar segredo;

V — subsistirem outros motivos graves que, segundo o prudente arbítrio do juiz, justifiquem a recusa da exibição;

VI — houver disposição legal que justifique a recusa da exibição.

Parágrafo único. Se os motivos de que tratam os incisos I a VI do *caput* disserem respeito a apenas uma parcela do documento, a parte ou o terceiro exibirá a outra em cartório, para dela ser extraída cópia reprográfica, de tudo sendo lavrado auto circunstanciado.

• **Comentário**

Caput. O assunto era regulado pelo art. 363 do CPC anterior.

A norma especifica os casos em que a parte ou o terceiro podem escusar-se a exibir documento ou coisa. Não se trata, pois, de *recusa* (ato injustificável), e sim, de *escusa* (ato justificável).

Inciso I. *Negócios da própria vida família.* O vocábulo *negócios* não deve ser interpretado de maneira estrita, ou seja, em seu sentido comercial. Para os efeitos do inciso em exame deve entender como negócio tudo aquilo que diga respeito a relacionamento familiar, como correspondências, fotografias etc. da parte ou do terceiro.

Inciso II. *Risco de violação de dever de honra.* Muitas vezes, a exibição do documento ou da coisa pode acarretar a violação de certos *deveres* ligados à honra da parte ou do terceiro, caso em que a escusa em exibir será justificável.

Inciso III. *Risco de desonra.* Aqui não se cuida de violação de *dever* de honra, e sim de *desonra* à parte ou ao terceiro, assim como a seus parentes consanguíneos ou afins até o terceiro grau. Do mesmo modo a escusa em exibir será aceita se a publicidade do documento trouxer o risco de quaisquer dessas pessoas sofrerem ação penal. Para que a escusa, nesta última situação, seja legítima, é necessário que haja risco efetivo de incriminação, e não mero receio quanto a isso. É oportuno recordar que a Constituição Federal assegura a inviolabilidade da honra (art. 5º, X).

Inciso IV. *Quebra de sigilo.* Muitas pessoas, em decorrência de estado ou da profissão que exercem devem manter sigilo, como é o caso do médico, do padre, do advogado e de outros. Nesses casos, a parte ou o terceiro poderão escusar-se a efetuar a exibição.

Inciso V. *Outros motivos graves.* O legislador atual, seguindo os passos do legislador de 1973, preferiu não lançar um rol exaustivo das situações que autorizam a parte ou o terceiro a escusar-se a exibir documento ou coisa que se encontram em seu poder. Os incisos I a IV apenas indicam algumas dessas situações. Tanto isto é certo, que o inciso V deixa aberta a possibilidade de, mesmo fora dessas situações, a escusa ser considerada legítima. O que se requer, para isso, é que os motivos sejam graves. Ficará reservado ao prudente arbítrio do magistrado a conclusão quanto à escusa, nesses casos, ser justificável, ou não.

Inciso VI. *Existência de dispositivo legal.* A parte ou terceiro podem escusar-se de exibir, em juízo, documento coisa se houver norma legal que os autorizem a isso, fora dos casos previstos nos incisos I a V do art. 404 do CPC.

Parágrafo único. Caso as razões da escusa de que se ocupam os incisos I a VI do art. 404 do CPC se refiram apenas a uma parte do conteúdo dos documentos, o requerido (parte ou terceiro) deverá exibir a outra em cartório, da qual se extrairá cópia reprográfica. De tudo isso será lavrado auto circunstanciado.

Efetivamente, se somente parte do documento estiver protegida pelo direito de escusa, nada impede que a outra, não protegida por esse direito, seja exibida em juízo.

Em alguns casos, será aconselhável que o procedimento da exibição parcial do conteúdo do documento corra em segredo de justiça (CPC, art. 189), cuja providência poderá ser requerida pelo interessado ou determinada *ex officio* pelo magistrado.

Seção VII

Da Prova Documental

Subseção I

Da Força Probante dos Documentos

Art. 405. O documento público faz prova não só da sua formação, mas também dos fatos que o escrivão, o chefe de secretaria, o tabelião ou o servidor declarar que ocorreram em sua presença.

• **Comentário**

Repetiu-se a regra do art. 364 do CPC revogado.

Conceito. Conteúdo

A etimologia do vocábulo *documento* reside em *documentam*, do verbo latino *docere* (ensinar, instruir, mostrar).

A doutrina apresenta diversos conceitos de documento, muito embora não sejam, em essência, conflitantes entre si. Segundo Chiovenda, (*Instituições*, trad. portug., São Paulo: 1945, v. 3, n. 345) "documento é toda representação material destinada a reproduzir determinada manifestação do pensamento"; para Carnelutti (ob. cit., p. 154/156, ns. 34/35) é "uma coisa capaz de representar um fato"; para Pontes de Miranda (*Comentários ao CPC de 1939*, art. 2º, II) é "todo objeto suscetível de servir de prova a alguma proposição"; Jaime Guasp o tem como todo objeto físico capaz de ser levado à presença do juiz; Malatesta afirma que documento é a "atestação pessoal feita com conhecimento de causa, escrita e irreproduzível oralmente, e que serve para comprovar a verdade dos fatos, asseverados por meio dela" (apud NASCIMENTO, Amauri Mascaro, ob. cit., p. 212); para Arruda Alvim (ob. cit., p. 260) é tudo aquilo "destinado a fixar duradouramente um fato"; Moacyr Amaral Santos (*Primeiras linhas*, p. 338) o conceitua como "a coisa representativa de um fato e destinada a fixá-lo de modo permanente e idôneo, reproduzindo-o em Juízo"; para Armando Porras López (ob. cit., p. 267) é *el testimonio humano consignado graficamente em un instrumento material e idôneo*.

Quanto a nós, ensaiamos o seguinte conceito: documento é todo (a) meio (b) idôneo e (c) lícito, capaz de comprovar, (d) materialmente, a existência de um fato.

Dissemos: (a) *todo meio* porque o documento não é prova, e sim um meio de; (b) *idôneo*, porque deve ser apto, adequado, conveniente para provar o que se pretende; nem todo meio é idôneo para isso; (c) *lícito*, porque assim exige a lei (CF, art. 5º, LVI). O processo moderno repele as provas sub-reptícias, obtidas à socapa; (d) *materialmente*, porque, em verdade, o que caracteriza esse meio de prova é a sua existência material (*scripta, sicut monumenta, manent; verba, sicut ventus, volant*). O resto explica-se por si.

Atente-se, contudo, que a representação do ato ou do fato pode ser feita não apenas por escrito, mas graficamente, como ocorre com os desenhos, as cartas topográficas, as plantas de construções etc. Por outro lado, não se deve afirmar que o documento seja algo que "contenha escritos"; embora, no mais das vezes, tais escritos estejam presentes, a generalização dessa assertiva importaria em negar a qualidade de documento à fotografia (CPC art. 422) e a outras peças, como, *v. g.*, as reproduções cinematográficas e os registros fonográficos. Discordamos, por essa razão, de Chiovenda quando conceitua o documento como *toda representación material destinada e idônea para reproducir una cierta manifestación del pensamiento* (ob. cit., p. 369), pois, como vimos, nem sempre o documento contém manifestação de pensamento. Interessante — a propósito — a observação de Raphael Cirigliano (*Prova civil*. São Paulo: Rev. dos Tribs., 1981. p. 103) de que, "sendo o documento uma coisa representativa, chega-se à conclusão de que ele não pode existir no estado natural, e sim que é produto da atividade humana sobre uma coisa. É, pois, um *opus*".

O art. 422 do CC declara que as reproduções fotográficas, cinematográficas, os registros fonográficos e, em geral, quaisquer outras reproduções mecânicas ou eletrônicas de fatos ou de coisas — que são documentos fazem "prova dos fatos ou das coisas representadas, se a sua conformidade com o documento original não for impugnada por aquele contra quem foi produzida".

Documento e instrumento, porém, não se confundem. Enquanto o primeiro constitui a representação histórica de um fato, o segundo é o objeto representativo de um ato. Neste sentido, então, se pode dizer que o instrumento é espécie do gênero documento. Eduardo Pallares (*Diccionario de derecho procesal civil*, p. 164, *apud* LÓPEZ, Armando Porras, ob. cit., p. 267), observa que o ato de declaração é coisa diversa da declaração em si mesma, pois *La declaración es un acto, mientras que el documento es una cosa. La declaración es el contenido, el documento es el continente. El documento puede ser verdadero y la declaración falsa, y vice-versa; el documento puede ser hecho por persona diversa de la que la declaración, como sucede en las escrituras públicas*.

De resto, julgamos ser necessário, ainda hoje, fazer-se distinção entre as antigas classes dos documentos: a) *ad solemnitatem*; e b) *ad probationem*, entendidos os primeiros como requisitos substanciais à validade das obrigações e os segundos como aqueles que se destinam apenas a provar a existência da obrigação. O art. 130, do Código Civil revogado, dispunha que não valeria o ato que deixasse de revestir a forma especial, prevista em lei, salvo quando esta cominasse sanção diferente contra a preterição da forma exigida. O art. 477, § 1º, da CLT, por exemplo, dispõe que "O pedido de demissão *(sic)* ou recibo de quitação de rescisão do contrato de trabalho, firmado por empregado com mais de 1 (um) ano de serviço, só será válido quando feito com a assistência do respectivo Sindicato ou perante a autoridade do Ministério do Trabalho".

Classificação

Moacyr Amaral Santos (ob. cit., p. 340) nos fornece uma classificação geral e minuciosa dos documentos, que merece ser mencionada:

1) Quanto ao seu autor, origem ou procedência:

a) públicos ou privados;

b) autógrafos ou heterógrafos: no primeiro caso, o autor do documento é o mesmo do fato documentado; no segundo, o documento foi elaborado por terceira pessoa;

c) assinados ou não-assinados;

d) autênticos, autenticados ou sem autenticidade.

2) Quanto ao meio, maneira ou material usado na sua formação:

a) indiretos ou diretos;

b) escritos, gráficos, plásticos e estampados: nos documentos escritos os fatos são representados literalmente; nos gráficos, a representação é feita por meio de desenho, pintura etc.; nos plásticos é efetuada por intermédio de gesso, madeira etc.; os estampados "são os documentos diretos", como fotografia, cinematografia etc.

3) Quanto ao seu conteúdo: narrativos e constitutivos (ou dispositivos): aqueles encerram declarações de conhecimento ou de verdade, podendo ser testemunhais ou confessórias; nestes, há declarações de vontade (constitutivas, modificativas ou extintivas) ou de relações jurídicas.

4) Quanto à sua finalidade: pré-constituídos ou casuais.

5) Quanto à forma (em relação à prova que produzem): formais ou solenes, e não-formais.

6) Quanto à forma em si: originais ou cópias.

Não é errado afirmar-se que os documentos participam da categoria das denominadas provas pré-constituídas, porquanto, muitas vezes, são elaborados com a finalidade de serem utilizados em juízo como prova de determinado fato.

Desnecessário alertar que a classificação doutrinária dos documentos não é uniforme, variando segundo tenha sido o critério esposado pelo autor; de nossa parte, adotamos a concebida por Moacyr Amaral Santos por entendermos ser, a par de precisa, a mais completa, de sorte a poder atender, satisfatoriamente, às peculiaridades da matéria no plano do processo do trabalho.

Formação e eficácia dos documentos públicos

O documento público — diz a lei (CPC, art. 405) — faz prova não apenas da sua formação, mas também dos fatos que o escrivão, o chefe de secretaria, o tabelião ou o funcionário declararem que se passaram na sua presença.

Os fatos ocorridos na presença do oficial público, todavia, podem referir-se não somente àqueles que foram relatados pelas partes, consistentes nas declarações que elas pretenderam constasse do documento, mas também outros, não oriundos de declarações, como, *v. g.*, o pagamento de certa quantia. A circunstância, contudo, de o oficial haver trasladado para o papel os fatos narrados pelas partes (declarantes) não significa que esses fatos sejam verdadeiros; desta forma, se há de entender que o documento público prova que as declarações foram feitas (ou seja, a sua formação) e não que sejam verdadeiras, até mesmo porque o escrivão, o tabelião ou outro funcionário não têm condições de saber se as declarações que lhes são prestadas são sinceras ou insinceras. Por esse motivo, ditas declarações, a despeito de estarem inseridas em documento público, podem ser desmentidas mediante prova em contrário. A não ser assim, estar-se-ia atribuindo a esses documentos uma eficácia que nem mesmo as sentenças possuem. Mantidas as restrições, a regra é compatível com o processo do trabalho.

Código de Processo Civil   Arts. 406 ao 408

Art. 406. Quando a lei exigir instrumento público como da substância do ato, nenhuma outra prova, por mais especial que seja, pode suprir-lhe a falta.

• **Comentário**

Houve transposição literal do art. 366 do CPC revogado.

Há situações em que a lei impõe o instrumento público para a validade da substância do ato; nesta hipótese, nenhum outro meio de prova será admitido para substitui a instrumento público.

Essa disposição do CPC tem rara incidência no processo do trabalho.

Art. 407. O documento feito por oficial público incompetente ou sem a observância das formalidades legais, sendo subscrito pelas partes, tem a mesma eficácia probatória do documento particular.

• **Comentário**

Repetiu-se a regra do art. 367 do CPC revogado.

Poderá ocorrer, entrementes, que o documento tenha sido elaborado por oficial público que não possuía competência para isso, ou, se competente, não obedeceu às formalidades legais; neste caso, informa a lei (CPC, art. 407), o documento, desde que tenha sido subscrito pelas partes, terá a mesma eficácia dos documentos particulares. Trata-se, de conseguinte, de conversão de documento público em particular. Alerte-se, contudo, que o ato a que se refere o documento público (inservível como tal) poderia também ser objeto de instrumento particular; ou seja: o defeito apresentado pelo documento há de ser tal que torne sem efeito apenas o seu caráter público. Oportuna, portanto, a lição de Mattirolo (*Trattato di diritto giudiziario civile italiano*, 3º v., n. 49, *apud* SANTOS, Moacyr Amaral, ob. cit., p. 176): "Assim, o instrumento público, nulo como tal, pode ser invocado pelas partes como prova da convenção, sempre que o mesmo, conquanto lhe faltem algumas das condições necessárias para ter força de instrumento público, todavia possa valer como escritura particular porque contenha o elemento essencial das escrituras provadas, ou seja, a assinatura das partes".

Art. 408. As declarações constantes do documento particular escrito e assinado ou somente assinado presumem-se verdadeiras em relação ao signatário.

Parágrafo único. Quando, todavia, contiver declaração de ciência de determinado fato, o documento particular prova a ciência, mas não o fato em si, incumbindo o ônus de prová-lo ao interessado em sua veracidade.

• **Comentário**

Caput. Repetiu-se a norma do art. 368 do CPC revogado.

Dizem-se particulares os documentos que foram elaborados ou assinados sem a intervenção de oficial público. A disposição inserta no art. 408 do CPC, de que as declarações constantes de documento particular, desde que este se encontre: a) escrito e assinado; ou b) somente assinado, presumem-se verdadeiras quanto ao signatário, incide, supletoriamente, no processo do trabalho. A incidência, contudo, é restrita, principalmente nos casos em que o empregado apenas assinou o documento, sendo que as declarações foram feitas, em seu nome, pelo empregador. O valor probante desses documentos, por isso, é mínimo, podendo ser elidido por outro meio idôneo de prova que se oponha.

Ademais, no que atine ao instrumento de cessação do contrato de trabalho e ao consequente recibo relativo às quantias pagas, somente terá validade, no caso de o empregado possuir mais de um ano de serviço, se houver assistência da entidade sindical representativa da sua categoria, ou, inexistindo, da autoridade do Ministério do Trabalho, ou do Ministério Público, ou do defensor público, ou do juiz de paz, segundo a ordem legal (CLT, art. 477, §§ 1º e 3º). Sobre esses recibos falaremos em item específico.

Parágrafo único. Se o documento particular contiver declaração de ciência a respeito de determinado fato, provará apenas a declaração, mas não o fato que constituiu o seu objeto, incumbindo, portanto, o ônus da prova à parte interessada na demonstração da veracidade do fato. Essa disposição é aplicável, por exemplo, às suspensões disciplinares do empregado: embora ele aponha, como de praxe, o seu "ciente" no correspondente instrumento de

Art. 409

comunicação da penalidade, não está, só por isto, concordando com o fato que lhe é imputado, mas, sim, dando ciência desse comunicado. Caberá ao empregador comprovar em juízo serem verdadeiros os fatos caracterizadores da falta venial do empregado, que ensejaram a sua suspensão, sob pena de esta ser reputada injusta ou ilegal.

O mesmo se diga com relação ao instrumento de resolução do contrato, em decorrência de falta grave atribuída ao empregado e no qual ele coloca o seu "ciente". Mesmo que ele manifestasse a sua concordância com a falta grave, aliás, isto não subtrairia do Judiciário a possibilidade de ingressar na apreciação da matéria, desde que o documento se relacionasse com os fatos narrados na ação.

O *ônus probandi* que ao empregador se atribui, nestes casos, decorre não apenas do parágrafo único do art. 408 do CPC, mas, sobretudo, do art. 818 da CLT. Em verdade, ambos os dispositivos legais se articulam para reforçar, ainda mais, o encargo da prova.

Art. 409. A data do documento particular, quando a seu respeito surgir dúvida ou impugnação entre os litigantes, provar-se-á por todos os meios de direito.

Parágrafo único. Em relação a terceiros, considerar-se-á datado o documento particular:

I — no dia em que foi registrado;

II — desde a morte de algum dos signatários;

III — a partir da impossibilidade física que sobreveio a qualquer dos signatários;

IV — da sua apresentação em repartição pública ou em juízo;

V — do ato ou do fato que estabeleça, de modo certo, a anterioridade da formação do documento.

• **Comentário**

Caput. Houve trasladação do art. 370 do CPC revogado.

Com certa frequência surgem, na Justiça do Trabalho, controvérsias acerca de qual tenha sido a data verdadeira em que o documento particular foi elaborado. Diante disto, a prova poderá ser feita por quaisquer dos meios previstos em lei. Assim, a data real poderá ser comprovada por outro documento, por testemunhas, por exame pericial etc. E desta forma o é porque a data constante do documento particular envolve, apenas, uma presunção de veracidade, do que decorre a possibilidade de essa presunção ser elidida por prova em contrário. No processo do trabalho isso se aplica aos recibos salariais, ao recibo de rescisão contratual, ao instrumento de aviso-prévio, ao de comunicação de suspensão disciplinar — enfim, a todos os documentos que digam respeito à relação jurídica material existente ou havida entre as partes.

Há certas situações, todavia, em que nem mesmo o exame pericial pode determinar se quando a assinatura foi lançado no documento este estava em branco (sendo, posteriormente preenchido). Isso ocorre quando a assinatura foi aposta há muito tempo, sendo, o documento, preenchido logo em seguida.

Parágrafo único. No tocante ao terceiro, considerar-se-á datado o documento segundo as disposições dos incisos que se seguirão.

Inciso I. O dia em que o documento particular foi registrado em determinado órgão competente (cartório de títulos e documentos, por exemplo) será considerado como data de sua elaboração.

Inciso II. Se o documento foi subscrito por uma ou mais pessoas, a sua data será considerada a contar da morte de um dos signatários.

Inciso III. Pode acontecer que determinada pessoa tenha assinado documento sem data. Neste caso, a lei presume como data o momento em que sobreveio a incapacidade física do signatário.

Inciso IV. Apresentado o documento em repartição pública ou em juízo, considerar-se-á datado a partir desse ato.

Inciso V. Temos, aqui, uma situação peculiar. É possível produzir-se prova, por todos os meios em juízo admissíveis, de que a data do documento é anterior à que dele consta. Embora, quase sempre, esse meio de prova seja pericial, nada obsta a que se prove a data anterior por documento ou testemunhas.

Art. 410. Considera-se autor do documento particular:

I — aquele que o fez e o assinou;

II — aquele por conta de quem ele foi feito, estando assinado;

III — aquele que, mandando compô-lo, não o firmou porque, conforme a experiência comum, não se costuma assinar, como livros empresariais e assentos domésticos.

• Comentário

Caput. Repetiu-se a regra do art. 371 do CPC revogado.

Por autor do documento particular se designa a pessoa a quem se atribui a sua formação. Autor, nesse sentido, não é apenas aquele que forma, pessoalmente, o documento, se não que também o é quem determina que a formação seja feita por terceiro, embora para si.

É importante para o processo, e também para a formação do convencimento do juiz, saber de quem é a autoria de documento dessa natureza; por esse motivo, o art. 410 e incisos do CPC estabelecem de maneira objetiva, e em ordem de certo modo lógica, uma presunção quanto a quem seja o autor do documento particular.

Inciso I. A presunção mais eficaz é de que o autor do documento particular é quem o elaborou e o assinou. É evidente que essa presunção pode ser elidida em juízo pelo presumido autor do documento, seja demonstrando que não o assinou (a assinatura é falsa), seja comprovando que embora a assinatura seja autêntica, o conteúdo foi preenchido posteriormente, por terceiro.

Inciso II. Autor do documento particular não é somente quem o *elaborou*; basta que o tenha *assinado*.

Inciso III. Há situações em que a pessoa mandar compor o documento, mas, por força de praxe, não o assina. Neste caso, referida pessoa será legalmente considerada autora do documento particular, como ocorre, por exemplo, com os livros comerciais e alguns assentamentos domésticos.

Em face da Lei n. 5.859, de 11 de dezembro de 1972, que dispôs sobre a profissão de empregado doméstico (integrando-o, parcialmente, ao regime da CLT), o inc. III do art. 410 do CPC, passou a ser invocado, supletivamente, pelo processo do trabalho, que nada contém acerca dos assentos domésticos. Observe-se, porém, que estamos admitindo a incidência da norma processual civil (art. 410) que trata da autoria dos assentamentos domésticos, que em regra não são assinados; a força probante desses assentamentos, que é coisa diversa, deverá submeter-se às normas e princípios informativos do direito material e do direito processual, ambos do trabalho.

A expressão *assentamentos domésticos* não significa a assinatura que o empregador deve lançar na Carteira de Trabalho do trabalhador doméstico, no termo de rescisão do contrato de trabalho, etc., e sim aquelas anotações informais que ele costuma fazer, como, *v. g.*, relativas aos dias em que o empregado faltou injustificadamente ao serviço, os "vales" concedidos etc.

Art. 411. Considera-se autêntico o documento quando:

I — o tabelião reconhecer a firma do signatário;

II — a autoria estiver identificada por qualquer outro meio legal de certificação, inclusive eletrônico, nos termos da lei;

III — não houver impugnação da parte contra quem foi produzido o documento.

• Comentário

Caput. Reproduziu-se a regra do art. 369 do CPC revogado.

Inciso I. *Tabelião reconhecer a firma.* O documento público independe do reconhecimento da firma de quem o elaborou; sendo particular, entretanto, a sua autenticidade está vinculada a essa providência, exatamente porque foi produzido sem a participação de oficial público. O reconhecimento da assinatura nele lançada será feita por tabelião (CPC, art. 411, I), a quem competirá declarar que o autógrafo foi aposto em sua presença. Entendemos, todavia, que a autenticidade do documento subsistirá mesmo na hipótese de a assinatura a ser reconhecida não haver sido aposta na presença do tabelião. Assim sendo, em alguns casos, essa regra legal deverá receber uma interpretação flexível, de modo a adequá-la às razões finalísticas que a inspiraram. Não deverá o juiz, por exemplo, proclamar a inautenticidade do documento particular que, a despeito de não estar com a firma do signatário reconhecida por tabelião, nem sequer foi impugnado pela parte contrária, a quem se havia oferecido a oportunidade para fazê-lo.

Igualmente, entendemos que deva ser considerado autêntico o documento cuja assinatura foi reconhecida por semelhança ou por abonação, desde que não tenha sido impugnado, quanto a isto, pela parte interessada. Tanto neste caso, quanto no anterior, a inexistência de contrariedade em relação à firma constante do documento particular o torna autêntico; se, ao reverso, a assinatura não estiver reconhecida por oficial público e houver controvérsia acerca da sua autenticidade, a disposição do art. 411, I do CPC, deverá incidir plenamente.

Esclareça-se, entretanto, que, por princípio, o reconhecimento da firma por semelhança gera somente uma presunção de sua autenticidade, dado que, neste caso, o tabelião, comparando a assinatura constante do documento com a que possui em seus registros, as considerou semelhantes, ou seja, que ambas foram lançadas pela mesma pessoa.

É conveniente repetir que não se vem exigindo, na prática, o reconhecimento da firma do subscritor das denominadas credenciais (ou "cartas") de preposição (CLT, art. 843, § 1º), em que pese ao fato de elas serem apresentadas, ordinariamente, mediante instrumento particular; na hipótese de dúvida quanto à autenticidade da assinatura, contudo, ao juiz só restará determinar que se proceda ao necessário reconhecimento, por tabelião, sendo irrelevante o fato de o autógrafo não ter sido lançado na presença deste.

Inciso II. *Meio legal de certificação.* Tem-se com autêntico o documento quando a autoria estiver identificada por qualquer outro meio legal de certificação, mesmo eletrônico, nos termos da lei.

Inciso III. Se a parte contra a qual o documento foi produzido não o impugnar no prazo legal ou assinado pelo juiz, será considerado verdadeiro. Não basta que a impugnação seja apenas quanto à *forma* do documento: é necessário que tenha como objeto, também, o seu *conteúdo*.

Se a parte reconhecer como sua a assinatura, mas não admitir a veracidade do conteúdo do documento, talvez se trate de falsidade ideológica que, por isso, poderá ser demonstrada pelos meios de prova aceitos em juízo. Se ela impugnar tanto a assinatura quanto o conteúdo do documento, possivelmente se trate de falsidade material, que, em razão disso, deverá ser objeto exclusivo de exame pericial.

Art. 412. O documento particular de cuja autenticidade não se duvida prova que o seu autor fez a declaração que lhe é atribuída.

Parágrafo único. O documento particular admitido expressa ou tacitamente é indivisível, sendo vedado à parte que pretende utilizar-se dele aceitar os fatos que lhe são favoráveis e recusar os que são contrários ao seu interesse, salvo se provar que estes não ocorreram.

• **Comentário**

Caput. Reproduziu-se a norma do art. 373 do CPC revogado

Se o documento particular não foi impugnado, prova que o seu autor fez a declaração nele contida.

Parágrafo único. O princípio legal é de que o documento particular não impugnado é indivisível do ponto de vista do seu conteúdo. Desta forma, não se admite que a parte que pretenda se utilizar do documento aceite os fatos que lhe são favoráveis e recuse os que lhe são desfavoráveis. Todavia, neste último caso, faculta-se à parte provar que os fatos desfavoráveis não aconteceram. Nesta hipótese, por exceção, terão sido aceitos, apenas, os fatos favoráveis à parte.

Art. 413. O telegrama, o radiograma ou qualquer outro meio de transmissão tem a mesma força probatória do documento particular se o original constante da estação expedidora tiver sido assinado pelo remetente.

Parágrafo único. A firma do remetente poderá ser reconhecida pelo tabelião, declarando-se essa circunstância no original depositado na estação expedidora.

• **Comentário**

Caput. Repetiu-se a regra do art. 374 do CPC revogado.

O telegrama, o radiograma, ou qualquer outro meio de transmissão tem a mesma eficácia probante do documento particular, bastando, para tanto, que o original, que permanece na estação expedidora, tenha sido assinado pelo remetente).

Correta a observação de Carvalho Santos (ob. cit., *ibidem*) de que o telegrama constitui, na verdade, cópia da tradução da mensagem, feita pela estação receptora, ou seja, não é cópia do original, assinado pelo remetente e que fica em poder da expedidora.

Parágrafo único. A assinatura do remetente poderá ser reconhecida por tabelião, sendo que se declarará esse fato no original depositado na estação expedidora.

Considerando, portanto, que o telegrama juntado aos autos é sempre cópia do original, a sua autenticidade, no caso de haver dúvida quanto ao exato teor da mensagem, ou da comunicação, ficará condicionada à conferência com o referido original. Enfim, sempre que ocorrer qualquer dúvida em relação a essa cópia, a providência será exigível à parte a quem aproveite o fato, a notícia, o comunicado etc., contido no telegrama.

O *e-mail* (correio eletrônico) e as redes sociais também poderão constituir meio de prova, assim como outros instrumentos encontrados na internet (rede mundial de computadores), embora nem sempre seja possível comprovar-se a autoria dessas mensagens ou informações.

Art. 414. O telegrama ou o radiograma presume-se conforme com o original, provando as datas de sua expedição e de seu recebimento pelo destinatário.

• **Comentário**

Houve transposição literal do art. 375 do CPC revogado.

Ao radiograma e aos demais meios de transmissão se aplica, *mutatis mutandis*, o que se disse quanto ao telegrama. O CPC, em seu art. 414, presume estarem o telegrama e o radiograma conformes com os respectivos originais, razão por que fazem prova sobre a data da expedição e do recebimento, pelo destinatário. A presunção é relativa e se refere, exclusivamente, às datas de expedição e de recepção; sendo assim, essa *praesumptio legis* não se dirige ao conteúdo do telegrama (cópia), cuja veracidade, como afirmamos, dependerá, havendo dúvida a respeito, de confrontação com o original.

Art. 415. As cartas e os registros domésticos provam contra quem os escreveu quando:

I — enunciam o recebimento de um crédito;

II — contêm anotação que visa a suprir a falta de título em favor de quem é apontado como credor;

III — expressam conhecimento de fatos para os quais não se exija determinada prova.

• **Comentário**

Caput. Repetiu-se a norma do art. 376 do CPC revogado.

O texto legal indica, nos incisos I a III, os casos em que as cartas e os registros domésticos provam contra quem os escreveu.

No magistério de Moacyr Amaral Santos (ob. cit., p. 199), registros domésticos "são livros convenientemente encadernados, com certo caráter de fixidez, e nos quais uma pessoa escritura sucessivamente, ou faz escriturar, em forma contábil ou não, os atos de sua administração doméstica, suas receitas e despesas, suas compras e vendas". Segundo o mesmo autor, papéis domésticos são os escritos e as notas, reunidos em cadernos, de modo permanente ou mesmo em folhas soltas, assinadas ou não, "que a pessoa, sem estar a isso obrigada, redige com a intenção de os conservar, para fixar a lembrança de fatos ou quaisquer acontecimentos". Neste sentido temos os diários, os canhenhos, de tanta significação na vida dos indivíduos.

Inciso I. Do ponto de vista *do empregador*, como autor da carta ou do registro doméstico, o inciso *sub examen* não incide no processo do trabalho, salvo exceções circunstanciais, porque, em geral, ele possui débito, e não crédito perante o empregado.

Tendo-se como autor do registro *o empregado*, nada impede que se acolha, neste processo, a primeira hipótese, uma vez que tal anotação poderá, efetivamente, demonstrar que o crédito do empregado foi, parcial ou totalmente, satisfeito pelo empregador, conquanto se deva ter extrema cautela na aplicação dessa norma processual civil, a fim de que certos princípios tuitivos do trabalhador não restem violentados.

Inciso II. Este inciso incide em termos no processo do trabalho, porquanto para o empregado tornar-se credor do seu empregador não há necessidade de existir um título formal, cuja falta seria suprida pela anotação feita por este último em carta ou em outro assento doméstico; a terceira, porém, pode ser admitida com maior amplitude no processo especializado, pois concerne unicamente à cognição de fatos pelo empregador.

Inciso III. O inciso se aplica ao processo do trabalho desde que, à evidência, não haja dúvida quanto à autoria desses registros, não tenham sido obtidos por meio de dolo, coação ou outros vícios da manifestação de vontade, bem assim que não sejam falsos os documentos que contêm essas anotações.

Art. 416. A nota escrita pelo credor em qualquer parte de documento representativo de obrigação, ainda que não assinada, faz prova em benefício do devedor.

Parágrafo único. Aplica-se essa regra tanto para o documento que o credor conservar em seu poder quanto para aquele que se achar em poder do devedor ou de terceiro.

• **Comentário**

Caput. Copiou-se, em larga medida, o art. 377 do CPC revogado.

Pode ocorrer, digamos, de o empregado efetuar, à margem, ao pé, no verso ou em qualquer outro lugar de um recibo de salário, emitido pelo empregador, uma declaração de haver recebido *parte* do valor expresso no documento. Trata-se da chamada *menção liberatória* (no caso, parcial) a que se referiu Carvalho Santos (ob. cit., p. 244). Não se justifica, no caso, que a declaração seja concernente ao recebimento *integral* daquele crédito, pois, se isto tivesse ocorrido, o recibo salarial deveria estar assinado pelo empregado (CLT, art. 464). A declaração de recebimento *parcial* do crédito, todavia, para que se revista de eficácia liberatória do valor a que alude deverá, necessariamente, conter, nessa parte, a assinatura do empregado.

Não se aplica ao processo do trabalho, via de consequência, o disposto no art. 416, *caput* do CPC, a poder do qual a anotação feita pelo credor, em qualquer parte do documento representativo da obrigação, ainda que não assinada, faz prova em benefício do devedor. O legislador processual civil, ao assim estabelecer, pressupôs (e não se há negar que andou certo) a igualdade formal das partes; no plano material do Direito do Trabalho, contrariamente, o que há é uma nítida desigualdade real do empregado em relação ao empregador, conforme dissemos em capítulos pretéritos; logo, nem tudo o que pertence ao processo civil convém ao do trabalho.

Parágrafo único. Considerando que o empregado, em geral, não conserva em seu poder o documento representativo da obrigação do empregador (quanto muito, uma cópia deste), não vemos como possa incidir no processo do trabalho o parágrafo único do art. 416 do CPC, na parte em que faz referência ao fato de que a regra da menção liberatória, prevista em seu *caput*, também se aplica no caso de "o credor conservar em seu poder" o mencionado documento. Conservar legitimamente em seu poder, acrescente-se, pois poderia acontecer de o credor apossar-se, de maneira indevida, do documento. Não reconhecendo como de sua autoria a nota escrita no documento, pode a parte provocar o incidente de falsidade com o objetivo de demonstrar a veracidade dessa alegação oposta.

Art. 417. Os livros empresariais provam contra seu autor, sendo lícito ao empresário, todavia, demonstrar, por todos os meios permitidos em direito, que os lançamentos não correspondem à verdade dos fatos.

• **Comentário**

Repetiu-se o art. 378 do CPC revogado.

A afirmação da lei processual é de que os livros empresariais provam contra o seu autor, vale dizer, contra o comerciante. Esse princípio, que se inscreveu no CPC, reflete a disposição constante do art. 23, n. 1, do Código Comercial, segundo a qual os livros que os comerciantes são obrigados a possuir, indispensavelmente, desde que estejam sem vícios ou defeitos, fazem prova plena "Contra as pessoas que deles forem proprietárias, originariamente ou por sucessão". De tal sorte, a conjugação de ambos os dispositivos legais autoriza a dizer-se que os livros comerciais provam não apenas contra o comerciante, mas também contra o seu sucessor, pois um e outro são seus proprietários. Pouco importa, para isso, que os livros estejam irregulares; a regularidade é requisito exigível somente no caso de o comerciante pretender que os assentamentos provem em seu favor.

Ao comerciante, entretanto, se assegura o direito de demonstrar, por todos os meios permitidos em direito, que os lançamentos efetuados em seus livros não correspondem à verdade, porque se originaram, *e. g.*, de erro de fato ou de dolo; fundamentará a sua pretensão, no primeiro caso, o art. 138 do Código Civil, e, no segundo, o art. 145, do mesmo Diploma Legal.

A regra de que os livros empresariais, que satisfaçam os requisitos legais para a sua validade, provam igualmente em prol do seu autor no litígio entre comerciantes (CPC, art. 418) é inaplicável ao processo do trabalho, onde o conflito de interesses é entre empregado e empregador, ou deriva de relação de trabalho (CF, art. 114, I). Ou seja, aqui, inexiste litígio entre comerciantes (ou empregadores).

Não admite a lei a divisibilidade da escrituração contábil; desse modo, se dos fatos que decorrem os lançamentos uns forem favoráveis ao interesse do seu autor e outros desfavoráveis, ambos deverão ser considerados como uma unidade conjunta (CPC, art. 419). Isto significa, nas palavras de Carvalho de Mendonça (ob. cit., 6º v., n. 187), que não se pode fracionar a declaração contida na escrituração, aceitando-se a parte favorável e repelindo-se a desfavorável.

É curial que esse princípio da incindibilidade da escrituração não atuará se os lançamentos se referirem a fatos diversos, que não se inter-relacionam, pois estará ausente, na espécie, o pressuposto lógico que anima o princípio.

Art. 418. Os livros empresariais que preencham os requisitos exigidos por lei provam a favor de seu autor no litígio entre empresários.

• **Comentário**

Reproduziu-se o art. 379 do CPC revogado

Dificilmente a norma em foco será aplicada no processo do trabalho, pois a Justiça do Trabalho não possui competência para solucionar conflitos existentes entre empresários.

Art. 419. A escrituração contábil é indivisível, e, se dos fatos que resultam dos lançamentos, uns são favoráveis ao interesse de seu autor e outros lhe são contrários, ambos serão considerados em conjunto, como unidade.

• **Comentário**

Reproduziu-se a regra do art. 380 do CPC revogado.

O princípio legal diz da indivisibilidade da escrituração contábil. Assim, se alguns fatos derivantes do lançamento forem favoráveis aos interesses de seu autor, mas outros forem contrários, ambos deverão ser considerados conjuntamente, como unidade.

Art. 420. O juiz pode ordenar, a requerimento da parte, a exibição integral dos livros empresariais e dos documentos do arquivo:

I — na liquidação de sociedade;

II — na sucessão por morte de sócio;

III — quando e como determinar a lei.

• **Comentário**

Caput. Transpôs-se, literalmente, o art. 381 do CPC revogado.

Admite o art. 420 do CPC a exibição, por inteiro, de livros empresariais e documentos de arquivo.

O art. 421 autoriza o juiz a determinar, de ofício, a exibição *parcial* de tais livros e documentos. Percebe-se, com isso, que na fase de instrução do procedimento, o juiz pode ordenar apenas a exibição *integral* a requerimento do interessado, vez que, *ex officio*, a sua determinação fica restrita à exibição *parcial*.

Art. 421 e 422

É interessante anotar que o Código Comercial estabelece, no art. 17, que "Nenhuma autoridade, juízo ou tribunal, debaixo de pretexto algum, por mais especioso que seja, pode praticar ou ordenar alguma diligência para examinar se o comerciante arruma ou não devidamente seus livros de escrituração mercantil, ou neles tem cometido algum vício", protegendo com sigilo, portanto, esses livros. O próprio Código Comercial prevê, contudo, a exibição por inteiro dos livros de escrituração comercial, ou de balanços gerais de qualquer casa de comércio, a favor dos interessados em questões de sucessão, comunhão ou sociedade, administração ou gestão mercantil por conta de outrem e em caso de quebra (art. 18), esclarecendo, mais adiante, que o juiz, a requerimento da parte, ou mesmo *ex officio*, pode "ordenar, na pendência da lide, que os livros de qualquer ou de ambos os litigantes sejam examinados na presença do comerciante a quem pertençam e debaixo de suas vistas, ou na pessoa por ele nomeada, para deles se averiguar e extrair o tocante à questão" (art. 19).

No processo do trabalho, o empregado poderá solicitar, antes do ajuizamento da ação principal, a exibição integral dos livros relativos à escrituração mercantil do empregador, além de balanços e documentos de arquivo, com fundamento no inc. III do art. 417 do CPC, ou mesmo a exibição parcial, extraindo-se, em ambos os casos, desses livros ou documentos, a suma que interessar ao futuro litígio, bem como reproduções mecânicas autenticadas.

Essa exibição dependerá de requerimento do interessado.

Inciso I. A liquidação de sociedade comercial é matéria que não se insere na competência da Justiça do Trabalho.

Inciso II. Na sucessão de empregadores, seja por morte de sócio ou mesmo de o estabelecimento ter sido negociado com outra pessoa, o juiz, a requerimento do interessado, poderá ordenar a exibição integral dos livros comerciais e dos documentos de arquivo, desde que isso, à evidência, seja necessário à instrução do processo.

Inciso III. A exibição integral dos livros também poderá ser determinada pelo juiz — sempre a requerimento do interessado — quando e como a lei impuser, como o fazem, *v. g.*, o Cód. Comercial nos arts. 18 a 20; e a Lei das S.A., no art. 105.

Art. 421. O juiz pode, de ofício, ordenar à parte a exibição parcial dos livros e dos documentos, extraindo-se deles a suma que interessar ao litígio, bem como reproduções autenticadas.

• **Comentário**

Repetiu-se a regra do art. 382 do CPC revogado

A exibição será integral (art. 420) ou parcial (art. 421); no primeiro caso, conforme assinalamos, dependerá de *requerimento* do litigante interessado; no segundo, poderá ser determinada de ofício pelo juiz. A distinção, contudo, não se exaure nisto. Enquanto a exibição integral só pode ser determinada: a) na liquidação de sociedade; b) na sucessão por morte de sócio; e c) quando e como determinar a lei, a parcial pode ser ordenada em qualquer causa judicial, desde que seja necessária para a comprovação de certos fatos. Por isso, dos livros e documentos extrair-se-á um resumo e reproduções autenticadas que interessem ao litígio (CPC, art. 421).

Tem-se, assim, que a exibição não deverá ser determinada se os lançamentos não concernirem aos fatos controvertidos na ação. Reservar-se-á ao prudente arbítrio do juiz, mais uma vez, a verificação quanto à utilidade que essa exibição possa trazer para a instrução processual, sendo que, no processo do trabalho, do despacho denegatório não se poderá interpor qualquer recurso, devendo a parte interessada ferir a questão em grau de recurso ordinário, interposto da sentença de fundo (CLT, art. 893, § 1º).

Art. 422. Qualquer reprodução mecânica, como a fotográfica, a cinematográfica, a fonográfica ou de outra espécie, tem aptidão para fazer prova dos fatos ou das coisas representadas, se a sua conformidade com o documento original não for impugnada por aquele contra quem foi produzida.

§ 1º As fotografias digitais e as extraídas da rede mundial de computadores fazem prova das imagens que reproduzem, devendo, se impugnadas, ser apresentada a respectiva autenticação eletrônica ou, não sendo possível, realizada perícia.

§ 2º Se se tratar de fotografia publicada em jornal ou revista, será exigido um exemplar original do periódico, caso impugnada a veracidade pela outra parte.

§ 3º Aplica-se o disposto neste artigo à forma impressa de mensagem eletrônica.

Código de Processo Civil

• **Comentário**

Caput. A matéria, que estava no art. 383 do CPC revogado, foi ampliada.

As fotografias, as películas cinematográficas, as fonográficas etc., como reproduções mecânicas de fatos e coisas, têm prestado bons serviços ao processo judicial; a força probante dessas reproduções, contudo, está condicionada a que a parte contra quem foram produzidas aceite a sua conformidade com os fatos e coisas representados (CPC, art. 422, *caput*). Essa aceitação poderá ser até mesmo tácita; desta maneira, *e. g.*, juntada aos autos uma fotografia, que é a reprodução mecânica mais comum, a ausência de manifestação da parte contrária, que para tanto havia sido especialmente intimada, implica admissão desse documento

O legislador não ignorou a possibilidade de essas reproduções se prestarem a fraudes, a adulterações, a montagens artificiosas, de tal sorte que acabam representando fatos ou coisas diversos do real; por isso, ensejou que a parte contra quem foram produzidas impugne quando for o caso. Impugnada que seja, o juiz determinará a realização de exame pericial.

Entendemos que a conformidade da reprodução mecânica com os fatos ou objetos representados, a que se refere a lei, não basta, isoladamente, para a sua admissibilidade em juízo: há necessidade, acima de tudo, que se verifique se a sua formação não ofendeu às disposições legais; importa dizer, devem ser sempre exigidos os requisitos da legalidade e da moralidade em sua constituição. "Legalidade, para não desrespeitarmos direitos subjetivos invioláveis. Moralidade, para não atentarmos contra a sensibilidade e o respeito à pessoa humana" (Pestana de Aguiar, ob. cit., p. 238). A providência envolve medida destinada a salvaguardar os denominados "direitos de personalidade" do indivíduo. Disso decorre que, impugnada a autenticidade ou reprodução mecânica, deverá o juiz, antes de determinar a realização da prova pericial, sindicar se ela foi obtida com o conhecimento da parte contra a qual está sendo utilizada, se este fato houver sido alegado, também. Caso reste comprovado que a fotografia, a película cinematográfica, a fonográfica e outras espécies de reprodução foram produzidas sub-repticiamente, deverá o magistrado, em certos casos, mandar que sejam desentranhadas dos autos, prescindindo, assim, de exame pericial para apurar a autenticidade, sem receio de ofensa ao disposto no *caput* do art. 422 do CPC. A ressalva que fizemos ("em certos casos") teve a finalidade de preservar determinadas situações, em que a fotografia poderá ser obtida mesmo sem o conhecimento ou a concordância da parte contrária e sem que isto retire dessa reprodução mecânica a sua eficácia probante. Nos casos de greve, por exemplo, em que os participantes do movimento paredista impedem a entrada e a saída de pessoas ou veículos dos estabelecimentos do empregador, costuma-se registrar fotograficamente o fato, a fim de instruir a petição inicial de interdito proibitório, medida judicial por meio da qual se procura resguardar a posse desses estabelecimentos.

§ 1º A fotografia digital ou extraída da rede mundial de computadores faz prova da imagem que contém. Sendo impugnada, a parte que a trouxe aos autos deverá apresentar a correspondente autenticação eletrônica. Caso isso não seja possível, o juiz determinará a realização de exame pericial.

§ 2º Se a fotografia tiver sido publicada em jornal ou revista, e vier a ser impugnada, a parte deverá juntar um exemplar original do periódico.

§ 3º As mensagens eletrônicas impressas também se submetem às disposições do art. 422 do CPC.

Art. 423. As reproduções dos documentos particulares, fotográficas ou obtidas por outros processos de repetição, valem como certidões sempre que o escrivão ou o chefe de secretaria certificar sua conformidade com o original.

• **Comentário**

Para que as reproduções fotográficas ou obtidas por outros processos de repetição, de documentos particulares, valerão como certidões se o escrivão ou diretor da secretaria certificar sua conformidade com o original.

Art. 424. A cópia de documento particular tem o mesmo valor probante que o original, cabendo ao escrivão, intimadas as partes, proceder à conferência e certificar a conformidade entre a cópia e o original.

• **Comentário**

A matéria era regulada pelo art. 385 do CPC revogado.

A cópia de documento particular terá a mesma força provativa do original; havendo impugnação, o escrivão intimará as partes e, na presença delas, efetuará a conferência entre a cópia e o original e certificará a conformidade ou desconformidade que daí apurar. A ausência das partes, todavia, desde que tenham sido intimadas, não impossibilita a conferição se, acaso, a cópia e o original estiverem em poder do oficial público.

Art. 425

Art. 425. Fazem a mesma prova que os originais:

I – as certidões textuais de qualquer peça dos autos, do protocolo das audiências ou de outro livro a cargo do escrivão ou do chefe de secretaria, se extraídas por ele ou sob sua vigilância e por ele subscritas;

II – os traslados e as certidões extraídas por oficial público de instrumentos ou documentos lançados em suas notas;

III – as reproduções dos documentos públicos, desde que autenticadas por oficial público ou conferidas em cartório com os respectivos originais;

IV – as cópias reprográficas de peças do próprio processo judicial declaradas autênticas pelo advogado, sob sua responsabilidade pessoal, se não lhes for impugnada a autenticidade;

V – os extratos digitais de bancos de dados públicos e privados, desde que atestado pelo seu emitente, sob as penas da lei, que as informações conferem com o que consta na origem;

VI – as reproduções digitalizadas de qualquer documento público ou particular, quando juntadas aos autos pelos órgãos da justiça e seus auxiliares, pelo Ministério Público e seus auxiliares, pela Defensoria Pública e seus auxiliares, pelas procuradorias, pelas repartições públicas em geral e por advogados, ressalvada a alegação motivada e fundamentada de adulteração.

§ 1º Os originais dos documentos digitalizados mencionados no inciso VI deverão ser preservados pelo seu detentor até o final do prazo para propositura de ação rescisória.

§ 2º Tratando-se de cópia digital de título executivo extrajudicial ou de documento relevante à instrução do processo, o juiz poderá determinar seu depósito em cartório ou secretaria.

• **Comentário**

Caput. O assunto era tratado no art. 365 do CPC revogado.

Inciso I. *Certidões* são cópias dos assentamentos constantes de livros públicos ou de autos processuais, sendo extraídas por tabeliães, escrivães ou outros funcionários. Não se confundem, contudo, com os traslados, pois enquanto aquelas constituem uma afirmação ou atestação autêntica efetuada por oficial público a respeito do conteúdo do documento registrado em suas notas, livros, autos etc., estes constituem, na verdade, uma nova via dos documentos originais, a primeira cópia destes.

Fazem a mesma prova que os originais as certidões textuais de qualquer peça dos autos do processo, do protocolo das audiências ou de outro livro sob a responsabilidade do escrivão ou do diretor da secretaria, quando extraídas por ele ou sob sua vigilância e por ele assinadas.

O art. 781 da CLT dispõe que as partes poderão requerer certidões dos processos em curso ou extintos, que deverão ser lavradas pelos escrivães ou pelos diretores de secretaria. As certidões atinentes a processos que tramitam em segredo justiça dependem de autorização do juiz (*ibidem*, parágrafo único).

Inciso II. Os traslados e as certidões extraídas por oficial público de instrumentos ou documentos existentes em suas notas também fazem a mesma prova que os originais.

Inciso III. A mesma força probante dos originais possuem as reproduções dos documentos públicos, desde que autenticadas por oficial público ou conferidas em cartório ou secretaria, com os correspondentes originais.

Força probante é a eficácia que a lei (material ou processual) reconhece ao documento para provar a existência de atos ou fatos jurídicos, inclusive processuais.

Pública-forma é uma reprodução, mediante cópia, também, de um documento ou de qualquer ato escrito, cujo original é representado pelo mesmo documento. Embora se trate de uma reprodução literal do documento, ela se distingue da certidão e do traslado porque, ao contrário, é feita por pessoa estranha ou que não produziu o documento ou o escrito original. A autenticidade da pública-forma resultará da sua conferência pelo oficial que a fez, ou por outrem, na presença da parte contrária àquela a quem o documento beneficia.

Quando a cópia literal do documento ou do escrito é efetuada por um oficial público, mas conferida e assinada por outro, temos a pública-forma dita *concertada*.

Inciso IV. Cópias reprográficas. Embora os traslados, as certidões e as públicas-formas, sejam, também, cópias de originais, há que se entender como tais as reproduções mecânicas de documentos, públicos ou particulares, como no caso das difundidas fotocópias.

O art. 830, *caput*, da CLT, em sua redação original, estabelecia: "O documento oferecido para prova só será aceito se estiver no original ou em certidão autêntica, ou quando conferida a respectiva pública forma ou cópia perante o juiz ou tribunal".

A respeito dessa dicção legal escrevemos nas primeiras edições de outro livro (*A prova no processo do trabalho*. São Paulo: LTr): "A Justiça do Trabalho, de tempos até esta data, vem aplicando, em muitos casos, esse dispositivo da CLT com absoluta obediência à sua literalidade, do que tem resultado o não reconhecimento da eficácia probatória da pública-forma ou da cópia que não foi conferida pelos órgãos mencionados no texto legal. Nada obstante a formalidade decorra de lei, entendemos, *data venia*, que há rigor excessivo nesse procedimento, pois bastaria, no caso, que tais documentos estivessem autenticados por oficial público (tabelião). O CPC vigente, a propósito, ao se referir à pública-forma, assenta que ela fará a mesma prova que os originais "*desde que autenticadas por oficial público ou conferidas em cartório, com os respectivos originais*" (art. 365, III). Sublinhamos para enfatizar. A conferência, a que o art. 830 da CLT se refere, visa, evidentemente, a estabelecer a autenticidade da pública-forma ou da cópia; ora, essa autenticação pode ser perfeitamente efetuada por tabelião, sem que isto implique ofensa às razões que levaram o legislador a exigir a presença do juiz ou do tribunal nesse ato, o que seria, aliás, embaraçante do próprio exercício da função jurisdicional. De tal arte, o documento, estando regularmente autenticado por oficial público, deve produzir em juízo os mesmos efeitos probantes que o original produziria, não porque estejamos supondo que o CPC teria, por seu art. 365, III, revogado o art. 830 da CLT, mas em virtude de que a aplicação, à risca, da literalidade da norma legal trabalhista esbarra, neste caso, nas regras do bom-senso que devem presidir a atividade do juiz no processo, além do que acaba sendo nimiamente injusta para a parte destinatária do seu comando.

A propósito, de *lege ferenda*, a autenticação de cópias de documentos a serem apresentadas em juízo só deveria ser exigida se fossem objeto de impugnação ou se o juiz pusesse em dúvida a autenticidade dessas cópias. Exigir das partes, como se tem feito, a autenticação de documentos, tem acarretado para elas despesas enormes (os documentos, às vezes, somam dezenas ou centenas), além de submetê-las ao risco de ser negada validade às cópias não autenticadas. A atual exigência de autenticação generalizada de cópias de documentos traduz formalismo incompatível com a simplicidade do processo do trabalho e com a capacidade postulatória (*ius postulandi*) que se reconhece às partes (CLT, art. 791, *caput*). O processo civil, aliás, tem procurado abrandar esse formalismo, como demonstram os arts. 544, § 1º (Lei n. 10.352/2001) e 365, IV (Lei n. 11.382/2006). O primeiro afirma que as peças destinadas à formação do agravo de instrumento, em recurso extraordinário, "*poderão ser declaradas autênticas pelo próprio advogado, sob sua responsabilidade pessoal*"; e, o segundo, que fazem a mesma prova que os originais "*as cópias reprográficas de peças do próprio processo judicial declaradas autênticas pelo próprio advogado sob sua responsabilidade pessoal, se não lhes for impugnada a autenticidade*".

Tempos depois, a Lei n. 11.925, de 17 de abril de 2009, deu nova redação ao art. 830, da CLT, para permitir que o advogado declare, sob sua responsabilidade pessoal, serem autênticas as cópias por ele juntadas aos autos. Sendo impugnada a autenticidade das cópias, a parte que as juntou será intimada para apresentar cópias autenticadas ou os originais, "cabendo ao serventuário competente proceder à conferência e certificar a conformidade entre esses documentos".

A redação da norma é algo confusa, pois se a parte apresentar fotocópias "devidamente autenticadas", como exige a lei, não faz sentido a atuação do serventuário, destinada a certificar a "conformidade" entre os documentos. Sendo assim, há que se entender que essa intervenção do serventuário só será justificável quando a parte trouxer os originais dos documentos, caso em que o serventuário dirá da conformidade destes com as cópias, ou vice-versa.

Mais uma observação. O art. 830, *caput*, da CLT, em sua nova redação, afirma que o *advogado* poderá declarar a autenticidade das cópias oferecidas em juízo. Esqueceu-se o legislador, todavia, que ainda está em vigor (contra nossa vontade) o art. 791, *caput*, da CLT, que atribui às partes capacidade postulatória, ou seja, a faculdade de atuar em juízo sem a constituição de advogado. É elementar que, nesse caso, se deverá reconhecer às partes a possibilidade de declararem, sob sua responsabilidade pessoal, a autenticidade das cópias que vierem a juntar aos autos. Seria insensato e injusto imaginar-se que elas estariam destituídas dessa faculdade. Ora, se elas podem praticar, pessoalmente, todos os atos processuais (elaboração da petição inicial ou da defesa, inquirição da parte contrária e de testemunhas, realização de acordo, apresentação de razões finais, interposição de recursos, oferecimento de contrarrazões, de embargos e o mais), seria ilógico negar-se-lhes a possibilidade de fazer uso da faculdade prevista no *caput* do art. 830, da CLT. Afinal, sempre se afirmou, em caráter aforístico, que "quem pode o mais, pode o menos".

A "responsabilidade pessoal" do advogado, a que se refere o art. 830, da CLT, significa que se a *declaração* de autenticidade da cópia não for verdadeira, o profissional incidirá no crime de falsidade documental, previsto nos arts. 297 e 298, do Código Penal, cumprindo ao juiz do trabalho oficiar ao Ministério Público para a adoção das providências cabíveis. Além disso, configurará violação ao art. 6º, do Código de Ética, ensejando, com isso, a instauração de processo disciplinar pelo Tribunal de Ética e Disciplina da OAB (art. 49).

Se a declaração falsa for efetuada pela parte, esta ficará sujeita às referidas sanções do Código Penal.

O inciso IV do art. 425 do CPC constitui norma semelhante à do art. 830, da CLT.

Inciso V. Há algum tempo, as partes vêm juntando aos autos extratos digitais de bancos de dados, públicos ou privados, para constituir prova em juízo. Para que esses extratos possuam eficácia probante, entretanto, é indispensável que o emitente ateste, sob as penas da lei, que as informações aí contidas conferem com as constantes na origem. Essa atestação, todavia, não impedirá, em determinados casos, a realização de exame pericial contábil para a verificação da efetiva fidelidade desses dados.

Inciso VI. De modo geral, fazem a mesma prova que os originais as reproduções digitalizadas de qualquer documento público ou particular juntadas pelas pessoas e entidades referidas neste inciso. Fica assegurado, no entanto, às partes alegar, de maneira fundamentada, a existência de adulteração feita antes ou durante o processo de digitalização do documento.

§ 1º Os originais dos documentos digitalizados deverão ser conservados pelo seu detentor até o final do prazo para o exercício de ação rescisória — que é de dois anos a contar da data do trânsito em julgado da decisão rescindenda (CPC, art. 972, *caput*), ou da sentença penal (*ibidem*, parágrafo único), conforme seja o caso.

§ 2º Quando se tratar de cópia digital de título executivo extrajudicial (CLT, art. 876, *caput*) ou de outro documento relevante à instrução do processo o juiz poderá determinar que seja depositado em cartório ou em secretaria.

Art. 426. O juiz apreciará fundamentadamente a fé que deva merecer o documento, quando em ponto substancial e sem ressalva contiver entrelinha, emenda, borrão ou cancelamento.

• **Comentário**

O art. 386 do CPC revogado declarava que o juiz apreciaria *livremente* a fé que devesse merecer o documento; o CPC atual, em linguagem mais consentânea com os princípios constitucionais, afirma que o juiz apreciará *fundadamente* a fé que o documento mereça.

Quando o documento contiver, em ponto substancial, e sem ressalva, entrelinha, emenda, borrão, cancelamento ou qualquer outro vício extrínseco, o juiz apreciará, de maneira fundamentada, a fé que deva merecer. Eis aqui, mais uma vez enfatizado, o princípio da persuasão racional do julgador, recepcionado do CPC de 1973 pelo CPC vigente e, por extensão, pelo direito processual do trabalho.

Pontos substanciais, para Câmara Leal (*Código do processo civil e comercial do Estado de São Paulo*, 2º v., p. 85, *apud* SANTOS, Moacyr Amaral, ob. cit., p. 223), são "todos os tópicos de um escrito que contém matéria que, por sua natureza e importância, pode produzir efeitos jurídicos capazes de modificar a espécie, modalidade, eficácia ou consequência dos direitos ou das obrigações dele decorrentes".

Entrelinhas são inserções de palavras, números ou outros sinais gráficos entre duas linhas de redação; *emendas* constituem alterações que se fazem nas palavras, com o objetivo, geralmente, de ampliá-las para completá-las; *borrões* são manchas (de tinta ou outro elemento) capazes de tornar ilegíveis as palavras onde foram feitos; *cancelamentos* são as supressões, as raspagens ou riscaduras de letras, palavras, números etc.

A doutrina é unânime em afirmar que a enumeração legal desses vícios extrínsecos do documento não é taxativa. Sempre, pois, que houver no texto entrelinhas, ou emendas, borrões, cancelamentos etc., deverão as partes ressalvá-los, expressamente, de preferência no lugar em que foram feitos. Nada obsta, entretanto, a que a ressalva seja efetuada em lugar diverso, desde que no próprio documento. Inexistindo a ressalva, o juiz terá ampla liberdade na apreciação da credibilidade que deva merecer o documento. Particularmente, no caso de rasura (cancelamento, na linguagem legal), a sua configuração deve ser manifesta para que o juiz então atribua ao documento a fé que mereça; se houver dúvida quanto à existência de rasura, o bom-senso recomenda que se determine a realização de exame pericial.

No caso de os vícios incidirem em pontos não substanciais do documento, este manterá inalterada a eficácia que, como meio de prova, lhe confere a lei.

Art. 427. Cessa a fé do documento público ou particular sendo-lhe declarada judicialmente a falsidade.

Parágrafo único. A falsidade consiste em:

I — formar documento não verdadeiro;

II — alterar documento verdadeiro.

• **Comentário**

Caput. Reproduziu-se a regra do art. 387 do CPC revogado.

Somente cessará a fé do documento público ou particular quando for declarada em juízo a sua falsidade. Convém observar a norma inscrita no inciso II do art. 19 do CPC, conforme a qual o interesse processual do autor pode limitar-se à declaração de autenticidade ou de falsidade de documento.

Parágrafo único. O texto especifica em que consistirá a falsidade.

Inciso I. Formar documento não verdadeiro significa produzir documento cujo conteúdo não corresponde à realidade dos fatos a que se refere.

Inciso II. Alterar documento verdadeiro é fazer com que o seu conteúdo seja oposto ao que consta originalmente do documento.

Doutrinariamente, "a falsidade consiste na alteração da verdade, consciente ou inconscientemente praticada, em detrimento do direito alheio" (Bonumá). Haverá falsidade material quando se elaborar ou utilizar documento falso, ou adulterar, suprimir ou ocultar documento verdadeiro; a falsidade ideológica se relaciona ao conteúdo do documento; por isso, também é designada de intelectual. A falsidade, para os efeitos do art. 427 do CPC, como vimos, consistirá em a) formar documento não verdadeiro, pouco importando que a inverdade se refira ao documento em si (falsidade material) ou ao seu conteúdo intelectual (falsidade ideológica); e b) alterar documento verdadeiro, ou seja, adulterá-lo mediante entrelinha, emenda, cancelamento etc.

Art. 428. Cessa a fé do documento particular quando:

I — for impugnada sua autenticidade e enquanto não se comprovar sua veracidade;

II — assinado em branco, for impugnado seu conteúdo, por preenchimento abusivo.

Parágrafo único. Dar-se-á abuso quando aquele que recebeu documento assinado com texto não escrito no todo ou em parte formá-lo ou completá-lo por si ou por meio de outrem, violando o pacto feito com o signatário.

• **Comentário**

Caput. Reproduziu-se a regra do art. 388 do CPC revogado.

A norma indica os casos em que haverá cessação da fé, exclusivamente, em relação ao documento particular.

Inciso I. A contestação da assinatura aposta em documento particular faz cessar a sua fé, que somente será restabelecida se a parte contrária demonstrar, pelos meios de prova previstos em lei, a autenticidade do autógrafo. Entendemos que essa norma do CPC seja aplicável ao processo do trabalho, desde que se tenha em mente o fato de o inc. II do art. 429, do mesmo Diploma, estabelecer que, em se tratando de contestação à autenticidade, o ônus da prova incumbirá "à parte que produziu o documento". Nem há como deixar-se de interpretar, conjugadamente, ambos os dispositivos processuais. Desta forma, contestando, o empregado, a assinatura aposta, por exemplo, em recibos salariais, e que se alega ser sua, caberá ao empregador, por ter produzido ditos documentos, o encargo de provar a autenticidade da assinatura; na hipótese, contudo, de o empregador não reconhecer como sua a firma constante de anotação feita na CTPS do empregado, ou de recibo de quitação de parcelas contratuais, o *onus probandi* não incumbirá ao trabalhador, como pode fazer crer a leitura insulada do inciso I do art. 428, do CPC, e sim ao próprio empregador, porquanto o documento foi produzido por ele (CPC, art. 429, II). Daí, havermos afirmado ser aplicável ao processo do trabalho a regra contida no inc. I do art. 428 do CPC.

Inciso II. Muitas vezes, o empregado é levado a assinar documentos em branco, que são mais tarde preenchidos de maneira abusiva pelo empregador. Nesse caso, é do trabalhador o encargo de provar o preenchimento abusivo — tarefa que nem sempre será fácil para ele. Com efeito, dificilmente o empregador faz o trabalhador assinar documentos em branco na presença de pessoas, motivo pelo qual o trabalhador terá dificuldade em provar com testemunhas o fato. Em algumas situações, o exame pericial será eficaz, desde que haja uma pequena diferença de tempo entre a data da assinatura e a do preenchimento abusivo do documento.

Parágrafo único. Configura-se o abuso de que cuida o *caput* da norma quando a pessoa que recebeu o documento assinado com texto não escrito no todo ou em parte o formar ou o completar por si ou por terceiro, violando o acordo feito com o signatário.

Art. 429. Incumbe o ônus da prova quando:

I — se tratar de falsidade de documento ou de preenchimento abusivo, à parte que a arguir;

II — se tratar de impugnação da autenticidade, à parte que produziu o documento.

• **Comentário**

Caput. Reproduziu-se, com pequena alteração, o art. 399 do CPC revogado.

A norma distribui o ônus da prova entre os litigantes quanto à impugnação aos documentos juntados pelo adversário.

Inciso I. A parte que arguir a falsidade do documento tem o encargo de provar a alegação.

Inciso II. Sendo contestada a autenticidade lançada no documento, a ônus da prova será da parte que produziu o documento. O texto anterior aludia à falsidade da assinatura. A redação do CPC atual é mais abrangente, compreendendo a própria assinatura.

Temos verificado, com certa frequência, a sentença proferida pela Justiça do Trabalho rejeitar o pedido do empregado por entender que as parcelas postuladas estavam pagas, conforme os recibos juntados aos autos, cujas assinaturas, porém, foram impugnadas pelo trabalhador. Conquanto a CLT possua norma expressa acerca da repartição do encargo da prova entre os litigantes (art. 818), e sem prejuízo de nosso entendimento quanto à necessidade de que essa norma seja, no geral, a única a ser invocada para dirimir questões a esse respeito, acreditamos que o critério estampado no inc. II do art. 429 do CPC, deva ser utilizado largamente, pelo processo do trabalho, tendo em vista o fato de que, na quase totalidade dos casos, é o empregador quem, por si ou por seus prepostos, *produz* os documentos nos quais o empregado lança a sua assinatura (recibos salariais, recibos de férias, de quitação na terminação do contrato etc.). Sendo assim, no exemplo retro, impugnada pelo empregado a assinatura constante de documento *produzido* pelo empregador, a este último incumbirá o ônus de demonstrar que o autógrafo é verdadeiro; não o fazendo, o documento se tornará desvalioso, razão por que lhe falecerá qualquer eficácia processual para comprovar o pagamento das quantias nele mencionadas.

Tem-se a impressão, a propósito, de que a regra inserida no citado inc. II do art. 429, do CPC, foi elaborada com inspiração no processo do trabalho, embora essa sensibilidade tenha estado ausente do legislador deste processo especializado.

Subseção II

Da Arguição de Falsidade

Art. 430. A falsidade deve ser suscitada na contestação, na réplica ou no prazo de 15 (quinze) dias, contado a partir da intimação da juntada do documento aos autos.

Parágrafo único. Uma vez arguida, a falsidade será resolvida como questão incidental, salvo se a parte requerer que o juiz a decida como questão principal, nos termos do inciso II do art. 19.

• **Comentário**

Caput. O tema era regido pelo art. 390 do CPC revogado.

Admite o CPC, em seu art. 19, I e II, a ação declaratória para que a parte obtenha um pronunciamento jurisdicional a respeito da existência, da inexistência ou do modo de ser de uma relação jurídica ou da autenticidade ou falsidade de documento. Nos arts. 430 a 433, porém, trata o Código do incidente de falsidade (arguição *incidenter tantum*), que também é ação.

Entende Pestana de Aguiar (ob. cit., p. 258) que somente a falsidade material pode ser objeto da arguição; concordamos com o pensamento do ilustre jurista, pois o art. 430 do CPC, que cogita do incidente, embora não distinga expressamente entre ser material ou ideológica a falsidade que esteja a eivar o documento, autoriza a conclusão de que apenas a primeira deva ser objetivo desse incidente. Segundo a expressão da lei (Cód. Penal, art. 299, *caput*) o crime de falsidade ideológica consiste em "Omitir, em documento público ou particular, declaração, que dele deveria constar, ou nele inserir ou fazer inserir declaração falsa ou diversa da que devia ser escrita, com o fim de prejudicar direito, criar obrigação ou alterar a verdade sobre fato juridicamente relevante".

Sucede que a falsidade ideológica (derivante, em geral, de simulação, erro etc.) pode ser demonstrada pelos meios ordinários de prova, inclusive o testemunhai, razão por que o incidente a que se refere o art. 430, do CPC, se revela inadequado a essa finalidade.

O CPC de 1939 previa a arguição de falsidade em um só momento: após o encerramento da instrução (art. 717); o CPC de 1973 dispôs, em melhor técnica, que o incidente teria lugar em qualquer tempo ou grau de jurisdição (art. 390). O CPC em vigor estabelece que o incidente deverá ser suscitado: a) na contestação; b) na réplica; ou c) no prazo de quinze dias contados da data da intimação da juntada do documento aos juntado aos autos (art. 430). Esse prazo, no CPC de 1973, era de dez dias.

A despeito da redação do art. 430 do CPC, o incidente poderá ser suscitado em qualquer grau de jurisdição.

Admitamos, por exemplo, que o recorrente de sentença prolatada pela Vara do Trabalho junte às razões de recurso ordinário, com fundamento na Súmula n. 8 do TST, determinado documento com o qual vise a elidir a sua revelia (Súmula n. 122 do TST): o recorrido será, então, intimado para oferecer contrarrazões, podendo, nessa oportunidade, arguir a falsidade do documento, que será processada perante o relator. É aconselhável que essa arguição seja feita por petição autônoma, pois o seu prazo não coincide com o fixado para a interposição dessa espécie de recurso: enquanto este é de oito dias (CLT, art. 895, "a" e "b"), aquele é de cinco dias (CPC, art. 203, § 1º e 226, II).

Tem legitimidade para propor a ação incidente a parte contra quem se produziu o documento; se o documento foi juntado à inicial, deverá o interessado suscitar o incidente na contestação; se a junção ocorreu após os articulados, a parte deverá suscitá-lo no prazo de dez dias, contados da intimação da sua juntada aos autos. O prazo é preclusivo; logo, excedidos os cinco dias sem que o interessado provoque o incidente, o seu direito estará fulminado pela preclusão temporal. O mesmo se diga quando ela deixar passar em branco a oportunidade da contestação, se este for o caso.

Parágrafo único. Por princípio, a falsidade será decidida como questão incidental, caso em que, no processo do trabalho dessa decisão interlocutória não caberá recurso imediato (CLT, art. 893, § 1º O autor pode requerer, todavia, que o juiz a decida como questão principal, nos termos do inciso II do art. 19, vale dizer, quando o seu interesse disser respeito exclusivo à declaração de falsidade ou de autenticidade do documento. Neste caso, o pronunciamento jurisdicional constituirá sentença (CPC, art. 203, § 1º) e, como tal, poderá ser impugnado por meio de recurso ordinário.

Art. 431. A parte arguirá a falsidade expondo os motivos em que funda a sua pretensão e os meios com que provará o alegado.

- **Comentário**

Há correspondência parcial com o art. 391 do CPC revogado.

Cumprirá à parte, contra a qual foi produzido o documento, suscitar, no prazo de quinze dias, o incidente de falsidade, indicando as razões de fato e de direito de sua arguição, assim como os meios jurídicos de que pretende utilizar para demonstrar a falsidade do documento. A propósito, conquanto a norma legal faça referência aos *meios* pelos quais a parte buscará provar a falsidade, em rigor, só há *um meio* para isso: o pericial. Basta que se leia o art. 432, sobre o qual nos pronunciaremos a seguir.

O art. 394 do CPC de 1973 dizia que suscitado o incidente o juiz suspenderia o processo. O CPC atual não reproduziu essa norma, impondo-se, assim, a conclusão de que o incidente já não possui eficácia suspensiva da execução. Entendemos, contudo, que o juiz poderá suspender o processo quando essa providência for indispensável para preservar a regularidade do procedimento. Digamos, por exemplo, que se trate de audiência trabalhista una e que o incidente seja suscitado nessa ocasião: como iria o magistrado deixar de suspender a audiência, proferindo a sentença sem que o exame pericial destinado a apurar a autenticidade ou a falsidade do documento tivesse sido realizada, vale dizer sem que a instrução estivesse encerrada?

Art. 432. Depois de ouvida a outra parte no prazo de 15 (quinze) dias, será realizado o exame pericial.

Parágrafo único. Não se procederá ao exame pericial se a parte que produziu o documento concordar em retirá-lo.

• **Comentário**

Caput. Provocado o incidente, a parte que produziu o documento será intimada a responder no prazo de quinze dias, findo o qual o juiz determinará a realização do exame pericial (CPC, art. 432). Três observações: 1) o verbo *ouvir*, utilizado na redação do preceito legal, deveria ter sido evitado, pois pode ensejar a falsa ideia de que o juiz tomaria o *depoimento* da parte; melhor teria sido, pois, que a norma dissesse que o juiz *consultaria* a parte que produziu o documento; 2) o teor do art. 432, em exame, revela que o incidente de falsidade documental deságua, inevitavelmente, em perícia (exceto se a parte que juntou o documento concordar em retirá-lo).

Parágrafo único. O parágrafo único do art. 392 do CPC de 1973 dispunha que não se realizaria o exame pericial se a parte, que tivesse produzido o documento, *concordasse* em retirá-lo dos autos e a parte contrária não se opusesse ao desentranhamento.

O CPC atual reproduziu essa disposição no parágrafo único do art. 432.

O verbo *concordar,* todavia, foi aqui mal utilizado. Ora, a *concordância,* no caso pressupõe, logicamente, que tenha havido uma *proposição* para que a parte retirasse o documento; a não se entender deste modo, por que o emprego do verbo *concorda*r? Em verdade, o litigante, ao desejar retirar o documento dos autos, o fazia por sua livre deliberação, e não em decorrência de suposta proposição feita pelo adversário.

Somos de opinião que a discordância da parte contra o desentranhamento do documento por ela arguido de falso não deva, *necessariamente,* importar na continuidade do processamento do incidente, porquanto se o próprio litigante que produziu o documento deseja retirá-lo dos autos, parece-nos que não haverá interesse prático na sequência processual do incidente, a menos que o juiz, em nome do interesse público, entenda necessária a realização do exame pericial.

A propósito, o parágrafo único do art. 392 do CPC revogado, após declarar que o exame pericial não seria realizado se a parte que produziu o documento concordasse em retirá-lo, acrescentava: "e a parte contrária não se opuser ao desentranhamento". Verifica-se, assim, que no sistema daquele Código do passado não bastava a intenção de a parte retirar dos autos o documento por ela juntado ou produzido: era essencial que o seu adversário concordasse com essa retirada. Por esse motivo, entendemos que o desentranhamento de documentos dos autos, pela parte que os juntou ou produziu, já não depende da anuência do seu adversário. Ressalvamos, contudo, o interesse do juiz em que os documentos permaneçam nos autos, para serem periciados, sempre que estiver em causa um interesse público.

Art. 433. A declaração sobre a falsidade do documento, quando suscitada como questão principal, constará da parte dispositiva da sentença e sobre ela incidirá também a autoridade da coisa julgada.

• **Comentário**

Há correspondência parcial com o art. 395 do CPC revogado.

A falsificação de documento, público ou particular, constitui crime contra a fé pública (Cód. Penal, arts. 297, 298 e 299, respectivamente, conjugados com o art. 304 do mesmo Código). Em face disto, declarada a falsidade do documento, ao juiz do trabalho incumbirá remeter ao Ministério Público as peças necessárias ao oferecimento da denúncia. Essa providência está implicitamente autorizada pelo art. 653, letra "f", da CLT, a teor do qual compete à Vara do Trabalho "exercer, em geral, no interesse da Justiça do Trabalho, quaisquer outras atribuições que decorram da sua jurisdição".

A norma do art. 433 do CPC deve ser interpretada em conjunto com a do parágrafo único do art. 430, segundo a qual a falsidade será resolvida como questão incidental ou como questão principal. Pois bem. No caso do art. 433, a falsidade constituirá a questão principal, sendo, pois decidida mediante sentença, em cujo dispositivo deverá estar referido o resultado do julgamento. A autoridade da coisa julgada incidirá sobre a parte dispositiva.

Cabe aqui, todavia, um esclarecimento: mesmo que a falsidade tenha sido resolvida em caráter incidental (logo, por decisão interlocutória), a sentença que resolver o conflito de interesses deverá referir-se a ela na parte dispositiva, sob consequência de a decisão sobre a falsidade ficar "perdida", "solta no espaço", sem ser alcançada pela coisa julgada.

Subseção III
Da Produção da Prova Documental

Art. 434. Incumbe à parte instruir a petição inicial ou a contestação com os documentos destinados a provar suas alegações.

Parágrafo único. Quando o documento consistir em reprodução cinematográfica ou fonográfica, a parte deverá trazê-lo nos termos do *caput*, mas sua exposição será realizada em audiência, intimando-se previamente as partes.

• **Comentário**

Caput. Na terminologia processual, por instrução se entende a produção das provas que as partes realizam para demonstrar a veracidade dos fatos alegados, ou a própria *oportunidade* para que essa produção seja feita.

Na Justiça do Trabalho, generalizada a praxe de cindir-se, no procedimento ordinário, a audiência em três partes, ou sessões, a segunda se destina, especificamente, à instrução. Nela, em consequência, os litigantes serão interrogados, inquirindo-se, a seguir, as testemunhas, o perito e os técnicos, se houver (CLT, art. 848 e § 2º).

Não é exato afirmar-se, entrementes, que a denominada fase instrutória somente se inicia na segunda audiência; ora, estatui a lei (CLT, art. 787) que os documentos em que se fundar a ação deverão desde logo acompanhar a petição inicial — conquanto, na prática, lamentavelmente, não se venha fazendo observar esse mandamento legal. Uma vez oferecidos esses documentos com a peça vestibular, não há negar que a instrução processual tenha se iniciado no instante mesmo em que a petição foi protocolada na Secretaria da Vara, ou entregue ao Distribuidor, conforme seja a hipótese.

De outro lado, estabelece o art. 434 do CPC, de aplicação supletória, sem dúvida, ao processo do trabalho (CLT, art. 769), que também o réu deverá instruir a contestação com os documentos que a fundamentam, cuja disposição, aliás, está expressa, em caráter genérico, no art. 845 da CLT, segundo o qual: "O reclamante e o reclamado comparecerão à audiência acompanhados das suas testemunhas, apresentando, nessa ocasião, as demais provas".

Segue-se, portanto, que na Justiça do Trabalho a instrução se *inicia* no próprio momento em que a petição inicial é ajuizada (desde que se faça acompanhada de documentos), *continuando* na primeira audiência, quando a resposta do réu é oferecida (geralmente sob a forma de contestação), desenvolvendo-se e encerrando-se na segunda.

Cremos que a razão de se haver denominado de *instrutória* à segunda audiência decorreu não apenas do fato de ela destinar-se, preponderantemente, à coleta das provas, mas, também, porque nela o princípio da oralidade atua com maior eficácia, atribuindo-lhe um caráter mais solene e até mesmo espetacular, em relação à anterior, porquanto enseja a ampla participação de todos os interessados na apuração da verdade (juiz, partes, advogados). Nesta audiência, portanto, o que se realiza, em princípio, é a instrução *oral* do processo.

Temos, então, que tripartida a audiência trabalhista (inicial, instrução e julgamento), o processo especializado, adaptando-se a esse fracionamento, fixa três momentos próprios para a produção de provas no procedimento ordinário: 1) com a inicial; 2) com a resposta do réu (na primeira audiência); 3) na audiência de instrução (que é a segunda), valendo observar que, quanto à prova documental, a sua produção deve restringir-se aos dois primeiros *momentos*, ressalvada a hipótese do art. 435 do CPC.

Se, em determinados casos, houver condições de tornar concreto o desejo da lei, no sentido de assegurar, no procedimento ordinário, a incindibilidade da audiência (CLT, art. 849), dois serão os momentos oportunos para a elaboração de provas: 1) com a inicial; 2) na audiência (que será a única), em que o réu, além de responder à ação, será interrogado, juntamente com o autor, procedendo-se, posteriormente, à inquirição das testemunhas, do perito e dos técnicos, caso haja (CLT, art. 848). É o que se passa no procedimento sumariíssimo (CLT, art. 852-H).

Seja como for, não podemos deixar de manifestar a nossa opinião de que, nos tempos atuais, em decorrência de certas garantias constitucionais vinculadas ao processo — com as do contraditório, da ampla defesa e do devido processo legal —, dificilmente se realizará audiência única sem que fiquem transgredidas algumas dessas garantias. É o que a realidade prática tem demonstrado, de maneira insofismável.

Parágrafo único. O documento que consistir em reprodução cinematográfica ou fonográfica deve subordinar-se à regra contida no *caput* do art. 434, vale dizer, ser trazido com inicial ou com a contestação. A exposição do documento será realizada em audiência, para a qual as partes deverão ser intimadas previamente.

Art. 435. É lícito às partes, em qualquer tempo, juntar aos autos documentos novos, quando destinados a fazer prova de fatos ocorridos depois dos articulados ou para contrapô-los aos que foram produzidos nos autos.

Parágrafo único. Admite-se também a juntada posterior de documentos formados após a petição inicial ou a contestação, bem como dos que se tornaram conhecidos, acessíveis ou disponíveis após esses atos, cabendo à parte que os produzir comprovar o motivo que a impediu de juntá-los anteriormente e incumbindo ao juiz, em qualquer caso, avaliar a conduta da parte de acordo com o art. 5º.

• **Comentário**

Caput. Repetiu-se a regra do art. 397 do CPC revogado.

A despeito do princípio fixado pelo art. 434 do CPC, o mesmo Código consente que as partes juntem aos autos, *em qualquer tempo,* documentos novos destinados a fazer provas de fatos ocorridos após os articulados, ou para contrapô-los aos que foram produzidos nos autos (CPC, art. 435). Na aplicação desse dispositivo, um elementar preceito de cautela recomenda que o juiz verifique se as partes não estão se afastando das razões teleológicas que inspiraram o legislador processual a permitir a junção de documentos fora dos momentos oportunos, sob pena de, não o fazendo, render ensejo *a* uma perigosa distensão da disciplina processual a que elas estão submetidas, com reflexos tumultuários no procedimento.

Realmente, muitas vezes se verifica que as partes, embora pudessem ter juntado os documentos à inicial e à contestação, porque já os tinham em seu poder, se reservam para fazê-lo somente na audiência dita de instrução, com a finalidade indisfarçável de colher de surpresa o adversário. O processo, *concessa venia,* não se presta a tais rasgos de sensacionalismo; por este motivo, deve-se tolher, o quanto possível, procedimento dessa natureza, porquanto prejudica a parte contra quem se produziu o documento de poder, na oporrtunidade do seu interrogatório, sobre eles manifestar-se satisfatoriamente, não se podendo esquecer, ademais, que nesse caso ela teria o prazo de quinze dias para pronunciar-se (CPC, art. 432). Nem ignoremos, além do mais, que não raro são apresentados em audiência diversos documentos, que ascendem a dezenas ou centenas, dificultando, sobremaneira, a manifestação da parte contra quem foram produzidos.

Por mais forte razão, deve-se dar cobro ao costume de requerer-se a junção aos autos de documentos *após* o interrogatório das partes (e isso ocorre, muitas vezes, até mesmo após a inquirição das testemunhas), sempre que não se verifiquem as hipóteses previstas no art. 435 do CPC. Não se amparando, pois, requerimento dessa índole no permissivo do referido artigo, deverá o juiz indeferi-lo, sem receio de estar perpetrando imaginário cerceamento de defesa. Há que se pôr à frente o fato inomitível de que, como dissemos, as partes estão jungidas a uma disciplina processual, ditada por lei, que visa a ordenar-lhes a conduta (inclusive, ética) em juízo e a assegurar, com isso, a boa marcha processual, cuja inobservância resultará, quase sempre, em incontroláveis consequências perniciosas ao procedimento.

Parágrafo único. O CPC atual ampliou as exceções à regra inscrita no *caput,* uma vez que permite a juntada de documento formado posteriormente à inicial e à contestação, ou que se tornou conhecido, acessível ou disponível após esses atos. À parte interessada cabe o ônus de demonstrar os motivos pelos quais a impediram de juntar anteriormente o documento. A apreciar o requerimento de juntada do documento, o juiz levará em consideração o princípio da boa-fé, de que fala o art. 5º. Isso significa que poderá condenar a parte por litigância de má-fé, caso esta não se desincumba do ônus que a lei lhe atribui, ou o juiz não se convença da sinceridade da parte.

Art. 436. A parte, intimada a falar sobre documento constante dos autos, poderá:

I — impugnar a admissibilidade da prova documental;

II — impugnar sua autenticidade;

III — suscitar sua falsidade, com ou sem deflagração do incidente de arguição de falsidade;

IV — manifestar-se sobre seu conteúdo.

Parágrafo único. Nas hipóteses dos incisos II e III, a impugnação deverá basear-se em argumentação específica, não se admitindo alegação genérica de falsidade.

Código de Processo Civil

• **Comentário**

Caput. A norma prevê as atitudes que a parte poderá tomar ao ser intimada para manifestar-se sobre os documentos juntados aos autos pelo adversário.

Inciso I. Impugnar a admissibilidade da prova documental, seja porque somente poderia ser pericial, seja porque precluso o momento de sua apresentação, seja por que motivo for.

Inciso II. Havendo impugnação da *autenticidade* do documento, a parte que o juntou poderá retirá-lo dos autos.

Inciso III. A parte contra a qual o documento foi produzido também poderá suscitar-lhe a falsidade, com ou sem instauração do incidente de falsidade. Se a parte que juntou o documento não o retirar dos autos, o juiz determinará a realização de exame pericial (art. 432, parágrafo único). Duas nótulas: em primeiro lugar, os incisos II e III poderiam ter sido condensados em um só; em segundo, a simples contestação da prático.

Inciso IV. Não basta que a parte impugne a autenticidade do documento: é necessário, também, que se manifeste sobre o seu conteúdo, pois um documento pode ser, formalmente, falso, embora o seu conteúdo seja verdadeiro, e vice-versa.

Parágrafo único. Nas situações previstas nos incisos II e III, a impugnação terá de fundar-se em argumentação específica, não se admitindo a meramente genérica de falsidade. À parte cabe, portanto, em que consiste a alegada falsidade.

Art. 437. O réu manifestar-se-á na contestação sobre os documentos anexados à inicial, e o autor manifestar-se-á na réplica sobre os documentos anexados à contestação.

§ 1º Sempre que uma das partes requerer a juntada de documento aos autos, o juiz ouvirá, a seu respeito, a outra parte, que disporá do prazo de 15 (quinze) dias para adotar qualquer das posturas indicadas no art. 436.

§ 2º Poderá o juiz, a requerimento da parte, dilatar o prazo para manifestação sobre a prova documental produzida, levando em consideração a quantidade e a complexidade da documentação.

• **Comentário**

Caput. A norma fixa os momentos para que as partes se manifestem sobre os documentos trazidos aos autos pelo adversário. O réu deverá pronunciar-se na contestação sobre os que instruem a inicial; o autor manifestar-se-á na réplica quanto aos que foram juntados com a contestação. A inobservância desses momentos acarretará, em princípio, a preclusão, salvo se a parte comprovar a ocorrência de força maior (justa causa).

§ 1º A norma se refere à juntada de documento fora dos momentos estabelecidos no *caput*. Formulado requerimento nesse sentido, cumprirá ao juiz mandar intimar a parte contrária para manifestar-se em quinze dias. Essa manifestação deverá estar vinculada ao art. 436.

§ 2º Em muitos casos, é juntada uma quantidade expressiva de documentos, sobre os quais a parte contra a qual foram produzidos deveria falar em quinze dias. Se a parte demonstrar ser exíguo o prazo, poderá requerer ao juiz uma ampliação. No exercício dessa faculdade, porém, o juiz deverá ficar atento à regra da equanimidade, inscrita no art. 139, I, sob pena de nulidade processual.

Art. 438. O juiz requisitará às repartições públicas, em qualquer tempo ou grau de jurisdição:

I — as certidões necessárias à prova das alegações das partes;

II — os procedimentos administrativos nas causas em que forem interessados a União, os Estados, o Distrito Federal, os Municípios ou entidades da administração indireta.

§ 1º Recebidos os autos, o juiz mandará extrair, no prazo máximo e improrrogável de 1 (um) mês, certidões ou reproduções fotográficas das peças que indicar e das que forem indicadas pelas partes, e, em seguida, devolverá os autos à repartição de origem.

§ 2º As repartições públicas poderão fornecer todos os documentos em meio eletrônico, conforme disposto em lei, certificando, pelo mesmo meio, que se trata de extrato fiel do que consta em seu banco de dados ou no documento digitalizado.

• **Comentário**

Caput. A matéria constava do art. 399 do CPC revogado.

O juiz, em qualquer tempo e grau de jurisdição, poderá, no regular exercício de suas funções — especialmente, o juiz do trabalho (CLT, art. 765) —, requisitar documentos.

Requisitar, que não é o mesmo que mandar exibir, significa pedir, exigir, solicitar.

A requisição pode ser ordenada de ofício ou a requerimento da parte; neste último caso, o interessado deverá, em sua petição, mencionar que certidões pretende requisitar ou que peças do procedimento administrativo deseja reproduzir fotograficamente ou por outro meio idôneo.

A expressão "em qualquer tempo e grau de jurisdição", constante do art. 438, *caput*, do CPC, deve, necessariamente, ser entendida em conjugação com os arts. 787 da CLT, e 434 do CPC, que fixam a *oportunidade* para a produção da prova documental, ressalvada a hipótese do art. 435 da norma processual civil. Desta maneira, por exemplo, se a parte poderia ou deveria juntar a certidão à inicial ou à resposta, mas não o faz por negligência ou desinteresse, não se deve atendê-la, mais tarde e inoportunamente, sob a suposição de que o art. 438 do CPC ampara o seu requerimento de requisição. A não ser assim, estar-se-ia subtraindo, de modo temerário, o conteúdo disciplinador de que se fazem providos os mencionados arts. 787 da CLT e 434 do CPC, com inevitável reflexo tumultuário no procedimento.

O requerimento de requisição, portanto, só deve ser acolhido se houver impossibilidade de a parte obter o documento (porque a repartição pública, ao arrepio do disposto no art. 5º, XXXIV, "b", da CF, se nega a fornecê-lo); estiver havendo demora na sua extração; ou por qualquer outro motivo que não possa ser, legitimamente, imputado à vontade da parte interessada.

Nos graus superiores da jurisdição também se poderá, com as mesmas cautelas, determinar a requisição mesmo em sessão, hipótese em que o julgamento se converterá em diligência.

Inciso I. O juiz poderá requisitar, *ex officio*, certidões ou autos de procedimento administrativo *a qualquer tempo*, porquanto, não sendo parte na relação processual, fica à margem da preclusão quanto ao direito de ver requisitados esses documentos — desde que úteis ou necessários à formação do seu convencimento jurídico acerca dos fatos da causa. A recusa em atender à requisição judicial poderá configurar crime de desobediência.

Inciso II. De igual modo, nas causas em que forem interessados a União, os Estados, o Distrito Federal, os Municípios ou as entidades da administração indireta, a requisição poderá ter como objeto procedimentos administrativos.

§ 1º Tratando-se de procedimento administrativo requisitado, o juiz, recebidos os autos, mandará extrair, no prazo máximo e improrrogável de um mês, certidões ou reproduções fotográficas das peças indicadas pelas partes, ou de ofício. Findo o prazo, os autos serão devolvidos à repartição pública de origem, ainda que as certidões ou reproduções não tenham sido feitas.

A medida se destina a evitar que esses procedimentos administrativos tenham o seu trâmite prejudicado, nos órgãos de origem, pela eventual demora do Poder Judiciário em extrair certidões ou efetuar reproduções fotográficas desses procedimentos ou de peças que os integram.

§ 2º Os documentos poderão ser fornecidos pela repartição pública por meio eletrônico, conforme dispuser a lei, caso em que a repartição deverá certificar que se trata de extrato fiel do que consta em seu banco de dados ou documento digitalizado.

Seção VIII

Dos Documentos Eletrônicos

Art. 439. A utilização de documentos eletrônicos no processo convencional dependerá de sua conversão à forma impressa e da verificação de sua autenticidade, na forma da lei.

• **Comentário**

Inovação do CPC atual.

O princípio inscrito no texto legal em estudo é de que a utilização de documentos eletrônicos no processo convencional estará subordinada à sua conversão à forma impressa e à verificação da sua autenticidade, nos termos da legislação aplicável.

A expressão *processo convencional* está a indicar que se trata de processo cujos atos possuem forma *impressa*, vale dizer, de processo *físico*. É evidente que se for o caso de processo totalmente eletrônico, não se cogitará da conversação de que fala o art. 439.

A norma em exame, como se percebe, efetua uma harmonização entre o processo físico (tradicional) e o processo eletrônico (inovador).

Art. 440. O juiz apreciará o valor probante do documento eletrônico não convertido, assegurado às partes o acesso ao seu teor.

• **Comentário**

Inovação do CPC atual.

Se, por algum motivo, não for possível a conversão do documento eletrônico à forma impressa, como exige o art. 440, caberá ao juiz: a) permitir o acesso das partes ao documento; b) apreciar-lhe o valor probante.

Com vistas a isso, o magistrado deverá levar em conta não o documento em si, mas em conjunto com as demais circunstâncias ou elementos de prova existentes no autos.

A lembrarmos que no moderno sistema do processo civil — e, por extensão, no do trabalho — o juiz tem ampla liberdade na formação do seu convencimento jurídico a respeito dos fatos alegados na causa, desde que o faça com base na prova existente nos autos (princípio da persuasão racional — ou, como preferimos, do livre convencimento motivado).

Art. 441. Serão admitidos documentos eletrônicos produzidos e conservados com a observância da legislação específica.

• **Comentário**

Inovação do atual CPC.

Para que os documentos eletrônicos sejam admitidos em juízo é necessário que sejam produzidos e conservados com observância da legislação específica.

A Lei n. 11.419, de 19 de dezembro de 2006, dispõe sobre a informatização do processo judicial.

Seção IX
Da Prova Testemunhal

Subseção I
Da Admissibilidade e do Valor da Prova Testemunhal

Art. 442. A prova testemunhal é sempre admissível, não dispondo a lei de modo diverso.

• **Comentário**

Reproduziu-se parte do art. 400 do CPC revogado.

Conceito de testemunha

João Monteiro (*Programa do curso de processo civil*. 3. ed., p. 250, § 162) a conceituava como a "pessoa, capaz e estranha ao feito, chamada a juízo para depor o que sabe sobre o fato litigioso"; para Moacyr Amaral Santos (ob. cit., p. 261), testemunha "é a pessoa distinta dos sujeitos processuais que, convocada na forma da lei, por ter conhecimento do fato ou ato controvertido entre as partes, depõe sobre este em juízo, para atestar sua existência"; "é a pessoa física, distinta das partes do processo, que, admitida pela lei, vem informar o juiz — a pedido das partes e por determinação do juiz, ou só por ordem deste — sobre fatos suscetíveis de serem provados por esse tipo de prova" (ALVIM, Arruda. *Manual de direito processual civil*. São Paulo: Revista dos Tribunais, 1979. p. 280); para Paula Batista (*apud* THEODORO JÚNIOR, Humberto, ob. cit., p. 585), testemunhas são "as pessoas que vêm a juízo depor sobre o fato controvertido"; *es Ia persona extrãna al juicio, que declara acerca de los hechos o cosas controvertido en la relación procesal* (LÓPEZ, Porras, ob. cit., p. 274); Hugo Alsina (*apud* NASCIMENTO, Amauri Mascaro, ob. cit., p. 207) a tem como "a pessoa capaz, estranha ao processo, que é chamada a declarar sobre fatos que caíram sob o domínio dos seus sentidos".

Poderíamos reproduzir, aqui, algumas dezenas de outros conceitos formulados pela doutrina com relação à testemunha; os que já mencionamos, contudo, bem se prestam para demonstrar certos *elementos substanciais* que devem ser observados para uma exata conceituação dessa figura.

Se não, vejamos. A testemunha:

a) é, necessariamente, uma pessoa física, pois apenas ela é capaz de ter percepções sensoriais, por forma a poder narrar ao juiz, mais tarde, os fatos presenciados e que interessam à causa; as pessoas *jurídicas*, embora também contribuam com o Poder Judiciário para o descobrimento da verdade, o fazem mediante *informações* e não, testemunho;

b) distinta das partes do processo. Melhor será que se diga distinta dos *sujeitos* do processo, cujo conceito é mais abrangente que o de *partes*. Por isso, o juiz, que também é sujeito processual, não pode servir, por princípio, como testemunha na causa que lhe está sendo submetida à apreciação e julgamento. Um outro reparo se impõe: a testemunha, em rigor, não é pessoa estranha ao processo, como se afirmou em alguns dos conceitos transcritos; tanto não é que ela aparece, surge, *no processo*. O que se quis dizer — e nos parece ser lícito supor nesse sentido — é que a testemunha é estranha à *relação jurídica processual*, que é coisa diversa;

c) admitida como tal pela lei, isto é, apenas podem depor como testemunhas as pessoas que não sejam *incapazes, impedidas* ou *suspeitas*, nada obstante (e desde que seja estritamente necessário) ao juiz seja facultado ouvir, como meras informantes, pessoas menores de idade, impedidas ou suspeitas (CPC, art. 447, § 4º); nunca, porém, as incapazes;

d) que inquirida pelo magistrado. As testemunhas são sempre inquiridas pelo magistrado, seja o juiz da causa, ou aquele a quem se deprecou a inquirição. Não é correto dizer-se que elas sempre *compareçam a juízo* porque embora em regra essa modalidade de prova *oral* deva ser colhida em audiência (CPC, art. 453); há casos em que isto não acontece, pois assim permite ou determina a lei, como em virtude de doença ou de outro motivo relevante que impeça a testemunha de vir a juízo, ou se se tratar das pessoas a que faz menção o art. 454 e incisos do mesmo Código. Ainda assim, tais testemunhas serão inquiridas pelo juiz, o que importa também em dizer: na sua presença, conquanto não em juízo. São inquiridas pelo magistrado porque somente a ele compete, como diretor do processo, interrogar os litigantes (CLT, art. 848, *caput*), facultando-se que, por seu intermédio, as partes, seus representantes ou procuradores, formularem reperguntas;

e) voluntariamente ou em decorrência de intimação. Quer dizer, as testemunhas tanto podem se submeter à inquirição espontaneamente (são convidadas pela parte e depõem) quanto em virtude de intimação (porque, convidadas, se esquivaram da inquirição ou porque foi o juiz quem, *sponte sua*, decidiu ouvi-las);

f) a respeito de fatos controvertidos, relevantes e pertinentes, pois o objeto da inquirição são os fatos controvertidos. A controvérsia, contudo, por si só, não basta; os fatos têm de ser pertinentes à sua causa e, ainda assim, relevantes para ela. Destarte, fatos pertinentes, mas irrelevantes não interessam, do mesmo modo que há desinteresse em relação aos fatos relevantes mas que não pertinem à causa. Depara-se-nos, *data venia*, cerebrina a distinção pretendida por Ísis de Almeida (*Curso de direito processual do trabalho*. São Paulo: Sugestões Literárias, 1981. p. 393), entre fatos *controversos e controvertidos*, porquanto, a nosso ver, estão identificados por uma sinonímia léxica e, consequentemente, processual.

g) dos quais tem conhecimento próprio, porque se exige da testemunha uma cognição pessoal dos fatos (*ex proprius sensibus*), assim, o testemunho de quem soube dos fatos por intermédio de terceiro (por "ouvir dizer" — *hearsay testimony*) é frágil, é no-nada, pois desatende à razão teleológica pela qual se admite esse meio de prova no processo; *testis debet deponere de eo quod novit et praesens fuir et sic per proprium sensum, nom autem presensum alterius* — adverte, com exação, a máxima latina.

Cabe, aqui, uma nótula: em princípio, testemunha é a pessoa que tem conhecimento *pessoal* dos fatos. As diversas situações da vida, entretanto, fizeram com que fossem levadas a juízo — e aceitas pelo magistrado — pessoas que tinham ciência dos fatos da causa por intermédio de terceiros. Até então, a expressão *testemunha presencial* soava a pleonasmo vicioso, pois, como dissemos, testemunha era a pessoa que esteve presente na cena dos acontecimentos que deram origem à ação. Todavia, hoje, essa expressão deixou de ser pleonástica, pela razão já exposta. É evidente que o magistrado, no momento em que for *valorar* a prova testemunhal produzida nos autos, levará em conta a particularidade de a testemunha ter cognição pessoal dos fatos, ou não.

Utilizando esses elementos substanciais, propomos o seguinte conceito de testemunha: É toda pessoa física, distinta dos sujeitos do processo, que, admitida como tal pela lei, é inquirida pelo magistrado, em juízo ou não, voluntariamente ou por força de intimação, a respeito de fatos controvertidos, pertinentes e relevantes, dos quais tem conhecimento direto (testemunha presencial) ou indireto (testemunha por ouvir dizer).

O problema da inverdade das declarações

Os sistemas processuais, como se sabe, reservaram às testemunhas — notadamente as *in facto*, ou históricas — a incumbência (sob a forma de dever) de relatar em juízo, com fidelidade, os fatos que ficaram retidos em sua memória e que interessam à causa.

Nem sempre, todavia, se verifica a necessária identidade entre os fatos reais e o resultado da manifestação das percepções sensórias da testemunha; de um modo geral, podem ser apontadas como de três ordens as causas desse descompasso, ou seja, da inverdade das declarações prestadas:

a) intenção deliberada de falsear a realidade;

b) firmeza com que os fatos controvertidos são narrados, embora a testemunha não tivesse certeza quanto à verdade dos mesmos; e

c) suposição de que as suas declarações eram, efetivamente, verdadeiras.

Neste último caso, a reflexão da verdade poderá ter origem na denominada "memória falsa", que, para ser mais bem compreendida, requer uma pequena incursão pelos domínios da psicologia individual.

Com efeito, a lembrança, ou o ato de memória, pressupõe cinco condições: 1) a fixação; 2) a conservação; 3) a revocação da lembrança; 4) o reconhecimento; e 5) a localização dos estados de consciência passados. Daí por que os fatos que tenham sido mal fixados, do ponto de vista fisiológico, pela pouca plasticidade dos tecidos nervosos, ou mesmo sob o aspecto psicológico, pelo pouco interesse que despertaram na pessoa, acabam não sendo lembrados; quando não o são de maneira imperfeita, máxime se entre a fixação e a revocação decorreu largo espaço de tempo.

Raphael Cirigliano (*Prova civil*. 2. ed. São Paulo: Revista dos Tribunais, 1981. p. 270) observa, com apoio em Baudin, que há várias doenças da memória, impeditivas de a pessoa depor como testemunha; entre essas doenças, temos a *disnésia* (incapacidade de fixação e conservação das lembranças, sendo frequente nos casos de idiotia e de imbecilidade); a *amnésia* (perda das lembranças que haviam sido normalmente registradas, podendo ser total ou parcial); lá, o doente esquece a sua vida pregressa, dando início a uma outra, nova; aqui, a perda atinge apenas um certo grupo de lembranças: temos, então, a *afasia* motriz, que é a perda de lembrança da articulação das palavras; a *agrafia*, consistente na perda das lembranças motrizes do ato de escrever; a *alexia*, que se revela sob a forma de perda do sentido das palavras lidas; a *surdez-verbal*, que é a perda do sentido das palavras ouvidas; a *hipernésia*, ou a exacerbação da faculdade de revocar, com o despertar de lembranças que se encontravam por muito tempo adormecidas no passado; a *paramnésia*, que é a memória falsa, propriamente dita, decorrente das ilusões do reconhecimento.

Conclui Baudin haver memória falsa sempre que a lembrança se altera sem que disso nos apercebamos; o resultado é que atribuímos a ela uma objetividade que não possui: "Esta ilusão de reconhecimento é o perigo perpétuo da introspecção e do ato de testemunhar. É necessária uma análise muito sutil para a discernir; porque o sentido comum é levado a negar até a sua possibilidade e a crer que uma testemunha de boa-fé e inteligente é mesmo uma testemunha irrecusável. Não é certamente nada disto. A lembrança é normalmente exposta a toda sorte de deformações inconscientes e pode ser cumulada de numerosas ilusões".

Essa é uma lição que deveria ser absorvida por todos os magistrados.

Espécies de testemunhas

Nicola Framarino Dei Malatesta (*A lógica das provas em matéria criminal*. Lisboa, 1927) classifica as testemunhas em três espécies: (a) *ante factum*; (b) *in facto*; e (c) *post factum*.

a) *Ante factum* são as testemunhas escolhidas para fazer fé quanto a um contrato a ser realizado entre as partes ou de um ato que se deva cumprir. Quando elas são convidadas para apor sua assinatura em um documento, podem ser chamadas de *instrumentárias*; quando são chamadas a dar fé a um contrato verbal, ou de qualquer ato que seja realizado sem forma escrita, é aconselhável que sejam denominadas de *verbais*, *para* distingui-las das anteriores.

b) *In facto* são as que, tendo presenciado, casualmente ou não, determinado fato, estão em condições de narrá-los ao juiz.

c) *Post factum* são as trazidas para *testificar ciertas condiciones particulares del hecho, no percibidas por el común de los hombres, sino tan solo por el que tiene una especial pericia* (Malatesta, *ibidem*). Esclareça-se, entretanto, que se o técnico presenciou o fato, será havido, de acordo com a classificação elaborada pelo ilustre jurista italiano, como testemunha técnica *in facto* e não *post factum*.

De modo geral, essa classificação pode ser aproveitada, mediante algumas adaptações, pela doutrina processual trabalhista, valendo assinalar que o conceito de testemunha *in facto* nos parece intocável sob o ponto de vista deste processo especializado.

Porras López (ob. cit., p. 277), por seu turno, apresenta outra classificação das testemunhas, de cunho eminentemente processual, conforme ele mesmo reconhece: *testigos constantes, testigos abonados y testigos falsos*. As primeiras são aquelas cujas declarações coincidem *en el fondo respecto de los hechos controvertidos*; as segundas são as que, segundo Escriche, *no pudiendo calificarse en su declaración por haber muerto o hallarse ausente, es tenido por idoneo y fidedigno mediante la justa apreciación que se hace de su veracidad y no tener tachas legales*; as terceiras compreendem as que, por sua condição pessoal, e pelos conhecimentos a respeito dos fatos controvertidos, merecem fé no que declararem.

Gabriel José Rodrigues de Rezende Filho (*Curso de direito processual civil*. 3. ed. São Paulo: Saraiva, 1953. p. 273) se refere à classificação das testemunhas em:

a) *instrumentárias*, que asseguram com a sua presença e assinatura, a verdade dos atos jurídicos, colaborando na formação da prova literal preconstituída. São, na classificação de Malatesta, as *ante factum*;

b) judiciais, que depõem, em juízo acerca dos fatos (relevantes) da ação. Correspondem, portanto, às *in facto,* a que se referiu Malatesta;

c) oculares e auriculares, que depõem segundo os fatos que presenciaram ou de que tiveram notícia, respectivamente. Estas últimas são as conhecidas testemunhas "por ouvir dizer";

d) originárias e referidas, conforme tenham sido indicadas pelas partes ou mencionadas por outras testemunhas, em suas declarações, respectivamente;

e) idôneas e inidôneas, segundo seja o valor do seu depoimento, sendo que as segundas são afetadas por algum vício ou defeito capaz de tirar-lhes ou diminuir-lhes a credibilidade.

A classificação das testemunhas, enfim, variará conforme seja o critério que se venha a adotar para elaborá-la. Corolário disso é a classificação que a seguir apresentamos, sem a pretensão de negar as anteriormente mencionadas, mas, ao contrário, com o propósito de a elas somar-se a fim de possibilitar uma visão mais ampla da matéria.

Levando-se em consideração quais dos *sujeitos* do processo teriam provocado o comparecimento da testemunha a juízo, poderíamos falar em (a) testemunhas *indicadas pelas partes* ou (b) *pelo juízo* segundo a sua presença no processo tivesse resultado de *requerimento dos litigantes* ou de ato *voluntário do magistrado*, respectivamente. As testemunhas indicadas pelas partes, por sua vez, seriam *unilaterais*, se feita a indicação apenas por *uma delas*, ou *bilaterais* (ou comuns), se a indicação fosse feita por ambos os litigantes.

Quanto à *extensão* do conhecimento que possuam acerca dos fatos controvertidos na ação, teríamos as testemunhas (a) *de cognição plena* e as de (b) *cognição parcial*; no primeiro caso, o seu conhecimento abrange *todos* os fatos probandos; no segundo, compreende apenas alguns deles.

Tendo-se em conta a *relação* das declarações com a ciência dos fatos controversos, a testemunha seria (a) *direta* ou (b) *indireta;* lá, a percepção sensorial se refere aos próprios fatos que constituem objeto do *thema probandum;* aqui, o conhecimento concerne a *outros* fatos e circunstâncias, que, todavia, têm íntima relação com os narrados em juízo. O testemunho indireto (que não se confunde com o "por ouvir dizer"), como se vê, conduz, quase sempre, à formação de uma presunção *iuris tantum.*

Poderíamos prosseguir com outras classificações; as que expusemos, entretanto, bastam para revelar o aspecto multifário dessa figura processual, que conduz, em consequência, a manifestações heterogêneas do estudioso que busque classificá-la.

Admissibilidade e inadmissibilidade da prova testemunhal

A prova testemunhal é sempre admissível (princípio), salvo se a lei dispuser de modo diverso (exceção), conforme estabelece o art. 442, *caput*, do CPC, aplicável subsidiariamente ao processo do trabalho.

A declaração legal, como se vê, é de que todos os atos e fatos podem ser objeto de prova testemunhal; as exceções, por esta razão, devem estar expressamente mencionadas em lei.

É com fundamento na própria expressão excepcional do direito positivo do trabalho que sustentamos ser, em princípio, inadmissível a prova testemunhal, pelo empregador, quando se tratar de: *a)* fixação do horário de trabalho (CLT, art. 74, § 1º); *b)* horário de entrada, de saída e de intervalo para repouso, no caso de estabelecimento com mais de dez empregados (§ 2º); *c)* jornada de trabalho, quando os serviços forem realizados fora do estabelecimento (§ 3º); *d)* concessão de férias (art. 135); *e)* prorrogação da jornada de trabalho (arts. 59, 60, 61 e §§); *f)* pagamento de salários (art. 464) etc., porquanto a prova, em tais casos, por força de lei, deve ser *documental.*

Art. 443. O juiz indeferirá a inquirição de testemunhas sobre fatos:

I — já provados por documento ou confissão da parte;

II — que só por documento ou por exame pericial puderem ser provados.

• **Comentário**

Caput. A norma indica os casos em que o juiz deverá indeferir a produção da prova testemunhal.

Inciso I. Porque desnecessária, deverá ser indeferida pelo juiz a inquirição de testemunhas sobre fatos já provados por documento ou confessados pela parte.

A norma legal deve ser interpretada com muita prudência com relação aos "fatos provados por documento". Se a parte não se pronunciou sobre o documento juntado pelo adversário, é razoável que se aplique o inciso I do art. 443 do CPC; entretanto, se o documento foi atempadamente impugnado, o fato, em rigor, não está provado, motivo por que não se poderá impedir a parte impugnante de produzir prova (documental, testemunhal, pericial), destinada a comprovar que o conteúdo do documento não espelha a verdade dos fatos.

Feita a ressalva, prossigamos para observar que a lei diz que o juiz *indeferirá a* inquirição; da literalidade do texto, então, se extraem as seguintes conclusões, que nos parecem irrefutáveis: *a)* a lei pressupõe tenha havido um *requerimento* da parte *confessa* ou contra quem se produziu prova documental não impugnada; *b)* caso o juiz queira, *poderá, sponte sua,* proceder à inquirição; *c)* nada obsta a que, em tese, a parte a quem a *confissão* ou o documento *beneficiou* requeira a inquirição das próprias testemunhas — malgrado isto seja extremamente raro (para não dizer, insólito), na prática.

Na hipótese da letra "a", o indeferimento não importará restrição ao direito de defesa da parte confessa, porquanto o ato do juiz estará amparado pelo citado art. 443, I do CPC; na letra "b", a deliberação do juiz em ouvir, por sua iniciativa, as testemunhas da parte confessa, e mesmo as da outra, encontra apoio no art. 765 da CLT, e no anseio de trazer aos autos a verdade *real;* no caso da letra "c", a parte a quem a confissão ou o documento aproveita poderá pretender reforçar a prova produzida (tendo em vista a possibilidade de reforma da sentença), daí o seu interesse em ver inquiridas as testemunhas que levou a juízo. O indeferimento desse pedido, todavia, dificilmente constituirá causa de nulidade processual, exceto se a parte provar que o ato do juiz lhe acarretou manifesto prejuízo (CLT, art. 794), o que nos parece improvável.

Inciso II. Porque inadequada, também deverá ser repelida a inquirição de testemunhas quando se relacionar a fato que, somente via *documento,* ou exame pericial, possa ser provado.

O disposto no inciso II, em verdade, nada mais faz do que explicitar o *caput* do art. 442, na parte em que faz referência a *não dispondo a lei de modo diverso,* além disso, fundamenta a nossa assertiva de há fatos trabalhistas que só admitem, em princípio, prova documental (ressalvamos, portanto, algumas situações excepcionais, em que se admitirá a prova testemunhal, como quando os documentos tenham sido consumidos por incêndio, inundação, comprovadamente roubados etc.), como o pagamento de salários, de férias etc., ou prova pericial (adicionais de insalubridade ou de periculosidade).

Obrigações e direitos da testemunha

Como o cidadão em geral, a testemunha possui obrigações e direitos perfeitamente identificáveis no ordenamento legal. É conveniente e oportuno que os relacionemos.

Quanto às *obrigações,* podemos mencionar, dentro de uma sequência lógica: *a)* de comparecer a juízo, para depor, quando convidada ou intimada; neste último caso, desobedecida a intimação, a testemunha será conduzida, coercitivamente, por força policial (CPC, art. 455, § 5º), o que demonstra, com nitidez, a existência dessa obrigação de *comparência* a juízo. Dispõe, ainda, o CPC que a testemunha conduzida responderá pelas despesas provenientes do adiamento da audiência, em decorrência do seu não comparecimento (*ibidem*). Essa disposição, no entanto, é inaplicável ao processo do trabalho, uma vez que a CLT contém norma expressa sobre a matéria. Efetivamente, estabelece o seu art. 730 que as pessoas que se recusarem a depor como testemunha, sem motivos justificados, incorrerão na *multa* de um décimo do valor de referência regional; *b)* atendendo ao convite ou à intimação, a testemunha deverá responder consoante à verdade sobre aquilo que souber e lhe for perguntado em juízo (CPC, art. 458, *caput*), sob pena de, não o fazendo, perpetrar o crime de falso testemunho, previsto no art. 342 do Código Penal. Convém esclarecer que na hipótese de a pessoa não prestar o consequente *compromisso* (CPC, art. 458, parágrafo único), por ser impedida ou suspeita, sendo ouvida apenas como *informante,* não incidirá no crime de falso testemunho se fizer afirmação falsa, calar ou ocultar a verdade, exatamente porque testemunha não o é.

Relativamente aos *direitos* da testemunha, temos: *a)* o de escusar-se de depor nas hipóteses do art. 448, I e II do CPC; *b)* de ser inquirida em sua residência ou no local (repartição) em que exerce as suas funções, em se tratando das pessoas mencionadas no art. 454 do CPC; *c)* de prestar depoimento antecipadamente; de ser inquirida por carta precatória ou rogatória (CPC, art. 453, I, II); de depor extrajuízo, no caso de doença ou outro motivo relevante (CPC, art. 449, parágrafo único); *d)* de ser inquirida pelo juiz (CPC, art. 459, § 1º), que nem sempre é o da causa; *e)* de ser tratada com urbanidade pelas partes, seus representantes ou advogados (CPC, art. 459, § 2º); *f)* de não sofrer descontos nos seus salários quando tiver de comparecer a juízo para depor, quer tenha sido convidada ou intimada (CLT, art. 822; CPC). Não nos parece deva ser acolhida, pelo processo do trabalho, contudo, a norma constante do CPC (art. 462), segundo a qual a testemunha poderá requerer ao juiz a determinação para que a parte que a arrolou satisfaça o pagamento das despesas efetivadas em função do seu comparecimento a juízo. Reputamos ser incompatível com o processo do trabalho essa disposição do CPC, ainda que se admita não escoriar, em rigor, a relativa gratuidade do procedimento. A incompatibilidade deriva da presença do empregado na relação jurídica processual, a quem não se deve *impor* qualquer encargo de índole pecuniária, máxime se não previsto na CLT. Seria iníquo, de outro lado, que se impusesse apenas ao empregador o ressarcimento das despesas feitas por suas testemunhas. Tais despesas, tanto as relativas às testemunhas do empregado quanto às do empregador, entendemos nós, devem ser ressarcidas *voluntariamente* pela parte interessada, conforme seja a sua possibilidade de fazê-lo. Afaste-se o juiz do trabalho, portanto, dessa questão, que bem melhor ficará se reservada ao domínio dos litigantes.

Limite legal do número de testemunhas. Ações individuais e plurais. A testemunha única

Permite a CLT que cada parte, no procedimento *ordinário,* indique, no máximo, três testemunhas

Art. 443

(art. 821), salvo se se tratar de inquérito (corrija-se: *ação*) para apuração de falta grave, quando esse número será elevado para seis (*ibidem*). Modernamente, contudo, não há motivo para tão elevado número de testemunhas nesta espécie de ação, porquanto, como demonstramos, a avaliação dessa prova se faz sob o ponto de vista qualitativo e não quantitativo, sem nos esquecermos, ademais, de que já não há lugar para a expressão de Mascardus, no sentido de que *testis unus, testis nullus*.

No procedimento *sumariíssimo*, o número máximo de testemunhas é de duas, para cada parte (CLT, art 852-H, § 2º).

Havendo mais de um réu, tem-se admitido que cada um apresente três testemunhas, no procedimento ordinário (CLT, art. 821), ou duas, no sumariíssimo (CLT, art. 852-H, § 2º); o mesmo não se tem consentido, todavia, no caso de haver mais de um autor, provavelmente em face de os fatos (*causa petendi*) serem comuns a todos eles. Não o sendo, seria de indagar-se, antes de mais nada, se essa cumulação subjetiva de ações poderia se ter beneficiado da faculdade deferida pelo art. 832 da CLT, pois, aparentemente, o pressuposto legal da *identidade de matéria* estaria ausente. Ou seja, nesta hipótese, é bem provável que o regime litisconsorcial ativo-facultativo houvesse sido constituído de forma irregular, fato que ensejaria à parte contrária a possibilidade de requerer a extinção do processo, com fulcro no art. 485, inciso IV, do CPC.

Caberá ao juiz, em qualquer hipótese, verificar quanto à necessidade de os réus (ou até mesmo os autores) indicarem, cada, três testemunhas (procedimento ordinário), ou duas (procedimento sumariíssimo), devendo rejeitar essa indicação sempre que entender de nenhuma utilidade para a instrução, e consciente de que isto não resultará em restrição do direito de defesa da parte.

É importante, ressaltar, neste momento, que a lei *não* concede às partes, como em regra se tem suposto, nenhum direito de verem inquiridas as três testemunhas, ou duas, que, acaso, tenham apontado. Basta verificar que, no tocante ao procedimento ordinário, o art. 821 da CLT fala, claramente, em *indicar* (no máximo) três testemunhas; ora, os léxicos ensinam que indicar significa *apontar, indigitar, revelar, mostrar*. Deste modo, o direito que da lei para elas resulta é tão-somente o de apontar aquele número-limite de testemunhas, cabendo ao juiz, entretanto, decidir pela inquirição de todas, ou de parte delas, conforme entenda conveniente ou necessário à instrução processual. O mesmo se afirme com relação ao procedimento sumariíssimo, porquanto o art. 852-H, § 2º, da CLT, é incisivo ao aludir ao número máximo de duas testemunhas, para cada litigante.

A amplitude na direção do processo (CLT, art. 765) autoriza o juiz a, orientando-se pelo mesmo critério, proceder à inquirição de *mais* de três testemunhas por litigante, no procedimento ordinário, ou mais de duas, no sumariíssimo, ainda que não se trate de inquérito (*sic*) para a apuração de falta grave; sucede que a proibição estampada nos arts. 821 e 852-H, § 2º, do texto consolidado tem como destinatárias exclusivas as *partes*; nunca o juiz, a quem não se pode manietar na investigação da verdade real, sob pena de impor-lhe uma formação do convencimento com apoio em elementos de prova insuficientes, ou — o que é pior — inverossímeis. Uma elementar regra de prudência sugere, no entanto, que o magistrado, ao decidir-se pela inquirição de testemunhas em número superior ao limite legal o faça de modo igualitário. Assim se desejar ouvir quatro testemunhas do autor, deverá ouvir, também, quatro testemunhas do réu, exceto se este satisfizer-se com menor número. Essa *possibilidade* concedida ao réu torna extremamente reduzido o sucesso de sua eventual alegação de nulidade do processo. Nulidade haveria, isto sim, se não se lhe concedesse — no exemplo que formulamos — a referida oportunidade, porquanto aqui haveria, por parte do magistrado, tratamento anti-igualitário.

Quanto à testemunha única, cuja admissibilidade era vedada pelo axioma do *testis unus, testis nullus*, que vigorou no Brasil e em Portugal até o final do século XIX, por influência de Pothier, na França, hoje é plenamente aceita pela ciência processual.

Aliás, no início do século XX, o ilustre jurista português Neves e Castro já reconhecia que "Atualmente tem prevalecido a máxima de que os depoimentos das testemunhas devem ser pesados — e não contados", por outras palavras: a avaliação da prova testemunhal, hodiernamente, se faz com observância ao critério qualitativo e não quantitativo. Nem poderia ser de modo diverso, a partir da própria permissão legal para que o juiz *aprecie livremente a prova*.

Desta maneira, e desde que a qualidade do seu depoimento assim o autorize, uma só testemunha será apta para provar os fatos controvertidos na ação, ainda que duas ou três outras, trazidas pela parte adversa, também tenham sido ouvidas a respeito dos mesmos fatos. São precisamente possibilidades dessa ordem que evidenciam o princípio da *persuasão racional do julgador* (livre convencimento motivado), alusivo à valoração da prova, sabiamente incorporado ao nosso direito processual civil e do qual também compartilha o processo do trabalho.

Quer nos parecer, por outro lado, que o informante deve ser computado para efeito de constituição do limite máximo de testemunhas, fixado por lei; assim, se a parte apresenta certa pessoa que, por estar impedida ou ser suspeita, é ouvida como informante, somente poderá indicar (na mesma ação, é claro) *duas* testemunhas no procedimento ordinário.

Poder-se-ia argumentar, em contrário, que o informante, exatamente por não ser testemunha, não deveria ser considerado para o efeito em questão.

É imperioso não se esquecer, entretanto, que a fixação, por lei, de um número máximo de testemunhas por litigante teve o propósito manifesto de contribuir para a *celeridade* do procedimento; não fosse assim, teria o legislador consentido que se apresentasse uma quantidade *ilimitada* de testemunhas.

Reside, justamente, nesse escopo legal de obviar o procedimento a razão por que entendemos que o informante deva influir na apuração do número máximo de testemunhas; apenas em casos excepcionais, portanto, deverá o juiz deixá-lo à margem desse limite — cuidando, em qualquer hipótese, para não ferir o princípio que ordena um tratamento equânime às partes.

Art. 444. Nos casos em que a lei exigir prova escrita da obrigação, é admissível a prova testemunhal quando houver começo de prova por escrito, emanado da parte contra a qual se pretende produzir a prova.

• **Comentário**

A norma não incide no processo do trabalho. A prova testemunhal da existência de um contrato de trabalho é plena, não encontrando limitações no valor desse negócio jurídico bilateral, nem ficando condicionada a "começo de prova por escrito".

Art. 445. Também se admite a prova testemunhal quando o credor não pode ou não podia, moral ou materialmente, obter a prova escrita da obrigação, em casos como o de parentesco, de depósito necessário ou de hospedagem em hotel ou em razão das práticas comerciais do local onde contraída a obrigação.

• **Comentário**

Nos casos mencionados, a norma admite a produção de prova exclusivamente testemunhal.

Art. 446. É lícito à parte provar com testemunhas:

I — nos contratos simulados, a divergência entre a vontade real e a vontade declarada;

II — nos contratos em geral, os vícios de consentimento.

• **Comentário**

Caput. Reproduziu-se o texto do art. 404 do CPC revogado.

A norma refere as situações em que a parte inocente pode provar com testemunhas.

Inciso I. Os negócios jurídicos simulados são nulos, embora subsista o que se dissimulou, se válido for na substância e na forma (CC, art. 167). Apesar disso, a parte inocente pode comprovar, por meio de testemunhas, a desconformidade entre a vontade real e a vontade declarada.

Inciso II. O art. 138 do Código Civil afirma serem anuláveis os negócios jurídicos quando as declarações de vontade emanarem de erro substancial que poderia ser percebido por pessoa de diligência normal, diante das circunstância do negócio.

Entre os vícios do consentimento, que tornam os contratos anuláveis (CC, art. 171, II), estão: a) o dolo (CC, arts. 145/150); b) a coação (CC, arts. 151/155); c) o erro; d) o estado de perigo (CC, art. 156); e) a lesão (CC, art. 157); f) a fraude contra credores (CC, arts. 158/165).

Também no processo do trabalho os vícios de consentimento, que deram origem aos negócios jurídicos bilaterais, podem ser comprovados com testemunhas. No tocante, porém, à *alteração* contratual prejudicial ao trabalhador este não é obrigado a comprovar o vício de seu consentimento pertinente à alteração, pois a cláusula será nula de pleno direito, por força do disposto no art. 468, *caput*, da CLT.

Art. 447

Art. 447. Podem depor como testemunhas todas as pessoas, exceto as incapazes, impedidas ou suspeitas.

§ 1º São incapazes:

I — o interdito por enfermidade ou deficiência mental;

II — o que, acometido por enfermidade ou retardamento mental, ao tempo em que ocorreram os fatos, não podia discerni-los, ou, ao tempo em que deve depor, não está habilitado a transmitir as percepções;

III — o que tiver menos de 16 (dezesseis) anos;

IV — o cego e o surdo, quando a ciência do fato depender dos sentidos que lhes faltam.

§ 2º São impedidos:

I — o cônjuge, o companheiro, o ascendente e o descendente em qualquer grau e o colateral, até o terceiro grau, de alguma das partes, por consanguinidade ou afinidade, salvo se o exigir o interesse público ou, tratando-se de causa relativa ao estado da pessoa, não se puder obter de outro modo a prova que o juiz repute necessária ao julgamento do mérito;

II — o que é parte na causa;

III — o que intervém em nome de uma parte, como o tutor, o representante legal da pessoa jurídica, o juiz, o advogado e outros que assistam ou tenham assistido as partes.

§ 3º São suspeitos:

I — o inimigo da parte ou o seu amigo íntimo;

II — o que tiver interesse no litígio.

§ 4º Sendo necessário, pode o juiz admitir o depoimento das testemunhas menores, impedidas ou suspeitas.

§ 5º Os depoimentos referidos no § 4º serão prestados independentemente de compromisso, e o juiz lhes atribuirá o valor que possam merecer.

• **Comentário**

Caput. A matéria era disciplinada pelo art. 405 do CPC revogado.

O princípio legal é de que todos podem — ou melhor, *devem* — depor como testemunha, pois, convém lembrar, ninguém poderá eximir-se do dever de colaborar com o Poder Judiciário para o descobrimento da verdade (CPC, art. 378). Constituem exceções a essa regra as pessoas incapazes, impedidas ou suspeitas, e as que se ajustarem à previsão do art. 447.

No elenco dessas exceções se incluem, ainda, os agentes diplomáticos, em decorrência das imunidades que usufruem; embora não estejam obrigados a testemunhar, nada impede que o façam, caso pretendam.

Com os olhos postos na legislação do seu país, o jurista argentino Eduardo R. Stafforini (*Derecho procesal social*. Buenos Aires: Editora Argentina, 1955. p. 569) afirmou: *Declarar como testigo implica una verdadera carga pública y todos los habitantes del país tienen la obligación de hacerlo, con las excepciones referentes al secreto profesional, que permiten al procurador o abogado dejar de declarar en contra de su representado; a los sacerdotes, médicos, farmacéuticos y parteras, abstenerse de prestar declaración sobre hechos que se les haya confiado bajo secreto, en ejercicio de su ministerio o profesión.*

Não se suponha, no entanto, que a pessoa estará atendendo a obrigação de testemunhar ao fazer, por instrumento particular ou público, *declarações* acerca dos fatos que pertencem ao seu conhecimento, juntando-as, depois, aos autos; esse procedimento é absolutamente inadmissível, pois atenta contra os princípios da oralidade do procedimento e da imediação.

Demonstração inequívoca dessa obrigação é o fato de a testemunha, se intimada, deixar de comparecer à audiência sem motivo justificado, sujeitar-se à *condução coercitiva* ("debaixo da vara", na linguagem antiga), *ex vi* do disposto no art. 825, parágrafo único, da CLT (CPC, art. 455, § 5º, do CPC, e sem prejuízo da multa de um décimo do valor de referência a uma vez esse valor, prevista no art. 730 da CLT.

Código de Processo Civil   Art. 447

Examinemos as exceções ao princípio legal de que todos devem depor como testemunha.

§ 1º *Incapazes*. Incapacidade é a ausência de aptidão de alguém para ser ouvido como testemunha. Dispunha, a propósito, o CPC de 1939: "Poderão depor como testemunhas as pessoas a quem a lei não proíbe" (art. 235), incorporando, deste modo, a máxima latina: *donei sunt omnes qui testemonium dicere nom proibentur*.

Alfonso de Paula Perez (*La prueba de testigos en el proceso civil español*. Madrid, 1968. p. 44) aponta a existência, no quadro do direito comparado, de quatro sistemas principais relativos à capacidade de testemunhar:

1) *Sistema romano justinianeu*, no qual se arrolavam diversas pessoas incapacitadas para testemunhar, como v. g., os infames, os apóstatas, os escravos, os hereges, os condenados em juízo público e outros;

2) *Sistema de livre testemunho*, que surgiu como uma espécie de reação ao sistema anterior, dito tradicional; sendo assim, propugnou pela eliminação da incapacidade, em caráter de extrema amplitude e liberalidade, chegando a admitir, até mesmo, o testemunho da própria parte. Foram seus defensores, dentre outros, Bentham, Malatesta e Carnelutti. A inconveniência desse sistema, como se vê, era manifesta;

3) *Sistema germânico*. Embora estenda a todas as pessoas a capacidade de testemunhar, aceita, em determinados casos, a escusa de depor, como no de parentesco por afinidade, consanguinidade ou adoção, bem assim dos colaterais em terceiro grau de consanguinidade ou afinidade;

4) *Sistema latino, ou francês*. Transformou a grande maioria das incapacidades previstas no sistema romano justinianeu em causas de impedimento e de suspeição, deixando, todavia, algumas das incapacidades mencionadas naquele sistema tradicional.

O direito processual brasileiro integra o sistema latino, conforme se percebe pela leitura dos arts. 829 da CLT e 447 do CPC, conquanto neste a matéria esteja, sistematicamente, mais bem tratada. Por esta razão, faremos uma análise das *incapacidades*, como relacionadas no art. 447 do CPC, que se sabe ser aplicável, em caráter supletivo, ao processo do trabalho.

Inciso I. Interdito por enfermidade ou deficiência mental. O Código Civil anterior de 1916 fazia menção aos "loucos de todo o gênero" (art. 142, l), expressão censurada pela doutrina do período por seu sentido muito amplo. O CPC de 1973 aludia à interdição por *demência*. O atual utiliza a expressão "o interdito por enfermidade ou deficiência intelectual".

Em que pese ao fato de a expressão *deficiência mental* compreender os idiotas, os imbecis, os débeis mentais, os psicastênicos, enfim, toda a gama de *doentes mentais*, devemos observar que a sua incapacidade para testemunhar somente surge com a *interdição*. Vale dizer: a enfermidade ou doença mental, por si só, não os torna, a princípio, incapacitados para isso. Como pondera Pestana de Aguiar (ob. cit., p. 306), "o depoimento de um débil mental ou de um fronteiriço, desde que traga algum resultado probatório pelo discernimento demonstrado, pela transmissão coerente das percepções estimuladas, merece ser considerado".

O procedimento para a interdição está disciplinado pelos arts. 747 a 758 do CPC. É proveitoso ressaltar que a interdição poderá ser levantada por sentença judicial, fazendo, então, com que a pessoa recupere a sua capacidade para oferecer testemunho em juízo (art. 756).

Inciso II. *Enfermo ou deficiente intelectual*. A enfermidade ou a deficiência intelectual, em si mesmas, não causam a incapacidade de testemunhar; todavia, se a pessoa, ao tempo em que os fatos ocorreram, não pôde discerni-los porque se encontrava acometida de enfermidade ou deficiência intelectual, ou, ainda, se estava mentalmente sã àquela época, mas no momento de depor estiver inabilitada para transmitir as suas percepções sensórias, a sua incapacidade para depor como testemunha estará configurada.

Esta causa de incapacidade não se confunde com a prevista no inciso anterior, que cogita da *interdição*; ao contrário, completa a hipótese de incapacidade em decorrência de enfermidade ou de retardamento mental.

Inciso III. *Menores de 16 anos*. Entendíamos que o menor de dezoito anos de idade não poderia depor em juízo como testemunha, por ser penalmente inimputável, nos termos do art. 27 do Código Penal. Logo, mesmo que viesse a falsear ou a ocultar a verdade não cometeria o crime de falso testemunho.

Já não pensamos assim. Caso o menor de dezoito anos, e maior de dezesseis, venha a faltar com a verdade, ou a encobri-la, ficará sujeito às medidas previstas na legislação específica. O art. 103 da Lei n. 8.069, de 13.7.1990 (Estatuto da Criança e do Adolescente), por exemplo, considera "ato infracional a conduta descrita como crime ou contravenção penal", devendo, para este fim, ser considerada a idade do adolescente na data do fato. As medidas sócio-educativas, a serem adotadas em relação ao maior de dezesseis anos e menor de dezoito, quando, na qualidade testemunha, falsear a verdade em juízo, estão previstas no art. 112 do Estatuto e compreendem: I — advertência; II — obrigação de reparar o dano; I II — prestação de serviços à comunidade; IV — liberdade assistida; V — inserção em regime de semi-liberdade; VI — internação em estabelecimento educacional; VII — qualquer uma das previstas no art. 101, I a VI.

O menor de dezesseis anos não poderá ser ouvido como testemunha em juízo.

Inciso IV. *Cegos ou surdos*. Quando a percepção dos fatos depender dos sentidos que lhes faltam, o cego e o surdo estarão incapacitados para testemunhar. Por isso, o cego não pode ser admitido como testemunha ocular, assim como o surdo não o pode como testemunha auricular. Nada obsta, contudo, a que o cego deponha acerca daquilo que *ouviu* e o surdo, do que *presenciou*.

O surdo-mudo não é incapaz para testemunhar, desde que o conhecimento do fato não dependa dos sentidos que não possui; se ele não puder transmitir ao juiz, por escrito, em audiência, a sua vontade, este nomeará *intérprete* a fim de "realizar a interpretação simultânea dos depoimentos das partes e testemunhas com deficiência auditiva que se comuniquem por meio da Língua Brasileira de Sinais, ou equivalente, quando assim for solicitado" (CPC, art. 162, III).

§ 2º. *Impedidos*. Mesmo que a pessoa seja capaz para testemunhar poderá ser considerada *impedida* para tanto "em razão da sua posição jurídica relativamente às partes na demanda incompatível com a função de testemunhar" (SANTOS, Moacyr Amaral, ob. cit., p. 289). Vejamos quais são as causas legais do impedimento.

Inciso I. *O cônjuge, o companheiro ou o parente*. O impedimento de servir como testemunha atinge, igualmente, ao cônjuge, ao companheiro, ao ascendente e ao descendente em qualquer grau, ou o colateral, até o terceiro grau, de alguma das partes, por consanguinidade ou afinidade, salvo se o exigir o interesse público. A outra exceção, prevista nesse inciso do CPC (causas relativas ao estado da pessoa), não tem lugar no processo do trabalho.

O impedimento para o cônjuge pressupõe, necessariamente, que o casamento tenha sido celebrado *legalmente;* daí decorre que não se pode falar em cônjuge quando a união entre essas pessoas (parte e testemunha) não derivou de matrimônio. É o caso, por exemplo, do concubinato, que Ruggiero (*Instituições de direito civil*. Trad. de Ari dos Santos, 2/52, *apud* MONTEIRO, Barros. *Curso de direito civil*. 2º v. São Paulo: Saraiva, 1966. p. 15) definiu como a união entre o homem e a mulher, sem casamento.

O impedimento, pelo CPC, atinge os ascendentes (pai, mãe, avós, bisavós) e os descendentes (filhos, netos, bisnetos) em qualquer grau; no caso dos colaterais (parentesco que, embora oriundo do mesmo tronco familiar, é elasticido *lateralmente* e não na ordem descendente ou ascendente), esse parentesco começa já do segundo grau, onde se situam os *irmãos;* no terceiro *grau*, até onde o impedimento subsiste, estão os tios e os *sobrinhos*.

A propósito da incompatibilidade entre cônjuge e parentes, de um lado, e a parte, de outro, para efeito de testemunho, observou Rossi (*apud* SANTOS, Moacyr Amaral, ob. cit., p. 291/292): "Em primeiro lugar, qualquer pessoa tão estreitamente ligada a uma das partes não pode ter necessária serenidade para depor com exatidão no que concerne à pessoa que lhe é cara e por cujos interesses se preocupa como o seu próprio, e, por vezes, essa falta de serenidade impede até mesmo a percepção exata daquilo que deseja fazer chegar ao conhecimento do juiz. Em segundo lugar, obrigar uma pessoa a depor contra um seu parente próximo significaria colocar sua consciência em estado de gravíssima perplexidade, o que poderia ocasionar graves inconvenientes; impor tal obrigação, por outro lado, não seria justo, visto que não é necessário pretender de um cidadão, no qual se pressupõem energias e sentimentos morais comuns, mais do que ele pode dar, constrangendo-o a um doloroso conflito entre o cumprimento de um dever, em favor do adversário do ente que lhe é caro, e os seus mais sagrados sentimentos".

Indaga-se, entretanto: estaria impedida de depor como testemunha a pessoa que fosse parente comum às partes? Entendemos que sim. Não há que se falar, na espécie, em *neutralização* do impedimento, em face de a testemunha ser parente do autor e do réu. O CPC faz clara referência a parentesco com *alguma das partes* e não a parentesco com a parte que indicou a testemunha. Se o parentesco com uma das partes impede alguém de depor como testemunha, por mais forte razão — a nosso ver — o parentesco com ambos os litigantes reforça esse impedimento legal.

Na vigência do CPC de 1973, a testemunha que vivesse em concubinato (CC, art. 1.727) com a parte não estava *impedida* de depor, nos exatos termos do inc. 1 do § 2º do art. 405 daquele CPC, pois não era casada com ela (CC, art. 1.511 e seguintes); a sua *suspeição*, porém, em razão de uma *amizade íntima* (CPC, de 1973, art. 405, § 3º, III), era inafastável.

O CPC em vigor, contudo, inseriu, expressamente, o *companheiro* no elenco das pessoas impedidas de testemunhar, de tal modo que já não cabe a antiga discussão a respeito do assunto.

Entretanto, as pessoas que vivem em *união estável* (CC, arts. 1.723 a 1.726) não são impedidas de testemunhar, conquanto a amizade íntima, que as une, seja evidente, por forma a torná-las suspeitas (CPC, art. 426, § 3º, III).

Inciso II. *A parte*. É elementar que a parte está impedida de depor como sua testemunha. Isso apenas era possível no *sistema do livre testemunho*, como vimos. Frise-se, mais uma vez, que somente pode depor como testemunha quem for *estranho à* relação processual — o que não ocorre, por definição, com a parte. Estas, portanto, possuem incompatibilidade frontal e intransponível com a qualidade de testemunha. Pelos mesmos motivos, um dos *compartes* (litisconsortes) não pode testemunhar em favor do outro. As razões óbvias desse impedimento prescindem que façamos outras considerações a respeito.

Tem-se visto, em alguns casos em que a ação foi ajuizada pelo sindicato, na qualidade de substituto processual, ser levado para depor em juízo, como testemunha, um dos substituídos, cujo nome consta do rol anexado à petição inicial. Embora o substituído não seja parte, na relação processual, ele possui inegável *interesse* na causa, pois, afinal de contas, ele é o titular do suposto direito material alegado na causa. Em suma, neste caso, embora o substituído não esteja *impedido* (CPC, art. 447, § 2º, II) de depor como testemunha, a sua *suspeição* (*ibidem*, § 3º, II) é manifesta.

Inciso III. *Outras causas.* Também estará impedido de testemunhar aquele que intervém em nome de uma das partes, como o tutor na causa do menor, o representante da pessoa jurídica, o juiz, o advogado e outros, que assistam ou tenham assistido as partes. Entendemos, a partir da interpretação desse inciso, que estará impedido de depor como testemunha qualquer membro da diretoria da entidade sindical que estiver ministrando assistência judiciária ao empregado, na forma do art. 14 e segs., da Lei n. 5.584/70.

Uma nota específica sobre o juiz. Ao conceituarmos a figura da testemunha pudemos deixar claro que ela é, fundamentalmente, uma pessoa alheia, estranha à relação jurídica processual. O juiz da causa, todavia, não o é, pois representa o Estado e é entre este e o autor que a relação se estabelece, embora se angularize com a citação do réu. Ademais, é manifesta a incompatibilidade entre as funções de julgar e de testemunhar. Como ressaltou Carnelutti (*Sistema*, n. 288, *b*, 1º v.), a testemunha narra os fatos *perante* o magistrado; seria um contrassenso, dessa forma, que o magistrado narrasse a si próprio.

Impedimento haverá ainda que a testemunha, ao tempo em que depôs, não era juiz (CPC, art. 144, I).

Pode acontecer, porém, de o juiz da causa ser arrolado como testemunha; nesta hipótese, (a) se tiver conhecimento dos fatos relevantes (e que, por isso mesmo, possam influir na decisão), declarar-se-á impedido; (b) se desconhecer os fatos, mandará excluir o seu nome do rol (CPC, art. 452).

O conhecimento que o magistrado possa ter acerca dos fatos da causa, ademais, não poderão ser utilizados como razão de decidir. Quando muito, essa ciência privada poderia ser utilizada para efeito de instrução oral do processo, ou seja, no momento em que o juiz estiver ouvindo as partes ou inquirindo as testemunhas. Ainda assim, essa utilização não deverá ser manifesta, como: "Eu presenciei os fatos e sei que você está mentindo!" (pois, nesse caso, o juiz estará agindo como testemunha), senão que sutil, de maneira a fazer com que a parte ou a testemunha sejam levadas a admitir que distorceram a verdade.

Se a pretensão da parte, para que o juiz funcione como testemunha, for manifestada em audiência, o requerimento deve ser indeferido de plano, fazendo-se registrar na ata esse fato (CLT, art. 851, *caput*).

§ 3º *Suspeição* (do latim *suspectio*) significa suspeita, desconfiança, conjetura desfavorável acerca da probidade de alguém (AULETE, Caldas, ob. cit., p. 3854).

Foi objetivando garantir a necessária probidade da testemunha e a consequente credibilidade das suas declarações que o legislador processual criou restrições quanto ao testemunho de determinadas pessoas, reputando-as, antecipadamente, *suspeitas*, seja em decorrência de causas de foro subjetivo (inimizade, amizade íntima) ou objetivamente constatáveis (interesse no litígio).

Nem mesmo se admite que a presumida parcialidade dessas pessoas possa ficar desfeita pelo fato de prestarem o compromisso legal de dizer a verdade e de serem advertidas de que incorrerão em sanção penal se fizerem declaração falsa, calarem ou ocultarem a verdade (CPC, art. 455).

Do Código de Manu, aliás, já constava a seguinte disposição a respeito das testemunhas suspeitas: "Não devem ser admitidos em juízo homens cúpidos; nem aqueles denominados por interesse pecuniário; nem os amigos; nem os inimigos; nem os criados de servir; nem os homens de reconhecida má-fé; nem os enfermos; nem os criminosos; nem os que estão na dependência de outrem; nem os que se dedicam a misteres cruéis; nem os velhos e as crianças; nem os homens da classe mista; nem os ébrios; nem os loucos; nem os que sofrem fome e frio; nem os afadigados; nem os coléricos; nem os enamorados; nem os ladrões".

Constatamos, assim, que a preocupação quanto à neutralidade e serenidade dos depoimentos das testemunhas esteve presente no filho de Brahma, quando da elaboração desse Código — preocupação, diga-se, que constituiu desde sempre um traço comum entre os textos legais em geral, variando, apenas, as *causas* de suspeição, segundo fosse o critério do legislador.

No Brasil, o CPC de 1939 se limitava a estabelecer que as testemunhas *inidôneas* poderiam ser contraditadas pela parte contrária, desde que fundamentadamente (art. 240, *caput*). Abandonando esse critério de deixar ao magistrado a averiguação quanto à idoneidade da testemunha, o CPC de 1973 relacionou, especificamente, as causas de suspeição, nos incisos I a IV do § 3º do art. 405. O CPC atual reduziu a duas essas causas. Acreditamos que esse procedimento do legislador foi acertado, porquanto ao indicar, uma a uma, as causas de suspeição, eliminou em boa parte a discussão — possível no Código de 1939 — a respeito de quando se deveria considerar alguém suspeito e quando não. A dificuldade não era apenas do juiz, mas também das próprias partes, pois, de um lado, quem havia apresentado a testemunha não sabia, exatamente, se ela seria havida como insuspeita, o mesmo se dando com a parte contrária, que não podia contraditá-la com segurança. Tudo ficava, pois, no domínio do subjetivismo, das impressões pessoais do magistrado e de cada litigante. A fixação de um casuísmo legal relativo às pessoas suspeitas para depor como testemunhas foi salutar, na razão em que, como dissemos, possibilita, mediante uma consulta à lei, verificar-se de antemão quem ela considera como tal — embora certas causas, aí mencionadas, também envolvam aspectos subjetivos (amizade íntima, inimizade capital).

A CLT limitou-se a fazer menção à amizade *íntima* e à *inimizade*, segundo consta do seu art. 829; as demais causas de suspeição, contudo, previstas no CPC, incidem no processo do trabalho, desde que convenientemente aplicadas.

Vejamos os casos configuradores de suspeição.

Inciso I. *Inimizade com a parte ou amizade íntima.* A expressão *inimigo capital*, utilizada pelo legislador de 1973, tinha o sentido de *inimizade mortal, figadal*, pouco importando que fosse recente ou inveterada. O CPC atual eliminou o adjetivo *capital*: basta, somente, a inimizade — tal como constou, desde sempre, do art. 829 da CLT.

Andou bem o legislador da atualidade ao suprimir o adjetivo *profunda*, que qualificava, no sistema do CPC de 1973, o substantivo *inimizade*. Basta que a pessoa indicada para testemunhar seja inimiga da parte contrária à que a indicou para que se caracterize a sua suspeição para depor em juízo. A simples antipatia, entrementes, não pode ser tomada como sinônima de inimizade, para os efeitos do inciso I do § 3º do art. 447 do CPC. Pelo mesmo motivo, nem sempre quem é adversário (político, esportivo etc.) é inimigo.

Na linguagem da psicologia individual diríamos que a inimizade deve provir de uma *emoção* (reação de afeição ou desagrado de grande intensidade, mas de curta duração) e não de um *sentimento* (estados afetivos de simpatia ou antipatia, mais brandos e duradouros). Essa inimizade deve, pois, ser de tal intensidade que obnubile ou perturbe o espírito e a serenidade do indivíduo, tornando-o, conscientemente ou não, parcial, tendencioso. Nenhuma utilidade teria para o processo, consequentemente, um tal testemunho. A inimizade pode ser decorrente de questões familiares, políticas, religiosas, profissionais etc. A sua origem é irrelevante; interessa, sim, o grau de profundidade com que se entranhou no espírito ou no coração da pessoa.

Assim como a inimizade, a *amizade íntima* torna o indivíduo suspeito para depor como testemunha. É sabido que a amizade, muitas vezes, constituiu um dos grandes obstáculos para o descobrimento da verdade, pois há uma tendência psicológica quase irresistível de, no caso, a pessoa "proteger" a parte, seja falseando o que é verdadeiro, seja revelando, seletivamente, apenas aquilo que é favorável ao amigo. A amizade íntima, assim, é o polo inverso da inimizade; os efeitos deletérios que provocam na busca da verdade, no entanto, são praticamente os mesmos. Por isso, o amigo íntimo também é tido, pela lei como suspeito para depor como testemunha.

Constitui tarefa extremamente difícil detectar-se, em alguns casos, se ali está presente uma amizade *íntima* ou mera amizade.

Não podemos ignorar que o homem é um ser gregário por natureza e, em razão disso, tem necessidade de relacionar-se com os demais integrantes do seu círculo social. Os anacoretas, os eremitas, constituem exceções anômalas. O empregado, por exemplo, está integrado a uma comunidade de trabalhadores, existente no âmbito do estabelecimento ou local em que trabalha. Nada mais *humano*, de conseguinte, que ditas pessoas se tornem amigas; isto é necessário, inclusive, para a própria execução harmoniosa dos serviços que lhes competem. De tal arte, um empregado apenas será considerado *suspeito para* depor, como testemunha, se a sua amizade com a parte transcender os limites do local de trabalho: visitam-se com frequência nas respectivas casas; costumam ir juntos a jogos de futebol, a pescarias, a festas, à igreja e a outros lugares. Em alguns casos são compadres entre si; embora o compadrio não constitua parentesco, faz supor, subjacente, uma profunda amizade entre essas pessoas, em face dessa *aproximação familiar*.

De igual maneira, quem é empregado do réu não se torna, somente por isso, suspeito para testemunhar em favor deste; ora, se em regra os fatos ocorrem no âmbito do local de trabalho, é irrefutável que o empregador tenha de valer-se em juízo de seus empregados que presenciaram os fatos. A suspeição apenas se configurará se houver entre o empregado-testemunha e o empregador-réu uma amizade efetivamente íntima, estabelecida antes ou durante a relação de emprego.

Embora, no sistema processual brasileiro, não se tenha incluído no rol dos suspeitos os *enamorados* (a exemplo do que fizera, como vimos, o Código de Manu), é indiscutível que, por princípio, o testemunho da pessoa que se encontra enamorada da parte que a indicou ou arrolou deve ser recusado pelo juiz, visto que, em verdade, o amor (como afeição profunda) representa uma espécie de grau máximo, de paroxismo, de quinta-essência da *amizade íntima*, que o legislador instituiu como causa de suspeição da testemunha.

Logo, por mais forte razão se deve admitir como suspeito o enamorado, porquanto não se pode ignorar que: "O amor apresenta, como as ideias fixas, fenômenos muito evidentes de obsessão e de impulsão: a obsessão implica uma restrição especial do campo de consciência, que explica o exclusivismo, que é o caráter distinto da paixão. O homem enamorado é, por conseguinte, testemunha medíocre, pela obtusidade da sua consciência para percepcionar acontecimentos estranhos ao seu amor, e pelos frequentes erros de juízo que comete" (ALTAVILA, Enrico. *Psicologia judiciária*. v. l. São Paulo: Saraiva, apud ALTAVILA, Jayme de. *Origem dos direitos dos povos*. São Paulo: Melhoramentos, 1963. p. 50).

Inciso II. *Interesse no litígio*. O Código faz suspeitos, ainda, os que têm interesse no litígio; seria preferível que houvesse dito interesse no *objeto* do litígio, expressão que consideramos de melhor técnica, pois a medida do interesse há de ser avaliada com vistas ao *objeto* da lide e não quanto a esta em si.

Temos para conosco que o interesse, como causa de suspeição do indivíduo, deve ser *objetivo, palpável, real;* importa dizer: não se deve *presumir* a existência de um interesse; ou se prova, *in concreto*, que existe, ou suspeição não há. Seria muito cômodo para a parte alegar abstratamente que a testemunha da adversa tem interesse no objeto do litígio e, com isso, desqualificá-la.

Como afirmamos em página anterior, o substituído, na ação proposta pelo sindicato, conquanto não esteja impedido de depor como testemunha, por não ser parte na relação processual, é suspeito, uma vez que possui indisfarçável interesse no objeto da lide, por ser o titular da relação jurídica *material* submetida à apreciação jurisdicional.

O problema da testemunha que possui ação em face do réu

Amiúde se vinha contraditado a testemunha apresentada pelo empregado, sob o argumento de que ela também ajuizara ação "contra" o mesmo empregador-réu. Indagado o fundamento da contradita, a resposta alterna entre (a) inimizade e (b) interesse no litígio.

Ambas, *venia concessa*, eram insustentáveis.

O fato de o empregado haver provocado o exercício da função jurisdicional do Estado-juiz, buscando a tutela dos seus direitos subjetivos que afirma terem sido lesados, não o torna, apenas por este motivo, inimigo capital do empregador, réu na ação. Quer nos parecer que a contradita, nesta hipótese, emana de uma confusão entre os significados distintos de *adversário* e de *inimigo*. Conforme dissemos há pouco, nem sempre a parte *ex adversa* é inimiga. É despiciendo indagar-se se a ação está em curso ou já se findou; e, nesse caso, se os pedidos do autor (ora testemunha) foram acolhidos ou rejeitados, parcial ou totalmente. A ação é um direito público, subjetivo, de índole constitucional (CF, art. 5º, XXXV). Constituiria absurdo, consequentemente, supor-se que a pessoa que viesse a exercitar esse direito se transformasse, de maneira automática, em *inimigo* da parte que fez constar como ré.

Daí vem a nossa discordância de Valentin Carrion (*Comentários à Consolidação das Leis do Trabalho*. São Paulo: Revista dos Tribunais, 1979. p. 498), quando assevera que: "A testemunha que está em litígio contra a mesma empresa deve ser equiparada ao inimigo capital da parte; o embate litigioso é mau ambiente para a prudência e isenção de ânimo que se exigem da testemunha; entender de outra forma é estimular as partes à permuta imoral de vantagens em falsidades testemunhais mútuas, mesmo sobre fatos verdadeiros; extremamente fácil 'reclamante de hoje, testemunha de amanhã'".

Data venia, como afirmamos anteriormente, o fato de alguém haver promovido ação em face de outrem não o torna, só *por isto*, inimigo capital deste, para efeito de incidência da disposição proibitiva constante do inc. II, § 3º, do art. 447 do CPC. Ademais, a pressuposição de inimizade, de que partiu o ilustre jurista — a cuja memória rendemos a nossa admiração —, não tem assento em lei: ou se é inimigo, ou não se é; e a constatação desse fato só poderá ser feita pelos meios de prova admitidos em lei e não por mera presunção *hominis*, de manifesta fragilidade.

Pode ocorrer que, em determinada hipótese, a testemunha se declare, *sponte sua*, inimiga do réu, ou se produza prova nesse sentido; em tais casos, a sua inimizade se configurará não pela simples circunstância de estar demandando em juízo com o réu, mas porque houve demonstração suasória dessa causa de suspeição.

Além do mais, se devemos, *ad argumentandum*, aceitar o fato de que "o embate litigioso é mau ambiente para a prudência e isenção de ânimo" da testemunha, não podemos, pela mesma razão, negar que a testemunha apresentada pelo réu possui interesse, em tese, de favorecê-lo, seja para conseguir certas vantagens pessoais, como promoção funcional, seja pelo receio de vir a perder o emprego etc., não sendo absurdo, portanto, concluir-se que ela procurará, com o objetivo de concretizar esse propósito, alterar propositadamente a verdade dos fatos.

Quanto à possibilidade de o reclamante de hoje ser a (virtual) testemunha de amanhã, é acontecimento que, em rigor, dependerá muito mais do réu do que da própria testemunha.

O juiz, todavia, não é uma figura monolítica no processo; desta forma, o seu senso de justiça e o seu comedimento poderão reputar *desaconselhável*, sob certas circunstâncias, a ouvida da testemunha que possui ação "contra" o réu, ainda que inexista prova concreta da inimizade capital ou do interesse na ação; estes casos excepcionais, porém, não implicam contradição ao nosso pensamento, há pouco manifestado, a respeito da pessoa que é, a um só tempo — embora em autos de processos distintos, e tendo como elemento comum o réu —, testemunha e autora.

O que não aceitamos, isto sim, é a afirmação, feita em caráter dogmático, genérico e inflexível, de que essa espécie de testemunha deva ser sempre *considerada* (e resumo aqui o caráter eminentemente subjetivo desse julgamento) *inimiga do réu*, com a finalidade de submetê-la à restrição do mencionado inc. II, § 3º do art. 447 do CPC.

Art. 447

É indiscutível que se ficar provada a existência dessa espécie de inimizade de testemunha para com a parte contrária, ela será considerada suspeita; veja-se, porém, que a suspeição decorreria da sua inimizade profunda e não do fato de haver proposto a ação.

Se, por outro lado, a prova foi quanto ao *interesse* no objeto do litígio, será esta a causa da suspeição e não o ingresso em juízo em face do empregador. Reitere-se que dito interesse há de ser *concreto*: a pessoa, indicada como testemunha, é credora, fiadora, sócia etc., do empregado, daí por que deseja que este resulte vencedor na ação. Não se cogite de interesse, no entanto, somente porque a testemunha, supostamente propulsionada por algum ressentimento em relação ao empregador, deseja vê-lo vencido; ou, talvez, em razão de ela estar postulando parcelas idênticas na ação em que figura como autora. Tudo isto, como dissemos, é abstrato, vago e, por isso, imponderável.

Houve casos concretos, inclusive, em que se demonstrou nos autos que a testemunha, embora possuísse ação em face do mesmo réu, era cliente regular deste, com o qual mantinha frequentes transações comerciais. Onde, pois, a inimizade capital que, por suposto, haveria sempre de emanar da propositura de uma ação?

Consagrando este nosso entendimento, o TST adotou a Súmula n. 357 (Res. Adm. n. 76/96), segundo a qual "Não torna suspeita a testemunha o simples fato de estar litigando ou ter litigado contra o mesmo empregador". Esta Súmula derivou da Orientação Jurisprudencial n. 77, da SDI-II, do mesmo Tribunal, assim redigida: "Testemunha que move ação contra a mesma reclamada. Não há suspeição".

Há, contudo, um caso que não está compreendido pela mencionada Súmula: trata-se da denominada "troca de favores". Isto ocorre quando, por exemplo, o empregado A promove ação em face do empregador, e o empregado B atua nesse processo como testemunha de A; posteriormente, o empregado B ajuíza também ação diante do mesmo empregador, e o empregado A é indicado como testemunha pelo B. A situação, aqui, é algo delicada, pois deixa transparecer uma efetiva "troca de favores" processuais entre esses empregados — troca que pode derivar de amizade íntima ou de interesse recíproco das respectivas causas. Em princípio, no exemplo há pouco formulado, haverá de ser considerado suspeito o empregado A, indicado pelo B como testemunha para ser ouvida na ação por este promovida, especialmente, se ficar demonstrado que o empregado B possui outras testemunhas (que estão no fórum), ou poderia ter-se valido de diversas outras pessoas para serem ouvidas como testemunha.

O problema do preposto indicado como testemunha

Há certa controvérsia, na doutrina e na jurisprudência, quanto à possibilidade de o preposto servir como testemunha do próprio empregador. Não estamos nos referindo, à evidência, à hipótese de ele pretender testemunhar nos *mesmos autos* em que funcionou como preposto, pois a incompatibilidade, aí, é manifesta, ou melhor, há evidente impedimento legal (CPC, art. 447, § 2º, III). O pressuposto da perquirição é o fato de ele ter sido preposto em uma ação e vir a ser testemunha em outra.

Salvo se argumentos contrários nos dissuadirem, pensamos que nada impede que isto ocorra, embora o nosso entendimento não tenha a veleidade de fazer-se aplicar à generalidade heterogênea dos casos; sendo assim, admitimos, por princípio, que o preposto possa, em outra ação, prestar declarações como testemunha, exceto se determinadas circunstâncias, cuja apreciação ficará reservada ao prudente arbítrio do julgador, aconselharem em contrário.

§ 4º As pessoas a quem a lei processual considera impedidas ou suspeitas não podem depor como testemunhas; sendo estritamente necessário, contudo, o juiz as ouvirá (CPC, art. 447, § 4º). Essa faculdade aberta ao juiz pelo legislador promanou, certamente, da sua previsão de que, em certos casos, os fatos controvertidos poderiam ter sido presenciados apenas por pessoas impedidas ou suspeitas, o que — se fosse absoluta a regra que as impede de depor — causaria grandes transtornos à instrução, à míngua ou inexistência de outros elementos capazes de influir na formação do convencimento do julgador.

Em ações promovidas por empregadas domésticas, a título de exemplo, é comum as pessoas indicadas como testemunhas serem da própria família para quem ela prestou serviços; nem poderia ser de modo diverso, visto que, de ordinário, os fatos narrados em juízo ocorrem no âmbito da residência familiar. Raro é, por este motivo, que terceiros (como tais entendidos aqueles que não pertencem à família) tenham conhecimento direto desses fatos (carteiro, entregador de gás e o mais).

A parte, porém, não pode *exigir* que o juiz ouça pessoas impedidas ou suspeitas; este o fará se *entender necessário*. É profícuo ressaltar que, algumas vezes, embora a parte pudesse trazer pessoas aptas a testemunhar, prefere convidar outras, a que a lei impede de prestar declarações como tal. Essa ignorância, ou mesmo má-fé, por parte do litigante não deve ser tolerada pelo juiz, a quem caberá então dispensar a audição dessas pessoas.

§ 5º Entendendo o juiz que há necessidade de ouvir indivíduos impedidos ou suspeitos, estes deporão sem que se lhes seja tomado o compromisso legal, atribuindo-se ao depoimento o valor que possa merecer. Referidas pessoas são os denominados *informantes* e suas declarações, como não constituem meio de prova, não têm eficácia para influir na formação do convencimento do julgador.

Os *incapazes, à exceção dos menores*, contudo, não podem ser inquiridos mesmo como informantes, pois o princípio legal vedatório (CPC, art. 447, § 1º) quanto a eles é absoluto.

Art. 448. A testemunha não é obrigada a depor sobre fatos:

I – que lhe acarretem grave dano, bem como ao seu cônjuge ou companheiro e aos seus parentes consanguíneos ou afins, em linha reta ou colateral, até o terceiro grau;

II – a cujo respeito, por estado ou profissão, deva guardar sigilo.

• **Comentário**

Caput. Há correspondência com o art. 406 do CPC revogado.

A testemunha é obrigada a depor, em audiência, a respeito dos fatos controvertidos na ação e dos quais tem conhecimento. Ninguém pode eximir-se de colaborar com o Poder Judiciário para o descobrimento da verdade. Essa é a regra legal (CPC, art. 378). Determinadas pessoas, contudo, não obstante tenham capacidade, e sem que sejam consideradas impedidas ou suspeitas, poderão escusar-se a depor em virtude de certos fatores morais, éticos ou patrimoniais, expressamente previstos em lei.

Note-se que a escusa, no caso, constituirá ato de livre-arbítrio do indivíduo, porquanto o legislador não a obriga a escusar-se. Desta maneira, caberá à *pessoa* escusar-se, ou não, de depor como testemunha, segundo seja a sua manifestação volitiva e cuja eficácia somente será reconhecida se lastreada com quaisquer dos motivos previstos no art. 448 do CPC.

Se se tratasse de incapacidade ou de suspeição, somente o juiz poderia deliberar quanto à audição dessas pessoas, cujo testemunho a lei, por princípio, veda (CPC, art. 447, § 4º),

Quer nos parecer que o legislador, ao elaborar tais motivos de escusa, pôs à frente da obrigação de testemunhar o dever que o Estado tem de proteger certos direitos e interesses legítimos do indivíduo, de seu cônjuge, ou parentes, de natureza imaterial (morais, éticos), ou material (patrimoniais). No que andou certo, sem dúvida.

Inciso I. *Graves danos*. Os danos não são, apenas, em relação à testemunha, alcançando, por igual, o seu companheiro, o seu cônjuge, e parentes consanguíneos ou afins, em linha reta, ou na colateral em segundo grau.

A referência legal, como se verifica, é a *danos* em sentido lato: dano moral ou patrimonial; não, porém, simples dano, pois a *gravidade* lhe é pressuposto essencial.

Entre os danos morais temos de considerar o feito à honra como um dos mais graves, pois a honra igualmente é um *bem* da pessoa e, por isso, merece a tutela estatal (CF, art. 5º, X). Permite-se, destarte, que a testemunha não revele eventual desonra própria, do companheiro, do cônjuge ou familiar, o que não seria possível se tivesse de responder a *todas* as perguntas que lhe fossem formuladas em juízo.

Não é, entretanto, apenas a defesa da *honra* que deverá o indivíduo invocar para escusar-se ao depoimento, se não que qualquer outro interesse *moral* legítimo, como, *v. g.*, o relacionado ao receio de a testemunha (ou o companheiro ou familiares) vir a ser demandada por outrem em decorrência de suas declarações. O CPC de 1939, aliás, se referia ao *perigo da demanda* (art. 241, l).

Há mais. A escusa poderá visar, também, à defesa contra danos ao patrimônio da testemunha e das demais pessoas mencionadas pela lei processual. A exigir-se o contrário seria, nas palavras de Pedro Batista Martins (*Comentários ao código de processo civil*. 1941, p. 98), "colocar a testemunha entre as pontas do dilema: ou o perjúrio ou o sacrifício", ensejando-se, com isto, e em nome do interesse público, uma ofensa à natureza humana.

O grave dano que possa advir ao patrimônio da testemunha, para eximi-la de depor, deve articular-se diretamente com as declarações que expenderia; entenda-se, ademais, que esse dano deve ser imediato, sob pena de indeferimento da escusa.

Pela nossa parte, cremos não se poder exigir que a testemunha diga (quanto menos comprove), em audiência, quais são os fatos cuja revelação lhe importaria em graves danos; referido proceder, porque ilógico, faria com que restasse desatendido o caráter protecionista de seus direitos e deveres, que informa o art. 448 do CPC. Por outro lado, no entanto, a dispensa de qualquer esclarecimento a propósito desses fatos possibilitaria, na prática, que muitas testemunhas, sob o pretexto de que as suas declarações redundariam em danos de intensa gravidade, se esquivassem, comodamente, da obrigação de depor. Somos de opinião, à vista disto, que apresentada a escusa deve o juiz inteirar-se, junto à testemunha, *reservadamente*, sobre os fatos que ela afirma ou supõe não devam ser revelados em audiência. Esse procedimento do juiz do trabalho é necessário pelas razões já expostas.

Inciso II. *Manutenção de sigilo*. A testemunha, igualmente, não é obrigada a responder acerca de fatos a cujo respeito, por estado ou profissão, deva guardar sigilo. Esse dever de segredo possui, hoje, incidência muito ampla, na medida em que não se circunscreve ao advogado e ao médico, mas abrange a toda pessoa que, pelas razões previstas em lei, tivesse de servir como testemunha, como se dá com os religiosos, as parteiras e outros.

O Código Penal Brasileiro, aliás, por seu art. 154, considera como crime a violação de segredo profissional, consistente em: "Revelar alguém, sem justa causa, segredo, de que tem ciência em razão de função, ministério, ofício ou profissão e cuja revelação possa produzir dano a outrem". A pena será de detenção, de três meses a um ano, ou multa, de 2 mil a 20 mil reais.

Pestana de Aguiar (ob. cit., p. 317) cogita de uma gradação quanto ao respeito ao sigilo, segundo a sua infringência tenha caráter criminoso (Cód. Penal, arts. 154 e 196, § 1º, XII) ou somente importe na aplicação de sanções civis (violação do dever de sigilo com justa causa).

Da mesma forma como sustentamos, relativamente à escusa anterior (grave dano), a testemunha não precisa aqui demonstrar, de maneira detalhada, os fatos que constituem o motivo de haver invocado o dever de sigilo, visto que seria levada, inevitavelmente, a quebrar esse segredo. É suficiente, para tanto, que ela exponha apenas "os motivos de ordem geral, e as suas relações com os fatos ou as partes na causa, de modo a tornar séria a razão da recusa, e não simples escapatória" (SANTOS, Moacyr Amaral, ob. cit., p. 306).

O sigilo bancário, todavia, não pode ser invocado em juízo, com a mesma eficácia, como vem proclamando a jurisprudência. Afinal, ao sigilo individual do banqueiro se sobrepõe, muitas vezes, o interesse coletivo; daí, o Poder Judiciário exigir a informação, sempre que entender necessária para o deslinde da controvérsia.

Joseph Hamel (*apud* CIRIGLIANO, Raphael, ob. cit., p. 330) adverte, a propósito, que o segredo profissional do banqueiro não chega ao ponto de tornar-se um direito de recusar-se a testemunhar em juízo, lembrando que Garçon estabeleceu a existência de uma diferença profunda entre a proteção do segredo profissional, que impede a divulgação de certos fatos, e a recusa de testemunhar em juízo, que obstrui a pesquisa da verdade. A recusa de testemunhar em juízo não permitiu senão que certas pessoas a invocassem, em nome de um interesse geral, que se sobrepunha ao interesse particular do processo: "tal é o segredo do médico, garantindo a saúde pública, ou o segredo do ministro de um culto, assegurando a paz das consciências religiosas. Nenhum interesse geral do mesmo gênero garantiu o segredo detido pelo banqueiro; é um autêntico interesse privado que constitui a causa; ele não saberia, portanto, justificar uma recusa de testemunhar em juízo".

Formulemos uma regra objetiva a respeito do assunto: a testemunha tem o direito de guardar sigilo, exceto quando o manifesto interesse público impuser que ela o quebre.

Fique claro que se a parte, inadvertida ou voluntariamente, acabar revelando fatos que, por força do dever, deveriam ser mantidos em sigilo, isso em absoluto não retirará a eficácia e a força probante de suas declarações. Repita-se que a testemunha, nas hipóteses do art. 448 do CPC, *poderá* escusar-se a depor, caso queira; desejando, porém, ser ouvida, nada impede que o faça, embora possa vir a arcar com as consequências, civis, penais ou administrativas de seu ato, conforme seja o caso.

Art. 449. Salvo disposição especial em contrário, as testemunhas devem ser ouvidas na sede do juízo.

Parágrafo único. Quando a parte ou a testemunha, por enfermidade ou por outro motivo relevante, estiver impossibilitada de comparecer, mas não de prestar depoimento, o juiz designará, conforme as circunstâncias, dia, hora e lugar para inquiri-la.

• **Comentário**

Caput. Reproduziu-se, com pequenas alterações, a regra do art. 336 do CPC revogado.

O princípio legal é de que as testemunhas devem ser ouvidas na sede do juízo. A norma anterior dizia que as testemunhas seriam ouvidas em audiência; o texto atual, todavia, é mais preciso, pois nem sempre a inquirição ocorre em audiência, como nos casos previstos nos arts. 449, parágrafo único e 454.

Parágrafo único. Poderá ocorrer de a testemunha, em virtude de doença ou de outro motivo relevante, estiver impossibilitada de comparecer à audiência, mas não de depor. Nesse caso, feita a prova da impossibilidade, o juiz, conforme as circunstâncias, designará outro local para inquiri-la (hospital, clínica de repouso etc). A norma revela-se heterotópica ao fazer referência, também, à *parte*, pois, o art. 449 trata, apenas, da prova *testemunhal*. No mesmo deslize incorrera o CPC de 1973 (art. 336, parágrafo único). A disposição do art. 449, parágrafo único, no respeitante à *parte*, deveria estar na Seção que cuida do depoimento pessoal (arts. 385 a 388).

Subseção II
Da Produção da Prova Testemunhal

Art. 450. O rol de testemunhas conterá, sempre que possível, o nome, a profissão, o estado civil, a idade, o número de inscrição no Cadastro de Pessoas Físicas, o número de registro de identidade e o endereço completo da residência e do local de trabalho.

• **Comentário**

No processo civil, as partes devem depositar em cartório, antes da realização da audiência, o rol das suas testemunhas. Esse depósito não é exigível, como se possa imaginar, apenas no caso de se pretender a intimação delas: ainda que o comparecimento venha a ocorrer de modo voluntário, o rol será necessário. A especificação do nome, profissão, estado civil, idade, número do CPF e do RG e endereço residencial da testemunha objetiva a possibilitar que a parte contrária, sabendo de antemão de quem se trata, a contradite com mais segurança e produza, no ato, se for o caso, as provas em que se funda a impugnação.

Se a parte se houver comprometido de levar a testemunha à audiência, independentemente de intimação, mas esta não comparecer, presume a lei (CPC, art. 455, § 2º) que desistiu de ouvi-la.

Tais disposições do CPC, em alguns casos, vêm sendo aplicadas, em manifesto equívoco, no processo do trabalho, como se a CLT não possuísse norma específica sobre a matéria. De efeito, a CLT em nenhum momento *exige* que os litigantes depositem em juízo os róis de suas testemunhas, conquanto não obste a que isso possa ser feito. Estamos cogitando, contudo, de uma *imposição* legal e não de uma *faculdade* da parte. Ora, bem. No processo do trabalho, as testemunhas, em regra, são apresentadas no dia da própria audiência, sem necessidade de qualquer *nomeação* anterior — salvo se se pretendia que fossem intimadas. Essa inexigibilidade do depósito prévio do rol se, por um lado, dificulta à parte contrária oferecer contradita (pois não possui, naquele instante, elementos concretos ou precisos para comprovar as suas alegações de objeção), por outro põe a testemunha ao largo de certas pressões ou assédios que lhe seriam feitos na hipótese de o réu saber, com antecedência, o seu nome, endereço etc.

Provavelmente por esse motivo não tenha o legislador processual trabalhista instituído, em caráter obrigatório, o referido rol, como o fez o CPC. Não nos cabe, de qualquer forma, investigar a *mens legislatoris*, e sim apreciar a matéria à luz do texto legal, no qual não se encontra nenhuma exigência a esse respeito. A CLT, ao contrário, estatui que as testemunhas que não comparecerem *serão intimadas de ofício ou a requerimento da parte interessada* (art. 825, parágrafo único). Assim, qualquer interpretação concludente de que o mencionado dispositivo pressupõe tenha sido requerida, previamente, a intimação (e à qual a testemunha não atendeu), é passível de censura acerba, porquanto visa a instalar no corpo do processo do trabalho um espírito nimiamente civilista.

Mesmo que a parte, no procedimento ordinário, tenha se comprometido em levar a testemunha à audiência, independentemente de intimação, e esta, por motivo inclusive desconhecido do litigante, não comparecer, caberá ao juiz providenciar a sua intimação, *de ofício* ou a requerimento do interessado, salvo se a parte desistir da inquirição.

Dissentimos, por isso, do ilustre Amauri Mascaro Nascimento (ob. cit., p. 211) quando afirma que se haveria de presumir que a parte desistiu de ouvir a testemunha ausente. Essa é a solução que o processo civil confere ao problema; não nos parece possível, contudo, aplicá-la ao processo do trabalho, ante a redação *induvidosa* do parágrafo único do art. 825 da CLT.

É preciso tomar em consideração o fato de que a *surpresa* que o comparecimento à audiência das testemunhas não arroladas provoca na parte contrária tem contribuído, sobremaneira, para o processo de descobrimento da verdade, o que certamente não aconteceria (pelo menos com igual intensidade) se se soubesse, antecipadamente, quem seriam elas. Ademais, como dissemos, a inexistência de um rol prévio evita que as testemunhas — notadamente, as do empregado — sejam pressionadas por quem essa espécie de injunção aproveite, de tal modo que acabem se esquivando de depor sob qualquer pretexto, ou, depondo, venham a alterar ou calar a verdade dos fatos. Em muitos casos, as testemunhas do empregado ainda mantêm vínculo de emprego com o réu, hipótese em que, do ponto de vista das circunstâncias expostas, teria consequência muito mais desastrosa a sua identificação prévia, em um rol depositado em juízo.

Voltemos ao tema da incindibilidade da audiência trabalhista, para reforçar os nossos argumentos. Se a audiência, como no desejo do legislador, fosse efetivamente *contínua, indivisível*, como justificar-se, em um processo de extrema *simplicidade*, no qual se insere como peculiaridade marcante o *ius postulandi*, estivesse o trabalhador obrigado a depositar, alguns dias antes da audiência (que seria uma só), a relação de testemunhas a serem intimadas, sob pena de, não o fazendo e deixando de trazê-las a juízo, *presumir-se* (!) que desistiu de ouvi-las? Estaria essa inferência respeitando as dificuldades que caracterizam a estada do trabalhador em juízo? Seria essa a atitude desejável de um processo especializado cuja razão teleológica fundamental é servir ao direito substancial do trabalho? Não seria, ao contrário, fazer com que o caráter protetivo deste fosse algo que ficasse reservado ao campo do cumprimento *espontâneo* das suas disposições? Como iria o trabalhador depositar em juízo o rol se nem sequer conhecia os argumentos relativos aos fatos da causa, em que se basearia a defesa?

Não ignoramos que, em algumas hipóteses, a incidência do art. 825, parágrafo único, da CLT, propiciaria ao empregador-réu obter o adiamento da audiência sob a alegação de que as suas testemunhas não compareceram. Isto é resultado inevitável da reciprocidade da norma legal em exame, que não invalida, de modo algum, o seu conteúdo tuitivo dos interesses do empregado. Pior será que se presuma a *desistência* do trabalhador em ouvir as suas testemunhas, caso não as traga à audiência, conquanto a isso se tenha comprometido: as consequências, aqui, podem ser *fatais* e *definitivas,* quanto mais não seja se observarmos que se tem atribuído a ele o *ônus objetivo da prova,* relativamente a fatos que, em verdade, uma exata interpretação do art. 818 da CLT demonstra que esse encargo competiria ao empregador.

No procedimento ordinário do processo do trabalho, portanto, não há exigência para o depósito prévio, por qualquer das partes, do nome, qualificação, endereço etc., das suas testemunhas; se estas, convidadas, deixarem de comparecer, serão intimadas pelo juiz, por iniciativa própria ou a requerimento do litigante interessado — repelindo-se, por incompatível com este processo, as disposições constantes do CPC acerca da matéria.

A *faculdade* que ao juiz do trabalho se defere, quanto à intimação *de ofício,* decorre da declaração genérica que se insere no art. 765 da CLT, e da específica, contida no art. 825, parágrafo único do mesmo texto, revelando ambos o *traço de inquisitoriedade* de que também se faz provido o processo do trabalho no capítulo dos dissídios (ações) individuais.

À dessemelhança do processo civil, ainda, podem as partes apresentar na audiência testemunhas diversas das que constam na relação que, acaso, tenham voluntariamente depositado, mesmo que não ocorram as hipóteses de falecimento, enfermidade ou mudança de endereço que tenha impossibilitado ao oficial de justiça intimá-las. Essa substituição é perfeitamente congruente com a simplicidade do procedimento trabalhista; por este motivo, não deve ser impedida na prática, como resultado de uma desautorizada adoção dos dispositivos integrantes do CPC.

No procedimento *sumariíssimo,* entretanto, a disciplina legal não é a mesma. Ocorre que, aqui, a audiência somente será adiada, para a intimação das testemunhas ausentes, se a parte comprovar que estas haviam sido convidadas (CLT, art. 852-H, § 3º). Essa comprovação poderá ser documental ou por outro meio, legalmente admissível. Se, porém, a testemunha havia sido previamente intimada e, apesar disso, deixou de comparecer, poderá o juiz determinar a sua imediata condução coercitiva (*ibidem*), porquanto — cabe reiterar — ninguém pode se eximir do dever de colaborar com o Poder Judiciário para o descobrimento da verdade (CPC, art. 378).

Conforme pudemos escrever, em outro livro (*O procedimento sumariíssimo no processo do trabalho.* 2. ed. São Paulo: LTr, 2000. p. 119-122), a respeito deste assunto, o § 3º do art. 852-H da CLT, acertadamente, exige esse convite. Haverá dificuldade, contudo, na prática, de a parte *comprovar* o convite, pois a norma legal em estudo cogita do fato de a testemunha ausente haver sido "comprovadamente convidada". Não nos parece que essa comprovação dessa ser *exclusivamente* por escrito, sob pena de impor-se certos danos ou constrangimentos à parte. Danos, porque, se a ausência da testemunha não fosse comprovada por esse meio a audiência não seria adiada; constrangimento, porque toda vez que a parte convidasse alguém para testemunhar em juízo teria de pedir que a pessoa assinasse um comprovante desse convite.

Pensamos, pois, que essa comprovação possa ser feita, até mesmo, sob a forma de *justificação verbal* ao magistrado, que levará em conta os argumentos e circunstâncias de cada situação concreta. Como dissemos há pouco, durante muitos anos administramos, sem maiores problemas, a aplicação do disposto no próprio art. 825, parágrafo único, da CLT, por forma a fazer com que o objetivo da lei fosse cumprido, sem deturpações decorrentes de eventuais atitudes desonestas das partes.

Em todo o caso, o meio mais seguro de que a parte disporá para demonstrar ao magistrado, no momento oportuno, haver convidado a testemunha que não compareceu à audiência será, sem dúvida, o *documental.* A esse respeito, algumas considerações complementares, de ordem prática, dever ser formuladas. Ao convidar a testemunha para comparecer a juízo para depor, esta pode apresentar uma de duas reações: *a)* aceitar ao convite; ou *b)* recusá-lo. No primeiro caso, será prudente que o advogado (ou a parte) solicite à testemunha que assine um documento específico, previamente elaborado, pelo qual possa comprovar ao juiz a formulação do convite; no segundo, deverá o advogado ou a parte remeter o convite à testemunha, pelo correio, mediante aviso de recebimento, ou pelo cartório de títulos e documentos, de tal maneira que também possa demonstrar ao magistrado que o convite; foi tempestivamente feito. Esse procedimento também poderá ser adotado na hipótese de a testemunha, ao ser convidada, comprometer-se a comparecer à audiência, mas recusar-se a assinar o correspondente documento comprovativo do convite, que lhe foi apresentado pelo advogado.

Em termos objetivos, teremos o seguinte cenário em audiência, na fase da instrução oral: ausente a testemunha, a parte requererá a sua intimação e o consequente adiamento da audiência. Diante disso, o juiz indagará, primeiramente, se a parte a convidou; se esta responder que não, o requerimento deverá ser indeferido, sem que possa vir a ter sucesso, em grau de recurso ordinário, possível arguição de nulidade processual, em virtude de presuntivo "cerceamento de defesa". Se, ao contrário, responder que sim, o juiz perguntará se possui *comprovação* do convite: neste momento, a parte (ou seu advogado) exibirá o documento assinado pela testemunha ausente, fazendo com que o juiz acolha o requerimento de intimação desta, com o consequente adiamento da audiência.

Intimação imediata. O texto legal sob comentário (CLT, art. 852-H, § 3º) estabelece, ainda, que se a testemunha intimada deixar de comparecer, o juiz poderá ordenar a sua *imediata* condução coercitiva.

Duas nótulas a esse respeito são necessárias:

Em primeiro lugar, não se suponha que a parte somente poderá requerer a intimação da testemunha se esta (comprovadamente convidada) deixar de comparecer à audiência. A intimação poderá ser requerida *com vistas à audiência de instrução*, ou seja, antes mesmo da realização desse ato processual. Assim, se a parte, ao convidar a testemunha, perceber que ela não está disposta a comparecer a juízo, não necessitará aguardar a audiência para, nesta, requerer a intimação: tão logo perceba a recusa da testemunha, ou a má vontade desta, poderá dirigir-se ao juiz e solicitar que determine a intimação da testemunha, a fim de comparecer à audiência. Convém repisar: "Ninguém se exime do dever de colaborar com o Poder Judiciário para o descobrimento da verdade" (CPC, art. 378); e lembrar que "O serviço da Justiça do Trabalho é relevante e obrigatório, ninguém dele podendo eximir-se, salvo motivo justificado" (CLT, art. 645).

Em segundo, será *facultado* ao juiz determinar a *imediata* condução coercitiva da testemunha que, intimada, não comparecer. Essa faculdade será exercida pelo magistrado de acordo com o seu prudente arbítrio. Haverá casos em que será possível essa imediata condução coercitiva, de tal modo que a testemunha acabará sendo trazida à audiência a que deveria ter comparecido; em outras situações, entretanto, como quando não se tiver certeza se a testemunha será desde logo encontrada, a prudência sugere ao juiz *adiar* a audiência — para a qual a testemunha será conduzida de modo coercitivo. Na hipótese em exame, não deveria o juiz inquirir as testemunhas presentes e designar outra audiência para ouvir a testemunha ausente, pois isso acarretaria transgressão ao princípio da incomunicabilidade, inscrito no art. 456 do CPC, com virtual nulidade do processo.

A regra da condução coercitiva está expressa no art. 852-H, § 3º, da CLT, que alude à condução coercitiva, correspondendo, em essência, à do art. 455, § 5º, do CPC, que faz elegante referência à *condução* da testemunha, sem, com isso, negar o caráter coercitivo do ato judicial.

Observe-se, por fim, que o § 3º do art. 852-H afirma que "*Só será* deferida *intimação de testemunha...*" (ausente), a deixar transparecer que o juiz não poderá determinar essa intimação *ex officio*: se a norma fala em *deferida*, significa que a intimação foi *requerida*. Este é um dos pontos sobre o qual poderá incidir acentuada controvérsia doutrinária e jurisprudencial. Como se sabe, o art. 825, parágrafo único, da CLT, que cuida do procedimento *ordinário*, permite a intimação *ex officio* da testemunha. Embora seja esse um traço característico do processo do trabalho (procedimento *ordinário*, insista-se), confessamos que, no exercício da judicatura em primeiro grau, nunca nos sentimos muito à vontade na utilização prática dessa faculdade. Se a parte nos dizia que a sua testemunha, convidada, não havia comparecido, *mas não requeria* a sua intimação, sempre nos pareceu algo perigoso tomar a *iniciativa* dessa intimação, quando a própria parte interessada nada havia requerido. Não estamos a afirmar que essa intimação *ex officio* seria ilegal, pois, como reconhecemos antes, está prevista no parágrafo único do art. 825 da CLT, e sim que ela colocaria o juiz em situação delicada, por parecer, aos olhos da outra parte, estar a afastar-se do seu indeclinável dever de imparcialidade.

Sob o influxo dessas experiências de vida e, acima de tudo, com base na expressão literal do texto legal em foco, concluímos que, no procedimento *sumariíssimo*, inversamente ao ordinário, o juiz *não pode* determinar, por sua iniciativa, a intimação de testemunha que, convidada pela parte, tenha deixado de comparecer à audiência. Para isso, portanto, será indispensável o *requerimento* (oral) da parte interessada.

Art. 451. Depois de apresentado o rol de que tratam os §§ 4º e 5º do art. 357, a parte só pode substituir a testemunha:

I — que falecer;

II — que, por enfermidade, não estiver em condições de depor;

III — que, tendo mudado de residência ou de local de trabalho, não for encontrada.

Art. 452

• **Comentário**

Caput. Regra idêntica constava do art. 408 do CPC revogado.

A norma trata da substituição de testemunhas depois de apresentado o rol. Embora tenhamos dito que o art. 450, do CPC, não se aplica ao processo do trabalho — e, em consequência, também o art. 451, iremos examinar, apenas por dever de ofício, os incisos deste último.

Inciso I. *Falecimento.* Falecendo a testemunha, e feita a prova do fato, o juiz deferirá a sua substituição. Se a testemunha falecer no dia da audiência, a solução será adiar a realização desse ato processual, abrindo prazo para que a parte proceda à substituição, exceto se renunciar a essa faculdade.

Inciso II. *Enfermidade.* Cabe aqui uma ponderação: se a testemunha não puder comparecer à audiência, por encontrar-se enferma, e a parte insistir em sua inquirição, o juiz poderá: a) designar dia, hora e local para tomar-lhe o depoimento (CPC, art. 449, parágrafo único); ou b) adiar a audiência.

Inciso III. *Mudança de residência.* Se a testemunha mudar de residência ou de local de trabalho e não for encontrada, poderá ser substituída. O art. 408, III, do CPC anterior aludia ao fato de a testemunha não ser encontrada "pelo oficial de justiça". A expressão por nós aspada foi eliminada do texto atual, de tal arte que não há necessidade de diligência do oficial de justiça para a incidência do inciso *sub examen*: é suficiente, por exemplo, que a intimação seja remetida ao endereço fornecido pela parte e o correio informe que não localizou a testemunha; "mudou-se" — conforme é hábito fazer-se constar do instrumento de intimação postal). A intimação postal aliás, é prevista no art. 274, do próprio CPC.

Art. 452. Quando for arrolado como testemunha, o juiz da causa:

I — declarar-se-á impedido, se tiver conhecimento de fatos que possam influir na decisão, caso em que será vedado à parte que o incluiu no rol desistir de seu depoimento;

II — se nada souber, mandará excluir o seu nome.

• **Comentário**

Caput. Reproduziu-se a regra do art. 409 do CPC revogado.

Ocorrendo de a parte arrolar (ou indicar) como testemunha o juiz da causa, este deverá adotar uma das duas atitudes previstas nos incisos que serão agora examinados.

Inciso I. Se possuir conhecimento de fatos que possam influir na decisão, deverá declarar-se impedido. Nesse caso, a parte que incluiu o juiz no rol das testemunhas — diz a lei — não poderá desistir do seu depoimento. O texto legal contém redação imperfeita, pois, como está, faz supor que o juiz teria, mesmo assim, que depor — conclusão que conflitaria com a primeira parte do inciso I, em foco. O que o legislador procurou expressar é que se o juiz declarar-se impedido a parte não poderá substituí-lo por outra testemunha.

Pergunta-se, no entanto: se um juiz do trabalho (que não é o juiz da causa) tiver conhecimento pessoal de determinado fato relevante para a solução do conflito de interesses poderá ser intimado para comparecer a Vara do Trabalho diversa da que ele é titular, a fim de prestar depoimento como testemunha? O assunto é, sem dúvida, delicado. Em rigor, não há norma legal que impeça a inquirição desse magistrado. Mesmo assim, é manifestamente desaconselhável a inquirição do magistrado, seja porque terá de comparecer a uma audiência presidida por magistrado do mesmo grau jurisdicional (este, por acaso, irá tomar-lhe o compromisso de dizer a verdade e de adverti-lo quanto às sanções penais a que se sujeitará caso oculte ou modifique a verdade dos fatos?), seja porque uma das partes figura como litigante em processo que está sob a condução do magistrado cujo depoimento uma delas está a requerer, seja pelo que mais for. Nenhum problema haverá, todavia, se o magistrado do trabalho, mesmo por sua iniciativa, dispuser-se a ser ouvido como testemunha na justiça estadual ou na justiça federal comum, acerca de fatos que são do seu conhecimento pessoal e interessem à resolução da lide.

Inciso II. Se o juiz da causa, arrolado ou indicado como testemunha, nada conhecer a respeito dos fatos relativos à lide, mandará que o seu nome seja excluído do rol.

O funcionário da Vara arrolado como testemunha

Há casos em que a parte arrola como testemunha um funcionário da própria Vara por onde se processa o feito; constituirá *error in procedendo* do juiz a recusa, em caráter sistemático, quanto à indicação do funcionário, pois essa *qualidade* não o proíbe, só por isto, de prestar declarações como testemunha. Basta verificar-se que os arts. 829 da CLT e 447 do CPC, ao excepcionarem o princípio de que todos podem depor como testemunha, não fizeram qualquer menção ao funcionário público que estiver lotado no mesmo órgão judiciário perante o qual foi aforada a ação em que deva servir como testemunha; logo, não é lícito ao juiz distinguir onde a lei não o faz.

Código de Processo Civil

Eventual recusa do magistrado, quanto a isto, somente seria correta se calcada no fato de o funcionário ser incapaz, estar impedido ou for considerado suspeito, segundo a expressão legal (CPC, art. 447, § 1º a 3º); a rejeição, nesta hipótese, seria com fulcro em uma dessas causas e não do simples fato de tratar-se de funcionário público, que, aliás, perpetrará o crime de falso testemunho, como outra pessoa qualquer, se vier a incidir na previsão do art. 342 do Código Penal.

Só excepcionalmente, portanto, deverá o magistrado, segundo seu prudente arbítrio, opor-se ao depoimento do funcionário, e desde que determinadas peculiaridades significativas ou circunstâncias ponderosas, capazes de influírem no espírito da testemunha, assim o aconselharem.

Se no rol foi inserido nome de funcionário que presta serviços em outro órgão, seja do Poder Judiciário ou não, e desde que tenha de depor, como testemunha, no horário de trabalho, o juiz o requisitará ao chefe da repartição para que compareça à audiência (CLT, art. 823).

É oportuno lembrar o disposto no inc. VI do art. 102 da Lei n. 8.112, de 11.12.1990 (Estatuto dos Funcionários Públicos Civis da União), no sentido de ser considerado de efetivo exercício o afastamento do funcionário em decorrência de júri "e outros serviços obrigatórios por lei", como é o caso típico, por exemplo, do testemunho.

Art. 453. As testemunhas depõem, na audiência de instrução e julgamento, perante o juiz da causa, exceto:

I — as que prestam depoimento antecipadamente;

II — as que são inquiridas por carta.

§ 1º A oitiva de testemunha que residir em comarca, seção ou subseção judiciária diversa daquela em que tramita o processo poderá ser realizada por meio de videoconferência ou outro recurso tecnológico de transmissão e recepção de sons e imagens em tempo real, o que poderá ocorrer, inclusive, durante a audiência de instrução e julgamento.

§ 2º Os juízos deverão manter equipamento para a transmissão e recepção de sons e imagens a que se refere o § 1º.

• **Comentário**

Caput. Repetiu-se, em parte, a norma do art. 410 do CPC revogado.

O princípio legal é de que as testemunhas depõem: a) em audiência (de instrução); b) perante o juiz da causa. Os incisos deste artigo relacionam as exceções à regra.

Inciso I. *Depoimento antecipado.* Se houver fundado receio de que, quando da audiência de instrução, a testemunha esteja falecida, em virtude de doença ou moléstia grave, ou, por qualquer outro motivo relevante, se encontre impossibilitada de depor, o juiz, a requerimento da parte interessada, tomará o depoimento antecipado da testemunha, com fundamento no inciso I do art. 453 do CPC. Embora essa norma legal fale em fundado receio de que venha a tornar-se impossível ou muito difícil a verificação de certos fatos na pendência da ação, a enfermidade da testemunha se amolda com perfeição a esse pressuposto legal.

O procedimento da produção antecipada da prova testemunhal (e das demais) é traçado pelo art. 381 do CPC.

Inciso II. *Inquiridas mediante carta.* Nos casos de carta precatória, rogatória o de ordem (CPC, art. 260) a testemunha não estará depondo "perante o juiz da causa", e sim diante do juízo deprecante, rogado ou ordenado.

Reclama considerações mais detalhadas a inquirição de testemunha por meio de carta precatória.

Residindo a testemunha em lugar situado fora da jurisdição do órgão perante o qual a ação foi aforada, a sua oitiva deverá ser feita mediante carta precatória, salvo, é certo, se comparecer voluntariamente à sede deste.

Sempre que o juízo deprecado comunicar ao deprecante a designação do dia e horário da audiência para a inquirição da(s) testemunha(s), a este incumbirá intimar as partes ou seus procuradores quanto a isso; a ausência dessa intimação poderá ensejar a arguição de nulidade processual a partir da audiência para a qual as partes não foram intimadas.

É no juízo deprecado que deverá ser alegada eventual incapacidade, impedimento ou suspeição das testemunhas que serão lá inquiridas, cabendo ao mesmo juízo decidir o incidente.

Temos constatado, na prática, entretanto, que alguns juízos, para quem se deprecara a inquirição de testemunhas, devolvem a carta precatória sem *a realização da audiência,* sob o argumento de que não se procedeu à ouvida porque as partes não remeteram, por intermédio do juízo deprecante (ou por outro meio qualquer), as *reperguntas* que deveriam ser formuladas às testemunhas.

Data maxima venia, procedimento dessa natureza, a par de deselegante, é nimiamente irregular, sendo passível, por isso, de procedimento correcional, porquanto:

a) a inquirição é ato que compete, eminentemente, ao juiz, sendo que às partes, seus representantes ou advogados, se defere tão somente o direito de formular *reperguntas* (CLT, art. 820);

b) a anexação, à precatória, dos róis de reperguntas a serem feitas às testemunhas *não se inclui entre os requisitos formais exigidos por lei* (CPC, art. 260, I a IV e § 1º) para a validade da carta. Afinal, só o perito deve responder a *quesitos* previamente elaborados (CPC, art. 477, § 3º).

Verifica-se, portanto, que a devolução da precatória, sem o seu cumprimento, baseada no fato referido, não está amparada pelo art. 260, I a IV e § 1º do CPC; sendo assim, o ato do juízo deprecado, acima de irregular, é ilegal, motivo por que haverá de ser sempre e acerbadamente censurado.

Houve quem se sentisse à vontade para afirmar que a inquirição de testemunhas, mediante carta precatória, seria incompatível com o procedimento *sumaríissimo*, pois isso acarretaria violação ao art. 852, inciso III, da CLT, conforme o qual a solução do conflito de interesses deve ocorrer no prazo de quinze dias, contado do ajuizamento da petição inicial. Divergimos, *data venia*, desse entendimento. Em primeiro lugar, porque seria insensato imaginar que a testemunha devesse deslocar-se da localidade em que reside ou trabalha (que pode distar centenas ou milhares de quilômetros do órgão jurisdicional), para prestar depoimento em juízo. Não menos absurdo seria sustentar que se a testemunha não pudesse submeter-se a esse deslocamento geográfico, a parte, que a indicou, deveria resignar-se diante do fato de não poder produzir essa prova. Em segundo, a regra do art. 852-H, inciso III, da CLT, não é inflexível, peremptória, e sim recomendatória. Tanto isso é certo, que se, por algum motivo, a audiência for suspensa (e não "interrompida", como diz a Lei), a solução da lide deverá ocorrer "no prazo máximo de trinta dias, salvo motivo relevante justificado nos autos pelo juiz da causa" (CLT, art. 852-H, § 7º) — vale dizer, até mesmo em prazo superior a trinta dias.

Assim, mesmo no procedimento *sumariíssimo* o indeferimento de produção de prova testemunhal, mediante carta precatória, quando essa prova era indispensável, configura restrição à garantia constitucional de ampla defesa (Const. Federal, art. 5º, inciso LV) e conduz à nulidade do processo (CLT, art. 794). Para isto, é necessário que a parte alegue a nulidade na primeira vez em que tiver de manifestar-se nos autos, ou em audiência (CLT, art. 775, *caput*).

§ 1º Trata-se de inovação do CPC atual. A norma faculta a inquirição, por meio de videoconferência ou por outro recurso tecnológico de transmissão de sons e imagens em tempo real, de testemunha que resida em comarca, seção ou subseção judiciária diversa daquela em que tramita o processo. Essa forma de inquirição pode ser feita, inclusive, durante a realização da audiência destinada à instrução e ao julgamento da causa.

§ 2º Para efeito do disposto no § 1.º, os juízos deverão manter os equipamentos ali mencionados. Sejamos, contudo, realistas: nem sempre será possível atender-se a essa disposição legal, considerando-se as notórias dificuldades orçamentárias do Poder Judiciário.

Código de Processo Civil

Art. 454. São inquiridos em sua residência ou onde exercem sua função:

I — o presidente e o vice-presidente da República;

II — os ministros de Estado;

III — os ministros do Supremo Tribunal Federal, os conselheiros do Conselho Nacional de Justiça e os ministros do Superior Tribunal de Justiça, do Superior Tribunal Militar, do Tribunal Superior Eleitoral, do Tribunal Superior do Trabalho e do Tribunal de Contas da União;

IV — o procurador-geral da República e os conselheiros do Conselho Nacional do Ministério Público;

V — o advogado-geral da União, o procurador-geral do Estado, o procurador-geral do Município, o defensor público-geral federal e o defensor público-geral do Estado;

VI — os senadores e os deputados federais;

VII — os governadores dos Estados e do Distrito Federal;

VIII — o prefeito;

IX — os deputados estaduais e distritais;

X — os desembargadores dos Tribunais de Justiça, dos Tribunais Regionais Federais, dos Tribunais Regionais do Trabalho e dos Tribunais Regionais Eleitorais e os conselheiros dos Tribunais de Contas dos Estados e do Distrito Federal;

XI — o procurador-geral de justiça;

XII — o embaixador de país que, por lei ou tratado, concede idêntica prerrogativa a agente diplomático do Brasil.

§ 1º O juiz solicitará à autoridade que indique dia, hora e local a fim de ser inquirida, remetendo-lhe cópia da petição inicial ou da defesa oferecida pela parte que a arrolou como testemunha.

§ 2º Passado 1 (um) mês sem manifestação da autoridade, o juiz designará dia, hora e local para o depoimento, preferencialmente na sede do juízo.

§ 3º O juiz também designará dia, hora e local para o depoimento, quando a autoridade não comparecer, injustificadamente, à sessão agendada para a colheita de seu testemunho no dia, hora e local por ela mesma indicados.

• **Comentário**

Caput. A tema era regido pelo art. 411 do CPC revogado.

Determinadas pessoas, pelos cargos que ocupam, possuem a prerrogativa legal de serem inquiridas em sua residência ou onde exercem as suas funções.

Embora raríssimo, nada as impede de, renunciando a essa prerrogativa, comparecer à audiência para serem inquiridas como testemunha.

Ao contrário do critério que adotamos para a elaboração deste livro, deixaremos de nos pronunciar, de modo específico, sobre os incisos I a XII, do art. 454, em razão de os seus textos prescindirem de explicações. O CPC revogado não incluía as pessoas mencionadas nos incisos V, VIII, XI e XII.

Uma nótula necessária se refere à omissão do art. 454 do CPC quanto aos juízes de primeiro grau e aos membros do Ministério Público. Com efeito, embora o inciso X da precitada norma somente faça alusão aos desembargadores dos Tribunais de Justiça e aos juízes dos Tribunais Regionais Federais, dos Tribunais Regionais do Trabalho e dos Tribunais Regionais Eleitorais, os juízes de primeiro grau também estão compreendidos pelas disposições do art. 454, pois nos termos do art. 33 da Lei Complementar n. 35, de 14.3.1979 (LOMAN), "São prerrogativas do magistrado: I — ser ouvido como testemunha em dia, hora e local previamente ajustados com a autoridade ou Juiz de instância igual ou inferior". Essa norma da LOMAN compreende todo e qualquer magistrado, independentemente do grau de jurisdição em que exerça as suas funções. Por outro lado, estabelece o art. 18, II, letra "g", da

Art. 455

Lei Complementar n. 75, de 20.5.1993 (LOMP) constituírem prerrogativas processuais dos membros do Ministério Público, entre outras, a de: "g) ser ouvido, como testemunha, em dia, hora e local previamente ajustados com o magistrado ou a autoridade competente". A Lei n. 8.625, de 12.2.1993, repete essa regra no art. 40, I.

§ 1º Com vistas a tornar concreta a prerrogativa que o *caput* do art. 454 outorga às pessoas identificadas nos incisos I a XII, o juiz deverá solicitar a uma dessas autoridades que designe dia, hora e local para ser inquirida. Nesse mesmo ato, remeterá à autoridade cópia da petição inicial ou da defesa da parte que a arrolou como testemunha.

§ 2º Decorrido um mês sem manifestação da autoridade, esta perderá a prerrogativa de que falamos há pouco, cumprindo ao juiz designar dia, hora e local para o depoimento, que será, de preferência, na sede do juízo.

§ 3º Caso a autoridade designe dia, hora e local para ser inquirida, mas deixar de comparecer, injustificadamente, à sessão agendada para o seu depoimento, o juiz deverá designar dia, hora e local para que ela seja inquirida.

Art. 455. Cabe ao advogado da parte informar ou intimar a testemunha por ele arrolada do dia, da hora e do local da audiência designada, dispensando-se a intimação do juízo.

§ 1º A intimação deverá ser realizada por carta com aviso de recebimento, cumprindo ao advogado juntar aos autos, com antecedência de pelo menos 3 (três) dias da data da audiência, cópia da correspondência de intimação e do comprovante de recebimento.

§ 2º A parte pode comprometer-se a levar a testemunha à audiência, independentemente da intimação de que trata o § 1º, presumindo-se, caso a testemunha não compareça, que a parte desistiu de sua inquirição.

§ 3º A inércia na realização da intimação a que se refere o § 1º importa desistência da inquirição da testemunha.

§ 4º A intimação será feita pela via judicial quando:

I — for frustrada a intimação prevista no § 1º deste artigo;

II — sua necessidade for devidamente demonstrada pela parte ao juiz;

III — figurar no rol de testemunhas servidor público ou militar, hipótese em que o juiz o requisitará ao chefe da repartição ou ao comando do corpo em que servir;

IV — a testemunha houver sido arrolada pelo Ministério Público ou pela Defensoria Pública;

V — a testemunha for uma daquelas previstas no art. 454.

§ 5º A testemunha que, intimada na forma do § 1º ou do § 4º, deixar de comparecer sem motivo justificado será conduzida e responderá pelas despesas do adiamento.

• **Comentário**

Caput. A matéria era o conteúdo do art. 412 do CPC revogado.

Para já, reiteramos o nosso entendimento de que no processo do trabalho, *na fase de conhecimento*, não há exigência legal de apresentação rol prévio das testemunhas que comparecerão à audiência independentemente de intimação. Não se aplicam a esse processo, conseguintemente, os arts. 450 e 451, do CPC, entre outros. Somente nos embargos à execução é que o processo do trabalho prevê o rol de testemunhas (CLT, art. 884, § 2º).

No sistema do CPC de 1973 a testemunha arrolada era intimada *por mandado* ou seja, por ato do juízo, a comparecer à audiência, para ser inquirida. O CPC em vigor modificou esse procedimento.

Agora, cumpre ao próprio advogado comunicar à testemunha por ele arrolada o dia, o local e o horário de realização da audiência, "dispensando-se a intimação do juízo". Melhor teria feito o legislador se dissesse: "dispensando-se a intimação *pelo* juízo", pois o que se passa é exatamente isto: a cientificação da audiência deixou de constituir ato praticado pelo órgão jurisdicional, convertendo-se em encargo do advogado.

§ 1º Cabe ao advogado providenciar a intimação da testemunha por meio de carta com aviso de recebimento. Os comprovantes do conteúdo da intimação e de seu recebimento deverão ser juntados aos autos com a antecedência mínima de três dias da data designada para a realização da audiência.

§ 2º Se a testemunha, cientificada audiência na forma prevista pelo *caput* do art. 455, não comparecer à audiência, presume-se que a parte desistiu de ouvi-la. Sob a perspectiva do processo civil, essa presunção é perfeitamente lógica, porquanto o encargo de cientificar a testemunha quanto à audiência, e de fazê-la comparecer a esse ato processual, é do seu advogado.

A norma, todavia, não se aplica ao processo do trabalho. Nos termos inequívocos do art. 825, da CLT, as testemunhas comparecerão à audiência independentemente de intimação (*caput*); as que não comparecerem serão intimadas *ex officio* ou a requerimento da parte (parágrafo único). O texto legal sobredito não alude a uma suposta *faculdade* do juiz quanto à intimação das testemunhas que deixarem de comparecer à audiência: a redação da norma é imperativa — *serão intimadas*, inclusive, por *iniciativa* do magistrado.

§ 3º Pelas mesmas razões expostas no exame do § 2º, entendemos que a norma do § 3º não se aplica ao processo do trabalho.

§ 4º Em algumas situações, a lei determina que a intimação seja efetuada pela via judicial:

Inciso I. Quando frustrada a intimação a cargo do advogado.

Inciso II. Quando a parte demonstrar ao juiz que a intimação via judicial é necessária.

Inciso III. Quando a testemunha for servidor público ou militar, pois neste caso o juiz a deverá requisitar ao chefe da repartição ou ao comando do corpo em que servir.

Há certa impropriedade terminológica no texto legal em exame ao aludir a servidor público ou militar, como se o militar também não fosse, *lato sensu*, um servidor público.

O art. 823, da CLT, por exemplo, estatui que se a testemunha for *funcionário civil ou militar*, e tiver de depor em horário de serviço, será requisitado ao chefe da repartição para comparecer à audiência.

Inciso IV. quando a testemunha tiver sido arrolada pelo Ministério Público ou pela Defensoria Pública.

Inciso V. quando a testemunhas for daquelas mencionadas no art. 454.

§ 5º Se a testemunha, tendo sido intimada na forma prevista nos §§ 1º ou 4º, deixar de comparecer, sem motivo justificado, ao local em que prestaria depoimento, será conduzida, coercitivamente, e responderá pelas despesas do adiamento. Cabe lembrar que, nos termos do art. 378 do CPC, ninguém poderá eximir-se do *dever* de colaborar com o Poder Judiciário no descobrimento da verdade.

Art. 456. O juiz inquirirá as testemunhas separada e sucessivamente, primeiro as do autor e depois as do réu, e providenciará para que uma não ouça o depoimento das outras.

Parágrafo único. O juiz poderá alterar a ordem estabelecida no *caput* se as partes concordarem.

• **Comentário**

Caput. A matéria era regida, em parte, pelo art. 413 do CPC revogado.

Nada dispõe a CLT quanto à *ordem* em que devam ser ouvidas as testemunhas; é de aplicar-se, à vista disso, em princípio, a regra do art. 456 do CPC, que determina seja inquiridas, primeiro, as do autor e, depois, as do réu.

Por outro lado, a proibição legal quanto à possibilidade de as testemunhas que ainda não depuseram ouvirem o depoimento de outra revela o princípio da *incomunicabilidade*, que ao magistrado compete observar. Constatando, por exemplo, que determinada testemunha, que ainda não foi inquirida, está *ouvindo* o depoimento de outra, deverá o juiz recusá-la, fazendo constar da ata essa ocorrência, sem receio de estar desautorizado pelo art. 447 e §§ do CPC, cujo rol de pessoas impedidas ou suspeitas não é taxativo, como se possa cogitar — mormente se considerarmos as peculiaridades do processo do trabalho. Nada impede, ainda, que o juiz a ouça como informante, vindo a avaliar as suas declarações segundo a faculdade que lhe defere o § 4º do mencionado dispositivo do CPC.

Uma advertência: conquanto a norma legal em exame proíba a testemunha que ainda não foi inquirida de *ouvir* o depoimento das outras, devemos entender que a testemunha também não poderá *assistir* à inquirição das que ainda não depuseram, ainda que não as ouça. Realmente, pode acontecer de a testemunha ainda não inquirida não ouvir o depoimento das outras, mas, mediante leitura labial, compreender o que elas estão dizendo. Assim, também nesse caso estará ocorrendo a violação do princípio legal da incomunicabilidade das testemunhas.

Ressalte-se, uma vez mais, que esse princípio resta, *inevitavelmente,* desatendido nas hipóteses de inquirição antecipada (CPC, art. 381); de carta precatória, rogatória ou de ordem (CPC, art. 260); de testemunhas referidas (CPC, art. 461, l); das pessoas mencionadas no art. 454, do CPC; de anulação do processo etc. O que não se admite é ouvir-se, perante o mesmo juízo, as testemunhas de uma das partes num dia e as da parte contrária em dia posterior. O prejuízo processual aí é facilmente demonstrável, conduzindo, assim, o órgão *ad quem*, em grau de recurso, a uma correta declaração de nulidade — salvo, é certo, se a sentença for favorável ao litigante, cujas testemunhas foram inquiridas em data anterior.

Nenhuma norma legal veda, contudo, que as testemunhas sejam ouvidas em data posterior ao interrogatório das partes, em que pese à circunstância de esse fracionamento dever ser desestimulado o quanto possível, a fim de evitar-se que, cientes do teor do depoimento dos litigantes, as testemunhas procurem refutá-lo ou reproduzi-lo segundo seja a sua conveniência.

Parágrafo único. A inversão da ordem das inquirições das testemunhas vem sendo realizada, há muito tempo, pelo processo do trabalho da praxe. Conquanto haja certo fundamento *lógico* para a fixação do princípio de que, primeiro, sejam ouvidas as testemunhas do autor, e depois as do réu, por levar em conta a própria ordem de ingresso das partes em juízo, entendeu-se, no âmbito da doutrina e da jurisprudência trabalhistas, que nada impedia que, havendo necessidade ou entendendo o juiz conveniente, essa ordem fosse invertida, ouvindo-se, por primeiro, as testemunhas do réu.

Alguns juízes do trabalho, a propósito têm ouvido primeiramente as testemunhas do empregador sempre que a controvérsia se referir a falta grave que teria sido cometida pelo empregado. Nada há de esdrúxulo ou de ilegal nesse procedimento, que se harmoniza com o ônus da prova e com os poderes que o juiz do trabalho possui, como diretor do processo (CLT, art. 765); exatamente por isso é que sempre entendemos devessem ser inquiridas por primeiro as testemunhas do *empregador*, porquanto — devidamente interpretado o art. 818 da CLT — o encargo da prova, em regra, lhe é incumbido.

A partir da dicção legal (CLT, art. 824 e CPC, art. 456) de que o depoimento de uma testemunha não pode ser ouvido pelas demais que ainda tenham de depor, é evidente que essa *inversão* não pode ser arguida como causa de nulidade processual; onde residiria, no caso, o pressuposto legal do manifesto prejuízo? (CLT, art. 794).

O parágrafo único do art. 456 do CPC atual permite essa inversão, subordinando a sua regularidade, porém, à *concordância* das partes. Cuida-se, pois, de uma conversão consensual, negociada. A norma, como está redigida, não é aplicável ao processo do trabalho. Realmente, nesse processo, conforme dissemos, desde longa data se reconheceu a possibilidade de o juiz, *ex officio*, com fundamento no art. 765 da CLT, inverter a ordem dos depoimentos das partes e das testemunhas, máxime nos casos em que o ônus da prova incumbe ao réu. Desse modo, eventual adoção supletiva do parágrafo único do art. 456 do CPC implicaria uma involução, um retrocesso do avanço obtido, em caráter pioneiro, pelo processo do trabalho da praxe.

Destarte, se a referida norma legal pode ser apontada como um passo adiante, dado pelo processo civil, a sua incidência no processo do trabalho representaria, ao contrário, um passo para trás imposto a este processo.

Fique, pois, neste particular, o CPC com o que ganhou, e permaneça o processo do trabalho com o que conquistou a duras penas.

Art. 457. Antes de depor, a testemunha será qualificada, declarará ou confirmará seus dados e informará se tem relações de parentesco com a parte ou interesse no objeto do processo.

§ 1º É lícito à parte contraditar a testemunha, arguindo-lhe a incapacidade, o impedimento ou a suspeição, bem como, caso a testemunha negue os fatos que lhe são imputados, provar a contradita com documentos ou com testemunhas, até 3 (três), apresentadas no ato e inquiridas em separado.

§ 2º Sendo provados ou confessados os fatos a que se refere o § 1º, o juiz dispensará a testemunha ou lhe tomará o depoimento como informante.

§ 3º A testemunha pode requerer ao juiz que a escuse de depor, alegando os motivos previstos neste Código, decidindo o juiz de plano após ouvidas as partes.

• **Comentário**

Caput. Reproduziu-se, com pequenas alterações, a regra do art. 414 do CPC revogado.

A qualificação

No processo do trabalho, a testemunha, antes de depor, deverá ser qualificada, indicando o nome, a nacionalidade, a profissão, a idade, a residência, e, quando empregada, o tempo de serviço prestado ao empregador (CLT, art. 828, *caput*). No sistema do CPC, ela poderá limitar-se a confirmar os seus dados pessoais indicados na inicial ou na contestação (art. 457, *caput*).

Em seguida à qualificação, indagar-se-á à testemunha se tem parentesco com a parte ou interesse no objeto da ação (CPC, *ibidem*).

O requisito da *nacionalidade,* aparentemente, colide com a disposição estampada no art. 5º, *caput,* da Constituição Federal. O objetivo dessa especificação, contudo, não é discriminar a testemunha em decorrência do seu país natal; serve, de um lado, para, no caso de ser estrangeira, alertar o juiz quanto à necessidade de indagar se ela sabe se expressar em Língua Portuguesa. Não sabendo, o juiz nomeará intérprete (CPC, art. 162, II). De outra, o requisito da nacionalidade se presta para complementar a qualificação para efeito, por exemplo, de procedimento penal, na hipótese de cometimento de crime de falso testemunho (Cód. Penal, art. 342). Enfim, a sua exigência não é supérflua, nem afronta o texto constitucional.

O tempo de serviço prestado ao empregador (réu na ação) é outro requisito necessário, pois propicia ao juiz e às próprias partes verificar se, ao tempo em que os fatos ocorreram, a testemunha estava prestando serviços ao réu. A cautela recomenda que o juiz solicite da testemunha a exibição, em audiência ou não, da sua carteira de trabalho para verificar se as suas declarações, quanto a este aspecto, são verdadeiras.

O *caput* do art. 457 somente afirma que o juiz indagará à testemunha se possui relações de parentesco com a parte ou interesse no objeto do litígio; todavia, o legislador disse aí menos do que deveria, pois cumprirá ao juiz indagar, ainda, se a testemunha é amiga íntima da parte que a indicou, ou inimiga da parte contrária. A esse respeito é oportuno lançarmos uma regra de prudência. O juiz não deve se impressionar com a primeira resposta que a testemunha formular à sua indagação sobre se é amiga íntima da parte que a indicou. Muitas vezes, a testemunha é pessoa simples, às vezes simplória, que por não entender exatamente o objetivo da pergunta do magistrado responde com um "sim", confundindo a amizade íntima com o mero coleguismo de trabalho. A um juiz diligente, sensato, caberá investigar as razões pelas quais a testemunha assim respondeu, indagando-lhe, por exemplo, se mora com a parte na mesma casa; se costumam ir a festas juntas, de igual modo a eventos esportivos, a sessões de cinema etc. Se a testemunha disser que sim, a sua amizade íntima com a parte terá aflorado, cabendo ao juiz considerá-la suspeita; se, ao contrário, a resposta a todas essas indagações for negativa, o juiz bem fará se concluir que não há, entre a testemunha e a parte, a amizade íntima, que, num primeiro momento, parecia existir. Em consequência, permita que ela deponha.

A contradita

§ 1º *Contradita.* Antes de a testemunha prestar o compromisso legal poderá ser contraditada pela parte interessada (este é o momento oportuno), que lhe arguirá a incapacidade, o impedimento ou suspeição. Contradita, portanto, é a denúncia, pela parte interessada, dos motivos que impedem ou tornam suspeito o depoimento da testemunha. Corresponde, assim, à *tacha* a que se refere a doutrina em língua espanhola.

Estabelece o processo civil que se a testemunha negar os fatos que lhe são imputados, a parte poderá provar a contradita com documentos ou com testemunhas, em número de três, no máximo, *apresentadas* no ato e inquiridas em separado. Como no processo do trabalho não há obrigação de a parte arrolar, previamente, as suas testemunhas (estas comparecerão independentemente de intimação: CLT, art. 825, *caput*), torna-se evidente que, havendo contradita, o litigante, colhido de surpresa pela apresentação da testemunha, não poderá provar *no ato* a contradita como prevê o CPC. Haverá necessidade, por isso, de o juiz suspender a audiência designar uma outra, para o mais breve possível, a fim de possibilitar que a parte contraditante possa produzir prova dos fatos em que se fundam as suas alegações. A não ser assim, estar-se-á a lesar-lhe um direito líquido e certo. Seria temerário, ademais, que o juiz, baseando-se exclusivamente nas declarações da parte contraditante ou da testemunha destinatária, acolhesse ou rejeitasse a contradita, conforme fosse o caso. Daí por que há necessidade de proceder-se à *instrução*, desde que, como é elementar, a parte contraditante tenha formulado requerimento nesse sentido.

§ 2º Provados ou confessados que sejam os fatos alegados pelo contraditante, o juiz dispensará a testemunha; reputando conveniente, contudo, *poderá* (é uma faculdade, portanto) tomar-lhe o depoimento como mero informante, ou dispensá-la A isto o autoriza a lei (CPC, art. 457, § 2º, parte final).

Seja qual for a decisão do juiz a propósito da contradita apresentada (e instruída), dela não caberá nenhum recurso, pois se trata de decisão interlocutória; desta forma, a parte que não se conformar com essa decisão deverá aguardar para manifestar a sua contrariedade quando do recurso ordinário que acaso venha a interpor da sentença de fundo que compuser a lide (CLT, art. 893, § 1º). É inadmissível, por conseguinte, fazer-se constar da ata da audiência o seu "protesto" quanto ao resultado do julgamento da contradita, embora se verifique a existência de uma certa tolerância a esse procedimento canhestro.

Indaga-se, porém: se *no curso* do depoimento ficar evidenciada uma das causas típicas de incapacidade, impedimento ou suspeição, previstas em lei, qual deverá ser a atitude do juiz? Entendemos que, neste caso, ele deverá *desqualificar* a testemunha como tal, nada obstante tenha sido compromissada e advertida; a não ser deste modo, incidir-se-ia no absurdo de permitir, contra expressa disposição legal, que tais pessoas servissem como testemunhas. Tratando-se de *impedimento* ou de *suspeição* (superveniente), poderá o juiz aproveitar as declarações, já expendidas como se fossem de *informante* (CPC, art. 457, § 2º).

Art. 458

A escusa de depor

§ 3º *Escusa de depor.* Mesmo que não tenha sido contraditada, a testemunha poderá pedir ao juiz que a escuse de depor, mediante a alegação de quaisquer dos motivos previstos no art. 457 do CPC, que pudemos examinar anteriormente. Ouvidas as partes, o juiz decidirá em seguida.

Como no processo do trabalho inexiste exigência de depósito prévio do rol correspondente, é curial que, por princípio, o requerimento de escusa poderá ser feito ao juiz, *oralmente,* na própria audiência, conquanto não se proíba a sua formulação por escrito. Em outros livros dissemos que, acolhendo o requerimento, o juiz deveria ensejar que a parte por quem a testemunha foi indicada apresentasse uma outra, em substituição. Faltou-nos, contudo, esclarecer que essa substituição somente será possível se a outra testemunha se encontrar nas dependências do fórum, de tal maneira que o seu depoimento se dará sem a suspensão da audiência. O que não se pode admitir é que se adie a audiência para que a parte traga a testemunha substituta; afinal, cabe à parte o cuidado de verificar se a testemunha primitiva estava disposta, ou não, a depor em juízo, ou melhor, se possuía, ou não, razões jurídicas para escusar-se a ser inquirida. Esse dever de diligência do litigante não pode ser ignorado pelo juiz.

Escusa e *recusa* não se confundem. A *escusa* de depor é um direito da testemunha; a *recusa,* porém, constitui uma quebra ao dever legal de colaborar com o Poder Judiciário para o descobrimento da verdade.

Art. 458. Ao início da inquirição, a testemunha prestará o compromisso de dizer a verdade do que souber e lhe for perguntado.

Parágrafo único. O juiz advertirá à testemunha que incorre em sanção penal quem faz afirmação falsa, cala ou oculta a verdade.

• **Comentário**

Caput. O compromisso. Nada havendo que possa impedir a testemunha de depor, ela deverá, antes de submeter-se à inquirição, prestar ao juiz o compromisso legal de dizer a verdade do que souber e lhe for pergunta. Vemos nessa *promessa* uma reminiscência do *juramento* que era adotado pelas legislações antigas.

A lei não estabelece uma forma sacramental para tomar-se esse compromisso à testemunha; sendo assim, o magistrado dirigir-se-á a ela conforme entender adequado, podendo, até mesmo, reproduzir, oralmente, a literalidade do texto legal.

O objetivo desse compromisso é, evidentemente, evitar o falseamento intencional da verdade; o mero conteúdo *moral* da promessa, todavia, é ineficaz para atingir o propósito de preservação da verdade; por isso, competirá ao magistrado *advertir* à testemunha que cometerá o crime de falso testemunho caso venha a fazer afirmação inverídica, calar ou a ocultar a verdade dos fatos sobre os quais será inquirida (*ibidem,* parágrafo único).

Parágrafo único. *A advertência.* A advertência constitui, de certo modo, um complemento da promessa da testemunha de dizer a verdade do que souber e lhe for perguntado; esta, sem aquela, é ineficaz; aquela, sem esta, é imperfeita, irregular, pois lhe falta o pressuposto essencial, indicado em lei.

No crime de falso testemunho, o sujeito passivo é o Estado; por esse motivo cumpre ao juiz formular essa admoestação específica à testemunha, a fim de evitar que a função jurisdicional venha a ser desviada de sua finalidade indeclinável de dizer com quem está o direito, em virtude de um falseamento da verdade.

Também com relação à advertência inexiste uma forma solene de formulá-la. Poderá o juiz limitar-se a fazer alusão à existência de sanções penais específicas, como esclarecer, objetivamente, que incidirá no crime de falso testemunho, mencionando, inclusive, a pena aplicável. As circunstâncias de cada caso concreto, enfim, sugerirão ao juiz a maneira de melhor advertir a testemunha: ora de modo mais ameno, ora mais incisivo. Em resumo, o fará "conforme seja o grau de conhecimento do seu destinatário", segundo Moacyr Amaral Santos (ob. cit., p. 322). O importante é que o juiz, nesse mister, não se desvencilhe do *dever de urbanidade,* a que se refere o § 2º, do art. 459, do CPC, cuja disposição, ao contrário do que se possa imaginar, não está circunscrita às partes. A propósito, nos termos do art. 22, do Código de Ética da Magistratura Nacional (Resolução n. 60, de 19.9.2008, do CNJ), "*O magistrado tem o dever de cortesia para com os colegas, os membros do Ministério Público, os advogados, os servidores, as partes, as testemunhas e todos quantos se relacionem com a administração da Justiça*" (destacamos).

É justamente em decorrência da sua inimputabilidade penal que o menor de 16 anos de idade não pode depor como testemunha e sim como simples informante, quando, então, será dispensado do compromisso legal e da consequente advertência acerca das sanções penais em que incorrerá se desvirtuar a verdade; vai daí, a razão de a lei (CPC, art. 447, § 5º) haver deixado ao alvedrio do juiz a atribuição do valor que possam merecer as declarações do informante. No que foi prudente.

Art. 459. As perguntas serão formuladas pelas partes diretamente à testemunha, começando pela que a arrolou, não admitindo o juiz aquelas que puderem induzir a resposta, não tiverem relação com as questões de fato objeto da atividade probatória ou importarem repetição de outra já respondida.

§ 1º O juiz poderá inquirir a testemunha tanto antes quanto depois da inquirição feita pelas partes.

§ 2º As testemunhas devem ser tratadas com urbanidade, não se lhes fazendo perguntas ou considerações impertinentes, capciosas ou vexatórias.

§ 3º As perguntas que o juiz indeferir serão transcritas no termo, se a parte o requerer.

• **Comentário**

Caput. A norma altera, com certa profundidade, a do art. 416 do CPC revogado.

Qualificada, compromissada e advertida, a testemunha estará apta para depor.

O depoimento será sempre oral, pois o processo moderno não admite a forma *per tabellas* (por escrito), utilizada no Direito Romano antigo e em parte admitida pelas Ordenações reinóis portuguesas, com o que se dispensava, em alguns casos, a testemunha de comparecer a juízo, porquanto as suas declarações haviam sido apresentadas por escrito.

No sistema brasileiro moderno, só não depõe oralmente o surdo-mudo.

No sistema do CPC anterior as perguntas das partes eram feitas *por intermédio* do magistrado, que as poderia reformular ou até mesmo indeferir. Esse prévio controle judicial era necessário para evitar perguntas indutivas, capciosas, vexatórias etc. agora, como diz a lei, as perguntas serão formuladas pelas partes *diretamente* à testemunha. Mesmo assim — e até por mais forte razão — o juiz continuará a exercer um controle sobre a pergunta, devendo indeferi-la, conforme a lei, quando for: a) indutiva, b) não tiver relação com a causa; c) for repetição de outra já respondida. Não é só. Cumprirá também, ao juiz indeferir pergunta que: d) embora pertinente à causa, seja irrelevante para a instrução do processo e para a solução do conflito; e) possa acarretar resposta vexatória à testemunha; f) não disser respeito a fatos, e sim à interpretação de norma jurídica ou de cláusula contratual; g) se referirem a fatos incontroversos etc.

As perguntas serão feitas à testemunha, primeiramente, pela parte que a arrolou ou indicou; em seguida, pela parte contrária. Em certos casos, o juiz pode permitir que a parte volte a formular perguntas à testemunha por ela indicada — após a testemunha ter respondido a perguntas feitas pela parte contrária — com o objetivo de aclarar ou de complementar respostas por ela dadas e que se revelaram confusas, ambíguas ou insatisfatórias.

Particularmente, entendemos que a possibilidade de a parte formular perguntas diretamente à testemunha constituiu uma inovação pouco elogiável do atual CPC. Esse procedimento, por suposto, foi tomado por empréstimo ao art. 212, *caput*, do Código de Processo Penal. Mesmo que o magistrado continue a exercer o controle prévio sobre as perguntas, o fato de a parte dirigir-se diretamente à testemunha pode propiciar uma comunicação codificada entre ambas, que passe despercebida ao magistrado; se a pergunta for feita à testemunha da parte contrária, o litigante poderá tentar exercer uma certa intimidação à testemunha, seja mediante um tom de voz ameaçador, seja pela contração gravemente as sobrancelhas e dos músculos da face, seja pela adoção de qualquer outro gesto dessa índole.

Seja como for, não se aplica ao processo do trabalho o art. 459, *caput*, do CPC, pois a CLT não é omissa quanto ao tema (art. 769). Dispõe o art. 820 da CLT as testemunhas serão (sempre) inquiridas *pelo magistrado*, podendo ser reinquiridas a requerimento das partes ou de seus advogados *por intermédio* do magistrado. Não, há, portanto, no processo do trabalho, autorização para que as partes ou advogados formulem perguntas diretamente às testemunhas.

§ 1º No sistema do CPC anterior caberia ao juiz inquirir, inicialmente, as testemunhas, concedendo, depois, oportunidade para que as partes o fizessem: primeiro, a que havia indicado a testemunha; depois, a parte contrária (art. 416, *caput*). Pelo sistema do CPC atual, o juiz poderá inquirir as testemunhas antes das partes ou depois que estas o fizerem. Mesmo após a formulação de perguntas pelos litigantes o juiz poderá voltar a inquirir as testemunhas, na mesma audiência, ou até mesmo em audiência especialmente designada para essa reinquirição. Não há preclusão para o magistrado nesse terreno. É o que está implícito no texto legal em exame.

No processo do trabalho, conforme demonstra o art. 820 da CLT, primeiramente o juiz inquirirá as testemunhas, abrindo, depois disso, oportunidade para que as partes as reinquiram, desde que formulem requerimento (oralmente, é certo) quanto a isso.

A inquirição será a respeito dos fatos relevantes e controvertidos, narrados pelas partes. Em rigor, não somente os fatos serão em si objeto das indagações do juiz, mas também as *circunstâncias* que a eles se relacionam. João Mendes Júnior (Inquirição de Testemunhas. *Revista da Faculdade de Direito de São Paulo*, 3º v., p. 81 e segs.) demonstra a distinção entre fatos e circunstâncias: aqueles são toda "ação transitiva na ordem oral e todo o acontecimento da ordem física"; estas "são as condições da realização do fato, condições estas que, conquanto extrínsecas ao fato, o afetam física ou moralmente e a ele se referem pelo próprio ato ou fora do ato".

Parece-nos aconselhável que, em determinados casos, o juiz que estiver realizando a inquirição das testemunhas faça registrar na ata da audiência as suas reações mais expressivas (de dúvida, de certeza, de serenidade, de perturbação etc.), a fim de que possam ser levadas em consideração por outro magistrado, a quem couber o encargo de realizar o julgamento. Essas reações psicológicas da testemunhas podem ser mais bem analisadas pelos juízos que adotam o sistema de gravação audiovisual das audiências.

Anota, aliás, Carlo Lessona (ob. cit., p. 339) que o registro, na ata, das reações emocionais ou psicológicas das testemunhas era recomendação formulada pela antiga doutrina: *Et quando testes vacilant debet notarius, de mandato judieis, hoc scribere: idem si trepidant, vel mutant colorem in facie.*

Forçoso é reconhecer, contudo, que o juiz poderá equivocar-se, profundamente, nessa sua circunstancial função de analista sutil das reações humanas, extraindo ilações nesse campo que não correspondem aos postulados da psicologia individual.

§ 2º *Dever de urbanidade.* Vivemos em um Estado Democrático de Direito (CF, art. 1º, *caput*), que erigiu, como valores supremos a serem tutelados, sob o *status* de princípios fundamentais, não apenas a soberania, a cidadania, os valores sociais do trabalho e da livre iniciativa, o pluralismo político, mas, em especial, a *dignidade da pessoa humana* (ibidem, inciso III). Essa preservação da dignidade do ser humano não constitui mero rasgo de retórica do constituinte brasileiro, mas, ao contrário, uma garantia cuja efetivação deve ser exigida do plano da realidade prática, vale dizer, das relações interpessoais ou intergrupais, sejam particulares ou institucionais. Conforme reconhecem Gilmar Ferreira Mendes, Inocêncio Mártires Coelho e Paulo Gustavo Gonet Branco: *"No Brasil, igualmente, é significativo o esforço pela concretização desse princípio, tanto no plano legislativo quanto no jurisprudencial e doutrinário, em que pesem, nunca é demais insistir, as nossas crônicas dificuldades materiais e socioculturais para tornar efetivo o respeito à dignidade da pessoa humana"* (Curso de direito constitucional. 2. ed. São Paulo: Saraiva, 2008, p. 154; destacamos).

A dignidade da pessoa humana é conceituada por Ingo Wolfgang Sarlet como uma "qualidade intrínseca e distintiva de cada ser humano que o faz merecedor do mesmo respeito e consideração por parte do Estado e da comunidade, implicando, neste sentido, um complexo de direitos e deveres fundamentais que assegurem a pessoa tanto contra todo e qualquer ato de cunho degradante e desumano, como venham a lhe garantir as condições existentes mínimas para uma vida saudável, além de propiciar e promover sua participação ativa e co-responsável nos destinos da própria existência e da vida em comunhão com os demais seres humanos". (*Dignidade da pessoa humana e direitos fundamentais na Constituição Federal de 1988.* Porto Alegre: Livraria do Advogado, 2001. p. 60).

Por esse motivo, a interpretação de qualquer norma legal cumpre ser efetuada em estrita obediência aos preceitos constitucionais que consagram direitos fundamentais. Canotilho adverte que "a interpretação da Constituição pré-compreende uma teoria dos direitos fundamentais" (CANOTILHO, J. J. Gomes. *Direito constitucional.* 6. ed. Coimbra: Almedina, 1993. p. 505). Perez Luño, por sua vez, observa que *para cumplir sus funciones los derechos fundamentales están dotados de una especial fuerza expansiva, o sea, de una capacidad de proyectar-se, a través de los conseguientes métodos o técnicas, a la interpretación de todas las normas del ordenamiento jurídico. Así, nuestro Tribunal Constitucional há reconocido, de forma expressiva, que los derechos fundamentales son el parámetro 'de conformidad con el cual deben ser interpretadas todas las normas que componen nuestro ordenamento* (PEREZ LUÑO, Antonio Enrique. *Derechos humanos, Estado de derecho y Constitucion.* 3. ed. Madrid: Tecnos, 1990. p. 310).

Conseguintemente, a nenhuma autoridade pública será lícito exercitar os poderes que lhe são inerentes ao cargo mediante desprezo a esse importante princípio axiológico universal, agora altaneiramente inscrito na Constituição de nossa República — o do respeito à dignidade da pessoa humana.

Esta regra, como é evidente, subordina os próprios magistrados, como detentores de uma considerável parcela de poder público.

A audiência judicial não é apenas o momento em que alguns outros princípios constitucionais (como o da publicidade dos atos processuais) e infraconstitucionais (como o da imediação) afloram com maior nitidez, notadamente, aos olhos populares, como também aquele em que os poderes diretivos do processo, que a lei concede aos juízes em geral, e aos juízes do trabalho em particular, se exteriorizam com maior intensidade, em decorrência do contato direto e pessoal do magistrado com as partes, com as testemunhas, com os terceiros; enfim, em razão da própria dinâmica da audiência (princípio da imediatidade).

O exercício desses poderes, contudo, não pode fazer tábua rasa da *dignidade da pessoa humana.* O CPC de 1973, produzido em um tempo em que por aqui já voltavam a soprar os afáveis ventos democráticos, advertia que os juízes civis exerceriam as atividades inerentes ao cargo "conforme as disposições que este Código estabelece", a revelar, por esta forma, uma íntima vinculação da atuação do magistrado às disposições daquele Estatuto Processual do passado. Essa rígida vinculação, por seu turno, refletia-se sob a forma de segurança jurídica aos jurisdicionados — por saberem, estes, de antemão, quais os atos que o juiz poderia ou deveria praticar na condução do processo e quais os que lhe eram vedados realizar.

O CPC em vigor reproduziu essa regra no art. 16.

Dir-se-á que a CLT contém norma semelhante — art. 763 —, segundo a qual o processo do trabalho "será regido pelas normas estabelecidas neste título". Sucede, porém, que neste mesmo Título (X) se localiza o art. 765, que atribui aos juízes "ampla liberdade na direção do processo". O art. 765, da CLT, representa não apenas um expressivo *plus* em relação ao processo civil, como demonstra a sua preeminência axiológica no cotejo com o art. 763, do próprio texto legal trabalhista.

De outro lado, equivocam-se quantos supõem que o *dever de urbanidade,* expresso no § 2º do art. 459, do CPC, tem como destinatárias exclusivas as partes. O tratamento respeitoso da dignidade humana constitui, antes de mais nada, e acima de tudo, uma indispensável regra de convivência social harmoniosa, um traço marcante das sociedades civilizadas, que o CPC nada mais fez do que respeitar e incorporar. E ninguém, por certo, haveria de sentir-se à vontade para contestar a compatibilidade desta norma do processo civil com o do trabalho (CLT, art. 769) e a sua aplicação a todos os sujeitos do processo, no âmbito de suas inter-relações, em todas as situações da vida forense. Cabe, aqui, porém, um comentário *a latere*: o adjetivo *urbanidade* parece conter uma forma sutil de discriminação, pois o vocábulo urbano (de *urbanus, a, um*) significa aquilo que se refere à cidade — em contraposição ao campo, ao ambiente rural. Deste modo, tem-se a impressão de que os habitantes do campo não são polidos, não tratam bem as pessoas, não são corteses, o que não é verdade. Seja como for, o fato é que o vocábulo *urbanidade,* no terreno processual, está a espelhar o dever de juízes, advogados, partes, membros do Ministério Público e terceiros em geral, se darem, uns em relação aos outros, a um tratamento cortês, polido, respeitoso, como convém a uma sociedade civilizada.

A propósito da harmonia social, devemos lembrar que o constituinte brasileiro inseriu no Preâmbulo da Constituição Federal em vigor a seguinte declaração: *"Nós, representantes do povo brasileiro, reunidos em Assembleia Nacional Constituinte para instituir um Estado Democrático, destinado a assegurar o exercício dos direitos sociais e individuais, a liberdade, a segurança, o bem-estar, o desenvolvimento, a igualdade e a justiça como valores supremos de uma sociedade fraterna, pluralista e sem preconceito, fundada na harmonia social..."* (destacamos). O que consta deste Preâmbulo é o que a doutrina moderna tem denominado de *conviviologia,* entendida como um misto de arte e ciência destinadas à condução do bem-estar e da harmonia entre as pessoas e entre os povos. Conforme observa Altamiro J. dos Santos, "Convivência jurídica e harmonia social pontificam-se pelo mesmo diapasão dos convívios orientados para produzir um comportamento adequado aos mais altos interesses objetivados em todas as relações entre os seres humanos e prevenir ou evitar conflitos que nunca fazem bem em convivência de qualquer nível ou dimensão" (*Comissão de conciliação prévia — conviviologia jurídica e harmonia social*. São Paulo: LTr, 2001. p. 93).

Moacyr Amaral Santos, por seu turno, adverte: "A testemunha, por mais humilde ou ignorante, qualquer que seja a sua posição na escala social, como colaboradora, que é, da Justiça, tem o direito de ser nessa qualidade respeitada. É à testemunha, colaboradora da Justiça, não ao particular, que se tem de respeitar, sem exceção. Ao juiz, que preside a audiência e procede à inquirição, cumpre, assim, não só para assegurar a solenidade do ato e manter a ordem dos trabalhos, como também em consideração à testemunha e à nobre função que ela exerce, impedir, por meios convenientes e adequados ao seu alcance, que as partes ou seus procuradores irroguem ofensas de qualquer natureza à testemunha. Por sua vez, esta tem o incontestável direito de exigir que a sua dignidade seja respeitada, solicitando ao juiz providências contra manifestações descorteses, desaforadas, injuriosas ou caluniosas das partes ou seus procuradores" (obra cit., p. 125).

Ao juiz não compete, apenas, fazer com que as partes e seus advogados respeitem as testemunhas, além de exortar os advogados e o órgão do Ministério Público a que discutam a causa com elevação e urbanidade; a ele cabe, acima de tudo, dar o exemplo, tratando de maneira cortês as partes, os advogados, as testemunhas e todos aqueles que estejam participando da audiência.

Estabelece, a propósito o art. 3º, do Código de Ética da Magistratura Nacional, instituído pela Resolução n. 60, de 19.9.2008, do CNJ: "*A atividade judicial deve desenvolver-se de modo a garantir e fomentar a dignidade da pessoa humana*, objetivando assegurar e promover a solidariedade e a justiça na relação entre as pessoas" (destacamos). E o art. 22, do mesmo Código: "O magistrado tem o dever de cortesia para com os colegas, os membros do Ministério Público, os advogados, os servidores, as partes, as testemunhas e todos quantos se relacionem com a administração da Justiça".

São sempre lamentáveis, por isso, os episódios, às vezes presenciados, em que o magistrado faz uso de sua autoridade para maltratar os litigantes ou as testemunhas, para ameaçá-los, amedrontá-los, ou submetê-los a situações vexatórias, seja obrigando-os a postar-se de costas para a mesa da sala em que se realiza a audiência e de frente para uma parede, ao deporem; seja colocando policiais ao lado de uns e outros, como se fossem malfeitores ou pessoas hostis; seja repreendendo-os, com veemência, simplesmente por cruzarem, por inadvertência ou nervosismo, as pernas ou os braços, por hesitarem em uma resposta, ou por estarem calçando sandálias ou vestindo uma camiseta puída etc. Convém lembrar que o testemunho judicial constitui *serviço público* (CPC, art. 463) e que a dignidade das pessoas que vão a juízo para depor não se mede pela classe social a que pertencem ou pelas roupas que vestem.

O exercício dos poderes ínsitos à magistratura deve ser realizado sem que isso implique a instauração de um terrorismo institucional, que só faz comprometer o prestígio do Poder Judiciário e espezinhar a dignidade da pessoa, vítima do destempero judicial. Ademais, atitudes de prepotência dos magistrados são incompatíveis com a excelsitude do cargo, com a serenidade que se exige dos seus ocupantes, e com os princípios da convivência democrática. Afinal, como consta do próprio Código de Ética da Magistratura Nacional, instituído pelo CNJ, o juiz tem o *dever de cortesia* para com todos os que participam do processo (art. 22).

Um magistrado deve fazer-se respeitar pela forma serena, segura e igualitária com que conduz o processo e, em especial, as audiências. A agressividade de um juiz, não raro, é consequência de sua insegurança, do seu despreparo, e do desconhecimento dos limites legais do exercício dos poderes inerentes ao cargo. O juiz não deve ignorar o fato de, muitas vezes, as partes estarem naturalmente tensas, em razão do conflito de interesses que as envolve, motivo porque as regras de prudência e de bom-senso sugerem que ele procure acalmá-las, desarmando-lhes eventual "espírito de gladiadores".

Uma audiência que se realize em um ambiente — o quanto possível — tranquilo, de cordialidade e de respeito mútuos produz um clima propício à concórdia, à conciliação das partes, e a uma solução negociada do conflito de interesse, que é o escopo medular da Justiça do Trabalho (CLT art. 764). Audiências tensas, com tratamentos ríspidos, descorteses, conspiram contra esse elevado objetivo desta Justiça e põem a nu a fragilidade do caráter daqueles que praticam tais atos.

A sobrecarga de serviços não é motivo para quem quer que seja colocar de lado as regras de civilidade, de cortesia, de respeito no relacionamento humano.

No que toca, em particular, às relações entre o juiz e o advogado, talvez caiba aqui o conselho de Piero Calamandrei: "Seria preciso que todo advogado fosse juiz dois meses por ano e que todo juiz, dois meses por ano, fosse advogado. Assim aprenderiam a se compreender e a se desculpar; e se estimariam mais" (*Elogio dei giudici scritto da um avvocato*. Traduzido, no Brasil, por Eduardo Brandão sob o título *Eles, os juízes, vistos por um advogado*. São Paulo: Martins Fontes, 2000. p. 66).

O poder é, verdadeiramente, algo que seduz, inebria, e infunde uma acentuada sensação de superioridade no espírito dos seus detentores, em confronto com os que não o possuem. Um juiz, entretanto, não deve ter como lema as palavras de Paul Valéry, segundo as quais "O poder sem abuso perde o encanto" (*Le pouvoir sans abus perd le charme*), e sim as de Virgílio ("Éclogas"): "Nem todos podemos tudo" (*Nom omnia possumus omnes*).

§ 3º *Perguntas indeferidas*. Como vimos, o juiz pode indeferir perguntas formuladas pelas partes. Qual, porém, o critério que ele deverá observar para isso?

Primeiramente, ele deverá atentar se as perguntas visam, efetivamente, a esclarecer ou complementar o depoimento das testemunhas. Desatendida essa finalidade, a pergunta haverá de ser indeferida. Segundamente, o mero esclarecimento ou complementação, todavia, não basta, pois há casos em que ele deverá verificar se a indagação formulada pela parte se relaciona ao *thema probandum,* se é relevante e se não é daquelas indutivas, capciosas ou mesmo vexatórias à testemunha ou se não implicam repetição de outra pergunta já respondida (CPC, art. 459, *caput* e § 3º).

Quer nos parecer sejam, em resumo, esses os critérios legais que devem orientar o magistrado na apreciação das perguntas que, por seu intermédio (CLT, art. 820), a parte pretende dirigir às testemunhas, sem prejuízo de outros que as circunstâncias autorizam a adotar-se, casuisticamente.

De qualquer modo, convém enfatizar, é sempre conveniente (ou mesmo necessário) que o juiz, antes de dar início à instrução oral do procedimento, e consultadas as partes, fixe os pontos sobre os quais incidirão as provas e, consequentemente, as perguntas. Trata-se de salutar norma processual civil, que deve ser adotada, sem restrições, pelo processo do trabalho, a fim de evitar que as partes, desconhecendo quais os fatos realmente controversos, passem a fazer indagações impertinentes, dispersivas, irrelevantes e o mais, às testemunhas, por forma fazer com que o juiz as indefira.

As perguntas que forem rejeitadas serão transcritas na ata da audiência, desde que a parte interessada assim o requeira. Exige-se, como se vê, a iniciativa do interessado. Um apontamento de natureza histórica: na vigência do CPC de 1973, o art. 416, § 2º, determinava que fossem transcritas na ata as perguntas que o juiz indeferisse; tempos depois, a Lei n. 7.005/82 enfatizou essa imposição, ao dispor que as perguntas seriam *obrigatoriamente* transcritas na ata. O art. 459, § 3º, do CPC atual, todavia, eliminou o advérbio *obrigatoriamente,* com o que sob certo aspecto, restabeleceu a primitiva redação do art. 416, § 2º, do CPC revogado. Caprichos do legislador.

Falávamos, há pouco, de perguntas vexatórias. Acrescentamos agora, em conclusão, que o indeferimento de perguntas dessa natureza decorre do dever que se atribui às partes de tratarem as testemunhas com *urbanidade,* com delicadeza (CPC, art. 459, § 2º), evitando-se, com isso, expô-las ao ridículo ou colocá-las em situação atentatória à sua dignidade como pessoa e como colaboradora com o Poder Judiciário no descobrimento da verdade (CPC, art. 378). Bem observa Moacyr Amaral Santos (ob. cit., p. 325) que a testemunha "tem o incontestável direito de exigir que sua dignidade seja respeitada, solicitando ao juiz providência contra manifestações descorteses, desaforadas, injuriosas ou caluniosas das partes ou seus procuradores" — ou representantes, aduzimos nós.

Em que momento as perguntas indeferidas devem ser transcritas? O ideal é que a transcrição se dê ato contínuo ao indeferimento. Alguns juízes do trabalho preferem ir anotando, em uma folha, essas perguntas para, no final da audiência, transcrevê-las na ata. Esse procedimento é desaconselhável, pois, não raro, a perguntas por ele anotadas não guardam estrita fidelidade com as que foram efetivamente formuladas pelas partes. A consequência é que no momento de as transcrever na ata o juiz recebe a objeção das partes, constituindo-se um incidente que poderia ter sido evitado se o ato de transcrever ocorresse logo em seguida a cada indeferimento. Para os juízes que adotam esse procedimento as partes podem encontrar o antídoto na gravação dos depoimentos das testemunhas — e das perguntas indeferidas.

O aspecto importante a ser ressaltado é que a transcrição das perguntas indeferidas deverá ser *requerida* pela parte interessada. A norma legal é extremamente clara nesse ponto.

Art. 460. O depoimento poderá ser documentado por meio de gravação.

§ 1º Quando digitado ou registrado por taquigrafia, estenotipia ou outro método idôneo de documentação, o depoimento será assinado pelo juiz, pelo depoente e pelos procuradores.

§ 2º Se houver recurso em processo em autos não eletrônicos, o depoimento somente será digitado quando for impossível o envio de sua documentação eletrônica.

§ 3º Tratando-se de autos eletrônicos, observar-se-á o disposto neste Código e na legislação específica sobre a prática eletrônica de atos processuais.

• **Comentário**

Caput. Alterou-se, em parte, a redação do art. 417 do CPC revogado.

Estabelece a norma legal *sub examen* que o depoimento (digitado ou registrado por taquigrafia, estenotipia, ou outro meio idôneo de documentação) será assinado pelo juiz, pelo depoente e pelos advogados. Essa é também a *praxe* que se vem observando no processo do trabalho, conquanto a CLT, em rigor, prescinda da assinatura das testemunhas e das partes, dispondo apenas que a ata será, no prazo improrrogável de 48 horas (contado da audiência), assinada *pelo juiz* que participou da audiência (art. 851, § 2º).

A assinatura da ata atribui às pessoas que participaram da audiência maior segurança jurídica, pois, caso haja necessidade, poderão valer-se desse documento oficial para demonstrar o que for necessário à defesa do seu direito ou dos seus interesses.

Gravação. A norma legal em foco permite que as partes gravem os depoimentos das testemunhas.

O objetivo do legislador foi o de dotar os litigantes de um meio de prova moderno, que possa ser por eles controlado, destinado a demonstrar eventual desconformidade entre o que foi dito pelas testemunhas e o que constou da ata. Essa discrepância entre o que foi respondido e o que se registrou na ata sempre atormentou os advogados.

Munidos de seus gravadores, eles podem comparecer às audiências, e aí gravar os depoimentos das testemunhas. É certo que a realidade prática, com sua dinâmica e sua riqueza de sucessos, fornece situações curiosas e inusitadas, como saber se a parte tem o direito de requerer a suspensão da audiência porque se esgotou a carga das pilhas ou das baterias de seu gravador...

Ironia à parte, a verdade é que o uso de gravações em fita magnética (ou qualquer outro recurso tecnológico semelhante ou que se venha a criar) foi legalmente permitido para atender a uma necessidade ou conveniência dos litigantes. Assim, se a parte (melhor: seu advogado), atenta ao que se passa na audiência (e com o gravador ligado), verificar que o que está sendo lançado na ata não é fiel ao que foi declarado pela testemunha (seja sua ou do adversário, pouco importa), deverá invocar uma questão de ordem e intervir para que seja retificado o assentamento. Para tanto, poderá utilizar a gravação, a fim de demonstrar ao juiz a desconformidade entre o que deseja a testemunha e o que se registrou na ata.

Quando a testemunha diz "a" e o juiz entende "b", fazendo, em consequência, constar da ata esse "b", o erro é perceptível (audível), podendo ser combatido pelo advogado, desde logo, ou seja, ato contínuo à

Art. 460

constatação. Há, contudo, uma situação particular, que fica fora do controle imediato do advogado: é quando a testemunha diz "a" e o juiz entende "a", mas o serventuário que está datilografando a ata escreve "b". Essa discrepância, como não pôde ser *ouvida* pelo advogado, poderá trazer-lhe, certamente, grandes dissabores, como quando perceber, mais tarde, que a sentença desfavorável aos seus interesses baseou-se na declaração da testemunha — que foi distorcida pelo serventuário. Nesta hipótese, será muito difícil ao advogado provar, perante o tribunal, em grau de recurso, essa discrepância, pois, a essa altura, terá assinado, sem ressalvas, a ata da audiência, e, antes disso, deixado de alegar, em razões finais ou qualquer outro momento, o fato. Em suma: é muito provável que ao pretender arguir a nulidade da sentença, em grau de recurso, com base nessa desconformidade, o seu escopo seja fulminado pela preclusão.

De qualquer maneira, caber-lhe-á instruir as razões de recurso não somente com a fita contendo a gravação do depoimento, como transcrever o trecho que lhe interessa. A juntada da fita se justifica por tratar-se de documento destinado a provar fato trazido pela sentença (TST, Súmula n. 8). Insistimos, entrementes, que o fantasma da preclusão estará rondando as pretensões do recorrente.

Nas Varas em cuja sala de audiência há um monitor de computador colocado na mesa em que se acomodam os litigantes e seus advogados esse risco de desconformidade entre o que foi dito pela testemunha e o que constou da ata fica extremamente reduzido, pois, de modo geral, os advogados acompanham pelo monitor o que está sendo lançado na ata, podendo, assim, mediante a invocação de uma questão de ordem, intervir de imediato para solicitar ao juiz a necessária retificação.

Do ponto de vista eminentemente técnico, não há negar que o direito à gravação está restrito ao depoimento *das testemunhas*. É importante salientar que o art. 460, que a possibilita, integra a Subseção II da Seção IX, que se ocupa da produção da prova testemunhal. Bem poderia o legislador ter permitido também a gravação do depoimento das próprias *partes*, uma vez que a desconformidade entre o que declararem e o que contar da ata poderá ter consequências muito mais graves do que as derivantes das declarações (distorcidas) das testemunhas, bastando alertar que sempre que um dos litigantes admite como verdadeiro um fato contrário aos seus interesses (como pareceu da leitura da ata) esse fato traduz *confissão real*, proclamada pela doutrina como a "rainha das provas".

Sob o rigor da literalidade da norma legal portanto, a gravação dos depoimentos *das partes* não figura como direito destas, motivo por que só lhes será lícito proceder à gravação se forem autorizadas pelo juiz. De igual forma, não poderão as partes gravar, sem consentimento do magistrado, por exemplo, as razões finais ou a formulação das propostas tendentes à conciliação. Entrementes, se considerarmos que alguns juízes adotam o sistema de gravação audiovisual das audiências, no qual são registrados todos os atos aí realizados, e que as partes podem obter uma cópia dessa gravação em CD-ROM, esse fato autoriza uma interpretação ampliativa do art. 460, *caput, in fine*, do CPC, por forma a permitir que as partes procedam à gravação em fita magnética de todos os atos que soem ser praticados nas audiências trabalhistas, e não apenas os depoimentos das testemunhas.

Cabe, nesta quadra de nossa exposição, uma pergunta inomitível: a gravação dos depoimentos das testemunhas não atentaria contra o direito de personalidade destas? Por outros termos: a parte final do *caput* do art. 460 do CPC não estaria em antagonismo com o disposto no art, 5º, inciso X da Constituição Federal? Cremos que não. Devemos levar em conta que a audiência é pública, podendo ser assistida por todos, exceto nos raros casos em que o processo se realiza em segredo de justiça. Os depoimentos que as testemunhas aí prestarem são, pois, ouvidos por quem estiver na sala de audiência. Por outro lado, o acesso aos autos não é restrito aos sujeitos do processo, podendo ser deferido a terceiros interessados. Se o receio é de que o conteúdo das gravações em fitas magnéticas possa ser divulgado para outros fins, que não processuais, então esse receio estará presente também com relação às atas das audiências, que podem ser reproduzidas e distribuídas a mancheias, sempre que isso for conveniente a alguém.

As gravações contidas em fitas magnéticas somente não podem constituir meio de prova em juízo quando obtidas de modo sub-reptício, vale dizer, às escondidas, sem que a pessoa saiba que as suas palavras estão sendo gravadas; aqui, sim, poderá haver violação dos direitos de personalidade — embora a jurisprudência do STF entenda ser lícita a gravação assim realizada por um dos litigantes, para ser usada contra o outro. O que não se admite é que a gravação tenha sido efetuada por terceiro. Não se há, portanto, que inquinar de transgressora do direito de personalidade a gravação feita em audiência, na qual impera a regra da publicidade (CLT, art. 813).

A possibilidade de gravação do depoimento das testemunhas é compatível com o processo do trabalho, motivo por que a proibição infundada do exercício desse direito, em algumas situações, poderá acarretar a nulidade do processo, a contar do momento em que não se permitiu a gravação. Essa nossa afirmação conduz a uma pergunta inevitável: nos processos que tramitam em segredo de justiça (CLT, art. 781, parágrafo único; CPC, art. 189) a parte poderá gravar os depoimentos das testemunhas? Conquanto o assunto seja polêmico, entendemos que sim. O segredo de justiça, no caso, significa que o acesso aos elementos dos autos só é vedado aos terceiros (e não às partes), aos quais se faculta, apenas, obter certidão do dispositivo da sentença

(CPC, art. 189, § 2.º). A gravação dos depoimentos das testemunhas pelo próprios litigantes deve ser consentida, mesmo nos processos que tramitem em segredo de justiça, pois está ligada à segurança jurídica destes.

Quanto ao registro dos depoimentos das testemunhas pelo sistema audiovisual constitui, em nosso ver, um meio mais eficaz do que a gravação em fita magnética. Assim dizemos, por permitir o registro fiel não apenas das palavras (áudio), mas, também, das imagens (vídeo) de todas as pessoas que estão participando da audiência. Com base nas imagens das testemunhas, por exemplo, o juiz, no momento da elaboração da sentença, poderá observar, entre outras coisas: a) as reações emocionais ou psicológicas, por parte destas, ao responderem às indagações que lhes foram formuladas, permitindo, assim, ao magistrado, melhor percepção do fato representado pelo trinômio: pergunta/resposta/reação emocional; b) se as respostas das testemunhas foram dadas de maneira segura ou vacilante; c) se houve comunicação visual da testemunha com o advogado que a indicou, tendo este, mediante gestos sutis e codificados, sugerido que as respostas fossem afirmativas ou negativas, conforme a conveniência.

Enfim, o sistema de registro audiovisual oferece ao magistrado uma percepção mais fiel e completa dos depoimentos das testemunhas do que a que é propiciada pela simples gravação em fita magnética, motivo por que deveria ser incentivada a adoção do mencionado sistema. Este sistema também permite registrar a atuação do próprio magistrado, por forma a permitir que a parte interessada possa tentar obter a nulidade do processo, no âmbito dos tribunais, em decorrência, por exemplo, de atitude discriminatória adotada pelo juiz na audiência ou de tratamento anti-igualitário ou cerceador de direitos.

É interessante reproduzir a ementa do TRT da 9ª Região, a respeito do sistema de gravação de que estamos a falar:

"AUDIÊNCIA REALIZADA VIA SISTEMA AUDIOVISUAL COM ANUÊNCIA DAS PARTES — INCOMPATIBILIDADE DE PROGRAMA INFORMATIZADO DO MICROCOMPUTADOR DA PARTE NÃO AUTORIZA O RECONHECIMENTO DO CERCEAMENTO DE DEFESA — A alegação da parte no sentido de não ter conseguido ouvir e visualizar a audiência registrada por meio audiovisual por incompatibilidade entre os programas utilizados pelo Poder Judiciário e o seu particular não enseja nulidade da audiência quando as partes foram previamente informadas e advertidas sobre o sistema a ser utilizado e o consentiram expressamente. No mais, se o Tribunal confere o conteúdo do CD ou do DVD, fornecido pela Vara sempre que justificadamente solicitado, e verifica a possibilidade de fácil visualização e audição, inviável se falar em nulidade da audiência. Além disto, não resta configurado o cerceamento de defesa quando a parte produziu as provas que entendeu necessárias ao deslinde da questão. Recurso da parte autora a que se nega provimento. (TRT 9ª R. — ACO 03016-2007-673-09-00-9 — Rel. Edmilson Antonio de Lima — J. 2.9.2008)".

Tanto a gravação em fita magnética quanto pelo sistema audiovisual são instrumentos tecnológicos a serviços não somente da imprescindível fidedignidade do registro dos fatos ocorridos na audiência, mas — em consequência —, da própria segurança jurídica dos litigantes. Sob o aspecto da fidedignidade dos registros, aliás, o sistema audiovisual apresenta eficiência superior à do sistema tradicional.

É compreensível que o sistema audiovisual possa apresentar, no início, algumas falhas ou imperfeições técnicas, fazendo com que as próprias partes manifestem uma certa desconfiança ou insatisfação em relação a ele; ou encontrem argumentos para arguir nulidade processual. O tempo, todavia, cuidará de corrigir essas falhas e de instilar no espírito das partes a necessária confiança no referido sistema.

§ 1º O depoimento das testemunhas será passado para a versão digitada toda vez que, não sendo eletrônico o processo, houver recurso da sentença, e for impossível o envio de sua documentação eletrônica.

§ 2º No caso de processo eletrônico, deverá ser observado o disposto no CPC e na legislação específica a respeito da prática eletrônica de atos processuais.

Art. 461. O juiz pode ordenar, de ofício ou a requerimento da parte:

I — a inquirição de testemunhas referidas nas declarações da parte ou das testemunhas;

II — a acareação de 2 (duas) ou mais testemunhas ou de alguma delas com a parte, quando, sobre fato determinado que possa influir na decisão da causa, divergirem as suas declarações.

§ 1º Os acareados serão reperguntados para que expliquem os pontos de divergência, reduzindo-se a termo o ato de acareação.

§ 2º A acareação pode ser realizada por videoconferência ou por outro recurso tecnológico de transmissão de sons e imagens em tempo real.

Art. 461

• **Comentário**

Caput. Houve transposição literal do art. 418 do CPC revogado.

A norma indica determinados atos relativos às testemunhas, que o juiz pode realizar de ofício ou a requerimento da parte.

Inciso I. *Testemunha referida.* Algumas vezes, durante o depoimento, as partes ou as testemunhas fazem menção a determinada pessoa que teria presenciado ou participado dos fatos controvertidos no processo: são as denominadas *testemunhas referidas*, que podem ser chamadas a vir a juízo para depor, a requerimento das partes ou *ex officio*.

A norma do art. 461, I, do CPC, incide no processo do trabalho. Há que se levar em consideração, todavia, a particularidade de que nesse processo o número máximo de testemunhas, no procedimento ordinário, é *três* (CLT, art. 821), sendo *dois* no procedimento sumariíssimo (CLT, art. 852-H, § 2º). Sendo assim, se, por exemplo, três testemunhas da parte já foram inquiridas, no procedimento ordinário, e esta requerer o depoimento de uma outra, *referida*, ao juiz caberá indeferir esse requerimento, sob pena de permitir violação à regra inscrita no art. 821 da CLT. O mesmo se afirme, *mutatis mutandis*, em relação ao procedimento sumariíssimo. Essa restrição legal não se aplica ao magistrado, que, em razão disso, poderá ordenar o comparecimento a juízo de testemunha referida, para inquiri-la, ainda que três testemunhas de cada parte tenham sido ouvidas.

Uma nota essencial: só se justifica a inquirição de testemunha referida quando a sua cognição disser respeito a fatos, além de controvertidos, relevantes — assim considerados os que possam influir na formação do convencimento jurídico do magistrado, significa dizer, influenciar no resultado do julgamento. Desta forma, se o conhecimento da testemunha concernir a fatos irrelevantes ou impertinentes à causa, o requerimento da parte deverá ser indeferido.

Seja como for, é sempre conveniente advertir que se deve evitar, o quanto possível, a audição de testemunhas *referidas*, uma vez que isto implica quebra do princípio da *incomunicabilidade* entre elas, a que se referem os arts. 824 da CLT e 456 do CPC, nada obstante saibamos não ser esse princípio absolutamente inflexível.

Inciso II. *Acareação. Acarear* significa colocar frente a frente, *vis a vis*, duas ou mais pessoas.

É comum haver divergência entre as declarações das testemunhas, ou entre estas e as partes. Se a discrepância se referir a fatos de somenos importância não haverá qualquer inconveniente ou prejuízo para a instrução; na hipótese, contudo, de ela concernir a fatos significativos, considerados como tais os que possam influir, decisivamente, no julgamento da causa, poderá o juiz, por sua iniciativa ou a requerimento da parte interessada, acarear testemunhas entre si ou estas com as partes, com a finalidade de dirimir as controvérsias constatadas entre as declarações que prestaram.

Embora, no geral, a acareação ocorra entre testemunhas de partes distintas, nada impede que sejam acareadas testemunhas da mesma parte, sempre que isso se tornar necessário para esclarecer a divergência verificada entre os seus depoimentos.

A acareação poderá ser feita na própria audiência em que os depoimentos foram prestados, ou, não sendo possível, em audiência que será especialmente designada.

Colocadas *tête-à-tête* essas pessoas, o juiz procurará extrair delas a verdade dos fatos, demonstrando a colisão das suas declarações e solicitando que esclareçam esse conflito. Reconhecemos, no entanto, que em concreto a acareação, na maioria das vezes, resta frustrada em sua finalidade, porquanto as partes ou testemunhas se limitam a afirmar o que anteriormente haviam dito, de tal sorte que o juiz não tem como saber quem teria falseado a verdade.

Em todo caso, do juiz se exigirá, mais do que nunca, perspicácia e acuidade extremas, a fim de verificar, pelas declarações das testemunhas acareadas, por suas reações emocionais e mesmo fisiológicas (inquietação, respostas hesitantes, ruborização etc.), qual delas falseou a verdade; as reações mencionadas podem constituir bom indício.

Por outro lado, entendemos que, na acareação, somente o juiz poderá formular perguntas aos acareados, pois é ao órgão judicante que interessa, mediante o cotejo das declarações, descobrir a verdade. Nada impede, porém, que em determinados casos o juiz faculte às partes a formulação de perguntas, indeferindo-as se inadequadas.

A acareação entre testemunhas que depuseram em juízos distintos, embora relativamente à mesma ação, é inviável, seja porque mediante precatória isto seria impossível, seja porque ordenar que a que depôs no juízo deprecado compareça ao deprecante constituiria medida algo além dos limites do poder diretivo do juiz.

Admitindo a testemunha haver falseado a verdade, competirá ao juiz da causa oficiar ao Ministério Público para a adoção das providências penais cabíveis, remetendo-lhe cópia das peças processuais necessárias. Independentemente do *resultado* da ação penal, o testemunho prestado na ação trabalhista, por ser falso, não se revestirá de qualquer eficácia probatória.

§ 1º As pessoas acareadas serão reperguntadas a respeito dos pontos divergentes de suas declarações, para que expliquem a divergência. A acareação deverá ser registrada na ata da audiência.

§ 2º Permite-se que a acareação seja efetuada por meio de videoconferência ou por outro recurso tecnológico de transmissão de sons e imagens em tempo real.

Art. 462. A testemunha pode requerer ao juiz o pagamento da despesa que efetuou para comparecimento à audiência, devendo a parte pagá-la logo que arbitrada ou depositá-la em cartório dentro de 3 (três) dias.

• **Comentário**

Repete-se, em parte, a norma do art. 419 do CPC revogado.

A regra legal, em nosso ver, não incide no processo do trabalho. A aplicação dessa norma na Justiça do Trabalho poderia criar graves dificuldades para as partes, designadamente, para o trabalhador, pois é razoável presumir que ele dificilmente teria condições financeiras para efetuar, de maneira impositiva (por ato judicial específico) e de imediato, o pagamento das mencionadas despesas feitas pela testemunha, ou mesmo o reembolso delas.

No processo do trabalho o problema do pagamento dessas despesas deve ser resolvido entre as testemunhas e a parte que as indicou, sem a interveniência do magistrado. Como sempre se fez, aliás.

Art. 463. O depoimento prestado em juízo é considerado serviço público.

Parágrafo único. A testemunha, quando sujeita ao regime da legislação trabalhista, não sofre, por comparecer à audiência, perda de salário nem desconto no tempo de serviço.

• **Comentário**

O depoimento (das testemunhas, no caso) prestado em juízo é legalmente considerado serviço público. Em razão disso, a testemunha, quando sujeita ao regime da legislação trabalhista, não poderá sofrer, em decorrência de seu comparecimento a juízo, perda do salário nem desconto do tempo de serviço. A CLT contém norma específica sobre o assunto: o seu art. 822 declara que as testemunhas, indicadas ou arroladas, não poderão sofrer qualquer desconto pelas faltas ao serviço, em virtude do comparecimento a juízo para depor.

Seção X
Da Prova Pericial

Art. 464. A prova pericial consiste em exame, vistoria ou avaliação.

§ 1º O juiz indeferirá a perícia quando:

I – a prova do fato não depender de conhecimento especial de técnico;

II – for desnecessária em vista de outras provas produzidas;

III – a verificação for impraticável.

§ 2º De ofício ou a requerimento das partes, o juiz poderá, em substituição à perícia, determinar a produção de prova técnica simplificada, quando o ponto controvertido for de menor complexidade.

§ 3º A prova técnica simplificada consistirá apenas na inquirição de especialista, pelo juiz, sobre ponto controvertido da causa que demande especial conhecimento científico ou técnico.

§ 4º Durante a arguição, o especialista, que deverá ter formação acadêmica específica na área objeto de seu depoimento, poderá valer-se de qualquer recurso tecnológico de transmissão de sons e imagens com o fim de esclarecer os pontos controvertidos da causa.

• **Comentário**

Caput. Houve reprodução literal do art. 420 do CPC revogado.

Conceito de perícia e de perito

Segundo Moacyr Amaral Santos (*Comentários*, p. 335) a perícia consiste "no meio pelo qual, no processo, pessoas entendidas e sob compromisso verificam fatos interessantes à causa, transmitindo ao Juiz o respectivo parecer".

Com efeito, há situações em que determinados fatos podem ser percebidos, com precisão, apenas por pessoas dotadas de determinado conhecimento técnico ou científico. Daí por que Carnelutti se refere aos fatos de percepção técnica (*Sistema di diritto processuale civile*. 1º v., n. 209), assim entendidos os que não se incluem no cabedal de conhecimentos das pessoas comuns.

A perícia se destina não somente à verificação de tais fatos, mas também à sua apreciação pelo experto; em verdade, o laudo pericial contém um parecer do perito acerca dos fatos verificados e interpretados tecnicamente. Com base no laudo (mas, não necessariamente em obediência a ele) o magistrado apreciará os fatos, formando o seu convencimento. Verifica-se, desse modo, que a perícia não é prova, mas sim um meio probante.

De nada valeria uma inspeção judicial a pessoas ou coisas (CPC, art. 481), se os fatos a elas relacionados não pudessem ser captados pelas faculdades sensoriais do magistrado, visto que inaptas (isto é, não especializadas) para tanto. Ainda que, eventualmente, o juiz possuísse conhecimentos técnicos a respeito da matéria não lhe seria permitido agir como perito, pois estaria, em última análise, funcionando como uma espécie de assessor do litigante, cuja parcialidade seria sobremaneira censurável. Esses conhecimentos especializados o juiz poderia utilizar na apreciação do laudo, a fim de convencer-se, ou não, da conclusão a que chegou o perito.

O perito é um auxiliar do juízo (CPC, art. 149), contribuindo, mediante compromisso (CLT, art. 827), com a sua cognição técnica para o descobrimento da verdade (CPC, art. 378). E porque auxiliar o é, não substitui o juiz, em suas funções jurisdicionais. Supre-lhe, apenas, o desconhecimento ou a ciência imperfeita a respeito de certos fatos de natureza técnica ou científica. Correta, portanto, a observação de Coqueijo Costa (*Doutrina e jurisprudência do processo trabalhista*. São Paulo: LTr, 1978. p. 16) de que o perito fica alheio aos resultados do processo; ele apenas "contribui para formar o material de conhecimento de que o juiz precisa, sem participar da decisão, que cabe exclusivamente ao magistrado, dada a jurisdição a este ínsita, da qual resulta a coisa julgada, garantida constitucionalmente por ser a maior das certezas humanas". Ao apreciar o laudo, o juiz não julga os fatos em sua essência, mas apenas o resultado da investigação efetuada pelo perito: este surge, pois, como um tradutor especializado de tais fatos. Daí a razão de falar-se, na doutrina, em perito percipiente, ou seja, aquele cuja função é substituir o magistrado na *percepção* dos fatos, opostamente ao judicante, que se destina a indicar ao juiz as regras de experiência ou a aplicá-las. Nestas últimas funções, o perito presta assistência ao magistrado, a quem caberá perceber, pessoalmente, os fatos, como ocorre, por exemplo, na inspeção judicial (CPC, art. 481).

O experto tem de estar habilitado para exercer a função que lhe foi cometida pelo juiz (CPC, art. 156, § 1º), sob pena de ser recusado, salvo, é certo, se não houver na localidade pessoa habilitada, ou, havendo, estiver impedida de atuar nos autos, ou, ainda por qualquer motivo legalmente invocável, não aceitar o encargo. É elementar que o exercício das funções periciais por quem não estiver habilitado para isso somente deverá ser admitido se, além das razões já mencionadas: a) for extremamente difícil trazer-se, de outra localidade, perito habilitado; e b) o perito não habilitado possuir conhecimentos técnicos necessários ao desempenho das funções, ou seja, para a realização do exame para o qual foi nomeado.

O perito, contudo, não se confunde com a testemunha; embora ambos sejam terceiros na relação jurídica processual, o primeiro relata fatos do presente, enquanto o segundo versa sobre fatos pretéritos. Daí por que se diz, em doutrina, que a testemunha envolve uma apreciação histórica dos acontecimentos que constituem o motivo da controvérsia estabelecida na ação. Ela, assim, reconstitui em juízo os fatos do passado que ficaram retidos em sua memória e que interessam à instrução do procedimento. Por esse motivo, não se pode exigir que a testemunha narre, com absoluta fidelidade, fatos ocorridos há vários anos; seria exigir-lhe acima da sua capacidade mnemônica, com resultados não raro prejudiciais para a causa e para a própria investigação da verdade real que se procura transportar para os autos.

Além disso, enquanto o perito é eminentemente neutro (pois foi nomeado pelo juiz), a testemunha se caracteriza, em regra, pela parcialidade, porquanto a sua presença em juízo decorre de indicação de um dos litigantes. Da testemunha, por outro lado, não se exige habilitação para prestar declarações; basta, apenas, que tenha ciência comum dos fatos acerca dos quais será interrogada.

Os assistentes técnicos, ao contrário, são parciais, no sentido de que funcionam como auxiliares ou consultores do litigante que o indicou. Também deles se exige, em alguns casos, habilitação profissional.

Conquanto o CPC tenha dispensado o perito de prestar o compromisso legal, o art. 827, da CLT, continua a exigir esse compromisso.

Perito e testemunha

Embora tenhamos, há pouco, esboçados alguns traços que distinguem o perito da testemunha, devemos agora aprofundar-nos nessa distinção. O perito e as testemunhas são pessoas que possuem funções distintas no processo; por isso, a doutrina costuma estabelecer as seguintes diferenças entre eles: a) a testemunha depõe sobre os fatos da causa, por ela presenciados ou que lhe chegaram ao conhecimento por intermédio de terceiros; já ao perito cabe esclarecer o órgão judicante a propósito dos fatos controvertidos na ação, mediante a prévia formulação de quesitos pelos interessados ou pelo próprio juiz; b) a testemunha é ouvida, quase sempre, acerca de fatos pretéritos, valendo-se, para tanto, de sua capacidade retentiva; o perito, ao contrário, constata o estado atual da coisa ou do objeto, utilizando-se, nesse mister, dos seus conhecimentos técnicos; c) não se admite, por princípio, que uma testemunha seja substituída por outra, cujo impedimento não se aplica ao perito; d) a testemunha, em regra, não pode se escusar de comparecer a juízo e de responder ao que lhe for perguntado (salvo nos casos expressamente previstos em lei), enquanto que o perito pode se recusar a exercer as funções para as quais foi nomeado; e) a testemunha não recebe nenhuma quantia para prestar depoimento, pois o que a lei prevê, apenas, é que a parte a reembolse as despesas efetuadas em decorrência do seu comparecimento a juízo; o perito, contudo, aufere honorários pelo trabalho realizado; f) a testemunha depõe em audiência (ressalvadas as exceções legais), sendo que o perito só tem de vir a juízo, para prestar esclarecimentos, caso as partes requeiram ou assim determine, de ofício, o juiz; g) quanto às testemunhas, incide o princípio da incomunicabilidade entre elas (CPC, art. 456); já o perito pode conferenciar com os assistentes, para efeito de elaboração do laudo; h) o fato de alguém ser indicado como testemunha decorre, quase sempre, da casualidade de haver presenciado certo acontecimento sobre o qual controvertem as partes; o perito, ao contrário, é nomeado especialmente em face de possuir conhecimento e competência técnicos acerca dos fatos.

Espécies de prova pericial

São três as modalidades de prova pericial previstas em lei: a) exame; b) vistoria; ou c) avaliação (CPC, art. 464, *caput*).

a) No exame, a atividade do perito consiste em inspecionar, analisar, investigar pessoas, coisas móveis e semoventes. Das espécies de perícia, o exame é das mais frequentes no processo do trabalho. Assim, examinam-se, constantemente, assinaturas, escritas contábeis, documentos em geral etc. Raramente, o exame tem por objeto pessoas, embora do ponto de vista legal isto seja possível; somente a realidade prática poderá dizer da conveniência ou necessidade desse exame *in personae* na Justiça do Trabalho; b) a diferença entre o exame e a vistoria está em que, nesta, o perito inspeciona imóveis (terrenos, prédios e o mais); c) a avaliação, por sua vez, implica atribuir-se, estimativamente, um valor monetário às coisas (móveis ou imóveis), e aos direitos e obrigações que constituem o objeto da perícia. A avaliação, contudo, não se confunde com o arbitramento, pois aqui ocorre a apuração do valor da coisa, do direito, ou da obrigação, que é o objeto do litígio. Destarte, haverá arbitramento quando, por exemplo, inexistirem na sentença quaisquer elementos capazes de propiciar a sua liquidação, ou quando se tiver de fixar o valor do salário devido ao empregado e o critério apontado pelo art. 460, da CLT, se revelar insatisfatório etc. Tratando-se de bens penhorados, a avaliação é efetuada pelo próprio oficial de justiça (CLT, art. 721).

Classificação da prova pericial

Tendo como ponto de referência a existência, ou não, de ação em curso, podemos classificar a perícia em: a) judicial; e b) extrajudicial. A primeira é a mais comum. Deriva de ação promovida, sendo determinada de ofício ou a requerimento de uma ou de ambas as partes. É a essa espécie que se referem os arts. 464 a 480 do CPC; 195, § 2º da CLT; e 3º da Lei n. 5.584/70, entre outros dispositivos legais. Conquanto a perícia extrajudicial seja menos frequente, ela se verifica, por exemplo, na hipótese do art. 195, § 1º da CLT, quando, objetivando caracterizar, classificar, ou delimitar as atividades insalubres ou perigosas, poderão as empresas e os sindicatos representativos das categorias profissionais interessadas requerer ao Ministério do Trabalho a realização de perícia em estabelecimento ou setor deste.

A perícia, por essa forma realizada, conterá um forte componente de prova pré-constituída, razão por que poderá a parte contrária requerer, em juízo, que uma outra seja efetuada por perito a ser indicado pelo magistrado. Produzida antecipadamente, contudo (na forma do art. 381 do CPC), a prova pericial será judicial, porquanto requerida ao magistrado e por este deferida.

Adotando-se como critério a existência de norma legal impositiva ou não impositiva, teremos a perícia: a) obrigatória; e b) facultativa. Exemplo típico de perícia obrigatória é a que concerne à apuração e classificação das atividades insalubres ou perigosas (quanto a esta, em rigor, só haverá apuração, pois o percentual é um só); tanto isto é certo, que estabelece o art. 195, § 2º, da CLT: *"Arguida em Juízo insalubridade ou periculosidade, seja por empregado, seja por sindicato, em favor de grupo de associados, o juiz designará perito habilitado na forma deste artigo..."* (sublinhamos). Onde não houver perito habilitado, caberá ao magistrado requisitar a perícia ao órgão competente do Ministério do Trabalho (Delegacia Regional do Trabalho).

Tirante as poucas exceções, de resto, no processo do trabalho a perícia é facultativa: a sua realização dependerá de requerimento do interessado, ou da iniciativa do próprio juiz. Convém, todavia, lançar mais algumas considerações a propósito da perícia obrigatória. Sucede que, em certos casos, nada obstante a lei determine a sua realização, o bom-senso recomenda não que se descumpra o mandamento legal, mas que se afirme já haver sido atendida a sua vontade. Argumentemos com um exemplo concreto.

Art. 464

O empregado postula o adicional de insalubridade, digamos, em grau médio. Na convenção coletiva de trabalho, juntada por ele ou pelo empregador, há cláusula assegurando o direito de os empregados, que exerçam funções como a do "reclamante", perceberem, a título de adicional de insalubridade, percentual correspondente ao grau médio — exatamente o pleiteado na inicial. Ora, sendo autêntica a convenção juntada e apta para obrigar o empregador, não se justifica a determinação judicial para proceder-se à perícia. A instrução, no caso, ficará restrita à verificação quanto à função exercida pelo empregado.

Em outros casos, a matéria relativa à perícia também se torna exclusivamente de fato, como ocorreria, *v. g.*, na hipótese de o empregador, reconhecendo que em determinada seção do estabelecimento mencionado na inicial há atividade perigosa, alegar que o autor não trabalhava na referida seção. Daí por que, na espécie, a prova se resumirá à matéria factual, consistente na verificação de ter ou não o "reclamante" trabalhado naquele local. O meio probante, em princípio, será testemunhal.

Enfim, malgrado a lei exija, em certos casos, a prova pericial, é preciso que o juiz verifique se, em concreto, o objetivo que anima a imposição legal não foi atendido, em virtude de certos fatos, circunstâncias, ou peculiaridades que possam ser, legitimamente, invocados.

§ 1º Como reitor soberano do processo (CLT, art. 765) o juiz necessita de poderes para coibir postulações meramente procrastinatórias, formuladas pelos litigantes; por isso, a lei lhos concedeu (CPC, art. 139, III). O exercício desse poder específico, porém, constitui faculdade do magistrado, que o exercitará sob os inafastáveis ditames da sensatez e oportunidade.

Em determinados casos, entretanto, o indeferimento de pedido dessa natureza não decorre do arbítrio do julgador, mas do comando coagente da própria lei, como acontece, por exemplo, em matéria de prova pericial. Tanto isto é verdadeiro, que o § 1º do art. 464, do CPC, dispõe que ele indeferirá a produção dessa prova técnica quando: a) o fato probando independer de conhecimento especial, técnico ou científico; b) for desnecessária em face de já haver sido produzida outra prova; c) a verificação for impraticável. Analisemos essas situações.

Inciso I. As razões do veto legal são de ordem lógica e pragmática, pois quando a prova do fato controvertido puder ser feita mediante documentos, ou pelo testemunho comum das pessoas, não se justifica a prova pericial, em regra mais demorada e onerosa. Diríamos, inclusive, que essa prova, eminentemente técnica, tem caráter estrito, porquanto o seu deferimento não se dá com a mesma amplitude que ocorre em relação aos demais meios probantes.

Inciso II. Por outro lado, se a demonstração da verdade do fato alegado já foi feita, é palmar que,

a partir daí, a prova pericial (ou mesmo outra qualquer) será de todo inútil. É necessário verificar, todavia, se a prova fora feita por meio efetivamente idôneo; se não o foi, deverá o magistrado deferir a realização da prova pericial. Seria o caso, *e. g.*, de testemunhas haverem afirmado que a atividade exercida no estabelecimento do réu era insalubre: ora, as testemunhas constituem, sabidamente, meio inadequado para a prova desse fato, motivo por que caberá ao juiz determinar (em algumas hipóteses, como esta, até mesmo de ofício) a realização da perícia — único meio idôneo para tanto (CLT, art. 195, § 2º).

Inciso III. Por fim, em certas circunstâncias, embora a prova pericial fosse, por princípio, exigível, não se haverá de deferi-la, por ser impraticável. Isso ocorreria, *v. g.*, no caso de o objeto da perícia já não existir (documentos destruídos, prédios demolidos etc.), de tal sorte que a realização dessa prova seria, acima de tudo, impossível; ou *impraticável*.

Havendo, todavia, sinais ou vestígios da coisa destruída, ficará ao prudente arbítrio do juiz deliberar quanto à realização da perícia.

§ 2º Quando o ponto controvertido não apresentar grande complexidade, o juiz, por sua iniciativa ou a requerimento da parte, poderá substituir a prova pericial pela produção de prova técnica simplificada. Esta poderá consistir, inclusive, no depoimento do perito. Nos sistemas de *commom law*, a propósito, a prova simplificada é realizada mediante esclarecimentos do *expert witness* (expressão que pode ser traduzida como *testemunha-perito*). O CPC de 1973 permitia que as partes requeressem ao juiz a intimação do perito para comparecer à audiência, a fim de prestar esclarecimentos (art. 435), que tinham natureza meramente complementar do laudo elaborado. Agora, o perito pode vir a juízo, sem que haja confeccionado laudo, cujos esclarecimentos prestados, de maneira técnica e circunstanciada, substituirão o laudo. O grande benefício para o processo, quando for possível a aplicação do § 2º do art. 464, consistirá: a) na economia de despesas (pois, mesmo que sejam devidos honorários periciais, estes serão de menor monta do que os pertinentes à elaboração de laudo); e b) na aceleração do procedimento, mercê de sua simplificação, ainda que tópica.

§ 3º A prova técnica simplificada, conforme já dissemos, consistirá somente na inquirição, pelo juiz, de especialista em relação ao ponto controverso, que exija especial conhecimento científico ou técnico.

§ 4º O especialista, designado pelo juiz, deverá ter formação acadêmica específica na área sobre a qual recairá o seu depoimento. Esse profissional, ao prestar esclarecimentos, poderá fazer uso de qualquer meio tecnológico de transmissão de sons e imagens, com a finalidade de esclarecer os pontos controvertidos na causa.

Código de Processo Civil

Art. 465. O juiz nomeará perito especializado no objeto da perícia e fixará de imediato o prazo para a entrega do laudo.

§ 1º Incumbe às partes, dentro de 15 (quinze) dias contados da intimação do despacho de nomeação do perito:

I – arguir o impedimento ou a suspeição do perito, se for o caso;

II – indicar assistente técnico;

III – apresentar quesitos.

§ 2º Ciente da nomeação, o perito apresentará em 5 (cinco) dias:

I – proposta de honorários;

II – currículo, com comprovação de especialização;

III – contatos profissionais, em especial o endereço eletrônico, para onde serão dirigidas as intimações pessoais.

§ 3º As partes serão intimadas da proposta de honorários para, querendo, manifestar-se no prazo comum de 5 (cinco) dias, após o que o juiz arbitrará o valor, intimando-se as partes para os fins do art. 95.

§ 4º O juiz poderá autorizar o pagamento de até cinquenta por cento dos honorários arbitrados a favor do perito no início dos trabalhos, devendo o remanescente ser pago apenas ao final, depois de entregue o laudo e prestados todos os esclarecimentos necessários.

§ 5º Quando a perícia for inconclusiva ou deficiente, o juiz poderá reduzir a remuneração inicialmente arbitrada para o trabalho.

§ 6º Quando tiver de realizar-se por carta, poder-se-á proceder à nomeação de perito e à indicação de assistentes técnicos no juízo ao qual se requisitar a perícia.

- **Comentário**

Caput. Reproduziu-se, em parte, a norma do art. 421 do CPC revogado.

Requerimento de perícia

O processo do trabalho, ao contrário do civil, não possui uma fase saneadora específica, prevista em lei. É na audiência em que, em regra, o juiz do trabalho toma conhecimento do teor da petição inicial e da resposta do réu e, consequentemente, dos requerimentos que as partes formularam quanto à produção de provas, e, em particular, da pericial. Assim, o momento processual em que o juiz do trabalho deve apreciar esses requerimentos é o da primeira audiência. Compulsando os autos, ele tratará de verificar se não ocorre qualquer das situações previstas pelos incisos I a III do § 1º do art. 464, do CPC; em caso positivo, indeferirá, fundamentalmente, o requerimento, devendo a mesma solução ser dada quanto aos outros casos que há pouco mencionamos.

Se os fatos em que se apoia o pedido do autor dependerem de prova exclusivamente pericial, o juiz determinará, desde logo, a sua realização; embora difundida na prática, não se deve ordenar a retirada dos autos de pauta até a conclusão da perícia: é o conhecido adiamento da audiência *sine die*. Não nos parece correto esse procedimento, pois nada impede (ao contrário, tudo recomenda) que o magistrado designe outra data para o prosseguimento da audiência, em espaço de tempo suficiente para a realização da perícia. Esta audiência se destinará não apenas para, se for o caso, obter esclarecimentos do perito, mas para o encerramento da instrução, a apresentação de razões finais e a renovação da proposta conciliatória.

Nomeação de perito habilitado e compromisso

Em geral, nas secretarias das Varas do Trabalho há uma relação de peritos, que o juiz consulta sempre que tiver de nomear algum deles para funcionar em determinados autos. O CPC determina a elaboração de uma lista de peritos, na Vara ou na Secretaria, a fim de que a nomeação seja feita de maneira equitativa (art. 157, § 2º). No processo do trabalho a nomeação do experto é ato de livre escolha do magistrado.

O perito é único (Lei n. 5.584/70, art. 3º, *caput*). Não há mais o perito *desempatador*, previsto no art. 129, do CPC de 1939. às partes assegura-se a faculdade de indicar assistentes técnicos (CPC, art. 471, § 1º).

Art. 465

O perito, conforme dissemos, tem de ser pessoa *habilitada* ao exercício da função (CPC, art. 465). Deste modo, a caracterização e a classificação da insalubridade e da periculosidade deverão ser feitas por médico ou por engenheiro do trabalho, respectivamente (CLT, art. 195, *caput*). A propósito, a Orientação Jurisprudencial n. 165, da SBDI-I, do TST, estabelece: "Perícia. Engenheiro ou médico. Adicional de periculosidade e insalubridade. Válido. Art. 195 da CLT. O art. 195 da CLT não faz qualquer distinção entre o médico e o engenheiro para efeito de caracterização e classificação da insalubridade e periculosidade, bastando para a elaboração do laudo seja o profissional devidamente qualificado".

As perícias contábeis, por sua vez, só podem ser realizadas por intermédio de contador e não de técnico em contabilidade, por força do disposto no art. 25 do Dec.-lei n. 9.295, de 27 de maio de 1946, que foi regulamentado pelo Conselho Federal de Contabilidade pela Resolução n. 560/83.

Nomeado, o perito será intimado para comparecer à secretaria da Vara, a fim de prestar o compromisso legal. Embora o art. 466, *caput* do atual CPC dispense o termo de compromisso, entendemos que, no processo do trabalho, o perito está obrigado a firmá-lo, em virtude do disposto no art. 827, da CLT, segundo o qual "O juiz ou presidente poderá arguir os peritos **compromissados** (...)". Destacamos. Não sendo omissa a CLT, fica desautorizada a adoção supletiva do processo civil, no particular (CLT, art. 769).

Se, por dolo ou culpa, o experto prestar informações inverídicas responderá pelos prejuízos que ocasionou à parte e ficará inabilitado por dois anos a cinco anos para funcionar em outras perícias, sem prejuízo da comunicação, pelo juiz, ao órgão de classe, e das sanções penais aplicáveis (CPC, art. 158), que, no caso, consistirão em pena de reclusão, de um a três anos, e multa pecuniária (Cód. Penal, art. 342)

Deixando, o perito, sem motivo legítimo, de prestar o compromisso legal ou de cumprir o encargo no prazo fixado (CPC, art. 468, II), será destituído, sem prejuízo de comunicação à correspondente corporação profissional e de pagar multa estabelecida pelo juiz, segundo o valor da causa e o possível prejuízo decorrente do atraso do processo (*ibidem*, § 1º).

Fixação de prazo para a entrega do laudo

O princípio (ou mero anseio?) da celeridade do procedimento trabalhista não pode ser postergado, mesmo nos casos de realização de prova pericial. Daí por que exige a Lei (n. 5.584/70, art. 3º, *caput*) que o juiz fixe prazo para a entrega do laudo pericial, que variará conforme seja a complexidade da perícia. O art. 465, *caput*, do CPC, também exige que o magistrado, ao nomear o perito, assine, *de imediato*, prazo para a entrega do laudo. Costumeiramente, fixa-se o prazo de trinta dias; não há regra legal específica quanto a isto.

O importante é que sempre se estabeleça um prazo para tanto, não somente porque assim exige a Lei, mas por ser medida necessária para a programação e controle do procedimento. Excedido o prazo, sem que o perito tenha entregue o laudo, determinará o juiz a sua intimação, para que o faça ou justifique por que ainda não o fez. Poderá o perito, diante disto, solicitar uma dilação do prazo, expondo as razões do seu requerimento. Caso não entregue o laudo na data aprazada, nem requeira o elastecimento do prazo, deverá o magistrado destituí-lo, nomeando outro em seu lugar. A possibilidade de substituição do perito está expressamente prevista no art. 468, inciso II, do CPC.

§ 1º Incumbe às partes, nos quinze dias que se seguirem à intimação do despacho de nomeação do perito, adotar as providências mencionadas nos incisos que serão a agora comentados.

Inciso I. *Arguição de impedimento ou de suspeição*. Em uma ordem lógica, a primeira *providência* a ser adotada pela parte consistirá em arguir, quando for o caso, o impedimento ou a suspeição do perito. O art. 148 do CPC manda aplicar os motivos de impedimento e de suspeição não somente aos magistrados, mas também aos auxiliares da justiça (inciso II), entre os quais se incluem os peritos (art. 149)

Inciso II. Indicação de assistentes técnicos. Considerando que, no processo do trabalho, como vimos, a nomeação do perito, no mais das vezes, é feita em audiência, na qual se encontram as partes, terão elas, a contar daí, o prazo comum e preclusivo de quinze dias para indicar assistentes técnicos e formular quesitos (Lei n. 5.584/70, art. 3º, parágrafo único e CPC, art. 471, § 1º).

A contrário do que se vem verificando em concreto, os assistentes não prestam compromisso legal, pois essa exigência só se concerne ao perito (CLT, art. 827).

Inciso III. *Apresentação de quesitos*. No mesmo prazo para a indicação de assistentes, como vimos, poderão as partes formular quesitos para serem respondidos pelo perito e pelos assistentes. Esses quesitos nada mais são do que perguntas dirigidas aos técnicos que participaram da perícia. Pode-se afirmar, por isso, que são os quesitos que orientam a perícia e delimitam o seu campo, na medida em que os peritos e os assistentes não são obrigados a informar sobre fatos que não foram objeto de perguntas.

Somente em casos excepcionais deverá o magistrado permitir a formulação de quesitos e a indicação de assistentes além do prazo legal; a não ser assim, estar-se-ia permitindo uma injustificável desobediência ao despacho, o que seria deletério para as regras estabelecedoras da disciplina probatória em geral. A manifestação de certos setores da doutrina, entretanto, parece propender em sentido oposto, entendendo que o prazo de cinco dias não é preclusivo.

Código de Processo Civil

§ 2º A partir do momento em que ficar ciente de sua nomeação, cumprirá ao perito, no prazo de cinco dias, praticar os atos descritos nos incisos I a III, que serão, a seguir, examinados.

Inciso I. Apresentar a sua proposta de honorários, sobre a qual as partes deverão manifestar-se no prazo comum de cinco dias.

Inciso II. Exibir o seu currículo, juntamente com o comprovante de sua especialização quando ao objeto do exame que irá realizar.

Inciso III. Fornecer os seus contatos profissionais — em especial o eletrônico — nos quais receberá intimações

§ 3º Oferecida a proposta de honorários periciais, as partes, conforme dissemos, disporão do prazo comum para se pronunciarem sobre ela. Decorrido esse prazo, o juiz arbitrará o valor, para os fins do art. 95, vale dizer, para que a parte que requereu a perícia adiante a remuneração do perito, ou seja rateada quando for determinada pelo juiz ou requerida por ambas as partes. No comentário ao § 4º do art. 465, entretanto, exporemos a nossa opinião quanto a ser inconciliável com o processo do trabalho o adiantamento, ainda que parcial, dos honorários periciais.

§ 4º Na vigência do CPC de 1973, alguns juízes do trabalho, logo após a nomeação do perito, costumavam determinar que uma ou ambas as partes depositassem, a título de antecipação parcial dos honorários, quantia para esse fim fixada. Não negamos a utilidade dessa medida porque, de certa forma, constituía um estímulo ao louvado, a par de lhe garantir, ainda que em parte, os honorários, cujo valor final seria arbitrado pela sentença. Nada obstante essa antecipação dos honorários visasse a motivar o perito, entendíamos que qualquer *imposição* aos litigantes, neste sentido, era arbitrária — para não dizer ilegal, ensejando, com isso, a impetração de mandado de segurança. Assim afirmávamos porque, a nosso ver, o art. 462, § 4º do CPC, era manifestamente incompatível com o processo do trabalho, no qual vigorava, e ainda vigora, o princípio da gratuidade — embora parcial — do procedimento.

O fato de o empregado estar, em alguns casos, recebendo o benefício da justiça gratuita (que não se confunde com a assistência judiciária a que se referem o art. 14 e segs., da Lei n. 5.584/70), não invalidava o nosso argumento; seria de indagar-se: e quando ele não estivesse sendo beneficiário dessa justiça gratuita deveria antecipar os honorários periciais, mesmo que parcialmente, sabendo-se que talvez nem tivesse condições financeiras para fazê-lo? Não eram todos, afinal, que conseguiam ser favorecidos pela gratuidade judicial. O cotidiano forense nos vinha demonstrando, a mancheias, que a determinação do juiz para que o empregado realizasse o depósito para tal fim estava causado a este enormes transtornos, fazendo, inclusive, com que o despacho acabasse sendo desatendido e, em consequência, a realização da perícia fosse retardada em meses; quando não, o empregado chegava a desistir da produção dessa prova; ou — o que era mais grave — esta acabava sendo indeferida pelo magistrado.

Exigir-se essa antecipação somente do empregador-réu seria consagrar-se um tratamento de desigualdade que repulsa ao senso comum e fere o *caput* do art. 5º, da Constituição Federal. É certo que se o trabalhador e o empregador, em certa hipótese, pretendessem atender à determinação judicial, efetuando o depósito, a questão perderia o interesse prático, porquanto anuíram com o ato do juiz, não se podendo reputar, aliás, que neste caso o propósito objetivo, a que essa antecipação visa, teria sido alcançado.

Todos esses nossos argumentos são mantidos em face do § 4º do art. 652 do CPC atual. Norma que, reiteremos, reputamos ser incompatível com o processo do trabalho.

Nos termos da Súmula n. 236, do TST: "A responsabilidade pelo pagamento dos honorários periciais é da parte sucumbente na pretensão relativa ao objeto da perícia". Posteriormente, esse entendimento jurisprudencial se converteu em norma legal (CLT, art. 790-B), acrescentando-se, apenas, a ressalva de que a parte sucumbente não será responsável pelo pagamento dos honorários periciais caso seja beneficiária de justiça gratuita.

O art. 790-B, a CLT, contudo, não responde a uma indagação inquietante: se a parte vencida no objeto da perícia estiver recebendo o benefício da justiça gratuita, quem será responsável pelo pagamento dos honorários periciais? Considerando que, na hipótese, a norma legal isenta o vencido do pagamento; que a imposição do pagamento à parte contrária, vencedora no objeto da perícia, se ressente de fundamento legal; que o perito não é obrigado a trabalhar de graça, desde sempre entendemos que a única solução jurídica e socialmente viável seria a imposição de pagamento à União, com fulcro no inciso LXXIV, do art. 5º, e no art. 134, ambos da CF. Lembrávamos, ainda, que nos termos do art. 3º, da Lei n. 1.060, de 5.2.1950, a assistência judiciária compreende, dentre outas isenções, "V — *dos honorários de* advogado e *peritos*" (destacamos).

Nossa opinião prevaleceu. O TST, por sua SBDI-I, adotou a OJ n. 387, para estabelecer: "Honorários periciais. Benefício da justiça gratuita. Responsabilidade da União pelo pagamento. Resolução n. 35/2007 do CSJT. Observância (DEJT divulgado em 9, 10 e 11.6.10). A União é responsável pelo pagamento dos honorários de perito quando a parte sucumbente no objeto da perícia for beneficiária da assistência judiciária gratuita, observado o procedimento disposto nos arts. 1º, 2º e 5º da Resolução n. 35/2007 do Conselho Superior da Justiça do Trabalho — CSJT".

A Súmula, em seu enunciado, utilizou as expressões "justiça gratuita" e "assistência judiciária gratuita", como se fossem expressões sinônimas.

A primeira é regulada pelo art. 790, § 3º da CLT e se traduz na isenção do pagamento de custas, de emolumentos, e honorários e de outras despesas processuais; a segunda é regida pelos arts. 14 a 17 da Lei n. 5.584, de 26 de junho de 1970, consistindo na designação de advogado para patrocínio da causa sem pagamento de honorários pelo trabalhador. Nota-se, por isso, que a OJ n. 387 da SBDI-I do TST se equivocou ao aludir à assistência judiciária, pois a situação nela prevista é de justiça gratuita por implicar o não pagamento de honorários periciais, espécie integrante do gênero despesas processuais.

Pela Resolução n. 66, de 10 de junho de 2010, o Conselho Superior da Justiça do Trabalho regulamentou, no âmbito dessa Justiça Especializada de primeiro e segundo graus, a responsabilidade pelo pagamento e antecipação de honorários do perito, do tradutor e do intérprete, no caso de concessão à parte do benefício de justiça gratuita.

Estabelece o art. 2º, *caput*, dessa Resolução, que a responsabilidade pelo pagamento dos honorários periciais, no caso de justiça gratuita, é da União, devendo, para isso, ser observados os requisitos expressos nos seus incisos I a III, quais sejam: I – fixação judicial de honorários periciais; II – sucumbência da parte na pretensão objeto da perícia; III – trânsito em julgado da decisão.

O § 2º do mesmo artigo prevê a possibilidade de antecipação parcial do pagamento dos honorários periciais, cujo remanescente será pago após o trânsito em julgado da decisão, se a parte for beneficiária da justiça gratuita.

§ 5º No caso de a perícia ser inconclusiva ou deficiente, a norma faculta ao juiz reduzir a remuneração do perito, inicialmente arbitrada. A lei, todavia, não indica o percentual de redução, ficando este a critério do juiz.

§ 6º Tratando-se de perícia a ser realizada mediante carta (geralmente, precatória), a nomeação do perito e a indicação dos assistentes técnicos poderão ser feitas no juízo deprecado.

Art. 466. O perito cumprirá escrupulosamente o encargo que lhe foi cometido, independentemente de termo de compromisso.

§ 1º Os assistentes técnicos são de confiança da parte e não estão sujeitos a impedimento ou suspeição.

§ 2º O perito deve assegurar aos assistentes das partes o acesso e o acompanhamento das diligências e dos exames que realizar, com prévia comunicação, comprovada nos autos, com antecedência mínima de 5 (cinco) dias.

• **Comentário.**

Caput. Norma repetitiva do art. 422 do CPC revogado.

O perito deve cumprir, com escrúpulo, o encargo que lhe foi atribuído, sob pena de ser substituído (CPC, art. 468). Cumpre lembrar que o perito, como auxiliar da justiça, tem o dever de cumprir o seu ofício no prazo legal e empregar, nisso, toda a sua diligência (CPC, art. 157, *caput*).

No processo do trabalho, ao contrário do processo civil, o perito segue sendo obrigado a prestar o compromisso legal, por força do disposto no art. 827, da CLT, que faz inequívoca referência aos peritos *compromissados*.

§ 1º Os assistentes técnicos, por serem de confiança da parte, não estão sujeitos a impedimento ou a suspeição.

§ 2º Os assistentes das partes têm o direito ao acesso e ao acompanhamento das diligências e dos exames que o perito realizar. Embora se cuide, aqui, de inovação do atual CPC, na prática os assistentes costumam acompanhar as diligências realizadas pelo perito. O que efetivamente mudou foi a atribuição legal ao perito do *dever* de assegurar aos assistentes das partes o acesso e o acompanhamento das diligências, intimando-os com antecedência mínima de cinco dias, cujo comprovante deve ser juntado aos autos.

Art. 467. O perito pode escusar-se ou ser recusado por impedimento ou suspeição.

Parágrafo único. O juiz, ao aceitar a escusa ou ao julgar procedente a impugnação, nomeará novo perito.

• **Comentário**

Caput. Repetiu-se a norma do art. 423 do CPC revogado.

A *escusa* é ato do perito, consistente no direito de não aceitar o encargo que lhe foi atribuído. A *recusa*, em sentido oposto, é a manifestação de discordância da parte quanto ao perito designado.

Código de Processo Civil

Tratando-se de *escusa*, deverá o perito, dentro de quinze dias da data da intimação, ou do impedimento superveniente ao compromisso, dirigir-se ao juiz e solicitar que o dispense do encargo, mencionando as razões que o levam a isso (CPC, art. 157, § 1º). Não o fazendo, reputar-se-á que houve renúncia ao direito de escusa (*ibidem*). No caso de *recusa*, esta deverá ser arguida mediante petição (que mencionará a sua causa), na primeira vez que a parte tiver de falar nos autos ou em audiência. A recusa configura, assim, um incidente, que, por isso, deverá ser processado separadamente, embora sem suspensão do processo, sendo certo que se deverá ouvir o arguido no prazo legal, possibilitando-se a produção de provas pela parte recusante. Em seguida, o juiz resolverá o incidente, de cuja decisão, por ser interlocutória (CPC, art. 203, § 2º), não caberá recurso (CLT, art. 893, § 1º).

Parágrafo único. Aceitando a escusa ou acolhendo a impugnação (recusa), o magistrado nomeará novo perito (CPC, art. 467, parágrafo único). Com vistas a isso, consultará a lista a que se refere o § 2º do art. 157 do CPC.

Art. 468. O perito pode ser substituído quando:

I – faltar-lhe conhecimento técnico ou científico;

II – sem motivo legítimo, deixar de cumprir o encargo no prazo que lhe foi assinado.

§ 1º No caso previsto no inciso II, o juiz comunicará a ocorrência à corporação profissional respectiva, podendo, ainda, impor multa ao perito, fixada tendo em vista o valor da causa e o possível prejuízo decorrente do atraso no processo.

§ 2º O perito substituído restituirá, no prazo de 15 (quinze) dias, os valores recebidos pelo trabalho não realizado, sob pena de ficar impedido de atuar como perito judicial pelo prazo de 5 (cinco) anos.

§ 3º Não ocorrendo a restituição voluntária de que trata o § 2º, a parte que tiver realizado o adiantamento dos honorários poderá promover execução contra o perito, na forma dos arts. 513 e seguintes deste Código, com fundamento na decisão que determinar a devolução do numerário.

• **Comentário**

Caput. O assunto era regido pelo art. 424 do CPC revogado.

A norma aponta a situações em que o perito será substituído.

Inciso I. Se o *expert* não possuir conhecimento técnico ou científico que o habilite a desempenhar a função é elementar que não poderá ser aceito. Esse fato pode ser alegado, inclusive, como motivo de escusa, entendendo Moacyr Amaral Santos que o perito ou os assistentes poderão escusar-se, com apoio nesta causa, mesmo após o prazo de quinze dias previsto no art. 157, § 1º, do CPC. Não vemos, contudo, razões lógicas para autorizar-se o magistrado a recusar os assistentes quando carecerem de conhecimentos técnicos ou científicos. Ora, ao juiz interessa a aptidão do perito que foi por ele nomeado; quanto aos assistentes, o eventual desconhecimento técnico ou científico acerca daquilo que constitui o objeto da perícia é questão que deve ficar restrita às partes que os indicaram, porquanto as consequências prejudiciais dessa insciência somente a elas diz respeito. Daí por que entendemos não deva o magistrado ingerir-se na escolha dos assistentes, a quem substituirá, todavia, na hipótese de não possuírem habilitação legal (e não aptidão ou conhecimento), quando este for o caso.

Inciso II. Por outro lado, se o perito, injustificadamente, deixar cumprir o encargo no prazo que lhe foi fixado pelo juiz deverá ser substituído. Como da norma legal consta a ressalva "sem motivo legítimo", isso significa que o perito poderá requerer a dilação do prazo para a entrega do laudo sempre que por motivos alheios à sua vontade estiver impossibilitado de fazê-lo prazo originalmente fixado. É recomendável que o requerimento de prorrogação do prazo seja apresentado ao juiz antes do seu vencimento.

§ 1º No situação prevista no inciso II, a substituição do *expert* dar-se-á sem prejuízo de comunicação da ocorrência à corporação profissional respectiva e da aplicação de multa, fixada com vistas ao valor da causa e o possível prejuízo oriundo do atraso na tramitação processual.

No processo do trabalho o perito será substituído, também, se, nomeado, não comparecer à Vara para prestar o compromisso legal (CLT, art. 827), tendo sido para isso regularmente intimado.

§ 2º Considerando que o perito substituído não realizou o trabalho para o qual havia sido nomeado, deverá restituir, no prazo de quinze dias, os valores recebidos, sob pena de ficar impedido de exercer as suas funções em juízo pelo prazo de cinco anos.

§ 3º Se o perito substituído não devolver o valor recebido, a parte que efetuou o adiantamento dos honorários poderá promover a execução contra o perito, com base na decisão que determinar a restituição do referido valor. A execução será processada na forma do art. 513 do CPC. A Justiça do Trabalho possui competência para essa execução, nos termos do art. 114, IX, da Constituição Federal.

Art. 469. As partes poderão apresentar quesitos suplementares durante a diligência, que poderão ser respondidos pelo perito previamente ou na audiência de instrução e julgamento.

Parágrafo único. O escrivão dará à parte contrária ciência da juntada dos quesitos aos autos.

• **Comentário**

Caput. Repetiu-se o disposto no art. 425 do CPC revogado.

Referimo-nos, até aqui, aos quesitos apresentados antes da diligência do perito. Permite a lei, todavia, que as partes apresentem, no curso desta, outros quesitos, que por esse motivo recebem a denominação de *suplementares*.

É conveniente analisarmos o exato sentido da expressão legal *durante a diligência*, utilizada pela norma em exame para indicar até que momento os quesitos suplementares podem ser oferecidos. Não há dúvida de que a sua apresentação poderá ocorrer, inclusive, antes das diligências; o caráter de suplementariedade, no caso, se relaciona aos quesitos que haviam sido elaborados no quinquídio fixado pelo juiz. A nosso ver, aliás, a parte somente poderá apresentar os suplementares se houver oferecido, antes, os quesitos iniciais; a não ser assim, estar-se-á negando a própria razão de ser dos quesitos suplementares, o que equivale a dizer que se estará admitindo efeito sem causa, a par de favorecer ao litigante (ou interessado) que se revelou negligente na primeira oportunidade. Pois bem. Pela expressão legal *durante a diligência*, deve-se entender que se consente a apresentação dos referidos quesitos até a realização do exame; não porém, após isto, sob o pretexto de que o laudo ainda não foi confeccionado.

Os quesitos suplementares poderão ser respondidos pelo perito tanto antes da audiência de instrução e julgamento quanto nesta.

Parágrafo único. Juntados os quesitos aos autos, o diretor da secretaria dará ciência à parte contrária (*ibidem*). A norma está a demonstrar que essa cientificação independe de despacho do magistrado. Todavia, os quesitos suplementares se submetem ao crivo prévio do magistrado, que os poderá indeferir nos casos previstos em lei (CPC, art. 470, I).

Art. 470. Incumbe ao juiz:

I — indeferir quesitos impertinentes;

II — formular os quesitos que entender necessários ao esclarecimento da causa.

• **Comentário**

Caput. Repetiu-se a norma do art. 426 do CPC revogado.

O texto legal indica algumas incumbências do juiz em relação aos quesitos.

Inciso I. Entendendo que os quesitos são impertinentes (como, por exemplo, se versarem sobre assunto de interpretação jurídica), o juiz os indeferirá, pois ao perito compete, apenas, pronunciar-se sobre fatos e não acerca de matéria de direito. Como impertinentes também devem ser reputados — e, portanto, indeferidos — os quesitos que se referirem a fatos que não dizem respeito ao caso concreto ou que não se referem ao objeto da perícia.

Inciso II. Interessado, primordialmente, no descobrimento da verdade, poderá o magistrado também formular quesitos, embora na prática isto quase não se verifique. Em determinadas hipóteses, entretanto, é quase imprescindível a elaboração de quesitos pelo juiz, como quando as partes, mesmo tendo sido intimadas para isso, deixarem de formulá-los; ou quando os quesitos por elas apresentados se revelarem precários ou incompletos. Afinal, o maior interessado na elucidação dos fatos é o magistrado.

Código de Processo Civil

Art. 471. As partes podem, de comum acordo, escolher o perito, indicando-o mediante requerimento, desde que:

I – sejam plenamente capazes;

II – a causa possa ser resolvida por autocomposição.

§ 1º As partes, ao escolher o perito, já devem indicar os respectivos assistentes técnicos para acompanhar a realização da perícia, que se realizará em data e local previamente anunciados.

§ 2º O perito e os assistentes técnicos devem entregar, respectivamente, laudo e pareceres em prazo fixado pelo juiz.

§ 3º A perícia consensual substitui, para todos os efeitos, a que seria realizada por perito nomeado pelo juiz.

• **Comentário**

Caput. As partes podem, mediante acordo, escolher o perito, indicando-o por meio de requerimento. Os incisos I e II indicam os requisitos para que isso se torne possível. Antes de nos dedicarmos aos comentários a esses incisos, devemos denunciar o vício pleonástico em que incorreu o legislador, ao utilizar a expressão "comum acordo", como se fosse possível a existência de acordo que não fosse comum, ou seja, que não refletisse a vontade convergente das partes. Também não pode haver acordo contra a vontade de uma das partes; logo, só pode ser *comum*. O próprio constituinte brasileiro incorreu nesse pleonasmo, como revela o art. 114, § 2º da Constituição Federal.

Inciso I. Para que a indicação do perito possa ser feita pelas partes, o primeiro requisito a ser observado é de que elas sejam plenamente capazes, do ponto de vista jurídico.

Inciso II. O outro requisito se refere à possibilidade de a causa ser solucionada mediante autocomposição, especialmente, a conciliação.

§ 1º No mesmo ato em que escolherem o perito, as partes devem indicar os respectivos assistentes técnicos. Estes poderão acompanhar as diligências periciais, a serem realizadas em data e local anunciados com antecedência. Na verdade, a norma legal deveria ter feito alusão também ao horário do início da perícia.

§ 2º O *laudo* é produto do perito; os *pareceres*, dos assistentes técnicos. Tanto o laudo quanto os pareceres devem ser entregues no prazo estabelecido pelo juiz.

§ 3º A norma contém uma obviedade: a perícia realizada em virtude de acordo entre as partes substitui a que seria realizada por perito nomeado pelo juiz. Todavia, se a perícia for inconclusiva ou deficiente o juiz poderá determinar a realização de novo exame pericial, desta feita, mediante *expert* por ele nomeado.

Art. 472. O juiz poderá dispensar prova pericial quando as partes, na inicial e na contestação, apresentarem, sobre as questões de fato, pareceres técnicos ou documentos elucidativos que considerar suficientes.

• **Comentário**

Houve transladação literal do art. 427 do CPC revogado.

A norma em exame permite ao juiz dispensar a prova pericial quando as partes, na inicial e na contestação, apresentarem sobre as questões de fato pareceres técnicos ou documentos elucidativos que reputar suficientes. Entendemos que essa regra deva incidir também no processo do trabalho, mesmo nos casos de insalubridade e periculosidade, onde, em princípio, o exame pericial e obrigatório (CLT, art. 195, § 2º). É que a dispensa do exame pericial, na espécie, tem o inegável mérito de evitar, a um só tempo, o retardamento da solução do conflito de interesses e a condenação do vencido ao pagamento dos correspondentes honorários (CLT, art. 790-B).

Insistamos, porém: a dispensa do exame pericial só será legalmente possível se a petição inicial e a contestação estiverem suficientemente instruídas com documentos ou pareceres que justifiquem a dispensa daquela prova técnica. Nesse caso, estará atendido o princípio constitucional do contraditório, por forma a autorizar o magistrado a emitir a sentença de mérito com base nos referidos documentos ou pareceres. Em muitos casos, aliás, as partes têm requerido a dispensa da perícia, optando por fazer uso de prova emprestada, consistente em laudos técnicos elaborados em virtude de outro processo.

Art. 473

Note-se, contudo, que a dispensa do exame pericial não está subordinada à existência de prova emprestada, e, sim, à particularidade de constarem da inicial e da contestação pareceres técnicos idôneos ou documentos capazes de elucidar os fatos. É relevante assinalar, de qualquer forma, que a dispensa da perícia constitui mera faculdade do juiz, que, em razão, dela fará uso, ou não, segundo seu prudente arbítrio. Não podemos ignorar o fato os pareceres técnicos, a que se refere o art. 451, podem ter sido elaborados por encomenda da parte, motivo por que não são providos do mesmo caráter de neutralidade característico do laudo pericial.

Não menos importante é assinalar que a prova emprestada só pode ser utilizada negociadamente, ou seja, quando for aceita por ambas as partes. Isto corresponde a asseverar que essa modalidade de prova não pode ser imposta por uma das partes à outra. Admitir-se que a prova emprestada possa ser imposta será não apenas malferir o direito constitucional de ampla defesa, da parte que não concorda com a juntada dessa prova, como, se for o réu, impor-lhe uma condenação perpétua, uma vez que em todas as ações em que se discutir a matéria contida no laudo já se saberá o resultado do julgamento.

Art. 473. O laudo pericial deverá conter:

I — a exposição do objeto da perícia;

II — a análise técnica ou científica realizada pelo perito;

III — a indicação do método utilizado, esclarecendo-o e demonstrando ser predominantemente aceito pelos especialistas da área do conhecimento da qual se originou;

IV — resposta conclusiva a todos os quesitos apresentados pelo juiz, pelas partes e pelo órgão do Ministério Público.

§ 1º No laudo, o perito deve apresentar sua fundamentação em linguagem simples e com coerência lógica, indicando como alcançou suas conclusões.

§ 2º É vedado ao perito ultrapassar os limites de sua designação, bem como emitir opiniões pessoais que excedam o exame técnico ou científico do objeto da perícia.

§ 3º Para o desempenho de sua função, o perito e os assistentes técnicos podem valer-se de todos os meios necessários, ouvindo testemunhas, obtendo informações, solicitando documentos que estejam em poder da parte, de terceiros ou em repartições públicas, bem como instruir o laudo com planilhas, mapas, plantas, desenhos, fotografias ou outros elementos necessários ao esclarecimento do objeto da perícia.

• **Comentário**

Caput. A matéria era tratada no art. 429 do CPC revogado. A norma prevê os requisitos que o laudo pericial deve conter.

Inciso I. A exposição do objeto da perícia se destina a demonstrar que o perito realizou o exame em consonância com o que havia sido determinado pelo juiz.

Inciso II. A análise técnica ou científica constitui, por assim dizer, a fundamentação da perícia, além de servir como demonstrativo dos conhecimentos do perito nessas áreas.

Inciso III. Deverá o perito, ainda, indicar o método utilizado no exame, esclarecendo e demonstrando que esse método é aceito pelos especialistas da área em que incidiu a perícia.

Inciso IV. É evidente que não seria suficiente o atendimento aos requisitos previstos nos incisos I a III, sem que o perito respondesse, de modo conclusivo a todos os quesitos formulados pelo juiz, pelas partes e pelo Ministério Público. Essa é a parte conclusiva do laudo.

§ 1º O laudo pericial deve ser fundamentado. Essa fundamentação deve ser em linguagem simples e coerente, cabendo ao perito demonstrar como chegou às conclusões ali apontadas.

§ 2º O perito não deve ir além dos limites de sua designação, nem emitir opiniões pessoais que ultrapassem o exame (técnico ou científico) do objeto da perícia.

§ 3º Dentro dos limites fixados para a perícia, poderão o perito e os assistentes técnicos atuar com ampla liberdade, por ocasião da diligência e para efeito de confecção do laudo, razão por que a lei lhes defere o direito de, especialmente: a) ouvir testemunhas; b) obter informações, solicitando documentos que se encontrem em poder da parte ou em repartições públicas; assim como, c) instruir o laudo com planilhas, mapas, plantas, desenhos, fotografias e quaisquer outras peças necessárias ao esclarecimento do objeto da perícia. Convém, observar, todavia, que sendo a função pericial marcada pela pessoalidade, não se consente que o louvado possa delegá-la a outrem, mesmo que este possua habilitação legal para o exercício da atividade. Afinal, quem prestou o compromisso (CLT, art. 827) foi o perito e sua escolha decorreu de ato criterioso do juiz. Demais, a delegação das funções, se aceita, subtrairia do magistrado o necessário controle processual que lhe compete, privativamente, exercer.

A referência legal às *testemunhas* que poderão ser ouvidas pelo perito e pelos assistentes não tem a acepção técnica que se possa imaginar, porquanto somente poderá funcionar como testemunha quem, não sendo incapaz, impedida ou suspeita, prestar o compromisso legal (CPC, art. 447, *caput*) e for advertida quanto às sanções penais que incidirão no caso de fazer afirmação falsa, calar ou ocultar a verdade (art. 458, *caput* e parágrafo único). Somente o magistrado, como se sabe, tem poderes para tomar o compromisso e formular a advertência; daí por que entendemos que o art. 473, § 3º do CPC, há de ser interpretado no sentido de que o perito e os assistentes poderão ouvir *informantes* a respeito do objeto da perícia. Caso essas pessoas se recusem, sem motivo justificado, a prestar as informações solicitadas, poderá o perito ou os assistentes comunicar o fato ao juiz, requerendo-lhe a intimação, com o objetivo de compeli-las àquilo a que, voluntariamente, se negaram. Nesta hipótese, as informações serão prestadas diretamente ao magistrado, sendo aconselhável que intime o perito e os assistentes para comparecerem à audiência em que serão ouvidos tais informantes, a fim de que, caso pretendam, dirijam perguntas a eles. Embora rara essa hipótese, nada obsta a que a medida seja determinada pelo juiz, desde que necessária para o esclarecimento dos fatos sobre os quais recai a prova pericial.

Podem, o perito e os assistentes, ainda, requerer a apresentação de documentos que se encontrem com as partes ou em repartições públicas; havendo recusa, comunicarão ao juiz, que determinará a exibição (CPC, arts. 396) ou os requisitará (CPC, art. 438), conforme se trate deste ou daquele caso.

Permite-se, entretanto, que a parte ou o terceiro se escuse de exibir o documento solicitado alegando um dos motivos relacionados nos incisos I a VI do art. 404 do CPC. Se a recusa for ilegítima, poderá o magistrado admitir, diante de circunstâncias relevantes e valendo-se de extrema prudência, como verdadeiros os fatos que, por intermédio da perícia, a parte contrária pretendia provar — por interpretação integrativa do art. 400 do CPC; sendo recusante o terceiro, o juiz fará com que sobre ele incidam, no que couberem, as disposições do art. 403 do CPC, inclusive, no que concerne à responsabilidade por crime de desobediência.

Art. 474. As partes terão ciência da data e do local designados pelo juiz ou indicados pelo perito para ter início a produção da prova.

• **Comentário**

Regra idêntica figurava no art. 431-A, do CPC revogado.

Não é bastante que o juiz determine o comparecimento do perito à secretaria da Vara e que este preste o compromisso legal; é necessário, ainda, que o perito comunique ao magistrado, com razoável antecedência, a data, o horário e o local em que dará início às diligências. Essa providência é indispensável para que o juiz possa mandar intimar as partes a esse respeito. É oportuno observar que as partes, seus advogados e assistentes técnico têm o direito de acompanhar a realização dos trabalhos periciais; para isso, como dissemos, é fundamental a cientificação do dia, do horário e do local em que o exame, a avaliação ou a inspeção será realizada. Sem que as partes, seus advogados e assistentes técnicos sejam intimados para o fim mencionado, o ato da perícia poderá ser inquinado de nulo (CLT, art. 794).

Art. 475. Tratando-se de perícia complexa que abranja mais de uma área de conhecimento especializado, o juiz poderá nomear mais de um perito, e a parte, indicar mais de um assistente técnico.

• **Comentário**

Regra idêntica estava no art. 431-B do CPC revogado.

Algumas vezes, a perícia é complexa, compreendendo mais de uma área de conhecimento especializado, técnico ou científico. Diante disso, o juiz poderá nomear mais de um perito e a parte indicar mais de um assistente técnico. Essa previsão legal é absolutamente lógica e necessária, sob pena de a perícia não alcançar os resultados pretendidos pelas partes e pelo próprio juízo.

O pressuposto legal é de que a perícia compreenda mais de uma área de conhecimento especializado; exemplo: perícia contábil e perícia para apurar a existência de insalubridade. Assim sendo, não se justifica a nomeação de dois peritos para realizarem diligências acerca da mesma área de conhecimento especializado. A propósito, o substantivo *complexo*, utilizado na redação do preceito legal em exame, não possui aí o sentido de complicado, de intricado, e sim o daquilo que é composto, que é constituído por mais de um elemento. Se acepção fosse a de *complicado*, o juiz não poderia nomear dois peritos nos casos em que, apesar de tratar-se de áreas distintas de conhecimentos especializados, a perícia fosse simples, descomplicada.

Art. 476. Se o perito, por motivo justificado, não puder apresentar o laudo dentro do prazo, o juiz poderá conceder-lhe, por uma vez, prorrogação pela metade do prazo originalmente fixado.

• **Comentário**

Em sua essência, a norma estava contida no art. 432 do CPC revogado.

A fixação do prazo para a entrega do laudo, tanto por parte do perito quanto dos assistentes técnicos, é exigência legal (Lei n. 5.584/70, art. 3º, *caput*; CPC, art. 465, *caput*) que não deve ser preterida pelo juiz, cumprindo esclarecer que o prazo é comum; vale dizer, para os assistentes será o mesmo que foi assinado ao perito (Lei n. 5.584/70, art. 3º, parágrafo único), sob pena de, excedido o prazo, o laudo ser desentranhado dos autos.

Seja pela complexidade da perícia, seja pelo acúmulo de serviços, ou por qualquer outro motivo ponderoso, o perito poderá requerer a prorrogação do prazo originalmente fixado para a entrega do laudo; acolhida a justificativa, o juiz prorrogará, por uma vez, esse prazo, pela metade do prazo originalmente fixado. Assim, se o prazo inicial era de trinta dias, a prorrogação não poderá exceder a 15 dias. Circunstâncias especiais, devidamente justificadas, autorização o juiz a prorrogar o prazo por mais de uma vez, ainda que isso acarrete ultrapassagem do limite máximo previsto em lei. Embora a norma em vigor, opostamente à revogada, não afirme que essa prorrogação será feita pelo magistrado *segundo o seu prudente arbítrio*, é evidente que essa regra de sensatez estará implícita no art. 476 do CPC atual.

Considerando que os assistentes deverão entregar os seus laudos no mesmo prazo estabelecido para o perito, resulta evidente que eles se beneficiarão do elastecimento do prazo deferido a este.

Algumas notas complementares: 1) a consequência processual do fato de o perito deixar de apresentar, sem motivo justificado, o laudo, mesmo no prazo prorrogado, será a sua substituição (CPC, art. 468, II), sem detrimento das providências judiciais e da penalidade pecuniária previstas no § 1º do texto legal mencionado; 2) o requerimento de prorrogação deve ser formulado antes do vencimento do prazo original; em todo caso, se for apresentado depois disso o juiz, levando em consideração determinadas circunstâncias (como a fase em que se encontram as diligências) poderá deferir a prorrogação; 3) em casos excepcionais, o juiz poderá conceder *mais* de uma prorrogação, como quando o perito demonstrar a extrema complexidade das diligências, a existência de obstáculo criado por uma das partes ou por terceiro, enfim, por qualquer outro motivo de força maior.

Art. 477. O perito protocolará o laudo em juízo, no prazo fixado pelo juiz, pelo menos 20 (vinte) dias antes da audiência de instrução e julgamento.

§ 1º As partes serão intimadas para, querendo, manifestar-se sobre o laudo do perito do juízo no prazo comum de 15 (quinze) dias, podendo o assistente técnico de cada uma das partes, em igual prazo, apresentar seu respectivo parecer.

§ 2º O perito do juízo tem o dever de, no prazo de 15 (quinze) dias, esclarecer ponto:

I — sobre o qual exista divergência ou dúvida de qualquer das partes, do juiz ou do órgão do Ministério Público;

II — divergente apresentado no parecer do assistente técnico da parte.

§ 3º Se ainda houver necessidade de esclarecimentos, a parte requererá ao juiz que mande intimar o perito ou o assistente técnico a comparecer à audiência de instrução e julgamento, formulando, desde logo, as perguntas, sob forma de quesitos.

§ 4º O perito ou o assistente técnico será intimado por meio eletrônico, com pelo menos 10 (dez) dias de antecedência da audiência.

Código de Processo Civil

• Comentário

Caput. O laudo deverá ser protocolado em juízo, no prazo fixado pelo magistrado, com a antecedência mínima de vinte dias da audiência de instrução e julgamento.

§ 1º Protocolado o laudo no prazo estabelecido pelo juiz, as partes serão intimadas para manifestar-se a respeito no prazo comum de quinze dias. Diz, a lei, que os assistentes técnicos também serão intimados para, *em igual prazo*, apresentar os respectivos pareceres. A expressão correta, porém, não é *em igual prazo* (pois poderia parecer que esses quinze dias somente passariam a fluir após o término do prazo deferido às partes) e sim, *no mesmo prazo*.

§ 2º O perito judicial deverá, no prazo de quinze dias, bem esclarecer os pontos mencionados nos incisos I e II.

Inciso I. Acerca do qual havia divergência ou dúvida de qualquer das partes, do juiz ou do membro do Ministério Público.

Inciso II. Sobre ponto divergente apresentado no parecer técnico da parte.

§ 3º Se, mesmo depois de serem adotadas as providências referidas nos incisos I e II do § 2º houver necessidade de esclarecimentos por parte do perito ou do assistente técnico, o juiz mandará intimar um e outro, conforme seja o caso, para comparecer à audiência de instrução e julgamento, formulando, desde logo, as perguntas sob a forma de quesitos. Perguntas e quesitos são vocábulos sinônimos; logo, bastaria que o legislador houvesse dito que o juiz deveria formular quesitos (ou perguntas) a serem respondidos pelo experto. Note-se que a designação de audiência para essa finalidade somente será possível se não forem suficientes os esclarecimentos prestados, por escrito, pelo perito, na forma do § 2º do art. 477. Na Justiça do Trabalho, em situações extraordinárias — como quando não houver data próxima para a realização da audiência —, esta poderá ser substituída por novos esclarecimentos escritos; para isso, as partes apresentarão as respectivas perguntas ou manifestarão as suas dúvidas. A substituição da audiência por novos esclarecimentos escritos atende às disposições legais impositivas de celeridade processual.

§ 4º O perito ou o assistente técnico será intimado, pelo menos, com dez dias de antecedência da audiência. A intimação, sempre que possível, deverá ser efetuada por meio eletrônico.

Art. 478. Quando o exame tiver por objeto a autenticidade ou a falsidade de documento ou for de natureza médico-legal, o perito será escolhido, de preferência, entre os técnicos dos estabelecimentos oficiais especializados, a cujos diretores o juiz autorizará a remessa dos autos, bem como do material sujeito a exame.

§ 1º Nas hipóteses de gratuidade de justiça, os órgãos e as repartições oficiais deverão cumprir a determinação judicial com preferência, no prazo estabelecido.

§ 2º A prorrogação do prazo referido no § 1º pode ser requerida motivadamente.

§ 3º Quando o exame tiver por objeto a autenticidade da letra e da firma, o perito poderá requisitar, para efeito de comparação, documentos existentes em repartições públicas e, na falta destes, poderá requerer ao juiz que a pessoa a quem se atribuir a autoria do documento lance em folha de papel, por cópia ou sob ditado, dizeres diferentes, para fins de comparação.

• Comentário

Caput. Sem tantos pormenores, a matéria era tratada pelo art. 434 do CPC revogado.

Quando o exame destinar-se à apuração de autenticidade ou de falsidade de documento, ou for de natureza médico-legal, o perito deverá ser escolhido, preferentemente, entre os técnicos dos estabelecimentos oficiais especializados. Nesse caso, o juiz autorizará a remessa dos autos, contendo o material que será objeto da perícia, ao estabelecimento referido perante cujo diretor o perito prestará o compromisso legal (CLT, art. 827).

Não se aplica ao processo do trabalho o texto da norma legal *sub examen* no que se refere ao exame de natureza médico-legal; essa matéria não se insere na competência da Justiça do Trabalho.

§ 1º Se a parte estiver recebendo o benefício da justiça gratuita, caberá aos órgãos e às repartições federais realizar o exame pericial — no prazo assinado pelo juiz — com preferência em relação aos demais exames.

§ 2º A prorrogação do prazo deverá ser objeto de requerimento fundamentado. Mais do que isso — acrescentamos —, o requerimento deverá ser apresentado antes de vencido o prazo original.

§ 3º Tratando-se de perícia relativa a autenticidade da letra (cada um dos caracteres do alfabeto, representativos dos fonemas ou sons na linguagem articulada) ou de firma (assinatura, autógrafo), poderá o perito requisitar, para efeito de comparação, documentos existentes em repartições públicas; na falta destes, requererá ao juiz que a pessoa, a quem se atribuir a autoria do documento, lance em folha de papel, mediante cópia ou ditado, palavras diferentes, para serem cotejadas com o objeto da perícia: são os denominados padrões homógrafos.

A prática sugere que essas palavras ou frases da pessoa à qual se atribui a autoria devam ser escritas tanto em papel contendo linhas quanto em papel que não as possua, e que a pessoa as escreva algumas vezes sentadas, e outras em pé, a fim de que o perito possa concluir, com maior precisão, a respeito da autenticidade ou não do texto ou da assinatura.

Alguns Tribunais Regionais do Trabalho possuem um Setor de Perícias Grafodocumentoscópicas destinado, especificamente, à elaboração de exames tendentes à verificação de autenticidade ou falsidade de documento, letra ou assinatura, cujo funcionamento é regulamentado por provimento do órgão, no qual são fixados, inclusive, os emolumentos relativos à perícia, que serão pagos a final, salvo se a parte estiver recebendo o benefício da justiça gratuita, quando, então, deles ficará isenta.

Arguida que seja a falsidade, o incidente será processado na forma do art. 430 e seguintes do CPC. A sentença que o resolver (CPC, art. 433): a) declarará a falsidade ou a autenticidade do documento, da letra ou da assinatura, segundo seja a hipótese; b) declarando a falsidade, o juiz determinará, de ofício, por força do disposto no art. 40 do Código de Processo Penal, a remessa ao Ministério Público da segunda via do laudo, bem como uma cópia de outros documentos que entender necessários ao oferecimento da denúncia; esse procedimento judicial será necessário mesmo que as partes se conciliem ou transacionem, pois este fato não subtrai, absolutamente, o caráter criminoso da falsificação; c) atribuirá à parte vencida o pagamento dos emolumentos devidos em função da perícia e da remessa de peças ao Ministério Público, salvo se ela estiver recebendo o benefício da justiça gratuita (CLT, art. 790, 3º).

Art. 479. O juiz apreciará a prova pericial de acordo com o disposto no art. 371, indicando na sentença os motivos que o levaram a considerar ou a deixar de considerar as conclusões do laudo, levando em conta o método utilizado pelo perito.

• **Comentário**

O legislador processual brasileiro de 1973 adotou o princípio da persuasão racional (ou do livre convencimento motivado), conforme estava expresso no art. 131 daquele CPC. Isto significava que o juiz, estribando-se na prova produzida nos autos, formularia livremente a sua convicção jurídica acerca dos fatos que foram trazidos à sua cognição jurisdicional. O CPC atual reproduziu a regra no art. 371. Trata-se de um princípio essencial ao Estado Democrático de Direito em que se funda a nossa República (CF, art. 1º)

No sistema do CPC revogado, o juiz não estava adstrito ao laudo pericial para formar o seu convencimento jurídico. Com vistas a isso, poderia valer-se de outros elementos constantes dos autos (art. 436). O CPC atual não se refere a essa faculdade, apenas fazendo alusão ao art. 371 e enfatizando a necessidade de o juiz demonstrar na sentença os motivos que o levaram a acatar ou a rejeitar as conclusões estampadas no laudo pericial, levando em conta o método utilizado pelo *expert*. Isso não significa, entrementes, que se tenha vedado ao juiz a possibilidade de, rejeitando as conclusões do laudo, formar a sua convicção jurídica com base em outros elementos trazidos aos autos.

Sabendo-se que as conclusões constantes do laudo constituem mero parecer do perito, seria desarrazoado imaginar-se que pudessem constranger o juiz a acatá-las; fosse assim, estaríamos fazendo uma concessão ao passado, no qual o sistema das provas legais imperou por longo tempo; quando menos, estaríamos atribuindo ao perito função jurisdicional, em virtude da soberania do laudo elaborado. Tais argumentos, no entanto, não devem ser entendidos como fundamento para que o magistrado decida, sistematicamente, contra o resultado do laudo. Não podemos ignorar que a determinação judicial para que a prova técnica seja realizada decorre, exatamente, do fato presumido de o magistrado não possuir conhecimentos técnicos ou científicos capazes de propiciar-lhe uma perfeita percepção da matéria. Pode-se dizer, à vista disto, que haverá algo próximo a um ilogismo se, elaborado o laudo, o juiz dele discordar sem fundamentação jurídica, porquanto a realização da perícia pressupôs a insciência do magistrado em relação ao objeto da prova, ou a sua dificuldade em entendê-lo com a segurança que lhe é exigida. Pondera, por essa razão, Pestana de Aguiar (ob. cit., p. 410), que não cabe ao magistrado "tecer considerações técnicas inteiramente desapartadas da prova, máxime quando é presumido seu menor conhecimento, em relação ao técnico, da especialidade solicitada", embora admita o douto jurista possa o juiz, com apoio na prova, recorrer diretamente a fontes científicas "em sufrágio de sua convicção".

Evidentemente, essa incursão às fontes científicas somente deve ser feita em casos excepcionais e desde que as circunstâncias assim o aconselhem ou exijam; a não ser deste modo, o magistrado acabaria por prescindir do assessoramento técnico do perito, avocando, de maneira irregular, essas funções. Enfim, o que não se permite é que o magistrado discrepe, arbitrariamente, do resultado estampado no laudo, pois, na observação precisa de Carlo Lessona (ob. cit., p. 586-610), calcado em Stoppato, é inconcebível que "um Juiz culto, inteligente e sábio negue aquilo que se acha científica e logicamente demonstrado, ou que se repila o que estiver iniludivelmente assegurado, ou se subtraia arbitrariamente aos resultados de conhecimentos específicos, quando a estes correspondem os fatos".

Na prática, nem sempre haverá nos autos elementos técnicos capazes de justificar o fato de o juiz deixar à margem o laudo pericial para formar o seu convencimento jurídico com base nesses elementos. Seria, mesmo, de indagar-se: se esses elementos já estavam nos autos, por que motivo o juiz deferiu a realização da perícia, em vez de valer-se da faculdade que lhe atribui o art. 472? O que talvez possa ocorrer é de após a apresentação do laudo uma das partes (ou ambas) juntar aos autos elementos dotados de aptidão para sobrepujar o laudo pericial e servir como fundamento para a sentença. Ademais, em alguns casos esses elementos técnicos podem ser sido produzidos por encomenda de uma das partes, de tal arte que será desaconselhável ao magistrado basear-se neles para formar a sua convicção jurídica acerca dos fatos da lide.

Art. 480. O juiz determinará, de ofício ou a requerimento da parte, a realização de nova perícia quando a matéria não estiver suficientemente esclarecida.

§ 1º A segunda perícia tem por objeto os mesmos fatos sobre os quais recaiu a primeira e destina-se a corrigir eventual omissão ou inexatidão dos resultados a que esta conduziu.

§ 2º A segunda perícia rege-se pelas disposições estabelecidas para a primeira.

§ 3º A segunda perícia não substitui a primeira, cabendo ao juiz apreciar o valor de uma e de outra.

• **Comentário**

Caput. Houve transposição do art. 437 do CPC revogado, exceto num ponto particular, que será demonstrado a seguir.

No sistema do CPC revogado, quando a matéria não estivesse suficientemente esclarecida no laudo, o juiz poderia determinar a realização de nova perícia, por sua iniciativa ou a requerimento da parte interessada. Cuida-se, pois, de uma *faculdade* do magistrado. A redação do art. 480 do CPC em vigor, no entanto, permite a conclusão de que, agora, se trata de um *dever* do magistrado, pois a norma possui caráter imperativo: "O juiz determinará".

Determinando a realização de uma nova perícia, o juiz deverá nomear perito diverso do anterior; designar o mesmo seria render culto ao ilogismo, pois o laudo por este elaborado não foi satisfatório.

De qualquer modo, acreditamos não ser possível, *em princípio,* deferir-se (logo, houve requerimento nesse sentido) a realização de uma terceira perícia, não apenas diante dos transtornos e inconvenientes que isso traria para o procedimento, mas, acima de tudo, porque a própria lei somente se refere à *segunda* perícia (art. 480, § 1º). Nada obstante, em casos especialíssimos poderá o magistrado determinar de ofício a realização, pela terceira vez, dessa modalidade de prova, pois seria de certo modo constrangedor impor-lhe que formasse a sua convicção com base em duas perícias insatisfatórias, precárias ou inaptas, que não puderam ser salvas nem mesmo pelos esclarecimentos complementares ministrados pelo perito e pelos assistentes

§ 1º A segunda perícia não poderá inovar ou alterar o objeto da realização da primeira; nem haveria sentido lógico para que isso ocorresse, pois aquela visa, fundamentalmente, a suprir omissões ou a sanar falhas desta. A lei, aliás, é suficientemente clara ao estabelecer essa pressuposição essencial.

Levando-se em conta as razões finalísticas da segunda perícia, parece-nos correto afirmar que, por princípio, não devem ser admitidos novos quesitos, porquanto isto poderia transfigurar o objeto da sua realização. Os novos quesitos, que entendemos não devam ser aceitos, estão no sentido de serem capazes de provocar uma deflexão do objeto da investigação pericial, fazendo com que recaia em fatos não compreendidos pela primeira. Destarte, nada impede que, sendo novos unicamente quanto à forma de serem redigidos, os quesitos sejam admitidos, pois, nesse caso, a reformulação da literalidade poderá contribuir para que a segunda perícia alcance os resultados que à primeira restaram frustrados.

É tarefa árdua, sem dúvida, que exigirá do juiz apurada argúcia e bom senso discernir entre serem esses quesitos novos quanto à finalidade que perseguem, ou, meramente, no que tange à forma com que foram redigidos. No primeiro caso, os indeferirá; no segundo, não.

Pergunta-se, contudo: a segunda perícia deverá ser efetuada pelo mesmo perito? Ora, se a primeira perícia foi insatisfatória em virtude de falha do perito (seja no desempenho das funções, por lhe faltarem conhecimentos técnicos ou científicos para realizá-la, seja por qualquer outra causa que lhe possa ser, legitimamente, imputável) este deverá ser substituído com fulcro no permissivo do art. 468, inciso l, do CPC, pois seria imprudente persistir-se com quem não soube se desincumbir com lealdade ou perfeição do encargo que lhe foi cometido.

§ 2º Os mesmos critérios estabelecidos pelo juiz para a realização da primeira perícia deverão ser observado com vistas à segunda. Se, todavia, a primeira perícia foi insatisfatória, exatamente em decorrência da precariedade dos critérios indicados pelo juiz, é elementar que esses critérios devem ser aprimorados, sob pena de a segunda perícia também apresentar o mesmo resultado insatisfatório da primeira.

§ 3º A nova perícia não substituiu a primeira, podendo o juiz, diante disso, apreciar livremente o valor de uma e de outra. É evidente que o magistrado deverá indicar, na sentença, as razões jurídicas pelas quais optou por um dos laudos, desprezando o outro. Essa fundamentação é, acima de tudo, uma exigência constitucional (CF, art. 93, inciso IX), estando reproduzida nos textos infraconstitucionais (CLT, art. 832, *caput*; CPC, art. 479).

Conforme afirmamos, a segunda perícia não substitui a anterior; quer dizer: o magistrado poderá acatar o resultado constante desta ou daquela, apreciando "o valor de uma e outra" (art. 480, § 3º). A tendência que a generalidade dos casos sugere é a aceitação da segunda perícia, pois, quando da sua realização, os peritos e os assistentes ficaram cientes das omissões ou incorreções existentes na primeira e, por suposto, empenharam-se em saná-las. Entendendo, no entanto, que as conclusões contidas na primeira perícia estão mais conformes com os fatos que a motivaram, o juiz poderá adotá-las livremente, isto é, sem receio de dever obediência à segunda.

Em outras hipóteses, ainda, ele poderá fundamentar-se em ambas as perícias, seja porque se complementam, seja porque parte da matéria foi mais bem examinada pela primeira e parte pela segunda, seja por outra razão qualquer que possa ser invocada legalmente.

Produção antecipada da prova pericial

Desde que haja fundado receio de que venha a tornar-se impossível ou extremamente difícil a verificação de certos fatos na pendência da ação, ou que a prova a ser produzida seja suscetível de viabilizar a autocomposição ou outro meio adequado de solução do conflito, ou, ainda, o prévio conhecimento dos fatos possa justificar ou evitar o ajuizamento da ação, a lei permite (CPC, art. 381, I a III, respectivamente) que a parte interessada requeira a realização de perícia antecipada. Trata-se da medida cautelar de produção antecipada de provas, e que abrange, também, o interrogatório da parte e a inquirição de testemunhas.

Particularmente, a prova pericial será efetuada segundo as regras e o procedimento estabelecido no art. 464 e seguintes do CPC. Se o juiz se convencer que o réu poderá tornar ineficaz a medida cautelar, poderá concedê-la liminarmente ou após justificação prévia por parte do requerente, que, no processo do trabalho, não necessitará prestar a caução (contracautela). Realizada que seja, os autos permanecerão na secretaria da Vara, facultando-se, todavia, aos interessados solicitar certidões (CPC, art. 383).

É elementar que a prova pericial — como as demais que sejam produzidas de maneira antecipada — não pode ser apreciada isoladamente (ou de imediato) pelo juiz, que deverá, por isso, reservar-se para fazê-lo na sentença de fundo, relativa à ação a ser ajuizada pelo requerente da medida cautelar.

A falsidade do laudo

Se o perito fizer afirmação falsa, calar ou negar a verdade, estará cometendo o crime (contra a administração da Justiça) a que se refere o art. 342 do Código Penal, cuja pena será a de reclusão de um a três anos, e multa pecuniária. Embora seja de difícil ocorrência na prática, pode acontecer de o laudo ser falso; diante disso e considerando que se trata de um documento, poderá a parte interessada arguir-lhe a falsidade, processando-se o incidente na forma do art. 430 e seguintes do CPC, no que couber.

Caso a sentença tenha se fundamentado no laudo pericial, que veio mais tarde a ser declarado falso, poderá ser rescindida com fulcro no art. 966, inciso VI do CPC. Para que a rescisória seja admitida, contudo, há necessidade de demonstrar-se que a sentença não subsistiria sem o laudo declarado falso.

Seção XI

Da Inspeção Judicial

Art. 481. O juiz, de ofício ou a requerimento da parte, pode, em qualquer fase do processo, inspecionar pessoas ou coisas, a fim de se esclarecer sobre fato que interesse à decisão da causa.

• **Comentário**

Houve transladação literal do art. 440 do CPC revogado.

Considerações preambulares

Em regra, compete às partes produzir na presença do juiz a prova da veracidade dos fatos narrados na ação; essa transladação para os autos do processo se faz pelos meios em direito admitidos (CF, art. 5º, inciso LVI) e na medida do interesse dos litigantes em verem admitidos como verdadeiros tais fatos. Dito interesse constitui, a propósito, o conteúdo racional do encargo ou ônus da prova, que a lei processual distribui entre os litigantes (CLT, art. 818).

Sendo o magistrado, de conseguinte, o principal destinatário da prova, seria inadmissível que a lei não lhe permitisse vistoriar, diretamente, pessoas ou coisas, a fim de melhor formar a sua convicção jurídica acerca dos fatos controvertidos na causa (CPC, art. 481). Assim é que ele poderá, de ofício ou a requerimento da parte, realizar essa inspeção sempre que isto se fizer necessário para o esclarecimento de fatos relevantes para a solução da lide. Na inspeção, diz Chiovenda (*Istituzioni*, n. 342), "o Juiz colhe diretamente, por seus próprios sentidos, as observações sobre as coisas que são objeto da lide ou que com ela têm relação".

A inspeção judicial é também prevista em legislações alienígenas, nas quais varia a sua denominação: *inspección judicial, inspección ocular, acesso giudiziario, visita giudiziale, decende sur lês heux, inspection at a wee* etc. Ela, contudo, não se confunde com: a) o exame pericial, pois a inspeção se trata de reconhecimento feito pessoalmente pelo juiz, de quem não se exige nenhum conhecimento técnico ou científico; para tanto, bastam, apenas, as suas percepções sensórias comuns; b) a cognição privada do magistrado, porquanto aqui ele procede ao reconhecimento acompanhado pelas partes, seus representantes ou procuradores, podendo, ainda, fazer-se assistir por um ou mais peritos, cuja função será, somente, a de assessorá-lo. A ausência das partes, desde que tenham sido regularmente intimadas, não obsta a inspeção.

O CPC de 1939 não previa a inspeção judicial — que, aliás, é amplamente cabível no processo do trabalho, embora a sua utilização, na prática, seja infrequente. A vistoria, a que se referia o CPC de 1939 (art. 294, inciso V), não era a judicial, e sim, a realizada por perito, na forma dos arts. 129 a 132, daquele Código. Vale dizer, correspondia à atual perícia. O CPC de 1973 regula a inspeção judicial nos arts. 440 a 443.

Conceito

Para Carlo Lessona a inspeção judicial é "o ato pelo qual o Juiz se traslada ao lugar a que se refere a controvérsia, ou onde se encontra a coisa que a motiva, para obter, mediante exame pessoal, elementos de convicção"; Erich Doring a tem como "o ato por meio do qual o Juiz, em vez de colher informações por intermédio de terceiros, toma ciência pessoal a respeito de um objeto concreto, com fins de esclarecimento" (*La prueba: su práctica y apreciación*. Buenos Aires: E.J.E.A., 1972, § 63, p. 216). Dela, ainda, disse Liebman (*Manual de direito processual civil*, 1959, 2º v., n. 238): "é a atividade instrutória do Juiz destinada a examinar uma coisa ou lugar, a fim de tomar conhecimento de suas características".

Visando a contribuir para a consolidação do tema, sugerimos o seguinte conceito: inspeção judicial é o ato pelo qual (1) o juiz, (2) no curso do processo, (3) por sua iniciativa ou a requerimento da parte, (4) e com o objetivo de buscar esclarecimentos (5) acerca de fatos relevantes para a decisão da causa, (6) examina, diretamente, (7) em juízo ou no local em que se encontrem, (8) pessoas ou coisas, (9) utilizando-se, para isso, de suas percepções sensoriais comuns.

Dissemos:

(1) o juiz, porque essa inspeção constitui ato privativo do magistrado;

(2) no curso do processo, porquanto o inspecionamento somente poderá ser realizado após o ajuizamento da ação; a não ser assim, não se poderia justificar o fato de esse ato judicial destinar-se a obter esclarecimentos a respeito de fatos da causa. Ademais, não sendo a inspeção meio de prova, não se admite a sua realização em sede cautelar;

(3) por sua iniciativa ou a requerimento da parte, dado que a vistoria pode ser deliberada pelo próprio magistrado, de ofício, ou em face de requerimento de um ou de ambos os litigantes. Entendemos que o juiz não está obrigado a acolher o requerimento, pois a realização da inspeção constitui nítida faculdade que lhe confere a lei, conforme se conclui pelo emprego do verbo *poder* ("pode") na redação do art. 481 do CPC;

(4) e com o objetivo de buscar esclarecimentos, visto ser esse o pressuposto legal que autoriza a inspeção, constituindo, ao mesmo tempo, a sua finalidade. É evidente, contudo, que se a matéria estiver suficientemente esclarecida nos autos não haverá necessidade de o juiz proceder a esse reconhecimento;

(5) acerca de fatos relevantes para a decisão da causa, porque os fatos sem importância para o deslinde da controvérsia não devem ser eleitos como objeto desse ato judicial. Os fatos, além disso, devem ser controvertidos;

(6) examina, diretamente, quer dizer, sem a intermediação de alguém; o magistrado, aqui, é o sujeito da vistoria, é o próprio perceptor dos fatos;

(7) em juízo ou no local em que se encontrem, porquanto a pessoa ou coisa tanto pode ser trazida à presença do magistrado, para ser inspecionada, quanto este locomover-se ao lugar em que se encontra;

(8) pessoas ou coisas, pois estas são, por expresso pronunciamento legal, as destinatárias do exame judicial;

(9) utilizando-se, para isso, de suas percepções sensoriais comuns, exatamente porque do juiz não se exige, no caso, qualquer conhecimento especializado (técnico ou científico), mas, apenas, que possa apreender os fatos por intermédio das suas percepções sensórias ordinárias, entendidas como aquelas de que são dotadas as pessoas em geral.

Art. 482. Ao realizar a inspeção, o juiz poderá ser assistido por um ou mais peritos.

• **Comentário**

Reproduziu-se, no essencial, a regra do art. 441 do CPC revogado.

A despeito de o juiz dever valer-se essencialmente das suas percepções sensoriais comuns, no momento da inspeção, permite a lei que ele se faça assistir por um ou mais peritos, a fim de melhor compreender os fatos relacionados ao objeto do exame. O texto em vigor eliminou o adjetivo *direta*, que o art. 441 do CPC anterior trazia após a expressão "Ao realizar a inspeção". Esse adjetivo, efetivamente, era desnecessário, porquanto a inspeção é sempre realizada de maneira direta, ou seja, pessoalmente, pelo juiz.

Contrariamente a Moacyr Amaral Santos (ob. cit., p. 390), julgamos que na inspeção as *partes* não podem designar assistentes técnicos, porquanto não se trata de perícias; na inspeção, o perito se destina a assessorar, tecnicamente, o magistrado, não se admitindo, portanto, que as partes indiquem assistentes. O nosso entendimento, no particular, decorre do fato de que, sendo a inspeção um ato exclusivo do juiz, a existência de assistentes para as partes se torna incompatível com essa pessoalidade relativa ao magistrado. Devemos esclarecer, contudo, que o juiz poderá consentir, por mera liberalidade, que se designem assistentes, caso entenda aconselhável a sua presença no inspecionamento.

Como vimos, ao realizar a inspeção poderá o juiz ser assistido por um ou mais peritos, sempre que reputar necessário e desde que isto se justifique diante, por exemplo, da heterogeneidade de objetos a serem examinados. Há, assim, um fundamento lógico para a existência de mais de um perito numa só inspeção; oportuna, a respeito, a observação de Pestana de Aguiar (ob. cit., p. 428), de que a pluralidade de peritos, permitida por lei, "quer se referir à inspeção judicial que envolve mais de uma especialidade técnica".

O perito (ou mais de um) nomeado pelo juiz pode ser recusado por impedimento ou suspeição (CPC, art. 148, II), com fulcro em quaisquer das causas previstas em lei (CPC, arts. 144 e 145); de igual modo, poderá escusar-se alegando motivo legítimo (CPC, art. 157, *caput*). A recusa traduz, portanto, ato da parte; a escusa, ato do perito.

Durante a inspeção, o juiz poderá ordenar a exibição de documentos que se relacionem com a coisa ou pessoa que esteja sendo examinada, bem assim colher informações de terceiros, sem que se atribua a estes a qualidade de testemunhas.

Art. 483. O juiz irá ao local onde se encontre a pessoa ou a coisa quando:

I — julgar necessário para a melhor verificação ou interpretação dos fatos que deva observar;

II — a coisa não puder ser apresentada em juízo sem consideráveis despesas ou graves dificuldades;

III — determinar a reconstituição dos fatos.

Parágrafo único. As partes têm sempre direito a assistir à inspeção, prestando esclarecimentos e fazendo observações que considerem de interesse para a causa.

• **Comentário**

Caput. A matéria estava contida no art. 442 do CPC revogado.

A norma refere as situações que justificam a inspeção judicial.

Inciso I. O ônus da prova que a lei atribui às partes (CLT, art. 818) significa que elas devem, pelos meios previstos em lei, reproduzir nos autos a realidade dos fatos alegados em suas peças processuais. Muitas vezes, contudo, por mais que nisso se tenham empenhado os litigantes, ao juiz os fatos não parecem claros. Diante disso, ele poderá ir ao local em que se encontra a pessoa ou a coisa, a fim de melhor poder cientificar-se a respeito dos fatos da causa.

Inciso II. Se o objeto for pessoa ou coisa móvel, a inspeção deverá ser feita na sede da Vara. Tratando-se de imóvel, o inspecionamento será feito, evidentemente, no lugar em que ele está situado.

Na Justiça do Trabalho, em regra, a inspeção judicial tem como objeto coisas imóveis, sendo de certo modo mais frequente nas ações aforadas por trabalhadores rurais, quando, em muitos casos, avulta a necessidade de o juiz efetuar a vistoria, com o objetivo de constatar, *in loco*, a localização e as características físicas do imóvel, a distância deste em relação ao lugar em que reside o empregado, as atividades que são ali desenvolvidas, a área de plantio e o mais, sem o que dificilmente poderia captar essas particularidades, pois os demais meios de prova resultariam inaptos para tanto.

Enfim, na Justiça do Trabalho a inspeção recai, quase sempre, em coisa imóvel, nada obstando, entretanto, que se realize com base nos demais incisos da norma legal em exame.

Inciso III. Quando houver necessidade de reconstituição dos fatos essenciais da causa, o magistrado poderá inspecionar pessoas ou coisas. No processo do trabalho tem sido escassa a realização de inspeção judicial com fulcro neste inciso.

Parágrafo único. Cumpre ao juiz determinar a intimação das partes quanto à data, hora e local em que será realizada a inspeção, pois é certo que estas têm o direito de assistir ao ato, prestando inclusive esclarecimentos e formulando observações que interessem à causa. Por este motivo, podem as partes se fazer acompanhar de técnicos, que as auxiliarão nos esclarecimentos e observações que pretendam formular ao juiz. Ao assim afirmar, não estamos incidindo em contradição com o que há pouco dizíamos, quanto à inadmissibilidade de *assistentes técnicos* na inspeção. Sucede que, efetivamente, não concordamos com a designação de *assistentes* que tais, segundo a maneira formal com que isto se dá no caso de exame pericial, em que os assistentes técnicos devem, até mesmo, responder aos quesitos que tenham sido elaborados. Sendo assim, o que na inspeção se permite às partes é que se valham de pessoas versadas na matéria que dá conteúdo ao inspecionamento, com a finalidade de se *consultarem* com elas sempre que desejarem contribuir para o esclarecimento dos fatos relevantes para a causa. Isto, todavia, não transforma esses auxiliares das partes em seus assistentes técnicos, segundo o significado próprio desta expressão na terminologia processual.

A ausência de intimação aos litigantes acerca do dia, hora e local da inspeção tornará nulo o ato porque, em se tratando de um meio de prova, a sua produção deve respeitar a alguns princípios regentes como, em particular, o do contraditório.

Censure-se, por isso, o procedimento adotado por alguns juízes, consistente em realizar a inspeção de surpresa, ou seja, sem o prévio conhecimento das partes. É sempre recomendável advertir que "As partes têm sempre direito a assistir à inspeção (...)", nos termos inequívocos do parágrafo único do art. 483 do CPC. Seria lícito, porém, ao magistrado realizar a inspeção de surpresa, estando presentes as partes? Digamos que o juiz resolva suspender a audiência de instrução, que estava sendo realizada, para dirigir-se a determinado local, com as partes e advogados, a fim de melhor inteirar-se das condições de trabalho do autor ou de verificar se as declarações da parte ou da testemunha são verdadeiras. A despeito de esse tipo de procedimento não dever ser estimulado, pelo caráter algo policialesco e sensacionalista que apresenta, devemos reconhecer que não será causa de nulidade processual, considerando-se a presença das partes ao ato de inspeção. Mesmo assim, deverá ser lavrado auto circunstanciado (CPC, art. 484).

Art. 484. Concluída a diligência, o juiz mandará lavrar auto circunstanciado, mencionando nele tudo quanto for útil ao julgamento da causa.

Parágrafo único. O auto poderá ser instruído com desenho, gráfico ou fotografia.

• **Comentário**

Caput. Houve reprodução literal do art. 443 do CPC revogado.

Concluída a inspeção, o juiz mandará ser lavrado um auto circunstanciado, em que se mencionará tudo aquilo que foi observado durante a diligência e que será útil ao julgamento da causa; desnecessário, por isso, que dele se façam constar observações irrelevantes ou impertinentes, que em nada contribuirão para elucidar os fatos.

Destinando-se o laudo a documentar a inspeção, é curial que nele o magistrado faça registrar, com minúcias, tudo quanto for proveitoso para o julgamento do feito, cuidando, porém, para não lançar aí as suas conclusões acerca dos fatos; fazê-lo, seria antecipar, de maneira irregular, a prestação jurisdicional. Desta forma, somente na sentença de fundo, que compuser a lide, é que o magistrado deverá apreciar e avaliar o laudo, com o objetivo de formar a sua convicção jurídica.

Nem sempre o auto é elaborado ato contínuo ao término da inspeção, pois determinadas circunstâncias assim o impedem. Diante disto, em poder das anotações que foram sendo feitas no curso da inspeção, o diretor da secretaria, ou escrivão, deverá lavrar o auto no primeiro dia útil subsequente, que será a seguir assinado pelas pessoas já mencionadas. Antes de assiná-lo, contudo, poderão as partes chamar a atenção do juiz para eventuais omissões ou equívocos relacionados aos fatos ali descritos, razão por que se torna recomendável, em certos casos, que o magistrado mande incluir nos autos, juntamente com o laudo, os assentamentos originais, feitos por ocasião da diligência, e que forneceram os elementos para a elaboração daquele documento da inspeção. Sem a observância desta regra de cautela o juiz poderia encontrar dificuldades em convencer-se das falhas apontadas, ou persuadir a parte de que essas falhas inexistem, segundo seja a hipótese.

Parágrafo único. Para que melhor sejam compreendidos os fatos nele mencionados, o auto poderá ser instruído com desenho, gráfico, fotografia ou qualquer outro documento que o juiz entenda necessário juntar.

Após ser lavrado pelo diretor da secretaria, o auto será assinado pelo juiz, pelas partes, seus representantes e advogados, pelo perito e pelas demais pessoas que tenham, de um modo ou de outro, contribuído para o esclarecimento dos fatos que motivaram a inspeção.

CAPÍTULO XIII

DA SENTENÇA E DA COISA JULGADA

Seção I
Disposições Gerais

Art. 485. O juiz não resolverá o mérito quando:

I – indeferir a petição inicial;

II – o processo ficar parado durante mais de 1 (um) ano por negligência das partes;

III – por não promover os atos e as diligências que lhe incumbir, o autor abandonar a causa por mais de 30 (trinta) dias;

IV – verificar a ausência de pressupostos de constituição e de desenvolvimento válido e regular do processo;

V – reconhecer a existência de perempção, de litispendência ou de coisa julgada;

VI – verificar ausência de legitimidade ou de interesse processual;

VII – acolher a alegação de existência de convenção de arbitragem ou quando o juízo arbitral reconhecer sua competência;

VIII – homologar a desistência da ação;

IX – em caso de morte da parte, a ação for considerada intransmissível por disposição legal; e

X – nos demais casos prescritos neste Código.

§ 1º Nas hipóteses descritas nos incisos II e III, a parte será intimada pessoalmente para suprir a falta no prazo de 5 (cinco) dias.

§ 2º No caso do § 1º, quanto ao inciso II, as partes pagarão proporcionalmente as custas, e, quanto ao inciso III, o autor será condenado ao pagamento das despesas e dos honorários de advogado.

§ 3º O juiz conhecerá de ofício da matéria constante dos incisos IV, V, VI e IX, em qualquer tempo e grau de jurisdição, enquanto não ocorrer o trânsito em julgado.

§ 4º Oferecida a contestação, o autor não poderá, sem o consentimento do réu, desistir da ação.

§ 5º A desistência da ação pode ser apresentada até a sentença.

§ 6º Oferecida a contestação, a extinção do processo por abandono da causa pelo autor depende de requerimento do réu.

§ 7º Interposta a apelação em qualquer dos casos de que tratam os incisos deste artigo, o juiz terá 5 (cinco) dias para retratar-se.

Código de Processo Civil

• **Comentário**

Caput. A matéria era regida pelo art. 267 do CPC revogado. A precitada norma legal dispunha que o processo se extinguiria sem resolução do mérito nos casos mencionados nos incisos I a XI. O CPC atual estabelece que "O juiz não resolverá o mérito quando". A redação da norma se justifica pelo fato de, no sistema do atual CPC, a sentença nem sempre implicar a extinção do processo.

Quando alguém invoca a prestação da tutela jurisdicional do Estado pretende obter um pronunciamento a respeito dos pedidos formulados na inicial, que constituem o mérito da causa, a razão de ser da demanda, e que são, na maioria das vezes, de natureza material. Considerado o fato sob esse aspecto, podemos dizer que a sentença de mérito é a única que deveria receber a denominação de sentença, pois ela corresponde à resposta jurisdicional às pretensões deduzidas pelo autor.

Isso, porém, não torna desvaliosas as considerações que expendemos no início, de que o objetivo que leva o indivíduo a ingressar em juízo (falamos do juízo civil e do trabalhista e, especialmente, deste) radica na obtenção de um provimento que reconheça a existência do direito material alegado, levando em conta o fato de o Estado moderno haver anatematizado a prática da autotutela de direitos ("justiça pelas próprias mãos"), muito em voga em tempos remotos.

Sendo assim, é razoável que o autor deseje ver composta a lide por um ato estatal (que substitua a sua atuação pessoal), a despeito de o ordenamento legal permitir a solução negociada do conflito, mediante transação ou outro meio de autocomposição. A partir da petição inicial, são deflagrados diversos atos, preordenados logicamente e em regra preclusivos, que se encaminham para o seu polo de atração magnética, a sentença de mérito. Esses atos, em seu conjunto, compõem o procedimento, que é a face visível do processo, as suas "vestes formais" como dizem alguns autores.

Muitas vezes, entretanto, surgem determinados acidentes de percurso, que impedem a desenvolução do procedimento rumo à sentença de fundo, fazendo com que o processo se finde prematuramente. À sentença, que assim o extingue, a doutrina de outrora chamava, com certa propriedade, de *terminativa* — terminologia com que o atual CPC parece não haver simpatizado, e que é encontrada na CLT (art. 895, I e II).

Cremos não ser inadequado afirmar que o processo se extingue de modo *anormal* sempre que, por um motivo ou por outro, não se chega ao exame do mérito da causa.

Essa extinção anormal, mesmo assim, produz certos efeitos, embora de caráter endoprocessual, para os litigantes. Assim dizemos porque, decorrido o prazo para a interposição de recurso ordinário, forma-se uma preclusão, por força da qual não podem as partes voltar a discutir a demanda na mesma relação processual. A esse fenômeno, a doutrina tem denominado de "coisa julgada formal", em contraposição à material. A locução, todavia, contém um antagonismo nos próprios termos pelos quais é enunciada, pois, se o processo foi extinto sem exame do mérito, não se pode dizer que houve *coisa julgada* — simplesmente porque a *res* não foi objeto de pronunciamento jurisdicional. Se julgamento aí houve não foi, com certeza, da *coisa*, entendida esta como a pretensão de direito material. O que está implícito na sentença "terminativa" é, na verdade, uma declaração de que, em decorrência de determinados obstáculos intransponíveis, a *res* não pôde ser *iudicata*, ou seja, de que a tutela jurisdicional do Estado, em sua mais pura expressão, foi frustrada por esses óbices.

É proveitoso observar que a extinção do processo sem pronunciamento sobre o mérito é algo que ocorre, na generalidade das situações, em prejuízo dos interesses do autor, porquanto a ele, mais do que ao réu, convinha o prosseguimento do processo, em direção à sentença de fundo. Já a extinção do processo com resolução do mérito pode dar-se em benefício ou em desfavor de qualquer dos litigantes, tudo dependendo da formação do convencimento do juízo acerca dos fatos narrados, da prova produzida e do direito disputado.

Analisada a sentença "terminativa" sob o aspecto óptico de sua natureza ou de seus efeitos, devemos dizer que ela é declaratória negativa, por afirmar a existência de empecilhos ao exame do mérito, à composição da lide; diz, por outras palavras, que a tutela jurisdicional não pôde ser prestada em razão desses embaraços ou estorvos. Nesse caso, não atua a regra estampada no art. 492 do CPC, que proíbe o juiz de proferir sentença de natureza diversa da pedida, porquanto o fato de a sentença ser, efetivamente, de índole distinta da colimada pelo autor se deveu à circunstância de não se poder haver chegado à investigação do *meritum cause*.

Uma outra diferença entre a sentença que resolve o mérito e a que não o resolve se localiza no momento em que uma e outra são proferidas. A primeira, no geral, é emitida após ter sido realizada a instrução do processo, aduzidas as razões finais e rejeitadas as propostas de conciliação, embora, em alguns casos, a lei permita o julgamento antecipado da lide como se dá, por exemplo, quando a questão de mérito for unicamente de direito, ou, sendo de direito e de fato, não houver necessidade de produzir provas em audiência; quando ocorrer a revelia e incidir o seu efeito (CPC, art. 344). A segunda, no entanto, é proferida, quase sempre, sem que a instrução oral do processo tenha sido realizada, a despeito de, em situações excepcionais, poder ser emitida após a instrução, como quando o juiz tomar conhecimento da falta de algum pressuposto legal indispensável para a constituição e o desenvolvimento regulares da relação jurídica processual (CPC, art. 485, IV) ou de alguma das condições da ação (*ibidem*, VI), pois, como se sabe, não há preclusão no que tange a essas matérias (CPC, art. 485 § 3º).

Distinguem-se, ainda que palidamente, ambas as espécies de sentença quanto aos seus requisitos de validade formal. Conquanto o art. 489 do CPC, afirme que a sentença deva conter: I — o relatório, II — a fundamentação e III — o dispositivo, essas exigências dizem respeito, muito mais, às sentenças de mérito do que às "terminativas", pois a própria jurisprudência tem admitido que estas, *e. g.*, embora devam subordinar-se à regra que emana da precitada norma do CPC, possam ser expressas de maneira concisa. A concisão, no caso, pode abranger as três partes estruturais da sentença, inclusive, a fundamentação. O que não se admite é sentença sem motivação, porquanto a exigência, quanto a isso, é de foro constitucional (CF, art. 93, IX).

Nem haveria razão para impor-se à sentença que não resolve o mérito a regra do art. 489, § 1º, do CPC, sabendo-se que esse tipo de pronunciamento jurisdicional não tem efeito extraprocessual, motivo por que não produz a coisa julgada material, fazendo gerar, apenas, uma preclusão, que impede as partes de voltar a litigar no mesmo processo — salvo, é evidente, se a sentença extintiva tenha sido impugnada por meio de recurso, ao qual o tribunal deu provimento.

Em princípio, as sentenças que acarretem extinção do processo sem resolução do mérito não se sujeitam à via rescisória (CPC, art. 966, *caput*). Dissemos *em princípio*, porque a realidade da vida forense tem demonstrado que, em situações específicas, torna-se absolutamente imprescindível admitir-se a rescisão dos pronunciamentos jurisdicionais que tenham posto fim ao processo *sem* apreciação do mérito, sob pena de tolerar-se que certos direitos processuais das partes, lesados por ato do juiz, fiquem sem possibilidade de reparação, como quando não se admite um recurso, com o fundamento de ser intempestivo, e se comprova que era tempestivo. Não é este, porém, o momento e o lugar para nos dedicarmos ao estudo dessa importante questão que bordejamos, apenas, de passagem.

Estabelece o art. 494, do CPC, que o juiz, ao publicar a sentença, não mais pode alterá-la, exceto: a) para corrigir-lhe inexatidões materiais ou erros de cálculo; b) em virtude de embargos de declaração. O texto atual, ao contrário do CPC anterior (art. 463), não mais se refere à *sentença de mérito*. Logo, a regra é aplicável a toda e qualquer sentença. Há, todavia, situações em que a sentença pode ser modificada, regularmente, fora dos casos previstos no art. 464, como ocorre no caso de indeferimento da petição inicial, com a consequente extinção do processo sem resolução do mérito (CPC, art. 485, I). O ato jurisdicional extintivo do processo é sentença (CPC, art. 316). Se o autor apelar da sentença, o juiz poderá retratar-se no prazo de cinco dias, ou seja, revogar a sentença (CPC, art. 331). O próprio § 7º do art. 485, aliás, prevê a possibilidade de o juiz retratar-se em todos os casos mencionados nos seus incisos I a X, desde que a sentença tenha sido impugnada por meio de apelação.

Inciso I. Indeferimento da petição inicial. O 1.º do art. 330, do CPC, menciona, em quatro incisos, os motivos que autorizam o indeferimento da petição inaugural. São os seguintes:

a) Inépcia. Considera-se inepta a petição quando: a.a) lhe faltar pedido ou causa de pedir; a.b) o pedido for indeterminado, exceto nos casos em que, por força de lei, se permite a formulação de pedido genérico; a.c) da narração dos fatos não decorrer, de maneira lógica, a conclusão; a.d) contiver pedidos incompatíveis entre si.

Os juízes do trabalho devem ser extremamente cautelosos na aplicação desse preceito legal. Não queremos com isso dizer que não possam, em hipótese alguma, decretar a inépcia da inicial, e, sim, que não devem aplicar com rigor excessivo a norma civilista, sob pena de escoriarem o princípio da simplicidade que informa o procedimento trabalhista. Essa advertência deve ser acatada com muito mais intensidade por aqueles magistrados que entendem estar em pleno vigor o art. 791, *caput*, da CLT, que outorga às partes o *ius postulandi*, vale dizer, a capacidade para praticarem pessoalmente em juízo todos os atos processuais necessários à defesa dos seus direitos e interesses manifestados na causa, inclusive, a invocação da própria tutela jurisdicional.

De qualquer modo, ainda que se encontre presente uma das eivas que comprometem a aptidão da peça inaugural, como instrumento de deflagração do processo e do procedimento que lhe é correspondente, não deve o juiz pronunciar, de imediato, a inépcia, indeferindo essa petição e fazendo extinguir o processo sem resolução do mérito. Tal atitude seria precipitada e, de certa maneira, arbitrária. Assim, incumbirá ao magistrado, diante da falha verificada, determinar, por despacho, que o autor emende ou complete a inicial, no prazo de quinze dias (CPC, art. 321, *caput*). Somente se o despacho não for atendido é que, decorrido o prazo, poderá o juiz indeferir a petição. Fique claro que, também nesse processo, o ato pelo qual se indefere a petição inicial é sentença, e não, como se possa imaginar, mero despacho.

A regra é elementar: se o mencionado ato provoca a extinção do processo só se pode cogitar, na espécie, de sentença (art. 316). O art. 331, *caput*, do digesto processual civil, alude, a propósito, à apelação interposta da sentença que indeferir a petição inicial, a demonstrar, com isso, que dito ato jurisdicional é recorrível. No processo do trabalho esse recurso é o ordinário (CLT, art. 895, "a"), que, como dissemos, pode ter como destinatárias não apenas as sentenças "definitivas", de que fala o texto legal, mas, também, as "terminativas".

Se bem refletirmos, veremos que o indeferimento da petição inicial não deveria ser considerado causa de extinção do processo, mas de impedimento de constituição do processo. Anteriormente, vindo o autor a recorrer da sentença "terminativa", e sendo o recurso admitido pelo juízo *a quo*, este deveria mandar citar o réu para acompanhar os trâmites da impugnação (CPC, de 1939, art. 296, *caput*), cuja citação valeria para todos os termos ulteriores do processo (*ibidem*, § 1º). Se o recurso fosse provido, o réu seria intimado, na pessoa de seu procurador, para responder à ação (§ 2º); caso não tivesse procurador nos autos, o processo correria à sua revelia (§ 3º).

Atualmente, porém, indeferida a inicial, o autor poderá recorrer, facultando-se ao juízo, no prazo de cinco dias, reformar a decisão (CPC, art. 331, *caput*). Mantida a decisão, o juiz mandará citar o réu para responder ao recurso (*ibidem*, § 1º).

b) Ilegitimidade de parte. Figura como uma das condições para o exercício da ação (CPC, art. 17). Como regra geral, podemos estabelecer que a legitimidade decorre da vinculação da parte à relação jurídica material havida ou existente ou que se pretende ver reconhecida. Daí por que se tem dito que a substituição processual traduz uma forma de legitimação anômala, porquanto o substituto, embora atue em nome próprio, postula direito alheio. No caso dos sindicatos, os titulares do direito material *in iudicio deducta* são os integrantes da categoria profissional. A legitimidade do sindicato para agir na qualidade de substituto processual, porém, não subtrai a legitimidade dos titulares do direito material, que, por isso, poderão invocar, diretamente, a prestação da tutela jurisdicional, desde que o façam na forma da lei. Há, sob esse aspecto, uma legitimidade concorrente entre substituto e substituído.

Verificando, o juiz, que a ilegitimidade (seja ativa ou passiva) é manifesta, como diz a lei (CPC, art. 330, II), por sentença indeferirá a petição inicial, fazendo com que se extinga o processo sem resolução do mérito. Como o ato jurisdicional gera a terminação do processo, fica patente tratar-se de sentença (CPC, arts. 203, § 1º e 485, I).

Se a ilegitimidade não for manifesta, o juiz poderá ouvir a parte contrária e realizar uma espécie de instrução incidental acerca da matéria, a fim de colher elementos que serão utilizados para a formação do seu convencimento jurídico.

c) Falta de interesse processual. Constitui outra das condições para o exercício da ação (CPC, art. 17). Em linhas gerais, podemos afirmar que o interesse processual está ligado à necessidade que tem a parte de obter um provimento jurisdicional capaz de assegurar-lhe um bem da vida, ou à utilidade que, com vistas a esse escopo, representa a decisão judicial. É, justamente, à luz desse binômio necessidade/utilidade que deve ser avaliada a existência do interesse processual, tanto ativa quanto passivamente. A falta desse interesse torna o autor carecente da ação e conduz à extinção do processo sem resolução das pretensões de direito material por ele formuladas na demanda.

Conquanto, em princípio, o interesse processual deva estar presente no momento do ingresso em juízo, há situações em que a existência, ou não, desse interesse, acaba sendo reservada para o momento da emissão da sentença de fundo. Explicando-nos melhor: se, quando do ingresso em juízo, não havia esse interesse (mas o órgão jurisdicional, por algum motivo que agora não vem ao caso investigar, não tenha indeferido a petição inicial), embora este venha a surgir no curso da ação, a parte não deverá ser declarada carecedora da ação, pois a superveniência do interesse faz desaparecer o motivo dessa carência. Sendo assim, se, ao invocar a prestação da tutela jurisdicional, o autor ainda não tinha direito, digamos, ao gozo de férias, mas esse direito se constituiu durante o trâmite processual, ele não deverá ser considerado carecedor da ação, pela sentença — que, na espécie, será de mérito, porquanto caberá ao juízo apreciar o pedido constante da petição inicial, seja para acolhê-lo ou para rejeitá-lo.

d) Não-atendimento às prescrições dos arts. 106 e 321. Dispõe o art. 106, que o advogado ou a parte quando postular em causa própria deverá: a) indicar, na petição inicial ou na contestação, o endereço em que receberá intimações; e b) comunicar ao juízo qualquer mudança de endereço. Se ele não atender à primeira exigência legal, o juiz, antes de mandar citar o réu, determinará que a falta seja suprida em quarenta e oito horas, sob pena de indeferimento da petição inicial; não atendida a segunda, reputar-se-ão válidas as intimações enviadas, mediante carta registrada, ao endereço constante dos autos.

É evidente, contudo, que o indeferimento da petição inicial, por falta de indicação do endereço em que o advogado receberá intimações, só se justifica no caso do advogado do autor, pois seria desarrazoado supor que tendo a falta sido praticada pelo procurador judicial do réu a consequência fosse o indeferimento da petição inicial. Se assim fosse, não existira sanção processual ao réu, mas premiação deste.

O art. 330 do CPC contempla mais um caso de indeferimento daquela petição: quando não atendidas as prescrições do art. 321 desse Código, ou seja, quando o autor deixar de atender ao despacho judicial que lhe ordenou emendar ou completar a inicial, no prazo de quinze dias, com a finalidade de corrigir defeitos ou irregularidades que ela apresenta. O parágrafo único do art. 321, a propósito, alude ao indeferimento da inicial.

O indeferimento dessa petição, nas situações que apreciamos, acarreta, em princípio, a extinção do processo sem resolução do mérito.

Uma nota sobre a decadência e a prescrição

No sistema do CPC de 1973, a decadência e a prescrição, quando verificadas "desde logo", impunham o indeferimento da petição inicial (art. 295, IV).

Ao tempo em que esteve a viger o sobredito Código, denunciamos a existência de uma certa antinomia em seu sistema, a respeito do assunto (*Curso de direito processual do trabalho*. v. II. São Paulo: LTr, 2009. p. 1.252).

Argumentávamos: segundo o art. 267, do CPC, haveria extinção do processo *sem* resolução do mérito quando o juiz indeferisse a petição inicial (inc. I). Entre os casos de indeferimento dessa petição, previstos no art. 295 do mesmo Código, estava o de verificação judicial da existência de decadência ou prescrição (inc. IV). Nenhum problema haveria, quanto à interpretação dessas normas não fosse o fato, extremamente significativo, de o art. 269, do próprio CPC, declarar, em incobrível antagonismo com o art. 267, I, que a prescrição e a decadência constituíam causas de extinção do processo *com* exaustão do mérito (inc. IV).

Coincidência, ou não, o art. 330 do CPC em vigor não inclui a prescrição e a decadência **no elenco das causas de inépcia da petição inicial — embora autorizem a resolução** do processo *com* resolução do mérito (art. 487, II).

Se a prescrição ou a decadência compreenderem todos os pedidos formulados na inicial, o juiz procederá ao julgamento antecipado do mérito (CPC, art. 355, I).

Uma nótula sobre o procedimento inadequado

Pelo sistema do processo civil de 1973 a petição inicial seria indeferida quando o tipo de procedimento escolhido pelo autor não correspondesse à natureza da causa ou ao valor da ação. Nessa hipótese, o indeferimento ocorreria somente se não fosse possível adaptá-la ao procedimento legal (inc. V).

Essa causa de indeferimento da petição inicial foi excluída pelo art. 330 do CPC atual.

Inciso II. O processo ficar parado durante mais de um ano por negligência das partes.

Não há dúvida de que, a partir do momento em que as partes ingressam em juízo delas se exige a prática de atos processuais, que irão desaguar em sua foz natural, a sentença de mérito.

A norma legal em estudo, entretanto, oferece algumas dificuldades de ordem prática, no que respeita a saber em que situações exatamente a paralisação do processo, por mais de um ano, em virtude de negligência dos litigantes, ensejaria a extinção deste. A primeira dúvida é quanto à configuração subjetiva dessa negligência, desse descaso processual: o ato, capaz de caracterizar o desleixo, deve decorrer de ambas as partes, ou de uma delas, apenas? Se julgarmos que deva emanar dos litigantes, em conjunto, não será fácil encontrar uma situação concreta, em que isso possa acontecer. Poderíamos pensar na suspensão do processo, que é ato derivante da vontade convergente das partes (CPC, art. 313, II). Sucede, no entanto, que a mencionada suspensão não pode exceder a um ano ou seis meses, conforme seja a hipótese, segundo esclarece o § 4º do art. 313 do CPC; e o que prevê o art. 485, II, é a paralisação do processo por período superior a um ano. Dessa forma, se a suspensão ultrapassar a seis meses ou a um ano, os autos deverão ser conclusos ao juiz, que ordenará o restabelecimento do curso do procedimento (CPC, art. 313, § 5º), não dando margem, assim, à incidência do art. 485, II, do mesmo Código. Se, ao contrário, entendermos que a extinção do processo possa derivar de negligência de uma das partes, seguramente nos submeteríamos ao embaraço de sustentar a possibilidade de o processo ser extinto quando a negligência for do réu. A prevalecer essa opinião, o réu estaria fortemente estimulado a negligenciar em juízo, porquanto esse seu desleixo conviria aos seus interesses como integrante do polo passivo da relação processual. Estaria o réu, em derradeira análise, a beneficiar-se da própria torpeza. Se, finalmente, concluirmos que a inércia capaz de acarretar a extinção do processo deva ser, unicamente, a do autor, estaremos negando a expressão literal do art. 485, II, do CPC, que faz referência às partes; além disso, a atitude desleixada do autor, em particular, é tratada no inc. III do mesmo dispositivo legal, embora se cuide aí de abandono da causa por período superior a trinta dias.

Pondo de lado as eventuais dificuldades de ordem prática quanto à aplicação da regra inscrita no art. 485, II, do estatuto processual civil, devemos afirmar que a paralisação do processo (melhor: do procedimento) por mais de um ano, em virtude de negligência dos litigantes, será causa de sua extinção, sem exame do mérito. Nos casos em que a incúria provenha de ambas as partes, a extinção do processo será determinada pelo juízo competente, por sua iniciativa ou a requerimento do Ministério Público, sempre que isso for possível. Seria insensato imaginar que a extinção pudesse ser solicitada por um dos litigantes desmazelados.

É óbvio que a extinção do processo sem resolução do mérito só faz sentido, de modo geral, quando diga respeito aos processos de conhecimento e cautelar. Não há como extinguir-se o processo de execução (forçada) sem exame do mérito da causa, justamente porque a execução de título judicial (a mais frequente no processo do trabalho) pressupõe o trânsito em julgado (execução definitiva) de um pronunciamento jurisdicional que haja penetrado o mérito da demanda ou, quando menos, que esse pronunciamento penda de recurso dotado de efeito meramente devolutivo (execução provisória).

Feitas essas considerações, voltemos a atenção, novamente, para o inc. II, do art. 485, do CPC, para acrescentar outros escólios, agora conclusivos.

Código de Processo Civil — Art. 485

Estatui o § 1º do art. 485 do CPC que, nas hipóteses mencionadas nos incisos II e III, a parte (ou ambas as partes) será intimada, pessoalmente, para suprir a falta no prazo de cinco dias (sob pena de extinção do processo). Sustenta Egas Moniz de Aragão, diante disso, que: a) se a parte mudou de endereço a sua intimação deverá ser efetuada mediante edital: b) de nada valerá a ela demonstrar que a paralisação do procedimento não decorreu de sua negligência, porque a norma legal não prevê, neste caso, a ocorrência do elemento subjetivo, de tal modo que bastará o decurso de mais de um ano para que o processo seja extinto (*Comentários ao código de processo civil*. 1. ed., v. II. Rio de Janeiro: Forense, 1974. p. 420/421).

Discordamos do eminente jurista, em ambas as afirmações. Em primeiro lugar, por entendermos que se a parte mudou de endereço, sem comunicar ao juízo o novo, a intimação não deverá ser feita por edital, mas encaminhada ao endereço constante dos autos. O art. 77, V do CPC, exige que a parte dê ciência do novo endereço ao juízo, sob pena de ser reputada válida (eficaz) a intimação remetida, em carta registrada, ao endereço existente nos autos. Essa regra é profundamente salutar, pois se destina a evitar que o litigante (máxime, o réu) tire proveito do fato de haver mudado de endereço sem cientificar ao juízo. A compatibilidade dessa norma com o processo do trabalho, por isso, é incontestável. Em segundo lugar, por estarmos convencidos de que se a parte demonstrar que a paralisação do procedimento não pode ser imputada à sua presumida negligência, ao juiz caberá — uma vez afastado o motivo determinante da paralisação — fazer com que o curso deste seja restabelecido.

Inciso III. Quando, por não promover os atos e diligências que lhe competir, o autor abandonar a causa por mais de trinta dias.

Ao invocar a prestação da tutela jurisdicional, com a finalidade de ver satisfeita uma pretensão vinculada a bens ou a utilidades da vida, ao autor incumbirá praticar uma diversidade de atos tendentes a preparar o provimento jurisdicional de fundo, que acolha *a res in iudicio deducta*. É certo que o réu também deverá praticar atos que sejam úteis ou necessários à sua resistência às pretensões do adversário. O preceito normativo em foco trata, contudo, apenas, do abandono da causa pelo autor.

Como a lei fala em abandono, ressalta, para a configuração desse ato extintivo do processo, a presença do elemento subjetivo, traduzido na intenção (*animus*) de abandonar a causa. Assim, se, apesar de decorridos mais de um mês da data em que o autor deveria praticar determinado ato processual este demonstrar que não teve a intenção de abandonar a causa, o processo não deverá ser extinto. É algo semelhante ao que se passa no terreno da falta grave de abandono de emprego, que não ficará caracterizada se o trabalhador comprovar a ausência de *animus abandonandi*.

Sempre, pois, que o autor deixar de realizar, de maneira injustificada, por período superior a trinta dias, ato ou diligência que lhe competia, estará rendendo ensancha à terminação anormal do processo. Para que a extinção ocorra, torna-se indispensável não só o ânimo de abandonar a causa, mas a intimação do autor para que supra a falta em cinco dias (CPC, art. 485, § 1º).

Como a lei cogita de extinção do processo sem resolução do mérito pode-se construir a regra segundo a qual, apreciado o mérito, fica fora de qualquer possibilidade pensar-se em abandono da causa pelo autor. Essa inferência, embora seja rigorosamente lógica, poderia causar uma certa apreensão no espírito do réu e do próprio magistrado, porquanto a realidade tem demonstrado que o autor, mesmo depois de obter uma sentença de mérito favorável, deixa de praticar ato ou de dar sequência ao procedimento. Essa apreensão, todavia, não é de todo justificável, pois se já houve composição da lide (= julgamento do mérito), preclusa a oportunidade para a impugnação do provimento jurisdicional, o que se tem é o início do processo de execução com sua fase preparatória, qual seja, a liquidação da sentença exequenda. Nesse caso, eventual desinteresse do autor pela causa (= execução), conquanto não autorize a extinção do processo, na forma do art. 485, III, do CPC (ou, mesmo, do inc. II dessa norma) poderá fazer surgir a prescrição intercorrente, que é admissível no processo do trabalho, estando, aliás, insinuada no art. 884, § 1º, da CLT, ao aludir à "prescrição da dívida", como matéria que possa o devedor ventilar em seus embargos à execução. É evidente que não se trata, aqui, de prescrição originária, porquanto esta deve ser alegada no processo cognitivo. Equivocou-se, pois, o TST ao adotar a Súmula n. 114. O STF não incorreu nesse erro (Súmula n. 327).

A extinção do processo com fundamento no inciso III do art. 485, porém, pode ser: a) determinada por iniciativa juiz, se o abandono da causa se deu antes da contestação; b) requerida pelo réu, se já oferecida a contestação (§ 6.º do art. 485).

Inciso IV. Quando se verificar a ausência e pressuposto de constituição e de desenvolvimento válido e regular do processo.

Os pressupostos mencionados no texto legal compreendem duas classes fundamentais, que se referem: a) à constituição e b) ao desenvolvimento regular da relação jurídica processual. Os pressupostos de constituição abarcam os subjetivos (partes e juiz) e os objetivos (ação ou demanda); os de desenvolvimento, por sua vez, concernem às partes (capacidade de ser parte, capacidade de estar em juízo e capacidade postulatória); ao juiz (jurisdição, competência e imparcialidade) e ao procedimento (inicial apta, citação válida e inexistência de perempção, litispendência, coisa julgada e conexão).

Os pressupostos de desenvolvimento, concernentes ao procedimento, de acordo com a classificação que apresentamos, foram pelo legislador tratados em inciso específico (IV) do art. 485 do CPC.

A falta de qualquer dos pressupostos — aqui enfeixados os de constituição e os de desenvolvimento — acarreta a extinção do processo, sem resolução do mérito, conforme o sistema adotado pelo art. 485, do diploma processual civil, onde está dito que, nesse caso, o juiz não resolverá o mérito.

Lembra Hélio Tornaghi que os pressupostos processuais nada mais são do que relações preliminares, de natureza diversificada (constitucional, administrativa, civil etc.), ou mesmo de caráter processual, necessárias à existência ou à validade da relação processual e pertinentes aos sujeitos ou ao objeto dela, acrescentando: "Em algumas ordenações o exame dos pressupostos é objeto de um processo preliminar, um pré-processo (*Vorverfahren*) que segundo Wach, (*Handbuch*, p. 38) é *Verfahren Eber die Prozessvoraussetungen*, isto é: procedimento sobre os pressupostos processuais. A este procedimento chamam os espanhóis *proceso sobre el proceso*" (*Comentários ao código de processo civil*. 2. ed., v. II. São Paulo: Revista dos Tribunais, 1978. p. 334).

No Brasil, não há, propriamente, um "processo preliminar", devotado ao exame dos pressupostos indispensáveis à constituição e ao desenvolvimento regulares da relação jurídica processual. A apreciação desses pressupostos é feita no curso do próprio processo, algumas vezes antes mesmo da resposta do réu e, outras, após esta ser oferecida. Não deixa de haver, nisso, uma ponta de ilogismo, pois se o juiz declara, digamos, a ausência de um pressuposto necessário à constituição da relação processual, fica difícil entender como pôde dizer, no processo, que não há processo... A não ser que se deva referir ao primeiro como "processo", aspadamente.

Não poderíamos encerrar nosso parecer sobre os pressupostos processuais sem apreciar um assunto que, embora não se inclua nos domínios desses pressupostos, é fronteiriço com eles. Referimo-nos aos regimes litisconsorciais e os requisitos necessários à sua regular constituição,

Não são raros, na prática, os casos em que o juiz tem diante de si as denominadas "reclamatórias plúrimas" — expressão exótica e destituída de qualquer significado verdadeiramente jurídico, criada por uma jurisprudência despreocupada com os escrúpulos científicos e iludida pela ideia de que a autonomia enciclopédica do processo do trabalho se resume a uma questão terminológica.

O que se dá, em rigor, em situações como a mencionada, é a formação de um regime litisconsorcial, que pode ser ativo (vários autores), passivo (vários réus) ou misto (vários autores e vários réus), cuja instituição, pelos sistemas normativos, se funda em motivos de índole pragmática, pois o fato de as partes se consorciarem na lide permite, a um só tempo, obter uma economia de atos processuais e evitar pronunciamentos jurisdicionais eventualmente contrastantes, acerca de um mesmo assunto. É verdade que esses motivos só se justificam com relação ao litisconsórcio *simples*, uma vez que no caso do *unitário* o provimento jurisdicional, por definição, deve ser sempre uniforme para todos os compartes.

O que nos leva a falar sobre os regimes litisconsorciais, contudo, não é a preocupação de explicar em que consistem ou qual a razão de ser de cada um e, sim, a necessidade de denunciar a formação absolutamente irregular de regimes dessa natureza, na prática, que tantos transtornos acabam por acarretar ao procedimento.

Com vistas a essa crítica, ocupemo-nos, somente, do litisconsórcio facultativo simples, porquanto essa modalidade tem sido a principal responsável pelos tumultos do procedimento, há pouco mencionados.

Para que se constitua, regularmente, um regime litisconsorcial dessa natureza, é imprescindível que a causa de pedir e os correspondentes pedidos sejam os mesmos ("entre as causas houver conexão pelo pedido ou causa de pedir" — CPC, art. 113, II), de tal maneira que, por economia processual, uma só sentença possa solucionar diversas lides homogêneas, aglutinadas num mesmo processo. Em termos lacônicos, aliás, o litisconsórcio pode ser definido como a acumulação de várias ações num só processo.

O que se tem presenciado, entrementes, no cotidiano forense, é a formação completamente irregular (= arbitrária) de regimes litisconsorciais, em que não há coincidência de causas de pedir nem de pedidos (ativo) ou inexiste qualquer relação jurídica entre os diversos réus (passivo). A consequência, como já antecipamos, tem sido a instauração de um tumulto do procedimento, que dificulta a defesa, convulsiona a instrução, torna complexa a entrega da prestação jurisdicional e embaraça, sobremaneira, o exame dos recursos. Não há negar que os advogados têm sido responsáveis, em grande parte, por essas situações tumultuárias, ao encambulharem, num mesmo processo, ações e pretensões distintas. É preciso dizer, todavia, que os juízes também possuem considerável parcela de responsabilidade pela existência e sobrevivência desses "litisconsórcios tumultuantes", na medida que, com um pouco de cuidado e de conhecimento processual, poderiam dar-lhes cobro logo no nascedouro.

Essa assertiva nos coloca diante da razão especial que nos levou a falar do assunto nestas páginas que versam sobre os pressupostos de constituição e de desenvolvimento regulares da relação jurídica processual. Ao tempo em que exercíamos a magistratura em primeiro grau de jurisdição adotamos diversas práticas que, sem contrariar a lei, visavam a permitir que o procedimento fluísse com naturalidade até a sentença de mérito. Esse "fluir com naturalidade" significava evitar a instauração de incidentes ou de desvios do *due process of law* e exigia um permanente e imediato controle dos atos realizados pelas partes, ou que elas desejavam realizar. Entre as práticas que instituímos incluía-se a de fazer com que toda petição inicial que contivesse mais de um autor, ou mais de um réu, fosse, antes da citação, submetida à nossa apreciação. Com isso, podíamos verificar se, em cada caso concreto, se justificava a constituição do regime litisconsorcial. Se nos convencêssemos que sim, liberávamos a petição inicial e sua cópia, com vistas à citação; caso contrário, caracterizada a ausência dos pressupostos legais necessários à formação do regime litisconsorcial (identidade de causa de pedir e de pedidos), indeferíamos, por sentença, a petição inicial, declarando extinto o processo sem resolução do mérito. Na espécie, não se concedia ao autor a oportunidade prevista no art. 321 do CPC, porque não se tratava aí de defeito ou irregularidade da petição inicial, mas de falta de pressuposto legal indispensável para a constituição regular do regime litisconsorcial. Ao autor ficava reservada, como é óbvio, a faculdade de impugnar a sentença "terminativa", mediante recurso ordinário.

A consequência prática desse controle prévio pode ser mensurada por meio de dados estatísticos: até onde nos lembramos, nenhum litisconsórcio, por tal forma "depurado", acarretou algum tipo de tumulto do procedimento, em quaisquer de suas fases. Esse mesmo controle era realizado, enfim, para verificar a regularidade da formação de qualquer espécie de regime litisconsorcial.

O § 1º do art. 113 do CPC, permite ao juiz limitar o litisconsórcio *facultativo* quando o número de litigantes puder comprometer a rápida solução do conflito, dificultar a defesa ou o cumprimento da sentença. O pedido de limitação interrompe o prazo para a resposta do réu, que recomeça da intimação da decisão sobre o tema. Tratando-se de regime litisconsorcial irregularmente constituído, a parte contrária poderia adotar duas atitudes, em ordem sucessiva: a) primeiramente, requerer a extinção do processo, sem resolução da lide, em decorrência da irregularidade do regime litisconsorcial; b) segundamente, em ordem subsidiária (CPC, art. 326), requerer a redução do número de litisconsortes, ao argumento de que o número atual dificulta a elaboração da defesa (CPC, art. 113, § 1º) — ou melhor, o exercício do direito constitucional de ampla defesa (CF, art. 5º, LV).

Inciso V. Quando o juiz acolher a alegação de perempção, litispendência ou coisa julgada.

Trata-se, aqui, de pressupostos *negativos*, porque se diz que o desenvolvimento regular da relação processual só poderá ocorrer se *não existir* perempção, litispendência ou coisa julgada; havendo, e sendo reconhecida qualquer uma delas pelo juiz, o processo será extinto sem resolução do mérito.

Perempção. É a perda momentânea do exercício de um direito. Casos típicos de perempção, no processo do trabalho, são os referidos nos arts. 731 e 732, da CLT. Este último estabelece, em particular, que se o autor der causa a duas extinções consecutivas do processo (sem julgamento do mérito), em virtude de sua ausência injustificada à audiência (denominada, pela praxe forense, de "inicial"), "incorrerá na pena de perda, pelo prazo de seis meses, do direito de reclamar perante a Justiça do Trabalho". O processo civil de 1973 era dotado de norma assemelhada, mas com efeito mais contundente, como evidenciava o seu art. 268, parágrafo único, por força do qual a extinção do processo, por três vezes, em decorrência de abandono da causa, impediria o autor de intentar a ação, novamente, perante o mesmo réu, ficando-lhe assegurada, porém, a faculdade de alegar o seu direito (material) em defesa.

O CPC atual reproduziu a regra no art. 486, § 3º. A norma, todavia, possui expressivos traços de inconstitucionalidade. Justifiquemo-nos.

Embora tenhamos dito que a perempção se trata de matéria de defesa, estamos convencidos de que as disposições contidas na CLT estão em antagonismo com o art. 5º, inciso XXXVI, da Constituição Federal em vigor, que proíbe a exclusão, do conhecimento jurisdicional, de qualquer lesão de direito ou ameaça de lesão. Sob esse prisma, estamos em boa sombra para julgar que os arts. 731 e 732, da CLT, foram revogados pelo art. 141, § 4º, da Constituição Federal de 1946 — que, aliás, "redemocratizou" o País, livrando-o do período ditatorial que marcou a vigência da Carta outorgada em 1937. Houve, no caso, revogação, porque o texto constitucional referido foi editado posteriormente aos arts. 731 e 732, da CLT. Se a cronologia fosse inversa, o que teríamos seria a inconstitucionalidade desses artigos da CLT. Há, por isso, inconstitucionalidade do § 3º do art. 486 do atual CPC.

O fato de o autor poder alegar em defesa o seu direito (CPC, art. 486, § 3º), não elimina o contraste dos arts. 731 e 732, da CLT, e do próprio art. 486, § 3º, do CPC, com a Constituição da República, até porque se não houver ação em que o outrora autor figure como réu ele não poderá alegar, em defesa, o seu direito.

Litispendência. Caracteriza-se com a repetição de ação que está em curso (CPC, art. 337, § 3º). Uma ação é idêntica à outra quando possuem as mesmas partes, a mesma causa de pedir e os mesmos pedidos (*ibidem*, § 2º).

Coisa julgada. Configura-se quando se repete ação já decidida por sentença transitada em julgado (CPC, art. 337, § 4º).

Inciso VI. *Ausência de legitimidade ou de interesse processual*. São as condições da ação (CPC art. 17). O CPC anterior, perfilhando a doutrina original de Enrico Tullio Liebman, indicava como condições da ação: a) a legitimidade; b) o interesse processual; c) a possibilidade jurídica do pedido (art. 267, VI).

Posteriormente, contudo, Liebman reviu a sua doutrina e excluiu a possibilidade jurídica do pedido desse elenco.

O CPC atual, na mesma linha, inclui como condições para o exercício da ação, apenas, a legitimidade e o interesse processual (arts. 17 e 485, VI).

Rememore-se que Liebman excluiu a possibilidade jurídica do pedido do rol das condições da ação por entender que se existe um veto no ordenamento jurídico quanto à possibilidade de determinada pretensão ser posta em juízo, a sentença, ao tornar concreta essa proibição, provoca a extinção do processo mediante resolução do mérito, de maneira a impedir que o autor — sem que o obstáculo legal tenha sido removido — possa retornar a juízo, em ação futura, com a mesma pretensão.

Estamos de acordo com essa reformulação do pensamento do ilustre jurista italiano, pois se a lei proíbe a formulação de certo pedido, o provimento da jurisdição, que faz respeitar a norma legal, em rigor, *rejeita* a pretensão e, não apenas, declara o autor carecente da ação. Em resumo, a sentença, no caso, extingue o processo com resolução do mérito, ao contrário do que afirmava o art. 267, VI, do CPC de 1973.

No que tange em particular, à legitimidade *ad causam*, esta, como o interesse processual, deve estar presente no momento do julgamento. Dessa maneira, se a parte, ao ingressar em juízo, se encontrava legalmente legitimada para fazê-lo, mas essa legitimidade veio a desaparecer no curso da ação, deverá o órgão jurisdicional declará-la carecente da ação. Essa declaração poderá ser emitida pelo próprio tribunal competente, quando do julgamento do recurso interposto da sentença de mérito, proferida ao tempo em que a parte ainda possuía legitimidade. O oposto também é possível: vir a parte a tornar-se legítima no curso do processo (logo, não a possuía quando do ingresso em juízo), hipótese em que o juiz não deverá considerá-la carecedora da ação. Esse fenômeno, em ambas as situações descritas, tem ocorrido, com maior intensidade, na denominada substituição processual, onde a lei ora a atribui a um determinado sindicato, ora a subtrai, fazendo com que isso acarrete consequências, inclusive, nas ações por ele já ajuizadas.

Inciso VII. Existência de convenção de arbitragem ou o juízo arbitral reconhecer a sua competência. No processo do trabalho, de *lege lata*, não podem as partes, em princípio, eleger um árbitro para solucionar o conflito de interesses individuais existente entre elas, porquanto a Constituição Federal atribui à Justiça do Trabalho a competência material para solucionar lides dessa natureza (art. 114, I). Dissemos *em princípio*, porque, como exceção, a arbitragem pode ser realizada pelo Ministério Público do Trabalho.

A arbitragem é particularmente facultada nos casos de conflitos coletivos, uma vez que, quanto a isso, há expressa previsão constitucional (art. 114, § 1º). Desse modo, se o tribunal verificar que as categorias envolvidas no conflito coletivo haviam eleito árbitro para dirimir a controvérsia, deverá extinguir o processo sem exame do mérito, com fundamento no art. 485, VII, do CPC. Esclareça-se, todavia, que o tribunal não poderá conhecer *ex officio* da arbitragem, sabendo-se que a sua iniciativa para manifestar-se sobre matérias não alegadas pelas partes, dentro do assunto que estamos a examinar, está restrita aos incisos IV, V, VI e IX, da norma legal supracitada, que dizem respeito aos pressupostos de constituição e desenvolvimento regulares do processo, à peremptção, litispendência e coisa julgada, às condições da ação e à morte da parte, respectivamente, como atesta o § 3º do mesmo artigo.

O processo também será extinto, sem prospecção do mérito, quando o juízo arbitral reconhecer a sua competência.

Inciso VIII. *Homologar a desistência da ação*. No sistema do processo civil, decorrido o prazo para a resposta do réu, somente com a concordância deste o autor poderá desistir da ação (CPC, art. 485, § 4º). Esse preceito não incide no trabalho, valendo destacar o fato de que, aqui, a resposta, como regra, não é oferecida em prazo preestabelecido, como se dá no processo civil (CPC, art. 335), mas, em audiência (CLT, art. 847). Desse modo, enquanto a resposta do réu não for apresentada o autor poderá desistir da ação, mesmo em audiência, sem que, para isso, haja necessidade de ser consultado o seu adversário.

Há casos em que, no processo do trabalho, excepcionalmente, a contestação é apresentada fora da audiência, como se dá em relação às ações cautelares, às ações civis públicas e ao processo eletrônico. Nessas situações pode-se aplicar, à risca, a norma do art. 485, § 4º, do CPC.

Oferecida a contestação, a desistência só será possível se com ela concordar o réu; pode-se dizer, por isso, que o oferecimento da contestação confere a este o direito de obter um pronunciamento jurisdicional sobre o mérito, ainda que possa ser desfavorável aos seus interesses externados na causa. Apesar disso, entendemos que eventual oposição do réu à desistência deverá ser *motivada*, pois o simples fato de alegar um direito de ver apreciado o mérito da causa, por si só, não é bastante para justificar a sua objeção à desistência da ação.

Se, a despeito da oposição do réu, o órgão jurisdicional homologar a desistência da ação, esse ato não ensejará a impetração de mandado de segurança (o réu poderia tentar argumentar com a existência de direito líquido e certo de não ver homologada a desistência), nem o uso da canhestra figura da correição parcial (pois não teria havido aí nenhum ato tumultuário do procedimento), conquanto possa ser impugnado por meio de recurso ordinário, por tratar-se de sentença; logo, de ato que deu fim ao processo, embora sem exame do mérito.

Se o autor requer a desistência da ação por haver, digamos, transacionado, há, nisso, erro de tipificação jurídica, devendo o juízo, se comprovada a transação, e convencendo-se de que ela foi regular, pôr fim ao processo com resolução do mérito (CPC,

Código de Processo Civil — Art. 485

art. 487, III, "b"). A desistência da ação, na espécie, é apenas aparente, agindo como uma espécie de *Fata Morgana* das lendas bretãs, que tinha o poder de deformar as imagens formadas na superfície dos lagos.

Tratando-se de litisconsórcio ativo e facultativo, qualquer de seus integrantes poderá desistir da ação — observada a norma do art. 485, § 4º, do CPC —, porquanto a hipótese estará regida pelo art. 117 do mesmo Código, conforme a qual os litisconsortes serão considerados, em suas relações com o adversário, como litigantes distintos, de tal sorte que os atos e as omissões de um não prejudicarão os outros. Essa regra só incide no litisconsórcio *simples*, e não no *necessário/unitário*, pois aqui há necessidade de que integrem a relação processual todas as pessoas ligadas ao réu pela mesma relação jurídica, e que a decisão seja uniforme para todos.

Para que o processo se extinga há necessidade de a desistência da ação ser homologada por sentença (CPC, art. 316).

Inciso IX. Quando, em caso de morte da parte, a ação for considerada intransmissível por disposição legal.

A ação de mandado de segurança (Lei n. 12.016/2009), por exemplo, tem caráter personalíssimo, motivo pelo qual não é transmissível a quem quer que seja: falecendo o impetrante, extingue-se, *ipso facto*, o processo.

Quando o direito de ação for transmissível, o espólio será representado pelo inventariante (CPC, art. 75, VII), ou por quem tiver sido declarado beneficiário perante a Previdência Social (Lei n. 6.858, de 24.11.1980).

Nesses casos, a lei permite a *suspensão* (não extinção) do processo (art. 313, I e § 1º) para efeito de regularização da representação processual.

Inciso X. Nos demais casos previstos no CPC. Preocupou-se o legislador, nesse ponto, em deixar claro que o rol de causas de extinção do processo sem resolução do mérito (incisos I a X do art. 485 do CPC) não é exaustivo.

Entendemos, no entanto, que os "demais casos", a que se refere o inciso X do art. 485, não devem ser limitados àqueles previstos em outras partes do Código, sendo indispensável que se incluam, igualmente, todos os outros, contidos em leis avulsas ou trazidos pela realidade. Assim sustentamos porque a realidada da vida forense — esse laboratório notável —, em decorrência de sua dinâmica, é muito mais rica e expressiva do que possa imaginar o legislador em seu "engenho e arte".

Um exemplo está no art. 76, § 1º, I, do CPC: se o autor não suprir a sua incapacidade processual ou a irregularidade da representação, no prazo fixado pelo juiz, este decretará o fim do processo, sem resolução do mérito.

O art. 313, § 3º, do CPC, espelha um outro motivo de extinção do processo sem pronunciamento acerca do mérito: deixar, o autor, de nomear novo advogado, em substituição ao que faleceu no curso da demanda.

O CPC atual eliminou a ocorrência de "confusão entre autor e réu", mencionada no inciso X do art. 267 do CPC revogado, como causa para a extinção do processo sem julgamento do mérito.

§ 1º No caso de o processo: a) ficar impedido de tramitar durante mais de um ano, por negligência das partes, ou b) de o autor não promover os atos e diligências que lhe cabem e, em razão disso, abandonar a causa por mais de trinta dias, o juiz intimará a parte, pessoalmente, para suprir a falta no prazo de cinco dias.

§ 2º Se a intimação referida no inciso anterior não for atendida, as consequências processuais serão: a) o pagamento proporcional das custas pelas partes; b) o autor será condenado ao pagamento das despesas processuais e dos honorários de advogado.

§ 3º O juiz deverá conhecer, *ex officio*, em qualquer tempo e grau de jurisdição, das matérias enumeradas nos incisos IV, V e VI do art. 485, desde que não tenha havido o trânsito em julgado.

O CPC revogado declarava que o juiz conheceria dessas matérias "enquanto não proferida a sentença de mérito". Essa dicção da lei nos levou a observar que o seu conteúdo deveria ser adequadamente interpretado, pois entendíamos que a referência à sentença de mérito, como limite final para que essas matérias fossem apreciadas de ofício, era dirigida, exclusivamente, ao juiz (ou juízo) no qual foi posta a ação, pois este, ao emitir a sentença de mérito, somente poderia modificá-la para corrigir-lhe inexatidões matérias ou erros de cálculo ou em decorrência de embargos declaratórios (art. 463, I e II). Desse modo, ainda que a sentença de mérito tivesse sido proferida, poderia o tribunal, em grau de recurso, conhecer, *por sua iniciativa*, da ausência de pressuposto de constituição e de desenvolvimento válido e regular do processo; da existência de perempção, litispendência e coisa julgada; da falta de legitimidade e de interesse processual. A expressão destacada significava que o tribunal poderia apreciar essas matérias mesmo que não tivessem sido objeto do recurso. O fundamento de nosso parecer estava na locução "em qualquer tempo e grau de jurisdição", utilizada pelo legislador ao redigir o § 3º do art. 277 daquele CPC.

O CPC atual corrigiu esse equívoco, ao fixar como momento final para que o órgão jurisdicional se pronuncie, *ex officio*, sobre as matérias enumeradas nos incisos IV, V, VI e IX do art. 485, o trânsito em julgado da decisão (sentença, acórdão).

§ 4º Vimos que um dos casos que o juiz proferirá sentença sem resolução do mérito ocorre quando o juiz homologar a desistência da ação (CPC, art. 485, VIII).

Art. 486

Se a desistência da ação for manifestada depois de a contestação ter sido apresentada, os efeitos processuais desejados pelo autor somente serão produzidos se o réu concordar com o ato. Com vistas a isso, o juiz deverá intimar o réu para pronunciar-se a respeito, no prazo que lhe assinar. Se o réu não se manifestar nesse prazo, nem justificar porque não o fez, presume-se que concordou com a desistência da ação. Se, ao contrário, o réu, no prazo fixado, externar sua discordância com a desistência, o juiz não deverá, desde logo, indeferir a desistência; as regras de prudência, de sensatez sugerem que ele procure saber do réu os *motivos* pelos quais se opõe à intenção do autor.

De qualquer modo, a desistência da ação somente produzirá efeito depois de homologada por sentença.

§ 5º O requerimento de desistência da ação pode ser formulado (pelo autor, logicamente) até a sentença. A expressão legal "até a sentença" revela-se algo dúbia, anfibológica. Não se disse "até *antes* da proferição da sentença". A preposição *até* designa o fim, o termo final, a distância; seu sentido é *inclusivo*. Se digo: "a distância de A a B é de cem quilômetros", é evidente que estou inserindo B nessa mensuração. Portanto, a conclusão a extrair-se é de que o requerimento de desistência da ação pode ser apresentado, inclusive, quando proferida a sentença, mas antes do seu trânsito em julgado. Se foi essa, ou não, a intenção do legislador, é algo que pouco importa, pois a lei é um organismo vivo, que permite ser interpretada *per se*, vale dizer, pelo que a sua literalidade espelha, sem considerar-se o elemento subjetivo, a *mens legislatoris*.

§ 6º Uma vez apresentada a contestação, a extinção do processo, decorrente do abandono da causa pelo autor, depende de requerimento do réu. Essa afirmação da norma coloca-nos diante de uma situação que poderá ensejar divergentes conclusões: se o réu for revel — significa, pois, que não apresentou contestação — e o autor vier a abandonar a causa por mais de trinta dias, o juiz poderá extinguir o processo independentemente de requerimento do réu? Entendemos que sim. Ao contestar, o réu adquire, por assim dizer, o direito de obter um pronunciamento jurisdicional sobre o mérito, ainda que este lhe venha a ser desfavorável; logo, se o réu não contestou, tornando-se revel, não se há que cogitar desse direito. Conseguintemente, estará franqueada ao magistrado a possibilidade de dar fim ao processo sem provocação por parte do réu.

§ 7º A sentença que extinguir o processo sem resolução da lide é recorrível. Esse recurso será a apelação no processo civil; e o ordinário no processo do trabalho (CLT, art. 895, I).

Todavia, interposto o recurso, o juiz poderá retratar-se no prazo de cinco dias. Esse prazo não deve ser contado a partir do protocolo da petição do recorrene, e sim, da data em que os autos foram conclusos ao juiz, para despacho. O ato pelo qual o juiz se retrata (para restabelecer o processo que extinguira) constitui, no sistema do processo do trabalho, decisão interlocutória, razão pela qual é irrecorrível de imediato (CLT, art. 893, § 1º.).

Art. 486. O pronunciamento judicial que não resolve o mérito não obsta a que a parte proponha de novo a ação.

§ 1º No caso de extinção em razão de litispendência e nos casos dos incisos I, IV, VI e VII do art. 485, a propositura da nova ação depende da correção do vício que levou à sentença sem resolução do mérito.

§ 2º A petição inicial, todavia, não será despachada sem a prova do pagamento ou do depósito das custas e dos honorários de advogado.

§ 3º Se o autor der causa, por 3 (três) vezes, a sentença fundada em abandono da causa, não poderá propor nova ação contra o réu com o mesmo objeto, ficando-lhe ressalvada, entretanto, a possibilidade de alegar em defesa o seu direito.

• **Comentário**

Caput. A matéria, com menos detalhes, estava prevista no art. 268 do CPC revogado.

Dedicamo-nos, até esta altura, a discorrer sobre as causas, legalmente previstas, de extinção do processo sem resolução do mérito. Causas que, como demonstrado, em que pese ao fato de estarem concentradas no art. 485 (incisos I a IX), do CPC, podem ser encontradas em outros pontos do Código (inciso X) ou, até mesmo, provir da realidade forense.

Entre as razões pelas quais o legislador separou os casos de extinção do processo sem resolução do mérito daqueles em que, ao contrário, essa extinção se dá mediante repercussão no direito material disputado (*res in iudicio deducta*), podemos apontar, basicamente, duas: a) permitir que somente possam ser objeto de ação rescisória as sentenças que hajam ingressado no mérito da causa (CPC, art. 966, *caput*), embora tenhamos uma certa restrição quanto a esse critério legal; b) facultar o ajuizamento, outra vez, da ação, quando o processo tenha sido extinto sem pronúncia a respeito do mérito (CPC, art. 486).

Interessa-nos, apenas, a segunda razão. Diante dela, por isso, devemos nos deter por alguns momentos.

A extinção do processo sem resolução do mérito, em princípio, não impede que o autor promova a ação, novamente, pois as pretensões de direito material, deduzidas na anterior, não foram afetadas pela sentença extintiva daquele processo.

Pessoalmente, consideramos que as exceções devam ser mais amplas do que as destacadas pelo legislador. Se o autor foi declarado carecedor da ação por ser o réu parte ilegítima, não vemos como se possa admitir que retorne com a ação em face do mesmo réu. O mesmo se diga na hipótese de o processo haver sido extinto por ilegitimidade do próprio autor: como permitir-se que ele, subsistente a ilegitimidade, ponha em juízo a mesma ação? Ainda: se a falta de interesse processual perdura, que razão jurídica poderá ser invocada para justificar, a impetração, novamente, da tutela jurisdicional do Estado por parte daquele que não atende a essa imprescindível condição para o exercício da ação?

O que pretendemos demonstrar; enfim, com essas observações, é o fato de as situações obstativas de novo ajuizamento da demanda serem doutrinariamente mais amplas do que as mencionadas no art. 486 do CPC, motivo por que os juízes deverão, em nome da supremacia da ciência jurídica, curvar-se à lucidez da doutrina e não ao estrabismo da lei.

§ 1º Nos casos de litispendência e dos incisos I (indeferimento da petição inicial), IV (ausência de pressuposto de constituição e de desenvolvimento válido e regular do processo), VI (ausência de legitimidade ou de interesse processual) e VII (convenção de arbitragem ou reconhecimento da competência pelo juízo arbitral) do art. 485, o ajuizamento de nova ação depende da correção do vício que ocasionou a extinção do processo sem resolução do mérito.

Um esclarecimento: se a extinção do processo se deu em decorrência de a sentença haver declarado a inexistência de legitimidade (ativa ou passiva), mas o autor prosseguir entendendo que ele ou o réu possuem legitimidade para a causa, não se cogitará de "correção do erro", e sim de interposição de recurso ordinário, pois de nada adiantaria ao autor promover, outra vez, a ação em face do mesmo réu: o processo seria extinto, novamente, sem resolução do mérito.

Se a extinção do processo sem resolução do mérito teve como fundamento a inexistência de interesse processual, a "correção do vício" a que se refere o dispositivo legal em exame significa que, quando do novo ajuizamento da ação, o interesse processual deverá estar presente.

Desse modo, proferida a sentença sem pronunciamento sobre o mérito, o autor deverá adotar uma destas duas atitudes: a) interpor recurso ordinário (CLT, art. 895, I), requerendo, inclusive, que o magistrado se retrate, no prazo de cinco dias (CPC, art. 485, § 7º); ou b) providenciar, por sua iniciativa, que quando do seu reingresso em juízo tenham desaparecido as causas que motivaram o juiz a extinguir o processo anterior sem pronunciamento sobre o mérito.

§ 2º O disposto neste inciso não incide no processo do trabalho, ao menos nos conflitos de interesses derivantes da relação de emprego. Em primeiro lugar, porque, aqui, se as custas não forem pagas serão executadas na forma do disposto no art. 790, § 2º, da CLT; em segundo lugar, nas causas alusivas à relação de emprego os honorários de advogado somente são devidos nos casos de assistência judiciária gratuita prestada na forma da Lei n. 5.584/70 (arts. 14 a 17) e, ainda assim, quando houver condenação de mérito. O princípio civilista da sucumbência somente incide no processo do trabalho quando se tratar de lide oriunda de relação de trabalho (TST, Instrução Normativa n. 25/2007, art. 5º).

Entendemos ser inconstitucional a regra do § 2º do art. 486 do CPC, ao condicionar o novo exercício da ação ao pagamento das custas processuais e dos honorários de advogado. É bem verdade que a norma não está a aludir, de maneira expressa, ao exercício da ação, e sim ao despacho da petição inicial que ordenar a citação do réu. Ora, se o juiz recusar-se a exarar despacho na inicial, para essa finalidade, é evidente que o direito de ação estará sendo coarctado, por forma a configurar transgressão ao art. 5º, inciso XXXV, da Constituição Federal.

Não é justificável, em um Estado Democrático de Direito (CF, art. 1º), que se sobreponha o interesse do beneficiário das custas e dos honorários advocatícios à necessidade de alguém invocar a prestação da tutela jurisdicional do Estado com o objetivo de evitar a lesão do direito ou de reparar o direito lesado.

§ 3º A situação de que se ocupa a norma legal *sub examen* é esta: se o autor der causa, por três vezes, à sentença fundada em abandono da causa estará impedido de ingressar com nova ação, em face do mesmo réu. A lei, todavia, assegura-lhe a possibilidade de alegar em defesa o seu direito.

A primeira indagação a formular-se é se essa norma se aplica ao processo do trabalho.

A CLT contém disposição segundo a qual se o trabalhador der causa à extinção do processo em virtude de não comparecer à audiência (inicial) perderá o direito de promover ação, na Justiça do Trabalho, pelo prazo de seis meses (art. 732). Essa norma, embora contraste com a Constituição da República, não é inconstitucional. A razão é elementar: como a CLT entrou a viger em 10 de novembro de 1943 (art. 911), o seu malsinado art. 732 acabou sendo tacitamente *revogado* pelo art. 141, § 4º, da Constituição Federal de 1946, que assegurava o exercício do direito de ação nos casos de lesão de direito, sem estabelecer qualquer veto ou restrição ao exercício desse relevante direito para a vida das pessoas e para a sobrevivência das instituições. Revogado em 1946, o art. 732 da CLT ainda assim se encontra nos dias da atualidade — conquanto muitos "operadores do direito" não se tenham dado conta disso.

Voltemos a atenção para o art. 486, § 3º, do CPC, para dizer que ele se encontra, em nosso ver, em manifesto antagonismo com o art. 5º, XXXV, da Constituição Federal, que assegura o exercício da ação nas situações de ameaça de lesão de direito ou de violação de direito. Em que pese ao fato de que norma idêntica estava contida no CPC revogado (art. 268, parágrafo único), cotejado o § 3º do art. 486 do CPC atual com o art. 5º, XXXV, da Constituição da República, o contraste que daí decorre está a indicar a agressão pela norma infraconstitucional à Suprema Carta Política de nosso país. Neste caso, como a norma transgressora da Constituição é posterior a esta, o fenômeno jurídico que daí emana é o da inconstitucionalidade daquela.

Art. 487. Haverá resolução de mérito quando o juiz:

I — acolher ou rejeitar o pedido formulado na ação ou na reconvenção;

II — decidir, de ofício ou a requerimento, sobre a ocorrência de decadência ou prescrição;

III — homologar:

a) o reconhecimento da procedência do pedido formulado na ação ou na reconvenção;

b) a transação;

c) a renúncia à pretensão formulada na ação ou na reconvenção.

Parágrafo único. Ressalvada a hipótese do § 1º do art. 332, a prescrição e a decadência não serão reconhecidas sem que antes seja dada às partes oportunidade de manifestar-se.

• **Comentário**

Caput. O assunto era objeto do art. 269 do CPC revogado.

A norma aponta os casos em que a sentença resolverá o mérito da causa. Ao contrário do que se passa quando a sentença não examina o mérito (CPC, art. 485), a proferida com base no art. 487 impede que o autor ingresse, novamente, com a ação. O que lhe cabe é recorrer da sentença, ou tentar desfazer a coisa julgada material mediante o uso da ação rescisória (CPC, art. 996).

Inciso I. Ao examinar o mérito da causa, o juiz poderá *acolher* ou *rejeitar*, no todo ou em parte, os pedidos formulados na ação ou na reconvenção. Evite-se, pois, o uso de expressões como "julgar *procedente* a ação ou a reconvenção", "julgar *procedente* o pedido", por serem produto de imprecisões técnico-científicas. Os pedidos, como está na lei, são acolhidos ou rejeitados (art. 490).

O verbo *proceder* significa *vir de algum lugar*. Os pedidos *vêm* da inicial da ação ou da reconvenção logo, são *procedentes* — embora possam ser *rejeitados*, sem que haja qualquer contradição em nossa assertiva.

Inciso II. A norma está a demonstrar que o juiz pode conhecer, por sua iniciativa ou a requerimento do interessado, da decadência e da prescrição. No processo do trabalho, nunca houve controvérsia quanto à possibilidade de o juiz pronunciar-se *ex officio* a respeito da decadência; lavrou-se a dissenção, porém, a partir do momento em que se alterou a redação do art. 219, § 5º, do CPC revogado, para permitir ao juiz conhecer, de ofício, da prescrição e decretá-la de imediato, se não se tratasse de direito patrimonial. Por certo, voltará a reacender-se a cinca com a redação dada ao inciso II do art. 487 do CPC atual.

A doutrina ainda não conseguiu estabelecer, de maneira satisfatória e definitiva, uma separação nítida entre os fenômenos da decadência e da prescrição. A síntese a que se chegou, consubstanciada na regra de que a prescrição atinge a ação, extinguindo-a, e a decadência, o direito, fulminando-o, embora venha sendo utilizada como diretriz para solucionar os casos concretos, está longe de representar um método verdadeiramente científico e definitivo de delimitação das duas espécies.

O que podemos acrescentar, como contributo a essa tarefa de separação, é que: a) o curso da prescrição pode ser interrompido ou suspenso (CC, arts. 202 a 204); o da decadência, não; b) a prescrição alcança direitos patrimoniais e inalienáveis, o que não ocorre com a decadência; c) a prescrição flui contra pessoas certas e determinadas; a decadência corre contra todas; d) a prescrição não pode ser objeto de renúncia senão depois de consumada; o prazo decadencial pode ser reduzido, ou não, antes do seu esgotamento, conforme seja a hipótese, inexistindo possibilidade de renúncia após a sua exaustão; e) a prescrição decorre de lei; a decadência pode originar-se de uma ordem judicial ou de ato jurídico; f) a prescrição deve ser alegada como matéria de defesa; a decadência pode dar lugar à ação; g) na prescrição há um único sujeito de direito; na decadência há dois: um, que é titular de direito permanente, e, outro, que o é de um direito efêmero.

Repitamos: o critério consagrado para estabelecer, sob o ângulo pragmático, um divisor de águas entre a prescrição extintiva e a decadência é o que liga aquela ao direito de ação, e, esta, ao direito material, embora, como alertamos, esse critério não seja satisfatório para explicar, de maneira científica, a natureza íntima de uma e de outra.

Colocando de lado essas dificuldades doutrinais, resta, no plano normativo, a certeza de que a pronúncia jurisdicional de prescrição liberatória ou de decadência implica a extinção do processo com resolução do mérito. Essas matérias, a propósito, costumam ser alegadas, na contestação, sob o título de *prejudiciais de mérito*.

A decadência e a prescrição não foram inseridas no rol do art. 337 do CPC em virtude de não constituírem, tecnicamente, *preliminar*. Por outro lado, também não se traduzem no mérito da causa, por não serem expressão do direito postulado em juízo. Por esse motivo, a decadência e a prescrição costumam ser alegadas na contestação sob o título de *prejudiciais do mérito* Note-se: conquanto uma e outra, conforme dissemos, não constituam o mérito da causa, a *res in iudicio deducta*, o legislador, por uma regra de ordem prática, as inseriu no elenco das causas determinantes da extinção do processo mediante exame do mérito (CPC, art. 487, II). Aludimos a uma regra de ordem prática porque a distinção básica que há entre os arts. 485 e 487 do CPC é que, no primeiro, como se dá a extinção do processo sem resolução do mérito (embora nem sempre haja a extinção do processo), o autor pode exercer, novamente, a ação (art. 486), ao passo que no segundo esse exercício é vedado.

Inciso III. O processo será extinto com resolução do mérito quando a sentença for homologatória dos atos mencionados nas alíneas "a", "b" e "c".

Alínea "a". *Reconhecimento da procedência do pedido.* Mal acabamos de criticar as expressões "julgar *procedente* a ação ou a reconvenção", "julgar *procedente* o pedido" e já nos vemos diante de uma outra: "reconhecimento da *procedência* do pedido". O réu, em rigor, não reconhece a *procedência* do pedido, assim como o autor não reconhece a "procedência" da reconvenção, senão que reconhecem o *direito* alegado pelo adversário, com isso, se submetem às pretensões deduzidas com espeque nesse direito. O reconhecimento do direito afirmado pelo autor o pelo reconvinte, para além de constituir causa de extinção do processo com resolução do mérito, traduz renúncia do que se poderia denominar de *direito à resistência*.

Reconhecimento e confissão, porém, não são a mesma coisa, embora apresentem alguns pontos de contato. Em Roma, conquanto não houvesse uma separação formal desses dois atos, pois só se cuidava da confissão, esta produzia efeitos distintos, conforme fosse realizada na presença do pretor (*in iure*) ou do árbitro (*in iudicio*). No primeiro caso, a confissão dizia respeito à pretensão, ou seja, ao pedido formulado pela parte contrária; no segundo, ligava-se aos fatos alegados pelo adversário.

O ponto de contato, a que nos referimos há pouco, entre o reconhecimento e a confissão, está em que, tanto lá como aqui, existe, por parte de um dos litigantes, a admissão de um fato como verdadeiro, contrário aos seus interesses manifestados na causa. Distinguem-se ambas, entre si, todavia, pelas seguintes particularidades: a) o reconhecimento concerne à pretensão, correspondendo, assim, neste aspecto, à confissão do Direito Romano, que era realizada perante o pretor (*in iure*); a confissão, por sua vez, tem como objeto os fatos; b) o reconhecimento, por si só, é causa de extinção do processo; além disso, se bem pensarmos, verificaremos que o processo, na espécie, se extingue não em decorrência de uma solução estatal da lide, mas do fato de o réu reconhecer que o autor possui razão jurídica, ou de o autor reconhecer que o reconvinte detém essa razão, no que respeita às pretensões formuladas em juízo. Sob esse ângulo, podemos asseverar que a sentença possui, aí, um caráter fortemente homologatório; a confissão, ao contrário, não é, em si, causa de extinção do processo, senão que uma forma de tornar os fatos incontroversos e, em decorrência disso, dispensar a produção de provas que, em outras circunstâncias, seriam necessárias. Demais, a confissão não significa, necessariamente, que a parte à qual ela beneficia possua razão jurídica, vale dizer, venha a ser vencedora na causa, pois a presunção de veracidade dos fatos, que decorre dessa *confessio*, é meramente relativa, podendo, em função disso, esboroar-se diante de outras provas, como a documental. De resto, tanto o reconhecimento da "procedência" do pedido quanto a confissão somente serão eficazes quando recaírem em direito disponível, assim conceituado aquele que possa ser objeto de transação.

Alínea "b". *Transação.* A conciliação figura como o escopo fundamental da Justiça do Trabalho (CLT, art. 764, *caput*), motivo pelo qual os juízes do trabalho devem empenhar-se em obtê-la (*ibidem*, § 1º). A propósito, os órgãos jurisdicionais trabalhistas, em princípio, são conciliadores; somente se tornam contenciosos se não houver conciliação (*ibidem*, § 2º)

Vista sob uma óptica pragmática, a conciliação de que fala a CLT é sinônimo de transação, entendida esta como um meio de solução consensual, negociada, do conflito de interesses, mediante concessões recíprocas das partes. Dispõe o art. 840 do Código Civil ser "lícito aos interessados prevenirem ou terminarem o litígio mediante concessões mútuas".

Ainda que o art. 515, II, CPC atual não haja repetido a regra inscrita no art. 475-N, III, do CPC revogado (que enumerava os títulos executivos judiciais), devemos observar que a transação constitui modalidade de solução não jurisdicional da lide, permitindo, por isso, que as partes incluam como objeto desse negócio jurídico bilateral direitos ou pretensões não manifestados na causa, ou seja, redimensionam os limites objetivos da lide.

Essa manifestação volitiva das partes envolvidas no conflito de interesses pode, portanto, implicar um redimensionamento dos limites objetivos da lide, sem que isso acarrete transgressão da norma inscrita no art. 492 do CPC. A precitada norma somente se aplica à solução *jurisdicional* do conflito, que é impositiva, e se opera por meio da sentença.

A sentença homologatória nada pode retirar da transação ou nela incluir, conquanto, em determinadas situações, o juiz possa, até mesmo recusar-se a lançá-la, como quando convencer-se de que é produto de conluio das partes com o objetivo de praticar ato simulado ou de conseguir fim proibido por lei (CPC, art. 142).

A sentença homologatória da transação, na verdade, só se justifica, sob o aspecto prático, pela necessidade de atribuir-se ao credor um título executivo judicial (CPC, art. 515, II); sem essa sentença, o credor teria dificuldade em promover a execução na hipótese de inadimplemento do devedor.

Nada obstante as críticas que se vêm dirigindo à transação e ao empenho dos juízes do trabalho em consegui-la, não se pode negar que ela, no geral, atende aos interesses dos litigantes, pois não podemos nos esquecer de que se trata de uma solução negociada do conflito, numa espécie de "equivalente jurisdicional", como talvez diria Carnelutti. É evidente que se considerarmos o fato de que o trabalhador, muitas vezes, transaciona para evitar o mal maior, representado pela tardança na solução jurisdicional do conflito, seremos levados a concluir que a transação, nesse quadro dramático, parece estar mais a serviço do empregador, porquanto o trabalhador prefere receber menos, mas já, a receber mais, embora tardiamente, ou nem sequer receber. Seja como for, o certo é que se a transação pode ser, em determinadas situações, prejudicial ao trabalhador, sabendo-se que quem tem fome não possui liberdade para negociar, pior seria sem ela, pois os longos prazos que hoje se verificam na solução das demandas conspiram rudemente — infâmia que o Estado inflige aos miseráveis — contra as necessidades financeiras dos trabalhadores de nosso País. Nesse concerto, a transação abrevia o litígio, dando-lhe fim mediante resolução do mérito, e liberta o trabalhador da angústia de aguardar que a jurisdição se pronuncie sobre o que pleiteou na inicial.

Alínea "c". *Renúncia à ação formulada na ação ou na reconvenção.*

A renúncia, de que se ocupa esse dispositivo legal, em nada tem a ver com a desistência da ação, de que fala o art. 485, VIII, do CPC.

Enquanto a desistência respeita, apenas, à ação, provocando, em virtude disso, a extinção do processo sem resolução do mérito, ou seja, do conteúdo material da demanda, a renúncia toca à própria *res in iudicio deducta,* vale dizer, ao direito material que a ação ou a reconvenção se destinava a fazer valer. Em termos práticos, a distinção fundamental entre elas reside no fato de a desistência não impedir que o autor intente, novamente, a ação (CPC, art. 486), ao passo que a renúncia inibe o ajuizamento de ação que tenha como objeto o mesmo pedido da anterior, sobre cujo direito incidiu a renúncia.

Por isso, tolera-se, no processo do trabalho, a desistência da ação, e repudia-se a renúncia ao direito material. A irrenunciabilidade dos direitos materiais, nunca é inútil lembrar, representa a viga mestra de todo o sistema legal de proteção do patrimônio jurídico do trabalhador — sistema que chega, em nome de seus fins, a subtrair a eficácia da própria manifestação volitiva deste, como ocorre no caso do art. 468 da CLT, por força do qual se inquina de nula qualquer alteração de cláusula contratual que provoque, direta ou indiretamente, prejuízos ao trabalhador, ainda que ele haja concordado com a alteração. Como adverte Lacordaire, "entre o forte e o fraco, entre o rico e o pobre, é a liberdade que escraviza, é a lei que liberta". Essa máxima do ilustre pensador religioso francês haveria, por certo, de merecer duras críticas se tivesse sido formulada com vistas às relações políticas entre os homens e as instituições, em que a supressão da liberdade individual só conviria aos regimes de vocação ditatorial; aplicada, entretanto, às relações entre trabalhadores e empregadores, ela revela a sua extrema sensibilidade diante de uma realidade que não pode ser desconsiderada pelo legislador. Nem pela doutrina ou pela jurisprudência, se tiverem algum apreço pelo valor *justiça*.

Parágrafo único. O CPC atual inovou ao estabelecer que o juiz, antes de decretar (entenda-se: proferir a sentença) a prescrição extintiva e a decadência deverá conceder oportunidade para que as partes se manifestem sobre o assunto. A fixação desse prazo ficará a critério do juiz, seja quanto à duração, seja quanto a ser comum ou sucessivo. A falta de concessão da oportunidade a que se refere a norma legal em exame poderá gerar a nulidade da sentença.

A inovação do CPC, neste particular, é elogiável, pois, ouvindo as partes, o juiz poderá convencer-se de que a prescrição ou a decadência estão, verdadeiramente, configuradas, e, em razão disso, sentir-se-á mais seguro para dar fim ao processo; ou, ao contrário, poderá convencer-se de que nenhuma nem outra ocorrem, e, por esse motivo, deixará de extinguir o processo.

Trata-se de um contraditório breve.

Configurada a decadência ou a prescrição, o juiz poderá rejeitar, liminarmente, o pedido por elas atingido (CPC, art. 355, I).

Código de Processo Civil

Art. 488. Desde que possível, o juiz resolverá o mérito sempre que a decisão for favorável à parte a quem aproveitaria eventual pronunciamento nos termos do art. 485.

• **Comentário**

O texto legal em foco inspirou-se no princípio que se irradiava do § 2º do art. 249 do CPC anterior, conforme o qual quando o juiz pudesse decidir o mérito a favor da parte a quem aproveitasse a declaração de nulidade não a pronunciaria, nem mandaria repetir o ato ou suprir a falta.

É certo que o art. 488 do CPC atual não se ocupa de nulidade; apesar disso, o seu ponto de intercessão com o art. 249, § 2º, do CPC de 1973, parece-nos inegável, a partir de uma perspectiva teleológica. Sucede que, em ambos os casos, o juiz poderá deixar de pronunciar a nulidade ou de acolher a preliminar sempre que a sentença de mérito for favorável à parte a quem aproveitaria a pronúncia ou o acolhimento mencionados, fato que revela a aproximação do art. 488 do CPC também com o princípio da *transcendência*, inscrito nos arts. 794 da CLT e 282, § 1º, do CPC, conforme o qual não há nulidade sem prejuízo.

No caso específico do art. 488 do CPC em vigor deve ser adicionado o comentário de que o juiz poderá agir da maneira aí prevista não apenas quando se tratar de *preliminar*, mas diante de matérias que, podendo ser objeto de preliminar, a lei o autoriza a conhecê-las de ofício, como seriam os casos de nulidade da citação, de inépcia da petição inicial, de perempção, de litispendência, de coisa julgada etc.

Seção II
Dos Elementos e dos Efeitos da Sentença

Art. 489. São elementos essenciais da sentença:

I — o relatório, que conterá os nomes das partes, a identificação do caso, com a suma do pedido e da contestação, e o registro das principais ocorrências havidas no andamento do processo;

II — os fundamentos, em que o juiz analisará as questões de fato e de direito;

III — o dispositivo, em que o juiz resolverá as questões principais que as partes lhe submeterem.

§ 1º Não se considera fundamentada qualquer decisão judicial, seja ela interlocutória, sentença ou acórdão, que:

I — se limitar à indicação, à reprodução ou à paráfrase de ato normativo, sem explicar sua relação com a causa ou a questão decidida;

II — empregar conceitos jurídicos indeterminados, sem explicar o motivo concreto de sua incidência no caso;

III — invocar motivos que se prestariam a justificar qualquer outra decisão;

IV — não enfrentar todos os argumentos deduzidos no processo capazes de, em tese, infirmar a conclusão adotada pelo julgador;

V — se limitar a invocar precedente ou enunciado de súmula, sem identificar seus fundamentos determinantes nem demonstrar que o caso sob julgamento se ajusta àqueles fundamentos;

VI — deixar de seguir enunciado de súmula, jurisprudência ou precedente invocado pela parte, sem demonstrar a existência de distinção no caso em julgamento ou a superação do entendimento.

§ 2º No caso de colisão entre normas, o juiz deve justificar o objeto e os critérios gerais da ponderação efetuada, enunciando as razões que autorizam a interferência na norma afastada e as premissas fáticas que fundamentam a conclusão.

§ 3º A decisão judicial deve ser interpretada a partir da conjugação de todos os seus elementos e em conformidade com o princípio da boa-fé.

Art. 489

• **Comentário**

Caput. A matéria era regulada pelo art. 458 do CPC revogado.

A norma aponta os requisitos essenciais para a validade e a eficácia da sentença (e do acórdão); e não considera fundamentada qualquer decisão — inclusive as interlocutórias — que incidirem nas previsões dos incisos I a VI do art. 1º.

A sentença de mérito constitui, inegavelmente, o acontecimento máximo do processo, o seu momento de culminância. Sem perdermos o senso de moderação, podemos afirmar que nenhum ato processual é praticado, pelo juiz, pelas partes, pelos auxiliares do juízo, sem que esteja em seu objetivo, direta ou indiretamente, preparar o provimento jurisdicional de fundo, que resolverá a lide.

Pela importância extraordinária, que ostenta no complexo universo do processo, a sentença tem a sua validade formal condicionada à observância a determinados requisitos fundamentais, legalmente estabelecidos. Esses requisitos são de duas classes: a) estruturais e b) de dicção.

a) Requisitos estruturais

Dispõe o art. 489, do CPC, que a sentença conterá: a) o relatório, compreendendo o nome dos litigantes, a suma do pedido do autor e da contestação, assim como o registro das principais ocorrências havidas no curso do processo; b) os fundamentos, em que o juiz analisará as questões de fato e de direito; c) o dispositivo, onde serão resolvidas, pelo juiz, as questões que as partes lhe submeterem.

Esses requisitos constam do art. 832 da CLT que, em linguagem menos técnica, exige que a decisão contenha o nome das partes, o resumo do pedido e da defesa (relatório), a apreciação das provas e os fundamentos da decisão (motivação) e a conclusão (dispositivo). O art. 280 do CPC de 1939 fazia, *mutatis mutandis*, referência a esses mesmos requisitos. No caso de procedimento sumariíssimo trabalhista, o art. 852-I, *caput*, da CLT, dispensa o relatório.

Os requisitos objetivos serão examinados, individual e pormenorizadamente, quando dos comentários aos incisos I a III do art. 489 do CPC.

b) Requisitos de dicção

Além dos requisitos estruturais, já mencionados, a sentença deve ser: a) clara; b) certa; c) exaustiva e d) adequada. Estes são, por assim dizer, os requisitos internos, ou de dicção, como preferimos chamá-los.

b.a) Clareza

A sentença, designadamente a de mérito, constitui o mais importante pronunciamento da jurisdição, o acontecimento máximo do processo. Ninguém ignora a ansiedade que, não raro, toma de assalto o espírito dos litigantes, enquanto aguardam a emissão da sentença. É compreensível que assim seja, porquanto, após se esgrimirem nos autos durante meses ou anos, até a exaustão, nada mais lhes resta senão esperar que o Estado diga, por meio da sentença, com quem está a razão jurídica. Daí, a expectativa intensa que antecede a entrega da prestação jurisdicional. Tal expectativa ainda mais se justifica se levarmos em conta que, muitas vezes, essa dicção jurisdicional não apenas assegura a um dos litigantes um bem ou uma utilidade da vida, como é capaz de provocar alterações profundas no seu círculo jurídico, na sua esfera patrimonial, de modo a transformá-lo de pobre em rico, ou vice-versa.

Vem daí a necessidade de a sentença ser redigida com clareza, de maneira que possa ser inteligida não apenas pelas partes, mas por quem quer que a leia. Ou, quando menos, por qualquer indivíduo de cultura mediana. O mínimo que se exige é que a pessoa possa saber, sem exercícios de interpretação ou de decifração, o que consta do texto. Para isso, deverá o magistrado, sem prejuízo da terminologia jurídica, evitar o uso de vocábulos de sentido ambíguo ou pouco conhecidos. Os neologismos, como os arcaísmos, são faces de uma só moeda: a da inconveniência. Chega a ser estremecedora, aliás, a possibilidade de ocorrer, com a sentença, o que amiúde se passa com o discurso político: o emprego de palavras pomposas para ocultar a falta ou a escassez de pensamento. É muito sábio, por isso, o ditado popular, segundo o qual, "vagem com muita folha é sinal de pouco feijão".

São lamentáveis as sentenças elaboradas em estilos rebuscados, gongóricos, exóticos até, pois só fazem dificultar a intelecção do que o órgão jurisdicional pretendeu dizer. A linguagem jurisdicional deve ser clara, leve, inteligível, como qualquer outra. Pensamos, mesmo, que alguns juízes (juntamente com alguns advogados) deveriam ser convidados a ler Machado de Assis, para deixarem arejar o estilo. Frases curtas e construídas com simplicidade caem bem em qualquer lugar. Pode-se dizer, com simplicidade, as coisas mais complexas e intricadas; saber manifestar as ideias de maneira clara é, sem dúvida, uma virtude — que poucos possuem, infelizmente. A verborragia (seja fútil, ou não) e o cataglotismo são vícios de linguagem a serem combatidos; eventual aliança entre eles — valha-nos, Machado! — produz efeitos verdadeiramente catastróficos, no plano da compreensão das ideias.

Não confundamos simplicidade com simploriedade. Um sábio pode ser simples, do mesmo modo como um simplório pode ser complexo, no tocante à expressão do pensamento.

A leveza do estilo, contudo, não significa o abandono da terminologia jurídica. Um termo jurídico, quando bem inserido na frase, demonstra, quase sempre, conhecimento científico e domínio da técnica. Uma sucessão de termos jurídicos, todavia, pode significar, mais do que vaidade, afetação e ausência de originalidade, um subterfúgio para disfarçar a falta de consistência persuasiva da argumentação.

Sentenças extremamente longas são, também, desaconselháveis. A excelência do argumento ou a razão jurídica não se medem pela quantidade de linhas ou de palavras. A sentença não é lugar apropriado para tratados. Preocupem-se os juízes não em demonstrar cultura e, sim, em solucionar, com objetividade e fundamentação concisa, os conflitos de interesses e estarão correspondendo às elevadas funções institucionais que lhes foram cometidas. Citações filosóficas ou literárias podem adornar o estilo, mas não conferem persuasão ao argumento. Sentença não é peça literária, mas instrumento da manifestação jurisdicional; logo, devem ser postos de parte os floreios próprios daquela, em nome do sentido pragmático, de que este é provido. Já se disse que uma sentença não necessita ser bela: basta que seja justa — e inteligível, acrescentamos.

De uns tempos até esta parte, convém observar, certos juízes e advogados vêm dedicando intenso culto aos neologismos, nos textos que produzem, seja inventando vocábulos ou adotando os inventados. Palavras não dicionarizadas não possuem significado exato e, por isso, tendem a sugerir mais de um sentido, cuja consequência é a ambiguidade do enunciado das ideias e dos conceitos. Não será exagerado afirmar que a linguagem forense vem sendo vítima de uma verdadeira infestação de vocábulos produzidos por uma inventiva que é filha da negligência linguística, da falta de hábito de consulta aos bons léxicos. Dentre esses termos, que compreendem substantivos, adjetivos, advérbios e tudo o mais, podem ser mencionados os seguintes: "improver" (= negar provimento); "indenitário" (= indenizatório); "inobstante" (= nada obstante); "inexitoso" (= sem êxito); "exitoso" (= com êxito); "indeferitório" (= que indefere); "impresente" (= ausente); "impago" (= não pago); "reclamatória" (= reclamação); "plúrima" (= plural, com vários autores ou vários réus); "celetário" (= referente à CLT); "indemonstrar" (= não demonstrar); "imerecer" (= não merecer); "imodificar" (= não modificar); "relatoria" (= o ato de relatar); "massivo" (= em massa); "imprejudicado" (= não prejudicado); "fático" (= relativo a fatos); "desfundamentado" (= sem fundamento); "firmatário" (= aquele que firmou um documento ou uma petição); "turmário" (relativo a turma). O elenco, enfim, dessas "preciosidades" extraídas dos escritos forenses é muito mais vasto do que possam fazer supor os exemplos citados. Quando dizemos que esses termos não se encontram dicionarizados, estamos a referir-nos, evidentemente, aos bons léxicos, assim entendidos aqueles cujos autores têm o escrúpulo de não incluir, indiscriminadamente, o que está na linguagem vulgar, aí compreendidos os vocábulos chulos, as gírias e os neologismos arbitrários.

b.b) Certeza

Quando se afirma que a sentença deve ser certa, tem-se os olhos postos no art. 492, parágrafo único, do CPC, conforme o qual a certeza constitui elemento essencial (do ponto de vista interno, ou intrínseco) dos pronunciamentos da jurisdição, ainda quando resolvam relação jurídica condicional.

Essa exigência de certeza vem do Direito Romano, tendo penetrado as Ordenações reinóis portuguesas e, de lá, sido transportada para os nossos textos legais.

Voltaremos ao assunto no comentário ao parágrafo único do art. 492.

Além de certa (e, evidentemente, fundamentada), a sentença deve ser precisa, ou seja, não pode exceder aos limites dos pedidos feitos pelos litigantes. A regra vem do Direito Romano (*sententia debet esse conformis libello*) e se encontra inscrita no art. 141 do CPC: "O juiz decidirá o mérito nos limites propostos pelas partes, sendo-lhe vedado conhecer de questões, não suscitadas, a cujo respeito a lei exige a iniciativa da parte". Complementa-a, o art. 492, do mesmo Código, ao proibir o juiz de proferir sentença, a favor do autor, de natureza diversa da pedida, bem como condenar o réu em quantidade superior ou em objeto diverso do que lhe foi demandado. Conjugando essas duas normas legais, podemos enunciar o princípio de que os limites da lide são estabelecidos pelas partes, sendo, por esse motivo, defeso ao juiz — exceto nos casos legalmente previstos — desrespeitá-los.

Esse "ir além dos limites" configurará os julgamentos *ultra petita* ou *extra petita*. No primeiro caso, o juiz concede *mais* do que havia sido postulado; no segundo, defere aquilo que nem sequer havia sido pleiteado. Por outras palavras, lá, o magistrado distende o pedido; aqui, se pronuncia sobre pedido inexistente. Em ambas as situações, todavia, o excesso deverá ser cortado, seja por meio de recurso ou de ação rescisória (esta, calcada no art. 966, V, do CPC, por ofensa aos arts. 141 e 492 do mesmo digesto processual).

Detenhamo-nos, agora, ainda que por breves momentos, sobre o parágrafo único do art. 492, do CPC, que vem recebendo interpretações controvertidas, tanto por parte da doutrina quanto da jurisprudência. Essa norma está assim redigida: "A decisão deve ser certa, ainda que resolva relação jurídica condicional", e decorre, por via direta, da contida no art. 323 do mesmo Código, a teor da qual "o pedido deve ser certo".

Certo é o pedido formulado de maneira clara e inequívoca; *determinado*, o que é definido, específico, não podendo ser confundido com nenhum outro. A exigência legal de certeza e determinação do pedido se justifica pela necessidade de o réu e o próprio órgão jurisdicional saberem o que está pretendendo o autor. A certeza, como ficou dito em linhas anteriores, é um elemento que deve estar também na sentença ou no acórdão, a fim de que as partes possam entender, exatamente, o que consta desses pronunciamentos da jurisdição. Sendo o pedido incerto, pois, o juiz não poderá saber o que visa a obter o autor, de tal arte que essa incerteza criará graves embaraços à entrega da prestação jurisdicional. Antes de indeferir a petição inicial, porém, incumbirá ao juiz assinar prazo de quinze dias para que o autor a emende ou a complete (CPC, art. 321).

Permite a lei, todavia, que o autor formule — em caráter excepcional, é verdade — pedido genérico, nas situações que indica (CPC, art. 324, § 1º, I a III). Esse sentido genérico da postulação está ligado não à existência deste (*an debeatur*) e, sim, ao seu aspecto quantitativo (*quantum debeatur*). Ao adjetivo *certo*, utilizado na redação da norma legal sob comentário, não pode ser contraposto o *incerto* (em substituição ao genérico), sob pena de imaginarmos que o legislador teria autorizado a formulação de pedido sobre os quais não haja nenhuma certeza acerca daquilo em que consistem (incerteza). No processo do trabalho são escassos os pedidos genéricos, até porque as quantias devidas aos trabalhadores possuem critérios de cálculos definidos em lei (salários, aviso-prévio, férias, indenizações etc.), para cogitarmos do inc. III do § 1º, do art. 324, do CPC, prescindindo, assim, da apuração por perdas e danos.

Como registro histórico, deve ser destacada a Emenda n. 291, oferecida pelo Deputado Freitas Nobre ao Projeto do atual Código de Processo Civil, quando tramitava pela Câmara Federal, a ser feita no art. 463, assim redigida: "A sentença condenatória conterá obrigatoriamente o valor da condenação, respondendo o juiz pelas custas da liquidação em caso contrário". Essa Emenda não foi aprovada, provavelmente, em virtude de dois fatos expressivos: a) a extrema dificuldade que teriam os juízes em atender à imposição legal; b) a possibilidade de ser formulado pedido genérico, nos termos do art. 322 do Código em vigor.

No plano ideal, é desejável que o processo do trabalho, *de lege ferenda*, exija a formulação de pedidos líquidos, sempre que possível, como pressuposto de uma outra exigência: a de que as sentenças também se apresentem de forma líquida, com o que se poderá, senão abolir a fase de liquidação, reduzi-la a uma simples atualização dos valores e à incidência da taxa de juros da mora. Aliás, o art. 852-I, § 2º, da CLT, relativo ao procedimento sumariíssimo, dispunha: "Não se admitirá sentença condenatória por quantia ilíquida". Essa disposição, contudo, foi vetada pelo Sr. Presidente da República sob o argumento de que poderia, na prática, "atrasar a prolação das sentenças, já que impõe ao juiz a obrigação de elaborar cálculos, o que nem sempre seria simples de se realizar em audiência". Esse veto não foi rejeitado pelo Congresso nacional (CF, art. 66, § 4º).

b.c) Exaustividade

Conforme dissemos, em páginas transatas, por força do disposto no art. 489, III, do CPC, o juiz deverá apreciar todas as questões, de fato e de direito, que lhe foram submetidas à cognição, pelos litigantes. Por esse motivo, a exaustão cognitiva dessas questões constitui um requisito interno da sentença ou do acórdão. Sem essa exaustão, aliás, a entrega da prestação jurisdicional não estará completa, ferindo, assim, de certa forma, a regra contida no art. 5º, XXXV, da Constituição Federal.

O direito subjetivo público de ação, assegurado por essa norma constitucional, não se resume à faculdade de o indivíduo *provocar* o exercício da função jurisdicional do Estado, tendente a obter a reparação de um direito lesado, ou a evitar que a lesão se consuma, compreendendo, também, o direito de ver examinadas todas as alegações de fato e de direito invocadas como fundamento da ação, sejam essas alegações controversas, ou não. Omisso o pronunciamento da jurisdição quanto a determinado aspecto da lide, caberá ao interessado fazer uso dos embargos declaratórios, para que a omissão seja suprida. A circunstância de a parte ter sido vencedora na causa não lhe subtrai o interesse de obter uma dicção do órgão jurisdicional acerca do ponto omisso. O interesse processual (CPC, art. 17), no caso, é inegável.

Tratando-se, contudo, dos denominados "pedidos implícitos", como, por exemplo, os pertinentes à correção monetária e aos juros da mora, a sentença poderá conter, pelo mesmo motivo, "condenação implícita" (que não se confunde com a condicional). Sendo assim, se o provimento jurisdicional nada dispuser quanto à correção monetária e aos juros moratórios não haverá, nisso, omissão capaz de ensejar o oferecimento de embargos declaratórios, mas condenação subentendida. O que se poderia exigir, por meio desses embargos, é que o juízo esclarecesse quais os *critérios* a serem observados para efeito de cálculo ou de incidência das mencionadas parcelas.

Como, no processo do trabalho, as iniciais, regra geral, contêm expressiva quantidade de pedidos e estes, muitas vezes, são formulados com mais de um fundamento, deve o juízo munir-se de cuidados redobrados ao proferir a sentença, sob pena de render ensejo à apresentação de embargos declaratórios destinados ao suprimento do ponto sobre o qual saltou, inadvertidamente. Aqui está mais uma razão para que as sentenças e os acórdãos sejam objetivos, o quanto possível, pois a realidade prática tem revelado inúmeras situações em que o pronunciamento jurisdicional, sobre ser demasiadamente longo, acaba por perder-se em decorrência de digressões desnecessárias, fazendo com que fiquem sem exame uma ou mais questões suscitadas pelas partes. De nada vale falar, em demasia, sobre determinados pontos da controvérsia e omitir-se quanto a outros. Melhor será, pois, que fale, de modo conciso e fundamentado, sobre todos esses pontos.

b.d) Adequação

Tirante uns poucos casos excepcionais, de resto, incumbe às partes fixar o objeto e os limites da lide. A sentença, como resposta jurisdicional às pretensões por elas formuladas, deve, por isso, ater-se à *res in iudicio deducta*. Essa regra da adequação aos pedidos está enunciada no 492 do CPC e deriva, historicamente, da conjugação de três princípios romanos, altamente difundidos entre nós: a) *ne eat iudex ultra petita partium* ("não julgue o juiz além do pedido")

b) *ne eat iudex extra petita partium* ("não julgue o juiz fora do pedido"); c) *ne eat iudex citra petita partium* ("não julgue o juiz abaixo do pedido").

Pelo primeiro, diz-se que o juiz não pode conceder *mais* do que foi pedido, embora possa, com base nas provas dos autos e no direito aplicável, deferir menos do que a parte pretendia — fato, aliás, muito frequente no processo do trabalho.

A regra sob comentário, entretanto, deve ser convenientemente entendida. Se o autor, contratado na vigência da atual Constituição da República, pedir a condenação do réu ao pagamento de horas, com o acréscimo, digamos, de 25%, não incidirá em julgamento *ultra petita* a sentença que conceder essas horas com o adicional de 50%, que é o mínimo, previsto no art. 7º, XVI, da Constituição Federal. O mesmo não se dá, por exemplo, quando o autor postula, na inicial, horas extras, "observada a prescrição bienal". Neste caso, se o réu for revel, o juízo não poderá conceder horas extras alusivas aos dez anos em que teria vigorado o contrato de trabalho, porquanto o próprio autor delimitou a sua pretensão, no particular, a dois anos.

Poderíamos, até mesmo construir a seguinte regra acerca do tema de que estamos a cuidar: não haverá julgamento *ultra petita* quando o juiz aplicar ao caso concreto a norma legal pertinente, que conceda ao autor mais do que esteja pedindo, notadamente se essa norma for de ordem pública, ou, de qualquer modo, respeitar a direito irrenunciável.

O segundo princípio em estudo significa que o juiz não pode conceder aquilo que *não havia sido pedido*.

Se o trabalhador alega que o seu contrato foi rompido pelo réu, sem justa causa e, em consequência, pede aviso-prévio e férias proporcionais, será *extra petita* a sentença se conceder, além das referidas parcelas, o 13º salário proporcional. Ainda que o trabalhador fizesse jus a este, não formulou o correspondente pedido, na inicial. Isso não quer dizer que ele esteja renunciando ao 13º salário, porquanto poderá convertê-lo em objeto de outra ação, em face do mesmo réu. É oportuno lembrar que o juiz deve decidir a lide nos limites em que foi proposta, até porque a petição inicial representa, como se afirma um "projeto" da sentença que se pretende obter.

Mesmo que o réu venha a contestar o que não foi pleiteado (fenômeno que, hoje, pode ser atribuído ao fato de, muitas vezes, as contestações serem padronizadas e, em função disso, utilizadas na generalidade das situações), haverá pronunciamento *extra petita*, pois, para esse efeito, a definição dos limites horizontais da entrega da prestação jurisdicional é estabelecida pela petição inicial.

Em outras hipóteses, o julgamento fora do pedido será, apenas, imaginário, como quando o autor, tendo estabilidade (definitiva) no emprego e sido despedido sem justa causa, pretender indenização e a sentença conceder-lhe a reintegração. Aqui, o direito material do trabalhador não é o de receber a desejada indenização, mas o de ser reintegrado no emprego (CLT, art. 495). Desse modo, o pronunciamento jurisdicional não é, em rigor, *extra petita*, porquanto estará procedendo à necessária adaptação dos fatos ao direito correspondente. Por outros termos, o juiz estará adequando o pedido à norma legal e, em seguida, apreciando-o segundo tenha sido o resultado dessa adaptação. Curiosamente, todavia, poderá o juiz, no exemplo em foco, converter a reintegração em indenização, se entender desaconselhável aquela (CLT, art. 496). Essa conversão é faculdade do juízo que, desse modo, poderá acabar deferindo a indenização, não porque o autor a tenha pleiteado, mas em virtude de ser desaconselhável a reintegração que seria, em outras circunstâncias, a consequência natural do reconhecimento da lesão do direito à estabilidade.

Se o autor pedir, exclusivamente, adicional de insalubridade e a sentença conceder-lhe adicional de periculosidade, com base em laudo pericial, haverá pronunciamento *extra petita*. O fato de o laudo haver-se desviado (arbitrariamente, por certo) do objeto da perícia e da própria demanda não legitima a emissão de sentença fora do que havia sido postulado.

Consoante o terceiro princípio, o juiz não deve conceder *menos* do que a parte tem direito (*citra* ou *infra petita*), seja do ponto de vista quantitativo ou qualitativo.

O julgamento *infra petita* se caracteriza não pelo fato de a sentença conceder menos do que havia sido pedido, mas, sim, menos do que tinha direito a parte. Não raro, o pronunciamento jurisdicional defere, realmente, menos do que pedia o autor, em decorrência, p. ex., da prova produzida nos autos: pediu cinco horas extras diárias e a prova foi quanto à existência, apenas, de uma hora extra por dia.

Quando a sentença dá ao autor (ou ao réu, em certas situações) menos do que lhe assegura o direito, portanto, estaremos, teoricamente, em face de um julgamento *infra petita*, sob o ângulo *quantitativo*. Será, contudo, *infra petita*, do ponto de vista *qualitativo*, a decisão que não apreciar todo o conteúdo da demanda. Essa afirmação coloca-nos, uma vez mais, diante do art. 489, III, do CPC, que impõe ao juiz o dever de resolver "*as questões principais, que as partes lhe submeterem*". Compor a lide, portanto, de maneira qualitativamente inferior à proposta, será, sem dúvida, no que pertine ao ponto omisso, denegar a entrega da prestação jurisdicional invocada.

O que escrevemos sobre os requisitos (essenciais) internos da sentença é aplicável, *mutatis mutandis*, ao acórdão.

Inciso I. *Relatório.* Relatar significa, lexicamente, narrar, descrever determinados acontecimentos. Daí, o substantivo *relatório*, que na terminologia jurídica traduz a primeira parte da estrutura das sentenças e dos acórdãos, na qual deverá o juiz fazer um resumo dos principais sucessos do processo, aí

Art. 489

incluídos não apenas os fatos alegados pelas partes, as razões jurídicas apresentadas, as provas produzidas, as propostas conciliatórias e as razões finais, mas os eventuais incidentes verificados, tomado aqui o vocábulo incidentes em sentido amplo.

O estatuto processual civil de 1939 dizia que o relatório deveria mencionar "o nome das partes, o pedido, a defesa e o resumo dos respectivos fundamentos" (art. 280, parágrafo único).

O motivo pelo qual os textos processuais exigem que a sentença contenha um relatório não é de ordem, apenas, jurídica, senão que política, pois é por meio desse resumo dos mais expressivos acontecimentos do processo que o juiz demonstrará às partes que compulsou, minuciosamente, os autos, antes de decidir; que proferiu, enfim, a sentença, com pleno conhecimento dos fatos principais da causa. Na vigência do CPC de 1939, a doutrina do período vinha entendendo que a falta do relatório não fazia nula a sentença, ao argumento de que isso não acarretava nenhum prejuízo às partes. Essa opinião doutrinal, entretanto, foi atropelada pelo diploma de processo civil de 1973, cujo art. 458 declarava ser o relatório requisito (ou elemento) essencial da sentença. O adjetivo *essencial* não constava do art. 280 do digesto de 1939. O CPC atual manteve a orientação do CPC de 1973, como revela o seu art. 489, I.

Em que pese ao fato de o relatório figurar como elemento essencial para a validade da sentença, no sistema do CPC em vigor, e de conhecermos as razões históricas pela qual os textos legais exigem a presença desse capítulo, entendemos que, de *lege ferenda*, a sentença — mesmo a proferida no procedimento ordinário — poderia prescindir, perfeitamente, dessa síntese retrospectiva dos principais acontecimentos do processo, sem qualquer prejuízo para a qualidade da entrega da prestação jurisdicional. Justifiquemo-nos.

As experiências da vida prática estão a demonstrar, sobejamente, que o relatório foi, ao longo do tempo, se transformando em uma parte algo burlesca da sentença, sendo essa a face que apresenta na atualidade, em muitos casos. Realmente, o que se vê, hoje, é o relatório ser: a) extremamente lacônico, resumindo-se a uma referência superficial a alguns fatos da causa, ou b) extremamente prolixo e maçante. No primeiro caso, não raro, o relatório é elaborado pelo magistrado que, preocupado com o volume de serviços e com a pletora de ações, e com o pouco tempo de que dispõe para dar vazão a tudo isso no prazo legal, acaba por mutilar o relatório; quando não, adota um relatório-padrão, a ser utilizado na generalidade dos casos, e que, por isso mesmo, é redigido em termos vagos e subjetivamente inespecíficos. No segundo caso, o juiz, pelos motivos já expostos, comete a um funcionário (assessor ou não) o encargo de confeccionar o relatório. A consequência é que, para agradar ao juiz ou por desconhecer a regra de brevidade que preside a elaboração dessa parte da sentença, o funcionário faz um relatório longo, absurdamente detalhado, no qual, muitas vezes, são reproduzidos, quase que por inteiro, a inicial, a resposta do réu, o depoimento das partes, a inquirição das testemunhas, o laudo pericial e o mais...

É óbvio que tanto a falta quanto o excesso comprometem a razão de ser do relatório como elemento essencial da sentença de mérito, desprestigiando-a, por assim dizer. *In medio stat virtus* (a virtude está no meio), já advertia Horácio. Não é, todavia, por estarmos impressionados com essas faltas ou com esses excessos que estamos a preconizar o banimento, por lei futura, do relatório como parte imprescindível para a validade formal da sentença e do acórdão. O que nos leva a formular essa sugestão é o fato de considerarmos o relatório um capítulo inútil, se levarmos em conta a razão pela qual passou a ser exigido pelos sistemas processuais. Ora, se o escopo da lei é fazer com que o juiz, pelo relatório, demonstre às partes — e, de certa forma, à sociedade — haver manuseado os autos e, desse modo, haver mantido contato com os elementos de que se valerá para formar o seu convencimento jurídico a respeito dos fatos da causa, essa demonstração poderá ser feita na própria fundamentação, esta, sim, parte essencial da sentença.

Com efeito, ainda que se venha, de *lege ferenda*, a dispensar o relatório (ou, quando muito, a torná-lo facultativo), o juiz poderá demonstrar, na motivação da sentença, que compulsou os autos, pois aí fará, necessária e naturalmente, referência aos fatos narrados pelas partes ou por terceiros, aos argumentos jurídicos por todos eles expendidos, às provas produzidas, aos incidentes verificados etc. De nada adianta, por exemplo, para o Direito e para os litigantes, a sentença conter um relatório longo, maçudo, e a fundamentação ser frágil, lacunosa e inconsistente.

Até que nossa sugestão se torne realidade, em termos de procedimento ordinário (porque, no procedimento sumaríssimo, como vimos, o relatório é dispensado), o que de concreto se tem é a exigência legal de que a sentença contenha relatório, sob pena de ser atacada pela via rescisória, com fundamento no art. 966, V, do CPC. Com vistas a isso, só nos cabe aconselhar que se elaborem relatórios sucintos, sem que essa brevidade constitua pretexto para omissões ou atrofias deliberadas dos fatos principais do litígio. Sendo assim, será bastante que o juiz aluda, resumidamente, aos fatos alegados pelo autor e aos pedidos formulados, ao valor dado à causa, à resposta do réu (que poderá ser mais de uma), às provas produzidas, aos eventuais incidentes, às propostas de conciliação e às razões finais — sem ingressar no exame do conteúdo desses atos, pois essa investigação interna constituirá objeto da segunda parte da sentença, a fundamentação. Relatórios extensos, longe de realçarem os principais fatos da lide, só contribuem para ocultá-los entre tantos outros, irrelevantes ou impertinentes.

Por outro lado, embora os juízes costumem destacar, na sentença, as três partes essenciais (relatório, fundamentação e dispositivo), cuja praxe deve ser estimulada, pela sua utilidade prática e pelo seu critério didático, não há imposição legal quanto a isso. O que se requer é que essas partes se apresentem em uma ordem lógica, de tal modo que o relatório preceda à fundamentação, e, esta, ao dispositivo. Quebrar essa ordem será tumultuar a estrutura formal e lógica da sentença.

Nada impede, ainda, que o relatório (para cogitarmos, por enquanto, somente dele) esteja implícito na sentença, sem ser, portanto, identificado por um título específico; o que importa é que, lendo-se a sentença, saiba-se onde ele se encontra.

Alguns juízes, aliás, ainda não perceberam o vício tautológico a que costumam dar causa quando, após destacarem o relatório e efetuá-lo, concluem-no, dizendo: "Este é o relatório. Passo a decidir". Ora, a frase "este é o relatório" só se justifica quando ele não se encontra especificado no texto da sentença. Abandone-se, por isso, essa praxe viciosa, que vem do início dos tempos.

Até esta parte, estivemos com a atenção fixada nas sentenças de mérito. O que dissemos com relação a elas, em tema de relatório, também se aplica às sentenças que ponham fim ao processo sem resolução do mérito e aos acórdãos em geral. No tocante a estes, em se tratando de competência originária do tribunal (ação rescisória, mandado de segurança, ação coletiva, ação cautelar etc.), o relatório será semelhante ao de uma sentença, com a particularidade de que, em alguns casos, deverá aludir ao parecer exarado pelo Ministério Público. Sendo o relatório concernente a acórdão proferido em grau de recurso, conterá, também, os elementos exigidos pelo art. 489 do CPC e referirá o parecer do Ministério Público do Trabalho.

Inciso II. *Fundamentação.* Sentença (ou acórdão) sem fundamentação é ato de pura arbitrariedade judicial. Como alerta Franco Lancelloti, não é suficiente que o juiz faça justiça: é necessário que demonstre *como* fez justiça, para, dessa maneira, prestar satisfação a todos.

Dentre os elementos essenciais da sentença, a motivação é a única que possui assento constitucional. Estabelece, efetivamente, o inc. IX do art. 93 da Suprema Carta Política do País, a exigência de que sejam "fundamentadas todas as decisões, sob pena de nulidade". Até onde sabemos, a propósito, foi esta a primeira vez que o constituinte brasileiro se preocupou não apenas em dispor sobre um requisito de validade formal da sentença ou do acórdão, mas em cominar de nulo o ato decisório que não atenda a essa exigência.

A necessidade de fundamentação das sentenças estava expressa nas próprias Ordenações reinóis portuguesas, como revelam as Filipinas: "E para as partes saberem se lhes convém apelar ou agravar das sentenças definitivas, ou vir com embargos a elas, e os juízes da mor alçada entenderem melhor os fundamentos, por que os juízes inferiores se movem a condenar, ou absolver, mandamos que todos nossos desembargadores, e quaisquer outros julgadores, ora sejam letrados, ora não o sejam, declarem especificadamente em suas sentenças definitivas, assim na primeira instância, como no caso de apelação ou agravo, ou revista, as causas, em que se fundaram a condenar, ou absolver, ou a confirmar ou revogar" (Livro 3º, Tít. LXVI, n. 7).

Já não vigora, felizmente, nos modernos sistemas processuais, o princípio do livre convencimento, que se difundiu à sombra do lema da liberdade, adotado pela Revolução Francesa, conforme o qual o juiz poderia decidir "segundo sua consciência e sua íntima convicção", cuja cláusula, em decorrência da ousada amplitude da discricionariedade que atribuía ao juiz, permitia, até mesmo, o julgamento contra a prova dos autos. Hoje, o magistrado tem ampla liberdade na formação do seu convencimento jurídico acerca dos fatos da causa, desde que o faça com base na prova existente nos autos. Este é o princípio a que a doutrina tem denominado de "persuasão racional", e que preferimos chamar de "livre convencimento motivado", pois nessa expressão se encontram aglutinadas as duas regras pelas quais o juiz deve orientar-se com vistas à sua convicção jurídica: liberdade + provas. É a esse princípio que se referia o art. 131 do CPC de 1973, ao declarar que o juiz apreciaria livremente as provas, atendendo aos fatos e circunstâncias dos autos, ainda que não alegados pelas partes, devendo, contudo, indicar, na sentença, os motivos que lhe formaram o convencimento. Essa norma foi reproduzida, em parte, pelo art. 371 do CPC atual

Para usarmos uma imagem de Couture, poderíamos dizer que, atualmente, a liberdade do juiz, no campo da formação de seu convencimento jurídico sobre os fatos narrados pelos litigantes, é comparável à de um prisioneiro: pode ir aonde quiser, contanto que seja no interior da cela. A cela, na metáfora, são as provas dos autos. Na fundamentação, o juiz apreciará e resolverá todas as matérias e questões, de fato e de direito, que digam respeito à causa, aí compreendidas as que tenham sido alegadas pelas partes e aquelas que possa ou deva conhecer por sua iniciativa.

Dessa forma, segundo uma ordem lógica, ele resolverá, por exemplo, questões pertinentes a preliminares (inexistência ou nulidade de citação, incompetência absoluta, inépcia da inicial, perempção, litispendência, coisa julgada, conexão, incapacidade de parte, defeito de representação, carência da ação, falta de caução etc.), caso, é elementar, não as tenha apreciado anteriormente. Os que atuam na Justiça do Trabalho sabem que os juízes, quase sempre, se reservam para examinar ditas preliminares na própria sentença de fundo, o que não deixa de configurar erro de procedimento, pois elas, em princípio, devem ser resolvidas antes dessa fase. Algumas dessas preliminares, *e. g.*, quando acolhidas no momento oportuno, impedem a citação (incompetência absoluta, inépcia da petição inicial, carência da ação, etc.) ou a preparação da sentença de mérito (litispendência, coisa julgada, conexão, perempção etc.).

São frequentes as situações em que a parte alega mais de uma preliminar, hipótese em que o juiz deverá estabelecer uma ordem lógica de apreciação, sob pena de graves faltas contra a técnica. Se, digamos, o réu alega a incompetência do juízo e a inépcia da inicial, é evidente que o juízo deverá apreciar, por primeiro, a incompetência, até para poder dizer, depois, se for o caso, se a inicial é apta ou inepta. Seria desarrazoado supor que o juízo, sem decidir sobre a sua competência, pudesse apreciar a alegação de inépcia, fosse para acatá-la ou rejeitá-la.

Havendo, a um só tempo, arguição de suspeição do juiz e de incompetência relativa do juízo (embora essas matérias, no processo do trabalho, não constituam preliminar, mas espécie de resposta do réu), deverá ser examinada, primeiramente, a exceção de suspeição, porquanto a existência de juiz imparcial figura como pressuposto de constituição válida da relação processual. Seria desassisado imaginar que um juiz, a quem se considera suspeito, devesse, antes, se pronunciar sobre a incompetência relativa, ou seja, sem que houvesse sido examinada a causa da suspeição.

É curioso observar, aliás, o fenômeno que ocorre com as matérias que constituem, tipicamente, objeto de preliminares, em primeiro grau (CPC, art. 337), quando são renovadas ou ventiladas em recurso. Tomemos como exemplo a alegação feita pelo réu, na contestação, de ilegitimidade ativa do sindicato profissional para agir na qualidade de substituto processual. No plano de primeiro grau, essa matéria deve, efetivamente, ser suscitada como preliminar do mérito, conforme dispõe o art. 337, XI, do CPC (carência da ação). No recurso que o réu vier a interpor da sentença, que rechaçou a referida preliminar, esta não deverá ser tratada como tal e, sim, como mérito do recurso (logo, em sentido estrito), em contraposição ao mérito da causa (sentido amplo). Expliquemo-nos. Se a sentença repeliu a preliminar mencionada e acolheu o pedido do autor, condenado o réu a pagar-lhe, digamos, horas extras, e este recorre desses dois capítulos da sentença, aquela preliminar, no recurso, perde essa característica e se converte em mérito estrito, assim entendido o mérito do recurso, que não se confunde com o mérito da causa, ou da demanda, aqui representado pelas horas extras. Para que melhor sejam compreendidas as nossas razões, modifiquemos, em parte, a situação imaginada, e consideremos que a sentença rejeite não só a preliminar de ilegitimidade, como os próprios pedidos formulados pelo autor (mérito da demanda). Nesta hipótese, o réu, ainda que vencedor quanto ao mérito da causa (horas extras), terá, sem sombra de dúvida, interesse (tomado o vocábulo em seu significado rigorosamente processual) em recorrer da sentença, para ver declarada a falta de legitimidade do sindicato para atuar como substituto processual. Neste caso, a propósito, o recurso do réu, deverá ser apreciado em primeiro lugar, pois se o tribunal pronunciar a carência da ação, ficará prejudicado o exame do recurso do autor. Pois bem. O recurso do réu terá, aí, como único objeto (ou conteúdo), a alegação de ilegitimidade ativa; logo, se fôssemos tratar essa matéria como preliminar, ficaríamos em dificuldade de justificar a existência de uma preliminar que não antecede a nenhuma outra matéria submetida pela parte a reexame pelo tribunal. Seria, afinal, uma preliminar do quê? Para o réu, como afirmamos, o único motivo que o levou a recorrer da sentença que lhe foi favorável quanto ao mérito repousa no interesse de ver declarada, pelo tribunal, a falta de legitimidade *ad causam* do autor. A obtenção de um provimento jurisdicional declaratório da carência da ação constitui, portanto, a *única* matéria contida no recurso do réu; sendo assim, ela traduz, na verdade, o que temos denominado de mérito estrito, ou de "mérito do recurso", que nada tem a ver como o mérito da causa, este, em regra, vinculado ao direito material, ao passo que aquele se liga, em princípio, ao direito processual.

Tentando resumir a nossa opinião acerca do tema, podemos dizer que, de modo geral, as preliminares previstas no art. 337 do CPC se transformam em mérito estrito ou "mérito do recurso" quando renovadas perante o tribunal ou aí suscitadas pela primeira vez, em grau de recurso. O mesmo afirmamos quanto às conhecidas alegações de "cerceamento de defesa", que tenham sido repelidas pela sentença. Em nosso ver, devem ser tratadas como preliminares dos recursos, apenas, as arguições que se relacionem com os pressupostos de admissibilidade, sejam subjetivos ou objetivos, excluídas, quanto àqueles, as condições da ação, especialmente, a legitimidade *ad causam* e o interesse processual, que bem ficarão ser apreciadas como mérito estrito. Destarte, devem ser tratadas: a) como *preliminares*, as assertivas de intempestividade, de deserção, de irrecorribilidade do ato etc., corresponde a afirmar, tudo aquilo que tiver como objeto a inadmissibilidade do recurso; b) como *mérito estrito*, ou mérito do recurso, as matérias descritas no art. 337 do CPC, sem prejuízo de outras, que se amoldem a essa regra; c) como *mérito da causa*, ou da demanda, as questões que se vinculem ao direito material, ou seja, à *res in iudicio deducta*.

Inexistindo preliminares a serem examinadas, ou tendo sido rejeitadas, incumbirá ao tribunal cuidar das *prejudiciais de mérito*, acaso levantadas. Dentre essas prejudiciais, a mais comum é a prescrição extintiva.

Superadas as preliminares e as prejudiciais, só aí estará o órgão jurisdicional autorizado a ingressar no exame do mérito, oportunidade em que apreciará as matérias que configurem o fundo da demanda, quase sempre consubstanciado no direito material.

Na fundamentação, ao juiz incumbirá apreciar todas as questões que lhe foram submetidas pelas partes, assim como aquelas que possa conhecer *ex officio*. Não concordamos com a opinião doutrinal de que não há necessidade de serem examinadas todas as *questões*. Esse parecer, de que estamos a dissentir, talvez fosse sustentável na vigência do CPC de 1939, cujo art. 280, *caput*, se limitava a ressaltar que a sentença deveria conter "os fundamentos de fato e de direito" (inc. II). O art. 489 do Código atual, bem ao contrário, adverte que, na motivação, ao juiz caberá *analisar*, fundamentadamente, as questões de fato e de direito (inc. II). *Analisar* não significa ignorar, passar ao largo, senão que apreciar, formular juízo de valor. Com isso, estamos afirmando que o juiz não atenderá a essa exigência legal se fizer simples alusão às questões de fato e de direito, suscitadas pelos litigantes, sem, contudo, *apreciá-las*.

Caso o órgão jurisdicional — se por inadvertência ou de maneira deliberada é algo que não vem ao caso investigar — saltar uma dessas questões, haverá omissão, que, por isso, ensejará o oferecimento de embargos declaratórios, a fim de que o juízo complemente (adequadamente) a entrega da prestação jurisdicional. Não estamos, com essas considerações, a insinuar que o juiz esteja obrigado a analisar, inclusive, as questões de nonada, ou seja, irrelevantes para a solução do litígio, ou que não têm pertinência com a lide. Mesmo assim, ele deve pronunciar essa irrelevância ou essa impertinência, sob pena de ser compelido a fazê-lo por força de embargos de declaração.

A Súmula n. 297, II, do TST exige que a matéria a ser ventilada em sede de recurso de revista seja prequestionada perante o juízo emissor do acórdão impugnado, sob pena de preclusão. Ao afirmar que esse prequestionamento deva ser empreendido por meio de embargos declaratórios, a Súmula, de um lado, rendeu homenagem no art. 489, II, do CPC, mas, de outro, deu causa a uma verdadeira enxurrada de embargos de declaração, muitos deles, opostos com intuito manifestamente procrastinatório. A Súmula n. 297, II, do TST reproduz, com pequenas nuanças de literalidade, a Súmula n. 356 do STF, que versa sobre recurso extraordinário.

Tem-se afirmado que a exigência de fundamentação das sentenças e dos acórdãos visa a permitir que a parte vencida possa conhecer as razões jurídicas pelas quais o juízo não acolheu as suas pretensões, e, com isso, recorrer ao tribunal, com objetivo de modificar o pronunciamento desfavorável. Não negamos que a motivação da sentença possa prender-se, em princípio, a essa finalidade, pois a parte, tendo ciência das razões de decidir, poderá argumentar, perante o tribunal, por exemplo, que a sentença apreciou equivocadamente os fatos, seja admitindo fatos inexistentes ou negando a existência de fatos demonstrados nos autos; valorou mal a prova; interpretou erroneamente as normas jurídicas incidentes etc. Se considerarmos, porém, a presença de sentenças irrecorríveis, em nosso meio (Lei n. 5.584/70, art. 2º, § 4º), veremos que o argumento exposto não é de todo perfeito, pois nesse caso a impossibilidade legal de impugnação a essas sentenças poderia conduzir à conclusão de que não precisam ser fundamentadas.

Em rigor, atualmente, a exigência de serem motivados os pronunciamentos jurisdicionais (máxime, os dotados de aptidão para dar fim ao processo) deriva menos da necessidade de permitir-se que as partes possam impugnar as decisões, do que de um mandamento constitucional inflexível (CF art. 93, IX). Ou, quem sabe, deva ser dito que essa imposição constitucional se destina, justamente, a assegurar o direito dos litigantes, quanto a conhecerem as razões jurídicas pelas quais o juiz solucionou o conflito de interesses desfavoravelmente a um deles, ou, mesmo, a ambos.

Por um motivo ou por outro, o fato é que as sentenças e os acórdãos devem ser juridicamente fundamentados, sob pena de nulidade. Na raiz dessa exigência está a preocupação política de nosso constituinte em evitar que os indivíduos e as coletividades se submetam a provimentos jurisdicionais produzidos pela vontade ocasionalmente arbitrária dos magistrados. Se o Estado detém, por motivos historicamente justificáveis, o monopólio da jurisdição, impedindo, assim, a autotutela de direitos, é absolutamente indispensável que o juiz, ao compor a lide, apresente às partes as razões jurídicas que influíram na formação do seu convencimento acerca dos fatos da causa. Parece-nos apropriado concluir, portanto, que o Estado está obrigado a prestar a tutela jurisdicional não somente de maneira rápida, mas, também, e acima de tudo, fundamentada.

A obrigação de fundamentar a sentença estava, já, nas Ordenações reinóis portuguesas, como revelam as Filipinas (Livro 3º, título LXVI, n. 7), que impunham ao juiz multa de vinte cruzados, caso descumprisse essa exigência. Dada a recalcitrância dos magistrados, no que tange ao acatamento dessa regra, a mencionada multa foi, mais tarde, elevada ao triplo, por Alvará de 16 de setembro de 1814. É bem verdade que essa Ordenação não declarava nula a sentença que deixasse de conter fundamentação, cujo fato era reconhecido pela doutrina do período. De qualquer forma, a obrigação de o juiz motivar as suas decisões, imposta pelas Ordenações, representou um redentor rompimento com o direito comum, então vigente, que não formulava nenhuma exigência nesse sentido.

A cláusula constitucional que impõe a fundamentação de todas as decisões judiciais não significa, necessariamente, que o juiz deva indicar as normas legais em que se baseou para formar a sua convicção e, sim, que o seu convencimento está de acordo com o direito vigente à época dos fatos. Os juízes, todavia, zelosos em seu ofício, costumam referir os textos legais em que se apoiaram para decidir, cuja praxe, por ser altamente salutar, deve ser estimulada. Uma ponderação, apenas: como a Justiça do Trabalho é, à evidência, especializada, pois compete-lhe, essencialmente, dirimir lides envolvendo trabalhadores e empregadores, assim como as decorrentes de relação de trabalho, é natural que os magistrados, assim como os advogados que nela militam, conheçam, até com certa profundidade, as normas materiais e processuais que devam ser manipuladas para efeito de solução dos conflitos. Sendo assim, ao se pronunciarem sobre matérias ou questões rotineiras, ou seja, sobre aquelas que estão, habitualmente, presentes nas petições iniciais e nas respostas dos réus, como salários, horas extras, aviso-prévio, 13º salário, férias, podem os juízes acolher ou rejeitar os pedidos que as tenham como objeto sem indicação da norma legal incidente. Se, *v. g.*, estiver provado nos autos que o empregado foi despedido sem justa causa legal, e havendo pedido de aviso-prévio, nenhum problema haverá se o juiz acolhê-lo, sem fazer menção ao art. 487 da CLT conjugado com o art. 7º, XXI, da CF. A indicação do dispositivo legal será recomendável, entretanto, quando a sua aplicação prática for escassa; sua vigência for muito recente; não pertencer ao direito material ou ao processual, ambos do trabalho (norma forânea); disser respeito a atividades ou profissões específicas etc.; ou tratar-se de recurso de revista, fundado em violação a literal disposição de lei ou afronta direta e literal à Constituição da República.

A sentença e o acórdão, em suma, devem ser fundamentados, ainda que concisamente. Reconhecemos, no entanto, que, em muitas situações, os pronunciamentos jurisdicionais se situam em uma linha muito tênue, em uma zona cinzenta, que separa a fundamentação sucinta da falta de fundamentação. Aqui, não poderá haver meio-termo: ou se diz que há fundamentação, ou se reconhece que ela inexiste e, em consequência, dá-se ao julgado a sorte que merecer.

De resto, devemos advertir que pouco importam os motivos pelos quais o juiz tenha deixado de fundamentar a sentença: a ausência desse requisito essencial fará nulo o pronunciamento jurisdicional, objetivamente considerado, por ser produto da vontade arbitrária do julgador.

Inciso III. *Dispositivo*. A terceira e última parte da estrutura da sentença é o dispositivo (ou *decisum*), no qual, segundo o inc. III do art. 489 do CPC, "o juiz resolverá as questões principais que as partes lhe submeterem".

Essa dicção legal, contudo, como já denunciamos, é imperfeita, pois no dispositivo o juiz não *resolve* nenhuma questão, senão que proclama o *resultado* da apreciação dessas questões, realizada na fundamentação.

Ao declarar que a sentença acolherá, no todo ou em parte, os pedidos formulados pelo autor, o art. 490, do CPC está levando em conta dois fatos: a) que a sentença haja ingressado no exame do mérito; b) que esse acolhimento ou essa rejeição sejam pronunciados, conclusivamente, no dispositivo. Isso conduz à ilação lógica de que: a) se a sentença não apreciou o mérito, nenhum pedido haverá para ser acolhido ou rejeitado; b) o dispositivo declarará a extinção do processo, sem julgamento da *res in iudicio deducta,* sendo o autor condenado ao pagamento das custas, se for o caso.

A importância do dispositivo da sentença ou do acórdão está em que, por meio dele, dirá o juiz se condena o réu ou se o absolve (*vel condemnatione vel absolutione contingit,* conforme o Digesto). Demais, entre as partes da sentença, o dispositivo é o único, em princípio, que se submete aos efeitos da coisa julgada material. Declara, realmente, o art. 504 do CPC que não fazem coisa julgada: a) a motivação, ainda que importante para determinar o alcance da parte dispositiva da sentença (I); b) a verdade dos fatos, estabelecida como fundamento da sentença (II); significa dizer, em sentido inverso, que fará coisa julgada o dispositivo.

A particularidade de passar em julgado, unicamente, o dispositivo faz com que, na prática, o autor possa voltar a juízo com um pedido que, conquanto houvesse sido formulado em ação anterior, não integrou a parte conclusiva da sentença que resolveu aquela lide. Se, por exemplo, o autor pediu a condenação do réu ao pagamento de salários vencidos e de horas extras, e a sentença, embora lhe tenha reconhecido o direito a ambos os títulos somente faça referência, na parte dispositiva, aos salários vencidos, o autor poderá oferecer embargos declaratórios para suprir a omissão concernente às horas extras. Se, todavia, esses embargos não forem oferecidos, o autor poderá ingressar novamente em juízo, desta feita, para postular, apenas, as horas extras — valendo-se, inclusive, da prova eventualmente produzida sobre esse tema na ação anterior e do fato de a sentença pretérita, na fundamentação, haver-lhe reconhecido o direito a essas horas.

O dispositivo deve ser uma consequência lógica do que se apreciou na fundamentação, uma conclusão congruente, enfim, com os argumentos lá expendidos pelo juiz. Se este diz, na motivação, que ficou provada a falta grave irrogada ao autor, mas, no dispositivo, condena o réu a pagar-lhe aviso-prévio, é evidente que há, nisso, uma incoerência, uma contradição intransponível, que ensejará o uso de embargos declaratórios.

Como asseveramos há pouco, é no dispositivo da sentença ou do acórdão que o juiz proclamará o *resultado* do julgamento, acolhendo ou rejeitando os pedidos do autor, ou declarando extinto o processo sem julgamento do mérito, conforme for a hipótese. Construções como "julgar procedente (ou improcedente) a ação", "julgar procedentes os pedidos", embora estejam no gosto de muitos magistrados, devem ser evitadas, por traduzirem falta contra a técnica, a lógica e os princípios, mormente a primeira. Se o órgão jurisdicional chegou a examinar o mérito não pode dizer que a ação, como direito público subjetivo, foi "improcedente". Os pedidos, mesmo que rejeitados, não deixam de ser "procedentes", pois têm uma origem, procedem de algum lugar.

Código de Processo Civil

A despeito de nem o art. 832 da CLT nem o art. 489 do CPC exigirem que a sentença seja datada e assinada pelo juiz, essa imposição está no art. 851, § 2º, da CLT e consta, com maior clareza, do art. 205 do estatuto processual civil.

Sentença sem assinatura do juiz é ato inexistente; é o não-ato jurisdicional.

Sentença nula, anulável e inexistente

Ainda que o art. 489, do CPC, não trate do assunto, pensamos ser conveniente lançar algumas considerações acerca das sentenças nulas, anuláveis e inexistentes.

Considerações propedêuticas

Uma das tarefas mais tormentosas para a doutrina tem sido, sem dúvida, a de estabelecer os limites exatos dos terrenos da nulidade, da anulabilidade e da inexistência dos atos processuais, em geral, e da sentença, em particular. Muito já se escreveu a respeito do assunto, mas, apesar disso, diversas áreas nebulosas, que envolvem as zonas limítrofes desses sítios, ainda não foram dissipadas. Como consequência dessa indefinição, subsistem, no espírito de quantos sejam chamados a resolver problemas que digam respeito à validade ou invalidade dos atos processuais, ou à existência ou inexistência destes, hesitações angustiantes que, por sua vez, servem para alimentar as controvérsias doutrinárias e jurisprudenciais acerca da matéria — controvérsias que, em boa medida, emanam da falta de uma disciplina legal mais eficiente sobre assunto de tamanha relevância prática.

Parecem, por isso, ter sido formulados com vistas à nossa realidade normativa os comentários constantes do "Novíssimo Digesto Italiano" (verbete *Nullità processuali*), a seguir reproduzidos: "O complexo de normas, através das quais o legislador pretendeu configurar a disciplina das nulidades dos atos processuais civis está longe de exaurir o complexo quadro da matéria: basta lembrar que as regras sobre as nulidades foram formuladas relativamente aos vícios formais e é discutida e discutível a sua aplicabilidade aos vícios de fundo. Esta insuficiência da disciplina normativa é perceptível quando se pensa que o legislador cuidou de regular aspectos até marginais ao regime das nulidades, como a legitimação para levantar o vício do ato, o poder de o juiz renová-lo etc. Essas disposições apresentam interesse secundário, e o intérprete tem, muitas vezes, que buscar fora do Código solução para problemas mais relevantes, como, *v. g.*, o da *inexistência*, a que a lei absolutamente não se refere" (destacamos).

O estatuto de processo civil brasileiro dedicou o Título III ("Das nulidades") do Livro I ("Parte Geral") às nulidades, procurando regular o correspondente regime em oito artigos (276 a 283). Dos atos inexistentes nada se diz no mencionado Título. Em suma, a disciplina legal, entre nós, dos regimes da nulidade, da anulabilidade e da inexistência dos atos processuais é insatisfatória, sendo a causa principal das dissensões hoje instaladas na doutrina e na jurisprudência.

O processo do trabalho, impulsionado por sua ontológica tendência à simplificação (que lhe atribui um aparente caráter de simplicidade), e beirando as raias da simploriedade, cogita das nulidades (e, tão-só, destas) nos arts. 794 a 798.

É curioso observar que, de um lado, a má disciplina legal, como dissemos, tem contribuído para as disputas doutrinárias sobre o tema e, de outro, que a imprecisão dos conceitos doutrinais tem levado a jurisprudência a desnortear-se, muitas vezes, diante dos casos concretos, ora considerando nulo o que é anulável (e vice-versa), ora declarando nulo o que, na verdade, é inexistente.

Conceitos

Pensamos ser indispensável, em razão disso, que se proceda a um adequado acertamento legislativo do assunto, a fim de serem eliminadas, o quanto possível, as controvérsias que, até o momento, vêm atormentando juízes, advogados, membros do Ministério Público, assessores, professores e acadêmicos de Direito e tantos quantos têm sido instados a pronunciar-se a respeito. Enquanto não ocorrer o acertamento normativo preconizado, caberá à doutrina, com sua vocação científica, mourejar nesse campo, não apenas para solucionar, ainda que provisoriamente, o problema, mas para colocar à disposição do legislador os elementos necessários à definitiva pacificação da matéria.

Tentemos, em decorrência disso, fornecer alguns contributos — ainda que, reconhecidamente, modestos — para o atingimento desse objetivo, começando pela enunciação dos conceitos de: a) nulidade; b) anulabilidade e c) inexistência dos atos processuais.

a) Nulidade. Os juristas costumam afirmar, com uma certa entonação dogmática, que ato nulo é o que não produz efeitos jurídicos (*quod nullum est nullum producit effectus*). Essa definição, embora consagrada, é imperfeita por levar em conta não a natureza, a essência do ato e, sim, a sua consequência, expressa na inaptidão para produzir os efeitos previstos no ordenamento jurídico. Examina-se, aí, em suma, não o elemento interno do ato, o seu conteúdo, mas o seu aspecto meramente externo. Além disso, no plano processual o ato nulo não produz efeitos enquanto não for invalidado, sendo certo que se submete ao fenômeno jurídico da coisa julgada material e, decorrido o prazo para o exercício da ação rescisória, torna-se definitivamente convalidado, vale dizer, adquire o atributo da imutabilidade perpétua.

Antes de deitarmos um conceito de nulidade, faz-se recomendável advertir que esta não deve ser confundida com *ineficácia*, conquanto ambos os vocábulos venham sendo indistintamente empregados por uma doutrina pouco preocupada com os compromissos científicos.

A nulidade, como diz Teresa Arruda Alvim Pinto, "é o estado em que se encontra um ato, que lhe torna passível de deixar de produzir seus efeitos próprios e, em alguns casos, destroem-se os já produzidos" (*Nulidade da sentença*. São Paulo: Revista dos Tribunais, 1987. p. 62/63). A ineficácia, por seu turno, significa a efetiva ausência de produção dos efeitos jurídicos inerentes ao ato processual. Sob esse ângulo, fica possível compreender-se a existência de atos que, embora válidos, sejam ineficazes, ou seja, não têm aptidão para produzir os efeitos pretendidos. Uma sentença condenatória, por exemplo, da qual se tenha interposto recurso, a despeito de ser um ato formalmente válido, só terá eficácia de título executivo (execução definitiva) depois de julgado o recurso e desde que o tribunal negue provimento a este. A sentença passível de recurso (não a que já tenha sido objeto de impugnação, por essa via) é ato condicionado, ou melhor, que pende de condição suspensiva, isso porque, embora dotada de todos os requisitos legais para a sua validade, encontra-se tolhida em sua eficácia. Concluímos, asseverando que dita suspensividade permanecerá enquanto perdurar a possibilidade de impugnar-se a sentença, o que corresponde a asseverar, de outro ponto de observação, que os seus efeitos somente serão liberados assim que ficar afastada, em definitivo, a possibilidade de recurso.

Definidas, por esse modo, os lindes da anulabilidade e da ineficácia, podemos conceituar o ato nulo, em sentido amplo, como o que *tem existência em desacordo com a lei e cuja invalidade pode ser alegada pelas partes, a qualquer tempo, ou decretada, ex officio, pelo juiz, não podendo, em princípio, ser ratificado, não sendo apto para gerar preclusão*. A ineficácia do ato decorrerá do seu decreto jurisdicional de nulidade.

Como se pode notar, o conceito que acabamos de esboçar se calca no elemento *existência*, que reputamos essencial para diferenciar o ato nulo do inexistente. É certo que esse *existir*, se vale para separar o ato nulo do inexistente, não serve para desassemelhá-lo do ato anulável, uma vez que este também existe. Por ora, fiquemos com o conceito formulado, que, segundo pensamos, será mais bem entendido quando elaborarmos o de ato anulável, o que será feito mais adiante.

Assim como Galeno Lacerda, julgamos que o traço característico dos sistemas das nulidades processuais reside na natureza da norma desrespeitada, considerada em seu aspecto finalístico. Desse modo, se a norma reflete predominante interesse público, a sua violação acarreta a nulidade (absoluta) do ato infringente (*Despacho saneador*. Porto Alegre, 1953. p. 72). Esse critério, se não é eficiente para resolver, por inteiro, o problema das nulidades, é, a nosso ver, o que de melhor se tem, pois não se pode negar que se o Estado, por meio de determinada norma, tutela um interesse público, será nulo o ato que a transgredir. Sabe-se, por outro lado, que as partes não têm poder de disposição sobre as normas dessa natureza. É imperativo chamarmos a atenção para o fato de que, mesmo sendo o Estado um dos litigantes, ele não poderá dispor da norma de ordem pública, considerando que, para esse fim, fica equiparado ao particular.

b) Anulabilidade Assim como os atos nulos, os anuláveis têm existência em desacordo com a lei. A nota distintiva, contudo, entre ambos, fica por conta do fato de que os atos anuláveis não podem ser decretados *ex officio*, sendo indispensável, para tanto, a iniciativa do interessado, exceto se este deu causa à contaminação do ato. Aqui há, quase sempre, preclusão (temporal) e, também, possibilidade de convalidação.

Afirmamos, há pouco, que haverá nulidade sempre que o ato violado espelhar um interesse público. Podemos aproveitar essa mesma linha de raciocínio para dizer, agora, que existirá anulabilidade (ou nulidade relativa) quando o ato infringido tutelar interesse que diga respeito, essencialmente, às partes.

Sentença destituída de fundamentação é nula, nos termos dos arts. 93, IX, da Constituição Federal, e 489, II, do CPC. Logo, a nulidade pode ser arguida por qualquer das partes (inclusive, pela vencedora na causa, pois o seu interesse de agir decorrerá, justamente, da possibilidade de o adversário alegar a nulidade ou ingressar com ação rescisória), em qualquer tempo e grau de jurisdição, devendo ser decretada pelo juiz, *ex officio*. Não há, portanto, preclusão para as partes, nem para o juiz, no que toca à nulidade do ato que, por isso, não é convalidado pelo silêncio de quem quer que seja, conquanto o nulo passe em julgado — precisamente porque existe.

As normas violadas, na espécie, tutelam, inegavelmente, um *interesse público*, consistente na necessidade de serem fundamentados todos os pronunciamentos da jurisdição, como providência destinada a evitar a arbitrariedade ou a ditadura dos juízes, no momento de solucionar o conflito de interesses que dá conteúdo à lide.

Se, de outro lado, o juiz indeferir a produção de determinada prova, em audiência, imprescindível para demonstrar a veracidade dos fatos alegados pela parte, isso ensejará, em princípio, a anulação do processo. Caso, porém, o litigante prejudicado pelo ato judicial nada alegue, em razões finais, precluirá o seu direito de pedir ao tribunal a anulação do processo, pois é próprio do regime das anulabilidades essa preclusão temporal. Convalida-se, assim, o ato de indeferimento de produção da prova.

A norma processual desacatada, que diz da faculdade de as partes produzirem as provas necessárias à demonstração dos fatos alegados, não tem caráter "cogente" e, sim, dispositivo. Isso significa que o ato entra no poder de disposição dos litigantes. Desse modo, a violação da norma implicará não nulidade do ato, mas a sua anulabilidade.

É de anulabilidade que cuida o art. 277 do CPC, ao estatuir que quando a lei prescrever determinada forma, sem cominação de nulidade, valerá o ato se, embora praticado por modo diverso, atingir a sua finalidade. Essa regra legal, a propósito, constitui iteração do art. 188 do mesmo Código e consubstancia o princípio doutrinário da instrumentalidade dos atos processuais. A regra inscrita no art. 277 do CPC, contudo, não é inflexível, como se possa imaginar. Mesmo que a lei comine de nulo determinado ato, se vier a ser praticado de maneira diversa da por ela prevista, entendemos que a invalidade não deva ser decretada se o ato atingir a sua finalidade, sem prejuízo para a parte. Apressamo-nos em esclarecer que estamos a pressupor que o ato tenha sido realizado sob forma distinta da prescrita em lei, ou seja, de uma situação específica de anulabilidade e não de nulidade. Destarte, se de nulidade efetivamente tratar-se, não haverá, em princípio, lugar para a convalidação do ato, porquanto a norma legal, por ele desrespeitada, estará, por definição a tutelar um interesse público. No caso de ato praticado com mera inobservância da forma haverá, apenas anulabilidade, motivo por que esta não deverá ser pronunciada se esse desvio do modelo legal não acarretar nenhum tipo de prejuízo à parte contrária. Mais uma vez, trazemos o exemplo da resposta do réu, oferecida por escrito, quando, por lei, deveria ser apresentada oralmente (CLT, art. 847): se o ato atingiu a sua finalidade, não haverá razão jurídica para invalidá-lo, simplesmente por haver deixado de atender à *forma* prescrita em lei. Em situações como essa, a propósito, o princípio da instrumentalidade dos atos do procedimento se liga, harmoniosamente, com o da transcendência, gravado no art. 794 da CLT, a teor do qual não há nulidade sem prejuízo (*pas de nullité sans grief*, consoante a difundida máxima francesa).

Antes de passarmos ao estudo dos atos inexistentes, devemos lançar um escólio sobre certos atos processuais que, embora praticados em desacordo com a lei, não produzem nulidade nem anulabilidade. Podemos asseverar que tais atos contêm uma "carga" de vício bem mais reduzida do que a encontrável nos nulos e nos anuláveis. Estamos a referir-nos às meras *irregularidades* que, por sua natureza, não comprometem o ato, nem o *due process of law*. São, por assim dizer, "pequenas falhas na pintura", que, a despeito de não contaminarem o ato, em sua essência, podem, se não forem corrigidas a tempo, produzir, mais tarde, consequências de considerável monta, motivo por que não devem ser desconsideradas.

Como exemplos dessas irregularidades, podemos apontar, entre tantos: a) os erros de cálculo, de escrita ou de datilografia da sentença, a que se refere o art. 833 da CLT, e dos quais se ocupa o art. 494, I, do CPC, que podem ser corrigidos *ex officio*, ou a requerimento do interessado, sem necessidade de uso dos embargos declaratórios; b) o erro de numeração das folhas juntadas aos autos ou a falta de rubrica do escrivão ou do diretor da secretaria, nessas folhas.

c) Inexistência. Ato inexistente é o não-ato, o *nihil*. É o ato que, por não atender a uma exigência fundamental, da lei, só existe materialmente (ou seja, no mundo sensível) e não juridicamente. Pode-se dizer, pois, que se trata de um ato sem vida jurídica.

Foi por esse motivo que ao conceituarmos os atos nulos e os anuláveis nos preocupamos em uni-los pelo elemento "existência" (jurídica), para contrapô-los aos atos ditos inexistentes. Sob esse prisma metodológico, portanto, poderíamos até pensar numa classificação dos atos processuais, do ponto de vista ontológico, em: a) existentes (nulos e anuláveis) e b) inexistentes.

Se quisermos ser minuciosos, devemos aumentar o grau da lente e, dessa maneira, reconhecer que a inexistência do ato pode apresentar-se sob duas formas: a) de ato simulado; b) de ato real, mas sem possibilidade de existir segundo o direito. Lá, temos, por exemplo, um processo conduzido e concluído por quem não seja magistrado; aqui, uma sentença emitida por quem é juiz, mas sem a assinatura deste. Reconhecemos que essa separação de inexistências não é de grande utilidade prática, considerando que, em qualquer caso, a inexistência significará o não-ser, o nada jurídico. Não cremos estar equivocados se reduzirmos o ato inexistente a simples *fato processual*, ou seja, a um acontecimento do processo, destituído, por isso mesmo, de qualquer aptidão para ser aceito como um ato jurídico.

Se bem refletirmos, aliás, veremos que o problema da inexistência do ato é algo que precede ao da sua validade, pois sem que o ato efetivamente exista, não se pode, por uma questão de lógica elementar, dizer se é válido, ou não. A existência constitui, assim, pressuposto para a verificação da validade do ato.

Uma das características mais expressivas dos atos inexistentes repousa na desnecessidade de uma ação judicial específica, declaratória do seu não-ser. Não estamos, com isso, a asseverar que a inexistência prescinda de um pronunciamento do juiz a respeito e, sim, que ela não precisa ser, sempre, objeto de ação declaratória de inexistência, ao contrário, portanto, do que se dá com a nulidade, que reclama a ação rescisória (sentença transitada em julgado) e a anulabilidade, que desafia o uso da ação anulatória, em regra. A inexistência do ato, como é evidente, pode ser declarada pelo juiz, no curso do processo.

O legislador brasileiro, em falha lamentável, não disciplinou essa espécie de ato, não lhe traçou um regime específico, capaz de fazer com que fossem evitadas as dúvidas, as perplexidades e as discussões sobre o assunto, que hoje se verificam nos sítios da doutrina, com inevitáveis reflexos na jurisprudência. Chega a ser irônico o fato de inexistir, nos códigos de processo de nosso País, regulação dos atos inexistentes. O que havia, quando muito, era uma referência vaga ou isolada a respeito destes, como a que constava do art. 37, parágrafo único, do CPC de 1973: "Os atos, não ratificados no prazo, serão havidos por inexistentes, respondendo o advogado por despesas e perdas e danos".

Como devem ter percebido os ilustres leitores, preocupamo-nos, até aqui, apenas, em examinar os atos processuais inexistentes sob dois aspectos objetivos: a) de sua generalidade; b) da conceituação. Assim o fizemos em decorrência de um critério pragmático de exposição. Em linhas porvindouras, contudo, voltaremos ao assunto, não apenas para esmiuçá-lo, mas para dedicar especial atenção às sentenças inexistentes, que revelam uma espécie particular desse não-ser dos pronunciamentos jurisdicionais. O mesmo faremos no concernente às sentenças nulas e as rescindíveis, segundo a classificação aceita por certo segmento doutrinário.

Classificação

a) Nulidade. Apresentados os conceitos de nulidade, de ineficácia, de anulabidade e de inexistência dos atos processuais, devemos prosseguir para dizer que a nulidade (tomado o vocábulo em sentido amplo, de modo a abarcar as anulabilidades) desses atos pode ser quanto: a) à forma; b) à finalidade.

a.a) Quanto à forma. Tem-se dito que processo é forma. Não nos parece correta a afirmação. Processo é método, é técnica estatal de solução dos conflitos intersubjetivos de interesses, juridicamente tuteláveis. A forma é algo que diz respeito ao procedimento, esse aspecto exterior do processo. Logo, procedimento é forma e processo é método.

As nulidades (atente-se para o fato de estarmos a utilizar o vocábulo como significante, também, das anulabilidades) de forma estão previstas nos arts. 276 a 283 do CPC, especialmente no 279 e no 280, onde a referência ao elemento formal é patente.

Como dissemos antes, há uma nítida tendência da doutrina e da jurisprudência trabalhistas de nosso País em evitar, o quanto possível, a decretação de nulidade do ato por desrespeito à forma. Pelo sistema do processo do trabalho, *e. g.*, a resposta do réu (exceção, contestação, pedidos contrapostos etc.) deve ser apresentada, oralmente, em audiência (CLT, art. 847); nada obstante, o que a prática revela é algo oposto e praticamente generalizado, porquanto o réu costuma responder por escrito, sem que esse abandono da forma prescrita em lei enseje a nulidade do ato. Este, afinal, atingiu o seu escopo (CPC, art. 277).

a.b) Quanto à finalidade. Ligam-se ao fundo do próprio ato e concernem, de modo geral, às condições da ação e aos pressupostos de constituição e de desenvolvimento regulares da relação processual.

Os vícios processuais referentes à finalidade do ato geram, quase sempre, nulidade absoluta, ao contrário dos vícios de forma, que, conforme vimos, tendem à anulabilidade, mesmo quando haja cominação legal de nulidade.

Arguição das nulidades e sua decretação

Cumpre-nos analisar, a partir deste momento, as questões pertinentes à arguição das nulidades e das anulabilidades, e quais as consequências processuais de sua decretação.

a) Arguição. De acordo com o art. 278, do CPC, a nulidade do ato deve ser alegada pelo litigante na primeira oportunidade em que lhe couber falar nos autos, sob pena de preclusão, elucidando o parágrafo único dessa norma, muito adequadamente, que essa disposição é inaplicável às nulidades que devam ser decretadas pelo juiz, *ex officio*, como nas situações mencionadas pelos arts. 485, § 3º e 337, § 5º do mesmo Código, somente para citarmos algumas.

O princípio estampado, pois, no *caput* do art. 278, do CPC, é de que incumbe à parte, na medida do seu interesse, alegar a nulidade do ato, sob pena de preclusão. A CLT contém regra similar, inserta no *caput* do art. 795, no qual está dito que o momento oportuno para a nulidade ser arguida é o da primeira vez em que a parte tiver de falar nos autos ou em audiência. A norma trabalhista, a nosso ver, é mais didática, ao aludir à manifestação das partes nos autos ou em audiência, porquanto se trata, em rigor, de momentos distintos. Assim, a nulidade decorrente do indeferimento, por despacho, de requerimento destinado à juntada de documentos, deve ser alegada no prazo legal, contado da data da intimação do despacho. Entrementes, a nulidade oriunda do indeferimento de repergunta dirigida à parte adversa ou à testemunha, durante o interrogatório destas, deve ser alegada na fase das razões finais, pois o ato judicial, supostamente configurador do "cerceamento de defesa" (para utilizarmos a expressão corrente)

ocorreu em audiência. Na prática, entrementes, essa nulidade tem sido arguida sob a forma de "protesto antipreclusivo", logo em seguida ao ato judicial com o qual a parte não concorda.

Sendo o caso de violação de norma de ordem pública, em face da qual, portanto, as partes não têm nenhum poder de disposição, o silêncio de uma delas não conduzirá à preclusão de que fala o art. 278 do CPC, porquanto haverá, aí, nulidade absoluta (por exemplo, sentença sem fundamentação). O parágrafo único dessa norma legal, a propósito, deixa claro essa impossibilidade de preclusão temporal.

Mesmo que haja transgressão de norma dispositiva (anulabilidade), a preclusão não se formará se a parte demonstrar que a ausência de alegação oportuna do vício do ato decorreu de justo impedimento, ou seja, de evento imprevisto, alheio à sua vontade e que não pôde ser evitado (CPC, art. 223, § 1º).

Estabelece o art. 798, da CLT, que a nulidade do ato não prejudicará senão os posteriores, que dele dependam ou sejam consequência. O mesmo princípio vigora no processo civil, cujo art. 281 vai um pouco além, para esclarecer que a nulidade de uma parte do ato não prejudicará as outras, que dela sejam independentes.

Essas dicções legais obrigam-nos a uma breve consideração doutrinal a respeito dos atos processuais, para dizer que compreendem, basicamente, três classes: a) os atos simples; b) os atos compostos; e c) os atos complexos, conforme a opinião carneluttiana, a que aderimos.

Simples (ou singulares ou unitários) são os atos cuja existência e validade dependem, apenas, da vontade da parte, como, *v. g.*, a juntada de documentos, as razões finais etc.; *compostos*, os formados pela conjugação de diversos atos simples que, a partir daí, perdem a individualidade e, por esse motivo, não podem, isoladamente, produzir efeitos (a audiência, por exemplo); dizem-se *complexos* os atos que se originam da aglutinação de vários atos simples, que, apesar disso, conservam a sua particularidade. Desse modo, será lícito afirmar que há duas ordens de efeitos, que soem ser produzidos pelos atos complexos: os derivantes de cada ato simples e os oriundos do conjunto integrado desses atos (o julgamento dos recursos, que pressupõe a interposição e a admissibilidade pelos juízos *a quo* e *ad quem*. A autonomia do juízo *a quo*, por exemplo, pode ser aferida pelo fato de a decisão monocrática, se denegatória, ensejar impugnação pelo agravo de instrumento).

b) Decretação. Demonstradas as espécies de atos processuais, considerados entre si, fica fácil perceber que, nos termos dos arts. 798 da CLT e 281 do CPC: a) anulados os atos simples ou compostos, nada mais sobra, razão por que devem ser repetidos. Com efeito, se as razões finais (simples) foram anuladas (antes da emissão da sentença, pelo próprio juízo perante o qual foram aduzidas), outras devem ser apresentadas; o mesmo se diga quanto à audiência (composto): anulada, uma nova deverá ser realizada; b) a declaração contida na parte final do art. 281

Código de Processo Civil Art. 489

do CPC, de que a nulidade de uma parte do ato não prejudicará as outras, que dela sejam independentes, tem em vista os atos complexos, nos quais, como observamos, os diversos atos que o compõem conservam a sua individualidade, podendo, por isso, produzir efeitos por si próprios.

Estatui, ainda, o art. 282, *caput*, do CPC, que o juiz, ao pronunciar a nulidade, dirá que atos são por ela atingidos, ordenando as providências necessárias, a fim de serem repetidos ou retificados. Em redação mais concisa, é o que dispõe o art. 797 da CLT.

É, sem dúvida, sensata a regra segundo a qual o juiz deve declarar (= esclarecer) quais os atos afetados pelo decreto nulificante. Para sermos sinceros, o ideal seria que inexistissem nulidades a serem pronunciadas; como isso é praticamente impossível de acontecer, em um sistema processual algo formalista e intricado, como o nosso, cabe ao juiz não só decretar a nulidade, quando for o caso, como especificar os atos que são atingidos por essa declaração. Mais do que isso, incumbe-lhe indicar as providências que deverão ser tomadas, para que o ato seja repetido ou retificado. É óbvio que se o vício for de inexistência do ato, nada há para ser sanado. No que respeita aos atos existentes, que se apresentam viciados, a sanação poderá consistir não só na repetição ou na retificação, como faz supor a lei, mas na própria ratificação (confirmação), como se dá na situação mencionada no § 2º do art. 104 do CPC, sob pena de o ato tornar-se ineficaz.

O art. 282, do CPC, contudo, após impor ao juiz o dever de indicar os atos que são fulminados pelo decreto de nulificação, enuncia duas regras pertinentes: a primeira, de que o ato não será repetido, nem suprida a sua falta, quando não trouxer prejuízo à parte (§ 1º); a segunda, de que, podendo decidir, no mérito, a favor da parte a quem a declaração de nulidade aproveita, o juiz não a pronunciará, nem mandará repetir o ato ou suprir a falta (§ 2º).

Ausência de prejuízo. Como vimos, o princípio de que não se decreta a nulidade quando inexistir prejuízo à parte, insculpido no art. 794 da CLT, figura como verdadeira viga mestra de todo o conjunto a que temos denominado de "moderador do sistema das nulidades processuais", sobre o qual discorremos adiante.

Cabe aqui, no entanto, uma ressalva fundamental, para a exata intelecção do preceito em exame. Só se deixará de decretar a nulidade, que não tenha acarretado prejuízo à parte, se a violação tiver como objeto uma norma dispositiva. Isso corresponde a afirmar, em sentido inverso, que se a norma transgredida era de ordem pública, a decretação da nulidade deverá ser feita, mesmo que o ato violador não tenha trazido nenhum prejuízo ao litigante. Também no processo, o interesse particular não pode sobrepor-se ao interesse público.

Decisão de mérito favorável. A dicção legal de que o juiz deverá abster-se de pronunciar a nulidade sempre que puder decidir, no mérito (CPC, art. 282, § 2º), em favor da parte a quem a decretação da nulidade aproveitaria, traduz-se numa reiteração do disposto no § 1º do mesmo artigo, numa explicitação, enfim, do conteúdo daquele, fazendo-se, porém, uma referência específica ao julgamento do mérito.

Por isso, os comentários que fizemos quanto ao § 1º do art. 282 são aplicáveis, *mutatis mutandis*, ao § 2º, mormente no que toca à inaplicabilidade deste aos casos de nulidade absoluta, caracterizada pela violação de norma tutelar de interesse público.

Perguntamos, todavia: se o juiz de primeiro grau decidir o mérito em benefício da parte a quem a decretação de nulidade aproveitaria, isso impedirá o tribunal, em sede de recurso, de pronunciá-la? É evidente que não. Recordemos que estamos a cogitar de nulidade absoluta que, por isso, pode ser alegada em qualquer tempo ou grau de jurisdição e, segundo a mesma regra, ser decretada *ex officio*. Digamos que o juízo de primeiro grau fosse absolutamente incompetente para apreciar a ação e viesse a decidir o mérito em favor de quem a pronúncia de nulidade aproveitaria, ou seja, a favor do réu. Interposto o recurso pelo autor, o tribunal estaria inteiramente livre para pronunciar, *ex officio*, a nulidade, determinando a remessa dos autos ao juízo competente (CPC, art. 64, § 3º), embora se conservem os efeitos da decisão proferida, até que outra seja emitida pelo juízo dotado de competência (*ibidem*, § 4º).

Por fim, adverte o art. 283, *caput*, do digesto de processo civil que o erro de forma do processo produz, tão-só, a anulação dos atos que não possam ser aproveitados, devendo ser praticados os necessários, para que sejam atendidas, o quanto possível, as prescrições legais. Uma ressalva: os atos somente serão aproveitados se não acarretarem prejuízo à defesa de qualquer parte (*ibidem*, parágrafo único).

O erro de forma, a que alude a norma legal supracitada, é do procedimento, não do processo, pois, como procuramos demonstrar, em páginas anteriores, processo é método e procedimento, forma.

Se essa escolha errada do procedimento viesse, efetivamente, a ocorrer, em determinado caso concreto, incumbiria ao juiz do trabalho adequar a ação ao procedimento previsto em lei, fazendo, com isso, desaparecer a falha formal que a embaraçava, hipótese em que deveria atender ao comando do art. 283, do CPC, de modo a anular, apenas, os atos que não pudessem ser aproveitados, ou seja, que não fossem conciliáveis com o procedimento correto. De qualquer modo — reiteremos —, esse aproveitamento dos atos praticados dentro do procedimento incorreto só será possível se isso não acarretar prejuízo à defesa do réu, seja direto ou indireto. Esse prejuízo poderá referir-se não só à contestação (CPC, art. 335), como à produção de provas, etc.

É recomendável, em razão disso, que o juiz do trabalho, sempre que possível, tome conhecimento da petição inicial antes da citação do réu, pois, nesse caso, poderá mandar, logo de início, que seja observado o procedimento correto, sem que essa "conversão corretiva" possa implicar eventuais prejuízos à defesa deste. Se essa conversão não for possível, a solução estará no indeferimento da petição inicial, extinguindo-se o processo sem julgamento do mérito (CPC, art. 485, I).

Vícios formais da sentença

Parece ter ficado claro, a esta altura de nossa exposição, que a sentença representa o acontecimento máximo do processo, porquanto todos os atos integrantes do procedimento, a começar da petição inicial, se destinam a preparar o provimento jurisdicional de fundo, que solucionará o conflito de interesses. Para a sentença de mérito convergem, dessa forma, em um movimento centrípeto, todos os atos do procedimento, legalmente preordenados, que, por isso, não constituem um fim em si mesmos, senão que estádios teleologicamente concatenados, que irão culminar com a sentença. Daí por que esta constitui, sem dúvida, o coroamento do processo, o seu fastígio e, do ponto de vista axiológico, o seu ato mais importante.

Exatamente para que a entrega da prestação jurisdicional se realize de maneira juridicamente correta é que a sentença deve apresentar-se formalmente escorreita, vale dizer, sem eivas que lhe comprometam a validade e a eficácia.

Conforme demonstramos nas páginas antecedentes, os atos processuais em geral podem conter vícios que, segundo a gravidade destes, os tornam nulos, anuláveis ou inexistentes. Em princípio, a sentença pode apresentar quaisquer dessas falhas, motivo por que poderíamos pensar em sentenças nulas, anuláveis e inexistentes. A doutrina, entretanto, tem manifestado preferência pela distribuição desses vícios em classes um pouco distintas, compreendendo as sentenças nulas, as rescindíveis e as inexistentes. Se bem examinarmos, veremos que esta classificação não difere, essencialmente, da anterior, pois o ponto de dessemelhança de ambas está localizado, apenas, nas sentenças anuláveis ou rescindíveis. Em todo caso, como não há ação anulatória de sentença, pensamos que será, efetivamente, mais apropriado cogitar-se de sentenças: a) nulas; b) rescindíveis; e c) inexistentes, embora essa classificação não seja imune a críticas, como se verá, no momento apropriado.

a) Sentenças nulas. Uma sentença pode ser nula em decorrência de vício existente: a) nela própria; b) fora dela. No primeiro caso, o vício é endógeno (ou interno ou intrínseco); no segundo, exógeno (ou externo ou extrínseco).

Podem ser indicados como exemplos de vícios endógenos, dentre outros:

1) Julgamento *infra, ultra* ou *extra petita*. Um dos requisitos de dicção da sentença é a adequação (a que alguns autores estrangeiros denominam de *congruência*), consistente na necessidade de a sentença ater-se aos pedidos formulados pelos litigantes. Essa exigência, concebida pelo Direito Romano (*ne eat iudex ultra petita partium; ne eat iudex extra petita partium; ne eat iudex citra petita partium*), está inscrita no art. 492 do CPC e se justifica pela necessidade de a sentença, como resposta jurisdicional às pretensões deduzidas em juízo pelas partes, não poder conceder a elas mais, menos ou fora do que foi postulado. Em rigor, a sentença *infra* (ou *citra*) *petita* nem sempre defere menos do que a parte pleiteou e, sim, deixa de apreciar algo que foi pedido. Essa omissão jurisdicional é que dá a falsa aparência de que foi concedido menos; trata-se de um fenômeno físico semelhante ao da imagem refletida num lago: o que se vê não é o objeto em si, mas a sua reflexão na superfície daquele. No julgamento *ultra* ou *extra petita* há, realmente, um conceder que excedeu aos limites definidos pelo pedido formulado pelos litigantes. Nesses casos, o conceder (como dicção jurisdicional) é real, embora viciado pelo excesso; no julgamento *citra petita*, a aludida concessão, em muitos casos, é meramente imaginária — em que pese ao fato de, em termos práticos, não ser relevante essa separação de situações.

Não estamos a sustentar, como se possa supor, que as sentenças *infra petita* se caracterizam, invariavelmente, pela omissão, pela desconsideração a um pedido feito pela parte. Nada disso. O que pretendemos, com esses comentários, é chamar a atenção ao fato de que, em certas ocasiões, tais sentenças não trazem um conceder a menos, senão que um ignorar a determinados pedidos. Um salto involuntário sobre estes, por assim dizer. Em outras hipóteses, o julgamento *infra petita* decorre, verdadeiramente, de uma concessão, qualitativa ou quantitativamente, inferior à prevista em lei, como se dá, *v. g.*, no caso das horas extras prestadas na vigência da atual Constituição, cujo acréscimo, com relação às ordinárias, deve ser de, no mínimo, 50% e o que se concede é, apenas, 25%.

O fundamento da adequação (ou da congruência) da sentença, enfim, está no poder dispositivo das partes que, em virtude disso, têm a faculdade de estabelecer os limites objetivos da lide, o que revela a possibilidade de pedirem menos do que eventualmente tenham direito, não sendo lícito ao juiz, por isso, desprezar esses limites, para conceder *ultra, infra* ou *extra petita*. Podemos dizer, por outras palavras, que a sentença deve encaixar-se, com absoluto rigor, na moldura dos pedidos formulados pelos litigantes, não se incluindo nessa regra, por certo, os denominados pedidos implícitos (correção monetária, juros da mora etc.) e as matérias que o juiz deva conhecer *ex officio* (CPC, art. 485, § 3º, e outros), bem como os pedidos fundados em direito assegurado por norma legal. O binômio petição inicial/resposta representa, assim, o estalão pelo qual se verificará se a sentença não feriu o sobredito princípio da adequação, sob pena de o excesso ser extirpado, ou a falta, suprida.

Seria, porém, nula, a sentença que acolhesse o pedido por fundamento diverso do indicado pelo autor? O assunto comporta larga polêmica, notadamente, no terreno do direito processual do trabalho, em que, não raro, são brandidos, pelos que respondem de modo afirmativo à indagação posta, determinados princípios, como o da simplicidade e do *ius postulandi*. Quanto ao princípio da simplicidade, embora esteja, hoje, reduzido a simples expressão retórica, pois o procedimento trabalhista, na prática, é extremamente complexo, não pode ser invocado como pretexto para deitar por terra outros princípios, de reconhecida preeminência, como o da ampla defesa. Considerando todos esses aspectos, entendemos ser conveniente enunciar a regra segundo a qual o juiz estará autorizado a acolher o pedido, por fundamento diverso do apontado pela parte, se essa espécie de "fungibilidade" da *causa petendi* não acarretar prejuízo ao adversário. Para exemplificar: se o autor pede a sua reintegração no emprego e indica como fundamento determinada norma legal, e o juiz acolhe o pedido por entender que a estabilidade está prevista em cláusula de instrumento normativo (acordo, convenção, acórdão), existente nos autos, e não na norma legal indigitada pela parte, a licitude dessa substituição de fundamento estará vinculada, diretamente, às consequências que possa ter produzido no direito de ampla defesa, que a própria Constituição Federal assegura ao réu (art. 5º, LV). É imprescindível, enfim, que não se ponha acima dessa regra constitucional o princípio de origem romana, de acordo com o qual à parte cabe narrar (com fidelidade) os fatos, e, ao juiz, proceder à categorização jurídica desses fatos, ou seja, subsumi-los ao direito aplicável (*da mihi factum, dabo tibi ius*).

É elementar que a análise dessa conformação da sentença aos pedidos deve ser feita mediante o confronto destes com o dispositivo (*decisum*), nunca, com a fundamentação. Somente aquele, como regra, passa em julgado (CPC, arts. 489, III e 504. Assim, se, na motivação, a sentença concedeu *infra, ultra* ou *extra petita*, mas, na parte dispositiva, a entrega da prestação jurisdicional foi feita segundo os padrões estabelecidos pela inicial e pela resposta, não haverá vício a ser sanado, pois o que importa, para esse efeito, é o *decisum*, não a fundamentação. Afinal, é no dispositivo onde o juiz dirá se está condenando o réu, ou absolvendo-o (*vel condemnatione vel absolutione contingit*).

2) Falta de fundamentação. Viemos, até aqui, afirmando, com insistência, que sentença sem fundamentação é nula. E isso é absolutamente verdadeiro, se considerarmos o disposto nos arts. 93, IX, da Constituição Federal, e 489, II, do CPC. A preocupação política de evitar que as sentenças fossem produto da arbitrariedade dos juízes, um seu ato de prepotência ou de tirania, fez com que a Constituição da República em vigor, numa inovação justificável e, até certo ponto, surpreendente (pois não é próprio do constituinte ocupar-se com assuntos processuais), impusesse ao juiz a indicação das razões jurídicas pelas quais formou o seu convencimento, num ou noutro sentido.

A fundamentação tem, em razão disso, essa finalidade jurídico-política de demonstrar ao vencido os motivos pelos quais foi condenado. Não é difícil perceber que essa parte essencial da sentença possui estreitas ligações com os princípios e os ideais democráticos, pois as decisões arbitrárias só convêm aos regimes com vocação ditatorial. Mesmo assim, o ditador costuma "fundamentar", segundo sua conveniência, os seus atos, os seus decretos...

Talvez deva ser dito que sentença destituída de fundamentação não é apenas nula, mas, acima de tudo, *constitucionalmente nula*, porquanto nessa assertiva se insinua uma exigência política de sua presença nas decisões, sentenças ou acórdãos, e se abre o acesso ao recurso extraordinário e à ação rescisória, a despeito das restrições que a jurisprudência do STF tem imposto à matéria.

Uma linha muito tênue, contudo, separa as sentenças sem fundamentação daquelas em que a fundamentação é insuficiente ou concisa, fazendo com que se torne, na prática, muitas vezes, tormentosa a definição a respeito do assunto. Uma sentença, por exemplo, pode estar satisfatoriamente fundamentada, ainda que de maneira lacônica; todavia, uma fundamentação longa pode ser insuficiente para atender à finalidade legal para que foi instituída. Tem-se dito que o critério a ser utilizado em tais casos é o da persuasão. Assim, se a motivação da sentença, ainda que breve, é efetivamente persuasiva, vale dizer, convence juridicamente quanto ao acerto dos caminhos trilhados pelo pensamento do magistrado para chegar à decisão, não se há que cogitar de nulidade do pronunciamento jurisdicional. Se, ao contrário, a fundamentação, apesar de extensa, é desapercebida do poder de persuasão, a nulidade deverá ser decretada. *Data venia*, o fato de a fundamentação ser persuasiva, ou não, nada tem a ver com o problema de sua suficiência ou insuficiência, para os efeitos de determinar-se a validade ou a nulidade da sentença. Uma sentença indiscutivelmente bem fundamentada, *v. g.*, pode não convencer o intérprete quanto à exatidão dos argumentos utilizados pelo magistrado, pois o intérprete pode ter uma convicção jurídica oposta à manifestada na fundamentação. Destarte, não se poderia, só por isso, pronunciar a nulidade da sentença; esta, no caso, estaria satisfatoriamente fundamentada, ainda que em desacordo com a opinião doutrinária ou jurisprudencial predominante acerca do assunto por ela examinado.

O que se deve levar em conta, conforme entendemos, para o fim de definir se a sentença está convenientemente fundamentada, é o fato de as razões e os argumentos manejados pelo juiz serem juridicamente sustentáveis, ainda que, como dissemos, estejam, eventualmente, em dissonância com a orientação em voga na doutrina e na jurisprudência. Afinal, a História do pensamento humano está repleta de opiniões heterodoxas que, tempos depois, se tornaram prevalecentes, seja pela excelência dos argumentos em que se basearam, seja por motivos de ordem política e o mais. Que o diga Galileu Galilei. Se, portanto, os argumentos do magistrado podem ser sustentados segundo uma visão razoável do direito formal ou do consuetudinário, ou da analogia, ou dos princípios gerais, a sentença estará adequadamente fundamentada, razão por que não deverá merecer um decreto jurisdicional de nulidade.

Pode ocorrer, em determinados casos, de a sentença estar equivocadamente fundamentada, situação que não se confunde com a da sentença insuficientemente fundada ou fundamentada de modo conciso, que acabamos de examinar. A sentença apresenta motivação equívoca quando se baseia, *e. g.*, em norma legal inaplicável à espécie, embora o direito alegado pela parte exista. Excluídas situações excepcionais, o erro na indicação dos fundamentos legais da sentença não conduz, necessariamente, à sua nulidade. Ela não estará, na hipótese, sem fundamentação, nem motivada de modo insuficiente, senão que *equivocadamente* fundamentada, pois estamos a pressupor que o litigante por ela beneficiado possua o direito invocado. Por outro lado, mesmo que o raciocínio desenvolvido pelo magistrado (agora, calcado em dispositivos legais pertinentes) seja ilógico, incoerente, confuso, inexistirá nulidade, pois essa falha de expressão do julgador poderá ser corrigida mediante embargos declaratórios, sem prejuízo de a sentença vir a ser substituída ("reformada", conforme a linguagem habitual) pelo acórdão, em grau de recurso.

Já, a sentença sem dispositivo não é nula, mas *inexistente*. Por esse motivo, iremos tratar do assunto mais adiante, quando nos ocuparmos, em item específico, com essa particular forma de não-ser da sentença ou do acórdão.

Os vícios exógenos, por sua vez, como a própria denominação está a indicar, são os que nascem fora da sentença e, contaminando o processo, atingem-na plenamente. Assim, se o processo for declarado nulo, digamos, em virtude de não se haver assegurado ao réu o seu direito de defesa, a sentença aí proferida, será também nula. Sob o rigor lógico, como se pode perceber, a sentença, considerada em si mesma, no exemplo referido, não é nula (supondo-se que tenha atendido a todos os requisitos estabelecidos em lei, para a sua validade); a sua nulificação decorre, na verdade, do fato de o processo ser nulo, a contar de um momento antecedente a ela, ou seja, daquele em que o juiz teria cerceado o direito de defesa do réu. Como esse ato judicial e os subsequentes constituem um pressuposto lógico da sentença, é elementar que, pronunciada a nulidade daqueles, esta será afetada por essa decretação. Seria insensato imaginar que, na espécie, mesmo sendo nulos os atos que a antecederam, a sentença poderia sobreviver à declaração de nulidade. Em alguns casos, aliás, passa-se o inverso: a decretação de nulidade atinge, apenas, os atos decisórios, com o que ficam indenes os que não possuam essa natureza.

Os vícios exógenos, de que estamos a tratar, consistem, portanto, em um reflexo, na sentença, da decretação de nulidade do processo. Podemos, por isso, cogitar de uma espécie de "nulidade reflexa" da sentença, para contrapô-la à "nulidade direta", esta caracterizada pela existência de vício fatal no corpo da própria sentença.

Para que não nos percamos em minúcias injustificáveis, estabeleçamos a seguinte regra: seja em virtude de vícios endógenos ou exógenos, de acordo com o conceito que formulamos, a sentença ou o acórdão serão nulos, rendendo ensejo, quase sempre, ao exercício da ação rescisória, quando submetidos ao fenômeno da coisa julgada material (CPC, art. 502).

Esta nossa afirmação serve, não somente, para enunciar a mencionada regra, como, também, de ponto de contato com o item seguinte, onde iremos nos debruçar sobre o problema das sentenças rescindíveis.

b) Sentenças rescindíveis. Em geral, a rescindibilidade da sentença de mérito provém de uma nulidade que esteja a infectá-la. Essa nulidade, por seu turno, pode emanar, como vimos, de vícios endógenos ou exógenos.

São rescindíveis, em decorrência de vícios *endógenos*, as sentenças: a) proferidas com violação manifesta de norma jurídica (CPC, art. 966, V). A norma legal, cuja infringência autoriza o exercício da ação rescisória, pode ser, também, de natureza processual; b) fundadas em erro de fato verificável do exame dos autos (*ibidem*, VIII).

Rescindem-se, em função de vícios *exógenos*, as sentenças: a) dadas por prevaricação, concussão ou corrupção do juiz. A prevaricação (do latim *praevaricatio*, de *praevaricari*, faltar ao dever, afastar-se do dever), em nosso sistema de Direito Penal, figura como um dos crimes praticados por funcionário público (conquanto o juiz não o seja) contra a administração pública em geral, consistente em "retardar ou deixar de praticar, indevidamente, ato de ofício, ou praticá-lo contra disposição expressa de lei, para satisfazer interesse ou sentimento pessoal" (CP, art. 319). A concussão (do latim *concussio*) é, igualmente, crime praticado por funcionário público e se caracteriza pelo ato de "exigir, para si ou para outrem, direta ou indiretamente, ainda que fora da função ou antes de assumi-la, mas em razão dela, vantagem indevida" (CP, art. 316). A corrupção (do latim *corruptio*, de *corrumpere*, pôr a perder, estragar, destruir, corromper) compreende as formas ativa e passiva. É desta que trata o art. 317 do Código Penal: "Solicitar ou receber, para si ou para outrem, direta ou indiretamente, ainda que fora da função ou antes de assumi-la, mas em razão dela, vantagem indevida, ou aceitar promessa de tal vantagem"; b) proferidas por juiz impedido; c) provier de dolo da parte vencedora em detrimento da vencida, ou de colusão entre as partes, a fim de fraudar a lei. Dolo (do latim *dolus*, artifício, esperteza, velhacada) significa, na terminologia jurídica, especialmente na processual, toda sorte de ardil, de artimanha, de astúcia, de maquinação que um dos litigantes coloca em prática, com o objetivo de prejudicar o adversário. Colusão (do latim *collusio*) é o acordo fraudulento realizado em prejuízo de terceiro. Para que a rescisória possa ser ajuizada com esse fundamento, torna-se indispensável que: 1) a colusão tenha sido praticada pelas partes; 2) o pronunciamento jurisdicional rescindendo reflita a influência nele exercida pela colusão; 3) esta haja sido posta em prática, com o manifesto objetivo de fraudar a lei; d) que perpetrarem ofensa à coisa julgada, legalmente definida como "a autoridade que torna imutável e indiscutível a decisão de mérito não mais sujeita a recurso" (CPC, art. 502).

Afirmamos, no início deste tópico, que, de modo geral, a rescindibilidade das sentenças de mérito se origina de uma nulidade que esteja a contaminá-las. A ressalva feita teve o cuidado de colocar à margem dessa regra determinadas situações excepcionais, em que a sentença é rescindível mesmo quando não seja nula.

Se, por exemplo, a sentença se baseou em prova, cuja falsidade foi, posteriormente, comprovada em processo criminal, ela será suscetível de ataque pela via rescisória, facultando-se ao autor, inclusive, demonstrar a falsidade da prova nos autos da própria ação rescisória (CPC, art. 966, VI). Será rescindível, também, a sentença, se o autor, depois do trânsito em julgado, obtiver documento novo, cuja existência desconhecia, ou de que não pôde fazer uso, desde que esse documento seja capaz, por si só, de lhe assegurar um pronunciamento favorável (*ibidem*, VII).

Em todas as situações descritas, a sentença poderá ser rescindida, ainda que, como ficou evidente, não contenha nenhuma nulidade. Uma outra regra, em face disso, pode ser formulada, com vistas ao assunto de que estamos a nos ocupar: toda sentença de mérito, que seja nula, pode ser rescindida, embora a rescindibilidade não pressuponha, invariavelmente, a existência de nulidade.

É elementar que só se rescinde aquilo que existe (o *ser*, portanto); essa afirmação, aparentemente dispensável, se justifica pela necessidade de tornar claro que as sentenças inexistentes não comportam rescisão. Não se pode rescindir o que nada é (o *não-ser*) no mundo jurídico, embora exista, materialmente, no mundo sensível. Com isso, passamos ao próximo item de nossa exposição.

c) Sentenças inexistentes. Quando mencionamos as sentenças ou a acórdãos inexistentes não estamos, à evidência, motivados por investigações metafísicas, conquanto estejamos examinando o fenômeno jurídico sob a óptica ontológica.

Logo, não iremos nos dedicar a reflexões puramente gnosiológicas, marcadas por um menosprezo escolástico pela realidade prática, e, sim, lançar-nos a um estudo objetivo dessa modalidade de sentença — a que o Código dedicou pouca ou quase nenhuma atenção —, procurando, com isso, traçar uma orientação doutrinária capaz de resolver, ainda que em parte, as dificuldades e perplexidades que o tema tem provocado, máxime na jurisprudência.

Um dos motivos de ordem prática, aliás, que nos levam ao estudo do assunto decorre do fato, por nós já referido há pouco, de que as sentenças inexistentes não são rescindíveis, pois a rescisão pressupõe a existência válida, ou seja, jurídica, do ato a ser rescindido. Para sermos melhor compreendidos: como essa espécie de provimento jurisdicional não está protegida pela autoridade da coisa julgada, não pode ser objeto de ação rescisória e, sim, de ação declaratória, incidental, de sua *inexistência jurídica*. Fique certo, por isso, que as sentenças inexistentes produzem efeitos enquanto não forem como tais declaradas. Para que ditos efeitos cessem, portanto, não basta que se saiba que a sentença inexiste, juridicamente, pois é imprescindível que o seu não-ser seja declarado pelo órgão jurisdicional competente.

Não ignoramos que haja opiniões de peso, opostas à nossa. O que queremos deixar patente, contudo, com o parecer que estamos a sustentar, é esse fenômeno próprio das sentenças inexistentes consistente na aptidão para produzirem efeitos enquanto a sua inexistência não for pronunciada. Se, p. ex., a sentença foi proferida por quem não é juiz, parece-nos inegável que os seus efeitos (aparentemente) jurídicos não cessarão pelo simples fato de descobrir-se que quem a emitiu não pertence ao Poder Judiciário, mas, sim, no momento que houver, sobre esse fato, um reconhecimento jurisdicional.

O exercício da ação declaratória, ao contrário do pertinente ao da rescisória, não está subordinado a nenhum prazo. É, pois, imprescritível o direito de ajuizá-la.

Assim como as sentenças nulas, as inexistentes podem dimanar de "vícios" endógenos (internos) ou exógenos (externos).

Será juridicamente inexistente, por "vício" endógeno, *v. g.*, a sentença que não contiver dispositivo. A questão é polêmica, como sabemos. Em todo caso, estamos convencidos de que a falta do *decisum* implica não a nulidade, mas a inexistência da sentença ou do acórdão. Com efeito, se devêssemos considerar nula a sentença, nesse caso, não poderíamos escapar às conclusões de que: a) ela produziria coisa julgada material; b) decorridos dois anos do seu trânsito em julgado não poderia mais ser desconstituída, tornando-se, assim, definitivamente imutável. Ora, como se poderia afirmar, sem convulsionar os princípios, que uma sentença sem dispositivo transita em julgado, quando é notório que a esse fenômeno jurídico não se submete a fundamentação (CPC, art. 489, I e II), mas, exclusivamente, o *decisum* — que, na espécie, a sentença não possui? Demais, há um obstáculo de ordem lógica à opinião de que estamos a divergir: se não há a parte dispositiva, como se poderá executar a sentença, se lhe falta o elemento essencial da condenação?

Por tudo isso, julgamos que a sentença desprovida de dispositivo não é nula, mas inexistente, do mesmo modo como a petição inicial que não contenha *pedido* não pode ser chamada de *petição* (= ato de pedir).

Um outro exemplo de sentença inexistente, em decorrência de vício endógeno, é a que não se encontra assinada pelo juiz. Em voto acompanhado pelos ilustres pares da 1ª Turma do Tribunal do Trabalho da 9ª Região, a propósito, não admitimos — ao tempo em que integrávamos o referido Tribunal — recurso ordinário interposto da sentença não assinada pelo juiz, por entendermos que faltava ao recorrente o indispensável interesse processual. Realmente, se a sentença não estava assinada, era ato juridicamente inexistente; logo, não impusera ao recorrente nenhuma condenação. Nesse concerto, o acórdão fez as vezes de ação declaratória de inexistência da sentença e determinou a devolução dos autos ao MM. juízo *a quo*, não para que assinasse a sentença (pois, aqui, era inaplicável o princípio da proteção, previsto no art. 796, "a", da CLT) e, sim, para que proferisse outra (e, por certo, a assinasse!), ainda que materialmente idêntica à anterior.

Art. 489

A sentença não escrita, conquanto seja algo invulgar, também é inexistente, em razão de um vício que está nela própria (endógeno).

Como situações caracterizadoras de vícios exógenos, que conduzem à inexistência da sentença, podemos mencionar: a) a inexistência do próprio processo (por ter sido, digamos, conduzido por quem não era juiz, ou, sendo-o, encontrava-se aposentado ou afastado do cargo etc.); b) a sentença não publicada.

Deixamos, propositadamente, para apreciação destacada, o problema da sentença proferida em processo em que o réu não foi citado, tornando-se, em decorrência disso, revel. A polêmica doutrinal em torno desse tema é profunda e já chega a assumir dimensões preocupantes. A necessidade de saber se, na espécie, o processo será nulo ou inexistente não deriva de um interesse acadêmico, puramente teórico, senão que de um interesse concreto, real, pois a ilação a que se chegar a respeito terá indiscutível repercussão na ordem prática, como procuraremos demonstrar.

Segundo ficou dito em páginas anteriores deste livro, a citação válida constitui um dos pressupostos legais indispensáveis para o regular desenvolvimento de relação jurídica processual. Já a citação, considerada em si mesma, ou seja, consoante o seu sentido teleológico de dar conhecimento ao réu do ajuizamento de uma demanda, em que ele figura como parte, traduz um pressuposto de existência do processo. Essa separação entre a citação válida e a citação-em-si não só é reconhecida pela doutrina, como se revela extremamente útil para resolver a questão respeitante a ser nulo ou inexistente o processo em que o réu não tenha sido citado.

Se, efetivamente, não houve citação, o processo será inexistente; se a citação foi feita, embora de modo irregular, o processo será nulo.

O caráter multifário do tema que constitui objeto de nossa investigação sugere uma síntese do quanto expusemos a respeito. É o que faremos a seguir:

a) ato processualmente nulo é o que, embora exista no mundo jurídico, foi praticado mediante violação de norma legal tutelar de um interesse público; a nulidade não se convalida, podendo ser decretada, *ex officio*, pelo juízo competente, e arguida pelas partes, em qualquer tempo ou grau de jurisdição;

b) ato anulável é, igualmente, o que existe, do ponto de vista jurídico, mas foi realizado com ofensa a norma protectiva de interesses puramente privados; a anulabilidade deve ser alegada pela parte (que não a tenha dado causa), na primeira vez em que tiver de falar nos autos ou em audiência, sob pena de preclusão temporal;

c) ato inexistente é o que só existe materialmente, pois a sua existência jurídica é, apenas, aparente; assim como o ato nulo, o inexistente pode ser declarado de ofício, pelo juiz, ou alegado pelas partes, em qualquer tempo, exceto em situações excepcionais;

d) a sentença nula passa em julgado, podendo, por isso, ser rescindida; a rescisão das sentenças (em sentido amplo) não pressupõe, contudo, como elemento imprescindível, a presença de nulidade;

e) as sentenças inexistentes, por não produzirem coisa julgada material, devem ser objeto de ação declaratória, cujo exercício do direito é imprescritível; a declaração de inexistência pode ser feita, em alguns casos, *incidenter tantum*, ou seja, independentemente do ajuizamento de ação específica, como, *e. g.*, em grau de recurso;

f) sentença sem dispositivo não é nula e, sim, inexistente;

g) as sentenças podem ser nulas ou inexistentes, em decorrência de duas classes de vícios: a) endógenos, quando instalados na própria sentença; é esta, pois, que os origina; b) exógenos, quando nascidos fora da sentença, contaminando-as gravemente;

h) no que tange, particularmente, à possibilidade de o devedor alegar, nos embargos à execução, a nulidade do processo de conhecimento, que se formou e se desenvolveu à sua revelia, devem ser observadas as seguintes regras: 1) tratando-se de citação nula, ou seja, que foi feita, embora em desacordo com a lei, não será possível ao devedor alegá-la, nos embargos, pois em nosso sistema jurídico o nulo transita em julgado; logo, a nulidade deve ser desfeita por meio de ação rescisória da sentença emitida no processo de conhecimento; 2) cuidando-se de falta de citação, deve ser verificado se o réu foi intimado da sentença proferida à sua revelia, ou se não o foi.

No primeiro caso, não poderá alegar, nos embargos, o vício, porque, ao ser intimado da sentença, deveria tê-la impugnado mediante recurso ordinário, oportunidade em que postularia, perante o tribunal, a declaração da inexistência do processo cognitivo, como um todo. Ao não recorrer da sentença, permitiu que esta, em situação verdadeiramente extraordinária, passasse em julgado (pois a inexistência, ao não ser alegada no momento oportuno, fez gerar, excepcionalmente, a preclusão). Logo, poderá fazer uso da ação rescisória para desconstituir a *res iudicata* material.

No segundo, será lícito ao devedor alegar a inexistência do processo de conhecimento, por falta de citação, pois somente ao ser citado para a execução foi que tomou conhecimento da existência da ação (demanda) — lembrando-se que não havia sido intimado da sentença condenatória.

A inexistência deverá ser declarada, sempre que for o caso, pelo próprio juízo da execução, pois a norma proibitiva, que se esplende do art. 492 do CPC só se justifica em face das sentenças válidas ou nulas, nunca das inexistentes.

§ 1º Este parágrafo não considera fundamentada qualquer decisão judicial, seja interlocutória, sentença ou acórdão, que incidir em uma das disposições dos seus incisos I a VI. Estamos diante de uma das mais rigorosas exigências legais, de quantas possam ter sido formuladas até aqui, para satisfazer ao requisito constitucional (CF, art. 93, IX) da fundamentação dos pronunciamentos jurisdicionais decisórios. Que nos desculpe o legislador, mas o conjunto das disposições inseridas nos referidos incisos I a VI do § 1º beiram as raias do absurdo, se considerarmos o exagerado grau de esmiuçamento analítico-argumentativo aí imposto. Não se nega que o fundamento das decisões emitidas pelos órgãos do Poder Judiciário de nosso país constitui não apenas uma exigência constitucional, mas também um imperativo do Estado Democrático de Direito, em que se funda a nossa República. Exigir-se, contudo, que as decisões interlocutórias, as sentenças e os acórdãos se submetam aos rigores dos incisos I a VI do § 1º do art. 489 do CPC, não é atender ao mandamento constitucional, nem aos ditames de um Estado Democrático de Direito, senão que entravar ou inviabilizar a prática desses atos processuais, fazendo retardar, ainda mais, o curso do procedimento. Deixo a palavra com os estudiosos do processo civil.

O art. 93, inciso IX, da Constituição Federal, exigente de que as decisões judiciais (e, também, as administrativas) sejam fundamentadas, sob de nulidade, é autoaplicável (*selfexecuting*), não necessitando, por isso, ser "regulamentada" por norma infraconstitucional. Essa "regulamentação", ademais, pondo à frente o exacerbado rigor e formalismo com que foi elaborado constitui verdadeira camisa-de-força imposta aos magistrados. A propósito, desde o Regulamento Imperial n. 737, passando pelos Códigos de Processo Civil de 1939 e de 1973, sempre se exigiu que os pronunciamentos jurisdicionais de fundo (sentença e acórdão) fossem juridicamente fundamentados, sem necessidade de detalhar-se em que consistiria essa fundamentação, vale dizer, sem vincular-se o juiz a determinados requisitos formais. É oportuno lembrar que a Primeira Turma STF, no julgamento do AI n. 797.581/PB-AgR, sendo Relator o Ministro Ricardo Lewandowski, assentou: "*a exigência do art. 93, IX, da Constituição, não impõe que a decisão seja exaustivamente fundamentada. O que se busca é que o legislador informe de forma clara e concisa as razões do seu convencimento*". O que o preceito constitucional sobredito exige, portanto, é que o magistrado indique as razões jurídicas que influenciaram na formação do seu convencimento acerca dos fatos e demais elementos dos autos, a fim de evitar que a sua decisão seja arbitrária. Nada mais do que isso. Sob essa perspectiva, o § 1º do art. 489, do CPC, não esconde a seu caráter surrealista.

Causa-no sobressalto, por isso, o enunciado n. 303, do IV Encontro do Fórum Permanente de Processualistas Civis, aprovado em Salvador (8 e 9.11.2013), segundo o qual "*As hipóteses descritas nos incisos do § 1º do art. 499 são exempllificativas*"! Na altura, o art. 499 do Projeto correspondia ao atual art. 489, da Lei n. 13.105/2015.

Se, na vigência do CPC de 1973, os embargos de declaração passaram a ser utilizados em larga escala, por certo, atingirão números astronômicos em decorrência das extremadas imposições do § 1º do art. 489 do CPC de 2015 para que a sentença seja considerada fundamentada. Assim afirmamos, porque um dos fundamentos legais para o oferecimento de embargos declaratórios por omissão reside no fato de a decisão incorrer "*em qualquer das condutas descritas no art. 489, § 1º*", conforme estabelece o art. 1.022, parágrafo único, inciso II, do CPC.

Traduzindo a indignação da magistratura nacional diante dessa norma do CPC, a ANAMATRA, a AMB e a AJUFE formularam pedido de veto ao § 1º do art. 489 (e também aos arts. 12, 153 e 942), cujo pedido, infelizmente, não foi acatado. Vejam-se estes trechos da nota expedida pela ANAMATRA, no tocanter às críticas formuladas à proposta de veto feita pelas três associações nacionais de magistrados:

"1. Diversamente do que — até levianamente — afirmaram alguns poucos dentre os muitos juristas ouvidos, os vetos propostos não têm por finalidade "diminuir o trabalho dos juízes", mas preservar-lhes a independência funcional e assegurar mínima concretude a um dos princípios norteadores do NCPC e de todos os Pactos Republicanos para o Judiciário até aqui: a duração razoável do processo. Embora esperado o ataque de setores da advocacia, lamentavelmente ele veio antes mesmo de serem conhecidas as razões alinhavadas por ANAMATRA, AMB e AJUFE. Preferiu-se, pois, o julgamento às cegas.

2. No centro da polêmica, os vetos propostos aos parágrafos do art. 489 do NCPC guiaram-se por uma lógica jurídica comezinha: o legislador não pode restringir desarrazoadamente o conceito constitucional de fundamentação (art. 93, CF), como tampouco pode obliquamente tornar "vinculantes" súmulas, teses e orientações jurisprudenciais que constitucionalmente não o sejam. O mesmo se aplica ao art. 927.

3. Com efeito, os §§ 2º e 3º do art. 489 e os incisos III, IV e V e § 1º do art. 927 do NCPC exorbitam do poder de conformação legislativa do Parlamento, na medida em que terão impactos severos, de forma negativa, na gestão do acervo de processos, na independência pessoal e funcional dos juízes e na própria produção de decisões judiciais em todas as esferas do país, com repercussão deletéria na razoável duração dos feitos (art. 5º, LXXVIII, da CRFB), que é reconhecidamente o Leitmotiv e um dos alicerces centrais do novo Código.

4. À vista dos termos do art. 93, IX, da Constituição da República, o legislador entendeu por bem "regulamentar" a matéria em questão, contrariando a tradição secular do processo civil brasileiro — que jamais se viu "condicionado" pelo legislador quanto àquilo que seria ou não uma fundamentação sentencial suficiente —, para agora, em pleno século XXI, tolher a construção dos tribunais e estatuir ele próprio, Poder Legislativo, quais as hipóteses em que os tribunais devem considerar as decisões "não fundamentadas" (e, portanto, nulas de pleno direito, aos olhos da Constituição).

5. Ao fazê-lo, o Congresso Nacional retira do Poder Judiciário a plena autonomia para a interpretação do art. 93, IX, CRFB, travestindo-se em "intérprete autêntico" de uma cláusula constitucional de garantia que foi ditada pelo poder constituinte originário, o que chama a atenção por afrontar a própria separação harmônica entre os Poderes da República (art. 2º da CRFB). O

Poder Legislativo não pode ditar ao Poder Judiciário como deve interpretar a Constituição. Esse papel cabe sumamente ao próprio Judiciário; e, em derradeira instância, ao Supremo Tribunal Federal, guardião constitucional da Carta Maior (art. 102 da CRFB). O inciso IX do art. 93/CF jamais encerrou norma jurídica de eficácia limitada ou contida, mas indubitável norma jurídica de eficácia limitada ou contida, mas indubitável norma jurídica de eficácia plena, que agora perde plenitude por uma interpretação legislativa enviesada.

6. Não bastasse, onde regulamenta impropriamente, o Congresso Nacional regulamentou de modo írrito, violando outras tantas cláusulas constitucionais. Cite-se como exemplo o inciso IV do parágrafo 1º do artigo 486 ("não enfrentar todos os argumentos deduzidos no processo capazes de, em tese, infirmar a conclusão adotada pelo julgador"), que enuncia uma utopia totalitária. Esperar que o juiz — em tempos de peticionamento eletrônico e dos impressionantes "ctrl C" e "ctrl V" — refute um a um todos os argumentos da petição inicial, da contestação e das várias peças recursais, ainda quando sejam argumentos de caráter sucessivo ou mesmo contraditórios entre si (porque será possível tê-los, p. ex., no âmbito das respostas processuais, à vista do princípio da eventualidade da defesa), tendo o juiz caminhado por uma linha lógica de decisão que obviamente exclui os outros argumentos, é exigir do agente público sobretrabalho inútil e violar obliquamente o princípio da duração razoável do processo.

7. De outra parte, quanto aos incisos V e VI do parágrafo único do mesmo art. 489, diga-se da sua quase esquizofrenia. Por tais preceitos, será nula a sentença que "se limitar a invocar precedente ou enunciado de súmula, sem identificar seus fundamentos determinantes nem demonstrar que o caso sob julgamento se ajusta àqueles fundamentos"; logo, o juiz não pode simplesmente aplicar a súmula de jurisprudência a caso que a caso que evidentemente se subsuma a ela, devendo "identificar" (enaltecer?) seus fundamentos determinantes. Mas não é só. Assim como não pode "simplesmente" decidir com base em súmula de jurisprudência de tribunais superiores, também não pode deixar de decidir conforme essa mesma súmula (o que denota, no limite, um tratamento esquizoide da matéria), porque também será nula a sentença que "deixar de seguir enunciado de súmula, jurisprudência ou precedente invocado pela parte, sem demonstrar a existência de distinção no caso em julgamento ou a superação do entendimento". No limite, restará ao juiz reproduzir súmulas e enaltecê-las — conquanto não sejam constitucionalmente vinculantes.

8. Essas e outras "inovações", impostas a fórceps, de uma só canetada, a toda a Magistratura nacional, sem o necessário amadurecimento de mecanismos de democratização dos procedimentos de uniformização de jurisprudência no âmbito dos tribunais superiores, regionais e estaduais, não colhem a simpatia da Magistratura do Trabalho, como tampouco deveriam colhê-la de qualquer cidadão minimamente cônscio das necessárias aptidões democráticas do Poder Judiciário. Por isso, e apenas por isso, a Anamatra pediu — e segue pedindo — o veto aos referidos preceitos do NCPC, já amplamente conhecido como o "Código dos advogados". Que diga, agora, a Presidência da República.

Paulo Luiz Schmidt

Presidente da Anamatra

(http://conjur.com.br/2015-mar-09/legislador-nao-restringir-conceito-fundamentacao-anamatra)

No que diz respeito ao processo do trabalho, sentimo-nos à vontade para afirmar, com serenidade, que o § 1º do art. 489 do CPC é inaplicável a este processo, porquanto a CLT não é omissa sobre o tema (art. 769). Com efeito, dispõe o art. 832, *caput*, da CLT que a decisão deverá conter, além do nome das partes: a) o resumo do pedido e da defesa (relatório); b) os fundamentos da decisão (fundamentação); e c) a respetiva conclusão (dispositivo). Ainda que se admitisse, apenas para efeito de argumentação em tese, que a CLT fosse omissa quanto ao assunto, nem por isso seria compatível com o processo do trabalho (CLT, art. 769) a regra do § 1º do art. 489 do CPC. Se assim não se entender, estar-se-á reduzindo, de maneira considerável, a quantidade de decisões interlocutórias, de sentenças e de acórdãos emitidos pelos órgãos da Justiça do Trabalho, em detrimento, por certo, daqueles que invocaram a prestação jurisdicional desse operoso segmento do Judiciário brasileiro. Nem devemos ignorar o fato relevante de, no âmbito da Justiça Comum, serem poucos os julgamentos realizados por semana ou por mês e, além disso, as iniciais conterem dois ou três pedidos, ao passo que na Justiça do Trabalho há dezenas de julgamentos por semana ou por mês e as iniciais soem trazer dezenas de postulações, que se refletem na extensão das correspondentes defesas. A realidade do processo do trabalho, portanto, não é idêntica à do processo civil, de tal arte que soa a absurdo, a insensatez, a aplicação àquele processo de norma que foi elaborada, exclusivamente, em atenção a este. É algo como vestir roupa que havia sido feita para outro corpo.

Nestes mais de setenta anos de vigência da CLT não nos consta que as sentenças e os acórdãos emitidos pela Justiça do Trabalho, em termos gerais, tenham sido sem fundamentação jurídica, ou dotados de fundamentação precária. Casos isolados não contam. A razão pela qual se exige a fundamentação das sentenças e dos acórdãos é fazer com que a decisão reflita a preeminência da ordem jurídica, e não a vontade arbitrária do magistrado. Isso é o quanto basta para satisfazer às exigências e às necessidades de um Estado de Direito, O que o § 1º do art. 489 do

Código de Processo Civil

CPC está a impor ao magistrado — ao menos, aos olhos do processo do trabalho — não é uma fundamentação plena, e sim, a elaboração de um tratado multidisciplinar de filosofia, lógica e metafísica.

Nem ignoremos particularidade de, no procedimento sumariíssimo, o legislador haver permitido ao juiz do trabalho adotar, em cada concreto contreto, *"a decisão que reputar mais justa e equânime, atendendo aos fins sociais da lei e às exigências do bem comum"* (CLT, art. 852-I).

Estamos cientes de que haverá intensas discussões, nos planos doutrinário e jurisprudencial, sobre a incidência, ou não, no processo do trabalho, do § 1º do art. 489 do CPC. Por esse motivo, depositamos aqui, desde logo, o nosso contributo sobre o tema, tangidos pela esperança de que prevaleça a corrente de opinião desfavorável a essa incidência, a fim de que o processo do trabalho possa atender aos fins para os quais foi instituído., sem menosprezo aos imperativos de celeridade e de efetividade na prestação jurisdicional.

A aceitação do § 1º do art. 489, do CPC, implicará duro golpe naquilo que o processo do trabalho tem, verdadeiramente, de seu, no seu núcleo vital, por assim dizer. Não podemos ficar indiferentes — e, quanto menos, capitularmos — em momentos como este. Despertar é preciso. Resistir é preciso. Por alguma razão, veem-nos à lembrança o exortatório monólogo do teatrólogo Plínio Marcos, em "Canções e reflexões de um palhaço": *"Por mais que as cruentas e inglórias batalhas do cotidiano tornem o homem duro ou cínico o suficiente para ele permanecer indiferente às desgraças ou alegrias coletivas, sempre haverá no seu coração, por minúsculo que seja, um recanto suave onde guarda ecos dos sons de algum momento de amor que viveu em sua vida. Bendito seja quem souber dirigir-se a esse homem que se deixou endurecer, de forma a atingi-lo no pequeno núcleo macio de sua sensibilidade e por aí despertá-lo, tirá-lo da apatia, essa grotesca forma de autodestruição a que, por desencanto ou medo, se sujeita, e inquietá-lo e comovê-lo para as lutas comuns de libertação".*

A despeito das considerações que expendemos até esta altura, e sem recuarmos um milímetro sequer de nossa convicção quanto à inaplicabilidade do § 1º do art. 489, do CPC, ao processo do trabalho, devemos lançar comentários, ainda que breves, acerca dos incisos que integram o malsinado normativo do estatuto processual civil.

Inciso I. Quando o magistrado indicar, reproduzir ou parafrasear ato normativo em que se funda a sua decisão, deverá explicar a relação do ato normativo com a causa ou a questão decidida. É o que se poderia denominar de *conexidade jurídico-factual*. A norma está a exigir, portanto, que o juiz justifique *porque* aplicou o ato normativo ao caso concreto, não sendo bastante que ele se limite à simples aplicação do ato (lei, decreto, portaria, instrução normativa etc.).

Inciso II. O magistrado também não pode fazer uso de conceitos jurídicos indeterminados, sem explicar o motivo concreto de sua relação e consequente aplicação ao caso concreto. A norma não esclarece, todavia, o que se deva entender como "conceitos jurídicos indeterminados".. Tem-se entendido que a utilização de tais conceitos jurídicos, pelo magistrado, revela um deslocamento da competência do Poder Legislativo para o Judiciário, incumbindo, por isso, ao magistrado justificar a aplicação do preceito à causa, justificar, enfim, que este se ajusta ao caso concreto, tal como a mão à luva, conforme diria Machado de Assis. A dúvida fica, entretanto, por conta da expressão legal "conceitos jurídicos indeterminados". Estaria o legislador a referir-se, por exemplo, à boa-fé, à má-fé, à razoabilidade, ao bem comum e quejandos? A norma tem algo de enigmático.

Inciso III. Ao magistrado também é proibido invocar motivos que se prestariam a justificar qualquer outra decisão. Significa, pois, que que esses motivos devem ser específicos, como tais considerados os que mantêm nexo com o caso concreto. Não se admitem frases desconectadas do contexto ou da realidade dos autos. O que a norma procura combater, enfim, é o uso de frases prontas, de argumentos pré-moldados que se ajustam a qualquer situação, numa espécie de estereótipo argumentativo postiço, de "argumento universal".

Uma ponderação necessária: quando se tratar de situação em que a causa de pedir e o pedido sejam idênticos aos de outro caso, já julgado, não há razão lógica para impor-se observância ao inciso III do art. 489. Tal seria, entre outras, a situação do incidente de resolução de demandas repetitivas (art. 976, I).

Inciso IV. O juiz também é compelido a examinar *todos* os argumentos apresentados pelas partes, capazes de, em tese, infirmar a conclusão a que chegou o julgador. Os argumentos, no caso, são os *relevantes*; os irrelevantes ficam fora do campo de incidência da norma em estudo, pois, em princípio, não são dotados de aptidão para infirmar a conclusão adotada pelo magistrado. Voltemos aos argumentos relevantes: imagine-se o impacto do inciso *sub examen* no sistema do processo do trabalho, onde, conforme dissemos, as petições iniciais soem conter dez, doze, quinze, vinte pedidos ou mais e as contestações, nesses casos, apresentam-se prolixas, verdadeiros cartapácios judiciaiscom inúmeras preliminares, prejudiciais de mérito e teses pertinentes ao mérito substancial! Nem ignoremos o fato de cada pedido formulado na inicial e cada item correspondente da contestação possuir mais de um fundamento (ou argumento) e o grau de dificuldade que o juiz terá de enfrentar no cumprimento à regra do inciso III do art. 479. Ademais, a norma exige o enfrentamento de *todos* (e, não apenas, de alguns) os argumentos apresentados *no processo*, significa dizer, não somente aqueles que se contêm na petição inicial e na contestação, mas em outras manifestações avulsas das partes. A prevalecer a regra nos sítios do processo do trabalho, cremos não estarmos perdendo o senso de comedimento se afirmarmos que os juízes não conseguirão proferir mais do que meia dúzia de sentenças por mês, se tanto. Perguntamos, então: a quem isso convirá?

Inciso V. Caso o juiz invoque precedentes jurisprudenciais ou súmulas deverá: a) identificar os seus fundamentos determinantes, ou seja, examinar os casos concretos que motivaram os precedentes ou a adoção da súmula; e b) demonstrar que o caso concreto se amolda a tais fundamentos. Para que se possa mensurar o absurdo dessa imposição e as consequências de sua aplicação ao processo do trabalho, basta mencionar o fato de muitas Súmulas do TST indicarem mais de *vinte ou trinta precedentes*!

Inciso VI. Se a parte houver invocado súmula, jurisprudência ou precedente, e o juiz não os acatar, deverá justificar porque não o fez, mediante demonstração da existência de distinção no caso *sub iudice* ou de superação do entendimento expresso na súmula, na jurisprudência ou no precedente. *Data venia*, o juiz pode não acatar a súmula, a jurisprudência ou o precedente, porque — até onde sabemos — ainda é dotado de alguma autonomia intelectual, razão pela qual, excluídas as súmulas vinculantes, ele pode decidir em sentido oposto às demais súmulas, à jurisprudência e aos precedentes. Ademais, a Súmula simples pode apresentar-se agressiva da Constituição Federal; embora não se possa cogitar, neste caso, de inconstitucionalidade, por faltar à súmula o elemento essencial da normatividade, o juiz não estará obrigado a acatá-la, pois fazê-lo seria violar a Constituição da República e o seu dever institucional de preservar a supremacia desta no ordenamento legal.

Dispõe o art. 1.013, § 3º, IV, do CPC, que se o tribunal entender que a sentença não contém fundamentação declarará a sua nulidade e, se o processo estiver em condições de imediato julgamento, deverá decidir, desde logo, o mérito. Assim o tribunal, em vez de determinar o o retorno dos autos ao juízo a quo, para que emita nova sentença, desta vez fundamentada, deverá ingressar no exame do mérito, desde que o processo esteja em condições de imediato julgamento. Não estando, parece-nos que a solução consistirá em o tribunal ordenar a remessa dos autos ao juízo a quo, para proferir nova sentença.

§ 2º O que dissemos em relação ao § 1º se aplica, *mutatis mutandis*, ao § 2º, máxime no que se refere à sua inaplicabilidade ao processo do trabalho. Havendo conflito entre normas, cumprirá ao juiz justificar: a) o objeto e os critérios gerais da ponderação que efetuou, mencionando as razões que o conduziram a afastar uma das normas; e b) as premissas factuais que fundamentaram a sua conclusão. Ironia à parte, seria de afirmar-se que o texto legal em exame somente encontraria condições de plena aplicação nos juízos que proferissem quatro ou cinco sentenças por mês e cujas iniciais não contivessem mais do que dois ou três pedidos. Reiteremos: não é essa a realidade do processo do trabalho. Basta que se consultem as estatísticas oficiais.

Pondo de lado a nossa opinião, devemos dizer que se houver colisão entre normas de direito material do trabalho o juiz deverá optar por aquela que for mais favorável ao trabalhador, segundo o princípio *in dubio pro misero*, inspirado no *in dubio do reo* do direito penal. Justifica-se essa opção porque, sendo a legislação do trabalho (supostamente) protectiva do trabalhador, é natural que o juiz se decida pela aplicação do preceito mais favorável a este, que melhor proteja os seus interesses. O princípio em tela, entrementes, não incide em tema de normas processuais, pois, aqui, no caso, digamos, de "prova dividida", o juiz deve decidir a favor de quem produziu a prova de maior eficácia suasória, sem menosprezo ao ônus que a cada parte incumbia (CLT, art. 818).

§ 3º A norma declara que a decisão deve ser interpretada: a) mediante a conjugação de todos os seus elementos; e b) de acordo com os princípios da boa-fé. O preceito é dirigido, essencialmente, às partes.

Art. 490. O juiz resolverá o mérito acolhendo ou rejeitando, no todo ou em parte, os pedidos formulados pelas partes.

• **Comentário**

Caput. Repete-se, em parte, o art. 459 do CPC.

Conforme pudemos afirmar, reiteradas vezes, neste livro, embora consagradas pela praxe, as expressões "julgar *procedente* a ação ou a reconvenção", "julgar *procedentes* os pedidos" estão comprometidas por evidentes impropriedades lógicas e redacionais. A ação, como direito público subjetivo de invocar a tutela jurisdicional do Estado, sempre *procederá*, exceto se não estiverem presentes as condições legalmente previstas para o seu regular exercício, quais sejam, a legitimidade e o interesse processual (CPC, art. 17). Assim, como poderia ser "improcedente" a ação, se o juiz chegou a examinar o mérito? Rememoremos: o vocábulo *proceder* significa *vir de algum lugar*. A ação veio da petição inicial protocolada em juízo. Os pedidos também *vêm* de algum lugar: da inicial ou da contestação (pedidos contrapostos). Segue-se, que mesmo sendo rejeitados, os pedidos foram *procedentes*, pois provieram da inicial. Sempre e sempre: os pedidos são *rejeitados* ou *acolhidos*, no todo ou em parte. É o que consta do art. 490 do CPC, em boa técnica.

O legislador de 2015 eliminou a ressalva que constava da parte final do art. 459 do CPC revogado, segundo o qual nos casos de extinção do processo sem julgamento do mérito o juiz poderia decidir de maneira concisa. É razoável imaginar que essa eliminação tenha derivado do fato ser incombinável com os rigores dos §§ 1º e 2º do art. 489 do CPC. A concisão — que nem por antonomásia pode ser confundida com omissão — constitui traço característico dos pronunciamentos dos órgãos da Justiça do Trabalho. *Concisão* significa, sob essa perspectiva, um máximo de atuação do direito com um mínimo de dicção jurisdicional.

Art. 491. Na ação relativa à obrigação de pagar quantia, ainda que formulado pedido genérico, a decisão definirá desde logo a extensão da obrigação, o índice de correção monetária, a taxa de juros, o termo inicial de ambos e a periodicidade da capitalização dos juros, se for o caso, salvo quando:

I — não for possível determinar, de modo definitivo, o montante devido;

II — a apuração do valor devido depender da produção de prova de realização demorada ou excessivamente dispendiosa, assim reconhecida na sentença.

§ 1º Nos casos previstos neste artigo, seguir-se-á a apuração do valor devido por liquidação.

§ 2º O disposto no *caput* também se aplica quando o acórdão alterar a sentença.

• **Comentário**

Caput. O CPC revogado não dispunha de norma correspondente.

Mesmo que a parte tenha formulado pedido genérico, em ação tendo por objeto obrigação de pagar quantia certa, a sentença deverá definir, desde logo, a extensão da obrigação. Na verdade, a expressão "extensão da obrigação" significa, em nosso ver, que a sentença deverá ser, o quanto possível, líquida. Esse é, pois, o princípio que se irradia do texto legal *sub examen*. O escopo da lei, nesse aspecto, foi o de reduzir a possibilidade de, na fase de liquidação, as partes passarem a digladiar-se a respeito da extensão da obrigação imposta pelo título executivo judicial — e a respeito, inclusive, da própria modalidade de liquidação que deveria ser adotada (cálculos, artigos, arbitramento). Justamente por isso, a lei determina que a sentença também fixe o índice de correção monetária, a taxa de juros, o termo inicial de ambos e a periodicidade da capitalização dos juros, se for o caso, salvo quando:

Inciso I. Podem ocorrer situações em que não haja possibilidade de determinar-se, de maneira definitiva, o montante devido, seja pela absoluta falta de elementos nos autos, seja pela precariedade desses elementos. Nessa hipótese, não atuará o princípio que se contém no *caput* da norma legal.

Inciso II. De igual modo, não incidirá o aludido princípio quando a apuração do valor devido depender da produção de prova cuja realização seja demorada ou excessivamente dispendiosa, assim reconhecida pela sentença. Nesse caso, a quantificação do valor ficará diferido para a fase de liquidação, por qualquer das modalidades previstas em lei (CLT, art. 879).

§ 1º Confirma-se, aqui, o que dissemos no ensejo dos comentários aos incisos I e II: nos termos da lei, logo após a emissão da sentença deverá ser iniciada a fase de liquidação para apurar-se o valor devido.

Conjugando-se o disposto no parágrafo único em exame com o *caput* do art. 509, do mesmo CPC, chega-se à conclusão de que foi intenção do legislador fazer com que se a sentença não fixar, de modo definitivo, a extensão da liquidação, dever-se-á, imediatamente à sua prolação, proceder-se à liquidação da obrigação (exceto se o credor justificar a impossibilidade ou a inconveniência de sua realização).

Sejamos francos: quanto ao princípio de que a sentença deva espelhar obrigação líquida é algo efetivamente desejável, por evitar a fase de liquidação com os incidentes que aqui soem acontecer; todavia, a determinação legal para que se a sentença não definir, desde logo, a "extensão da obrigação" (art. 491, *caput*), ou seja, não determinar o valor devido, se proceda, "imediatamente" à sua prolação, à liquidação (art. 491) é perturbadora do próprio sistema em que se insere. Assim dizemos, porque a *liquidação imediata* deverá ser feita no prazo de que dispõem as partes para recorrer da sentença, de tal modo que, na prática, serão inconciliáveis essas duas situações. Imagine-se que os autos tenham sido entregues ao contador ("perito", como se costuma denominá-lo) para a elaboração dos cálculos de liquidação: como poderá as partes interpor recurso da sentença, se os autos não se encontram à sua disposição na secretaria do juízo?

Ou o legislador (CPC, art. 491, *caput*) disse mal o que pretendia dizer, ou disse o que realmente desejava expressar — e, neste último caso, estaremos diante do problema que acabamos de mencionar.

Nos sítios do processo do trabalho, a situação deve manter-se inalterada: a liquidação somente será justificável depois da interposição do recurso — dotado de efeito meramente devolutivo — (exe-

Art. 492

cução provisória), ou após o trânsito em julgado (decisão definitiva). É o que estamos a preconizar.

§ 2º Caso o acórdão altere a sentença, o tribunal deverá atender ao disposto no *caput* do art. 491. Um esclarecimento: a regra só incide, à evidência, se o tribunal mantiver a condenação ao pagamento de quantia. Se der provimento integral ao recurso interposto pelo réu deixará de haver condenação.

Art. 492. É vedado ao juiz proferir decisão de natureza diversa da pedida, bem como condenar a parte em quantidade superior ou em objeto diverso do que lhe foi demandado.

Parágrafo único. A decisão deve ser certa, ainda que resolva relação jurídica condicional.

• **Comentário**

Caput. Repetiu-se a regra do art. 460 do CPC revogado.

Sentença de natureza diversa

Parece-nos que não se trata, aqui de sentença de *natureza* diversa, mas de *espécie* diversa. O substantivo *natureza*, empregado pelo legislador, se tomado em sua acepção eminentemente técnica, dentro da terminologia jurídica, pode conduzir a graves distorções interpretativas do preceito legal *sub examen*. Devemos advertir que quando se cogita, em doutrina, da *natureza* do provimento jurisdicional, se está, na verdade, fazendo aflorar a questão pertinente a saber se a sentença é um ato de inteligência ou de vontade do magistrado.

Efetuado esse reparo, façamos um breve estudo sobre as espécies de sentenças (no tocante aos seus efeitos).

a) Sentenças declaratórias

São as que pronunciam a existência ou inexistência de relação jurídica ou a autenticidade ou falsidade de documento (CPC, art. 19), ainda que a lesão do direito já tenha acontecido (*ibidem*, parágrafo único).

Temos, ainda, a sentença declaratória incidental, que é emitida nos autos da ação principal, toda vez que se tornar litigiosa relação jurídica de cuja existência ou inexistência dependa o julgamento da lide (CPC, art. 20).

O interesse processual, como uma das condições genéricas da ação (CPC, art. 17), reside, na declaratória, na certeza a respeito da existência, ou não, de relação jurídica e, eventualmente, da autenticidade, ou não, de certo documento. A sentença aí emitida, por isso mesmo, nada constitui e em nada condena, limitando-se a fazer nascer no espírito do autor a mencionada certeza jurídica.

A sentença declaratória será positiva ou negativa, conforme diga da existência ou da inexistência da relação jurídica, respectivamente. Tendo, porém, o pedido como objeto um documento, a sentença haverá de ser, sempre, positiva, uma vez que pronunciará a autenticidade ou a falsidade deste, ou seja, responderá afirmativamente à pretensão deduzida pelo autor.

Como dissemos em linhas anteriores, em rigor, a sentença em estudo não tem como objeto, apenas, a declaração da existência ou inexistência de relação jurídica, ou de falsidade ou autenticidade de documento, podendo ser exercida, por exemplo, para obter a declaração de nulidade de disposição contratual — sem que isso implique nulidade de todo o contrato, seja individual ou coletivo. Particularmente, entendemos ser cabível ação declaratória com o objetivo de ver pronunciada a ineficácia da coisa julgada material.

b) Sentenças constitutivas

São as que criam, modificam ou extinguem relações jurídicas; que modificam, em resumo, o estado jurídico existente.

Essa modalidade de pronunciamento jurisdicional não é dotada de eficácia para criar o direito, ou seja, tirá-lo do nada, senão que, apenas, para proclamar a preexistência deste e do qual emanam consequências previstas na ordem jurídica.

Na sentença constitutiva, assim como na condenatória, há também uma "carga" de declaração, embora seja predominante a "carga" de constituição, que, exatamente, em razão disso, dá o nome a essa espécie de provimento jurisdicional. Com efeito, quando a sentença cria, modifica ou faz cessar uma relação jurídica, não há negar que haja, nessa dicção, uma certa declaração. Há, aí, contudo, um *plus*, um algo mais do que a simples declaração, representado pelo efeito constitutivo, que falta às sentenças puramente declaratórias. Não se declara, assim, por declarar, mas para constituir.

c) Sentenças condenatórias

São as que reconhecem a existência de uma obrigação do réu a determinada prestação, fazendo surgir para o autor um título judicial que o legitima ao exercício de uma outra pretensão, a executiva.

Pode-se asseverar, por isso, que a sentença condenatória é a única, entre todas, que atribui ao autor um novo direito de ação, tendente ao obtenimento da prestação da tutela jurisdicional executiva. Com base nessa particularidade, aliás, devemos manifestar a opinião, algo heterodoxa, de que a sentença condenatória não é tão útil, nem tão eficiente, quanto tem alardeado a doutrina, desatenta ao fato de que para o autor pouco representa a conquista de uma sentença condenatória do réu, considerando-se que, para fazer com que as coisas se disponham, no mundo dos fatos, de acordo com o que consta daquele provimento, há necessidade de deduzir em juízo uma nova pretensão que, como dissemos, é a executiva. E o processo de execução, não raro, acaba por ser mais demorado do que o processo de conhecimento, que se encerrou com a sentença, agora convertida em título executivo.

Basta ver que, na inicial (ação condenatória), o autor não pede a expedição de mandado executivo, para que o réu o cumpra, mas, apenas, a condenação deste ao pagamento de determinadas quantias. A sentença condenatória, portanto, só produz alterações no mundo jurídico; as modificações na realidade factual (como a expropriação do patrimônio do réu em benefício do autor) é fenômeno que, unicamente, a execução pode produzir.

Como resume Pontes de Miranda, a sentença condenatória só contém *pensamento*, faltando-lhe, dessa maneira, o *ato* (o agir sobre a realidade dos fatos), que é próprio da sentença executiva. Por outras palavras, aquela não vai além da *verificação* do direito, cabendo a esta a *atuação* do direito.

d) Sentenças mandamentais

São as que geram uma ordem, um mandado que em nada se confunde com o que é expedido na execução forçada, proveniente de título judicial ou extrajudicial.

O mandado, típico das ações de segurança, emana de um ato que o juiz pratica não em nome da parte, substituindo-a (como ocorre com o mandado executivo), mas como expressão do *imperium* do próprio Estado. O elemento comum a essas duas espécies de mandado é a possibilidade de realizarem transformações no mundo dos fatos, em que pese à peculiaridade de o mandado de segurança não se destinar à expropriação patrimonial.

Desassemelham-se, por outro lado, segundo os pedidos que são próprios de ambas as ações em cotejo. Enquanto o mandado executivo, muitas vezes, provém de ação anterior, condenatória, em que o pedido é o reconhecimento da existência de uma obrigação a uma prestação e a condenação do réu a realizá-la, o mandado de segurança constitui o próprio pedido formulado pelo autor. Por outro modo de expressão: enquanto (no processo do trabalho) o mandado executivo pode ter origem em outro processo (que se findou com a sentença condenatória), o de segurança nasce no próprio processo em que foi postulado.

Por fim: enquanto o mandado executivo representa um meio de fazer com que se operem, no mundo factual, as transformações que a sentença condenatória é, teleologicamente, incapaz de realizar, o de segurança é um fim em si mesmo, é o objeto da ação, razão por que é provido dessa força transformadora.

e) Sentenças executivas

São as que não se restringem à verificação do direito (traço inerente às condenatórias), fazendo, ao contrário, atuar o direito. As sentenças executivas não se confundem com a execução forçada (*actio iudicati*), porquanto esta, como sabemos, advém de uma sentença condenatória, ao passo que aquela, como as de segurança, traduz um fim em si mesma.

Na inicial da ação condenatória, conforme deixamos exarado, o autor pede o reconhecimento da existência de uma obrigação, por parte do réu, e que este seja compelido a realizar a correspondente prestação. A execução forçada é, assim, consequência do inadimplemento dessa obrigação. Na inicial da ação executiva, todavia, o autor postula que a sentença, emitida no mesmo processo, lhe propicie a satisfação do direito, independentemente do exercício de uma nova pretensão.

O processo do trabalho, de *lege lata*, não conhece ações desse tipo. No processo civil, podem ser indicadas como executivas as ações de despejo e as de depósito, assim como as de interdito proibitório.

Sintetizando o que comentamos até esta parte: a) as sentenças declaratória, constitutiva e condenatória contêm, unicamente, pensamento; por esse motivo, são desapercebidas de eficácia para realizar transformações no mundo dos fatos; b) as sentenças executiva e mandamental, ao inverso, são providas dessa aptidão transformadora, fazendo, assim, com que as coisas se disponham, no campo da realidade factual, segundo o comando que se esplende do pronunciamento da jurisdição.

Na verdade, conforme tantas vezes sublinhamos ao longo das páginas antecedentes, não existem sentenças "puramente" constitutivas, condenatórias, mandamentais e executivas, pois o que geralmente se leva em conta, para efeito de defini-las e de classificá-las, é a preponderância da "carga" de constitutividade, de condenação, de executividade ou de ordem, que elas contêm. Quase todas as sentenças constitutivas, condenatórias e mandamentais possuem uma "carga" secundária de declaração. A sentença declaratória é, talvez, a única que pode apresentar uma certa "pureza" de essência.

Condenação em quantidade superior

Para logo, devemos fazer um registro histórico: o CPC de 1973 (art. 460, *caput*), dizia da proibição de o juiz emitir sentença "a favor do autor", como se essa vedação não existisse quanto ao réu. Ora, seja com relação ao autor ou ao réu, seria vedado ao juiz proferir sentença de espécie distinta da pedida. Onde constava, portanto, nesse texto legal: "do autor", dever-se-ia ler: "das partes".

O CPC atual não incorreu nesse deslize.

Seja como for, o certo é que a sentença não pode conceder ao autor, ou ao réu, nem mais, nem fora, do que se pediu. A petição inicial define os limites máximo da condenação. Assim, também, na revelia pelo (CPC, art. 344). Se o autor teria direito a X + Y, no entanto, postula, apenas, X, o juiz não lhe poderá conceder Y; se o fizer, estará proferindo sentença *extra petita*. A propósito, uma sentença é *extra petita* quando concede aquilo que não havia sido pedido; o vocábulo latino *extra* significa *fora*. Exemplo: o autor postula aviso-prévio e férias proporcionais e a sentença concede-lhe, além disso, gratificação natalina proporcional. A sentença será *ultra petita* quando deferir mais do que havia sido pedido; *ultra* significa além. Exemplo: o autor postula o recebimento de duas horas extras diárias e a sentença, baseando-se nas provas produzidas nos autos, defere-lhe três hortas extras diárias. As sentenças *extra* e *ultra petita* não são nulas; apenas transbordaram dos limites dos pedidos; sendo assim, extirpado o excesso, por meio de recurso, ela estará em conformidade com a lei (CPC, art. 492, *caput*).

Um outro exemplo: o autor pede a condenação do réu ao pagamento de determinadas quantias e este prova, por meios adequados e idôneos, que nada deve; aqui, a sentença pedida foi a condenatória, mas a que o autor recebeu foi a declaratória de que tudo o que lhe era devido foi comprovadamente pago. Inexiste, nesta hipótese — e, em tantas outras —, ofensa à norma legal mencionada, uma vez que o proferimento de sentença em *espécie* diversa da pretendida decorreu do resultado da investigação do juízo acerca dos fatos da causa e das provas produzidas.

O veto legal à condenação em quantidade superior à postulada não está circunscrito, como se possa supor, ao âmbito das sentenças condenatórias, sendo aplicável, igualmente, às declaratórias, às constitutivas, às mandamentais e às executivas. Se o trabalhador pedir, p. ex., a declaração da nulidade de uma cláusula do seu contrato, a sentença não poderá pronunciar a nulidade de cláusula diversa, ou de mais outra cláusula, porquanto, com isso, estará transgredindo o art. 492 do CPC. Caso, aliás, o pedido se refira a uma única cláusula e a sentença venha a dizer da nulidade de cláusula diversa da apontada, a nulidade do pronunciamento jurisdicional será plena, porquanto nada mais restará, dele, para ser aproveitado.

Em face do estatuído no art. 492 do digesto de processo civil, deve ser ressalvada a existência dos chamados "pedidos implícitos", cuja sentença, ao acolhê-los, não será *extra petita*. A correção monetária e os juros da mora constituem exemplos típicos de pedidos dessa espécie. Do mesmo modo, os pedidos concernentes às prestações sucessivas de que cuida o art. 323 do CPC.

Objeto diverso

Se o objeto do pedido for a condenação do réu a uma obrigação de pagar quantia certa, em princípio a sentença não poderá impor-lhe condenação envolvendo obrigação de fazer. Há situações, todavia, em que a condenação acaba tendo objeto diverso do pedido, sem que isso implique a nulidade da decisão. Se a empregada estável postula a reintegração no emprego, por encontrar-se grávida, e, no curso processo, findar o período de estabilidade, o juiz poderá convolar o pedido de reintegração em pagamento dos salários referentes ao período de estabilidade, sem que isso se traduza em violação à regra do art. 492 do CPC; bem ao contrário, essa conversão está autorizada pela Súmula n. 244, II, do TST.

Parágrafo único. Sendo a sentença o instrumento pelo qual o Estado soluciona os conflitos de interesses ocorrentes entre os indivíduos ou as coletividades, é imprescindível que ela transmita às partes uma certeza quanto ao seu conteúdo, vale dizer, quanto a estar condenando o réu ou absolvendo-o e os motivos pelos quais assim o faz. Em nosso sistema, pois, a sentença deve ser sempre certa, mesmo quando tenha como objeto uma relação jurídica sujeita a condição. Condicional, portanto, pode ser a relação jurídica posta em juízo e não a sentença. Deste modo, traduzem espécie de sentença "condicional" (logo, vedadas, pelo art. 492, parágrafo único, do CPC) aquelas que se expressam mediante fórmulas verbais, como: "condena-se o réu a pagar ao autor diferenças salariais, caso sejam comprovadas na fase de execução". Ora, ou tais diferenças existem, porque demonstradas pela parte a quem essa prova interessava, e, neste caso, a sentença deve ser certa, no que respeita à condenação do réu a pagá-las, ou ditas diferenças inexistem, porque há prova nos autos quanto a isso, e, nessa hipótese, a sentença deve ser certa a respeito da rejeição do pedido formulado pelo autor. O processo de conhecimento foi instituído para que o juiz se convença, por meio das provas formadas nos autos, acerca dos fatos alegados pelas partes. Por isso, sentenças que diferem para a execução a comprovação de fatos constitutivos do direito são tumultuárias, subversivas do procedimento, porque transformam, de modo arbitrário, o processo de execução em cognitivo.

É oportuno lembrar, a propósito, que a *certeza* constitui um traço característico do processo de conhecimento, ao contrário da *probabilidade*, que assinala o processo cautelar. Justamente porque a sentença figura como elemento essencial do processo de conhecimento é que a instrução, que aqui se realiza, deve ser aprofundada, exigindo uma investigação minuciosa, uma cognição exauriente dos fatos. A instrução no processo cautelar funda-se em um juízo de mera probabilidade, motivo por que se revela sumária e superficial.

Retornemos a um assunto há pouco abordado. A prática tem demonstrado, vez e outra, a presença de sentenças que condenaram o réu a pagar determinadas quantias ao autor, "conforme forem apuradas em regular execução" — sendo que, na execução, acaba ficando cabalmente demonstrado (muitas vezes, mediante exame pericial) a inexistência de qualquer diferença! Sentenças como tais são, *data venia*, teratológicas, pois produzem uma condenação que não pode ser objeto de execução, pelo simples motivo de que nada há para ser executado. São sentenças que se precipitam no vazio, são "sinos sem badalos", são, acima de tudo, motivo de desprestígio dos pronunciamentos jurisdicionais e de aflição dos magistrados que, diante delas, não sabem o que fazer com o produto da criação. Assim como na mitologia, também no processo a criatura pode voltar-se contra o criador, devorando-o — ou, quando menos, realizando um saque contra o seu prestígio.

Deve o juiz, por isso, prover-se do máximo cuidado em não atropelar o processo de conhecimento, em nome da celeridade na entrega da prestação jurisdicional, mediante o sacrifício de uma atividade probatória indispensável para a formação do seu convencimento jurídico, sob pena de, na execução, descobrir que o autor não possuía o direito reconhecido pela sentença condenatória, nada havendo, assim, para ser executado. Seria irônico se não fosse trágico, como diria o poeta, caso não estivéssemos diante de uma situação em que a sentença condenatória transitada em julgada é, lógica e juridicamente, inexequível — em que a coisa julgada material, enfim, é algo que, para o autor, soa a escárnio ou a farsada.

O mínimo que se pode esperar de uma sentença é que a parte, ao lê-la, possa ficar sabendo, com certeza, o que dela consta, ou seja, se foi vencedora ou vencida, na causa. Sentenças "condicionais" são aberrantes do sistema processual vigorante em nosso meio, pelo qual foram anatematizadas em virtude da necessidade de prevalência da certeza sobre a aleatoriedade, como regra fundamental para a eficácia e a respeitabilidade dessa espécie de pronunciamento da jurisdição.

Art. 493. Se, depois da propositura da ação, algum fato constitutivo, modificativo ou extintivo do direito influir no julgamento do mérito, caberá ao juiz tomá-lo em consideração, de ofício ou a requerimento da parte, no momento de proferir a decisão.

Parágrafo único. Se constatar de ofício o fato novo, o juiz ouvirá as partes sobre ele antes de decidir.

• **Comentário**

Caput. Reproduziu-se a norma do art. 462 do CPC revogado.

Essa regra do Código brasileiro foi inspirada no estatuto processual civil português, então vigente, cujo art. 663 assim estatuía: "1. Sem prejuízo das restrições estabelecidas noutras disposições legais, nomeadamente quanto às condições em que pode ser alterada a causa de pedir, deve a sentença tomar em consideração os fatos constitutivos, modificativos ou extintivos do direito que se produzam posteriormente à proposição da ação, de modo que a decisão corresponda à situação existente no momento do encerramento da discussão. 2. Só são, porém, atendíveis os fatos que, segundo o direito substantivo aplicável, tenham influência sobre a existência ou conteúdo da relação controvertida. 3. A circunstância de o fato jurídico relevante ter nascido ou se haver extinguido no curso do processo é levada em conta para efeito da condenação em custas".

O Código de Processo Civil brasileiro, de 1939, não continha nenhuma norma a respeito do assunto. Só mais tarde, por força da Lei n. 4.632, de 18.5.1965, que introduziu, no art. 64 do referido Código, o § 3º, foi que se passou a admitir a possibilidade de o juiz levar em consideração, para efeito de proferimento da sentença, os denominados *fatos supervenientes*.

Na verdade, o acréscimo feito no art. 64 do Código de 1939 apenas estabelecia que se a sentença se fundasse em fato ou direito surgido após o ajuizamento da demanda o juiz deveria considerar essa circunstância, com vistas à condenação nas custas e nos honorários de advogado. Em todo caso, essa alteração legislativa permitiu que a doutrina e a jurisprudência passassem a sustentar a opinião de que o juiz poderia (e deveria) considerar os fatos supervenientes para todos os efeitos, especialmente, no tocante ao julgamento da lide.

A regra contida no art. 493 do CPC atual, embora pareça desnecessária, é absolutamente imprescindível, diante do princípio da imutabilidade da lide, do qual decorre o da inalterabilidade da causa de pedir e do pedido. Com efeito, proibindo a lei que o autor modifique a causa de pedir ou o pedido, ou efetue aditamento à petição inicial depois de ter sido proferida a sentença (CPC, art. 329), fica clara a presença, em nosso sistema processual, do princípio da *inalterabilidade da lide*, conquanto essas restrições legais sofram, no plano do processo do trabalho, o necessário temperamento. Seja como for, a existência do princípio referido tornou necessária, de certa forma, a dicção do art. 493 do CPC, pois os *fatos supervenientes*, quando levados em conta pelo juiz, no momento de proferir a sentença, implicam uma quebra desse princípio.

O princípio da estabilidade da lide (ou da inalterabilidade dos pedidos) também estava expresso no art. 303 do CPC de 1973, conforme o qual, depois da contestação só seria possível deduzir-se novas alegações quando: a) relativas a direito superveniente; b) competisse ao juiz delas conhecer *ex officio*; c) por expressa autorização legal pudessem ser formuladas em qualquer tempo e juízo.

Se, de um lado, é necessário que haja, como regra, uma estabilidade da lide, de tal maneira que sejam mantidos os fatos em que se fundam a ação e a resposta do réu, sob pena de sérias consequências tumultuárias do procedimento e da própria entrega da prestação jurisdicional, de outro, é absolutamente imprescindível, como exceção, que o juiz possa levar em consideração fatos ou direitos surgidos após o ajuizamento da ação, para que a lide seja adequadamente composta, ou seja, segundo os fatos ou o direito existente ao tempo da emissão da sentença.

Para que o juiz possa tomar em conta os denominados *fatos supervenientes*, algumas regras devem ser observadas. Em primeiro lugar, só constituem fatos dessa natureza aqueles surgidos após o ajuizamento da petição inicial; em segundo, esses fatos devem ser relevantes, assim entendidos os dotados de aptidão para constituir, modificar ou extinguir o direito em disputa (ou, como está na lei, "influir no julgamento do mérito"); em terceiro, o juiz poderá conhecer desses fatos por sua iniciativa ou mediante provocação da parte. Uma advertência oportuna: o juiz não poderá conhecer *ex officio* de fatos (ou questões) não suscitados, a cujo respeito a lei exige a iniciativa da parte; em quarto, não apenas o magistrado de primeiro grau, mas, igualmente, os magistrados dos tribunais devem considerar os fatos supervenientes, no momento de proferir o voto ou de lavrar o acórdão. Supervenientes, no caso, serão os fatos surgidos depois da emissão da sentença impugnada.

A alguns pode não parecer muito nítida a linha que separa os fatos supervenientes (CPC, art. 493) da proibição de modificar a causa de pedir ou o pedido (CPC, art. 329) ou de acrescentar pedidos à inicial (CPC, *ibidem*). Pensamos ser conveniente, em função disso, procurar estabelecer uma regra capaz de aviventar essas divisas. O que, de modo geral, define a superveniência do fato, para os efeitos do art. 493, mencionado, não é a circunstância de, existindo antes do ajuizamento da ação, ou da formulação da resposta, ter sido ignorado pelo autor ou pelo réu, conforme seja a hipótese, e, sim, de haver nascido *depois* que as partes ingressaram em juízo. Vamos ao didatismo dos exemplos.

Se o autor alegar que o contrato de trabalho foi rompido pelo réu, sem justa causa, e, em razão disso, formular diversos pedidos decorrentes desse fato, mas esquecer-se de postular o aviso-prévio, que não lhe foi oferecido, não se tratará aqui, de fato superveniente, mas de típica *omissão de pedido*, que era lícito fazer. Como o fato (ruptura do contrato sem justa causa legal) era anterior ao ingresso do autor em juízo, o aviso-prévio somente poderá ser pleiteado em outra ação, jamais na mesma, a pretexto de traduzir fato superveniente. É certo que, segundo nosso ponto de vista, o aviso-prévio, no exemplo em questão, poderá ser acrescentado à inicial, sem receio de ofensa à lei, desde que esse aditamento não cause embaraços à defesa do réu. Mesmo assim, dito acréscimo não terá com fundamento suposto fato superveniente e, sim, as peculiaridades do procedimento trabalhista, no qual a resposta é oferecida em audiência, motivo por que, como dissemos, o aditamento poderá ser efetuado, contanto que o réu tenha prazo razoável para elaborar a sua defesa, com vistas a esse acréscimo.

Em que situação, enfim, estaria caracterizado o fato superveniente, a ser levado em conta pelo juiz, para efeito de proferir a sentença? Exemplifiquemos.

O empregado postula a denominada "rescisão indireta" do contrato de trabalho, continuando, no entanto, a trabalhar para o réu; este contesta, afirmando não haver nenhum motivo para esta espécie de dissolução do contrato. Posteriormente à contestação, todavia, o empregado é demitido, sem justa causa. Chegando esse fato ao conhecimento do juiz, antes do julgamento, ele deverá considerá-lo, para efeito de proferimento da sentença. Isso significa que, mesmo não havendo fundamento legal para a "rescisão indireta", o contrato foi dissolvido, por ato do empregador, cujo fato terá repercussão na sentença.

O fato superveniente tanto pode dizer concernir ao direito material, quanto ao processual. Neste último caso se encaixam, por exemplo, as condições da ação, que podem vir a surgir ou a desparecer no curso da demanda, motivo por que esse acontecimento deve ser considerado pelo juiz ou pelo tribunal, *ex officio* (CPC, art. 485, § 3º).

Parágrafo único. Inovação do CPC atual. Se o juiz constatar, *ex officio*, a existência de fato novo (superveniente) deverá ouvir a partes, antes de decidir a respeito do aludido fato. Em princípio, o magistrado somente poderá conhecer, por sua iniciativa, de fato novo em relação às matérias sobre as quais ele pode manifestar-se *ex officio*.

Ficará a critério do juiz definir a duração prazo para a manifestação das partes, assim como se o prazo será comum ou sucessivo.

Art. 494

Art. 494. Publicada a sentença, o juiz só poderá alterá-la:

I — para corrigir-lhe, de ofício ou a requerimento da parte, inexatidões materiais ou erros de cálculo;

II — por meio de embargos de declaração.

• **Comentário**

Caput. Com menor extensão, a matéria era regulada pelo art. 463 do CPC revogado.

O princípio legal diz da inalterabilidade dos pronunciamentos jurisdicionais pelo mesmo órgão que os emitiu, ou seja, da irretratabilidade das sentenças.

O que levou o legislador brasileiro a estabelecer essa regra parece ter sido a necessidade de evitar a instabilidade das relações processuais, que ocorreria, sem dúvida, se a sentença pudesse ser modificada pelo próprio juiz que a proferiu, ou, eventualmente, por outro, que passasse a atuar na causa. Essa possibilidade de alteração da sentença pelo magistrado que a emitiu conduziria não apenas à mencionada instabilidade, senão que acarretaria graves desperdícios de atividade jurisdicional, pois a sentença, anteriormente proferida, seria substituída por outra, emitida pelo mesmo órgão jurisdicional. Pelo sistema processual vigente, portanto, a modificação da sentença, em princípio, só pode ser obtida mediante recurso ou remessa *ex officio*, conforme seja o caso; e, por exceção, nas situações enumeradas pelos incisos I e II do art. 494 do CPC.

De lege ferenda, contudo, dever-se-ia permitir que o próprio juiz redator da sentença de mérito a modificasse, em situações especiais, a serem expressamente indicadas, como, *v. g.*, quando fosse arguida a nulidade do processo ou, somente, da sentença. No sistema em vigor, subordinado rigidamente ao art. 494, *caput*, do CPC, consoante com o que acabamos de ver, a decretação de nulidade só poderá ser feita pelo tribunal, em grau de recurso ou em sede de ação rescisória. Se, no futuro, fosse dado ao próprio juiz modificar a sentença que proferiu, isso contribuiria para obviar o procedimento, pois seria dispensável a remessa dos autos ao tribunal, para apreciar a alegação de nulidade. Como o juiz não possui, hoje, essa faculdade de retratar-se (exceto quando se tratar de indeferimento da petição inicial: CPC, art. 331, *caput*), ele nada pode fazer diante da arguição de nulidade do processo ou, apenas, da sentença, formulada nas razões de recurso, a não ser determinar o envio dos autos ao tribunal para o exame da matéria.

A necessidade de, no futuro, permitir-se ao juiz alterar a sentença proferida, ou, mesmo, pronunciar-lhe a nulidade, fica muito mais evidente se considerarmos aquelas situações em que, proferida a sentença de mérito, ele se convence, em face do recurso interposto, da existência da nulidade alegada, mas nada pode fazer para consertar a sua obra, por estar consciente do veto estampado no art. 494, *caput*, do CPC. Sugerimos, portanto, que se dote o processo do trabalho de uma figura semelhante aos extintos embargos de nulidade e infringentes do julgado, a fim de permitir ao juiz modificar a sentença de mérito nos casos de nulidade.

A proibição inscrita no art. 494, *caput*, do CPC passa a atuar a partir do momento em que a sentença é publicada e não, necessariamente, da intimação das partes. Dessa maneira, feita a publicação — que se dá, normalmente, em audiência — o juiz estará impedido de alterar a sentença, seja de mérito ou não. Isso corresponde a afirmar, em sentido oposto, que se a publicação ainda não ocorreu, a modificação será lícita, conquanto não seja de estimular-se esse procedimento judicial.

Poder-se-ia supor que a proibição de que estamos a nos ocupar somente nasceria com a intimação das partes. Dir-se-ia, talvez, que se estas não estavam cientificadas do conteúdo da sentença nada impedia o juiz de alterá-la. Não é bem assim. A sentença, em rigor, afasta-se, em definitivo, da influência da vontade do julgador no momento em que é publicada. Antes disso, ela ainda não se libertou dessa influência. Ao ser publicada, portanto, a sentença transpõe os limites do conhecimento restrito daquele que a produziu, para tornar-se conhecida por um universo mais amplo de indivíduos, composto pelos funcionários do órgão jurisdicional e pelas demais pessoas que, por um motivo ou outro, tiveram acesso aos autos.

Os litigantes não possuem o *dominus litis*, não têm o poder de dispor do processo, a não ser nas raras situações autorizadas por lei. Dessa forma, é irrelevante, para efeito de definir-se o momento a partir do qual adquire eficácia a proibição contida no art. 494, *caput*, do CPC, se estavam intimados, ou não, da sentença. A suposição de que as partes poderiam dispor, sempre, do processo, conduziria à inferência, tão inevitável quão absurda, de que lhes seria lícito, por exemplo, mediante acordo de vontades, autorizar o juiz a modificar a sentença de mérito que proferiu. Ora, o veto à possibilidade de a sentença ser modificada por quem a elaborou decorre de norma de ordem pública, diante da qual a vontade das partes nada pode fazer, a não ser, curvar-se ou rebelar-se.

A publicação da sentença, como afirmamos, a torna conhecida por todos aqueles que tiveram acesso aos autos, tornando-a, inclusive, peça definitivamente integrante destes. A intimação dos litigantes, em particular, se, de um lado, os inclui no universo das pessoas para as quais a sentença se tornou conhecida, de outro, serve para dar início à contagem do prazo legal destinado a impugná-la.

Não será despropositado concluir, por isso, que o art. 494, *caput*, do CPC não traduz tanto um direito dos litigantes, no sentido de verem inalterada a entrega da prestação jurisdicional, por ato espontâneo do juiz (tirante os casos de reexame necessário), quanto uma preocupação de ordem ético-política nascida do fato de que, publicada, a sentença se insere no domínio do conhecimento de uma considerável parcela de pessoas, de tal modo que a sua alteração, por ato de quem a proferiu, poderia colocar em risco a própria respeitabilidade do Poder Judiciário, cujo julgamento popular haveria de oscilar de volúvel a desonesto.

Em síntese: publicada a sentença, será defeso ao juiz, que a proferiu, ou outro, do mesmo grau de jurisdição, modificá-la, o que equivale a afirmar que essa publicação gera, para as partes, o correspondente direito de ver inalterada a entrega da prestação jurisdicional por ato do órgão jurisdicional que a realizou.

Esse princípio da inalterabilidade, todavia, não é absoluto. Aliás, como se diz, com muita perucciência, de absoluto só mesmo a relatividade das coisas... O próprio art. 494 do CPC, em seus incisos I e III, indica exceções à regra da inalterabilidade da sentença: a) correção de inexatidões materiais ou retificação de erros de cálculo; b) aplicação de teses verificadas em julgamento de casos repetitivos; c) em virtude de embargos declaratórios.

Inciso I. *Inexatidões materiais e erros de cálculo.* Tanto o CPC (art. 494, I), quanto a CLT (art. 833) possuem normas que autorizam o juiz a proceder à correção de inexatidões materiais (falhas de escrita) ou erros de cálculos. Posteriormente, a Lei n. 9.957, de 12.1.2000, estabeleceu, no parágrafo único do art. 897-A, da CLT, que "Os erros materiais poderão ser corrigidos de ofício ou a requerimento de qualquer das partes". Essa disposição, todavia, era desnecessária, pois, como dissemos, o art. 833, da mesma CLT, já continha norma a respeito do assunto. Afinal, os "erros materiais", de que nos fala o mencionado parágrafo único, nada mais são dos que os "erros ou enganos de escrita, de datilografia ou de cálculo" a que alude, há muito e com maior precisão, o art. 833. Nos termos desta norma legal, essa correção pode ser realizada, *ex officio* ou a requerimento do interessado, antes da execução. A regra, entretanto, não é inflexível. Em determinados casos, a extirpação do erro, seja de escrita ou de cálculo, ou de qualquer outra espécie, que se contenha no conceito de inexatidão material, poderá ser efetuada mesmo no curso da execução, como, *e. g.*, os que digam respeito ao nome das partes, ou mesmo respeitante a erros de cálculo, sob pena, se assim não se entender, perpetrar-se violação ao 879, § 1º, da CLT. Os erros materiais não passam em julgado.

Haverá inexatidão material, inclusive, quando o juiz determinar a remessa dos autos ao tribunal, para efeito de reexame necessário, quando este não tinha cabimento, no caso concreto. O inverso, também, poderá ocorrer, no tribunal: o relator determinar, mesmo por sua iniciativa, a autuação como remessa *ex officio* e não apenas como recurso ordinário.

No que atine ao erro de cálculo, de que falamos há pouco, deve ser esclarecido que somente poderá ser conceituado como tal aquele que decorrer de simples operação aritmética, nunca o que se originar de um *critério* adotado por quem haja confeccionado os cálculos. Se, *v. g.*, somam-se duas parcelas de cem e obtém-se trezentos, é evidente que esse erro é de origem aritmética; logo, de cálculo, e, em consequência, corrigível na forma apontada pelo art. 833 da CLT. Se, ao contrário, entender-se que o cálculo deve ser elaborado deste modo, e não daquele, o erro, que daí advier, não será aritmético, senão que de julgamento, de fixação de critério, motivo por que a modificação dos cálculos só poderá ser obtida por iniciativa do interessado, mediante impugnação fundamentada (CLT, arts. 879, § 2º, ou art. 884, § 3º, conforme seja a hipótese).

Caso a parte, ao ser intimada da sentença, verificar que esta apresenta evidentes erros de cálculo, ou inexatidões materiais inequívocas, deverá intentar a correção necessária por intermédio de simples petição, na qual dirá em que consiste o erro ou a inexatidão constatados. Não será preciso, para isso, fazer uso dos embargos de declaração, pois a falha denunciada não emanou de omissão, obscuridade ou contradição da sentença. Ocorrendo, porém, de a sanação do erro de cálculo ou da inexatidão material ser buscada por meio de embargos declaratórios, deverá o juiz conhecer desses embargos como simples petição corretiva (CLT, art. 833), numa espécie de aplicação *sui generis* do princípio da fungibilidade dos recursos. Melhor esclarecendo: a) se os embargos declaratórios forem apresentados no prazo legal, o juiz deverá adotar uma destas atitudes: a.a.) manter os embargos de declaração e apreciar os erros de cálculo ou as inexatidões materiais nele apontados; a.b.) convolar esses embargos para simples petição, cuidando, entretanto, de manter o efeito interruptivo de que aqueles são dotados (CPC, art. 1.026, *caput*) sob pena de a sobredita convolação acarretar graves prejuízos à parte que ofereceu os embargos; b) se s embargos declaratórios forem apresentados quando já esgotado o prazo legal isso não impedirá ao juiz de admiti-los como simples petição, hipótese em que não se poderá cogitar de efeito interruptivo do prazo referente ao recurso interponível da decisão embargada.

Se a sentença for proferida em audiência, na qual se encontrem as partes, qualquer delas poderá solicitar, mesmo oralmente, logo em seguida, a eliminação do erro ou da inexatidão, evitando, assim, fazê-lo posteriormente, em petição letrada. O que não devem fazer é interferir no ato do julgamento, para denunciar eventuais imprecisões dessa natureza, porquanto isso acarretaria sérios transtornos ao raciocínio do magistrado, com repercussões no resultado do julgamento.

No tribunal, por exemplo, se o voto do relator espelhar erros como os que estamos a examinar poderá o advogado da parte (desde que regimentalmente inscrito) ocupar a tribuna após o proferimento do voto, para alertar o relator a respeito da imprecisão material ou do erro do cálculo percebidos.

Falando em tribunal, é oportuno ressaltar que, em determinadas situações, o erro não está no acórdão (ementa), mas na sua publicação, feita no diário oficial ou em jornal que, costumeiramente, publica os atos da Corte. Em virtude de manifesta falha tipográfica, p. ex., alteram-se o número dos autos, ou o nome das partes ou de seus procuradores etc. Diante disso, haverá necessidade de nova publicação, a requerimento do interessado ou por iniciativa do Presidente do Tribunal ou da Turma ou da Seção Especializada a que pertencer o relator (ou o redator designado), segundo dispuser o Regimento Interno. O prazo para recurso, nesta hipótese, será contado da republicação do acórdão.

Inciso II. *Embargos de declaração*. A CLT, até o advento da Lei n. 2.244, de 23 de junho de 1954, era rigorosamente omissa a respeito do assunto. Essa norma legal, convém lembrar, deu nova redação, dentre outros, ao art. 702, II, letra "e" e § 2º, letra "f", estabelecendo serem oponíveis embargos de declaração aos acórdãos emitidos pelo Pleno ou pelas Turmas do TST. Ulteriormente, a Lei n. 9.957, de 12.1.2000, introduziu na CLT o art. 897-A, para dispor que os embargos declaratórios são interponíveis em cinco dias, admitindo-lhes efeito modificativo, em certos casos. Mesmo assim, permanece o processo do trabalho sem uma satisfatória regulação desses embargos, tornando indispensável, diante disso, a adoção, em caráter supletivo, da disciplina traçada pelo processo civil. Os embargos mencionados pelo art. 652, "c", da CLT, cujo julgamento está inserido na competência das Varas do Trabalho, não são os declaratórios, mas os de nulidade e infringentes, que foram, lamentavelmente, supressos pela Lei n. 5.442, de 24 de maio de 1968.

Esta lacuna da CLT, no que concerne à disciplina dos embargos declaratórios, faz com que, nos tribunais, a regulação da matéria seja feita pelo Regimento Interno.

Interessa-nos examinar os embargos declaratórios como uma das raras exceções ao princípio da inalterabilidade das sentenças e dos acórdãos, insculpido no *caput* do art. 494 do CPC.

Embora os embargos de declaração estejam legalmente incluídos no rol dos recursos (CPC, art. 994, IV), é possível sustentar-se, do ponto de vista doutrinário, que de recurso não se tratam, se levarmos em conta a sua verdadeira finalidade. Assim dizemos porque enquanto a finalidade dos recursos típicos reside na modificação ("reforma") da sentença, do acórdão ou da decisão monocrática (agravo de instrumento), ou, até mesmo, em sua invalidação (em decorrência de nulidade não suprível), o dos embargos declaratórios, em princípio, não vai além da correção de falhas da dicção jurisdicional, que se apresenta obscura, omissa ou contraditória. Insistamos: nos recursos, o que se visa é impugnar o raciocínio do magistrado, o seu convencimento jurídico, e, em consequência, o resultado da prestação jurisdicional; em sede de embargos de declaração, entrementes, nada mais se pede ao juízo proferidor da sentença que aclare o que pretendeu expressar (obscuridade); que diga por qual das proposições, entre si inconciliáveis, optou (contraditoriedade,) ou complemente a entrega da prestação jurisdicional (omissão).

O legislador de 1973 (Lei n. 8.950/94), em atitude que reputamos tecnicamente desacertada, eliminou a *dúvida* como causa para o oferecimento de embargos declaratórios. O CPC atual não corrigiu esse equívoco. Em face disso, se o intérprete de um pronunciamento jurisdicional ficar com o espírito tomado de dúvida sobre qual seja o verdadeiro sentido do texto ambíguo só restará fundar, circunstancialmente, os embargos em suposta *obscuridade* — ainda que já tenhamos dito, em linhas anteriores, que os conceitos de dúvida e de obscuridade sejam distintos, ou melhor, antagônicos, sob certo aspecto. Assim afirmamos porque enquanto o que caracteriza um texto obscuro é a sua ininteligibilidade (portanto, a *ausência* de possibilidade de intelecção), a dúvida, ao contrário, se configura pela possibilidade de haver duas ou mais interpretações (*excesso* de intelecção).

Aos embargos de declaração o nosso sistema processual não atribui, *como regra*, o efeito modificativo, que é teleologicamente característico dos recursos típicos. Com isso, não estamos asseverando que ditos embargos jamais possam modificar, em sua essência, a sentença ou o acórdão a que se dirigem, e, sim, que essa modificação não constitui escopo nuclear dos embargos em foco, senão um efeito reflexo da declaração a que conduzem. O art. 897-A, da CLT, alude a esse efeito excepcional, assim como também o faz o art. 1.023, § 2º, do CPC.

O mencionado efeito reflexo fica mais evidente nos casos em que a sentença declaratória, suprindo omissão da declarada, a modifica totalmente. Digamos, *v. g.*, que a sentença declarada tenha acolhido, em sua integralidade, os pedidos formulados pelo autor, mas deixado de pronunciar-se acerca da prescrição extintiva integral, alegada. Reconhecida, pela sentença declarativa, a prescrição liberatória, a sentença declarada será modificada por inteiro, passando o autor de vencedor a vencido na causa. Essa possibilidade de modificação da sentença declarada é admitida pela Súmula n. 278 do TST e pelo art. 897-A, da CLT.

Mas o efeito modificativo, de que os embargos declaratórios podem ser providos em algumas situações, não está circunscrito à *omissão* da sentença declarada, podendo ocorrer, por isso, nos casos em que esta se apresenta obscura ou contraditória. Se, por exemplo, consta da fundamentação que o aviso-prévio é indevido, mas, no dispositivo, condena-se o réu a pagá-lo, é óbvio que a sentença declarativa, ao eliminar essa contradição, para dizer que o aviso-prévio não é devido, estará modificando a anterior, máxime se não ignorarmos a regra legal de que, em princípio, apenas o dispositivo produz coisa julgada material (CPC, art. 489, III e 504).

Justamente porque a sentença declaratória pode, ainda que reflexamente, modificar a declarada, com intensidade tal que o vencedor se torne vencido, é que temos propugnado pela rejeição, o quanto possível, em sede de embargos declaratórios, da Súmula n. 136, do TST, que afirma ser inaplicável ao processo do trabalho o princípio da identidade física do juiz. Não há negar que a inaplicabilidade deste princípio ao processo do trabalho deve ser questionada após a extinção da representação classista.

No terreno dos embargos declaratórios, entretanto, parece-nos que o assunto deva seguir rumo diverso. Ocorre que a possibilidade de a sentença declaratória vir a ser elaborada por juiz distinto do que proferiu a sentença declarada poderá ser a de este chegar a uma conclusão absolutamente contrária à que chegaria o juiz que confeccionou a sentença declarada. Estamos defendendo, como se percebe, a necessidade de a sentença declaratória vir do mesmo punho (e mente) que produziu a declarada, sob pena de o verdadeiro sentido desta ser deturpado por aquela, conforme a realidade tem demonstrado algumas vezes.

Em termos práticos, p. ex., se o juiz que confeccionou a sentença embargada estiver em férias, em licença por poucos dias, ou, por qualquer motivo, momentaneamente afastado do exercício de suas funções, será preferível aguardar o seu retorno, para redigir a sentença declaratória, a exigir que esta seja elaborada pelo juiz substituto. Mesmo que essa pequena contemporização acarrete desrespeito ao prazo legalmente fixado para o proferimento da sentença declaratória (CLT, art. 897-A), a sua justificativa estará, como dissemos, na necessidade de que a referida sentença seja redigida por quem escreveu a declarada. Somente quem disse estará logicamente apto para declarar em que consistiu a sua dicção. Não imagine o juiz que, por haver assim procedido, ficará vulnerável à incidência do art. 93, inc. II, letra "e", da Constituição Federal, que veda a promoção do magistrado que, "injustificadamente, retiver os autos em seu poder além do prazo legal, não podendo devolvê-los ao cartório sem o devido despacho ou decisão". O vocábulo *injustificadamente,* constante do texto constitucional, *justifica* a nossa conclusão.

As mesmas ponderações que fizemos quanto à sentença se aplicam, *mutatis mutandis,* ao acórdão, pois também nos tribunais a prática tem revelado que, não raro, o acórdão declarativo acaba por colocar-se em antagonismo com o verdadeiro sentido do acórdão declarado, sempre que um e outro são redigidos por juízes diversos.

A fim de evitar que a sentença venha a ser objeto de embargos declaratórios (ou, quando menos, para reduzir a possibilidade de isso ocorrer), deve o juiz elaborá-la com extremo cuidado e atenção, procurando manifestar a sua convicção jurídica a respeito dos fatos da causa de maneira clara, coerente, e plena. Como alertamos algures, sentenças lacônicas não são menos desaconselháveis do que as extensas, pois tanto a falta quanto o excesso traduzem uma falta de técnica. As sentenças extremamente breves tendem a ser omissas, do mesmo modo que as excessivamente longas são propícias à contradição. A um juiz atilado, ao qual não falte o senso das proporções, não será difícil encontrar o meio-termo ideal, essa linha fronteiriça entre a escassez e a profusão de palavras. Quanto mais se fala, seja onde for, maior é o risco de incorrer-se em erros de toda a sorte, de tornar vulnerável o argumento pelo desgaste do seu uso, de deixar-se pilhar em incoerência, de tornar-se um mero falastrão, cuja verborragia está na razão direta da pobreza do pensamento, designadamente no plano jurídico, onde, pela natureza polêmica do direito, as ideias e as opiniões caminham sobre uma linha muito sutil, ora pendendo para um lado, ora para outro, em movimentos pendulares tão próprios das idiossincrasias que brotam da inquietação do espírito humano e dos interesses, muitas vezes insondáveis, que aqui se abrigam.

A regra básica, a ser observada pelo juiz, com vistas à elaboração da sentença, deve consistir na apreciação de um máximo de matéria com um mínimo de palavras. É o que temos denominado de síntese eficiente, em contraposição à prolixidade dispersiva. Bem fariam, a propósito, alguns advogados, se acatassem essa recomendação, ao elaborarem as suas petições.

Como anotamos antes, no âmbito dos Tribunais Regionais do Trabalho a importância dos embargos declaratórios foi hipertrofiada — e, em razão disso, intensificado o seu uso — pela Súmula n. 297 do TST, que impõe o prequestionamento do tema, por meio desses embargos, para que possa ser alçado, via recurso de revista, ao conhecimento daquela Corte. Com isso, instalou-se no espírito dos advogados uma crescente "obsessão declaratória", em virtude da qual oferecem embargos dessa natureza, até mesmo, para revolver questiúnculas desprezadas pelo acórdão ou para obter declaração acerca de um ponto que não é omisso, nem obscuro, nem contraditório, numa atitude motivada pelo simples (e compreensível) receio de ver formada, contra os interesses de seus clientes, a preclusão brandida pela Súmula n. 297, II, do TST.

Voltaremos a discorrer sobre o efeito modificativo dos embargos declaratórios por ocasião dos comentários aos arts. 1.022 a 1.026, do CPC.

Art. 495. A decisão que condenar o réu ao pagamento de prestação consistente em dinheiro e a que determinar a conversão de prestação de fazer, de não fazer ou de dar coisa em prestação pecuniária valerão como título constitutivo de hipoteca judiciária.

§ 1º A decisão produz a hipoteca judiciária:

I — embora a condenação seja genérica;

II — ainda que o credor possa promover o cumprimento provisório da sentença ou esteja pendente arresto sobre bem do devedor;

III — mesmo que impugnada por recurso dotado de efeito suspensivo.

§ 2º A hipoteca judiciária poderá ser realizada mediante apresentação de cópia da sentença perante o cartório de registro imobiliário, independentemente de ordem judicial, de declaração expressa do juiz ou de demonstração de urgência.

§ 3º No prazo de até 15 (quinze) dias da data de realização da hipoteca, a parte informá-la-á ao juízo da causa, que determinará a intimação da outra parte para que tome ciência do ato.

§ 4º A hipoteca judiciária, uma vez constituída, implicará, para o credor hipotecário, o direito de preferência, quanto ao pagamento, em relação a outros credores, observada a prioridade no registro.

§ 5º Sobrevindo a reforma ou a invalidação da decisão que impôs o pagamento de quantia, a parte responderá, independentemente de culpa, pelos danos que a outra parte tiver sofrido em razão da constituição da garantia, devendo o valor da indenização ser liquidado e executado nos próprios autos.

• **Comentário**

Caput. A matéria estava prevista no art. 466 do CPC revogado.

A hipoteca judiciária, prevista no art. 495 do CPC, decorria da disposição do art. 824 do CC, de 1916, que atribuía ao exequente o direito de prosseguir na execução da sentença contra os adquirentes dos bens do condenado. Esse é, sem dúvida, um dos mais expressivos *efeitos secundários* da sentença condenatória e sua compatibilidade com o processo do trabalho parece-nos incontestável.

Nos termos do art. 495 do CPC podemos tirar as seguintes conclusões: a) apenas a sentença condenatória (do réu) produz a hipoteca judiciária e, ainda assim, desde que a condenação tenha como objeto dinheiro ou prestação de fazer, de não-fazer ou de dar coisa em prestação pecuniária. Com isso, os bens do devedor convertem-se em garantia hipotecária do credor; b) ao contrário da hipoteca convencional, a judiciária não concede ao credor direito de preferência, mas, apenas, de sequela, consistente na faculdade de perseguir os bens do devedor, onde quer que estejam; c) para que produza efeitos com relação a terceiros, é indispensável que a hipoteca judiciária seja inscrita no registro competente, por ordem do juiz, na forma da lei. Entendemos que essa inscrição independe de requerimento do interessado, podendo ser promovida pelo juiz, *ex officio*. Assim opinamos, em face da redação imperativa do art. 495 do CPC, segundo a qual a sentença condenatória valerá como título constitutivo dessa espécie de hipoteca. Não condiciona, esse texto legal, a inscrição da hipoteca à iniciativa do autor ou do interessado.

§ 1º A sentença condenatória produzirá a hipoteca judiciária mesmo nas situações que serão a seguir examinadas

Inciso I. *Condenação genérica.* Conforme dispõe o art. 324 do CPC, o pedido, em princípio, deve ser determinado, para que a sentença assim também se revele. Em casos excepcionais, indicados nos incisos I a III do § 1º, do aludido art. 324, todavia, será lícito ao autor formular pedido genérico. Nesta hipótese, a condenação poderá ser também genérica, e nem por isso, deixará de produzir a hipoteca judiciária, como esclarece o inc. I, do § 1º, do art. 495 do CPC. Sendo genérica a condenação, a consequente execução só será possível após a indispensável liquidação (CLT, art. 879; CPC, art. 509).

Inciso II. *Execução provisória da sentença*. A execução provisória ou o cumprimento provisório da sentença ocorre quando esta é impugnada mediante recurso dotado de efeito meramente devolutivo (CPC, art. 520). Mesmo que o credor possa promover essa espécie de execução ou de cumprimento, a sentença condenatória produzirá a hipoteca judiciária. A primeira observação a ser feita, diante desse preceito legal, é de que a sentença condenatória, para produzir a hipoteca judiciária, não precisa passar em julgado; a segunda, de que a inscrição da hipoteca judiciária deverá ser ordenada pelo juiz, *ex officio*, vale dizer, mesmo sem requerimento do credor.

Embora a hipoteca judiciária seja compatível com o processo do trabalho, entendíamos, já na vigência do CPC de 1973, que, em termos práticos, ela era de pouca utilidade. Se um dos objetivos dessa hipoteca é o de evitar certas velhacadas do devedor, consistentes, p. ex., em alienar ou onerar o seu patrimônio, de tal maneira que a execução seja frustrada, argumentávamos que aquele Código possuía medidas muito mais eficazes para combater semelhantes atitudes do devedor. Referíamo-nos à fraude à execução (CPC, art. 593), especialmente quando fundada no fato de, ao tempo da alienação ou da oneração de bens pelo devedor haver, em face dele, "demanda capaz de reduzi-lo à insolvência".

Como a fraude à execução, uma vez declarada judicialmente, faz com que a venda ou a oneração dos bens, por parte do devedor, seja ineficaz, permitindo, com isso, a penhora destes em mãos de quem quer que se encontrem, não era difícil perceber que a hipoteca judiciária não apresentava utilidade prática relevante, no terreno do processo do trabalho. Decorria, por certo, da larga aplicação das regras processuais pertinentes à fraude à execução, o motivo principal por que, neste processo, não se vinha utilizado, com frequência, a inscrição da sentença condenatória no registro próprio, a fim de produzir o efeito secundário da hipoteca judiciária.

Pendente arresto de bens do devedor. O arresto, no sistema do atual CPC, integra as medidas de urgência — que possuem natureza cautelar — previstas nos arts. 300 a 310. Em virtude da sentença condenatória, o arresto poderá ser substituído pela hipoteca judiciária.

Inciso III. O fato de a sentença haver sido impugnada mediante o recurso dotado de efeito suspensivo não a impede de valer como título constitutivo de hipoteca judiciária.

§ 2º Para que a sentença possa valer como hipoteca judiciária não há necessidade de ordem judicial, de declaração expressa do magistrado, ou mesmo de demonstração de urgência: basta que seja apresentada ao cartório do registro imobiliário competente.

§ 3º Dentro de quinze dias da data em que foi realizada a hipoteca judiciária a parte deverá comunicá-la ao juízo da causa, que intimará a parte contrária para ciência do ato.

§ 4º Tanto que constituída, a hipoteca judiciária concederá ao credor hipotecário o direito de preferência em relação a outros credores, observando-se, para esse efeito, a prioridade no registro. Não nos parece, contudo, que se trate de *prioridade*, e sim, de *antecedência*.

§ 5º Pode ocorrer de a sentença, que se constituiu em hipoteca judiciária, vir a ser reformada ou invalidada por pronunciamento jurisdicional. Diante disso, o credor hipotecário, independentemente de culpa, responderá pelos danos que, acaso, houver acarretado à outra parte, cujo o valor da indenização será liquidado e executado nos mesmos autos do processo.

Seção III
Da Remessa Necessária

Art. 496. Está sujeita ao duplo grau de jurisdição, não produzindo efeito senão depois de confirmada pelo tribunal, a sentença:

I — proferida contra a União, os Estados, o Distrito Federal, os Municípios e suas respectivas autarquias e fundações de direito público;

II — que julgar procedentes, no todo ou em parte, os embargos à execução fiscal.

§ 1º Nos casos previstos neste artigo, não interposta a apelação no prazo legal, o juiz ordenará a remessa dos autos ao tribunal, e, se não o fizer, o presidente do respectivo tribunal avocá-los-á.

§ 2º Em qualquer dos casos referidos no § 1º, o tribunal julgará a remessa necessária.

§ 3º Não se aplica o disposto neste artigo quando a condenação ou o proveito econômico obtido na causa for de valor certo e líquido inferior a:

I — 1.000 (mil) salários-mínimos para a União e as respectivas autarquias e fundações de direito público;

II — 500 (quinhentos) salários-mínimos para os Estados, o Distrito Federal, as respectivas autarquias e fundações de direito público e os Municípios que constituam capitais dos Estados;

III — 100 (cem) salários-mínimos para todos os demais Municípios e respectivas autarquias e fundações de direito público.

§ 4º Também não se aplica o disposto neste artigo quando a sentença estiver fundada em:

I — súmula de tribunal superior;

II — acórdão proferido pelo Supremo Tribunal Federal ou pelo Superior Tribunal de Justiça em julgamento de recursos repetitivos;

III — entendimento firmado em incidente de resolução de demandas repetitivas ou de assunção de competência;

IV — entendimento coincidente com orientação vinculante firmada no âmbito administrativo do próprio ente público, consolidada em manifestação, parecer ou súmula administrativa.

• **Comentário**

Caput. A matéria vinha disciplinada no art. 475 do CPC revogado.

Quando a sentença for contrária, no todo ou em parte, aos interesses das pessoas jurídicas mencionadas no Decreto-Lei n. 779/69, e desde que estas figurem como parte na lide, os autos deverão ser remetidos ao tribunal, para efeito de reexame necessário do pronunciamento de primeiro grau.

Dá-se que, nesse caso, a sentença somente passará em julgado se for "confirmada" pelo tribunal (CPC, art. 496, *caput*). Por outras palavras, isso significa que todas as causas, nas quais tenham sido emitidos sentenças ou acórdãos (máxime, os de efeito condenatório) contrastantes com os interesses das referidas pessoas, manifestados na causa, estão sujeitas ao duplo grau de jurisdição. O inc. V do art. 1º do Decreto-Lei n. 779/69 não foi revogado pelo art. 5º, *caput*, da atual Constituição da República.

Não se trata, na espécie, de um estapafúrdio "recurso ordinário *ex officio*", como afirma o inc. V do art. 1º do precitado Decreto-Lei, mas de remessa obrigatória (*ex officio*), para efeito de reexame necessário. O atual CPC alude à *remessa necessária*.

Essa prerrogativa das pessoas jurídicas mencionadas naquele texto legal deve ser respeitada mesmo no caso de sentenças proferidas nas ações de alçada exclusiva dos órgãos de primeiro grau, instituídas pela Lei n. 5.584/70 (art. 2º, § 4º), exatamente porque essa prerrogativa se revela sob a forma de *remessa obrigatória*, que não se confunde com recurso. Este, em princípio, decorre de iniciativa da parte, motivo por que o ato de impugnar a sentença é, meramente, facultativo. Desse modo, ainda que nas ações de alçada não caiba recurso (ato da parte), haverá remessa *ex officio* (ato do juiz), para atender-se ao art. 1º, V, do Decreto-Lei n. 779/69. Este nosso entendimento foi consagrado pela Orientação Jurisprudencial n. 9, da SDI-I, do TST, posteriormente convertida na Súmula n. 303, I. Aliás, a remessa *ex officio* é indispensável mesmo no caso de acórdão proferido em ação rescisória, desde que, à evidência, seja desfavorável aos entes públicos mencionados no Decreto-Lei n. 779/69 (*ibidem*, II).

A mesma Súmula estabelece no inciso III: "Em mandado de segurança, somente cabe remessa *ex officio* se, na relação processual, figurar pessoa jurídica de direito público como parte prejudicada pela concessão da ordem. Tal situação não ocorre na hipótese de figurar no feito como impetrante e terceiro interessado pessoa de direito privado, ressalvada a hipótese de matéria administrativa".

É preciso ficar patente, portanto, que sem a remessa *ex officio*, quando imprescindível, a sentença não transitará em julgado. Bem ou mal, esta é uma prerrogativa legalmente atribuída a determinadas pessoas jurídicas, inclusive, de direito privado, como as fundações públicas, desde que não explorem atividade econômica.

Inciso I. Nos termos do *caput* do art. 1º do Decreto-Lei n. 779/69, são detentores da prerrogativa da remessa necessária a União, os Estados, o Distrito Federal, os Municípios, as autarquias ou fundações de direito público federais, estaduais ou municipais, desde que não explorem atividade econômica. A dessemelhança existente entre essa disposição do Decreto-Lei n. 779/69 e a do art. 496, *caput*, do CPC, está em que no caso daquele Decreto-Lei para que as entidades autárquicas e as fundações se beneficiem da remessa necessária é essencial que não explorem atividade econômica.

Inciso II. No caso em que a Justiça do Trabalho promover a execução de custas processuais, em nome da Fazenda Pública, e a sentença acolher, ainda que em parte, os embargos oferecidos pelo devedor, impor-se-á a remessa dos autos ao tribunal a que se encontra vinculado o órgão jurisdicional emissor da sentença.

§ 1º Decorrido o prazo para recurso, tenha sido interposto, ou não, os autos deverão ser encaminhados ao tribunal, para que proceda ao necessário reexame da matéria, ou seja, de todos os capítulos da sentença contrários aos interesses da Fazenda Pública. Se o juiz deixar de efetuar essa remessa, o presidente do tribunal poderá avocar os autos correspondentes.

Será, pois, sempre necessário que se faça constar do *decisum* a remessa *ex officio*, a fim de alertar a secretaria ou a escrivania sobre a obrigatoriedade desse procedimento.

§ 2º *Em quaisquer dos casos mencionados, cumprirá ao tribunal julgar a remessa* necessária.

§ 3º Dispensa-se a remessa necessária quando a condenação ou o proveito econômico alcançado na causa for de valor certo e líquido inferior a:

Inciso I. Mil salários-mínimos, no caso da União, suas autarquias e fundações de direito público;

Inciso II. Quinhentos salários-mínimos para os Estados, o Distrito Federal, suas autarquias e fundações de direito público, além dos Municípios que sejam capitais dos Estados;

Inciso III. Cem salários-mínimos para os demais municípios, suas autarquias e fundações de direito público;

§ 3º O processo civil dispensa a remessa necessária quando a sentença estiver fundamentada em:

Inciso I. Súmula de tribunal superior (STF, STJ). O processo do trabalho pode aplicar a norma, fazendo a inclusão do TST;

Inciso II. Acórdão do Supremo Tribunal Federal, do Superior Tribunal de Justiça — e, por certo, — do Tribunal Superior do Trabalho;

Inciso III. Entendimento adotado em incidente de resolução de demandas repetitivas ou de assunção de competência;

Inciso IV. Entendimento coincidente com orientação vinculativa estabelecida no âmbito administrativo do próprio ente público, consolidada por meio de manifestação, parecer ou súmula administrativa.

Em suma, a conjugação dos §§ 3º e 4º do art. 496 do CPC põe em evidência o fato de o legislador haver restringido, de maneira até certo ponto drástica, a remessa *ex officio*. Particularmente, estamos convencidos de que, *de lege ferenda*, se deveria eliminar totalmente essa remessa do sistema do processo do trabalho, uma vez que nos dias atuai as pessoas jurídicas referidas o Decreto-Lei n. 779/69 possuem advogados em número suficiente para defender-lhe os interesses em juízo. Sendo assim, sentimo-nos à vontade para sustentar a aplicação ao processo do trabalho da regra contida nos § 3º e 4º do art. 496 do CPC.

Seção IV
Do Julgamento das Ações Relativas às Prestações de Fazer, de Não Fazer e de Entregar Coisa

Art. 497. Na ação que tenha por objeto a prestação de fazer ou de não fazer, o juiz, se procedente o pedido, concederá a tutela específica ou determinará providências que assegurem a obtenção de tutela pelo resultado prático equivalente.

Parágrafo único. Para a concessão da tutela específica destinada a inibir a prática, a reiteração ou a continuação de um ilícito, ou a sua remoção, é irrelevante a demonstração da ocorrência de dano ou da existência de culpa ou dolo.

• **Comentário**

Caput. O assunto era tratado no art. 461 do CPC revogado.

Obrigação de fazer

É a que subordina o devedor à realização de um ato positivo, material ou imaterial, por si ou por terceiro, em benefício do credor ou de outra pessoa.

Se a prestação do fato tornar-se impossível, sem culpa do devedor, ficará resolvida a obrigação. Se, ao contrário, a prestação deixou de ser realizada por culpa do devedor, este responderá ao credor por perdas e danos (CC, art. 248).

Nos casos em que o fato puder ser prestado por terceiro o credor poderá mandar executá-lo às expensas do devedor, havendo recusa deste, sem prejuízo da indenização cabível (CC, art. 249, *caput*). Havendo urgência, o credor, independentemente de autorização judicial, poderá executar ou mandar executar o ato, sendo depois ressarcido das despesas efetuadas (*ibidem*, parágrafo único).

Alguns autores não admitem qualquer diferenciação entre as obrigações de *dar* e de *fazer*, afirmando uns que a segunda é o gênero da qual a primeira figura como simples espécie, e outros que essa distinção é destituída de qualquer utilidade prática.

Não negamos que as obrigações de *dar*, sob certo aspecto, também são de *fazer*, na medida em que participam da natureza desta. Examinadas, porém, ambas as modalidades obrigacionais com maior rigor técnico verificaremos que as diferenças entre elas são significativas, justificando, com isso, o fato de serem disciplinadas, legalmente, em capítulos diversos, no sistema do CPC. Com efeito, um dos traços distintivos mais nítidos está na *prestação* a ser realizada: enquanto nas obrigações de dar consiste na entrega de uma coisa, seja certa ou incerta, na de fazer essa prestação se traduz num ato, serviço ou atividade por parte do devedor.

Em termos concretos, portanto, devemos levar em conta se o devedor, para satisfazer a obrigação de *dar* (ou entregar), não precisa, antes, elaborá-la, produzi-la, ou, se, ao contrário, haverá necessidade de a coisa ser previamente elaborada; no primeiro caso, a obrigação será tipicamente de *dar*; no segundo, de *fazer*.

Mais ainda. Nas obrigações de *dar* faz-se despicienda, por princípio, a pessoa física do devedor, porquanto o adimplemento da obrigação se dá com a entrega da coisa em si, independentemente de quem tenha efetuado essa entrega; já nas de *fazer* (que pressupõem, como dissemos, um *facere*), o que se põe à frente são certas qualidades, atributos, ou particularidades do devedor, razão por que o cumprimento da obrigação exige que ele próprio faça (= *confeccione*) a coisa. Nesta última espécie obrigacional há, pois, uma nota de pessoalidade (*intuitu personae*) quanto ao devedor, que impede ser a obrigação adimplida por terceiro.

No processo do trabalho, as obrigações de fazer mais frequentes são as de reintegrar empregado estável; anotar a carteira de trabalho; entregar as guias para o saque do FGTS; e efetuar promoção funcional.

Obrigação de não fazer

Implica a abstenção na prática de um ato que a pessoa, em outras circunstâncias, poderia realizar livremente (*obligatio ad non faciendum*). O conteúdo da obrigação de não fazer, portanto, é um *non facere*, pelo devedor, acarretando, conseguintemente, uma *prestação negativa* por parte deste.

Se o devedor praticar o ato em relação ao qual estava obrigado a abster-se, o credor pode exigir-lhe que desfaça o ato. Se, mesmo assim, o devedor não o desfizer, o credor poderá desfazê-lo, sem prejuízo de o devedor ressarci-lo por perdas e danos (CC, art. 251, *caput*). Assim como ocorre no caso das obrigações de fazer, o credor, havendo urgência, poderá desfazer ou mandar desfazer o ato, sem autorização judicial e sem prejuízo de ressarcir-se das despesas efetuadas (*ibidem*, parágrafo único).

Se ao devedor for impossível abster-se da prática do ato, sem culpa sua, extingue-se a obrigação (CC, art. 250).

Art. 498

Determinado segmento doutrinário não reconhece, todavia, um objeto nessas obrigações, por faltar-lhes algo concreto, perceptível; não nos parece correto esse entendimento, porquanto a abstenção a que o devedor está obrigado, *ex vi* de norma legal ou de disposição contratual, constitui, igualmente, um *fato*, sendo relevante observar que ela o submete a certo comportamento, que, na espécie, é *negativo* (= não fazer). Ato humano que é tal abstenção, nada inibe o seu reconhecimento como *prestação* do devedor.

As obrigações em questão podem ser classificadas como: a) instantâneas; e b) permanentes. As primeiras são as que, uma vez inadimplidas, impedem o seu ulterior cumprimento; as segundas são aquelas que devem ser satisfeitas para sempre ou durante algum tempo; lá, o que cabe ao credor é exigir o pagamento de indenização, a título de perdas e danos; aqui, solicitar ao juízo que o ato praticado pelo devedor seja desfeito, também com indenização pelas perdas e danos que forem apuradas.

Via de regra, as obrigações de não fazer trabalhistas são do tipo *permanente*: não transferir o empregado para localidade diversa daquela em que foi contratado ou está prestando serviços; não submetê-lo a condições de trabalho que possam colocar em risco a sua integridade física ou a sua saúde etc.

Da execução da prestação negativa trata o art. 822, do CPC, onde se encontra embutida a prática, pelo executado, do ato em relação ao qual deveria abster-se.

Tutela específica

O *princípio* legal é de que na execução das obrigações de fazer ou de não fazer a tutela jurisdicional é *específica*. Somente se não for possível *materialmente* possível a execução na forma específica é que, *por exceção*, o juiz estará autorizado a determinar, *ex officio* ou a requerimento do interessado, a adoção de providências que assegurem o resultado prático equivalente ao do adimplemento da obrigação.

Parágrafo único. Quando a parte requerer a concessão de tutela específica com a finalidade de inibir a prática, a reiteração ou a continuidade de um ilícito, ou mesmo a remoção desse ato, o juiz a concederá independentemente de demonstração da existência de dano, de culpa ou de dolo.

Art. 498. Na ação que tenha por objeto a entrega de coisa, o juiz, ao conceder a tutela específica, fixará o prazo para o cumprimento da obrigação.

Parágrafo único. Tratando-se de entrega de coisa determinada pelo gênero e pela quantidade, o autor individualizá-la-á na petição inicial, se lhe couber a escolha, ou, se a escolha couber ao réu, este a entregará individualizada, no prazo fixado pelo juiz.

• **Comentário**

Caput. Diz-se *certa* a coisa que se encontra perfeitamente individuada, que se identifica segundo as suas características, não sendo, por isso, confundível com qualquer outra; *incerta* é a coisa que se determina apenas por seu gênero e quantidade, não possuindo traços distintivos capazes de identificá-la.

Por princípio, a coisa *certa* é sempre *infungível*, do mesmo modo como são *fungíveis* (ou seja, substituíveis por outras, da mesma espécie, qualidade e quantidade: CC, art. 85) as *incertas*.

A execução destinada à entrega de coisa corresponde às obrigações de *dar* (*ad dandum*) em geral, pouco importando que o direito a ser tornado efetivo seja de natureza *real* ou *pessoal*. Conforme leciona Alcides de Mendonça Lima, a finalidade da execução para a entrega de coisa se revela mediante três modalidades de prestação, que constituem espécies distintas da *entrega*: dar, prestar e restituir. "Na ideia de dar, não se trata, evidentemente, de transferir o domínio, sendo o termo usado em sentido amplo. O bem, pela obrigação assumida pelo devedor ou pela condenação imposta, já passou a ser do credor ou já foi reconhecido o direito que esse sobre o mesmo tinha. O devedor deverá apenas entregar o que não é seu, embora com ele sempre estivesse. Prestar tem o sentido de ser feita uma coisa para, ao concluí-la, entregar ao credor. E, finalmente, restituir corresponde a devolver o que já é do credor, mas que cedeu a posse ao devedor, sem que esse se resolva a entregar a coisa a seu dono" (*Comentários*, v. VI, tomo II, p. 762).

Não visa a execução em exame, no entanto, à expropriação dos bens patrimoniais do devedor e sim a fazer com que este entregue a coisa, certa ou incerta, a que foi condenado a realizar; caso o devedor não cumpra a obrigação, não se cogitará de penhora — ato constritivo próprio da execução por quantia certa —, e sim de expedição de mandado de busca e apreensão, sendo o bem *móvel*, ou de imissão na posse, sendo *imóvel*.

Concedendo a tutela destinada à entrega de coisa, o juiz deverá fixar o prazo para o cumprimento da obrigação, podendo, inclusive, estipular multa para o caso de inadimplemento da obrigação.

Parágrafo único. Na execução para a entrega de coisa certa — como tal considerada a que for determinada pelo gênero e pela quantidade — o credor deverá individualizá-la na petição inicial, caso a escolha lhe caiba. Se a escolha competir ao devedor ele entregará a coisa devidamente individualizada, no prazo assinado pelo juiz. A individualização da coisa, em qualquer situação, é necessária como providência destinada a evitar que o devedor venha a entregar coisa diversa daquela a que estava obrigado.

Código de Processo Civil

Art. 499. A obrigação somente será convertida em perdas e danos se o autor o requerer ou se impossível a tutela específica ou a obtenção de tutela pelo resultado prático equivalente.

• **Comentário**

A norma deixa claro que a obrigação apenas será convertida em perdas e danos se: a) assim o autor requerer; ou b) se for impossível a concessão da tutela específica ou a obtenção da tutela pelo resultado prático equivalente.

Art. 500. A indenização por perdas e danos dar-se-á sem prejuízo da multa fixada periodicamente para compelir o réu ao cumprimento específico da obrigação.

• **Comentário**

O fato de o juiz haver imposto o pagamento de indenização por perdas e danos não impede a aplicação de multa fixada, periodicamente, com o objetivo de compelir o réu ao adimplemento específico da obrigação.

De modo geral, no âmbito da Justiça do Trabalho essa multa vem sendo fixada por dia.

É oportuno destacar, neste momento, a Súmula n. 410 do STJ: "A prévia intimação pessoal do devedor constitui condição necessária para a cobrança de multa pelo descumprimento de obrigação de fazer ou não fazer".

Art. 501. Na ação que tenha por objeto a emissão de declaração de vontade, a sentença que julgar procedente o pedido, uma vez transitada em julgado, produzirá todos os efeitos da declaração não emitida.

• **Comentário**

Mutatis mutandis, a norma estava contida no art. 466-A do CPC revogado.

A norma legal em exame não cogita de quebra do compromisso de concluir contrato, e sim de ter sido o réu condenado a emitir declaração de vontade, *lato sensu*.

O enunciado desse artigo suscita, contudo, uma dúvida: considerando que o adimplemento da obrigação contida na sentença só pode ser exigido após o trânsito em julgado desta, parece não fazer sentido a condenação imposta ao devedor, pois a sentença, como diz a lei, tanto que passada em julgado, produzirá (automaticamente) todos os efeitos da declaração volitiva que o devedor se recusou a emitir. O que se deve entender, portanto, é que o réu não é condenado a manifestar a sua vontade, e sim que a sentença o substitui nesse ato, vale dizer, o provimento jurisdicional funciona como sucedâneo da vontade que o devedor deixou de expressar, estando a isso obrigado.

Aceita a classificação doutrinária das sentenças em declaratórias, condenatórias e constitutivas (deixemos de lado, para este efeito, as mandamentais e as executivas), de que natureza seria a que substitui a manifestação de vontade do devedor?

Declaratória não nos parece ser, pois essa categoria de sentença tem como objeto a existência ou a inexistência de relação jurídica e a autenticidade ou falsidade de documento (CPC, art. 19); ao tomar o lugar do réu, no que respeita à manifestação volitiva que este deixou de emitir, o decreto jurisdicional não possui carga declarativa, pois não entram em jogo os motivos legais que autorizam o proferimento de sentença dessa classe.

Condenatória também não é. O art. 466-A, do CPC anterior, fazia expressão referência ao verbo condenar. A lei, contudo, é sempre menos científica do que a doutrina, por isso, a despeito daquela norma legal, não víamos efeito condenatório da sentença cujo objeto era a emissão de declaração de vontade. O CPC atual alude ao fato de a sentença "julgar *procedente* o pedido" — expressão inadequada, porquanto os pedidos são acolhidos ou rejeitados (CPC, art. 490, *caput*).

Conforme asseveramos há pouco, a sentença não *condena* o devedor a emitir declaração de vontade; ela, na realidade, o *substitui* nesse ato. Reconhece, por assim dizer, o dever que ele tinha de fazer a declaração volitiva e, verificando que esse dever não foi atendido, toma o lugar dele para impedir que o credor sofra danos em seu círculo jurídico em consequência da omissão da parte contrária.

Resta-nos investigar se a sentença de que estamos a cuidar não possui conteúdo *constitutivo*. Se estivermos atentos à regra de que às sentenças ditas constitutivas (que podem ser dotadas de carga inferior de declaratividade) ficou reservada a tarefa de criarem, modificarem ou extinguirem estados jurídicos, haveremos de concluir que os provimentos jurisdicionais que substituem o devedor quanto à sua manifestação de vontade não possuem, em rigor, índole constitutiva.

Pensamos que a sentença, no caso, seja *executiva*, embora *sui generis*. Assim afirmamos porque ela independe de execução. Esta sentença já atribui, *per se*, o resultado prático buscado pelo autor, uma vez que, transitada em julgado, *"produzirá todos os efeitos da declaração não emitida"* (destacamos). Justamente por isso, aliás, é que não se justifica a fixação de prazo para o seu cumprimento.

Uma outra pergunta se impõe: haveria lugar para as *astreintes* na obrigação de emitir declaração de vontade? Nada nos diz sobre isso o 501. Levando em conta que essa peculiar modalidade obrigacional integra a classe das *de fazer*, seríamos levados a opinar pelo cabimento de multa pecuniária (ainda que em tese) sempre que o devedor deixasse de emitir a declaração volitiva a que estava obrigado.

Se, como acentuamos, a sentença alcançada com fulcro no art. 501 do álbum processual civil não *condena* o réu a emitir declaração de vontade, mas apenas o *substitui* para esse efeito, é coerente que afirmemos não haver espaço para a aplicação da multa, lá prevista, pois não se poderá pensar, aqui, em atraso no cumprimento de uma obrigação que foi substituída pelo provimento jurisdicional, dotado de eficácia imediata ao trânsito em julgado. Antes de a sentença passar em julgado não se pode exigir que o devedor emita a dicção volitiva; depois disso, o ato do devedor se torna dispensável em decorrência da intervenção estatal.

Embora possam rarear, na prática, os casos em que o empregado tenha de vir a juízo para pedir uma sentença substituinte da vontade não manifestada pelo empregador, não devemos ver nisso um motivo para negarmos a aplicação, nesse processo especializado, do art. 501.

Imaginemos um desses casos.

O empregador celebra, com certo organismo sediado em outro país, convênio pelo qual um empregado daquele seria escolhido, mediante concurso interno, para realizar um estágio profissional nas dependências deste, durante determinado tempo. Do convênio consta cláusula obrigando o empregador a comunicar ao organismo internacional, no prazo máximo de sessenta dias da data da assinatura desse instrumento, o nome do empregado que seria escolhido para estagiar, sob pena de perda desse direito. Tal comunicação é imprescindível para que o citado organismo possa ultimar as providências necessárias à efetivação do estágio. Feita a seleção, o empregado sobre o qual recaiu a escolha fica sabendo que o empregador, descontente com o resultado do concurso, não fará a comunicação no prazo estipulado, acarretando, com isso, prejuízo aos seus interesses. Comprovada a recusa do empregador, poderia o empregado em questão ingressar em juízo, impetrando a emissão de sentença substitutiva da vontade (= comunicação) que o empregador se recusa a manifestar. É indubitável a competência da Justiça do Trabalho para apreciar pretensão que tal, bem como a compatibilidade do art. 501, do CPC — em que o pedido se funda — com o processo do trabalho.

É bastante simplificado o procedimento concernente à execução das obrigações envolvendo emissão de declaração de vontade

Antes de demonstrá-lo, registremos que desde o Código processual de 1939 se encontra anatematizado o entendimento, até então predominante, de que as obrigações mencionadas, sendo infungíveis, apenas poderiam ser prestadas pelo próprio devedor; seriam, pois, personalíssimas. Prevalece hoje a opinião de que essa fungibilidade é unicamente jurídica e não substancial (ou essencial), haja vista as disposições específicas do Código em vigor (art. 501).

Transitando em julgado a sentença substitutiva da manifestação de vontade do devedor, a sua execução, no processo do trabalho, se inicia e se exaure nesse ato de proferimento, pois a sentença obtida produz os mesmos efeitos do contrato a ser firmado ou da declaração não emitida. Nenhum outro ato executivo, portanto, deve ser, por princípio, praticado posteriormente a isso. No processo civil, em alguns casos, a sentença deve ser registrada, via mandado judicial, para poder produzir efeito *erga omnes*.

Sintetizando: no caso do art. 501, a sentença passada em julgado representa a própria execução, numa singular fusão de meio e de fim. Por isso, entendemos que a sentença possui natureza executiva, ainda que *sui generis*, uma vez que atribui, sem necessidade de outro processo (de execução), ao autor o resultado prático por ele pretendido.

Como é de nosso parecer que nas obrigações de emitir declaração de vontade não há lugar para as *astreintes*, fica afastada qualquer objeção à nossa assertiva de que a sentença que supre essa omissão do devedor não enseja execução ulterior, na medida em que ela traz em si eficácia executiva.

Seção V
Da Coisa Julgada

Art. 502. Denomina-se coisa julgada material a autoridade que torna imutável e indiscutível a decisão de mérito não mais sujeita a recurso.

• **Comentário**

Segundo a Lei n. 12.376, de 30.12.2010 (DOU de 31.12.2010 (Lei de Introdução às Normas do Direito Brasileiro) chama-se coisa julgada ou caso julgado a decisão judicial de que já não caiba recurso (art. 6º, § 3º).

O CPC de 1973 acrescentava, após o vocábulo *recurso*: "ordinário ou extraordinário" (art. 467). O CPC atual retirou esse acréscimo textual.

A doutrina e a jurisprudência se apegaram à expressão *coisa julgada*, que também está no gosto dos legisladores mais recentes. Nada há de errado em aludir-se a *caso julgado* — como está, aliás, no § 3º do art. 6º da Lei n. 12.376, de 30.12.2010. O fenômeno da coisa julgada é de subida importância para o estudo dos pronunciamentos jurisdicionais decisórios e da eficácia que lhes é inerente. A *res iudicata* não é, entretanto, efeito e sim qualidade da sentença.

A eficácia da sentença não se faz sentir ato contínuo à sua publicação, mas sim quando ela não mais for passível de recurso, exceto se a sentença for daquelas irrecorríveis, hipótese em que a sua eficácia será liberada imediatamente à publicação. Com base nessa particularidade, podemos dizer que a sentença, considerada em si mesma, constitui uma espécie de ato de eficácia subordinada a evento futuro, ou seja, à ausência de impugnação pela via recursal ou ao exaurimento dessa via. Assim o é porque esse ato da jurisdição pode ser modificado pelo recurso que dele se interpuser. Sentença suscetível de recurso nada mais é do que uma situação jurídica. Esgotado o prazo de impugnação, porém, ela adquire o atributo da imutabilidade, que vem da *res iudicata*.

Não se pode contestar o fato de que a presença de diversos meios de impugnação às resoluções jurisdicionais, nos sistemas processuais, se justifica pela necessidade de evitar que eventuais falhas ou imperfeições nos julgamentos se tornem definitivas. Em dado momento, contudo, é ainda mais importante que a sentença se torne imutável e indiscutível, sob pena de graves perturbações da estabilidade das relações sociais e jurídicas que se estabelecem entre os indivíduos. Daí, a existência do fenômeno da coisa julgada, que representa, em última análise, um veto à possibilidade de perpetuação das impugnações aos provimentos jurisdicionais.

Vale ser lembrada a afirmação de Lopes da Costa de que "É de ordem pública que os processos findem rapidamente. Para assegurar o regular tratamento da causa, a lei, de regra, estabelece duas instâncias, criando recursos para as decisões. Interposto no juízo do segundo grau o derradeiro recurso cabível, finda o processo, que não mais pode evoluir, tendo alcançado o seu objetivo final. Pode ser nulo o processo, injusta a sentença, nada mais há a fazer. *Roma Locuta Est*. O mau resultado das operações processuais irá para a partida de lucros e perdas da falibilidade da justiça dos homens. A ordem pública impõe *stare decisis, non quieta novare*" (*Direito processual civil*. v. III, n. 256. Rio de Janeiro: José Konfino, 1946. p. 276).

É verdade que há um certo excesso nas palavras desse notável jurista, pois não se pode asseverar que passando em julgado a sentença "nada mais há a fazer", ainda que nulo o processo e injusta a sentença. Geralmente, a nulidade que esteja a contaminar a sentença de mérito enseja o exercício da ação rescisória para desconstituir aquela decisão — conquanto devamos admitir que a sentença dita injusta não seja rescindível. Está claro, por isso, que mesmo tendo sido formada a *res iudicata* ainda haverá algo a fazer-se: desconstituí-la mediante ação rescisória, desde que satisfeitos os requisitos legais.

Coisa julgada formal

A coisa julgada formal traduz-se no fenômeno da imutabilidade da sentença em virtude da preclusão dos prazos para recursos. Diz-se que há, neste caso, preclusão máxima, exatamente porque já não há possibilidade de o pronunciamento jurisdicional ser impugnado por meio de recurso. Torna-se oportuno observar que a ação rescisória será admissível contra a sentença passada em julgado mesmo que em relação a ela não se tenham esgotado todos os recursos (Súmula n. 514 do Supremo Tribunal Federal).

A *res iudicata* formal gera a imutabilidade da sentença dentro do processo, considerando-se, sob esse aspecto, plenamente realizada a entrega da prestação jurisdicional pelo Estado.

Em casos excepcionais, porém, a coisa julgada formal não se constitui mesmo que a sentença não mais seja recorrível: isso ocorre quando ficar vencida a Fazenda Pública, porquanto a lei (Dec.-lei n. 779, de 21.8.1969, art. 1º, V) determina que, nesse caso, os autos sejam remetidos ao Tribunal competente, para efeito de reexame necessário. Somente depois de efetuado esse reexame é que a sentença (ou melhor: o acórdão) passará em julgado, produzindo a preclusão máxima a que há pouco aludimos. O CPC contém regra análoga, como demonstra o art. 496.

Se o juiz deixar de remeter aos autos ao tribunal, quando essa remessa era obrigatória, o presidente do tribunal deverá avocá-los, para que se torne concreto o comando da lei (*ibidem*, § 1º), vale dizer, para que o feito se submeta ao duplo grau de jurisdição.

Coisa julgada material

O art. 502, do CPC, conceitua a coisa julgada material como "a autoridade que torna imutável e indiscutível a decisão de mérito não mais sujeita a recurso".

O dever estatal de prestar a tutela da jurisdição, quando regularmente invocada, consiste na composição da lide, na solução do conflito intersubjetivo de interesses mediante ato específico e exclusivo: a sentença de mérito. A sentença não mais sujeita a recurso produz a coisa julgada, que, na lição dos romanos, era a decisão judicial que dava cobro ao litígio, com a condenação ou a absolvição do réu (*res iudicata dicitur quae finem controversiarum pronuntiatione iudicis accipit, quod vel condemnationem, vel absolutionem contingit*).

Conforme vimos, a coisa julgada formal produz a imutabilidade da sentença no mesmo processo; esta se torna imutável por não ser mais impugnável.

O que se poderia chamar de inimpugnabilidade não é, entretanto, a única qualidade da sentença passada em julgado; há também, a *autoridade* do julgado, que se irradia para além dos limites do processo, e que se manifesta sob a forma de imutabilidade dos seus efeitos. O comando que se esplende da sentença — e que representa a vontade concreta da lei —, ao tornar-se imutável adquire autoridade de *res iudicata*, obstando, com isso, a que a *res in iudicio deducta* volte a ser examinada não só no mesmo processo, mas em qualquer outro, seja pelo mesmo juiz (ou tribunal) ou qualquer outro.

O art. 467, do CPC de 1973, aludia à *eficácia* da coisa julgada material. Mesmo naquela altura, afirmávamos que não se tratava de *eficácia* e sim, de *autoridade* da coisa julgada. (*Ação rescisória no processo do trabalho*. 4. ed. São Paulo: LTr, 2005. p. 181).

Precisamente por ser dotada de força de lei é que a coisa julgada material (ou substancial) se faz obrigatória não só para as partes, mas para os juízes em geral, embora, em princípio, não possa afetar o círculo jurídico de terceiros.

O reexame da lide, após a formação da coisa julgada (material), apenas será possível por meio de ação rescisória, a ser submetida à apreciação do tribunal, no exercício de seu *iudicium rescindens* ou também *rescissorium*.

Fundamento da autoridade da coisa julgada

Podem ser indicados como dois, essencialmente, os fundamentos dessa autoridade: um; de natureza política; outro, de natureza jurídica, conforme a bipartição aceita pela doutrina.

a) Fundamento de natureza política

A ação se converteu, nos modernos sistemas jurídicos, em direito público subjetivo pelo qual o indivíduo impetra, na forma da lei, a tutela jurisdicional do Estado — direito esse alcandorado, em nosso meio, ao predicamento constitucional (CF, art. 5º, XXXV). A jurisdição substituiu os barbáricos sistemas vigorantes no passado, como o da autodefesa ou autotutela. Por outro lado, o Estado assegura ao réu ampla liberdade de defesa, permitindo que ele compareça a juízo para responder (no processo do trabalho: excepcionar, contestar, reconhecer o direito alegado pelo autor) às pretensões deduzidas pela parte contrária e produzir todas as provas que forem necessárias à promoção dos seus direitos e interesses, pertinentes à causa.

Aos contendores em geral se assegura, também, o direito de produzirem provas no sentido de serem verdadeiras as alegações por eles formuladas e, no processo de conhecimento trabalhista, o juiz busca, em um mínimo de duas vezes, a conciliação (CLT, arts. 764, *caput*, 846, *caput* e 850, *caput*).

O Estado instituiu, enfim, o devido processo legal (*due process of law*) como o método exclusivo de solução dos conflitos de interesses ocorrentes entre os indivíduos; nesse concerto, a sentença surge como o instrumento de prestação da tutela jurisdicional, o ato pelo qual o Estado diz com quem está o direito. O Estado-juiz, contudo, é uma abstração jurídica; concretamente, ele atua por intermédio dos juízes, seres humanos, e, como tais, falíveis. Pondo à frente a possibilidade de as decisões judiciais derivarem, em certas situações, de falhas ou de imperfeições de quem as proferiu, o mesmo Estado permitiu a impugnação desses pronunciamentos, criando, para tanto, os recursos e prevendo a sua utilização com maior ou menor amplitude, segundo seja a espécie de decisão que se pretende impugnar.

Salvo exceções, o nosso sistema de processo permite o reexame das causas como providência destinada a evitar que certas decisões injustas ou contrárias à lei possam prevalecer, em detrimento do prestígio da ordem jurídica e da respeitabilidade dos pronunciamentos jurisdicionais.

Como não se poderia, contudo, permitir que as lides se eternizassem, pois isso provocaria sensíveis abalos na harmonia e na estabilidade das relações sociais, concebeu-se a figura-fenômeno da coisa julgada, a representar uma espécie de veto inflexível à rediscussão das causas. Com o decurso dos prazos para a interposição dos recursos cabíveis, ou, de qualquer modo, com a preclusão do direito de fazer uso desses meios de impugnação, a sentença (ou o acórdão) transita em julgado, adquirindo, com isso, autoridade de coisa ou caso julgado, tornando-se, a partir daí, imutável.

Nisto reside, justamente, o fundamento político da autoridade das *res iudicata*.

Apenas em casos especiais, expressamente previstos em lei, é que a coisa julgada poderá ser desconstituída, reabrindo-se, por essa forma, a discussão da lide: essa tarefa os Códigos de Processo reservam à ação rescisória e concedem ao interessado o largo prazo para a utilização desse instrumento jurídico. No sistema do atual CPC, o prazo é de dois anos (art. 975, *caput*).

b) Fundamento de natureza jurídica

Há uma generalizada cizânia doutrinária quanto às razões de ordem jurídica que conduziram à instituição da coisa julgada e à concepção da autoridade que lhe é inerente.

Contando bem, não teríamos dificuldade de encontrar cerca de uma dezena de teorias concernentes ao tema; por apego à brevidade, façamos uma síntese de algumas delas.

1. *Teoria da presunção da verdade*. Foi construída por alguns juristas da Idade Média, sob a influência da filosofia escolástica — em grande voga no período — e com base em texto de Ulpiano (Digesto 1.5.25).

Segundo essa teoria, a finalidade do processo era a busca da verdade, motivo por que os seus adeptos tinham uma visão silogística da sentença. Com efeito, para eles a matéria de fato correspondia à premissa menor; a de direito, à premissa maior e a conclusão, à decisão.

Embora, do ponto de vista ideal, não se possa negar que o escopo do processo seja, realmente, a busca da verdade, devemos reconhecer que, em muitos casos, o que prevalece não é a verdade real (não há vício pleonástico na expressão, em face da dualidade que caracteriza a verdade no plano processual), mas a meramente formal (que nem sempre coincide com aquela) e nem por isso se pode sustentar que a sentença não produz coisa julgada — ou que, por absurdo, produziria uma canhestra modalidade de *res iudicata* desapercebida de autoridade!

A autoridade da coisa julgada nasce não em função do conteúdo da sentença (= do que se tenha decidido) e sim do fato de dar-se a preclusão dos recursos. Sentenças injustas, sentenças contrárias à lei, sentenças imperfeitas, bem ou mal, passam em julgado.

A possibilidade de, em determinados casos, acabar por prevalecer não a verdade real (correspondente aos fatos tais quais aconteceram no mundo sensível) e sim a meramente formal (a que se constitui nos autos, como produto da atividade das partes e, eventualmente, do próprio juiz), fez com que alguns autores vissem na sentença nada mais do que uma verdade presumida, sem que isso acarretasse negar autoridade à coisa julgada que viesse a formar-se.

Esse pensamento exerceu razoável influxo em textos legislativos modernos, como, *v. g.*, no Código napoleônico. Em nosso meio, o famoso Regulamento n. 737, de 25 de novembro de 1850, dispunha serem presunções legais absolutas "os fatos ou atos que a lei expressamente estabelece como verdade, ainda que haja prova em contrário, como a coisa julgada".

2. *Teoria da ficção da verdade*. Produziu-a Savigny. Percebendo que as sentenças injustas também transitam em julgado e que, em consequência, aquilo que ela apreciou e resolveu não pode deixar de ser aceito como verdadeiro, o renomado jurista concluiu que a sentença espelha, simplesmente, uma ficção da verdade.

De certa maneira, essa teoria não difere, substancialmente, da anterior (presunção da verdade), pois as categorias de presunção e de ficção, conquanto sejam inconfundíveis, não se encontram muito distanciadas — uma em relação a outra — no terreno do binômio verdade-sentença. Aliás, já se disse, com alguma propriedade e com acentuado teor de ironia, que nos processos judiciais, em decorrência dos debates que aí se estabelecem, quase tudo vem à tona, menos a verdade...

Tanto na presunção quanto na ficção pensa-se que algo seja verdadeiro, embora possa não sê-lo.

A teoria em estudo, como se nota, faz da verdade fictícia o pedestal da autoridade da coisa julgada.

3. *Teoria da força legal da sentença*. Entendendo que todas as sentenças, inclusive as declaratórias, criam, constituem direitos, Pagenstecher elaborou a teoria da força legal dos pronunciamentos da jurisdição.

Afirmando que a sentença possui semelhança com o parecer do jurisconsulto e que ambos são produtores de certeza, o autor citado conclui que a sentença apresenta um *quid* a mais, porquanto, ao ser proferida, o direito novo (que ela representa) se sobrepõe ao direito anterior.

É esse *quid* a mais que, amoldado à sentença por imposição da lei, a torna constitutiva de direito e lhe atribui autoridade de coisa julgada.

O direito novo, criado pela sentença, é, pois, o fundamento da *res iudicata*, na óptica dessa teoria.

4. *Teoria da eficácia da declaração*. Figuram como seus criadores, entre outros, Hellwig, Stein e Binder.

Para essa corrente de opinião, a autoridade da coisa julgada se funda na eficácia da declaração de certeza que a sentença possui. Dessa forma, as sentenças são atos declaratórios de direitos (sentenças declaratórias) ou atos de constituição de direito (sentenças constitutivas).

Sob esse prisma, a própria sentença condenatória possui natureza constitutiva, na medida em que ao lado da declaração de certeza, que ela encerra, há uma prestação de dar, fazer ou deixar de fazer.

Fundamentalmente, entretanto, o que fica em toda sentença é o seu conteúdo declaratório e é dele que provém a certeza do direito. A sentença condenatória abriga, pois, dois conteúdos: um, de declaração de certeza quanto à existência do direito; outro, pertinente a um direito novo, consubstanciado na ordem de prestação. O primeiro direito é imutável; o segundo pode ser rediscutido na execução da sentença.

De acordo com essa doutrina, como se nota, a autoridade da *res iudicata* repousa no conteúdo declarativo da sentença. A força da coisa julgada constrange todos (partes, juízes) à obediência à declaração contida no provimento jurisdicional.

5. *Teoria da extinção da obrigação jurisdicional*. Ugo Rocco foi o idealizador dessa teoria; segundo ele, a definição de sentença se liga, umbilicalmente, aos conceitos de ação e jurisdição.

A doutrina em questão manipula, em verdade, os institutos da ação e da jurisdição para fazer deles a matéria-prima de sua construção. Argumenta Ugo Rocco — e, neste ponto, com razão — que a ação constitui um direito subjetivo de solicitar ao Estado a prestação jurisdicional, com o fito de, dizendo com quem está o direito disputado, solucionar o conflito de interesses. A jurisdição figura aí — também com acerto — como o poder-dever de declarar o direito. O Estado, ao declarar o direito (por meio da sentença), exaure a sua obrigação jurisdicional e o próprio direito de ação fica extinto.

A extinção do direito de ação e do dever jurisdicional impede que a relação jurídica material seja novamente apreciada, gerando, com isso, a imutabilidade da sentença que sobre ela se pronunciou (= coisa julgada).

6. *Teoria da vontade do Estado*. Teve ampla repercussão na Alemanha e, de certa forma, na Itália, onde encontrou em Chiovenda o seu mais fervoroso propagador.

Polariza-se essa teoria no comando que há na sentença, a par do raciocínio lógico que ela encerra.

Assim, a sentença, como produto de um raciocínio lógico, de um ato de inteligência do juiz, não reflete nenhuma influência especial do Estado, pois nessa parte o julgador não exerce uma atividade racional distinta da que geralmente é exercitada por qualquer outro indivíduo dotado de padrão cultural análogo. Visto o fato por esse ângulo, pode-se dizer que o ato do magistrado é semelhante ao parecer de um jurisconsulto.

A particularidade essencial está, contudo, em que esse ato jurisdicional, ao contrário do parecer de um jurisperito, possui um comando, uma ordem, ou uma decisão. Como se trata de ato derivante da jurisdição, ele se reveste de um comando provido de força obrigatória. O traço compulsório da sentença é dado pela interveniência da vontade estatal.

Daí, a conhecida definição de sentença realizada por Chiovenda quanto a de consistir na afirmação ou negociação da vontade do Estado, que assegura ao indivíduo um bem da vida.

O Estado não só concede à sentença força obrigatória, como os atributos de imutabilidade e de indiscutibilidade, que decorrem da preclusão dos prazos para a interposição de recursos.

Em resumo, a teoria em pauta vê na vontade do Estado o fulcro da autoridade da *res iudicata* porquanto é essa expressão volitiva estatal que dá à sentença o caráter de ato irrevogável e de força compulsória.

7. *Teoria da imperatividade*. Defendeu-a Carnelutti, para quem a autoridade da coisa julgada se vincula ao fato de emanar do Estado. A imperatividade da sentença se justifica, exatamente, em virtude de traduzir um ato estatal. A coisa julgada se localiza, por isso, na imperatividade do comando da sentença.

A opinião de Carnelutti não coincide, como possa parecer, com a de Chiovenda. Para este, a sentença revela a norma legal aplicável ao caso concreto, ou seja, na sentença está a lei. Emitida a sentença, esta assume o lugar da lei, substituindo-a; e o comando da norma legal, geral e abstrato, se especifica e se torna concreto na sentença. Sendo assim, há dois comandos, lado a lado: o da lei e o da sentença, sendo o desta independente. Já Carnelutti assevera que o comando da sentença pressupõe o comando da lei, conquanto com este não se identifique, necessariamente. O comando da sentença é suplementar ao da lei; e como traz uma declaração de certeza, faz-se dotado de imperatividade por ser ato proveniente do Estado-juiz.

Ponto singular a ser destacado no pensamento de Carnelutti concerne ao fato de ele, opostamente à opinião predominante na doutrina, colocar a formação da coisa julgada material antes da constituição da *res iudicata* formal. Por outros termos, na teoria carnelutiana não é a coisa julgada material que pressupõe a formal e sim esta é que pressupõe aquela. Argumenta o ilustre pensador italiano que na certeza produzida pela sentença está a imperatividade que gera a coisa julgada material; esta, por sua vez, em decorrência do exaurimento dos prazos recursais, se converte em coisa julgada formal.

8. *Teoria da qualidade especial da sentença*. Opondo-se à doutrina de largo prestígio, que via na coisa julgada um efeito da sentença (o principal deles), Liebman sustentou que a *res iudicata* é, em rigor, uma qualidade especial da sentença.

Essa qualidade robustece a eficácia da sentença, que consiste em sua imutabilidade como ato processual (*res iudicata formal*) e na imutabilidade de seus efeitos (coisa julgada material).

Em Liebman, a eficácia da sentença promana de sua aptidão para, como ato processual, produzir efeitos. Não é só. A sentença, para ser eficaz, deve estar em conformidade com o direito, pois, caso contrário, será destituída de eficácia. Ainda: essa conformidade significa que a sentença deve ser o resultado de uma sequência de atos formais, que constituem o procedimento ditado pela norma legal, e também espelhar a vontade da lei (critérios de validade e justiça da sentença).

A partir daí, Liebman afirma que, por obra de presunção, os atos oriundos do Estado estão em consonância com o direito, razão por que são eficazes. Essa presunção, no entanto, é relativa, pois não sobrevive diante de situações em que se demonstra a ilegalidade do ato. A ilegalidade, na espécie, compreende a inconstitucionalidade. Como diz o festejado pensador, um ato da administração ou do Judiciário terá validade enquanto não for provada a sua ilegalidade: "A sentença, que é também amparada por esse princípio fundamental da presunção da legalidade dos atos estatais, é eficaz em todos os sentidos até o momento em que se demonstrar a sua invalidade ou injustiça, e quem afirma essa ilegalidade é que a deve demonstrar nas formas e meios devidos"(Sentença e coisa julgada. In: *Revista da Faculdade de Direito da Universidade de São Paulo*, XL, 1945, p. 203 e segs.).

Ainda que a sentença seja válida e justa, a sua eficácia somente será liberada após a preclusão dos recursos dotados de efeito suspensivo, isto porque essa classe de meios impugnativos suspende o momento em que a sentença está para produzir a sua eficácia natural (*idem, ibidem*).

A teoria de Liebman, porém, não se esgota nisso.

A sentença passível de ser "reformada" apenas produz a sua eficácia natural, ordinária. Com a preclusão de todos os recursos, entretanto, a sua autoridade fica "reforçada" diante da imutabilidade da sentença. Nesse quadro, a coisa julgada aparece como uma qualidade especial que fortalece a eficácia ínsita ao pronunciamento jurisdicional.

A preclusão da totalidade dos meios recursais faz surgir a coisa julgada formal, entendida como a imutabilidade da sentença e, seguintemente, a *res iudicata* material, que se traduz na imutabilidade dos efeitos da sentença.

Reconhece o grande jurista que a coisa julgada se baseia na necessidade social de evitar que os litígios se perpetuem, em detrimento dos indivíduos e do Estado.

9. *A opinião do autor*. O assunto relativo ao fundamento de natureza jurídica da autoridade da coisa julgada, como pudemos demonstrar, foi estudado em profundidade por juristas de nomeada, tirando, cada qual, a sua opinião a respeito.

Entre todas as teorias que expusemos, julgamos ser a de Liebman a mais aceitável, uma vez que o fenômeno jurídico da coisa julgada não pode ser visto como efeito e sim como qualidade da sentença. Qualidade especial, acrescente-se. A *res iudicata*, por outras palavras, é eficácia da sentença, considerada esta como a aptidão para produzir os efeitos que lhe são inerentes; a *autoridade* a faz imutável e indiscutível com a preclusão dos recursos.

Não devemos desprezar, todavia, o pensamento de Chiovenda quanto a ser a lei que atribui à sentença a qualidade de coisa julgada, pois, em nosso meio, o Código Civil conceitua a *res iudicata* como "decisão judiciária de que já não caiba recurso" (Lei de Introdução às Normas do Direito Brasileiro, art. 6º, § 3º). Esse conceito, *mutatis mutandis*, se harmoniza com o impresso no art. 502 do CPC.

Chiovenda nos fala, ainda, da força obrigatória da sentença, que é dada pelo Estado e que alcança a todos: partes, juízes e outros — lição que foi aceita pelo legislador processual brasileiro, como evidencia o art. 503 do Código: "A decisão que julgar total ou parcialmente o mérito tem força de lei nos limites da questão principal expressamente decidida".

Preclusão e coisa julgada

O vocábulo *preclusão* (do latim *praeclusio*, de *praecludere* = fechar, tolher, findar) significa o ato de encerrar ou de impedir que alguma coisa se faça ou tenha prosseguimento

Transportado para o tecnicismo da linguagem jurídica, ele expressa a perda de um direito processual — ou, quando menos, de uma faculdade dessa natureza —, que em virtude de sua exaurição ou de não haver sido exercitado no momento oportuno fica extinto.

Em Chiovenda, a preclusão aparece como a perda de uma faculdade processual por se haverem tocado os extremos fixados pela lei para o exercício dessa potestade no processo ou numa fase do processo.

Sem nos distanciarmos dessa ideia central, entendemos que a preclusão consiste na perda de um direito ou de uma faculdade de praticar certo ato processual em decorrência do decurso do prazo legalmente estabelecido para isso; de o ato ser incompatível com outro, anteriormente realizado; de decisão passada em julgado, que o repele. Preferimos essa definição porque ela incorpora, didaticamente, as espécies de preclusão consagradas pela doutrina.

Com efeito, diz-se que há, basicamente, três espécies de preclusão, a saber: a) temporal; b) lógica; e c) consumativa. A *temporal* é a de maior incidência prática e se caracteriza pela impossibilidade de o ato ser realizado, em razão do decurso do prazo previsto em lei ou assinado pelo juiz (a parte interpõe o recurso ordinário após o oitavo dia; não se manifesta, no prazo fixado pelo juiz, sobre os documentos juntados pela parte contrária); a *lógica* ocorre quando se deseja praticar ato inconciliável com outro, já realizado no processo (suscitar, o litigante, conflito de competência, quando já oferecera exceção de incompetência); a *consumativa* provém da existência de decisão (sentença, decisão interlocutória) passada em julgado, que inibe a prática de ato com ela contrastante (pretende-se discutir, na fase de liquidação da sentença, matéria já apreciada pela sentença exequenda: CLT, art. 879, § 1º).

A coisa julgada é a preclusão máxima

Para que o binômio preclusão — coisa julgada — de vital importância para o estudo da ação rescisória — seja convenientemente entendido, devemos avançar em considerações.

Na terminologia do processo, as locuções *passar* (ou transitar) *em julgado* e *fazer coisa julgada* não guardam, necessariamente, sinonímia, como se possa imaginar. Há decisões que passam em julgado e que não constituem *res iudicata* (material). Nessa classe de sentenças podem ser incluídas, dentre outras: a) as que geram a extinção do processo sem julgamento do mérito. Desse grupo participam aquelas mencionadas pelo art. 485, do CPC, à exceção da que acolhe a alegação de perempção, litispendência e coisa julgada; b) as proferidas nos impropriamente denominados processos de "jurisdição voluntária" (corrija-se para administração pública de interesses privados); e c) as emitidas nos processos cautelares, salvo as que declaram a prescrição extintiva quanto ao direito material alegado pelo autor ou a decadência (CPC, 302, IV).

As decisões interlocutórias, em princípio, também não produzem coisa julgada material, em face da natureza eminentemente processual de que são providas. A falta de impugnação de decisões dessa espécie tem efeito apenas preclusivo, aqui empregado o termo como significante de coisa julgada formal, porquanto vedada estará a possibilidade de a matéria ser reexaminada no mesmo processo.

Res iudicata igualmente não produzem os despachos (CPC, art. 203, § 3º); estes, aliás, nem sequer são recorríveis (CPC, art. 1.001). O art. 897, "b", da CLT, prevê a interposição do recurso de agravo de instrumento dos *despachos* que denegarem admissibilidade de recurso. A despeito de a norma legal aludir a *despacho*, o ato pelo qual o juízo monocrático não admite recurso constitui *decisão*. Justamente por isso, é que o próprio art. 897, "b", admite a interposição do recurso de agravo de instrumento.

Art. 503. A decisão que julgar total ou parcialmente o mérito tem força de lei nos limites da questão principal expressamente decidida.

§ 1º O disposto no *caput* aplica-se à resolução de questão prejudicial, decidida expressa e incidentemente no processo, se:

I — dessa resolução depender o julgamento do mérito;

II — a seu respeito tiver havido contraditório prévio e efetivo, não se aplicando no caso de revelia;

III — o juízo tiver competência em razão da matéria e da pessoa para resolvê-la como questão principal.

§ 2º A hipótese do § 1º não se aplica se no processo houver restrições probatórias ou limitações à cognição que impeçam o aprofundamento da análise da questão prejudicial.

• **Comentário**

Caput. Reproduziu-se a norma do art. 468 do CPC revogado.

Limites da coisa julgada

Quando falamos em limites da coisa julgada estamos, na verdade, procurando precisar o alcance de seus efeitos, seja do ponto de vista da extensão da matéria decidida, seja das pessoas que serão por ela atingidas; no primeiro caso, vem à tona o problema dos limites objetivos; no segundo, o dos limites subjetivos.

a) Limites objetivos

O art. 468 do CPC de 1973 reproduziu, com pequena variação literal, a regra que se encontrava enunciada no art. 287, *caput*, do CPC de 1939, assim redigido: "A sentença que decidir total ou parcialmente a lide terá força de lei nos limites das questões decididas". A disposição do CPC revogado, por sua vez, constituía cópia parcial do art. 290 do Projeto de Código de Processo Civil feito por Mortara, em 1926. Esse projeto estabelecia que a sentença teria *forza di legge nei limite della lite e della questione decisa*, podendo-se perceber, por isso, que o legislador processual brasileiro, de 1939, eliminou (desastradamente, diga-se) o vocábulo lide, muito adequadamente introduzido no texto do precitado Projeto italiano.

O art. 503 do CPC atual dispõe: "A decisão que julgar total ou parcialmente o mérito tem força de lei nos limites da questão principal expressamente decidida".

As "questões", na ordem processual, traduzem certos aspectos do mérito, certos pontos controvertidos na causa; dada a elevada importância que apresentam para a exata compreensão do tema rescisório, as questões merecerão, de nossa parte, mais adiante, escólios específicos.

Por ora, retornemos ao problema dos limites dos pedidos, de que fala o art. 503 do CPC vigente. Como ensina Carnelutti, o julgado é a decisão de uma lide e, por essa razão, os limites do julgado são os limites de seu próprio objeto, vale dizer, os limites que se lançam sobre o julgado da lide: "porque é a decisão de uma lide, o julgado não pode ser mais que tal decisão; mas aquilo que é, o é para todos, não somente para as partes"(apud SANTOS, Moacyr Amaral, obra cit., p. 62).

O art. 503 do CPC menciona a possibilidade de o juiz julgar parcialmente a lide. O que devemos entender por julgamento parcial de um conflito de interesses?

Em rigor, a viabilidade de uma solução não integral da lide já estava prevista no art. 287 do CPC de 1939 (caput).

Debruçando-se sobre esse delicado assunto, alguns autores do período chegaram a opinar que o julgamento parcial ocorreria se o juiz julgasse apenas uma das diversas demandas cumuladas num só processo. Esse era o pensamento do próprio Pedro Batista Martins, elaborador do projeto que, mais tarde, se converteria no Código de 1939: "Se as partes formularem no mesmo processo pedidos que não lhes era lícito formularem, o juiz, que deverá ater-se ao princípio da economia processual, não anulará o processo; julgará em parte procedente (sic) a ação para o fim de condenar o réu no pedido que lhe pareça compatível com o rito adotado, abstendo-se de decidir as questões insuscetíveis de cumulação. A sentença, em tais casos, deverá, por conseguinte, decidir parcialmente a lide" (*Comentários ao código de processo civil*, 3º v., p. 340).

Essa opinião de Batista Martins recebeu justas críticas de José Frederico Marques (*Instituições de direito processual civil*. 3. ed. Rio de Janeiro: Forense, 1958. p. 50) e de Moacyr Amaral Santos (*Primeiras linhas de direito processual civil*. 3º v. São Paulo: Saraiva, 1978. p. 68/69), pois na verdade aquele destacado jurista incorreu no grave erro de confundir os conceitos de lide e de questão (leiam-se as suas palavras, há pouco reproduzidas). No exemplo por ele formulado, o juiz, ao apreciar um dos pedidos e deixando de decidir aquilo que não fosse passível de cumulação, estaria, na realidade, efetuando um julgamento total de uma lide, conquanto não se pronunciasse sobre a outra.

Quer nos parecer que, para os efeitos do art. 503 do CPC (é com vistas a ele que estamos a formular estas considerações), pode ser aceito o ensinamento de Carnelutti relativo à existência de um processo integral e de um processo parcial (apud SANTOS, Moacyr Amaral, obra cit., p. 63/64); com isso, quer o notável jurista italiano expressar que a despeito de a sentença dever ater-se aos limites da lide, isso não significa que aquela possa ser menos que esta, ou seja, que não possa a sentença decidir apenas em parte a lide (*idem, ibidem*). Nessa linha de concepção, poderia ser indicada, como exemplo, a sentença que se omitisse quanto à apreciação de determinado pedido feito pela parte e transitasse em julgado com essa falha. Discordamos, portanto, de Moacyr Amaral Santos quando, citando idêntico exemplo, conclui que mesmo diante do suprimento dessa lacuna do pronunciamento jurisdicional, por meio de embargos declaratórios, a sentença teria julgado parcialmente a lide. *Data venia*, a sentença declarativa, ao pronunciar-se sobre o ponto omisso da declarada, integrou-se a ela, fundiu-se a ela, formando um só corpo, tanto que eventual recurso interposto será um só (e não um para cada sentença: a declarada e a declarativa), assim como uma será a execução que se vier a promover. Logo, não nos parece correto afirmar que, na hipótese, a sentença teria efetuado um julgamento parcial da lide. Esse julgamento fragmentário, insistamos, só se configurará se a sentença passar em julgado com a omissão que a contamina.

Frederico Marques aponta como caso de julgamento parcial o da sentença que se limitasse a decidir acerca do *an debeatur*, remetendo para a fase de liquidação a quantificação do crédito (ou da execução, *lato sensu*; obra cit., p. 267). Não estamos convencidos, *venia concessa*, do acerto desse exemplo. Ao proferir a sentença que soluciona o conflito de interesses, ou seja, que compõe a lide, o juiz estará realizando um julgamento integral desta (supondo-se que tenha apreciado todos os pedidos formulados pelos litigantes); o fato de relegar para a fase de liquidação o *quantum debeatur* não quer dizer que a lide tenha sido julgada apenas em parte: o foi por inteiro, representando a liquidação mero capítulo preparatório da execução (por quantia certa). Tanto se trata de julgamento integral da lide, que a lei proíbe às partes de, na liquidação, modificarem ou inovarem a sentença liquidanda, assim como discutirem "matéria pertinente à causa principal" (CLT, art. 879, § 1º), mandamento também encontrado no processo civil: "Na liquidação é vedado discutir de novo a lide ou modificar a sentença que a julgou" (art. 509, § 4º).

A prevalecer o pensamento de Frederico Marques teríamos de aceitar a ideia de que somente a sentença que solucionou o conflito — por haver julgado parcialmente a lide — teria força de lei e não a decisão de caráter interlocutório, que quantifica o valor da execução.

Como caracterizadora de julgamento parcial da lide podemos citar a sentença que declara inexistente a pretendida relação de emprego, deixando, em consequência, de apreciar os demais pedidos efetuados pelo autor (como de indenização, aviso-prévio, férias, gratificação natalina etc.). A lide envolvia tanto a relação de emprego quanto os pedidos de natureza pecuniária, formulados pelo autor. Ao não reconhecer a existência do vínculo empregatício e, em virtude disso, deixar de pronunciar-se sobre os outros pedidos que decorreriam do acolhimento do primeiro, parece-nos que o órgão jurisdicional procedeu a um julgamento parcial da lide. Sendo assim, essa parte da pretensão, passando em julgado, tornaria definitivamente prejudicada a apreciação das demais.

O problema das "questões"

Vimos que o art. 503 do CPC declara que a sentença (que julgar total ou parcialmente o mérito) terá força de lei nos limites da *questão* principal expressamente decidida.

A sentença, ao julgar a lide, terá, invariavelmente, de apreciar as questões suscitadas prejudiciais pelas partes, com o objetivo de fazer com que os pedidos sejam acolhidos ou rejeitados. Essas questões consistem em pontos controvertidos, que devem ser superados (= apreciados pelo juiz) para que a sentença possa ser emitida.

Se a parte levantou determinada questão prejudicial e a sentença sobre ela não se manifestou expressamente (e não houve oferecimento de embargos declaratórios), não se aplicará a regra do art. 503 do CPC, motivo por que não se pode pensar em possuir força de lei uma sentença que deixou de se pronunciar sobre questão prejudicial posta por um dos litigantes (ou por ambos, conforme seja o caso).

Como *questões prejudiciais* entendem-se todos aqueles aspectos ou pontos de direito material debatidos no processo, que constituem pressuposto lógico para o proferimento da sentença e que poderiam ser objeto até mesmo de ação distinta. Daí o sentido de "prejudicialidade" dessas questões. Note-se, porém, que ditas questões não são, necessariamente, prejudiciais à sentença se não que, em alguns casos, podem sê-lo. Melhor explicando: tais questões são efetivamente *prejudiciais* se a decisão que o juiz proferir a respeito delas tornar-se inconciliável com a pretensão de fundo, deduzida pela parte — seja a contrária, seja a que suscitou a questão. Argumentemos com a ação em que o autor, dizendo-se empregado do réu, pretenda a condenação deste ao pagamento de certas quantias, devidas em virtude da existência do contrato de trabalho. Se o réu alegar a inexistência da relação de emprego, essa alegação assumirá caráter de autêntica questão prejudicial dos pedidos formulados pela parte contrária. A existência, ou não, de relação de emprego poderia ensejar o ajuizamento de ação declaratória autônoma, com fundamento no art. 19, I, do CPC.

Em síntese: 1) se o autor ingressar em juízo com ação declaratória autônoma (CPC, art. 19, I) para obter um provimento que diga (= declare) haver sido de emprego a relação jurídica material estabelecida com o réu, a sentença aí proferida fará coisa julgada material, ainda que não reconheça a existência dessa relação; 2) se o autor ajuizar ação na qual, dizendo-se empregado do réu, pedir a condenação deste ao pagamento das quantias mencionadas na inicial e o réu, contestando o direito em que se fundam os pedidos daquele, requerer ao juiz que profira sentença declaratória incidental (CPC, art. 20); essa sentença terá, *automaticamente*, força de coisa julgada (CPC, art. 502). No sistema do CPC anterior, as questões prejudiciais só produziriam coisa julgada se a parte assim requeresse, de maneira expressa (CPC, art. 470).

b) Limites subjetivos

Serão examinados quando do comentário ao art. 506.

§ 1º A norma determina, nos casos mencionados nos incisos I a III, a aplicação do disposto no *caput* à resolução de questão prejudicial, decidida de maneira expressa e incidental.

Inciso I. Quando a resolução da questão prejudicial depender do julgamento do mérito.

Inciso II. Quando, a respeito da questão prejudicial, se tiver havido contraditório prévio e efetivo. Esta regra, contudo, não se aplica no caso de revelia, o que é algo óbvio, pois aqui, geralmente, não há contraditório, considerando-se a ausência de contestação. A propósito, se não houve contestação nem mesmo se poderia cogitar de *questão*.

Inciso III. Quando o juízo possuir competência *ratione materiae* e *ratione personae* para solucioná-la como questão principal.

Esses pressupostos são cumulativos.

§ 2º A norma do § 1º é inaplicável aos processos em que houve restrições probatórias ou limitações à cognição que impeçam o aprofundamento do exame da questão prejudicial.

Art. 504. Não fazem coisa julgada:

I — os motivos, ainda que importantes para determinar o alcance da parte dispositiva da sentença;

II — a verdade dos fatos, estabelecida como fundamento da sentença.

• **Comentário**

Caput Reproduziu-se, em parte, o art. 469 do CPC revogado.

No sistema do Código de 1973 não produziam coisa julgada: a) os motivos, ainda que importantes para determinar o alcance da parte dispositiva da sentença; b) a verdade dos fatos, estabelecida como

Código de Processo Civil Art. 504

fundamento da sentença; c) a apreciação da questão prejudicial, decidida incidentalmente no processo.

O CPC atual eliminou a situação a que se refere a letra "c", retro, o que corresponde a asseverar que, doravante, a autoridade da coisa julgada material alcançará, *automaticamente*, as questões prejudiciais.

A sentença deve conter, estruturalmente, três partes ou segmentos, preordenadas de modo lógico: a) relatório; b) fundamentação; c) dispositivo (CLT, art. 832, *caput;* CPC, art. 489).

A norma *sub examen* indica as situações em que a sentença *não* produz coisa julgada material.

Inciso I. *A motivação*. No passado, lavrou-se disputa intensa e generalizada sobre o assunto. Alguns autores afirmavam que em hipótese alguma a motivação da sentença seria afetada pela *res iudicata*; outros, que isso poderia ocorrer quando o dispositivo se apresentasse confuso, ininteligível e houvesse necessidade de buscar-se na motivação os elementos esclarecedores; outros, que a motivação sempre seria atingida pela coisa julgada, vez que esta representa a alma da sentença.

Savigny, em posição singular, entendia que somente os fundamentos objetivos da motivação seriam alcançados pela coisa julgada; para ele, tais fundamentos objetivos consistiam nos elementos constitutivos da relação jurídica. Conquanto a doutrina de Savigny tenha sido aceita por muitos, em alguns países, como a Alemanha e a Áustria, ela acabou rechaçada, bastando lembrar que nessas legislações se declarou que apenas o dispositivo seria abrangido pela *res iudicata*.

Em nosso meio, quando ainda vigente o Código de 1939, escritores de prestígio sustentaram que apenas a parte dispositiva da sentença seria afetada pela coisa julgada. Essa corrente doutrinária se achava fortemente influenciada pelo Código germânico e pelos ensinamentos de Liebman, embora seja de inteira justiça reconhecer-se que Paula Batista, já no século passado, percebera, com vanguardeira e perspicaz intuição, que unicamente o dispositivo era atingido pela *res iudicata*.

Segundo Liebman, a assertiva de que a coisa julgada estava restrita ao dispositivo, ainda que correta, deveria ser entendida em seu senso substancial e não formal, "de modo que abranja não só a fase final da sentença, mas também qualquer outro ponto em que tenha o juiz eventualmente provido sobre os pedidos das partes" (*apud* SANTOS, Moacyr Amaral, obra cit., p. 66).

Caso, todavia, em situação algo inusitada, o juiz, na fundamentação, decidir a respeito de determinado ponto ou questão, haveremos de admitir que a motivação, nesse caso específico, poderá ser alcançada pela coisa julgada, porquanto atraiu para si elementos que seriam próprios da parte dispositiva (*decisum*) da sentença.

De qualquer forma, optando pela melhor doutrina, o vigente estatuto processual civil clarifica que os motivos da sentença não fazem coisa julgada, mesmo que relevantes para determinar o alcance do julgado (art. 504, I). Esses motivos, reiteremos, apenas servem para explicar, para esclarecer o dispositivo, sem que, com isso, passem a fazer parte deste para efeito de produção de *res iudicata*.

Inciso II. *Verdade dos fatos*. Ao dizer que a verdade dos fatos posta como fundamento da sentença não produz coisa julgada, o legislador quase tocou nos lindes da redundância, pois se, no inciso anterior (I), afirmara que os motivos não são atingidos pela coisa julgada e compreendendo estes, sem dúvida, a verdade dos fatos, pareceria dispensável a presença do inc. II, no art. 504. O que se percebe, contudo, é que o legislador procurou explicar aquilo que, de certa maneira, estava implícito nos motivos da sentença.

Via de regra, a verdade dos fatos nasce da atividade de exame e de valoração das provas, que o juiz realiza, por imperativo do princípio do livre convencimento motivado (ou da persuasão racional).

Segue-se, que se o juiz admitir como verdadeiro um fato, em determinado processo, isso não significa, necessariamente, que essa veracidade deva ser acatada em outro processo, ainda que sob a direção do mesmo juiz. Calha, com perfeição, à espécie, a denominada prova emprestada — que tantos maus-tratos vem recebendo no campo prático, por parte de juízes e advogados.

Prova emprestada não é prova imposta por uma das partes à outra, ou pelo juiz a uma delas ou a ambas; é, acima de tudo, prova "negociada". Expliquemos. Se se discute sobre existência, ou não, de insalubridade, não pode um dos litigantes pretender juntar aos autos, como prova emprestada, laudo pericial extraído de outros autos de processo, ainda que pertinente ao mesmo local de trabalho em que o autor (no processo posterior) prestou serviços. Esclareça-se que não estamos a afirmar que uma tal prova emprestada não possa ser utilizada; o que estamos levando em conta é o fato de que, no geral, usa-se desse elemento probante para dispensar a produção de prova semelhante nos autos do processo que receberão tais elementos, por empréstimo. Daí por que a prova emprestada deve ser objeto de concertamento entre os contendores; fora disso, é prova imposta.

De qualquer sorte, a verdade dos fatos, reconhecida num processo, não vincula o convencimento do juiz em processo distinto, por força da norma legal (CPC, art. 504, II) que não coloca essa verdade sob o pálio da coisa julgada. Visto o assunto por esse ângulo, pode-se aplicar-lhe o dito sentencioso, em grande voga no âmbito processual, de que "cada caso é um caso", não sendo possível, em virtude disso, impor-se, para a generalidade das situações, uma prova produzida em apenas um deles.

Uma palavra final sobre o assunto

Sob o regime do diploma processual civil em vigor — e, por extensão, no plano do processo do trabalho — torna-se possível enunciar alguns princípios respeitantes ao binômio sentença/coisa julgada:

1) Só o dispositivo (também chamado *decisum*) produz coisa julgada; nele se proclama o resultado da apreciação dos fatos e da concreção destes às regras jurídicas pertinentes, realizada na fundamentação (ou motivação). É no dispositivo onde se abriga a decisão.

Quando se fala, pois, em autoridade da coisa julgada, não se está, como se possa supor, fazendo referência à sentença como um todo, um bloco incindível, e sim à sua parte final, conclusiva, o dispositivo, na medida em que apenas a ele se reconhece a capacidade de gerar a coisa julgada e de ser por ela protegido.

A consequência prática desse princípio é que tudo aquilo que esteve na causa, mas não fez parte do dispositivo, não passa em julgado, podendo, com isso, a parte voltar a ingressar em juízo para, mediante ação específica, obter um pronunciamento jurisdicional sobre a matéria — nada obstante possa também valer-se dos embargos declaratórios para sanar a omissão. Digamos que o autor peça aviso-prévio e horas extras e a sentença somente se pronuncie sobre o aviso-prévio: tanto poderia o autor dirigir-se ao juiz para conseguir, no mesmo processo, mediante o manejo dos embargos de declaração, um suprimento do ponto omisso, quanto ajuizar outra ação para pedir, exclusivamente, a condenação do réu ao pagamento de horas extras.

Em que pese ao fato de as horas extras terem sido postuladas no primeiro processo, a sentença não se manifestou sobre esse pedido. Logo, não houve, quanto a esse ponto, entrega da prestação jurisdicional invocada; daí ser lícito ao autor retornar a juízo com embargos declaratórios ou, na hipótese de haver precluído o prazo para o uso dessa medida, aforar outra ação, porquanto as horas extras, não tendo figurado no decisum, não foram afetadas pelo fenômeno da coisa julgada material.

2) Os motivos da sentença não fazem *res iudicata*, mesmo que sejam importantes para precisar o alcance dos efeitos que se irradiam da parte dispositiva. Conquanto, por uma questão de ordem lógica, o *decisum* decorra da fundamentação e esta seja, por isso, parte integrante deste, a lei separa essas partes da sentença para dizer que unicamente o dispositivo produz coisa julgada. À motivação fica reservada a tarefa de esclarecer, de tornar compreensível o *decisum*.

Se, entretanto, em situação invulgar e anômala, o juiz embaralhar as partes da sentença, fundindo a motivação ao *decisum*, ou decidindo tanto lá como aqui, deverá ser afastada a aplicação do inc. I do art. 504 do CPC, para efeito de admitir-se que a rescisória tenha como destinatária, também, a fundamentação.

3) Não faz coisa julgada, igualmente, a verdade dos fatos, eleita como fundamento da sentença, com o que se permite, em tese, que um mesmo fato apresente duas ou mais versões de sua verdade.

4) As questões prejudiciais, decididas de maneira expressa, farão, automaticamente, coisa julgada. No sistema do CPC de 1973 essas questões não produziam coisa julgada, exceto se houvesse requerimento da parte, o juízo fosse competente em razão da matéria e constituísse pressuposto necessário para o julgamento da lide (art. 470).

Art. 505. Nenhum juiz decidirá novamente as questões já decididas relativas à mesma lide, salvo:

I — se, tratando-se de relação jurídica de trato continuado, sobreveio modificação no estado de fato ou de direito, caso em que poderá a parte pedir a revisão do que foi estatuído na sentença;

II — nos demais casos prescritos em lei.

• **Comentário**

Caput. Reproduziu-se o art. 471 do CPC revogado.

A norma legal veda a possibilidade de o juiz decidir, novamente, as questões já resolvidas, pertinentes à mesma lide, exceto nas situações previstas nos incisos i e II.

Inciso I. Relação jurídica continuativa. Dizem-se continuativas as relações jurídicas (materiais) que não se exaurem com o pronunciamento jurisdicional, pois são regidas por "regras jurídicas que projetam no tempo os próprios pressupostos, admitindo variações dos elementos quantitativos e qualificativos" (MIRANDA, Pontes de. *Comentários ao código de processo civil*. (de 1939), 1. ed., v. 2., p. 369).

Na aplicação dessas regras, a sentença respeita os pressupostos vigentes ao tempo de seu proferimento, sem extinguir a relação jurídica, cujos elementos constitutivos ficam sujeitos à mutabilidade temporal. Caso típico são as sentenças que condenam a prestação periódica e às quais se têm chamado de determinativas.

Mesmo passando em julgado, a sentença que decidiu sobre uma relação jurídica continuativa pode ser revista, como permite o art. 505, I, parte final, do CPC. Nesse sentido, pode-se afirmar que as sentenças dessa natureza não se submetem ao comando do art. 505, do mesmo álbum processual, vale dizer, não são imutáveis nem indiscutíveis, porquanto trazem, de maneira implícita, a cláusula *rebus sic stantibus* (estando assim as coisas).

O processo do trabalho conhece, pelo menos, um caso característico de sentença que resolve situação jurídica da espécie continuativa e que, em razão disso, pode ser revista. Referimo-nos ao art. 873, da CLT, assim redigido: "Decorrido mais de 1 (um) ano de sua vigência, *caberá revisão das decisões que fixarem condições de trabalho, quando se tiverem modificado as circunstâncias que as ditaram, de modo que tais condições se hajam tornado injustas ou inaplicáveis*" (sublinhamos). Trata-se da conhecida ação coletiva de revisão de acórdão normativo; a ação mencionada deve constituir objeto de processo distinto daquele em que foi lançado o acórdão revisto.

As "circunstâncias", de que fala o art. 873, da CLT, são exatamente os pressupostos do tempo em que o acórdão original foi proferido e cujos elementos constitutivos sofreram variações quantitativas e qualificativas de razoável monta.

O acórdão revisor se prende, lógica e juridicamente, ao que será objeto de revisão, motivo por que não pode ignorá-lo ou afrontá-lo em sua essência.

Pode-se afirmar, pois, que a sentença (ou acórdão) que se pronuncie acerca de relação jurídica continuativa é revisável, contanto que haja sobrevindo modificação no estado de fato ou de direito, existente ao tempo em que ela foi emitida.

A execução por prestações sucessivas, de que se ocupam os arts. 890 a 892, da CLT, não se confunde com as sentenças que resolvem relações jurídicas continuativas, conquanto apresentem, em alguns momentos, pontos de contato com estas. Nem sempre a sentença que se manifesta sobre relação jurídica continuativa enseja a execução por prestações sucessivas, do mesmo modo como nem sempre a execução por prestações sucessivas decorre de sentença resolutória de relação jurídica que continua após o seu proferimento.

O importante a sublinhar-se é que não se deve pensar que a sentença determinativa não faça coisa julgada; fá-la, embora a sua nota particular fique por conta de ser passível de sujeitar-se a um processo de integração, imposto pela superveniência de modificações no estado de fato ou de direito apanhado pela sentença que se tenha pronunciado a respeito de relação jurídica continuativa, ou de trato sucessivo.

Cabe realçar que não só a modificação do estado de fato autoriza a revisão das sentenças determinativas; esse ato de rever o conteúdo do pronunciamento jurisdicional será plenamente admissível também no caso de alteração do direito em que se baseou a sentença.

A possibilidade de revisão das sentenças dessa natureza não é novidade trazida pelo art. 505, do CPC atual. Dele se ocupava o art. 471 do CPC de 1973. O texto de 1939, aliás, já se dedicara ao assunto, no art. 289, no qual o legislador, após declarar que nenhum juiz poderia decidir novamente as questões decididas, concernentes à mesma causa, abria umas poucas exceções a essa regra, dentre as quais quando o juiz houvesse decidido, segundo a equidade, determinada relação entre os litigantes, e estes "reclamarem revisão por haver-se modificado o estado de fato" (II). Não se previa, como se nota, nesse Código, a revisão da sentença determinativa em decorrência de modificação no estado de direito.

Inciso II. Demais casos. Dificilmente incidirá no processo do trabalho o inciso em estudo. No processo civil pode-se entender como compreendida na expressão "nos demais casos previstos em lei" a matéria que dá contudo à Súmula n. 85 do STJ, assim enunciada: "Nas relações jurídicas de trato sucessivo em que a Fazenda Pública figure como devedora, quando não tiver sido negado o próprio direito reclamado, a prescrição atinge apenas as prestações vencidas antes do quinquênio anterior à propositura da ação".

Art. 506. A sentença faz coisa julgada às partes entre as quais é dada, não prejudicando terceiros.

• **Comentário**

Repetiu-se, em parte, o teor do art. 472 do CPC revogado.

A coisa julgada atinge, apenas, as pessoas que figuraram no processo como autora, ré, assistente e o mais, ou se projeta além, para alcançar aquelas que não integraram a relação jurídica processual?

A resposta a essa indagação envolve o problema dos limites subjetivos da *res iudicata*, de extrema importância sob o aspecto da realidade prática.

Em Roma, firmada a *litiscontestatio*, a decisão que viesse a ser proferida alcançaria somente as partes e não terceiros. Lê-se em Ulpiano, p. ex.: *cum res inter alios iudicata nullum aliis praeiudicium facient* (a coisa julgada não produz nenhum prejuízo a terceiros: D. 44.2.1); em Macer: *res inter alios iudicata aliis non praeiudicare* (a coisa julgada não prejudica terceiros: D. 44.1.63) e em Paulo: *non opportet ex sententia sive iusta sive iniusta, pro alio habita alium pregravari* (seja justa ou injusta, a sentença proferida entre as partes não deve atingir terceiros: D. 3.2.21).

Estabeleceu-se, portanto, no direito romano antigo, a regra de que a coisa julgada alcança somente as partes e não terceiros (*res inter alios iudicata, aliis non praeiudicare*).

O princípio embutido nessa regra era — e ainda é — perfeitamente justificável, porquanto não seria justo que pessoas que não houvessem participado da relação jurídica processual viessem a ser molestadas pela sentença. Mesmo em Roma, porém, não se ignorava que, em situações excepcionais, a sentença acabava por infiltrar os seus efeitos nos círculos jurídicos de terceiros, com maior ou menor intensidade.

O reconhecimento dessa possibilidade sobreviveu no período medieval, em que os juristas da época encontraram enormes dificuldades para explicar, sob a óptica científica, o fenômeno consistente na repercussão da sentença na esfera dos indivíduos que não haviam integrado a relação jurídica processual.

Mais tarde, Savigny procurou revigorar esse pensamento que a Idade Média maltratara, baseando-se em supostos vínculos de representação que os terceiros possuíssem em relação às partes. Daí denominar-se essa teoria de representação. Embora a doutrina ideada por Savigny houvesse amealhado adeptos pelo mundo, inclusive em terras brasileiras (Teixeira de Freitas, João Monteiro, Paula Batista), ela não sobreviveu às duras críticas que lhe endereçaram alguns juristas, no século XVIII, para os quais a teoria da representação não se harmonizava com o instituto jurídico da representação e, além disso, era insuficiente para explicar os casos em que, efetivamente, terceiros eram atingidos pelos efeitos da *res iudicata*.

Ihering, por sua vez, procurou demonstrar que os atos jurídicos acarretam efeitos diretos e efeitos indiretos, considerando como os primeiros aqueles que foram previstos e desejados pelos litigantes; como os segundos, os que não foram previstos nem desejados pelas partes, mas que se tornaram inevitáveis. Em razão disso, essa teoria recebeu a denominação de efeitos reflexos dos atos jurídicos. Ihering procurou melhor explicá-la com o uso de certos postulados da vida física, observando que se atirarmos uma pedra a um lago, circunjacentemente ao ponto em que tocou na água se formam ondulações concêntricas, a primeira mais volumosa e de menor diâmetro, e as demais, com diâmetro superior mas menos volumosas, até que desapareçam por inteiro. Para o eminente jurista, o efeito desejado, na hipótese, foi acertar a pedra em algum ponto do lago, representando as ondulações, que a seguir se formaram, os efeitos não desejados, ou seja, os efeitos reflexos.

Inspirados na doutrina de Ihering, elaborou-se na Alemanha a teoria dos efeitos reflexos da coisa julgada, que também encontrou simpatizantes na Itália, graças à obra de Chiovenda, Betti, Redenti e Carnelutti, dentre outros.

Chiovenda se preocupou, todavia, em deixar claro que a afirmação de que a *res iudicata* vale em relação a terceiros não corresponde a aceitar o fato de que ela possa causar prejuízo a estes; prejuízo de natureza jurídica, porquanto o de fato é admissível.

Liebman, no entanto, conseguiu, com inegável talento, desnudar a inconsistência da teoria dos efeitos reflexos da sentença, ao mostrar que o equívoco fundamental dessa doutrina residia no fato de tomar a coisa julgada como efeito da sentença, quando na verdade ela é qualidade especial da sentença, protegendo-a com a cláusula da imutabilidade.

Para chegar a essa conclusão, Liebman separa a eficácia natural da sentença da coisa julgada e tira daí dois princípios: a) a eficácia natural da sentença alcança todas as pessoas; b) a autoridade da *res iudicata* está restrita às partes. Com isso, ele argumenta que como apenas a eficácia natural da sentença atinge terceiros (e não a coisa julgada), estes podem opor-se a ela, desde que prejudicados, para mostrar a sua injustiça ou, mesmo, ilegalidade. Ainda assim, para que os terceiros resistam à sentença há necessidade que possuam um interesse em antagonismo com a decisão; em sentido contrário, não poderão opor-se à sentença os terceiros cujo prejuízo acarretado por ela sejam meramente de ordem prática, ou econômica, pois entre o direito afirmado pela sentença e o destes não há incompatibilidade.

Avançando em sua construção, Liebman destaca três categorias de terceiros: a) terceiros indiferentes (aqueles a quem a sentença não traz nenhum prejuízo); b) terceiros interessados praticamente (aqueles que sofrem, em virtude da sentença, prejuízos práticos ou econômicos); c) terceiros juridicamente interessados. Estes se bipartem em: c.a) terceiros que possuem interesse igual ao das partes; c.b) terceiros cujo interesse jurídico é de categoria inferior ao das partes (assim são ditos porque são titulares de relações jurídicas dependentes da relação jurídica *in iudicio deducta*).

O Código de Processo Civil brasileiro em vigor, ao dispor que "A sentença faz coisa julgada às partes entre as quais é dada, não prejudicando terceiros" (art. 506), denota haver incorporado o princípio que vem do direito romano.

Art. 507. É vedado à parte discutir no curso do processo as questões já decididas a cujo respeito se operou a preclusão.

• **Comentário**

O tema estava no art. 473 do CPC revogado.

A preclusão, como dissemos, significa a perda da faculdade de praticar determinado ato processual. Pode ser temporal, lógica ou consumativa.

A preclusão *temporal* se verifica quando a parte, sem motivo justificado, deixa de praticar o ato que lhe incumbia ou o pratica fora do prazo; a *lógica* ocorre quando se pretende praticar ato incompatível com o anteriormente realizado pela mesma parte; a *consumativa* se configura quando se deseja praticar ato já realizado.

Ao vetar a possibilidade de a parte discutir no processo as questões já decididas, e a cujo respeito se operou a preclusão, o legislador visou a impedir o retrocesso, ou seja, o retorno do processo a fases já ultrapassadas.

O vocábulo *processo* sugere a ideia de marcha à frente, de evolução; portanto, conspiraria contra a finalidade desse método estatal de solução de conflitos de interesses eventual consentimento do legislador para que as partes praticassem atos no momento em que bem entendessem.

Em que pese ao fato de a norma dirigir-se às partes, há situações — embora raras — em que se opera a preclusão para o próprio magistrado; é a denominada preclusão *pro iudicato* — que não incide, todavia, quando se tratar de matéria de ordem pública, que, em razão disso, deve ser conhecida pelo juiz em qualquer tempo e grau de jurisdição, como no caso dos incisos IV, V ,VI e IX do art. 485 do CPC (*ibidem*, § 3º).

Art. 508. Transitada em julgado a decisão de mérito, considerar-se-ão deduzidas e repelidas todas as alegações e as defesas que a parte poderia opor tanto ao acolhimento quanto à rejeição do pedido.

• **Comentário**

Ocupava-se do assunto o art. 474 do CPC revogado.

O que a norma *sub examen* está a expressar é a proibição de as partes voltarem a discutir as matérias em relação às quais incidiu a autoridade da coisa julgada material. Esse veto se aplica tanto à discussão nos próprios autos ou ação distinta — exceto de tratar-se de rescisória.

Estamos, pois, diante da eficácia preclusiva da coisa julgada material. Essa eficácia, todavia, não atinge os casos em que a ação é ajuizada com fundamento em causa de pedir diversa da anterior, ainda que os pedidos sejam os mesmos.

Para melhor entendimento da regra inscrita no art. 508, do CPC, torna-se aconselhável rememorar que a litispendência, assim como a coisa julgada, requerem a identidade: a) de pessoas; b) de causa de pedir; e c) de pedidos. Destarte, nada impede que se formule outra ação em face do mesmo réu, contendo os mesmo pedidos, desde que a *causa petendi* seja diversa da anterior, pois aqui não estará ocorrendo repetição de "ação anteriormente ajuizada" (CPC, art. 337, § 1º), de tal modo que não se configurará litispendência nem ofensa à coisa julgada material (art. 338, §§ 3º e 4º).

Seria o caso, digamos, de um trabalhador postular a reintegração no emprego, alegando como causa de pedir a existência de norma legal atributiva de estabilidade. Se a sentença rejeitar o pedido, por entender que a norma legal invocada não lhe concede garantia de emprego, nada obsta a que o mesmo trabalhador volte a juízo com outra ação, em face do mesmo empregador, postulando a reintegração no emprego — agora, com fundamento em causa de pedir diversa da anterior, como seria o caso de afirmar que a estabilidade no emprego consta de convenção coletiva de trabalho aplicável à sua categoria e à do empregador. Nos termos do art. 508 do CPC essa reiteração do pedido, fundada em *causa petendi* distinta, será possível mesmo que a convenção coletiva de trabalho estivesse em vigor ao tempo do ingresso em juízo da primeira ação. Se a convenção entrou a viger posteriormente à formação da coisa julgada pretérita, traduzirá *fato superveniente*, que autorizará, do mesmo modo, nova invocação da tutela jurisdicional, em cuja inicial o autor repetirá os pedidos deduzidos na lide anterior.

No exemplo que formulamos, o autor deveria ter formulado o pedido com fulcro em duas causas de pedir: estabilidade legal e estabilidade convencional. Não se cuida, aqui, de pedido alternativo (CPC, art. 325), nem de pedido em ordem subsidiária (CPC, art. 326), senão que do mesmo pedido calcado em distintas causas de pedir. Se a norma legal e a convenção coletiva de trabalho estavam em vigor quando do ajuizamento da ação, nada justifica o fato de o autor haver indicado com *causa petendi* uma ou outra: era necessário que apontasse ambas. Se o juiz entendesse que inexistia estabilidade legal, passaria a examinar a existência, ou não, da estabilidade convencional, vindo a decidir de acordo com a conclusão que chegasse a esse respeito. Seja como for, *legem habemus*; e a lei permite ao autor ajuizar ação contendo o mesmo pedido da anterior, embora com causa de pedir diversa.

Uma nota complementar: o autor somente terá interesse processual (CPC, art. 17) em ingressar com a nova ação se o pedido formulado na anterior foi rejeitado (CPC, art. 490); caso tivesse sido acolhido, haveria o risco de advir nova condenação ao réu, num inaceitável *bis in idem*.

CAPÍTULO XIV
DA LIQUIDAÇÃO DE SENTENÇA

Art. 509. Quando a sentença condenar ao pagamento de quantia ilíquida, proceder-se-á à sua liquidação, a requerimento do credor ou do devedor:

I — por arbitramento, quando determinado pela sentença, convencionado pelas partes ou exigido pela natureza do objeto da liquidação;

II — pelo procedimento comum, quando houver necessidade de alegar e provar fato novo.

§ 1º Quando na sentença houver uma parte líquida e outra ilíquida, ao credor é lícito promover simultaneamente a execução daquela e, em autos apartados, a liquidação desta.

§ 2º Quando a apuração do valor depender apenas de cálculo aritmético, o credor poderá promover, desde logo, o cumprimento da sentença.

§ 3º O Conselho Nacional de Justiça desenvolverá e colocará à disposição dos interessados programa de atualização financeira.

§ 4º Na liquidação é vedado discutir de novo a lide ou modificar a sentença que a julgou.

• **Comentário**

Caput. Parte da matéria estava contida no art. 475-A do CPC revogado.

A norma dispõe sobre a liquidação da obrigação de pagar quantia certa imposta pela sentença — o mais frequente título executivo no processo do trabalho.

Nota introdutória

Nos termos do art. 783, *caput*, do CPC a execução para cobrança de crédito deve sempre fundar-se em título de obrigação certa, líquida e exigível.

Nessa mesma ordem de imposições, o art. 786 estabelece que a execução poderá ser instaurada se o devedor não satisfizer a obrigação "certa, líquida e exigível consubstanciada em título executivo". Esclarece o parágrafo único dessa norma que a necessidade de serem realizadas simples operações aritméticas destinadas a apurar o valor do crédito exequendo não subtrai a liquidez constante do título.

Em um plano ideal, as obrigações estampadas em títulos executivos judiciais deveriam ser sempre *líquidas*, ou seja, conter todos os elementos necessários à sua imediata execução, porquanto a *certeza* do credor, em relação ao montante do seu crédito — e, em contrapartida, a do devedor, quanto ao total da dívida —, propiciaria uma execução rápida, livre, em boa medida, dos incidentes que a entravam, entre os quais se incluem os respeitantes à determinação do *quantum debeatur*. O art. 852-B, I, da CLT, por exemplo, que versa o procedimento sumariíssimo, exige que o pedido formulado na inicial seja certo ou determinado e indique "o valor correspondente". Essa norma estava em harmonia com o § 2º, do mesmo artigo, pelo qual se exigia que a sentença condenatória também fosse expressa mediante valores líquidos. O sobredito parágrafo, todavia, foi vetado, quebrando a harmonia a que nos referimos.

Não estamos afirmando que haja, na prática, sentenças que se revelam *incertas* quanto à *existência* do crédito, pois semelhante anomalia corresponderia à não-sentença, ao *nihil* jurisdicional, sabendo-se que em nosso sistema de processo o provimento emitido pelo juiz deve ser sempre *certo*, mesmo quando resolva relação jurídica condicional (CPC, art. 492, parágrafo único). Nula será, conseguintemente, a sentença que subordinar o acolhimento dos pedidos formulados pelo autor à *eventualidade* de ser constatada, na fase de liquidação, a existência do direito por ele alegado.

A incerteza, pois, que se possa irradiar da sentença exequenda liga-se exclusivamente ao montante, ao *quantum* da dívida, situação que exigirá a prática de certos atos antecedentes à execução propriamente dita — e dela preparatórios —, destinados à quantificação do valor a ser exigido ao devedor. A esse conjunto de atos dá-se o nome de *liquidação* — que, em rigor, não é da sentença, e sim da *obrigação*, nela contida.

São múltiplos os fatores que impedem o juiz de proferir, no procedimento ordinário, sentenças contendo obrigações líquidas: ora decorre da própria natureza do pedido, ora da absoluta ausência de elementos nos autos (máxime da inicial e na contestação), ora da vasta quantidade de pedidos deduzidos pelos litigantes, ora das próprias circunstâncias em que a sentença foi prolatada (em audiência, *e. g.*, quando o juiz possuía pouco tempo para compulsar, detidamente, os autos, com o objetivo de encontrar elementos que ensejassem uma condenação líquida) etc. Não é de grande interesse, para este livro, investigarmos as causas que conduzem ao proferimento de sentenças ilíquidas (obrigações ilíquidas), e sim estudarmos o procedimento judicial a ser observado quando isso acontece.

Conceito

Em sentido genérico, o verbo *liquidar* sugere a acepção de averiguar, tornar líquido, tirar a limpo; na terminologia processual, entretanto, o substantivo *liquidação* indica o conjunto de atos que devem ser praticados com a finalidade de estabelecer o exato valor da condenação ou de individualizar o objeto da obrigação. Como assinala Moacyr Amaral Santos, pela liquidação se visa a estabelecer o valor, a quantidade ou a espécie de obrigação, vale dizer, o *que* ou *quanto* é devido (obra cit., p. 2.396).

Pela nossa parte, conceituamos a liquidação como (a) a fase preparatória da execução, (b) em que um ou mais atos são praticados, (c) por uma ou por ambas as partes, (d) com a finalidade de estabelecer o valor da condenação (e) ou de individuar o objeto da obrigação, (f) mediante a utilização, quando necessário, dos diversos meios de prova admitidos em lei.

Examinemos, a seguir, individualmente, os elementos componentes do conceito que enunciamos.

(a) Fase preparatória da execução. Embora a liquidação, do ponto de vista sistemático, integre a execução, sob o aspecto lógico ela figura como fase destinada a *preparar* a execução ou o cumprimento da sentença, por forma a tornar exequível a obrigação contida no título judicial, seja precisando o valor da condenação ou individuando o objeto da obrigação. A liquidação possui, portanto, caráter não apenas *quantificante*, mas também *individualizante*. Título judicial, cuja execução se promova sem prévia liquidação — sempre que esta fosse imprescindível —, é legalmente inexigível, rendendo ensejo a que o devedor argua a falta em seus embargos.

(b) Em que um ou mais atos são praticados. Esse elemento da definição que elaboramos tem o propósito de chamar a atenção ao fato de que embora, no geral, credor e devedor pratiquem diversos atos convenientes aos seus interesses, na liquidação há casos em que, às vezes, o seu escopo é atingido mediante a prática de um só ato pela parte (o credor apresenta artigos de liquidação que não são impugnados pelo devedor).

(c) Por uma ou por ambas as partes. Nada obstante o devedor tenha sido colocado em um ontológico *estado de sujeição* (ao comando sancionatório que se esplende da sentença condenatória exequenda) pelo legislador, não se deve tirar desse fato a equivocada conclusão de que ele não possua, na liquidação, direito a praticar atos necessários a fazer com que a execução ou o cumprimento da sentença não transborde do título executivo em que se funda, ou que não se afaste do devido procedimento legal.

Tanto é verdadeira a assertiva que o Código lhe permite opor-se à execução, via embargos (CLT, art. 884); contestar os artigos de liquidação (CPC, art. 511); embargar a arrematação ou a adjudicação e o mais.

(d) Com a finalidade de estabelecer o valor da condenação. Cuida-se aqui de execução por quantia certa (CPC, art. 523), que tem na expropriação judicial de bens do devedor o seu objeto *(ibidem,* § 3º). Via de regra, as liquidações trabalhistas tendem a quantificar o valor da condenação, pois o que mais se costuma pedir, no âmbito da Justiça do Trabalho, é a emissão de provimentos condenatórios do réu ao pagamento de certa quantia.

(e) Ou de individuar o seu objeto. Em alguns casos — algo infrequente no processo especializado — o que se busca, na fase de liquidação, não é definir o *quantum debeatur* e sim individuar o objeto da obrigação a ser adimplida pelo devedor, ou seja, "qualidades e espécies, como nas ações universais, nas alternativas e condicionais..." (LEITE VELHO. *Execução de sentenças*. Rio de Janeiro, 1985, p. 294, nota 1). Em situações como essas, a atividade que as partes deverão desenvolver, nessa fase preparatória da execução, concentra-se na fixação do *gênero* e da *qualidade* do objeto obrigacional.

(f) Mediante a utilização, quando necessário, dos diversos meios de prova admitidos em lei. Determinadas liquidações reclamam a abertura de fase voltada a provar certos fatos que são relevantes ou mesmo imprescindíveis para definir-se o montante da condenação. Esse momento probatório é comum na liquidação *por artigos*, notadamente porque o CPC dispõe que, nessa modalidade de liquidação, será observado o procedimento *ordinário* (art. 509, II). Daí vem a possibilidade de as partes requererem a produção de provas, segundo os meios especificados em lei (ou desde que moralmente legítimos.

Torna-se despiciendo fazer constar da definição que apresentamos a ressalva de que os atos praticados pelo credor e pelo devedor, na espécie, estariam sob a fiscalização do juiz, pois essa vigilância do magistrado não constitui particularidade dessa fase de quantificação do débito, se não que traço marcante do processo moderno, que se manifesta em todos os momentos e em todas as espécies de procedimento.

Impende registrar que a necessidade de apurar-se a liquidez da obrigação, estampada no título executivo, decorre de norma legal imperativa, segundo a qual a execução, visando à cobrança de crédito, deve lastrear-se em título líquido, certo e exigível (CPC, art. 783, *caput*), sob pena de o desrespeito a esse mandamento conduzir à virtual declaração de nulidade da execução (CPC, art. 803, I).

Natureza jurídica da liquidação

Na vigência do CPC de 1939, alguns estudiosos consideravam a liquidação um processo *incidente* no de execução. Pontes de Miranda, p. ex., entendia haver aí "Duas ações, fundadas em duas pretensões diferentes, uma a liquidar e outra a executar, dois processos metidos num só, o que explica a diferença de tratamento na liquidação pelas duas proposições do art. 917" (*Comentários ao código de processo civil*. 2. ed., v. XIV. Rio de Janeiro: Forense, 1961. p. 163). Observa, porém, Alcides de Mendonça Lima que o festejado jurista adaptou essa mesma ideia ao regime do diploma processual civil de 1973 (obra cit., p. 645). Lê-se, com efeito, nos "Comentários" relativos a esse Código: "Duas ações: a) a de liquidação e a de execução. O que há, na espécie, é acessoriedade preparatória, sem que isso afaste poder qualquer credor ou devedor pedir, em ação de plena autonomia, a liquidação da dívida: o que era ilíquido passou a ser líquido, para a eficácia da relação jurídica".

A doutrina predominante vê a liquidação como uma fase *preparatória* da execução. Essa é, também, a nossa opinião, pois a liquidação foi instituída, finalisticamente, para tornar possível a execução da obrigação expressa no título executivo judicial; daí o sentido *preparatório* de que ela se reveste. A liquidação, em muitos casos, é pressuposto essencial à execução. Laboram em erro, por isso, os que sustentam ser a liquidação um processo *incidente* no de execução. Como dissemos, a liquidação não se apresenta como processo autônomo, se não que como fase preparatória daquela. Logo, a liquidação antecede à execução, a despeito de reconhecermos que do ponto de vista sistemático ela integra o processo de execução. *Stricto sensu*, a liquidação pode ser entendida como uma espécie de elo entre a sentença exequenda e a execução propriamente dita.

Conquanto a nulidade da execução calcada em sentença contendo obrigação ilíquida deva ser alegada, em princípio, nos embargos, pensamos que o devedor possa denunciar a irregularidade antes mesmo da fase de embargos, hipótese em que se deverá valer do mandado de segurança, porquanto é líquido e certo o seu direito de ver a execução processar-se com base em título que se caracterize pela *liquidez* da obrigação (CPC, arts. 783 e 786). Exigir que o executado deva aguardar o momento dos embargos para arguir a nulidade da execução seria criar-lhe, não raro, graves embaraços, pois para tanto teria de efetuar a garantia do juízo, mediante o oferecimento de bens à penhora; daí sugerirmos o manejo do mandado de segurança. Nesse tema, aliás, vamos além: entendemos que no processo do trabalho o juiz possa declarar *ex officio* a nulidade da execução lastreada em título ilíquido, dada a imperatividade da regra insculpida no art. 803, I, do CPC. Afinal, se a obrigação se apresenta ilíquida, como poderia o órgão jurisdicional *exigir* ao devedor o correspondente adimplemento, se este nem sequer sabe quanto deve pagar? Nenhum juiz, por certo, incorreria na falta contra o senso lógico, consistente na emissão de mandado executivo em que o valor da condenação (em pecúnia) não estivesse determinado. Daí estarmos convencidos de que o juiz pode — e, *plusquam*, deve — pronunciar, por sua iniciativa, a nulidade da execução em situações como a que estamos a perlustrar.

Silenciando o magistrado a respeito, abre-se ao devedor a oportunidade de alegar a nulidade da execução, antes mesmo da fase de embargos, valendo-se, para isso, como afirmamos, do mandado de segurança, porquanto não nos parece justo que deva fazê-lo apenas nos embargos, com prévia garantia do juízo, nem jurídico que se lhe permita embargar sem realizar esse garantimento. Afinal, qual seria o *valor* dessa garantia, se o que a liquidação visa, exatamente, é definir o valor da execução?

Uma outra oportunidade que se concede ao devedor, nessa hipótese, é a de fazer uso da *exceção de pré-executividade*, mediante a qual poderá defender os seus legítimos interesses fora do processo de embargos, vale dizer, sem o constrangimento de realizar, de modo prévio, o garantimento patrimonial da execução forçada.

Finalidade

A liquidação, como capítulo preparatório da execução, encontra a sua razão teleológica no estabelecimento do valor exato da condenação, ou na individuação do objeto obrigacional, conforme seja o caso; ela se destina, por outros termos, a tornar líquida a obrigação oriunda do título executivo judicial, como requisito imprescindível à exigibilidade deste (CPC, arts. 783 e 786).

Seria desejável que, no processo do trabalho, onde o princípio (ou mero anseio, nos dias de hoje?) da celeridade do procedimento tem importância quase vital — em virtude da natureza das lides que ele visa a compor —, a sentença contivesse, sempre que possível, mesmo no procedimento ordinário, condenação *líquida*, de modo que permitisse, ato contínuo ao trânsito em julgado, dar início à pertinente execução; com isso, se evitaria a instauração da fase de liquidação, na qual o devedor encontra, muitas vezes, ensejo para a prática de atos procrastinatórios e tumultuários do procedimento, em que pese à existência de veto legal recorribilidade autônoma da denominada "sentença" (melhor: decisão interlocutória) de liquidação (CLT, art. 884, § 3º).

Cumpre ao juiz, pois, empenhar-se em ir tornando certos e determinados — no curso da instrução do processo de conhecimento — os elementos de que mais tarde se utilizará caso venha a proferir sentença condenatória do réu (valor do salário do empregado; número de horas extras diárias; período de vigência do contrato etc.). A prática tem demonstrado que a economia de tempo que o juiz consegue obter com o aceleramento da instrução processual acaba, quase sempre, se tornando inútil, pois esse açodamento na coleta da prova traz o inconveniente de colocá-lo, no momento em que deve proferir a decisão de mérito, diante de fatos não suficientemente provados, de elementos imprecisos e dubitativos, impedindo-o, com isso, de emitir sentença líquida e compelindo-o, por outro lado, a remeter a quantificação dos valores à fase liquidatária — na qual haverá grande consumo de tempo e de atividade jurisdicional.

Seria muito cômodo, entretanto, atribuir somente ao juiz a responsabilidade pelo fato de os autos do processo não possuírem elementos que permitam o proferimento de sentença condenatória expressa em valores líquidos; essa responsabilidade está afeta, acima de tudo, às partes em geral, e ao autor em particular, pois este, como beneficiário de eventual provimento condenatório, tem indiscutível interesse em introduzir nos autos (já com a inicial ou posteriormente a ela) elementos capazes de dispensar o futuro título executivo de submeter-se à fase de liquidação.

Lancem-se, em razão disso, oportunas observações admonitórias àqueles autores que se descuram de providências dessa ordem, com imaginarem que o juiz do trabalho — na qualidade de diretor do processo — esteja obrigado a suprir por sua iniciativa semelhantes incúrias.

De modo geral, a liquidação apenas deveria ser admitida em relação às sentenças condenatórias que encerrassem obrigações *ilíquidas* (CLT, art. 879, *caput*) decorrentes da formulação de pedidos genéricos (CPC, art. 324, § 1º). Em alguns casos especiais, todavia, será lícito ao juiz emitir sentença abrigando condenação ilíquida, nada obstante o autor tenha deduzido pedidos certos ou determinados. Devemos esclarecer que a *certeza* do pedimento feito em juízo concerne à sua *existência* (embora a própria lei consagre, em alguns casos, a presença de pedidos *implícitos* — CPC, art. 322, § 1º) e a *determinação*, à sua quantidade ou objeto.

Sentença que deixa de fixar o valor da condenação, sendo líquido o pedido (e desde que o tenha acolhido), é *omissa*; sendo assim, a falta poderá ser suprida, mediante a utilização, pelo interessado, dos embargos declaratórios (CPC, art. 1.022, II). É elementar que inexistirá omissão se o pedido for ilíquido, ou, sendo líquido, a sentença não o acolher por inteiro, de sorte a tornar necessária a quantificação, em fase própria, do montante concedido pelo órgão jurisdicional.

Inciso I. Vejam-se os comentários que faremos ao art. 510.

Inciso II. Vejam-se os comentários que faremos ao art. 511.

§ 1º Via de regra, a execução pressupõe que todas as parcelas integrantes da condenação já tenham sido liquidadas, de tal arte que o título executivo judicial é exigível em sua plenitude. Se, contudo, a sentença possuir uma parte líquida e outra ilíquida, permite-se ao credor promover, de modo simultâneo, a execução daquela e, em autor apartados, a liquidação desta. Essa é a *faculdade* que decorre do § 1º do art. 509 do CPC, de aplicação supletiva ao processo do trabalho, onde tal execução parcial convém, muitas vezes, aos interesses do credor, máxime quando a liquidez (que permite a imediata execução parcial do título) compreende valores significativamente elevados, em cotejo com os que deverão ser apurados em liquidação.

Liquidações autônomas

Quando, por força do título executivo judicial, as partes estiverem obrigadas a realizar prestações *recíprocas* — e desde que derivantes de atos jurídicos distintos — poderá, cada qual, promover a liquidação independentemente da outra; essas liquidações se processarão de maneira simultânea, ou não, mas sempre lado a lado. Discorrendo sobre o assunto, *Pires Chaves* cita o exemplo do empregado que pleiteia o recebimento de indenização, em processo em que o empregador reconvém para pedir a devolução do imóvel ocupado por aquele, em virtude do contrato de trabalho. No tocante à ação do empregado, a sentença condena o empregador ao pagamento da indenização pretendida; quanto à reconvenção, o trabalhador é condenado a devolver o imóvel, ou a pagar o valor dos aluguéis que se forem vencendo após a sentença, mediante fixação do Juízo da liquidação.

Em que pese ao fato de o exemplo apontado pelo ilustre jurista encontrar-se correto, do ponto de vista de sua ideação teórica, entendemos que, na hipótese, a Justiça do Trabalho não teria competência para estabelecer o valor dos aluguéis a serem pagos pelo empregado, enquanto este não efetuar a devolução do imóvel. Sem embargo, se a ocupação do imóvel era a título de salário-habitação, não se haveria de cogitar de aluguel, mesmo que a desocupação deixasse de ocorrer no prazo fixado; se essa relação fosse, desde o início, entre locador e locatário, evidenciada estaria a incompetência *ratione materiae* da Justiça do Trabalho.

Pelo que temos observado, rareiam na prática os casos em que a sentença enfeixa condenações de pagar quantia certa, recíprocas, de modo a possibilitar que, mais tarde, cada parte venha a promover a execução que lhe corresponde. De qualquer forma, o que importa é assinalar a possibilidade de, também no processo do trabalho, a sentença encerrar condenações de ambas as partes, individualizadamente, contanto que respeitada a competência do juízo trabalhista.

Situação que não se confunde com as anteriormente examinadas é a da sentença que reconhece ao devedor o direito de compensar certos valores com o montante da condenação que lhe foi imposta; caberia ao credor, aqui, proceder à liquidação das obrigações a serem satisfeitas pelo devedor, e este, por sua vez, dar início, em petição autônoma, à liquidação das quantias relativas à compensação que lhe foi referida, porquanto seria ilógico exigir-se *do credor* a prática de atos destinados a quantificar as importâncias que constituem crédito (compensável) *do devedor*.

Tratando-se de liquidação de obrigações que se interpenetram, mas de inegável autonomia quanto à titularidade, é recomendável que sejam apresentadas em peças separadas, a despeito de virem a ser apreciadas por uma única decisão.

§ 2º Far-se-á a liquidação por *cálculos* quando o montante da condenação depender de simples operações aritméticas. Nesse caso, a sentença abriga em seu interior todos os elementos necessários à fixação do *quantum debeatur*, destinando-se essa fase, em virtude disso, apenas a revelar a exata *expressão pecuniária* desses elementos, o que será feito por meio de cálculos do contador.

A Lei n. 10.035, de 25 de outubro de 2000, que dispôs sobre procedimentos relativos à execução, na Justiça do Trabalho, das contribuições devidas à Previdência Social, introduziu os §§ 1º-B e 3º, entre outros, no art. 879 da CLT, para dizer que os cálculos (em geral) podem ser elaborados *pelas partes* ou pelos órgãos auxiliares dessa Justiça.

Nos termos do art. 879, § 1º-B, da CLT, as partes serão previamente intimadas para a apresentação dos cálculos de liquidação, incluída a contribuição devida à Previdência Social.

No caso de os cálculos serem elaborados pelo contador oficial (perito, conforme é do costume dizer-se), o juiz poderá abrir vista às partes pelo prazo sucessivo de dez dias, para a impugnação fundamentada, com indicação dos itens e valores objeto da discordância, sob pena de preclusão (CLT, art. 879, § 2º).

Tenham os cálculos sido elaborados pelas partes ou pelos órgãos auxiliares da Justiça do Trabalho, o juiz determinará a intimação da União para manifestar-se a respeito, no prazo de dez dias, sob pena de preclusão.

Torna-se oportuno e relevante fazer uma observação conclusiva sobre o tema da liquidação mediante cálculos, no processo do trabalho.

Coexistem, hoje, nesse processo, dois procedimentos a serem adotados pelo magistrado, a saber:

a) o que denominados de *tradicional* (CLT, art. 879, § 2º) conforme o qual, elaborados os cálculos pelo contador, o juiz: a.a.) homologa-os de plano, portanto, sem dar vistas às partes, e ordena expedição de mandado de citação e de penhora de bens do devedor. Em casos excepcionais, como quando o próprio magistrado verificar a existência de manifestos erros nos cálculos do contador, poderá mandar refazê-los, mediante os critérios que fixar; a.b.) concede vistas às partes, pelo prazo sucessivo de dez dias, para a impugnação fundamentada, com indicação dos itens e valores objetos da discordância, sob pena de preclusão;

b) o sistema *alternativo* (CLT, art. 879, § 1º-B), pelo qual o juiz determina que uma das partes, ou ambas, apresentem cálculos, incluindo-se aí a contribuição previdenciária devida. A parte contrária terá o prazo de dez dias para manifestar-se.

Seja num procedimento ou noutro, a União deverá ser intimada para manifestar-se sobre os cálculos, também no prazo preclusivo de dez dias (CLT, art. 879, § 3º).

Vejamos, a seguir, o procedimento a ser observado pelo juiz, conforme conceda, ou não, prazo para que as partes se manifestem sobre os cálculos.

1.) Concessão de prazo

1.1.) Cálculo do contador (CLT, art. 879, § 2º)

A concessão do prazo sucessivo de dez dias, para que os demandantes se manifestem sobre os cálculos do contador, constitui *faculdade* do juiz. Pretendemos demonstrar, no entanto, a contar deste ponto, que ele não deve fazer uso dessa faculdade, seja porque isso só beneficiará o devedor, seja porque acarretará graves tumultos do procedimento — que não deixa de ser, de certa maneira, algo que também atende às conveniências do mau devedor.

Com efeito, no sistema do art. 884, § 3º, da CLT, tanto o credor quanto o devedor somente podem impugnar a denominada "sentença" (na verdade, *decisão* de traço interlocutório) de liquidação na *fase* dos embargos à execução. No que toca ao devedor, a regra, como já assinalado, é particularmente talentosa, pois exige deste o garantimento da execução, para poder embargar, e, em consequência, para contestar os cálculos.

Ao permitir, todavia, que o juiz conceda ao litigante prazo para manifestar-se sobre os cálculos, a Lei (CLT, art. 879, § 2º) desferiu um rude golpe num sistema que, até então, vinha funcionando com eficiência. Assim afirmamos porque, ao declarar que se a parte nada falar sobre os cálculos haverá, contra ela, a preclusão, a referida norma acabou por estimular o devedor a impugnar, sempre, os cálculos, sendo certo que o fará em muito boa sombra, pois não necessitará, para isso, garantir patrimonialmente a execução. Desse modo, tangido, por um lado, pelo receio de ver formada, contra si, a preclusão, e motivado, por outro, pelo fato de não ter de garantir a execução, o devedor encontra, na conjugação desses dois fatores, motivos de sobra para discutir, até à exaustão, a matéria pertinente aos cálculos, fazendo, com isso, retardar a constrição de seu patrimônio e a prática dos consequentes atos expropriatórios. Tudo isso, à evidência, em detrimento dos interesses do credor exaltados pelo art. 797 do álbum processual civil.

Não é só. A concessão de prazo, a fim de que as partes se manifestem quanto aos cálculos, pode implicar profundos distúrbios no procedimento e na lógica do sistema, como veremos.

Realmente, se o devedor impugnar os cálculos, e o juiz, apesar disso, homologá-los, poderá aquele oferecer embargos à execução, tendo como objeto os cálculos homologados? Se isso for possível, não estaremos diante de *duas* impugnações, *perante o mesmo juízo*, tendo como núcleo a *mesma matéria*: uma, pertinente à "sentença" de liquidação; outra, à sentença

Código de Processo Civil — Art. 496

b) os clássicos embargos do devedor foram convertidos em *impugnação*;

c) o conceito de sentença (art. 162, § 1º) foi alterado, porquanto este ato jurisdicional nem sempre será causa de extinção do processo, sem ou com resolução do mérito (arts. 267 e 269, respectivamente).

A propósito, semelhante sincretismo processual já havia sido estabelecido em relação às obrigações de fazer e de não fazer (art. 461) e de entregar coisa (art. 461-A, acrescentado pela Lei n. 10.444/2002).

Em suma, no processo civil a efetivação das obrigações de fazer, não fazer, entregar coisa e pagar quantia certa, contidas na sentença, deixou de ser objeto de execução autônoma, passando a ser realizada no próprio processo de conhecimento (*sine intervallo*), como fase subsequente à emissão da sentença condenatória. Na verdade, as obrigações de pagar quantia certa, embora já não se submetam, como dissemos, a processo autônomo de execução, serão *executadas* sob o título de 'cumprimento da sentença'. Estabelece, com efeito, o art. 475-I, do estatuto processual civil: 'O cumprimento da sentença far-se-á conforme os arts. 461 e 461-A desta Lei ou, tratando-se de obrigações por quantia certa, *por execução*, nos termos dos demais artigos deste Capítulo' (destacamos).

Podemos dizer, com espeque nesta normal legal, que, no âmbito do processo de conhecimento, o 'cumprimento da sentença' é o gênero, do qual a execução constitui espécie. Conquanto, neste último caso, inexista *processo* autônomo de execução (pois a matéria é tratada no Livro I, do Código) haverá *atividade executiva*, talqualmente como já ocorria, por exemplo, nas ações possessórias, nas de despejo e nas mandamentais, dentre outras.

Seguem, porém, submetidas à execução clássica (processo autônomo):

a) as obrigações consubstanciadas em títulos extrajudiciais;

b) as sentenças proferidas fora do processo civil (como a penal condenatória, e a estrangeira homologada);

c) as obrigações em geral, inclusive, as de pagar quantia, exigidas em face da Fazenda Pública.

Nestes casos, haverá embargos do devedor (CPC, arts. 736 a 740 e 741), e não, 'cumprimento da sentença' (arts. 475-I a 475-R), segundo o sentido técnico desta última expressão no modificado sistema do processo civil.

É oportuno ressaltar que a peculiaridade de, no processo do trabalho, a *execução* processar-se nos mesmos autos em que foi produzido o título executivo judicial (sentença ou acórdão) — tal como agora se passa no processo civil sob a forma de 'cumprimento da sentença' —, não configura o sincretismo realizado no plano deste último pela Lei n. 11.232/2005, uma vez que, do ponto de vista sistemático-estrutural, os processos de conhecimento e de execução, normatizados pela CLT, continuam sendo *autônomos*, vale dizer, não foram aglutinados pelo texto legal. Daí, a razão pela qual o art. 880, *caput*, da CLT, alude à *citação* do executado, e não, à sua *intimação*. Neste processo, portanto, o sincretismo cognição-execução é, apenas, *aparente*. É como a imagem de um objeto refletida na superfície de um lago: o que aí se vê é o reflexo do objeto e não o objeto real.

Nos termos do art. 475-J, do CPC, o procedimento do 'Cumprimento da Sentença' é, em traços gerais, o seguinte:

a) se o devedor não pagar, voluntariamente, no prazo de quinze dias, a quantia constante da sentença condenatória ou fixada em liquidação, esse montante será, de modo automático, acrescido da multa de dez por cento (*caput*). Se o pagamento for parcial, a multa incidirá sobre o restante (*ibidem*, § 4º). Nota-se, pois, que essa penalidade pecuniária foi instituída com a finalidade de estimular o devedor ao cumprimento *espontâneo* da obrigação;

b) em seguida, a requerimento do credor, será expedido mandado de penhora e avaliação, cumprindo ao requerente, com vistas a isso, atender ao disposto no art. 614, inciso II, do CPC (*ibidem*). Faculta-se-lhe indicar, na mesma oportunidade, os bens a serem penhorados (*ibidem*, § 3º);

c) do auto de penhora e avaliação o executado será de imediato *intimado*, na pessoa de seu advogado (arts. 236 e 237), ou, na falta deste, de seu representante legal, ou pessoalmente, por mandado ou pelo correio, podendo oferecer *impugnação* ao título executivo no prazo de quinze dias (§ 1º). As matérias possíveis de serem alegadas na *impugnação* estão enumeradas no art. 475-L.

Não interessa ao escopo deste nosso estudo o exame das demais enunciações do art. 475-J, assim como dos arts. 475-L a 475-R, do CPC.

Pois bem. Certos setores da doutrina e da própria magistratura trabalhista do primeiro grau de jurisdição vêm entendendo que as disposições da Lei n. 11.232/2005, reguladoras do procedimento do 'Cumprimento da Sentença', são aplicáveis ao processo do trabalho.

Os fundamentos dessa corrente de pensamento são de diversas colorações, algumas de natureza acentuadamente político-ideológica; em essência, contudo, apresentam certos pontos-comuns, como as afirmações de que:

a) a CLT é *omissa* quanto à matéria;

b) a aplicação do procedimento do 'cumprimento da sentença' contribui para o atendimento à cláusula constitucional da 'razoável duração do processo' (CF, art. 5º, inciso LXXVIII).

Examinemos, ainda que com brevidade, esses fundamentos.

a) Omissão da CLT

A corrente de opinião que estamos a examinar costuma invocar, em defesa de seu ponto de vista, a lição de Norberto Bobbio a respeito das *lacunas* da lei, particularmente aquelas que este notável jurista classifica de *lacunas objetivas*. Estas, segundo ele, decorrem da dinâmica das relações sociais, das novas invenções, de fenômenos econômicos supervenientes, de progressos tecnológicos, enfim, de todos aqueles fatores que provocam o *envelhecimento* dos textos legais. *Esse envelhecimento normativo* autorizaria o magistrado a buscar, em outros sistemas processuais, normas capazes de conceder maior efetividade ao processo que a ele incumbe aplicar, ainda que este não seja tecnicamente lacunoso. A lacuna seria, por assim dizer, não formal, mas, *ideológica*.

Essa corrente de pensamento traz, assim, implícita, a afirmação de que determinadas normas da CLT, regentes da execução, podem ser *substituídas* por normas do processo comum — especialmente, o civil —, em nome da necessidade de tornar o primeiro mais célere e mais efetivo.

Em última análise, essa doutrina, embora reconheça que a CLT contenha regras estruturadoras do processo de execução e, em particular, reguladoras dos *embargos do devedor* (art. 880), sustenta ser possível a incidência de dispositivos do CPC, segundo o critério da *comparação valorativa* dos sistemas normativos e do resultado que disso decorra. Ou seja, cotejando-se as disposições da CLT com as do CPC e verificando-se que estas são mais eficientes do que aquelas, aplicam-se as do CPC. Percebe-se, assim, que a pretexto de dar ao art. 769, da CLT, uma interpretação mais consentânea com a realidade, essa doutrina acaba por negar vigência à referida norma legal ao colocar de lado o pressuposto fundamental da omissão, nela estampado.

Não somos adeptos e, quanto menos, defensores do positivismo jurídico, que sói desaguar no dogma da *completude* do processo do trabalho legislado, vendo-o, por isso, como um sistema ocluso, impenetrável por normas de outros sistemas. E, a despeito de termos grande admiração a Bobbio, a Claus-Wilhelm Canaris, a Karl Engisch e a tantos outros juristas de nomeada, entendemos que o pensamento destes escritores não serve à causa daqueles que, ao contrário de nós, sustentam a aplicação do art. 475-J, do CPC, ao processo do trabalho.

Temos plena consciência da *incompletude* do processo do trabalho legislado; essa existência lacunosa, aliás, foi antevista pelo próprio legislador, como evidencia a regra integrativa inscrita no art. 769, da CLT. Em decorrência disso, o processo do trabalho vem adotando, há décadas, em caráter supletório, normas do processo civil para colmatá-lo, para torná-lo *completo* e, deste modo, prover-se de meios e condições para atingir os fins a que se destina — movido, sempre, nesse afanoso mister, pelo combustível da celeridade.

Não há necessidade de referir, nesta altura de nossa explanação, os inúmeros dispositivos do CPC que têm sido aplicados, costumeiramente, ao processo do trabalho.

É importante observar, isto sim, que a adoção supletiva de normas do processo civil não pode acarretar alteração do *sistema* (procedimento) do processo do trabalho, que é a espinha dorsal deste, pois se sabe que essa adoção só se justifica como providência necessária para atribuir maior eficácia ao sobredito *sistema* e não, para modificar-lhe a *estrutura* em que se apoia.

No *sistema* do processo do trabalho a execução constitui *processo autônomo*, regulado pelos arts. 876 a 892, da CLT. O fato de o CPC haver deslocado a liquidação e a execução por quantia certa, fundada em título *judicial*, para o processo de conhecimento não torna o processo do trabalho, *só por isto, omisso* ou *lacunoso*. Sob este aspecto, é importante reiterar a observação de que o *sistema* próprio do processo do trabalho possui a figura dos *embargos à execução* (art. 884), pelo qual o devedor poderá, em processo autônomo, resistir, juridicamente, aos atos executivos. Esses embargos constituem, portanto, elemento *estrutural* do sistema de execução do processo do trabalho — e, como tal, indispensável e irretocável, exceto por norma legal dirigida *ao próprio sistema*.

Se as novas disposições do CPC, atinentes ao 'Cumprimento da Sentença', são mais eficazes do que as da CLT, alusivas ao processo autônomo de execução, é algo de que se pode cogitar no plano teórico ou erístico. O que não se pode afirmar é que o processo do trabalho seja *omisso* quanto à matéria.

Portanto, no que diz respeito, estritamente, à atitude do devedor diante do título executivo judicial e de sua resistência jurídica aos atos que daí derivam, o processo do trabalho é *completo* — ou seja, não é omisso — repelindo, por isso, a aplicação supletória do art. 475-J, do CPC. A concessão única que se pode fazer, neste assunto, é quanto às *matérias* que o devedor possa alegar em seus embargos, uma vez que a realidade prática demonstrou serem insuficientes as enumeradas no art. 884, § 1º, da CLT. Neste caso, porém, a adoção supletiva da norma do processo civil não implica *alteração estrutural* do *sistema* próprio do processo do trabalho, e sim, aprimoramento deste.

Código de Processo Civil

Não sendo, pois, o *sistema* próprio do processo do trabalho omisso ou lacunoso quanto à figura pela qual o devedor pode opor-se à execução, a aplicação, neste processo, das normas do processo civil, regentes do 'Cumprimento da Sentença' (especialmente, o art. 475-J, *caput*, e § 1º), implica, a nosso ver, a um só tempo:

- indisfarçável transgressão aos arts. 769 e 889, da CLT, que estadeiam a *omissão* como requisito fundamental para a adoção supletiva de norma do processo comum pelo do trabalho, não se podendo considerar configurado esse pressuposto pelo simples fato, por exemplo, de o CPC haver sido dotado de *novas* disposições;

- arbitrária derrogação dos dispositivos da CLT que disciplinam o processo de execução (notadamente, os arts. 880 e 884), como se fosse juridicamente possível, *lege lata,* normas editadas com vistas ao processo civil deitarem por terra expressas disposições da CLT, que, como é óbvio, são *específicas* do processo do trabalho.

A este respeito é oportuno observar que tramitava na Câmara Federal o *Projeto de Lei n. 7.152/2006*, apresentado pelo, então, Deputado Luiz Antonio Fleury, que acrescentava ao art. 769, da CLT, o parágrafo único, com a seguinte redação:

'*Parágrafo único. O direito processual comum também poderá ser utilizado no processo do trabalho, inclusive na fase recursal ou de execução, naquilo em que permitir maior celeridade ou efetividade de jurisdição, ainda que existente norma previamente estabelecida em sentido contrário*' (destacamos).

Lia-se na Justificação desse Projeto de Lei:

'*O art. 769 da Consolidação das Leis do Trabalho — CLT determina que se apliquem ao processo do trabalho as normas do processo civil, de modo subsidiário, quando houver omissão sobre o tema na legislação trabalhista. Porém, quando há disposição celetista sobre o tema, nos termos do referido artigo, fica impedida a utilização, no processo do trabalho, das normas do processo civil, ainda que propiciem maior celeridade e efetividade de jurisdição*'. Esta limitação legal, todavia, não teria razão de existir, pois gera uma estagnação do processo do trabalho em relação aos avanços patrocinados no âmbito do processo civil. (...) '*O texto ora proposto, ainda, elimina eventual controvérsia sobre futuras alterações do próprio processo do trabalho, de modo a que as normas do processo civil poderiam ser aplicadas apenas em relação às disciplinas pré-existentes (sic). Assim, se o processo do trabalho resolver disciplinar de modo diferente uma determinada situação, ainda que em confronto com a celeridade por todos buscada, esta solução, por mais recente, é que irá prevalecer*' (destacamos).

Aí está: somente por *lei futura* (*de lege ferenda*) é que se poderia *afastar* determinadas normas da CLT, para, em seu lugar, introduzirem-se normas do CPC. É importante ressaltar, ainda, o fato de o mencionado Projeto de Lei ser *posterior* à Lei n. 11.232/2005: enquanto esta foi publicada em 23 de dezembro de 2005, aquele foi elaborado em 30 de maio de 2006. Com base nessa cronologia, é razoável afirmar que esse Projeto de Lei traduzia um reconhecimento expresso de que o art. 769, *caput*, da CLT, *como está*, não autoriza a incidência, no processo do trabalho, das disposições da Lei n. 11.232/2005, pertinentes ao 'Cumprimento da Sentença'. Aliás, o trecho desse Projeto, que transcrevemos, deixa isso muito evidente.

Não vem ao caso examinar se o objetivo e o conteúdo do referido Projeto de Lei eram bons ou maus. O que importa é ressaltar que ele constituía patente demonstração do equívoco em que vinham incorrendo todos aqueles que sustentavam a possibilidade, *de lege lata*, de serem aplicadas normas do processo civil ao processo do trabalho, *mesmo quando este possuísse expressas disposições acerca do procedimento que lhe é próprio, vale dizer, não fosse omisso.* Poder-se-ia objetar esta nossa conclusão com o possível argumento de que, por exemplo, o art. 333, do CPC, vem sendo aplicado ao processo do trabalho, em que pese ao fato de a CLT possuir norma própria (art. 818). Se assim vier-se a alegar, é necessário redarguir, em caráter proléptico, que o argumento é imperfeito, pois a incidência da referida norma do CPC no processo do trabalho tem sido admitida à guisa de *complementação* ou de *detalhamento* da regra estampada no art. 818, da CLT. Logo, a adoção do art. 333, do CPC, pelo processo do trabalho, não se faz em *substituição* ao art. 818, da CLT, e sim, a título de sua *colmatação*.

Sem que o Projeto n. 7.152/2006 se convertesse em Lei, portanto, toda *substituição* de norma do processo do trabalho por norma do processo civil seria arbitrária; mais do que isso, seria transgressora do preceito estampado no art. 769, da CLT — e de outros mais, conforme se demonstrou. O fato de esse Projeto haver sido, mais tarde, arquivado, não infirma, nem anatematiza, os nossos argumentos, pois: a) estes são calcados em outros dispositivos da CLT, que seguem a viger; b) o arquivamento do Projeto de Lei n. 7.152/2006 *não traduziu um ato isolado*, nem derivou de imaginária discordância dos parlamentares quanto ao seu conteúdo; esse arquivamento foi realizado mercê um critério de ordem técnica, em conjunto com diversos outros Projetos, em decorrência do descumprimento do prazo para a sua votação, previsto no regimento interno da Câmara Federal.

Ademais, ainda que se admitisse, apenas *ad argumentandum*, que a CLT fosse omissa acerca da matéria, nem por isso se estaria autorizado a adotar as normas do CPC, porquanto, nos termos do art. 889, da CLT, quando o texto trabalhista for lacunoso, em tema de execução, a incidência supletiva será dos dispositivos 'que regem o processo dos executivos fiscais' — ou, para atualizarmos essa dicção normativa, dos dispositivos da Lei n. 6.830/80, que versa sobre a execução judicial da dívida ativa da Fazenda Pública. E, nesta Lei, a resistência jurídica do devedor aos atos executivos se faz mediante a figura tradicional dos *embargos* (art. 16). Seria algo irônico asseverar que a mencionada Lei também é lacunosa no tocante à multa a ser imposta ao devedor que não cumprir, voluntariamente, a obrigação de pagar quantia certa, na forma do art. 475-J, do CPC — sabendo-se que, aqui, de modo geral, o devedor é o contribuinte.

Ada Pellegrini Grinover, escrevendo sobre a Lei n. 11.232/2005, concluiu, com acerto: 'Parece, assim que a Lei n. 11.232/2005 eliminou quase por completo, do processo civil brasileiro, a categoria das chamadas *sentenças condenatórias puras*, ou seja, *aquelas que demandavam um processo de execução autônomo*' (...) 'Não sobra espaço, pois, no âmbito do novo sistema processual civil brasileiro para as sentenças condenatórias puras, *restritas agora ao processo trabalhista e ao processo de execução contra a Fazenda Pública, que têm disciplina própria*' (In: Mudanças estruturais no processo civil brasileiro. *Revista IOB de Direito Civil e Processual Civil*, São Paulo, n. 44, nov.-dez./2006, p. 35/55) (destacamos).

No que tange, em particular, aos magistrados que vêm aplicando o art. 475-J, do CPC, ao processo do trabalho, a nota característica tem sido a falta de uniformidade procedimental, porquanto:

1) alguns aplicam *por inteiro* as disposições dessa norma forânea, adotando, assim, o procedimento nela descrito: 15 dias para o devedor cumprir, de maneira espontânea, a obrigação, sob pena de multa de dez por cento sobre o montante da dívida, e 15 dias para impugnar a sentença, desde que garantida a execução;

2) outros as aplicam de maneira *parcial*, fragmentada, fazendo constar, por exemplo, do mandado executivo que o devedor disporá de cinco, de oito, de dez ou de quinze dias para pagar a dívida, sob pena de o montante ser acrescido da multa de dez por cento (CPC, art. 475-J, *caput*). Neste caso, não estabelecem que, após a garantia patrimonial da execução, o devedor terá o prazo de quinze dias para *impugnar* o título executivo (como estatui o art. 475-J, § 1º, do CPC), e sim, de cinco dias para oferecer *embargos à execução*, nos termos do art. 880, *caput*, da CLT.

Data venia, esse insólito hibridismo processual, mais do que surrealista, revela traços de autêntica teratologia, por gerar um *terceiro procedimento* (*tertius genus*), resultante da imbricação arbitrária de normas do processo civil com as do trabalho, sem que se possa ver, nisso, a configuração do *devido processo legal*, assegurado pela Constituição da República (art. 5º, LIV). Ademais, esse hibridismo infunde uma inquietante *insegurança jurídica* no espírito dos jurisdicionados, por deixá-los à mercê do entendimento pessoal e idiossincrático de cada magistrado. Num Estado Democrático *de Direito*, como é este em que se funda a República Federativa do Brasil (CF, art. 1º, *caput*), é fundamental que as pessoas *em geral* (CF, art. 5º, *caput*) possuam um mínimo de *segurança jurídica*.

b) Duração razoável do processo

É certo que o inciso LXXVIII, do art. 5º, da Constituição Federal — introduzido pela Emenda n. 45/2004 — assegura, tanto no âmbito judicial quanto no administrativo, a 'razoável duração do processo e os meios que garantam a celeridade de sua tramitação' — embora fosse mais apropriado à técnica que se cogitasse, na alusão ao âmbito administrativo, de *procedimento*.

Entretanto, ao contrário do que têm sustentado alguns estudiosos, as disposições do CPC pertinentes ao 'cumprimento da sentença', em especial a que prevê a multa de 10% sobre o valor da condenação, caso o devedor não efetue o pagamento do montante no prazo de quinze dias (art. 475-J, *caput*), não estão jungidas à cláusula constitucional da 'razoável duração do processo'.

Se assim estivessem, ficaria difícil explicar a razão pela qual:

1) o § 5º do mesmo dispositivo do CPC concede ao credor o largo prazo de *seis meses* para requerer a execução, sabendo-se que no sistema daquele processo a execução somente poderá ser iniciada a requerimento do credor;

2) se fixou o prazo de quinze dias para o pagamento da dívida (art. 475-J, *caput*) e de outros quinze dias para a impugnação do título executivo (*ibidem*, § 1º), quando, antes, o devedor dispunha, apenas, de dez dias para oferecer embargos à execução (art. 738);

3) se facultou ao juiz a possibilidade de atribuir efeito suspensivo à impugnação (art. 475-M).

Logo, temos sérias dúvidas se a aplicação dessas disposições do CPC ao processo do trabalho — possibilidade que admitimos, apenas, *ad argumentandum* — traria algum efetivo benefício ao credor, em termos de celeridade, na hipótese de o devedor pretender *impugnar* o título executivo.

2. A multa

Poder-se-ia, contudo, perquirir se não seria lícito adotar, no processo do trabalho, apenas, o disposto no *caput*, do art. 475-J, do CPC, que prevê a *multa* de dez por cento, caso o executado não pague a dívida no prazo de quinze dias

— aplicando-se, no mais, as normas da CLT, inclusive, as concernentes aos embargos do devedor. Este procedimento, como vimos, vem sendo adotado por alguns juízes do trabalho.

Conquanto, neste caso, devamos reconhecer não se verificar a *substituição* do *sistema* do processo trabalhista dos *embargos à execução* pelo nupérrimo procedimento da *impugnação* do processo civil, senão que a incorporação àquele de parte deste, em rigor, essa possibilidade, mesmo assim, esbarraria na Lei e na Lógica.

Com efeito, o processo civil (CPC, art. 475-J, *caput*), conforme sabemos, concede ao devedor, *no processo de conhecimento*: a) num *primeiro momento*, o prazo de quinze dias para praticar um *único* ato: pagar a dívida. Nada mais lhe é dado fazer, nesta fase. Não sendo paga a dívida, será acrescida da multa de dez por cento; b) num *segundo momento*, a possibilidade de, também em quinze dias, *impugnar* o título judicial. No processo do trabalho, entrementes, o art. 880, *caput*, da CLT, defere ao devedor a faculdade de, *no processo autônomo de execução* e no prazo de 48 horas que se seguir à citação, *em momento único*, realizar um destes *dois* atos: a) pagar a dívida; ou b) garantir a execução, caso pretenda a ela opor-se. Sendo assim, enquanto, no processo civil, a via é única (pagar), no do trabalho é *alternativa* (pagar *ou* garantir a execução). A conjunção alternativa *ou*, utilizada na redação do art. 880, *caput*, da CLT, é extremamente clara e elucidativa. Logo, se este é o *sistema* próprio do processo do trabalho, ou seja, o devido processo legal (*due process of law*), que possui sede constitucional (CF, art. 5º, LIV), violaria essa garantia inscrita na Suprema Carta Política de nosso País qualquer ato judicial que:

a) eliminasse do devedor a *faculdade* de, no prazo de 48 horas, nomear (ou indicar) bens à penhora, para resistir, juridicamente, à execução, por meio dos *embargos* que lhe são característicos;

b) *antes disso*, lhe impusesse a *obrigação* de pagar a dívida, sob pena de aplicação da referida multa.

Afinal, se o sistema do processo do trabalho atribui ao devedor, como afirmamos, a faculdade de optar pela resistência jurídica à execução, por meio de embargos e mediante prévia garantia patrimonial do juízo, não é justo, nem jurídico, nem lógico, que se lhe imponha qualquer sanção pecuniária, pois, em última análise, ele estaria sendo punido *por exercer um inequívoco direito*. "Irrisão" — haveria de exclamar, indignado, o jovem Hamlet.

Nem se objete que essa multa teria a finalidade de desestimular resistências procrastinatórias à execução; esse argumento só teria algum prestígio nos sítios do processo civil, em atenção ao qual a sanção pecuniária foi instituída e em cujo sistema se justifica, por haver sido anatematizado o antigo processo autônomo de execução, passando os atos executivos a ser praticados no processo de conhecimento. Impô-la, todavia, no processo do trabalho, onde a execução continua a ser autônoma, seria agredir o próprio art. 769, da CLT, pouco importando as razões pelas quais se desejou efetuar essa imposição, além de violentar a *estrutura* de um *sistema* que está a viger há mais de sessenta anos, e cuja solução para combater o seu envelhecimento será a edição de normas legais dirigidas a ele, especificamente.

Não é despropositado lembrar que a precitada regra trabalhista:

a) é absolutamente translúcida ao exigir a *omissão* da CLT como pressuposto para a incidência supletória de normas do processo civil — e que a CLT contém preceptivos definidores da estrutura da execução, vale dizer, não é lacunosa, neste aspecto;

b) está intimamente ligada ao princípio da *legalidade* ou da *reserva legal*, inscrito no inciso II, do art. 5º, da Constituição Federal — que constitui, sem dúvida, a viga-mestra de sustentação de nosso Estado Democrático de Direito.

Além disso, a exigência de plena garantia patrimonial da execução já funciona, no processo do trabalho, como poderoso desestímulo ao oferecimento de embargos à execução providos de intuito protelatório. Nem ignoremos que tem sido aplicada, ainda, ao processo do trabalho, em caráter subsidiário, a regra do art. 600, do CPC, que considera atentatório à dignidade da Justiça a prática, pelo devedor, de determinados atos enumerados por esse dispositivo legal, dentre os quais se insere a oposição maliciosa à execução, com o emprego de ardis e de meios artificiosos (inciso II); e que a sanção prevista se traduz na multa que pode chegar a 20% do valor atualizado do débito em execução, sem prejuízo de outras penalidades de natureza processual ou material (art. 601, *caput*). Mais recentemente, a Lei n. 11.382, de 6 de janeiro de 2006, acrescentou o inciso IV, ao art. 600, do CPC, para considerar atentatório à dignidade da Justiça, também, o ato do devedor que, intimado, não indica ao Juiz, em cinco dias, "os bens sujeitos à penhora e seus respectivos valores".

O que não se dizer, então, dos casos — muito frequentes, na prática — em que o juiz homologa, de plano, os cálculos do contador, ou seja, sem conceder vista às partes? Esse procedimento, conquanto revestido de inegável legalidade (CLT, art. 884, § 3º), será causa de injustificável constrangimento do devedor nos casos em que este, além de não concordar com o valor dos cálculos, por haver, digamos, manifesto excesso de execução, tiver de realizar a garantia patrimonial da execução *com o acréscimo dos 10% previsto no art. 475-J, caput, do CPC*, para poder oferecer os *embargos* que são inerentes ao sistema do processo do trabalho (*Execução no processo do trabalho*. 11. ed. São Paulo: LTr, 2014. p. 339 a 352)".

Mantemos a nossa opinião em face do § 1º do art. 520 do CPC. O art. 15 desse Código não pode sobrepor-se ao art. 769, da CLT, o único que, conforme dissemos, possui autoridade técnica, política e ideológica para dizer o que se aplica e o que não se aplica ao processo do trabalho. Ademais, o art. 15 do CPC nem sequer cogita do fundamental princípio da *compatibilidade*, de que fala o art. 769 da CLT.

§ 2º Se o executado vier a pagar, no prazo legal, parte do débito, a multa e os honorários de advogado incidirão no saldo, ressalvado o nosso entendimento quanto a ser inaplicável ao processo do trabalho a sobredita multa.

§ 3º Se, no prazo legal, não houver pagamento voluntário, o juiz fará expedir mandado de citação, penhora e avaliação, prosseguindo-se com os atos de expropriação dos bens.

Art. 524. O requerimento previsto no art. 523 será instruído com demonstrativo discriminado e atualizado do crédito, devendo a petição conter:

I — o nome completo, o número de inscrição no Cadastro de Pessoas Físicas ou no Cadastro Nacional da Pessoa Jurídica do exequente e do executado, observado o disposto no art. 319, §§ 1º a 3º;

II — o índice de correção monetária adotado;

III — os juros aplicados e as respectivas taxas;

IV — o termo inicial e o termo final dos juros e da correção monetária utilizados;

V — a periodicidade da capitalização dos juros, se for o caso;

VI — especificação dos eventuais descontos obrigatórios realizados;

VII — indicação dos bens passíveis de penhora, sempre que possível.

§ 1º Quando o valor apontado no demonstrativo aparentemente exceder os limites da condenação, a execução será iniciada pelo valor pretendido, mas a penhora terá por base a importância que o juiz entender adequada.

§ 2º Para a verificação dos cálculos, o juiz poderá valer-se de contabilista do juízo, que terá o prazo máximo de 30 (trinta) dias para efetuá-la, exceto se outro lhe for determinado.

§ 3º Quando a elaboração do demonstrativo depender de dados em poder de terceiros ou do executado, o juiz poderá requisitá-los, sob cominação do crime de desobediência.

§ 4º Quando a complementação do demonstrativo depender de dados adicionais em poder do executado, o juiz poderá, a requerimento do exequente, requisitá-los, fixando prazo de até 30 (trinta) dias para o cumprimento da diligência.

§ 5º Se os dados adicionais a que se refere o § 4º não forem apresentados pelo executado, sem justificativa, no prazo designado, reputar-se-ão corretos os cálculos apresentados pelo exequente apenas com base nos dados de que dispõe.

• **Comentário**

Caput e incisos. O requerimento destinado à execução definitiva da sentença (ou do acórdão), a que se refere o art. 523, deverá ser instruído com demonstrativo discriminado e atualizado do crédito. Por sua vez, a petição deverá conter os dados mencionados nos incisos I a VI. Entendemos que o disposto nos precitados incisos seja inconciliável com o processo do trabalho. Neste processo, os dados aludidos nos incisos I a VI podem ser obtidos por meio de contador designado pelo juiz. Admite-se, contudo, que o exequente possa indicar os bens suscetíveis de penhora (inciso VII).

§ 1º Caso se entenda que o estatuído nos incisos I a VI, do art. 524 do CPC, seja compatível com o processo do trabalho, a norma cogita da possibilidade de o juiz concluir que o valor apontado no demonstrativo confeccionado pelo credor esteja a exceder os limites da condenação, hipótese em que a execução terá início de acordo com o valor constante do demonstrativo, conquanto a penhora venha a ter por base a quantia que o juiz entender "adequada". Queremos crer, entretanto, que a aplicação prática

Código de Processo Civil

da norma em estudo tenderá a acarretar alguns incidentes, pois, dificilmente, deixará de haver certo subjetivismo judicial na definição do que seja um valor exequível "adequado". Para evitar esse subjetivismo, o magistrado teria de solicitar os préstimos de contador de sua confiança.

§ 2º Conforme afirmamos ao comentar o parágrafo anterior, o juiz, a fim de não incorrer em subjetivismo na definição do que seja uma quantia "adequada", para efeito de execução, deverá valer-se de contabilista, que disporá do prazo de trinta dias — ou em outro prazo que o juiz assinar — para apresentar a verificação dos cálculos contidos no demonstrativo.

§ 3º Haverá casos em que os dados de que o credor necessita para elaborar o seu demonstrativo se encontram em poder de terceiro ou do próprio devedor. Em razão disso, o juiz requisitará esses dados, mediante a cominação ao destinatário de prática do crime de desobediência.

§ 4º Se a complementação do demonstrativo depender de dados adicionais que estejam em poder do devedor, o juiz, a requerimento do credor, poderá requisitá-los, estabelecendo o prazo de trinta dias para o acatamento à ordem judicial.

§ 5º Caso o devedor deixe de apresentar, sem justificativa juridicamente sustentável, os dados adicionais no prazo fixado, serão considerados corretos os cálculos oferecidos pelo credor com base nos dados de que dispõe. Essa disposição legal, no entanto, não deve ser levada à risca, sob consequência de transgressão da coisa julgada material. Lembremos que o art. 879, § 1º, da CLT, adverte que na liquidação não se poderá modificar ou inovar a decisão liquidanda (nem discutir matéria alusiva à causa principal). O que a norma da CLT está a afirmar, por outras palavras, é que na fase de liquidação não se poderá desrespeitar a coisa julgada material, que constitui garantia constitucional (CLT, art. 5º, XXXVI). Assim sendo, cumprirá ao magistrado verificar se a aplicação do § 5º do art. 524 do CPC não implicará ofensa à *res iudicata*. Em resumo: o juiz, mesmo o do trabalho, poderá aplicar a referida norma do CPC, desde que isso não acarrete violação da coisa julgada material.

Art. 525. Transcorrido o prazo previsto no art. 523 sem o pagamento voluntário, inicia-se o prazo de 15 (quinze) dias para que o executado, independentemente de penhora ou nova intimação, apresente, nos próprios autos, sua impugnação.

§ 1º Na impugnação, o executado poderá alegar:

I — falta ou nulidade da citação se, na fase de conhecimento, o processo correu à revelia;

II — ilegitimidade de parte;

III — inexequibilidade do título ou inexigibilidade da obrigação;

IV — penhora incorreta ou avaliação errônea;

V — excesso de execução ou cumulação indevida de execuções;

VI — incompetência absoluta ou relativa do juízo da execução;

VII — qualquer causa modificativa ou extintiva da obrigação, como pagamento, novação, compensação, transação ou prescrição, desde que supervenientes à sentença.

§ 2º A alegação de impedimento ou suspeição observará o disposto nos arts. 146 e 148.

§ 3º Aplica-se à impugnação o disposto no art. 229.

§ 4º Quando o executado alegar que o exequente, em excesso de execução, pleiteia quantia superior à resultante da sentença, cumprir-lhe-á declarar de imediato o valor que entende correto, apresentando demonstrativo discriminado e atualizado de seu cálculo.

§ 5º Na hipótese do § 4º, não apontado o valor correto ou não apresentado o demonstrativo, a impugnação será liminarmente rejeitada, se o excesso de execução for o seu único fundamento, ou, se houver outro, a impugnação será processada, mas o juiz não examinará a alegação de excesso de execução.

§ 6º A apresentação de impugnação não impede a prática dos atos executivos, inclusive os de expropriação, podendo o juiz, a requerimento do executado e desde que garantido o juízo com penhora, caução ou depósito suficientes, atribuir-lhe efeito suspensivo, se seus

Art. 525

fundamentos forem relevantes e se o prosseguimento da execução for manifestamente suscetível de causar ao executado grave dano de difícil ou incerta reparação.

§ 7º A concessão de efeito suspensivo a que se refere o § 6º não impedirá a efetivação dos atos de substituição, de reforço ou de redução da penhora e de avaliação dos bens

§ 8º Quando o efeito suspensivo atribuído à impugnação disser respeito apenas a parte do objeto da execução, esta prosseguirá quanto à parte restante.

§ 9º A concessão de efeito suspensivo à impugnação deduzida por um dos executados não suspenderá a execução contra os que não impugnaram, quando o respectivo fundamento disser respeito exclusivamente ao impugnante.

§ 10. Ainda que atribuído efeito suspensivo à impugnação, é lícito ao exequente requerer o prosseguimento da execução, oferecendo e prestando, nos próprios autos, caução suficiente e idônea a ser arbitrada pelo juiz.

§ 11. As questões relativas a fato superveniente ao término do prazo para apresentação da impugnação, assim como aquelas relativas à validade e à adequação da penhora, da avaliação e dos atos executivos subsequentes, podem ser arguidas por simples petição, tendo o executado, em qualquer dos casos, o prazo de 15 (quinze) dias para formular esta arguição, contado da comprovada ciência do fato ou da intimação do ato.

§ 12. Para efeito do disposto no inciso III do § 1º deste artigo, considera-se também inexigível a obrigação reconhecida em título executivo judicial fundado em lei ou ato normativo considerado inconstitucional pelo Supremo Tribunal Federal, ou fundado em aplicação ou interpretação da lei ou do ato normativo tido pelo Supremo Tribunal Federal como incompatível com a Constituição Federal, em controle de constitucionalidade concentrado ou difuso.

§ 13. No caso do § 12, os efeitos da decisão do Supremo Tribunal Federal poderão ser modulados no tempo, em atenção à segurança jurídica.

§ 14. A decisão do Supremo Tribunal Federal referida no § 12 deve ser anterior ao trânsito em julgado da decisão exequenda.

§ 15. Se a decisão referida no § 12 for proferida após o trânsito em julgado da decisão exequenda, caberá ação rescisória, cujo prazo será contado do trânsito em julgado da decisão proferida pelo Supremo Tribunal Federal.

• **Comentário**

Caput. A CLT não é omissa sobre o procedimento da execução definitiva por quantia certa. Aqui, o devedor será citado para, no prazo de 48 horas, cumprir a obrigação ou garantir a execução, sob pena de penhora (art. 880, *caput*). Se o devedor não pagar nem garantir a execução no prazo legal, proceder-se-á à penhora de seus bens, "tantos quantos bastem ao pagamento da importância da condenação" (art. 883). Não se aplica ao processo do trabalho, portanto, a regra do art. 525, caput, do CPC (CLT, art. 769).

§ 1º No processo do trabalho, garantida a execução ou penhorados os bens, o devedor disporá de cinco dias para apresentar *embargos à execução* (e não, *impugnação*), cabendo ao credor o mesmo prazo para oferecer contraminuta (CLT, art. 884, *caput*).

Em que pese ao fato de o § 1º do art. 884, da CLT, afirmar que as matérias que o devedor possa alegar em seus embargos sejam restritas ao cumprimento da sentença ou do acordo, à quitação ou prescrição da dívida, as experiência da vida demonstraram que essas matérias são insuficientes para permitir ao devedor exercer o seu direito constitucional de ampla defesa (CF, art. 5º, LV). Prevalecesse o senso exclusivamente literal do preceito normativo trabalhista, haveríamos de concluir que ao embargante seria lícito, apenas, alegar cumprimento do acordo ou da decisão, quitação ou prescrição da dívida, porquanto *restringir* significa limitar, circunscrever. A interpretação literal é, no entanto, a mais pobre das técnicas hermenêuticas, seja no particular ou no geral. Seria insensato supor, p. ex., que ao embargante fosse defeso alegar a inexigibilidade do título, a ilegitimidade de parte, a incompetência do juízo, o impedimento ou a suspeição do juiz, o excesso de execução e o mais, como se esses fatos não existissem no mundo jurídico. A riqueza e a amplitude da realidade prática não podem ser confinadas nos estreitos limites da previsão do art. 884, § 1º, da CLT, sob pena de perpetrar-se, com isso, odiosa ofensa a direitos legítimos do devedor. Se, para alguns, a particularidade de o legislador trabalhista haver pretendido limitar as matérias a serem suscitadas pelo embargante àquelas mencionadas no texto deveu-se à sua preocupação de permitir que a execução tivesse curso célere, para nós o fato deve ser atribuído a uma visão simplista da realidade em que o processo se desenvolve. O processo do trabalho pode ser simples sem ser simplório, assim como pode perseguir o ideal de celeridade sem sacrifício de certos direitos constitucionais essenciais à defesa dos interesses das partes.

A praxe, mais sábia do que o legislador, vem permitindo que o embargante alegue matéria não relacionada no art. 884, § 1º, da CLT, mas de alta relevância para o processo e para o próprio Judiciário.

O que se pode admitir é que, para efeito de matérias a serem alegadas pelo devedor, em seus embargos, haja conjugação dos arts. 884, da CLT, e 525, do CPC, embora este último diga respeito à *impugnação*, cujo *procedimento, de lege lata*, é inadmissível no processo do trabalho.

Estabelecido, a poder desses argumentos, que o antedito preceito legal trabalhista não deve receber a interpretação que a estreiteza de sua letra sugere, vejamos, a seguir, os motivos legais (CLT e CPC) que o devedor pode alegar como fundamento dos seus embargos. Principiemos pela CLT.

a) *Cumprimento da decisão ou do acordo*. Se, ao ser citado, o devedor já cumprira, por inteiro, a obrigação que dá conteúdo ao título executivo (sentença condenatória ou homologatória da transação), esse fato deverá ser alegado na oportunidade dos embargos que opuser. Dada a natureza do ato (pagamento), a prova correspondente deverá ser, por princípio, documental, embora possa o juiz permitir que, em situações especiais, o devedor produza a prova necessária por outros meios legais, hipótese em que designará audiência para a instrução processual (CLT, art. 884, § 2º) ou determinará a realização de exame pericial. Se o credor arguir a falsidade do documento mediante o qual o devedor pretende comprovar o cumprimento da obrigação o incidente será processado na forma dos arts. 430 a 433 do CPC, ficando suspenso o processo de embargos (uma vez que a execução já se encontrava suspensa em decorrência dos embargos) até que se resolva o incidente.

b) *Quitação*. O devedor que pagar tem direito a regular quitação (CC, art. 319). Na terminologia jurídica, quitação é o ato pelo qual alguém se desobriga de pagar o que deve. Pode advir de causas diversas, entre as quais está o próprio pagamento da dívida ou o cumprimento do acordo. O poder de dar quitação, contudo, não se compreende na cláusula *ad iudicia*, devendo, por isso, estar expresso no mandato que for outorgado ao advogado (CPC, art. 105). Se a quitação advier de transação, poderá compreender verbas ou direitos não postulados na causa. Ocorre que a transação, como negócio jurídico bilateral, que é produto da exclusiva manifestação volitiva das partes, permite aos transatores redimensionar os limites objetivos da lide, por forma a inserir, como dissemos, nesse negócio jurídico outras verbas, além das postuladas na ação.

c) *Prescrição da dívida*. Ao aludir à prescrição liberatória da *dívida*, o legislador trabalhista deixou patenteado que essa *praescriptio* é a *intercorrente*, vale dizer, a que se forma no curso da ação, de permeio. A *dívida*, em rigor, só passa a existir, em sua conformação jurídica, após o trânsito em julgado da sentença condenatória ou da homologatória da transação, pois é a partir desse momento que o réu se converte em *devedor*. A prescrição consumada antes do proferimento da sentença exequenda não pode ser alegada em embargos, sob pena de desrespeito à coisa julgada material; tal prescrição deveria ter sido suscitada na oportunidade da contestação apresentada no processo de conhecimento.

A Súmula n. 114 do TST, ao proclamar ser "inaplicável na Justiça do Trabalho a prescrição intercorrente", não atendeu à circunstância de que o art. 884, § 1º, da CLT a *admite;* do entrechoque da Súmula com a norma legal, a prevalência é, sem dúvida, desta última. A Súmula n. 327, do STF declara o cabimento dessa prescrição no processo do trabalho.

Passemos, agora, à apreciação das matérias que o art. 525 do CPC permite serem alegadas pelo embargante, a fim de opinarmos sobre a sua compatibilidade, ou não, com o processo do trabalho.

Inciso I. *Falta ou nulidade de citação em caso de revelia*. Falta ou nulidade de citação no processo de conhecimento. No processo civil, a regra é de que contra o revel, que não tenha advogado nos autos, os prazos fluirão a contar da publicação de cada ato decisório no órgão oficial (art. 346). Isso quer dizer que ele não será intimado da sentença condenatória, emitida no processo cognitivo, nada obstante lhe seja consentido intervir no processo em qualquer fase, recebendo-o no estado em que se encontra (*ibidem*, parágrafo único). Assim sendo, é provável que o revel só venha a tomar conhecimento da existência de sentença condenatória na oportunidade em que for citado para a execução; daí, a razão pela qual o CPC lhe permite alegar, nos embargos, a nulidade ou a falta de citação, no processo cognitivo.

Na órbita peculiar do processo do trabalho, entretanto, o revel *deve* ser intimado da sentença que compôs a lide, por força do princípio embutido no art. 852 da CLT. Dessa maneira, se o revel pretender elidir esse seu estado processual, deverá fazê-lo em sede de recurso ordinário (CLT, art. 895), sendo inadmissível que se reserve para tentar anular o processo de conhecimento por ocasião dos embargos que oferecer à execução.

Note-se, assim, que ambos os sistemas — o do CPC e o da CLT — apresentam uma estrutura lógica e harmoniosa, segundo a óptica de suas individua-

Art. 525

lidades; essa estrutura do processo trabalhista fica, porém, gravemente ameaçada quando se tenta nela introduzir elementos tirados à estrutura do processo civil; estas funcionam, nesse caso, como "rolhas redondas em orifícios quadrados".

A doutrina e a jurisprudência trabalhistas têm admitido, em construção razoavelmente aceitável, que o revel, citado para a execução, interponha recurso ordinário da sentença condenatória, pois foi nesse momento que teve ciência, pela primeira vez, da existência da referida sentença. Quer-nos parecer, contudo, que a melhor solução jurídica seria a que remetesse o revel à via rescisória, pois se sabe que o nulo também transita em julgado (CPC, art. 884, V). Se, porém, argumentamos com a *inexistência* do ato (citação relativa ao processo de conhecimento) e não com a sua nulidade, haveríamos de reconhecer que o revel, ao ser citado para a execução, deveria apresentar não recurso ordinário e sim *resposta* (exceção, contestação ou reconvenção), ou, quando menos, alegando a inexistência do ato, solicitar a designação de audiência para, nela, *responder* à ação.

Em páginas anteriores, tiramos as seguintes conclusões a respeito da possibilidade de o devedor alegar, nos embargos à execução, a nulidade do processo de conhecimento, que se formou e se desenvolveu à sua revelia: a) cuidando-se de citação *nula*, ou seja, que foi efetuada, embora em desacordo com a lei, não será possível ao devedor alegá-la nos embargos, pois em nosso sistema jurídico o nulo também se submete ao fenômeno da coisa julgada (material); dessa forma, a nulidade deve ser desfeita pela ação rescisória da sentença; b) tratando-se de *falta* de citação, deve ser verificado se o réu foi intimado, ou não, da sentença proferida à sua revelia.

No primeiro caso, não poderá arguir, nos embargos, o vício porque, ao ser intimado da sentença, deveria tê-la impugnado mediante recurso ordinário, ocasião em que postularia perante o tribunal a declaração de *inexistência* do processo cognitivo, tirante a petição inicial. Ao não recorrer da sentença, permitiu que esta, em situação verdadeiramente extraordinária, passasse em julgado (uma vez que a inexistência, ao não ser alegada no momento oportuno, fez gerar a preclusão). Logo, poderá fazer uso da via rescisória para obter a desconstituição dos efeitos da coisa julgada.

No segundo, será permitido ao devedor (portanto, na execução) alegar a *inexistência* do processo cognitivo, por falta de citação, pois somente ao ser cientificado da execução da sentença foi que tomou conhecimento da existência da ação (demanda) — lembrando-se que não havia sido intimado da sentença condenatória.

A inexistência deverá ser pronunciada, sempre que for o caso, pelo próprio juízo da execução, por força da incidência analógica do art. 278, parágrafo único, do CPC.

Inciso II. *Ilegitimidade de parte.* Comumente, encontram-se legitimados para compor a relação processual executiva as partes nominadas no título exequendo; sob esse aspecto, são raros os casos em que o devedor encontrará ensanchas para alegar a ilegitimidade (ativa ou passiva) de partes. Ocorrendo, todavia, alguma *novação subjetiva* do título, ou vindo a execução a ser dirigida a quem legalmente não pode ou não deve integrar a relação processual, terá o *executado* (não necessariamente o devedor), ao receber a citação, diante de si a oportunidade para alegar o fato. A legitimidade ativa para a execução está prevista no art. 778 do CPC, a passiva, no art. 779 do mesmo Código.

Na execução fundada em título extrajudicial haverá mais espaço para a alegação de ilegitimidade de parte, tanto ativa quanto passiva.

Acolhidos os embargos, por esse fundamento, o exequente será declarado carecedor da ação (CPC, art. 485, VI).

Inciso III. *Inexequibilidade do título ou inexigibilidade da obrigação.* A teor do art. 783 do CPC, a execução para cobrança de crédito fundar-se-á, sempre, em título contendo obrigação líquida, certa e exigível. Essa locução legal comete, contudo, o deslize de imaginar que a obrigação em apreço reflita *três* qualidades (liquidez, certeza e exigibilidade), quando se sabe que, em rigor, se resumem a *duas*, pois a liquidez compreende a certeza. A obrigação, para fundar a cobrança de crédito, há de ser, portanto, líquida e exigível; e, com isso, se diz tudo. Inexigível é a obrigação; inexequível é o título.

Inciso IV. *Penhora incorreta ou avaliação errônea.* Penhora incorreta é a realizada em desobediência às normas legais, como, por exemplo, à ordem preferencial estabelecida pelo art. 835 do CPC. Avaliação errônea haverá, *v. g.*, quando realizada em desacordo com o art. 872 do CPC.

Inciso V. *Excesso de execução ou cumulação indevida de execuções.* Há excesso de execução nos casos mencionado no § 2º do art. 917 do CPC. Verifica-se a acumulação indevida de execução quando realizada em desrespeito aos requisitos legais. Permite o art. 780 do CPC que, sendo o mesmo o devedor, o credor cumule várias execuções, ainda que estribadas em títulos diversos, contanto que para todas elas seja competente o juiz e idêntico o procedimento. Observados esses requisitos, a cumulação será considerada perfeita, ou seja, *devida*. Se o juiz não for competente para apreciar todas as execuções, ou o procedimento for heterogêneo, essa cumulação será declarada *indevida*; caberá ao devedor denunciá-la por ocasião dos embargos à execução.

Um outro exemplo de cumulação indevida pode ser identificado na execução de quantias *líquidas* e de quantias *ilíquidas*, a um só tempo, pois, embora aquelas se prestem à execução, estas devem ser previamente quantificadas (liquidadas); na espécie, o

Código de Processo Civil Art. 525

credor teria feito mau uso, ou uso propositadamente maldoso, da faculdade que lhe concede o art. 780, do CPC.

Caracterizada a cumulação indevida de execuções, no exemplo acima formulado, não deverá o juiz acolher, por inteiro, os embargos, e sim em parte, mandando extirpar da execução as quantias ilíquidas, e permitindo o prosseguimento pelas *líquidas*. Assim agindo, estará aplicando, com exatidão, a norma legal (*ibidem*).

Inciso VI. *Incompetência absoluta ou relativa do juízo da execução*. Tratando-se de execução fundada em título judicial, emitido por órgão da Justiça do Trabalho, escasseiam as situações em que o devedor poderá alegar a incompetência do juízo, seja relativa, seja absoluta. Uma desses raros casos ocorreria se, cuidando-se de execução por meio de carta precatória, esta for dirigida a juízo incompetente em razão do território.

Inciso VII. *Qualquer causa modificativa ou extintiva da obrigação*. Deve ser incluída, ainda, a causa impeditiva. Dentre as causas aqui referidas citam-se o pagamento, a novação, a compensação, a transação ou a prescrição, desde que supervenientes à sentença. Será *impeditiva* a causa, por exemplo, quando ainda não tenha sido ultrapassado o prazo para o cumprimento da obrigação; *modificativa*, no caso de novação (CC, art. 360); *extintiva*, o pagamento (CC, art. 304).

É importante reiterar a observação de que a causa impeditiva, modificativa ou extintiva da obrigação deve ser *posterior* (superveniente) à sentença condenatória; caso contrário, estará caracterizada a preclusão temporal se, devendo ter sido alegada no processo de conhecimento, a parte venha a argui-la somente no de execução.

No caso específico da *prescrição*, a norma em foco está a revelar que se trata da *intercorrente*.

Como é de elementar conclusão, incumbirá ao devedor o ônus da prova a respeito das referidas causas (CLT, art. 818).

§ 2º No sistema do CPC, o impedimento ou a suspeição do magistrado deverão ser alegados não na impugnação, mas mediante o incidente de que cuida o art. 146. No processo do trabalho, tanto o impedimento quanto a exceção devem ser arguida por meio de *exceção* (CLT, arts. 799 a 802).

§ 3.º A aplicação do art. 229 significa que se houver mais de um executado com procuradores de escritórios de advocacia distintos os prazos para a impugnação serão contados em dobro, independentemente de requerimento. Remetemos o leitor aos comentários que fizemos ao art. 229.

§ 4º Não basta ao executado alegar excesso de execução; é necessário que também aponte, desde logo, o valor que entende ser devido. Para isso, deverá apresentar demonstrativo discriminado e atualizado do seu cálculo. A norma é compatível com o processo do trabalho.

§ 5º Se o exequente não indicar o valor correto ou deixar de apresentar o demonstrativo, a impugnação deverá ser rejeitada *in limine*, caso o excesso de execução seja o seu único fundamento. Se houver outro fundamento, a impugnação será processada, mas o juiz não apreciará a alegação de excesso de execução.

§ 6º O oferecimento da impugnação não impede a realização de atos executivos, aqui incluída a própria expropriação de bens penhorados. Se o executado garantir o juízo com penhora, caução ou depósito suficientes, o juiz poderá atribuir efeito suspensivo à impugnação, desde que: a) os fundamentos desta sejam relevantes; e b) a continuidade da execução seja manifestamente suscetível de acarretar grave dano de difícil ou incerta reparação ao executado. No processo do trabalho, os embargos do devedor devem ser precedidos da garantia do juízo (CLT, art. 884) e suspendem a execução. São inaplicáveis ao processo do trabalho, por isso, as disposições dos §§ 6º ao 10, deste artigo.

§ 7º O efeito suspensivo, atribuído à execução nos termos do § 6º, não obstará a prática de atos de substituição, reforço ou redução da penhora e de avaliação dos bens. Nota-se, portanto, que no sistema do CPC o efeito suspensivo não impede o prosseguimento da execução, servindo, apenas, para impedir atos de expropriação.

§ 8º Se o efeito suspensivo concedido à impugnação referir-se a parte do objeto da execução, esta prosseguirá quanto à parte restante. Aqui, o legislador disse o óbvio. No processo do trabalho, conforme afirmamos, os embargos do devedor suspendem a execução.

§ 9º O fato de o juiz conceder efeito suspensivo à impugnação apresentada por um dos executados não aproveitará os demais, que não impugnaram a execução. Para que isso ocorra, é necessário que o fundamento da impugnação diga respeito exclusivo àquele que a apresentou. Se ao contrário, a única impugnação oferecida contiver matéria que se refira a todos os executados, o efeito suspensivo que lhe vier a ser atribuído beneficiária a todos.

§ 10. Mesmo que tenha sido atribuído efeito suspensivo à execução, o exequente poderá requerer ao juiz que dê prosseguimento a ela, prestando, com vistas a isso, caução idônea e suficiente a ser arbitrada pelo juiz.

§ 11. As matérias supervenientes ao encerramento do prazo para a impugnação, assim com as relativas à validade e à adequação da penhora, da avaliação e dos atos executivos, poderão ser arguidas por meio de simples petição, que deverá ser apresentada em juízo, pelo executado, dentro do prazo de quinze dias, contado da comprovada ciência do fato ou da intimação do ato. Norma é aplicável ao processo do trabalho; o mesmo dizemos em relação aos §§ 12 a 15.

§ 12. Para efeito da inexequibilidade do título ou da inexigibilidade da obrigação, considera-se também inexigível a obrigação reconhecida a em título executivo judicial fundado em lei ou em ato normativo declarado inconstitucional pelo STF, ou baseado em aplicação ou interpretação de lei ou de ato normativo considerado pelo STF, em controle de constitucionalidade concentrado ou difuso, como incompatível com a Constituição da República.

Na vigência do CPC de 1973, doutrina e jurisprudência haviam firmado o entendimento de que apenas seria inexigível o título judicial calcado em lei ou ato normativo declarados inconstitucionais pelo STF, ou fundado em aplicação ou em interpretação de lei ou ato normativo considerados pelo STF como inconciliáveis com a Constituição Federal em controle *concentrado* de constitucionalidade. O CPC atual se refere aos controles *concentrado* e *difuso*.

Cabe aqui, todavia, uma indagação essencial: considerando-se o disposto no § 15, decorrido o prazo para o exercício da ação rescisória estaria consumada a preclusão para alegar-se a inexigibilidade da obrigação? Conquanto a doutrina e a jurisprudência tendam a responder de modo afirmativo a essa indagação, temos entendimento contrário, a partir de nossa convicção de nenhuma lei ou ato normativo contrário à Constituição pode ser objeto de preclusão, sob pena de colocarmos em grave risco a supremacia da ordem constitucional.

§ 13. No caso do § 12, o STF, levando em consideração à segurança jurídica, poderá modular os efeitos de sua decisão. Essa modulação se destina a evitar, por exemplo, que possam vir a ser rescindidos pronunciamentos jurisdicionais transitados em julgado fundamentados em orientação jurisprudencial abandonada pelos tribunais. Em tema processual, o verbo *modular* significa a fixação de uma data a partir da qual a sentença ou o acórdão passarão a produzir os seus efeitos. A figura da modulação foi introduzida no sistema legal brasileiro pela Lei n. 9.868, de 10-11-1999, cujo art. 27 estabelece: *"Art. 27. Ao declarar a inconstitucionalidade de lei ou ato normativo, e tendo em vista razões de segurança jurídica ou de excepcional interesse social, poderá o Supremo Tribunal Federal, por maioria de dois terços de seus membros, restringir os efeitos daquela declaração ou decidir que ela só tenha eficácia a partir de seu trânsito em julgado ou de outro momento que venha a ser fixado"*.

§ 14. A decisão do STF, referida no § 12, deve *anteceder* ao trânsito em julgado da decisão exequenda.

§ 15. Se a decisão a que alude o § 12 for posterior ao trânsito em julgado da decisão exequenda, poderá ser objeto de ação rescisória. O prazo, para o exercício dessa ação, será contado do trânsito em julgado da decisão proferida pelo STF.

Art. 526. É lícito ao réu, antes de ser intimado para o cumprimento da sentença, comparecer em juízo e oferecer em pagamento o valor que entender devido, apresentando memória discriminada do cálculo.

§ 1º O autor será ouvido no prazo de 5 (cinco) dias, podendo impugnar o valor depositado, sem prejuízo do levantamento do depósito a título de parcela incontroversa.

§ 2º Concluindo o juiz pela insuficiência do depósito, sobre a diferença incidirão multa de dez por cento e honorários advocatícios, também fixados em dez por cento, seguindo-se a execução com penhora e atos subsequentes.

§ 3º Se o autor não se opuser, o juiz declarará satisfeita a obrigação e extinguirá o processo.

• **Comentário**

Caput. Antes de ser intimado para o cumprimento da sentença, o réu poderá comparecer ao juízo e oferecer, a título de pagamento, o valor que entender ser devido, apresentando, para isso, memória discriminada do seu cálculo. O texto não esclarece o que ocorrerá se o réu vier a realizar esse depósito *depois* de ser intimado. Entendemos que neste caso, ele deverá pagar o valor apurado pelo autor, ou pelo contador. A norma pode ser aplicada ao processo do trabalho, substituindo-se a expressão *cumprimento da sentença* por *execução*.

§ 1º No prazo de cinco dias, será facultado ao autor impugnar o valor depositado pelo réu, sem prejuízo de ser levantado o depósito a título de parcela incontroversa. Caso o credor concorde com os cálculos, depois de liberada a quantia em seu benefício e pagas as despesas processuais que houver, a execução será extinta.

§ 2º Se o juiz concluir que o depósito efetuado pelo réu é insuficiente, sobre a diferença incidirão multa de dez por cento e honorários advocatícios, no mesmo percentual. Ato contínuo, prosseguir-se-á na execução, com penhora e prática de atos subsequentes. Curiosamente, o legislador, aqui, não se referiu ao cumprimento da sentença, mas, à execução.

§ 3º Caso o autor não se oponha, o juiz declarará a obrigação satisfeita e extinguirá o processo.

Art. 527. Aplicam-se as disposições deste Capítulo ao cumprimento provisório da sentença, no que couber.

• **Comentário**

As disposições contidas nos arts. 523 a 526 serão aplicáveis, no que couberem, ao cumprimento provisório da sentença. Vale lembrar a regra do art. 519, segundo a qual o cumprimento provisório da sentença será realizado da mesma forma que o cumprimento definitivo. No processo do trabalho *de lege lata*, continua a existir a clássica *execução*, que é objeto de processo autônomo, ainda que se realize nos mesmos autos em que foi proferida a decisão exequenda.

CAPÍTULO IV
DO CUMPRIMENTO DE SENTENÇA QUE RECONHEÇA A EXIGIBILIDADE DE OBRIGAÇÃO DE PRESTAR ALIMENTOS

Art. 528. No cumprimento de sentença que condene ao pagamento de prestação alimentícia ou de decisão interlocutória que fixe alimentos, o juiz, a requerimento do exequente, mandará intimar o executado pessoalmente para, em 3 (três) dias, pagar o débito, provar que o fez ou justificar a impossibilidade de efetuá-lo.

§ 1º Caso o executado, no prazo referido no *caput*, não efetue o pagamento, não prove que o efetuou ou não apresente justificativa da impossibilidade de efetuá-lo, o juiz mandará protestar o pronunciamento judicial, aplicando-se, no que couber, o disposto no art. 517.

§ 2º Somente a comprovação de fato que gere a impossibilidade absoluta de pagar justificará o inadimplemento.

§ 3º Se o executado não pagar ou se a justificativa apresentada não for aceita, o juiz, além de mandar protestar o pronunciamento judicial na forma do § 1º, decretar-lhe-á a prisão pelo prazo de 1 (um) a 3 (três) meses.

§ 4º A prisão será cumprida em regime fechado, devendo o preso ficar separado dos presos comuns.

§ 5º O cumprimento da pena não exime o executado do pagamento das prestações vencidas e vincendas.

§ 6º Paga a prestação alimentícia, o juiz suspenderá o cumprimento da ordem de prisão.

§ 7º O débito alimentar que autoriza a prisão civil do alimentante é o que compreende até as 3 (três) prestações anteriores ao ajuizamento da execução e as que se vencerem no curso do processo.

§ 8º O exequente pode optar por promover o cumprimento da sentença ou decisão desde logo, nos termos do disposto neste Livro, Título II, Capítulo III, caso em que não será admissível a prisão do executado, e, recaindo a penhora em dinheiro, a concessão de efeito suspensivo à impugnação não obsta a que o exequente levante mensalmente a importância da prestação.

§ 9º Além das opções previstas no art. 516, parágrafo único, o exequente pode promover o cumprimento da sentença ou decisão que condena ao pagamento de prestação alimentícia no juízo de seu domicílio.

Art. 529. Quando o executado for funcionário público, militar, diretor ou gerente de empresa ou empregado sujeito à legislação do trabalho, o exequente poderá requerer o desconto em folha de pagamento da importância da prestação alimentícia.

§ 1º Ao proferir a decisão, o juiz oficiará à autoridade, à empresa ou ao empregador, determinando, sob pena de crime de desobediência, o desconto a partir da primeira remuneração posterior do executado, a contar do protocolo do ofício.

§ 2º O ofício conterá o nome e o número de inscrição no Cadastro de Pessoas Físicas do exequente e do executado, a importância a ser descontada mensalmente, o tempo de sua duração e a conta na qual deve ser feito o depósito.

§ 3º Sem prejuízo do pagamento dos alimentos vincendos, o débito objeto de execução pode ser descontado dos rendimentos ou rendas do executado, de forma parcelada, nos termos do *caput* deste artigo, contantando que, somado à parcela devida, não ultrapasse cinquenta por cento de seus ganhos líquidos.

Art. 530. Não cumprida a obrigação, observar-se-á o disposto nos arts. 831 e seguintes.

Art. 531. O disposto neste Capítulo aplica-se aos alimentos definitivos ou provisórios.

§ 1º A execução dos alimentos provisórios, bem como a dos alimentos fixados em sentença ainda não transitada em julgado, se processa em autos apartados.

§ 2º O cumprimento definitivo da obrigação de prestar alimentos será processado nos mesmos autos em que tenha sido proferida a sentença.

Art. 532. Verificada a conduta procrastinatória do executado, o juiz deverá, se for o caso, dar ciência ao Ministério Público dos indícios da prática do crime de abandono material.

Art. 533. Quando a indenização por ato ilícito incluir prestação de alimentos, caberá ao executado, a requerimento do exequente, constituir capital cuja renda assegure o pagamento do valor mensal da pensão.

§ 1º O capital a que se refere o *caput*, representado por imóveis ou por direitos reais sobre imóveis suscetíveis de alienação, títulos da dívida pública ou aplicações financeiras em banco oficial, será inalienável e impenhorável enquanto durar a obrigação do executado, além de constituir-se em patrimônio de afetação.

§ 2º O juiz poderá substituir a constituição do capital pela inclusão do exequente em folha de pagamento de pessoa jurídica de notória capacidade econômica ou, a requerimento do executado, por fiança bancária ou garantia real, em valor a ser arbitrado de imediato pelo juiz.

§ 3º Se sobrevier modificação nas condições econômicas, poderá a parte requerer, conforme as circunstâncias, redução ou aumento da prestação.

§ 4º A prestação alimentícia poderá ser fixada tomando por base o salário-mínimo.

§ 5º Finda a obrigação de prestar alimentos, o juiz mandará liberar o capital, cessar o desconto em folha ou cancelar as garantias prestadas.

• **Comentário**

A Justiça do Trabalho não possui competência para apreciar ação de alimentos. Materialmente, os alimentos são regidos pelos arts. 1.694 a 1.710 do CC, processualmente, pela Lei n. 5.478, de 25 de julho de 1968.

Fica prejudicado, por isso, o comentário aos arts. 528 a 533 do CPC.

Se comentamos o art. 521, inciso I, foi porque ali não se cuida de *ação de alimentos*, e sim de obrigação de indenizar em decorrência da prática de *ato ilícito*, includente de prestação de alimentos, que é coisa diversa.

CAPÍTULO V

DO CUMPRIMENTO DE SENTENÇA QUE RECONHEÇA A EXIGIBILIDADE DE OBRIGAÇÃO DE PAGAR QUANTIA CERTA PELA FAZENDA PÚBLICA

Art. 534. No cumprimento de sentença que impuser à Fazenda Pública o dever de pagar quantia certa, o exequente apresentará demonstrativo discriminado e atualizado do crédito contendo:

I – o nome completo e o número de inscrição no Cadastro de Pessoas Físicas ou no Cadastro Nacional da Pessoa Jurídica do exequente;

II – o índice de correção monetária adotado;

III – os juros aplicados e as respectivas taxas;

IV – o termo inicial e o termo final dos juros e da correção monetária utilizados;

V – a periodicidade da capitalização dos juros, se for o caso;

VI – a especificação dos eventuais descontos obrigatórios realizados.

§ 1º Havendo pluralidade de exequentes, cada um deverá apresentar o seu próprio demonstrativo, aplicando-se à hipótese, se for o caso, o disposto nos §§ 1º e 2º do art. 113.

§ 2º A multa prevista no § 1º do art. 523 não se aplica à Fazenda Pública.

• **Comentário**

Caput. Tratando-se de cumprimento da sentença que condenar a Fazenda Pública ao pagamento de quantia certa, cumprirá ao exequente apresentar demonstrativo discriminado e atualizado do seu crédito, que deverá conter os dados especificados nos incisos I a VI.

Inciso I. O nome completo e o número de inscrição no CPF se destinam a identificar o exequente.

Inciso II. O índice de correção monetária visa a preservar o poder aquisitivo do valor devido pela Fazenda Pública.

Inciso III. Caberá ao exequente também indicar os juros aplicados e as respectivas taxas.

Inciso IV. Na Justiça do Trabalho, os juros da mora são devidos a partir da data em que a petição inicial foi protocolada em juízo (CLT, art. 883). O termo final para a incidência de juros é o pagamento.

Inciso V. Sendo o caso, o demonstrativo deverá mencionar a periodicidade da capitalização dos juros.

Inciso VI. Havendo descontos obrigatórios a serem realizados, o demonstrativo deverá especificá-los.

§ 1º No caso de litisconsórcio ativo, cabe a exequente deverá apresentar o seu demonstrativo. Sendo o caso, serão aplicáveis as disposições dos §§ 1º e 2º, do art. 113.

§ 2º À Fazenda Pública não se aplica a multa prevista no § 1º, do art. 523, pois a Fazenda Pública não é citada para pagar e sim, para oferecer embargos à execução.

Art. 535

Art. 535. A Fazenda Pública será intimada na pessoa de seu representante judicial, por carga, remessa ou meio eletrônico, para, querendo, no prazo de 30 (trinta) dias e nos próprios autos, impugnar a execução, podendo arguir:

I — falta ou nulidade da citação se, na fase de conhecimento, o processo correu à revelia;

II — ilegitimidade de parte;

III — inexequibilidade do título ou inexigibilidade da obrigação;

IV — excesso de execução ou cumulação indevida de execuções;

V — incompetência absoluta ou relativa do juízo da execução;

VI — qualquer causa modificativa ou extintiva da obrigação, como pagamento, novação, compensação, transação ou prescrição, desde que supervenientes ao trânsito em julgado da sentença.

§ 1º A alegação de impedimento ou suspeição observará o disposto nos arts. 146 e 148.

§ 2º Quando se alegar que o exequente, em excesso de execução, pleiteia quantia superior à resultante do título, cumprirá à executada declarar de imediato o valor que entende correto, sob pena de não conhecimento da arguição.

§ 3º Não impugnada a execução ou rejeitadas as arguições da executada:

I — expedir-se-á, por intermédio do presidente do tribunal competente, precatório em favor do exequente, observando-se o disposto na Constituição Federal;

II — por ordem do juiz, dirigida à autoridade na pessoa de quem o ente público foi citado para o processo, o pagamento de obrigação de pequeno valor será realizado no prazo de 2 (dois) meses contado da entrega da requisição, mediante depósito na agência de banco oficial mais próxima da residência do exequente.

§ 4º Tratando-se de impugnação parcial, a parte não questionada pela executada será, desde logo, objeto de cumprimento.

§ 5º Para efeito do disposto no inciso III do *caput* deste artigo, considera-se também inexigível a obrigação reconhecida em título executivo judicial fundado em lei ou ato normativo considerado inconstitucional pelo Supremo Tribunal Federal, ou fundado em aplicação ou interpretação da lei ou do ato normativo tido pelo Supremo Tribunal Federal como incompatível com a Constituição Federal, em controle de constitucionalidade concentrado ou difuso.

§ 6º No caso do § 5º, os efeitos da decisão do Supremo Tribunal Federal poderão ser modulados no tempo, de modo a favorecer a segurança jurídica.

§ 7º A decisão do Supremo Tribunal Federal referida no § 5º deve ter sido proferida antes do trânsito em julgado da decisão exequenda.

§ 8º Se a decisão referida no § 5º for proferida após o trânsito em julgado da decisão exequenda, caberá ação rescisória, cujo prazo será contado do trânsito em julgado da decisão proferida pelo Supremo Tribunal Federal.

• **Comentário**

Caput. Como os bens públicos são impenhoráveis, a Fazenda Pública, também no sistema do processo do trabalho, será citada (no sistema do CPC será intimada) para, no prazo de trinta dias, oferecer embargos à execução (no sistema do CPC, para apresentar impugnação). Particularmente, com os olhos fixados no processo do trabalho, julgamos ser excessivo esse prazo, se considerarmos que, aqui, o devedor privado dispõe de *cinco dias* para oferecer embargos à execução (CLT, art. 884, *caput*). Em todo o caso, percebe-se uma tendência doutrinária e jurisprudencial trabalhista em aceitar o prazo de trinta dias, fixado pelo art. 535, *caput*, do CPC. *De lege ferenda*, esse prazo, no processo do trabalho, poderia ser reduzido, digamos, para dez dias.

As matérias que a Fazenda pública possa alegar em sua manifestação estão especificadas nos incisos I a VI.

Inciso I. *Falta ou nulidade de citação em caso de revelia.* Falta ou nulidade de citação no processo de conhecimento. No processo civil, a regra é de que contra o revel, que não tenha advogado nos autos, os prazos fluirão independentemente de intimação, a contar da publicação de cada ato decisório (art. 346). Isso quer dizer que ele não será intimado da sentença condenatória, emitida no processo cognitivo, nada obstante lhe seja consentido intervir no processo em qualquer fase, recebendo-o no estado em que se encontra (*ibidem,* parágrafo único). Assim sendo, é provável que o revel só venha a tomar conhecimento da existência de sentença condenatória na oportunidade em que for citado para a execução; daí, a razão pela qual o CPC lhe permite alegar, nos embargos, a nulidade ou a falta de citação, no processo cognitivo.

Na órbita peculiar do processo do trabalho, entretanto, o revel *deve* ser intimado da sentença que compôs a lide, por força do princípio embutido no art. 852 da CLT. Dessa maneira, se o revel pretender elidir esse seu estado processual, deverá fazê-lo em sede de recurso ordinário (CLT, art. 895), sendo inadmissível que se reserve para tentar anular o processo de conhecimento por ocasião dos embargos que oferecer à execução.

Note-se, assim, que ambos os sistemas — o do CPC e o da CLT — apresentam uma estrutura lógica e harmoniosa, segundo a óptica de suas individualidades; essa estrutura do processo trabalhista fica, porém, gravemente ameaçada quando se tenta nela introduzir elementos tirados à estrutura do processo civil; estas funcionam, nesse caso, como "rolhas redondas em orifícios quadrados".

A doutrina e a jurisprudência têm admitido, em construção razoavelmente aceitável, que o revel, citado para a execução, interponha recurso ordinário da sentença condenatória, pois foi nesse momento que teve ciência, pela primeira vez, da existência da referida sentença. Quer-nos parecer, contudo, que a melhor solução jurídica seria a que remetesse o revel à via rescisória, pois se sabe que o nulo também transita em julgado (CPC, art. 966, V). Se, porém, argumentamos com a *inexistência* do ato (citação relativa ao processo de conhecimento) e não com a sua nulidade, haveríamos de reconhecer que o revel, ao ser citado para a execução, deveria apresentar não recurso ordinário e sim *resposta* (exceção, contestação ou reconvenção), ou, quando menos, alegando a inexistência do ato, solicitar a designação de audiência para, nela, *responder* à ação.

Em páginas anteriores, tiramos as seguintes conclusões a respeito da possibilidade de o devedor alegar, nos embargos à execução, a nulidade do processo de conhecimento, que se formou e se desenvolveu à sua revelia: a) cuidando-se de citação *nula*, ou seja, que foi efetuada, embora em desacordo com a lei, não será possível ao devedor alegá-la nos embargos, pois em nosso sistema jurídico o nulo também se submete ao fenômeno da coisa julgada (material); dessa forma, a nulidade deve ser desfeita pela ação rescisória da sentença; b) tratando-se de *falta* de citação, deve ser verificado se o réu foi intimado, ou não, da sentença proferida à sua revelia.

No primeiro caso, não poderá arguir, nos embargos, o vício porque, ao ser intimado da sentença, deveria tê-la impugnado mediante recurso ordinário, ocasião em que postularia perante o tribunal a declaração de *inexistência* do processo cognitivo, tirante a petição inicial. Estamos pressupondo que o tribunal tenha negado provimento à remessa necessária. Ao não recorrer da sentença, a Fazenda Pública permitiu que esta, em situação verdadeiramente extraordinária, passasse em julgado (uma vez que a inexistência, ao não ser alegada no momento oportuno, fez gerar a preclusão). Logo, poderá fazer uso da via rescisória para obter a desconstituição dos efeitos da coisa julgada.

No segundo, será permitido ao devedor (portanto, na execução) alegar a *inexistência* do processo cognitivo, por falta de citação, pois somente ao ser cientificado da execução da sentença foi que tomou conhecimento da existência da ação (demanda) — lembrando-se que não havia sido intimado da sentença condenatória.

A inexistência deverá ser pronunciada, sempre que for o caso, pelo próprio juízo da execução, porquanto a norma proibitiva, que se irradia do art. 492 do CPC, só se justifica diante das sentenças válidas ou nulas, nunca das inexistentes, que correspondem a uma espécie de *nihil* jurisdicional.

Inciso II. *Ilegitimidade de parte.* Comumente, encontram-se legitimados para compor a relação processual executiva as partes nominadas no título exequendo; sob esse aspecto, são raros os casos em que o devedor encontrará ensanchas para alegar a ilegitimidade (ativa ou passiva) de partes. Ocorrendo, todavia, alguma *novação subjetiva* do título, ou vindo a execução a ser dirigida a quem legalmente não pode ou não deve integrar a relação processual, terá o *executado* (não necessariamente o devedor), ao receber a citação, diante de si a oportunidade para alegar o fato. A legitimidade ativa para a execução está prevista no art. 778 do CPC, a passiva, no art. 779 do mesmo Código.

Na execução fundada em título extrajudicial haverá mais espaço para a alegação de ilegitimidade de parte, tanto ativa quanto passiva.

Acolhidos os embargos, por esse fundamento, o exequente será declarado carecedor da ação, considerando-se que os embargos traduzem ação incidental do executado (CPC, art. 485, VI).

Inciso III. *Inexequibilidade do título ou inexigibilidade da obrigação.* A teor do art. 783 do CPC, a execução para cobrança de crédito fundar-se-á, sempre, em título contendo obrigação líquida, certa e exigível. Essa locução legal comete, contudo, o deslize de imaginar que a obrigação em apreço reflita *três* qualidades (liquidez, certeza e exigibilidade), quando se sabe que, em rigor, se resumem a *duas*, pois a liquidez compreende a certeza. A obrigação, para fundar a cobrança de crédito, há de ser, portanto, líquida e exigível; e, com isso, se diz tudo.

Inciso IV. *Excesso de execução ou cumulação indevida de execuções.* Há excesso de execução nos casos mencionados no § 2º do art. 917 do CPC. Verifica-se a cumulação indevida de execução quando realizada em desrespeito aos requisitos legais. Permite o art. 780 do CPC que, sendo o mesmo o devedor, o credor cumule várias execuções, ainda que estribadas em títulos diversos, contanto que para todas elas sejam competentes o juiz e idêntico o procedimento. Observados esses requisitos, a cumulação será considerada perfeita, ou seja, *devida*. Se o juiz não for competente para apreciar todas as execuções, ou o procedimento for heterogêneo, essa cumulação será declarada *indevida*; caberá ao devedor denunciá-la por ocasião dos embargos à execução.

Um outro exemplo de cumulação indevida pode ser identificado na execução de quantias *líquidas* e de quantias *ilíquidas*, a um só tempo, pois, embora aquelas se prestem à execução, estas devem ser previamente quantificadas (liquidadas); na espécie, o credor teria feito mau uso, ou uso propositadamente maldoso, da faculdade que lhe concede o art. 509, § 1º, do CPC.

Caracterizada a cumulação indevida de execuções, no exemplo acima formulado, não deverá o juiz acolher, por inteiro, os embargos, e sim em parte, mandando extirpar da execução as quantias ilíquidas, e permitindo o prosseguimento pelas *líquidas*. Assim agindo, estará aplicando, com exatidão, a norma legal.

Inciso V. *Incompetência absoluta ou relativa do juízo da execução*. Tratando-se de execução fundada em título judicial, emitido por órgão da Justiça do Trabalho, rareiam as situações em que o devedor poderá alegar a incompetência do juízo, seja relativa, seja absoluta. Uma desses raros casos ocorreria se, cuidando-se de execução por meio de carta precatória, esta for dirigida a juízo incompetente em razão do território. No processo do trabalho, a incompetência absoluta deve ser alegada como preliminar da contestação (CPC, art. 337, II); a relativa, porém, será objeto de exceção (CLT, arts. 799 e 800).

Inciso VI. *Qualquer causa modificativa ou extintiva da obrigação*. Deve ser incluída, ainda, a causa impeditiva. Dentre as causas aqui referidas citam-se o pagamento, a novação, a compensação, a transação ou a prescrição, desde que supervenientes à sentença. Será *impeditiva* a causa, por exemplo, quando ainda não tenha sido ultrapassado o prazo para o cumprimento da obrigação; *modificativa*, no caso de novação (CC, art. 360); *extintiva*, o pagamento (CC, art. 304).

É importante reiterar a observação de que a causa impeditiva, modificativa ou extintiva da obrigação deve ser *posterior* (superveniente) à sentença condenatória; caso contrário, estará caracterizada a preclusão temporal se, devendo ter sido alegada no processo de conhecimento, a parte venha a argui-la somente no de execução.

Como é de elementar conclusão, incumbirá ao devedor o ônus da prova a respeito das referidas causas (CLT, art. 818).

§ 1º O impedimento ou a suspeição do magistrado deverão ser alegados não na impugnação, mas mediante o incidente de que cuida o art. 146.

§ 2º Não basta ao executado alegar excesso de execução; é necessário que também aponte, desde logo, o valor que entende ser devido. Para isso, deverá apresentar demonstrativo discriminado e atualizado do seu cálculo. Se a Fazenda Pública não indicar, desde logo, o valor que entende ser correto, a sua impugnação não será admitida.

§ 3º Se não for impugnada a execução ou forem rejeitados os embargos da Fazenda Pública deverá ser adotado o procedimento descrito nos incisos I e II.

Inciso I. O presidente do tribunal competente mandará expedir precatório em favor do exequente, com observância das disposições constantes da Constituição Federal.

Inciso II. O juiz determinará à autoridade competente o pagamento de obrigação de pequeno valor, no prazo de dois meses, contado da entrega da requisição, mediante depósito na agência de banco oficial mais próxima da residência do exequente.

§ 4º Havendo impugnação parcial, a parte não questionada pela Fazenda Pública será, de imediato, objeto de cumprimento.

§ 5º Para efeito da inexequibilidade do título ou da inexigibilidade da obrigação, considera-se também inexigível a obrigação reconhecida em título executivo judicial fundado em lei ou em ato normativo declarado inconstitucional pelo STF, ou baseado em aplicação ou interpretação de lei ou de ato normativo considerado pelo STF, em controle de constitucionalidade concentrado ou difuso, como incompatível com a Constituição da República.

Na vigência do CPC de 1973, doutrina e jurisprudência haviam firmado o entendimento de que apenas seria inexigível o título judicial calcado em lei ou ato normativo declarados inconstitucionais pelo STF, ou fundado em aplicação ou em interpretação de lei ou ato normativo considerados pelo STF como inconciliáveis com a Constituição Federal em controle *concentrado* de constitucionalidade. O CPC atual se refere aos controles *concentrado* e *difuso*.

Cabe aqui, todavia, uma indagação essencial: considerando-se o disposto no § 5º, decorrido o prazo para o exercício da ação rescisória estaria consumada a preclusão para alegar-se a inexigibilidade da obrigação? Conquanto a doutrina e a jurisprudência tendam a responder de modo afirmativo a essa indagação, temos entendimento contrário, a partir de nossa convicção de nenhuma lei ou ato normativo contrário à Constituição pode ser objeto de preclusão, sob pena de colocarmos em grave risco a supremacia da ordem constitucional.

§ 6º No caso do § 5º, o STF, levando em consideração à segurança jurídica, poderá modular os efeitos de sua decisão.

§ 7º A decisão do STF, referida no § 5º, deve *anteceder* ao trânsito em julgado da decisão exequenda.

§ 8º Se a decisão a que alude o § 5º for posterior ao trânsito em julgado da decisão exequenda, poderá ser objeto de ação rescisória. O prazo, para o exercício dessa ação, que é de dois anos (art. 975, *caput*), será contado do trânsito em julgado da decisão proferida pelo STF. Em termos concretos, isso significa que todas as sentenças ou acórdãos executivos, que tenham transitado em julgado, poderão ser desconstituídos pela via rescisória e, para esse efeito, o prazo de dois anos será contado não do trânsito em julgado dessas decisões, mas da publicação do acórdão proferido pelo STF. Temos forte suspeita quanto à constitucionalidade do parágrafdo em exame. Ademais, por que motivo o § anterior (7º) *determina* que a decisão do STF *deva* ser proferida antes do trânsito em julgado da decisão exequenda? Certamente, para não violar a coisa julgada material e, acima de tudo, o art. 5º, XXXVI, da Constituição Federal.

CAPÍTULO VI

DO CUMPRIMENTO DE SENTENÇA QUE RECONHEÇA A EXIGIBILIDADE DE OBRIGAÇÃO DE FAZER, DE NÃO FAZER OU DE ENTREGAR COISA

Seção I

Do Cumprimento de Sentença que Reconheça a Exigibilidade de Obrigação de Fazer ou de Não Fazer

Art. 536. No cumprimento de sentença que reconheça a exigibilidade de obrigação de fazer ou de não fazer, o juiz poderá, de ofício ou a requerimento, para a efetivação da tutela específica ou a obtenção de tutela pelo resultado prático equivalente, determinar as medidas necessárias à satisfação do exequente.

§ 1º Para atender ao disposto no *caput*, o juiz poderá determinar, entre outras medidas, a imposição de multa, a busca e apreensão, a remoção de pessoas e coisas, o desfazimento de obras e o impedimento de atividade nociva, podendo, caso necessário, requisitar o auxílio de força policial.

§ 2º O mandado de busca e apreensão de pessoas e coisas será cumprido por 2 (dois) oficiais de justiça, observando-se o disposto no art. 846, §§ 1º a 4º, se houver necessidade de arrombamento.

§ 3º O executado incidirá nas penas de litigância de má-fé quando injustificadamente descumprir a ordem judicial, sem prejuízo de sua responsabilização por crime de desobediência.

§ 4º No cumprimento de sentença que reconheça a exigibilidade de obrigação de fazer ou de não fazer, aplica-se o art. 525, no que couber.

§ 5º O disposto neste artigo aplica-se, no que couber, ao cumprimento de sentença que reconheça deveres de fazer e de não fazer de natureza não obrigacional.

• **Comentário**

Caput. Alguns autores não admitem qualquer diferenciação entre as obrigações de *dar* e de *fazer*, afirmando uns que a segunda é o gênero da qual a primeira figura como simples espécie, e outros que essa distinção é destituída de qualquer utilidade prática.

Não negamos que as obrigações de *dar*, sob certo aspecto, também são de *fazer*, na medida em que participam da natureza desta. Examinadas, porém, ambas as modalidades obrigacionais com maior rigor técnico, verificaremos que as diferenças entre elas são significativas, justificando, com isso, o fato de serem disciplinadas, legalmente, em capítulos diversos, no sistema do CPC. Com efeito, um dos traços distintivos mais nítidos está na *prestação* a ser realizada: enquanto nas obrigações de dar consiste na entrega de uma coisa, seja certa ou incerta, na de fazer essa prestação se traduz num ato, serviço ou atividade por parte do devedor.

Em termos concretos, portanto, devemos levar em conta se o devedor, para satisfazer a obrigação de *dar* (ou entregar), não precisa, antes, elaborá-la, produzi-la, ou, se, ao contrário, haverá necessidade de a coisa ser previamente elaborada; no primeiro caso, a obrigação será tipicamente de *dar*; no segundo, de *fazer*.

Mais ainda. Nas obrigações de *dar*, faz-se despicienda, por princípio, a pessoa física do devedor, porquanto o adimplemento da obrigação se dá com a entrega da coisa em si, independentemente de quem tenha efetuado essa entrega; já nas de *fazer* (que pressupõem, como dissemos, um *facere*), o que se põe à frente são certas qualidades, atributos, ou particularidades do devedor, razão por que o cumprimento da obrigação exige que ele próprio faça (= *confeccione*) a coisa. Nesta última espécie obrigacional há, pois, uma nota de pessoalidade (*intuitu personae*) quanto ao devedor, que impede ser a obrigação adimplida por terceiro.

As obrigações de fazer são regidas pelos arts. 247 a 249, do Código Civil; as de não fazer, pelos arts. 250 a 252 do mesmo Código.

No processo do trabalho, as obrigações de fazer mais frequentes são as de anotar a carteira de trabalho; entregar as guias para o saque do FGTS; reintegrar empregado estável e efetuar promoção funcional.

Examinemos a reintegração de empregado detentor de estabilidade.

Passando em julgado a sentença que impôs ao empregador a reintegração de empregado estável — ou inadimplido o acordo, por força do qual assumiu, espontaneamente, a obrigação—, este será citado para satisfazê-la. Para tanto, o empregado comparecerá ao local de trabalho, acompanhado por oficial de justiça, a quem incumbirá cumprir o mandado nos termos em que se contém. O oficial de justiça lavrava o correspondente auto de reintegração, entregando uma das vias ao empregador; outra via será juntada aos autos do processo.

Negando-se o devedor a proceder à reintegração, diverge a doutrina quanto à forma pela qual o credor e o direito reagirão a essa recusa. Wagner Giglio defende a possibilidade de reintegração à força (*manu militari*), embora reconheça a violência e as dificuldades que isso acarreta: "Acompanhado de soldados e do exequente, o oficial de justiça encarregado da diligência instalará o empregado, se necessário arrombando as portas da empresa (sic), em sua bancada de trabalho, e certificará o fato nos autos. Assim procedendo, dar-se-á por cumprido o mandado judicial" (*Direito processual do trabalho*. 5. ed. São Paulo: LTr, 1984. p. 419). Coqueijo Costa entende que, obstada a reintegração, não cabe realizá-la *manu militari*, pois neste caso o empregado continuará a receber salários sem trabalhar, "sendo-lhe facultado reclamar por despedida indireta, ou pelos salários não pagos, ou a indenização dobrada se a empresa ou o estabelecimento se extinguiu" (obra cit., p. 663). Essa opinião é perfilhada por C. P. Tostes Malta (obra cit., p. 613). Antônio Lamarca nega a possibilidade de reintegração forçada, sustentando que o devedor "pode deixar de cumprir a obrigação" (obra cit., p. 486), argumentando que "A lei instituiu a compensação pecuniária para o inadimplemento" (obra cit., p. 486), referindo-se às *astreintes*, de que fala o art. 729 da CLT.

Em que pese aos transtornos de ordem prática que a execução possa acarretar, acreditamos que o empregado estável deva, por princípio, ser reintegrado *manu militari*, caso o empregador se recuse a satisfazer a obrigação. Discordamos de Antônio Lamarca, quando praticamente vislumbra no art. 729 da CLT um "direito" de o devedor recusar-se à reintegração determinada pelo título executivo. Primeiramente, porque não está claro que a penalidade pecuniária, mencionada nessa norma trabalhista, corresponda às *astreintes* do direito francês — como afirma o eminente jurista —, pois nada demonstra ser o empregado o beneficiário dessa penalidade. A interpretação dos arts. 729 e 746, "g", da CLT permite até mesmo concluir pela competência da Procuradoria-Geral da Justiça do Trabalho (CLT, art. 746, "g"). Em segundo lugar, mesmo que se admita — apenas para argumentar — que a pena pecuniária em questão seja aplicada em prol do empregado estável (*astreinte*, portanto), isto não responde à necessidade imperiosa de se fazer com que as decisões proferidas pelo Poder Judiciário sejam cumpridas de acordo com a vontade soberana do órgão jurisdicional, a fim de que esse Poder tenha preservada a sua autoridade e a sua dignidade. Por esse motivo, seguimos sustentando a viabilidade jurídica de executar-se, mediante o emprego de força policial, a obrigação de reintegrar empregado estável, por ser esse, precisamente, o comando que se esplende da sentença exequenda.

A particularidade de o empregado ficar recebendo salários sem trabalhar não justifica o veto de alguns autores à reintegração *manu militari*, porque permanece o desrespeito do devedor a uma decisão judicial passada em julgado — algo que não deve ser estimulado, mesmo que ele tenha certos encargos, como o de pagar salários a quem não lhe está prestando serviços.

De outra parte, a dissolução (dita indireta) do contrato, com o pagamento em dobro das indenizações devidas, pode constituir solução que não consulte aos interesses do empregado, que, a despeito da polpuda quantia que em virtude disso possa receber, terá perdido uma das garantias fundamentais que a sua classe possui: a estabilidade no emprego.

O nosso parecer sobre o assunto *sub examen* é, pois, o seguinte: a) por princípio, a recusa do empregador em reintegrar o empregado ensejará a requisição de força policial, para que o ato se realize por essa forma; em nome do prestígio e da dignidade do Poder Judiciário, deve-se fazer com que o ato de vontade jurisdicional seja respeitado, ainda que, para tanto, o devedor seja compelido a fazê-lo *manu militari*; b) enquanto a reintegração não se realizar, o empregado terá direito aos salários do período e à multa prevista no art. 729 da CLT, na hipótese de entender-se que ela se reverta em seu benefício; c) se, por alguma razão particular ponderosa, convir ao empregado, a obrigação de reintegrar poderá ser convertida em de indenizar (execução por quantia certa), sem prejuízo do disposto na letra anterior. Equivoca-se Tostes Malta ao pensar que, com vistas a isso, o empregado deverá ajuizar outra ação, na medida em que tal procedimento seria não apenas contrário ao caráter alternativo da obrigação, mas atentatório ao princípio da celeridade na plena satisfação dos julgados trabalhistas. Ora, estabelecendo o art. 496 da CLT que o órgão judicante poderá *converter* a obrigação de fazer (= reintegrar) em por quantia certa (= pagar as indenizações legais em dobro), não faz sentido, *data venia*, cogitar-se de ajuizamento de nova ação, para que a indenização se torne possível. Wagner Giglio declara que essa convolação só seria permitida se a sentença exequenda contivesse obrigações alternativas (obra cit., p. 420). Conquanto se possa imaginar inatacável a posição assumida pelo grande jurista de São Paulo — que merece a nossa irrestrita admiração —, porquanto o art. 492 do CPC torna defesa a prolação de sentença, a favor do autor, de natureza diversa da pedida, assim como a condenação do réu em objeto diverso do que lhe foi demandado, cumpre-nos ponderar que as obrigações de fazer mereceram do legislador um tratamento peculiar, que autoriza o afastamento tópico da norma referida.

Efetivamente, estatui o art. 248 do CC — que delas se ocupa — que, se a prestação do fato se impossibilitar *por culpa do devedor*, este responderá por *perdas e danos*, regra que é iterada pelos arts. 816, *caput*, e 821, *caput*, do CPC, sendo certo que a execução por perdas e danos (indenização) se processa nos mesmos autos em que foi emitido o título executivo contendo a obrigação de fazer (reintegrar).

Em tema de obrigação envolvendo um *facere*, não há, pois, exigência legal de que a sentença advirta ao devedor de que eventual inadimplemento fará com que ela se converta em por quantia certa (indenização), uma vez que essa alternatividade, sendo preceito de lei (CPC, arts. 816, *caput*, e 821, *caput*), está implícita no decreto jurisdicional condenatório. Afaste-se, assim, qualquer suspeita de ofensa à coisa julgada material, decorrente dessa conversão.

De resto, sendo as indenizações trabalhistas em regra previamente tarifadas, torna-se dispensável a apuração de perdas e danos, bastando que sejam aplicados os critérios legais incidentes (CLT, arts. 477, 496 e 497).

A resolução que estamos a alvitrar ao problema não está circunscrita à *recusa* do empregador em reintegrar o empregado estável; o converter a obrigação de fazer em por quantia certa deverá ser realizado também nos casos em que houver sido declarada a falência do devedor; o estabelecimento já não existir; a atividade empresarial houver cessado; enfim, sempre que se tornar *impossível* a reintegração do empregado.

§ 1º A norma refere algumas das medidas que o juiz pode adotar, para efeito de atendimento do contido no *caput*: imposição de multa, busca e apreensão, remoção de pessoas ou coisas, desfazimento de obras, impedimento de atividade nociva. Essas medidas, a nosso ver, não são as únicas a serem postas em prática pelo magistrado; este, diante das particularidades do caso concreto, poderá adotar outras, desde que legalmente admissíveis. Havendo resistência à sua determinação, o juiz poderá requisitar força policial.

§ 2º Dois oficiais de justiça deverão dar cumprimento ao mandado judicial de busca e apreensão de pessoas ou coisas. Caso haja necessidade de arrombamento de portas, gavetas, etc., os oficiais de justiça observação as regras contidas nos §§ 1º a 4º do art. 846.

§ 3º Se o executado descumprir, sem justificativa legal, a ordem do magistrado, incidirá na pena de litigância de má-fé e caracterizará o crime de desobediência.

§ 4º O art. 525 será aplicável, no que couber, ao cumprimento da sentença impositiva de obrigação de fazer ou de não fazer. Dessa dicção legal extrai a conclusão, por exemplo, de que a defesa do executado se dará por meio de *embargos* (*impugnação*, no processo civil).

§ 5º As disposições do art. 536 serão aplicadas, no que couberem, ao cumprimento de sentença que reconheça deveres de fazer e de não fazer de natureza não obrigacional, como tais entendidos aqueles que derivam de norma legal e não de vínculo obrigacional.

Art. 537

Art. 537. A multa independe de requerimento da parte e poderá ser aplicada na fase de conhecimento, em tutela provisória ou na sentença, ou na fase de execução, desde que seja suficiente e compatível com a obrigação e que se determine prazo razoável para cumprimento do preceito.

§ 1º O juiz poderá, de ofício ou a requerimento, modificar o valor ou a periodicidade da multa vincenda ou excluí-la, caso verifique que:

I — se tornou insuficiente ou excessiva;

II — o obrigado demonstrou cumprimento parcial superveniente da obrigação ou justa causa para o descumprimento.

§ 2º O valor da multa será devido ao exequente.

§ 3º A decisão que fixa a multa é passível de cumprimento provisório, devendo ser depositada em juízo, permitido o levantamento do valor após o trânsito em julgado da sentença favorável à parte ou na pendência do agravo fundado nos incisos II ou III do art. 1.042.

§ 4º A multa será devida desde o dia em que se configurar o descumprimento da decisão e incidirá enquanto não for cumprida a decisão que a tiver cominado.

§ 5º O disposto neste artigo aplica-se, no que couber, ao cumprimento de sentença que reconheça deveres de fazer e de não fazer de natureza não obrigacional.

• **Comentário**

Caput. A multa prevista neste artigo se destina a compelir o devedor ao cumprimento da obrigação que lhe foi imposta por sentença. Essa penalidade pecuniária *(astreinte)* poderá: a) ser aplicada de ofício; b) na fase de conhecimento, em tutela provisória ou na sentença; c) na fase de execução, contanto que seja suficiente e compatível com a obrigação, cabendo ao juiz fixar prazo para o cumprimento da ordem.

§ 1º Por sua iniciativa ou a requerimento da parte, o juiz poderá modificar: a) o valor ou a periodicidade da multa vincenda; ou b) excluí-la, se ocorrer uma das situações previstas nos incisos I e II.

Inciso I. Se a multa se tornou insuficiente ou excessiva. A norma em exame beneficia tanto ao exequente quanto ao executado, conforme seja o caso.

Inciso II. O devedor comprovou haver cumprido a obrigação de maneira parcial e superveniente ou a ocorrência de justa causa para o descumprimento.

§ 2º Foi extremamente importante o esclarecimento efetuado pela norma de que a multa será devida ao exequente, e não ao escrivão ou ao Estado.

§ 3º A decisão judicial fixadora da multa pode ser executada provisoriamente. Intimado, o executado deverá depositá-la em juízo, permitindo ao exequente o levantamento somente após o trânsito em julgado da sentença favorável à parte ou na pendência de agravo interposto com fulcro nos Incisos II ou III do art. 1.042.

§ 4º A norma fixa o momento a partir do qual a multa será devida: desde o dia em que se caracterizar o descumprimento da decisão. Além disso, declara que a multa incidirá enquanto não for cumprida a decisão que a tiver aplicado.

§ 5º A exemplo do que consta do art. 536, o art. 537 declara que as suas disposições incidem, no que for cabível, no cumprimento de sentença que reconheça deveres de fazer e de não fazer de natureza não obrigacional, vale dizer, previstos em lei.

Seção II

Do Cumprimento de Sentença que Reconheça a Exigibilidade de Obrigação de Entregar Coisa

Art. 538. Não cumprida a obrigação de entregar coisa no prazo estabelecido na sentença, será expedido mandado de busca e apreensão ou de imissão na posse em favor do credor, conforme se tratar de coisa móvel ou imóvel.

§ 1º A existência de benfeitorias deve ser alegada na fase de conhecimento, em contestação, de forma discriminada e com atribuição, sempre que possível e justificadamente, do respectivo valor.

§ 2º O direito de retenção por benfeitorias deve ser exercido na contestação, na fase de conhecimento.

§ 3º Aplicam-se ao procedimento previsto neste artigo, no que couber, as disposições sobre o cumprimento de obrigação de fazer ou de não fazer.

• **Comentário**

Caput. Se o devedor deixar de cumprir obrigação de entregar coisa, no prazo estabelecido pela sentença, o juiz fará expedir mandado de busca e apreensão ou de imissão na posse em favor do credor, segundo se trate de coisa móvel ou imóvel.

As obrigações de entregar coisa certa são regidas pelos arts. 233 a 242 do Código Civil; as de entregar coisa incerta, pelos arts. 243 a 246 do mesmo Código.

Exemplo de obrigação de *entregar coisa certa*, no processo do trabalho, seria a que tivesse como objeto a devolução de mostruário, pertencente ao empregado-vendedor, que se encontrasse, indevidamente, na posse do empregador.

§ 1º Caso o devedor tenha efetuado benfeitorias, deverá alegar a existência destas na contestação, observando, para isso, dois requisitos essenciais: a) de maneira discriminada; b) atribuindo, sempre que possível e de modo fundamentado, o valor correspondente.

§ 2º De certa forma, este parágrafo repete o anterior, ao afirmar que o direito de retenção por benfeitoria deve ser exercido na contestação, na fase cognitiva do processo.

§ 3º Serão aplicáveis, em caráter supletivo e no que couberem, ao cumprimento da sentença que reconheça a exigibilidade de obrigações de entregar coisa, as disposições legais pertinentes ao cumprimento das obrigações de fazer ou de não fazer.

TÍTULO III

DOS PROCEDIMENTOS ESPECIAIS

CAPÍTULO I

DA AÇÃO DE CONSIGNAÇÃO EM PAGAMENTO

Art. 539. Nos casos previstos em lei, poderá o devedor ou terceiro requerer, com efeito de pagamento, a consignação da quantia ou da coisa devida.

§ 1º Tratando-se de obrigação em dinheiro, poderá o valor ser depositado em estabelecimento bancário, oficial onde houver, situado no lugar do pagamento, cientificando-se o credor por carta com aviso de recebimento, assinado o prazo de 10 (dez) dias para a manifestação de recusa.

§ 2º Decorrido o prazo do § 1º, contado do retorno do aviso de recebimento, sem a manifestação de recusa, considerar-se-á o devedor liberado da obrigação, ficando à disposição do credor a quantia depositada.

§ 3º Ocorrendo a recusa, manifestada por escrito ao estabelecimento bancário, poderá ser proposta, dentro de 1 (um) mês, a ação de consignação, instruindo-se a inicial com a prova do depósito e da recusa.

§ 4º Não proposta a ação no prazo do § 3º, ficará sem efeito o depósito, podendo levantá-lo o depositante.

Art. 539

• **Comentário**

Caput. A ação consignatória é admissível no processo do trabalho, com algumas adaptações.

Denominação e conceito

O verbo *consignar* (do Latim *consignare*) significa, do ponto de vista léxico, o ato de afirmar, declarar, estabelecer; colocar por escrito.

Juridicamente, porém, esse verbo possui sentido algo polissêmico. Assim dizemos porque, sob a ótica do Direito Comercial, consignar indica o ato de alguém entregar determinada mercadoria, de sua propriedade, a comerciante, a fim de ser vendida a terceiro, sem que o comerciante que a recebeu esteja obrigado a adquiri-la, podendo, por isso, devolvê-la ao proprietário depois de certo tempo, caso não a venda. No plano processual, a consignação constitui ação por meio da qual o devedor ou terceiro requer a entrega de coisa ou dinheiro, ao credor, com efeito de pagamento.

É elementar que a ação de consignação em pagamento só se justifica nos casos em que o credor haja recusado o recebimento da quantia ou da coisa ou em que os credores sejam desconhecidos. Sendo assim, se não houve essa recusa, nem eram desconhecidos os credores, o autor deverá ser declarado carecedor da ação, por falta de interesse processual (CPC, art. 17º), com a consequente extinção do processo sem resolução do mérito (CPC, art. 485, inciso VI). A carência da ação será pronunciada pelo juiz, seja *ex officio* (CPC, art. 485, § 3º) ou por provocação do réu (CPC, art. 337, inciso XI).

Encontram-se dicionarizados os substantivos *consignação* (ato ou efeito de consignar), *consignador* (aquele que consigna), *consignante* (aquele que consigna) e *consignatário* (depositária de uma coisa consignada), assim como os adjetivos *consignador* (que consigna), *consignante* (que consigna), *consignativo* (censo consignativo: quantia que se dá por uma só vez à pessoa que se obriga a pagar anual e perpetuamente, ou por certo prazo, uma pensão) e *consignável* (que se pode consignar).

Constitui neologismo consagrado o adjetivo *consignatória* (ação de consignar), que vem sendo utilizado tanto pela doutrina e pela jurisprudência quanto pelo próprio legislador (Lei n. 8.245, de 18.10.91, art. 67, incisos VI e VIII).

Legitimidade e interesse

Quem toma a iniciativa das ações, de modo geral, são os credores; todavia, em sede de ação de consignação em pagamento, essa iniciativa cabe, de ordinário, ao devedor e, em situações especiais, ao terceiro. São estas, portanto, as pessoas legalmente legitimadas para o exercício da referida ação.

No âmbito das relações de trabalho terá legitimidade para a consignação não apenas o empregador, mas todas aquelas pessoas que possuem ação na Justiça do Trabalho, nos termos do art. 114, da Constituição Federal. O empregador, em particular, poderia fazer uso da ação consignatória tendo como objeto não somente quantias devidas ao empregado, como ao próprio sindicato, seja patronal ou profissional, envolvendo, por exemplo, contribuições sindicais.

É evidente que, além da legitimidade, tem de haver o interesse processual, que também figura como uma das condições da ação (CPC, art. 17). O interesse do devedor reside não exatamente no pagamento de quantia ou no depósito de coisa, mas na *quitação* que obterá em decorrência disso. Essa quitação o liberará da obrigação. Caso o terceiro possua interesse em ver o devedor desonerado da obrigação, também poderá fazer uso da ação de consignação em pagamento, hipótese em que se sub-rogará nos direitos do credor. Todavia, como dissemos antes, para que o interesse processual (seja por parte do devedor ou de terceiro) se configure, com vistas ao exercício da ação em estudo, é necessário que:

a) o credor tenha se recusado a receber a quantia ou a coisa, que o devedor lhe ofereceu; ou

b) que o devedor não saiba a quem pagar.

Não se verificando nenhuma dessas situações, o autor será declarado carecedor da ação, por falta de interesse processual.

Efeito de pagamento

Como está claro no texto legal em exame, a consignação judicial da quantia ou da coisa, pretendida pelo devedor ou por terceiro, será para efeito de pagamento. Conforme afirmamos há pouco, o interesse do autor não reside, em rigor, no pagamento e sim na quitação que obterá, em decorrência disso, e que o liberará da obrigação. A referência que o art. 539, *caput*, do CPC, faz a pagamento poderia fazer supor que o objeto da consignação somente pudesse ser a entrega de quantia em dinheiro; a própria norma legal mencionada cuida de demonstrar, porém, que essa entrega também poderá ser de coisa. Destarte, seja efetuando a entrega de quantia ou de coisa, o devedor estará realizando o pagamento a que alude o texto legal e, em razão disso, obtendo a desejada quitação.

Torna-se relevante repisar a observação de que, em se tratando de quantia, esta deverá ser líquida, vale dizer, ser quantitativamente determinada, a fim de que o credor possa dizer se concorda em recebê-la, ou se recusa a fazê-lo, por entender insuficiente o valor depositado pelo devedor. Não se pode admitir, portanto, que o devedor deixe a cargo do Juiz a decisão sobre o *quantum* da dívida — ou sobre a natureza ou a quantidade das coisas a serem entregues ao credor.

O que se admite, isto, sim, é que o devedor não saiba a quem pagar a quantia que está a dever (CPC, art. 547); mesmo assim, essa quantia, para efeito de consignação, deverá estar previamente determinada.

Nos casos previstos em lei

O que o legislador processual está a dizer é que o exercício da ação em foco somente será possível quando houver norma legal prevendo a consignação.

Finalidade

O objetivo do autor, ao ingressar com a ação em exame, é realizar o pagamento e obter a correspondente quitação, ou seja, ver-se judicialmente liberado da obrigação.

Com efeito, quando o devedor desejar efetuar a entrega de quantia ou de coisa, a título de pagamento, e o credor se recusar a receber, ou aquele não souber a quem pagar, poderá fazer uso da ação de consignação para liberar-se da obrigação.

Do ponto de vista do devedor (autor), a obrigação a ser por este cumprida deve ser líquida e certa, pois seria desarrazoado imaginar que ele pudesse requerer a citação do réu (credor), a fim de que este viesse a juízo para dizer qual seria a quantia que entende devida, ou a natureza da coisa a ser entregue ou o modo como a obrigação deverá ser cumprida.

A sentença

A sentença, que acolhe o pedido formulado na ação de consignação em pagamento, tem natureza declaratória. Assim dizemos porque ela declara estar o autor (devedor): a) liberado do ônus proveniente da obrigação discutida na causa; ou b) estar ainda submetido a esse ônus, seja porque a obrigação não foi cumprida por inteiro, seja por outra razão jurídica qualquer.

Por isso, caso o juiz entenda que a obrigação foi satisfeita, apenas, em parte, não poderá condenar o réu ao pagamento do restante, considerando-se que a sentença emitida nesse tipo de ação tem natureza exclusivamente declaratória. O que ao juiz incumbirá fazer, na hipótese, será rejeitar o pedido formulado pelo autor, uma vez que a obrigação não foi integralmente cumprida, ficando assegurada ao credor a possibilidade de ajuizar ação destinada à cobrança da dívida.

Quando asseveramos que a sentença proferida na ação de consignação em pagamento possui natureza declaratória estamos, à evidência, tendo em mente o **pedido** principal efetuado pelo autor (*res in iudicio deducta*); desse modo, sem prejuízo dessa afirmação, a sentença poderá conter um capítulo condenatório quando impuser ao vencido o pagamento de custas processuais e de honorários de advogado.

Ao examinar o mérito, a sentença — independentemente do resultado do julgamento — produzirá coisa julgada material (CPC, art. 502). A esse respeito, convém destacar a regra contida no art. 506 do mesmo Código, segundo a qual a sentença faz coisa julgada às partes entre as quais é dada, não beneficiando, nem prejudicando terceiros. Sendo assim, a quitação que o autor vier a obter na ação de consignação em pagamento terá eficácia somente em face do réu, não valendo perante terceiros.

§ 1º Quando for o caso de obrigação em dinheiro, a lei faculta ao devedor ou ao terceiro optar pelo procedimento *extrajudicial*, efetuando o depósito em estabelecimento bancário. Algumas nótulas devem ser expendidas em relação ao isso.

a) O objetivo da instituição desse procedimento *extrajudicial* foi o de desafogar os órgãos do Poder Judiciário, congestionados por uma enorme massa de ações, pois, até então, a parte interessada, que pretendesse obter a liberação de determinados ônus decorrentes de obrigações, somente poderia fazer uso da *ação* de consignação em pagamento, ou seja, deveria invocar a prestação da tutela jurisdicional do Estado;

b) Como elucida a norma legal em questão, esse procedimento extrajudicial só pode ter como objeto a entrega de *quantia* ("obrigação em dinheiro", diz o § 1º), ficando, portanto, afastada a possibilidade de ser usado para a entrega de *coisa*, ou de qualquer outra.

Pode o empregador, por exemplo, valer-se do depósito extrajudicial de quantias devidas ao empregado.

O depósito, em princípio, deve ser efetuado em estabelecimento bancário oficial, onde houver; não havendo, poderá ser feito em qualquer outro estabelecimento, exceto se for proprietário deste o próprio devedor.

Esse estabelecimento deve estar situado no lugar em que o pagamento deveria ser realizado. Havendo, na localidade, mais de um estabelecimento oficial, caberá ao devedor optar por qualquer um deles. Se, ao contrário, nessa localidade não houver nenhum estabelecimento bancário, seja oficial ou não, o devedor deverá ingressar com a ação de cumprimento — embora possa caber uma discussão sobre se ele não poderia efetuar o depósito em estabelecimento bancário oficial existente em outra localidade, desde que próxima àquele em que o pagamento deveria ser realizado.

O depósito da quantia deverá ser efetuado em conta com correção monetária, vale dizer, que preserve o poder de compra do dinheiro. Isso significa que se o depósito for realizado em mera conta corrente, o credor poderá recusar-se a receber, alegando a insuficiência do valor depositado, hipótese em que o devedor ficará em mora. A propósito, a conta deve não apenas propiciar a atualização monetária da quantia depositada, como ser aberta para a finalidade específica de liberar o devedor da obrigação;

O procedimento de que estamos a tratar não foi criado para constituir *medida preparatória* de eventual ação judicial e sim como uma *alternativa* para o devedor que desejasse liberar-se de certa obrigação, sem ter, para isso, de ingressar em juízo. Esse procedimento extrajudicial, se confrontado com o da ação de consignação em pagamento, tem, em seu benefício, a celeridade e a economia de despesas. A lei não exige que o devedor ou o terceiro, para isso, contrate advogado, podendo, portanto, efetuar pessoalmente o depósito da quantia que entende ser devida. Nada obsta, contudo, a que o devedor ou o terceiro, desejando evitar eventuais riscos, contrate advogado para representá-lo ou dar-lhe orientação quanto a esse procedimento extrajudicial.

Cientificação do credor

Realizado o depósito da quantia, cumprirá ao gerente do estabelecimento bancário — ou à pessoa que for por ele designada — expedir carta, com aviso de recebimento ou mediante protocolo, ao credor, dando-lhe ciência do depósito e da finalidade deste.

Cópia dessa carta e do comprovante da sua entrega ao destinatário deverá ser entregue ao devedor ou ao terceiro, pois no caso de o credor recusar-se a receber, o devedor ou o terceiro deverá instruir a petição inicial da ação de consignação em pagamento, que vier a ajuizar, com esses documentos.

Recebida a correspondência expedida pelo estabelecimento bancário, o credor terá o prazo de dez dias para manifestar eventual recusa em receber a quantia depositada. Conquanto o procedimento não seja judicial, pensamos que esse prazo deverá ser contado de acordo com o critério estabelecido pelos arts. 775, da CLT, e 224 do CPC, ou seja, com exclusão do dia do início e inclusão do dia do vencimento. As consequências da recusa do credor em receber a quantia depositada serão demonstradas no exame, que a seguir faremos, do disposto no § 2º do art. 539.

§ 2º O prazo de dez dias, a que se refere o § 1º do art. 539 do CPC, é para que o credor venha receber a quantia depositada ou se recuse a recebê-la. Desta forma, se nesse decêndio ele nada disser, o devedor ficará inteiramente liberado da obrigação e a quantia por ele depositada será colocada à disposição do credor. Essa ausência de manifestação do credor não configura revelia (CPC, art. 344), pois não se cuida de processo judicial, mas, de simples procedimento extrajudicial; logo, não há jurisdição, nem ação, nem partes ou sentença, não se podendo, por isso, cogitar de presunção de veracidade dos fatos narrados na petição inicial — até porque também inexiste aqui esse tipo de petição.

É evidente que se o legislador não jungisse ao prazo de dez dias alguma consequência jurídica para o caso de o credor não manifestar recusa em receber o que foi depositado, esse prazo seria inútil, como inútil seria o próprio procedimento sobre o qual estamos a discorrer. Por esse motivo, o legislador dispôs que o decurso em branco do mencionado prazo liberaria o devedor da obrigação. Sem essa consequência, provavelmente o procedimento extrajudicial em exame não despertaria nenhum interesse nos devedores que pretendessem se liberar de obrigações, mas não quisessem, para isso, ingressar com ação de consignação em pagamento.

Sendo o devedor liberado da obrigação, mas, apesar disso, o credor ingressar em juízo com ação destinada a cobrar o valor que havia sido objeto do depósito extrajudicial, caberá ao devedor, em sua defesa, comprovar o fato e solicitar a extinção do processo com julgamento do mérito, não ficando fora de possibilidade a condenação do credor ao pagamento de multa, de indenização e de honorários de advogado, em prol do devedor, em decorrência de litigância de má-fé (CPC, arts. 80, II e 81). Estamos a presumir, por certo, que o valor depositado pelo devedor permaneceu à disposição do credor, como determina a lei: todavia, se, por algum motivo, após o decurso do prazo de dez dias (sem manifestação de recusa por parte do credor), o dinheiro depositado foi devolvido ao devedor, ao credor só restaria mesmo ingressar em juízo, com o objetivo de receber aquilo que entende lhe ser devido.

Um nota relevante: entendemos que o depósito extrajudicial não possa ser utilizado para o pagamento de verbas decorrentes da rescisão de contrato de trabalho, se este tiver vigorado por período superior a um ano. Neste caso, a rescisão e o pagamento dos valores devidos ao empregado deverão ser feitos no sindicato representativo da respectiva categoria profissional ou na Delegacia Regional do Trabalho (CLT, art. 477, § 1º). Inexistindo quaisquer desses órgãos, na localidade, a assistência deverá ser prestada pelo representante do Ministério Público, pelo Defensor Público ou pelo Juiz de Paz (*ibidem*, § 3º).

§ 3º Pode acontecer, entretanto, de o credor, no prazo de dez dias, manifestar recusa em receber a quantia deposita pelo devedor no estabelecimento bancário. Essa manifestação deverá ser feita por escrito e assinada pelo credor. A prudência recomenda que ele procure documentar-se quanto à entrega dessa resposta (mediante aviso de recepção, se a encaminhou pelo correio; ou protocolo, se a entregou diretamente no estabelecimento bancário em que o depósito da quantia foi efetuado), pois, se não o fizer, decorrido o prazo de dez dias, o devedor ficará inteiramente liberado da obrigação. Haverá a mesma consequência jurídica se a recusa do credor for manifestada quando já esgotado o aludido prazo. Assim, é de grande interesse do credor comprovar, por meio de documento, não só a sua manifestação de recusa, mas a ocorrência dessa manifestação dentro dos dez dias fixados por lei.

Verificamos uma certa indefinição, no plano da doutrina, sobre se a recusa do devedor deverá ser fundamentada, ou não. Como não estamos a lidar com processo judicial, senão com mero procedimento extrajudicial, pensamos que essa recusa não necessite ser motivada. Desta maneira, será bastante que o credor, no prazo legal, se dirija por escrito ao estabelecimento bancário para dizer que se recusa a receber a quantia ali depositada. As razões jurídicas dessa recusa serão manifestadas em juízo, no momento oportuno, nos autos da ação de consignação em pagamento que vier a ser ajuizada pelo devedor. Não há nenhum motivo relevante, de ordem prática, que justifique eventual exigência de que essas razões devam ser manifestadas perante um simples estabelecimento bancário, que não é órgão do Poder Judiciário, e que, por esse motivo, não poderá apreciar as razões da recusa.

Havendo o credor recusado, por escrito, o recebimento da quantia depositada, o devedor ou o terceiro poderá ingressar com ação de consignação em pagamento, com o objetivo de ver-se judicialmente liberado da obrigação, lembrando-se que o depósito permanecerá no estabelecimento bancário, até que seja proferida a sentença. A ação deverá ser exercida no prazo de um mês.

Como afirmamos antes, o devedor ou o terceiro deverá instruir a petição inicial da ação de consignação com comprovante desse depósito e da recusa do credor, em receber a correspondente quantia. Se, por inadvertência, o devedor deixar de juntar esses documentos à inicial, o Juiz não deverá, de plano, indeferi-la: considerando que se trata de irregularidade sanável, cumprir-lhe-á, nos termos do art. 321 do CPC, determinar que o autor (devedor) junte aos autos esses documentos. Somente se o despacho não for cumprido, no prazo assinado, é que a petição inicial deverá ser indeferida (CPC, art. 321, parágrafo único), com a consequente extinção do processo sem exame do mérito (CPC, art. 485, I).

§ 4º Ao examinarmos o § 3º, do art. 539, do CPC, pudemos ver que se o credor recusar-se a receber a quantia depositada em estabelecimento bancário pelo devedor, este disporá do prazo de um mês para ingressar com a ação de consignação em pagamento. Cuida-se, todavia, de uma faculdade que a lei atribui ao devedor, não de um seu dever.

Desta forma, se o devedor, por uma sua conveniência, preferir não ajuizar a sobredita ação, no prazo legal, caberá ao credor ingressar em juízo, com ação própria, tendente a cobrar a dívida. Caso o devedor não faça uso da ação de consignação em pagamento, no mencionado prazo, o depósito por ele realizado em estabelecimento bancário ser-lhe-á restituído, pois ficou "sem efeito", como declara a norma legal sob comentário.

Parece-nos, no entanto, que o prazo de um mês, fixado pelo § 3º do art. 539 para o exercício da ação de consignação em pagamento, só deverá ser observado pelo devedor se ele pretender aproveitar o depósito efetuado em estabelecimento bancário. Daí, a razão por que lhe caberá instruir a correspondente petição inicial com a prova desse depósito (e da recusa do credor em levantá-lo). Isso significa dizer, por outro lado, que se o devedor não desejar aproveitar o referido depósito, poderá propor a ação de consignação mesmo depois de decorrido o prazo legal; nesta hipótese, como é elementar, deverá atender ao disposto no inciso I do art. 542, vale dizer, requerer, já na inicial, o depósito da quantia devida, que deverá ser realizado no prazo de cinco dias, contado do deferimento desse pedido.

Art. 540. Requerer-se-á a consignação no lugar do pagamento, cessando para o devedor, à data do depósito, os juros e os riscos, salvo se a demanda for julgada improcedente.

• **Comentário**

Volta o legislador a ocupar-se da ação de consignação em pagamento, abandonando, assim, o procedimento extrajudicial sobre o qual estivemos a discursar até esta altura.

Lugar do pagamento. A ação de consignação deverá ser exercida perante o órgão que possui jurisdição sobre o lugar em que o pagamento deveria ter sido realizado. Sob este aspecto, devemos dizer, dentre outras coisas, que:

a) tratando-se de relação de emprego, o foro da prestação dos serviços, por princípio, é o competente para a referida ação (CLT, art. 651, *caput*);

b) tratando-se de relação do trabalho, ou de outra que não envolva a relação de emprego:

b.a) o foro será o do contrato;

b.b) prevalecerá sobre a cláusula genérica, de fixação do foro, a cláusula que, especificamente, estabelecer o lugar de pagamento;

b.c) se o lugar do pagamento não houver sido convencionado, prevalecerá o do domicílio do devedor.

Cessação dos juros e dos riscos. Efetuado o depósito do dinheiro ou da coisa, cessam para o devedor os juros e os riscos (art. 540) e também as despesas com o depósito e conservação da coisa (Cód. Civil, arts. 337 e 343). Entrementes, para esses efeitos se verifiquem, é necessário que o pedido do autor seja acolhido (CPC, art. 490); logo, se for rejeitado (isto é, se a consignação for "julgada improcedente", como expressa o art. 540, não cessarão os juros e os riscos. Insistindo: se o pedido do credor for acolhido, ele estará liberado da obrigação e, em decorrência disso, cessarão os juros e os riscos; caso contrário, não só permanecerá vinculado à obrigação, como os juros e os riscos continuarão a existir.

Se houver acordo nos autos da ação de consignação, caberá às partes definir tudo o que diga respeito à dívida ou à coisa: como serão computados os juros; quem responderá pelas despesas processuais; quem ficará responsabilizado pela deterioração da coisa etc. Traduzindo, a transação, um negócio jurídico bilateral, uma forma de solução consensual do litígio, poderão as partes dispor com certa liberdade acerca de tudo aquilo que for necessário para realizá-la. Ser-lhes-á possível, até mesmo, para esse fim, redimensionar os limites objetivos da lide, fazendo incluir no objeto da transação parcelas que nem sequer foram postuladas na ação. É sempre conveniente recordar que a regra inserta nos arts. 141 e 492 do CPC só incidem nos casos de solução *jurisdicional* do conflito de interesses, uma vez que essa solução se opera por meio de sentença, sendo, portanto, impositiva. A transação, contudo, como asseveramos, constitui modalidade de solução *não-jurisdicional* da lide, cujo alcance pode ser livremente determinado pelos transatores.

Art. 541. Tratando-se de prestações sucessivas, consignada uma delas, pode o devedor continuar a depositar, no mesmo processo e sem mais formalidades, as que se forem vencendo, desde que o faça em até 5 (cinco) dias contados da data do respectivo vencimento.

• Comentário

Há casos em que a dívida deve ser paga de uma só vez, e outros, em que deve ser paga em parcelas. Nesta última situação, temos as denominadas prestações *sucessivas*.

Seria, sem dúvida, extremamente penoso para o devedor ter de ajuizar tantas ações de consignação quantas fossem as prestações devidas. Por isso, e também como elogiável medida de economia processual, o legislador permitiu-lhe ir depositando, no mesmo processo, as diversas prestações que se forem vencendo, como seria o caso de salários que o empregado se recusa a receber. Para tanto, bastará, a cada vez, solicitar ao serventuário do juízo guias próprias para o depósito da parcela ou efetuar esse depósito em lugar que haja sido determinado pelo Magistrado. No mais, não haverá formalidades, como esclarece o art. 892, como elaboração de termo etc.

A lei determina, contudo, que o pagamento das prestações sucessivas seja efetuado dentro do prazo de cinco dias do vencimento. Isso significa dizer, em termos práticos, que se o devedor deixar de pagar a parcela que se venceu, ou pagá-la depois de decorrido o mencionado prazo, o credor poderá ingressar com ação própria para receber as parcelas futuras. Por outro lado, o devedor não será prejudicado quanto às parcelas que tenha depositado dentro do prazo legal. Deste modo, se o seu pedido for acolhido ("julgado procedente", costuma-se dizer) pela sentença, ele ficará liberado da mora, em relação às prestações regular e tempestivamente depositadas.

Novamente, devemos ressaltar a particularidade de a ação de consignação em pagamento somente ser admissível se o credor se recusar a receber o dinheiro ou a coisa, ou se o devedor estiver em dúvida quanto a quem deva receber. Deste modo, tratando-se de prestações sucessivas, recusando-se o credor a receber a primeira, caberá ao devedor ingressar com a ação de consignação; autorizado pelo juiz o depósito da quantia devida, poderá o devedor, em princípio, continuar a consignar das demais prestações que se forem vencendo, pois o pressuposto é de que também no tocante a estas terá havido recusa do credor, em recebê-las.

A lei não exige que as prestações sucessivas tenham o mesmo valor; o que importa, para os efeitos do art. 541, é que possuam a mesma natureza e que o valor, a ser depositado a cada vez, seja determinado (líquido e certo), a fim de que o credor possa conhecer o *quantum* que constitui objeto da ação e, diante disso, dizer se o receberá ou se o recusará.

A possibilidade de o devedor consignar, no mesmo processo, as prestações que se forem vencendo, não se restringe às de natureza pecuniária; esse depósito sucessivo pode ter como objeto também coisas — embora esta última hipótese seja rara no processo do trabalho.

A jurisprudência tem entendido, porém, que se a sentença proferida na ação de consignação transitou em julgado, o devedor não mais poderá continuar a consignar no mesmo processo as parcelas que se vencerem depois desse trânsito em julgado, pois isso tenderia a transformar o órgão jurisdicional em administrador de bens, além de onerar o credor com despesas processuais. Pensamos que o limite cronológico para a realização desses depósitos não seja o trânsito em julgado da decisão, mas o simples proferimento desta.

Art. 542. Na petição inicial, o autor requererá:

I — o depósito da quantia ou da coisa devida, a ser efetivado no prazo de 5 (cinco) dias contados do deferimento, ressalvada a hipótese do art. 539, § 3º;

II — a citação do réu para levantar o depósito ou oferecer contestação.

Parágrafo único. Não realizado o depósito no prazo do inciso I, o processo será extinto sem resolução do mérito.

Código de Processo Civil — Art. 542

• **Comentário**

Caput. Petição inicial. A norma legal em exame dispunha, em sua redação primitiva: "Art. 893. Na petição inicial o autor requererá a citação do réu para, em lugar, dia e hora determinados, vir ou mandar receber a quantia ou a coisa devida, sob pena de ser efetuado o respectivo depósito".

Como se percebe, esse dispositivo legal previa a citação do réu, apenas, para que viesse receber a quantia ou a coisa ofertada pelo credor (sob pena de depósito). Com vistas a isso, na Justiça Comum o juiz designava audiência específica, denominada, pela doutrina, de "oblação" (oferta). Se o réu se recusasse a receber, a quantia seria depositada à ordem do juízo e a contestação deveria ser oferecida no prazo de dez dias, contado da data designada para o recebimento.

Ao ser admita a ação de consignação em pagamento, na Justiça do Trabalho, logo se adaptou essa ação ao procedimento característico desta Justiça Especializada, de tal modo que o devedor era citado para, em audiência única, vir receber ou mandar receber e contestar.

Influenciado por esse procedimento da Justiça do Trabalho, o legislador (Lei n. 8.951/94) deu nova redação ao art. 893, do CPC de 1973, para simplificar o procedimento da ação consignatória, pois agora o autor requererá, na inicial, não só o depósito da quantia ou da coisa (inciso I), mas a citação do réu para levantar o depósito ou oferecer resposta (inciso II). Se a ação fundar-se em dúvida sobre quem deva legitimamente receber, a citação, os supostos credores serão citados para produzir prova do seu direito (Cód. Civil, art. 975; CPC, art. 542, II).

A petição inicial deverá ser elaborada à luz do art. 319 do CPC e instruída com os documentos indispensáveis à propositura da ação (art. 320). Nela, o autor, dentre outras coisas.

a) deverá justificar as razões do seu ingresso em juízo (recusa, por parte do credor, em receber a quantia ou a coisa ou dúvida quanto a quem pagar);

b) especificar se se trata de coisa fungível ou infungível, móvel ou imóvel, mencionando a qualidade, a quantidade e o lugar onde deva ser feita a entrega;

c) formular os requerimentos mencionados nos incisos I e II do art. 542. No que respeita ao requerimento de depósito de quantia, este não será necessário se o autor fez uso, anteriormente, do procedimento extrajudicial, previsto nos §§ 1º a 4º do art. 539 do CPC. A propósito, o inciso I do art. 893 do mesmo Código dispensa a realização do depósito pecuniário se este já foi realizado em estabelecimento bancário oficial, em decorrência do referido procedimento extrajudicial, e desde que o credor se tenha recusado a levantá-lo;

d) indicar, ainda, o valor da causa (CPC, art. 291). Se o autor pretender efetuar a consignação de prestações vincendas (CPC, art. 541), o valor da causa será fixado segundo os critérios estampados no art. 292 do CPC, ou seja: tomar-se-á em consideração o valor das vencidas e das vincendas; o valor das vincendas será igual a uma prestação anual, se a obrigação for por tempo indeterminado ou por tempo superior a um ano; se, por tempo inferior, corresponderá à soma das prestações. Dispõe, entretanto, a Súmula n. 449 do STF: "O valor da causa, na consignatória de aluguel, corresponde a uma anuidade".

Inciso I. Depósito. Deferida a inicial, o autor disporá do prazo de cinco dias para realizar o depósito, sob pena de ficar constituído em mora. Esse prazo, na verdade, passa a ser contado da data em que o autor for intimado do deferimento da inicial.

Como dissemos há pouco, segundo a redação primitiva da norma em foco o juiz designava o dia para a realização do depósito e mandava citar o réu para vir receber, na data aprazada, o dinheiro ou a coisa depositada. O prazo para a contestação, pelo credor, quando este se recusasse a receber, era contado dessa oportunidade. Pelo sistema atual, o juiz autoriza o depósito e ordena a citação do réu. A finalidade dessa citação variará conforme seja o caso. Se o réu se recusou a receber a quantia ou a coisa, será citado para levantar o depósito ou oferecer resposta (art. 542); se a consignatória for fundada em dúvida quanto a quem deva receber, os réus serão citados para provar o seu direito (art. 547).

Se o depósito for em *dinheiro*, caberá ao autor solicitar ao escrivão ou ao chefe da secretaria a expedição das guias necessárias; efetuado o depósito, o autor entregará ao escrivão cópia da guia autenticada pelo estabelecimento bancário designado pelo juiz. É com base nesse documento que o juiz verificará se o depósito foi realizado no prazo legal (cinco dias). O ideal, aliás, é que o advogado do autor providencie a entrega da guia dentro do prazo de cinco dias, que se seguir à intimação do despacho deferidor do depósito. Eventual entrega da guia quando decorrido esse prazo, poderá acarretar certos transtornos para a parte, mesmo que o depósito tenha sido feito dentro do quinquídio.

Tratando-se de *coisa* a ser depositada, a situação se torna um pouco mais complicada, pois a coisa poderá ser certa ou incerta, móvel ou imóvel. Havendo contrato firmado entre as partes, deverá o autor juntá-lo à inicial (CPC, art. 320), a fim de realizar o depósito como ali estiver previsto, levando-se em conta a quantidade e a qualidade de coisas, o lugar e forma do depósito e o mais. Eventual realização do depósito da coisa em desconformidade com o contrato permitirá ao credor recusar-se a recebê-la.

A comprovação do depósito da coisa também deverá ser efetuado no prazo de cinco dias, mediante juntada aos autos do recibo emitido pela pessoa a quem se lhe incumbiu a guarda e a conservação, na qualidade de depositário. Se a escolha couber ao credor, o prazo de cinco dias, para que efetue o depósito da coisa, só passará a fluir da data da sua citação (art. 543).

Inciso II. Citação. Como vimos, o réu será citado para levantar o depósito ou oferecer resposta.

Levantamento do depósito. Caso o réu aceite o depósito que foi efetuado pelo autor, deverá requerer ao juiz, no prazo legal, a expedição de alvará para o levantamento do dinheiro ou da coisa. Em rigor, nesta hipótese, o réu deveria, primeiro, concordar com o depósito para, em seguida, solicitar o seu levantamento; entretanto, se ele limitar-se a requerer o levantamento, aí estará implícita a sua concordância com o depósito.

Solicitado, pelo réu, o levantamento do depósito da quantia ou da coisa, o juiz determinará que os autos sejam remetidos ao contador, para que seja elaborada a conta geral e arbitrará os honorários devidos pelo réu. O valor depositado, se este for o caso, será levantado pelo réu, por meio de alvará. Do montante depositado serão deduzidos os valores referentes às custas processuais e aos honorários de advogado.

Se o depósito foi de coisa, o procedimento será idêntico ao do depósito de dinheiro (elaboração da conta geral, expedição de alvará etc.). A particularidade, contudo, reside no fato de que o alvará, para o levantamento da coisa, somente será entregue ao réu mediante a comprovação, por parte deste, do depósito do valor pertinente à sua sucumbência.

Em qualquer caso de levantamento de depósito, o Juiz proferirá sentença, na qual declarará extinta a dívida do autor (devedor). Transitando em julgado a sentença, os autos serão arquivados. O autor poderá obter certidão da sentença, com o objetivo de instruir eventual contestação que for necessária, na hipótese de o credor ingressar em juízo para tentar receber o que já lhe foi pago.

Resposta do réu. No sistema do atual CPC as respostas do réu compreendam: a) a *contestação* (art. 335) e b) a *reconvenção* (art. 343). Sendo assim, o réu deverá oferecer, em audiência, uma ou mais dessas respostas, conforme seja o caso. No sistema do processo do trabalho, todavia, a resposta do réu continua a compreender: a) as *exceções* (CLT, art. 799); b) a *contestação* (CLT, art. 847); e c) a *reconvenção* (CPC, art. 343).

Reconvenção. Nos sítios do processo civil ainda há certa cizânia jurisprudencial quanto ao cabimento de reconvenção em ação consignatória. Os que não a admitem argumentam com a diversidade dos procedimentos. O processo do trabalho, todavia, admite essa resposta reconvencional, na ação de consignação em pagamento, pois esta acabou sendo submetida ao procedimento característico do referido processo. Não têm sido raros, por exemplo, os casos em que o empregador promove ação consignatória com a finalidade de o empregado vir receber as quantias oriundas da ruptura do contrato de trabalho, oportunidade em que o empregado reconvém, pretendendo a sua reintegração, ao argumento de ser detentor de algum tipo de estabilidade. Com isso, passam a coexistir duas ações submetidas a um mesmo procedimento: uma só instrução, uma só sentença, uma só execução etc.

Na hipótese de o credor ser incapaz de receber a quantia ou a coisa e de dar quitação válida e de não contar com ninguém que o represente, o órgão do Ministério Público deverá ser intimado para a ação (CPC, art. 178, II) e a citação ser realizada na forma do art. 247, II, do CPC.

Parágrafo único. Se o consignante não efetuar o depósito no prazo de cinco dias, contado do deferimento, o processo será extinto sem resolução do mérito.

Art. 543. Se o objeto da prestação for coisa indeterminada e a escolha couber ao credor, será este citado para exercer o direito dentro de 5 (cinco) dias, se outro prazo não constar de lei ou do contrato, ou para aceitar que o devedor a faça, devendo o juiz, ao despachar a petição inicial, fixar lugar, dia e hora em que se fará a entrega, sob pena de depósito.

• **Comentário**

O depósito da coisa devida será efetuado conforme seja a espécie de obrigação que constitui objeto da ação. Assim,

a) se a coisa for certa, a consignação compreenderá os acessórios, se nesse sentido houver sido a vontade das partes (Cód. Civil, art. 233);

b) se for incerta, cumprirá ao devedor escolher aquilo que pretende entregar, exceto se houver pactuação dispondo de maneira diversa (Cód. Civil, 243);

c) sendo alternativa a obrigação, caberá a escolha ao devedor, salvo se existir avença em contrário (Cód. Civil, art. 252). Se a escolha competir ao credor, deverá ser observado o procedimento traçado pelo art. 255 do Código Civil.

Se a escolha da coisa couber ao credor, este será citado: 1) para exercer o seu direito no prazo de cinco dias, desde que outro prazo não tenha sido estipulado na lei ou no contrato; ou 2) ou para aceitar que o devedor o faça.

Deverá o juiz, ao despachar a petição inicial, não só determinar a citação do réu (credor), e conceder-lhe o prazo de cinco dias para efetuar a escolha, como alertá-lo de que se não se manifestar nesse prazo a coisa será depositada no lugar, no dia e na hora indicados pelo autor (devedor), passando, a partir daí, a ser contado o prazo para a resposta.

Não sendo feita a escolha, o depósito da coisa será realizado. Esse depósito é de extrema importância para os interesses do devedor, pois permitirá ao juiz, na sentença, exonerá-lo da obrigação que possuía em face do credor. Para esse efeito, o depósito deverá atender às especificações do mandado judicial, sob pena de não ser válido.

Art. 544. Na contestação, o réu poderá alegar que:

I — não houve recusa ou mora em receber a quantia ou a coisa devida;

II — foi justa a recusa;

III — o depósito não se efetuou no prazo ou no lugar do pagamento;

IV — o depósito não é integral.

Parágrafo único. No caso do inciso IV, a alegação somente será admissível se o réu indicar o montante que entende devido.

• **Comentário**

Caput. Contestação. Como afirmamos há pouco, na Justiça do Trabalho deverá ser apresentada em audiência.

Conquanto o art. 544 haja enumerado as matérias que o réu (credor) possa alegar em sua contestação, isso não significa que este não possa suscitar preliminares. Na verdade, mesmo na contestação à ação de consignação em pagamento o réu poderá, sempre que for o caso, alegar as preliminares que normalmente apresentaria no procedimento comum (CPC, art. 337), quais sejam, inexistência ou nulidade de citação; incompetência, absoluta ou relativa; inépcia da petição inicial; peremção; litispendência; coisa julgada; conexão; incapacidade de parte, defeito de representação ou falta de autorização; compromisso arbitral; carência de ação etc.

Vejamos, a seguir, as matérias de mérito que o réu poderá alegar na ação em estudo.

Inciso I. *Ausência de recusa ou mora*. Segundo pudemos argumentar em linhas anteriores, o exercício da ação de consignação pressupõe a recusa do credor em receber o que o devedor lhe teria oferecido. Por esse motivo, o autor (devedor) deverá mencionar (e, se possível, demonstrar), na petição inicial, a ocorrência dessa recusa.

Um dos fundamentos da contestação do réu (credor) poderá consistir, exatamente, no fato de não ter havido recusa, de sua parte, no recebimento da quantia ou da coisa depositada pelo devedor.

Em princípio, o ônus da prova, quanto a essa recusa, incumbe ao autor (CLT, art. 818); dito encargo, no entanto, passará a ser do réu se este alegar fato capaz de impedir, modificar ou extinguir o direito do autor.

Se não ficar comprovada a recusa do réu (credor) em receber a quantia ou a coisa, o autor (devedor) será declarado carecedor da ação (CPC, art. 17), com a consequente extinção do processo sem pronunciamento acerca do mérito (CPC, art. 485, IV), respondendo pelo pagamento das custas processuais e do depósito, assim como dos honorários de advogado, quando for o caso.

Poderá o réu alegar, também, que não houve *mora*, no caso de ação de consignação fundar-se em mora *accipiendi*, pois a dívida ainda não se encontra vencida.

Inciso II. *Recusa justa*. Aqui, o réu não dirá que inexistiu recusa, e sim que esta foi legalmente justificável. Essa recusa variará conforme seja o objeto do depósito: dinheiro ou coisa. Sendo dinheiro, a recusa pode ter consistido, por exemplo, nos critérios utilizados pelo devedor para calcular a correção monetária e a taxa dos juros moratórios. Sendo coisa, a recusa pode ter decorrido de fato envolvendo natureza, quantidade, acessórios, benfeitorias etc.

Inciso III. *Depósito fora do prazo ou do lugar do pagamento*. Sob certo aspecto, as causas previstas neste inciso para fundar a contestação do réu estão compreendidas no inciso anterior, que alude à *justa recusa*. O legislador, contudo, preferiu particularizar essas situações, com o escopo de tornar mais clara a matéria.

Ao comentarmos o disposto no art. 542 do CPC, pudemos demonstrar que o depósito da quantia ou da coisa, uma vez deferido pelo juiz, deverá ser realizado no prazo de cinco dias. Desta maneira, se o devedor realizar, sem ser em decorrência de força maior, o depósito depois de esgotado esse prazo, caberá ao credor, na contestação alegar o fato. Acolhida pela sentença essa alegação, a consequência será a rejeição do pedido formulado pelo autor e sua condenação ao pagamento das custas processuais e do depósito da coisa (se este for o caso), assim como dos honorários de advogado. Além disso, o devedor responderá pelos juros e ficará sujeitos

Art. 545

aos riscos em geral. O credor, por sua vez, poderá ingressar com ação própria para receber o que lhe é devido.

Ao elaborar a contestação, poderá o credor, ainda, afirmar que o pagamento, embora tenha sido efetuado no prazo legal, o foi em lugar diverso daquele que deveria ter ocorrido. Essa alegação pode ser expendida mesmo quando o depósito foi extrajudicial; salientemos, a esse respeito, a regra contida no art. 539, § 1º, do CPC, conforme a qual o depósito deve ser realizado em estabelecimento bancário oficial "situado no lugar do pagamento".

Pensamos, contudo, que o credor poderá concordar com a realização do depósito após decorrido o prazo legal ou em lugar diverso do avençado. Se o depósito foi integral, por forma a compreender inteiramente a obrigação, não vemos motivo para impedir-se o credor de aceitá-lo e, com isso, liberar o devedor da mencionada obrigação.

Inciso IV. *Depósito parcial.* O devedor somente ficará liberado da obrigação se o depósito (da quantia ou da coisa) for integral. Sendo parcial o depósito, caberá ao devedor recusar-se a recebê-lo. A insuficiência do depósito tem figurado como um dos fundamentos mais frequentes das defesas dos credores, nas ações de consignação em pagamento que lhes são dirigidas.

Parágrafo único. No passado, o réu, muitas vezes, se limitava a alegar que o depósito não era integral, sem indicar o valor que julgava lhe ser devido. Para superar as dificuldades derivantes dessa omissão do credor, a Lei n. 8.951/94 acrescentou ao art. 896 do CPC de 1973 o parágrafo único, que foi reproduzido pelo art. 544 do CPC de 2015. A partir dessa modificação, o réu passou a ter o encargo de indicar o montante que lhe é devido, sempre que se recusar a receber a quantia depositada pelo devedor, ao argumento de não ser integral. A lei é inequívoca ao asseverar que a alegação de insuficiência do depósito, formulada pelo réu, somente será admissível se este apontar o *quantum* do seu crédito.

Art. 545. Alegada a insuficiência do depósito, é lícito ao autor completá-lo, em 10 (dez) dias, salvo se corresponder a prestação cujo inadimplemento acarrete a rescisão do contrato.

§ 1º No caso do *caput*, poderá o réu levantar, desde logo, a quantia ou a coisa depositada, com a consequente liberação parcial do autor, prosseguindo o processo quanto à parcela controvertida.

§ 2º A sentença que concluir pela insuficiência do depósito determinará, sempre que possível, o montante devido e valerá como título executivo, facultado ao credor promover-lhe o cumprimento nos mesmos autos, após liquidação, se necessária.

• **Comentário**

Caput. Citado, o réu poderá: a) comparecer à audiência; b) não comparecer.

a) Comparece. Comparecendo à audiência, o réu poderá: a.a.) aceitar o depósito, ou a.b.) recusá-lo. No primeiro caso, o juiz, na sentença, acolherá o pedido feito pelo autor, liberando-o da obrigação, ordenará o levantamento do depósito em favor do réu (credor) e o condenará ao pagamento das custas, dos honorários de advogado e das demais despesas processuais; no segundo, o réu apresenta contestação, fundada em um dos motivos mencionados no art. 544, dentre os quais nos interessa, em particular, o pertinente a *não ser integral* o depósito, pois é deste motivo que cuida o art. 545, *sub examen*.

Mais adiante, retornaremos ao assunto.

b) Não comparece. Deixando o réu de comparecer à audiência, deixará, *ipso facto*, de contestar a ação, tornando-se, assim, revel (CPC, arts. 344). Se ocorrer o efeito da revelia (CPC, art. 344), serão presumidos verdadeiros os fatos narrados na petição inicial e, em consequência, acolhido o pedido formulado pelo autor, para liberá-lo da obrigação, assim como será determinado o levantamento do depósito em benefício do réu, que será condenado ao pagamento das custas, dos honorários de advogado e das demais despesas processuais, caso existam. Não ocorrendo o efeito da revelia (CPC, art. 345), o ônus da prova permanecerá com o autor (devedor), o que poderá significar, em alguns casos, a possibilidade de a sentença ser-lhe desfavorável.

Voltemos, porém, ao exame da situação em que o réu contesta, alegando não ser integral do depósito efetuado pelo autor.

Se isso acontecer, o réu deverá indicar o montante que entende devido (art. 544, IV e parágrafo único). Essa indicação é essencial, a fim de permitir ao autor complementar, no prazo de dez dias, o depósito. Entendemos, entretanto, que se trata de irregularidade sanável, motivo por que o juiz deverá fixar prazo de dez dias para o autor emendar ou completar a inicial, somente vindo a indeferi-la se esse despacho não for cumprido (CPC, art. 321, parágrafo único). Indeferida a inicial, o processo será extinto sem julgamento do mérito (CPC, art. 485, I).

Essa complementação do depósito não será possível quando corresponder a prestação, cujo inadimplemento implique rescisão do contrato (art. 545, *caput*, parte final). A propósito, incumbirá ao credor (réu), ao alegar, na contestação, a insuficiência do depósito, alertar o juiz de que a complementação não será possível, uma vez que o inadimplemento da obrigação acarretou a rescisão do contrato. Em razão disso, o juiz adotará uma de duas soluções: se acolher as alegações (e a prova) do réu, não deverá deferir prazo para a complementação, mas, ao contrário, indeferi-la, fazendo com que o processo prossiga em direção à sentença de mérito, sem prejuízo, contudo, de as partes transacionarem nos autos; se, ao contrário, refutar as alegações do réu (pois este pode não provar a existência do próprio contrato), deferirá a complementação, a ser realizada pelo ator no prazo de dez dias;

§ 1º Sendo alegada a insuficiência do depósito, pelo réu (credor), este poderá levantar, desde logo, a quantia ou a coisa depositada, sendo o devedor parcialmente liberado da obrigação. O processo prosseguirá com relação à parcela controvertida (art. 545, § 1º). Sendo assim, ou o devedor (autor) complementará o depósito, ou não o complementará se discordar da afirmação do credor, quanto a ser insuficiente a quantia ou a coisa depositada. Se o valor era insuficiente, ou não, é algo que cumprirá ao juiz declarar na sentença de mérito. Esta, por sua vez, condenará o autor ou o réu ao pagamento das custas e dos honorários de advogado, conforme venha a acolher ou a rejeitar o pedido formulado na petição inicial;

§ 2º Se a sentença concluir pela insuficiência do depósito, estabelecerá, sempre que possível, o montante devido, caso em que valerá como título executivo, sendo facultado ao credor promover a consequente execução nos mesmos autos (art. 545, § 2º).

Execução da sentença

Como afirmamos anteriormente, a sentença proferida na ação de consignação e pagamento é, em essência, declaratória, ainda que se apresente, secundariamente, condenatória no capítulo em que impõe ao vencido o pagamento das custas e dos honorários de advogado.

A execução da sentença variará segundo se trate de dívida em dinheiro ou de entrega de coisa.

Tenhamos em conta a sentença que acolhe os pedidos formulados pelo autor (devedor). Se a dívida disser respeito a dinheiro, o autor requererá a expedição de alvará para levantar a quantia depositada em estabelecimento bancário, relativa a custas e honorários; esta quantia será deduzida da que foi depositado de acordo com o cálculo do contador. Caso se trate de entrega de coisa, o juiz expedirá o correspondente mandado; a parte atinente às custas e honorários de advogado será cobrada pelo autor segundo o processo de execução por título judicial.

Se, entretanto, a sentença rejeitar os pedidos feitos pelo autor (devedor), a execução referente às custas e honorários de advogado será promovida pelo réu (credor). A cobrança da dívida, contudo, deverá ser objeto de ação específica, a ser ajuizada pelo mesmo credor.

Recurso da sentença

O ato pelo qual o juiz aprecia o pedido formulado na ação de consignação em pagamento constitui sentença, pois é dotado de aptidão para dar fim ao processo (CPC, art. 203, § 1º).

Consequentemente, poderá ser impugnada por meio de recurso ordinário (CLT, art. 895, "a").

Art. 546. Julgado procedente o pedido, o juiz declarará extinta a obrigação e condenará o réu ao pagamento de custas e honorários advocatícios.

Parágrafo único. Proceder-se-á do mesmo modo se o credor receber e der quitação.

• **Comentário**

Caput. Como se pode notar, a sentença emitida na ação de consignação em pagamento é, com relação ao principal, essencialmente *declaratória*, pois diz da liberação, ou não, do devedor, quanto à obrigação. Esse pronunciamento jurisdicional conterá, também, um capítulo *condenatório*, porquanto, conforme prevê a lei (CPC, art. 546), o juiz imporá ao credor o pagamento das custas e dos honorários de advogado.

Parágrafo único. O que o legislador está a asseverar aqui é que se o credor receber e der quitação, o juiz declarará, por sentença, extinta a obrigação e condenará o credor a pagar as custas e os honorários do advogado do devedor.

Art. 547. Se ocorrer dúvida sobre quem deva legitimamente receber o pagamento, o autor requererá o depósito e a citação dos possíveis titulares do crédito para provarem o seu direito.

• **Comentário**

De modo geral, o devedor sabe para quem deve; em razão disso, se o credor recusar-se a receber o que aquele pretende pagar, poderá fazer uso da ação de consignação, oportunidade em que deverá indicar, na inicial, o nome do credor (réu), a fim de ser citado para os efeitos legais.

Em determinadas situações, todavia, o devedor não sabe ao certo a *quem* pagar, embora saiba *quanto* tem que pagar; em face disso, e pretendendo exonerar-se da obrigação, poderá valer-se da ação de consignação. Duas observações complementares: a) quando a lei fala em "dúvida sobre quem deva receber o pagamento", não está a permitir que o devedor ingresse com a ação consignatória sem indicar quais seriam os supostos credores, pois, se assim fosse permitido, teríamos uma ação sem réu; b) os supostos credores serão citados não para virem receber a quantia depositada, mas para provarem de quem seja a titularidade do crédito.

Realizado o depósito, o devedor ficará liberado do ônus do pagamento das custas pertinentes ao depósito e dos riscos a que a coisa possa ficar sujeita, assim como dos juros e dos efeitos da mora. Essa situação, entrementes, é algo provisória, pois só se tornará definitiva se o pedido do autor por acolhido pela sentença.

Como há, na espécie em exame, uma disputa entre credores, isso significa que aquele que for vencedor nesse litígio deverá dizer se aceita, ou não, o depósito realizado pelo devedor. Se aceitá-lo, o pedido do devedor será acolhido, ficando este liberado da obrigação e respondendo o credor pelo pagamento das custas, dos honorários de advogado e de outras despesas processuais, como as concernentes ao depósito da coisa. Se o depósito não for aceito, o réu (credor) deverá apresentar resposta à ação, no prazo de quinze dias

Art. 548. No caso do art. 547:

I — não comparecendo pretendente algum, converter-se-á o depósito em arrecadação de coisas vagas;

II — comparecendo apenas um, o juiz decidirá de plano;

III — comparecendo mais de um, o juiz declarará efetuado o depósito e extinta a obrigação, continuando o processo a correr unicamente entre os presuntivos credores, observado o procedimento comum.

• **Comentário**

Caput. Efetuado o depósito e citados os possíveis titulares do crédito para virem comprovar o seu direito, poderão ocorrer algumas das situações previstas nos incisos I a III.

Inciso I. Não comparece pretendente algum: o depósito será convertido em arrecadação de coisas vagas. O art. 746 do CPC dispõe sobre as coisas vagas.

Inciso II. Comparece penas um pretendente: o juiz decidirá de imediato. Haverá casos, porém, em que o juiz não terá condições de decidir "de plano", pois necessitará munir-se de outros elementos de convicção. Sob esse aspecto, poderá, inclusive, determinar a juntada de documentos e designar audiência de instrução.

Inciso III. Comparecendo mais de um pretendente: o juiz deverá declarar efetuado o depósito e extinta a obrigação. O processo terá sequência, apenas, em relação entre os presuntivos credores, observando, para isso, o procedimento comum. O autor será, portanto, excluído do processo. Essa decisão terá caráter interlocutório. Os credores que sucumbirem serão condenados ao pagamento das custas processuais, dos honorários de advogados e de outras despesas processuais, que houver.

Art. 549. Aplica-se o procedimento estabelecido neste Capítulo, no que couber, ao resgate do aforamento.

A norma é inaplicável ao processo do trabalho.

CAPÍTULO II
DA AÇÃO DE EXIGIR CONTAS

Art. 550. Aquele que afirmar ser titular do direito de exigir contas requererá a citação do réu para que as preste ou ofereça contestação no prazo de 15 (quinze) dias.

§ 1º Na petição inicial, o autor especificará, detalhadamente, as razões pelas quais exige as contas, instruindo-a com documentos comprobatórios dessa necessidade, se existirem.

§ 2º Prestadas as contas, o autor terá 15 (quinze) dias para se manifestar, prosseguindo-se o processo na forma do Capítulo X do Título I deste Livro.

§ 3º A impugnação das contas apresentadas pelo réu deverá ser fundamentada e específica, com referência expressa ao lançamento questionado.

§ 4º Se o réu não contestar o pedido, observar-se-á o disposto no art. 355.

§ 5º A decisão que julgar procedente o pedido condenará o réu a prestar as contas no prazo de 15 (quinze) dias, sob pena de não lhe ser lícito impugnar as que o autor apresentar.

§ 6º Se o réu apresentar as contas no prazo previsto no § 5º, seguir-se-á o procedimento do § 2º, caso contrário, o autor apresentá-las-á no prazo de 15 (quinze) dias, podendo o juiz determinar a realização de exame pericial, se necessário.

• Comentário

Caput. O CPC atual passou a denominar de "ação de exigir contas" o que o Código anterior chamava de "ação de prestação de contas" (art. 914). A modificação da denominação foi necessária, porque, no sistema do CPC de 2015, ação tem como finalidade exclusiva *exigir contas* e, não mais, *prestar* contas. Por outras palavras, a legitimidade para a ação passou a ser somente daquele que possui o direito de exigir contas, e não daquele que tem a obrigação de prestá-las.

Legitimidade

Conforme dissemos, possui legitimidade (CPC, art. 17) para promover a ação apenas, aquele que possuir o direito de exigi-las.

Lembremos que art. 914 do CPC de 1973 atribuía legitimidade também àquele que tinha "a obrigação de prestá-las".

Direito de exigi-las. É o caso do credor que se recusa a receber as contas e a dar quitação. Diante disso, o devedor poderá ingressar com a ação de prestação de contas.

Entre as pessoas que, sob a perspectiva do processo do trabalho, poderiam figurar como rés na ação de prestação de contas podemos referir: a) o advogado, pois este cometerá infração disciplinar se "recusar-se, injustificadamente, a prestar contas ao cliente de quantias recebidas dele ou de terceiros por conta dele" (Lei n. 8.906/94, art. 34, inciso XXI); b) o gestor de negócios (Código Civil, art. 861); d) o mandatário (Código Civil, art. 668), dentre outros.

A ação de exigir contas é bifronte. No processo do trabalho, tanto o empregado as poderá exigir quanto o empregador, embora seja mais frequente o segundo caso. Um empregado, por exemplo, que trabalhe como cobrador, como vendedor externo etc. estará obrigado a prestar contas ao empregador, no tocante às quantias recebidas em decorrência do exercício das funções.

Finalidade

A finalidade da ação em estudo é compelir o devedor a exibir contas, com o objetivo de o credor inteirar-se dos valores por ele recebidos e de apossar-se, legitimamente, desses valores.

A pessoa que afirmar ser titular do direito de exigir contas deverá requerer a citação do réu para que, no prazo de quinze dias: a) as exiba; ou b) ofereça contestação.

§ 1º O autor, na petição inicial, deverá especificar, com detalhes, os motivos pelos quais está a exigir as contas, instruindo-a com documentos que comprovem a necessidade, caso existam.

§ 2º Prestadas as contas, o autor disporá de quinze dias para manifestar-se, após o que o processo prosseguirá na forma do Capítulo X, do Título I, Livro I, do CPC. No CPC revogado esse prazo era de cinco dias.

§ 3º O autor, ao impugnar as contas apresentadas pelo réu, deverá fazê-lo de maneira fundamentada e específica, referindo-se, expressamente, ao lançamento questionado. Não se admite, pois, impugnação genérica.

§ 4º Caso o réu não conteste o pedido, o juiz procederá ao julgamento antecipado do mérito, nos termos do art. 355.

§ 5º A sentença que acolher o pedido condenará o réu a prestar as contas no prazo de quinze dias, sob pena de não poder impugnar as que o autor apresentar.

§ 6º Se o réu apresentar as contas no prazo de quinze dias, o processo prosseguirá na forma do Capítulo X, do Título I, Livro I, do CPC; caso contrário as contas serão apresentadas pelo autor, também em quinze dias. Se houver necessidade, o juiz determinará a realização de exame pericial — geralmente, contábil.

Art. 551. As contas do réu serão apresentadas na forma adequada, especificando-se as receitas, a aplicação das despesas e os investimentos, se houver.

§ 1º Havendo impugnação específica e fundamentada pelo autor, o juiz estabelecerá prazo razoável para que o réu apresente os documentos justificativos dos lançamentos individualmente impugnados.

§ 2º As contas do autor, para os fins do art. 550, § 5º, serão apresentadas na forma adequada, já instruídas com os documentos justificativos, especificando-se as receitas, a aplicação das despesas e os investimentos, se houver, bem como o respectivo saldo.

• Comentário

Caput. O CPC revogado dispunha que as contas deveriam ser apresentadas sob a "forma mercantil". O Código atual fala da apresentação "na forma adequada". Parece-nos que ambas as expressões legais significam, em essência, a mesma coisa. O importante é que a prestação seja acompanhada de especificação das receitas, da aplicação das despesas e dos investimentos, caso existam.

§ 1º A norma está a expressar que o autor deverá impugnar de maneira específica e fundamentada as contas. Isto feito, o juiz fixará prazo razoável para que o réu junte os documentos justificativos dos lançamentos que foram individualmente impugnados. O preceito insinua que o réu não necessita juntar documentos quando apresentar as contas: isso somente será necessário se as contas forem impugnadas pelo autor (de maneira específica e fundamentada).

§ 2º Nos termos do § 5º, do art. 550, se o réu não prestar contas no prazo estabelecido pela sentença, não poderá impugnar as contas que o autor apresentar. Referidas contas deverão ser apresentadas de maneira adequada instruídas com os documentos que as justifiquem, cabendo ao autor, ainda, especificar as receitas a aplicação das despesas, os investimentos (se houver) e o respectivo saldo.

Art. 552. A sentença apurará o saldo e constituirá título executivo judicial.

• Comentário

A ação de exigir contas possui natureza dúplice. Isso significa que as partes poderão, uma em relação à outra, ser favorecidas por sentença com base na qual possam promover a cobrança do saldo acaso existente. No caso, a sentença constituirá título executivo consubstanciador do crédito do autor ou do réu. Pode-se afirmar, portanto, que a ação de exigir contas representa uma faca com dois gumes, podendo cortar tanto de um lado quanto de outro.

Art. 553. As contas do inventariante, do tutor, do curador, do depositário e de qualquer outro administrador serão prestadas em apenso aos autos do processo em que tiver sido nomeado.

Parágrafo único. Se qualquer dos referidos no *caput* for condenado a pagar o saldo e não o fizer no prazo legal, o juiz poderá destituí-lo, sequestrar os bens sob sua guarda, glosar o prêmio ou a gratificação a que teria direito e determinar as medidas executivas necessárias à recomposição do prejuízo.

• Comentário

Caput. No caso das contas do inventariante, do tutor, do curador, do depositário e de qualquer outro administrador há uma particularidade, pois serão prestadas em apenso aos autos do processo em que essas pessoas tenham sido nomeadas, dispensando-se, assim, a propositura de ação autônoma de exigir contas.

Parágrafo único. Se quaisquer das pessoas mencionadas no *caput* for condenada a pagar o saldo e deixar de fazê-lo, o juiz poderá destituí-la, sequestrar os bens que se encontram sob sua guarda, glosar o prêmio ou a gratificação a que faria jus, além de determinar as providências executivas necessárias à recomposição do prejuízo acarretado.

CAPÍTULO III

DAS AÇÕES POSSESSÓRIAS

Considerações introdutórias

a) Ações de manutenção e de reintegração de posse

Durante muito tempo, a doutrina e a jurisprudência recusaram a possibilidade do exercício de ações possessórias — nomeadamente, de manutenção e de reintegração de posse — no âmbito da Justiça do Trabalho. A competência para solucionar conflitos de interesses dessa natureza, dizia-se, era exclusiva da Justiça Comum, fosse estadual ou federal.

Mais tarde, porém, outras correntes de opinião surgiram, sustentando a competência da Justiça do Trabalho para apreciar ações possessórias em *determinados* casos, embora negando essa competência em outras situações, de tal modo que o cenário a respeito do assunto, atualmente, é o seguinte:

1) se o trabalhador detém a posse do imóvel (pertencente ao empregador) em decorrência do contrato de trabalho estabelecido entre ambos, a competência para apreciar litígios envolvendo a posse é da Justiça do Trabalho.

Digamos que o fornecimento de moradia, pelo empregador ao empregado, faça parte do contrato de trabalho, configurando a prestação *in natura* a que se refere o art. 458 da CLT. Rompido o contrato de trabalho, e desejando o ex-empregador retomar a posse do imóvel, será competente para apreciar a ação de reintegração a Justiça do Trabalho;

2) se, em sentido inverso, o empregado estava ocupando o imóvel do empregador na qualidade de locatário (inquilino), por força de um contrato de locação expresso, qualquer conflito de interesses pertinente à posse deverá ser dirimido pela Justiça Comum. Nesse caso, como se percebe, a ocupação do imóvel pelo empregado não se dá em razão do contrato de trabalho e sim, do contrato de locação.

É verdade que em certos casos o que existe é um *falso* contrato de locação, utilizado pelo empregador para tentar descaracterizar a habitação como salário *in natura*. O tema, nesta hipótese, é altamente polêmico, a começar pela competência do órgão jurisdicional. Se, por exemplo, o empregador ingressar com ação de reintegração de posse na Justiça Comum e o empregado, na ação sua trabalhista, alegar que a ocupação do imóvel se dava a título de prestação salarial *in natura*, entendemos que a Justiça Comum deverá suspender o processo, aguardando o pronunciamento da Justiça do Trabalho. Se esta concluir que a habitação traduzia, na verdade, salário *in natura*, a Justiça Comum deverá declarar-se incompetente em razão da matéria; se, ao contrário, a Justiça do Trabalho concluir que se tratava de típica locação (logo, não constituía prestação salarial *in natura*) não só rejeitará o pedido do empregado, no particular, como dará ciência à Justiça Comum, a fim de que esta prossiga com a ação de reintegração de posse.

b) Interdito proibitório

Conquanto esse interdito integre a classe das ações possessórias, o seu estudo em separado se justifica pelas razões que a seguir exporemos.

A ação de interdito proibitório passou a ser utilizada pelos empregadores nos casos de greve, com o objetivo de serem mantidos ou reintegrados na posse de seus estabelecimentos, posse que estava sendo turbada ou esbulhada pelos integrantes do movimento paredista mediante piquetes e outras formas de intimidação postas em prática com a finalidade de impedir o acesso a esses estabelecimentos de empregados que desejassem trabalhar, de clientes, de terceiros em geral e de veículos.

Essa ação era sempre dirigida à Justiça Comum. Todavia, com o advento da Emenda Constitucional n. 45, de 2004, que ampliou a competência da Justiça do Trabalho (para compreender não apenas os tradicionais conflitos decorrentes da relação de emprego, mas também da relação de trabalho) passou-se a sustentar a competência da Justiça do Trabalho. Superada a fase inicial, assinalada por um compreensível embate de opiniões nos planos da doutrina e da jurisprudência, acabou-se por admitir e firmar a competência da Justiça do Trabalho.

Considerações mais aprofundadas a respeito da figura do interdito proibitório serão por nós expendidas na oportunidade dos comentários aos arts. 567 e 568 do CPC.

Examinemos, agora, os arts. 554 a 568, à luz das conclusões que acabamos de externar acerca da competência da Justiça do Trabalho em tema de ações possessórias.

Seção I
Disposições Gerais

Art. 554. A propositura de uma ação possessória em vez de outra não obstará a que o juiz conheça do pedido e outorgue a proteção legal correspondente àquela cujos pressupostos estejam provados.

§ 1º No caso de ação possessória em que figure no polo passivo grande número de pessoas, serão feitas a citação pessoal dos ocupantes que forem encontrados no local e a citação por edital dos demais, determinando-se, ainda, a intimação do Ministério Público e, se envolver pessoas em situação de hipossuficiência econômica, da Defensoria Pública.

§ 2º Para fim da citação pessoal prevista no § 1º, o oficial de justiça procurará os ocupantes no local por uma vez, citando-se por edital os que não forem encontrados.

§ 3º O juiz deverá determinar que se dê ampla publicidade da existência da ação prevista no § 1º e dos respectivos prazos processuais, podendo, para tanto, valer-se de anúncios em jornal ou rádio locais, da publicação de cartazes na região do conflito e de outros meios.

• **Comentário**

Caput. Numa espécie de transposição, para o terreno das ações possessórias, do princípio da *fungibilidade*, próprio do sistema dos recursos, a norma em exame declara que a propositura de uma ação possessória no lugar de outra não impede que o juiz aprecie o pedido e, se for o caso, outorgue a proteção legal cabível, desde que atendidos os correspondentes pressupostos legais. Como se percebe, o legislador preocupou-se menos com o aspecto formal e mais com a necessidade de dotar o magistrado de poderes para outorgar a proteção possessória, mesmo diante de eventual escolha inadequada, por parte do autor, da ação apropriada.

§ 1º Pode ocorrer de existir na ação possessória um regime litisconsorcial passivo numeroso. Neste caso, a citação será efetuada na pessoa dos ocupantes que forem encontrados no local, sendo que a dos demais será feita por meio de edital. Em qualquer caso, deverá ser dirigida a intimação ao Ministério Público. Se entre os litisconsorciados houver pessoas em situação de hipossuficiência econômica a intimação deverá ser feita também à Defensoria Pública.

§ 2º Com vistas a citação pessoal dos ocupantes que se encontrem no local, o oficial de justiça deverá procurá-los no referido local por uma vez. Os que não forem encontrados serão citados por edital.

§ 3º Cumprirá ao juiz determinar que se dê ampla publicidade do ajuizamento da ação e dos respectivos prazos processuais. Para esse efeito, poderão ser efetuados os anúncios em jornal ou rádios locais, além da publicação de cartazes na região do conflito, sem prejuízo de outros meios de divulgação.

Art. 555. É lícito ao autor cumular ao pedido possessório o de:

I — condenação em perdas e danos;

II — indenização dos frutos.

Parágrafo único. Pode o autor requerer, ainda, imposição de medida necessária e adequada para:

I — evitar nova turbação ou esbulho;

II — cumprir-se a tutela provisória ou final.

• **Comentário**

Caput. Além do pedido possessório o autor poderá formular os que se encontram mencionados nos incisos I e II.

Inciso I. Condenação em perdas e danos.

Inciso II. Indenização dos frutos.

Parágrafo único. Sem prejuízo do disposto no *caput* e seus incisos, será lícito ao autor requerer, ainda, aplicação de multa necessária e adequada. Essa adequação se refere às situações previstas nos incisos I e II.

Inciso I. Evitar nova turbação ou esbulho.

Inciso II. Cumprimento da tutela provisória ou final.

Art. 556. É lícito ao réu, na contestação, alegando que foi o ofendido em sua posse, demandar a proteção possessória e a indenização pelos prejuízos resultantes da turbação ou do esbulho cometido pelo autor.

• **Comentário**

Poderá o réu, na contestação, alegar que foi ofendido em sua posse e, em razão disso, demandar a proteção correspondente e a indenização pelos prejuízos decorrentes da turbação ou do esbulho praticado pelo autor. Verifica-se, assim, que as ações possessórias possuem, efetivamente, natureza dúplice. O ato pelo qual o réu pede a proteção possessória e a indenização decorrentes da alegada turbação ou esbulho perpetrado pelo autor traduz modalidade *sui generis* de reconvenção ou de pedido contraposto.

Art. 557. Na pendência de ação possessória é vedado, tanto ao autor quanto ao réu, propor ação de reconhecimento do domínio, exceto se a pretensão for deduzida em face de terceira pessoa.

Parágrafo único. Não obsta à manutenção ou à reintegração de posse a alegação de propriedade ou de outro direito sobre a coisa.

• **Comentário**

Caput. Posse e propriedade não se confundem; por isso, a Lei veda a possibilidade de, na pendência de ação possessória, autor ou réu propor ação de reconhecimento do domínio. A única exceção a essa regra consiste no fato de a pretensão ser formulada diante de terceiro.

Parágrafo único. A alegação de propriedade ou de outro direito sob a coisa não impede a manutenção ou a reintegração de posse.

Art. 558. Regem o procedimento de manutenção e de reintegração de posse as normas da Seção II deste Capítulo quando a ação for proposta dentro de ano e dia da turbação ou do esbulho afirmado na petição inicial.

Parágrafo único. Passado o prazo referido no *caput*, será comum o procedimento, não perdendo, contudo, o caráter possessório.

• **Comentário**

Caput. Se a ação for ajuizada no prazo de ano e dia da turbação ou do esbulho, conforme alegado na inicial, o procedimento de manutenção ou de reintegração de posse será regido de acordo com a Seção II, do Capítulo III.

Parágrafo único. Sendo a ação ajuizada após ano e dia o procedimento será comum, embora a ação não perca a sua natureza possessória.

Art. 559. Se o réu provar, em qualquer tempo, que o autor provisoriamente mantido ou reintegrado na posse carece de idoneidade financeira para, no caso de sucumbência, responder por perdas e danos, o juiz designar-lhe-á o prazo de 5 (cinco) dias para requerer caução, real ou fidejussória, sob pena de ser depositada a coisa litigiosa, ressalvada a impossibilidade da parte economicamente hipossuficiente.

• **Comentário**

Caso o réu prove em qualquer tempo que o autor mantido ou reintegrado na posse, em caráter provisório, não possui idoneidade financeira para, na hipótese de sucumbência, responder pelas perdas e danos, o juiz fixará prazo de cinco dias para que este requeira a prestação de caução, real ou fidejussória. Decorrido o prazo sem que o autor tenha formulado o requerimento, a coisa litigiosa será depositada, exceto se o autor for economicamente hipossuficiente.

É elementar que o incidente de que cuida o artigo em exame não dispensa o contraditório.

Seção II
Da Manutenção e da Reintegração de Posse

Art. 560. O possuidor tem direito a ser mantido na posse em caso de turbação e reintegrado em caso de esbulho.

• **Comentário**

Reproduziu-se a norma do art. 926 do CPC revogado.

Sobre o cabimento de ações possessórias no processo do trabalho tivemos oportunidade de manifestar-nos na introdução à Seção II deste Capítulo III.

Ocorre *turbação* quando a posse é molestada, perturbada; *esbulho*, quando a posse é totalmente subtraída de quem a detinha legitimamente. No primeiro caso, o possuidor estará legitimado para promover ação de *manutenção* de posse; no segundo, ação de *reintegração* de posse.

Art. 561. Incumbe ao autor provar:

I — a sua posse;

II — a turbação ou o esbulho praticado pelo réu;

III — a data da turbação ou do esbulho;

IV — a continuação da posse, embora turbada, na ação de manutenção, ou a perda da posse, na ação de reintegração.

• **Comentário**

Caput. A norma indica os ônus da prova a que está sujeito o autor da ação (possuidor).

Inciso I. A primeira prova que ao autor da ação incumbe realizar é quanto à sua posse — que pode ser conceituada como o exercício ou a inflexão da pessoa sobre a coisa. Com vistas a isso, é necessário verificar a que título o autor detém a posse. Se, por exemplo, ele for mero empregado da pessoa jurídica, não poderá promover a defesa da posse de bem pertencente a esta.

Inciso II. A prova, apenas, da posse, não basta; é indispensável que o autor comprove, também, a turbação ou o esbulho praticado pelo réu.

Inciso III. A prova quanto à data da turbação ou do esbulho é fundamental para determinar a que *procedimento* será submetida a ação. Se o ato realizado pelo réu datar de ano e dia, ou menos do que isso, o procedimento será especial, estando regido pelos arts. 560 a 566 do CPC; se a turbação ou o esbulho houver sido praticado há mais de ano e dia, o procedimento será o comum (CPC, art. 558).

Inciso IV. Na ação de manutenção, o autor deverá provar a continuidade da posse após a sua turbação; na ação de reintegração, caber-lhe-á demonstrar a perda da posse.

Art. 562. Estando a petição inicial devidamente instruída, o juiz deferirá, sem ouvir o réu, a expedição do mandado liminar de manutenção ou de reintegração, caso contrário, determinará que o autor justifique previamente o alegado, citando-se o réu para comparecer à audiência que for designada.

Parágrafo único. Contra as pessoas jurídicas de direito público não será deferida a manutenção ou a reintegração liminar sem prévia audiência dos respectivos representantes judiciais.

• **Comentário**

Caput. Se a petição inicial estiver devidamente instruída, o juiz, sem audiência da parte contrária, mandará expedir, liminarmente, o mandado de manutenção ou de reintegração de posse, conforme seja o caso. Se a petição inicial não estiver devidamente instruída, o juiz mandará intimar o autor para que justifique as alegações postas da inicial, designando audiência para isso e citando o réu para comparecer a ela. O réu comparecerá não para apresentar defesa, mas para participar da audiência de justificação de posse. Note-se: o réu participará da audiência. Isso quer dizer que ele não se limitará a assistir, passivamente, às atividades do autor, destinadas a comprovar a posse e a turbação; também não significa que o réu poderá produzir prova testemunhal nessa ocasião. O que ao réu será lícito fazer, por exemplo, será contraditar as testemunhas do autor, dirigir-lhes perguntas etc.

É relevante esclarecer que quando a norma legal alude à necessidade de a petição inicial estar "devidamente instruída" significa que ela deverá estar acompanhada de prova documental acerca dos fatos a que se referem os incisos I a IV do art. 561. A circunstância de, por exemplo, essa petição não estar acompanhada de procuração não significa, necessariamente, para os efeitos do art. 562, que ela não estará "devidamente instruída". Em tal situação, feita a prova documental, cumprirá ao magistrado deferir, *in limine* e *inaudita altera parte*, a proteção possessória solicitada, fazendo expedir o correspondente mandado. Em seguida, ordenará ao autor que junte o instrumento do mandato, no prazo que lhe assinar, sob pena de indeferimento da inicial.

Parágrafo único. O juiz pode conceder manutenção ou reintegração liminar de posse contra pessoa jurídica de direito público; para que o seu ato se revista de legalidade, contudo, é imprescindível que ele, antes disso, ouça o representante judicial dessa pessoa jurídica.

Art. 563. Considerada suficiente a justificação, o juiz fará logo expedir mandado de manutenção ou de reintegração.

• **Comentário**

Caso o juiz, pelas declarações das testemunhas trazidas pelo autor, se convença quanto à posse deste, assim como quanto à turbação ou o esbulho praticado pelo réu, determinará a expedição do correspondente mandado.

Art. 564. Concedido ou não o mandado liminar de manutenção ou de reintegração, o autor promoverá, nos 5 (cinco) dias subsequentes, a citação do réu para, querendo, contestar a ação no prazo de 15 (quinze) dias.

Parágrafo único. Quando for ordenada a justificação prévia, o prazo para contestar será contado da intimação da decisão que deferir ou não a medida liminar.

• **Comentário**

Caput. Sendo concedido, ou não, o mandado liminar de manutenção ou de reintegração de posse, cumprirá ao autor promover, nos cinco dias subsequentes, a citação do réu para contestar a ação no prazo de quinze dias.

Parágrafo único. Se houve liminar concedida em audiência de justificação prévia, dessa data começará a ser contado o prazo de cinco dias; se, contudo, a liminar não foi deferida em audiência, o autor deverá ser intimado dessa concessão, a fim de que se inicie a contagem do quinquídio dentro do qual ele deverá promover a citação do réu.

Art. 565. No litígio coletivo pela posse de imóvel, quando o esbulho ou a turbação afirmado na petição inicial houver ocorrido há mais de ano e dia, o juiz, antes de apreciar o pedido de concessão da medida liminar, deverá designar audiência de mediação, a realizar-se em até 30 (trinta) dias, que observará o disposto nos §§ 2º e 4º.

§ 1º Concedida a liminar, se essa não for executada no prazo de 1 (um) ano, a contar da data de distribuição, caberá ao juiz designar audiência de mediação, nos termos dos §§ 2º a 4º deste artigo.

§ 2º O Ministério Público será intimado para comparecer à audiência, e a Defensoria Pública será intimada sempre que houver parte beneficiária de gratuidade da justiça.

§ 3º O juiz poderá comparecer à área objeto do litígio quando sua presença se fizer necessária à efetivação da tutela jurisdicional.

§ 4º Os órgãos responsáveis pela política agrária e pela política urbana da União, de Estado ou do Distrito Federal e de Município onde se situe a área objeto do litígio poderão ser intimados para a audiência, a fim de se manifestarem sobre seu interesse no processo e sobre a existência de possibilidade de solução para o conflito possessório.

§ 5º Aplica-se o disposto neste artigo ao litígio sobre propriedade de imóvel.

• **Comentário**

Caput. Tratando-se de litígio coletivo pela posse de imóvel e o esbulho ou a turbação alegada na petição inicial houver acontecido a mais de ano e dia, cumprirá ao juiz, antes de apreciar o pedido de concessão de medida *in limine,* designar audiência de mediação. Essa audiência deverá realizar-se em até trinta dias, observando-se o contido nos §§ 2º e 4º.

§ 1º Se a medida liminar não for executada dentro de um ano, a contar da distribuição, o juiz deverá designar audiência de mediação, na forma dos §§ 2º a 4º

§ 2º O Ministério Público deverá ser intimado para comparecer à audiência. Se houver parte beneficiária de gratuidade da justiça, deverá ser intimada também a Defensoria Pública.

§ 3º Caso pretenda, o juiz poderá comparecer à área litigiosa, sempre que a sua presença for necessária para a efetivação da tutela jurisdicional possessória. Trata-se da inspeção judicial regida pelos arts. 481 a 484 do CPC.

§ 4º Também poderão ser intimados para comparecer à audiência os órgãos responsáveis pelas políticas agrária e urbana da União, de Estado ou do Distrito Federal e de Município onde se situe a área litigiosa. O objetivo dessa intimação é fazer com que as referidas entidades manifestem sobre o seu interesse no processo e sobre à possibilidade de solução para o conflito.

§ 5º O disposto neste artigo é aplicável ao litígio sobre propriedade de imóvel.

Art. 566. Aplica-se, quanto ao mais, o procedimento comum.

• **Comentário**

Havendo, ou não, contestação oferecida pelo réu, o procedimento passará a ser comum.

Seção III

Do Interdito Proibitório

Art. 567. O possuidor direto ou indireto que tenha justo receio de ser molestado na posse poderá requerer ao juiz que o segure da turbação ou esbulho iminente, mediante mandado proibitório em que se comine ao réu determinada pena pecuniária caso transgrida o preceito.

• **Comentário**

Reproduziu-se o teor do art. 932 do CPC revogado.

Introdução

O interdito proibitório constitui ação destinada a permitir que o possuidor, direto ou indireto, que tenha justificado receio de ser molestado em sua posse, obtenha um provimento jurisdicional que o segure da turbação ou do esbulho iminente. Essa providência judicial constará de mandado proibitório, no qual estará cominada pena pecuniária ao réu, caso transgrida o preceito (CPC, art. 567).

O interesse que essa ação possessória desperta nos domínios da Justiça do Trabalho está em que, de algum tempo até esta altura, alguns empregadores, diante de greves deflagradas pelos trabalhadores, têm ingressado em juízo com a referida ação, para promover a defesa da posse de seus estabelecimentos, que — segundo alegam — estaria sendo turbada ou esbulhada pelos integrantes do movimento paredista.

Duas grandes questões entram em causa, diante disso. A primeira delas se refere à competência da Justiça Comum ou da Justiça do Trabalho para apreciar a ação. A segunda, ao cabimento, ou não, da ação, para o fim pretendido. Examinemo-las.

Competência

Antes do advento da Emenda Constitucional n. 45/2004, já era intensa a controvérsia, notadamente no plano da jurisprudência, sobre ser da Justiça do Trabalho ou da Justiça Comum (estadual) a competência para apreciar as ações de interdito proibitório, previstas nos arts. 932 e 933, do CPC de 1973, promovidas por alguns empregadores com a finalidade de empreenderem a defesa da posse das suas agências ou estabelecimentos, turbada ou esbulhada por atos praticados por terceiros (grevistas).

A corrente jurisprudencial que acabou por tornar-se predominante, como se sabe, propendeu para a competência da Justiça do Trabalho.

Assim se entendeu em virtude de uma interpretação da regra contida no inciso II, do art. 114, da

Constituição, que dispõe competir à Justiça do Trabalho processar e julgar "as ações que envolvam exercício do direito de greve".

Se fôssemos reconhecer à Justiça do Trabalho competência para processar e julgar esses interditos proibitórios ao argumento de que a ocupação das agências e estabelecimentos dos empregadores decorreria do "exercício do direito de greve" (art. 114, II), então, pelos mesmos motivos, teríamos que admitir a competência dessa Justiça Especializada para processar e julgar, por exemplo, os *crimes* cometidos no curso da greve" (destacamos), de que fala o art. 15, *caput*, da Lei n. 7.783, de 28 de junho de 1989 — o que seria, à evidência, inaceitável, sob os aspectos: lógico, jurídico e político. A propósito, não menos desarrazoado seria imaginar que a ocupação de agências ou estabelecimentos traduziria um "direito" dos grevistas, motivo por que, também sob este ângulo, fica afastada, a nosso ver, a possibilidade de dar-se ao inciso II, do art. 114, uma interpretação ampla, capaz de compreender a competência da Justiça do Trabalho para processar e julgar ações de interdito proibitório.

A greve, como fato jurídico e social, de extrema dinâmica e complexidade, geralmente deflagra consequências de várias naturezas: trabalhista, civil, penal e o mais. Conforme sejam os fatos, daí decorrentes, que se pretendam submeter à apreciação do Poder Judiciário, será a competência deste. Assim, fatos trabalhistas serão apreciados pela Justiça do Trabalho; fatos civis, pela Justiça do Trabalho ou pela Justiça Comum; fatos criminais, pela Justiça Criminal.

Deste modo, quando o inciso II, do art. 114, da Constituição, alude à competência da Justiça do Trabalho para processar e julgar "as ações que envolvam exercício do direito de greve" está, por certo, a referir-se aos fatos e conflitos diretamente vinculados à *relação de trabalho*, de que trata o *caput* da mesma norma, vale dizer, que tenham repercussão, estritamente, nessa relação material intersubjetiva, como seria o caso dos direitos dos grevistas previstos no art. 6º, da Lei n. 7.783/2004. Todavia, se tais fatos e conflitos transcenderem os limites da relação de trabalho, projetando-se nas esferas civil e criminal, a competência para examiná-los e aplicar a regra de Direito pertinente será, como se disse, da Justiça Civil ou da Criminal, conforme seja o caso.

Pois bem. Os interditos proibitórios nada têm a ver com o "exercício do direito de greve", nem emanam da relação de trabalho. Essas ações se destinam, apenas, a assegurar a defesa da *posse* das agências e dos estabelecimentos, ameaçada de turbação ou de esbulho por ato de terceiros. A particularidade de esses terceiros serem integrantes do movimento grevista deflagrado não interfere na competência da Justiça Comum, porquanto a posse é regulada, exclusivamente, pelo Código Civil (arts. 1.196 a 1.224). Aliás, em determinadas situações esses atos de turbação e de esbulho são praticados até mesmo por pessoas *estranhas* ao movimento paredista, como se dá, por exemplo, com os integrantes do MST e congêneres.

Por outro lado, poderia ocorrer, por exemplo, de o estabelecimento do empregador ficar localizado no pavimento térreo de um edifício, mas, os grevistas estarem impedindo que quaisquer pessoas tenham acesso aos demais pavimentos do prédio, nos quais estariam instalados diversos escritórios de profissionais autônomos (advogados, médicos, oculistas, dentistas, massagistas e o mais). Neste caso, se os referidos profissionais pretendessem obter interditos proibitórios, a fim de poderem ingressar em seus escritórios e deles sair, livremente, deveriam também ir à Justiça do Trabalho, uma vez que essas ações possessórias estariam relacionadas com o "exercício do direito de greve"? Certamente que não.

Nem ignoremos as situações em que alguns empregados, revoltados por haverem sido demitidos, se postam em frente do estabelecimento do empregador, impedindo que pessoas ou veículos possam aí ingressar ou daí sair, livremente. Neste caso, inexistindo greve — trata-se de um movimento isolado de alguns trabalhadores e sem a participação do sindicato — a competência para apreciar ação de interdito proibitório, com o escopo de promover a defesa da posse do estabelecimento, seria da Justiça do Trabalho?

Em síntese, entendemos que a Emenda Constitucional n. 45/2004 não pretendeu atribuir à Justiça do Trabalho competência para julgar *ações civis ligadas à defesa da posse*, como é, por excelência, a de interdito proibitório (CPC, arts. 567/568). Se a expressão constante do inciso II, do art. 114 ("ações que envolvam o exercício do direito de greve"), tivesse o sentido amplo que muitos lhe pretendem dar, então seria inevitável — dentro da mesma lógica de raciocínio — concluir que essa Justiça também estaria dotada de competência para apreciar atos *criminosos* praticados no curso da greve, usurpando, com isso, a competência do juízo criminal.

As "ações que envolvam o exercício do direito de greve", a nosso ver, são aquelas promovidas pelos grevistas, com o objetivo de assegurar a eficácia do movimento paredista, como seria o caso, por exemplo, de uma ação que visasse a impor às empresas a obrigação de não-fazer, consistente em se absterem de impedir os grevistas de fazerem uso de meios pacíficos, destinados a persuadir ou aliciar os trabalhadores a aderirem à greve (Lei n. 7.783/89, art. 6º, I), ou de arrecadarem fundos e de empreenderem a livre divulgação do movimento (*ibidem*, II). Entretanto, o ato de impedir o ingresso e a saída de pessoas e de veículos dos estabelecimentos dos empregadores não traduz exercício de um *direito*, por parte dos grevistas, pois, bem ao contrário, o art. 6º, § 3º, da Lei n. 7.783/89 proíbe a prática de atos dessa natureza. Logo, não se podendo cogitar, nesta hipótese, de "exercício do direito de greve", fica difícil admitir a competência da Justiça do Trabalho para apreciar ação de interdito proibitório, destinada a afastar ameaça de turbação ou de esbulho da posse dos estabelecimentos dos empregadores.

Não é inútil observar, ainda, que o próprio possuidor indireto detém interesse e legitimidade para ingressar com ação de interdito proibitório. Desta forma, o proprietário do imóvel (possuidor indireto) que esteja sendo ocupado por determinado empregador (possuidor direto), na qualidade de locatário, poderia exercer a referida ação, com a finalidade de promover a defesa da posse desse estabelecimento. Como admitir-se, neste caso, a competência da Justiça do Trabalho para apreciar a sobredita ação, se não há nenhuma relação jurídica entre o proprietário do imóvel e os grevistas, que estão a impedir a entrada e a saída de pessoas e de veículos?

É relevante chamar a atenção ao fato de que quando a Constituição concedeu competência à Justiça do Trabalho para apreciar *habeas corpus* (art. 114, inciso IV), matéria, em princípio, afeta ao processo penal, fez constar a ressalva de que o ato judicial constrangedor do direito constitucional de locomoção deveria "envolver matéria sujeita à sua jurisdição", como se daria, p. ex., quando o Juiz do Trabalho ordenasse a prisão de depositário infiel (Constituição Federal, art. 5º, LXVII; CPC, art. 904, parágrafo único) — conquanto a Súmula Vinculativa n. 25, do STF, declare: "É ilícita a prisão civil de depositário infiel, qualquer que seja a modalidade do depósito". Não estamos convencidos do acerto dessa dessa Súmula; quanto menos, de sua constitucionalidade.

Matéria possessória não vinculada diretamente a um contrato de trabalho escapa à competência da Justiça do Trabalho.

Mesmo que devamos nos ocupar, apenas, com os interditos proibitórios, não podemos deixar de insistir na afirmação de que a incompetência da Justiça do Trabalho adviria da natureza exclusivamente *possessória* dos fatos em que esse tipo de ação se funda, sem ignorar que o conflito de interesses, neste caso, se estabelece entre uma pessoa jurídica, de um lado, e um sindicato de trabalhadores, de outro. Ou seja, o conflito ocorre entre duas pessoas *jurídicas*, não se podendo, pois, cogitar de *relação de trabalho* — circunstância que reforça a incompetência da Justiça do Trabalho.

Nem se diga que o inciso III, do art. 114, da Constituição, atribui a essa Justiça competência para dirimir conflitos entre sindicatos, isto é, entre duas pessoas jurídicas. Embora esse fato seja irrefutável, devemos esclarecer que o pressuposto da competência da Justiça do Trabalho é que esse conflito tenha como objeto a *representação sindical*. Somente quando estiver em causa essa representação é que a Justiça do Trabalho estará munida de competência para dirimir uma controvérsia entre dois sindicatos, ou melhor, entre pessoas, das quais uma não seja trabalhadora, nem prestadora de serviços.

Talvez, o fato de alguns intérpretes suporem que tudo caiba no inciso II, do art. 114, da Constituição — que alude às "ações que envolvam o exercício do direito de greve", seja influenciado por aquele "pensamento desejoso" (*wishfull thinking*) de que nos falam os povos de língua inglesa, que os fará ler não aquilo que o texto verdadeiramente expressa, mas, sim, aquilo que gostariam que estivesse escrito — e, em consequência, acabem concluindo que a Justiça do Trabalho possui competência para apreciar as ações de interdito proibitório exercitadas pelos empregadores com o escopo de empreenderem a defesa da *posse* de seus estabelecimentos, turbada ou esbulhada por atos de terceiros, que podem ser grevistas, ou não.

A despeito de todos esses nossos argumentos, como dissemos, a doutrina e a jurisprudência acabaram por definir-se pela competência da Justiça do Trabalho, de tal maneira que, nos dias da atualidade, já não cabe discussão acerca do assunto.

O próprio STF editou a Súmula Vinculativa n. 23, para dispor: "A Justiça do Trabalho é competente para processar e julgar ação possessória ajuizada em decorrência do exercício do direito de greve pelos trabalhadores da iniciativa privada".

Em respeito à corrente de opinião prevalecente sobre o tema — mas sem renunciarmos à nossa convicção, manifestada nas linhas anteriores —, examinemos o exercício da ação de interdito proibitório na Justiça do Trabalho.

Cabimento da ação

Para alguns, a ação de interdito proibitório, no âmbito da Justiça do Trabalho, constitui uma estratégia empresarial para inibir o exercício do direito de greve, constitucionalmente assegurado aos trabalhadores.

Não pensamos assim.

Com a mencionada ação não se visa, por exemplo, a impedir que os trabalhadores e seu sindicato: a) façam uso de meios pacíficos, tendentes a persuadir ou a aliciar outros trabalhadores a aderirem à greve; b) arrecadem fundos e promovam a divulgação do movimento (Lei n. 7.783, de 28 de julho de 1989, art. 6º, incisos I e II). Busca-se, isto sim, promover a defesa da posse dos estabelecimentos, que se encontra na iminência de ser turbada ou esbulhada pelos grevistas, ou cuja turbação ou esbulho já ocorreram.

Todavia, o ato de impedir o ingresso e a saída de pessoas e de veículos dos estabelecimentos dos empregadores não traduz exercício de um *direito*, por parte dos grevistas, pois, bem ao contrário, o art. 6º, § 3º, da Lei n. 7.783/89 veda a prática de atos dessa natureza. Logo, não se podendo cogitar, nesta hipótese, de "exercício do direito de greve", fica difícil admitir a competência da Justiça do Trabalho para apreciar ação de interdito proibitório, destinada a afastar ameaça de turbação ou de esbulho da posse dos estabelecimentos dos empregadores.

Sendo assim, é plenamente cabível o exercício da ação de interdito proibitório, antes ou durante a greve, com a finalidade de empreender a defesa da posse dos estabelecimentos, posse turbada ou esbulhada por ato dos participantes do movimento paredista e de seus simpatizantes.

Não se nega que a greve é um direito constitucionalmente assegurado aos trabalhadores. É uma conquista histórica dos trabalhadores de todo o mundo. Trata-se, contudo, de um direito que, no Brasil, deve ser exercido nos termos da Lei n. 7.783/89, sob pena de configurar *abusividade*. Não há um direito incondicional de greve, até porque inexistem direitos absolutos.

Petição inicial

Devemos observar, para já, que o art. 568, do CPC, manda aplicar à ação de interdito proibitório os dispositivos que regulam o exercício das ações de manutenção e de reintegração de posse.

Desse modo, a petição inicial será elaborada com atendimento aos requisitos do art. 319, do CPC.

Cumprirá ao autor provar, nos termos do art. 561, do CPC:

a) a sua posse (inciso I). Para os efeitos da ação de interdito proibitório não basta que o autor prove o domínio do imóvel; é imprescindível que comprove a posse.

É importante observar que o direito de propriedade não se confunde com o exercício do direito de propriedade. Enquanto aquele traduz um poder jurídico sobre a coisa, este consiste em um poder de fato sobre a coisa. Já se disse, por isso, em doutrina, com acerto, que o exercício do direito de propriedade implica um contato material com a coisa. Por outro lado, não podemos ignorar a particularidade de o exercício do direito de propriedade consistir num comportamento que acarrete o exercício dos poderes característicos do domínio ou da propriedade, quais sejam, os de uso, gozo, fruição, defesa ou reivindicação (CC, art. 1.228).

O contato físico com a coisa, próprio do exercício do direito de propriedade, pode apresentar-se em três situações distintas, segundo Mauro Laerson (*1000 perguntas em direito das coisas*. 2. ed. Rio de Janeiro: Record — Universidade Estácio de Sá, 1990. p. 54):

a) o contato físico, em que se toca materialmente a coisa, como ocorre com a pessoa que segura um livro;

b) a possibilidade imediata de o possuidor manter com a coisa o contato físico no instante em que desejar, como se dá, por exemplo, com a pessoa que tem um carro na garagem; e

c) a possibilidade mediata, concreta e definida, de vir o possuidor a retomar o contato físico com a coisa. É o que ocorre, por exemplo, na locação, no usufruto.

Se levarmos em conta o aspecto exclusivamente físico, não poderemos definir o que seja posse e o que seja detenção, uma vez que em ambos os casos existe uma apreensão física da coisa, correspondente ao contato material com ela. O que estamos a dizer, enfim, é que onde houver posse não haverá retenção e vice-versa, porquanto uma exclui a outra.

É bem verdade que o art. 1.198 do Código Civil enuncia, ainda que de modo indireto, um conceito de detentor, ao estatuir: "Considera-se detentor aquele que, achando-se em relação de dependência para com outro, conserva a posse em nome deste e em cumprimento de ordens ou instruções suas".

A detenção, na verdade, é mero estado de fato, sem qualquer autonomia, porquanto depende da posse e a esta se encontra subordinada, pois como dissemos há pouco o detentor não passa de um criado, de um serviçal, que nada mais faz do que cumprir ordens emanadas do verdadeiro possuidor. Como bem esclarece a doutrina, enquanto o possuidor é o senhor da posse, o detentor é, apenas, servidor da posse. Mesmo assim, como simples servidor da posse o possuidor está legalmente autorizado a praticar determinados atos necessários à defesa — fazendo-o, contudo, não em benefício pessoal, senão que em proveito exclusivo do possuidor.

No caso de o estabelecimento empresarial ser alugado, a comprovação da posse poderá ser feita mediante juntada do correspondente contrato de locação.

a) a turbação ou o esbulho praticado pelo réu (art. 561, II). A prova desses fatos pode ser realizada por meio de documentos escritos, de fotos, de vídeos etc.;

b) a data da turbação ou do esbulho (art. 561, III). Esta exigência se justifica, pois se a turbação ou o esbulho ocorreu há mais de ano e dia, não será admissível a ação de interdito proibitório pelo procedimento especial;

c) a continuação da posse, embora turbada, ou a perda da posse (art. 561, IV). Conforme seja o caso, o autor deverá provar a turbação ou o esbulho e a consequente medida judicial (manutenção ou reintegração da posse).

Nada obsta a que o autor, havendo requerido a manutenção — porque estava a ocorrer a turbação da posse —, posteriormente, configurado o esbulho, comunique o fato ao juiz e peça a reintegração.

Art. 568

Cuida-se, aqui, de direito superveniente (*ius superveniens*), derivante de fato novo, regulado pelo art. 493, *caput*, do CPC, conforme o qual: "Se, depois da propositura da ação, algum fato constitutivo, modificativo ou extintivo do direito influir no julgamento da lide, caberá ao juiz tomá-lo em consideração, de ofício ou a requerimento da parte, no momento de proferir a sentença".

Mandado liminar

Estando correta a petição inicial, e devidamente instruída, o juiz, sem ouvir o réu, concederá a expedição de mandado liminar de manutenção ou de reintegração, conforme seja o caso (CPC, art. 562, *caput*, primeira parte). Discute-se, na doutrina e na jurisprudência, se a liminar *inaudita altera parte* poderá ser concedida por iniciativa do juiz, ou seja, sem que o autor a tenha requerido. Pensamos que sim, em face do disposto no art. 2º, do CPC, que consagra o princípio do impulso oficial do processo.

Se a petição inicial não estiver devidamente instruída, o juiz determinará que o autor justifique, de modo prévio, as suas alegações, designando, para isso, audiência, e citando o réu para comparecer (CPC, art. 562, *caput*, parte final). Na audiência, incumbirá ao autor provar os fatos não demonstrados pelos documentos juntados, ou imperfeitamente demonstrados. Não será dado ao réu produzir prova nesta audiência, pois a sua citação se destina, apenas, a permitir-lhe acompanhar a inquirição das testemunhas trazidas pelo autor, com o objetivo de justificar a posse, a turbação ou o esbulho e o mais. Reconhece-se, entretanto, ao réu o direto de oferecer contradita a essas testemunhas.

A Lei não admite concessão liminar de mandado de manutenção ou reintegração de posse contra pessoa jurídica de direito público, sem prévia audiência de seu representante legal (CPC, art. 562, parágrafo único).

Julgada provada a posse, o juiz ordenará, desde logo, a expedição de mandado de manutenção ou de reintegração (CPC, art. 563). No caso de ação de interdito proibitório promovida com a finalidade de o empregador empreender a defesa da posse de seus estabelecimentos, turbada ou esbulhada por ato de grevistas, o mandado poderá conter cominação de pena pecuniária diária, para a hipótese de a ordem judicial não ser cumprida. Essa cominação poderá ser imposta, inclusive, *ex officio*, como prevê o art. 567, sem prejuízo da configuração do crime de desobediência (CP, art. 330), no caso de a ordem judicial não ser acatada.

Tenha sido concedido ou denegado o mandado liminar de manutenção ou de reintegração, caberá ao autor promover, nos cinco dias subsequentes, a citação do réu para responder à ação (CPC, art. 564, *caput*). Havendo justificação prévia da posse (CPC, art. 562), o prazo para o réu responder será contada da intimação do despacho que conceder, ou não, a medida liminar (CPC, art. 564, parágrafo único).

Meios de impugnação do mandado liminar

Concedida, liminarmente, a manutenção ou a reintegração, essa decisão, por ter natureza interlocutória, não poderá, na Justiça do Trabalho, ser impugnada por meio de recurso (CLT, art. 893, § 1º). A sua impugnação dar-se-á mediante mandado de segurança. Sendo a manutenção ou reintegração deferida por sentença, esta poderá ser objeto de recurso ordinário (CLT, art. 895, I). Se o recorrente desejar ver atribuído efeito suspensivo ao recurso, deverá valer-se de medida cautelar inominada (TST, Súmula n. 414, inciso I, *in fine* — por analogia.

Art. 568. Aplica-se ao interdito proibitório o disposto na Seção II deste Capítulo.

• **Comentário**

O exame deste dispositivo legal foi feito juntamente com o do art. 567.

CAPÍTULO IV

DA AÇÃO DE DIVISÃO E DA DEMARCAÇÃO DE TERRAS PARTICULARES

A Justiça do Trabalho não possui competência para apreciar ação de divisão e demarcação de terras particulares.

Por esse motivo, deixaremos de lançar comentários aos arts. 569 a 598.

Seção I

Disposições Gerais

Art. 569. Cabe:

I — ao proprietário a ação de demarcação, para obrigar o seu confinante a estremar os respectivos prédios, fixando-se novos limites entre eles ou aviventando-se os já apagados;

II — ao condômino a ação de divisão, para obrigar os demais consortes a estremar os quinhões.

Art. 570. É lícita a cumulação dessas ações, caso em que deverá processar-se primeiramente a demarcação total ou parcial da coisa comum, citando-se os confinantes e os condôminos.

Art. 571. A demarcação e a divisão poderão ser realizadas por escritura pública, desde que maiores, capazes e concordes todos os interessados, observando-se, no que couber, os dispositivos deste Capítulo.

Art. 572. Fixados os marcos da linha de demarcação, os confinantes considerar-se-ão terceiros quanto ao processo divisório, ficando-lhes, porém, ressalvado o direito de vindicar os terrenos de que se julguem despojados por invasão das linhas limítrofes constitutivas do perímetro ou de reclamar indenização correspondente ao seu valor.

§ 1º No caso do *caput*, serão citados para a ação todos os condôminos, se a sentença homologatória da divisão ainda não houver transitado em julgado, e todos os quinhoeiros dos terrenos vindicados, se a ação for proposta posteriormente.

§ 2º Neste último caso, a sentença que julga procedente a ação, condenando a restituir os terrenos ou a pagar a indenização, valerá como título executivo em favor dos quinhoeiros para haverem dos outros condôminos que forem parte na divisão ou de seus sucessores a título universal, na proporção que lhes tocar, a composição pecuniária do desfalque sofrido.

Art. 573. Tratando-se de imóvel georreferenciado, com averbação no registro de imóveis, pode o juiz dispensar a realização de prova pericial.

Seção II

Da Demarcação

Art. 574. Na petição inicial, instruída com os títulos da propriedade, designar-se-á o imóvel pela situação e pela denominação, descrever-se-ão os limites por constituir, aviventar ou renovar e nomear-se-ão todos os confinantes da linha demarcanda.

Art. 575. Qualquer condômino é parte legítima para promover a demarcação do imóvel comum, requerendo a intimação dos demais para, querendo, intervir no processo.

Art. 576. A citação dos réus será feita por correio, observado o disposto no art. 247.

Parágrafo único. Será publicado edital, nos termos do inciso III do art. 259.

Art. 577. Feitas as citações, terão os réus o prazo comum de 15 (quinze) dias para contestar.

Art. 578. Após o prazo de resposta do réu, observar-se-á o procedimento comum.

Art. 579. Antes de proferir a sentença, o juiz nomeará um ou mais peritos para levantar o traçado da linha demarcanda.

Art. 580. Concluídos os estudos, os peritos apresentarão minucioso laudo sobre o traçado da linha demarcanda, considerando os títulos, os marcos, os rumos, a fama da vizinhança, as informações de antigos moradores do lugar e outros elementos que coligirem.

Art. 581. A sentença que julgar procedente o pedido determinará o traçado da linha demarcanda.

Parágrafo único. A sentença proferida na ação demarcatória determinará a restituição da área invadida, se houver, declarando o domínio ou a posse do prejudicado, ou ambos.

Art. 582. Transitada em julgado a sentença, o perito efetuará a demarcação e colocará os marcos necessários.

Parágrafo único. Todas as operações serão consignadas em planta e memorial descritivo com as referências convenientes para a identificação, em qualquer tempo, dos pontos assinalados, observada a legislação especial que dispõe sobre a identificação do imóvel rural.

Art. 583. As plantas serão acompanhadas das cadernetas de operações de campo e do memorial descritivo, que conterá:

I — o ponto de partida, os rumos seguidos e a aviventação dos antigos com os respectivos cálculos;

II — os acidentes encontrados, as cercas, os valos, os marcos antigos, os córregos, os rios, as lagoas e outros;

III — a indicação minuciosa dos novos marcos cravados, dos antigos aproveitados, das culturas existentes e da sua produção anual;

IV — a composição geológica dos terrenos, bem como a qualidade e a extensão dos campos, das matas e das capoeiras;

V — as vias de comunicação;

VI — as distâncias a pontos de referência, tais como rodovias federais e estaduais, ferrovias, portos, aglomerações urbanas e polos comerciais;

VII — a indicação de tudo o mais que for útil para o levantamento da linha ou para a identificação da linha já levantada.

Art. 584. É obrigatória a colocação de marcos tanto na estação inicial, dita marco primordial, quanto nos vértices dos ângulos, salvo se algum desses últimos pontos for assinalado por acidentes naturais de difícil remoção ou destruição.

Art. 585. A linha será percorrida pelos peritos, que examinarão os marcos e os rumos, consignando em relatório escrito a exatidão do memorial e da planta apresentados pelo agrimensor ou as divergências porventura encontradas.

Art. 586. Juntado aos autos o relatório dos peritos, o juiz determinará que as partes se manifestem sobre ele no prazo comum de 15 (quinze) dias.

Parágrafo único. Executadas as correções e as retificações que o juiz determinar, lavrar-se-á, em seguida, o auto de demarcação em que os limites demarcandos serão minuciosamente descritos de acordo com o memorial e a planta.

Art. 587. Assinado o auto pelo juiz e pelos peritos, será proferida a sentença homologatória da demarcação.

Seção III

Da Divisão

Art. 588. A petição inicial será instruída com os títulos de domínio do promovente e conterá:

I — a indicação da origem da comunhão e a denominação, a situação, os limites e as características do imóvel;

II — o nome, o estado civil, a profissão e a residência de todos os condôminos, especificando-se os estabelecidos no imóvel com benfeitorias e culturas;

III — as benfeitorias comuns.

Art. 589. Feitas as citações como preceitua o art. 576, prosseguir-se-á na forma dos arts. 577 e 578.

Art. 590. O juiz nomeará um ou mais peritos para promover a medição do imóvel e as operações de divisão, observada a legislação especial que dispõe sobre a identificação do imóvel rural.

Parágrafo único. O perito deverá indicar as vias de comunicação existentes, as construções e as benfeitorias, com a indicação dos seus valores e dos respectivos proprietários e ocupantes, as águas principais que banham o imóvel e quaisquer outras informações que possam concorrer para facilitar a partilha.

Art. 591. Todos os condôminos serão intimados a apresentar, dentro de 10 (dez) dias, os seus títulos, se ainda não o tiverem feito, e a formular os seus pedidos sobre a constituição dos quinhões.

Art. 592. O juiz ouvirá as partes no prazo comum de 15 (quinze) dias.

§ 1º Não havendo impugnação, o juiz determinará a divisão geodésica do imóvel.

§ 2º Havendo impugnação, o juiz proferirá, no prazo de 10 (dez) dias, decisão sobre os pedidos e os títulos que devam ser atendidos na formação dos quinhões.

Art. 593. Se qualquer linha do perímetro atingir benfeitorias permanentes dos confinantes feitas há mais de 1 (um) ano, serão elas respeitadas, bem como os terrenos onde estiverem, os quais não se computarão na área dividenda.

Art. 594. Os confinantes do imóvel dividendo podem demandar a restituição dos terrenos que lhes tenham sido usurpados.

§ 1º Serão citados para a ação todos os condôminos, se a sentença homologatória da divisão ainda não houver transitado em julgado, e todos os quinhoeiros dos terrenos vindicados, se a ação for proposta posteriormente.

§ 2º Nesse último caso terão os quinhoeiros o direito, pela mesma sentença que os obrigar à restituição, a haver dos outros condôminos do processo divisório ou de seus sucessores a título universal a composição pecuniária proporcional ao desfalque sofrido.

Art. 595. Os peritos proporão, em laudo fundamentado, a forma da divisão, devendo consultar, quanto possível, a comodidade das partes, respeitar, para adjudicação a cada condômino, a preferência dos terrenos contíguos às suas residências e benfeitorias e evitar o retalhamento dos quinhões em glebas separadas.

Art. 596. Ouvidas as partes, no prazo comum de 15 (quinze) dias, sobre o cálculo e o plano da divisão, o juiz deliberará a partilha.

Parágrafo único. Em cumprimento dessa decisão, o perito procederá à demarcação dos quinhões, observando, além do disposto nos arts. 584 e 585, as seguintes regras:

I — as benfeitorias comuns que não comportarem divisão cômoda serão adjudicadas a um dos condôminos mediante compensação;

II — instituir-se-ão as servidões que forem indispensáveis em favor de uns quinhões sobre os outros, incluindo o respectivo valor no orçamento para que, não se tratando de servidões naturais, seja compensado o condômino aquinhoado com o prédio serviente;

III — as benfeitorias particulares dos condôminos que excederem à área a que têm direito serão adjudicadas ao quinhoeiro vizinho mediante reposição;

IV — se outra coisa não acordarem as partes, as compensações e as reposições serão feitas em dinheiro.

Art. 597. Terminados os trabalhos e desenhados na planta os quinhões e as servidões aparentes, o perito organizará o memorial descritivo.

§ 1º Cumprido o disposto no art. 586, o escrivão, em seguida, lavrará o auto de divisão, acompanhado de uma folha de pagamento para cada condômino.

§ 2º Assinado o auto pelo juiz e pelo perito, será proferida sentença homologatória da divisão.

§ 3º O auto conterá:

I — a confinação e a extensão superficial do imóvel;

II — a classificação das terras com o cálculo das áreas de cada consorte e com a respectiva avaliação ou, quando a homogeneidade das terras não determinar diversidade de valores, a avaliação do imóvel na sua integridade;

III — o valor e a quantidade geométrica que couber a cada condômino, declarando-se as reduções e as compensações resultantes da diversidade de valores das glebas componentes de cada quinhão.

§ 4º Cada folha de pagamento conterá:

I — a descrição das linhas divisórias do quinhão, mencionadas as confinantes;

II — a relação das benfeitorias e das culturas do próprio quinhoeiro e das que lhe foram adjudicadas por serem comuns ou mediante compensação;

III — a declaração das servidões instituídas, especificados os lugares, a extensão e o modo de exercício.

Art. 598. Aplica-se às divisões o disposto nos arts. 575 a 578.

CAPÍTULO V

DA AÇÃO DE DISSOLUÇÃO PARCIAL DE SOCIEDADE

A Justiça do Trabalho não possui competência para apreciar ação de dissolução de sociedade, seja parcial, seja total.

Por esse motivo, deixaremos de lançar comentários aos arts. 599 a 609.

Art. 599. A ação de dissolução parcial de sociedade pode ter por objeto:

I — a resolução da sociedade empresária contratual ou simples em relação ao sócio falecido, excluído ou que exerceu o direito de retirada ou recesso; e

II — a apuração dos haveres do sócio falecido, excluído ou que exerceu o direito de retirada ou recesso; ou

III — somente a resolução ou a apuração de haveres.

§ 1º A petição inicial será necessariamente instruída com o contrato social consolidado.

§ 2º A ação de dissolução parcial de sociedade pode ter também por objeto a sociedade anônima de capital fechado quando demonstrado, por acionista ou acionistas que representem cinco por cento ou mais do capital social, que não pode preencher o seu fim.

Art. 600. A ação pode ser proposta:

I — pelo espólio do sócio falecido, quando a totalidade dos sucessores não ingressar na sociedade;

II – pelos sucessores, após concluída a partilha do sócio falecido;

III – pela sociedade, se os sócios sobreviventes não admitirem o ingresso do espólio ou dos sucessores do falecido na sociedade, quando esse direito decorrer do contrato social;

IV – pelo sócio que exerceu o direito de retirada ou recesso, se não tiver sido providenciada, pelos demais sócios, a alteração contratual consensual formalizando o desligamento, depois de transcorridos 10 (dez) dias do exercício do direito;

V – pela sociedade, nos casos em que a lei não autoriza a exclusão extrajudicial; ou

VI – pelo sócio excluído.

Parágrafo único. O cônjuge ou companheiro do sócio cujo casamento, união estável ou convivência terminou poderá requerer a apuração de seus haveres na sociedade, que serão pagos à conta da quota social titulada por este sócio.

Art. 601. Os sócios e a sociedade serão citados para, no prazo de 15 (quinze) dias, concordar com o pedido ou apresentar contestação.

Parágrafo único. A sociedade não será citada se todos os seus sócios o forem, mas ficará sujeita aos efeitos da decisão e à coisa julgada.

Art. 602. A sociedade poderá formular pedido de indenização compensável com o valor dos haveres a apurar.

Art. 603. Havendo manifestação expressa e unânime pela concordância da dissolução, o juiz a decretará, passando-se imediatamente à fase de liquidação.

§ 1º Na hipótese prevista no *caput*, não haverá condenação em honorários advocatícios de nenhuma das partes, e as custas serão rateadas segundo a participação das partes no capital social.

§ 2º Havendo contestação, observar-se-á o procedimento comum, mas a liquidação da sentença seguirá o disposto neste Capítulo.

Art. 604. Para apuração dos haveres, o juiz:

I – fixará a data da resolução da sociedade;

II – definirá o critério de apuração dos haveres à vista do disposto no contrato social; e

III – nomeará o perito.

§ 1º O juiz determinará à sociedade ou aos sócios que nela permanecerem que depositem em juízo a parte incontroversa dos haveres devidos.

§ 2º O depósito poderá ser, desde logo, levantando pelo ex-sócio, pelo espólio ou pelos sucessores.

§ 3º Se o contrato social estabelecer o pagamento dos haveres, será observado o que nele se dispôs no depósito judicial da parte incontroversa.

Art. 605. A data da resolução da sociedade será:

I – no caso de falecimento do sócio, a do óbito;

II – na retirada imotivada, o sexagésimo dia seguinte ao do recebimento, pela sociedade, da notificação do sócio retirante;

III – no recesso, o dia do recebimento, pela sociedade, da notificação do sócio dissidente;

IV – na retirada por justa causa de sociedade por prazo determinado e na exclusão judicial de sócio, a do trânsito em julgado da decisão que dissolver a sociedade; e

V – na exclusão extrajudicial, a data da assembleia ou da reunião de sócios que a tiver deliberado.

Art. 606. Em caso de omissão do contrato social, o juiz definirá, como critério de apuração de haveres, o valor patrimonial apurado em balanço de determinação, tomando-se por referência a data da resolução e avaliando-se bens e direitos do ativo, tangíveis e intangíveis, a preço de saída, além do passivo também a ser apurado de igual forma.

Parágrafo único. Em todos os casos em que seja necessária a realização de perícia, a nomeação do perito recairá preferencialmente sobre especialista em avaliação de sociedades.

Art. 607. A data da resolução e o critério de apuração de haveres podem ser revistos pelo juiz, a pedido da parte, a qualquer tempo antes do início da perícia.

Art. 608. Até a data da resolução, integram o valor devido ao ex-sócio, ao espólio ou aos sucessores a participação nos lucros ou os juros sobre o capital próprio declarados pela sociedade e, se for o caso, a remuneração como administrador.

Parágrafo único. Após a data da resolução, o ex-sócio, o espólio ou os sucessores terão direito apenas à correção monetária dos valores apurados e aos juros contratuais ou legais.

Art. 609. Uma vez apurados, os haveres do sócio retirante serão pagos conforme disciplinar o contrato social e, no silêncio deste, nos termos do § 2º do art. 1.031 da Lei n. 10.406, de 10 de janeiro de 2002 (Código Civil).

CAPÍTULO VI

DO INVENTÁRIO E DA PARTILHA

A Justiça do Trabalho não possui competência para apreciar ação de inventário e partilha. Por esse motivo, deixaremos de lançar comentários aos arts. 610 a 673.

Seção I

Disposições Gerais

Art. 610. Havendo testamento ou interessado incapaz, proceder-se-á ao inventário judicial.

§ 1º Se todos forem capazes e concordes, o inventário e a partilha poderão ser feitos por escritura pública, a qual constituirá documento hábil para qualquer ato de registro, bem como para levantamento de importância depositada em instituições financeiras.

§ 2º O tabelião somente lavrará a escritura pública se todas as partes interessadas estiverem assistidas por advogado ou por defensor público, cuja qualificação e assinatura constarão do ato notarial.

Art. 611. O processo de inventário e de partilha deve ser instaurado dentro de 2 (dois) meses, a contar da abertura da sucessão, ultimando-se nos 12 (doze) meses subsequentes, podendo o juiz prorrogar esses prazos, de ofício ou a requerimento de parte.

Art. 612. O juiz decidirá todas as questões de direito desde que os fatos relevantes estejam provados por documento, só remetendo para as vias ordinárias as questões que dependerem de outras provas.

Art. 613. Até que o inventariante preste o compromisso, continuará o espólio na posse do administrador provisório.

Art. 614. O administrador provisório representa ativa e passivamente o espólio, é obrigado a trazer ao acervo os frutos que desde a abertura da sucessão percebeu, tem direito ao reembolso das despesas necessárias e úteis que fez e responde pelo dano a que, por dolo ou culpa, der causa.

Seção II

Da Legitimidade para Requerer o Inventário

Art. 615. O requerimento de inventário e de partilha incumbe a quem estiver na posse e na administração do espólio, no prazo estabelecido no art. 611.

Parágrafo único. O requerimento será instruído com a certidão de óbito do autor da herança.

Art. 616. Têm, contudo, legitimidade concorrente:

I – o cônjuge ou companheiro supérstite;

II – o herdeiro;

III – o legatário;

IV – o testamenteiro;

V – o cessionário do herdeiro ou do legatário;

VI – o credor do herdeiro, do legatário ou do autor da herança;

VII – o Ministério Público, havendo herdeiros incapazes;

VIII – a Fazenda Pública, quando tiver interesse;

IX – o administrador judicial da falência do herdeiro, do legatário, do autor da herança ou do cônjuge ou companheiro supérstite.

Seção III

Do Inventariante e das Primeiras Declarações

Art. 617. O juiz nomeará inventariante na seguinte ordem:

I – o cônjuge ou companheiro sobrevivente, desde que estivesse convivendo com o outro ao tempo da morte deste;

II – o herdeiro que se achar na posse e na administração do espólio, se não houver cônjuge ou companheiro sobrevivente ou se estes não puderem ser nomeados;

III – qualquer herdeiro, quando nenhum deles estiver na posse e na administração do espólio;

IV – o herdeiro menor, por seu representante legal;

V – o testamenteiro, se lhe tiver sido confiada a administração do espólio ou se toda a herança estiver distribuída em legados;

VI – o cessionário do herdeiro ou do legatário;

VII – o inventariante judicial, se houver;

VIII – pessoa estranha idônea, quando não houver inventariante judicial.

Parágrafo único. O inventariante, intimado da nomeação, prestará, dentro de 5 (cinco) dias, o compromisso de bem e fielmente desempenhar a função.

Art. 618. Incumbe ao inventariante:

I – representar o espólio ativa e passivamente, em juízo ou fora dele, observando-se, quanto ao dativo, o disposto no art. 75, § 1º;

II – administrar o espólio, velando-lhe os bens com a mesma diligência que teria se seus fossem;

III — prestar as primeiras e as últimas declarações pessoalmente ou por procurador com poderes especiais;

IV — exibir em cartório, a qualquer tempo, para exame das partes, os documentos relativos ao espólio;

V — juntar aos autos certidão do testamento, se houver;

VI — trazer à colação os bens recebidos pelo herdeiro ausente, renunciante ou excluído;

VII — prestar contas de sua gestão ao deixar o cargo ou sempre que o juiz lhe determinar;

VIII — requerer a declaração de insolvência.

Art. 619. Incumbe ainda ao inventariante, ouvidos os interessados e com autorização do juiz:

I — alienar bens de qualquer espécie;

II — transigir em juízo ou fora dele;

III — pagar dívidas do espólio;

IV — fazer as despesas necessárias para a conservação e o melhoramento dos bens do espólio.

Art. 620. Dentro de 20 (vinte) dias contados da data em que prestou o compromisso, o inventariante fará as primeiras declarações, das quais se lavrará termo circunstanciado, assinado pelo juiz, pelo escrivão e pelo inventariante, no qual serão exarados:

I — o nome, o estado, a idade e o domicílio do autor da herança, o dia e o lugar em que faleceu e se deixou testamento;

II — o nome, o estado, a idade, o endereço eletrônico e a residência dos herdeiros e, havendo cônjuge ou companheiro supérstite, além dos respectivos dados pessoais, o regime de bens do casamento ou da união estável;

III — a qualidade dos herdeiros e o grau de parentesco com o inventariado;

IV — a relação completa e individualizada de todos os bens do espólio, inclusive aqueles que devem ser conferidos à colação, e dos bens alheios que nele forem encontrados, descrevendo-se:

a) os imóveis, com as suas especificações, nomeadamente local em que se encontram, extensão da área, limites, confrontações, benfeitorias, origem dos títulos, números das matrículas e ônus que os gravam;

b) os móveis, com os sinais característicos;

c) os semoventes, seu número, suas espécies, suas marcas e seus sinais distintivos;

d) o dinheiro, as joias, os objetos de ouro e prata e as pedras preciosas, declarando-se-lhes especificadamente a qualidade, o peso e a importância;

e) os títulos da dívida pública, bem como as ações, as quotas e os títulos de sociedade, mencionando-se-lhes o número, o valor e a data;

f) as dívidas ativas e passivas, indicando-se-lhes as datas, os títulos, a origem da obrigação e os nomes dos credores e dos devedores;

g) direitos e ações;

h) o valor corrente de cada um dos bens do espólio.

§ 1º O juiz determinará que se proceda:

I — ao balanço do estabelecimento, se o autor da herança era empresário individual;

II — à apuração de haveres, se o autor da herança era sócio de sociedade que não anônima.

§ 2º As declarações podem ser prestadas mediante petição, firmada por procurador com poderes especiais, à qual o termo se reportará.

Art. 621. Só se pode arguir sonegação ao inventariante depois de encerrada a descrição dos bens, com a declaração, por ele feita, de não existirem outros por inventariar.

Art. 622. O inventariante será removido de ofício ou a requerimento:

I – se não prestar, no prazo legal, as primeiras ou as últimas declarações;

II – se não der ao inventário andamento regular, se suscitar dúvidas infundadas ou se praticar atos meramente protelatórios;

III – se, por culpa sua, bens do espólio se deteriorarem, forem dilapidados ou sofrerem dano;

IV – se não defender o espólio nas ações em que for citado, se deixar de cobrar dívidas ativas ou se não promover as medidas necessárias para evitar o perecimento de direitos;

V – se não prestar contas ou se as que prestar não forem julgadas boas;

VI – se sonegar, ocultar ou desviar bens do espólio.

Art. 623. Requerida a remoção com fundamento em qualquer dos incisos do art. 622, será intimado o inventariante para, no prazo de 15 (quinze) dias, defender-se e produzir provas.

Parágrafo único. O incidente da remoção correrá em apenso aos autos do inventário.

Art. 624. Decorrido o prazo, com a defesa do inventariante ou sem ela, o juiz decidirá.

Parágrafo único. Se remover o inventariante, o juiz nomeará outro, observada a ordem estabelecida no art. 617.

Art. 625. O inventariante removido entregará imediatamente ao substituto os bens do espólio e, caso deixe de fazê-lo, será compelido mediante mandado de busca e apreensão ou de imissão na posse, conforme se tratar de bem móvel ou imóvel, sem prejuízo da multa a ser fixada pelo juiz em montante não superior a três por cento do valor dos bens inventariados.

Seção IV

Das Citações e das Impugnações

Art. 626. Feitas as primeiras declarações, o juiz mandará citar, para os termos do inventário e da partilha, o cônjuge, o companheiro, os herdeiros e os legatários e intimar a Fazenda Pública, o Ministério Público, se houver herdeiro incapaz ou ausente, e o testamenteiro, se houver testamento.

§ 1º O cônjuge ou o companheiro, os herdeiros e os legatários serão citados pelo correio, observado o disposto no art. 247, sendo, ainda, publicado edital, nos termos do inciso III do art. 259.

§ 2º Das primeiras declarações extrair-se-ão tantas cópias quantas forem as partes.

§ 3º A citação será acompanhada de cópia das primeiras declarações.

§ 4º Incumbe ao escrivão remeter cópias à Fazenda Pública, ao Ministério Público, ao testamenteiro, se houver, e ao advogado, se a parte já estiver representada nos autos.

Art. 627. Concluídas as citações, abrir-se-á vista às partes, em cartório e pelo prazo comum de 15 (quinze) dias, para que se manifestem sobre as primeiras declarações, incumbindo às partes:

I — arguir erros, omissões e sonegação de bens;

II — reclamar contra a nomeação de inventariante;

III — contestar a qualidade de quem foi incluído no título de herdeiro.

§ 1º Julgando procedente a impugnação referida no inciso I, o juiz mandará retificar as primeiras declarações.

§ 2º Se acolher o pedido de que trata o inciso II, o juiz nomeará outro inventariante, observada a preferência legal.

§ 3º Verificando que a disputa sobre a qualidade de herdeiro a que alude o inciso III demanda produção de provas que não a documental, o juiz remeterá a parte às vias ordinárias e sobrestará, até o julgamento da ação, a entrega do quinhão que na partilha couber ao herdeiro admitido.

Art. 628. Aquele que se julgar preterido poderá demandar sua admissão no inventário, requerendo-a antes da partilha.

§ 1º Ouvidas as partes no prazo de 15 (quinze) dias, o juiz decidirá.

§ 2º Se para solução da questão for necessária a produção de provas que não a documental, o juiz remeterá o requerente às vias ordinárias, mandando reservar, em poder do inventariante, o quinhão do herdeiro excluído até que se decida o litígio.

Art. 629. A Fazenda Pública, no prazo de 15 (quinze) dias, após a vista de que trata o art. 627, informará ao juízo, de acordo com os dados que constam de seu cadastro imobiliário, o valor dos bens de raiz descritos nas primeiras declarações.

Seção V
Da Avaliação e do Cálculo do Imposto

Art. 630. Findo o prazo previsto no art. 627 sem impugnação ou decidida a impugnação que houver sido oposta, o juiz nomeará, se for o caso, perito para avaliar os bens do espólio, se não houver na comarca avaliador judicial.

Parágrafo único. Na hipótese prevista no art. 620, § 1º, o juiz nomeará perito para avaliação das quotas sociais ou apuração dos haveres.

Art. 631. Ao avaliar os bens do espólio, o perito observará, no que for aplicável, o disposto nos arts. 872 e 873.

Art. 632. Não se expedirá carta precatória para a avaliação de bens situados fora da comarca onde corre o inventário se eles forem de pequeno valor ou perfeitamente conhecidos do perito nomeado.

Art. 633. Sendo capazes todas as partes, não se procederá à avaliação se a Fazenda Pública, intimada pessoalmente, concordar de forma expressa com o valor atribuído, nas primeiras declarações, aos bens do espólio.

Art. 634. Se os herdeiros concordarem com o valor dos bens declarados pela Fazenda Pública, a avaliação cingir-se-á aos demais.

Art. 635. Entregue o laudo de avaliação, o juiz mandará que as partes se manifestem no prazo de 15 (quinze) dias, que correrá em cartório.

§ 1º Versando a impugnação sobre o valor dado pelo perito, o juiz a decidirá de plano, à vista do que constar dos autos.

§ 2º Julgando procedente a impugnação, o juiz determinará que o perito retifique a avaliação, observando os fundamentos da decisão.

Art. 636. Aceito o laudo ou resolvidas as impugnações suscitadas a seu respeito, lavrar-se-á em seguida o termo de últimas declarações, no qual o inventariante poderá emendar, aditar ou completar as primeiras.

Art. 637. Ouvidas as partes sobre as últimas declarações no prazo comum de 15 (quinze) dias, proceder-se-á ao cálculo do tributo.

Art. 638. Feito o cálculo, sobre ele serão ouvidas todas as partes no prazo comum de 5 (cinco) dias, que correrá em cartório, e, em seguida, a Fazenda Pública.

§ 1º Se acolher eventual impugnação, o juiz ordenará nova remessa dos autos ao contabilista, determinando as alterações que devam ser feitas no cálculo.

§ 2º Cumprido o despacho, o juiz julgará o cálculo do tributo.

Seção VI
Das Colações

Art. 639. No prazo estabelecido no art. 627, o herdeiro obrigado à colação conferirá por termo nos autos ou por petição à qual o termo se reportará os bens que recebeu ou, se já não os possuir, trar-lhes-á o valor.

Parágrafo único. Os bens a serem conferidos na partilha, assim como as acessões e as benfeitorias que o donatário fez, calcular-se-ão pelo valor que tiverem ao tempo da abertura da sucessão.

Art. 640. O herdeiro que renunciou à herança ou o que dela foi excluído não se exime, pelo fato da renúncia ou da exclusão, de conferir, para o efeito de repor a parte inoficiosa, as liberalidades que obteve do doador.

§ 1º É lícito ao donatário escolher, dentre os bens doados, tantos quantos bastem para perfazer a legítima e a metade disponível, entrando na partilha o excedente para ser dividido entre os demais herdeiros.

§ 2º Se a parte inoficiosa da doação recair sobre bem imóvel que não comporte divisão cômoda, o juiz determinará que sobre ela se proceda a licitação entre os herdeiros.

§ 3º O donatário poderá concorrer na licitação referida no § 2º e, em igualdade de condições, terá preferência sobre os herdeiros.

Art. 641. Se o herdeiro negar o recebimento dos bens ou a obrigação de os conferir, o juiz, ouvidas as partes no prazo comum de 15 (quinze) dias, decidirá à vista das alegações e das provas produzidas.

§ 1º Declarada improcedente a oposição, se o herdeiro, no prazo improrrogável de 15 (quinze) dias, não proceder à conferência, o juiz mandará sequestrar-lhe, para serem inventariados e partilhados, os bens sujeitos à colação ou imputar ao seu quinhão hereditário o valor deles, se já não os possuir.

§ 2º Se a matéria exigir dilação probatória diversa da documental, o juiz remeterá as partes às vias ordinárias, não podendo o herdeiro receber o seu quinhão hereditário, enquanto pender a demanda, sem prestar caução correspondente ao valor dos bens sobre os quais versar a conferência.

Seção VII
Do Pagamento das Dívidas

Art. 642. Antes da partilha, poderão os credores do espólio requerer ao juízo do inventário o pagamento das dívidas vencidas e exigíveis.

§ 1º A petição, acompanhada de prova literal da dívida, será distribuída por dependência e autuada em apenso aos autos do processo de inventário.

§ 2º Concordando as partes com o pedido, o juiz, ao declarar habilitado o credor, mandará que se faça a separação de dinheiro ou, em sua falta, de bens suficientes para o pagamento.

§ 3º Separados os bens, tantos quantos forem necessários para o pagamento dos credores habilitados, o juiz mandará aliená-los, observando-se as disposições deste Código relativas à expropriação.

§ 4º Se o credor requerer que, em vez de dinheiro, lhe sejam adjudicados, para o seu pagamento, os bens já reservados, o juiz deferir-lhe-á o pedido, concordando todas as partes.

§ 5º Os donatários serão chamados a pronunciar-se sobre a aprovação das dívidas, sempre que haja possibilidade de resultar delas a redução das liberalidades.

Art. 643. Não havendo concordância de todas as partes sobre o pedido de pagamento feito pelo credor, será o pedido remetido às vias ordinárias.

Parágrafo único. O juiz mandará, porém, reservar, em poder do inventariante, bens suficientes para pagar o credor quando a dívida constar de documento que comprove suficientemente a obrigação e a impugnação não se fundar em quitação.

Art. 644. O credor de dívida líquida e certa, ainda não vencida, pode requerer habilitação no inventário.

Parágrafo único. Concordando as partes com o pedido referido no *caput*, o juiz, ao julgar habilitado o crédito, mandará que se faça separação de bens para o futuro pagamento.

Art. 645. O legatário é parte legítima para manifestar-se sobre as dívidas do espólio:

I — quando toda a herança for dividida em legados;

II — quando o reconhecimento das dívidas importar redução dos legados.

Art. 646. Sem prejuízo do disposto no art. 860, é lícito aos herdeiros, ao separarem bens para o pagamento de dívidas, autorizar que o inventariante os indique à penhora no processo em que o espólio for executado.

Seção VIII

Da Partilha

Art. 647. Cumprido o disposto no art. 642, § 3º, o juiz facultará às partes que, no prazo comum de 15 (quinze) dias, formulem o pedido de quinhão e, em seguida, proferirá a decisão de deliberação da partilha, resolvendo os pedidos das partes e designando os bens que devam constituir quinhão de cada herdeiro e legatário.

Parágrafo único. O juiz poderá, em decisão fundamentada, deferir antecipadamente a qualquer dos herdeiros o exercício dos direitos de usar e de fruir de determinado bem, com a condição de que, ao término do inventário, tal bem integre a cota desse herdeiro, cabendo a este, desde o deferimento, todos os ônus e bônus decorrentes do exercício daqueles direitos.

Art. 648. Na partilha, serão observadas as seguintes regras:

I — a máxima igualdade possível quanto ao valor, à natureza e à qualidade dos bens;

II — a prevenção de litígios futuros;

III — a máxima comodidade dos coerdeiros, do cônjuge ou do companheiro, se for o caso.

Art. 649. Os bens insuscetíveis de divisão cômoda que não couberem na parte do cônjuge ou companheiro supérstite ou no quinhão de um só herdeiro serão licitados entre os interessados ou vendidos judicialmente, partilhando-se o valor apurado, salvo se houver acordo para que sejam adjudicados a todos.

Art. 650. Se um dos interessados for nascituro, o quinhão que lhe caberá será reservado em poder do inventariante até o seu nascimento.

Art. 651. O partidor organizará o esboço da partilha de acordo com a decisão judicial, observando nos pagamentos a seguinte ordem:

I – dívidas atendidas;

II – meação do cônjuge;

III – meação disponível;

IV – quinhões hereditários, a começar pelo coerdeiro mais velho.

Art. 652. Feito o esboço, as partes manifestar-se-ão sobre esse no prazo comum de 15 (quinze) dias, e, resolvidas as reclamações, a partilha será lançada nos autos.

Art. 653. A partilha constará:

I – de auto de orçamento, que mencionará:

a) os nomes do autor da herança, do inventariante, do cônjuge ou companheiro supérstite, dos herdeiros, dos legatários e dos credores admitidos;

b) o ativo, o passivo e o líquido partível, com as necessárias especificações;

c) o valor de cada quinhão;

II – de folha de pagamento para cada parte, declarando a quota a pagar-lhe, a razão do pagamento e a relação dos bens que lhe compõem o quinhão, as características que os individualizam e os ônus que os gravam.

Parágrafo único. O auto e cada uma das folhas serão assinados pelo juiz e pelo escrivão.

Art. 654. Pago o imposto de transmissão a título de morte e juntada aos autos certidão ou informação negativa de dívida para com a Fazenda Pública, o juiz julgará por sentença a partilha.

Parágrafo único. A existência de dívida para com a Fazenda Pública não impedirá o julgamento da partilha, desde que o seu pagamento esteja devidamente garantido.

Art. 655. Transitada em julgado a sentença mencionada no art. 654, receberá o herdeiro os bens que lhe tocarem e um formal de partilha, do qual constarão as seguintes peças:

I – termo de inventariante e título de herdeiros;

II – avaliação dos bens que constituíram o quinhão do herdeiro;

III – pagamento do quinhão hereditário;

IV – quitação dos impostos;

V – sentença.

Parágrafo único. O formal de partilha poderá ser substituído por certidão de pagamento do quinhão hereditário quando esse não exceder a 5 (cinco) vezes o salário-mínimo, caso em que se transcreverá nela a sentença de partilha transitada em julgado.

Art. 656. A partilha, mesmo depois de transitada em julgado a sentença, pode ser emendada nos mesmos autos do inventário, convindo todas as partes, quando tenha havido erro de fato na descrição dos bens, podendo o juiz, de ofício ou a requerimento da parte, a qualquer tempo, corrigir-lhe as inexatidões materiais.

Art. 657. A partilha amigável, lavrada em instrumento público, reduzida a termo nos autos do inventário ou constante de escrito particular homologado pelo juiz, pode ser anulada por dolo, coação, erro essencial ou intervenção de incapaz, observado o disposto no § 4º do art. 966.

Parágrafo único. O direito à anulação de partilha amigável extingue-se em 1 (um) ano, contado esse prazo:

I — no caso de coação, do dia em que ela cessou;

II — no caso de erro ou dolo, do dia em que se realizou o ato;

III — quanto ao incapaz, do dia em que cessar a incapacidade.

Art. 658. É rescindível a partilha julgada por sentença:

I — nos casos mencionados no art. 657;

II — se feita com preterição de formalidades legais;

III — se preteriu herdeiro ou incluiu quem não o seja.

Seção IX
Do Arrolamento

Art. 659. A partilha amigável, celebrada entre partes capazes, nos termos da lei, será homologada de plano pelo juiz, com observância dos arts. 660 a 663.

§ 1º O disposto neste artigo aplica-se, também, ao pedido de adjudicação, quando houver herdeiro único.

§ 2º Transitada em julgado a sentença de homologação de partilha ou de adjudicação, será lavrado o formal de partilha ou elaborada a carta de adjudicação e, em seguida, serão expedidos os alvarás referentes aos bens e às rendas por ele abrangidos, intimando-se o fisco para lançamento administrativo do imposto de transmissão e de outros tributos porventura incidentes, conforme dispuser a legislação tributária, nos termos do § 2º do art. 662.

Art. 660. Na petição de inventário, que se processará na forma de arrolamento sumário, independentemente da lavratura de termos de qualquer espécie, os herdeiros:

I — requererão ao juiz a nomeação do inventariante que designarem;

II — declararão os títulos dos herdeiros e os bens do espólio, observado o disposto no art. 630;

III — atribuirão valor aos bens do espólio, para fins de partilha.

Art. 661. Ressalvada a hipótese prevista no parágrafo único do art. 663, não se procederá à avaliação dos bens do espólio para nenhuma finalidade.

Art. 662. No arrolamento, não serão conhecidas ou apreciadas questões relativas ao lançamento, ao pagamento ou à quitação de taxas judiciárias e de tributos incidentes sobre a transmissão da propriedade dos bens do espólio.

§ 1º A taxa judiciária, se devida, será calculada com base no valor atribuído pelos herdeiros, cabendo ao fisco, se apurar em processo administrativo valor diverso do estimado, exigir a eventual diferença pelos meios adequados ao lançamento de créditos tributários em geral.

§ 2º O imposto de transmissão será objeto de lançamento administrativo, conforme dispuser a legislação tributária, não ficando as autoridades fazendárias adstritas aos valores dos bens do espólio atribuídos pelos herdeiros.

Art. 663. A existência de credores do espólio não impedirá a homologação da partilha ou da adjudicação, se forem reservados bens suficientes para o pagamento da dívida.

Parágrafo único. A reserva de bens será realizada pelo valor estimado pelas partes, salvo se o credor, regularmente notificado, impugnar a estimativa, caso em que se promoverá a avaliação dos bens a serem reservados.

Art. 664. Quando o valor dos bens do espólio for igual ou inferior a 1.000 (mil) salários-mínimos, o inventário processar-se-á na forma de arrolamento, cabendo ao inventariante nomeado, independentemente de assinatura de termo de compromisso, apresentar, com suas declarações, a atribuição de valor aos bens do espólio e o plano da partilha.

§ 1º Se qualquer das partes ou o Ministério Público impugnar a estimativa, o juiz nomeará avaliador, que oferecerá laudo em 10 (dez) dias.

§ 2º Apresentado o laudo, o juiz, em audiência que designar, deliberará sobre a partilha, decidindo de plano todas as reclamações e mandando pagar as dívidas não impugnadas.

§ 3º Lavrar-se-á de tudo um só termo, assinado pelo juiz, pelo inventariante e pelas partes presentes ou por seus advogados.

§ 4º Aplicam-se a essa espécie de arrolamento, no que couber, as disposições do art. 672, relativamente ao lançamento, ao pagamento e à quitação da taxa judiciária e do imposto sobre a transmissão da propriedade dos bens do espólio.

§ 5º Provada a quitação dos tributos relativos aos bens do espólio e às suas rendas, o juiz julgará a partilha.

Art. 665. O inventário processar-se-á também na forma do art. 664, ainda que haja interessado incapaz, desde que concordem todas as partes e o Ministério Público.

Art. 666. Independerá de inventário ou de arrolamento o pagamento dos valores previstos na Lei nº 6.858, de 24 de novembro de 1980.

Art. 667. Aplicam-se subsidiariamente a esta Seção as disposições das Seções VII e VIII deste Capítulo.

Seção X

Disposições Comuns a Todas as Seções

Art. 668. Cessa a eficácia da tutela provisória prevista nas Seções deste Capítulo:

I — se a ação não for proposta em 30 (trinta) dias contados da data em que da decisão foi intimado o impugnante, o herdeiro excluído ou o credor não admitido;

II — se o juiz extinguir o processo de inventário com ou sem resolução de mérito.

Art. 669. São sujeitos à sobrepartilha os bens:

I — sonegados;

II — da herança descobertos após a partilha;

III — litigiosos, assim como os de liquidação difícil ou morosa;

IV — situados em lugar remoto da sede do juízo onde se processa o inventário.

Parágrafo único. Os bens mencionados nos incisos III e IV serão reservados à sobrepartilha sob a guarda e a administração do mesmo ou de diverso inventariante, a consentimento da maioria dos herdeiros.

Art. 670. Na sobrepartilha dos bens, observar-se-á o processo de inventário e de partilha.

Parágrafo único. A sobrepartilha correrá nos autos do inventário do autor da herança.

Art. 671. O juiz nomeará curador especial:

I — ao ausente, se não o tiver;

II — ao incapaz, se concorrer na partilha com o seu representante, desde que exista colisão de interesses.

Art. 672. É lícita a cumulação de inventários para a partilha de heranças de pessoas diversas quando houver:

I — identidade de pessoas entre as quais devam ser repartidos os bens;

II — heranças deixadas pelos dois cônjuges ou companheiros;

III — dependência de uma das partilhas em relação à outra.

Parágrafo único. No caso previsto no inciso III, se a dependência for parcial, por haver outros bens, o juiz pode ordenar a tramitação separada, se melhor convier ao interesse das partes ou à celeridade processual.

Art. 673. No caso previsto no art. 672, inciso II, prevalecerão as primeiras declarações, assim como o laudo de avaliação, salvo se alterado o valor dos bens.

CAPÍTULO VII
DOS EMBARGOS DE TERCEIRO

Art. 674. Quem, não sendo parte no processo, sofrer constrição ou ameaça de constrição sobre bens que possua ou sobre os quais tenha direito incompatível com o ato constritivo, poderá requerer seu desfazimento ou sua inibição por meio de embargos de terceiro.

§ 1º Os embargos podem ser de terceiro proprietário, inclusive fiduciário, ou possuidor.

§ 2º Considera-se terceiro, para ajuizamento dos embargos:

I — o cônjuge ou companheiro, quando defende a posse de bens próprios ou de sua meação, ressalvado o disposto no art. 843;

II — o adquirente de bens cuja constrição decorreu de decisão que declara a ineficácia da alienação realizada em fraude à execução;

III — quem sofre constrição judicial de seus bens por força de desconsideração da personalidade jurídica, de cujo incidente não fez parte;

IV — o credor com garantia real para obstar expropriação judicial do objeto de direito real de garantia, caso não tenha sido intimado, nos termos legais dos atos expropriatórios respectivos.

• **Comentário**

Caput. A matéria era disciplinada pelo art. 1.046 do CPC revogado, que previa o oferecimento dos embargos de terceiro quando houvesse turbação ou esbulho da posse. O Código atual amplia essa proteção possessória, ao admitir o exercício desses embargos também no caso de *ameaça* de constrição sobre os seus bens. Não podemos, todavia, deixar de manifestar estranheza quanto ao fato de a norma legal aludir à *ameaça*, sabendo-se que o ato de constrição é determinado pelo juiz. Melhor teria feito, pois, o legislador, se aludisse ao *risco* de constrição de bens do terceiro.

Conceito

O objetivo da execução por quantia certa reside na expropriação forçada de bens do devedor, como medida tendente a satisfazer o direito do credor, subsumido na sentença condenatória, a que o fenômeno jurídico da coisa julgada material adjungiu a eficácia de título executivo. Por esse motivo, o devedor responde, legalmente, para o cumprimento de suas obrigações, com a integralidade de seu patrimônio, já constituído ou a constituir, excetuadas as restrições estabelecidas em lei (CPC, art. 789).

Pode ocorrer, entretanto, que na tarefa de tornar concretos os fins da execução o órgão jurisdicional venha a apreender (mediante penhora, arresto, sequestro, depósito etc.) bens pertencentes a *terceiro*, vale dizer, a quem não está obrigado a adimplir a obrigação derivante do título exequendo. Torna-se, pois, de grande interesse — não apenas do ponto de vista doutrinário mas também prático — que investiguemos, a seguir, o conceito jurídico de terceiro e procuremos definir os seus exatos contornos.

A muitos poderia parecer suficiente dizer, no plano das definições, que terceiro é todo aquele que não é parte na relação processual executiva. Semelhante conceito seria, contudo, algo simplório, na medida em que, conforme iremos demonstrar, mesmo sendo parte no processo de execução o indivíduo está autorizado, por lei, a praticar aí atos na qualidade de *terceiro*.

Também no processo do trabalho, o devedor pode, *e. g.*, oferecer embargos de terceiro sempre que houver necessidade de colocar a salvo da execução determinados bens que possui na qualidade de locatário, arrendatário e o mais. Mesmo o cônjuge é considerado pela norma legal como *terceiro* toda vez que pretender defender a posse de bens dotais, próprios, reservados ou de sua meação. Por aí se percebe a inconsistência jurídica do conceito segundo o qual deve ser havido como terceiro todo aquele que não integra a relação jurídica executiva.

Como ensina Liebman, para efeito de determinar se uma pessoa é, ou não, parte no processo, não é suficiente levar-se em conta a sua identidade física, devendo-se, ao contrário, considerar também a qualidade jurídica em que compareceu ao processo, concluindo que "Uma pessoa física pode ser simultaneamente parte e terceiro com relação a determinado processo, se são diferentes títulos jurídicos que justificam esse duplo papel que ela pretende representar, se são distintas as posições jurídicas que ela visa a defender" (*Revista Forense*, v. CIX, p. 46).

Frederico Marques afirma que se deve entender como terceiro não a pessoa física ou jurídica que não tenha participado do processo, e sim "a pessoa titular de um direito outro que não tenha sido atingido pela decisão judicial" (*Instituições*. 2. ed., v. V, p. 455).

Terceiro é, portanto, a pessoa que, sendo ou não parte no processo de execução, defende bens que, em decorrência do título aquisitivo ou da qualidade em que os possui, ou sobre os quais tenha direito incompatível com o ato constritivo, não podem ser objeto de apreensão judicial. O amor à clareza nos conduz a reafirmar que a configuração jurídica do terceiro não deve ser buscada no fato imperfeito de estar o indivíduo *fora* da relação processual executiva, e sim na particularidade fundamental de que, embora esteja eventualmente figurando como parte passiva nessa relação, colime praticar aí atos destinados não a opor-se ao título executivo, se não que a liberar bens de indevida constrição judicial — fazendo-o, nesse caso, com fundamento no título de aquisição ou na qualidade pela qual detém a posse de referidos bens.

Importante regra de ordem prática se extrai dessa observação: se o terceiro desejar defender os seus bens, cuja posse tenha sido turbada ou esbulhada por ato judicial executivo, deverá valer-se dos embargos que lhe são próprios e imanentes (de terceiro); caso se valha de embargos à execução (ou do devedor), será declarado carecente da ação, por faltar-lhe, para tanto, a indispensável legitimidade.

É despiciendo, por outro lado, que o terceiro seja senhor e possuidor, ou somente possuidor dos bens apreendidos: em ambos os casos ele recebe, da norma legal, a necessária legitimidade para tencionar excluí-los da constrição judicial.

Já os *embargos*, que o ordenamento processual lhe põe ao alcance, com vistas a esse desiderato, constituem ação de tipo especial e de caráter incidental, que se encontra submetida a procedimento sumário. O traço de incidentalidade desses embargos está em que não se quadra ao seu escopo teleológico o desfazimento da execução forçada, mas apenas o de afastar a turbação ou o esbulho quanto à posse dos bens, proveniente de ato judicial como a penhora, o arresto, o sequestro, o depósito etc. Deles disse Pontes de Miranda: "são ação do terceiro, que pretende ter direito ao domínio ou outro direito, inclusive a posse, sobre os bens penhorados ou por outro modo constritos" (*Comentários*. 2. ed. Rio de Janeiro: Forense, v. IV, p. 6). Paula Batista, por sua vez, vê nesses embargos uma "ação de intervenção", por meio da qual o terceiro exerce a defesa de seus bens contra execuções alheias *(apud* BARROS, Hamilton de Moraes e. *Comentários ao código de processo civil*. Rio de Janeiro: Forense, sem data, v. IX, p. 289).

Natureza jurídica e eficácia

No texto das Ordenações Filipinas, os embargos de terceiro apareciam como um incidente da execução (Livro 3º, Título 86, § 17); o primeiro Código de Processo Civil unitário do País (1939) alargou o campo de aplicação desses embargos, permitindo a sua utilização não só em face de execuções judiciais, mas de outros processos, considerando-os, dessa forma, como integrantes da classe dos denominados *processos acessórios*. O art. 707 desse Código concedia a ação de embargos em exame não apenas aos que detinham a titularidade da posse, mas igualmente aos que eram titulares de *direitos*; como o legislador não precisou qual a espécie de lesão a direito que autorizava o manejo desses embargos, passou-se a entender que a sua utilização seria ampla, não mais circunscrita, portanto, à defesa da posse.

Os embargos de terceiro, entretanto, não perderam, mesmo no texto do atual CPC, a natureza possessória, porquanto se destinam à defesa da posse ameaçada, turbada ou esbulhada por *ato judicial*; essa particularidade justifica a sua existência, no Código atual, ao lado das ações possessórias de interdito, manutenção e reintegração de posse, dada a dessemelhança teleológica que há entre uma e outras.

Nos embargos de terceiro, aliás — e contrariamente ao que se passa no plano das ações possessórias típicas —, não se concede ao possuidor o direito de realizar o desforço físico em defesa da posse.

Tomados por outro ângulo, os embargos de terceiro apresentam preponderante carga de constitutividade, porquanto visam a desconstituir o ato da jurisdição que está molestando a posse do legitimado, fazendo com que a situação retorne ao estado como se encontrava anteriormente à apreensão judicial.

Pressupostos

Os pressupostos objetivos dos embargos em estudo coincidem com os que são característicos das ações possessórias típicas, a saber: lesão da posse ou iminente possibilidade de lesão. Debaixo do aspecto subjetivo, contudo, há uma diferença essencial: os embargos de terceiro pressupõem que o ato molestador da posse seja proveniente da jurisdição. No caso das ações possessórias mencionadas nos arts. 554 a 568 do CPC, os atos que as justificam são perpetrados por particular ou pelo Estado — sem que este último esteja no exercício de seu monopolístico poder-dever jurisdicional.

Taxinomicamente, os embargos de terceiro têm caráter: a) preventivo; ou b) repressivo, conforme procurem evitar a moléstia da posse, ou afastar a turbação ou o esbulho consumados.

Embargos de terceiro e embargos do devedor

Do ponto de vista finalístico, os embargos do devedor e os de terceiro são figuras processuais inconfundíveis, pois enquanto os primeiros buscam, no geral, subtrair a eficácia do título executivo, os segundos limitam-se a evitar uma apreensão judicial de bens ou a afastar essa constrição.

Considerando-se, porém, que também pode agir como terceiro aquele que integra, como parte, a relação processual executiva, não seria juridicamente viável aplicar-se aqui o princípio da *fungibilidade* dos remédios judiciais que informa, em especial, o sistema dos recursos? Por outras palavras: não seria possível admitir-se como embargos de terceiro os embargos a que o interessado chamou de à execução (ou do devedor)?

Se se tratar de mero equívoco quanto ao *nomen iuris* dado aos embargos, é elementar que esse erro de nomenclatura não deverá constituir obstáculo a que o juiz conheça como sendo embargos de terceiro aqueles a que a parte rotulou, impropriamente, de embargos do devedor. Caso, porém, os embargos ditos de terceiro contenham matérias próprias dos embargos à execução (para cujo exercício já se tenha operado a preclusão), incumbirá ao juiz indeferi-los liminarmente, em virtude da inadequação do objeto e da finalidade.

Em muitos casos concretos, de outra parte, são penhorados bens que se encontravam na posse do devedor, mas que a ele não pertenciam (detinha-os, digamos, na qualidade do locatário). Nessa hipótese, tanto o devedor quanto o proprietário poderão oferecer embargos de terceiro; o que não se admitiria é que o devedor ingressasse com embargos à execução, pretendendo, com isso, liberar os bens da constrição judicial. Não se poderia, aqui, conhecer desses embargos como sendo de terceiro (nada obstante o devedor estivesse legalmente legitimado a isso) em razão da absoluta diversidade de objetos entre ambos os embargos. Demais, admitida que fosse a possibilidade, teríamos uma situação anômala em que, acolhidos os embargos "do devedor" e liberados os bens, alguém ter-se-ia oposto à execução sem efetuar, em rigor, a imprescindível garantia do juízo.

O caso concreto que a seguir relataremos espelha — ocorrido na vigência do CPC de 1973 —, com fidelidade, os riscos de não se efetuar uma exata captação dos fins díspares dos embargos à execução e dos embargos de terceiro.

Penhorados vários bens a certo devedor, este, em seus embargos, cientifica ao juízo que tais bens não lhe pertencem, pois os detinha na qualidade de arrendatário. Diante dessa expressa confissão, os embargos são rejeitados *in limine*, pois, afinal, o juízo não estava seguro. Dessa decisão o embargante interpõe agravo de petição, a que o tribunal dá provimento e determina que o juízo *a quo* aprecie os embargos. Logo em seguida, porém, o proprietário dos bens oferece embargos de terceiro, que — diante da evidência das provas produzidas — são acolhidos, ordenando-se, em consequência, o levantamento da penhora que sobre eles recaía. Isso significou, em última análise, que o *devedor* pôde embargar, com sucesso, a execução, mesmo havendo desrespeitado a norma legal que impunha a prévia garantia do juízo para tanto. Se ele quisesse, efetivamente, "colaborar" com o juízo, como declarou ao informar que os bens penhorados não lhe pertenciam, deveria ter, no mesmo instante, nomeado outros à penhora. Não atentou o tribunal para essa particularidade e, em consequência, acabou consagrando, com perigosa inadvertência, a possibilidade de o devedor opor-se à execução sem qualquer constrição judicial de seu patrimônio.

Situação que merece particular exame diz respeito à situação do sócio que, em execução por quantia certa promovida contra a sociedade de que participa ou participava, tem os seus bens penhorados: nesse caso, ele — entendendo não ter nenhuma responsabilidade pela dívida da sociedade —, deverá oferecer *embargos de terceiro* ou *embargos à execução*? Em princípio, os embargos adequados à sua tese seriam, sem dúvida, os *de terceiro*; o inconveniente destes embargos, entretanto, está em que, por sua estrutura e finalidade, não permitem discussão acerca de cálculos e de outros temas ligados ao mérito. Diante disso, alguns sócios, em tais situações, costumam oferecer, apenas, embargos *à execução*, com o escopo de, *ad cautelam*, poderem discutir os cálculos elaborados pelo contador ou pela parte contrária. Ao fazerem uso de tais embargos para essa finalidade, contudo, comprometem gravemente a sua alegação de serem terceiro naquela relação processual, uma vez que os embargos à execução são próprios de quem é *devedor*. E o sócio alega nada dever...

A solução desse problema é algo complexa e nem sempre satisfatória.

Uma das soluções consistiria em, se rejeitados no mérito os embargos de terceiro, intimar-se o sócio (que se dizia terceiro) para oferecer embargos à execução, agora na qualidade de devedor. O inconveniente desta proposta está no demorado tempo que levaria para transitar em julgado a decisão que rejeitou os embargos de terceiro, fazendo, com isso, com que ficasse sobremaneira retardado o trâmite da execução.

Outra solução seria a de não reconhecer legitimidade ao sócio para apresentar embargos de terceiro. Esta solução estaria em harmonia com a Súmula n. 184 do antigo TFR, segundo a qual, "Em execução movida contra sociedade por quotas, o sócio-gerente, citado em nome próprio, não tem legitimidade para opor embargos de terceiro, visando livrar da constrição judicial seus bens particulares". Aqui, no entanto, cometia-se a injustiça de impedir que o sócio pudesse defender-se nessa qualidade, ou seja, pudesse demonstrar não ser responsável pelo cumprimento das obrigações afetas à sociedade. É evidente que, se muito antes da penhora houvesse decisão judicial declarando essa responsabilidade do sócio, ele não possuiria, efetivamente, legitimidade para fazer uso de embargos de terceiro. Preocupam-nos, no entanto, os casos em que inexiste essa decisão prévia e o sócio é surpreendido com a penhora de bens que lhe pertencem.

Uma terceira solução poderia ser a de exigir-se que o sócio apresentasse, a um só tempo, em peças distintas, e em caráter sucessivo, os embargos *de terceiro* e os embargos *à execução*. Desse modo, se rejeitados os embargos *de terceiro*, dessa decisão não se admitiria recurso imediato e autônomo, por atribuir-lhe caráter circunstancialmente interlocutório. Passar-se-ia, em seguida, ao julgamento (no momento oportuno) dos embargos *à execução*. Quando do agravo de petição interposto da sentença resolutiva destes últimos embargos, o executado poderia, antes, na mesma peça, impugnar a decisão que apreciou os embargos de terceiro. Caso o tribunal desse provimento ao agravo, neste ponto, o sócio executado seria declarado parte ilegítima para figurar na relação processual executiva, da qual, por isso, seria excluído, ficando prejudicada apreciação dos embargos à execução por ele oferecidos.

Uma quarta solução consistiria no oferecimento, apenas, de embargos à execução, oportunidade em que a pessoa que se considera terceiro alegaria a sua ilegitimidade, com fundamento analógico nos arts. 337, XI, e 917, VI, do CPC.

Parece-nos ser esta a solução menos inadequada — lembrando-se que a legitimidade do sócio está prevista no art. 790, II, do CPC.

§ 1º Os embargos podem ser oferecidos pelo terceiro proprietário, inclusive fiduciário ou *possuidor*.

§ 2º A norma declara, nos incisos I a IV, as pessoas que são consideradas terceiro para efeito de oferecimento dos embargos que lhes são próprios.

Inciso I. O cônjuge ou companheiro, na defesa dos bens próprios ou de sua meação, ressalvada a situação prevista no art. 843.

O cônjuge somente estará legitimado para manejar esses embargos quando pretender realizar a defesa da posse de bens dotais, próprios, reservados ou de sua meação. Há, todavia, certa tendência jurisprudencial em não se admitir ao cônjuge (mulher) a qualidade de terceiro sempre que for citada para a execução promovida contra o marido, tendo a penhora incidido em bem imóvel. O que se insinua nessa corrente de jurisprudência é a afirmação de que a mulher apenas poderia intervir como terceiro quando não fosse citada para a ação. Não concordamos, *venia permissa*, com essa opinião. Ora, se a mulher apenas pudesse embargar, como terceiro, quando não citada para a execução, não haveria necessidade (nem razão) para o legislador redigir o inciso I do art. 2º, pois a legitimidade da mulher já estaria assegurada pelo *caput* do mesmo artigo. A prevalecer, portanto, o pensamento de que estamos a discordar, o inciso I do art. 2º não passaria de mera regra tautológica e inútil — o que não é verdade. Queremos crer que a norma legal em apreço levou em conta o fato de a mulher poder alegar em juízo a circunstância de não poder ser legalmente responsabilizada pelo adimplemento das obrigações afetas ao seu marido, motivo por que o legislador erigiu essa ausência de responsabilidade da mulher em causa para a defesa da posse de seus bens dotais, próprios, reservados ou de sua meação.

É evidente que, se, em determinado caso, a mulher figurar como litisconsorte passiva do marido (tendo sido, inclusive, citada nessa qualidade), por serem ambos legalmente responsáveis pelo adimplemento da obrigação contida no título executivo, ela não poderá fazer uso dos embargos de terceiro. Estamos a referir-nos à hipótese do art. 73, § 1º, III, do CPC, a teor do qual ambos os cônjuges serão necessariamente citados para as ações (leia-se: execução) "fundadas em dívida contraída por um dos cônjuges a bem da família". Nesse caso, intimada da penhora, ela deverá oferecer embargos à execução — atuando, pois, na qualidade de devedora e não de terceiro.

Inciso II. A pessoa que adquiriu o bem cuja constrição derivou de decisão declaratória de ineficácia da alienação realizada em fraude à execução. O art. 792 indica os casos em que a alienação ou a oneração de bem é considerada em fraude à execução.

Inciso III. Aquele que sofreu constrição judicial de seus bens em virtude de desconsideração da personalidade jurídica, desde que não tenha participado desse incidente processual, regido pelos arts. 133 a 137.

Inciso IV. O credor dotado de garantia real para impedir expropriação judicial do objeto de direito real de garantia, na forma da lei, desses atos expropriatórios.

Art. 675

Art. 675. Os embargos podem ser opostos a qualquer tempo no processo de conhecimento enquanto não transitada em julgado a sentença e, no cumprimento de sentença ou no processo de execução, até 5 (cinco) dias depois da adjudicação, da alienação por iniciativa particular ou da arrematação, mas sempre antes da assinatura da respectiva carta.

Parágrafo único. Caso identifique a existência de terceiro titular de interesse em embargar o ato, o juiz mandará intimá-lo pessoalmente.

• **Comentário**

Caput. Segundo a regra legal em foco, os embargos de terceiro podem ser opostos: a) a qualquer tempo, no processo de conhecimento, desde que a sentença não tenha passado em julgado; b) no processo de execução, até cinco dias depois da adjudicação, da alienação por iniciativa particular ou da arrematação, enquanto não assinada a respectiva carta.

Entende Hamilton de Moraes e Barros que melhor teria sido se o legislador houvesse fixado o prazo para a oposição dos embargos a partir da ciência do ato judicial molestador da posse, pois: "Isso acarretaria segurança e economia do juízo do processo principal, pois que o feito já marcharia expurgado de dúvidas e problemas que o poderiam até sepultar, ou apenas desfazer os atos processuais posteriores ao ato embargado e dele consequentes" (obra cit., p. 299).

Discordamos desse parecer.

O critério segundo o qual o prazo para o oferecimento dos embargos de terceiro passaria a fluir da data em que o interessado tomou conhecimento do ato jurisdicional atentatório à posse de seus bens seria de todo desaconselhável, pois marcado, quase sempre, por um subjetivismo que dificultaria a exata definição do dia em que isso ocorreu, rendendo ensejo, portanto, ao surgimento de intermináveis disputas acerca do assunto, no ano da realidade prática. Está a merecer encômios, pois, o critério adotado pelo atual CPC, uma vez que baseado em elementos objetivos, que, por sua natureza, permitem melhor constatação quanto à tempestividade, ou não, dos embargos em exame.

No processo cognitivo, consequentemente, a oportunidade processual para o terceiro oferecer embargos apenas cessa com o trânsito em julgado da sentença — o que corresponde a afirmar que enquanto estiver em curso o prazo para impugná-la pelos meios recursais previstos em lei essa oportunidade para o manejo dos embargos ainda existirá. Pergunta-se, entretanto: se os autos já se encontrarem no tribunal, em grau de recurso, poderia o terceiro apresentar embargos? Em caso de resposta afirmativa, perante qual órgão jurisdicional?

Julgamos que, na hipótese aventada, os embargos não seriam possíveis, por, quando menos, duas razões. Em primeiro lugar, estando os autos no tribunal, o órgão de primeiro grau não pode praticar atos processuais, exceto quando expressamente autorizado por lei; em segundo, esses embargos não poderiam ser apresentados diretamente ao tribunal, pois competente para apreciá-los é sempre o juízo que ordenou a apreensão dos bens, como declara o art. 676 do CPC. Para compendiarmos tudo o que até esta parte dissemos, no processo de conhecimento: a) o trânsito em julgado da sentença que compôs a lide faz cessar a oportunidade para o oferecimento de embargos de terceiro; b) se o prazo recursal ainda está em curso, será possível a oposição desses embargos perante o juízo de primeiro grau, sendo distribuídos por dependência e autuados apartadamente (CPC, art. 676); c) estando os autos no tribunal, em grau de recurso, não serão admissíveis embargos de terceiro, seja porque o órgão de primeiro grau não pode praticar atos processuais, em virtude de a competência para apreciar a causa, como um todo, ser, naquele momento, do tribunal, seja porque o órgão de segundo grau não possui competência para julgar embargos de terceiro; afinal, o juízo que determinou a apreensão dos bens foi o de primeiro grau.

Relativamente ao processo de execução, como vimos, os embargos podem ser oferecidos até cinco dias após adjudicação, a alienação por iniciativa particular ou a arrematação, contanto que a respectiva carta não tenha sido assinada (CPC, art. 675). Algumas dificuldades de ordem doutrinária podem surgir quando da aplicação prática desse preceito legal. Digamos, *e. g.*, que a carta venha a ser assinada *antes* dos cinco dias subsequentes à adjudicação, à alienação por iniciativa particular ou à arrematação, o terceiro teria, nesse caso, precluído o seu direito de oferecer embargos? Se, ao contrário, a carta vier a ser assinada *após* o decurso do quinquídio a que se refere o art. 675 do CPC, isso significa que o terceiro teria ampliado o prazo para a apresentação de embargos? Entendemos que o princípio a ser observado, em tema de embargos de terceiro, é o que fixa em até cinco dias depois da expropriação judicial ou da adjudicação o prazo para o exercício desse direito. Com isso estamos afirmando que: a) se a carta vier a ser assinada *antes* desse prazo, não ocorrerá a preclusão do direito do terceiro, que poderá, portanto, embargar mesmo depois da assinatura da carta; não se veja nessa opinião uma ofensa à letra do art. 676 do CPC; como dissemos, o que se deve pôr à frente, nesta matéria, é o princípio representado pelo quinquídio que a lei concede ao terceiro para ajuizar a ação de embargos; valesse como *marco final inflexível* a assinação da carta, não haveria sentido para estabelecer-se o mencionado prazo de cinco dias: bastaria que o legislador declarasse que a oportunidade para a oposição dos embargos de terceiro iria até a assinatura dessa carta; b) se a carta vier a ser assinada após o quinquídio, não ocorrerá, como se possa imaginar, a dilatação do prazo para o ingresso em juízo dos embargos em estudo.

Examinamos, até aqui, o problema relativo ao momento final em que os embargos de terceiro podem ser aforados; é necessário verificar, agora, *a partir de que momento* essa ação poderá ser posta em juízo. A resposta depara-se-nos clara: a contar da existência do ato judicial que molestou a posse dos bens ou que está na iminência de molestá-la. Essa ilação traz duas consequências de ordem pragmática: a) inexistindo ofensa à posse, ou risco de ofensa, o terceiro deverá ser declarado carecedor da ação, por faltar-lhe interesse de agir (CPC, art. 17); b) incumbe ao terceiro fazer prova (de preferência já na inicial) do ato atentatório à sua posse sem prejuízo de demonstrar, como exige a lei, a posse dos bens apreendidos e a qualidade de terceiro (CPC, art. 677, *caput*).

Pondera, por fim, Clóvis do Couto e Silva que, às vezes, determinados motivos de fato autorizam a considerar-se tempestivos os embargos apresentados após o decurso do prazo de cinco dias, a que alude a norma legal, como quando em execução ocorrer o extravio dos autos, tendo sido requerida a correspondente restauração para efeito de ser expedida carta de arrematação (*Comentários ao código de processo civil*. v. XI, tomo II. São Paulo: Revista dos Tribunais, 1982. p. 465). É verdade que essa nota formulada pelo eminente jurista nada mais representa do que uma aplicação concreta da regra inserida no art. 221 do CPC, que diz da suspensão dos prazos em decorrência de obstáculo criado pela parte.

Parágrafo único. Se ocorrer de o juiz verificar a existência de terceiro titular do direito de oferecer embargos, mandará intimá-lo pessoalmente. Isso não significa, necessariamente, que o terceiro irá embargar; ele talvez se restrinja a formular alegações com base nas quais o juiz se convença de que a penhora não poderia ser realizada por alguma razão jurídica. A lei não determina que o juiz, antes de mandar intimar o terceiro, conceda prazo para que as partes se manifestem a respeito.

Art. 676. Os embargos serão distribuídos por dependência ao juízo que ordenou a constrição e autuados em apartado.

Parágrafo único. Nos casos de ato de constrição realizado por carta, os embargos serão oferecidos no juízo deprecado, salvo se indicado pelo juízo deprecante o bem constrito ou se já devolvida a carta.

• **Comentário**

Caput. A norma trata da distribuição da petição de embargos de terceiro.

Distribuição

Determina o art. 676 do diploma processual comum a distribuição por dependência dos embargos de terceiro, que correrão em autos distintos perante o juiz que ordenou o apresamento.

Várias nótulas se tornam necessárias, em face dessa dicção legal.

Por primeiro, sendo os embargos em apreço ação autônoma, de caráter incidental e de conteúdo cognitivo, implicaria ofensa à sua natureza e aos seus objetivos o serem introduzidos nos mesmos autos dos quais se originou o ato de apreensão judicial; daí por que o Código, respeitando essa especificidade onto-teleológica, impôs a sua distribuição por dependência e sua autuação em separado.

A autonomia desses embargos pode ser aferida, p. ex., pelo fato de eventual extinção do processo de execução, proveniente de desistência manifestada pelo credor (CPC, art. 775), não obstar a sobrevivência dos embargos, em seu escopo de obter um provimento jurisdicional que proteja a posse que está a ser molestada por ato judicial.

A distribuição dos embargos de terceiro, por dependência, justifica-se pela conexão existente entre eles e a ação principal (CPC, art. 55). Não são raros, a propósito, os casos em que o juiz, por força da sentença proferida nos embargos, se vê obrigado a reapreciar certos atos que praticara no processo principal, em virtude da repercussão aqui provocada por aquela decisão.

Por segundo, a assertiva legal de que tais embargos tramitarão perante o *juiz que ordenou a apreensão* poderia levar à inferência de que esses embargos apenas seriam oponíveis quando se verificasse a efetiva turbação ou esbulho da posse; conclusão nesse sentido seria equivocada, pois é bastante para o exercício desse direito de ação que haja um *iminente risco* de apreensão judicial de bens.

No mais, as disposições do *caput* do art. 676 do CPC devem ser conjugadas com o parágrafo único da mesma norma, de tal modo que, na execução mediante carta, os embargos de terceiro serão aforados no juízo deprecado, e aí distribuídos por dependência, exceto se os bens apreendidos tenham sido indicados pelo deprecante, hipótese em que os embargos serão ajuizados perante este e aí decididos.

Competência

Competente para apreciar os embargos de terceiro será o juízo que ordenou a apreensão dos bens (CPC, art. 676), vale dizer, aquele que fez expedir o correspondente mandado.

Parágrafo único. Na execução mediante carta precatória, a competência será do juízo deprecado, exceto se o bem apreendido houver sido indicado pelo deprecante, ou a carta já tenha sido devolvida, hipótese em que este será competente para processar e julgar os embargos de terceiro. Essa era, parcialmente, a orientação sedimentada na Súmula n. 33 do extinto Tribunal Federal de Recursos. Pensamos que o processo do trabalho deva manter-se firme nesse critério de fixação de competência em sede de embargos de terceiro opostos nas execuções mediante carta.

É certo que isso poderá acarretar algumas dificuldades de ordem prática, como quando todos os bens forem penhorados pelo juízo deprecado, embora apenas parte deles tenha sido indicada pelo deprecante. Nesse caso, haveria, em rigor, dois embargos do mesmo terceiro: um, relativo aos bens apontados pelo juízo deprecante; outro, pertinente aos bens apreendidos pelo deprecado. Nada impede, entrementes, que a doutrina e a jurisprudência, em situações que tais, estabeleçam a regra de que os embargos deverão ser um só, abarcando, pois, a todos os bens constritos, sendo competente para apreciá-los, unicamente, o deprecado, porquanto esse é o princípio que se irradia da norma legal em exame. Com isso, evitar-se-ão certos transtornos de ordem prática, derivantes da oposição de dois embargos pelo mesmo terceiro, que poderão trazer consequências tumultuárias para o procedimento, além de retardar, sobremaneira, a satisfação do direito do credor-exequente.

Se a carta precatória já foi devolvida ao juízo deprecante, será sempre deste a competência para julgar os embargos de terceiro.

Vale rememorar que, em matéria de *embargos do devedor*, a competência será do juízo *deprecante*, salvo se tiverem como objeto vícios ou irregularidades de atos praticados pelo deprecado, quando, então, a este caberá apreciar, exclusivamente, esse assunto. Esse é o critério estabelecido pelos arts. 20, da Lei n. 6.830/80, e 914, § 2º, do CPC, e que difere do enunciado pela Súmula n. 33 do extinto TFR, respeitante aos embargos *de terceiro*.

Art. 677. Na petição inicial, o embargante fará a prova sumária de sua posse ou de seu domínio e da qualidade de terceiro, oferecendo documentos e rol de testemunhas.

§ 1º É facultada a prova da posse em audiência preliminar designada pelo juiz.

§ 2º O possuidor direto pode alegar, além da sua posse, o domínio alheio.

§ 3º A citação será pessoal, se o embargado não tiver procurador constituído nos autos da ação principal.

§ 4º Será legitimado passivo o sujeito a quem o ato de constrição aproveita, assim como o será seu adversário no processo principal quando for sua a indicação do bem para a constrição judicial.

• **Comentário**

Caput. Elaborando a sua petição com observância do disposto no art. 319 do CPC (embora, no processo do trabalho, não se exija, entre outras coisas, que a peça inaugural mencione o valor da causa, é recomendável que esse requisito do processo civil seja atendido, a fim de evitar-se certos incidentes futuros), caberá ao autor: a) fazer a prova sumária de sua posse; e b) de sua qualidade de terceiro (CPC, art. 677, *caput*).

Como afirmamos antes, deverá o embargante, já na inicial, produzir prova quanto à apreensão judicial realizada, ou que está precípite a ser feita, pois isso constitui pressuposto essencial para a admissibilidade dos embargos. Essa prova poderá ser realizada mediante certidão expedida pelo juízo que está a molestar a posse ou fotocópia autenticada do mandado correspondente. Não sendo produzida essa prova, a inicial deverá ser indeferida, pois desacompanhada de documento indispensável ao ajuizamento da ação (CLT, art. 787; CPC, arts. 320 e 321). Esse indeferimento só será legalmente correto se o embargante não atender, no prazo de quinze dias, ao despacho judicial que lhe determinou a emenda ou a complementação da petição inicial (CPC, art. 321).

Incumbirá ao embargante fazer, ainda, a prova sumária de sua posse e oferecer documento e rol de testemunhas. O adjetivo *sumário* está a indicar que a prova da posse deve ser, por princípio, *documental*. O oferecimento de outros documentos necessários ou úteis à instrução processual, bem como da relação das testemunhas, liga-se ao sentido sumário do procedimento. Entendemos, por isso, que no plano dos embargos de terceiro não incide o preceito do art. 825 da CLT, onde não se consagrou a exigência de apresentação de róis de testemunhas.

§ 1º Se o embargante não possuir meio documental comprovativo de sua posse poderá requerer ao juiz a designação de audiência preliminar, para nela produzir a prova necessária. De modo geral, quando da realização dessa audiência preliminar o embargado não foi ainda citado, na medida em que o ato citatório pressupõe o recebimento dos embargos. Acontecendo, todavia, de — por alguma razão particular — o embargado ser citado antes da audiência preliminar, a ela poderá comparecer, para acompanhar a justificação da posse, conquanto entendamos não possa, nessa oportunidade, contraditar as testemunhas ou oferecer contraprova. Ao embargado se permitirá produzir provas documentais na contestação e testemunhais na audiência relativa à instrução oral do procedimento (CPC, art. 679).

Permitir-se ao réu impugnar, na audiência preliminar, documentos e testemunhas oferecidos pelo embargante seria antecipar, irregularmente, o contraditório próprio dessa ação; do ponto de vista do juiz, haveria inescusável *error in procedendo*, que desafiaria correição parcial, em decorrência da índole tumultuária do procedimento, de que se faz provido o seu ato.

§ 2º O possuidor poderá alegar, com a sua posse, domínio alheio, ou seja, que os bens apreendidos judicialmente não são de sua propriedade.

§ 3º Caso o devedor não possua advogado constituído nos autos da ação principal, a citação em sede de embargos de terceiro será pessoal.

§ 4º A norma considera legitimado, passivamente, para a ação a pessoa a quem o ato de constrição beneficie, da mesma forma como será o seu adversário no processo principal quando partir dessa pessoa a indicação do bem a ser penhorado. Nota-se, pois, que haverá a constituição de um regime litisconsorcial passivo necessário e unitário entre a pessoa à qual a constrição beneficia e o réu na ação principal, caso este tenha indicado o bem objeto da constrição judicial.

Art. 678. A decisão que reconhecer suficientemente provado o domínio ou a posse determinará a suspensão das medidas constritivas sobre os bens litigiosos objeto dos embargos, bem como a manutenção ou a reintegração provisória da posse, se o embargante a houver requerido.

Parágrafo único. O juiz poderá condicionar a ordem de manutenção ou de reintegração provisória de posse à prestação de caução pelo requerente, ressalvada a impossibilidade da parte economicamente hipossuficiente.

• **Comentário**

Caput. Sendo a posse ou o domínio julgados suficientemente provados, o juiz ordenará a suspensão das medidas constritivas incidentes sobre os bens litigiosos, objeto dos embargos de terceiro, e determinará a emissão de mandado de manutenção ou de restituição provisória da posse em favor do embargante — se este a houver requerido. Isso significa dizer que o juiz não poderá agir *ex officio*.

A referência legal à *posse ou ao domínio julgados suficientemente provados* faz ressaltar aí a presença de uma *decisão judicial*, de caráter interlocutório, e não sentença, pois esse ato jurisdicional não é dotado de eficácia extintiva do processo; logo, é irrecorrível, em consonância com o sistema imperante no processo do trabalho (CLT, art. 893, § 1º).

A concessão liminar dos embargos apresenta um forte traço de cautelaridade, que se manifesta pela expedição de mandado tendente a prover a manutenção ou a restituição da posse, em prol do embargante, conforme tenha o ato jurisdicional molestador implicado turbação ou esbulho.

Parágrafo único. Para efeito de expedição de mandado de manutenção ou de restituição provisória da posse, o juiz poderá (logo, constitui sua *faculdade*) exigir que o embargante preste caução. No sistema do CPC de 1973 a prestação dessa caução era obrigatória.

A caução destina-se a ressarcir os danos que porventura venha o réu a sofrer, em virtude da outorga do mandado de manutenção ou de restituição, em benefício do terceiro, se os embargos deste vierem a ser rejeitados. Dessa caução ficará dispensado, todavia, o embargante que se encontrar em comprovada situação de hipossuficiência econômica.

Art. 679. Os embargos poderão ser contestados no prazo de 15 (quinze) dias, findo o qual se seguirá o procedimento comum.

Art. 680

• **Comentário**

É de quinze dias o prazo para a contestação dos embargos de terceiro.

A contestação não é, contudo, a única modalidade de resposta que se admite em face desses embargos, no processo do trabalho; poderá o embargado (que é o credor-exequente), por exemplo, formular exceção de incompetência *ratione loci*, caso em que terá o excepto 24 horas para manifestar-se sobre a exceção (CLT, art. 800).

Ao embargado não se permitirá, porém, reconvir ou visar à obtenção de sentença declaratória incidental, a despeito de ser-lhe lícito alegar fraude de execução (CPC, art. 792). O *concilium fraudis* pode ser perfeitamente arguido nos embargos de terceiro, em decorrência do caráter autônomo dessa ação aforada por este, relativamente à ação principal.

Não sendo contestados os embargos, presumir-se-ão aceitos pelo embargado, como verdadeiros, os fatos alegados pelo embargante (CPC, art. 341), realizando-se, em consequência, o julgamento antecipado dessa lide (CPC, art. 355, II). Julgamento antecipado ocorrerá, também, quando a matéria ventilada nos embargos for unicamente de direito, ou sendo de direito e de fato não houver necessidade de produzir prova em audiência (*ibidem*, I).

Havendo contestação aos embargos, o juiz designará audiência de instrução e julgamento, desde que haja prova a ser nela produzida.

Art. 680. Contra os embargos do credor com garantia real, o embargado somente poderá alegar que:

I — o devedor comum é insolvente;

II — o título é nulo ou não obriga a terceiro;

III — outra é a coisa dada em garantia.

• **Comentário**

Caput. A norma especifica as matérias que possam ser alegadas pelo embargado, quando se tratar de embargos do credor com garantia real.

Credor, aqui, não é o que figura no polo ativo da relação processual executiva, e sim aquele que possui, em seu benefício, uma garantia real; desse modo, agindo na qualidade de terceiro, pode oferecer embargos com o objetivo exclusivo de impedir a expropriação judicial dos bens sobre os quais incidiu a hipoteca, o penhor ou a anticrese.

Inciso I. Insolvência do devedor comum. Não se exige que a insolvência seja decretada por sentença: é suficiente a prova de que as dívidas do devedor comum ultrapassavam os valores dos seus bens (CC, art. 955).

Inciso II. Nulidade do título ou este não obriga a terceiro. Se, por exemplo, a constituição da garantia real ocorreu em fraude à execução (CPC, art. 792) o título que a constitui é nulo (CPC, art. 680, II).

Inciso III. Coisa diversa dada em garantia. Se a garantia real defendida pelo credor referir-se a outro bem — ou seja, não é aquele que foi penhorado, sequestrado, arrestado etc. — poderá o embargado alegar o fato ao manifestar-se sobre os embargos de terceiro oferecidos pelo mencionado credor.

O efeito dos embargos de terceiro

No sistema do CPC de 1973, se os embargos de terceiro versassem sobre a totalidade dos bens, o juiz determinava a suspensão do curso do processo principal; caso tivessem como objeto apenas alguns bens, o processo principal prosseguiria em relação aos bens não embargados (CPC, art. 1.052).

Se os embargos de terceiro suspendessem, invariavelmente, o processo principal como um todo, isso poderia estimular o terceiro a, em conluio com o devedor, oferecer embargos com a finalidade exclusiva de sobrestar, p. ex., a execução e, com esse expediente escuso, tirar proveito disso. De outro lado, a não admitir-se, em nenhum caso, a possibilidade de os embargos em questão suspenderem o processo principal, daí poderiam advir consequências danosas aos legítimos interesses do devedor. O legislador do CPC de 1973 agiu, conseguintemente, com elogiável sensatez ao estabelecer um critério de equilíbrio entre essas situações, fazendo com que o curso do processo principal fosse suspenso somente se os embargos tivessem por objeto a totalidade dos bens constritos; se versassem sobre parte dos bens apreendidos, o processo principal prosseguiria quanto aos que não foram embargados.

A matéria é regida, no CPC atual, pelo art. 678.

O efeito suspensivo dos embargos de terceiro não é, contudo, automático, vale dizer, não é liberado com o simples ajuizamento da inicial. O efeito suspensivo dos embargos pressupõe, à evidência, que estes tenham sido *admitidos* pelo juiz. Se forem rejeitados, *in limine* — por desrespeito, *v. g.*, ao art. 677, *caput*, do CPC, ou por não haver o embargante produzido prova em relação à moléstia judicial da posse

Código de Processo Civil

— não se poderá pensar em suspensão do processo principal, a que tais embargos se ligam pelo elemento da conexidade.

Transitando em julgado a sentença concernente aos embargos de terceiro, será destravado o curso do processo principal, hipótese em que a execução (para nos restringirmos a ela) prosseguirá sobre os mesmos bens (ou o ato expropriatório será consumado com a assinatura da carta correspondente) ou sobre outros bens, que venham a ser penhorados em substituição aos anteriores — conforme tenham sido os embargos rejeitados ou acolhidos. São múltiplas, enfim, as repercussões que o julgamento dos embargos sói acarretar no plano do processo principal. Seria estafante pretender enumerá-las.

Art. 681. Acolhido o pedido inicial, o ato de constrição judicial indevida será cancelado, com o reconhecimento do domínio, da manutenção da posse ou da reintegração definitiva do bem ou do direito ao embargante.

• **Comentário**

Se a sentença acolher o pedido formulado na inicial pelo embargante, o juiz determinará o cancelamento do ato de constrição. O fundamento da sentença será o reconhecimento do domínio, da manutenção da posse ou da reintegração definitiva do bem ou do direito do embargante.

CAPÍTULO VIII

DA OPOSIÇÃO

Art. 682. Quem pretender, no todo ou em parte, a coisa ou o direito sobre que controvertem autor e réu poderá, até ser proferida a sentença, oferecer oposição contra ambos.

• **Comentário**

Escorço histórico

Em Roma, o *iudicium* se estabelecia entre o autor, o réu e o juiz, motivo por que a sentença e a coisa julgada só alcançavam as partes, nunca terceiros: *res inter alios iudicata aliis nec prodest, nec nocet*.

Totalmente diverso, contudo, era o tratamento que o direito germânico barbárico dispensava ao problema dos limites subjetivos da coisa julgada material. O juízo, aqui, era universal, pois cabia à *assembleia do povo* decidir, em praça pública, sobre os conflitos de interesses. Com isso, os efeitos da decisão atingiam não apenas os litigantes, mas todos os que tivessem participado da assembleia. Essa expressiva e insólita particularidade do direito germânico do período fazia com que, diante de uma demanda envolvendo autor e réu, o terceiro se visse obrigado a intervir no processo, com o objetivo de excluir as pretensões das partes originárias e, desse modo, eximir-se de ter de sujeitar-se ao comando da sentença que viesse a ser aí proferida. Assim, o terceiro intervinha para deduzir uma pretensão contrastante com as formuladas pelas partes. Essa sua intervenção em processo alheio, com essa finalidade, deu origem à figura da **oposição**, com as características que lhe imprimiram os ordenamentos processuais da atualidade.

A oposição penetrou nos diretos canônico e comum, sob a forma de intervenção no processo das partes. Mais tarde, influenciado pelo direito canônico, o comum converteu a oposição em ação autônoma de terceiro (deixando, a partir daí, de ser uma intervenção em processo alheio), exercida em face de ambas as partes e, conquanto tramitando ao lado da ação precedente, com esta não se confundindo.

A figura da oposição, com os traços que lhe impuseram os direitos canônico e comum, acabou sendo incorporada ao direito lusitano, como revelam, por exemplos, as Ordenações Filipinas: "vindo o opoente com seus artigos de oposição e assim excluir o autor, como ao réu, dizendo que a cousa demandada lhe pertence, e não a cada uma de ditas partes..." (Livro 3º, Título 20, § 31).

Da oposição também se ocupou o Regulamento Imperial n. 737, de 1850 (art. 118 e segs.).

No CPC de 1939, ela estava disciplinada nos arts. 102 a 105, que merecem ser agora reproduzidos, para efeito de comparação histórica: "Art. 102. Quando terceiro se julgar com direito, no todo ou em parte, ao objeto da causa, poderá intervir no processo para excluir autor e réu; Art. 103. A oposição será reduzida pela forma dos arts. 158 e 159, § 1º. A oposição correrá nos autos da ação, quando proposta antes da audiência de instrução e julgamento. § 2º Quando a oposição correr em auto apartado, poderá

Art. 682

o juiz, a requerimento das partes, ordenar a reunião dos processos, sem prejuízo do andamento da causa; Art. 104. Intimados, poderão autor e réu impugnar os artigos de oposição no prazo comum de cinco (5) dias; Art. 105. A ação e a oposição serão julgadas na mesma sentença".

Conceito

Para Moacyr Amaral Santos, a oposição é "ação intentada por terceiro que se julgar, total ou parcialmente, senhor do direito ou da coisa disputada entre as partes numa demanda pendente, formulando pretensão excludente, total ou parcialmente, de ambas. Ou, ainda, o pedido de tutela jurisdicional, ou ação, que terceiro formula na demanda entre as partes, deduzindo pretensão própria, excludente, total ou parcialmente, da dos demais litigantes" (*Primeiras linhas de direito processual civil*. 6. ed., 2º v. São Paulo: Saraiva, 1978. p. 34). Celso Agrícola Barbi a define como "o instituto pelo qual a pessoa que pretender, no todo ou em parte, a coisa ou o direito sobre que pende demanda entre outras pessoas, vem propor sua ação contra (*sic*) elas, para fazer valer direito próprio incompatível com o direito das partes ou de uma delas" (*Comentários ao código de processo civil*. 2. ed., v. 1. Rio de Janeiro: Forense, 1981. p. 307). João Monteiro a tinha como a "ação de terceiros para excluir tanto o autor como o réu" (*Programa do curso de processo civil*. v. III, § 306. São Paulo: 1912. p. 377).

Pessoalmente, preferimos conceituar a oposição como: (a) a ação mediante a qual (b) terceiro intervém, (c) de maneira voluntária, (d) em processo pendente, (e) reivindicando para si, no todo ou em parte, o direito ou a coisa (f) que constitui objeto da lide.

Dissemos:

(a) *A ação mediante a qual*, porque a intervenção de terceiro, no processo, se dá por meio de ação, consistente no direito público subjetivo de invocar a prestação da tutela jurisdicional do Estado. Esse direito é exercido em face das partes e não "contra" elas;

(b) *Terceiro intervém*, porquanto a pessoa que pretende deduzir em juízo uma pretensão excludente das que foram manifestadas pelas partes (autor e réu) ainda não se encontra integrada à relação jurídica processual; essa integração ocorrerá quando ela for admitida a participar do processo, na qualidade formal de opoente, ou seja, de parte;

(c) *De maneira voluntária*, porque essa modalidade de intervenção é facultativa. A lei não obriga a que o opoente se coloque de permeio no processo para formular pretensões elisivas das dos litigantes originais;

(d) *Em processo pendente*, sabendo-se que a oposição somente será admitida se a sentença ainda não foi proferida. O art. 682, *caput*, do CPC, é claro ao dizer que essa intervenção poderá ser realizada antes do proferimento da sentença;

(e) *Reivindicando para si, no todo ou em parte,* na medida que o opoente pode formular pretensão concernente à totalidade do direito ou da coisa disputada pelos litigantes originais, ou a parte destes. A expressão "no todo ou em parte" já constava do art. 102, do CPC de 1939;

(f) *O direito ou a coisa que constitui objeto da lide*, uma vez que as partes podem estar a litigar com relação a coisa (*res*) ou a direito. Essa coisa ou direito são, pois, o objeto da lide. Embora o art. 682, *caput*, do CPC, se refira à controvérsia entre o autor e o réu acerca da coisa ou direito, é necessário elucidar que a oposição será admissível mesmo no caso de revelia, em que, por definição, o réu deixou de responder, ou seja, de resistir às pretensões manifestadas pelo autor.

Natureza jurídica

Ao elaborarmos um conceito de oposição, pudemos afirmar que ela traduz uma ação, exercida por terceiro, *ad excludentum iura utriusque competitores*, vale dizer, com o objetivo de eliminar as pretensões formuladas pelos opostos (autor e réu), fazendo-o em proveito próprio.

Embora o assunto comporte algumas dissensões, podemos asseverar que, de modo geral, a natureza jurídica da oposição é: a) *declaratória,* diante do autor; b) *condenatória,* em face do réu. Aglutinam-se na oposição, portanto, quase sempre, duas ações.

A observação que fizemos há pouco, sobre a natureza jurídica da oposição, pressupunha a existência de uma ação condenatória, em curso, motivo por que o escopo do depoente seria obter um provimento jurisdicional declaratório, com relação ao autor, e condenatório, quanto ao réu. Caso, porém, a ação pendente fosse exclusivamente declaratória, é evidente que a oposição refletiria a mesma natureza, porquanto o opoente estaria a pretender que fosse declarado o seu direito, no todo ou em parte, a respeito do objeto da demanda.

Relação processual

A relação jurídica processual, derivante da oposição, variará conforme ela se manifeste sob a forma de *intervenção* ou de *ação autônoma*.

Será sob a forma de *intervenção* se oferecida *antes* da audiência, quando, então, deverá ser apensada aos autos principais, tramitando simultaneamente com a ação, sendo ambas apreciadas pela mesma sentença (CPC, art. 686). Nesta hipótese, o terceiro intervém na própria relação jurídica processual estabelecida entre autor e réu, ampliando-a subjetivamente. A despeito de a relação processual permanecer uma só, ela se torna complexa com a intervenção do opoente: de um lado, relacionam-se autor e réu; de outro, o opoente e as partes primitivas — que, sob este aspecto, são convertidas em litisconsortes passivos necessários. É relevante destacar que a oposição deve ser dirigida a ambas as partes (autor e réu), e não apenas a uma delas. Daí, o regime litisconsorcial do tipo **necessário**, que se forma com essa espécie de intervenção de terceiro.

De resto, a oposição deverá ocorrer, em princípio, no processo de conhecimento, desde que a sentença não tenha sido proferida (melhor: publicada). Por esse motivo, não se tolera a oposição no processo *de execução*, tenha este como objeto título executivo judicial ou extrajudicial, e mesmo que se trate de execução provisória. Tem-se admitido, todavia, a oposição em alguns *procedimentos especiais*, contanto que estes se transformem em comum ordinário, depois de oferecida a oposição.

Na vigência do CPC de 1973, antes do advento da Lei n. 9.245, de 26.12.95, certo setor da doutrina do processo civil vinha aceitando a oposição nas ações regidas pelo procedimento *sumariíssimo* (CPC, art. 275); contudo, após o advento dessa norma legal, que reformulou a redação do inciso I do art. 280, do CPC, não só a oposição como qualquer modalidade de intervenção de terceiro passou a ser rechaçada no procedimento *sumário* (ex-sumariíssimo). Posteriormente, a Lei n. 10.444/2002 alterou a redação do art. 280, do CPC, para admitir, no procedimento sumário, apenas, a assistência, cuja regra foi preservada pelo atual CPC (art. 119, parágrafo único).

Essa regra incide, em caráter supletivo, no processo do trabalho, de tal arte que no procedimento sumaríssimo, deste, não se admite nenhuma forma de intervenção de terceiro (aqui incluída a oposição), exceto a assistência, seja a simples ou a litisconsorcial.

Oportunidade para intervir

Vejamos qual o momento *inicial* e qual o *final*, para que a oposição ocorra, embora, com relação a este, já tenhamos lançado algumas considerações em linhas anteriores.

Momento inicial. Julgamos ser o da citação do réu, na causa original, pois em virtude desse ato judicial a coisa se torna litigiosa (CPC, art. 240, *caput*). Desta forma, citado o réu, surge para o terceiro a oportunidade para intrometer-se no processo, opondo às partes uma pretensão elisiva da que manifestaram nos autos.

Momento final. Em que pese ao fato de já havermos afirmado que a intervenção poderá ser feita até antes de ser emitida a sentença, devemos acrescentar alguns escólios elucidativos. Em primeiro lugar, a expressão legal: "até ser proferida a sentença" (CPC, art. 682) significa, a nosso ver, sentença *publicada*; destarte, se a sentença não foi ainda publicada ela não existe, juridicamente; logo, continuará aberta a oportunidade para ser oferecida oposição. Em segundo lugar, não concordamos com a opinião daqueles que sustentam ser possível a oposição até antes de formada a coisa julgada; ora, esse entendimento não apenas contrasta com a letra da lei (CPC, art. 682), como pode, na prática, conduzir a graves perturbações do procedimento, haja vista a possibilidade de a oposição vir a ser oferecida, até mesmo, quando a sentença penda de recurso.

A propósito, do anteprojeto do CPC de 1973 elaborado pelo Prof. Alfredo Buzaid constava: "Quem pretender, no todo ou em parte, a coisa ou o direito sobre que controvertem autor e réu, poderá, **enquanto não passar em julgado a sentença**, oferecer oposição contra ambos" (destacamos). Não foi por acaso que a expressão realçada acabou sendo substituída pela atual: "até ser proferida a sentença".

Assim, o entendimento de que a oposição poderia ser oferecida até antes do *trânsito em julgado* da sentença só seria sustentável se houvesse sido mantida a redação que o anteprojeto dava ao dispositivo regulador dessa forma de intervenção de terceiro. Contudo, *legem habemus*: publicada a sentença, fecha-se a oportunidade para o oferecimento da oposição (CPC, art. 56, *caput*). Especialmente, no processo do trabalho.

Finalidade

Nos textos do passado, a finalidade da oposição era revelada pela expressão: "excluir autor e réu". Assim dispunham, dentre outros, as Ordenações Filipinas (Liv. 3, Tít. 20, § 31); o Regulamento n. 737, de 1850 (art. 118) e o estatuto processual civil de 1939 (art. 102).

A mencionada locução legal, porém, estampava grave impropriedade técnica, uma vez que o terceiro visa, na realidade, com a sua intervenção no processo, não a excluir **as partes**, mas as **pretensões** por elas deduzidas na causa. O Código baiano, aliás, cioso no uso de sua linguagem, falava, de modo correto, em excluir as **pretensões** das pessoas envolvidas no conflito de interesses (art. 11). Assim também dizia o Código de Pernambuco (art. 409). Tanto é certo que o escopo da oposição não reside na exclusão **das partes**, que estas, a despeito de o terceiro haver intervindo no processo, permanecerão em seus respectivos polos, aguardando a entrega da prestação jurisdicional, que dirá a quem pertence a coisa ou o direito disputado pelos três (autor, réu e opoente).

O CPC em vigor — assim como de 1973 — não repetindo o equívoco do Código de 1939, indica como objetivo da oposição o conseguimento, pelo terceiro, de um pronunciamento jurisdicional que declare lhe pertencer, no todo ou em parte, o direito ou a coisa controvertidos.

É claro que se um dos opostos reconhecer a "procedência" do pedido, o opoente prosseguirá no processo tendo como adversária a parte primitiva remanescente (CPC, art. 684). Nesta hipótese, ainda que se tenha que reconhecer que uma das partes foi excluída do processo, isso não corresponde a admitir que tal exclusão constitui a finalidade da oposição. O que houve foi o reconhecimento, por um dos contendores, do direito alegado pelo oponente, cujo consectário jurídico se manifestou sob a forma de afastamento definitivo daquele do processo, em decorrência de sua manifestação volitiva. Nem sempre, contudo, uma das partes reconhece o direito alegado pelo opoente, fazendo, com isso, com que todos se mantenham no processo, praticando atos ditados por seus interesses particulares em ver acolhida a sua pretensão (*res in iudicio deducta*) e, em consequência, repelida a dos adversários.

O art. 682, do CPC atual, contudo, faz-se vulnerável a críticas no ponto em que alude à coisa ou ao direito sobre que *controvertem* autor e réu. Ocorre que essa controvérsia não pode ser elevada à categoria de pressuposto legal para a admissibilidade dessa espécie de intervenção de terceiro, porquanto, em algumas situações, como alertamos, a coisa ou o direito não se tornam controvertidos (pelo menos, em juízo), como se dá no caso de revelia, que se caracteriza, exatamente, pela ausência de resposta, por parte do réu. Nem por isso, o terceiro estará impedido de oferecer oposição ao autor e ao réu revel, até porque nessa hipótese não se verificará o *efeito* da revelia (CPC, arts. 344 e 345).

Encarada, no entanto, a oposição por outro ângulo óptico, não seria despropositado asseverarmos que a sua finalidade também radica no atendimento aos princípios da economia processual e da harmonia no ordenamento jurídico, porquanto, no primeiro caso, enseja que alguém se intrometa em processo para alheio para deduzir pretensões capazes de excluir, no todo ou em parte, as que foram manifestadas pelas partes originais (autor e réu), evitando (= economizando atividade jurisdicional) que tais pretensões tivessem de ser objeto de ação distinta (= em outro processo); no segundo, o fato de ambas as ações (autor *versus* réu e opoente *versus* autor e réu) serem apreciadas pelo mesmo juízo impede a existência de provimentos jurisdicionais eventualmente contraditórios entre si, fato que além de causar graves perturbações no ordenamento jurídico, também serviria para desprestigiar as decisões judiciais. Embora a ação e a oposição devam ser decididas pela mesma sentença, incumbe ao juiz apreciar, por primeiro, esta (CPC, art. 686). Se a oposição for acolhida, haverá repercussão direta — ampla ou parcial — na ação primitiva.

As relações entre os opostos

Ainda que o CPC não declare de modo expresso, os opostos (autor e réu) mantêm, entre si, ampla autonomia, no concernente à prática de atos processuais destinados à concretização de seus objetivos em juízo. Colocam-se, por assim dizer, em situação semelhante à dos compartes, no regime litisconsorcial do tipo **simples**, que são considerados, em suas relações com o adversário comum, como litigantes distintos, razão por que os atos e omissões de um não prejudicam nem beneficiam os outros (CPC, art. 117).

A autonomia das relações processuais entre os opostos ainda mais se justifica, em virtude de serem acentuadamente antagônicos os seus interesses na causa, sendo, por isso, insensato imaginar que o contraste entre as posições por eles assumidas no processo desapareça pelo simples fato de o terceiro intervir no feito para deduzir pretensões excludentes das manifestadas pelas partes primitivas. Por outra forma de expressão: o ingresso do terceiro na causa não elimina, necessariamente, o conflito de interesses estabelecido entre autor e réu; ao contrário, instaura, as mais das vezes, dois outros pontos de conflitualidade: entre o opoente e o autor e entre aquele e o réu.

O art. 684 do CPC, ao afirmar que se um dos opostos reconhecer a "procedência" do pedido, contra o outro prosseguirá o opoente, demonstra, mesmo que de modo algo pálido, a autonomia que há entre os opostos, pois o ato praticado por um não afeta o círculo jurídico dos outros. Essa autonomia, entrementes, é mais larga do que faz supor a norma legal referida, porquanto um dos opostos pode, também, confessar, desistir da ação, transigir e o mais, sem que esses atos alcancem as outras partes. Na verdade, nenhum vínculo de afeição ou de solidariedade passa a existir entre os opostos, em decorrência da intervenção de terceiro.

Na hipótese de um dos opostos desistir da ação, aliás, o processo, conquanto se extinga quanto ao desistente, terá curso regular para que seja dirimido o conflito de interesses envolvendo os opostos remanescentes.

Pensamos que, tendo havido oposição, a transação que vier a ocorrer somente terá eficácia se desse negócio jurídico processual participarem autor, réu e opoente, não sendo admissível que dele participem, apenas, autor e réu, ou autor e opoente, ou réu e opoente; sucede que, em derradeira análise, estando eles a vindicar a coisa ou o direito, é elementar que a transação deve ser realizada por todos, exceto se o opoente estiver a vindicar a coisa ou o direito **em parte**, caso em que a transação poderá ter eficácia plena quanto a essa parte.

Oposições sucessivas

Questão em cujos sítios doutrinais ainda impera a incerteza, diz respeito à possibilidade de haver, no mesmo processo, mais de uma oposição — a serem realizadas, obviamente, por distintos terceiros

Aparentemente, essa possibilidade estaria desautorizada pelo art. 682, do CPC, segundo o qual quem pretender, no todo ou em parte, o direito ou a coisa disputados pelo autor e pelo réu poderá oferecer oposição **a ambos**. O adjetivo ambos, todavia, não deve ser tomado em seu sentido estrito, para o fim de impedir o oferecimento de mais de uma oposição. O que se deve ter em conta é o fato essencial de essa modalidade de intervenção facultativa ter como objetivos a economia processual e a harmonia

Código de Processo Civil

dos pronunciamentos jurisdicionais, motivo por que implicaria desrespeito a esses inegáveis e elevados propósitos eventual exigência de que a pessoa que pretendesse vindicar para si a coisa ou o direito disputados por autor, réu e opoente devesse ingressar com ação autônoma, em face de todos eles, mesmo que a audiência ainda não houvesse sido realizada (CPC, art. 685). Ora, a patente conexão que haveria entre essas demandas múltiplas faria com que o juiz ordenasse a reunião dos respectivos autos, com a finalidade de apreciar, em conjunto, todas elas (CPC, art. 55, § 3º).

Muito mais lógico e prático, conseguintemente, será permitir-se o oferecimento de mais de uma oposição, fazendo com que se concentrem num só processo diversas demandas que tenham por objeto a mesma coisa ou o mesmo direito. Ocasionais transtornos que essas oposições poderiam acarretar no procedimento seriam superadas, com folga, pela necessidade de preservação das políticas de economia processual e de harmonia da decisões judiciais.

Competência

A oposição deve ser apresentada no juízo em que tramita o processo no qual o opoente deseja intervir (CPC, art. 682)

Para alguns juristas, o opoente não pode apresentar exceção de incompetência *ratione loci*. Dissentimos, *data venia*, desse entendimento. A circunstância de o opoente ser terceiro (pelo menos, até antes de passar a integrar a relação processual) não o inibe de alegar, mediante exceção, a incompetência em razão do lugar. Quando o CPC fala que o juiz da causa será o competente para a oposição, está, segundo nos parece, a pressupor que esse juízo seja competente para apreciar a *causa principal*. Não o sendo, é absolutamente necessário que não se retire do opoente o direito de pretender que a sua ação (assim como a que entrelaça autor e réu) seja examinada por órgão jurisdicional dotado de competência *ratione loci*. Destaca-se aqui, a propósito, uma singularidade significativa. É que, em princípio, não se permite que o próprio autor argua a incompetência relativa (como é a atinente ao lugar), pois, afinal de contas, foi ele quem escolheu o juízo para apreciar a demanda. Na hipótese, contudo, de a oposição vir a ser manifestada, não há dúvida que o opoente poderia arguir a incompetência. Por mais forte razão, aliás, ele poderá alegar a incompetência *absoluta* do juízo, lembrando-se que esta pode ser pronunciada, inclusive, *ex officio* (CPC, art. 64, § 1º). Não é só. Ao opoente será lícito, ainda, arguir a *suspeição* ou o *impedimento* do juiz, assim como alegar a existência de coisa julgada — como quando a coisa ou o direito que constituem objeto da ação houverem sido reconhecidos como seus, por sentença anterior, passada em julgado.

De outra parte, conforme escreveu Humberto Theodoro Júnior, diante dos limites subjetivos da *res iudicata*, definidos pelo art. 506, do CPC, nem mesmo o trânsito em julgado da sentença proferida na causa principal, *transcorrida sem oposição de terceiro*, é obstáculo a que este promova ação perante a parte vencedora, "para recuperar a posse do bem que a sentença lhe conferiu" (*Processo de conhecimento*. v. I. Rio de Janeiro: Forense, 1978. p. 151).

Art. 683. O opoente deduzirá o pedido em observação aos requisitos exigidos para propositura da ação.

Parágrafo único. Distribuída a oposição por dependência, serão os opostos citados, na pessoa de seus respectivos advogados, para contestar o pedido no prazo comum de 15 (quinze) dias.

• **Comentário**

Caput. O opoente formulará o seu pedido, observados os requisitos de validade da petição inicial (CLT, art. 840; CPC, arts. 319 e 320), nos termos do art. 683, *caput*, do CPC. A petição inicial deverá ser instruída com os documentos indispensáveis à propositura da ação (CLT, art. 787; CPC, art. 320). Se o juiz verificar que a peça inaugural não atende às exigências dos arts. 319 e 320, do Código, ou que apresenta defeitos ou irregularidades capazes de dificultar o julgamento do mérito, determinará que o opoente a emende ou a complete, no prazo de quinze dias (CPC, art. 321, *caput*). Se o despacho não for cumprido, o juiz indeferirá a petição inicial (*ibidem*, par. único e 330, IV), com a consequente extinção do processo sem exame do mérito (CPC, art. 485, I).

Parágrafo único. A oposição será distribuída por dependência (CPC, art. 683, parágrafo único), cabendo ao juiz mandar, *ex officio*, proceder à correspondente anotação pelo distribuidor (CPC, art. 286, parágrafo único). Como a oposição traduz **ação** de terceiro, também incumbirá ao juiz examinar se estão presentes os pressupostos de constituição e desenvolvimentos regulares da relação processual, assim como as pertinentes **condições** para o exercício da ação.

Presentes esses pressupostos e a condição referidos, o juiz determinará a citação dos opostos (autor e réu). A citação será efetuada na pessoa dos advogados destes (CPC, art. 683, parágrafo único), que, para tanto, não necessitam ter poderes especiais: esse poder emana da própria norma legal mencionada. A forma da citação é estabelecida pelo art. 246 e seguintes do Código.

Art. 684 e 685

Citados, os opostos disporão do prazo comum de quinze dias para contestar (CPC, art. 683, parágrafo único).

Por outro lado, se os opostos possuírem diferentes advogados de escritórios de advocacia distintos, o prazo ser-lhes-á contado em dobro, por força da regra contida no art. 229, do CPC. A OJ n. 310, da SBDI-I, do TST — em entendimento com o qual não concordamos —, entende ser incompatível com o processo do trabalho a regra da duplicação do prazo, prevista no art. 229, do CPC (que corresponde ao art. 191, do CPC de 1973).

Caso o processo principal esteja se desenvolvendo à revelia do réu, este será citado para a oposição na forma prevista nos arts. 246 e seguintes, do CPC.

Resposta, revelia e reconhecimento do pedido

Conforme afirmamos na letra anterior, os opostos terão o prazo comum de quinze dias para responder.

Se um dos opostos deixar de responder à ação, será revel e, provavelmente, confesso quanto aos fatos narrados na inicial (CPC, art. 344). Entendemos não ser aplicável aqui a regra inscrita no art. 345, I, do CPC, de acordo com a qual o efeito da revelia não ocorrerá se, havendo pluralidade de réus, algum deles contestar a ação. Sucede que esse dispositivo legal pressupõe a existência de uma comunhão ou afinidade de interesses entre os litisconsortes, de tal maneira que a contestação apresentada por um beneficiaria os demais. Na oposição, no entanto, os opostos (autor e réu) não se encontram vinculados por nenhum interesse comum: ao contrário, os seus interesses são conflitantes, advindo daí a razão pela qual a contestação à oposição, oferecida por um deles, necessariamente não aproveitará o outro. É oportuno ressaltar que a oposição gera um litisconsórcio *necessário*, e não *unitário*. A revelia de um dos opostos, por isso, só produzirá efeito no campo estrito de suas relações com o opoente, não afetando as relações entre este e o adversário do revel. É evidente que se ambos os opostos forem revéis, e ocorrendo o efeito da revelia, a causa haverá de ser decidida em favor do opoente.

Art. 684. Se um dos opostos reconhecer a procedência do pedido, contra o outro prosseguirá o opoente.

• **Comentário**

Um dos dispositivos legais que patenteiam a autonomia dos opostos, em suas relações jurídicas com o opoente, é o art. 684 do CPC, que esclarece: se um dos opostos reconhecer a "procedência" do pedido, contra o outro prosseguirá o processo. Esse tipo de *reconhecimento*, aliás, constitui uma das espécies de *resposta* do réu. A sua sede é o art. 487, III, "a" do mesmo Código. Assim, se um dos opostos reconhecer a "procedência" (melhor: o direito alegado pelo adversário) do pedido formulado pelo opoente, o processo, quanto àquele oposto, será extinto com julgamento do mérito.

Celso Agrícola Barbi formula interessante sugestão, com vistas ao procedimento a ser adotado pelo juiz, quando ocorrer de um dos opostos reconhecer o direito alegado pelo opoente: separar as duas ações que caracterizam a oposição (opoente x autor e opoente x réu), autuando-as separadamente. Com essa providência, poderia ser julgada, desde logo, a ação envolvendo o opoente e a parte que reconheceu a "procedência" do pedido. Esse *reconhecimento* por um dos opostos não influi na ação principal, que é autônoma.

Art. 685. Admitido o processamento, a oposição será apensada aos autos e tramitará simultaneamente à ação originária, sendo ambas julgadas pela mesma sentença.

Parágrafo único. Se a oposição for proposta após o início da audiência de instrução, o juiz suspenderá o curso do processo ao fim da produção das provas, salvo se concluir que a unidade da instrução atende melhor ao princípio da duração razoável do processo.

• **Comentário**

Caput. Sendo a oposição oferecida *antes* da audiência, será apensada aos autos principais e tramitará em conjunto com a ação, vindo ambas a ser apreciadas por uma só sentença (CPC, art. 685).

Neste caso, a oposição será *incidente*, ainda que conserve o seu caráter de ação distinta, ou melhor de ações distintas, pois o opoente exerce, uma, em face do autor; outra, do réu. A oposição apresentada antes da audiência, portanto, embora seja objeto de autos apartados, correrá no mesmo processo (*simultaneus processus*) da ação principal. Se a petição inicial da oposição vier a ser indeferida de plano, o ato judicial traduzirá decisão interlocutória (CPC, art. 203, § 2º). No processo civil, essa decisão será impugnável por meio de *agravo*, para alguns, ou de *apelação*, para outros; no processo do trabalho, a impugnação haverá de ser feita mediante recurso ordinário, cuidando, a parte, de obter efeito suspensivo a esse recurso.

Parágrafo único. Se a oposição for apresentada *depois* de iniciada a audiência o juiz suspenderá o trâmite do processo ao término da produção das provas, exceto se entender que a unidade da instrução atende melhor ao princípio constitucional da duração razoável do processo.

Art. 686. Cabendo ao juiz decidir simultaneamente a ação originária e a oposição, desta conhecerá em primeiro lugar.

O CPC de 1939 se limitava a declarar que a ação e a oposição seriam apreciadas pela mesma sentença (art. 105); o atual, mais didático, elucida que "Cabendo ao juiz decidir simultaneamente a ação e a oposição, desta conhecerá em primeiro lugar" (art. 686).

Este mandamento legal, contudo, só tem incidência absoluta, a nosso ver, na hipótese de a oposição ser ajuizada em caráter incidental (*simultaneus processus*), vale dizer, como forma de intervenção em processo alheio, como permite o art. 682, do CPC. Desta maneira, se a oposição for apresentada como ação autônoma, o seu julgamento simultâneo com a ação poderá ocorrer, ou não. Como vimos, constitui faculdade do juiz suspender o processo principal, visando a esse julgamento conjunto — caso em que a oposição *deverá* ser apreciada em primeiro lugar. A jurisprudência vem entendendo ser nula a sentença que, subvertendo a ordem legal (CPC, art. 686), julga a ação *antes* da oposição.

A sentença concernente à oposição poderá ter como objeto a totalidade do direito ou da coisa sobre que controvertem os opostos (autor e réu), ou parte deles. Tudo dependerá do que esteja a pretender o opoente. O certo é que a sentença proferida na oposição produzirá coisa julgada material entre o opoente e o autor e entre o opoente e o réu; nunca, porém, entre o autor e o réu, que se encontram jungidos a uma relação jurídica específica, e, portanto, inconfundível com as relações processuais que se formaram em decorrência da oposição. É oportuno recordar a norma contida no art. 506, do CPC, segundo a qual a sentença faz coisa julgada no tocante às partes entre as quais é dada, não beneficiando nem prejudicando terceiros.

Cabe aqui um escólio. O fato de a ação principal haver sido extinta, por algum motivo, não impede o prosseguimento da oposição, tenha esta sido oferecida em caráter incidental (CPC, art. 682) ou como ação autônoma (CPC, art. 685). Conquanto o CPC nada disponha a esse respeito, tudo sugere a aplicação analógica da regra inserida no § 2º art. 343 do mesmo Código, que cuida da *reconvenção*, conforme a qual a desistência da ação ou a existência de qualquer causa que a extinga não impede o prosseguimento da reconvenção (entenda-se: oposição).

A oposição se apresenta aqui como *ação autônoma*. É recomendável, porém, que o juiz realize o julgamento conjunto de ambas, a fim de evitar pronunciamentos eventualmente contrastantes entre si. É evidente que caberá ao juiz examinar, segundo o seu prudente arbítrio, quanto à conveniência de suspender, ou não, o processo principal, com vistas ao julgamento conjunto da ação e da oposição.

O problema da oposição no processo do trabalho

No livro "Litisconsórcio, Assistência e Intervenção de Terceiros" (3. ed. São Paulo: LTr, 1995. p. 182 a 186), escrito na vigência do CPC de 1873, procuramos demonstrar que a oposição era inadmissível no processo do trabalho, exceto se cogitássemos de uma *falsa oposição* ou de uma *aparente oposição*.

A doutrina do período, sem analisar, efetivamente, a natureza jurídica e a estrutura da oposição, a aceitava no processo do trabalho. O exemplo que mencionava, para ilustrar esse ponto de vista do qual discordávamos, era o de um empregado que ingressava na Justiça do Trabalho, em face do empregador, para reaver um mostruário de vendas, que alegava ser de sua propriedade, e o réu contestava, afirmando que o mostruário lhe pertencia. Um outro trabalhador, porém, intervinha na causa, opondo-se ao autor e ao réu, ao argumento de que o referido mostruário era seu. Não podíamos negar que, em seu esboço teórico, o exemplo apresentado estava correto. Havia, entretanto, uma particularidade essencial, ignorada pela doutrina. Ocorre que se um dos réus reconhecesse a "procedência" do pedido, o opoente prosseguiria contra o outro, nos termos do art. 58 daquele estatuto processual revogado. Assim, se o reconhecimento da "procedência" do pedido fosse efetuada pelo réu (empregador), a ação prosseguiria tendo como partes em conflito exclusivamente *dois empregados*. Daí, a nossa conclusão de que a Justiça do Trabalho não teria competência para solucionar conflitos de interesses entre trabalhadores.

Chegou-se, na altura, a fornecer outro exemplo do suposto cabimento da oposição no processo do trabalho: o de um empregado que ingressava no juízo trabalhista para obter uma promoção a que entendia fazer jus e outro empregado intervinha no processo, alegando que ele é quem deveria ser promovido. Ora, também aqui, se o réu (empregador) reconhecesse a "procedência" do pedido, teríamos uma ação envolvendo, apenas, dois empregados, aflorando, por isso, a incompetência material da Justiça do Trabalho para dirimir o conflito de interesses.

Estamos, agora, sob a vigência de um novo CPC, que preservou a figura da oposição. Mantemos, todavia, o nosso entendimento de que a oposição, como figura processual específica, é inadmissível no processo do trabalho, pois, assim, como o art. 58 do CPC de 1973, o atual declara, no ar. 684: "Se um dos opostos reconhecer a procedência do pedido, contra o outro prosseguirá o oponente". A entender-se em sentido contrário ao nosso, portanto, haverá a possibilidade de o processo da oposição acabar tendo como partes apenas *dois empregados*. Como dissemos no livro já mencionado "repelimos a possibilidade de oposição no processo do trabalho em virtude de ela acarretar, invariavelmente, a incompetência dessa Justiça Especializada, no que tange à solução do conflito de interesses que acaba se estabelecendo entre trabalhadores. Se, em certo caso, essa incompetência não aflorar é porque estaremos diante de uma falsa-oposição (ou de uma oposição aparente), tal como acontece quando alguém se intromete em processo alheio não na qualidade formal e típica de oponente, mas, sim, de pessoa que deduz pretensões conexas com as formuladas pelo autor, mesmo que contrastantes entre si e sabendo-se que apenas as de um deles poderão ser acolhidas".

E concluíamos: "De qualquer modo, se existe na superfície terrena uma classe que possa ter sido bafejada pelo dom divino da inerrância, estamos serenamente convencidos de que a ela não pertencemos; por isso, a despeito da sinceridade dos argumentos que utilizamos para recusar o exercício da oposição no processo do trabalho, estamos dispostos a reconsiderá-los diante de outros, que nos venham a ser apresentados, contrários e mais consistentes".

CAPÍTULO IX
DA HABILITAÇÃO

Art. 687. A habilitação ocorre quando, por falecimento de qualquer das partes, os interessados houverem de suceder-lhe no processo.

• **Comentário**

Há correspondência com o art. 1.055 do CPC revogado.

Poderá ocorrer de, no curso do processo, uma das partes vir a falecer. A consequência imediata disso, no processo civil, será a suspensão do processo (CPC, art. 313, I), a fim de que se dê a sucessão do *de cujus*. No processo do trabalho, todavia, incide a Lei n. 6.858, de 24 de novembro de 1980, razão pela qual falecendo o trabalhador os valores a ele devidos serão pagos, em quotas iguais, aos dependentes habilitados perante a Previdência Social (art. 1º, *caput*). Somente haverá necessidade de sucessão (nos termos da lei civil) se não houver os referidos dependentes. Mesmo assim, o pagamento ao sucessor não dependerá de inventário ou de arrolamento, pois será efetuado à pessoa cujo nome constar do alvará judicial.

No caso de ação mandamental, o falecimento do impetrante acarretará a extinção do processo, em exame do mérito, considerando-se o caráter personalíssimo desse tipo de ação. Aqui, não se há que cogitar de sucessão.

Art. 688. A habilitação pode ser requerida:
I — pela parte, em relação aos sucessores do falecido;
II — pelos sucessores do falecido, em relação à parte.

• **Comentário**

A legitimidade para requerer a habilitação é:
a) da parte, no tocante aos sucessores do falecido;
b) dos sucessores do falecido, em relação à parte.

Art. 689. Proceder-se-á à habilitação nos autos do processo principal, na instância em que estiver, suspendendo-se, a partir de então, o processo.

• **Comentário**

Dizendo-se por outros termos: a habilitação será realizada a qualquer tempo em qualquer grau de jurisdição — caso em que competirá ao órgão jurisdicional correspondente determinar a suspensão do processo para essa finalidade.

No sistema do CPC de 1973, a habilitação somente seria realizada nos autos principais e independentemente de sentença quando: a) promovida pelo cônjuge e herdeiros necessários, contanto que provassem, por documento, o óbito da parte e a sua qualidade; b) em outra causa, sentença transitada em julgado houvesse atribuído ao habilitando a qualidade de herdeiro ou sucessor do *de cujus*; c) o herdeiro fosse incluído, sem qualquer oposição, no inventário; d) estivesse declarada a ausência ou determinada a arrecadação da herança jacente; e) oferecidos os artigos de habilitação, a parte reconhecesse a procedência do pedido e não houvesse oposição de terceiros (CPC, art. 1.060, incisos I a V).

O CPC atual, como dissemos, adotou procedimento diverso ao determinar que a habilitação será (sempre) realizada nos autos principais (art. 689).

Art. 690. Recebida a petição, o juiz ordenará a citação dos requeridos para se pronunciarem no prazo de 5 (cinco) dias.

Parágrafo único. A citação será pessoal, se a parte não tiver procurador constituído nos autos.

• Comentário

Caput. A petição será elaborada em consonância com os requisitos previstos no art. 319, do CPC. Nessa petição, o requerente apresentará artigos de habilitação.

Sendo recebida a petição inicial, o juiz determinará a citação dos requeridos, para contestar em cinco dias.

Uma das alegações em que se poderá fundar a contestação será de que o habilitando não possui legitimidade para suceder ao falecido.

Parágrafo único. Caso a parte não possua procurador constituído nos autos, a citação será pessoal.

Art. 691. O juiz decidirá o pedido de habilitação imediatamente, salvo se este for impugnado e houver necessidade de dilação probatória diversa da documental, caso em que determinará que o pedido seja autuado em apartado e disporá sobre a instrução.

• Comentário

Decorrido o prazo da contestação:

a) se esta for apresentada, o juiz determinará que o pedido seja autuado separadamente e designará audiência de instrução e julgamento, desde que haja necessidade de produção de provas distintas da documental;

b) se não houver contestação, serão presumidos verdadeiros os fatos narrados na petição inicial, cumprindo ao juiz proferir decisão desde logo. Cabe aqui, entretanto, uma ponderação. Nem sempre a ausência de contestação, pelos requeridos, deverá conduzir à presunção de serem verdadeiros os fatos alegados pelo requerente. Pode acontecer, por exemplo, de o requerente ser, manifestamente, parte ilegítima para substituir o falecido; sendo assim, a despeito do silêncio dos requeridos o juiz não deverá admitir o ingresso do requerente na relação processual. É oportuno esclarecer que a representação das partes é pressuposto de constituição e desenvolvimento válido e regular do processo, nos termos do inciso IV, do art. 485, do CPC. Tratando-se de norma de ordem pública, ao juiz caberá, de ofício, verificar se a pessoa está, efetivamente, legitimada para substituir uma partes; não estando, o juiz não admitirá a substituição, ainda que os requeridos nada tenham alegado no prazo que lhes foi assinado para contestar o requerimento de habilitação.

Art. 692. Transitada em julgado a sentença de habilitação, o processo principal retomará o seu curso, e cópia da sentença será juntada aos autos respectivos.

• Comentário

Transitando em julgado a sentença, o processo principal retomará o seu curso a partir do ponto em que fora suspenso, devendo ser juntada aos autos respectivos cópia da sentença de habilitação.

O CPC de 1973 previa determinadas situações em que a habilitação independia de sentença; essa possibilidade foi abolida pelo CPC em vigor.

CAPÍTULO X
DAS AÇÕES DE FAMÍLIA

A Justiça do Trabalho não possui competência para apreciar ações de família. Por esse motivo, deixaremos de comentar os arts. 693 a 699.

Art. 693. As normas deste Capítulo aplicam-se aos processos contenciosos de divórcio, separação, reconhecimento e extinção de união estável, guarda, visitação e filiação.

Parágrafo único. A ação de alimentos e a que versar sobre interesse de criança ou de adolescente observarão o procedimento previsto em legislação específica, aplicando-se, no que couber, as disposições deste Capítulo.

Art. 694. Nas ações de família, todos os esforços serão empreendidos para a solução consensual da controvérsia, devendo o juiz dispor do auxílio de profissionais de outras áreas de conhecimento para a mediação e conciliação.

Parágrafo único. A requerimento das partes, o juiz pode determinar a suspensão do processo enquanto os litigantes se submetem a mediação extrajudicial ou a atendimento multidisciplinar.

Art. 695. Recebida a petição inicial e, se for o caso, tomadas as providências referentes à tutela provisória, o juiz ordenará a citação do réu para comparecer à audiência de mediação e conciliação, observado o disposto no art. 694.

§ 1º O mandado de citação conterá apenas os dados necessários à audiência e deverá estar desacompanhado de cópia da petição inicial, assegurado ao réu o direito de examinar seu conteúdo a qualquer tempo.

§ 2º A citação ocorrerá com antecedência mínima de 15 (quinze) dias da data designada para a audiência.

§ 3º A citação será feita na pessoa do réu.

§ 4º Na audiência, as partes deverão estar acompanhadas de seus advogados ou de defensores públicos.

Art. 696. A audiência de mediação e conciliação poderá dividir-se em tantas sessões quantas sejam necessárias para viabilizar a solução consensual, sem prejuízo de providências jurisdicionais para evitar o perecimento do direito.

Art. 697. Não realizado o acordo, passarão a incidir, a partir de então, as normas do procedimento comum, observado o art. 335.

Art. 698. Nas ações de família, o Ministério Público somente intervirá quando houver interesse de incapaz e deverá ser ouvido previamente à homologação de acordo.

Art. 699. Quando o processo envolver discussão sobre fato relacionado a abuso ou a alienação parental, o juiz, ao tomar o depoimento do incapaz, deverá estar acompanhado por especialista.

CAPÍTULO XI
DA AÇÃO MONITÓRIA

Art. 700. A ação monitória pode ser proposta por aquele que afirmar, com base em prova escrita sem eficácia de título executivo, ter direito de exigir do devedor capaz:

I – o pagamento de quantia em dinheiro;

II – a entrega de coisa fungível ou infungível ou de bem móvel ou imóvel;

Código de Processo Civil Art. 700

III — o adimplemento de obrigação de fazer ou de não fazer.

§ 1º A prova escrita pode consistir em prova oral documentada, produzida antecipadamente nos termos do art. 381.

§ 2º Na petição inicial, incumbe ao autor explicitar, conforme o caso:

I — a importância devida, instruindo-a com memória de cálculo;

II — o valor atual da coisa reclamada;

III — o conteúdo patrimonial em discussão ou o proveito econômico perseguido.

§ 3º O valor da causa deverá corresponder à importância prevista no § 2º, incisos I a III.

§ 4º Além das hipóteses do art. 330, a petição inicial será indeferida quando não atendido o disposto no § 2º deste artigo.

§ 5º Havendo dúvida quanto à idoneidade de prova documental apresentada pelo autor, o juiz intimá-lo-á para, querendo, emendar a petição inicial, adaptando-a ao procedimento comum.

§ 6º É admissível ação monitória em face da Fazenda Pública.

§ 7º Na ação monitória, admite-se citação por qualquer dos meios permitidos para o procedimento comum.

• **Comentário**

Caput. A norma dispõe sobre a legitimidade de quem pode ajuizar a ação monitória, assim como sobre os demais requisitos para o seu exercício.

Conceito

O conceito de ação monitória pode ser tomado, em larga medida, ao próprio art. 700, do CPC: a) é a ação, b) de conteúdo cognitivo, c) submetida ao procedimento especial de jurisdição contenciosa, d) mediante a qual a parte pretende obter a satisfação de um crédito, a entrega de coisa fungível ou infungível, de bem móvel ou imóvel, assim como o adimplemento de obrigação de fazer ou de não fazer, e) representado por documento, f) destituído de eficácia executiva.

a) Ação. A monitória consiste em ação e, como tal, traduz o direito público subjetivo, de natureza constitucional (Const. Fed., art. 5º, inciso XXXV), pelo qual alguém, atendidas das respectivas condições previstas em lei (legitimidade, interesse processual e possibilidade jurídica do pedido), invoca a prestação da tutela jurisdicional do Estado, com vistas à satisfação de um bem ou de uma utilidade da vida.

b) Conteúdo cognitivo. Pudemos definir, em linhas anteriores, a cognição como a relação que se forma entre o juiz (sujeito cognoscente) e os fatos da causa (objeto cognoscível). Sob esse ângulo, devemos dizer que a cognição está presente em todos os processos: de conhecimento, de execução e cautelar. O que se passa é que, no primeiro, ela se manifesta de maneira intensa, sendo ampla, do ponto de vista horizontal (extensão) e exaustante, sob o aspecto vertical (profundidade); daí, o motivo por que se convencionou denominar de *cognitivo* esse processo.

Nos processos de execução e cautelar, embora também haja cognição, esta é menos ampla e profunda, pela própria natureza desses processos.

Sendo assim, não se pode negar que também na ação monitória haja cognição. O que se discute, em doutrina, é se essa "carga" cognitiva é suficiente para introduzir a referida ação nos domínios do *processo de conhecimento*. Se considerarmos que se tem reconhecido, tradicionalmente, a existência de três processos: *conhecimento*, *execução* e *cautelar*, devemos concluir que a ação monitória pertence ao primeiro, pois a cognição será estabelecida no tocante aos fatos da causa, materializados em documentos, ou seja, em prova pré-constituída. É evidente que se trata de um processo cognitivo *sui generis*, que não e ajusta, por inteiro, aos moldes clássicos. Justamente por essa peculiaridade é que alguns estudiosos têm considerado a ação monitória como um terceiro gênero (*tertium genus*), colocando-a entre os processos de conhecimento e de execução.

c) Procedimento especial. O procedimento constitui o conjunto de atos, geralmente preclusivos, praticados pelas partes, pelo juiz, pelos Ministério Público, por auxiliares do juízo e por terceiros interessados, que se desenvolvem de forma legalmente preordenada, em direção à sentença de mérito, que solucionará o conflito de interesses. É o *rito* processual, por assim dizer. O processo, por sua vez, é o método, a técnica, o instrumento de que se vale o Estado para prestar a tutela jurisdicional invocada pela parte.

d) Satisfação de crédito. O vocábulo crédito, que utilizamos na elaboração do conceito de ação monitória, tem um sentido amplo, compreendendo não apenas o pagamento de soma em dinheiro como a entrega de coisa fungível ou de determinado bem móvel. Isso significa dizer que a ação monitória não pode ser exercida para impor ao réu a entrega de coisa *infungível* ou de bem *imóvel* — ou o pagamento de quantia *ilíquida*. Para esse fim, é oportuno rememorarmos o conceito de coisas *fungíveis* e *infungíveis*: as primeiras são os bens móveis que podem ser substituídos por outros, da mesma espécie, qualidade e quantidade; as segundas, as que não se prestam a essa substituição (Cód. Civil, art. 85).

A ação monitória tem como objeto, portanto, direito real ou direito pessoal. No caso de direito *real*, este se refere a determinado bem, cuja obrigação deve ser cumprida pelo réu, mediante a entrega da coisa; no de direito *pessoal*, pouco importa qual seja a pessoa que irá cumprir a obrigação assumida diante do credor. Como ensina Washington de Barros Monteiro (*Curso de direito civil*. 3º v. São Paulo: Saraiva, 1971. p. 12): "O direito real pode, destarte, ser conceituado como a relação jurídica em virtude da qual o titular pode retirar da coisa de modo exclusivo e contra todos, as utilidades que ela é capaz de produzir. O direito pessoal, por seu turno, conceitua-se como a relação jurídica mercê da qual ao sujeito ativo assiste o poder de exigir do sujeito passivo determinada prestação, positiva ou negativa".

e) Representado por documento. Se uma pessoa se diz credora de outra, sem, contudo, possuir prova documental desse crédito, deverá fazer uso do procedimento ordinário para compelir o devedor a cumprir a obrigação pecuniária ou realizar a entrega da coisa. Se, todavia, essa pessoa possuir *prova escrita* desse crédito, poderá valer-se da via monitória para receber o que lhe é devido. Essa prova escrita, vale dizer, documental, é exigida não apenas no tocante a crédito pecuniário, mas, também, à obrigação de entregar coisa fungível ou bem móvel.

A prova da existência da dívida não necessita estar representada por um único documento; em certos casos, um só documento não demonstra a existência da dívida, fazendo com que o autor junte diversos documentos que, em seu conjunto, revelam a existência da obrigação do réu, alegada pelo autor, na inicial. Essa é, igualmente, a opinião de Cândido Rangel Dinamarco (*A reforma no código de processo civil*. 3. ed. São Paulo: Malheiros, 1996. p. 235): "nada obsta a que para configurar a prova escritas legitimadora do processo monitório, valha-se o autor de dois ou vários documentos, cada um insuficiente, mas que, somados, sejam capazes de induzir a probabilidade suficiente".

f) Destituído de eficácia executiva. No sistema do CPC, para que a ação monitória possa ser proposta, não basta que a pessoa seja possuidora de *prova escrita* do seu crédito: é indispensável que esse documento seja destituído de *eficácia executiva*. Com efeito, se o referido documento possuir tal eficácia, ele ensejará a *execução forçada*. Percebe-se, diante disso, que a inserção da ação monitória no sistema do processo civil brasileiro visou a eliminar a lacuna aí existente, em decorrência da qual a pessoa portadora de documento espelhando um crédito, mas destituído de eficácia executiva, tinha de valer-se do procedimento ordinário, com sua natural morosidade. Agora, por exemplo, naquele processo podem fundar a ação monitória, dentre outros: a) o cheque prescrito; b) a duplicata sem aceite; c) a carta confirmando a aprovação do orçamento e a execução dos serviços; d) qualquer correspondência reconhecendo o empréstimo em dinheiro ou a dívida, de modo geral.

No processo do trabalho, os títulos executivos são: a) *judiciais*: a sentença condenatória e a sentença homologatória de transação; b) *extrajudiciais*: o Termo de conciliação, celebrado no âmbito das Comissões de Conciliação Prévia e o Termo de Ajustamento de Conduta, firmado com o Ministério Público do Trabalho (CLT, art. 876).

Isto significa dizer, por exemplo, que se o empregado for portador de um Termo de Rescisão de Contrato de Trabalho (TRCT) poderá ajuizar, com base nele, ação monitória, pois esse Termo não figura como título executivo, seja judicial ou extrajudicial.

Legitimidade

Ativa. A legitimidade ativa para a ação monitória é de todo aquele que desejar obter o pagamento de soma em dinheiro, a entrega de coisa fungível ou infungível, de bem móvel ou imóvel, ou adimplemento de obrigação de fazer ou de não fazer, com base em prova escrita, desapercebida de eficácia executiva (CPC, art. 700).

Para esse efeito, pouco importa se se trata de pessoa física ou jurídica.

Por outro lado, assim como o direito material pode ser transmitido do credor para terceiro, seja mediante disposição de vontade ou em virtude de falecimento, a ação monitória poderá ser proposta pelo sucessor a título negocial ou pelo espólio do credor. Assim, no caso de falecimento do credor, a legitimidade para ingressar com a ação monitória será do inventariante (CPC, art. 75, inciso VII). Ao contrário da ação de mandado de segurança, que é de cunho personalíssimo — de tal maneira que o falecimento do impetrante, no curso do processo, fará com que este seja extinto —, a ação monitória pode sofrer alteração subjetiva, derivante da morte do autor. Para isso, a habilitação da parte interessada deverá processar-se de acordo com o disposto nos arts. 687 a 692 do CPC.

Se o autor, na ação monitória, vier ser declarado parte ilegítima, o processo será extinto sem exame do mérito, pois a legitimidade figura como uma das condições da ação (CPC, arts. 17 e 485, VI). Haverá, enfim, na espécie, carência da ação.

Passiva. A legitimidade para figurar no polo passivo da relação jurídica processual, em sede de ação monitória, ou seja, para responder às pretensões deduzidas pelo autor-credor, é do devedor. Este tanto pode ser o devedor principal, como o avalista, o fiador, ou mesmo o espólio.

A pessoa situada no polo passivo da ação monitória é denominada, inicialmente, de *ré*; contudo, se vier a oferecer embargos ao mandado inicial (*de solvendo*), tornar-se-á *embargante* (CPC, art. 702); deixando de oferecer embargos, ou sendo estes rejeitados, converter-se-á em *devedora* (CPC, art. 702, § 8º).

Merece escólio especial a possibilidade de a Fazenda Pública figurar no polo passivo da ação monitória. A controvérsia doutrinal, a respeito do tema, é profunda. Os estudiosos que se opõem à possibilidade de ser ajuizada ação monitória em face da Fazenda Pública argumentam, fundamentalmente, com a regra contida no art. 100, *caput*, da Constituição Federal, que faz alusão a "sentença judiciária", ou seja, a título executivo judicial. Não concordamos com esse ponto de vista. A ação monitória, como procuramos demonstrar no item 2, retro, pertence ao processo de conhecimento, não ao de execução. Desse modo, nada obsta a que se proponha ação monitória diante da Fazenda Pública. Se esta oferecer embargos, o procedimento se convola de especial para ordinário; se não embargar, ou se os embargos vierem a ser rejeitados, constituir-se-á o título executivo judicial, de que fala o art. 100, *caput*, da Constituição.

Note-se, pois: a regra do art. 100, da Constituição, proíbe, efetivamente, a execução de título *extrajudicial* em face da Fazenda Pública. Essa modalidade de título autorizará o autor, apenas, a ingressar com a ação ordinária, a fim de ver constituído o título judicial, para, com base neste, dar início à correspondente execução forçada. No caso da ação monitória, como se disse, não está, desde logo, a executar a Fazenda Pública, pois a "prova escrita", de que fala o art. 700, do CPC, deve ser destituída de eficácia de título executivo. Por isso, afirmamos, em linhas pretéritas, que a ação em foco pertence ao processo de conhecimento. Destarte, somente se a Fazenda Pública não embargar, ou se os embargos por ela oferecidos forem rejeitados, é que se constituirá o título executivo judicial.

Disponibilidade do rito

Poderia alguém, em vez de ingressar com a ação monitória cabível, optar pela propositura ação ordinária, ou seja, a "reclamação" de que trata a CLT? O que estamos a indagar, em resumo, é se pode haver disponibilidade, pela parte, quanto ao procedimento monitório.

Como argumenta Cândido Rangel Dinamarco, "a oferta da tutela monitória pela lei brasileira não significa para o autor uma restrição, de molde a eliminar as vias ordinárias em relação às pretensões que sejam hábeis a proporcionar a via especialíssima" (*A reforma do processo civil*. 3. ed. São Paulo: Malheiros, 1996. p. 229/230).

É bem verdade que o autor recebeu da Lei alguns incentivos para fazer uso da ação monitória, como: a expedição, desde logo *e inaudita altera parte*, do mandado (CPC, art. 701); a rápida formação do título executivo, no caso de o réu não oferecer embargos ou de estes serem rejeitados etc.(CPC, arts. 701, *caput* e 702, § 8º).

Mesmo assim, não se pode impor a quem quer que seja o exercício da ação monitória. Dessa forma, o manejo da mencionada ação constitui *faculdade* do interessado — que, por esse motivo, poderá renunciar à via monitória para ingressar na ordinária.

Em rigor, a solução do problema concernente à possibilidade, ou não, de o autor declinar do procedimento monitório, para lançar-se ao ordinário, está diretamente ligada à interpretação que se vier a dar à expressão "aquele que afirmar", utilizada na redação do art. 700, *caput*, do CPC. A entender-se que essa expressão significa "deve", então não se poderá fugir à inferência de que o autor está obrigado a fazer uso da monitória, nos casos em que esta for admissível; se, ao contrário, entender-se que a aludida expressão foi aí empregada com o sentido de "pode", então a ilação a tirar-se é de que o acesso à via monitória traduz uma faculdade do autor. Pelas razões já expostas, perfilhamos a primeira conclusão.

Conforme consta do art. 700, do CPC, o pedido a ser formulado na ação monitória deve dizer respeito: a) ao recebimento de soma em dinheiro; b) à entrega de coisa fungível ou infungível ou de bem móvel ou imóvel; c) ao adimplemento de obrigação de fazer ou de não fazer.

Inciso I. *Soma em dinheiro*. Antes de examinarmos a questão relativa à pretensão do autor em receber soma em dinheiro, devemos lembrar que, para efeito do exercício da ação monitória, esse crédito deve estar espelhado em *prova escrita*. Note-se que a norma legal não aludir, em rigor, a documento. A propósito, é interessante fazer, nesta altura, uma separação entre o documento e o instrumento. Segundo Humberto Theodoro Júnior, "Costuma-se distinguir entre documento e instrumento. Documento é gênero a que pertencem todos os registros materiais de fatos jurídicos. O instrumento é, apenas, aquela espécie de documento adredemente preparado pelas partes, no momento mesmo em que o ato jurídico é praticado, com a finalidade específica de produzir prova futura do acontecimento. Assim, a escritura pública é instrumento da quitação respectiva. Mas uma carta que um contraente dirigisse a outro, tratando de questões pertinentes ao cumprimento de um contrato anteriormente firmado entre eles, seria um documento, mas nunca um instrumento" (*Curso de*

Art. 700

direito processual civil. 21. ed., v. I. Rio de Janeiro: Forense, 1998. p. 440/441).

Para efeito de exercício da ação monitória, portanto, exige-se que o autor possua um *instrumento* (prova escrita) que materialize a obrigação do réu à entrega de soma em dinheiro (ou de coisa fungível ou de bem móvel ou ainda ao adimplemento de obrigação de fazer ou de não fazer). Não se lhe exige, portanto, a posse de *documento*.

Não é bastante, contudo, que ele possua um instrumento e sim que este *não* tenha eficácia de título executivo; caso contrário, a pessoa deverá fazer uso da execução forçada cabível. Por outro lado, como afirmamos em linhas anteriores, a prova da existência da dívida pode estar contida não em um só instrumento, mas em vários destes, que, somados, conduzem à comprovação da obrigação do réu, alegada pelo autor.

Pois bem. Vejamos, agora, em que consiste a o instrumento (prova escrita) relativo ao crédito em dinheiro. Esse crédito pode derivar da prestação de serviços etc. O valor do crédito deve ser líquido, vale dizer, conhecido em sua expressão monetária. A não ser assim, o juiz não terá como expedir o mandado inicial (*de solvendo*) para que o réu cumpra a obrigação. Como pondera Celso Anicet Lisboa, "O título paraexecutivo apresentado pelo autor deve ser líquido, não podendo a sua liquidação ser praticada no curso do procedimento monitório. A razão para tal exigência é óbvia: destina-se esse procedimento à rápida formação de um título executivo judicial, o que ocorrerá — na melhor das hipóteses — quando o devedor intimado da ordem de pagamento não opuser embargos. Ora, o réu que está sendo condenado provisoriamente pelo juiz (por meio do mandado de pagamento) dever saber ao certo a soma em que foi condenado, justamente para avaliar a possibilidade de se opor ao pagamento. A petição inicial que pedir, antes da condenação provisória, a remessa do título ao contador, a fim e que este apure o quantum devido, deve ser indeferida com base no art. 295, V do CPC, desde que o autor não queira adaptá-la ao rito ordinário. Vale o mesmo quanto à exigibilidade; somente os que possuem essa característica são paraexecutivos" (*A utilidade da ação monitória*. Rio de Janeiro: Forense, 1998. p. 81).

Problema que, por certo, surgirá em alguns casos, respeita à falta de assinatura do réu no instrumento (prova escrita) pelo qual este estaria obrigado a pagar determinada soma em dinheiro ao autor. A solução de problemas dessa ordem será, sem dúvida, tormentosa, na prática. De qualquer forma, pensamos que alguns critérios básicos poderiam ser utilizados, para obter-se uma solução razoável. Se o instrumento foi produzido pelo autor, a falta de assinatura do réu não autorizará aquele a fazer uso da ação monitória, sob pena de estimular o exercício irresponsável desse tipo de ação e de infundir uma insegurança jurídica no tocante a quem figurar no polo passivo da relação processual estabelecida em decorrência da ação monitória. Se, no entanto, houver, de algum modo, prova de que o instrumento foi produzido pelo réu, a falta de assinatura, por parte deste, em alguns casos, não impedirá o manejo da ação monitória, máxime se o referido instrumento foi *manuscrito*.

Debruçando-se, especificamente, sobre os que denominou de "documento eletrônico", Celso Anicet Lisboa assim se manifestou: "Pense-se que nos dias contemporâneos as pessoas (físicas ou jurídicas), por mais distantes que estejam umas das outras, podem, em questão de minutos, e até de segundos, trocar correspondências ou mesmo 'dialogar' no chamado 'ciberespaço', e que essa maneira de se comunicar não envolve a troca de papel. O mesmo ocorrerá com os contratos e os documentos, em geral. No informatizado mundo moderno, o papel tende a desaparecer como objeto em que se lança a escrita, á semelhança do que já aconteceu com a argila úmida da escritura cuneiforme, com o pergaminho e o papiro. Em lugar dele, que é o suporte onde se grafa (se impressiona) a escrita, se usará, cada vez mais, o suporte ótico ou magnético, com a simultânea substituição da grafia tradicional por campos eletrônicos. A falta de assinatura ou uso da assinatura digital nos documentos eletrônicos é assunto a ser enfrentado em breve pelo Judiciário brasileiro. De nossa parte, e no que respeita à matéria que nos ocupa, pensamos que a falta de assinatura manual nos documentos eletrônicos não pode inibir o seu uso como material probatório, mas, para repetir o que já dissemos, a ordem de pagamento requerida com base neles só poderá ser deferida pelo juiz quando ele tiver meios para apurar posteriormente (se isso se fizer necessário), através de uma perícia técnico-eletrônica no documento, a autenticidade deste, perícia esta que ficará enormemente facilitada se o documento possui assinatura digital" (*ibidem*, p. 88/89).

Uma outra questão que deve ser destacada, quando se estuda a ação monitória tendo por objeto obrigação de pagar quantia em dinheiro, se refere à *existência* da dívida. Sabemos que esse requisito é exigido com vistas à execução forçada; todavia, no terreno da ação monitória deve ser presumida essa existência, seja porque a dívida deve estar materializada em prova escrita, seja porque a cognição própria do procedimento monitório é sumária, do ponto de vista vertical.

Se, todavia, o crédito for oriundo de dívida de jogo, não poderá ser objeto de ação monitória — e de nenhuma outra, por força do disposto no art. 1.477 do Código Civil.

Inciso II. *Coisa fungível*. São os móveis que podem ser substituídos por outros da mesma espécie, qualidade e quantidade (Cód. Civil, art. 85). Logo, coisas *infungíveis* são os móveis que não podem ser substituídos, nas mesmas condições. A ação monitória, neste caso, terá como objeto uma obrigação de

Código de Processo Civil

dar coisa incerta. Esta é regulada pelos arts. 243 a 246 do Código Civil. A obrigação de dar coisa certa é regida pelos arts. 233 a 242, do mesmo Código.

É relevante observar que, em se tratando de coisa *incerta*, a escolha pertencerá ao devedor, salvo se o título da obrigação dispuser em contrário (Cód. Civil, art. 244). De qualquer maneira, o devedor não poderá dar a coisa pior, do mesmo modo como não estará obrigado a prestar a melhor (*ibidem*).

Coisa infungível. São infungíveis os bens móveis cujo uso acarreta destruição imediata da própria substância, assim como os destinados à alienação (CC, art. 86).

Bem móvel. São móveis os bens passíveis de movimento próprio ou de remoção por força alheia, sem alteração da substância ou da destinação econômico-social (CC, arts. 82 e 83).

Bem imóvel. São o solo e tudo quanto a ele incorporar-se de maneira natural ou artificial (CC, arts. 79 a 81).

Inciso III. *Obrigação de fazer ou de não fazer*. Obrigação *de fazer* envolve a prestação de um fato (CC, art. 248); a *de não fazer* implica um dever de abstenção (CC, art. 250).

§ 1º A prova escrita, a que se refere o *caput*, pode ser apresentada sob a forma de *prova oral documentada*, produzida de maneira antecipada, na forma do art. 381.

§ 2º A petição inicial da ação monitória deve preencher os requisitos do art. 319, do CPC. Além disso o autor deverá explicitar, quando for o caso, os temas referidos nos incisos I a III.

Inciso I. A quantia devida, acompanhada da respectiva memória de cálculo.

Inciso II. O valor atualizado da coisa reclamada.

Inciso III. O conteúdo patrimonial em questão ou o proveito econômico pretendido.

§ 3º O valor a ser atribuído a causa deve corresponder aos valores mencionados nos incisos I a III, do § 2º.

§ 4º O art. 330 prevê os casos em que a petição inicial deverá ser indeferida. Além desses casos, o indeferimento também ocorrerá quando a inicial da ação monitória não cumprir o contido no § 2º, do art. 700.

§ 5º Caso surja dúvida a respeito da idoneidade da prova documental apresentada pelo autor, o juiz o intimará para, desejando, e emendar a petição inicial, a fim de ajustá-la ao procedimento comum.

§ 6º *É possível o exercício da ação monitória em face da Fazenda Pública*.

§ 7º No processo da ação monitória admite-se a citação por qualquer dos meios previstos para o procedimento comum (arts. 246 a 254).

Art. 701. Sendo evidente o direito do autor, o juiz deferirá a expedição de mandado de pagamento, de entrega de coisa ou para execução de obrigação de fazer ou de não fazer, concedendo ao réu prazo de 15 (quinze) dias para o cumprimento e o pagamento de honorários advocatícios de cinco por cento do valor atribuído à causa.

§ 1º O réu será isento do pagamento de custas processuais se cumprir o mandado no prazo.

§ 2º Constituir-se-á de pleno direito o título executivo judicial, independentemente de qualquer formalidade, se não realizado o pagamento e não apresentados os embargos previstos no art. 702, observando-se, no que couber, o Título II do Livro I da Parte Especial.

§ 3º É cabível ação rescisória da decisão prevista no caput quando ocorrer a hipótese do § 2º.

§ 4º Sendo a ré Fazenda Pública, não apresentados os embargos previstos no art. 702, aplicar-se-á o disposto no art. 496, observando-se, a seguir, no que couber, o Título II do Livro I da Parte Especial.

§ 5º Aplica-se à ação monitória, no que couber, o art. 916.

• **Comentário**

Caput. Se, aos olhos do juiz (e com base na prova escrita), for evidente o direito do autor, o magistrado adotará as seguintes providências: a) deferirá a expedição de mandado, que poderá ser para pagamento, para entrega de coisa ou para a execução de obrigação de fazer ou de não fazer; b) mandará citar o réu para que, no prazo de quinze dias, cumpra o mandado e pague honorários advocatícios, na ordem de cinco por cento do valor atribuído à causa.

Antes de nos dedicarmos ao exame do dispositivo legal reproduzido, será conveniente verificarmos a natureza jurídica da *decisão* que determina a expedição do mandado monitório.

Segundo José Eduardo Carreira Alvim (Ação Monitória, *Revista de Processo*, São Paulo: n. 79, p. 92, julho/setembro de 1995), a mencionada decisão possui, sob o aspecto processual, forma de interlocutória e conteúdo de decisão definitiva, podendo *modus in rebus* ser equiparada a uma interlocutória mista.

Para Theodoro Júnior (*As inovações no código de processo civil*. São Paulo: Forense, 1996. p. 84), o ato do Juiz que, depois de verificar a prova do direito alegado pelo autor, determina a expedição do mandado monitório, é uma *decisão interlocutória* (CPC, art. 162, § 2º), em tudo igual, sob o ponto de vista processual, à que defere a citação na execução de título executivo extrajudicial.

Alexandre Freitas Câmara (*Lineamentos do novo processo civil*. Belo Horizonte: Del Rey, 1995. p. 183/184) sustenta que se fôssemos aplicar à risca o sistema do CPC, especialmente, o art. 162, seríamos levados a concluir que essa decisão possui caráter interlocutório, porquanto não põe fim ao processo. Todavia, esse autor observa que se o réu ficar inerte diante do mandado, vale dizer, não opuser embargos, o provimento inicial terá eficácia de sentença transitada em julgado. Propugna, por isso, a "adoção do conceito de sentença liminar, entendida esta como o provimento do juiz, que, emitido antes do momento propício para a prolação de sentença final, resolve o mérito da causa" (*ibidem*).

Sérgio Bermudes (Ação monitória: primeiras impressões sobre a Lei n. 9.079, de 14.7.95, *Ata*, Rio de Janeiro: n. 20, 1995, p. 35), entende que esse ato judicial traduz "sentença condenatória condicional, proferida na forma de despacho".

Quanto à natureza jurídica do *mandado monitório*, Celso Anicet Lisboa (obra cit., p. 92/93, em opinião com a qual concordamos, assim se pronunciou sobre o assunto: "O mandado monitório pode ser objetivamente complexo, isto é, conter duas ou mais ordens endereçadas ao mesmo réu (que não precisam ser necessariamente de pagamento, podendo uma ser de entrega da coisa). E este ao recebê-lo pode opor-se apenas a uma delas, deixando a outra parte do mandado transitar em julgado, tal como ocorre com a sentença que, conforme o art. 505 do CPC também pode ser 'impugnada no todo ou em parte'. Evidentemente que isso só não basta para a caracterização do mandado monitório, mas ajuda a distanciá-lo das decisões interlocutórias, que não costumam ter, diversamente do que ocorre com o *decisum* das sentenças, uma estrutura estratificada. Construída a figura do mandado monitório objetivamente complexo e levando em consideração que a ordem tem de ser motivada (CF, art. 93, IX; CPC, art. 165) (a exemplo do que ocorre na Itália, art. 641, 1ª alínea, 1ª Parte do CPC), que ela encerra uma fase do procedimento monitório (justamente a fase monitória) e que o mandado não possui eficácia (tal como a sentença condenatória sujeita apelação provida de efeito suspensivo), nos posicionamos sobre a questão: o mandado de pagamento equipara-se a uma sentença condenatória provisória. Entre essas duas providências jurisdicionais (mandado de pagamento e sentença condenatória sujeita a apelação suspensiva) existe uma diferença importante, a qual se encontra relacionada com o grau de profundidade da cognição realizada nos processos em que são proferidas. No da sentença condenatória, a cognição efetuada pelo juiz é ampla e definitiva; ao prolatar a sentença, o juiz cumpre e acaba o seu ofício jurisdicional (art. 463, *caput*), não podendo, em regra, mais alterá-la. Já no processo monitório, o juiz só tem uma visão parcial dos fatos da causa, mas mesmo assim está autorizado pela lei a emitir o mandado, desde que se convença (ainda que provisoriamente) da existência do crédito, decisão essa revogável por ele mesmo na fase subsequente do processo".

O ato pelo qual o juiz defere, de plano, a expedição do mencionado mandado traduz *decisão liminar*. Essa decisão não pode ser impugnada pelo réu (por agravo ou por qualquer outro recurso), pois o momento processual oportuno para ele resistir ao mandado será o dos embargos.

Por outro lado, essa decisão deve ser fundamentada, por exigência de norma constitucional (art. 93, inciso IX), sob pena de nulidade. Logo, a expedição do mandado não pode ser deferida por meio de um simples *despacho* — quanto menos, sem motivação jurídica. Tem-se entendido, aliás, na doutrina, que, não havendo embargos, pelo réu, a decisão de que estamos a tratar tem eficácia e conteúdo de *sentença condenatória*, revestida pela coisa julgada material, sendo considerada, por força de lei, título executivo judicial. Sendo assim, esse ato judicial poderá ser objeto de ação rescisória, desde que presente uma das causas previstas nos incisos I a IX, do art. 485 do CPC.

O mandado que é expedido na ação monitória, na verdade, tem dupla finalidade: a) citar o réu; e b) compeli-lo ao pagamento de quantia ou à entrega de coisa. Deixando, o réu, de oferecer embargos no prazo legal, esse mandado converter-se-á em mandado *executivo*.

Poder-se-ia dizer que a expedição desse mandado, sem audiência da parte contrária (*inaudita altera parte*), agrediria o princípio constitucional do *contraditório* (Const. Federal, art. 5º, inciso LV). Parece-nos, contudo, chegado o momento de a doutrina e a jurisprudência se convencerem, de uma vez por todas, que esse provecto princípio constitucional não significa que o contraditório deva ser imediato, ato contínuo, podendo, por esse motivo, ser *diferido*. A entender-se que o contraditório deveria ser estabelecido antes da citação do réu, ou seja, desde logo, por certo estar-se-ia tornando inúteis, na maioria dos casos, as *liminares*, notadamente, em sede cautelar, considerando-se que o réu, citado previamente, poderia frustrar a eficácia da providência *in limine*, que viria a ser concedida mais adiante.

A validade do mandado estará condicionada à advertência, dele constante, de que se o réu não o impugnar no prazo de quinze dias, essa ordem judicial será convertida em mandado executivo, prosseguindo o processo, a contar daí, segundo o procedimento executivo traçado pelo CPC, segundo seja a natureza da obrigação a ser adimplida pelo réu.

Código de Processo Civil — Art. 702

Embora não haja exigência legal, será sempre prudente fazer inserir no mandado, também, a observação de que se o réu cumprir essa determinação judicial, no prazo de quinze dias, ficará dispensado do pagamento das custas processuais (CPC, art. 701, § 1º). É importante destacar, porém, que a falta desta observação não invalidará mandado.

§ 1º Conforme asseveramos há pouco, se o réu cumprir o mandado inicial (*de solvendo*), pagando a quantia pedida pelo autor, ou entregando-lhe a coisa fungível ou o bem móvel pretendido, a lei o dispensa do pagamento das custas processuais. Essa isenção legal, como se percebe, destina-se a estimular o réu a cumprir o mandado e a fazer, assim, com que o litígio termine desde logo.

No sistema do CPC anterior, o réu seria dispensado do pagamento não somente das custas, mas também dos honorários de advogado. Sempre entendemos ser injusta essa norma legal, no tocante à dispensa do pagamento dos honorários. Assim dizemos, porque se o autor possuía, verdadeiramente, razão jurídica em sua postulação — tanto isto é certo, que o réu não se opôs ao mandado — não deveria sofrer nenhum prejuízo ou desfalque patrimonial, representado pelo pagamento de honorários ao seu advogado. Além do mais, essa dispensa legal do pagamento de honorários, configurava, a nosso ver, mais do que um simples *favor debitoris*, um prêmio ao mau devedor, e um estímulo a que ele obrigasse o autor a realizar despesas para receber algo a que realmente tinha direito.

Felizmente, o § 1º, do art. 701, do atual CPC corrigiu essa distorção ao isentar o réu somente do pagamento das custas processuais.

§ 2º Se o réu não efetuar o pagamento ou não oferecer embargos, o título executivo judicial será constituído de pleno direito, independentemente de qualquer formalidade, devendo ser observado, naquilo que couberem, as disposições do Título II, do Livro I, Parte Especial.

§ 3º Da decisão prevista no *caput* do art. 701 será cabível ação rescisória quando se verificar a hipótese do § 2º.

§ 4º Se a Fazendo Pública deixar de oferecer embargos, o juiz determinará a remessa necessária dos autos ao tribunal, nos termos do art. 496. Em seguida deverá ser observado, no que couber, o Título II, do Livro I, Parte Especial.

§ 5º O art. 916, do CPC, trata dos embargos à execução. As disposições dessa norma legal serão aplicáveis, no que couberem, à ação monitória.

Art. 702. Independentemente de prévia segurança do juízo, o réu poderá opor, nos próprios autos, no prazo previsto no art. 701, embargos à ação monitória.

§ 1º Os embargos podem se fundar em matéria passível de alegação como defesa no procedimento comum.

§ 2º Quando o réu alegar que o autor pleiteia quantia superior à devida, cumprir-lhe-á declarar de imediato o valor que entende correto, apresentando demonstrativo discriminado e atualizado da dívida.

§ 3º Não apontado o valor correto ou não apresentado o demonstrativo, os embargos serão liminarmente rejeitados, se esse for o seu único fundamento, e, se houver outro fundamento, os embargos serão processados, mas o juiz deixará de examinar a alegação de excesso.

§ 4º A oposição dos embargos suspende a eficácia da decisão referida no *caput* do art. 701 até o julgamento em primeiro grau.

§ 5º O autor será intimado para responder aos embargos no prazo de 15 (quinze) dias.

§ 6º Na ação monitória admite-se a reconvenção, sendo vedado o oferecimento de reconvenção à reconvenção.

§ 7º A critério do juiz, os embargos serão autuados em apartado, se parciais, constituindo-se de pleno direito o título executivo judicial em relação à parcela incontroversa.

§ 8º Rejeitados os embargos, constituir-se-á de pleno direito o título executivo judicial, prosseguindo-se o processo em observância ao disposto no Título II do Livro I da Parte Especial, no que for cabível.

§ 9º Cabe apelação contra a sentença que acolhe ou rejeita os embargos.

§ 10. O juiz condenará o autor de ação monitória proposta indevidamente e de má-fé ao pagamento, em favor do réu, de multa de até dez por cento sobre o valor da causa.

§ 11. O juiz condenará o réu que de má-fé opuser embargos à ação monitória ao pagamento de multa de até dez por cento sobre o valor atribuído à causa, em favor do autor.

Art. 702

• **Comentário**

Caput. Se o réu não pretender cumprir o mandado monitório, poderá opor-lhe *embargos*, no prazo de quinze dias, sem necessidade de prévia garantia do juízo (CPC, art. 702, *caput*).

Qual a natureza jurídica desses embargos?

Celso Anicet Lisboa (obra cit., p. 11) afirma que se trata de recurso: "O juiz no início do procedimento monitório pode ou não proferir uma sentença monitória. Sendo proferida, e não se conformando o réu com ela, deve impugná-la, sob pena de ter contra si a formação de coisa julgada material. Ora, qual figura processual que, a um tempo, impede o trânsito em julgado da decisão impugnada e, a outro, abre uma outra fase do processo? Só os recursos têm essa característica, e os embargos aí nessa categoria devem ser enquadrados. Nem mesmo o fato de eles serem julgados pelo mesmo Juízo que proferiu a decisão impugnada deve pesar contra a tese, visto que tal expediente é familiar ao nosso direito, utilizado tanto em passado recente (juízo de retratação do previgente art. 527, *in fine* do CPC), como nos dias atuais (CPC, arts. 273, § 4º, 296, 523, § 2º e 529)".

Cremos, porém, que os embargos ao mandado monitório não constituem *recurso*, nem *contestação*, mas, *ação incidental*. Ocorre que, por meio desses embargos, o réu não postula a rejeição dos pedidos formulados pelo autor, como sói acontecer nas contestações, e sim que seja desconstituída a decisão que ordenou a expedição do mandado monitório (inicial). Dizendo por outro modo: na contestação, o réu, em rigor, não formula pedidos, senão que se restringe a refutar os pedidos deduzidos pelo autor. Nos embargos monitório, todavia, o réu formula pedido (de desconstituição da decisão que fez expedir o mandado *de solvendo*). É importante notar que o § 8º do art. 702, do CPC, faz inequívoca referência à *rejeição* dos embargos; ora, ninguém "rejeita" uma contestação. Por outro lado, se tais embargos fossem defesa, a lei, por certo, teria previsto a figura da *contestação*. Demais, a contestação, por si só, não justificaria a alteração do rito, sabendo-se que, opostos os embargos, estes — e não a ação monitória — serão regidos pelo procedimento ordinário.

Os embargos ao mandado monitório correspondem, assim, a uma nova demanda, que é objeto de um novo processo e com procedimento próprio. Com efeito, o procedimento monitório (que é especial) só é preservado se o réu deixar de oferecer embargos; oferecendo-os, o procedimento passa a ser o comum-ordinário.

Como argumenta Vicente Greco Filho (*Comentários ao procedimento sumário, ao agravo e à ação monitória*. São Paulo: Saraiva, 1996. p. 53/54), os embargos, como identificou Liebman, constituem ação de natureza declaratória ou constitutiva negativa, não havendo fundamento jurídico para considerá--los defesa. São, portanto, ação, do mesmo modo como eram ação os embargos do devedor na ação executiva prevista no CPC de 1939. Acrescenta, esse autor, que se o legislador fez uso da figura dos embargos foi para atribuir à manifestação do devedor a forma de ação, com todas as consequências daí derivantes e, em especial, a inversão do ônus da iniciativa e também da prova.

Os embargos ao mandado monitório não exigem a garantia patrimonial do juízo. Ocorre que os embargos do réu, na ação monitória, uma vez oferecidos, suspendem a eficácia do mandado inicial. Esses embargos, como dissemos, consistem numa *ação incidental* do réu, em face do mandado *de solvendo*.

A propósito, se os embargos, na ação monitória, fossem efetivamente contestação (como defendem alguns) e não ação (como é de nosso parecer), não haveria necessidade de o legislador haver esclarecido (CPC, art. 702, *caput*) que esses embargos independem de garantia patrimonial do juízo, pois nenhuma contestação requer essa prévia garantia.

A ação monitória, por outro lado, não pertence ao processo de execução; o seu objetivo, isto sim, é o de produzir, desde logo, um título executivo judicial.

Se os embargos do réu forem acolhidos, a sentença rejeitará os pedidos formulados pelo autor (CPC, art. 490), extinguindo o processo com exame do mérito e condenando o vencido a pagar custas processuais e honorários de advogado à parte contrária.

Poderá a sentença, ainda, acolher alguma preliminar suscitada pelo réu e, em razão disso, extinguir o processo sem julgamento do mérito (CPC, art. 485) — circunstância que permitiria ao autor, na maioria dos casos, intentar, novamente, a ação (CPC, art. 486, *caput*), cuidando, desta feita, em não incidir no mesmo erro que motivou a extinção do processo anterior.

Embora pareça estranho estarmos a cogitar de preliminar suscitada pelo réu, após havermos dito que os embargos por este oferecidos constituem ação e não contestação, devemos esclarecer que a natureza desses embargos é, realmente, de ação, pelos motivos lá expostos. O que se passa é que o réu, ao invocar a prestação da tutela jurisdicional do Estado, para desconstituir a decisão que determinou a expedição do mandado monitório, pode, perfeitamente, antes de ingressar no mérito, levantar alguma preliminar que o caso concreto esteja a ensejar, como, por exemplo, de incompetência absoluta, de inépcia da petição inicial, de litispendência, de coisa julgada, de carência da ação etc. — enfim, quaisquer daquelas previstas no art. 337 do CPC. A simples apresentação dessas preliminares não converte os embargos em contestação, ainda aquelas sejam próprias desta. O que importa, acima de tudo, é a natureza jurídica desses embargos, que, por sua vez, lhe definem a finalidade.

§ 1º Em princípio, as matérias passíveis de serem deduzidas como defesa no procedimento comum podem ser alegadas nos embargos oferecidos na ação monitória.

§ 2º Se o réu afirmar que o autor postula quantia superior à devida deverá revelar, desde logo, o valor que entende ser correto, mediante a apresentação de demonstrativo discriminado e atualizado do débito.

§ 3º Se o réu não indicar o valor correto ou não apresentar o demonstrativo, o juiz deverá rejeitar, liminarmente, a petição de embargos, se esse for o seu único fundamento. Havendo outro fundamento, os embargos serão processados, embora o juiz não possa conhecer da alegação de excesso.

§ 4º Opostos os embargos, a eficácia da decisão mencionada no caput do art. 701 ficará suspensa até o julgamento pela sentença.

§ 5º O autor disporá do prazo de quinze dias para manifestar-se sobre os embargos. Esse prazo passará a ser contado da intimação.

§ 6º É admissível na ação monitória a reconvenção; o que não se consente é a reconvenção à reconvenção.

§ 7º É facultado ao juiz determinar que os embargos sejam autuados em separados, se forem parciais. Com relação à parte incontroversa, ou seja, não embargada, constituir-se-á de pleno direito o título executivo judicial, **recurso será o ordinário.**

§ 8º A sentença que acolher ou rejeitar os embargos à ação monitória poderá ser impugnada por apelação, no processo civil; no processo do trabalho, esse recurso será o ordinário.

Sendo rejeitados os embargos, constituir-se-á, de pleno direito, o título executivo judicial, intimando-se o devedor e prosseguindo-se na forma prevista nos arts. 876 a 892, da CLT.

A sentença, no caso, terá natureza condenatória e, além de acolher os pedidos formulados na inicial, imporá ao réu o pagamento das despesas processuais e dos honorários do advogado do autor (CPC, arts. 82, § 2º e 85). Trata-se de sentença de mérito (como a que *acolhe* os embargos) e, em razão disso, sujeita à via rescisória (CPC, art. 966). Em rigor, a sentença não *condena* o réu, senão que restabelece a eficácia do mandado inicial, que havia sido suspensa pela oposição dos embargos, por parte deste.

Asseveramos, há pouco, que se os embargos forem rejeitados, dar-se-á a constituição, de pleno direito, do título executivo judicial. Que título executivo é esse? — perguntamos agora: a prova escrita? A sentença de rejeição dos embargos? O mandado inicial?

A *prova escrita* jamais poderia ser considerada título executivo judicial: prova é, apenas, prova; nada mais do que isso. Ademais, o documento que espelha essa prova, nem sequer é ato judicial. Imaginemos, por exemplo, um cheque prescrito: como tal, amolda-se ao conceito legal de prova escrita destituída de "eficácia de título executivo" (CPC, art. 700). Pois bem. Sendo rejeitados os embargos do réu, como se poderia admitir que esse — outrora — título executivo *extrajudicial* se convertesse em título executivo *judicial*? Vê-se, pois, que não têm razão jurídica aqueles que sustentam ser a prova escrita o título executivo judicial, se os embargos do réu forem rejeitados.

Poderia parecer lógico que esse título executivo fosse, então, a *sentença* de rejeição dos embargos. Uma tal inferência, no entanto, seria equivocada, por, quando menos, duas razões. Primeiramente, porque só a sentença condenatória é título executivo judicial. A sentença de rejeição dos embargos do réu ao mandado monitório, entretanto, não é tipicamente condenatória, e sim declaratória-negativa. Assim dizemos porque essa sentença, em rigor, *não condena* o réu a pagar algo ao do autor, ou a entregar-lhe determinada coisa, senão que se limita a rejeitar os embargos opostos pelo réu, fazendo, desse modo, com que seja restabelecida a eficácia do mandado monitório, inicial, que havia sido suspensa pelo oferecimento dos embargos. Segundamente, porque na hipótese de *não serem oferecidos embargos* também haverá a constituição, *pleno iure*, do título executivo judicial (CPC, art. 701, § 2º). Ora, como isso seria possível se, no caso, não houve sentença?

Se o título executivo judicial não é a *prova escrita*, nem a *sentença* de rejeição dos embargos, qual será, então? Menos por eleição do que por exclusão dos demais, devemos dizer que esse título será o *mandado monitório*. Esta conclusão não é — como possa parecer — aberrante do sistema, bastando lembrar que, no inventário, o título executivo judicial não será a sentença homologatória da partilha, e sim o *formal* ou a *certidão* de partilha (CPC, art. 515, IV), na parte em que houver preceito condenatório.

Nem se diga que o formal e a certidão da partilha constituem título executivo judicial porque assim declara o dispositivo legal mencionado — com o que se procuraria rebater a nossa opinião quanto a ser o mandado monitório o título executivo judicial no procedimento monitório. Na verdade, sob essa óptica nem mesmo a sentença de rejeição dos embargos poderia ser considerada título executivo judicial, pois este atributo a lei só confere à sentença *condenatória* — e a emitida na ação monitória, como dissemos, não condena o réu a pagar o principal, senão que restabelece a eficácia do mandado inicial, que fora suspensa pela apresentação dos embargos. A sentença dada na ação monitória só condena, quando for o caso, ao pagamento de custas processuais e de honorários de advogado.

§ 9º O ato pelo qual o juiz rejeita ou acolhe os embargos constitui sentença, pois coloca fim ao processo autônomo de embargos (CPC, art. 203,

Art. 703

§ 1º), sendo assim, segundo o sistema do processo do trabalho, essa sentença poderá ser impugnado mediante recurso ordinário (CLT, art. 895, "a").

Na vigência do CPC de 1973 havia dúvida sobre o cabimento de recurso da sentença que rejeitasse os embargos. Essa polêmica tornou-se insustentável com o advento do atual CPC, cujo § 9.º afirma, com clareza ofuscante, ser impugnável por meio de recurso a sentença que acolhe ou rejeita os embargos.

§ 10. Caso o juiz se convença de que a ação monitória foi "proposta" indevidamente e de má-fé, condenará, com base nesse fundamento, o autor a pagar, em prol do réu, multa de até dez por cento do valor atribuído à causa.

§ 11. Este inciso representa a contrapartida do anterior. Com efeito, se o réu oferecer embargos, impulsionado por má-fé, também será condenado a pagar multa, em benefício do autor, em valor correspondente a dez por cento do valor dado à causa.

Uma nótula adicional sobre a fase de execução

Questão de grande interesse prático diz respeito ao binômio: embargos ao mandado/embargos à execução.

Com vistas ao estudo do tema, separemos as situações.

a) Embargos à execução, tendo havido embargos ao mandado monitório.

Se o réu ofereceu, no momento oportuno, embargos ao mandado monitório, e estes foram rejeitados pela sentença, isto não significa que ele, agora como devedor, não possa apresentar embargos à execução ou impugnação à sentença. O que se passa é que estes embargos ou esta impugnação deverão ficar restritos às matérias previstas nos arts. 884, § 1º, da CLT; 525, § 1º e 917, do CPC.

b) Embargos à execução, sem embargos ao mandado monitório.

Cabe, desde logo, uma indagação fundamental: se o réu deixar de oferecer embargos ao mandado monitório poderá, mais tarde, na execução da sentença, apresentar embargos como devedor? Nelson Nery Júnior e Rosa Maria Nery fornecem-nos a resposta (*Código de processo civil comentado*. 3. ed. São Paulo: Revista dos Tribunais, 1997. p. 1.036): "A inércia do réu, que deixou de opor embargos ao mandado monitório, não dá ensejo a que seja apenado com medidas restritivas de defesa. Tendo em vista a cognição sumária procedida pelo juiz para a expedição do mandado monitório, a preclusão da defesa, aqui, tem menor abrangência do que a decorrente da revelia no processo de conhecimento amplo. Assim, os novos embargos opostos na execução, nada obstante tratar-se de execução fundada em título judicial, seguem o regime do CPC 745, isto é, são de abrangência ampla e podem versar sobre toda e qualquer matéria, inclusive sobre as questões de ordem pública (*v. g.*, CPC 267 § 3º e 301 § 4º), não acobertadas pela preclusão, neste caso.".

Nos termos do art. 917, VI, do CPC, quando a execução se fundar em título executivo *extrajudicial*, será permitido ao devedor alegar, em sede de embargos, dentre outras, "qualquer matéria que lhe seria lícito deduzir como defesa em processo de conhecimento", cuja regra foi reproduzida pelo § 1º do art. 702 do atual CPC, em sede de ação monitória.

CAPÍTULO XII
DA HOMOLOGAÇÃO DO PENHOR LEGAL

A matéria relativa à homologação do penhor legal não entra na competência da Justiça do Trabalho. Por esse motivo, deixaremos de lançar comentários pobre os arts. 703 a 706.

Art. 703. Tomado o penhor legal nos casos previstos em lei, requererá o credor, ato contínuo, a homologação.

§ 1º Na petição inicial, instruída com o contrato de locação ou a conta pormenorizada das despesas, a tabela dos preços e a relação dos objetos retidos, o credor pedirá a citação do devedor para pagar ou contestar na audiência preliminar que for designada.

§ 2º A homologação do penhor legal poderá ser promovida pela via extrajudicial mediante requerimento, que conterá os requisitos previstos no § 1º deste artigo, do credor a notário de sua livre escolha.

§ 3º Recebido o requerimento, o notário promoverá a notificação extrajudicial do devedor para, no prazo de 5 (cinco) dias, pagar o débito ou impugnar sua cobrança, alegando por escrito uma das causas previstas no art. 704, hipótese em que o procedimento será encaminhado ao juízo competente para decisão.

§ 4º Transcorrido o prazo sem manifestação do devedor, o notário formalizará a homologação do penhor legal por escritura pública.

Art. 704. A defesa só pode consistir em:

I — nulidade do processo;

II — extinção da obrigação;

III — não estar a dívida compreendida entre as previstas em lei ou não estarem os bens sujeitos a penhor legal;

IV — alegação de haver sido ofertada caução idônea, rejeitada pelo credor.

Art. 705. A partir da audiência preliminar, observar-se-á o procedimento comum.

Art. 706. Homologado judicialmente o penhor legal, consolidar-se-á a posse do autor sobre o objeto.

§ 1º Negada a homologação, o objeto será entregue ao réu, ressalvado ao autor o direito de cobrar a dívida pelo procedimento comum, salvo se acolhida a alegação de extinção da obrigação.

§ 2º Contra a sentença caberá apelação, e, na pendência de recurso, poderá o relator ordenar que a coisa permaneça depositada ou em poder do autor.

CAPÍTULO XIII
DA REGULAÇÃO DE AVARIA GROSSA

A matéria concernente à regulação de avaria grossa escapa à competência da Justiça do Trabalho. Por esse motivo, deixaremos de comentar os arts. 707 a 711.

Art. 707. Quando inexistir consenso acerca da nomeação de um regulador de avarias, o juiz de direito da comarca do primeiro porto onde o navio houver chegado, provocado por qualquer parte interessada, nomeará um de notório conhecimento.

Art. 708. O regulador declarará justificadamente se os danos são passíveis de rateio na forma de avaria grossa e exigirá das partes envolvidas a apresentação de garantias idôneas para que possam ser liberadas as cargas aos consignatários.

§ 1º A parte que não concordar com o regulador quanto à declaração de abertura da avaria grossa deverá justificar suas razões ao juiz, que decidirá no prazo de 10 (dez) dias.

§ 2º Se o consignatário não apresentar garantia idônea a critério do regulador, este fixará o valor da contribuição provisória com base nos fatos narrados e nos documentos que instruírem a petição inicial, que deverá ser caucionado sob a forma de depósito judicial ou de garantia bancária.

§ 3º Recusando-se o consignatário a prestar caução, o regulador requererá ao juiz a alienação judicial de sua carga na forma dos arts. 879 a 903.

§ 4º É permitido o levantamento, por alvará, das quantias necessárias ao pagamento das despesas da alienação a serem arcadas pelo consignatário, mantendo-se o saldo remanescente em depósito judicial até o encerramento da regulação.

Art. 709. As partes deverão apresentar nos autos os documentos necessários à regulação da avaria grossa em prazo razoável a ser fixado pelo regulador.

Art. 710. O regulador apresentará o regulamento da avaria grossa no prazo de até 12 (doze) meses, contado da data da entrega dos documentos nos autos pelas partes, podendo o prazo ser estendido a critério do juiz.

§ 1º Oferecido o regulamento da avaria grossa, dele terão vista as partes pelo prazo comum de 15 (quinze) dias, e, não havendo impugnação, o regulamento será homologado por sentença.

§ 2º Havendo impugnação ao regulamento, o juiz decidirá no prazo de 10 (dez) dias, após a oitiva do regulador.

Art. 711. Aplicam-se ao regulador de avarias os arts. 156 a 158, no que couber.

CAPÍTULO XIV

DA RESTAURAÇÃO DE AUTOS

Art. 712. Verificado o desaparecimento dos autos, eletrônicos ou não, pode o juiz, de ofício, qualquer das partes ou o Ministério Público, se for o caso, promover-lhes a restauração.

Parágrafo único. Havendo autos suplementares, nesses prosseguirá o processo.

• **Comentário**

Caput. Com algumas alterações, a matéria constava do art. 1.063 do CPC revogado.

Havendo extravio ou destruição dos autos, eletrônicos ou físicos, a lei assegura ao magistrado — nesse caso, agindo de ofício —, a qualquer das partes ou ao Ministério Público a possibilidade de requerer que sejam restaurados.

Parágrafo único. Se houver autor suplementares, não haverá necessidade de restauração, pois o processo terá curso naqueles autos. Como, na Justiça do Trabalho, não há exigência legal de formação de autos suplementares, desaparecidos os autos, será indispensável a sua restauração.

Art. 713. Na petição inicial, declarará a parte o estado do processo ao tempo do desaparecimento dos autos, oferecendo:

I — certidões dos atos constantes do protocolo de audiências do cartório por onde haja corrido o processo;

II — cópia das peças que tenha em seu poder;

III — qualquer outro documento que facilite a restauração.

• **Comentário**

Caput. A norma indica determinados requisitos a serem observados quando da elaboração da petição inicial. Pressupõe-se, aqui, que a restauração seja requerida por uma das partes.

Inciso I. O requerente deverá anexar à petição certidões dos atos registrados nos protocolos das audiências da Vara por onde tramitava o processo cujos autos foram extraviados ou incendiados.

Inciso II. Anexará, também, peças do processo que se encontrem em seu poder.

Inciso III. Juntará, por fim, qualquer outro documento que facilite a restauração.

Art. 714. A parte contrária será citada para contestar o pedido no prazo de 5 (cinco) dias, cabendo-lhe exibir as cópias, as contrafés e as reproduções dos atos e dos documentos que estiverem em seu poder.

§ 1º Se a parte concordar com a restauração, lavrar-se-á o auto que, assinado pelas partes e homologado pelo juiz, suprirá o processo desaparecido.

§ 2º Se a parte não contestar ou se a concordância for parcial, observar-se-á o procedimento comum.

• **Comentário**

Caput. A parte contrária será citada para, no prazo de cinco dias, contestar o pedido. Nessa oportunidade, poderá juntar as cópias, as contrafés e as reproduções dos atos processuais e dos documentos que estiverem em seu poder.

Código de Processo Civil — Art. 715

Se a restauração for requerida pelo Ministério Público, nas causas em que interveio, a citação será do autor, do réu e de eventuais terceiros que tenham sido admitidos a intervir nos autos.

§ 1º Se o requerido concordar com a restauração, será lavrado o respectivo auto, que será assinado pelas partes e homologado pelo juiz. Esse auto suprirá, para todos os efeitos legais, os autos desaparecidos.

A norma legal em exame faz referência ao "processo desaparecido"; *data venia*, o processo, como método estatal resolução de conflitos, não foi extraviado nem incendiado — o que desapareceu foram os *autos do processo*.

§ 2º Se o requerido não concordar com a restauração, ou se a sua concordância for parcial, será observado o procedimento comum.

Art. 715. Se a perda dos autos tiver ocorrido depois da produção das provas em audiência, o juiz, se necessário, mandará repeti-las.

§ 1º Serão reinquiridas as mesmas testemunhas, que, em caso de impossibilidade, poderão ser substituídas de ofício ou a requerimento.

§ 2º Não havendo certidão ou cópia do laudo, far-se-á nova perícia, sempre que possível pelo mesmo perito.

§ 3º Não havendo certidão de documentos, esses serão reconstituídos mediante cópias ou, na falta dessas, pelos meios ordinários de prova.

§ 4º Os serventuários e os auxiliares da justiça não podem eximir-se de depor como testemunhas a respeito de atos que tenham praticado ou assistido.

§ 5º Se o juiz houver proferido sentença da qual ele próprio ou o escrivão possua cópia, esta será juntada aos autos e terá a mesma autoridade da original.

- **Comentário**

Caput. No caso de a perda dos autos ocorrer após a produção de provas em audiência, o juiz, sendo necessário, mandará repeti-las.

§ 1º Em princípio, deverão ser inquiridas as mesmas testemunhas. Neste caso, haverá quebra do princípio legal da incomunicabilidade das testemunhas (CPC, art. 456). Esse fato, contudo, não implicará nulidade do procedimento, pois a referida quebra é inevitável e está, de maneira implícita, autorizada pelo art. 715, § 1º.

Não sendo possível inquirir as mesmas testemunhas, (porque, por exemplo, faleceram, tornaram-se incapazes de depor em juízo ou impedidas etc.), poderão ser ouvidas outras, em substituição, por iniciativa do magistrado ou a requerimento da parte interessada.

§ 2º Se não houver certidão nem cópia do laudo pericial, cumprirá ao juiz determinar a realização de nova perícia, nomeando, sempre que possível, o mesmo perito. Pode acontecer, todavia, que fatos supervenientes ao desaparecimento dos autos tenha tornado impraticável a realização da nova perícia (CPC, art. 464, III). Nesse caso, o juiz deverá formar o seu convencimento jurídico com base em outros elemento de prova existentes nos autos, quando isso for possível.

§ 3º Se não existirem certidões de documentos, estes serão reconstituídos por meio de cópias e, na inexistências destas, pelos meios ordinários de prova (depoimentos das partes, testemunhas, perícia).

§ 4º Os serventuários do juízo e os auxiliares da justiça não podem recusar-se a prestar depoimento como testemunha, no procedimento da restauração, sobre atos que tenham realizado ou presenciado — exceto se houver impedimento legal para que deponham nessa qualidade.

§ 5º Muitas vezes, cópia da sentença permanece arquivada na secretaria da Vara, ou em poder do juiz. Neste caso, a cópia deverá ser juntada aos autos e seu valor será idêntico ao do original. Como, atualmente, as sentenças são digitadas em computador e mantidas em arquivo eletrônico que permite a sua fácil localização, bastará ao juiz imprimir, novamente, o texto e juntá-lo aos autos. Nada obsta a que ele assine essa nova via; ao contrário, a prudência sugere que o faça.

Art. 716. Julgada a restauração, seguirá o processo os seus termos.

Parágrafo único. Aparecendo os autos originais, neles se prosseguirá, sendo-lhes apensados os autos da restauração.

• **Comentário**

Caput. Julgada, por sentença, a restauração, o processo seguirá o seu curso a partir do ponto em que houve o desaparecimento dos autos originais. É evidente, portanto, que a restauração não significa instaurar, novamente, o processo, desde a petição inicial.

Parágrafo único. Se os autos originais forem encontrados, neles prosseguirá o processo, devendo os autos restaurados ser apensados aos autos originais.

Art. 717. Se o desaparecimento dos autos tiver ocorrido no tribunal, o processo de restauração será distribuído, sempre que possível, ao relator do processo.

§ 1º A restauração far-se-á no juízo de origem quanto aos atos nele realizados.

§ 2º Remetidos os autos ao tribunal, nele completar-se-á a restauração e proceder-se-á ao julgamento.

• **Comentário**

Caput. Pode ocorrer de os autos desaparecerem quando se encontravam no tribunal, seja em grau de recurso, seja porque a matéria era da competência originária do tribunal. Neste caso, o processo de restauração deverá ser distribuído, sempre que possível, ao relator do processo relativo aos autos originais. Se o desaparecimento dos autos se deu antes de ter havido distribuição a relator, o processo referente aos autos restaurados será distribuído aleatoriamente.

§ 1º Estando os autos no tribunal em grau de recurso e vindo a desaparecer, a restauração será feita no juízo de primeiro grau, relativamente aos atos processuais que aí tenham sido praticados.

§ 2º Feita a restauração no juízo de primeiro grau, este remeterá os autos ao tribunal, a fim de que, aqui, se complete a restauração e se proceda ao seu julgamento.

Art. 718. Quem houver dado causa ao desaparecimento dos autos responderá pelas custas da restauração e pelos honorários de advogado, sem prejuízo da responsabilidade civil ou penal em que incorrer.

• **Comentário**

A parte ou o terceiro, que houver dado causa ao desaparecimento ou à destruição dos autos responderá pelas custas da restauração e pelos honorários de advogado, sem prejuízo da responsabilidade civil ou penal em que incorrer. Se a carga foi registrada no livro correspondente, não haverá dificuldade em descobrir o responsável pelo desaparecimento dos autos. Caso contrário, algumas diligências serão indispensáveis.

Algumas observações a respeito desta norma legal são necessárias. Em primeiro lugar, se o causador do desaparecimento ou da destruição dos autos for o próprio juiz, ou um serventuário do juízo, não se cogitará de pagamento de custas, nem de honorários de advogado — designadamente, no âmbito da Justiça do Trabalho. Em segundo, se o desaparecimento e a destruição decorreram de dolo, de má-fé, da parte ou de terceiro, estará configurado o crime contra a administração da Justiça, previsto no art. 356, do Código Penal ("Inutilizar, total ou parcialmente, ou deixar de restituir autos, documento ou objeto de valor probatório, que recebeu na qualidade de advogado ou de procurador").

CAPÍTULO XV
DOS PROCEDIMENTOS DE JURISDIÇÃO VOLUNTÁRIA

Seção I
Disposições Gerais

Art. 719. Quando este Código não estabelecer procedimento especial, regem os procedimentos de jurisdição voluntária as disposições constantes desta Seção.

• **Comentário**

Conquanto a expressão jurisdição voluntária se encontre arraigada em nossa tradição legislativa, doutrinária e jurisprudencial, ela é, sob o rigor científico, inadequada, pois, não há, aqui, *jurisdição*, e sim, administração pública de interesses privados, nem *voluntariedade*, porquanto a instauração do procedimento depende de iniciativa do interessado, do Ministério Público ou da Defensoria Pública (art. 720).

O art. 725 menciona alguns casos que se submeterão ao procedimento *da jurisdição voluntária*.

Art. 720. O procedimento terá início por provocação do interessado, do Ministério Público ou da Defensoria Pública, cabendo-lhes formular o pedido devidamente instruído com os documentos necessários e com a indicação da providência judicial.

• **Comentário**

Conforme afirmamos ao comentarmos o art. 719, o procedimento de jurisdição voluntária não pode ser instaurado *ex officio*, pelo magistrado, senão que por iniciativa do interessado, do Ministério Público ou da Fazenda Pública, aos quais incumbirá formular o pedido: a) devidamente instruído com os documentos necessários; e b) indicar a providência judicial que desejam obter.

Art. 721. Serão citados todos os interessados, bem como intimado o Ministério Público, nos casos do art. 178, para que se manifestem, querendo, no prazo de 15 (quinze) dias.

• **Comentário**

Todos os interessados deverão ser citados, para que se manifestem no prazo de quinze dias. Nos casos do art. 178 (interesse público ou social; interesse de incapaz; litígios coletivos pela posse de terra rural ou urbana) o Ministério Público deverá ser intimado para intervir como fiscal da ordem jurídica

Art. 722. A Fazenda Pública será sempre ouvida nos casos em que tiver interesse.

• **Comentário**

O juiz deverá intimar a Fazenda Pública, para que se manifeste, nos casos em que ela possuir interesse. É oportuno ressaltar que a participação da Fazenda Pública não configura, por si só, intervenção do Ministério Público (art. 178, parágrafo único).

Art. 723. O juiz decidirá o pedido no prazo de 10 (dez) dias.

Parágrafo único. O juiz não é obrigado a observar critério de legalidade estrita, podendo adotar em cada caso a solução que considerar mais conveniente ou oportuna.

Arts. 724 e 725

• **Comentário**

Caput. O juiz deverá proferir a sentença no prazo de dez dias. Não se aplica, pois, o prazo de trinta dias, previsto no art. 226, III.

Parágrafo único. Por exceção, o juiz não estará obrigado, ao proferir a decisão, o critério de legalidade estrita, sendo-lhe facultado adotar em cada caso a solução de reputar mais conveniente ou oportuna. Essa faculdade que a norma comete ao magistrado não significa que este possa decidir de maneira arbitrária, ou seja, sem o mínimo fundamento na ordem jurídica. O que o texto legal lhe permite, pois, é decidir com certa carga de discricionariedade.

Art. 724. Da sentença caberá apelação.

• **Comentário**

No processo do trabalho, a sentença poderá ser impugnada mediante recurso ordinário.

A sentença proferida nos procedimentos denominados de "jurisdição voluntária" produz, apenas, a coisa julgada formal; não, a material, de que trata o art. 502 do CPC.

Art. 725. Processar-se-á na forma estabelecida nesta Seção o pedido de:

I — emancipação;

II — sub-rogação;

III — alienação, arrendamento ou oneração de bens de crianças ou adolescentes, de órfãos e de interditos;

IV — alienação, locação e administração da coisa comum;

V — alienação de quinhão em coisa comum;

VI — extinção de usufruto, quando não decorrer da morte do usufrutuário, do termo da sua duração ou da consolidação, e de fideicomisso, quando decorrer de renúncia ou quando ocorrer antes do evento que caracterizar a condição resolutória;

VII — expedição de alvará judicial;

VIII — homologação de autocomposição extrajudicial, de qualquer natureza ou valor.

Parágrafo único. As normas desta Seção aplicam-se, no que couber, aos procedimentos regulados nas seções seguintes.

• **Comentário**

Caput. A norma indica, nos incisos I a VIII, alguns casos que se submeterão ao procedimento da "jurisdição voluntária".

Incisos. Nenhum dos incisos aqui especificados poderá justificar a adoção, na Justiça do Trabalho, do procedimento da "jurisdição voluntária". Quanto aos incisos I a VI, as matérias nele referidas não entram na competência dessa Justiça Especializada. A expedição de alvará, na Justiça do Trabalho, não necessita submeter-se ao formalismo do procedimento da "jurisdição voluntária" (inciso VII). O mesmo se afirme quanto à homologação de autocomposição extrajudicial, pois o processo do trabalho possui normas próprias acerca do termo de conciliação firmado no âmbito Comissões de Conciliação prévia (CLT, art. 625-E) ou do termo de ajustamento de conduta celebrado com o Ministério Público do Trabalho.

Parágrafo único. Prevê-se a aplicação das normas contidas na Seção I do Capítulo XV aos procedimentos regulados na Seções subsequentes, no que couberem.

Seção II
Da Notificação e da Interpelação

Art. 726. Quem tiver interesse em manifestar formalmente sua vontade a outrem sobre assunto juridicamente relevante poderá notificar pessoas participantes da mesma relação jurídica para dar-lhes ciência de seu propósito.

§ 1º Se a pretensão for a de dar conhecimento geral ao público, mediante edital, o juiz só a deferirá se a tiver por fundada e necessária ao resguardo de direito.

§ 2º Aplica-se o disposto nesta Seção, no que couber, ao protesto judicial.

• **Comentário**

Caput. O CPC de 1873 previa as figuras do protesto, da notificação e da interpelação. Aparentemente, o Código atual teria eliminado a primeira, pois a Seção II somente faz referência à notificação e à interpelação. Sucede, porém, que o § 2º do art. 726 demonstra ser equivocada essa conclusão, pois manda aplicar ao protesto as disposições contidas na precitada Seção.

O protesto, a notificação e a interpelação constituem forma de manifestação de vontade e não negócios jurídicos, conquanto estejam submetidos aos preceitos de direito material relativos às declarações de vontade, e à capacidade processual. São denominados de procedimentos *receptícios*, pois neles não se produzem provas e não há o proferimento de sentença.

Elemento característico do protesto é o fato de o protestante haver declarado um direito concernente a si mesmo, ou a exteriorização da manifestação volitiva que complemente uma outra ou delimite o círculo jurídico do protestante; da *notificação* é encerrar expressão de acontecimento de espírito (vontade, representação), produzindo o seu efeito *ex lege* ou *ex voluntate*; a notificação supõe "nota" pela qual se dá ciência a alguém de alguma coisa, sem que vá nisso qualquer comunicação de vontade; a da *interpelação* reside na exteriorização da vontade, desprovida de eficácia jurídica por si própria; tal eficácia depende do ato ou da omissão de quem é interpelado (Pontes de Miranda, *ibidem*).

Em síntese: *a)* se a manifestação volitiva é suscetível de ser *recebida* por alguém — que não o juiz — (protesto receptício, notificação ou interpelação), relativamente ao qual se angulariza a relação jurídica estabelecida no processo, haverão de ser observadas as normas correspondentes ao direito material; *b)* não sendo necessária ou possível a recepção, isto significa que a lei apenas exigiu a forma judicial para a validade da expressão volitiva, sendo que, nessa hipótese, não há lugar para exigir-se a capacidade processual daquele contra o qual os efeitos do protesto deverão ser produzidos (Pontes de Miranda, *ibidem*).

Conceito. Finalidade

O elemento comum ao protesto, à notificação e à interpelação é o serem não-contenciosos, de par com possuírem natureza conservativa.

De certa forma, podemos dizer que o protesto representa o gênero das manifestações que o indivíduo formula em juízo com o objetivo de prevenir responsabilidade, prover a conservação e a ressalva de direitos. Sob esse aspecto, a notificação e a interpelação representam mera modalidade desse ato genérico pelo qual o indivíduo se expressa juridicamente.

Do ponto de vista estrito de seus objetivos, todavia, as medidas acautelatórias em exame apresentam singularidades que autorizam a separar umas das outras. Vejamos.

a) *Protesto*. Destina-se: 1) a *prevenir responsabilidade*, como quando empregado, motorista de ônibus, é forçado a dirigir veículo que se encontra com os freios em péssimas condições: pretendendo prevenir responsabilidade, o empregado poderá valer-se do protesto, a fim de que não venha, mais tarde, a ser responsabilizado por eventual acidente ocasionado pela falta de freios no veículo; 2) a *prover a conservação de direito*, valendo-se do protesto para, p. ex., interromper a prescrição extintiva. A este respeito, é importante formular duas observações: a) o inciso II, do art. 202, do Código Civil, prevê, de maneira expressa, o uso do protesto como causa interruptiva da prescrição; b) o *caput* dessa norma legal, por outro lado, esclarece que a interrupção da prescrição somente poderá ocorrer uma vez; 3) *prover a ressalva do direito*, protestando contra a venda dos bens do empregador, mediante o fundamento de que, com isso, não restarão bens suficientes para atender ao crédito trabalhista.

É impossível deixar de reconhecer, porém, que enquanto não existir, para o trabalhador de nosso país, uma efetiva garantia de emprego, o manejo da providência cautelar em questão, em quaisquer de suas finalidades, representará para ele um poderoso risco de perder o único meio de que dispõe para prover a sua subsistência e a da família.

É aplicável ao protesto as disposições regentes da notificação e da interpelação (CPC, art. 726, parágrafo único).

b) *Notificação*. A CLT utiliza o vocábulo *notificação* para representar a comunicação dos atos processuais em geral (intimação, citação); não é com esse sentido, entrementes, que nos interessa o seu estudo, e sim como significativo de uma espécie de cautela típica.

Pela notificação a pessoa manifesta, de maneira formal, a sua vontade a outrem a respeito de assunto juridicamente relevante (CPC, art. 726).

Enfim, o uso da notificação é vasto, quase ilimitado, no âmbito das relações jurídicas intersubjetivas individuais, ou eventualmente coletivas.

c) *Interpelação*. Dela falaremos ao comentarmos o art. 727.

§ 1º Caso a pretensão manifestada na causa seja de dar conhecimento geral ao público, por meio de edital, a medida somente deverá ser deferida se o juiz a reputar fundada e necessário ao resguardo do direito do autor.

§ 2º Conforme havíamos antecipado no comentário ao caput do art. 726, o parágrafo *sub examen* determina a aplicação ao protesto, no que for cabível, as disposições constantes da Seção II, pertinente à notificação e à interpelação.

Art. 727. Também poderá o interessado interpelar o requerido, no caso do art. 726, para que faça ou deixe de fazer o que o requerente entenda ser de seu direito.

• **Comentário**

A pessoa interessada poderá interpelar outrem, com fundamento no art. 726, com a finalidade de compeli-lo a fazer ou a deixar de fazer aquilo que o requerente entenda ser de seu direito.

Poderia um empregado, *e. g.*, notificar o seu empregador para cumprir determinada cláusula da convenção coletiva de trabalho (fazer) ou cientificá-lo de que a transferência que este pretende impor, quanto à localidade de prestação dos serviços, é ilegal (não fazer).

Art. 728. O requerido será previamente ouvido antes do deferimento da notificação ou do respectivo edital:

I — se houver suspeita de que o requerente, por meio da notificação ou do edital, pretende alcançar fim ilícito;

II — se tiver sido requerida a averbação da notificação em registro público.

• **Comentário**

Caput. A norma determina a audiência do requerido antes de ser deferida a notificação ou o respectivo edital nas situações previstas nos incisos I e II. Há, pois, contraditório prévio.

Inciso I. Havendo suspeita de que o requerente, por meio da notificação ou do edital, visa a alcançar finalidade ilícita.

Inciso II. Caso tenha sido requerida a averbação da notificação (assim como da do protesto ou da interpelação) em registro público.

Art. 729. Deferida e realizada a notificação ou interpelação, os autos serão entregues ao requerente.

• **Comentário**

Realizada a notificação ou a interpelação (e ou o protesto) os autos serão entregues ao requerente. Essas medidas

São autoexaurientes, vale dizer, não estão necessariamente vinculadas a uma ação judicial futura, conquanto possam servir para instruir o ingresso em juízo.

Entendemos que se a notificação ou a interpelação foi realizada em desrespeito ao disposto no *caput* e incisos do art. 728, a decisão que deferir a medida poderá ser impugnada por meio de recurso (ordinário, no processo do trabalho). Neste caso, os autos não serão entregues ao requerente, pois será neles que se processará o recurso.

Seção III
Da Alienação Judicial

Art. 730. Nos casos expressos em lei, não havendo acordo entre os interessados sobre o modo como se deve realizar a alienação do bem, o juiz, de ofício ou a requerimento dos interessados ou do depositário, mandará aliená-lo em leilão, observando-se o disposto na Seção I deste Capítulo e, no que couber, o disposto nos arts. 879 a 903.

• **Comentário**

A norma, a nosso ver, é inaplicável ao processo do trabalho. Aqui, não se deve admitir que as partes, mediante comunhão de vontades, decidam sobre qual a forma que a expropriação deverá ser realizada. Convém rememorar a advertência de Lacordaire: "Entre o forte e o fraco, entre o rico e o pobre, é a liberdade que escraviza, é a lei que liberta".

Seção IV
Do Divórcio e da Separação Consensuais, da Extinção Consensual de União Estável e da Alteração do Regime de Bens do Matrimônio

A Justiça do Trabalho não possui competência para apreciar as matérias a que se refere esta Seção. Por esse motivo, não comentaremos os arts. 731 a 745.

Art. 731. A homologação do divórcio ou da separação consensuais, observados os requisitos legais, poderá ser requerida em petição assinada por ambos os cônjuges, da qual constarão:

I — as disposições relativas à descrição e à partilha dos bens comuns;

II — as disposições relativas à pensão alimentícia entre os cônjuges;

III — o acordo relativo à guarda dos filhos incapazes e ao regime de visitas; e

IV — o valor da contribuição para criar e educar os filhos.

Parágrafo único. Se os cônjuges não acordarem sobre a partilha dos bens, far-se-á esta depois de homologado o divórcio, na forma estabelecida nos arts. 647 a 658.

Art. 732. As disposições relativas ao processo de homologação judicial de divórcio ou de separação consensuais aplicam-se, no que couber, ao processo de homologação da extinção consensual de união estável.

Art. 733. O divórcio consensual, a separação consensual e a extinção consensual de união estável, não havendo nascituro ou filhos incapazes e observados os requisitos legais, poderão ser realizados por escritura pública, da qual constarão as disposições de que trata o art. 731.

§ 1º A escritura não depende de homologação judicial e constitui título hábil para qualquer ato de registro, bem como para levantamento de importância depositada em instituições financeiras.

§ 2º O tabelião somente lavrará a escritura se os interessados estiverem assistidos por advogado ou por defensor público, cuja qualificação e assinatura constarão do ato notarial.

Art. 734. A alteração do regime de bens do casamento, observados os requisitos legais, poderá ser requerida, motivadamente, em petição assinada por ambos os cônjuges, na qual serão expostas as razões que justificam a alteração, ressalvados os direitos de terceiros.

§ 1º Ao receber a petição inicial, o juiz determinará a intimação do Ministério Público e a publicação de edital que divulgue a pretendida alteração de bens, somente podendo decidir depois de decorrido o prazo de 30 (trinta) dias da publicação do edital.

§ 2º Os cônjuges, na petição inicial ou em petição avulsa, podem propor ao juiz meio alternativo de divulgação da alteração do regime de bens, a fim de resguardar direitos de terceiros.

§ 3º Após o trânsito em julgado da sentença, serão expedidos mandados de averbação aos cartórios de registro civil e de imóveis e, caso qualquer dos cônjuges seja empresário, ao Registro Público de Empresas Mercantis e Atividades Afins.

Seção V
Dos Testamentos e dos Codicilos

Art. 735. Recebendo testamento cerrado, o juiz, se não achar vício externo que o torne suspeito de nulidade ou falsidade, o abrirá e mandará que o escrivão o leia em presença do apresentante.

§ 1º Do termo de abertura constarão o nome do apresentante e como ele obteve o testamento, a data e o lugar do falecimento do testador, com as respectivas provas, e qualquer circunstância digna de nota.

§ 2º Depois de ouvido o Ministério Público, não havendo dúvidas a serem esclarecidas, o juiz mandará registrar, arquivar e cumprir o testamento.

§ 3º Feito o registro, será intimado o testamenteiro para assinar o termo da testamentária.

§ 4º Se não houver testamenteiro nomeado ou se ele estiver ausente ou não aceitar o encargo, o juiz nomeará testamenteiro dativo, observando-se a preferência legal.

§ 5º O testamenteiro deverá cumprir as disposições testamentárias e prestar contas em juízo do que recebeu e despendeu, observando-se o disposto em lei.

Art. 736. Qualquer interessado, exibindo o traslado ou a certidão de testamento público, poderá requerer ao juiz que ordene o seu cumprimento, observando-se, no que couber, o disposto nos parágrafos do art. 735.

Art. 737. A publicação do testamento particular poderá ser requerida, depois da morte do testador, pelo herdeiro, pelo legatário ou pelo testamenteiro, bem como pelo terceiro detentor do testamento, se impossibilitado de entregá-lo a algum dos outros legitimados para requerê-la.

§ 1º Serão intimados os herdeiros que não tiverem requerido a publicação do testamento.

§ 2º Verificando a presença dos requisitos da lei, ouvido o Ministério Público, o juiz confirmará o testamento.

§ 3º Aplica-se o disposto neste artigo ao codicilo e aos testamentos marítimo, aeronáutico, militar e nuncupativo.

§ 4º Observar-se-á, no cumprimento do testamento, o disposto nos parágrafos do art. 735.

Seção VI
Da Herança Jacente

Art. 738. Nos casos em que a lei considere jacente a herança, o juiz em cuja comarca tiver domicílio o falecido procederá imediatamente à arrecadação dos respectivos bens.

Art. 739. A herança jacente ficará sob a guarda, a conservação e a administração de um curador até a respectiva entrega ao sucessor legalmente habilitado ou até a declaração de vacância.

§ 1º Incumbe ao curador:

I – representar a herança em juízo ou fora dele, com intervenção do Ministério Público;

II – ter em boa guarda e conservação os bens arrecadados e promover a arrecadação de outros porventura existentes;

III – executar as medidas conservatórias dos direitos da herança;

IV – apresentar mensalmente ao juiz balancete da receita e da despesa;

V – prestar contas ao final de sua gestão.

§ 2º Aplica-se ao curador o disposto nos arts. 159 a 161.

Art. 740. O juiz ordenará que o oficial de justiça, acompanhado do escrivão ou do chefe de secretaria e do curador, arrole os bens e descreva-os em auto circunstanciado.

§ 1º Não podendo comparecer ao local, o juiz requisitará à autoridade policial que proceda à arrecadação e ao arrolamento dos bens, com 2 (duas) testemunhas, que assistirão às diligências.

§ 2º Não estando ainda nomeado o curador, o juiz designará depositário e lhe entregará os bens, mediante simples termo nos autos, depois de compromissado.

§ 3º Durante a arrecadação, o juiz ou a autoridade policial inquirirá os moradores da casa e da vizinhança sobre a qualificação do falecido, o paradeiro de seus sucessores e a existência de outros bens, lavrando-se de tudo auto de inquirição e informação.

§ 4º O juiz examinará reservadamente os papéis, as cartas missivas e os livros domésticos e, verificando que não apresentam interesse, mandará empacotá-los e lacrá-los para serem assim entregues aos sucessores do falecido ou queimados quando os bens forem declarados vacantes.

§ 5º Se constar ao juiz a existência de bens em outra comarca, mandará expedir carta precatória a fim de serem arrecadados.

§ 6º Não se fará a arrecadação, ou essa será suspensa, quando, iniciada, apresentarem-se para reclamar os bens o cônjuge ou companheiro, o herdeiro ou o testamenteiro notoriamente reconhecido e não houver oposição motivada do curador, de qualquer interessado, do Ministério Público ou do representante da Fazenda Pública.

Art. 741. Ultimada a arrecadação, o juiz mandará expedir edital, que será publicado na rede mundial de computadores, no sítio do tribunal a que estiver vinculado o juízo e na plataforma de editais do Conselho Nacional de Justiça, em que permanecerá por 3 (três) meses, ou, não havendo sítio, no órgão oficial e na imprensa da comarca, por 3 (três) vezes com intervalos de 1 (um) mês, para que os sucessores do falecido venham a habilitar-se no prazo de 6 (seis) meses contado da primeira publicação.

§ 1º Verificada a existência de sucessor ou de testamenteiro em lugar certo, far-se-á a sua citação, sem prejuízo do edital.

§ 2º Quando o falecido for estrangeiro, será também comunicado o fato à autoridade consular.

§ 3º Julgada a habilitação do herdeiro, reconhecida a qualidade do testamenteiro ou provada a identidade do cônjuge ou companheiro, a arrecadação converter-se-á em inventário.

§ 4º Os credores da herança poderão habilitar-se como nos inventários ou propor a ação de cobrança.

Art. 742. O juiz poderá autorizar a alienação:

I – de bens móveis, se forem de conservação difícil ou dispendiosa;

II – de semoventes, quando não empregados na exploração de alguma indústria;

III – de títulos e papéis de crédito, havendo fundado receio de depreciação;

IV – de ações de sociedade quando, reclamada a integralização, não dispuser a herança de dinheiro para o pagamento;

V – de bens imóveis:

a) se ameaçarem ruína, não convindo a reparação;

b) se estiverem hipotecados e vencer-se a dívida, não havendo dinheiro para o pagamento.

§ 1º Não se procederá, entretanto, à venda se a Fazenda Pública ou o habilitando adiantar a importância para as despesas.

§ 2º Os bens com valor de afeição, como retratos, objetos de uso pessoal, livros e obras de arte, só serão alienados depois de declarada a vacância da herança.

Art. 743. Passado 1 (um) ano da primeira publicação do edital e não havendo herdeiro habilitado nem habilitação pendente, será a herança declarada vacante.

§ 1º Pendendo habilitação, a vacância será declarada pela mesma sentença que a julgar improcedente, aguardando-se, no caso de serem diversas as habilitações, o julgamento da última.

§ 2º Transitada em julgado a sentença que declarou a vacância, o cônjuge, o companheiro, os herdeiros e os credores só poderão reclamar o seu direito por ação direta.

Seção VII
Dos Bens dos Ausentes

Art. 744. Declarada a ausência nos casos previstos em lei, o juiz mandará arrecadar os bens do ausente e nomear-lhes-á curador na forma estabelecida na Seção VI, observando-se o disposto em lei.

Art. 745. Feita a arrecadação, o juiz mandará publicar editais na rede mundial de computadores, no sítio do tribunal a que estiver vinculado e na plataforma de editais do Conselho Nacional de Justiça, onde permanecerá por 1 (um) ano, ou, não havendo sítio, no órgão oficial e na imprensa da comarca, durante 1 (um) ano, reproduzida de 2 (dois) em 2 (dois) meses, anunciando a arrecadação e chamando o ausente a entrar na posse de seus bens.

§ 1º Findo o prazo previsto no edital, poderão os interessados requerer a abertura da sucessão provisória, observando-se o disposto em lei.

§ 2º O interessado, ao requerer a abertura da sucessão provisória, pedirá a citação pessoal dos herdeiros presentes e do curador e, por editais, a dos ausentes para requererem habilitação, na forma dos arts. 689 a 692.

§ 3º Presentes os requisitos legais, poderá ser requerida a conversão da sucessão provisória em definitiva.

§ 4º Regressando o ausente ou algum de seus descendentes ou ascendentes para requerer ao juiz a entrega de bens, serão citados para contestar o pedido os sucessores provisórios ou definitivos, o Ministério Público e o representante da Fazenda Pública, seguindo-se o procedimento comum.

Seção VIII

Das Coisas Vagas

A Justiça do Trabalho não é dotada de competência para apreciar matéria pertinente a coisas vagas. Por essa razão, não comentaremos o art. 746.

Art. 746. Recebendo do descobridor coisa alheia perdida, o juiz mandará lavrar o respectivo auto, do qual constará a descrição do bem e as declarações do descobridor.

§ 1º Recebida a coisa por autoridade policial, esta a remeterá em seguida ao juízo competente.

§ 2º Depositada a coisa, o juiz mandará publicar edital na rede mundial de computadores, no sítio do tribunal a que estiver vinculado e na plataforma de editais do Conselho Nacional de Justiça ou, não havendo sítio, no órgão oficial e na imprensa da comarca, para que o dono ou o legítimo possuidor a reclame, salvo se se tratar de coisa de pequeno valor e não for possível a publicação no sítio do tribunal, caso em que o edital será apenas afixado no átrio do edifício do fórum.

§ 3º Observar-se-á, quanto ao mais, o disposto em lei.

Seção IX

Da Interdição

Falece à Justiça do Trabalho competência para apreciar tema concernente à interdição. Assim sendo, não comentaremos os arts. 747 a 758.

Art. 747. A interdição pode ser promovida:

I – pelo cônjuge ou companheiro;

II – pelos parentes ou tutores;

III – pelo representante da entidade em que se encontra abrigado o interditando;

IV – pelo Ministério Público.

Parágrafo único. A legitimidade deverá ser comprovada por documentação que acompanhe a petição inicial.

Art. 748. O Ministério Público só promoverá interdição em caso de doença mental grave:

I – se as pessoas designadas nos incisos I, II e III do art. 747 não existirem ou não promoverem a interdição;

II – se, existindo, forem incapazes as pessoas mencionadas nos incisos I e II do art. 747.

Art. 749. Incumbe ao autor, na petição inicial, especificar os fatos que demonstram a incapacidade do interditando para administrar seus bens e, se for o caso, para praticar atos da vida civil, bem como o momento em que a incapacidade se revelou.

Parágrafo único. Justificada a urgência, o juiz pode nomear curador provisório ao interditando para a prática de determinados atos.

Art. 750. O requerente deverá juntar laudo médico para fazer prova de suas alegações ou informar a impossibilidade de fazê-lo.

Art. 751. O interditando será citado para, em dia designado, comparecer perante o juiz, que o entrevistará minuciosamente acerca de sua vida, negócios, bens, vontades, preferências e laços familiares e afetivos e sobre o que mais lhe parecer necessário para convencimento quanto à sua capacidade para praticar atos da vida civil, devendo ser reduzidas a termo as perguntas e respostas.

§ 1º Não podendo o interditando deslocar-se, o juiz o ouvirá no local onde estiver.

§ 2º A entrevista poderá ser acompanhada por especialista.

§ 3º Durante a entrevista, é assegurado o emprego de recursos tecnológicos capazes de permitir ou de auxiliar o interditando a expressar suas vontades e preferências e a responder às perguntas formuladas.

§ 4º A critério do juiz, poderá ser requisitada a oitiva de parentes e de pessoas próximas.

Art. 752. Dentro do prazo de 15 (quinze) dias contado da entrevista, o interditando poderá impugnar o pedido.

§ 1º O Ministério Público intervirá como fiscal da ordem jurídica.

§ 2º O interditando poderá constituir advogado, e, caso não o faça, deverá ser nomeado curador especial.

§ 3º Caso o interditando não constitua advogado, o seu cônjuge, companheiro ou qualquer parente sucessível poderá intervir como assistente.

Art. 753. Decorrido o prazo previsto no art. 752, o juiz determinará a produção de prova pericial para avaliação da capacidade do interditando para praticar atos da vida civil.

§ 1º A perícia pode ser realizada por equipe composta por expertos com formação multidisciplinar.

§ 2º O laudo pericial indicará especificadamente, se for o caso, os atos para os quais haverá necessidade de curatela.

Art. 754. Apresentado o laudo, produzidas as demais provas e ouvidos os interessados, o juiz proferirá sentença.

Art. 755. Na sentença que decretar a interdição, o juiz:

I – nomeará curador, que poderá ser o requerente da interdição, e fixará os limites da curatela, segundo o estado e o desenvolvimento mental do interdito;

II – considerará as características pessoais do interdito, observando suas potencialidades, habilidades, vontades e preferências.

§ 1º A curatela deve ser atribuída a quem melhor possa atender aos interesses do curatelado.

§ 2º Havendo, ao tempo da interdição, pessoa incapaz sob a guarda e a responsabilidade do interdito, o juiz atribuirá a curatela a quem melhor puder atender aos interesses do interdito e do incapaz.

§ 3º A sentença de interdição será inscrita no registro de pessoas naturais e imediatamente publicada na rede mundial de computadores, no sítio do tribunal a que estiver vinculado o juízo e na plataforma de editais do Conselho Nacional de Justiça, onde permanecerá por 6 (seis) meses, na imprensa local, 1 (uma) vez, e no órgão oficial, por 3 (três) vezes, com intervalo de 10 (dez) dias, constando do edital os nomes do interdito e do curador, a causa da interdição, os limites da curatela e, não sendo total a interdição, os atos que o interdito poderá praticar autonomamente.

Art. 756. Levantar-se-á a curatela quando cessar a causa que a determinou.

§ 1º O pedido de levantamento da curatela poderá ser feito pelo interdito, pelo curador ou pelo Ministério Público e será apensado aos autos da interdição.

§ 2º O juiz nomeará perito ou equipe multidisciplinar para proceder ao exame do interdito e designará audiência de instrução e julgamento após a apresentação do laudo.

Código de Processo Civil   Arts. 757 ao 763

§ 3º Acolhido o pedido, o juiz decretará o levantamento da interdição e determinará a publicação da sentença, após o trânsito em julgado, na forma do art. 755, § 3º, ou, não sendo possível, na imprensa local e no órgão oficial, por 3 (três) vezes, com intervalo de 10 (dez) dias, seguindo-se a averbação no registro de pessoas naturais.

§ 4º A interdição poderá ser levantada parcialmente quando demonstrada a capacidade do interdito para praticar alguns atos da vida civil.

Art. 757. A autoridade do curador estende-se à pessoa e aos bens do incapaz que se encontrar sob a guarda e a responsabilidade do curatelado ao tempo da interdição, salvo se o juiz considerar outra solução como mais conveniente aos interesses do incapaz.

Art. 758. O curador deverá buscar tratamento e apoio apropriados à conquista da autonomia pelo interdito.

Seção X

Disposições Comuns à Tutela e à Curatela

A Justiça do Trabalho não possui competência para apreciar matérias relativas à tutela e à curatela. Deixaremos, por isso, de comentar os arts. 759 a 763.

Art. 759. O tutor ou o curador será intimado a prestar compromisso no prazo de 5 (cinco) dias contado da:

I – nomeação feita em conformidade com a lei;

II – intimação do despacho que mandar cumprir o testamento ou o instrumento público que o houver instituído.

§ 1º O tutor ou o curador prestará o compromisso por termo em livro rubricado pelo juiz.

§ 2º Prestado o compromisso, o tutor ou o curador assume a administração dos bens do tutelado ou do interditado.

Art. 760. O tutor ou o curador poderá eximir-se do encargo apresentando escusa ao juiz no prazo de 5 (cinco) dias contado:

I – antes de aceitar o encargo, da intimação para prestar compromisso;

II – depois de entrar em exercício, do dia em que sobrevier o motivo da escusa.

§ 1º Não sendo requerida a escusa no prazo estabelecido neste artigo, considerar-se-á renunciado o direito de alegá-la.

§ 2º O juiz decidirá de plano o pedido de escusa, e, não o admitindo, exercerá o nomeado a tutela ou a curatela enquanto não for dispensado por sentença transitada em julgado.

Art. 761. Incumbe ao Ministério Público ou a quem tenha legítimo interesse requerer, nos casos previstos em lei, a remoção do tutor ou do curador.

Parágrafo único. O tutor ou o curador será citado para contestar a arguição no prazo de 5 (cinco) dias, findo o qual observar-se-á o procedimento comum.

Art. 762. Em caso de extrema gravidade, o juiz poderá suspender o tutor ou o curador do exercício de suas funções, nomeando substituto interino.

Art. 763. Cessando as funções do tutor ou do curador pelo decurso do prazo em que era obrigado a servir, ser-lhe-á lícito requerer a exoneração do encargo.

§ 1º Caso o tutor ou o curador não requeira a exoneração do encargo dentro dos 10 (dez) dias seguintes à expiração do termo, entender-se-á reconduzido, salvo se o juiz o dispensar.

§ 2º Cessada a tutela ou a curatela, é indispensável a prestação de contas pelo tutor ou pelo curador, na forma da lei civil.

Seção XI

Da Organização e da Fiscalização das Fundações

Não há competência da Justiça do Trabalho para examinar matéria alusiva à organização e à fiscalização das fundações. Por esse motivo, não comentaremos os arts. 764 e 766.

Art. 764. O juiz decidirá sobre a aprovação do estatuto das fundações e de suas alterações sempre que o requeira o interessado, quando:

I — ela for negada previamente pelo Ministério Público ou por este forem exigidas modificações com as quais o interessado não concorde;

II — o interessado discordar do estatuto elaborado pelo Ministério Público.

§ 1º O estatuto das fundações deve observar o disposto na Lei n. 10.406, de 10 de janeiro de 2002 (Código Civil).

§ 2º Antes de suprir a aprovação, o juiz poderá mandar fazer no estatuto modificações a fim de adaptá-lo ao objetivo do instituidor.

Art. 765. Qualquer interessado ou o Ministério Público promoverá em juízo a extinção da fundação quando:

I — se tornar ilícito o seu objeto;

II — for impossível a sua manutenção;

III — vencer o prazo de sua existência.

Seção XII

Da Ratificação dos Protestos Marítimos e dos Processos Testemunháveis Formados a Bordo

Falta competência à Justiça do Trabalho para apreciar a matéria prevista nesta Seção. Não apreciaremos, por isso, os arts. 776 a 770.

Art. 766. Todos os protestos e os processos testemunháveis formados a bordo e lançados no livro Diário da Navegação deverão ser apresentados pelo comandante ao juiz de direito do primeiro porto, nas primeiras 24 (vinte e quatro) horas de chegada da embarcação, para sua ratificação judicial.

Art. 767. A petição inicial conterá a transcrição dos termos lançados no livro Diário da Navegação e deverá ser instruída com cópias das páginas que contenham os termos que serão ratificados, dos documentos de identificação do comandante e das testemunhas arroladas, do rol de tripulantes, do documento de registro da embarcação e, quando for o caso, do manifesto das cargas sinistradas e a qualificação de seus consignatários, traduzidos, quando for o caso, de forma livre para o português.

Art. 768. A petição inicial deverá ser distribuída com urgência e encaminhada ao juiz, que ouvirá, sob compromisso a ser prestado no mesmo dia, o comandante e as testemunhas em número mínimo de 2 (duas) e máximo de 4 (quatro), que deverão comparecer ao ato independentemente de intimação.

§ 1º Tratando-se de estrangeiros que não dominem a língua portuguesa, o autor deverá fazer-se acompanhar por tradutor, que prestará compromisso em audiência.

§ 2º Caso o autor não se faça acompanhar por tradutor, o juiz deverá nomear outro que preste compromisso em audiência.

Art. 769. Aberta a audiência, o juiz mandará apregoar os consignatários das cargas indicadas na petição inicial e outros eventuais interessados, nomeando para os ausentes curador para o ato.

Art. 770. Inquiridos o comandante e as testemunhas, o juiz, convencido da veracidade dos termos lançados no Diário da Navegação, em audiência, ratificará por sentença o protesto ou o processo testemunhável lavrado a bordo, dispensado o relatório.

Parágrafo único. Independentemente do trânsito em julgado, o juiz determinará a entrega dos autos ao autor ou ao seu advogado, mediante a apresentação de traslado.

LIVRO II

DO PROCESSO DE EXECUÇÃO

TÍTULO I

DA EXECUÇÃO EM GERAL

CAPÍTULO I

DISPOSIÇÕES GERAIS

Art. 771. Este Livro regula o procedimento da execução fundada em título extrajudicial, e suas disposições aplicam-se, também, no que couber, aos procedimentos especiais de execução, aos atos executivos realizados no procedimento de cumprimento de sentença, bem como aos efeitos de atos ou fatos processuais a que a lei atribuir força executiva.

Parágrafo único. Aplicam-se subsidiariamente à execução as disposições do Livro I da Parte Especial.

Caput. Não havia, no CPC revogado, norma correspondente a esta.

A norma legal em exame regula não apenas o procedimento da execução lastreada em título *extrajudicial*, mas, também, no que couber: a) os procedimentos especiais de execução; b) os atos executivos realizados no procedimento de cumprimento da sentença; e c) os efeitos de atos ou fatos processuais aos quais a lei atribua força executiva.

Para melhor compreensão do assunto, sob a perspectiva do processo do trabalho, devemos reproduzir as considerações que expendemos em páginas anteriores.

No sistema do CPC de 1973, os processos de conhecimento e de execução eram autônomos. Por isso, quando o art. 162, § 1º, em sua redação original, conceituava a sentença como o ato pelo qual o juiz punha fim ao processo — decidindo, ou não, o mérito da causa — deveria entender-se que essa dicção legal dizia respeito ao processo de conhecimento. Com efeito, exaurido o processo cognitivo com o trânsito em julgado, tinha início um novo processo, o de execução, para o qual o devedor era citado (art. 614).

Tempos depois, o legislador verificou que a execução por quantia certa, contra devedor solvente, fundada em título judicial, era extremamente morosa; diante disso, editou a Lei n. 11.232/2005 que, de maneira algo revolucionária, trouxe essa execução para o processo de conhecimento. A contar daí, a referida execução deixou de ser um processo autônomo, convertendo-se em simples fase subsequente ao processo no qual se emitiu a sentença condenatória.

Por esse motivo, deixou-se de utilizar o vocábulo *execução*, passando a aludir-se ao *cumprimento da sentença* (art. 475-I), assim como se abandonou a denominação *embargos do devedor*, substituindo-a pela *impugnação à sentença* (CPC, arts. 475-J, § 1º, e 475-L). Ainda em razão disso, o devedor deixou de ser citado, para ser intimado a cumprir a sentença (CPC, art. 475-J, § 1º).

A expressão *cumprimento da sentença* era algo eufemística, porque, em rigor, o que havia, efetivamente, era *execução*. A propósito, o próprio art. 475-I declarava: "O cumprimento da sentença far-se-á conforme os arts. 461e 461-A desta Lei ou, tratando-se de obrigação por quantia certa, **por execução**, nos termos dos demais artigos deste Capítulo" (destacamos).

Essa alteração introduzida no CPC de 1973 veio para ficar — a julgar pelo Título II do CPC atual: "Do Cumprimento da Sentença".

No sistema do processo do trabalho, contudo, nada mudou. Aqui, a execução continua a constituir processo autônomo, motivo por que o devedor será sempre *citado* para cumprir a obrigação, seja de pagar quantia certa, de entregar coisa, de fazer, de não fazer, de emitir declaração de vontade e o mais que houver.

Sempre sustentamos a opinião de que o procedimento atinente ao "cumprimento da sentença", previsto no CPC de 1973, era inadmissível no processo do trabalho, pois aqui continuava a existir a clássica separação do processo de conhecimento em relação ao de execução, bastando ver, entre outras coisas, que o devedor era — e continua sendo — *citado* para a execução (CLT, art. 880). Pelo mesmo motivo afirmávamos que o conceito de sentença, estabelecido pela antiga redação do art. 162, § 1º, do CPC de 1973, se incorporara ao processo do trabalho, de tal arte que a posterior alteração desse conceito, pela Lei n. 11.232/2005 não teria nenhum ressonância nos sítios do processo do trabalho.

Código de Processo Civil

Conquanto estejamos sob a vigência de um novo CPC, a nossa opinião a respeito da inaplicabilidade do procedimento atinente ao "cumprimento da sentença" segue inabalável.

A CLT não é omissa a respeito do procedimento alusivo à execução, como revelam os arts. 876 a 892; logo, nenhum intérprete estará legalmente autorizado a adotar, em caráter supletivo, normas do processo civil respeitantes ao "cumprimento da sentença" (CLT, art. 769). É importante observar, a propósito, que não se trata de questionar se as normas do processo civil, no particular, são compatíveis ou incompatíveis com o processo do trabalho; a verificação dessa compatibilidade, ou não, pressupõe, fundamentalmente, a *omissão* da CLT acerca do assunto; e, como já assinalamos, a CLT não é lacunosa sobre o tema. Assim, incidem em grave equívoco interpretativo todos aqueles que, menosprezando, de maneira arbitrária, o pressuposto da omissão, lançam-se a discutir sobre a incidência, ou não, no processo do trabalho das normas do CPC pertinentes ao "cumprimento da sentença".

Será, portanto, à luz do entendimento de que no processo do trabalho a execução — seja fundada em título judicial, seja calcada em título extrajudicial — continua traduzindo processo autônomo, que examinaremos todas as normas integrantes do Livro III do CPC.

Parágrafo único. O normativo em foco manda aplicar à execução as disposições contidas nos Livros I e II. O primeiro trata da Parte Geral; o segundo, do Processo de Conhecimento.

Algumas normas contidas no sobreditos Livros incidem no processo do trabalho; outras, não — conforme já demonstramos até esta altura, e continuaremos a demonstrar nas páginas que se seguirão.

Art. 772. O juiz pode, em qualquer momento do processo:

I — ordenar o comparecimento das partes;

II — advertir o executado de que seu procedimento constitui ato atentatório à dignidade da justiça;

III — determinar que sujeitos indicados pelo exequente forneçam informações em geral relacionadas ao objeto da execução, tais como documentos e dados que tenham em seu poder, assinando-lhes prazo razoável.

• **Comentário**

Caput. A matéria estava parcialmente regulada no art. 599 do CPC revogado.

A norma versa alguns dos poderes de que o juiz é dotado no processo de execução. Ainda que inexistisse o art. 772, no sistema do CPC, o Juiz do Trabalho estaria autorizado pelo art. 765 da CLT a praticar todos os atos descritos na mencionada norma do CPC. A observar-se, ainda, a disposição do art. 139, VIII, do CPC, segundo a qual o juiz pode determinar, a qualquer tempo, o comparecimento pessoal das partes, para interrogá-las acerca dos fatos da causa (caso em que não incidirá a "pena" de confesso).

Inciso I. *Comparecimento das partes.* O Juiz do Trabalho pode ordenar, mediante intimação, o comparecimento das partes à audiência para diversas finalidades: tentar conciliá-las, obter informações ou esclarecimentos, etc. A norma em exame está em harmonia com a do art. 139, VIII, do mesmo Código. O desatendimento, sem motivo justificado, ao despacho judicial pode, em alguns casos, configurar o crime de desobediência (CP, art. 330).

Inciso II. *Ato atentatório.* O art. 774 indica como atos atentatórios à dignidade da justiça: a) a fraude à execução; b) a oposição maliciosa à execução, mediante o uso de ardis e de outros meios artificiosos; c) a criação de dificuldades ou embaraços à realização da penhora; d) a resistência injustificada às ordens judiciais; e) a não indicação dos bens sujeitos à penhora e seus valores, a não exibição de sua propriedade, a falta de indicação do lugar em que se encontram etc.

A definição do *tipo* de fraude à execução, para os efeitos do art. 772, dependerá do motivo pelo qual o juiz formulou advertência ao devedor.

Inciso III. *Fornecimento de informações.* O CPC revogado não continha norma dessa natureza. O acréscimo efetuado pelo CPC atual é extremamente útil aos interesses do credor e ao escopo da execução, pois o credor poderá indicar pessoas naturais ou jurídicas, a fim de que o juiz as intime para fornecer informações pertinentes ao objeto da execução, como documentos, dados, registros e o mais, que se encontram em poder delas, fixando-lhes prazo razoável para o atendimento ao despacho. É oportuno recordar a regra estampada no art. 378 do CPC: ninguém se exime do dever de colaborar com o Poder Judiciário para o descobrimento da verdade.

Art. 773. O juiz poderá, de ofício ou a requerimento, determinar as medidas necessárias ao cumprimento da ordem de entrega de documentos e dados.

Parágrafo único. Quando, em decorrência do disposto neste artigo, o juízo receber dados sigilosos para os fins da execução, o juiz adotará as medidas necessárias para assegurar a confidencialidade.

• **Comentário**

Caput. Não havia norma correspondente no CPC revogado.

Conforme vimos, o inciso III do art. 772 autoriza o juiz a intimar pessoas naturais ou jurídicas, apontadas pelo credor, a fornecerem informações em geral relacionadas ao objeto da execução, como documentos, dados etc.

Se essas pessoas deixarem de atender, sem justo motivo comprovado, ao despacho judicial, além de cometerem crime de desobediência permitirão ao juiz, *ex officio* ou a requerimento do interessado (geralmente, o credor), adotar as providências necessárias ao cumprimento da ordem de entrega de documentos e dados, como a busca e apreensão. A esse respeito, aliás, dispõe o art. 139, IV, do CPC, que o juiz poderá determinar todas as medidas indutivas, coercitivas, mandamentais ou sub-rogatórias necessárias para assegurar o cumprimento de sua ordem, inclusive nas ações que tenham por objeto prestação pecuniária.

Parágrafo único. Na eventualidade de o juiz receber dados que em nada se refiram ao objeto ou aos fins da execução, deverá adotar as medidas necessárias para preservar a confidencialidade desses dados, evitando, assim, a sua divulgação. Trata-se de um dever judicial de preservação de confidencialidade.

Art. 774. Considera-se atentatória à dignidade da justiça a conduta comissiva ou omissiva do executado que:

I — frauda a execução;

II — se opõe maliciosamente à execução, empregando ardis e meios artificiosos;

III — dificulta ou embaraça a realização da penhora;

IV — resiste injustificadamente às ordens judiciais;

V — intimado, não indica ao juiz quais são e onde estão os bens sujeitos à penhora e os respectivos valores, nem exibe prova de sua propriedade e, se for o caso, certidão negativa de ônus.

Parágrafo único. Nos casos previstos neste artigo, o juiz fixará multa em montante não superior a vinte por cento do valor atualizado do débito em execução, a qual será revertida em proveito do exequente, exigível nos próprios autos do processo, sem prejuízo de outras sanções de natureza processual ou material.

• **Comentário**

Caput. Cuidava do tema o art. 600 do CPC revogado.

O processo moderno, como método estatal de solução heterônoma dos conflitos de interesses, não é, como o processo do passado, coisa das partes (*sache der parteien*); nem o juiz figura como um "convidado de piedra"(NUGENT, Ricardo. *Congresso Internacional sobre Justiça do Trabalho*. Brasília: Anais, 1981), que se limita a contemplar, em atitude passiva, as partes a se digladiarem com ampla liberdade. O caráter publicístico do processo contemporâneo reserva aos litigantes uma faixa extremamente diminuta de disponibilidade, e salienta a figura do juiz como condutor soberano do processo.

Alteado ao procedimento de *reitor do processo*, o juiz, hoje, se encontra legalmente apercebido de uma vasta quantidade de poderes necessários ao exercício dessa regência exclusiva, por força da qual a ele incumbe, como dever, disciplinar, fiscalizar e reprimir certos atos praticados pelas partes, e mesmo por terceiro, mediante a submissão de todos às regras procedimentais traçadas por lei.

O acentuado componente inquisitivo do processo do trabalho — presente, também, no plano das ações individuais — justifica a outorga, ao Juiz do Trabalho, de poderes mais amplos que os são conferidos ao Juiz de Direito (CLT, art. 765). Revelam-se, como expressões concretas da largueza desse poder diretivo, entre outras, as de velar pela duração razoável do processo (CPC, art. 139, II); prevenir ou reprimir ato contrário à dignidade da justiça e indeferir postulações meramente protelatórias (*ibidem*, III); determinar medidas indutivas coercitivas, mandamentais ou sub-rogatórias necessárias para assegurar o cumprimento de ordem judicial, inclusive nas ações que tenham por objeto prestação pecuniária (*ibidem*, IV).

Os ordenamentos processuais modernos cumularam, enfim, em sua maioria, o juiz de um complexo de poderes, doutrinariamente designados *diretivos do processo*, que se exteriorizam ora sob a forma jurisdicional (vinculados), ora policial (discricionários: CPC, arts. 139, VII, e 360, III; CLT, art. 816), comportando os primeiros a subdivisão em ordinatórios, instrutórios e finais — embora entendamos ser possível incluir-se, aí, aquela classe de atos judiciais relativos à administração pública de interesses privados, impropriamente denominada "jurisdição voluntária" (*sic*).

Dentre os diversos poderes de que se encontra provido o juiz, nos tempos atuais, interessa ao estudo deste Capítulo o pertinente ao de prevenir ou reprimir ato contrário à dignidade da justiça (art. 139, III). Esse poder do juiz se articula com os *deveres* a que estão submetidos os litigantes, os terceiros e respectivos procuradores, e que se encontram contidos, em larga medida, nos arts. 77 e 78 do CPC.

As razões da outorga desse poder ao magistrado estavam lançadas na Exposição de Motivos do projeto do CPC de 1973, encaminhado pelo então Ministro da Justiça, Prof. Alfredo Buzaid, à consideração do Excelentíssimo Senhor Presidente da República: "O projeto consagra o princípio dispositivo (...), mas reforça a autoridade do Poder Judiciário, armando-o de poderes para prevenir ou reprimir qualquer ato atentatório à dignidade da Justiça (...). Este fenômeno ocorre mais frequentemente no processo de execução que no processo de conhecimento. É que o processo de conhecimento se desenvolve num sistema de igualdade entre as partes, segundo o qual ambos procuram alcançar uma sentença de mérito. Na execução, ao contrário, há desigualdade entre exequente e executado. O exequente tem posição de preeminência; o executado, estado de sujeição (quando exequente for o credor, é óbvio). Graças a essa situação de primado que a lei atribui ao exequente, realizam-se atos de execução forçada contra o devedor, que não pode impedi-los, nem subtrair-se a seus efeitos. A execução se presta, contudo, a manobras protelatórias, que arrastam os processos por anos, sem que o Poder Judiciário possa adimplir a prestação jurisdicional" (Cap. IV, "Do Plano da Reforma", III, Das Inovações, 18).

Duas atitudes poderia ter adotado o legislador, ao tratar do assunto em questão: de um lado, limitar-se a declarar que ao juiz incumbiria prevenir ou reprimir atos atentatórios à dignidade do Poder Judiciário, sem discriminar quais seriam esses atos; de outro, efetuar essa declaração de princípio, especificando os atos afrontosos do Judiciário. Optou pela última. Não se deve entender, entretanto, que o rol desses atos é exaustivo; o legislador, ao relacioná-los, pretendeu apenas destacar, em caráter exemplificativo, alguns desses atos, sem, contudo, impedir que outros — não compreendidos no elenco do art. 774 do CPC — possam vir a ser reputados atentatórios à dignidade da justiça, segundo o prudente arbítrio do juiz.

Nos termos do inciso II do art. 772, do CPC de 1973, o juiz poderia advertir ao devedor que o seu procedimento constituiria ato atentatório à dignidade da justiça. Essa norma não foi reproduzida pelo atual CPC. Em termos práticos, isso significa que, doravante, não há necessidade de advertência ao devedor de que o seu ato, na reincidência, poderá ser considerado atentatório à dignidade da justiça: para essa configuração é suficiente que quaisquer dos atos enumerados nos incisos I a V do art. 774 do CPC venham a ser praticados uma única vez, sem prévia advertência judicial.

Vejamos os casos que, conforme o dispositivo legal em exame, configuram ato atentatório à dignidade da justiça.

Inciso I. *Fraude à execução*. Sobre essa espécie de ato ofensivo da dignidade do Poder Judiciário iremos deitar considerações específicas no comentário ao art. 792 — para o qual, *per saltum*, remetemos o leitor. A fraude à execução, além de ser um ilícito processual e penal, implica atentado à dignidade do Judiciário.

Em regra, os casos de fraude de execução são os estampados no art. 792 do CPC, conquanto aceitemos as ponderações de Amílcar de Castro de que o sentido da locução "fraude à execução" é mais amplo que o da fraude de execução, pois o verbo *fraudar* foi empregado pelo legislador no inc. I do art. 774 do CPC com a acepção de "fraudar, baldar, inutilizar, malograr, tornar sem efeito" (obra cit., p. 108).

Inciso II. *Oposição maliciosa à execução*. O direito de defesa, que se assegura ao réu, não se esgota no processo de conhecimento, nada obstante aqui esse direito se manifeste de maneira ampla, dada a situação de absoluta igualdade das partes; também na execução, em que o réu, por força do título executivo, se convola para a qualidade de devedor-executado, se lhe permite defender-se, tanto que poderá oferecer embargos (CLT, art. 884). Nesse sentido, consente-se que o devedor reaja juridicamente à execução, embora se mantenha no ontológico *estado de sujeição* em que o colocou o princípio legal. É verdade, no entanto, que esses embargos não traduzem contestação nem recurso, mas ação incidental no processo de execução, de natureza constitutiva.

Não só na oportunidade dos embargos, se não que em todos os momentos da execução, essa resistência do devedor deve ser *jurídica*; caso contrário,

Art. 774

será arbitrária, ou seja, *maliciosa* — na linguagem da lei (CPC, art. 774, II). A oposição maliciosa caracteriza-se como ato atentatório à dignidade da justiça, acarretando ao devedor, em consequência, certas sanções processuais.

O próprio CPC considera litigante de má-fé aquele que, entre outras coisas: a) opõe resistência injustificada ao andamento do processo; e b) age de modo temerário em qualquer incidente ou ato do processo (art. 80, IV e V).

Em que pese ao fato de o legislador haver dito que atitude maliciosa é a decorrente do emprego de ardis e de meios artificiosos, nem sempre será tarefa simples detectar, na prática, semelhante velhacada com a segurança que se exige em situações como essas. A causa dessa dificuldade está no forte componente subjetivo dessa avaliação; em todo caso, alguns atos astuciosos do devedor podem ser identificados de maneira algo objetiva, como se dá, p. ex., quando:

a) nomeia bens à penhora, sem observar a ordem legal (Lei n. 6.830/80, art. 11);

b) indica, para o mesmo fim, bens situados fora do foro da execução, quando neste houver bens livres e desembargados (CPC, art. 848, III);

c) impugna a decisão de liquidação, ou oferece embargos à execução destituídos de qualquer fundamento legal ou ponderabilidade jurídica (CLT, art. 884, § 3º; CPC, art. 80).

Em síntese, sempre que o juiz se persuadir, segundo certos indícios ou circunstâncias que possa legitimamente invocar, de que o devedor se está opondo, com malícia, à execução, declarará o ato atentatório à dignidade da justiça, com fundamento no inc. II do art. 774 do CPC.

Inciso III. Dificulta a penhora. Esta causa constitui inovação do atual CPC. Sempre que o devedor dificultar ou embaraçar a realização da penhora estará praticando ato atentatório à dignidade da justiça. Para a configuração desse ato, não há necessidade de que o devedor tenha sido intimado, por exemplo, a indicar bens à penhora ou a apresentar documento comprobatório da propriedade do bem oferecido à apreensão judicial. O requisito da intimação só é exigido no caso do inciso V do mesmo dispositivo legal. Destarte, basta que o juiz se convença de que o devedor está a dificultar ou a embaraçar a realização da penhora, para que o declare praticante de ato atentatório à dignidade da justiça.

Inciso IV. Resistência injustificada. O juiz detém, em caráter monopólico, o comando processual; daí vem a faculdade que a lei lhe confere para, sempre que necessário, ordenar às partes que pratiquem determinado ato (mais frequente) ou se abstenham de praticá-lo (mais raro). Isso significa que os litigantes têm o dever de atender às determinações judiciais, desde que legítimas.

Sempre, portanto, que o *devedor* resistir, sem motivo justificável, às ordens emanadas do juiz, o seu ato será legalmente interpretado como atentatório à dignidade da justiça. A redação que se havia dado ao Projeto do Código de 1973, a propósito do assunto, era mais extensa, pois, além de aludir à resistência injustificada, acrescentava: "Ao ponto de o juiz precisar requisitar a intervenção da força policial". A supressão dessa parte do texto foi, sem dúvida, acertada, porquanto, como estava, tornava algo embaraçosa a configuração do ato, visto depender de prévia requisição, pelo juiz, de força policial. O inc. IV do art. 774 do CPC, como se encontra redigido, possibilita que o ato do devedor seja tido como afrontoso à dignidade do Judiciário pela simples resistência injustificada deste às ordens judiciais.

Fique claro: o devedor pode resistir, *juridicamente*, à execução, por meio dos embargos que lhe são próprios (CLT, art. 884), ou de agravo de petição (CLT, art. 897, "a"), ou até mesmo via mandado de segurança (Lei n. 12.016/2009); o que não se consente é que essa resistência seja injustificada, vale dizer, sem um mínimo de fundamentação jurídica pertinente. Mesmo em sede de embargos à execução ou de agravo de petição pode ser configurada a prática de ato de resistência injustificada às ordens judiciais. A particularidade de, nesses casos, ter havido a garantia patrimonial da execução não impede a caracterização dessa resistência.

Podem ser indicadas como resistência injustificada às ordens emanadas do juízo competente, entre outras, as seguintes

a) o não comparecimento pessoal à presença do juiz, que fora determinado com apoio no art. 772, I, do CPC;

b) a não juntada de certo documento, que se encontrava em seu poder (CPC, art. 396);

c) o não fornecimento de informações ou esclarecimentos essenciais à causa etc.

Inciso V. Não indicação de bens. No sistema do CPC de 1973, esse ato atentatório à dignidade da justiça se caracterizava pelo fato de o devedor, intimado, não indicar ao juiz quais eram e onde se encontravam os bens sujeitos à penhora e seu valor. O CPC atual acrescentou a não exibição da prova de propriedade dos bens ou a certidão negativa de ônus.

Saiba-se, porém, que o simples fato de o devedor, citado, deixar de *oferecer* bens passíveis de penhora (CLT, art. 880, *caput*) não conduz à caracterização de ato atentatório à dignidade da justiça, cabendo ao oficial de justiça, nesse caso, efetuar a penhora de bens, tantos quantos forem necessários para garantir a execução. É certo que se o oficial de justiça não conseguir localizar bens do devedor incumbirá ao juiz, diante da certificação nesse sentido feita por aquele nos autos, *determinar* que o *devedor* aponte bens penhoráveis (além do local no que se encontram, o seu valor) e junte comprovante da propriedade ou certidão negativa de ônus; desatendida a ordem judicial, o ato do devedor amoldar-se-á à previsão do inc. V do art. 774 do CPC.

Temos observado, aliás, que na prática alguns juízes, cientificados pelo oficial de justiça de que não encontrou bens do devedor, para apreendê-los, mandam que o *credor* indigite bens deste último, com vistas àquela finalidade. A despeito de reconhecermos que o credor tenha, à evidência, interesse em fazer essa indicação, pensamos que melhor seria o juiz determinar, antes, que o próprio devedor o fizesse, dado que eventual descumprimento deste à ordem judicial trar-lhe-ia a aplicação da sanção referida no parágrafo único do art. 774 do CPC. Sendo assim, parece-nos aconselhável que o juiz somente dê ao credor a possibilidade de apontar bens do devedor após este descumprir a determinação que, nesse sentido, lhe havia sido dirigida.

Lembra Pontes de Miranda que também na execução para a entrega de coisa certa existirá esse dever do executado, "porque, se lhe cabe a escolha, tem de individualizar a coisa incerta, ou, se cabe ao credor, tem de indicar onde se encontra" (*Comentários*, p. 483).

Parágrafo único. Na vigência do CPC de 1973, se o devedor incorresse em quaisquer das situações descritas nos incisos I a V do art. 600 daquele Código incumbiria ao juiz adverti-lo para que não reincidisse na prática desses atos (CPC, art. 599, II). Se o devedor desrespeitasse essa advertência, o juiz o proibiria de falar nos autos, enquanto não lhe fosse relevada a pena. Essa sanção, de natureza estritamente processual, era, em nosso ver, contrastante com a garantia de ampla defesa, prevista no inciso LV do art. 5º da Constituição Federal.

Talvez por isso, a Lei n. 8.953/94 tenha dado nova redação ao art. 601 daquele CPC. A partir daí, a sanção a que se sujeitava o devedor que praticasse quaisquer dos atos mencionados no art. 600 do mesmo Código consistiria na imposição de multa pecuniária correspondente a vinte por cento do valor atualizado da execução.

Esse critério foi preservado pelo atual CPC.

Sendo assim, se o devedor praticar quaisquer dos atos descritos nos incisos I a V do art. 774, o juiz — sem prévia advertência quanto as consequências legais dessa prática — aplicar-lhe-á multa em valor não excedente a vinte por cento do valor do débito em execução, atualizado monetariamente, que verterá em benefício do credor, podendo ser exigida nos mesmos autos, sem prejuízo de outras sanções de natureza material ou processual.

No sistema do CPC de 1973, o juiz poderia relevar a pena se o devedor, além de comprometer-se a não mais praticar atos atentatórios à dignidade da justiça, oferecesse fiador idôneo que respondesse ao credor pela dívida principal, atualizada, acrescida dos juros, além de outras despesas e honorários de advogado.

Considerando que o CPC em vigor não reproduziu essa regra, nosso primeiro impulso seria concluir que, doravante, a pena pecuniária imposta ao devedor não mais poderia ser relevada. Conquanto essa conclusão esteja em harmonia com os princípios hermenêuticos, devemos ponderar que, ao menos no processo do trabalho, o juiz poderá relevar essa pena se o devedor, além de comprometer-se a não incidir na prática de atos que atentem contra a dignidade da justiça, oferecer fiador efetivamente idôneo, que se responsabilize pelo pagamento do débito atualizado, mais juros, despesas processuais e honorários de advogado. Assim dizemos, porque há situações em que os bens do devedor não são suficientes para atender, na integralidade, o crédito do exequente, motivo por que, *nesses estritos casos*, o juiz poderia relevar pena aplicada se o devedor oferecesse fiador idôneo, para as finalidade já mencionada. Afinal, de que adiantaria ao exequente ver o seu crédito aumentado em vinte por cento, em decorrência da multa, se o devedor não possuísse condições patrimoniais para cumprir a obrigação consubstanciada na sentença condenatória e estampada no mandado executivo?

Uma indagação inevitável: a multa prevista no parágrafo único do art. 774 do CPC seria aplicável à Fazenda Pública?

Em princípio, sim, pois a precitada norma legal não estabelece nenhuma ressalva quanto à Fazenda Pública. Além disso, seria desarrazoado supor que pudesse constituir prerrogativa desta a prática de atos desrespeitosos da dignidade do Poder Judiciário. É evidente que a multa só será aplicável à Fazenda Pública nos casos dos incisos II e IV do art. 774, porquanto não vemos como possa ela praticar fraude à execução (inc. I), dificultar ou embaraçar a realização de penhora (III) ou deva indicar bens passíveis de penhora (V).

A decisão pela qual se impõe à Fazenda Pública a multa em foco não está sujeita ao duplo grau de jurisdição, pois a remessa *ex officio* está restrita ao processo de conhecimento. Basta ver que o art. 1º, V, do Decreto-Lei n. 779/69 menciona o "recurso" ordinário *ex officio* (na verdade, remessa obrigatória). Na execução, não há recurso ordinário, mas agravo de petição.

Art. 775. O exequente tem o direito de desistir de toda a execução ou de apenas alguma medida executiva.

Parágrafo único. Na desistência da execução, observar-se-á o seguinte:

I — serão extintos a impugnação e os embargos que versarem apenas sobre questões processuais, pagando o exequente as custas processuais e os honorários advocatícios;

II — nos demais casos, a extinção dependerá da concordância do impugnante ou do embargante.

• **Comentário**

Caput. Reproduziu-se a norma do art. 569 do CPC revogado.

A regra nuclear, derivante da norma legal, é de que os atos praticados pelas partes, consistentes em declarações unilaterais ou bilaterais, produzem, de imediato, a constituição, a modificação ou a extinção de direitos processuais (CPC, art. 200, *caput*).

Por outro lado, o autor poderá desistir da ação (processo de conhecimento); essa desistência, todavia, somente será possível mediante o consentimento do réu, se este já tiver sido citado (CPC, art. 485, § 4º).

Nessa mesma linha, a lei concede ao credor a faculdade de *desistir* da execução ou de algumas medidas executivas (CPC, art. 775, *caput*); a desistência da execução, entretanto, não se confunde com a *renúncia* desta, conforme demonstraremos ao comentarmos o parágrafo único do art. 775.

A desistência da execução ou de algumas medidas executivas traduz *faculdade* do credor, que a exercerá segundo os critérios de oportunidade e conveniência.

Parágrafo único. Na desistência da execução deverão ser levadas em conta as seguintes regras: a) serão extintos os embargos que versarem apenas acerca de questões processuais, pagando o credor as custas e os honorários de advogado; b) nos demais casos, a extinção dependerá da concordância do embargante.

Em síntese: se os embargos do devedor disserem respeito, exclusivamente, a questões de ordem *processual*, a desistência da execução (pelo credor, obviamente) independerá da concordância do devedor (embargante). Se, ao contrário, os embargos tiverem como objeto o direito *material*, vale dizer, o *mérito*, a desistência da execução estará condicionada ao prévio assentimento do embargante.

Quanto à desistência de algumas *medidas executivas* (e não da execução, como um todo), estamos convencidos de que poderá ser manifestada (e produzir os correspondentes efeitos jurídicos) e homologada pelo juiz sem que o devedor deva ser chamado a pronunciar-se, ainda que tenha oferecido embargos.

Há uma indagação que, a esta altura, se faz imprescindível: ambas as espécies de desistência (da execução ou de apenas providências executivas) são admissíveis no processo do trabalho? A resposta exige extrema cautela.

Ainda que nos tornemos vulneráveis a críticas, abalançamo-nos a opinar que o empregado-credor poderá desistir da *execução* desde que: a) indique ao juiz os motivos por que o faz; b) o juiz esteja convencido de que inexistiu qualquer vício nessa manifestação volitiva do credor; c) o instrumento formal de manifestação de desistência (quando este for o caso) não esteja contaminado por alguma nulidade perceptível, ou que possa juridicamente declarar de ofício.

Para que não sejamos mal interpretados, devemos insistir em que a desistência da *execução* não importa *renúncia ao crédito* que deu origem à pretensão executiva. Sendo assim, embora desistindo da execução, o credor poderá vir a promovê-la, novamente, pois a extinção do processo executivo se dera sem resolução do "mérito" (CPC, art. 486). Essa nossa conclusão está lastreada no art. 771, parágrafo único, do CPC, a teor do qual são aplicáveis à execução, em caráter supletivo, as disposições regentes do processo cognitivo; entre outras disposições se encontra a do art. 486, a declarar que a extinção do processo — sem julgamento do mérito — "não obsta a que a parte proponha de novo a ação".

A desistência da execução não impedirá que ela tenha curso para efeito de cobrança das custas, emolumentos, honorários e outras despesas processuais devidas.

Assim como no processo civil, no do trabalho deverá ser permitida a desistência de algumas medidas executivas, sem que, para isso, haja necessidade de concordância do devedor, mesmo que tenha embargado a execução. Ao juiz ficará reservada, em todo o caso, a faculdade de indeferir o requerimento do credor, sempre que estiver convencido — com base nos fatos e demais circunstâncias dos autos — ser essa a melhor solução.

Quanto à *renúncia ao crédito*, em que se funda a execução, somente em casos excepcionais deverá o Juiz do Trabalho homologá-la, não apenas porque a tanto o autoriza o princípio da irrenunciabilidade dos direitos subjetivos dos trabalhadores, mas também porque, nessa hipótese, o processo seja extinto *com resolução do mérito* (CPC, art. 924, IV), impedindo, com isso, que o credor possa voltar a juízo para deduzir pretensões fundadas no mesmo título executivo.

Como dissemos algures, não é concebível pelo senso-comum que um trabalhador, após se submeter aos riscos de uma demanda judicial (processo de conhecimento), venha, mais tarde, já vencedor, simplesmente *renunciar* ao crédito pelo qual tanto lutou.

Naquelas situações — raras, conquanto não impossíveis — em que o empregador figura como *credor* (e não como devedor-exequente) do empregado não incidirão as restrições, que até aqui sugerimos, quanto à possibilidade de o juiz homologar a desistência da execução ou a renúncia ao crédito em que esta se baseia, uma vez que tais atos do empregador (credor) podem ser benéficos ao devedor (empregado).

Art. 776. O exequente ressarcirá ao executado os danos que este sofreu, quando a sentença, transitada em julgado, declarar inexistente, no todo ou em parte, a obrigação que ensejou a execução.

• **Comentário**

No processo do trabalho será extremamente rara a possibilidade de o juiz declarar inexistente (no todo ou em parte) a obrigação quando a execução fundar-se em título *judicial*. Essa possibilidade será mais concreta no caso de execução calcada em título extrajudicial, como seriam os casos do termo de ajustamento de conduta firmado com o Ministério Público Trabalho e do termo de conciliação celebrado em Comissão de Conciliação Prévia (CLT, art. 876, *caput*).

De qualquer modo, sempre que a sentença transitada em julgado declarar inexistente a obrigação que motivou a execução o credor ficará obrigado a ressarcir os danos acarretados ao devedor em decorrência da prática dos atos executivos.

Art. 777. A cobrança de multas ou de indenizações decorrentes de litigância de má-fé ou de prática de ato atentatório à dignidade da justiça será promovida nos próprios autos do processo.

• **Comentário**

O CPC revogado era omisso acerca do assunto.

O art. 777 não trata da mesma matéria que é versada no art. 776; não há, necessariamente, um nexo ou entrelaçamento entre ambos.

No art. 776, o ressarcimento que o credor deverá fazer ao devedor — em virtude de a sentença passada em julgado haver declarado não existir a obrigação em que se lastreou a execução — independe de má-fé por parte do credor, embora esta possa ocorrer em algumas situações. O art. 777 cuida dos casos de litigância de má-fé, previstos no art. 80, e da prática de ato atentatório à dignidade da justiça, esclarecendo que quando ocorrerem na execução a cobrança da multa ou da indenização será feita nos autos do próprio processo de execução.

CAPÍTULO II

DAS PARTES

Art. 778. Pode promover a execução forçada o credor a quem a lei confere título executivo.

§ 1º Podem promover a execução forçada ou nela prosseguir, em sucessão ao exequente originário:

I — o Ministério Público, nos casos previstos em lei;

II — o espólio, os herdeiros ou os sucessores do credor, sempre que, por morte deste, lhes for transmitido o direito resultante do título executivo;

III — o cessionário, quando o direito resultante do título executivo lhe for transferido por ato entre vivos;

IV — o sub-rogado, nos casos de sub-rogação legal ou convencional.

§ 2º A sucessão prevista no § 1º independe de consentimento do executado.

Art. 778

• **Comentário**

Caput. A matéria era regulada pelo art. 566 do CPC revogado.

A norma dispõe sobre a legitimidade ativa para o processo de execução forçada.

De ordinário, no processo do trabalho encontra-se legalmente legitimado para promover a execução baseada em título judicial o credor, ou seja, aquele que, tendo figurado como autor no processo de conhecimento, porta, agora, um título judicial exequível. A partir dessa afirmação, podemos mesmo construir a regra segundo a qual, por princípio, há uma coincidência física entre o autor (no processo de conhecimento) e o credor (no processo de execução), motivo por que a única diversidade possível de aí existir é quanto à nomenclatura. Trata-se, essencialmente, contudo, da mesma pessoa.

Nem sempre, contudo, a emissão do título executivo será precedida de um processo de conhecimento. Assim dizemos porque a execução forçada poderá fundar-se em título extrajudicial, como ocorre em relação ao *termo de conciliação* e ao *termo de ajustamento de conduta*, de que fala o art. 876 da CLT.

A CLT, como sabemos, não atribui legitimidade apenas ao credor *stricto sensu*, para dar início à execução, mas, em sentido mais amplo, a "qualquer interessado" (art. 878, *caput*). Esses "interessados", que o texto trabalhista não especifica, podem ser identificados no art. 778, § 1º, do CPC, mais o devedor e o próprio magistrado. Em verdade, essa norma forânea cuida de legitimação *superveniente*, que, embora seja algo rara na execução trabalhista, com ela é conciliável.

O credor a quem a lei confere título executivo. No processo do trabalho são títulos executivos: a) *judiciais*: 1) a sentença condenatória transitada em julgado (execução definitiva); 2) a sentença homologatória de transação; b) *extrajudiciais*: 1) o termo de ajustamento do conduta firmado com o Ministério Público do Trabalho; 2) o termo de conciliação celebrado em Comissão de Conciliação prévia (CLT, art. 876, *caput*).

Conforme dissemos, legitimado para promover a execução, em princípio, aquele que figura no título executivo, podendo ser um empregado ou ex-empregado, o sindicato, o Ministério Público do Trabalho, ou quem tenha prestado serviços mediante relação de trabalho.

§ 1º A norma indica, nos incisos I a IV, as pessoas que podem promover a execução ou nela prosseguir na qualidade de sucessores do credor originário.

Inciso I. *O Ministério Público do Trabalho.* Estatui o parágrafo único do art. 878 da CLT que, em se tratando de decisão proferida por Tribunal Regional, a execução poderá ser promovida pela Procuradoria da Justiça do Trabalho. Para que essa expressão do texto legal seja convenientemente entendida, torna-se necessário expender duas ordens de considerações sobre o assunto.

Em primeiro lugar, a Procuradoria poderá estar agindo na qualidade formal de parte ou de fiscal da lei (*custos legis*). No primeiro caso, ela em nada se distingue dos exequentes em geral; no segundo, todavia, merece algumas considerações. Como fiscal da lei, a Procuradoria apenas terá legitimidade para promover a execução das decisões proferidas pelo Tribunal Regional em matéria de sua competência *originária*, pois, regra geral, a execução se processa em primeiro grau de jurisdição (CLT, art. 877); mesmo assim, há casos em que, apesar de a decisão ter sido tirada pelo Tribunal, em matéria de sua competência originária, a execução é promovida perante órgão de primeiro grau, como acontece, *v. g.*, com os acórdãos normativos. Em segundo lugar, a legitimidade da Procuradoria para dar início à execução não vai além das custas e multas impostas pelo Tribunal no julgamento de mandado de segurança e de ações rescisórias, até porque o art. 746, "g", da CLT representa o mais significativo fundamento à limitação da legitimidade da Procuradoria, no que tange à sua incoação para deflagrar a execução.

Tratando-se, no entanto, de ação civil pública (Lei n. 7.347, de 24.7.1985), o Ministério Público do Trabalho estará legitimado para promover a execução da sentença se o autor não o fizer no prazo de sessenta dias após o trânsito em julgado (art. 15).

Se a ação civil pública foi ajuizada pelo próprio Ministério Público do Trabalho (CF, art. 129, II; Lei Complementar n. 75, de 20 de maio de 1993, art. 83, III), este, por mais forte razão, possuirá legitimidade para promover a execução da sentença ou do acórdão.

Inciso II. *Espólio, herdeiros ou sucessores.* Falecendo o trabalhador, o seu espólio, os seus herdeiros ou os seus sucessores poderão iniciar a execução ou nela prosseguir, conquanto não figurem no título exequendo (sentença, acórdão ou acordo inadimplido). O direito de exigir o cumprimento da obrigação não se extingue, portanto, com a morte do seu titular; tanto isso é certo que a lei outorga legitimidade para que outras pessoas possam agir em juízo, em nome do credor, com esse objetivo. O requisito fundamental é o de que, em virtude da morte do credor, seja transmitido ao espólio, aos herdeiros ou aos sucessores o direito proveniente do título executivo.

Essa alteração subjetiva da ação de execução é medida necessária para que o conteúdo obrigacional do título seja integralmente satisfeito pelo devedor. O espólio será, aqui, representado pelo inventariante (CPC, art. 75, VII).

Entre os casos — infrequentes, como dissemos — de modificação subjetiva da lide executiva, aliás, a presença do espólio é a menos escassa; afinal, sendo a morte a única certeza da vida, teria sido no mínimo insensato o legislador se não concedesse ao espólio, aos herdeiros ou sucessores do credor legitimidade ativa para atuarem no processo de execução.

Deles exigir-se-á, como é elementar, unicamente a prova dessa qualidade.

Um esclarecimento necessário: sobrevindo a morte do credor, o juiz — desde que o fato tenha chegado ao seu conhecimento — determinará a suspensão da execução (CPC, art. 921, I), até que se formalize a habilitação do espólio, dos herdeiros ou dos sucessores, conforme seja a hipótese; essa habilitação incidente é realizada de maneira extremamente simples, na execução trabalhista, adotando-se como diretriz legal os arts. 687 a 692 do CPC. Sendo assim, deverão ser juntadas aos autos a certidão de óbito do *de cujus* e a certidão de que o habilitante foi incluído, sem qualquer oposição, no inventário. Essa habilitação, despida de solenidades, independe de sentença, sendo, pois, admitida mediante simples despacho. O fato de a lei dispensar o proferimento de sentença não significa que o promovente da habilitação fique até mesmo eximido de *requerê-la*... A petição, nesse sentido, deverá, antes de mais nada, comunicar ao juiz a morte do credor, sem prejuízo da comprovação desse fato e da qualidade do habilitante.

Andou certo o legislador ao tratar, separadamente — embora no mesmo inciso —, o espólio, os herdeiros e os sucessores, pois no primeiro caso a herança ainda está *indivisa*, ao passo que nos dois últimos já foi partilhada.

Dessemelhança há, também, entre herdeiros e sucessores: enquanto os primeiros são sucessores *causa mortis*, por força de lei ou de disposição testamentária, os segundos podem suceder *causa mortis*, universal (herdeiro) ou singular (legatário), ou por ato *inter vivos*, em geral a título singular.

Verificamos, dessa forma, que todo herdeiro é, automaticamente, sucessor, a despeito de nem todo sucessor ser herdeiro.

Proceder-se-á, também, à habilitação nos autos da execução (que, no processo do trabalho, são os mesmos do processo de conhecimento, nos quais se contém o título sentencial exequendo, exceto no caso do art. 625-E, parágrafo único, da CLT) se, em outra causa, sentença passada em julgado houver atribuído ao habilitante a qualidade de herdeiro ou sucessor. Além disso, prescindirá de sentença a habilitação sempre que, oferecidos os pertinentes artigos, a parte (devedor) reconhecer a "procedência" do pedido e não houver oposição de terceiro.

Desde que não haja controvérsia judicial entre os herdeiros ou sucessores, pode-se aplicar no processo do trabalho a Lei n. 6.858, de 24 de novembro de 1980.

Inciso III. *Cessionários.* O instituto jurídico da cessão de créditos está disciplinado pelos arts. 286 e seguintes do CC.

Impende, contudo, verificar se o processo trabalhista admite que a pretensão executiva seja exercida pelo cessionário, como se dá no processo civil — aqui por expressa previsão legal.

Anotemos, antes, que o processo comum restringe a possibilidade de alteração subjetiva ativa à hipótese de cessão de direitos por ato *inter vivos*, considerando-a, por isso, um contrato entre as partes (cedente e cessionário), que manterá a sua eficácia mesmo depois da morte do primeiro.

Entendemos que, por princípio, nada impede ao empregado ceder a terceiro o seu crédito reconhecido por sentença transitada em julgado (ou que foi objeto de sentença homologatória), fazendo com que o cessionário fique legitimado a promover a execução ou nela prosseguir, conforme seja o momento em que a cessão ocorreu. É certo que se poderia objetar com o argumento de que, a prevalecer nossa opinião, restaria escoriada a competência constitucional da Justiça do Trabalho, pois no caso essa Justiça estaria apreciando um litígio entre quem não é empregado (cessionário) e o devedor (empregador). O argumento é, sem dúvida, ponderável; redargua-se, entretanto, em caráter proléptico, que a presença do cessionário, na execução, não elimina a pessoa do cedente-credor, sabendo-se que aquele figurará no processo em nome do substituído.

Sem embargo, malgrado o cessionário possua legitimidade para promover a execução, ou nela prosseguir, inexiste, quanto a ele, qualquer obrigação de *assumir* o lugar do cedente-credor; a espécie traduz, apenas, uma *faculdade* que lhe defere a lei. Caso o cessionário não deseje valer-se dessa faculdade, passará a atuar na execução como *substituto processual* do credor, de quem irá realizar a defesa do direito por força dessa legitimação *ad processum*. Com vistas a isso, deverá habilitar-se nos autos, mediante petição, fazendo desde logo prova da sua qualidade, assim como se exige do herdeiro ou do sucessor.

De qualquer forma, é conveniente observar que na ação de embargos de terceiro o embargante, de modo geral, não é parte na relação processual, vale dizer, não é trabalhador nem empregador — mas, a despeito disso, doutrina e jurisprudência concluíram, com acerto, pela competência da Justiça do Trabalho para apreciar esse tipo de ação incidental.

Para que a cessão de crédito, efetuada pelo empregador-credor, tenha eficácia jurídica em relação ao devedor, este deverá ser cientificado, exceto se, por instrumento público ou particular, já houver manifestado ciência da cessão realizada (CC, art. 290).

A menos que haja estipulação em contrário, o cedente não responde pela solvência do devedor (CC, art. 296).

Em suma, embora a cessão de crédito possa ser admitida no processo de execução trabalhista, as disposições integrantes dos arts. 286 a 298 do CC, nas quais a matéria está regulada, devem ser amoldadas, adequadas ao procedimento trabalhista, a fim de que sejam respeitados os princípios medulares que o informam. É de lei, todavia, que a cessão de crédito deve estar em consonância com a natureza da obrigação, com a própria lei, ou com a convenção estabelecida com o devedor (CC, art. 286).

Inciso IV. *Sub-rogados*. A doutrina civilista aponta a existência de duas modalidades de sub-rogação: a) real; e b) pessoal, segundo se trate de substituição de coisas ou de pessoas, respectivamente.

No processo do trabalho, a única sub-rogação possível é a de pessoas; é desta, aliás, que se ocupa o Código Civil Brasileiro, nos arts. 346 a 351.

Com apoio em Clóvis Beviláqua, podemos dizer que a sub-rogação constitui a transferência dos direitos do credor àquela pessoa que liquidou a obrigação, ou emprestou o suficiente para solvê-la; e acrescentamos: contanto que tenha existido condição expressa de o mutuante ficar sub-rogado nos direitos do credor satisfeito (CC, art. 347, II).

Nada obstante os institutos da cessão de crédito e da sub-rogação apresentem certas similitudes, a diferença nuclear está em que, no primeiro, o ato é praticado *pelo credor* (trabalhador, no plano do direito material do trabalho), que transfere o seu crédito a terceiro, enquanto, no segundo, o ato é realizado *por terceiro* e consiste no pagamento ao credor, ou no empréstimo ao devedor, de quantia bastante à plena satisfação do crédito.

Os pontos de contato entre esses institutos localizam-se na particularidade de tanto o cessionário quanto o sub-rogado não estarem obrigados a ingressar na execução, ou a promovê-la, podendo, por isso, o credor-cessionário ou sub-rogatório continuar na qualidade de substituto processual.

A sub-rogação pode ser legal ou convencional; lá, como parece claro, promana de norma legal (CC, art. 346); aqui, de ajuste das partes (art. 347).

O próprio diploma civil esclarece que, no caso de sub-rogação convencional (ou seja, quando o terceiro empresta ao devedor a quantia de que necessita para cumprir a obrigação etc.), "vigorará o disposto quanto à cessão do crédito" (art. 348), sobre o que estivemos a discorrer no item anterior (b).

Eventual alegação de que a sub-rogação tornaria incompetente a Justiça do Trabalho para processar a execução fica rechaçada pelos mesmos argumentos expostos na oportunidade do exame da cessão de crédito.

De resto, a doutrina processual trabalhista parece não se opor à admissibilidade da cessão de crédito e da sub-rogação (LAMARCA, Antonio. *Processo do trabalho comentado*. São Paulo: RT, 1982. p. 465; COSTA, Coqueijo, obra cit., p. 546; GIGLIO, Wagner, obra cit., p. 398), observada sempre a necessidade de adequar as normas do direito comum, regentes da matéria, às marcantes singularidades desse processo especializado e do correspondente procedimento.

Além das pessoas indicadas nos incisos do *caput* e do § 1º do art. 778 do CPC, podem promover a execução forçada, no processo do trabalho, o próprio devedor, o juiz e o advogado.

Para que nossa opinião seja entendida, devemos lembrar que nos termos do art. 878, *caput*, da CLT, a execução pode ser iniciada por *qualquer interessado*. São eles:

a) O devedor

Embora possa parecer estranha essa faculdade concedida ao devedor ela se destina a evitar que eventual inércia do credor faça com que atuem contra o devedor, com maior intensidade, os efeitos inerentes à sentença condenatória passada em julgado, como, *v. g.*, a incidência da correção monetária, dos juros da mora etc. Anota, ainda, Alcides de Mendonça Lima que o interesse do devedor em tomar a iniciativa da execução pode estar também relacionado à circunstância de, encontrando-se ainda em curso uma execução, isso impedi-lo de realizar certos negócios que exijam certidão negativa forense; de tal arte, ele terá interesse concreto em ver processada, o quanto antes, a execução em que figura como o sujeito passivo (*Comentários*. v. VI, tomo I, p. 177).

Em que pese à nossa afirmação de que no processo do trabalho o devedor pode ter a iniciativa da execução, não estamos, com isso, admitindo a aplicação, aqui, de todas as disposições do CPC a respeito da matéria.

Facultada ao devedor a iniciativa da execução, ele poderá apresentar artigos de liquidação — sempre que esta dever processar-se por semelhante modalidade —, que obedecerão ao procedimento comum (CPC, art. 511); todavia, se o credor-executado deixar de manifestar contrariedade a esses artigos não se cogitará de sua *confissão*, pois esta se encontra legalmente vinculada ao réu.

Deixemos nitidamente registrada a nossa opinião, no particular: o processo do trabalho admite que o devedor tome a iniciativa da execução e apresente, se for o caso, artigos de liquidação; repugna a esse processo, no entanto, a possibilidade de o credor-exequente ser considerado confesso quando deixar de manifestar-se a propósito desses artigos, máxime quando estiver atuando sem advogado.

Caso o credor-executado não aceite o valor oferecido pelo devedor-exequente, pensamos que a sua recusa não poderá ser manifestada por intermédio de *embargos*, não apenas porque estes constituem instrumento específico para a defesa do *devedor*, como o credor não encontraria em nenhum dos motivos previstos nos arts. 884, § 1º, da CLT; 525, § 1º e

917 do CPC apoio à sua insurgência. Como o credor, nessa hipótese, não poderia ficar coarctado em seu direito de resposta, parece-nos que a solução seria adotar-se — conquanto de maneira algo canhestra — o procedimento traçado para a ação de consignação em pagamento, que melhor se ajusta à situação em pauta.

Poderia, contudo, o devedor requerer a execução provisória da sentença, pendente de recurso por ele interposto (e admitido no efeito apenas "devolutivo")? Cremos que não. Ao permitir a execução provisória da sentença, o legislador tinha em conta, exclusivamente, o interesse do credor, daí por que lhe colocou ao alcance essa providência destinada a antecipar a realização de certos atos executivos (liquidação, sentença de liquidação, penhora e avaliação dos bens). Posto em relevo esse pressuposto do legislador, seria nimiamente desarrazoado consentir que o devedor promovesse a execução provisória da sentença por ele próprio impugnada pela via recursal; faltaria à sua pretensão, sem dúvida, a base lógica que justifica tal iniciativa pelo credor. De certo modo, essa atitude do devedor revela-se contraditória e inconciliável com a anterior, consistente na interposição de recurso da sentença, que agora aceita como título executivo... De outra parte, como sopesa José Frederico Marques, não é concebível que o credor tenha de assumir os riscos inerentes a essa forma de execução; ademais, "a demora que o recurso possa trazer é de culpa exclusiva do devedor que o interpôs" (*Instituições*. v. V, p. 177, n.166).

Ainda que o devedor venha a argumentar com a intenção de liberar-se da correção monetária e dos juros da mora, não se deverá atender ao seu requerimento de execução provisória, pois mesmo assim subsiste o antagonismo com a sua conduta anterior traduzida no exercício de uma pretensão recursal que está a render ensejo à incidência da correção monetária e da contagem dos juros. O Direito não pode ser convertido em serviçal de interesses meramente caprichosos da parte; se o devedor deseja, efetivamente, ver-se a salvo das consequências que o levaram a pedir a execução provisória, que desista do recurso interposto (CPC, art. 998), ou satisfaça a obrigação que dá conteúdo ao título executivo (CPC, art. 924, II).

b) O juiz

Permite ainda o art. 878, *caput*, da CLT que a execução (baseada em título judicial, esclareça-se) seja iniciada por impulso judicial *ex officio*; repousa nessa faculdade uma das mais acentuadas singularidades do processo do trabalho.

No plano da realidade prática, aliás, preponderam as execuções principiadas de ofício pelo magistrado, a demonstrar que a referida norma legal não é daquelas simplesmente programáticas, se não que vem sendo aplicada, dia a dia, com absolutos resultados positivos. Devendo, porém, a liquidação processar-se mediante artigos, impende reconhecer que ficará afastada a possibilidade de o juiz agir de ofício, na medida em que incumbe unicamente à parte oferecê-los. O mesmo já não se pode dizer da liquidação por arbitramento. Na vigência do CPC de 1973, essa modalidade de liquidação deveria ser *requerida* pelo interessado (art. 475-D); no sistema do CPC atual, ela é promovida *ex officio*, embora caiba às partes a apresentação de pareceres ou documentos elucidativos, no prazo fixado pelo juiz, como revela o art. 510. As considerações que acabamos de formular conduzem à regra conclusiva de que, em rigor, o Juiz do Trabalho só encontra condições de promover, *ex officio*, a execução quando: a) não houver necessidade de liquidação; b) havendo, esta dever ser processada sob a forma de cálculos ou de arbitramento. Estamos cogitando, como é óbvio, de execução por quantia certa (contra devedor solvente).

Iterando o que dissemos em páginas anteriores, pareceu a determinado segmento da doutrina que o impulso judicial de ofício, facultado pelo art. 878, *caput*, da CLT, teria sido sensivelmente reduzido pela Lei n. 5.584/70, cujo art. 4º estabelece que, "Nos dissídios de alçada exclusiva das Juntas e naqueles em que os empregados ou empregadores reclamarem pessoalmente, o processo poderá ser impulsionado de ofício pelo juiz". Nada mais inexato. O art. 878 da CLT, por ser norma dirigida *especificamente* à execução, não pode ser — segundo a melhor técnica hermenêutica — ab-rogada por preceito genérico, como é o caso do art. 4º da Lei n. 5.584/70; há de tirar-se, pois, a inferência de que esta última norma legal limitaria o impulso judicial *ex officio*, quando muito, no processo de conhecimento. Além disso, o que a Lei de 1970 procurou fazer foi nada mais do que *realçar* a faculdade de o juiz agir por sua iniciativa nas ações de alçada privativa dos órgãos de primeiro grau e naquelas em que as partes se encontrem no exercício do *ius postulandi*, que lhes concede a lei (CLT, art. 791, *caput*), embora entendamos que esta norma ordinária tenha sido revogada pelo art. 133 da atual Constituição. Embora o art. 1º, inciso I, da Lei n. 8.906, de 4 de julho de 1994 ("Estatuto da Advocacia"), haja consagrado essa nossa interpretação, o Supremo Tribunal Federal, por força da ADI n. 1.127-8-DF, promovida pela Associação dos Magistrados Brasileiros, sendo relator o Min. Paulo Brossard, concedeu medida liminar suspensiva da eficácia do referido dispositivo legal, no que diz respeito aos Juizados Especiais, *à Justiça do Trabalho* e à Justiça de Paz (DJU de 14.10.1994, seção I, p. 27596). Destacamos.

Quando a norma processual trabalhista (CLT, art. 878, *caput*) atribui ao juiz o poder-faculdade de promover a execução não se deve pensar que essa iniciativa judicial se esgota no ato de *dar início* a esse processo, se não que se estende ao conjunto dos atos integrantes do procedimento executivo — exceto se, em dado momento, a atuação da parte for indispensável. Cuide o magistrado, todavia, de manter uma posição o quanto possível neutral, pois o impulso de ofício, com que o contempla a lei, não deve servir de causa ao abandono a esse dever de imparcialidade.

Afinal, há sempre aquela indelével linha mediana de bom-senso, pela qual todos devemos orientar-nos na prática dos atos da vida e da qual não nos devemos afastar, principalmente, o juiz, ainda que — como tantas vezes assinalamos — na execução a preeminência jurídica seja do credor, em cujo interesse, por isso mesmo, esse processo se desenvolve.

Em enumeração que não pretende ser exaustante, indicaremos, a seguir, alguns casos em que o juiz poderá praticar, por sua iniciativa e com absoluta normalidade, atos impulsionantes da execução:

a) ordenar a intimação de testemunha que deixou de comparecer à audiência (CLT, art. 825, parágrafo único) de instrução dos artigos de liquidação ou dos embargos oferecidos pelo devedor ou por terceiro;

b) determinar o comparecimento das partes a juízo (CPC, art. 772, I);

c) fazer com que a penhora obedeça à ordem preferencial, estabelecida em lei (CPC, art. 835; CLT, art. 882);

e) suspender a execução, quando se verificarem, em concreto, quaisquer das hipóteses previstas no art. 40 da Lei n. 6.830/80.

Não pode o juiz, contudo, por ato espontâneo:

1) elaborar, pessoalmente, os artigos de liquidação ou mesmo os cálculos, *porquanto* a prática de tais atos incumbe, com exclusividade, às partes ou ao contador, respectivamente;

2) promover a execução *provisória* da sentença, pois isso poderia, em alguns casos, não ser do interesse do credor, levando em conta os riscos a que está sujeito (CPC, art. 520, I). Acima de tudo, essa iniciativa judicial é vedada não só pela norma legal mencionada como pelo art. 513, § 1.º, do mesmo Código.

c) O advogado

Estando o autor recebendo o benefício da assistência judiciária gratuita — inscrito constitucionalmente como um dos direitos do cidadão (art. 5º, LXXIV) e regulamentado, no âmbito da Justiça do Trabalho, pela Lei n. 5.584/70, arts. 14 e seguintes —, o advogado da entidade sindical que estiver ministrando essa assistência estará legitimado a promover, nos mesmos autos, a execução dos honorários a cujo pagamento o devedor foi condenado, desde que a eles faça referência o título executivo, em decorrência dos riscos a que ele está sujeito no caso de ser dado provimento ao recurso interposto pelo adversário e, em consequência, cassar-se o título executivo, cumprindo-lhe indenizar o adversário pelos danos que a execução provisória acarretou a este.

É curioso observar que, na prática, o advogado vem atuando como autêntico substituto processual da entidade sindical, no que tange à execução dos mencionados honorários, pois não recebe dela, em geral, procuração para isso. Efetivamente, o que há nos autos, em regra, é procuração outorgada pelo empregado (autor) ao advogado, que, a poder desse instrumento, age como mandatário do titular dos direitos postulados em juízo. Vindo a sentença condenatória a incluir, também, os honorários — que por força de lei são devidos ao sindicato —, e deixando o réu de satisfazê-los, tem sido praxe o advogado promover não só a execução das quantias devidas ao autor, mas dos próprios honorários — sem que, neste último caso, possua procuração outorgada pelo titular do direito. Em rigor, portanto, o advogado deveria receber duas procurações: uma do autor e outra da entidade sindical, esta, especificamente, destinada a dotá-lo de poderes para promover a execução na parte relativa aos honorários em tela.

No caso da Instrução Normativa n. 27/2005, art. 5º, o advogado poderá promover a execução dos honorários derivantes da sucumbência.

§ 2º A sucessão prevista no § 1º pode ser promovida, independentemente de consentimento do executado. Opera-se, portanto, por força de lei (*ex vi legis*).

Art. 779. A execução pode ser promovida contra:

I — o devedor, reconhecido como tal no título executivo;

II — o espólio, os herdeiros ou os sucessores do devedor;

III — o novo devedor que assumiu, com o consentimento do credor, a obrigação resultante do título executivo;

IV — o fiador do débito constante em título extrajudicial;

V — o responsável titular do bem vinculado por garantia real ao pagamento do débito;

VI — o responsável tributário, assim definido em lei.

Código de Processo Civil

• **Comentário**

Caput. A matéria era regida pelo art. 568 do CPC revogado.

A norma cuida da legitimidade passiva para a execução.

Inciso I. *O devedor.* Entende-se como devedor a pessoa legalmente legitimada a responder à execução. Dessa forma, o problema relativo à legitimação passiva contém, implícita, a necessidade de se definir contra quem a execução deve ser realizada.

Conquanto o empregador possa ser pessoa física, ele se apresenta, comumente, sob a forma de pessoa jurídica; salvo exceções que rareiam, é esse mesmo empregador quem, tendo sido parte no processo de conhecimento (réu), será, na fase de execução, chamado a adimplir a obrigação contida no título exequendo. Em um sentido geral, pois, a legitimação para o processo de execução corresponde àquela que existiu no de conhecimento: o empregador, vencido no todo ou em parte na ação cognitiva, em que figurou como réu, passa, agora, ao estado de sujeito passivo dos atos executórios, que serão praticados com a finalidade de subjugá-lo ao comando sancionatório que se irradia do título executivo. É evidente que estas nossas considerações dizem respeito à execução de título *judicial.* Tratando-se de execução de título *extrajudicial,* não se há que cogitar de processo cognitivo anterior, pois o título executivo, nesse caso, até por definição, se forma fora do âmbito do Poder Judiciário, como se dá com o *termo de conciliação,* de que falam os arts. 625-E, parágrafo único, e 876, *caput,* da CLT, ou com o *termo de ajustamento de conduta,* previsto neste último dispositivo legal.

Essa unicidade de legitimação, tratando-se de execução de título extrajudicial, ocorre, por igual, no processo civil, tanto que o art. 779, I, daquele diploma indica, dentre os diversos sujeitos passivos, "o devedor, reconhecido como tal no título executivo".

A expressão legal "reconhecido como tal no título executivo", posposta ao substantivo *devedor,* é meramente enunciativa, não possuindo o caráter imperativo que a sua literalidade possa estar a sugerir. Há situações previstas na própria lei em que estará legitimada para figurar no polo passivo da relação processual executiva pessoa diversa daquela que figura no respectivo título, como é o caso das pessoas mencionadas nos incisos II a VI do art. 779.

Na hipótese de o juiz rejeitar os pedidos formulados pelo autor e, acolhendo os pedidos contidos na reconvenção (CPC, art. 343), condená-lo ao pagamento de determinada quantia, em benefício do réu, teremos um dos raros casos em que o primeiro será *devedor* do segundo, tornando-se, por isso, destinatário dos atos executivos. Mesmo assim, não terá sido posto de lado o princípio de que, no processo trabalhista, o devedor não é alguém que ingressa nos autos apenas na execução, se não que se identifica com uma das partes integrantes da relação processual cognitiva, cuidando-se, é verdade, de execução de título extrajudicial.

Inciso II. *Espólio, herdeiros ou sucessores.* O que dissemos relativamente ao espólio, aos herdeiros e aos sucessores, quando nos ocupamos da legitimação ativa, aplica-se, *mutatis mutandis,* à passiva.

Acrescentemos, todavia, as seguintes notas complementares:

a) se a morte do devedor ocorreu antes de a sentença (título executivo) haver sido proferida, a habilitação dos herdeiros lhes atribuirá a condição de *devedores* (e não de "herdeiros" do devedor), razão por que a hipótese ficará disciplinada pelo inc. I do art. 779 do CPC ("o devedor, reconhecido como tal no título executivo");

b) se o óbito houver também precedido à prolação da sentença, sem que tenha existido a habilitação dos herdeiros, ou a partilha dos bens, a execução será promovida contra o espólio, cuja habilitação foi feita, sendo então representado em juízo pelo inventariante (CPC, art. 75, VII): o espólio será o devedor, a que alude o sobredito inciso II do art. 779 do CPC;

c) se a morte do réu ocorrer posteriormente ao proferimento da sentença, mas antes de iniciada a execução, esta será promovida contra o espólio ou contra os herdeiros, conforme tenha havido partilha, ou não; incide, aqui, a disposição do inc. II do art. 779.

É claro que as considerações que acabamos de formular pressupunham fosse o réu pessoa *física*; daí o fato de a sua morte provocar sensíveis repercussões no processo. Estando, contudo, o réu constituído sob a forma de pessoa jurídica, o óbito de um ou mais sócios ou acionistas (desde que isso não acarrete desfazimento da sociedade) é irrelevante, porquanto o vínculo de emprego se estabeleceu com a pessoa jurídica (impropriamente denominada "empresa") e não com a pessoa *física* dos sócios ou acionistas. Atua, nesse particular, o fenômeno da "despersonalização do empregador" (não o da *disregard of legal entity*), a que se referiu Werner Sombart em "O Moderno Capitalismo" — num sentido algo contraposto ao da pessoalidade do empregado, no que toca à prestação dos serviços inerentes ao contrato. Manifestação positiva desse fenômeno é o art. 448 da CLT, de acordo com o qual "A mudança na propriedade ou na estrutura jurídica da empresa (*sic*) não afetará os contratos de trabalho dos respectivos empregados", assim como não prejudicará os direitos que tenham sido por estes adquiridos (art. 10). Os arts. 133 a 137 do CPC dispõem sobre o incidente de desconsideração da personalidade jurídica.

O passo seguinte, na investigação desse tema, nos coloca diante do problema da *sucessão de empregadores,* em face da execução do título sentencial.

Preferimos a expressão *sucessão de empregadores* a *sucessão de empresas,* tão a gosto da doutrina e da jurisprudência, pois não se pode falar em "empresa", nesse caso, sem se perpetrar indisfarçável escoriação do conceito desse fenômeno jurídico e econômico que ela representa. Realmente, há uma tendência generalizada de o leigo confundir *empresa* com *estabelecimento*, confusão que acabou por infiltrar-se nos domínios reservados à construção doutrinária e jurisprudencial. Ora, a empresa, enquanto entidade jurídica, é uma abstração — embora, no magistério de Rubens Requião, tal assertiva possa parecer a muitos absurda e incompreensível, "dado aquele condicionamento de que a empresa é uma entidade material e visível" (*Curso de direito comercial*. 13. ed., 1º v. São Paulo: Saraiva, 1982. p. 56). Somente o *estabelecimento* é assinalado por uma existência material, importa dizer, fisicamente perceptível; já a empresa se vincula à noção de exercício de atividade produtiva, em regra organizada.

Como, no Direito do Trabalho, a empregadora é a sociedade (geralmente comercial), quando for o caso de pessoa jurídica (e não de *empresa*, como está no art. 2º, *caput*, da CLT), temos que o correto será nos referirmos à sucessão de *empregadores* para identificar o fato, amiúde ocorrente na prática, de uma sociedade ocupar o lugar da outra, passando a ser a nova empregadora (sucessora).

O senso, aliás, do vocábulo *sucessão*, que estamos a utilizar, é muito amplo, compreendendo todos os casos de *modificação subjetiva* do empregador, seja em virtude de venda, de fusão, incorporação, cisão etc. da sociedade.

Se a sucessão acontecer no processo de conhecimento, o fenômeno não trará maiores dificuldades de ordem prática, porquanto o sucessor será apanhado pela sentença que compuser a lide (exceto se o processo for extinto sem julgamento do mérito); sendo condenatório o provimento jurisdicional, o sucessor estará, automaticamente, legitimado a integrar o polo passivo da relação jurídica executiva. A dificuldade surge, no entanto, quando a sucessão se realiza *ulteriormente* ao proferimento da sentença condenatória, que renderá ensejo à futura execução. Abre-se, aqui, um leque de casuísmos.

Estando a sucessão cabalmente comprovada nos autos, a execução será promovida contra a sucessora (ou contra ela prosseguirá, conforme seja a época em que o fato sucessório ocorreu), pouco importando que esta não tenha participado do processo de conhecimento. O direito constitucional de resposta (CF, art. 5º, LV) — que se revela no âmbito processual sob a forma de garantia de ampla defesa — foi nessa hipótese respeitado, pois no processo cognitivo se ofereceu à ré (empregadora primitiva) oportunidade para defender-se amplamente (assim se está a pressupor em decorrência do preceito constitucional há pouco citado), de modo que, transitada em julgado a sentença condenatória, o adimplemento da obrigação, nela contida, será exigido à sucessora; esta deverá satisfazê-la ou sujeitar-se ao comando sancionatório da sentença, que poderá acarretar a expropriação, total ou parcial, de seus bens patrimoniais. É elementar que esta nossa argumentação não se aplica quando se tratar de *suposta* sucessão, vale dizer, quando não estiver *configurado*, tipicamente, esse fenômeno jurídico, ou quando se estiver *discutindo* a sua configuração. Em tais hipóteses, dirigir atos executivos à pessoa do "sucessor" poderá acarretar grave violação da garantia constitucional do *devido processo legal*, inscrita no art. 5º, inciso LIV, da Constituição, por forma a desafiar, até mesmo, a impetração de mandado de segurança. Em tal caso, o executado (que nem sempre é sinônimo de *devedor*) estará vendo os seus bens patrimoniais serem expropriados sem a indispensável observância do *due process of law* de que falou Eduardo III, no Estatuto inglês de 1354 (*Statute of Westminster of the Liberties of London*). Daí, a possibilidade de ser colocado de lado o recurso agravo de petição para admitir-se o uso da ação de segurança, a única dotada de eficácia para assegurar ao executado imediata reparação (mediante liminar) do seu direito constitucional violado por ato de autoridade judiciária.

Aos olhos do direito material do trabalho — informado por um princípio marcadamente protectivo dos direitos e interesses do trabalhador —, é irrelevante a circunstância de a sucessora haver colocado no instrumento, digamos, de aquisição da sucedida, ressalva de que o pagamento de salários, indenizações, férias etc., relativos aos empregados despedidos por esta, ficaria sob a responsabilidade exclusiva da primitiva empregadora. Caracterizada a sucessão, a sucessora — nada obstante a ressalva mencionada — será chamada a adimplir as obrigações trabalhistas que procurou deixar sob a responsabilidade da sucedida. Pagando a dívida que, a princípio, estava afeta à sucedida, a sucessora sub-rogar-se-á nisso e poderá, em consequência, promover, na Justiça Comum, execução contra aquela, com fundamento no art. 779, III, do CPC. O que seria inadmissível é que a sucessora, invocando a responsabilidade contratualmente assumida pela sucedida — ou a ela atribuída —, se eximisse de cumprir a obrigação consubstanciada no título executivo judicial; a prevalecer opinião como essa — dissociada, diga-se *en passant*, da realidade prática —, estariam os trabalhadores, na quase totalidade dos casos, privados de receber o seu crédito, na medida em que a sucessora não se sentiria obrigada a isso e a sucedida talvez não possuísse patrimônio suficiente para responder pela dívida.

É da própria declaração emoldurada pelo art. 448 da CLT que se obtém o fundamento legal para determinar a responsabilidade da sucessora, quanto ao adimplemento das obrigações contraídas pela sucedida.

Não se aplica ao processo do trabalho, por esse motivo, a regra do art. 109, *caput*, do CPC, a teor da qual "a alienação da coisa ou do direito litigioso por ato entre vivos, a título particular, não altera a legitimidade das partes", entendendo-se como coisa, para os efeitos do assunto a que estamos a dedicar-nos, a sociedade *sucedida*. Dessa maneira, se a sociedade "A" foi adquirida pela "B", esta, e não aquela, terá legitimidade para, no processo de execução, figurar como sujeito passivo. Registre-se, além disso, que na sucessão de sociedade não se discute o problema da alienação da coisa ou do direito, e sim a legitimidade da sucessora para assumir a condição de devedora na execução.

Por outras palavras: o objeto da execução não é a coisa alienada ou o direito litigioso, embora os atos constritivos possam, no momento oportuno, dirigir-se a um e a outra.

Pode acontecer, porém, conforme já alertamos, de a sucessão não ser provada nos autos ou não ficar satisfatoriamente configurada; tais situações exigirão do juiz extrema perspicácia e comedimento, pois se, de um lado, não convém à ordem jurídica e à respeitabilidade do Poder Judiciário que se constranja *terceiros* (logo, não sucessores) a responderem por obrigações assumidas pela sociedade de que se *supõe* sejam sucessores, de outro, essa mesma inconveniência diz da necessidade de serem cumpridas integralmente as decisões judiciais, máxime quando envolvem créditos de trabalhadores.

Situação que reclama atenção especial surge quando o devedor, encerrando as suas atividades, vende, no todo ou em parte, a sua maquinária a outrem, cujo estabelecimento está situado em local diverso e sem que haja entre ambos qualquer vínculo, seja em plano de diretoria, de controle acionário e o mais. Nesse caso, dificilmente o comprador desses bens estará legitimado para a execução, porquanto não nos parece caracterizada a sucessão de que falam a doutrina e a jurisprudência trabalhistas. A tese de que o empregado acompanha sempre a máquina é destituída, *data venia*, de qualquer juridicidade. Esse princípio do magnetismo da máquina, ou da aderência do trabalhador a ela, é inconcebível pelas estruturas racionais. O que se poderia alegar, isto sim, na espécie em foco, seria a fraude à execução, se a alienação dos mencionados bens incorreu em quaisquer das previsões do art. 792 do CPC. É evidente que a solução do problema, em concreto, não é tão simples como possa estar parecendo, pois cada caso deverá submeter-se a um exame acurado e criterioso, que não despreze as suas peculiaridades e as circunstâncias que determinaram a sua ocorrência. O que nos parece importante deixar assinalado é que, por princípio, o mero adquirente dos bens que integravam o patrimônio de uma sociedade comercial, industrial etc. não se torna, *só por isso*, seu sucessor, por forma a ocupar o lugar desta na execução que vier a ser promovida ou que já se encontra em curso. Mesmo no caso de fraude à execução declarada pelo juiz, não haverá alteração subjetiva no polo passivo da execução, uma vez que aí continuará a residir o devedor, ou seja, o ex-empregador, réu no processo de conhecimento.

Em outros casos, o empregador, demitindo os trabalhadores sem satisfazer-lhes os direitos, vende o "ponto" comercial a terceiro, que ali se instala com bens próprios e passa a exercer atividade empresarial totalmente diversa da que era explorada pela sociedade anterior. Seria, também aqui, muito difícil configurar a sucessão, pois o único argumento de que se disporia, em favor da tese, seria o da *identidade de local* (ou de prédio); convenhamos, por amor ao direito e ao bom-senso, que isso seria muito pouco para caracterizar o fenômeno da sucessão.

Poder-se-ia admitir a sucessão, contudo, se o empregador, despedindo trabalhadores, "mudasse de ramo", isto é, passasse a exercitar atividade diversa da anterior, embora instalado no mesmo local e tendo atribuído à nova sociedade denominação distinta. Nesse caso, o propósito de fraudar direitos subjetivos dos empregados seria de clareza ofuscante, razão por que, ignoradas tais inovações artificiosas e mal-intencionadas, a execução do título judicial processar-se-ia contra a nova sociedade — integrada pelos mesmos sócios da anterior ou boa parte deles. Socorre essa solução o art. 448 da CLT, mercê de uma providencial incidência analógica.

O problema da sucessão de empregadores, do ponto de vista da execução, é, como se percebe, multifário e extremamente complexo, não comportando, por isso, exames teóricos e soluções generalizantes; cada caso concreto deve ser investigado em sua individualidade, a fim de que não sejam adotadas soluções idênticas para situações díspares — sendo essencial, todavia, em qualquer caso, que o juiz se empenhe em apurar se a sucessão teve como objetivo lesar, ou não, direitos dos trabalhadores. Convencendo-se de que esse escopo esteve presente, cumprirá ao magistrado ordenar que a execução seja realizada contra o sucessor, devendo, para isso, conferir às leis que regem as sociedades comerciais uma interpretação que não violente o espírito tuitivo que anima o direito material do trabalho.

Tratando-se de *grupo econômico* (CLT, art. 2º, § 2º), a execução, mesmo assim, somente poderá ser promovida em relação àquelas empresas que participaram do processo de conhecimento. Ao escrevermos sobre o assunto, em outra obra, já alertávamos para o fato de ser censurável a praxe de permitir-se que a execução seja promovida contra quem não esteve presente no processo cognitivo, a pretexto de pertencer ao mesmo grupo econômico, pois isso envolve ofensa barbárica a princípios medulares do *devido processo legal*. Posteriormente a isso, o TST impendeu rumo certo e seguro à questão, ao editar a Súmula n. 205, pela qual enunciou que o responsável solidário, integrante de grupo econômico, que não participou da relação processual como reclamado (*sic*) e que, portanto, não consta no título executivo judicial como devedor, não pode ser sujeito passivo na execução. Embora esta Súmula tenha sido cancelada, o seu espírito permanece a orientar a todos quantos se se encontrem envolvidos com o problema que estivemos a examinar.

É conveniente aditar que, no plano processual, a figura do grupo econômico corresponde ao litisconsórcio passivo-facultativo-irrecusável-unitário; *passivo*, porque o grupo econômico foi instituído pelo Direito do Trabalho com a finalidade exclusiva de garantir a satisfação dos direitos do empregado, que, embora tenha sido contratado por apenas uma das sociedades desse grupo, poderá exigir de qualquer outra o pagamento do que lhe é devido; *facultativo*, porquanto a constituição do litisconsórcio passivo depende da manifestação volitiva do empregado-autor, a despeito de a execução, como dissemos, somente poder abranger aquelas sociedades que tenham figurado como litisconsortes no processo de conhecimento, em que foi emitida a sentença condenatória, agora convertida em título executivo; *irrecusável*, em virtude de que, solicitada a formação do regime litisconsorcial, pelo autor, os réus não poderão recusá-lo; *unitário*, pois, em face da unidade do próprio grupo econômico, a sentença condenatória deve ser uniforme em relação a todas as empresas que o integram, vale dizer, a obrigação será uma só, devendo ser cumprida por qualquer delas. A obrigação não é, portanto, dividida, rateada, entre essas empresas.

A prudência — e, acima de tudo, as regras processuais — recomendam, em face disso, que o autor, desejando beneficiar-se das disposições do § 2º do art. 2º da CLT, cuide de promover a citação, para o processo de conhecimento, de todas as sociedades componentes do grupo econômico, assegurando, com essa providência, a possibilidade de dirigir a futura execução do título sentencial contra uma ou mais delas; caso contrário, não haverá legitimidade *ad causam* das empresas que não participaram do processo cognitivo e que, exatamente por esse motivo, não se encontram incluídas no título exequendo.

A jurisprudência vem se pronunciando em movimentos pendulares quando convocada a examinar o problema da execução dirigida a sócio de pessoa jurídica (reconhecida no título executivo) que cessou as suas atividades ou não possui bens suficientes para solver a obrigação. Podemos asseverar que há verdadeira cinca a respeito do assunto, fazendo com que se instaure uma generalizada insegurança das partes e de quantos exercem as profissões forenses, no que tange a encontrar a solução que melhor atenda ao direito e aos princípios de justiça. Pela dicção do art. 10 do Decreto n. 3.708, de 10 de janeiro de 1919, os sócios-gerentes ou que dessem o nome à firma não responderiam pessoalmente pelas obrigações contraídas em nome da sociedade, mas responderiam para com esta e para com terceiros solidária e ilimitadamente pelo excesso de mandato e pelos atos praticados com violação do contrato ou de lei. Sob o rigor da literalidade legal, portanto, somente responderiam, de modo *pessoal*, pelas obrigações assumidas em nome da sociedade por quotas o *sócio-gerente* ou aqueles que tivessem dado nome à firma, conquanto respondessem perante esta nos casos de: a) excesso do mandato; b) violação do contrato ou de norma legal. Sendo assim, não poderiam ser responsabilizados os sócios que fossem meros detentores de quotas, sem que tivessem exercido qualquer atividade administrativa.

Jurisprudência crítica do período, todavia, passou a entender que o sócio-gerente responderia, sem limites, pelas obrigações contraídas em nome da sociedade sempre que esta: a) deixasse de funcionar legalmente; b) encerrasse, sub-reptícia ou irregularmente, as suas atividades; c) falisse fraudulentamente etc. — desde que, por certo, a sociedade não possuísse bens para atender à obrigação. A atitude dessa orientação jurisprudencial era inatacável, pois seria injusto permitir que um sócio-gerente se eximisse de certas obrigações da sociedade perante os empregados, escudando-se em preceitos da legislação comercial que em nada se harmonizavam com o espírito tutelar, que anima o direito material do trabalho. O que se deve levar em consideração, para um adequado enfrentamento de situações como a em exame, é o fato de o empregado ser portador de um título executivo judicial e que o adimplemento da pertinente obrigação é assunto relacionado não apenas aos interesses do credor, mas à própria respeitabilidade e eficácia dos pronunciamentos jurisdicionais. De tal arte, se a sociedade não possui bens para solver a obrigação, a isso será chamado o sócio-gerente, pouco importando que tenha integralizado as suas quotas do capital ou que não tenha agido com exorbitância do mandato, infringência do contrato ou de norma legal. O critério de justiça, em casos como esse, se sobrepôs ao da subserviência à literalidade insensível dos preceitos normativos, particularidade que realça, ainda mais, a notável vocação zetética do direito material do trabalho e da jurisprudência que o aplica e o interpreta.

Posteriormente, a matéria passou a ser regida pelo art. 1.052, do Código Civil (Lei n. 10.406, de 10.1.2002), segundo o qual: "Na sociedade limitada, a responsabilidade de cada sócio é restrita ao valor de suas quotas, mas todos respondem solidariamente pela integralização do capital social". Conquanto já não haja, na legislação de regência, a figura do sócio-gerente, mas, somente, dos sócios ou administradores, sob a perspectiva dos direitos material e processual do trabalho nada mudou, permanecendo íntegra, em sua essência a orientação jurisprudencial construída antes da vigência do atual Código Civil.

É à luz dessa tendência característica do direito regulador das relações entre empregados e empregadores que se deve entender a regra corporificada no art. 795 *caput*, do CPC, consoante a qual "Os bens particulares dos sócios não respondem pelas dívidas da sociedade, senão nos casos previstos em lei"; nada impede, entretanto, que mesmo no plano do processo do trabalho se reconheça ao sócio o direito de, invocando essa norma legal, indicar bens da sociedade, situados na mesma comarca, contanto que livres e desembargados, o quanto bastem para pagar a dívida (*ibidem*, § 2º). Defender-se-á o sócio, nessa hipótese, por intermédio de embargos de terceiro (CPC, art. 674), pois a sua pessoa física, para esse efeito, não se confunde com a jurídica da sociedade a que está — ou esteve — ligado.

É verdade que o sócio não poderá invocar o benefício de ordem (exigindo que primeiro sejam excutidos os bens da sociedade) se esta possuir existência irregular, ou simplesmente de fato; segue-se que a execução será promovida diretamente contra ele, respondendo os seus bens pelo adimplemento integral da obrigação assumida em nome da sociedade. A responsabilidade do sócio, aqui, é *principal* e não *secundária*, como ocorreria se a sociedade possuísse existência regular.

Versamos, até este ponto, sobre as sociedades por quotas de responsabilidade limitada, que são as empregadoras mais comuns. Vejamos, a seguir, ainda que em vôo de pardal, outras espécies de sociedades e a responsabilidade dos sócios que as integram.

Nas sociedades em comandita simples, os sócios *comanditados*, pessoas físicas, respondem solidária e ilimitadamente pelas obrigações sociais; os *comanditários* somente se obrigam pelo valor de sua quota (CC, art. 1.045); para esse efeito, o contrato social *deve* discriminar os sócios comanditados e os comanditários (*ibidem*, parágrafo único).

No caso das sociedades em nome coletivo (que pode ser integrada, apenas, por pessoas físicas) os sócios respondem solidária e ilimitadamente pelas obrigações sociais (CC, art. 1.039). Podem os sócios, contudo, entre si, limitar a responsabilidade de cada um (*ibidem*, parágrafo único).

Na sociedade cooperativa, a responsabilidade do sócio pode ser limitada ou ilimitada (CC, art. 1.095, *caput*). Será limitada quando o sócio responder, somente, pelo valor de suas quotas; ilimitada, quando responder solidária e ilimitadamente pelas obrigações sociais (*ibidem*, §§ 1º e 2º).

Cuidando-se de *sociedade anônima*, dispõe o art. 218 da Lei n. 6.404, de 15 de dezembro de 1976, com redação dada pela Lei n. 10.303, de 31.10.2001: "Encerrada a liquidação, o credor não satisfeito só terá direito de exigir dos acionistas, individualmente, o pagamento de seu crédito, até o limite da soma, por eles recebida, e de propor contra o liquidante, se for o caso, ação de perdas e danos. O acionista executado terá direito de haver dos demais a parcela que lhes couber no crédito pago". Esse critério — baseado na responsabilidade dos acionistas segundo cada um recebeu na partilha do ativo social —, como se percebe, só é aplicável nos casos de *liquidação* da sociedade (quando, então, ocorre a referida partilha). No caso de *encerramento* das atividades da sociedade anônima (e não de dissolução formal), sem que esta possua bens para satisfazer os créditos dos seus trabalhadores, a solução consistirá em responsabilizar os acionistas em geral, mediante a penhora de seus bens particulares, independentemente de estes terem recebido algo, ou não, da sociedade, quando do seu fechamento. Poder-se-ia, até mesmo, adotar o critério de dirigir a execução forçada aos acionistas majoritários, que, pagando a dívida, nisso se sub-rogariam e, em consequência, poderiam ingressar com ação de regresso, na Justiça Comum, para receber dos demais a cota que lhes cabe. Conforme decidiu a Subsecção Especializada em Dissídios Individuais-2, do TST: "Provada a irregularidade nas sociedades anônimas, os bens pessoais dos sócios respondem para satisfazer as dívidas quando a empresa-executada não tem mais bens para satisfazer os créditos judiciais trabalhistas de seus ex-empregados" (RO-MS n. 400343-97, Rel. Min. Antonio Maria Thaumaturgo Cortizo, in DJU de 22.10.1999, p. 42).

Inciso III. *Novo devedor*. O processo civil contempla a possibilidade de um terceiro, assumindo a obrigação do devedor, com o consentimento do credor, tornar-se o *novo devedor* e, nessa qualidade, ficar legitimado, passivamente, para a execução.

Essa norma articula-se, até certo ponto, com o art. 109, § 1º, do mesmo estatuto processual, sempre que o novo devedor for cessionário ou adquirente de coisa ou do direito litigioso, hipótese em que, havendo anuência do credor, ele poderá substituí-lo na ação. Atente-se que a proibição legal só diz respeito à substituição processual, pelo cessionário ou adquirente, pois lhe permite intervir como assistente do devedor (art. 119). Embora a lei não elucide se essa assistência será simples (ou adesiva) ou qualificada (ou litisconsorcial), temos que se trata desta última, diante da redação imperativa do art. 109, § 3º, do CPC, declaratória de que a sentença *estende os seus efeitos* ao adquirente ou ao cessionário. A sentença que vier a ser proferida em relação às partes originárias projetará, pois, os seus efeitos na esfera jurídica do adquirente e do cessionário, conforme seja o caso.

O art. 109 do CPC cogita de a transmissão (via cessão ou alienação) da coisa ou do direito litigioso provir de ato *inter vivos*, ao passo que a *causa mortis* é regulada pelo art. 110.

É de grande conveniência esclarecer, contudo, que o art. 109 do CPC não tem aplicação no processo do trabalho, dado que nas ações trabalhistas o objeto da lide não é a *coisa* (o estabelecimento comercial do empregador p. ex.), mas a existência ou não de direitos subjetivos específicos das partes. No processo civil, *v. g.*, o direito não raro é incindível, de modo que a sentença deverá reconhecê-lo em favor de uma ou de outra parte; já no processo do trabalho nem sempre o reconhecimento de um direito em favor do empregado implica a impossibilidade de ser reconhecido um outro direito em prol do empregador (concede-se ao primeiro, digamos, aviso-prévio, indenização etc., e ao segundo a compensação, tempestivamente requerida, com débitos de natureza trabalhista). Enfim, não vislumbramos um caso em que, juridicamente, as partes pudessem, no processo do trabalho, ceder ou vender a terceiros *direitos litigiosos*, sendo oportuno advertir que a situação em exame não se confunde com a sub-rogação, de que fala o art. 778, § 1º, IV, do CPC, porquanto esta legitima o sub-rogado para promover ou prosseguir na ação — e não para tornar-se parte passiva na relação processual.

Ainda que admitíssemos, apenas com força de argumento em tese, que no processo do trabalho houvesse lugar para o litígio acerca da *coisa* (*res*), tomada esta como o estabelecimento do empregador, duas ordens de dificuldades surgiriam: a) uma, de foro lógico, pois não seria concebível que o empregado viesse a juízo para postular o reconhecimento da sua qualidade de proprietário do estabelecimento disputado; b) outra, de estofo legal, uma vez que, se a coisa litigiosa fosse um veículo, um mostruário, ferramentas de trabalho etc., a legitimidade passiva continuaria sendo *do empregador* — que efetuou a venda desses bens —, pois, conforme havíamos dito anteriormente, o empregado se vincula à pessoa jurídica do estabelecimento e não a determinados bens componentes do patrimônio deste.

Resumindo: a litigiosidade da coisa ou do direito, prevista, no art. 109 do CPC, como pressuposto para a inalterabilidade da legitimação das partes, faz com que a incidência dessa norma seja inadmissível no processo do trabalho, mercê de incompatibilidade lógica e jurídica com este.

Linhas atrás afirmamos que as disposições do art. 779, III, do CPC se enastram, em parte, com as do art. 109 do mesmo Código. Essa interpenetração promana do fato de o *novo devedor* ser o cessionário, o adquirente ou o sub-rogatário. Sucede que o terceiro poderá assumir, em atitude voluntária, a obrigação derivante do título executivo judicial, sem que seja em virtude de cessão, alienação etc. por parte do devedor: assume, tão-somente, porque assim deseja. Requer-se, para tanto, apenas o assentimento do credor. Nesta última hipótese, cremos que, em circunstâncias especialíssimas, poder-se-ia conceber, no processo do trabalho, a figura do *novo devedor*, pois essa medida poderia ser benéfica ao empregado-credor, como quando o devedor primitivo não possuísse bens suficientes para suportar a execução e a situação patrimonial do terceiro, que pretendesse ser o *novo devedor*, se apresentasse muito boa. Haveria de cuidar-se, entretanto, de que, na prática, não se verificasse o contrário.

Convencendo-se, o juiz, de que há conluio entre o devedor primitivo e o terceiro que deseja substituí-lo, deverá obstar o ingresso deste nos autos, mesmo que o credor tenha concordado com a pretendida substituição; ao magistrado incumbe, sobretudo, preservar o conteúdo ético do processo e prevenir ou reprimir qualquer ato contrário à dignidade da justiça (CPC, arts. 139, III).

Concede a lei, por outro lado, ação aos empregados do subempreiteiro para exigirem do empreiteiro principal o cumprimento das obrigações que seriam normalmente exigíveis daquele (CLT, art. 455). Aqui, a lei é inequívoca quanto à necessidade de a ação dirigir-se ao empreiteiro principal, do que se origina a sua legitimidade para a execução da sentença ou do acordo. A cautela sugere que também o subempreiteiro seja introduzido na relação jurídica processual, como medida tendente a garantir a satisfação do crédito do empregado exequente; o que não seria admissível é ele vir a exercer o direito de ação unicamente diante do subempreiteiro e, comprovada a incapacidade econômica ou financeira de este solver a obrigação, promover a execução contra o empreiteiro principal, que nem sequer participou do processo de conhecimento e, por isso mesmo, não está identificado no título exequendo. Idêntica impossibilidade jurídica haveria se ocorresse o inverso.

Nada impede, todavia, que o empreiteiro principal seja chamado ao processo, pelo subempreiteiro, para integrar a lide (CPC, art. 130, III), sempre que o autor não tenha tido o cuidado de exercitar a ação de conhecimento em face de ambos. A nosso ver, esse é um dos raros casos em que se justifica o chamamento ao processo, na Justiça do Trabalho, pois o requerimento formulado nesse sentido pelo subempreiteiro se harmoniza com o art. 455 da CLT. Na verdade, não se trata, aqui, de um chamamento ao processo *típico*, como tal considerado o que é traçado pelos arts. 130 a 132 do CPC. Assim dizemos porque a Justiça do Trabalho não tem competência para declarar, na mesma sentença que compuser a lide, as responsabilidades dos obrigados, ou seja, para individualizar essas responsabilidades, pois isso implicaria solucionar um conflito *entre empregadores* ("empresas"). Sendo assim, o subempreiteiro poderá ser convocado a integrar a relação jurídica processual (processo de conhecimento) sem que o faça sob a figura formal do *chamamento ao processo*. Neste caso, o juiz, ao emitir a sentença de mérito, condenará os réus (empreiteiro principal e subempreiteiro), em caráter solidário ou sucessivo, à satisfação do direito do autor, sem partilhar, entre eles, a responsabilidade pelo cumprimento da obrigação. Se o empreiteiro principal pagar (integralmente) a dívida, nisso ficará sub-rogado, podendo, mediante ação regressiva a ser exercida na Justiça Comum, exigir do subempreiteiro o correspondente ressarcimento (CLT, art. 455, parágrafo único). Ou, simplesmente, reter essas quantias, compensando-se do que tiver de pagar ao subempreiteiro, por força do contrato existente com este (*ibidem*).

Inciso IV. Fiador. O CPC revogado indicava como um dos sujeitos passivos da execução o *fiador judicial* (art. 568, IV). O atual alude ao fiador constante de débito extrajudicial, cuja disposição é mais ampla. Não foi excluído o fiador judicial, pessoa que presta garantia nos autos de processo que tramita em juízo. O processo do trabalho deve admitir, sem receio, a execução contra o fiador; sempre que o devedor estiver, comprovadamente, impossibilitado de satisfazer a obrigação oriunda do título executivo, constitui medida salutar e conveniente aos objetivos da execução permitir-lhe, por exemplo, que ofereça *fiança bancária*, com fundamento no art. 9º, II, da Lei n. 6.830/80, de incidência supletiva no processo de execução trabalhista (CLT, art. 889). O parágrafo único do art. 848, do CPC, não trata, em rigor, do mesmo assunto, pois, aqui, se cuida de *substituição* de bem penhorado por fiança bancária ou seguro garantia judicial, ao passo que a Lei n. 6.830/80 dispõe sobre o oferecimento de fiança bancária sem o caráter de substituição de outro bem ofertado à penhora. Esclareça-se, no entanto, que o inciso I, do art. 15, da Lei n. 6.830/80 também permite a substituição da penhora por fiança bancária.

A fiança deverá obedecer às condições preestabelecidas pelo Conselho Monetário Nacional (*ibidem*, § 5º). Problema haverá, sem dúvida, quando o prazo de vigência do contrato de fiança for de curta duração (um ano, digamos), pois isso poderá fazer com que, findo esse contrato, o credor fique sem nenhuma garantia quanto ao cumprimento da obrigação, por parte do devedor. É necessário, portanto, que o prazo de duração do contrato de fiança seja suficiente para assegurar a integral satisfação do direito do credor.

Não há necessidade, porém, de que o fiador tenha participado do processo de conhecimento; sendo *judicial* a fiança, esta, como dissemos, é prestada nos autos da execução; não sendo judicial, o fiador deve estar referido em título executivo extrajudicial. Na fiança dita civil o fiador deve estar presente no processo cognitivo, sendo citado como litisconsorte.

De igual maneira, dever-se-á permitir que o devedor substitua, em qualquer fase do processo, a penhora por depósito em dinheiro ou fiança bancária, segundo lhe faculta o art. 15, I, da Lei n. 6.830/80; a fiança, em ambos os casos, compreenderá o valor do principal, corrigido monetariamente e acrescido dos juros da mora, bem como as despesas processuais *lato sensu* (custas, emolumentos, honorários advocatícios ou periciais etc.).

Aceita essa espécie de fiança pelo credor, o fiador ficará legitimado para ocupar o polo passivo da relação processual executiva. Essa intervenção do fiador, na execução trabalhista, deve ser não só permitida mas até mesmo estimulada, pois visa a garantir ao exequente a satisfação do seu crédito — o que, talvez, não fosse possível se a execução devesse prosseguir, unicamente, contra o devedor.

Não sendo embargada a execução, ou rejeitados os embargos, o fiador será intimado para, no prazo legal e sob pena de a execução prosseguir contra ele: a) remir o bem, se a garantia for real; ou b) pagar o valor da dívida, com correção monetária, juros da mora, despesas processuais etc., se a garantia for fidejussória (Lei n. 6.830/80, art. 19, I e II), como é o caso da fiança.

O credor, na verdade, pode executar o devedor *ou* o fiador judicial, assim como pode promover a execução contra os dois. Vindo o fiador a pagar a dívida, sub-rogar-se-á no direito do credor, tendo, em razão disso ação regressiva diante do devedor, como prevê o art. 831, do Código Civil.

Sendo a execução dirigida apenas ao fiador, este poderá, nomear à penhora bens livres e desembargador do devedor; e, na oportunidade dos embargos que vier a oferecer (CLT, art. 884), alegar as mesmas matérias que poderiam ser suscitadas pelo devedor.

Inciso V. *Garantia real.* Houve, aqui, inovação legislativa. Atribuiu-se legitimidade passiva para a execução à pessoa que é titular do bem oferecido em garantia real à execução.

Inciso V. *Responsável tributário.* No processo do trabalho, a responsabilidade tributária se refere às custas (CLT, arts. 789, 789-A e 790). Assim também dispõe o art. 4º, IV, da Lei n. 6.830/80.

Art. 780. O exequente pode cumular várias execuções, ainda que fundadas em títulos diferentes, quando o executado for o mesmo e desde que para todas elas seja competente o mesmo juízo e idêntico o procedimento.

• **Comentário**

O tema era disciplinado pelo art. 576 do CPC revogado.

Permite o processo civil que o exequente — sendo o mesmo o executado — cumule várias execuções, "ainda que fundadas em títulos diferentes, quando o executado for o mesmo e desde que para todas elas seja competente o juízo e idêntico o procedimento".

A CLT nada dispõe a respeito da cumulação de execuções; ausente o obstáculo da incompatibilidade, nada impede que se aplique ao processo do trabalho a regra do art. 780 do CPC.

Uma observação essencial sobre o enunciado dessa norma civilista deve ser feita antes de passarmos ao exame do assunto, propriamente dito. Em primeiro lugar a locução "títulos diferentes" não deve ser entendida como significante de títulos de *natureza* diversa: judiciais e extrajudiciais, pois o procedimento concernente a essas execuções é distinto. Basta ver que o art. 780, do CPC, exige que seja "idêntico o procedimento". E o art. 917, do mesmo Código demonstra que as matérias a serem susci-

Art. 780

tadas nos embargos à execução fundada em título extrajudicial são mais amplas do que as que podem ser discutidas nos embargos relativos à execução de título judicial.

Em resumo, o que pode ser diversa é o negócio jurídico que dá origem a cada título da mesma classe. O que não se admite é a cumulação de execuções fundadas em títulos de natureza diversa, como seriam os judiciais e os extrajudiciais.

Dispõe, a propósito, a Súmula n. 27, do STJ: "Pode a execução fundar-se em mais de um título extrajudicial relativo ao negócio jurídico".

A cumulação de execuções se destina, por suposto, a atender ao princípio da economia do juízo (um máximo de atuação do direito com um mínimo de atividade jurisdicional), pois, por meio dela, podem ser reunidas diversas execuções contra um mesmo devedor, evitando, desse modo, que, promovidas separadamente, exigissem uma atuação muito maior dos órgãos jurisdicionais. Não é desarrazoado afirmar, de outra parte, que essa cumulação subjetiva tem em mira acarretar menores prejuízos ao devedor, seja com custas ou emolumentos, ou mesmo com honorários advocatícios, uma vez que pode responder às diversas execuções em um só processo. Admitida como verdadeira essa afirmação, podemos dizer que o art. 780 do CPC se articula com o art. 805 do mesmo Código, a teor do qual, "Quando por vários meios o exequente puder promover a execução, o juiz mandará que se faça pelo modo menos gravoso para o executado" (princípio da execução menos onerosa ao devedor).

Devemos destacar que a cumulação de execuções constitui *faculdade* do exequente — conclusão que se tira da expressão legal "O exequente pode" (CPC, art. 780); isso significa que não há, para o executado, um direito de exigir a referida cumulação; este nem poderá, aliás, *opor-se* à cumulação empreendida pelo exequente, contanto que os requisitos legais tenham sido atendidos.

Observa Alcides de Mendonça Lima que o fato de o legislador, ao redigir o art. 573 do CPC de 1973 — reproduzido pelo art. 780 do CPC atual —, haver usado a palavra *credor* (exequente) no singular não deve ser interpretado à conta de sua intenção de impedir o litisconsórcio ativo; o que se proíbe é a *coligação* de credores e não a *pluralidade* destes (obra cit., p. 212). No processo do trabalho, p. ex., sendo o empregado credor do ex-empregador por vários títulos judiciais, poderia promover a execução aglutinada desses títulos, com fulcro no art. 780 do CPC. Não se deverá consentir, todavia, que vários credores, portando diferentes títulos, se unam, se consorciem, para efeito de realizar uma só execução contra o devedor comum.

Pensamos ser possível, até mesmo, à luz da norma processual civil invocada, a formação de litisconsórcio *passivo*, desde que a execução derive de uma *só dívida*. Digamos, *v. g.*, que determinado empregado tenha ajuizado ação para receber de seu empregador, pessoa física, certas quantias e, proferida a sentença condenatória, este viesse a falecer; nada obsta, na hipótese, a que o credor promova a execução contra os herdeiros do devedor, sendo oportuno lembrar que estes se encontram legalmente legitimados para figurar no polo passivo da relação processual executiva (CPC, art. 779, II). No exemplo citado, o credor *teria* mesmo de dirigir a execução aos herdeiros.

A Lei n. 6.830/80 permite que o juiz, a requerimento das partes e atendendo à conveniência da unidade da garantia da execução, ordene a *reunião* de autos processuais sempre que o executado for o mesmo. Determinada essa reunião, os feitos serão redistribuídos ao juízo a quem coube a primeira distribuição (*ibidem*).

A situação, aqui, não coincide com a do art. 780 do CPC. O que a Lei n. 6.830/80 prevê é a possibilidade de serem *reunidos* autos distintos, de execuções promovidas contra um mesmo devedor (em nome da conveniência do garantimento da satisfação do crédito), hipótese em que as execuções serão *redistribuídas* ao juízo a quem coube a primeira delas. O art. 28 da Lei n. 6.830, como se vê, contém uma implícita referência aos arts. 55, 56 e 58 do CPC, que cuidam da conexão, da continência e da prevenção, nessa ordem.

A reunião de autos, segundo a Lei n. 6.830/80, apenas poderá ser feita mediante requerimento de qualquer dos litigantes; as particularidades do processo do trabalho, e a iniciativa que se atribui ao juiz que o dirige, autorizam a afirmar que tal reunião poderá ser aqui determinada *ex officio*, sendo bastante que o juiz esteja convencido da conveniência ou da necessidade dessa medida. Essa junção de autos poderá ser também feita em relação a execuções que se processam no *mesmo juízo*, caso em que incidirá o art. 58 do CPC.

Vamos ao didatismo dos exemplos. Se o empregado for portador de dois ou mais títulos judiciais trabalhistas, da mesma classe:

a) poderá promover, em um só processo, a execução de todos os títulos, observados os pressupostos do art. 780 do CPC;

b) se houver promovido separadamente as execuções, poderá requerer ao juiz que ordene a reunião dos respectivos autos, com fundamento no art. 28 da Lei n. 6.830/80, embora essa reunião possa ser igualmente solicitada pelo devedor, ou ordenada pelo Juiz.

Impende reiterar que nem o art. 780 do CPC nem o art. 28 da Lei n. 6.830/80 autorizam a "coligação" de credores (logo, são diversos), com a finalidade de se valerem das disposições constantes das antreditas normas legais. De igual modo, não é lícito a um só credor promover a execução contra diversos devedores, em um só processo, ou em autos que deseja ver reunidos, excetuada a hipótese — por nós suscitada há instantes — de a dívida ser *única* (ou unitária), assim entendida a que se caracterizar por uma *unidade jurídica*.

Enfim, a cumulação de execuções (CPC, art. 780) e a reunião de autos de execuções (Lei n. 6.830/80,

art. 28) podem ser acolhidas, sem maiores dificuldades práticas, pelo processo do trabalho, pois é imperativo reconhecer que atendem ao interesse de todos os sujeitos do processo: a) ao credor, pela possibilidade de satisfação, a um só tempo, dos seus vários créditos; b) ao devedor, que suportará, de modo menos gravoso, as consequências dos atos executivos; c) ao Judiciário, em virtude da sensível economia de atos jurisdicionais a serem praticados.

CAPÍTULO III

DA COMPETÊNCIA

Art. 781. A execução fundada em título extrajudicial será processada perante o juízo competente, observando-se o seguinte:

I — a execução poderá ser proposta no foro de domicílio do executado, de eleição constante do título ou, ainda, de situação dos bens a ela sujeitos;

II — tendo mais de um domicílio, o executado poderá ser demandado no foro de qualquer deles;

III — sendo incerto ou desconhecido o domicílio do executado, a execução poderá ser proposta no lugar onde for encontrado ou no foro de domicílio do exequente;

IV — havendo mais de um devedor, com diferentes domicílios, a execução será proposta no foro de qualquer deles, à escolha do exequente;

V — a execução poderá ser proposta no foro do lugar em que se praticou o ato ou em que ocorreu o fato que deu origem ao título, mesmo que nele não mais resida o executado.

• **Comentário**

Caput. De modo mais lacônico, a matéria estava prevista no art. 576 do CPC revogado.

A norma declara que a execução fundada em título *extrajudicial* será processada no juízo competente, segundo as diretrizes traçadas em seus incisos.

Antes de passarmos ao exame das disposições dessa norma, será conveniente lançarmos algumas considerações — embora breves — sobre a competência em tema de execução de título *judicial*.

A competência para essa execução, em regra, é do próprio juízo que proferiu a sentença exequenda (ou lançou a sentença homologatória da transação), nos termos do art. 877 da CLT. A execução se processa, por isso, nos mesmos autos em que foi prolatada a decisão que pôs fim ao processo de conhecimento — agora convertida em título executivo. No caso de ação rescisória, entretanto, embora o acórdão rescisor tenha sido proferido em autos próprios a execução deverá ser processada nos autos que deram origem à decisão rescindida (CLT, art. 836, parágrafo único).

A afirmação que acabamos de fazer nos inspira a uma consideração complementar: como dissemos em páginas pretéritas, na Justiça do Trabalho o postulado cardeal é de que a competência para a execução é sempre do órgão de primeiro grau, ainda que a decisão tenha sido proferida por Tribunal Regional. Essa é a razão por que os acórdãos normativos, emitidos pelos Tribunais nas ações coletivas, devem ser executados no plano do primeiro grau de jurisdição, estando os sindicatos, a propósito, legalmente legitimados a isso (CLT, art. 872, parágrafo único), o mesmo acontecendo em relação aos acordos firmados nos autos dessas ações coletivas, contanto que não cumpridos. As entidades sindicais, possuem, também, legitimidade para ajuizar as denominadas "ações de cumprimento", fundadas em acordo ou convenção coletiva de trabalho (TST, Súmula n. 286). Nas ações de mandado de segurança e rescisória, porém — que entram também na competência originária dos Tribunais —, o acórdão correspondente deve ser executado perante o próprio órgão do segundo grau, por intermédio do seu Presidente (CLT, art. 682, VI).

Em outros escritos, afirmamos que as entidades sindicais não possuíam legitimidade para propor ações de cumprimento fundadas em convenções ou acordos coletivos de trabalho. Nosso entendimento estava calcado na primitiva redação da Súmula n. 286 do TST: "O sindicato não é parte legítima para propor, como substituto processual, demanda que vise a observância de convenção coletiva". Por força da Resolução n. 98, de 11 de setembro de 2000, o TST modificou o conteúdo da precitada Súmula, que passou a ser o seguinte: "A legitimidade do sindicato para propor ação de cumprimento estende-se também à observância de acordo ou de convenção coletivos". Logo, abandonamos a antiga opinião para prestigiarmos a atual redação da Súmula.

Examinemos, agora, sempre sob a perspectiva do processo do trabalho, a competência para processar execução fundada em título *extrajudicial*.

O art. 781 do CPC, nos incisos I a V, define essa competência, ora em razão do domicílio do executado, ora da residência ou do lugar em que o devedor for encontrado, ora do lugar em que se praticou o ato ou o fato que deu origem ao título, ora do foro de situação dos bens etc.

Em nosso ponto de vista, nenhuma dessas disposições do CPC incide no processo do trabalho. Assim dizemos porque a CLT contém norma própria e específica, conforme a qual "É competente para a execução de título executivo extrajudicial o juiz que teria competência para o processo de conhecimento relativo à matéria" (art. 877-A). Como se percebe, esse normativo da CLT está intimamente ligado ao art. 651, do mesmo texto legal, do qual se irradia o princípio medular de que a competência das Varas do Trabalho é determinada pela localidade em que o empregado — autor ou réu –prestar serviços ao empregador, ainda que tenha sido contratado em outro local ou país. Uma e outra exceções essa regra estão contidas nos §§ 1º a 3º do sobredita norma.

Como a CLT não é omissa sobre o assunto (art. 769), nenhum intérprete ou operador do direito estará autorizado a concluir pela incidência no processo do trabalho das regras contidas nos incisos I a V do art. 781 do CPC. Por esse motivo, não lançaremos comentários sobre o teor desses incisos.

Art. 782. Não dispondo a lei de modo diverso, o juiz determinará os atos executivos, e o oficial de justiça os cumprirá.

§ 1º O oficial de justiça poderá cumprir os atos executivos determinados pelo juiz também nas comarcas contíguas, de fácil comunicação, e nas que se situem na mesma região metropolitana.

§ 2º Sempre que, para efetivar a execução, for necessário o emprego de força policial, o juiz a requisitará.

§ 3º A requerimento da parte, o juiz pode determinar a inclusão do nome do executado em cadastros de inadimplentes.

§ 4º A inscrição será cancelada imediatamente se for efetuado o pagamento, se for garantida a execução ou se a execução for extinta por qualquer outro motivo.

§ 5º O disposto nos §§ 3º e 4º aplica-se à execução definitiva de título judicial.

• **Comentário**

Caput. O tema era regido pelos arts. 230, 577 e 579 do CPC revogado.

O oficial de justiça é um dos auxiliares da Justiça (CPC, art. 149) e suas atribuições estão previstas nos arts. 721 da CLT e 154 do CPC.

Sendo assim, compete ao juiz — como reitor soberano do processo — determinar a realização dos atos executivos, cabendo ao oficial de justiça cumpri-los. Como bem expressa o art. 721, da CLT, "Incumbe aos Oficiais de Justiça e Oficiais de Justiça Avaliadores da Justiça do Trabalho a realização dos atos decorrentes da execução dos julgados das Varas do Trabalho e dos Tribunais Regionais do Trabalho, que lhes forem cometidos pelos respectivos Presidentes". Na verdade, incumbirá, também, aos oficiais de justiça o cumprimento de atos executivos ordenados pelo TST, nos casos em que o acórdão condenatório tenha sido proferido em causa da competência originária desse Tribunal, como se dá, por exemplo, nas ações rescisórias.

§ 1º Visando a contribuir para a celeridade da execução, a norma em estudo permite ao oficial de justiça cumprir atos determinados pelo juízo competente também nas comarcas contíguas, de fácil comunicação, desde que situadas na mesma região metropolitana. Parece-nos que a expressão legal "de fácil comunicação" deva ser entendida como "de fácil acesso", porquanto, nos dias da atualidade, considerando o notável desenvolvimento tecnológico, há manifesta facilidade de comunicação (inclusive, pela rede mundial de computadores) até mesmo entre países situados em continentes distintos.

§ 2º Muitas vezes, o oficial de justiça, no cumprimento de mandado judicial, encontra resistência por parte do devedor ou de terceiro. Isso ocorrendo, ele deverá certificar o fato ao juiz, que requisitará força policial para possibilitar o cumprimento do mandado executivo, sem prejuízo de considerar o ato do devedor atentatório à dignidade da justiça (CPC, art. 774), e, em alguns casos, de reputá-lo praticante do crime de desobediência (CP, art. 330).

O oficial de justiça é, por assim dizer, a *longa manus* do juiz.

O disposto no § 2º do art. 782 do CPC constitui particularização da regra geral inscrita no art. 139, VII, do mesmo Código.

§ 3º A inclusão do nome do executado em cadastros de inadimplentes depende de requerimento do exequente; o juiz, portanto, não pode agir *ex officio* nesta matéria.

§ 4º A inscrição em cadastros de inadimplentes será, imediatamente, cancelada se: a) for efetuado o pagamento; b) for garantida a execução; c) a execução for extinta por qualquer motivo.

§ 5º Aplica-se à execução definitiva de título judicial o disposto nos §§ 3.º e 4º.

CAPÍTULO IV

DOS REQUISITOS NECESSÁRIOS PARA REALIZAR QUALQUER EXECUÇÃO

Seção I

Do Título Executivo

Art. 783. A execução para cobrança de crédito fundar-se-á sempre em título de obrigação certa, líquida e exigível.

• **Comentário**

Caput. O tema era tratado, em parte, pelo art. 586 do CPC revogado.

Conquanto determinadores setores da doutrina do processo civil tenham manifestado objeção à clássica expressão latina *nulla executio sine titulo* (não há execução sem título), o fato é que sistema do processo do trabalho essa frase é verdadeira, a julgar-se, inclusive, pela dicção do art. 876 da CLT.

Nem se diga que no caso das decisões concessivas da tutela de urgência ou da tutela da evidência haverá execução sem título formal (sentença e acórdão), pois no caso não há, em rigor, *execução* no sentido tradicional, mas *efetivação* da medida.

Seja como for, no processo do trabalho a execução pressupõe, sempre, a existência de um título — judicial ou extrajudicial — que a legitime.

Embora o Livro III — no qual se insere o art. 783 — do CPC se ocupe, essencialmente, da execução de título *extrajudicial*, para melhor compreensão do assunto, no terreno do processo do trabalho, devemos examinar quais são os títulos executivos aqui admissíveis.

1) Títulos judiciais

1.1) Sentença transitada em julgado

A CLT se refere a "decisões passadas em julgado", às quais pespega eficácia executiva (art. 876); aí estão compreendidas as sentenças (decisões de primeiro grau) e os acórdãos (decisões dos órgãos superiores da jurisdição).

Essa dicção do texto trabalhista, no entanto, está a merecer, na atualidade, um pequeno reparo doutrinário, uma vez que encerra algo de restritivo, que não se coaduna com a própria intenção do preceito legal nem com os modernos conceitos científicos. Efetivamente, *decisão* (em sentido amplo) transitada em julgado é aquela *"não mais sujeita a recurso"* (CPC, art. 502); a locução legal *não mais* indica, com clareza, que a decisão, antes de submeter-se ao fenômeno jurídico da coisa julgada material, *era recorrível*; daí a norma processual haver aludido a *não mais*. Sendo assim, uma interpretação rigorosamente literal do dispositivo em questão poderia levar à imperfeita conclusão de que não seriam susceptíveis de execução aquelas sentenças proferidas nas denominadas causas de alçada exclusiva dos órgãos de primeiro grau, instituídas pela Lei n. 5.584, de 26 de junho de 1970 (art. 2º, § 4º), *justamente porque elas não pressupõem o decurso, em branco, do prazo para um exercício de pretensão recursal.* Referidas sentenças trazem em si, peculiarmente, o atributo legal da irrecorribilidade, que lhes é ontológico, ou seja, lançadas essas sentenças nos autos, nasce com elas o veto da lei à possibilidade de serem impugnadas pela via recursal. Logo, depara-se-nos desacertada a assertiva doutrinária vogante de que tais sentenças transitam em julgado no instante mesmo em que são proferidas; não *transitam*: são, já em sua origem, irrecorríveis, o que é coisa diversa. A única possibilidade de cogitar-se de trânsito em julgado dessas sentenças ocorrerá se elas contrastarem com a Constituição da República, pois nesse caso a Lei n. 5.584/70 permite a interponibilidade de recurso extraordinário ao SFT.

O importante, enfim, a deixar-se registrado é que as sentenças irrecorríveis constituem — até por mais

Art. 783

forte razão — títulos executivos, para os efeitos do art. 876 da CLT.

Estivemos, até este momento, com a atenção concentrada na execução *definitiva*, tanto que nos ocupamos a manejar o conceito de trânsito em julgado (ou de coisa julgada); ainda, porém, que a decisão não tenha passado em julgado, ensejará a execução, que nesse caso será *provisória* (idem, *ibidem*). É a elas que se refere a expressão "ou das quais não tenha havido recurso com efeito suspensivo", introduzida no art. 876 da CLT.

São títulos executivos judiciais as sentenças e os acórdãos *condenatórios*. Diante disso, é necessário precisar-se o exato conceito jurídico dessa espécie de pronunciamento jurisdicional, distinguindo-o dos demais. Segundo seja a natureza da ação aforada — processo de conhecimento —, será a da sentença que vier a ser aí proferida; daí existirem, legal e doutrinariamente identificadas, sentenças: a) declaratórias; b) constitutivas; e c) *condenatórias* — embora Cintra, Grinover e Dinamarco observem, com propriedade, que essa classificação não se harmoniza com a teoria abstrata da ação, tomada em sua pureza, "pois, segundo tal posição, esta não se caracteriza em sua essência pelos elementos identificadores, sendo inadequado falar em 'ações', no plural" (obra cit., p. 282). Alguns autores incluem, ainda, as ações *mandamentais*, como Goldschmidt, para quem essa modalidade de ação tem por objeto "obter um mandado dirigido a outro órgão do Estado por meio de sentença judicial" (*Derecho pocesal civil*. Barcelona: 1936. p. 113), e as sentenças executivas.

Ocupemo-nos, contudo, das sentenças tradicionais, quais sejam, as declaratórias, as constitutivas e as condenatórias.

a) Na ação *declaratória*, pretende o autor obter um provimento jurisdicional que declare: a.a) a existência ou inexistência de relação jurídica (vínculo de emprego com o réu, *v. g.*), ou a.b) a autenticidade ou a falsidade de documento (CPC, art. 19), sendo possível o uso dessa ação ainda que já tenha ocorrido a lesão do direito (*ibidem*, parágrafo único), hipótese em que será *declaratória incidental* (CPC, art. 20).

Reconhecida a existência de relação jurídica, a sentença será declaratória *positiva*; se concluir, ao contrário, pela inexistência dessa relação, será declaratória *negativa*. Dois breves comentos se fazem aconselháveis neste instante. Em primeiro lugar, quando a pretensão do autor visar à declaração de autenticidade ou de falsidade documental, a sentença declaratória, em qualquer caso, será de conteúdo *positivo*, porquanto dirá se o documento *é* autêntico, ou *é* falso; em segundo, será sempre declaratória negativa a sentença que rejeitar os pedidos formulados pelo autor, mesmo em ação de natureza diversa (digamos que ele buscasse a *condenação* do réu e a sentença não acolhesse esse pedido).

As sentenças meramente declarativas, por isso, não constituem título executivo, valendo como simples preceito, com resultado normativo em relação àquilo que foi objeto da declaração; via de regra, se o autor desejar fazer valer o direito que foi declarado por essa classe de sentença deverá invocar, mais uma vez, a tutela jurisdicional do Estado, procurando alcançar, desta feita, um provimento condenatório, que o autorizará, mais tarde, a deduzir uma pretensão executiva.

b) Na ação *constitutiva*, o que o autor colima é uma sentença que constitua, modifique ou extinga tanto uma relação jurídica quanto uma situação jurídica; essa espécie de sentença, todavia, opostamente à declaratória, não *cria* o direito — que preexistia à sua prolação —, limitando-se a reconhecer a existência anterior do direito invocado pela parte, do qual decorrerão efeitos *constitutivos*, tais como previstos na ordem jurídica.

No geral, as sentenças constitutivas produzem efeitos para o futuro (*ex nunc*); já nas declaratórias e nas condenatórias os efeitos são retrooperantes (*ex tunc*).

Figuram como pressupostos da sentença constitutiva:

1) um fato que constitua uma relação jurídica de caráter privado;

2) a existência de um fundamento capaz de produzir a constituição;

3) que a constituição somente possa ser conseguida por meio da sentença.

É preciso, entretanto, separar os casos em que a constitutividade dos efeitos apenas será obtenível por força de provimento jurisdicional daqueles em que esses efeitos podem ser ordinariamente produzidos por intermédio de ato volitivo das partes. No primeiro caso, a exigência de sentença constitutiva provém da indisponibilidade da relação ou da situação jurídica, em virtude da sua importância para os valores sociais, para as instituições etc.; no segundo, ausente esse interesse social, permite-se que a relação ou a situação jurídica seja constituída, modificada ou extinta por ato praticado pelas próprias partes, sob a forma de avença.

Exemplo clássico, no direito do trabalho, de relação jurídica que somente pode ser extinta *ex vi* de provimento constitutivo é o da dissolução do contrato de empregado garantido pela cláusula (legal ou convencional) de estabilidade no emprego; a sentença, aqui, é proferida em ação ("inquérito", na linguagem deturpada da lei) especialmente ajuizada pelo empregador (CLT, art. 494, *caput*). Modificação possível de ser realizada por ato das próprias partes interessadas é a da equiparação salarial efetuada pelo empregador, sem que o empregado tenha ingressado em juízo para isso.

c) Na ação *condenatória*, a sentença contém uma *sanção* ao réu, que o obriga a determinada prestação, postulada na inicial, podendo ser de dar (dinheiro, coisa), fazer ou não fazer. Se a sentença rejeitar, integralmente, os pedidos formulados pelo autor, não será condenatória e sim *declaratória negativa*, ou *desestimatória*, como também a denomina a inteligência doutrinária.

A sentença condenatória, como afirmamos há pouco, é a única que outorga ao autor um *novo direito de ação*, que o permitirá deduzir, agora, uma pretensão de índole executiva.

Dissemos, também, que a sentença será condenatória quando acolher, total ou parcialmente, os pedidos feitos pelo autor porque levamos em conta aquele aspecto que mais interessa para definir se ela seria, em concreto, condenatória ou não — o direito disputado pelas partes; entretanto, ainda que as pretensões do autor sejam repelidas pela sentença, não se pode negar que, em um outro sentido, ela será condenatória sempre que cometer ao autor *vencido* o encargo do pagamento das custas, emolumentos e de outras despesas processuais. Tanto isso é certo que se ele não as pagar se sujeitará à execução, exceto se houver recebido o benefício constitucional da assistência judiciária gratuita; a execução, na espécie, será promovida perante a própria Justiça do Trabalho e culminará, se houver necessidade, com a expropriação judicial dos bens do autor-devedor.

Sob esse ponto de vista (que nos parece juridicamente defensável), também serão condenatórias as sentenças *declaratórias* e as *constitutivas*, na parte em que impuserem ao vencido o pagamento das custas e de outras despesas do processo. Na lição de Alcides de Mendonça Lima, com apoio em Lopes Cardoso, não se confundem as sentenças *condenatórias* com as de *condenação*: "aquelas são mais amplas, abrangendo também as de natureza meramente declaratória e constitutiva, na parte em que haja alguma condenação acessória quanto ao pedido propriamente dito. As últimas, porém, são mais restritas, pois parecem ater-se apenas às proferidas em ações de condenação ou condenatórias. Para evitar qualquer dúvida, o art. 46 do Código de Processo Civil português foi alterado no seu texto primitivo de 1939 pela reforma de 1961, mantida em 1967, pois antes se usava o conceito restrito b) para, depois, ser adotada a forma ampla a). No Brasil, pelo menos doutrinariamente, a sentença que autoriza a execução é sempre a condenatória, ainda que tal condição nela se revele apenas numa parte secundária" (obra cit., p. 317).

Embora o princípio seja de que a sentença condenatória passada em julgado enseja a execução (definitiva), com todas as medidas coercitivas que lhe são ínsitas, ao menos em um caso tais medidas não incidirão; referimo-nos à execução contra a Fazenda Pública, quando a citação não será para que a devedora cumpra a obrigação (de pagar quantia certa), consubstanciada no título executivo, ou nomeie bens à penhora, e sim para oferecer embargos, se assim pretender (CPC, art. 914, *caput*). Dá-se que, sendo os bens públicos impenhoráveis, os pagamentos devidos pela União, pelos Estados-membros e pelos Municípios, em virtude de sentença judicial condenatória transitada em julgado, serão efetuados na rigorosa ordem de apresentação dos precatórios e à conta dos créditos respectivos (CF, art. 100); por esse motivo, é obrigatória a inclusão, no orçamento das entidades de Direito Público, de verba necessária ao pagamento de seus débitos constantes de precatórios judiciais apresentados até 1º de julho (CF, art. 100, § 1º).

Se a obrigação a ser solvida pela Fazenda Pública for de entregar coisa, de fazer ou não fazer, a execução será realizada de igual maneira como o é quanto aos devedores particulares; logo, a citação, na espécie, será para efetuar a correspondente prestação, e não apenas para embargar, como acontece quando a execução é por quantia certa.

Considerando que cada ação possui natureza (e finalidade) própria (conhecimento, execução e cautelar), e que a cognitiva se subdivide, como vimos, em declaratória, constitutiva e condenatória, o processo civil torna defeso ao juiz proferir sentença, a favor do autor, de natureza diversa da pedida (art. 492); dessa forma, se a parte pediu um provimento jurisdicional condenatório, e o que veio foi constitutivo; ou, tendo sido solicitado um constitutivo, o que se deu foi um declaratório, haverá nulidade da sentença, por desrespeito ao comando do art. 492. Dita norma legal não deve, no entanto, ser interpretada debaixo de uma rigidez literal que ofenda ao bom-senso. Há situações em que motivos de ordem absolutamente lógica impedem seja a natureza da sentença mantida, como sucede, p. ex., quando o provimento jurisdicional rejeita inteiramente as pretensões deduzidas pelo autor: embora a sentença desejada fosse *condenatória* (do réu), as provas dos autos fizeram com que, rechaçados os pedidos, fosse prolatada uma de *natureza diversa*, ou seja, *declaratória negativa* (porque se afirmou a *inexistência* do direito alegado).

Em outros casos, o autor pede que o provimento jurisdicional, como unidade lógica, contenha partes distintas, conquanto harmoniosas entre si: requer que seja reconhecida a alegada existência de relação jurídica (vínculo de emprego) com o réu (sentença declaratória) e, em consequência, imposta a este a obrigação de pagar as quantias a que, como empregado, fazia jus (sentença condenatória), e que se encontram mencionadas na peça inaugural. Nessa hipótese, a sentença poderia ser apenas *declaratória* (reconheceria a relação de emprego), mas não forçosamente *condenatória* (uma vez que, digamos, as quantias devidas já estavam pagas); o que não poderia, como é óbvio, no exemplo em pauta, é o provimento jurisdicional, negando a causa (relação de emprego), admitir o efeito (quantias devidas). Se, contudo, a relação de emprego não fosse negada de maneira expressa pelo réu, a admissibilidade da sua existência estaria *implícita* na sentença *condenatória* deste ao pagamento de determinadas quantias de natureza trabalhista.

Ao inaugurarmos estes comentários, dissemos que a expressão do art. 876 da CLT "decisões passadas em julgado" abarcava as sentenças e os acórdãos; isso significa, portanto, que a execução trabalhista de título judicial pode fundar-se: a) apenas em sentença; b) apenas em acórdão; c) parte em sentença e parte em acórdão.

a) Apenas em sentença, quando esta: a.a) trouxer, já no nascedouro, o veto legal da irrecorribilidade (Lei n. 5.584/70, art. 2º, § 4º); a.b) impugnada pela via recursal, for "mantida" pelo tribunal. O vocábulo "mantida" foi propositadamente aspado, pois, em rigor, o acórdão *substitui* a sentença, naquilo em que esta tiver sido objeto de recurso (CPC, art. 1.008).

b) Apenas em acórdão, toda vez que este: b.a) houver sido prolatado em ação de competência originária do tribunal; b.b) der provimento ao recurso, para efeito de acolher os pedidos formulados pelo autor, que a sentença impugnada havia rejeitado.

c) Parte em sentença e parte em acórdão, sempre que o tribunal prover *em parte* o recurso interposto pelo autor, acrescentando à condenação uma ou mais parcelas. Torna-se oportuno lembrar que o acórdão proferido em grau de recurso *substitui* a sentença impugnada, naquilo em que tiver sido objeto do recurso (CPC, art. 1.008) — vedada, em qualquer caso, a *reformatio in peius*, na medida em que o recorrente não pode ter a sua situação processual empiorada pela decisão do órgão *ad quem*. A situação do recorrente, pois, em face do recurso interposto, somente poderia: a) *permanecer inalterada* (porque o tribunal negou provimento ao apelo); ou b) ser *melhorada* (a corte de revisão daria provimento ao recurso, total ou parcialmente); nunca, porém, c) *agravada*, porquanto isso implicaria beneficiar a parte contrária, que deixou de impugnar outras partes da decisão (*reformatio in peius*).

Se a sentença concedeu duas horas extras diárias, e o recorrente pretender elevar a três esse número, não pode o tribunal, a pretexto de injustiça da decisão de primeiro grau, ou de má apreciação das provas, *reduzir* a condenação do réu a uma hora extra diária, sem que este haja manifestado qualquer pretensão recursal quanto a isso.

Na execução deverão ser observados, fielmente, os comandos sancionatórios embutidos em ambos os títulos executivos: na sentença e no acórdão, sempre que ela se fundar, a um só tempo, em um e outro. De tal arte, se o acórdão concedeu mais do que fora pedido pelo recorrente, ou incidiu em *reformatio in peius*, mas transitou em julgado com essas eivas, será assim executado; somente em sede de ação rescisória poderia a parte interessada (devedor) escoimar o acórdão desses vícios. Jamais mediante embargos à execução.

1.2) Acordo inadimplido

A despeito de a CLT referir-se, indistintamente, a *acordo* e a *conciliação*, do ponto de vista doutrinário esses conceitos são inconfundíveis. Esta significa o retorno à harmonia, à concórdia, entre as partes que se desavieram; aquele, no sentido em que estamos a considerá-lo, é um negócio jurídico bilateral, estabelecido com o propósito de prevenir ou solver um conflito intersubjetivo de interesses, podendo ser judicial ou extrajudicial. Sob esse aspecto, o acordo corresponde à *transação*, figura que recebeu melhor tratamento jurídico do legislador brasileiro (CC, arts. 840 a 850). Nada obstante haja, como demonstramos, um traço sutil de separação dos conceitos de acordo e de transação, no que respeita à sua essência ontológica, ambos se identificam quanto aos *efeitos* que produzem: o de extinguir obrigações.

Dessa maneira, porque díspares entre si, a conciliação e o acordo (ou transação) podem coexistir, sem colisão, em um mesmo caso; poderia ocorrer, *e. g.*, de as partes efetivamente se *conciliarem* (isto é, se harmonizarem, fazerem as pazes), mas não chegarem a um *acordo* para terminar o litígio judicial. O inverso também poderia acontecer: transacionarem, dando, com isso, cobro ao processo, sem, todavia, ficar dissipada a animosidade pessoal existente entre ambas. É certo que o grande escopo da Justiça do Trabalho estará atingido quando concorrerem, em um mesmo caso, a conciliação e o acordo.

São dois os caracteres essenciais da transação: a) a existência de *res dubia*, ou seja, a incerteza quanto ao direito, cujo reconhecimento judicial se impetra; b) a finalidade de prevenir ou de terminar o conflito de interesses mediante concessões recíprocas (CC, art. 840). Por ela — que deve ser sempre interpretada restritivamente — não se *transmitem* direitos, mas apenas se os declara ou reconhece (CC, art. 843).

A transação produz entre as partes o efeito de coisa julgada, sendo, todavia, passível de ação rescisória (CC, art. 849); daí por que a CLT declara que o correspondente *termo* valerá como decisão irrecorrível, exceto para a Previdência Social, no tocante às contribuições que lhe forem devidas (art. 831, parágrafo único).

A transação não se confunde com a *renúncia*, pois, enquanto a primeira constitui negócio jurídico bilateral, na segunda a manifestação volitiva é sempre unilateral.

Podem os transigentes instituir *cláusula penal* para o caso de a obrigação não vir a ser cumprida na forma e no tempo fixados (CC, art. 409); essa cláusula pode compreender toda a obrigação ou somente parte dela, assim como pode ter como objeto apenas a mora (CC, art. 409). Dispõe o art. 412 do CC que o valor da cláusula penal não pode exceder ao da obrigação principal; a CLT contém preceito análogo, segundo o qual, "Entre as condições a que se refere o parágrafo anterior, poderá ser estabelecida a de ficar a parte que não cumprir o acordo obrigada a satisfazer integralmente o pedido ou pagar uma indenização convencionada, sem prejuízo do cumprimento do acordo" (art. 846, § 2º).

A nulidade da obrigação acarreta, *ipso facto*, a da cláusula penal; quando o transator cumprir apenas parte da obrigação assumida, o juiz deverá reduzir, equitativamente, a pena estipulada (CC, art. 413).

Releva assinalar que o credor pode exigir a execução da cláusula penal independentemente de haver alegado prejuízo decorrente do descumprimento da obrigação pelo devedor (CC, art. 416, *caput*).

Se a transação envolver direitos contestados em juízo (hipótese mais frequente no processo do trabalho), far-se-á por *termo* nos autos, assinado pelos transigentes e homologado pelo juiz (CC, art. 842, I); é com vistas a esse *modus faciendi* que se deve entender a declaração contida no art. 831, parágrafo único, da CLT, de que, "No caso de conciliação, o termo que for lavrado valerá como decisão irrecorrível". Segue-se que no caso de inadimplemento da obrigação o que se executará, em rigor, não será o acordo ou a transação, e sim a correspondente sentença homologatória (CPC, art. 515, II). Em que pese à omissão da CLT sobre o assunto, entendemos que também no processo do trabalho a transação deverá ser submetida à homologação do Juiz do Trabalho. Esse procedimento, aliás, se encontra salutarmente consagrado pela praxe processual trabalhista.

Em todos os casos em que o devedor inadimplir a obrigação derivante de acordo judicial o credor poderá promover a pertinente execução (embora o juiz possa agir aí de ofício: CLT, art. 878, *caput*), que compreenderá o principal, a cláusula penal, a correção monetária, os juros da mora e as demais despesas processuais, legalmente exigíveis (custas, emolumentos, honorários periciais, advocatícios etc.), observando-se, no que couber, o procedimento estabelecido no Capítulo V da CLT, na Lei n. 6.830/80 e no CPC, conforme a ordem indicada.

Obrigação certa, líquida e exigível

Não é, entretanto, qualquer título judicial que rende ensejo à execução forçada; para que isso seja possível, é necessário que a obrigação nele contida seja "líquida, certa e exigível", como está na previsão do art. 783, *caput*, do CPC. A nosso ver, contudo, há certa impropriedade nessa expressão legal, pois quando se refere a obrigação: a) líquida; b) certa; e c) exigível faz supor que existam aí três qualidades distintas, quando se sabe que a *certeza* integra o conceito de *liquidez*. Tanto é autêntica a assertiva que o Código Civil anterior considerava líquida a obrigação que fosse *certa* quanto à sua existência e *determinada* quanto ao seu objeto (art. 1.533). Dessa forma, houve superfetação do legislador ao aludir a obrigação líquida e certa; bastaria que mencionasse apenas o elemento de *liquidez*, para entender-se embutido nele o de *certeza*.

De outra parte, existem dívidas ou obrigações *certas* (quanto à sua existência) que são *ilíquidas*; o que não pode haver são dívidas ou obrigações líquidas que sejam *incertas*. Para resumirmos: a obrigação deve apresentar-se *líquida* e *exigível*, compreendendo-se na primeira a certeza e a determinação. Os antigos práticos — vale rememorar — determinavam a liquidez sob a fórmula: a) *an*; b) *quid*; e c) *quantum debeatur*. Em *an*, a incerteza relacionava-se com o crédito, considerado em sua existência de fato e não de direito; em *quid*, a incerteza referia-se ao objeto da obrigação e surgia quando se punha em dúvida a sinceridade do documento; quando inexistisse título comprobatório; quando fosse obscuro ou contivesse erro ou qualquer outro vício de consentimento; em *quantum*, procurava-se determinar a quantidade de crédito.

A *exigibilidade*, no campo processual, significa que o credor poderá reclamar a correspondente contraprestação do devedor no tempo estabelecido, independentemente de outras condições.

Os requisitos legais de *liquidez* e de *exigibilidade*, segundo cremos, não oferecem maiores dificuldades à sua verificação em concreto; o mesmo não se dá, todavia, com o da *certeza*, fenômeno de natureza essencialmente subjetiva, definido por Carnelutti como *un grado o uno stato della nostra conoscenza intorno a un fatto* (*Processo di esecuzione*. Milão, v. I, n. 125, p. 261).

A propósito do assunto, adverte Alcides de Mendonça Lima: "A quem cabe verificar um título — no caso o juiz, para autorizar a execução ou acolher ou não a defesa do devedor, nos embargos — poderá não ter a mesma 'certeza' de outrem quanto à obrigação, ainda que os demais elementos ocorram. Mas se certeza não há, isto é, se há incerteza, os demais atributos perdem a eficácia, não dependendo nem de ser a obrigação liquidada e nem exigida. Se houver certeza e for ilíquida a obrigação, sua liquidação será possível na execução de título judicial, mediante a fase prévia da liquidação da sentença" (obra cit., p. 461/462).

O art. 783, *caput*, do CPC fala em "cobrança de crédito", com o que permite uma conclusão — aparentemente lógica — de que a única obrigação exequível na hipótese seria a *por quantia certa*, ficando à margem as espécies de entregar coisa (certa ou incerta), fazer e não fazer.

Inferência que tal não seria correta, porquanto a antedita norma legal, ao empregar o vocábulo *crédito*, não o fez com o intuito de circunscrevê-lo à execução *por quantia certa*, que pressupõe uma obrigação de índole pecuniária. O substantivo *crédito* possui, nesse texto processual, o senso de *obrigação*, entendida esta em todas as suas modalidades. O próprio Código Civil elucidava que "À execução judicial das obrigações de fazer, ou não fazer, e, em geral, à indenização de perdas e danos, precederá a liquidação do valor respectivo, toda vez que o não fixe a lei, ou

Art. 784

a convenção das partes" (art. 1.535), a revelar, com isso, a previsão legal quanto às obrigações de fazer e de não fazer estarem consubstanciadas em título executivo judicial, tanto que fala em *liquidação*.

2) Títulos extrajudiciais

No processo do trabalho são: o termo de ajustamento de conduta firmado com o Ministério Público do Trabalho e o termo de conciliação celebrado em Comissão de Conciliação Prévia (CLT, art. 876, *caput*).

A defesa do devedor, na execução por quantia certa fundada em título judicial, só pode basear-se em fato *posterior* ao título executivo. Entrementes, na execução de título *extrajudicial*, o devedor poderá alegar, em seus embargos, além das matérias enumeradas nos arts. 884, § 1º, da CLT, e 917 do CPC, qualquer outra que lhe seria lícito deduzir como defesa *no processo de conhecimento*, como prevê o art. 917, VI, do CPC.

Em termos práticos, isso significa que o devedor poderá discutir, inclusive, a própria origem do título (extrajudicial), ampliando, desse modo, consideravelmente, a extensão da cognição nesse tipo de embargos, se compararmos com a cognição que é própria dos embargos à execução de título judicial. Para que se tenha ideia da amplitude da defesa, via embargos, na execução de título extrajudicial, devemos dizer que o devedor poderá alegar, dentre outras coisas (além da própria invalidade do título executivo), todas as matérias que, no processo de conhecimento, são objeto de *preliminar* (CPC, art. 337).

Art. 784. São títulos executivos extrajudiciais:

I — a letra de câmbio, a nota promissória, a duplicata, a debênture e o cheque;

II — a escritura pública ou outro documento público assinado pelo devedor;

III — o documento particular assinado pelo devedor e por 2 (duas) testemunhas;

IV — o instrumento de transação referendado pelo Ministério Público, pela Defensoria Pública, pela Advocacia Pública, pelos advogados dos transatores ou por conciliador ou mediador credenciado por tribunal;

V — o contrato garantido por hipoteca, penhor, anticrese ou outro direito real de garantia e aquele garantido por caução;

VI — o contrato de seguro de vida em caso de morte;

VII — o crédito decorrente de foro e laudêmio;

VIII — o crédito, documentalmente comprovado, decorrente de aluguel de imóvel, bem como de encargos acessórios, tais como taxas e despesas de condomínio;

IX — a certidão de dívida ativa da Fazenda Pública da União, dos Estados, do Distrito Federal e dos Municípios, correspondente aos créditos inscritos na forma da lei;

X — o crédito referente às contribuições ordinárias ou extraordinárias de condomínio edilício, previstas na respectiva convenção ou aprovadas em assembleia geral, desde que documentalmente comprovadas;

XI — a certidão expedida por serventia notarial ou de registro relativa a valores de emolumentos e demais despesas devidas pelos atos por ela praticados, fixados nas tabelas estabelecidas em lei;

XII — todos os demais títulos aos quais, por disposição expressa, a lei atribuir força executiva.

§ 1º A propositura de qualquer ação relativa a débito constante de título executivo não inibe o credor de promover-lhe a execução.

§ 2º Os títulos executivos extrajudiciais oriundos de país estrangeiro não dependem de homologação para serem executados.

§ 3º O título estrangeiro só terá eficácia executiva quando satisfeitos os requisitos de formação exigidos pela lei do lugar de sua celebração e quando o Brasil for indicado como o lugar de cumprimento da obrigação.

Código de Processo Civil

• Comentário

Caput. A matéria era regulada pelo art. 585 do CPC revogado.

A norma especifica quais são os títulos executivos *extrajudiciais*.

Reiteradas vezes afirmamos — a contar de um certo ponto até esta altura —, com fundamento do art. 876, *caput*, da CLT, que no processo do trabalho somente possuem eficácia de títulos executivos extrajudiciais: a) o termo de ajustamento de conduta firmado com o Ministério Público do Trabalho; e b) o termo de conciliação celebrado em Comissão de Conciliação Prévia (CLT, art. 876).

O fato de a CLT conter norma expressa sobre o tema afasta, inexoravelmente, a possibilidade de serem introduzidos no processo do processo quaisquer dos títulos executivos extrajudiciais enumerados nos incisos I a XII, do art. 784 do CPC. Mesmo no caso dos incisos IV e XII não há necessidade de serem adotados como adminículo, pois as disposições do art. 876, *caput*, da CLT, são bastantes em si para deflagrar a execução e atingir o seu objetivo.

Somente por lei futura é que se poderá ampliar o elenco dos títulos executivos extrajudiciais no âmbito da Justiça do Trabalho.

Por esse motivo, deixaremos de comentar os incisos I a VIII e X a XII do art. 784 do CPC. Resta o inciso IX, que alude à certidão de dívida ativa da União, dos Estados, do Distrito Federal e dos Municípios, correspondente aos créditos inscritos na forma da lei. Entra na competência da Justiça do Trabalho a execução fundada em certidão da dívida ativa da União, em decorrência do disposto no art. 114, § 3º, da Constituição Federal.

§ 1º O fato de o devedor ou o terceiro haver promovido ação pertinente ao débito constante do título executivo não impede o credor de promover-lhe a execução. A norma pode ser aplicada ao processo do trabalho.

§ 2º Os títulos executivos extrajudiciais provenientes de outro país não necessitam ser homologados para serem executados — ao contrário, portanto, do que se passa em relação às sentenças, que devem ser homologadas pelo Superior Tribunal de Justiça (CF, art. I, "i"). A norma pode ser aplicada ao processo do trabalho, embora, na prática, isso seja de raríssima ocorrência.

§ 3º Para que o título estrangeiro se revista de eficácia executiva devem ser atendidos os requisitos de formação exigidos pela lei do lugar de sua celebração, e o Brasil ser indicado como o lugar de cumprimento da obrigação. São dois, portanto, os requisitos legais a serem observados.

Art. 785. A existência de título executivo extrajudicial não impede a parte de optar pelo processo de conhecimento, a fim de obter título executivo judicial.

• Comentário

A norma faculta à parte que possuir título executivo extrajudicial optar pelo processo de conhecimento, com a finalidade de obter título executivo judicial. Essa opção fica, portanto, reservada à conveniência da parte. Realizada a opção, cumprirá ao autor juntar à petição inicial o título executivo extrajudicial, esclarecendo que a ação se regerá pelo procedimento comum, ordinário. Uma das razões pelas quais o autor poderá preferir valer-se do processo de conhecimento reside no fato de o título extrajudicial consubstanciar crédito que não se apresente certo e líquido, por forma a não poder ser exigido pela via executiva (CPC, art. 783).

Seção II

Da Exigibilidade da Obrigação

Art. 786. A execução pode ser instaurada caso o devedor não satisfaça a obrigação certa, líquida e exigível consubstanciada em título executivo.

Parágrafo único. A necessidade de simples operações aritméticas para apurar o crédito exequendo não retira a liquidez da obrigação constante do título.

• Comentário

Caput. Norma correspondente, em parte, à do art. 580 do CPC revogado.

Para que a execução possa ser promovida, há necessidade de serem satisfeitos três requisitos:

a) inadimplemento da obrigação. Se a obrigação não foi descumprida, ou se ainda não decorreu o prazo para o seu cumprimento, o devedor não possuirá interesse em realizar a execução (CPC, art. 17). Estamos a referir-nos ao interesse técnico (processual) e não ao interesse comum, como vulgarmente é conhecido; b) a obrigação deve ser certa, líquida e exigível. Vale dizer, deve ser líquida e certa para ser exigível. Se ela depender de liquidação prévia, mesmo por meio de cálculos, estará destituída de exigibilidade, pois o devedor não saberá quanto deve pagar; c) estar consubstanciada em título executivo. Se, por exemplo, a obrigação constar de letra de câmbio, de nota promissória ou de cheque emitido em favor do empregado, mesmo a título de pagamento de salários, faltar-lhe-á o título capaz de permitir-lhe a execução forçada. Esses documentos servirão, apenas, para comprovar, no processo de conhecimento, o inadimplemento da obrigação.

Parágrafo único. Constitui inovação do atual CPC. Preocupou-se o legislador em esclarecer que a necessidade de proceder-se a simples operações aritméticas para apurar o crédito exequendo não subtrai a liquidez da obrigação contida no título. Essa disposição da norma legal, entretanto, parece conter uma contradição nos próprios termos pelos quais foi enunciada. Se a obrigação depende de "simples operações aritméticas" para ter o seu cumprimento exigido ao devedor, é elementar que ela não se apresenta líquida; logo, é inexigível. Somente depois de proceder-se à regular liquidação mediante cálculos é que ela adquirirá exigibilidade. Aliás, a declaração expressa no parágrafo único do art. 786 do CPC — embora com ela não concordemos — não se limitaria à liquidação por meio de cálculos, sendo aplicável às demais modalidades, quais, sejam, mediante artigos e arbitramento. Não vemos, *data venia*, necessidade desse acréscimo feito pelo CPC atual. De duas, uma: ou se dá início à execução sem que a obrigação seja líquida — e, nesta hipótese, ao devedor caberá alegar a sua inexigibilidade (CPC, art. 525, III), ou a execução é precedida de regular liquidação — e, nesta hipótese, revela-se desnecessária a declaração inscrita no parágrafo único do art. 786 do CPC.

A única transigência que nos dispomos a fazer, em relação ao assunto, consiste em entendermos que essas "simples operações aritméticas" digam respeito à correção monetária e aos juros da mora. Mesmo assim, não podemos deixar de reconhecer que a referida expressão legal também permita a conclusão de ser mais abrangente, por forma a incluir operações aritméticas que configuram liquidação por meio de cálculo.

Art. 787. Se o devedor não for obrigado a satisfazer sua prestação senão mediante a contraprestação do credor, este deverá provar que a adimpliu ao requerer a execução, sob pena de extinção do processo.

Parágrafo único. O executado poderá eximir-se da obrigação, depositando em juízo a prestação ou a coisa, caso em que o juiz não permitirá que o credor a receba sem cumprir a contraprestação que lhe tocar.

• **Comentário**

Caput. A matéria estava contida no art. 582 do CPC revogado.

Dizem-se *sinalagmáticos* aqueles contratos em que cada parte se obriga a uma prestação, desde que a outra também esteja obriga a uma contraprestação. Os contratos de trabalho, por exemplo, são sinalagmáticos, pois à obrigação de o empregado trabalhar corresponde a contraprestação de o empregador remunerá-lo. É evidente que o sinalagma dos contratos de trabalho contém certas particularidades que o tornam *sui generis*. Exemplifiquemos com as férias e com os afastamentos a que se refere o art. 473, da CLT, entre outras disposições legais: nesses casos, o empregado não trabalha, mas recebe a remuneração, configurando, assim, caso de interrupção do contrato.

De qualquer modo, incide no processo do trabalho a regra do art. 787, do CPC, notadamente em relação àqueles contratos regidos pelo direito civil, cujos conflitos de interesses daí derivantes entram na competência da Justiça do Trabalho por estarem compreendidos no espectro da expressão *relação de trabalho*, constante do art. 114, I, da Constituição Federal.

Deste modo, se o executado não for obrigado a realizar a sua prestação senão mediante a contraprestação do credor, a este incumbirá o ônus de provar que a adimpliu ao requerer a execução, sob pena de extinção do processo sem resolução do mérito.

Parágrafo único. A norma legal faculta ao devedor eximir-se da obrigação depositando em juízo a prestação ou a coisa. O juiz, todavia, somente permitirá que o credor a receba se cumprir a obrigação que lhe diz respeito.

Art. 788. O credor não poderá iniciar a execução ou nela prosseguir se o devedor cumprir a obrigação, mas poderá recusar o recebimento da prestação se ela não corresponder ao direito ou à obrigação estabelecidos no título executivo, caso em que poderá requerer a execução forçada, ressalvado ao devedor o direito de embargá-la.

Código de Processo Civil

• **Comentário**

Reproduziu-se a norma do art. 581 do CPC revogado.

O texto legal *sub examen* contém três disposições específicas, quais sejam: a) o devedor não poderá iniciar a execução ou nela prosseguir se o devedor cumprir a obrigação; b) será lícito ao credor, entretanto, recusar o recebimento da prestação se ela não corresponder ao direito ou à obrigação prevista no título executivo; c) neste caso, o credor poderá requerer a execução forçada, assegurando-se, todavia, ao devedor o direito de embargá-la.

CAPÍTULO V

DA RESPONSABILIDADE PATRIMONIAL

Art. 789. O devedor responde com todos os seus bens presentes e futuros para o cumprimento de suas obrigações, salvo as restrições estabelecidas em lei.

• **Comentário**

Operou-se a transposição literal do art. 591 do CPC revogado.

No passado, o devedor que não satisfizesse determinada obrigação era submetido a penas degradantes da sua condição humana; no sistema da *manus iniectio* romana, *v. g.*, ele poderia ser mantido em cárcere privado pelo credor; ser vendido a terceiro, como escravo, e o mais. O absurdo desse sistema atingia o seu ponto extremo ao permitir que o credor pudesse dispor da própria vida do devedor, inclusive, esquartejando-o.

Já não é assim, felizmente, nos tempos modernos.

Hoje, a execução tem como objeto não a pessoa física do devedor e sim o seu *patrimônio*; essa declaração se encontra insculpida, como autêntico princípio, no art. 789 do CPC, conforme "o devedor responde com todos os seus bens presentes e futuros para o cumprimento de suas obrigações, salvo as restrições estabelecidas em lei".

Esse deslocamento do objeto da execução forçada do corpo do devedor para o seu patrimônio econômico — denominado de "humanização da execução" — foi produto da influência da ideologia cristã sobre o espírito dos legisladores e dos governantes de outrora.

A execução é, portanto, sempre *real*; nunca pessoal. Como diz Andreas von Tuhr, "o crédito encerra um dever para o devedor e uma responsabilidade para o seu patrimônio" (*Tratado de las obligaciones*. Madrid: 1934, v. I, p. 10).

Não se deve confundir, todavia, débito (ou obrigação) com responsabilidade processual, pois o primeiro se estabelece entre o credor e o devedor, tendo por objeto certo bem, ao passo que a segunda se forma entre o devedor e o juiz, cujo objeto são bens indeterminados, presentes e futuros. A sujeição do devedor ao poder jurisdicional é muito mais ampla e intensa que a obrigação, porquanto o juiz, "para levar a termo a execução, pode servir-se de coisas diversas da dívida" (CASTRO, Amílcar de, obra cit., p. 67/68). É por esse motivo que Carnelutti compara a responsabilidade a um grande halo ao redor da obrigação.

Doutrinariamente, podem ser apontados dois objetos da execução: a) objeto imediato; e b) objeto mediato.

a) Imediato — é a realização de medidas práticas e coercitivas, legalmente previstas, e necessárias para tornar concreta a sanção condenatória entranhada no título executivo. Lembremos que, refletindo o título executivo judicial o reconhecimento do direito do credor-exequente, o que este solicita ao Estado-juiz é a deflagração de atos específicos, tendentes a compelir o devedor a solver a obrigação; a incerteza do direito só se verificou no processo de conhecimento, que foi encerrado com a sentença de mérito, agora convertida em título executivo.

b) Mediato — são, como dissemos, os bens que integram ou integrarão o patrimônio do devedor. Nem há, no Brasil, prisão civil por dívidas, exceto nos casos de depositário infiel ou do responsável pelo descumprimento voluntário e inescusável de obrigação alimentar, na forma da lei (CF, art. 5º, LXVII). Em relação ao depositário infiel, o STF adotou a Súmula Vinculativa n. 25, para declarar: "É ilícita a prisão civil de depositário infiel, qualquer que seja a modalidade do depósito". Esta súmula, *data venia*, possui perceptíveis traços de inconstitucionalidade inconstitucional.

O conceito de *patrimônio*, com vistas à responsabilidade a que está submetido o devedor, pode ser tomado a Rosenberg: "*É a soma das coisas que têm valor pecuniário e direitos do devedor; e compreende bens móveis e imóveis, créditos e outros direitos, também expectativas, sempre que sejam já direitos subjetivamente disponíveis*" (sublinhamos) (*Tratado de derecho procesal civil*. Buenos Aires: 1955, v. III, p. 74). O conceito desse ilustre jurista tem o mérito de destacar que foram excluídos do campo da responsabilidade do

Art. 789

devedor determinados bens, como os que não possuem valor econômico; além disso, há aqueles que a lei considera *impenhoráveis* (CPC, art. 833; Lei n. 4.591, de 16.12.1964; Lei n. 4.075, de 23.6.1962; Lei n. 5.988, de 14.12.1973, art. 79; Lei n. 8.009/90) e os que somente podem ser penhorados na ausência de bens livres (CPC, art. 834).

Quando a lei afirma que o devedor responderá, para o cumprimento da obrigação, com os seus bens presentes e futuros, está a advertir que se poderão sujeitar à penhora — e à consequente expropriação judicial — não apenas os bens que o devedor possuía ao tempo em que a execução se iniciou, se não que todos os que vier a adquirir, ou a integrar (a qualquer título) ao seu patrimônio, *enquanto não satisfeita a obrigação*.

Isso quer significar que se, iniciada a execução por quantia certa, ficar demonstrado que o devedor não possui bens com os quais possa responder a ela, a execução não será extinta, nem se poderá cogitar, mais tarde, de prescrição liberatória; verificada a hipótese, incumbirá ao juiz *suspender* a execução, pelo prazo de um ano, como determina o art. 40 da Lei n. 6.830/80; decorrido esse prazo sem que sejam encontrados bens penhoráveis, os autos serão (provisoriamente) arquivados. Encontrados que sejam, a *qualquer tempo*, bens que possam ser submetidos à alienação judicial, os autos serão desarquivados, para prosseguimento da execução (*ibidem*, art. 40, § 3º).

A declaração expressa no art. 789 do CPC não está restrita ao devedor em si, ou seja, àquele que figurou, como réu, no processo cognitivo; ela, ao contrário, tem um sentido muito mais amplo, compreendendo todos os que se encontram situados no polo passivo da relação processual executiva, desde que para isso estejam legalmente legitimados, como é o caso do espólio, dos herdeiros, dos sucessores, do novo devedor e do fiador judicial (CPC, art. 779). Todos os seus bens, inclusive os que vierem a ser, futuramente, aglutinados ao seu patrimônio, responderão para o cumprimento da obrigação. No que tange ao fiador, entretanto, a lei lhe permite indicar bens do devedor (desde que livres e desembargados), nada obstante os seus bens permaneçam sujeitos à execução caso os do devedor sejam insuficientes para satisfazer o direito do credor (CPC, art. 794, *caput*). A possibilidade legal de o fiador indicar bens do devedor revela o *beneficium excussionis personalis*.

Esse benefício de ordem pode ser objeto de renúncia tácita ou expressa; no primeiro caso, a renúncia estará configurada quando o fiador, citado para a execução, deixar de invocar o benefício no prazo para a nomeação de bens à penhora; no segundo, a renúncia consta de documento idôneo.

Embora de rara ocorrência no processo do trabalho, poderá dar-se de o credor, estando por *direito de retenção* na posse de coisa pertencente ao devedor, pretender promover a execução; nesse caso, o devedor tem, em seu benefício, a *exceptio excussionis realis positiva*, daí por que a lei proíbe o credor de promover a execução sobre outros bens enquanto não for excutida a coisa que se acha em seu poder (CPC, art. 793). Esse benefício deverá ser invocado pelo devedor na oportunidade dos embargos que vier a oferecer à execução.

No correto apontamento feito por Alcides de Mendonça Lima, a mencionada regra processual civil tem finalidade preponderantemente ética, "pois se deve pressupor que o credor entendia que a coisa retida lhe bastava para solver a obrigação inadimplida, não sendo justo que na hora da execução, se volte para outro bem do devedor, salvo havendo justificativa legal" (obra cit., p. 579).

Dessa forma, citado o devedor para a execução, este deverá, no prazo da lei, indicar para ser penhorado o bem que o credor estiver retendo; considerando a imperatividade da disposição emoldurada pelo art. 793 do CP, entendemos que, mesmo na hipótese de o devedor deixar de fazer a indicação do bem retido pelo credor (e nem sequer apresentar embargos à penhora), a execução deverá ter como objeto o bem retido, não sendo lícito ao credor, alegando o silêncio do devedor, avocar o direito de apontar outros bens deste. A não ser assim, nenhuma razão de ser teria o preceito legal em exame.

A prioridade legal para a execução será, portanto, sempre da coisa retida; somente se efetuará a segunda penhora se o produto da alienação do bem retido não for suficiente para solver a obrigação (CPC, art. 851, II). Se, porém, ficar comprovado, mesmo antes da expropriação, que o valor do bem retido é insatisfatório para atender ao crédito, poderá o juiz, à instância do interessado e ouvida a parte contrária, *ampliar* a penhora, ou mesmo *transferi-la* para bem mais valioso (CPC, art. 874, II), contanto que, no último caso, o credor se disponha a restituir o bem que havia retido de maneira legítima.

O espólio, por sua vez, responde pelas dívidas do falecido; realizada a partilha, contudo, cada herdeiro será responsável pela dívida na proporção da parte que na herança lhe coube (CPC, art. 796). Tanto o espólio quanto os herdeiros, por esse motivo, são considerados sujeitos passivos da execução (CPC, art. 779, II). Essa disposição do CPC nada mais representa do que ressonância, no plano processual, da regra expressa no art. 1.997 do CC, conforme a qual "A herança responde pelo pagamento das dívidas do falecido; mas, feita a partilha, só respondem os herdeiros, cada qual em proporção da parte que na herança lhe coube".

Cabe salientar, porém, que o herdeiro não responde por encargos excedentes às forças da herança, competindo-lhe produzir prova quanto ao excesso verificado, salvo se existir inventário, que o escuse, demonstrando o valor dos bens que foram por ele herdados (CC, art. 1.792). A prova, quanto a isso, poderá ser feita por intermédio do formal de partilha ou pela certidão de partilha.

Quanto à regra do art. 795 do CPC, de que os bens integrantes do patrimônio (pessoal, portanto) do *sócio* não respondem pelas dívidas da sociedade, a não ser naqueles casos expressamente previstos em lei, embora pudesse ser apreciada neste momento, em verdade já foi objeto de detidas considerações por ocasião do exame da matéria relativa à legitimação passiva, que empreendemos no comentário ao art. 779.

Art. 790. São sujeitos à execução os bens:

I — do sucessor a título singular, tratando-se de execução fundada em direito real ou obrigação reipersecutória;

II — do sócio, nos termos da lei;

III — do devedor, ainda que em poder de terceiros;

IV — do cônjuge ou companheiro, nos casos em que seus bens próprios ou de sua meação respondem pela dívida;

V — alienados ou gravados com ônus real em fraude à execução;

VI — cuja alienação ou gravação com ônus real tenha sido anulada em razão do reconhecimento, em ação autônoma, de fraude contra credores;

VII — do responsável, nos casos de desconsideração da personalidade jurídica.

• **Comentário**

Caput. A matéria era regida pelo art. 592 do CPC revogado.

A norma indica outros bens que ficam sujeitos à execução.

Inciso I. Não incide no processo do trabalho. A Justiça do Trabalho não possui competência para processar execução fundada em direito real ou em obrigação reipersecutória. Ação reipersecutória é aquela em que o autor postula um bem que lhe pertence e que está fora do seu patrimônio, vale dizer, em quel ele reivindica a posse ou propriedade sobre a coisa.

Inciso II. Os bens do sócio ficam sujeitos à execução nos termos da lei. O CC dispõe sobre os diversos tipos de sociedade e sobre as responsabilidades dos respectivos sócios. O art. 1.052, por exemplo, estabelece que "Na sociedade limitada, a responsabilidade de cada sócio é restrita ao valor de suas quotas, mas todos respondem solidariamente pela integralização do capital social". Estabelece, ainda, o art. 50 do Código Civil: "Em caso de abuso da personalidade jurídica, caracterizado pelo desvio de finalidade, ou pela confusão patrimonial, pode o juiz decidir, a requerimento da parte, ou do Ministério Público quando lhe couber intervir no processo, que os efeitos de certas e determinadas relações de obrigações sejam estendidos aos bens particulares dos administradores ou sócios da pessoa jurídica".

Trata-se, aqui, da figura da desconsideração da personalidade jurídica (*disregard of legal entity*), concebida pela doutrina estrangeira e incorporada ao sistema do processo civil de nosso país. Os arts. 133 a 137 do CPC regulam o procedimento do incidente de desconsideração da personalidade jurídica.

A jurisprudência trabalhista tenderá a dar uma interpretação mais ampla ao art. 790, II, do CPC, permitindo a penhora de bem do sócio independentemente das situações previstas em lei. Para isso, é bastante que a sociedade executada não possua bens livres e desembargados. Se o sócio não figurar no título executivo, a sua defesa será feita por meio de embargos de terceiros ou de embargos à execução. No primeiro caso, não poderá impugnar os cálculos; caso figure, apresentará embargos à execução. De qualquer modo, a lei lhe concede o *benefício de ordem*, mediante o qual poderá, quando for o caso, indicar bens livres e desembargados da sociedade (art. 795, § 1º), sobre os quais incidirão os atos executivos e, em especial, o de expropriação. Não sendo esses bens suficientes para satisfazer, integralmente, os objetivos da execução, haverá penhora complementar, incidente nos bens do sócio.

Inciso III. O fato de os bens pertencentes ao devedor se encontrarem em poder de terceiro não impede que sejam penhorados, arrestados etc. Não fosse assim, o devedor encontraria no terceiro um conveniente aliado em seu propósito de ocultar bens com a finalidade de frustrar o objetivo da execução.

Inciso IV. Nos casos em que os bens do cônjuge, próprios reservados ou de sua meação respondem pela dívida esses bens ficam sujeitos à execução forçada, assim como os do companheiro ou companheira. Os arts. 1.643 e 1.644 do CC declaram que as dívidas contraídas na compra, ainda que a crédito, das coisas necessárias à economia doméstica, assim como os empréstimos obtidos para a aquisição desses bens, "obrigam solidariamente ambos os cônjuges". Por outro lado, consta do art. 1.667 do mesmo Código que o regime de comunhão universal implica a comunicação de todos os bens presentes e futuros dos cônjuges e suas dívidas passivas, com exceção das enumeradas no art. 1.668.

Inciso V. Os bens alienados ou gravados com ônus real em fraude à execução submetem-se à execução, porquanto esses atos do devedor são legalmente considerados ineficazes. As situações tipificadoras da fraude à execução são indicadas pelo art. 792 do CPC, sobre o qual lançaremos comentários mais adiante.

Inciso VI. Inovação do CPC atual. Submetem-se à execução, igualmente, os bens cuja alienação ou gravação com ônus real tenham sido declaradas ineficazes em ação própria, por terem ocorrido em fraude contra credores. Os arts. 158 a 165 do CC dispõem sobre a fraude contra credores. O art. 171 do mesmo Código afirma serem anuláveis os negócios jurídicos realizados em fraude contra credores.

Inciso VII. Outra inovação. Ficam sujeitos a execução os bens do responsável, nos casos de desconsideração da personalidade jurídica. Segundo já esclarecemos, o incidente da referida desconsideração é regulado pelos arts. 133 a 137, do CPC. Nos termos do art. 137, acolhido o pedido de desconsideração, a alienação ou a oneração de bens, realizada em fraude de execução será ineficaz em relação ao requerente.

Art. 791. Se a execução tiver por objeto obrigação de que seja sujeito passivo o proprietário de terreno submetido ao regime do direito de superfície, ou o superficiário, responderá pela dívida, exclusivamente, o direito real do qual é titular o executado, recaindo a penhora ou outros atos de constrição exclusivamente sobre o terreno, no primeiro caso, ou sobre a construção ou a plantação, no segundo caso.

§ 1º Os atos de constrição a que se refere o *caput* serão averbados separadamente na matrícula do imóvel, com a identificação do executado, do valor do crédito e do objeto sobre o qual recai o gravame, devendo o oficial destacar o bem que responde pela dívida, se o terreno, a construção ou a plantação, de modo a assegurar a publicidade da responsabilidade patrimonial de cada um deles pelas dívidas e pelas obrigações que a eles estão vinculadas.

§ 2º Aplica-se, no que couber, o disposto neste artigo à enfiteuse, à concessão de uso especial para fins de moradia e à concessão de direito real de uso.

• **Comentário**

A Justiça do Trabalho não possui competência para dirimir conflitos tendo como objeto o direito de superfície. Por esse motivo, não comentaremos o art. 791.

Art. 792. A alienação ou a oneração de bem é considerada fraude à execução:

I — quando sobre o bem pender ação fundada em direito real ou com pretensão reipersecutória, desde que a pendência do processo tenha sido averbada no respectivo registro público, se houver;

II — quando tiver sido averbada, no registro do bem, a pendência do processo de execução, na forma do art. 828;

III — quando tiver sido averbado, no registro do bem, hipoteca judiciária ou outro ato de constrição judicial originário do processo onde foi arguida a fraude;

IV — quando, ao tempo da alienação ou da oneração, tramitava contra o devedor ação capaz de reduzi-lo à insolvência;

V — nos demais casos expressos em lei.

§ 1º A alienação em fraude à execução é ineficaz em relação ao exequente.

§ 2º No caso de aquisição de bem não sujeito a registro, o terceiro adquirente tem o ônus de provar que adotou as cautelas necessárias para a aquisição, mediante a exibição das certidões pertinentes, obtidas no domicílio do vendedor e no local onde se encontra o bem.

§ 3º Nos casos de desconsideração da personalidade jurídica, a fraude à execução verifica-se a partir da citação da parte cuja personalidade se pretende desconsiderar.

§ 4º Antes de declarar a fraude à execução, o juiz deverá intimar o terceiro adquirente, que, se quiser, poderá opor embargos de terceiro, no prazo de 15 (quinze) dias.

Código de Processo Civil

• **Comentário**

Caput. O tema, que era tratado no art. 593 do CPC revogado, foi profundamente alterado pelo Código atual. Os incisos I a V especificam os casos em que a alienação ou a oneração de bem é considerada fraude à execução.

A fraude de execução não se confunde com a fraude contra credores. Esta é disciplinada pelo direito material (CC, arts. 158 a 165), tendo como elementos tipificadores o dano (*eventus damni*) e a fraude (*consilium fraudis*). O dano se configura pela insuficiência de bens patrimoniais para responder à execução; a fraude se caracteriza pela ciência ou pela previsão do dano causado. Os atos praticados em fraude a credores podem ser *anulados* por ação revogatória; dispõe, com efeito, o art. 158, *caput*, do CC que "Os negócios de transmissão gratuita de bens ou remissão de dívida, quando se praticar o devedor já insolvente, ou por eles reduzido à insolvência, ainda quando o ignore, poderão ser *anulados* pelos credores quirografários como lesivos dos seus direitos". É conveniente registrar, a propósito, que: a) somente as pessoas que eram credoras ao tempo em que esses atos foram cometidos poderão pleitear-lhes a anulação (CC, art. 158, § 2º); b) a ação, no caso do art. 158 (para nos fixarmos apenas neste), poderá ser ajuizada em face do devedor insolvente; a pessoa que com ele celebrou a estipulação considerada fraudulenta, ou os terceiros adquirentes que tenham procedido de má-fé (CC, art. 161).

Assinale-se, ainda, que na fraude contra credores a alienação dos bens os prejudica na qualidade de particulares (*uti singulis*), motivo por que, juridicamente, apenas eles terão interesse em aforar ação com o objetivo de obter a declaração de nulidade do ato lesivo perpetrado pelo devedor.

A *fraude de execução*, por sua vez, é regulada pelo *direito processual* (dela também cuida o CP, no art. 179), que integra a classe dos direitos públicos; assim o é porque, transitando em julgado a sentença condenatória, ou sendo inadimplido o acordo realizado em juízo, o Estado possui interesse em que — para salvaguardar o prestígio do próprio Poder Judiciário e da autoridade que se irradia da *res iudicata* — a obrigação materializada no título executivo seja plenamente cumprida; reiteremos, neste ponto, que na fraude *contra credores* o interesse se vincula, com exclusividade, ao trinômio: credor/devedor/terceiro adquirente, estando ausente, portanto, o do Estado.

Na fraude de execução, a má-fé por parte do devedor não precisa ser provada pelo credor, como se lhe exige no caso de fraude contra credores (CC, art. 161), pois é *presumida* pela própria norma legal (CPC, art. 792); além disso, enquanto os atos praticados em fraude contra credores são *anuláveis*, os realizados em fraude de execução são *ineficazes*. Os primeiros são desconstituídos; os segundos, declarados nenhum.

Concordamos com Alcides de Mendonça Lima quando assevera que do ponto de vista do efeito prático, para o credor, as duas figuras de que estamos a nos ocupar têm um ponto em comum: "Proteger o credor contra as artimanhas do devedor para não se esquivar de solver a obrigação coativamente, quer o credor venha a mover a ação competente ('fraude contra credores'), quer o credor já a haja promovido ('fraude à execução')". (Obra cit., p. 558).

De qualquer modo, é relevante destacar que apenas a fraude de execução constitui ilícito penal (CP, art. 179).

Foi, sem dúvida, arguta a observação de Mendonça Lima, feita na vigência do CPC de 1973, de que a disposição do art. 593 procurou harmonizar, entre si, dois princípios algo antagônicos: a) de um lado, o que assegura ao proprietário o direito de dispor dos seus bens, consubstanciado no art. 1.228 do CC (dele usar, gozar e dispor livremente), de índole marcadamente individualista, embora atenuado em alguns casos, como o previsto no art. 5º, II, da CF; b) de outro, o que declara responderem os bens, presentes e futuros, do devedor pelo adimplemento das suas obrigações, excetuadas as restrições apontadas em lei (CPC, art. 591; *Ibidem*, p. 554). O art. 593 do CPC de 1973 corresponde, *mutatis mutandis*, ao art. 792 do CPC atual.

Realmente, se é certo que o direito material assegura ao proprietário o direito de usar, gozar e dispor com liberdade dos seus bens, não menos exato é que a norma processual o obriga a conservar, em seu patrimônio, quando devedor, bens em número ou valor bastante para atender ao cumprimento das suas obrigações, sob pena de, desrespeitada a regra legal, incidir em fraude contra os credores.

O *caput* do art. 792 do álbum processual civil fala em: a) alienação; ou b) oneração de bens, como pressupostos de fundo da fraude de execução; em ambos os casos, estará ocorrendo *disposição* de bens. No primeiro (alienação), o devedor pode vender, permutar, doar etc. bens mediante contrato gratuito ou oneroso, ou simulação (participando, nesta hipótese, do ato o terceiro adquirente, caracterizando, com isso, o *consilium fraudis*); no segundo (oneração), ele, mantendo o domínio sobre os bens, os grava com um dos direitos reais, dando origem, assim, a um privilégio do terceiro, que poderá concretizar-se em alienação, no caso de a obrigação garantida não vir a ser satisfeita. A oneração somente poderá ser feita por meio de contrato.

Os comentários que até aqui formulamos permitem estabelecer a regra conforme a qual o ato do devedor será caracterizado como fraude de execução ou como fraude contra credores, segundo tenha sido a época em que se deu a alienação ou a oneração do bem. Se não havia, ainda, ação ajuizada pelo credor, o caso será de fraude contra credores, cabendo a qualquer destes, conseguintemente, provar que a alienação ou oneração decorreram de má-fé, por parte do devedor; se a ação já se encontrava posta em juízo, a fraude *será de execução*, contanto que verificadas quaisquer das situações previstas nos incisos I a V do art. 792 do CPC.

Passemos, agora, à apreciação individualizada dos casos de fraude de execução arrolados no art. 792 do CPC.

Inciso I. Nota-se que a preocupação do legislador, aqui, foi a de proteger o bem dado em garantia a uma determinada obrigação. Não se trata apenas de direito real, mas também de pretensão reipersecutória, caracterizada pela ação pessoal em que o autor reivindica bem em poder de terceiro.

Inciso II. Configura-se a fraude à execução, neste caso, o fato de o bem ter sido alienado ou onerado quando tiver sido averbada no registro desse bem a pendência do processo de execução, nos termos do art. 828, assim redigido: "O exequente poderá obter certidão de que a execução foi admitida pelo juiz, com identificação das partes e do valor da causa, para fins de averbação no registro de imóveis, de veículo ou de outros bens sujeitos a penhora, arresto ou indisponibilidade".

A Lei n. 6.216, de 30.6.1975 (Lei dos Registros Públicos) estabelece no art. 240: "O registro da penhora faz prova quanto à fraude de qualquer transação posterior".

Inciso III. Haverá fraude à execução também no caso de ter sido averbado, no registro do bem, hipoteca judiciária ou qualquer outro ato de constrição judicial proveniente do processo onde foi alegada a fraude, como penhora, arresto etc.

Inciso IV. Este tem sido, na prática, o principal fundamento para a declaração, pelos órgãos da Justiça do Trabalho, de fraude à execução. Configura-se essa fraude, como está na lei, pelo fato de, na época da alienação ou oneração do bem, haver, em face do devedor, ação capaz de torna-lo insolvente. Como a lei fala em ser o devedor *reduzido à insolvência* (em virtude da ação em que é réu), parece-nos adequado concluir que esta deve ser de *natureza condenatória*, da qual se origine um título executivo.

A similitude, aliás, da fraude de execução, disciplinada pelo inc. IV do art. 792 do CPC, com a fraude contra credores, a que se refere o art. 158 do CC, é muito íntima, porquanto tanto lá como aqui a alienação ou a oneração de bens pressupõe que o devedor seja reduzido à insolvência; a diferença está em que — como pudemos salientar anteriormente — na fraude contra credores tais atos são praticados pelo devedor, sem que "contra" ele houvesse qualquer ação; já na fraude de execução, a existência de ação em curso é requisito essencial à sua configuração. *Para esse efeito, contudo, não servem as ações cautelares, porquanto estas, não tendo caráter condenatório, não podem conduzir o devedor ao estado de insolvência.*

Segundo a óptica do inc. IV do art. 792 do CPC, a fraude de execução, ali prevista, caracteriza-se, em síntese, por dois fatos *simultâneos*: a) à época da alienação ou da oneração dos bens existir contra o devedor certa demanda judicial; b) que tal ação seja capaz de torná-lo insolvente.

O simples fato, portanto, de haver ação em andamento em face do devedor e, no curso desta, ele vier a vender ou a onerar bens não basta à configuração da fraude em estudo; para que isso ocorra, é imprescindível que o seu patrimônio seja com tal intensidade afetado pelos atos praticados que fique impossibilitado de adimplir a obrigação, ou seja, se torne insolvente. Despicienda, para a caracterização da fraude, será a existência de penhora sobre os bens alienados ou onerados; irrelevante será, também, investigar-se se o terceiro adquirente agiu com boa-fé ou não: a presunção de má-fé emana da lei (CPC, art. 792), situação que já não se verifica na fraude contra credores, na qual, como dissemos, incumbe ao prejudicado provar que o devedor procedeu de má-fé (CC, art. 161).

De modo genérico, o devedor aliena ou onera os seus bens *em um só ato*, que, mais tarde, é jurisdicionalmente declarado em fraude de execução; é necessário verificarmos, a seguir, que solução jurídica se deverá aplicar quando o devedor, ao tempo em que a ação foi ajuizada, possuía diversos bens, cujo valor global excedia, em muito, ao da dívida, mas os foi vendendo aos poucos no curso da ação, de modo que acabou por dispor de todos eles — fato que o tornou insolvente. Todas essas vendas deveriam ser julgadas como feitas em fraude de execução? Fornece-nos a resposta Almeida e Souza: "Resolutivamente, digo que só as últimas alienações até o equivalente da dívida; porque as primeiras alienações dos bens, aliás, superabundantes, foram lícitas; e só nos bens ultimamente alienados pelo devedor recaiu a proibição da lei, e com ela o vício da alienação" (*Tratado sobre as execuções*. Lisboa: 1928, p. 62, § 50).

Fraude de execução haverá, ainda, se o devedor — na hipótese do inc. IV do art. 792 do CPC — efetuar *doação* de bens, de maneira a tornar-se insolvente, pouco importando que tenham sido destinatários desse negócio jurídico terceiros ou futuros herdeiros do doador. Sobreleva, isto sim, a circunstância de o devedor, com essa doação, ficar sem condições patrimoniais de atender ao crédito do exequente. Como a doação, neste caso, é *ineficaz*, o seu efeito jurídico é nenhum, razão por que a penhora (ou o arresto) será efetuada sobre os bens doados em fraude da execução. Em suma, age-se como se a doação não houvesse sido realizada. Desconsiderar-se-á, enfim, em atendimento aos interesses do credor. Se assim não fosse, estar-se-ia permitindo que o devedor, ardilosamente, se valesse do instituto jurídico da doação como pretexto para colocar o seu patrimônio a salvo dos atos executivos, com graves consequências para os interesses do credor, para a própria dignidade do Poder Judiciário e para a respeitabilidade da decisão aqui emitida — agora convertida em título executivo.

A prova, que em determinados casos poderá exigir-se do credor, é quanto ao *dano* que lhe acarretou a alienação ou a oneração de bens pelo devedor. No geral, entretanto, o juiz do trabalho perante o qual se processa a execução percebe, por si mesmo, a presença desse dano, na medida em que possui, nos autos correspondentes, todos os elementos necessários à formação de sua convicção quanto a isso.

Conquanto devamos ressalvar a existência de controvérsia doutrinária e jurisprudencial sobre o assunto, pensamos que, evidenciada a fraude de execução, a Justiça do Trabalho será competente não apenas para declarar a *ineficácia* do ato lesivo aos interesses do credor (venda, oneração, doação etc.), mas para ordenar, sempre que a providência for necessária, o *cancelamento da transcrição* ou *da inscrição* que fora feita no registro imobiliário. Preconizar-se que a competência, para esse cancelamento, é da Justiça Comum será contribuir para a demora da exaustão plena da execução trabalhista, de par com criar certos embaraços ao credor, que terá de afastar-se, nesse momento, da Justiça Especializada, cuja tutela invocara.

A Súmula n. 375, do STJ

Ao tempo em que estava em vigor o CPC de 1973, prevendo, no art. 593, II, como fraude de execução a alienação ou oneração de bens quando, na prática desses atos, tramitava contra o devedor demanda capaz de reduzi-lo à insolvência, fizemos duras críticas à Súmula n. 375, do STJ, com o seguinte teor: "Reconhecimento da Fraude à Execução — Registro de Penhora — Prova de Má-Fé do Terceiro Adquirente. O reconhecimento da fraude à execução depende do registro da penhora do bem alienado ou da prova de má-fé do terceiro adquirente".

Para efeito histórico reproduzimos, a seguir, a mencionada crítica.

"O que a Súmula está a expressar é que a fraude à execução somente se configurará com a ocorrência de um destes dois fatos: a) registro da penhora do bem alienado; ou b) má-fé por parte do terceiro adquirente.

A despeito de a jurisprudência trabalhista vir manifestando simpatia pela referida Súmula, entendemos que ela é inaplicável ao processo do trabalho.

Efetivamente, como vimos há pouco, neste processo, desde muito tempo, firmou-se, no plano da doutrina e, mais tarde, no da jurisprudência, o entendimento de que essa fraude estaria caracterizada pelo simples fato objetivo de o devedor haver alienado ou onerado bens, sem reservar os necessários ao cumprimento de suas obrigações. Deste modo, sempre se presumiu a má-fé do devedor. Nunca se deu preeminência ao terceiro adquirente, mesmo tendo agido de boa-fé, uma vez que a execução, por expressa disposição de lei (CPC, art. 612), se processa no interesse do credor. O que cabe ao terceiro de boa-fé é promover ação em face de quem lhe vendeu os bens em fraude à execução.

A malsinada Súmula conduz a duas situações inadmissíveis, ao menos sob o ponto de vista do processo do trabalho: a) não considera em fraude à execução a alienação ou a oneração de bens realizada pelo devedor, no curso do processo, que ainda não estavam penhorados; na verdade, a fraude só haverá com o registro da penhora, o que significa dizer que um bem, mesmo penhorado, mas ainda não registrado, pode ser vendido pelo devedor; b) transfere para o credor o ônus da prova quanto à existência de má-fé por parte do adquirente dos bens. Deste modo, em vez de a relação, em tema de fraude à execução, estabelecer-se entre o devedor-vendedor e o terceiro-comprador, como sempre ocorreu, estabelece-se entre o credor e o terceiro-comprador. Não raro, o credor trabalhista não terá condições de provar a má-fé do adquirente dos bens, fazendo com que a Justiça seja levada a declarar que a alienação realizada pelo devedor foi lícita, frustrando, com isso, as expectativas e o direito do credor. Na prática, pouco importará que o devedor-vendedor tenha agido com manifesta má-fé, pois o que importa é a presença dessa má-fé por parte do terceiro adquirente, cujo ônus da prova é do credor — o que é algo, verdadeiramente, absurdo.

Em nenhum momento a lei (CPC, art. 593) exige o registro da penhora ou a existência de má-fé, por parte do terceiro adquirente, para a configuração do ilícito processual da fraude à execução. Se a Súmula n. 375, do STJ, serve ao processo civil, não serve ao processo do trabalho. Trata-se de roupa feita para outro corpo.

É necessário, pois, que a doutrina e a jurisprudência trabalhistas se conscientizem das consequências danosas que a Súmula acarretará nos domínios do processo do trabalho, especialmente, na esfera jurídica do credor, sem ignorarmos, ainda, essas consequências no tocante à credibilidade da Justiça do Trabalho. Sob certo aspecto, a Súmula estimula a prática de atos dolosos pelo devedor, o que é sobremaneira lamentável.

Considerando que o nosso entendimento quanto à inaplicabilidade da Súmula n. 375, do STJ, ao processo do trabalho possa não vir a ser aceito, seria o caso de valorizar-se a hipoteca judiciária de que trata o art. 466, do CPC.

A hipoteca judiciária é, sem dúvida, um dos mais expressivos efeitos secundários da sentença condenatória e sua compatibilidade com o processo do trabalho parece-nos incontestável.

Nos termos das disposições legais mencionadas, pois, podemos tirar as seguintes conclusões: a) apenas a sentença condenatória (do réu) produz a hipoteca judiciária e, ainda assim, desde que a condenação tenha como objeto dinheiro ou coisa. Com isso, os bens do devedor convertem-se em garantia hipotecária do credor; b) ao contrário da hipoteca convencional, a judiciária não concede ao credor direito de preferência, mas, apenas, de sequela, consistente na faculdade de perseguir os bens do devedor, onde quer que estejam; c) para que produza efeitos com relação a terceiros, é indispensável que a hipoteca judiciária seja inscrita no registro competente, nos termos da Lei de Registros Públicos. Entendemos que essa inscri-

ção independe de requerimento do interessado, podendo ser promovida pelo juiz, ex officio. Assim opinamos, em face da redação imperativa do art. 466 do CPC, segundo a qual a sentença condenatória valerá como título constitutivo dessa espécie de hipoteca. Não condiciona, esse texto legal, a inscrição da hipoteca à iniciativa do autor ou do interessado.

A sentença condenatória produzirá essa modalidade de hipoteca mesmo que: a) a condenação seja genérica. Conforme dispõe o art. 286 do CPC, o pedido, em princípio, deve ser certo ou determinado, para que a sentença seja líquida (CPC, art. 459, parágrafo único). Em casos excepcionais, indicados nos incs. I a III do aludido art. 286, todavia, será lícito ao autor formular pedido genérico. Nesta hipótese, a condenação poderá ser também genérica e, nem por isso, deixará de produzir a hipoteca judiciária, como esclarece o inc. I, parágrafo único, do art. 466 do CPC. Sendo genérica a condenação, a consequente execução só será possível após a indispensável liquidação (CPC, arts. 475-A a 475-H); b) pendente arresto de bens do devedor. O arresto constitui medida cautelar nominada e o procedimento para sua concessão está regulado pelos arts. 813 a 820 do CPC. Desse modo, em virtude da sentença condenatória, o arresto poderá ser substituído pela hipoteca judiciária, conquanto "julgada procedente" a ação principal o arresto possa convolar-se para penhora (CPC, art. 818); c) o credor possa promover a execução provisória da sentença. A primeira observação a ser feita, diante desse preceito legal, é de que a sentença condenatória, para produzir a hipoteca judiciária, não precisa passar em julgado; a segunda, de que, proferida a sentença, será facultado ao autor promover a execução provisória (CPC, art. 475-O), sem prejuízo da hipoteca judiciária, cuja inscrição, a nosso ver, pode ser ordenada pelo juiz, ex officio."

Mantemos, integralmente, o nosso entendimento a respeito da Súmula n. 375, do STJ, mesmo na vigência do CPC de 2015. Justifiquemo-nos. O inciso III do art. 792 é independente dos demais incisos desse artigo. Sendo assim, a configuração do ilícito processual da fraude à execução, nele previsto, não requer averbação, no registro do bem, da pendência do processo de execução (inciso II), nem a averbação da hipoteca judiciária ou de outro ato judicial de constrição oriundo do processo em que foi alegada a fraude (inciso III). É bastante, para os defeitos do inciso IV, que houvesse, ao tempo da alienação ou da oneração do bem, demanda capaz de reduzir o devedor à insolvência. Não há lugar, no art. 792 do CPC, para a aplicação da Súmula n. 375, do STJ; bem ao contrário, o disposto no § 2º da precitada norma legal repele a incidência da referida Súmula.

Inciso V. Abandonando a especificação empreendida nos incisos precedentes (I e II), neste (III) o Código preferiu aludir, genericamente, aos demais casos previstos em lei, em que a fraude de execução também ocorrerá.

No plano do processo civil, entre esses casos podemos indicar os seguintes:

a) o do incidente de desconsideração da personalidade jurídica, pois o art. 137 do CPC declara que ser for acolhido o pedido, a alienação ou a oneração de bens, havia em fraude à execução, será ineficaz em relação ao requerente.

b) o da penhora de crédito, representado por letra de câmbio, nota promissória, duplicata, cheque ou outros títulos, que será feita pela apreensão do documento, esteja ou não em poder do devedor (CPC, art. 856, *caput*); sucede que, se o terceiro, em conluio com o devedor, vier a negar o débito, a *quitação* que este lhe vier a dar será considerada em fraude de execução (CPC, art. 856, § 3º);

c) o do art. 185 da Lei n. 5.172, de 25 de outubro de 1966 (Código Tributário Nacional), a cujo teor "presume-se fraudulenta a alienação ou a oneração de bens ou rendas, ou seu começo, por sujeito passivo em débito para com a Fazenda Pública por crédito regularmente inscrito como dívida ativa em fase de execução", salvo se o devedor houver reservado "bens ou rendas suficientes ao total pagamento da dívida em fase de execução" (parágrafo único).

No processo do trabalho apenas poderão ocorrer as situações mencionada nas letras "a", e "b", pois é possível, também aqui, que: a) seja aplicado o incidente de desconsideração da personalidade jurídica; b) a penhora incida em crédito que o devedor possua junto a terceiros, representado por quaisquer dos títulos previstos em lei (Lei n. 6.830/80, art. 11, ll), cujo documento poderá estar, até mesmo, em poder do terceiro. Sendo assim, se o título não for apreendido (pelo juízo trabalhista), mas o terceiro confessar a dívida, será tido como depositário da importância; se, porém, este negar o débito, em colusão com o devedor, a quitação, que acaso este vier a outorgar àquele, será reputada em fraude à execução (CPC, art. 780, §§ 1º e 3º). Por outras palavras: a quitação dada pelo devedor ao terceiro será declarada, pelo juiz do trabalho (por onde tem curso a execução), ineficaz, sem que, para tanto, haja necessidade de o credor ajuizar ação que procure, exclusivamente, obter essa declaração.

§ 1º Não só a alienação, mas também a oneração, é ineficaz em relação ao exequente. Isso significa que, declarada a fraude à execução, o Judiciário considera a alienação e a oneração juridicamente destituídas de aptidão para produzir efeitos quanto à parte situada no polo ativo da relação processual executiva. Por isso, no caso da alienação, o bem será penhorado nas mãos de quem quer em que se encontre. Este terá como meio jurídico para tentar desfazer a decisão declaratória de fraude à execução os embargos de terceiro.

§ 2º Tratando-se de bem não sujeito a registro, cabe ao terceiro adquirente o encargo de provar que adotou todas as cautelas necessárias para a aquisição. Com vistas a isto, deverá exibir as certidões pertinentes, obtidas não somente no domicílio do devedor, mas, também, no local onde se encontre o bem. A Súmula n. 375, do STJ, não o socorre, até mesmo por estar em antagonismo com o § 2º do art. 792.

Código de Processo Civil

§ 3º No caso de desconsideração da personalidade jurídica, a fraude à execução configura-se a partir da *citação* da parte cuja personalidade se deseja desconsiderar. O incidente de desconsideração da personalidade jurídica é regulado pelos arts. 133 a 137 do CPC.

§ 4º A fim de resguardar os direitos e interesses do terceiro adquirente, o juiz, antes de declarar fraude à execução, deverá intimá-lo para, se desejar, oferecer embargos de terceiro, no prazo de quinze dias. Há, aqui, uma aparente antinomia entre os arts. 675 e 792, § 4º, do CPC. Efetivamente, enquanto o primeiro, conforme vimos, fixa o prazo de quinze dias para o terceiro opor os embargos que lhe são próprios, o segundo dispõe que os embargos de terceiro podem ser oferecidos a qualquer tempo, no processo de conhecimento, enquanto não ocorrer o trânsito em julgado da sentença, e, no cumprimento da sentença ou no processo de execução, até cinco dias depois da adjudicação ou da alienação por iniciativa particular, ou da arrematação, desde que não tenha sido assinada a correspondente carta. Falamos em *aparente* antinomia porque, segundo o nosso entendimento, o prazo estabelecido pelo art. 792 constitui uma exceção à regra do art. 675, porquanto é específico para o oferecimento de embargos de terceiro relacionados à fraude à execução.

Art. 793. O exequente que estiver, por direito de retenção, na posse de coisa pertencente ao devedor não poderá promover a execução sobre outros bens senão depois de excutida a coisa que se achar em seu poder.

• **Comentário**

Repetiu-se a regra do art. 594 do CPC revogado.

O direito de retenção significa o poder que a pessoa tem de conservar o bem — que detinha legitimamente — além do prazo previsto para restituí-lo, em virtude de ser credor do proprietário do bem.

Por esse motivo, o credor não pode promover a execução sobre outros bens senão depois de excutido o que se encontra em seu poder. *Excutir* é sinônimo de *executar*.

Se o credor-exequente não indicar à penhora o bem retido por ele, o devedor poderá alegar a *exceptio excussionis reallis*. Caso, todavia, o devedor concorde em que lhe sejam penhorados outros bens, que não aqueles que estão em poder do credor, caberá ao credor restituir esses bens ao devedor. Essa concordância do devedor pode ser até mesmo tácita: basta que não alegue a *exceptio excussionis reallis*.

Art. 794. O fiador, quando executado, tem o direito de exigir que primeiro sejam executados os bens do devedor situados na mesma comarca, livres e desembargados, indicando-os pormenorizadamente à penhora.

§ 1º Os bens do fiador ficarão sujeitos à execução se os do devedor, situados na mesma comarca que os seus, forem insuficientes à satisfação do direito do credor.

§ 2º O fiador que pagar a dívida poderá executar o afiançado nos autos do mesmo processo.

§ 3º O disposto no *caput* não se aplica se o fiador houver renunciado ao benefício de ordem.

• **Comentário**

Caput. Ao ser executado, o fiador pode indicar à penhora, de maneira pormenorizada, bens do devedor que estejam situados na mesma comarca e desde que sejam livres e desembargados. Esse é o benefício de ordem (*beneficium excussionis personalis*) que a lei coloca à disposição do fiador para tais situações.

§ 1º Se os bens do devedor, indicados pelo fiador na forma do *caput* do art. 794, forem insuficientes para satisfazer plenamente à execução, serão penhorados bens do fiador. O valor dos bens penhorados ao fiador deverá ser suficiente para complementar a diferença entre o valor dos bens do devedor e o montante da execução. Cumpre-nos lembrar a regra inscrita no art. 831, do CPC, de que a penhora deverá recair em tantos bens quantos bastem para o pagamento do principal atualizado, além dos juros da mora e dos honorários advocatícios.

§ 2º A regra de que o fiador que pagar a dívida poderá executar o afiançado no mesmo processo não se aplica ao processo do trabalho, pois a Justiça do Trabalho não tem competência em razão da matéria.

§ 3º O estabelecido no *caput* não se aplicado ao devedor que houver renunciado ao benefício de ordem. A renúncia do fiador ao benefício de ordem podem ser tácita, como quando, citado, não exigir que, por primeiro, sejam excutidos os bens do devedor, livres e desembargados e situados na mesma comarca.

Art. 795. Os bens particulares dos sócios não respondem pelas dívidas da sociedade, senão nos casos previstos em lei.

§ 1º O sócio réu, quando responsável pelo pagamento da dívida da sociedade, tem o direito de exigir que primeiro sejam excutidos os bens da sociedade.

§ 2º Incumbe ao sócio que alegar o benefício do § 1º nomear quantos bens da sociedade situados na mesma comarca, livres e desembargados, bastem para pagar o débito.

§ 3º O sócio que pagar a dívida poderá executar a sociedade nos autos do mesmo processo.

§ 4º Para a desconsideração da personalidade jurídica é obrigatória a observância do incidente previsto neste Código.

• **Comentário**

Caput. O art. 596 do CPC revogado se ocupava do assunto.

O art. 790 do CPC declara estarem sujeitos à execução os bens dos sócios, nos termos da lei (II).

Ao comentarmos esse artigo, pudemos deixar registrada a observação de que o CC dispõe sobre os diversos tipos de sociedade e sobre as responsabilidade dos respectivos sócios. O art. 1.052, por exemplo, estabelece que "Na sociedade limitada, a responsabilidade de cada sócio é restrita ao valor de suas quotas, mas todos respondem solidariamente pela integralização do capital social". Estabelece, ainda, o art. 50 do Código Civil: "Em caso de abuso da personalidade jurídica, caracterizado pelo desvio de finalidade, ou pela confusão patrimonial, pode o juiz decidir, a requerimento da parte, ou do Ministério Público quando lhe couber intervir no processo, que os efeitos de certas e determinadas relações de obrigações sejam estendidos aos bens particulares dos administradores ou sócios da pessoa jurídica". Cuida-se, aqui, da figura da desconsideração da personalidade jurídica (*disregard of legal entity*), concebida pela doutrina estrangeira e incorporada ao sistema do processo civil de nosso país.

§ 1º Quando o sócio for demandado pelo pagamento de dívida da sociedade poderá exigir que primeiro sejam excutidos os bens da sociedade. Também aqui há benefício de ordem semelhante ao que o art. 794, do CPC concede ao fiador. Sob esse aspecto, portanto, pode-se dizer que há uma simetria no tratamento legislativo em relação a um e a outro.

§ 2º Ao sócio que se valer do benefício de ordem de que cuida o § 1º do art. 795, cumpre nomear bens da sociedade situados na mesma comarca em que foi promovida a execução, que sejam livres e desembargados e suficientes para satisfazer o débito. Haverá situações, contudo, em que parte da penhora incidirá em bens da sociedade e parte em bens particulares do sócio. O importante é que o valor dessas penhoras seja suficiente para o pagamento da dívida. Também aqui é relevante observar que o art. 831 do CPC exige que a penhora terá de incidir em tantos bens quantos bastem para o pagamento do principal corrigido, juros da mora e honorários de advogado.

§ 3º Assim como se dá com o fiador (CPC, art. 794, § 2º), o sócio que pagar a dívida poderá executar a sociedade nos autos do mesmo processo. Também neste caso a Justiça do Trabalho não terá competência *ratione materiae* para essa execução, pois não se tratará de conflito derivante de relação de trabalho: no polo ativo da relação processual executiva estará o sócio; no passivo, a sociedade de que participa ou de que participou.

§ 4º Para que, na execução contra a pessoa jurídica, a penhora possa recair em bens particulares do sócio, é imprescindível ("obrigatória", diz a lei) que seja observado o incidente da desconsideração da personalidade jurídica, estabelecido nos arts. 133 a 137. Sob o ponto de vista do processo do trabalho, merece especial atenção — por ser preocupante — a regra inscrita no art. 135, de acordo com o qual: "Instaurado o incidente, o sócio ou a pessoa jurídica será citado para manifestar-se e requerer as provas cabíveis no prazo de 15 (quinze) dias". Por força desses normativos legais, como se verifica, o juiz já não pode, *ex officio*, desconsiderar a personalidade jurídica (o art. 134, § 2º fala em *requerer* a desconsideração na petição inicial), devendo, ademais, estabelecer um contraditório incidental antes de decidir a respeito do assunto. Daí, a justificável preocupação que esse dispositivo legal está a suscitar no espírito dos magistrados do trabalho e dos credores trabalhistas.

Mais uma vez, a jurisprudência e a doutrina do processo do trabalho serão convocadas para tentar consertar os estragos provocados pelo legislador civil.

Considerando haver um entrelaçamento entre os arts. 9º, 133/137 e 795, do CPC, devemos realizar uma sistematização a esse respeito.

Em primeiro lugar, presentes os pressupostos legais (CDC, art. 28), o autor deverá requerer a instauração do incidente de desconsideração da personalidade jurídica (art. 133), conquanto tenhamos manifestado a nossa opinião de que o juiz do trabalho, com fundamento no art. 765, da CLT, pode dar início ao incidente, desde que: 1) haja nos autos elementos que fundamentem o seu convencimento; 2) assegure ao sócio um contraditório prévio e a possibilidade de produzir provas (arts. 9º e 135).

Em segundo lugar, pronunciada a desconsideração da personalidade jurídica, o juiz determinará a penhora de bens do sócio, declarando, quando for o caso, a ineficácia da oneração ou da alienação desses bens, em relação ao autor ou exequente (art. 137).

Em terceiro lugar, o sócio responsabilizado, por força da decisão judicial, pelo pagamento da dívida da sociedade terá o direito de exigir que, antes, sejam excutidos os bens da sociedade (art. 795, § 1º), se existirem.

Art. 796. O espólio responde pelas dívidas do falecido, mas, feita a partilha, cada herdeiro responde por elas dentro das forças da herança e na proporção da parte que lhe coube.

• **Comentário**

Manteve-se a regra do art. 597 do CPC revogado.

Oportuna a observação de Alcides de Mendonça Lima de que, para efeito de incidência da norma inserida no art. 796 do CPC (o jurista tinha em conta o art. 597 do CPC anterior), é irrelevante distinguir se se trata de herdeiros por direito próprio ou testamentários, pois apenas o legatário é que ficará dispensado da responsabilidade pela satisfação do crédito que deu origem à execução, completando o emérito jurista que "Se, porém, a herança for constituída apenas de legados, é evidente que os respectivos titulares sofrerão desfalques nos bens com que foram aquinhoados, pois, se assim não fosse, haveria uma fraude contra o credor, por via oblíqua. Da mesma forma, se as dívidas forem superiores à porção disponível (que cabe aos herdeiros) e o falecido houver disposto da disponível (mesmo como legados), a proporção deverá estender-se a esta fração. Em princípio, pois, o credor deve receber tudo; o que sobrar é que será dos sucessores — herdeiros ou legatários —, ainda que não totalmente, se houver necessidade de ser fixada proporcionalidade" (obra cit., p. 530).

TÍTULO II

DAS DIVERSAS ESPÉCIES DE EXECUÇÃO

CAPÍTULO I

DISPOSIÇÕES GERAIS

Art. 797. Ressalvado o caso de insolvência do devedor, em que tem lugar o concurso universal, realiza-se a execução no interesse do exequente que adquire, pela penhora, o direito de preferência sobre os bens penhorados.

Parágrafo único. Recaindo mais de uma penhora sobre o mesmo bem, cada exequente conservará o seu título de preferência.

• **Comentário**

Caput. A norma corresponde à do art. 612 do CPC revogado.

Interesse do credor

O processo de conhecimento dispensa um tratamento isonômico às partes diante da incerteza sobre com quem está o direito por elas disputado. Pelas mesmas razões, o magistrado deve subministrar um tratamento igualitário aos litigantes. Pode-se afirmar, por isso, que a *ideologia* do processo de conhecimento reside em colocar as partes em situação de igualdade na disputa pelo direito.

No processo de execução, entretanto, a ideologia é outra. Considerando que o conflito de interesses já foi solucionado, que órgão jurisdicional já declarou com que estava o direito e, em decorrência disso, condenou o réu a uma ou mais prestações em benefício do autor, é absolutamente lógico que, a partir desse momento, o autor, convertido em credor, receba da lei um tratamento que o coloque em condição de superioridade em face do devedor. Superioridade jurídica, por certo. Vem daí a razão de o art. 797 do CPC, seguindo a salutar tradição iniciada pelo art. 612 do CPC de 1973, declarar que a execução se processa no *interesse do exequente*. Conforme se lia na Exposição de Motivos do Código revogado, na execução o credor possui preeminência jurídica,

Art. 798

cabendo ao devedor sujeitar-se ao comando que se irradia da sentença condenatória transitada em julgado.

Essa declaração legal se amolda, como a mão à luva, ao processo do trabalho. É perceptível a existência de uma afinidade ideológica entre o art. 797 do CPC e o processo do trabalho.

De resto, a Justiça do Trabalho não possui competência para apreciar concurso universal de credores, no caso de insolvência do devedor comum.

Direito de preferência

Pela penhora, o credor adquire o direito de preferência sobre os bens penhorados. Cuida-se, aqui, do concurso de credores, no caso de insolvência do devedor.

Parágrafo único. Havendo mais de uma penhora sobre o bem, cada credor conservará o seu título de preferência. Os créditos trabalhistas, por exemplo, preferem aos civis e aos tributários.

Art. 798. Ao propor a execução, incumbe ao exequente:

I — instruir a petição inicial com:

a) o título executivo extrajudicial;

b) o demonstrativo do débito atualizado até a data de propositura da ação, quando se tratar de execução por quantia certa;

c) a prova de que se verificou a condição ou ocorreu o termo, se for o caso;

d) a prova, se for o caso, de que adimpliu a contraprestação que lhe corresponde ou que lhe assegura o cumprimento, se o executado não for obrigado a satisfazer a sua prestação senão mediante a contraprestação do exequente;

II — indicar:

a) a espécie de execução de sua preferência, quando por mais de um modo puder ser realizada;

b) os nomes completos do exequente e do executado e seus números de inscrição no Cadastro de Pessoas Físicas ou no Cadastro Nacional da Pessoa Jurídica;

c) os bens suscetíveis de penhora, sempre que possível.

Parágrafo único. O demonstrativo do débito deverá conter:

I — o índice de correção monetária adotado;

II — a taxa de juros aplicada;

III — os termos inicial e final de incidência do índice de correção monetária e da taxa de juros utilizados;

IV — a periodicidade da capitalização dos juros, se for o caso;

V — a especificação de desconto obrigatório realizado.

• **Comentário**

Caput. Há correspondência com o art. 614 do CPC revogado.

A norma versa, exclusivamente, a execução fundada em título *extrajudicial*.

Inciso I. Mesmo no processo do trabalho a execução calcada em título *extrajudicial* não pode ser realizada *ex officio*. A regra do art. 878 da CLT só incide no tocante à execução baseada em título *judicial*. Em suma, a execução de título extrajudicial deve ser *requerida* pelo credor. Esses títulos são o termo de conciliação firmado no âmbito de Comissão de Conciliação Prévia (CLT, art. 625-E) ou o termo de ajustamento de conduta celebrado com o Ministério Público do Trabalho (CLT, art. 876). A petição inicial deverá ser elaborada com atendimento aos requisitos previstos no art. 319 do CPC.

O inciso em exame indica outros documentos que devem instruir a peça de deflagração dessa modalidade de execução foçada. A ver.

a) *Título executivo extrajudicial*. Essa exigência constitui emanação tópica da regra geral inserta no art. 320. O mencionado título é indispensável ao

Código de Processo Civil

ajuizamento da ação. Ausente o título executivo extrajudicial, o juiz deverá intimar o credor para que supra a falta no prazo de quinze dias, sob pena de indeferimento da petição inicial (CPC, arts. 321 e 801).

b) *Demonstrativo do débito*. Quando for o caso de execução por quantia certa, cumprirá ao credor juntar à inicial, também, um demonstrativo do débito atualizado até a data do ingresso em juízo.

c) *Condição ou termo*. A inicial deverá estar acompanhada, ainda, de comprovação de que se verificou a condição ou o termo. A matéria é regida pelos arts. 121 a 137 do CC. A esse respeito é oportuno reproduzir a regra do art. 125: "Subordinando-se a eficácia do negócio jurídico à condição suspensiva, enquanto esta não se verificar, não se terá adquirido o direito, a que ele visa".

d) *Contraprestação*. A inicial também deverá ser instruída com documento comprobatório de que o credor adimpliu a obrigação que lhe correspondia, ou que lhe assegura o cumprimento da obrigação pelo devedor, se este não for obrigado a satisfazer a sua prestação a não ser por meio da contraprestação do exequente.

Inciso II. Quando a execução puder ser processada por mais de um modo, o credor deverá indicar, na inicial:

a) o modo pelo qual a deseja ver realizada. O fato de o credor indicar a espécie de execução que pretende não significa que prevalecerá a sua vontade; é necessário não se ignorar a regra do art. 805 do CPC, conforme a qual quando a execução puder ser promovida por diversos meios, "o juiz mandará que se faça pelo modo menos gravosos para o exequente";

b) o nome completo do exequente e do executado e seus números de inscrição no CPF ou no CNPJ;

c) os bens suscetíveis de penhora, sempre que essa indicação for possível.

Parágrafo único. O demonstrativo de débito deverá conter:

I — o índice de correção monetária adotado;

II — a taxa de juros aplicada;

III — os termos inicial a final de incidência da correção monetária e da taxa de juros da mora;

IV — a periodicidade da capitalização dos juros, quando for o caso;

V — a especificação dos descontos obrigatórios realizados.

Art. 799. Incumbe ainda ao exequente:

I — requerer a intimação do credor pignoratício, hipotecário, anticrético ou fiduciário, quando a penhora recair sobre bens gravados por penhor, hipoteca, anticrese ou alienação fiduciária;

II — requerer a intimação do titular de usufruto, uso ou habitação, quando a penhora recair sobre bem gravado por usufruto, uso ou habitação;

III — requerer a intimação do promitente comprador, quando a penhora recair sobre bem em relação ao qual haja promessa de compra e venda registrada;

IV — requerer a intimação do promitente vendedor, quando a penhora recair sobre direito aquisitivo derivado de promessa de compra e venda registrada;

V — requerer a intimação do superficiário, enfiteuta ou concessionário, em caso de direito de superfície, enfiteuse, concessão de uso especial para fins de moradia ou concessão de direito real de uso, quando a penhora recair sobre imóvel submetido ao regime do direito de superfície, enfiteuse ou concessão;

VI — requerer a intimação do proprietário de terreno com regime de direito de superfície, enfiteuse, concessão de uso especial para fins de moradia ou concessão de direito real de uso, quando a penhora recair sobre direitos do superficiário, do enfiteuta ou do concessionário;

VII — requerer a intimação da sociedade, no caso de penhora de quota social ou de ação de sociedade anônima fechada, para o fim previsto no art. 876, § 7º;

VIII — pleitear, se for o caso, medidas urgentes;

IX — proceder à averbação em registro público do ato de propositura da execução e dos atos de constrição realizados, para conhecimento de terceiros.

Art. 800

• **Comentário**

Caput. Parte da matéria era regida elo art. 615 do CPC revogado.

A norma estabelece as providências que deverão ser adotadas pelo credor, no caso de execução por quantia certa contra devedor solvente.

Inciso I. Intimações. Se a penhora incidir em bens gravados por penhor, hipoteca, anticrese ou usufruto, o exequente *deverá* requerer a intimação do credor pignoratício, hipotecário, anticrético ou usufrutuário. A norma legal demonstra que os bens gravados não são impenhoráveis; o objetivo da intimação dos titulares dos direitos reais sobre a coisa alheia é dar-lhes conhecimento da execução, a fim de que, se for o caso, se sub-roguem nos direitos do credor (CC, art. 346).

Inciso II. Deverá ser requerida também a intimação do titular de usufruto, uso ou habitação, quando a penhora incidir em bem gravado por usufruto, uso ou habitação.

Inciso III. Será necessária a intimação do promitente comprador, quando a penhora incidir sobre bem, no tocante ao qual haja promessa de venda e compra registrada.

Inciso IV. Intimado será o promitente vendedor, quando a penhora incidir em direito aquisitivo oriundo de promessa de venda e compra registrada.

Inciso V. Ao exequente incumbirá, ainda, requerer a intimação do superficiário, enfiteuta ou concessionário, tratando-se de direito de superfície, enfiteuse, concessão de uso especial para fins de moradia ou concessão de direito real de uso, quando a penhora incidir em direitos do superficiário, do enfiteuta ou do concessionário. A Justiça do Trabalho, todavia, não possui competência para solucionar causas versando sobre o tema de que trata o inciso em exame.

Inciso VI. Será intimado o proprietário de terreno com regime de direito de superfície, enfiteuse, concessão de uso especial para fins de habitação ou concessão de direito real de uso, quando a penhora incidir sobre direitos do superficiário, do enfiteuta ou do concessionário. Também aqui falta competência à Justiça do Trabalho.

Inciso VII. Caberá ao exequente também requerer a intimação da sociedade, no caso de penhora de quota social ou de ação de sociedade anônima fechada, para o fim previsto no art. 876, § 7º Dispõe esta norma que, neste caso, se a penhora for realizada em favor de pessoa alheia à sociedade, esta será intimada, ficando responsável por informar aos sócios esse fato, aos quais será assegurada a preferência.

Inciso VIII. Medidas urgentes. Sempre que for o caso, o credor *poderá* requerer a concessão de medidas acautelatórias urgentes, como, por exemplo, a indisponibilidade de ativos financeiros do devedor, para ulterior penhora. Duas nótulas: a) as tutelas de urgência e da evidência são regidas pelos arts. 300 a 311 do CPC; b) o texto legal em estudo também autoriza o *bloqueio on line*, tão amiudemente posto em prática na Justiça do Trabalho.

Inciso IX. O credor *deverá* proceder à averbação em registro púbico do ato de ajuizamento da execução e dos atos de constrição realizados. Trata-se, na vedade, de *registro* (Lei n. 6.216/1975, art. 167, I, 5). Esse registro se destina cientificar terceiros a respeito da realização desses atos processuais. A norma em foco se articula com o inciso II do art. 792, do CPC, que considera em fraude à execução a alienação ou oneração de bens quando tiver sido averbada, no registro do bem, a pendência do processo de execução, nos termos do art. 828. No processo do trabalho, o registro público do bem penhorado é automático, ou seja, está implícito no despacho que defere a inicial (execução de título extrajudicial) ou ordena a citação do devedor (execução de título judicial — Lei n. 6.830/90, art. 7º, IV).

Art. 800. Nas obrigações alternativas, quando a escolha couber ao devedor, esse será citado para exercer a opção e realizar a prestação dentro de 10 (dez) dias, se outro prazo não lhe foi determinado em lei ou em contrato.

§ 1º Devolver-se-á ao credor a opção, se o devedor não a exercer no prazo determinado.

§ 2º A escolha será indicada na petição inicial da execução quando couber ao credor exercê-la.

• **Comentário**

Caput. Repetiu-se a regra do art. 571 do CPC revogado.

A norma trata da execução das obrigações alternativas, disciplinadas pelos arts. 252 a 256 do CC. Dizem-se alternativas as obrigações que possuem duas ou mais prestações com objetos distintos, das quais o devedor se libera mediante o cumprimento de uma só delas, segundo sua escolha.

Quando a escolha couber ao devedor, este será citado para exercer a opção e efetuar a prestação no prazo de dez dias, se outro não estiver determinado em lei ou no contrato.

§ 1º Se o devedor não exercer a opção do prazo fixado, a opção será devolvida ao credor, exceto — acrescentamos — de o devedor comprovar a existência de motivo de força maior que o impediu de realizar a opção no prazo que lhe cabia.

§ 2º Caso a opção esteja a cargo do credor, ele deverá manifestá-la já na petição inicial da execução.

Código de Processo Civil

Art. 801. Verificando que a petição inicial está incompleta ou que não está acompanhada dos documentos indispensáveis à propositura da execução, o juiz determinará que o exequente a corrija, no prazo de 15 (quinze) dias, sob pena de indeferimento.

• **Comentário**

Repetiu-se, em parte, a regra do art. 616 do CPC revogado.

Se o juiz perceber que a petição inicial está incompleta ou desacompanhada de documento imprescindível ao ajuizamento da execução, determinará que o credor a complete no prazo de quinze dias. Não atendido o despacho, o juiz indeferirá a petição inicial. A exigência de que a petição inicial seja instruída com os documentos indispensáveis ao ajuizamento das ações em geral consta do art. 320, do CPC, e do art. 787, da CLT.

Art. 802. Na execução, o despacho que ordena a citação, desde que realizada em observância ao disposto no § 2º do art. 240, interrompe a prescrição, ainda que proferido por juízo incompetente.

Parágrafo único. A interrupção da prescrição retroagirá à data de propositura da ação.

• **Comentário**

Caput. O despacho que ordenar a citação interrompe a prescrição, mesmo que proferido por juiz incompetente. Para que esse efeito interruptivo se verifique, é indispensável que o exequente cumpra o disposto no § 2º do art. 240, vale dizer, adote, no prazo de dez dias, as providências necessárias para viabilizar a citação, sob pena de esta não ser considerada válida, nos termos do *caput* do art. 240.

Parágrafo único. A prescrição será interrompida desde a data do ajuizamento da petição inicial. Sob certo aspecto, este parágrafo reproduz a regra do art. 240, § 1º do CPC, segundo o qual a interrupção da prescrição, no processo de conhecimento, "retroagirá à data da propositura da ação".

Art. 803. É nula a execução se:

I – o título executivo extrajudicial não corresponder a obrigação certa, líquida e exigível;

II – o executado não for regularmente citado;

III – for instaurada antes de se verificar a condição ou de ocorrer o termo.

Parágrafo único. A nulidade de que cuida este artigo será pronunciada pelo juiz, de ofício ou a requerimento da parte, independentemente de embargos à execução.

• **Comentário**

Caput. Em parte, o assunto era tratado pelo art. 618 do CPC.

A norma cuida da nulidade da execução fundada em título extrajudicial.

Inciso I. Nos termos da declaração *genérica* estampada no art. 783, do CPC, a execução para cobrança de crédito deverá fundar-se em título de obrigação certa, líquida e exigível. O art 803, I, do mesmo Código, *particulariza* essa declaração, ao dirigi-la à execução lastreada em título executivo extrajudicial.

Se o referido título não corresponder a obrigação marcada pela certeza, pela liquidez e pela exigibilidade não terá eficácia executiva. Caso a execução seja posta em juízo sem a observância desses requisitos será nula. Faculta-se ao credor, contudo, fazer uso do título executivo extrajudicial para instruir a petição inicial no processo de conhecimento, com o objetivo de obter um título judicial (CPC, at. 785).

Inciso II. Sem a citação válida ("regular", diz a lei) do devedor a execução que em face dele for promovida será nula. Haverá nulidade da citação, entre tantos casos, nos previstos nos arts. 244 e 245 do CPC.

Inciso III. Ao requerer a execução incumbe ao credor provar, já na inicial, que se verificou a condição ou ocorreu o termo. Se a execução for promovida antes de verificada a condição ou o termo será nula por faltar-lhe o requisito da exigibilidade do cumprimento.

Parágrafo único. A nulidade da qual se ocupa o art. 803 do CPC será pronunciada pelo juiz, por sua iniciativa ou a requerimento do devedor, independentemente de embargos à execução. Ao assim afirmar, o Código abre larga possibilidade para o uso da exceção de pré-executividade — ou exceção de executividade, como preferir-se —, embora a arguição de nulidade, em rigor, possa ser objeto de simples petição ("requerimento", como está na lei) do credor.

Art. 804. A alienação de bem gravado por penhor, hipoteca ou anticrese será ineficaz em relação ao credor pignoratício, hipotecário ou anticrético não intimado.

§ 1º A alienação de bem objeto de promessa de compra e venda ou de cessão registrada será ineficaz em relação ao promitente comprador ou ao cessionário não intimado.

§ 2º A alienação de bem sobre o qual tenha sido instituído direito de superfície, seja do solo, da plantação ou da construção, será ineficaz em relação ao concedente ou ao concessionário não intimado.

§ 3º A alienação de direito aquisitivo de bem objeto de promessa de venda, de promessa de cessão ou de alienação fiduciária será ineficaz em relação ao promitente vendedor, ao promitente cedente ou ao proprietário fiduciário não intimado.

§ 4º A alienação de imóvel sobre o qual tenha sido instituída enfiteuse, concessão de uso especial para fins de moradia ou concessão de direito real de uso será ineficaz em relação ao enfiteuta ou ao concessionário não intimado.

§ 5º A alienação de direitos do enfiteuta, do concessionário de direito real de uso ou do concessionário de uso especial para fins de moradia será ineficaz em relação ao proprietário do respectivo imóvel não intimado.

§ 6º A alienação de bem sobre o qual tenha sido instituído usufruto, uso ou habitação será ineficaz em relação ao titular desses direitos reais não intimado.

• **Comentário**

Caput e §§. No caso de execução por quantia certa, o art. 799, I, do CPC, em seu inciso I, ordena que o exequente requeira a intimação do credor pignoratício, hipotecário, anticrético ou fiduciário quando a penhora incidir em bens gravados por penhor, hipoteca, anticrese ou alienação fiduciária e das diversas outras pessoas mencionadas nos incisos II a VIII daquele dispositivo legal.

Agora, o art. 804 relaciona, em seus §§ 1º a 6º, as pessoas cuja falta de intimação gera a ineficácia da alienação do bem gravado por penhor, hipoteca ou anticrese.

Art. 805. Quando por vários meios o exequente puder promover a execução, o juiz mandará que se faça pelo modo menos gravoso para o executado.

Parágrafo único. Ao executado que alegar ser a medida executiva mais gravosa incumbe indicar outros meios mais eficazes e menos onerosos, sob pena de manutenção dos atos executivos já determinados.

• **Comentário**

Caput. Reproduziu-se, em parte, a regra do art. 620 do CPC.

O art. 797 do CPC contém a solene declaração de que a execução se processa no *interesse do credor*. Por outro lado, o art. 805 do mesmo Código determina que quando a execução puder ser realizada por diversos meios o juiz mandará que se faça pelo modo *menos gravoso ao devedor*. Estaria a ocorrer antinomia entre essas normas legais? Certamente que não. A preeminência axiológica é do art. 797; ao redigir o art. 805, o legislador não teve a intenção de neutralizar o art. 712, senão que impor uma espécie de regra de temperamento em sua aplicação prática.

Destarte, sem que a execução deixe de processar-se no interesse do credor, em algumas situações ela deverá ser realizada pelo modo menos gravoso ao devedor.

Ao tempo em que estava a viger o CPC de 1973, o TST adotou a Súmula n. 417, cujo inciso III afirma que em se tratando de execução *provisória* fere direito líquido e certo do devedor (impetrante) a determinação de penhora em dinheiro desde que nomeados outros bens à penhora, "pois o executado tem direito a que a execução se processe da forma que lhe seja menos gravosa, nos termos do art. 620 do CPC". No sistema do atual CPC a referência deve ser ao art. 797.

Parágrafo único. Caso o executado alegue que a execução está se processando de modo mais gravoso para ele, a lei lhe permite demonstrar a existência de outros meios mais eficazes e menos onerosos. Se o executado não se desincumbir desse encargo processual, a consequência será a manutenção dos atos executivos já determinados pelo juiz.

O art. 805 é plenamente aplicável ao processo do trabalho.

CAPÍTULO II

DA EXECUÇÃO PARA A ENTREGA DE COISA

Seção I

Da Entrega de Coisa Certa

Art. 806. O devedor de obrigação de entrega de coisa certa, constante de título executivo extrajudicial, será citado para, em 15 (quinze) dias, satisfazer a obrigação.

§ 1º Ao despachar a inicial, o juiz poderá fixar multa por dia de atraso no cumprimento da obrigação, ficando o respectivo valor sujeito a alteração, caso se revele insuficiente ou excessivo.

§ 2º Do mandado de citação constará ordem para imissão na posse ou busca e apreensão, conforme se tratar de bem imóvel ou móvel, cujo cumprimento se dará de imediato, se o executado não satisfizer a obrigação no prazo que lhe foi designado.

• **Comentário**

Caput. A matéria estava no art. 621 do CPC revogado. A norma trata da execução para a entrega de coisa certa, constante de título executivo *extrajudicial*.

Diz-se *certa* a coisa que se encontra perfeitamente individuada, que se identifica segundo as suas características, não sendo, por isso, confundível com qualquer outra; *incerta* é a coisa que se determina apenas por seu gênero e quantidade, não possuindo traços distintivos capazes de identificá-la.

Por princípio, a coisa *certa* é sempre *infungível*, do mesmo modo como as *incertas* são *fungíveis* (ou seja, substituíveis por outras, da mesma espécie, qualidade e quantidade: CC, art. 85.

A execução destinada à entrega de coisa corresponde às obrigações de *dar* (*ad dandum*) em geral, pouco importando que o direito a ser tornado efetivo seja de natureza *real* ou *pessoal*. Conforme leciona Alcides de Mendonça Lima, a finalidade da execução para a entrega de coisa se revela mediante três modalidades de prestação, que constituem espécies distintas da *entrega*: dar, prestar e restituir. "Na ideia de dar, não se trata, evidentemente, de transferir o domínio, sendo o termo usado em sentido amplo. O bem, pela obrigação assumida pelo devedor ou pela condenação imposta, já passou a ser do credor ou já foi reconhecido o direito que esse sobre o mesmo tinha. O devedor deverá apenas entregar o que não é seu, embora com ele sempre estivesse. Prestar tem o sentido de ser feita uma coisa para, ao concluí-la, entregar ao credor. E, finalmente, restituir corresponde a devolver o que já é do credor, mas que cedeu a posse ao devedor, sem que esse se resolva a entregar a coisa a seu dono" (obra cit., v. VI, tomo II, p. 762).

Não visa a execução em exame, todavia, à expropriação dos bens patrimoniais do devedor e sim a fazer com que este entregue a coisa certa, a que foi condenado a realizar; caso o devedor não cumpra a obrigação, não se cogitará de penhora — ato constritivo próprio da execução por quantia certa —, e sim de expedição de mandado de busca e apreensão, sendo o bem *móvel*, ou de imissão na posse, sendo *imóvel* (CPC, art. 806, § 2º).

Cumpre indagar, nesta quadra de nossa exposição, se a execução para a entrega de coisa certa é cabível no processo do trabalho, sabendo-se que a CLT é, rigorosamente, omissa a respeito da matéria.

Separemos as situações.

Título extrajudicial. Cuidando-se de obrigação contida em título executivo *extrajudicial* — matéria de que trata o art. 806, do CPC — não haverá competência da Justiça do Trabalho, pois nesta, conforme tantas vezes assinalamos em páginas anteriores, os únicos títulos executivos dessa natureza são os acordos firmados com o Ministério Público do Trabalho ou no âmbito das Comissões de Conciliação Prévia (CLT, art. 876).

Título judicial. A resposta a isso está ligada de maneira íntima ao problema da competência da Justiça do Trabalho para apreciar as ações possessórias previstas no CPC. Não estamos nos referindo aos embargos de terceiro, ação de natureza caracteristicamente possessória, hoje admitida, de maneira pacífica, neste processo especializado, e sim à manutenção e reintegração de posse e ao interdito proibitório (CPC, arts. 554 a 568).

As controvérsias doutrinárias e jurisprudenciais acerca do tema são ainda intensas, conquanto se perceba uma tendência de reconhecer-se à Justiça do Trabalho competência para apreciar ações possessórias. Pela nossa parte, entendemos que, se a pretensão dessa índole estiver diretamente relacionada com o contrato de trabalho, ou decorrer de cláusula deste, aberta estará a possibilidade de a Justiça do Trabalho examiná-la, sem que isso implique transvazamento dos limites de sua competência, estabelecidos constitucionalmente (art. 114). Em muitos casos, *e. g.*, o empregado ocupa determinado imóvel, pertencente ao empregador, que lhe é cedido não a título de locação, mas sim de prestação salarial *in natura* (CLT, art. 458); em tantos outros, o empregado tem os seus instrumentos de trabalho (ferramentas, mostruários, etc.) retidos arbitrariamente pelo empregador (em regra, após a terminação da vigência contratual); nas situações ora enunciadas — e em diversas outras, reveladas pelo dinamismo da realidade das relações jurídicas subjetivas que soem ser estabelecidas entre empregados e empregadores —, a parte legalmente legitimada poderá deduzir, na Justiça do Trabalho, pretensão de natureza possessória, destinada a reaver o bem, móvel ou imóvel, indevidamente retido pela outra.

Transitando em julgado a sentença condenatória do réu, o autor, agora transmudado em credor, estará habilitado a promover a consequente execução para a entrega de coisa certa (se este for o caso), perante o mesmo órgão jurisdicional que emitiu o título exequendo.

O devedor de obrigação de entregar coisa certa, mencionado no título executivo extrajudicial, será citado pata satisfazer a obrigação no prazo de quinze dias.

§ 1º O juiz, ao despachar a petição inicial, poderá cominar multa por dia de atraso no cumprimento da obrigação. Como essa penalidade pecuniária está vinculada à cláusula *rebus sic stantibus*, o magistrado poderá alterar o valor, para mais ou para menos, caso se revele insuficiente ou excessivo. Tanto a fixação da multa quanto modificação do seu valor independem de requerimento da parte interessada.

§ 2º Se o devedor não efetuar a prestação no prazo legal, o juiz fará expedir mandado: a) de imissão na posse, caso se trata de bem imóvel; b) de busca e apreensão, se o bem for móvel. O mandado deverá ser cumprido de imediato.

Art. 807. Se o executado entregar a coisa, será lavrado o termo respectivo e considerada satisfeita a obrigação, prosseguindo-se a execução para o pagamento de frutos ou o ressarcimento de prejuízos, se houver.

• **Comentário**

Repetiu-se a regra do art. 624 do CPC revogado.

Se o devedor entregar a coisa no prazo legal, será lavrado o respectivo termo, dando-se foi extinta a execução, exceto se ela dever prosseguir para o recebimento de frutos ou para o ressarcimento de prejuízos sofridos pelo credor.

Como se trata de coisa *certa*, o devedor apenas se liberará da obrigação contida no título executivo se entregar exatamente o bem que se encontra individuado nos autos; essa nota de infungibilidade impede que a coisa seja substituída por outra, ou mesmo pela caução, real ou fidejussória.

Art. 808. Alienada a coisa quando já litigiosa, será expedido mandado contra o terceiro adquirente, que somente será ouvido após depositá-la.

• **Comentário**

Reproduziu-se, literalmente, o art. 626 do CPC revogado.

Pode ocorrer de a coisa vir a ser alienada quando já litigiosa; diante disso, incumbirá ao juiz emitir mandado contra o terceiro adquirente, que apenas será ouvido depois de depositá-la.

Em rigor, a alienação do bem, quando sobre ele as partes já se encontravam envolvidas em disputa judicial, caracteriza o ilícito da *fraude à execução*, de que cuida o art. 792 do CPC. No sistema do CPC revogado era despiciendo investigar-se, em concreto, se houve má-fé por parte do devedor na alienação, pois a má-fé, aqui, era legalmente presumida, ao contrário do que se passava na fraude contra credores, onde a intenção fraudatória do devedor deveria ser provada, pois não entrava no senso comum presumi-la. No sistema do atual CPC, contudo, embora se presuma a má-fé por parte do devedor, deve ser comprovada a má-fé por parte do terceiro adquirente, para que a venda seja considerada ineficaz.

Como a venda, a doação etc. realizadas em fraude à execução *são ineficazes* (desde que demonstrada a má-fé pelo terceiro adquirente) consideram-se como não efetuadas, motivo por que, na execução por quantia certa, a penhora recai sobre os bens por esse modo alienados, e, na destinada à entrega de coisa certa, o juiz faz expedir mandado contra o adquirente do bem, para que deposite a coisa em juízo. Caso o terceiro pretenda defender os seus interesses em face dessa execução, poderá opor-lhe embargos. Como o álbum processual civil é omisso quanto ao procedimento a ser observado, nessa hipótese, pensamos que, por analogia, deva ser o dos *embargos de terceiro* (CPC, art. 674), naquilo que couber, porquanto acarretaria falta contra a lógica e os princípios admitir-se que o adquirente devesse vir a juízo com embargos próprios *do devedor*.

Art. 809. O exequente tem direito a receber, além de perdas e danos, o valor da coisa, quando essa se deteriorar, não lhe for entregue, não for encontrada ou não for reclamada do poder de terceiro adquirente.

§ 1º Não constando do título o valor da coisa e sendo impossível sua avaliação, o exequente apresentará estimativa, sujeitando-a ao arbitramento judicial.

§ 2º Serão apurados em liquidação o valor da coisa e os prejuízos.

• **Comentário**

Caput. O tema era objeto do art. 627 do CPC revogado.

A literalidade do art. 809 do CPC evidencia que o credor não está compelido a estender ao terceiro adquirente a execução, com o fito de fazer com que ele deposite o bem; tanto é certa a assertiva que a norma legal antedita assegura ao credor o direito de receber, além de perdas e danos, o valor da coisa quando esta:

a) não lhe for entregue;

b) se deteriorar;

c) não for encontrada; ou

d) não for reclamada do poder do terceiro adquirente.

Pertence à *faculdade* do credor, conseguintemente:

a) solicitar ao juiz que ordene o depósito da coisa, pelo adquirente; *ou*

b) receber o valor desse bem, sem prejuízo de serem apuradas eventuais perdas e danos.

Não se imagine, pois, que este último pedido somente poderá ser formulado se o terceiro adquirente deixar de fazer o depósito da coisa.

Em alguns casos, a convolação da execução para a entrega de coisa (certa ou incerta) para execução por quantia certa (contra devedor solvente) pode esbarrar na competência constitucional da Justiça do Trabalho, na medida em que nem sempre se encontrará, no âmbito do direito material correspondente, disposições que fundamentem o pedido de imposição ao devedor do pagamento do *valor da coisa* e de perdas e danos.

§ 1º Se não constar do título executivo extrajudicial o valor da coisa, ou sendo impossível a sua avaliação, caberá ao exequente fazer-lhe a estimativa, sujeitando-se ao arbitramento judicial.

§ 2º Quando a aplicação ao processo do trabalho da regra estampada no art. 809 do CPC não provocar transbordamentos dos lindes constitucionais fixadores da competência da Justiça do Trabalho, o valor da coisa que deveria ter sido depositada e das perdas e danos será apurado na liquidação da sentença resolutória da execução.

Art. 810. Havendo benfeitorias indenizáveis feitas na coisa pelo executado ou por terceiros de cujo poder ela houver sido tirada, a liquidação prévia é obrigatória.

Parágrafo único. Havendo saldo:

I — em favor do executado ou de terceiros, o exequente o depositará ao requerer a entrega da coisa;

II — em favor do exequente, esse poderá cobrá-lo nos autos do mesmo processo.

• **Comentário**

Caput. O assunto era tratado pelo art. 628 do CPC revogado.

Depara-se-nos inaplicável ao processo do trabalho a dicção do art. 810 do CPC de que existindo benfeitorias indenizáveis, realizadas na coisa pelo devedor ou por terceiro, de cujo poder ela houver sido tirada, "a liquidação prévia é obrigatória". Nosso ponto de vista não se prende à circunstância de a norma legal fazer referência à liquidação prévia, e sim ao fato de que a indenização de benfeitorias feitas na coisa escapa à competência da Justiça do Trabalho, ainda que o saldo seja favorável ao credor (*ibidem*). A essa organização judiciária não compete apreciar questões pertinentes ao direito de retenção, por benfeitorias, assim como os efeitos derivantes da exceção dilatória desse direito.

Inciso I. Ressalvada nossa opinião, expressa no comentário ao *caput* deste artigo, devemos dizer que, havendo saldo em favor do devedor ou de terceiros, cumprirá ao credor depositá-lo ao requerer a entrega da coisa.

Inciso II. Se o saldo for em benefício do credor, ele poderá efetuar a cobrança nos autos do mesmo processo.

Seção II

Da Entrega de Coisa Incerta

Art. 811. Quando a execução recair sobre coisa determinada pelo gênero e pela quantidade, o executado será citado para entregá-la individualizada, se lhe couber a escolha.

Parágrafo único. Se a escolha couber ao exequente, esse deverá indicá-la na petição inicial.

• **Comentário**

Reproduziu-se, à letra, o art. 629 do CPC revogado.

Anota Vittorio Denti que *La migliore dottrina ha infatti distinto la obbligazione non è ancora determinata nella sua individualità, ma soltanto secondo i carateri del genere, della obbligazione di quantità, in cui le varie cose della massa sono fungibili e l'atto di individuazione consiste non in una scelta, bensì in una attività diretta a pesare, misurare, numerare* (*L'Esecuzione forzata in forma specifica*. Milão, n. 29, p. 82, 1953). Incorporando esse ensinamento do ilustre jurista italiano, o atual Código de Processo Civil de nosso País se refere a coisas "determinadas pelo gênero e quantidade" (art. 811). O Código Civil estabelece, aliás, que a coisa incerta será indicada, no mínimo, pelo gênero e quantidade (art. 243).

A coisa *certa*, como vimos quando dos comentários ao art. 806, é a que se encontra individuada, ou seja, perfeitamente identificada segundo os elementos que lhe são característicos; a coisa *incerta*, porém, não se apresenta com traços que permitam a sua individualização, sendo, sim, indicada por seu gênero e quantidade. Ao aludir à entrega de *coisa incerta*, no entanto, o CPC não o faz no sentido de ser o bem "não certo, duvidoso, variável, pouco seguro, vacilante, mal definido" (MIRANDA, Pontes de, obra cit., v. X, p. 396, n. 403), se não que levando em conta uma determinação que se opera à luz da generalidade e da quantidade. Afirma-se, por isso, que a execução para a entrega de coisa incerta é *genérica*, em contraposição à que tem por objeto coisa certa.

No geral, as coisas incertas são *fungíveis*, dada a sua inespecificidade; em alguns casos particulares, entretanto, elas poderão ser assinaladas pela *infungibilidade*, como quando, p. ex., o empregado (credor) pretender que lhe seja entregue certa ferramenta de sua propriedade, que utilizava em serviço; não qualquer ferramenta, mas de determinada *marca*. Assim sendo, o devedor não satisfará a obrigação se entregar ferramenta que, embora pertença ao mesmo gênero da reivindicada pelo credor, não é da mesma *marca* por este indicada, na peça inaugural, caso a escolha lhe caiba. Estando a escolha a cargo do devedor, a citação que lhe for feita servirá para abrir-lhe oportunidade de individuar a coisa. O prazo para que o faça é de quinze dias, em decorrência da remissão que o art. 813 do CPC faz à Seção I do mesmo Capítulo, na qual se localiza o art. 806.

Parágrafo único. Se a escolha couber ao exequente, este deverá indica-la na petição inicial.

Art. 812. Qualquer das partes poderá, no prazo de 15 (quinze) dias, impugnar a escolha feita pela outra, e o juiz decidirá de plano ou, se necessário, ouvindo perito de sua nomeação.

• **Comentário**

Réplica do art. 630 do CPC revogado.

Feita a escolha por uma das partes, a outra poderá impugná-la no prazo de quarenta e oito horas.

Caberá ao juiz decidir desde logo; se isso não for possível, valer-se-á de perito por ele nomeado.

No correto apontamento de Mendonça Lima, a impugnação da escolha provém da necessidade de estabelecer-se singelo contraditório entre as partes, no que toca à questão, com a finalidade de evitar que o arbítrio de uma cause danos a outra, pesando que tudo se contém no princípio de que a obrigação deve ser cumprida de modo a não criar ônus injustificado para o devedor, nem vantagem adicional ao credor (obra cit., p. 804).

Citado, o devedor deverá escolher (= definir) com que bem pretende satisfazer a obrigação; cabendo a escolha ao credor, este indicará, já na petição inicial da execução, a coisa de sua preferência dentre as várias que integram o mesmo gênero.

Tendo a eleição do bem sido realizada pelo devedor, isso não significa que ao credor só reste anuir a esse ato; ao contrário, a norma legal (CPC, art. 812) lhe permite discordar da escolha — conforme as razões que tenha para apresentar —, após o que incumbirá ao juiz decidir *in limine* ou com prévia audição de perito, se necessária. Um dos motivos que o credor poderá alegar, como fundamento de sua discordância quanto à escolha feita pelo devedor, será o desrespeito deste à regra insculpida no art. 244 do CC, de acordo com a qual, embora o devedor não esteja obrigado a prestar a coisa melhor, "não poderá dar a coisa pior". Situação delicada poderia surgir na hipótese de haver, unicamente, coisa *pior* ou coisa *melhor* do que a que deveria ser prestada. Diante dos termos do art. 244 do CC, o devedor não teria como adimplir a obrigação, uma vez que o oferecimento da primeira poderia ensejar séria objeção, pelo credor, sendo que, por outro lado, legalmente não estaria compelido a prestar a segunda. O solucionamento dessa aporia, sob a óptica dos preceitos jurídicos, consistiria em postular o credor o pagamento do valor da coisa, dada a impossibilidade da prestação *in natura* (LIMA, Alcides de Mendonça, obra cit., p. 805).

O direito de impugnar a escolha do bem, todavia, não é exclusivo do credor, haja vista a referência a "qualquer das partes" feita pelo art. 812 do CPC. De tal sorte, se a especificação da coisa foi efetuada pelo credor, na peça inaugural, poderá o devedor, no quinze dias dissentir da escolha, decidindo o juiz em seguida.

A fim de que não sobrepairem dúvidas acerca do procedimento a ser observado, no caso de a escolha competir *ao devedor*, devemos observar que este, desde que regularmente citado, terá o prazo de quinze dias (CPC, art. 806) para eleger a coisa a ser entregue; após a indicação, o credor será intimado para dizer, em quinze dias, se concorda, ou não, com a escolha.

Entendemos que o prazo de quinze dias, fixado em lei, para que *qualquer das partes* manifeste impugnação à escolha feita pela outra, é *preclusivo*, motivo por que, decorrido em branco esse prazo, configura-se uma aceitação tácita a respeito da coisa indigitada.

Objetada a escolha, estabelece-se uma controvérsia sobre o ato, que deverá ser dirimida de plano pelo juiz. Com a locução *de plano* quer-se dizer que o juiz poderá solucionar o incidente sem que para tanto haja necessidade de ser realizada audiência, ou praticado qualquer outro ato adminicular, de natureza instrutória. Muitas vezes, contudo, os autos não possuem elementos que propiciem uma decisão imediata. Admitamos que a discussão se refira ao valor do bem a ser prestado: não tendo o juiz, à sua disposição, elementos que lhe permitam conhecer, desde logo, esse valor, poderá nomear perito, com a finalidade de suprir essa falta. O princípio da *persuasão racional* (ou do livre convencimento motivado) autoriza, entretanto, que o juiz forme a sua convicção jurídica sem que para isso tenha de basear-se, necessariamente, no laudo pericial. Na prática, porém, os juízes *tendem* a decidir em consonância com as conclusões impressas no laudo, por motivos mais ou menos óbvios: é que, sendo pressuposto da realização de exame pericial a falta de conhecimentos *técnicos* do magistrado acerca do objeto da perícia, fica difícil para o juiz demonstrar os fundamentos jurídicos que o levaram a decidir em contraste com o laudo.

Manifestação tópica, aliás, do princípio do livre convencimento motivado (CPC, art. 371) é a contida no art. 479 do CPC, que não subjuga a formação do convencimento jurídico do magistrado ao laudo pericial.

Convém lembrar que o juiz poderá ordenar, por sua iniciativa ou a requerimento da parte, a elaboração de nova perícia, sempre que a matéria não lhe parecer suficientemente esclarecida (CPC, art. 480). A segunda perícia terá por objeto os mesmos fatos sobre que incidiu a primeira, e sua finalidade será a de reparar eventual omissão ou imprecisão dos resultados a que esta conduziu (*ibidem*, § 1.º); de qualquer modo, a segunda perícia não substitui a anterior, incumbindo ao juiz apreciar, com liberdade, o merecimento de uma e de outra, sopesando-os (*ibidem*, § 3.º);.

Em que pese ao fato de a decisão proferida pelo juiz no incidente de impugnação da escolha realizada ter caráter interlocutório, dela caberá o recurso de agravo de petição, pois esse ato judicial se insere na previsão genérica do art. 897, "a", da CLT.

Art. 813. Aplicar-se-ão à execução para entrega de coisa incerta, no que couber, as disposições da Seção I deste Capítulo.

Arts. 814 e 815

• **Comentário**

Por outras palavras, a norma legal em exame está a dizer que serão aplicáveis à execução para a entrega de coisa *incerta* as normas regentes da execução para a entrega de coisa *certa*, traçadas pelos arts. 806 a 810. Daí vem que, adaptadas essas normas às singularidades da execução em exame, temos que:

a) o devedor terá o prazo de quinze dias para indicar a coisa que pretende entregar (art. 806);

b) ao contrário do que constava do art. 621 do CPC revogado, o art. 806 do CPC atual não faz menção ao oferecimento de embargos, pelo devedor. Mesmo assim, entendemos que o devedor poderá embargar a execução, no prazo de três dias;

c) deverá ser elaborado um termo de entrega da coisa, não havendo impugnação da outra parte, quanto à escolha; havendo, o juiz decidirá a respeito (art. 812);

d) será expedido mandado de imissão na posse ou de busca e apreensão (conforme se trate de bem imóvel ou de bem móvel), caso o devedor se recuse, de maneira injustificada, a fazer a entrega (art. 806, § 2º);

e) poderá ser expedido mandado contra o terceiro adquirente, se a coisa foi alienada quando já litigiosa, embora se faculte ao credor convolar essa modalidade para a de execução por quantia certa;

f) o credor terá direito a receber, além de perdas e danos, o valor da coisa, quando esta não lhe for entregue, foi deteriorada, não for encontrada ou não for reclamada do poder do terceiro adquirente (art. 809), hipótese em que a execução se converterá em por quantia certa.

Relativamente à regra legal (CPC, art. 810) que prevê a indenização pelas benfeitorias feitas na coisa pelo devedor ou por terceiros, de cujo poder ela houver sido tirada, embora seja aplicável, em sentido supletório, na execução para a entrega de coisa *incerta*, não incide no processo do trabalho, pelas razões expostas no Capítulo anterior (I).

CAPÍTULO III

DA EXECUÇÃO DAS OBRIGAÇÕES DE FAZER OU DE NÃO FAZER

Seção I

Disposições Comuns

Art. 814. Na execução de obrigação de fazer ou de não fazer fundada em título extrajudicial, ao despachar a inicial, o juiz fixará multa por período de atraso no cumprimento da obrigação e a data a partir da qual será devida.

Parágrafo único. Se o valor da multa estiver previsto no título e for excessivo, o juiz poderá reduzi-lo.

• **Comentário**

Caput. Prevê-se a aplicação de multa pelo juiz, nos casos de execução de obrigação de fazer e de não fazer baseada em título extrajudicial. O juiz fixará a multa por tempo de atraso no cumprimento da obrigação ao despachar a petição inicial e fixará a data a partir da qual será devida.

Parágrafo único. Considerando a possibilidade de a multa prevista no título executivo ser excessiva, a norma permite ao juiz reduzi-la.

Seção II

Da Obrigação de Fazer

Art. 815. Quando o objeto da execução for obrigação de fazer, o executado será citado para satisfazê-la no prazo que o juiz lhe designar, se outro não estiver determinado no título executivo.

• **Comentário**

Reproduziu-se a norma do art. 632 do CPC revogado.

O texto legal em exame trata de execução de obrigação de fazer consubstanciada em título executivo *extrajudicial*. Para que essa espécie de título possua exequibilidade na Justiça do Trabalho é indispensável que a obrigação esteja contida em um dos *acordos* a que se refere o art. 876 da CLT.

Alguns autores não admitem qualquer diferenciação entre as obrigações de *dar* e de *fazer*, afirmando uns que a segunda é o gênero da qual a primeira figura como simples espécie, e outros, que essa distinção é destituída de qualquer utilidade prática.

Não negamos que as obrigações de *dar*, sob certo aspecto, também são de *fazer*, na medida em que participam da natureza desta. Examinadas, contudo, ambas as modalidades obrigacionais com maior rigor técnico, verificaremos que as diferenças entre elas são significativas, justificando, com isso, o fato de serem disciplinadas, legalmente, em capítulos diversos. Com efeito, um dos traços distintivos mais nítidos está na *prestação* a ser realizada: enquanto nas obrigações de dar consiste na entrega de uma coisa, seja certa ou incerta, na de fazer essa prestação se traduz num ato, serviço ou atividade por parte do devedor.

Em termos concretos, portanto, devemos levar em conta se o devedor, para satisfazer a obrigação de *dar* (ou entregar), não precisa, antes, elaborá-la, produzi-la, ou, se, ao contrário, haverá necessidade de a coisa ser previamente elaborada; no primeiro caso, a obrigação será tipicamente de *dar*; no segundo, de *fazer*.

Mais ainda. Nas obrigações de *dar*, faz-se despicienda, por princípio, a pessoa física do devedor, porquanto o adimplemento da obrigação se dá com a entrega da coisa em si, independentemente de quem tenha efetuado essa entrega; já nas de *fazer* (que pressupõem, como dissemos, um *facere*), o que se põe à frente são certas qualidades, atributos, ou particularidades do devedor, razão por que o cumprimento da obrigação exige que ele próprio faça (= *confeccione*) a coisa. Nesta última espécie obrigacional há, pois, uma nota de pessoalidade (*intuitu personae*) quanto ao devedor, que impede ser a obrigação adimplida por terceiro.

No processo do trabalho, as obrigações de fazer mais frequentes são as de anotar a carteira de trabalho; entregar as guias para o saque do FGTS; reintegrar empregado estável e efetuar promoção funcional.

No caso de execução de título *judicial*, transitando em julgado a sentença que impôs ao devedor uma obrigação de fazer, este será citado para cumprir o julgado no prazo assinalado pelo juiz, se outro já não estiver fixado no título executivo (CPC, art. 815). A citação é obrigatória, tanto nas execuções que tenham como objeto obrigações *fungíveis* quanto nas que se baseiem em obrigações infungíveis. Não é comum, no processo do trabalho, a sentença fixar o prazo e as condições para que a obrigação seja cumprida, a despeito da regra imperativa do art. 832, § 1º, da CLT. No geral, os provimentos trabalhistas dispõem que a obrigação deverá ser satisfeita no "prazo legal"; em concreto, isso equivale a dizer que o prazo será de 48 horas, por força da incidência do art. 880, *caput*, da CLT.

O fato de o art. 815 do CPC estabelecer que o devedor será citado para satisfazer a obrigação poderia conduzir à ilação de que este não teria oportunidade para opor embargos. Essa falta de referência aos embargos, contudo, também havia no art. 632 do Código revogado. De qualquer modo, é evidente que, mesmo na vigência do Código atual, o devedor será citado não apenas para adimplir a obrigação, mas — se for o caso — para opor embargos, em cinco dias, desde que feita a garantia do juízo (CLT, art. 884, *caput*).

Art. 816. Se o executado não satisfizer a obrigação no prazo designado, é lícito ao exequente, nos próprios autos do processo, requerer a satisfação da obrigação à custa do executado ou perdas e danos, hipótese em que se converterá em indenização.

Parágrafo único. O valor das perdas e danos será apurado em liquidação, seguindo-se a execução para cobrança de quantia certa.

• **Comentário**

Caput. Repetiu-se a regra do art. 633 do CPC revogado.

Deixando o devedor de, no prazo legal, cumprir a obrigação ou oferecer embargos, permite o art. 816 do CPC que o credor:

a) requeira;

b) nos próprios autos;

c) seja a obrigação executada à custa do devedor.

Essas declarações da norma processual civil devem ser entendidas em harmonia com as singularidades do processo do trabalho.

Sendo o título *extrajudicial*, a sua execução depende de iniciativa do credor; cuidando-se de título *judicial*, a iniciativa cabe tanto ao credor quanto ao próprio magistrado, nos termos do art. 878, *caput*, da CLT.

Por outro lado, no processo do trabalho, as execuções se processam, via de regra, nos mesmos autos em que foi emitida a sentença, agora convertida em título executivo judicial pelo fenômeno da *res iudicata* material. Por fim, a locução "à custa do devedor" não significa que a execução ficaria a expensas do devedor apenas quando este deixasse de cumprir a obrigação; o que essa locução legal está a ressaltar é que a prestação poderá ser realizada *por terceiro*, mas (e aí sim) *à custa do devedor*.

Parágrafo único. Se o devedor não satisfizer a obrigação, terá o credor, diante de si, duas alternativas:

a) manifestar ao juiz a sua vontade de que a prestação seja feita por terceira pessoa, à custa do devedor (nessa hipótese, mantém-se a obrigação de *fazer*, cujo cumprimento, porém, ficará a cargo de quem não integrou a relação jurídica processual);

b) promover a liquidação para apurar as perdas e danos, e requerer que a execução se convole para a modalidade "por quantia certa", hipótese em que buscará obter, do próprio devedor, reparação pelas perdas e danos provenientes do inadimplemento deste à obrigação original, que era *de fazer*.

A escolha, pelo credor, por qualquer das duas soluções acima indicadas entra no grupo dos seus direitos *potestativos*, não dependendo, por isso, da concordância do devedor.

Art. 817. Se a obrigação puder ser satisfeita por terceiro, é lícito ao juiz autorizar, a requerimento do exequente, que aquele a satisfaça à custa do executado.

Parágrafo único. O exequente adiantará as quantias previstas na proposta que, ouvidas as partes, o juiz houver aprovado.

• **Comentário**

Caput. Repetiu-se, no essencial, o teor do art. 634 do CPC revogado.

Pensamos não ser impossível — conquanto de remota probabilidade — a aplicação, no processo do trabalho, do art. 817 do CPC, que cuida da satisfação da obrigação por intermédio de terceiro, à custa do devedor, desde que, como é óbvio, essa prestação não tenha caráter pessoal — o que segundo a definição dessa espécie obrigacional é algo raro.

Note-se que a lei exige o *requerimento* do credor, por forma a demonstrar que o juiz não pode agir *ex officio* nessa matéria.

Parágrafo único. O exequente deverá adiantar as quantias previstas na proposta que o juiz houver homologado, depois de ter ouvido as partes. A referência legal à proposta motiva-nos a expender um esclarecimento complementar. Como a norma legal em foco cuida da satisfação da obrigação *por terceiro*, será possível ao exequente juntar, desde logo, algumas propostas apresentadas por terceiros que se julgam aptos a satisfazer obrigação. Nada obsta, todavia, a que o próprio juiz solicite que um terceiro de sua confiança apresente proposta. Enfim, tudo será possível, até mesmo a apresentação de propostas formuladas por terceiros indicados por ambas as partes. Caberá ao juiz decidir a respeito.

Art. 818. Realizada a prestação, o juiz ouvirá as partes no prazo de 10 (dez) dias e, não havendo impugnação, considerará satisfeita a obrigação.

Parágrafo único. Caso haja impugnação, o juiz a decidirá.

• **Comentário**

Caput. Norma semelhante constava do art. 635 do CPC revogado.

Prestado o fato, o juiz deverá ouvir as partes no prazo de dez dias. Como a norma legal alude às *partes* (no plural), presume-se que o fato tenha sido prestado por terceiro. Não havendo impugnação, considerar-se-á cumprida a obrigação.

Parágrafo único. Ocorrendo impugnação, o juiz decidirá a respeito.

Art. 819. Se o terceiro contratado não realizar a prestação no prazo ou se o fizer de modo incompleto ou defeituoso, poderá o exequente requerer ao juiz, no prazo de 15 (quinze) dias, que o autorize a concluí-la ou a repará-la à custa do contratante.

Parágrafo único. Ouvido o contratante no prazo de 15 (quinze) dias, o juiz mandará avaliar o custo das despesas necessárias e o condenará a pagá-lo.

Código de Processo Civil

• **Comentário**

Caput. Repetiu-se a regra do art. 636 do CPC revogado, exceto quanto aos prazos, que foram ampliados.

Acontecendo de o terceiro contratado não prestar o fato, no prazo legal, ou fazê-lo de maneira incompleta ou defeituosa, poderá o credor solicitar ao juiz, no prazo de quize dias, que o autorize a concluí-lo ou a repará-lo, por conta do contratante. Decorrido o prazo, sem que o credor formule o requerimento, formar-se-á contra ele a preclusão.

Parágrafo único. Ouvido o terceiro contratado em quize dias, o juiz mandará avaliar o custo das despesas e condenará o contratante a pagá-lo.

Art. 820. Se o exequente quiser executar ou mandar executar, sob sua direção e vigilância, as obras e os trabalhos necessários à realização da prestação, terá preferência, em igualdade de condições de oferta, em relação ao terceiro.

Parágrafo único. O direito de preferência deverá ser exercido no prazo de 5 (cinco) dias, após aprovada a proposta do terceiro.

• **Comentário**

Caput. A matéria estava contida no art. 637 do CPC revogado.

Caso o credor pretenda executar, ou mandar executar, debaixo de sua direção e vigilância, as obras e trabalhos necessários à prestação do fato, terá preferência, em igualdade de condições de oferta, ao terceiro. Exercido o direito de preferência, a obra ou o serviço serão adjudicados ao credor, ficando, com isso, prejudicada a pretensão do terceiro executá-los no lugar do devedor.

Parágrafo único. O direito de preferência será exercido no quinquídio que se seguir à escolha da proposta do terceiro. Deixando o credor de exercer o seu direito de preferência no prazo legal ficará precluso o seu direito. Note-se que esse prazo somente passará a fluir da data em que o credor for intimado da aprovação da proposta apresentada por terceiro.

Art. 821. Na obrigação de fazer, quando se convencionar que o executado a satisfaça pessoalmente, o exequente poderá requerer ao juiz que lhe assine prazo para cumpri-la.

Parágrafo único. Havendo recusa ou mora do executado, sua obrigação pessoal será convertida em perdas e danos, caso em que se observará o procedimento de execução por quantia certa.

• **Comentário**

Caput. Reproduziu-se o art. 638 do CPC revogado.

Nas obrigações de fazer, quando for convencionado que o devedor a faça *pessoalmente* — ou quando essa exigência decorrer de norma legal —, o credor poderá requerer ao magistrado que lhe fixe prazo para cumpri-la. Essa pessoalidade representa elemento característico das obrigações de fazer, diferençando-as das de dar. Dela já se ocupava o direito antigo, como demonstra este trecho do Digesto: "entre os artífices há muita diferença no engenho, na natureza e doutrina, e no modo de instruir, pelo que se alguém prometeu fabricar uma nave, uma casa ou um fosso, e se tratou expressamente que ele o havia de fazer por si, ainda que o faça o seu fiador, não consentindo o que estipulou, não se livrará o devedor" (L. 46, T. III, 31).

Parágrafo único. Havendo mora ou recusa do devedor, a obrigação pessoal converter-se-á em perdas e danos, aplicando-se o procedimento de execução por quantia certa, regulado pelo art. 824 e seguintes do CPC.

Execução das obrigações de fazer típicas das relações trabalhistas

a) Entrega de guias para a movimentação do FGTS

Na execução de título *judicial*, fixados, por sentença ou por acordo, o dia, o horário e o local para a entrega, pelo empregador, das guias supracitadas, devidamente preenchidas e assinadas, e vindo este a inadimplir a obrigação, dar-se-á início à correspondente execução, a requerimento do credor ou por iniciativa do juiz (CLT, art. 878, parágrafo único), sendo o devedor citado para cumprir a obrigação (CLT, art. 880, *caput*); caso pretenda, poderá oferecer embargos, efetuando, antes, a garantia do juízo (CLT, art. 884, *caput*).

Será lícito ao juiz, independentemente de requerimento do credor, impor multa por período de atraso no cumprimento da obrigação (CPC, art. 814).

Se o devedor não opuser embargos, nem solver a obrigação, a praxe forense, aplicando a cominação estampada na sentença ou nos termos do acordo, tem permitido a "execução direta" dos valores que deveriam ter sido liberados por meio das referidas guias, inclusa, se for o caso, a multa diária. Cabe examinar se esse procedimento é correto. Primeiramente, devemos esclarecer que não ocorre, aqui, o fenômeno da fungibilidade, porquanto a obrigação, que era de fazer, é substituída por outra, *de espécie diversa*. O que há, pois, é conversão de uma modalidade em outra. Esse convolar, por outro lado, não apenas é doutrinariamente justificável (uma vez que as execuções das obrigações de dar e de fazer, sendo específicas, devem, em face de dificuldades à sua realização concreta, converter-se em perdas e danos dado o sentido genérico destas: CPC, art. 816), como necessário, em alguns casos. Realmente, se, na situação de fato em pauta, o devedor se recusa a efetuar a entrega das guias para o saque dos valores relativos ao FGTS (= fazer), constitui providência imprescindível não somente para assegurar a efetiva satisfação do direito do credor, mas também para preservar a dignidade do Poder Judiciário, que emitiu a sentença exequenda, que a execução se transforme em por quantia certa (CPC, art. 821, parágrafo único).

Sendo assim, denunciando o credor o inadimplemento da obrigação, requererá ao juiz a conversão obrigacional, com a prévia remessa dos autos ao contador, para efeito de confecção dos cálculos e da conta geral, após o que o devedor será citado para solver a obrigação. Poderá o próprio credor elaborar os cálculos pertinentes ao FGTS, remetendo-se, depois, os autos à contadoria (ou à secretaria do órgão de primeiro grau) para o cálculo de custas, emolumentos e de outras despesas processuais existentes.

Estamos nos ocupando em defender a possibilidade legal de a execução da obrigação de entregar as guias do FGTS (*facere*) convolar-se para por quantia certa; nada impede, entretanto, que circunstâncias extraordinárias levem o juiz a expedir *alvará* destinado ao levantamento das quantias relativas ao FGTS depositadas na conta do credor, sempre que forem desaconselháveis: a) a conversão da execução original em por quantia certa; b) a insistência para que as mencionadas guias sejam entregues pelo devedor. Entendemos ser extremamente difícil apresentar o processo do trabalho situações que permitam ao credor solicitar ao juiz que a prestação seja — no exemplo em foco — realizada *por terceiro*, à custa do devedor, pois a assinatura deste é indispensável como requisito para a validade das guias do FGTS.

Deliberando o juiz emitir alvará para o saque do FGTS do credor (substituindo, com isso, heteronomamente, a prestação de fato, que estava a cargo do devedor), deverá estar atento à orientação jurisprudencial compendiada pela Súmula n. 176 do TST, assim enunciada: "A Justiça do Trabalho só tem competência para autorizar o levantamento do depósito do Fundo de Garantia do Tempo de Serviço na ocorrência de dissídio entre empregado e empregador".

b) Reintegração de empregado estável

Passando em julgado a sentença que impôs ao empregador a reintegração de empregado estável — ou inadimplido o acordo, por força do qual assumiu, espontaneamente, a obrigação—, este será citado para satisfazê-la. Para tanto, o empregado comparecerá ao local de trabalho, acompanhado por oficial de justiça, a quem incumbirá cumprir o mandado nos termos em que se contém. O oficial de justiça lavrava o correspondente auto de reintegração, entregando uma das vias ao empregador; outra via será juntada aos autos do processo.

Negando-se o devedor a proceder à reintegração, diverge a doutrina quanto à forma pela qual o credor e o direito reagirão a essa recusa. Wagner Giglio defende a possibilidade de reintegração à força (*manu militari*), embora reconheça a violência e as dificuldades que isso acarreta: "Acompanhado de soldados e do exequente, o oficial de justiça encarregado da diligência instalará o empregado, se necessário arrombando as portas da empresa (sic), em sua bancada de trabalho, e certificará o fato nos autos. Assim procedendo, dar-se-á por cumprido o mandado judicial" (obra cit., p. 419). Coqueijo Costa entende que, obstada a reintegração, não cabe realizá-la *manu militari*, pois neste caso o empregado continuará a receber salários sem trabalhar, "sendo-lhe facultado reclamar por despedida indireta, ou pelos salários não pagos, ou a indenização dobrada se a empresa ou o estabelecimento se extinguiu" (obra cit., p. 663). Essa opinião é perfilhada por C. P. Tostes Malta (obra cit., p. 613). Antônio Lamarca nega a possibilidade de reintegração forçada, sustentando que o devedor "pode deixar de cumprir a obrigação" (obra cit., p. 486), argumentando que "A lei instituiu a compensação pecuniária para o inadimplemento" (obra cit., p. 486), referindo-se às *astreintes*, de que fala o art. 729 da CLT.

Em que pese aos transtornos de ordem prática que a execução possa acarretar, acreditamos que o empregado estável deva, por princípio, ser reintegrado *manu militari*, caso o empregador se recuse a satisfazer a obrigação. Discordamos de Antônio Lamarca, quando praticamente vislumbra no art. 729 da CLT um "direito" de o devedor recusar-se à reintegração determinada pelo título executivo. Primeiramente, porque não está claro que a penalidade pecuniária, mencionada nessa norma trabalhista, corresponda às *astreintes* do direito francês — como afirma o eminente jurista —, pois nada demonstra ser o empregado o beneficiário dessa penalidade. A interpretação dos arts. 729 e 746, "g", da CLT permite até mesmo concluir pela competência da Procuradoria-Geral da Justiça do Trabalho (CLT, art. 746, "g"). Em segundo lugar, mesmo que se admita — apenas para argumentar — que a pena pecuniária em questão seja aplicada em prol do empregado estável (*astreinte*, portanto), isto não responde à necessidade imperiosa de se fazer com que as decisões proferidas pelo Poder Judiciário sejam cumpridas de acordo com a vontade soberana do órgão jurisdicional, a fim de que esse Poder tenha preservada a sua autoridade e a sua dignidade. Por esse motivo, seguimos sustentando a viabilidade jurídica de executar-se, mediante o emprego de força policial, a obrigação de reintegrar empregado estável, por ser esse, precisamente, o comando que se esplende da sentença exequenda.

A particularidade de o empregado ficar recebendo salários sem trabalhar não justifica o veto de alguns autores à reintegração *manu militari*, porque permanece o desrespeito do devedor a uma decisão judicial passada em julgado — algo que não deve ser estimulado, mesmo que ele tenha certos encargos, como o de pagar salários a quem não lhe está prestando serviços.

De outra parte, a dissolução (dita indireta) do contrato, com o pagamento em dobro das indenizações devidas, pode constituir solução que não consulte aos interesses do empregado, que, a despeito da polpuda quantia que em virtude disso possa receber, terá perdido uma das garantias fundamentais que a sua classe possui: a estabilidade no emprego.

O nosso parecer sobre o assunto *sub examen* é, pois, o seguinte: a) por princípio, a recusa do empregador em reintegrar o empregado ensejará a requisição de força policial, para que o ato se realize por essa forma; em nome do prestígio e da dignidade do Poder Judiciário, deve-se fazer com que o ato de vontade jurisdicional seja respeitado, ainda que, para tanto, o devedor seja compelido a fazê-lo *manu militari*; b) enquanto a reintegração não se realizar, o empregado terá direito aos salários do período e à multa prevista no art. 729 da CLT, na hipótese de entender-se que ela se reverta em seu benefício; c) se, por alguma razão particular ponderosa, convir ao empregado, a obrigação de reintegrar poderá ser convertida em de indenizar (execução por quantia certa), sem prejuízo do disposto na letra anterior. Equivoca-se Tostes Malta ao pensar que, com vistas a isso, o empregado deverá ajuizar outra ação, na medida em que tal procedimento seria não apenas contrário ao caráter alternativo da obrigação, mas atentatório ao princípio da celeridade na plena satisfação dos julgados trabalhistas. Ora, estabelecendo o art. 496 da CLT que o órgão judicante poderá *converter* a obrigação de fazer (= reintegrar) em por quantia certa (= pagar as indenizações legais em dobro), não faz sentido, *data venia*, cogitar-se de ajuizamento de nova ação, para que a indenização se torne possível. Wagner Giglio declara que essa convolação só seria permitida se a sentença exequenda contivesse obrigações alternativas (obra cit., p. 420). Conquanto se possa imaginar inatacável a posição assumida pelo grande jurista de São Paulo porquanto o art. 492 do CPC torna defesa a prolação de sentença, a favor do autor, de natureza diversa da pedida, assim como a condenação do réu em objeto diverso do que lhe foi demandado, cumpre-nos ponderar que as obrigações de fazer merecerem do legislador um tratamento peculiar, que autoriza o afastamento tópico da norma referida.

Efetivamente, estatui o art. 248 do CC — que delas se ocupa — que, se a prestação do fato se impossibilitar *por culpa do devedor*, este responderá por *perdas e danos*, regra que é iterada pelos arts. 816, *caput*, e 821, do CPC, sendo certo que a execução por perdas e danos (indenização) se processa nos mesmos autos em que foi emitido o título executivo contendo a obrigação de fazer (reintegrar).

Em tema de obrigação envolvendo um *facere*, não há, pois, exigência legal de que a sentença advirta ao devedor de que eventual inadimplemento fará com que ela se converta em por quantia certa (indenização), uma vez que essa alternatividade, sendo preceito de lei (CPC, arts. 816 e 821), está implícita no decreto jurisdicional condenatório. Afaste-se, assim, qualquer suspeita de ofensa à coisa julgada material, decorrente dessa conversão.

De resto, sendo as indenizações trabalhistas em regra previamente tarifadas, torna-se dispensável a apuração de perdas e danos, bastando que sejam aplicados os critérios legais incidentes (CLT, arts. 477, 496 e 497).

A resolução que estamos a alvitrar ao problema não está circunscrita à *recusa* do empregador em reintegrar o empregado estável; o converter a obrigação de fazer em por quantia certa deverá ser realizado também nos casos em que houver sido declarada a falência do devedor; o estabelecimento já não existir; a atividade empresarial houver cessado; enfim, sempre que se tornar *impossível* a reintegração do empregado.

c) Anotações na Carteira de Trabalho

São encontradiços, no processo do trabalho, os casos em que a obrigação de fazer consiste em anotar o contrato de trabalho na CTPS do empregado. Essa modalidade de obrigação não oferece maiores dificuldades de ordem prática, pois, inadimplida que seja, o devedor será chamado a efetuar as anotações necessárias na Carteira de Trabalho, conforme os elementos constantes dos autos em que foi proferida a sentença condenatória ou realizada a transação descumprida.

Feitas as anotações, a obrigação estará solvida, ocorrendo, em consequência, a extinção do processo (CPC, art. 924, II), salvo se a execução dever prosseguir para obter-se a satisfação de outras obrigações oriundas do título judicial. Se, porém, o devedor se recusar a fazer as anotações na Carteira de Trabalho, ou estiver procrastinando quanto a isso, o ato será realizado pela secretaria do órgão proferidor da sentença exequenda, sem prejuízo de comunicação à autoridade administrativa competente (Delegacia Regional do Trabalho), para efeito de aplicação da multa cabível (CLT, art. 39, § 1º).

Considerando as particularidades dessa espécie de obrigação, torna-se recomendável que o juiz fixe dia, hora e local para o seu cumprimento. Tem sido praxe a eleição, pelas partes, da secretaria da Vara para esse fim, o que é proveitoso por permitir uma verificação imediata quanto ao solvimento, ou não, da obrigação; neste último caso, poderá o credor solicitar, ato contínuo, mediante termo nos autos, a consequente execução, ficando dispensado, portanto, de apresentar petição letrada.

Não merece ser estimulado o hábito — posto em prática por alguns juízos — de determinar que a CTPS seja anexada aos autos, nos quais permanecerá até a data em que a obrigação deva ser satisfeita, pois isso poderá causar certos transtornos ao credor, que talvez venha a necessitar desse documento justamente no período em que se encontra apensado aos autos. O ideal, por isso, é que este compareça, no dia e horário designados, ao local onde a obrigação deverá ser cumprida, portando a sua Carteira de Trabalho e apresentando-a ao devedor para que nela faça os assentamentos necessários.

À guisa de sugestão

Ao versarmos sobre a execução destinada a reintegrar empregado estável (=de fazer), pudemos externar nossa opinião de que a multa (de 1/5 a um valor-de-referência por dia) prevista no art. 729, *caput*, da CLT não é, em rigor, similar à *astreinte* do direito francês, pois, ao inverso desta, não tem como beneficiário o prejudicado pela recusa do devedor em cumprir a obrigação. A pena pecuniária criada por nossa legislação trabalhista possui natureza fiscal, constituindo crédito da Fazenda Pública Federal, sendo, por isso, objeto de execução forçada, perante a Justiça Federal, segundo o procedimento ditado pela Lei n. 6.830/80.

O direito laboral pátrio, na verdade, consagrou a *astreinte* apenas em uns poucos casos; entre eles está o art. 137, § 2º, da CLT, no qual está escrito que a sentença deverá cominar pena diária de 5% do salário-mínimo ao empregador que deixar de conceder as férias no prazo fixado por esse decreto jurisdicional, penalidade que atuará enquanto a obrigação não for satisfeita. É conveniente observar, *en passant*, que a fixação dessa penalidade pecuniária com base em salário-mínimo malfere a regra contida no art. 7º, inciso IV, da Constituição Federal, que veda a vinculação do salário-mínimo "para qualquer fim". No caso da ação rescisória, o art. 836, da CLT, não esclarece se o depósito de 20% do valor da causa será devido ao réu no caso de insucesso do autor. A Instrução Normativa n. 31, de 27.9.2007, do TST, procurou suprir essa lacuna legislativa, dispondo que esse valor "será revertido em favor do réu, a título de multa, caso o pedido deduzido na ação rescisória seja julgado, por unanimidade de votos, improcedente o inadmissível". Isso significa, por outro lado, que se a votação for por *maioria* de votos o valor do depósito será restituído ao autor, ainda que a ação tenha sido considerada inadmissível, ou o pedido formulado na inicial tenha sido rejeitado.

A finalidade intimidatória e mesmo coativa das *astreintes* dessa medida leva-nos a sugerir que, *de lege ferenda*, ela seja largamente utilizada pelo direito material do trabalho, notadamente nas obrigações de fazer e de não fazer, como providência necessária para evitar que o devedor se recuse, sem qualquer justificativa plausível, a satisfazer obrigações dessa espécie. Com vistas a isso, é aconselhável que examinemos, agora, com maior profundidade, as *astreintes* consagradas em França, descortinando-lhes certos aspectos essenciais — que até hoje não foram adequadamente percebidos pela doutrina trabalhista (e pela própria jurisprudência) de nosso país.

Uma das dificuldades iniciais que se depara a quem estude essa figura concebida pela língua e pela jurisprudência francesas assenta na inexistência de um vocábulo português que lhe corresponde em significação. O que temos, dicionarizado, é o verbo *estringir*, significante de comprimir muito, apertar em demasia; constringir (*Dicionário Houaiss da Língua Portuguesa*. 1. ed. Rio de Janeiro: Objetiva, 2001. p. 1.265). A *astreinte* (do latim *astringere*, de *ad* e *stringere*), sugere a ideia de *coação*, de *compulsão*, de *pena* (pecuniária) imposta a alguém (devedor).

No conceito liebmaniano a *astreinte* surge como "a condenação pecuniária proferida em razão de tanto por dia de atraso (ou qualquer unidade de tempo, conforme as circunstâncias), destinada a obter do devedor o cumprimento de obrigação de fazer pela ameaça de uma pena suscetível de aumentar indefinidamente" (*Processo de execução*. São Paulo, n. 97, p. 337, 1946). A definição elaborada por Liebman amolda-se ao art. 461, § 4º, do CPC, no qual está evidenciado o objetivo moralizador e coativo da medida, aplicável toda vez que o devedor se recusar a cumprir obrigação de fazer ou de não fazer.

Alcides Mendonça Lima a define como "uma coação de caráter econômico, no sentido de influírem no ânimo do devedor, psicologicamente, para que cumpra a prestação de que se está esquivando" (*Enciclopédia Saraiva de Direito*, v. 8, p. 353, verbete Astreintes).

Segundo Santiago Sentis Melendo: "*Se llama conminatoria, o pena judicial (la denominada ejecución procesal indirecta), la condena pecuniaria (en el derecho francés, astreinte), pronunciada por el juez, a razón de un tanto por día (o semana, o mes, o año) de retardo en el cumplimiento; esto, con la finalidad de ejercitar una presión sobre el deudor e inducirlo al cumplimiento de una obligación de hacer (o de no-hacer). El deudor es siempre libre de no-cumplir; pero sabe que, si no cumple, deberá sufrir la consecuencia antes señalada*" (*Manual de derecho civil y comercial*. Tomo IV, § 119.9. Buenos Aires: 1955, p. 343).

Embora o direito do trabalho, *de lege lata*, desconheça as perdas e danos (as indenizações, aqui, como afirmamos, são previamente tarifadas), amplamente admitidas pelo civil, convém ao nosso propósito (de formular sugestões visando à futura elaboração legislativa) destacar ser perfeitamente possível a coexistência, em um mesmo ordenamento jurídico, das *astreintes* (ou qualquer outra denominação que se lhes venha a dar, em nosso meio) com as perdas e danos, pois os *fins* de uma e de outra não coincidem. Enquanto esta tende a obter a reparação de prejuízos ocasionados pelo devedor ao credor, aquela se caracteriza por um sentido fortemente coativo, constritivo, do devedor recalcitrante. Ademais, as perdas e danos (que incluem os prejuízos efetivos e os lucros cessantes) mantêm proporção aos prejuízos sofridos pelo credor (CC, art. 402), ao passo que as *astreintes* (ou multa, como queiram) possuem, quanto a isso, certo traço de arbitrariedade em seu valor, porquanto não se prendem a uma equivalência com o montante do dano.

Por outro ângulo, podemos asseverar que as perdas e danos, uma vez apuradas, são *definidas* (logo, também *definitivas*) em relação à sua monta, embora as *astreintes* sejam exigíveis até o momento em que o devedor se demover de sua atitude de resistir ao cumprimento da obrigação, podendo, em face disso, exceder ao limite da própria obrigação.

Ainda: as perdas e danos, do ponto de vista teórico, correspondem à execução direta da obrigação inadimplida; tanto isto é certo, que devem ser proporcionais a esta; já a execução das *astreintes* se faz por via oblíqua, indireta, porquanto, ao responder por elas, o devedor não se está eximindo da obrigação em si, a que será chamado a cumprir, nos mesmos autos, exceto se esta se resolver em perdas e danos. Percebe-se, assim, que o escopo das *astreintes* se resume na *garantia* da execução da obrigação (nunca, como advertimos, na asseguração desta). Calham com oportunidade, pois, as palavras de Liebman sobre o assunto, de que as *astreintes* buscam "conseguir o adimplemento da obrigação pela prestação do próprio executado compelido a cumpri-la, para evitar as pesadas sanções que o ameaçam" (obra cit., p. 339, n. 97).

Em diversos casos de execução de obrigações de fazer ou de não fazer, no processo do trabalho, como para entrega de guias do FGTS e anotações na Carteira de Trabalho, tem-se visto o devedor sentir-se à vontade para esquivar-se ao cumprimento da obrigação, justamente por inexistir, nos direitos material e processual do trabalho, qualquer medida cominatória, que iniba esse procedimento ou o torne sobremaneira gravoso ao devedor. É evidente que a ausência de penalidades pecuniárias específicas estimula a prática de tais atos de recalcitrância e de desrespeito à coisa julgada. Ainda que se pudesse alegar que no caso de reintegração de empregado estável essa multa exista, o argumento não tem a relevância que se possa imaginar, seja porque o produto dessa multa não pertence ao credor, e sim ao Estado, seja porque ficam sem semelhante proteção as demais execuções de fazer (anotar na CTPS, entregar guias do FGTS etc.) e de não fazer (transferência do empregado etc.). Por este motivo, nas edições anteriores deste livro sugerimos que essa lacuna fosse suprida *de lege ferenda*, de maneira que sejam abarcadas pelas *astreintes* todas as situações de recusa injustificada ao cumprimento das obrigações trabalhistas dessa natureza. Enquanto não for adotada esta providência legislativa, caberá ao interessado e ao próprio juiz, em casos como de entrega das guias liberatórias de FGTS, de anotações na CTPS etc., invocar, em caráter supletivo (CLT, art. 769), o art. 814, do CPC, para efeito de aplicação da multa ali prevista.

Conquanto, por força da tradição, as *astreintes* se vinculem às obrigações de fazer e de não fazer, a realidade prática trabalhista recomenda que elas sejam, em futuro, legalmente instituídas como medida necessária também para fazer com que se assegure o adimplemento das obrigações de *pagar quantia certa*, uma vez que a simples atualização do débito e a incidência dos juros moratórios (e, em determinados casos, da cláusula penal estipulada) não atende a esse anseio dos credores. O caminho para isso tem sido aberto por alguns instrumentos normativos (máxime os acordos e as convenções coletivas de trabalho), nos quais a multa é estabelecida — quase sempre por dia de atraso no solvimento das obrigações previstas nesses instrumentos. O êxito dessa experiência trazida pelas próprias categorias antagônicas reforça a nossa sugestão para que o legislador introduza no direito material trabalhista algo equivalente às *astreintes* francesas; seria improfícuo dirigirmos esse apelo à jurisprudência, em virtude da regra estampada no art. 5º, II, da Constituição da República, conforme a qual alguém somente poderá ser compelido a fazer ou a deixar de fazer alguma coisa em decorrência de lei. As *astreintes*, aliás, constituem criação da jurisprudência francesa; a diferença está em que, naquele país europeu, a Suprema Carta não contém disposição análoga à inserida no art. 5º, II, da brasileira.

Poder-se-ia, até mesmo, fazer com que a multa pecuniária trabalhista, a ser instituída um dia, dispensasse o cumprimento *manu militari* da obrigação, evitando, assim, infligir ao devedor certa violência física; nessa hipótese, seria de renunciar-se à exigência de acatamento à decisão judicial como compensação ao fato de a multa vir em benefício direto e exclusivo do credor, a quem seria preferível recebê-la a insistir em um cumprimento *manu militari* da obrigação, que lhe poderia trazer embaraços indesejáveis. A multa não isentaria o devedor, porém, de satisfazer a obrigação ou de pagar eventual indenização prevista em lei ou no contrato. A *astreinte*, repetimos, não constitui um fim em si mesma, e sim um meio eficaz de garantir o cumprimento da obrigação.

Seção III
Da Obrigação de Não Fazer

Art. 822. Se o executado praticou ato a cuja abstenção estava obrigado por lei ou por contrato, o exequente requererá ao juiz que assine prazo ao executado para desfazê-lo.

• **Comentário**

Repetiu-se, na essência, a disposição do art. 642 do CPC revogado.

O conteúdo da obrigação de não fazer é a abstenção de um ato, um *non facere*, pelo executado, acarretando, conseguintemente, uma *prestação negativa* por parte deste.

Determinado segmento doutrinário não reconhece, todavia, um objeto nessas obrigações, por faltar-lhes algo concreto, perceptível; não nos parece correto esse entendimento, porquanto a abstenção a que o executado está obrigado, *ex vi* de norma legal ou de disposição contratual, constitui, igualmente, um *fato*, sendo relevante observar que ela o submete a certo comportamento, que, na espécie, é *negativo* (= não fazer). Ato humano que é tal abstenção, nada inibe o seu reconhecimento como *prestação* do executado.

As obrigações em questão podem ser classificadas como: a) instantâneas; e b) permanentes. As primeiras são as que, uma vez inadimplidas, impedem o seu ulterior cumprimento; as segundas são aquelas que devem ser satisfeitas para sempre ou durante algum tempo; lá, o que cabe ao exequente é exigir o pagamento de indenização, a título de perdas e danos; aqui, solicitar ao juízo que o ato praticado pelo executado seja desfeito, também com indenização pelas perdas e danos que forem apuradas.

Via de regra, as obrigações de não fazer trabalhistas são do tipo *permanente*: não transferir o empregado para localidade diversa daquela em que foi contratado ou está prestando serviços etc.

Da prestação negativa instantânea trata o art. 823, parágrafo único, do CPC, no qual se encontra embutida a pressuposição de que o devedor já praticou o ato em relação ao qual deveria abster-se. Não sendo possível, em situações como esta, fazer-se com que as coisas retornem ao *status quo ante*, a solução legal é impor ao devedor o pagamento de indenização. As prestações negativas da espécie permanente são reguladas pelos arts. 822 e 823 do mesmo estatuto processual.

Art. 823. Havendo recusa ou mora do executado, o exequente requererá ao juiz que mande desfazer o ato à custa daquele, que responderá por perdas e danos.

Parágrafo único. Não sendo possível desfazer-se o ato, a obrigação resolve-se em perdas e danos, caso em que, após a liquidação, se observará o procedimento de execução por quantia certa.

• **Comentário**

Caput. Regia o tema o art. 643 do CPC revogado.

Variará o procedimento conforme a obrigação de não fazer, que dá conteúdo à execução, seja *instantânea* ou *permanente*; sendo assim, é conveniente separarmos as espécies:

a) Na obrigação *negativa permanente*, ocorrendo o seu inadimplemento, incumbirá ao exequente solicitar ao juiz que assine ao executado prazo para que este desfaça o ato, a cuja abstenção se obrigara, com aplicação da penalidade pecuniária que acaso tenha sido estipulada pela sentença exequenda. Havendo recusa ou mora do executado, requererá o exquente ao juiz que mande desfazer o ato à sua custa, hipótese em que o executado responderá por perdas e danos (CPC, art. 823, *caput*). Não sendo possível o desfazimento do ato, a obrigação se resolverá em perdas e danos (*ibidem*, parágrafo único).

Pensamos, contudo, que a indenização por perdas e danos, derivante da recusa do executado ou da impossibilidade de desfazer-se o ato por ele praticado, deva ser evitada, o quanto se puder, no processo do trabalho, procurando-se, ao contrário, encontrar soluções que se conciliem com esse processo e com o direito material correspondente. No exemplo, há pouco mencionado (de transferência do empregado contra a letra da lei ou cláusula contratual), não sendo possível, por qualquer motivo, o desfazimento do ato, com o retorno ao *status quo ante*, não se deverá pensar em perdas e danos e sim em incorporação do adicional de 25% ao salário do empregado-credor, ainda que o executado tenha alegado o caráter de *definitividade* da remoção.

b) Sendo a obrigação de não fazer do tipo *instantâneo*, a execução se converterá em por quantia certa (para apurar as perdas e danos) sempre que se tornar impossível desfazer-se o ato realizado pelo executado, mediante ruptura da cláusula de

Código de Processo Civil

abstenção. As perdas e danos serão quantificadas por intermédio de liquidação, a menos que as partes tenham instituído, no negócio jurídico de que participaram, multa compensatória para o caso de descumprimento da obrigação. Esclareça-se, no entanto, que imposição de multa ao executado inadimplente deverá estar expressa na decisão concessiva de liminar, na sentença condenatória (título executivo), ou na execução.

Deverá a sentença que compuser a lide definir a data a partir da qual a multa diária se tornará devida. Sendo omissa a sentença, no particular, caberá à parte interessada oferecer embargos de declaração destinados a suprir a falta. A mesma exigência se aplica à decisão concessiva de liminar ou à que impuser a multa no processo de execução. Nunca é inútil observar que tal cominação somente incidirá se o executado deixar de cumprir a obrigação no prazo assinado pelo pronunciamento jurisdicional.

Parágrafo único. Nos casos em que não for possível desfazer-se o ato, a obrigação se resolverá em perdas e danos, que serão apuradas de acordo com o procedimento referente à execução por quantia certa (CPC, arts. 816 e 821).

CAPÍTULO IV
DA EXECUÇÃO POR QUANTIA CERTA

Seção I
Disposições Gerais

Art. 824. A execução por quantia certa realiza-se pela expropriação de bens do executado, ressalvadas as execuções especiais.

• **Comentário**

Regra semelhante estava no art. 646 do CPC revogado.

O Capítulo em exame trata da execução contra devedor *solvente*, ou seja, devedor cujo valor patrimonial exceda ao de sua dívida.

O CPC em vigor não reproduziu as disposições dos arts. 748 a 786-A, do CPC de 1973, que disciplinava a execução por quantia certa contra devedor *insolvente*, que gerava um concurso universal de credores.

Pressuposto específico para execução de que cuidam os arts. 824 e seguintes é a existência de *quantia certa*, assim entendida a prestação pecuniária a que o devedor está obrigado, por força do título executivo. Estabelece, a propósito, o art. 783 do CPC que a execução para cobrança de crédito se fundará sempre em "título de obrigação certa, líquida e exigível", sob pena de vir a ser declarada nula. Como pudemos advertir, em páginas anteriores, a expressão legal "líquida e certa" é marcada por injustificável superfetação, porquanto se considera *líquida* a obrigação que seja *certa*, quanto à sua existência, e *determinada*, no que toca ao seu objeto; sendo assim, para atender ao rigor jurídico, bastaria dizer-se que o título exequendo deveria fundar-se em obrigação *líquida*, pois o conceito de *certeza* estaria compreendido no de *liquidez*.

Caso a obrigação se apresente *ilíquida*, há necessidade de inaugurar-se uma fase preparatória da execução, propriamente dita, destinada a quantificar o conteúdo obrigacional, sem o que o título executivo será declarado *inexigível*.

O objetivo da execução por quantia certa é expropriar bens do executado, a fim de satisfazer o direito do credor (CPC, art. 824), pois o primeiro responde, com seu patrimônio (presente ou futuro), para o cumprimento das obrigações (CPC, art. 789). A convergência dos atos executivos para a expropriação judicial dos bens do devedor foi a sensata solução que os modernos sistemas processuais encontraram para substituir alguns meios largamente colocados em prática, no passado remoto, em que a execução recaía, muitas vezes, na pessoa física do devedor. Pela *manus iniectio* do direito romano, p. ex., o inadimplemento do devedor gerava para o credor o direito de aprisioná-lo, vendê-lo como escravo ou mesmo assassiná-lo. Em respeito à dignidade humana do devedor, portanto, a legislação — fortemente influenciada pela doutrina cristã — evoluiu para a responsabilidade apenas patrimonial deste, anatematizando as práticas infamantes outrora consagradas. Modernamente, pois, a execução por dívidas perdeu o seu caráter corporal de outrora para tornar-se, exclusivamente, patrimonial ou real.

Em nosso meio, o próprio texto constitucional — mantendo uma tradição elogiável — proíbe a prisão civil por dívida, *exceto* "a do responsável pelo inadimplemento voluntário e inescusável de obrigação alimentícia e a do depositário infiel" (art. 5º, LXVII), conquanto a Súmula Vinculativa n. 25, do STF, declare: "É ilícita a prisão civil de depositário

Art. 825

infiel, qualquer que seja a modalidade do depósito". O STF baseou-se no pacto de San José da Costa Rica. O art. 13 do CPC de 2015 parece legitimar essa posição do Excelso Pretório.

A execução por quantia certa, de outro lado, pode ser convertida em sucedâneo lógico e jurídico das execuções para a entrega de coisa certa, de fazer ou de não fazer, sempre que for impraticável obter-se o cumprimento das obrigações mencionadas; essa conversão é necessária para evitar que o credor não veja o seu direito, reconhecido pelo pronunciamento jurisdicional passado em julgado, precipitar-se no vazio, em decorrência da impossibilidade de exigir a sua satisfação concreta (*sanctio iuris*).

Qual seria, porém, o objeto da expropriação judicial: o domínio ou a posse dos bens penhorados? Nenhuma coisa nem outra. A penhora não retira do devedor a propriedade ou a posse dos bens; dessa maneira, o que o Estado expropria, na verdade, é a faculdade de o devedor dispor dos seus bens, transferindo-a ao juiz, que a exerce no interesse do credor (CPC, art. 824, *caput*). Nesse sentido, a lição de Amílcar de Castro: "O juiz, que é a pessoa a quem se transfere a faculdade de dispor, não adquire, portanto, o direito que é objeto da disposição: adquire somente a faculdade de dispor; mas a adquire como a sua. O direito continua a pertencer ao titular, e o juiz, que ao titular se une e contrapõe, exercita em nome próprio faculdade relativa ao direito alheio. Além disso, a expropriação não se opera no interesse do titular, nem com o concurso de sua vontade; opera-se ainda contra a sua vontade, no interesse da função jurisdicional, e por isso é que o juiz, titular da faculdade de disposição, não age em nome do titular do direito, age sim em nome próprio" (obra cit., v. XVIII, p. 192).

Observa, ainda, o eminente jurista que nem mesmo a faculdade de disposição é inteiramente subtraída ao devedor, ficando este apenas impedido de valer-se dela em detrimento da execução, daí por que se o devedor vender os bens penhorados, antes da alienação judicial, e com o produto da venda pagar a dívida e as despesas processuais, "essa venda não pode deixar de ser válida".

Em princípio, devedor é a pessoa que figura no título executivo (CPC art. 779, i), embora se encontrem legalmente legitimados para integrar o polo passivo da relação executiva todas as pessoas e entidades mencionadas nos incisos II a VI do art. 779 do CPC.

Art. 825. A expropriação consiste em:

I — adjudicação;

II — alienação;

III — apropriação de frutos e rendimentos de empresa ou de estabelecimentos e de outros bens.

• **Comentário**

Caput. A matéria estava contida no art. 647 do CPC revogado.

A norma em exame dispõe sobre a *expropriação* — entendida como o ato pelo qual o Poder Judiciário retira do patrimônio do devedor ou do responsável, contra a vontade destes, bens em valor suficiente para satisfazer o direito do credor.

Inciso I. *Adjudicação* é o ato judicial pelo qual se transfere, de maneira coativa, para o patrimônio do credor, a requerimento deste, a propriedade de bens do devedor ou do responsável legal pelo adimplemento da obrigação contida no título executivo. A adjudicação constitui ato expropriatório; não possui natureza contratual nem de negócio jurídico, pois não há a manifestação da vontade do devedor ou do responsável em transferir a propriedade dos bens para o credor. Nem se trata de *datio in solutum*, porquanto a *dação* pressupõe o poder de o devedor *converter*, sendo que este, na verdade, já não detém esse poder desde o momento em que os seus bens foram apreendidos judicialmente. A adjudicação é disciplinada pelos arts. 876 a 878 do CPC.

Inciso II. *Alienação*. Compreende: a) a iniciativa particular; e b) o leilão judicial eletrônico ou presencial (CPC art. 879). A alienação por iniciativa particular traduz a venda e compra dos bens do devedor, para satisfação do crédito do exequente. O leilão judicial tem a mesma finalidade, podendo ser eletrônico ou presencial (clássico). O CPC anterior aludia à *hasta pública*, arcaísmo injustificável. O vocábulo *hasta*, de origem latina, significava a *lança* que os romanos costumavam *hastear* no lugar em que seria efetuada a venda dos bens penhorados ao devedor. O procedimento da alienação é regido pelos arts. 879 a 903 do CPC.

Inciso III. O art. 647 do CPC anterior aludia ao "*usufruto de bem móvel ou imóvel*". O art. 825 do CPC em vigor refere a apropriação de frutos e rendimentos de empresa ou estabelecimento de outros bens — o que, em termos práticos, conduz ao mesmo resultado previsto no Código de 1973. A penhora de frutos e rendimentos de coisa móvel ou imóvel é regida pelo art. 867 a 869 do CPC atual.

Código de Processo Civil

Art. 826. Antes de adjudicados ou alienados os bens, o executado pode, a todo tempo, remir a execução, pagando ou consignando a importância atualizada da dívida, acrescida de juros, custas e honorários advocatícios.

• **Comentário**

Reproduziu-se a regra do art. 651 do CPC revogado.

Conceito

O substantivo *remição* apresenta significado múltiplo no plano jurídico; daí o caráter proteiforme que se lhe tem atribuído. Interessa-nos, em particular, a sua acepção na área do processo de execução; aqui, o vocábulo tem o senso técnico de *remir*, de *resgatar*, de *readquirir*, de *reaver*, de salvar algo.

Esse direito pode ser exercido tanto pelo devedor quanto por terceiro.

Evite-se, contudo, confundir o termo *remição* com a forma homófona *remissão*, significante de indulgência, misericórdia, compaixão. O art. 13 da Lei n. 5.584, de 26 de junho de 1970, incidiu, lamentavelmente, nesse equívoco. Valesse, pois, o sentido meramente literal do preceito, haveríamos de concluir, por absurdo, que no processo do trabalho é lícito ao devedor obter o *perdão* (= remissão) da dívida.

Na mesma impropriedade deixa-se apanhar o CPC, em alguns momentos de desatenção do legislador.

Remição da execução e remição da penhora

No sistema do processo civil de 1973, anteriormente à Lei n.11.382/2006, permitia-se a remição:

a) da execução (art. 651); e

b) da penhora (art. 787, revogado).

A revogação do art. 787, daquele CPC, deveu-se ao fato de a mencionada Lei haver atribuído legitimidade para requerer adjudicação não só ao credor, mas ao credor com garantia real; aos credores concorrentes, que houvessem penhorado o mesmo bem; ao cônjuge; aos ascendentes e descendentes do executado (CPC, art. 685-A, § 2º). Anteriormente, o cônjuge, o descendente e o ascendente do executado poderiam remir os bens penhorados (CPC, art. 787, revogado), mas não adjudicá-los; somente o credor-exequente, os credores hipotecários e os credores concorrentes poderiam fazê-lo (CPC, art. 714, revogado).

Após o advento da Lei n. 11.382/2006, portanto, no âmbito do processo civil de 1973: a) não havia mais remição da penhora; b) havia, apenas, remição da execução, que constituía faculdade do devedor.

O CPC atual manteve o sistema vigente do CPC anterior, expresso no art. 685-A, § 2º, como revela o seu art. 876, § 5º (que faz remissão ao art. 889, II a VIII), exceto pelo fato de haver acrescentado o substantivo *companheiro*.

Qual a posição do processo do trabalho diante do tema da remição?

O art. 13, da Lei n. 5.584, de 26 de junho de 1970, prevê a *remição*, sem, contudo, fixar prazo para que seja requerida. Essa remição é da *execução*, e não dos bens penhorados. Há, contudo, um fato que merece reflexão: o art. 789-A, inciso I, da CLT, fixa critério objetivo para o cálculo das custas referentes aos autos de *remição*. Ora, sabe-se que na remição *da execução* não há necessidade de auto; este só é exigido na remição *de bens*. Isto quer dizer, portanto, que o art. 789-A, inciso I, da CLT, preveria, de maneira implícita, a possibilidade de haver *remição de bens*.

Desta maneira, no processo do trabalho seria possível sustentar-se, em um primeiro momento, a opinião de que: a) poderia haver remição de *bens* pelo cônjuge, ou descendente ou ascendente do devedor ou pelo companheiro; b) essas pessoas não poderiam requerer a adjudicação de bens.

Todavia, o bom senso alvitra que a leitura do art. 789-A, inciso I, da CLT, seja feita em conjunto com o art. 876, § 5ºº, do CPC, por forma a concluir-se que, no processo do trabalho: a) o devedor (ou alguém por ele) poderá remir os bens penhorados (CLT, art. 789, I); b) cabendo ao seu cônjuge, ascendente, descendente ou companheiro (assim como os credores com garantia real e os credores concorrentes que houverem penhorado o mesmo bem) a faculdade de adjudicar os bens.

Na lição de Pontes de Miranda, a remição da execução é a "cessação da ação de execução da sentença, pelo pagamento, pela solução da dívida e consequente liberação do devedor" (obra cit., p. 331), ao passo que a remição *de bens em execução* representa "a assinação do bem penhorado, ou dos bens penhorados, ao próprio executado, substituídos, na penhora, pelo valor da soma correspondente ao valor do bem ou dos bens" (*ibidem*), considerando-a, no fundo, "sub-rogação voluntária do objeto da penhora, de modo que se libera o bem e não se libera o devedor, satisfaz-se o juízo e não se solve a dívida" (*ibidem*).

Na remição da execução ocorre, em regra, a extinção desse processo (CPC, art. 924, II), sendo que na remição de bens penhorados a relação processual executiva subsiste.

Procedimento na remição da execução

A Lei n. 5.584/70 não definiu o momento em que esse direito deve ser exercido. É inevitável, em virtude disso, o recurso, *nesse ponto*, à supletividade circunstancial do processo civil.

Dispõe o art. 826 do CPC que *antes* de arrematados ou adjudicados os bens o devedor pode, *a todo tempo*, remir a execução, pagando ou consignando a importância atualizada do débito, mais juros, custas e honorários advocatícios. Devem ser harmonizados o adjetivo *antes* e o advérbio *a qualquer tempo*, utilizados na redação dessa norma legal. Considerando que a arrematação e a adjudicação só se tornam perfeitas e acabadas com a assinatura dos respectivos *autos* (CPC, art. 877, § 1º, *caput*), temos que mesmo depois de encerrada a praça (ou o leilão) poderá o devedor requerer a remição da execução, contanto que o faça antes da assinatura do auto.

De modo geral, pode ser adotado como norma legal disciplinadora da remição, no processo do trabalho, quanto à *oportunidade* do exercício desse direito, pelo devedor, o que dispunha o revogado art. 788 do CPC de 1973. Deste modo, deverá o devedor exercitar o direito de remir a execução no prazo de 24 horas que mediar: a) da arrematação dos bens em praça ou leilão à assinatura do auto (CPC, art. 877, § 1º); b) do pedido de adjudicação à assinatura do auto, se houver um só pretendente; ou do pedido de adjudicação à publicação da sentença, havendo mais de um pretendente.

É evidente que, assim como a adjudicação, a remição deve ser *requerida* pelo legitimado; para esse efeito, dirigirá o credor ao juiz, no prazo legal, petição letrada, acompanhada do comprovante do depósito remidor, que deverá compreender não o valor *da condenação* (*stricto sensu*), como diz a lei, e sim o *da execução*, integrado pelo principal, atualizado monetariamente e acrescido dos juros da mora, honorários advocatícios e periciais, custas, emolumentos e outras despesas contadas nos autos, que sejam da responsabilidade do devedor. Só assim se configurará o cumprimento (integral) da obrigação, como causa extintiva da execução (CPC, art. 924, III). Note-se que a norma processual mencionada faz nítida referência à remição *total* da dívida, requisito que também está (embora implicitamente) no art. 826. Na verdade, a norma alude, de maneira equivocada, à *remissão*.

Como acentua Pontes de Miranda (obra cit., p. 199), no caso do art. 651 (leia-se: art. 826 do CPC atual) não se tem de indagar quem solve a dívida de custas e despesas, porque se põe termo ao processo executivo e o *devedor tem de consignar ou pagar*.

Para que a extinção da execução produza os efeitos legais de que é provida, é imprescindível que o juiz a declare por sentença (CPC, art. 925). Esse ato judicial é mesmo sentença (e não decisão), pois dotado de eficácia para dar fim ao processo executivo (CPC, art. 203, § 1º).

Conquanto a Lei n. 5.584/70 (art. 13) só tenha feito alusão ao executado (= devedor), pensamos que a remição possa ser requerida por terceiros, porquanto, implicando a remição a entrega de dinheiro ao credor e representando esse ato incontestável forma de *pagamento* (CPC, art. 904, I), rege-se a espécie pelo art. 304 do CC, conforme o qual "Qualquer interessado na extinção da dívida pode pagá-la, usando, se o credor se opuser, dos meios conduzentes à exoneração do devedor". Na síntese objetiva de Amílcar de Castro, "o credor não pode recusar o pagamento, qualquer que seja a pessoa que se proponha a pagar a dívida" (obra cit., v. VIII, p. 207).

Remição e adjudicação

Declara o art. 888, § 1º, da CLT, que a adjudicação *prefere* à arrematação; é omisso o processo do trabalho, contudo, no que respeita ao cotejo preferencial entre a adjudicação e a remição.

Tem a jurisprudência, em determinados momentos, afirmado que a adjudicação prefere à própria remição, conquanto não apresente sólidos fundamentos jurídicos para essa opinião algo aberrante e heterodoxa; nem se imagine que o § 1º do art. 888 da CLT constitua a base legal de entendimentos que tais. A preferência, proclamada por esse dispositivo de lei, é, exclusivamente, da adjudicação em confronto com a arrematação.

A remição deve preferir à adjudicação na medida em que o princípio a ser observado é o de que, não implicando a penhora perda da propriedade do devedor em relação aos bens, deve-se permitir que este *resgate* tais bens, impedindo, com isso, de serem expropriados coativamente e transferidos ao patrimônio do credor. Nem se ponha de parte o fato de que a execução deve processar-se de modo menos gravoso ao devedor (CPC, art. 805), sendo que eventual preferência da adjudicação em face da remição poderia causar-lhe danos muito mais graves do que os decorrentes do pagamento do valor da execução, para fins de remi-la. A circunstância de o legislador haver instituído a apropriação de frutos e rendimentos de empresa ou estabelecimento e de outros bens (arts. 862 a 865) robustece os nossos argumentos de que o Estado não deve fazer com que, em determinadas situações, o processo se converta em causa de ruína dos devedores.

A remição prefere, pois, à adjudicação, do mesmo modo como esta, à arrematação.

Seção II
Da Citação do Devedor e do Arresto

Art. 827. Ao despachar a inicial, o juiz fixará, de plano, os honorários advocatícios de dez por cento, a serem pagos pelo executado.

§ 1º No caso de integral pagamento no prazo de 3 (três) dias, o valor dos honorários advocatícios será reduzido pela metade.

§ 2º O valor dos honorários poderá ser elevado até vinte por cento, quando rejeitados os embargos à execução, podendo a majoração, caso não opostos os embargos, ocorrer ao final do procedimento executivo, levando-se em conta o trabalho realizado pelo advogado do exequente.

• **Comentário**

Caput. Com menor amplitude, o tema estava previsto no art. 652-A do CPC revogado.

A matéria concernente aos honorários de advogado, no processo do trabalho, está assim regida:

a) nos conflitos de interesses derivantes de *relação de emprego* (contrato de trabalho), os honorários somente são devidos se o empregado estiver recebendo o benefício da assistência judiciária gratuita, de que tratam os arts. 14 a 19 da Lei n. 5.584/1970 (TST, Súmulas n. 219 e 329) cujo percentual será, no máximo, de 15% (Lei n. 1.060/1950, art. 11, § 1º);

b) nas controvérsias oriundas de *relação de trabalho* (contratos regidos pelo direito comum) aplica-se o princípio da sucumbência (TST, Instrução Normativa n. 27/2005, art. 5º), cujo percentual poderá ser o estabelecido pelo processo civil (CPC, art. 85, § 2º).

Os honorários de advogado, aqui referidos, são fixados no processo de conhecimento pela sentença ou pelo acórdão, conforme seja o caso.

A questão, agora, é saber se será aplicável ao processo do trabalho a regra do art. 827 do CPC, que prevê a fixação desses honorários na execução, ao despachar a inicial.

Entendemos que essa norma poderá incidir, apenas, nos casos em que os honorários, no processo de conhecimento, foram estabelecidos com fundamento na Instrução Normativa n. 27/2005, do TST, ou seja, nas lides decorrentes da relação de trabalho. Nesse caso, a aplicação do disposto no art. 827, *caput*, do CPC, independerá de requerimento do credor, o que significa afirmar que os honorários deverão ser fixados *ex officio*. Note-se que a norma legal em exame é imperativa: "o juiz *fixará*" (destacamos).

Poder-se-á dizer que o nosso ponto de vista é discriminatório dos casos em que conflito de interesses emana de relação de emprego (contato de trabalho); cumpre-nos, então, argumentar, em caráter proléptico, que se discriminação está a ocorrer, nesse particular, ela é obra da própria Instrução Normativa n. 27/2005, do TST, que reconhece a possibilidade da imposição do pagamento de honorários de advogado, apenas, nos conflitos surgidos da relação de trabalho.

§ 1º Se o devedor efetuar o pagamento integral do montante devido ao exequente, o juiz reduzirá o valor dos honorários de advogado à metade. Também aqui a norma legal é imperativa: "o valor dos honorários advocatícios será reduzido". Essa redução constitui um estímulo para que o devedor cumpra, de modo integral, a obrigação consubstanciada no título executivo.

§ 2º Ao final da execução, os honorários poderão ser elevados até o limite de vinte por cento em duas situações: a) se forem rejeitados os embargos oferecidos pelo executado (devedor ou responsável pelo adimplemento da obrigação); ou b) se não houver o oferecimento de embargos. Para esse efeito, o juiz levará em consideração o trabalho realizado pelo advogado do exequente.

Art. 828.

Art. 828. O exequente poderá obter certidão de que a execução foi admitida pelo juiz, com identificação das partes e do valor da causa, para fins de averbação no registro de imóveis, de veículos ou de outros bens sujeitos a penhora, arresto ou indisponibilidade.

§ 1º No prazo de 10 (dez) dias de sua concretização, o exequente deverá comunicar ao juízo as averbações efetivadas.

§ 2º Formalizada penhora sobre bens suficientes para cobrir o valor da dívida, o exequente providenciará, no prazo de 10 (dez) dias, o cancelamento das averbações relativas àqueles não penhorados.

§ 3º O juiz determinará o cancelamento das averbações, de ofício ou a requerimento, caso o exequente não o faça no prazo.

§ 4º Presume-se em fraude à execução a alienação ou a oneração de bens efetuada após a averbação.

§ 5º O exequente que promover averbação manifestamente indevida ou não cancelar as averbações nos termos do § 2º indenizará a parte contrária, processando-se o incidente em autos apartados.

• **Comentário**

Caput. Repetiu-se a regra do art. 615-A do CPC revogado.

Entre as incumbências legais do credor está a de proceder à averbação em registro público, para conhecimento de terceiros, do ato de ajuizamento da execução e dos atos de constrição realizados (CPC, art. 799, IX). No processo do trabalho, o registro público do *bem penhorado* é automático, ou seja, está implícito no despacho que defere a inicial (execução de título extrajudicial) ou ordena a citação do devedor (execução de título judicial — Lei n. 6.830/90, art. 7º, IV). No caso, como se cuida de registro competente de certidão de que a *execução foi admitida* pelo juiz, a iniciativa desse registro é do credor.

Da certidão a que se refere o art. 828 deverão constar a identificação das partes e do valor da causa, para efeito de averbação no registro de imóveis, no registro de veículos ou no registro de outros bens sujeitos a penhora, arresto ou indisponibilidade.

O objetivo do legislador, entre outros, foi o de definir o momento a partir do qual estará configurada a *fraude à execução*, lembrando-se que nos termos do art. 792, II, do CPC, um dos casos que caracterizam essa fraude consiste na alienação ou oneração, pelo devedor, de bens de sua propriedade "quando tiver sido averbado, no registro do bem hipoteca judiciária ou outro ato de constrição judicial originário do processo onde foi arguida a fraude".

§ 1º Para que a fraude à execução se caracterize, com fulcro no inciso II do art. 792, será necessário que o exequente comunique ao juízo competente as averbações realizadas, dentro do prazo de dez dias de sua concretização. Se o exequente não fizer essa comunicação ao juízo, ou efetuá-la quando já excedido o prazo legal, o devedor poderá requerer o cancelamento das averbações realizadas pelo exequente.

Essa norma não incide no processo do trabalho, por força do disposto nos arts. 7º, IV, e 14, da Lei n. 6.830/80.

§ 2º Depois de ser formalizada a penhora incidente sobre os bens suficientes para o pagamento do débito, o juiz determinará o cancelamento das averbações pertinentes aos bens não penhorados, cuja providência deverá ser adotada pelo exequente, no prazo de dez dias.

§ 3º Se o exequente não efetuar o cancelamento das averbações o juiz, de ofício ou a requerimento, ordenará para que seja efetuado.

§ 4º É, precisamente, neste ponto que o art. 828 do CPC se liga com o art. 792, II, do mesmo Código. Sucede que se o devedor vier a alienar ou a onerar bens após efetuada a averbação, esses atos por ele praticados serão presumidos em fraude à execução, sendo, por isso, reputados ineficazes. Todavia, como já advertimos quando do comentário ao art. 792, a modificação introduzida pelo legislador atual reduziu, sobremaneira, a possibilidade de ser configurada — ao menos, no processo do trabalho —, a fraude à execução, seja porque o réu estará liberado para vender ou onerar todos os seus bens durante a tramitação do processo de conhecimento, seja porque a configuração da fraude à execução nesse processo exige prova, pelo credor, de má-fé por parte do adquirente dos bens.

§ 5º Levando em conta o fato de o exequente poder vir a promover a averbação manifestamente indevida da execução, ou não cancelar as averbações nos termos do § 2º, a norma legal impõe-lhe a obrigação de indenizar o executado por perdas e danos, cujo incidente será processado em autos apartados. Perceba-se que a lei, nesse ponto, não exige má-fé por parte do credor; para que ele indenize o executado será suficiente que a averbação da execução seja manifestamente indevida.

Código de Processo Civil

Art. 829. O executado será citado para pagar a dívida no prazo de 3 (três) dias, contado da citação.

§ 1º Do mandado de citação constarão, também, a ordem de penhora e a avaliação a serem cumpridas pelo oficial de justiça tão logo verificado o não pagamento no prazo assinalado, de tudo lavrando-se auto, com intimação do executado.

§ 2º A penhora recairá sobre os bens indicados pelo exequente, salvo se outros forem indicados pelo executado e aceitos pelo juiz, mediante demonstração de que a constrição proposta lhe será menos onerosa e não trará prejuízo ao exequente.

• **Comentário**

Caput. A matéria era disciplinada pelo art. 652 do CPC revogado.

Antes de nos dedicarmos a comentar os arts. 829 e seguintes, devemos repetir o que dissemos em linhas anteriores, para melhor compreensão do assunto sob a perspectiva do processo do trabalho.

No sistema do CPC de 1973, os processos de conhecimento e de execução eram autônomos. Por isso, quando o art. 162, § 1º, em sua redação original, conceituava a sentença como o ato pelo qual o juiz punha fim ao processo — decidindo, ou não, o mérito da causa — deveria entender-se que essa dicção legal dizia respeito ao processo de conhecimento. Com efeito, exaurido o processo cognitivo com o trânsito em julgado, tinha início um novo processo, o de execução, para o qual o devedor era citado (art. 614).

Tempos depois, o legislador verificou que a execução por quantia certa, contra devedor solvente, fundada em título judicial, era extremamente morosa; diante disso, editou a Lei n. 11.232/2005 que, de maneira algo revolucionária, trouxe essa execução para o processo de conhecimento. Foi o que a doutrina passou a denominar de sincretismo. A contar daí, a referida execução deixou de ser um processo autônomo, convertendo-se em simples fase subsequente ao processo no qual se emitiu a sentença condenatória.

Por esse motivo, deixou-se de utilizar o vocábulo *execução*, passando a aludir-se ao *cumprimento da sentença* (art. 475-I), assim como se abandonou a denominação *embargos do devedor*, substituindo-a pela *impugnação à sentença* (CPC, arts. 475-J, § 1º, e 475-L). Ainda em razão disso, o devedor deixou de ser citado, para ser intimado a cumprir a sentença (CPC, art. 475-J, § 1º).

A expressão *cumprimento da sentença* era algo eufemística, porque, em rigor, o que havia, efetivamente, era *execução*. A propósito, o próprio art. 475-I declarava: "O cumprimento da sentença far-se-á conforme os arts. 461e 461-A desta Lei ou, tratando-se de *obrigação por quantia certa, por execução*, nos termos dos demais artigos deste Capítulo" (destacamos).

No sistema do processo do trabalho, entrementes, nada mudou. Aqui, a execução continua a constituir processo *autônomo*, motivo por que o devedor será sempre *citado* para cumprir a obrigação, seja esta de pagar quantia certa, de entregar coisa, de fazer, de não fazer, de emitir declaração de vontade e o mais que houver.

Reiteremos: sempre sustentamos a opinião de que o procedimento atinente ao "cumprimento da sentença", previsto no CPC de 1973 era inadmissível no processo do trabalho, pois aqui continuava a existir a clássica separação do processo de conhecimento em relação ao de execução, bastando ver, entre outras coisas, que o devedor era — e continua sendo — *citado* para a execução (CLT, art. 880). Pelo mesmo motivo, afirmávamos que o conceito de sentença, estabelecido pela antiga redação do art. 162, § 1º, do CPC de 1973, se incorporara ao processo do trabalho, de tal arte que a posterior alteração desse conceito, pela Lei n. 11.232/2005 não teria nenhuma ressonância nos sítios do processo do trabalho.

Conquanto estejamos sob a vigência de um novo CPC, a nossa opinião a respeito da inaplicabilidade do procedimento atinente ao "cumprimento da sentença" segue inabalável.

A CLT não é omissa a respeito do procedimento alusivo à execução, seja ela fundada em título judicial ou extrajudicial, como revelam os arts. 876 a 892; logo, nenhum intérprete estará legalmente autorizado a adotar, em caráter supletivo, normas do processo civil respeitantes ao "cumprimento da sentença" ou à execução de título extrajudicial (CLT, art. 769). O art. 15 do CPC não tem preeminência em relação ao art. 769, da CLT; quanto menos, eficácia derrogante da norma processual trabalhista. É importante observar, a propósito, que não se trata de questionar se as normas do processo civil, no particular, são compatíveis ou incompatíveis com o processo do trabalho; a verificação dessa compatibilidade, ou não, pressupõe, fundamentalmente, a *omissão* da CLT acerca do assunto; e, como já assinalamos, a CLT não é lacunosa sobre o tema. Assim, incidem em grave equívoco interpretativo todos aqueles que, menosprezando, de maneira arbitrária, o pressuposto da omissão, lançam-se a discutir sobre a incidência, ou não, no processo do trabalho das normas do CPC pertinentes ao "cumprimento da sentença" ou à execução fundada em título extrajudicial.

Art. 830

Será, portanto, à luz do entendimento de que no processo do trabalho a execução — seja fundada em título judicial, seja calcada em título extrajudicial — continua traduzindo processo autônomo, que comentaremos o art. 829 e seguintes, do CPC, que disserem respeito à execução.

Pois bem. Nos termos do art. 829, o devedor será citado para pagar a dívida em três dias. No processo do trabalho, o devedor disporá de 48 horas para efetuar o pagamento ou garantir a execução (CLT, art. 880, *caput*), pouco importando que se trate de execução fundada em título judicial ou extrajudicial. A única exceção que se faz aqui é quanto à Fazenda Pública, que será citada para oferecer embargos no prazo de trinta dias (neste caso, incide o art. 910, *caput*, do CPC).

§ 1º Na linguagem técnica do processo, o vocábulo *mandado* (do latim *mandatum*, de mandar) designa a ordem emanada do juiz para que seja realizada determinada diligência. A especificação do mandado é ditada pelo conteúdo da ordem; daí, a existência de mandados de citação, de busca e apreensão, de prisão, de arresto, de sequestro, de penhora, de segurança, de verificação etc.

Assim como no processo civil, no processo do trabalho o mandado de citação deverá conter a ordem de penhora, para o caso de o devedor não pagar a dívida no prazo de 48 horas, nem garantir a execução. O mandado executivo constitui, portanto, ato compósito, sendo integrado por dois momentos distintos, cada qual com finalidade específica: o primeiro se destina a dar ciência ao devedor de que a execução se iniciou (o mandado, por si só, já é ato executório); o segundo contém a ordem para que o devedor atenda ao comando da sentença transitada em julgado (estamos pressupondo a execução definitiva), pagando a dívida, sob pena de apresamento de seus bens, quantos bastem para satisfazer a obrigação.

O mandado executivo trabalhista conterá, ainda, a decisão exequenda ou o termo de acordo inadimplido (CLT, art. 880, § 1º), devendo ser cumprido por oficial de justiça (*ibidem*, § 2º). Na prática, muitos juízes fazem constar do mandado executivo, apenas, a parte dispositiva da sentença condenatória; esse procedimento é contrário à lei, pois no mandado deve ser transcrita a *íntegra* da sentença, ou cópia desta ser anexada ao mandado. Essa praxe judicial pode resultar na nulidade da citação, desde que o devedor demonstre a inobservância da lei lhe acarretou manifesto prejuízo (CLT, art. 794).

No processo do trabalho, quase sempre, a execução baseada em título judicial é precedida de uma fase de liquidação; nesse caso, a sentença (*rectius*: decisão) correspondente deverá acompanhar, em cópia, o mandado citatório, ou ser nele reproduzida — hipótese mais frequente, em virtude do caráter sumário desse ato jurisdicional de quantificação da dívida.

§ 2º No processo civil, o princípio é de que os bens a serem penhorados sejam indicados pelo credor; permite-se, todavia, que o devedor indique bens, desde que demonstre que, nesse caso, a penhora ser-lhe-á menos onerosa e não acarretará prejuízo ao credor. De qualquer forma, a oferta de bens pelo devedor deve ser aceita pelo juiz. Entendemos que o prazo de que o devedor dispõe para indicar bens de sua propriedade à penhora coincide com o que lhe é dado para pagar o valor do débito: 48 horas.

No processo do trabalho, os bens podem ser indicados, indiferentemente, pelo credor ou pelo devedor. O que se deve levar em conta é que sejam legalmente penhoráveis, que estejam livres e desembargados, e sejam suficientes para o pagamento do débito do executado, das despesas processuais e de honorários de advogado, quando for o caso.

Art. 830. Se o oficial de justiça não encontrar o executado, arrestar-lhe-á tantos bens quantos bastem para garantir a execução.

§ 1º Nos 10 (dez) dias seguintes à efetivação do arresto, o oficial de justiça procurará o executado 2 (duas) vezes em dias distintos e, havendo suspeita de ocultação, realizará a citação com hora certa, certificando pormenorizadamente o ocorrido.

§ 2º Incumbe ao exequente requerer a citação por edital, uma vez frustradas a pessoal e a com hora certa.

§ 3º Aperfeiçoada a citação e transcorrido o prazo de pagamento, o arresto converter-se-á em penhora, independentemente de termo.

• **Comentário**

Caput. Ocupava-se do assunto o art. 653 do CPC revogado.

No processo civil, se o oficial de justiça suspeitar que o devedor esteja se ocultando, realizará citação com hora certa, arrestando-lhe, posteriormente, tantos bens quantos bastem para garantir a execução.

Essa regra contida no art. 830, *caput*, do CPC, é aplicável ao processo do trabalho. Expliquemo-nos.

Nos termos do art. 880, § 3º, da CLT, se o executado, procurado por duas vezes no espaço de 48 horas, não for encontrado, a sua citação será feita por edital, publicado no jornal oficial ou, na falta deste, afixado na sede do juízo durante cinco dias. Isso não impede que, havendo suspeita de ocultação por parte do executado, o oficial de justiça promova ao arresto dos bens.

§ 1º Nos dez dias que se seguirem à efetivação do arresto, o oficial de justiça procurará o devedor três vezes em dias distintos; se não o encontrar, a citação será feita com hora certa, devendo o oficial certificar, de maneira pormenorizada, o ocorrido.

Esse procedimento, conforme dissemos, deverá ser adaptado ao processo do trabalho. Sendo assim, efetivado o arresto o oficial de justiça deverá dirigir-se ao endereço do devedor (executado), constante dos autos, para citá-lo; não o encontrando por duas vezes no espaço de 48 horas, a citação será realizada por edital, com observância as providências mencionadas no § 3º do art. 880, da CLT.

Chamemos a atenção para o fato de que o arresto de bens do devedor deverá ser realizado independentemente de requerimento do credor; cumpre ao oficial de justiça realizá-lo *ex officio*, pois a norma legal incidente é impositiva: arrestar-lhe-á.

§ 2º No processo civil, se frustrada a tentativa de citação pessoal do devedor ou com hora certa, caberá ao credor requerer o ato seja efetuado por edital.

No processo do trabalho, como vimos, o procedimento é o estabelecido no § 3º do art. 880, da CLT, cuja citação por edital independe de requerimento do credor, porquanto é ordenada pelo próprio sistema oficial (*due process of law*).

§ 3º Devidamente formalizada a citação e decorrido em branco o prazo para pagamento, o arresto de que fala o *caput* do art. 830 será convertido, de modo automático, em penhora, prescindindo-se de termo para isso.

Essa norma do § 3º do art. 830 do CPC é aplicável ao processo do trabalho.

Neste processo, aliás, após a citação do devedor podem se verificar algumas situações, a saber:

1) o devedor desejar pagar o valor total expresso no mandado executivo. Esse pagamento deverá atender ao seguinte procedimento: a) se o credor estiver presente, será feito perante o escrivão ou o diretor da Secretaria do órgão jurisdicional em que se processa a execução, lavrando-se termo de quitação em duas vias, assinadas pelo exequente e pelo executado e pelo escrivão ou diretor da Secretaria. A primeira via será juntada aos autos; a segunda, entregue ao executado (CLT, art. 881, *caput*); b) se o credor estiver ausente, a quantia será depositada, mediante guia, em estabelecimento oficial de crédito ou, na falta deste, em estabelecimento bancário idôneo (*ibidem*, parágrafo único);

2) o devedor não pagar o débito: 2.1. se ainda não decorreram as 48 horas da citação, ele poderá garantir a execução, para efeito de embargos, mediante depósito da quantia devida, atualizada e acrescida das despesas processuais, ou nomear bens à penhora, observando, para esse efeito, a ordem estabelecida pelo art. 835 do CPC (CLT, art. 882); 2.2. decorridas as 48 horas, sem que o devedor tenha garantido a execução, o oficial de justiça penhorar-lhe-á tantos bens quantos bastem ao pagamento do débito, atualizada monetariamente e acrescido de custas e juros da mora, sendo estes devidos, em qualquer caso (ou seja, mesmo no caso do art. 882), a contar da data do protocolo em juízo da petição inicial (CLT, art. 883).

Seção III

Da Penhora, do Depósito e da Avaliação

Subseção I

Do Objeto da Penhora

Art. 831. A penhora deverá recair sobre tantos bens quantos bastem para o pagamento do principal atualizado, dos juros, das custas e dos honorários advocatícios.

• **Comentário**

Há correspondência com o art. 659 do CPC revogado.

Nota introdutória

Conforme pudemos deixar assinalado anteriormente, outrora, a execução forçada possuía nítida feição corporal, pois incidia na própria pessoa do devedor; a *manus iniectio* romana pode ser mencionada como exemplo significativo desse período. Modernamente, contudo, essa modalidade de execução possui caráter *patrimonial*, como está nas declarações contestes dos arts. 789 e 824 do CPC, que penetram, com amplitude, o processo do trabalho, em que atuam com a mesma eficácia que possuem no plano do

Art. 831

ordenamento processual de que se originam. Dessa forma, eventual desaparecimento do devedor, no curso da execução, em nada a empecerá, porquanto a satisfação do direito do credor será realizada mediante uma inflexão do Estado sobre os *bens* do devedor; a este a lei assegura, apenas, o direito de ser intimado da constrição, a fim de que se inaugure o prazo para o oferecimento dos embargos que lhe são inerentes (CLT, art. 884).

A intromissão estatal no patrimônio do devedor decorre não de um vínculo dos bens à relação jurídica material estabelecida entre o trabalhador e o empregador, antes do ingresso em juízo (processo de conhecimento), e sim da necessidade de tornar concreta a sanção que se esplende do título executivo, como forma de salvaguardar a soberania da ordem jurídica e a autoridade da coisa julgada. Se a lei não atribuísse ao Estado poderes para apreender bens do devedor — com o escopo de submetê-los, no momento oportuno, à expropriação judicial —, as sentenças condenatórias estariam, hoje, convertidas em meras peças literárias e, o que é mais, em instrumentos de desprestígio das decisões emitidas pelo Poder Judiciário.

De modo geral, a doutrina se fragmenta em quatro opiniões a respeito dos motivos que legitimam a atuação do Estado sobre o patrimônio do devedor:

a) aplicar a sanção;

b) realizar, coercitivamente, o cumprimento da obrigação;

c) fazer valer o conteúdo do título executivo;

d) substituir a atividade privada.

Em rigor, essas razões, se consideradas isoladamente, são insuficientes para justificar a intromissão estatal no patrimônio do devedor; o apresamento de bens e a posterior expropriação encontram seu fundamento no conjunto das razões em exame, pois, ao praticar atos executivos que tais, o Estado: a) torna concreta a sanção, ínsita ao título executivo, tendente ao cumprimento forçado da obrigação espelhada nesse título; b) visa a substituir a atividade do credor. É bem verdade que este último fundamento não constitui particularidade da execução, figurando, mesmo, como um traço característico de nosso sistema normativo, que impede, via de regra, a realização da justiça por mãos próprias; o veto à autotutela de direitos encontra-se estampado no art. 345 do CP.

Vista sob o aspecto do conceito, a penhora representa o ato material que o Estado realiza com o objetivo de ensejar a expropriação e a consequente satisfação do direito do credor. É um típico ato de *imperium* do juízo da execução.

A penhora não é medida acautelatória, e sim ato executivo, que, entre outras coisas:

a) limita embora não exclua) o poder de disposição dos bens apreendidos;

b) implica a sub-rogação, pelo Estado, do livre poder de dispor;

c) está a serviço da execução, a quem está vocacionada a satisfazer;

d) traduz-se em ato de coerção.

No elenco das finalidades desse ato executivo devem ser destacadas as de:

a) individualizar (e, por certo, apreender) os bens necessários ao atendimento do escopo da execução;

b) manter e conservar esses bens, para que não se deteriorem, não se desvalorizem, nem sejam desviados;

c) instituir a preferência para o credor, sem que isso acarrete prejuízo às prelações de direito material estabelecidas anteriormente (THEODORO JÚNIOR, Humberto, obra cit., p. 244).

Individualização. Com isso se quer dizer que a penhora produz a separação de alguns dos bens integrantes do patrimônio do devedor, reservando-os aos fins da execução. Esse ato de individualização se aperfeiçoa com a descrição minuciosa dos bens, com a indicação dos seus elementos característicos (marca, modelo, cor, ano de fabricação, dimensões, número de registro ou de matrícula etc.), e com a sua avaliação, cujas providências devem ser tomadas pelo oficial de justiça, ao elaborar o correspondente auto (CPC, art. 838, III).

Essa individualização não apenas define, precisa e quantifica os bens em relação aos quais se estabelecerá a sua indisponibilidade, pelo devedor, e fixa a preferência, para o credor, como dá ao arrematante ou ao adjudicatário a certeza de não virem a receber bens diversos daqueles que foram objeto da apreensão judicial e que se encontram especificados no edital de praça e leilão.

Manutenência e conservação. Os bens, considerados em sua expressão econômica, interessam à execução, pois é com o produto do ato expropriatório que o crédito do exequente será satisfeito. Daí, a necessidade de que esses bens, depois de apreendidos e individualizados, sejam mantidos e conservados, sob pena de se deteriorarem ou serem desviados, em detrimento da plena realização da finalidade do processo executivo. Esse encargo incumbe, legalmente, ao *depositário*, nomeado pelo oficial de justiça (CPC, art. 838, IV), que atua como auxiliar do Poder Judiciário (CPC, arts. 149 e 159).

O depositário (ou administrador) responde pelos prejuízos que, por ato derivante de dolo ou culpa, causar à parte, além de perder a remuneração que em seu benefício havia sido arbitrada pelo juiz, conquanto a lei lhe assegure o direito de receber o que legitimamente tenha despendido no exercício do encargo (CPC, art. 161).

Código de Processo Civil Art. 831

Como atende aos interesses da execução que os bens penhorados sejam mantidos e conservados, a norma processual permite que, em nome desse mesmo interesse, os bens sejam alienados antecipadamente sempre que houver risco de se deteriorarem ou se depreciarem; alienação antecipada significa a realização do ato expropriatório antes do momento previsto, de ordinário, em lei (CLT, art. 888).

Preferência. Não há nenhum impedimento legal quanto à incidência de mais de uma penhora sobre o mesmo bem; não são raros, na Justiça do Trabalho, os casos em que isso ocorre. O importante a destacar-se é que a ordem cronológica desses atos de constrição judicial estabelece, no universo dos credores, a ordem de satisfação dos seus direitos expressos nos respectivos títulos executivos (CPC, art. 797, parágrafo único).

A multiplicidade de penhoras ainda mais se justifica quando o devedor comum possui um único bem — capaz de responder, com plenitude, a todas as execuções promovidas, em processos distintos, pelos diversos credores.

Entendemos que a ordem de prelação se constrói segundo o critério de *registro* ou *inscrição* da penhora, a ser efetuado pelo oficial de justiça (Lei n. 6.830/80, art. 7º, IV): a) no Ofício próprio, sendo o bem imóvel ou a ele equiparado; b) na repartição competente para emissão de certificado, se for veículo; c) na Junta Comercial, na Bolsa de Valores e na sociedade comercial, se forem ações, debêntures, parte beneficiária, cota ou qualquer outro título, crédito ou direito societário nominativo (*ibidem*, art. 14, I a III).

Insistamos: havendo, *e. g.*, duas penhoras incidentes num só bem, mas tendo a última sido inserida em primeiro lugar, a *preferência* fixa-se em favor desta, não daquela. Acontecendo de as inscrições serem feitas na mesma data, a solução será atribuir-se preferência à primeira penhora; se, em situação especial, constatar-se que as penhoras foram realizadas e registradas na mesma data, a preferência será da que o foi em primeiro lugar.

Afirma Alcides de Mendonça Lima que a prioridade da penhora, por sua índole, atribui ao credor um direito real, pois passa a ser oponível *erga omnes* (obra cit., p. 713); não pensamos assim. A precedência na inscrição da penhora — estamos cogitando de bens imóveis —, sem traduzir direito real, apenas gera a eficácia *erga omnes*, oriunda da preferência assegurada pelo art. 797, parágrafo único do CPC.

Essa prelação, aliás, já era encontrada nas Ordenações Filipinas, como demonstra o § 5º, Título 97, do Livro III: *E nós vista a dita Ley com as ditas declaraçoens, adendo com ella Dizemos, que se dous Credores ouverem Sentenças contra huum devedor, quer um huum Juizo, quer em desvairados Juizos, aquelle, que primeiramente fazer execuçam per sua Sentença, precederá ó outro, que depois que quizer fazer execuçam em esses beens executados por o outro Credor, ainda que esse, que postumeiramente quer fazer execuçam, pertenda ter auçam real contra o devedor, e primeiramente ouver Sentença contrelle; porque segundo a tençam da Ley, aquelle que primeiro fez execuçam per sua Sentença, deve em todo caso preceder todo-los outros negligentes, que depois quiserem fazer execuçam em esses beens, que há pelo outro credor primeiramente forem executados: salvo se esse, que primeiro ouve sua Sentença, foi embarguado de algum embarguo lidimo, e tam necessario, per que nam pode executar sua Sentença; ca em tal caso nom lhe deve, nem pode ser imputado, que assy nom poder fazer a dita execuçam ao tempo, que devia, pois nam foi em culpa de a nam fazer por o Embarguo, que assi ouve, como dito he: assy como, honde aquelle, que tinha sua obriguaçam real primeiramente, por ser embarguado per absencia, ou per outro qualquer necessario embarguo, nam demandou seu devedor durante o dito embarguo, pode embarguar a execuçam, que o outro credor postumeiro fez per a Sentença, que ouve no tempo, que o primeiro era embarguado, segundo he contheudo na dita Ley de El Rey Dom Diniz.*

Disposição algo semelhante continham as Ordenações Manuelinas, segundo a qual, havendo mais de um credor, o que por primeiro realizasse a execução teria preferência em relação aos demais: *posto que elle que mais tarde requere execuçam ouvesse primeiro sua sentença contra o devedor, e posto que fosse primeiro creedor, e ainda que pertenda teer auçam real; salvo se o que primeiro ouve sentença, e primeiro foi creedor, teve alguu legitimo, e tam necessario impedimento, por que nom pode executar sua sentença; porque em tal caso, pois nom foi negrigente, nom lhe será imputado por nom fazer a execuçam ao tempo que devia, pois a nom pode fazer pelo impedimento que lhe sobreveo. E posto que já fosse entregue o preço que se ouve polos beens arrematados a aquelle que primeiro fez execuçam, poderá requerer sua execuçam no dito preço, provando o dito impedimento* (Livro III, Título 74, § 2º).

Preservando o princípio da preferência, consagrado pelos textos anteriores, as Ordenações Filipinas declaravam que, "Se dois credores houverem sentença contra um devedor, ou em juízo, ou em diversos, o que primeiro fizer a execução, ou penhora, por sua sentença, precederá o outro, que depois quiser fazer execução nos bens, em que é já feita a penhora pela sentença do outro credor, posto que este, que mais tarde requer execução, houvesse primeiro sua sentença contra o devedor, e posto que fosse primeiro credor, e ainda que pretenda ter ação real" (Livro III, Título 91, § 1º).

A preocupação de conferir prelação ao credor que, por primeiro, obtivesse a penhora de bens do devedor sempre esteve presente, portanto, nas legislações do passado, nas quais se inspiraram as do presente. A preferência de que estamos a ocupar-nos somente se estabelece no caso de cobrança de dívida quirografária, vale dizer, da que é destituída de garantia. Como faz notar Mendonça Lima (obra cit., p. 716), se a execução é promovida por credor hipotecário, pignoratício ou anticrético, e se efetua

915

a penhora de bem sobre o qual incide quaisquer dos referidos direitos reais, o privilégio se origina do próprio gravame e não da penhora.

No processo civil, se o valor dos bens penhorados for insuficiente para atender à satisfação dos diversos créditos, o devedor é declarado insolvente. Via de consequência, extingue-se a prelação da primeira penhora, processando-se a execução mediante concurso universal dos diversos credores (art. 908). A preferência, a ser investigada após a declaração judicial de insolvência, respeita apenas aos títulos legais. Já no processo trabalhista, toda vez que o valor dos bens penhorados não for bastante para responder às várias execuções não se pronunciará a insolvência do devedor comum, mantendo-se, ao contrário, a prelação da primeira penhora. Dessa maneira, os bens serão levados à expropriação, cujo produto será utilizado para a satisfação do crédito daquele que teve a precedência na penhora ou na inscrição desta (quando houver necessidade disso); havendo sobra, passar-se-á a efetuar o pagamento aos demais credores concorrentes, respeitado, sempre, o critério da anterioridade das penhoras. Eventual disputa entre os credores deverá, por isso, ficar circunscrita ao direito de preferência e à anterioridade da penhora. A despeito da dicção do art. 114 da Constituição da República, o Juiz do Trabalho tem competência para solucionar conflito estabelecido *entre* os diversos credores (em regra, empregados), pelas mesmas razões que, remansadamente, se lhe reconhece competência para solver controvérsias, p. ex., entre credor e terceiro, em sede de embargos opostos por este. De certa maneira, esta nossa antiga opinião acabou sendo reforçada pela nova redação dada ao art. 114, da Constituição Federal, pela Emenda n. 45/2004, que ampliou a competência da Justiça do Trabalho.

Complementando a regra insculpida no art. 797, *caput*, do CPC, estatui o seu parágrafo único que, "Recaindo mais de uma penhora sobre o mesmo bem, cada exequente conservará o seu título de preferência". Interpretando o conteúdo dessa norma legal, temos que a prelação dos credores quirografários decorre da ordem de realização das penhoras, ao passo que, em se tratando de credores privilegiados — que possuem preeminência em face dos quirografários —, a prelação atenderá à prioridade do direito real constituído em seu benefício.

Os créditos trabalhistas, contudo, preferem, no pagamento, ao de outros credores, inclusive hipotecários; o art. 1.422 do CC, a propósito, após firmar a preferência dos credores hipotecários quanto aos pertencentes a outras classes, ressalvou, no parágrafo único: "Excetuam-se da regra estabelecida neste artigo as dívidas que, em virtude de outras leis, devam ser pagas precipuamente a quaisquer outros créditos".

Dispõe, a propósito, o art. 28 da Lei n. 6.830/80 que o juiz, a requerimento das partes, poderá, em nome da conveniência da unidade da garantia da execução, determinar a reunião de *processos* (sic) contra o mesmo devedor, hipótese em que os processos (sic) serão redistribuídos ao juízo da primeira distribuição. A redação dessa norma legal está a reclamar, contudo, um reparo: é que não há, na espécie, reunião de processos e sim, de *autos*. O conceito de processo, na ordem processual, é essencialmente assinalado por um traço de imaterialidade, pois, como tantas vezes já afirmamos, o processo nada mais é do que método ou técnica estatal de solução dos conflitos de interesses. Logo, não se há como reuni-los, exceto se desejarmos perpetrar agressão ao senso lógico.

Embora não o declare, o art. 28 da Lei n. 6.830 trata, em verdade, do fenômeno da *conexão* (e, em alguns casos, da continência), de que se ocupam os arts. 55 e 56 do CPC, em melhor técnica. Desse modo, caracterizando-se a multiplicidade de penhoras sobre um mesmo bem, o juiz *prevento* pode ordenar a reunião dos diversos autos de execução; em que pese ao fato de a Lei n. 6.830/80 condicionar essa reunião ao *requerimento* das partes, pensamos que o juiz poderá ordená-la *ex officio*, como autoriza o art. 57, parte final, do CPC, que melhor se harmoniza com o traço do impulso oficial que põe em destaque o processo do trabalho. Segue-se que, atendida a regra da prevenção, o juiz *pode* mandar reunir, por sua iniciativa, os diversos autos de execução cujas penhoras tiveram por objeto um mesmo bem. Ressalte-se, porém, que tanto na Lei n. 6.830/80 quanto no CPC a reunião em exame se insere no rol das *faculdades* do magistrado. Com isso, estamos asseverando que mesmo havendo *requerimento* das partes, nesse sentido, será lícito ao juiz recusar a pretendida reunião, como quando essa junção não atender ao pressuposto da unidade da garantia da execução.

Dissemos, em linhas anteriores, que a penhora produz, entre outros efeitos jurídicos, o de limitar o poder de disposição, pelo devedor, dos bens nos quais ela incidiu. É útil aos propósitos de nossos comentários que retornemos ao assunto.

Sabendo-se que a penhora torna, realmente, indisponíveis, pelo devedor, os bens sobre os quais ela incidiu, devemos examinar a natureza jurídica dessa indisponibilidade. A doutrina é divergente quanto a isso. Certos autores entendem que ela traduz uma incapacidade (absoluta ou relativa) em relação ao devedor (Satta, Carnelutti, Alfredo Rocco, Pugliatti, apenas para nomearmos alguns); outros a incluem na perda da propriedade, no direito de crédito ou no direito real sobre o patrimônio. Como afirmamos, porém, há instante, a penhora parece não possuir natureza de direito real; ela é típico ato executivo, pelo qual o Estado apreende e individualiza um ou mais bens do devedor, com o objetivo de assegurar a realização prática do preceito sancionatório contido no título exequendo. A penhora não torna os bens indisponíveis; fosse assim, nem mesmo o Estado poderia submetê-los à expropriação forçada. Verifica-se, portanto, que por força desse ato de apresamento o Estado se investe, automaticamente, da faculdade de disposição, que era inerente ao devedor. Logo, o poder de disposição dos bens, que a princípio tinha como titular o devedor, se transfere ao Estado no momento em que este efetua a penhora dos bens. Essa transferência da faculdade de dispor é indispensável para que o Judiciário possa atender ao princípio legal regente da execução por quantia certa, que reside na expropriação dos bens do devedor, para que o direito do credor, consubstanciado no título executivo, possa ser satisfeito (CPC, art. 824).

A expropriação forçada consiste:

a) na adjudicação (art. 876);

b) na alienação (por iniciativa particular ou em leilão judicial eletrônico ou presencial (CPC, art. 879, I e II);

c) na apropriação de frutos e rendimentos de empresa ou estabelecimento e de outros bens (CPC, art. 867, I a III).

Pensamos, todavia, não ser admissível no processo do trabalho a alienação por iniciativa particular (CPC, art. 879, I).

Para concluir: a penhora não subtrai do devedor o direito de propriedade sobre os bens apreendidos pelo juízo da execução, no regular exercício do seu *imperium*; o que do devedor se retira e se transfere ao Estado-juiz é a faculdade de dispor desses bens. Tal veto à disponibilidade, de que era titular o devedor, se justifica plenamente diante da necessidade de que se reservem ou se separem bens deste, com o objetivo de permitir que a finalidade da execução seja atingida.

Segundo José Alberto dos Reis, "a penhora paralisa o direito de propriedade do executado; e paralisa-o neste sentido: o executado não pode praticar, em relação aos bens, atos que comprometam ou prejudiquem os fins da execução" (*Processo de execução*. 1954, v. II, p. 102).

Na hipótese de o devedor alienar ou onerar os bens penhorados, sem reservar outros, suficientes para atender ao escopo da execução, cometerá o ilícito processual da fraude à execução, previsto no art. 792 do CPC, cuja consequência será a declaração judicial não de nulidade do ato, mas de sua ineficácia, o que é coisa diversa, como pudemos expor no comentário ao art. 792 do CPC.

Devemos ponderar, em razão disso, que a faculdade de o devedor dispor dos bens penhorados não lhe é inteiramente subtraída, ficando este, apenas, impedido de valer-se dela em detrimento da execução. Sendo assim, se o devedor vender os bens penhorados, antes da alienação judicial, e com o produto da venda pagar a dívida e as despesas processuais, "essa venda não pode deixar de ser válida" (CASTRO, Amílcar de, obra cit., p. 192).

Natureza jurídica

Tema que se enastra com o da indisponibilidade dos bens penhorados — que acabamos de examinar — é o concernente à natureza jurídica da penhora.

Vimos que, a despeito da apreensão judicial de seus bens, o devedor conserva a propriedade sobre estes; a posse passa a ser indireta. Estamos afirmando, com isso, que o devedor não perde, com a apreensão de seus bens, o seu direito dominial, conquanto sofram restrições os seus poderes diretos pertinentes à utilização dos bens. Desse modo, poderá o devedor vender, permutar ou doar seus *direitos* referentes aos bens penhorados, na medida em que, como anotou Carnelutti, o efeito dessa apreensão judicial não atua sobre o direito (substancial) do credor, nem, correlativamente, sobre a obrigação (substancial) do devedor, concernente a ele, mas sobre a *responsabilidade* do devedor, de maneira correlativa, sobre a ação (executiva) do credor, que pode continuar a ser exercida como se o devedor não houvesse alienado ou onerado os bens apreendidos (*Instituciones del proceso civil*. EJEA, v. III, n. 689, p. 25, 1973). Mostra, ainda, o eminente jurista italiano que a penhora atua em detrimento dos terceiros que, porventura, venham a adquirir um direito real ou pessoal ou ainda um privilégio relativo aos bens penhorados, pois, malgrado essa aquisição, o bem permanece sujeito à expropriação forçada, em prejuízo do terceiro e em benefício do credor (*ibidem*).

Tem razão Artur Anselmo de Castro ao observar que a penhora acarreta um esvaziamento dos poderes jurídico-materiais que definem o gozo direto da coisa, passando o devedor a figurar na qualidade de nu-proprietário, representado pela detenção de mero poder jurídico de disposição do direito (*A ação executiva singular, comum e especial*, n. 35, p. 152/153, 1970).

O depósito decorrente da penhora provoca, portanto, a indisponibilidade *material* absoluta; no que toca à disposição *jurídica*, entretanto, o que aí vigora é o princípio da livre disponibilidade do direito, embora deva ser destacada a restrição da ineficácia dos respectivos atos, em face dos interesses do credor e da finalidade da execução. Por outras palavras: os atos de alienação, oneração, doação etc. de bens penhorados são perfeitos e eficazes com referência às pessoas que dele se apresentam ineficazes (= como se não existissem).

Não se pode falar, portanto, na espécie *sub examen* em nulidade ou mesmo em anulabilidade da alienação dos bens, pelo devedor; o que há, nítida, é *ineficácia*, do ponto de vista da execução. É verdade que tal alienação constitui ato jurídico perfeito, no âmbito das relações estabelecidas entre o devedor e o adquirente dos bens. O acerto dessa afirmação pode ser constatado pelo fato de que, se o devedor vier a remir a execução, a venda ou a oneração dos bens penhorados será perfeita, destituída de qualquer vício jurídico que possa ser arguido para

Art. 832

subtrair-lhe a validade. Vê-se que, se a alienação ou a oneração fossem nulas, nenhum efeito jurídico daí emanaria.

Houve autores, por outro lado, que viram na penhora um provimento acautelatório de índole executiva (Zanzuchi), ou providência de dupla finalidade: executiva e cautelar (Alfredo Rocco).

Não pensamos assim.

A penhora não participa da natureza e dos objetivos que sublinham as medidas cautelares; aquela, ao contrário destas, não tem como pressuposto a aparência de bom direito (*fumus boni iuris*) e o perigo na demora (*periculum in mora*), que conferem traço peculiar a grande parte das providências acautelatórias: a penhora está a serviço de um direito já reconhecido pela sentença exequenda. Não há aqui, pois, aparência, e sim certeza de um direito.

De outro ponto, enquanto as medidas de cautela visam, em alguns casos (como as de natureza patrimonial), a assegurar futura execução da sentença (caso típico do arresto), a penhora é *ato da execução*, que não provém de uma *pretensão à segurança*, e sim da necessidade de fazer valer o direito que dá conteúdo ao título executivo.

Nem há, na penhora, qualquer nota de provisoriedade e acessoriedade, presente em boa parte das providências cautelares. Não menos exato é que a penhora, por princípio, é definitiva, desaguando na expropriação dos bens em que ela incidiu, ao passo que determinadas providências cautelares podem perder a eficácia (= caducidade) se a ação "principal" não for ajuizada no prazo estabelecido pelo arts. 308, e 309, I, do CPC.

Enfim, por qualquer ângulo que seja analisada a penhora, não se encontrará nela nenhum sinal de cautelaridade, evidenciando-se, ao reverso, o seu caráter de *ato executivo* indispensável à individualização dos bens do devedor, que responderão à execução e à posterior satisfação do direito do credor, mediante expropriação.

O equívoco dos que classificam a penhora como medida cautelar parece provir da particularidade de que tanto ela quanto o arresto — que é providência acautelatória nominada — incidem em bens, possuindo, portanto, índole patrimonial. Essa coincidência, contudo, é insuficiente para justificar, cientificamente, a natureza cautelar que se tem procurado atribuir à penhora. O que se deve atender não é ao objeto dessa apreensão e ao do arresto e sim à finalidade dos respectivos processos de que ambos se originam (cautelar e executivo).

Art. 832. Não estão sujeitos à execução os bens que a lei considera impenhoráveis ou inalienáveis.

• **Comentário**

Reproduziu-se, literalmente, o art. 648 do CPC revogado.

Embora o art. 824 do CPC declare que a execução por quantia certa tem por objeto expropriar bens do devedor ou do responsável, com a finalidade de satisfazer o direito do credor, o art. 832 do mesmo Código adverte estarem fora da execução os bens considerados por lei impenhoráveis ou inalienáveis.

A enumeração dos bens impenhoráveis consta do art. 833, que será objeto de nossos comentários no momento oportuno.

A penhora tem como objeto os bens do devedor, pois a responsabilidade deste, no tocante ao cumprimento das obrigações derivantes da sentença exequenda, é de caráter patrimonial (CPC, art. 789).

Apenas em casos excepcionais, previstos em lei, a execução por quantia certa incidirá em bens pertencentes a terceiro, como ocorre, *v. g.*, no caso do fiador (CPC, art. 794), embora este possa nomear bens livres e desembargados do devedor. Os bens do fiador, mesmo nessa hipótese, ficarão sujeitos à execução se os do devedor forem insuficientes para a satisfação do direito do credor (*ibidem*, § 1º).

O sócio também pode vir a ser chamado para satisfazer dívidas da sociedade a que pertença, ou pertenceu, nada obstante a norma legal lhe faculte — invocando o benefício de ordem — indicar bens livres e desembargados da sociedade (CPC, art. 795, *caput*, e § 1º).

A regra segundo a qual o patrimônio do devedor deve ser objeto da penhora impede, por princípio, que sejam apreendidos bens que se encontram em poder dele, mas pertencentes a terceiro. Isso se verifica, com certa frequência, quando o devedor é mero arrendatário, locatário, depositário etc. dos bens. Realizada a penhora, caberá ao terceiro defender a propriedade dos bens, mediante os embargos que lhe são característicos (CPC, art. 674). Ao próprio *possuidor* (não proprietário) a lei atribui legitimidade para opor tais embargos (CPC, art. 674, § 1º).

Para efeito de embargos, também é considerado terceiro o cônjuge ou companheiro quando defende a posse de bens dotais, próprios, reservados ou de sua meação, como declara o § 2º, I, do art. 674 do CPC. Cabe, nesta altura, uma nota elucidativa: por força do disposto no art. 842, *caput*, do CPC, se a penhora incidir em bem *imóvel*, deverá ser intimado não apenas o devedor, mas o seu cônjuge, salvo se for casado em regime de separação absoluta de bens. A exigência da intimação do cônjuge está relacionada com a norma do art. 1.647, do Código Civil, assim redigida: "Ressalvado o disposto no art. 1.648, nenhum dos cônjuges pode, sem autorização do outro, exceto no regime da separação absoluta: I — alienar ou gravar de ônus real os bens imóveis; I — (...)".

Nos termos do art. 843 do CPC, se a penhora tiver como objeto bem *indivisível*, a meação do cônjuge, não integrante do polo passivo da relação processual executiva, recairá sobre o *produto* da alienação do bem; ou seja, o cônjuge, neste caso, não pode impedir a alienação ou expropriação do bem, alegando ser meeiro. O bem será alienado ou expropriado, e a meação incidirá no produto desse ato.

Uma interpretação rigorosamente literal do art. 843, do CPC, conduz à conclusão de que se, por exemplo, o valor da dívida for de mil salários-mínimos, e o do bem penhorado, de mil e duzentos salários-mínimos, mas o da arrematação corresponder a quatrocentos salários-mínimos, a meação do cônjuge não-integrante da execução será equivalente a duzentos salários-mínimos, vale dizer, à metade do produto da expropriação. Esta é, aliás, a interpretação que vem predominando, nos sítios da jurisprudência, que argumenta com o fato de a meação dever ser verificada conforme cada bem do casal, e não de acordo com a totalidade do patrimônio deste.

A regra do art. 843 do CPC, que acabamos de examinar, parece ter sido instituída com a finalidade de evitar que o cônjuge meeiro, não integrante do polo passivo da relação processual, possa oferecer embargos de terceiro; ou melhor, fazer com que ele fique destituído do indispensável *interesse processual* (CPC, ant. 17), uma vez que a sua meação, como prevê a lei, incidirá sobre o produto da expropriação do bem — expropriação que ele não pode impedir. Note-se, todavia, que a sobredita norma legal está a referir-se ao imóvel *indivisível*. Isto significa afirmar, em sentido contrário, que se o bem for *divisível*, o cônjuge meeiro, não participante da execução, poderá fazer uso dos embargos de terceiro para defender a sua meação. Sob este aspecto, permanece íntegra a orientação contida na Súmula n. 134, do STJ: "Embora intimado da penhora em imóvel do casal, o cônjuge do executado pode opor embargos de terceiro para defesa de sua meação".

Podem, contudo, ser penhorados bens do devedor que se encontram na posse de terceiro, que assim os detém na qualidade de depositário, de arrendatário, locatário e o mais. Esclarece James Goldschmidt que se o terceiro exercer posse em nome próprio, sem a obrigação de restituir os bens, somente poderá ser objeto da penhora o *direito* à ação reivindicatória do devedor, para sub-rogar-se o credor no direito de ajuizá-la, nunca os bens considerados em si mesmos (*Derecho procesal civil*. § 95. Barcelona: 1936. p. 637/638).

Não basta, porém, que a penhora incida em bens pertencentes ao devedor; os objetivos da execução exigem que esses bens sejam *transmissíveis*, pois não podemos nos esquecer que a execução por quantia certa visa à expropriação judicial dos bens apreendidos, a fim de que seja satisfeito o direito do credor (CPC, art. 824).

A penhora pode recair em bens corpóreos ou incorpóreos. Na primeira classe incluem-se, p. ex., dinheiro, pedras e metais preciosos, móveis, veículos, semoventes, imóveis, navios, aeronaves; na segunda, títulos da dívida pública, títulos de crédito (que tenham cotação em Bolsa), direitos, ações etc. — apenas para mencionarmos alguns dos bens descritos nos arts. 835, do CPC, e 11, da Lei n. 6.830/80.

A dois princípios essenciais, entre outros, deve atender a penhora, como ato executivo: a) incidir em tantos bens quantos bastem para o pagamento da dívida, aí computados a correção monetária, juros da mora, custas, emolumentos, honorários advocatícios e periciais, além de outras despesas processuais legalmente atribuídas ao devedor (CPC, art. 907); sendo assim, se a penhora for insuficiente, excessiva ou tiver como objeto bens de pouco valor, poderá o juiz, a requerimento do credor e ouvido o devedor (ou o terceiro, caso os bens pertençam a este), ampliá-la, reduzi-la, ou transferi-la para bens mais valiosos, respectivamente, como lhe faculta o art. 874, I e II do CPC; b) a penhora não deverá ser efetuada quando for evidente que o produto da ex-propriação dos bens encontrados será integralmente absorvido pelo pagamento das custas da execução.

A doutrina tem entendido, por outro lado, que, em se tratando de bem imóvel *divisível*, será possível a penhora em parte do bem, desde que essa fração possa ser perfeitamente individualizada, com vistas ao depósito judicial (CASTRO, Amílcar de, obra cit., v. X, p. 191, n. 196). No caso de condomínio, só é viável a apreensão de cota ideal, em número suficiente para o pleno pagamento da dívida.

Acrescenta Andrioli que, quando a constrição judicial atuar sobre bem imóvel, este é considerado como unidade econômica, decorrendo daí o fato de serem igualmente atingidos os seus frutos e rendimentos (CC, art. 95) (*Commento al Códice di Procedura Civile*, 1947, v. XIII, p. 54), advertindo Frederico Marques que isso não obsta a que seja penhorada apenas coisa ou bem que integre o imóvel, como a safra pendente, ou já colhida, de propriedade agrícola (*Manual*, v. 4, p. 148).

Penhora de bem hipotecado

Embora, na execução de crédito hipotecário, a penhora deva recair, preferencialmente, na própria coisa dada em garantia (CPC, art. 835, § 3º), ou seja, independentemente de nomeação, isso não significa que não possa haver penhora — decorrente de créditos trabalhistas — de bem hipotecado.

Em princípio, todos os bens podem ser objeto de constrição judicial, exceto aqueles que a lei declara inalienáveis (Cód. Civil, arts. 100, 1.717, 1.848 e 1.911; CPC, arts. 832 e 833). Inexiste norma legal que diga da impenhorabilidade de imóvel hipotecado; ao contrário, o art. 333, II, do Código Civil admite essa possibilidade.

O que se deve destacar é a particularidade de a hipoteca, como direito real de garantia, passar com o imóvel para o domínio do arrematante. Assim dizemos, porque, a nosso ver, o Código atual recepcionou, de maneira tácita, a regra inscrita no art. 677, *caput*, do Código de 1939, que, por sua vez, já havia sido recepcionado a norma do CPC de 1973. Por outras palavras: a expropriação transfere o domínio do imóvel hipotecado, mas o gravame passa ao arrematante (*transit cum onere suo*). A arrematação só extinguirá a hipoteca (Cód. Civil, art. 1.499, VI) quando ocorrer na execução do próprio crédito hipotecário.

Admitida, portanto, a penhora de bem hipotecado, o que se deve observar é o *procedimento* legalmente estabelecido, com vistas à expropriação.

Em primeiro lugar, o credor hipotecário deverá ser intimado da penhora (CPC, arts. 799, I, e 804). A contar daí, ele poderá, por exemplo, alegar e comprovar que o devedor possui outros bens, livres e desembargados, no qual a penhora poderá incidir.

Em segundo, o edital de expropriação deverá mencionar, entre outras coisas, a existência de hipoteca, a gravar o bem penhorado (CPC, art. 886, VI). Se essa exigência legal não for cumprida, o arrematante poderá desfazer o ato expropriatório (CPC, art. 903, § 1º, II).

Em terceiro, o credor hipotecário deverá ser também intimado, com antecedência mínima de cinco dias, das datas designadas para a praça e o leilão (CPC, art. 889, V). Se essa intimação não for realizada, considerar-se-á ineficaz a expropriação, relativamente a esse credor que, diante disso, poderá adotar uma destas medidas:

a) impedir a realização da praça ou do leilão (se houver tempo para isso), nos termos do art. 889, V, do CPC, podendo, inclusive, fazer uso dos embargos de terceiro, para essa finalidade (CPC, art. 674); nessa hipótese, como é elementar, o credor hipotecário não poderá invocar a posse ou domínio, pois não os detém; cumpre-lhe, portanto, somente prevenir a expropriação;

b) procurar manter o bem na posse do devedor, a fim de que a garantia real subsista;

c) conservar esse direito real perante o arrematante, caso não obtenha êxito na tentativa referida na letra anterior;

d) desconstituir a arrematação (CPC, art. 903, § 1º, II).

Ao ser intimado da praça, o credor hipotecário poderá: a) cobrar a dívida, antes do seu vencimento (Cód. Civil, art. 333, II), extinguindo a hipoteca; b) arrematar o bem (CLT, art. 888; CC, art. 1.499, VI).

Por outro lado, havendo arrematação, atender-se-á a estas regras: a) se todo o produto da expropriação for consumido pelo crédito trabalhista, nada haverá a ser entregue ao credor hipotecário; b) havendo sobra, esta: b.a) se cobrir o total do crédito hipotecário, será entregue a esse credor, ficando extinta a hipoteca; b.b) se não cobrir, a cláusula da garantia real permanecerá pelo saldo, incumbindo ao credor hipotecário demonstrar o valor do seu crédito remanescente.

No que toca à possibilidade de haver penhora de bens vinculados a cédula industrial ou rural, conquanto haja intensa controvérsia, na doutrina e na jurisprudência, acerca do tema, entendemos que tais bens são penhoráveis, levando em conta, acima de tudo, o fato de os créditos trabalhistas serem dotados de um *superprivilégio* (CLT, art. 449, parágrafo único; Lei n. 5.172, de 25.10.66, art. 186 — Código Tributário Nacional), capaz, inclusive, de sobrepô-lo aos próprios créditos tributários. Chegamos a essa ilação, aliás, a partir de uma interpretação adequada do art. 30 da Lei n. 6.830, de 22.9.80, que dispõe sobre a cobrança da dívida ativa da Fazenda Pública, segundo o qual o patrimônio do devedor responderá pela dívida, aí incluídos os bens gravados por ônus real ou cláusula de inalienabilidade ou impenhorabilidade, "seja qual for a data da constituição do ônus ou da cláusula", excetuados apenas os bens que a lei declara *absolutamente* impenhoráveis (CPC, art. 832) — e dentre os quais não se inserem os vinculados a cédulas rurais ou industriais. As normas legais que regulam os títulos de crédito rural ou industrial, enfim, não dizem da impenhorabilidade *absoluta* dos bens vinculados a essas cédulas.

Na falência, a preferência dos créditos trabalhistas fica limitada a cento e cinquenta salários-mínimos (Lei n. 11.101/2005, art. 83).

Penhora de bens alienados fiduciariamente

Não se encontrando os bens alienados fiduciariamente incluídos no elenco dos impenhoráveis (CPC, art. 833), nem entre os compreendidos pelo alcance do art. 834 do mesmo Código, pareceria lógico pensar que o devedor poderia oferecê-los à penhora. Nada mais inexato, a nosso ver.

Na alienação fiduciária, o devedor é simples *possuidor direto e depositário* do bem, ficando com o credor o *domínio resolúvel* e a *posse indireta* (Lei n. 4.728, de 14.7.1965, art. 66, com a redação dada pelo Dec.-lei n. 911, de 1º.10.1969). O devedor detém a coisa com todos os encargos que lhe incumbem de acordo com a legislação civil e penal, como adverte a precitada norma legal.

O proprietário (fiduciário) do bem é, pois, o *credor* e não o devedor; tanto isso é verdadeiro que: a) havendo inadimplemento da obrigação garantida, o proprietário fiduciário poderá vender a coisa a terceiros, aplicando o produto da venda no pagamento de seu crédito e das despesas decorrentes da cobrança, *entregando ao devedor o saldo que, porventura, houver* (*ibidem*, art. 66, § 4º); b) se o devedor alienar, *ou der em garantia a terceiros*, o bem objeto de alienação fiduciária ficará sujeito à pena prevista no art. 171, § 2º, inc. I, do CP (*ibidem*, § 8º), ou seja, de reclusão de um a cinco anos e multa.

O que se pode penhorar ao devedor, em consequência, será o *saldo* acaso apurado na hipótese de o proprietário fiduciário efetuar a venda, a terceiro, da coisa móvel alienada.

É relevante anotar, ainda, que a *sentença* proferida na ação de busca e apreensão da coisa, ajuizada pelo credor, *"consolidará a propriedade e a posse plena e exclusiva nas mãos do proprietário fiduciário"* (destacamos) — a teor do art. 66, § 5º, da antedita norma legal. Nem é despiciendo assinalar que na falência do *devedor* alienante assegura-se ao credor ou proprietário fiduciário o direito de pedir, na forma prevista em lei, a *restituição* do bem alienado fiduciariamente (*ibidem*, § 7º).

Tudo isso demonstra, à saciedade, que o devedor nada mais é, como afirmamos, do que mero *possuidor* (direto) e *depositário* da coisa, cuja *propriedade resolúvel* (e posse indireta) é do credor fiduciário.

A penhora de bens alienados fiduciariamente fará com que o proprietário fiduciário oponha embargos de terceiro, visando ao manutenimento ou restituição da posse indireta (CPC, art. 674, § 1º); o próprio devedor (na execução e na alienação fiduciária) estará legitimado a fazer uso desses embargos, pois, embora figure no processo como *parte*, está a defender bens que, pelo título de sua aquisição ou na *qualidade em que os possuir*, não podem ser atingidos pela apreensão judicial (*ibidem*, § 2º).

Art. 833. São impenhoráveis:

I — os bens inalienáveis e os declarados, por ato voluntário, não sujeitos à execução;

II — os móveis, os pertences e as utilidades domésticas que guarnecem a residência do executado, salvo os de elevado valor ou os que ultrapassem as necessidades comuns correspondentes a um médio padrão de vida;

III — os vestuários, bem como os pertences de uso pessoal do executado, salvo se de elevado valor;

IV — os vencimentos, os subsídios, os soldos, os salários, as remunerações, os proventos de aposentadoria, as pensões, os pecúlios e os montepios, bem como as quantias recebidas por liberalidade de terceiro e destinadas ao sustento do devedor e de sua família, os ganhos de trabalhador autônomo e os honorários de profissional liberal, ressalvado o § 2º;

V — os livros, as máquinas, as ferramentas, os utensílios, os instrumentos ou outros bens móveis necessários ou úteis ao exercício da profissão do executado;

VI — o seguro de vida;

VII — os materiais necessários para obras em andamento, salvo se essas forem penhoradas;

VIII — a pequena propriedade rural, assim definida em lei, desde que trabalhada pela família;

IX — os recursos públicos recebidos por instituições privadas para aplicação compulsória em educação, saúde ou assistência social;

X — a quantia depositada em caderneta de poupança, até o limite de 40 (quarenta) salários-mínimos;

XI — os recursos públicos do fundo partidário recebidos por partido político, nos termos da lei;

XII — os créditos oriundos de alienação de unidades imobiliárias, sob regime de incorporação imobiliária, vinculados à execução da obra.

§ 1º A impenhorabilidade não é oponível à execução de dívida relativa ao próprio bem, inclusive àquela contraída para sua aquisição.

§ 2º O disposto nos incisos IV e X do *caput* não se aplica à hipótese de penhora para pagamento de prestação alimentícia, independentemente de sua origem, bem como às importâncias excedentes a 50 (cinquenta) salários-mínimos mensais, devendo a constrição observar o disposto no art. 528, § 8º, e no art. 529, § 3º.

§ 3º Incluem-se na impenhorabilidade prevista no inciso V do *caput* os equipamentos, os implementos e as máquinas agrícolas pertencentes a pessoa física ou a empresa individual produtora rural, exceto quando tais bens tenham sido objeto de financiamento e estejam vinculados em garantia a negócio jurídico ou quando respondam por dívida de natureza alimentar, trabalhista ou previdenciária.

Art. 833

• **Comentário**

Caput. A matéria estava regulada pelo art. 649 do CPC revogado.

Poderia a norma processual — em tese — deixar reservada ao prudente arbítrio do juiz a tarefa de julgar penhoráveis ou impenhoráveis os bens do devedor, em cada caso concreto. Isso poderia conduzir, todavia, não só à consequente discricionariedade judicial, mas — o que é pior — a uma arbitrariedade que teria o efeito maléfico de submeter o devedor a um estado de aviltamento de sua condição humana.

Prudente, o atual Código de Processo Civil preferiu relacionar os bens considerados absolutamente impenhoráveis, com o que evitou, até mesmo, disputas doutrinárias acerca do assunto. É proveitoso que efetuemos, a seguir, um exame individualizado de tais bens, na mesma ordem em que a eles se refere o art. 833 do CPC.

Inciso I. *Os bens inalienáveis e os declarados, por ato voluntário, não sujeitos à execução.* Constitui fato conhecido por todos que os bens públicos não podem ser penhorados, em virtude da inalienabilidade que lhes é imanente (CC, art. 100). Daí vem a particularidade de, na execução por quantia contra a Fazenda Pública, esta ser citada não para oferecer bens à penhora (CLT, art. 880, *caput*) e sim para opor embargos à execução (CPC, art. 910).

O dispositivo legal que estamos a analisar também se ocupa da impenhorabilidade dos bens declarados, por ato de vontade, insuscetíveis de serem submetidos à execução. Essa manifestação volitiva pode ser unilateral ou bilateral. Como exemplos, podemos mencionar as doações e os testamentos, nada obstante essa espécie de impenhorabilidade seja de difícil ocorrência no processo do trabalho

Inciso II. *Os móveis, pertences e utilidades domésticas que guarnecem a residência do executado, salvo os de elevado valor ou que ultrapassem as necessidades comuns correspondentes a um médio padrão de vida.*

A execução não pode constituir causa para o espezinhamento da dignidade do executado. Aliás, o inciso *sub examen*, em sua redação primitiva, no CPC de 1973 (art. 649), vedava a penhora das "provisões de alimento e de combustível, necessárias à manutenção do devedor e de sua família, durante um mês". Como essa impenhorabilidade estava implícita no sistema, o legislador alterou o conteúdo da norma, para aludir a móveis, pertences e utilidades que guarnecem a residência do executado. Fez-se, todavia, uma ressalva importante: a impenhorabilidade (absoluta) dos mencionados bens deixaria de existir em duas situações: a) se fossem de elevado valor; ou b) se excedessem às necessidades comuns correspondentes a um padrão de vida médio. Essa redação foi mantida pelo CPC atual. Neste último caso, o critério dará ensejo a certo subjetivismo judicial, pois nem sempre o juiz terá condições de definir o que seja um "padrão de vida médio", pois para isso terá de levar em conta o próprio padrão de vida da classe social a que pertence o executado.

Uma nótula histórica: O CPC de 1939 incluía entre os bens impenhoráveis "uma vaca de leite e outros animais domésticos, à escolha do devedor, necessários à sua alimentação ou à sua atividade, em número que o juiz fixará de acordo com as circunstâncias" (art. 942, IV). O silêncio do Código atual pode ser interpretado como permissão à penhora desses animais? Pensamos que não. A *vaca* ou outros animais considerados domésticos não poderão ser apreendidos judicialmente se: a) fornecerem ao devedor alimento indispensável à sua sobrevivência ou à de sua família; b) forem necessários ou úteis ao exercício da profissão do devedor (CPC, art. 833, V).

Inciso III. *Os vestuários, bem como os pertences de uso pessoal do executado, salvo se de elevado valor.*

As razões que motivaram o legislador a tornar absolutamente impenhoráveis os bens referidos neste inciso coincidem com as que o levaram a instituir essa mesma cláusula em relação aos bens descritos no inciso II. De igual maneira, aqui, se fez a ressalva quanto a serem de elevado valor esses bens, hipótese em que a penhora será lícita. O luxo, a ostentação, não pode receber privilégio legal, máxime quando se cuida de satisfazer um direito reconhecido por sentença.

Inciso IV. *Os vencimentos, subsídios, soldos, salários, remunerações, proventos de aposentadoria, pensões, pecúlios e montepios; as quantias recebidas por liberalidade de terceiros e destinadas ao sustento do devedor e sua família, os ganhos de trabalhador autônomo e os honorários de profissional liberal, ressalvado o disposto no § 2º.*

A impenhorabilidade, neste caso, decorre da presunção legal de que de todas as quantias mencionadas são imprescindíveis à subsistência do executado e de sua família.

Vencimento é o valor pago a funcionário público.

Subsídio é a quantia paga ao presidente da República, Ministros de Estados, Senadores, Deputados, Vereadores, pelo exercício do mandato. Magistrados também recebem subsídios, embora não estejam vinculados a mandato eletivo (CF, art. 93, V).

Soldo é a quantia paga aos militares.

Salário é toda quantia paga (em geral, diretamente) pelo empregador ao empregado, em decorrência do contrato de trabalho, estando nele compreendidas, também, as comissões, as percentagens, as gratificações, os prêmios, as diárias para viagem, os abonos (CLT, art. 457 e § 1º) e, ainda, a alimentação, a habitação, o vestuário ou outras prestações *in natura* que a empresa, por força do contrato ou do costume, fornecer-lhe de maneira habitual (CLT, art. 458).

Código de Processo Civil   Art. 833

Remuneração. Compreende, além do salário, as gorjetas, assim consideradas não apenas as quantias dadas espontaneamente por clientes, como as que forem deste cobradas pelo empregador, como adicional nas contas, a qualquer título e destinadas à distribuição aos empregados (CLT, art. 457, § 3º).

Proventos de aposentadoria são quantias pagas, por órgãos públicos ou entidades privadas, às pessoas que se aposentam. Embora o substantivo *provento* signifique, também, vantagem financeira que se obtém de alguma coisa, lucro, ganho etc., somente os concernentes à *aposentadoria* é que são impenhoráveis.

Pensões, lato sensu, são as contribuições ou abonos periódicos devidos a uma pessoa, sem qualquer contraprestação de serviços, para que possa atender à manutenção pessoal ou familiar (alimentos, aposentadoria, invalidez); em sentido estrito traduzem a renda ou o abono periódico concedido aos herdeiros e cônjuges de funcionário civil ou militar, ou mesmo de empregado, para que possam satisfazer necessidades pessoais de mantença.

Pecúlio é a quantia paga pela previdência social ao segurado incapacitado para o trabalho ou ao aposentado que volta ao exercício de suas atividades.

Montepio é benefício, pecúlio ou pensão, que constitui objeto de instituição criada com a finalidade de os conceder, às pessoas que a ela se associam, mediante certa contribuição.

Liberalidades de terceiros são as contribuições, doações etc. efetuadas por terceiro, com o escopo de auxiliar o devedor em seu sustento e no de seus familiares.

Honorários de profissionais liberais são quantias pagas a advogados, médicos, engenheiros, arquitetos, economistas, dentistas, contadores, contabilistas, enfim, a profissionais liberais, como contraprestação pelos serviços por estes prestados.

Quanto aos benefícios concedidos pela Previdência Social, o art. 114, da Lei n. 8.213, de 24 de julho de 1991, estatui: "*Salvo quanto a valor devido à Previdência Social e a desconto autorizado por esta Lei, ou derivado da obrigação de prestar alimentos reconhecida em sentença judicial, o benefício não pode ser objeto de penhora, arresto ou sequestro, sendo nula de pleno direito a sua venda ou cessão, ou a constituição de qualquer ônus sobre ele, bem como a outorga de poderes irrevogáveis ou em causa própria para o seu recebimento*" (ressaltamos).

O art. 649, inciso IV, do CPC de 1973, fazia expressa ressalva em relação ao disposto no seu § 3º. Ocorre, todavia, que este parágrafo foi vetado pelo Sr. Presidente da República, cujo veto não foi rejeitado pelo Congresso Nacional. Constava desse § 3º: "Na hipótese do inciso IV do caput deste artigo, será considerado penhorável até 40% (quarenta por cento) do total recebido mensalmente acima de 20 (vinte) salários-mínimos, calculados após efetuados os descontos de imposto de renda retido na fonte, contribuição previdenciária oficial e outros descontos compulsórios".

Foram estas as razões do veto:

O Projeto de Lei quebra o dogma da impenhorabilidade absoluta de todas as verbas de natureza alimentar, ao mesmo tempo em que corrige discriminação contra os trabalhadores não empregados ao instituir impenhorabilidade dos ganhos de autônomos e de profissionais liberais. Na sistemática do Projeto de Lei, a impenhorabilidade é absoluta apenas até vinte salários-mínimos líquidos. Acima desse valor, quarenta por cento poderá (sic) ser penhorado.

A proposta parece razoável porque é difícil defender que um rendimento líquido de vinte vezes o salário-mínimo vigente no País seja considerado como integrante de natureza alimentar. Contudo, pode ser contraposto que a tradição jurídica brasileira é no sentido da impenhorabilidade, absoluta e ilimitada, de remuneração. Dentro desse quadro, entendeu-se pela conveniência de opor veto ao dispositivo para que a questão volte a ser debatida pela comunidade jurídica e pela sociedade em geral.

Essas razões, todavia, jamais nos convenceram. É inadmissível que um devedor, recebendo salário mensal equivalente, digamos, a duzentos salários-mínimos, não possa ter parte ínfima desse salário penhorada, um só vez, para o pagamento de uma dívida equivalente, por exemplo, a dois salários-mínimos.

Seja como for, *legem habemus.* Os altos salários ficaram gratos ao veto.

De qualquer maneira, a lei autoriza a apreensão de salários, vencimentos, soldos, proventos, etc. se a dívida for proveniente de prestação alimentícia (CPC, art. 833, § 2º); trata-se, na verdade, de *desconto* salarial em favor de quem o juiz competente indicar. Nesse sentido, a disposição do art. 912, *caput,* do mesmo texto legal: "quando o devedor for servidor público, militar, diretor ou gerente de empresa, bem como empregado sujeito à legislação do trabalho", o juiz mandará incluir em folha de pagamento a importância da prestação alimentícia, esclarecendo o parágrafo único que a cientificação, para esse efeito, será feita à autoridade, à empresa ou ao empregador, por ofício, do qual deverão constar os nomes do credor, do devedor, a importância da prestação e o período de sua duração.

Inciso V. *Os livros, as máquinas, as ferramentas, os utensílios, os instrumentos ou outros bens móveis necessários ou úteis ao exercício da profissão do executado.*

O legislador, neste passo, procurou dar primazia à necessidade de tornar imune à execução forçada tudo aquilo que fosse efetivamente imprescindível ou útil ao exercício da profissão do devedor. Por outros termos, a lei procurou, no particular, garantir ao devedor as condições de trabalho, a fim de que ele pudesse prover os meios necessários à sua subsistência física e à de sua família. É evidente que essa proteção dispensada pelo Estado só se justifica nos casos de atividade *lícita,* uma vez que soa algo aberrante imaginar que, mesmo sendo *ilícita* a atividade, seriam impenhoráveis as máquinas, utensílios, instrumentos etc. úteis ou necessários ao seu exercício. Pense-se em um traficante, em um contrabandista, invocando o art. 833, V, do CPC, para colocar a salvo da execução veículos, armas e o mais, que utilizam em suas "atividades...".

Não cremos que a declaração estampada no inc. XIII, do art. 5º, da CF, possa ou deva ser interpretada como franquia absoluta ao exercício de qualquer atividade, até porque a norma constitucional faz inequívoca referência a *ofício* ou *profissão*, cujos conceitos não se confundem com o de mera *atividade*. O que está, aliás, no dispositivo processual ora sob comentário é *profissão*.

Requisitos indispensáveis para que os bens sejam impenhoráveis são o seu relacionamento *direto* e *atual* com a profissão exercitada pelo devedor. Destarte, se a máquina, o utensílio, o instrumento etc. estão apenas *indiretamente* vinculados ao exercício de função atual, ou *diretamente* relacionados com profissão que o devedor já não exerce, nada obsta a que sejam penhorados.

Será sempre temerária qualquer empreitada tendente a fixar regras generalizantes e inflexíveis a respeito da impenhorabilidade de bens úteis ou necessários ao exercitamento de qualquer profissão; caberá ao magistrado, por esse motivo, verificar, em cada caso concreto, se os bens que se pretende apreender se quadram, efetivamente, à declaração legal, ditada pela preocupação do legislador em assegurar ao devedor os meios indispensáveis ou úteis à sua prática profissional.

O que também se deve levar em conta é que o bem, considerado em si mesmo, não constitui critério seguro para determinar a sua impenhorabilidade. Um automóvel, *v. g.*, em princípio, não é necessário ao exercício da profissão de bancário (= penhorável), embora possa ser imprescindível para o trabalho do vendedor-viajante (= impenhorável).

Uma derradeira nota: o senso do substantivo *profissão*, no texto legal (CPC, art. 833, V), é indissociável da ideia de pessoa física; sendo assim, determinado bem, conquanto necessário, poderá ser objeto de apreensão judicial se utilizado por pessoa *jurídica*. Estas, em rigor, não têm profissão e sim *atividade*.

Inciso VI. *O seguro de vida.* A impenhorabilidade, neste caso, não é do dinheiro recebido pelos beneficiários indicados pelo devedor falecido e sim do direito (= expectativa) ao recebimento oportuno da soma pela qual se obrigou a companhia seguradora.

A razão é explicável: estando vivo ainda o segurado, e sendo seu beneficiário o devedor, este possui apenas mera *expectativa* quanto ao recebimento da quantia estipulada na apólice; caso, porém, o segurado tenha falecido e o dinheiro sido entregue ao devedor-beneficiário, é elementar que tal soma, tendo sido incorporada ao patrimônio econômico do devedor, poderá ser penhorada (CPC, art. 835, I; Lei n. 6.830, art. 11, I). Afinal, esse valor, depois de pago, deixa de ser seguro, motivo por que não fica sob a proteção do inc. VI do art. 833 do CPC, que — convém sublinhar — prevê apenas a impenhorabilidade do *seguro* de vida.

Aliás, não só a quantia *recebida* pelo devedor, como beneficiário, escapa ao art. 833, VI, do CPC, como a soma que a seguradora *já deve*, porquanto, havendo aqui pretensão e ação, pode ser objeto de penhora, na época em que o pagamento for efetuado.

Inciso VII. *Os materiais necessários para obras em andamento, salvo se essas forem penhoradas.*

Os imóveis — exceto no caso do bem de família — podem ser penhorados; já os *materiais* destinados à obra em construção ficam protegidos, por princípio, pela cláusula legal da impenhorabilidade, exceto se a apreensão judicial recair na própria obra.

É importante destacar que os materiais somente são impenhoráveis em virtude de sua *destinação*. Isso quer dizer que, se eles não se destinarem à obra, ou dela se encontrarem separados, por não mais serem necessários, poderão ser penhorados.

Máquinas, equipamentos, ferramentas e congêneres, ainda que estejam sendo utilizados na construção da obra, não podem ser considerados como "materiais", para os efeitos do art. 833, VII, do diploma processual civil; logo, submetem-se à penhora.

Vale ser reproduzida, neste momento, a lição de Pontes de Miranda: "O pressuposto para a impenhorabilidade consiste em se tratar de material necessário para a obra em andamento. Se o pedido de penhora é da própria obra, cabe o deferimento, porque se trata de penhora global, dentro de cujo objeto estão os materiais. Surge o problema da ligação entre a obra e o terreno, se se trata de construção de edifício. Se a obra está sendo feita por empresa que apenas presta serviço e os materiais são fornecidos pelo titular do contrato com a construtora, tais materiais não podem ser penhorados por algum credor do contraente, mesmo o fornecedor dos materiais, ou de algum material. Isso não afasta a penhora da própria obra. Se os materiais são fornecidos pela própria empresa construtora, nenhum credor do outro contraente pode ir contra os materiais da construção, nem mesmo o credor da empresa construtora, que adquiriu os materiais. O que podem fazer os credores da construtora é pedir a penhora de outros bens da construtora, ou da própria obra. Daí a grande relevância em se distinguir da dação de serviços à empreitada" (*Comentários ao Código de Processo Civil*. Tomo X, Rio de Janeiro: Forense, 1976. p. 188/189).

Inciso VIII. *A pequena propriedade rural, assim definida em lei, desde que trabalhada pela família.*

O preceito em exame atende à Constituição Federal, cujo art. 5º, inciso XXVI, estabelece: "a pequena

Código de Processo Civil

propriedade rural, assim definida em lei, desde que trabalhada pela família, não será objeto de penhora para pagamento de débitos decorrentes de sua atividade produtiva, dispondo a lei sobre os meios de financiar o seu desenvolvimento".

A impenhorabilidade da pequena propriedade rural veio dar ao trabalhador rural garantia semelhante à que a Lei n. 8.009/90 concedeu ao morador urbano. A norma é de inegável justiça, por preservar a função social da propriedade (CF, art. 5º, XXIII).

Inciso IX. *Os recursos públicos recebidos por instituições privadas para aplicação compulsória em educação, saúde ou assistência social.*

Considerando que a educação, a saúde e a assistência social constituem "direito de todos e dever do Estado" (CF, arts. 205 e 208; 196 e 303/204), e essenciais ao pleno desenvolvimento da população, nada mais lógico e necessário do que impedir-se a penhora de recursos públicos entregues a instituições privadas, para aplicação *compulsória* nessas áreas.

Portanto, também aqui, o que define a impenhorabilidade de tais recursos é a sua *destinação*. Incumbirá ao executado a prova dessa destinação (CLT, art. 818), fato que, na prática, não haverá de acarretar-lhe maiores dificuldades, considerando-se que disporá de prova documental a respeito, emitida pelo Poder Público destinador dos recursos financeiros.

Inciso X. *A quantia depositada em caderneta de poupança, até o limite de quarenta salários-mínimos.*

Para preservar o interesse dos aplicadores em conta-poupança (popularmente denominada de *caderneta* de poupança), o legislador pespegou o rótulo da impenhorabilidade absoluta na quantia, aí depositada, até o limite de quarenta salários-mínimos. O que exceder a esse teto será penhorável.

A propósito, situação que poderá gerar algumas controvérsias, na prática, será aquela em que, comprovadamente, a totalidade dos depósitos existentes na conta-poupança do devedor for constituída por salários, por honorários, por proventos de aposentadoria etc.: por força do disposto no inciso IV, do art. 833, essas quantias são absolutamente *impenhoráveis*; todavia, se ignorarmos a *origem* desses valores e os considerarmos como *depósito em conta poupança*, poderão ser penhorados naquilo que excederem a 40 salários-mínimos (inciso X, do mesmo artigo). A questão, portanto, é esta: até que momento os salários, os honorários, os proventos de aposentadoria etc. conservam a sua natureza e, em consequência, a partir de que momento podem ser considerados como investimento ou como aplicação financeira, para efeito de penhora?

Se houve penhora da quantia *total*, existente na conta-poupança, o devedor poderá impetrar mandado de segurança, para preservervar o seu direito "líquido e certo" de ver liberado dessa constrição o equivalente a quarenta salários-mínimos. Em outra situação, caso tenham sido mantidos, por ocasião da penhora, os quarenta salários-mínimos, nenhuma outra penhora poderá incidir nesse saldo, pois o escopo da norma legal é o de permitir ao devedor manter esse valor mínimo em sua conta — provavelmente, para atender a futuras necessidades pessoais ou familiares. O tema, porém, apresenta maior complexidade do que possa parecer. Digamos que o devedor possua, em sua conta poupança, valor correspondente a cem salários-mínimos e que lhe seja penhorada quantia equivalente a sessenta salários-mínimos. Ficaram, portanto, quarenta salários-mínimos, que, conforme dissemos, não poderão ser penhorados. Se, todavia, o devedor depositar em sua conta poupança valor correspondete a duzentos salários-mínimos, essa quantia poderá ser integralmente penhorada, uma vez que ficará preservada a o valor equivalente a quarenta salários-mínimos.

Inciso XI. *Os recursos públicos do fundo partidário recebidos, nos termos da lei, por partido político.*

Visou o legislador, aqui, a atender aos interesses dos partidos políticos — sobrepondo-os aos interesses do credor. Com o que não concordamos. O argumento legislativo parece ser o de que esses recursos possuem natureza pública, considerando a sua destinação.

Inciso XII. *Créditos provenientes de alienação de unidades imobiliárias, vinculados à execução da obra.* Esses créditos não podem ser penhorados quando as unidades imobiliárias se encontrarem sob o regime de incorporação.

O rol do art. 833, do CPC, não é exaustivo, ao contrário do que possa aparentar. Assim afirmamos porque, por exemplo, também são impenhoráveis:

- o bem de família (Lei n. 8.009/90);
- os bens de uso comum dos condôminos de edifício, inclusos os elevadores (Lei n. 4.591/64, art. 3º);
- os bens oferecidos em garantia de cédula de crédito rural (Decreto-Lei n. 167/67, art. 69);
- os bens ofertados em garantia a cédula de crédito industrial (Decreto-Lei n. 413/69, art. 57);
- os valores creditados nas contas do PASEP e do PIS (Lei Complementar n. 8/70, art. 7º);
- os depósitos efetuados na conta vinculada do FGTS do trabalhador (Lei n. 8.036/90, art. 2º);
- os depósitos que as instituições financeiras devem manter no Banco Central do Brasil na conta "reservas bancárias", exceto quanto ao próprio Banco Central (Lei n. 9.060/95, art. 68).

§ 1º A lei esclarece que a impenhorabilidade não poderá ser alegada pelo devedor à cobrança do crédito que lhe foi concedido para a aquisição do próprio bem. O fundamento dessa norma legal, como se per-

Art. 833

cebe, é de natureza ética, pois sob essa perspectiva não seria admissível que o devedor, deixando de pagar o empréstimo para a concessão de determinado imóvel, opusesse a impenhorabilidade desse mesmo imóvel na ação em que o credor estivesse promovendo a cobrança do empréstimo.

§ 2º O inciso IV do art. 833 veda, de maneira absoluta, a penhora dos bens mencionados nos incisos IV e X. Essa vedação não incide, todavia: a) quando se tratar de penhora para o pagamento de *prestação alimentícia*, independentemente de sua origem; b) em relação aos valores superiores a cinquenta salários-mínimos. A constrição deverá respeitar o contido nos arts. 528, § 8º, e 529, § 3º do CPC.

§ 3º Os *equipamentos, implementos e máquinas agrícolas* são impenhoráveis quando pertencentes a pessoa física ou a empresa individual produtora rural, salvo quando tenham sido objeto de financiamento e estejam vinculados em garantis a negócio jurídico ou quando respondam por dívida de natureza alimentar, trabalhista ou previdenciária. Como se percebe, há expressa ressalva quando à possibilidade de tais bens serem penhorados por dívida de natureza *trabalhista*.

Considerando-se que tanto a doutrina quanto a jurisprudência trabalhistas têm afirmado que os valores devidos ao empregado possuem natureza alimentícia, poder-se-ia imaginar que, na cobrança desses valores, seria possível a penhora das verbas mencionadas no inciso IV do art. 833. Nada mais equivocado. A expressão "prestação alimentícia" deve ser interpretada em sentido técnico, equivale a dizer, de maneira estrita, por forma a não transbordarem a finalidade dos *alimentos* a que se referem os arts. 1.694 a 1.710, do CC.

Nota particular sobre o bem de família

Dispõe o art. 1º da Lei n. 8.009/90 que "O imóvel residencial próprio do casal, ou da entidade familiar, é impenhorável e não responderá por qualquer tipo de dívida civil, comercial, fiscal, previdenciária ou de outra natureza, contraída pelos cônjuges ou pelos pais ou filhos que sejam seus proprietários e nele residam, salvo nas hipóteses previstas nesta Lei".

Essa norma legal, entretanto, está em manifesto antagonismo com a Constituição da República, sob os aspectos *formal* e *material*.

a) Aspecto formal. A matéria pertinente à impenhorabilidade de bens (particulares, é elementar) não poderia ser objeto de Medida Provisória. Somente se justifica a edição de Medidas dessa natureza nos casos de *relevância* e *urgência*, nos termos do art. 62, *caput*, da CF. Ora, que relevância e que urgência havia para que o Presidente da República, usurpando a competência do Congresso Nacional, dispusesse sobre a impenhorabilidade do esdrúxulo "bem de família" compulsório por meio de Medida Provisória? Nenhuma, certamente. Afinal, aí não está em jogo o interesse público, senão que, exclusivamente, o particular.

Dir-se-á, talvez, que essa inconstitucionalidade *formal* da Medida Provisória n. 143/90 deixou de existir no momento em que se converteu na Lei n. 8.009/90, por ato do Congresso Nacional. Nada mais sofístico. Como se tratava de Medida Provisória, ela foi apreciada em sessão conjunta do Congresso (Câmara e Senado), o que impediu, de modo sutil, a atuação bicameral dessas Casas Legislativas. Se a matéria estivesse contida (como deveria estar) em projeto de lei, seria apreciada em sessões *separadas*, da Câmara e do Senado, o que permitiria, por exemplo, a este rejeitá-la, fazendo com que o projeto fosse arquivado. Como a Medida Provisória foi apreciada em sessão conjunta, isso enfraqueceu a atuação do Senado, cujos votos de seus membros, acima de tudo, são numericamente muito inferiores aos dos deputados.

Por isso, a particularidade de a malsinada Medida Provisória haver sido convertida em lei, pelo Congresso Nacional, não faz desaparecer, daquela, a eiva original, e, em razão disso, faz com que esta se contamine com as consequências desse vício, representado por uma inconstitucionalidade *formal*.

Ademais, a redação do art. 62, § 1º, inciso I, letra "b", da CF, é inequívoca ao dispor ser vedada a edição de Medida Provisória sobre direito processual civil.

b) Aspecto material. A Lei n. 8.009/90 faz, ainda, odiosa discriminação entre pessoas. Com efeito, a norma em questão permite a penhora do bem de família nas execuções de créditos de trabalhadores da própria residência; pelo titular do crédito decorrente do financiamento destinado à construção ou aquisição do imóvel; pelo credor de pensão alimentícia; para a cobrança de impostos, predial ou territorial, taxas e contribuições devidas em função do imóvel familiar e em outros casos mais, que menciona (art. 3º, incisos I a VII). Em resumo: esse dispositivo estabelece um injustificável *privilégio* a determinados credores, em detrimento de outros; esse privilégio traduz, por sua vez, a odiosa discriminação, a que há pouco nos referimos. A propósito, essa discriminação é feita até mesmo entre os próprios empregadores, pois tratando-se de dívida pertinente a créditos de trabalhadores do próprio imóvel, este poderá ser penhorado. Deste modo, o empregador doméstico — que, por definição legal, não visa a lucro — poderá ter o seu imóvel penhorado, ao passo que o empregador, cuja atividade tem como objetivo a obtenção de lucro, não poderá ter o seu imóvel penhorado, em decorrência de execução promovida por empregado de pessoa jurídica, de que era ou é sócio. Em quaisquer desses casos, há manifesta vulneração do art. 5º, *caput*, da Constituição Federal, segundo o qual todos são iguais perante a lei, *sem distinção de qualquer natureza*.

Duas observações devem ser ainda formuladas, com vistas à impenhorabilidade absoluta de bens. Primeira: a impenhorabilidade não pode ser oposta à cobrança de crédito concedido para a aquisição do próprio bem (CPC, art. 833, § 1º); segunda: a regra da impenhorabilidade de vencimentos, subsídios, soldos, salários, remunerações, proventos de aposentadoria, etc. é inaplicável no caso de penhora destinada ao pagamento de prestação alimentícia (*ibidem*, § 2º).

Art. 834. Podem ser penhorados, à falta de outros bens, os frutos e os rendimentos dos bens inalienáveis.

• **Comentário**

Reproduziu-se, em parte, a regra do art. 650 do CPC revogado.

A norma trata da impenhorabilidade relativa.

Inexistindo bens do devedor, passíveis de penhora (logo, não entra em conta o elenco de que trata o art. 833 do CPC), a lei autoriza a penhora dos frutos e rendimentos dos bens inalienáveis (CPC, art. 834). Essa apreensão judicial é realizada em caráter *excepcional*, pois somente será possível quando não se encontrarem no patrimônio do devedor bens que possam responder, naturalmente, à execução.

Os bens relativamente penhoráveis, portanto, são os frutos e rendimentos dos bens inalienáveis. O art. 659, do CPC de 1973, fazia ressalva expressa quanto a fato de esses frutos e rendimentos não poderem ser penhorados quando se destinassem a satisfazer prestação alimentícia. O CPC em vigor não reproduziu essa regra, com o que permite a penhora dos aludidos frutos e rendimentos.

A impenhorabilidade relativa dos frutos e das rendas dos bens inalienáveis vem do direito luso-brasileiro e hoje se encontra consagrada em nosso sistema processual. O princípio a ser atendido é o de que esses bens podem ser penhorados somente se não existirem outros, plenamente penhoráveis.

O Código de 1939 incluía no rol dos bens relativamente impenhoráveis "os fundos líquidos que possuir o executado em sociedade comercial" (art. 943, II). O Código de 1973 silenciou a respeito do assunto. Diante disso, duas conclusões poderiam ser daí tiradas, embora opostas: a) teria havido mera omissão do legislador de 1973, de tal modo que esses bens permanecem com a cláusula de impenhorabilidade relativa; b) foi intenção do legislador retirar-lhes essa cláusula, a fim de introduzi-los no universo dos bens ordinariamente penhoráveis.

Ficamos com a última conclusão.

Nada há, atualmente, que impeça a apreensão judicial dos lucros que se encontrem à disposição dos sócios, assim como da quota que for destinada a cada sócio na liquidação da sociedade. Essa é a opinião predominante na doutrina, conforme a qual a penhora deve abarcar não apenas os lucros ou créditos dos sócios, mas a própria quota social de que for titular (CASTRO, Amílcar de, obra cit., v. X, p. 231, n. 241).

Essa posição doutrinária encontrava apoio do próprio art. 720 do CPC de 1973, que se ocupava do usufruto incidente em quinhão de condomínio na copropriedade, *ou do sócio na empresa*. A referida modalidade de usufruto foi instituída, precisamente, para permitir a satisfação do direito do credor. Essa norma, em nosso ver, foi tacitamente recepcionada pelo CPC atual.

Com grande descortino, aliás, Amílcar de Castro mostra que a penhora da quota social não abre possibilidade à expropriação judicial da *qualidade de sócio*, que o devedor ocupa na sociedade; sendo o fundo adjudicado ao credor, este, como subrogado nos direitos do devedor, "pode requerer, no juízo competente, a dissolução e a liquidação da sociedade, nunca porém, substituir-se ao devedor, como se fosse, na qualidade de sócio, seu sucessor" (*ibidem*).

Por outro lado, é oportuno referir a disposição do art. 876, § 7º, do CPC, conforme a qual "No caso de penhora de quota social ou de ação de sociedade anônima fechada realizada em favor de exequente alheio à sociedade, esta será intimada, ficando responsável por informar aos sócios a ocorrência da penhora, assegurando-se a estes a preferência". Preferência para adjudicar.

O art. 649, do CPC, com a redação imposta pela Lei n. 11.382/2006, continha um parágrafo único, assim redigido: "Também pode ser penhorado o imóvel considerado bem de família, se de valor superior a 1.000 (mil) salários-mínimos, caso em que, apurado o valor em dinheiro, a quantia até aquele limite será entregue ao executado, sob cláusula de impenhorabilidade".

Esta norma, contudo, foi vetada pelo Sr. Presidente da República.

Eis as razões do veto:

(...) O Projeto de Lei quebrou o dogma da impenhorabilidade absoluta do bem de família, ao permitir que seja alienado o de valor superior a mil salários-mínimos, 'caso em que, apurado o valor em dinheiro, a quantia até aquele limite será entregue ao executado, sob cláusula de impenhorabilidade'. Apesar de razoável, a proposta quebra a tradição surgida com a Lei n. 8.009, de 1900, que 'dispõe sobre a impenhorabilidade do bem de família', no sentido da impenhorabilidade do bem de família independentemente do valor. Novamente, avaliou-se que o vulto da controvérsia em torno da matéria torna conveniente a reabertura do debate a respeito mediante o veto ao dispositivo.

Mais uma vez, discordamos do veto. Pense-se em um devedor que viva em um palácio, no valor de alguns milhões de reais, cujo bem não possa ser penhorado para pagamento de uma dívida correspondente a um ou dois salários-mínimos, por ser o único pertencente a ele e ver-se-á a quem o veto favoreceu.

O CPC atual passou ao largo do assunto, perdendo, assim, uma notável oportunidade para autorizar a penhora de bem de família cujo valor fosse extremamente elevado.

Art. 835. A penhora observará, preferencialmente, a seguinte ordem:

I — dinheiro, em espécie ou em depósito ou aplicação em instituição financeira;

II — títulos da dívida pública da União, dos Estados e do Distrito Federal com cotação em mercado;

III — títulos e valores mobiliários com cotação em mercado;

IV — veículos de via terrestre;

V — bens imóveis;

VI — bens móveis em geral;

VII — semoventes;

VIII — navios e aeronaves;

IX — ações e quotas de sociedades simples e empresárias;

X — percentual do faturamento de empresa devedora;

XI — pedras e metais preciosos;

XII — direitos aquisitivos derivados de promessa de compra e venda e de alienação fiduciária em garantia;

XIII — outros direitos.

§ 1º É prioritária a penhora em dinheiro, podendo o juiz, nas demais hipóteses, alterar a ordem prevista no *caput* de acordo com as circunstâncias do caso concreto.

§ 2º Para fins de substituição da penhora, equiparam-se a dinheiro a fiança bancária e o seguro garantia judicial, desde que em valor não inferior ao do débito constante da inicial, acrescido de trinta por cento.

§ 3º Na execução de crédito com garantia real, a penhora recairá sobre a coisa dada em garantia, e, se a coisa pertencer a terceiro garantidor, este também será intimado da penhora.

• **Comentário**

Caput. A matéria era regida pelo art. 655 do CPC revogado.

O art. 655, do CPC de 1973, em sua redação anterior, considerava *ineficaz* a nomeação de bens à penhora (salvo se conviesse ao credor) que não obedecesse à ordem legal. Isto significava que, desrespeitada essa ordem, a nomeação realizada pelo devedor era considerada nula, *nenhuma*. Pois bem. Posteriormente, o art. 655 daquele Código passou a dispor: "A penhora observará, *preferencialmente*" (destacamos), à ordem que indica. *Preferencialmente* não significa *obrigatoriamente*. Parece-nos ter havido, nesse ponto, um abrandamento do rigor primitivo da norma, embora, em concreto, as consequências desse abrandamento fossem mínimas, pois se o devedor não obedecesse à ordem legal o credor poderia exigir que fosse respeitada, apontando, inclusive, bens livres e desembargados do devedor, que se situassem em posição de preeminência, relativamente ao por este nomeado.

O CPC atual também fez uso do advérbio *preferencialmente* (art. 835, *caput*).

Referida ordem preferencial, no plano do processo do trabalho, sofreu algumas alterações de natureza histórica. Inicialmente, era fixada pelo art. 655 do CPC, em razão do disposto no art. 769 da CLT. Mais tarde, passou a ser a traçada pelo art. 11 da Lei n. 6.830/80, em decorrência do art. 889

da CLT, que manda aplicar à execução as regras regentes da cobrança judicial da dívida ativa da Fazenda Pública. Tempos depois, essa ordem voltou a ser a estabelecida pelo art. 655 do CPC, em virtude da nova redação do art. 882 da CLT, dada pela Lei n. 8.432/92. Atualmente, é regida pelo art. 835, do CPC, ao qual o art. 882, da CLT, deverá fazer referência, *de lege ferenda*.

Tal ordem, imposta pelo estatuto processual civil, é a seguinte:

Inciso I. *Dinheiro, em espécie ou em depósito ou aplicação em instituição financeira.* Embora tenha havido, em alguns casos, alteração na ordem preferencial dos bens penhoráveis, o dinheiro, por motivos óbvios, manteve a sua preeminência. A redação do preceito dirime uma controvérsia que andava acesa nos sítios da jurisprudência acerca da legalidade, ou não, de penhora de dinheiro depositado em conta bancária ou aplicado em instituição financeira. Ao aludir a dinheiro *em espécie*, a norma em foco autoriza, inclusive, a penhora de dinheiro guardado em cofre particular do executado, ou em outro local de sua residência ou empresa, desde que autorizada judicialmente, ou, até mesmo, na "boca do caixa", ou em poder de terceiro. Há, ainda, a impropriamente denominada "penhora *on line*", decorrente do convênio Bacen/Jud, sobre a qual nos pronunciaremos mais adiante.

Inciso II. *Títulos da dívida pública da União, Estados e Distrito Federal com cotação em mercado.* A exigência legal de que os títulos da dívida pública da União, dos Estados e do Distrito Federal possuam cotação em mercado se destinou, por suposto, a evitar que viessem a ser penhorados títulos dessa natureza já prescritos, como seriam, por exemplo, os emitidos pela União para o financiamento da construção da ferrovia Madeira-Mamoré, no limiar do século XX.

Inciso III. *Títulos e valores mobiliários com cotação em mercado.* A imposição legal de que estes títulos — assim como os da dívida pública — possuam cotação em mercado visa a impedir que o executado ofereça títulos que nem mesmo possuam valor econômico. Não se pode deixar de elogiar a cautela do legislador ao formular essa exigência, pois, com isso, a um só tempo: a) impede velhacadas do executado; b) resguarda os interesses do exequente; e — por que não dizer — c) preserva a dignidade do próprio Poder Judiciário.

Inciso IV. *Veículos de via terrestre.* Esses veículos estão enumerados no art. 96, do Código Nacional de Trânsito — CNT e compreendem, de modo geral, os de tração automotor, elétrica, de propulsão humana ou de tração animal. Exemplos: bicicletas, motonetas, motocicletas, triciclos, quadriciclos, ônibus, microonibus, bondes, charretes, carroças, caminhões, caminhonetes, tratores, reboques etc.

Inciso V. *Bens imóveis.* Compreendem, além do solo, "tudo quanto se lhe incorporar natural ou artificialmente" (CC, art. 79). Para os fins legais, são também considerados imóveis: a) os direitos reais sobre imóveis e as ações que os assegurem; b) o direito à sucessão aberta (CC, art. 80). Por outro lado, conservam a qualidade de bens imóveis: a) as edificações que, separadas do solo, mas conservando a sua unidade, forem removidas para outro local; b) os materiais provisoriamente separados de um prédio, para serem nele reempregados (CC, art. 81).

Inciso VI. *Bens móveis em geral.* São os "suscetíveis de movimento próprio, ou de remoção por força alheia, sem alteração da substância ou da destinação econômico-social" (CC, art. 82). Para este efeito, devem também ser considerados: a) as energias que possuam valor econômico; b) os direitos reais sobre objetos móveis e as ações correspondentes; c) os direitos pessoais de caráter patrimonial e respectivas ações (CC, art. 83). Os materiais destinados à construção, enquanto não forem utilizados, conservam a qualidade de bens móveis (CC, art. 84); já os provenientes de demolição readquirem essa qualidade (*ibidem*).

Inciso VII. *Semoventes.* O adjetivo semovente significa aquilo que se move por si mesmo. No âmbito jurídico é utilizado, de modo geral, para designar animais selvagens, domésticos ou domesticados, como bois, vacas, cabritos, carneiros etc.

Inciso VIII. *Navios e aeronaves.* Nada obsta a que a penhora recaia sobre navio ou aeronave. Sensível ao fato de que a apreensão dessa espécie de bens, seguida de proibição quanto ao uso destes, poderia implicar danos de difícil reparação ao devedor, além de graves transtornos quanto aos planos de navegação, o legislador permite que navios e aeronaves penhorados continuem a navegar ou a operar, até que sejam expropriados (CPC, art. 864). É certo que esse prosseguimento quanto à navegação ou à operação deve ser expressamente autorizado pelo juiz da execução, pois deste será sempre a competência para dar esse consentimento, ainda que a penhora tenha sido determinada pelo juízo deprecado. Há mais. Para que o navio possa deixar o porto, e a aeronave o aeroporto, é imprescindível que, antes, o devedor contrate o seguro usual contra riscos (CPC, art. 864), juntando cópia da apólice nos autos, para efeito de atendimento a essa exigência legal (*ibidem*).

Inomitível regra de prudência recomenda ao juiz ouvir o credor a respeito da apólice apresentada pelo devedor, pois aquele poderá ter interesse em suscitar alguma contrariedade (alegando, *e. g.*, que o valor segurado é muito inferior ao do bem e o mais que tenha para dizer).

Inciso IX. *Ações e quotas de sociedades simples empresárias.* Podem ser penhoradas tanto as ações ao portador quanto as nominativas. Em muitos casos, haverá dificuldade em penhorar as primeiras, por não se saber na posse de quem se encontram. Se a executada for sociedade por quotas de responsabilidade limitada, poderá haver penhora de todas as quotas do capital. Se figurar como devedor, apenas, um dos sócios a penhora deverá recair sobre as quotas a ele pertencentes. Esta nos parece a interpretação mais adequada ao dispositivo legal em estudo. As sociedades simples são disciplinadas pelos arts. 997 a 1.038, do CC.

Inciso X. *Percentual do faturamento de empresa devedora.* Essa penhora veio a positivar uma praxe forense. Da conjugação do inciso I, do art. 835, com o inciso VII, do mesmo dispositivo, se conclui que a penhora de parcela do *faturamento* da empresa não é o mesmo que penhora de *dinheiro* da empresa.

Uma regra de ponderação: para que a penhora de parcela do faturamento da empresa não acarrete danos fatais a esta, será necessário que o juiz mande realizar, previamente, uma avaliação contábil da empresa, a fim de poder definir a parcela a ser penhorada, por forma: a) a permitir que o exequente tenha assegurada a satisfação do seu crédito dentro da brevidade possível; b) a impedir que essa penhora inviabilize a continuidade das atividades empresariais. Convém rememorar, nesta altura, a regra do art. 805, do CPC, que ordena que a penhora se processe pelo modo menos gravoso ao executado.

Problema haverá quando, em virtude de anteriores penhoras de parcela do faturamento, este já estiver comprometido, de tal maneira que não se poderá realizar nova penhora, sob pena de, como dissemos, tornar inviável a continuidade das atividades empresariais. Em razão disso, seria medida judicial de bom-senso que se procurasse estabelecer uma espécie de cronograma, no qual estariam previstos os pagamentos dos diversos credores, segundo a ordem das penhoras de fração do faturamento.

Inciso XI. *Pedras e metais preciosos.* Não tem sido frequente, na Justiça do Trabalho, a penhor de pedras e de metais preciosos, até porque o credor trabalhista tem, no bloqueio *on line*, um instrumento de extrema eficácia para garantir o sucesso da execução. Nem ignoremos os fatos de que, muitas vezes: a) não se sabe se o executado possui pedras e metais preciosos (exceto quando as comercializa); b) sendo esses bens penhorados, oferecerão uma certa dificuldade ao oficial de justiça, na avaliação, fazendo com que o juiz designe um perito-avaliador (CPC, art. 870, parágrafo único).

Inciso XII. *Direitos aquisitivos oriundos de promessa de venda e compra e de alienação fiduciária em garantia.* Esta categoria de bens penhoráveis constitui inovação do atual CPC. Um retoque de ordem lógica: o compromisso não é de compra e venda, e sim, de venda e compra, pois, primeiro, é necessário que alguém pretenda vender, para que, depois, outrem se interesse em comprar.

Inciso XIII. *Outros direitos* Este inciso autoriza a penhora, por exemplo, de direitos reais, como a hipoteca, o penhor, a anticrese, marcas e patentes, direito o uso de linha telefônica etc.

Não há interesse prático em examinarmos a ordem preferencial contida no art. 11 da Lei n. 6.830/80, uma vez que prevalece a estabelecida pelo art. 835, do CPC, por força do disposto no art. 882, da CLT. A lembrar-se que a relação dos bens preferencialmente penhoráveis constava do art. 655 do CPC de 1973, ao qual o art. 882 da CLT faz remissão integrativa.

Incidindo a penhora em bem imóvel, dela também será intimado o cônjuge do executado, exceto se for casado em regime de separação absoluta de bens (CPC, art. 842, *caput*).

Para que o devedor exerça, com regularidade, o seu direito de indicar ou escolher bens que ficarão vinculados à execução, não basta que o faça no prazo legal (CLT, art. 880, *caput*) e observando a ordem prevista em lei; torna-se imprescindível, ainda, que ele:

a) quanto aos bens imóveis, comprove as respectivas matrículas e registros, por certidão do correspondente ofício (CPC, art. 847, § 1º, I);

b) no que tange aos móveis, cumpre-lhe descrevê-los com todas as suas propriedades e características, particularizando-lhes o estado de conservação e o lugar em que se encontram (*ibidem*, II);

c) em relação aos semoventes, especifique-os, indicando o a espécie, o número de cabeça, a marca ou sinal e o local em que se acham (*ibidem*, III).

d) quanto aos créditos, identifique o devedor e o qualifique, descrevendo a origem da dívida, o título que a representa e a data do vencimento (*ibidem*, IV);

e) atribua valor aos bens nomeados à penhora, além de especificar os ônus e os encargos a que se encontram sujeitos (*ibidem*, V).

§ 1º A norma reafirma a preeminência do dinheiro em relação aos demais bens mencionados nos incisos II a XIII. A alteração da ordem preferencial dos bens penhoráveis somente será possível no tocante aos mencionados nos incisos II a XIII, devendo, para isso, o juiz levar em conta as circunstâncias do caso concreto.

§ 2º Com vistas à substituição do bem penhorado, a fiança bancária e o seguro garantia judicial são equiparados a dinheiro, contanto que sejam realizados em quantia não inferior ao do débito constante da inicial, acrescido de trinta por cento. No caso específico do processo do trabalho, por força do disposto no art. 889 da CLT, poder-se-ia imaginar serem aplicáveis à execução, exclusivamente, as normas regentes do "processo dos executivos fiscais para a cobrança judicial da dívida ativa da Fazendo Pública Federal". Essas normas, atualmente, estão contidas na Lei n. 6.830/80, cujo art. 9º, II, permite ao executado oferecer, em garantia da execução, depósito em dinheiro, fiança bancária ou seguro garantia, sem o acréscimo de trinta por cento a que se refere o art. 835, § 2º, do CPC. O que a Lei n. 6.830/80 exige é que a fiança bancária atenda às normas estabelecidas pelo Conselho Monetário Nacional (*ibidem*, § 5º).

Dá-se, porém, que essa conclusão conduziria a uma dicotomia indesejável, por ser tumultuária do processo do trabalho. Assim dizemos, porque se a substituição fosse requerida: a) *pelo executado* incidiria a regra do art. 15, da Lei n. 6.830/80 (CLT, art. 889), de tal arte que a substituição ficaria restrita a dinheiro, fiança bancária e seguro garantia, sem o acréscimo de trinta por cento; b) *pelo exequente,* ficaria afastada aplicação do art. 15 da Lei n. 6.830/80, pois o art. 882 da CLT faz expressa menção ao art. 655 (atual 835, § 2º) do CPC, que exige o acréscimo de trinta por cento.

Como a regra do art. 835, § 2º, do CPC, é mais favorável ao exequente, pode-se reconhecer, nela, preeminência subsidiária em relação ao art. 15, da Lei n. 6.830/80.

Retornaremos ao tema ao comentarmos o art. 848, parágrafo único, do CPC, que repete, de modo praticamente literal, a disposição do art. 835, § 2º, do mesmo estatuto processual.

§ 3º Cuidando-se de execução de crédito com garantia real, a penhora deverá incidir sobre a coisa dada em garantia. Se a coisa pertencer a terceiro, este também será intimado da penhora.

Art. 836. Não se levará a efeito a penhora quando ficar evidente que o produto da execução dos bens encontrados será totalmente absorvido pelo pagamento das custas da execução.

§ 1º Quando não encontrar bens penhoráveis, independentemente de determinação judicial expressa, o oficial de justiça descreverá na certidão os bens que guarnecem a residência ou o estabelecimento do executado, quando este for pessoa jurídica.

§ 2º Elaborada a lista, o executado ou seu representante legal será nomeado depositário provisório de tais bens até ulterior determinação do juiz.

• **Comentário**

Caput. A matéria era regida pelo art. 659 do CPC revogado.

Um dos princípios regentes da execução é de que ela seja *útil* ao credor; logo, o juiz deverá impedir a realização ou o prosseguimento de execuções *inúteis*.

Justamente por isso, é que a norma legal em exame determina que não se proceda à penhora quando for evidente que o produto da expropriação dos bens encontrados será integralmente absorvido pelo pagamento das custas da execução. Nesse caso, a penhora seria inútil para o credor, em cujo interesse se processa a execução (CPC, art. 797).

§ 1º Nos termos deste parágrafo, incumbirá ao oficial de justiça, independentemente de ordem judicial, *quando não encontrar bens penhoráveis*, descrever na certidão os bens que guarnecem a residência ou o estabelecimento do devedor. Não havia de o legislador haver posposto ao substantivo *estabelecimento* a expressão "quando este for pessoa jurídica", pois o conceito de estabelecimento, em direito, é inerente a esta pessoa. O art. 659, do CPC de 1973, continha regra idêntica, mas o seu § 3º determinava que o oficial de justiça descrevesse os bens que guarneciam a residência ou estabelecimento do devedor não apenas quando bens penhoráveis não fossem encontrados, mas, também, quando fosse evidente que o produto da expropriação dos bens penhoráveis existentes seria totalmente absorvido pelo pagamento das custas processuais.

A prudência recomenda que o oficial de justiça, *em quaisquer das situações aqui referidas*, descreva na certidão os bens que estiverem a guarnecer a residência ou o estabelecimento do devedor.

§ 2º Uma fez feito o rol descritivo dos bens, o executado ou o seu representante legal será nomeado depositário dos referidos bens até posterior determinação do juiz.

Nulidade da penhora

Do quanto expusemos até esta parte, podemos concluir que para a validade da penhora, como ato executivo de constrição patrimonial, torna-se necessário o atendimento a, pelo menos, quatro requisitos essenciais:

a) a apreensão judicial dos bens deve ser realizada com rigorosa observância das normas processuais concernentes;

b) só podem ser objeto de penhora bens passíveis de expropriação judicial; dessa maneira, são insuscetíveis de apreensão, p. ex., os bens inalienáveis e os relacionados no art. 833 do CPC;

c) os bens devem, por princípio, pertencer ao patrimônio do devedor, a fim de atender-se à regra expressa pelo art. 824 do CPC;

d) a penhora deve estar amparada em título executivo, que, na Justiça do Trabalho, poderá ser judicial ou extrajudicial (CLT, art. 876).

Art. 836

Desrespeitados quaisquer desses requisitos a penhora deverá ser declarada írrita, nula. A nulidade desse ato da execução poderá ser de caráter objetivo ou subjetivo. Pertencem à primeira classe, *v. g.*, a penhora de bens considerados por lei inalienáveis e a efetuada com quebra das formalidades legais; na segunda inclui-se, entre outros casos, o de a constrição recair em bens não pertencentes ao devedor ou a quem se tenha responsabilizado pelo adimplemento da obrigação derivante do título.

De modo geral, a nulidade objetiva pode ser denunciada por petição dirigida pelo devedor ao juiz; já a subjetiva há de ser alegada em processo especial de embargos de terceiro (CPC, art. 674) (Theodoro Júnior, obra cit., p. 256).

Ineficácia da penhora

Será *ineficaz* a nomeação de bens quando se verificarem quaisquer dos casos mencionados nos incisos I a VII, do art. 848, do CPC.

As situações previstas nos incisos I a VII do art. 848, do CPC, servem, a um só tempo: a) para declarar a *ineficácia* do ato de nomeação de bens à penhora; b) para fundamentar o requerimento de *substituição* do bem penhorado.

Caso sejam respeitadas as determinações legais, a nomeação de bens, feita pelo devedor, será considerada *eficaz*, sendo reduzida a termo, valendo reiterar que essa eficácia também se configurará se, embora não atendidas as exigências legais, o credor concordar com a nomeação, como estava na antiga redação do art. 656, *caput*, do CPC de 1973 — tacitamente recepcionada pelo processo do trabalho.

Na hipótese de o credor discordar da nomeação ou esta vir a ser realizada fora do prazo legal, devolver-se-á ao credor o *direito à nomeação*, que o exercitará livremente. De qualquer forma, compete ao juiz da execução dirimir dúvidas ou conflitos emergentes da nomeação, tenha esta sido feita pelo devedor ou pelo credor. Levando em conta a peculiaridade do sistema recursal trabalhista, entendemos que dessa *decisão* do juiz caberá agravo de petição (CLT, art. 897, "a").

Perpetrará *error in procedendo* o Juiz do Trabalho que, nomeados os bens pelo devedor, deixar de ouvir o credor a respeito; ora, se este tem o direito de impugnar a nomeação (pois, se ele pode *convir* com esse ato, pode também dele discordar: Agindo o juiz dessa maneira, caberá ao credor manifestar, a qualquer tempo (desde que antes de consumada a expropriação judicial), a sua discordância quanto aos bens nomeados e apreendidos, e, no mesmo ato, apontar outros, livres e desembargados, de sua livre escolha. Recusando-se o juiz a acatar a indicação efetuada pelo credor (nas circunstâncias aqui consideradas), este poderá impetrar mandado de segurança do ato que lhe tolheu o direito de pronunciar-se a respeito da nomeação levada a efeito pelo devedor.

Se, por outro lado, o juiz abrir oportunidade para que o credor se manifeste sobre os bens nomeados pelo devedor, sem, contudo, fixar prazo para que o faça, entende-se que esse prazo será de cinco dias, em virtude da regra genérica enunciada pelo art. 218, § 3º, do CPC.

A indicação de bens a serem penhorados — feita pelo devedor ou mesmo pelo credor — não necessita constar de petição (letrada) dirigida ao juiz; essa nomeação pode, perfeitamente, ser realizada em face do oficial de justiça, que formalizará a apreensão, lavrando o auto correspondente; em caso de dúvida, consultará o juiz.

A possibilidade de o devedor indicar bens à penhora está prevista no art. 882 da CLT.

Nomeação de bens na execução provisória

Cabe, aqui, uma nótula acerca da nomeação de bens à penhora, pelo devedor, cuidando-se de execução *provisória*. Embora tenhamos tratado desse assunto anteriormente, é interessante voltarmos a ele, neste momento.

Afirmamos, há pouco, que se o devedor, ao oferecer bens à penhora, não atender à ordem preferencial estabelecida pelo art. 835 do CPC a nomeação que vier a efetuar será ineficaz, fazendo, desse modo, com que seja transferido ao credor o direito de indicação dos bens a serem penhorados. Essa regra, entrementes, segundo o entendimento jurisprudencial predominante, só se aplica às execuções *definitivas*. Tratando-se de execução meramente *provisória*, não é exigível a incidência do art. 835 do CPC. O fundamento desta opinião é razoável: como falta ao título executivo judicial o atributo da *definitividade*, por estar pendente de recurso, não se justifica a promoção da correspondente execução forçada pelo modo *mais gravoso* ao devedor, pois isso contraria a regra inscrita no art. 805 do CPC. Logo, este, ao ser citado para a execução provisória, poderá indicar bens sem observância da ordem estabelecida pelo art. 835 do CPC.

A Súmula n. 417, III, TST, aliás, chega a afirmar a existência de um *direito líquido e certo* do devedor em não se submeter ao comando do referido art. 835, quando for o caso de execução provisória.

Bens situados fora da comarca

Os bens devem ser penhorados no lugar em que se encontrem, ainda que sob a posse, detenção ou guarda de terceiros (CPC, art. 845, *caput*). Estando, entretanto, situados fora da jurisdição do juízo da execução: a) a penhora deverá ser realizada mediante precatória dirigida ao juízo de situação dos bens, pois "Será expedida carta para a prática de atos fora dos limites territoriais do tribunal, da comarca, da seção ou da subseção judiciárias, ressalvadas as hipóteses previstas em lei" (CPC, art. 236, § 1º); b) o credor poderá requerer que não só a penhora, mas a execução como um todo, se processe no juízo do local em que se encontram os bens penhoráveis ou no atual domicílio do devedor (CPC, art. 516, parágrafo único).

De qualquer modo, será no juízo deprecado, conseguintemente, que ocorrerá a apreensão, a avaliação, o depósito e a expropriação judicial dos bens.

Examinemos ambas as situações.

Execução mediante carta

Uma observação prévia: nada obstante as regras legais citadas, será lícito — segundo cremos — ao devedor fazer a *nomeação* de bens perante o juízo da execução, onde também assumirá o encargo de depositário, se for o caso, lavrando-se nos autos principais o correspondente *termo*; nessa hipótese, a carta precatória deverá ser expedida unicamente para efeito de avaliação e remessa dos bens à expropriação.

São requisitos essenciais à regularidade da carta precatória:

a) a identificação dos juízos de origem (deprecante) e de cumprimento do ato processual (deprecado);

b) o teor da petição, do despacho judicial e do instrumento de mandado outorgado ao advogado;

c) a indicação do ato processual, que lhe constitui o objeto;

d) o encerramento com a assinatura do juiz deprecante (CPC, art. 260, I a IV).

O juiz determinará o traslado, na carta, de quaisquer outras peças, bem como instruí-la com mapa, desenho ou gráfico, sempre que esses documentos tiverem de ser examinados, na diligência, pelas partes, peritos ou testemunhas (CPC, art. 260, § 1º).

Se o objeto da carta for exame pericial de documento, o original deste deverá ser remetido ao juízo deprecado ou rogado, permanecendo nos autos reprodução fotográfica (*ibidem*, § 2º).

Faculta-se a expedição da carta por meio eletrônico, caso em que a assinatura do juiz deverá, também, ser eletrônica, na forma da lei (*ibidem*, § 3º).

Estabelece o art. 261 do mesmo Código que em todas as cartas o juiz deprecante fixará o prazo dentro do qual deverão ser cumpridas, "atendendo à facilidade das comunicações e à natureza da diligência". Não se cuida, aqui, de determinação do juiz deprecante ao deprecado. Não faria sentido pensar que entre autoridades judiciárias pertencentes a um mesmo grau de jurisdição uma — só por ser deprecada — devesse ficar subordinada à outra, deprecante. Nada disso ocorre, na realidade. O juízo deprecante atua na qualidade de colaborador do deprecado, não de seu subordinado. Somente na carta de ordem é que há a subordinação hierárquica do juiz que a deva cumprir (em relação ao Tribunal de que ela emanar: CPC, arts. 236, § 2º e 237, I). Apesar disso, não se justifica o fato de, nas cartas precatórias, o juízo deprecante deixar de fixar o prazo para o cumprimento. Essa fixação, conquanto deva ser entendida como *recomendação*, decorre de norma legal, motivo por que não pode ser ignorada pelo juízo deprecante.

As cartas — aí incluída a precatória-executória — têm caráter itinerante; sendo assim, tenha, ou não, sido proferido o despacho determinando o cumprimento, poderá ser apresentada a juízo diverso do que dela consta, a fim de ser praticado o ato indicado (CPC, art. 262).

Sempre que houver urgência, a carta precatória (assim como a de ordem) poderá ser transmitida por qualquer meio eletrônico, telegrama, radiograma ou telefone (art. 264); no caso do telegrama e do radiograma a carta deverá conter, em resumo substancial, os requisitos mencionados pelo art. 260 do Código (art. 264). A propósito, o art. 264 faz equivocada referência ao art. 250, quando o correto seria ao art. 260. No caso do correio eletrônico, que também deverá conter, em resumo substancial, os requisitos do art. 260, haverá necessidade de conter elementos capazes de possibilitar a aferição da autenticidade (art. 264). No caso do telefone, o diretor da secretaria (ou o escrivão do juízo deprecante) transmitirá, por via telefônica, a carta precatória-executória ao juízo deprecado, "por intermédio do escrivão do primeiro ofício da primeira vara, se houver na comarca mais de um ofício ou de uma vara", observando-se os requisitos referidos no art. 264 do CPC (art. 265, *caput*). O escrivão (leia-se: diretor da secretaria), no mesmo dia ou no primeiro dia útil subsequente, telefonará ou enviará mensagem eletrônica ao diretor da secretaria do juízo deprecado, lendo-lhe os termos da carta e solicitando que lhe confirme (art. 265, § 1º); havendo confirmação, o diretor da secretaria submeterá a carta precatória a despacho judicial (*ibidem*, § 2º).

Os atos requisitados por meio de correio eletrônico ou de telegrama serão executados *ex officio*, embora deva a parte interessada depositar, na secretaria do juízo deprecante (quando este for o caso), quantia correspondente às despesas que serão efetuadas no juízo deprecado (art. 266).

Permite a lei que o juiz recuse cumprimento à carta precatória, devolvendo-a com despacho motivado, toda vez que: a) não estiver revestida dos requisitos legais; b) quando lhe faltar competência em razão da matéria ou da hierarquia; c) quando tiver dúvida acerca de sua autenticidade (art. 267, I a III).

Após cumprir a precatória, o juiz deprecado a devolverá ao deprecante, no prazo de dez dias, independentemente de traslado, pagas as custas ou outras despesas processuais legalmente exigíveis (art. 268).

Devendo a execução realizar-se mediante carta *rogatória*, esta obedecerá, quanto à sua admissibili-

Art. 837

dade e modo de seu cumprimento, ao disposto na convenção internacional; inexistindo convenção, será encaminhada à autoridade judiciária estrangeira, por via diplomática, depois de traduzida para a língua do país em que houver de ser praticado o ato.

Observa Moniz de Aragão, com apoio em Amílcar de Castro, que de duas formas pode comportar-se qualquer país, diante do tema que estamos a discorrer: a) praticar o ato processual por meio de seus agentes diplomáticos; ou b) invocar a cooperação jurisdicional do Estado em cujo território deva ser realizado (*Comentários*, v. II, p. 162), concluindo que, ao optar por esta última forma, o país oferece maior eficácia e tranquilidade às partes, "pois a justiça estrangeira dispõe de todos os meios necessários à realização dos atos rogados, o que não sucede com os agentes diplomáticos, e ainda afasta o risco da negativa de homologação à sentença que vier a ser proferida, a que está sujeita a atuação desenvolvida diretamente pelos primeiros" (*ibidem*).

A remessa da carta rogatória por *via diplomática*, como diz a lei, consiste em ser a carta encaminhada pelo representante diplomático do país de onde ela é originária ao Ministério das Relações Exteriores, a quem incumbirá transmiti-la ao da Justiça e Negócios Interiores, para que este, depois de lhe conceder o necessário *exequatur*, a encaminhe ao juiz federal que a deve cumprir (BRIGGS, Arthur. *Cartas rogatórias internacionais*. Rio de Janeiro, 1913. p. 151).

O art. 13 do CPC de 1939 revogado era mais claro a respeito do assunto; estatuía o seu parágrafo único que caberia ao juiz remeter a rogatória ao Ministério da Justiça e Negócios Interiores, e este ao Ministério das Relações Exteriores, que a encaminharia a seu destino, depois de legalizada no consulado competente.

Como proceder, todavia, no caso de a rogatória dever ser cumprida em país com o qual o Brasil não mantém relações diplomáticas? O problema é, sem dúvida, delicado e de difícil solução prática. Fechado o acesso à via consular, pensamos — como Arthur Briggs — que a carta deva ser remetida *diretamente*, ou seja, de um governo para o outro. Não havendo êxito nessa providência, cremos que a aporia pode ser desfeita *em parte*, com o uso da citação por edital (CLT, art. 880, § 3º); é evidente, contudo, que persistirá a dificuldade quanto à penhora de bens e a consequente expropriação.

Execução no foro de situação dos bens ou do domicílio do devedor

O art. 475-P, parágrafo único, do CPC de 1973, inovou ao permitir que, a requerimento do exequente, a execução se processasse no local onde se encontrassem os bens sujeitos à expropriação ou no do atual domicílio do réu. Conquanto a norma legal aludisse ao *exequente* (que pode ser o próprio devedor), entendíamos que esse vocábulo tivesse sido aí utilizado como sinônimo de *credor*. Assim pensávamos porque o escopo desse preceito legal era o de atender aos interesses do credor e não, do devedor. O CPC atual manteve essa disposição (art. 516, parágrafo único), embora tenha substituído o vocábulo exequente por autor.

Por outro lado, observação contida nesse dispositivo, de que "a remessa dos autos do processo será solicitada ao juízo de origem", permite concluir que a execução será requerida no juízo de situação dos bens ou do domicílio do devedor, ao qual caberá solicitar ao "juízo de origem" a remessa dos autos.

De qualquer modo, no pleno do processo civil a competência para promover a execução, que era absoluta, passou a ser relativa, tornando-se, assim, *concorrente*.

A norma em exame, contudo, não incide no processo do trabalho.

Assim dizemos porque a CLT contém regra própria e específica, conforme a qual: "É competente para a execução das decisões o juiz ou presidente do tribunal que tiver conciliado ou julgado originariamente o dissídio" (art. 877); e "É competente para a execução de título executivo extrajudicial o juiz que teria competência para o processo de conhecimento relativo à matéria" (art. 877-A). Como se percebe, esses normativos da CLT estão intimamente ligados ao art. 651, do mesmo texto legal, do qual se irradia o princípio medular de que a competência das Varas do Trabalho é determinada pela localidade onde o empregado — autor ou réu — prestar serviços ao empregador, ainda que tenha sido contratado em outro local ou país. Uma e outra exceções essa regra estão contidas nos §§ 1º a 3º do sobredita norma.

Subseção II
Da Documentação da Penhora, de seu Registro e do Depósito

Art. 837. Obedecidas as normas de segurança instituídas sob critérios uniformes pelo Conselho Nacional de Justiça, a penhora de dinheiro e as averbações de penhoras de bens imóveis e móveis podem ser realizadas por meio eletrônico.

• Comentário

O texto legal em foco autoriza a penhora de dinheiro e as averbações de penhoras de bens móveis e imóveis por meio eletrônico, desde que sejam observadas as normas de segurança fixadas uniformemente pelo Conselho Nacional de Justiça. Um retoque ao texto legal: não se trata de averbação, e sim, de registro (Lei n. 6.216/1975, art. 167, I, 5).

Art. 838. A penhora será realizada mediante auto ou termo, que conterá:

I — a indicação do dia, do mês, do ano e do lugar em que foi feita;

II — os nomes do exequente e do executado;

III — a descrição dos bens penhorados, com as suas características;

IV — a nomeação do depositário dos bens.

• **Comentário**

Caput. Há parcial correspondência com o art. 665 do CPC revogado.

O auto de penhora representa o instrumento de documentação desse ato executivo de constrição do patrimônio do devedor. O auto é, pois, um documento a ser juntado aos autos do processo, pelo qual se constará se a penhora foi efetuada segundo as formalidades estabelecidas em lei.

Incidindo a penhora em bens corpóreos ou incorpóreos, dela se lavrará auto ou termo, que deverá atender aos requisitos previstos nos incisos a seguir examinados.

Inciso I. A indicação do dia, mês, ano e lugar em que foi realizada. No tocante ao lugar, é oportuno recordar que os bens serão penhorados onde quer que se encontrem, "ainda que sob a posse, a detenção ou a guarda de terceiros" (CPC, art. 845, *caput*).

Inciso II. A identificação nominal do exequente e do executado. A finalidade desse requisito é precisar, subjetivamente, quais são as partes no processo de execução.

Inciso III. A descrição dos bens apreendidos, com os seus elementos característicos. Com isso, o legislador procurou evitar que esses bens pudessem ser confundidos com outros, fato que poderia levar a que fossem expropriados bens diversos dos penhorados ou fossem objeto de embargos de terceiros bens não apreendidos judicialmente.

Inciso IV. A nomeação do depositário. O depositário é um dos auxiliares da justiça (CPC, art. 149), e uma de suas atribuições consiste em guardar e conservar os bens penhorados, arrestados ou sequestrados (CPC, art. 159). O depositário infiel responderá civilmente pelos prejuízos causados, além de ser responsabilizado criminalmente (CPC, art. 161, parágrafo único).

Entende Theodoro Júnior que o depositário também *deverá* assinar o auto de penhora; não pensamos assim. O inc. IV do art. 838 do CPC faz referência exclusiva e inequívoca à *nomeação* do depositário; dessa maneira, basta que o oficial de justiça *nomeie* o depositário, para que a regra legal seja plenamente satisfeita. Eventual exigência de que o depositário devesse também *assinar* o auto não apenas estaria em desacordo com a lei, como poderia causar certos transtornos processuais sempre que ele se recusasse a lançar seu autógrafo nesse instrumento ou demorasse a fazê-lo. Nem mesmo a fé pública, de que são dotadas as certificações feitas pelos oficiais de justiça, justificaria a manutenção do entendimento de que o devedor deva assinar o auto. Acima de tudo, está a lei — que dessa assinatura não cogita.

Caso o devedor *ofereça* bens à penhora (CLT, art. 880, *caput*), não se lavrará *auto*, uma vez que este pressupõe a apreensão por oficial de justiça; redigir-se-á, isto sim, um *termo* de nomeação lavrado na secretaria do juízo, com o que serão considerados penhorados os bens. Esse termo será assinado pelo devedor e juntado aos autos. Em seguida, abrir-se-á prazo ao credor para que se manifeste sobre a nomeação; este poderá recusar os bens oferecidos, alegando, *e. g.*, que a nomeação desrespeitou a ordem ditada pelo art. 835 do CPC; o devedor possuía bens livres e desembargados, tendo nomeado outros, que não o são; os bens são insuficientes para atender à integridade do crédito etc. Nessas hipóteses, a nomeação será julgada ineficaz, devolvendo-se *ao credor* o direito de apontar bens do devedor que atendam, com plenitude e eficácia, aos fins da execução. Como asseveramos em linhas transatas, ao efetuar a nomeação de bens a serem penhorados, cumprirá ao executado, no prazo assinado pelo juiz, fazer prova documental de sua propriedade dos bens oferecidos e, se for o caso, apresentar certidão negativa de ônus.

Pensamos que o credor deva ser também intimado da juntada dos referidos documentos, para que se pronuncie a respeito de sua validade formal, de sua autenticidade e o mais; o prazo para que o faça será de cinco dias (CPC, art. 218, § 3º), exceto se outro lhe for assinado pelo juiz.

Art. 839. Considerar-se-á feita a penhora mediante a apreensão e o depósito dos bens, lavrando-se um só auto se as diligências forem concluídas no mesmo dia.

Parágrafo único. Havendo mais de uma penhora, serão lavrados autos individuais.

Art. 840

• **Comentário**

Caput. Repetiu-se a regra do art. 664 do CPC revogado.

Como a penhora acarreta a retirada dos bens da posse direta e a inibição da livre disponibilidade destes pelo devedor, o Código considera efetivado esse ato executivo mediante a apreensão e o depósito dos bens, sendo lavrado um só auto se as diligências forem concluídas num mesmo dia.

Parágrafo único. Caso haja mais de uma penhora, o oficial de justiça lavrará, para cada qual, auto específico.

O *caput* e o parágrafo único do art. 839 não conflitam entre si: aquele determina a lavratura de um só *auto* se as diligências forem concluídas no mesmo dia (caso contrário, haverá necessidade de ser lavrado mais de um auto); o segundo declara que se houver mais de uma *penhora* deverá ser lavrado um auto para cada uma. Na Justiça do Trabalho nem sempre se cumpre essa norma, pois a penhora de diversos bens, muitas vezes, é objeto de um só auto. Esse fato, entretanto, não deve ser causa de nulidade da penhora, exceto se o devedor demonstrar que isso lhe acarretou manifesto prejuízo (CLT, art. 794).

Art. 840. Serão preferencialmente depositados:

I — as quantias em dinheiro, os papéis de crédito e as pedras e os metais preciosos, no Banco do Brasil, na Caixa Econômica Federal ou em banco do qual o Estado ou o Distrito Federal possua mais da metade do capital social integralizado, ou, na falta desses estabelecimentos, em qualquer instituição de crédito designada pelo juiz;

II — os móveis, os semoventes, os imóveis urbanos e os direitos aquisitivos sobre imóveis urbanos, em poder do depositário judicial;

III — os imóveis rurais, os direitos aquisitivos sobre imóveis rurais, as máquinas, os utensílios e os instrumentos necessários ou úteis à atividade agrícola, mediante caução idônea, em poder do executado.

§ 1º No caso do inciso II do *caput*, se não houver depositário judicial, os bens ficarão em poder do exequente.

§ 2º Os bens poderão ser depositados em poder do executado nos casos de difícil remoção ou quando anuir o exequente.

§ 3º As joias, as pedras e os objetos preciosos deverão ser depositados com registro do valor estimado de resgate.

• **Comentário**

Caput. A matéria estava regulada pelo art. 666 do CPC revogado.

A norma dispõe sobre o depósito *preferencial* dos bens penhorados.

O art. 666 do CPC revogado permitia que o próprio devedor ficasse como depositário dos bens que lhe foram penhorados. Somente se o credor não concordasse com isso é que os bens seriam depositados na forma dos incisos I a III daquele artigo. O art. 840, § 2º, do CPC atual, permite que os bens penhorados fiquem em poder do executado em duas situações: a) quando forem de difícil remoção; ou b) houver concordância do exequente.

Inciso I. As quantias em dinheiro, as pedras e os metais preciosos e os papéis de crédito serão depositados no Banco do Brasil, na Caixa Econômica Federal ou em Banco de que o Estado ou o Distrito Federal possua mais da metade do capital social integralizado. Na falta dessas entidades no lugar, o depósito deverá ser feito em qualquer instituição de crédito designada pelo juiz.

O art. 881 da CLT determina que, no caso de pagamento de débito, não estando presente o credor, a quantia deverá ser depositada, mediante guia, em estabelecimento de crédito, ou, na falta deste, em estabelecimento bancário idôneo. Mesmo no caso de penhora de dinheiro, de pedras e de metais preciosos, deve-se adotar o mesmo critério, somente podendo incidir, em caráter supletivo, o art. 840, I, do CPC, na hipótese de não ser possível o atendimento à norma do art. 881 da CLT.

Inciso II. Os móveis, os semoventes, os imóveis urbanos e os direitos aquisitivos sobre imóveis urbanos deverão ser colocados em poder do depositário judicial.

Inciso III. Os imóveis rurais e os direitos aquisitivos a estes referentes, as máquinas, os utensílios e os instrumentos necessários ou úteis à atividade agrícola ficarão em poder do executado, desde que preste caução idônea.

§ 1º Caso não haja depositário para os bens mencionados no inciso II, estes ficarão em poder do exequente.

§ 2º Tratando-se de bens cuja remoção seja difícil, ou quando houver a concordância do exequente, os bens poderão ser depositados em poder executado.

§ 3º As joias, as pedras e os objetos preciosos deverão ser depositados com registro do valor estimado de resgate. Para esse fim, pode-se utilizar o valor da avaliação realizada quando da penhora.

Art. 841. Formalizada a penhora por qualquer dos meios legais, dela será imediatamente intimado o executado.

§ 1º A intimação da penhora será feita ao advogado do executado ou à sociedade de advogados a que aquele pertença.

§ 2º Se não houver constituído advogado nos autos, o executado será intimado pessoalmente, de preferência por via postal.

§ 3º O disposto no § 1º não se aplica aos casos de penhora realizada na presença do executado, que se reputa intimado.

§ 4º Considera-se realizada a intimação a que se refere o § 2º quando o executado houver mudado de endereço sem prévia comunicação ao juízo, observado o disposto no parágrafo único do art. 274.

• **Comentário**

Caput. O tema era parcialmente disciplinado pelo art. 652, §§ 4º e 5º, do CPC revogado.

A norma determina que o executado seja intimado da penhora (realizada por qualquer meio legal) imediatamente à formalização desse ato de apreensão judicial. Visa-se, com isso, a impender maior celeridade à execução. Se a penhora for efetuada na presença do devedor, a sua intimação se dará, efetivamente, de maneira imediata à formalização da constrição do bem.

§ 1º Da penhora deverá ser intimado o advogado do executado ou a sociedade de advogados de que aquele participe.

§ 2º A execução será feita, pessoalmente, ao executado, se este não possuir advogado constituído nos autos — tal como ocorre quando este se encontra se encontra no exercício do *ius postulandi* que lhe concede o art. 791, *caput*, da CLT.

§ 3º Mesmo que o executado possua advogado regularmente constituído nos autos, se a penhora for realizada na presença do executado considera-se que este foi intimado nesse momento. Consequentemente, não haverá intimação ao seu advogado. Cuida-se, aqui, de uma exceção à regra do § 1º.

§ 4º Se o executado mudar de endereço sem prévia comunicação ao juízo da causa, considera-se que ele foi intimado se o instrumento respectivo for remetido ao seu endereço, constante dos autos. A norma em exame constitui ressonância da regra inscrita no parágrafo único do art. 274.

Art. 842. Recaindo a penhora sobre bem imóvel ou direito real sobre imóvel, será intimado também o cônjuge do executado, salvo se forem casados em regime de separação absoluta de bens.

• **Comentário**

O princípio é de que se a penhora incidir em bens imóveis deverá ser intimado, além do devedor, o seu cônjuge. Intimado, o cônjuge poderá oferecer embargos de terceiro ou embargos à execução. A vantagem de oferecer embargos à execução reside na possibilidade de o cônjuge discutir a causa do débito, os cálculos, etc. A Súmula n. 134, do STJ, sem descartar a legitimidade do cônjuge para oferecer embargos à execução, estabelece: "Embora intimado da penhora em imóvel do casal, o cônjuge do executado pode opor embargos de terceiros para a defesa da sua meação".

A intimação do cônjuge, entretanto, será dispensada quando casado em regime de separação absoluta de bens. A este respeito é oportuno transcrevermos o art. 1.687 do CC: "Estipulada a separação de bens, estes permanecerão sob a administração exclusiva de cada um dos cônjuges, que os poderá (sic) livremente alienar ou gravar de ônus real".

Art. 843. Tratando-se de penhora de bem indivisível, o equivalente à quota-parte do coproprietário ou do cônjuge alheio à execução recairá sobre o produto da alienação do bem.

§ 1º É reservada ao coproprietário ou ao cônjuge não executado a preferência na arrematação do bem em igualdade de condições.

§ 2º Não será levada a efeito expropriação por preço inferior ao da avaliação na qual o valor auferido seja incapaz de garantir, ao coproprietário ou ao cônjuge alheio à execução, o correspondente à sua quota-parte calculado sobre o valor da avaliação.

• Comentário

Caput. Quando for o caso de penhora de bem indivisível, o equivalente à quota-parte do coproprietário ou do cônjuge alheio à execução incidirá sobre o produto da alienação do bem.

Está claro, pois, que, no caso, o bem indivisível pode ser penhorado; o que se passa é que do produto da alienação do bem se reservará o suficiente para assegurar a meação do cônjuge *alheio* à execução. A norma legal em exame não se aplica, portanto, às situações em que ambos os cônjuges figuram como devedores.

§ 1º O coproprietário ou o cônjuge que não participa do polo passivo da relação executiva possui preferência para a arrematação do bem, em igualdade de condições.

§ 2º A norma é elogiável, por esclarecer uma situação que gerou intensas polêmicas na vigência do CPC de 1973: a expropriação não deverá ser realizada por preço inferior ao da avaliação e na qual o valor ofertado não possa assegurar, ao coproprietário ou ao cônjuge que não participa da execução, o correspondente à sua quota-parte *calculado sobre o valor da avaliação.* Deste modo, se determinado bem foi avaliado em R$ 800.000,00 e arrematado por R$ 500.000,00, o coproprietário e o cônjuge têm direito à quota-parte de R$ 400.000,00 (metade de R$ 800.000,00), restando ao exequente, portanto, a quantia de R$ 100.000,00.

Art. 844. Para presunção absoluta de conhecimento por terceiros, cabe ao exequente providenciar a averbação do arresto ou da penhora no registro competente, mediante apresentação de cópia do auto ou do termo, independentemente de mandado judicial.

• Comentário

Reproduziu-se o § 4º do art. 659 do CPC revogado.

O texto legal *sub examen* impõe ao exequente o dever de providenciar, independentemente de mandado judicial, a averbação do arresto ou da penhora, para a presunção absoluta de conhecimento por terceiros. Para isso, deverá apresentar ao registro cópia do auto ou do termo respectivo.

Essa norma, entretanto, não incide no processo do trabalho. Sucede que, com vistas à colmatação de lacunas existentes neste processo, a preeminência é da Lei n. 6.830/80 (CLT, art. 899), e não, do CPC. Pois bem. O art. 7º, *caput,* da mencionada Lei, dispõe: "O despacho do juiz que deferir a inicial importa em ordem para: (....); IV — registro da penhora ou do arresto, independentemente do pagamento de custas ou de outras despesas, observado o disposto no art. 14". Este artigo, por sua vez, declara cumprir ao *oficial de justiça* entregar contrafé e cópia do termo ou do auto de penhora ou arresto, com a ordem de registro, nos locais que especifica.

Não se aplica ao processo do trabalho, portanto, o art. 844, do CPC, na parte em que atribui ao exequente o encargo de providenciar a averbação do bem arrestado ou penhorado, para efeito de presunção absoluta de conhecimento por terceiros (efeito *erga omnes*). Esse ato, no processo do trabalho, deve ser realizado pelo oficial de justiça, por ordem (despacho) do juiz, agindo *ex officio*.

Subseção III
Do Lugar de Realização da Penhora

Art. 845. Efetuar-se-á a penhora onde se encontrem os bens, ainda que sob a posse, a detenção ou a guarda de terceiros.

§ 1º A penhora de imóveis, independentemente de onde se localizem, quando apresentada certidão da respectiva matrícula, e a penhora de veículos automotores, quando apresentada certidão que ateste a sua existência, serão realizadas por termo nos autos.

§ 2º Se o executado não tiver bens no foro do processo, não sendo possível a realização da penhora nos termos do § 1º, a execução será feita por carta, penhorando-se, avaliando-se e alienando-se os bens no foro da situação.

• **Comentário**

Caput. O assunto era, em parte, objeto do art. 659, § 5º, do CPC revogado.

A penhora será realizada onde quer se estejam os bens. O fato de se encontrarem na posse, na detenção ou na guarda de terceiros não impede que sejam objeto de constrição judicial. Não fosse assim, o devedor ficaria em boa sombra, bastando, para isso, entregar os bens a terceiros, para ocultá-los à ação da justiça e, desse modo, frustrar a execução. Lembremos que nos termos do inciso I do art. 838 do CPC o auto ou o termo de penhora deverá indicar, além do dia, do mês e da hora, o *lugar* em que foi realizada.

§ 1º A penhora de imóveis e de veículos será realizada mediante *termo* nos autos. Para isso, é necessário que, em relação: a) aos imóveis, seja apresentada certidão da sua matrícula; b) aos veículos, seja apresentada certidão que comprove a sua existência. Lavrado o respectivo termo, dele o executado será intimado pessoalmente ou na pessoa de seu advogado.

§ 2º O disposto no § 1º do art. 845 do CPC pressupõe que os bens penhorados estejam na comarca em que se processa a causa. Se os bens se encontrarem em outra comarca, a execução será realizada mediante carta precatória, penhorando-se, avaliando-se e alienando-se os bens no foro de sua situação. O texto legal afirma que a *execução* será efetuada por meio de carta precatória; na verdade, o que será realizado mediante carta será a *penhora*, a avaliação e a alienação dos bens, vale dizer, apenas alguns dos atos integrantes da execução.

Art. 846. Se o executado fechar as portas da casa a fim de obstar a penhora dos bens, o oficial de justiça comunicará o fato ao juiz, solicitando-lhe ordem de arrombamento.

§ 1º Deferido o pedido, 2 (dois) oficiais de justiça cumprirão o mandado, arrombando cômodos e móveis em que se presuma estarem os bens, e lavrarão de tudo auto circunstanciado, que será assinado por 2 (duas) testemunhas presentes à diligência.

§ 2º Sempre que necessário, o juiz requisitará força policial, a fim de auxiliar os oficiais de justiça na penhora dos bens.

§ 3º Os oficiais de justiça lavrarão em duplicata o auto da ocorrência, entregando uma via ao escrivão ou ao chefe de secretaria, para ser juntada aos autos, e a outra à autoridade policial a quem couber a apuração criminal dos eventuais delitos de desobediência ou de resistência.

§ 4º Do auto da ocorrência constará o rol de testemunhas, com a respectiva qualificação.

• **Comentário**

Caput. A matéria era regulada pelos arts. 660 a 663 do CPC revogado.

Pode ocorrer de o devedor fechar as portas da casa com o objetivo de impedir a realização da penhora dos bens. Diante disso, o oficial de justiça deverá comunicar o fato ao magistrado, a quem solicitará ordem de arrombamento.

Duas notas complementares: a) a norma legal está a pressupor que a penhora devesse recair em bens que se encontrassem no interior da casa do devedor (e, por óbvio, que se tratasse de bens penhoráveis). Se a penhora devesse incidir na própria casa (desde que não fosse bem de família: Lei n. 8.009/1990), seria irrelevante o fato de o devedor fechar-lhe as portas, porquanto a penhora seria formalizada mediante termo nos autos, na forma do art. 845, § 1º do CPC, contanto que houvesse certidão de sua matrícula; b) diz, a norma em exame, que o oficial de justiça comunicará o fato (fechamento das portas pelo devedor) ao juiz; essa comunicação deverá ser efetuada mediante certificação lançada nos autos, permanecendo o mandado na posse do oficial de justiça.

§ 1º Se o juiz deferir a solicitação, dois oficiais de justiça serão designados para cumprir o mandado, podendo, na realização das diligências, arrombar cômodos e móveis em que presumam estarem os bens. De tudo será lavrado auto circunstanciado, que será assinado por duas testemunhas presentes à diligência. Também aqui cabem duas nótulas: a) a norma assevera que os oficiais de justiça poderão arrombar cômodos e móveis; antes disso, entretanto, poderão arrombar portas e janelas, pois sem essa medida, quando necessária, não poderão ingressar no interior da casa; b) se, por motivos absolutamente justificáveis, não for possível obter a assinatura de duas testemunhas, ou de nenhuma delas, haver-se-á de considerar — ao menos no processo do trabalho — regular a penhora, pois as declarações e certificações dos oficiais de justiça são dotadas de fé pública.

§ 2º Se o devedor se opuser às diligências dos oficiais de justiça, impedindo-os de efetuar a penhora, estes comunicarão o fato ao juiz, que requisitará força policial para auxiliá-los no cumprimento do mandado. O art. 662 do CPC de 1873 dispunha que a força policial se destinaria não apenas ao assegurar o cumprimento do mandando, mas a auxiliar os oficiais de justiça na *prisão* de quem resistisse à ordem. A possibilidade de prisão pelos oficiais de justiça foi eliminada pelo Código atual.

§ 3º O CPC de 1973 estabelecia, no art. 663, *caput*, estabelecia que o auto de resistência deveria ser lavrado em duas vias: uma seria entregue ao escrivão, para ser juntada aos outros; a outra, à autoridade policial, a quem os oficiais de justiça entregariam o preso. Como o CPC atual eliminou a possibilidade de os oficiais de justiça efetuarem a prisão de quem resistiu à ordem judicial, o parágrafo em estudo dispõe que uma das vias será entregue à autoridade policial à qual competir a apuração criminal dos eventuais delitos de desobediência ou de resistência.

§ 4º Ao lavrarem o auto de resistência, os oficiais de justiça deverão ter o cuidado de obter a assinatura de testemunhas presencias, com sua qualificação.

A exigência legal de que *dois* oficiais de justiça cumpram o mandado de arrombamento não é absoluta — ao menos, no processo do trabalho. Se, por exemplo, houver na localidade apenas uma Vara do Trabalho, com um oficial de justiça, o arrombamento poderá ser realizado apenas por ele. Mesmo havendo dois oficiais de justiça, a diligência poderá ser realizada somente por um se o outro estiver legalmente impedido de atuar nos autos.

Subseção IV
Das Modificações da Penhora

Art. 847. O executado pode, no prazo de 10 (dez) dias contado da intimação da penhora, requerer a substituição do bem penhorado, desde que comprove que lhe será menos onerosa e não trará prejuízo ao exequente.

§ 1º O juiz só autorizará a substituição se o executado:

I — comprovar as respectivas matrículas e os registros por certidão do correspondente ofício, quanto aos bens imóveis;

II — descrever os bens móveis, com todas as suas propriedades e características, bem como o estado deles e o lugar onde se encontram;

III — descrever os semoventes, com indicação de espécie, de número, de marca ou sinal e do local onde se encontram;

IV — identificar os créditos, indicando quem seja o devedor, qual a origem da dívida, o título que a representa e a data do vencimento; e

V — atribuir, em qualquer caso, valor aos bens indicados à penhora, além de especificar os ônus e os encargos a que estejam sujeitos.

§ 2º Requerida a substituição do bem penhorado, o executado deve indicar onde se encontram os bens sujeitos à execução, exibir a prova de sua propriedade e a certidão negativa ou positiva de ônus, bem como abster-se de qualquer atitude que dificulte ou embarace a realização da penhora.

§ 3º O executado somente poderá oferecer bem imóvel em substituição caso o requeira com a expressa anuência do cônjuge, salvo se o regime for o de separação absoluta de bens.

§ 4º O juiz intimará o exequente para manifestar-se sobre o requerimento de substituição do bem penhorado.

• Comentário

Caput. A matéria estava dispersa nos arts. 656 e 668 do CPV revogado.

Com o objetivo de fazer com que a execução se processe pelo modo menos gravoso ao devedor (CPC, art. 805), o legislador permitiu-lhe requerer a substituição do bem penhorado. Com vistas a isso, ao devedor caberá atender a dois requisitos legais: a) formular o requerimento de substituição dentro de dez dias da intimação da penhora; b) comprovar que a substituição lhe será menos gravosa e não acarretará prejuízo ao exequente.

§ 1º A norma estabelece mais alguns requisitos objetivos para que a substituição do bem penhorado seja deferida.

Inciso I. Quanto aos bens imóveis, deverá comprovar-lhes as respectivas matrículas e registros, por meio de certidão expedida pelo correspondente ofício;

Inciso II. Quanto aos bens móveis, descrevê-los com todas as suas propriedades e características, assim como o seu estado de conservação e o lugar em que se encontram;

Inciso III. Quanto aos semoventes, descrevê-lo, com indicação da espécie, da quantidade, da marca ou do sinal e do local em que estão. Faltou, a nosso ver, a exigência de indicação da idade, real ou aproximada, de cada semovente;

Inciso IV. Quanto aos créditos, identificá-los, indicando quem seja o devedor, qual a origem da dívida, o título que a representa e a data do vencimento. Como se percebe, o devedor pode requerer a substituição dos bens que lhe foram penhorados por créditos que possua em relação a terceiros, pessoas físicas ou jurídicas;

Inciso V. Em quaisquer dos casos previstos nos incisos anteriores, o devedor deverá atribuir valor aos bens indicados à penhora e especificar os ônus e os encargos a que, porventura, estejam sujeitos. A indicação do valor dos bens se destina a permitir ao juiz verificar se correspondem ao valor dos penhorados; a especificação dos ônus e encargos é necessária para o credor poder aferir a conveniência da substituição e os riscos que ela possa acarretar-lhe.

§ 2º Ao requerer a substituição do bem penhorado, cumprirá ao executado: a) indicar onde se encontram os bens sujeitos à execução; b) juntar aos autos prova da propriedade dos bens; c) juntar certidão negativa ou positiva de ônus. Além disso, o devedor terá de abster-se de adotar qualquer atitude capaz de dificultar ou de embaraçar a realização da penhora dos bens indicados. Será sempre recomendável que o juiz, ao deferir a substituição, faça advertência expressa ao devedor quanto ao seu dever de não causar dificuldades ou embaraços à penhora dos bens oferecidos, sob pena de praticar ato atentatório à dignidade da justiça (CPC, art. 774, III).

§ 3º Se o devedor pretender a substituição dos bens penhorados por imóvel, será imprescindível que o requerimento seja formulado com expressa concordância do seu cônjuge, exceto se casados pelo regime de separação absoluta de bens.

§ 4º O exequente deverá ser intimado do requerimento de substituição do bem penhora, para que se manifeste a respeito.

Art. 848. As partes poderão requerer a substituição da penhora se:

I – ela não obedecer à ordem legal;

II – ela não incidir sobre os bens designados em lei, contrato ou ato judicial para o pagamento;

III – havendo bens no foro da execução, outros tiverem sido penhorados;

IV – havendo bens livres, ela tiver recaído sobre bens já penhorados ou objeto de gravame;

V – ela incidir sobre bens de baixa liquidez;

VI – fracassar a tentativa de alienação judicial do bem; ou

VII – o executado não indicar o valor dos bens ou omitir qualquer das indicações previstas em lei.

Parágrafo único. A penhora pode ser substituída por fiança bancária ou por seguro garantia judicial, em valor não inferior ao do débito constante da inicial, acrescido de trinta por cento.

• Comentário

Caput. A matéria estava contida no art. 656 do CPC revogado.

Para já, um esclarecimento. No caso do art. 847, quem pode requerer a substituição do bem penhorado é o executado; na situação do art. 848, a substituição pode ser solicitada tanto pelo exequente quanto pelo executado, individualmente. É nesse sentido que se deve entender a razão pela qual o legislador utilizou o substantivo no plural (*partes*), embora devamos reconhecer que, na maioria das vezes, o interesse na substituição será do credor, levando-se em conta os casos (incisos I a VII) que autorizam esse requerimento.

Inciso I. A ordem preferencial dos bens penhoráveis é estabelecida pelo art. 835 do CPC. Não se aplica ao processo do trabalho a norma do art. 11 da Lei n. 6.830/80, a despeito da dicção do art. 889 da CLT, porquanto o art. 882 da CLT faz expressa remissão integrativa ao art. 655, do CPC — atual art. 835.

O credor poderá requerer a substituição do bem penhorado se não obedecer à ordem legal (inciso I). É necessário observar, no entanto, que a ordem indicada pelo art. 835 do CPC não é inalterável, absoluta, mas, apenas, *preferencial*. Tanto isso é certo, que o § 1º desse normativo permite ao juiz alterar essa ordem conforme as circunstâncias do caso concreto. Desse modo, para que se verifique a situação descrita no inciso I do art. 848 do CPC é necessário que o juiz não haja modificado a ordem da penhora, indicada pelo art. 835.

Inciso II. Quando houver disposição contratual, legal ou judicial apontando os bens que deverão ser considerados para efeito de pagamento, mas a penhora incidir em bens diversos, o credor ou o devedor poderão requerer que recaiam pobre os bens referidos no contrato, na lei ou no ato judicial. É que, nesse caso, os bens se encontram vinculados ao contrato ou a disposição legal ou judicial.

Inciso III. Em princípio, a penhora deve ser feita em bens situados no foro da execução. Sendo assim, se existirem bens penhoráveis, localizados nesse foro, mas o devedor apontar bens existentes em foro diverso, o credor poderá demonstrar ao juiz a existência bens no foro da execução, requerendo, em razão disso, que sobre eles incida a penhora.

Para que o requerimento do credor possa ser deferido é imprescindível que os bens existentes no foro da execução sejam *penhoráveis*. Caso contrário, só restará ao juiz indeferir o requerimento de substituição.

Inciso IV. Muitas vezes, o devedor indica à penhora bens gravados por determinados ônus. Diante disso, caberá ao credor demonstrar ao juiz a existência de bens penhoráveis, livres e desembargados, solicitando que sobre eles recaia a penhora. Esse direito do credor existirá mesmo que a escolha dos bens penhorados tenha sido realizada por ato espontâneo do oficial de justiça, vale dizer, sem que os bens tenham sido indicados pelo devedor. Se o bem foi indicado pelo próprio devedor, pensamos que, nesta hipótese, ele poderá ser punido por ato atentatório à dignidade da justiça, em virtude, sob certo modo, de opor-se de forma maliciosa à execução, mediante o uso de meio artificioso.

Pergunta-se, entretanto: se os bens penhorados, localizados no foro da execução, estiverem gravados por algum ônus, o devedor poderá requerer a substituição por bens localizados em foro diverso, mas que estão livres e desembargados? Entendemos que sim, sob o pressuposto de que se o credor assim requereu foi porque isso era de sua conveniência.

Inciso V. Não raro ocorrem situações em que a penhora incide em bens de difícil alienação, seja porque caíram em desuso, porque estão em péssimo estado de conservação, porque, por sua natureza, são de difícil expropriação etc. Todas essas situações configuram a *baixa liquidez* de que fala a norma legal em exame, por forma a justificar o requerimento do credor para que sejam substituídos por outros — ainda que situados em foro diverso daquele em que se processa a execução.

Inciso VI. São algo frequentes os casos em que a praça e o leilão dos bens penhorados revelam-se *negativos*, ou seja, em que não aparecem lançadores ou os que lançam oferecem preço vil. De nada adiantaria prosseguir na tentativa de expropriação desses bens, seja por leilão judicial ou por alienação particular (CPC, art. 879). Por esse motivo, a lei permite ao credor requerer a substituição por bens que sejam passíveis de mais fácil expropriação. Afinal, a execução se processa no interesse do exequente (CPC, art. 797).

Inciso VII. Embora o inciso V, do art. 847, do CPC, exija que o devedor indique, "em qualquer caso", o valor dos bens indicados à penhora, pode ocorrer de os bens virem a ser penhorados sem que o seu valor tenha sido apontado pelo devedor. Também poderá acontecer de o devedor não mencionar algumas informações sobre os bens ofertados à penhora, ou deixar de juntar documento comprobatório de propriedade. Verificando-se quaisquer das situações aqui mencionadas, o credor — conforme consta do inciso *sub examen* — poderá requerer a substituição dos bens penhorados.

Não nos parece, entrementes, que o juiz deva aplicar esse preceito legal com extremo rigor. Se não houver menção ao valor dos bens penhorados, nem atendimento às indicações exigidas por lei, o juiz poderá determinar que o devedor supra a falta no prazo que lhe assinar. Somente se o devedor deixar de cumprir o despacho é que o juiz deferirá o pedido de substituição que houver sido formulado pelo credor.

Parágrafo único. A norma em foco permite a substituição do bem penhorado por fiança bancária ou por seguro garantia judicial, desde que em valor não inferior ao do débito constante da inicial, acrescido de trinta por cento. A CLT é omissa quanto à matéria; apesar disso, não se aplicaria ao processo do trabalho o parágrafo único do art. 848 do CPC, e sim, o art. 15 da Lei n. 6.830/80, por força da regra inscrita no art. 889 da CLT. O sobredito art. da Lei n. 6.830/80 faculta:

a) ao *executado* (devedor) substituir a penhora por *depósito em dinheiro, fiança bancária ou seguro garantia* (I); e,

b) à Fazenda Pública (*exequente*) substituir por outros bens, independentemente da ordem enumerada no art. 11 (II).

Assim, por princípio, quanto à substituição requerida *pelo executado* (letra "a", retro) incidiria no processo do trabalho a regra do art. 15, da Lei n. 6.830/80 (CLT, art. 889), de tal maneira que a substituição compreenderia dinheiro, fiança bancária ou seguro garantia. Na Justiça do Trabalho, a praxe tem sido de que a carta de fiança abranja não apenas o *débito*, em sentido estrito, mas este corrigido monetariamente, acrescido dos juros da mora e, ainda, de outras despesas processuais, como custas, honorários etc. Não haveria exigência, pois, de que a fiança bancária abarcasse o valor do débito, acrescido de trinta por cento.

O mesmo não ocorreria quanto à substituição desejada *pelo exequente* (alínea "b", retro). Passa-se que o art. 882, da CLT, faz expressa menção ao art. 655 (atual 835) do CPC. Com isto, ficaria afastada a possibilidade de incidência supletiva do inciso II, do art. 15 da Lei n. 6.830/80, que faz referência ao art. 11 da mesma Lei. O que estamos a dizer, em termos práticos, é que, no processo do trabalho, conquanto a ordem preferencial de bens penhoráveis seja a determinada pelo art. 835, do CPC, para efeito de *substituição* do bem penhorado, a requerimento do credor-exequente, essa ordem não precisaria ser observada. Deste modo, embora prevaleça o *princípio* inscrito no inciso II, do art. 15, da Lei n. 6.830/80, qual seja, o de que a substituição pretendida pelo credor *independe* da ordem legal dos bens penhoráveis, essa ordem — que, reiteremos, não precisa ser observada —, por força do art. 882, da CLT, seria a estabelecida pelo art. 835, do CPC.

Sejamos práticos. Essa hipotética diversidade de soluções, levando em conta *quem* requereu a substituição dos bens penhorados, seria confusionista do processo do trabalho. Em quaisquer das situações aqui examinadas deverá ser admitida a incidência do art. 848, parágrafo único, do CPC, até mesmo por ser norma mais favorável ao credor-exequente.

De resto, a inserção da regra no art. 848, parágrafo único, do CPC, foi desnecessária, pois dela já se ocupa o art. 835, § 2º, do mesmo Código. Houve, pois, superfetação legislativa.

Art. 849. Sempre que ocorrer a substituição dos bens inicialmente penhorados, será lavrado novo termo.

• **Comentário**

O assunto era tratado, de modo mais amplo, pelo art. 657 do CPC revogado.

Dispunha aquele artigo do CPC de 1973: "Ouvida em 3 (três) dias a parte contrária, se os bens inicialmente penhorados (art. 652) forem substituídos por outros, lavrar-se-á o respectivo termo. Parágrafo único. O juiz decidirá de plano quaisquer questões suscitadas."

O CPC atual não preservou essa regra, motivo por que se deve concluir que a substituição do bem penhorado se dará sem contraditório. Clarificando: não há, no CPC em vigor, *exigência* desse contraditório prévio. Nada impede, contudo, que o juiz do trabalho, no exercício dos amplos poderes diretivos do processo, que a Lei lhe confere (CLT, art. 765), ouça, *ad cautelam*, o devedor, no prazo que lhe assinar, acerca da substituição requerida pelo credor, decidindo logo em seguida.

Vindo a ocorrer a substituição, dela lavrar-se-á novo termo, que ocupará o lugar do anterior.

Art. 850. Será admitida a redução ou a ampliação da penhora, bem como sua transferência para outros bens, se, no curso do processo, o valor de mercado dos bens penhorados sofrer alteração significativa.

• **Comentário**

Ocupavam-se do assunto os arts. 683, II, e 685, I e II, do CPC revogado.

Podemos dizer que subjace ao art. 850 do CPC o art. 824 do mesmo Código, conforme o qual o escopo da execução por quantia certa consiste na expropriação de bens do devedor (ou do responsável), a fim de satisfazer o direito do credor.

Por esse motivo, a penhora deverá recair em tantos bens quantos sejam suficientes para o pagamento do principal atualizado, dos juros, das custas e dos honorários de advogado (CPC, art. 831).

Em suma, o valor dos bens penhorados deve guardar estreita relação com os valores constantes do mandado executivo.

Após a penhora, todavia, o valor de mercado dos bens pode sofrer considerável alteração para mais ou para menos, de maneira a quebrar a relação a que nos referimos. Em face disso, caberá: a) ao credor requerer a ampliação da penhora, se houve redução do valor dos bens constritos; b) ao devedor, requerer a redução da penhora, se ocorreu elevação do valor dos bens penhorados. A maneira como o juiz agirá para restabelecer a antiga e necessária relação entre o valor dos bens penhorados e o montante do débito expresso do mandado executivo variará conforme as particularidades de cada caso concreto. Assim, por exemplo, no caso de redução do valor dos bens, ele poderá determinar que outros mais sejam penhorados ou transferir a penhora para um único bem, mais valioso. Havendo valorização dos bens penhorados, o juiz poderá liberar a penhora no tocante a um ou mais bens ou, se foi penhorado um único bem, poderá determinar que a penhora seja transferida a bem de menor valor.

Será prudente que o juiz ouça a parte contrária à que requereu a redução ou a ampliação da penhora no prazo que lhe assinar. Esse contraditório poderá fornecer ao magistrado subsídios para que possa melhor decidir a respeito.

Essa decisão, por ter caráter interlocutório (CPC, art. 203, § 2º) é irrecorrível de maneira autônoma no processo do trabalho (CLT, art. 893, § 1º). Só restará à parte impetrar mandado de segurança, contanto que se sinta segura para comprovar a existência de seu direito líquido e certo em ver reduzida ou ampliada a penhora.

Art. 851. Não se procede à segunda penhora, salvo se:

I — a primeira for anulada;

II — executados os bens, o produto da alienação não bastar para o pagamento do exequente;

III — o exequente desistir da primeira penhora, por serem litigiosos os bens ou por estarem submetidos a constrição judicial.

• **Comentário**

Caput. Reproduziu-se a regra do art. 667 do CPC revogado.

A norma versa a realização de uma segunda penhora, que somente será admitida nos casos indicados nos incisos I a III.

Inciso I. Se a penhora foi anulada, por algum dos motivos previstos em lei, é evidente que outra penhora deverá ser realizada, a fim de que se possa assegurar o sucesso da execução. A segunda penhora, neste caso, poderá ser determinada *ex officio*.

Inciso II. Muitas vezes, submetidos os bens à praça ou leilão o produto da expropriação é insuficiente para a satisfação integral do direito do credor. Como consequência, o juiz determinará a realização não de uma *segunda* penhora (como está na lei), mas de tantas quantas forem as penhoras necessárias para o pagamento do débito atualizado, acrescido de juros, despesas processuais, honorários de advogado e honorários periciais, quando devidos (CPC, art. 831). Não são raras as situações em que o devedor acaba sofrendo um desfalque patrimonial correspondente a duas, três ou mais vezes ao valor do seu débito. Isso decorre do valor pelos quais bens são arrematados — geralmente, muito inferior ao de mercado.

Uma advertência: não se procederá à segunda penhora se o juiz convencer-se de que o produto da expropriação será totalmente absorvido pelo pagamento das custas da execução (CPC, art. 836, *caput*).

Inciso III. Há casos em que se penhoram bens litigiosos ou bens já penhorados. Em tais situações, a lei permite ao credor requerer à realização de uma *segunda* penhora. Não nos parece, *data venia*, tratar-se aqui de *segunda* penhora, mas de *substituição* da penhora, ainda que não prevista pelo art. 848. Com efeito, se o bem é litigioso ou já foi penhorado em decorrência de outra execução, o credor terá o direito de solicitar a substituição da penhora, desde que haja outros bens penhoráveis e ainda que localizados em foro diverso daquele em que se processa a execução por ele promovida.

Não podemos ignorar o fato de que na maioria das vezes o bem litigioso ou já penhorado terá sido indicado pelo próprio devedor, que, por manifesta conveniência pessoal, preferiu assim agir a ter que apontar outros bens, livres e desembargados.

Art. 852. O juiz determinará a alienação antecipada dos bens penhorados quando:

I — se tratar de veículos automotores, de pedras e metais preciosos e de outros bens móveis sujeitos à depreciação ou à deterioração;

II — houver manifesta vantagem.

• **Comentário**

Caput. Há correspondência parcial com o art. 670 do CPC revogado.

A norma trata da alienação antecipada dos bens penhorados.

A responsabilidade do devedor, na execução, é de natureza eminentemente patrimonial (CPC, art. 789);

Código de Processo Civil

os bens que lhe foram penhorados se destinam, por isso, a responder pelas obrigações oriundas do título executivo.

Quando a lei determina que a apreensão judicial incida em tantos bens quantos bastem para satisfazer os direitos do credor (CPC, art. 831) — agora tornados efetivos em virtude do fenômeno jurídico da coisa julgada material —, não apenas está a reafirmar a índole patrimonial da execução como deixando claro que há uma íntima relação entre o valor dos bens e o da execução. Podemos dizer, pois, que o sucesso da execução por quantia certa depende da existência de bens, livres e desembargados, que a satisfaçam; daí emana a necessidade de serem tais bens, depois de apreendidos, entregues a um depositário, que ficará responsável pela sua guarda e conservação. Esse encargo do depositário perdura, em regra, até a entrega dos bens ao arrematante, ao adjudicatário ou a quem o juiz assim determinar, ou se a execução se extinguir por um dos motivos previstos em lei (CPC, art. 924).

Pode acontecer, entretanto, de: a) a penhora incidir em veículos automotores, pedras e metais preciosos ou em outros bens móveis sujeitos à depreciação ou à deterioração; b) haver manifesta vantagem em que sejam alienados o quanto antes possível. Verificando-se quaisquer desses casos, o juiz permitirá que se realize a *expropriação antecipada*, sob pena de perecimento ou grave desvalorização dos bens, em prejuízo dos interesses do credor e, em sentido mais amplo, da própria execução.

Inciso I. O inciso I do art. 670 do CPC de 1973 aludia, apenas, aos bens sujeitos à deterioração ou depreciação. O texto atual incluiu os veículos automotores e as pedras e metais preciosos. Não vemos razão para esse acréscimo, ou melhor, para essa referência específica, pois tanto os veículos quanto as pedras e os metais preciosos estavam compreendidos na expressão legal "depreciação ou deterioração".

Em rigor, fica difícil admitir a possibilidade de pedras e de metais preciosos serem suscetíveis de depreciação — e, quando menos, de deterioração. Parece-nos que o senso-comum nos autoriza a concluir em sentido oposto: esses bens tendem a valorizar-se. Seja como for, temos lei em vigor, que deverá ser cumprida quando for o caso.

No caso do art. 852 do CPC a alienação antecipada apresenta expressivo traço de cautelaridade, podendo ser autorizada pelo juiz, *ex officio*, ou a requerimento de uma ou de ambas as partes, ou, ainda, do próprio depositário. É evidente que o depositário possui interesse e legitimidade para requerer a expropriação antecipada, porquanto a ele incumbe não só manter os bens apreendidos como *conservá-los*, vale dizer, mantê-los no estado em que os recebeu (CPC, art. 159); caso contrário, responderá pelos prejuízos que, por dolo ou culpa, vier a causar à parte, além de perder o direito à remuneração que lhe havia sido arbitrada (CPC, art. 161). Segue-se que, presente um dos pressupostos do art. 852 do diploma processual civil, o depositário não apenas *pode*, mas, acima de tudo, *deve* pedir ao juiz a alienação antecipada dos bens que lhe foram confiados. Assim, também, o credor ou o devedor.

Inciso II. Far-se-á a expropriação antecipada, também, quando houver manifesta vantagem — seja para o credor, seja para o devedor.

Embora a doutrina do processo civil repute ser necessário o pedido de uma das partes (logo, o juiz não pode agir por sua incoação), para que a expropriação se efetue antes do momento processual oportuno, é de nosso parecer que, no processo do trabalho, sempre que houver *manifesta vantagem* aos propósitos da execução o juiz poderá ordenar, de ofício, a alienação antecipada (CLT, art. 765). Cremos, até mesmo, que os doutrinadores do processo civil não se deram conta de que: a) a norma legal, em rigor, não veda a iniciativa do juiz nessa matéria (CPC, art. 852); b) a entender-se que o magistrado somente pode autorizar essa alienação se o interessado a solicitar, isso poderá fazer com que, em muitos casos, fiquem preteridos os fins do processo de execução, que se desenvolve sob dois preceitos contrapostos mas imprescindíveis: de um lado, o de que a execução visa a atender ao direito e ao interesse do exequente (CPC, art. 797); de outro, o de que, podendo ser promovida por diversos meios, o juiz mandará que se faça pelo modo menos gravoso para o devedor (CPC, art. 805).

Art. 853. Quando uma das partes requerer alguma das medidas previstas nesta Subseção, o juiz ouvirá sempre a outra, no prazo de 3 (três) dias, antes de decidir.

Parágrafo único. O juiz decidirá de plano qualquer questão suscitada.

• **Comentário**

Caput. Repetiu-se a regra do art. 657 do CPC revogado.

A Subseção, a que se refere a norma legal em exame, é a IV, que dispõe sobre as modificações da penhora.

Quando, por exemplo, a alienação antecipada (art. 852) for requerida por uma das partes, o juiz ouvirá a outra, no prazo de três dias, antes de decidir. Sendo a alienação solicitada pelo *depositário*, julgamos que o juiz deva ouvir *ambas* as partes a respeito, no prazo comum de três dias, decidindo em seguida. Nesta hipótese, haveria imprudência do magistrado se deliberasse sem a audiência do credor e do devedor; e parcialidade se decidisse mediante consulta apenas a um dos contendores. Reiteremos a nossa opinião de que, no processo do trabalho, o juiz pode agir *ex officio* em relação ao art. 852 do CPC; logo, a referência do art. 853 do mesmo Código ao *requerimento* formulado por uma das partes não neutraliza o nosso ponto de vista que tem como cenário o processo do trabalho e o art. 765 da CLT.

Parágrafo único. O princípio legal é de que o juiz deve proferir decisões interlocutórias no prazo de dez dias (CPC, art. 226, II). Em determinados casos, no entanto, o próprio legislador coloca de lado esse princípio, ordenando que o magistrado decida *desde logo* ou *de plano*, como se verifica em relação ao parágrafo *sub examen* ao referir-se a "qualquer questão suscitada".

Na prática, muitos juízes têm deixado de cumprir as normas legais que lhes fixam prazo para a prática de atos processuais. O motivo desse descumprimento tem sido, via de regra, o acúmulo de serviços, a falta de serventuários etc., vale dizer, problemas estruturais do Judiciário.

Sendo deferida a expropriação antecipada, esta será feita de conformidade com o procedimento descrito pelos arts. 880 a 903 do CPC.

Devemos, agora, suscitar uma questão relevante. Quando tiver diante de si um requerimento de expropriação antecipada dos bens penhorados, o juiz terá de decidir entre duas situações algo contrapostas, a saber: a) de um lado, a necessidade de evitar que esses bens se deteriorem ou se depreciem, sob pena de a futura expropriação resultar ineficaz para a plena satisfação do direito do credor; b) de outro, a possibilidade de os embargos à execução oferecidos pelo devedor com fundamento, por exemplo, em prescrição intercorrente, novação, transação, quitação etc. virem a ser acolhidos, fazendo com que seja declarada extinta a execução. Estando já consumada a expropriação antecipada dos bens penhorados, o produto a ser entregue ao devedor, talvez, não reponha a perda patrimonial sofrida, sabendo-se que os lanços ofertados na praça ou no leilão soem ser muito inferiores ao valor de mercado dos bens.

Subseção V
Da Penhora de Dinheiro em Depósito ou em Aplicação Financeira

Art. 854. Para possibilitar a penhora de dinheiro em depósito ou em aplicação financeira, o juiz, a requerimento do exequente, sem dar ciência prévia do ato ao executado, determinará às instituições financeiras, por meio de sistema eletrônico gerido pela autoridade supervisora do sistema financeiro nacional, que torne indisponíveis ativos financeiros existentes em nome do executado, limitando-se a indisponibilidade ao valor indicado na execução.

§ 1º No prazo de 24 (vinte e quatro) horas a contar da resposta, de ofício, o juiz determinará o cancelamento de eventual indisponibilidade excessiva, o que deverá ser cumprido pela instituição financeira em igual prazo.

§ 2º Tornados indisponíveis os ativos financeiros do executado, este será intimado na pessoa de seu advogado ou, não o tendo, pessoalmente.

§ 3º Incumbe ao executado, no prazo de 5 (cinco) dias, comprovar que:

I — as quantias tornadas indisponíveis são impenhoráveis;

II — ainda remanesce indisponibilidade excessiva de ativos financeiros.

§ 4º Acolhida qualquer das arguições dos incisos I e II do § 3º, o juiz determinará o cancelamento de eventual indisponibilidade irregular ou excessiva, a ser cumprido pela instituição financeira em 24 (vinte e quatro) horas.

§ 5º Rejeitada ou não apresentada a manifestação do executado, converter-se-á a indisponibilidade em penhora, sem necessidade de lavratura de termo, devendo o juiz da execução determinar à instituição financeira depositária que, no prazo de 24 (vinte e quatro) horas, transfira o montante indisponível para conta vinculada ao juízo da execução.

§ 6º Realizado o pagamento da dívida por outro meio, o juiz determinará, imediatamente, por sistema eletrônico gerido pela autoridade supervisora do sistema financeiro nacional, a notificação da instituição financeira para que, em até 24 (vinte e quatro) horas, cancele a indisponibilidade.

Código de Processo Civil   Arts. 854

§ 7º As transmissões das ordens de indisponibilidade, de seu cancelamento e de determinação de penhora previstas neste artigo far-se-ão por meio de sistema eletrônico gerido pela autoridade supervisora do sistema financeiro nacional.

§ 8º A instituição financeira será responsável pelos prejuízos causados ao executado em decorrência da indisponibilidade de ativos financeiros em valor superior ao indicado na execução ou pelo juiz, bem como na hipótese de não cancelamento da indisponibilidade no prazo de 24 (vinte e quatro) horas, quando assim determinar o juiz.

§ 9º Quando se tratar de execução contra partido político, o juiz, a requerimento do exequente, determinará às instituições financeiras, por meio de sistema eletrônico gerido por autoridade supervisora do sistema bancário, que tornem indisponíveis ativos financeiros somente em nome do órgão partidário que tenha contraído a dívida executada ou que tenha dado causa à violação de direito ou ao dano, ao qual cabe exclusivamente a responsabilidade pelos atos praticados, na forma da lei.

• **Comentário**

Caput. A matéria constava do art. 655-A do CPC revogado.

A norma disciplina a penhora de dinheiro, em depósito ou em aplicação financeira, prevista no inciso I, do art. 835.

Mal o art. 853 acabou de declarar que quando uma das partes requerer alguma das medidas previstas na Subseção IV "o juiz *ouvirá sempre* a outra", no prazo de três dias, antes de decidir, o art. 854 afirma, sem sentido contrário, que o juiz, "sem dar ciência prévia ao devedor" determinará às instituições financeiras que procedam do modo indicado por essa norma legal. Pode-se asseverar, diante disso, que o art. 853 abriga um princípio, que pode ser excepcionado, como no caso do art. 834.

Do texto legal em estudo depreende-se a existência de alguns requisitos e sugestões para a sua aplicação. Se não, vejamos: a) haverá necessidade de requerimento do interessado, vedando-se, assim, a possibilidade de o juiz atuar *ex officio*; b) o executado não terá ciência prévia do requerimento formulado pelo credor; c) a decisão do juiz, que deferir (ou indeferir) o requerimento deverá ser fundamentada (CF, art. 93, IX); d) a referida decisão deverá ser transmitida, de preferência, por meio eletrônico; e) a indisponibilidade deverá ficar limitada ao valor indicado na execução.

O conteúdo da decisão será a determinação para que a autoridade supervisora do sistema bancário (Banco Central do Brasil) torne indisponíveis os ativos financeiros existentes em nome do devedor ou do responsável pelo adimplemento da obrigação. Com vistas a isso, o juiz não dará ciência prévia ao executado. A indisponibilidade, reiteremos, será limitada ao valor do débito atualizado.

A penhora de dinheiro, a um só tempo: a) atende aos interesses do credor, pois transitando em julgado a sentença resolutiva dos eventuais embargos oferecidos pelo devedor, o juiz liberará a quantia em prol do credor; b) evita que o devedor faça uso de artimanhas, como, por exemplo, indicando à penhora bens de difícil expropriação, seja pelo mau estado de conservação, seja porque caíram em desuso, seja por que motivo for.

§ 1º A contar da resposta, o juiz deverá, *ex officio*, no prazo de vinte e quatro horas, determinar o cancelamento de eventual indisponibilidade excessiva, devendo a instituição financeira cumprir a determinação judicial no mesmo prazo.

§ 2º Uma vez tornados indisponíveis (até o limite do débito em execução, ressalte-se) os ativos financeiros do devedor, este deverá ser intimado na pessoa do seu advogado; não o tendo, a intimação será feita ao próprio devedor.

§ 3º Dentro de cinco dias, contados da data de sua intimação, o devedor deverá adotar as providências mencionadas nos incisos I e II, ou seja, que as quantias tornadas indisponíveis são impenhoráveis e que ainda remanesce indisponibilidade excessiva de ativos financeiros.

§ 4º Sendo acatados quaisquer das arguições a que se referem os incisos I e II do § 3º, o juiz determinará o cancelamento de eventual indisponibilidade irregular ou excessiva, cuja ordem deverá ser cumprida pela instituição financeira no prazo de vinte e quatro horas.

§ 5º Se a manifestação do executado não for apresentada, ou for rejeitada, a indisponibilidade será convertida em penhora, sem necessidade de lavratura do correspondente termo. Caberá à instituição financeira respectiva transferir, no prazo de vinte e quatro horas, o montante penhorado para conta vinculada ao juízo da execução.

§ 6º Efetuado o pagamento do débito por outro meio, a indisponibilidade deverá cancelada pela instituição financeira depositária, no prazo de vinte e quatro horas, contado da determinação judicial.

§ 7º Deverão ser efetuadas via sistema eletrônico gerido pela autoridade supervisora do sistema financeiro nacional as transmissões das ordens de indisponibilidade, de cancelamento ou de determinação de penhora previstas no artigo em exame.

§ 8º Se a instituição financeira: a) tornar indisponíveis ativos financeiros em valor superior ao indicado na execução ou pelo juiz; b) ou deixar de cancelar a indisponibilidade no prazo legal ou no que lhe foi assinado pelo juiz, responderá pelos prejuízos acarretados ao executado.

§ 9º Tratando-se de execução contra partido político, o juiz, a requerimento do exequente, requisitará, por meio de sistema eletrônico gerido pela autoridade supervisora do sistema bancário, determinará que as instituições financeiras tornem indisponíveis ativos financeiros unicamente em nome do órgão partidário que tenha contraído a dívida executada ou que tenha dado causa à transgressão do direito ou ao dano, ao qual cabe, com exclusividade, a responsabilidade pelos atos praticados, nos termos da legislação aplicável.

Uma indagação inevitável: as disposições do art. 854 do CPC, são aplicáveis ao processo do trabalho? Vejamos.

Em março de 2002, o Tribunal Superior do Trabalho firmou, com o Banco Central do Brasil, um "Convênio de Cooperação Técnico-Institucional", com o objetivo de permitir o aceso, via *Internet*, ao Sistema de Solicitação do Poder Judiciário ao Banco Central do Brasil — denominado de Convênio BACEN-JUD.

Um dos grandes debates doutrinários que a contar daí se estabeleceu foi em torno da investigação sobre se esse Convênio se tornou insustentável após a inserção do art. 655-A, no sistema do CPC de 1973. Assim dizemos porque já havia vozes sustentada a ilegalidade desse Convênio por dispor sobre normas processuais, para cuja elaboração a competência exclusiva é da União (CF, art. 22, I).

Temos entendimento divergente. O referido Convênio não instituiu normas processuais: surgiu, apenas, para *uniformizar* o procedimento destinado a efetuar bloqueio de numerário, que vinha, antes, sendo determinado segundo critérios pessoais de cada magistrado. Por outro lado, o fato de a CLT ser omissa sobre a matéria não significa, necessariamente, que devam ser adotadas as disposições do CPC. O Convênio BANCEN-JUD, posto em prática há alguns anos, vem demonstrando a sua eficiência. A aplicação do art. 854, do CPC, poderia implicar um retrocesso na política de busca da efetividade da execução trabalhista.

O que preconizamos é aplicação *subsidiária* do art. 854, do CPC, naquilo em que não conflitar com as disposições do mencionado Convênio, como, por exemplo, a que atribui ao executado o ônus de provar que as quantias depositadas em conta corrente são impenhoráveis (§ 2º).

Na vigência do CPC de 1973 lançamos as seguintes considerações sobre o convênio BACEN JUD:

I — Introdução

A contar de certo momento de um passado não muito distante, alguns Juízes do Trabalho puseram-se a expedir ofícios, dirigidos a gerentes de agências bancárias e instituições financeiras localizadas em qualquer ponto do território nacional, para que procedessem ao bloqueio de numerário existente em conta corrente ou convertido em aplicações do devedor, significa dizer, daquele que estava sendo executado na Justiça do Trabalho.

Essa praxe provocou intensa reação, não só por parte dos devedores, mas, também, de determinados setores da doutrina, cujas críticas se concentravam em duas consequências desse procedimento adotado pelos juízes: a) a prática de atos processuais fora da jurisdição; b) a superposição de bloqueios (duplos, triplos, quádruplos), pois, de modo geral, os gerentes de estabelecimentos bancários, que realizavam os bloqueios por ordem judicial, não se comunicavam entre si, nem havia um órgão central que controlasse a realização desses diversos bloqueios.

Visando, de um lado, a dar cobro a essa praxe judiciária, e, de outro, a não deixar os Juízes do Trabalho destituídos de um instrumento eficaz para assegurar o sucesso da execução definitiva por quantia certa, o Tribunal Superior do Trabalho, em março de 2002, firmou, com o Banco Central do Brasil um "Convênio de Cooperação Técnico-Institucional", com o objetivo de obter acesso, via Internet, ao Sistema de Solicitação do Poder Judiciário ao Banco Central do Brasil — denominado de BACEN JUD.

Por força desse convênio, o TST e os Tribunais Regionais do Trabalho signatários de Termo de Adesão passaram a poder, dentro das respectivas jurisdições, encaminhar às instituições financeiras e demais entidades autorizadas a funcionar pelo BACEN, ofícios eletrônicos, contendo: a) solicitações de informações sobre a existência de contas correntes e aplicações financeiras; b) determinações de bloqueios e desbloqueios de contas envolvendo pessoas jurídicas clientes do Sistema Financeiro Nacional (além de outras), que figurem como executadas em processos da competência da Justiça do Trabalho.

Não tardou para que a doutrina e a jurisprudência, com os olhos postos nesse convênio, passassem a aludir à "penhora *on line*" — expressão, hoje, tão consagrada quão equívoca.

Assim dizemos, por haver impropriedade técnica nessa denominação, pois o que se tem, em rigor, é mero bloqueio *on line*. Com efeito, o que, na prática, se puseram a fazer os Juízes do Trabalho foi expedir, às instituições financeiras e outras, autorizadas a funcionar pelo Banco Central do Brasil, ordens de bloqueio eletrônico de valores existentes em contas correntes ou em aplicações financeiras dos devedores (executados). Em decorrência desse bloqueio, os referidos valores — até o limite do débito — se tornaram indisponíveis, por seus titulares.

É de extrema relevância jurídica, todavia, chamar-se a atenção ao fato de o bloqueio não se confundir com a penhora, nem a substituir. Na verdade, o bloqueio, considerado em si mesmo, não é uma figura prevista na legislação processual, civil ou trabalhista. É produto do mencionado convênio e funciona como uma providência antecedente à penhora. Sob este aspecto, é possível classificar-se o bloqueio como modalidade *sui generis* de medida cautelar inominada, devotada ao êxito do processo de execução. Seja como for, incorrem em grave deslize técnico os magistrados que se limitam a obter o bloqueio de numerário, sem convertê-lo, formalmente, em penhora, esta sim, prevista tanto no processo do trabalho (CLT, arts. 882 e 883) quanto no processo civil (arts. 659 a 685). Vale dizer, efetivado o bloqueio, incumbirá ao juiz convolá-lo para penhora, mediante a estrita observância das normas processuais incidentes, sob pena de transgressão da garantia constitucional do devido processo legal (art. 5º, inciso LIV).

A este respeito, é oportuno lembrar que a Comissão Mista de Reforma Trabalhista, considerando a existência do Projeto de Lei n. 2.597/2003 — pelo qual se procurava eliminar a utilização do bloqueio *on line* —, entregou ao Deputado Tarcísio Zimmermann, então presidente da Comissão de Trabalho, Administração e Serviço Público, da Câmara Federal, uma nota, da qual constavam, entre outras, esta afirmação: '*O Poder Judiciário somente se envolve na omissão do devedor e, como não poderia ser diferente, observa a ordem sequencial de bens penhoráveis. O sistema (BACEN JUD) faz exatamente isso: consulta a existência de dinheiro; se houver, apenas bloqueia a quantia, informando ao juiz para que, querendo, proceda a penhora pela forma prevista em lei...*' (destacamos).

Considerando que, mesmo na vigência do convênio BACEN JUD, continuaram a ocorrer: a) a expedição de ofícios, pelos juízes do trabalho, contendo determinação para a prática de atos processuais fora da respectiva jurisdição; b) bloqueios múltiplos nas contas de um mesmo devedor, o Ministro Corregedor-Geral da Justiça do Trabalho editou os Provimentos ns. 1/2003 (DJU de 1º.7.2003) e 3/2003 (DJU de 26.9.2003, republicado em 23.12.2003). Pelo primeiro, dispôs que: "*os juízes devem abster-se de requisitar às agências bancárias, por ofício, bloqueios fora dos limites de sua jurisdição, podendo fazê-lo apenas mediante o sistema Bacen Jud.*" (art. 5º). Destacamos. Pelo segundo, ser "*facultado a qualquer empresa do país, desde que de grande porte, e que, em razão disso, mantenha contas bancárias aplicações financeiras em várias instituições financeiras do país, solicitar ao TST o cadastramento de conta especial apta a acolher bloqueios on line realizados por meio do sistema bacen jud, pelo juiz do trabalho que oficiar no processo de execução movido contra a empresa*" (art. 1º). Ressaltamos.

A observar-se, ainda, a norma do art. 4º, do sobredito Provimento n. 1/2003, segundo a qual: "constatado que as agências bancárias praticam o delito de fraude à execução, os juízes devem comunicar a ocorrência ao Ministério Público Federal, bem como à Corregedoria Regional e à Corregedoria-Geral da Justiça do Trabalho, e relatar as providências tomadas".

O referido provimento, *data venia*, comete uma escorregadela técnica ao afirmar haver, aí, 'fraude à execução'. Ora, para chegar a essa conclusão, o provimento se funda no fato de gerentes de agências bancárias adotarem a prática de "alertar o correntista, exortando-o a retirar os valores da conta corrente a ser bloqueada". Entretanto, seja do ponto de vista do Direito Penal (Código Penal, art. 179) ou do direito processual (CPC, art. 593), a fraude à execução é ato exclusivo do devedor, e não de terceiro. Seria, portanto, absurdo imaginar que um ato praticado por gerente de estabelecimento bancário, na qualidade de terceiro, configurasse o ilícito da fraude à execução — como modalidade do gênero "ato atentatório à dignidade da justiça" (CPC, art. 602, inciso i) — e, em razão disso, autorizasse o magistrado a impor, ao devedor, multa não excedente a 20% do valor atualizado do débito em execução (CPC, art. 601, *caput*). O crime que o gerente de agência bancária cometeria, no caso, seria o de desobediência (Código Penal, art. 330), pressupondo-se que haveria descumprimento a uma ordem judicial (de bloqueio). Esse ato ilícito do gerente, entretanto, não se comunicaria ao devedor, nem geraria repercussão no patrimônio econômico deste. É inaplicável à espécie, portanto, a norma do art. 932, III, do Código Civil, segundo a qual são também responsáveis pela reparação civil: 'III — o empregador ou comitente, por seus empregados serviçais e prepostos, no exercício do trabalho que lhes competir, ou em razão dele', pois, na situação em exame, o gerente não é empregado do devedor, mas, como se disse, terceiro — ou preposto de terceiro. Fica afastada, por essa mesma razão, a incidência da Súmula n. 341, do STF.

A Justiça do Trabalho, portanto, a contar da assinatura do convênio BACEN JUD, passou a contar com um sistema em tempo real de garantia da execução por quantia certa, qual seja, o bloqueio *on-line*.

Os Provimentos n.s 1/2003 e 3/2003, da CGJT, foram consolidados em 2006 (Consolidação dos Provimentos da CGJT, arts. 52 a 64).

II — Pressupostos

Em nosso ver, para que o bloqueio *on line* se revista de regularidade, é imprescindível o atendimento a alguns pressupostos, que os classificamos em: 1) pressupostos para a emissão da ordem judicial de bloqueio; 2) pressupostos para a concretização do bloqueio. No primeiro caso, os pressupostos são: 1.1.) Tratar-se de execução definitiva; 1.2.) Deixar, o devedor, de indicar bens à penhora, ou fazê-lo em desobediência à ordem preferencial estabelecida pelo art. 655 (atual 670), do CPC; no segundo: 2.1.) A proporcionalidade do bloqueio; 2.2.) A utilidade do bloqueio; 2.3.) A convolação para penhora.

Justifiquemos essa classificação.

1. Pressupostos para a emissão da ordem judicial

Para que o bloqueio *on line* se justifique, não é bastante que o juiz faça alusão ao convênio BACEN/JUD, porquanto, se assim fosse, estar-se-ia, por certo, estimulando decisões arbitrárias, como tais entendidas as transbordantes do próprio objetivo do mencionado convênio.

1.1. Execução definitiva. O primeiro desses pressupostos é o de tratar-se de execução definitiva, vale dizer, que se processa com fulcro em sentença ou acórdão transitado em julgado ou em título extrajudicial. Cuidando-se de execução provisória (ou incompleta), não se admitirá o bloqueio *on line*.

O próprio Provimento n. 1/2003, da Corregedoria-Geral do TST, ressalta o caráter definitivo da execução; '*art. 1º — tratando-se de execução definitiva, o sistema Bacen Jud deve ser utilizado com prioridade sobre outras modalidades de constrição judicial*'. Salientamos.

Todavia, ao menos no terreno da execução provisória, a Súmula n. 417, do TST, parece haver consagrado o entendimento estribado na preeminência do art. 655, do CPC, conforme permite concluir o seu inciso III 'em se tratando de execução provisória, fere direito líquido e certo do impetrante a determinação de penhora em dinheiro, quando nomeados outros bens à penhora, pois o executado tem direito a que a execução se processe da forma que lhe seja menos gravosa, nos termos do art. 620 (atual art. 805) do CPC'.

1.2.) Deixar, o devedor, de indicar bens à penhora, segundo a ordem estabelecida pelo art. 655, do CPC. Conquanto a faculdade de o devedor nomear bens à penhora tenha sido supressa no sistema do CPC, ela permanece íntegra no processo do trabalho, conforme evidencia o *caput* do art. 880, da CLT.

Para que a determinação de bloqueio *on line* se legitime, é necessário que o devedor tenha deixado de indicar bens passíveis de penhora, ou tenha efetuado essa indicação sem obediência à ordem preferencial, estampada no art. 655 (atual 835), do CPC, ao qual o art. 882, da CLT, faz expressa remissão integrativa. É importante destacar, neste momento, a regra outrora inserta no art. 656, do CPC de 1973 — mas que foi incorporada ao processo do trabalho —, segundo a qual seria ineficaz a penhora (exceto se convier ao credor) quando "não obedecer à ordem legal".

Conseguintemente, agirá de maneira arbitrária o magistrado que, sem oferecer oportunidade ao devedor para indicar bens penhoráveis, determinar a realização de bloqueio de numerário existente em conta corrente ou de aplicações financeiras, deste.

2) pressupostos para a concretização do bloqueio

Respeitados os requisitos para a determinação do bloqueio, a concretização deste ato judicial terá a sua regularidade condicionada ao atendimento dos pressupostos a seguir indicados.

2.1.) A proporcionalidade do bloqueio

Conquanto o bloqueio *on line*, conforme já alertamos, não se confunda com a penhora, nem a substitua, não se pode deixar de considerar as disposições contidas nos arts. 646 (atual 824), do CPC, e 883, da CLT, pertinentes a esta última. Estabelece a primeira: "a execução por quantia certa tem por objeto expropriar bens do devedor, a fim de satisfazer o direito do credor"; e, a segunda, que se o devedor, citado, não pagar, nem garantir a execução, seguir-se-á a penhora de bens, "*tantos quantos bastem para o pagamento da importância da condenação, acrescida de custas e juros de mora...*"(destacamos). O CPC possui regra semelhante, constante do art. 659 (atual 831). A expressão legal "tantos (bens) quantos bastem" deixa claro que a penhora não deve ir além do necessário para atender ao conteúdo do título executivo, com as verbas que o integram, corrigidas monetariamente e acrescidas dos juros da mora, quando for o caso.

Segue-se, que, assim como a penhora, o bloqueio *on line* não pode ir além desses limites; se o fizer, configurará excesso, cuja anomalia, no sistema do processo do trabalho, poderá ser extirpada, em princípio, por meio de agravo de petição e, em situações excepcionais, de mandado de segurança, a fim de ajustar-se o tanto de penhora ao quanto necessário à satisfação integral do processo de execução. Não se descarta, inclusive, a possibilidade de a eliminação do excesso ser obtida em sede de ação rescisória, com fundamento no inciso V, do art. 485 (atual 966), do CPC.

Fala-se, pois, na doutrina, em proporcionalidade da penhora, para referir essa adequação entre a quantidade de bens a serem judicialmente constritos e o montante do valor devido pelo executado. Logo, pela mesma razão jurídica, pode-se aludir à proporcionalidade do bloqueio *on line* e elevá-la à categoria de pressuposto para a concretização regular desse ato judicial.

2.2. A utilidade do bloqueio

A penhora (assim como o bloqueio) deve ser útil ao escopo da execução, qual seja, o de expropriar bens do devedor, para satisfazer, plenamente, o direito do credor.

Deste modo, se a quantia depositada em conta corrente deste, ou por ele aplicada, não for suficiente, nem mesmo, para o pagamento das custas processuais, o juiz deverá abster-se de ordenar o bloqueio, porquanto este será inútil. Esta é a regra inscrita no art. 659, § 2º (atual 836) do CPC. Aliás, em situações como esta, a tendência será de o juiz intimar o credor para que "requeira o que entender de direito". Ora, tivemos oportunidade de denunciar, em outro sítio deste livro, que tal procedimento judicial é equivocado. Com efeito, se considerarmos que o devedor deixou de indicar bens passíveis de penhora (cuja omissão motivou o juiz a ordenar o bloqueio *on line*), intimar-se o credor para requerer o que for cabível será atribuir a este a solução de um problema a que não deu causa. Será, por outras palavras, fazer com que o credor seja levado a diligenciar para encontrar bens do devedor, suscetíveis de penhora, enquanto este se coloca em boa sombra, só assistindo às atribuições do adversário. Por isso, sempre sustentamos que se o oficial de justiça certificar a inexistência de bens penhoráveis (ou o juiz verificar que não há dinheiro sobre o qual possa incidir o bloqueio *on line*), o magistrado deverá intimar o próprio devedor, para que indique bens a serem penhorados.

O efeito prático do procedimento que estamos a alvitrar (e que sempre utilizamos, quando integrávamos a Justiça do Trabalho) não é somente o de livrar o credor desse encargo, mas, acima de tudo, caracterizar ato atentatório à dignidade da justiça, perpetrado pelo devedor (CPC, art. 600, III, atual 774, IV), caso este deixe de atender ao despacho judicial. A consequência dessa atitude do devedor ser-lhe-á a aplicação de multa, em benefício do credor, em montante não excedente a 20% do valor atualizado do crédito em execução (*ibidem*, parágrafo único). É razoável supor que o risco de sofrer essa considerável penalidade pecuniária faça com que o devedor se preocupe em indicar bens suscetíveis de penhora — ou, de qualquer modo, se dirija ao juízo, para prestar alguma satisfação. O que não é tecnicamente correto, nem moralmente justo, é atribuir-se ao credor a tarefa de descobrir bens do devedor, para efeito de fazer, nestes, incidir a penhora. Quem sabe onde se encontram os seus bens é o próprio devedor, que, por isso, não pode ser premiado por sua omissão em indicá-los ao juízo da execução.

2.3.) A convolação para penhora.

Dissemos, em linhas anteriores, por mais de uma vez, que o bloqueio on line não se confunde com a penhora, nem a substitui. Pois bem. Sendo assim, efetivado o bloqueio, o passo seguinte, a ser dado pelo juiz, consistirá

Código de Processo Civil

em converter esse bloqueio em penhora, a fim de que se preserve a garantia constitucional do devido processo legal (art. 5º, inciso liv).

Com vistas a isso, o magistrado cumprirá, no que couberem, as disposições do art. 665 (atual 838), do CPC. Formalizada a penhora do dinheiro, mandará citar o devedor, para oferecer embargos à execução, no prazo de cinco dias (CLT, art. 884). Nesses embargos, o devedor poderá alegar todas as matérias enumeradas nos arts. 475-L (atual 525, § 1º) e 745-A (atual 917), do CPC, que complementam, por assim dizer, a regra do art. 884, § 1º, da CLT.

Legalidade

Asseveramos, há pouco, que o bloqueio *on line*, como figura jurídica, não está previsto em norma legal. Isto significaria afirmar que esse procedimento seria ilegal? Entendemos que não. Para que nossa opinião seja adequadamente compreendida, é necessário investigarmos, ainda que em vôo breve, a natureza jurídica desse bloqueio.

Se pusermos à frente o fato de o bloqueio ser uma providência antecedente ao ato formal da penhora, e que se destina, de maneira imediata, a assegurar a futura satisfação dos direitos do credor, não teremos dificuldade em perceber o traço cautelar, que assinala esse ato judicial. Cuida-se, pois, de medida cautelar inominada, derivante do poder geral de cautela dos magistrados em geral, e cuja incidência não se restringe ao processo de execução, conforme possa fazer supor uma interpretação equivocadamente restritiva do vocábulo lide, utilizado na redação dessa norma legal.

Estamos a asseverar, portanto, que: a) o poder geral de acautelamento pode ser exercido, também, no terreno da execução; b) o bloqueio *on line* traduz medida cautelar inominada, ainda que *sui generis*. Logo, em princípio, não há ilegalidade nesse bloqueio, exceto, é evidente, se a sua realização implicar extravasamento dos próprios limites impostos pelo convênio Bacen Jud, ou pelo título executivo.

Inconstitucionalidade

Não são poucos os escritores que viram no bloqueio *on line* uma transgressão a determinadas garantias constitucionais, em especial, as: a) da ampla defesa; b) do contraditório; c) do devido processo legal; d) da isonomia; e e) do sigilo bancário.

Discordamos dessa opinião.

A) ampla defesa. O princípio em foco significa que os sistemas processuais devem permitir às partes (não somente ao réu, como, às vezes, se supõe) a utilização de todos os meios lícitos, necessários para promover a defesa judicial dos seus direitos ou interesses. O bloqueio *on line* não fere essa garantia, expressa no inciso LIV, do art. 5º, da Constituição Federal. Em primeiro lugar, porque o bloqueio somente deve ser realizado, como vimos, se o devedor deixar de indicar bens penhoráveis, no prazo que lhe for assinado, ou fazer essa indicação mediante desrespeito ao art. 655 (atual 835), do CPC; em, segundo, porque, efetivado o bloqueio *on line*, e convertido em penhora, o devedor terá, nos embargos que lhe são próprios, a oportunidade para submeter à apreciação judicial todos os argumentos e documentos que reputar essenciais à sua defesa, ficando, deste modo, preservada a garantia constitucional que estamos a examinar.

Arts. 854

B) contraditório. Este princípio se enastra com o da ampla defesa; certamente por isso, a sua sede também está no inciso LIV do art. 5º, da Constituição. O contraditório, em sede processual, significa a imposição legal de audiência bilateral (*audiatur et altera parte*), ou, como já se disse, a 'ciência bilateral dos atos contrariáveis'. Sob certo aspecto, o princípio do contraditório também se entrelaça com o da igualdade de tratamento (Constituição Federal, art. 5º, *caput*), porquanto ao juiz incumbe dar oportunidade para que cada parte se manifeste a respeito de ato processual praticado ou a ser praticado pelo adversário ou por terceiro, ou determinado pelo próprio juiz.

No caso do bloqueio *on line* não há transgressão à garantia constitucional em foco, seja porque se concedeu ao devedor oportunidade para nomear bens à penhora (foi, portanto, ouvido), seja porque o contraditório, em rigor, não se aplica quando for o caso de ordem, de determinação judicial.

C) devido processo legal. Uma nótula histórica oportuna: a cláusula do devido processo legal (*due process of law*) teve origem na *Magna Charta Libertarum*, do rei João Sem-Terra, de 1215 (art. 39). Inicialmente, a garantia de um 'julgamento regular', referida nessa carta, fora denominada *law of the land*, expressão mais tarde substituída, no *Statute of Westminster of the Liberties of London*, de 1354, de Eduardo III, por *due processo of law*.

Entre nós, essa garantia está inscrita no inciso LIV, do art. 5º, da Constituição Federal.

Na verdade o "devido processo legal" constitui um superprincípio, do qual, em certa medida, todos os outros derivam, dentre os quais: da citação regular; do julgamento público; da produção de provas em geral; do contraditório; da ampla defesa; de não ser processado por lei retroativa; de ser processado por autoridade competente; da igualdade de tratamento; de não ser acusado ou condenado com base em provas obtidas por meios ilícitos; de obter sentença fundamentada; da assistência judiciária gratuita.

O bloqueio *on line*, contudo, não viola o princípio do "devido processo legal", inclusive, no que respeita aos (sub)princípios do contraditório e da ampla defesa, conforme procuramos demonstrar. É necessário repisar a observação de que esse bloqueio: a) só se deve realizar se o devedor deixar de indicar bens passíveis de penhora, ou indicá-los mediante desrespeito à ordem preferencial estabelecida no art. 655 (atual 835) , do CPC; b) traduz medida cautelar inominada, que não substitui a penhora, como ato formal do processo de execução.

D) isonomia. Como vimos há pouco, o princípio da igualdade de todos perante a lei está materializado no caput do art. 5º, da Constituição da República, irradiando-se, no plano infraconstitucional. Não se nega a relevância desse princípio nos Estados Democráticos de Direito, como é o caso do Brasil. Daí, porém, a afirmar-se que o bloqueio *on line* acarreta violação do princípio da isonomia vai distância abissal. Assim dizemos, porque o juiz, de modo algum, estará ministrando ao devedor um tratamento anti-igualitário, no que diz respeito ao credor. Além disso, não podemos ignorar a regra do art. 612 (atual 797), do CPC, conforme a qual a execução se processa no interesse do credor. Justamente por isso, é que se declarou, na Exposição de Motivos do CPC de 1973, que na execução o credor possui preeminência jurídica, no tocante ao credor, que, em decorrência disso, fica ontologicamente colocado em um estado de sujeição ao comando que se esplende do título executivo e dos atos judiciais necessários para alcançar o objetivo do processo de execução.

No processo cognitivo, o tratamento igualitário que o juiz deve subministrar às partes é pleno e incondicional, pois, antes da sentença, não se pode precisar com qual delas está o direito disputado; na execução, ao contrário, bem ou mal, já houve um pronunciamento jurisdicional acerca do direito, com trânsito em julgado, tendo o direito sido reconhecido em benefício do autor. Por este motivo, a igualdade de tratamento judicial às partes (que deixaram de ser autor e réu, e se converteram em credor e devedor) há que se operar sob o influxo da preeminência jurídica que a própria lei atribui ao credor. É, de certo modo, uma igualdade dentro da desigualdade.

E) sigilo bancário. O bloqueio *on line* não implica quebra de sigilo bancário das partes em litígio e de nenhum usuário do sistema financeiro.

Aos magistrados é vedado incursionar pelas contas bancárias dos devedores, para obter informações que não atendam aos estritos interesses e objetivos da execução. Não podemos imaginar que os juízes passem a fazer uso do convênio Bacen/Jud com a exclusiva finalidade de bisbilhotar as contas correntes e as aplicações financeiras dos devedores, ou seja, por um simples ato de curiosidade inconsequente. É evidente que se o fizessem com esse propósito estariam malferindo os incisos X e XII do art. 5º da Constituição Federal, que asseguram o direito à intimidade e à vida privada, bem como a inviolabilidade do sigilo de dados. Esta tem sido a posição da jurisprudência, como revela ementa de acórdão do TST, a seguir transcrita: 'RECURSO DE REVISTA– EXECUÇÃO — PENHORA — LEGITIMIDADE DO BLOQUEIO DE CONTA PELO BANCO CENTRAL — a ordem dada ao Banco Central para o bloqueio de contas de sócios da executada emana de juízo trabalhista competente e, pois, não viola diretamente a literalidade do art. 5º, LIV, da Constituição Federal. Não obstante tratar-se de matéria de *lege ferenda*, a situação apresenta analogia com a da incipiente penhora *on-line*, no sentido de que, mediante ordem de rastreamento de contas e bloqueio preventivo pelo órgão federal tecnicamente aparelhado para executá-lo, o juízo culmina por inserir-se em jurisdição virtual, que não admite fronteiras. Além do mais, há o privilégio desbravador do crédito trabalhista, assegurado na legislação (Lei n. 6.830/80 e art. 186 do Código Tributário Nacional) e particularmente pelo art. 449 da CLT. Incidência do art. 896, § 2º, da CLT. Recurso de revista não conhecido'. (TST — RR 60822 — 3ª t. — Relª Min. Conv. Wilma Nogueira de A. Vaz da Silva — DJU 3.10.2003) JCF.5 Liv JCTN.186 JCLT.449 JCLT.896 JCLT.896.2

Conclusão

O bloqueio *on line*, considerado segundo as estritas disposições do convênio BACEN JUD, não é ilegal, nem inconstitucional. Cuida-se de uma forma singular de exercício do poder geral de cautela dos magistrados em geral — poder que não se exaure no processo de conhecimento, alcançando, de igual modo, o de execução.

Entendemos tratar-se de medida cautelar inominada *sui generis* porque, em rigor, o pressuposto do *periculum in* mora nem sempre será exigido. Por outro lado,

mais do que simples *fumus boni iuris*, o título executivo refletirá uma certeza quanto ao direito do credor, sendo importante lembrar, nesta altura, que o bloqueio *on line* só será lícito quando for o caso de execução definitiva.

Justamente pelo fato de o aludido bloqueio somente ser possível nas execuções definitivas é que a sua utilização coloca em evidência a regra do art. 612 (atual 797), do CPC, de acordo com a qual a execução se processa no interesse do exequente. E, não há negar, a este interessa bloquear numerário do devedor, como ato antecedente ou preparatório da penhora, pois, por meio dessa providência, o credor se livra dos inúmeros incidentes que soem caracterizar a fase de expropriação (discordância quanto à avaliação; quanto ao estado de conservação; embargos de terceiro etc.) quando a penhora incide em bens de outra classe (móveis, imóveis).

Vista, portanto, sob o ângulo pragmático do devedor, e ético, da Justiça, o bloqueio *on line* constitui procedimento capaz de, a um só tempo, assegurar a celeridade e o sucesso da execução forçada, por quantia certa, e de fazer respeitar o prestígio da coisa julgada material e do pronunciamento jurisdicional que a gerou.

É elementar, entretanto, que as regras de comedimento, que norteiam a atuação do magistrado, como reitor soberano do processo, não podem ser ignoradas em tema de bloqueio *on line*. Para que se tenha ideia do que estamos a ponderar, basta mencionar o fato de o bloqueio *on line* vir a ser realizado antes mesmo de dar-se oportunidade ao devedor, para cumprir a obrigação consubstanciada no título executivo; ou ser efetuado em valor muito superior ao necessário (excesso de bloqueio ou bloqueios múltiplos); ou tornar inviável a própria sobrevivência do devedor, pessoa física ou jurídica, colocando em risco, assim, o emprego de diversos trabalhadores, por este remunerados; ou, ainda, o bloqueio tiver como objeto dinheiro depositado na conta corrente de estabelecimento hospitalar (devedor), que, em razão disso, fique impossibilitado de adquirir medicamentos essenciais para o tratamento ou — o que será pior — a sobrevivência dos pacientes nele internados.

Enfim, como dissemos, o magistrado deverá ter sensibilidade e descortino suficientes para perceber quando o bloqueio *on line* será necessário e quando será dispensável; para perceber que esse bloqueio não foi instituído com a finalidade de espezinhar a dignidade humana dos devedores, nem de tornar-lhes impossível a continuidade das atividades empresariais. Todo magistrado tem diante de si uma linha sutil, traçada pelo Direito, que separa o arbítrio da arbitrariedade. Respeitar essa linha traduz, mais do que um ato de bom-senso, um dever fundamental do magistrado.

É oportuno lembrar, aliás, que se o juiz agir com arbitrariedade e, com isso, causar danos ao devedor, a União (no caso da Justiça do Trabalho) responderá por perdas e danos, com fulcro no art. 37, § 6º, da Constituição Federal, que adotou a teoria da responsabilidade objetiva — no caso, sob a forma de risco administrativo. Dispõe a referida norma constitucional: "As pessoas jurídicas de direito público e as de direito privado prestadoras de serviços públicos responderão pelos danos que seus agentes, nessa qualidade, causarem a terceiros, assegurado o direito de regresso contra o responsável nos casos de dolo ou culpa".

A propósito, ouvem-se, a todo momento, devedores a reclamar que bloqueio pode acarretar, para o devedor,

Código de Processo Civil

prejuízos muito mais sérios do que próprio bloqueio. Este fato — como diria o poeta — seria irônico, se não fosse trágico".

Adaptados os dispositivos do CPC de 1973 aos seus correspondentes no CPC em vigor, o nosso estudo sobre o convênio BACEN JUD permanece atual.

A Lei n. 11.491, de 28 de maio de 2009, em um de seus dispositivos, estabelecia que o bloqueio *on line* das micros, médias e pequenas empresas somente poderia ocorrer após o esgotamento dos outros meios de garantia da dívida em discussão, fosse ela trabalhista, fiscal ou civil. Houve intensa pressão da Associação Nacional dos Magistrados do Trabalho para que esse dispositivo da Lei fosse vetado pelo Presidente da República. O veto efetivamente ocorreu, de tal maneira que as referidas empresas estão sujeitas ao bloqueio *on line*.

Subseção VI
Da Penhora de Créditos

Art. 855. Quando recair em crédito do executado, enquanto não ocorrer a hipótese prevista no art. 856, considerar-se-á feita a penhora pela intimação:

I — ao terceiro devedor para que não pague ao executado, seu credor;

II — ao executado, credor do terceiro, para que não pratique ato de disposição do crédito.

• **Comentário**

Caput. O tema era tratado no art. 671 do CPC revogado.

É possível que o devedor seja credor de terceiro. Comprovado o fato, poderá o exequente requerer ao juiz que faça incidir a penhora nesse crédito. Enquanto não se verificar a situação prevista no art. 856, a penhora será considerada feita pela intimação das pessoas mencionadas nos incisos I e II.

Inciso I. Do terceiro devedor, para que não pague ao seu credor.

Inciso II. Do credor do terceiro, para que não pratique ato de disposição do crédito.

Em quaisquer das situações previstas nos incisos I e II: a) o devedor ou o terceiro deverão ser intimados; b) o descumprimento à ordem judicial configurará o crime de desobediência (CP, art. 330).

Art. 856. A penhora de crédito representado por letra de câmbio, nota promissória, duplicata, cheque ou outros títulos far-se-á pela apreensão do documento, esteja ou não este em poder do executado.

§ 1º Se o título não for apreendido, mas o terceiro confessar a dívida, será este tido como depositário da importância.

§ 2º O terceiro só se exonerará da obrigação depositando em juízo a importância da dívida.

§ 3º Se o terceiro negar o débito em conluio com o executado, a quitação que este lhe der caracterizará fraude à execução.

§ 4º A requerimento do exequente, o juiz determinará o comparecimento, em audiência especialmente designada, do executado e do terceiro, a fim de lhes tomar os depoimentos.

• **Comentário**

Caput. Reproduziu-se a regra do art. 672 do CPC revogado.

Se o crédito que o executado possuir perante terceiro estiver representado por letra de câmbio, nota promissória, duplicata, cheque ou outros títulos a penhora será feita mediante a apreensão do respectivo documento, mesmo que este não se encontre em poder do devedor.

§ 1º Pode ocorrer de o título não ser encontrado, mas o terceiro confessar a dívida. Nesta hipótese, o devedor será considerado como depositário da quantia. Cuida-se, aqui, de um depositário *sui generis*, ao qual não se aplicam por inteiro as disposições dos arts. 159 a 161 do CPC.

§ 2º Para que o terceiro se exonere da obrigação é necessário que deposite em juízo a quantia pertinente à dívida.

Como bem acentua Liebman, a penhora em crédito ou direitos patrimoniais do devedor é efetuada, em regra, com intimação do terceiro obrigado para que somente satisfaça a obrigação em virtude de ordem judicial, com o que ele se torna, a contar desse momento, depositário judicial da coisa ou quantia devidas, preso às responsabilidades imanentes ao (en)cargo (obra cit., p. 135). É certo que o terceiro poderá livrar-se da obrigação e das responsabilidades de depositário efetuando o depósito do bem ou importância devidos, complementando o ilustre jurista italiano que "Se, depois de realizada a penhora, o terceiro entregar a coisa ou pagar a dívida ao executado, este ato ficará sem efeito em face da execução e não o libertará da obrigação, continuando na situação de obrigado e devendo cumprir novamente sua prestação" (*ibidem*).

§ 3º Não se afasta a possibilidade de o terceiro, em conluio com o executado, negar o débito. Neste caso, a quitação que o devedor der ao terceiro será considerada em fraude à execução (CPC, art. 792 e 856, § 3º), que é legalmente tipificada como um dos atos atentatórios à dignidade da justiça (CPC, art. 774, I). Como consequência, a quitação dada pelo devedor será ineficaz, sem prejuízo de o juiz aplicar-lhe a multa e outras sanções previstas no parágrafo único do art. 774.

§ 4º Conquanto a norma legal afirme que *a requerimento do credor* o juiz mandará que o devedor e o terceiro compareçam à audiência especialmente designada para tomar-lhes os depoimentos, o juiz ordenar esse comparecimento *ex officio*, pois a tanto o autoriza o art. 139, VIII do CPC, de acordo com o qual o magistrado pode "determinar, a qualquer tempo, o comparecimento pessoal das partes, para interrogá-las sobre os fatos da causa". O fato de a norma citada fazer alusão às *partes* não subtrai do juiz a faculdade de mandar vir a juízo também o *terceiro*, para interrogá-lo.

Art. 857. Feita a penhora em direito e ação do executado, e não tendo ele oferecido embargos ou sendo estes rejeitados, o exequente ficará sub-rogado nos direitos do executado até a concorrência de seu crédito.

§ 1º O exequente pode preferir, em vez da sub-rogação, a alienação judicial do direito penhorado, caso em que declarará sua vontade no prazo de 10 (dez) dias contado da realização da penhora.

§ 2º A sub-rogação não impede o sub-rogado, se não receber o crédito do executado, de prosseguir na execução, nos mesmos autos, penhorando outros bens.

• **Comentário**

Caput. Reproduziu-se o teor do art. 673 do CPC revogado.

Quando for efetuada a penhora em direito e ação do devedor, e este: a) não oferecer embargos à execução; ou b) sendo rejeitados os embargos, o credor ficará, automaticamente, sub-rogado nos direitos do devedor. Essa sub-rogação, todavia, não é ampla, pois ficará limita à concorrência do seu crédito.

Trata-se de sub-rogação legal, por força da qual o sub-rogado poderá exercer, em face do terceiro, os direitos e as ações judiciais que cabiam ao credor, até à soma que tiver desembolsado para desobrigar o devedor (CC, art. 350).

§ 1º Não havendo interesse do credor na sub-rogação, permite-lhe a lei a expropriação judicial do direito penhorado, devendo manifestar a sua vontade, quanto a isso, no prazo de dez dias, contado da efetivação da penhora. Como, no sistema do processo civil, o executado dispõe de quinze dias para embargar a execução, fica evidente que isso praticamente impossibilita ao exequente requerer a substituição da sub-rogação pela alienação judicial, pois o prazo, para essa finalidade, é somente de dez dias.

§ 2º A sub-rogação não impede ao sub-rogado (exequente), se não receber o crédito do devedor, prosseguir na execução, nos mesmos autos, requerendo a apreensão de outros bens deste. Cuida-se, portanto, de sub-rogação a título *pro solvendo*, uma vez que não ocorrerá a liberação do executado, nem será extinto o processo de execução.

Art. 858. Quando a penhora recair sobre dívidas de dinheiro a juros, de direito a rendas ou de prestações periódicas, o exequente poderá levantar os juros, os rendimentos ou as prestações à medida que forem sendo depositados, abatendo-se do crédito as importâncias recebidas, conforme as regras de imputação do pagamento.

• **Comentário**

Há plena correspondência com o art. 675 do CPC revogado.

Incidindo a penhora em dívidas de dinheiro a juros, de direito a rendas, ou de prestações periódicas, será lícito ao exequente levantar os juros, os rendimentos ou as prestações, à medida que forem sendo depositados. Deverão ser, porém, abatidas do seu crédito as quantias recebidas, segundo as regras da imputação em pagamento. Essa modalidade de pagamento é regida pelos arts. 352 a 355 do CC.

Art. 859. Recaindo a penhora sobre direito a prestação ou a restituição de coisa determinada, o executado será intimado para, no vencimento, depositá-la, correndo sobre ela a execução.

• **Comentário**

Repete-se, em essência, a regra do art. 676 do CPC revogado.

Sendo penhorado direito que tenha por objeto prestação ou restituição de coisa determinada, diz a norma quer o devedor será intimado para, no vencimento, depositá-la, processando-se sobre ela a execução. Aqui, o legislador se expressou de maneira inadequada, pois quem deverá ser intimado não é o devedor-executado, e sim, o devedor do devedor (*debitor debitoris*), ou seja, um *terceiro*, porquanto é este quem detém a posse da coisa.

Art. 860. Quando o direito estiver sendo pleiteado em juízo, a penhora que recair sobre ele será averbada, com destaque, nos autos pertinentes ao direito e na ação correspondente à penhora, a fim de que esta seja efetivada nos bens que forem adjudicados ou que vierem a caber ao executado.

• **Comentário**

Reproduziu-se o art. 674 do CPC revogado.

Sempre que o direito estiver sendo postulado em juízo, a penhora será averbada no *rosto dos autos* (desde que o tenha por objeto, bem como as ações que lhe correspondem), para que se efetive nos bens que forem adjudicados ou vierem a caber ao executado.

Com vistas a esse procedimento, o oficial de justiça lavrará o auto de penhora e intimará o escrivão para que a averbe no *rosto dos autos* — a que, vulgarmente, se tem denominado "capa" (trata-se, na realidade, da primeira *folha* dos autos, haja vista ser numerada).

A eficácia da penhora por essa forma realizada fica, por assim dizer, em estado *latente*, vindo a ser *ativada* (= deflagrada) no momento em que, nesses mesmos autos, os bens forem adjudicados ou entregues ao devedor; ocorrendo quaisquer desses fatos, a penhora incidirá com a eficácia e os efeitos que lhe são inerentes, uma vez que os bens já se encontram individualizados, livres e desembargados e com propriedade definida. Nesse aspecto, pode-se afirmar que os bens são liberados do processo em que o devedor os obteve, passando a vincular-se à execução em que ele figure como devedor. Há, cor isso, o que se poderia denominar de *transposição processual* dos bens penhorados.

Subseção VII

Da Penhora das Quotas ou das Ações de Sociedades Personificadas

Art. 861. Penhoradas as quotas ou as ações de sócio em sociedade simples ou empresária, o juiz assinará prazo razoável, não superior a 3 (três) meses, para que a sociedade:

I — apresente balanço especial, na forma da lei;

II — ofereça as quotas ou as ações aos demais sócios, observado o direito de preferência legal ou contratual;

III — não havendo interesse dos sócios na aquisição das ações, proceda à liquidação das quotas ou das ações, depositando em juízo o valor apurado, em dinheiro.

§ 1º Para evitar a liquidação das quotas ou das ações, a sociedade poderá adquiri-las sem redução do capital social e com utilização de reservas, para manutenção em tesouraria.

§ 2º O disposto no *caput* e no § 1º não se aplica à sociedade anônima de capital aberto, cujas ações serão adjudicadas ao exequente ou alienadas em bolsa de valores, conforme o caso.

Art. 861

§ 3º Para os fins da liquidação de que trata o inciso III do *caput*, o juiz poderá, a requerimento do exequente ou da sociedade, nomear administrador, que deverá submeter à aprovação judicial a forma de liquidação.

§ 4º O prazo previsto no *caput* poderá ser ampliado pelo juiz, se o pagamento das quotas ou das ações liquidadas:

I — superar o valor do saldo de lucros ou reservas, exceto a legal, e sem diminuição do capital social, ou por doação; ou

II — colocar em risco a estabilidade financeira da sociedade simples ou empresária.

§ 5º Caso não haja interesse dos demais sócios no exercício de direito de preferência, não ocorra a aquisição das quotas ou das ações pela sociedade e a liquidação do inciso III do *caput* seja excessivamente onerosa para a sociedade, o juiz poderá determinar o leilão judicial das quotas ou das ações.

• **Comentário**

Caput. Trata-se de matéria não contida no CPC revogado.

Sociedade *empresária* é a que tem por objeto o exercício de atividade própria de empresário sujeito a registro; são *simples* as demais sociedades (CC, art. 982, *caput*). Independentemente do seu objeto, é empresária a sociedade por ações; e, simples, a cooperativa (*ibidem*, parágrafo único).

Efetuada a penhora das quotas ou das ações de sócio em sociedade simples ou empresária, o juiz fixará prazo razoável, não excedente a três meses, para que a sociedade as providências mencionadas nos incisos I a III.

Inciso I. apresente balanço especial na forma da lei,

Inciso II. ofereça as quotas ou ações aos demais sócios, com observância do direito de preferência legal ou contratual;

Inciso III. Proceda à liquidação das quotas ou das ações, caso não haja interesse dos sócios em adquiri-las. O produto pecuniário dessa liquidação deverá ser depositado em juízo.

§ 1º Como medida tendente a evitar a liquidação das quotas ou das ações, será facultado à sociedade adquiri-las sem redução do capital social e com a utilização de reservas, para manutenção em tesouraria.

§ 2º As disposições do *caput* e do § 1º não são aplicáveis à sociedade anônima de capital aberto. As suas ações serão adjudicadas ao exequente ou alienadas em bolsa de valores, conforme o caso.

§ 3º Como vimos, o art. 861, III, determina que a sociedade proceda à liquidação das quotas ou das ações; para esse efeito, o credor ou a sociedade poderá requerer ao magistrado a nomeação de administrador, que deverá submeter à apreciação judicial a forma de liquidação. O administrador funcionará como auxiliar do juízo (CPC, art. 149), sendo-lhe aplicadas as disposições dos arts. 159 a 161 do CPC.

§ 4º O prazo de três meses previsto no *caput* poderá ser ampliado pelo juiz se o pagamento das quotas ou das ações incidir em uma das situações previstas nos incisos I e II.

Inciso I. Superar o valor do saldo de lucros ou reservas, com exceção da legal, e sem redução do capital social, ou por doação;

Inciso II. Colocar em risco a estabilidade financeira da sociedade simples ou empresária.

§ 5º Não havendo interesse dos demais sócios quanto ao exercício do direito de preferência, ou não ocorrendo a aquisição das quotas ou das ações pela sociedade, e a liquidação mencionada no inciso III se torne excessivamente onerosa para a sociedade, o juiz poderá determinar que as quotas ou ações sejam objeto de leilão judicial.

Subseção VIII
Da Penhora de Empresa, de Outros Estabelecimentos e de Semoventes

Art. 862. Quando a penhora recair em estabelecimento comercial, industrial ou agrícola, bem como em semoventes, plantações ou edifícios em construção, o juiz nomeará administrador-depositário, determinando-lhe que apresente em 10 (dez) dias o plano de administração.

§ 1º Ouvidas as partes, o juiz decidirá.

§ 2º É lícito às partes ajustar a forma de administração e escolher o depositário, hipótese em que o juiz homologará por despacho a indicação.

§ 3º Em relação aos edifícios em construção sob regime de incorporação imobiliária, a penhora somente poderá recair sobre as unidades imobiliárias ainda não comercializadas pelo incorporador.

§ 4º Sendo necessário afastar o incorporador da administração da incorporação, será ela exercida pela comissão de representantes dos adquirentes ou, se se tratar de construção financiada, por empresa ou profissional indicado pela instituição fornecedora dos recursos para a obra, devendo ser ouvida, neste último caso, a comissão de representantes dos adquirentes.

• **Comentário**

Caput. A matéria estava parcialmente regulada pelo art. 677 do CPC revogado.

O juiz deverá nomear depositário sempre que a penhora incidir em estabelecimento comercial, industrial ou agrícola, semoventes, plantações ou edifícios em construção. O administrador deverá apresentar o plano de administração no prazo de dez dias, contado de sua nomeação.

A despeito do silêncio do Código, entendemos que o administrador faça jus a remuneração pelas funções que venha a exercer em decorrência desse encargo, porquanto o direito do administrador a essa remuneração está assegurado pelo art. 160 do mesmo diploma processual. A remuneração referida será arbitrada pelo juiz, levando em conta a situação dos bens, ao tempo da prestação dos serviços, e as dificuldades de sua execução — critérios que se encontram definidos no art. 160, *caput*, do CPC.

Oportuno trazer à baila o magistério de Amílcar de Castro, de que "o administrador não está sujeito à ação de depósito, mas a de prestação de contas, sujeitando-se, por esta, à pena de remoção, sendo sequestrados os bens sob sua guarda, e glosados quaisquer prêmios ou gratificações a que tenha direito" (obra cit., p. 267, n. 275).

Estabelecimento comercial e fundo de comércio podem ser consideradas, sob o aspecto vulgar, expressões equivalentes, sendo a última de origem francesa (*fond de commerce*). Tecnicamente, contudo, este último é o "conjunto de direitos que se estabelecem em favor do comerciante, nos quais se computam e se integram não somente os que possam representar ou configurar materialmente, mas toda a sorte de bens, mesmo imateriais, que se exibem como um valor a favor do comerciante" (SILVA, De Placido e. *Vocabulário Jurídico*. 26. ed. Rio de Janeiro: Forense, 2005. p. 644).

§ 1º Apresentado o plano de administração, o juiz ouvirá as partes e decidirá. A norma não indica o prazo para a manifestação das partes, nem se é comum ou sucessivo. Aplica-se, em face disso, a regra genérica do art. 218, § 3.º, que estabelece o prazo de cinco dias. Será sempre recomendável, todavia, que o juiz fixe, desde logo, o prazo, esclarecendo se é comum ou sucessivo.

§ 2º Podem os próprios litigantes, contudo, estabelecer, entre si, a forma de administração, escolhendo, livremente, o depositário, incumbindo ao juiz homologar, por despacho, a indicação feita. É elementar que, se as partes não chegarem a um acordo quanto ao modo de administrar os bens, a solução será o juiz nomear depositário, de quem exigirá a apresentação de um plano de gestão.

Foi prudente o legislador ao determinar a continuidade das atividades econômicas do estabelecimento penhorado (para falarmos apenas deste), pois a cessação de seu funcionamento poderia causar danos não só aos interesses do devedor como do credor. Ademais, um estabelecimento é fonte de absorção de mão-de-obra, tem uma função social, e, por isso, a sua expropriação haveria de provocar malefícios em quase toda a comunidade. Melhor, pois, do que aliená-lo de plano será possibilitar o seu funcionamento, sob a administração de um depositário, pois tal solução é a que melhor harmoniza os diversos interesses em jogo (do credor, que deseja ver atendido o seu direito; do devedor, que terá mantido em seu patrimônio o estabelecimento, dele retirando os meios necessários ao pagamento da dívida; da comunidade, que terá assegurado o emprego de muitos dos seus membros).

Atrevemo-nos, mesmo, a identificar aí uma espécie de *solução* circunstancialmente *socialista*, que o legislador brasileiro encontrou para o problema.

§ 3º Quanto aos edifícios em construção sob o regime de incorporação imobiliária a penhora somente poderá ter como objeto as unidades imobiliárias ainda não comercializadas. Mencionemos, a propósito, as seguintes súmulas do STJ: "84. É admissível a oposição de embargos de terceiro fundados em alegação de posse advinda do compromisso de compra e venda de imóvel, ainda que desprovido do registro"; "308. A hipoteca firmada entre a construtora e o agente financeiro, anterior ou posterior à celebração da promessa de compra e venda, não tem eficácia perante os adquirentes do imóvel".

§ 4º No caso de haver necessidade de afastar o incorporador da administração, esta será exercida pela comissão de representantes dos adquirentes. Tratando-se de construção financiada, por empresa ou profissional indicado pela instituição fornecedora dos recursos para a obra, será ouvida a comissão de representantes dos adquirentes.

Art. 863. A penhora de empresa que funcione mediante concessão ou autorização far-se-á, conforme o valor do crédito, sobre a renda, sobre determinados bens ou sobre todo o patrimônio, e o juiz nomeará como depositário, de preferência, um de seus diretores.

§ 1º Quando a penhora recair sobre a renda ou sobre determinados bens, o administrador-depositário apresentará a forma de administração e o esquema de pagamento, observando-se, quanto ao mais, o disposto em relação ao regime de penhora de frutos e rendimentos de coisa móvel e imóvel.

§ 2º Recaindo a penhora sobre todo o patrimônio, prosseguirá a execução em seus ulteriores termos, ouvindo-se, antes da arrematação ou da adjudicação, o ente público que houver outorgado a concessão.

• **Comentário**

Caput. O tema era disciplinado pelo at. 678 do CPC revogado.

A norma alude à penhora de *empresa*.

Todavia, a *empresa*, como fenômeno ou entidade jurídica, é mera *abstração*; o seu conceito é marcado pela *imaterialidade*, pois traduz o exercício de uma *atividade* econômica organizada. Daí, o equívoco, em que o vulgo costumeiramente incorre, ao considerar sinônimos os vocábulos *empresa* e *estabelecimento comercial*. Ora, este último é uma entidade material, concreta, com existência física perceptível, ao passo que a empresa é algo impalpável, como a emoção, o sentimento, o caráter etc., motivo por que não pode ser confundida com o estabelecimento.

Brunetti, aliás — citado por Rubens Requião —, já chamava a atenção ao fato de que "a empresa, se do lado político-econômico é uma realidade, do jurídico é *un'astrazione*, porque, reconhecendo-se como organização de trabalho formada das pessoas e dos bens componentes da azienda, a relação entre a pessoa e os meios de exercício não pode conduzir senão a uma entidade abstrata, devendo-se na verdade ligar à pessoa do titular, isto é, ao empresário" (obra cit., 1º v., p. 56).

Conseguintemente, a *empresa*, em rigor, não pode ser objeto de penhora, como supôs o legislador processual civil (art. 862); passível de apreensão judicial é, isto sim, o *estabelecimento* (comercial, industrial etc.), como *base física* da empresa, que é integrado por elementos corpóreos e incorpóreos, aglutinados para o exercício de uma atividade empresarial produtiva.

Caso o estabelecimento funcione mediante concessão ou autorização do Poder Público, a penhora será realizada, conforme seja o valor do crédito: a) sobre a renda; b) sobre determinados bens, ou c) sobre todo o patrimônio.

Será nomeado como depositário, de preferência, um dos seus diretores.

§ 1º Se o objeto da penhora for renda ou certos bens, o depositário apresentará ao juiz a forma de administração e o esquema de pagamento, devendo ser respeitadas, nessa hipótese, as disposições legais concernentes ao regime de penhora de frutos e rendimentos de coisa móvel e imóvel, regido pelos arts. 867 a 869 do CPC.

§ 2º Recaindo a apreensão judicial na integralidade do patrimônio, prosseguir-se-á na execução, ouvindo-se, antes da arrematação ou da adjudicação, o ente público outorgante da concessão.

Art. 864. A penhora de navio ou de aeronave não obsta que continuem navegando ou operando até a alienação, mas o juiz, ao conceder a autorização para tanto, não permitirá que saiam do porto ou do aeroporto antes que o executado faça o seguro usual contra riscos.

• **Comentário**

Reproduziu-se o art. 679 do CPC revogado.

A lei prevê a penhora de navios e aeronaves. Sensível ao fato de que a apreensão dessa espécie de bens, seguida de proibição quanto ao uso destes, poderia implicar danos de difícil reparação ao executado, além de graves transtornos quanto aos planos de navegação, e a terceiros em geral, o legislador permite que navios e aeronaves penhorados continuem a navegar ou a operar, até que sejam expropriados. É certo que esse prosseguimento quanto à navegação ou à operação deve ser expressamente autorizado pelo juiz da execução, pois deste será sempre a competência para dar o consentimento, ainda que a penhora tenha sido determinada pelo juízo deprecado. Há mais. Para que o navio possa deixar o porto, e a aeronave o aeroporto, é imprescindível que, antes, o executado contrate o seguro usual contra riscos, juntando cópia da apólice nos autos, para efeito de atendimento a essa exigência legal.

Inafastável regra de prudência recomenda magistrado ouvir o credor a respeito da apólice apresentada pelo executado, pois aquele poderá ter interesse em suscitar alguma contrariedade (alegando, e. g., que o valor segurado é muito inferior ao do bem e o mais que tenha para dizer).

Art. 865. A penhora de que trata esta Subseção somente será determinada se não houver outro meio eficaz para a efetivação do crédito.

• **Comentário**

A norma esclarece que a penhora a que se refere a Subseção VIII (arts. 862 a 864) somente deverá ocorrer se não houver outro meio eficaz para a satisfação do crédito.

Subseção IX
Da Penhora de Percentual de Faturamento de Empresa

Art. 866. Se o executado não tiver outros bens penhoráveis ou se, tendo-os, esses forem de difícil alienação ou insuficientes para saldar o crédito executado, o juiz poderá ordenar a penhora de percentual de faturamento de empresa.

§ 1º O juiz fixará percentual que propicie a satisfação do crédito exequendo em tempo razoável, mas que não torne inviável o exercício da atividade empresarial.

§ 2º O juiz nomeará administrador-depositário, o qual submeterá à aprovação judicial a forma de sua atuação e prestará contas mensalmente, entregando em juízo as quantias recebidas, com os respectivos balancetes mensais, a fim de serem imputadas no pagamento da dívida.

§ 3º Na penhora de percentual de faturamento de empresa, observar-se-á, no que couber, o disposto quanto ao regime de penhora de frutos e rendimentos de coisa móvel e imóvel.

• **Comentário**

Caput. De modo menos amplo, o assunto era regulado pelo art. 655-A, § 3º, do CPC revogado.

A jurisprudência anterior ao advento da Lei n. 11.382/2006 já fixava alguns critérios objetivos com vistas a legitimar a penhora de faturamento de empresas, quais sejam: a) o devedor não possuísse outros bens penhoráveis, ou, se os possuísse, estes fossem de difícil expropriação; b) houvesse indicação de administrador e esquema de pagamento; c) o percentual estabelecido sobre o faturamento não tornasse inviável o exercício da atividade empresarial.

Em termos gerais, o art. 866 do CPC incorporou esses critérios.

Com efeito, quando o executado não possuir bens penhoráveis, ou, possuindo-os, forem de difícil expropriação ou insuficientes para pagar, integralmente, a dívida, o juiz poderá determinar a penhora de percentual do faturamento da empresa devedora.

Note-se: enquanto o art. 862 do CPC cogita da penhora do *estabelecimento* (comercial, industrial ou agrícola), o art. 866 cuida da penhora de percentual do *faturamento* da empresa. Sempre que possível, será preferível que a penhora incida no faturamento, pois isso evitará que o estabelecimento venha a ser expropriado, fato que poderá ocasionar o fechamento de diversos postos de trabalho. De qualquer maneira, ficará sempre reservado ao prudente arbítrio do magistrado verificar, segundo as particularidades de cada caso concreto, qual será a forma de penhora que consiga conciliar duas regras legais contrapostas: os arts. 797, segundo o qual a execução se processa no interesse do credor, e o art. 805, determinante de que a execução se processe pelo modo menos gravoso ao devedor.

§ 1º Ao deferir a penhora do faturamento, o juiz deverá fixar um percentual que atenda a dois requisitos opostos: de um lado, ser suficiente para a satisfação do crédito exequendo em um tempo razoável; de outro, que não inviabilize o exercício da atividade empresarial. A aplicação desse critério nem sempre será fácil, principalmente se considerarmos a possibilidade de existirem diversas execuções contra a mesma "empresa" (sociedade comercial industrial etc.) tramitando em Varas do Trabalho diferentes. Se, por exemplo, houver dez execuções e cada magistrado fixar em dez por cento o percentual relativo à penhora do faturamento, *todo* o faturamento será absorvido, comprometendo, desse modo, a continuidade da atividade empresarial — o que contraria a regra do § 1º do art. 866 do CPC.

Por esse motivo é que se deveria ter adotado o regime de *concurso de credores*, a fim de que um só juízo pudesse controlar o grau de comprometimento do faturamento da empresa, como providência destinada a assegurar o exercício das atividades desta.

A penhora do estabelecimento (CPC, art. 862) não seria solução adequada, porque desaguaria na expropriação ou na adjudicação deste, circunstâncias que poderiam levar, em alguns casos, a uma acentuada redução dos postos de trabalho ou até mesmo de fechamento do estabelecimento.

Pensamos que, no âmbito da Justiça do Trabalho, os Tribunais Regionais, por ato de seu presidente, poderiam determinar que o juízo (Vara) que por primeiro determinasse a penhora de percentual do faturamento da empresa se tornasse prevento, de tal modo que nos demais casos em tramitação noutras Varas, em que houvesse requerimento de penhora do faturamento da mesma devedora, os autos seriam encaminhados ao juízo prevento, que apreciaria o requerimento. Deferindo-o, a execução prosseguiria no juízo prevento; indeferindo-o, os autos seriam devolvidos ao juízo de origem. Não se imagine que os Tribunais do Trabalho, ao disporem sobre o assunto, estariam a legislar sobre *processo* — matéria de competência privativa da União (CF, art. 22, I). Seriam meras normas de *procedimento*.

§ 2º Ao deferir a penhora em percentual de faturamento da empresa, o magistrado nomeará administrador-depositário, a quem caberá submeter à aprovação judicial a forma de sua atuação. O administrador-depositário deverá prestar contas mensalmente e entregar em juízo as quantias recebidas, acompanhadas dos respectivos balancetes mensais, para serem imputadas no pagamento da dívida.

Paga, integralmente, a dívida (principal, custas, honorários e outras despesas processuais), cessará a administração judicial da empresa, levantando-se a penhora do faturamento.

§ 3º Assim como se passa no caso de penhora incidente sobre a renda ou sobre determinados bens da empresa (CPC, art. 863, § 1º), na penhora de percentual do faturamento deverá ser observado, no que couber, o regime de penhora de frutos e rendimentos de coisa móvel ou imóvel, disciplinado pelos arts. 867 a 869 do CPC e sobre os quais lançaremos comentários a seguir.

Subseção X

Da Penhora de Frutos e Rendimentos de Coisa Móvel ou Imóvel

Art. 867. O juiz pode ordenar a penhora de frutos e rendimentos de coisa móvel ou imóvel quando a considerar mais eficiente para o recebimento do crédito e menos gravosa ao executado.

• Comentário

O CPC revogado nada continha sobre o assunto.

Enquanto o art. 866 trata da penhora de percentual do faturamento de empresa, o art. 867 dispõe sobre a penhora de frutos e rendimentos de coisa móvel ou imóvel.

A norma legal estabelece os critérios para que o juiz ordene a penhora desses frutos e rendimentos: a) quando a reputar mais eficiente para o recebimento do crédito; b) quando for menos gravosa ao executado. Destarte, o juiz não deverá deferir a penhora quando, embora sendo mais eficiente para satisfazer o direito do credor, for mais onerosa para o devedor, ou vice-versa. Os dois requisitos, por nós referidos, são, pois, cumulativos e não, alternativos.

Respeitados esses critérios, o juiz poderá determinar, por exemplo, a penhora de rendimento de um ônibus de transporte de passageiros ou de aluguel de um imóvel.

A expressão legal "frutos e rendimentos" deve ser interpretada de maneira ampla, por forma a não frustrar a aplicação do art. 866, *caput*, do CPC.

Art. 868. Ordenada a penhora de frutos e rendimentos, o juiz nomeará administrador-depositário, que será investido de todos os poderes que concernem à administração do bem e à fruição de seus frutos e utilidades, perdendo o executado o direito de gozo do bem, até que o exequente seja pago do principal, dos juros, das custas e dos honorários advocatícios.

§ 1º A medida terá eficácia em relação a terceiros a partir da publicação da decisão que a conceda ou de sua averbação no ofício imobiliário, em caso de imóveis.

§ 2º O exequente providenciará a averbação no ofício imobiliário mediante a apresentação de certidão de inteiro teor do ato, independentemente de mandado judicial.

• **Comentário**

Caput. Deferida a penhora de frutos e rendimentos, daí decorrem as seguintes consequências: a) o juiz nomeará administrador-depositário, que será investido de todos os poderes concernentes à administração do bem e à fruição dos seus frutos e utilidades; b) o executado perderá o direito de gozo do bem, até que haja a satisfação integral do crédito do exequente, acrescido dos juros, das custas e dos honorários de advogado.

§ 1º A medida terá eficácia perante terceiros: a) em relação aos bens móveis, a partir da publicação da decisão que a deferiu; b) em relação aos imóveis, a contar de sua averbação no registro competente.

§ 2º No sistema do CPC, a averbação no ofício imobiliário independe de mandado judicial, devendo ser providenciada pelo próprio credor, mediante a certidão de inteiro teor do ato. No processo do trabalho, a averbação deve ser efetuada por mandado judicial, expedido *ex officio*, por força do disposto no art. 7º, IV, da Lei n. 6.830/80 (CLT, art. 889).

Art. 869. O juiz poderá nomear administrador-depositário o exequente ou o executado, ouvida a parte contrária, e, não havendo acordo, nomeará profissional qualificado para o desempenho da função.

§ 1º O administrador submeterá à aprovação judicial a forma de administração e a de prestar contas periodicamente.

§ 2º Havendo discordância entre as partes ou entre essas e o administrador, o juiz decidirá a melhor forma de administração do bem.

§ 3º Se o imóvel estiver arrendado, o inquilino pagará o aluguel diretamente ao exequente, salvo se houver administrador.

§ 4º O exequente ou o administrador poderá celebrar locação do móvel ou do imóvel, ouvido o executado.

§ 5º As quantias recebidas pelo administrador serão entregues ao exequente, a fim de serem imputadas ao pagamento da dívida.

§ 6º O exequente dará ao executado, por termo nos autos, quitação das quantias recebidas.

• **Comentário**

Caput. O administrador-judicial poderá ser o exequente ou o executado. Antes de nomear um deles, o juiz ouvirá o outro no prazo que lhe assinar. Se não houver acordo entre as partes, cumprirá ao magistrado nomear profissional qualificado para o desempenho das funções, na forma do art. 868.

Art. 870

§ 1º Caberá ao administrador-depositário submeter à apreciação do juiz a forma: a) de administração; b) de prestação periódica de contas. Parece-nos que o administrador-depositário, em rigor, não submeterá a forma de administração à aprovação judicial, senão que apenas, em um primeiro momento, a apresentará ao juiz. As razões desse nosso entendimento serão reveladas no comentário ao § subsequente.

§ 2º Diz, a norma *sub examen*, que se houver discordância entre as partes, ou entre estas e o administrador, o juiz deverá decidir a melhor forma de administração do bem. Da conjugação dos §§ 1º e 2º do art. 869 do CPC extraímos a conclusão de que o administrador-depositário deverá *apresentar* ao juiz a forma de administração (e de prestação periódica de contas), da qual dará vista às partes no prazo que lhes fixar). Se houver divergência ente elas, ou entre uma ou ambas e o administrador-depositário, incumbirá ao juiz decidir qual lhe pareça ser a melhor forma de administração do bem. Percebe-se, pois, que, ao contrário do contido no § 1º, o administrador-depositário não estará submetendo à *aprovação* judicial (imediata) a forma de administração, senão que a *apresentando* ao magistrado, que ouvirá as partes a respeito.

§ 3º Pode acontecer de o imóvel estar arrendado; neste caso, o inquilino pagará diretamente ao exequente, exceto se houver administrador do imóvel, a quem, então, o inquilino efetuará o pagamento.

§ 4º Tanto o exequente quanto o administrador poderão firmar contrato de locação do bem móvel ou imóvel, devendo, antes, ser ouvido o executado a respeito. A norma não indica o procedimento a ser adotado na hipótese de o executado discordar de alguma cláusula do contrato, como, por exemplo, a que fixa o valor do aluguel ou de seu reajustamento. Entendemos que o juiz deverá decidir a respeito.

§ 5º As quantias que forem recebidas pelo administrador deverão ser entregues ao exequente, para serem imputadas no pagamento da dívida. O legislador repetiu, aqui, o critério adotado pelo § 2º do art. 866, pertinente à penhora de percentual do faturamento de empresa.

§ 6º Das quantias recebidas, o exequente dará quitação nos autos ao executado.

Subseção XI

Da Avaliação

Art. 870. A avaliação será feita pelo oficial de justiça.

Parágrafo único. Se forem necessários conhecimentos especializados e o valor da execução o comportar, o juiz nomeará avaliador, fixando-lhe prazo não superior a 10 (dez) dias para entrega do laudo.

• **Comentário**

Caput. Dedicava-se ao tema o art. 680 do CPC revogado.

Nos termos do art. 887, da CLT, a avaliação dos bens penhorados será feita por avaliador escolhido pelas partes. Ocorre, entretanto, que esse dispositivo foi tacitamente revogado pela Lei n. 5.442, de 24-5-1968, que deu nova redação ao art. 721 da CLT, que criou a figura do oficial de justiça *avaliador*.

No processo do trabalho legislado a avaliação dos bens penhorados deveria ser efetuada logo após a resolução dos embargos opostos pelo devedor, como evidencia o art. 886, § 2º, da CLT ("julgada subsistente a penhora", diz a norma).

Provavelmente, contudo, por influência da Lei n. 6.830/80, firmou-se a praxe, no processo do trabalho, de proceder-se à avaliação ato contínuo à apreensão dos bens; dispõe, com efeito, o art. 7º, V, da antedita Lei que o despacho do juiz que deferir a inicial importa em ordem para "avaliação dos bens penhorados", fixando o art. 13 o momento em que esta deverá ser realizada: "O termo ou auto de penhora conterá, também, **a avaliação dos bens penhorados**, efetuada por quem o lavrar" (sublinhamos) — declara a norma legal supracitada.

Em rigor, esse *deslocamento* da oportunidade própria para fazer-se a avaliação é irregular, pois, sendo o processo do trabalho dotado de norma disciplinadora da matéria (CLT, art. 887, § 2º), não se poderia aplicar, em caráter supletivo, norma forânea (Lei n. 6.830/80), pois ausente o pressuposto medular da omissão do texto trabalhista (CLT, art. 769).

Não teria sido, contudo, o art. 886, § 2º, da CLT derrogado pela Lei n. 5.442, de 24 de maio de 1968, que instituiu a figura do oficial de justiça avaliador? Certamente que não; a derrogação, provocada por essa Lei, foi, isto sim, do § 2º do art. 887 da CLT, a teor do qual "Os servidores da Justiça do Trabalho não poderão ser escolhidos ou designados para servirem de avaliadores". Derrogação tácita, diga-se.

José A. Rodrigues Pinto, verberando contra a praxe de avaliar-se os bens logo em seguida à sua apreensão, argumenta: "Não nos parece, igualmente, que o pretexto de maior celeridade processual, unindo num só momento um ato de constrição a outro de avaliação, corresponda ao mínimo ideal de bom senso e segurança para a própria execução" (*Execução trabalhista*. São Paulo: LTr, 1984. p. 109/110). Pondera, ainda, o mencionado autor que, excetuados os casos de amplo desinteresse do devedor, que não constituem a regra nas relações de execução, cumulado com a ausência de impugnação do credor à sentença de liquidação, um lapso de tempo mais ou menos razoável decorre entre o julgamento da penhora e a efetiva expropriação dos bens apreendidos, sendo que, "Durante esse lapso, a situação dos bens e a natural mutação de valor, numa economia agudamente inflacionária, como a nossa, leva a um irremediável descompasso entre a avaliação prematuramente feita e a determinada pela legislação de processo trabalhista e civil" (*ibidem*).

Coloquemos um grão de sal no problema.

Se, de um lado, é certo que o longo período de tempo que sói mediar da penhora ao proferimento da decisão que a declara subsistente (CLT, art. 886, § 2º) parece desaconselhar a manutenção da praxe de se avaliarem os bens muito antes do momento estabelecido em lei (*ibidem*), não menos exato é que uma tal avaliação antecipada é medida necessária para determinar se o valor dos bens apreendidos é bastante para propiciar plena satisfação do direito do credor, ou, antes mesmo, para permitir ao magistrado verificar se o juízo se encontra, efetivamente, garantido, como pressuposto indispensável à admissibilidade dos embargos que o devedor pretenda oferecer. É relevante observar, nesta altura, a declaração contida no art. 831 do CPC, de que a penhora deverá incidir "em tantos bens quantos bastem para o pagamento do principal atualizado, dos juros, das custas e dos honorários advocatícios".

Pior, pois, do que se ter de reavaliar os bens após o julgamento da penhora será, sem dúvida, permitir-se que o devedor embargue a execução sem que esteja, verdadeiramente, garantido o juízo, como exige a lei (CLT, art. 884, *caput*).

Para que não nos deitem censuras pelo fato de estarmos preconizando, supostamente, um desrespeito ao § 2º do art. 886 da CLT, e para que também não abdiquemos das opiniões aqui manifestadas, quanto ao risco de um apego ao legismo, sugerimos forma conciliatória, que, a propósito, adotávamos na prática: avaliam-se os bens no instante mesmo em que são penhorados (para que se possa saber se a execução está mesmo garantida) e, julgada subsistente a penhora, efetua-se a *reavaliação*, sempre que houver necessidade, cuidando-se de, por medida de equidade, mandar atualizar a conta geral da execução.

O prazo para que os oficiais de justiça cumpram, de modo geral, os mandados emitidos pelo juiz é de nove dias (CLT, art. 721, § 2º); em se tratando, contudo, de *avaliação*, o prazo será de dez dias, em decorrência da remissão feita pelo § 3º do art. 721 da CLT ao art. 888 do mesmo texto legal. Isso significa que se o oficial de justiça realizar a penhora e a consequente avaliação dentro de dez dias terá atendido ao prazo fixado para esta, mas excedido ao pertinente àquela.

Na falta ou impedimento de oficial de justiça avaliador, o juiz poderá cometer a realização do ato a qualquer serventuário (CLT, art. 721, § 5º).

A CLT é omissa quanto à possibilidade de a avaliação ser impugnada pelo interessado (credor ou devedor); em face dessa lacuna normativa, pode-se invocar o art. 13, §§ 1º e 2º, da Lei n. 6.830/80 para preenchê-la. Desse modo, impugnada que seja a avaliação, o juiz, após ouvir a parte contrária, nomeará avaliador oficial para proceder à nova avaliação dos bens, no prazo de quinze dias; inexistindo, na jurisdição do juízo, avaliador oficial, ou se este não puder apresentar o laudo no prazo legal, será nomeada pessoa ou entidade habilitada, à livre escolha do magistrado. Apresentado o laudo, o juiz decidirá de plano sobre a avaliação (*ibidem*, § 3º).

A impugnação da avaliação representa típico incidente da execução, da mesma forma como o é, no processo de conhecimento, a impugnação ao valor que o juiz arbitrou à causa (Lei n. 5.584/70, art. 2º, §§ 1º e 2º).

Art. 871. Não se procederá à avaliação quando:

I — uma das partes aceitar a estimativa feita pela outra;

II — se tratar de títulos ou de mercadorias que tenham cotação em bolsa, comprovada por certidão ou publicação no órgão oficial;

III — se tratar de títulos da dívida pública, de ações de sociedades e de títulos de crédito negociáveis em bolsa, cujo valor será o da cotação oficial do dia, comprovada por certidão ou publicação no órgão oficial;

IV — se tratar de veículos automotores ou de outros bens cujo preço médio de mercado possa ser conhecido por meio de pesquisas realizadas por órgãos oficiais ou de anúncios de venda divulgados em meios de comunicação, caso em que caberá a quem fizer a nomeação o encargo de comprovar a cotação de mercado.

Parágrafo único. Ocorrendo a hipótese do inciso I deste artigo, a avaliação poderá ser realizada quando houver fundada dúvida do juiz quanto ao real valor do bem.

Art. 872

• Comentário

Caput. A matéria era regida pelo art. 684 do CPC revogado.

A norma indica os casos em que não será necessário proceder-se à avaliação dos bens penhorados.

Na vigência do CPC de 1973, não se avaliam os bens se: a) o credor aceitar a estimativa feita quando da nomeação feita pelo executado; b) forem títulos ou mercadorias que tenham cotação em bolsa, comprovada por certidão ou publicação no órgão oficial (CPC, art. 684, I e II). A norma, em sua redação anterior, também dispensava a avaliação quando os bens fossem de pequeno valor (inciso III, revogado pela Lei n. 11.382/2006).

Inciso I. Se uma das partes aceitar a estimativa feita pela outra. Um esclarecimento: essa norma, em princípio, apenas incidirá nos casos em que os bens tenham sido oferecidos à penhora pelo devedor-executado, oportunidade em que este deverá estimar o valor do bem, cumprindo ao juiz fixar prazo para que o exequente se manifeste a respeito. Quando a penhora é realizada pelo oficial de justiça (sem que o bem tenha sido indicado pelo executado), esse auxiliar do juízo fará constar do mandado a avaliação do bem por ele efetuada, motivo pelo qual não se poderá cogitar, aqui, de aceitação da estimativa feita pela parte contrária.

Inciso II. Se a parte comprovar, mediante certidão ou publicação oficial, que os títulos ou mercadorias penhorados possuem cotação em bolsa, ficará dispensada a avaliação desses bens. É recomendável que o juiz conceda prazo para que a parte contrária se manifeste.

Inciso III. De igual maneira, dispensar-se-á a avaliação quando se tratar de títulos da dívida pública, de ações das sociedades e de títulos de crédito negociáveis em bolsa, cujo valor será o da cotação oficial do dia em que se realizar a penhora. A cotação deverá ser comprovada mediante certidão ou publicação no órgão oficial. Também aqui será prudente que o juiz assine prazo para a manifestação da parte contrária.

Inciso IV. No caso de veículos automotores ou de outros bens cujo preço médio de mercado possa ser conhecido por meio de pesquisas realizadas por órgãos oficiais ou de anúncios de venda divulgados em meios de comunicação, será desnecessária a avaliação dos bens penhorados. Exige a norma, porém, que a parte que fizer a nomeação comprove a cotação do mercado.

Como a lei fala de pesquisas realizadas por *órgãos oficiais* ou de *anúncios de venda* divulgados pelos meios de comunicação, em princípio não se prestam para os fins do inciso em exame as tabelas de preços que as revistas especializadas em veículos automotores costumam divulgar.

Juntado o comprovante da cotação do mercado, o juiz deverá ouvir a outra parte no prazo que lhe fixar.

Parágrafo único. No caso do inciso I o juiz poderá determinar a avaliação quando estiver em dúvida em relação ao real valor do bem. Observe-se que o inciso I cogita de uma das partes aceitar a estimativa efetuada pela outra; nada obstante, o juiz, autorizado pela lei, pode desconsiderar essa comunhão de vontade das partes, para, no caso de dúvida fundada, determinar a avaliação do bem. Quando a norma legal faz alusão à "fundada dúvida" está a esclarecer que esta deverá ser baseada em algo concreto, palpável, não sendo, pois, aceitável a que seja produto de mera hesitação ou especulação da inteligência do magistrado. Um dos motivos previstos pelo art. 873 do CPC para proceder-se a *nova avaliação* do bens penhorado se verifica no caso de fundada dúvida do magistrado "sobre o valor atribuído ao bem na primeira avaliação" (inciso III).

Art. 872. A avaliação realizada pelo oficial de justiça constará de vistoria e de laudo anexados ao auto de penhora ou, em caso de perícia realizada por avaliador, de laudo apresentado no prazo fixado pelo juiz, devendo-se, em qualquer hipótese, especificar:

I — os bens, com as suas características, e o estado em que se encontram;

II — o valor dos bens.

§ 1º Quando o imóvel for suscetível de cômoda divisão, a avaliação, tendo em conta o crédito reclamado, será realizada em partes, sugerindo-se, com a apresentação de memorial descritivo, os possíveis desmembramentos para alienação.

§ 2º Realizada a avaliação e, sendo o caso, apresentada a proposta de desmembramento, as partes serão ouvidas no prazo de 5 (cinco) dias.

• Comentário

Caput. O tema era objeto do art. 681 do CPC revogado.

Se a avaliação for efetuada: a) por oficial de justiça, constará de vistoria e de laudo, que deverão ser anexados ao auto de penhora; b) por avaliador, constará de laudo apresentado no prazo assinado pelo juiz.

Tanto a vistoria quanto os laudos deverão conter as especificações indicadas nos incisos que serão a seguir comentados.

Inciso I. A descrição dos bens, com as suas características, e o estado de conservação em que se encontram. No caso de semoventes, deverá ser indicada a espécie, a quantidade, a marca ou sinal e o local onde se encontram (CPC, art. 847, § 1º, III). Sugerimos, ainda, a indicação da idade desses semoventes, pois esse dado é importante para efeito da avaliação de cada um.

Inciso II. O valor dos bens. Como o escopo da penhora é a expropriação dos bens penhorados, a fim de ser satisfeito o direito do credor, é de extrema importância que o auto ou o laudo indiquem o valor dos bens. Se esse valor for inferior ao do crédito do exequente e das despesas processuais haverá necessidade de ser realizada penhora complementar(CPC, art. 874, II). Por outro lado, não se realizará a penhora quando for evidente que — com base na avaliação efetuada — o produto da expropriação dos bens puder ser inteiramente absorvido pelo pagamento das custas da execução (CPC, art. 836, *caput*).

§ 1º Se o bem penhorado for imóvel suscetível de divisão cômoda, a avaliação, tendo em vista o valor do crédito em execução, será efetuada em partes, sugerindo-se, mediante a apresentação de memorial descritivo, os possíveis desmembramento para efeito de expropriação.

§ 2º Efetuada a avaliação e apresentada a proposta de desmembramento, quando for o caso, o juiz ouvirá as partes no prazo de cinco dias.

Art. 873. É admitida nova avaliação quando:

I — qualquer das partes arguir, fundamentadamente, a ocorrência de erro na avaliação ou dolo do avaliador;

II — se verificar, posteriormente à avaliação, que houve majoração ou diminuição no valor do bem;

III — o juiz tiver fundada dúvida sobre o valor atribuído ao bem na primeira avaliação.

Parágrafo único. Aplica-se o art. 480 à nova avaliação prevista no inciso III do *caput* deste artigo.

• **Comentário**

Caput. Reproduziu-se a regra do art. 683 do CPC revogado.

A norma indica as situações que autorizam nova avaliação dos bens penhorados.

Inciso I. Quando qualquer das partes arguir, de maneira fundamentada, a existência de erro na avaliação ou de dolo do avaliador. A ocorrência de erro ou de dolo constitui, portanto, ônus da parte que discordar da avaliação realizada.

Em rigor, a norma não exige que a alegação de erro ou de dolo do avaliador seja *documentada* e, sim (somente), *fundamentada*. Considerando, porém, a regra do art. 765, da CLT, nada impede que o Juiz do Trabalho, em determinados casos, exija a *comprovação* do motivo em que se funda a parte, para requerer nova avaliação dos bens penhorados.

A comprovação do erro será muito mais fácil de ser feita do que a referente dolo do avaliador, conquanto, algumas vezes, o erro tenha decorrido de sua atitude dolosa.

Inciso II. Constatar-se, ulteriormente à avaliação, que houve majoração ou diminuição do valor dos bens. No sistema do CPC de 1973, o art. 683, II, em sua redação primitiva, autorizava nova avaliação, apenas, quando houvesse *diminuição* do valor dos bens. Posteriormente, alterou-se essa norma, para permitir a reavaliação também quando houvesse de *majoração* do valor do bem penhorado.

Essa modificação foi plenamente justificável, pois havia situações em que a paridade entre o valor da execução e o dos bens penhorados deixava de existir, em virtude da extraordinária valorização destes últimos, que superava, em muito, o montante daquela, mesmo que atualizado monetariamente e acrescido dos juros da mora legais.

Reavaliados os bens: a) se o valor deles for muito superior ao débito do executado, o juiz poderá reduzir a penhora ou transferi-la para bens de menor valor, desde que suficientes para a satisfação do direito do exequente e das despesas processuais (CPC, art. 831). Se a penhora primitiva incidiu do único bem penhorável do devedor é evidente que a execução se processará no tocante a esse bem, cujo produto da expropriação será entregue ao devedor, naquilo que exceder ao crédito do exequente e das despesas processuais; b) se o valor for inferior ao crédito do exequente somado às despesas processuais o juiz ordenará a complementação da penhora ou que ela incida em bens de maior valor.

Inciso III. Pode ocorrer de o juiz ficar em dúvida justificável sobre o valor atribuído ao bem na primeira avaliação; diante disso ele poderá determinar que nova avaliação seja realizada. Note-se que essa nova avaliação independe de requerimento das partes, devendo ser ordenada pelo magistrado, *ex officio*. Enquanto, no caso do dispositivo legal em exame, a "fundada dúvida" do magistrado diz respeito ao valor do bem estabelecido na primeira *avaliação*, no art. 871, parágrafo único, do mesmo Código, essa "fundada "dúvida" ocorre no caso em que uma das partes aceita a *estimativa* feita pela outra.

Parágrafo único. À nova avaliação, referida no inciso III, será aplicável o disposto no art. 480.

Art. 874. Após a avaliação, o juiz poderá, a requerimento do interessado e ouvida a parte contrária, mandar:

I — reduzir a penhora aos bens suficientes ou transferi-la para outros, se o valor dos bens penhorados for consideravelmente superior ao crédito do exequente e dos acessórios;

II — ampliar a penhora ou transferi-la para outros bens mais valiosos, se o valor dos bens penhorados for inferior ao crédito do exequente.

• **Comentário**

Caput. Reproduziu-se a norma do art. 685 do CPC revogado.

O texto legal em exame cogita da redução e da ampliação da penhora, ou de sua transferência para outros bens.

Conforme afirmamos reiteradas vezes neste livro, o valor dos bens apreendidos judicialmente deve ser suficiente para saldar a dívida, na qual se compreende, além do principal, a correção monetária, os juros moratórios, as custas processuais, os honorários advocatícios e periciais, etc. (CPC, art. 831). Há, portanto, uma íntima relação entre o valor dos bens penhorados e o da execução. Assim sendo, após a avaliação, o juiz poderá, a requerimento do interessado e ouvida a parte contrária, mandar reduzir ou ampliar a penhora, conforme seja o caso.

Inciso I. Será *reduzida* aos bens suficientes ou transferida para outros, de menor valor, quando o valor dos bens penhorados for consideravelmente superior ao crédito do exequente e dos acessórios (custas, honorários, despesas processuais em geral). Como dissemos no comentário ao inciso II do art. 873, se a penhora incidiu no único bem penhorável do devedor não se aplicará a regra do inciso I do art. 874, devendo a execução processar-se em relação a esse bem, cujo produto da expropriação será entregue ao devedor naquilo que exceder ao crédito do exequente e das despesas processuais.

Inciso II. Será *ampliada* ou transferida para outros bens mais valiosos, se o valor dos bens penhorados for inferior ao crédito exequente. Um reparo necessário: não há razão para o legislador haver feito referência restritiva ao "crédito do exequente"; tanto na ampliação da penhora quanto na transferência desta para outros bens, porquanto o critério a ser observado é de que o valor dos bens penhorados seja inferior ao crédito do exequente *e dos acessórios* — exatamente como consta do inciso II, que cuida da redução da penhora.

Em ambos os casos examinados (incisos I e II), a redução ou a ampliação da penhora se justifica pelo desequilíbrio da necessária relação linear entre o valor da coisa penhorada e o da execução, a que ela se destina a atender (CPC, arts. 824 e 831).

Art. 875. Realizadas a penhora e a avaliação, o juiz dará início aos atos de expropriação do bem.

• **Comentário**

Efetuada a penhora e avaliados os bens, o juiz dará início aos atos expropriatórios, que compreendem a adjudicação (CPC, art. 876) e a alienação, seja esta por iniciativa particular, seja em leilão judicial eletrônico ou presencial (CPC, art. 879).

Na terminologia do processo judicial a *expropriação* consiste no ato praticado pelo Poder Judiciário destinado transferir a propriedade de bens — penhorados ou arrestados — do devedor a outra pessoa, para satisfazer o direito do credor, independentemente do consentimento do devedor.

A expropriação, portanto, não é *venda*. Não há, entre o Poder Judiciário e o terceiro adquirente dos bens, qualquer contrato. A expropriação é ato *de imperium* estatal.

Seção IV
Da Expropriação de Bens

Subseção I
Da Adjudicação

Art. 876. É lícito ao exequente, oferecendo preço não inferior ao da avaliação, requerer que lhe sejam adjudicados os bens penhorados.

§ 1º Requerida a adjudicação, o executado será intimado do pedido:

I – pelo Diário da Justiça, na pessoa de seu advogado constituído nos autos;

II – por carta com aviso de recebimento, quando representado pela Defensoria Pública ou quando não tiver procurador constituído nos autos;

III – por meio eletrônico, quando, sendo o caso do § 1º do art. 246, não tiver procurador constituído nos autos.

§ 2º Considera-se realizada a intimação quando o executado houver mudado de endereço sem prévia comunicação ao juízo, observado o disposto no art. 274, parágrafo único.

§ 3º Se o executado, citado por edital, não tiver procurador constituído nos autos, é dispensável a intimação prevista no § 1º.

§ 4º Se o valor do crédito for:

I – inferior ao dos bens, o requerente da adjudicação depositará de imediato a diferença, que ficará à disposição do executado;

II – superior ao dos bens, a execução prosseguirá pelo saldo remanescente.

§ 5º Idêntico direito pode ser exercido por aqueles indicados no art. 889, incisos II a VIII, pelos credores concorrentes que hajam penhorado o mesmo bem, pelo cônjuge, pelo companheiro, pelos descendentes ou pelos ascendentes do executado.

§ 6º Se houver mais de um pretendente, proceder-se-á a licitação entre eles, tendo preferência, em caso de igualdade de oferta, o cônjuge, o companheiro, o descendente ou o ascendente, nessa ordem.

§ 7º No caso de penhora de quota social ou de ação de sociedade anônima fechada realizada em favor de exequente alheio à sociedade, esta será intimada, ficando responsável por informar aos sócios a ocorrência da penhora, assegurando-se a estes a preferência.

• **Comentário**

Caput. A matéria estava regulada pelo art. 685-A do CPC revogado.

Introdução

A adjudicação é legalmente apontada como uma das formas de *pagamento ao credor* (CPC, art. 904, II); vista sob outro prisma, entretanto, é meio de aquisição da propriedade.

No direito romano, durante o período formulário, a *adjudicatio* constituía parte ordinária da fórmula característica dos juízos divisó-rios, que integravam as ações *communi dividundo familiae erciscundae* e *finium regundorum*; por essa *adjudicatio*, o juiz atribuía, a quem de direito, quinhão certo e exclusivo, decorrente da partilha da coisa comum. Nesse sentido, podemos reconhecer certa identidade, um ponto comum entre a adjudicação moderna e a existente no direito romano, pois em ambos os casos a ela se cometeu a finalidade de conceder às partes a propriedade exclusiva sobre quinhões oriundos da divisão. Em nosso meio, a adjudicação surgiu com a Lei de 20.6.1774, tendo Leite Velho anotado que "os praxistas antigos, quando se referem ao ato de ficar o credor com os bens penhorados, consideram isso uma arrematação e não uma adjudicação no sentido atual, tanto que na Ordenação, não aparece semelhante palavra" (obra cit., p. 163).

Conceito

Diversos foram os autores que formularam conceitos acerca da figura em estudo. Para Pontes de Miranda, a adjudicação, na execução, é a assinação de bem penhorado, ou dos bens penhorados, ao exequente (sic), ou ao credor hipotecário, ou ao credor concorrente, pelo juiz, que tem o poder de converter (obra cit., p. 427). Carvalho Santos a tem como "o ato judicial que assegura a determinadas pessoas mencionadas na lei o direito de ficarem com a propriedade dos bens, que deviam ser levados à hasta pública, ou, mesmo, foram arrematados por outrem, nos casos em que a realização da praça não pode ser dispensada" (Adjudicação. In: *Repertório Enciclopédico do Direito Brasileiro*. Rio de Janeiro: Borsoi, v. 2, p. 315). Liebman considera a adjudicação uma figura assemelhada à dação em pagamento, uma forma indireta de satisfação do crédito do exequente, que se opera pela transferência da própria coisa apreendida ao credor, para extinção de seu direito (obra cit., p. 165). Theodoro Júnior afirma ser "o ato de expropriação executiva em que o bem penhorado se transfere in natura para o credor, fora da arrematação" (obra cit., p. 321).

Não podemos concordar, *data venia*, com Liebman quando aproxima a adjudicação da *dação em pagamento*; ora, a adjudicação é ato de *imperium* do Estado, provindo de uma relação pública, que se estabelece no momento em que o bem é apreendido judicialmente. Nada tem, pois, de contratual; ao contrário, é institucional. Nesse ponto guarda certa identidade com a arrematação. Como meio de transferência coativa da propriedade não depende, para a sua eficácia, do consentimento do devedor; requer, tão-só, o requerimento do credor, para que isso ocorra.

Com base nessas considerações, sentimo-nos à vontade para enunciar o seguinte conceito de adjudicação: é o ato judicial por intermédio do qual se transferem ao patrimônio das pessoas indicadas em lei, a requerimento destas e de modo coativo, bens penhorados ao devedor e que haviam sido levados à praça ou leilão. Breves escólios sobre esse conceito são recomendáveis.

Dissemos: *é o ato judicial* porque estamos a pressupor, exclusivamente, a adjudicação que se efetiva em virtude de execução judicial; *por intermédio do qual se transfere ao patrimônio das pessoas indicadas em lei*, porquanto beneficiário da adjudicação pode ser, não apenas, o credor, mas, também, o credor com garantia real, os credores concorrentes que hajam penhorado o mesmo bem, o cônjuge, o companheiro, os descendentes ou ascendentes do executado, as pessoas mencionadas nos incisos II a VIII do art. 889, nos termos do art. 876, § 3º, do CPC; *a requerimento destas*, pois o juiz não pode conceder *ex officio* a adjudicação; esta deve ser requestada pelas pessoas legalmente legitimadas. É oportuno rememorar que a adjudicação judicial obrigatória foi abolida, entre nós, pela Lei n. 3.272, de 5.10.1885 (art. 26), em disposição que foi reiterada pelo Reg. n. 9.549, de 23.1.1886 (art. 150); *de modo coativo*, para sublinhar que a transferência da propriedade sobre o bem apreendido se dá *sem* (e de certa forma *contra*) o consentimento do devedor; *e que haviam sido levados à praça ou leilão*, isto porque, conforme pretendemos demonstrar, mais adiante, no processo do trabalho não deve ser admitida a adjudicação *antes* da praça ou do leilão, se não que depois disso.

Natureza jurídica

Como deixamos dito no item pretérito, a adjudicação não possui natureza contratual; equivocaram-se, em larga medida, quantos nela viram um negócio jurídico. Nem de *datio in solutum* se pode cogitar, pois essa dação pressupõe o poder de o devedor *converter*, sendo que este, em rigor, já não o possui desde o instante em que os bens foram apreendidos pelo juízo.

Na adjudicação, há julgamento implícito quando o juiz assina o auto correspondente, pois, com isso, o ato expropriatório se torna perfeito e acabado (CPC, art. 877, § 1º); o julgamento é expresso (sentença) quando há mais de um pretendente à adjudicação. Segundo Pontes de Miranda, o juiz, ao julgar a adjudicação, *constitu*i porque transfere a propriedade da coisa; inexistindo interposição de recurso, a decisão transita em julgado: "De qualquer modo, a decisão que defere o requerimento de adjudicação (e melhor diríamos o pedido) é sentença, e não só aceitação" (obra cit., p. 429).

A transferência da propriedade da coisa ao exequente se faz a título de pagamento da dívida do executado. Na adjudicação não ocorrem os dois momentos que, em regra, estão presentes na arrematação: o ato jurídico de arrematar e o da sentença, que é a carta de arrematação; na adjudicação há um só momento: o juiz aceita adjudicar e adjudica. A carta de adjudicação — como conclui Pontes de Miranda (*ibidem*) — é apenas *traslado*.

Objeto da adjudicação

Na vigência do CPC de 1973, os estudiosos do processo civil controvertiam sobre se a adjudicação poderia ter como objeto bens *móveis* e *imóveis*, ou somente estes. Essa polêmica parece ter provindo do fato de os arts. 714 e 715 daquele Código haverem disciplinado, apenas, a adjudicação de *imóveis*, silenciando a respeito dos *móveis*.

Estávamos, todavia, plenamente convencidos de que pelo sistema do processo do trabalho a adjudicação poderia compreender tanto bens imóveis quanto móveis; bastava ver que o art. 888, *caput*, da CLT dispõe possuir o credor preferência para a adjudicação, sem afirmar que esta deva ter como objeto exclusivo *coisa móvel*. Dizíamos não ser lícito ao intérprete dis-

Código de Processo Civil

tinguir onde a lei não o fazia — conforme advertia a vetusta parêmia de origem latina. Ainda que se pudesse alegar, apenas por amor ao argumento, que a CLT não é clara sobre a matéria (conquanto o seja), isso não autorizaria a adoção supletória do processo civil, porquanto tem preeminência em relação a esse estatuto a Lei n. 6.830/80 (CLT, art. 889), cujo art. 24 concebia (e ainda concebe) à Fazenda Pública (leia-se: credor) a faculdade de *adjudicar* os bens penhorados, sem fazer qualquer restrição ou exclusão quanto aos móveis. Note-se que no elenco dos bens penhoráveis, estampado no art. 11 da precitada norma legal, se encontram diversos *móveis*.

Em nosso ver, inexistia, no sistema do processo do trabalho, com referência ao assunto, o caráter dubitativo que marcava o do processo civil. De qualquer forma, alguns autores já admitiam a adjudicação de bens móveis no processo civil, como era o caso de Theodoro Júnior (obra cit., p. 323 e Paulo Restiffe Neto; ponderava este último que "se é lícito ao credor (CPC, art. 714) requerer adjudicação de bem imóvel penhorado, e nenhuma proibição contém a lei quanto aos demais bens, não é ilícito pleitear, em iguais condições, a adjudicação de outros bens levados à alienação judicial com resultado negativo" (Adjudicação em execução. In: *O Estado de São Paulo*, edição de 22.6.75, p. 89).

Essa controvérsia perdeu o interesse prático na vigência do atual CPC, que prevê tanto a adjudicação de bem imóvel quanto de bem móvel, conforme se pode concluir pela redação do art. 876 e, especialmente, do art. 877, § 1º, incisos I e II.

§ 1º O juiz não pode conceder, por sua iniciativa, a adjudicação. A razão é explicável: sendo a adjudicação meio de aquisição da propriedade, é absolutamente indispensável que o exequente, ou as demais pessoas legitimadas manifestem o seu interesse, a sua vontade em adquirir a coisa apreendida, sob pena de o seu interesse e a sua vontade serem contrariados pela outorga da adjudicação por iniciativa exclusiva (= arbitrária) do magistrado.

A manifestação volitiva do exequente e dessas outras pessoas é, pois, *requisito* essencial para a adjudicação. Daí porque o art. 876, *caput*, do CPC, faz expressa referência ao *requerimento* do exequente.

Qual, porém, o *pressuposto* para a formulação de requerimento com essa finalidade?

Em consonância com o art. 799, *caput*, do CPC de 1973, o credor somente poderia requerer a adjudicação se à praça *não comparecessem lançadores*, hipótese em que deveria o credor oferecer preço não inferior ao constante do edital (*ibidem*). Esse artigo, todavia, foi revogado pela Lei n. 11.382, o mesmo ocorrendo com o art. 715.

O CPC atual permite a adjudicação antes mesmo da arrematação.

Já a Lei n. 6.830/80 permite a adjudicação:

a) *antes* do leilão, pelo preço da avaliação (se a execução não for embargada ou os embargos houverem sido rejeitados);

b) *findo o leilão*:

1) pelo preço da avaliação, se inexistir licitante;

2) com preferência, em igualdade de condições com a melhor oferta (no prazo de trinta dias), havendo lançadores (art. 24, I e II).

Essas normas forâneas teriam incidência no processo do trabalho? Vejamos.

Estabelecendo o art. 888, § 1º, da CLT que a arrematação será feita em dia, hora e lugar anunciados (por edital), sendo os bens arrematados pelo maior lanço *e tendo o credor preferência para a adjudicação*, fica evidenciado que, neste processo especializado:

a) o credor pode requerer a adjudicação mesmo que à praça não compareçam licitantes;

b) a adjudicação só poderá ser solicitada *após* a praça e não *antes* dela, rejeitando-se, com isso, a aplicação do art. 24, I, da Lei n. 6.830/80.

Admite-se, todavia, a atuação supletória da regra insculpida na letra *a* do inc. II do art. 24 da mencionada Lei, a teor da qual se não houver licitante na praça a adjudicação será feita pelo preço da *avaliação* dos bens. Quanto à letra "b" desse inciso, incide apenas em parte, ou seja, no tocante à hipótese de haver licitantes na praça, quando, então, com preferência, o credor requererá a adjudicação em igualdade de condições com a melhor oferta; o prazo, contudo, não deve ser de trinta dias, como determina essa Lei, pelos motivos que, logo a seguir, expenderemos.

Embora a Lei n. 6.830/80 tenha preeminência em relação ao CPC, no que concerne à aplicação supletiva ao processo do trabalho, ninguém haverá, por certo, de sentir-se em boa sombra para julgar compatível com este processo o prazo de trinta dias, fixado pela norma legal regente da execução judicial da dívida ativa da Fazenda Pública. Isso significa que a sobredita preeminência teleológica da Lei n. 6.830 deixa de existir em decorrência do prazo excessivamente longo que ela prevê. O prazo deverá ser de cinco dias, por força da disposto no art. 218, § 3º do CPC.

Para resumir: no processo do trabalho a adjudicação:

a) deve ser requerida pelo exequente ou pelas demais pessoas mencionadas no art. 876, § 5º, do CPC, sendo defesa a sua concessão *ex officio* (o mesmo se passa no processo civil);

b) esse direito do credor não pode ser exercido *antes* da praça (ou do leilão) e sim *depois* dela, vale dizer, no prazo de cinco dias que se seguirem ao encerramento do ato — mas sempre antes da assinatura do auto correspondente;

Art. 876

c) a adjudicação pode ser requerida mesmo que à praça não tenham comparecido licitantes; nesse caso, o preço não será inferior ao do edital;

d) havendo licitantes, o credor pedirá a adjudicação, no prazo de cinco dias, com preferência e em igualdade de condições com a melhor oferta;

e) podem ser objeto da adjudicação bens móveis ou imóveis.

Já dizíamos, outrora, que os estudiosos do processo do trabalho não se deveriam impressionar com as opiniões da doutrina do processo civil de que a supressão, feita pelo Código, da faculdade de o credor requerer adjudicação quando inexistirem lançadores na praça representou "providência moralizadora". Em primeiro lugar, nada havia de ilícito ou de imoral nesse ato, pois, de um lado, era até provável que se terceiros não se interessaram em comparecer à praça foi porque os bens não eram de fácil comercialização; de outro, não se poderia ignorar que o devedor, se pretendesse manter esses bens em seu patrimônio, poderia solicitar a remição da execução. Em segundo, como enfatizamos antes, o art. 888, § 1º, da CLT não condiciona o pedido de adjudicação à presença de lançadores na praça.

Requerida a adjudicação, o executado será intimado a respeito na forma prevista nos incisos I a III.

Inciso I. Pelo Diário da Justiça, na pessoa do seu advogado constituída nos autos;

Inciso II. Mediante carta com aviso de recebimento quando estiver sendo representado pela Defensoria Pública ou quando não possuir advogado constituído nos autos;

Inciso III. Por meio eletrônico quando, sendo o caso do § 1º do art. 246, não possuir advogado constituído nos autos.

§ 2º Se o executado mudar de endereço sem prévia comunicação com o juízo, considera-se a intimação dirigida ao endereço constante dos autos, nos termos do art. 274, parágrafo único.

§ 3º A intimação de que cuida o § 1º deste artigo será dispensável se o executado, citado por edital, não possuir advogado constituído nos autos.

§ 4º A norma prevê, nos incisos I e II, as providências a serem adotadas quando o crédito for inferior ou superior ao valor dos bens.

Inciso I. Sendo inferior, o adjudicante deverá depositar, de imediato, a diferença, que ficará à disposição do executado;

Inciso II. Se superior, a execução seguirá pelo saldo remanescente.

Duas observações com relação ao inciso I, retro: 1) entendemos que se o adjudicante for o próprio credor-exequente este não estará obrigado a exibir o preço; 2) no caso em que a adjudicação vier a ser requerida por quem não for o exequente, a diferença entre o valor do crédito e o dos bens, *em princípio*, deverá ser depositada, à ordem do juízo, não de imediato, mas no prazo de trinta dias, nos termos da Lei n. 6.830/80, art. 24, parágrafo único, aplicável supletivamente ao processo do trabalho por força do disposto no art. 889 da CLT. Em que pese ao fato de a Lei n. 6.830/80 possuir preeminência supletiva em relação ao CPC, a doutrina e a jurisprudência haverão de encontrar argumentos justificadores para a aplicação do art. 876, § 4º, do CPC. Um desses argumento vai por nós antecipado: o depósito *imediato* da diferença entre o valor do crédito e o dos bens penhorados é algo que se harmoniza com a celeridade do procedimento trabalhista.

Adjudicação e preço vil

Deve o juiz conceder a adjudicação, pelo preço do maior lanço, sendo este *vil*?

Feriria a lógica e o direito supor que o preço vil seria causa impediente da arrematação (CPC, art. 891, *caput*) mas não da adjudicação. Nenhum motivo verdadeiramente honesto haveria para sustentar-se semelhante incongruência. Há sempre uma linha de razoabilidade a presidir os atos humanos. Nada aconselha o afastamento dela apenas porque se está incursionando no campo processual. É insensato desprezar-se a intenção, o elemento subjetivo que impele alguém a ofertar preço manifestamente inferior ao da avaliação da coisa penhorada. Ao juiz, como reitor do processo, cumpre defender não o patrimônio do devedor (contra tais atos de terceiros ou do próprio credor), mas, acima de tudo, o componente ético, de que majoritariamente se faz provido o processo, enquanto método estatal de solução heterônoma dos conflitos de interesses ocorrentes entre os indivíduos; nesse sentido, o juiz é um guardião, a quem, aliás, a manutenção da própria dignidade do Poder Judiciário está confiada.

Dessa forma, se o credor solicitar a adjudicação pelo valor do maior lanço, que é *vil*, deve o juiz: a) recusando o preço, denegar o pedido do pretendente, aguardando a nova praça ou designando outra, para ver se, desta vez, as ofertas se situam dentro dos limites do razoável conforme seja o caso; ou b) indagar ao credor se tem interesse em adjudicar o bem pelo valor da avaliação, a fim de que outra praça não seja realizada.

O parágrafo único do art. 891 considera vil o preço inferior ao mínimo estipulado pelo juiz e constante do edital, e, não tendo sido fixado preço mínimo, reputa vil o preço inferior a cinquenta por cento do valor da avaliação.

§ 5º Por princípio, a legitimidade para pleitear a adjudicação da coisa apreendida por ato judicial é do exequente. Encontram-se, contudo, legalmente legitimadas para agir como adjudicatários as pessoas mencionadas nos incisos II a VIII do art. 889, os credores concorrentes que tenham penhorado o mesmo bem, o cônjuge, o companheiro, os descendentes ou ascendentes do executado.

Havendo um só pretendente à adjudicação, o juiz, após deferir o pedido, assinará o auto, homologará a adjudicação, fazendo com que esse ato expropriatório se torne perfeito e acabado (CPC, art. 877, § 1º), independentemente de sentença. Vale dizer, após assinar o auto a carta, o juiz homologará, mediante decisão simples, a adjudicação. Por tratar-se, na espécie, de decisão, TST adotou a Súmula n. 399, cujo inciso I estabelece: "É incabível ação rescisória para impugnar (sic) decisão homologatória de adjudicação ou arrematação".

§ 6º Havendo mais de um pretendente, será realizada a licitação entre eles, tendo preferência, no caso de igualdade de ofertas, o cônjuge, o companheiro, o ascendente ou descendente, nessa ordem. Nesta hipótese, seria admissível ação rescisória? Abre-se, a partir daqui, um largo terreno para controvérsias doutrinárias e jurisprudenciais. Para logo, é necessário investigar-se a natureza jurídica do ato pelo qual o magistrado defere a adjudicação a um dos licitantes. Se o ato possuir eficácia para dar fim ao processo de execução (fato que, na maioria das situações ocorrerá) estaremos diante de *sentença* (CPC, art. 203, § 1º, parte final), caso em que, não se tratando de mero ato jurisdicional de homologação, não incidirá a Súmula n. 399, do TST, sendo cabível o exercício da ação rescisória. Se, ao contrário, o ato jurisdicional não implicar a extinção da execução, traduzirá *decisão interlocutória* (CPC, art. 203, § 2º); mesmo assim, ficará afastada a aplicação da sobredita Súmula, abrindo-se espaço para a ação rescisória. Assim afirmamos porque, na vigência do CPC de 1973, essa ação desconstitutiva da coisa julgada material somente poderia ter como objeto sentença ou acórdão; no sistema do atual CPC, no entanto, a rescisória pode dirigir-se a qualquer *decisão* de mérito. Para esse efeito, a decisão interlocutória, na situação que estamos examinando, é de mérito, pois soluciona um conflito de interesses entre licitantes à adjudicação. Note-se que o § 4º do art. 966 do CPC estabelece que "os atos *homologatórios* praticados no curso da execução" (destacamos) ficam sujeitos à *ação anulatória*. Havendo licitantes à adjudicação, o ato que a concede a um dos pretendentes, conforme ressaltamos, não possui natureza *homologatória*, e sim, tipicamente *decisória*.

§ 7º Tratando-se de penhora de quota social ou de ação de sociedade anônima fechada efetuada em favor de exequente que não pertença à sociedade, esta será intimada e ficará responsável por informar aos sócios a ocorrência da penhora, aos quais será assegurado o direito de preferência.

Art. 877. Transcorrido o prazo de 5 (cinco) dias, contado da última intimação, e decididas eventuais questões, o juiz ordenará a lavratura do auto de adjudicação.

§ 1º Considera-se perfeita e acabada a adjudicação com a lavratura e a assinatura do auto pelo juiz, pelo adjudicatário, pelo escrivão ou chefe de secretaria, e, se estiver presente, pelo executado, expedindo-se:

I — a carta de adjudicação e o mandado de imissão na posse, quando se tratar de bem imóvel;

II — a ordem de entrega ao adjudicatário, quando se tratar de bem móvel.

§ 2º A carta de adjudicação conterá a descrição do imóvel, com remissão à sua matrícula e aos seus registros, a cópia do auto de adjudicação e a prova de quitação do imposto de transmissão.

§ 3º No caso de penhora de bem hipotecado, o executado poderá remi-lo até a assinatura do auto de adjudicação, oferecendo preço igual ao da avaliação, se não tiver havido licitantes, ou ao do maior lance oferecido.

§ 4º Na hipótese de falência ou de insolvência do devedor hipotecário, o direito de remição previsto no § 3º será deferido à massa ou aos credores em concurso, não podendo o exequente recusar o preço da avaliação do imóvel.

• **Comentário**

Caput. Cuidavam do assunto os arts. 685-A, § 5º, e 685-B do CPC revogado.

Decorridos cinco dias da última intimação, e decididas eventuais questões, o juiz determinará a lavratura ao auto de adjudicação — que, a exemplo do de arrematação, constitui o instrumento de documentação formal desse ato expropriatório. O prazo de cinco dias se destina a permitir que o executado requeira a remição dos bens penhorados.

§ 1º Com a assinatura do auto, pelo juiz, pelo adjudicatário, pelo escrivão ou chefe de secretaria e, se estiver presente, pelo executado, a adjudicação será considerada perfeita e acabada, cumprindo ao juiz fazer expedir:

Inciso I. carta de adjudicação e o respectivo manda de imissão na posse, tratando-se de imóvel;

Inciso II. Ordem de entrega ao adjudicatário, quando o bem for móvel.

Em seguida, será expedida a correspondente carta, se for o caso de bem imóvel; tratando-se de móvel, este será entregue ao adjudicante. Em resumo: embora o auto deva ser lavrado e assinado pelas pessoas mencionadas, tanto no caso de bem móvel quanto de imóvel, a carta somente será expedida em relação a este último.

A *carta de adjudicação*, portanto, é o documento pelo qual o adjudicatário prova a sua propriedade sobre os bens *imóveis* nela descritos; é com essa carta que ele irá aperfeiçoar a transferência da propriedade da coisa para seu nome, transcrevendo-a no Registro de imobiliário competente. Tratando-se de bem *móvel* não há carta, e sim, *ordem de entrega*.

De que remédio jurídico dispõe o interessado para postular o *desfazimento* da adjudicação? O núcleo da pergunta é ocupado pela pressuposição de que o *auto* já se encontra assinado, isso porque, se assinado ainda não estiver, o credor pode, simplesmente, *desistir* na adjudicação, na medida em que a esta não se colara o veto legal à retratação, implícita no *caput* do art. 877, § 1º, do CPC.

É necessário separar, agora, os casos em que a adjudicação é concedida por *decisão*, daquelas em que *decisão* formal inexiste.

a) Haverá necessidade de *decisão*, quando ocorrer licitação entre os pretendentes à adjudicação (CPC, art. 876, § 6º); inexistirá decisão, mas mero ato de *homologação*, quando se apresentar, apenas, um pretendente.

Repisemos, pela oportunidade, o que dissemos quando do comentário ao § 6º do art. 876: desde livros anteriores sustentamos a opinião de que a *decisão* poderia ser impugnada mediante agravo de petição; e, se já transitada em julgado, somente poderia ser desconstituída por meio de ação rescisória. Dir-se-á que este nosso entendimento é contrário à Súmula n. 399, do TST, segundo a qual *"I — É incabível ação rescisória para impugnar decisão homologatória de adjudicação ou arrematação"* (destacamos). Nada mais inexato. A Súmula referida cuida, especificamente, do ato judicial *homologatório* da adjudicação, caso em que o seu desfazimento deve ser buscado por meio de ação declaratória. Se houve, porém, disputa (licitação) entre os pretendentes, o ato que solve esse conflito traduz decisão e, como tal, por gerar o fenômeno da coisa julgada material, somente pode ter os seus efeitos desconstituídos mediante ação rescisória, quando for o caso.

b) Se, entretanto, a adjudicação foi deferida em razão de haver um só pretendente, não há que se falar de *decisão* (sob os aspectos de forma e de conteúdo), e sim de carta de adjudicação, como simples ato judicial de documentação da transferência da propriedade do bem adjudicado. A carta de adjudicação representa o título de domínio dos bens. Nada além disso. Segue-se que, não dependendo, nessa hipótese, a adjudicação de decisão, a sua dissolução deverá ser buscada por intermédio de *ação anulatória*, como elucida o art. 966, § 4º do CPC.

Tanto no caso de ter havido um só pretendente (sem decisão) como no de terem sido vários os pretendentes (com decisão), o devedor poderá opor-se à adjudicação com o manejo dos embargos, desde que se fundem em nulidade da execução, ou em causa extintiva da obrigação, superveniente ao julgamento dos embargos à execução. Embora o CPC atual não tenha reproduzido a regra do art. 746 do CPC revogado, entendemos que no processo do trabalho segue sendo possível o oferecimento de embargos à expropriação.

§ 2º São requisitos da carta de adjudicação:

a) a descrição do imóvel, com remissão à sua matrícula e registros;

b) cópia do auto de adjudicação;

c) a prova de quitação do imposto de transmissão.

Tradição dos bens adjudicados

Entende Wagner Giglio que a atuação da Justiça do Trabalho se esgota com a *entrega* da carta de arrematação a quem de direito (obra cit., p. 456). É de supor-se que o renomado jurista mantenha a mesma opinião no que toca à carta de adjudicação. Segundo ele, esse ramo do Judiciário Federal "não está aparelhado para, além da propriedade do bem arrematado, transferir também sua posse efetiva ao arrematante" (*ibidem*).

Estamos, fora de dúvida, diante de uma opinião respeitável, mas, não menos exato, dogmática em excesso.

Se o depositário, *e. g.*, se recusa a entregar ao arrematante ou ao adjudicatário os bens que, por força da carta respectiva que portam, foram transferidos ao seu patrimônio, é indiscutível que podem e devem retornar ao juízo expropriatório para, denunciando o fato, dele solicitarem providências para que o depositário efetue a tradição dos bens (sendo imóveis), sob as penas da lei. Por outras palavras, está implícita na competência da Justiça do Trabalho a prática de atos que visem, em última análise, a fazer com que essa mesma competência possa ser, em concreto, exercitada em sua plenitude, aí entendida a imposição para que o depositário restitua os bens que lhe haviam sido confiados, para efeito de guarda e de conservação. Como argumenta Antônio Lamarca, a não se admitir essa possibilidade (= competência), estar-se-á imaginando que a Justiça do Trabalho deva executar a *sanctio iuris* pela metade: "Somente uma acanhada mentalidade 'civilista' pode negar à Justiça do Trabalho a faculdade de entregar aquilo que vende. Em absoluto deve o arrematante, que comprou de boa-fé, dirigir-se à Justiça Comum para a competente imissão de posse, sob o falso e pueril pretexto de que a competência, em tais questões, não seria da nossa Justiça: se esta pode 'vender', *ipso facto* poderá também entregar" (obra cit., p. 536).

Um pequeno reparo no argumento de Antônio Lamarca: na arrematação, o juiz não "vende", e sim *expropria* ou desapropria. Falar-se em venda é supor, com grande deslize doutrinário, que a arrematação (e mesmo se diga, *mutatis mutandis*, quanto à adjudicação) traduz atividade negocial, contratual, de índole privada, em que o juiz, supostamente, substitui o vendedor, no que se refere à outorga de consentimento para que a propriedade dos bens seja transferida ao arrematante ou ao adjudicatário. Em rigor, a arrematação e a adjudicação se inscrevem como típicos atos de império, de soberania do Estado, para cuja eficácia é perfeitamente dispensável o consentimento do devedor. São, enfim, um e outro, em essência, atos executivos e decorrem de uma relação publicística que se instaura entre o Estado e o devedor, no instante em que ocorre a inflexão jurídico-institucional daquele sobre o patrimônio deste.

§ 3º O executado poderá, até a assinatura do auto de adjudicação, remir o bem hipotecado, que havia sido penhorado. Para isso, deverá oferecer: a) preço igual ao da avaliação, senão houver licitante; b) preço igual ao do maior lanço oferecido.

§ 4º Havendo falência ou insolvência do devedor hipotecário, o direito de remissão de que trata o § 3º será concedido à massa ou aos credores em concurso, não sendo lícito ao exequente recusar o preço da avaliação do imóvel.

Art. 878. Frustradas as tentativas de alienação do bem, será reaberta oportunidade para requerimento de adjudicação, caso em que também se poderá pleitear a realização de nova avaliação.

• **Comentário**

Cuida-se de inovação do atual CPC.

Em princípio, a adjudicação antecede à arrematação. Todavia, se: a) não houver requerimento de adjudicação; b) ou esta não for deferida; e c) as tentativas de alienações dos bens penhorados não obtiverem sucesso, a lei permite ao juiz *reabrir* a oportunidade para a adjudicação. Na vigência do CPC de 1973, se a praça e o leilão inicialmente designados fossem negativos, nova praça e novo leilão seriam aprazados, o mesmo ocorrendo no processo do trabalho. Agora, frustradas as tentativas de alienação, o juiz poderá abrir, novamente, a possibilidade de adjudicação, a fim de evitar a designação de nova praça e de novo leilão, evitando-se, assim, o consumo de mais tempo e a realização de mais despesas.

Como terá decorrido tempo razoável entre a avaliação do bem penhorado e o insucesso das tentativas de expropriação, o juiz deverá abrir oportunidade para que o credor manifeste, ou não, interesse em adjudicar o bem. Sendo negativa a manifestação do credor, em princípio, o juiz deverá designar novas datas para as tentativas de expropriação; sendo positiva, qualquer das partes poderá requerer nova avaliação do bem penhorado. Lembremos que o art. 873 indica como um dos motivos autorizadores de nova avaliação o fato de "se verificar, posteriormente à avaliação, que houve majoração ou diminuição no valor do bem" (inciso II). A nova avaliação, no caso do art. 878, não poderá ser realizada *ex officio*, pois o texto legal afirma que ela poderá ser *pleiteada*. A propósito, a nova avaliação poderá representar, na prática, uma faca de dois gumes, dependendo de quem a tenha requerido. Se a iniciativa foi do devedor (sob o pressuposto de que o valor do bem penhorado aumentou consideravelmente), a nova avaliação poderá indicar o oposto: que esse valor decresceu, enormemente, tornando-se, inclusive, insuficiente para atender à plena satisfação do direito do credor.

Subseção II

Da Alienação

Art. 879. A alienação far-se-á:

I – por iniciativa particular;

II – em leilão judicial eletrônico ou presencial.

Art. 879

• **Comentário**

Caput. O assunto estava parcialmente contido no art. 685-C do CPC revogado.

Introdução

Sendo a responsabilidade do devedor de natureza *patrimonial* (CPC, art. 789), a finalidade da execução por quantia certa radica na *expropriação judicial* de seus bens, presentes ou futuros (*ibidem*), a fim de ser satisfeito o direito do credor (CPC, art. 824); daí, a necessidade de lhe serem penhorados tantos bens quantos bastem para o pagamento do principal, corrigido monetariamente, e acrescido dos juros da mora, das custas, dos honorários advocatícios e periciais e de outras despesas processuais (CPC, art. 831, *caput*).

A expropriação consiste:

I — na adjudicação;

II — na alienação;

III — na apropriação de frutos e rendimentos de empresas ou estabelecimento e de outros bens (CPC, art. 825, I a III).

a) A *adjudicação*, como vimos, não se limita ao exequente, podendo ser requerida, também, pelas pessoas mencionadas no § 5º do art. 876 (credor com garantia real, credores concorrentes que hajam penhorado o mesmo bem, cônjuge, companheiro, descendentes ou ascendentes do exequente, pessoas referidas no art. 889, II a VIII).

b) A *alienação* pode ser realizada: b.a.) por iniciativa particular, traduzindo-se na venda e compra dos bens do devedor, para satisfação do crédito do exequente; b.b.) em leilão judicial eletrônico ou presencial (CPC, art. 879, I e II), significando a expropriação levada a efeito pelos porteiros dos auditórios ou pelos oficiais de justiça. A expressão *hasta pública*, às vezes encontrada nos modernos textos da doutrina, da jurisprudência e da própria legislação, é um arcaísmo injustificável. O vocábulo *hasta* significa *lança*. Os romanos costumavam *hastear* uma *lança* no lugar em que seria efetuada a expropriação dos bens penhorados. Não nos parece que esse procedimento vetusto tenha sobrevivido nos tempos atuais.

c) a apropriação de *frutos e rendimentos de bem móvel ou imóvel* é, como a expressão está a indicar, o direito assegurado a alguém, para que possa gozar ou fruir as utilidades, frutos ou rendimentos desses bens, cuja propriedade é do devedor.

Alienação por iniciativa particular

Em livros anteriores, afirmamos que a expropriação judicial (ou processual) espelhava ato que o Estado praticava, por intermédio do juiz, com o fim de transferir, a outra pessoa, bens penhorados ao devedor, sem o consentimento deste, com o objetivo de satisfazer o direito do credor, consubstanciado no título executivo.

Sendo assim, era errado pensar que a expropriação constitua ato de direito privado, pelo qual o juiz tomaria o lugar do devedor para autorizar a alienação ou a transferência da coisa apreendida. Como ensina Frederico Marques, o que há aí, na verdade, é o ato processual, de natureza executiva: "O Estado, por intermédio do juiz, tira os bens do poder de seu titular e os transfere a outra pessoa, para que, com o produto dessa alienação, se satisfaça o credor. Trata-se de ato de *imperium* exercido através da tutela jurisdicional. O Estado, no exercício da jurisdição, desapropria os bens do devedor, para compor um litígio e dar a cada um o que é seu. A expropriação, portanto, é ato processual executivo, isto é, ato de tutela jurisdicional" (obra cit., v. 4, p. 177).

Observávamos, ainda, inexistir, no ato expropriatório, compra e venda ou cessão de direitos, pois o Estado não atuava na qualidade de representante do devedor, ou como seu substituto, e sim como prestador de uma tutela jurisdicional. Paula Batista já anotava, aliás, que o único ponto de contato entre a arrematação e a venda estava no fato de verificar-se em ambas a alienação da propriedade, mediante o pagamento do preço equivalente em moeda: "mas a venda é um contrato, efeito do livre consentimento, que exprime a vontade dos contratantes, e a arrematação é uma desapropriação forçada, efeito da lei que representa a justiça social no exercício de seus direitos, e no uso de suas forças, para reduzir o condenado à obediência ao julgado; a ideia de que a entrega do ramo representa o consentimento do executado pela interposta pessoa do juiz, é uma ficção fútil e pueril" (*Compêndio de teoria e prática do processo civil comparado com o comercial*, § 184, nota 1).

Posteriormente, a Lei n. 11.382/2006 alterou a redação do art. 647, do CPC de 1973, para incluir no elenco das modalidade de expropriação a alienação por iniciativa *particular*, a ser realizada em conformidade com o procedimento estabelecido pelo art. 685-C, do mesmo Código. Essa alienação é feita pelo próprio credor exequente, ou mediante corretor credenciado pelo juiz da causa. Sua natureza jurídica parece ser híbrida, *sui generis*, pois dela participam o devedor (ou o corretor) e o magistrado. A despeito disso, pensamos ficar inabalada a nossa opinião, segundo a qual a expropriação constitui *ato estatal*. Assim dizemos, porque, embora a alienação de que cuida o inciso I, do art. 879, do atual CPC, seja realizada por iniciativa particular, este ato fica não apenas sob o rigoroso controle do Poder Judiciário, como esse Poder *participa* do ato, bastando observar, por exemplo, que competirá ao juiz, entre outras coisas: a) fixar o prazo em que a alienação deve ser realizada; b) indicar a forma de publicidade do ato; c) estabelecer o preço mínimo; d) as condições de pagamento; e) as garantias; f) a comissão de corretagem (CPC, art. 880, § 1º). Não se trata, pois, de um simples ato de venda e compra característico das relações tipicamente privadas. Aliás, a alienação por iniciativa particular depende, antes de mais nada, de autorização do juiz da execução (*ibidem*).

Código de Processo Civil — Art. 880

Cabe, aqui, a indagação: o leilão por iniciativa particular é admissível no processo do trabalho?

Entendíamos que não. Hoje, entretanto, estamos propensos a admiti-lo, levando em conta não só o interesse do credor, mas as diretrizes gerais estabelecidas pelo art. 880 do CPC e a possibilidade de os tribunais detalharem o procedimento (*ibidem*, § 3º). Perceba-se que essa modalidade de leilão não é determinada *ex officio*, senão que depende de *requerimento* do exequente. Deste modo, se esse requerimento não estiver comprometido por algum vício de manifestação de vontade, o juiz do trabalho poderá deferi-lo — nomeadamente, se o exequente possuir advogado regularmente constituído nos autos.

Leilão judicial eletrônico ou presencial

O CPC, alinhado com o desenvolvimento tecnológico, dá preferência ao leilão eletrônico; somente se não for possível a utilização deste, por falta de condições técnicas do juízo, é que se fará uso do leilão dito presencial (CPC, art. 804, § 1º), que é a modalidade clássica. Outrora, não faria sentido falar-se de leilão *presencial*, seja porque todo leilão contava com a presença física das pessoas interessadas em lançar, seja por não estar dicionarizado, o substantivo *presencial*. Com a introdução dos meios eletrônicos no processo, passou a ser justificável a referida expressão. A julgar pela rapidez com que evoluem os meios eletrônicos, e a sua crescente utilização pelo processo judicial, provavelmente, em um futuro não muito longínquo, soará estranho a muitos ouvidos a expressão *leilão presencial*, pois esse ato de expropriação de bens estará sendo realizado, sempre, por meio eletrônico. Quem viver, verá.

Inciso I. O leilão *por iniciativa particular* consiste no ato de venda e compra dos bens do devedor, para satisfação do crédito do exequente.

Inciso II. O leilão judicial eletrônico ou presencial significa a expropriação levada a efeito pelos porteiros dos auditórios ou pelos oficiais de justiça, com a presença das pessoas interessadas em ofertar preços pelos bens penhorados, ou seja, interessadas em *lançar*.

Art. 880. Não efetivada a adjudicação, o exequente poderá requerer a alienação por sua própria iniciativa ou por intermédio de corretor ou leiloeiro público credenciado perante o órgão judiciário.

§ 1º O juiz fixará o prazo em que a alienação deve ser efetivada, a forma de publicidade, o preço mínimo, as condições de pagamento, as garantias e, se for o caso, a comissão de corretagem.

§ 2º A alienação será formalizada por termo nos autos, com a assinatura do juiz, do exequente, do adquirente e, se estiver presente, do executado, expedindo-se:

I — a carta de alienação e o mandado de imissão na posse, quando se tratar de bem imóvel;

II — a ordem de entrega ao adquirente, quando se tratar de bem móvel.

§ 3º Os tribunais poderão editar disposições complementares sobre o procedimento da alienação prevista neste artigo, admitindo, quando for o caso, o concurso de meios eletrônicos, e dispor sobre o credenciamento dos corretores e leiloeiros públicos, os quais deverão estar em exercício profissional por não menos que 3 (três) anos.

§ 4º Nas localidades em que não houver corretor ou leiloeiro público credenciado nos termos do § 3º, a indicação será de livre escolha do exequente.

• **Comentário**

Caput. A matéria estava contida no art. 865-C, do CPC revogado.

Não sendo efetivada a adjudicação, o exequente pode requerer que a alienação ocorra por sua iniciativa ou por meio de corretor credenciado pelo juiz da causa. Pensamos que, em situações excepcionais, o fato de o corretor ou o leiloeiro não estarem credenciados pelo juízo não deve invalidar a alienação, salvo se o executado demonstrar que isso lhe acarretou manifesto prejuízo (CLT, art. 794). Basta ver que se não existisse, na localidade, corretor ou leiloeiro público credenciado a indicação poderia ser de livre escolha do exequente (CPC, art. 880, § 4º).

Uma nótula fundamental: no processo do trabalho, mesmo antes da adjudicação o devedor poderá requerer a remição da dívida, caso em que esta somente será deferida se oferecer preço, no mínimo, igual ao da condenação atualizada (Lei n. 5.584/1970, art. 13).

§ 1º Deferido o requerimento, cumprirá ao juiz: a) fixar prazo para que a alienação seja realizada; b) definir a forma de publicidade; c) fixar o preço mínimo; d) estabelecer as condições de pagamento; d) definir as garantias; e) e, se for o caso, arbitrar a taxa de corretagem.

Na fixação do preço mínimo, o juiz poderá valer-se dos conhecimentos técnicos de pessoa habilitada ou de cotações tornadas públicas por órgãos competentes ou revistas especializadas, pois nem sempre ele possuirá conhecimentos técnicos ou de mercado suficientes para estabelecer o preço mínimo de venda dos bens.

§ 2º A alienação não necessitará da lavratura de auto; a sua formalização dar-se-á por meio de termo nos autos, que deverá ser assinado pelo juiz, pelo exequente, pelo adquirente e pelo executado (caso este se encontre presente). Em seguida, será expedida:

Inciso I: carta de alienação, se for bem imóvel, para o registro no ofício competente;

Inciso II: ordem de entrega ao adquirente, se for bem móvel.

§ 3º Considerando que o procedimento da alienação por iniciativa particular foi estabelecido em linhas gerais pela norma legal em exame, a própria norma faculta aos Tribunais detalhar esse procedimento (talvez, por meio de Instruções Normativas). Em seu ato, o Tribunal poderá admitir a utilização de meios eletrônicos e dispor a respeito do credenciamento dos corretores, que deverão estar no exercício profissional por período não inferior a cinco anos.

§ 4º Se não houver na localidade (comarca, seção judiciária) profissionais que atendam aos requisitos do § 3º, poderão ser aceitos leiloeiros ou corretores com menor tempo no exercício da atividade, desde que regularmente inscritos no órgão fiscalizador do exercício profissional. Esses corretores serão de livre escolha do exequente.

Art. 881. A alienação far-se-á em leilão judicial se não efetivada a adjudicação ou a alienação por iniciativa particular.

§ 1º O leilão do bem penhorado será realizado por leiloeiro público.

§ 2º Ressalvados os casos de alienação a cargo de corretores de bolsa de valores, todos os demais bens serão alienados em leilão público.

- **Comentário**

Caput. Não havia correspondência no CPC revogado.

A norma em foco deixa claro que a preferência expropriatória consiste na adjudicação (arts. 876 a 878) e na alienação por iniciativa particular (art. 880), nessa ordem. Somente se não houver requerimento de adjudicação ou de alienação por iniciativa particular é que se promoverá a expropriação mediante alienação judicial.

§ 1º O leilão será realizado por leiloeiro público. A norma não é de incidência obrigatória na Justiça do Trabalho, pois aqui os leilões podem ser realizados por serventuário do próprio juízo.

§ 2º Colocando-se de lado as alienações de bens imóveis e aquelas de atribuição de corretores de bolsa de valores, os demais bens serão alienados em leilão público. O que a norma está a expressar, na verdade, é que somente os bens imóveis e aqueles de atribuição dos corretores de bolsa de valores poderão ser alienados por iniciativa particular.

Art. 882. Não sendo possível a sua realização por meio eletrônico, o leilão será presencial.

§ 1º A alienação judicial por meio eletrônico será realizada, observando-se as garantias processuais das partes, de acordo com regulamentação específica do Conselho Nacional de Justiça.

§ 2º A alienação judicial por meio eletrônico deverá atender aos requisitos de ampla publicidade, autenticidade e segurança, com observância das regras estabelecidas na legislação sobre certificação digital.

§ 3º O leilão presencial será realizado no local designado pelo juiz.

Código de Processo Civil

• **Comentário**

Caput. O leilão somente será presencial quando não for possível realizá-lo por meio eletrônico.

§ 1º Para efeito de realização da alienação judicial por meio eletrônico deverão ser respeitadas as garantias processuais das partes, de acordo com a regulamentação específica do CNJ.

§ 2º A alienação judicial por meio eletrônico deverá atender aos seguintes requisitos: a) ampla publicidade; b) autenticidade; c) segurança, devendo também ser observadas as regras contidas na legislação pertinente à certificação digital.

§ 3º Incumbirá ao juiz definir o local em que será realizado o leilão presencial.

Art. 883. Caberá ao juiz a designação do leiloeiro público, que poderá ser indicado pelo exequente.

• **Comentário**

A norma faculta ao exequente indicar o leiloeiro público, cuja designação (nomeação), todavia, ficará a cargo do magistrado. Este, aliás, pode não concordar com a indicação feita pelo exequente.

Art. 884. Incumbe ao leiloeiro público:

I — publicar o edital, anunciando a alienação;

II — realizar o leilão onde se encontrem os bens ou no lugar designado pelo juiz;

III — expor aos pretendentes os bens ou as amostras das mercadorias;

IV — receber e depositar, dentro de 1 (um) dia, à ordem do juiz, o produto da alienação;

V — prestar contas nos 2 (dois) dias subsequentes ao depósito.

Parágrafo único. O leiloeiro tem o direito de receber do arrematante a comissão estabelecida em lei ou arbitrada pelo juiz.

• **Comentário**

Caput. A norma especifica, nos incisos I a V, as incumbências do leiloeiro público.

Inciso I. Publicar o edital, anunciando a alienação.

Inciso II. Proceder ao leilão, seja no lugar em que se encontrem os bens, seja naquele que for indicado pelo juiz.

Inciso III. Expor aos interessados os bens ou as amostras das mercadorias.

Inciso IV. Receber o produto da alienação e depositá-lo, no prazo de um dia, à ordem do juízo da execução.

Inciso V. Prestar contas, dentro de dois dias posteriores ao depósito.

Parágrafo único. Os serviços prestados pelo leiloeiro não são gratuitos: ele tem direito a receber do arrematante a comissão prevista em lei ou arbitrada pelo juiz.

Art. 885. O juiz da execução estabelecerá o preço mínimo, as condições de pagamento e as garantias que poderão ser prestadas pelo arrematante.

Em complemento ao art. 884, o artigo em foco dispõe que o juiz da execução deverá estabelecer: a) o preço mínimo: b) as condições de pagamento; c) as garantias que poderão ser prestadas pelo arrematante.

Art. 886. O leilão será precedido de publicação de edital, que conterá:

I — a descrição do bem penhorado, com suas características, e, tratando-se de imóvel, sua situação e suas divisas, com remissão à matrícula e aos registros;

II — o valor pelo qual o bem foi avaliado, o preço mínimo pelo qual poderá ser alienado, as condições de pagamento e, se for o caso, a comissão do leiloeiro designado;

III — o lugar onde estiverem os móveis, os veículos e os semoventes e, tratando-se de créditos ou direitos, a identificação dos autos do processo em que foram penhorados;

IV — o sítio, na rede mundial de computadores, e o período em que se realizará o leilão, salvo se este se der de modo presencial, hipótese em que serão indicados o local, o dia e a hora de sua realização;

V — a indicação de local, dia e hora de segundo leilão presencial, para a hipótese de não haver interessado no primeiro;

VI — menção da existência de ônus, recurso ou processo pendente sobre os bens a serem leiloados.

Parágrafo único. No caso de títulos da dívida pública e de títulos negociados em bolsa, constará do edital o valor da última cotação.

• **Comentário**

Caput. O tema constava do art. 686 do CPC revogado.

A norma indica os requisitos que o edital de leilão deverá conter.

O ato estatal de expropriação dos bens penhorados não prescinde da *publicidade*, que representa um dos fundamentais princípios informativos do processo moderno (CLT, art. 770, *caput*; CPC, art. 8º; CF, art. 5º, LX e 93, IX); daí, determinar a CLT que, concluída a avaliação, a contar de dez dias da data da nomeação do avaliador, "seguir-se-á a arrematação, que será anunciada por edital afixado na sede do juízo ou tribunal e publicado no jornal local, se houver, com antecedência de vinte dias" (art. 888, *caput*).

Acerca da necessidade da publicação de edital de praça, disse Affonso Fraga: "Pelo direito pátrio, a alienação judicial dos bens penhorados ao executado não pode ter lugar fora da praça ou hasta pública, mas esta não mereceria este nome ou não corresponderia aos instintos da lei se não fosse armada de um meio que, revestindo-a de publicidade, pudesse garantir, com máxima plenitude, a livre concorrência dos pretendentes ou compradores. Esse meio, de vantagem indiscutível para garantir a tutela de todos os interesses envolvidos na execução e, particularmente, no ato supremo da alienação judicial, é fornecido pelo edital de praça, que pode-se definir: a peça judiciária que publica o dia, lugar e hora da arrematação dos bens penhorados. O edital, como peça integral do processo das execuções, jamais deverá ser omitido, pois a sua falta, retirando à transação judicial a livre concorrência e fazendo-a degenerar em venda particular, induz nulidade de todos os atos dependentes e consequentes, como a arrematação, adjudicação etc., nulidade que pode ser alegada pela parte prejudicada em qualquer tempo e instância" (*Execução das sentenças*. 1. ed. São Paulo, 1922. p. 210).

O edital de praça é, portanto, em nosso sistema processual, requisito indispensável à regularidade do ato expropriatório, motivo por que a realização deste, sem aquele, será causa de nulidade — a ser arguida não somente pela parte, como está em Affonso Fraga, mas podendo ser decretada pelo juiz, *ex officio*. Não se concebe que, sendo a publicação do edital de praça requisito formal essencial à validade da expropriação, o magistrado somente pudesse pronunciar a nulidade desta, decorrente da falta de publicação do edital, por iniciativa da parte.

A finalidade do edital é divulgar, tornar público, que, em determinado dia, horário e local, os bens descritos poderão ser, na forma da lei, arrematados (ou adjudicados). É também necessário que o edital individue os bens, indicando-lhes a quantidade, a qualidade, o estado de conservação e os demais elementos característicos, além do valor da avaliação, e esclareça se sobre eles existe algum ônus. Todas essas providências visam a permitir que os terceiros (embora o credor também possa arrematar, conforme veremos adiante) compareçam à praça e concorram, em igualdade de condições, na arrematação.

Certo segmento da doutrina brasileira ainda manifesta forte apego à locução *hasta pública*, sempre que pretende referir-se ao local em que se dá a expropriação dos bens penhorados ao devedor; nos dias atuais, contudo, já não se justifica o uso dessa expressão, oriunda do direito romano, onde a arrematação era, realmente, efetuada em praça, na qual se hasteava uma *lança* (*hasta*). Hoje, como sabemos,

Código de Processo Civil

o ato expropriatório não é realizado em praça (no sentido de local ou espaço público aberto) e sim no átrio do edifício do fórum e "sem se fixar no chão lança alguma" (Liebman, obra cit., p. 225).

Qual a diferença entre praça e leilão?

Processo civil

Na vigência do CPC de 1973, dispunha, o art. 686, VI, do que se o bem não alcançasse lanço *superior* à importância da avaliação (praça), seguir-se-ia, em dia e hora que fossem desde logo designados entre os dez e os vinte subsequentes, a alienação (leilão) em benefício do *maior lanço*. Nesse processo, pois, a arrematação somente seria possível, na praça, se o valor correspondente ao lanço dado *superasse* o da avaliação da coisa apreendida (*ibidem*).

O CPC atual aboliu a praça. Embora o seu art. 895, I, estabeleça que no caso de bem imóvel ou de bem móvel de elevado valor a pessoa que estiver interessada em adquiri-lo em prestações poderá apresentar por escrito a sua proposta, "por valor não inferior ao da avaliação", não está a insinuar a sobrevivência da antiga *praça*. A exigência legal de que o valor ofertado não seja inferior ao da avaliação é específica para o caso de proposta destinada à aquisição do bem em prestações.

Processo do trabalho

No processo do trabalho, entretanto, como evidencia o art. 888, § 1º, os bens serão "vendidos" pelo *maior lanço* (primeiro leilão). Inexistindo requerimento de adjudicação, ou licitante, os bens serão submetidos a *segundo leilão* (CLT, art. 888, § 3º).

A despeito da terminologia utilizada pela CLT ("voltando à *praça* os bens executados: art. 888, § 4º), no processo do trabalho há, em rigor, *dois leilões*.

O entendimento que estamos manifestando, acerca da diferença da praça em relação ao leilão, parte do pressuposto de que essa diferença essencial não está no *local* onde são realizados (átrio do edifício do fórum ou onde estiverem os bens), e sim, no *critério* para a alienação — que se baseia no *valor da avaliação*. Na praça, o valor do lanço deve *superar* o da avaliação; no leilão, o bem será alienado em favor do maior lanço, mesmo que inferior ao valor da avaliação, e desde que não seja vil. Sob este aspecto é que dizemos não possuir, o processo do trabalho, praça e leilão, mas, *dois leilões*, haja vista as disposições dos §§ 1º e 3º, do art. 888, da CLT.

A Lei n. 6.830/80 trouxe um *tertius genus* de forma de expropriação, ao prescrever que esse ato será realizado *em leilão público*, no lugar designado pelo juiz (art. 23, *caput*). Não há aqui, portanto, praça, mas apenas leilão, tanto que caberá ao arrematante pagar a comissão devida ao leiloeiro, além de outras despesas apontadas no edital (*ibidem*, § 2º). Essa norma legal não poderá ser invocada, em caráter supletório do processo trabalhista, uma vez que a CLT não é omissa a respeito do assunto (art. 769), como demonstra o seu art. 888.

Os requisitos do edital

Já deixamos assente que a arrematação, na Justiça do Trabalho, deve ser precedida de *edital*: vejamos, agora, alguns aspectos legais referentes a esse instrumento de anúncio de expropriação dos bens penhorados.

Inciso I. Descrição do bem penhorado, com seus elementos característicos; esse detalhamento é necessário à individualização do bem. Tratando-se de imóvel será indispensável a sua situação, as divisas e a transcrição aquisitiva e a remissão à matrícula e aos registros

Inciso II. O valor da avaliação do bem, o preço mínimo pelo qual poderá ser alienado, as condições de pagamento e, se for o caso, a comissão do leiloeiro designado. O fornecimento dessas informações é de suma importância para que as pessoas possam definir o seu interesse em efetuar lanços, ou não, no procedimento expropriatório.

Inciso III. O lugar onde se encontram os móveis, veículos e semoventes; essa providência se destina a permitir que as pessoas interessadas — dirigindo-se a esses lugar — possam verificar ao estado de conservação desses bens etc. No caso de créditos ou direitos, o edital deve mencionar os autos do processo em que foram penhorados. Tratando-se de semoventes deverão ser indicados, ainda, a espécie, a quantidade, os sinais ou marcas característicos e — acrescentamos — a idade, ainda que provável, de cada um.

Inciso IV. O sítio eletrônico e o período em que será realizado o leilão, exceto se este for efetuado pelo modo presencial, hipótese em que deverão ser indicados o local, o dia e o horário de sua realização.

Inciso V. A indicação do local, dia e hora do segundo leilão presencial, não tendo havido interessados no primeiro leilão.

Inciso VI. A menção da existência de ônus, recurso ou causa pendente sobre os bens a serem leiloados. Essas informações são necessárias para que os interessados possam avaliar a conveniência e os riscos da aquisição dos bens.

O CPC de 1973 exigia, ainda que constasse do edital a comunicação de que, se o bem não alcançasse lanço superior à importância da avaliação, seguir-se-ia, em dia e hora que fossem desde logo designados entre os dez e os vinte seguintes, a sua alienação pelo maior lanço (CPC, art. 686, I a VI).

O CPC em vigor, conforme dissemos, aboliu a praça.

Parágrafo único. O edital deverá, ainda, mencionar o valor da última cotação, quando os bens

Art. 887

penhorados forem títulos da dívida pública e títulos com cotação em bolsa. A expressão legal "última cotação" deve ser adequadamente entendida, sob pena de, mesmo sendo a *última*, ser antiga, datada de muitos meses. Considerando que o valor desses títulos sói oscilar com frequência, para mais ou para menos, a cotação deve ser *recente* — o que não significa a mesma coisa do que "a última".

Art. 887. O leiloeiro público designado adotará providências para a ampla divulgação da alienação.

§ 1º A publicação do edital deverá ocorrer pelo menos 5 (cinco) dias antes da data marcada para o leilão.

§ 2º O edital será publicado na rede mundial de computadores, em sítio designado pelo juízo da execução, e conterá descrição detalhada e, sempre que possível, ilustrada dos bens, informando expressamente se o leilão se realizará de forma eletrônica ou presencial.

§ 3º Não sendo possível a publicação na rede mundial de computadores ou considerando o juiz, em atenção às condições da sede do juízo, que esse modo de divulgação é insuficiente ou inadequado, o edital será afixado em local de costume e publicado, em resumo, pelo menos uma vez em jornal de ampla circulação local.

§ 4º Atendendo ao valor dos bens e às condições da sede do juízo, o juiz poderá alterar a forma e a frequência da publicidade na imprensa, mandar publicar o edital em local de ampla circulação de pessoas e divulgar avisos em emissora de rádio ou televisão local, bem como em sítios distintos do indicado no § 2º.

§ 5º Os editais de leilão de imóveis e de veículos automotores serão publicados pela imprensa ou por outros meios de divulgação, preferencialmente na seção ou no local reservados à publicidade dos respectivos negócios.

§ 6º O juiz poderá determinar a reunião de publicações em listas referentes a mais de uma execução.

• **Comentário**

Caput. Tratavam do tema, em parte, os arts. 686, § 3º, e 687, § 1º, do CPC revogado.

A norma dispõe sobre as providências que deverão ser adotadas pelo leiloeiro público para a ampla divulgação da alienação.

§ 1º O edital deverá ser publicado, pelo menos, cinco dias antes da data designada para a alienação dos bens.

A norma não se aplica ao processo do trabalho. Aqui, o edital deverá ser afixado na sede do juízo da execução e publicado no jornal local, se existir, com a antecedência de vinte dias (CLT, art. 888, *caput*). A antecedência de que cogita o dispositivo legal mencionado é *mínima*; com isso, sustentamos inexistir, como é óbvio, qualquer restrição da lei quanto à publicação do edital com antecedência *superior* a vinte dias. Será causa de nulidade da "praça", todavia, a publicação do edital em período inferior a vinte dias de sua realização. Com vistas a esse prazo, não deve ser observada a regra geral, insculpida na primeira parte do art. 775, *caput*, da CLT, porquanto não se trata de prazo com efeito citatório ou intimatório, e sim de mera cientificação a terceiros eventualmente interessados no ato de expropriação.

§ 2º O edital será publicado na rede mundial de computadores em sítio eletrônico indicado pelo juízo da execução. Deverá conter descrição detalhada dos bens, e, sempre que possível, ilustrada, informando, de modo expresso, se o leilão será eletrônico ou presencial.

§ 3º Em muitos casos, não haverá condições técnicas de o edital ser publicado na rede mundial de computadores, ou o juiz poderá considerar que esse meio de divulgação seja insuficiente ou inadequado, levando em conta as condições da sede do juízo. Diante disso, o edital deverá ser afixado em local de costume e publicado, em resumo, pelo menos uma vez em jornal de ampla circulação local.

A norma se aplica, em termos, ao processo do trabalho. Aqui, o edital deverá ser afixado na sede do juízo da execução e publicado no jornal local, se existir (CLT, art. 888, *caput*).

O que se deve entender por "jornal local", para os efeitos do art. 888, *caput*, da CLT? Se considerarmos que os arts. 841, § 1º, e 880, § 3º, falam em "jornal oficial" e o art. 888, *caput*, em "jornal local", haveremos de concluir não apenas que esteve na intenção do legislador fazer com que o edital de "praça" fosse publicado em jornal *particular*, mas também que haverá nulidade da "praça" se o edital, a ela concernente, for publicado no jornal *oficial*. Conquanto reconheçamos que a publicação em jornal local atenda ao objetivo nuclear do edital, que é anunciar, a um maior número possível de pessoas, a alienação dos bens penhorados, não vislumbramos nenhuma nulidade caso o edital receba publicação apenas em diário oficial, ainda que na sede da jurisdição haja *jornal particular*. Embora com menor intensidade, não se pode negar que o requisito da publicidade do ato foi atendido; logo, alguém dificilmente teria êxito na alegação de nulidade do ato, salvo se, em situação excepcional, provar a existência de prejuízo (CLT, art. 794). Mesmo assim, só as partes poderiam alegar prejuízo, como se infere da expressão literal do precitado art. 794 da CLT. Como o exequente (Lei n. 6.830/80, art. 22, § 2º) e o executado (CPC, art. 889, I) devem ser intimados do dia, hora e local de realização da praça, fica remota a possibilidade (= interesse) de alegarem prejuízo em decorrência de o edital haver sido publicado apenas em jornal oficial.

Nem ignoremos que estando o credor recebendo o benefício constitucional (art. 5º, LXXIV) da assistência judiciária gratuita (Lei n. 5.584/70, art. 14) a isenção prevista no inc. III do art. 3º da Lei n. 1.060/50 só compreende as despesas com as publicações indispensáveis quando feitas no jornal encarregado da divulgação *dos atos oficiais*. Desse modo, a publicação do edital em jornal particular poderia acarretar sérios transtornos ao credor, no tocante à referida isenção.

Não havendo jornal oficial, a publicação deverá ocorrer no jornal particular *local*. O substantivo *local* não quer significar que o jornal deva ser *impresso* na jurisdição do juízo da execução e sim que *aí circule*, com regularidade, com periodicidade certa, a fim de que se possa constituir, efetivamente, em instrumento eficaz de divulgação da praça judicial a ser realizada.

§ 4º Levando em conta o valor dos bens e as condições da sede do juízo, o juiz poderá alterar a forma e a frequência da publicidade na imprensa, mandar publicar o edital em local de ampla circulação de pessoas e divulgar avisos em emissora de rádio ou televisão locais, assim como em sítios eletrônicos diversos dos mencionados no § 2º.

Nota-se, aqui, a elogiável preocupação do legislador em atribuir a mais ampla divulgação possível do ato de alienação dos bens penhorados, por forma a fazer que dele tome ciência o maior número de pessoas interessadas em oferecer lanços destinados à aquisição desses bens.

§ 5º Os editais de leilão de imóveis e de veículos automotores deverão ser publicados pela imprensa ou por outros meios de divulgação, de preferência na seção ou no local reservado à publicidade de negócios respectivos.

§ 6º Poderá o juiz, ainda, ordenar a reunião de publicações em listas pertinentes a mais de uma execução

Art. 888. Não se realizando o leilão por qualquer motivo, o juiz mandará publicar a transferência, observando-se o disposto no art. 887.

Parágrafo único. O escrivão, o chefe de secretaria ou o leiloeiro que culposamente der causa à transferência responde pelas despesas da nova publicação, podendo o juiz aplicar-lhe a pena de suspensão por 5 (cinco) dias a 3 (três) meses, em procedimento administrativo regular.

• **Comentário**

Caput. Na hipótese de o leilão não ser realizar, por qualquer motivo, o juiz deverá mandar publicar a transferência, ou seja, a designação de nova data e horário (e, às vezes, de local), com observância do disposto no art. 887.

Parágrafo único. Se o escrivão, o chefe de secretaria ou o leiloeiro der causa, mediante culpa, à transferência do leilão, responderão pelas despesas da nova publicação do edital, podendo o juiz aplicar-lhes a pena de suspensão por cinco a três meses, mediante procedimento administrativo regular, assim entendido o que assegure a essas pessoas o contraditório e a ampla defesa.

Art. 889. Serão cientificados da alienação judicial, com pelo menos 5 (cinco) dias de antecedência:

I – o executado, por meio de seu advogado ou, se não tiver procurador constituído nos autos, por carta registrada, mandado, edital ou outro meio idôneo;

II – o coproprietário de bem indivisível do qual tenha sido penhorada fração ideal;

III – o titular de usufruto, uso, habitação, enfiteuse, direito de superfície, concessão de uso especial para fins de moradia ou concessão de direito real de uso, quando a penhora recair sobre bem gravado com tais direitos reais;

IV – o proprietário do terreno submetido ao regime de direito de superfície, enfiteuse, concessão de uso especial para fins de moradia ou concessão de direito real de uso, quando a penhora recair sobre tais direitos reais;

V – o credor pignoratício, hipotecário, anticrético, fiduciário ou com penhora anteriormente averbada, quando a penhora recair sobre bens com tais gravames, caso não seja o credor, de qualquer modo, parte na execução;

VI – o promitente comprador, quando a penhora recair sobre bem em relação ao qual haja promessa de compra e venda registrada;

VII – o promitente vendedor, quando a penhora recair sobre direito aquisitivo derivado de promessa de compra e venda registrada;

VIII – a União, o Estado e o Município, no caso de alienação de bem tombado.

Parágrafo único. Se o executado for revel e não tiver advogado constituído, não constando dos autos seu endereço atual ou, ainda, não sendo ele encontrado no endereço constante do processo, a intimação considerar-se-á feita por meio do próprio edital de leilão.

• **Comentário**

Caput e incisos. Regulavam o assunto os arts. 687, § 5º, e 698 do CPC revogado.

A norma determina a cientificação de determinadas pessoas, no mínimo, cinco dias antes da data designada para a realização da alienação judicial. Os incisos I a VIII, que as mencionam, por serem claros, dispensam comentários.

A imposição legal de que todas essas pessoas sejam previamente intimadas da data da alienação judicial demonstra, antes de mais nada, que os bens gravados com ônus hipotecário podem ser objeto de expropriação judicial. O interesse de tais pessoas provém do fato de que, com a arrematação, não se transfere apenas a propriedade dos bens, mas o próprio gravame, pois este adere ao preço, porquanto se configura nisso a sub-rogação real. A arrematação dos bens hipotecados não gera só a sub-rogação real, mas a extinção da hipoteca, em virtude do pagamento do valor da dívida em cuja garantia ela foi constituída.

Parágrafo único. Se o revel o executado, não constando dos autos o seu endereço atual ou, ainda, não sendo ele encontrado no endereço existente nos autos, considerar-se-á efetuada a sua intimação por meio do edital de leilão. Abre-se aqui uma exceção à regra do art. 106, § 2º, do CPC, que considera válida a intimação enviada, em *carta registrada*, para o endereço constante dos autos se a parte não comunicar ao juízo a mudança de endereço.

Código de Processo Civil

Art. 890. Pode oferecer lance quem estiver na livre administração de seus bens, com exceção:

I – dos tutores, dos curadores, dos testamenteiros, dos administradores ou dos liquidantes, quanto aos bens confiados à sua guarda e à sua responsabilidade;

II – dos mandatários, quanto aos bens de cuja administração ou alienação estejam encarregados;

III – do juiz, do membro do Ministério Público e da Defensoria Pública, do escrivão, do chefe de secretaria e dos demais servidores e auxiliares da justiça, em relação aos bens e direitos objeto de alienação na localidade onde servirem ou a que se estender a sua autoridade;

IV – dos servidores públicos em geral, quanto aos bens ou aos direitos da pessoa jurídica a que servirem ou que estejam sob sua administração direta ou indireta;

V – dos leiloeiros e seus prepostos, quanto aos bens de cuja venda estejam encarregados;

VI – dos advogados de qualquer das partes.

• **Comentário**

Caput. O assunto era tratado no art. 690-A do CPC revogado.

Acentua Celso Neves que, por ser a arrematação ato jurídico, exige capacidade jurídica, bem como capacidade de exercício de direitos, por parte do licitante: "A aptidão para ser titular de direitos não basta; é necessária a legitimação para o seu exercício, que tanto pode ser própria, como alheia ou co-integrada. Esse o sentido da referência à livre administração de seus bens, que não impede o menor, púbere ou impúbere, de licitar, desde que o faça, ou assistido, ou representado. O essencial é que a licitação se dê pelo legitimado, segundo as circunstâncias de cada caso" (obra cit., v. VII, p. 105).

Em princípio, todos podem oferecer lanço nos leilões, desde que estejam na livre administração dos seus bens.

As exceções a essa regra constam dos incisos a serem examinados.

Inciso I. Os tutores, curadores, testamenteiros, administradores e liquidantes somente estarão impedidos de lançar em relação aos bens que foram confiados à sua guarda. A norma legal, nesse caso, procurou evitar que essas pessoas pudessem tirar proveito do fato de os bens estarem sob sua responsabilidade.

Inciso II. Pelas mesmas razões expostas no comentário ao inciso anterior, os mandatários não podem efetuar lanços quanto aos bens que estão sendo por eles administrados ou que devam ser por eles alienados.

Inciso III. Não seria ético que o magistrado, o membro do Ministério Público e da Defensoria Pública, assim como o escrivão, o diretor da secretaria e os demais servidores e auxiliares da justiça pudessem efetuar lanços nos leilões, em relação aos bens e direitos objeto de alienação na localidade onde servirem ou a que se estender a sua autoridade. Por esse motivo, a norma legal os proíbe de fazê-lo.

Inciso IV. Também não podem oferecer lanços os servidores públicos em geral, quanto aos bens ou direitos da pessoa jurídica a que servirem ou que estejam sob a sua administração direta ou indireta. Essa vedação não constava do CPC de 1973, embora uma interpretação adequada do inciso III do art. 690-A (que correspondia ao atual inciso III do art. 808) daquele Código permitisse concluir que os servidores públicos em geral estivessem impedidos de lançar.

Inciso V. Os leiloeiros e seus prepostos não podem oferecer lanços em relação aos bens de cuja alienação estejam incumbidos.

Inciso VI. Os advogados das partes também não podem oferecer lanço na alienação de bens.

Art. 891. Não será aceito lance que ofereça preço vil.

Parágrafo único. Considera-se vil o preço inferior ao mínimo estipulado pelo juiz e constante do edital, e, não tendo sido fixado preço mínimo, considera-se vil o preço inferior a cinquenta por cento do valor da avaliação.

Art. 891

• **Comentário**

Caput. A matéria constava do art. 692 do CPC revogado.

Para logo, uma indagação: essa disposição do CPC é aplicável ao processo do trabalho, sabendo-se que a CLT é omissa a respeito do assunto?

Certamente que sim. Quando o art. 888, § 1º, do texto trabalhista declara que os bens penhorados serão vendidos a quem oferecer o *maior lanço* não está, como se possa supor, vetando a possibilidade da incidência supletiva do art. 891 do CPC. Podemos mesmo asseverar que ambos os dispositivos legais se complementam, em absoluta harmonia. Dessa forma, os bens serão arrematados por quem ofertar o melhor preço, contanto que o lanço não seja *vil*.

O que se deve apenas destacar é que a expropriação dos bens pode ser efetuada, no processo do trabalho, já na "primeira" praça, em benefício de quem fizer o maior lanço.

Consentir-se que os bens apreendidos judicialmente ao devedor possam ser arrematados por *lanço vil*, vale dizer, por preço irrisório, infinitamente inferior ao da importância da avaliação, será, a um só tempo:

a) render ensejo ao surgimento e à proliferação de verdadeiros *ratos de arrematação*, ou licitantes profissionais, que comparecerão à "praça" para tirar proveito do infortúnio do devedor. Nem se diga que nossos argumentos ignoram o fato de que: 1) tais pessoas não são as únicas a comparecer ao leilão, motivo por que, se, concorrendo com as demais, vierem a oferecer o maior lanço, nada há que lhes impeça o objetivo de arrematar os bens; 2) o devedor pode, para evitar a arrematação por preço vil, remir a execução. Ora, no primeiro caso, parte-se do pressuposto falso de que ao leilão acorrem inúmeras pessoas, quando a realidade prática demonstra que, ao contrário, apenas umas poucas participam desse ato — exatamente aquelas que, afeitas à leitura de jornais que costumam publicar editais de praça e leilão, têm ciência do dia, hora e local em que será realizada; no segundo, pensar-se que o devedor possua condições financeiras ou econômicas para remir a execução é algo que peca por fazer tábua rasa da realidade prática, a que há pouco nos referimos, onde, não raro, muitos devedores se encontram à míngua, quase sem recursos materiais para prover a subsistência pessoal ou familiar; afinal de contas, vivemos no Brasil;

b) fazer com que o Poder Judiciário seja utilizado como meio de propiciar aos arrematantes um enriquecimento fácil e imediato, que beira, muitas vezes, as fímbrias da locupletação. Esse enriquecimento cômodo não pode, por outro lado, ser dissociado da ideia de degradação moral e de depauperamento econômico-financeiro do devedor, porquanto, arrematados os bens por preço vil, nova penhora se seguirá, pois o produto da expropriação terá sido insuficiente para saldar a dívida (CPC, art. 851, II). Pense-se na sucessão de penhoras e de arrematações por preço vil, em relação a um mesmo devedor, na mesma execução, e ter-se-á uma nítida noção das consequências desastrosas para ele, advindas do predomínio da opinião de que o art. 891 do CPC é inaplicável, em sua parte final, ao processo do trabalho.

Parágrafo único. O CPC de 1973 também proibia a arrematação por preço vil; todavia, não fornecia um critério objetivo pelo qual se pudesse verificar se o preço era vil, ou não. Essa omissão do legislador sempre nos motivou a lançar-lhe críticas. Dissemos em um de nossos livros: "Pessoalmente, acreditamos que melhor teria agido o legislador se fixasse um critério (objetivo) pelo qual se pudesse aferir se o lanço ofertado é vil ou não; como não o fez, essa providência incumbirá aos juízes, que deverão levar em conta as peculiaridades de cada caso concreto (dentre as quais se inclui a facilidade ou dificuldade de comercialização dos bens penhorados; o risco de depreciação futura; as despesas necessárias à sua conservação etc.). Mesmo assim, a carga de subjetivismo de cada magistrado poderá fazer com que, em termos gerais, esses critérios não se apresentem com a desejável uniformidade" (*Curso de direito processual do trabalho*. v. III. São Paulo: LTr, 2009. p. 2.373).

Na vigência daquele CPC, alguns juízes, preocupados, por suposto, com os efeitos tumultuantes — e mesmo injustos — dessa heterogeneidade de critérios, estabeleceram um *percentual mínimo*, relativamente ao valor dos bens, a que o lanço deveria atingir para que não fosse considerado vil (20%, 25% ou 30% da avaliação).

Se o juiz deixasse de conceder a arrematação, por entender ser o preço oferecido vil, o interessado (seja terceiro ou o próprio credor que licitou) poderia impugnar essa decisão por meio de agravo de petição; não há como negar, no caso, a legitimidade e o interesse do terceiro em interpor recurso desse ato judicial. Se o juiz deferisse a arrematação por preço vil, o interesse seria do devedor em fazer uso do agravo de petição.

A possibilidade, aliás, de o credor também poder arrematar os bens penhorados ao devedor reforça o nosso entendimento de que o preço vil deva ser sempre recusado pelo juiz, sem receio de ser equivocadamente interpretado como guardião do patrimônio alheio. Ao agir dessa forma, o magistrado estará, em verdade, preservando o conteúdo ético do processo, como método estatal de solução dos conflitos de interesses.

O atual CPC deu fim às incertezas e controvérsias surgidas na vigência do CPC de 1973, ao estabelecer que se considera vil o preço inferior a cinquenta por cento do valor da avaliação, exceto se outro for o preço mínimo estipulado pelo juiz para a alienação

Código de Processo Civil — Arts. 892 e 893

do bem. Temos agora, portanto, um critério objetivo para avaliarmos se o lanço ofertado será vil, ou não. A propósito, levando em conta as razões teleológicas da norma em estudo, entendemos que o juiz não poderá fixar preço inferior a cinquenta por cento do valor da avaliação, pois, se assim fizesse, estaria ressuscitando uma situação que o art. 891 do CPC atual veio para eliminar, qual seja, inexistência de um critério objetivo, pelo qual se pudesse determinar se o preço ofertado seria vil, ou não.

Art. 892. Salvo pronunciamento judicial em sentido diverso, o pagamento deverá ser realizado de imediato pelo arrematante, por depósito judicial ou por meio eletrônico.

§ 1º Se o exequente arrematar os bens e for o único credor, não estará obrigado a exibir o preço, mas, se o valor dos bens exceder ao seu crédito, depositará, dentro de 3 (três) dias, a diferença, sob pena de tornar-se sem efeito a arrematação, e, nesse caso, realizar-se-á novo leilão, à custa do exequente.

§ 2º Se houver mais de um pretendente, proceder-se-á entre eles à licitação, e, no caso de igualdade de oferta, terá preferência o cônjuge, o companheiro, o descendente ou o ascendente do executado, nessa ordem.

§ 3º No caso de leilão de bem tombado, a União, os Estados e os Municípios terão, nessa ordem, o direito de preferência na arrematação, em igualdade de oferta.

• **Comentário**

Caput. O tema era regido, em parte, pelo art. 690 do CPC revogado.

O princípio legal, no sistema do processo civil, é de que o pagamento deverá ser efetuado *de imediato* pelo arrematante, salvo disposição legal em contrário. Vale dizer, o juiz poderá, mediante decisão fundamentada, autorizar que o pagamento não se faça de imediato, mas no prazo que lhe assinar, ou em prestações, no caso do art. 895 do CPC.

O *caput* do art. 895, do CPC não se aplica ao processo do trabalho, pois o art. 888, § 2º, da CLT, exige que o arrematante garanta (de imediato) o lanço com 20% do seu valor, devendo o restante ser complementado no prazo de 24 horas (*ibidem*, § 4º), sob pena de perder o sinal de 20%.

1º O credor poderá não só adjudicar os bens, como arrematá-los. Se os arrematar e for o único credor, não necessitará exibir o preço oferecido. Todavia, se o valor dos bens superar o do seu crédito, ele deverá depositar, dentro de três dias, a diferença, sob pena de ficar se efeito a arrematação, caso em que os bens serão levados a novo leilão, às expensas do credor-exequente.

§ 2º Havendo mais de um pretendente, realizar-se-á entre eles a licitação; no caso de igualdade de ofertas, terão preferência o cônjuge, o companheiro, o descendente ou o ascendente do executado, nessa ordem.

§ 3º Tratando-se de leilão de bem tombado, terão o direito de preferência, em igualdade de oferta, a União, os Estados, e os Municípios, nessa ordem.

Art. 893. Se o leilão for de diversos bens e houver mais de um lançador, terá preferência aquele que se propuser a arrematá-los todos, em conjunto, oferecendo, para os bens que não tiverem lance, preço igual ao da avaliação e, para os demais, preço igual ao do maior lance que, na tentativa de arrematação individualizada, tenha sido oferecido para eles.

• **Comentário**

Há correspondência com o art. 691 do CPC revogado.

A situação prevista pela norma legal *sub examen* é esta: se o leilão envolver diversos bens e houver mais de um lançador, terá preferência aquele que se dispuser a arrematá-los de maneira global. Com vistas a isso, o texto legal fixa os seguintes critérios: a) para os bens que não receberam lanço, deverá oferecer preço igual ao da avaliação; b) para os demais bens, preço igual ao do maior lanço, que, na tentativa de alienação individualizada, tenham sido ofertado para eles — desde que, à evidência, o *maior lanço* não seja vil (CPC art. 891).

Art. 894. Quando o imóvel admitir cômoda divisão, o juiz, a requerimento do executado, ordenará a alienação judicial de parte dele, desde que suficiente para o pagamento do exequente e para a satisfação das despesas da execução.

§ 1º Não havendo lançador, far-se-á a alienação do imóvel em sua integridade.

§ 2º A alienação por partes deverá ser requerida a tempo de permitir a avaliação das glebas destacadas e sua inclusão no edital, e, nesse caso, caberá ao executado instruir o requerimento com planta e memorial descritivo subscritos por profissional habilitado.

• **Comentário**

Caput. A matéria estava parcialmente prevista no art. 702 do CPC revogado.

Os bens podem ser divisíveis e indivisíveis. *Divisíveis* são ao que podem ser fracionados sem alteração na sua substância, diminuição considerável do seu valor, ou prejuízo no uso a que se destinam (CC, art. 87).

Os bens naturalmente divisíveis podem tornar-se indivisíveis por determinação de lei ou por vontade das partes (CC, art 88).

Quando o bem imóvel penhorado admitir cômoda divisão, o juiz, a requerimento do executado, determinará a alienação judicial de parte do bem, desde que seja suficiente para satisfazer o crédito do exequente e para o pagamento das despesas da execução. Pode acontecer, porém, de o lanço vencedor não ser suficiente para satisfazer o direito do exequente em sua integralidade e o pagamento das mencionadas despesas. Diante disso, a requerimento do exequente, o juiz deverá ordenar a penhora de outra parte do imóvel — assim procedendo até que o crédito o exequente seja totalmente satisfeito.

§ 1º Pode ocorrer de, mesmo o bem admitir divisão cômoda, não comparecer lançador ao ato de alienação judicial. Nesta hipótese, a alienação compreenderá o imóvel em sua integralidade. O valor do lanço vencedor, que exceder ao do crédito do exequente, deverá ser entregue ao executado.

§ 2º Se o credor desejar que a alienação do bem imóvel seja efetuada por partes, deverá formular o seu requerimento a tempo de permitir a avaliação das partes destacadas e sua inclusão no edital (art. 886). Para esse efeito, o requerimento deverá ser instruído com planta e memorial descritivo subscritos por profissional habilitado. Esse procedimento, a nosso ver, será dispensável, se a avaliação havia sido realizada na forma do § 1º do art. 872 do CPC.

Art. 895. O interessado em adquirir o bem penhorado em prestações poderá apresentar, por escrito:

I — até o início do primeiro leilão, proposta de aquisição do bem por valor não inferior ao da avaliação;

II — até o início do segundo leilão, proposta de aquisição do bem por valor que não seja considerado vil.

§ 1º A proposta conterá, em qualquer hipótese, oferta de pagamento de pelo menos vinte e cinco por cento do valor do lance à vista e o restante parcelado em até 30 (trinta) meses, garantido por caução idônea, quando se tratar de móveis, e por hipoteca do próprio bem, quando se tratar de imóveis.

§ 2º As propostas para aquisição em prestações indicarão o prazo, a modalidade, o indexador de correção monetária e as condições de pagamento do saldo.

§ 3º (VETADO).

§ 4º No caso de atraso no pagamento de qualquer das prestações, incidirá multa de dez por cento sobre a soma da parcela inadimplida com as parcelas vincendas.

§ 5º O inadimplemento autoriza o exequente a pedir a resolução da arrematação ou promover, em face do arrematante, a execução do valor devido, devendo ambos os pedidos ser formulados nos autos da execução em que se deu a arrematação.

§ 6º A apresentação da proposta prevista neste artigo não suspende o leilão.

§ 7º A proposta de pagamento do lance à vista sempre prevalecerá sobre as propostas de pagamento parcelado.

§ 8º Havendo mais de uma proposta de pagamento parcelado:

I – em diferentes condições, o juiz decidirá pela mais vantajosa, assim compreendida, sempre, a de maior valor;

II – em iguais condições, o juiz decidirá pela formulada em primeiro lugar.

§ 9º No caso de arrematação a prazo, os pagamentos feitos pelo arrematante pertencerão ao exequente até o limite de seu crédito, e os subsequentes, ao executado.

• **Comentário**

Caput. Em princípio, o art. 895 é inaplicável ao processo do trabalho, pois a CLT não é omissa quanto ao tema. Realmente, dispõe o art. 888, § 2º da CLT que o arrematante deverá garantir o lanço com o sinal correspondente a 20% do seu valor. Caso o arrematante ou o seu fiador não pagar o saldo em 24 horas perderá o sinal de 20% em favor do exequente, voltando à expropriação os bens penhorados (§ 4º).

Todavia, caso se entenda que o art. 895 seja aplicável ao processo do trabalho, o arrematante poderá adquirir o bem penhorado, por escrito, nas condições estabelecidas pelos incisos I e II.

Inciso I. Até o início do primeiro leilão, a proposta de aquisição do bem não poderá ser inferior ao da avaliação;

Inciso II. Até o início do segundo leilão a proposta poderá ser feita por preço que não seja considerado vil.

§ 1º Em qualquer caso, a proposta deverá conter oferta de pagamento de pelo menos vinte por cento do valor do lanço a vista, sendo o restante pago em até trinta meses, cabendo ao arrematante efetuar caução idônea quando se tratar de bem móvel. Sendo imóvel o bem, a garantia deve ser feita mediante hipoteca do próprio bem.

§ 2º Ao formular a proposta para aquisição do bem em prestações o interessado deverá indicar o prazo, a modalidade, o indexador da correção monetária e as condições de pagamento do saldo.

§ 3º **Vetado.** Constava do texto: "As prestações, que poderão ser pagas por meio eletrônico, serão corrigidas mensalmente pelo índice oficial de atualização financeira, a ser informado, se for o caso, para a operação do cartão de crédito". Razões do veto: "O dispositivo institui correção monetária mensal por um índice oficial de preços, o que caracterizaria indexação. Sua introdução potencializaria a memória inflacionária, culminando em uma indesejada inflação inercial".

§ 4º Havendo atraso no pagamento de qualquer prestação, incidirá multa de dez por cento sobre a soma parcela inadimplida com as prestações vincendas.

§ 5º O inadimplemento permitirá ao exequente pedir a resolução da arrematação ou promover, em face do arrematante, a execução do valor devido. Ambos os pedidos deverão ser feitos nos autos da execução em que ocorreu a arrematação.

§ 6º A apresentação da proposta de pagamento parcelado não suspende o leilão. Parece-nos que a intenção da norma seja o de estabelecer uma espécie de concorrência entre os preços eferecidos pelo interessado que deseja obter o bem mediante o pagamento em parcelas, e o preço ofertado por aquele que compareceu ao leilão. Esse escopo do texto legal está em harmonia com o art. 797, segundo qual a execução se processa no interesse do credor (exequente).

§ 7º Terá preferência sobre a proposta de pagamento parcelado a proposta de pagamento à vista.

§ 8º Se houver mais de uma proposta de pagamento parcelado, cumprirá ao juiz agir de acordo com os incisos I e II.

Inciso I. Em diferentes condições, deverá decidir pela proposta mais valiosa, assim considerada a de maior valor;

Inciso II. Em igualdade de condições o juiz decidirá pela formulada em primeiro lugar.

Em ambos os casos (incisos I e II), a proposta não poderá conter preço vil (CPC, art. 891).

§ 9º Havendo arrematação a prazo, os pagamentos realizados pelo arrematante pertencerão ao exequente até o limite do seu crédito; o que exceder caberá ao executado.

Art. 896. Quando o imóvel de incapaz não alcançar em leilão pelo menos oitenta por cento do valor da avaliação, o juiz o confiará à guarda e à administração de depositário idôneo, adiando a alienação por prazo não superior a 1 (um) ano.

§ 1º Se, durante o adiamento, algum pretendente assegurar, mediante caução idônea, o preço da avaliação, o juiz ordenará a alienação em leilão.

§ 2º Se o pretendente à arrematação se arrepender, o juiz impor-lhe-á multa de vinte por cento sobre o valor da avaliação, em benefício do incapaz, valendo a decisão como título executivo.

§ 3º Sem prejuízo do disposto nos §§ 1º e 2º, o juiz poderá autorizar a locação do imóvel no prazo do adiamento.

§ 4º Findo o prazo do adiamento, o imóvel será submetido a novo leilão.

• **Comentário**

Caput. Há correspondência com o art. 701 do CPC revogado.

Ocorrendo a penhora de imóvel pertencente a incapaz, o lanço deverá corresponder, no mínimo, a 80% do valor da avaliação. Pode-se dizer, sob esse aspecto, que abaixo disso o lanço será considerado vil (CPC, art. 891). Se não for alcançado o limite mínimo previsto em lei, o juiz deverá adotar as seguintes providências: a) confiar o bem à guarda e à administração de depositário idôneo; b) adiar a alienação por prazo não superior a um ano. O ideal é que o juiz designe o prazo para o mais breve possível.

Embora o art. 888, § 1º, da CLT, declare que os bens "serão vendidos pelo maior lance" (desde que não seja vil), regra de bom senso sugere que se admita a incidência no processo do trabalho da norma inscrita no art. 896 do CPC, por tratar-se de expropriação de bem imóvel pertencente a *incapaz*. Sendo assim, se o maior lanço não atingir oitenta por cento do valor da avaliação, cumprirá ao juiz confiar o bem à guarda e à administração de depositário idôneo, por período não superior a um ano, após o que o imóvel será submetido a novo leilão.

§ 1º Pode acontecer de, no período de adiamento da alienação, alguém desejar adquirir o bem. Diante disso, o interessado deverá manifestar a sua intenção por meio de petição nos autos, assegurando, mediante caução idônea, o preço da avalição. Isso feito, o juiz autorizará a alienação em leilão.

§ 2º Caso o pretendente à arrematação venha a arrepender-se, o juiz impor-lhe-á multa de 20% sobre o valor da avaliação, em favor do incapaz, servindo a decisão como título executivo.

§ 3º Durante o prazo de adiamento do leilão, o juiz poderá autorizar a locação do imóvel, sem prejuízo do disposto nos §§ 1º e 2º. Os valores daí provenientes deverão ficar à disposição do juízo da execução, que deliberará, no momento oportuno, sobre a sua destinação. O magistrado poderá, por exemplo, autorizar o levantamento mensal dessas quantias, pelo credor, como forma de pagamento parcelado de seu crédito.

§ 4º Terminado o prazo do adiamento, o imóvel será remetido a novo leilão. Caso, porém, o imóvel tenha sido alugado, e os valores da locação sido entregues ao credor, de tal maneira que, mesmo antes do término do adiamento do leilão o direito deste venha a ser integralmente satisfeito, o imóvel não deverá ser submetido a novo leilão, exceto se for para o pagamento de honorários do advogado, do administrador, do perito e das despesas processuais.

Art. 897. Se o arrematante ou seu fiador não pagar o preço no prazo estabelecido, o juiz impor-lhe-á, em favor do exequente, a perda da caução, voltando os bens a novo leilão, do qual não serão admitidos a participar o arrematante e o fiador remissos.

• **Comentário**

Repetiu-se a norma do art. 695 do CPC revogado.

Poderá acontecer de o arrematante ou o seu fiador não pagar o preço no prazo fixado. Sendo assim, o juiz impor-lhe-á, em benefício do exequente, a perda da caução. Além disso, os bens voltarão a novo leilão, do qual estarão impedidos de participar o arrematante e o fiador inadimplentes. A razão desse veto é de ordem ética.

Art. 898. O fiador do arrematante que pagar o valor do lance e a multa poderá requerer que a arrematação lhe seja transferida.

• **Comentário**

Reproduziu-se a regra do art. 696 do CPC revogado.

Se o fiador do arrematante vier a pagar o valor do lanço e da multa poderá requerer que a arrematação seja transferida em seu nome.

Art. 899. Será suspensa a arrematação logo que o produto da alienação dos bens for suficiente para o pagamento do credor e para a satisfação das despesas da execução.

• **Comentário**

Copiou-se, à letra, o parágrafo único do art. 692 do CPC revogado.

Como o objetivo da execução por quantia certa é a expropriação de bens do devedor ou responsável, a fim de satisfazer o direito do credor (CPC, art. 824), é evidente que se o produto da alienação já for suficiente para atender a esse escopo legal, e as despesas da execução, o juiz suspenderá a arrematação.

Em rigor, não se trata de *suspensão*, e sim de *encerramento* da arrematação. Em decorrência, se o crédito do exequente foi satisfeito, e pagas as despesas processuais, a execução será extinta (CPC, art. 924, II).

Art. 900. O leilão prosseguirá no dia útil imediato, à mesma hora em que teve início, independentemente de novo edital, se for ultrapassado o horário de expediente forense.

• **Comentário**

Há correspondência com o art. 689 do CPC revogado.

Se não for possível concluir o leilão no dia designado, em virtude de ser ultrapassado o horário do expediente forense, o seu prosseguimento deverá dar-se no dia seguinte, se for útil, à mesma hora em que teve início. Para isso, não haverá necessidade de publicação de novo edital.

O CPC determinava o prosseguimento do leilão para o dia útil imediato "sobrevindo a noite". Esse critério legal suscitava inúmeras controvérsias de ordem prática, seja porque nem sempre era fácil definir-se o conceito de noite, seja porque o dia anoitecia em horários diferentes, conforme fosse a localidade ou a região do país. O CPC em vigor foi mais preciso ao aludir à ultrapassagem do horário do expediente forense.

Na Justiça do Trabalho os atos processuais serão praticados nos dias úteis, no período das 6 às 20 horas (CLT, art. 770, *caput*).

Art. 901. A arrematação constará de auto que será lavrado de imediato e poderá abranger bens penhorados em mais de uma execução, nele mencionadas as condições nas quais foi alienado o bem.

§ 1º A ordem de entrega do bem móvel ou a carta de arrematação do bem imóvel, com o respectivo mandado de imissão na posse, será expedida depois de efetuado o depósito ou prestadas as garantias pelo arrematante, bem como realizado o pagamento da comissão do leiloeiro e das demais despesas da execução.

§ 2º A carta de arrematação conterá a descrição do imóvel, com remissão à sua matrícula ou individuação e aos seus registros, a cópia do auto de arrematação e a prova de pagamento do imposto de transmissão, além da indicação da existência de eventual ônus real ou gravame.

• **Comentário**

Caput. A matéria constava do art. 693 do CPC revogado.

A arrematação deverá ser documentada em *auto*, cuja lavratura deverá ser feita imediatamente à realização da praça ou do leilão. O art. 693, do CPC de 1973, em sua redação original, previa o prazo de

Art. 902

24 horas, para a lavratura do auto de arrematação. Esse prazo era necessário para assegurar o direito de o devedor remir a execução (CPC, art. 651; Lei n. 5.584/70, art. 13) e do credor requerer a adjudicação (CPC, art. 647, I). Com a alteração imposta essa norma legal, a assinatura do auto passou a ser imediata. Apesar disso, a conclusão que extraíamos era de que, conquanto já não houvesse o prazo de 24 horas para o juiz assinar o auto, a adjudicação ou a remição deveriam ser requeridas antes dessa assinatura.

Mantemos esse entendimento na vigência do atual CPC.

No ensinamento oportuno de Frederico Marques, o auto de arrematação figura como peça essencial à validade desse ato: "Sem o auto, a arrematação não se completa, porquanto se trata (na arrematação) de ato processual complexo, que só se perfaz quando praticados todos os atos que o compõem. Sem o auto, a arrematação, além de incompleta, fica sem a devida formalização. No auto, está a documentação procedimental da praça e da alienação. É ele o elemento em que se formaliza a arrematação e que, ao mesmo tempo em que a documenta, a faz completa e acabada" (obra cit., p. 192).

O auto poderá abranger bens penhorados em mais de uma execução, devendo, neles, ser indicadas as condições pelas quais foi alienado o bem.

§ 1º Tratando-se de bem móvel, o juiz expedirá ordem de entrega ao arrematante; de bem imóvel, assinará a carta de arrematação, com o respectivo mandado de imissão na posse. Tanto num caso como noutro esses atos judiciais somente serão praticados depois de o arrematante: a) realizar o depósito do valor ofertado ou de prestar as garantias a que estava sujeito; b) efetuar o pagamento da comissão do leiloeiro e das demais despesas de execução.

§ 2º A carta de arrematação deverá atender aos seguintes requisitos: a) a descrição do imóvel, com remissão à sua matrícula ou individuação e aos seus registros; b) cópia do auto de arrematação; c) prova de pagamento de imposto de transmissão; d) indicação de existência de eventual ônus real ou gravame.

Art. 902. No caso de leilão de bem hipotecado, o executado poderá remi-lo até a assinatura do auto de arrematação, oferecendo preço igual ao do maior lance oferecido.

Parágrafo único. No caso de falência ou insolvência do devedor hipotecário, o direito de remição previsto no *caput* defere-se à massa ou aos credores em concurso, não podendo o exequente recusar o preço da avaliação do imóvel.

• **Comentário**

Caput. A norma permite, no caso de leilão de bem hipotecado, que o executado possa remi-lo até a assinatura do auto de arrematação, desde que ofereça preço igual ao do maior lanço — desde que não seja vil.

Em termos gerais, a norma não incide no processo do trabalho, pois o art. 13 da Lei n. 5.584, de 26.6.1970 estabelece que "Em qualquer hipótese, a remição só será deferível ao executado se este oferecer preço igual ao valor da condenação". A única possibilidade de admitirmos a aplicação do art. 902, *caput*, do CPC, ao processo do trabalho, ocorrerá se o "maior lance oferecido" for igual ao valor da condenação imposta ao devedor.

Parágrafo único. Tratando-se de falência ou insolvência do devedor hipotecário, o direito de remir o bem, mencionado no *caput* é deferido à massa ou aos credores em concurso, sendo vedado ao exequente recusar o preço da avaliação de imóvel.

Código de Processo Civil

Art. 903. Qualquer que seja a modalidade de leilão, assinado o auto pelo juiz, pelo arrematante e pelo leiloeiro, a arrematação será considerada perfeita, acabada e irretratável, ainda que venham a ser julgados procedentes os embargos do executado ou a ação autônoma de que trata o § 4º deste artigo, assegurada a possibilidade de reparação pelos prejuízos sofridos.

§ 1º Ressalvadas outras situações previstas neste Código, a arrematação poderá, no entanto, ser:

I – invalidada, quando realizada por preço vil ou com outro vício;

II – considerada ineficaz, se não observado o disposto no art. 804;

III – resolvida, se não for pago o preço ou se não for prestada a caução.

§ 2º O juiz decidirá acerca das situações referidas no § 1º, se for provocado em até 10 (dez) dias após o aperfeiçoamento da arrematação.

§ 3º Passado o prazo previsto no § 2º sem que tenha havido alegação de qualquer das situações previstas no § 1º, será expedida a carta de arrematação e, conforme o caso, a ordem de entrega ou mandado de imissão na posse.

§ 4º Após a expedição da carta de arrematação ou da ordem de entrega, a invalidação da arrematação poderá ser pleiteada por ação autônoma, em cujo processo o arrematante figurará como litisconsorte necessário.

§ 5º O arrematante poderá desistir da arrematação, sendo-lhe imediatamente devolvido o depósito que tiver feito:

I – se provar, nos 10 (dez) dias seguintes, a existência de ônus real ou gravame não mencionado no edital;

II – se, antes de expedida a carta de arrematação ou a ordem de entrega, o executado alegar alguma das situações previstas no § 1º;

III – uma vez citado para responder a ação autônoma de que trata o § 4º deste artigo, desde que apresente a desistência no prazo de que dispõe para responder a essa ação.

§ 6º Considera-se ato atentatório à dignidade da justiça a suscitação infundada de vício com o objetivo de ensejar a desistência do arrematante, devendo o suscitante ser condenado, sem prejuízo da responsabilidade por perdas e danos, ao pagamento de multa, a ser fixada pelo juiz e devida ao exequente, em montante não superior a vinte por cento do valor atualizado do bem.

• **Comentário**

Caput. A matéria era regida pelos arts. 694 e 746 do CPC revogado.

Assinado o auto pelo juiz, pelo arrematante e pelo serventuário da justiça ou leiloeiro a arrematação será considerada perfeita, acabada e irretratável, ainda que venham a ser julgados "procedentes" os embargos do executado ou a ação autônoma prevista no § 4º, sendo assegurada a possibilidade de reparação pelos prejuízos sofridos. Cabe, aqui, uma explicação. Poderia causar perplexidade a muitos o fato de a norma legal mencionada estar revelando a possibilidade de os embargos do devedor virem a ser julgados *após* a arrematação. Ocorre que, por força do disposto no art. 914, *caput*, na execução fundada em título extrajudicial os embargos do devedor poderão ser opostos "independentemente de penhora, depósito ou caução", ou seja, sem garantia do juízo. Isto significa não haver vinculação entre os embargos do devedor e a penhora, de tal maneira que um pode ser realizado independentemente do outro: a) embargos sem penhora; b) penhora antes dos embargos. Em consequência, no sistema do CPC os bens penhorados podem ser submetidos à expropriação antes mesmo do oferecimento de embargos do devedor. É desta última situação que cogita o art. 835, *caput*, parte final.

§ 1º Como vimos, assinado o auto pelo juiz, pelo arrematante e pelo serventuário da justiça ou leiloeiro, a arrematação se torna "perfeita, acabada e irretratável", como sentencia o art. 903, *caput*, do CPC.

Em caráter excepcional, todavia, a arrematação poderá ser:

Art. 903

Inciso I. Invalidada quando realizada por preço vil ou por outro vício.

Há, aqui, uma curiosidade. O art. 891, do CPC, dispõe que *não será aceito* lanço (ou preço vil); contudo, o art. 903, § 1º, I, permite o *desfazimento* da expropriação quando for *realizada* por lanço vil. Ora, se *não se aceita* lanço vil, como poderia a expropriação *ter sido feita*, ou seja, admitida? Se o auto foi imediatamente assinado, como determina a lei (CPC, 901, *caput*), isto significa que, para o juiz, o lanço, nesse momento, não parecia ser irrisório, ínfimo (vil). Caberá ao devedor, entretanto, demonstrar, em sede de embargos à expropriação, ou de mandado de segurança, que o juiz esteve errado em sua decisão.

É conveniente e oportuno recordar ser legalmente considerado vil o preço que for inferior a cinquenta por cento do valor da avaliação — exceto se outro for o preço mínimo fixado pelo juiz para a expropriação do bem.

Por vício de nulidade. Sendo a "praça" realizada, *e. g.*, sem prévia intimação do credor (Lei n. 6.830/80, art. 22, § 2º) ou do devedor (CPC, art. 889, I), ou se o arrematante se encontrar legalmente impedido de licitar (CPC, art. 890, I a VI), caracterizada estará a nulidade desse ato expropriatório, que, em consequência, poderá ser desfeito pelo interessado (credor, devedor, ou eventualmente terceiro). De modo geral, sendo a arrematação espécie do gênero ato jurídico processual — conquanto de natureza complexa —, o desrespeito aos mandamentos enunciados pelos arts. 794 a 798 da CLT, conjugados com os arts. 276 a 283 do CPC, conduzirá a virtual decreto de nulidade. Antes, porém, de declarar a nulidade, deverá o juiz consultar os princípios: 1) da *transcendência* (CLT, art. 794), conforme o qual não há nulidade sem prejuízo; 2) da *instrumentalidade* (CPC, art. 277), pelo qual mesmo que a lei prescreva determinada forma, sem a cominação de nulidade, valerá o ato se, praticado de forma diversa, atingir a mesma finalidade; 3) da *convalidação* (CLT, art. 795; CPC, art. 278), que afirma poder a nulidade relativa ser sanada pelo consentimento da parte contrária, salvo se decorrer de falta de observância à norma pública, devendo, de qualquer modo, ser alegada na primeira vez em que o interessado tiver de falar nos autos ou em audiência, pena de preclusão temporal; 4) da *proteção* (CLT, art. 796, "a" e "b"; CPC, art. 276, § 2º): só se acolhe a nulidade se não for possível suprir a falta ou repetir o ato, desde que não tenha sido arguida por quem lhe deu causa.

Inciso II. A norma legal citada, ao fazer remissão ao art. 804, *caput*, veda a expropriação do bem penhorado sem que desse ato sejam cientificados, por qualquer meio idôneo, o senhorio direto, o credor pignoratício, hipotecário, anticrético ou usufrutuário. Se este preceito legal não for observado, a expropriação poderá ser desfeita.

Diz o art. 804, *caput* do CPC que a alienação de bem aforado ou gravado por penhor, hipoteca, anticrese ou usufruto será *ineficaz* em relação às pessoas por ele mencionadas. O conceito de *ineficaz*, como leciona Orozimbo Nonato, é bifronte: "válido em face de determinadas pessoas e ineficaz perante outras" (*Da coação como defeito do ato jurídico*, n. 114, p. 219, 1957).

Inciso III. Se não for pago o preço ou prestada a caução. Deixando o arrematante de complementar o preço, no prazo de 24 horas, contado a partir do encerramento da "praça", não só será resolvida a arrematação, como o arrematante perderá, em prol da execução (ou seja, do credor), o sinal de 20% que havia depositado para garantir o lanço (CLT, art. 888, § 4º), retornando à praça os bens apreendidos (*ibidem*).

Lembremos que se o arrematante for o próprio credor, não estará obrigado a exibir o preço, embora fique sujeito às disposições do art. 892, § 2º, do CPC.

Designada nova praça, em virtude do desfazimento da arrematação, nela estarão proibidos de lançar o arrematante e o fiador remissos (CPC, art. 897). É uma espécie de sanção moral, de que são destinatários, em razão de não haverem integralizado o preço no prazo legal.

Acontecendo de o fiador do arrematante pagar o valor do lanço e a multa, poderá requerer que a arrematação lhe seja transferida (CPC, art. 898).

§ 2º As situações mencionadas no § 1º deverão ser decididas pelo juiz se for provocado dentro do prazo de dez dias posteriores ao aperfeiçoamento da arrematação.

§ 3º Decorrido o prazo mencionado no § 2º sem que tenha havido alegação de qualquer das situações referidas no § 1º, será expedida a carta de arrematação e, quando for o caso a ordem de entrega ou o mandado de imissão na posse.

§ 4º Expedida a carta de arrematação ou a ordem de entrega a invalidação da arrematação poderá ser postulada mediante ação autônoma. Nesse processo o arrematante figurará como litisconsorte necessário.

§ 5º A lei faculta ao arrematante desistir da arrematação, com a consequente devolução do depósito que tiver realizado. As causas que justificam essa desistência estão previstas nos incisos a serem agora examinados.

Inciso I. Se o arrematante provar, nos dez dias subsequentes, a existência de ônus real ou gravame não mencionada no edital. Lembremos que entre os requisitos que o edital atinente à alienação dos bens penhorados deve conter está a menção de existência de ônus, recurso ou causa pendente sobre os bens a serem leiloados (CPC, art. 886, VI). Por esse motivo, entendemos que o arrematante poderá desistir da arrematação não apenas no caso de o edital omitir a existência de ônus real ou de gravame, mas, também, a existência de recurso ou de disputa judicial tendo como objeto os próprios bens penhorados.

Se esses elementos tivessem constado do edital, é muito provável que o arrematante não possuísse interesse em adquirir os bens, ou fizesse lanço muito inferior ao oferecido.

Inciso II. Um outro motivo legal que autoriza a desistência da arrematação ocorre se o arrematante suscitar alguma das situações previstas no § 1º. Para que essa desistência seja aceita, há necessidade de ser manifestada antes de expedida a ordem de entrega do bem ou a carta de arrematação. O ônus da prova, em princípio, é do arrematante desistente.

Inciso III. O arrematante também poderá desistir da arrematação quando citado para responder a ação autônoma de que cuida o § 4º, contanto que manifeste a desistência no prazo para responder à precitada ação.

§ 6º Se o devedor suscitar, de maneira infundada, a existência de vícios da arrematação, com o objetivo de fazer com que o arrematante dela desista, o seu ato será considerado atentatório à dignidade da justiça. Como consequência, o juiz poderá impor-lhe multa não superior a vinte por cento do valor atualizado do débito em execução, que verterá em benefício do credor. Outras sanções de natureza processual ou material também lhe poderão ser aplicadas (CPC, art. 774, parágrafo único), com indenização por perdas e danos.

Seção V
Da Satisfação do Crédito

Art. 904. A satisfação do crédito exequendo far-se-á:

I – pela entrega do dinheiro;

II – pela adjudicação dos bens penhorados.

• **Comentário**

Caput. A matéria estava contida no art. 708 do CPC revogado.

A norma trata da satisfação do crédito exequendo, que será realizada nos termos dos incisos I e II.

Inciso I. *Pela entrega do dinheiro.* O produto pecuniário da arrematação é depositado em conta à disposição do juízo competente, estando sujeito à atualização monetária (Lei n. 6.830/80, art. 32, § 1º) e ao acréscimo de juros. Consumado o ato expropriatório, o juiz autorizará que o credor levante, mediante guia ou alvará, até a satisfação integral de seu crédito, a quantia depositada. No processo do trabalho, portanto, nem sempre caberá ao leiloeiro receber o valor do lanço e depositá-lo à ordem do juízo (CPC, art. 884, V).

Inciso II. *Pela adjudicação dos bens penhorados.* A adjudicação é legalmente apontada como uma das formas de *pagamento ao credor*; vista sob outro ângulo, todavia, constitui meio de aquisição da propriedade. Dela tratam os art. 876 a 878.

No direito romano, durante o período formulário, a *adjudicatio* constituía parte ordinária da fórmula característica dos juízos divisórios, que integravam as ações *communi dividundo familiae erciscundae* e *finium regundorum*; por essa *adjudicatio*, o juiz atribuía, a quem de direito, quinhão certo e exclusivo, decorrente da partilha da coisa comum. Nesse sentido, podemos reconhecer certa identidade, um ponto comum entre a adjudicação moderna e a existente no direito romano, pois em ambos os casos a ela se cometeu a finalidade de conceder às partes a propriedade exclusiva sobre quinhões oriundos da divisão.

Em nosso meio, a adjudicação surgiu com a Lei de 20.6.1774, tendo Leite Velho anotado que "os praxistas antigos, quando se referem ao ato de ficar o credor com os bens penhorados, consideram isso uma arrematação e não uma adjudicação no sentido atual, tanto que na Ordenação, não aparece semelhante palavra" (obra cit., p. 163).

Art. 905. O juiz autorizará que o exequente levante, até a satisfação integral de seu crédito, o dinheiro depositado para segurar o juízo ou o produto dos bens alienados, bem como do faturamento de empresa ou de outros frutos e rendimentos de coisas ou empresas penhoradas, quando:

I – a execução for movida só a benefício do exequente singular, a quem, por força da penhora, cabe o direito de preferência sobre os bens penhorados e alienados;

II – não houver sobre os bens alienados outros privilégios ou preferências instituídos anteriormente à penhora.

Parágrafo único. Durante o plantão judiciário, veda-se a concessão de pedidos de levantamento de importância em dinheiro ou valores ou de liberação de bens apreendidos.

Arts. 906 e 907

• **Comentário**

Caput. Reproduziu-se a regra do art. 708 do CPC revogado.

Concluída a expropriação, o juiz autorizará que o exequente levante, até a satisfação integral do seu crédito: a) o dinheiro depositado para segurar o juízo ou o produto dos bens alienados; b) o faturamento de empresa e rendimentos de coisas ou empresas penhoradas.

Os casos que justificam esse levantamento estão previstos nos incisos I e II.

Inciso I. Quando a execução for realizada em benefício exclusivo do exequente singular, a quem, em decorrência da penhora, cabe o direito de preferência sobre os bens penhorados e alienados.

Inciso II. Quando não houver sobre os bens alienados outros privilégios ou preferências instituídos anteriormente à penhora.

Em muitos casos, entretanto, o levantamento do valor depositado não é suficiente para a "satisfação integral do crédito", segundo imagina a norma legal, como quando o lanço vencedor ficar muito aquém do montante do crédito, obrigando, com isso, a que o juiz ordene a realização de nova penhora (e nova praça), com o intuito de fazer com que, efetivamente, o direito do exequente venha a ser satisfeito em sua plenitude (CPC, art. 851, II).

Parágrafo único. A norma veda que, durante o plantão judiciário, o juiz defira o levantamento de importância em dinheiro ou valores ou a liberação de bens apreendidos. O preceito legal em exame, todavia, não pode ser interpretado com o rigor que a sua expressão literal sugere, pois poderá, em alguns casos, acarretar danos irreparáveis ou de difícil reparação ao exequente, como ocorre nos casos de manifesta necessidade (tutelas de urgência).

Art. 906. Ao receber o mandado de levantamento, o exequente dará ao executado, por termo nos autos, quitação da quantia paga.

Parágrafo único. A expedição de mandado de levantamento poderá ser substituída pela transferência eletrônica do valor depositado em conta vinculada ao juízo para outra indicada pelo exequente.

• **Comentário**

Caput. O assunto estava regulado, em parte, pelo parágrafo único do art. 709 do CPC revogado.

Todo aquele que paga uma dívida tem o direito de receber quitação regular (CC, art. 319). Por esse motivo, o exequente, ao receber o mandado (ou guia) de levantamento de quantia depositada pelo executado, dará quitação a este, mediante termo nos autos.

Parágrafo único. A lei permite que o mandado (ou guia) de levantamento dos valores depositados pelo executado seja substituído pela transferência eletrônica dos valores depositados em conta do juízo para outra conta que for indicada pelo exequente. Essa transferência *on line* não só é mais rápida, como mais segura.

Art. 907. Pago ao exequente o principal, os juros, as custas e os honorários, a importância que sobrar será restituída ao executado.

• **Comentário**

Reproduziu-se a norma do art. 710 do CPC revogado.

Se após a realização do pagamento ao exequente do principal (corrigido monetariamente) e dos juros da mora, bem assim das custas, dos honorários e das demais despesas processuais, houver saldo, este será restituído ao executado.

Alguns juízes do trabalho, todavia, têm penhorado, *ex officio*, esses saldos, sempre que na Vara houver execução contra o mesmo executado, sem que tenham sido encontrados bens penhoráveis. Esse procedimento judicial, conquanto não seja ortodoxo, é justificável, pois evita, muitas vezes, novas diligências infrutíferas do oficial de justiça, além de impedir que o executado continue, comodamente, inadimplente das obrigações em que se fundam as outras execuções dirigidas a ele.

Art. 908. Havendo pluralidade de credores ou exequentes, o dinheiro lhes será distribuído e entregue consoante a ordem das respectivas preferências.

§ 1º No caso de adjudicação ou alienação, os créditos que recaem sobre o bem, inclusive os de natureza propter rem, sub-rogam-se sobre o respectivo preço, observada a ordem de preferência.

§ 2º Não havendo título legal à preferência, o dinheiro será distribuído entre os concorrentes, observando-se a anterioridade de cada penhora.

• **Comentário**

Caput. O tema constava do art. 711 do CPC revogado.

Nos casos em que existirem diversos credores, o dinheiro lhes será distribuído e entregue de acordo com a ordem das respectivas preferências legais.

§ 1º Na adjudicação ou alienação os créditos incidentes sobre o bem inclusive os de natureza *propter rem* ("por causa da coisa"), ficam sub-rogados sobre o respectivo preço, respeitada a ordem de preferência. O § 2º é mantido.

§ 2º Caso não haja título legal à preferência, o dinheiro ser-lhes-á distribuído, observando-se a ordem cronológica das penhoras.

As prelações ou preferências podem ser, portanto, de duas ordens:

a) decorrentes do título anterior à penhora;

b) oriundas da penhora. Pela penhora o credor adquire, como se sabe, o direito de preferência sobre os bens apreendidos (CPC, art. 797); incidindo mais de uma penhora nos mesmos bens, cada credor conservará o seu título de preferência (CPC, art. 908, *caput*).

A literalidade do art. 908 CPC deve ser, porém, adequadamente entendida, sob pena de graves distorções de seus objetivos verdadeiros. Assim, inexistindo título legal de prelação anterior à penhora, receberá por primeiro não o credor que, pura e simplesmente, *promoveu*, com precedência aos demais, a execução. O que a norma legal está a dizer é que ele será o primeiro a ter o seu crédito satisfeito em virtude de, tendo promovido a execução, a penhora ter sido realizada antes do que as outras; a preferência, que aí se estabelece, é, como se pode perceber, em razão da anterioridade da penhora (e não do ingresso da execução), tendo os demais concorrentes direito sobre a quantia porventura restante, respeitada a anterioridade de cada apreensão judicial dos bens.

É essencial à perfeita compreensão do instituto da concorrência singular de credores a observação de que o seu pressuposto fundamental reside no fato de serem os bens penhorados *comuns* às diversas execuções, nas quais figura o mesmo devedor. Dessa maneira, o art. 908 do CPC não encontrará campo à sua aplicabilidade prática toda vez que, embora existindo várias execuções (no mesmo juízo ou em juízos distintos), contra um mesmo devedor, as respectivas penhoras tenham recaído em bens não comuns a essas execuções.

A concorrência, de que estamos a nos ocupar, não traduz nenhum conflito de interesses entre os diversos credores e o devedor comum, se não que entre eles próprios; daí a afirmativa legal de que a cinca em que se encontram envolvidos resumir-se-á ao direito de preferência e à anterioridade da penhora (CPC, art. 909). Nas ponderadas palavras de Amílcar de Castro, esse concurso instaura um novo juízo, autônomo, com objeto próprio, que não se confunde com o da execução em que o incidente se forma: "É lide privativa dos credores, em cujas relações processuais não pode intervir o executado. O concurso de preferentes não é processo de execução, nem causa de cobrança contra o devedor: é um juízo de mera verificação, de puro conhecimento, que nada tem de executivo" (obra cit., p. 394).

Não se trata, com efeito, de novo processo, e sim de uma ampliação subjetiva da execução, proveniente da pluralidade de credores, que acarreta, por esse motivo, "a reunião de mais de uma execução em processo cumulativo" (Frederico Marques, obra cit., p. 211). Partes, nesse incidente, não são apenas os credores concorrentes, mas também o devedor comum, derivando dessa nota característica a necessidade de que seja intimado para manifestar-se acerca das pretensões formuladas por aqueles.

Art. 909. Os exequentes formularão as suas pretensões, que versarão unicamente sobre o direito de preferência e a anterioridade da penhora, e, apresentadas as razões, o juiz decidirá.

• **Comentário**

Pelas razões lançadas nos comentários ao art. 908, e notadamente porque o objeto da concorrência litisconsorciada dos credores não pode ir além da preferência e da anterioridade, é que reputamos compatível com o processo do trabalho esse regime estabelecido pelos arts. 908 e 909 do estatuto processual civil. Conhecem-se casos, na Justiça do Trabalho, em que, havendo mais de uma penhora sobre o mesmo bem, proveniente de execuções promovidas por credores diversos, mas tendo em comum o devedor, acaba por surgir uma disputa entre tais credores, tendo como núcleo, em regra, a anterioridade da penhora; com raridade essa controvérsia dirá respeito ao título legal de preferência, dada a peculiaridade de a execução trabalhista fundar-se em títulos que se situam, escatologicamente, em posição linear, equivale dizer, de igualdade.

Se as múltiplas execuções estiverem sendo promovidas em juízos diversos, tudo sugere que o *prevento* determine, por sua iniciativa, ou a instância do interessado, a reunião de todos os autos, como lhe faculta a Lei n. 6.830/80 (art. 28 e parágrafo único), a fim de poder exercer um controle mais eficaz quanto à distribuição e administração das preferências pela anterioridade.

Como estamos falando em *preferência* (e isso traz a correlação com outra figura, a do *privilégio*), torna-se conveniente que deixemos bem calcado o conceito e os contornos jurídicos de ambas. *Preferência* significa a modalidade de ação tendente a determinar que o crédito seja satisfeito com o valor de certo bem pertencente ao devedor (ou ao terceiro responsável, como o fiador); *privilégio* representa a espécie de ação destinada a fazer com que o crédito seja pago com prioridade em relação aos demais. Doutrina Carnelutti que a preferência e o privilégio não são qualidades do *crédito*, do direito subjetivo, e sim do direito processual do credor, uma vez que em face do devedor inexiste diferenciação entre créditos garantidos por preferência, privilegiados, ou não privilegiados, sendo obrigação deste pagar a todos de maneira *integral:* "E entre o credor preferente, ou privilegiado, não há, nem pode haver, qualquer relação juridicamente apreciável. Por conseguinte, a ação do credor preferente, ou privilegiado, é que tem mais valor que as ações dos outros credores não preferentes, ou não privilegiados. Por outras palavras — prossegue o notável jurista — do Estado, ou melhor, do juiz é que tem o credor preferente ou privilegiado direito de exigir mais garantia, ou melhor quociente" (Diritto e processo. In: *Studi per Chiovenda*. Pádua, 1927. p. 307).

O Código de Processo Civil omitiu-se quanto à fixação do procedimento a ser observado no concurso (ou concorrência) de credores. Pensamos que, no processo do trabalho, o *modus faciendi* deve ser, em linhas de debuxo, o seguinte:

a) o concurso poderá ser instaurado *ex officio* (CLT, art. 765), ou a requerimento do interessado;

b) se as execuções (de que derivarem as diversas penhoras sobre os mesmos bens) estiverem sendo processadas em juízos distintos, incumbirá ao *prevento* (há de considerar-se, para esse efeito, o que ordenou, em primeiro lugar, a citação do devedor, se a execução fundar-se em título judicial; se basear-se em título extrajudicial, o critério será o da *distribuição* da inicial relativa à execução, mencionada pelo parágrafo único do art. 28 da Lei n. 6.830/80) solicitar que os outros lhe remetam os autos, reunindo-os em seguida;

c) abrirá o juiz prazo para que todos os credores formulem as suas pretensões (CPC, art. 909). Embora o CPC atual não tenha repetido a regra inscrita no art. 712 do CPC de 1973, entendemos que os credores poderão requerer, quando necessário, a designação de audiência, a fim de que sejam produzidas provas;

d) tornar-se-á desnecessária a realização da audiência se a totalidade dos credores (mais o devedor) concordar com a ordem cronológica de efetivação das penhoras e que, por despacho, o juiz ordene a remessa dos diversos autos ao contador (ou a quem lhe fizer, legalmente, as vezes), para que elabore o plano de pagamento — autorizando o juiz, depois disso, os respectivos pagamentos;

e) se a matéria ventilada for exclusivamente de direito, também não se designará audiência instrutória; despicienda será a audiência, por outro lado, se a prova desejada pelos credores constar dos autos em que foram feitas as penhoras;

f) havendo audiência, o magistrado, ao final dela, abrirá oportunidade para debates orais proferindo, logo após, a decisão (CPC, art. 909); se a isso não se sentir habilitado, marcará audiência de julgamento.

No sistema do processo civil a decisão do incidente poderá ser impugnada mediante agravo de instrumento. No processo do trabalho, todavia, esse agravo possui natureza exclusivamente liberatória de recurso não admitido por decisão monocrática (CLT, art. 897, "b").

Apesar de seu traço de interlocutoriedade, a decisão resolutiva do incidente poderá ser objeto agravo de petição (CLT, art. 897, "a"), uma vez que, para esse fim, são inaptos o mandado de segurança e a correição parcial.

CAPÍTULO V
DA EXECUÇÃO CONTRA A FAZENDA PÚBLICA

Art. 910. Na execução fundada em título extrajudicial, a Fazenda Pública será citada para opor embargos em 30 (trinta) dias.

§ 1º Não opostos embargos ou transitada em julgado a decisão que os rejeitar, expedir-se-á precatório ou requisição de pequeno valor em favor do exequente, observando-se o disposto no art. 100 da Constituição Federal.

§ 2º Nos embargos, a Fazenda Pública poderá alegar qualquer matéria que lhe seria lícito deduzir como defesa no processo de conhecimento.

§ 3º Aplica-se a este Capítulo, no que couber, o disposto nos arts. 534 e 535.

• **Comentário**

Caput. Há correspondência, em parte, com os arts. 730 e 731 do CPC revogado.

O art. 910 trata da execução contra a Fazenda Pública fundada em título *extrajudicial*.

Assim como se passa na execução de título judicial, a Fazenda Pública, na execução baseada em título extrajudicial, será citada não para pagar, mas para oferecer embargos, no prazo de trinta dias.

§ 1º Se não forem oferecidos embargos, ou se rejeitados, o juiz: a) fará expedir precatório em favor do exequente, ou b) requisição de pequeno valor. Para este último efeito (letra b), serão observadas as diretrizes estabelecidas pelo art. 100, da Constituição Federal. Isso significa dizer, entre outras coisas, que, em caráter excepcional, não se expedirá precatório quando se tratar de pagamento de obrigações definidas em lei como de pequeno valor (art. 100, § 3º). A esse respeito, estabelece o § 5º do art. 100: *"A lei poderá fixar valores distintos para o fim previsto no § 3º deste artigo, segundo as diferentes capacidades das entidades de direito público"*.

A Lei n. 10.099, de 19 de dezembro de 2000 (DOU de 20.12.2000), alterou a Lei n. 8.213, de 24 de julho de 1991, regulamentando o disposto no § 3º do art. 100 da Constituição Federal, definindo obrigações de pequeno valor para a Previdência Social.

§ 2º Considerando-se que se trata de título extrajudicial, a Fazenda Pública, em seus embargos, poderá alegar qualquer matéria que lhe seria permitido deduzir como defesa no processo de conhecimento. A norma é de boa lógica, uma vez que o título executivo não foi precedido de processo cognitivo, ou melhor, de processo algum.

§ 3º É aplicável à execução contra a Fazenda Pública, naquilo que couberem, as normas dos arts. 534 e 535.

CAPÍTULO VI
DA EXECUÇÃO DE ALIMENTOS

A Justiça do Trabalho não possui competência para promover execução de alimentos. Sendo assim, deixaremos de comentar os arts. 911 a 913.

Art. 911. Na execução fundada em título executivo extrajudicial que contenha obrigação alimentar, o juiz mandará citar o executado para, em 3 (três) dias, efetuar o pagamento das parcelas anteriores ao início da execução e das que se vencerem no seu curso, provar que o fez ou justificar a impossibilidade de fazê-lo.

Parágrafo único. Aplicam-se, no que couber, os §§ 2º a 7º do art. 528.

Art. 912. Quando o executado for funcionário público, militar, diretor ou gerente de empresa, bem como empregado sujeito à legislação do trabalho, o exequente poderá requerer o desconto em folha de pagamento de pessoal da importância da prestação alimentícia.

§ 1º Ao despachar a inicial, o juiz oficiará à autoridade, à empresa ou ao empregador, determinando, sob pena de crime de desobediência, o desconto a partir da primeira remuneração posterior do executado, a contar do protocolo do ofício.

§ 2º O ofício conterá os nomes e o número de inscrição no Cadastro de Pessoas Físicas do exequente e do executado, a importância a ser descontada mensalmente, a conta na qual deve ser feito o depósito e, se for o caso, o tempo de sua duração.

Art. 913. Não requerida a execução nos termos deste Capítulo, observar-se-á o disposto no art. 824 e seguintes, com a ressalva de que, recaindo a penhora em dinheiro, a concessão de efeito suspensivo aos embargos à execução não obsta a que o exequente levante mensalmente a importância da prestação.

TÍTULO III

DOS EMBARGOS À EXECUÇÃO

Art. 914. O executado, independentemente de penhora, depósito ou caução, poderá se opor à execução por meio de embargos.

§ 1º Os embargos à execução serão distribuídos por dependência, autuados em apartado e instruídos com cópias das peças processuais relevantes, que poderão ser declaradas autênticas pelo próprio advogado, sob sua responsabilidade pessoal.

§ 2º Na execução por carta, os embargos serão oferecidos no juízo deprecante ou no juízo deprecado, mas a competência para julgá-los é do juízo deprecante, salvo se versarem unicamente sobre vícios ou defeitos da penhora, da avaliação ou da alienação dos bens efetuadas no juízo deprecado.

• **Comentário**

Caput. A matéria era regulada pelos arts. 736 e 747 do CPC revogado.

Introdução

A Lei n. 11.232/2005 introduziu diversas modificações no CPC de 1973, entre elas, a que consistiu na eliminação dos embargos à execução promovida contra devedor privado, fundada em título judicial. A antiga execução passou a denominar-se "cumprimento da sentença", sendo deslocada para o Livro I, que tratava do processo de conhecimento (arts. 475-I a 475-R). A contar daí, naquele processo, caberia ao devedor oferecer, no prazo de quinze dias, *impugnação* (arts. 475-J, § 1º e 475-L).

Já na época alertávamos que o novo *sistema* instituído pelo CPC não poderia ser adotado pelo processo do trabalho, uma vez que a CLT não era omissa quanto à matéria, como revelavam os seus arts. 884 a 892. Logo, faltava, para essa adoção supletiva do novo sistema do CPC, o pressuposto indispensável da omissão (CLT, art. 769). O que o processo do trabalho poderia fazer, isso sim, era, em suas lacunas, adotar, em caráter subsidiário, *algumas* dessas disposições do processo civil. Entrementes, o *sistema* do processo do trabalho, com seu procedimento específico, pertinente aos *embargos à execução* traçado pelos arts. 884 a 892, deveria ser preservado, pelas razões já expostas. Afinal, não chegamos, ainda — e esperamos jamais chegar —, ao tempo em que normas legais, dirigidas ao processo civil, revogam normas do processo do trabalho.

O CPC em vigor manteve o sistema do cumprimento da sentença (arts. 513 a 519 e 523 a 527) instituído pela Lei n. 11.232/2005, motivo por que as críticas que a ela dirigimos, na vigência do CPC de 173, mantêm a sua atualidade em face do CPC vigente nos dias de hoje.

Garantia do juízo

A garantia do juízo representa requisito indispensável ao regular exercício do direito de o devedor oferecer embargos à execução, como declara, em linguagem inequívoca, a norma legal (CLT, art. 884, *caput*). Somente a Fazenda Pública e a massa falida estão dispensadas do cumprimento dessa exigência.

Desejando, pois, o devedor opor-se à execução, por meio do instrumento adequado dos embargos, deverá, antes disso, segurar o juízo, vale dizer, garantir a execução, seja depositando, à ordem do juízo, a quantia expressa no mandado, seja nomeando à penhora bens livres e desembargados, suficientes ao pagamento da dívida, com os acréscimos legais.

Não se aplica ao processo do trabalho, portanto, a regra do art. 914, do CPC, que, para efeito de embargos à execução, dispensa a garantia do juízo. No sistema do processo do trabalho essa garantia será sempre exigível, pouco importando que se trate de execução calcada em título judicial ou extrajudicial (CLT, art. 884, *caput*).

Mesmo não sendo os embargos do devedor recurso (ou contestação), e sim *ação constitutiva incidental*, justifica-se a exigência de garantia eficiente do juízo em virtude da autoridade e da força da coisa julgada material, subsumida na sentença exequenda. No processo de conhecimento, a lei não impõe ao réu — para efeito de admissibilidade da resposta que venha a oferecer — a garantia do juízo porque o direito está aí sendo *disputado* pelas partes, não sendo razoável (e quanto menos jurídico), por esse motivo, criar-se um encargo patrimonial a um dos litigantes, sem que existisse qualquer sentença condenatória, ou seja, declaratória de que o direito pertence à parte contrária. Proferida a sentença condenatória, o réu, caso tencione dela recorrer, deverá efetuar o depósito de que trata o art. 899, § 1º, da CLT, embora limitado ao valor fixado pelo TST.

Na execução, o que se tem é um direito já reconhecido, definitivamente, em prol do credor e que se exterioriza sob a forma de dívida certa e quantificada, a que o devedor será chamado a solver no prazo legal. É precisamente essa certeza do direito e sua imutabilidade (na mesma relação jurídica processual) que justifica a exigência legal de que o devedor, colimando embargar a execução, garanta o juízo, mediante o depósito, à ordem deste, da quantia constante do mandado, ou indique bens a serem apreendidos pelo órgão judiciário competente.

Conquanto esses nossos argumentos hajam pressuposto a execução estribada em título *judicial* — que é a mais frequente no âmbito da Justiça do Trabalho —, a exigência de garantia da execução, quando fundada em título *extrajudicial*, vem, não apenas, da natureza do título que a legitima, mas, acima, de tudo, da inequívoca dicção do várias vezes mencionado art. 884, *caput*, da CLT, que impõe essa garantia, sem fazer qualquer distinção quanto ao título em que se baseia a execução.

Sendo os embargos acolhidos, o dinheiro será restituído ao devedor, ou a penhora levantada, conforme seja o caso.

Cremos que a locução "garantia do juízo" (ou da execução) deve ser sempre interpretada segundo a acepção que o seu senso literal sugere. Com isto, estamos afirmando que o juízo só estará realmente *garantido* se o valor depositado ou bens nomeados à penhora forem suficientes para satisfazer, de maneira *integral*, o direito do credor (principal, correção monetária, juros da mora etc.), assim como as despesas processuais *lato sensu* (custas, emolumentos, honorários periciais etc.). Desse modo, se o depósito ou o valor dos bens oferecidos for inferior ao da dívida e seus acréscimos, o juízo não estará, em rigor, *garantido*, motivo por que os embargos não devem ser admitidos. Pela mesma razão que a *penhora* deve ser *bastante*, como determina o art. 831 do CPC, deverá sê-lo o depósito ou o bem dado em penhora; diríamos até que, por mais forte razão, a garantia do juízo deve ser integral, porquanto é requisito *sine qua non* para o exercício do direito de resistir, juridicamente, à execução forçada. Certo segmento da jurisprudência vem, contudo, em atitude de perigosa tolerância, permitindo que o devedor embargue a execução mesmo que o valor do depósito ou dos bens penhorados não seja suficiente para satisfazer o direito do credor em sua plenitude. Pouco importa, em nossa opinião, que o devedor não possua outros bens para nomear à penhora, pois a *ação constitutiva* de embargos somente poderá ser por ele aforada, *segundo a lei vigente*, se o juízo estiver assegurado; e garantir o juízo significa, por outra forma de expressão, depositar dinheiro ou oferecer bens cujo valor seja bastante para atender ao direito do credor, abrigado no título executivo.

É por essa mesma razão que, havendo diversos devedores (em um mesmo processo), só deverão ser admitidos os embargos (individualmente oferecidos) daqueles em relação aos quais houve penhora ou garantia do juízo. Permitir, na situação em foco, que sejam admitidos os embargos dos devedores que não garantiram a execução seria não só perpetrar ofensa à letra e ao espírito da norma legal, como render oportunidade a que tenham êxito certas velhacadas postas em prática por maus devedores, consistente em opor-se, maliciosamente, à execução, sem o encargo de colocar parte de seu patrimônio à disposição do juízo. Além disso, o acolhimento dos embargos opostos por quem garantiu a execução faria com que fosse beneficiado aquele que a ela resistiu sem sofrer qualquer inflexão estatal em seu patrimônio.

Não se ignore que, no mais das vezes, os litisconsórcios que se estabelecem na execução são do tipo *facultativo*, e não *necessário*, em decorrência da heterogeneidade das situações que vinculam os codevedores à sentença exequenda — heterogeneidade que, por sua vez, motivará a apresentação de diversos embargos e, em consequência, a separação deles para efeito não só de julgamento, mas, antes, de exigência (individual) da efetiva garantia do juízo.

Apenas, portanto, poderá embargar o devedor que haja garantido o juízo, salvo se, deixando de atender a esse requisito legal, embargue *em conjunto* com outro devedor, que tenha realizado a garantia da execução, e desde que a matéria por ambos brandida seja a mesma.

Não se deve permitir, por outro lado, que o devedor procure assegurar a execução mediante caução fidejussória, nota promissória ou qualquer outro título de crédito, "pois seria um nunca acabar se, executado o fiador, este, por sua vez, embargasse a execução com outra caução fidejussória, e assim indefinidamente" (CASTRO, Amílcar de, obra cit., p. 386). O que se admite é a fiança bancária (Lei n. 6.830/80, art. 9º, II).

Na hipótese de o devedor indicar bens à penhora, com vistas a embargar a execução, deverá o juiz intimar o credor para que se manifeste sobre essa nomeação, no prazo que lhe fixar. Essa intimação não é gentileza do juízo e sim direito do credor, que poderá discordar da nomeação, alegando, *e. g.*, quaisquer dos fatos relacionados pelo art. 848 do CPC. Sendo aceita a nomeação (expressa ou tacitamente), incumbirá ao juiz ordenar que o devedor, dentro do prazo razoável que lhe assinar, indique onde se encontram os bens; exiba a prova de propriedade destes; e, quando for o caso, apresente certidão positiva ou negativa de ônus, assim como se abstenha de qualquer ato que dificulte ou embarace a realização da penhora (CPC, art. 847, § 2º). Cumpridas essas determinações, a nomeação será reduzida a *termo*, tendo-se por apreendidos os bens. Se o credor não concordar com a nomeação, caber-lhe-á apontar os bens do devedor em que a penhora deverá recair.

Ainda que o devedor exiba prova de propriedade da coisa oferecida à penhora, para efeito de oposição de embargos, não se pode afirmar, de maneira inflexível, que a execução estará verdadeiramente garantida, pois é possível que mesmo após a expropriação judicial (mas antes de assinada a respectiva carta) *terceiro* ingresse com os embargos que lhe são próprios (CPC, art. 674 e seguintes). Acolhidos que sejam esses embargos, a execução não terá sido garantida pelo devedor. Idealmente, portanto, deve ser o depósito em dinheiro a forma pela qual o devedor se desincumbe desse encargo legal (CLT, art. 884, *caput*); ou a fiança bancária (Lei n. 6.830/80, art. 9º, II).

Essa afirmação nos conduz, aliás, a uma outra, que dela decorre: ficando provado nos autos que o devedor, embora possua dinheiro suficiente (depósito em conta corrente, em caderneta de poupança etc.) para garantir a execução, venha a oferecer outros bens à penhora, não deverá o juiz admitir os embargos que opuser, exceto se, no prazo que lhe for estabelecido, substituir os bens por dinheiro. Não há fundamento jurídico para que se elimine, em sede de embargos, a preferência legal (CPC, art. 835) pelo dinheiro, em cotejo com outros bens em geral. É certo, porém, que essa ordem preferencial não é absoluta, podendo ser alterada pelo juiz conforme as circunstâncias do caso concreto (CPC, art, 835, § 1º).

Generalidades

a) Execução de título judicial

No momento em que a sentença condenatória — dirimente do conflito de interesses — se submete ao fenômeno jurídico da coisa julgada material encerra-se, em definitivo, o processo de conhecimento, com seus particulares atributos do contraditório dialético e da possibilidade de ampla defesa e no qual as partes se mantiveram em absoluta igualdade ontológica. A contar daí, desfeita a incerteza subjetiva quanto ao direito disputado — que marcou aquele processo —, o Estado outorga preeminência jurídica ao credor e coloca o devedor em estado de sujeição ao comando que se irradia da sentença passada em julgado — agora convertida em título executivo, do qual se origina a obrigação a que o devedor será coercitivamente chamado a adimplir.

Na sequência de atos processuais preordenados, tendentes a fazer com que o patrimônio do devedor responda pelo cumprimento da obrigação, deverá o juiz observar, contudo, os princípios legais de que: a) a execução deve processar-se pelo modo menos gravoso ao devedor (CPC, art. 805); b) certos bens são absoluta (CPC, art. 833) ou relativamente impenhoráveis (CPC, art. 834); c) não devem ser realizadas apreensões patrimoniais inúteis, assim entendidas as que sejam suficientes apenas para o pagamento das custas e não do principal (CPC, art. 836, *caput*).

Na execução, por isso, o devedor será citado, não para contestar, e sim para cumprir a obrigação, no prazo e modo estabelecidos (CLT, art. 880, *caput*).

Embora o processo de execução não seja, profundamente, informado pelo princípio do contraditório — uma vez que o seu escopo reside na prática de atos coercitivos, destinados a levar o devedor a satisfazer o direito do credor, reconhecido pela sentença exequenda —, isso não significa que, em dado momento desse processo, não possa surgir controvérsia, suscitada pelo devedor, a respeito de fatos a que a lei atribui relevância jurídica. Permite a norma legal, conseguintemente, que o devedor se oponha, de maneira justificada, à execução; essa oposição, a ser manifestada no momento processual oportuno, tem como seu instrumento específico a figura dos *embargos do devedor* (CLT, art. 884)

Na execução não pode o devedor, contudo, impugnar o título executivo, pois isso não se conforma à natureza e à estrutura desse processo; pondo à frente tais particularidades da execução, o legislador instituiu, na verdade, um outro processo, distinto do de execução, mas que a ele se vincula por uma íntima conexão. Os embargos do devedor representam, pois, processo que não se confunde com o de execução, conquanto tenha, neste, o seu pressuposto legal. Os embargos em exame traduzem característico processo cognitivo, de caráter incidental, que visa a obter uma sentença constitutiva, apta a desfazer, total ou parcialmente, o título em que se funda a execução.

No processo dos embargos, o devedor assume a posição de autor (e não de contestante). Na execução não existirá, sempre, controvérsia — circunstância que motivou alguns pensadores italianos a considerá-la de "contraditório eventual". A eventualidade está, aí, a insinuar que o litígio não é inerente ao processo de execução, nada obstante esse litígio possa formar-se com o aparecimento dos embargos opostos pelo devedor.

Compreende-se o motivo por que a litigiosidade não é, em princípio, a marca do processo de execução: é que, estando o credor na posse de um título executivo, consubstanciado em sentença transitada em julgado, muito pouco ou quase nada tem a discutir com o devedor, no que respeita ao dever de este adimplir a obrigação. Como dissemos há pouco, a incerteza subjetiva quanto ao direito ficou sepultada no processo de conhecimento, de que se originou o título executivo. Na execução, o credor tem a *certeza*

— que vem da declaração contida no pronunciamento jurisdicional exequendo — do direito, sendo justificável que invoque a tutela da jurisdição estatal para fazer com que o devedor seja chamado a cumprir, espontaneamente, a obrigação, sob pena de penhora e expropriação de bens. Daí a assertiva de Amílcar de Castro de que, diante do título executivo e estando a penhora autorizada pelo juiz, o devedor pode tomar a iniciativa de instaurar outro procedimento contencioso, de cognição incidente, de verificação positiva, ou negativa, alegando fatos extintivos de sua obrigação, supressivos, modificativos ou elisivos do processo de execução: "Por outras palavras, o exequente visa apenas à prática de atos processuais de execução; e o executado é que pretende entrar em processo de conhecimento" (obra cit., p. 384).

Os embargos do devedor rendem, por isso mesmo, ensejo a uma fase de conhecimento, que lhe é própria, e que somente poderia ser chamada de *incidental* se levássemos em conta o fato de que essa fase se estabelece quando em curso a execução — mas não *no* curso da execução.

Anota Frederico Marques que o título executivo, por ser processualmente abstrato, "é suficiente para dar causa à instauração do processo de igual nome, embora sujeito, quando oferecidos embargos, à condição resolutiva, cujo implemento será a sentença constitutiva que julgar esses embargos procedentes (sic). Inadmitidos, no entanto, os embargos, ou julgados improcedentes (*sic*), não se registra o implemento da referida condição, pelo que a execução prosseguirá" (*ibidem*).

Sobre a posição do embargante como *autor* dessa demanda vale ser reproduzida a lição de Chiovenda: "*uma demanda em juízo supõe duas partes: aquela que a propõe (sic) e aquela em face da qual se propõe (sic)*. Temos, dessa forma, a posição do autor e a do réu. Característica do autor não é somente o fato de articular uma demanda, porque o réu também pode demandar a rejeição da demanda do autor; e, sim, a de fazer a primeira demanda relativa a determinado objeto (*rem in iudicium deducens*). É de importância ressaltar que a qualidade de autor ou de réu não depende necessariamente de nenhuma forma determinada de demanda judicial. Procedimentos há em que o réu é compelido a assumir parte ativa, sem por essa circunstância perder a figura e a condição de réu. Essa parte ativa recebe a denominação de oposição (equivalente aos nossos embargos) (...). É tarefa do intérprete indagar, nesses casos, se se trata de formas especiais de procedimento, em que o réu, embora conservando-se tal, deva tomar a iniciativa de provocar a decisão; ou se trata de atos com eficácia própria, que ao interessado caiba eliminar, caso em que será equiparado a verdadeiro autor (impugnação)" (*Istituzioni di diritto processuale civile*, v. 2, p. 215/216). Destacamos.

b) Execução de título extrajudicial

Por mais de meio século, o processo do trabalho conheceu, apenas, a execução baseada em título *judicial*, ou seja, em sentença ou acórdão — condenatórios ou homologatórios de transação. Ainda hoje, a esmagadora maioria dos pronunciamentos doutrinários e jurisprudenciais diz respeito a essa modalidade de execução. A Lei n. 9.958/2000, todavia, ao dar nova redação ao art. 876, *caput*, da CLT, introduziu significativa alteração no sistema do processo do trabalho ao prever, também, a execução de título *extrajudicial*.

É necessário esclarecer, no entanto, que essa norma legal não prevê a possibilidade de serem executados os títulos extrajudiciais mencionados no art. 784, do CPC. Bem ao contrário, o art. 836, *caput*, da CLT, enumera, apenas, dois títulos ensejadores desse tipo de execução, quais sejam: 1) o *termo de conciliação*, firmado no âmbito das Comissões de Conciliação Prévia (CLT, art. 625-E); 2) o *termo de ajustamento de conduta*, assinado com o Ministério Público do Trabalho (Lei n. 7.347/85, art. 5º, § 6º).

Deste modo, deixando, o devedor, de cumprir a obrigação estampada em um desses dois títulos, o credor poderá promover a execução forçada na Justiça do Trabalho.

Embora não seja frequente, poderá ocorrer de o título extrajudicial conter obrigação ilíquida — particularidade que o tornará legalmente inexigível.

Sendo ilíquida a obrigação, o devedor será citado para, no prazo de 48 horas, pagar ou nomear bens à penhora (CLT, art. 880, *caput*). Se o devedor não realizar nem uma coisa nem outra, ser-lhe-ão penhorados tantos bens quantos bastem para assegurar o sucesso da execução (CLT, art. 883).

Em termos gerais, a execução fundada em título *extrajudicial* não difere, substancialmente, da que caracteriza a execução de título judicial. Uma singularidade, entretanto, merece registro. Nos embargos à execução calcada em título *judicial*, o devedor somente poderá alegar as matérias previstas nos arts. 884, § 1º, da CLT, e 525, § 1º e 917, do CPC (estes dois últimos são referidos por analogia). Tratando-se, contudo, de embargos à execução lastreada em título *extrajudicial*, as matérias que o devedor possa alegar são muito mais amplas, pois, além de compreenderem as enumeradas nos dispositivos legais mencionados, incluem todas aquelas que ele poderia suscitar, como defesa, no processo de conhecimento (CPC, art. 917, VI). Sob esta perspectiva, não seria despropositado afirmar que os embargos do devedor, na execução de título *extrajudicial*, muito se aproximam da contestação que ele poderia ter oferecido no processo cognitivo, se este existisse. Dizendo-se por outras palavras: como a execução fundada em título *extrajudicial*, por definição, não pressupõe a existência de processo anterior, o legislador permitiu ao devedor alegar, nos embargos, matérias que seriam próprias de um processo cognitivo. Assim, entre outras coisas, o devedor poderá suscitar, por exemplo, a própria autenticidade ou validade formal do título executivo, a existência de

Art. 914

coação, de simulação, assim como preenchimento abusivo do título etc. Enfim, nos embargos à execução baseada em título *extrajudicial* a defesa do devedor é ampla, conforme se concluiu da expressão literal do art. 838, VI, do CPC.

Conceito

Para Goldschmidt, a ação de embargos à execução é o meio para conseguir a privação de força do título executivo, assumindo feição de uma ação de mandamento como contrapartida da executiva (*Derecho procesal civil*. § 92, p. 615). Celso Neves observa que, conceitualmente, os embargos do devedor constituem ação: "De seu exercício resulta, incidentalmente, processo de conhecimento, cuja lide específica provém de conflito de interesses no plano do juízo, embora seu escopo imediato seja conter a atividade jurissatisfativa peculiar ao processo de execução" (*Comentários*, v. VII, p. 194). Theodoro Júnior vê os embargos em questão como os incidentes mediante os quais o devedor (ou terceiro) procura defender-se dos efeitos da execução forçada, não só visando evitar a deformação dos atos executivos e o descumprimento de regras processuais, como resguardar os direitos materiais supervenientes ao título executivo capazes de neutralizá-lo ou de reduzir-lhe a eficácia, como pagamento, novação, compensação, remição etc. (obra cit., p. 342). Bluteau considera os embargos como impedimento que se opõe à execução de alguma sentença (*apud* MARQUES, Frederico, obra cit., p. 192). Viterbo, aludindo à palavra *embargamento*, empregada no Prazo das Salzedas (1277), a tinha como embargo, impedimento, dúvida, oposição e embaraço (*apud* Conselheiro Cândido de Oliveira, prefácio à "Teoria e Prática dos Embargos", de C. de Oliveira Filho). De Plácido e Silva os define como "todo e qualquer impedimento, obstáculo ou embaraço posto em prática por uma pessoa, a fim de que evite que outrem possa agir ou fazer alguma coisa, que não é do seu interesse ou que lhe contraria o direito" (*Vocabulário jurídico*. v. II. Rio de Janeiro: Forense, 1957. p. 581).

Vê-se que o vocábulo *embargos* possui, na terminologia processual, sentido multifário, proteiforme: o seu uso no singular pode, inclusive, guardar sinonímia com *arresto* (OLIVEIRA FILHO, Cândido de, obra cit., p. 5).

Pessoalmente, conceituamos os embargos em tela como a ação do devedor, ajuizada em face do credor, no prazo e forma legais, com o objetivo de extinguir, no todo ou em parte, a execução, desconstituindo, ou não, o título em que esta se funda.

Façamos um breve comentário acerca do conceito ora enunciado.

Ação do devedor, porquanto os embargos que estamos a examinar não constituem modalidade de contestação, e sim de típica ação incidental aforada pelo devedor, podendo haver aí fase de conhecimento; *ajuizada em face do credor*, porque: a) a ação, como direito subjetivo público de impetrar-se a tutela jurisdicional do Estado, tem como sujeito passivo o próprio Estado e não o réu (logo, não é proposta "contra" este, e sim *em face* deste); b) a referência ao credor serve para demonstrar que os embargos em foco pressupõem a existência de processo *de execução*, a que se liga aquele; *no prazo e na forma legais*, na medida em que, conforme veremos oportunamente, os embargos (como de resto os atos processuais em geral) devem ser praticados no prazo e na forma prescritos em lei, sob pena de preclusão temporal ou de invalidade. No requisito formal se introduz o da garantia do juízo, de que fala o art. 884, *caput*, da CLT: *com o objetivo de extinguir, no todo ou em parte, a obrigação*, pois os embargos podem ter como finalidade eliminar a obrigação, como um todo, ou somente parte dela, segundo sejam os fundamentos apresentados pelo embargante; *desconstituindo, ou não, o título executivo*, uma vez que, em alguns casos, os embargos não impugnam o título em que a execução se funda, e sim, p. ex., a ilegitimidade *ad causam* do credor, a incompetência do juízo etc., casos em que o acolhimento dos embargos não implicará o desfazimento do título.

Embargos à penhora

Entende José Augusto Rodrigues Pinto haver "visível diferença conceitual e finalística" entre os embargos à execução e os embargos à penhora: com os primeiros, ataca-se a pretensão ao recebimento forçado do crédito; pelos segundos, impugna-se apenas e diretamente o ato de constrição (obra cit., p. 92), concluindo que, "Por isso, pode o executado embargar a execução e a penhora ou somente a esta, a exemplo dos casos de excesso de penhora (apresamento de bens de patrimônio cujo valor ultrapasse o necessário à garantia da execução), de apresamento de bens impenhoráveis etc." (*ibidem*).

Do ponto de vista doutrinário, essa separação realizada pelo referido autor é aceitável; sob o ângulo técnico, porém, revela-se cerebrina.

Os únicos embargos oponíveis pelo devedor (agindo nessa qualidade) são *à execução*, jamais à penhora, mero ato integrante do universo executivo. Nem a CLT nem o CPC preveem, em sentido estrito, a figura dos *embargos à penhora*. Inexistem mesmo razões jurídicas para destacar tal modalidade de embargos, pois o que importa é o fato de que essa ação do devedor constitui, teleologicamente, oposição, impedimento, embaraço à execução, *como processo*. Fosse, aliás, de prevalecer o critério de nominar-se os embargos oferecidos pelo devedor de acordo com o seu objeto, é certo que teríamos de admitir figuras tão esdrúxulas como as dos embargos do juízo (por incompetência), do juiz (por suspeição), modificativos, impeditivos, extintivos, de nulidade e o mais.

Se o devedor deseja alertar ao juiz quanto ao eventual *excesso de penhora*, basta que lhe dirija simples petição nesse sentido, para que a penhora seja reduzida aos limites da obrigação, sendo inadequado deixar para fazê-lo no prazo de oferecimento de embargos à execução e com o arrevesado *nomen iuris* de embargos à penhora.

Não interessa, pois, qual seja o objeto particular dos embargos do devedor, e sim o objeto geral, *a execução*. Nem se confunda o excesso de penhora com o excesso de execução. Aquele, como vimos, pode ser denunciado por petição *simplex*, ao passo que este deve ser alegado na oportunidade dos embargos à execução, como dispõe o art. 917, III, do CPC, aplicáveis supletivamente ao processo do trabalho.

O mesmo se afirme quando o devedor pretender livrar do ato de apreensão judicial bens que a norma legal declara (absolutamente) impenhoráveis (CPC, art. 833): é suficiente que vá à presença do juiz da causa e, por petição, dê-lhe ciência da irregularidade.

De resto, é elementar que houve inadvertência do legislador trabalhista ao fazer referência aos "embargos à penhora" (CLT, art. 884, § 3º); prevalecem, por isso, os apropriados *embargos à execução*, com que ele denominou a Seção III do Capítulo V do Título X. Fosse, a propósito, de pensarmos que o legislador estaria, aí, colimando instituir os embargos *à penhora*, para colocá-los ao lado dos *à execução*, haveríamos de concluir que a sentença de liquidação somente poderia ser impugnada na oportunidade dos embargos *à penhora*, porquanto é (apenas) a estes que o art. 884, § 3º, da CLT faz alusão.

O que se poderia admitir, isto sim, é a existência de *embargos do devedor, tendo como objeto exclusivo a penhora*. A figura jurídica dos *embargos à penhora*, contudo, é, sob o ponto de vista do rigor técnico, criação arbitrária da doutrina. Na execução *provisória*, por exemplo, não devem ser admitidos embargos do devedor, típicos, pois essa fase da execução detém-se com a penhora, nos precisos termos do art. 899, *caput*, da CLT. Todavia, mesmo nesse tipo de execução poderiam ser admitidos embargos do devedor que se destinassem, exclusivamente, a discutir a legalidade, ou não, da penhora. Essa discussão prévia seria necessária para determinar se o juízo estaria, efetivamente, garantido, ou não, com vistas à futura (e provável) execução definitiva.

Natureza jurídica

Os embargos não correspondem à suposta modalidade de *contestação* do devedor, ainda que muitos não tenham percebido a dessemelhança desses embargos em confronto com a resposta que o réu sói oferecer no processo de conhecimento.

A contestação é, efetivamente, uma das *respostas* que o réu pode oferecer ao autor e às pretensões por ele deduzidas em juízo (CPC, art. 335); mas, enquanto o réu responde *dentro* da mesma relação jurídica processual, o devedor faz com que os seus embargos instaurem uma *nova* relação processual, em que pese ao fato de sabermos que os embargos se apresentam, em regra, *conexos* com a execução.

Não sendo os embargos em pauta forma de contestação, qual, enfim, a sua natureza jurídica? Ora, visando tais embargos a desconstituir o título executivo em que se funda a execução ou a impedir que esta prossiga até o seu ponto de culminância, parece-nos inevitável dizer que, do ponto de vista do devedor, esses embargos trazem o nítido perfil de uma *ação constitutiva*, incidente na execução. O mesmo elemento de constitutividade far-se-á presente, em virtude disso, na sentença que *acolher* os embargos, pois estará, com isso, extinguindo ou modificando o título executivo; quando não, subtraindo-lhe a eficácia e os efeitos.

Classificação

A doutrina tem classificado os embargos do devedor segundo tenham por objeto:

a) o direito de execução ("opposizioni all'esecuzione"); e

b) os atos de execução ("opposizioni agli atti esecutivi").

No primeiro caso, o devedor se opõe, diretamente, às pretensões do credor, alegando, *e. g.*, pagamento, novação, prescrição etc.; a impugnação se dirige, aqui, ao direito de promover a execução forçada.

No segundo, o devedor contesta a regularidade formal do título, da citação, ou de qualquer outro ato sucessivo do processo, bem como a sua oportunidade. Não são embargos de *mérito*, e sim de *rito* ou de *forma*, podendo ser subdivididos em: 1º) *embargos de ordem*, que se destinam à anulação do processo (ausência do direito de postular, inexistência de título executivo etc.); 2º) *embargos elisivos, supressivos ou modificativos dos efeitos da execução*, tendo como centro a impenhorabilidade, o benefício de ordem, o excesso de penhora, a litispendência, o direito de retenção etc. (obra cit., p. 589).

Com respeito a esta última classificação, devemos dizer que só se pode pensar em embargos elisivos, supressivos e o mais, para simples efeito de realçar-se a sua finalidade, sem que isso autorize a chamar-se esses embargos por tais nomes; pouco importando quais sejam os fins a que persigam, esses embargos jamais perderão o denominativo legal com que se identificam na estrutura do processo: embargos à execução.

Legitimidade

A legitimidade para oferecer embargos à execução é do *devedor*, vale dizer, daquele que figura no polo passivo da relação processual executiva; em geral, o devedor é a mesma pessoa (física ou jurídica) em face da qual o credor atuou, no processo de conhecimento, no qual foi emitida a sentença exequenda (título executivo). Por outro modo de expressão: o legitimado para oferecer os embargos de que estamos a cuidar é o vencido na ação cognitiva, por força da sentença condenatória.

Quem possui legitimidade para responder, como réu, no processo de conhecimento também a tem para opor embargos, como devedor; assim, podem ser incluídos nesse grupo também: a) o espólio, os herdeiros e os sucessores do devedor (CPC, art. 779, II); b) o novo devedor, que assumiu, com o consentimento do credor, a obrigação oriunda do título executivo (III); c) o fiador judicial (IV); d) o responsável titular do bem vinculado por garantia real ao pagamento da dívida (V); e) o responsável tributário, assim definido na legislação própria (V).

Enfim, o que escrevemos, ao comentarmos o art. 779 do CPC, que contém disposições a respeito da legitimação passiva para a execução, se aplica agora à legitimidade para ajuizar a ação constitutiva de embargos à execução; por esse motivo, remetemos o leitor àquela parte do livro.

Das considerações acima formuladas decorre a ilação de que o terceiro que não seja parte nesse processo nem responsável pelo adimplemento da obrigação não tem legitimidade para oferecer embargos, na qualidade de devedor; afinal, se *nada deve* falta-lhe não apenas legitimidade, mas também interesse processual (CPC, art. 17), devendo, por isso, ser declarado carecedor da ação. Não se está sustentando que se o terceiro tiver o seu patrimônio afetado por algum ato executivo (penhora) o ordenamento jurídico não lhe coloca ao alcance nenhum instrumento para promover a defesa dos seus direitos e interesses. Esse instrumento existe: são os denominados "embargos de terceiro" (CPC, art. 674 e seguintes). O que pretendemos deixar claro é que, se esse terceiro sofrer turbação ou esbulho na posse de seus bens incidirá em erro grosseiro se eleger a via inadequada dos embargos *do devedor*, exceto se, por uma razão essencialmente particular, entenda ser conveniente optar por esse remédio.

Em resumo, estão legitimados para oferecer os embargos previstos no art. 884 da CLT não só o *devedor*, em sentido estrito, mas todos aqueles que, por uma razão ou outra, sejam legalmente responsáveis pelo adimplemento da obrigação, embora possam não ter participado da relação jurídica de direito material, reconhecida pela sentença exequenda. O próprio mandado executivo de citação identifica o devedor, ao mesmo tempo em que define a sua legitimidade para efeito de opor-se, mediante embargos que lhe são característicos, à execução forçada. O auto de constrição de bens reafirma essa legitimidade.

O cônjuge, que não seja parte na execução, e que pretender defender a posse de bens dotais, próprios, reservados ou de sua meação, deve fazer uso não dos embargos do devedor e sim dos embargos de terceiro, como iremos demonstrar mais adiante.

§ 1º No processo civil, os embargos à execução devem ser distribuídos por dependência e autuados em apartado. Exige-se, ainda, que sejam instruídos com cópias das peças processuais relevantes. Essas peças poderão ser declaradas autênticas pelo próprio advogado, sob sua responsabilidade pessoal.

No processo do trabalho firmou-se, desde longa data, a praxe se juntar a petição de embargos à execução nos autos desta, ou seja, sem distribuí-los. Esse procedimento, ainda que não seja atenda à ortodoxia legal, está mais afinado com a simplicidade do procedimento que é característica desse processo.

§ 2º No processo do trabalho será competente para realizar a execução forçada de título judicial o juízo que emitiu a sentença exequenda (CLT, art. 877), seja esta condenatória ou homologatória de transação, a que o réu deixou de cumprir (*ibidem*).

Para a execução de título extrajudicial será competente o juízo em cuja jurisdição se situa a Comissão de Conciliação Prévia, na qual foi assinado o termo de transação; ou do juízo em que se situa a sede da Procuradoria Regional do Trabalho, em cujos autos do procedimento foi assinado o termo de ajustamento de conduta (CLT, art. 877-A).

Tema que provocou intensa convulsão na doutrina e na jurisprudência dizia respeito à competência para apreciar os embargos do devedor na execução mediante carta precatória.

A origem da cinca estava na expressão anfibológica "juízo requerido", constante da primitiva redação do art. 747 do CPC, ao qual o legislador cometeu competência para decidir os embargos em questão. O que se deveria entender por "juízo requerido": aquele a quem o credor *solicitou* a execução do título, ou aquele a quem se *deprecou* a realização de certos atos executivos, como a penhora?

Na verdade, o estudo dos trabalhos legislativos que antecederam à edição da Lei n. 5.869, de 11 de janeiro de 1973, instituidora do Código de Processo Civil de 1973, revela a indisfarçável intenção de atribuir-se ao juízo *deprecado* a competência para solucionar os embargos do devedor; tanto isto é certo que o art. 795 do anteprojeto dispunha: "Na execução por carta, os embargos do devedor serão oferecidos, impugnados e decididos pelo juízo de situação da coisa"; esse artigo fazia expressa remissão ao 705 do mesmo Anteprojeto, que assim estatuía: "se o devedor não tiver bens no foro da causa, far-se--á a execução por carta, penhorando-se, avaliando-se e vendendo-se os bens no foro da situação". Essas redações foram alteradas pelo Congresso Nacional, que, retirando o adjetivo *deprecado,* colocou em seu lugar o dubitativo *requerido,* permitindo, com essa imprecisão terminológica, o estabelecimento de acirrada controvérsia doutrinária e jurisprudencial, cujas consequências repercutiam no processo do trabalho, que, diante da omissão da CLT sobre a matéria, invocava, em caráter supletório, o art. 747 do CPC.

Forremo-nos, entretanto, de revelar os argumentos em que se apoiavam as correntes de opinião contrapostas, no afã de demonstrar, uma, que a competência era do juízo *deprecante;* outra, que competia ao *deprecado* julgar os embargos do devedor. Sucede que essa polêmica deixou de apresentar qualquer relevância para o processo do trabalho com o advento da Lei n. 6.830/80, que dispôs sobre a cobrança judicial da dívida ativa da Fazenda Pública. Essa norma legal, de incidência nesse processo especializado, *ex vi* do art. 889 da CLT, estabelece, em linguagem translúcida, que, "Na execução por carta, os embargos do executado serão oferecidos no juízo deprecado, que os remeterá ao juízo deprecante, para instrução e julgamento" (art. 20, *caput*). A contar da vigência dessa norma legal forânea, conseguintemente, definiu-se a competência para o julgamento dos embargos do devedor quando a execução se processa por meio de carta precatória: a) os embargos devem ser oferecidos no juízo deprecado, que b) os encaminhará ao deprecante, para efeito de instrução e julgamento. Recebidos os autos, incumbirá ao deprecante, antes de instruir os embargos, intimar o credor para que os impugne no prazo de cinco dias (CLT, art. 884, *caput*).

Quando, porém, os embargos do devedor tiverem por objeto vícios ou irregularidades de atos praticados pelo próprio juízo deprecado, a este caberá, exclusivamente, o julgamento dessa matéria (Lei n. 6.830/80, art. 20, parágrafo único).

Constata-se, portanto, que a mencionada norma legal estabeleceu um *princípio* (compete ao juízo deprecante instruir e julgar os embargos do devedor, na execução mediante carta) e uma *exceção* (salvo se os embargos versarem sobre vícios ou irregularidades de atos do juízo deprecado, hipótese em que a instrução e o julgamento a este competirão). O princípio e a exceção, de que falamos, implicaram, por outro lado, uma indesejável fragmentação da competência, com repercussões práticas algo tumultuantes, pois, desejando o devedor impugnar não só o título executivo (se este for o caso), mas atacar certos atos procedimentais realizados pelo juízo deprecado, de duas uma: a) ou elabora apenas *uma* peça de embargos, contendo *ambas* as matérias, de tal modo que um dos juízos decidirá *parte* dos embargos, remetendo, após, os autos ao outro, a fim de que decida a parte restante; b) ou apresenta *dois* embargos, em peças distintas, permanecendo um no juízo deprecado, que os julgará, sendo outro encaminhado ao deprecante, para idêntica finalidade.

Não nos parece recomendável a adoção do primeiro procedimento (a), pois da sentença proferida pelo juízo deprecado — em relação à parte dos embargos que lhe competia — poderá ser interposto agravo de petição, fazendo com que o deprecante só venha a julgar a parte restante quando do trânsito em julgado do acórdão pertinente ao referido recurso. Situação não menos anômala seria remeter os autos ao juízo deprecante, logo após a prolação da sentença, pelo deprecado, que somente poderia ser impugnada mediante recurso na mesma oportunidade em que o fosse a proferida pelo juízo deprecante. Torna-se aconselhável, pelas razões apresentadas, que o devedor elabore (no exemplo de que estamos a cogitar) duas petições de embargos, levando em conta a diversidade de competência dos juízos, protocolando ambas no deprecado, que reterá a que encerrar matéria de sua competência (para instruir e julgar esses embargos), encaminhando ao deprecante a que disser respeito à competência deste. Com isso, serão contornadas as dificuldades que, inevitavelmente, decorreriam da apresentação de uma só peça de embargos, onde um dos juízos apenas poderia proferir decisão depois que o outro o fizesse. A diversidade de peças justificará a diversidade de sentenças e, acima de tudo, a possibilidade de uma ser executada independentemente da outra, exceto se houver, entre elas, um nexo que impeça essa autonomia executória.

O art. 20 da Lei n. 6.830/80 consagrou, aliás, a orientação jurisprudencial cristalizada na Súmula n. 32 do extinto Tribunal Federal de Recursos, depois convertida na Súmula n. 46, do atual STJ.

Posteriormente, a Lei n. 8.953/94 modificou a redação do art. 747 do CPC de 1973, dele expungindo o primitivo senso dubitativo, para clarificar que na execução mediante carta os embargos seriam *oferecidos* no juízo deprecante *ou* no deprecado, mas a competência para *julgá-los* seria do juízo deprecante (princípio), salvo se versassem unicamente sobre vícios ou defeitos da penhora, avaliação ou expropriação dos bens (exceção), hipótese em que competiria ao juízo deprecado o julgamento dessa matéria. Como se percebe, a redação deste dispositivo do CPC inspirou-se na do art. 20, da Lei n. 6.8309/80.

O art. 914, § 2º, do CPC, manteve o critério adotado pelo art. 747 do CPC de 1973.

A *impugnação à sentença de liquidação* (pelo credor ou pelo devedor) deverá, no entanto, ser sempre apresentada ao juízo *deprecante*, que a apreciará. Cabe a este, pois, providenciar para que tal direito das partes não seja tolhido quando a competência for, exclusivamente, do deprecado, no que atine ao julgamento dos embargos do devedor.

Vimos, até aqui, o problema da competência para apreciar embargos do devedor quando a execução se processe por intermédio de carta precatória. Cabe-nos perquirir, agora, quanto à competência para solucionar os embargos oferecidos *por terceiro*, na execução mediante carta.

A CLT e o CPC são, rigorosamente, omissos sobre este assunto. Dá-nos a solução a Súmula n. 33 do extinto TFR, que estampa um princípio e registra uma exceção. O princípio é de que o competente é o juízo *deprecado*; a exceção, de que competente será o *deprecante* sempre que o bem apreendido tenha sido indicado por este. Quer-nos parecer que a exceção referida se baseou no art. 1.049 do CPC de 1973, a teor do qual os embargos correriam em autos distintos "perante o mesmo juiz *que ordenou a apreensão*" (sublinhamos).

Pelo que nos cabe opinar, pensamos que melhor teria sido atribuir competência ao juízo *deprecante* para apreciar os embargos opostos pelo devedor, na execução mediante carta, pois não há razão jurídica relevante para inverter-se o *princípio* inscrito na Súmula n. 33 do mesmo antigo Tribunal, que diz da competência do juízo deprecante para dirimir os embargos oferecidos pelo devedor. Nada impede que, nos embargos de terceiro, ficasse com o deprecado unicamente a competência para apreciar o ponto que tivesse como objeto vícios ou irregularidades de atos praticados por este. O fato de a avaliação e a expropriação dos bens serem feitas no juízo deprecado não justifica, por si só, a fixação de sua competência para julgar os embargos apresentados por quem, não sendo parte na relação processual executiva, teve a posse de seus bens turbada ou esbulhada por ato de constrição judicial. Fossem superiores esses motivos e por certo ter-se-ia também de outorgar competência ao juízo deprecado para julgar os embargos opostos *pelo devedor*, na execução via carta.

Nem se diga que a Súmula n. 33, do extinto TFR, visou a propiciar maior comodidade ao terceiro, permitindo-lhe ingressar com os embargos perante o foro de situação da coisa apreendida. Esse argumento perde a importância que possa ter diante dos casos em que o terceiro não reside na localidade em que se encontram os bens penhorados, e sim onde o juízo deprecante tem a sua sede.

Bem ou mal, contudo, a Súmula em apreço veio trazer um rumo certo a tão conturbado assunto.

Art. 915. Os embargos serão oferecidos no prazo de 15 (quinze) dias, contado, conforme o caso, na forma do art. 231.

§ 1º Quando houver mais de um executado, o prazo para cada um deles embargar conta-se a partir da juntada do respectivo comprovante da citação, salvo no caso de cônjuges ou de companheiros, quando será contado a partir da juntada do último.

§ 2º Nas execuções por carta, o prazo para embargos será contado:

I — da juntada, na carta, da certificação da citação, quando versarem unicamente sobre vícios ou defeitos da penhora, da avaliação ou da alienação dos bens;

II — da juntada, nos autos de origem, do comunicado de que trata o § 4º deste artigo ou, não havendo este, da juntada da carta devidamente cumprida, quando versarem sobre questões diversas da prevista no inciso I deste parágrafo.

§ 3º Em relação ao prazo para oferecimento dos embargos à execução, não se aplica o disposto no art. 229.

§ 4º Nos atos de comunicação por carta precatória, rogatória ou de ordem, a realização da citação será imediatamente informada, por meio eletrônico, pelo juiz deprecado ao juiz deprecante.

• **Comentário**

Caput. A matéria era regulada pelo art. 736 do CPC revogado.

No processo do trabalho o prazo para o oferecimento de embargos à execução é de cinco dias (CLT, art. 884, *caput*).

A Fazenda Pública dispõe do prazo de trinta dias (CPC, art. 910).

Faz-se necessário um esclarecimento histórico, para que não se venha a imaginar que ao admitirmos que o prazo para a Fazenda Pública oferecer embargos, no processo do trabalho, é de trinta dias, estejamos em contradição com o nosso entendimento, manifestado no passado, de que esse prazo seria sempre de cinco dias.

Este era o nosso pensamento, anteriormente à vigência do atual CPC:

"Sabemos que a Medida Provisória n. 2.102-26, de 27 de dezembro de 2000 (DOU de 28 do mesmo mês; posteriormente: MP n. 2.180-35/2001), por seu art. 4º, introduziu na Lei n. 9.494/97 o art. 1º-B, com a seguinte redação: 'O prazo a que se refere o *caput* dos arts. 730 do Código de Processo Civil, e 884 da Consolidação das Leis do Trabalho, aprovada pelo Decreto-lei n. 5.452, de 1º de maio de 1943, passa a ser de trinta dias' (destacamos). Essa MP, no entanto, é inconstitucional, do ponto de vista formal, pois a sua edição se fez contra expressa disposição do art. 62, *caput*, da Constituição da República. Efetivamente, não havia relevância, nem urgência, capazes de justificar a elaboração desse ato normativo, pelo Senhor Presidente da República. Não é irrelevante chamar a atenção ao fato de que Sua Excelência detém, por força de regra constitucional (art. 64, § 1º), iniciativa para apresentar projetos de lei, que poderão tramitar, inclusive, em regime de urgência. Nada obstante, o Sr. Presidente da República preferiu valer-se de Medida Provisória, mesmo que ausentes os requisitos cumulativos de relevância e urgência para a edição de ato dessa natureza.

Além disso, a Constituição da República proíbe, de maneira expressa, a edição de Medida Provisória versando sobre processo civil (e, em consequência, sobre processo do trabalho), como evidencia o seu art. 62, § 1º, inciso I, letra "b".

O antagonismo da malsinada MP com a Constituição Federal poderá ser arguido: a) mediante ação direta (controle concentrado), ao STF, pelas entidades referidas no art. 103, da Constituição; ou b) em caráter incidental (controle difuso), nos casos concretos submetidos à apreciação dos órgãos jurisdicionais, aí incluso o próprio Excelso Pretório.

Entendemos, portanto, que, no processo do trabalho, o prazo para a Fazenda Pública oferecer embargos, na qualidade de devedora, não é de dez dias (CPC, art. 730), nem de trinta dias (MP n. 2.180-35/2001), e sim, de cinco dias (CLT, art. 884, *caput*)" (*Execução no processo do trabalho*. 10. ed. São Paulo: LTr, 2011. p. 478/479).

Todavia, o CPC atual fixou em trinta dias esse prazo, motivo por que somos levados a abandonar o antigo entendimento a respeito do assunto e admitir a incidência do art. 910, desse Código, no processo do trabalho, que é lacunoso no particular (CLT, art. 769).

No processo do trabalho, o prazo para a apresentação de embargos pelo devedor passa a fluir da intimação da penhora. Não se aplica, pois, aqui, o disposto art. 231, II, do CPC, que conta o prazo "da juntada aos autos do mandado cumprido quando a citação ou a intimação for por oficial de justiça". Sendo assim, o devedor terá o prazo de cinco dias para embargar a execução, passando o prazo a ser contado da intimação da penhora, pois o exercício do direito de opor-se à execução está condicionado à prévia garantia do juízo, ou ao apresamento judicial de bens, quantos bastem para o pagamento do principal e seus acréscimos, além de honorários, custas, emolumentos e de outras despesas processuais (CLT, art. 883).

O assunto está, no entanto, a exigir comentários mais detalhados, pois o critério para a fixação do *dies a quo* do quinquídio legal destinado ao oferecimento de embargos à execução não pode ser uniformemente formulado.

Com efeito, se o Estado apreende bens do devedor, no exercício do seu poder de império, o prazo para o ingresso dos embargos em exame, no processo do trabalho, fluirá da data em que o devedor for intimado da penhora. Se, contudo, os bens são *nomeados* pelo devedor, não há que se pensar em intimação da penhora, passando o prazo para os embargos a fluir da data em que for lavrado o correspondente *termo* de nomeação (CPC, art. 838). O que se exige é que o devedor seja intimado da lavratura desse termo. Quando o devedor, por sua iniciativa, deposita (em conta de rendimento) o valor expresso no mandado executivo (não para efeito de pagamento), o prazo para o oferecimento de embargos é contado da data em que o depósito foi realizado, pois feriria o senso lógico imaginar que o devedor devesse ser intimado (= cientificado) de um ato que ele próprio praticou e do qual, por isso, tem ciência plena.

§ 1º Havendo diversos devedores num mesmo processo e tendo sido penhorados bens, digamos, de apenas um deles, a intimação da penhora deverá ser feita somente a este, ou também aos demais, aos quais o ato de apreensão não atingiu? Decidiu o Colendo Supremo Tribunal Federal que "Não é somente o devedor, cujos bens foram penhorados, que pode oferecer embargos à execução; tem legitimidade também para oferecê-los o outro executado" (2ª T., RE 103.640-1-SC, Rel. Min. Soarez Muñoz, em 26.10.1984, *in* DJU de 16.11.84, p. 19298). *Data venia*, a mera legitimidade não é suficiente para a admissibilidade dos embargos à execução; é imprescindível, a nosso ver, que o embargante garanta a execução ou sofra a penhora de bens; caso contrário, não se justifica a sua intimação da penhora incidente em bens de outro devedor. O máximo que se poderia admitir é que o codevedor que não tenha sofrido constrição patrimonial ofereça embargos juntamente com o devedor a quem se penhoraram bens. Não sendo o devedor proprietário dos bens, todavia, seria temerário aceitar-se os seus embargos, isoladamente, pois estes poderiam consistir em mero pretexto para tumultuar a execução e procrastiná-la. Aceitar-se embargos pelo devedor que não teve bens penhorados seria, em última análise, permitir que alguém resistisse à execução em atitude largamente privilegiada (e aqui sim é privilégio) em relação aos demais devedores, porquanto dispensado do encargo de garantir o juízo. Estamos pressupondo que os devedores apresentem matérias distintas, a fundamentar os seus embargos, daí o caráter temerário de aceitar-se essa oposição por parte de quem não teve bens penhorados. Caso, porém, os diversos devedores ofereçam um argumento comum, podem ser admitidos os embargos opostos por aquele que teve o seu patrimônio intocado pelo Estado-Juiz.

O princípio a ser destacado, contudo, diz da autonomia dos embargos oferecidos, individualmente, pelos codevedores, uma vez que, no geral, não se imbricam as matérias neles ventiladas; apenas em situações excepcionais é que se verifica esse entrelaçamento de matérias, ou mesmo a sua plena identidade.

Art. 915

Na bem elaborada resenha de Theodoro Júnior: 1) a ação de cada devedor é particular, não estando subordinada a regime litisconsorcial ou à concordância dos demais codevedores; 2) o prazo para embargar é individual e surge, para cada devedor, a partir da intimação pessoal da penhora sobre seus bens; 3) o fato de não haverem sido citados todos os devedores é despiciendo, por não ser condição para o prosseguimento da execução sobre os bens dos demais, de modo que aquele que já sofreu a penhora tem de ajuizar logo seus embargos, sem levar em conta a situação dos outros codevedores; 4) a autonomia dos embargos de cada devedor, e da particularidade de não se tratar de contestação, nem de simples fala nos autos, torna inaplicável à espécie a contagem de prazo em dobro quando vários são os devedores e diversos os seus advogados (CPC, art. 191). (obra cit., p. 349)

Pois bem. Havendo mais de um executado, no processo do trabalho o prazo para o oferecimento de embargos (desde que garantido o juízo) passará a fluir da data de cada citação e não da juntada aos autos dos respectivos mandados. Tratando-se de cônjuge ou de companheiro, no processo civil não se aplica a regra do § 1º do art. 915, pois o prazo será contado a partir da juntada do último mandado de citação cumprido. No processo do trabalho, mesmo assim, prevalecerá a regra de que a contagem do prazo para embargar correrá a contar de cada citação realizada.

§ 2º No processo civil, o prazo para o oferecimento de embargos, nas execuções mediante carta, será contado na forma estabelecida pelos incisos I e II.

Inciso I. Da juntada, na carta, da certificação pertinente à citação quando disserem respeito exclusivo sobre vícios ou defeitos da penhora, da avaliação ou da alienação dos bens;

Inciso II. Da juntada, aos autos de origem, do comunicado previsto no § 4º ou, não havendo o comunicado, da data da carta devidamente cumprida, quando se referirem a questões diversas da prevista no inciso I deste parágrafo.

A despeito disso, julgamos que, no processo do trabalho, o prazo para o oferecimento de embargos à execução que se processa mediante carta deve ser contado a partir da citação do devedor, e não na forma dos incisos I e II do § 2º do art. 915 do CPC.

§ 3º Nos termos do art. 229, do CPC, quando os litisconsortes possuírem diversos procuradores judiciais, de escritórios de advocacia distintos, ser-lhes-á contado em dobro o prazo para se manifestarem nos autos. A mesma prerrogativa se concede à Fazenda Pública, ao Ministério Público e à Defensoria Pública. O art. 229 do atual CPC corresponde, *mutatis mutandis*, ao art. 191 do CPC revogado.

Todavia, o art. 915, § 3º, do CPC em vigor esclarece que aos embargos à execução não se aplica a regra especial de contagem dos prazos previstos para os litisconsortes, ou seja, não se aplica o art. 229. De qualquer modo, no processo do trabalho não se vinha aplicando — contra a nossa opinião — o art. 191 do CPC de 1973, por força do disposto na OJ n. 310, da SBD-I, do TST.

Por outro lado, o atual CPC não reproduziu a regra do art. 188 do CPC anterior, que mandava contar em quádruplo o prazo para contestar e em dobro para recorrer quando fosse parte a Fazenda Pública ou o Ministério Público. O Decreto-Lei n. 779/69, aplicável ao processo do trabalho, contém norma semelhante. A incidência do precitado Decreto-Lei, entretanto, é restrita ao processo *de conhecimento*. Sendo assim, quanto ao prazo de que a Fazenda Pública dispõe para oferecer embargos à execução, na Justiça do Trabalho, é o fixado pelo art. 910 do CPC: trinta dias.

§ 4º No sistema do processo civil, na execução mediante carta precatória a citação do executado deverá ser comunicada imediatamente pelo juiz deprecado ao deprecante inclusive por meio eletrônico, cujo prazo para oferecer embargos à execução será contado da data da juntada aos autos dessa comunicação. No processo do trabalho, a tendência é de que o prazo flua não da referida juntada, mas da própria comunicação do juízo deprecado ao deprecante de que o devedor foi citado em determinada data.

Código de Processo Civil — Art. 916

Art. 916. No prazo para embargos, reconhecendo o crédito do exequente e comprovando o depósito de trinta por cento do valor em execução, acrescido de custas e de honorários de advogado, o executado poderá requerer que lhe seja permitido pagar o restante em até 6 (seis) parcelas mensais, acrescidas de correção monetária e de juros de um por cento ao mês.

§ 1º O exequente será intimado para manifestar-se sobre o preenchimento dos pressupostos do *caput*, e o juiz decidirá o requerimento em 5 (cinco) dias.

§ 2º Enquanto não apreciado o requerimento, o executado terá de depositar as parcelas vincendas, facultado ao exequente seu levantamento.

§ 3º Deferida a proposta, o exequente levantará a quantia depositada, e serão suspensos os atos executivos.

§ 4º Indeferida a proposta, seguir-se-ão os atos executivos, mantido o depósito, que será convertido em penhora.

§ 5º O não pagamento de qualquer das prestações acarretará cumulativamente:

I — o vencimento das prestações subsequentes e o prosseguimento do processo, com o imediato reinício dos atos executivos;

II — a imposição ao executado de multa de dez por cento sobre o valor das prestações não pagas.

§ 6º A opção pelo parcelamento de que trata este artigo importa renúncia ao direito de opor embargos.

§ 7º O disposto neste artigo não se aplica ao cumprimento da sentença.

• **Comentário**

Caput. Há parcial correspondência com o art. 745-A do CPC revogado.

A norma em tela constitui uma espécie de *moratória* para o devedor, pela qual poderá pagar em parcelas a dívida, desde que, no prazo de embargos à execução, a reconheça como devida. Optando por esse parcelamento, estará precluso (preclusão lógica) o seu direito de oferecer embargos à execução.

A medida é conveniente para o credor, que poderá receber o que lhe é devido muito antes do que receberia se o devedor embargasse a execução; ao devedor, porque lhe permite fazer uma programação para cumprir os seus compromissos financeiros em geral, sejam judiciais ou não. E, de certa forma, para o próprio juiz, que não terá de julgar embargos à execução.

A CLT é omissa sobre o tema.

O § 6º, do art. 9º, da Lei n. 6.830/80 estabelece que o executado "poderá pagar parcela da dívida, que julgar incontroversa, e garantir a execução do saldo devedor". Não há, portanto, previsão para o *parcelamento* do débito. Tecnicamente (CLT, art. 889), inexiste espaço (lacuna) para a incidência do art. 916, do CPC, no processo do trabalho.

Entrementes, considerando que o parcelamento da dívida é algo que, conforme esclarecemos há pouco, possa interessar não apenas ao devedor, mas ao próprio credor (CPC, art. 797), e que, na prática, têm sido frequentes os casos em que as partes transacionam no processo de execução, pensamos ser possível aplicar-se ao processo do trabalho o art. 916, do CPC, a despeito do art. 9º, § 6º, da Lei n. 6.830/80. Embora o dispositivo em exame, do CPC, não condicione esse parcelamento à concordância do autor, é recomendável que, no processo do trabalho, o juiz fixe prazo para o credor manifestar-se acerca do parcelamento requerido pelo devedor, pois, em razão disso, o credor poderá fornecer ao magistrado elementos de convicção de que este se poderá valer como fundamento para deferir ou indeferir o requerimento. O contraditório, aliás, mais do que uma tradição em nosso meio, é uma garantia constitucional (CF, art. 5º, inciso LV).

Desse modo, mesmo no processo do trabalho o devedor, no prazo para embargar: a) poderá reconhecer o crédito do exequente; b) deverá comprovar o depósito de trinta por cento do valor em execução, aqui incluídos os honorários do advogado, do perito, as custas e outras despesas constantes do mandado, após o que requererá que o pagamento do saldo seja efetuado em até seis parcelas mensais, corrigidas monetariamente e acrescidas dos juros da mora legais. O juiz ouvirá o credor a respeito, no prazo que lhe assinar, decidindo em seguida.

Duas observações complementares são necessárias: a) se o devedor reconhecer o crédito do exequente estará renunciando ao direito de oferecer embargos à execução, porquanto as duas atitudes são processualmente incompatíveis, sob aspecto lógico; b) por outro lado, a lei afirma que a manifestação do devedor deverá ser feita no prazo para a apresentação de embargos. Sendo assim, decorrido o prazo para embargar, o devedor já não poderá requerer o mencionado parcelamento. Aqui, no entanto, surge uma questão instigante: se o devedor deixar passar em branco o prazo para embargar não poderá, posteriormente, requerer o pagamento parcelado da dívida, máxime nos casos em que não disponha de bens penhoráveis? Se houver concordância do credor quanto a isso, não vemos razão insuperável para o juiz negar esse parcelamento, que atende ao interesse comum das partes.

A não se acatar a sugestão que formulamos, as disposições do art. 916 do CPC correrão o risco de serem transformadas em letra morta, pois dificilmente o devedor sentir-se-á motivado a reconhecer a dívida e a requerer o pagamento parcelado do saldo, se souber que se o seu requerimento for indeferido terá perdido o prazo para embargar a execução.

Cabe, aqui, um esclarecimento: o art. 916 *caput*, do CPC, estabelece que, no prazo para o oferecimento dos embargos, o devedor, que reconhecer a dívida, deverá efetuar o depósito correspondente a trinta por cento do valor da execução e requerer o pagamento parcelado do restante em até seis prestações mensais. Se esse requerimento for deferido, nenhum problema daí advirá, quanto aos embargos à execução, porque o executado, ao reconhecer a dívida, terá renunciado ao direito de resistir juridicamente aos atos executórios — hipótese em que levantará a quantia que havia depositado (*ibidem*, § 1º). Problema haverá, contudo, se esse requerimento vier a ser *indeferido*: nesse caso, o devedor não poderá oferecer embargos à execução e terá de pagar a dívida de imediato? Por uma questão de justiça e de bom senso, entendemos que se o juiz indeferir o requerimento de pagamento parcelado do saldo devedor, deverá intimá-lo não apenas para dar-lhe ciência do fato, mas para que complemente a garantia do juízo (pois teria depositado, apenas, trinta por cento do valor desta) e, depois disso, ofereça embargos à execução, no prazo de cinco dias. Convém observar que, no caso de indeferimento do pedido de parcelamento, a quantia depositada pelo devedor será mantida, prosseguindo-se com a execução.

Esta é uma razão a mais para que o Juiz do Trabalho ouça, previamente, o credor, quando o devedor requerer o pagamento parcelado do débito.

Como se nota, não são apenas razões de ordem prática, mas, também, de foro *ético* que impõem ao juiz esse procedimento, sempre que indeferir o requerimento de pagamento parcelado da dívida, formulado pelo executado. Afinal, o art. 916 do CPC, não pode converter-se em uma esparrela armada pelo sistema para ludibriar devedores incautos, mas bem intencionados.

§ 1º Para efeito do disposto no *caput* do art. 916, o exequente será intimado para manifestar-se. Cumprirá ao juiz decidir o requerimento no prazo de cinco dias.

§ 2º Enquanto não for apreciado o requerimento, o executado deverá depositar as parcelas vincendas, facultando-se ao exequente levantá-las.

§ 3º Se o requerimento do devedor for acolhido, o juiz autorizará o exequente a levantar a quantia depositada e suspenderá o processo.

§ 4º Se a proposta do devedor for rejeitada, o processo executivo retomará de imediato o seu curso e o depósito será convertido em penhora.

§ 5º Se o devedor, sem justificado motivo legal, deixar de pagar quaisquer das prestações ocorrerão, de maneira cumulativa, os fatos enumerados nos incisos I e II.

Inciso I. O vencimento das prestações subsequentes e a continuidade do processo, com imediato início dos atos executivos. É oportuno recordar a regra constante do art. 891 da CLT: no caso de prestações sucessivas por prazo determinado, a execução pelo não pagamento de uma prestação compreenderá as que lhe sucederem.

Inciso II. Imposição de multa de dez por cento sobre o valor das prestações não pagas. Não se tratando, na espécie, de *transação*, a mencionada penalidade pecuniária não constitui aquela cláusula penal que é costumeiramente inserida nas transações realizadas no âmbito da Justiça do Trabalho e cujo percentual, conquanto possa ser superior a dez por cento, não pode exceder ao valor do principal (CC, art. 412).

§ 6º Na vigência do CPC de 1973, tinha-se como *tácita* a renúncia ao prazo para embargar quando o devedor reconhecesse o crédito do exequente, para efeito de obter o pagamento parcelado da dívida. No sistema do CPC atual há norma expressa sobre o assunto: a opção do devedor pelo parcelamento da dívida implica renúncia ao direito de oferecer embargos à execução. Ressalve-se, todavia, o nosso entendimento de que se o requerimento for indeferido o juiz deverá permitir ao devedor complementar a garantia do juízo e, isso feito, intimá-lo para o oferecimento de embargos à execução. A não se pensar assim, o devedor estaria desestimulado a formular requerimento dessa natureza, fazendo com que, na prática, se tornasse letra morta o art. 916 do CPC.

§ 7º As normas constantes do art. 916 não são aplicáveis ao cumprimento da sentença — embora sejam aplicáveis, no processo do trabalho, à execução por quantia certa.

Art. 917

Art. 917. Nos embargos à execução, o executado poderá alegar:

I – inexequibilidade do título ou inexigibilidade da obrigação;

II – penhora incorreta ou avaliação errônea;

III – excesso de execução ou cumulação indevida de execuções;

IV – retenção por benfeitorias necessárias ou úteis, nos casos de execução para entrega de coisa certa;

V – incompetência absoluta ou relativa do juízo da execução;

VI – qualquer matéria que lhe seria lícito deduzir como defesa em processo de conhecimento.

§ 1º A incorreção da penhora ou da avaliação poderá ser impugnada por simples petição, no prazo de 15 (quinze) dias, contado da ciência do ato.

§ 2º Há excesso de execução quando:

I – o exequente pleiteia quantia superior à do título;

II – ela recai sobre coisa diversa daquela declarada no título;

III – ela se processa de modo diferente do que foi determinado no título;

IV – o exequente, sem cumprir a prestação que lhe corresponde, exige o adimplemento da prestação do executado;

V – o exequente não prova que a condição se realizou.

§ 3º Quando alegar que o exequente, em excesso de execução, pleiteia quantia superior à do título, o embargante declarará na petição inicial o valor que entende correto, apresentando demonstrativo discriminado e atualizado de seu cálculo.

§ 4º Não apontado o valor correto ou não apresentado o demonstrativo, os embargos à execução:

I – serão liminarmente rejeitados, sem resolução de mérito, se o excesso de execução for o seu único fundamento;

II – serão processados, se houver outro fundamento, mas o juiz não examinará a alegação de excesso de execução.

§ 5º Nos embargos de retenção por benfeitorias, o exequente poderá requerer a compensação de seu valor com o dos frutos ou dos danos considerados devidos pelo executado, cumprindo ao juiz, para a apuração dos respectivos valores, nomear perito, observando-se, então, o art. 464.

§ 6º O exequente poderá a qualquer tempo ser imitido na posse da coisa, prestando caução ou depositando o valor devido pelas benfeitorias ou resultante da compensação.

§ 7º A arguição de impedimento e suspeição observará o disposto nos arts. 146 e 148.

• **Comentário**

Caput. A tema constava do art. 745 do CPC revogado.

A norma especifica as matérias que o devedor poderá suscitar nos embargos à execução.

Antes de nos dedicarmos à apreciação individuada dessas matérias, é imprescindível verificarmos se as alegações do embargante, no processo do trabalho, devem ficar realmente *restritas* à previsão do art. 884, § 1º, da CLT, ou podem, por extensão, fundar-se nos diversos incisos do art. 917, do CPC (e, também, do art. 525, § 1º do mesmo Código).

Prevalecesse o senso exclusivamente literal do preceito normativo trabalhista, *sub examen*, haveríamos de concluir que ao embargante seria lícito, apenas, alegar cumprimento do acordo ou da decisão, quitação ou prescrição da dívida, porquanto *restringir* significa limitar, circunscrever. A interpretação literal é, no entanto, a mais pobre das técnicas hermenêuticas, seja no particular ou no geral. Seria insensato supor, p. ex., que ao embargante fosse defeso alegar a inexigibilidade do título, a ilegitimidade de parte, a incompetência do juízo, o impedimento ou a suspeição do juiz, o excesso de execução e o mais, como se esses fatos não existissem no mundo jurídico. A riqueza e a amplitude da realidade prática não podem ser confinadas nos estreitos limites da previsão do art. 884, § 1º, da CLT, sob pena de perpetrar-se, com isso, odiosa ofensa a direitos legítimos do devedor. Se, para alguns, a particularidade de o legislador trabalhista haver pretendido limitar as matérias a serem suscitadas pelo embargante àquelas mencionadas no texto deveu-se à sua preocupação de permitir que a execução tivesse curso célere, para nós o fato deve ser atribuído a uma visão simplista da realidade em que o processo se desenvolve. O processo do trabalho pode ser simples sem ser simplório, assim como pode perseguir o ideal de celeridade sem sacrifício de certos direitos constitucionais essenciais à defesa dos interesses das partes.

A praxe, mais sábia do que o legislador, vem permitindo que o embargante alegue matéria não relacionada no art. 884, § 1º, da CLT, mas de alta relevância para o processo e para o próprio Judiciário.

O que se pode admitir é que, para efeito de matérias a serem alegadas pelo devedor, em seus embargos, haja conjugação dos arts. 525, § 1º e 917, do CPC.

Estabelecido, a poder desses argumentos, que o antedito preceito legal não deve receber a interpretação que a estreiteza de sua letra sugere, vejamos, a seguir, os motivos legais (CLT e CPC) que o devedor pode alegar como fundamento dos seus embargos. Principiemos pela CLT.

a) *Cumprimento da decisão ou do acordo*. Se, ao ser citado, o devedor já cumprira, por inteiro, a obrigação que dá conteúdo ao título executivo (sentença condenatória ou homologatória da transação), esse fato deverá ser alegado na oportunidade dos embargos que opuser. Dada a natureza do ato (pagamento), a prova correspondente deverá ser, por princípio, documental, embora possa o juiz permitir que, em situações especiais, o devedor produza a prova necessária por outros meios legais, hipótese em que designará audiência para a instrução processual (CLT, art. 884, § 2º) ou determinará a realização de exame pericial. Se o credor arguir a falsidade do documento mediante o qual o devedor pretende comprovar o cumprimento da obrigação o incidente será processado na forma dos arts. 430 a 433 do CPC, ficando suspenso o processo de embargos (uma vez que a execução já se encontrava suspensa em decorrência dos embargos) até que se resolva o incidente.

b) *Quitação*. O devedor que pagar tem direito a regular quitação (CC, art. 319). Na terminologia jurídica, quitação é o ato pelo qual alguém se desobriga de pagar o que deve. Pode advir de causas diversas, entre as quais está o próprio pagamento da dívida ou o cumprimento do acordo. O poder de dar quitação, contudo, não se compreende na cláusula *ad iudicia*, devendo, por isso, estar expresso no mandato que for outorgado ao advogado (CPC, art. 105). Se a quitação advier de transação, poderá compreender verbas ou direitos não postulados na causa. Ocorre que a transação, como negócio jurídico bilateral, que é produto da exclusiva manifestação volitiva das partes, permite aos transatores redimensionar os limites objetivos da lide, por forma a inserir, como dissemos, nesse negócio jurídico outras verbas, além das postuladas na ação (CPC, art. 515, § 2º).

c) *Prescrição da dívida*. Ao aludir à prescrição liberatória da *dívida*, o legislador trabalhista deixou patenteado que essa *praescriptio* é a *intercorrente*, vale dizer, a que se forma no curso da ação, de permeio. A *dívida*, em rigor, só passa a existir, em sua conformação jurídica, após o trânsito em julgado da sentença condenatória ou da homologatória da transação, pois é a partir desse momento que o réu se converte em *devedor*. A prescrição consumada antes do proferimento da sentença exequenda não pode ser alegada em embargos, sob pena de desrespeito à coisa julgada material; tal prescrição deveria ter sido suscitada na oportunidade da contestação apresentada no processo de conhecimento.

A Súmula n. 114 do TST, ao proclamar ser "inaplicável na Justiça do Trabalho a prescrição intercorrente", não atendeu à circunstância de que o art. 884, § 1º, da CLT a *admite*; do entrechoque da Súmula com a norma legal, a prevalência é, sem dúvida, desta última.

Passemos, agora, à apreciação das matérias que os arts. 525, § 1º e 917 do CPC permite serem alegadas pelo embargante, a fim de opinarmos sobre a sua compatibilidade, ou não, com o processo do trabalho.

Comecemos pelo art. 917.

Inciso I. *Inexequibilidade do título ou inexigibilidade da obrigação*. A execução deverá fundar-se, sempre, em título executivo (CPC, art. 783), seja judicial (CLT, art. 876, *caput*) ou extrajudicial *(ibidem)*. A obrigação contida no título executivo deve ser certa, líquida e exigível (CPC, art. 783). Desse modo, se determinada execução não estiver fundada em título a que a lei reconheça eficácia executiva caberá ao devedor, em seus embargos, alegar o fato. No processo do trabalho, por exemplo, o cheque, a nota promissória e outros títulos de crédito, ainda que pertinentes ao pagamento de salários, não têm, *de lege lata*, eficácia executiva (CLT, art. 876, *caput*). Servem, apenas, para comprovar, no processo cognitivo, o inadimplemento do empregador-réu, com o objetivo de fazer com que a sentença o condene ao respectivo pagamento. A sentença, assim obtida, constituirá título executivo *judicial*. Não sendo exequível o título, caberá ao executado alegar o fato por ocasião dos seus embargos. Por outro lado, o executado também poderá alegar que a obrigação é inexigível.

Inciso II. *Penhora incorreta ou avaliação errônea.* Penhora incorreta é a realizada em desobediência às normas legais. O mesmo se pode dizer, *mutatis mutandis*, em relação à avaliação errônea.

Inciso III. *Excesso de execução ou cumulação indevida de execuções.* Há excesso de execução nos casos mencionado no § 2º do art. 917 do CPC. Verifica-se a a cumulação indevida de execução quando realizada em desrespeito aos requisitos legais. Permite o art. 780 do CPC que, sendo o mesmo o devedor, o credor cumule várias execuções, ainda que estribadas em títulos diversos, contanto que para todas elas seja competente o juiz e idêntico o procedimento. Observados esses requisitos, a cumulação será considerada perfeita, ou seja, *devida*. Se o juiz não for competente para apreciar todas as execuções, ou o procedimento for heterogêneo, essa cumulação será declarada *indevida*; caberá ao devedor denunciá-la por ocasião dos embargos à execução.

Um outro exemplo de cumulação indevida pode ser identificado na execução de quantias *líquidas* e de quantias *ilíquidas*, a um só tempo, pois, embora aquelas se prestem à execução, estas devem ser previamente quantificadas (liquidadas); na espécie, o credor teria feito mau uso, ou uso propositadamente maldoso, da faculdade que lhe concede o art. 509, § 1º, do CPC.

Caracterizada a cumulação indevida de execuções, no exemplo acima formulado, não deverá o juiz acolher, por inteiro, os embargos, e sim em parte, mandando extirpar da execução as quantias ilíquidas, e permitindo o prosseguimento pelas *líquidas*. Assim agindo, estará aplicando, com exatidão, a norma legal (*ibidem*).

Inciso IV. *Retenção por benfeitorias necessárias ou úteis, nos casos de título para entrega de coisa certa.* A execução para a entrega de coisa certa está regulada pelos arts. 806 a 810 do CPC. Se o devedor houver realizado benfeitorias necessárias ou úteis, poderá retê-las. Uma nótula importante: havendo benfeitoria indenizável, realizada pelo devedor ou por terceiros, de cujo poder ela houver sido tirada, a liquidação prévia é obrigatória (CPC, art. 810).

Inciso V. *Incompetência absoluta ou relativa do juízo da execução.* No item subsequente, veremos que o executado poderá alegar nos embargos toda matéria que lhe seria lícito arguir no processo de conhecimento. Sendo assim, pareceria dispensável o inciso V, que estamos a comentar. Ocorre, todavia, que este inciso cuida, especificamente da alegação de incompetência na execução e não no processo de conhecimento. Quanto à absoluta, não há dúvida de que pode ser alegada nesses embargos. Resta saber é se, no processo do trabalho, a arguição de incompetência *relativa* pode ser deduzida nos embargos à execução, ou deve ser objeto de exceção. Para que o nosso pensamento sobre o assunto possa ser adequadamente compreendido, reproduziremos os argumentos que expendemos quando dos comentários ao art. 64, *caput* do CPC atual:

No sistema do CPC revogado, a incompetência relativa deveria ser arguida mediante exceção (art. 112) e a absoluta, como preliminar da contestação (art. 301, II). Destarte, no referido sistema, alegar-se a incompetência relativa como preliminar de mérito constituía erro tão crasso quanto alegar-se a incompetência absoluta por meio de exceção.

O art. 64 do atual CPC, rompendo essa tradicional dualidade de formas de arguição da incompetência, dispõe que tanto a relativa quanto a absoluta devem ser alegadas como preliminar da contestação.

Tecnicamente argumentando, esta disposição do CPC não incide no processo do trabalho, porquanto o art. 799, *caput*, da CLT, deixa claro que a incompetência (relativa) deve ser objeto de exceção.

Entretanto, não podemos deixar de reconhecer o caráter simplificador do procedimento, inscrito no art. 64 do CPC, que prevê a arguição de incompetência, absoluta ou relativa, como preliminar da contestação. Sendo assim, sentimo-nos à vontade para admitir, em nome da aludida simplificação do procedimento, que mesmo no processo do trabalho ambas as incompetências possam ser apresentadas como preliminar da contestação — senão como regra inflexível, ao menos como faculdade da parte.

Em resumo, as razões de ordem lógica, que justificaram, no passado, a exigência de que as exceções e a contestação, como modalidades de resposta do réu, fossem apresentadas em peças separadas, agora devem ceder lugar às razões pragmáticas, que recomendam a reunião dessas manifestações processuais em peça única, ainda que destacadamente.

Não se trata, aqui, de submissão ou de subserviência ao CPC, e sim de deferência ao bom senso e de respeito ao interesse das partes".

Inciso VI. *Qualquer matéria que lhe seria lícito deduzir no processo de conhecimento.* Esta disposição somente é aplicável à execução lastreada em título *extrajudicial*.

Quanto às matérias que possam ser alegadas pelo devedor, na execução calcada no termo de transação firmado no âmbito das Comissões de Conciliação Prévia ou no termo de ajustamento de conduta, celebrado com o Ministério Público do Trabalho (CLT, art. 876, *caput*) compreendem não apenas as previstas nos arts. 884, § 1º, da CLT e nos arts 525, § 1º 917 do CPC, como todas as que poderia deduzir como matéria de defesa, no processo de conhecimento (art. 917, VI).

Em resumo: na execução baseada em título *extrajudicial*, o devedor poderá alegar, entre outras matérias, as seguintes:

• ilegitimidade de parte;

• incompetência do juízo;

• impedimento ou suspeição do juiz;

- inexigibilidade do título;
- nulidade da execução até a penhora;
- excesso de execução;
- cumprimento da decisão;
- cumprimento do acordo;
- quitação;
- prescrição intercorrente;
- novação etc.

O § 3º do art. 16, da Lei n. 6.830, de 22 de setembro de 1980 — que dispôs sobre a cobrança judicial da dívida ativa da Fazenda Pública —, após declarar que as exceções deverão ser arguidas como preliminar dos embargos, *ressalva*, de maneira expressa, as de incompetência, impedimento e suspeição, que, em razão disso, devem ser alegadas mediante *exceção* (CLT, arts. 799 a 802).

Em síntese, embora, no processo civil, o devedor possa alegar, nos embargos à execução, a incompetência (inclusive, a relativa) do juízo, o impedimento e a suspeição do juiz, no processo do trabalho essas matérias devem ser objeto de exceção (CLT, arts. 799 a 802; Lei n. 6.830/80, art. 16, § 3º).

Somente por força de jurisprudência derrogadora dessas normas legais é que se poderá admitir a possibilidade de a incompetência (relativa) do juízo, assim como o impedimento ou a suspeição do juiz serem arguidas em sede de embargos à execução — mesmo que a execução esteja estribada em título extrajudicial.

Vejamos, agora, as matérias previstas no art. 525, § 1º, do CPC, que podem ser alegadas nos embargos à execução oferecidos no processo do trabalho

Inciso I. *Falta ou nulidade da citação se, na fase de conhecimento, o processo correu à revelia.*

No processo civil, a regra é de que contra o revel, que não tenha advogado nos autos, os prazos fluirão independentemente de intimação, a contar da publicação de cada ato decisório no órgão oficial (art. 346). Isso quer dizer que ele não será intimado da sentença condenatória, emitida no processo cognitivo, nada obstante lhe seja consentido intervir no processo em qualquer fase, recebendo-o no estado em que se encontra (*ibidem*, parágrafo único). Assim sendo, é provável que o revel só venha a tomar conhecimento da existência de sentença condenatória na oportunidade em que for citado para a execução; daí, a razão pela qual o CPC lhe permite alegar, nos embargos, a nulidade ou a falta de citação, no processo cognitivo.

Na órbita peculiar do processo do trabalho, entretanto, o revel *deve* ser intimado da sentença que compôs a lide, por força do princípio embutido no art. 852 da CLT. Dessa maneira, se o revel pretender elidir esse seu estado processual, deverá fazê-lo em sede de recurso ordinário (CLT, art. 895), sendo inadmissível que se reserve para tentar anular o processo de conhecimento por ocasião dos embargos que oferecer à execução.

Note-se, assim, que ambos os sistemas — o do CPC e o da CLT — apresentam uma estrutura lógica e harmoniosa, segundo a óptica de suas individualidades; essa estrutura do processo trabalhista fica, porém, gravemente ameaçada quando se tenta nela introduzir elementos tirados à estrutura do processo civil; estas funcionam, nesse caso, como "rolhas redondas em orifícios quadrados".

A doutrina e a jurisprudência têm admitido, em construção razoavelmente aceitável, que o revel, citado para a execução, interponha recurso ordinário da sentença condenatória, pois foi nesse momento que teve ciência, pela primeira vez, da existência da referida sentença. Quer-nos parecer, contudo, que a melhor solução jurídica seria a que remetesse o revel à via rescisória, pois se sabe que o nulo também transita em julgado (CPC, art. 884, V). Se, porém, argumentarmos com a *inexistência* do ato (citação relativa ao processo de conhecimento) e não com a sua nulidade, haveríamos de reconhecer que o revel, ao ser citado para a execução, deveria apresentar não recurso ordinário e sim *resposta* (exceção, contestação ou reconvenção), ou, quando menos, alegando a inexistência do ato, solicitar a designação de audiência para, nela, *responder* à ação.

Em páginas anteriores, tiramos as seguintes conclusões a respeito da possibilidade de o devedor alegar, nos embargos à execução, a nulidade do processo de conhecimento, que se formou e se desenvolveu à sua revelia: a) cuidando-se de citação *nula*, ou seja, que foi efetuada, embora em desacordo com a lei, não será possível ao devedor alegá-la nos embargos, pois em nosso sistema jurídico o nulo também se submete ao fenômeno da coisa julgada (material); dessa forma, a nulidade deve ser desfeita pela ação rescisória da sentença; b) tratando-se de *falta* de citação, deve ser verificado se o réu foi intimado, ou não, da sentença proferida à sua revelia.

No primeiro caso, não poderá arguir, nos embargos, o vício porque, ao ser intimado da sentença, deveria tê-la impugnado mediante recurso ordinário, ocasião em que postularia perante o tribunal a declaração de *inexistência* do processo cognitivo, tirante a petição inicial. Ao não recorrer da sentença, permitiu que esta, em situação verdadeiramente extraordinária, passasse em julgado (uma vez que a inexistência, ao não ser alegada no momento oportuno, fez gerar a preclusão). Logo, poderá fazer uso da via rescisória para obter a desconstituição dos efeitos da coisa julgada.

No segundo, será permitido ao devedor (portanto, na execução) alegar a *inexistência* do processo cognitivo, por falta de citação, pois somente ao ser cientificado da execução da sentença foi que tomou conhecimento da existência da ação (demanda) — lembrando-se que não havia sido intimado da sentença condenatória.

Código de Processo Civil Art. 917

A inexistência deverá ser pronunciada, sempre que for o caso, pelo próprio juízo da execução, porquanto a norma proibitiva, que se irradia do art. 476 do CPC, só se justifica diante das sentenças válidas ou nulas, nunca das inexistentes, que correspondem a uma espécie de *nihil* jurisdicional.

Inciso II. *Ilegitimidade de parte.* Comumente, encontram-se legitimados para compor a relação processual executiva as partes nominadas no título exequendo; sob esse aspecto, são raros os casos em que o devedor encontrará ensanchas para alegar a ilegitimidade (ativa ou passiva) de partes. Ocorrendo, todavia, alguma *novação subjetiva* do título, ou vindo a execução a ser dirigida a quem legalmente não pode ou não deve integrar a relação processual, terá o *executado* (não necessariamente o devedor), ao receber a citação, diante de si a oportunidade para alegar o fato. A legitimidade ativa para a execução está prevista no art. 778 do CPC; a passiva, no art. 779 do mesmo Código.

Na execução fundada em título extrajudicial haverá mais espaço para a alegação de ilegitimidade de parte, tanto ativa quanto passiva.

Acolhidos os embargos, por esse fundamento, o exequente será declarado carecedor da ação (CPC, art. 485, VI).

Inciso III. *Inexequibilidade do título ou inexigibilidade da obrigação.*

Remetemos o leitor aos nossos comentários ao art. 917, I.

Inciso IV. *Penhora incorreta ou avaliação errônea.*

Remetemos o leitor aos nossos comentários ao art. 917, II.

Inciso V. *Excesso de execução ou cumulação indevida de execuções.*

Remetemos o leitor aos nossos comentários ao art. 917, III.

Inciso VI. *Incompetência absoluta ou relativa do juízo da execução.*

Remetemos o leitor aos nossos comentários ao art. 917, V.

Inciso VII. *Qualquer causa modificativa ou extintiva da obrigação, como pagamento, novação, compensação, transação ou prescrição, desde que supervenientes à sentença.*

Pagamento. O pagamento, como causa de adimplemento e de extinção de obrigação, é regulado pelos arts. 304 a 359 do Código Civil.

Novação. Ocorre a novação: a) quando o devedor contrai com o credor uma nova dívida para extinguir e substituir a anterior; b) quando novo devedor sucede ao anterior, ficando este quite com o credor; c) quando, em virtude de obrigação nova, outro devedor é substituído ao antigo, ficando o devedor quite com este (CC, art. 360). A novação é regida pelos arts. 360 a 367 do Código Civil.

Compensação. Quando duas pessoas forem ao mesmo tempo credora e devedora uma da outra poderão compensar entre si os seus créditos e débitos. A CLT deixa claro que a compensação é matéria de defesa (art. 767). A compensação é regrada pelos arts. 368 a 380 do Código Civil.

Prescrição. Em direito, há, basicamente, duas espécies de prescrição: a) a aquisitiva, caso do usucapião; e b) a extintiva. Esta pode ser parcial ou total. O art. 884, § 1º, da CLT, permite ao devedor alegar em seus embargos a prescrição da dívida. Essa prescrição é a intercorrente, ou seja, a que se forma depois do ajuizamento da ação.

§ 1º Como vimos, o inciso II do art. 917 do CPC inseriu no elenco das matérias alegáveis pelo devedor, nos embargos à execução, a penhora incorreta ou a avaliação errônea. Agora, o § 1º da mesma norma esclarece que essas falhas poderão ser impugnadas "por simples petição", no prazo de quinze dias, contados da ciência do ato. A norma é inaplicável ao processo do trabalho. Aqui, a matéria deverá ser objeto dos embargos à execução, a pressupor, assim, a garantia patrimonial da execução.

§ 2º A norma especifica os casos que configuram excesso de execução.

Inciso I. *Quando o credor pleiteia quantia superior à do título.* Na sistemática do processo do trabalho, a sentença de liquidação não pode ser impugnada autonomamente, e sim na oportunidade em que o devedor possa oferecer embargos à execução (CLT, art. 884, § 3º). O mesmo direito é assegurado ao credor, tenham, ou não, sido opostos embargos (*ibidem*).

Dessa forma, se o credor está postulando quantia que excede à do título executivo, caberá ao devedor, ao embargar a execução, impugnar a decisão de quantificação da dívida, a fim de que o excedente seja extirpado. Note-se que o excesso de execução não implica nulidade do processo; logo, o que o juiz deve fazer, ao acolher os embargos do devedor, é cortar o que está sobejante do título e dar sequência à execução, agora pelo valor exato.

Inciso II. *Quando recai sobre coisa diversa daquela declarada no título.* Quando a execução estiver sendo realizada por coisa distinta daquela mencionada na sentença, incumbe ao devedor denunciar a irregularidade ao juiz, mediante a ação constitutiva de embargos.

A diversidade, referida neste inciso, tanto pode ser em relação à quantidade quanto à qualidade das coisas devidas, nas obrigações de dar coisas certas ou incertas (CPC, arts. 806 e 811). Nesse caso, a sentença que acolher os embargos poderá sancionar essa desconformidade com a pena de anulação do processo, ou adequar a execução à quantidade espelhada no título.

Inciso III. *Quando se processa de modo diferente do que foi determinado na sentença.* As sentenças devem ser executadas mediante fiel observância ao seu comando e conteúdo. Logo, não se pode executar como obrigação de pagar a quantia certa aquela que tenha sido objeto de condenação à prestação de entregar coisa certa ou incerta; de igual modo, haverá desvio do conteúdo da sentença quando se executa a coisa *in natura*, tendo a sentença condenado o réu, apenas, a indenizar o equivalente.

Configura-se, também, a situação prevista no inciso em exame promover-se a execução mediante cálculos, quando a sentença tenha ordenado que a quantificação se estabelecesse por meio de artigos.

Inciso IV. *Quando o credor, sem cumprir a prestação que lhe corresponde, exige o adimplemento da do devedor.* Há, aqui, reiteração prática da regra contida no art. 787 do CPC, conforme a qual, "Se o devedor não for obrigado a satisfazer sua prestação senão mediante a contraprestação do credor, este deverá provar que a adimpliu ao requerer a execução, sob pena de extinção do processo".

Revela o inc. IV do § 2.º do art. 917 do CPC uma típica exceção *non adimpleti contractus*, que é de natureza substancial. Não é lícito ao credor, pois, promover a execução para exigir o adimplemento da prestação do devedor, sem que tenha cumprido a que lhe corresponde.

Essa execução precipitada deverá ser resistida pelo devedor, via embargos; acolhendo-os, a sentença declarará o credor carecente da ação, por faltar-lhe *interesse processual*.

Cumprindo o credor a obrigação que lhe correspondia, poderá exigir, em nova execução, o adimplemento da que está afeta ao devedor.

Inciso V. *Se o credor não provar que a condição se realizou.* Reproduz-se aqui o princípio expresso no art. 514 do mesmo diploma processual, de que, quando o juiz decidir relação jurídica sujeita a condição ou termo, o credor não poderá executar a sentença sem provar que a condição se realizou ou o termo ocorreu.

A condição suspensiva, como é de sua índole, inibe a produção de efeitos inerentes ao negócio jurídico enquanto não sobrevier o acontecimento subordinante de sua eficácia (CC, art. 125).

Também aqui será declarado carecedor da ação o credor que promover a execução sem produzir prova de que a condição suspensiva se realizou.

§ 3º Ao alegar o excesso de execução, por estar o exequente pretendendo quantia superior à do título, o embargante deverá declarar na inicial o valor que entende correto, mediante a apresentação de demonstrativo discriminado e atualizado do seu cálculo.

§ 4º Deixando, o embargante, de indicar o valor correto ou de apresentar o demonstrativo, ocorrerá o seguinte com os embargos à execução:

Inciso I. Serão rejeitados, de plano, sem resolução do mérito, caso o excesso de execução seja o seu único fundamento;

Inciso II. Serão processados, caso haja outro fundamento, mas o juiz não examinará o alegado excesso de execução.

§ 5º Nos embargos de retenção por benfeitorias permite-se ao credor requerer a compensação do seu valor com o dos frutos ou dos danos que o devedor considera lhe serem devidos. Neste caso, o juiz deverá nomear perito para apurar os respectivos valores, observando-se o art. 464.

§ 6º Caso o exequente pretenda ver-se imitido na posse da coisa deverá prestar caução ou depositar o valor devido pelas benfeitorias realizadas pelo devedor ou decorrente da compensação.

§ 7º Nas arguições de impedimento e de suspeição deverá ser observado o disposto nos arts. 146 e 148. No processo do trabalho, essas restrições legais à atuação do magistrado devem ser objeto de exceção (CLT, arts. 799 a 802).

Art. 918. O juiz rejeitará liminarmente os embargos:

I – quando intempestivos;

II – nos casos de indeferimento da petição inicial e de improcedência liminar do pedido;

III – manifestamente protelatórios.

Parágrafo único. Considera-se conduta atentatória à dignidade da justiça o oferecimento de embargos manifestamente protelatórios.

• **Comentário**

Caput. O assunto era objeto dos arts. 739 e 739-A do CPC revogado.

A norma prevê, nos incisos I a III, os casos em que o juiz rejeitará, liminarmente, os embargos à execução.

Não se cuida aqui de faculdade, senão que de dever do magistrado. O texto legal tem caráter impositivo, conforme revela a expressão "O juiz *rejeitará*" (destacamos).

Inciso I. *Quando intempestivos.* No processo do trabalho, o prazo *ordinário* para o oferecimento de embargos à execução é de cinco dias (CLT, art. 884, *caput*); a Fazenda Pública, entretanto, possui o prazo extraordinário de trinta dias para embargar (CPC art. 910, *caput*). O art. 775 da CLT fixa o critério para a contagem dos prazos processuais. Dispõe, todavia, a Lei n. 11.419, de 19 de dezembro de 2006 (Lei da Informatização do Processo Judicial — LIPJ): "Art. 10. (...) § 1º Quando o ato processual tiver que ser praticado em determinado prazo, por meio de petição eletrônica, serão considerados tempestivos os efetivados até as 24 (vinte e quatro) horas do último dia". Não podem os Tribunais, portanto, baixar normas que considerem intempestivos os atos processuais praticados por meio eletrônico antes das 24 horas.

Inciso II. *Indeferimento da petição inicial e rejeição liminar da demanda.*

Nos termos do art. 330 do CPC a petição inicial será indeferida quando:

I — for inepta;

II — a parte for manifestamente ilegítima;

III — o autor carecer de interesse processual;

IV — não atendidas as prescrições dos arts. 106 e 321.

Considera-se inepta a petição inicial quando:

I — lhe faltar pedido ou causa de pedir;

II — da narração dos fatos não decorrer logicamente a conclusão;

III — contiver pedidos incompatíveis entre si (*ibidem*, parágrafo único).

Por outro lado, o art. 332 afirma que o juiz deverá rejeitar, liminarmente, o pedido que contrariar:

I — enunciado de súmula do Supremo Tribunal Federal ou do Superior Tribunal de Justiça;

II — acórdão proferido pelo Supremo Tribunal Federal ou pelo Superior Tribunal de Justiça em julgamento de recursos repetitivos;

III — entendimento firmado em incidente de resolução de demandas repetitivas ou de assunção de competência;

IV — enunciado de súmula de tribunal de justiça sobre direito local.

Em todos esses casos, o juiz estará autorizado a indeferir, desde logo, a petição inicial dos embargos à execução, extinguindo o procedimento sem resolução do mérito (CPC, art. 485, I).

Inciso III. *Quando manifestamente protelatórios.* Conquanto a figura dos embargos em exame tenha sido legalmente instituída para propiciar ao devedor oportunidade de resistir, juridicamente, aos atos executivos, a mesma norma legal sanciona o devedor quando este fizer uso desses embargos com a manifesta intenção de procrastinar a execução. A sanção, no caso, constituirá na rejeição liminar dos embargos. O intuito manifestamente protelatório dos embargos do devedor deverá ser examinado em cada caso concreto; apesar disso, podemos dizer que, de modo genérico, esse intuito estará caracterizado quando, por exemplo, o devedor estiver desrespeitando a coisa julgada material — no caso de execução fundada em título judicial. Uma nótula importante: os embargos do devedor somente poderão ser rechaçados desde logo quando o intuito protelatório for *manifesto,* vale dizer, evidente, saltar aos olhos já em um primeiro exame. Na dúvida, o juiz não os deve rejeitar.

Por outro lado, o juiz, constatando que a inicial dos embargos do devedor não preenche os requisitos exigidos pelos arts. 319 e 320 do CPC, ou que apresenta defeitos e irregularidades capazes de dificultar o julgamento da causa, determinará que o embargante a emende, ou a complete, no prazo de quinze dias (CPC, art. 321 *caput*); não cumprida a diligência determinada, a inicial será indeferida (*ibidem*, parágrafo único).

Entendemos que a petição inicial de embargos à execução deva ser também indeferida, *in limine*, quando o devedor não indicar, fundadamente, os itens e valores objeto da discordância, por analogia ao art. 879, § 2º, da CLT.

Uma palavra final sobre o poder (e dever) que o juiz tem de indeferir, *in limine*, a petição de embargos à execução.

É de sabença geral que o processo moderno não é, como o de outrora, coisa ou propriedade das partes (*sache der parteien*), razão por que dele não podem dispor do modo como melhor lhes aprouver. Sendo o processo método ou técnica estatal de solução dos conflitos de interesses existentes entre os indivíduos, a relação jurídica que em virtude dele enlaça as partes e o próprio juiz é de caráter *publicístico*, sendo infundado imaginar que possua índole contratual.

Nem é o juiz mero *convidado de pedra*, nessa relação jurídica, a assistir, passivamente, as partes a se digladiarem com liberdade para, afinal, limitar-se a proclamar o vencedor nessa pugna arbitrária. O juiz, hoje, se encontra investido na qualidade indeclinável de reitor, de diretor do processo, incumbindo-lhe não só dispensar às partes um tratamento isonômico; velar pela rápida solução do litígio; prevenir ou reprimir qualquer ato contrário à dignidade da justiça, como fazer com que as partes respeitem as regras relativas ao procedimento legal (*due process of law*) e pratiquem os atos processuais que lhes cabe, no prazo e *forma* prescritos em lei (CPC, art. 2º). Logo, se o devedor apresenta os seus embargos fora do prazo; não os fundamenta em quaisquer dos fatos enumerados pelo texto legal; elabora petição inepta; é parte ilegítima para exercer o direito de opor-se à execução ou dirige os seus embargos a quem é destituído de legitimidade para contestá-los; não possui interesse de agir em juízo; escolhe procedimento

Art. 919

inconciliável com o da execução a que se opõe etc., constitui dever do juiz rejeitar, no nascedouro, a petição inicial (CPC, art. , embora, em certos casos, esteja obrigado, antes disso, a abrir oportunidade para que o devedor escoime essa peça dos vícios que lhe comprometem a regularidade formal (CPC, art. 321).

No processo do trabalho, a sentença que indefere, liminarmente, a petição inicial de embargos pode ser impugnada por meio do recurso de agravo de petição (CLT, art. 897, "a"). Trata-se de sentença e não de decisão interlocutória, como se possa imaginar, uma vez que dotada de eficácia para dar fim ao processo de embargos, decidindo ou não o mérito (*ibidem*).

Parágrafo único. O executado possui o direito de resistir, juridicamente, aos atos executivos mediante embargos à execução. Caso, porém, esses embargos possuam intuito manifestamente protelatório estará configurada, por parte do embargante, conduta atentatória à dignidade da justiça, que responderá pela multa de vinte por cento do valor atualizado da dívida, em benefício do exequente, sem prejuízo de outras sanções de natureza processual ou material (CPC, arts. 77, §§ 2º a 4º, e 774, parágrafo único).

Art. 919. Os embargos à execução não terão efeito suspensivo.

§ 1º O juiz poderá, a requerimento do embargante, atribuir efeito suspensivo aos embargos quando verificados os requisitos para a concessão da tutela provisória e desde que a execução já esteja garantida por penhora, depósito ou caução suficientes.

§ 2º Cessando as circunstâncias que a motivaram, a decisão relativa aos efeitos dos embargos poderá, a requerimento da parte, ser modificada ou revogada a qualquer tempo, em decisão fundamentada.

§ 3º Quando o efeito suspensivo atribuído aos embargos disser respeito apenas a parte do objeto da execução, esta prosseguirá quanto à parte restante.

§ 4º A concessão de efeito suspensivo aos embargos oferecidos por um dos executados não suspenderá a execução contra os que não embargaram quando o respectivo fundamento disser respeito exclusivamente ao embargante.

§ 5º A concessão de efeito suspensivo não impedirá a efetivação dos atos de substituição, de reforço ou de redução da penhora e de avaliação dos bens.

• **Comentário**

Caput. Há correspondência com o art. 739-A do CPC revogado.

No processo civil, o princípio legal é de que os embargos do executado não possuem efeito suspensivo da execução.

Conquanto a CLT não contenha norma *expressa* a acerca do efeito desses embargos, o efeito *suspensivo* está *implícito* em duas disposições da norma trabalhista, a saber:

a) no art. 886, § 2º, conforme o qual, julgada subsistente a penhora, o juiz determinará a avaliação dos bens penhorados. Na verdade, nos tempos atuais essa avaliação não é realizada após a declaração judicial de subsistência da penhora, senão que imediatamente à penhora, até porque os oficiais de justiça trabalhista são, também, avaliadores. Não é esse, porém, o motivo pelo qual fizemos menção a esse dispositivo legal. O que o art. 886 § 2º, da CLT, está a revelar é o *princípio* de que somente *após* o julgamento dos embargos do devedor é que o juiz ordenará o prosseguimento da execução. É nesse julgamento que o juiz dirá da subsistência, ou não, da penhora. Em suma, os embargos do devedor suspendem a execução;

b) no art. 897, § 1º, que, em sede de agravo de petição, autoriza a execução imediata e *definitiva* dos valores *não* impugnados pelo recorrente. Isto quer dizer que os valores *impugnados* não poderão ser objeto de execução definitiva, mas, apenas, provisória. Logo, se o agravo de petição, nesse caso, possui efeito suspensivo, seria ilógico imaginar-se que os embargos do devedor não possuíssem o mesmo efeito, quanto às matérias e valores contestados, pois, com isso, estar-se-ia quebrando a harmonia do sistema.

Insta esclarecer que se suspende, em virtude dos embargos, o *curso da execução*, e não a força e a eficácia do título em que aquela se baseia; tal força e eficácia só se desfazem por obra da *sentença* que julgar os embargos.

Apreciados os embargos do devedor, a execução retomará o seu curso no ponto em que foi interrompida, ou será declarada extinta, conforme a sentença rejeite ou acolha tais embargos.

§ 1º Em que pese ao fato de entendermos ser inaplicável ao processo do trabalho o disposto no art. 919

e §§, do CPC, devemos, em respeito às opiniões divergentes da nossa, examinar o conteúdo e o alcance desses parágrafos.

O executado poderá obter o efeito suspensivo aos seus embargos se forem atendidas duas exigências legais: a) a presença dos requisitos para a concessão da tutela provisória (que podem ser de urgência ou da evidência); b) o juízo já esteja garantido.

Os arts. 300 a 311 dispõem sobre as precitadas tutelas.

§ 2º O juiz poderá revogar ou modificar, a qualquer tempo, a decisão concessiva de efeito suspensivo aos embargos dos devedor se: a) houver requerimento da parte (credor); b) tiverem cessado as circunstâncias que justificaram a atribuição do mencionado efeito.

§ 3º Se o efeito suspensivo referir-se a parte do objeto da execução, esta prosseguirá em relação à parte restante. A norma trata, pois, da atribuição parcial do efeito suspensivo — e da consequente execução fracionária do título.

§ 4º Havendo diversos executados, a atribuição de efeito suspensivo aos embargos oferecidos por um deles não suspenderá a execução quanto aos demais devedores, quando o fundamento da suspensão disser respeito exclusivo ao embargante. Em sentido oposto, se o fundamento da suspensão referir-se a todos os executados, a suspensão, embora requerida por um deles, beneficiará a totalidade dos compartes. Nesta hipótese, incide a rega do art. 117 do CPC, que versa do regime litisconsorcial do tipo unitário.

§ 5º O fato de o juiz atribuir efeito suspensivo aos embargos não impede a realização dos atos de substituição, reforço ou redução da penhora e de avaliação dos bens. Há, aqui, em nosso ver, uma certa incongruência legal. Ocorre que, como vimos, um dos requisitos para a atribuição do efeito suspensivo é a garantia (prévia) do juízo, como evidencia o § 1º; entretanto, o § 5º assevera que o efeito suspensivo concedido não obsta à penhora (e à consequente avaliação dos bens apreendidos), a insinuar a possibilidade de a execução ser suspensa sem a prévia garantia do juízo. A prevalência axiológica é do § 1º do art. 919. Logo, sem a garantia prévia da execução o juiz não pode conceder efeito suspensivo aos embargos do devedor (ou executado).

Em resumo: no processo do trabalho, os embargos do devedor possuem efeito suspensivo automático, no tocante às matérias e valores que tenham sido objeto desses embargos. Não se aplica aqui, portanto, a regra do art. 919, do CPC, seja quanto ao *caput*, seja quanto aos seus parágrafos.

Art. 920. Recebidos os embargos:

I — o exequente será ouvido no prazo de 15 (quinze) dias;

II — a seguir, o juiz julgará imediatamente o pedido ou designará audiência;

III — encerrada a instrução, o juiz proferirá sentença.

• **Comentário**

Caput. Dedicava-se ao assunto o art. 740 do CPC revogado.

Inciso I. A norma não se aplica ao processo do trabalho; aqui, o exequente disporá do prazo de cinco dias para oferecer contraminuta aos embargos apresentados pelo executado (CLT, art. 884, *caput*).

Inciso II. O art. 226, III, do CPC afirma que juiz proferirá sentença no prazo de trinta dias (III); no caso dos embargos à execução, porém, a sentença deverá ser lançada *de imediato*, exceto se houver necessidade de ser designada audiência para a produção de provas orais.

Inciso III. A sentença deverá ser emitida logo após a realização da audiência de encerramento da instrução.

Vejamos agora alguns aspectos dos embargos à execução sob a perspectiva do processo do trabalho.

Revelia

Deixando o devedor de embargar a execução poderá ser considerado revel?

Tecnicamente não, pois, sendo o substrato do conceito processual desta figura a *ausência de contestação*, pelo réu (CLT, art. 844, *caput*, parte final; CPC, art. 344), não faz sentido cogitar-se de revelia do devedor, porquanto os seus embargos não traduzem contestação e sim, característica *ação incidental*, de natureza constitutiva.

O devedor não é citado para *responder*, se não que para *cumprir* a *obrigação*, ou garantir a execução (CLT, art. 880, *caput*). Além disso, o próprio credor, para obter a satisfação do seu direito, nada tem, por princípio, que provar, pois a existência desse direito está reconhecida pela autoridade soberana da coisa julgada material que dá estofo ao título executivo, ou pela existência do título extrajudicial. Nem se argumente que o art. 771, parágrafo único, do CPC, manda que se apliquem à execução, em caráter subsidiário, as disposições regentes do processo cognitivo, a insinuar, com isso, que ao devedor que deixar de oferecer embargos devem ser aplicados os efeitos da revelia, previstos no art. 344 do mesmo Código. Tendo a execução norma própria sobre a atitude processual que deva o executado assumir em face da execução (CLT, art. 884; CPC, art. 914) e insinuando o art. 920, II, do CPC, que a audiência de instrução dos embargos somente será dispensada quando estes envolverem matéria de direito, ou sendo de fato e de direito a prova for exclusivamente documental, fica claro que não se pode dar concreção à subsidiariedade de que fala o art. 771, parágrafo único, do CPC, como forma de justificar a aplicação do art. 344 do mesmo diploma processual.

Saliente-se que, sendo a obrigação contida no título executivo (judicial) *líquida* e *exigível*, como impõe o art. 783, do CPC, extremamente escassos serão os fatos a serem provados pelas partes (em especial pelo devedor), dada a fonte jurisdicional do título. Por certo ângulo, pode-se dizer que o título sentencial corresponde à prova *pré-constituída* e bastante para tornar o direito do credor insuscetível de soçobrar diante de *fatos*.

Ainda que, em determinadas situações, haja fatos a serem provados, a estrutura peculiar do processo de execução repelirá a declaração do *estado de revelia* do devedor, quando este deixar de oferecer embargos. Repita-se que esses embargos não representam modalidade de resposta e sim ação, com acentuada carga de constitutividade; assim sendo, é filha do ilogismo a afirmação de que deverá ser considerado *revel* quem deixou, em última análise, de ajuizar *ação*. O que se poderia cogitar, na espécie, é de confissão, nos termos do art. 389, do CPC.

Reconvenção

Seria admissível, no processo do trabalho, a formulação de reconvenção aos embargos à execução?

Nas ponderadas palavras de Calmon de Passos, "não poderá o réu executado formular contra o autor pedido cuja tutela reclame o processo de conhecimento; isso porque mesmo vistos os embargos do executado como uma ação de conhecimento, têm eles um procedimento especial, regulado pelo art. 740 do CPC, procedimento este incompatível quer com o procedimento ordinário, quer com o procedimento sumaríssimo, não sendo lícito ao executado embargante, na espécie, preferir o rito ordinário, porquanto seria opção em desfavor do credor exequente e embargado" (obra cit., p. 430/431).

Não só pelas razões doutrinárias, que realçam a incompatibilidade do procedimento da reconvenção com o da execução, mas, sobretudo, pela vontade da lei, não se deve consentir que o devedor embargante formule esses pedidos em face do credor. Com efeito, o art. 16, § 3º, da Lei n. 6.830/80 contém um veto peremptório à possibilidade de o devedor contra-atacar o credor, no mesmo processo — norma essa amplamente aplicável ao processo do trabalho, lacunoso nesse ponto.

Acrescentemos que, traduzindo a reconvenção ação do réu em face do autor, fica sem base lógica o argumento de que o devedor possa formular pedidos ao credor, sabendo-se que, no plano dos embargos, o credor não é réu e sim autor. Dessa maneira, teríamos a esdrúxula ocorrência de o *autor* (embargante) estar acionando ao "réu" (credor).

Sentença

Deixamos fincada, linhas atrás, a nossa opinião de que o pronunciamento jurisdicional dirimente dos embargos opostos pelo devedor é *sentença* e não, *decisão*.

Caberá ao juiz apreciar, na mesma sentença, os embargos e a impugnação à "sentença" de liquidação, quando for o caso (CLT, art. 884, § 4º). Havendo impugnação à liquidação, esta deverá ser apreciada por primeiro. Se, p. ex., a impugnação foi formulada *pelo credor*, e o juiz acolhê-la, mandará que se proceda ao reforço da penhora em decorrência da elevação do valor da quantia certa por que se processa a execução; em alguns casos, todavia, o valor do acréscimo obrigacional, por ser irrisório, não gera repercussão no relacionamento que há entre o valor da execução e o dos bens penhorados. Tendo sido a impugnação apresentada *pelo devedor*, o juiz, caso a acolha, deverá mandar que a penhora seja *reduzida* (CPC, art. 850), para adequá-la ao novo montante da execução, proveniente do acolhimento da impugnação à sentença de quantificação da dívida.

Superada a matéria concernente à impugnação à liquidação, passará o juiz a apreciar a que tenha sido suscitada nos embargos e na contestação (contraminuta) a estes; havendo preliminares, torna-se até tautológico dizer que deverão ser apreciadas precedentemente ao mérito.

A sentença será quase sempre de mérito quando o juiz acolher os embargos, ou rejeitá-los. Acolhendo-os, o provimento jurisdicional poderá afetar o título executivo ou somente o processo de execução. A sentença que lhe acolhe os embargos é de eficácia constitutiva — como o é a ação de embargos —, pois poderá dissolver ou modificar o título em que se funda a execução, ou eliminar-lhe os efeitos.

Caso a sentença acolha os embargos, com fulcro, *v. g.*, em ilegitimidade das partes, cumulação indevida de execuções, excesso de execução, o título executivo permanecerá íntegro, porquanto os efeitos da sentença, na espécie, só alcançam o processo de execução; nessa hipótese, poderá o credor sanar a irregularidade que deu causa ao acolhimento dos embargos, ou, se isso não for possível, promover, outra vez, a execução, desta feita sem os vícios de fundo ou de forma que a comprometeram anteriormente. O novo ajuizamento da execução justifica-se pelo fato de a sentença extintiva do processo não produzir *res iudicata* material, mas apenas formal; o título executivo, como afirmamos, não é atingido pelos efeitos do pronunciamento jurisdicional extintivo.

De mérito será também a sentença que acolher os embargos lastreados em pagamento, quitação, cumprimento da decisão ou do acordo, prescrição etc.

Recurso

A sentença resolutiva dos embargos do devedor poderá ser impugnada pelo recurso de agravo de petição (CLT, art. 897, "a"), qualquer que seja o resultado da prestação jurisdicional, e mesmo que os embargos tenham sido rejeitados liminarmente.

No sistema edificado pelo legislador trabalhista, o agravo de petição foi destinado a servir como instrumento de impugnação aos atos jurisdicionais, de conteúdo decisório, praticados na execução.

Embora o princípio geral seja de que os recursos trabalhistas possuem efeito meramente "devolutivo" (CLT, art. 899, *caput*), a CLT permitia que o juiz *sobrestasse*, quando reputasse conveniente, o andamento do feito até o julgamento do agravo de petição (art. 897, § 1º). O conteúdo dessa norma legal, atualmente, é outro. Mesmo assim, pode-se concluir que o agravo de petição, em princípio, terá efeito suspensivo. Assim dizemos, porque os valores incontroversos poderão ser executados de imediato, até o final (em carta de sentença). Os valores controvertidos são os que foram objeto do agravo de petição, que, neste caso, terá efeito suspensivo.

Mesmo antes da Lei n. 10.035/2000, que deu nova redação ao art. 897, § 1º, da CLT, já sustentávamos a opinião de que o agravo de petição deveria acarretar, sempre, a suspensão do processo de execução, pois, pressupondo-se que a sua interposição já encontraria bens penhorados ao devedor, de nada valeria atribuir-lhe efeito apenas "devolutivo", sabendo-se que a execução, sendo provisória, não poderia submeter esses bens à expropriação judicial.

A propósito, ao dispor que o agravo de petição "*só será recebido* quando o agravante delimitar, justificadamente, as *matérias* e os *valores* impugnados" (destacamos), o § 1º do art. 897 da CLT, com a redação dada pela Lei n. 8.432/92, deixa claro que essa delimitação figura como pressuposto objetivo de *admissibilidade* do agravo de petição.

Desse modo, caberá ao próprio juízo *a quo* verificar se o agravante cuidou de atender a esse requisito. Convencendo-se de que não, deverá recusar admissibilidade ao agravo de petição, abrindo, com isso, oportunidade para que o devedor interponha agravo de instrumento da decisão denegatória.

A exigência legal de que haja delimitação motivada das matérias e valores impugnados traduz, indiscutivelmente, acertada e elogiável alteração introduzida pela Lei n. 8.432/92, porquanto, com essa providência, procurou permitir a execução imediata e definitiva das matérias e valores não delimitados ("permitida a execução imediata da parte remanescente até o final", diz o § 1º do art. 879 da CLT). Anteriormente à Lei n. 8.432/92, o agravante, ainda que impugnasse parte da execução, impedia que esta pudesse ser realizada quanto ao restante, pois os autos, em regra, eram encaminhados ao tribunal. Agora, a execução definitiva da parte não delimitada poderá ser feita nos autos principais (seguindo, portanto, o agravo de petição em autos apartados) ou mediante carta de sentença (sendo os autos principais encaminhados ao tribunal, para exame do agravo de petição)

É evidente, no entanto, que a exigência de impugnação fundamentada das matérias e valores, como pressuposto para a admissibilidade do agravo de petição, tem como destinatário exclusivo o devedor, não sendo, por isso, aplicável ao credor, por absoluta falta de senso lógico.

Aliás, como afirmamos em linhas pretéritas, a expressão legal "permitida a execução imediata da parte remanescente até o final" está a demonstrar que a parte *impugnada* não poderá ser objeto de execução definitiva, *o que* significa afirmar, por outros termos, que o agravo de petição é dotado de efeito suspensivo.

Portanto, o Juiz do Trabalho já não tem a faculdade de sobrestar a execução, em face do agravo de petição interposto: a suspensão da execução passa a ser *automática*, no que tange à parte da sentença que foi impugnada por esse recurso.

Exceção de pré-executividade

Por força da regra inscrita no art. 884, *caput*, da CLT, o devedor, para opor embargos à execução, deve oferecer bens à penhora, vale dizer, garantir, patrimonialmente, o juízo. A mesma imposição é formulada pelo art. 16, § 1º, da Lei n. 6.830, de 22.9.80, que dispõe sobre a cobrança judicial da dívida ativa da Fazenda Pública, a demonstrar que essa exigência constitui um ponto comum entre os diversos sistemas processuais.

Cabe lembrar que, no processo moderno, a execução por quantia certa tem natureza *patrimonial* (CPC, arts. 789), implementando-se na expropriação de bens, presentes e futuros, do devedor, com a finalidade de satisfazer o direito do credor (CPC, arts. 789 e 824). A observação é importante porque, em legislações do passado, a execução era *pessoal* e *corporal*, porquanto seus atos materiais incidiam na liberdade ou no próprio corpo do devedor, como nos dá trágico exemplo a *manus iniectio* romana.

Somente a Fazenda Pública não se submete à regra do garantimento patrimonial do juízo, como pressuposto para o oferecimento de embargos à execução, em decorrência da cláusula legal da impenhorabilidade dos bens públicos. Desse encargo também está liberada a massa falida.

De algum tempo até esta data, entretanto, vem adquirindo certo prestígio, nos sítios da doutrina do processo civil, a tese da *exceção de pré-executividade*, que consiste, em sua essência, na possibilidade de o devedor alegar determinadas matérias, sem que, para isso, necessite efetuar a garantia patrimonial da execução.

Para que sejam convenientemente entendidas as razões doutrinais que eclodiam na elaboração dessa ideia, devemos rememorar que os embargos do devedor constituem ação autônoma incidental, de natureza constitutiva, motivo por que devem ser autuados em separado; logo se percebe não ser tecnicamente correto o procedimento adotado no processo do trabalho, onde esses embargos são juntados aos próprios autos da execução. Em todo o caso, não nos move, neste momento, nenhuma preocupação em formular críticas a essa praxe trabalhista — até porque o princípio da simplicidade, que informa o processo do trabalho, a autoriza. O que pretendemos dizer é que, no processo civil, a *exceção de pré-executividade* (também identificada, por alguns, como oposição pré-processual; objeção de executividade; exceção de executividade) tem o efeito prático de não apenas permitir ao devedor alegar determinadas matérias, sem a garantia patrimonial do juízo, mas fazê-lo nos próprios autos da execução, o que corresponde a asseverar, independentemente de embargos.

Cremos que a ideia dessa *exceção*, em rigor, haja surgido para subministrar providencial socorro ao *contribuinte*, quando figurando como devedor nas execuções fiscais promovidas pela Fazenda Pública; dispensado de oferecer bens à penhora, ele terá assegurado o seu direito de aduzir certas alegações ou objeções, capazes, por sua relevância, de dar cobro à execução.

Reveladas essas razões, cumpre-nos, agora, formular a pergunta inevitável: a *exceção de pré-executividade* é compatível com o processo do trabalho?

Antes de nos dedicarmos à resposta, devemos esclarecer que a referida *exceção* se destina, fundamentalmente, a impedir que a exigência de prévio garantimento patrimonial da execução possa representar, em situações especiais, obstáculo intransponível à *justa defesa* do devedor, como quando pretenda alegar nulidade do título judicial; prescrição intercorrente, pagamento da dívida, ilegitimidade ativa e o mais. É importante assinalar, portanto, que a *exceção de pré-executividade* foi concebida pela doutrina para atender a situações verdadeiramente *excepcionais*, e não para deitar por terra, na generalidade dos casos, a provecta imposição legal da garantia patrimonial da execução, como pressuposto para o oferecimento de embargos pelo devedor.

A partir dessa perspectiva é que examinaremos a compatibilidade, ou não, da precitada *exceção* com o processo do trabalho.

Para logo, devemos observar que, se fôssemos levar à risca a expressão literal do art. 884, § 1º, da CLT, as matérias que o devedor poderia alegar, em sede de embargos, estariam restritas ao cumprimento da decisão ou do acordo e à quitação ou prescrição (intercorrente) da dívida. Todavia, os fatos da realidade prática fizeram com que se permitisse ao devedor, por ocasião dos seus embargos, alegar, ainda, sempre que fosse o caso, nulidades, inexigibilidade do título, excesso de execução, novação, incompetência absoluta do juízo e o mais — enfim, muitas das matérias enumeradas nos arts. 525, 1º, e 917, do CPC. Embora, como dissemos, a *exceção de pré-executividade*, no processo civil, seja apresentada fora dos embargos à execução, a referência ao art. 884, § 1º, da CLT serve para demonstrar que o intérprete, muitas vezes, não deve ficar adstrito ao senso literal da norma, sob pena de voltar as costas à realidade que borbulha, dinâmica e suplicante, para além da insensibilidade das disposições normativas. Convém trazer à tona a prudente advertência de *Ripert* de que, "Quando o Direito ignora a realidade, a realidade se vinga, ignorando o Direito".

Pois bem. Jamais nos abalançaríamos a negar que a exigência legal de garantimento patrimonial do juízo, como requisito para o oferecimento de embargos à execução, seja absolutamente necessária, enquanto providência tendente a evitar que o devedor empreenda manobras dotadas de intuito protelatório. Afinal, tautologia à parte, devedor é quem deve; e, por isso, a atitude que dele se exige é a de submeter-se, o quanto antes, ao comando que se irradia da coisa julgada material — que, não raro, consome muito tempo para constituir-se. Por outras palavras, que ele cumpra a obrigação, estampada no título executivo, realizando a correspondente prestação, de maneira voluntária ou coacta. Não é por acaso que o art. 797 do CPC declara que a execução se processa *no interesse do credor*, a evidenciar que este possui preeminência axiológica, cuja emanação prática se traduz sob a forma de sujeição jurídica do devedor.

Entretanto, não podemos ignorar a existência, também no processo do trabalho, de situações *especiais*, em que essa imposição de garantimento patrimonial da execução poderá converter-se em causa de gritante injustiça, como quando o devedor pretender arguir, digamos, *nulidade*, por não haver sido, comprovadamente, citado para a execução. Em muitos desses casos, o devedor poderá não dispor de forças patrimoniais para garantir o juízo, circunstância que o impossibilitará de alegar, na mesma relação processual, a nulidade da execução. É oportuno ressaltar que a necessária submissão do devedor à coisa julgada material, de que falamos há pouco, haverá de realizar-se segundo o "devido processo legal", de tal arte que seria antiético, de parte do Estado, condicionar a possibilidade de o devedor arguir a presença de vícios processuais eventualmente gravíssimos — e, por isso, atentatórios da supremacia da cláusula do *due process of law* —, ao oferecimento de bens à penhora, máxime se levarmos em conta o fato de que, em muitos casos, ele não disporá de patrimônio em valor suficiente para efetuar o garantimento do juízo. De igual modo, é relevante lembrar que a cláusula do "devido processo legal" possui, entre nós, sede constitucional (CF, art. 5º, inciso LVI), significa dizer, está inserida no elenco dos *direitos* e *garantias* individuais.

Sendo assim, nada obsta a que o processo do trabalho, sem renunciar a seus princípios ideológicos e à sua finalidade, admita, em situações verdadeiramente extraordinárias, *independentemente de embargos* — e, em consequência, *de garantia patrimonial do juízo* —, alegações de: nulidade da execução; pagamento; transação; prescrição (intercorrente); novação — enfim, envolventes de outras matérias dessa natureza, capazes, muitas delas, de extinguir a execução, se acolhidas. Por outras palavras: as matérias que possam ser alegadas mediante a exceção de pré-executividade são, preponderantemente, aquelas consideradas *de ordem pública*, a cujo respeito o juiz poderia e deveria manifestar-se *ex officio, como, p. ex., as* enumeradas nos incisos IV, V, VI e IX do art. 485 do CPC. Realmente, seria extremamente injusto exigir-se que o devedor, para alegar as matérias sobre as quais o juiz pode e deve pronunciar-se por sua iniciativa, devesse realizar a garantia patrimonial da execução. Essa exigência seria tanto mais injusta nas situações em que o devedor nem mesmo possuísse bens suficientes para oferecer em garantia ao juízo, pois o magistrado poderia esquecer-se de examinar, *ex officio*, tais matérias, acarretando, com isso, grandes prejuízos processuais ao devedor.

Conforme dissemos há pouco, as matérias que o devedor possa alegar por meio de exceção de pré-executividade são, de maneira preponderante — *mas não exclusivas* —, aquelas sobre as quais o juiz possa manifestar-se por sua iniciativa. Com isso, estamos a admitir a possibilidade de serem suscitadas outras matérias, que não se incluam no conceito de ordem pública, entre as quais: pagamento, quitação, transação, novação etc.

É elementar que tais alegações deverão ser cabalmente comprovadas, *desde logo,* sob pena de o uso da *exceção de pré-executividade,* contravindo as razões de sua concepção doutrinal, converter-se em expediente artificioso do devedor para evitar a penhora de seus bens. Com efeito, se o devedor desejar provar, mais adiante, os fatos em que funda a sua alegação, ou a matéria jurídica que pretenda suscitar exigir elevada reflexão, ou ser controvertida, então deverá valer-se dos embargos, a que faz referência o art. 884, *caput,* da CLT, pois este: a) comporta uma fase cognitiva incidental, que pode envolver *fatos* (CPC, art. 920, *caput*); b) é o foro apropriado para reflexões mais aprofundadas.

Estamos a afirmar, portanto, que a *exceção de pré-executividade* só deverá ser aceita quando calcada em prova documental previamente constituída, à semelhança do que se passa em tema de ação de segurança, e desde que não exija, para a apreciação da matéria, investigações em altas esferas. A propósito, os requisitos de "liquidez" e "certeza", característicos da ação de segurança e que preconizamos sejam também subordinantes da *exceção de pré-executividade,* terão como objeto não o *direito*, e, sim, *o fato alegado*. Se o *direito* existe, ou não, é algo que somente o pronunciamento final da jurisdição poderá dizer. Líquida e certa, conseguintemente, deverá ser a *afirmação* sobre o fato.

Aliás, se bem refletirmos, veremos que os Juízes do Trabalho, há muito tempo, vêm aceitando uma certa prática que, em última análise, se traduz — sem que o saibam — em uma forma *sui generis* de exceção de pré-executividade, enfim, de uma exceção informal ou inominada. Demonstremos. Muitas vezes, iniciada a execução forçada, com a expedição do correspondente mandado, o devedor, citado, vem a juízo não para oferecer embargos, mas para comunicar que efetuou, digamos, transação com o credor, juntando, inclusive, o comprovante desse negócio jurídico bilateral. Diante disso, o juiz intima o credor para que se manifeste a respeito; este confirma a transação realizada, fazendo com que o juiz a homologue e ponha fim, por este modo, ao processo de execução. Ora, o que houve, no caso, foi o uso informal da exceção de pré-executividade, pois, em rigor, a alegação de transação, feita pelo devedor, deveria ter sido objeto de embargos à execução, ou seja, depois de garantida, patrimonialmente, a execução, nos termos do § 1º do art. 884, da CLT. Note-se que a transação figura como uma das matérias que devam ser alegadas pelo devedor, nos embargos à execução. Apesar disso, o juiz admitiu que a transação fosse noticiada e comprovada por meio de simples petição, sem forma jurídica, e sem garantia da execução, vale dizer, mediante exceção de pré-executividade. Seria insensato negar-se ao devedor o acesso ao juízo por essa forma, impondo-lhe que o fizesse, apenas, mediante o manejo formal dos embargos e com prévio garantimento da execução. Situações como a que acabamos de descrever foram vividas, inúmeras vezes, pelos Juízes do Trabalho deste País — que, dessa maneira, estavam a consentir a prática de um ato, pelo devedor, que consistia, em sua essência, na exceção de pré-executividade.

Sejamos, no entanto, ainda mais prudentes: nos domínios do processo do trabalho, a aceitação da aludida *exceção* deverá ser feita sem prejuízo da eventual configuração de *ato atentatório à dignidade da justiça* (CPC, art. 774). Destarte, se, por exemplo, o devedor fizer uso dessa *exceção* com escopo visivelmente procrastinatório (por serem as suas alegações infundadas; por estarem desacompanhadas de prova documental etc.), o seu gesto poderá tipificar a *oposição maliciosa à execução,* de que trata o inciso II do art. 774 do CPC, cuja consequência ser-lhe-á a imposição de multa correspondente a até vinte por cento do valor atualizado da execução, sem prejuízo de outras sanções de natureza processual ou material, que a situação esteja a reclamar (*ibidem*, parágrafo único). Se essa *oposição maliciosa* pode ser caracterizada nos próprios *embargos à execução*, quando o juízo já se encontra garantido, por mais forte razão haverá de ser configurada na *exceção de pré-executividade*, sabendo-se que o devedor, para formulá-la, estará dispensado desse encargo patrimonial.

Dessa maneira, a *exceção de pré-executividade*, de um lado, poderá ser utilizada no processo do trabalho, em situações excepcionais, como as descritas anteriormente, a fim de evitar que a exigência de garantia patrimonial do juízo torne impossível o direito de o devedor exercer a sua *justa defesa*; de outro, entrementes, sujeitará o devedor que a utilizar com objetivo procrastinatório ao pagamento de pesada multa pecuniária, em prol do credor. A possibilidade da incidência dessa multa funcionará, conforme se pode perceber, como uma espécie de contrapartida ao uso ocasionalmente distorcido da *exceção de pré-executividade*, ou seja, quando esta for produto de manobra artificiosa. Com essa penalidade, preservam-se, a um só tempo, os interesses do credor e o conteúdo ético do processo.

Tal *exceção*, de qualquer forma, não deverá ter, no processo do trabalho, autonomia quanto ao procedimento, cumprindo, pois, tratá-la, no que respeita ao devedor, como mero *incidente da execução*. O resultado prático dessa construção está em que o ato jurisdicional que a *rejeitar* terá natureza de *decisão interlocutória* (CPC, art. 203, § 2º; CLT, art. 893, § 1º), de tal modo que não poderá ser impugnado de maneira autônoma, corresponde a afirmar, por meio de agravo de petição, porquanto o juízo não estará, ainda, garantido. Segue-se que qualquer insatisfação do devedor, no tocante a essa decisão, somente haverá de ser manifestada na oportunidade dos embargos que vier a oferecer à execução — desde que esteja garantido, com bens, o juízo, nos termos do art. 884, *caput*, da CLT, sob pena de a petição de embargos ser indeferida *in limine* (CPC, art. 918). Da sentença resolutiva dos embargos à execução é que o devedor poderá interpor o recurso específico de agravo de petição (CLT, art. 897, "a").

Outra solução que se poderia adotar seria a de entender-se que o uso da exceção de pré-executividade implicaria, por parte do devedor, uma renúncia tácita à faculdade de oferecer embargos à execução. Nesta hipótese, como não lhe seria mais dado embargar, poder-se-ia reconhecer-lhe, em caráter excepcional, a possibilidade de impugnar a decisão resolutiva da exceção de pré-executividade mediante agravo de petição.

Se, todavia, a *exceção* for *acolhida*, o pertinente ato jurisdicional será, fora de qualquer dúvida razoável, *sentença*, porquanto estará pondo fim ao processo de execução (CPC, art. 203, § 1º); logo, poderá ser impugnada, pelo credor, mediante agravo de petição (CLT, art. 897, "*a*").

Como o objetivo da *exceção de pré-executividade*, segundo sua elaboração doutrinária, é o de permitir (em situações excepcionais, insistamos) ao devedor expender alegações ou objeções eficazes, sem necessidade de garantir patrimonialmente o juízo, torna-se de elementar inferência que dessa *exceção* não se poderá valer a Fazenda Pública, em virtude da cláusula legal que declara a impenhorabilidade dos bens públicos. Sob esse aspecto, podemos afirmar, sem receio de erro, que a mencionada *exceção* não faz nenhum sentido, lógico ou prático, para a Fazenda Pública, sabendo-se que esta pode oferecer embargos à execução sem efetuar o aludido garantimento patrimonial, por não lhe ser aplicável a disposição contida no art 884, *caput*, da CLT. Em suma, faltaria à Fazenda Pública o indispensável interesse processual (CPC, art. 17) para fazer uso da exceção de pré-executividade. O mesmo se afirme, *mutatis mutandis*, quanto à massa falida.

Devemos dedicar algumas considerações acerca do prazo para o oferecimento da exceção de pré-executividade. Para sermos objetivos: o *dies a quo* será o do início do processo de execução (aqui incluída a fase de liquidação), e o *dies ad quem* o do término do prazo para oferecer embargos à execução. Assim, iniciada a fase de liquidação, poderá o devedor fazer uso da exceção de pré-executividade; terminado o prazo para o oferecimento de embargos do devedor terminará, automaticamente, o prazo para apresentação da exceção de pré-executividade.

Por outro lado, o oferecimento de exceção de pré-executividade não suspende o prazo para a oposição de embargos do devedor. Logo, é inteiramente do devedor o risco pelo uso da referida exceção. Na prática, aliás, esse risco inexistirá, levando-se em conta o fato de a exceção em estudo ser apresentada sem a garantia patrimonial da execução; sendo assim, rejeitada a exceção, o devedor deverá efetuar a garantia do juízo para poder oferecer os embargos que lhe são próprios.

Convém repisar: se a exceção de pré-executividade possuir intuito, manifestamente, protelatório (porquanto destituída de qualquer fundamento legal razoável; por estar em confronto com a coisa julgada material etc.), não somente deverá ser indeferida de plano, por analogia ao disposto no art. 918 do CPC, como o devedor poderá ser condenado a pagar multa em benefício do credor (sem prejuízo de outras sanções de natureza processual ou material) pela prática de ato atentatório à dignidade da justiça (CPC, art. 774, II).

De resto, é importante deixar assinalado o fato de a Súmula n. 397, parte final, do TST, haver consagrado o uso da exceção de pré-executividade no âmbito do processo do trabalho.

Conclusivamente:

1) A despeito de a exigência legal de garantia patrimonial do juízo, como pressuposto para o

oferecimento de embargos à execução, ser, em princípio, necessária, a fim de desestimular a prática de atos proletatórios, por parte do devedor, certas situações verdadeiramente *extraordinárias* da vida, assinaladas por uma acentuada carga de dramaticidade, poderão autorizá-lo a formular determinadas alegações ou objeções sem realizar essa assecuração, e independentemente da figura formal dos embargos, de que fala o art. 884 da CLT.

2) A *exceção de pré-executividade* (ou oposição pré-processual) poderá ser apresentada de modo informal, assim que o devedor for citado para a execução (ou mesmo já na fase de liquidação), e deverá fundar-se em prova documental (exceto se a matéria alegada for exclusivamente "de direito", como no caso de prescrição intercorrente). Se os fatos que o devedor pretender alegar dependerem de prova oral, ou a matéria de direito que dá conteúdo a essas alegações for largamente controvertida, ou requerer alta reflexão, caber-lhe-á fazer uso dos embargos à execução — com prévia garantia do juízo, esclareça-se —, que constituem, naturalmente, o foro adequado para a coleta de provas, ou para o exame aprofundado dos argumentos expendidos pelas partes.

3) Se a referida *exceção* possuir evidente intuito protelatório, configurará a *oposição maliciosa à execução*, da qual se ocupa o inciso II do art. 774 do estatuto de processo civil, permitindo ao juiz, em face disso, aplicar multa ao devedor, não excedente a vinte por cento do valor atualizado da execução, que verterá em benefício do credor, sendo exigível nos mesmos autos e sem prejuízo de outras sanções de natureza processual ou material (CPC, art. 774, parágrafo único).

4) É importante observar que, admitida a possibilidade da exceção de pré-executividade no processo do trabalho, os embargos do devedor não deixam de permanecer como o principal meio de defesa deste, pressupondo um direito já reconhecido no título executivo judicial ou expresso em documento apto a ensejar a execução que não se funda em título judicial. Todavia, quando o devedor pretender: a) atacar o próprio título executivo, em virtude de este não atender aos requisitos estabelecidos em lei para a sua validade e eficácia (como a falta de liquidez da obrigação, que a torna inexigível); b) invocar determinadas matérias de ordem pública (que poderiam e deveriam ser conhecidas *ex officio* pelo juiz); ou c) alegar matérias outras, que embora não se incluam no conceito de ordem pública sejam relevantes, como pagamento, transação, novação etc., poderá fazer uso da exceção de pré-executividade, a ser formulada mediante simples petição e sem a necessidade de garantimento patrimonial da execução.

5) As matérias que deram conteúdo à exceção de pré-executividade não poderão ser repetidas nos embargos do devedor (neste caso, já garantido o juízo);

6) O ato jurisdicional que apreciar a *exceção* terá natureza dúplice: a) será *decisão interlocutória*, se a *rejeitar* (CLT, art. 893, § 1º), motivo por que trará em si o veto à recorribilidade autônoma (pelo devedor). Este, contudo, poderá impugnar a mencionada decisão no ensejo do oferecimento dos embargos à execução, contanto que garantido o juízo. Note-se: nos embargos, o devedor não poderá alegar, novamente, as matérias suscitadas na exceção de pré-executividade, senão que impugnar a decisão que as apreciou. Da sentença resolutiva dos embargos caberá agravo de petição; b) será *sentença*, se a *acolher*, pois, com isso, estará dando fim ao processo de execução (CPC, art. 203, § 1º); sendo assim, poderá ser objeto de agravo de petição, pelo credor (CLT, art. 897, "a").

7) A Fazenda Pública não pode fazer uso da *exceção de pré-executividade*, na medida em que possui a prerrogativa legal de oferecer embargos à execução sem necessidade de garantir o juízo; falta-lhe, por isso, o indispensável interesse processual (CPC, art. 17). Assim, também, a massa falida.

TÍTULO IV
DA SUSPENSÃO E DA EXTINÇÃO DO PROCESSO DE EXECUÇÃO

CAPÍTULO I
DA SUSPENSÃO DO PROCESSO DE EXECUÇÃO

Art. 921. Suspende-se a execução:

I — nas hipóteses dos arts. 313 e 315, no que couber;

II — no todo ou em parte, quando recebidos com efeito suspensivo os embargos à execução;

III — quando o executado não possuir bens penhoráveis;

IV — se a alienação dos bens penhorados não se realizar por falta de licitantes e o exequente, em 15 (quinze) dias, não requerer a adjudicação nem indicar outros bens penhoráveis;

V — quando concedido o parcelamento de que trata o art. 916.

§ 1º Na hipótese do inciso III, o juiz suspenderá a execução pelo prazo de 1 (um) ano, durante o qual se suspenderá a prescrição.

§ 2º Decorrido o prazo máximo de 1 (um) ano sem que seja localizado o executado ou que sejam encontrados bens penhoráveis, o juiz ordenará o arquivamento dos autos.

§ 3º Os autos serão desarquivados para prosseguimento da execução se a qualquer tempo forem encontrados bens penhoráveis.

§ 4º Decorrido o prazo de que trata o § 1º sem manifestação do exequente, começa a correr o prazo de prescrição intercorrente.

§ 5º O juiz, depois de ouvidas as partes, no prazo de 15 (quinze) dias, poderá, de ofício, reconhecer a prescrição de que trata o § 4º e extinguir o processo.

• **Comentário**

Caput. A matéria era regida pelo art. 791 do CPC revogado.

A norma prevê os casos de suspensão do processo de execução.

Inciso I. A execução será suspensa, no que couber, nos casos que justificam a suspensão do processo de conhecimento. Esses casos estão previstos nos arts. 313 e 315 do CPC e são os seguintes:

I — pela morte ou pela perda da capacidade processual de qualquer das partes, de seu representante legal ou de seu procurador.

No caso de morte ou de perda da capacidade processual de qualquer das partes ou de seu representante legal, o juiz suspenderá o processo (§ 1º).

Ocorrendo a morte do credor, a habilitação, no processo do trabalho, será feita por meio de simples petição acompanhada de prova do falecimento, sendo dispensável o procedimento estabelecido pelos arts. 687 a 692 do CPC, caracterizado por certo formalismo que contrasta com a simpleza do procedimento trabalhista. Aqui, estará habilitada a pessoa que figurar como beneficiária do *de cujus* perante a Previdência Social (Lei n. 6.868, de 24-11-1980, art. 1º, *caput*).

No processo civil, falecendo o procurador de qualquer das partes, ainda que iniciada a audiência de instrução e julgamento, o juiz marcará o prazo de quinze dias para que a parte constitua novo mandatário. Findo o prazo o juiz extinguirá o processo sem resolução de mérito, se o autor não nomear novo mandatário, ou mandará prosseguir no processo à revelia do réu, tendo falecido o advogado deste (§ 2º).

No processo do trabalho, o falecimento do advogado da parte não suspende, invariavelmente, a execução, pois neste processo especializado as partes possuem a faculdade do *ius postulandi*, em virtude da qual podem postular em juízo sem o patrocínio de advogado, sendo certo que o exercício dessa faculdade não está adstrito ao processo de conhecimento, como se extrai da locução legal "até o final" (CLT, art. 791, *caput*).

II — pela convenção das partes;

A suspensão do processo por acordo das partes de que trata o inciso II do art. 313 não poderá ser superior a seis meses (§ 4º).

Nos domínios singulares do processo do trabalho, embora se admita, por princípio, a suspensão da execução por força de ajuste entre credor e devedor, essa possibilidade deve ser aceita com alguma reserva, máxime quando o credor estiver litigando *pessoalmente*, vale dizer, sem procurador judicial, porquanto esse ato de sobre-ser a execução poderá ser decorrente de manobra ardilosa do devedor, que contou com a inadvertida concordância da parte adversa. É recomendável, em face disso, que o magistrado procure sempre ouvir o credor a respeito de requerimento de suspensão da execução que contenha a assinatura deste e do devedor. Não deslembremos que o Juiz do Trabalho possui ampla liberdade na direção do processo (CLT, art. 765), podendo tomar a iniciativa da realização dos atos executivos (CLT, art. 878, *caput*), poderes que também o transformam em guardião do conteúdo ético do processo, como instrumento estatal não apenas de solução dos conflitos de interesses, se não que de constrangimento patrimonial do devedor para que satisfaça, por inteiro, a obrigação embutida no título executivo.

Em outras hipóteses, porém, tudo sugere que o juiz placite a vontade das partes, no sentido de suspender a execução, considerando que isso pode convir aos legítimos interesses de ambas. Dessa forma, se credor e devedor solicitarem o trancamento momentâneo da execução, a fim de que, *e. g.*, seja realizada a atualização dos cálculos, com vistas ao estabelecimento de transação (acordo), ao magistrado só restará anuir a isso, fixando o prazo de suspensão sempre que os litigantes se descurarem de fazê-lo. Pensamos que, salvo exceções, o prazo de suspensão de modo geral não deverá exceder a seis meses, respeitando-se, assim, o previdente preceito incrustado no § 4º do art. 313 do CPC, de incidência supletiva no processo de execução. É lógico que no exemplo há pouco ideado o prazo suspensivo da execução haveria de ser algo curto, sabendo-se que a atualização de cálculos não consome largo tempo (meses e meses). Enfim, o sobrestamento da execução — quando justificável — deve manter íntima relação com o tempo necessário à prática do ato que motivou a suspensão.

Decorrido o prazo de suspensão, caberá ao juiz ouvir as partes, para que informem se a causa que a determinou ainda existe ou não; no silêncio destas, ordenará o prosseguimento da execução. Podem as partes, por outro lado, solicitar a prorrogação do prazo de sobrestamento, cabendo ao juiz sopesar os motivos que, para tanto, apresentarem.

III — pela arguição de impedimento ou suspeição;

O CPC em vigor aboliu as exceções de incompetência, de impedimento e de suspeição. A primeira deve ser objeto de preliminar da contestação (CPC, art. 337, II); o segundo e a terceira serão arguidos por meio de petição específica (CPC, art. 146).

No processo do trabalho, contudo, subsistem as exceções de incompetência, impedimento, suspeição (CLT, arts. 799 a 802).

Oferecidas quaisquer dessas exceções, o processo de execução ficará suspenso (CLT, art.799, *caput*).

Quanto à de incompetência, em particular, devemos dizer que até pouco tempo era de difícil ocorrência no processo do trabalho, considerando-se que, aqui, a execução se fundava, apenas, em título *judicial*. Logo, por princípio, competente para promover a execução forçada seria o juízo que havia proferido a decisão exequenda (CLT, art. 877). Todavia, por força da Lei n. 9.958, de 12 de janeiro de 2000, incluíram-se no elenco dos títulos executivos (CLT, art. 876) também os "termos de ajuste de conduta firmados perante o Ministério Público do Trabalho" e os "termos de conciliação firmados perante as Comissões de Conciliação Prévia", ou seja, duas modalidades específicas de títulos executivos *extrajudiciais*. Com isso, alargou-se a possibilidade de ser oferecida exceção de incompetência do juízo, pois a execução do correspondente título poderá estar sendo realizada em órgão jurisdicional diverso daquele legalmente competente, em razão do território, convém lembrar, a esse respeito, a regra do art. 877-A, da CLT: "É competente para a execução de título executivo extrajudicial o juiz que teria competência para o processo de conhecimento relativo à matéria".

IV — pela admissão de incidente de resolução de demandas repetitivas.

O incidente de resolução de demandas repetitivas é regulado pelos arts. 976 a 987 do CPC. Embora esse incidente seja, em princípio, suscitado no processo de conhecimento, nada obsta a que, em situações especiais, também ocorra no processo de execução.

V — quando a sentença de mérito:

a) depender do julgamento de outra causa ou da declaração da existência ou da inexistência da relação jurídica ou de questão de estado que constitua o objeto principal de outro processo pendente. Esta possibilidade é de rara ocorrência na execução fundada em título judicial, pois, aqui, já houve pronunciamento jurisdicional sobre o mérito;

b) não puder ser proferida senão depois de verificado determinado fato ou de produzida certa prova, requisitada a outro juízo;

VI — por motivo de força maior;

VII — quando se discutir em juízo questão decorrente de acidentes e fatos da navegação de competência do Tribunal Marítimo. Esta matéria não é da competência da Justiça do Trabalho;

VIII — nos demais casos que este Código regula.

A execução também será suspensa quando o reconhecimento do mérito depender da existência de fato delituoso, a ser apurado pela justiça criminal (art. 315).

Inciso II. *Embargos à execução*. Dispõe o inciso II, do art. 921, do CPC, que a execução *será* suspensa, no todo ou em parte, quando os embargos do devedor forem recebidos com efeito suspensivo. Essa norma do CPC, como se percebe, submete a suspensão da execução a uma *condição*, representada pelo advérbio *quando*. No processo do trabalho, entretanto, a suspensão ocorrerá *sempre*, pelas razões expostas no comentário ao art. 919. É evidente que o efeito suspensivo estará circunscrito às parcelas que tenham sido objeto dos embargos do devedor.

No processo civil, o princípio legal é de que os embargos do executado não possuem efeito suspensivo da execução (art. 919).

Embora a CLT não contenha norma *expressa* a acerca do efeito desses embargos, o efeito *suspensivo* está *implícito* em duas disposições da norma trabalhista, a saber:

a) no art. 886, § 2º, conforme o qual, julgada subsistente a penhora, o juiz determinará a avaliação dos bens penhorados. Na verdade, nos tempos atuais, essa avaliação não é realizada após a declaração judicial de subsistência da penhora, senão que imediatamente à penhora, até porque os oficiais de justiça trabalhista são, também, avaliadores. Não é este, porém, o motivo pelo qual fizemos menção a esse dispositivo legal. O que o art. 886 § 2º, da CLT, está a revelar é o *princípio* de que somente após o julgamento dos embargos do devedor é que o juiz ordenará o prosseguimento da execução. É nesse julgamento que o juiz dirá da subsistência, ou não da penhora. Em suma, os embargos do devedor suspendem a execução;

b) no art. 897, § 1º, que, em sede de agravo de petição, autoriza a execução imediata e *definitiva* dos valores *não* impugnados pelo recorrente. Isto quer dizer que os valores *impugnados* não poderão ser objeto de execução definitiva, mas, apenas, provisória. Logo, se o agravo de petição, neste caso, possui efeito suspensivo, seria ilógico imaginar-se que os embargos do devedor não possuíssem o mesmo efeito, quanto às matérias e valores contestados, pois, com isso, estar-se-ia quebrando a harmonia do sistema.

Insta esclarecer que se suspende, em virtude dos embargos, o *curso da execução*, e não a força e a eficácia do título em que aquela se baseia; tal força e eficácia só se desfazem por obra da *sentença* que julga os embargos.

Inciso III. *Inexistência de bens penhoráveis*. A execução será detida se o devedor não possuir bens suscetíveis de penhora. O fundamento legal da suspensão da execução trabalhista por inexistência de bens penhoráveis não é, como se possa supor, a precitada norma do processo civil e sim o art. 40, *caput*, da Lei n. 6.830/80, *ex vi* do estatuído no art. 889 da CLT.

Pela letra do art. 40 da Lei n. 6.830/80, o juiz suspenderá o curso da execução sempre que: a) o devedor não for localizado; ou b) não forem encontrados bens sobre os quais possa recair a penhora (e nesses casos, diz a norma, não correrá o prazo prescricional).

Um reparo: se o devedor não for localizado, *mas* existirem bens penhoráveis, não haverá qualquer razão jurídica para se determinar o trancamento da execução, pois o devedor será citado ou intimado *por edital* (CLT, art. 880, § 3º), prosseguindo-se na prática dos demais atos executórios, incluindo-se aí a regular expropriação judicial dos seus bens (CPC, art. 824), mediante alienação ou adjudicação (CPC, art. 825).

O sobrestamento da execução será inevitável, contudo, se, embora presente o devedor, inexistirem bens *passíveis de penhora*; sublinhamos a expressão em virtude do veto legal à impenhorabilidade de determinados bens impresso no art. 833 do CPC.

Transcorrido o prazo máximo de um ano, sem que tenham sido encontrados bens sobre os quais pudesse incidir a penhora, o juiz ordenará o arquivamento dos autos (Lei n. 6.830/80, art. 40, § 2º); esse arquivamento será provisório, porquanto, encontrados que sejam, a qualquer tempo, bens penhoráveis, os autos serão desarquivados, dando-se prosseguimento à execução (*ibidem*, § 3º).

Inciso IV. *Ausência de licitantes*. Se a tentativa de alienação dos bens penhorados restar frustrada, pela ausência de licitantes, o exequente poderá, no prazo de quinze dias, requerer a adjudicação ou indicar outros bens passíveis de penhora. Se ele não fizer nem uma coisa nem outra, a execução, no sistema do processo civil, será suspensa. No processo do trabalho, todavia, os bens poderão ser expropriados por leiloeiro designado pelo juiz da causa (CLT, art. 888, § 3º).

O parágrafo único do art. 582 do CPC revogado nos fornecia mais um caso de suspensão da execução: o devedor poderia exonerar-se da obrigação depositando em juízo a prestação ou a coisa, hipótese em que o magistrado *suspenderia a execução*, não consentindo que o credor recebesse a prestação ou a coisa sem cumprir a contraprestação que lhe couber. No sistema do CPC atual, no entanto, a despeito de ter sido mantida a referida vedação ao credor, isso se dará sem suspensão da execução.

A execução também poderá ser suspensa por meio de tutela de urgência ou de tutela da evidência concedida em ação rescisória (CPC, art. 969). Essas tutelas são regidas pelos arts. 300 a 311 do CPC.

Inciso VI. *Concessão de parcelamento*. A execução também será suspensa quando for concedido ao executado o parcelamento do pagamento da dívida, nos termos do art. 916.

§ 1º Quando o executado não possuir bens penhoráveis, o juiz suspenderá a execução pelo prazo de um ano. Durante este prazo, ficará suspensa também a prescrição. No processo do trabalho, a norma a ser aplicada, em tema de suspensão da execução por ausência de bens penhoráveis, é a do art. 40 da Lei n. 6.830/1980, por força do disposto no art. 889 da CLT. Admite-se, porém, neste processo, a incidência parcial do art. 921, § 1º, do CPC, para considerar suspensa, no período de suspensão do processo, também a prescrição extintiva.

§ 2º Esgotado o prazo de um ano, sem que tenha sido localizado ou executado ou encontrados os bens penhoráveis, os autos serão arquivados por determinação do juiz.

§ 3º Ocorrerá o desarquivamento dos autos, para efeito de prosseguimento da execução, se a qualquer tempo forem encontrados bens passíveis de penhora.

§ 4º Decorrido, contudo, o prazo de um ano, sem qualquer manifestação do exequente começará a fluir o prazo de prescrição intercorrente.

§ 5º Após ouvir as partes, no prazo de quinze dias, o juiz poderá, de ofício, reconhecer a prescrição intercorrente e, em consequência, extinguir o processo.

Essa manifestação das partes poderá fornecer aos magistrados subsídios importantes para formar o seu convencimento jurídico acerca da matéria, seja para pronunciar a prescrição, seja para não a reconhecer.

O procedimento traçado pelos §§ 1º a 3º, do art. 921, não incidem no processo do trabalho, que, como asseveramos há pouco, é regido, no particular, pelo art. 40, da Lei n. 6.830/80. A regra do art. 15 do CPC não atua em matéria de execução, em decorrência da precitada norma da CLT, que é específica. Admite-se, todavia, a incidência dos §§ 4º e 5º, conquanto sobreviva, nos sítios da doutrina e da jurisprudência trabalhistas, intensa discussão sobre a possibilidade de haver prescrição intercorrente no processo do trabalho. Pelo que nos cabe opinar, entendemos ser admissível essa espécie de *prasecriptio*, pois é a ela que se refere o art. 884, § 1º, da CLT. Dissentimos, pois, da Súmula n. 114, do TST, e concordamos com a Súmula n. 327, do STF.

Art. 922. Convindo as partes, o juiz declarará suspensa a execução durante o prazo concedido pelo exequente para que o executado cumpra voluntariamente a obrigação.

Parágrafo único. Findo o prazo sem cumprimento da obrigação, o processo retomará o seu curso.

• **Comentário**

Caput. Reproduziu-se a regra do art. 792 do CPC revogado.

O exequente poderá conceder prazo para que o executado cumpra, de maneira voluntária, a obrigação contida no título executivo. Havendo conveniência para as partes, o juiz declarará suspensa a execução durante o mencionado prazo.

Por analogia ao disposto no § 4º, parte final, do art. 313 do CPC, a suspensão, nesse caso, não poderá ser superior a seis meses, conquanto comporte prorrogação por motivos relevantes, em especial, os de força maior. É possível a instituição de cláusula penal para a hipótese de o devedor, sem justo motivo legal, não cumprir a obrigação no prazo e nas condições estabelecidas.

Sob rigoroso controle do juiz, entendemos que a norma pode ser aplicada ao processo do trabalho.

Parágrafo único. Esgotado o prazo da suspensão, sem que o executado tenha satisfeito a obrigação, o curso do processo será restabelecido, cujo valor da execução, além de ser atualizado, deverá ser acrescido da cláusula penal que, por acaso, tenha sido convencionada.

Art. 923. Suspensa a execução, não serão praticados atos processuais, podendo o juiz, entretanto, salvo no caso de arguição de impedimento ou de suspeição, ordenar providências urgentes.

• **Comentário**

A matéria era tratada no art. 793 do CPC revogado.

Suspensa a execução, por que motivo seja, torna-se defeso às partes a prática de qualquer ato processual, embora possa o juiz determinar a realização de providências cautelares urgentes: este é o comando que parte do art. 923 do álbum processual civil, e que constitui reiteração tópica do que dá conteúdo ao art. 300 do mesmo Código, onde se esclarece que a adoção dessas providências pressupõe o "perigo de dano ou risco ao resultado útil do processo".

Entre as medidas acautelatórias que o juiz pode ordenar durante a suspensão da execução podemos citar as concernentes à guarda, conservação ou mesmo alienação antecipada dos bens penhorados (por serem, *v. g.*, perecíveis; estarem avariados; correrem risco de acentuada desvalorização etc.; CPC, art. 852. A própria produção antecipada de provas poderia ser determinada pelo juiz, mesmo que sobrestada a execução, desde que ocorressem quaisquer das hipóteses compreendidas pelos arts. 381 a 383 do CPC. Comete-se, enfim, ao magistrado a faculdade de determinar a realização de providências urgentes — cautelares ou não —, com o objetivo de evitar danos irreparáveis aos bens apreendidos, ou aos interesses gerais das partes, mantendo-se, no mais, paralisada a execução até que desapareça a causa suspensiva.

O magistrado somente não poderá, durante a suspensão da execução, ordenar a adoção de providências urgentes quando for o caso de estar sendo arguido de impedimento ou de suspeição.

Uma ressalva: razões de bom senso autorizam a conclusão de que a norma em exame não pode impedir que, mesmo estando o processo suspenso, as partes se dirijam ao juiz para dizer que estabeleceram (ou pretendem estabelecer) transação (acordo), com o escopo de darem fim ao processo de execução.

CAPÍTULO II

DA EXTINÇÃO DO PROCESSO DE EXECUÇÃO

Art. 924. Extingue-se a execução quando:

I — a petição inicial for indeferida;

II — a obrigação for satisfeita;

III — o executado obtiver, por qualquer outro meio, a extinção total da dívida;

IV — o exequente renunciar ao crédito;

V — ocorrer a prescrição intercorrente.

• **Comentário**

Caput. Assunto estava contido no art. 794 do CPC revogado.

A norma cuida dos casos de extinção da execução.

Inciso I. *Indeferimento da petição inicial.* Nos termos do art. 330, do CPC, a petição inicial será indeferida quando:

I — for inepta;

II — a parte for manifestamente ilegítima;

III — o autor carecer de interesse processual;

IV — não atendidas as prescrições dos arts. 106 e 321.

Parágrafo único. Considera-se inepta a petição inicial quando:

I — lhe faltar pedido ou causa de pedir;

II — da narração dos fatos não decorrer logicamente a conclusão;

III — contiver pedidos incompatíveis entre si.

Em rigor, no processo do trabalho somente se poderá cogitar de indeferimento da inicial relativa execução fundada em título *extrajudicial* (CLT, art. 876, *caput,* parte final), porquanto a lastreada em título judicial não apenas pode ser iniciada *ex officio,* em alguns casos (CLT, art. 878, *caput*), como, em qualquer situação, independe de petição inicial (no sentido formal).

Inciso II. *O devedor satisfaz a obrigação.* Teleologicamente, a execução busca obter — inclusive mediante o emprego de meios coercitivos — o adimplemento da obrigação consubstanciada no título executivo em que se funda; dessa forma, quando o devedor satisfaz, plenamente, a obrigação, a execução perde o seu objeto essencial, a sua razão de ser, ensejando, assim, o encerramento do correspondente processo.

Dissemos *plenamente,* porque nos casos em que o devedor satisfaz apenas *em parte* a obrigação a execução prosseguirá pelo saldo. Não tem sido raro, *e. g.,* no processo do trabalho o devedor pagar as quantias constantes do mandado executivo quando decorrido já longo tempo desde a data em que esses cálculos foram confeccionados; diante disso, embora ele pague os valores expressos no mandado, não o fará em rigor, de maneira *integral,* tanto que o credor poderá requerer a atualização da conta e o prosseguimento da execução, e assim sucessivamente, até que, em dado momento, nada mais reste a ser exigido.

De outra parte, ainda que o devedor satisfaça, em sua integralidade, o crédito do exequente, a execução poderá ter seguimento para ele receber as custas, os emolumentos e outras despesas processuais inscritas no título executivo ou dele juridicamente decorrentes.

É sem se perder de vista singularidades como essas que devem ser interpretadas as disposições do inc. II do art. 924 do CPC.

Inciso III. *Extinção da dívida.*

A matéria pertinente à remissão de dívida é regulada pelos arts. 383 a 388 do CC. Ressalte-se, contudo, a advertência contida no art. 385 desse Código de que embora a remissão da dívida, sendo aceita pelo credor, extinga a execução, isso se dará "sem prejuízo de terceiro".

Um dos casos de extinção da dívida, muito frequente nos sítios do processo do trabalho, ocorre por meio de transação. É relevante elucidar, contudo, que nem sempre essa modalidade de negócio jurídico bilateral extingue a execução. É certo que, se o devedor pagasse, no ato, os valores que foram objeto da transação, esta ficaria dotada de eficácia extintiva da execução (exceto se houvesse despesas processuais a serem satisfeitas); em diversos casos, no entanto, a obrigação assumida pelo devedor desdobra-se em diversas prestações sucessivas (a serem satisfeitas, digamos, mensalmente), de sorte que a transação, considerada em si mesma, não dará causa ao encerramento do processo de execução, pois para que isso ocorra há necessidade de que o devedor realize a última prestação, no modo, forma e prazo preestabelecidos. Tanto isso é verdadeiro que, se ele deixar de cumprir uma só das prestações, as demais se vencerão automaticamente, dando ensejo à sequente execução forçada, aí computada a cláusula penal que se tenha instituído (CLT, art. 891).

Algumas breves notas adicionais: a) nos termos do art. 764, § 3º, da CLT, as partes podem transacionar *"mesmo depois de encerrado o juízo conciliatório"*, ou seja, na fase de execução; b) a transação pode compreender valores ou parcelas que não integram o título executivo, pois as partes podem, por meio da transação, redimensionar não somente os limites objetivos da lide (processo de conhecimento), mas os da própria execução (CPC, art. 515, § 2º).

Inciso IV. *Renúncia ao crédito.* A renúncia, pelo exequente, ao seu crédito é admitida pelo processo civil como causa de dissolvência da execução. Somos de parecer de que apenas em situações extremamente *excepcionais* o processo trabalhista deverá acolher essa causa extintiva. Chamemos a atenção ao fato de que não se trata, na espécie, de simples *desistência da execução* (faculdade que o art. 775 do CPC atribui ao credor) e sim de *renúncia* ao crédito que constitui objeto da execução.

O processo do trabalho não pode fazer desatinada abstração do princípio da irrenunciabilidade dos direitos subjetivos do trabalhador, pelo qual se rege o direito material correspondente, sob pena de frustrar a vocação protectiva desse direito e de tornar vãos todos os pronunciamentos doutrinários e jurisprudenciais que, plenos de razão, se empenham em realçar, como virtude, a índole tuitiva do ordenamento jurídico material.

Haverão de redobrar-se os cuidados do magistrado quando tiver diante de si *renúncia* ao crédito manifestada pelo credor que se encontra postulando em juízo *pessoalmente*, ou se, mediante o patrocínio de advogado, o instrumento de renúncia não vier assinado por este. É algo que, acima de tudo, repugna ao bom senso ter o trabalhador se sujeitado às vicissitudes e aos riscos de uma demanda judicial (processo de conhecimento), para, depois, portando um título executivo (sentença transitada em julgado ou homologatória de transação), que lhe consumiu muito tempo para obtê-lo, *renunciar*, por motivos às vezes imperscrutáveis, ao crédito daí proveniente. É algo como nadar, nadar, e acabar morrendo na praia — desculpada a pobreza da imagem.

Inciso V. *Prescrição intercorrente.* A Súmula n. 114 do TST afirma ser inaplicável ao processo do trabalho a prescrição intercorrente. Todavia, de que prescrição cuida o § 1º do art. 884, da CLT, senão da *intercorrente*, vale dizer, daquela que se forma no curso do processo? Obviamente que não é da prescrição liberatória comum, que deve ser alegada na contestação (processo de conhecimento). Sempre que o exequente deixar de praticar determinado ato processual no prazo da lei ou no que o juiz lhe assinar começará a fluir o prazo da prescrição extintiva.

Uma dessas situações é a apresentação de artigos de liquidação: deixando o exequente de apresentá-los, correrá o risco de ver o seu crédito fulminado pela prescrição, exceto de demonstrar que não os apresentou no prazo em decorrência de motivo de força maior. O fato de o devedor ter a faculdade de apresentar esses artigos não significa que a prescrição não possa ser pronunciada pelo juiz. Por outro lado, seria aberrante dos princípios eventual argumento de que o próprio magistrado poderia apresentar, por sua iniciativa, artigos de liquidação.

Mais acertada, pois, é a orientação jurisprudencial cristalizada na Súmula n. 327, do STF, conforme a qual "O direito trabalhista admite a prescrição intercorrente".

Art. 925. A extinção só produz efeito quando declarada por sentença.

• **Comentário**

Transcreveu-se o art. 795 do CPC revogado.

A extinção da execução somente produzirá os efeitos que lhe são próprios quando declarada por *sentença*. Daí, a enorme responsabilidade que se assenhoreará o juiz que, perfilhando entendimento diverso do nosso, tiver à sua frente um caso de renúncia ao crédito externada pelo credor. Ainda que ele se decida pela homologação do ato, fundamental regra de prudência alvitra que procure saber do renunciante o *motivo* que o levou a isso, caso a petição seja omissa, no particular. Nenhum juiz pode desconhecer que, em determinadas situações, o verdadeiro motivo da renúncia se encontra subjacente ao que foi revelado pelo credor; e a aceitação da causa inverídica pode provocar profundo abalo, a um só tempo, na autoridade da coisa julgada material, na dignidade do Poder Judiciário e na substância ética do processo.

A sentença declaratória da extinção da execução deverá subordinar-se aos requisitos do art. 832 da CLT e dos incisos I a III do art. 489 do CPC, mas não aos incisos 1º a 3º deste último, por serem, a nosso ver, incompatíveis com o processo do trabalho.

Anota José de Moura Rocha (*Comentários ao código de processo civil*. 2. ed., v. IX. São Paulo: Revista dos Tribunais, 1976. p. 355/356) ser importante verificar-se o *momento* em que a extinção ocorre; se isso se verificar antes da arrematação ou da adjudicação, a sentença declarativa deverá conter a ordem de levantamento da penhora, conquanto isso não signifique haver necessidade de ser determinado o cancelamento do registro da penhora; tal providência incumbirá ao *interessado*, bastando, para isso, que apresente cópia ou certidão da sentença declarativa da extinção ao oficial do Registro competente.

LIVRO III

DOS PROCESSOS NOS TRIBUNAIS E DOS MEIOS DE IMPUGNAÇÃO DAS DECISÕES JUDICIAIS

TÍTULO I

DA ORDEM DOS PROCESSOS E DOS PROCESSOS DE COMPETÊNCIA ORIGINÁRIA DOS TRIBUNAIS

CAPÍTULO I

DISPOSIÇÕES GERAIS

Art. 926. Os tribunais devem uniformizar sua jurisprudência e mantê-la estável, íntegra e coerente.

§ 1º Na forma estabelecida e segundo os pressupostos fixados no regimento interno, os tribunais editarão enunciados de súmula correspondentes a sua jurisprudência dominante.

§ 2º Ao editar enunciados de súmula, os tribunais devem ater-se às circunstâncias fáticas dos precedentes que motivaram sua criação.

Caput e §§. A ideia de *estabilidade* da jurisprudência dos tribunais, embora seja elogiável por propiciar certa segurança jurídica aos jurisdicionados, encontra barreiras no terreno da realidade, pois o fenômeno da idiossincrasia é algo inerente ao espírito humano, vale dizer, no espírito dos julgadores. Convém recordarmos que o substantivo *estável* significa aquilo que não varia, inalterável, duradouro. Dessarte, deve-se entender que a norma em exame esteja a preconizar que a jurisprudência seja estável *o quanto possível*; logo, sem caráter absoluto, sob pena, como dissemos, de confrontar-se com a realidade e com a dinâmica das relações sociais e jurídicas.

A respeito da conveniência de manter-se a estabilidade da jurisprudência, disse Alfredo Buzaid: "Na verdade, não repugna aos juristas que os tribunais, num louvável esforço de adaptação, sujeitem a mesma regra a entendimento diverso, desde que se alterem as condições econômicas, políticas e sociais; mas repugna-lhe que sobre a mesma regra jurídica deem os tribunais interpretação diversa e até contraditória, quando as condições em que ela foi editada continum as mesmas. O dissídio resultante de tal exegese debilita a autoridade do Poder Judiciário, ao mesmo passo que causa profunda decepção às partes que postularam perante os tribunais" (Uniformização de Jurisprudência, *Revista da Associação dos Juízes do Rio Grande do Sul*, 34/139, julho de 1885).

O art. 926 do CPC veio, por assim dizer, para ocupar o espaço que até então era preenchido pelo incidente de uniformização de jurisprudência, previsto nos arts. 476 a 479 o CPC de 1973.

Seja como for, o art. 926 do CPC não é aplicável ao processo do trabalho pois a CLT contém norma expressa acerca do tema da uniformização da jurisprudência, como evidencia o seu art. 896, §§ 3º a 9º e 13, com a redação dada pela Lei n. 13.015, de 21.7.2014.

Para melhor conhecimento sobre esse incidente, no âmbito da Justiça do Trabalho, remetemos o leitor aos nossos "Comentários à Lei n. 13.015/2014" (3. ed. São Paulo: LTr, 2015. p. 40 a 55).

Art. 927

Art. 927. Os juízes e os tribunais observarão:

I — as decisões do Supremo Tribunal Federal em controle concentrado de constitucionalidade;

II — os enunciados de súmula vinculante;

III — os acórdãos em incidente de assunção de competência ou de resolução de demandas repetitivas e em julgamento de recursos extraordinário e especial repetitivos;

IV — os enunciados das súmulas do Supremo Tribunal Federal em matéria constitucional e do Superior Tribunal de Justiça em matéria infraconstitucional;

V — a orientação do plenário ou do órgão especial aos quais estiverem vinculados.

§ 1º Os juízes e os tribunais observarão o disposto no art. 10 e no art. 489, § 1º, quando decidirem com fundamento neste artigo.

§ 2º A alteração de tese jurídica adotada em enunciado de súmula ou em julgamento de casos repetitivos poderá ser precedida de audiências públicas e da participação de pessoas, órgãos ou entidades que possam contribuir para a rediscussão da tese.

§ 3º Na hipótese de alteração de jurisprudência dominante do Supremo Tribunal Federal e dos tribunais superiores ou daquela oriunda de julgamento de casos repetitivos, pode haver modulação dos efeitos da alteração no interesse social e no da segurança jurídica.

§ 4º A modificação de enunciado de súmula, de jurisprudência pacificada ou de tese adotada em julgamento de casos repetitivos observará a necessidade de fundamentação adequada e específica, considerando os princípios da segurança jurídica, da proteção da confiança e da isonomia.

§ 5º Os tribunais darão publicidade a seus precedentes, organizando-os por questão jurídica decidida e divulgando-os, preferencialmente, na rede mundial de computadores.

• **Comentário**

Caput. O texto estabelece algumas situações que deverão ser observadas pelos juízes e pelos tribunais.

Para logo, devemos dizer que, tirante os incisos II, o *caput* do art. 927, conjugado com os incisos III a V, são, a nosso ver, inconstitucionais.

Com efeito, somente as denominadas *súmulas vinculantes*, oriundas do STF, podem ter *efeito vinculante* em relação aos demais órgãos do Poder judiciário. E isso somente se tornou possível por força do expressamente disposto no art. 103-A, da Constituição da República. O que estamos a argumentar, portanto, é que somente a Constituição da República pode autorizar um tribunal a adotar súmula ou construção jurisprudencial vinculativa dos outros órgãos integrantes do Poder Judiciário brasileiro, ou normas de caráter genérico, abstrato, impositivas. No caso do art. 927, incisos III a V, não há *autorização constitucional* para autorizá-lo a *exigir observância*, por parte de juízes e tribunais, do disposto nos incisos III a V. Uma coisa é a norma infraconstitucional pretender uniformizar a jurisprudência dos tribunais, e, outra, *impor*, de modo geral, o *acatamento* a essa jurisprudência.

Reforcemos nosso argumento com um registro histórico, extraído da própria Justiça do Trabalho. O art. 902, da CLT, facultava ao TST adotar *prejulgados* — na forma do seu regimento interno —, que, uma vez estabelecidos, *obrigavam* os Tribunais Regionais do Trabalho, as Juntas de Conciliação e Julgamento (atuais Varas do Trabalho) e os juízes de Direito investidos na jurisdição trabalhista a *acatá-los*. Tempos depois, o Procurador-Geral da República ingressou no STF com representação de *inconstitucionalidade* dos prejulgados, por entender que somente a Constituição Federal poderia impor norma de acatamento geral pelo Poder Judiciário. Embora o STF não tenha admitido a representação, por ter sido dirigida aos prejulgados, e não ao art. 902, da CLT, mandou um "recado" ao TST, dizendo que, de qualquer modo, *não reconhecia efeito obrigatório* (vinculativo, portanto) nesses prejulgados. Foi o quanto bastou para que o TST: a) não mais adotasse prejulgados; b) pela Resolução n. 1/1982 convertesse os prejulgados em súmulas. Logo a seguir, a Lei n. 7.033, de 5 de outubro de 1982, revogou o art. 902 da CLT, pondo fim, desse modo, ao longo império despótico dos malsinados prejulgados.

Como estamos a sustentar a inconstitucionalidade dos incisos III a V do art. 927, isso significa que os juízes — inclusive os de primeiro grau de jurisdição — podem arguir, nos casos concretos, de maneira incidental (controle difuso), o contraste do precitado artigo da CPC com a Constituição da República, deixando, em consequência, de aplicá-lo.

Inciso I. *Controle de constitucionalidade.* No Brasil, o controle jurisdicional da constitucionalidade das leis e dos atos normativos do Poder Público é exercido sob as formas: a) difusa; e b) concentrada. A primeira é realizada de maneira incidental, competindo a qualquer órgão do Poder Judiciário, inclusive, de primeiro grau; a segunda é efetuada por meio de ação direta, para cuja apreciação o Supremo Tribunal Federal detém competência exclusiva.

É no tocante às decisões proferidas pelo STF no controle *concentrado* que se refere o art. 927, I, do CPC.

Inciso II. *Súmulas vinculantes.* São editadas pelo STF. Estão previstas no art. 103-A, da Constituição Federal, assim redigido: "O Supremo Tribunal Federal poderá, de ofício ou por provocação, mediante decisão de dois terços de seus membros, após reiteradas decisões sobre matéria constitucional, aprovar súmula que, a partir de sua publicação na imprensa oficial, terá efeito vinculante em relação aos demais órgãos do Poder Judiciário e à administração pública direta e indireta, nas esferas federal, estadual e municipal, bem como proceder à sua revisão ou cancelamento, na forma estabelecida em lei".

O desrespeito a essas súmulas ensejará reclamação ao STF (CPC, art. 988). Dispõe a esse respeito o art. 156 do Regimento Interno do STF: "Caberá reclamação do Procurador-Geral da República, ou do interessado na causa, para preservar a competência do Tribunal ou garantir a autoridade das suas decisões".

Consta, ainda, da norma interna corporis do Excelso Pretório: "Art. 161. Julgando procedente a reclamação, o Plenário ou a Turma poderá: I — avocar o conhecimento do processo em que se verifique usurpação de sua competência; II — ordenar que lhe sejam remetidos, com urgência, os autos do recurso para ele interposto; III — cassar decisão exorbitante de seu julgado, ou determinar medida adequadaà observância de sua jurisdição".

Inciso III. *Incidente de assunção de competência. Incidente de resolução de demandas repetitivas. Recursos extraordinário e especial repetitivos.* Os acórdãos proferidos nesses casos também devem ser acatados por juízes e tribunais, ressalvada a nossa opinião quanto à inconstitucionalidade do preceito legal *sub examen*.

O CPC disciplina esses procedimentos nos seguintes artigos:

Incidente de assunção de competência: art. 947;

Incidente de resolução de demandas repetitivas: arts. 976 a 987;

Julgamento de recursos extraordinários e especiais repetitivos: arts. 1.036 a 1.041.

Com vistas ao processo do trabalho, podemos incluir também o julgamento dos recursos de revistas repetitivos, mencionados no art. 896-B, da CLT, que manda aplicar, no que couber, as normas do CPC que regulam o julgamento dos recursos extraordinários e especiais repetitivos, vale dizer, os arts. 1.036 a 1.041.

Inciso IV. *Súmulas do STF e do STF.* As súmulas do STF em matéria constitucional, assim como as do STJ em matéria infraconstitucional devem ter os respectivos enunciados acatados por juízes e tribunais, ressalvando, também neste caso, o nosso entendimento quanto à inconstitucionalidade do preceptivo em questão.

Podem ser aqui incluídas as súmulas do TST sobre matéria infraconstitucional.

Inciso V. *Plenário ou órgão especial.* As orientações adotadas pelo tribunal, seja pelo seu plenário, seja pelo órgão especial, devem ser observadas pelos magistrados que se encontrarem vinculados a esses órgãos. A norma também é inconstitucional.

Devemos, nesta altura, enfrentar uma questão correlata. A Lei n. 13.015, de 21 de julho de 2014, deu nova redação ao art. 896, § 3º, da CLT, para determinar que os Tribunais Regionais do Trabalho procedessem, em caráter obrigatório, à uniformização de sua jurisprudência. A grande polêmica que se formou, a contar da vigência dessa normal legal, foi quanto a saber se a súmula uniformizadora da jurisprudência deveria, ou não, ser acatada por todos os magistrados vinculados ao tribunal, inclusos os de primeiro grau. Quando ainda estava a viger o CPC de 1973, lançamos um opúsculo sob o título "Comentários à Lei n. 13.015/2014", no qual sustentamos o ponto de vista de que a referida súmula não teria caráter obrigatório, fosse quanto aos magistrados do tribunal, vencidos na votação do incidente, fosse quanto aos de primeiro grau, pois a única súmula com efeito vinculativo era a adotada pelo STF, nos termos do art. 103-A, da Constituição da República. Pois bem. Entra em vigor o novo CPC, cujo art. 927, V, estabelece que os juízes e tribunais deverão observar "a orientação do plenário ou órgão especial aos quais estiverem vinculados". Caso se venha a entender que esse preceptivo do CPC possa, por analogia, alcançar o art. 896, § 3º, da CLT, na parte em que teria tornado obrigatório o acatamento às sumulas produzidas nos incidentes de uniformização da jurisprudência regional, a única conclusão a extrair-se é de que essa dispositivo da CLT seria inconstitucional, pelas mesmas razões que dessa eiva está comprometido o art. 927, do CPC, em seus incisos III a V.

§ 1º O que parágrafo está a expressar é que o juiz, quando for decidir com fulcro no art. 927, deverá: a) estabelecer um contraditório prévio, ouvindo as partes (art. 10); b) fundamentar a sua decisão, sob pena de nulidade (CF, art. 93, IX), a que o art. 489, § 1º, do CPC, com certo eufemismo, considera "não fundamentada". Os §§ 1º a 3º do art. 489 do CPC, todavia, são incompatíveis com o processo do trabalho.

§ 2º O CPC, no art. 926, declara que os tribunais devem não somente uniformizar a sua jurisprudência, como mantê-la "estável, íntegra e coerente". Reflexo dessa *estabilidade* é o fato de o art. 927, § 2º, no caso de alteração de tese jurídica adotada em enunciado de súmula ou em julgamento de casos repetitivos, facultar a realização de audiência prévia para que dela participem pessoas, órgãos ou entidades que possam fornecer o seu contributo para a revisão da tese. Para além da estabilidade que mencionamos, há também aí uma "democratização" do procedimento, que não ficará circunscrito aos magistrados. Esclareça-se, entrementes, que a realização da audiência prévia a que nos referimos constitui faculdade, e não dever, dos tribunais.

Uma breve opinião complementar

O art. 926 do CPC, conforme assinalamos, revela uma preocupação fundamental do legislador: a uniformização da jurisprudência e o seu acatamento pelos órgãos jurisdicionais, como providência destinada a preservar a estabilidade das relações jurídicas.

Sob essa perspectiva finalística, pode-se até reconhecer que se a intenção do legislador é, senão elogiável, ao menos justificável, pois em um Estado de Direito torna-se indispensável que as relações jurídicas estabelecidas — ou a estabelecerem-se — entre os indivíduos e as coletividades sejam marcadas pela *estabilidade*, como o que se estará propiciando segurança a todos.

Todavia, não menos necessário é reconhecer que nos sítios da Justiça do Trabalho o dinamismo da jurisprudência emana do próprio dinamismo das relações que soem ser estabelecidas entre trabalhadores e empregadores. De tal arte, eventual tentativa de impor-se a aplicação dos arts. 926 e 927, do CPC, no âmbito dessa Justiça especializada, significaria, a um só tempo: a) imaginar que o extraordinário dinamismo das relações entre trabalhadores e empregadores deixaria de existir; b) engessar a jurisprudência, impedindo a sua rápida evolução, como medida essencial ao atendimento das novas exigências que, diuturnamente, brotam do referido dinamismo.

Talvez, o art. 927, do CPC, atinja o seu objetivo no plano da Justiça Comum, pois aqui as relações jurídicas entre as pessoas são, por natureza, mais estáveis, menos sujeitas a vicissitudes e a constantes transformações.

No processo do trabalho, nem mesmo o procedimento para a revisão da jurisprudência, instituído pelo § 2º do art. 927, do CPC, seria capaz de atender ão imperativo de permanente resposta imediata às crescentes exigências da realidade prática. Esse procedimento, na prática, seria, ademais, um obstáculo à concretude do mandamento constitucional de celeridade na prestação jurisdicional (CF, art. 5º, inc. LXXVIII), porquanto os tribunais, visando à revisão de sua jurisprudência, ver-se-iam obrigados a realizar sucessivas audiências públicas, com a participação de pessoas, órgãos ou entidades — ou até mesmo de *amicus curiae* — interessadas em contribuir para a "elucidação da matéria".

O art. 927, do CPC, em última análise, é uma roupa que não se ajusta ao corpo da Justiça do Trabalho, até porque não foi elaborado com vistas a essa Justiça especializada. Mais uma vez, a adoção de norma do CPC pelo processo do trabalho poderia constituir aquela "rolha redonda para orifício quadrado" de que nos falam as consciências mais lúcidas.

Seja como for, mantemos o nosso entendimento de que o art. 927, do PC, em seus incisos III a V, é inconstitucional.

§ 3º Em duas situações o texto permite a modulação dos respectivos efeitos: a) na alteração da jurisprudência dominante do STF e dos tribunais superiores; b) na alteração da jurisprudência oriunda do julgamento de casos repetitivos. *Modular*, em tema jurisdicional, significa fazer com que os efeitos de uma decisão se verifiquem não a partir de quando foi publicada, mas de data posterior. Essa modulação está vinculada ao interesse social e à segurança jurídica. A figura da modulação penetrou em nosso sistema processual por meio da Lei n. 9.868/1999, cujo art. 27 dispõe: "Ao declarar a inconstitucionalidade de lei ou ato normativo, e tendo em vista razões de segurança jurídica ou de excepcional interesse social, poderá o Supremo Tribunal Federal, por maioria de dois terços de seus membros, restringir os efeitos daquela declaração ou decidir que ela só tenha eficácia a partir de seu trânsito em julgado ou de outro momento que venha a ser fixado".

§ 4º A norma declara que a modificação de enunciado de súmula da jurisprudência pacificada ou de tese adotada em julgamento de casos repetitivos deverá atender à necessidade de fundamentação adequada e específica e levar em conta os princípios da segurança jurídica, da proteção da confiança e da isonomia.

§ 5º Aos tribunais caberá dar publicidade aos seus precedentes, organizando-os de acordo com as questões jurídicas decididas e divulgando-os, de preferência, na rede mundial de computadores.

Art. 928. Para os fins deste Código, considera-se julgamento de casos repetitivos a decisão proferida em:

I – incidente de resolução de demandas repetitivas;

II – recursos especial e extraordinário repetitivos.

Parágrafo único. O julgamento de casos repetitivos tem por objeto questão de direito material ou processual.

• **Comentário**

Caput. O preceptivo legal declara configurarem julgamento de casos repetitivos as decisões proferidas nos casos indicados nos incisos I e II.

Inciso I. No incidente de resolução de demandas repetitivas, previsto nos arts. 976 a 987;

Inciso II. Nos recursos extraordinário e especial repetitivos, regidos pelos arts. 1.036 a 1.041.

Parágrafo único. O julgamento realizado nos casos repetitivos podem versar tanto sobre direito material, quanto processual. O importante é que se trate de *quaestio iuris* e não de matéria de fato.

CAPÍTULO II

DA ORDEM DOS PROCESSOS NO TRIBUNAL

Art. 929. Os autos serão registrados no protocolo do tribunal no dia de sua entrada, cabendo à secretaria ordená-los, com imediata distribuição.

Parágrafo único. A critério do tribunal, os serviços de protocolo poderão ser descentralizados, mediante delegação a ofícios de justiça de primeiro grau.

• **Comentário**

Caput. Cuidava do assunto o art. 547 do CPC revogado.

O Capítulo pertinente à "Ordem dos Processos no Tribunal" contém normas de procedimento destinadas a disciplinar e a uniformizar a atividade jurisdicional dos tribunais da Justiça Comum. A essas disposições não se submete, *necessariamente*, a Justiça do Trabalho. Na verdade, o precitado Capítulo ocupa-se, muito mais, com o procedimento alusivo aos recursos, conquanto as suas disposições também incidam no tocante às causas que são da competência originária dos tribunais.

O autos do processo deverão ser registrados no protocolo do tribunal na data em que forem recebidos. Esse registro é necessário para preservar a cronologia das entradas com vistas à distribuição a relator e a revisor. O registro é especialmente importante para a verificação da tempestividade do exercício de ações que são da competência originária do tribunal. Cumprirá à secretaria verificar (conferir) a numeração das folhas e ordená-los para distribuição. Somente em situações verdadeiramente excepcionais, como em alguns casos de mandado de segurança, os autos poderão ser encaminhados a relator, sem prévia distribuição. O regimento interno do tribunal pode disciplinar essas situações extraordinárias.

No âmbito da Justiça do Trabalho os regimentos internos costumam determinar que, após serem registrados e autuados pelo setor de cadastramento processual, os feitos sejam encaminhados ao Ministério Público. Somente após o retorno dos autos do Ministério Público é que será feita a distribuição.

Por força do contido no art. 929, *caput*, do CPC, a distribuição deve ser *imediata*, após o protocolo. Uma das vantagens disso está em evitar os problemas que geralmente ocorrem no espaço de tempo que vai do protocolo à distribuição, quando a parte fica em dificuldade quanto a saber de quem é a competência, por exemplo, para apreciar pedido de liminar em ações cautelares inominadas destinadas a atribuir efeito suspensivo ao recurso interposto.

Parágrafo único. O tribunal poderá descentralizar o serviço de protocolo, mediante delegação de atribuição a ofícios de justiça de primeiro grau. Essa descentralização visa à comodidade das partes — embora, nos dias atuais, já tenham sido postos em prática, em diversas regiões da Justiça do Trabalho, os protocolos eletrônicos.

Art. 930. Far-se-á a distribuição de acordo com o regimento interno do tribunal, observando-se a alternatividade, o sorteio eletrônico e a publicidade.

Parágrafo único. O primeiro recurso protocolado no tribunal tornará prevento o relator para eventual recurso subsequente interposto no mesmo processo ou em processo conexo.

• **Comentário**

Transcreveu-se o art. 548 do CPC revogado.

Caput. Os tribunais têm competência para elaborar os seus regimentos internos, desde que o façam com observância das normas de processo e das garantias processuais das partes (CF, art. 96, I). Justamente por isso, é que o art. 930 do CPC determina que a distribuição seja feita de acordo com a norma *interna corporis* do tribunal, atendidos os princípios da publicidade, da alternatividade e do sorteio — e sem desrespeitar a determinação legal de distribuição imediata (art. 929, *caput*), acrescentamos.

A publicidade significa que a distribuição deverá ser realizada em ato franqueado ao público; a alternatividade, que se considerará a classe dos processos; o sorteio, que a designação do relator e do revisor não será dirigida, senão que tirada à sorte.

Parágrafo único. A *prevenção*, na terminologia processual, significa que a lei atribui ao juiz ou ao órgão fracionário a competência em razão de já haver praticado algum ato nos autos ou em autos contendo matéria que se vincula aos autos anteriores em virtude de conexão (CPC, art. 55) ou de continência (CPC, art. 56).

Art. 931. Distribuídos, os autos serão imediatamente conclusos ao relator, que, em 30 (trinta) dias, depois de elaborar o voto, restituí-los-á, com relatório, à secretaria.

• **Comentário**

Ocupava-se do assunto o art. 852 do CPC revogado.

No sistema do processo civil, os autos, assim que forem distribuídos, serão submetidos, de imediato, à apreciação do relator. Este, depois de estudá-los, os restituirá à secretaria com o seu *visto,* em trinta dias. Caberá ao relator realizar uma exposição dos pontos controvertidos sobre os quais versa a causa.

Na Justiça do Trabalho, de modo geral, o procedimento que se tem estabelecido nos regimentos internos dos tribunais consiste em, registrado e autuado o feito, remetê-lo ao Ministério Público, para manifestação. A distribuição a relator e a revisor será efetuada após o retorno dos autos do Ministério Público.

Elaborado o voto, o relator — por força da praxe — o encaminha ao revisor (quando houver), que poderá anotar algumas divergências sobre os temas apreciados pelo relator, ou concordar com este.

O prazo e trinta dias, para que o relator elabore o voto, nem sempre poderá ser atendido na prática, levando-se em conta o enorme volume de processos distribuídos aos gabinetes e a existência de casos extremamente complexos, que impedem o atendimento à norma legal. Em todo o caso, havendo excesso do prazo legal, cumprirá ao relator justificar o fato, mediante despacho nos autos. Trata-se de manifestação de acatamento à lei e de respeito às partes. Via de regra, o fundamento será a "sobrecarga de serviços". A lei, para ser justa, deveria, antes de fixar o prazo de trinta dias para a restituição dos autos, contendo o voto e o relatório, à secretaria, ter feito alguma ressalva, como: "exceto em situações extraordinárias", a fim de permitir ao relator a ampliação do prazo.

Art. 932

Art. 932. Incumbe ao relator:

I – dirigir e ordenar o processo no tribunal, inclusive em relação à produção de prova, bem como, quando for o caso, homologar autocomposição das partes;

II – apreciar o pedido de tutela provisória nos recursos e nos processos de competência originária do tribunal;

III – não conhecer de recurso inadmissível, prejudicado ou que não tenha impugnado especificamente os fundamentos da decisão recorrida;

IV – negar provimento a recurso que for contrário a:

a) súmula do Supremo Tribunal Federal, do Superior Tribunal de Justiça ou do próprio tribunal;

b) acórdão proferido pelo Supremo Tribunal Federal ou pelo Superior Tribunal de Justiça em julgamento de recursos repetitivos;

c) entendimento firmado em incidente de resolução de demandas repetitivas ou de assunção de competência;

V – depois de facultada a apresentação de contrarrazões, dar provimento ao recurso se a decisão recorrida for contrária a:

a) súmula do Supremo Tribunal Federal, do Superior Tribunal de Justiça ou do próprio tribunal;

b) acórdão proferido pelo Supremo Tribunal Federal ou pelo Superior Tribunal de Justiça em julgamento de recursos repetitivos;

c) entendimento firmado em incidente de resolução de demandas repetitivas ou de assunção de competência;

VI – decidir o incidente de desconsideração da personalidade jurídica, quando este for instaurado originariamente perante o tribunal;

VII – determinar a intimação do Ministério Público, quando for o caso;

VIII – exercer outras atribuições estabelecidas no regimento interno do tribunal.

Parágrafo único. Antes de considerar inadmissível o recurso, o relator concederá o prazo de 5 (cinco) dias ao recorrente para que seja sanado vício ou complementada a documentação exigível.

• **Comentário**

Caput. A matéria era regida pelos arts. 557 e 558 do CPC revogado.

A norma trata da competência do relator, a que ela denomina de "incumbência".

Essa competência, via de regra, é detalhada pelos regimentos internos dos tribunais.

Inciso I. De modo geral, compete ao relator dirigir, ordenar, produzir prova e, se for o caso, homologar autocomposição das partes, em relação ao processo que lhe tenha sido distribuído. Isso significa, entre outras coisas, estudar a matéria contida nos autos, adotar providências, conceder vista dos autos, elaborar o seu voto, redigir o acórdão etc. Quanto à autocomposição, cumpre-nos ponderar que se a petição for apresentada na sessão de julgamento, será competente para homologá-la o respectivo órgão perante o qual foi manifestada (Turma, Câmara, Grupo de Turmas, Pleno). É em relação a situações como essa que se aplica a cláusula "quando for o caso", utilizada pelo art. 932, I, do CPC, ao atribuir competência ao relator para homologar autocomposição (acordo).

Inciso II. Compete ao relator, também, conceder liminarmente tutelas provisórias (de urgência ou da evidência: CPC, arts. 300 a 311), seja nos recursos, seja nas ações da competência originária do tribunal.

Inciso III. Não conhecer de recurso inadmissível, prejudicado ou que não tenha impugnado, de maneira específica, os fundamentos da decisão recorrida. No sistema do atual CPC não se admite a impugnação genérica da decisão recorrida. O processo do trabalho tende a seguir a mesma orientação, conforme revela Súmula n. 422 do TST: "RECURSO.

FUNDAMENTO AUSENTE OU DEFICIENTE. NÃO CONHECIMENTO (redação alterada, com inserção dos itens I, II e III) — Res. 199/2015, DEJT divulgado em 24, 25 e 26.6.2015. Com errata publicado no DEJT divulgado em 1º.7.2015. I — Não se conhece de recurso para o Tribunal Superior do Trabalho se as razões do recorrente não impugnam os fundamentos da decisão recorrida, nos termos em que proferida. II — O entendimento referido no item anterior não se aplica em relação à motivação secundária e impertinente, consubstanciada em despacho de admissibilidade de recurso ou em decisão monocrática. III — Inaplicável a exigência do item I relativamente ao recurso ordinário da competência de Tribunal Regional do Trabalho, exceto em caso de recurso cuja motivação é inteiramente dissociada dos fundamentos da sentença".

Na verdade, o relator poderá negar admissibilidade a recursos não apenas nos casos referidos no inciso III, mas sempre que não estiver presente qualquer dos requisitos subjetivos e objetivos, como legitimidade, interesse processual, representação regular, tempestividade, adequação, preparo etc.

Inciso IV. Será *negado* provimento a recurso contrário:

Letra "a". A súmula do Supremo Tribunal Federal, do Superior Tribunal de Justiça ou do próprio tribunal. A norma revela traços de inconstitucionalidade, pois não há autorização constitucional para que a norma atribua efeito vinculativo às súmulas simples do STF, do STJ, do próprio tribunal ou mesmo do TST.

Letras "b". Acórdão proferido pelo Supremo Tribunal Federal ou pelo Superior Tribunal de Justiça em julgamento de recurso repetitivos (CPC, arts. 1.036 a 1.041).

Letra "c". Entendimento estabelecido em incidente de resolução de demandas repetitivas ou de assunção de competência (CPC, arts. 976 a 987 e 947, respectivamente).

Inciso V. Após haver facultado o oferecimento de contrarrazões, o relator tem competência (portanto, em atuação monocrática) para *dar* provimento a recurso interposto de decisão que:

Letra "a". Afrontar súmula do Supremo Tribunal Federal, de Superior Tribunal de Justiça ou do próprio tribunal. Aqui, também, a norma manifesta laivo de inconstitucionalidade, pois não há autorização constitucional para que a norma atribua efeito vinculativo às súmulas simples do STF, do STJ, do próprio tribunal ou mesmo do TST.

Letra "b". Afrontar decisão proferida pelo Supremo Tribunal Federal ou pelo Superior Tribunal de Justiça em julgamento de casos repetitivos (CPC, arts. 976 a 987 e 1.036 a 1.041).

Letra "c". Entendimento estabelecido em incidente de resolução de demandas repetitivas ou de assunção de competência (CPC, arts. 976 a 987 e 947, respectivamente).

Inciso VI. Resolver o incidente de desconsideração da personalidade jurídica quando instaurado, originariamente, no tribunal (CPC, arts. 133 a 137).

Inciso VII. Determinar, quando for o caso, a intimação do Ministério Público (CPC, arts. 176 a 181, especialmente, o art. 178)

Inciso VIII. O relator exercerá, ainda, as demais atribuições que lhe forem cometidas pelo regimento interno do tribunal. Temos, aqui, uma espécie de autorização abstrata (cláusula aberta) para que a norma *interna corporis* do tribunal cometa ao relator outras atribuições, além das previstas no CPC. É elementar que essa norma não pode contrariar a lei.

Art. 933. Se o relator constatar a ocorrência de fato superveniente à decisão recorrida ou a existência de questão apreciável de ofício ainda não examinada que devam ser considerados no julgamento do recurso, intimará as partes para que se manifestem no prazo de 5 (cinco) dias.

§ 1º Se a constatação ocorrer durante a sessão de julgamento, esse será imediatamente suspenso a fim de que as partes se manifestem especificamente.

§ 2º Se a constatação se der em vista dos autos, deverá o juiz que a solicitou encaminhá-los ao relator, que tomará as providências previstas no *caput* e, em seguida, solicitará a inclusão do feito em pauta para prosseguimento do julgamento, com submissão integral da nova questão aos julgadores.

• **Comentário**

Caput. Pode ocorrer de o relator verificar o advento de fato superveniente à decisão recorrida ou a existência de questão que poderia apreciar *ex officio*, ainda não examinada, que devam ser considerados para efeito do julgamento do recurso. Diante disso, intimará as partes para que se manifestem no prazo de cinco dias. Quando o texto se refere a *fato superveniente* ou a *questão apreciável de ofício* "que devam ser considerados no julgamento do recurso" está a afirmar que tanto o fato quanto a questão devem *relevantes*, assim entendidos aqueles que possam influir na formação do convencimento jurídico dos integrantes do órgão julgador.

Relativamente às questões que devam ser apreciadas *ex officio*, algumas anotações adicionais são convenientes. Em primeiro lugar, a norma em exame não se aplica aos recursos de natureza extraordinária, como são, na Justiça Comum, o próprio recurso extraordinário (STF) e o recurso especial (STJ), e, na Justiça do Trabalho, os recursos de revista e de embargos, no TST. Sucede que, nesses casos, é necessário que as questões apreciáveis de oficio tenham sido decididas no grau inferiores da jurisdição (Tribunais Regionais e Varas); em segundo, não é suficiente que essas questões estejam mencionadas na fundamentação da decisão impugnada pelo recurso de natureza extraordinária, e sim, que tenham sido, efetivamente, *decididas*, vale dizer, que constem da parte dispositiva.

§ 1º Na hipótese de a constatação mencionada no *caput* ocorrer *durante* a sessão de julgamento este será imediatamente suspenso para que as partes se manifestem, especificamente. Se o tribunal não fixar o prazo para que as partes se pronunciem, entende-se que será de cinco dias, em caráter sucessivo (CPC, art. 218, § 3º), observando-se o critério estabelecido no art. 775, da CLT, conjugado com o art. 219 do CPC (se este for o entendimento do tribunal). Vejam-se, a esse respeito, os nossos comentários ao art. 219 do CPC.

Note-se que o parágrafo está a aludir à *constatação* do fato superveniente dar-se durante o julgamento, e não ao *surgimento* de fato superveniente durante essa sessão. *Fato superveniente*, para os efeitos do texto legal sob comentário, é o ocorrido após a decisão impugnada e antes do julgamento do recurso, dela interposto.

§ 2º Acontecendo de a constatação dar-se por ocasião da vista dos autos caberá ao juiz que a solicitou encaminhá-los ao relator. Este deverá adotar as providências mencionadas no *caput* e, em seguida solicitar a inclusão do feito em pauta para prosseguimento do julgamento, submetendo, de maneira integral, a nova questão aos demais julgadores.

Art. 934. Em seguida, os autos serão apresentados ao presidente, que designará dia para julgamento, ordenando, em todas as hipóteses previstas neste Livro, a publicação da pauta no órgão oficial.

• **Comentário**

A expressão legal "em seguida" não faz muito sentido, por não estar a referir-se a uma sequência lógica, se considerarmos, por exemplo, que o § 1º, do art. 933 alude ao fato de determinada constatação ocorrer *"durante a sessão de julgamento"*. Sendo assim, o que se deve entender é que, vencidas todas as fases antecedentes, os autos deverão ser encaminhados ao presidente do colegiado para designar o dia do julgamento, com publicação da pauta no órgão oficial.

O objetivo da publicação, no órgão oficial, é dar ciência, com efeito de intimação, às partes e demais interessados quanto à data em que ocorrerá o julgamento (art. 272, *caput*); com vistas a isso, deve ser atendida a exigência formulada pelo art. 272, § 2º.

Art. 935. Entre a data de publicação da pauta e a da sessão de julgamento decorrerá, pelo menos, o prazo de 5 (cinco) dias, incluindo-se em nova pauta os processos que não tenham sido julgados, salvo aqueles cujo julgamento tiver sido expressamente adiado para a primeira sessão seguinte.

§ 1º Às partes será permitida vista dos autos em cartório após a publicação da pauta de julgamento.

§ 2º Afixar-se-á a pauta na entrada da sala em que se realizar a sessão de julgamento.

• **Comentário**

Caput. O prazo entre a data da publicação da pauta e a da sessão de julgamento deve ser, no mínimo, de cinco dias. Os processos que não forem julgados serão incluídos em nova pauta, exceto aqueles cujo julgamento tenha sido expressamente adiado para a primeira sessão subsequente.

§ 1º Publicada a pauta de julgamento, as partes poderão ter vista dos autos em cartório. Note-se: *em cartório* (ou secretaria) e não, mediante carga dos autos.

§ 2º A pauta deverá ser afixada na entrada da sala em que ocorrerá a sessão de julgamento, independentemente da publicação no órgão oficial. Podemos afirmar que, de modo geral, o escopo dessa formalidade é dúplice: a) é permitir que as pessoas que se encontram nas dependências do tribunal, e que estejam interessadas em assistir ao julgamento, possam comparecer à sala em que se realizará a correspondente sessão; b) ensejar a que os próprios advogados das partes, que não tenham lido a publicação da pauta de julgamento, no órgão oficial, e que se encontrem, casualmente, no tribunal, possam acompanhar a sessão, e realizar, inclusive, sustentação oral, desde que o regimento interno da corte permita a inscrição, para esse fim, até pouco antes do julgamento.

A despeito da redação imperativa do § 2º do art. 935, entendemos que, no processo do trabalho, a falta de afixação da pauta na entrada da sala em que se realizará a sessão de julgamento não acarretará a nulidade deste, contanto que tenha sido publicada no órgão oficial com a antecedência mínima de cinco dias da data do julgamento (art. 935, *caput*).

Art. 936. Ressalvadas as preferências legais e regimentais, os recursos, a remessa necessária e os processos de competência originária serão julgados na seguinte ordem:

I — aqueles nos quais houver sustentação oral, observada a ordem dos requerimentos;

II — os requerimentos de preferência apresentados até o início da sessão de julgamento;

III — aqueles cujo julgamento tenha iniciado em sessão anterior; e

IV — os demais casos.

• **Comentário**

Caput. A norma estabelece a ordem de julgamento dos feitos na sessão do tribunal. Atendidas as preferências legais e regimentais, os recursos, a remessa necessária e os processos de competência originária, o julgamento obedecerá à seguinte ordem:

Inciso I. Os processos nos quais houver sustentação oral, observada a ordem dos requerimentos. Na prática, muitos advogados costumam inscrever-se para a sustentação oral, mas, no momento em que são convidados pelo presidente da sessão para sustentá-las da tribuna, acabam desistindo da faculdade. Não raro, procedimentos como o narrado constituem estratégias destinadas a fazer com que os processos de que esses advogados participam sejam julgados com precedência em relação àqueles nos quais não haverá sustentação oral. Por outro lado, nada obsta a que, mediante acordo entre si, e com a anuência dos demais inscritos, a ordem de sustentação seja alterada para atender a uma necessidade premente de determinados advogados.

Inciso II. Os requerimentos de *preferência* apresentados até o início da sessão de julgamento. Tratando-se de preferências legais ou regimentais, em rigor, não há necessidade de o advogado *requerê-las*, pois essas devem ser determinadas, *ex officio*, pelo presidente da turma, da seção, do pleno etc.

Inciso III. Os feitos cujo julgamento tenha iniciado na sessão anterior. Algumas vezes, o julgamento da causa originária ou do recurso não pode ser concluído no mesmo dia, por motivos diversos (adiantado da hora, pedido de vista fora da sessão, problemas com o sistema eletrônico etc.). Em tais situações, na sessão seguinte esses processos terão preferência, quanto aos demais, pois o julgamento deverá ser concluído.

Inciso IV. Os demais casos. Entre estes, podemos citar, por exemplo, quando um dos juízes (especialmente, sendo o relator) tiver de ausentar-se, em caráter definitivo, da sessão em que estão ocorrendo os julgamentos.

Art. 937. Na sessão de julgamento, depois da exposição da causa pelo relator, o presidente dará a palavra, sucessivamente, ao recorrente, ao recorrido e, nos casos de sua intervenção, ao membro do Ministério Público, pelo prazo improrrogável de 15 (quinze) minutos para cada um, a fim de sustentarem suas razões, nas seguintes hipóteses, nos termos da parte final do *caput* do art. 1.021:

I — no recurso de apelação;

II — no recurso ordinário;

III — no recurso especial;

IV — no recurso extraordinário;

V — nos embargos de divergência;

VI — na ação rescisória, no mandado de segurança e na reclamação;

VII — (VETADO);

VIII — no agravo de instrumento interposto contra decisões interlocutórias que versem sobre tutelas provisórias de urgência ou da evidência;

IX — em outras hipóteses previstas em lei ou no regimento interno do tribunal.

§ 1º A sustentação oral no incidente de resolução de demandas repetitivas observará o disposto no art. 984, no que couber.

§ 2º O procurador que desejar proferir sustentação oral poderá requerer, até o início da sessão, que o processo seja julgado em primeiro lugar, sem prejuízo das preferências legais.

§ 3º Nos processos de competência originária previstos no inciso VI, caberá sustentação oral no agravo interno interposto contra decisão de relator que o extinga.

§ 4º É permitido ao advogado com domicílio profissional em cidade diversa daquela onde está sediado o tribunal realizar sustentação oral por meio de videoconferência ou outro recurso tecnológico de transmissão de sons e imagens em tempo real, desde que o requeira até o dia anterior ao da sessão.

• **Comentário**

Caput. Há correspondência com o art. 857 do CPC revogado.

A norma estabelece o procedimento a ser observado na sessão de julgamento. Devemos reiterar a observação de que a Justiça do Trabalho não está obrigada a acatar todas as disposições do CPC atinentes à "Ordem dos Processos no Tribunal".

Este era o conteúdo do inciso VII, vetado: "no agravo interno originário de recurso de apelação, de recurso ordinário, de recurso especial ou de recurso extraordinário".

Inicialmente, caberá ao relator fazer uma exposição da causa. Em seguida, o presidente da sessão dará a palavra, sucessivamente, ao recorrente e ao recorrido, pelo prazo de quinze minutos para cada um, para a sustentação oral. Concederá a palavra, também, ao membro do Ministério Público, pelo mesmo prazo, nos casos em que deva intervir. Não haverá sustentação oral no julgamento de embargos de declaração, de agravo de instrumento ou de agravo interno.

O texto legal em exame afirma que o presidente da sessão dará a palavra ao recorrente e ao recorrido (prazo sucessivo), depois de efetuada a *exposição* da causa pelo relator. O art. 7º, IX, da Lei n. 8.906/94 (Estatuto da OAB), todavia, assegura ao advogado o direito de "sustentar oralmente as razões de qualquer recurso ou processo, nas sessões de julgamento, **após o voto do relator** (...)". Destacamos. Esse dispositivo da Lei n. 8.906/94 foi declarado inconstitucional pelo STF, no julgamento da ADIn 1105-7 (DJU de 26.5.2006), cujo acórdão recebeu a seguinte ementa: "Ação direta de inconstitucionalidade. Art. 7º, IX, da Lei n. 8.906, de 4 de julho de 1994. Estatuto da Advocacia e da Ordem dos Advogados do Brasil. Sustentação oral pelo advogado, após o voto do Relator. Impossibilidade. Ação direta julgada procedente. I — A sustentação oral pelo advogado, após o voto do Relator, afronta o devido processo legal, além de poder causar tumulto processual, uma vez que o contraditório se estabelece entre as partes. II — Ação direta de inconstitucionalidade julgada procedente para declarar a inconstitucionalidade do art. 7º, IX, da Lei n. 8.906, de 4 de julho de 1994". Relator originário, Min. Marco Aurélio; relator do acórdão, Min. Ricardo Lewandowski.

Veja-se este excerto da fundamentação do acórdão: "Aos tribunais compete elaborar seus regimentos internos, e neles dispor acerca do seu funcionamento e da ordem de seus serviços. Essa atribuição constitucional decorre de sua independência em relação aos Poderes Legislativo e Executivo. Esse poder, já exercido so a CF/1891, tornou-se expresso na CF/1934, e desde então vem sendo reafirmado, a despeito dos sucessivos distúrbios constitucionais. A Constituição subtraiu do legislador a competência para dispor sobre a economia dos tribunais e a estes a imputou, em caráter exclusivo. Em relação à economia interna dos tribunais a lei é o seu regimento. Na taxinomia das normas jurídicas o regimento interno dos tribunais se equipara à lei. A prevalência de uma ou de outro depende da matéria regulada, pois são normas de igual categoria. Em matéria processual prevalece a lei, no que tange ao funcionamento dos tribunais o regimento interno prepondera".

Discordamos, *data venia*, desse entendimento do STF, seja porque a competência para legislar sobre direito processual é privativa da União (CF, art. 22, I), seja porque os tribunais devem elaborar o seu regimento interno "com observância das normas de processo e das garantias processuais das partes" (CF, art. 96, I, "a").

O art. 937, do CPC, em seu inciso IX prevê a sustentação oral "em outras hipóteses previstas em lei ou no regimento interno dos tribunais". O que os regimentos internos não podem fazer é *reduzir* os casos em que é, legalmente, admitida a sustentação oral, pois conforme acabamos de assinalar, a Constituição Federal exige que as normas *interna corporis* dos tribunais sejam elaboradas mediante observância das normas de processo e das garantias processuais das partes (art. 96, I, "a").

Incisos I a IX. Indicam os casos nos quais poderá haver sustentação oral. O inciso VII foi vetado. A sua redação era a seguinte: "no agravo interno originário de recurso de apelação, de recurso ordinário, de recurso especial ou de recurso extraordinário". Foram estas as razões do veto: "A previsão de sustentação oral para todos os casos de agravo interno resultaria em perda da celeridade processual, princípio norteador do novo Código, provocando ainda sobrecarga nos Tribunais".

§ 1º No caso do incidente de resolução de demandas repetitivas, a sustentação oral observará, no que for cabível, o disposto no § 1º do art. 984, que prevê a possibilidade de o tempo destinado à sustentação oral ser ampliado, levando em conta o número de inscritos.

§ 2º Respeitadas as preferências legais, o advogado, inscrito para sustentação oral, pode requerer preferência para o julgamento. Em regra, os regimentos internos dos tribunais possuem disposições acerca do prazo para a inscrição dos advogados que desejarem efetuar sustentação oral. Essa inscrição — embora contestada por alguns — é necessária para ordenarem-se os trabalhos da sessão, lembrando-se que a concessão da palavra ao advogado obedecerá à ordem de inscrição para sustentação. Nada obsta, todavia, a que os advogados, mediante ajuste feito momentos antes do pregão para o julgamento, alterem, entre si, essa ordem, comunicando, mesmo oralmente, o fato ao secretário ou ao presidente da sessão.

O art. 7º, IX, da Lei n. 8.906/94, assegura ao advogado o direito de "sustentar oralmente as razões de qualquer recurso ou processo, nas sessões de julgamento, após o voto do relator, em instância judicial ou administrativa, **pelo prazo de 15 (quinze) minutos**, salvo se prazo maior for concedido" (destacamos). O inciso IX do art. 7º, porém, foi declarado inconstitucional pelo STF (ADIn 1105-7).

O Regimento Interno do STF dispõe no art. 124, parágrafo único: "Os advogados ocuparão a tribuna para formularem requerimentos, produzirem sustentação oral, ou responderem às perguntas que lhes forem feitas pelos Ministros".

A norma interna corporis do TST, por sua vez, estabelece: "Art. 140. Nas sessões de julgamento do Tribunal, os advogados, no momento em que houverem de intervir, terão acesso à tribuna. Parágrafo único. Na sustentação oral, ou para dirigir-se ao Colegiado, vestirão beca, que lhes será posta à disposição".

Outras disposições do Regimento Interno do TST sobre a matéria:

Art. 144. O advogado sem mandato nos autos, ou que não o apresentar no ato, não poderá proferir sustentação oral, salvo motivo relevante que justifique o deferimento da juntada posterior.

Art. 145. Ressalvado o disposto no art. 131, § 13, a sustentação oral será feita de uma só vez, ainda que arguida matéria preliminar ou prejudicial, e observará as seguintes disposições:

§ 1º Ao proferir seu voto, o Relator fará um resumo da matéria em discussão e anteciparáá sua conclusão, hipótese em que poderá ocorrer a desistência da sustentação, ante a antecipação do resultado. Havendo, porém, qualquer voto divergente daquele anunciado pelo Relator, o Presidente voltará a facultar a palavra ao advogado desistente. Não desistindo os advogados da sustentação, o Presidente concederá a palavra a cada um dos representantes das partes, por dez minutos, sucessivamente.

§ 2º Usará da palavra, em primeiro lugar, o advogado do recorrente; se ambas as partes o forem, o do reclamante.

Código de Processo Civil

§ 3º Aos litisconsortes representados por mais de um advogado, o tempo lhes será proporcionalmente distribuído, podendo haver prorrogação até o máximo de vinte minutos, ante a relevância da matéria.

§ 4º Quando for parte o Ministério Público, seu representante poderá proferir sustentação oral após as demais partes, sendo-lhe concedido prazo igual ao destas.

§ 5º Não haverá sustentação oral em:

I — embargos de declaração;

II — conflito de competência;

III — agravo de instrumento;

IV — agravos e agravos regimentais previstos neste Regimento Interno;

V — revogado.

VI — revogado.

VII — arguição de suspeição ou de impedimento;

VIII — ação cautelar;

§ 6º O Presidente do órgão julgador cassará a palavra do advogado que, em sustentação oral, conduzir-se de maneira desrespeitosa ou, por qualquer motivo, inadequada.

§ 3º Na ação rescisória, no mandado de segurança e na reclamação também caberá sustentação oral no agravo interno interposto contra a decisão do relator que tenha extinto o respectivo processo.

§ 4º Incorporando os avanços tecnológicos, a norma permite ao advogado com domicilio profissional em localidade diversa daquela em que está sediado o tribunal realizar sustentação oral por meio de vídeo conferência ou outro recurso tecnológico de transmissão de sons e imagens em tempo real. Para isso, o advogado deverá formular requerimento até o dia anterior ao da sessão.

Art. 938. A questão preliminar suscitada no julgamento será decidida antes do mérito, deste não se conhecendo caso seja incompatível com a decisão.

§ 1º Constatada a ocorrência de vício sanável, inclusive aquele que possa ser conhecido de ofício, o relator determinará a realização ou a renovação do ato processual, no próprio tribunal ou em primeiro grau de jurisdição, intimadas as partes.

§ 2º Cumprida a diligência de que trata o § 1º, o relator, sempre que possível, prosseguirá no julgamento do recurso.

§ 3º Reconhecida a necessidade de produção de prova, o relator converterá o julgamento em diligência, que se realizará no tribunal ou em primeiro grau de jurisdição, decidindo-se o recurso após a conclusão da instrução.

§ 4º Quando não determinadas pelo relator, as providências indicadas nos §§ 1º e 3º poderão ser determinadas pelo órgão competente para julgamento do recurso.

• **Comentário**

Caput. O tema era tratado pelo art. 560 do CPC revogado.

Havendo questões preliminares, estas — por um princípio de ordem lógica — deverão ser solucionadas antes de ingressar-se no exame do mérito. Há situações, contudo, em que o acolhimento de uma preliminar (ilegitimidade de parte, ausência de interesse processual etc.) acarreta a extinção do processo, sem que haja resolução do mérito. Mesmo que o acolhimento da preliminar não implique a extinção do processo, não se examinará o mérito se a decisão sobre a preliminar for incompatível com este. Digamos que a preliminar se refira à coisa julgada material (CPC, art. 337, VII); acolhida que seja, não se procederá ao exame do mérito cuja matéria tenha sido alcançada pela *res iudicata*.

§ 1º Tratando-se de vício sanável, inclusive aquele que o relator possa conhecer *ex officio*, este determinará o suprimento da falta ou a renovação do ato processual, no próprio tribunal, ou em primeiro grau, devendo ser intimadas as partes.

O tema é extremamente controvertido no plano da doutrina e da jurisprudência, não apenas diante da dificuldade que se tem encontrado em definir o que seja nulidade sanável e o que seja nulidade insanável, mas em razão das próprias consequências processuais do ato do relator no caso de nulidade sanável (ou suprível).

Imaginemos, por exemplo, que o relator perceba que não foram formuladas propostas conciliatórias pelo juízo de primeiro grau, fato alegado pelo recorrente. Não se trata aqui de nulidade sanável (no âmbito do segundo grau, esclareça-se), pois o relator não poderia, simplesmente, converter o julgamento em diligência e determinar o retorno provisório dos autos ao juízo *a quo*, a fim de que este formulasse as mencionadas propostas — sendo mantidos os demais atos processual, inclusive a sentença recorrida; na verdade, o relator teria que pronunciar a nulidade do processo, a partir do momento em que não se fez a primeira proposta (ou, talvez, da parte na ausência da segunda) fazendo com que os autos retornassem ao juízo de primeiro grau para regular prosseguimento, vale dizer, para instrução oral ou para proferimento de nova sentença, conforme fosse o caso.

Se a nulidade sanável ocorrer no próprio tribunal, a situação será de mais fácil solução. Digamos que o relator não concedeu vista a uma das partes de documento superveniente à sentença recorrida juntado pela outra: alertado a esse respeito, cumpriria ao relator, mesmo na sessão, converter o julgamento em diligência, para que a falta fosse suprida, eliminando-se, por essa forma, virtual nulidade do processo.

Entre outros vícios sanáveis por determinação do relator mencionamos a guia comprobatória do pagamento de custas ou da realização do depósito quando apresentada em fotocópia; ou a procuração outorgada ao advogado e juntada aos autos por fotocópia não autenticada.

§ 2º Diz, a norma em exame, que cumprida a diligência prosseguirá o julgamento do recurso, caso não haja nenhuma outra providência a ser adotada. Não só do recurso, mas, quando for o caso, do feito de competência originária do tribunal, como é, entre outros, a ação rescisória.

§ 3º Havendo necessidade de produção de prova, o relator converterá o julgamento em diligência, a ser realizada no tribunal ou em primeiro grau de jurisdição. O recurso somente será decidido após ser concluída a instrução. Assim, também, os feitos da competência originária do tribunal.

§ 4º Se o relator não determinar a realização das providências mencionadas nos §§ 1º e 3º, estas poderão ser ordenadas pelo órgão competente para o julgamento do recurso, vale dizer, pelo colegiado (Turma, Câmara, Grupo de Turmas, Pleno etc.).

Art. 939. Se a preliminar for rejeitada ou se a apreciação do mérito for com ela compatível, seguir-se-ão a discussão e o julgamento da matéria principal, sobre a qual deverão se pronunciar os juízes vencidos na preliminar.

• **Comentário**

Reproduziu-se o teor do art. 561 do CPC revogado.

Ocorrendo a rejeição da preliminar, e desde que seja com ela compatível a apreciação do mérito, passar-se-á à discussão e ao julgamento da matéria principal. Os juízes vencidos quanto à preliminar deverão proferir voto do julgamento do mérito.

Duas observações: a) afirma, a norma, que rejeitada a preliminar seguir-se-á a discussão e o julgamento do mérito; nem sempre, todavia, haverá *discussão* a esse respeito, pois o tema pode ser de entendimento unânime pelos juízes integrantes do colegiado; assim, passar-se-á de imediato ao julgamento, mediante a coleta dos votos; b) muitas vezes, um ou mais juízes ficam vencidos no julgamento da preliminar; mesmo assim, têm o dever de proferir voto no julgamento do mérito, ainda que se sintam algo constrangidos, intelectualmente, de fazê-lo. Esses juízes, por exemplo, poderiam ter ficado vencidos na preliminar de incompetência, mas, a despeito disso, teriam de se pronunciar sobre o mérito.

Art. 940. O relator ou outro juiz que não se considerar habilitado a proferir imediatamente seu voto poderá solicitar vista pelo prazo máximo de 10 (dez) dias, após o qual o recurso será reincluído em pauta para julgamento na sessão seguinte à data da devolução.

§ 1º Se os autos não forem devolvidos tempestivamente ou se não for solicitada pelo juiz prorrogação de prazo de no máximo mais 10 (dez) dias, o presidente do órgão fracionário os requisitará para julgamento do recurso na sessão ordinária subsequente, com publicação da pauta em que for incluído.

§ 2º Quando requisitar os autos na forma do § 1º, se aquele que fez o pedido de vista ainda não se sentir habilitado a votar, o presidente convocará substituto para proferir voto, na forma estabelecida no regimento interno do tribunal.

• **Comentário**

Caput. Há correspondência com o art. 555, §§ 2º e 3º, do CPC revogado.

O art. 555, § 2º, do CPC de 1973, dispunha que se qualquer juiz não se sentisse habilitado a proferir seu voto poderia pedir vista do processo. O CPC atual inclui, para efeito de pedido de vista, o próprio

Código de Processo Civil

relator. Em primeiro lugar, devemos dizer que a vista é *dos autos*, e não do processo — método estatal de solução de conflitos de interesses, cuja conceito é imaterial; em segundo lugar, causa-nos uma certa estranheza o fato de o *próprio relator* solicitar vista dos autos, por não se sentir habilitado a votar. Ora, o relator teve os autos em seu gabinete pelo prazo regimental, exatamente, para que examinasse a matéria do recurso ou da ação. Em todo o caso, o relator deverá ser extremamente comedido no exercício da faculdade de solicitar, na sessão, vista dos autos, pois isso poderá parecer aos olhos de todos que ele negligenciou no exame dos autos, quando estes estiveram em seu gabinete.

Reconhecemos, no entanto, que a atitude do relator, consistente em solicitar vista dos autos (em mesa ou no gabinete), será justificável em determinados casos excepcionais, como quando um dos advogados suscitar da tribuna fato superveniente ao proferimento da sentença, que possa influir no julgamento do recurso.

A vista será concedida pelo prazo máximo de dez dias.

A observar-se que a vista pode ser em mesa (ou seja, na própria sessão) ou no gabinete. Somente no último caso é que o julgamento prosseguirá em outra sessão. Alguns juízes costumam requerer "vista regimental", referindo-se àquela que se realiza no seu gabinete; a expressão, embora consagrada, é incorreta, pois a vista em mesa, na própria sessão, *também é prevista regimentalmente*. Logo, o apropriado seria aludir-se à vista *em mesa*, ou *no gabinete*. Ambas, de modo geral, são regimentais.

Após a vista, os autos devem ser reincluídos na sessão subsequente à data do seu recebimento. Lamentavelmente, contudo, esse mandamento legal nem sempre é respeitado, havendo casos em que os autos somente retornam à sessão, para julgamento, muitos meses depois, sem que haja justificado motivo legal para esse retardamento.

§ 1º Se os autos não retornarem à sessão subsequente, nem for solicitada, pelo juiz *vistor* a prorrogação do prazo, por mais dez dias, no máximo, o presidente do colegiado deverá requisitá-los para julgamento na sessão ordinária seguinte, com publicação em pauta.

Também aqui alguns esclarecimentos são necessários. Ao comentarmos o *caput* deste artigo, encontramos oportunidade para dizer que nem sempre o juiz *vistor* respeita a imposição legal de que os autos sejam incluídos na sessão subsequente à data em que foram recebidos. Diante disso, incumbirá ao presidente do colegiado — caso o *vistor* não tenha solicitado dilação do prazo — requisitar os autos, incluindo-os em pauta de julgamento para a sessão ordinária subsequente. Muitas vezes, todavia, o presidente do órgão fracionário deixa de requisitar os autos, contribuindo, com sua incúria, para o retardamento acentuado do julgamento do recurso ou da ação. Se o *vistor* devolver os autos no prazo legal estes serão incluídos na sessão seguinte, independentemente de publicação em pauta; caso, porém, haja requisição dos autos, pelo presidente do colegiado, haverá necessidade de serem inseridos em pauta a ser publicada.

§ 2º Requisitados os autos, na forma do § 1º, pode ocorrer de o juiz que havia solicitado vista ainda não se sentir habilitado a proferir o seu voto. Isso ocorrendo, o presidente da sessão convocará substituto para proferir voto, conforme estabelecido no regimento interno.

Art. 941. Proferidos os votos, o presidente anunciará o resultado do julgamento, designando para redigir o acórdão o relator ou, se vencido este, o autor do primeiro voto vencedor.

§ 1º O voto poderá ser alterado até o momento da proclamação do resultado pelo presidente, salvo aquele já proferido por juiz afastado ou substituído.

§ 2º No julgamento de apelação ou de agravo de instrumento, a decisão será tomada, no órgão colegiado, pelo voto de 3 (três) juízes.

§ 3º O voto vencido será necessariamente declarado e considerado parte integrante do acórdão para todos os fins legais, inclusive de pré-questionamento.

• **Comentário**

Caput. A matéria constava dos arts. 555 e 556 do CPC revogado.

Proferidos os votos, o presidente da sessão proclamará o resultado do julgamento. Em princípio, o acórdão será lavrado pelo relator; se este ficar vencido, será lavrado pelo primeiro juiz que liderou a corrente vencedora — em relação à matéria principal, acrescentamos. Os fundamentos do acórdão, enfim, serão os fundamentos do voto vencedor.

§ 1º Muitas vezes, durante a sessão, um dos juízes, levando em consideração os argumentos expendidos por um de seus pares que votou posteriormente,

Art. 942

deseja alterar o seu voto; essa possibilidade lhe é deferida até o momento da proclamação do resultado do julgamento pelo presidente da sessão. Proclamado o resultado, os votos se tornam inalteráveis. É evidente que o voto não poderá ser modificado quando proferido por juiz afastado ou substituído.

§ 2º No âmbito dos órgãos fracionários da Justiça do Trabalho, ordinariamente, a decisão é tomada pelo voto de três juízes, independentemente da matéria, da espécie de recurso ou de ação. No caso de apelação, deverá ser observado o disposto no art. 942, que comentaremos logo adiante.

§ 3º O voto vencido deverá ser declarado e considerado integrante do acórdão para todos os efeitos legais, inclusive, de pré-questionamento. Na Justiça do Trabalho os regimentos internos dos tribunais costumam *facultar* ao juiz a *juntada* do seu voto vencido; de qualquer sorte, o acórdão deverá *mencionar*, sempre, os votos vencidos. É de extrema importância a regra inserta no parágrafo *sub examen*, pois as razões consubstanciadas no voto vencido podem ser de grande utilidade no caso de julgamento do recurso que vier a ser interposto da decisão em que ficou vencido um dos juízes. As experiências a magistratura nos demonstraram que nem sempre os votos vencedores possuíam melhor qualidade jurídica do que o vencido, fato que nos levou a afirmar, em tom crítico, que para efeito da decisão não se levava em conta a qualidade dos argumentos expendidos, e sim, a simples quantidade de votos convergentes.

Deve ser revista a Súmula n. 320, do STJ, assim enunciada "A questão federal somente ventilada no voto vencido não atende ao requisito do prequestionamento".

Art. 942. Quando o resultado da apelação for não unânime, o julgamento terá prosseguimento em sessão a ser designada com a presença de outros julgadores, que serão convocados nos termos previamente definidos no regimento interno, em número suficiente para garantir a possibilidade de inversão do resultado inicial, assegurado às partes e a eventuais terceiros o direito de sustentar oralmente suas razões perante os novos julgadores.

§ 1º Sendo possível, o prosseguimento do julgamento dar-se-á na mesma sessão, colhendo-se os votos de outros julgadores que porventura componham o órgão colegiado.

§ 2º Os julgadores que já tiverem votado poderão rever seus votos por ocasião do prosseguimento do julgamento.

§ 3º A técnica de julgamento prevista neste artigo aplica-se, igualmente, ao julgamento não unânime proferido em:

I — ação rescisória, quando o resultado for a rescisão da sentença, devendo, nesse caso, seu prosseguimento ocorrer em órgão de maior composição previsto no regimento interno;

II — agravo de instrumento, quando houver reforma da decisão que julgar parcialmente o mérito.

§ 4º Não se aplica o disposto neste artigo ao julgamento:

I — do incidente de assunção de competência e ao de resolução de demandas repetitivas;

II — da remessa necessária;

III — não unânime proferido, nos tribunais, pelo plenário ou pela corte especial.

• **Comentário**

Caput. A nova técnica de julgamento, introduzida pelo art. 942, se destinou, a um só tempo: a) prestigiar o voto vencido; b) agilizar o processo, mediante a eliminação dos embargos infringentes. O procedimento foi inspirado no dos embargos infringentes, previstos nos arts. 530 a 534, do CPC de 1973, e eliminados do sistema do CPC de 2015.

Sem ainda nos manifestarmos sobre opinião a incidência ou não, dessa norma legal no plano do processo do trabalho, devemos expor de que maneira as coisas se passarão, doravante, no julgamento do recurso de apelação, da ação rescisória e do agravo de instrumento. Dediquemos atenção especial à apelação.

Não sendo unânime o resultado do julgamento da apelação, ele prosseguirá em nova sessão a ser designada. A essa sessão deverão comparecer outros julgadores — convocados na forma do regimento interno — em número suficiente para garantir a possibilidade de ser invertido o resultado inicial. Isso não significa, pois, que o resultado será invertido. As partes e os terceiros terão direito a sustentar oralmente as suas razões, diante dos novos julgadores.

Exemplifiquemos: no julgamento da apelação, o resultado (não proclamado) foi de 2 votos pelo provimento contra um pelo não provimento. Diante disso, caberá ao presidente do órgão que realizou o julgamento convocar dois outros juízes, para participarem da mesma sessão ou da sessão a ser designada. Se esses dois juízes votarem com o juiz que havia ficado vencido, teremos a inversão do resultado do julgamento, que passará a ser de 3 votos pelo não provimento e de dois pelo provimento. A proclamação do resultado deverá, portanto, algo ser isto: "Por três votos contra dois, a Câmara deu provimento ao recurso". Se os dois juízes convocados dividirem os seus votos, ou seja, somando-se, um, aos dois anteriores, e outro, ao voto solitário, teremos o provimento da apelação por três votos contra dois.

§ 1º Para evitar os problemas decorrentes da designação de nova sessão, a norma sugere que, sendo possível, a continuidade do julgamento ocorra na mesma sessão em que foi iniciado, procedendo-se à coleta dos votos dos de outros juízes que, porventura, integrem o colegiado Se o órgão judicante for composto somente por três juízes, isso significa que os votos a serem colhidos, na continuidade do julgamento, não serão de outros juízes que componham a mesma turma, e sim, que integram outro órgão fracionário do tribunal.

§ 2º De modo geral, proclamado o resultado do julgamento, os juízes não podem mais modificar os seus votos. Desta maneira, não tendo havido essa proclamação, os juízes poderão rever os seus votos quando da continuidade do julgamento. Na verdade, entendemos que a referida revisão possa ocorrer ainda na primeira sessão, desde que não tenha sido proclamado o resultado do julgamento. Essa possibilidade poderia fazer, até mesmo, que o juiz reformulasse o seu voto vencido, para somá-lo aos outros dois, por forma a fazer com que o julgamento fosse por unanimidade de votos, dispensando-se, com isso, a adoção do procedimento embaraçante traçado pelo *caput* do art. 942.

§ 3º A técnica de julgamento prevista no *caput* do art. 942 não se restringe ao recurso de apelação, podendo ser aplicada, também, nos casos mencionados nos incisos I e II.

Inciso I. Na ação rescisória, quando o resultado obtido na (primeira) sessão de julgamento for a rescisão da decisão rescindenda. Nesta hipótese, todavia, a continuidade do julgamento não se dará no órgão que o iniciou, e sim, em órgão de maior composição previsto no regimento interno.

Inciso II. No agravo de instrumento, quando houver reforma da decisão que acolher parcialmente o mérito.

§ 4º Estão excluídos da técnica de julgamento estabelecida no caput do art. 942 os casos especificados nos incisos I a III.

Inciso I. Os incidente de assunção de competência e de resolução de demandas repetitivas.

Inciso II. A remessa necessária (*ex officio*);

Inciso III. O julgamento não unânime proferido pelo plenário ou pela corte especial dos tribunais.

É chegado o momento de nos pronunciarmos sobre a aplicação, ou não, ao processo do trabalho, do procedimento traçado pelo art. 942 do CPC.

Não é aplicável. Argumentemos.

Como dissemos no comentário ao *caput* da norma legal precitada, uma das razões pelas quais o art. 942 foi inserido no CPC consistiu, de certa forma, em fazê-lo ocupar o espaço que até então era reservado aos tradicionais embargos infringentes. No sistema recursal do processo civil; contudo, no processo do trabalho os embargos infringentes somente são cabíveis das decisões não unânimes previstas na letra "a" do inciso I do art. 894 da CLT, vale dizer, que conciliarem, julgarem ou homologarem conciliação em *dissídios coletivos*. Os embargos infringentes não são admissíveis nos dissídios individuais. Aqui, portanto, nunca houve a preocupação em prestigiar o voto vencido.

O procedimento estabelecido pelo art. 942 do CPC também é incompatível com o processo do trabalho por ser embaraçante e, desse modo, retardar a proclamação do resultado do julgamento, notadamente, em tema de recursos ordinários, que são os mais frequentes. Basta ver que se a decisão não for unânime haverá necessidade de ser designada nova sessão, na qual terá continuidade o julgamento. Além disso, não cremos que os Tribunais do Trabalho possuam juízes disponíveis, em número suficiente, para participar da nova sessão de julgamento. Ainda que a continuidade do julgamento venha a ocorrer na mesma sessão, como cogita o § 1º do art. 942, nem por isso se poderia afirmar que haveria número suficiente de juízes para serem convocados, de modo a "garantir a possibilidade de inversão do resultado inicial".

Ademais, os recursos ordinários trabalhistas, como é notório, soem conter diversos pedidos. Sendo assim, como ficaria, por exemplo, se o órgão judicante desse provimento ao recurso, por unanimidade de votos, em relação a alguns desses pedidos, mas, em relação a outros, o julgamento não alcançasse a unanimidade? Deveriam ser convocados novos juízes para participarem apenas dos julgamentos não unânimes? Nem ignoremos a possibilidade, nesta hipótese, de os julgamentos unânimes acabarem conflitando com os novos julgamentos.

Enfim, seja por uma razão ou por outra, estamos serenamente convencidos de que a doutrina e a jurisprudências trabalhistas bem andariam se rechaçassem a incidência do art. 942 do CPC no processo do trabalho.

Art. 943. Os votos, os acórdãos e os demais atos processuais podem ser registrados em documento eletrônico inviolável e assinados eletronicamente, na forma da lei, devendo ser impressos para juntada aos autos do processo quando este não for eletrônico.

§ 1º Todo acórdão conterá ementa.

§ 2º Lavrado o acórdão, sua ementa será publicada no órgão oficial no prazo de 10 (dez) dias.

• **Comentário**

Caput. O texto dispõe sobre o registro de atos processuais em documento eletrônico inviolável e assinado eletronicamente, na forma da lei. Esses documentos devem ser impressos para serem juntados aos autos do processo que não forem eletrônicos.

§ 1º Repetindo regra que constava do CPC revogado, o parágrafo *sub examen* determina que todo acórdão contenha ementa. Na Justiça do Trabalho, por força da tradição, os acórdãos têm sido ementados. Na ordem processual, a ementa é o resumo de que faz da principal os das principais matérias decididas no recurso. Não há exigência de que as sentenças possuam ementas.

§ 2º A ementa deverá ser publicada no órgão oficial dentro do prazo de dez dias da lavratura do acórdão. Note-se que a exigência legal de publicação no sobredito prazo não é quanto ao acórdão e sim, à ementa.

Art. 944. Não publicado o acórdão no prazo de 30 (trinta) dias, contado da data da sessão de julgamento, as notas taquigráficas o substituirão, para todos os fins legais, independentemente de revisão.

Parágrafo único. No caso do *caput*, o presidente do tribunal lavrará, de imediato, as conclusões e a ementa e mandará publicar o acórdão.

• **Comentário**

Caput. Se o acórdão não for publicado dentro de trinta dias, contados da data da sessão de julgamento, será substituído, para todos os efeitos legais, pelas correspondentes notas taquigráficas — ou pela transcrição da votação ocorrida na sessão e registrada em fita magnética —, independentemente de revisão.

Parágrafo único. Não sendo publicado o acórdão no prazo estabelecido no *caput*, cumprirá ao presidente do tribunal lavrar, de imediato, as conclusões e a ementa e mandar publicar o acórdão. Na prática, haverá uma natural pressão para que o acórdão seja publicado no prazo legal; caso contrário, incumbirá ao presidente do tribunal adotar as providência previstas na lei.

Pergunta-se: eventuais embargos de declaração deverão ser dirigidos às notas taquigráficas, uma vez que não há acórdão? *Nessum dorma* ("Que ninguém durma"), até ser encontrada a solução, como diria a princesa *Turandot*, na ópera de Puccini.

Art. 945. A critério do órgão julgador, o julgamento dos recursos e dos processos de competência originária que não admitem sustentação oral poderá realizar-se por meio eletrônico.

§ 1º O relator cientificará as partes, pelo Diário da Justiça, de que o julgamento se fará por meio eletrônico.

§ 2º Qualquer das partes poderá, no prazo de 5 (cinco) dias, apresentar memoriais ou discordância do julgamento por meio eletrônico.

§ 3º A discordância não necessita de motivação, sendo apta a determinar o julgamento em sessão presencial.

§ 4º Caso surja alguma divergência entre os integrantes do órgão julgador durante o julgamento eletrônico, este ficará imediatamente suspenso, devendo a causa ser apreciada em sessão presencial.

Código de Processo Civil — Arts. 946 e 947

• **Comentário**

Caput. Os recursos e as causas da competência originária do tribunal, que não admitam sustentação oral, poderão ser julgados por meio eletrônico, a critério do órgão julgador.

§ 1º Caberá ao relator dar ciência às partes, mediante publicação no Diário da Justiça, de que o julgamento será efetuado por meio eletrônico.

§ 2º A contar da intimação, cada parte disporá do prazo de cinco dias para: a) apresentar memoriais; ou b) discordar do julgamento por meio eletrônico.

§ 3º A parte não necessita fundamentar a sua discordância quanto ao julgamento por meio eletrônico.

Uma vez manifestada, o julgamento deverá ocorrer em sessão presencial. Para que isso se dê, não há necessidade de que ambas as partes discordem do julgamento por via eletrônica: é bastante que uma delas o faça.

§ 4º Se, durante o julgamento eletrônico, surgir alguma divergência entre os integrantes do órgão julgador, o julgamento ficará imediatamente suspenso, devendo ser realizado em sessão presencial. Isso significa que, havendo a divergência a que se refere a norma, o julgamento do feito ficará retardado, considerando-se a necessidade de publicação de pauta, com a antecedência legal.

Art. 946. O agravo de instrumento será julgado antes da apelação interposta no mesmo processo.

Parágrafo único. Se ambos os recursos de que trata o *caput* houverem de ser julgados na mesma sessão, terá precedência o agravo de instrumento.

• **Comentário**

Caput. Havendo, no mesmo processo, apelação e agravo de instrumento, este deverá ser julgado antes daquela.

Parágrafo único. Se, por qualquer motivo, ambos os recursos deverem ser julgados na mesma sessão, a precedência continuará sendo do agravo de instrumento. Isso é o que ocorre no processo do trabalho, em cujo sistema o agravo de instrumento tem como finalidade exclusiva impugnar decisão monocrática denegatória da admissibilidade de recurso. Estabelece, a propósito do tema, o art. 897, § 7º, da CLT: "Provido o agravo (de instrumento), a Turma deliberará sobre o julgamento do recurso principal, observando-se, se for o caso, daí em diante, o procedimento relativo a esse recurso".

CAPÍTULO III

DO INCIDENTE DE ASSUNÇÃO DE COMPETÊNCIA

Art. 947. É admissível a assunção de competência quando o julgamento de recurso, de remessa necessária ou de processo de competência originária envolver relevante questão de direito, com grande repercussão social, sem repetição em múltiplos processos.

§ 1º Ocorrendo a hipótese de assunção de competência, o relator proporá, de ofício ou a requerimento da parte, do Ministério Público ou da Defensoria Pública, que seja o recurso, a remessa necessária ou o processo de competência originária julgado pelo órgão colegiado que o regimento indicar.

§ 2º O órgão colegiado julgará o recurso, a remessa necessária ou o processo de competência originária se reconhecer interesse público na assunção de competência.

§ 3º O acórdão proferido em assunção de competência vinculará todos os juízes e órgãos fracionários, exceto se houver revisão de tese.

§ 4º Aplica-se o disposto neste artigo quando ocorrer relevante questão de direito a respeito da qual seja conveniente a prevenção ou a composição de divergência entre câmaras ou turmas do tribunal.

• **Comentário**

Caput. Será possível instaurar o incidente de assunção de competência quando estiverem presentes os requisitos estampados no *caput* do art. 947, a saber: a) tratar-se de recurso (art. 994), de remessa necessária (art. 496) ou de processo de competência originária (art. 966 etc.); b) que esses casos envolvam relevante questão de direito; c) que essa questão apresente grande repercussão social; d) sem necessidade de repetição em múltiplos processos.

Ao contrário do que sustentam alguns estudiosos, não vemos necessidade que o tema seja *controvertido* no tribunal para que se instaure o incidente de assunção de competência. O que o determina é relevante questão de direito, com grande repercussão social. Nem há necessidade de que essa questão esteja sendo — ou tenha sido — repetida em diversos outros processos. A divergência só é exigida no caso do § 4º do mesmo artigo, a cujo exame nos dedicaremos no momento oportuno.

§ 1º Atendidos os pressupostos de que falamos no comentário ao *caput*, o relator proporá, por sua iniciativa ou a requerimento da parte, do Ministério Público ou da Defensoria Pública, que o processo (recurso, remessa necessária, causa de competência originária) seja julgado pelo órgão colegiado indicado no regimento interno.

§ 2º O órgão colegiado, mencionado no parágrafo anterior, procederá ao julgamento do recurso, da remessa necessária ou do processo de competência originária somente se reconhecer o interesse público na assunção de competência. Caso contrário, deixará de realizar o julgamento, devolvendo os autos ao órgão anterior. Há, pois, um juízo prévio de admissibilidade do incidente, que consiste em verificar a presença, ou não, do interesse público na assunção da competência.

§ 3º O acórdão emitido nos casos de assunção de competência terá efeito vinculativo de todos os juízes e órgãos fracionários, salvo se houver revisão de tese. A norma, a nosso ver, é inconstitucional, pois somente a Constituição da República pode autorizar a lei a atribuir a um tribunal a competência para editar súmulas ou adotar decisão com efeito vinculante, no caso, de "todos os juízes e órgãos fracionários". Tanto isso é certo, que o STF somente pôde passar a adotar súmulas vinculativas por expressa autorização do art. 103-A, da Constituição Federal. Consultem-se, a esse respeito, os comentários que expendemos no exame do art. 927, do CPC.

§ 4º O incidente de assunção de competência também será instaurado quando existir relevante questão de direito acerca da qual seja conveniente prevenir ou compor d*iverg*ência entre Câmaras ou Turmas do Tribunal. Os pressupostos, aqui, portanto, são: a) a existência de relevante questão de direito; b) a conveniência de prevenção ou composição de divergência entre câmaras ou turmas do tribunal a respeito dessa questão. Os pressupostos, aqui, conforme se verifica, não coincidem, em sua integralidade, com os previstos no *caput* do mesmo artigo.

Parece-nos aconselhável que a jurisprudência fixe o entendimento quanto a serem aplicáveis ao incidente de assunção de competência as normas dos arts. 983 e 984, que se ocupam do incidente de resolução de demandas repetitivas, pois as disposições do art. 947 nos parecem insatisfatórias, sob o aspecto do procedimento.

CAPÍTULO IV

DO INCIDENTE DE ARGUIÇÃO DE INCONSTITUCIONALIDADE

Art. 948. Arguida, em controle difuso, a inconstitucionalidade de lei ou de ato normativo do poder público, o relator, após ouvir o Ministério Público e as partes, submeterá a questão à turma ou à câmara à qual competir o conhecimento do processo.

• **Comentário**

Reproduziu-se o teor do art. 480 do CPC revogado.

Escorço histórico

Embora seja possível identificar-se no *Instrument of Government* inglês (que se opunha à tendência expansionista de Jaime I) e na doutrina de *Coke* a origem moderna da ideação de atribuir-se ao Poder Judiciário competência privativa para exercer o controle da constitucionalidade, não há negar que já ao tempo das Ordenações reinóis portuguesas essa competência judiciária se encontrava prevista, ainda que de maneira algo embrionária.

Com efeito, os textos legais do período revelam a preocupação do legislador lusitano em exaltar a supremacia das Ordenações em face dos editos municipais, sempre que houvesse, ou pudesse haver, colisão destes com aquela. Verificado esse antagonismo, competia ao Corregedor declarar a nulidade da norma inferior (municipal), que era, por isso mesmo, considerada írrita, nenhuma.

Mencionemos, como exemplo, o que dispunham as Ordenações Filipinas, no Livro I, Título 58, n. 17: "Informar-se-á *ex officio*, se há nas Câmaras algumas posturas municipais prejudiciais ao povo e ao bem comum, posto que sejão feitas com a solenidade devida, e nos escreverá sôbre elas com seu parecer. E achando que não forão feitas, guardada a forma de nossas Ordenações, as declarará por nulas e mandará que se não guardem" (mantivemos a grafia original).

Essa disposição das Ordenações Filipinas, a propósito, motivou o Prof. Alfredo Buzaid (*Da ação direta de declaração de inconstitucionalidade no direito brasileiro*. São Paulo: Saraiva, 1958. p. 20) a destacar duas ideias expressivas, que foram intuídas pelo legislador português da época: a) a existência de uma ordem hierárquica de normas legais, de sorte que a inferior deveria submeter-se à autoridade (ou preeminência) da superior; b) a atribuição de competência a um órgão judiciário para declarar a nulidade de lei que fosse incompatível com as Ordenações.

Em outras legislações priscas também se podia verificar, com maior ou menor intensidade, a presença do princípio segundo o qual à norma que estivesse colocada no ápice da pirâmide legal deveriam sujeitar-se as demais, sob pena de serem declaradas nulas: tal era o primado da hierarquização das normas legais, consagrado naqueles tempos e que foi legado aos tempos modernos.

Mal se havia iniciado o século XIC, contudo, quando advém um fato de extraordinária importância para a consolidação do princípio da supremacia da lei apical, superior, relativamente à secundárias. Referimo-nos ao famoso caso entre *Marbury* e *Madison*, que foi decidido pela Suprema Corte norte-americana em 1803, sendo oportuno ressaltar, como registro histórico, que esse tribunal foi criado em 1792.

Esse caso originou-se do seguinte fato: o Presidente Adams nomeou Marbury para o cargo de Juiz de Paz no Distrito de Colúmbia. Quando Jefferson, o novo Presidente, assumiu, aquela designação de Marbury, embora estivesse assinada, não se encontrava formalmente efetivada. Ciente disso, Jefferson determinou a Madison, Secretário de Estado, que sustasse a nomeação. Inconformado com a medida, Marbury requereu à Suprema Corte uma ordem para que Madison o nomeasse. O pedido de Marbury calcou-se na Secção 13, da Lei Judiciária de 1789, conforme a qual aquele tribunal estaria autorizado a conceder mandado de segurança a pessoas que ocupassem cargo sob a jurisdição dos Estados Unidos. O juiz Marshall, contudo, argumentou que a Constituição havia fixado especialmente a jurisdição original da Suprema Corte, na qual não se incluía o poder de expedir ordem (*mandamus*) àqueles que ocupassem cargos federais, advertindo, ainda, que o Congresso não tinha poderes para modificar essa jurisdição. Daí, a sua conclusão de que o objetivo do Congresso em conceder, por meio da Lei Judiciária de 1789, poder à Corte para expedir mandado de segurança contra os ocupantes de cargos da administração pública federal, parecia não estar amparado pela Constituição. Em razão disso, parte da mencionada Lei foi declarada nula, consagrando-se, assim, o pensamento de Marshall no sentido de que o Judiciário poderia declarar a inconstitucionalidade de atos oriundos do Congresso. Em certo trecho de seu notável e histórico voto, disse *Marshall*: "(...) a fraseologia particular da Constituição dos Estados Unidos confirma e corrobora o princípio essencial a todas as Constituições escritas, segundo o qual é nula qualquer lei incompatível com a Constituição; e que os Tribunais, bem como os demais departamentos, são vinculados por esse instrumento" (*The constitutional decisons of John Marshall*. v. 1. New York: Da Capo Press. 1971. p. 43).

Como bem ressaltou, mais tarde, Hamilton (*O federalista*. LXXVIII, Rio de Janeiro: Nacional de Direito, 1959. p. 131/134), nenhum ato legislativo contrário à Constituição pode prosperar, daí por que os tribunais foram criados como uma espécie de corpo intermediário entre o povo e a legislatura, com a finalidade, dentre outras coisas, de manter esta última dentro dos limites atribuídos à sua autoridade. Nesse contexto, surge a interpretação como uma peculiar incumbência dos tribunais, concluindo que "Deverá ser preferida a Constituição à lei ordinária, a intenção do povo à intenção de seus mandatários. Esta conclusão não supõe, de modo algum, a superioridade do poder judicial sobre o legislativo. Somente significa que o poder do povo é superior a ambos e que, onde a vontade da legislatura, declarada em suas leis, se acha em oposição à do povo, declarada na constituição, os Juízes deverão ser governados pela última, de preferência às primeiras".

Cumpre-nos observar que embora a Constituição dos Estados Unidos da América do Norte não atribuísse, de maneira expressa, à Suprema Corte, competência para exercer a vigilância da constitucionalidade das leis, aquela Corte a chamou para si em decorrência da incontestável necessidade de ser mantida a suprema da Carta Magna e de ser estabelecido um efetivo equilíbrio político entre os poderes da União e dos Estados-membros, fixando cada qual no campo das atribuições que lhes eram próprias.

O controle jurisdicional da constitucionalidade, nos Estados Unidos, constitui, portanto, típico produto da jurisprudência. Willoughby (*Constitution law*. I, § 1º, p. 2), reconhece, aliás, que esse controle *is a produt of American jurispudence, and peculiar to it*.

Marcelo Caetano (*Direito constitucional*. v. I. Rio de Janeiro: Forense, 1977. p. 117) acrescenta que a histórica decisão da Suprema Corte norte-americana (John Marshall à frente) trouxe uma ideia nova, desconhecida na Inglaterra: "a de que a Constituição limita os poderes dos órgãos da soberania".

No Brasil, somente após a proclamação da República é que a doutrina de Marshall foi incorporada ao nosso ordenamento legal.

Registre-se que, no período colonial, o órgão de cúpula de nosso Judiciário era a Casa de Suplicação (criada pelo Alvará de 10 de maio de 1808), cuja jurisdição era abrangente de todos os Tribunais das Capitanias.

Não se pode negar, entretanto, que mesmo antes da República houvesse, entre nós, uma preocupação de colocar em prática algum tipo de controle da constitucionalidade, como patenteia o Projeto de 1823, cujo art. 226 dispunha: "Todas as leis existentes, contrárias à letra e ao espírito da presente Constituição, são de nenhum vigor".

Nada obstante, essa preocupação não se materializou da Constituição de 1826. Ao que nos parece, todavia, a omissão desse texto constitucional foi, apenas, quanto ao controle da constitucionalidade pelo Poder Judiciário, pois o art. 15, inciso IX, declarava ser da competência da Assembleia Geral "*Velar pela guarda da Constituição*, e promover o bem geral da Nação" (realçamos).

A matéria nas Constituições brasileiras

Antes de passarmos ao exame da disciplina do controle da constitucionalidade no texto das Constituições de nosso País, devemos dizer que o Decreto n. 848, de 1890, que dispôs sobre a organização da Justiça Federal, atribuiu competência ao Supremo Tribunal Federal para apreciar, em grau de recurso, as sentenças definitivas dos tribunais e juízes dos Estados, "quando a validade de uma lei ou ato de qualquer Estado seja posta em questão como contrária à Constituição, aos tratados e leis federais e a decisão tenha sido em favor da validade da lei ou ato".

A Constituição de 1891

Promulgada a 24 de fevereiro de 1891, a primeira Constituição republicana de nosso País estabelecia, em seu art. 59, § 1º, letra "b", integrante da Seção III (Do Poder Judiciário), Título I (Da Organização Federal), *litteris*:

§ 1º Das sentenças das justiças dos Estados em última instancia haverá recurso para o Supremo Tribunal Federal:

a) quando se questionar sobre a validade ou aplicação de tratado e leis federaes, e a decisão do tribunal do Estado fôr contra ella;

b) quando se contestar a validade de leis ou de actos dos governos dos Estados em face da Constituição, ou das leis federaes, e a decisão do tribunal do Estado considerar válidos esses actos, ou essas leis impugnadas.

Em rigor, as situações mencionadas nesse dispositivo constitucional eram pressuposto para a interposição de recurso extraordinário, não se relacionando, portanto, com o controle da constitucionalidade. Em todo o caso, não se pode deixar de ressaltar o impacto positivo que acarretou em nosso meio jurídico a atribuição, pela primeira Constituição republicana, de competência ao Poder Judiciário para negar a aplicação de leis contrastantes com a Suprema Carta Política.

A Lei n. 221/1894

Poucos meses antes de a Constituição de 1891 completar quatro anos de vigência, é editada a Lei n. 221, de 20 de novembro de 1894, que veio para complementar a organização judiciária federal. O art. 13, § 10, dessa norma legal estatuía:

Os juízes e tribunais apreciarão a validade das leis e regulamentos e deixarão de aplicar aos casos ocorrentes as leis manifestamente inconstitucionais e os regulamentos manifestamente incompatíveis com as leis e com a Constituição.

Em decisão datada de 24 de novembro de 1894 (quatro dias após o advento da referida norma legal), o Supremo Tribunal Federal havia decidido que "...os Juízes estaduais, assim como os federais, têm faculdade para, no exercício das suas funções, deixarem de aplicar leis inconstitucionais (...), faculdade que pressupõe a competência para apreciarem a inconstitucionalidade e declararem-na para aquele efeito" (CAETANO, Marcelo, obra cit., p. 416).

A Emenda Constitucional de 1926

Essa Emenda nenhuma alteração substancial introduziu na matéria que era regulada pelo art. 59, § 1º, da Constituição de 1891.

Basta ver-se o seu art. 60, § 1º, que dispunha quanto ao cabimento de recurso extraordinário ao Supremo Tribunal Federal:

a) quando se questionar sobre a vigência ou validade das leis federais em face da Constituição e a decisão do Tribunal do Estado lhes negar aplicação;

b) quando se contestar a validade de leis ou de atos dos governos dos Estados em face da Constituição ou das leis federais, e a decisão do Tribunal do Estado considerar válidos esses atos ou essas leis impugnadas.

A Constituição de 1934

No tocante ao recurso extraordinário, as causas para a sua interposição, previstas nessa Constituição (art. 76 inciso III), promulgada a 16 de julho de 1934, eram praticamente as mesmas que constavam da Emenda de 1926 (art. 60, § 1º).

Especificamente no que concerne ao controle da constitucionalidade, sua técnica e os efeitos derivantes da declaração, as modificações introduzidas pela Constituição de 1934 foram profundas. Dentre elas, podemos destacar as seguintes:

a) a exigência (pela primeira vez feita) de que a declaração de inconstitucionalidade somente seria possível se obtida pelo voto da *maioria absoluta* dos membros efetivos dos tribunais (art. 179);

b) a suspensão da execução, pelo Senado Federal, das leis e demais atos declarados contrários à Constituição pelos órgãos judiciários: "suspender a execução, no todo ou em parte, de qualquer lei ou acto, deliberação ou regulamento, quando hajam sido declarados inconstitucionais pelo Poder Judiciário" (art. 91, IV);

c) a possibilidade de o Supremo Tribunal Federal pronunciar a inconstitucionalidade de lei estadual, desde que regularmente provocado pelo Procurador-Geral da República (art. 12, § 2º).

É relevante anotar que a modalidade de declaração prevista na letra "c", retro, era uma espécie de terceiro gênero (*tertium genus*) na medida que não se tratava de ação direta, nem de controle incidental.

A Constituição de 1937

A 10 de novembro de 1937, Getúlio Vargas, Presidente da República, impunha ao País uma Constituição (a que alguns estudiosos preferem chamar, corretamente, de Carta Outorgada).

Conotações políticas à parte, é certo que essa Constituição trouxe uma alteração de grande monta no terreno do controle da constitucionalidade. Ocorre que, embora tivesse sido mantida a competência do Supremo Tribunal Federal para declarar a inconstitucionalidade de leis ou atos normativos do Poder Público (art. 99, III, "a"), o parágrafo único do art. 96 dispunha:

> No caso de ser declarada a inconstitucionalidade de uma lei que, a juízo do Presidente da República, seja necessária ao bem estar do povo, à promoção ou defesa de interesse nacional de alta monta, poderá o Presidente da República submetê-la novamente ao exame do Parlamento; se êste a confirmar por dois terços dos votos em cada uma das Câmaras, ficará sem efeito a decisão do Tribunal.

A despeito dos fartos encômios que alguns estudiosos do período — e mesmo alguns mais recentes — dedicaram a essa disposição constitucional, parece-nos que ela implicava um menoscabo às decisões emitidas pelo Poder Judiciário, em sede de controle da constitucionalidade, ao permitir que fosse tornadas sem efeito por decisão do Parlamento. Talvez por isso, o parágrafo único do art. 96 tenha sido revogado pela Lei Constitucional n. 18, de 11 de novembro de 1945, que, ao fazê-lo, restabeleceu, em sua plenitude, essa função excelsa dos tribunais de nosso País, consistente na declaração de inconstitucionalidade de leis ou de atos oriundos da legislatura.

A Constituição de 1946

Essa Constituição, que "redemocratizou" o País, foi promulgada a 18 de setembro de 1946.

Em termos gerais, manteve a competência dos órgãos jurisdicionais para declarar a inconstitucionalidade, bem como a exigência de que essa declaração deveria ser tomada pela maioria absoluta dos juízes dos tribunais (art. 200).

Para efeito de intervenção *da União no Estado-membro* (art. 7º, *caput*), o ato inquinado de inconstitucional deveria ser submetido pelo Procurador-Geral da República à apreciação do Supremo Tribunal Federal, que, declarando-o, ensejaria a intervenção (art. 8º, parágrafo único).

Sempre que se tratasse de declaração em tese, o Judiciário ficava manietado diante do disposto no art. 7º, embora não sofresse nenhuma restrição quanto à declaração em concreto, ou seja, quanto aos casos concretos. A Emenda constitucional n. 16, de 26 de novembro de 1965 (DOU de 6 de dezembro do mesmo ano), entretanto, deu cobro a essa injustificável coarctação, ampliando as situações autorizadoras do exercício da ação direta de inconstitucionalidade (controle em tese, ou em abstrato). Estabelecia o art. 2º, dessa Emenda (que deu nova redação ao art. 101, inciso I, letra "k", da Constituição de 1946 que o Supremo Tribunal poderia processar e julgar, originariamente:

> A representação contra inconstitucionalidade de lei ou de ato de natureza normativa, federal ou estadual, encaminhada pelo Procurador-Geral da República.

A representação formulada pelo Procurador-Geral da República já não ficava restrita ao objetivo de propiciar a intervenção da União no Estado-membro, senão que a permitir ao Supremo Tribunal Federal fazer com que a letra da Constituição prevalecesse em face de normas legais ordinárias contrastantes com aquele texto.

Em síntese: a Constituição Federal de 1946, com a Emenda n. 16/65, fixou a competência: a) do Excelso Pretório para declarar, em ação direta, a inconstitucionalidade de lei ou de ato normativo do Poder Público (art. 101, I, "k"); b) do Senado Federal para suspender, no todo ou em parte, a execução de ato declarado inconstitucional pelo Supremo Tribunal Federal (art. 64).

A Constituição de 1967

Produto de um regime militar, a Constituição em foco foi promulgada a 24 de janeiro de 1967.

Em seu art. 114, inciso I, letra "l", manteve a competência do Supremo Tribunal Federal para processar e julgar originariamente:

> A representação do Procurador-Geral da República, por inconstitucionalidade de lei ou ato normativo federal ou estadual.

O art. 45, inciso IV, atribuiu competência ao Senado Federal para:

> Suspender a execução no todo ou em parte, de lei ou decreto, declarados inconstitucionais por decisão definitiva do Supremo Tribunal Federal.

A Emenda Constitucional n. 1, promulgada a 17 de outubro de 1969 (DOU de 2º do mesmo mês, retificada em 21.10.69 e republicada em 30.10.69) apenas deslocou para o art. 119 a competência do Supremo Tribunal Federal para declarar a inconstitucionalidade, antes prevista no art. 114. A Emenda Constitucional n. 7, promulgada a 13 de abril de 197, deu nova redação à letra "l" do art. 119, I, da Constituição de 1967, que passou a ser a seguinte:

> A representação do Procurador-Geral da República, por inconstitucionalidade ou para interpretação de lei ou de ato normativo federal ou estadual.

A Constituição de 1988

Promulgada a 10 de outubro, a Constituição em vigor atribui, no art. 102, inciso I, letra "a", competência ao Supremo Tribunal Federal para processar e julgar originariamente:

> Ação direta de inconstitucionalidade de lei ou ato normativo federal ou estadual.

Art. 948

Manteve, também, a competência do Senado Federal para:

> Suspender a execução, no todo ou em parte, de lei declarada inconstitucional por decisão definitiva do Supremo Tribunal Federal" (art. 52, inciso X).

Por outro lado, inovou ao: 1) instituir a ação declaratória de *constitucionalidade* (art.102, § 2º); 2) de inconstitucionalidade *por omissão* (art. 103, § 2º); e 3) ampliar os casos de legitimidade para ingressar com ação direta de inconstitucionalidade (art. 103).

A supremacia da Constituição

Em nosso complexo sistema de direito positivo, as normas que o compõem não se encontram dispostas de maneira linear, uma ao lado da outra; ao contrário, informadas por um princípio hierárquico, elas estão integradas em uma estrutura piramidal, em cujo ápice se alcandora a Constituição — considerada, por isso mesmo, a lei suprema, a leis das leis etc.

Sob o pano-de-fundo dessa hierarquização vertical, tais manifestações normativas do Estado podem ser sistematizadas em classes distintas, que, em ordem decrescente, são as seguintes, à luz do art. 59 da Constituição Federal:

a) Constituição;

b) leis complementares;

c) leis ordinárias;

d) leis delegadas;

e) medidas provisórias;

f) decretos legislativos;

g) resoluções.

Podem ser incluídos, ainda, nesse rol, as portarias ministeriais, os regimentos das entidades autárquicas, as circulares, avisos e instruções ministeriais etc.

Dessa tradicional posição apicular da Constituição, em relação às demais normas integrantes do ordenamento positivo, decorre a sua supremacia e a consequente necessidade de o Estado instituir órgãos e mecanismos destinados a exercer o controle da constitucionalidade das leis e dos atos normativos do Poder Público.

É absolutamente preciso, em razão disso, o pronunciamento doutrinal que reconhece nessa hegemonia inflexível da Constituição uma autêntica pedra angular em que se apoia todo o edifício do direito político dos tempos modernos (FERREIRA, Luiz Pinto. *Princípios gerais do direito constitucional moderno*. Tomo I. São Paulo: Revista Tribunais, 1971. p. 132).

Essa vigilância quanto à adequação das normas infraconstitucionais à Suprema Carta Política, como é lógico, só se justifica sob o império das Constituições: a) escritas; e b) do tipo rígido.

Escritas, porque apenas quando a sua existência é expressa por essa forma é que a Constituição permite o controle eficaz da compatibilidade, com ela, das normas hierarquicamente inferiores, seja quanto à sua literalidade, seja quanto ao seu espírito. As Constituições consuetudinárias — raras nos dias de hoje —, por sua natureza imaterial, abstrata, não possibilitam, como é elementar, esse controle. Afinal, surgem como manifestação espontânea do costume e da mentalidade de um povo — fontes jurígenas essencialmente informais.

Rígidas, porque o exercício do controle da constitucionalidade é impraticável quando se trata de Constituição imutável, ou fixa — espécie, aliás, que se encontra perdida no tempo. Modernamente, os textos constitucionais preveem, em regra, a sua emenda ou reforma: sob este aspecto é que são classificados em *rígidos* ou *flexíveis*. Estes comportam modificação segundo o procedimento legislativo aplicável às leis ordinárias, motivo por que são também denominados de *plásticos*; aqueles, todavia, a despeito de permitirem emendas ou reformas, exigem, para que possam ser efetuadas, a observância de solenidade e de procedimento especiais, caracterizados, dentre outras coisas, por debates mais amplos, por prazos dilatados, quórum qualificado etc.

A Constituição brasileira em vigor é do tipo *rígido*, como demonstra o seu art. 60. Sahid Maluf (*Curso de direito constitucional*. 6. ed., 1º v. São Paulo: Sugestões Literárias, 1970. p. 190/191) observa, com propriedade, que a causa política de haver-se adotado a rigidez constitucional reside na necessidade de salvaguardar-se a Constituição "dos golpes de força das maiorias partidárias, das tendências oportunistas dos grupos políticos predominantes e da exaltação dos espíritos nos momentos de crise nacional".

Conceito de inconstitucionalidade

Objetivamente, podemos conceituar como inconstitucional toda lei ou ato normativo do Poder Público que contrarie, no todo ou em parte, a letra ou o espírito da Constituição.

A violação à *letra* (ou *direta*) se dá quando o ato inferior, oriundo do Executivo, do Legislativo ou do próprio Judiciário, se coloca em antagonismo com o texto da Constituição. Haverá transgressão ao *espírito* (ou *indireta*) da Constituição quando tais atos forem incompatíveis com os *princípios* por ela consagrados. É oportuno salientar a disposição contida no § 2º do art. 5º da Constituição em vigor, conforme o qual "Os direitos e garantias expressos nesta Constituição não excluem outros decorrentes do regime e dos princípios por ela adotados, ou dos tratados internacionais em que a República Federativa do Brasil seja parte".

Como dissemos, o controle da constitucionalidade tem em mira, basicamente, a lei e os atos normativos emanados do Poder Público.

Lei, na clássica definição de Washington de Barros Monteiro (*Curso de direito civil*. v. 5º. São Paulo: Saraiva, 1967. p. 14) é "um preceito comum e obrigatório, emanado do poder competente e provido de sanção".

Ato normativo é "um comando geral do Executivo, visando à correta aplicação da lei", na definição de Hely Lopes Meirelles (*Direito administrativo brasileiro*. 2. ed. São Paulo: Revista dos Tribunais, 1966. p. 185). Acrescenta o ilustre administrativista que tais atos expressam, de maneira concreta, o comando abstrato da lei, em que pese ao fato de traduzirem manifestação tipicamente administrativa, para arrematar que eles, conquanto estabeleçam regras de conduta a serem observadas, não são leis no sentido material e formal: "São leis materiais apenas, vale dizer, provimentos executivos com conteúdo de lei, com matéria de lei" (*ibidem*).

As súmulas da jurisprudência predominante nos tribunais não podem ser objeto de declaração de inconstitucionalidade por serem destituídas de qualquer caráter vinculativo, exceto aquelas que o STF expressamente declarar que possuem esse efeito, nos termos do art. 103-A, da Constituição da República.

Revogação e inconstitucionalidade

Um dos grandes equívocos em que, vez e outra, incorrem a doutrina e a jurisprudência, consiste em suporem que uma lei *anterior* à Constituição possa ser declarada inconstitucional. Esse equívoco revela uma confusão entre revogação e inconstitucionalidade. Expliquemos.

Quando uma norma legal é *posterior* à Constituição e com esta se coloca em antagonismo, temos o fenômeno da *inconstitucionalidade*, que constitui objeto deste nosso estudo. Entrementes, quando lei ordinária é *anterior* à Constituição, que passa a regular de maneira diversa a matéria por aquela disciplinada, o que se tem não é a inconstitucionalidade da lei ordinária, mas a sua *revogação* pelo Texto Constitucional.

É conveniente recordar a regra inscrita no § 1º do art. 2º da Lei n. 12.376, de 30.12.2010 (DOU de 31.12.2010: "Lei de Introdução às Normas do Direito Brasileiro", segundo a qual "A lei posterior revoga a anterior quando expressamente o declare, quando seja com ela incompatível ou quando regule inteiramente a matéria de que tratava a lei anterior".

Conseguintemente, não cabe arguição de inconstitucionalidade de lei ou de ato normativo do Poder Público que sejam *anteriores* à Constituição, pois está não está sendo desafiada por aqueles, senão que os revogou. Tecnicamente falando, o autor, que ajuizasse essa ação direta, deveria ser declarado carecedor da ação, por faltar-lhe o indispensável interesse processual.

Sistemas de controle e classificação

De modo geral, os ordenamentos jurídicos disciplinam o controle da constitucionalidade sob dois aspectos fundamentais: a) subjetivo; b) formal.

O controle *subjetivo*, também denominado orgânico, é integrado pelos sistemas: a.a.) difuso; a.b.) concentrado. O primeiro foi adotado nos EEUU; o segundo, na Itália, na Alemanha, dentre outros países.

Diz-se que o sistema é *difuso* porque o controle é exercido, de maneira indistinta, por quaisquer dos órgãos integrantes do Poder Judiciário; no *concentrado*, originário da Áustria, ao contrário, essa vigilância é realizada, com exclusividade, por um órgão jurisdicional.

b) No controle *formal*, a verificação da constitucionalidade é feita tanto sob a forma *principal*, como *incidental*. Nesta última situação, ela se manifesta nos casos concretos. No primeiro, a declaração de inconstitucionalidade constitui o próprio objeto da ação, sendo, por isso, produto de ação direta.

Levando-se em conta, por outro lado, o *momento* em que a vigilância constitucional é exercida, podemos classificá-la em: 1) *preventiva*; 2) *posterior*.

1) A vigilância *preventiva*, como a expressão está a indicar, é feita antes da publicação da norma legal ou da edição do ato normativo. No Brasil, essa modalidade de controle, que já estava prevista no art. 59, §§ 1º e 3º da Constituição de 1967, com a Emenda n. 1/69, foi mantida pela atual, como evidencia o seu art. 66, § 1º: "Se o Presidente da República considerar o projeto, no todo ou em parte, inconstitucional ou contrário ao interesse público, vetá-lo-á total ou parcialmente, no prazo de quinze dias úteis, contados da data do recebimento, e comunicará, dentro de quarenta e oito horas, ao Presidente do Senado Federal os motivos do veto".

Em França, aliás, a Constituição de 1789, que instituiu o Senado Conservador, atribuiu a este a incumbência de apreciar, de maneira prévia, a inconstitucionalidade das leis (art. 21).

2) O controle *posterior* é realizado após a publicação da lei ou do ato normativo do Poder Público, sendo exercido, de maneira exclusiva, pelos órgãos do Poder Judiciário.

No Brasil, essa espécie de controle é feito tanto pelo sistema *subjetivo* (em suas modalidades difusa e concentrada) quanto pelo *formal* (em suas formas preventiva e principal).

A inconstitucionalidade pode ser classificada, ainda, em a) *material;* b) *formal*. A primeira diz respeito ao conteúdo da lei ou do ato normativo contrastante com a Constituição; a segunda se refere ao procedimento adotado para a edição desses atos. Um dos exemplos característicos e atual desta última espécie são as *medidas provisórias* editadas em desrespeito ao art. 62 da Constituição. Segundo essa norma, o Presidente da República, em casos de *relevância* e *urgência*, poderá editar medidas provisórias, com força de lei. O que se tem presenciado, contudo, é a edição de tais medidas com manifesto desrespeito aos requisitos constitucionais (e cumulativos)

Art. 949

de relevância e urgência. Assim, embora o *conteúdo* dessas medidas provisórias possa estar em harmonia com a ordem constitucional, elas são *formalmente* inconstitucionais, em decorrência da violação do art. 62 da Suprema Carta.

Declaração incidental de inconstitucionalidade

Vimos, no item anterior, que, no sistema *difuso*, o controle da constitucionalidade é realizado por quaisquer dos órgãos integrantes do Poder Judiciário e que, pelo sistema *concentrado*, essa vigilância é efetuada com exclusividade, por um dos órgãos jurisdicionais.

O Brasil adotou ambos os sistemas.

De outro lado, o controle da constitucionalidade pode ser feito de maneira *principal* ou *incidental*. No primeiro caso, o controle é feito pelo Supremo Tribunal Federal, em decorrência de ação direta: aqui, a declaração de inconstitucionalidade é o objeto da própria ação. No segundo, o controle é realizado quando do julgamento de casos concretos, em que essa declaração seja indispensável; por isso, tem caráter incidental, uma vez que essa declaração não figura como objeto principal da causa.

Interessa-nos, por enquanto, o estudo do controle *incidental*. O controle exercido por meio de ação direta (*principal*) será apreciado mais adiante.

Como afirmamos, o controle *incidental* se dá nos casos concretos, submetidos à apreciação dos órgãos do Poder Judiciário, inclusive, do Supremo Tribunal Federal. Com efeito, muitas vezes, uma das partes integrantes do conflito de interesses (ou o próprio juiz, *ex officio*) argúi a inconstitucionalidade de determinada lei ou ato normativo em que se funda a pretensão deduzida na causa (*causa petendi*). Diante disso, será indispensável um pronunciamento incidental acerca da compatibilidade, ou não, desses atos, com a Constituição, a fim de que possa ser efetuado, ulteriormente, o julgamento da lide.

O art. 948 do CPC

Sendo arguida, em caráter difuso, a inconstitucionalidade de lei ou de ato normativo do poder público, o procedimento do relator deverá ser este: a) primeiro, ouvir o Ministério Público e as partes; b) depois, submeter a questão à turma ou câmara a que competir o conhecimento da causa. A ausência de concessão de oportunidade para a manifestação do Ministério Público ou de qualquer das partes acarreará a nulidade do incidente.

A norma trata do controle *incidental* da constitucionalidade, ou seja, daquele que é exercido nos casos concretos, pelos tribunais, inclusive, pelo STF, e cujos efeitos do pronunciamento, em regra, ficam restritos às partes (intraprocesso).

Conforme se percebe, cuida-se, aqui, de um exame prévio, pelo órgão fracionário do tribunal, sobre se a arguição de inconstitucionalidade é viável, ou não.

Art. 949. Se a arguição for:

I – rejeitada, prosseguirá o julgamento;

II – acolhida, a questão será submetida ao plenário do tribunal ou ao seu órgão especial onde houver.

Parágrafo único. Os órgãos fracionários dos tribunais não submeterão ao plenário ou ao órgão especial a arguição de inconstitucionalidade quando já houver pronunciamento destes ou do plenário do Supremo Tribunal Federal sobre a questão.

• **Comentário**

Caput. A norma indica as consequências do resultado da apreciação da arguição de inconstitucionalidade.

Incisos I e II. Se a turma ou a câmara rejeitar a arguição, o julgamento da causa prosseguirá; se, ao contrário, um desses órgãos acolher a arguição, lavrará o acórdão e a questão será submetida à apreciação do plenário do tribunal ou do órgão especial, onde houver o qual cumprirá declarar inconstitucionalidade, ou não, do ato impugnado.

Note-se, portanto, que a turma ou a câmara não julgam esse incidente, limitando-se, apenas, a verificar se a *alegação* é procedente ou não. Acolhendo-a, como se disse, o órgão fracionário providenciará o encaminhamento dos autos ao plenário do tribunal ou ao seu órgão especial, após a lavratura do correspondente acórdão, ficando suspenso o julgamento da causa. Esse "salto" é necessário, em face do disposto no art. 97 da Constituição Federal, de acordo com o qual "Somente pelo voto da maioria absoluta de seus membros ou dos membros do respectivo órgão especial poderão os tribunais declarar a inconstitucionalidade de lei ou de ato normativo do Poder Público".

Parágrafo único. Cuida-se, aqui, de uma evidente regra de economia processual. Realmente, se o plenário ou o órgão especial do tribunal, ou o Supremo Tribunal Federal já pronunciaram a inconstitucionalidade de determinada lei ou ato normativo do Poder Público, não se justifica, *em princípio*, o fato de

Código de Processo Civil Art. 950

os órgãos fracionários dos tribunais submeterem a lei ou o ato normativo a exame, pelo plenário, pelo órgão especial ou pelo Excelso Pretório.

Embora a linguagem do parágrafo único do art. 949, do CPC, seja imperativa ("Os órgãos fracionários dos tribunais **não submeterão**..."; destacamos), entendemos que esse mandamento não necessitará ser observado quando tiver ocorrido, por exemplo, alteração na composição do plenário, do órgão especial, ou mesmo do pleno do STF, de tal maneira que a antiga interpretação por estes dada a tais leis ou atos normativos já não prevaleça ou tenda a não prevalecer.

Art. 950. Remetida cópia do acórdão a todos os juízes, o presidente do tribunal designará a sessão de julgamento.

§ 1º As pessoas jurídicas de direito público responsáveis pela edição do ato questionado poderão manifestar-se no incidente de inconstitucionalidade se assim o requererem, observados os prazos e as condições previstos no regimento interno do tribunal.

§ 2º A parte legitimada à propositura das ações previstas no art. 103 da Constituição Federal poderá manifestar-se, por escrito, sobre a questão constitucional objeto de apreciação, no prazo previsto pelo regimento interno, sendo-lhe assegurado o direito de apresentar memoriais ou de requerer a juntada de documentos.

§ 3º Considerando a relevância da matéria e a representatividade dos postulantes, o relator poderá admitir, por despacho irrecorrível, a manifestação de outros órgãos ou entidades.

• **Comentário**

Caput. O matéria constava do art. 482 do CPC revogado.

Os autos oriundos da turma ou câmara, contendo o incidente, serão remetidos ao presidente do tribunal, que providenciará a remessa de cópia do acórdão lavrado pelo órgão fracionário a todos os juízes do pleno ou do órgão especial, conforme seja a competência de um ou de outro para julgar o incidente, nos termos do regimento interno, e designará data para a sessão de julgamento.

§ 1º Fica facultado às pessoas jurídicas de direito público responsáveis pela edição do ato questionado, se assim o requererem, manifestarem-se no incidente de inconstitucionalidade, na forma prevista pelo regimento interno do tribunal.

§ 2º O art. 103 da Constituição Federal enumera as pessoas e instituições dotadas de legitimidade para promover ação *direta* de inconstitucionalidade. Essas mesmas pessoas e instituições poderão manifestar-se, por escrito, a respeito da questão constitucional suscitada *incidentalmente* nos casos concretos, podendo, ainda, apresentar memoriais e requerer a juntada de documentos.

§ 3º Tendo em conta a relevância da matéria e a representatividade dos postulantes, o relator poderá admitir a manifestação de outros órgãos e entidades. Esse despacho do relator é irrecorrível.

Referidos órgãos ou entidades revelam a presença do *amicus curiae*, figura sobre a qual nos manifestaremos mais adiante, ao nos dedicarmos ao estudo da *ação direta* de inconstitucionalidade.

Da decisão proferida pelo pleno ou pelo órgão especial, em sede de incidente de inconstitucionalidade, não cabe recurso, nos termos a Súmula n. 513 do STF: "A decisão que enseja a interposição de recurso ordinário ou extraordinário não é a do plenário, que resolve o incidente de inconstitucionalidade, mas a do órgão (Câmaras, Grupos ou Turmas) que completa o julgamento do feito".

Todavia, a doutrina tem colocado em dúvida a sobrevivência dessa Súmula após a edição do CPC de 1973. Como pondera Theotônio Negrão (obra cit., p. 373), a referida Súmula foi editada "mais por motivos de ordem prática, a fim de evitar que tivessem de ser interpostos sucessivamente dois recursos extraordinários para o STF: um, desde logo, em matéria constitucional; outro, nas questões infraconstitucionais, quando o feito voltasse à turma para completar o julgamento. Hoje, não existe mais essa razão, porque em tema constitucional cabe recurso ao STF, e em matéria infraconstitucional, ao STJ. Além do mais, o julgamento está findo, em matéria constitucional, com a decisão do Tribunal Pleno ou do Órgão Especial: não pode ser alterado pela Turma". Em reforço ao seu argumento, menciona o seguinte acórdão do STJ: "Se o único fundamento da causa é a inconstitucionalidade de texto de lei, inexistindo matéria remanescente a ser decidida, é desnecessário que a Corte Especial devolva os autos ao órgão julgador que a suscitou, para completar-lhe o julgamento, devendo, desde logo, decidir o feito, a fim de evitar procrastinação incompatível com os princípios que regem o processo moderno" (STJ-Corte Especial, RMS 1.178-0-RS-AInc-Edecl, rel. Min. Antônio de Pádua Ribeiro, três votos vencidos, em 31.8.95, DJU de 9.10.95, p. 33.505).

Divergimos, data venia, desse entendimento inovador. O *per saltum*, que se verifica com a remessa dos autos pelo órgão fracionário (turma, câmara) ao pleno ou ao órgão especial, se faz, exclusivamente, com vistas à necessidade de ser aferida a constitucionalidade ou a inconstitucionalidade da lei ou do ato normativo em que se fundam os pedidos concernentes à causa (lide), cujo julgamento ficou *suspenso* com a mencionada remessa dos autos, não implicando, portanto, uma *cessão de competência* para o julgamento da lide. Destarte, o pleno ou o órgão especial, ao se pronunciar sobre a arguição de inconstitucionalidade, exaure a sua atuação, devendo, por isso, devolver os autos ao órgão fracionário, para que este proceda ao julgamento da causa de acordo com o que ficou decidido naquele incidente.

Em suma: a competência para *julgar a causa* não deixa de ser do órgão fracionário, pelo simples fato de este remeter os autos ao pleno ou ao órgão especial, para apreciar o incidente de arguição de inconstitucionalidade.

Ação direta de inconstitucionalidade

Objeto da declaração

Esta ação está ligada ao controle do tipo concentrado — que, como dissemos em linhas anteriores, é realizado, em nosso meio, com exclusividade, pelo Supremo Tribunal Federal (Const. Federal, art. 102, I, "a").

Esse controle não é realizado *em concreto* (ou seja, de maneira incidental, nas causas submetidas à apreciação dos órgãos jurisdicionais) mas *em abstrato*, por meio de ação direta, da qual a declaração de inconstitucionalidade constitui seu objeto exclusivo.

De outro lado, o objeto da declaração são as leis ou os atos normativos federais ou estaduais.

O STF, por isso, não pode exercer, em foro de ação direta, o controle da constitucionalidade das leis *municipais*, contestadas diante da Constituição Federal. Aliás, nem mesmo os tribunais estaduais poderão realizar esse controle. A compatibilidade das leis municipais, portanto, somente poderá ser feita nos *casos concretos*, em que essas normas figuram como a *causa de pedir*.

As Emendas Constitucionais, entretanto, estão sujeitas ao controle da constitucionalidade por meio de ação direta.

Legitimidade

O art. 119, I, "l" da Constituição de 1967, com a Emenda n. 7/77, atribuía ao Procurador-Geral da República legitimidade exclusiva para formular "representação" de inconstitucionalidade perante o Supremo Tribunal Federal. A propósito, estabeleceu-se na doutrina do período uma profunda cizânia sobre saber se o oferecimento dessa representação constituía faculdade ou *dever* do Procurador-Geral da República. O STF acabou por filiar-se à primeira corrente, como revela este excerto de um seu acórdão: "... o titular único da representação de inconstitucionalidade é o Procurador-Geral da República, conforme dispõe o art. 119, inc. I, letra *l*, da Constituição, bem assim o art. 169 do novo RI do STF. Destarte, na qualidade de seu titular tem a faculdade de oferecer a representação ou arquivá-la. Ao interessado fica reservada a via processual comum para a arguição de inconstitucionalidade, diante do caso concreto" (Rcl. 121-1-RJ, Rel. min. Djaci Falcão, DJU de 20.3.81, p. 2.228).

A Constituição de 1988, contudo, não só passou a falar em *ação direta* de inconstitucionalidade (art. 102, I, "a"), e não mais em representação, como atribuiu a diversas pessoas e entidades legitimidade para exercê-la (art. 103, incisos I a IX), quais sejam:

a) o Presidente da República;

b) a Mesa do Senado Federal;

c) a Mesa da Câmara dos Deputados;

d) a Mesa da Assembleia Legislativa ou da Câmara Legislativa do Distrito Federal;

e) o Governador de Estado ou do Distrito Federal;

f) o Procurador-Geral da República;

g) o Conselho Federal da Ordem dos Advogados do Brasil;

h) partido político com representação no Congresso Nacional;

i) confederação sindical ou entidade de classe de âmbito nacional.

O Supremo Tribunal Federal, no entanto, já decidiu que não possuem legitimidade para o exercício da ação direta de inconstitucionalidade, entre outros: 1) simples associação de empregados de empresa que não congrega uma categoria de pessoas distintas das demais, senão que se encontram agrupadas pelo interesse transitório de estarem prestando serviços a determinador empregador (Adin 34-9-DF-Pleno, em 5.4.89, rel. Min. Octávio Gallotti, DJU de 28.4.89); 2) sindicato de bancos que possui base territorial em alguns Estados, mas só congrega, como associados, os bancos em funcionamento nesses Estados que atendam às exigências da legislação sindical. Logo, tal sindicato não possui base nacional (Adin 39-0, questão de ordem, RJ-Pleno, em 27.4.89, rel. Min. Moreira Alves, DJU de 19.5.89); 3) a Confederação dos Servidores Públicos do Brasil, por não se tratar de confederação sindical, nem de associação de classe de âmbito nacional. Trata-se, no entendimento do STF, de "Entidade caracterizada por hibridismo em sua composição, na linha da compreensão dada a associações de tal natureza na Adin 353" (Adin 1.427-PE, rel. Min. Néri da Silveira, em 17.5.96, DJU de 12.11.96).

O Excelso Pretório também entende não possuírem legitimidade para o exercício da ação direta de inconstitucionalidade: a) a Confederação dos Servidores Públicos do Brasil; b) a Confederação Geral dos Trabalhadores; c) o Conselho Federal de Farmácia; d) Diretório Regional ou Executiva Regional de Partido Político; e) A União Nacional dos Estudantes (UNE); f) a Associação do Ministério Público junto aos Tribunais de Contas, entre outros.

Pode-se asseverar, em razão dessa ampliação da legitimidade ativa, concedida pelo art. 103 da Constituição Federal, que o controle jurisdicional da constitucionalidade passou a ser efetuado de maneira mais ampla, em sede de ação direta, cuja particularidade pode ser interpretada como uma das manifestações do ideal democrático. Eventual argumento de que essa ampliação da legitimidade poderá transformar a ação direta de inconstitucionalidade em uma ação como qualquer outra e, além disso, provocar uma sobrecarga nas atividades do Supremo Tribunal Federal, não pode ser sobreposto à necessidade imposta pelos princípios democráticos, que convertem o indivíduo em guardião natural da supremacia da Constituição.

O Procurador-Geral da República, atualmente, é, apenas, uma dessas pessoas legitimadas e não mais o titular exclusivo do exercício desse direito (cívico e político) de submeter à apreciação do Supremo Tribunal Federal as leis ou os atos normativos do Poder Público que estejam em antagonismo com a ordem constitucional.

É bem verdade, que, em tese, poderão acontecer situações algo irônicas — para dizer o mínimo — em que pessoas legitimadas para a apresentação de projetos de lei (membro ou Comissão da Câmara dos Deputados, do Senado Federal, do Congresso Nacional, Presidente da República, Procurador-Geral da República, cidadãos em geral: Const. Fed., art. 61), vitoriosas em sua iniciativa legislativa, venham, mais tarde, a ajuizar ação direta de inconstitucionalidade, tendo como objeto, exatamente, lei oriunda de projeto por elas apresentado...

A Liminar

O Supremo Tribunal Federal, nas ações diretas, poderá conceder, com eficácia *ex nunc* e com efeito vinculativo, medida *cautelar* destinada a suspender, desde logo, a eficácia de norma legal ou de ato normativo inquinado de inconstitucional (Const. Federal, art. 102, I, "p"). Isso demonstra a possibilidade de haver medida cautelar sem processo cautelar.

Essa medida liminar, por possuir natureza cautelar, deverá ter a sua concessão submetida aos pressupostos clássicos de *fumus boni iuris* (aparência de bom direito) e de *periculum in mora* (perigo na demora). Entretanto, ao contrário do que se passa, em geral, com as providências cautelares concedidas *in limine*, o relator, na ação direta de inconstitucionalidade, não poderá condicionar a concessão dessa liminar à prestação de caução, seja real ou fidejussória, pelo autor, de que trata o art. 300, § 1º, do CPC (contracautela). Como bem decidiu o STF, "a eficácia *erga omnes* das decisões prolatadas pelo STF, em ação direta de inconstitucionalidade, quando suspendem, *ex nunc*, o ato normativo impugnado, se adstringe a revigorar, para o futuro e até decisão final da ação, a normatividade vigente anteriormente, impondo a todos a observância desta. Nisso se exaure a eficácia dessas decisões, que, portanto, não têm execução específica, ainda que provisória, para permitir a adoção de providência — depósito judicial para resguardo de eventuais direitos — pleiteada pela autoridade competente" (Adin 1.423-SP, rel. Min. Moreira Alves, em 13.3.97, DJU de 6.6.97).

Tem sido tradição de nosso sistema permitir que a concessão de medidas liminares seja feita monocraticamente, mesmo nos órgãos colegiados (hipótese em que o ato é praticado pelo relator). Não é esse, porém, o procedimento que impera em tema de ação direta de inconstitucionalidade, pois aqui a medida liminar (cautelar) é outorgada pelo Plenário do STF, como prevê o art. 170, § 1º, do seu Regimento Interno: "Se houver pedido de medida cautelar, o Relator submetê-la-á ao Plenário e somente após a decisão solicitará as informações" (à autoridade da qual tiver emanado o ato impugnado).

É razoável presumir que o fato de o Regimento Interno haver transferido para o Plenário a competência para apreciar o pedido de liminar, na ação em exame, visou a retirar dos ombros do relator a enorme responsabilidade de ter que decidir, sozinho, sobre assunto de tamanha relevância. De qualquer forma, é importante não se perder de vista o fato de que, mesmo para efeito de deferimento da liminar, deverá ser respeitado o *quorum* fixado pelo art. 97 da Constituição (maioria absoluta dos ministros do STF).

Há uma indagação que não pode deixar de ser formulada: a *liminar*, concedida em ação direta de inconstitucionalidade, teria eficácia *erga omnes*, ou estaria restrita à parte que ingressou com a ação? Estamos a questionar, como se nota, quanto aos *limites subjetivos* dessa liminar. Em um primeiro momento, poder-se-ia imaginar que a eficácia fosse *erga omnes*, ao argumento de que a suspensão da eficácia da lei ou do ato normativo a todos aproveitaria, de tal arte que não faria sentido a lei ou o ato não valer para um, mas valer para as demais pessoas que não integraram a relação processual. Conquanto esse raciocínio seja lógico, não é, necessariamente, correto, do ponto de vista jurídico. Ocorre que a medida liminar, de modo geral — e também no âmbito da ação direta de inconstitucionalidade — é *intuitu personae*, ou seja, é deferida com vistas à situação pessoal do indivíduo que a requereu, observada a legitimidade *ad causam* prevista no art. 103 da Constituição. Diverso, contudo, é o que se passa no *julgamento* da ação: aqui, a declaração de inconstitucionalidade será sempre *erga omnes*, pois não se estará levando em conta certos elementos particulares (subjetivos) daquele que exerceu a ação, mas o próprio ato impugnado (elemento objetivo), que, por isso, se não valer para um, não valerá para nenhum.

O Procurador-Geral da República

O Procurador-Geral da República deve ser previamente ouvido nas ações diretas de inconstitucionalidade (Const. Federal, art. 103, § 1º), sob pena de nulidade do processo, exceto se a ação foi proposta por ele mesmo, como lhe faculta o art. 103, inciso VI da Constituição Federal.

O Advogado-Geral da União

O Supremo Tribunal Federal, ao apreciar a inconstitucionalidade, em tese, de lei ou de ato normativo, citará, previamente, o Advogado-Geral da União, "que defenderá o ato ou texto impugnado" (*ibidem*, § 3º). Por isso, decidiu o STF: "Função constitucional do Advogado-Geral da União. A função processual do Advogado-Geral da União, nos processos de controle de constitucionalidade por via de ação, é eminentemente defensiva. Ocupa, dentro da estrutura formal desse processo objetivo, a posição de órgão agente, posto que não lhe compete opinar nem exercer a função fiscalizadora já atribuída ao Procurador-Geral da República. Atuando como verdadeiro curador (defensor *legis*) das normas infraconstitucionais, inclusive naquelas de origem estatal, e velando pela preservação de sua presunção de constitucionalidade e de sua integridade e validez jurídicas no âmbito do sistema de direito positivo, não cabe ao Advogado-Geral da União, em sede de controle normativo abstrato, ostentar posição processual contrária ao ato estatal, impugnado, sob pena de frontal descumprimento do *munus* indisponível que lhe foi imposto pela própria Constituição da República" (Ag. Reg. em Adin, n. 1.254-1-RJ, rel. Min, Celso de Mello, DJU de 19.9.97, p. 45.530).

A despeito da disposição constitucional e do pensamento do Excelso Pretório a respeito do assunto, entendemos que o Advogado-Geral da União não está obrigado, em todos os casos, a *defender* a lei ou o ato, pois isso poderia levá-lo, em certas situações, a promover a defesa de um ato que, em consciência, sabe estar em manifesto antagonismo com a Constituição. Essa defesa incondicional da lei ou do ato normativo inquinados de inconstitucionais poderia, portanto, submetê-lo a um injustificável constrangimento intelectual e político e — o que é mais grave — obrigá-lo a compactuar com transgressões ordem constitucional.

Intervenção de terceiros

Essa mesma ementa do acórdão proferido pelo Supremo Tribunal Federal registra judiciosa opinião daquela Corte acerca da impossibilidade de entidades privadas integrarem o polo passivo da relação processual na ação direta de inconstitucionalidade. Diz a mencionada ementa: "Entidades privadas não podem figurar no polo passivo do processo de ação direta de inconstitucionalidade. O caráter necessariamente estatal do ato suscetível de impugnação em ação direta de inconstitucionalidade exclui a possibilidade de intervenção formal de mera entidade privada no polo passivo da relação processual. Precedente. O controle normativo abstrato constitui processo de natureza objetiva. A importância de qualificar o controle normativo abstrato de constitucionalidade como processo objetivo — vocacionado, exclusivamente, à defesa, em tese, da harmonia do sistema constitucional — encontra apoio na própria jurisprudência do Supremo Tribunal Federal, que, por mais de uma vez, já enfatizou a objetividade desse instrumento de proteção *in abstracto* da ordem constitucional. Precedentes. Admitido o perfil objetivo que tipifica a fiscalização abstrata de constitucionalidade, torna-se essencial concluir que, em regra, não se deve reconhecer, como pauta usual de comportamento hermenêutico, a possibilidade de aplicação sistemática, em caráter supletivo, das normas concernentes aos processos de índole subjetiva, especialmente daquelas regras meramente legais que disciplinam a intervenção de terceiros na relação processual. Precedentes" (*idem, ibidem*).

Embora também entendamos não ser possível a *intervenção de terceiros* em processo de ação direta de inconstitucionalidade, estamos convencidos de que esse processo não repele a *assistência litisconsorcial*, de que fala o art. art. 124 do CPC (em que o interesse do terceiro deriva do fato de a decisão influir na relação jurídica havida ou existente entre ele e o adversário do assistido), desde que o terceiro também possua legitimidade para ingressar com ação direta. Assim dizemos porque se o terceiro não possuir essa legitimidade, a sua intervenção, na qualidade de assistente litisconsorcial, poderia constituir um estratagema, um artifício para contornar a sua falta de legitimidade para a referida ação — legitimidade que é atribuída pelo art. 103, da Constituição Federal.

É bem verdade que o art. 169, § 2º, do Regimento Interno do STF, acrescentado pela Emenda Regimental n. 2, de 4.12.85, não admite a assistência "a qualquer das partes". Contudo, como afirmamos, se o terceiro se encontra constitucionalmente dotado de legitimidade para o exercício da ação direta, não se lhe poder negar o direito de ingressar no processo como assistente litisconsorcial. Sob esse aspecto, parece-nos que o mencionado dispositivo da norma *interna corporis* do STF está em conflito com o art. 103, da Constituição.

A figura do *amicus curiae*

A figura do *amicus curiae* ("amigo da corte") foi adotada, no início do século XIX, pela Suprema Corte norte-americana com a finalidade de proteger direitos coletivos ou difusos. Cabe esclarecer, porém, que *amicus curiae* não é, nem se torna, parte na causa. Trata-se, na verdade, de alguém que, tendo em vista o interesse público aflorado no processo, se dirige à Corte para fornecer-lhe subsídios destinados a orientá-la no julgamento, ou a chamar-lhe a atenção para um aspecto da matéria, que, sem a intervenção do *amicus curiae*, poderia passar despercebida pelo Tribunal. A atuação *amicus curiae* tem se manifestado, com maior intensidade, mediante apresentação de memoriais, ou formulação de sustentação oral.

No sistema norte-americano, essa figura — que está regulada na Regra n. 37, do Regimento Interno da Suprema Corte — tem sido também denominada de *brandies-brief*, porque, como dissemos, o *amicus curiae* apresenta um memorial (*brief*) aos juízes da Suprema Corte, nos quais expõe os seus argumentos em favor de uma das teses em conflito nos autos do processo.

A importância do *amicus curiae*, nos EUA, pode ser avaliada, por exemplo, pelo episódio envolvendo a candidatura de George W. Bush à presidência daquele país. Na altura, alegou-se, perante a Suprema Corte, a existência de fraude eleitoral, cometida por George Bush — *Florida Election Case n. 00.949*. Em decorrência disso, diversas entidades foram admitidas como *amicus curiae*, dentre elas, o Estado do Alabama e o American Bar Association, uma espécie de Ordem dos Advogados do Brasil. Mesmo assim, o resultado do julgamento foi favorável a Bush.

Nos EUA, o procedimento atinente à intervenção do *amicus curiae*, em traços gerais, é este: o interessado deve apresentar o consentimento das partes envolvidas no conflito. Esse consentimento pode ser amplo, compreendendo a prática de todos os atos permitidos ao *amicus curiae*, ou restrito, ficando limitado a certos atos, como a apresentação de memoriais e à formulação de sustentação oral.

No caso de os litigantes se recusarem a autorizar a pessoa a ingressar como *amicus curiae*, esta, ao dirigir-se à Suprema Corte, deverá instruir o seu pedido com os motivos da recusa das partes.

Deve ser dito que a Suprema Corte poderá admitir o *amicus curiae* mesmo contra a vontade das partes demandantes. Tudo dependerá das razões que o *amicus* apresentar à Corte, para justificar o seu interesse em atuar nessa qualidade. Em outras situações, a Corte, antes de admitir o *amicus curiae*, poderá realizar uma audiência com as partes, com a finalidade de obter solução mais apropriada para o incidente.

Sobre a figura do *amicus curiae* pudemos nos manifestar com maior profundidade quando dos comentários ao art. 138 do CPC.

Ação direta de inconstitucionalidade por omissão

São objeto da ação de inconstitucionalidade por omissão aquelas normas constitucionais de caráter preceptivo, que asseguram a certos indivíduos ou a certas coletividades determinados direitos, que, no entanto, só poderão atuar de maneira concreta se houver a edição, pelo Poder competente, de norma complementar.

Neste ponto é necessário separarmos a referida ação do mandado de injunção, de que cuida o art. 5º, inciso LXXI, da Constituição. Enquanto a ação direta se destina à defesa da ordem jurídica, o mandado injuntivo tende à proteção de "direito subjetivo constitucional, direito individual ou prerrogativa inerente à nacionalidade, à soberania e à cidadania. A ordem jurídica, objeto da ação direta, tem caráter abstrato; a defesa do direito individual, entretanto, faz-se em concreto" (Mandado de Injunção n. 447-1-DF, rel. Min. Carlos Velloso, Lex, 191:125).

Por outro lado, na ação de injunção, se o órgão jurisdicional que a apreciar reconhecer, em concreto, que a norma constitucional assecuratória de determinado direito é programática, deverá, ele próprio, em virtude do caráter injuntivo do seu pronunciamento, realizar a integração do direito ao ordenamento jurídico, tornando-o, por esse modo, eficaz e exercitável (STF, Mandado de Injunção n. 447-DF, rel. Min. Carlos Velloso, *ibidem*).

O STF vem entendendo, ainda, que na ação direta de inconstitucionalidade por omissão não é possível a concessão de medida liminar (cautelar), ao argumento de que o escopo dessa ação é a notificação à autoridade competente, para que expeça o ato normativo indispensável à atuação do direito assegurado pela Constituição (RSTJ, Lex, 215:41).

Na mencionada ação não será necessária a audiência do Advogado-Geral da União (Const. Federal, 103, § 3º), pois aqui não há nenhum ato, praticado pela legislatura ou pela administração, a ser por ele defendido.

Dispõe o art. 103, § 2º, da Constituição, que "Declarada a inconstitucionalidade por omissão de medida para tornar efetiva norma constitucional, será dada ciência ao Poder competente para a adoção das providências necessárias e, em se tratando de órgão administrativo, para fazê-lo em trinta dias".

Em primeiro lugar, declarada a inconstitucionalidade por omissão, a atuação do STF exaurir-se-á na comunicação ao Poder competente, para que adote as providências que o caso está a exigir. Ao contrário do que ocorre em sede de mandado de injunção, portanto, a Suprema Corte não poderá suprir a omissão do legislador. Em segundo, a Constituição não prevê prazo para que o Poder Legislativo cumpra a decisão do STF. O texto constitucional somente fixou prazo (de trinta dias) para as autoridades administrativas. Logo se percebe que a declaração de inconstitucionalidade, neste caso, é praticamente inútil, pois não se dotou o Supremo Tribunal Federal de nenhum instrumento capaz de constringir o Poder Legislativo a elaborar a norma indispensável à atuação do preceito constitucional. O efeito dessa comunicação ao Legislativo, portanto, parecer mais de caráter moral.

Tratando-se de autoridade administrativa, porém, há possibilidade de o descumprimento da ordem do SFT, no prazo mencionado, configurar ato de improbidade, para os efeitos da Lei n. 8.249/92.

O SFT, decidiu não ser possível a conversão de ação direta de inconstitucionalidade (Adi) em ação de inconstitucionalidade por omissão. Todavia, se o equívoco, na propositura da ação, foi, apenas, quanto à terminologia, não vemos, pessoalmente, maiores empecilhos a essa conversão.

Ação declaratória de constitucionalidade

Esta ação foi introduzida pela Emenda Constitucional n. 3, de 17 de março de 1993.

Inicialmente, encontram-se legitimados para exercê-la, apenas: o Presidente da República, a Mesa do Senado Federal, a Mesa da Câmara dos Deputados e o Procurador-Geral da República (Const. Fed., art. 103, § 4º). A legitimidade para o exercício da referida ação era, portanto, menos ampla do que a pertinente à ação direta de inconstitucionalidade (*ibidem*, art. 103, I a IX). Posteriormente, contudo, a Emenda Constitucional n. 45/2004: a) deu nova redação ao *caput* do art. 103, da CF, atribuindo legitimidade para o ajuizamento de ação declaratória de constitucionalidade às mesmas pessoas legitimadas ao exercício da ação direta de inconstitucionalidade; b) em razão disso, revogou o § 4º, do art. 103.

O órgão jurisdicional competente para apreciar a ação de constitucionalidade é o Supremo Tribunal Federal.

Os fatos históricos (e políticos, por que não?) estão a revelar que a instituição da ação declaratória de constitucionalidade foi instituída, entre nós, para atender a uma certa conveniência do Governo Federal, nomeadamente de caráter tributário e financeiro. Reforça essa ilação o próprio rol das pessoas ou entidades legitimadas para o exercício da mencionada ação. Com efeito, logo após a atual Constituição entrar a viger, diversas normas tributárias e financeiras de interesse do Governo Central foram por este editadas sob a forma de *medidas provisórias* (Const. Federal, art. 62), fazendo com que as pessoas fossem levadas a questionar, junto aos órgãos jurisdicionais federais, a constitucionalidade de muitos desses atos do Chefe do Poder Executivo. Essa reação popular gerou uma certa insegurança ou apreensão no Governo, quanto à sobrevivência de sua política econômico-financeira, estribada em muitas dessas medidas, máxime porque os juízes passaram a conceder liminares destinadas a suspender a eficácia de tais atos.

Agora, o Presidente da República, e as demais pessoas legitimadas, poderão solicitar ao Supremo Tribunal Federal um pronunciamento acerca da constitucionalidade de lei ou de ato normativo federal, evitando, com isso, que, mais tarde, as pessoas possam questionar, perante qualquer tribunal, a constitucionalidade de tais atos.

Não deixa de ser de certa forma curiosa a existência, em nosso sistema, de uma ação declaratória de constitucionalidade, quando se sabe que, especialmente as leis, têm, em seu favor, a *presunção* (ainda que *iuris tantum*) de constitucionalidade, levando-se em conta o rígido procedimento traçado pela Constituição Federal para elaborá-las.

O aspecto mais expressivo da ação de constitucionalidade reside, sem dúvida, no efeito vinculativo da declaração. Como afirma o art. 102, § 2º, da Constituição: "As decisões definitivas de mérito, proferidas pelo Supremo Tribunal Federal, nas ações declaratórias de inconstitucionalidade e nas ações declaratórias de constitucionalidade produzirão eficácia contra todos e efeito vinculante (*sic*), relativamente aos demais órgãos do Poder Judiciário à a administração pública direta e indireta, nas esferas federal, estadual e municipal".

Parece-nos entretanto, ser possível sustentar-se a inconstitucionalidade desse parágrafo, que — repisemos — foi introduzido pela Emenda Constitucional n. 3/93, em face do disposto nos arts. 5º, inciso XXXV, e 60, § 4º, inciso IV, da Constituição, que se traduzem em cláusulas pétreas. Nesse sentido, a opinião de Nelson Nery Júnior e Rosa Maria A. Nery: "É inconstitucional, nessa parte, a EC/93, porque a ADC é lesiva ao disposto na CF 5º XXXV. Embora o particular possa dirigir ao Judiciário pretensão de reparação de ofensa a direito seu, na prática isso não ocorre, porque o Judiciário só pode aplicar ao caso concreto o que restou decidido pelo STF. Se o particular alega que determinada lei, declarada constitucional pelo STF, ofende direito seu, o juiz não pode examinar essa lesão de direito, porque já se sabe o único resultado possível do julgamento. Há, portanto, ofensa ao princípio do direito de ação. Em consequência, como a EC/93 restringiu e apequenou garantia fundamental estatuída na CF 5º XXXV, é inconstitucional por ferir o CF 60 § 4º (cláusula pétrea), já que, conquanto não tenha abolido, foi editada "tendente" a abolir garantia fundamental" (obra cit., p. 131/132).

O STF, no entanto, entende que a ação direta de constitucionalidade sobrevive em nosso sistema, porque a Emenda Constitucional n. 3/93, que a instituiu, é constitucional (Pleno, ADC 1-DF, rel. Min. Moreira Alves, em 27.10.93).

Pensamos que o STF não possa conceder medida *liminar* (cautelar) em ação direta de constitucionalidade, por absoluta falta de previsão do texto da Suprema Carta; esta somente faz referência a medida cautelar ao tratar da ação direta de inconstitucionalidade (art. 102, I, "p").

Efeitos da declaração

Na declaração de inconstitucionalidade

Para logo, é necessário esclarecer que os órgãos jurisdicionais, ao pronunciarem a inconstitucionalidade de lei ou de ato normativo do Poder Público, não fazem com que esses atos fiquem *revogados*. Não compete ao Judiciário revogar textos legais. A declaração de inconstitucionalidade apenas desobriga as pessoas a submeter-se ao comando da lei ou do ato normativo. Tais leis ou atos, como não são revogados por esse pronunciamento da jurisdição, permanecem — na linguagem dos constitucionalistas norte-americanos — *on the books* como "leis mortas" (*a dead laws*).

Com vistas ao exame dos *efeitos* que essa declaração de inconstitucionalidade acarreta no círculo jurídico das pessoas em geral, devemos separar a as declarações feitas em caráter *principal* (ação direta) das realizadas em caráter *incidental* (casos concretos).

Principal. Aqui, como asseveramos antes, a declaração de inconstitucionalidade constitui o objeto da própria ação. Somente o Supremo Tribunal Federal possui competência para apreciar essa modalidade de ação (controle concentrado).

Como esse controle é efetuado em abstrato, vale dizer, sem que haja um conflito de interesses (lide), o efeito da declaração é *erga omnes*, a significar, com isso, que repercutirá na esfera jurídica de todas das pessoas em geral, às quais a lei ou o ato normativos inquinados de contrastantes com a Constituição prejudica ou favorece. É o que consta do § 2º, do art. 103, da CF. O seu efeito, portanto, é extraprocessual, porque a declaração é efetuada de maneira abstrata, vale dizer, sem nenhuma vinculação subjetiva.

Incidental. A declaração de inconstitucionalidade, neste caso, é feita em decorrência de um caso concreto, cujo julgamento depende do exame da constitucionalidade, ou não, de determinada lei ou ato normativo em que autor ou réu fundam as suas razões, os seus pedidos (*causa petendi*). A verificação dessa compatibilidade, ou não, ao ato com a Constituição figura, assim, como pressuposto para a entrega da prestação jurisdicional.

Justamente por isso, é que o efeito dessa declaração é intraprocessual, ou seja, não vai além dos limites subjetivos do caso concreto, *sub iudice*. Produz, enfim, essa declaração, coisa julgada somente entre as partes (CPC, art. 506).

Na declaração de constitucionalidade

Essa espécie de declaração é da competência exclusiva do Supremo Tribunal Federal, sendo realizada em caráter *principal*, porquanto constitui objeto exclusivo da ação. O seu efeito, portanto, é *erga omnes*, bastando argumentar com o disposto no § 2º do art. 102 da Constituição Federal, que fala do efeito "vinculante" dessa declaração.

O Senado Federal

Dentre as competências cometidas pelo art. 52 da Constituição da República ao Senado Federal se inclui a de "suspender a execução, no todo ou em parte, de lei declarada inconstitucional por decisão definitiva do Supremo Tribunal Federal" (inciso X).

Tem-se entendido que essa disposição do texto constitucional só se aplica às situações em que o Supremo Tribunal Federal declara a inconstitucionalidade em caráter *incidental*, vale dizer, ao apreciar um *caso concreto*, hipótese em que remeterá o acórdão ao Senado Federal, a fim de que este, mediante resolução, suspenda a execução da lei em todo o território nacional. Sob esse aspecto, sustenta-se que o Senado não está *obrigado* a suspender a execução da norma legal, sendo-lhe *facultado*, em razão disso, exercer um controle *político* da decisão do Excelso Pretório.

Já, o acórdão declaratório da inconstitucionalidade, proferido em *ação direta* não necessita ser encaminhado ao STF, pois, produzindo coisa julgada *erga omnes*, neutraliza, em todo o País, a eficácia da lei contrastante com a Constituição.

CAPÍTULO V
DO CONFLITO DE COMPETÊNCIA

Art. 951. O conflito de competência pode ser suscitado por qualquer das partes, pelo Ministério Público ou pelo juiz.

Parágrafo único. O Ministério Público somente será ouvido nos conflitos de competência relativos aos processos previstos no art. 178, mas terá qualidade de parte nos conflitos que suscitar.

• **Comentário**

Caput. Reproduziu-se a regra do art. 116 do CPC revogado.

Topologicamente, a matéria está mal localizada no CPC. Seu lugar apropriado era no Livro I, Título III, onde deveria constituir o Capítulo VII.

Declara o art. 803, da CLT, que os conflitos de competência ("jurisdição", diz essa norma legal) podem ocorrer entre:

a) Varas do Trabalho e Juízes de Direito investidos na administração da Justiça do Trabalho;

b) Tribunais Regionais do Trabalho;

c) Juízos e Tribunais do Trabalho é órgãos da Justiça Ordinária.

A configuração desse conflito se dá, nos termos do art. 804, da CLT, quando:

a) ambas as autoridades se consideram competentes;

b) ambas as autoridades se consideram incompetentes.

Embora o atual CPC não contenha disposições didáticas como as do art. 804 da CLT, é indiscutível que também no sistema do processo civil os conflitos de competência podem ser de natureza positiva ou negativa.

Conflito positivo. Verifica-se no caso da letra "a", retro: dois ou mais juízes se consideram dotados de competência para apreciar a causa, sem que nenhum deles renuncie à sua convicção.

Conflito negativo. Dá-se quando dois ou mais juízes se consideram desprovidos de competência para apreciar a ação. É a mais frequente das modalidades de conflito de competência.

Reunião ou separação de autos. Embora alguns autores costumem indicar a reunião ou a separação de autos como uma terceira modalidade de conflito de competência, em verdade esse suposto *tertius genus* nada mais é do que consequência natural dos conflitos positivo e negativo de competência. Realmente, quando um dos juízes determina a separação dos autos, por entender não possuir competência para julgar a causa, e remete um desses autos a outro juízo, que também se declara incompetente, o que temos é um conflito negativo de competência. Quando, ao contrário, um dos juízes solicita a outro que lhe remeta determinados autos, por entender ser o competente para apreciar a causa, e o juiz a quem se requereu a remessa dos autos, por sua vez, também se considera competente, o resultado disso será um conflito positivo de competência.

Deste modo, verifica-se que a reunião ou a separação de autos de processo não constitui categoria autônoma de conflito de competência, senão de decorrência natural — efeito reflexo — dos conflitos negativo ou positivo de competência, estes sim, modalidades com vida própria.

De que maneira, efetivamente, se caracteriza, no plano da realidade prática, o conflito de competência? Cogitemos, por primeiro, do conflito negativo, que, como dissemos, é o de ocorrência mais frequente, máxime, no processo do trabalho. Um dos juízes, por sua iniciativa ou a requerimento de qualquer das partes, se declara incompetente para solucionar a causa; diante disso, determina a remessa dos autos ao juízo que reputa ser o competente. Até este momento, não há conflito de competência. Se o juízo para o qual os autos foram encaminhados admitir a sua competência, também não de configurará o conflito de que estamos a tratar; caso, porém, o referido juízo se declare incompetente, estará caracterizado o conflito. Portanto, para que surja o conflito (negativo, no caso), é indispensável a ocorrência de dois fatos: a) que um juízo se declare incompetente e ordene o envio dos autos ao que considerar competente; b) que o juízo para o qual os autos foram remetidos, por sua vez, não reconheça a competência que lhe foi atribuída.

No conflito positivo, o que se passa é que os autos estão tramitando em determinado juízo, sendo que um outro juízo solicita que os autos lhe sejam encaminhados, por entender estar dotado de competência para apreciar a causa. Se o juízo no qual o processo tramita atender a essa solicitação, inexistirá, por óbvio, conflito de competência; se, entretanto, o mencionado juízo recusar-se a enviar os autos ao solicitante, o conflito aflorará, pois um e outro se consideram competentes para solucionar a mesma lide.

Não poderíamos encerrar este item sem lançar um comentário crítico, ainda que breve, sobre algumas situações que se tem verificado na prática, quais sejam: a) o juízo para o qual os autos foram encaminhados (por entender-se que seria o competente), deixar de suscitar o conflito negativo, no caso de não reconhecer essa competência; b) o juízo ao qual um outro, considerado competente, solicitou a remessa dos autos, deixar de suscitar o conflito positivo de competência. Em ambos os casos, a consequência poderá ser altamente prejudicial para uma ou para todas as partes, que acabarão por perder longo tempo à espera de que um dos juízos resolva instaurar o conflito. A solução consistirá no suscitamento do conflito pela parte (CLT, art. 805; CPC, art. 951), quando for o caso.

Legitimidade

Segundo o art. 805, da CLT, possuem legitimidade para suscitar o conflito de competência, seja este positivo ou negativo: a) os juízes e Tribunais do Trabalho; b) o procurador-geral e os procuradores regionais da Justiça do Trabalho; c) a parte interessada ou o seu representante. O processo civil atribui essa legitimidade: a) a qualquer das partes; b) ao juiz; c) ao Ministério Público (art. 953), ou seja, há coincidência entre os sistemas do processo civil e o do trabalho, no que respeita à legitimidade para suscitar conflito de competência.

Parágrafo único. O Ministério Público somente será ouvido nos conflitos de competência referentes aos processos mencionados no art. 178, ou seja que envolvam: a) interesse público ou social; b) interesse de incapaz; c) litígios coletivos pela posse de terra rural ou urbana. Essa manifestação pode resumir-se à alegação de que o *Parquet* não tem interesse em pronunciar-se, talvez, por não estar presente nenhuma das situações previstas no art. 178. O Ministério Público terá a qualidade de parte nos conflitos de competência por ele suscitados.

Código de Processo Civil   Arts. 952 e 953

Art. 952. Não pode suscitar conflito a parte que, no processo, arguiu incompetência relativa.

Parágrafo único. O conflito de competência não obsta, porém, a que a parte que não o arguiu suscite a incompetência.

• **Comentário**

Caput. Transcreveu-se o art. 117 do CPC revogado.

No sistema do atual CPC, a incompetência, seja absoluta ou relativa, deve ser alegada como preliminar da contestação (arts. 64 e 337, II). No processo do trabalho, todavia, a incompetência *relativa* deve seguir sendo objeto de *exceção*, pois a CLT não é omissa sobre o assunto (arts. 799 a 802).

Estará impedida de suscitar o conflito a parte que, no mesmo processo, haja oferecido exceção de incompetência, ou seja, em razão do lugar (CLT, art. 806). A razão é de boa lógica, pois, neste caso, a parte (ré), diante da incompetência do órgão jurisdicional, preferiu discutir a matéria em sede de exceção.

Parágrafo único. Por outro lado — e dentro da mesma linha de raciocínio lógico — o fato de, por exemplo, o autor haver suscitado o conflito de competência não impede o réu de fazer uso da exceção de incompetência. Uma observação relevante: na situação em exame, o réu somente poderá apresentar exceção de incompetência na pendência do conflito de competência suscitado pelo autor, pelo juiz ou pelo Ministério Público. Se o conflito já havia sido julgado, estará preclusa a possibilidade de o réu oferecer a mencionada exceção.

Art. 953. O conflito será suscitado ao tribunal:

I — pelo juiz, por ofício;

II — pela parte e pelo Ministério Público, por petição.

Parágrafo único. O ofício e a petição serão instruídos com os documentos necessários à prova do conflito.

• **Comentário**

Caput. Repetiu-se a regra do art. 118 do CPC revogado.

A norma dispõe sobre a *forma* de suscitação do conflito de competência.

Inciso I. O juiz o suscitará mediante ofício. Uma nótula esclarecedora: no processo do trabalho, o juiz mandará extrair dos autos as provas do conflito e, com sua informação, remeterá os autos assim formados, o mais breve possível, ao presidente do tribunal competente (CLT, art. 809, I). O envio dos autos será acompanhado de ofício do juízo suscitante.

Inciso II. A parte e o Ministério Público o suscitarão por meio de petição. Conforme consta do parágrafo único do art. 951 do CPC, o Ministério Público será sempre ouvido nos conflitos de competência; todavia, terá a qualidade formal de parte nos conflitos que suscitar. A suscitação do conflito, pelo *Parque*t, deve ser por meio de petição, com observância dos requisitos legais. Embora de rara ocorrência, há possibilidade de o conflito de competência ser suscitado pelo próprio autor, como quando o órgão da Justiça Comum se declara incompetente em razão da matéria (com o que as partes concordam) e determina a remessa dos autos à Vara do Trabalho que não possui competência em razão do lugar (*ratione loci*). Nesta hipótese, como essa Vara não foi escolhida pelo autor, este poderá suscitar o conflito de competência, a fim de que os autos sejam remetidos ao juízo competente, em razão do lugar. Note-se que a norma legal em exame não afirma que o conflito — deixando-se de lado o Ministério Público — somente poderá ser suscitado pelo réu; a legitimidade que o texo legal concede é *às partes*, ou seja, ao autor ou ao réu.

Parágrafo único. Tanto o ofício quanto a petição deverão ser instruídos com os documentos necessários à comprovação do conflito. Esses documentos são as decisões, monocráticas ou colegiadas, pelos quais os juízes em antagonismo se declararam competentes ou incompetentes para apreciar a causa. O art. 787, da CLT, aliás, exige, de modo geral, que a petição inicial seja instruída com os documentos em que se fundar. Assim, também, o art. 320 do CPC.

Os conflitos de competência entre:

a) Varas do Trabalho vinculadas ao mesmo Tribunal, serão por este decididos: CLT, art. 678, I, "c", 3;

b) Juízos de direito investidos na jurisdição trabalhista, pelo Tribunal Regional do Trabalho: CLT, art. 678, I, "c", 3;

c) Varas do Trabalho e juízo de direito investido na jurisdição trabalhista, pelo Tribunal Regional do

Trabalho: CLT, art. 678, I, "c", 3. A Súmula n. 180, do STJ, é no mesmo sentido: "Na lide trabalhista, compete ao Tribunal Regional do Trabalho dirimir conflito de competência verificado, na respectiva região, entre Juiz Estadual e Junta de Conciliação e Julgamento". Essas Juntas passaram a denominar-se Varas, em virtude da EC n. 24/99. Todavia, a Lei n. 7.701, de 21.12.1988, no art. 3º, II, "b", que é posterior à CLT, cria um enigma ao dispor que a SDI do TST possui competência para dirimir os conflitos de competência "que envolvem Juízes de Direito investidos na jurisdição trabalhista e Juntas de Conciliação e Julgamento".

d) Varas do Trabalho vinculadas a Tribunais do Trabalho diversos, pelo Tribunal Superior do Trabalho". Consta da Súmula n. 236, do STJ.: "Não compete ao Tribunal Superior de Justiça dirimir conflitos de competência entre juízes trabalhistas vinculados a Tribunais Regionais do Trabalho diversos";

e) Vara do Trabalho e juízo de direito vinculados a tribunais diversos, pelo Superior Tribunal de Justiça: CF, art. 105, I, "d".

f) Vara do Trabalho e Vara Estadual, sem que esta se encontre investida na jurisdição trabalhista, pelo Superior Tribunal de Justiça: CF, art. 105, I, "d";

g) Turmas do mesmo Tribunal Regional, por este: CLT, art. 678, I, "c", 3;

h) Tribunais Regionais do Trabalho, em processos de dissídios individuais, pelo Tribunal Superior do Trabalho (SDI): Lei n. 7.701, de 21.12.1988, art. 3º, II, "b". Todavia, essa competência deve ser do Superior Tribunal de Justiça, por força do disposto no art. 105, I, "d", da Constituição Federal, que atribui competência ao STJ para julgar os conflitos de competência *entre quaisquer tribunais*. A Lei n. 7.701/1988 revela-se inconstitucional, neste particular.

i) Tribunais Regionais do Trabalho em processos de dissídio coletivo, pelo Tribunal Superior do Trabalho (SDC): Lei n. 7.701, de 21.12.1988, art. 2º, I, "e". Essa competência é do STJ, pelas razões expostas na letra anterior ("h"). Também aqui transparece a inconstitucionalidade da Lei n. 7.701/1988.

Art. 954. Após a distribuição, o relator determinará a oitiva dos juízes em conflito ou, se um deles for suscitante, apenas do suscitado.

Parágrafo único. No prazo designado pelo relator, incumbirá ao juiz ou aos juízes prestar as informações.

• **Comentário**

Caput. Efetuada a distribuição, o relator ouvirá os juízes em conflito, no prazo que lhes assinar; esse prazo poderá ser comum ou sucessivo. Se um deles for o suscitante será ouvido, apenas, o suscitado.

Não é muito diverso o procedimento característico do processo do trabalho como demonstra o inciso II do art. 809 da CLT: o relator poderá ordenar, de imediato, aos juízes envolvidos em conflito positivo, que suspendam a tramitação do processo principal, e solicitar, ao mesmo tempo, informações que considere importantes ou convenientes. Em seguida, será ouvido o Ministério Público, após o que o relator submeterá o feito a julgamento na primeira sessão (*ibidem*).

Parágrafo único. No prazo assinado pelo relator, os juízos exporão as razões jurídicas pelas quais entendem ser competentes ou incompetentes para julgar a causa. O silêncio de um dos juízes não trará consequências processuais diretas, pois, em regra, esses conflitos envolvem exclusivamente matéria de direito, embora essa omissão possa ser considerada como falta funcional. Cabe, aqui, uma ponderação: se o juízo suscitado, ao remeter os autos ao suscitante, houver manifestado as razões de seu convencimento, não há necessidade de ele prestar informações ao relator, desde que estas componham os autos do conflito (CLT, art. 809, I).

Art. 955. O relator poderá, de ofício ou a requerimento de qualquer das partes, determinar, quando o conflito for positivo, o sobrestamento do processo e, nesse caso, bem como no de conflito negativo, designará um dos juízes para resolver, em caráter provisório, as medidas urgentes.

Parágrafo único. O relator poderá julgar de plano o conflito de competência quando sua decisão se fundar em:

I — súmula do Supremo Tribunal Federal, do Superior Tribunal de Justiça ou do próprio tribunal;

II — tese firmada em julgamento de casos repetitivos ou em incidente de assunção de competência.

Código de Processo Civil

• **Comentário**

Caput. Reproduziu-se a regra do art. 120 do CPC revogado.

Se o conflito de competência for *positivo*, o relator, por sua iniciativa ou a requerimento de qualquer das partes, poderá determinar o sobrestamento do processo. Tanto nesse caso quanto no de conflito *negativo*, ele deverá designar um juiz para resolver, em caráter provisório, as medidas urgentes (concessão de liminares, por exemplo). Esse juiz estará, por assim dizer, dotado de *competência circunstancial* (e provisória), embora a sua decisão não venha, necessariamente, a ser afetada pela resolução do conflito de competência. A CLT contém regra semelhante (art. 809, II).

Parágrafo único. O relator poderá julgar, desde logo, o conflito de competência quando sua decisão se fundar em uma das situações previstas nos incisos I e II.

Inciso I. Súmula do STF, do STJ ou do próprio tribunal.

Inciso II. Tese firmada em julgamento de casos repetitivos ou em incidente de assunção de competência.

Art. 956. Decorrido o prazo designado pelo relator, será ouvido o Ministério Público, no prazo de 5 (cinco) dias, ainda que as informações não tenham sido prestadas, e, em seguida, o conflito irá a julgamento.

• **Comentário**

Regra idêntica à do art. 121 do CPC revogado.

Exaurido o prazo, tendo sido prestadas, ou não, as informações pelo juízo suscitado, ou por ambos, o Ministério Público será ouvido em cinco dias. Conquanto possa aparentar preciosismo, entendemos que a audiência do Ministério Público será necessária mesmo no caso de o conflito de competência haver sido por ele suscitado. O parecer deverá ser exarado por procurador diverso daquele que assinou a petição inicial. Posteriormente a isso, o relator levará o conflito à sessão de julgamento.

Art. 957. Ao decidir o conflito, o tribunal declarará qual o juízo competente, pronunciando-se também sobre a validade dos atos do juízo incompetente.

Parágrafo único. Os autos do processo em que se manifestou o conflito serão remetidos ao juiz declarado competente.

• **Comentário**

Caput. Transcreveu-se o art. 122 do CPC revogado.

No julgamento do conflito, caberá ao tribunal: a) declarar qual seja o juízo competente. Embora a decisão, de modo geral, indique como competente o suscitante ou o suscitado, nada impede que, levando-se em conta as particularidades do caso concreto, o tribunal indique como juízo competente um terceiro; b) manifestar-se sobre a validade, ou não, dos atos praticados pelo juízo incompetente. Convém rememorar que, por força do disposto no art. 64, § 4º, do CPC, salvo decisão judicial em sentido contrário, os efeitos da decisão proferida pelo juízo incompetente serão preservados até que outra seja proferida, se for o caso, pelo juízo competente.

Dirimido o conflito, a decisão deverá ser imediatamente comunicada aos juízes envolvidos (CLT, art. 809, III).

Parágrafo único. Os autos do processo em que o conflito de competência foi suscitado serão remetidos ao juízo declarado competente, no qual terá prosseguimento a causa principal (CLT, art. 809, III).

Art. 958. No conflito que envolva órgãos fracionários dos tribunais, desembargadores e juízes em exercício no tribunal, observar-se-á o que dispuser o regimento interno do tribunal.

• **Comentário**

Com algumas nuanças, a matéria era regida pelo art. 123 do CPC revogado.

Havendo conflito entre órgãos fracionários dos tribunais (câmaras, turmas, grupo de turmas etc.), desembargadores e juízes em exercício no tribunal, deverão ser observadas as disposições do regimento interno do Tribunal.

Art. 959. O regimento interno do tribunal regulará o processo e o julgamento do conflito de atribuições entre autoridade judiciária e autoridade administrativa.

• **Comentário**

Transcreveu-se o art. 124 do CPC revogado.

Sob a perspectiva técnica só se pode cogitar de conflito de competência quando este ocorre entre órgãos da jurisdição. Havendo antagonismo entre órgão jurisdicional e administrativo, ou entre órgãos administrativos, o que se tem é um *conflito de atribuições*, cujo processo e julgamento deverão ser regulados pelos regimentos internos dos tribunais.

CAPÍTULO VI
DA HOMOLOGAÇÃO DE DECISÃO ESTRANGEIRA E DA CONCESSÃO DO EXEQUATUR À CARTA ROGATÓRIA

Art. 960. A homologação de decisão estrangeira será requerida por ação de homologação de decisão estrangeira, salvo disposição especial em sentido contrário prevista em tratado.

§ 1º A decisão interlocutória estrangeira poderá ser executada no Brasil por meio de carta rogatória.

§ 2º A homologação obedecerá ao que dispuserem os tratados em vigor no Brasil e o Regimento Interno do Superior Tribunal de Justiça.

§ 3º A homologação de decisão arbitral estrangeira obedecerá ao disposto em tratado e em lei, aplicando-se, subsidiariamente, as disposições deste Capítulo.

• **Comentário**

Caput. Para que a decisão estrangeira tenha eficácia no Brasil deverá ser homologada por meio de ação específica, exceto nos casos de haver disposição especial em tratado de que participe o Brasil. Convém esclarecer que as sentenças estrangeiras passíveis de homologação no nosso país são aquelas proferidas em situações que configurem a denominada "jurisdição concorrente". Logo, cuidando-se de jurisdição exclusivamente brasileira não se há de cogitar em homologação de sentenças proferidas no estrangeiro.

§ 1º A carta rogatória é o instrumento pelo qual a decisão interlocutória estrangeira poderá ser executada no Brasil.

§ 2º A homologação deverá obedecer ao disposto nos tratados vigentes no Brasil e no regimento interno do STJ.

§ 3º Tratando-se de decisão arbitral estrangeira, a sua homologação será feita de acordo com o contido em tratado e em lei, aplicando-se, em caráter subsidiário, as normas deste Capítulo.

Art. 961. A decisão estrangeira somente terá eficácia no Brasil após a homologação de sentença estrangeira ou a concessão do exequatur às cartas rogatórias, salvo disposição em sentido contrário de lei ou tratado.

§ 1º É passível de homologação a decisão judicial definitiva, bem como a decisão não judicial que, pela lei brasileira, teria natureza jurisdicional.

§ 2º A decisão estrangeira poderá ser homologada parcialmente.

§ 3º A autoridade judiciária brasileira poderá deferir pedidos de urgência e realizar atos de execução provisória no processo de homologação de decisão estrangeira.

§ 4º Haverá homologação de decisão estrangeira para fins de execução fiscal quando prevista em tratado ou em promessa de reciprocidade apresentada à autoridade brasileira.

§ 5º A sentença estrangeira de divórcio consensual produz efeitos no Brasil, independentemente de homologação pelo Superior Tribunal de Justiça.

§ 6º Na hipótese do § 5º, competirá a qualquer juiz examinar a validade da decisão, em caráter principal ou incidental, quando essa questão for suscitada em processo de sua competência.

Código de Processo Civil

• **Comentário**

Caput. Referência: art. 483 do CPC revogado.

Como dissemos no comentário ao art. 960, as decisões proferidas pela justiça de outros países somente terão eficácia no Brasil se previamente homologadas pelo STJ.

O STF tem entendido que as cartas rogatórias passíveis de *exequatur* são as que possuem natureza cientificatória, e não, executiva.

§ 1º A norma esclarece o que se deva entender por decisões: não apenas aquelas judiciais, de natureza definitiva, mas, também, as não judiciais, que, pela lei brasileira, possuem natureza jurisdicional.

§ 2º As sentenças estrangeiras podem ser homologadas somente em parte; é evidente que a parte não homologada não possuirá eficácia no Brasil.

§ 3º Desde que necessário, as autoridades judiciárias brasileiras poderão conceder medidas de urgência, como as previstas nos arts. 300 a 310 do CPC, e realizar atos de execução provisória, nos procedimentos de homologação de decisões estrangeiras.

§ 4º No caso de homologação de decisão estrangeira, para fins de execução fiscal, somente será possível a homologação quando houver previsão em tratado ou promessa de reciprocidade apresentada à autoridade brasileira.

§ 5º A sentença estrangeira de divórcio consensual independe de homologação pelo STJ para produzir efeitos no Brasil.

§ 6º No caso do parágrafo anterior qualquer juiz terá competência para examinar a validade da decisão, em caráter principal ou incidental, desde que essa questão seja suscitada em processo de sua competência.

Art. 962. É passível de execução a decisão estrangeira concessiva de medida de urgência.

§ 1º A execução no Brasil de decisão interlocutória estrangeira concessiva de medida de urgência dar-se-á por carta rogatória.

§ 2º A medida de urgência concedida sem audiência do réu poderá ser executada, desde que garantido o contraditório em momento posterior.

§ 3º O juízo sobre a urgência da medida compete exclusivamente à autoridade jurisdicional prolatora da decisão estrangeira.

§ 4º Quando dispensada a homologação para que a sentença estrangeira produza efeitos no Brasil, a decisão concessiva de medida de urgência dependerá, para produzir efeitos, de ter sua validade expressamente reconhecida pelo juiz competente para dar-lhe cumprimento, dispensada a homologação pelo Superior Tribunal de Justiça.

• **Comentário**

Caput. A decisão estrangeira concessiva de medida de urgência pode ser executada no Brasil.

§ 1º Tratando-se de decisão interlocutória estrangeira concessiva de medida de urgência, a sua execução será feita por meio de carta rogatória.

§ 2º O fato de a medida de urgência haver sido concedida sem audiência do réu não impede a sua execução, contanto que se garanta o contraditório mais tarde.

§ 3º Compete, com exclusividade à autoridade jurisdicional emissora da decisão estrangeira o juízo sobre a urgência da medida.

§ 4º No caso em que for dispensada a homologação da sentença estrangeira para que produza efeitos no Brasil a decisão que concedeu na medida de urgência dependerá, para gerar efeitos, de ter a sua validade reconhecida, de modo expresso, pelo juiz competente para dar-lhe cumprimento, prescindindo-se de homologação pelo STJ.

Art. 963.
Constituem requisitos indispensáveis à homologação da decisão:

I — ser proferida por autoridade competente;

II — ser precedida de citação regular, ainda que verificada a revelia;

III — ser eficaz no país em que foi proferida;

IV — não ofender a coisa julgada brasileira;

V — estar acompanhada de tradução oficial, salvo disposição que a dispense prevista em tratado;

VI — não conter manifesta ofensa à ordem pública.

Parágrafo único. Para a concessão do exequatur às cartas rogatórias, observar-se-ão os pressupostos previstos no *caput* deste artigo e no art. 962, § 2º.

• **Comentário**

Caput. O CPC era omisso sobre o assunto.

A norma estabelece os requisitos indispensáveis à homologação da decisão estrangeira.

Inciso I. Ser proferida por autoridade competente. Para esse efeito, incumbirá ao requerente demonstrar a referida competência, segundo a legislação estrangeira.

Inciso II. Ter havido citação regular, mesmo no caso de revelia. É necessário, pois, que o réu tenha sido cientificado da existência da ação — vindo a apresentar defesa, ou não.

Inciso III. Ser eficaz no país em que foi proferida. É evidente que se a decisão for, por exemplo, nula, segundo a legislação do país cujo órgão judicial a proferiu, não será homologada pelo STJ. Mais uma vez, caberá ao requerente demonstrar a eficácia e a validade da decisão, no país de origem, a ser homologada.

Inciso IV. Não ofender a coisa julgada brasileira. É oportuno lembrar que a Constituição Federal de nosso país determina o respeito à coisa julgada (art. 5º, inciso XXXVI).

Inciso V. A decisão deverá ser acompanhada de tradução oficial, exceto se houver tratado que a dispense. A esse respeito é oportuno recordar a regra inscrita no art. 192 do CPC, conforme o qual somente poderá ser juntado aos autos documento redigido em língua estrangeira quando acompanhado de versão para a língua portuguesa firmada por tradutor juramentado.

Inciso VI. Se a decisão estrangeira implicar manifesta ofensa à ordem pública brasileira, a sua homologação será recusada.

Parágrafo único. A concessão de *exequatur* às cartas rogatórias deverá atender aos requisitos mencionados no *caput* deste artigo, assim como no § 2º, do art. 962.

Art. 964.
Não será homologada a decisão estrangeira na hipótese de competência exclusiva da autoridade judiciária brasileira.

Parágrafo único. O dispositivo também se aplica à concessão do exequatur à carta rogatória.

• **Comentário**

Caput. Não havia norma correspondente no CPC revogado.

O STJ recusará homologação à decisão estrangeira quanto a matéria nela contida for da competência exclusiva da autoridade judiciária brasileira.

Parágrafo único. A mesma disposição se aplica à concessão de *exequatur* à carta rogatória.

Art. 965.
O cumprimento de decisão estrangeira far-se-á perante o juízo federal competente, a requerimento da parte, conforme as normas estabelecidas para o cumprimento de decisão nacional.

Parágrafo único. O pedido de execução deverá ser instruído com cópia autenticada da decisão homologatória ou do exequatur, conforme o caso.

Código de Processo Civil

• **Comentário**

Caput. Homologada a sentença estrangeira, o seu cumprimento será efetuado no juízo federal competente, a requerimento da parte, segundo dispuserem as normas estabelecidas para o cumprimento de decisão nacional.

Parágrafo único. A parte deverá instruir o pedido de execução com cópia autenticada da decisão homologatória ou do *exequatur,* conforme seja o caso.

CAPÍTULO VII
DA AÇÃO RESCISÓRIA

Art. 966. A decisão de mérito, transitada em julgado, pode ser rescindida quando:

I – se verificar que foi proferida por força de prevaricação, concussão ou corrupção do juiz;

II – for proferida por juiz impedido ou por juízo absolutamente incompetente;

III – resultar de dolo ou coação da parte vencedora em detrimento da parte vencida ou, ainda, de simulação ou colusão entre as partes, a fim de fraudar a lei;

IV – ofender a coisa julgada;

V – violar manifestamente norma jurídica;

VI – for fundada em prova cuja falsidade tenha sido apurada em processo criminal ou venha a ser demonstrada na própria ação rescisória;

VII – obtiver o autor, posteriormente ao trânsito em julgado, prova nova cuja existência ignorava ou de que não pôde fazer uso, capaz, por si só, de lhe assegurar pronunciamento favorável;

VIII – for fundada em erro de fato verificável do exame dos autos.

§ 1º Há erro de fato quando a decisão rescindenda admitir fato inexistente ou quando considerar inexistente fato efetivamente ocorrido, sendo indispensável, em ambos os casos, que o fato não represente ponto controvertido sobre o qual o juiz deveria ter se pronunciado.

§ 2º Nas hipóteses previstas nos incisos do *caput*, será rescindível a decisão transitada em julgado que, embora não seja de mérito, impeça:

I – nova propositura da demanda; ou

II – admissibilidade do recurso correspondente.

§ 3º A ação rescisória pode ter por objeto apenas 1 (um) capítulo da decisão.

§ 4º Os atos de disposição de direitos, praticados pelas partes ou por outros participantes do processo e homologados pelo juízo, bem como os atos homologatórios praticados no curso da execução, estão sujeitos à anulação, nos termos da lei.

• **Comentário**

Caput. A matéria era regida pelo art. 485 do CPC revogado.

Origem da ação rescisória

Conquanto a opinião doutrinária predominante seja de que a ação rescisória proveio da *querella nullitatis* romana, Pontes de Miranda adverte, com acerto, quanto ao equívoco desse entendimento. Para o notável jurista, a rescisória é oriunda da concepção romana da sentença, *mais* a concepção de *sententia nulla*, perante o juiz privado, recompostas pelos glosadores e canonistas do século XIII, *mais* a correção realizada pelo princípio germânico da força formal da sentença (*Tratado da ação rescisória*. 5. ed. Rio de Janeiro: Forense, 1976. p. 92).

A ação rescisória também não deriva da *querella nullitatis* dos textos italianos da época (século XII). Essa *querella* está ligada ao desenvolvimento da atividade comercial das cidades italianas e é produto da "tendência de todo o processo estatutário a tornar célere a solução das controvérsias, para a segurança do direito no interesse do comércio" (CALAMANDREI, Piero. *La cassazione civile*. v. I. Milano, Roma: Fratelli Bocca Editori, 1920. p. 139). O instituto em exame apresentava, em muitos de seus aspectos, similitude com a apelação, pois tanto este quanto aquele eram interpostos a juiz superior ao que proferira a sentença; além disso, a exaustão do prazo para o oferecimento da *querella* fazia da sentença coisa absoluta e definitivamente julgada (CALAMANDREI, idem, ibidem).

O processo medieval europeu, no que respeita à sanação dos vícios existentes nas sentenças, se sustentava em dois princípios: um, de origem romana, conforme o qual os erros procedimentais (*errores in procedendo*) acarretavam a nulidade (= inexistência) da decisão, ao passo que os erros de julgamento (*errores in iudicando*) deveriam ser corrigidos por meio de recurso; outro, transmitido pelo direito germânico, que afirmava somente ser corrigível pela via recursal a injustiça do julgado, proveniente de *error in procedendo* ou *error in iudicando*.

Natureza jurídica

No passado, juristas de nomeada chegaram a afirmar que a ação rescisória traduzia modalidade de recurso de natureza especial (Lopes da Costa, Cândido de Oliveira Filho, Costa Carvalho, Filadelfo Azevedo Pereira Braga). Já em 1916 — portanto, muito antes de entrar em vigor o primeiro código de processo civil unitário, do País —, contudo, Manoel Inácio Carvalho de Mendonça, com o peso de sua autoridade, advertia "não haver cousa mais frequente do que ouvir repetir que a rescisão dos julgados é um recurso. Nada entretanto é mais absurdo, uma vez que às verba juris, à técnica rigorosa, queiramos dar seu verdadeiro e legítimo sentido" (*Da ação rescisória*. 2. ed., n. 12, p. 328/332), concluindo ser essencial que "não se vulgarize a errada equiparação da ação rescisória com o recurso, que pode caber das sentenças e julgados. Como noção, é isto um erro gravíssimo; como simples imagem, é vulgar e indigna dos cultores do direito" (*ibidem*).

O máximo que se poderia transigir, no tocante ao tema que constitui objeto de nossa investigação, não iria além do reconhecimento quanto a ação rescisória possuir uma certa "alma" de recurso (Liebman), embora o seu corpo seja, fundamentalmente, de ação.

Com efeito, a corrente de opinião doutrinal que via nessa ação uma espécie de recurso especial fechava os olhos à particularidade expressiva de que a ação rescisória instaura uma nova relação processual, ao passo que a pretensão recursal, em regra, é exercida na mesma relação jurídica processual que deu origem ao pronunciamento jurisdicional impugnado. Assim o é, porque enquanto a ação rescisória tem como objetivo desconstituir a coisa julgada material, o recurso somente é admissível das decisões que ainda não produziram a *res iudicata*.

Do ponto de vista estritamente objetivo, é inegável que a rescisória não se apresenta como recurso, pois o art. 994 do CPC não a inclui no elenco dos meios de impugnação às decisões judiciais, tratando-a como autêntica ação desconstitutiva (arts. 966 a 975). Logo, o processo da ação rescisória se inicia por petição, que deve atender aos requisitos previstos no art. 968, sob pena de ser indeferida; exige citação da parte contrária, em prazo variável (art. 970); e enseja a produção de todas as provas em Direito admitidas (art. 972).

Conceito

Sendo a rescisória uma ação, é elementar que o seu conceito não se afasta, em essência, daquele que assinala as ações judiciais em geral. Se levarmos em conta, todavia, também a finalidade da ação rescisória, veremos que a sua definição apresenta elementos particulares, que a individualizam no concerto das demais ações.

Antes de emitirmos um conceito pessoal dessa ação, vejamos como a doutrina vem se manifestando sobre o assunto: é aquela que tem por objetivo declarar a nulidade da sentença que transitou em julgado" (Alcides de Mendonça Lima); "aquela que tem por objeto ajuizar pedido de anulação de sentença passada em julgado. Remédio por excelência para a anulação dos efeitos da sentença passada em julgado, a ação rescisória é de natureza constitutiva, uma vez que tem por fim extinguir a situação jurídica consubstanciada na decisão que se busca anular" (José Frederico Marques) "é a ação pela qual se pede a declaração da nulidade da sentença" (Luiz Eulálio de Bueno Vidigal); "ação pela qual se pede a decretação de nulidade ou ilegalidade de uma sentença que extrinsecamente passou em julgado e, por via de consequência, o novo julgamento da espécie nela examinada" (Jorge Americano); "é a ação pela qual se pede a desconstituição de sentença trânsita em julgado, com eventual rejulgamento, a seguir, da matéria nela julgada" (José Carlos Barbosa Moreira).

Conquanto estejamos cientes da advertência que vem das fontes romanas, segundo a qual *omnia definitio in iuris civilis periculosa est*, abalançamo-nos a formular o seguinte conceito abreviado de ação rescisória: é aquela por meio da qual se pede a desconstituição da coisa julgada, nos casos previstos em lei, podendo haver novo julgamento da causa.

Dissemos:

É aquela por meio da qual se pede, porque, mesmo em sede de ação rescisória, vigora o princípio da *inércia jurisdicional* (ou da *demanda*). A esse respeito, o CPC de 1973 dispunha que nenhum juiz prestaria a tutela jurisdicional a não ser quando a parte ou o interessado a requeresse "nos casos e forma legais". O Código atual diz a mesma coisa por outras palavras: "Art. 2º O processo começa por iniciativa da parte e se desenvolve por impulso oficial, salvo as exceções previstas em lei". Desta maneira, mesmo que a sentença haja, por exemplo, afrontado a coisa julgada ou violado literal disposição de lei, somente poderá ser rescindida por iniciativa do interessado (parte ou terceiro), nunca pelo juiz, em *atuação ex officio*. O emprego do verbo *pedir*, no enunciado do conceito que esboçamos, atende, por outro lado, ao requisito constante do art. 319, inc. IV, do CPC.

A desconstituição, pois a finalidade da ação rescisória é desconstituir, desfazer, a coisa julgada material, como qualidade (e não efeito) da sentença ou do acórdão não mais sujeitos a recurso, ordinário ou extraordinário. Incorreram, pois, a nosso ver, em manifesto deslize técnico os autores que viram no objetivo dessa ação a *declaração* ou *decretação* de nulidade do pronunciamento jurisdicional rescindendo. Em nosso sistema jurídico só se declara a *inexistência* ou *ineficácia* do ato. Mesmo na vigência do CPC de 1939, cujo art. 798 fazia equivocada referência à sentença *nula* (em vez de *rescindível*), o uso do verbo *declarar*, pela doutrina, era passível de censura, pois ainda que "nula" fosse efetivamente a sentença, a hipótese seria de *desconstituição* e não de *declaração*. Pode-se falar, também, em rescisão da sentença, pois o verbo *rescindir* (do Latim *rescindo, is, scidi, scissum, scindere*) significar desfazer, ab-rogar, cortar. Adequado por isso, o adjetivo *rescisória* que se pespegou ao substantivo *ação*, por forma a compor o *nomen iuris*: *ação rescisória*.

Da coisa julgada, porque o escopo da ação rescisória é o desfazimento da eficácia que tornou imutável e indiscutível, na mesma relação processual, a sentença ou o acórdão (CPC, art. 502). Neste ponto, destaca-se um dos traços distintivos da ação rescisória, quando cotejada com os recursos: enquanto estes somente podem ser interpostos dos pronunciamentos jurisdicionais ainda não transitados em julgado, aquela, ao contrário, só pode ser dirigida a pronunciamentos passados em julgado. Eventual exercício da ação rescisória sem que a decisão que lhe constitua o objeto tenha passado em julgado fará com que o autor seja declarado carecedor da ação por falta de interesse processual (CPC, art. 17). A propósito, o exercício da ação rescisória não está condicionado à exaustão dos recursos, ou seja, à anterior interposição de recurso da decisão que se pretende rescindir, como elucida a Súmula n. 514, do STF.

Nos casos previstos em lei, porquanto as causas de rescisão dos julgados são, apenas, aquelas relacionadas nos incisos I a VIII, do art. 966 do CPC. Estando a coisa julgada material a serviço do propósito político de preservação da estabilidade das relações jurídicas e sociais, torna-se inevitável reconhecer que o exercício da ação rescisória não poderia ser amplo, ilimitado, sob pena de haver frustração do objetivo a que há pouco aludimos. Assim, teria agido com insensatez o legislador se houvesse reservado ao prudente arbítrio do interessado o manejo dessa ação desconstitutiva. Em suma, a enumeração das causas de rescindibilidade dos pronunciamentos jurisdicionais, feita pelo art. 966 do CPC, traduz *numerus clausus*, de tal modo que não se permite o exercício da ação rescisória fora desses casos.

Podendo haver novo julgamento da causa. Quando alguém ingressa em juízo com ação rescisória, a sua pretensão consiste no desfazimento da sentença, na desconstituição da coisa julgada, enfim. Este é o *iudicium rescindens*. Em determinadas situações, contudo, deseja-se não somente essa desconstituição, mas um novo julgamento da lide: é o *iudicium rescissorium*. Costuma-se falar, nesses casos, em *rejulgamento*, conquanto este vocábulo não se encontre dicionarizado.

Mais adiante, iremos examinar, com maior profundidade, o *iudicium rescindens* e o *rescissorium*. Por enquanto, é conveniente acrescentar que a atuação do segundo deve ser requerida pelo autor, na inicial, como revela o art. 968, inciso I, do CPC, embora certo setor da doutrina venha admitindo a possibilidade de esse juízo ser realizado *ex officio*, ou seja, por iniciativa do juiz.

Poderíamos ter apresentado um conceito mais largo de ação rescisória, nele introduzindo todos os elementos que se situam na órbita dessa ação, como: legitimidade, juízo competente e o mais. Esse descer às minúcias, entretanto, serviria apenas para apoquentar os nossos leitores, sem qualquer resultado prático; daí por que preferimos enunciar um conceito objetivo, contendo unicamente os elementos essenciais.

Uma observação final é necessária, para que a disciplina legal pertinente à ação rescisória seja adequadamente compreendida. Envolvendo, essa modalidade de ação "constitucionalizada" (Const. Federal, art. 102, inciso I, letra "l"), autêntico julgamento de julgamento, o seu surgimento, na verdade, é pré-processual, conquanto ela se desenvolva em face da decisão rescindenda. É certo que ao desconstituir essa decisão, a rescisória pode penetrar no mérito da pretensão deduzida em juízo na ação anterior, ainda que, nesse novo exame, não reinstaure a antiga relação jurídica processual. Destarte, realizando, ou não, a nova cognição do mérito, é indiscutível que a ação rescisória instaura uma nova relação jurídica processual.

Pressupostos

Introdução

A ação rescisória foi, teleologicamente, instituída para desfazer a coisa julgada (material). A autoridade e a intangibilidade da *res iudicata* não representam, portanto, valores absolutos, porquanto o mesmo texto constitucional, que ordena o respeito às sentenças passadas em julgado (art. 5º, XXXVI), faz expressa referência à rescisória (art. 102, I, j), que, como dissemos, é o instrumento que o nosso ordenamento processual reserva para o ataque (= desconstituição) aos pronunciamentos da jurisdição em relação aos quais já se esgotaram as vias recursais.

O trânsito em julgado da sentença (ou do acórdão) figura, conseguintemente, como pressuposto para o ajuizamento da rescisória. O simples fato de a decisão haver passado em julgado não basta, porém, para autorizar o exercício de uma pretensão dessa natureza; para isso, é imprescindível que o provimento jurisdicional tenha ingressado no exame do mérito. Sob este aspecto, chega a ser enfática a redação do art. 966, do CPC.

É oportuno recordar que no sistema do digesto processual civil de 1939 admitia-se a rescindibilidade dos julgados em geral, ou seja, até mesmo daqueles que não haviam penetrado o exame do *meritum causae*. Segundo a nomenclatura consagrada pelo Código revogado, aliás, as sentenças terminativas correspondiam às que, atualmente, encerram o processo sem prospecção do mérito; as definitivas, às que, hoje, extinguem o processo com julgamento das questões de fundo.

Estando certo que a rescisória pressupõe o trânsito em julgado da sentença de mérito, isto equivale a afirmar, por outro lado, que o exercício dessa ação não será possível quando se tratar: a) de sentença passada em julgado, que não tenha tangido as questões de fundo; b) de sentença de mérito, que ainda não haja passado em julgado.

a) Sentença de mérito

Embora venhamos a nos dedicar, mais adiante, a uma investigação mais aprofundada do conceito de mérito, com vistas ao manejo da ação rescisória, é recomendável antecipparmos, aqui, algumas considerações a respeito do assunto.

Parece-nos que a configuração jurídica do conceito de mérito é indissociável da presença de lide, no caso concreto. Antes do surgimento da notável obra de Carnelutti, o significado do vocábulo lide não possuía a importância que ostenta nos dias atuais: em alguns casos era utilizado para significar o conflito de interesses a ser dirimido pelo Estado-juiz; em outros, para expressar o próprio processo como método estatal de solução de conflitos dessa natureza. Carnelutti atribuiu ao termo, entretanto, um sentido mais científico, ao elegê-lo para caracterizar e definir o conflito subjetivo de interesses qualificado pela pretensão manifestada por uma das partes e pela resistência oferecida pela outra. É do eminente mestre italiano esta conclusão: "O julgamento desse conflito de pretensões mediante o qual o juiz, acolhendo ou rejeitando o pedido, dá razão a uma das partes e nega-a à outra, constitui uma decisão definitiva de mérito" (*Sistema de derecho procesal civil*. Trad. de Alcalá-Zamora e Sentís Melendo. Buenos Aires: Utea, 1944).

O conceito de mérito se encontra estampado — ainda que de maneira genérica — no art. 503 do CPC vigente, ao declarar que "A decisão que julgar total ou parcialmente o mérito tem força de lei nos limites da questão principal expressamente decidida".

É bem verdade que disposição semelhante a essa já se achava no texto do art. 287, do CPC de 1939, cujo parágrafo único esclarecia que se consideravam decididas todas as questões que constituíssem premissa necessária da conclusão.

Deve ser admitida, também, a ação rescisória que tenha como objeto decisão interlocutória de mérito.

b) Trânsito em julgado

Denomina-se coisa julgada material a autoridade, que torna imutável e indiscutível a sentença (ou o acórdão) não mais sujeita à impugnação, pela via recursal (CPC, art. 502).

O trânsito em julgado supõe, à evidência, o decurso em branco do prazo para a interposição do recurso; em determinadas situações, porém, não se pode, em rigor, falar de trânsito em julgado, como ocorre, caracteristicamente, com as sentenças emitidas nas causas de valor inferior a duas vezes o salário-mínimo, de que fala a Lei n. 5.584/70 (art. 2º, § 4º), porquanto estas são irrecorríveis, desde o momento em que são lançadas nos autos. O transitar em julgado pressupõe que o pronunciamento jurisdicional era impugnável; daí por que não se pode misturar aí o conceito de sentença irrecorrível, vale dizer, aquela espécie de dicção jurisdicional que traz em si, ontologicamente, o veto à recorribilidade.

Ambas as classes de decisões podem, porém, ser objeto de ação rescisória.

Sabendo-se que um dos pressupostos para a admissibilidade da rescisória é o trânsito em julgado da sentença, qual deveria ser o procedimento do relator ao constatar que a sentença rescindenda ainda não passou em julgado?

A princípio, poder-se-ia pensar que devendo o interesse processual (como uma das condições da ação) ser examinado no momento em que a decisão for proferida, segundo o entendimento predominante da corrente doutrinária a que nos filiamos, a rescisória, na hipótese aventada, deveria ser admitida, pois até a data do seu julgamento teria ocorrido, sem dúvida, o trânsito em julgado da decisão que ela visa a desconstituir. Inferência que tal seria, contudo, produto de uma visão imperfeita do problema, na medida em que a prova do trânsito em julgado da sentença rescindenda constitui requisito indispensável à admissibilidade da rescisória. Essa exigência constava da Súmula n. 107, do TST, que foi cancelada pela 299; esta, após reiterar o conteúdo da anterior, acrescentou que se o autor não comprovar, no prazo de dez dias, o trânsito em julgado da decisão, a consequência será o indeferimento da petição inicial — e a extinção do processo sem exame do mérito, por falta de interesse processual (CPC, arts. 17 e 485, VI).

Desta forma, a demonstração de que a coisa julgada material se formou deve ser feita, documentalmente, já com a peça vestibular, sendo, por isso, remota a possibilidade de a *res iudicata* formar-se após o ajuizamento da inicial.

O que se poderia verificar é uma situação intermédia: deixando o autor de atender à exigência formulada pela Súmula n. 299, do TST, o relator determinar-lhe que fizesse prova do trânsito em julgado da sentença, no prazo de dez dias e constatar-se, mais tarde, que a coisa julgada se estabelecera no curso desse prazo. Nesta hipótese, a inicial não deveria ser indeferida, pois comprovada a formação da *res iudicata* o autor teria incontestável interesse de processual, em sede de ação rescisória.

Insistimos em afirmar, porém, que a prova documental do trânsito em julgado da decisão rescindenda deve ser feita já com a inicial ou no prazo que for fixado pelo relator, sob pena de indeferimento daquela peça.

A exigência inscrita na Súmula n. 299, do TST, nada mais representa do que uma transposição tópica da regra geral constante do art. 320, do CPC, segundo a qual a petição inaugural deverá ser "instruída com os documentos indispensáveis à propositura da ação".

O art. 968, § 3º, do estatuto processual civil prevê, a propósito, o indeferimento da petição inicial da rescisória nos casos arrolados pelo art. 330, do mesmo Código; entre esses casos, está o não atendimento às prescrições do art. 321, sendo, por sua vez, cogita da abertura de prazo (quinze dias) para que o autor satisfaça os requisitos legais respeitantes à validade formal da peça vestibular, sob pena de ser indeferida.

Pré-questionamento

Embora o substantivo *pré-questionamento* não se encontre dicionarizado, no tecnicismo clássico da linguagem processual ele significa o ato de discutir, de controverter, previamente, determinada matéria ou ponto desta, como requisito indispensável para que o tribunal possa apreciá-la. Em sede de recurso extraordinário, p. ex., estabelece a Súmula n. 282 do STF que "É inadmissível o recurso extraordinário, quando não ventilada, na decisão recorrida, a questão federal suscitada"; e a Súmula n. 356, do mesmo sodalício: "O ponto omisso da decisão, sobre o qual não foram opostos embargos declaratórios, não pode ser objeto de recurso extraordinário, por faltar o requisito do prequestionamento".

A exigência do prévio questionar, no caso do recurso extraordinário, é lógica e juridicamente justificável, pois o Excelso Pretório apenas poderá (re)examinar questões que tenham sido, anteriormente, ventiladas perante os órgãos secundários. "Ventilar quer dizer debater, discutir, tornar a matéria *res* controversa. Está em controvérsia a norma constitucional quando o tribunal *a quo* a aprecia em seu merecimento, quando a seu respeito há *res dubia*, quando se litiga sobre a sua aplicabilidade, não, porém, quando é excluída de qualquer julgamento por não incidir a norma constitucional" (STF, Ac. 1ª T., RE-97.358-MG, Rel. Min. Alfredo Buzaid, DJU de 11.11.83, p. 17452).

A cláusula do pré-questionamento foi criada pelo direito norte-americano, por meio do *Judiciary Act*, de 24.9.1789. Esse Ato, adaptando o *writ or error* do direito inglês às singularidades da organização da Colônia, permitiu o recurso para a Suprema Corte.

No plano da Justiça do Trabalho, o pré-questionamento é exigido em tema de recurso de revista, como revela a Súmula n. 297, do TST, a seguir reproduzida: "I. Diz-se prequestionada a matéria ou questão quando na decisão impugnada haja sido adotada, explicitamente, tese a respeito. II. Incumbe à parte interessada, desde que a matéria haja sido invocada no recurso principal, opor embargos declaratórios objetivando o pronunciamento sobre o tema, sob pena de preclusão. III. (...)".

Tendo a revista trabalhista natureza extraordinária, é compreensível a imposição de um prévio questionamento da matéria, porquanto se o Tribunal Regional sobre ela não se pronunciou (ainda que se devesse pronunciar e a omissão não foi suprida via embargos declaratórios) não se caracteriza o conflito de teses pertinentes à discrepância de julgados ou a ofensa à norma legal.

As considerações que até esta parte formulamos foram necessárias para demonstrar que o requisito do prequestionamento encontra razões lógicas e jurídicas para a sua existência no âmbito dos recursos — em especial do extraordinário e do de revista.

O Tribunal Superior do Trabalho, contudo, por sua Súmula n. 298 erigiu o pré-questionamento como requisito indispensável para o conhecimento da ação rescisória. A precitada Súmula está assim enunciada: "I — A conclusão acerca da ocorrência de violação literal de lei pressupõe pronunciamento explícito, na sentença rescindenda, sobre a matéria veiculada".

Teria sido acertada essa orientação derivante da mais alta Corte de Justiça trabalhista do país?

Pensamos, *data venia*, que não.

Insistamos no argumento de que, no recurso extraordinário, o requisito em exame se justifica segundo a necessidade de que a questão federal tenha sido previamente apreciada, a fim de poder-se realizar a unificação do direito federal; por outras palavras, para que esse escopo seja alcançado, é imprescindível que a justiça local haja emitido um derradeiro pronunciamento acerca da matéria. Com isso, também estamos a afirmar que a Suprema Corte deve limitar-se, fundamentalmente, àquelas questões que tenham sido objeto de discussão nos graus inferiores; daí a necessidade de prévio questionamento do ponto que, mais tarde, ensejará a interposição do recurso extraordinário.

Além disso, é importante destacar que neste recurso o juízo é sempre de direito — particularidade que, da mesma forma, assinala o recurso de revista trabalhista (com sua índole extraordinária), bastando lembrar que, a teor da Súmula n. 126 do TST, é "Incabível o recurso de revista ou de embargos (CLT, arts. 896 e 894, "b") para reexame de fatos e provas".

Ora, é ressabido que nenhuma dessas singularidades está presente na ação rescisória, que, ao contrário dos recursos em geral, instaura uma nova relação processual e cujo juízo pode ser não só de direito como também de fato.

As próprias causas legais de rescindibilidade dos julgados (CPC, art. 966) repelem — pelas repercussões deletérias que tais vícios das sentenças soem acarretar no ordenamento jurídico — o requisito do prequestionamento, motivo por que constituirá medida de bom-senso anatematizá-lo dessa área. Imaginemos, *v. g.*, que a decisão rescindenda haja perpetrado manifesta ofensa à norma jurídica (assunto de que se ocupa a Súmula n. 298 do TST) ou mesmo à coisa julgada: seria nimiamente desarrazoado recusar-se a ação rescisória sob a alegação de que ditas eivas da sentença não teriam sido questionadas anteriormente (em grau de recurso), pois com isso se estaria permitindo, em última análise, grave afronta ao texto da Constituição Federal em que se inscreve, com força de princípio, a garantia de respeito à lei e à *res iudicata* (art. 5º, II e XXXVI).

Daí, a nossa discordância do entendimento perfilhado pelo TST e cristalizado em sua Súmula n. 298, ainda que se deva inteligir que as disposições desta estão circunscritas à rescisória fundada em transgressão à literalidade de norma legal.

Uma tal interpretação restritiva não redime, entretanto, a Súmula em apreço do equívoco em que incidiu.

Pior será, evidentemente, o elastecimento dessa orientação jurisprudencial (se é que ele já não se acha insinuado nos termos da Súmula n. 298) para a generalidade das causas de rescindibilidade dos provimentos jurisdicionais. Sucede que essa generalização estará, em sua origem, comprometida por intransponível ilogismo diante de certas situações, como as previstas pelos incisos VI e VII do art. 966 do CPC. Admite aquele a ação rescisória sempre que a sentença se tenha calcado em prova, cuja falsidade haja sido constatada em processo criminal ou na própria rescisória; este abre caminho à rescisória toda vez que, depois de passada em julgado a sentença a que ela visa, o autor obtiver documento novo, de que não tinha conhecimento, ou que não lhe foi possível utilizar — suficiente, por si só, de assegurar-lhe um julgamento favorável.

Ora, se essas causas de desconstituição da coisa julgada material se verificam, quase sempre, posteriormente ao proferimento da decisão rescindenda, não faz sentido exigir-se aqui o prequestionamento; afinal, como se poderia questionar a respeito de algo que nem sequer existia?

Em suma, sendo a rescisória uma ação (e não recurso) autônoma — que instaura, como dissemos, uma nova relação jurídica processual — e que, as mais das vezes, se baseia em motivos diversos daqueles que foram suscitados e debatidos nos autos do processo que deu origem à sentença rescindenda, soa insensata qualquer exigência de prequestionamento. Impor esse prévio questionar será submeter a rescisória à inadequada disciplina característica do recurso extraordinário, ou dos meios de impugnação às resoluções jurisdicionais que possuam semelhante natureza, como é o de revista, nos domínios do processo do trabalho.

Cremos, até mesmo, que o prequestionamento na rescisória corresponde a um desconhecimento das razões onto-teleológicas que conduziram à instituição, em nosso meio, dessa ação, com sua peculiar vocação para desconstituir a coisa julgada, independentemente de a sentença rescindenda haver, ou não, se manifestado sobre o ponto que é objeto da rescisória.

Esperamos, pois, que o Tribunal Superior do Trabalho — se julgar ponderáveis os nossos argumentos —, revendo a sua posição em face do assunto, cancele a Súmula n. 298, com o que estará permitindo que a rescisória tenha livre trânsito no amplo espaço aberto pelo atual diploma processual civil.

Nunca é despiciendo rememorar que a ampliação dos casos que autorizam a rescindibilidade dos julgados traduz uma espécie de compensação ou de contraponto pelo fato de o legislador haver deitado, a mancheias, presunções ao longo do texto processual em vigor.

Até por aí se percebe que o prequestionamento na rescisória, por ser elemento restritivo da admissibilidade dessa ação, quebra a tentativa do legislador em estabelecer um harmonioso sistema de freios e contrapesos entre o alargamento do campo de incidência das presunções e a ampliação das causas de rescindibilidade dos pronunciamentos jurisdicionais já sedimentados pela autoridade da coisa julgada.

Algumas Súmulas do TST, ou Orientações Jurisprudenciais da SDI-II, apresentam um certo caráter moderador da exigência de prequestionamento em tema de ação rescisória; Ei-las:

Súmula n. 298: "I — A conclusão acerca da ocorrência de violação literal de lei pressupõe pronunciamento explícito na sentença rescindenda, sobre a matéria veiculada. II — O prequestionamento exigido em ação rescisória diz respeito à matéria e ao enfoque da tese debatida na ação e não, necessariamente, ao dispositivo legal tipo por violado. Basta que o conteúdo de norma, reputada como violada, tenha sido abordado na decisão rescindenda para que se considere preenchido o pressuposto do prequestionamento. III — Para efeito de ação rescisória, considera-se prequestionada a matéria tratada na sentença quando, examinando remessa de ofício, o Tribunal simplesmente a confirma. IV — A sentença meramente homologatória, que silencia sobre os motivos de convencimento do juiz, não se mostra rescindível, por ausência de prequestionamento. V — Não é absoluta a exigência de prequestionamento na ação rescisória: Ainda que a ação rescisória tenha por fundamento violação de dispositivo legal, é prescindível o prequestionamento quando o vício nasce no próprio julgamento, como se dá com a sentença *extra, citra* e *ultra petita*".

OJ n. 124, da SBDI-II: "Ação rescisória. Art. 485, II, do CPC. Arguição de incompetência absoluta. Prequestionamento inexigível. Na hipótese em que a ação rescisória tem como causa de rescindibilidade o inciso II do art. 485 do CPC, a arguição de incompetência absoluta prescinde de prequestionamento".

Sentença de mérito

Introdução

O CPC de 1973 previa a rescisão das sentenças e dos acórdãos de mérito transitados em julgado (art. 485). O art. 966, *caput*, do CPC atual, faz referência às decisões de mérito, por forma a compreender não apenas as sentenças e os acórdão, mas as denominadas interlocutórias de mérito.

Detenhamo-nos no exame dos elementos que integram essa dicção legal.

Decisão de mérito

Sentença é o pronunciamento pelo qual o juiz de primeiro grau dá fim ao processo de conhecimento ou ao processo de execução (CPC, art. 203, § 1º). *Acórdão* é a decisão colegiada proferida pelos tribunais (CPC, art. 204). A ideia de colegialidade é essencial ao conceito de acórdão, porquanto há situações em que o pronunciamento não é do órgão colegiado (turma, câmara, pleno), mas do relator, em atuação monocrática. Nesse caso, o que temos não é sentença nem acórdão, mas decisão unipessoal. *Decisão interlocutória de mérito* é o ato pelo qual o juiz resolve determinadas matérias, geralmente em caráter incidental, como é o caso, por exemplo, no processo civil, da decisão resolutiva da liquidação.

Mérito

O Código de Processo Civil de 1973 lançou por terra o obsoleto edifício do estatuto anterior, no qual as sentenças que punham fim ao processo sem exame do mérito eram denominadas de *terminativas* e as que davam cobro ao processo com investigação do mérito recebiam o tratamento de *definitivas*.

Do ponto de vista do CPC de 1973 tornou-se absolutamente desnecessário verificar-se se a sentença adentrou, ou não, no mérito da causa, pois esse aspecto não era essencial para a conceituação daquele ato jurisdicional. O que se deveria pôr à frente era o fato de tal ato ser munido de eficácia para dar fim, ou não, ao processo; se a resposta for afirmativa, estaríamos diante de uma sentença; se negativa, haveria que se procurar descobrir de que outra modalidade de pronunciamento se tratava.

Tencionando evitar o estabelecimento de acirradas disputas doutrinárias, ou mesmo de ordem prática, sobre o assunto, acautelou-se o Código de 1973 em relacionar os casos em que o processo se extingue sem ou com resolução do mérito (arts. 267 e 269), respectivamente).

É bem verdade que certo setor da doutrina rechaça a possibilidade de conceituar-se como sentença de mérito aquelas que, examinando apenas de maneira externa o reconhecimento do pedido, a transação ou a renúncia ao direito em que se funda a ação, atribuía a esses atos das partes a qualidade de ato judicial; ao homologar atos que tais, o juiz, como sabemos, não julgava, nada lhes acrescentava ou deles subtraía: unicamente os chancelava; importa dizer, dava-lhes o plácito e nada mais.

Em que pese à razão jurídica que conforta, com sobras, esse segmento doutrinário, não poderíamos deixar de admitir o fato de que, bem ou mal, por força de lei todas as situações previstas no art. 269, daquele CPC, indicavam a presença de sentença de mérito; destarte, os provimentos jurisdicionais que, nesses casos, extinguissem o processo, seriam suscetíveis de rescisão.

No que toca às sentenças homologatórias de transação, a doutrina e a jurisprudência, em atitudes contestes, vinham consolidando engenhosa construção, por elas efetuada, baseada na separação entre as origens dos atos que se visava a desfazer: se o objetivo era cassar os efeitos de ato praticado pelas partes (a transação em si), o meio adequado seria a ação anulatória; se, ao contrário, se desejava atacar o ato judicial (homologatório), em virtude de algum vício nele existente, o caminho correto seria o da rescisória. Pessoalmente, divergíamos dessa opinião. Entendíamos que, indistintamente, a transação, como negócio jurídico bilateral, ou a sentença que a homologava, deveriam ser desconstituídas pela rescisória. Para nossa satisfação, o Tribunal Superior do Trabalho perfilhou esse entendimento, como demonstra a Súmula n. 259, assim redigida: "Só por ação rescisória é impugnável o termo de conciliação previsto no parágrafo único do art. 831 da CLT" (Resolução Administrativa n. 7, de 1986).

No sistema do CPC de 2015, o conceito de sentença, ao contrário do de 1973, não está, necessariamente, ligado ao efeito do ato jurisdicional sobre o processo, ou seja, se ele põe fim, ou não ao processo, embora devamos reconhecer que nas situações enumeradas nos arts. 485 e 487 haverá, na maioria dos casos, extinção deste.

A esta altura de nossa exposição, julgamos estar suficientemente claro que somente os pronunciamentos jurisdicionais de mérito (sentença, acórdão, decisões interlocutórias) ensejam, em princípio, uma investida rescisória.

O que se deve entender, entrementes, por mérito para esse efeito?

Dispunha o art. 287 do CPC de 1939: "A sentença que decidir a lide terá força de lei nos limites das questões decididas". Neste ponto, parece haver-se o legislador brasileiro inspirado no Projeto que Carnelutti apresentou à Subcomissão Real presidida por Mortara.

Antes de Carnelutti, reiteremos, o substantivo *lide* possuía um significado impreciso, pois algumas vezes era utilizado para designar o conflito intersubjetivo de interesses, outras para identificar o próprio processo, como método estatal de solução dos conflitos.

Na clássica definição formulada por Carnelutti, lide é o conflito de interesses qualificado pela pretensão manifestada por um dos litigantes e pela resistência oferecida pelo outro. Lide é, portanto, na doutrina carnelutiana, a pretensão resistida e insatisfeita.

Ao elaborar a Exposição de Motivos do Código de Processo Civil de 1973, o Prof. Alfredo Buzaid, consagrando a lição do grande jurista italiano, cuidou de advertir que "o projeto só usa a palavra lide para designar o mérito da causa" (Capítulo II, n. 6), arrematando que "lide é, portanto, o objeto principal do processo e nela se exprimem as aspirações em conflito de ambos os litigantes" (*idem, ibidem*).

No sistema do diploma processual civil de 1973, de nosso País, lide correspondia, pois, a mérito.

Coerente com essa orientação, o legislador do período declarou, via art. 468: "a sentença que julgar total ou parcialmente a lide, tem força de lei nos limites da lide e das questões decididas". O CPC de 2015 preferiu substituir o vocábulo *lide* por *mérito*, sem que isso implique alteração na substância do conceito. Em razão disso, o art. 503, *caput*, estabelece: "A decisão que julga total ou parcialmente o mérito tem força de lei nos limites da questão principal expressamente decidida". Essa norma exige não só que o pronunciamento jurisdicional seja de mérito (e, nisto, em nada se distingue do art. 485 do CPC de 1973), como declara que a *força de lei* de dá nos limites: a) da questão principal (não, portanto, de qualquer questão); e b) desde que a questão principal tenha disso expressamente decidida. Há, portanto, espaço aberto para os embargos de declaração (art. 1.022, II).

Conceito de mérito

Lançadas algumas considerações propedêuticas a respeito dos provimentos jurisdicionais suscetíveis de rescisão; mostrada a sinonímia substancial entre os vocábulos *lide* e *mérito*, chega o instante de dedicarmo-nos à tormentosa tarefa de elaborar um conceito processual de mérito que atenda, o quanto possível, às exigências científicas e à necessidade de sua adequação ao tema da rescisória.

Antes, coloquemos em destaque a crítica, de acentuada causticidade, formulada por Pontes de Miranda à locução "de mérito", que integra a expressão literal do art. 966, *caput*, do CPC, e sua anotação de que os intérpretes dessa norma legal "ou a) se prendem à expressão 'de mérito', sem atenderem ao que pode resultar de perturbação e de contradição na concepção brasileira da ação rescisória, e não lhes interessa o mal que pode advir de tal ajoelhar-se diante do erro lamentável; ou b) buscam o exame das hipóteses em que, a despeito de não se ter julgado o mérito, a nocividade da preexclusão da ação rescisória é evidente" (*Revista da Faculdade de Direito da Universidade do Rio de Janeiro*, v. XXIII, 1979, p. 31 a 34).

Cândido Dinamarco, após criteriosa pesquisa, separa os autores que se preocuparam em elaborar um conceito de mérito em três posições fundamentais: a) os que o conceituam no plano das questões, ou complexo de questões pertinentes à demanda; b) os que se valem da demanda ou de situação externa ao processo, mas a este trazidas por intermédio da demanda; c) especificamente, os que afirmam ser o mérito a própria lide (*Fundamentos do processo civil moderno*. São Paulo: Rev. dos Trib., 1986. p. 188)

O que escreveremos a seguir representa um resumo do trabalho dado a lume pelo eminente pensador paulista.

a) Foram, notadamente, os autores italianos que passaram a ver o mérito nas questões de fundo do processo, com o que insinuaram confundir-se o meritum causae com as questões de mérito. Dentre esses juristas, sobressaem Liebman, Carnelutti e Garbagnati.

Para Liebman, a atividade cognitiva do juiz se prende ao objetivo de decidir se o pedido formulado pelo autor deve ser acolhido ou rejeitado. Deste modo, todas as questões cuja solução possa influir, de forma direta ou indireta, nessa decisão, formam, em seu conjunto, o mérito da causa (*Manual...*, I, n. 80, p. 170/171).

Carnelutti, por sua parte, diz que o "mérito da lide" constitui o conjunto das questões materiais que a lide revela (*Istituzioni dei processo civile italiano*, I, n. 13, p. 13).

No pensamento deste autor, portanto, a questão decorre de dúvida relativa a razões em que se apoiam os pedidos das partes. Isto quer dizer que, segundo sua óptica, para solucionar o conflito inter-subjetivo de interesses, o juiz tem, muitas vezes, de resolver, antes, todos esses pontos duvidosos que caracterizam as questões. Ponto, para Dinamarco, é "aquele fundamento da demanda ou da defesa, que haja permanecido incontroverso durante o processo, sem que as partes tenham levantado discussão a respeito (e sem que o juiz tenha, de ofício, posto em dúvida o fundamento); discordes as partes, porém, isto é, havendo contestação de algum ponto por uma delas (ou, ainda, havendo o juiz suscitado a dúvida), o ponto se erige em questão"(obra cit., p. 189/190).

Há pontos duvidosos que se referem a fatos, assim como existem os que concernem a direitos. Tanto aqueles como estes dão origem às questões, que, na doutrina carnelutiana, correspondem a mérito. Sob outro aspecto, as dúvidas podem estar relacionadas com determinados fatos e direitos que digam respeito às pretensões de ordem material (ou substancial), ou com certas situações relativas ao processo em si, à ação e às condições para o seu exercício. Daí ser possível falar-se em questões substanciais e questões processuais.

Pondera Dinamarco, todavia, que "o fato de uma questão (ou conjunto de questões) ter pertinência à relação material *in judicium deducta*, caracterizando-se como questão de mérito, não significa que ela própria (a questão, ou grupo de questões) seja o mérito. Para decidir o mérito, assim como para declarar que o demandante está amparado por ação ou dela é carente, ou ainda para pôr ordem ao processo como tal e verificar-lhe os pressupostos, o juiz vai resolvendo questões, isto é, optando por pontos que lhe pareçam procedentes. É vital não confundir as questões com o próprio mérito, ou com a ação ou mesmo com o processo. Essa confusão é causa (ou será efeito?) do preconceito consistente em confinar o conceito de mérito à teoria do processo de conhecimento, excluindo-o do executivo" (*ibidem*, p. 190).

E na fundamentação (ou motivação) da sentença que o juiz irá solucionando as questões que surgiram no processo; logo, incorreu em grave erro o legislador ao afirmar, via art. 489, III, do Código, que no dispositivo o juiz "resolverá as questões principais que as partes lhe submeterem". *Data venia*, na parte dispositiva da sentença o juiz apenas proclama o resultado do solucionamento que, na fundamentação, deu a tais questões. Dizer que no *decisum* serão dirimidas as questões é encambulhar as razões teleológicas que justificam a existência das três partes estruturais integrantes dos pronunciamentos da jurisdição dotados de aptidão para darem fim ao processo (relatório, fundamentação e dispositivo). Além do mais, a redação dada ao inc. III do art. 489 é injustificadamente restritiva, pois as questões que o juiz soluciona (na fundamentação, insista-se) não são apenas aquelas que os litigantes lhe submeteram à apreciação, compreendendo, também, as que o julgador haja conhecido *ex officio*.

Garbagnati conceitua o mérito como "grupo de questões relativas ao fato constitutivo do direito invocado processualmente pelo autor e à escolha e interpretação das normas jurídicas que lhe serão aplicadas" (*Questioni di mérito e questioni pregiudiziali*, p. 257, *apud* DINAMARCO, obra cit., p. 191). A opinião desse jurista peca, entretanto, por haver circunscrito aos fatos de natureza constitutiva a possibilidade de constituição do meritum causae, como se essa possibilidade não pudesse aproveitar, por igual, aos fatos modificativos, impeditivos e extintivos do direito alegado. Demais, ao contrário do sistema processual brasileiro, o italiano introduz no mérito as denominadas "preliminares de mérito"; em nosso meio, a doutrina prefere referir-se a elas como prejudiciais de mérito (a prescrição extintiva, por exemplo), para diferençá-las das preliminares típicas (CPC, art. 337), circunstância que já põe em evidência a inadequação da doutrina desse autor à nossa realidade. De qualquer sorte, parece-nos desapercebido de qualquer interesse prático investigar se a sentença se pronunciou apenasmente sobre os fatos constitutivos, ou se também o fez quanto aos modificativos, impeditivos e extintivos, porquanto, em todas essas situações, houve manifestação jurisdicional respeitante ao mérito.

Concordamos com Cândido Dinamarco quando argumenta que *o meritum causae* não é composto pelas questões de fundo, pois ele é o próprio fundo (obra cit., p. 192). Esta observação, sim, possui inegável e relevante utilidade prática, vez que devendo as questões ser resolvidas na fundamentação (e não no dispositivo) da sentença e que apenas aquilo que se encontra neste se submete ao fenômeno da coisa julgada material, extrai-se a regra de que as questões (como produto de pontos duvidosos) não passam em julgado, exceto se tratar-se de questão prejudicial. Convém citar, em apoio às nossas afirmações, as declarações constantes do art. 504, desse Código, no sentido de que não fazem coisa julgada: a) os motivos (fundamentos) da sentença, mesmo que importantes para determinar o alcance da parte dispositiva (I); b) a verdade dos fatos, estabelecida como fundamento da sentença (II). Daí, havermos asseverado que, em princípio, transita em julgado unicamente o que se contiver no dispositivo (*decisum*). Consequentemente, os fundamentos da sentença não podem constituir objeto de ação rescisória.

O quanto expusemos é, a nosso ver, bastante para deixar claro, de uma vez por todas, que o *meritum causae*, não correspondendo às denominadas questões de mérito, não pode ser com estas confundido, sob pena de graves consequências à exata compreensão do tema relativo à rescisória.

b) Em obra clássica, Chiovenda escreveu que a sentença de mérito "é o provimento do juiz acolhendo ou rejeitando a demanda do autor destinada a obter a declaração da existência de uma vontade de lei que lhe garanta um bem, ou da inexistência de uma vontade legal que o garanta ao réu" (*Principii di diritto processuale civile*, § 5º, I, 1, p. 134).

O ilustre jurista italiano parece, portanto, apropriar-se da *demanda* para construir o seu conceito de mérito, nada obstante procure separar o mérito em si das questões que a ele dizem respeito, como se deduz de sua afirmativa de que "as questões sobre as condições da ação dizem-se questões de mérito (*merita causae*)" (*idem, ibidem*).

Luigi Montesano também participa da opinião de que só são de mérito as sentenças que acolhem ou rejeitam a demanda (Questioni preliminari e sentenze parziali di mérito, *Riv. Dir. Proc.*, 1969, p. 581, *apud* DINAMARCO, obra cit., p. 195).

O Código de Processo Civil de 1973 dava mostras, em alguns momentos, de haver aderido a essa concepção, como quando, no art. 269, I, declarava que o processo se extingue (com resolução do mérito) ao acolher o juiz o pedido formulado pelo autor. *Pedido* guardava, nesse dispositivo, sinonímia com *demanda*, embora este termo não houvesse tido maior consagração na legislação e na doutrina brasileiras. O CPC vigente a ele faz menção em um escasso número de vezes; mesmo assim, não o emprega no senso tradicional que lhe atribuíam os nossos escritores de tempos passados, que tomavam a palavra como significativa do ato pelo qual a sentença era pedida. O art. 467, I, do CPC de 2015, revela haver se distanciado um pouco do de 1973, no particular, pois não atribui o conceito de mérito apenas ao ato que acolhe ou rejeita a pretensão do autor, mas, também, ao que resolve algum incidente do processo (arts. 203, § 2º e 966, *caput*).

Na Itália se faz larga aplicação, nas leis, na doutrina e na jurisprudência, do termo domanda, que no direito germânico aparece como Klage.

Seria, porém, a demanda o mérito da causa, como querem Chiovenda e Montesano?

Se considerarmos a palavra em sua acepção pura — ou, quando menos, tradicional —, a resposta será, inevitavelmente, negativa. Traduzindo a demanda o ato por meio do qual a parte impetra a tutela jurisdicional que o Estado está obrigado a prestar, "Ela é o veículo da pretensão do demandante, que é uma sua aspiração a determinado bem ou a determinada situação jurídica que, sem o processo e sem a intercessão judicial, o sistema o impede de obter" (DINAMARCO, Cândido, obra cit., p. 195). Insere-se a demanda, por isso, no elenco dos atos de natureza fundamentalmente processual, motivo por que não se pode identificar, nela, o mérito da causa. A demanda é, apenas, o instrumento das pretensões que o autor deseja pôr em juízo. A pretensão, esta sim, é o elemento substancial do mérito.

A tomarmos o termo demanda como *pretensão*, na tentativa de apresentar uma resposta afirmativa à indagação há pouco formulada, estaremos confundindo conceitos e nos afastando do próprio significado que o CPC sugere à palavra: causa, processo ("perder a demanda" = perder a causa; "custear a demanda" = custear o processo).

Por tudo isso, ficamos com o parecer de que a demanda não pode ser reconhecida como o mérito da causa.

Alguns autores — dentre os quais Redenti e Fazzalari, na Itália, e Lente, na Alemanha — veem na relação jurídica substancial controvertida pelas partes o *meritum causae*. O mérito seria, dessa maneira, algo que surge fora do processo, que é exterior a ele. Os que sustentam essa opinião embaraçam-se, contudo, diante da necessidade de explicar o fato de sendo a relação jurídica substancial o mérito, mas cabendo ao processo averiguar a existência dessa relação, concluir-se que ela não existe; nessa hipótese, teríamos, então, um processo sem objeto?

Por outro lado, dizer que o mérito reside na relação substancial controvertida equivale a ignorar a ausência, em diversos casos de controvérsia acerca dessa relação: inexistiria, aqui, mérito? De mérito não se poderia cogitar quando houvesse revelia, ou quando o réu deixasse de se manifestar, precisamente, sobre os fatos narrados na petição inicial (CPC, art. 344)?

Depararam-se-nos, em face disso, insustentáveis as posições assumidas por aqueles autores que situam o mérito na controvérsia pertinente à *res in iudicium deducta*.

Betti entende que a relação jurídica litigiosa, que interessa ao processo, é a relação jurídica que radica na afirmação do direito subjetivo feita pelo autor. Justifica o seu ponto de vista com base no fato de que a mecânica do processo civil, para o desempenho da função que lhe é própria, impõe à parte que ingressa em juízo o encargo e o risco de formular a razão que pretende fazer prevalecer (Ragione e azione, *Rev. Dir. Proc. Civile*, 1932, I, p. 205); e prossegue: "Em outros termos, o autor não pode limitar-se a narrar os fatos da causa sem expressar valorações relevantes, provocando apenas a valoração do juiz e esperando que este veja e diga o que é que lhe corresponde segundo o direito. Ele, autor, deve afirmar o que é que lhe corresponde. Ele deve, em outras palavras, afirmar o que (segundo a sua valoração unilateral) a vontade da lei exige no caso concreto (*quid juris*). Desde quando se define a função do processo civil, precisa ficar bem claro no espírito que a atuação da lei no processo se opera com relação a um interesse concreto que se pretende seja protegido: pretender é afirmar. O processo cognitivo, em especial, exige que o autor afirme existente e com um determinado conteúdo, ou então afirme inexistente (quando demanda a declaração negativa) uma certa relação ou estado jurídico (relação ou estado litigioso), extraindo daí a posição de preeminência jurídica, ou de liberdade de vínculos, pretendida em relação ao adversário"(*ibidem*).

c) Encontra-se ornada de certo prestígio a corrente doutrinária que indica a lide como objeto do processo. Liebman é um dos mais destacados representantes dessa opinião.

Sabendo-se que essa doutrina proclama ser a lide o mérito da causa, ela fica a dever-nos uma explicação satisfatória diante daqueles casos em que não existe lide, interpretada esta como o conflito subjetivo de interesses. A revelia se caracteriza, essencialmente, pela falta de contestação do réu (CPC, art. 344); isto significava que não se estabelece aí nenhum conflito de interesses, pois a pretensão formulada pelo autor não foi resistida. A prevalecer, pois, a manifestação doutrinária que estamos a comentar, haveríamos de admitir que na revelia o processo não teria objeto, porquanto ausente a lide. À mesma conclusão seríamos levados a tirar na hipótese de o réu reconhecer a "procedência" do pedido (CPC, art. 487, III, "a"), porquanto não contestou, não excepcionou, não reconveio; ao contrário, admitiu que o autor possuía o direito alegado.

É elementar que em ambos os casos o processo teria objeto (a pretensão *in iudicium deducta*) e haveria exame do mérito. O texto processual civil brasileiro arrola, aliás, o reconhecimento da "procedência" do pedido como uma das causas de extinção do processo mediante penetração no *meritum causae*.

Na precisa observação de Cândido Dinamarco, "Como conceito sociológico, a lide presta-se com muita utilidade para justificar didaticamente a necessidade do processo e do exercício da jurisdição, quando se trata de matéria disponível (especialmente, direito das obrigações), sendo possível a satisfação da pretensão pela pessoa a quem dirigida e, portanto, sendo relevante a sua resistência. Fora disso, o conceito se mostra inadequado e, mesmo com as adaptações que vão sendo tentadas, não serve para figurar assim ao centro da ciência do processo" (obra cit., p. 201/202).

Em que pese ao empenho afanoso dos eminentes juristas que se lançaram à missão de isolar, dentre os elementos fornecidos pela ciência do processo, aquele que refletisse, com precisão, o mérito da causa, a dolorosa verdade é que muito se escreveu, muito se respigou, muito se errou e pouco se acertou.

Não há dúvida que algo se avançou nesse campo com o abandono das questões, da lide e da demanda como objeto do processo; até que se atinja, porém, o ponto visado, o momento consagrador de apresentar-se ao mundo jurídico um elemento que, submetido ao rigor da investigação científica e ao espírito crítico da doutrina, possa ser aceito por todos como o verdadeiro *meritum causae*, muito ainda se terá de avançar.

Particularmente, acreditamos que o reconhecimento da pretensão processual posta em juízo como consubstanciadora do mérito representa se não o ideal há tanto tempo perseguido, ao menos um considerável passo nessa direção. Vez mais, colocamo-nos ao lado de Cândido Dinamarco quando pondera que se tal pretensão é representada pela afirmação ou pelo pedido, ou se a causa de pedir deve ser considerada também nela incluída para esse fim, "tais dúvidas constituem um desafio, a ser ainda enfrentado convenientemente em nossa doutrina" (*idem*, p. 219).

A despeito de todas as dificuldades que haveremos de encontrar, esbocemos, agora, um conceito pessoal de mérito — para atendermos ao comando do art. 966, *caput*, do CPC, e, em especial, aos objetivos deste Capítulo. Ei-lo, em termos lacônicos: mérito é a pretensão manifestada pelas partes, é a relação jurídica substancial submetida à apreciação dos órgãos jurisdicionais.

Evitamos de falar em relação substancial *controvertida* porque, conforme vimos anteriormente, há casos em que essa relação se torna incontroversa (na revelia, no reconhecimento da "procedência do pedido") e, nem por isso, deixará de ser de mérito o consequente provimento jurisdicional.

Nossa referência à relação jurídica *substancial* não deve ser interpretada como desconhecimento da moderna doutrina processual, que considera a ação um direito subjetivo público, cujo exercício independe da existência do direito material que ela se destina a proteger. Uma coisa nada tem a ver com a outra. A ação, é, efetivamente, um direito abstrato; tanto isto é certo que, na ação declaratória negativa, o objeto é, precisamente, a obtenção de um provimento jurisdicional que afirme a inexistência de relação jurídica (CPC, art. 19, I). Em tema de ação rescisória, porém, é indispensável a presença de uma relação jurídica *substancia*l que tenha sido apreciada pela sentença rescindenda. Essa relação traduz o *meritum causae* — mérito que é encontradiço não somente no processo de conhecimento, como no de execução e, pelo menos em um momento, no próprio processo cautelar, como pretendemos demonstrar nos itens que se seguirão.

Mérito no processo de conhecimento

Pondo em destaque a natureza do provimento jurisdicional, a que o exercício da ação geralmente conduz, a doutrina reconhece a existência de três classes de processo: a) de conhecimento; b) de execução; e c) cautelar.

A CLT desconhece o processo cautelar; o que está nos incs. IX e X do art. 659 não é uma providência acautelatória típica, como se tem suposto, e sim, medida semelhante à que é concedida em ação de mandado de segurança e que pode ser interpretada como uma antecipação provisória do provimento jurisdicional de fundo. A despeito disso, doutrina e jurisprudência majoritárias entendem tratar-se, aí, de medida cautelar. Não pretendemos quebrar lanças a respeito desse tema. Se necessário, reconhecemos a natureza acauteladora dessas providências, cujo efeito prático será permitir que, para o deferimento delas, em concreto, seja bastante um juízo de mera probabilidade e não um juízo de certeza, este característico do processo de conhecimento.

No processo de conhecimento, o que se deseja é obter uma sentença que, solucionando o conflito de interesses, diga, com a autoridade que lhe é própria, com quem está o direito disputado. Diz-se, então, que um provimento assim emitido será de mérito. Ainda que o réu deixe de manifestar resistência às pretensões deduzidas pelo autor, a sentença, que acaso venha a acolher os pedidos postos na inicial, será de mérito. Nota-se, com isso, que a configuração do exame do *meritum causae* não está subordinada à existência de qualquer modalidade de resposta do réu (exceção, contestação, pedidos contrapostos, reconhecimento da "procedência" do pedido) e sim a que a sentença se pronuncie sobre o pedido formulado pelo autor, seja para acolhê-lo, seja para rejeitá-lo (CPC, art. 490). Regra geral, quando o provimento da jurisdição se vê tecnicamente impossibilitado de apreciar as pretensões *in iudicio deducta* (= relação jurídica substancial), o processo se extingue sem investigação do mérito, inibindo, com isso, o exercício da ação rescisória. Dissemos *regra geral,* porque, conforme pretendemos demonstrar mais adiante, nos comentários ao inciso V do art. 966, admitimos, em determinadas situações, o exercício da ação rescisória dirigida a sentença ou acórdão (mas não à decisão interlocutória) que não tenham resolvido o mérito.

Em linhas anteriores, fizemos breve alusão ao problema do mérito nas ações em que o autor pretende conseguir uma sentença que afirme haver sido de emprego a relação jurídica material existente ou havida com o réu; retomamos, agora, o assunto, para aprofundá-lo.

Doutrina e jurisprudência vêm, há muito tempo, prestando homenagem ao erro ao imaginarem que quando o juiz se convence da inexistência de relação de emprego entre o autor e o réu deve declarar o primeiro *carecedor da ação*; o fundamento tem sido o de que o réu é parte ilegítima. Ora, provada que esteja, nos autos, a prestação pessoal de serviços do autor, em benefício do réu, é evidente que este estará legitimado para a causa (assim como aquele). Carência da ação haveria se o autor viesse a juízo para deduzir as suas pretensões em face de pessoa (réu) distinta daquela para a qual prestou serviços. Quando, porém, o réu que se encontra identificado na petição inicial coincide com aquele para quem o autor trabalhou em caráter pessoal, de maneira não eventual, mediante subordinação jurídica e percepção de salário — persistamos em asseverar — eventual declaração de carência da ação espelhará um grave desconhecimento da legitimidade *ad causam* como uma das condições para o exercício desse direito subjetivo público, sob a óptica da doutrina liebmaniana, em que ditas condições foram concebidas.

Vale sublinhar que somente o réu para o qual o autor prestou serviços poderia responder às pretensões por este formuladas, na medida em que se verificaria, na hipótese, aquela "pertinência subjetiva" deste, em relação aos pedidos efetuados pelo adversário. Daí por que não pode o autor, com base nos mesmos fatos, ajuizar nova ação, diante do mesmo réu, sempre que este tenha sido considerado, efetivamente, pela sentença, parte ilegítima. É com essa nota peculiar às denominadas ações de relação de emprego que deve ser entendida a regra insculpida no art. 486, do CPC, de que a extinção do processo, com fulcro em quaisquer dos casos previstos no art. 485, do mesmo Código, "não obsta a que a parte proponha de novo a ação". A interpretar-se de forma diversa essa norma processual, deveríamos admitir que o autor poderia ajuizar a ação tantas vezes quantas desejasse, porquanto o processo se extinguiria sempre sem exame do mérito, na situação de que estamos a nos ocupar. Não bastassem os grandes inconvenientes de ordem prática, a que uma tal inferência distorcida conduziria, teríamos ainda de presenciar uma rude falta perpetrada contra o conceito de mérito. Com efeito, pudemos sustentar, em páginas anteriores, que o *meritum causae* está consubstanciado nas pretensões que as partes deduzem em juízo. O que o autor pretende, na espécie em estudo, é obter um provimento jurisdicional que declare haver sido de emprego a relação jurídica material havida ou ainda existente com o réu; a pretensão deste, ao contrário, é de que a sentença não reconheça a existência dessa relação (por ter sido, digamos, de natureza civil, comercial etc.). Seja, pois, acolhendo ou rejeitando o pedido do autor, a sentença estará, inegavelmente, se pronunciando sobre o mérito da causa. Acolhendo-o, o provimento jurisdicional será, a um só tempo, declaratório, constitutivo e condenatório (ao pagamento, pelo réu, de certas quantias postuladas na peça inaugural); rejeitando-o, será apenas declaratório.

Pertencem a um remoto período de maltrato à ciência jurídica, portanto, as sentenças que, convencidas da inexistência de relação de empregado entre as partes, declaravam o autor carecedor da ação — por ser, o réu, supostamente, parte ilegítima para figurar na relação processual.

Pouco importa a índole da sentença, em tais hipóteses; a tudo sobreleva o fato de que ela sempre acarretará um pronunciamento do juízo acerca da pretensão essencial (vínculo de emprego) formulada pelo autor.

Segue-se, que quando o órgão da jurisdição não se convencer da alegada relação de emprego, deve rejeitar o pedido feito pelo autor; nunca declará-lo carecente da ação, em virtude de suposta ilegitimidade ad causam do réu.

Em termos concretos, aliás, a sentença não deve dizer — quando nega acolhimento às pretensões do autor — que a relação jurídica material teria sido de natureza civil, comercial e o mais: à Justiça do Trabalho compete, exclusivamente, declarar se havia ou não a relação de emprego, sem se preocupar em dizer de que natureza era, quando negado o vínculo empregatício. Tem sido procedimento usual, a propósito, quando não se reconhece esse vínculo, ordenar-se a remessa dos autos, digamos, à Justiça comum, por entender-se que a relação material teria sido regida pelo direito civil; esse procedimento se destina, em aparência, a atender ao comando do art. 64, § 3º, do CPC. Nada mais equivocado, contudo, do que se agir assim. O que haveria de fazer a Justiça comum diante de uma petição inicial que contém pedidos como: reconhecimento da existência de vínculo de emprego e condenação do réu ao pagamento de indenização, aviso-prévio, 13ºˢ salários, férias, horas extras etc.? É óbvio que essa petição seria inaproveitável na (e pela) Justiça Comum, razão pela qual a Justiça do Trabalho, ao declarar não existente um contrato de trabalho entre as partes, deve — desde que decorrido o prazo para interposição de recurso — determinar, simplesmente, a extinção do processo (que será, como vimos, com exame do mérito) e o consequente arquivamento dos autos, exceto se houver custas a serem cobradas ao autor.

Relação de emprego é, conseguintemente, tema pertinente ao mérito da causa; vem daí que, como dissemos, se a sentença se pronunciar sobre esse pedido estará ingressando no mérito — pouco importando o resultado a que chegue com essa investigação, desafiando, sempre, a ação rescisória.

A oportunidade nos motiva a voltar a atenção a um outro erro doutrinário, que vinha amealhando adeptos. Referimo-nos à intelecção que alguns autores tiravam do § 1º do art. 515 do CPC de 1973, relativo à apelação, e que estava assim redigido: "*Serão, porém, objeto de apreciação e julgamento pelo tribunal todas as questões suscitadas e discutidas no processo, ainda que a sentença não as tenha julgado por inteiro*" (sublinhamos). Calcados em uma interpretação distorcida desse texto legal, tais autores afirmavam que o tribunal do trabalho, ao dar provimento ao recurso interposto da sentença de primeiro grau que negara a existência do vínculo de emprego pretendido pelo autor, deveria, ato contínuo, pronunciar-se a respeito dos demais pedidos por ele formulados (indenização, aviso-prévio, férias etc.), pois a isso estaria autorizado pelo § 1º do art. 515, § 1º, daquele estatuto processual civil.

A matéria é regida pelo art. 1.013, § 1º, do atual CPC, assim redigido: "Serão, porém, objeto de apreciação e julgamento pelo tribunal todas as questões suscitadas e discutidas no processo, ainda que não tenham sido solucionadas, desde que relativas ao capítulo impugnado".

Venia concessa, a corrente de opinião da qual estamos a discordar labora no erro fundamental de pensar que, na terminologia científica do processo, o vocábulo *questões* guarde sinonímia com *mérito* (na expressão literal do art. 1.013, § 1º, do CPC). *Questões* representam, quando muito, *aspectos* do mérito; nunca o mérito em si, como o fundo do processo. Nas ações de relação de emprego o *meritum causae* se apresenta cindido em duas partes: a primeira, que é prejudicial da segunda, envolve o núcleo central da pretensão e se caracteriza por um pronunciamento jurisdicional respeitante à existência ou inexistência dessa própria relação jurídica; a segunda corresponde ao exame dos pedidos de índole geralmente pecuniária que o autor fez, na hipótese de o vínculo empregatício ser reconhecido (= declarado), aí se compreendendo o de indenização, aviso-prévio e o mais.

Tanto é mérito a primeira parte mencionada e tanto é autônoma em relação à segunda (embora influa diretamente nesta), que é possível o autor ingressar em juízo para pedir, apenas, uma sentença declaratória da existência de vínculo de emprego, sem postular a condenação do réu ao pagamento de quantias, do mesmo modo como é possível pedir uma ação declaratória incidental, sempre que a existência de um contrato de trabalho (nascido pela via tácita) ficar controvertida nos autos (CPC, art. 19). Reconhecemos, todavia, que essa declaratória incidental não vem apresentando interesse de ordem prática, o que não se deve tomar como um veto à sua utilização nos casos concretos.

Pois bem. O que deseja o segmento doutrinário de que estamos a discordar é empreender uma (arbitrária) equiparação das questões, de que trata o § 1º do art. 1.013 do CPC, à segunda parte do mérito, nas ações de relação de emprego. Daí o erro em que incide.

Quando o tribunal substitui (CPC, art. 1.008) a sentença, para declarar a existência de relação dessa natureza, não está apreciando meras *questões* e sim a parte complementar do próprio *meritum causae*. Como o órgão de primeiro grau não pôde apreciar a segunda parte do mérito — pois a decisão por ele emitida rejeitou o pedido pertinente ao vínculo de emprego —, caberá ao tribunal determinar a devolução (e não "descida", sic) dos autos a este juízo, a fim de que possa completar o pronunciamento sobre o mérito, ou, por palavras diversas, completar a prestação jurisdicional.

Não é só. Eventual manifestação do Tribunal quanto à segunda parte do mérito poderia implicar injusta supressão de grau jurisdicional. Pensemos, *e. g.*, na possibilidade de o tribunal, declarando a presença de um contrato de trabalho, avançar para condenar o réu ao pagamento de horas extras, aviso-prévio, férias etc. Neste caso, o réu ficaria impedido de discutir o merecimento do acórdão regional, pois o acesso ao recurso de revista ao Tribunal Superior do Trabalho fica bloqueado quando se busca revolver matéria de fato (como seria, seguramente, o caso), segundo dispõe a Súmula n. 126 daquela Corte. Desta maneira, haveria um só pronunciamento (o do tribunal) sobre a segunda parte do mérito, sem que o demandante vencido pudesse impugná-lo pela via recursal — excluída, é certo, a estrita utilização do recurso extraordinário ou da ação rescisória.

Devolvidos, entretanto, os autos ao juízo de primeiro grau e vindo este a manifestar-se acerca dos pedidos concernentes a horas extras, aviso-prévio etc., teria a parte vencida o azo de interpor recurso da sentença — que seria a segunda proferida pelo órgão de primeiro grau. Integralizada, por essa forma, a investigação do mérito da causa, os autos seriam encaminhados ao regional, para reexame, assegurando-se, com isso, o direito de o litigante vencido recorrer, no momento oportuno, de tudo o que foi decidido (se assim pretender) em contraste com os seus interesses.

Art. 966

Fora disso, será cortar cerce o direito da parte de recorrer ordinariamente de todo o conteúdo desfavorável do provimento da jurisdição, além de atribuir ao vocábulo questões uma amplitude que o § 1º art. 1.013 do CPC, segundo pensamos, não lhe desejou conceder.

Como poderemos vir a ser interpelados com o objetivo de indicarmos um exemplo em que, no processo do trabalho, teria aplicação o exato sentido dessa regra do processo civil, tomamos a iniciativa proléptica de anteciparmo-nos à crítica. Para não variarmos a situação-tipo, que estivemos até aqui a utilizar como exemplo, admitamos que o autor haja ingressado com ação em que alegue existente uma relação de emprego com o que o réu e que este, além de opor-se a essa pretensão, afirme que a data da vigência do suposto contrato de trabalho, bem como a função exercida pelo autor, o valor de seus salários etc., não eram aqueles mencionados na inicial. O juízo de primeiro grau, porém, não reconhece a existência de relação de emprego entre as partes, tornando-se desnecessária, em razão disso, a apreciação daqueles aspectos (vigência contratual, função, salário e o mais) suscitados pelo réu e debatidos nos autos. Interposto recurso dessa sentença e dando o tribunal provimento ao apelo, para declarar a existência da precitada relação jurídica material, poderia agora a Corte de reexame, com espeque no § 1º do art. 1.013 do CPC, pronunciar-se a respeito das questões suscitadas pelo réu, perante o juízo de primeiro grau, relativas à vigência do contrato, à função exercitada pelo autor, à remuneração que lhe era paga etc.?

Evidentemente, que sim.

Observe-se que, nessa hipótese, o tribunal ter-se-ia manifestado quanto ao *mérito* da causa (relação de emprego) e também sobre algumas questões a ele concernentes. Sendo assim, após reconhecer a existência de relação de emprego, deveria ordenar a devolução dos autos ao juízo de primeiro grau, a fim de que julgasse o restante do mérito, representado pelos pedidos de natureza pecuniária (pagamento de horas extras, aviso-prévio, férias etc.). Antes disso, contudo, ser-lhe-ia lícito examinar certas questões pertinentes ao contrato de trabalho em si, como: vigência, valor da remuneração e o mais. *Questões* são apenas questões.

Estes nossos argumentos não teriam sido deitados por terra pelo § 3º, do art. 1.013, do CPC? Cremos que não. Em primeiro lugar, porque o inciso I trata de sentença que não apreciou o mérito; daí, a referência ao art. 485; em segundo, o inciso II se ocupa de nulidade da sentença por incongruência com os limites objetivos do pedido; em terceiro, o inciso III versa sobre omissão no exame de *algum* dos pedidos.

Não há negar que se trata de um dispositivo revolucionário das tradições, por autorizar o tribunal a apreciar a lide (mérito), sem que o juízo *a quo* o tenha feito, como ocorre nos casos dos incisos I e III do art. 1.013. Há, todavia, uma contradição entre o *caput* desse artigo e o seu § 3º, III, uma vez que enquanto aquele assevera que o tribunal *deve* decidir desde logo o mérito, este declara que o tribunal *poderá* julgar o pedido (mérito) sobre o qual o juízo *a quo* não se pronunciou.

O § 4º do art. 1.013, do CPC, não infirmaria a nossa conclusão de que o § 1º do mesmo dispositivo legal não autoriza o tribunal a julgar o restante do mérito (mérito secundário: aviso-prévio, 13.os salários, férias, horas extras etc.) ao dar provimento ao recurso do autor para declarar a existência de relação de emprego com o réu? Pensamos que não. Em primeiro lugar, se o § 1º do art. 1.013 autorizasse o tribunal a julgar o mérito, não haveria necessidade de inserir-se, mais adiante, o § 4º, para permitir essa investigação do mérito, após reformar a sentença que reconheceu a prescrição ou a decadência.

Em resumo, entendemos que, na Justiça do Trabalho, o tribunal, ao dar provimento ao recurso do autor, para declarar a existência de vínculo de emprego com o réu, deverá devolver os autos ao órgão *a quo*, a fim de que este examine os demais temas de mérito, complementando, por esse modo, a entrega da prestação jurisdicional.

É recomendável transcrevermos, agora, algumas Súmulas do TST, e OJs da SDI-II, que versam sobre o tema de que estamos a cuidar:

"**Súmula n. 192**: Ação rescisória. Competência e possibilidade jurídica do pedido. "I — (...) II — Acórdão rescindendo do Tribunal Superior do Trabalho que não conhece de recurso de embargos ou de revista, analisando arguição de violação de dispositivo de lei material, ou decidindo em consonância com súmula de direito material ou com iterativa, notória e atual jurisprudência de direito material da Seção de Dissídios Individuais (Súmula n. 333) examina o mérito da causa, cabendo ação rescisória da competência do Tribunal Superior do Trabalho. III — Em face do disposto no art. 512, do CPC, é juridicamente impossível o pedido explícito de desconstituição de sentença quando substituída por acórdão regional. IV (...)".

• **Comentário**

Inciso II. De certa forma, esta Súmula abre exceção ao princípio de que quando o tribunal não aprecia o mérito, o pronunciamento jurisdicional rescindível é a decisão proferida pelo juízo anterior, *a quo*. Na situação de que cuida a Súmula, entende-se que o TST, ao não admitir recurso (de embargos ou de revista): a) por entender não configurada a alegada violação à lei; ou b) por aplicar súmula de direito material; c) ou, ainda, decidir de conformidade com jurisprudência reiterada, notória e atual da SDI-I, emite pronunciamento acerca do mérito, motivo por que o referido acórdão é rescindível, a despeito de não haver "conhecido" do recurso. A referência, agora, deve ser ao art. 1.008 do CPC.

Art. 966

Inciso III. Melhor teria sido se a Súmula considerasse, neste caso, o autor carecedor da ação, porquanto estaria a pretender a rescisão de uma sentença que, na verdade, já não existe, por haver sido substituída pelo acórdão. Sob o rigor da técnica, um pedido só deve ser considerado juridicamente impossível quando houver um veto legal à sua formulação em juízo. Não há, na espécie, lei proibindo a parte de dirigir a rescisória a um pronunciamento jurisdicional extinto.

> **Súmula n. 411**: "Ação rescisória. Sentença de mérito. Decisão de Tribunal Regional do Trabalho em agravo regimental confirmando decisão monocrática do relator que, aplicando a Súmula n. 83 do TST, indeferiu a petição inicial da ação rescisória. Cabimento. Se a decisão recorrida, em agravo regimental, aprecia a matéria na fundamentação, sob o enfoque das Súmulas ns. 83, do TST e 343 do STF, constitui sentença de mérito, ainda que haja resultado no indeferimento da petição inicial e na extinção do processo sem julgamento do mérito. Sujeita-se, assim, à reforma pelo TST, a decisão do tribunal que, invocando controvérsia na interpretação da lei, indefere a petição inicial de ação rescisória.

• **Comentário**

Também aqui, a Súmula considera como sendo de mérito a decisão do Tribunal proferida em agravo regimental, que indefere a petição inicial de ação rescisória, com fundamento nas Súmulas ns. 83, do TST, e 343, do STF.

> **"Súmula n. 412**: "Ação rescisória. Sentença de mérito. Questão processual. Pode uma questão processual ser objeto de rescisão desde que consista em pressuposto de validade de uma sentença de mérito".

• **Comentário**

Em atitude rigorosamente dogmática, esta Súmula só autoriza o exercício da ação rescisória, tendo como objeto "questão" processual", contanto que esta seja pressuposto de validade de uma sentença de mérito. A nosso ver, desde que se verificasse uma das situações previstas nos incisos I a VIII do art. 966, do CPC, seria de admitir-se a ação rescisória, mesmo que a "questão" processual fosse suscitada em processo extinto sem exame do mérito. Assim dizemos, porque embora o art. 486, do CPC, afirme que a extinção do processo sem exame no mérito não impede a parte de propor outra vez a ação, há outras situações em que essa renovação da demanda não é possível, como quando a sentença declarar o autor carecedor da ação por ser parte ilegítima. A não se admitir a rescisória, nesta hipótese, a parte ficaria eternamente ferreteada com a marca da ilegitimidade, pois de nada lhe valeria exercer, novamente, a ação, uma vez que a resposta jurisdicional seria sempre a mesma: extinção do processo, sem exame da lide, por suposta ausência de *legitimatio ad causam*.

> **Súmula n. 413**: "Ação rescisória. Sentença de mérito. Violação do art. 896, "a", da CLT.** É incabível ação rescisória, por violação do art. 896, "a", da CLT, contra decisão que não conhece de recurso de revista, com base em divergência jurisprudencial, pois não se cuida de sentença de mérito (art. 485 do CPC)". A referência, agora, deve ser ao art. 966 do CPC.

• **Comentário**

Realmente, se a decisão não admite recurso de revista, por entender não caracterizada a divergência jurisprudencial, não há pronunciamento sobre o mérito. Logo, em princípio, essa decisão não é suscetível de ataque pela via rescisória.

> **OJ n. 107, SDI-II**: "Ação rescisória. Decisão rescindenda de mérito. Sentença declaratória de extinção de execução. Satisfação da obrigação. Embora não haja atividade cognitiva, a decisão que declara extinta a execução, nos termos do art. 794 c/c 795 do CPC, extingue a relação processual e a obrigacional, sendo passível de corte rescisório.

• **Comentário**

Cognição é a relação que se estabelece entre o juiz, como ser cognoscente, e os fatos essenciais da causa, como objeto cognoscível. Diz-se que o processo é de conhecimento porque, aqui, a cognição é ampla, profunda e exaustiva, uma vez que pressupõe a formulação de um juízo de certeza. É equivocado supor que não há cognição nos demais processos, como o cautelar e o de execução; há, sim, embora com uma "carga" muito inferior à que caracteriza o processo de conhecimento. Pondo de lado certos deslizes doutrinais perpetrados pela OJ em exame, devemos reconhecer que, no fundamental, ela está correta. A referência, agora, é aos arts. 924 e 925 do CPC.

Mérito no processo de execução

Assunto que vem provocando generalizada polêmica doutrinária se refere à existência, ou não, de mérito, no processo executivo.

Para Celso Neves, "A coisa julgada (...) é fenômeno próprio e exclusivo da atividade de conhecimento do juiz e insuscetível de configurar-se no plano das suas atividades executórias, consequenciais e consecutivas" (*Coisa julgada civil*. São Paulo: Revista dos Tribunais, 1971. p. 501)

Antônio Cláudio Mariz de Oliveira sustenta que "O novo Código de Processo Civil terminou com a distinção existente na vigência do Código de 1939, entre ações executórias e ações executivas, em sentido estrito. Atualmente, o processo de execução se instaura tendo por base títulos judiciais ou extrajudiciais. No entanto, em ambos os casos, são praticados somente atos de execução, tendentes a tornar concreta a obrigação constante do título. Quer no primeiro, quer no segundo caso, o juiz nada irá decidir, pois nenhuma controvérsia é levada para o processo, a fim de ser elidida" (*Embargos do devedor*. São Paulo: José Bushatsky, 1977. p. 106)

No parecer de José Carlos Barbosa Moreira, "da cláusula final do art. 162, § 1º ('decidindo ou não o mérito da causa') colhe-se a impressão de que o

Art. 966

legislador, ao redigi-lo, tinha os olhos fitos exclusivamente no processo de conhecimento e no cautelar, onde existe 'mérito' a ser apreciado — o que não ocorre na execução, a não ser com referência a matérias que, embora nela inseridas, constituem objeto de atividade tipicamente cognitiva, e às quais correspondem, aí sim, verdadeiros processos incidentes (por exemplo: embargos do devedor)" (*Comentários ao código de processo civil*. 2. ed., v. V. Rio de Janeiro: Forense, 1976. p. 226). No CPC atual a matéria é tratada pelo § 1º do art. 203.

Dentre os autores que não admitem a possibilidade da existência de mérito no processo de execução está, também, Humberto Theodoro Júnior, para quem "Na execução forçada propriamente dita não há sentença, a não ser a que declara extinto o processo, que, entretanto, é meramente formal e não contém julgamento de mérito. É que a prestação jurisdicional na espécie não é de declaração, mas de realização de direito do credor" (*Processo de execução*. São Paulo: Univ. de Direito, 1975. p. 315).

Discrepando dessa orientação, José Frederico Marques afirma que o processo de execução pode extinguir-se em virtude de solução ou de "composição da lide", como se dá nos casos relacionados pelo art. 794, do CPC, ou porque a tutela jurisdicional invocada pelo credor é inadmissível (*Manual...*, p. 316). São dele os argumentos de que "Se o processo encerrar-se em razão dos fundamentos indicados no art. 794, houve composição da lide (sublinhamos), ou porque a execução atingiu o seu objetivo (art. 794, I), ou porque existente negócio jurídico processual (art. 794, ns. II e III). De qualquer modo, desaparece *hic et nunc* a responsabilidade patrimonial do devedor, porque pela prestação exigida já não mais responde este último" *(idem, ibidem)*. Diz ainda o eminente pensador que a sentença a que se refere o art. 795 do Código, ao declarar extinta a execução, faz cessar também o vínculo obrigacional que ligava a prestação à responsabilidade patrimonial do devedor, concluindo que se trata, portanto, "de sentença definitiva que incide sobre relação jurídica material, e cujos efeitos se tornam imutáveis, quando houver a coisa julgada" *(ibidem)*. Os artigos citados pelo referido autor devem ser substituídos pelos arts. 924 e 925 do CPC atual.

O interesse prático de saber-se se no processo executivo há mérito, ou não, vincula-se à possibilidade de a sentença, aí proferida, ser passível de ação rescisória, nos termos do art. 966, do CPC.

Sabemos que no processo de conhecimento o pedido do autor se concentra no conseguimento de uma sentença que seja favorável às pretensões por ele deduzidas, ao passo que no de execução o que deseja o credor é o cumprimento da obrigação afeta ao devedor, ou seja, a realização concreta da prestação exigida pelo título executivo.

Em rigor, no processo de execução há mérito, traduzido pela pretensão executiva manifestada pelo credor; o que se passa, na verdade, é que nesse processo não ocorre um pronunciamento do juízo acerca do *meritum*, o que somente será possível em sede de embargos à execução. Cabe esclarecer — para que o nosso ponto de vista seja adequadamente entendido — que os embargos do devedor não constituem incidente da execução (pois se assim fossem deveríamos admitir a possibilidade de haver mérito na execução), mas, processo autônomo, este de traço incidental.

O princípio a ser observado, portanto, é de que a despeito de haver mérito no processo executivo, o juiz sobre ele não emite decisão, exceto se o devedor se opuser a tal processo, mediante o manejo dos embargos que lhe são próprios. Esse mérito, como dissemos, repousa na pretensão executiva deduzida pelo credor.

Devemos admitir, entrementes, que, por exceção, haverá pronunciamento quanto ao mérito nas situações previstas pelo art. 924 do CPC, importa afirmar, quando se der a extinção desse processo em decorrência: a) de o devedor satisfazer a obrigação (II); b) de o devedor obter, mediante transação ou qualquer outro meio, a extinção total da dívida (III); c) de o credor renunciar ao crédito (IV); d) ocorrer prescrição intercorrente (V); e) o processo permanecer suspenso, nos termos do art. 921, III e IV, por tempo suficiente para consumar a prescrição intercorrente. É que, nessas hipóteses, como impõe o art. 925, a extinção do processo executivo somente produzirá efeitos quando declarada por sentença.

Com mestria, José Frederico Marques, apanhou a particularidade de que o art. 794 do CPC de 1973 (atual 924) estava para a execução como o art. 269 (atual 487) do mesmo Código estava para o processo de conhecimento, bastando verificar que os incisos I, II e III daquele correspondem aos incisos. I, II e III deste (obra cit., p. 315).

Haverá sentença de mérito, nos casos do art. 924 — diz o festejado autor —, porque ela faz cessar o vínculo obrigacional que prendia a prestação exigida pelo credor à responsabilidade patrimonial do devedor (idem, p. 316). Divergimos, pois, de Theodoro Júnior, quando assevera que a sentença declaratória da extinção do processo executivo é meramente formal, não contendo um julgamento do mérito (obra cit. p. 315). Estamos a opinar, pois, que a sentença extintiva do processo de execução, nas situações expressas pelos incisos. I a V do art. 924 do CPC, é rescindível em razão de ser dotada de aptidão bastante para fazer cessar o vínculo obrigacional que ligava patrimonialmente o devedor ao credor. O Excelso Pretório decidiu, aliás, que "o fato de o executado ter pago a dívida, mediante remissão dos bens penhorados, não lhe subtrai o interesse legítimo para propor ação rescisória contra a decisão objeto de execução" (Ac. do Pleno, AR-777-8-RJ, Rel. Min. Soares Muñoz, DJU de 28.3.80, p. 1773). A OJ n. 107, da SDI-II, do TST, como vimos, perfilhou este entendimento.

Estabelecido que, em princípio, não há exame do mérito no processo executivo, salvo: a) nas hipóteses do art. 924, II a V; ou b) quando o devedor oferecer embargos, faz-se necessário analisar a natureza da sentença que acolhe os anteditos embargos.

Sempre que os embargos tenham como objeto vícios ou quaisquer outros fatos relativos ao título executivo, a sentença que os acolher fará com que o título executivo se torne insubsistente e, em consequência, o processo de execução não possa ter curso por faltar-lhe o pressuposto legal indispensável. Via de consequência, cumpre ao juiz proferir a sentença declaratória da extinção desse processo — sentença que não se assemelha à mencionada pelo art. 925 do CPC, na medida em que não possui caráter definitivo (põe fim à execução sem solucionar a lide), mas tão-só terminativo, isto é, o seu conteúdo é eminentemente processual (= formal).

O que não deve o juiz é, ao rejeitar os embargos apresentados pelo credor, declarar "procedente" a execução; ora, como procuramos clarejar anteriormente, os embargos do devedor não representam um incidente da execução e sim processo autônomo, motivo por que o juiz, ao rejeitá-los, faz com que a execução permaneça íntegra, inabalada, sendo, por isso, produto de mera superfetação anunciá-la "subsistente". Só nas situações em que os embargos do devedor são acolhidos é que há repercussão direta no processo executivo, sendo necessário, em face disso, o órgão jurisdicional dizer da extinção desse processo, se for o caso.

Como, tecnicamente, os embargos do devedor caracterizam processo autônomo, devem ser autuados em apenso aos autos do processo principal, embora esse procedimento não venha sendo adotado pelos Juízes do Trabalho, que, no geral, mandam que a petição de embargos seja juntada aos autos em que se processa a execução, sendo que esta, por sua vez, tem curso nos mesmos autos em que foi prolatada a sentença exequenda (processo de conhecimento).

Essa observação é de significativa relevância, de ordem prática porquanto se a norma do art. 914, 1º, do CPC for aplicada à risca, fará com que, proferida em autos apartados a sentença resolutiva dos embargos do devedor (que se processam nesses autos), uma outra deverá ser emitida nos autos principais (= da execução), onde se declarará a extinção desta, na hipótese de os preditos embargos virem a ser acolhidos integralmente. A "informalidade" que vem assinalando o processo do trabalho tem feito, porém, com que os juízes que o aplicam mandem juntar a petição de embargos nos autos ditos principais e aí mesmo proclamem as consequências da rejeição dessa contrariedade à execução exteriorizada pelo devedor.

a) Liquidação e mérito

A difundida expressão *sentença* de liquidação encerra, a nosso ver, duas impropriedades de natureza científica., ao menos, nos sítios do processo do trabalho. Em primeiro lugar, o ato jurisdicional que define o valor da execução não pode ser considerado como sentença, porquanto não põe fim ao processo executivo. Lembremos que embora essa definição de sentença, constante do art. 162, § 1º, do CPC de 1973, tenha sido alterada pela Lei n. 11.232/2005 — passando a ser esta: "Sentença é o ato do juiz que implica alguma das situações previstas nos arts. 267 e 269 desta Lei" —, o processo do trabalho manteve, no plano doutrinário, o antigo conceito de sentença como ato dotado de eficácia para dar fim ao processo (resolvendo, ou não, o mérito da causa), pois, aqui, não houve o sincretismo entre o processo de conhecimento e a execução fundada em título judicial, estabelecido pela Lei n. 11.232/2005.

O CPC atual conceitua a sentença em seu art. 203, § 1º: "é o pronunciamento por meio do qual o juiz, com fundamento nos arts. 485 e 487, põe fim à fase cognitiva do procedimento comum, bem como extingue a execução". Nota-se, assim, que nesse conceito está evidenciada a ideia de *extinção*: seja da fase cognitiva do procedimento comum, seja da execução.

No processo do trabalho em vigor não há "cumprimento da sentença", e sim, execução clássica, porque a sentença *extingue* o processo de conhecimento, resolvendo, ou não, o mérito. A execução trabalhista segue sendo, pois, um processo autônomo, motivo pelo qual o devedor será *citado* e não, intimado, para cumprir a obrigação no prazo legal (CLT, art. 880).

O que se vem denominando, no processo do trabalho, de *sentença* de liquidação possui, na verdade, caráter de *decisão interlocutória*, uma vez que a quantificação do crédito do exequente surge como uma espécie de incidente da execução, daí por que esse ato do juiz melhor se quadra ao conceito estabelecido pelo § 2º do art. 203, do CPC. A singularidade de o art. 884, § 3º, da CLT, declarar que tal ato não é recorrível de imediato, autonomamente, reforça o argumento de que ele tem caráter interlocutório, sabendo-se que, no processo do trabalho, vigora o princípio da irrecorribilidade das decisões dessa natureza (CLT, art. 893, § 1º). Em segundo, o que se liquida, o que se quantifica não é a sentença exequenda e sim a *obrigação* que nela se contém. Tem-se, assim, que se trata de decisão liquidatária do conteúdo obrigacional do título executivo.

A própria CLT (art. 884, § 3º) alude à "sentença" *de liquidação*. O CPC de 1973, incidira no mesmo erro (art. 610); mais tarde, contudo, redimiu-se, ao fazer referência à *decisão de liquidação* (art. 475-M, § 3º). O CPC atual, ao mandar aplicar à liquidação o disposto no Livro I, da Parte Especial (art. 511), insinua tratar-se de sentença (art. 485) o ato pelo qual o juiz resolve a fase de liquidação.

No sistema da CLT, somente na oportunidade dos embargos à execução poderá a decisão de liquidação ser impugnada, seja pelo devedor, seja pelo próprio credor (art. 884, § 3º). Esta particularidade tem conduzido alguns autores a afirmar que a decisão liquidatária não é rescindível, porquanto pode ser desconstituída pelos embargos do devedor. Essa concepção doutrinária parte, como se percebe, do pressuposto de que o devedor sempre oferecerá embargos, o que não é verdadeiro, como atesta a realidade prática. Demais, o fato de, preliminarmente aos seus embargos, o devedor impugnar a decisão liquidatária não significa que, somente por isso, essa decisão não seja suscetível de ataque pela via rescisória, ainda que em tese. A rescisória, como tantas vezes assinalamos, figura como ação autônoma, que instaura uma nova relação jurídica processual, cujo exercício não pode ser, por isso, condicionado ao uso de medidas judiciais anteriores, destinadas a eliminar o vício que a rescisória agora tem em mira. Mesmo que o devedor deixe de oferecer embargos à execução, isso não terá efeito preclusivo do seu direito de ingressar com a ação rescisória, contanto que haja mérito na decisão atacada e tenha ela passado em julgado — respeitada, de qualquer forma, a enumeração feita pelos incisos I a VIII do art. 966 do CPC. Trata-se da denominada decisão interlocutória de mérito.

Na liquidação mediante cálculos, p. ex., será rescindível a decisão que rejeitar a alegação formulada por uma das partes, no sentido de existirem erros (crassos) nos cálculos confeccionados pelo contador. Esse é também o pensamento de Alcides de Mendonça Lima (*Comentários ao código de processo civil*. v. VI, t. II. Rio de Janeiro: Forense, 1974. p. 594), e de José Frederico Marques, que invocando o magistério sempre lúcido de Pereira e Souza, anota que apenas os elementos integrantes do cálculo adquirem força vinculativa da coisa julgada e não o seu resultado aritmético, pois o erro de conta nunca passa em julgado e pode alegar-se a todo tempo, *"exceto se sobre ele já houver disputa e sentença"* (obra cit., p. 68; sublinhamos). Essa opinião foi perfilhada pelo Supremo Tribunal Federal, como revela a ementa a seguir transcrita: "(a ação rescisória) é o meio processual próprio para a desconstituição de decisão homologatória da liquidação de sentença, ainda que por cálculo do contador, já que a homologação, nessa hipótese, fixa os limites do aresto exequendo; é consequentemente, uma sentença de mérito" (AC, 1ª T., RE-87.109-8-SP, Rel. Min. Cunha Peixoto, in DJU de 25.4.80, p. 2805).

De modo um pouco mais restrito, a Súmula n. 399, do TST, estabelece: "Ação rescisória. Cabimento. Sentença de mérito. Decisão homologatória de adjudicação, de arrematação e de cálculos. I — (...); II — A decisão homologatória de cálculos apenas comporta rescisão quando enfrentar as questões envolvidas na elaboração da conta de liquidação, quer solvendo a controvérsia das partes, quer explicitando, de ofício, os motivos pelos quais acolheu os cálculos oferecidos por uma das partes, ou pelo setor de cálculos, e não contestados pela outra". A Súmula n. 298, do TST, dispõe que: "I — (...). IV — A sentença meramente homologatória, que silencia sobre os motivos de convencimento do juiz, não se mostra rescindível, por ausência de prequestionamento". Não concordamos, *data venia*, com essa orientação, no tocante à exigência de prequestionamento. Conforme pudemos demonstrar, anteriormente, não se justifica esse requisito em sede de ação rescisória. O prequestionamento surgiu, historicamente, jungido aos *recursos de natureza extraordinária*. A exigência de prequestionamento na mesma relação processual é algo aceitável; o que não se pode conceber é a sua imposição para efeito de exercício da ação rescisória, sabendo-se que esta instaura uma nova relação jurídica processual. Ademais, impor-se esse prequestionamento no âmbito da ação rescisória seria permitir que se tornasse intangível e imutável a coisa julgada material formada contra a própria Constituição da República. Afinal, mesmo sem prequestionamento se pode verificar, em muitos casos, sem maiores esforços, a ocorrência de violação à lei ou à Constituição. Pense-se, por exemplo, em cálculos elaborados pelo contador oficial ou pelo credor, que tenham transbordado, às escâncaras, dos limites objetivos da coisa julgada material, e que não sejam contestados pelo devedor. Nos exatos termos da Súmula n. 298, I, do TST, não seria cabível a ação rescisória, pois, não existindo impugnação aos cálculos, não haveria, *ipso facto*, prequestionamento. E, assim, em nome desse requisito arbitrário, permitir-se-ia a violação do art. 879, § 1º, da CLT, e, de certo modo, do art. 5º, inciso LIV, da Constituição da República. É verdade que o próprio juiz poderia, *ex officio*, determinar a extirpação do excesso, a fim de amoldar os cálculos aos limites objetivos da *res iudicata*; não menos verdadeiro, porém, é que, em muitos casos, o juiz, por um motivo ou outro, poderia não ordenar essa adequação, fazendo com que, mais tarde, o devedor não pudesse ingressar com ação rescisória, por ausência de pré-questionamento.

Sendo a liquidação por artigos, a decisão que foi aí proferida fará coisa julgada material, em virtude da (ampla) fase de cognição incidental que assinala essa modalidade de quantificação do conteúdo obrigacional do título executivo. A circunstância de os artigos poderem ser julgados "não provados" — e, em face disso, ser lícito ao credor apresentar outros — não pode ser erigida como fator impediente da utilização da rescisória nos casos em que a decisão julga provados os artigos em questão.

Por fim, na liquidação via arbitramento, a decisão que a aprecia será rescindível na hipótese de tornar líquido o conteúdo da obrigação e, com isso, viável a sentença exequenda.

b) Arrematação, adjudicação e remição

b.a) Arrematação

Sendo a responsabilidade do devedor de natureza patrimonial (CPC, art. 789), a finalidade da execução

Código de Processo Civil

por quantia certa reside na expropriação judicial de seus bens, para que o direito do credor seja satisfeito (CPC, art. 824); daí, a necessidade de lhe serem penhorados tantos bens quantos bastem ao pagamento do principal, corrigido monetariamente, e acrescido dos juros da mora, das custas, dos honorários advocatícios e periciais e de outras despesas processuais, legalmente exigíveis (CPC, art. 831, *caput*).

A expropriação consiste: a) na adjudicação em favor do exequente; b) na alienação; c) na apropriação de frutos e rendimentos de empresa ou de estabelecimentos e de outros bens (CPC, art. 825, I a III).

A expropriação mencionada nas letras precitadas constitui ato que o Estado pratica, por intermédio do juiz, com o objetivo de transferir a outra pessoa bens apreendidos ao devedor, sem o consentimento deste. É errado imaginar, por isso, que essa expropriação integra a espécie dos atos de direito privado, em que o juiz assume o lugar do devedor para autorizar a alienação ou a transferência da coisa penhorada. Trata-se, em verdade, de característico ato de *imperium*, que é praticado via tutela jurisdicional; o Estado não vende os bens penhorados e sim os expropria, para atender aos interesses do credor. Inexistindo, pois, compra e venda ou cessão de direitos, o Estado atua aí não na qualidade de representante do devedor, ou de seu substituto, mas sim de prestador da tutela jurisdicional indispensável para que o ato expropriatório se realize e se consume.

Como clarifica Paula Batista, o único ponto de contato entre a arrematação e a venda está no fato de verificar-se em ambas a alienação da propriedade, mediante o pagamento de certo preço, em moeda: "mas a venda é um contrato, efeito do livre consentimento, que exprime a vontade dos contratantes, e a arrematação é uma desapropriação forçada, efeito da lei que representa a justiça social no exercício de seus direitos, e no uso de suas forças, para reduzir o condenado à obediência ao julgado; a ideia de que a entrega do ramo representa o consentimento do executado pela interposta pessoa do juiz, é uma ficção fútil e pueril" (*Compêndio de teoria e prática do processo civil comparado com o comercial*, § 184, nota 1).

Só se pode cogitar de venda, em rigor, no caso da alienação por iniciativa particular (CPC, art. 879, I); ainda assim, trata-se de venda efetuada sob o controle direto e imediato do juiz, pois a este incumbe, dentre outras coisas, fixar o prazo para a alienação ser realizada; a forma de publicidade; o preço mínimo; as condições de pagamento; as garantias; a comissão de corretagem (CPC, art. 880, § 1º).

A arrematação deve ser documentada em auto, que será lavrado de imediato, mencionando-se, nele, as condições segundo as quais o bem foi alienado (CPC, art. 901).

Assinado o auto pelo juiz, pelo arrematante e pelo serventuário da justiça ou leiloeiro, considera-se a arrematação perfeita, acabada e irretratável, mesmo que os embargos oferecidos pelo executado venham a ser acolhidos (CPC, art. 903, *caput*).

Cabe, porém, ação rescisória na arrematação?

Em princípio, não, pois inexiste aí ação, processo e sentença (ainda que homologatória). Realmente, não há uma ação de arrematante, em que o licitante vitorioso figure como autor. Nem o preço pode ser equiparado ao pedido ou à pretensão. É claro que o juiz, como diretor do processo, participa da arrematação, seja assinando o auto e a carta, seja decidindo acerca da preferência que o art. 893 do CPC estabelece em prol do licitante que se dispuser a arrematar englobadamente os bens submetidos à praça. Ainda aqui não haverá sentença, nos moldes legais (CPC, art. 203, § 1º).

Por outro lado, a irretratabilidade, de que fala o art. 903, *caput*, do CPC, não autoriza a pensar-se que a rescisória é viável na arrematação. É que não sendo o auto uma sentença, a irretratabilidade também não pode ser interpretada como sinônimo de coisa julgada.

Pelo exposto, conclui-se que a arrematação, como ato judicial que não depende de sentença, deve ser desfeita como os atos jurídicos em geral, como prevê o art. 966, § 4º, do CPC. Os casos em que será possível o desfazimento da arrematação se encontram relacionados nos incisos I a III, do art. 903, do CPC, a saber: a) preço vil ou outro vício; b) se não for observado o disposto no art. 804; c) se não for pago o preço ou se não for prestada a caução.

A Súmula n. 399, do TST, não discrepa deste entendimento: "I — É incabível ação rescisória para impugnar decisão homologatória de adjudicação ou arrematação (ex-OJs 44 e 45).

Sintetizemos, a seguir, o que dissemos a respeito desses fatos que podem provocar o desfazimento da arrematação.

a) *Preço vil ou outro vício. Preço vil*. Um dos motivos, aliás, que poderão levar o executado a oferecer embargos à arrematação consistirá no fato de ela haver sido realizada por *preço vil*, como tal considerado o que for inferior a cinquenta por cento do valor da avaliação, exceto se outro for o preço mínimo estabelecido pelo juiz para a alienação do bem (CPC, art. 891, parágrafo único).

Outro vício. Sendo a praça realizada, *v. g.*, sem prévia intimação do credor (Lei n. 6.830/80, art. 22, § 2º) ou do devedor ou estando o arrematante legalmente impedido de licitar, configurada estará a nulidade desse ato expropriatório, que, em consequência, poderá ser desfeito pelo interessado (credor, devedor, ou eventualmente terceiro), desde que não possam ser aplicados os princípios da transcendência (CLT, art. 794; CPC, art. 282, § 1º); da instrumentalidade (CPC, arts. 188 e 277); da convalidação (CLT, art. 795; CPC, art. 278, *caput*) e da proteção (CLT, art. 796, "a" e "b"; CPC, arts. 276 e 283, § 2º).

b) Se não for observado o disposto no art. 804 do CPC, ou seja, se o senhorio direto ou o credor pignoratício, hipotecário, anticrético ou usufrutuário não tiverem sido intimados da alienação do bem aforado ou gravado com penhor, hipoteca, anticrese ou usufruto.

Em síntese, não sendo o credor hipotecário (e os demais interessados, referidos pelos art. 804 do CPC) intimados da praça, com, pelo menos, cinco dias de antecedência:

1. se ainda não realizada a praça, poderá valer-se dos embargos de terceiro para impedir que esta se efetue (CPC, art. 674);

2. se já realizada a praça (mas ainda não assinada a carta de arrematação ou de adjudicação), ser-lhe-á facultado desistir da arrematação (CPC, art. 903, § 5º, I a III).

c) Se não for pago o preço ou prestada a caução. Deixando o arrematante de complementar o preço, nas 24 horas que se seguirem ao encerramento da praça, não só será desfeita a arrematação como o arrematante perderá, em favor da execução, o sinal de 20% que havia depositado para garantir o lanço (CLT, art. 888, § 4º), retornando à praça os bens apreendidos.

e) Nos demais casos previstos no CPC.

No sistema do CPC de 1973 se o arrematante provasse, nos cinco dias subsequentes, a existência de ônus real ou de gravame não mencionado no edital a arrematação seria desfeita (art. 694, II). No atual CPC esse fato permitirá ao arrematante *desistir* da arrematação. Manda o art. 886, VI, do CPC, que o edital de praça indique, entre outras coisas, a existência de ônus real a gravar os bens penhorados (se este for o caso). Essa providência se destina a prevenir o arrematante contra os rigores das normas legais que regem esses gravames. Deixando o edital de satisfazer a esse requisito, incumbirá ao arrematante demonstrar (com documentos), no prazo fixado pelo art. 903, § 5º, I, a presença de ônus real e obter, em razão disso, desistir da arrematação.

Até aqui, dedicamo-nos a demonstrar os argumentos que embasam nossa afirmação, feita no início deste item, de que, em princípio, a rescisória não incide na arrematação.

Apenas em situações extremamente excepcionais essa regra ficará afastada, como se dará, p. ex., quando houver embargos à arrematação (CPC, art. 903, § 1º, I). Nessa hipótese, a decisão que os resolver será rescindível, pois sendo ditos embargos autêntica ação autônoma, ajuizada pelo devedor, pelo fiador — enfim, por aquele a quem a lei atribui legitimidade para isso —, a decisão que os apreciar solucionará um conflito estabelecido entre o autor e o arrematante. É ação de natureza constitutiva, pois tende à obtenção de um pronunciamento jurisdicional que, desfazendo a arrematação, atribua ao autor (devedor, fiador) o direito de não mais ser compelido ao pagamento da quantia que consubstancia a obrigação refletida no título executivo.

Acrescenta Luís Eulálio de Bueno Vidigal que a ação rescisória igualmente não será necessária àquele que não foi parte nos embargos: "Assim, apresentados embargos de terceiro e afinal repelidos por sentença regular, o executado que quiser anular a arrematação não precisa recorrer à ação rescisória" (*Comentários ao código de processo civil*. 2. ed., v. VI. São Paulo: Ver. dos Trib., 1976. p. 162). Mesmo que haja sentença relativa aos embargos do devedor ou de terceiro, por não ter sido o credor hipotecário intimado para a praça, este poderá conseguir, mediante ação ordinária, a anulação do ato expropriatório: "Não precisará recorrer à ação rescisória, remédio do qual, aliás, não se poderia servir pela simples razão de não ter sido parte no processo" (*idem, ibidem*).

b.b) Adjudicação

A adjudicação (CPC, art. 876) é legalmente apontada como uma das formas de pagamento ao credor (CPC, art. 904, II); vista sob outro ângulo, contudo, é meio de aquisição da propriedade. Ao lado da arrematação, representa um dos modos de expropriação judicial dos bens penhorados ao devedor.

O auto que lhe corresponde constitui o instrumento de documentação formal desse ato expropriatório. A carta de adjudicação é o documento pelo qual o adjudicatário prova a sua propriedade sobre os bens nela descritos; é com essa carta que ele irá aperfeiçoar a transferência da propriedade da coisa, para seu nome, transcrevendo-a no Registro de Imóveis ou registrando-a nas repartições ou órgãos a que faz menção o art. 14, II e III, da Lei n. 6.830/80.

A adjudicação é rescindível?

Separemos os casos.

Havendo um só pretendente à adjudicação, esta ser-lhe-á concedida independentemente de sentença, sendo bastante, para isso, a lavratura do auto, que será assinado pelo juiz, pelo adjudicatário e pelo porteiro (ou leiloeiro); logo, nesta hipótese não haverá lugar para a ação rescisória, podendo a adjudicação ser desfeita como o são os atos jurídicos em geral, segundo dilucida o art. 966. § 4.º, do CPC.

Dispõe a Súmula n. 399, I, do TST, ser: "incabível ação rescisória para impugnar decisão homologatória de adjudicação". Certamente, a Súmula está levando em conta, apenas, a situação que acabamos de examinar, ou seja, em que há somente um pretendente à adjudicação. Havendo *licitação* entre credores, a adjudicação deve ser deferida mediante decisão interlocutória — que, por isso, é rescindível em tese. Justifiquemos a nossa opinião.

Caso compareçam à praça diversos licitantes, que ofereçam preços idênticos, caberá ao juiz observar o procedimento traçado pelo art. 876, § 6º, do CPC,

Código de Processo Civil   Art. 966

tendo preferência, em caso de igualdade de oferta, o cônjuge, o companheiro, o ascendente ou o descendente, nessa ordem.

A decisão judicial, aqui, não é homologatória de coisa alguma, refletindo, ao contrário, um ato estatal de solução de um conflito subjetivo de interesses surgido incidentalmente no processo de execução. A interlocutoriedade dessa decisão somente deve ser vista em relação ao processo (de execução) como um todo; levando-se em conta, porém, o conflito de interesses estabelecido entre os adjudicatários ela mais se aproxima de sentença, uma vez que resolve esse conflito. Logo, pode ser impugnada pela via rescisória, desde que se verifiquem quaisquer das situações previstas no art. 966, do CPC.

Se a adjudicação foi deferida em razão de haver um só pretendente, não há que se falar em decisão (sob os aspectos da forma e do conteúdo), pois o que se terá é apenas a carta de adjudicação, como simples ato judicial de documentação da transferência da propriedade dos bens ao adjudicatário.

b.c) Remição

No sistema do processo civil de 1973, anteriormente à Lei n. 11.382/2006, permitia-se a remição:

a) da execução (art. 651); e

b) da penhora (art. 787).

A revogação do art. 787, do CPC, deveu-se ao fato de a mencionada Lei haver atribuído legitimidade para a adjudicação não só ao credor, mas ao credor com garantia real; aos credores concorrentes, que houvessem penhorado o mesmo bem; ao cônjuge; aos ascendentes e descendentes do executado (CPC, art. 685-A, § 2º). Anteriormente, o cônjuge, o descendente e o ascendente do executado poderiam remir os bens penhorados (CPC, art. 787, revogado), mas não adjudicá-los; somente o credor-exequente, os credores hipotecários e os credores concorrentes poderiam fazê-lo (CPC, art. 714, revogado).

Com o advento da Lei n. 11.382/2006, no sistema do CPC de 1973:

a) deixou de haver remição da penhora;

b) foi abolida a remição da execução, que passou a constituir faculdade do devedor.

O CPC atual nada dispõe sobre a remição.

A posição do processo do trabalho diante do tema

O art. 13, da Lei n. 5.584, de 26 de junho de 1970, prevê a *remição*, sem, contudo, fixar prazo para que seja requerida. Essa remição é da *execução*, e não dos bens penhorados. Há, contudo, um fato que merece reflexão: o art. 789-A, inciso I, da CLT, fixa critério objetivo para o cálculo das custas referentes aos autos de *remição*. Ora, sabe-se que na remição *da execução* não há necessidade de auto; este só é exigido na remição *de bens*. Isto quer dizer, portanto, que o art. 789-A, inciso I, da CLT, preveria, de maneira implícita, a possibilidade de haver *remição de bens*.

Desta maneira, no processo do trabalho seria possível sustentar-se, em um primeiro momento, a opinião de que: a) poderia haver remição de *bens* pelo cônjuge, ou descendente ou ascendente do devedor; b) essas pessoas não poderiam requerer a adjudicação de bens.

Todavia, o bom senso alvitra que a leitura do art. 789-A, inciso I, da CLT, seja feita em conjunto com o art. 876, do CPC, no que couber, por forma a concluir-se que, no processo do trabalho:

a) somente o devedor (ou alguém por ele) poderá remir os bens penhorados (CLT, art. 789-A, I);

b) cabendo aos seu cônjuge, companheiro, ascendente ou descendente (assim como os credores com garantia real e os credores concorrentes que houverem penhorado o mesmo bem) a faculdade de adjudicá-lo (CPC, art. 876, § 5º).

Na lição de Pontes de Miranda, a remição da execução é a "cessação da ação de execução da sentença, pelo pagamento, pela solução da dívida e consequente liberação do devedor" (obra cit., p. 331), ao passo que a remição *de bens em execução* representa "a assinação do bem penhorado, ou dos bens penhorados, ao próprio executado, substituídos, na penhora, pelo valor da soma correspondente ao valor do bem ou dos bens" (*ibidem*), considerando-a, no fundo, "sub-rogação voluntária do objeto da penhora, de modo que se libera o bem e não se libera o devedor, satisfaz-se o juízo e não se solve a dívida" (*ibidem*).

Na remição da execução ocorre, em regra, a extinção desse processo (CPC, art. 924, II), sendo que na remição de bens penhorados a relação processual executiva subsiste.

Levando em consideração os argumentos até aqui expostos, concluímos que tanto na remição de bens quanto na remição da execução não será possível o exercício de ação rescisória, por inexistir decisão, mas mero ato homologatório.

Uma nótula esclarecedora sobre a remição da dívida: embora esta seja causa de extinção da execução (CPC, art. 924, II), e essa extinção só produza efeitos se declarada por sentença (art. 925), deve-se perceber que a remissão, em si, não é objeto de sentença, e sim, como dissemos, de mero ato homologatório. Por isso, não é rescindível, mas anulável (CPC art. 966, § 4.º). A sentença, no caso, dirá respeito exclusivo à extinção da execução, derivante da remissão.

Mérito nos recursos

Pelo quanto temos observado, os próprios tribunais — aí incluídos os do trabalho — ainda não conseguiram desvencilhar-se da arraigada equivocação de considerar como "preliminares" certas questões que, em rigor, fazem parte do mérito do recurso.

Justifiquemo-nos.

Com *mérito* queremos designar a pretensão que dá conteúdo ao recurso. Essa pretensão pode coincidir, ou não, com a que levou o autor a propor a ação. No agravo de instrumento, *v. g.*, o seu mérito jamais coincidirá com o da causa, pois a pretensão que caracteriza essa modalidade recursal reside na consecução de um provimento que elimine a decisão proferida pelo órgão de primeiro grau, denegatória do recurso interposto (CLT, art. 897, "b"). Daí, a acentuada vocação liberatória, que anima o agravo de instrumento trabalhista. Fica fácil perceber, portanto, a diferença substancial, existente entre a pretensão dirigida ao tribunal por meio desse agravo e aquela que foi deduzida perante o órgão de primeiro grau.

No recurso ordinário (CLT, art. 895), a sua pretensão (= mérito) pode coincidir, ou não, com o da causa. Se no recurso se pede, exclusivamente, que a Corte de revisão se pronuncie sobre o mérito apreciado pelo órgão inferior, a coincidência de méritos está evidenciada. Caso, todavia, em grau de recurso se pleiteie a anulação da sentença (ou de todo o processo em que ela foi proferida), em virtude de vício grave que a contamina, é elementar que não haverá coincidência de méritos; o mesmo se diga quando a sentença deixa de apreciar o *meritum causae* e o que se pede, no recurso, é exatamente que o mérito seja examinado: a diversidade de méritos é manifesta.

Não estamos asseverando que inexistam preliminares no plano dos recursos, e sim que muitas vezes o próprio tribunal se deixa iludir por "falsas preliminares" do apelo. Digamos que o autor alegue que o recurso interposto pelo réu está deserto, por não ter sido feito o preparo (CLT, arts. 789, § 1º e 899, § 1º), pretendendo, com isso, que não seja conhecido: nesta hipótese temos, inegavelmente, uma preliminar recursal autêntica. Quando, porém, o réu alega cerceamento (melhor: restrição) do direito de defesa (por não lhe ter o juiz permitido produzir determinada prova) e pede, em consequência, a declaração de nulidade do processo e, além disso, discute o mérito da causa (para o caso de a arguição de nulidade não ser acolhida pelo tribunal), o que se tem pensado ser "preliminar" de nulidade é, isto sim, matéria que pertence ao mérito do recurso.

Logo, ao proclamar o resultado do julgamento, o tribunal incorrerá em comprometedor deslize técnico se valer-se de construções fraseológicas como "rejeitar a preliminar de nulidade por cerceamento de defesa e, no mérito, dar (ou negar) provimento ao recurso para...". Se a Corte quiser prestar homenagem à ciência do processo, melhor será que, na hipótese, diga "dar (ou negar) provimento ao recurso", pois tanto a arguição de nulidade do processo quanto o ataque direto à sentença são lados homólogos de um mesmo prisma.

Regra geral, as preliminares típicas dizem respeito aos pressupostos — subjetivos e objetivos — indispensáveis à admissibilidade dos recursos; fora disso, quase sempre o que se supõe ser uma preliminar é, verdadeiramente, um elemento fragmentário do mérito do recurso (= pretensão à "reforma" do julgado). Tanto isso é exato que quando o tribunal acolhe uma tal "preliminar", o faz para dar provimento ao recurso e, em razão disso, emitir um decreto de nulidade da sentença. Por outras palavras, o que faz a Corte de revisão é pronunciar-se sobre parte do merecimento do recurso, de maneira favorável às pretensões do recorrente; como poderia, em outra situação, pronunciar-se de modo desfavorável às pretensões deste. Seja lá ou aqui, o *meritum* do apelo terá sido tocado.

Em resumo: o que se tem denominado de "preliminar", em sede de recurso, para nós é o mérito estrito (ou do recuso), em contraposição ao mérito da causa. Se o recurso versa, exclusivamente, sobre ilegitimidade de parte, perguntamos: que "preliminar" será esta, se nada mais há para além dela, naquele caso?

Mérito e "jurisdição voluntária"

A locução "jurisdição voluntária", de largo uso pela doutrina e pela jurisprudência, e que fora incorporada pelo próprio Código de Processo Civil de 1973 (art. 1.103) é, na realidade, uma espécie de monumento à impropriedade científico-terminológica.

Sem embargo, de jurisdição (*iuris* + *dictio*) não se trata, pois inexistem em tais situações ação, processo, conflito de interesses e sentença de mérito e sim mero procedimento. O que há, isto sim, é administração pública do direito privado, expressão concebida por Zanobini, que Frederico Marques adaptou para "administração pública de interesses privados" — a refletir, com maior fidelidade, a natureza da participação do órgão judicial nesses casos.

De outra parte, não podendo o juiz agir *ex officio*, por força do mandamento estampado no art. 2º do CPC, fica evidente que nada há de voluntário nesse procedimento, que reclama, como sabemos, a iniciativa do interessado.

Esteve rico em razões, portanto, Barão Homem de Mello ao afirmar, sentenciosamente, que "Nada há mais difícil do que desarraigar ideias recebidas e passadas em julgado sem exame".

Não havendo formação de coisa julgada material nesse procedimento, fica afastada a possibilidade de a sentença ser rescindida, embora possa ser impugnada pela via recursal (art. 724).

Mérito e mandado de segurança

Dispõe a Súmula n. 304 do STF que "Decisão denegatória de mandado de segurança, não fazendo coisa julgada contra o impetrante, não impede o uso da ação própria".

O enunciado da Súmula deve ser, contudo, interpretado em harmonia com outros princípios jurídicos, sob pena de conduzir à imperfeita conclusão de seu real sentido.

A orientação da Súmula em foco somente deverá ser acatada quando o tribunal denegar o mandado de segurança sem invadir o mérito do pedido; quando, ao inverso, a Corte examina o merecimento da pretensão e diz que o impetrante não possui o direito que pensava ter, estaremos diante de um provimento (acórdão) dotado de aptidão para produzir a *res iudicata* material e, conseguintemente, sujeitável à ação rescisória. Assim pensamos porque, ao não reconhecer o direito do impetrante, o acórdão impede, por motivos de ordem lógica e jurídica, que a controvérsia seja reapreciada no plano da ação ordinária (processo de conhecimento).

Mérito e homologação de sentença estrangeira

Qualquer sentença proferida por tribunal estrangeiro somente terá eficácia em território brasileiro se homologada pelo Superior Tribunal de Justiça (Const. Fed., art. 105, I, "i"). Outrora, essa competência era do STF.

A matéria atinente à homologação de sentença estrangeira é regida pelos arts. 960 a 965 do CPC. A decisão homologatória poderá ser objeto de ação anulatória (CPC, art. 966, § 4º).

Mérito e juízo arbitral

O tema poderia não apresentar maiores interesses de ordem prática, aos estudiosos do processo do trabalho, não fosse a faculdade que a Constituição Federal concede às partes de elegerem árbitros, quando a negociação coletiva não tiver êxito (art. 114, § 1º).

Ao contrário do que acontece em outros países, a arbitragem, no Brasil, é facultativa e só é possível no âmbito das negociações coletivas.

Como a CLT nada contém acerca do assunto, tornava-se inarredável a incursão supletiva pelos domínios do processo civil, onde a matéria se encontrava disciplinada nos arts. 1.072 a 1.102 do CPC de 1973. Esses dispositivos, contudo, foram revogados pela Lei n. 9.307/96, que instituiu a arbitragem. Esta Lei é aplicável ao processo do trabalho, no plano dos denominados dissídios coletivos e, em alguns casos, nos dissídios individuais, aqui funcionando como árbitro o Ministério Público do Trabalho. Posteriormente, a Lei n. 9.307/1996 teve a sua redação alterada pela Lei n. 13.129, de 26.5.2015.

A Lei n. 9.307/96 substituiu o laudo pela *sentença* arbitral (art. 23), que conterá, *mutatis mutandis* e de maneira algo simplificada, requisitos de validade semelhantes aos previstos no art. 489, do CPC (art. 26) e que produzirá "entre as partes e seus sucessores, os mesmos efeitos da sentença proferida pelos órgãos do Poder Judiciário e, sendo condenatória, constitui título executivo" (art. 31).

A nulidade da sentença arbitral pode ser objeto de ação judicial, segundo o procedimento comum (Lei n. 9.307/96, art. 33, § 1º), após o recebimento da notificação da respectiva sentença, parcial ou final, ou da decisão do pedido de esclarecimentos. § 3º A declaração de nulidade da sentença arbitral também poderá ser arguida mediante impugnação, conforme o art. 525 e seguintes do atual CPC.

Em princípio, caberá ação rescisória da sentença ou do acórdão proferido em ação de nulidade da sentença arbitral.

Trânsito em julgado. Como vimos, o exercício da ação rescisória pressupõe não apenas um pronunciamento jurisdicional sobre o mérito, mas que esse pronunciamento tenha passado em julgado, por forma a fazer surgir a coisa julgada material. O art. 502 do CPC conceitua essa coisa julgada como "a autoridade que torna imutável e indiscutível a decisão de mérito não mais sujeita a recurso".

Sem o trânsito em julgado, o autor, na ação rescisória, deverá ser declarado carecente da ação, por falta de interesse processual, extinguindo-se o processo sem resolução do mérito. Sob este aspecto, é oportuno dizer que não se admite ação rescisória "preventiva", entendida, justamente, como aquela que se exerce antes de a decisão haver passado em julgado (TST, Súmula n. 299, III).

A expressão "trânsito em julgado" faz supor, à evidência, o decurso em branco do prazo para a interposição do recurso cabível. Entrementes, a ação rescisória será admissível com relação às decisões de mérito tornadas por lei irrecorríveis desde o nascedouro. A observação é importante porque, neste caso, não há o "trânsito em julgado", pois ditas decisões são ontologicamente irrecorríveis, o que é diferente. Irrecorríveis, mas, mesmo assim, rescindíveis. Sob este aspecto, é importante referir a Súmula n. 259, do TST: "Só por ação rescisória é impugnável o termo de conciliação, previsto no parágrafo único do art. 831 da CLT". Lembremos que, conforme o art. 831, da CLT, essa sentença homologatória é irrecorrível para as partes — conquanto o INSS, como terceiro interessado, possa, dela, recorrer.

Justamente porque o exercício da ação rescisória pressupõe o trânsito em julgado da decisão rescindenda é que o autor deverá, já na petição inicial, produzir prova disso (TST, Súmula n. 299, I). Verificando, porém, o juiz, que essa prova não foi feita, deverá intimar o autor para que supra a falta, no prazo de quinze dias (CPC, art. 321, *caput*); se o despacho não for cumprido, o juiz indeferirá a petição inicial (*ibidem*, parágrafo único). No mesmo sentido, a Súmula n. 299, II, do TST — que deverá ser reformulada para aludir ao prazo legal de quinze dias.

Convém deixar registrado, ainda, que as disposições da Lei n. 5.584/70, pertinentes às ações de alçada exclusiva dos órgãos de primeiro grau, não se aplicam à ação rescisória (TST, Súmula n. 365) — até porque esta ação é da competência originária dos tribunais, conforme se verá a seguir.

Art. 966

Competência

• **Comentário**

A ação rescisória é da competência *originária* dos tribunais. Assim, embora estes sejam, de ordinário, órgãos de segundo ou de terceiro graus, funcionam como de primeiro grau para efeito de apreciação e julgamento da ação rescisória.

Antes do julgamento, no entanto, o procedimento pertinente à rescisória se desenvolve por meio de atos praticados do relator, a quem a lei atribui competência, entre tantas coisas, para: a) determinar a citação do réu (art. 970); b) ordenar a extração de carta de ordem a juiz de primeiro grau, caso haja necessidade de ser produzida prova de fatos alegados na causa (art. 972); c) abrir vista sucessiva ao autor e ao réu, pelo prazo de dez dias, para apresentação de razões finais (art. 973); d) remeter os autos ao Ministério Público, para manifestação deste (arts. 176 a 180).

A Súmula n. 192, do TST, contém detalhamento acerca da competência, em sede de ação rescisória:

> 192. Ação rescisória. Competência e possibilidade jurídica do pedido.
>
> I — Se não houver o conhecimento de recurso de revista ou de embargos, a competência para julgar ação que vise a rescindir a decisão de mérito é do Tribunal Regional do Trabalho, ressalvado o disposto no item II.
>
> II — Acórdão rescindendo do Tribunal Superior do Trabalho que não conhece de recurso de embargos ou de revista, analisando arguição de violação de dispositivo de lei material ou decidindo em consonância com súmula de direito material ou com iterativa, notória e atual jurisprudência de direito material da Seção de Dissídios Individuais (Súmula n. 333), examina o mérito da causa, cabendo ação rescisória da competência do Tribunal Superior do Trabalho.
>
> III — Em face do disposto no art. 512, do CPC, é juridicamente impossível o pedido de desconstituição de sentença quando substituída por acórdão Regional. Nota: a referência, agora, passa a ser ao art. 921 do CPC.
>
> IV — É manifesta a impossibilidade jurídica do pedido de rescisão de julgado proferido em agravo de instrumento que, limitando-se a aferir o eventual desacerto do juízo negativo de admissibilidade do recurso de revista, não substitui o acórdão regional, na forma do art. 512 do CPC. Nota: a referência, agora, passa a ser ao art. 921 do CPC
>
> V — A decisão proferida pela SDI, em sede de agravo regimental, calcada na Súmula n. 333, substitui acórdão de Turma do TST, porque emite juízo de mérito, comportando, em tese, o corte rescisório".

Façamos um breve comentário a essa Súmula.

Inciso I. No caso de o TST não admitir recurso de revista ou de embargos, não terá havido substituição da decisão impugnada (CPC, art. 1.008), motivo por que a ação rescisória deverá ter como objeto esta decisão regional e não a do TST, que não admitiu o recurso.

Inciso II. Estamos diante de uma engenhosa construção jurisprudencial. Se o recurso de revista estiver fundado em violação de lei material, em Súmula de direito material, ou em iterativa, notória e atual jurisprudência de direito material da SBDI, a decisão que não o admitir será passível de ação rescisória. Cuida-se, pois, de uma exceção à regra geral, segundo a qual quando um recurso não é admitido não ocorre a substituição prevista no art. 1.008 do CPC. Todavia, no caso do inciso II, da Súmula n. 192, do TST, em que pese ao fato de o recurso não haver sido admitido, o acórdão do TST, para assim dispor, teve de examinar o conteúdo (mérito) do recurso. Por esse motivo, este acórdão poderá ser objeto de ação rescisória.

Inciso III. Quando, por exemplo, um acórdão substitui (integralmente) uma sentença, e a ação rescisória é dirigida a esta, e não àquele, a Súmula em exame considera o pedido do autor *juridicamente impossível*. Conforme já pudemos expor em linhas anteriores, entendemos que, no caso, não se deve cogitar de pedido juridicamente impossível, uma vez que não há, no ordenamento legal, um veto específico à sua formulação, na situação em exame. Ora, se a parte deseja rescindir uma sentença que foi substituída pelo acórdão, o caso é *de carência da ação*, por falta de interesse processual (CPC, arr. 17). Efetivamente, que interesse possui o autor em rescindir uma sentença que já não existe no mundo jurídico, porquanto foi substituída pelo acórdão?

Inciso IV. Como, no agravo de instrumento, a decisão se limita a dizer do acerto ou do desacerto da decisão monocrática que não admitiu recurso de revista, aquele agravo não substitui o acórdão regional, impugnado, para os efeitos da ação rescisória. Rescindível continua a ser o aludido acórdão regional.

Inciso V. Decisão proferida pela SBDI, em agravo regimental, fundada na Súmula n. 333, do TST, pode ser rescindida, pois substitui o acórdão de Turma do mesmo Tribunal, ou seja, emite juízo de mérito.

Coisa julgada

Segundo a Lei de Introdução às Normas do Direito Brasileiro (Lei n. 12.376, de 30.12.2010), chama-se *coisa julgada* ou *caso julgado* a decisão judicial de que já não caiba recurso (art. 6º, § 3º).

A doutrina e a jurisprudência, contudo, apegarem-se à primeira expressão: *coisa* julgada — que também está no gosto dos legisladores mais recentes.

O fenômeno da *res iudicata* é de subida importância para o estudo dos pronunciamentos jurisdicionais decisórios e da eficácia que lhes é inerente. A coisa julgada, todavia, não é efeito e sim qualidade da sentença.

A eficácia da sentença não se faz sentir ato contínuo à sua publicação, mas sim quando ela não mais for passível de recurso, exceto de a sentença for daquelas que a lei fez ontologicamente irrecorríveis, hipótese em que a sua eficácia será liberada imediatamente à publicação do ato. Com base nesta particularidade, podemos dizer que a sentença, considerada em si mesma, constitui uma espécie de ato de eficácia subordinada a evento futuro, ou seja, à ausência de impugnação pela via recursal. Assim o é porque esse ato da jurisdição pode ser modificado pelo recurso que dele se interpuser. Sentença suscetível de recurso, portanto, nada mais é do que uma *situação jurídica*. Esgotado o prazo de impugnação, ela adquire o atributo da imutabilidade, que vem da *res iudicata*.

Coisa julgada formal. Esta expressão tem sido utilizada para traduzir o fenômeno da imutabilidade da sentença, em virtude da preclusão dos prazos para recursos. Diz-se que há, neste caso, *preclusão máxima*, exatamente porque já não há possibilidade de o pronunciamento jurisdicional ser impugnado mediante recurso. Não podemos deixar de reconhecer certa contradição entre os termos componentes dessa expressão consagrada, pois se a coisa (*res*) ou caso julgado se refere ao mérito, e a sentença extingue o processo sem examiná-lo, não se pode falar em *coisa julgada*.

Convém lembrar que o vocábulo *preclusão* vem da forma latina *praeclusio*, de *praecludere*, que significa fechar, findar, tolher. Transportado para o tecnicismo da linguagem processual, expressa a perda de um direito ou de uma faculdade processual, em virtude da falta do correspondente exercício dentro do prazo legal ou assinado pelo juiz. Há três modalidades de preclusão:

a) *"temporal"*, que diz respeito à situação examinada, ou seja, que se configura com a perda do prazo para a prática de determinado ato processual;

b) *lógica*, que ocorre quando se deseja praticar ato incompatível com outro, já realizado no mesmo processo;

c) *consumativa*, que advém do fato de tentar-se praticar ato já praticado anteriormente.

A *res iudicata* formal gera a imutabilidade da sentença dentro do processo, considerando-se, sob esse aspecto, plenamente realizada a entrega da prestação jurisdicional.

Em situações excepcionais, a coisa julgada formal não se constitui mesmo que a sentença não mais seja recorrível: isso se verifica quando ficar vencida a Fazenda Pública (federal, estadual ou municipal). Sucede que, nesses casos, a sentença fica sujeita ao duplo grau de jurisdição, não produzindo efeito senão depois de confirmada pelo tribunal (Decreto-Lei n. 779/69, art. 1º, V; CPC, art. 496. Trata-se na remessa *ex officio* ou do reexame necessário, a que, vez e outra, a doutrina e a jurisprudência, em má técnica, aludem a como sendo recurso (*sic*) *ex officio*.

É necessário esclarecer, ainda, que as expressões "passar em julgado" e "fazer coisa julgada" não são sinônimas. Há decisões que *passam* em julgado, mas não *produzem* coisa julgada (material). Nesta última classe de sentenças podem ser incluídas, entre outras:

a) as que implicam o término do processo sem exame do mérito (CPC, art. 485 — à exceção da que pronuncia a decadência ou a prescrição);

b) as proferidas nos impropriamente denominados "processos de jurisdição voluntária", pois aí não existe processo (mas procedimento), nem jurisdição (mas administração pública de interesses privados), nem voluntariedade, pois a atuação judicial depende de iniciativa do interessado.

c) as emitidas nos processos cautelares, salvo as que declararem a prescrição extintiva quanto ao direito material alegado pelo autor, ou a decadência (CPC, art. 310, parte final).

Res iudicata também não produzem os despachos de expediente, ou ordinatórios (CPC, art. 203, § 3º); estes, aliás, nem mesmo são recorríveis (CPC, art. 1.001).

Coisa julgada material. É a eficácia, que torna imutável e indiscutível a decisão de mérito, não mais sujeita a recurso (CPC, art. 502).

O que se poderia chamar de *inimpugnabilidade* não é, entretanto, a única qualidade da sentença passada em julgado; há, também, a *autoridade* do julgado, que se irradia para além dos limites do processo. O comando que se esplende das sentenças — e que representa, por assim dizer, a vontade concreta da lei —, ao tornar-se imutável adquire autoridade de coisa julgada, obstando, com isso, a que a *res in iudicio deducta* volte a ser reexaminada não só no mesmo processo, mas em qualquer outro, seja pelo mesmo juiz (ou tribunal) ou por qualquer outro — ressalvada a possibilidade de ação rescisória.

A coisa julgada material é, portanto, a autoridade da *res iudicata*, tendo força de lei nos limites dos pedidos e das questões prejudiciais expressamente decididas, como declara o art. 503, do CPC

Precisamente por ser dotada de força de lei é que a coisa julgada material se faz de acatamento obrigatório não só para as partes, mas para o próprio juiz. Captando, com argúcia, esse traço característico da *res iudicata*, Betti a definiu como a "força obrigatória e vinculante do acertamento de uma relação jurídica" (*apud* SANTOS, Moacyr Amaral. 3º v. *Primeiras linhas...* . São Paulo: Saraiva, 1978. p. 45).

Fundamentos da autoridade coisa julgada. A nosso ver, são dois os fundamentos da autoridade da coisa julgada: a) de natureza política; b) de natureza jurídica.

a) *De natureza política*: a necessidade de ser impedida a perpetuação das lides judiciais. Sem a coisa julgada material, e a autoridade que lhe é ínsita, as partes seguiriam a demandar indeterminadamente, pois a cada novo pronunciamento jurisdicional sobre o conflito de interesses haveria um novo recurso e, assim, sucessivamente. Essa possibilidade de discussões inesgotáveis acerca da lide causaria, por certo, graves perturbações da ordem social, de modo a instabilizar as relações entre os indivíduos.

b) *De natureza jurídica*. Muitas foram as teorias que procuraram justificar a natureza jurídica da autoridade da *res iudicata*, a saber: 1) da presunção da verdade, construída por juristas da Idade Média, sob a influência da filosofia escolástica; 2) da ficção da verdade, concebida por Savigny; 3) da força legal da sentença, elaborada por Pagenstecher; 4) da eficácia da declaração, ideada por Hellwig, Stein e Binder; 5) da extinção da obrigação jurisdicional, idealizada por Ugo Rocco; 6) da vontade do Estado, surgida na Alemanha e difundida na Itália por Chiovenda; 7) da imperatividade, defendida por Carnelutti; 8) da qualidade especial da sentença, elaborada por Liebman.

De todas elas, interessa-nos, em particular, a de Liebman. Opondo-se à doutrina de largo prestígio, que via na coisa julgada um *efeito* da sentença (o principal deles), Liebman sustentou que a coisa julgada é, na verdade, uma *qualidade* especial da sentença.

Essa qualidade robustece a eficácia da sentença, que consiste em sua imutabilidade como ato processual (*res iudicata formal*) e na imutabilidade dos seus efeitos (*res iudicata material*).

Em Liebman, a eficácia da sentença emana de sua aptidão para, como ato processual, produzir efeitos. Não é só. A sentença, para ser eficaz, deve estar em conformidade com o direito, pois, caso contrário, será ineficaz. Ainda: essa conformidade significa que a sentença deve ser o resultado de uma sequência de atos formais, que constituem o procedimento ditado pela norma legal, e também espelhar a vontade da lei (critérios de validade e justiça da sentença).

A partir daí, Liebman assevera que, por obra de presunção, os atos oriundos do Estado estão em consonância como direito, razão por que são eficazes. Essa presunção, no entanto, é relativa, pois não sobrevive diante de situações em que se demonstra a ilegalidade do ato. A ilegalidade, na espécie, compreende a inconstitucionalidade. Como diz o festejado jurista, um ato da Administração ou do Judiciário terá validade enquanto não for demonstrada a sua ilegalidade: "A sentença, que é também amparada por esse princípio fundamental da presunção da legalidade dos atos estatais, é eficaz em todos os sentidos até o momento em que se demonstrar a sua invalidade ou injustiça, e quem afirma essa ilegalidade é que a deve demonstrar nas formas e meios devidos" (Sentença e Coisa Julgada. In: *Revista da Fac. de Dir. da Univ. de São Paulo*, XL, 1945, p. 203 e segs.).

Além disso — prossegue Liebman — a sentença passível de recurso apenas produz a sua eficácia natural, ordinária. Com a preclusão de todos os recursos, entretanto, a sua eficácia fica "reforçada" diante a imutabilidade da sentença. Nesse quadro, a coisa julgada aparece como uma qualidade especial que fortalece a eficácia inerente ao pronunciamento jurisdicional.

A preclusão da totalidade dos meios recursais faz surgir a coisa julgada, entendida como a imutabilidade da sentença e, seguintemente, a *res iudicata material*, que se traduz na imutabilidade dos *efeitos* da sentença.

O CPC brasileiro de 1973 deu-nos mostras de haver perfilhado a teoria de Liebman, ao declarar que se denomina coisa julgada material a eficácia que torna imutável e indiscutível a sentença não mais sujeita a recurso, regra que foi preservada pelo CPC de 2015 (art. 502).

Limites da coisa julgada. São de duas ordens: a) objetivos; b) subjetivos.

a) *Limites objetivos*. Dispõe o art. 503, do CPC: "*A sentença, que julgar total ou parcialmente a lide, tem força de lei nos limites da questão principal expressamente decidida*". O art. 141 do mesmo Código, por outro lado, adverte que o juiz deverá decidir a lide "*nos limites propostos pelas partes*, sendo-lhe vedado conhecer de questões não suscitadas a cujo respeito a lei exige a iniciativa da parte".

Em termos práticos, podemos dizer que os limites *objetivos* da coisa julgada material são determinados pela quantidade de pedidos *apreciados* pela sentença, pouco importando, para esse efeito, se foram acolhidos ou rejeitados. Se a sentença, por exemplo, se pronunciou sobre os pedidos A, B e C, os limites objetivos da *res iudicata* estarão restritos a esses pedidos. Para que a nossa afirmação seja adequadamente compreendida, no entanto, há necessidade de chamar a atenção ao fato de que, em princípio, só faz coisa julgada o que estiver contido no *dispositivo* da sentença. Estatui, a esse respeito, o art. 504, inciso I, do CPC, que não fazem coisa julgada "*os motivos, ainda que importantes para determinar o alcance da parte dispositiva da sentença*". Assim se a sentença, na fundamentação, se manifestou acerca de determinado pedido, mas não incluiu o resultado dessa apreciação no dispositivo, a coisa julgada material não compreenderá o mencionado pedido. Para que isso ocorra, haverá necessidade de o interessado oferecer embargos declaratórios, a fim de que seja suprida essa omissão do pronunciamento jurisdicional. Não oferecidos esses embargos, a parte poderá ingressar com outra ação, na qual formulará o pedido que não foi apreciado na anterior — sem que o réu possa alegar, com sucesso, a existência litispendência ou de coisa julgada material, conforme seja o caso.

b) *Limites subjetivos*. A coisa julgada afeta, apenas, a esfera jurídica das pessoas que figuraram no processo em que ela foi produzida. Por esse motivo, o art. 506, do CPC em vigor estabelece que "A sentença faz coisa julgada às partes entre as quais é dada, não prejudicando terceiros".

Em resumo: os limites *subjetivos* da coisa julgada material dizem respeito às *pessoas,* cujo círculo jurídico possa ser atingido por aquela.

Liebman separa a *eficácia natural da sentença* da *coisa julgada* e tira daí dois princípios: a) a *eficácia* natural da sentença alcança todas as pessoas; b) a *autoridade* da coisa julgada está restrita às partes.

Com isso, ele argumenta que como apenas a eficácia natural da sentença atinge terceiros (e não a autoridade da coisa julgada), estes podem opor-se a ela, desde que prejudicados, para mostrar a sua injustiça ou a sua ilegalidade. Ainda assim, para que os terceiros se oponham à sentença há necessidade de possuírem um interesse em antagonismo com a sentença; em sentido contrário, não poderão reagir à decisão os terceiros cujo prejuízo sofrido sejam meramente de ordem prática, ou econômica, pois entre o direito afirmado pela sentença e o destes não há incompatibilidade.

Avançando em sua construção, esse notável jurista italiano destaca a existência de três categorias de terceiros, a saber:

a) terceiros indiferentes: aqueles a quem a sentença não traz nenhum prejuízo;

b) terceiros interessados *praticamente*: aqueles que sofrem, em virtude da sentença, prejuízos de natureza prática ou econômica;

c) terceiros juridicamente interessados: estes se bipartem em: c.a.) terceiros que possuem interesse jurídico igual ao das partes; c.b.) terceiros cujo interesse jurídico é de categoria inferior ao das partes (assim são ditos porque figuram como titulares de relações jurídicas dependentes da relação jurídica submetida à apreciação jurisdicional).

O CPC revela haver adotado a doutrina de Liebman, ao dispor que possui legitimidade para exercer a ação rescisória o *terceiro juridicamente interessado* (art. 967, II).

Coisa julgada e ação de cumprimento. A respeito do tema, assim dispõe a Súmula n. 397, do TST: "Não procede ação rescisória calcada em ofensa à coisa julgada perpetrada por decisão proferida em ação de cumprimento, em face de a sentença normativa, na qual se louvava, ter sido modificada em grau de recurso, porque em dissídio coletivo somente se consubstancia coisa julgada formal. Assim, os meios processuais aptos a atacarem a execução da cláusula reformada são a exceção de pré-executividade e o mandado de segurança, no caso de descumprimento do art. 572 do CPC".

A norma do CPC de 1973, invocada pela Súmula, estabelecia: "Quando o juiz decidir relação jurídica sujeita a condição ou termo, o credor não poderá executar a sentença sem provar que se realizou a condição ou que ocorreu o termo". O CPC atual reproduz a regra no art. 514. O Código Civil trata do tema nos arts. 121 a 137.

A doutrina da relativização da coisa julgada material

O fundamento político da coisa julgada material é a necessidade de estabilização das relações jurídicas e sociais. Assim dizemos porque, formada a *res iudicata,* cessa a possibilidade de o pronunciamento jurisdicional ser impugnado mediante recurso, tornando-se, por esse motivo, "efetiva" a decisão, o que corresponde a afirmar, a solução da lide — observando-se que o vocábulo lide, na sistemática do CPC em vigor, é sinônimo de mérito. Daí, o fato de a doutrina e a jurisprudência aludirem à autoridade, à intangibilidade, à imutabilidade da coisa julgada material.

Considerando, todavia, a possibilidade de a coisa julgada haver-se constituído em decorrência de algum vício grave, o legislador brasileiro previu a ação rescisória como instrumento apto ao desfazimento das decisões judiciais transitadas em julgado, contendo esse tipo de falha. O CPC atual (art. 975, *caput*) manteve o prazo decadencial de dois para o exercício da ação rescisória. Exaurido o prazo, sem que a ação haja sido ajuizada, o pronunciamento jurisdicional se torna definitivo, pois, em princípio, o sistema processual não reserva ao interessado nenhuma outra medida dotada de eficácia para fazer cessar os efeitos da coisa julgada irregularmente constituída. A partir desse momento, portanto, o sistema judiciário nada mais tem a fazer, senão que, quando muito, ser solidário com a parte prejudicada pelo erro contaminador da coisa julgada material. Se, conforme o vetusto aforisma de origem romana, a coisa julgada material "faz do branco, negro, e do quadrado, redondo", essa conversão radical da natureza das coisas se torna realmente definitiva com o esgotamento do prazo para a propositura de ação rescisória.

De uns tempos até esta parte, contudo, certo setor mais lúcido da doutrina passou a manifestar uma espécie de indignação em face desse *status quo*, imposto pela norma legal, indagando se, tendo se esgotado o prazo para exercício da ação rescisória, verdadeiramente nada mais restaria a fazer do que se resignar diante desse quadro, mesmo sabendo que, em determinados casos, a decisão judicial transitada em julgada estava a colocar em risco a supremacia da ordem constitucional, por havê-la desrespeitado.

Da resposta a essa inquietante indagação nasceu um movimento que se viria denominar, mais tarde, de "relativização da coisa julgada" — e do qual temos a honra da precedência embrionária, nos sítios do processo do trabalho.

Com efeito, já nas primeiras edições do livro "A Ação Rescisória no Processo do Trabalho" (São Paulo: LTr) chamávamos a atenção ao fato de que o atributo da imutabilidade da coisa julgada — derivante da necessidade de estabilização das relações sociais e jurídicas — pressupunha que ela se houvesse formado *em consonância* com a ordem constitucional. Deste modo, fazer-se respeitar a autoridade e a imutabilidade da *res iudicata* implicava, *ipso facto*, defender-se a supremacia do texto constitucional. Invertendo o raciocínio, sustentávamos que quando a coisa julgada se formasse *contra* a Constituição, ela, longe de constituir um instrumento de pacificação das relações sociais e jurídicas, consistia, isto sim, em um elemento de perturbação dessas mesmas relações, pois não apenas na mente do vencido pelo provimento jurisdicional, mas, sobretudo, na consciência coletiva, jamais se acomodaria a aceitação de prevalência da coisa julgada diante do texto constitucional por esta violado.

A partir, portanto, dessa conscientização de que a coisa julgada contrária à Constituição da República colocava em risco toda a estrutura político-jurídica do Estado, passou-se a questionar se, mesmo assim, se deveria continuar a render culto, a prestar homenagem à coisa julgada, cuja figura, em nosso meio, se reveste, até mesmo, de uma certa sacralidade.

O produto desse nosso questionamento coincide com a doutrina da "relativização da coisa julgada", concebida nos sítios do processo civil. Particularmente, não concordamos com o adjetivo "relativização", não tanto por não se encontrar dicionarizado, mas por ser impreciso, por induzir à ideia de que a *res iudicata* pode valer em relação a algumas pessoas, mas não no tocante a outras. Melhor seria, a nosso ver, que se falasse da *ineficácia dos atributos ou dos efeitos da coisa julgada*. Sabemos que a coisa julgada não é efeito da sentença, senão que qualidade desta. Todavia, podemos aludir aos atributos e aos efeitos da coisa julgada, que são a autoridade e a imutabilidade. Destarte, com a expressão por nós sugerida, de um lado, não se nega a ocorrência do fenômeno jurídico da coisa julgada material, segundo o conceito fixado pelo art. 502, do CPC, embora, de outro, não se lhe reconheçam os mencionados atributos e efeitos. Afinal, se a própria norma legal sobredita faz menção à *eficácia*, que torna imutável e indiscutível a sentença não mais sujeita a recurso, nada mais lógico do que cogitarmos da *ineficácia* quando a sentença estiver em antagonismo com o texto constitucional.

Pondo-se de parte o título que se deva pespegar a esta importante corrente de opinião, o que de concreto se tem é a sua razoabilidade, a sua consciência quanto à necessidade de ser preservada a supremacia da ordem constitucional, em um Estado Democrático de Direito, como é este, que se funda a República Federativa do Brasil (Constituição Federal, art. 1º). Nada, afinal, pode sobrepor-se à Constituição, em situações de normalidade da vida democrática do País. Imaginemos, por exemplo, uma sentença judicial que acolhesse o pedido formulado por algum Estado-Membro, para separar-se da União, e que decorresse o prazo para o exercício da correspondente ação rescisória: mesmo assim, pergunta-se, a sentença deveria ser cumprida, em nome da sacralidade da coisa julgada material, ainda que essa decisão teratológica houvesse acarretado manifesta transgressão a uma das cláusulas pétreas da Constituição Federal, qual seja, o art. 1º, *caput*, conforme a qual a nossa República é formada pela "união indissolúvel dos Estados e Municípios e do Distrito Federal"? Reconhecemos que este exemplo dificilmente vê verificará, em concreto. Não é, entretanto, de ocorrência impossível. Em todo o caso, podemos pensar em uma sentença que declare ser lícita a tortura; que proíba a manifestação do pensamento; que permita, como regra, a violação da intimidade, da vida privada, da honra, da imagem das pessoas, ou das suas casas, do sigilo de suas correspondências; que vede a possibilidade de associação; que elimine o direito de propriedade — enfim, que perpetre manifesta violência a normas constitucionais, sem que a coisa julgada, por ela produzida, possa ser desconstituída por haver decorrido o prazo de dois anos para ingressar-se com ação rescisória.

Cogitemos, enfim, de um pronunciamento jurisdicional que agrida, que violente os direitos e garantias fundamentais que a Constituição da República assegura aos indivíduos e às coletividades, dentre os quais se incluem os denominados "direitos sociais", que, por sua vez, enfeixam os direitos dos trabalhadores (salário-mínimo, irredutibilidade salarial, férias anuais remuneradas, aposentadoria e o mais), e ver-se-á, a um só tempo: a) a insensatez dos que afirmam que, exaurido o prazo para a ação rescisória, nada mais será possível fazer para anatematizar uma coisa julgada contrária à própria Constituição; b) a razão dos que sustentam entendimento oposto.

Tem-se dito que a doutrina da "relativização" da coisa julgada procura substituir o valor *segurança jurídica* pelo valor *justiça*. Em que pese ao fato de já havermos declarado nossa inteira simpatia e adesão a essa doutrina, não estamos propensos a concordar com a referência feita ao valor *justiça*. Assim entendemos, porque o conceito de justiça é algo subjetivo, idiossincrático, de contornos não bem definidos, que poderia, em razão disso, ampliar em demasia os casos de atuação dessa teoria. Quer nos parecer que o substitutivo do valor: *segurança jurídica* seja o valor: *supremacia constitucional*. Desta maneira, sempre que a coisa julgada se houver formado em antagonismo com a Constituição da República, poderá ser neutralizada, mesmo que ultrapassado o prazo de dois anos, estabelecido pelo art. 975, *caput*, do CPC. Também se poderia sugerir que o *valor* a ser preservado fosse o *da supremacia da ordem legal*, caso se pretendesse ampliar o campo de incidência da doutrina da "relativização", para abarcar os casos em que a coisa julgada material haja violado norma legal infraconstitucional.

Temos para conosco que o revolucionário movimento doutrinal, que concebeu a notável teoria da "relativização" da coisa julgada material, é irreversível e se encontra vocacionado ao sucesso, mercê dos relevantes argumentos em que se funda. O escopo medular desse movimento é deitar por terra o dogmatismo em que se confina a coisa julgada, para rompê-lo em determinadas situações. O espaço, que ainda está para ser preenchido, no âmbito desse movimento, diz respeito ao alcance da doutrina, vale dizer, em que casos ela seria aplicável. O tempo e os debates cuidarão de definir esse alcance.

Mediante a utilização pragmática da doutrina da "relativização", basicamente, por uma destas duas vias se poderia neutralizar a eficácia da coisa julgada: a) mediante *ação rescisória*, sem fixação de prazo para o seu exercício; b) por meio de *ação declaratória*, que, por natureza, é imprescritível. Inclinamo-nos pela segunda medida. É elementar que, via alteração legislativa, se poderia consagrar a primeira solução. Entretanto, o que se está levando em conta, neste momento, não é isso e sim a aplicação da teoria da "relativização" da coisa julgada, que é de conteúdo doutrinário. Sob este aspecto, parece-nos recomendável reunir forças e argumentos em prol da *ação declaratória*, pois o manejo desta não implicaria desrespeito ao art. 495, do CPC, uma vez que não se estaria pretendendo desconstituir, desfazer, a coisa julgada material, se não que, apenas, declarar a ausência de seus efeitos, em determinado caso concreto.

Já é tempo, enfim, de ser rompida a exacerbada inflexibilidade da coisa julgada, que doutrinas ortodoxas lhe atribuíram, exceto se nos rigozijarmos em prosseguir fazendo o recenseamento das vítimas que essa inflexibilidade vem produzindo. A sociedade moderna anseia por mudanças e, se o legislador se demora a atender a esses apelos, ou os ignora, cabe à doutrina, com seu espírito transformador da realidade, ocupar o espaço deixado pela inércia do legislador, a fim de livrar a sociedade da condenação perpétua de render culto à coisa julgada material, mesmo nas situações em que a construção desta se tenha feito com o material obtido da demolição arbitrária de parte do edifício constitucional.

E a jurisprudência bem faria se seguisse os passos dessa doutrina. Afinal, somente aquela pode tornar concreta a vocação transformadora de que esta, às vezes, como agora, se faz provida.

Não estamos, aqui, a argumentar com a "destruição criadora", de que nos falou Chumpeter, nem com a "modernidade líquida", referida por Bauman, que a tudo dissolve, como se pretendêssemos, num gesto iconoclasta, banir do mundo jurídico a coisa julgada material. Não é disso que estamos a nos ocupar. Nossa preocupação é demonstrar que, no terreno das concepções, das criações do gênio humano, enfim, nada pode ser inflexível, sem embargo de ser permanente ou eterno. Talvez, por isso, fosse realmente mais apropriado passarmos a falar em "flexibilização da coisa julgada", em lugar de "relativização". O título, entretanto, é o que menos importa.

O meio judicial apropriado para fazer valer a doutrina da "relativização", de que estamos a cuidar, é a ação declaratória de ineficácia da coisa julgada material; como a referida ação é *declaratória*, o seu exercício é imprescritível.

Iudicium rescindens e rescissorium

A possibilidade de cumulação dos juízos rescindente e rescisório foi assunto que, no passado, provocou acentuadas discussões doutrinárias. Tais polêmicas decorriam do fato de os textos do período nada disporem acerca do tema. O próprio CPC de 1939 não tratou especificamente da matéria, conquanto alguns juristas, estribados no art. 155 daquele estatuto processual, sustentassem a separação dos dois juízos.

O CPC de 1973, contudo, deu fim a essa controvérsia, ao estabelecer que na petição inicial o autor deverá "cumular ao pedido de rescisão, se for o caso, o de novo julgamento" (art. 488, inciso I). O CPC atual reproduziu essa regra no art. 968, I.

Particularmente, entendemos que essa cumulação de pedidos não deve ser interpretada como uma faculdade e sim como um dever do autor, porquanto a norma legal mencionada fala: *devendo*, e não: *podendo*. Deste modo, sendo o caso de cumulação, sem que o autor o tenha feito, incumbirá ao juiz ordenar, com fundamento no art. 321 do CPC, que a falta seja suprida, no prazo de quinze dias, sob pena de indeferimento da inicial de consequente extinção do processo sem resolução do mérito (CPC, arts. 321, parágrafo único, e 485, inciso I). Em todo o caso, não podemos deixar de registrar o que de certo setor da jurisprudência vir admitindo que o próprio juiz possa, *ex officio*, exercer o *iudicium rescissorium*, ou seja, de novo julgamento da causa — fato que tornaria sem interesse a investigação sobre se o autor *deve* ou *pode* cumular este juízo ao *rescindens*.

É por meio de *iudicium rescindens* que se pretende obter a ruptura, a rescisão da sentença ou do acórdão (ou a desconstituição da coisa julgada material). Constitui, pois, atributo deste juízo o fazer desaparecer do mundo jurídico o provimento jurisdicional ilaqueado por um dos vícios enumerados nos incisos I a VIII, do art. 966 do CPC. Ao *iudicium rescissorium* cabe realizar um novo julgamento da lide, ou "rejulgamento", se nos permitem o uso deste neologismo

Em alguns casos, será suficiente o *iudicium rescindens* (juízo rescindente), como quando a ação se funda em violação à coisa julgada: nesta hipótese, rescindida a decisão impugnada, ficará restabelecida a *res iudicata* que havia sido por aquela desrespeitada — sem que haja necessidade da formulação de um novo julgamento da causa (*iudicium rescissorium*). Em outros, porém, é indispensável a atuação do *iudicium rescissorium*, sob pena de, rescindida a sentença ou o acórdão, a lide ficar sem uma apreciação, sem uma colmatação jurisdicional, por assim dizer.

De modo geral, a ação rescisória invoca a manifestação dos dois juízos: rescindente (*rescindens*) e rescisório (*rescissorium*). Isso ocorre, por exemplo, quando a ação se funda em: prevaricação, concussão ou corrupção do juiz (CPC, art. 966, inciso I); impedimento ou incompetência absoluta (II); dolo da parte vencedora em detrimento da vencida, simulação ou colusão entre elas com o objetivo de fraudar a lei (III); violação manifesta de norma jurídica (V); falsidade da prova em que se baseou a decisão rescindenda (VI); obtenção de prova nova (VII); e erro de fato (VIII), embora as situações aqui referidas comportem algumas exceções.

Entretanto, conforme afirmamos há pouco, quando o tribunal acolhe o pedido de rescisão calcado em ofensa à coisa julgada (IV), a atuação é exclusiva do *iudicium rescindens*, pois será suficiente desfazer (rescindir) a decisão rescindenda para que seja restabelecida a autoridade e a intangibilidade da coisa julgada material produzida pelo pronunciamento jurisdicional anterior. Aliás, o inciso I do art. 968 do CPC, ao estatuir que cumprirá ao autor, *quando for o caso*, cumular ao *iudicium rescindens* o *rescissorium* está, com essa ressalva, cogitando, exatamente, de situações como a prevista no inciso IV do art. 966 do mesmo Código.

Vejamos, agora, qual a natureza jurídica do acórdão emitido em sede de ação rescisória. Para tanto, separemos os dois juízos.

No *iudicium rescindens* (rescindente), o acórdão é, em princípio, constitutivo, porquanto modifica a relação jurídica estabelecida entre as partes. Será constitutivo, propriamente dito, quando acolher o pedido feito pelo autor; e constitutivo-negativo, quando rejeitá-lo. Todavia, se o acórdão (ou mesmo o relator, em decisão monocrática) disser que a ação rescisória é incabível no caso concreto, indeferindo, por isso, a inicial, a decisão será declaratória.

As decisões oriundas do *iudicium rescissorium*, contudo, são de natureza múltipla (declaratória, constitutiva, condenatória), conforme seja o tipo de pedido feito pelo autor. Assim, se o acórdão disser que inexistiu a relação jurídica material entre as partes, afirmada pela decisão rescindida, será declaratório; se reconhecer existente essa relação, mas modificá-la ou extingui-la, será constitutivo; se impuser ao réu determinada condenação (de pagar quantia, de fazer, de não fazer etc.), será condenatório.

É conveniente lembrar que as decisões puramente declaratórias são inexequíveis, valendo como simples preceito, como dispunha o art. 290, *caput*, do CPC de 1939.

Decisão rescindenda

O art. 966, *caput*, do CPC, prevê a rescisão de:

a) decisões que

b) hajam examinado o mérito da causa.

A referência feita pelo art. 966, *caput*, do CPC, a *decisão* demonstra que a nova ordem processual admite a rescisão de decisões interlocutórias de mérito

Sentença é ato de primeiro grau de jurisdição e se caracteriza pelo fato de, em geral, dar fim ao processo de conhecimento, com ou sem julgamento do mérito, ao processo de execução. Dissemos *em geral*, porque haverá casos em que a sentença não extinguirá o processo, como ocorre com a que, no processo civil, soluciona a lide (processo de conhecimento). Daí, a necessidade de o legislador de 1973 (CPC, art. 162, § 1º), assim como o de 2015 (art. 203, § 1º), haver reformado o conceito de sentença, estampado no § 1º, do art. 162, do CPC de 1973. Para os efeitos do processo do trabalho, no entanto, deve ser mantido o antigo conceito, pois não se aplica a este processo o "cumprimento da sentença", que nova redação do art. 162, § 1º, do CPC de 1973 e do art. 203, § 1º do CPC em vigor. *Acórdão* é o julgamento colegiado realizado pelos tribunais (art. 204), mesmo quando estes exerçam competência originária. Por outro lado, o acórdão substitui a sentença, naquilo em que esta houver sido objeto de recurso (CPC, art. 1.008). Cabe, aqui, um esclarecimento. O acórdão somente substituirá a sentença se o recurso, desta interposto, for admitido. Não sendo admitido, subsistirá a sentença impugnada — que, por isso, não terá sido substituída pelo acórdão. A ideia de colegialidade é essencial ao conceito de acórdão, porquanto há situações em que o pronunciamento não é do órgão colegiado (turma, câmara, pleno), mas do relator, em atuação monocrática. Nesse caso, o que temos não é sentença nem acórdão, mas decisão unipessoal. *Decisão interlocutória de mérito* é o ato pelo qual o juiz resolve determinadas matérias, geralmente em caráter incidental, como é o caso, por exemplo, no processo civil, da decisão resolutiva da liquidação.

Exame do mérito. Como foi dito há pouco, o art. 966, do CPC, só cogita de decisão que haja examinado o mérito da causa. Todavia, também aqui determinados segmentos da a doutrina e a jurisprudência têm adotado uma atitude de vanguarda, consistente em aceitar o uso da ação rescisória dirigida a decisão que não haja apreciado o mérito, como se dá, por exemplo, com a sentença que declara a parte ilegítima, com o acórdão que não admite recurso.

O que escreveremos a seguir constitui, portanto, uma profunda ruptura com a dogmática tradicional, porquanto estaremos sustentando a possibilidade de exercício da rescisória para desconstituir acórdão que tenha deixado de admitir determinado recurso, ao fundamento de que este não satisfez os pressupostos legais correspondentes. Por outras palavras, estaremos nos empenhando em demonstrar a necessidade de ser consentido, embora em caráter excepcional, o uso da ação rescisória para desfazer acórdãos que não tenham ingressado no exame do *meritum causae*. Trata-se, pois, de uma tese, de um ensaio atrevido, cuja motivação decorre da dinâmica dos fatos da vida, dessas situações extremamente dramáticas, enfim, com que a realidade prática sói tocar a sensibilidade dos juristas e de todos aqueles que se preocupam com as injustiças que as ocasionais imperfeições de nosso sistema processual possam produzir.

Argumentemos com uma dessas situações.

Um Tribunal Regional do Trabalho não admite certo recurso (o ordinário, por exemplo), por entendê-lo intempestivo ou deserto, quando, na verdade, fora interposto no prazo legal e se encontrava regularmente preparado. Fatos como este, aliás, têm ocorrido com frequência. Pois bem. Se a parte interpuser recurso de revista desse acórdão, argumentando, digamos, que houve violação dos arts. 895, "a", ou 899, da CLT, e, nisso, obtiver êxito, estará corrigido o erro perpetrado pelo Tribunal Regional. Caso, porém, a parte deixe de ingressar com o recurso de revista, o referido acórdão passará em julgado e, não sendo admissível o seu ataque pela via rescisória (por não haver tocado no mérito da causa), os danos acarretados ao seu direito se tornarão irreparáveis.

Ao contrário das opiniões doutrinais assentes, entendemos que, em situação como a narrada, deve ser permitido o uso da ação rescisória, a despeito da dicção do art. 966, *caput*, do digesto de processo civil. Nossa convicção se estriba, essencialmente, em um elemento ético, segundo o qual nenhuma decisão judicial equivocada, que tenha causado danos de considerável monta ao direito da parte, pode ficar imune à ação rescisória.

Dir-se-á, contudo, que, diante de situações como a descrita, deve a parte valer-se do recurso de revista, por meio do qual poderia obter a "reforma" do acórdão, em, em razão disso, fazer com o que o seu recurso ordinário fosse apreciado, no mérito, pelo Tribunal Regional. Ora, um tal argumento não só deixa de enfrentar o núcleo da questão, representado pela viabilidade do emprego da ação rescisória, como insinua, contra os princípios, a ocorrência de preclusão pela não-utilização do recurso de revista, além de perder o fundamento em que se apoia, na hipótese de o recurso de revista não ser admitido, por qualquer motivo.

É necessário ressaltar que a ação rescisória provoca o estabelecimento de uma nova relação jurídica processual, que não se subordina àquela que foi encerrada pelo acórdão rescindendo. Tanto é verdadeira a assertiva, que não estarão impedidos de participar do julgamento desta ação os juízes que, porventura, tenham participado do julgamento que deu origem ao acórdão rescindendo (Súmula n. 252, do Supremo Tribunal Federal).

Jamais se poderá cogitar, conseguintemente, de preclusão do exercício da ação rescisória, em decorrência da não-impugnação, mediante recurso, da sentença ou do acórdão, cujos efeitos se visa a desconstituir. No mesmo sentido, a jurisprudência do Supremo Tribunal Federal, como revela a sua Súmula n. 514. Cabe-nos reparar, apenas, que a *res iudicata* não traduz efeito, e, sim, qualidade do pronunciamento jurisdicional não mais sujeito a recurso.

Devemos, a esta altura de nossa exposição, fazer um esclarecimento oportuno: não estamos a preconizar a possibilidade de manejo da ação rescisória em todos os casos em que a sentença ou o acórdão deixarem de investigar o mérito da demanda. O campo de nossa observação está restrito aos acórdãos que não admitirem recursos, em virtude de suposta ausência dos pressupostos legais, subjetivos ou objetivos. Não nos abalançaríamos a estender o nosso ponto de vista às sentenças que não tenham adentrado no mérito, por um motivo elementar: permite, a lei (CPC, art. 486), que o autor, neste caso, intente outra vez a ação (sem prejuízo de preferir interpor recurso ordinário da sentença), com o que lhe devolve a oportunidade de invocar, agora sem as falhas anteriores, a prestação da tutela jurisdicional indispensável para assegurar-lhe um bem ou uma utilidade da vida. Essa reabertura de oportunidade, entretanto, não ocorre em relação ao recurso não admitido, ou seja, o sistema processual, por motivos plenamente justificáveis, não concede à parte a possibilidade de recorrer, novamente, da mesma decisão.

Cumpre-nos insistir neste ponto: o simples fato de a parte deixar de interpor recurso de revista do acórdão do Tribunal Regional, que não admitiu o recurso (ordinário), não pode ser invocado como razão jurídica para impedir-lhe o uso da ação rescisória, exceto se se estiver a considerar, contra os princípios e a lógica, como dissemos, que a falta de interposição daquele recurso implicaria preclusão ao exercício da rescisória. Demais, esse argumento, se admitido, deveria valer para todas as situações, de tal maneira que, mesmo no caso de o acórdão haver examinado o mérito, deveria ser inibido o uso da rescisória se a parte deixasse de impugnar aquela decisão mediante recurso de revista — o que é inconcebível. Por outro lado, o recurso de revista poderia não vir a ser admitido, tornando, com isso, irreparável o erro cometido pelo Tribunal Regional.

Se a situação-tipo com a qual estamos a nos ocupar não for suficiente para sensibilizar quanto à necessidade de haver uma ruptura — ainda que tópica — com a dogmática tradicional e com a irracionalidade da lei (CPC, art. 966, *caput*), de modo a permitir-se o exercício da ação rescisória de acórdãos que não tenham admitido recursos, apresentaremos uma outra, que, talvez, consiga tocar, no espírito dos juristas, aquele diminuto ponto ainda sensível. Ei-la: o Tribunal Regional nega provimento a agravo de instrumento interposto de decisão de juiz de primeiro grau, que não admitiu recurso ordinário. Tanto o juízo a quo quanto o *ad quem* incidiram no erro de afirmar que o recurso ordinário era intempestivo ou se encontrava deserto, quando, em rigor, havia sido interposto no prazo legal ou estava devidamente preparado. Muito bem. Neste caso, a parte prejudicada nem mesmo poderia interpor recurso de revista do acórdão proferido pelo Tribunal, pois, nos termos da Súmula n. 218, do Tribunal Superior do Trabalho: "É incabível recurso de revista interposto de acórdão regional prolatado em agravo de instrumento". Isto significa, sem rebuços, que a parte nem sequer teria oportunidade de tentar submeter o acórdão regional à apreciação do Tribunal Superior do Trabalho. Com isso, o equívoco do Tribunal Regional, ao negar provimento ao agravo de instrumento, por haver incorrido no mesmo erro do juiz de primeiro grau (de supor que o recurso ordinário não atendia aos pressupostos legais), se tornaria imutável, perpétuo, pois o art. 966, *caput*, do CPC, não permitiria que a parte se socorresse da ação rescisória, uma vez que o acórdão regional não penetrou o mérito.

Sejamos sensatos. E justos. A situação mencionada demonstra, com clareza e dramaticidade inegáveis, a necessidade de a doutrina e a jurisprudência trabalhistas, impulsionadas por essa vocação transformadora, zetética, que as colocou numa posição de excelência, no universo jurídico, romperem com a rigidez do art. 966, *caput,* do estatuto de processo civil, para consentir o uso, em situações especiais, da ação rescisória, com a finalidade de desfazer acórdãos transitados em julgado, que, em patente equívoco, não tenham admitido recursos, e, com isso, provocado consideráveis danos à parte. Se bem refletirmos, veremos que o uso da rescisória, na espécie, se destina a resgatar o prestígio dos pronunciamentos da jurisdição, ocasionalmente turvado por acórdãos derivantes de erros nitidamente perceptíveis. É óbvio que este é um argumento de segundo plano, pois a tudo sobreleva a necessidade de ser reparado o dano que essa decisão causou ao direito da parte.

Não há dúvida de que todos devemos acatamento às leis do País; quando, porém, por inadvertência do legislador, a norma legal figura como obstáculo à correção de um erro praticado pela magistratura, devem, doutrina e jurisprudência, encontrar, nos princípios gerais e no bom-senso, argumentos capazes de possibilitar a reparação do erro, sem, com isso, negar vigência à lei, por tratar-se de uma solução extraordinária. Pressupõe-se, dessa forma, que, se a situação dramática, socorrida pela providência da doutrina e da jurisprudência, tivesse sido imaginada pelo legislador, este, seguramente, teria redigido a norma de tal modo que situações dessa natureza não ficassem fora do alcance de suas disposições.

Certamente, não foi pela voz indolente dos leguleios que o Direito evoluiu em direção aos seus verdadeiros objetivos, e, sim, pelos ditames das consciências insopitáveis dos pensadores de bom-senso, que souberam, em determinado momento, encontrar razões ponderáveis para que a lei não fosse aplicada, com a frieza de sua letra, para impedir a reparação de erros notórios, cometidos pelos juízes.

Diante da incerteza se a nossa tese sobre a possibilidade de utilização da ação rescisória para desfazer acórdão transitado em julgado, que não houvesse examinado o mérito, seria colhida, ou não, no âmbito da doutrina e, em especial, da jurisprudência, e levando em conta as situações dramáticas que a realidade estava a revelar a todo momento (inadmissibilidade equivocada de recursos), passamos, sem renunciar àquela tese, a defender a utilização dos embargos declaratórios para corrigir os erros dos Tribunais, cometidos no exame dos pressupostos de admissibilidade dos recursos. Se é certo que os embargos de declaração não foram instituídos para finalidades que tais, não menos verdadeiro é que a doutrina está politicamente autorizada a dar uma interpretação à norma legal sem dissociá-la da realidade e dos fins sociais a que se destina. Colocado à frente esse critério, não nos foi difícil aceitar a possibilidade de os embargos declaratórios serem utilizados para a correção de equívocos dos Tribunais, cometidos no exercício de seu inerente juízo de admissibilidade de recursos. Tão relevantes são os argumentos em que se apoia essa corrente doutrinal, que o legislador a consagrou. Referimo-nos à Lei n. 9.957, de 12.1.2000, que acrescentou à CLT o art. 897-A, cujo *caput* estabelece que os embargos declaratórios podem ser dotados de efeito modificativo, inclusive, nos casos de "manifesto equívoco no exame dos pressupostos extrínsecos do recurso". Pressupostos extrínsecos ou os objetivos compreendem: a) recorribilidade do ato; b) regularidade formal do ato; c) adequação; d) tempestividade; e) depósito pecuniário (quando exigido); f) pagamento de custas. Nada justifica, entrementes, o fato de o legislador haver restringido o uso dos embargos declaratórios, para o fim em estudo, às situações de manifesto equívoco no exame dos pressupostos *objetivos* dos recursos. Essa possibilidade deveria abranger, também, os pressupostos *subjetivos* ou extrínsecos, que abarcam: a) a legitimidade; b) o interesse; c) a capacidade; d) a representação. Ao conceber a tese, a doutrina não limitou esses embargos aos pressupostos objetivos. Destarte, embora, nos dias de hoje, *legem habemus* (CLT, art. 897-A), nada obriga a doutrina a renunciar à sua posição original.

O Direito deve estar a serviço da vida, e, não, esta, necessariamente, a serviço daquele. Sobraram razões, por isso, a Oliver Wendell, ao advertir que a vida do Direito não foi a lógica, mas a experiência ("The Common Law"). E, quando a experiência demonstrar que o Direito falhou, que o império seja daquela, sob pena de o Direito converter-se em um elemento monolítico, fincado na contramão da dinâmica dos fatos que brotam da realidade — viva, palpitante, e, não raro, dramática.

É conveniente lembrar que, na vigência do Código de Processo Civil de 1939, admitia-se, na doutrina e na jurisprudência, o exercício da ação rescisória

Código de Processo Civil

Art. 966

tendo como objeto sentenças ou acórdãos que não se houvessem pronunciado sobre o mérito. Em que pese ao fato incontestável de ter ocorrido significativa alteração na matriz legislativa, com o advento do atual estatuto de processo civil, a verdade é que a vida não se modificou. As dificuldades existentes no passado persistem no presente e, de certo modo, com mais intensidade, em face, exatamente, da complexidade das relações sociais e das exigências do próprio Direito. A ninguém é dado ignorar essas transformações e a sua repercussão no plano da interpretação das leis.

Aceita a utilização da rescisória para a finalidade que estamos a propor, é elementar que o fundamento do pedido haverá de ser um dos incisos do art. 966, do CPC. Particularmente, não vemos como possa calcar-se nos incisos I (prevaricação, concussão, corrupção); II (impedimento); III (dolo ou colusão); IV (ofensa à coisa julgada) uma vez que, como tantas vezes assinalamos, o que estamos a defender é o exercício da rescisória diante de acórdão que não tenha admitido recurso.

Será, todavia, algo frequente o seu ajuizamento com fulcro nos incisos V (violação manifesta de norma jurídica) e VIII (erro de fato), e, em menor intensidade, nos incisos VI (falsa prova) e VII (documento novo), do referido texto legal.

Nossa alusão ao inciso V, feita há pouco, tem especial significado, porquanto se o acórdão deixar de admitir um recurso (*v. g.*, o ordinário), por entender ausente um dos pertinentes pressupostos, quando, na realidade, todos esses pressupostos foram satisfeitos, haverá, nisso, *manifesta violação de norma jurídica*, como, por exemplo, dos arts. 895, "a" (tempestividade) e 899, da CLT (depósito pecuniário), segundo seja a hipótese.

Queremos deixar sublinhado, ainda, a nossa opinião de que a lei, cuja transgressão literal enseja o uso da rescisória, tanto pode ser de natureza material, quanto processual. Os exemplos acima referidos, aliás, invocam leis de caráter processual.

Em outras situações, a inadmissibilidade do recurso, pelo acórdão, pode derivar de erro de fato, como quando, *e. g.*, o Tribunal afirma que o advogado do recorrente não possui procuração nos autos (nem se configura o mandato tácito), embora o correspondente instrumento tenha sido oportunamente juntado. Nesta hipótese, o Tribunal teria alegado a inexistência de um fato (documento), que, na verdade, existe, caracterizando, com essa falha de percepção, o *erro de fato*, de que trata o inciso VIII do art. 966, do CPC. Como ficou visto anteriormente, para que o erro de fato possa ser apontado como fundamento para a rescindibilidade do acórdão, impõe-se a concorrência dos seguintes requisitos: a) deve ter como objeto essencial fatos da causa em que foi proferido o acórdão; b) o erro deve ser apurável por meio de exames de documentos e de outros elementos dos autos, não sendo admissível que o autor procure provar, na rescisória, a existência ou a inexistência do fato, com outros meios; c) o fato deve ter influenciado, diretamente, o resultado do julgamento; d) sobre esse fato não deve ter havido controvérsia ou pronunciamento jurisdicional.

Cumpridos esses requisitos, não há razão jurídica, nem ética, para obstar-se o uso da rescisória, ainda que dirigida a acórdão que não tenha ingressado no exame do mérito, como se dá, designadamente, com o que não admite recurso.

Enfim, as particularidades de cada situação concreta é que determinarão o inciso do art. 966, do CPC, a ser indicado como fundamento da ação rescisória. O importante é que esta possa ser exercida, sem as limitações impostas pela expressão literal do citado dispositivo de lei.

Vamos além: permitido o emprego da rescisória, com a finalidade que estamos a sugerir, nada impede que, em situações especiais, se invoque, mediante petição específica, o exercício do poder geral de cautela, que o art. 300 do CPC atribui ao magistrado, para efeito de ser suspensa a execução da sentença impugnada por meio do recurso ordinário não admitido, equivocadamente, pelo Tribunal, sempre que for o caso.

Em resumo, os fatos da vida estão a revelar que, muitas vezes, os Tribunais, ainda que por falha involuntária, não têm admitido recursos, fazendo com que, esgotada a possibilidade de impugnação do acórdão pelo recurso de revista (ainda assim, quando este seja admissível), fique a parte prejudicada sem qualquer instrumento jurídico dotado de aptidão para desfazer o acórdão regional, conquanto possa estar patente o erro que o contamina. É absolutamente inaceitável, em face de situações como esta, que se vede à parte o acesso à via rescisória, sob o argumento de que o acórdão não examinou o mérito da causa.

Leis mal elaboradas comprometem o prestígio do ordenamento jurídico; leis interpretadas com abstração da realidade produzem uma jurisprudência postiça e submissa a um legalismo que nada constrói.

Por isso, depositamos, neste capítulo, o nosso modesto contributo para a obra de integração da lei à realidade, e, ao mesmo tempo, a nossa esperança de que essa integração venha pela voz de uma doutrina e de uma jurisprudência de vanguarda, capazes, até mesmo, de influenciar, pela força dos seus argumentos, o próprio legislador.

Infelizmente, entretanto, a jurisprudência trabalhista parece haver preferido manter-se em cômoda atitude dogmática, dando as costas à realidade que há além dos muros escolásticos em que se confinam alguns magistrados. A Súmula n. 413, do TST, adotou essa atitude: "Ação rescisória. Sentença de mérito. Violação do art. 896, "a", da CLT. Incabível ação rescisória, por violação do art. 896, "a", da CLT, contra decisão que não conhece de recurso de revista, com base em divergência jurisprudencial, pois não se cuida de sentença de mérito (art. 485 do CPC").

Tendo em conta o dogmatismo dessa Súmula, consistente em subordinar o exercício da ação rescisória à existência de um pronunciamento sobre o mérito, cumpre-nos reforçar os argumentos opostos, que temos sustentado. Com vistas a isso, devemos, desde logo, formular uma indagação essencial: por que motivo o legislador teria, por exemplo, previsto o uso dessa ação quando a decisão violasse, de modo manifesto norma jurídica (art. 966, inciso V)? Certamente, para restabelecer a supremacia da ordem legal (e constitucional), contravinda por um pronunciamento jurisdicional. Sendo assim, fica claro que o *valor* a ser protegido, por meio da rescisória, nesta hipótese, é a mencionada supremacia da ordem constitucional. Pois bem. Sob esta perspectiva, que relevância tem o fato de alguma decisão judicial não haver ingressado no exame do mérito, embora fique evidente a violação por ela perpetrada à Lei ou à Constituição da República? Posta à frente, enfim, a finalidade da ação rescisória, na situação em exame, que importância teria a particularidade de a sentença ou o acórdão não haver solucionado o conflito de interesses, se, a despeito disso, ficou patente o espezinhamento do ordenamento legal, assim como, o prejuízo irreparável acarretado à parte (recurso não admitido)?

Feitas essas considerações, devemos observar que, na prática, a decisão rescindenda nem sempre constitui o último pronunciamento jurisdicional na causa. Digamos, por exemplo, que a sentença tenha sido objeto de recuso ordinário e que este recurso não tenha sido admitido no tribunal, por falta de um dos pressupostos indispensáveis. Neste caso, a decisão de mérito rescindível será a sentença, embora o prazo para o ingresso da ação rescisória somente seja contado da data em que a parte for intimada da decisão que não admitiu o recurso ordinário. Esse critério de contagem do prazo para o exercício da ação rescisória leva em conta o fato de o referido recurso haver sido interposto no prazo legal; assim, se o recurso foi protocolado fora do prazo (intempestivo, portanto), o prazo para a propositura da ação rescisória fluirá da data em que se expirou o prazo para recorrer.

Por outro lado, se, por exemplo, a sentença condenou o réu a pagar A+B ao autor, e aquele interpõe recurso, apenas, quanto a B, isso significa, em termos práticos, que: a) A passou em julgado no momento em que o réu recorreu unicamente de B; b) o réu poderá ingressar com a ação rescisória da sentença, quanto a A, embora esta pende de recurso (apelação) quanto a B; c) posteriormente, poderá tentar rescindir o acórdão, quanto a B; d) se, todavia, o tribunal não admitir o recurso (versando sobre B), a rescisão será da sentença, pois esta consistiu no último pronunciamento de mérito sobre a matéria (B).

A Súmula n. 100, do TST, chancelou este entendimento (incisos I e II).

Ficamos, particularmente, orgulhosos ao percebermos que o nosso entendimento quanto a ser possível o exercício da ação rescisória tendo como objeto pronunciamento jurisdicional que não tenha examinado o mérito foi consagrado pelo CPC atual, como revela o § 2º do art. 966, embora este limite a possibilidade aos casos referidos nos seus incisos I e II.

Rescisória de rescisória

Mesmo na vigência do CPC de 1939 a doutrina já admitia o uso de ação rescisória, tendo como objeto acórdão emitido em ação rescisória. Dispunha o art. 799 do CPC da época: "Admitir-se-á, ainda, ação rescisória de sentença proferida em outra ação rescisória, quando se verificar qualquer das hipóteses previstas no n. I, letras *a* e *b* ou no caso do n. II, do artigo anterior".

Isso significa dizer que, no regime do Código de 1939, os pronunciamentos jurisdicionais rescisórios seriam, por sua vez, rescindíveis, desde que fundados em:

a) decisão proferida por juiz peitado, impedido ou incompetente em razão da matéria;

b) com ofensa à coisa julgada;

c) prova declarada falsa no juízo criminal, ou em falsidade inequivocamente apurada na própria ação rescisória.

Recusava-se, pois, a rescisória de rescisória fundada em ofensa à literal disposição de lei (art. 798, I, "c"). Nenhuma razão verdadeiramente jurídica havia, contudo, para essa exclusão, que correspondia, segundo o ponto de vista de Pontes de Miranda, ao estabelecimento do dogma da infalibilidade dos juízos rescindentes quanto à tese de direito, à existência ou inexistência da regra jurídica, cuja consequência seria conduzir a uma impossibilidade de conjurar-se possíveis falhas desses juízos (*Tratado da ação rescisória*. 5. ed. Rio de Janeiro: Forense, 1976. p. 264).

Os assentamentos históricos revelam, todavia, que mesmo antes da vigência do CPC de 1939 parcela expressiva da doutrina vinha admitindo a possibilidade do uso de ação rescisória para desconstituir decisões proferidas por juízos rescisórios, transitadas em julgado, pois é certo que se a legislação do período não a autorizava de modo expresso, não menos verdadeiro é que não a proibia. O argumento de proa, que para isso se empregava, era o de que seria insensato pensar que os pronunciamentos dos juízos rescisórios estivessem isentos de falhas, de imperfeições, como se viu na síntese de Pontes de Miranda.

Essa manifestação doutrinária acabou prevalecendo, como revela o art. 799 do CPC de 1939.

A questão a ser formulada neste momento é sobre se o CPC atual admite, ou não, a rescisória de rescisória, considerando a sua omissão sobre o assunto.

A resposta é a mesma que formulamos com relação ao CPC de 1973: admite-a. A nosso ver, o Código atual recepcionou, no particular, de maneira tácita, a regra contida no art. 799 do Código anterior — fazendo-o, inclusive, sem as limitações aí impostas.

A ninguém deve causar estranheza o fato de permitir-se o uso da rescisória tendo como objeto sentença ou acórdão rescisório. O que se deve levar em conta é a necessidade de serem satisfeitos os requisitos legais exigíveis, de modo geral, para o exercício dessa ação. Assim, a rescisória deverá:

a) dirigir-se a um pronunciamento jurisdicional de mérito (CPC, art. 966, *caput*);

b) fundar-se em uma das causas previstas nos incisos I a VIII do art. 966, do CPC;

c) ser exercida no prazo de dois anos (CPC, art. 975).

Que ninguém se sobressalte com o fato de estarmos a asseverar que o CPC atual recepcionou, de maneira tácita, a norma do art. 799 do Código de 1939. Essa recepção tácita é algo frequente nos domínios do direito. O CPC de 1939, por exemplo, esclarecia que a injustiça da sentença, a má apreciação da prova e a errônea interpretação do contrato não ensejavam o exercício da ação rescisória (art. 800, *caput*). Embora essa regra não tenha sido reproduzida pelo Código de 1973, nem pelo atual a doutrina e a jurisprudência sustentam — unanimemente —, com acerto, que os Código de 1973 e o atual recepcionaram, de forma tácita, a regra do Código de 1939, por forma a não admitir a uso da ação rescisória fundada nos casos há pouco mencionados.

A Súmula n. 400, do TST, admite, implicitamente, o exercício de ação rescisória tendo como objeto acórdão rescindente; todavia, com exação, não consente que, na segunda rescisória, se discuta a matéria debatida na primeira. Este é o teor da Súmula: "Em se tratando de rescisória de rescisória, o vício apontado deve nascer na decisão rescindenda, não se admitindo a discussão do acerto do julgamento da rescisória anterior. Assim, não se admite rescisória calcada no inciso V do art. 485 do CPC para discussão, por má aplicação dos mesmos dispositivos de lei, tidos por violados na rescisória anterior, bem como para a arguição de questões inerentes à ação rescisória primitiva". A referência, agora, deve ser ao art. 966, V, do CPC

De resto, merece ser lembrada a advertência de Ulderico Pires dos Santos (*Teoria e prática da ação rescisória*. Rio de Janeiro: Forense, 1978. p. 52) de que "De notar-se, porém, que os pressupostos de rescisão inscritos no ordenamento não podem ser invocados como suportes de pedidos de rescisão a ser esteada em ordenamento posterior. Logo, não é lícito arrimar o pedido em provas ou fatos pretéritos, já colacionados na rescisória anterior".

Causas de rescindibilidade dos pronunciamentos jurisdicionais de mérito. Exame casuístico dos incisos I a VIII do art. 966, do CPC.

Inciso I. Prevaricação, concussão e corrupção do juiz.

a) Introdução

A leitura dos textos processuais do passado demonstra que estes possuíam forte apego ao vocábulo *peita*, quando versavam sobre o tema relativo à "nulidade" da sentença, em virtude de ato ligado à pessoa do juiz. Peita é originário do latim *pactum* (pacto) e significa, nos domínios do Direito Penal, o acordo, de natureza ilícita, por força do qual determinada pessoa, mediante paga ou promessa de pagamento, pratica ato com violação a devedores que são inerentes às suas funções.

De peita falaram, dentre outros, o Regulamento n. 737, de 1850, no art. 680, § 1º ("A sentença será nula sendo dada por juiz peitado ou subornado"); a Consolidação das Leis do Processo Civil elaborada por Ribas, no art. 1.613, § 1º, n. 3 ("Há manifesta nulidade se a sentença é dada por peita ou suborno dos juízes") e o CPC de 1939, no art. 798, I, a ("Será nula a sentença quando proferida por juiz peitado").

O CPC de 1973 rompeu com essa tradição terminológica, ao referir-se à prevaricação, concussão e corrupção do juiz, no lugar de peita ou suborno deste. O CPC atual seguiu, nesse aspecto, os passos do CPC de 1973.

Da menção feita a textos processuais de outrora, podemos extrair duas observações interessantes: a) o verbo *dar* (sentença dada), empregado, p. ex., no Regulamento n. 737 e na Consolidação de Ribas foi substituído pelo *proferir*, no CPC de 1939 — passando, a contar daí, a entrar definitivamente no gosto dos legisladores, da doutrina e da jurisprudência; b) o CPC de 1973, em apurada técnica e atendendo aos apelos da doutrina, abandonou a expressão "sentença nula", trocando-a pela sentença rescindível (art. 485). O Código atual alude à "decisão de mérito" (art. 966, *caput*).

Cabe-nos investigar, agora, se os conceitos de prevaricação, concussão e corrupção do juiz, em tema de ação rescisória civil e trabalhista, devem coincidir com os enunciados pelos arts. 316, 317 e 319 do Código Penal, ou podem, ao contrário, ser construídos autonomamente, vale dizer, com elementos próprios, que atendam às necessidades do CPC vigente.

Pontes de Miranda preconiza a última solução: "Não se atenha o intérprete do art. 485, I, a texto de direito penal, posto que possam ser elementos para o conteúdo do conceito, porém, pelo fato de se conhecer o texto penal em vigor, não se diga que basta" (*Tratado da ação rescisória*. 5. ed. Rio de Janeiro: Forense, 1976. p. 221).

Não perfilhamos, *data venia*, essa opinião.

Estamos convencidos de que não foi obra do acaso o fato de o legislador processual haver feito uso dos vocábulos prevaricação, concussão e corrupção; a não se entender assim, por que motivo ele teria abandonado o tradicional emprego dos termos peita e suborno, pelos quais tanto se afeiçoavam os legisladores do passado? Não se diga que o impeliu o mero gosto pela novidade baldia. Nada disso. Parece-nos razoável concluir que essa atitude da legislatura foi ditada pela preocupação de evitar a possibilidade de ser elastecido, pela atuação dos intérpretes, o elenco dos atos judiciais desonestos de que a parte poderia valer-se para buscar a desconstituição da coisa julgada material.

A referência aos vocábulos prevaricação, concussão e corrupção os colou aos conceitos emitidos pelo Direito Penal, daí por que qualquer interpretação que extravase os limites fixados pelos arts. 316, 317 e 319 do Código Penal será arbitrária e, por isso, censurável.

b) Prevaricação

Oriundo do latim *praevaricatio*, de *praevaricari* (faltar ao dever, afastar-se do dever), o substantivo *prevaricação* identifica um dos crimes praticados por funcionário público contra a administração pública em geral, consistente, a teor do art. 319 do Código Penal, em "Retardar ou deixar de praticar, indevidamente, ato de ofício, ou praticá-lo contra disposição expressa de lei, para satisfazer interesse ou sentimento pessoal".

Para efeito de configuração desse crime, o juiz foi equiparado a funcionário público, pois, em rigor, não o é. Divergimos, por isso, de Arruda Alvim quando afirma que "*O juiz pode ser considerado, num sentido lato, um funcionário público. No entanto, tantas e tais são as peculiaridades que envolvem a sua posição, que o distanciam muito do verdadeiro funcionário público e do regime jurídico a que este se submete*" (destacamos). (*Curso de direito processual civil*. v. I. São Paulo: Rev. dos Trib., 1971. p. 488)

Ora, nem mesmo *lato sensu*, ou por antonomásia, o juiz pode ser considerado um funcionário público, porquanto ele não é preposto de nenhum dos Poderes do Estado e sim órgão, elemento celular do Poder Judiciário, como evidencia o art. 92 da Constituição Federal. Assim sendo, a concessão única que se pode fazer, nesse terreno, será reconhecer-se (como já o fizemos) que para os efeitos dos arts. 319, do Código Penal, e 966, I, do CPC — e tão-somente para isso — ele foi equiparado ou assemelhado ao funcionário público.

Nas palavras de Bento de Faria, a prevaricação se caracteriza "pela infidelidade ao dever funcional e pela parcialidade no seu desempenho" (*Código penal brasileiro*. v. VII. Rio de Janeiro: Record, 1959. p. 109); esse parecer não se aplica por inteiro ao magistrado, pois a sua imparcialidade no desempenho das funções já é uma falta a dever funcional. Coqueijo Costa, ao adotar pensamento idêntico ao de Bento de Faria, não atentou para tal particularidade (*Ação rescisória*. 3. ed. São Paulo: LTr, 1984. p. 40).

Uma criteriosa dissecação do art. 319 do Código Penal nos revela os requisitos para a tipificação do delito que ele se ocupou em conceituar: a) a qualidade de funcionário público ou de magistrado do agente; b) o retardamento ou a omissão injustificada na prática de ato de ofício ou a sua realização contrária à lei; c) o motivo, consubstanciado no dolo específico.

O "ato de ofício", de que fala o dispositivo legal em exame, não deve, porém, ser inteligido no sentido de ato que o juiz haja praticado por sua iniciativa (*ex officio*) e sim de ato que é inerente ao exercício de suas funções.

Sérgio Rizzi reputa dispensável a prova, no juízo rescindente, do elemento subjetivo do delito, que é obrigatório para o seu reconhecimento (*Ação rescisória*. São Paulo: Rev. dos Trib., 1979. p. 52). Novamente, somos levados a discordar. Se tomarmos como elemento subjetivo do delito a satisfação de interesse ou de sentimento pessoal do juiz (ódio, vingança, gratidão, temor, cupidez etc.), parece-nos indispensável que o autor prove, no órgão de rescisão, não só esse fato, mas também que este foi o móvel da falta contra os deveres funcionais.

Merece ser referido o interessante comentário feito por Bueno Vidigal, de que o legislador deveria ter também permitido o uso da rescisória às partes prejudicadas por atos de seus advogados, que tipificassem o crime de patrocínio infiel ou de patrocínio simultâneo, previsto no art. 355 do Código Penal, pois o advogado, além de mandatário da parte, é auxiliar da justiça (*Comentários...*, p. 58).

Convém aos interesses doutrinários, e também de ordem prática, estabelecermos um divisor das águas em que se situam a prevaricação, a concussão e a corrupção, sob o ângulo dos conceitos penalísticos: se o juiz limitar-se a retardar a realização do ato; deixar de praticá-lo ou realizá-lo contra expressa disposição de lei, sem que essa falta contra o dever funcional decorra de uma sua exigência de vantagem ilícita, ou de avença com a parte, para esse fim, o crime será de prevaricação; provindo, entretanto, a vantagem de imposição do juiz ou de ajuste com a parte ou mesmo com terceiro, o delito será de concussão ou de corrupção, conforme seja o caso.

c) Concussão

Do latim *concussio* (extorsão), *concussão* significava, no direito romano, o *crimen repetundarum*, caracterizado pelo abuso do poder público, por parte da autoridade.

Não é muito diferente disso o seu conceito no direito penal moderno, onde o termo é utilizado para designar o crime praticado por funcionário público, consistente em exigir, para si ou para terceiro, vantagem indevida.

Dela diz o art. 316 do Código Penal: "Exigir, para si ou para outrem, direta ou indiretamente, ainda que fora da função ou antes de assumi-la, mas em razão dela, vantagem indevida".

Alguns autores, como Nélson Hungria, entendem que essa vantagem é de natureza econômica (*Comentários ao código penal*. v. IX. Rio de Janeiro: Forense, 1958. p. 376). Pensamos de modo diverso. Não havendo o legislador dito qual a espécie de vantagem exigida pelo funcionário público ou pelo juiz, não é lícito ao intérprete estabelecer qualquer distinção quanto a isso; logo, a vantagem, na espécie, será de qualquer ordem, bastando que a sua exigência se amolde à previsão do art. 316 do Código Penal. Não nos parece recomendável, além disso, uma interpretação restritiva dessa norma legal, máxime em relação ao magistrado, onde eventual exigência de vantagem — direta ou indireta, para si ou para terceiro — constitui algo que atinge, na base, a instituição a que ele pertence e representa um gravíssimo desvio do seu ontológico dever de neutralidade (e de probidade, sem dúvida) no exercício das funções.

Perceba-se que a lei penal admite a configuração do delito ainda que o funcionário ou o juiz pratique o ato: a) fora da função; ou b) antes de assumi-la. No primeiro caso, temos, p. ex., o juiz que se encontra em férias; em licença; à disposição; enfim, que se tenha afastado do exercício das funções por algum motivo; no segundo, o juiz que já foi nomeado, mas não recebeu ainda investidura no cargo.

O importante é que a exigência de vantagem ilícita, para tipificar o delito de concussão, pode ser formulada mesmo fora da função, mas desde que o seja em razão dela.

Há, assim, um nexo indissolúvel entre o ato e a função do agente (juiz, funcionário público).

Como a concussão é um crime formal, será suficiente para caracterizá-la a simples exigência de vantagem indevida, pouco importando que essa vantagem não venha a ser concedida; ou que a própria exigência não venha a ser aceita pela outra parte.

d) Corrupção

Derivada do latim *corruptio*, de *corrumpere* (pôr a perder, estragar, destruir, corromper), a palavra *corrupção* compreende, nos domínios da ciência penal, a ativa e a passiva. É ativa quando determinada pessoa oferece a juiz ou a funcionário público certa vantagem, a fim de que este retarde a realização de ato de ofício, ou mesmo não o pratique; passiva, quando o próprio funcionário ou juiz solicita ou recebe, para si ou para outrem, direta ou indiretamente, vantagem indevida.

Desse crime trata o art. 317 do Código Penal: "Solicitar ou receber, para si ou para outrem, direta ou indiretamente, ainda que fora da função ou antes de assumi-la, mas em razão dela, vantagem indevida, ou aceitar promessa de tal vantagem".

Pontes de Miranda opina que a corrupção do juiz, para ensejar a rescisão da sentença por ele proferida, tanto pode ser ativa quanto passiva (*Tratado...*, p. 224).

Venia permissa, consideramos absolutamente insustentável — em face do direito — o pensamento do notável jurista. Ora, a corrupção ativa constitui crime praticado por particular contra a administração da justiça, não sendo admissível, por isso, que possa vir a ser posto em prática pelo juiz, que, como ressabemos, é órgão de um dos Poderes da União (Const. Fed., arts. 2º e 92). Chega a ser ilógico, inclusive, pensar-se que o juiz possa ser, a um só tempo, o sujeito ativo e o sujeito passivo do delito, pois seria ele o ofertante da vantagem indevida e o aceitante dessa vantagem...

Não foi sem razão que o Código Penal colocou, em capítulos distintos, os crimes praticados por particular contra a administração da justiça e os cometidos contra essa mesma administração por funcionário público. O primeiro tem sua sede no art. 333; o segundo, no art. 317.

Também na corrupção passiva cremos que a vantagem, para configurá-la, possa ser de natureza econômica, ou não; limitá-la àquela seria insensatez.

É irrelevante, ainda, que a solicitação de vantagem haja sido feita pelo juiz ou por interposta pessoa, assim como ser essa vantagem destinada ao juiz ou a terceiro. Despiciendo, também, será o fato de essa solicitação de vantagem indevida haver sido recusada pela parte: o simples ato de formulá-la coloca o juiz no lodo da corrupção.

Oportuno, neste momento, o magistério de Nélson Hungria, sobre a dessemelhança da concussão, relativamente à corrupção passiva: "Muito se assemelha a concussão à corrupção passiva (art. 317), mas não há confundir uma com outra: na corrupção, o funcionário não impõe ou há um acordo de vontades (o *intraneus* que solicita ou recebe a vantagem indevida e o *extraneus* que a oferece ou promete são, ambos, sujeitos ativos, aquele de corrupção passiva e este de corrupção ativa); enquanto na concussão, ao revés, não há, como dizia Farinácio, um aponte *pecuniam dans*, pois aquele a quem é exigida a vantagem indevida é sempre sujeito passivo, está sob pressão ou induzido a erro, e somente cederá *metu publicae potestatis*. Na corrupção o funcionário solicita ou aceita; na concussão, exige" (obra cit., p. 360).

Alguns sistemas europeus exigem que a corrupção, a peita, o suborno, a prevaricação do juiz, para serem invocados como fundamento de ações tendentes a desfazer a sentença por ele dada, devem ter sido objeto de pronunciamento jurisdicional anterior, ou seja, o juiz deve ter sido condenado por um desses crimes.

Seria esse, também, o caso brasileiro?

Pensamos que não. Nenhuma referência a essa prévia condenação do juiz é feita pelo inc. I do art. 966, do CPC. Não se imagine ser simplório este argumento, pois quando o legislador desejou que houvesse pronunciamento jurisdicional acerca de um fato por ele mesmo previsto como causa de rescindibilidade do julgado, assim se manifestou claramente, como se deu, *v. g.*, no inc. VI do mesmo artigo, em que a falsidade da prova pode ser declarada em processo criminal ou provada na própria rescisória.

O assunto pertinente à prevaricação, concussão ou corrupção (passiva) do juiz, em primeiro grau de jurisdição, não oferece outras dificuldades, além das já apreciadas.

Devemos nos dedicar agora, ao exame do problema nos tribunais. O que se busca saber aqui é se o acórdão será rescindível apenas se o voto do juiz infrator integrar a corrente vencedora, ou se a rescisão será possível mesmo que esse voto haja ficado vencido.

Luís Eulálio de Bueno Vidigal opta pela última solução, argumentando: "Inútil será procurar demonstrar que, mesmo sem o voto do juiz peitado, o julgamento teria sido o mesmo. Nunca se pode saber com certeza até que ponto o voto e às vezes o relatório desse juiz terão influído nos dos demais. Por isso, será nula a sentença desde que, no julgamento colegial final da causa, tenha tomado parte um único juiz peitado "(obra cit., p. 60). As alusões feitas a "juiz peitado" e à "sentença nula", na verdade, só se justificavam ao tempo em que esteve a viger o Código de 1939 (art. 798), vez que o atual, em melhor técnica, fala em sentença dada por prevaricação, concussão e corrupção e em "sentença rescindível".

A opinião assumida por Bueno Vidigal é ponderável, pois coloca em destaque o fato de um juiz infrator de deveres funcionais haver participado da sessão de julgamento, nela proferindo o seu voto, o que, para o eminente autor, é bastante para contaminar o acórdão, ainda que tal voto tenha sido vencido. Poderíamos, em razão disso, denominar de ortodoxo o parecer de Bueno Vidigal.

Divergimos, todavia, desse pensamento.

Em nosso ver, somente será rescindível o acordo se o voto do juiz infrator houver integrado a corrente vencedora. Não se objete que este entendimento põe em risco o prestígio e a respeitabilidade das decisões judiciais, porquanto o juiz infrator poderá ser legalmente punido sem que haja necessidade de desconstituir o acórdão — que seguirá espelhando os votos da maioria dos membros da Corte. São, pois, perfeitamente conciliáveis a manutenção do convencimento jurídico manifestado pela maioria dos integrantes da Turma, Seção Especializada ou Pleno e a necessidade de punir-se o juiz que haja prevaricado, sido concussionário ou corrompido. Poderíamos, mesmo, utilizar o princípio da transcendência, cesurado no art. 794 da CLT, no sentido de que só haverá nulidade (leia-se: rescindibilidade) quando dos atos inquinados resultar evidente prejuízo às partes. Ora, na espécie não se pode dizer que o voto (ou conjunto de votos) produto de prevaricação, concussão ou corrupção do juiz tenha carretado prejuízo à parte que pretende rescindir o julgado.

Admitir-se, aliás, que seja rescindível o acórdão mesmo que o voto do juiz infrator tenha ficado vencido, seria, de certa maneira, permitir que a parte se beneficiasse da própria torpeza, pois estaria, em última análise, intentando desconstituir o acórdão com fulcro em um ato ilícito de que ela participou.

Diante disso, seguimos firmes em nossa opinião de que será rescindível unicamente o acórdão cuja corrente vencedora tenha contado com o voto do juiz infrator (ou dos juízes infratores). Pouco importa, para essa finalidade, que a dedução desse voto não altere, numericamente, o resultado do julgamento. Em muitos casos, é precisamente votos como esse que influenciam, decisivamente, os demais; ou podem influenciá-los. Pretender objetar-nos com as palavras de Rudolf Stammler, de que "nenhum juiz está obrigado a aceitar as decisões de outros juízes e tribunais, como norma de decidir, quando contrárias à sua convicção" (*apud* MARQUES, Frederico. *Instituições...* . 2. ed., v. I. Rio de Janeiro: Forense, 1962. p. 182), será, de um lado, ignorar a composição peculiar dos tribunais e, de outro, pensar que os juízes em geral possuem, sempre, convicção a respeito de todas as questões que lhes são submetidas a julgamento.

O que se deve presumir, portanto, é que o voto emitido pelo juiz infrator haja influenciado — com maior ou menor intensidade — a formação do convencimento jurídico dos demais pares, e isso é razão jurídica suficiente para autorizar a rescisão do acórdão.

Pergunta-se, por fim: estando a ação rescisória fundada em prevaricação, concussão ou corrupção passiva do juiz, os atos processuais devem ser praticados em segredo de justiça?

Sabemos que o princípio legal diz da publicidade dos atos do processo (CLT, art. 770, *caput*; CPC, art. 189, *caput*, primeira parte). Cremos, entretanto, que a sessão do tribunal, concernente à rescisória baseada em infração do juiz a deveres funcionais (como os mencionados), deve ser realizada a portas fechadas, vale dizer, os atos do processo devem ser praticados em segredo de justiça, pois assim o exige o interesse público (CPC, art. 189, I — a que o art. 770, *caput*, da CLT, se refere como interesse social).

A publicidade ampla poderia provocar profundos e injustificáveis constrangimentos ao juiz inquinado de infrator; este, a propósito, não deve ser afastado do exercício de suas funções em virtude da ação rescisória, pois tal afastamento só se torna necessário na hipótese de ajuizamento de ação penal, em que ele figure como réu.

Parece-nos ser esta a melhor solução a ser adotada, exceto se, em situações especiais, for recomendável o afastamento do juiz, em face da ação rescisória onde se alegue, contra ele, prevaricação, concussão ou corrupção passiva.

Inciso II. Juiz impedido. Juízo absolutamente incompetente.

a) Introdução

O art. 680, § 1º, do Regulamento Imperial n. 737, previa como causas de "nulidade" da sentença a suspeição e a incompetência.

A Consolidação das Leis do Processo Civil, de Ribas, mantendo a referência à "nulidade", cuidava apenas da incompetência (deixando de lado, portanto, o impedimento).

O Código de Processo Civil de 1939, melhorando em técnica, incluía, além da peita, o impedimento e a incompetência *ratione materiae*, embora também falasse em "nulidade" da sentença.

O diploma processual civil de 1973 introduziu, no inc. II do art. 485, o impedimento e a incompetência absoluta como fundamento para a rescindibilidade dos pronunciamentos jurisdicionais que hajam examinado o mérito da causa.

Não deve ser, todavia, objeto de considerações encomiásticas o critério metodológico utilizado pelo legislador processual de 1973, pois, na verdade, do ponto de vista subjetivo distinguem-se o impedimento e a incompetência: o primeiro pertine à pessoa do juiz; a segunda, ao juízo. Tão errado como dizer-se impedimento do juízo será falar-se incompetência do juiz — nada obstante esse equívoco tenha sido prestigiado pelo inc. II do art. 485 daquele CPC.

O CPC atual não incorreu nos equívocos do passado, ao ferir-se ao *juiz* impedido e ao *juízo* absolutamente incompetente.

b) Impedimento

O impedimento representa um veto legal absoluto à atuação do juiz no processo ("sendo-lhe vedado", declara o art. 144, *caput*, do CPC), e se destina a preservar o seu dever de imparcialidade na solução dos conflitos de interesses.

Não importa que um juiz impedido seja rigorosamente imparcial, justo, equânime: a lei não foi feita apenas para este ou para aquele juiz senão que para a universalidade dos julgadores. Por esse motivo, a norma legal presume a parcialidade do juiz impedido; essa presunção não é relativa (*iuris tantum*) e sim absoluta (*iure et de iure*), motivo por que não se há como pretender elidi-la; ela constitui, mesmo, um dos instrumentos de garantia do devido processo legal (*due process of law*) — um dos traços marcantes dos Estados democráticos; mais do que isso, um seu sustentáculo.

O impedimento é, pois, um vício subjetivo que a lei atribui ao julgador.

A fim de evitar certas controvérsias de ordem prática, doutrinária e jurisprudencial, o legislador procurou relacionar os casos de impedimento, embora reconheçamos que esse rol não é, rigorosamente, exaustivo. Dispõe o art. 144 do CPC ser proibido ao juiz exercer as suas funções no processo:

a) em que interveio como mandatário da parte, oficiou como perito, funcionou como órgão do Ministério Público, ou prestou depoimento como testemunha;

b) que conheceu em outro grau de jurisdição, tendo-lhe proferido decisão;

c) quando nele estiver postulando, como defensor, advogado ou membro do Ministério Público, seu cônjuge ou companheiro, ou qualquer parente, consanguíneo ou afim, em linha reta ou colateral, até o terceiro grau, inclusive. O impedimento do magistrado também ocorre no caso de procuração outorgada a membro de escritório de advocacia que possua em seus quadros advogado que individualmente ostente a condição prevista no inciso III do art. 144, , ainda que não intervenha, de maneira direta, no processo.

d) quando ele próprio ou seu cônjuge, companheiro ou parente, consanguíneo ou afim, em linha reta ou na colateral, até o terceiro grau, inclusive, for parte no feito;

e) quando for sócio ou membro de direção ou de administração de pessoa jurídica, parte na causa;

f) quando herdeiro presuntivo, donatário ou empregador de alguma das partes;

g) em que figure como parte instituição de ensino com qual tenha relação de emprego ou decorrente de contrato de prestação de serviços;

h) em que figure como parte cliente do escritório de advocacia de seu cônjuge, companheiro ou parente, consanguíneo ou afim, em linha reta ou na colateral, até o terceiro grau, inclusive, mesmo que patrocinado por advogado de outro escritório;

i) quando promover ação contra a parte ou seu advogado.

No caso do item "c", o impedimento só ocorrerá quando o advogado, o defensor ou o membro do Ministério Público já estavam exercendo o patrocínio da causa antes do início da atividade judicante do magistrado (art. 144, § 1º) — *nos mesmos autos*, acrescentamos.

Art. 966

A lei proíbe a criação de fato superveniente para caracterizar o impedimento do magistrado (*ibidem*, § 2º).

No que tange à letra "b" (art. 144, II, do CPC), devemos deixar claro que o juiz somente estará impedido de atuar no processo de que participou em outro grau de jurisdição, tendo-lhe proferido sentença ou decisão, pois esse impedimento só compreende a atuação do magistrado na mesma relação processual. Desta forma, se ele proferiu a sentença e agora se encontra no tribunal, não poderá fazer parte do julgamento do *recurso* interposto daquela sentença, porquanto a relação jurídica processual ainda é a mesma. Nada o impede, contudo, de participar do julgamento da *ação rescisória* cuja sentença rescindenda tenha sido por ele emitida, pois aqui haverá uma nova relação jurídica processual e, conseguintemente, se torna inaplicável a regra proibitiva constante do inc. III do art. 144, do CPC. Correta, por isso, doponto de vista *técnico*, a orientação jurisprudencial cristalizada na Súmula n. 252 do Supremo Tribunal Federal: "Na ação rescisória, não estão impedidos os juízes que participaram do julgamento rescindendo". Sob o ângulo *político*, entretanto, será sempre recomendável que o juiz não participe do julgamento de ação rescisória tendo como objeto decisão por ele proferida em outro grau de jurisdição. Conquanto essa participação possa ser considerada legal, é antiética. De qualquer modo, a despeito da Súmula n. 252, do Excelso Pretório, estamos plenamente convencidos de que o juiz não poderá (impedimento) participar do julgamento da ação rescisória, na hipótese em exame, quando o fundamento desta for prevaricação, concussão ou corrupção do referido juiz.

Se o impedimento do juiz já existia ao tempo do proferimento da sentença e a parte interessada deixou de oferecer exceção (CLT, art. 799), essa sua incúria (ou ignorância) a inibirá de ajuizar, mais tarde, ação rescisória fundada, exatamente, nesse impedimento? É evidente que não. A falta de oferecimento de exceção de impedimento, em primeiro grau de jurisdição, não produz nenhum efeito preclusivo para a parte omissa. Não podemos nos esquecer que o impedimento implica, para o juiz, um inflexível dever de abstenção, pois é a ele, acima de tudo, que se dirige o mandamento incorporado no art. 144 do CPC. A propósito, apesar de o CPC atual não haver reproduzido a segunda parte do art. 137 do CPC de 1973, entendemos que ela foi tacitamente recepcionada pelo estatuto processual em vigor. Dispunha aquela norma do CPC revogado que se o juiz violasse o seu dever de abstenção renderia ensejo à sua recusa, por qualquer das partes; essa recusa seria manifestada, mesmo nos tribunais, sob a forma de exceção de impedimento, cujo procedimento obedeceria ao que dispusesse a norma *interna corporis*.

A CLT relaciona, no art. 801, os casos de suspeição do juiz; o de "parentesco por consanguinidade ou afinidade até o terceiro grau civil (letra "c") é, porém, de impedimento. A alusão a essa norma processual trabalhista nos induz a duas observações: a) os motivos de impedimento do juiz não se resumem ao parentesco, pois abarcam todos aqueles descritos pelos arts. 144 e 145, do CPC; a incidência dessas regras do processo civil se faz sem qualquer contraste com os princípios e as peculiaridades do processo do trabalho; b) os casos de impedimento atingem, por igual, os denominados juízes classistas — em todos os graus de jurisdição —, porquanto a ontológica parcialidade destes não constitui pretexto para que seja espezinhado o interesse público que representa o substrato político, ético, institucional e jurídico da regra capital à respeitabilidade dos pronunciamentos jurisdicionais, cuidadosamente inscrita no art. 144, do CPC.

A suspeição (CLT, art. 801, "a", "b", "d"; CPC, art. 145, I a III) embora também seja um vício subjetivo do julgador, não significa, ao contrário do impedimento, um veto absoluto à sua atuação. O seu dever de abstenção, aqui, é apenas relativo. Tanto isto é certo que se a parte interessada não oferecer, no momento oportuno, a correspondente exceção, o motivo da suspeição ficará, na maioria das vezes, diluído, rarefeito, ficando o juiz liberado para exercer as suas funções no processo.

Permite a lei, ainda, que o juiz se declare suspeito por motivo de foro íntimo (CPC, art. 145, § 1º).

Seguramente pelas repercussões menos graves no dever de imparcialidade do juiz é que a suspeição não foi incluída no elenco legal das causas de rescindibilidade dos julgados (CPC, art. 966, II).

Vimos que o art. 144 do CPC proíbe o juiz impedido de atuar no processo

Renovamos, agora, a mesma pergunta que formulamos ao tratarmos da prevaricação, concussão e corrupção passiva: para a rescindibilidade do acórdão é bastante a participação do juiz impedido no julgamento em que ele foi proferido, ou o seu voto deve ter integrado a soma dos votos vencedores, ou, ainda, esse voto deverá ser decisivo?

Igualmente aqui entendemos que será suficiente para fundar a rescisória o fato de o voto emitido pelo juiz impedido haver composto a corrente vitoriosa. Por mais forte razão, a rescisória deverá ser admitida quando tal voto foi decisivo para o resultado do julgamento. O que não nos parece aceitável é um voto dado por juiz, impedido motivar a rescisão do acórdão, quando esse voto, por integrar a corrente vencida (ou por ser o único contrário à tese vencedora), não possuir nenhuma influência no resultado qualitativo ou quantitativo do julgamento. Imaginemos, p. ex., que o autor tivesse pleno conhecimento da causa de impedimento de um ou mais juízes do tribunal, já na época do julgamento do recurso por ele interposto, mas preferisse não arguir o impedimento, supondo que o tribunal proveria o recurso, em virtude, principalmente, do cômputo dos votos proferidos pelos juízes impedidos. Como, entretanto, o órgão ad quem negou provimento ao recurso, o então recorrente se apressa em ingressar com a ação rescisória, fundada no impedimento que já era de sua ciência há muito tempo, colimando desfazer o acórdão que foi contrário aos seus interesses.

De resto, é desarrazoado pensar que a ação rescisória estribada em impedimento de juiz deva processar-se em segredo de justiça, ad instar do que se passa nas hipóteses de prevaricação, concussão e corrupção passiva; é que no impedimento o vício é de natureza extrínseca, sendo, pois, objetivamente constatável.

c) Incompetência absoluta

Tradicionalmente, a doutrina adota um critério quinário para a determinação das competências: a) matéria; b) pessoa; c) função; d) território; e e) valor.

A competência se refere ao juízo e não ao juiz; a este dizem respeito, isto sim, o impedimento e a suspeição, vícios eminentemente subjetivos.

Não é inexata, de outra parte, a difundida assertiva de que a competência é "a medida da jurisdição".

Biparte-se a incompetência em: a) absoluta; e b) relativa. Compreendem-se, na primeira, as: em razão da matéria, da pessoa e da hierarquia (ou funcional); na segunda, as: em razão do território e do valor.

Essa divisão dicotômica apresenta relevante interesse de ordem prática, porquanto: a) a incompetência absoluta é improrrogável (ainda que nesse sentido seja a vontade das partes), ao passo que a relativa admite prorrogação, ainda que pela via tácita (CPC, art. 64). Duas notas devem ser aqui efetuadas. Em primeiro lugar, não nos parece inteiramente correto falar-se em "prorrogação" da competência, na medida em que o fenômeno que aí ocorre, em verdade, é de "deslocamento" da competência. Com efeito, quando um juízo que, a princípio, era incompetente se torna competente, o que houve foi um deslocamento da competência daquele para este, e não uma "prorrogação" da competência deste, a avançar sobre a daquele. Em todo caso, por força de uma larga utilização, o verbo *prorrogar* mereceu o prestígio da doutrina, da jurisprudência. Isso não impede, todavia, o abandono da praxe inveterada, em benefício da precisão terminológica. Em segundo, o critério medular que se empregou para separar a incompetência absoluta da relativa foi o do interesse público em jogo; b) a incompetência relativa pode ser arguida pela parte interessada mediante exceção (CLT, art. 799), sob pena de preclusão temporal e, consequentemente, de "prorrogação" em favor do juízo que não detinha a competência (*ratione loci*); já a incompetência absoluta deve ser declarada *ex officio*, embora possa ser alegada em qualquer tempo e grau de jurisdição, independentemente de exceção (CPC, art. 65, § 1º).

Cabe lembrar, ainda, que o CPC atual ordena ao réu alegar, preliminarmente, na contestação, a incompetência, seja relativa, seja absoluta (art. 337, II, *caput*). No sistema do processo do trabalho, entretanto, somente deve ser alegada, como preliminar, na contestação a incompetência absoluta, pois a relativa dever ser objeto de exceção (CLT, art. 799). A CLT não é omissa quanto à matéria (CLT, art. 769).

Tratando-se de incompetência absoluta, o juiz deve recusar cumprimento à carta precatória, devolvendo-a com despacho fundamentado (CPC, art. 267, II), o que não lhe será possível na hipótese de incompetência relativa, pois aqui prevalece a regra legal de que a carta possui caráter itinerante: "antes ou depois de lhe ser ordenado o cumprimento, poderá ser apresentada a juízo diverso do que dela consta, a fim de se praticar o ato" (CPC, art. 262).

Apenas a competência relativa pode ser modificada pela conexão ou pela continência (CPC, art. 54); e) somente a sentença proferida por juízo absolutamente incompetente é rescindível. Assim o é porque essa incompetência, ao contrário da relativa, não se convalida: o vício contamina a sentença desde o momento em que é lançada nos autos e nela permanece mesmo depois do trânsito em julgado, conquanto a sua presença motive a rescisão do julgado.

O CPC de 1939 limitava o uso da ação rescisória às sentenças proferidas por juízos incompetentes *ratione materiae* (a expressão latina constava daquele texto). A doutrina, contudo, afirmando haver sinédoque nessa disposição do Código, admitia o alargamento do manejo da rescisória, para alcançar também as decisões tiradas por juízos desapercebidos de competência em razão da pessoa e da hierarquia. O Código de 1973, em disposição mais bem adequada às exigências doutrinárias, aludia — genericamente — à incompetência absoluta, com o que apanhou, em um só movimento, todas as espécies do grupo (matéria, pessoa e hierarquia).

O processo do trabalho repele a possibilidade de as partes elegerem o foro competente para solucionar eventual conflito de interesses que entre elas se estabelecer — possibilidade que o processo civil concede, desde que esse acordo conste de contrato escrito e se refira, de modo expresso, a determinado negócio jurídico (art. 63, *caput*, parte final e § 1º), sendo certo que o foro de eleição obriga os herdeiros e sucessores das partes (*ibidem*, § 2º). No sistema da CLT, a competência em razão do território é fixada com acentuada rigidez, em atenção aos interesses do trabalhador, pelo art. 651. Posto à frente, contudo, esse interesse, não vemos como se possa inquinar de nula, de desvaliosa, ocasional avença entre as partes, onde se perceba que ela decorreu de um interesse direto e indiscutível do trabalhador.

Define-se a competência no momento do registro ou da distribuição da petição inicial, sendo irrelevantes as ulteriores modificações do estado de fato ou de direito, exceto quando acarretarem a supressão do órgão judiciário ou a alteração da competência (CPC, art. 43). Este é o postulado da *perpetuatio iurisdictionis*.

Pronunciada a incompetência absoluta, os autos deverão ser remetidos ao juízo competente e, salvo decisão judicial em contrário, os efeitos das decisões proferidas pelo juízo incompetente serão conservados até que outra seja emitida (CPC, art. 64, §§ 2º e 3º).

Inciso III. Dolo. Coação. Simulação. Colusão.

Introdução

Os textos do passado nada dispunham acerca do dolo e da colusão, como causas de rescindibilidade dos julgados.

Nem mesmo o CPC de 1939 se ocupou desses vícios dos pronunciamentos da jurisdição.

A inclusão do dolo e da colusão no rol das causas de rescindibilidade dos pronunciamentos jurisdicionais constituiu, pois, expressiva inovação do CPC de 1973, que foi ampliada pelo atual CPC, ao acrescentar a coação e a simulação.

a) *Dolo*. Derivante do latim *dolus* (artifício, esperteza, velhacada), o termo *dolo* indica, na terminologia jurídica, toda sorte de ardil, de artifício, de manha, de maquinação, que uma pessoa coloca em prática com o escopo de induzir outrem à realização de um ato jurídico, em detrimento deste e em benefício daquela ou de terceiro.

No plano específico do processo, o dolo consiste no emprego de meios astuciosos ou ardilosos, por um dos litigantes, atentatórios ao dever de lealdade e boa-fé, com o objetivo de impedir ou de dificultar a atuação do adversário. Como diz Emilio Betti, "Em particular, o comportamento contrário à boa-fé deve ter colocado o adversário na impossibilidade de defender-se e impedido o juiz de conhecer a realidade das coisas, de maneira a determinar uma decisão fundamentalmente diversa daquela que presumivelmente se teria conseguido sem o mesmo comportamento" (*Rivista di diritto processuale civile*, v. II, parte II, 1925, p. 332).

O dolo processual se manifesta sob as mais diversificadas formas: impedir que a parte contrária tenha ciência da ação ajuizada ou seja intimada de algum despacho; frustrar a produção de provas, como demolir o prédio em que o autor trabalhava, com o propósito de tornar impraticável (CPC, art. 464, III) o exame pericial destinado a apurar a existência de insalubridade naquele local; rasurar documentos; subtrair peças dos autos etc. Seria, enfim, de extrema ousadia pretender enumerar todos os atos dolosos que podem ser praticados no processo. O importante a ser realçado é que, em nome do conteúdo ético do processo como método estatal de solução dos conflitos de interesses, as partes estão fortemente atreladas ao dever de lealdade e boa-fé,

como demonstra o art. 77, do CPC, que relaciona, no art. 80, alguns dos atos de má-fé que soem ser por elas praticados.

No caso de sentença homologatória de acordo, não cabe ação rescisória fundada no inciso III, do art. 966, do CPC (dolo da parte vencedora em detrimento da vencida), por uma razão jurídica elementar: o acordo, ou transação, traduz um negócio jurídico bilateral, uma forma de solução consensual e privada da lide, e não uma solução jurisdicional, esta, em regra, impositiva. A sentença homologatória, aí lançada, se limita a chancelar a manifestação de vontade das partes e se justifica pela necessidade de dotar-se o credor de um título executivo, caso a obrigação não seja adimplida. No mesmo sentido está a Súmula n. 403, II, do TST.

A propósito, a mesma Súmula dispõe, no inciso I: "Não caracteriza dolo processual, previsto no art. 485, III, do CPC, o simples fato de a parte vencedora haver silenciado a respeito de fatos contrários a ela, porque o procedimento, por si só, não constitui ardil do qual resulte cerceamento de defesa e, em consequência, desvie o juiz de uma sentença não-condizente com a verdade". A referência, agora, deve ser ao art. 966, III, do CPC.

O simples ato doloso da parte não é, porém, bastante para ensejar o uso da rescisória: impõe-se que esse ato haja sido praticado *em detrimento da parte vencida*. Certo setor da doutrina tem entendido que esse prejuízo se caracteriza pelo fato de dificultar ou de impedir a defesa do adversário. Está, *e. g.*, em Nicola Giudiciandrea: "mas é necessário um artifício, um engano ou qualquer que seja expediente ilícito, todavia dissimulado, que haja paralisado ou desviado a defesa adversária, impedindo assim ao juiz de declarar a verdade" (*La impugnazioni civile*. v. II. Milão: Giuffrè, 1952. p. 407). Reconhecemos, no entanto, que se a parte vencedora houvesse, mediante fraude, feito ao juiz supor que o adversário fora citado para a ação em que foi proferida a sentença rescindenda, esse seu ato doloso teria, neste caso, impedido o réu de formular a sua defesa). A nosso ver, a rescisória será viável sempre que o ato doloso impedir ou embaraçar a atuação processual do litigante contrário, e, com isso, agir eficazmente na formação do convencimento jurídico do juiz, de maneira a fazer com que ele emita um pronunciamento oposto ao que proferirira, caso não estivesse sob a influência do ato doloso.

Não é, portanto, qualquer ato doloso que desafia o uso da rescisória, e sim aquele que acarreta prejuízo processual ao adversário — prejuízo que se materializa com a emissão de sentença contrária aos interesses da parte contra a qual o dolo se dirigiu. Se o ato for efetivamente doloso, mas, apesar disso, a sentença não vier em detrimento do direito ou dos interesses da parte inocente, a consequência desse dolo, para o processo, será nenhuma, até porque não há nulidade sem prejuízo. Escorreita, por esse motivo, a lição de Attardi, de que o dolo da parte não pode consistir em um fato juridicamente ineficaz para determinar, por si só, o resultado do julgamento, como seria o caso de uma propositada falsidade de alegação; ele não pode se resumir à mera alegação, devendo exteriorizar-se, por isso, sob a forma de comportamento do litigante: "um comportamento tal a conduzir o juiz em engano sobre a real situação substancial, e isto através de um engano. A parte ou o juiz não podem dizer-se enganados pela simples afirmação falsa, diante da qual não é nem mesmo necessária uma atividade de contestação (dado que a parte é tutelada pela obrigação do juiz de fundamentar a decisão sobre as provas propostas (...) e é livre na escolha e no desdobramento de seus meios de defesa"). Acrescenta o renomado jurista, que, em razão disso, somente se poderá falar de dolo quando, em decorrência do engano tecido, a atividade de defesa seja diminuída ou paralisada (*La rivocazione*. Pádua: Cedam, 1959. p. 124).

Ainda segundo Attardi, o elemento subjetivo do dolo processual reside no estado psicológico representado pela voluntariedade do engano e pela intenção de provocá-lo (*ibidem*).

Como observa Antonio Butera, salvo se houver confissão da parte vencedora, será impossível, em termos gerais, produzir prova direta e imediata sobre o elemento subjetivo do dolo (a intencionalidade), pois somente por intermédio de elementos exteriores será possível demonstrar a sua existência (*La rivocazione delle sentenze civile*. Torino: Torinense, 1936. p. 47).

A preocupação de evitar que o assunto *sub examen* não venha a ser convenientemente entendido, nos leva a iterar que o dolo, para ensejar o manejo da ação rescisória, deve estar diretamente ligado ao resultado do julgamento: este deve ser favorável à parte que praticou semelhante velhacada.

Com vistas a esse registro ilativo, algumas situações pertinentes devem ser enunciadas:

1) se houve dolo, mas a sentença foi desfavorável à parte que praticou tal ato, não se há que pensar em rescisória, pois inexistiu prejuízo para o adversário;

2) não será admissível a rescisória se, a despeito da ocorrência de dolo em detrimento da parte vencida, a sentença não houver invocado o ato viciado como razão de decidir, de tal forma que eventual eliminação desse ato não influiria (= não modificaria) no resultado do julgamento. É o que se poderia chamar de dolo ineficaz.

Podemos dizer que o ajuizamento da rescisória se subordina à presença de uma íntima relação de causa e efeito entre o ato doloso e a sentença favorável aos interesses de quem praticou o ato.

Ao utilizar a expressão "em detrimento da parte vencida", o Código (art. 966, III) afasta a possibilidade de a rescisória fundar-se em ato doloso para cuja prática concorreram ambas as partes ou em ato dessa natureza que embora tenha sido realizado pela parte vencedora, teve a anuência da vencida. Ao permitir o uso da rescisória calcada em ato doloso, o Código teve como objetivo proteger o vencido dos ardis ou maquinações engendrados pelo vencedor, razão por que quando aquele houver dado, direta ou indiretamente, causa ao ato viciado, o exercício de uma pretensão rescisória não lhe será concedido, pois foi deturpada a intenção e a finalidade da lei.

Por outro lado, ao referir-se à "parte vencedora", o Código não desejou atribuir a essa locução o sentido restritivo que a sua expressão literal parece sugerir, donde decorre a possibilidade de ajuizamento da rescisória mesmo quando o comportamento dolosamente lesivo tenha sido não da parte e sim de seu advogado ou de seu preposto, conforme seja a hipótese. O que se deve levar em conta é o fato que essa conduta influiu no resultado do julgamento, que se revelou favorável ao praticante do ato enganoso; logo, desfavorável ao adversário.

Situação verdadeiramente insólita — mas não impossível — será aquela em que a sentença for produto de atos dolosos individualmente praticados pelos litigantes: autor e réu são vencedores respectivos pontos influenciados por suas condutas dolosas. Neste caso, ambos possuem interesse em aforar a rescisória, sendo insensato imaginar que um dolo neutralizaria o outro: compensar-se-iam para o efeito de manter inalterado o resultado do julgamento. A autonomia ontológica de um e outro faz com que não se comuniquem, não se confundam: mantêm-se independentes e dotados de aptidão para fundamentarem, cada um por si, as ações rescisórias que terão em mira os pontos da sentença por eles afetados. Essa mesma autonomia pode fazer com que somente uma das partes se valha da rescisória, permanecendo a outra em estado de incúria quanto à promoção da defesa de seus direitos e interesses. Esta poderia, aliás, estar satisfeita com o conteúdo favorável do pronunciamento jurisdicional, vindo, contudo, a dar-se conta, ao ser citada para a rescisória, de que essa satisfação poderá ser efêmera e, em virtude disso, ingressar também com a rescisória para colocar o adversário em idêntico estado de sobressalto.

b) *Coação*. Consta do art. 151 do CC; "A coação, para viciar a declaração da vontade, há de ser tal que incuta ao paciente fundado temor de ano iminente e considerável à sua pessoa, à sua família, ou aos seus bens".

Ao avaliar a coação, o juiz deverá levar em conta as características da vítima, como sexo, idade, condição social, saúde, temperamento e outras circunstâncias que possam influir na gravidade da coação (CC, art. 152).

Não se considera coação, todavia, a ameaça do exercício natural de um direito, nem o mero temor reverencial (CC, art. 153).

c) *Simulação*. Simular significa aparentar, fazer crer, disfarçar, fazer parecer real o que não é. Simulacro é a representação fingida de determinado fato ou imitação deste. No terreno dos negócios jurídicos, configura-se a simulação quando: a) o ato aparenta conferir ou transmitir direitos a pessoas diversas daquelas às quais realmente de conferem ou transferem; b) for produto de declaração, confissão, condição ou cláusula não verdadeira; c) os instrumentos particulares forem antedatados ou pré-datados (CC, art. 167, §§ 1º, 2º e 3º, respectivamente).

Para Carnelutti, a simulação processual fraudulenta não se confunde com processo fraudulento. Configura-se aquela com o ato de um dos litigantes, em conluio com o adversário, consistente em simular uma ação em face do outro, com o propósito de obter uma sentença que, mais tarde, possa ser oposta a terceiro, cujo direito foi afetado por ela; já no processo fraudulento não há simulação, apenas conluiando-se as partes para fazer crer a existência de vício na relação jurídica material entre elas estabelecida e, com isso, tirarem proveito desse arranjo (Nuove Riflessioni sulla Sentenza Fraudolenta. In: *Rivista di Diritto Processuale*, v. V, parte II, 1950, p. 120).

Como bem se expressou Carlo Calvosa, no processo simulado os litigantes se dispõem a conseguir um duplo efeito: um, "aparente, que deverá operar somente em confronto de terceiros" (Riflessioni sulla fraude alla lege nel processo. In: *Rivista di Diritto Processuale*, v. IV, parte I, 1949, p. 84) e outro, verdadeiro e encoberto, que deverá atuar nas relações entre eles; no processo em fraude, ao reverso, "os efeitos do processo devem produzir-se, segundo o intento das partes, seja no próprio confronto, seja respeitante aos terceiros" (*ibidem*).

d) *Colusão*. Do latim *collusio*, a palavra *colusão* é indicativa do conluio, do acordo fraudulento realizado em prejuízo de terceiro. Não é diversa a sua acepção no campo processual, onde designa a fraude praticada pelas partes, seja com a finalidade de causar prejuízos a outrem, seja para frustrar a aplicação da norma legal.

O inc. III do art. 966 do CPC cogita da "colusão entre as partes, a fim de fraudar a lei". Como deixamos escrito anteriormente, trata-se de inovação trazida pelo CPC de 1973, porquanto dela não se ocuparam os textos do passado. Pontes de Miranda conceitua essa colusão como "o acordo, ou concordância, entre as partes, para que, com o processo, se consiga o que a lei não lhe permitiria, ou não permitia o que tem por base simulação, ou outro ato de fraude à lei" (obra cit., p. 237/238).

Sob o ponto de vista estrito da ação rescisória, o que se considera é o fato de a colusão haver sido entretecida com a finalidade de fraudar a lei, pouco importando que se trate de simulação processual ou de processo fraudulento. Daí se conclui que embora possa ter havido, em determinado caso, simulação, mesmo assim não caberá a rescisória se disso não sobreveio fraude à norma legal.

A preocupação do CPC em combater atos escusos praticados no processo está manifestada no art. 142, que estabelece: "Convencendo-se, pelas circunstâncias da causa, de que autor e réu se serviram do processo para praticar ato simulado ou conseguir fim vedado por lei, o juiz proferirá sentença que impeça os objetivos das partes, aplicando, de ofício, as penalidades da litigância de má-fé". Essa sentença se destina não só a preservar o conteúdo ético do processo, como a salvaguardar a incolumidade da lei, posta em risco pela atitude reprochável dos contendores. O ato da jurisdição, que dá cobro a esse objetivo das partes, é efetivamente sentença, porquanto dotado de aptidão para extinguir o processo.

Na hipótese de a sentença decorrer de colusão entre as partes, que haja sido realizada em fraude à lei, terão interesse e legitimidade para ingressar com a ação rescisória o terceiro e o Ministério Público (CPC, art. 967, II e III), exigindo-se que o interesse daquele seja jurídico e não meramente econômico.

Para que seja possível, portanto, o aforamento da rescisória com fulcro no inc. III, segunda parte, do art. 966, do CPC, é indispensável que: 1) a colusão tenha sido realizada pelas partes (aqui compreendidos, igualmente, os seus advogados, prepostos ou representantes legais); 2) o pronunciamento jurisdicional reflita a influência nele exercida pela colusão; 3) esta haja sido posta em prática com o objetivo de fraudar a lei.

1) De efeito, a colusão é ato de autoria exclusiva dos litigantes, assim entendidos todos aqueles que se encontram situados em ambos os polos (ativo e passivo) da relação jurídica processual, equiparando-se, para esse efeito, as demais pessoas que tenham participação no processo em nome deles, como os seus advogados, representantes legais ou prepostos.

Nas causas em que o Ministério Público tenha intervindo, por força de disposição legal (CPC, arts. 176 e 181), será passível de rescisão a sentença que se originar de colusão da qual haja participado o órgão daquele, que, sob este aspecto, é assemelhado à parte. O órgão do Ministério Público será, aliás, civilmente responsável toda vez que, no exercício de suas funções, agir com dolo ou fraude, como declara o art. 181 do CPC.

Desnecessário será, por outro lado, investigar se apenas um dos contendores se beneficiou com o ato de fraudar a lei, em decorrência de colusão de que tenha participado: o que importa, fundamentalmente, é o fato concreto de a colusão haver frustrado a aplicação da lei.

2) O nexo de causalidade entre a colusão e a sentença que a espelha é também imprescindível para autorizar o uso da rescisória. Se colusão houve, mas sem nenhuma influência na sentença, desimagine-se a rescisória, pois a relação causal estará ausente.

Esse nexo entre o ato colusivo e o provimento jurisdicional está patenteado no verbo *resultar*, utilizado pelo legislador ao redigir o inc. III do art. 966 do CPC (a sentença ou o acórdão *resultar* de colusão entre as partes).

3) A colusão deve, ainda, estar subordinada ao propósito de fraudar a lei.

É irrelevante, para esse fim, saber se a colusão é expressa ou tácita, ou se foi urdida antes ou depois do ingresso em juízo. É de presumir-se que, no geral, ela não se manifeste sob a forma expressa, circunstância que dificulta, sobremaneira, a prova, em juízo, de sua existência: haverão de atuar, amplamente, nessa hipótese, os indícios e as presunções. De igual modo, na maioria dos casos em que pôde ser constatada, a colusão antecedeu ao processo em que se instalou: este, na verdade, esteve a serviço daquela. Nada impede, porém, que em situações excepcionais, o ato colusivo seja praticado ou idealizado quando o processo já se encontrava em curso.

A medida — inarredável medida — de tudo será sempre o fato de a colusão haver obtido êxito em seu escopo de fraudar a lei; aberta estará, então, a via para o exercício da correspondente pretensão rescisória pelo interessado.

Uma indagação se impõe: se o juiz (alertado, talvez, pelo órgão do Ministério Público) convencer-se de que as partes não se valeram do processo para realizar ato simulado ou conseguir fim defeso por lei (CPC, art. 142, *a contrario sensu*) e, com isso, proferir a sentença de mérito, tal particularidade vedará o uso da rescisória fundada no inc. III, segunda parte, do art. 966 do CPC?

De modo algum.

Não nos deslembremos que a ação rescisória instaura uma nova relação jurídica processual, que embora se ligue (como pressuposto lógico) àquela que se estabeleceu no processo em que foi emitida a sentença rescindenda, a ela não se subjuga; fazê-lo, seria negar a sua própria razão de ser, seria ignorar a eficácia desconstitutiva, que lhe constitui atributo essencial.

Estamos a sustentar, pois, que a despeito de a sentença rescindenda haver dito que autor e réu não fizeram uso do processo visando a praticar ato simulado ou a alcançar fim proibido por lei isso não inibirá o tribunal de cortar rente a sentença, em sede de rescisória, convencido que esteja de que houve colusão tendente a fraudar a norma legal.

Citemos, como exemplo de ato colusivo que poderia ser colocado em prática no processo do trabalho, o simularem autor e réu a existência de um contrato de trabalho (pedem, exatamente, que o provimento jurisdicional a reconheça), com a velada finalidade de se beneficiarem, digamos, perante o órgão da previdência social (aposentadoria do autor) ou de acarretarem prejuízos aos interesses legítimos de terceiro, como se daria, *v. g.*, na hipótese de o réu ser massa falida e os créditos do autor, oriundos de um suposto contrato de trabalho, absorverem todas as forças da massa, em virtude do superprivilégio legal que ostentam, em face dos créditos de outra natureza.

Mencionemos, também, a simulada ruptura do contrato de trabalho, pelo empregador, sem justa causa, com o objetivo de permitir que o empregado saque os valores depositados em sua conta relativa ao FGTS.

Merece ser referida, nesta quadra de nossa exposição, a Orientação Jurisprudencial n. 94, da SBDI-II, do TST, assim redigida: "Ação rescisória. Colusão. Fraude à lei. Reclamatória simulada extinta. A decisão ou acordo judicial subjacente à reclamação trabalhista, cuja tramitação deixa nítida a simulação do litígio para fraudar a lei e prejudicar terceiros, enseja ação rescisória, com lastro em colusão. No juízo rescisório, o processo simulado deve ser extinto". Em que pese ao fato de a expressão "processo simulado" haver caído no gosto da doutrina e da jurisprudência, parece-nos que ela encerra um ilogismo, pois o processo, em rigor, não é simulado, mas, concreto, real: a simulação é, sim, do conflito de interesses a que o processo se destina a solucionar.

O exemplário, enfim, de atos colusivos das partes, destinados a fraudar a lei, é vasto, inexaurível mesmo. O que se deve ter diante dos olhos é a possibilidade de essa velhacada ser evitada pelo próprio juiz que conheceu do pedido fraudatório (CPC, art. 129) ou ter o seu sucesso desfeito mediante o uso adequado da ação rescisória, baseada no inc. III do art. 485 do CPC.

Inciso IV. Ofensa à coisa julgada.

a) Introdução

O Regulamento n. 737 não mencionava a ofensa à coisa julgada como causa de rescindibilidade das sentenças.

Já a Consolidação das Leis do Processo Civil, de Ribas, declarava ser manifestamente "nula" a sentença dada contra outra sentença passada em julgado.

O CPC de 1939, mantendo a falsa ideia de "nulidade", falava em "ofensa à coisa julgada" (art. 798, I, "b").

O estatuto processual civil de 1973 dizia ser rescindível a sentença (e também o acórdão) de mérito transitada em julgado que houvesse perpetrado ofensa à coisa julgada. O CPC atual manteve essa regra.

Movido pela preocupação de evitar que os conflitos de interesses ocorrentes entre os indivíduos se perpetuassem ou subsistissem por tempo superior ao tolerável e, com isso, pusessem em risco a estabilidade das relações sociais, o legislador concebeu o fenômeno jurídico da coisa julgada material, como qualidade da sentença, e que traz o selo da imutabilidade e da indiscutibilidade das matérias e questões colocadas sob sua autoridade. Nisso repousa o fundamento político da *res iudicata*.

A garantia da coisa julgada, em nosso meio, foi elevada ao nível de princípio constitucional (CF, art. 5º, XXXVI), impedindo-se, com essa providência, a sua violação por norma ordinária, pela vontade das partes ou pelos pronunciamentos jurisdicionais.

Considerando, entretanto, que em alguns casos a própria coisa julgada pudesse vir a abalar o prestígio do ordenamento jurídico ou a respeitabilidade das decisões judiciais, o legislador, precatadamente, instituiu a ação rescisória como o remédio jurídico para desconstituir-lhe, em caráter excepcional, os efeitos.

É de grande proveito exarar que a ação rescisória tem sede na Constituição Federal (na mesma Constituição que ordena o respeito à *res iudicata*), com o que fica arredada qualquer possibilidade de pensar-se em estarem a antagonizar-se com o texto constitucional as disposições do CPC que regulam o exercício dessa ação "desconstitutiva".

A existência de coisa julgada deverá ser objeto de preliminar, na contestação do réu (CPC, art. 337, VII), e não de exceção, como ocorria no sistema do Código de 1939 (art. 182, II). Acolhida a preliminar, e extinto o processo (CPC, art. 485, V), ficará afastado o perigo de ofensa à *res iudicata*.

O que diferencia a preliminar (objeção) de coisa julgada da alegação de sua existência feita na ação rescisória, é que, lá, a ofensa a ela é virtual, ao passo que aqui é consumada. De qualquer forma, não se suponha que o uso da rescisória somente será viável quando a sentença rescindenda estiver em contraste com a coisa julgada; em que pese ao fato de essa suposição encontrar na referência efetuada pelo art. 966, IV do CPC a ofensa um ponderável fundamento, elementar regra de lógica formal aponta para a possibilidade de o interessado valer-se dessa ação para desconstituir a segunda sentença, ainda que esta se encontre em perfeita harmonia com a primeira, à qual se sobrepôs.

Digamos, p. ex., que o autor, tendo obtido sentença favorável às suas pretensões (e já passada em julgado), volte a juízo para, por mero capricho ou espírito de conflitualidade (pouco importa o motivo pelo qual assim aja), formular os mesmos pedidos constantes da ação anterior e que foram acolhidos pelo correspondente provimento jurisdicional: ninguém, por certo, haveria de abalançar-se a dizer que, na espécie, o réu não poderia: a) alegar, na contestação à segunda ação, como preliminar, a existência de coisa julgada (CPC, art. 337, VII); ou b) ingressar com ação rescisória da segunda sentença (havendo esta passado em julgado), apoiado no inc. III do art. 966 do CPC. Impedi-lo de ajuizar a rescisória seria cometer a injustiça de mantê-lo subserviente a uma dupla condenação por um mesmo fato e, sob outro aspecto, prestar homenagem a uma ignominiosa atitude de má-fé, por parte do seu adversário.

Teria o réu, portanto, indiscutível interesse de agir (= ingressar com a ação rescisória), revelando-se desconhecedores do verdadeiro sentido dessa condição da ação todos aqueles que o considerassem carecedor dela.

Indagamos, porém: se a objeção de coisa julgada for rejeitada pelo juiz e a sentença (de mérito) por ele dada passar em julgado, isso obstará a que o então réu ingresse com ação rescisória dessa sentença, insistindo no argumento de que havia coisa julgada constituída anteriormente a ela? Certamente que não. Se já havia *res iudicata* e a sentença rescindenda a ignorou ou a ofendeu, isso representará um motivo a mais para o ajuizamento da rescisória. Não podemos deixar ao largo o fato de que a inexistência de coisa julgada constitui pressuposto (negativo) de validade do processo; havendo coisa julgada, dela o juiz deverá conhecer *ex officio*, como está na linguagem imperativa do § 5º do art. 337 do CPC, ainda que seja para não reconhecê-la.

A prova da existência de coisa julgada material é eminentemente documental, consubstanciada em cópia da sentença ou do acórdão, que a produziu, ou em certidão expedida pelo órgão competente. Em nenhuma hipótese se admitirá que testemunhas sejam levadas a juízo (juízo delegado: CPC, art. 972) com a finalidade de prestarem declarações quanto à existência ou inexistência de *res iudicata*. Nem mesmo haveria lugar para a produção de prova pericial.

Sendo, como afirmamos, essencialmente documental a prova da presença de coisa julgada no mundo jurídico, temos que ela deverá ser produzida já com a inicial, sob pena de indeferimento dessa peça (CLT, art. 787; CPC, art. 321), por estar desacompanhada de documento indispensável ao ajuizamento da demanda (CPC, art. 320), conquanto o relator deva, antes, assinar prazo de quinze dias para o suprimento da falta (CPC, art. 321).

No caso de rescisória fundada em ofensa à *res iudicata*, o juízo será exclusivamente *rescindens*, na medida em que eventual atuação do *rescissorium* implicaria inevitável invasão dos domínios da coisa julgada cuja autoridade fora preservada pelo juízo *rescindens*. Efetivamente, quando se ingressa com a rescisória a fim de desfazer a decisão (sentença, acórdão) que está a ofender a coisa julgada (material), é bastante aos interesses do autor que o tribunal desconstitua a decisão rescindenda, pois isso fará com que seja, automaticamente, eliminado o motivo que estava a molestar ou a constringir a autoridade da *res iudicata*. Não se trata do fenômeno a que a doutrina vem denominando de "repristinação", segundo o qual quando se revoga a lei que havia revogado a anterior, a vigência da primeira fica restabelecida. No caso da rescisória, cuida-se apenas de cortar ou de apagar uma sentença que estava a tolher, a empecer os efeitos da anterior, que morta não estava.

É proveitoso mencionarmos, neste momento, a manifestação jurisprudencial do TST acerta do tema sobre o qual estamos a discorrer:

> **Súmula n. 397** Ação rescisória. Art. 485, IV, do CPC. Ação de cumprimento. Ofensa à coisa julgada emanada de sentença normativa modificada em grau de recurso. Inviabilidade. Cabimento de mandado de segurança. Não procede ação rescisória calcada em ofensa à coisa julgada perpetrada por decisão proferida em ação de cumprimento, em face de a sentença normativa, na qual se louvava, ter sido modificada em grau de recurso, porque em dissídio coletivo somente se consubstancia coisa julgada formal. Assim, os meios processuais, aptos a atacarem a execução da cláusula reformada, são a exceção de pré-executividade e o mandado de segurança, no caso de descumprimento do art. 572 do CPC.

Data venia, falta base científica a esta Súmula, ao afirmar que nos denominados dissídios coletivos "somente se consubstancia coisa julgada formal". Ademais, as referências, agora, devem ser aos art. 966, IV, e 514, do CPC, nessa ordem.

> **OJ n. 101, da SBDI-II**: Ação rescisória. Art. 485, IV, do CPC. Ofensa a coisa julgada. Necessidade de fixação de tese na decisão rescindenda. Para viabilizar a desconstituição do julgado pela causa de rescindibilidade do inciso IV, do art. 485, do CPC, é necessário que a decisão rescindenda tenha enfrentado as questões ventiladas na ação rescisória, sob pena de inviabilizar o cotejo com o título executivo judicial tido por desrespeitado, de modo a se poder concluir pela ofensa à coisa julgada.

O que a OJ em foco está a dizer, em última análise, é que se o tema não foi pré-questionado (TST, Súmulas ns. 297 e 298), não se há como admitir a ação rescisória.

A referência deve ser ao art. 966, IV, do CPC atual.

> **OJ n. 123, da SBDI-II:** "Interpretação e alcance do título executivo. Inexistência de ofensa à coisa julgada. O acolhimento da ação rescisória calcada em ofensa à coisa julgada supõe dissonância patente entre as decisões exequenda e rescindenda, o que não se verifica quando se faz necessária a interpretação do título executivo judicial para se concluir pela lesão à coisa julgada.

Questão que se reveste de extraordinário interesse prático e que está a desafiar a inteligência doutrinária diz respeito a saber se, havendo duas coisas julgadas contrastantes, sobre o mesmo assunto, e tendo se exaurido o prazo fixado pelo art. 975 do CPC para a desconstituição de ambas, deverá prevalecer a primeira ou a segunda.

O douto José Carlos Barbosa Moreira entende que a prevalência é da segunda: "Seria evidente contra-senso recusar-se eficácia à segunda sentença, depois de consumada a decadência, quando nem sequer antes disso a eficácia era recusável. A passagem da sentença, da condição de rescindível à de irrescindível, não pode, é claro, diminuir-lhe o valor. Aberraria aos princípios tratar como inexistente ou como nula uma decisão que nem rescindível é mais, atribuindo ao vício, agora, relevância maior do que a que tinha durante o prazo decadencial. Daí se infere que não há como obstar, só com a invocação da ofensa à coisa julgada, à produção de quaisquer efeitos, inclusive executórios, da segunda sentença, quer anteriormente, quer (*a fortiori*!) posteriormente ao termo final do prazo extinto" (*Comentários*..., p. 209).

Diversa é a nossa opinião, conquanto reconheçamos estar pisando em solo movediço e não possuirmos o dom divino da inerrância.

O nosso convencimento de que deve prevalecer não a segunda sentença e sim a primeira deriva das seguintes razões:

a) a coisa julgada traduz uma alcandorada garantia constitucional (art. 5º, XXXVI), sendo assim, se a própria norma legal está obrigada a respeitar a *res iudicata*, por mais forte razão esse acatamento se impõe aos pronunciamentos jurisdicionais, pois estes são subalternos à lei, a cujo serviço se colocam. A segunda sentença, ao superpor-se à primeira, não só lhe afrontou a autoridade como ofendeu, ousadamente, o inc. XXXVI da Constituição Federal, motivo por que a prevalência da segunda sentença representa uma consagração do desrespeito ao texto da Suprema Carta Política do País;

b) a afirmação de que o predomínio deve ser da segunda sentença, por não ser mais rescindível, corresponde, de um lado, a argumentar, de modo contraproducente, a favor da primeira, que também rescindível não é mais, e, de outro — o que é mais grave —, a atribuir preeminência a uma norma ordinária (CPC, art. 975), em confronto com a Constituição da República (art. 5º, XXXVI);

c) a segunda sentença, além disso, estaria contaminada em sua origem, em virtude de ser produto de transgressão ao mandamento inscrito no art. 505 do CPC, no sentido de que "Nenhum juiz decidirá novamente as questões já decididas relativas à mesma lide...";

d) embora existam, na situação em exame, dois direitos adquiridos (decorrentes de duas coisas julgadas contrapostas) é evidente que o primeiro deve ser prevalecente, não tanto por um fator cronológico, mas, fundamentalmente, por ter sido o único que se constituiu segundo a lei e não contra ela;

e) a opção pela segunda sentença traz consigo, ainda que inadvertidamente, o perigo de premiar a quem obrou com má-fé, ao deduzir pretensão contra texto expresso de lei (CPC, art. 80, I) e obter, por essa forma, vantagem indevida, porquanto não é crível que, havendo sido parte no primeiro processo, pudesse ignorar a coisa julgada material que dele se originou.

O problema não está, contudo, solucionado por inteiro: cumpre-nos agora perscrutar de que meio jurídico haverá de socorrer-se a parte, para fazer valer a primeira sentença, lembrando que já se teria esgotado o prazo para rescindir a segunda (CPC, art. 975).

Mais uma vez, a doutrina apresenta soluções díspares.

Pontes de Miranda procura distinguir as situações: "Se duas sentenças forem absolutamente iguais, proferidas pelo mesmo juiz, no mesmo processo, só a primeira vale. Se proferidas em dois processos diferentes, na mesma espécie (identidade de ação), vale a primeira, ou, passados os dois anos, a segunda, se não foi executada, ou não começou a ser executada a primeira. Não sendo iguais, ainda que *in minimis*, dá-se ofensa à coisa julgada. A rescindibilidade pende, durante o biênio, e após ele rege a segunda, e não a primeira, salvo se a primeira já se executou, ou começou a executar-se. Se o momento posterior ao prazo bienal da segunda encontra a outra em execução, ainda não precluso o prazo para embargos do devedor, pode o executado, a que a segunda sentença interessa, opor-se à execução, sustentando a irrescindibilidade da segunda sentença. A execução posterior da primeira não pode ofender a rescindibilidade da segunda" (obra cit., p. 285)

Em verdade, o festejado jurista admite que a prevalência seja, no fundo, da segunda sentença — em opinião contrária à nossa —, embora tenha procurado construir peculiar solução para o caso de a primeira já haver sido executada ou estar sob execução, hipótese em que, segundo ele, esta prevalecerá. Não vemos, *venia concessa*, nenhuma relevância nessa distinção. Não nos parece ser o melhor critério jurídico para resolver o problema o que se baseia no fato de a primeira sentença haver sido executada, ou não. Isso tem consequências (e interesse) apenas de ordem prática, com vistas ao eventual retorno ao *status quo ante* se a segunda sentença vier a ser desconstituída. Preferimos os argumentos que relacionamos em linhas anteriores, que se fundam, nuclearmente, na necessidade de fazer prevalecente a primeira sentença, como medida tendente a preservar a incolumidade do preceito constitucional relativo à garantia da coisa julgada. Fora disso, será preocupar-se com aspectos de nonada do problema.

Dedicando-se ao exame dessa questão problemática, Sérgio Rizzi conclui que dentre as soluções possíveis, "a melhor é considerar como não escrito o prazo do art. 495 do Código, autorizando-se a rescisória sem o pressuposto do biênio" (obra cit., p. 285). A matéria, no CPC atual, é regida pelo art. 975.

Esse autor defende, como se nota, a prevalência da primeira sentença, como também é de nosso entendimento.

Embora concordemos, no essencial, com a resolução proposta por Rizzi, parece-nos que se deveria considerar não como não escrito o art. 975 do CPC e sim como escrito, mas destituído de eficácia diante do mandamento gravado no art. 5º, XXXVI da Constituição Federal. Aquela norma ordinária teria, assim, existência e vigência, mas não eficácia, em virtude da soberania da vontade constitucional.

Isso, porém, não é tudo; resta, ainda, a ser removida, uma incômoda partícula do problema: aceita a prevalência da primeira sentença e afastada, quanto à segunda, a aplicação do art. 975 do CPC, de que instrumento jurídico poderia utilizar-se a parte interessada para procurar fazer valer o primeiro pronunciamento jurisdicional passado em julgado?

A solução é bifronte: a) encontrando-se ainda em curso o prazo para o oferecimento de embargos à execução da segunda sentença, a parte encontrará aí a oportunidade e o instrumento legal adequado para alegar a existência da coisa julgada, supondo-se que tenha interesse em formulá-la (teria tido êxito na primeira ação e insucesso na segunda, agora em execução). A circunstância de nem a CLT (art. 884, § 1º) nem o CPC preverem a possibilidade de essa matéria ser arguida nos embargos não deve constituir óbice à sua formulação, levando-se em conta o seu caráter de excepcionalidade; b) caso, entretanto, o prazo para oferecer embargos já se encontrasse esgotado, sem que a parte o houvesse aproveitado para alegar a presença de coisa julgada, só lhe restariam estas alternativas, em tese: 1. aceitar a segunda sentença, renunciando, assim, à convicção de que a primeira possuía preeminência jurídico-constitucional; 2. ingressar com ação declaratória de nulidade da segunda sentença, denunciando o vício que está a contaminá-la, desde a origem; 3. tentar obter uma declaração de inconstitucionalidade da segunda sentença, em virtude da ofensa que ela perpetrou ao art. 5º, XXXVI da Suprema Carta. Analisemos essas alternativas:

a) a aceitação, pura e simples, da segunda sentença — mediante a submissão aos efeitos que lhe são próprios — representaria a solução mais rápida e menos controvertida do problema, além de prestigiar a corrente de opinião que sustenta, em qualquer hipótese, a prevalência invariável da segunda sentença;

b) a ação declaratória de nulidade da segunda sentença, embora seja teoricamente viável, encontraria certas dificuldades a serem superadas, como, *v. g.*, a materializada no art. 19 do CPC, que somente prevê a ação declaratória que tenha por objeto a inexistência (para nos limitarmos a esta) de relação jurídica; no caso, não só a relação jurídica teria existido como também a segunda sentença, ainda que a existência desta fosse nula; ademais, tratando-se de ato da jurisdição praticado em processo contencioso, seria inaplicável o princípio contido no art. 966, § 4º do CPC;

c) a declaração de inconstitucionalidade dificilmente seria possível, pois a sentença não é norma legal, nem possui o atributo de ato normativo. É certo que essa objeção perderia a sua consistência quando a pronúncia de inconstitucionalidade tivesse como destinatário acórdão proferido por tribunal do trabalho no julgamento de conflito coletivo, vez que o caráter normativo das decisões dessa espécie é reconhecido pela própria Constituição Federal (art. 114, § 2º).

Estamos, inegavelmente, diante de uma das mais agudas aporias de quantas, não raro, nos tomam de assalto no campo das investigações jurídicas.

Essa dificuldade doutrinária no solucionamento do problema decorre, em larga medida, de uma precariedade tópica de nosso sistema jurídico, que não dedicou ao assunto a merecida atenção.

Seja como for, não nos recusamos a deixar um modesto contributo pessoal à elucidação da matéria; é o que faremos a seguir.

Atendendo às singularidades do processo do trabalho, devemos colocar, de um lado, os conflitos individuais e, de outro, os conflitos coletivos.

Se a segunda sentença ou o segundo acórdão solucionaram conflitos individuais e passaram em julgado com afronta a provimento jurisdicional anterior, também transitado em julgado, a anomalia deverá ser corrigida por meio de ação declaratória de nulidade da segunda sentença ou do segundo acórdão — pressupondo-se que já se tenha exaurido, em branco, o prazo de dois anos para buscar-se a rescisão destas últimas decisões. A arguição de inconstitucionalidade não seria possível, porque, como dissemos, nem a sentença nem o acórdão constituem norma legal ou ato normativo, para que possam propiciar a alegação de antagonismo com a Suprema Carta. Embora o art. 19, I, do CPC, pareça restringir a ação declaratória à existência ou inexistência de relação jurídica, pode-se argumentar que essa previsão legal não deve ser interpretada como excludente da possibilidade do uso da ação declaratória que tenha como objeto ato nulo, ainda que este tenha emanado da jurisdição, pois o que importa é a declaração e não o ato a que ela se refere.

No caso de acórdão que dirime conflito coletivo, em princípio poderá ser objeto de ação direta de inconstitucionalidade, por ofensa ao art. 5º, XXXVI, da Carta Magna, pois a tanto autoriza o seu caráter normativo. A legitimidade para o exercício dessa ação já não é privativa do Procurador-Geral da República, vez que a atual Constituição Federal a concede a diversas pessoas e entidades, dentre as quais a "confederação sindical ou entidade de classe de âmbito nacional" (art. 103, IX).

Admitimos que nenhum desses caminhos jurídicos são, rigorosamente, ortodoxos; o que não se pode permitir, no entanto — e isso nos parece dogmático — é que uma sentença ou um acórdão, que hajam perpetrado ofensa à coisa julgada material, permaneçam, impunemente, na ordem jurídica a desafiar, acima de tudo, a autoridade e a supremacia da vontade constitucional. Não menos desarrazoado será reconhecer-se em um primeiro momento, que a prevalência deve ser, efetivamente, sempre da primeira sentença, ou do primeiro acórdão (em que repousa, escorreita, a coisa julgada), mas concluir-se, em um segundo, que o sistema legal vigente não coloca ao alcance do interessado nenhum instrumento capaz de tornar concreta, real, essa prevalência, de tal modo que só restaria a esperança de uma solução de *lege ferenda*, só ficaria o consolo do primeiro momento — o único de lucidez.

O absurdo da permanência eterna de um segundo julgado, agressor da *res iudicata* e da Constituição, é de tal monta, que se o aparato jurídico não nos fornecesse nenhum instrumento de combate a essa aberrância, teríamos, por certo, de inventá-lo.

Inciso V. Violação manifesta a norma jurídica

a) Introdução

O Regulamento n. 737 dizia ser nula a sentença proferida contra expressa disposição de lei comercial (art. 680, § 2º); já a Consolidação de Ribas considerava notoriamente injusta a sentença dada contra o direito pátrio expresso (art. 1.613, § 2º).

O CPC de 1939, por sua vez, se referia à nulidade da sentença emitida contra literal disposição de lei (art. 798, I), em redação semelhante, pois, à do art. 485, V, do CPC de 1973.

O CPC atual alude à violação manifesta a *norma jurídica*, cujo conceito, é mais amplo do que o de lei em sentido formal. Assim dizemos porque a norma jurídica pode ter como fonte a: a) a lei; b) o costume; c) a jurisprudência; d) a doutrina; e) os princípios gerais de Direito. Em nosso entendimento, o CPC de 2015 ampliou, demasiadamente, a causa de rescindibilidade prevista no inciso V. Violação à literal disposição de lei e aos princípios gerais de Direito é algo aceitável — o que não se pode dizer quanto à violação aos costumes e à doutrina. Cumprirá à jurisprudência dar ao sobredito inciso interpretação razoável, a fim de que a ação rescisória não se submeta às demasias quando de sua incidência nos casos concretos.

Conforme Norberto Bobbio (*Teoria da norma jurídica*. 3. ed. São Paulo: Edipro, 2005), constituem critérios de diferenciação da norma jurídica: 1) *forma* — o elemento diferencial das normas jurídicas está em serem formalmente diversas das outras normas (espécie de prescrição); 2) *conteúdo* — a norma jurídica é uma relação intersubjetiva (relação entre uma pessoa e uma outra pessoa), com caráter de bilateralidade (institui ao mesmo tempo um direito a um sujeito e um dever a um outro); o direito é um regulamento das ações sociais dos homens ou das ações do homem na vida em sociedade com os seus semelhantes; 3) *fim* — o direito regula as relações intersubjetivas, mas não relações intersubjetivas genéricas; uma certa norma numa sociedade é jurídica quando considerada essencial à conservação da sociedade; 4) *sujeito estabelecedor da norma* — independente da forma, do conteúdo ou do fim, a norma jurídica é estabelecida pelo poder soberano; 5) *justiça* (valores) — uma regra para ser jurídica tem de ser justa; 6) *destinatário e obrigação* — a natureza da norma jurídica está no modo como é acolhida pelo destinatário ou, em outros termos, na natureza da obrigação; as normas não-jurídicas, como as sociais, são caracterizadas por um menor senso de dependência do sujeito passivo frente a elas, por uma obrigação não-incondicionada, mas condicionada à livre escolha do fim; 7) *resposta à violação* (sanção) — normas jurídicas são aquelas cuja execução é garantida por uma sanção externa e institucionalizada.

Como vimos há pouco, desde o CPC de 1939 o sistema processual civil brasileiro vem admitindo a rescisão de sentença ou de acórdão proferido contra *literal disposição de lei*; surpreende-nos, por isso, o legislador processual da atualidade ao substituir a inveterada expressão por violação manifesta "a norma jurídica". Levando-se em conta as fontes da norma jurídica, segundo Bobbio, seríamos forçados a conclui que, doravante, serão passíveis de rescisão as sentenças e os acórdão de mérito que implicarem manifesta violação não só à lei, mas à doutrina, à jurisprudência, aos costumes e aos princípios gerais de Direito — o que se traduzia em uma extraordinária e preocupante ampliação do campo de incidência desse ação desconstitutiva.

Constitui, portanto, um notável desafio à doutrina, de um lado, dar uma interpretação ao inciso V do art. 966 do CPC por forma a evitar essa dilargação excessiva do campo de atuação da ação rescisória, e de outro, não ignorar a intenção do legislado em permitir o exercício da rescisória para além do tradicional limite da violação literal de disposição de lei.

Pela nossa parte, entendemos que a interpretação do precitado dispositivo legal deve ser a mais restritiva possível, sob pena de convertermos a ação rescisória em um instrumento de substituição dos recursos, notadamente, do ordinário no sistema do processo do trabalho.

Com os olhos postos no art. 485, V, do CPC de 1973, Pontes de Miranda argumentava que não se podia acolher a opinião apegada exclusivamente ao adjetivo *literal*, pois o vocábulo fora empregado para designar o *direito expresso*, revelado, demonstrando, assim, admitir a possibilidade de a ação rescisória ter como fundamento a *violação de direito*, pois, segundo ele, o art. 4º, da Lei de Introdução ao Código Civil não poderia ser postergado: "*Dizer-se que, ao sentenciar, invocando costume ou princípio geral de direito, o juiz, que o ofende, apenas erra in procedendo, é erradíssimo. Sentenças proferidas contra algum costume, que se aponta como existente, escritível ou já escrito ("literal"), ou contra algum princípio geral de direito, ou contra o que, por analogia, se havia de considerar regra jurídica, são sentenças rescindíveis. Ao juiz da ação rescisória é que cabe dizer se existe ou não existe a regra de direito consuetudinário, ou o princípio geral de direito ou a regra jurídica analógica*" (sublinhamos) (obra cit., p. 259).

Embora com a atenção voltada para o CPC de 1939, Oscar Tenório (*Lei de introdução ao código civil brasileiro*. Rio de Janeiro: Jacinto, 1944. p. 68) e Jorge Americano (*Comentários ao código de processo civil*. Rio de Janeiro: Livraria Acadêmica, 1942. p. 362) também sustentaram o cabimento da rescisória quando a sentença violasse o direito da parte, ainda que esse direito não estivesse materializado em lei escrita.

Inegavelmente, o entendimento manifestado pelos ilustres juristas citados é ponderando, pois sendo a lei omissa, em determinado caso, caberá ao juiz aplicar — por força do disposto no art. 4º da Lei de Introdução ao Código Civil (atual Lei de Introdução às Normas do Direito Brasileiro — Lei n. 12.376/2010 —, a analogia, os costumes e os princípios gerais de direito, em um processo de integração normativa; desta maneira, se o juiz deixar de suprir a lacuna da norma legal ou fazê-lo de maneira errônea, haverá, em tese, ofensa ao art. 4º da Lei n. 12.376/2010. A ofensa à lei, na espécie, não seria direta e sim reflexa. Apesar disso, na vigência do CPC de 1973 sempre sustentamos a opinião de que a rescisória apenas seria admissível quando a sentença ocasionasse uma *violação direta à letra da lei*.

É importante aviventarmos o fato de que, ao contrário do Regulamento n. 737 — que fazia alusão a *direito expresso* — o referido CPC era extremamente claro ao prever a rescisória quando a sentença implicasse ofensa à literal disposição de lei. A nosso ver, essa atitude do legislador processual civil de 1973 não poderia ser considerada como simples afeição a palavras novas e sim como uma irretorquível demonstração de seu propósito de restringir o uso da ação rescisória.

Em razão disso, sempre nos colocamos em boa sombra para afirmar que o inc. V do art. 485 do CPC de 1973 limitava a rescisória à violação de um dispositivo existente no ordenamento legal, repelindo, assim, a possibilidade de ser rescindida a sentença que houvesse ofendido direito não escrito da parte. A admitir-se a rescisória para os casos de violação a direito, o padrão de confronto seria efetivamente impreciso, pois como assinala José Afonso da Silva "Como se haveria de saber se o juiz errou contra a letra da lei, se não se tratasse de uma norma de Direito escrito?" (*Do recurso extraordinário no direito processual civil brasileiro*. São Paulo: Revista dos Tribunais, 1963. p. 191).

Concordávamos, porém, com Pontes de Miranda quando asseverava que "a literalidade não é um absoluto; o senso literal não é um só, nem unívoco; há dois, três ou mais sensos literais, e dizer que somente se pode interpor recurso extraordinário do que contravém a letra da lei é ignorar que a letra das leis é forma, como toda palavra humana, que só se pode contravir, com uma proposição, a outra proposição,

Código de Processo Civil — Art. 966

portanto ao conteúdo de uma letra de lei, ao conteúdo de uma disposição letral" (obra cit., p. 152).

Por outro lado, a Orientação Jurisprudencial n. 25, da SBDI-II, do TST, estabelece que "Ação rescisória. Expressão 'lei' do art. 485, V, do CPC. Não inclusão do ACT, CCT, Portaria e Regulamento, súmula e orientação jurisprudencial de tribunal. Não procede pedido de rescisão fundado no art. 485, inc. V, do CPC, quando se aponta contrariedade à norma de convenção coletiva de trabalho, acordo coletivo de trabalho, portaria do Poder Executivo e regulamento de empresa e súmula ou orientação jurisprudencial de tribunal".

Em tema de ação rescisória, por isso, esta somente era admitida quando se dirigisse à sentença ou ao acórdão que houvesse violado a letra da lei, conquanto se soubesse que o sentido literal de um preceito de lei poderia variar de intérprete para intérprete. O que não nos parecia possível, diante do art. 485, V, do CPC de 1973, era defender-se o emprego da rescisória contra sentença ou acórdão que houvesse acarretado ofensa a *direito não escrito* da parte. Nada obstante a lei seja apenas uma das emanações do direito, é somente a ela que se referia o aludido Código.

Seja como for, e a despeito da interpretação do inciso V do art. 966 do atual CPC que vier a prevalecer, o fato é que a violação a literal disposição de lei, como espécie de norma jurídica, seguirá constituindo fundamento (ou um dos fundamentos) para o exercício da ação rescisória. Por isso, dedicaremos especial atenção a ela.

Sérgio Rizzi, adaptando trabalho elaborado por José Afonso da Silva (obra cit., p. 107), enumera alguns casos de violação de literal disposição de lei, pela sentença ou pelo acórdão: a) negar validade a uma lei, que válida o é; b) reconhecer validade a uma lei que não é válida; c) negar vigência a uma lei que ainda se encontra em vigor; d) admitir a vigência de uma lei que ainda não vigora ou que já deixou de viger; e) negar aplicação a uma lei reguladora da espécie; f) aplicar uma lei não reguladora da espécie; g) interpretar de modo tão errôneo a lei, que sob o pretexto de interpretar, a lei é "tratada ainda no seu sentido literal" (*Tratado...*, p. 290).

Como exemplos de situações que autorizam o exercício da rescisória com fulcro no inc. V do art. 966, podem ser arrolados, dentre outros, os seguintes:

1) prestação da tutela jurisdicional, sem que o interessado a tenha requerido (CPC, art. 2º);

2) haver o autor postulado, em nome próprio, direito alheio, quando não autorizado por lei (CPC, art. 18);

3) participação de incapazes no processo, como autores, réus, assistentes, intervenientes, sem estarem representados ou assistidos por seus pais, tutores ou curadores especiais (CPC, art. 71, *caput*);

4) ter ocorrido substituição (sucessão) voluntária das partes, no curso do processo, fora dos casos previstos em lei (CPC, art. 108);

5) recusa do juiz à formação de regime litisconsorcial necessário (CPC, art. 114);

6) quebra, pelo juiz, do seu dever de imparcialidade (CF, art. 5º, *caput*), em prejuízo daquele a quem discriminou;

7) falta de citação (CPC, art. 239) ou citação realizada em desrespeito às prescrições legais;

8) ausência de intimação da parte, quando obrigatória (CPC, art. 269);

9) inexistência de intimação do Ministério Público, no feito em que deveria intervir (CPC, art. 178);

10) modificação ou aditamento do pedido ou da causa de pedir fora dos casos previstos em lei (CPC, art. 329);

11) recusa injustificada, pelo juiz, em determinar que a parte exibisse documento ou coisa, requerida pela adversa, com decisão contrária a esta (CPC, art. 396);

12) inquirição de testemunhas impedidas e suspeitas (com decisão favorável a quem as indicou), sem que se tenham verificado as exceções de que tratam o § 4º do art. 447, do CPC e o art. 228, parágrafo único, do Código Civil;

13) inquirição das testemunhas com infringência ao princípio da incomunicabilidade entre elas (CPC, art. 456);

14) falta de tomada do compromisso legal das testemunhas (CPC, art. 458, *caput*), ou de advertência quanto às sanções penais em que incorreriam, no caso de fazerem afirmação falsa, calarem ou ocultarem a verdade (*ibidem*, parágrafo único);

15) julgamento da lide fora dos limites em que foi proposta (CPC, art. 141);

16) ausência de apreciação da reconvenção, oportuna e regularmente formulada (CPC, art. 343);

17) sentença elaborada sem os requisitos legais (CLT, art. 832; CPC, art. 489);

18) proferimento de sentença, em prol do autor, de natureza diversa da pedida, ou condenação do réu em quantidade superior ou em objeto diverso do que lhe foi demandado (CPC, art. 492);

19) modificação da sentença, pelo juízo que a prolatou, fora das exceções mencionadas em lei (CPC, art. 494, I e II);

20) execução baseada em título não previsto em lei (CLT, art. 876);

21) execução realizada sem a fase de liquidação, quando esta era indispensável (CLT, art. 879);

22) penhora de bens impenhoráveis julgada subsistente (CPC, art. 833);

23) deferimento de arrematação de bem, cujo ato expropriatório não tenha sido precedido de edital (CLT, art. 888; CPC, art. 886);

24) excesso de execução, não reconhecido, injustificadamente, pela sentença resolutiva dos embargos (CPC, arts. 525, V, e 917, III e § 2º).

Um outro caso é o de sentença ou acórdão *citra petita*, conforme prevê a Orientação Jurisprudencial n. 41, da SBDI-II, do TST: "Ação rescisória. Sentença citra petita. Cabimento. Revelando-se a sentença citra petita, o vício processual vulnera os arts. 128 e 460, do CPC, tornando-se passível de desconstituição, ainda que não opostos embargos declaratórios". A referência deve ser aos arts. 141 e 492, respectivamente, do CPC atual.

Muitos outros exemplos de rescisória ajuizada com espeque em violação à literal disposição de lei (inclusive, processual) poderiam ser ainda indicados; os que trouxemos são, por certo, suficientes para permitir uma compreensão razoável do assunto.

Conquanto seja recomendável que o autor indique, sempre, na petição inicial, a norma legal que teria sido agredida pela sentença rescindenda (pois isso permitirá que o Tribunal possa examinar, com maior precisão e objetividade, o fato alegado), pensamos ser possível (= correto) o autor ater-se à narração dos fatos e à formulação do correspondente pedido (sem apontar, pois, qual o preceito legal que teria sido violado), em virtude da incidência do princípio *iura novit curia*. Como diz Pontes de Miranda, "não se precisa ter invocado lei, para que se viole lei: a lei está implicitamente invocada quando se expôs o fato e o fundamento jurídico do pedido, ou quando se especificou o que se pedia..." (*Comentários à Constituição Federal de 1937*. Rio de Janeiro: Irmãos Pongetti, 1938. p. 134).

A prudência sugere, contudo, que o autor mencione, na peça inaugural, a lei cuja literalidade teria sido desrespeitada pela sentença ou pelo acórdão rescindendo. Assim dizemos, porque a Súmula n. 408, do TST, entende não ser aplicável em sede de ação rescisória o princípio *iura novit curia* (o juiz conhece o direito): "Ação rescisória. Petição inicial. Causa de pedir. Ausência de capitulação ou capitulação errônea do art. 485 do CPC. Princípio *iura novit curia*. Não padece de inépcia a petição inicial de ação rescisória apenas porque omite a subsunção do fundamento de rescindibilidade no art. 458 do CPC ou o capitula erroneamente em um de seus incisos. Contanto que não se afaste dos fatos e fundamentos invocados como causa de pedir, ao Tribunal é lícito emprestar-lhes a adequada qualificação jurídica (*iura novit curia*). No entanto, fundando-se a ação rescisória no art. 485, inc. V, do CPC, é indispensável expressa indicação, na petição inicial da ação rescisória, do dispositivo legal violado, por se tratar de causa de pedir da rescisória, não se aplicando, no caso, o princípio *iura novit curia*". O art. 485, do CPC de 1973, corresponde ao art. 966 do atual; o art. 458 daquele CPC, ao art. 489 do atual.

Esse entendimento é reiterado, *mutatis mutandis*, pela OJ n. 34, da mesma Seção. Um e outro entendimentos, contudo, voltam as costas para a regra contida no art. 791, *caput*, da CLT, que atribui capacidade postulatória às partes, por força da qual podem promover a defesa dos seus direitos e interesses em todos os graus da jurisdição trabalhista, independentemente da constituição de advogado.

A lei nova não torna, entretanto, rescindível a sentença proferida em harmonia com a lei então vigente, pois esse aparente problema de direito intertemporal se resolve com a aplicação da máxima jurídica *tempus regit actum* (o tempo rege o ato).

Sobrevindo lei dotada de efeito retroativo, que modifique norma legal anterior, com base na qual a sentença foi proferida, esta se tornaria rescindível? Seguramente que não, pois se assim fosse, a lei nova estaria, por certo, ferindo direito adquirido da parte, tornando-se, em consequência, contrastante com a Constituição Federal (art. 5º, II e XXXVI).

Solução diversa, contudo, deverá ser adotada para a hipótese de o Senado Federal suspender a vigência de lei declarada inconstitucional pelo Supremo Tribunal Federal (e com fundamento na qual a sentença passada em julgado foi emitida), porquanto seria desarrazoado pensar-se, aqui, em direito adquirido contra a Constituição; logo, a sentença seria rescindível, sob pena de ser mantida em perigoso antagonismo com a Suprema Carta Política.

Lei material e lei processual

Bueno Vidigal entende que a rescisória somente será possível se a violação à letra da lei decorrer de error *in iudicando* do juiz, sob o argumento de que, a não se concluir nesse sentido, seriam inúteis muitos dos incisos do art. 485 do Código (o autor se refere ao CPC de 1973) pois quando a sentença for proferida: a) por juiz impedido (CPC, art. 134); b) por juízo absolutamente incompetente (CPC, art. 113); ou c) com ofensa à coisa julgada (CPC, art. 471), é óbvio que terá ocorrido *error in procedendo*, razão por que só se deve pensar em *error in iudicando* no caso do inc. V do art. 485 (obra cit., p. 101/103).

A despeito de reconhecermos estar apoiado em boa lógica o pensamento de Bueno Vidigal, pensamos, *data venia*, que ensejam a rescisória não apenas as sentenças que hajam ofendido a lei em virtude de *error in iudicando* do juiz como aquelas que tenham derivado de um seu *error in procedendo*. A limitarmos a rescisória aos casos de *errores in iudicando* acabaríamos por não permitir o uso dessa ação diante de sentenças ou acórdãos que houvessem ofendido a letra da lei em decorrência de *errores in procedendo*.

Consideremos, p. ex., que o órgão jurisdicional haja proferido sentença, a favor do autor, de natureza diversa da pedida, ou condenatória do réu em quantidade superior ou em objeto diverso do que lhe foi demandado (CPC, art. 492): nesta hipótese, seria evidente o *error in procedendo* do órgão, ao emitir sentença transgressora da regra contida no art. 492 do Código; apesar disso, não seria rescindível essa sentença, na medida em que, de um lado, o inc. V desse artigo apenas autorizaria a rescisória baseada em *error in iudicando*, e, de outro, a situação imaginada não estaria prevista em nenhum dos outros incisos dessa disposição legal.

Concluímos, pois, que com vistas à incidência do inc. V do art. 966 do CPC, no que se refere à violação à lei, ser irrelevante o fato de a sentença ou o acórdão haverem violado lei material ou lei processual: tanto os *errores in iudicando* quanto os *errores in procedendo* podem motivar o uso da rescisória, desde que tenham sido praticados em agressão à lei.

Cabe esclarecer, todavia, que não é admissível a ação rescisória fundada em ofensa à literal disposição de lei "quando a decisão rescindenda se tiver baseado em texto legal de interpretação controvertida nos tribunais" (Súmula n. 343, do STF) — ainda que, posteriormente, se torne vitoriosa a interpretação favorável às pretensões do autor, acrescentamos. A Súmula n. 83, do TST, se coloca na mesma linha de entendimento: "I — Não procede o pedido formulado na ação rescisória por violação literal de lei se a decisão rescindenda estiver baseada em texto legal infraconstitucional, de interpretação controvertida nos Tribunais. II — (...)". A referência feita a "texto infraconstitucional", pela atual redação dessa Súmula, é apropriada, porquanto se a norma controvertida, que se alega, na ação rescisória, haver sido transgredida, for de natureza constitucional, não se aplicam as Súmula n. 83, do TST, e 343, do STF.

Ação rescisória. Prescrição quinquenal. Matéria constitucional

O inciso II, da Súmula n. 83, do TST, por sua vez, dispõe que: "O marco divisor quanto a ser, ou não, controvertida nos Tribunais a interpretação dos dispositivos legais citados na ação rescisória é a a data da inclusão, no Orientação Jurisprudencial do TST, da matéria discutida".

O enunciado da Súmula n. 343 do Excelso Pretório revela que a ação rescisória (com fulcro no inc. V do art. 485 do CPC de 1973; atual inciso V do art. 966) não visa à manutenção da unidade do direito federal, ou à uniformização da interpretação dos preceitos legais, tarefa que incumbe apenas ao recurso extraordinário.

Exatamente por esse motivo é que não se justifica a exigência do requisito do prequestionamento, em sede de ação rescisória, conforme procuramos demonstrar anteriormente.

Se a prescrição foi alegada, tempestivamente, em primeiro grau, e o juiz deixou de apreciá-la, será possível o manejo da rescisória, para que o tribunal sobre ela se manifeste, ainda que o autor não haja oferecido embargos declaratórios à sentença de primeiro grau, que se omitiu no exame dessa matéria. Nesta hipótese, tendo o juiz deixado de apreciar a prescrição alegada, a sentença, por ele proferida, violou o art. 489, II, do CPC, propiciando, com isso, o exercício da rescisória com fundamento no inc. V do art. 966, do mesmo álbum processual. Na hipótese, porém, de o juiz afirmar que a prescrição não foi alegada quando na verdade esta o foi, a rescisória deverá ser deflagrada com apoio no inc. IX do art. 966, dado que o julgador, ao considerar inexistente um fato efetivamente ocorrido (a alegação de prescrição), incidiu em manifesto erro de fato.

Por terem pertinência com a matéria que estamos a examinar, merecem ser reproduzidas as seguintes OJs da SBDI-II, do TST:

OJ n. 19: Ação rescisória. Desligamento incentivado. Imposto de renda. Abono pecuniário. Violação de lei. Súmula n. 83 do TST. Aplicável. Havendo notória controvérsia jurisprudencial acerca da incidência de imposto de renda sobre parcela paga pelo empregador ('abono pecuniário') a título de 'desligamento incentivado', improcede pedido de rescisão do julgado. Incidência da Súmula n. 83, do TST.

OJ n. 30: Ação rescisória. Multa. Art. 920 do Código Civil de 1916 (art. 412 do Código Civil de 2002). Inserida em 20.9.00. Não se acolhe, por violação do art. 920 do Código Civil de 1916 (art. 412 do Código Civil de 2002), pedido de rescisão de julgado que: a) em processo de conhecimento, impôs condenação ao pagamento de multa, quando a decisão rescindenda for anterior à Orientação Jurisprudencial n. 54, da Subseção I Especializada em Dissídios Individuais do TST (30.5.94), incidindo o óbice da Súmula n. 83 do TST (ex-OJ n. 30 da SDI-2, inserida 20.9.00); b) em execução, rejeita-se limitação da condenação ao pagamento de multa, por inexistência de violação literal (ex-OJ n. 31 da SDI-2 — inserida em 20.9.00).

OJ n. 97: Ação rescisória. Violação do art. 5º, II LIV e LV, da Constituição Federal. Princípios da legalidade, do devido processo legal, do contraditório, da ampla defesa, e do devido processo legal. Os princípios da legalidade, do devido processo legal, do contraditório, da ampla defesa, não servem de fundamento para a desconstituição de decisão judicial transitada em julgado, quando se apresentam sob a forma de pedido genérico e desfundamentado, acompanhando dispositivos legais que tratam especificamente da matéria debatida, estes sim, passíveis de fundamentarem a análise do pleito rescisório.

OJ n. 112: Ação rescisória. Violação de lei. Decisão rescindenda por duplo fundamento. Impugnação parcial. Para que a violação à lei dê causa à rescisão de decisão de mérito alicerçada em duplo fundamento, é necessário que o Autor da ação rescisória invoque causas de rescindibilidade que, em tese, possam infirmar a motivação dúplice da decisão rescindenda.

Inciso VI. Prova falsa

a) Introdução

A falsidade da prova já figurava, no texto das Ordenações Filipinas, como causa para a rescindibilidade das decisões (Livro III, Tít. 55). O Regulamento n. 737 dispunha ser "nula" a sentença "fundada em instrumento ou depoimento julgados falsos em juízo competente" (art. 680, § 3º).

O CPC de 1939 estabelecia ser nula a sentença: "II — Quando o seu principal fundamento for prova declarada falsa em Juízo criminal, ou de falsidade inequivocamente apurada na própria ação rescisória" (art. 798, II).

O art. 485, VI, do a diploma processual civil de 1973 praticamente repetiu a redação constante do art. 798, II, do Código de 1939, embora o legislador de 1973 tenha tido o cuidado de eliminar o advérbio *inequivocamente* — na verdade, desnecessário.

O CPC atual (art. 966, VI), com mínimas alterações, reproduziu a redação do inciso VI do art. 485 do CPC de 1973.

b) Conceito de falsidade

De modo geral, o vocábulo falsidade traduz todo tipo de alteração, de deturpação ou mesmo de supressão da verdade, pouco importando, para isso, o meio material de que se tenha utilizado o agente.

No campo jurídico, há duas espécies de falsidade: a material e a ideológica. No magistério de Lamberto Ramponi, *"A primeira consiste na composição de um ato falso, ou ainda nos cancelamentos, alterações, modificações de uma ou mais partes de um ato verdadeiro; a segunda consiste na exposição de um ato de fatos ou declarações não subsistentes ou não conformes à verdade. A falsidade, pois, seja de uma ou de outra espécie, pode dizer respeito tanto ao ato público como ao escrito particular, pois que qualquer documento pode estar sujeito à total ou parcial alteração na sua forma ou na sua substância. Mas, uma vez que a matéria da falsidade pode interessar tanto ao direito e ao processo civil quanto ao direito e ao processo penal, importa preliminarmente distinguir acuradamente, e nitidamente diferençar a falsidade civil e a falsidade penal ou crime de falsidade. Do ponto de vista penal, a falsidade resulta, como qualquer crime, do conjunto de dois elementos, o objetivo e o subjetivo, o primeiro dos quais consiste na materialidade do fato, o segundo tem em vista a imputabilidade do agente. Do exposto resulta que, embora existindo objetivamente a falsidade, quando não subsista ao mesmo tempo a imputabilidade do agente (como se este por violência física ou moral ou por erro houvesse cometido a falsidade, ou não tivesse estado compos sui no ato que cometeu) o juízo penal não tem mais razão de existir, porque, onde não há imputabilidade, aí não pode haver responsabilidade e contra indivíduo irresponsável nada tem a fazer a justiça punitiva. Além disso, pois que não há juízo sem ação, se esta extinguiu-se (como pela morte do réu ou pela prescrição), ainda em tal caso não tem mais razão de ser o juízo criminal. E, finalmente, este não pode subsistir se o autor do fato for desconhecido. Mas do ponto de vista civil bem diversamente corre a coisa, porém não se considera da falsidade senão o elemento objetivo, não se faz qualquer indagação (que seria descabida) sobre a imputabilidade e a responsabilidade do agente, mas somente se tem em vista a materialidade do fato. Esse conceito é expresso com breves mas eficazes palavras por Ricci, quando diz: o processo civil não vai em busca do réu; preocupa-se tão-somente em repelir um meio que prejudica a descoberta da verdade, e que pode levar o juiz a aceitar, com toda a boa-fé, a falsidade em lugar da verdade: esta por isso caminha diretamente ao seu escopo sem de forma alguma cuidar de indagar a vontade daquele que deu a vida à falsidade"* (destacamos). (Verbete *falso, materiae civile*, v. XI, parte II de Il Digesto Italiano, Torino: 1895, p. 186).

Conclui-se, portanto, que para os efeitos específicos do processo civil (logo, também o do trabalho), interessa unicamente o elemento objetivo da falsidade, ou seja, a materialidade do fato, desprezando-se o elemento subjetivo, que desperta interesse apenas no direito e no processo penais.

Isto quer dizer que mesmo não tendo o agente a intenção de falsificar o meio de prova em que se baseou a sentença rescindenda, o fato não prejudicará o exercício da rescisória, desde que a falsificação esteja patentemente comprovada.

Falsidade e simulação, entretanto, não se confundem; embora a falsidade sempre encerre uma simulação, a recíproca não é verdadeira. O ponto comum entre ambas é a desconformidade do fato verdadeiro com o fato alegado. A diferença está, contudo, em que, na falsidade, essa desconformidade ocorre em prejuízo dos direitos ou interesses de uma das partes; na simulação, essa falta de correspondência do fato real com o fato relatado vem em detrimento dos direitos ou interesses de terceiro.

Bueno Vidigal, pondo à frente a regra da imutabilidade das decisões passadas em julgado, entende que a simulação não pode servir de base à ação rescisória, "pois devem entender-se restritivamente os casos do art. 485 do CPC" (obra cit., p. 132). Vale dizer, do art. 966 do CPC atual.

Divergimos dessa opinião.

Ora, se o que caracteriza a simulação é o prejuízo acarretado ao terceiro, por ato das partes, e se o art. 967, II, do CPC, atribui ao terceiro legitimidade para ajuizar ação rescisória, não vemos como se possa negar, doutrinariamente, a este, o exercício de um tal direito, sendo bastante, para isso, que demonstre possuir interesse jurídico em ver desconstituída a *res iudicata*.

A não se pensar assim, de que meio jurídico disporia o terceiro, cujos direitos ou interesses foram afetados pelo fenômeno da coisa julgada material?

c) Presunções e indícios

O inc. VI do art. 966 do CPC admite, como estamos vendo, o uso da rescisória quando a sentença fundar-se em meio de prova declarado falso. A consequência prática dessa regra legal reside no fato de não ser rescindível a sentença que se haja baseado em algo que não constitua meio probante, como os indícios e as presunções.

Originário do latim *praesumptio*, o vocábulo presunção significa, na terminologia jurídica, a dedução, a inferência que se extrai de um fato conhecido para se admitir como verdadeira a existência de um outro, ignorado. A presunção não constitui, porém, meio de prova — em que pese à existência de pareceres doutrinários divergentes; trata-se, como o seu próprio conceito indica, de mero raciocínio lógico, realizado pelo juiz, mediante o qual, a partir de um fato conhecido (probante), deduz a existência de um outro, desconhecido (probando) ou duvidoso.

É certo que o CPC de 1939, em consonância com o disposto no art. 136, V, do Código Civil, a tinha, de maneira expressa, como um meio de prova, tanto que, no Livro II, a matéria estava disciplinada pelo Cap. VI do Título VIII, que versava sobre as provas. O CPC de 1973, acertadamente, assim não a classificou, como se percebe pelo fato de não havê-la incluído no Cap. VI do Título VIII, Livro I — sabendo-se que a ela faz as referências esparsas em Capítulos e Livros distintos (arts. 285, 319, 803). O mesmo se afirmo no tocante ao CPC atual.

Do latim *indicium*, o termo indício espelha as circunstâncias conhecidas que autorizam, por um processo indutivo, a concluir-se pela existência de outras circunstâncias. O indício pode ser apontado como o componente material, concreto, da presunção, justamente porque esta e deduzida daquele.

O indício, em si mesmo, vale dizer, isoladamente considerado, pouco representa para o processo: a sua eficácia ou importância só existe quando ele é correlacionado com outras circunstâncias ou elementos dos autos.

Pode-se dizer que o indício é a mera probabilidade de ser verdadeiro o fato; representa, pois, o vestígio do fato, o sinal palpável de sua existência no mundo sensível.

Distingue-se, todavia, o indício da presunção: enquanto esta decorre da conclusão de um fato conhecido para a prova de um fato ignorado ou duvidoso, aquele revela as circunstâncias que conduzem à admissibilidade de outras circunstâncias, que, em seu conjunto, constituem a presunção. Essa particularidade levou João Monteiro a afirmar que o indício é o meio e a presunção, o resultado (*Programa do curso de processo civil*. 3. ed.)

Ademais, os indícios podem se formar seja por intermédio de circunstâncias observadas, ou seja, de ilações abstratas oriundas de aspectos de fato, seja por intermédio de circunstâncias concretas, deduzidas de princípios de prova. Daí Pestana de Aguiar dizer que "Seja nascido de um elemento concreto de informação componente dos autos, seja de um raciocínio indutivo, puro, o indício é sempre meio caminho para a apuração da verdade, pelo que pode ser situado na faixa do livre convencimento do Juiz. Inclusive só receberá algum valor e convulsionará o campo da prova ao neste penetrar, se estiver coerente, preciso e concordante com outros elementos de convicção dos autos" (*Comentários ao código de processo civil*. São Paulo: Revista dos Tribunais, 1977. p. 43).

Não constituindo, portanto, as presunções e os indícios meios de prova, temos que não poderá ser objeto a sentença que neles se fundar, ainda que um e outro tenham sido produto de raciocínio imperfeito, por parte do juiz. Devemos ressaltar que não estamos concebendo aqui a rescisória baseada no inc. VI do art. 966 do Código; é provável, no entanto, que, em determinados casos, as presunções e os indícios possam ensejar a rescisória com fulcro no inc. VIII do mesmo dispositivo legal (erro de fato).

d) Falsidade e meios de prova

Demonstrado que as presunções e os indícios não representam meios de prova, vejamos, a seguir, o problema da falsidade relativa aos meios de prova autênticos.

d.a) Confissão

Para Jorge Americano, apenas se poderia pensar em ação rescisória fundada em falsidade de confissão quando ajuizada pelo próprio confitente, sob o argumento de que a retratação lhe aproveitaria (*Estudo teórico e prático da ação rescisória dos julgados no direito brasileiro*. 3. ed. São Paulo: Saraiva, 1936. p. 185/186); mas nesta hipótese única — prossegue o grande jurista — não seria jurídico permitir-lhe que viesse a juízo retratar-se, para beneficiar-se da falsidade a que ele próprio deu causa (*ibidem*).

A despeito de bem compreendermos os motivos que levaram Jorge Americano a recusar a possibilidade de a ação rescisória ser aforada pelo próprio confitente, dele divergimos. É preciso não esquecer que o atual CPC permite o uso da rescisória de sentença que se haja baseado em confissão, sem restringir um tal interesse ao terceiro (art. 967, II). Nem faz sentido consentir-se que o confitente possa ingressar com ação anulatória ou com ação rescisória, para revogar confissão emanada de erro, dolo ou coação (CPC, art. 393), e se lhe negue esse direito quando a rescisória estribar-se não em confissão inválida (como nos casos citados) e sim em confissão falsa exceto se esta houver decorrido de manifesta má-fé, por parte do confitente.

d.b) Documental

O substantivo *documento* tem origem em *documentum*, do verbo latino *docere* (ensinar, instruir, mostrar).

Para nós, documento é todo meio idôneo e moralmente legítimo, capaz de comprovar, materialmente, a existência de um fato.

É erro grave afirmar-se que documento seja algo que "contenha escritos"; conquanto, no mais das vezes, os documentos efetivamente possuam algo grafado, a generalização dessa particularidade poderia incorrer na imprudência de negar-se a qualidade de documento à fotografia (CPC, art. 422) e a outras peças, como, *v. g.*, as reproduções cinematográficas e os registros fonográficos.

Quanto à origem, classificam-se os documentos em públicos e privados.

O documento público faz prova não apenas da sua formação, mas também dos fatos que o escrivão, tabelião ou servidor declararem que se passaram na sua presença (CPC, art. 405). Os fatos ocorridos na presença do oficial público podem referir-se não somente àqueles que foram relatados pelas partes (consistentes nas declarações que elas pretenderam constassem do documento), mas também outros, não provenientes de declarações, como, p. ex., o pagamento de certa quantia. A circunstância, porém, de o oficial trasladar para o papel os fatos narrados pelas partes (declarantes) não significa que esses fatos sejam verdadeiros; deste modo, deve-se entender que o documento público prova que as declarações foram feitas (ou seja, a sua formação) e não que sejam verdadeiras, até porque o escrivão, o tabelião, o funcionário não têm condições de saber se as declarações que lhes são prestadas são sinceras ou insinceras. Por esse motivo, ditas declarações, apesar de estarem inseridas em documento público, podem ser desmentidas mediante prova em contrário.

Se o documento for elaborado por oficial público que não possuía competência (ou atribuição) para isso, ou, se competente, não atendeu às formalidades legais, terá a mesma eficácia dos documentos particulares, contanto que seja subscrito pelas partes (CPC, art. 407). Trata-se, como se nota, de convenção legal de documento público em documento particular; isso somente será possível, entretanto, se o ato a que se refere o documento público (inservível como tal) poderia também ser objeto de documento particular.

Dizem-se particulares dos documentos que foram confeccionados sem a participação de oficial público.

Se o documento particular contiver declaração de ciência a respeito de determinado fato, provará apenas a declaração e não o fato que constituiu o seu objeto, incumbindo, conseguintemente, o ônus da prova à parte interessada na demonstração da veracidade do fato (CPC, art. 408, parágrafo único). Essa disposição é aplicável, *e. g.*, nas suspensões disciplinares impostas aos empregados: embora ele aponha, como de praxe, o seu "ciente" no documento, não está, só por isso, concordando com o fato que lhe é imputado e com a consequente penalidade que lhe foi infligida. Caberá ao empregador comprovar em juízo — se este for o caso — serem verdadeiros os fatos que motivaram a imposição dessa penalidade ao empregado.

Por autor do documento particular se designa a pessoa a quem se atribui a sua formação. Sob esse aspecto, autor não é somente aquele que forma, pessoalmente, o documento, como também o é quem determina seja a formação realizada por terceiro, embora para si. A autoria do documento particular apresenta relevantes repercussões de ordem prática, como, p. ex., no campo do *onus probandi*, pois de acordo com o art. 429, II, do CPC, quando se tratar de impugnação da autenticidade, o encargo da prova recai na parte que *produziu* o documento e não naquela que o assinou.

Tanto em relação ao documento público quanto ao particular cessará a sua fé ao ser judicialmente declarada a falsidade (CPC, art. 427, *caput*), que consistirá em: a) formar documento não verdadeiro; ou b) alterar documento verdadeiro.

Doutrinariamente, como vimos, separa-se a falsidade material da ideológica: a primeira se caracteriza com o elaborar ou utilizar documento falso, ou com o adulterar, suprimir ou ocultar documento verdadeiro; a segunda diz respeito ao conteúdo do documento, motivo por que também é denominada de falsidade intelectual.

Para obter um pronunciamento jurisdicional acerca da autenticidade ou da falsidade de documento poderá a parte valer-se da ação declaratória (CPC, art. 19, II), ou suscitar o incidente de falsidade (CPC, arts. 430 a 433), conforme seja a hipótese.

A arguição *incidenter tantum* de falsidade de documento apenas poderá ter como objeto a material, a única que pode ser destinatária de exame pericial (CPC, art. 432, *caput*). A falsidade ideológica (derivante, quase sempre, de simulação, erro etc.) pode ser demonstrada pelos meios ordinários de prova, inclusive o testemunhal.

d.c) Testemunhal

Os diversos sistemas processuais cometem às testemunhas — notadamente as *in facto* ou históricas — o dever de relatar, em juízo, com o máximo de fidelidade, os fatos que ficaram retidos em sua memória e que interessam à causa.

Nem sempre, todavia, se verifica a desejável conformidade entre os fatos e o resultado da manifestação das percepções sensórias das testemunhas; de modo geral, podem ser classificadas em três ordens as causas desse descompasso, importa dizer, da inverdade das declarações por elas prestadas: a) intenção deliberada de falsear a verdade; b) firmeza com que os fatos controvertidos são narrados, embora a testemunha não tivesse certeza quanto à verdade dos mesmos; c) suposição de que as suas declarações eram, efetivamente, verdadeiras.

Nesse último caso, a deflexão da verdade poderá ter origem na denominada "memória falsa", que para ser mais bem compreendida, requer uma pequena incursão pelos domínios da psicologia individual.

A lembrança, ou o fato de memória, pressupõe cinco condições: a) a fixação; b) a conservação; c) a revogação da lembrança; d) o reconhecimento; e) a localização dos estados de consciência passados (BAUDIN, *Psychologie*. 5. ed., *apud* CIRIGLIANO, Rafael. *Prova civil*. São Paulo: Revista dos Tribunais, 1979. p. 269/270). Daí por que os fatos que tenham sido mal fixados, do ponto de vista fisiológico, pela pouca elasticidade dos tecidos nervosos, ou mesmo sob o aspecto psicológico, pelo pouco interesse que despertaram na pessoa (observador, ouvinte), acabam não sendo lembrados; quando não, o são de maneira imperfeita, máxime se entre a fixação (a) e a renovação (c) decorreu largo período de tempo.

A sentença ou o acórdão que se houver baseado em prova testemunhal falsa é rescindível.

Bueno Vidigal sustenta que a rescisória, calcada em falsidade da prova, somente seria admissível se não tiverem sido apreciados pela decisão rescindenda os motivos de suspeita da falsidade (obra cit. p. 136). Desse entendimento discrepa, com razão, Pontes de Miranda: "Que a falsidade tenha sido alegada, durante a ação privativa, cuja sentença se quer rescindir, ou que tenha sido descoberta após a prolação da sentença, não importa para a rescisão. Nenhuma lei cogita disso" (obra cit., p. 307/308).

Com efeito, em nenhum momento o inc. VI do art. 966 do CPC exige, para o cabimento da rescisória, que não tenha sido suscitada, perante o órgão de proferimento da sentença ou do acórdão rescindendo, a questão da falsidade, do mesmo modo como não exige que o interessado não tenha podido suscitá-la no juízo primitivo.

O que importa, pois, para o exercício da pretensão rescisória, é que haja prova inequívoca do falso testemunho, sendo despiciendo o fato de a parte interessada não haver suscitado essa questão no juízo emissor da sentença rescindenda (pressupondo-se que tinha conhecimento da falsidade dessa prova, àquela época).

d.d) Pericial

Determinados fatos da vida somente podem ser percebidos e interpretados, adequadamente, por pessoas que possuam certos conhecimentos técnicos ou científicos: os peritos.

A perícia visa não apenas à verificação de tais fatos, mas também à sua apreciação pelo experto; o laudo pericial, por isso, contém um parecer acerca dos fatos constatados e interpretados tecnicamente, por quem possua habilitação profissional para fazê-lo.

De nada valeria, *e. g.*, o juiz proceder a uma inspeção de pessoas ou coisas (CPC, art. 481) se os fatos com elas relacionados não pudessem ser captados por suas faculdades sensórias; ainda que, eventualmente, o juiz possuísse conhecimentos técnicos sobre o assunto, não lhe seria permitido agir como perito, porquanto estaria, na realidade, declinando de seu ontológico dever de neutralidade. Esses conhecimentos técnicos ou científicos o juiz poderia utilizar na apreciação do laudo, a fim de convencer-se, ou não, do acerto quanto à conclusão a que chegou o perito. A possibilidade de o juiz atuar como se perito fosse está, aliás, vedada pelo art. 156, *caput*, do CPC, ao declarar que "o juiz será assistido por perito quando a prova do fato depender de conhecimento técnico ou científico".

Ao apreciar o laudo, o juiz não julga os fatos em sua essência, mas apenas o resultado da investigação realizada pelo perito; este surge, pois, como uma espécie de tradutor especializado de tais fatos. Daí a razão de falar-se, na doutrina, em perito percepiente, ou seja, aquele cuja função é a de substituir o juiz na percepção dos fatos — em sentido oposto ao perito judicante, que se destina a indicar ao juiz as regras de experiência ou a aplicá-las; nesta última função, o perito subministra assistência ao magistrado, a quem incumbirá constatar, de maneira pessoal, os fatos, como se dá na inspeção judicial (CPC, art. 481).

Em sede de ação rescisória, a falsidade da prova pericial não está restrita ao reconhecimento do falso (em virtude do laudo pericial) "e sim qualquer dos laudos dos assistentes técnicos, bastando que o juiz haja formado sua convicção com elementos constantes dos trabalhos técnicos dos assistentes" (VIDIGAL, Luís Eulálio de Bueno. *Da ação rescisória dos julgados*. São Paulo: Saraiva, 1948. p. 145).

Juízo de apuração da falsidade

Dispõe o inc. VI do art. 966 do CPC que a falsidade da prova poderá ser apurada em processo criminal ou provada na própria ação rescisória. Em rigor, essa prova poderá ser também produzida no juízo civil (ou trabalhista) que não seja o da rescisória.

Há, pois, três juízos onde a falsidade da prova pode ser demonstrada; sobre eles, agora discorremos.

a) Juízo criminal

Se a sentença criminal houver: 1) declarado a falsidade da prova; ou b) negado que a prova seja falsa (previamente ao ingresso da rescisória no juízo civil), essa sentença repercutirá diretamente e em caráter definitivo na rescisória, dispensando o autor em face disso de produzir prova, perante este juízo, quanto à falsidade da prova, ou o réu de comprovar a autenticidade, segundo seja a hipótese.

Estamos cogitando aqui de a sentença criminal haver passado em julgado; caso ela ainda penda de recurso, quer nos parecer que o autor deverá provar, na ação rescisória, a falsidade alegada, embora entendamos ser lícito ao relator da rescisória sobrestar o andamento do processo, até que o recurso criminal seja julgado (CPC, art. 313, VIII). A não se reconhecer essa faculdade ao relator, poderiam ocorrer decisões conflitantes (do juízo criminal e do juízo civil) sobre o mesmo fato, com desagradáveis repercussões no prestígio dos pronunciamentos jurisdicionais.

De igual maneira, aceitamos a possibilidade de o relator da rescisória suspender o processo até que o juízo criminal de primeiro grau se manifeste a respeito da falsidade, ou não, da prova, com fundamento no precitado art. 313, do estatuto processual civil.

Dissemos que se a sentença criminal houver declarado a falsidade da prova, o autor estará dispensado, na rescisória, de produzir prova quanto a essa falsidade; isto não significa, entretanto, que ele esteja liberado do ônus de comprovar a existência da sentença criminal, o seu conteúdo e o consequente trânsito em julgado. No que toca ao réu, é elementar que lhe será defeso discutir o merecimento da sentença criminal — por força da *res iudicata* —, nada obstante possa alegar (e comprovar), p. ex., que a sentença rescindenda não se baseou na prova que o juízo criminal afirmou ser falsa.

Como salienta Frederico Marques, a falsidade, quando apurada no juízo criminal, deve estar consubstanciada em sentença lançada em processo condenatório, em revisão criminal ou em outra sentença definitiva, arrematando que "Se a declaração de falsidade provém do incidente de igual nome (Código de Processo Penal, art. 145), cumpre que se corrobore a prova de falsidade no curso da rescisória, como se infere do disposto no art. 148 do Código de Processo Penal" (obra cit., p. 262).

Mais algumas observações se impõem, a respeito do tema *sub examen*:

1) É absolutamente desnecessário que a apuração da falsidade haja sido realizada em processo penal instaurado "contra" o autor da falsidade.

2) Havendo arquivamento dos autos do inquérito policial ou das peças de informação, ou se a sentença criminal declarar extinta a punibilidade, ou a sentença absolutória disser que o fato não constitui crime (CPP, art. 67), "nenhuma influência haverá no que se relaciona com a apuração da falsidade no juízo rescindente" (obra cit., p. 149).

3) Havendo ação penal em curso, a parte interessada não está obrigada a aguardar o trânsito em julgado da correspondente sentença, para ingressar com a ação rescisória. Basta lembrar que o próprio CPC permite que a comprovação da falsidade da prova seja realizada nos autos da própria ação rescisória (inc. VI do art. 966).

De qualquer forma, seria algo injusto se o autor devesse aguardar o trânsito em julgado da sentença criminal, seja em decorrência de certos constrangimentos pessoais ou patrimoniais que a sentença rescindível estivesse a acarretar-lhe, seja em virtude do prazo decadencial de dois anos, para o exercício da rescisória, que se poderia expirar sem que a sentença criminal houvesse passado em julgado.

Procurando contornar semelhantes situações de injustiça, Pontes de Miranda opina que o prazo fixado pelo art. 975 do CPC (art. 495 do CPC de 1973) somente começa a fluir do dia em que transitou em julgado a sentença criminal declarativa da falsidade, "salvo se ocorreu antes do trânsito em julgado da sentença cível" (obra cit., p. 150). Não concordamos com isso. Em primeiro lugar, o critério sugerido pelo notável jurista não afasta a situação de constrangimento pessoal ou patrimonial do interessado na rescisória — a que há pouco nos referimos —; em segundo, esse critério colide, de certo modo, com o inc. VI do art. 966 do CPC, que, como tantas vezes assinalamos, permite comprovar a falsidade da prova (em que se baseou a sentença rescindenda) nos autos da própria rescisória.

Indaga Sérgio Rizzi se tendo sido ajuizada ação rescisória que tenha como núcleo a falsidade de prova que está sendo também objeto de ação penal e vindo a ocorrer o trânsito em julgado da sentença criminal (declarando a falsidade), antes da fase de instrução da rescisória, o autor estaria dispensado de produzir a prova a que se propôs, ou, ao contrário, deveria, mesmo assim, produzi-la? (obra cit., p. 323). O mesmo pensador responde, acertadamente, que o autor poderia abster-se de provar o que alegara na inicial (*idem, ibidem*).

Com efeito, como asseveramos no início deste item, a sentença criminal transitada em julgado — qualquer que seja o seu resultado — tem repercussão direta e definitiva no juízo rescisório; pouco importa que ao tempo em que a ação rescisória foi aforada a sentença criminal nem sequer houvesse sido proferida: assim que o for e revestir-se da autoridade de coisa julgada material, a sua inflexão no plano da rescisória será inevitável. Dá-se aí uma vinculação do juízo rescisório ao juízo criminal — vinculação que não envolve submissão deste àquele e sim respeito à coisa julgada.

Essa influência da sentença penal declaratória da falsidade — passada em julgado — ocorreria ainda que a instrução relativa à rescisória estivesse concluída; é óbvio que não se poderia cogitar dessa influência na hipótese de a sentença rescindente já houver sido emitida, ou a fortiori, já se encontrasse submetida ao fenômeno da *res iudicata* material.

b) Juízo civil

Estatui o inc. VI do art. 966 do CPC que a falsidade da prova pode ser apurada em processo criminal ou provada na própria ação rescisória. Deve-se interpretar essa disposição legal como excludente da possibilidade de o falso ser comprovado em processo civil, que não seja o da ação rescisória?

Certamente que não.

Se, por exemplo, transitar em julgado sentença civil declaratória da falsidade de um documento, é indiscutível que o interessado poderá, com base nela, ingressar com a rescisória para desconstituir a sentença que se fundou na prova falsa. Seria verdadeiramente absurdo negar-se essa possibilidade, sob o argumento simplista de que o precitado inciso do art. 966 não a prevê. Ora, é curial que houve, aí, inadvertência do legislador, pois não se concebe que uma sentença passada em julgado, que haja pronunciado a falsidade de certo documento, não possa render ensejo ao exercício de uma pretensão rescisória.

Não podemos ignorar que o respeito à coisa julgada constitui, em nosso sistema, uma garantia constitucional (art. 5º, XXXVI); sendo assim, a rejeitar-se que a sentença civil declaratória de falsidade possa valer como fundamento para o ajuizamento de ação rescisória estar-se-ia, antes de mais nada, desrespeitando a referida garantia constitucional, pois uma tal sentença seria algo que corresponderia a simples preceito, com ser destituída de qualquer autoridade. O que estamos a afirmar é a necessidade de o juízo da rescisória subordinar-se ao império da *res iudicata*, em cujo âmago se abriga uma declaração de falsidade de certo meio probante.

Discordamos, por isso, de Pontes de Miranda, quando diz que admitir-se a rescisória estribada em sentença civil passada em julgado (declarativa da falsidade de documento, *e. g.*) "seria criar o intérprete outro caso de rescisão por falsa prova, fora, portanto, da letra do art. 485, VI" (obra cit., p. 325). *Data venia*, inferência nesse sentido é produto de um legismo estrábico, que pretende colocar o senso literal da norma acima da própria Constituição — que, como acentuamos, se encontra soberanamente insculpido o princípio-garantia do acatamento à coisa julgada. Demais, é ilógico concluir-se — com obstinado apego à expressão literal do inc. VI do art. 966 (ex-art. 485, VI, do CPC de 1973) — que somente a sentença criminal possa constituir ponto de apoio para a rescindibilidade da sentença calcada em falsa prova, negando-se essa aptidão à sentença civil declaratória da falsidade.

Para esse fim, é irrelevante se se cuida de sentença civil proferida entre partes que são as mesmas na rescisória, ou entre partes distintas: os efeitos do pronunciamento jurisdicional passado em julgado são *erga omnes*.

Em sentido inverso, se a sentença civil declarou ser autêntico o documento, ficará prejudicado o exercício da pretensão rescisória baseada na falsidade do mesmo documento. Para que a rescisória seja viável, neste caso (e mesmo quando a sentença reconhecer a falsidade do documento), torna-se imprescindível que dita sentença seja desconstituída, para que, apenas depois disso, o interessado possa ingressar com a rescisória.

Devemos entender, portanto, que o inc. VI do art. 966 não limita a rescisória às hipóteses de falsidade demonstrada no juízo criminal ou no próprio juízo rescindente, sendo perfeitamente cabível também a hipótese de falsidade pronunciada por sentença civil proferida em processo diverso daquele em que se processa a rescisória, sob pena, como advertimos, de atrevida ofensa ao texto e aos princípios constitucionais.

Sérgio Rizzi perfilha o mesmo ponto de vista: "inobstante o art. 485, VI, do Código, não se refira à decisão civil que apure a falsidade material do documento em processo autônomo de ação declaratória (art. 4º, II), ou em processo de incidente de falsidade no curso de outro feito (art. 395), desde que transitada em julgado, pode servir de fundamento à ação rescisória, porque a autoridade da coisa julgada cria para o juízo rescindente um vínculo que o impede de rejulgar o mesmo fato, reafirmando a falsidade do documento ou declarando a sua autenticidade" (obra cit., p. 153). Só um reparo às palavras do eminente jurista: há pleonasmo vicioso na sua expressão "processo de incidente de falsidade instaurado no curso de outro feito", porquanto o caráter incidental do processo de falsidade advém, por definição, de haver sido suscitado no curso de outro processo. De resto, a sua referência aos arts. 485, VI, 4º, II, e 395, do CPC de 1973, devem ser entendidas em relação aos arts. 966, VI, 19, II, e 430, respectivamente, do CPC atual.

c) Juízo rescisório

Caso a falsidade da prova não tenha sido apurada em processo criminal ou em processo civil anterior, poderá sê-lo na própria ação rescisória, como faculta o tantas vezes citado inc. VI do art. 966 do CPC.

É oportuno lembrar que, por força da Lei n. 70, de 20.8.47, o CPC de 1939 aludia à falsidade "inequivocamente apurada na própria ação rescisória" (art. 798, II). Com grande descortino jurídico e linguístico, entretanto, o Senado Federal, mediante a Emenda n. 390 ao Projeto do estatuto processual civil de 1973, eliminou o advérbio *inequivocamente*, por ser desnecessário à intelecção perfeita do texto, no que foi acompanhado pelo CPC atual.

Havendo conveniência, o relator da rescisória poderá delegar competência ao juízo de primeiro grau para produzir a prova da falsidade alegada, assinando a este prazo que variará de um a três meses (CPC, art. 972). Essa atribuição de competência tópica não subtrai, como é evidente, o ônus da prova do autor, a quem incumbirá comprovar a falsidade do meio provativo em que se fundou a sentença rescindenda (CLT, art. 818).

Em alguns casos, a prova da falsidade poderá ser produzida no próprio tribunal, perante o relator, como ocorrerá se se tratar de falsidade material de documento, desde que, é certo, o tribunal possua um setor de perícias, apto à realização do necessário exame técnico. Nunca é inútil destacar que unicamente a falsidade material propiciará a feitura de exame pericial (grafotécnico), na medida em que a ideológica (ou intelectual,) pode ser demonstrada por outros meios de prova (testemunhal, documental, confissão).

O julgamento feito pelo *iudicium rescindens* não se submete ao fenômeno da coisa julgada material: serve, apenas como fundamento para a pronúncia a ser realizada pelo *iudicium rescissorium* acerca dos pedidos formulados pelo autor.

Havendo diversos pedidos, e o tribunal entender que a falsidade somente afeta a parte desses pedidos, tem-se uma situação de característica rescisão parcial do julgado, pois as demais partes da sentença rescindenda, que se basearam em provas declaradas autênticas, não são contaminadas pelo falso reconhecido pelo acórdão rescisório.

Inciso VII. Prova nova

a) Introdução

No regime do Regulamento Imperial n. 737 permitia-se o oferecimento de embargos infringentes do julgado, na execução, "com prova produzida incontinenti, sendo opostos pelo executado com documentos havidos ou obtidos depois da sentença" (arts. 577, § 8º, n. 3 e 579, § 4º, n. 3).

O CPC de 1939 nenhuma importância atribuía ao fato de a parte conseguir, após a sentença, documento capaz de influir no resultado do julgamento.

É verdade que alguns Códigos estaduais admitiam a rescisória estribada em documentos obtidos ulteriormente ao julgamento da lide; dentre eles, destacamos o do Ceará (Lei n. 1.593, de 30.12.21), que estabelecia em seu art. 1.303, IV, ser cabível essa ação "*Quando (...) o condenado obtiver documentos novos, ou dele desconhecidos na causa, ou ocultos pela parte contrária, e tais que destruam a prova que serviu de base à sentença rescindenda*" (destacamos).

O CPC atual não se refere a *documento novo*, mas a *prova nova*, cujo conceito é mais amplo. Apesar disso, daremos destaque ao primeiro, por ser de ocorrência mais frequente em tema de ação rescisória.

b) Obtenção de prova nova

O inciso VII do art. 485 do CPC de 1973 dispunha que a parte poderia ingressar com ação rescisória se, *depois da sentença*, obtivesse documento capaz, por si só, de assegurar-lhe pronunciamento favorável.

Em face da expressão legal *depois da sentença*, dissemos estarmos uma vez mais diante de um daqueles casos em que, por ironia, a expressão meramente literal de um preceito de lei representava uma camisa-de-força do exato alcance de suas disposições. Realmente, se devêssemos aceitar o fato de que apenas o documento conseguido *após a emissão da sentença* serviria de apoio à rescisória, haveríamos de conviver com situações no mínimo absurdas, reveladas pela realidade prática, como aconteceria, p. ex., na hipótese de o documento ser obtido quando os autos já se encontrassem com o juiz, para proferir a sentença: não seria admissível, mais tarde, a rescisória, sob a alegação de que o documento surgiu *antes* da sentença. Ora, a absurdidade de semelhante conclusão estaria em que, de um lado, não se teria permitido à parte juntar o documento por encontrar-se já encerrada a fase de instrução do processo; de outro, essa juntada também não seria possível em grau de recurso, pois o documento fora obtido *antes* da sentença — e a Súmula n. 8 do TST somente autoriza a junção no caso de o documento ser *posterior* ao pronunciamento jurisdicional de que se recorre. De tal arte, na espécie em exame, o interessado: a) não poderia juntar o documento aos autos, em primeiro grau, porque a instrução estaria encerrada (ou os autos se encontrariam com o juiz, para o julgamento); b) não teria sucesso em sua intenção de anexá-lo à petição de recurso, porquanto o documento fora conseguido *antes* da sentença impugnada; c) não poderia usá-lo como fundamento da ação rescisória, pelo mesmo motivo. Em suma: de nada lhe valeria o documento, pelo simples fato de haver sido obtido *antes* da proferição da sentença!

Como pontificava Barbosa Moreira, escudado nas lições de Andrioli, Giudiceandrea e De Stefano, a locução legal "depois da sentença" deveria ser entendida como posteriormente ao último momento de que poderia a parte valer-se do documento, no processo onde foi proferida a sentença rescindenda (obra cit., p. 121).

Ademais, quando a norma processual (inc. VII do art. 485 do CPC de 1973) cogitava da obtenção de documento novo, pelo autor não estava, como se pudesse imaginar, se referindo à parte que figurara no polo passivo da relação jurídica processual encerrada com o proferimento da sentença rescindenda, e sim àquela que fora autora na ação rescisória. Desta forma, se o documento novo fosse obtido pelo réu (como tal qualificado na relação processual já extinta) este poderia ingressar com a ação rescisória, para tentar desconstituir a *res iudicata* que se formara contra os seus direitos e interesses. Íamos além. Autor, para os efeitos da rescisória, era também o terceiro que possuísse interesse jurídico em ajuizá-la, em virtude de um seu direito haver sido afetado pela sentença rescindenda (CPC, de 1973, art. 487, II).

A poder desses argumentos, dizíamos que o bom-senso doutrinário estava a alvitrar que se desse uma interpretação extensiva ao inc. VII do art. 485 do CPC de 1973, com vistas a possibilitar o exercício de uma pretensão rescisória baseada em documento conseguido *antes* ou depois da sentença rescindenda, contanto que a parte demonstrasse não ter podido usá-lo no momento apropriado, ou seja, na fase de instrução do processo anterior.

Todavia, o CPC (art. 966, VII) atual só admite o exercício da ação rescisória se o documento foi obtido *após o trânsito em julgado* — restringindo, assim, ainda mais, a possibilidade de ajuizamento da ação rescisória com fulcro nesse fato.

Apesar disso, cremos que permanecem íntegros os nossos argumentos pelos quais sustentamos a necessidade de ser admitido o exercício da ação rescisória com base em documento obtido antes mesmo do proferimento da decisão rescindenda (sentença ou acórdão), desde que presentes os demais requisitos previstos em lei, a saber: a) a parte ignorar a existência do documento ou dele não ter podido fazer uso no momento processual oportuno; b) o documento novo, por si só, ser capaz de assegurar um pronunciamento jurisdicional favorável ao autor da rescisória.

c) Não influência da vontade do autor

Em nome do conteúdo ético do processo, como método estatal de solução dos conflitos de interesses, as partes se encontram jungidas a um dever de lealdade e boa-fé (CPC, art. 80, II). Desse modo, não se admite, *e. g.*, que o autor — por algum motivo ardiloso —, deixe de juntar aos autos determinado documento importante para a composição da lide, para vir, mais tarde, produzir essa prova no juízo rescisório. Quanto a ser-lhe vedada essa prática, parece não haver dúvida.

A mesma solução deve ser dada à parte que deixa de juntar o documento, no juízo de origem, não por deslealdade e sim por mera negligência?

Entendemos que sim.

Se a parte possuía o documento, mas deixou de juntá-lo aos autos no prazo fixado pelo juiz (ou, em sentido mais amplo, quando a instrução ainda não se achava encerrada), por motivo que lhe possa ser irrogado (esquecimento, contagem equivocada do prazo etc.), parece-nos evidente que esse documento não poderá servir de fundamento para a ação rescisória, sob pena de criar-se perigoso estímulo à negligência processual. Ainda que o documento se encontrasse em poder de terceiro, isso não poderia constituir razão para que, mais tarde, servisse de base à ação rescisória: a parte poderia ter exigido a exibição do documento mediante a utilização de procedimento acautelatório ou em caráter incidental. Logo, se não obtevê o documento, para efeito de instruir a petição inicial, ajuizada em primeiro grau de jurisdição, esse fato deve ser debitado a uma sua incúria ou ignorância. É o quanto basta para tolher-lhe a possibilidade de, vindo a consegui-lo posteriormente, erigi-lo em fundamento da ação rescisória.

Cremos que uma regra doutrinária deve ser agora enunciada a respeito desse assunto: sempre que o interessado deixar de produzir a prova documental nos autos do processo primitivo, por ato que lhe possa ser imputado, o documento, obtido tempos depois, não deve ser admitido como fulcro da ação rescisória; se, em sentido inverso, a não juntada do documento deveu-se a fato que não possa ser assacado (motivo de força maior; subtração do documento pela parte adversa etc.) à parte, esta poderá, obtendo-o depois, usá-lo como supedâneo da ação rescisória.

Na precisa advertência de Sérgio Rizzi, se fosse facultado ao autor da rescisória produzir o documento no juízo rescindente, mesmo quando, por culpa sua, deixou de fazê-lo no processo em que foi proferida a sentença rescindenda, "estaria criado um expediente fácil e artificioso de ataque à coisa julgada" (obra cit., p. 178).

Em rigor, essa atitude da parte encobre algo mais do que o objetivo de arrostar a coisa julgada, pois antes de mais nada estará empreendendo esse ataque à *res iudicata* fundada em um ato a que ela própria deu causa.

O critério, que estamos a sugerir, com relação à produção de prova documental no juízo rescindente, quando a parte tenha deixado de realizá-la no juízo de origem da sentença rescindenda, não é arbitrário nem cerebrino. Em primeiro lugar, decorre da preocupação de evitar que a parte acabe se beneficiando, mais tarde, de um ato culposo ou negligente, por ela praticado; em segundo, essa ausência de culpa do litigante está insinuada nas expressões "cuja existência ignorava" e "de que não pôde fazer uso", constantes do inc. VII do art. 966 do CPC.

Não fosse intenção do legislador ressalvar os casos em que o documento deixou de ser produzido no juízo anterior por ausência de culpa da parte, por que motivo teria empregado as precipitadas locuções ao redigir essa norma processual?

Ainda que ditas ressalvas não estivessem presentes no inciso em questão, nada recomendaria abandonar-se o critério de vincular-se a faculdade de produzir prova documental no juízo rescindente desde que a parte não a tenha podido produzir no juízo de proferimento da sentença rescindenda.

d) Prova nova

Fala o inc. VII do art. 966 do CPC em *prova nova*, expressão de conceito mais amplo do que *documento novo*, que constava do CPC anterior; aquela, aliás, é o gênero do qual este constitui espécie. Na prática, todavia, o documento continuará a ser o meio de prova mais utilizado para os efeitos do art. 966. Por esse motivo, daremos atenção especial ao documento.

Para José Alberto dos Reis "A novidade do documento há de referir-se ao processo anterior; o documento é novo, no sentido de que não foi produzido no processo de que emanou a sentença cuja revisão se requer" (*apud* MOREIRA, Barbosa, obra cit., p. 133/134, nota 152).

A definição apresentada pelo insigne jurista, embora esteja correta, não elucida certos aspectos obscuros da disciplina. *Documento novo* não é, necessariamente, aquele que se formou após a sentença rescindenda e sim todo aquele que, a despeito de já existir ao tempo em que se encontrava em curso o processo anterior, não foi juntado pela parte, em virtude da impossibilidade de consegui-lo ou mesmo de ignorar a sua existência.

Alguns escritores, como Sérgio Rizzi, opinam que apenas em casos excepcionais se deve admitir como novo o documento constituído após a prolação da sentença rescindenda, "porque, ao contrário, integraria os extremos de um fato superveniente, para ser feito valer em sede de execução ou noutro processo de conhecimento, não em ação rescisória" (obra cit., p. 180/181).

Não estamos propensos a adotar essa lição — ao menos no plano do processo do trabalho.

Digamos, p. ex., que o autor haja pedido a sua reintegração no emprego, sob a alegação de possuir estabilidade concedida por ato do empregador; não provando o fato afirmado, o autor vê a sentença rechaçar a sua pretensão. Ulteriormente, no entanto, o empregador produz um documento, no qual reconhece que o empregado (autor) possuía a estabilidade alegada em juízo e por este repelida por falta de prova. Conquanto esse documento não existisse ao tempo em que foi proferida a sentença, nada impede que o empregado, com base nele, ingresse com a ação rescisória a fim de obter do *iudicium rescindens* o desfazimento da sentença e do *rescissorium* a declaração do seu direito à estabilidade no emprego.

Temos aqui um dos casos — não raros — em que a rescisória trabalhista se fundaria em documento formado (= constituído) depois do proferimento da sentença rescindenda — ou depois do trânsito em julgado desta.

A nosso ver, para os efeitos da ação rescisória é despicienda a circunstância de o documento — em que ela se apoia — haver sido constituído antes ou depois da sentença rescindenda haver passado em julgado: o que realmente importa é o fato de que o autor não o juntou aos autos pertinentes ao processo anterior por motivos que não lhe podem ser legitimamente imputados, vale dizer, sem que isso houvesse derivado de culpa sua.

Ainda, pois, que se trate de documento particular, não se deve recusar — generalizadamente — a sua utilização como fundamento da rescisória pelo simples fato de a sua existência ser posterior à da sentença rescindenda.

De modo geral, a jurisprudência entende como *novo*, para efeito de exercício da ação rescisória, somente o documento que preexistia à decisão rescindenda. A Súmula n. 402, do TST, é corolário disto: "Ação rescisória. Documento novo. Dissídio coletivo. Sentença normativa. Documento novo é o cronologicamente velho, já existente ao tempo da decisão rescindenda, mas ignorado pelo interessado ou de impossível utilização à época no processo. Não é documento novo apto a viabilizar a desconstituição do julgado: a) A sentença normativa proferida ou transitada em julgado posteriormente à sentença rescindenda; b) A sentença normativa preexistente à sentença rescindenda, mas não exibida no processo principal, em virtude de negligência da parte, quando podia e deveria louvar-se de documento já existente e não ignorado quando emitida a decisão rescindenda".

e) Pertinência com o fato alegado

A *prova nova* deve estar relacionada com o fato alegado no juízo anterior e com o que se pretende provar no rescindente. Se o réu alega, *e. g.*, pagamento, mas não consegue produzir prova (documental: CLT, art. 464) nesse sentido, vindo a obter o necessário documento após o trânsito em julgado da sentença (condenatória, por suposto) poderá, com espeque nele, aforar a rescisória, porquanto esse documento guarda pertinência com o fato afirmado no juízo anterior (pagamento).

Na hipótese, contudo, de o réu haver requerido, na contestação, compensação quanto à parte dos valores que viessem a ser reconhecidos em prol do autor (CLT, art. 767), mas não provasse os fatos que originariam seu direito à compensação pretendida, é certo que a sentença não acolheria o seu pedido; vindo o réu, depois do trânsito em julgado desta, a obter documento comprobatório do pagamento integral das quantias que a sentença deferiu ao autor (documento que inexistia à época em que a decisão rescindenda foi proferida), essa novidade em nada o beneficiaria, vez que na contestação requerera compensação e agora, em sede rescisória, está a alegar pagamento, como fator de extinção da obrigação.

O essencial a assinalar-se é o princípio (ou requisito) de que o documento pelo qual se busca comprovar o fato afirmado na rescisória deve manter absoluta relação com o fato alegado no juízo anterior, sob pena de a rescisória nada mais representar do que sub-reptícia tentativa de ofensa à coisa julgada.

f) Decisão favorável

Para que a *prova nova* seja apta a motivar o exercício da ação rescisória — com apoio no inc. VII do art. 966 do CPC — não é suficiente que: a) o autor a tenha obtido após o trânsito em julgado da sentença ou do acórdão rescindendo; b) a sua não utilização oportuna, no juízo anterior, não tenha decorrido de culpa do autor; c) seja efetivamente "nova"; d) tenha pertinência com os fatos alegados: impõe-se, ainda, que seja capaz, por si só, de assegurar um pronunciamento favorável ao autor (CPC, *ibidem*).

A exigência é lógica: se se tratar de prova destituída de aptidão para modificar o resultado do julgamento, tornando-o favorável ao autor, é elementar que nenhuma importância ela possuirá, daí por que a pretensão rescisória deverá ser repelida.

Não se quer com isso dizer que a prova deve provocar uma alteração radical no resultado do julgamento, ou seja, que por força dela o autor, outrora vencido, agora se torne vencedor na causa. Embora isso possa ocorrer em muitos casos, o que se deve considerar é a *possibilidade* de a *prova nova* acarretar a modificação do julgado quanto a um ou alguns dos pedidos formulados perante o juízo emitente da sentença rescindenda. Isso é algo frequente no processo do trabalho, onde as iniciais contêm diversos pedidos. Se o autor pediu aviso-prévio, indenização, horas extras e adicional noturno e a sentença lhe rechaçou todos esses pedidos, ele poderá rescindi-la somente na parte relativa, digamos, ao aviso-prévio e à indenização, caso venha a obter documento "novo", pelo qual comprove haver sido demitido sem justa causa legal. O fundamental é que o documento seja capaz ("por si só", como expressa a lei) de propiciar-lhe uma decisão favorável, no que tange aos fatos a que se refere.

Se o documento não for provido dessa aptidão, o processo da rescisória deverá ser extinto, sem exame do mérito, por ser o autor carecente da ação, em virtude de sua manifesta falta de interesse de agir em juízo.

Em que pese à particularidade de o Código permitir que, em princípio, o autor prove, na própria rescisória, os fatos em que ela se baseia (art. 972), estamos convencidos de que, quanto à prova *documental*, especificamente, a soberania é da regra estampada no art. 787 da CLT, conforme a qual "A reclamação (*sic*) escrita deverá ser formulada em duas vias e desde logo acompanhada dos documentos em que se fundar", regra que é igualmente adotada pelo processo civil, no art. 320: "A petição inicial será instruída com os documentos indispensáveis à propositura da ação", e reiterada pelo art. 968 do mesmo álbum processual.

Antecipemo-nos à crítica para esclarecer que a nossa opinião, no particular, não dispensa a incidência da norma de temperamento inserida no art. 321, *caput*, do CPC. Desta forma, se o relator verificar que a inicial não se fez acompanhar de documento indispensável ao ajuizamento da demanda, deverá conceder ao autor o prazo de quinze dias para que a falta seja suprida; não sendo atendido o despacho, aquela será indeferida (*ibidem*, parágrafo único).

Não se pode aceitar, portanto, que o autor pretenda produzir a prova documental nos autos da própria rescisória, ainda que sob a forma de exibição incidental, no caso de o documento encontrar-se em poder da parte contrária ou de terceiro. Se o documento existe, mas o autor não o possui, que cuide de obtê-lo via procedimento cautelar, perante o próprio tribunal a que competir o julgamento da rescisória, pois o juízo de proferimento da sentença rescindenda será incompetente para isso.

No mais, mesmo em sede rescisória atua o art. 830 da CLT, cuja autenticação pode ser também realizada por tabelião.

Conforme deixamos assinalados em linhas transatas, o CPC atual alude a *prova nova*, e não apenas, a *documento novo*.

A prova nova, para esse efeito, é a documental, a testemunhal, a pericial. A confissão, seja a espontânea, seja a provocada, embora possa ser manifestada oralmente, necessita possuir existência material; por isso, é documentada.

Sob esse aspecto, fica difícil admitir, no âmbito da Justiça do Trabalho, a possibilidade de exercício da ação rescisória fundada em *prova nova*, que não seja documental, obtida após o trânsito em julgado da decisão. Dificilmente, essa prova deixará de ser documental, mesmo que se refira a depoimento de testemunhas ou a laudo pericial.

Inciso VIII. Erro de fato

a) Introdução

No direito federal brasileiro, anterior ao CPC de 1973, não encontramos nenhuma referência ao erro de fato como causa de rescindibilidade dos julgados.

O Anteprojeto do referido Código cuidou da matéria no art. 534, IX, e o Projeto, no art. 489, IX; a redação de ambas as normas era praticamente a mesma e foi reproduzida, com pequenas nuanças literais, pelo inc. IX do art. 485 daquele CPC. O CPC atual alterou essa redação, conforme veremos adiante.

O inciso IX do art. 485 do CPC de 1973 constituiu, a propósito, uma reprodução piorada do art. 395, § 4º, do Código italiano, porquanto o legislador brasileiro não foi feliz ao traduzir a expressão *errore di fatto risultante dagli atti o documenti della causa*. Com efeito, o emprego do vocábulo resultante, pelo legislador de nosso país foi equivocado, na medida em que, no texto peninsular, ele não apresenta o sentido de proveniente, de oriundo, que se imaginou. *Risultante*, no Código alienígena, sugere a acepção de algo que transparece, que ressalta dos autos ou documentos da causa.

Essa observação nos conduz, aliás, à formulação de outro reparo ao legislador brasileiro: é que o termo "atti", constante da expressão *atti o documenti della causa* não foi lá utilizado com o senso de *ato* e sim de *autos*. Desta forma, o erro de fato, de que falava o art. 485, IX, do diploma processual civil de 1973, era o que ressaltava, que transparecia *dos autos* da causa e não o que *resultava de atos*. Como sintetizou Barbosa Moreira, "Trata-se, em suma, de erro de fato suscetível de ser verificado à vista dos autos do processo e dos documentos deles constantes. Essa a inteligência que se deve dar, também, ao texto pátrio, mediante reconstrução da *mens legis*, à luz do modelo inspirador, desprezada a letra enganosa do dispositivo. É imperioso, aliás, até por uma razão de ordem sistemática, pôr de lado aqui a interpretação literal: se se tratasse de erro de fato a que o órgão judicial houvesse sido induzido em consequência de documento ou de outra prova constante dos autos,

Art. 966

isso significaria que tal prova era falsa, e a hipótese recairia sob a influência do n. VI" (obra cit., p. 129).

Realmente, se o erro de fato emanasse, decorresse de atos ou documentos da causa, não haveria nenhum sentido lógico para a presença do inc. IX do art. 485 do CPC do CPC de 1973, pois a hipótese estaria perfeitamente amoldada ao inc. VI do mesmo dispositivo, que previa a falsa prova como causa para a rescisão da sentença. Irrefutáveis, conseguintemente, as críticas que a doutrina fez ao legislador brasileiro, no particular.

O CPC atual, atento as essas críticas, preferiu aludir ao erro de fato "verificável no exame dos autos" (art. 966, VIII).

b) Conceito e requisitos

Segundo a lição de Liebman, o erro de fato não é um erro de julgamento e sim de percepção do juiz, consistente em uma falha que lhe escapou à vista, no momento de compulsar os autos do processo; falha essa relativa a um ponto decisivo da controvérsia (*Manuale...*, v. VIII, p. 117).

Podemos dizer que essa espécie de erro advém de falta ou de excesso de visão do magistrado: no primeiro caso, ele não vê um fato efetivamente ocorrido (e alegado nos autos); no segundo, ele vê um ato que verdadeiramente não existiu. Tanto lá como aqui, entretanto, a sentença estará comprometida por essa eiva, por essa falha de percepção visual e renderá ensejo ao exercício de uma pretensão rescisória.

Digamos que o órgão jurisdicional declara haver o autor cometido a falta grave de abandono de emprego, quando, na realidade, em nenhum momento o autor deixou de prestar serviços ao réu: há erro de fato em virtude de a sentença haver admitido um fato inexistente. Se, por outro lado, o juízo condenar o réu a pagar aviso-prévio, embora o autor tenha sido previamente avisado (na forma da lei) quanto à dissolução do contrato e à data em que isso ocorreria, a sentença, após o trânsito em julgado, será rescindível, porquanto não admitiu um fato efetivamente acontecido: o oferecimento do aviso-prévio.

São cinco, basicamente, os requisitos do erro de fato, como causa de rescindibilidade dos pronunciamentos jurisdicionais:

a) deve ter como objeto essencial os fatos da causa em que foi proferida a sentença rescindenda;

b) o erro deve ser apurável por meio de exame dos documentos e demais elementos dos autos, não sendo admitido que o autor procure, na rescisória, provar a existência ou a inexistência do ato, conforme seja a hipótese;

c) o fato deve ter influenciado, diretamente, o resultado do julgamento;

d) sobre esse fato não tenha havido controvérsia;

e) ou pronunciamento jurisdicional.

Examinemos esses requisitos.

a) O erro, para autorizar o uso da rescisória, deve referir-se a fatos da causa; sendo assim, se ele disser respeito a fatos que não tenham pertinência com a causa, não se poderá pensar em ação rescisória, por mais relevantes que sejam tais fatos por mais grave que tenha sido o erro do juiz. Além disso, o fato, objeto do erro, deve ser relevante; erro concernente a fatos inexpressivos, despiciendos, que não tenham nenhuma importância para a solução da lide, não ensejam o exercício da ação rescisória.

b) Como dissemos, na oportunidade das críticas à tradução que o legislador brasileiro de 1973 fez da matriz italiana (art. 395, § 4º), o erro de fato não é o que *resulta dos atos* (ou documentos) da causa e sim o que *ressalta* dos autos ou documentos neste contidos. Essa distinção é de extrema importância para os efeitos práticos, porquanto permite demonstrar que ao autor não será lícito procurar fazer prova do erro judicial (se assim se permitisse, estar-se-ia fazendo letra morta o inc. VI do art. 966, que cuida da falsa prova): essa falha de percepção do julgador deve ser naturalmente detectada pelo tribunal, mercê de alerta feita pelo autor.

c) O erro de fato deve ser o motivo determinante da decisão, vale dizer, que a sentença se haja fundado nele. Isso quer dizer, de outra parte, que se houve realmente erro de fato, praticado pelo órgão jurisdicional, mas a sentença nele não se baseou, impossibilitado ficará o acesso à via rescisória, porquanto dito erro nenhuma influência exerceu no resultado do julgamento.

d) Existindo, nos autos em que foi proferida a sentença rescindenda, controvérsia acerca do fato em que a rescisória se apoia, ela não deverá ser admitida: a lei é clara quanto a isso (CPC, art. 966, § 1º, parte final). De modo geral, são três os casos em que um fato fica incontroverso: 1) quando não é alegado por nenhuma das partes (mas invocado pelo juiz); 2) quando é confessado pelo adversário; 3) quando a alegação não é contestada.

1) Pode parecer estranho estarmos a falar de fatos não alegados pelas partes, como causa para a rescisão da sentença com fundamento no inc. VIII do art. 966, presumindo-se que teria ocorrido aí violação manifesta a norma jurídica (sentença *ultra* ou *extra petita*) e, por isso, o ponto de sustentação seria o inc. V do mesmo Código.

Não é bem assim. Há certos fatos que o juiz, como sabemos, pode conhecer *ex officio*. É precisamente aí que ele pode perpetrar erro de fato, que venha a ensejar o ajuizamento da rescisória.

2) Se uma das partes confessou a existência ou a inexistência de ato contrário aos seus interesses, não pode a sentença, em princípio, ir de (e não ao) encontro à confissão, exceto se a tanto o autorizar outros elementos existentes nos autos. Note-se que a

confissão tornou o fato incontroverso, dispensando-o, assim, de prova (CPC, art. 374, II), e tornando-o cônsono com o requisito da lei (CPC, art. 966, § 1º, parte final).

3) O princípio da impugnação especificada dos fatos impõe ao réu o dever de manifestar-se precisamente sobre os fatos narrados na petição inicial (CPC, art. 341, *caput*), presumindo-se verdadeiros os que não sejam impugnados (ibidem). A CLT declara que se o réu não responder à ação (revelia), considerar-se-ão verdadeiros os fatos alegados pelo autor (art. 844, *caput*), salvo, é certo, se se verificar uma das situações previstas nos incisos I a IV do art. 345 do CPC.

Em todos esses casos, inexistiu controvérsia sobre os fatos, motivo por que eventual erro do juízo, na apreciação destes, fará surgir para o interessado a oportunidade de valer-se da rescisória, com fulcro no inc. VIII, do art. 966 do CPC.

e) Se a sentença rescindenda se manifestou (na fundamentação) quanto à existência ou à inexistência de determinado fato da causa, vedada estará a utilização da rescisória, em face do art. 966, VIII, parte final, do CPC.

Pouco importa que, sob a óptica particular dos litigantes, o fato tenha ficado incontroverso: a pronúncia do órgão da jurisdição sobre ele é o quanto basta para cortar cerce a possibilidade de manejo da rescisória.

Anota Barbosa Moreira que a hipótese *sub examen* não é a de que o juízo haja tirado certa ilação em decorrência de raciocínio em cujas premissas figure, de maneira expressa, a afirmação de que o fato não ocorrido ocorreu, ou de que o ocorrido não ocorreu: "O que precisa haver é incompatibilidade lógica entre a conclusão enunciada no dispositivo da sentença e a existência ou a inexistência do fato, uma ou outra provada nos autos mas não colhida pela percepção do juiz, que, ao decidir, pura e simplesmente saltou por sobre o ponto, sem feri-lo. Se, ao contrário, o órgão judicial, errando na apreciação da prova, disse que decidia como decidiu porque o fato ocorrera (apesar de provada nos autos a não ocorrência), não se configura o caso do inc. IX. A sentença, embora injusta, não será rescindível" (obra cit., p. 134). A referência, agora, é ao art. 966, VIII, do CPC em vigor.

A exigência feita pelo CPC de que o fato não tenha sido objeto de pronunciamento jurisdicional é plenamente justificável, vez que se, *a contrario sensu*, o juízo sobre ele se manifestou, o que houve aí foi, talvez, má apreciação da prova ou injustiça da sentença, e não erro do órgão jurisdicional a respeito do fato, com haver declarado existente o que nunca existiu, ou inexistente o que verdadeiramente existe.

É proveitoso lembrar, nesta altura, o teor da Orientação Jurisprudencial n. 103, da SBDI-II, do TST: "Ação rescisória. Contradição entre fundamentação e parte dispositiva do julgado. Cabimento. Erro de fato. É cabível a rescisória para corrigir contradição entre a parte dispositiva do acórdão rescindendo e a sua fundamentação, por erro de fato na retratação do que foi decidido". Acrescentamos nós: O fato de a parte haver deixado de oferecer embargos declaratórios para eliminar a contradição entre esses dois capítulos do acórdão não impede o exercício da ação rescisória, fundado nessa discrepância interna do pronunciamento jurisdicional.

Nota final sobre as causas de rescindibilidade examinadas

Para que a pretensão rescisória seja exercida é suficiente que se verifique apenas uma das causas previstas nos incisos I a VIII do art. 966 do CPC.

Isso não quer dizer que o autor não possa invocar dois ou mais desses fundamentos, desde que esse seja o caso; vindo isso a ocorrer, o tribunal poderá acolher ou rejeitar a rescisória por um ou por mais de um fundamento. Se a rescisória foi ajuizada por um fundamento, sendo rejeitada, o trânsito em julgado do acórdão não obstará a que o autor ingresse com outra ação rescisória da mesma sentença, agora por fundamento diverso, pois a motivação não se submete ao fenômeno da coisa julgada (material), ainda que importante "para determinar o alcance da parte dispositiva da sentença" (CPC, art. 504, I).

Por derradeiro, entendemos ser taxativo o rol de causas para a rescindibilidade dos julgados, feito pelo art. 966 do CPC, razão pela qual nenhuma rescisão será possível fora desse elenco; nosso ponto de vista não deve, porém, ser interpretado como obstativo da possibilidade de buscar-se descobrir o verdadeiro sentido do preceito legal (incisos I a VIII), podendo-se, nessa investigação, ampliar-se a *mens legis*, para revelar-lhe o real alcance — sem que isso implique um alargamento das causas enumeradas pelo citado dispositivo.

§ 1º A norma legal esclarece que haverá erro de fato quando a decisão rescindenda: a) admitir um fato inexistente; ou b) considerar inexistente um fato efetivamente ocorrido.

Para isso, é essencial que, tanto num caso como noutro, não tenha ocorrido controvérsia, nem pronunciamento jurisdicional sobre o fato.

O problema da invalidação de confissão, desistência ou transação em que se baseou a sentença ou o acórdão

O CPC de 1973 incluía entre as causas de rescindibilidade o fato de a sentença (ou o acórdão) haver-se baseado em confissão, desistência ou transação (art. 485, inc. VIII). O CPC em vigor, entrementes, não reproduziu essa regra.

Não nos parece correta essa atitude do legislador. Por isso, reproduziremos o que, em linhas gerais, dissemos sobre essa causa de rescindibilidade em outro livro (*Ação rescisória na justiça do trabalho*. 4. ed. São Paulo: LTr, 2005. p. 275/281).

Art. 966

Confissão, desistência e transação

a) Introdução

O nosso direito anterior era omisso em relação à matéria; o uso da rescisória para invalidar confissão, desistência ou transação constitui, pois, inovação do Código de Processo Civil de 1973 — sendo extinta pelo CPC atual.

O inc. VIII do art. 485, daquele texto revogado, se referia à existência de "fundamento para invalidar confissão, desistência ou transação, em que se baseou a sentença".

b) Confissão

Sempre que uma das partes admitir a verdade de um fato contrário aos seus interesses configura-se, na ordem processual, a confissão (CPC, art. 389).

Essa nota característica da confissão levou a communis opinio doctorum a elegê-la como a "rainha das provas" (*regina probationum*) e a proclamar que não existe prova maior do que a confissão pela própria boca (*nulla est maior probatio quam proprio ore confessio*), porquanto confessar em juízo é o mesmo que se condenar (*confessus in iure pro condemnato habitur*).

O conceito legal de confissão foi tomado à doutrina de Chiovenda ("Principios de Derecho Procesal Civil", tomo II, p. 291), de acordo com a qual *La confesión es la declaración que hace una parte de la verdad de los hechos afirmados por el adversario y favorable a éste*. Rigor à frente, porém, o conceito chiovendiano está a merecer um pequeno reparo, pois não é inteiramente aplicável à denominada ficta confessio, na qual não existe uma declaração da parte (confitente), sendo a verdade dos fatos presumida em virtude do silêncio daquela.

Boa parte da doutrina tem sido escrava do equívoco inveterado de considerar a confissão como "pena"; ela nada mais representa do que um reconhecimento (tácito ou expresso) da veracidade dos fatos alegados pela parte adversa. Mesmo no caso da *ficta confessio* não se deve cogitar de "pena", pois essa confissão presumida apenas traduz uma regra de ordem prática, adotada por alguns sistemas processuais (como o trabalhista e o civilista) para superar, objetivamente, as dificuldades derivantes da ausência injustificada de um dos contendores à audiência em que seria interrogado.

No processo do trabalho, as partes estão presas ao dever de comparecimento a juízo (CLT, art. 843, *caput*), inexistindo, quanto a isso, qualquer obrigação; logo, quando uma delas quebra esse dever, não se pode pensar em "pena" (confissão), pois esta somente se liga às obrigações. Convém realçar que o vocábulo *pena*, na terminologia jurídica, designa, em geral, qualquer tipo de "imposição, de castigo ou de aflição, a que se submete a pessoa por qualquer espécie de falta cometida" (AULETE, Caldas, obra cit., p. 1.138), razão por que atribuir-se à confissão o caráter de castigo (pena) implica utilização inadequada do termo.

Pontes de Miranda também reconhece que "Pena, propriamente dita, não há mais; há a cominação" (*Comentários...*, p. 401).

Em nome do rigor científico, portanto, anatematize-se para sempre o emprego da locução "pena de confissão".

Podem ser identificados na confissão três elementos, que se acham intimamente interligados: a) o objetivo; b) o subjetivo; e c) o intencional — que dizem respeito ao seu objeto, ao seu sujeito e à intenção, respectivamente.

b.a.) Elemento objetivo

O objeto da confissão são os fatos desfavoráveis ao confitente e favoráveis ao adversário; é óbvio que tais fatos, para serem alcançados pela confissão, devem ter sido alegados pela parte a quem ela aproveita.

Moacyr Amaral Santos relaciona como condições para que o fato possa ser confessado, as seguintes *Prova judiciária no cível e comercial*. v. I. São Paulo: Saraiva, 1983. p. 382/383):

1. Que seja própria e pessoal do confitente, vale dizer, se o fato se referisse a terceiro o seu reconhecimento pela parte não poderia valer como confissão e sim como testemunho.

2. Que seja favorável à parte que o invoca e desfavorável ao confitente, a significar que a confissão prejudicará apenas o confitente e não terceiros ou os demais compartes (litisconsórcio facultativo), pois os compartes e os litisconsortes são considerados, em confronto com a parte adversa, como litigantes distintos; sendo assim, os atos e omissões de um não prejudicarão os outros, embora possam beneficiá-los (CPC, art. 117).

3. Que o fato seja suscetível de renúncia. A confissão só é viável se os fatos disserem respeito a direito a que o confitente poderia renunciar ou sobre ele transigir, pois a confissão concernente a direitos indisponíveis é ineficaz (CPC, art. 392). Desse modo, estará desapercebida de validade, p. ex., a confissão (ainda que feita em juízo) do empregado, no sentido de que concordou em receber salário inferior ao mínimo legal, embora cumprisse jornada normal de trabalho.

4. Que o fato seja de natureza a não exigir que sua prova se realize sob forma especial. Em determinados casos, a CLT impõe forma especial (e específica) para a comprovação do fato; citemos como exemplo o art. 464, por força do qual o pagamento de salários deve ser efetuado mediante recibo assinado pelo empregado. Segue-se, que por princípio deve ser afastado qualquer outro meio que não seja o documental, destinado a comprovar o pagamento de salários, salvo se houver, quanto a isso, confissão do empregado.

b.b.) Elemento subjetivo

O ponto de referência, aqui, não é o fato confessado e sim a pessoa do confitente, a quem se exige possuir capacidade e legitimação. Capacidade, porque há de verificar-se se ele é capaz e maior de idade; sendo menor, a confissão, para alguns autores, é inadmissível. Pela nossa parte, todavia, entendemos que somente não possa confessar o menor de 16 anos de idade, vez que abaixo dessa faixa etária não se permite que trabalhe, exceto como aprendiz, a contar dos catorze anos (CF, art. 7º, XXXIII). Não estamos, com isso, revelando ignorância quanto à distinção entre capacidade para confessar e capacidade para agir: apenas estamos procurando adequar as normas do direito comum às singularidades do direito material do trabalho e à própria determinação constitucional.

Conquanto a confissão seja ato próprio da parte, a lei permite que seja feita por intermédio de representante — que, no processo do trabalho, comumente é o preposto do empregador —, desde que tenha poderes para isso; julgamos, contudo, que nesse processo especializado os poderes do preposto, para confessar, se encontram implícitos no art. 843, § 1º, da CLT, ao estatuir que as suas declarações (em juízo) "obrigarão o proponente".

O advogado, para confessar na qualidade de mandatário da parte, deve receber, deste, o necessário poder (CPC, art. 105), de maneira expressa, porquanto a cláusula ad iudicia não o compreende.

b.c.) Elemento intencional

Vem afirmando a doutrina, em opinião praticamente uniforme, que a confissão pressupõe a vontade de o confitente reconhecer como verdadeiros os fatos contrários aos seus interesses, narrados pela outra parte (*animus confitendi*). Acreditamos, entretanto, que essa afirmação não pode ser feita de maneira genérica, pois se é certo que o elemento intencional preside a confissão espontânea, não menos verdadeiro é que ele está ausente na confissão provocada e na fictícia. Não concebemos como se possa sustentar, com êxito, que o *animus confitendi* se verifique nestas últimas duas modalidades, quando se sabe que, na provocada, a confissão é extraída e na fictícia, presumida; nada obstante em ambos os casos os efeitos processuais se assemelhem ao da confissão "espontânea", é notório que neles não ocorre a intenção de confessar.

c) Confissão judicial

Como a expressão está, didaticamente, a demonstrar, é a que se realiza em juízo. Compreende: 1. a *real*, que se subdivide em 1.1. espontânea; e 1. 2. provocada; e 2. a *fictícia*.

1. Real: aqui, há manifestação expressa da parte.

1.1. Espontânea. Também dita voluntária, é a que litigante em regra efetua por meio de petição; daí por que é também designada de confissão por petição.

É necessário esclarecer-se que essa espécie de confissão não se resume à forma escrita (letrada), embora seja largamente a mais utilizada, pois petição quer dizer o ato de pedir — e isso pode ser também feito oralmente, em audiência.

A espécie de confissão em exame se aplica tanto ao autor quanto ao réu.

1.2. Provocada. É a que se origina do depoimento pessoal da parte.

A "provocação" para que a parte confessa se realiza mediante perguntas formuladas pelo magistrado, pelos juízes classistas e pelo advogado do adversário — embora, em situações acidentais, a confissão acabe por ocorrer em consequência de perguntas dirigidas ao confitente por seu advogado (naqueles juízos que permitem ao advogado perguntar ao próprio constituinte).

2. Fictícia. Ao contrário da real, é a confissão não expressa, não manifestada; enfim, à qual falta o elemento de exteriorização. Sempre que a parte deixar de comparecer a juízo, para ser interrogada, ou de manifestar-se sobre fato alegado pelo adversário, tais omissões (quando injustificadas) são legalmente interpretadas como confissão. Não nos parece apropriado falar-se, nesses casos, em confissão "fictícia" ou "tácita", pois em nenhum momento a parte pensou em admitir como verdadeiros os fatos contrários aos seus interesses, alegados pelo litigante oposto; o que há, isto sim, é confissão *presumida* (pela norma legal) — expressão que não fica comprometida (como fica a anterior) com o pressuposto da participação da vontade do confitente.

A jurisprudência trabalhista vinha entendendo, de maneira correta, que a confissão apta a ensejar o exercício da ação rescisória não era "fictícia", ou presumida, e sim, a real. A Súmula n. 404, do TST, bem espelha essa posição: "Ação rescisória. Fundamento para invalidar confissão. Confissão ficta. Inadequação do enquadramento no art. 485, VIII, do CPC. O art. 485, VIII, do CPC, ao tratar do fundamento para invalidar a confissão como hipótese de rescindibilidade da decisão judicial, refere-se à confissão real, fruto de erro, dolo ou coação, e não à confissão ficta resultante de revelia".

Lembremos, apenas, que a confissão real, efetuada em juízo, se subdivide em: 1) espontânea; 2) provocada.

d) Confissão extrajudicial

O CPC prevê a confissão realizada extrajudicialmente (art. 389).

Nada obstante essa modalidade de confissão incida, em tese, no processo do trabalho, a sua admissibilidade, em concreto, deve ocorrer com muita reserva quando o confitente for o empregado; assim haverá de ser porque, quase sempre, o documento que contém a sua confissão foi obtido na vigência do contrato de trabalho, ou seja, quando o trabalhador se encontrava em um ontológico estado de sujeição à vontade do empregador. Destarte, qualquer confissão do trabalhador somente deverá ser amplamente aceita quando ocorrida em juízo, pois aqui ele poderá manifestar, com liberdade, ou seja, sem os constrangimentos, pressões e outras modalidades de injunções que, não raro, contaminam as suas confissões obtidas extrajudicialmente.

Daí vem que não apenas a confissão do trabalhador feita a terceiro deverá ser livremente examinada pelo juiz, mas de igual modo a efetuada extrajudicialmente, cabendo ao magistrado apreciá-la segundo seu prudente arbítrio.

No sistema do processo civil, a confissão extrajudicial realizada oralmente (CPC, art. 394) somente terá eficácia nos casos em que a lei não imponha prova literal. No processo do trabalho, essa modalidade de confissão deverá ser confirmada em juízo, por testemunhas extraindo-se dessa particularidade a conclusão de que ela, na verdade, se converte em prova testemunhal — o que corresponde a afirmar que, considerada em si mesmo, é de eficácia nenhuma.

Ação anulatória e ação rescisória

Nos termos do art. 393 do CPC, a confissão é irrevogável quando derivar de erro de fato, dolo ou coação, casos em que poderá ser tornada sem efeito por meio de ação anulatória.

a) A ação anulatória deverá ser apreciada pelo mesmo juízo perante o qual se deu a confissão que agora se pretende revogar, dada a prevenção deste (CPC, art. 58), reunindo-se, em consequência, os autos, *ex vi* da conexão existente entre as respectivas causas (CPC, art. 55), que, por isso, serão decididas simultaneamente (CPC, art. 58). Nesta hipótese, a ação anulatória, apesar de ser posterior à outra, será examinada em primeiro lugar, em virtude do caráter de "prejudicialidade" da matéria nela versada (desfazimento da confissão).

Caso a ação anulatória, ao ser aforada, encontre a sentença já proferida e impugnada por recurso, deve o juiz suspender o processo relativo àquela ação, até que o tribunal se pronuncie acerca do recurso. É irrelevante, para isso, que os autos, contendo o recurso, estejam ainda em primeiro grau ou já tenham sido remetidos ao órgão de revisão: a suspensão do processo de ação anulatória é medida que se imporá, a fim de evitar virtual conflito entre o que decidiriam os juízos de primeiro e de segundo graus: aquele, na anulatória; este, no recurso.

Pensamos, todavia, que se a ação anulatória ingressou quando o prazo para a interposição de recurso estava aberto, mas a parte vencida não o interpõe, ela deverá ser extinta, porquanto: a) não se admite ação anulatória de sentença passada em julgado; b) sua eventual conversão em ação rescisória seria impossível, na esfera da Justiça do Trabalho, onde a competência para julgar esta ação é originária (e exclusiva) dos tribunais. O autor deveria, na espécie trazida à baila, ser declarado carecente da ação, por faltar-lhe o indispensável interesse de agir — sendo prudente registrar que a presença dessa condição da ação deve ser apurada no momento de proferir-se a sentença e não com vistas ao momento em que a parte ingressou em juízo.

b) A ação rescisória não oferece maiores dificuldades quanto ao seu cabimento com fulcro no inciso VI do art. 966 do CPC.

Se a sentença, que fez da confissão o seu único fundamento, já transitou em julgado, não faz sentido jurídico pensar-se em ação anulatória, pois os efeitos inerentes à *res iudicata* somente podem ser desconstituídos por obra de ação rescisória.

Como dissemos há pouco, a rescisória não tem em mira, diretamente, a confissão e sim a sentença passada em julgado, que nela se estribou; desconstituída que seja, aquela também desaparece, por via oblíqua ou reflexa: é o quanto basta aos interesses do autor.

Desistência

Estava no art. 267, VIII, do CPC de 1973, que a desistência era causa de extinção do processo sem pronunciamento sobre o mérito, e no art. 485 desse Código que unicamente a sentença de mérito seria rescindível. Diante disso, como se justificava o fato de o inc. VIII do art. 485 permitir o uso da rescisória para invalidar desistência? Estaria aí configurada uma desarmonia, uma contradição interna e insuperável no sistema construído pelo legislador de 1973, ou a desistência deveria ser encarada como exceção ao princípio que se esplendia do art. 485?

No fundo, nem uma coisa nem outra.

Na verdade, essa situação fora motivada por inadvertida falha acirológica do legislador, que provavelmente empregou o vocábulo *desistência* para designar aquilo que seria, no rigor da técnica e da terminologia jurídica, a *renúncia* ao direito em que se baseava a ação. Assim pensávamos não só pelo fato de a desistência implicar a extinção do processo sem resolução do *meritum causae*, mas, acima de tudo, em razão da particularidade de o inc. V do art. 269 do CPC de 1973 mencionar a renúncia "ao direito sobre em que se funda a ação" como um dos motivos de cessação do processo mediante julgamento do mérito, explicitando — ou, no mínimo, insinuando —, assim, a possibilidade de a sentença dissolutória do processo, com espeque nessa causa, ser objeto de ação rescisória.

Traço sutil separa a renúncia em foco do reconhecimento do pedido: aquela, no geral, é ato do autor; este, ato próprio do réu; demais, a renúncia concerne ao direito de quem a manifesta, ao passo que o reconhecimento tem como destinatário o direito da parte contrária.

Uma e outro, porém, conduziam à via rescisória e isso era o que importa.

É elementar que o direito seja disponível, para que a renúncia seja possível. Esta poderá ser total ou parcial, exigindo-se sempre da parte capacidade para renunciar. Destaque-se ainda que a renúncia não é presumida nem pode ser tácita: impõe-se que seja manifestada por escrito, em decorrência da repercussão, que provoca no direito do renunciante. No campo do direito material e processual do trabalho a renúncia deve ser encarada com acentuadas restrições, considerando-se que o princípio aqui imperante é o da irrenunciabilidade, pelo trabalhador, aos seus direitos (pouco importando a fonte de que se originaram), máxime os de natureza material. Os arts. 9º, 117 e 468, da CLT, podem ser apontados como algumas das vigas de sustentação do eficiente sistema protetivo que a lei concebeu em benefício da classe trabalhadora do nosso País.

Transação

Os conflitos de interesses submetidos ao conhecimento da Justiça do Trabalho são sempre sujeitos à conciliação (CLT, art. 764, *caput*), que poderá ser realizada mesmo depois de encerrado o juízo conciliatório (*ibidem*, § 3º). Com vistas ao atingimento de tal escopo medular dessa Justiça Especializada, a lei determina que o juiz formule, no mínimo em duas oportunidades, propostas tendentes à conciliação (CLT, arts. 846, *caput* e 850, *caput*, parte final).

Na vigência do CPC de 1973, indagamos se a conciliação (melhor: transação), quando fosse o caso, deveria ser desfeita por ação anulatória ou por ação rescisória.

Antes de nos lançarmos a essa tarefa, dissemos que a despeito de os vocábulos conciliação e transação virem sendo largamente utilizados pela doutrina e pela jurisprudência, como se sinônimos fossem, na verdade havia entre eles uma linha divisória, embora tênue. A transação representa autêntico negócio jurídico bilateral, por meio do qual as partes extinguem obrigações duvidosas ou litigiosas, via concessões recíprocas; já a conciliação traduz a pacificação dos espíritos, a concórdia que se estabelece entre os contendores, daí por que pode haver conciliação sem transação (hipótese mais rara) e vice-versa (hipótese mais frequente): no primeiro caso, apesar de as partes desarmarem os seus espíritos de litigiosidade, não compõem a lide mediante negócio jurídico (transação); no segundo, transacionam sem se harmonizarem em suas relações pessoais.

Pois bem.

Aparentemente, o desfazimento de transação deveria ser obtido mediante a ação anulatória, pois o art. 486 do CPC de 1973 a reservava para o desfazimento de atos que não dependessem de sentença, ou em que esta fosse meramente homologatória. A corrente de opinião que concluía pelo cabimento da ação anulatória argumentava, de um lado, que a transação não estaria sujeita à homologação judicial, porquanto de acordo com o art. 158, *caput*, do CPC, "Os atos das partes, consistentes em declarações unilaterais ou bilaterais de vontade, produzem imediatamente a constituição, a modificação ou a extinção dos direitos patrimoniais"; de outro, que mesmo havendo necessidade de sentença esta seria "meramente homologatória", razão por que, ainda assim, seria aplicável a regra do art. 486 do CPC.

Alguns autores, como Sérgio Rizzi, se empenharam em separar os casos em que o processo, no qual ocorreu a transação, ainda se achava pendente daqueles em que já se verificara o fenômeno da coisa julgada: "a ação do art. 486 será admissível enquanto pendente o processo em que ocorreu o reconhecimento, a renúncia e a transação. Transitada em julgado a decisão homologatória, somente será viável a ação rescisória, que terá por objeto (no juízo rescindente) a própria decisão; logo, não mais o ato-base como teria ocorrido na hipótese de ter sido ajuizada a ação anulatória "(obra cit., p. 90).

A solução preconizada pelo ilustre jurista não se quadrava, porém, às peculiaridades do processo do trabalho. Sem embargo de outros argumentos, cabe-nos chamar a atenção ao fato de que o art. 831, parágrafo único, da CLT, considerava o "termo" de conciliação decisão irrecorrível, importa dizer, esse "termo" era equiparado a um pronunciamento jurisdicional assinalado, já ao nascer, pelo veto da irrecorribilidade, salvo no que respeita às contribuições devidas à Previdência Social. Não se havia que cogitar aqui, portanto, de decurso de eventual prazo para a impugnação desse ato: ele, simplesmente (por força da vontade legal), era inatacável pela via recursal, observada a ressalva feita há pouco.

A praxe forense, além disso, consagrou a emissão de sentenças homologatórias de transação — sentenças irrecorríveis, diga-se. A existência dessa classe de sentenças não e, aliás, arbitrária, pois a elas o inc. III do art. 584 do CPC atribuía a qualidade de título executivo judicial — o mesmo ocorrendo com o inciso II do art. 515 do CPC atual.

Em síntese, da conjugação dos arts. 831, parágrafo único, da CLT, e 269, III, 485, VIII, e 584, III, do CPC de 1973, se concluía ser rescindível a sentença homologatória de transação — até porque seria desarrazoado pensar-se em ação anulatória de um ato que a lei equipara à sentença irrecorrível (CLT, artigo citado).

Precisa, por isso, a orientação jurisprudencial sedimentada pela Súmula n. 259, do TST: "Só por ação rescisória é impugnável o termo de conciliação previsto no parágrafo único do art. 831 da CLT".

Uma conclusão necessária: como afirmamos no início deste item, o CPC em vigor não incluiu a confissão, a desistência e a transação como causas de rescindibilidade da sentença e do acórdão. Diante disso, e considerando: 1) ser absolutamente indispensável que subsistam essas causas; 2) que, mesmo no caso de confissão, esta não pode ser desfeita por ação anulatória quando contida em sentença ou acórdão transitados em julgados; 3) que a sentença homologatória de transação, no processo do trabalho, por ser ontologicamente irrecorrível, não pode ser objeto de ação anulatória, a doutrina e a jurisprudência trabalhistas deverão adotar uma destas atitudes:

a) entender que o CPC atual recepcionou o inciso VIII do art. 485 do CPC revogado;

b) entender que a confissão, a desistência e a transação estão abrangidas pelo § 4º, do art. 966, do atual CPC, de tal modo que deverão ser objeto de ação anulatória, e não, de ação rescisória.

Sentença injusta, má apreciação da prova e errônea interpretação do contrato

No sistema do CPC de 1939 havia expressão disposição de que a injustiça da sentença e a má apreciação da prova ou a errônea interpretação do contrato não autorizavam o exercício da ação rescisória (art. 800, *caput*).

a) Sentença injusta não é a que ofende a norma jurídica apta a reger a situação concreta (pois, neste caso, a sentença seria ilegal) e sim a que, dentre outras coisas, aplica a regra jurídica com rigor excessivo, extremado, que não se harmoniza com o próprio objetivo do preceito; a que não leva em consideração certos aspectos particulares dos litigantes ou as circunstâncias que tenham ditado o seu comportamento contrário ao direito, decidindo contra eles como se tais particularidades inexistissem.

b) Há *má apreciação da prova* quando a sentença avalia, valora de maneira inadequada o conjunto probatório formado nos autos; considera inidôneo um meio de prova, que era idôneo e vice-versa; desconsidera por inteiro a prova produzida por uma das partes etc. Enfim, haverá má apreciação da prova toda vez que o juiz fizer mau uso do princípio da persuasão racional (ou do livre convencimento motivado, como preferimos).

A Súmula n. 410, do TST, afirma: "Ação rescisória. Reexame de fatos e provas. Inviabilidade. A ação rescisória calcada em violação de lei não admite reexame de fatos e provas no processo que originou a decisão rescindenda". Note-se: apenas, a rescisória fundada em *violação a literal disposição de lei* (CPC, art. 485, V), pois o exercício dessa ação desconstitutiva estará sempre liberado para o caso de o fundamento ser a *prova falsa* em que se baseou o pronunciamento jurisdicional rescindendo (*ibidem*, VI). Um reparo: nos termos do inciso V, do art. 966 do atual CPC, a rescisória será fundada não em violação a "literal disposição de lei" (CPC de 1973, art. 485, V) e sim, em violação manifesta de "norma jurídica".

c) A *errônea interpretação do contrato* configura-se quando se abandona, injustificadamente, certas regras pertinentes à interpretação dos contratos; quando a vontade dos contratantes não é captada com fidelidade pelo juiz etc.

O CPC em vigor de 1973 não reproduziu a regra estampada no art. 800, *caput*, do Código de 1939. Nada nos diz a respeito do tema, também, o CPC atual. Este vazio normativo, entretanto, não deve ser interpretado como uma autorização do texto atual para o uso da ação rescisória tendo como objeto sentença injusta; má apreciação mal a prova; ou interpretação, de maneira equivocada, do contrato. Nada disso. Referida norma, constante do CPC de 1939, foi tacitamente recepcionada pelo estatuto processual de 1973 e pelo atual, bastando ver que, especialmente no sistema deste último, as causas de rescindibilidade dos pronunciamentos jurisdicionais são, exclusivamente, as enumeradas nos incisos do art. 966, dentre as quais não se incluem a sentença injusta, a má apreciação da prova e a errônea interpretação do contrato.

Podemos dizer, por isso, que nem tudo o que é recorrível é rescindível. Aliás, a injustiça da sentença, a má apreciação da prova ou a errônea interpretação do contrato podem ser objeto de recurso.

§ 2º Sempre sustentamos, na vigência do CPC de 1973, a possibilidade de exercício da ação rescisória tendo como objeto pronunciamento jurisdicional que não resolvesse o mérito, designadamente, quando a nova propositura da ação ("reclamação", no processo do trabalho) conduzisse, inevitavelmente, ao mesmo resultado da primeira: a extinção do processo sem exame do mérito, num ciclo, além de vicioso, afrontoso dos interesses e da dignidade do autor.

Tomávamos como exemplo a sentença que declarava o autor parte ilegítima (carecedor da ação).

Opostamente ao que assegurava o art. 268, do CPC de 1973, entendíamos que a extinção do processo decorrente do fato de o autor haver sido declarado parte ilegítima, conquanto não implicasse abordada do mérito, inibia novo ajuizamento da ação. A não ser assim, deveríamos admitir a possibilidade de o autor vir a juízo em face do mesmo réu tantas quantas fossem as vezes que necessitasse, para receber sempre a mesma resposta jurisdicional: carecedor da ação. Era imprescindível, portanto, que se reconhecesse a esse autor a possibilidade de rescindir o pronunciamento jurisdicional — que não resolveu o mérito —, a fim de poder, se fosse o caso, ter reconhecida a sua legitimidade ativa para a causa. O fato de o autor poder interpor recurso ordinário da sentença não poderia ser invocado como argumento contrário à possibilidade do exercício da ação rescisória, seja porque o exercício desta ação desconstitutiva não pressupunha o esgotamento das vias recursais, seja porque o recurso do autor poderia não ter sido admitido etc.

Nosso entendimento seria sustentável na vigência do atual CPC? Pensamos que sim. Justifiquemos.

O art. 486, § 1º, do CPC atual, esclarece que no caso de ilegitimidade ou de falta de interesse processual o novo ajuizamento da ação pressupõe a "correção do vício". Há, aqui, entretanto, um esclarecimento a ser prestado. Se a extinção do processo se deu em decorrência de a sentença haver declarado a inexistência de legitimidade, ativa ou passiva de uma das partes (art. 485, VI), mas o autor prosseguir entendendo que ele e o réu possuem legitimidade para a causa, não fará sentido cogitar-se de "correção do erro", pois, conforme dissemos há pouco, o *mesmo* autor iria ajuizar a *mesma* ação em face do *mesmo* réu e receber a *mesma* resposta jurisdicional: carência da ação.

Logo, pelo que nos cabe opinar, admitimos a possibilidade do exercício da ação rescisória na situação que acabamos de expor. O fundamento legal seria a manifesta violação de norma jurídica (art. 966, V), pois se o autor é parte legítima, a sentença que lhe nega essa qualidade está violando a lei, pouco importando que, para isso, não tenha ingressado na prospecção do mérito da causa.

A propósito, se o escopo do legislador ao permitir o exercício da ação rescisória com fulcro no inciso V do art. 966 foi o de manter a incolumidade da norma jurídica — especialmente, da lei —, que relevância tem para isso o fato de o pronunciamento jurisdicional não haver resolvido o mérito se, a despeito disso, violou, de maneira evidente, a norma jurídica?

O § 2º do art. 966 admite a ação rescisória — mesmo não tendo resolvido o mérito — somente quando a decisão transitada em julgado incorrer em uma das situações mencionadas nos incisos I e II. Trata-se, portanto, de coisa julgada formal.

Inciso I. Impedir nova propositura da demanda.

Inciso II. Impedir a admissibilidade do recurso correspondente.

Em que pese ao fato de esses incisos espelharem um avanço rumo ao rompimento com a dogmática tradicional, eles não resolvem casos de ilegitimidade de parte, como o que foi por nós referido anteriormente. Com efeito, conquanto a sentença que haja declarado o autor carecedor da ação não o impeça de retornar a juízo com a mesma demanda o resultado do julgamento será sempre o mesmo: carência da ação. E a particularidade de a precitada sentença poder ser impugnada por meio de recurso (ordinário, no processo do trabalho) é irrelevante, pois é sabido que o exercício da ação rescisória não requer a exaustão das vias recursais.

§ 3º Na Justiça do Trabalho, é algo frequente o fato de a sentença ou o acórdão conter diversos capítulos e a ação rescisória dirigir-se apenas a um ou a alguns deles. Tudo dependerá da conveniência do autor e da submissão da pretensão rescisória a uma ou a algumas das causas especificadas nos incisos I a VIII do art. 966.

§ 4º Atos que impliquem disposição de direito, como o reconhecimento do direito alegado pelo adversário, a renúncia à pretensão, a transação, a homologação, entre outros, não são rescindíveis, e sim, anuláveis. O art. 486 do CPC de 1973 dispunha que os atos judiciais não dependentes de sentença, ou em que esta fosse meramente homologatória, poderiam ser rescindidos como os atos jurídicos em geral, nos termos da lei civil. O emprego do verbo *rescindir*, na redação do texto, deveu-se a uma falta de técnica, por parte do legislador, pois o verbo deveria ter sido *anular*.

Por sua vez, a Súmula n. 259 do TST estabelece: "Só por ação rescisória é impugnável o termo de conciliação previsto no parágrafo único do art. 831 da CLT". Provavelmente, esta súmula venha a ser reformulada, em face do disposto no § 4º, do art. 966, do CPC.

Art. 967. Têm legitimidade para propor a ação rescisória:

I — quem foi parte no processo ou o seu sucessor a título universal ou singular;

II — o terceiro juridicamente interessado;

III — o Ministério Público:

a) se não foi ouvido no processo em que lhe era obrigatória a intervenção;

b) quando a decisão rescindenda é o efeito de simulação ou de colusão das partes, a fim de fraudar a lei;

c) em outros casos em que se imponha sua atuação;

IV — aquele que não foi ouvido no processo em que lhe era obrigatória a intervenção.

Parágrafo único. Nas hipóteses do art. 178, o Ministério Público será intimado para intervir como fiscal da ordem jurídica quando não for parte.

Art. 967

• **Comentário**

Caput. Reproduziu-se a regra do art. 487 do CPC revogado, com acréscimos.

A norma indica as pessoas dotadas de legitimidade para o exercício da ação rescisória. Cuida-se, pois, de legitimidade ativa.

Inciso I. Que foi parte no processo ou o seu sucessor a título universal ou singular.

A referência legal à parte deve ser entendida em sentido amplo, nesse conceito se compreendendo não somente o autor e o réu, mas os litisconsortes (CPC, art. 113), os assistentes (CPC, art. 119), os denunciados à lide (art. 125), os chamados ao processo (CPC, art. 130), contanto que tenham sido admitidas, no processo em que foi tirada a sentença rescindenda, essas últimas duas modalidades de intervenção de terceiros.

O que deve ser sublinhado, em especial, é o fato de o autor, na rescisória, poder ser não apenas o (mesmo) autor na ação cuja sentença se pretende desconstituir, mas o próprio réu, que nessa qualidade tenha figurado na mencionada causa. A *legitimatio* para a rescisória é daquele que tenha sido parte no processo anterior, pouco importando em que polo dessa relação jurídica se tenha situado. O que se exige, para o ajuizamento dessa ação, a par da legitimidade, é o interesse de agir, que se avalia segundo a necessidade que a parte possua em conseguir um provimento jurisdicional desconstitutivo da coisa julgada que está a molestar a sua esfera jurídica.

Considerando o prazo que a lei fixa para o exercício da pretensão rescisória (um ano), poderia acontecer de, ao ser descoberta a existência de uma causa que autorize o ajuizamento de ação dessa natureza, já se encontrar, digamos, falecido o titular dessa pretensão. Daí decorre a razão de o legislador haver concedido legitimidade ativa também ao sucessor da pessoa que foi parte no processo que culminou com a sentença rescindenda. Percebe-se, diante disso, que em matéria jurídica nem sempre tem incidência a parêmia latina *mors omnia solvit*, porquanto o falecimento do titular do direito de ação faz com que se opere, por força de lei, a transferência desse direito ao seu sucessor.

Para esse fim, não se há que indagar se a sucessão se deu a título universal ou particular, pois em ambos os casos o sucessor estará legitimado para ingressar com a rescisória, com o objetivo de promover a defesa dos direitos ou interesses do sucedido. O que se requer, para tanto, é a prova do falecimento daquele que figura como parte na sentença rescindenda e da qualidade de sucessor daquele que vem a juízo pretendendo desfazer a coisa julgada.

A regra do art. 967, I, do CPC, se harmoniza com a estampada no art. 75, VI e VII, do mesmo diploma processual. A diferença entre espólio e herdeiro está em que, lá, a herança se acha indivisa, ao passo em que, aqui, já foram partilhados os bens que integravam o acervo.

A menção que fizemos, há pouco, ao litisconsorte, como parte no processo, nos aconselha a dedicar mais algumas linhas a esse fenômeno de pluralidade subjetiva. Antes, porém, a nossa advertência de que não se deve confundir essa pluralidade com a objetiva. Aquela, como a sua própria denominação espelha, traduz uma multiplicidade de pessoas a atuar no mesmo polo da relação jurídica processual; daí, a existência de litisconsórcio ativo e de litisconsórcio passivo. A pluralidade objetiva decorre da cumulação de pedidos; aqui, não se pode pensar em litisconsórcio.

Os pressupostos legais para a formação do regime litisconsorcial são: a) a existência, entre duas ou mais pessoas, de comunhão de direitos ou de obrigações pertinentes à lide (CPC, art. 113, I); b) o fato de os direitos ou as obrigações promanarem do mesmo fundamento de fato ou de direito (II); c) a presença, entre as causas, de conexão pelo objeto de pedir (III); d) a ocorrência de afinidade de questões por um ponto comum de fato ou de direito (IV).

O litisconsórcio, de que cuida o art. 113 do álbum processual civil, é o *facultativo* e sua constituição atende a princípios de economia processual, na medida em que o procedimento judicial será um só.

O litisconsórcio *necessário* vem definido no art. 114 do mesmo código: "quando, pela natureza da relação jurídica controvertida, a eficácia da sentença depender da citação de todos os que devam ser litisconsortes".

Por outro lado, não se confundem os litisconsórcio necessário (art. 114) e o unitário (art. 116): o traço caracterizador do litisconsórcio deste último é a exigência da uniformidade do pronunciamento jurisdicional em relação a todos os que se encontrarem em juízo; já o litisconsórcio necessário tem origem no direito material, que declara titulares do direito (ativo) ou da obrigação (passivo) diversos indivíduos, considerados englobadamente, motivo por que nenhum deles, individualmente, ostenta essa titularidade. Tomados de modo isolado, não possuem legitimidade para estar em juízo.

A uniformidade da sentença para todas as partes (litisconsórcio unitário) pode emanar: a) de norma legal; ou b) da natureza da relação jurídica — em suma, da *situação jurídica* pertinente ao caso concreto.

Podemos citar, à guisa de exemplo, a declaração de nulidade de um contrato de trabalho: a sentença não pode considerar nulo o contrato apenas em relação a uma das partes; o que é nulo o é para ambas. Daí, a necessidade de a sentença ser uniforme (igual para o empregado e o empregador). Na primeira, serve como exemplo o pedido relativo ao adicional de periculosidade formulado pelos "frentistas" dos postos de combustível: provado que todos exercem essa função, aquele *plus* pecuniário será devido, por força de lei, à totalidade dos "frentistas" constituídos em litisconsórcio ativo.

É oportuno mencionar, nesta altura, a Súmula n. 406, do TST, segundo a qual: "Ação rescisória. Litisconsórcio. Necessário no polo passivo e facultativo no ativo. Inexiste quanto aos substituídos pelo sindicato. I — O litisconsórcio, na ação rescisória, é necessário em relação ao polo passivo da demanda, porque supõe uma comunidade de direito ou de obrigações que não admite solução díspar para os litisconsortes, em face da indivisibilidade do objeto. Já em relação ao polo ativo, o litisconsórcio é facultativo, uma vez que a aglutinação de autores se faz por conveniência, e não pela necessidade decorrente da natureza do litígio, pois não se pode condicionar o exercício do direito individual de um dos litigantes no processo originário à anuência dos demais para retomar a lide. II — O Sindicato, substituto processual e autor da reclamação trabalhista, em cujos autos fora proferida a decisão rescindenda, possui legitimidade para figurar como réu na ação rescisória, sendo descabida a exigência de citação de todos os empregados substituídos, porquanto inexistente litisconsórcio passivo necessário". Temos uma pequena objeção a esta Súmula, na parte em que afirma ser meramente *facultativa* a formação de um regime litisconsorcial ativo. Embora assim seja, na larga maioria dos casos, não podemos negar a possibilidade de esse tipo de litisconsórcio ser *necessário*, em determinadas situações, como quando, por exemplo, ficar evidente que as demais pessoas que participaram do polo passivo da relação processual que se findou com a decisão rescindenda possuem interesse em participar do polo ativo da ação rescisória, considerando-se que a esfera jurídica dessas pessoas poderá ser gravemente afetada pelo acórdão que se busca rescindir. Não é de boa técnica, nem de bom senso, fazer-se afirmações absolutas no campo jurídico, como fez a Súmula em questão, pois a realidade é muito mais complexa do que possa imaginar o legislador ou o próprio Poder Judiciário.

Na hipótese de passar em julgado a sentença emitida sem que tenham sido citados, como exige o art. 114 do CPC, será admitida ação rescisória, com fulcro no art. 966, V, do mesmo estatuto processual, pois, a nosso ver, estará configurada a manifesta violação à norma jurídica.

Estabelece, de outra parte, o art. 117 do CPC que exceto se existir norma legal em contrário os litisconsortes serão considerados, em suas relações com a parte adversa, como litigantes distintos; por isso, os atos ou as omissões de um não poderão vir em prejuízo dos outros, conquanto possam beneficiá-los.

A independência dos litisconsortes, prevista nessa regra legal, não é apenas em relação à parte contrária, alcançando, por igual, os próprios compartes. Cumpre elucidar que dita independência é característica do regime litisconsorcial do tipo facultativo, porquanto no unitário, ao reverso, a nota marcante é a da interdependência dos litisconsortes.

Inciso II. Terceiro juridicamente interessado

Chiovenda observa que o terceiro pode posicionar-se diante da sentença em uma das três situações a seguir enunciadas:

1) terceiros absolutamente indiferentes, pois não lhes é permitido obstar a formação de sentença, cabendo-lhes, ao contrário, apenas reconhecer o julgado;

2) terceiros que não se encontram obrigados a reconhecer a sentença, porquanto detêm a titularidade de uma relação jurídica inconciliável com a relação decidida; neste caso, o reconhecimento do julgado lhes traria prejuízos de ordem jurídica. Essa classe de terceiros pode defender-se, em face da sentença, argumentando tratar-se de *res inter alios iudicata*. Levando em conta, contudo, que a presença de um pronunciamento jurisdicional contrastante com o seu direito pode corresponder a um obstáculo à plena fruição deste, consente-lhe a norma legal: a) impedir a formação da sentença, intervindo no processo em defesa de seus direitos ou interesses; b) opor-se, sem limites e sem termo, à sentença já constituída;

3) terceiros que não podem deixar de reconhecer o julgado, em virtude de serem titulares de uma relação jurídica compatível com a relação decidida (obra cit., p. 421).

O direito processual brasileiro perfilhou esse sistema, embora mediante a adoção de institutos análogos. Desta maneira, o terceiro, que deveria ter integrado a relação processual na qualidade de litisconsorte necessário, terá legitimidade (e interesse, por suposto) para arguir o fato de a sentença constituir *res inter alios iudicata*. Igual direito ser-lhe-á concedido se, devendo figurar no processo como litisconsorte facultativo, houver ficado à margem do processo. Seja como litisconsorte necessário ou como facultativo, o terceiro poderá, nas hipóteses mencionadas, interpor os recursos cabíveis da sentença e, se esta já passou em julgado, fazer uso da ação rescisória, como expressa o art. 967, II, do CPC.

Note-se: para que a pretensão rescisória possa ser regularmente exercitada pelo terceiro, há necessidade de que o seu interesse — como uma das condições da ação: CPC, art. 17 — seja jurídico, pois o meramente econômico não basta. Nesse sentido é, translúcida a declaração insculpida no art. 967, II, do atual diploma processual civil. No processo do trabalho, a propósito, por obra da doutrina e da jurisprudência o interesse jurídico tem sido elevado à categoria de critério ou de requisito para a admissibilidade da intervenção de terceiros ou de assistentes, cabendo lembrar, no que respeita a estes, a orientação sedimentada pela Súmula n. 82, do TST.

A oportunidade sugere-nos reafirmar que a vogante definição de terceiro, segundo a qual é todo

Art. 967

aquele que não é parte no processo, revela-se insatisfatória, pois se é verdadeiro que, em regra, terceiro é efetivamente quem não participou da relação processual, não menos exato é que, em determinadas situações particulares, aquele que se encontra em um dos polos dessa relação pode, nada obstante isso, agir na qualidade de terceiro. O art. 674, *caput*, e §§ 1º e 2º, do CPC, declara quem se encontra legitimado para oferecer embargos de terceiro. Essas pessoas, *ipso facto*, também possuem legitimidade para o exercício da ação rescisória tendo como objeto a sentença proferida nos autos dos embargos de terceiro.

Já o *chamado ao processo* deixa de ser terceiro e converte-se em parte no momento em que for admitido a intervir nos autos.

Pergunta-se, todavia: os trabalhadores que foram substituídos pelo sindicato no processo em que se emitiu a sentença rescindenda teriam legitimidade para ingressar com a rescisória daquela decisão na qualidade de parte ou de terceiros?

A princípio, poder-se-ia imaginar que não havendo os trabalhadores figurado em um dos polos da relação jurídica processual anterior — e sim o sindicato, como seu substituto —, não lhes seria lícito ingressar com a ação rescisória daquela sentença. Pensar-se-ia, ainda, que somente o sindicato estaria legitimado a isso, ficando reservada aos trabalhadores substituídos a possibilidade de intervirem como assistentes.

Ocorre, no entanto, que o direito processual brasileiro adotou o princípio da legitimidade *concorrente*, em sede de substituição processual, de tal sorte que tanto o titular do direito material lesado (ou na iminência de sê-lo) quanto o substituto legal podem exercer a pretensão rescisória. Por outras palavras, em nosso meio, a substituição processual não se apresenta como uma obrigação ou dever do sindicato e sim como uma sua faculdade; caso não a exerça, isso não impedirá que o titular do direito substancial invoque a prestação da tutela jurisdicional do Estado em nome próprio. Na hipótese, contudo, de o sindicato ingressar com ação, na qualidade de substituto processual, os trabalhadores substituídos serão, sob o aspecto técnico, havidos como *terceiros*, pois não estarão integrando a relação jurídica processual. Destarte, neste caso, os trabalhadores, se desejarem rescindir a sentença proferida na mencionada causa, deverão ingressar em juízo na qualidade de *terceiros interessados*.

Em outro livro (*Litisconsórcio, assistência e intervenção de terceiros no processo do trabalho*. 3. ed. São Paulo: LTr, 1995. p. 54/55), quando estava a viger o CPC de 1973, tivemos oportunidade de escrever: "em rigor, o substituído (insistamos: ainda que tenha a titularidade do direito material controvertido em juízo), em face da relação processual que interliga substituto/Estado/réu, se apresenta como terceiro. Isso não quer significar que ele, para manifestar o seu intento de desistir da ação, deva se valer de uma das modalidades de intervenção de terceiro, de que se ocupa o Cap. VI, Título I, Livro I, do CPC, pois a nenhum dos pressupostos concernentes a essas intervenções se amoldaria a sua posição pessoal".

Inciso III. A legitimidade do Ministério Público, para o exercício da ação rescisória, é prevista nas letras "a" e "b".

Letra "a". Se o Ministério Público for parte na relação processual, é evidente que estará legitimado para a propositura da ação rescisória. Essa legitimidade também existirá quando o Ministério Público não for ouvido, na qualidade de fiscal da lei (*custos legis*), nos casos em que era obrigatória a sua intervenção. A intervenção não significa, aqui, que o *Parquet* devesse efetivamente ter se manifestado nos autos, e sim que tivesse sido intimado a fazê-lo. Convém recordar o disposto no art. 279 do CPC, segundo o qual será nulo o processo quando o Ministério Público não for intimado a acompanhar o feito em que deva intervir, exceto se ele entender que não houve prejuízo.

Letra "b". O conteúdo ético do processo, como método ou técnica de solução estatal monopolística dos conflitos de interesses, exige que o juiz, convencendo-se, pelas circunstâncias da causa, de que as partes se valeram do processo para praticar ato simulado ou conseguir objetivo defeso por lei profira sentença que iniba esse propósito, "aplicando, de ofício, as penalidades da litigância de má-fé" (CPC, art. 142). Caso, porém, essa colusão das partes não tenha sido percebida pelo magistrado, poderá o Ministério Público, após o trânsito em julgado da sentença, ingressar com ação rescisória, estribado no art. 967, III, "b", do CPC. Observe-se, entretanto que a legitimidade do Ministério Público, para exercer essa pretensão, não está condicionada a que este houvesse intervindo na causa onde foi prolatada a decisão rescindenda, como fiscal da lei. Se o Ministério Público atuou como parte naquele processo, então a sua legitimidade para aforar a rescisória brota do art. 966, V, do CPC.

Letra "c". Há casos em que a audiência do Ministério Público não é obrigatória, nem se trata de colusão entre as partes, com a finalidade de fraudar a lei, mas, mesmo assim, a sua atuação se impunha. Neste caso, o *Parquet* terá legitimidade para ingressar com ação rescisória. A norma em exame pressupõe que não se tenha concedido *oportunidade* para o Ministério Público manifestar-se nos autos em que a sua atuação se impunha. Se essa oportunidade lhe havia sido oferecida e o *Parquet* nada manifestou, é certo que não estará legitimado ao exercício da referida ação.

Inciso IV. Quem não foi ouvido no processo em que seria obrigatória a sua intervenção também está legalmente legitimado para ajuizar ação rescisória.

Parágrafo único. O art. 178 do CPC indica os casos em que a intervenção do Ministério Público nos autos é obrigatória. O que o parágrafo *sub examen* está a dizer nada mais é do que a necessidade de o *Parquet* ser intimado, com vistas ao art. 178, para intervir na qualidade de fiscal da ordem nos casos em que não figurar como parte.

Art. 968. A petição inicial será elaborada com observância dos requisitos essenciais do art. 319, devendo o autor:

I – cumular ao pedido de rescisão, se for o caso, o de novo julgamento do processo;

II – depositar a importância de cinco por cento sobre o valor da causa, que se converterá em multa caso a ação seja, por unanimidade de votos, declarada inadmissível ou improcedente.

§ 1º Não se aplica o disposto no inciso II à União, aos Estados, ao Distrito Federal, aos Municípios, às suas respectivas autarquias e fundações de direito público, ao Ministério Público, à Defensoria Pública e aos que tenham obtido o benefício de gratuidade da justiça.

§ 2º O depósito previsto no inciso II do *caput* deste artigo não será superior a 1.000 (mil) salários-mínimos.

§ 3º Além dos casos previstos no art. 330, a petição inicial será indeferida quando não efetuado o depósito exigido pelo inciso II do *caput* deste artigo.

§ 4º Aplica-se à ação rescisória o disposto no art. 332.

§ 5º Reconhecida a incompetência do tribunal para julgar a ação rescisória, o autor será intimado para emendar a petição inicial, a fim de adequar o objeto da ação rescisória, quando a decisão apontada como rescindenda:

I – não tiver apreciado o mérito e não se enquadrar na situação prevista no § 2º do art. 966;

II – tiver sido substituída por decisão posterior.

§ 6º Na hipótese do § 5º, após a emenda da petição inicial, será permitido ao réu complementar os fundamentos de defesa, e, em seguida, os autos serão remetidos ao tribunal competente.

• **Comentário**

Caput. A matéria era tratada no art. 488 do CPC revogado.

A norma determina que a petição inicial da ação rescisória seja elaborada com observância do contido no art. 319.

Examinemos esses requisitos.

a) *Juízo a que é dirigida.* Esse é o primeiro requisito objetivo, a que a petição inicial deve atender, nos termos do art. 319, I, do CPC. A CLT determina que essa petição contenha a "designação do presidente da Vara, ou do Juiz de Direito, a quem for dirigida" (art. 840, § 1º). Tratando-se, contudo, de matéria que integra a competência originária dos tribunais (ação rescisória, mandado de segurança, ação coletiva etc.) a petição inicial, também no processo do trabalho, indicará, no seu cabeçalho, o juízo a que é encaminhada.

O problema de se saber a quem a inicial deve ser dirigida se resolve, sem maiores dificuldades, segundo as normas legais definidoras da competência dos diversos órgãos jurisdicionais; algumas dessas normas são de ordem constitucional, como é o caso do art. 114, da Suprema Carta, que fixa a competência da Justiça do Trabalho. No caso da ação rescisória, a competência é a originária dos tribunais, estando prevista na CLT (arts. 678, I, "c", 2, por exemplo) e nos regimentos internos.

Anotam, porém, Nelson Nery Junior e Rosa Maria Andrade Nery (*Código de processo civil comentado*. 3. ed. São Paulo: Revista dois Tribunais, 1997. p. 488): "Quando tratar-se de acórdão de mérito complexo, para o qual tenham concorrido mais de um órgão judiciário, a competência para o processamento e julgamento da rescisória será do órgão maior, já que não se admite caber rescisória a mais de um tribunal. Assim, se, por exemplo, o órgão plenário ou especial do tribunal conheceu do incidente, pronunciando-se sobre a inconstitucionalidade de lei (CPC, art. 480 – atual art. 948), julgando o mérito do incidente, mas o julgamento do mérito da ação ou recurso coube à câmara, a rescisória do acórdão é da competência do pleno ou órgão especial, tenha ou não declarado a inconstitucionalidade da lei".

A Súmula n. 429, do STF, por sua vez, estabelece que: "É competente o STF para a ação rescisória, quando embora não tendo conhecimento do recurso extraordinário, ou havendo negado provimento a agravo, tiver apreciado a questão federal controvertida".

Art. 968

Sob outro aspecto, dispõe a Súmula n. 515, do mesmo Tribunal: "A competência para a ação rescisória não é do Supremo Tribunal Federal, quando a questão federal, apreciada no recurso extraordinário ou no agravo de instrumento seja diversa da que foi suscitada no pedido rescisório".

b) Nomes, prenomes, estado civil, existência de união estável, profissão, número de inscrição no CPF ou no CNPJ, o endereço eletrônico, domicílio e residência do autor e do réu. A CLT menciona, apenas, a qualificação das partes (art. 840, § 1º).

Os nomes, prenomes, estado civil, existência de união estável, profissão, número de inscrição no CPF ou no CNPJ dos litigantes se destinam não só a propiciar o exame da legitimidade (ativa e passiva), como a verificar a configuração de litispendência ou de coisa julgada e a evitar certos problemas ligados à homonímia. A mera indicação do nome seria insuficiente para isso; daí por que a lei exige a consignação do prenome, ou apelido-de-família e outros dados pessoais. A informação quanto ao estado civil, em rigor, só se justifica para definir se há necessidade de consentimento uxório ou marital ou de citação de ambos os cônjuges. Nas ações trabalhistas, quase sempre, o réu é pessoa jurídica; assim, caberá ao autor apontar a denominação do estabelecimento ("empresa"), e, de preferência, a sua forma de constituição (sociedade por quotas de responsabilidade limitada, sociedade anônima etc) e a sua natureza jurídica (de direito público ou de direito privado), além do número da inscrição no CNPJ.

No caso de grupo econômico-financeiro, é indispensável a indicação de todas as sociedades que o integram, desde que o autor pretenda que elas se tornem responsáveis pelo adimplemento da obrigação que se contiver no título executivo emitido em seu favor. A pessoa jurídica que não fez parte da relação jurídica estabelecida no processo de conhecimento não terá legitimidade para figurar no polo passivo da relação processual que se constituir na execução. Embora a Súmula n. 205, do TST, tenha sido cancelada, não há razão jurídica para abandonar o entendimento que nela estava expresso. Essa regra deve ser observada, enfim, *mutatis mutandis*, sempre que o autor pretender que mais de um réu venha a satisfazer, patrimonialmente, no momento oportuno, os direitos que lhe forem reconhecidos pelo acórdão rescisório, condenatório, passado em julgado (regimes litisconsorciais).

No processo do trabalho, a menção ao domicílio e à residência do réu dizem respeito menos aos aspectos de definição da competência do que à necessidade de comunicação dos atos processuais, máxime, o citatório. Se o réu estiver em lugar incerto, ou desconhecido, esse fato deverá ser esclarecido na inicial, cumprindo ao autor requerer que a citação seja efetuada por meio de edital (CLT, art. 841, § 1º).

Se o trabalhador não tiver capacidade para estar em juízo (legitimidade *ad processum*), deverá ser representado pelo pai, mãe, tutor, curador, ou, na falta destes, pela Procuradoria da Justiça do Trabalho (CLT, art. 793), ou, finalmente, por um curador à lide. Nestas hipóteses, a petição inicial deverá referir a representação processual, a fim de que o juiz possa examinar a sua regularidade. A capacidade para estar em juízo (assim como a para ser parte, que a precede) traduz pressuposto legal indispensável para a constituição e o desenvolvimento regulares da relação jurídica processual, motivo por que a sua falta, não sendo suprida no prazo assinado pelo relator (CPC, art. 321, *caput*), provocará a extinção do processo sem julgamento do mérito da causa (CPC, arts. 321, parágrafo único, e 485, IV), podendo, exatamente por isso, ser declarada *ex officio* (*ibidem*, § 3º).

A petição inicial deve conter, ainda, o endereço do advogado do autor, para efeito de intimação (CPC, art. 106, I); verificando que a inicial é omissa nesse ponto, o relator, antes de ordenar a citação do réu, imporá ao autor que a complete, no prazo de 48 horas, sob pena de indeferimento da petição inicial e consequente extinção do processo sem exame do mérito (CPC, arts. 106, § 1º e 485, I). Mesmo quando estiver atuando em causa própria, o autor deverá fornecer o endereço em que recebe intimações.

c) O fato e os fundamentos jurídicos do pedido. A CLT, como dissemos, exige que o autor elabore, na inicial, "uma breve exposição dos fatos de que resulte o dissídio" (art. 840, § 19).

Os fatos e os fundamentos jurídicos do pedido formam a causa de pedir (*causa petendi*).

Fatos, para os efeitos ao art. 319, III, do digesto processual civil, não compreendem apenas os acontecimentos da vida, mas, também, aqueles sucessos que se acham abstratamente previstos em lei. São, pois, fatos jurídicos, cuja subsunção à norma legal incidente é obra que compete ao juiz (*da mihi factum, dabo tibi ius*). Incumbe às partes, portanto, proceder à narração (fiel) dos fatos, e, ao juiz, à (precisa) categorização jurídica dos mesmos.

Em termos práticos, isso equivale a afirmar que eventual erro do autor, na categorização jurídica dos fatos expostos na inicial, em nada o prejudicará, porquanto essa conformação dos fatos ao ordenamento jurídico é mister que está afeto ao juiz. O processo do trabalho, mais do que qualquer outro, deve mostrar-se sensível a essa possibilidade de o juiz corrigir ocasional equívoco do autor na tipificação jurídica dos fatos, em nome do princípio da simplicidade — cada vez mais vergastado pelo formalismo injustificável que se vem instalando no âmbito deste processo. Referida providência judicial só não deverá ser adotada se passível de acarretar manifesto prejuízo ao direito de defesa do réu.

De outro extremo, se o autor conferiu exata categorização jurídica aos fatos, mas formulou erroneamente os pedidos, não será lícito ao juiz realizar a necessária adequação dos pedidos. A solução, que

Código de Processo Civil

se dá aqui ao problema, é diversa da sugerida no tocante à mera imperfeição na categorização dos fatos porque o juiz se encontra legalmente vinculado aos pedidos formulados pelo auto. É por esse motivo que falamos, em linhas anteriores, no princípio da *adstrição* aos pedidos (Pontes de Miranda), que é subordinante da entrega da prestação jurisdicional, inclusive a trabalhista, exceto em sede de ação coletiva.

Como assinalamos no início deste comentário, não é bastante, para atender às exigências legais (e, por certo, aos ditames do bom-senso), que o autor narre, tão-só, os fatos relevantes; é imprescindível que o faça de modo preciso, claro e conciso, ou seja, com especificação, nitidez e brevidade, sob pena de não serem compreendidos pelo juiz, ou, se o forem, tornar-se maçante a leitura de sua narração.

Acrescentemos que a exposição dos fatos, além disso, deve obedecer a uma sequência lógica, ordenada, de tal forma que fluam com leveza e naturalidade, do primeiro ao último. Poucas coisas provocam tanta irritação no leitor quanto as narrações a que denominamos de "dessultórias", assim conceituadas aquelas em que o narrador salta de um fato para outro, vai ao fim e retorna ao começo, e nisso se consome, emaranhando e encambulhando os fatos com esses tumultuantes volteios do seu pensamento, que só fazem render tributos à obscuridade ou à ambiguidade.

Fundamentos jurídicos do pedido. Após realizar a exposição dos fatos, o autor deverá mencionar os fundamentos jurídicos de sua pretensão. Tais fatos e fundamentos compõem, assim, a causa de pedir e revelam os motivos pelos quais o autor está a impetrar a prestação da tutela jurisdicional.

A ausência da *causa petendi* tornará inepta a petição inicial (CPC, art. 330, § 1º, I) e ensejará a extinção do processo, sem pronunciamento sobre as questões de fundo, da demanda (CPC, art. 485, I).

Entrementes, dispõe a Súmula n. 408, do TST: "Não padece de inépcia a petição inicial de ação rescisória apenas porque omite a subsunção do fundamento de rescindibilidade no art. 485 do CPC ou o capitula erroneamente em um de seus incisos. Contanto que não se afaste dos fatos e fundamentos invocados como causa de pedir, ao Tribunal é lícito emprestar-lhes a adequada qualificação jurídica (*iura novit curia*). No entanto, fundando-se a ação rescisória no art. 485, inc. V, do CPC, é indispensável expressa indicação, na petição inicial da ação rescisória, do dispositivo legal violado, por se tratar de causa de pedir da rescisória, não se aplicando, no caso, o princípio *iura novit cúria*". Uma nótula oportuna: a referência, agora, é ao art. 966, V, do atual CPC, que substituiu a violação a *literal disposição de lei* pela violação manifesta *à norma jurídica*.

Nos domínios doutrinais, formaram-se duas correntes acerca da causa de pedir, que vieram a desembocar nas teorias: a) da *substanciação*; e b) da *individuação*. Diz-se, pela primeira, de origem germânica, que a *causa petendi* corresponde ao fato ou ao conjunto factual capaz de fundamentar as pretensões do autor, pois é dele que emana a conclusão (pedido). Dessa forma, é bastante que o autor aponte a relação jurídica substancial, da qual decorre o seu pedido, para que a causa de pedir se defina. A segunda, também nascida no seio da doutrina alemã, considera que a causa de pedir é a relação ou estado jurídico afirmado pelo autor como base de sua pretensão, colocando-se, com isso, o fato em posição secundária, salvo quando indispensável para individualizar a relação jurídica. Em suma, a *causa petendi*, para essa teoria, é formada pelos fatos alegados e pela correspondente repercussão que esses fatos produzem na ordem jurídica.

Não versando, este Capítulo, sobre questões atinentes à teoria geral do processo, não nos cabe, aqui, entretecer demorados comentários a respeito de outros aspectos concernentes às teorias citadas. Cumpre-nos observar, porém, que o art. 319, inciso III, do CPC, ao exigir, como um dos requisitos para a validade da petição inicial, a indicação dos fatos e dos fundamentos jurídicos do pedido, dá mostras de haver perfilhado a teoria da *substanciação* da causa de pedir. Não há, nisso, aliás, nenhuma novidade, pois o art. 158, inciso III, do diploma processual de 1939, já refletia a adoção da aludida teoria, advertindo, inclusive, que os fatos e os fundamentos jurídicos deveriam ser expostos "com clareza e precisão", de maneira que o réu pudesse preparar a defesa — e, também, que fosse possível ao juiz compreendê-los, aditamos.

Apressemo-nos em esclarecer que fundamentos jurídicos e fundamentos legais, ao contrário do que se tem imaginado, não são a mesma coisa. Enquanto estes últimos se referem aos dispositivos constantes do ordenamento normativo (leis, cláusulas contratuais ou inseridas em acordos ou convenções coletivas, ou, ainda, em acórdãos proferidos pelos tribunais, no exercício da jurisdição normativa), que atribuem ao autor o direito alegado, aqueles constituem a moldura jurídica dos fatos narrados, ou seja, a relação jurídica em que se baseiam os pedidos. Os fundamentos jurídicos, por estarem ligados ao objeto do processo, são extremamente importantes, dentre outras coisas, para: a) aferir a juridicidade dos pedimentos; b) determinar a individuação da demanda, com a finalidade de configurar a existência, ou não, de litispendência; c) estabelecer os limites — subjetivos e objetivos — da coisa julgada material.

Demais, conquanto o juiz possa apreciar os pedidos por fundamentos legais diversos dos apresentados pelo autor, não lhe será lícito fazê-lo por fundamentos jurídicos não indicados pela parte.

d) O pedido e suas especificações. A CLT, em seu art. 840, § 1º, como não poderia deixar de ser, faz expressa referência ao pedido.

Art. 968

Dada a importância de que se reveste o pedido, no corpo da petição inicial, em particular, e no contexto do processo, em geral, a ele dedicaremos um Capítulo específico, neste livro. Essa importância pode ser mensurada pelo fato de o pedido constituir-se numa espécie de bitola que delimita a lide, e, em consequência, a própria entrega da prestação jurisdicional. Rememore-se a advertência feita pelo art. 141, do CPC, de que o juiz deve solucionar a demanda "nos limites em que foi proposta".

Por ora, devemos apenas antecipar que o pedido constitui o objeto da demanda, o motivo, enfim, pelo qual alguém ingressa em juízo para impetrar a prestação da tutela jurisdicional. Ninguém ingressa em juízo, simplesmente, por ingressar; ingressa-se para formular pedidos, para deduzir pretensões. Podemos, na verdade, classificar os pedidos em *imediatos* e *mediatos*. O *imediato* consiste na invocação da tutela jurisdicional; aqui, o indivíduo se limita a ativar essa função estatal. O *mediato* é representado pela utilidade ou pelo bem da vida, que o autor pretende obter, ao impetrar a proteção jurisdicional do Estado. Essa é a mais pura razão pela qual ele ingressa e juízo.

No plano da ação rescisória, *imediato* é o pedido ligado à consecução da tutela rescindente; *mediato*, o que reside na efetiva desconstituição da coisa julgada (pronúncia constitutiva negativa), seguida, em alguns casos, de novo julgamento da causa (pronúncia virtualmente condenatória). A propósito, é conveniente lembrar que o art. 968, inciso I, do CPC, determina que o autor, quando for o caso, cumule ao pedido de rescisão (*iudicium rescindens*) o de novo julgamento da lide (*iudicium rescissorium*).

e) o valor da causa. Toda causa deverá ter um valor certo, ainda que não possua valor econômico imediato (CPC, art. 291). O Código estabelece, no art. 292, os critérios objetivos para a determinação do valor da causa. Nada refere, todavia, quanto à ação rescisória; daí, a polêmica doutrinária e jurisprudencial que há sobre o assunto. De modo geral, vinha-se entendendo que o valor da causa, na ação rescisória, seria o da causa originária, em que foi proferida a decisão rescindenda, corrigido monetariamente. Todavia, o TST editou a Instrução Normativa n. 31, de 27.9.2007, para estabelecer que esse valor, no caso de a decisão rescindenda haver sido proferida no processo de conhecimento, corresponderá: "I — no caso de improcedência, ao valor dado à causa no processo originário ou aquele que for fixado pelo Juiz; II — no caso de procedência, total ou parcial, ao respectivo valor arbitrado à condenação" (art. 2º). Se a decisão rescindenda foi emitida no processo de execução, o valor da causa corresponderá "ao valor apurado em liquidação de sentença" (art. 3º). Há, contudo, uma situação não prevista nessa Instrução: quando a rescisória for exercida na fase de execução, sem que o valor do débito tenha sido, ainda, "apurado em liquidação de sentença". Como não se pode inibir o exercício da ação rescisória, sob o argumento de que ainda não foi fixado nenhum valor na fase de liquidação, a solução será considerar-se o valor atribuído à causa, no processo original, ou o valor arbitrado à condenação, conforme seja o caso. O valor da causa, na ação rescisória, será reajustado pela variação acumulada do INPC do IBGE até a data do seu ajuizamento (art. 4º).

O Supremo Tribunal Federal firmou o entendimento de que, na ação rescisória, o valor da causa deve ser o mesmo que se atribuiu à demanda que foi apreciada pelo acórdão rescindendo. Para que esse critério seja aceitável, torna-se indispensável, todavia, a correção monetária do aludido valor, que não é "rendimento" do capital, como tem alardeado a retórica oficial, senão que mero fator de recomposição do poder de compra, do dinheiro. O TST, no entanto, como vimos, pela Instrução Normativa n. 31/2007 regulamentou a forma de realização do depósito prévio, em ação rescisória, previsto no art. 836 da CLT (arts. 2º e 3º).

Tanto na ação rescisória quanto na de segurança se o relator verificar que a inicial não contém o valor da causa não deve assinar prazo de quinze dias para que o autor supra a falta — sob pena de indeferimento (CPC, art. 321) e consequente extinção do processo sem resolução do mérito (CPC, art. 485, I) —, mas, fixar, ele próprio, esse valor, nos termos do art. 2º, *caput*, da Lei n. 5.584/70. Por outro lado, nos termos do § 3º, do art. 292, do CPC, o juiz deverá corrigir o valor da causa quando verificar que não corresponde ao conteúdo patrimonial em discussão ou ao proveito econômico buscado pelo autor.

f) as provas com que o autor pretende demonstrar a verdade dos fatos alegados. Conforme seja o fundamento da ação rescisória a o conteúdo da contestação que o réu vier a oferecer, haverá necessidade de serem produzidas provas. Sendo assim, cumprirá ao autor indicar, já na petição inicial, os meios probantes de que se valerá para demonstrar a veracidade dos fatos alegados naquela peça. Mais adiante, examinaremos a produção de provas no âmbito da ação rescisória. Para já, todavia, é proveitoso observar que se houver necessidade de produção de provas orais, caberá ao relator mandar expedir carta de ordem a juiz de primeiro grau, fixando-lhe o prazo de um a três meses dias para a devolução dos autos, com as diligências cumpridas (CPC, art. 972). Nem se ignore a regra contida no art. 787, da CLT, segundo a qual a petição inicial deverá, desde logo, ser instruída com os documentos em que se funda a ação.

Uma nótula sobre o requerimento para a citação do réu

No sistema do CPC de 1973, cabia ao autor, também, formular requerimento de citação do réu. Procurando justificar esse requisito da petição inicial, Nelson Nery Junior e Rosa Maria A. Nery, (obra cit., p. 567) argumentaram que "A relação processual só se aperfeiçoa com a citação do réu, motivo por que o autor deverá requerer essa providência, já na petição inicial. O requerimento tem, ainda, sentido porque, dado o princípio dispositivo, que fundamenta o direito processual civil, ninguém é obrigado a litigar contra quem não queira. O autor, portanto, não é obrigado a dirigir sua ação contra determinado réu. Daí a necessidade de a citação ser requerida para poder ser deferida pelo juiz".

Não concordávamos, *data venia*, com essa opinião. Particularmente, entendíamos que seria perfeitamente dispensável a exigência legal para que o autor requeresse a citação do réu. Se é certo que o autor não estava obrigado a litigar contra quem não tivesse sido por ele indicado, não menos verdadeiro é que fato de ele haver ingressado em juízo e indicado, na petição inicial, o nome do réu, deixava clara a sua intenção de demandar em face da pessoa nominada. A não se entender desse modo, por que motivo ele teria ingressado em juízo? Concluíamos, dizendo: sejamos francos, de *lege ferenda* poderia ser dispensada essa exigência, sem prejuízo da clareza quanto à pessoa que devesse figurar no polo passivo da relação processual.

O atual CPC parece haver acolhido a nossa sugestão (art. 319).

Inciso I. A lei permite ao autor cumular ao pedido de desconstituição da coisa julgada material o de novo julgamento da lide. Em determinadas situações, será suficiente a desconstituição da coisa julgada (*iudicium rescindens*), como ocorre quando a ação rescisória é fundada na ofensa à coisa julgada (art. 966, IV): rescindida a segunda sentença (ou acórdão), estará automaticamente restabelecida a coisa julgada produzida pela primeira sentença. Em outros casos, no entanto, o simples desfazimento da *res iudicata* não é bastante para atender aos interesses do autor; por isso, a ele incumbirá requerer, na inicial, que além do *iudicium rescindens* o tribunal realize o *iudicium rescissorium*, proferindo um novo julgamento da causa após haver desconstituído a coisa julgada. O novo julgamento da causa, todavia, não significa que seja realizado de maneira favorável ao autor: o acórdão rescindendo, ainda que em situações extraordinárias, poderá rejeitar-lhe o pedido de mérito.

Inciso II. Depósito pecuniário. O CPC de 1973, nos arts. 488, I, e 494, exigia que o autor depositasse quantia correspondente a 5% do valor da causa a título de multa, caso a ação rescisória fosse, por unanimidade de votos, "declarada inadmissível, ou improcedente"(*sic*). O art. 836, *caput*, da CLT, por força da Lei n. 7.351, de 27 de agosto de 1985, passou a admitir a ação rescisória na Justiça do Trabalho, "*dispensado o depósito referido nos arts. 488, inciso I, e 494 daquele diploma legal*" (destacamos). O argumento que estava implícito nessa norma legal dizia respeito à incompatibilidade da multa prevista no CPC com o processo do trabalho. Ulteriormente, no entanto, edita-se a Lei n. 11.495, de 22 de junho de 2007, que dá nova redação ao art. 836, *caput*, da CLT, para dispor que, na ação rescisória, o autor deverá efetuar o "depósito prévio de 20% (vinte por cento) do valor da causa, salvo prova de miserabilidade jurídico-do autor". Ora, que lógica seria capaz de justificar o fato de, até então, o depósito de 5%, previsto no art. 488, II, do CPC, ser incompatível com o processo do trabalho, mas, agora, o depósito de 20% ser plenamente compatível com esse processo? Estamos, na verdade, diante de um assombroso surrealismo legislativo, que somente pode ser entendido como produto de uma imperscrutável conveniência do legislador em atender aos interesses dos Tribunais do Trabalho, pois deles é a competência originária para o julgamento de ações rescisórias. Se o escopo do legislador era reduzir, drasticamente, o número dessas ações, não podemos deixar de reconhecer a eficiência de sua estratégia, conquanto lamentemos a possibilidade, por exemplo, de violações à própria Constituição da República, perpetradas por sentenças ou acórdãos, se tornarem definitivas, imutáveis. Podemos dizer que embora o exercício da ação rescisória seja legalmente admitido na Justiça do Trabalho, na prática, esse exercício está gravemente coarctado pela mesma lei, ao exigir a realização de prévio depósito pecuniário. Só nos resta contar os mortos.

O CPC atual, mais sensato, manteve a exigência do depósito de somente cinco por cento sobre valor da causa (art. 968, II). Essa quantia verterá para a parte contrária, caso a ação rescisória seja julgada inadmissível ou improcedente por unanimidade de votos.

O TST, pela Resolução n. 141, de 27.9.2007, editou a Instrução Normativa n. 31, regulamentando a forma de realização do depósito prévio em ação rescisória, previsto no art. 836, da CLT.

Dispõe a referida Instrução:

Art. 1º (...)

Art. 2º O valor da causa da ação rescisória que visa desconstituir decisão da fase de conhecimento corresponderá:

I — no caso de improcedência, ao valor dado à causa do processo originário ou aquele que for fixado pelo Juiz;

II — no caso de procedência, total ou parcial, ao respectivo valor arbitrado à condenação.

Art. 3º O valor da ausa da ação rescisória que visa desconstituir decisão da fase de execução corresponderá ao valor apurado em liquidação de sentença.

Art. 4º O valor da causa da ação rescisória, quer objetive desconstituir decisão da fase de conhecimento ou decisão da fase de execução, será reajustado pela variação cumulada do INPC do IBGE até a data do seu ajuizamento.

Art. 5º O valor depositado será revertido em favor do réu, a título de multa, caso o pedido deduzido na ação rescisória seja julgado improcedente.

Art. 6º O depósito prévio não será exigido da massa falida e quando o autor perceber salário igual ou inferior ao dobro do mínimo legal, ou declarar, sob as penas da lei, que não está em condições de pagar as custas do processo sem prejuízo do sustento próprio ou de sua família.

Art. 7º Esta Instrução Normativa entra em vigor na data de sua publicação.

Sala de Sessões, 27 de setembro de 2007.

Ana Lúcia Rego Queiroz

Secretária do Tribunal Pleno.

O art. 6º dessa Instrução, ao mencionar ao mencionar que estará dispensado do depósito prévio o autor que perceber salário igual ou inferior ao dobro do mínimo legal, ou declarar, sob as penas da lei, não estar em condições de pagaras custas do processo sem detrimento do sustento pessoal ou familiar, não está como se possa imaginar, restringindo o benefício da dispensa do depósito a quem aufere *salário*, ou seja, ao empregado. Fazê-lo, seria contravir o art. 836, *caput*, da CLT, que isenta desse depósito o *autor* (da rescisória) — seja este empregado, seja empregador —, contanto que faça prova de sua miserabilidade. Haveria, também, escoriação ao art. 5º, *caput*, da Constituição Federal, que proclama a igualdade de todos perante a lei. Em suma, comprovando o empregador — pessoa física ou jurídica — não dispor, efetivamente, de condições financeiras para realizar o depósito prévio de que fala o art. 836, *caput*, da CLT, deverá ser dele dispensado.

Se a ação rescisória se dirigir apenas a parte da decisão rescindenda, o valor do depósito prévio, no caso do inciso II do art. 2º da Instrução Normativa n. 31/2007 corresponderá a 20%dessa parte, e será reajustado na forma do § 4º da aludida Resolução.

Posteriormente, o TST editou a Resolução n. 154, de 16.2.2009, alterando a redação do art. 5º da Instrução Normativa n. 31/2007:

"Art. 1º O art. 5º da Instrução Normativa n. 31, aprovada pela Instrução n. 141, passa a vigorar com a seguinte redação:

'Art. 5º O valor depositado será revertido em favor do réu, a título de multa, caso o pedido deduzido na ação rescisória seja julgado, por unanimidade de votos, improcedente ou inadmissível'.

Art. 2º Esta Resolução entra em vigor na data de sua publicação.

Ministro RIDER DE BRITO

Presidente do Tribunal Superior do Trabalho".

§ 1º A exigência do depósito pecuniário não se aplica à União, ao Estado, ao Distrito Federal, ao Município, suas autarquias e fundações de direito público, ao Ministério Público, à Defensoria Pública e a todos os que tenham obtido o benefício da gratuidade da justiça.

§ 2º A fim de evitar que o depósito previsto no inciso II fosse abusivo, descomedido, o legislador impôs-lhe o limite de mil salários-mínimos. Esse salário-mínimo deverá ser o vigente na sede do tribunal, na data da propositura da ação. A norma não se aplica ao processo do trabalho, cujo art. 836, *caput*, não fixa limite parta a realização do depósito: exige que correspsonda a 20% do valor da causa.

§ 3º A petição inicial da ação rescisória será indeferida não somente nos casos mencionados no art. 330 do CPC — lembrando-se que esse dispositivo legal faz remissão integrativa aos arts. 106 e 321 do mesmo Código —, como também quando não for efetuado o depósito pecuniário previsto no art. 836, *caput*, da CLT, exceto se o autor tiver sido dispensado desse encargo.

§ 4º É aplicável à ação rescisória o disposto no art. 332 do mesmo CPC, que trata da rejeição liminar do pedido. Consta essa norma legal: "Art. 332. Nas causas que dispensem a fase instrutória, o juiz, independentemente da citação do réu, julgará liminarmente improcedente o pedido que contrariar: I — enunciado de súmula do Supremo Tribunal Federal ou do Superior Tribunal de Justiça; II — acórdão proferido pelo Supremo Tribunal Federal ou pelo Superior Tribunal de Justiça em julgamento de recursos repetitivos; III — entendimento firmado em incidente de resolução de demandas repetitivas ou de assunção de competência; IV — enunciado de súmula de tribunal de justiça sobre direito local. § 1º O juiz também poderá julgar liminarmente improcedente o pedido se verificar, desde logo, a ocorrência de decadência ou de prescrição. § 2º Não interposta a apelação, o réu será intimado do trânsito em julgado da sentença, nos termos do art. 241. § 3º Interposta a apelação, o juiz poderá retratar-se em 5 (cinco) dias. § 4º Se houver retratação, o juiz determinará o prosseguimento do processo, com a citação do réu, e, se não houver retratação, determinará a citação do réu para apresentar contrarrazões, no prazo de 15 (quinze) dias".

§ 5º Na hipótese de o tribunal declarar a sua incompetência para julgar a ação rescisória, o autor deverá ser intimado para emendar a petição inicial com a finalidade de adequá-la ao objeto da ação, redirecionando-a ao tribunal competente, quando a decisão indicada como rescindenda ajustar-se a uma das situações previstas nos incisos I e II. Cuida-se, portanto, de uma espécie de reengenharia judiciária destinada, entre outras coisas, a preservar os efeitos processuais inerentes ao protocolo da petição inicial da rescisória.

Inciso I. Não tiver apreciado o mérito e não se enquadrar na situação referida no § 2º do art. 966, que declara ser rescindível a decisão transitada em julgado, mesmo que não tenha apreciado o mérito, impedindo, com isso: a) a propositura da demanda; ou b) a admissibilidade do recurso correspondente.

Inciso II. Substituída por decisão posterior. É evidente que se a decisão rescindenda tiver sido substituída por outra não poderá ser objeto de ação rescisória, pela simples razão de haver sido eliminada da ordem jurídica. Neste caso, faltará ao autor o indispensável interesse processual.

§ 6º Feita a emenda da petição inicial, nos termos do § 5º, será facultado ao réu complementar os fundamentos da defesa; em seguida, os autos serão remetidos ao tribunal competente.

Código de Processo Civil

Art. 969. A propositura da ação rescisória não impede o cumprimento da decisão rescindenda, ressalvada a concessão de tutela provisória.

• **Comentário**

O tema constava do art. 489 do CPC revogado.

Na tradição do direito processual civil brasileiro, a ação rescisória não suspendia a execução da sentença ou do acórdão rescindendos. Lia-se, com efeito, no art. 489, do CPC de 1973, em sua redação original: "A ação rescisória não suspende a execução da decisão rescindenda". Admitido o exercício da ação rescisória na Justiça do Trabalho (inicialmente, pela jurisprudência e depois pela Lei n. 7.351/1985) passamos a sustentar, em livros, a necessidade de, em determinados casos, ser suspensa a execução do pronunciamento jurisdicional que se pretendia rescindir. Como o art. 489, do CPC, constituía um expressivo obstáculo à concretização desse pensamento, sugerimos o uso de ação cautelar inominada, derivante do poder geral de cautela que o art. 798 daquele Código atribuía aos magistrados. Com isso, ingressava-se em juízo com duas ações: a rescisória e a cautelar, que eram distribuídas ao mesmo relator; este, então, poderia conceder medida liminar cautelar para ordenar a suspensão da decisão rescindenda. Dessa maneira, não se contrariava a regra proibitiva inserta no art. 489, do CPC, pois a suspensão da execução não era obtida nos autos da ação rescisória, e sim, nos da ação cautelar inominada. Esse procedimento acabou por tornar-se praxe no âmbito da Justiça do Trabalho.

Tempos depois, reformula-se (Lei n. 11.280/2006) a redação do art. 489, do CPC, para dispor que "O ajuizamento da ação rescisória não impede o cumprimento da sentença ou acórdão rescindendo, *ressalvada a concessão, casos imprescindíveis e sob os pressupostos previstos em lei, de medidas de natureza cautelar ou antecipatória de tutela*"" (destacamos). O legislador não resistiu, pois, à força da realidade, traduzida nas manifestações doutrinárias e jurisprudenciais que argumentavam com a necessidade que quebrar-se a rigidez do art. 489, do CPC, para permitir, em certas situações, a suspensão da execução do pronunciamento jurisdicional rescindendo.

O art. 969 do CPC atual preservou essa conquista. Deste modo, após afirmar que a propositura da ação rescisória não suspende a execução da decisão que se visa a rescindir, ressalva a concessão de tutela provisória (de urgência e da evidência). Em essência, repetiu a disposição do art. 489, do CPC de 1973, se considerarmos que, sob certo aspecto, as tutelas de urgência vieram a ocupar o lugar do poder geral de cautela, e as tutelas da evidência são a nova face da antecipação dos efeitos da tutela.

Da conjugação do art. 969 com os arts. 294/311 do CPC atual concluímos que a suspensão da execução da decisão rescindenda pode ser obtida: a) incidentalmente, nos próprios autos da ação rescisória; b) antecedentemente à ação rescisória, mediante ação específica (art. 305).

No caso da letra "b", retro, o autor deve estar atento à regra contida nos incisos I a III do art. 309, do CPC, que aponta os casos de cessação da eficácia da medida (tutela de urgência) concedida em caráter antecedente.

Art. 970. O relator ordenará a citação do réu, designando-lhe prazo nunca inferior a 15 (quinze) dias nem superior a 30 (trinta) dias para, querendo, apresentar resposta, ao fim do qual, com ou sem contestação, observar-se-á, no que couber, o procedimento comum.

• **Comentário**

A matéria era regida pelo art. 491 do CPC revogado.

O réu será citado para oferecer contestação, no prazo de quinze a trinta dias, a critério do relator. No sistema do processo civil, se os réus possuírem diferentes procuradores ser-lhes-á contado em *dobro* o prazo para responder (CPC, art. 229), cujo critério deverá ser adotado, também, em relação à Fazenda Pública, ao Ministério Público e à Defensoria Pública (*ibidem*). A jurisprudência trabalhista, entretanto, incidindo em grave equívoco, entende ser esse prazo dúplice incompatível com o processo do trabalho, argumentando com o princípio da celeridade, inerente a este processo (TST, SBDI-I, OJ n. 310). Ora, o que representa uma simples duplicação de prazo, quando se sabe que o próprio TST — em virtude da pletora dos feitos que deságuam naquele Corte Superior — leva, muitas vezes, *anos* para julgar um recurso? E o que não de dizer das execuções que, não raro, consomem mais tempo do que o próprio processo de conhecimento?

No processo do trabalho, sendo réu a Fazenda Pública o prazo será contado em quádruplo, por força da regra contida no art. 1º, II, do Decreto-Lei n. 779/69.

Estabelece a parte final do art. 970 do CPC que se o réu deixar de contestar no prazo que lhe foi assinado observar-se-á, no que couber, o procedimento comum. Diante disso, indagamos: pode haver revelia em ação rescisória? A resposta é evidente: sim. Para que nossa conclusão possa ser adequadamente entendida, devemos dizer que revelia nada mais é do que um *fato processual*, caracterizado pela ausência injustificada de contestação do réu. O *efeito* da revelia é a presunção de veracidade dos fatos alegados na petição inicial (CPC, art. 344). Esse efeito, entretanto, não se verifica, entre outras situações, quando:

a) havendo pluralidade de réus, algum deles contestar a ação (exceto se os interesses dos litisconsortes passivos forem conflitantes), conforme consta do art. 345, I, do CPC.

A referência legal à "pluralidade de réus" nos coloca diante do tema do litisconsórcio (no caso, passivo). Por isso, revela-se oportuna a transcrição da Súmula n. 406, do TST: "I — O litisconsórcio, na ação rescisória, é necessário em relação ao polo passivo da demanda, porque supõe uma comunidade de direitos ou de obrigações que não admite solução díspar para os litisconsortes, em face da indivisibilidade do objeto. Já em relação ao polo ativo, o litisconsórcio é facultativo, uma vez que a aglutinação de autores se faz por conveniência e não, pela necessidade decorrente da natureza do litígio, pois não se pode condicionar o exercício do direito individual de um dos litigantes no processo originário à anuência dos demais para retomar a lide. II — O Sindicato, substituto processual e autor da reclamação trabalhista, em cujos autos fora proferida a decisão rescindenda, possui legitimidade para figurar como réu na ação rescisória, sendo descabida a exigência de citação de todos os empregados substituídos, porquanto inexistente litisconsórcio passivo necessário".

Devemos fazer um pequeno reparo doutrinário à Súmula. A sua alusão, no inciso II, ao fato de o litisconsórcio necessário não admitir "solução díspar" é, *data venia*, equivocada, uma vez que esta é a característica do litisconsórcio *unitário*. Um regime litisconsorcial pode ser necessário, sem que a solução da lide seja uniforme para todos os compartes;

b) o litígio versar sobre direitos indisponíveis (CPC, art. 345, II);

c) a petição inicial não estiver acompanhada do instrumento público, que a lei considere indispensável à prova do ato, como a escritura pública e um imóvel, devidamente registrada (CPC, art. 345, III).

Feitas essas considerações, perguntamos: embora possa haver revelia, na ação rescisória, aqui também ocorrerá o *efeito* da revelia? Certamente que não. A presunção de veracidade dos fatos narrados na petição inicial não se pode sobrepor à coisa julgada material que se visa a desconstituir. Afinal, a coisa julgada traduz matéria de ordem pública, que, por esse motivo, não pode ser subjugada por mera presunção de confissão. Em termos práticos, isso corresponde a asseverar que, mesmo sendo o réu revel, o autor continuará com o ônus de demonstrar a verdade dos fatos alegados na petição inicial. Por isso, o relator deverá intimar o autor, fim de que este especifique as provas que deseja produzir em audiência (CPC, art. 348). Por outras palavras: em sede de ação rescisória, mesmo ocorrendo a revelia, o tribunal não poderá proceder ao julgamento antecipado do mérito, com fundamento no inciso II do art. 356 do CPC.

No mesmo rumo, a Súmula n. 398, do TST: "Na ação rescisória, o que se ataca na ação é a sentença, ato oficial do Estado, acobertado pelo manto da coisa julgada. Assim sendo, e considerando que a coisa julgada envolve questão de ordem pública, a revelia não produz confissão na ação rescisória".

É oportuno recordar que, de modo geral, a resposta do réu, no sistema do atual CPC, compreende:

a) a contestação (art. 335);

b) reconvenção (art. 343); e, ainda,

c) o reconhecimento da procedência do pedido (CPC, art. 487, inciso III, "a").

Foi eliminada, portanto, a figura das exceções.

No processo do trabalho as respostas do réu consistem em:

a) exceções (CLT, arts. 799/802);

b) contestação (CLT, art. 847); e, ainda,

c) reconhecimento da procedência do pedido (CLT, art. 769; CPC, art. 487, inciso III, "a").

A propósito, é conveniente assinalar que, no processo do trabalho, as *exceções* dizem respeito:

1) à incompetência relativa (a absoluta deve ser objeto de preliminar da contestação: CLT, art. 769; CPC, art. 337, inciso II). Se o réu deixar de oferecer a exceção, no momento oportuno, ocorrerá o fenômeno processual da *prorrogação* da competência (CPC, art. 65), de tal arte que o juízo que, em princípio, era incompetente *ratione loci*, passará a deter a competência. Essa prorrogação, ou melhor, esse *deslocamento* como se percebe, deriva da omissão ou da negligência do réu, para quem ficará preclusa a possibilidade de alegar, mais tarde, a incompetência.

2) ao impedimento. Nos termos do art. 144, do CPC, é proibido ao juiz exercer as suas funções no processo contencioso ou voluntário:

I — em que interveio como mandatário da parte, oficiou como perito, funcionou como membro do Ministério Público ou prestou depoimento como testemunha;

II — de que conheceu em outro grau de jurisdição, tendo proferido decisão;

III — quando nele estiver postulando, como defensor público, advogado ou membro do Ministério Público, seu cônjuge ou companheiro, ou qualquer parente, consanguíneo ou afim, em linha reta ou colateral, até o terceiro grau, inclusive;

IV — quando for parte no processo ele próprio, seu cônjuge ou companheiro, ou parente, consanguíneo ou afim, em linha reta ou colateral, até o terceiro grau, inclusive;

V — quando for sócio ou membro de direção ou de administração de pessoa jurídica parte no processo;

VI — quando for herdeiro presuntivo, donatário ou empregador de qualquer das partes;

VII — em que figure como parte instituição de ensino com a qual tenha relação de emprego ou decorrente de contrato de prestação de serviços;

VIII — em que figure como parte cliente do escritório de advocacia de seu cônjuge, companheiro ou parente, consanguíneo ou afim, em linha reta ou colateral, até o terceiro grau, inclusive, mesmo que patrocinado por advogado de outro escritório;

IX — quando promover ação contra a parte ou seu advogado.

Duas notas complementares: a) no caso do inciso III, o impedimento só ocorrerá quando advogado, defensor e membro do Ministério Público já estavam exercendo o patrocínio da causa antes do início da atividade judicante do magistrado no caso concreto (§ 1º); b) a norma legal proíbe criar fato superveniente a fim de caracterizar o impedimento do juiz (§ 2º).

3) à suspeição. A lei (CPC, art. 145) considera o juiz suspeito, quando:

a) amigo íntimo ou inimigo de qualquer das partes ou de seus advogados (I);

b) receber presentes de pessoas que tiverem interesse na causa antes ou depois de iniciado o processo, aconselhar alguma das partes acerca do objeto da causa, ou subministrar meios para atender às despesas do litígio (II);

c) quando qualquer das partes for credora ou devedora do juiz, de seu cônjuge ou companheiro ou de parentes destes, em linha reta até o terceiro grau, inclusive;

d) interessado no julgamento da causa em favor de uma das partes (III).

Poderá o juiz, ainda, declarar-se *suspeito por motivo de foro íntimo* (CPC, art. 145, § 1º). É interessante observar que no sistema do CPC de 1939 o juiz que se declarasse suspeito por motivo íntimo deveria comunicar o motivo "ao órgão disciplinar competente" (art. 119, § 1º), ou seja, à Corregedoria. Dispunha, ainda, aquele Código, que se o juiz deixasse de cumprir esse dever, ou fossem considerados improcedentes os motivos da suspeição (que seriam apreciados em segredo de justiça), ele ficaria sujeito à pena de advertência (§ 2º). O CPC de 1973, e o atual, não reproduziram essa regra, embora este último considere ilegítima a alegação de suspeição quando: a) houver sido provocada por quem a alega; b) a parte que a alega houver praticado ato que caracterize manifesta aceitação do arguido (CPC, art. 145, § 2º, I e II).

Ocorrendo de dois ou mais juízes serem parentes, consanguíneos ou afins, em linha reta e na colateral até o segundo grau, o primeiro, que conhecer da causa no tribunal, impede que o outro participe do julgamento; hipótese em que o segundo se escusará, remetendo os autos do processo ao seu substituto legal (CPC, art. 147).

Nunca é inútil ressaltar a particularidade de que somente será rescindível a sentença proferida por juiz impedido (CPC, art. 966, inciso II; nunca, pelo meramente suspeito. Sucede que enquanto o impedimento constitui um veto absoluto à atuação do juiz no processo, a suspeição traduz um veto meramente relativo, pois o que há, na verdade, neste último caso, é simples presunção de parcialidade do juiz.

O réu poderá, também, contestar a ação.

Antes, porém, de discutir o mérito da causa caber-lhe-á, por força do contido no art. 337 do CPC, alegar:

a) inexistência ou nulidade da citação. A citação é um ato de extrema importância processual para o réu, pois é por meio dele que se lhe dá conhecimento da existência da ação, para, querendo, integrar a relação processual (CPC, art. 238). Assim, se a citação não foi realizada (inexistência) ou foi feita em desconformidade com as prescrições legais (nulidade), cumprirá ao réu, quando da contestação, arguir essa falha. Se, por exemplo, o relator determinar que o réu seja citado para apresentar contestação em prazo inferior a quinze dias, haverá transgressão ao art. 970 do CPC; a despeito disso, só haverá nulidade se esse ato do relator acarretar manifesto prejuízo ao réu (CLT, art. 794);

b) incompetência absoluta e relativa. No processo do trabalho, somente a incompetência absoluta (em razão da pessoa, da matéria, da hierarquia) deve ser objeto de preliminar; a incompetência relativa deve ser alegada por meio de exceção (CLT, art. 799) — exceto se a doutrina e a jurisprudência encontrarem argumentos para justificar a aplicação *integral*, ao processo do trabalho, do disposto no inciso II do art. 337 do CPC, conforme o qual também a incompetência relativa deve ser alegada como preliminar da contestação.

A incompetência em razão da pessoa, da matéria e da hierarquia é inderrogável pela vontade das partes, conquanto estas possam modificar a competência em razão do valor e do território, mediante a eleição do foro no qual serão propostas as ações derivantes de direitos e obrigações (CPC, art. 63, *caput*). A regra da modificação da competência em razão do território é inaplicável ao processo do trabalho; aqui, a competência *rationae loci* é estabelecida pelo art. 651 da CLT;

c) incorreção do valor da causa. Em que pese ao fato de o art. 840, § 1º, da CLT, não exigir que da inicial conste o valor da causa, a indicação desse valor é sempre recomendável em sede de ação rescisória.

Os critérios para a fixação desse valor são indicados pelo art. 292 do CPC. A OJ n. 147, da SBDI-II, do TST, que apontava critérios para o estabelecimento do valor da causa na ação rescisória, foi cancelada. Atualmente, esse critério é apontado pelos arts. 2º (processo de conhecimento) e 3º (processo de execução) da Instrução Normativa n. 31, do TST, de 27 de setembro de 2007. A impugnação ao valor da causa será resolvida por meio de decisão interlocutória;

d) inépcia da petição inicial. A petição pela qual a parte (autor) invoca a prestação da tutela jurisdicional do Estado, com o objetivo de promover a defesa de um bem ou de uma utilidade da vida, deve ser apta, vale dizer, deve atender aos requisitos legais estabelecidos para a sua validade formal (CPC, arts. 320 e 321).

Sempre, pois, que a petição inicial da ação rescisória não contiver pedido ou causa de pedir; o pedido for indeterminado; da narração dos fatos não decorrer, de maneira lógica, a conclusão; contiver pedido juridicamente impossível (CPC, art. 330, § 1º, incisos I a IV), o réu deverá arguir-lhe a inépcia. Diante disso, caberá o relator fixar o prazo de quinze dias para que o autor supra a falta, emendando a inicial (CPC, art. 320). Se o despacho for atendido no prazo, o problema estará solucionado; caso, no entanto, a parte não cumpra o despacho, a petição inicial será indeferida, por inépcia (CPC, art. 330, inciso I), com a consequente extinção do processo sem exame do mérito (CPC, art. 485, inciso I);

e) perempção. Perempção é a perda do exercício de um direito ou de uma faculdade processual, em virtude de negligência da parte. O art. 732, da CLT, fornece-nos um exemplo concreto de perempção: se o autor der causa, por duas vezes, à extinção do processo, por não comparecer à audiência, perderá, pelo prazo de seis meses, o direito de exercer ação na Justiça do Trabalho. Pensamos, todavia, que o art. 732, da CLT, tenha sido tacitamente derrogado pela Constituição Federal de 1946, cujo art. 141, § 4º, dispunha — numa atitude que viria constituir-se numa das mais saudáveis tradições de nosso Estado Democrático de Direito: "A lei não excluirá da apreciação do Poder Judiciário qualquer lesão de direito individual". Ora, bem. A suspensão do exercício do direito de ação, pelo período de seis meses, de que fala o art. 732, da CLT, colocou-se em manifesto antagonismo com o art. 141, § 4º, da Constituição de 1946 — que, aliás, redemocratizou o País. Como o texto constitucional é posterior àquela norma infraconstitucional, o fenômeno não é o da inconstitucionalidade, conforme se possa supor, e sim, o da derrogação da lei anterior pela posterior.

A perempção não afeta o direito material da parte, consistindo, portanto, numa sanção de natureza exclusivamente processual. Ademais, a perempção pode ser declarada *ex officio*. A propósito, devemos chamar a atenção ao fato de que a lei, ao referir-se ao acolhimento, pelo juiz, da *alegação* de perempção dará fim ao processo sem exame do mérito (CPC, art. 485, inciso V) não está a significar, como se possa imaginar, que a perempção só possa ser declarada quando houver iniciativa da parte. Nada disso. O § 3º do art. 485, do CPC, demonstra que a perempção pode ser pronunciada *ex officio*;

f) litispendência. Ocorre litispendência quando se repete ação que está em curso (CPC, art. 337, § 3º, parte inicial). Para que se configure, sob o aspecto técnico-jurídico, essa repetição de ação, há necessidade de haver, entre uma ação e outra, tríplice identidade, ou seja, de parte, de causa de pedir e de pedido.

Vez e outra, a doutrina e a jurisprudência vacilam ao responder se há litispendência na seguinte situação: alguém ajuíza uma ação na qualidade de substituto processual; mais tarde, quando a mencionada ação ainda se acha em curso, o titular do direito material propõe uma outra, com a mesma causa de pedir e o mesmo pedido. Tem-se dito que, na espécie, não haveria litispendência em virtude de não ocorrer identidade de partes: numa ação, o autor seria o substituto processual; na outra, o titular do direito material. *Data venia*, neste caso, será suficiente para caracterizar a litispendência a mesmeidade de causa de pedir e de pedido porque, em última análise, o titular do direito material é o mesmo, em ambas as ações. A entender-se de outro modo, estar-se-ia a permitir a existência de sentenças antagônicas, sobre a mesma matéria, envolvendo a mesma pessoa (titular do direito material); ou a dupla condenação do réu, se os pedidos (iguais) constantes de ambas as ações fossem acolhidos;

g) coisa julgada. Denomina-se coisa julgada material a autoridade, que torna imutável e indiscutível a sentença ou o acórdão de mérito, não mais sujeito a recurso (CPC, art. 502).

O traço comum entre a litispendência e a coisa julgada reside no fato de ambas decorrerem de repetição da ação. O que as desassemelha, entretanto, é a situação em que se encontra a ação anterior: se esta ainda se encontra em curso, o caso é de litispendência; se já foi julgada por sentença da qual não caiba recurso, temos *a res iudicata*.

Pode acontecer, todavia, de a litispendência — alegada tempestivamente pelo réu — vir a transformar-se em coisa julgada no curso da segunda ação: essa mutação fenomênica em nada altera a consequência prevista em lei, pois mesmo assim o segundo processo será extinto sem exame do mérito. O fundamento legal dessa extinção continuará a ser o inciso V do art. 485, do CPC.

Convém recordar que a coisa julgada figura como garantia constitucional (Const. Federal, art. 5º, inciso XXXVI), motivo por que a sua violação desafia até mesmo o exercício da ação rescisória (CPC, art. 966, IV), com o escopo de banir do mundo jurídico o ato transgressor;

h) conexão. Consideram-se conexas duas ou mais causas quando, decididas separadamente, gerarem risco de decisões contraditórias (CPC, art. 55). Embora o art. 337, VIII, do CPC, cogite, apenas, da conexão, é elementar que o réu poderá também alegar, como preliminar da contestação, a *continência*. Esta se configura quando houver, entre duas ou mais ações, identidade quanto às partes e à causa de pedir, mas o objeto de uma, por ser mais amplo, abarca o das outras (CPC, art. 56).

O efeito prático da conexão ou da continência está em que, em qualquer um desses casos, o juiz, por sua iniciativa ou a requerimento da parte, poderá ordenar a reunião das ações propostas em separado, a fim de serem julgadas ao mesmo tempo (CPC, art. 58).

É evidente que, em sede de ação rescisória, somente se poderá cogitar de conexão ou de continência entre ações rescisórias e não entre uma ação rescisória e outra ação, de espécie diversa.

Caso existam ações conexas, propostas em juízos distintos, mas detentores da mesma competência territorial, considerar-se prevento aquele que ordenou a citação (CPC, art. 59);

i) incapacidade de parte, defeito de representação ou falta de autorização. A capacidade de ser parte, a regularidade da representação e a autorização, quando necessária, são pressupostos processuais subjetivos.

É proveitoso rememorar a existência de pressupostos:

1) subjetivos:

1.1.) de constituição, que compreendem a existência de órgão dotado de jurisdição; a capacidade de ser parte e o pedido; e

1.2.) de desenvolvimento da relação processual, enfeixando a figura do juiz (que deve ser competente, insuspeito e desimpedido) e das partes (capacidade, representação regular e autorização).

2. objetivos:

2.1.) positivos, compreendendo a petição inicial apta;

2.2.) negativos, respeitantes à inexistência de litispendência, de coisa julgada e convenção de arbitragem.

Detenhamo-nos na apreciação dos pressupostos *subjetivos* de desenvolvimento válido do processo, porquanto é deles que se ocupa o inciso IX do art. 337 do CPC.

A *capacidade*, do ponto de vista processual, se refere: 1) à de ser parte; e b) à de estar em juízo. Esta concerne à capacidade de ser sujeito de uma relação processual; aquela, à capacidade de ser parte.

Uma representação de país estrangeiro que possua imunidade de jurisdição não terá, por exemplo, capacidade de ser parte, o mesmo acontecendo com relação à pessoa já falecida. O menor de idade, por sua vez, não tem capacidade para estar em juízo, devendo ser representado ou assistido por quem a lei prevê. A capacidade processual das partes encontra-se regulada nos arts. 70 a 76 do CPC.

Em princípio, incumbe ao réu denunciar a incapacidade do adversário, o defeito de representação ou a falta de autorização (CPC, art. 337, IX); caso não o faça, deverá o juiz, por sua iniciativa, adotar as providências corretivas, suspendendo o processo e marcando prazo razoável para a sanação do defeito (CPC, art. 76, *caput*). Não sendo atendido o despacho judicial, as consequências processuais variação conforme tenha sido o seu destinatário; assim, se era o autor, o processo será extinto sem exame do mérito (embora o Código afirme, em má técnica manifesta, que, nesta hipótese, o juiz decretará a nulidade do processo); se era o réu, será considerado revel; se era o terceiro, será excluído do processo (incisos I a III);

j) convenção de arbitragem. As pessoas capazes de contratar poderão valer-se de árbitros para dirimir litígios pertinentes a direitos patrimoniais disponíveis (Lei n. 9.307, de 23.9.96, art. 1º). A sentença arbitral (já não há laudo) produz, entre as partes e os seus sucessores, os mesmos efeitos da sentença emitida pelos órgãos do Poder Judiciário e, sendo condenatória, constitui título executivo (*ibidem*, art. 31). Título executivo judicial, esclareça-se (CPC, art. 515, VII).

A arbitragem constitui uma espécie de renúncia à tutela jurisdicional. Por esse motivo, se alguém houver firmado convenção de arbitragem (cláusula compromissória e compromisso arbitral), e, a despeito disso, ingressar em juízo com base na mesma matéria que constitui objeto de arbitragem, descrita no correspondente compromisso (Lei n. 9.307/96, art. 11), caberá ao réu alegar, preliminarmente à contestação, a existência dessa convenção.

k) ausência de legitimidade ou de interesse processual. Segundo Liebman, as condições da ação eram: 1) a legitimidade *ad causam*; 2) o interesse processual; e c) a possibilidade jurídica do pedido.

Legitimidade para a causa. Tanto pode ser ativa (autor) quanto passiva (réu). No mais das vezes, essa legitimidade diz respeito ao titular do direito material que dá conteúdo aos pedidos (*res in ludicio deducta*), daí por que Liebman se refere à pertinência subjetiva da ação, por parte daquele que a ajuíza, em confronto com o adversário.

Em casos excepcionais, devidamente autorizados, estará legitimado para a causa quem não possui o direito material que se visará a proteger com a ação. É o caso típico do que temos denominado, em nosso meio, de "substituição processual", em que o substituído, embora aja em nome próprio, o faz com o escopo de promover a tutela de direito alheio, vale dizer, de que são titulares exclusivos os substituídos. Não vem ao caso demonstrar, nesta altura, os motivos pelos quais julgamos inexistir, no Brasil, uma substituição processual autêntica, nos moldes da que era praticada no Direito Romano antigo, no âmbito daquelas ações a que a doutrina moderna tem rotulado, com propriedade científica e com fidelidade histórica, de "com transposição de pessoas", em que o substituto (*cognitor*) assumia as consequências do julgamento desfavorável.

A legitimidade para a causa consiste, em resumo, na individualização daquele a quem pertence o interesse de agir e daquele perante o qual esse interesse deve ser manifestado.

Salta aos olhos o deslize técnico em que incidem os pronunciamentos jurisdicionais que, após declararem a inexistência da pretendida relação de emprego entre as partes, consideram o autor carecedor da ação. *Data venia*, se a alegada prestação de serviços ocorreu, de modo incontroverso, para a pessoa indicada como ré, é óbvio que somente esta estará legitimada para responder às pretensões deduzidas pelo autor. A circunstância de a sentença, mais tarde, não reconhecer a existência de vínculo de emprego não afeta, em nada, a legitimidade das partes. Os que assim não entendem cometem a injustificável escorregadela doutrinal de confundir a legitimidade *ad causam* com o resultado do exame do mérito. Ora, quando se diz que não há relação de emprego entre os litigantes, se está, com isso, emitindo um pronunciamento de mérito, que só foi possível expender depois de reconhecida a legitimidade das partes, para integrar a relação jurídica processual.

De tal arte, se as condições para o regular exercício da ação nada têm a ver com o mérito da causa e se o provimento jurisdicional declarativo da inexistência da relação pretendida só pode ser realizado após a prospecção desse mérito, fica evidente a cincada das sentenças que, apreciando o tema de fundo da demanda, regridem às condições da ação para declarar o autor ser, dela, carecente, sempre que não ficar demonstrada a presença dos pressupostos constitutivos da relação de emprego.

Carência da ação haveria, sem sombra de dúvida, se a ação fosse ajuizada em face de pessoa diversa daquela para o qual o autor, verdadeiramente, prestou serviços. Nesta hipótese, faltaria a "pertinência subjetiva" a que se referiu Liebman, como elemento indispensável para configurar a legitimidade *ad causam*.

É imperioso elucidar-se, de uma vez por todas, que a sentença, ao declarar a existência ou a inexistência da relação de emprego, terá examinado o mérito da causa, de tal forma que o autor não poderá ajuizar, novamente, a ação diante do mesmo réu. Chega, por isso, a ser perturbadora dos princípios e do bom-senso a afirmação, encontradiça em alguns pronunciamentos da jurisdição e em trabalhos doutrinais, de que a inexistência de relação de emprego conduz ao decreto de carência da ação.

Voltando à ilegitimidade que deva, efetivamente, ser alegada sob a forma de preliminar devemos dizer que o réu não está obrigado a indicar a parte que seria legítima para figurar no polo passivo da relação processual; será suficiente que demonstre não ser ele, réu, dotado dessa legitimidade. Nos casos de ilegitimidade ativa, entrementes, serão escassas as situações em que o réu, ao contrário, poderá deixar de apontar a parte legítima. Não desçamos, todavia, a essas minúcias, que, na prática, serão examinadas e solucionadas sem maiores dificuldades.

Conforme o teor do art. 486, § 1º, do CPC, no caso de ilegitimidade ou de falta de interesse processual a nova propositura da ação "depende da correção do vício".

Interesse processual. Noutros tempos, por influência da teoria civilista da ação (para a qual esta nada mais era do que o próprio direito material em estado de reação a uma violência, ou seja, "preparado para a guerra"), o interesse de agir em juízo era reputado como uma espécie de ressonância do interesse protegido pelo direito material, daí por que se asseverava que quando o direito subjetivo era ameaçado de lesão, ou lesado, o que nele se continha recebia a denominação de interesse processual.

Nos dias atuais, entretanto, em decorrência do reconhecimento da autonomia do direito de ação, já não se confunde o interesse que é próprio do direito material com o que é característico da provocação do exercício da função jurisdicional.

Debruçando-se sobre o problema do interesse processual, a doutrina cindiu-se em duas correntes. A primeira sustentou que o móvel desse interesse é a necessidade que a parte possui de obter um provimento jurisdicional acerca da *res in iudicio deducta*; a segunda, que esse interesse provém da utilidade que o decreto da jurisdição propicia ao autor, com ser dotado de eficácia para solver o conflito.

Do ponto de vista da primeira corrente doutrinal mencionada, como se pode verificar desde logo, haverá interesse sempre que o indivíduo invocar a prestação da tutela jurisdicional do Estado, com o fim de dirimir um conflito, que não foi possível solucionar de maneira negociada; de acordo com o ângulo da segunda corrente, o interesse se relaciona com o pressuposto de que o pronunciamento da jurisdição seja realmente eficaz para dar cobro à lide.

Na verdade, se bem observamos, como fez Moniz de Aragão, veremos que o vigente Código de Processo Civil incorporou ambas as correntes de pensamento, a cuja inferência se chega pelo exame do art. 20, conforme o qual o exercício da ação declaratória será possível mesmo que já tenha ocorrido a lesão do direito.

Em nosso sistema processual, conseguintemente, o interesse é indispensável para qualquer postulação em juízo (art. 17).

A existência de um interesse processual não foi, porém, admitida de modo pacífico. Invrea, em 1928, já refutava todas as opiniões doutrinárias que sustentavam essa existência. A seu ver, a ideia de um interesse de agir em juízo era supérflua, porquanto esse interesse estaria naturalmente vinculado com a propositura da ação; por esse motivo, deitou pesadas críticas às teorias de Mortara (da utilidade) e de Chiovenda (da necessidade). Estribando-se no argumento de que a liberdade jurídica não deve receber restrições desnecessárias, arremata ser imprescindível que haja uma razão jurídica — não um simples interesse — para ser aceita essa restrição. Para Invrea, a razão jurídica repousaria no fato de o réu haver perpetrado uma lesão de direito (devendo, por isso, arcar com as consequências do seu ato) ou na necessidade de o autor conseguir um provimento jurisdicional para fazer valer o seu direito (considerando que o limite da liberdade jurídica é o direito alheio).

Carnelutti também combateu o conceito de interesse processual, julgando-o morto, "e, se não está morto, moribundo". Essa conclusão do eminente jurista italiano está em harmonia com a sua ideia de que o conteúdo do processo não é a ação, mas a lide que se estabelece quando alguém deseja a tutela de um interesse, em oposição ao interesse de outrem. Para Carnelutti, o interesse é mero reflexo da existência da lide; inexistindo esta, o interesse representa uma daquelas situações que devem ser objeto de um processo, a fim de fazer surgir o direito.

Dissentimos, todavia, dessa ilustre opinião.

Em primeiro lugar, a existência da lide, por si só, não justifica o interesse processual. Pense-se no caso de um recurso interposto pela parte que foi inteiramente vencedora na causa: embora haja lide, é manifesta a ausência de interesse de agir, pois o julgamento do tribunal não seria útil, nem necessário, ao recorrente vencedor, porquanto a tutela do direito já foi operada pela sentença. Só em situações excepcionais é que se poderia admitir a existência de um interesse processual (recorrer), por parte de quem foi inteiramente vencedor na lide. Em segundo, há casos em que inexiste lide (pretensão resistida), mas o interesse processual não só é concreto, como está previsto em lei, tal como se dá, p. ex., na ação declaratória, cujo pressuposto não é outro que não a incerteza quanto à relação jurídica que constitui o núcleo do conflito. Incerteza objetiva e atual, ou seja, capaz de infundir uma razoável hesitação no espírito do autor, no que toca à verdadeira vontade da lei, além de ser, essa hesitação da inteligência, efetiva, e, não vaga ou aleatória. Dito estado de dubiedade deve ser, ainda, de natureza jurídica e capaz de provocar danos ao autor.

O interesse processual não é, portanto, algo desútil e redundante; ao contrário, representa a mais genuína das condições da ação. Ausente esse interesse, a invocação da tutela jurisdicional não passará de mero capricho do autor, de simples desejo de conflitualidade, sem qualquer amparo no ordenamento jurídico. Como afirmamos, o exercício da ação só se justifica se o provimento da jurisdição for útil ou necessário para restabelecer a integridade do patrimônio jurídico da parte, ou evitar o desfalque desse patrimônio.

O interesse processual pode ser examinado no início da lide, ou no momento em que a entrega da prestação jurisdicional será realizada, conforme seja o caso. Por exemplo: se o trabalhador, ao ingressar em juízo, não possuía direito à fruição de férias, o juiz poderia indeferir, desde logo, a inicial, em virtude da carência da ação; se, todavia, por algum motivo, o juiz não se desse conta de que o direito ao gozo das férias ainda não era exigível, mas, no curso do processo, esse direito viesse a constituir-se, a sentença não deveria considerar o autor carecente da ação, senão que acolher o pedido e fixar o prazo para que o réu concedesse as férias pretendidas (CLT, art. 137).

Possibilidade jurídica do pedido. A expressão clássica: "pedido juridicamente impossível", utilizada para designar aquela classe de postulações que não podem merecer a tutela jurisdicional, tem sido mal interpretada, amiúde, tanto pela doutrina quanto pela jurisprudência. O que essa expressão está a significar não é a falta de previsão legal do direito invocado, mas a existência de um veto, no ordenamento jurídico, à formulação de determinados pedidos.

Se, por exemplo, o empregado pleiteia a condenação do empregador ao pagamento de certa parcela não prevista em lei, em instrumento normativo, em regulamento interno da empresa, em acordo individual, etc., o seu pedido deverá ser rejeitado, por falta de amparo legal; não havendo nenhuma proibição legal (*lato sensu*) quanto à formulação desse pedimento, incorrerá em erro inescusável a sentença que declarar o autor carecente da ação.

Em termos gerais, a doutrina liebmaniana se encontra sustentada por argumentos cientificamente apropriados; sob o aspecto essencialmente prático, essa doutrina conclui, como consectário, pela extinção do processo *sem* resolução do mérito, de tal modo que o autor poderá ajuizar, outra vez, a ação. Justamente por isso é que sempre manifestamos divergência ao pensamento de Liebman, quanto ao pedido juridicamente impossível. Com efeito, se pedido juridicamente impossível, como vimos, é aquele com relação ao qual existe, na ordem legal, um veto à sua formulação, sempre que a sentença fizer prevalecer esse veto implicará a extinção do processo mediante julgamento do mérito. É desarrazoado pensar que, presente ainda essa proibição da lei, possa o autor intentar, mais uma vez, a ação. O reingresso em juízo só seria possível, para formular

Art. 971   Código de Processo Civil

as mesmas pretensões, se o veto viesse a ser retirado no sistema legal. Fora disso, não se pode cogitar de carência da ação, por ser, o pedido, juridicamente inatendível: o que deve fazer a sentença é rejeitar esse pedido, e, com isso, pôr fim ao processo com resolução do mérito (CPC, art. 487, I), inibindo, dessa maneira, a possibilidade de o autor ajuizar, uma vez mais, a ação.

Felizmente, contudo, Liebman acabou revendo a sua opinião, neste ponto, para excluir do elenco das condições da ação a possibilidade jurídica do pedido: *Le condizioni deli azione (...) sono i interesse ad agire e la leggitimazione. Esse sono (...) i requisiti di esistennza deli azione, e vanno percio accertate in giudizio (anche se, di solo, per implicito), preliminarmente ali esame dei merito.* (*Manuale di diritto processuale civile.* 3. ed. v. 1. Milano: Giuffrè, 1973. p. 120).

Os arts. 17 e 485, VI, do CPC atual, reduziram a duas as condições da ação, a saber: a) legitimidade para a causa; b) interesse processual.

l) falta de caução ou de outra prestação, que a lei exige como preliminar. Caso típico, na ação rescisória, é a ausência do depósito pecuniário a que se refere o art. 836, *caput*, da CLT.

Uma outra situação estava prevista no art. 835 do CPC de 1973: "O autor, nacional ou estrangeiro, que residir fora do Brasil ou dele se ausentar na pendência da demanda, prestará, nas ações que intentar, caução suficiente às custas e honorários de advogado da parte contrária, se não tiver no Brasil bens imóveis que lhes assegurem o pagamento".

Admite-se, ainda, na ação rescisória, a reconvenção (CPC, art. 343, *caput*), desde que se funde em um dos incisos do art. 966 do CPC e sejam conexos com o processo principal ou com o fundamento da defesa (art. 343, *caput*).

m) indevida concessão do benefício da gratuidade da justiça. O art. 789, § 3º, da CLT, permite aos juízes do trabalho, aos órgãos julgadores e aos presidentes dos tribunais conceder, a requerimento ou de ofício, o benefício da justiça gratuita a todos os que perceberem salário igual ou inferior ao dobro do mínimo legal, ou declararem, sob as penas da lei, não se encontrarem em condições de pagar as custas do processo sem prejuízo do sustento próprio ou familiar.

A concessão de gratuidade da justiça foram das previsões dessa norma legal permitirá ao réu alegar na contestação à rescisória a indevida concessão desse benefício.

Justiça gratuita não se confunde com *assistência judiciária*: enquanto a primeira compreende a dispensa do pagamento de custas e de outras despesas processuais, sendo regida pelo art. 789, § 3º, da CLT, a segunda se traduz na designação de advogado para patrocinar, gratuitamente, a causa, sendo regulada pela Lei n. 5.584/70 (arts. 14 a 19).

Em síntese: no processo do trabalho, citado, o réu poderá:

a) arguir, mediante exceção, a incompetência (relativa) do juízo, o impedimento ou a suspeição do relator ou do revisor ou de qualquer outro membro do órgão judicante);

b) apresentar defesa (contestação):

b.a) processual indireta (atacando o rito, a relação processual);

b.b) defesa indireta de mérito (alegando prescrição, decadência); o

b.c) defesa direta de mérito (atacando os fundamentos de fato e de direito, alegados na petição inicial);

c) formular reconvenção (CPC, art. 343);

d) reconhecer o direito alegado pelo autor (CPC, art. 487, III, "a"). Neste último caso, a manifestação do réu dificilmente se revestirá de eficácia, em sede de ação rescisória, levando-se em conta o fato de a *res iudicata*, como já salientamos, traduzir norma de ordem pública, motivo por que, em relação a ela, não ocorre o efeito da revelia; nem pode ser objeto de reconhecimento do direito alegado pelo autor.

Art. 971. Na ação rescisória, devolvidos os autos pelo relator, a secretaria do tribunal expedirá cópias do relatório e as distribuirá entre os juízes que compuserem o órgão competente para o julgamento.

Parágrafo único. A escolha de relator recairá, sempre que possível, em juiz que não haja participado do julgamento rescindendo.

• **Comentário**

Caput. É inovação do CPC atual, embora disposição semelhante já constasse de alguns regimentos internos dos tribunais do trabalho.

O relator, após exarar o seu "visto", devolverá os autos à secretaria, que expedirá cópias do relatório e as distribuirá aos juízes integrantes do órgão competente para o julgamento da causa. Os Tribunais do Trabalho podem dispor de maneira diversa em seus regimentos internos.

Parágrafo único. A Súmula n. 252, do STF, declara que "Na ação rescisória, não estão impedidos os juízes que participaram do julgamento rescindendo" — a despeito de nossa particular e antiga restrição quando a essa orientação. O CPC de 2015 deixou escapar a oportunidade de dispor de modo diverso.

Se é certo que a ação rescisória instaura uma relação processual diversa daquela que fez surgir a decisão rescindenda, não menos verdadeiro é que as regras de prudência, de bom-senso sugerem que se dê uma interpretação restritiva à Súmula n. 252, do STF — e, em alguns casos, até mesmo se vete a participação, no julgamento da rescisória, do magistrado que participou do julgamento da decisão rescindenda. Imaginemos, por exemplo, que a rescisória esteja fundada em prevaricação, concussão ou corrupção do referido magistrado: como o Poder Judiciário iria justificar à opinião pública a participação desse magistrado no julgamento da rescisória?

Preocupado com situações que tais, o parágrafo único do art. 971, do CPC, recomenda que a escolha do relator recaia, sempre que possível, em juiz que não haja participado do julgamento rescindendo. Na prática, será difícil atender-se a essa recomendação legal, exceto se, sorteado como relator um juiz que haja participado do julgamento da decisão que se pretende distinguir, cancelar-se a distribuição e realizar-se novo sorteio, até que se atenda ao parágrafo único do art. 971.

Art. 972. Se os fatos alegados pelas partes dependerem de prova, o relator poderá delegar a competência ao órgão que proferiu a decisão rescindenda, fixando prazo de 1 (um) a 3 (três) meses para a devolução dos autos.

• **Comentário**

O tema constava do art. 492 do CPC revogado. Este dispunha que se os fatos alegados pelas partes dependessem de prova, o relator delegaria competência *ao juiz de direito da comarca onde deveria ser produzida*. Lamentavelmente, o art. 972 do CPC de 2015 ordena que a competência seja delegada "ao órgão que proferiu a decisão rescindenda". Imagine-se a hipótese de a ação rescisória fundar-se em prevaricação, concussão ou corrupção do juízo delegado; ou no fato de o juiz estar impedido ou o juízo ser absolutamente incompetente. Como justificar-se, sob a perspectiva ética, que este venha a ser incumbido, por delegação do relator, para produzir prova a ser utilizada na ação rescisória que tem como objeto a sentença pelo mesmo juiz proferida? Cumprirá à doutrina e à jurisprudência, em situações como a mencionada, realizar uma interpretação adequada ao art. 972, do CPC, por forma a evitar um desprestígio do próprio Poder Judiciário, aos olhos das partes e da própria sociedade.

Por princípio, podem ser utilizados, em sede de ação rescisória, todos os meios de prova em direito admissíveis: documentais, testemunhais, periciais.

O depoimento pessoal, na verdade, não constitui meio de prova. Mediante esse depoimento, o que se deseja é que a parte preste certos esclarecimentos em juízo, acerca dos fatos da causa. Pode ocorrer que, durante o depoimento, a parte venha a reconhecer como verdadeiro um fato contrário aos seus interesses e favorável ao adversário: teremos aí, então, a confissão provocada, que constitui uma das modalidades de confissão expressa (em contraposição à confissão ficta ou presumida). A confissão representa, pois, uma espécie de acidente de percurso do depoimento.

O juiz poderá determinar, por sua iniciativa, a intimação da parte para comparecer à audiência de instrução e julgamento, a fim de interrogá-la acerca dos fatos da causa (CPC, art. 139, VIII, caso em que não incidirá a "pena" de confesso). Se não o fizer, poderá a parte contrária formular requerimento destinado ao depoimento pessoal do adversário (CPC, art. 385). A parte será intimada pessoalmente; se não comparecer (sem justificado motivo legal) ou, comparecendo, recusar-se a depor, será considerada confessa (*ibidem*, § 1º; TST, Súmula n. 74, I). A confissão, todavia, não é "pena", pois a parte não está obrigada a depor. O que se tem denominado, à larga, na lei, na doutrina e na jurisprudência de "pena" não passa de uma *consequência processual objetiva* da ausência injustificada da parte à audiência em que deveria depor, ou de sua recusa em responder às perguntas que lhe foram dirigidas pelo juiz.

No mais:

a) a parte será interrogada na forma prescrita para a inquirição de testemunhas (CPC, art. 456), sendo proibido a quem ainda não depôs ouvir o interrogatório da outra parte (*ibidem*). No processo civil essa ordem poderá ser alterada pelo juiz se nisso consentirem as partes (*ibidem*, parágrafo único). No processo do trabalho admite-se a inversão da ordem dos depoimentos por iniciativa do juiz, como se dá, por exemplo, nos casos em que o ônus da prova incumbe ao réu

b) se a parte, sem motivo justificado, deixar de responder ao que lhe for perguntado, ou fizer uso de evasivas, o juiz, apreciando as demais circunstâncias e elementos de prova, declarará, na sentença, se houve recusa de depor (art. 386);

c) a parte não está obrigada a depor acerca de fatos: 1) criminosos ou torpes, que lhe forem atribuídos; 2) a cujo respeito, por estado ou profissão, deva guardar sigilo; 3) a que não possa responder sem desonra própria, de seu cônjuge, de seu companheiro ou de parente em grau sucessível; 4) que a exponham ou as pessoas mencionadas no inciso III a perigo de vida ou a dano patrimonial imediato (CPC, art. 388, *caput*);

d) a parte responderá pessoalmente sobre os fatos articulados, não podendo servir-se de escritos previamente preparados; o juiz lhe permitirá, contudo, a consulta a breves notas, contanto que destinadas a completar esclarecimentos (art. 387).

Embora tenhamos afirmado, há pouco, que são aceitas na ação rescisória todas as provas em direito admitidas, é evidente que nossa assertiva não desconsidera algumas regras gerais básicas, concernentes ao tema, como, por exemplo:

1) o ônus (CLT, art. 818);

2) que não dependem de prova os fatos notórios, os incontroversos e aqueles em relação aos quais milita a presunção legal de existência ou de veracidade (CPC, art. 374, I a IV);

3) o direito, por princípio, não é objeto de prova, salvo se se tratar de direito municipal, estadual, estrangeiro ou consuetudinário (CPC, art. 376);

4) o momento de produção da prova documental (CLT, art. 787; CPC, arts. 320 e 434);

5) a prova testemunhal não será deferida quando o fato já houver sido provado por meio de documento ou de confissão, ou somente puder ser demonstrado com documento ou mediante exame pericial (CPC, art. 443, I e II), etc.

As provas documentais serão produzidas normalmente nos autos, ou seja, com a petição inicial e com a resposta do réu. As provas periciais e as testemunhais, contudo, não são produzidas na presença do relator, ou seja, nos autos principais, senão que mediante carta de ordem. Com efeito, estabelece o art. 972 do CPC que: "Se os fatos alegados pelas partes dependerem de prova, o relator poderá delegar a competência ao órgão que proferiu a decisão rescindenda, fixando prazo de 1 (um) a 3 (três) meses para devolução dos autos".

Algumas observações complementares são indispensáveis, para que se possa bem compreender o conteúdo e o alcance da norma legal supracitada.

Em primeiro lugar, a delegação de competência, no caso, do relator será feita por meio de *carta de ordem*, que deverá atender aos requisitos mencionados no art. 260, do CPC, a saber:

1) a indicação dos juízos de origem e de cumprimento do ato (I);

2) o inteiro teor da petição inicial, do despacho judicial e do instrumento do mandato conferido ao advogado (II);

3) a menção do ato processual, que constitui objeto da carta (III);

4) o encerramento com a assinatura do relator (IV).

Tratando-se de juízes situados no mesmo grau de hierarquia, a solicitação que um deles faz a outro, para que este pratique determinado ato processual, é realizada mediante *carta precatória*; quando, porém, a solicitação emana um juiz hierarquicamente superior ao outro, esta é realizada por meio de *carta de ordem*.

Em segundo, a assinação de prazo para o cumprimento da carta de ordem deriva da regra geral contida no art. 261 do CPC, segundo a qual "Em todas as cartas o juiz fixará o prazo para cumprimento, atendendo à facilidade das comunicações e à natureza da diligência".

O prazo para o cumprimento da carta de ordem não foi fixado de maneira única pelo art. 972 do CPC, e sim variável de um a três meses, levando em conta os critérios definidos pelo art. 261. Além disso, é necessário observar que o prazo, a ser assinado pelo relator, não é, simplesmente, para a "devolução dos autos" da carta de ordem, mas para a sua devolução devidamente cumprida. Ao longo do Código, o legislador alternou a fixação dos prazos em dias ou em meses, sem que houvesse razão para isso. Em tema de ação rescisória, por exemplo, o prazo foi fixado de quinze a trinta *dias* (art. 970), ao passo que o prazo para o juízo inferior cumprir a carta de ordem foi estabelecido de um a três *meses* (art. 972).

Em terceiro, o juiz que irá cumprir a carta de ordem (e, *mutatis mutandis*, a precatória), deve ficar atento aos limites legais de sua atuação. Tem sido algo frequente, por exemplo, por ocasião da audiência destinada à inquirição das partes ou de testemunhas, que se realiza no juízo solicitado, um dos litigantes requerer a juntada de documentos e o juiz deferi-la. Na verdade, vai nisso um erro de procedimento perpetrado pelo juiz de primeiro grau, pois a sua atuação, no caso, estava limitada a colher o depoimento das partes e a proceder à inquirição das testemunhas. A juntada de documento deveria ser requerida ao relator, nos autos principais, a quem competiria deferi-la, ou não e, em caso positivo, conceder vista à parte contrária.

Em quarto, se o relator entender que a instrução não foi eficiente, poderá determinar a devolução da carta de ordem ao juízo de primeiro grau, a fim de que interrogue, novamente, as partes, reinquira as testemunhas e o mais.

Art. 973. Concluída a instrução, será aberta vista ao autor e ao réu para razões finais, sucessivamente, pelo prazo de 10 (dez) dias.

Parágrafo único. Em seguida, os autos serão conclusos ao relator, procedendo-se ao julgamento pelo órgão competente.

Código de Processo Civil — Art. 974

• **Comentário**

Caput. Dispunha sobre o assunto o art. 493 do CPC revogado.

Encerrada a instrução, o relator abrirá vista, de maneira sucessiva, ao autor e ao réu, pelo prazo de dez dias, para a apresentação de razões finais.

Note-se que o prazo não é comum, mas, sucessivo. Além disso, deverá iniciar-se pelo autor. Isto significa dizer que o relator praticará ato tumultuário do procedimento se der vista, primeiramente, ao réu.

As razões finais constituem um ato processual de extrema importância, pois será nesse momento que antecede ao julgamento da causa que as partes irão manifestar, pela última vez, ao relator os motivos pelos quais entendem que o julgamento lhes deva ser favorável. De modo geral, nessa oportunidade, as partes costumam fazer uma síntese retrospectiva dos principais fatos do processo.

Sendo o caso de litisconsórcio (ativo ou passivo), e possuindo os compartes distintos procuradores, de escritórios de advocacia diversos, dever-se-ia contar-lhes em dobro o prazo para apresentar razões finais, por força da regra inscrita no art. 229, do CPC. A OJ n. 310, da SBDI-I, do TST, contudo, entende ser incompatível com o processo do trabalho essa disposição do CPC (art. 191 do CPC anterior), no que respeita ao réu particular. Com o que não concordamos.

O não-oferecimento, pelo relator, de prazo para as razões finais acarretará nulidade processual.

A manifestação do Ministério Público

Apresentadas, ou não, razões finais, caberá ao relator determinar a remessa dos autos ao Ministério Público. Observe-se que, ao contrário do que se passa em relação aos recursos, a manifestação do Ministério Público é realizada não antes da distribuição do feito a relator, mas, após o oferecimento das razões finais.

Considerando-se que o que está em causa, na ação rescisória, é a possibilidade de ser desconstituída a coisa julgada, não há negar que a manutenção da *res iudicata*, por traduzir, esta, uma garantia constitucional, interessa ao Ministério Público.

É evidente que esse interesse do Ministério Público na manutenção da coisa julgada é estabelecido num plano puramente teórico, pois poderá ocorrer, em concreto, que o *Parquet*, ao contrário, emita parecer favorável à *desconstituição* da coisa julgada. Estamos a cogitar da atuação do Ministério Público na qualidade de fiscal da lei (CPC, art. 176). Se estiver atuando como parte, fica tanto mais nítido o seu interesse em rescindir a sentença ou o acórdão, como quando a rescisória se funda em colusão (*consilium fraudis*) das partes, realizada com o propósito de fraudar a lei (CPC, art. 967, inciso III, "b").

Parágrafo único. Posteriormente à vista do Ministério Público, os autos serão conclusos ao relator para elaboração do voto e inclusão dos autos em pauta, para julgamento pelo colegiado competente.

Art. 974. Julgando procedente o pedido, o tribunal rescindirá a decisão, proferirá, se for o caso, novo julgamento e determinará a restituição do depósito a que se refere o inciso II do art. 968.

Parágrafo único. Considerando, por unanimidade, inadmissível ou improcedente o pedido, o tribunal determinará a reversão, em favor do réu, da importância do depósito, sem prejuízo do disposto no § 2º do art. 82.

• **Comentário**

Caput. Reproduziu-se a regra do art. 494 do CPC revogado.

Conforme deixamos assinalado em páginas anteriores, expressões tradicionais como "julgar procedente o pedido", "julgar improcedente o pedido", etc. são equivocadas, pois o pedido sempre "procede" uma vez que o verbo proceder significa *vir de algum lugar*. O pedido vem da inicial; logo, procede. Em termos processuais, o pedido deve ser *acolhido* ou *rejeitado*, como está na escorreita declaração do art. 490, do CPC.

A ação rescisória pode suscitar os juízos *rescindens* (de rescisão) e *rescissorium* (de novo julgamento da causa). Em alguns casos, como quando a rescisória é fundada em violação à coisa julgada, será bastante o primeiro juízo; em outros, entretanto, será indispensável, também, o segundo.

Conforme tenham sido a solicitação do autor, o tribunal formulará um ou dois juízos.

O *iudicium rescindens*, quando acolhe o pedido formulado na inicial, tem natureza constitutiva-negativa, pois acarreta a ruptura, o desfazimento do ato jurisdicional atacado; se a decisão, ao contrário, rejeita o pedido, possui natureza declaratória-negativa, porquanto mantém íntegra a coisa julgada material que se procurava desconstituir.

O *iudicium rescissorium*, por sua vez, só será possível se o pedido feito no *iudicium rescindens* for acolhido; assim, se este for declaratório-negativo, aquele ficará prejudicado. O *iudicium rescissorium*, quando a sua formulação for viável, poderá ser declaratório, constitutivo ou condenatório, segundo tenha sido a natureza do provimento jurisdicional invocado pelo autor.

Mesmo no âmbito da ação rescisória o tribunal estará subordinado à regra imperativa que emana dos art. 492, segundo o qual "É vedado ao juiz proferir decisão de natureza diversa da pedida, bem como condenar a parte em quantidade superior ou em objeto diverso do que lhe foi demandado".

Por outras palavras: mesmo na ação rescisória, o tribunal estará proibido de proferir acórdão acima (ultra), fora (*extra*) ou abaixo (citra ou *infra*) do postulado pelo autor, sob pena de nulidade do julgado infringente dessa regra legal. De outra parte, devemos lembrar a existência dos denominados "pedidos implícitos", ou seja, aqueles cuja formulação se pode presumir existente. Nessa categoria de pedidos podemos incluir, entre outros, os relativos aos juros legais, à correção monetária, às despesas processuais, especialmente, os honorários de advogado (CPC, art. 322), quando for o caso (TST, Instrução Normativa n. 27/2005, art. 5º), e às prestações periódicas vincendas (CPC, art. 323).

Quanto aos juros da mora, estabelecem, ainda: a) o art. 883, da CLT, que serão devidos a contar da data do ajuizamento da demanda; b) a Súmula n. 254, do STF: "Incluem-se os juros moratórios na liquidação, embora omisso o pedido inicial ou a condenação".

Parágrafo único. Destino do depósito pecuniário. Se o autor obtiver êxito na ação rescisória, ser-lhe-á restituído o depósito pecuniário realizado.

Se, ao contrário, o pedido de rescisão, por votação unânime, for rejeitado por ou a ação declarada for inadmissível, o depósito verterá em benefício da parte contrária (TST, Instrução Normativa n. 31/2007, art. 5º). Para esse efeito, a unanimidade não levará em conta o número de juízes integrantes do órgão julgador (Câmara, Seção, Plenário) e sim o número dos juízes que votaram na sessão de julgamento, observado o *quorum* regimental.

Fica evidente, portanto, que se a rejeição do pedido se der por maioria de votos, ou a declaração de inadmissibilidade da rescisória ocorrer mediante idêntica votação, o depósito será devolvido ao autor.

O depósito pecuniário também será devolvido ao autor se este desistir da ação. Deve ser dito, no entanto, que, oferecida a contestação, a desistência da ação só será possível se com isso concordar o réu (CPC, art. 485, § 4º). É bem verdade que a jurisprudência vem abrandando esse rigor da lei, exigindo que o réu justifique as razões pelas quais discorda da desistência da ação. Não basta, portanto, que o ele se limite a dizer que não concorda com a desistência da ação: é indispensável que fundamente essa sua razão, sob pena de o juiz vir a homologar a desistência, mesmo contra a vontade deste.

Art. 975. O direito à rescisão se extingue em 2 (dois) anos contados do trânsito em julgado da última decisão proferida no processo.

§ 1º Prorroga-se até o primeiro dia útil imediatamente subsequente o prazo a que se refere o *caput*, quando expirar durante férias forenses, recesso, feriados ou em dia em que não houver expediente forense.

§ 2º Se fundada a ação no inciso VII do art. 966, o termo inicial do prazo será a data de descoberta da prova nova, observado o prazo máximo de 5 (cinco) anos, contado do trânsito em julgado da última decisão proferida no processo.

§ 3º Nas hipóteses de simulação ou de colusão das partes, o prazo começa a contar, para o terceiro prejudicado e para o Ministério Público, que não interveio no processo, a partir do momento em que têm ciência da simulação ou da colusão.

• **Comentário**

Caput. O art. 495 do CPC revogado tratava do tema.

O CPC de 1939 não previa prazo para o exercício da ação rescisória. Sendo assim, esse prazo era o fixado pelo art. 178, § 10, inciso VIII, do Código Civil: cinco anos.

Tanto o Anteprojeto quanto o Projeto do CPC de 1973 previam o prazo de um ano (arts. 499 e 535, respectivamente). A despeito disso, o referido CPC estabeleceu o prazo de dois anos (art. 495), contados do trânsito em julgado da decisão.

O CPC atual manteve o prazo em dois anos (art. 975, *caput*).

O prazo para o exercício da ação rescisória seria decadencial ou prescricional?

O Anteprojeto e o Projeto do CPC de 1973 não hesitaram em declarar que o prazo para a propositura da ação rescisória seria *prescricional*. O Código de 1974, todavia, não desejando, aparentemente, assumir uma clara posição acerca do assunto, falava em *extinção* do direito de ajuizar ação rescisória. Por isso, é lícito concluir que o verbo *extinguir* apresenta, no texto de 1973, caráter veladamente anfibológico, porquanto satisfaz a ambas as correntes em disputa. O CPC atual também alude à extinção do direito (art. 975, *caput*).

Para nós, o prazo é de *decadência*, pois esta atinge de forma direta o direito e só por efeito reflexo extingue a ação, exatamente como ocorre com o prazo da rescisória; já a prescrição extintiva afeta diretamente a ação e só por via transversa, o direito. Além disso, na decadência o direito é concedido para que seja exercido dentro de certo prazo, sob pena de extinção; na prescrição, inversamente, pressupõe-se a inércia do titular, que não exerce o seu direito de ação no prazo legalmente estabelecido.

A discussão sobre ser decadencial ou prescricional o prazo para o ajuizamento da ação rescisória não é meramente acadêmico, pois apresenta relevante interesse de ordem prática. Por princípio, os prazos decadenciais, ao contrário dos prescricionais, não se interrompem nem se suspendem (Cód. Civil, art. 207). É verdade que essa afirmação não é absoluta, pois a citação do réu, para responder à ação rescisória, impede que a decadência se consume; por outro lado, embora o prazo decadencial não se prorrogue, há julgados considerando tempestiva a inicial da rescisória protocolada em juízo no primeiro dia útil posterior ao término do prazo, se nessa ocasião o expediente forense foi encerrado antes ou iniciado depois da hora normal (CPC, art. 224, § 1º).

Ademais, somente o prazo prescricional é renunciável (CC, art. 191).

Há outros motivos de ordem prática que justificam a separação da prescrição e da decadência, como somente o prazo prescricional ser renunciável (CC, art. 191).

Com habitual mestria, Carlos Maximiliano contribui para a demarcação dos sítios próprios da prescrição extintiva e da decadência, ao escrever que: "a) As duas pessoas que figuram em caso de decadência são ambas titulares de direito: o de uma permanente; o de outra, contingente, efêmero, sujeito a desaparecer quando não exercido dentro de um prazo. Nas hipóteses de prescrição, ao contrário, só se nos depara um portador de direito; a outra parte nenhum direito tem, na espécie; sobre ela pese antes de um dever, uma obrigação, a qual se extingue em consequência da negligência ou bondosa inércia do credor (...). b) A prescrição é a definitiva consolidação de um estado de fato de que uma pessoa está gozando, oposta ao direito de outras; a decadência conserva e corrobora um estado jurídico preexistente. c) A primeira extingue um direito; a segunda respeita a um direito em via de formação. d) A prescrição favorece a quem tinha um estado de fato, convertido, depois, pela inação de outrem, em estado de direito; com a decadência aproveita quem estava já fruindo um direito e tinha como adversário o igualmente titular de direito, de uma ação que se extinguiu e era destinada a aniquilar o outro estado de direito. e) A primeira só vem a lei; a segunda pode também advir de determinação de Juiz ou de ato jurídico (unilateral ou bilateral, gratuito ou oneroso). f) O escopo da prescrição é pôr fim a um direito que, por não ter sido utilizado, deve supor-se abandonado; o da decadência é preestabelecer o tempo em que um direito possa ser utilmente exercido. g) A prescrição visa apenas ações; a decadência nem sempre: compreende ações e direitos; refere-se também a prazos que não se relacionam com ações (...). h) A prescrição só é alegada em exceção, i. e., como matéria de defesa; a decadência pode dar lugar à ação. I) Aquela, em regra, abrange obrigação ou direito real, somente: compreende, pois, os elementos do patrimônio, apenas (...). j) O direito sujeito à decadência já surge como uma faculdade limitada no tempo; o subordinado a prescrição abrolha em caráter ilimitado, quanto ao tempo. l) Em regra, os prazos estipulados em artigos de código não colocados no capítulo referente à prescrição e nos quais não se declara explicitamente versarem sobre tal instituto, dizem respeito à decadência. A recíproca, entretanto, não é verdadeira." (*Hermenêutica e aplicação do direito*. 6. ed. Rio de Janeiro: Freitas Bastos, 347-F).

Um dos traços que, há algum tempo, distinguiam a prescrição da decadência estava em que somente esta última poderia ser pronunciada *ex officio* pelo juiz (CC, art. 210). Todavia, a Lei n. 11.280/2006 eliminou esse traço distintivo, ao alterar o conteúdo do § 5º, do art. 219, do CPC, de 1973 "O juiz pronunciará, de ofício, a prescrição". Por outras palavras, o legislador de 2006 elevou a prescrição extintiva à categoria de matéria de ordem pública, colocando-a no mesmo plano da decadência. Muito se discutiu, na doutrina e na jurisprudência trabalhistas, se essa nova disposição do CPC era aplicável ao processo do trabalho. Essa controvérsia ainda não se encontrava definitivamente dirimida quando entra em vigor o atual CPC, cujo art. 332, § 1º, autoriza o juiz a rejeitar, liminarmente, o pedido, quando verificar a ocorrência de decadência ou de prescrição.

A citação do réu, na ação rescisória, ordenada pelo relator, é causa interruptiva da decadência (CPC, art. 240, § 4º). Desse modo, incumbirá ao autor promover a citação do réu nos dez dias subsequentes ao despacho que a determinar, sob pena de não se considerar interrompido o prazo decadencial (CPC, art. 240, § 2º). Entretanto, motivado por um princípio de ordem ética, o legislador declara que o autor não será prejudicado pela demora imputável, exclusivamente, ao serviço judiciário (*ibidem*, § 3º).

Embora entendamos ser decadencial prazo para o exercício da ação rescisória, a Súmula n. 264, do STF, dispõe: "Verifica-se a prescrição intercorrente pela paralisação da ação rescisória por mais de cinco anos".

Algumas nótulas devem ser lançadas, a respeito do teor dessa Súmula. Em primeiro lugar, a prescrição intercorrente é a que se forma depois de a parte haver ingressado em juízo; em segundo, ao declarar ser "inaplicável à Justiça do Trabalho a prescrição intercorrente", a Súmula n. 114, do TST, se põe contra a regra expressa no art. 884, § 1º, da CLT, que insere a prescrição da dívida como uma das matérias passíveis de serem alegadas pelo devedor, nos *embargos à execução*; em terceiro, o prazo de cinco anos, referido na Súmula n. 264, do STF, deriva do fato de, na vigência do CPC de 1939 (quando a Súmula em exame foi editada), o prazo para a propositura da ação rescisória ser de cinco anos, por força do disposto no art. 178, § 10, inciso VIII, do Código Civil.

A Súmula n. 100, do TST, em diversos dos seus incisos, consagra o entendimento de que o prazo para o exercício da ação rescisória é *decadencial*. É oportuno transcrever, neste momento, o teor da mencionada Súmula 100: "I — O prazo de decadência, na ação rescisória, conta-se do dia imediatamente subsequente ao trânsito em julgado da última decisão proferida na causa, seja de mérito ou não (destacamos). II — Havendo recurso parcial no processo principal, o trânsito em julgado dá-se em momentos e em tribunais diferentes, contando-se o prazo decadencial para a ação rescisória do trânsito em julgado de cada decisão, salvo se o recurso tratar de preliminar ou prejudicial que possa tornar insubsistente a decisão recorrida, hipótese em que flui a decadência a partir do trânsito em julgado da decisão que julgar o recurso parcial. III — Salvo se houver dúvida razoável, a interposição de recurso intempestivo ou a interposição de recurso incabível não protrai o termo inicial do prazo decadencial. IV — O juízo rescindente não está adstrito à certidão de trânsito em julgado juntada com a ação rescisória, podendo formar sua convicção através de outros elementos dos autos quanto à antecipação ou postergação do dies a quo do prazo decadencial. V — O acordo homologado judicialmente tem força de decisão irrecorrível, na forma do art. 831 da CLT. Assim sendo, o termo conciliatório transita em julgado na data da sua homologação judicial. VI — Na hipótese de colusão das partes, o prazo decadencial da ação rescisória somente começa a fluir para o Ministério Público, que não interveio no processo principal, a partir do momento em que tem ciência da fraude. VII — Não ofende o princípio do duplo grau de jurisdição a decisão do TST que, após afastar a decadência em sede de recurso ordinário, apreciar desde logo a lide, se a causa versar questão exclusivamente de direito e estiver em condições de imediato julgamento. VIII — A exceção de incompetência, ainda que oposta no prazo recursal, sem ter sido aviado o recurso próprio, não tem o condão de afastar a consumação da coisa julgada e, assim, postergar o termo inicial do prazo decadencial para a ação rescisória. IX — Prorroga-se até o primeiro dia útil, imediatamente subsequente, o prazo decadencial para o ajuizamento de ação rescisória quando expira em férias forenses, feriados, finais de semana ou em dia em que não houver expediente forense. Aplicação do art. 775 da CLT. X — Conta-se o prazo decadencial da ação rescisória, após o decurso do prazo legal previsto para a interposição do recurso extraordinário, apenas quando esgotadas todas as vias recursais ordinárias".

O princípio legal é de que o prazo decadencial de dois anos, para o exercício da ação rescisória é contado do trânsito em julgado da última decisão proferida na causa, observada a Súmula 100, do TST.

Por outro lado, não se aplica à ação rescisória a contagem do prazo prevista no art. 219, do CPC, cujo pressuposto é a fixação do prazo *em dias*. O prazo para ajuizamento da rescisória é estabelecido *em anos*.

§ 1º O prazo para o exercício da ação rescisória será prorrogado até o primeiro dia útil imediatamente, quando expirar durante férias forenses, recesso, feriados ou em dia em que não houver expediente forense.

§ 2º Caso a ação rescisória venha fundada em prova nova, o termo inicial do prazo será a descoberta dessa prova, observando-se o prazo máximo de cinco anos, contado a partir do trânsito em julgado da última decisão proferida no processo.

§ 3º Nos casos de simulação ou de colusão das partes, o prazo para o terceiro e para o Ministério Público, que não interveio no processo, passará a fluir do momento em que tiverem ciência do ato simulado ou colusivo.

Súmulas do TST sobre ação rescisória

Súmula n. 83

AÇÃO RESCISÓRIA. MATÉRIA CONTROVERTIDA (incorporada a Orientação Jurisprudencial n. 77 da SBDI-2) — Res. 137/2005, DJ 22, 23 e 24.8.2005.

I — Não procede pedido formulado na ação rescisória por violação literal de lei se a decisão rescindenda estiver baseada em texto legal infraconstitucional de interpretação controvertida nos Tribunais. (ex-Súmula n. 83 — alterada pela Res. 121/2003, DJ 21.11.2003).

II — O marco divisor quanto a ser, ou não, controvertida, nos Tribunais, a interpretação dos dispositivos legais citados na ação rescisória é a data da inclusão, na Orientação Jurisprudencial do TST, da matéria discutida. (ex-OJ n. 77 da SBDI-2 — inserida em 13.3.2002)

Súmula n. 99

AÇÃO RESCISÓRIA. DESERÇÃO. PRAZO (incorporada a Orientação Jurisprudencial n. 117 da SBDI-2) — Res. 137/2005, DJ 22, 23 e 24.8.2005.

Havendo recurso ordinário em sede de rescisória, o depósito recursal só é exigível quando for

Código de Processo Civil — Art. 975

julgado procedente o pedido e imposta condenação em pecúnia, devendo este ser efetuado no prazo recursal, no limite e nos termos da legislação vigente, sob pena de deserção. (ex-Súmula n. 99 — alterada pela Res. 110/2002, DJ 15.4.2002 — e ex-OJ n. 117 da SBDI-2 — DJ 11.8.2003) Súmula n. 100 do TST.

Súmula n. 100

AÇÃO RESCISÓRIA. DECADÊNCIA (incorporadas as Orientações Jurisprudenciais ns. 13, 16, 79, 102, 104, 122 e 145 da SBDI-2) — Res. 137/2005, DJ 22, 23 e 24.8.2005.

I — O prazo de decadência, na ação rescisória, conta-se do dia imediatamente subsequente ao trânsito em julgado da última decisão proferida na causa, seja de mérito ou não. (ex-Súmula n. 100 — alterada pela Res. 109/2001, DJ 20.4.2001)

II — Havendo recurso parcial no processo principal, o trânsito em julgado dá-se em momentos e em tribunais diferentes, contando-se o prazo decadencial para a ação rescisória do trânsito em julgado de cada decisão, salvo se o recurso tratar de preliminar ou prejudicial que possa tornar insubsistente a decisão recorrida, hipótese em que flui a decadência a partir do trânsito em julgado da decisão que julgar o recurso parcial. (ex-Súmula n. 100 — alterada pela Res. 109/2001, DJ 20.4.2001)

III — Salvo se houver dúvida razoável, a interposição de recurso intempestivo ou a interposição de recurso incabível não protrai o termo inicial do prazo decadencial. (ex-Súmula n. 100 — alterada pela Res. 109/2001, DJ 20.4.2001)

IV — O juízo rescindente não está adstrito à certidão de trânsito em julgado juntada com a ação rescisória, podendo formar sua convicção através de outros elementos dos autos quanto à antecipação ou postergação do "dies a quo" do prazo decadencial. (ex-OJ n. 102 da SBDI-2 — DJ 29.4.2003)

V — O acordo homologado judicialmente tem força de decisão irrecorrível, na forma do art. 831 da CLT. Assim sendo, o termo conciliatório transita em julgado na data da sua homologação judicial. (ex-OJ n. 104 da SBDI-2 — DJ 29.4.2003)

VI — Na hipótese de colusão das partes, o prazo decadencial da ação rescisória somente começa a fluir para o Ministério Público, que não interveio no processo principal, a partir do momento em que tem ciência da fraude. (ex-OJ n. 122 da SBDI-2 — DJ 11.8.2003)

VII — Não ofende o princípio do duplo grau de jurisdição a decisão do TST que, após afastar a decadência em sede de recurso ordinário, aprecia desde logo a lide, se a causa versar questão exclusivamente de direito e estiver em condições de imediato julgamento. (ex-OJ n. 79 da SBDI-2 — inserida em 13.3.2002)

VIII — A exceção de incompetência, ainda que oposta no prazo recursal, sem ter sido aviado o recurso próprio, não tem o condão de afastar a consumação da coisa julgada e, assim, postergar o termo inicial do prazo decadencial para a ação rescisória. (ex-OJ n. 16 da SBDI-2 — inserida em 20.9.2000)

IX — Prorroga-se até o primeiro dia útil, imediatamente subsequente, o prazo decadencial para ajuizamento de ação rescisória quando expira em férias forenses, feriados, finais de semana ou em dia em que não houver expediente forense. Aplicação do art. 775 da CLT. (ex-OJ n. 13 da SBDI-2 — inserida em 20.9.2000)

X — Conta-se o prazo decadencial da ação rescisória, após o decurso do prazo legal previsto para a interposição do recurso extraordinário, apenas quando esgotadas todas as vias recursais ordinárias. (ex-OJ n. 145 da SBDI-2 — DJ 10.11.2004)

Súmula n. 158

AÇÃO RESCISÓRIA (mantida) — Res. 121/2003, DJ 19, 20 e 21.11.2003.

Da decisão de Tribunal Regional do Trabalho, em ação rescisória, é cabível recurso ordinário para o Tribunal Superior do Trabalho, em face da organização judiciária trabalhista (ex-Prejulgado n. 35).

Súmula n. 192

AÇÃO RESCISÓRIA. COMPETÊNCIA E POSSIBILIDADE JURÍDICA DO PEDIDO (inciso III alterado) — Res. 153/2008, DEJT divulgado em 20, 21 e 24.11.2008.

I — Se não houver o conhecimento de recurso de revista ou de embargos, a competência para julgar ação que vise a rescindir a decisão de mérito é do Tribunal Regional do Trabalho, ressalvado o disposto no item II. (ex-Súmula n. 192 — alterada pela Res. 121/2003, DJ 21.11.2003)

II — Acórdão rescindendo do Tribunal Superior do Trabalho que não conhece de recurso de embargos ou de revista, analisando arguição de violação de dispositivo de lei material ou decidindo em consonância com súmula de direito material ou com iterativa, notória e atual jurisprudência de direito material da Seção de Dissídios Individuais (Súmula n. 333), examina o mérito da causa, cabendo ação rescisória da competência do Tribunal Superior do Trabalho. (ex-Súmula n. 192 — alterada pela Res. 121/2003, DJ 21.11.2003)

III — Em face do disposto no art. 512 do CPC, é juridicamente impossível o pedido explícito de desconstituição de sentença quando substituída por acórdão do Tribunal Regional ou superveniente sentença homologatória de acordo que puser fim ao litígio.

IV — É manifesta a impossibilidade jurídica do pedido de rescisão de julgado proferido em agravo de instrumento que, limitando-se a aferir o eventual desacerto do juízo negativo de admissibilidade do recurso de revista, não substitui o acórdão regional, na forma do art. 512 do CPC. (ex-OJ n. 105 da SBDI-2 – DJ 29.4.2003)

V – A decisão proferida pela SBDI, em sede de agravo regimental, calcada na Súmula n. 333, substitui acórdão de Turma do TST, porque emite juízo de mérito, comportando, em tese, o corte rescisório. (ex-OJ n. 133 da SBDI-2 – DJ 4.5.2004)

Súmula n. 298

AÇÃO RESCISÓRIA. VIOLAÇÃO A DISPOSIÇÃO DE LEI. PRONUNCIAMENTO EXPLÍCITO (Redação alterada pelo Tribunal Pleno na sessão realizada em 6.2.2012) – Res. 177/2012, DEJT divulgado em 13, 14 e 15.2.2012.

I – A conclusão acerca da ocorrência de violação literal a disposição de lei pressupõe pronunciamento explícito, na sentença rescindenda, sobre a matéria veiculada.

II – O pronunciamento explícito exigido em ação rescisória diz respeito à matéria e ao enfoque específico da tese debatida na ação, e não, necessariamente, ao dispositivo legal tido por violado. Basta que o conteúdo da norma reputada violada haja sido abordado na decisão rescindenda para que se considere preenchido o pressuposto.

III – Para efeito de ação rescisória, considera-se pronunciada explicitamente a matéria tratada na sentença quando, examinando remessa de ofício, o Tribunal simplesmente a confirma.

IV – A sentença meramente homologatória, que silencia sobre os motivos de convencimento do juiz, não se mostra rescindível, por ausência de pronunciamento explícito.

V – Não é absoluta a exigência de pronunciamento explícito na ação rescisória, ainda que esta tenha por fundamento violação de dispositivo de lei. Assim, prescindível o pronunciamento explícito quando o vício nasce no próprio julgamento, como se dá com a sentença "extra, citra e ultra petita".

Súmula n. 299

AÇÃO RESCISÓRIA. DECISÃO RESCINDENDA. TRÂNSITO EM JULGADO. COMPROVAÇÃO. EFEITOS (incorporadas as Orientações Jurisprudenciais ns. 96 e 106 da SBDI-2) – Res. 137/2005, DJ 22, 23 e 24.8.2005.

I – É indispensável ao processamento da ação rescisória a prova do trânsito em julgado da decisão rescindenda. (ex-Súmula n. 299 – Res. 8/1989, DJ 14, 18 e 19.4.1989)

II – Verificando o relator que a parte interessada não juntou à inicial o documento comprobatório, abrirá prazo de 10 (dez) dias para que o faça, sob pena de indeferimento. (ex-Súmula n. 299 – Res. 8/1989, DJ 14, 18 e 19.4.1989)

III – A comprovação do trânsito em julgado da decisão rescindenda é pressuposto processual indispensável ao tempo do ajuizamento da ação rescisória. Eventual trânsito em julgado posterior ao ajuizamento da ação rescisória não reabilita a ação proposta, na medida em que o ordenamento jurídico não contempla a ação rescisória preventiva. (ex-OJ n. 106 da SBDI-2 – DJ 29.4.2003)

IV – O pretenso vício de intimação, posterior à decisão que se pretende rescindir, se efetivamente ocorrido, não permite a formação da coisa julgada material. Assim, a ação rescisória deve ser julgada extinta, sem julgamento do mérito, por carência de ação, por inexistir decisão transitada em julgado a ser rescindida. (ex-OJ n. 96 da SBDI-2 – inserida em 27.9.2002)

Súmula n. 365

ALÇADA. AÇÃO RESCISÓRIA E MANDADO DE SEGURANÇA (conversão das Orientações Jurisprudenciais ns. 8 e 10 da SBDI-1) – Res. 129/2005, DJ 20, 22 e 25.4.2005.

Não se aplica a alçada em ação rescisória e em mandado de segurança. (ex-OJs ns. 8 e 10 da SBDI-1 – inseridas em 1º.2.1995)

Súmula n. 397

AÇÃO RESCISÓRIA. ART. 485, IV, DO CPC. AÇÃO DE CUMPRIMENTO. OFENSA À COISA JULGADA EMANADA DE SENTENÇA NORMATIVA MODIFICADA EM GRAU DE RECURSO. INVIABILIDADE. CABIMENTO DE MANDADO DE SEGURANÇA (conversão da Orientação Jurisprudencial n. 116 da SBDI-2) – Res. 137/2005, DJ 22, 23 e 24.8.2005.

Não procede ação rescisória calcada em ofensa à coisa julgada perpetrada por decisão proferida em ação de cumprimento, em face de a sentença normativa, na qual se louvava, ter sido modificada em grau de recurso, porque em dissídio coletivo somente se consubstancia coisa julgada formal. Assim, os meios processuais aptos a atacarem a execução da cláusula reformada são a exceção de pré-executividade e o mandado de segurança, no caso de descumprimento do art. 572 do CPC. (ex-OJ n. 116 da SBDI-2 – DJ 11.8.2003)

Súmula n. 398

AÇÃO RESCISÓRIA. AUSÊNCIA DE DEFESA. INAPLICÁVEIS OS EFEITOS DA REVELIA (conversão da Orientação Jurisprudencial n. 126 da SBDI-2) – Res. 137/2005, DJ 22, 23 e 24.8.2005.

Na ação rescisória, o que se ataca na ação é a sentença, ato oficial do Estado, acobertado pelo manto da coisa julgada. Assim sendo, e considerando que a coisa julgada envolve questão de ordem pública, a revelia não produz confissão na ação rescisória. (ex--OJ n. 126 da SBDI-2 — DJ 9.12.2003)

Súmula n. 399

AÇÃO RESCISÓRIA. CABIMENTO. SENTENÇA DE MÉRITO. DECISÃO HOMOLOGATÓRIA DE ADJUDICAÇÃO, DE ARREMATAÇÃO E DE CÁLCULOS (conversão das Orientações Jurisprudenciais ns. 44, 45 e 85, primeira parte, da SBDI-2) — Res. 137/2005, DJ 22, 23 e 24.8.2005.

I — É incabível ação rescisória para impugnar decisão homologatória de adjudicação ou arrematação. (ex-OJs ns. 44 e 45 da SBDI-2 — inseridas em 20.9.2000)

II — A decisão homologatória de cálculos apenas comporta rescisão quando enfrentar as questões envolvidas na elaboração da conta de liquidação, quer solvendo a controvérsia das partes quer explicitando, de ofício, os motivos pelos quais acolheu os cálculos oferecidos por uma das partes ou pelo setor de cálculos, e não contestados pela outra. (ex--OJ n. 85 da SBDI-2 — primeira parte — inserida em 13.3.2002 e alterada em 26.11.2002).

Súmula n. 400

AÇÃO RESCISÓRIA DE AÇÃO RESCISÓRIA. VIOLAÇÃO DE LEI. INDICAÇÃO DOS MESMOS DISPOSITIVOS LEGAIS APONTADOS NA RESCISÓRIA PRIMITIVA (conversão da Orientação Jurisprudencial n. 95 da SBDI-2) — Res. 137/2005, DJ 22, 23 e 24.8.2005.

Em se tratando de rescisória de rescisória, o vício apontado deve nascer na decisão rescindenda, não se admitindo a rediscussão do acerto do julgamento da rescisória anterior. Assim, não se admite rescisória calcada no inciso V do art. 485 do CPC para discussão, por má aplicação dos mesmos dispositivos de lei, tidos por violados na rescisória anterior, bem como para arguição de questões inerentes à ação rescisória primitiva. (ex-OJ n. 95 da SBDI-2 — inserida em 27.9.2002 e alterada DJ 16.4.2004)

Súmula n. 401

AÇÃO RESCISÓRIA. DESCONTOS LEGAIS. FASE DE EXECUÇÃO. SENTENÇA EXEQUENDA OMISSA. INEXISTÊNCIA DE OFENSA À COISA JULGADA (conversão da Orientação Jurisprudencial n. 81 da SBDI-2) — Res. 137/2005 — DJ 22, 23 e 24.8.2005.

Os descontos previdenciários e fiscais devem ser efetuados pelo juízo executório, ainda que a sentença exequenda tenha sido omissa sobre a questão, dado o caráter de ordem pública ostentado pela norma que os disciplina. A ofensa à coisa julgada somente poderá ser caracterizada na hipótese de o título exequendo, expressamente, afastar a dedução dos valores a título de imposto de renda e de contribuição previdenciária. (ex-OJ n. 81 da SBDI-2 — inserida em 13.3.2002)

Súmula n. 402

AÇÃO RESCISÓRIA. DOCUMENTO NOVO. DISSÍDIO COLETIVO. SENTENÇA NORMATIVA (conversão da Orientação Jurisprudencial n. 20 da SBDI-2) — Res. 137/2005, DJ 22, 23 e 24.8.2005.

Documento novo é o cronologicamente velho, já existente ao tempo da decisão rescindenda, mas ignorado pelo interessado ou de impossível utilização, à época, no processo. Não é documento novo apto a viabilizar a desconstituição de julgado:

a) sentença normativa proferida ou transitada em julgado posteriormente à sentença rescindenda;

b) sentença normativa preexistente à sentença rescindenda, mas não exibida no processo principal, em virtude de negligência da parte, quando podia e deveria louvar-se de documento já existente e não ignorado quando emitida a decisão rescindenda. (ex-OJ n. 20 da SBDI-2 — inserida em 20.9.2000)

Súmula n. 403

AÇÃO RESCISÓRIA. DOLO DA PARTE VENCEDORA EM DETRIMENTO DA VENCIDA. ART. 485, III, DO CPC (conversão das Orientações Jurisprudenciais ns. 111 e 125 da SBDI-2) — Res. 137/2005, DJ 22, 23 e 24.8.2005.

I — Não caracteriza dolo processual, previsto no art. 485, III, do CPC, o simples fato de a parte vencedora haver silenciado a respeito de fatos contrários a ela, porque o procedimento, por si só, não constitui ardil do qual resulte cerceamento de defesa e, em consequência, desvie o juiz de uma sentença não--condizente com a verdade. (ex-OJ n. 125 da SBDI-2 — DJ 9.12.2003)

II — Se a decisão rescindenda é homologatória de acordo, não há parte vencedora ou vencida, razão pela qual não é possível a sua desconstituição calcada no inciso III do art. 485 do CPC (dolo da parte vencedora em detrimento da vencida), pois constitui fundamento de rescindibilidade que supõe solução jurisdicional para a lide. (ex-OJ n. 111 da SBDI-2 — DJ 29.4.2003)

Súmula n. 404

AÇÃO RESCISÓRIA. FUNDAMENTO PARA INVALIDAR CONFISSÃO. CONFISSÃO FICTA. INADEQUAÇÃO DO ENQUADRAMENTO NO ART. 485, VIII, DO CPC (conversão da Orientação Jurisprudencial n. 108 da SBDI-2) — Res. 137/2005, DJ 22, 23 e 24.8.2005.

O art. 485, VIII, do CPC, ao tratar do fundamento para invalidar a confissão como hipótese de rescindibilidade da decisão judicial, refere-se à confissão real, fruto de erro, dolo ou coação, e não à confissão ficta resultante de revelia. (ex-OJ n. 108 da SBDI-2 — DJ 29.4.2003)

Súmula n. 405

AÇÃO RESCISÓRIA. LIMINAR. ANTECIPAÇÃO DE TUTELA (conversão das Orientações

Jurisprudenciais ns. 1, 3 e 121 da SBDI-2) — Res. 137/2005, DJ 22, 23 e 24.8.2005.

I — Em face do que dispõe a MP 1.984-22/2000 e reedições e o art. 273, § 7º, do CPC, é cabível o pedido liminar formulado na petição inicial de ação rescisória ou na fase recursal, visando a suspender a execução da decisão rescindenda.

II — O pedido de antecipação de tutela, formulado nas mesmas condições, será recebido como medida acautelatória em ação rescisória, por não se admitir tutela antecipada em sede de ação rescisória. (ex-OJs ns. 1 e 3 da SBDI-2 — inseridas em 20.9.2000 — e 121 da SBDI-2 — DJ 11.8.2003)

Súmula n. 406

AÇÃO RESCISÓRIA. LITISCONSÓRCIO. NECESSÁRIO NO PÓLO PASSIVO E FACULTATIVO NO ATIVO. INEXISTENTE QUANTO AOS SUBSTITUÍDOS PELO SINDICATO (conversão das Orientações Jurisprudenciais ns. 82 e 110 da SBDI-2) — Res. 137/2005, DJ 22, 23 e 24.8.2005.

I — O litisconsórcio, na ação rescisória, é necessário em relação ao pólo passivo da demanda, porque supõe uma comunidade de direitos ou de obrigações que não admite solução díspar para os litisconsortes, em face da indivisibilidade do objeto. Já em relação ao pólo ativo, o litisconsórcio é facultativo, uma vez que a aglutinação de autores se faz por conveniência e não pela necessidade decorrente da natureza do litígio, pois não se pode condicionar o exercício do direito individual de um dos litigantes no processo originário à anuência dos demais para retomar a lide. (ex-OJ n. 82 da SBDI-2 — inserida em 13.3.2002)

II — O Sindicato, substituto processual e autor da reclamação trabalhista, em cujos autos fora proferida a decisão rescindenda, possui legitimidade para figurar como réu na ação rescisória, sendo descabida a exigência de citação de todos os empregados substituídos, porquanto inexistente litisconsórcio passivo necessário. (ex-OJ n. 110 da SBDI-2 — DJ 29.4.2003)

Súmula n. 407

AÇÃO RESCISÓRIA. MINISTÉRIO PÚBLICO. LEGITIMIDADE "AD CAUSAM" PREVISTA NO ART. 487, III, "A" E "B", DO CPC. AS HIPÓTESES SÃO MERAMENTE EXEMPLIFICATIVAS (conversão da Orientação Jurisprudencial n. 83 da SBDI-2) — Res. 137/2005, DJ 22, 23 e 24.8.2005.

A legitimidade "ad causam" do Ministério Público para propor ação rescisória, ainda que não tenha sido parte no processo que deu origem à decisão rescindenda, não está limitada às alíneas "a" e "b" do inciso III do art. 487 do CPC, uma vez que traduzem hipóteses meramente exemplificativas. (ex-OJ n. 83 da SBDI-2 — inserida em 13.3.2002)

Súmula n. 408

AÇÃO RESCISÓRIA. PETIÇÃO INICIAL. CAUSA DE PEDIR. AUSÊNCIA DE CAPITULAÇÃO OU CAPITULAÇÃO ERRÔNEA NO ART. 485 DO CPC. PRINCÍPIO "IURA NOVIT CURIA" (conversão das Orientações Jurisprudenciais ns. 32 e 33 da SBDI-2) — Res. 137/2005, DJ 22, 23 e 24.8.2005.

Não padece de inépcia a petição inicial de ação rescisória apenas porque omite a subsunção do fundamento de rescindibilidade no art. 485 do CPC ou o capitula erroneamente em um de seus incisos. Contanto que não se afaste dos fatos e fundamentos invocados como causa de pedir, ao Tribunal é lícito emprestar-lhes a adequada qualificação jurídica ("iura novit cúria"). No entanto, fundando-se a ação rescisória no art. 485, inc. V, do CPC, é indispensável expressa indicação, na petição inicial da ação rescisória, do dispositivo legal violado, por se tratar de causa de pedir da rescisória, não se aplicando, no caso, o princípio "iura novit cúria". (ex-Ojs ns. 32 e 33 da SBDI-2 — inseridas em 20.9.2000)

Súmula n. 409

AÇÃO RESCISÓRIA. PRAZO PRESCRICIONAL. TOTAL OU PARCIAL. VIOLAÇÃO DO ART. 7º, XXIX, DA CF/1988. MATÉRIA INFRACONSTITUCIONAL (conversão da Orientação Jurisprudencial n. 119 da SBDI-2) — Res. 137/2005, DJ 22, 23 e 24.8.2005.

Não procede ação rescisória calcada em violação do art. 7º, XXIX, da CF/1988 quando a questão envolve discussão sobre a espécie de prazo prescricional aplicável aos créditos trabalhistas, se total ou parcial, porque a matéria tem índole infraconstitucional, construída, na Justiça do Trabalho, no plano jurisprudencial. (ex-OJ n. 119 da SBDI-2 — DJ 11.8.2003)

Súmula n. 410

AÇÃO RESCISÓRIA. REEXAME DE FATOS E PROVAS. INVIABILIDADE (conversão da Orientação Jurisprudencial n. 109 da SBDI-2) — Res. 137/2005 DJ 22, 23 e 24.8.2005.

A ação rescisória calcada em violação de lei não admite reexame de fatos e provas do processo que originou a decisão rescindenda. (ex-OJ n. 109 da SBDI-2 — DJ 29.4.2003)

Súmula n. 411

AÇÃO RESCISÓRIA. SENTENÇA DE MÉRITO. DECISÃO DE TRIBUNAL REGIONAL DO TRABALHO EM AGRAVO REGIMENTAL CONFIRMANDO DECISÃO MONOCRÁTICA DO RELATOR QUE, APLICANDO A SÚMULA N. 83 DO TST, INDEFERIU A PETIÇÃO INICIAL DA AÇÃO RESCISÓRIA. CABIMENTO (conversão da Orientação Jurisprudencial n. 43 da SBDI-2) — Res. 137/2005, DJ 22, 23 e 24.8.2005.

Se a decisão recorrida, em agravo regimental, aprecia a matéria na fundamentação, sob o enfoque das Súmulas ns. 83 do TST e 343 do STF, constitui sentença de mérito, ainda que haja resultado no indeferimento da petição inicial e na extinção do processo sem julgamento do mérito. Sujeita-se, assim, à reforma pelo TST, a decisão do Tribunal que, invocando controvérsia na interpretação da lei, indefere a petição inicial de ação rescisória. (ex-OJ n. 43 da SBDI-2 — inserida em 20.9.2000)

Súmula n. 412

AÇÃO RESCISÓRIA. SENTENÇA DE MÉRITO. QUESTÃO PROCESSUAL (conversão da Orientação Jurisprudencial n. 46 da SBDI-2) — Res. 137/2005, DJ 22, 23 e 24.8.2005.

Pode uma questão processual ser objeto de rescisão desde que consista em pressuposto de validade de uma sentença de mérito. (ex-OJ n. 46 da SBDI-2 — inserida em 20.9.2000)

Súmula n. 413

AÇÃO RESCISÓRIA. SENTENÇA DE MÉRITO. VIOLAÇÃO DO ART. 896, "A", DA CLT (conversão da Orientação Jurisprudencial n. 47 da SBDI-2) — Res. 137/2005, DJ 22, 23 e 24.8.2005.

É incabível ação rescisória, por violação do art. 896, "a", da CLT, contra decisão que não conhece de recurso de revista, com base em divergência jurisprudencial, pois não se cuida de sentença de mérito (art. 485 do CPC). (ex-OJ n. 47 da SBDI-2 — inserida em 20.9.2000)

- Orientações Jurisprudenciais da SBDI-II, do TST, sobre ação rescisória

7. AÇÃO RESCISÓRIA. COMPETÊNCIA. CRIAÇÃO DE TRIBUNAL REGIONAL DO TRABALHO. NA OMISSÃO DA LEI, É FIXADA PELO ART. 678, INC. I, "C", ITEM 2, DA CLT (nova redação) — DJ 22.8.2005. A Lei n. 7.872/89 que criou o Tribunal Regional do Trabalho da 17ª Região não fixou a sua competência para apreciar as ações rescisórias de decisões oriundas da 1ª Região, o que decorreu do art. 678, I, "c", item 2, da CLT.

10. AÇÃO RESCISÓRIA. CONTRATO NULO. ADMINISTRAÇÃO PÚBLICA. EFEITOS. ART. 37, II E § 2º, DA CF/88 (inserida em 20.9.2000). Somente por ofensa ao art. 37, II e § 2º, da CF/88, procede o pedido de rescisão de julgado para considerar nula a contratação, sem concurso público, de servidor, após a CF/88.

11. AÇÃO RESCISÓRIA. CORREÇÃO MONETÁRIA. LEI N. 7.596/87. UNIVERSIDADES FEDERAIS. IMPLANTAÇÃO TARDIA DO PLANO DE CLASSIFICAÇÃO DE CARGOS. VIOLAÇÃO DE LEI. SÚMULA N. 83 DO TST. APLICÁVEL (inserida em 20.9.2000). Não se rescinde julgado que acolhe pedido de correção monetária decorrente da implantação tardia do Plano de Classificação de Cargos de Universidade Federal previsto na Lei n. 7.596/87, à época em que era controvertida tal matéria na jurisprudência. Incidência da Súmula n. 83 do TST.

12. AÇÃO RESCISÓRIA. DECADÊNCIA. CONSUMAÇÃO ANTES OU DEPOIS DA EDIÇÃO DA MEDIDA PROVISÓRIA N. 1.577/97. AMPLIAÇÃO DO PRAZO (nova redação em decorrência da incorporação da Orientação Jurisprudencial n. 17 da SBDI-II) — DJ 22.8.2005. I — A vigência da Medida Provisória n. 1.577/97 e de suas reedições implicou o elastecimento do prazo decadencial para o ajuizamento da ação rescisória a favor dos entes de direito público, autarquias e fundações públicas. Se o biênio decadencial do art. 495 do CPC findou após a entrada em vigor da referida medida provisória e até sua suspensão pelo STF em sede liminar de ação direta de inconstitucionalidade (ADIn 1753-2), tem-se como aplicável o prazo decadencial elastecido à rescisória. (ex-OJ n. 17 da SDI-2 — inserida em 20.9.00) II — A regra ampliativa do prazo decadencial para a propositura de ação rescisória em favor de pessoa jurídica de direito público não se aplica se, ao tempo em que sobreveio a Medida Provisória n. 1.577/97, já se exaurira o biênio do art. 495 do CPC. Preservação do direito adquirido da parte à decadência já consumada sob a égide da lei velha. (ex-OJ n. 12 da SDI-2 — inserida em 20.9.00)

18. AÇÃO RESCISÓRIA. DECADÊNCIA. UNIÃO. LEI COMPLEMENTAR N. 73/93, ART. 67. LEI N. 8.682/93, ART. 6º (inserida em 20.9.2000). O art. 67 da Lei Complementar n. 73/93 interrompeu todos os prazos, inclusive o de decadência, em favor da União no período compreendido entre 14.2.93 e 14.8.93.

19. AÇÃO RESCISÓRIA. DESLIGAMENTO INCENTIVADO. IMPOSTO DE RENDA. ABONO PECUNIÁRIO. VIOLAÇÃO DE LEI. SÚMULA N. 83 DO TST. APLICÁVEL (inserida em 20.9.2000). Havendo notória controvérsia jurisprudencial acerca da incidência de imposto de renda sobre parcela paga pelo empregador ("abono pecuniário") a título de "desligamento incentivado", improcede pedido de rescisão do julgado. Incidência da Súmula n. 83 do TST.

21. AÇÃO RESCISÓRIA. DUPLO GRAU DE JURISDIÇÃO. TRÂNSITO EM JULGADO. INOBSERVÂNCIA. DECRETO-LEI N. 779/69, ART. 1º, V. INCABÍVEL (nova redação) — DJ 22.8.2005. É incabível ação rescisória para a desconstituição de sentença não transitada em julgado porque ainda não submetida ao necessário duplo grau de jurisdição, na forma do Decreto-lei n. 779/69. Determina-se que se oficie ao Presidente do TRT para que proceda à avocatória do processo principal para o reexame da sentença rescindenda.

23. AÇÃO RESCISÓRIA. ESTABILIDADE. PERÍODO PRÉ-ELEITORAL. VIOLAÇÃO DE LEI. SÚMULA N. 83 DO TST. APLICÁVEL (inserida em 20.09.2000). Não procede pedido de rescisão de sentença de mérito que assegura ou nega estabilidade pré-eleitoral, quando a decisão rescindenda for anterior à Orientação Jurisprudencial n. 51, da Seção de

Dissídios Individuais do TST (25.11.96). Incidência da Súmula n. 83 do TST.

24. AÇÃO RESCISÓRIA. ESTABILIDADE PROVISÓRIA. REINTEGRAÇÃO EM PERÍODO POSTERIOR. DIREITO LIMITADO AOS SALÁRIOS E CONSECTÁRIOS DO PERÍODO DA ESTABILIDADE (inserida em 20.9.2000). Rescinde-se o julgado que reconhece estabilidade provisória e determina a reintegração de empregado, quando já exaurido o respectivo período de estabilidade. Em juízo rescisório, restringe-se a condenação quanto aos salários e consectários até o termo final da estabilidade.

25. AÇÃO RESCISÓRIA. EXPRESSÃO "LEI" DO ART. 485, V, DO CPC. NÃO INCLUSÃO DO ACT, CCT, PORTARIA, REGULAMENTO, SÚMULA E ORIENTAÇÃO JURISPRUDENCIAL DE TRIBUNAL (nova redação em decorrência da incorporação da Orientação Jurisprudencial n. 118 da SBDI-II) — DJ 22.8.2005. Não procede pedido de rescisão fundado no art. 485, V, do CPC quando se aponta contrariedade à norma de convenção coletiva de trabalho, acordo coletivo de trabalho, portaria do Poder Executivo, regulamento de empresa e súmula ou orientação jurisprudencial de tribunal. (ex-OJ 25 da SDI-2, inserida em 20.9.00 e ex-OJ 118 da SDI-2, DJ 11.8.03)

28. AÇÃO RESCISÓRIA. JUÍZO RESCISÓRIO. RESTITUIÇÃO DA PARCELA JÁ RECEBIDA. DEVE A PARTE PROPOR AÇÃO PRÓPRIA (cancelada) — Res. 149/2008, DEJT divulgado em 20, 21 e 24.11.2008. Inviável em sede de ação rescisória pleitear condenação relativa à devolução dos valores pagos aos empregados quando ultimada a execução da decisão rescindenda, devendo a empresa buscar por meio de procedimento próprio essa devolução.

30. AÇÃO RESCISÓRIA. MULTA. ART. 920 DO CÓDIGO CIVIL DE 1916 (ART. 412 DO CÓDIGO CIVIL DE 2002) (nova redação em decorrência da incorporação da Orientação Jurisprudencial n. 31 da SBDI-II) — DJ 22.8.2005. Não se acolhe, por violação do art. 920 do Código Civil de 1916 (art. 412 do Código Civil de 2002), pedido de rescisão de julgado que: a) em processo de conhecimento, impôs condenação ao pagamento de multa, quando a decisão rescindenda for anterior à Orientação Jurisprudencial n. 54 da Subseção I Especializada em Dissídios Individuais do TST (30.05.94), incidindo o óbice da Súmula n. 83 do TST; (ex-OJ n. 30 da SDI-2 inserida em 20.9.00) b) em execução, rejeita-se limitação da condenação ao pagamento de multa, por inexistência de violação literal. (ex-OJ n. 31 da SDI-2 — inserida em 20.9.00)

34. AÇÃO RESCISÓRIA. PLANOS ECONÔMICOS (inserida em 20.9.2000). 1. O acolhimento de pedido em ação rescisória de plano econômico, fundada no art. 485, inciso V, do CPC, pressupõe, necessariamente, expressa invocação na petição inicial de afronta ao art. 5º, inciso XXXVI, da Constituição Federal de 1988. A indicação de ofensa literal a preceito de lei ordinária atrai a incidência do Súmula n. 83 do TST e Súmula n. 343 do STF.

35. AÇÃO RESCISÓRIA. PLANOS ECONÔMICOS. COISA JULGADA. LIMITAÇÃO À DATA-BASE NA FASE DE EXECUÇÃO (inserida em 20.9.2000). Não ofende a coisa julgada a limitação à data-base da categoria, na fase executória, da condenação ao pagamento de diferenças salariais decorrentes de planos econômicos, quando a decisão exequenda silenciar sobre a limitação, uma vez que a limitação decorre de norma cogente. Apenas quando a sentença exequenda houver expressamente afastado a limitação à data-base é que poderá ocorrer ofensa à coisa julgada.

38. AÇÃO RESCISÓRIA. PROFESSOR-ADJUNTO. INGRESSO NO CARGO DE PROFESSOR-TITULAR. EXIGÊNCIA DE CONCURSO PÚBLICO (LEI N. 7.596/87, DECRETO N. 94.664/87 E ART. 206, V, CF/88) (inserida em 20.9.2000). A assunção do professor-adjunto ao cargo de professor titular de universidade pública, sem prévia aprovação em concurso público, viola o art. 206, inciso V, da Constituição Federal. Procedência do pedido de rescisão do julgado.

39. AÇÃO RESCISÓRIA. REAJUSTES BIMESTRAIS E QUADRIMESTRAIS. LEI N. 8.222/91. SÚMULA N. 83 DO TST. APLICÁVEL (inserida em 20.9.2000). Havendo controvérsia jurisprudencial à época, não se rescinde decisão que aprecia a possibilidade de cumulação das antecipações bimestrais e reajustes quadrimestrais de salário previstos na Lei n. 8.222/91. Incidência da Súmula n. 83 do TST.

41. AÇÃO RESCISÓRIA. SENTENÇA "CITRA PETITA". CABIMENTO (inserida em 20.9.00). Revelando-se a sentença "citra petita", o vício processual vulnera os arts. 128 e 460 do CPC, tornando-a passível de desconstituição, ainda que não opostos embargos declaratórios.

53. MANDADO DE SEGURANÇA. COOPERATIVA EM LIQUIDAÇÃO EXTRAJUDICIAL. LEI N. 5.764/71, ART. 76. INAPLICÁVEL. NÃO SUSPENDE A EXECUÇÃO (inserida em 20.9.2000). A liquidação extrajudicial de sociedade cooperativa não suspende a execução dos créditos trabalhistas existentes contra ela.

70. AÇÃO RESCISÓRIA. MANIFESTO E INESCUSÁVEL EQUÍVOCO NO DIRECIONAMENTO. INÉPCIA DA INICIAL. EXTINÇÃO DO PROCESSO (alterada em 26.11.2002). O manifesto equívoco da parte em ajuizar ação rescisória no TST para desconstituir julgado proferido pelo TRT, ou vice-versa, implica a extinção do processo sem julgamento do mérito por inépcia da inicial.

71. AÇÃO RESCISÓRIA. SALÁRIO PROFISSIONAL. FIXAÇÃO. MÚLTIPLO DE SALÁRIO-MÍNIMO. ART. 7º, IV, DA CF/88 (nova redação) — DJ 22.11.2004. A estipulação do salário profissional em múltiplos do salário-mínimo não afronta o art. 7º, inciso IV, da Constituição Federal de 1988, só incorrendo em vulneração do referido preceito constitucional a fixação de correção automática do salário pelo reajuste do salário-mínimo.

76. AÇÃO RESCISÓRIA. AÇÃO CAUTELAR PARA SUSPENDER EXECUÇÃO. JUNTADA DE DOCUMENTO INDISPENSÁVEL. POSSIBILIDADE DE ÊXITO NA RESCISÃO DO JULGADO (inserida em 13.03.2002). É indispensável a instrução da ação cautelar com as provas documentais necessárias à aferição da plausibilidade de êxito na rescisão do julgado. Assim sendo, devem vir junto com a inicial da cautelar as cópias da petição inicial da ação rescisória principal, da decisão rescindenda, da certidão do trânsito em julgado da decisão rescindenda e informação do andamento atualizado da execução.

78. AÇÃO RESCISÓRIA. CUMULAÇÃO SUCESSIVA DE PEDIDOS. RESCISÃO DA SENTENÇA E DO ACÓRDÃO. AÇÃO ÚNICA. ART. 289 DO CPC (inserida em 13.3.2002). É admissível o ajuizamento de uma única ação rescisória contendo mais de um pedido, em ordem sucessiva, de rescisão da sentença e do acórdão. Sendo inviável a tutela jurisdicional de um deles, o julgador está obrigado a apreciar os demais, sob pena de negativa de prestação jurisdicional.

80. AÇÃO RESCISÓRIA. DECADÊNCIA. "DIES A QUO". RECURSO DESERTO. SÚMULA N. 100 DO TST (inserida em 13.3.2002) O não-conhecimento do recurso por deserção não antecipa o "dies a quo" do prazo decadencial para o ajuizamento da ação rescisória, atraindo, na contagem do prazo, a aplicação da Súmula n. 100 do TST.

84. AÇÃO RESCISÓRIA. PETIÇÃO INICIAL. AUSÊNCIA DA DECISÃO RESCINDENDA E/OU DA CERTIDÃO DE SEU TRÂNSITO EM JULGADO DEVIDAMENTE AUTENTICADAS. PEÇAS ESSENCIAIS PARA A CONSTITUIÇÃO VÁLIDA E REGULAR DO FEITO. ARGUIÇÃO DE OFÍCIO. EXTINÇÃO DO PROCESSO SEM JULGAMENTO DO MÉRITO. (alterado em 26.11.02). A decisão rescindenda e/ou a certidão do seu trânsito em julgado, devidamente autenticadas, à exceção de cópias reprográficas apresentadas por pessoa jurídica de direito público, a teor do art. 24 da Lei n. 10.522/02, são peças essenciais para o julgamento da ação rescisória. Em fase recursal, verificada a ausência de qualquer delas, cumpre ao Relator do recurso ordinário arguir, de ofício, a extinção do processo, sem julgamento do mérito, por falta de pressuposto de constituição e desenvolvimento válido do feito.

94. AÇÃO RESCISÓRIA. COLUSÃO. FRAUDE À LEI. RECLAMATÓRIA SIMULADA EXTINTA (inserida em 27.9.2002). A decisão ou acordo judicial subjacente à reclamação trabalhista, cuja tramitação deixa nítida a simulação do litígio para fraudar a lei e prejudicar terceiros, enseja ação rescisória, com lastro em colusão. No juízo rescisório, o processo simulado deve ser extinto.

97. AÇÃO RESCISÓRIA. VIOLAÇÃO DO ART. 5º, II, LIV E LV, DA CONSTITUIÇÃO FEDERAL. PRINCÍPIOS DA LEGALIDADE, DO DEVIDO PROCESSO LEGAL, DO CONTRADITÓRIO E DA AMPLA DEFESA (nova redação) — DJ 22.8.2005

101. AÇÃO RESCISÓRIA. ART. 485, IV, DO CPC. OFENSA A COISA JULGADA. NECESSIDADE DE FIXAÇÃO DE TESE NA DECISÃO RESCINDENDA (DJ 29.4.2003). Para viabilizar a desconstituição do julgado pela causa de rescindibilidade do inciso IV, do art. 485, do CPC, é necessário que a decisão rescindenda tenha enfrentado as questões ventiladas na ação rescisória, sob pena de inviabilizar o cotejo com o título executivo judicial tido por desrespeitado, de modo a se poder concluir pela ofensa à coisa julgada.

103. AÇÃO RESCISÓRIA. CONTRADIÇÃO ENTRE FUNDAMENTAÇÃO E PARTE DISPOSITIVA DO JULGADO. CABIMENTO. ERRO DE FATO (DJ 29.4.2003). É cabível a rescisória para corrigir contradição entre a parte dispositiva do acórdão rescindindo e a sua fundamentação, por erro de fato na retratação do que foi decidido.

107. AÇÃO RESCISÓRIA. DECISÃO RESCINDENDA DE MÉRITO. SENTENÇA DECLARATÓRIA DE EXTINÇÃO DE EXECUÇÃO. SATISFAÇÃO DA OBRIGAÇÃO (DJ 29.4.2003). Embora não haja atividade cognitiva, a decisão que declara extinta a execução, nos termos do art. 794 c/c 795 do CPC, extingue a relação processual e a obrigacional, sendo passível de corte rescisório.

112. AÇÃO RESCISÓRIA. VIOLAÇÃO DE LEI. DECISÃO RESCINDENDA POR DUPLO FUNDAMENTO. IMPUGNAÇÃO PARCIAL (DJ 29.4.2003). Para que a violação da lei dê causa à rescisão de decisão de mérito alicerçada em duplo fundamento, é necessário que o Autor da ação rescisória invoque causas de rescindibilidade que, em tese, possam infirmar a motivação dúplice da decisão rescindenda.

121. AÇÃO RESCISÓRIA. PEDIDO DE ANTECIPAÇÃO DE TUTELA. DESCABIMENTO (cancelada em decorrência da sua conversão na Súmula n. 405) — DJ 22.8.2005. Não se admite tutela antecipada em sede de ação rescisória, na medida em que não se pode desconstituir antecipadamente a coisa julgada, com base em juízo de verossimilhança, dadas as garantias especiais de que se reveste o pronunciamento estatal transitado em julgado.

123. AÇÃO RESCISÓRIA. INTERPRETAÇÃO DO SENTIDO E ALCANCE DO TÍTULO EXECUTIVO. INEXISTÊNCIA DE OFENSA À COISA JULGADA (título alterado) — DJ 22.8.2005. O acolhimento da ação rescisória calcada em ofensa à coisa julgada supõe dissonância patente entre as decisões exequenda e rescindenda, o que não se verifica quando se faz necessária a interpretação do título executivo judicial para se concluir pela lesão à coisa julgada.

124. AÇÃO RESCISÓRIA. ART. 485, II, DO CPC. ARGUIÇÃO DE INCOMPETÊNCIA ABSOLUTA. PREQUESTIONAMENTO INEXIGÍVEL (DJ 9.12.2003). Na hipótese em que a ação rescisória tem como causa de rescindibilidade o inciso II do art. 485 do CPC, a arguição de incompetência absoluta prescinde de prequestionamento.

127. MANDADO DE SEGURANÇA. DECADÊNCIA. CONTAGEM. EFETIVO ATO COATOR (DJ 9.12.2003). Na contagem do prazo decadencial para ajuizamento de mandado de segurança, o efetivo ato coator é o primeiro em que se firmou a tese hostilizada e não aquele que a ratificou.

128. AÇÃO RESCISÓRIA. CONCURSO PÚBLICO ANULADO POSTERIORMENTE. APLICAÇÃO DA SÚMULA N. 363 DO TST (DJ 9.12.2003). O certame público posteriormente anulado equivale à contratação realizada sem a observância da exigência contida no art. 37, II, da Constituição Federal de 1988. Assim sendo, aplicam-se à hipótese os efeitos previstos na Súmula n. 363 do TST.

131. AÇÃO RESCISÓRIA. AÇÃO CAUTELAR PARA SUSPENDER EXECUÇÃO DA DECISÃO RESCINDENDA. PENDÊNCIA DE TRÂNSITO EM JULGADO DA AÇÃO RESCISÓRIA PRINCIPAL. EFEITOS (DJ 4.5.2004). A ação cautelar não perde o objeto enquanto ainda estiver pendente o trânsito em julgado da ação rescisória principal, devendo o pedido cautelar ser julgado procedente, mantendo-se os efeitos da liminar eventualmente deferida, no caso de procedência do pedido rescisório ou, por outro lado, improcedente, se o pedido da ação rescisória principal tiver sido julgado improcedente.

132. AÇÃO RESCISÓRIA. ACORDO HOMOLOGADO. ALCANCE. OFENSA À COISA JULGADA (DJ 4.5.2004). Acordo celebrado — homologado judicialmente — em que o empregado dá plena e ampla quitação, sem qualquer ressalva, alcança não só o objeto da inicial, como também todas as demais parcelas referentes ao extinto contrato de trabalho, violando a coisa julgada, a propositura de nova reclamação trabalhista.

133. AÇÃO RESCISÓRIA. DECISÃO EM AGRAVO REGIMENTAL. APLICAÇÃO DA SÚMULA N. 333. JUÍZO DE MÉRITO (cancelada em decorrência da nova redação conferida à Súmula n. 192) — DJ 22.8.05. A decisão proferida pela SDI, em sede de agravo regimental, calcada na Súmula n. 333, substitui acórdão de Turma do TST, porque emite juízo de mérito, comportando, em tese, o corte rescisório.

134. AÇÃO RESCISÓRIA. DECISÃO RESCINDENDA. PRECLUSÃO DECLARADA. FORMAÇÃO DA COISA JULGADA FORMAL. IMPOSSIBILIDADE JURÍDICA DO PEDIDO (DJ 4.5.2004). A decisão que conclui estar preclusa a oportunidade de impugnação da sentença de liquidação, por ensejar tão-somente a formação da coisa julgada formal, não é suscetível de rescindibilidade.

135. AÇÃO RESCISÓRIA. VIOLAÇÃO DO ART. 37, *CAPUT*, DA CF/1988. NECESSIDADE DE PREQUESTIONAMENTO (DJ 4.5.2004). A ação rescisória calcada em violação do art. 37, *caput*, da Constituição Federal, por desrespeito ao princípio da legalidade administrativa exige que ao menos o princípio constitucional tenha sido prequestionado na decisão.

136. AÇÃO RESCISÓRIA. ERRO DE FATO. CARACTERIZAÇÃO (DJ 4.5.2004). A caracterização do erro de fato como causa de rescindibilidade de decisão judicial transitada em julgado supõe a afirmação categórica e indiscutida de um fato, na decisão rescindenda, que não corresponde à realidade dos autos. O fato afirmado pelo julgador, que pode ensejar ação rescisória calcada no inciso IX do art. 485 do CPC, é apenas aquele que se coloca como premissa fática indiscutida de um silogismo argumentativo, não aquele que se apresenta ao final desse mesmo silogismo, como conclusão decorrente das premissas que especificaram as provas oferecidas, para se concluir pela existência do fato. Esta última hipótese é afastada pelo § 2º do art. 485 do CPC, ao exigir que não tenha havido controvérsia sobre o fato e pronunciamento judicial esmiuçando as provas.

146. AÇÃO RESCISÓRIA. INÍCIO DO PRAZO PARA APRESENTAÇÃO DA CONTESTAÇÃO. ART. 774 DA CLT (DJ 10.11.2004). A contestação apresentada em sede de ação rescisória obedece à regra relativa à contagem de prazo constante do art. 774 da CLT, sendo inaplicável o art. 241 do CPC.

148. CUSTAS. MANDADO DE SEGURANÇA. RECURSO ORDINÁRIO. EXIGÊNCIA DO PAGAMENTO (conversão da Orientação Jurisprudencial n. 29 da SBDI-1) — Res. 129/2005, DJ 20.4.2005. É responsabilidade da parte, para interpor recurso ordinário em mandado de segurança, a comprovação do recolhimento das custas processuais no prazo recursal, sob pena de deserção. (ex-OJ n. 29 — inserida em 20.9.00)

150. AÇÃO RESCISÓRIA. DECISÃO RESCINDENDA QUE EXTINGUE O PROCESSO SEM RESOLUÇÃO DE MÉRITO POR ACOLHIMENTO DA EXCEÇÃO DE COISA JULGADA. CONTEÚDO MERAMENTE PROCESSUAL. IMPOSSIBILIDADE JURÍDICA DO PEDIDO. (DEJT divulgado em 3, 4 e 5.12.2008) Reputa-se juridicamente impossível o pedido de corte rescisório de decisão que, reconhecendo a configuração de coisa julgada, nos termos do art. 267, V, do CPC, extingue o processo sem resolução de mérito, o que, ante o seu conteúdo meramente processual, a torna insuscetível de produzir a coisa julgada material.

151. AÇÃO RESCISÓRIA E MANDADO DE SEGURANÇA. IRREGULARIDADE DE REPRESENTAÇÃO PROCESSUAL VERIFICADA NA FASE RECURSAL. PROCURAÇÃO OUTORGADA COM PODERES ESPECÍFICOS PARA AJUIZAMENTO DE RECLAMAÇÃO TRABALHISTA. VÍCIO PROCESSUAL INSANÁVEL. (DEJT divulgado em 3, 4 e 5.12.2008) A procuração outorgada com poderes específicos para ajuizamento de reclamação trabalhista não autoriza a propositura de ação rescisória e mandado de segurança, bem como não se admite sua regularização quando verificado o defeito de representação processual na fase recursal, nos termos da Súmula n. 383, item II, do TST.

152. AÇÃO RESCISÓRIA E MANDADO DE SEGURANÇA. RECURSO DE REVISTA DE ACÓRDÃO REGIONAL QUE JULGA AÇÃO RESCISÓRIA OU MANDADO DE SEGURANÇA. PRINCÍPIO DA FUNGIBILIDADE. INAPLICABILIDADE. ERRO GROSSEIRO NA INTERPOSIÇÃO DO RECURSO. (DEJT divulgado em 3, 4 e 5.12.2008). A interposição de recurso de revista de decisão definitiva de Tribunal Regional do Trabalho em ação rescisória ou em mandado de segurança, com fundamento em violação legal e divergência jurisprudencial e remissão expressa ao art. 896 da CLT, configura erro grosseiro, insuscetível de autorizar o seu recebimento como recurso ordinário, em face do disposto no art. 895, "b", da CLT.

154. AÇÃO RESCISÓRIA. ACORDO PRÉVIO AO AJUIZAMENTO DA RECLAMAÇÃO. QUITAÇÃO GERAL. LIDE SIMULADA. POSSIBILIDADE DE RESCISÃO DA SENTENÇA HOMOLOGATÓRIA DE ACORDO APENAS SE VERIFICADA A EXISTÊNCIA DE VÍCIO DE CONSENTIMENTO. (DEJT divulgado em 9, 10 e 11.6.2010). A sentença homologatória de acordo prévio ao ajuizamento de reclamação trabalhista, no qual foi conferida quitação geral do extinto contrato, sujeita-se ao corte rescisório tão somente se verificada a existência de fraude ou vício de consentimento.

155. AÇÃO RESCISÓRIA E MANDADO DE SEGURANÇA. VALOR ATRIBUÍDO À CAUSA NA INICIAL. MAJORAÇÃO DE OFÍCIO. INVIABILIDADE. (DEJT divulgado em 9, 10 e 11.6.2010). Atribuído o valor da causa na inicial da ação rescisória ou do mandado de segurança e não havendo impugnação, nos termos do art. 261 do CPC, é defeso ao Juízo majorá-lo de ofício, ante a ausência de amparo legal. Inaplicável, na hipótese, a Orientação Jurisprudencial da SBDI-2 n. 147 e o art. 2º, II, da Instrução Normativa n. 31 do TST.

157. AÇÃO RESCISÓRIA. DECISÕES PROFERIDAS EM FASES DISTINTAS DE UMA MESMA AÇÃO. COISA JULGADA. NÃO CONFIGURAÇÃO. (DEJT divulgado em 12, 13 e 16.4.2012). A ofensa à coisa julgada de que trata o art. 485, IV, do CPC refere-se apenas a relações processuais distintas. A invocação de desrespeito à coisa julgada formada no processo de conhecimento, na correspondente fase de execução, somente é possível com base na violação do art. 5º, XXXVI, da Constituição da República.

158. AÇÃO RESCISÓRIA. DECLARAÇÃO DE NULIDADE DE DECISÃO HOMOLOGATÓRIA DE ACORDO EM RAZÃO DE COLUSÃO (ART. 485, III, DO CPC). MULTA POR LITIGÂNCIA DE MÁ-FÉ. IMPOSSIBILIDADE. (DEJT divulgado em 12, 13 e 16.4.2012) A declaração de nulidade de decisão homologatória de acordo, em razão da colusão entre as partes (art. 485, III, do CPC), é sanção suficiente em relação ao procedimento adotado, não havendo que ser aplicada a multa por litigância de má-fé.

CAPÍTULO VIII

DO INCIDENTE DE RESOLUÇÃO DE DEMANDAS REPETITIVAS

Art. 976. É cabível a instauração do incidente de resolução de demandas repetitivas quando houver, simultaneamente:

I – efetiva repetição de processos que contenham controvérsia sobre a mesma questão unicamente de direito;

II – risco de ofensa à isonomia e à segurança jurídica.

§ 1º A desistência ou o abandono do processo não impede o exame de mérito do incidente.

§ 2º Se não for o requerente, o Ministério Público intervirá obrigatoriamente no incidente e deverá assumir sua titularidade em caso de desistência ou de abandono.

§ 3º A inadmissão do incidente de resolução de demandas repetitivas por ausência de qualquer de seus pressupostos de admissibilidade não impede que, uma vez satisfeito o requisito, seja o incidente novamente suscitado.

§ 4º É incabível o incidente de resolução de demandas repetitivas quando um dos tribunais superiores, no âmbito de sua respectiva competência, já tiver afetado recurso para definição de tese sobre questão de direito material ou processual repetitiva.

§ 5º Não serão exigidas custas processuais no incidente de resolução de demandas repetitivas.

Art. 976

• **Comentário**

Caput. O incidente de resolução de demandas repetitivas constitui, entre nós, expressiva inovação trazida pelo CPC de 2015. Cuida-se de um incidente de coletivização de ações. Esse incidente inspirou-se no direito alemão (*Musterverfahren*). Naquele país, ocorreu, em certa época, um congestionamento de processos nos tribunais, em decorrência do ajuizamento de mais de treze mil ações pelos investidores do mercado de capitais, que se sentiram prejudicados ao adquirem ações de certa companhia. Essas demandas repetitivas influenciaram o direito alemão na adoção de julgamentos coletivos.

Segundo Rodolfo de Camargo Mancuso, "Desde o último quartel do século passado foi tomando vulto o fenômeno da 'coletivização' dos conflitos, à medida que, paralelamente, se foi reconhecendo a inaptidão do processo civil clássico para instrumentalizar essas megfacontrovérsias, própria de uma sociedade conflitiva de massas. Isso explica a proliferação de ações de cunho coletivo, tanto na Constituição Federal (arts. 5º, XXI, LXX, 'b', LXXIII; 129, III), como na legislação processual extravagante, empolgando segmentos sociais de largo espectro: consumidores, infância e juventude; deficientes físicos; investidores no mercado de capitais; idosos; torcedores de modalidades desportivas etc. Logo se tornou evidente (e premente) a necessidade da oferta de novos instrumentos capazes de recepcionar esses conflitos assim potencializado, seja em função do número expressivo (ou mesmo indeterminado) dos sujeitos concernentes, seja em função de indivisibilidade do objeto litigioso, que o torna insuscetível de partição e fruição por um titular exclusivo" (*A revolução de coinflitos e a função judicial no contemporâneo estado de direito*. São Paulo: Revista dos Tribunais, 2009. p. 379/380).

O incidente previsto no art. 976 do CPC de 2015 não se confunde com o de resolução de demandas repetitivas, de que tratava o art. 285-A, do Código de 1973, assim redigido: "Quando a matéria controvertida for unicamente de direito e no juízo já houver sido proferido sentença de total improcedência em outros casos indênticos, poderá ser dispensada a citação e proferida sentença, reproduzindo-se o teor da anteriormente prlatada".

Podemos dizer que o incidente de resolução de demandas repetitivas, previsto nos arts. 976 a 987 do novo CPC, teve como origem remota o incidente de uniformização de jurisprudência, regido pelos arts. 476 a 479 do CPC de 1973, que foi eliminado pelo Código de 2015.

A técnica de julgamento de casos repetitivos, que no CPC de 1973 era atribuída apenas aos Tribunais Superiores, agora pode ser adotada por Tribunais Federais e Estaduais.

Os pressupostos do incidente de que se ocupa o art. 976 são: a) a efetiva repetição de processos que consubstanciem controvérsias acerca da mesma questão exclusivamente de direito. Ao aludir à "efetiva repetição de processos" a norma deixa claro que: a.a.) não basta a existência de um só processo contendo questão de direito controvertida; a.b.) não se admite o incidente diante de simples possibilidade de vir a existir controvérsia em processos distintos; a controvérsia deve ser real, concreta. Quando se fala em *questão de direito* se está a dizer que, para a solução da lide, não há necessidade de serem *investigados* os fatos da causa, conquanto estes, em muitos casos, não devam ser ignorados. Questões *exclusivamente* de direito são raras, pois, quase sempre, estão vinculadas a uma situação de fato subjacente. Questões exclusivamente de direito existem, por exemplo, no controle da constitucionalidade, nos recursos de embargos e de revista, na Justiça do Trabalho; b) o risco de ofensa à isonomia e à segurança jurídica (incisos I e II do art. 976). Esses dois pressupostos devem ser *simultâneos*, como evidencia o texto legal.

Esquematicamente, comparando-se os *pressupostos* do incidente de resolução de demandas repetitivas com os da assunção de competência, temos o seguinte:

1. *Assunção de competência* (art. 947):

a) relevante questão de direito, com grande repercussão social;

b) sem necessidade de controvérsia sobre o tema;

c) sem repetição em múltiplos processos.

2. *Incidente de resolução de demandas repetitivas* art. 976):

a) efetiva repetição de processos;

b) ocontendo controvérsia sobre a mesma questão de direito;

c) com risco de ofensa à isonomia ou à segurança jurídica.

Ao preparar-se para elaborar o art. 976 do CPC, legislador teve diante de si dois princípios antagônicos: de um lado o da livre formação do convencimento jurídico do magistrado a respeito dos temas submetidos à sua apreciação; b) de outro, a necessidade de preservar-se a isonomia e de conceder-se segurança jurídica aos jurisdicionados. Optou pelo último, com sacrifício do primeiro. Na verdade, esses dois princípios fazem parte de uma mesma moeda: tudo depende do lado pelo qual sejam vistos. Do ponto de vista da magistratura, é provável que se receba o incidente de resolução de demandas repetitivas como uma violência à liberdade intelectual dos juízes; sob a perspectiva dos jurisdicionados, é razoável imaginar que o incidente seja acolhido com elogios. A nosso ver, no confronto dessas duas posições doutrinais ou desses dois princípios, a prevalência deve ser da necessidade de asseguração da isonomia e a segurança jurídica. Em um Estado de Direito, ou *Estado Judicial* (Jellineck) como é o caso do Brasil, os indivíduos e as comunidades têm "apetite de segurança", para fazermos uso da expressão de Paul Durand. A excessiva dispensão da jurisprudência acarreta insegurança jurídica a todos e instabilidade nas relações sociais. Ao interesse particular do magistrado, portanto, deve sobrepor-se o interesse público.

O que se diz na ópera *Rigoletto*, de Giuseppe Verdi: *La donna è mobile. Qual piuma al vento, muta d'accento e di pensiero (A mulher é volúvel. Como pluma ao vento, muda de ênfase e de pensamento)* bem poderia ser aplicado à jurisprudência brasileira, extremamente instável. Se é certo que essa instabilidade gera insegurança jurídica no espírito dos jurisdicionados, não menos verdadeiro é que a estabilidade atrasa a evolução do direito. Essas são duas situações contrapostas, que o legislador não pode deixar de considerar para efeito de edição de normas que imponham o acatamento à jurisprudência.

Certo setor da doutrina, contudo, tem considerado inconstitucional o art 926 do CPC pelas seguintes razões: a) ofende a independência funcional dos juízes e a separação funcional dos Poderes do Estado; b) ofende o princípio constitucional do contraditório CF, art. 5º, LV), uma vez que não há previsão para que o jurisdicionado possa optar por ser excluído do incidente; c) ofende a garantia do direito de ação (CF, art. 5º, XXXV); d) ofende o sistema constitucional ods juizados especiais, porquanto prevê a vinculação desses juizados à decisão proferida no incidente, sendo que inewxiste vínculo de subordinação entre os juizados especiais e o TRJ ou os Tribunais de Justiça (ABBOUD, Georges; CAVALCANTI, Marcos de Araújo. *Inconstitucionalidade do incidente de resolução de demandas repetitivas*, RP, p. 240/241).

Uma indagação inevitável: o incidente de resolução de demandas repetitivas é compatível com o processo do trabalho?

Se considerarmos os seus objetivos essenciais, quais sejam: a) tornar mais célere a prestação jurisdicional; b) descongestionar os órgãos da jurisdição; c) uniformizar o entendimento, na jurisdição do tribunal, a respeito de determinada tese jurídica controvertida em diversas causas, com obrigatoriedade de aplicação a todos os processos, atuais ou futuros, que versarem idêntica *quaestio iuris*, seremos levados a responder de modo afirmativo à indagação formulada.

§ 1º O fato de a parte desistir do processo ou abandoná-lo não impedirá o exame do mérito do incidente, pois os escopos de isonomia e de segurança jurídica estão vinculados ao interesse público. Há, aqui, portanto, exceção à regra do art. 483, II, III e VIII, do CPC.

§ 2º Se houver desistência ou abandono do processo pela parte, o Ministério estará obrigado a intervir no incidente e assumir a sua titularidade. Não se cuida aqui de uma sucessão processual, pois o Ministério Público não se tornará parte, no sentido técnico, senão que atuará na qualidade estrita de titular do incidente.

§ 3º Pode ocorrer de o incidente de resolução de demandas repetitivas vir a ser suscitado sem que esteja presente um dos pressupostos mencionados nos incisos I e II do art. 976. Como consequência, o incidente será extinto. Isto não significa, porém, que não possa vir a ser suscitado, novamente, no mesmo processo. Poderá sê-lo, desde que, desta feita, fiquem atendidos os sobreditos pressupostos legais.

§ 4º O incidente do qual estamos a ocupar-nos não será cabível quando um dos tribunais superiores, no âmbito de sua competência, houver afetado recurso para definição de tese sobre questão de direito material ou processual repetitiva. É o caso, na Justiça do Trabalho, do incidente de resolução de recursos de revista repetitivos, de que trata o art. 896-C, da CLT.

§ 5º Inexistem custas no incidente de resolução de demandas repetitivas.

Art. 977. O pedido de instauração do incidente será dirigido ao presidente de tribunal:

I – pelo juiz ou relator, por ofício;

II – pelas partes, por petição;

III – pelo Ministério Público ou pela Defensoria Pública, por petição.

Parágrafo único. O ofício ou a petição será instruído com os documentos necessários à demonstração do preenchimento dos pressupostos para a instauração do incidente.

• **Comentário**

Caput. A norma indica, nos incisos I a III, as pessoas legitimadas para suscitar o incidente.

Inciso I. O juiz de primeiro grau ou o relator, mediante ofício;

Inciso II. As partes, por meio de petição;

Inciso III. O Ministério Público ou a Defensoria Pública, também por petição. A referência à Defensoria Pública somente pode ter decorrido de uma preocupação aclaradora por parte do legislador, pois essa Defensoria, quando atua em juízo, o faz na qualidade de *parte*.

Embora seja raro, pode ocorrer de o incidente de resolução de demandas repetitivas ser instaurado, a um só tempo, pelo juiz, *ex officio*, ou a pedido do Ministério Público ou das partes, tendo como núcleo matérias distintas. Diante disso, o ofício do juiz e as petições do *Parquet* e das partes deverão ser processados e encaminhados ao tribunal competente, para julgamento e fixação das respectivas teses.

Parágrafo único. Independentemente de que formule o pedido de instauração do incidente, deverá instruir o ofício ou a petição com documentos que demonstrem o atendimento aos pressupostos exigidos por lei.

Art. 978. O julgamento do incidente caberá ao órgão indicado pelo regimento interno dentre aqueles responsáveis pela uniformização de jurisprudência do tribunal.

Parágrafo único. O órgão colegiado incumbido de julgar o incidente e de fixar a tese jurídica julgará igualmente o recurso, a remessa necessária ou o processo de competência originária de onde se originou o incidente.

• **Comentário**

Caput. O incidente de resolução de demandas repetitivas pressupõe a existência de recurso a ser julgado pelo tribunal. Formulado o pedido de instauração do incidente por pessoa legalmente legitimada, incumbirá ao presidente do tribunal verificar se estão presentes ou pressupostos legais, ou seja, exercer o juízo de admissibilidade do incidente. Admitido que seja, o julgamento do incidente será efetuado pelo órgão previsto na norma *interna corporis* do tribunal dentre aqueles aos quais compete a uniformização da jurisprudência.

Parágrafo único. O órgão colegiado deverá realizar um segundo exame de admissibilidade do incidente, pois o anteriormente efetuado pelo presidente do tribunal não tem efeito vinculativo do referido órgão. Admitido, o incidente será julgado, devendo o órgão fixar a tese a ser observada. O mesmo colegiado julgará o recurso, a remessa ou o processo de competência originária que deu origem ao incidente.

Art. 979. A instauração e o julgamento do incidente serão sucedidos da mais ampla e específica divulgação e publicidade, por meio de registro eletrônico no Conselho Nacional de Justiça.

§ 1º Os tribunais manterão banco eletrônico de dados atualizados com informações específicas sobre questões de direito submetidas ao incidente, comunicando-o imediatamente ao Conselho Nacional de Justiça para inclusão no cadastro.

§ 2º Para possibilitar a identificação dos processos abrangidos pela decisão do incidente, o registro eletrônico das teses jurídicas constantes do cadastro conterá, no mínimo, os fundamentos determinantes da decisão e os dispositivos normativos a ela relacionados.

§ 3º Aplica-se o disposto neste artigo ao julgamento de recursos repetitivos e da repercussão geral em recurso extraordinário.

• **Comentário**

Caput. A instauração e o julgamento do incidente de resolução de demandas repetitivas deve ser precedido da mais ampla e específica divulgação e publicidade, mediante o registro eletrônico no Conselho Nacional de Justiça. Essa providência se justifica em virtude do interesse público envolvido no incidente.

§ 1º Caberá aos tribunais manter banco eletrônico de dados atualizados com informações específicas acerca das questões de direito submetidas ao incidente, comunicando-o, de imediato, CNJ para inclusão no cadastro.

§ 2º Visando a possibilitar a identificação dos processos abrangidos pela decisão do incidente, a norma determina que o registro eletrônico das teses jurídicas contidas no cadastro conterá, pelo menos, os fundamentos da decisão e os correspondentes dispositivos normativos.

§ 3º As disposições desse artigo são aplicáveis ao julgamento de recursos repetitivos e da repercussão geral em recurso extraordinário.

Código de Processo Civil

Art. 980. O incidente será julgado no prazo de 1 (um) ano e terá preferência sobre os demais feitos, ressalvados os que envolvam réu preso e os pedidos de *habeas corpus*.

Parágrafo único. Superado o prazo previsto no *caput*, cessa a suspensão dos processos prevista no art. 982, salvo decisão fundamentada do relator em sentido contrário.

• **Comentário**

Caput. O incidente deverá ser julgado no prazo de um ano, tendo preferência sobre os demais processos, exceto os que envolverem réu preso e pedido de *habeas corpus*. Na verdade, a norma legal disse menos do que deveria, pois também terão preferência em relação ao incidente de resolução de demandas repetitivas os processos nos quais figure como parte ou interessada pessoa com idade igual ou superior a sessenta anos ou portadora de doença grave, assim como as compreendidas pelo Estatuto da Criança e do Adolescente, nos termos do art. 1.048, do CPC, e, quanto aos idosos o contido no art. 71, da Lei n. 10.741, de 1º de outubro de 2003, que instituiu o Estatuto do Idoso.

Parágrafo único. Ultrapassado o prazo de um ano, sem que o incidente tenha sido julgado cessará a suspensão dos processos prevista no art. 982, exceto se houver decisão fundamentada do relator em sentido oposto.

Art. 981. Após a distribuição, o órgão colegiado competente para julgar o incidente procederá ao seu juízo de admissibilidade, considerando a presença dos pressupostos do art. 976.

• **Comentário**

Realizada a distribuição, o órgão colegiado dotado de competência para julgar o incidente procederá ao juízo de admissibilidade, vale dizer, verificará se estão presentes no caso concreto os pressupostos do art. 976.

Como a norma legal faz refererência ao *órgão colegiado*, fica evidente que o juízo de admissibilidade do incidente não poderá ser monocrático, unipessoal.

Art. 982. Admitido o incidente, o relator:

I — suspenderá os processos pendentes, individuais ou coletivos, que tramitam no Estado ou na região, conforme o caso;

II — poderá requisitar informações a órgãos em cujo juízo tramita processo no qual se discute o objeto do incidente, que as prestarão no prazo de 15 (quinze) dias;

III — intimará o Ministério Público para, querendo, manifestar-se no prazo de 15 (quinze) dias.

§ 1º A suspensão será comunicada aos órgãos jurisdicionais competentes.

§ 2º Durante a suspensão, o pedido de tutela de urgência deverá ser dirigido ao juízo em onde tramita o processo suspenso.

§ 3º Visando à garantia da segurança jurídica, qualquer legitimado mencionado no art. 977, incisos II e III, poderá requerer, ao tribunal competente para conhecer do recurso extraordinário ou especial, a suspensão de todos os processos individuais ou coletivos em curso no território nacional que versem sobre a questão objeto do incidente já instaurado.

§ 4º Independentemente dos limites da competência territorial, a parte no processo em curso no qual se discuta a mesma questão objeto do incidente é legitimada para requerer a providência prevista no § 3º deste artigo.

§ 5º Cessa a suspensão a que se refere o inciso I do *caput* deste artigo se não for interposto recurso especial ou recurso extraordinário contra a decisão proferida no incidente.

Arts. 983 e 984 — Código de Processo Civil

• **Comentário**

Caput. O texto indica o procedimento a ser observado pelo relator, após admitir o incidente.

Inciso I. Suspenderá os processos pendentes, individuais ou coletivos que tramitam no Estado ou na região, conforme o caso. Esclareça-se que esses processos devem versar sobre a mesma questão de direito que é objeto do incidente;

Inciso II. Poderá requisitar informações a órgãos em cujo juízo tramita processo no qual se discute a mesma *quaestio iuris*. Essas informações deverão ser prestadas no prazo de quinze dias;

Inciso III. Intimará o Ministério Público para manifestar-se, se assim desejar, no prazo de quinze dias.

§ 1º Suspensos os processos, o fato será comunicado aos órgãos jurisdicionais competentes.

§ 2º Durante o período de suspensão dos processos, o pedido de tutela de urgência deverá ser encaminhado ao juízo no qual tramita o processo suspenso. Note-se que a norma se refere apenas à tutela de urgência, e não, à da evidência.

§ 3º tendo como finalidade a garantia da segurança jurídica, qualquer pessoa mencionada no art. 977, incisos I e III, poderá requerer, ao tribunal competente para conhecer do recurso extraordinário ou especial, a suspensão de todos os processos individuais ou coletivos em trâmite no território nacional, nos quais se discuta a mesma questão de direito objeto do incidente instaurado.

§ 4º A providência referida no § 3º pode ser requerida pela parte, independentemente dos limites da competência territorial do juízo.

§ 5º Se não for interposto recurso especial ou extraordinário contra a decisão emitida no incidente, cessará a suspensão dos processos prevista no inciso I deste artigo.

Art. 983. O relator ouvirá as partes e os demais interessados, inclusive pessoas, órgãos e entidades com interesse na controvérsia, que, no prazo comum de 15 (quinze) dias, poderão requerer a juntada de documentos, bem como as diligências necessárias para a elucidação da questão de direito controvertida, e, em seguida, manifestar-se-á o Ministério Público, no mesmo prazo.

§ 1º Para instruir o incidente, o relator poderá designar data para, em audiência pública, ouvir depoimentos de pessoas com experiência e conhecimento na matéria.

§ 2º Concluídas as diligências, o relator solicitará dia para o julgamento do incidente.

• **Comentário**

Caput. O julgador deverá ouvir as partes e as demais pessoas interessadas na controvérsia, aí incluídos órgãos e entidades, assim como eventual *amicus curiae*. No prazo comum de quinze dias, essas pessoas, órgãos e entidades poderão requerer a juntada de documentos e a realização de diligências quem forem necessárias para elucidar a questão de direito controvertida. Em seguida, o Ministério Público se manifestará no mesmo prazo.

§ 1º Na instrução do incidente o relator poderá designar data para a realização de audiência pública, na qual ouvirá depoimento de pessoas com experiência e conhecimento da matéria que dá conteúdo ao incidente.

§ 2º Encerradas as diligências, cumprirá ao relator solicitar dia para o julgamento do incidente.

Art. 984. No julgamento do incidente, observar-se-á a seguinte ordem:

I — o relator fará a exposição do objeto do incidente;

II — poderão sustentar suas razões, sucessivamente:

a) o autor e o réu do processo originário e o Ministério Público, pelo prazo de 30 (trinta) minutos;

b) os demais interessados, no prazo de 30 (trinta) minutos, divididos entre todos, sendo exigida inscrição com 2 (dois) dias de antecedência.

§ 1º Considerando o número de inscritos, o prazo poderá ser ampliado.

§ 2º O conteúdo do acórdão abrangerá a análise de todos os fundamentos suscitados concernentes à tese jurídica discutida, sejam favoráveis ou contrários.

Código de Processo Civil   Art. 985

• Comentário

Caput. O preceptivo legal em exame indica a ordem a ser observada no julgamento do incidente.

Inciso I. Inicialmente o relator fará a exposição detalhada do objeto do incidente, ou seja, da questão de direito controvertida;

Inciso II. Em seguida, dará a palavra para a sustentação oral, sucessivamente:

a) ao autor e ao réu do processo originário, assim como ao Ministério Público pelo prazo de trinta minutos;

b) aos demais interessados também por trinta minutos, divididos entre todos. Para isso, deverão inscrever-se com dois dias de antecedência.

§ 1º Levando em conta o número de inscritos, o presidente da sessão de julgamento poderá ampliar o prazo para a sustentação oral.

§ 2º O acórdão, em seu conteúdo, deverá compreender a análise de todos os fundamentos suscitados em relação à tese jurídica discutida, sejam esses fundamentos favoráveis ou contrários.

Art. 985. Julgado o incidente, a tese jurídica será aplicada:

I — a todos os processos individuais ou coletivos que versem sobre idêntica questão de direito e que tramitem na área de jurisdição do respectivo tribunal, inclusive àqueles que tramitem nos juizados especiais do respectivo Estado ou região;

II — aos casos futuros que versem idêntica questão de direito e que venham a tramitar no território de competência do tribunal, salvo revisão na forma do art. 986.

§ 1º Não observada a tese adotada no incidente, caberá reclamação.

§ 2º Se o incidente tiver por objeto questão relativa a prestação de serviço concedido, permitido ou autorizado, o resultado do julgamento será comunicado ao órgão, ao ente ou à agência reguladora competente para fiscalização da efetiva aplicação, por parte dos entes sujeitos a regulação, da tese adotada.

• Comentário

Caput. Realizado o julgamento do incidente, a tese jurídica fixada deverá ser observada nos casos mencionados nos incisos I e II. Trata-se, assim, de uma vinculação compulsória. Diante disso, temos profunda dúvida quanto à constitucionalidade do texto legal em exame. Repitamos aqui os argumentos que utilizamos nos comentários ao art. 927 do mesmo Código: somente as denominadas *súmulas vinculantes*, oriundas do STF, podem ter *efeito vinculante* em relação aos demais órgãos do Poder judiciário. E isso somente se tornou possível por força do expressamente disposto no art. 103-A, da Constituição da República. O que estamos a argumentar, portanto, é que somente a Constituição da República pode autorizar um tribunal a adotar súmula ou construção jurisprudencial vinculativa dos outros órgãos integrantes do Poder Judiciário brasileiro, ou normas de caráter genérico, abstrato, impositivas. No caso dos arts. 927, incisos III a V, e 985, não há *autorização constitucional* para autorizá-lo a *exigir observância*, por parte de juízes e tribunais, do disposto nos incisos III a V. Uma coisa é a norma infraconstitucional pretender uniformizar a jurisprudência dos tribunais, e, outra, *impor*, de modo geral, o *acatamento* a essa jurisprudência.

Inciso I. Em todos os processos individuais ou coletivos nos quais se discuta idêntica questão de direito e que tramitem na área de jurisdição do respectivo tribunal, inclusos os que se encontrem em curso nos juizados especiais do respectivo Estado ou região. Cumprirá à parte interessada demonstrar que o processo de que ela participa não versa sobre questão de direito idêntica à do processo paradigma. É o *distinguishing*, que consiste, pois, no afastamento da tese jurídica em relação a determinado caso concreto, em decorrência da diversidade das questões jurídicas tratadas neste caso e no paradigmático.

Inciso II. Aos casos futuros, desde que: a) versem idêntica *quaestio iuris;* b) venham a tramitar no território de competência do tribunal, exceto se houver revisão da tese jurídica, nos termos do art. 986.

§ 1º O desrespeito à observância da tese adotada no incidente ensejará reclamação, destinada a garantir a autoridade da decisão do tribunal (art. 988, II).

§ 2º No caso de o incidente tiver por objeto questão pertinente à prestação de serviço concedido, permitido ou autorizado o resultado do julgamento será comunicado ao órgão, ao ente ou à agência reguladora competente para fiscalizar a efetiva aplicação da tese por parte dos entes sujeitos a regulação.

Art. 986. A revisão da tese jurídica firmada no incidente far-se-á pelo mesmo tribunal, de ofício ou mediante requerimento dos legitimados mencionados no art. 977, inciso III.

• **Comentário**

A tese fixada no julgamento do incidente de resolução de demandas repetitivas não é definitiva, podendo ser revista, de ofício ou mediante requerimento das pessoas mencionadas no art. 977, III. É o *overruling*, ou seja, a superação de uma tese ou de um precedente. Em nome da segurança jurídica, pensamos que essa revisão não deveria ocorrer, simplesmente, por ter havido alteração na composição do tribunal, e sim, por que houve expressiva modificação das razões sociais, políticas, econômicas, etc., que determinaram a fixação da tese que se deseja rever. Caberá ao regimento interno do tribunal definir os casos que comportarão a revisão da tese.

Art. 987. Do julgamento do mérito do incidente caberá recurso extraordinário ou especial, conforme o caso.

§ 1º O recurso tem efeito suspensivo, presumindo-se a repercussão geral de questão constitucional eventualmente discutida.

§ 2º Apreciado o mérito do recurso, a tese jurídica adotada pelo Supremo Tribunal Federal ou pelo Superior Tribunal de Justiça será aplicada no território nacional a todos os processos individuais ou coletivos que versem sobre idêntica questão de direito.

• **Comentário**

Caput. O acórdão proferido no julgamento do mérito do incidente poderá ser impugnado mediante recurso especial ou extraordinário, conforme seja o caso, desde que satisfeitos os respectivos pressupostos legais.

§ 1º O recurso terá efeito suspensivo. Presume-se a repercussão geral de questão constitucional eventualmente discutida na causa.

§ 2º Julgado o mérito do recurso, a tese jurídica fixada pelo STF ou pelo STJ será aplicada no território nacional a todos os processos individuais ou coletivos que contenham idêntica questão de direito.

CAPÍTULO IX
DA RECLAMAÇÃO

Art. 988. Caberá reclamação da parte interessada ou do Ministério Público para:

I — preservar a competência do tribunal;

II — garantir a autoridade das decisões do tribunal;

III — garantir a observância de decisão do Supremo Tribunal Federal em controle concentrado de constitucionalidade;

IV — garantir a observância de enunciado de súmula vinculante e de precedente proferido em julgamento de casos repetitivos ou em incidente de assunção de competência.

§ 1º A reclamação pode ser proposta perante qualquer tribunal, e seu julgamento compete ao órgão jurisdicional cuja competência se busca preservar ou cuja autoridade se pretenda garantir.

§ 2º A reclamação deverá ser instruída com prova documental e dirigida ao presidente do tribunal.

§ 3º Assim que recebida, a reclamação será autuada e distribuída ao relator do processo principal, sempre que possível.

§ 4º As hipóteses dos incisos III e IV compreendem a aplicação indevida da tese jurídica e sua não aplicação aos casos que a ela correspondam.

§ 5º É inadmissível a reclamação proposta após o trânsito em julgado da decisão.

§ 6º A inadmissibilidade ou o julgamento do recurso interposto contra a decisão proferida pelo órgão reclamado não prejudica a reclamação.

Código de Processo Civil

Art. 988

• **Comentário**

Caput. A reclamação se destina, em termos gerais, a preservar a competência do tribunal e a garantir a autoridade das suas decisões. Não se confunde com a *reclamação correcional* (ou correição parcial), figura que visa a fazer com que o corregedor corrija os *errores in procedendo* dos magistrados situados em grau hierarquicamente inferior. Esses erros consistem, basicamente, na inversão tumultuária dos atos do procedimento, como quando o juiz realiza a instrução antes do oferecimento da contestação, ou manda apresentar razões finais antes da instrução.

A *reclamação* era prevista no regimento interno do TST. O STF, todavia, no julgamento do Recurso Extraordinário n. 405.031-AL, realizado em 15.10.2008 (acórdão publicado em 16.4.2009), sendo Relator o Ministro Marco Aurélio, declarou inconstitucionais essas normas regimentais, por entender que somente mediante *lei* é que se poderia instituir a figura da Reclamação no âmbito do TST.

Esta é a ementa do acórdão:

RECLAMAÇÃO – REGÊNCIA – REGIMENTO INTERNO – IMPROPRIEDADE. A criação de instrumento processual mediante regimento interno discrepa da Constituição Federal. Considerações sobre a matéria e do atropelo da dinâmica e organicidade próprias ao Direito.

Posteriormente, o TST, por seu Tribunal Pleno, editou o Ato Regimental n. 2, de 15 de setembro de 2011 (DEJT de 16 do mesmo mês e ano), revogando os arts. 69, I, "a", e 196 a 200, do seu Regimento Interno, que disciplinavam a competência, o cabimento e o processamento da Reclamação.

O CPC atual, porém, incorporou a figura da reclamação; sendo assim, por força do disposto no art. 769, da CLT, e no próprio art. 15, do CPC, a reclamação pode ser adotada pelo TST e por qualquer TRT.

O *caput* do art. 988 prevê a possibilidade de ser formulada reclamação.

Inciso I. Para preservar a competência do tribunal. Ocorre, por exemplo, quando se ingressa com ação direta de inconstitucionalidade em Tribunal Regional ou Superior, pois a competência para essa matéria é o Supremo Tribunal Federal.

Inciso II. Para garantir a autoridade das decisões do tribunal. Dá-se, digamos, quando o juiz quando não aplica tese firmada pelo tribunal no julgamento do incidente de resolução de demandas repetitivas (CPC, art. 985, I e II); quando, de modo geral, o juiz de Vara ignora decisão proferida pelo tribunal a que se encontra subordinado.

Inciso III. Para garantir a observância de decisão do STF e em tema de controle concentrado de constitucionalidade. Compete, com exclusividade, ao STF realizar o controle concentrado da constitucionalidade das leis e dos atos normativos do Poder Público. Esse controle é realizado por meio de ação direta. As decisões do STF, a respeito desse tema, devem ser acatadas pelos juízes de primeiro grau e pelos tribunais. Sendo a decisão do Excelso Pretório proferida em sede de controle difuso, não cabe reclamação.

Inciso IV. Para garantir a observância de súmula vinculante e de precedente proferido em julgamento de casos repetitivos (CPC, art. 976) ou em incidente de assunção de competência (CPC, art. 947). Nos dois últimos casos, há inconstitucionalidade da norma, pois inexiste autorização constitucional para que se atribua efeito vinculativo às decisões proferidas no julgamento de demandas repetitivas ou de assunção de competência.

Não pode haver reclamação por desrespeito à decisão emitida em reclamação, pois, julgada a reclamação, caberá ao tribunal cassar a decisão "exorbitante do seu julgado" ou determinar a medida adequada à solução da controvérsia (art. 992).

§ 1º A reclamação poderá ser formulada no âmbito de qualquer tribunal. Será julgada pelo órgão jurisdicional cuja competência se procura preservar ou cuja autoridade se visa a garantir.

§ 2º A reclamação, instruída com prova documental, será dirigida ao presidente do tribunal. Não cabe instrução oral na reclamação. Sob esse aspecto, o procedimento é idêntico ao da ação de mandado de segurança.

§ 3º Recebida, a reclamação será autuada e distribuída ao relator do processo principal, sempre que possível, pois a reclamação não incide no plano dos fatos. A distribuição deverá ser imediata, por força da regra estampada no art. 929.

§ 4º As situações referidas nos incisos III e IV compreendem a aplicação indevida da tese jurídica e sua não aplicação aos casos que a ela correspondem. Fica claro, portanto, que a reclamação neste caso tem como fundamento não somente o fato de a tese jurídica não ter sido aplicada, como ter sido aplicada de maneira indevida, assim entendida a sua incidência em casos que não se justificavam.

§ 5º Segundo este parágrafo, transitado em julgado a decisão não caberá reclamação. Pensamos, contudo, que essa situação somente se aplica à parte que não interpôs recurso da decisão, deixando-a submeter-se ao fenômeno da coisa julgada. Fora disso, parece-nos que o trânsito em julgado deve justificar a reclamação, justamente, pela eficácia da *res iudicata*.

§ 6º O fato de o recurso interposto contra a decisão proferida pelo órgão reclamado ter sido julgado ou não admitido não prejudica a reclamação.

Art. 989. Ao despachar a reclamação, o relator:

I — requisitará informações da autoridade a quem for imputada a prática do ato impugnado, que as prestará no prazo de 10 (dez) dias;

II — se necessário, ordenará a suspensão do processo ou do ato impugnado para evitar dano irreparável;

III — determinará a citação do beneficiário da decisão impugnada, que terá prazo de 15 (quinze) dias para apresentar a sua contestação.

• **Comentário**

Caput. Recebida a reclamação, o relator a despachará com vistas às providências mencionadas nos incisos I a III.

Inciso I. Requisitará informações da autoridade a qual se atribui a prática do ato impugnado. As informações deverão ser prestadas no prazo de dez dias;

Inciso II. Sendo necessário, determinará a suspensão do processo ou do ato impugnado, desde que isso seja necessário para evitar dano irreparável;

Inciso III. Determinará a citação do beneficiário da decisão impugnada para, se desejar, apresentar contestação no prazo de quinze dias. Esse beneficiário atuará como litisconsorte necessário e unitário.

Art. 990. Qualquer interessado poderá impugnar o pedido do reclamante.

• **Comentário**

Não somente o réu, mas qualquer pessoa legalmente interessada poderá impugnar o pedido do reclamante. O *interessado*, no caso, pode ser não apenas o adversário do reclamante, mas um terceiro que venha a ser prejudicado pela modificação da decisão impugnada. Em qualquer situação, não basta a existência de legitimidade para impugnar o pedido do reclamante: é imprescindível que haja, também, *interesse processual* (CPC, art. 17).

Art. 991. Na reclamação que não houver formulado, o Ministério Público terá vista do processo por 5 (cinco) dias, após o decurso do prazo para informações e para o oferecimento da contestação pelo beneficiário do ato impugnado.

• **Comentário**

Se o Ministério Público não for o autor da reclamação disporá do prazo de cinco dias para ter vista dos autos do processo. Esse prazo será contado o decurso do prazo para a prestação de informações e oferecimento da contestação pelo beneficiário do ato impugnado.

Art. 992. Julgando procedente a reclamação, o tribunal cassará a decisão exorbitante de seu julgado ou determinará medida adequada à solução da controvérsia.

• **Comentário**

Acolhendo o pedido de reclamação, o tribunal adotará uma destas duas providências: a) cassará a decisão exorbitante de seu julgado; ou b) determinará medida apropriada para a solução da controvérsia, que poderá consistir no proferimento de nova decisão que não incida nas previsões do art. 988, I a IV.

Art. 993. O presidente do tribunal determinará o imediato cumprimento da decisão, lavrando-se o acórdão posteriormente.

• **Comentário**

Proferida a decisão, o presidente do tribunal determinará o seu imediato cumprimento. O acórdão respectivo será lavrado posteriormente. Cabe lembrar a regra do art. 943, § 2º, conforme a qual a ementa do acórdão deverá ser publicada no órgão oficial no prazo de dez dias, e o acórdão, no prazo de trinta dias, contados da sessão de julgamento, sob pena de ser substituído pelas notas taquigráficas, segundo prevê o art. 944.

TÍTULO II
DOS RECURSOS

CAPÍTULO I
DISPOSIÇÕES GERAIS

Uma longa e necessária introdução ao sistema dos recursos trabalhistas

O objetivo deste livro — como evidencia o seu título — é comentar as disposições do CPC à luz do processo do trabalho; todavia, como nem todos os recursos previstos no CPC são aplicáveis ao processo do trabalho; como, no processo do trabalho, há recursos não previstos no CPC; e como nem todos os temas pertinentes aos recursos estão materializados nas normas do CPC, da CLT, ou da legislação processual avulsa, entendemos necessário adotar o seguinte procedimento:

a) antes dos comentários aos artigos do CPC faremos considerações de natureza propedêutica, que servirão como uma espécie de pano de fundo para melhor compreensão das normas do CPC e da própria CLT;

b) ao examinarmos os artigos do CPC que tratam dos recursos em espécie adaptaremos essas disposições ao sistema do processo do trabalho, seja colocando de lado o exame de alguns recursos do CPC, seja adaptando-os ao processo do trabalho.

1. Duplo grau de jurisdição

Foi com um Decreto francês de 1º de maio de 1790 (segundo o qual "Il y aura deux degrés de jurisdiction em matière civile, sauf exceptions particulières") — consequência direta da Revolução de 1789 — que se firmou, em definitivo, no plano do direito processual moderno, o princípio do duplo grau de jurisdição. É bem verdade que essa duplicidade de graus jurisdicionais foi desfeita pela Constituição francesa de 1793, vindo, entretanto, a ser restabelecida pela de 1795. A contar daí, assegurou-se ao litigante vencido, total ou parcialmente, o direito de submeter a matéria contida na decisão de primeiro grau a reexame por órgão da jurisdição superior, desde que atendidos certos pressupostos específicos, previstos em lei. Na verdade, não nos parece correto afirmar que o duplo grau de jurisdição se caracteriza pela possibilidade de a *matéria* ser submetida a novo exame (por outro órgão judicial). O que se submete a novo julgamento é a *causa*. Digamos que a sentença extinga o processo sem apreciação do mérito (lide) e que o tribunal dê provimento ao recurso do autor, para afastar a causa que levou à extinção do processo e, em seguida, julgue o mérito (nos casos em que a lei lhe permite assim agir). Nesta hipótese, não teria havido, em rigor, novo julgamento da matéria (de mérito), pelo tribunal, senão que novo julgamento da causa.

É necessário, todavia, que não se estabeleça equívoco entre os conceitos de *duplo grau de jurisdição* e *duplo exame*; nada obstante ambos constituam princípios processuais, pelo primeiro torna-se efetiva a possibilidade de revisão das decisões secundárias, em regra por órgãos jurisdicionais superiores, enquanto pelo segundo permite-se que o reexame ocorra pelo próprio órgão proferidor da decisão impugnada (como se dava com os embargos de nulidade e infringentes do julgado, que se opunham às decisões dos órgãos trabalhistas de primeiro grau, sendo por estes julgados: CLT, art. 652, "c"). Os embargos de declaração, em casos como o de contradição, podem conformar-se ao conceito de duplo exame, porquanto o órgão emissor da decisão embargada terá de apreciar, novamente, as questões decididas, a fim de eliminar as proposições antagônicas referentes a elas.

Podemos afirmar, desde logo e sem exaustão do conceito, que recurso é o instrumento pelo qual a parte (legítima e interessada), atendidos os demais pressupostos legais, solicita (em geral a um órgão superior) um novo pronunciamento jurisdicional sobre a matéria anteriormente submetida à cognição do juízo inferior.

Aí está nitidamente estabelecida a correlação entre o recurso e o duplo grau de jurisdição, embora aquele seja um instituto jurídico e este, um princípio (infraconstitucional, aliás). É por meio do primeiro, contudo, que o segundo se manifesta, tornando-se concreto no mundo jurídico.

No processo do trabalho, a concreção da duplicidade de graus jurisdicionais realiza-se por intermédio do recurso *ordinário* (CLT, art. 895), o mesmo se podendo dizer da apelação quanto ao processo civil.

A Justiça do Trabalho, no entanto, à dessemelhança da comum (estadual ou federal), apresenta *três* graus de jurisdição: no primeiro estão as Varas do Trabalho (CLT, art. 647), ou os juízes de direito (CLT, art. 668), conforme seja a hipótese; no segundo situam-se os TRTs (CLT, art. 670) e, no terceiro, o TST (CLT, art. 690) — fato que autoriza a asseverar-se a existência, nesta Justiça Especializada, não de uma duplicidade, mas sim de uma *triplicidade* de graus jurisdicionais, conquanto o esgotamento de todos esses graus não esteja, na prática, livre de dificuldades. Assim dizemos porque a interposição de recurso de revista, para o TST, está subordinada, rigidamente, aos estritos casos previstos em lei (CLT, art. 896, "a" a "c"), e nas diversas Súmulas daquele Tribunal, cujo primeiro exame de admissibilidade é efetuado pelo próprio órgão *a quo* (*ibidem*, § 1º), que poderá, em decorrência disso, denegá-lo.

É de sugerir-se que, de *lege ferenda*, se procure restringir a possibilidade de interposição de recursos das decisões proferidas pelos órgãos da Justiça do Trabalho, tendo em vista que a atual amplitude, com que isso ocorre, se manifesta atentatória à necessidade indeclinável de rápida formação da coisa julgada; a existência de um terceiro grau de jurisdição, mesmo com as apontadas dificuldades de acesso ao TST, pelo revista, contribui, longe de dúvida, para a frustração desse anseio de celeridade na constituição da *res iudicata* material.

Vale lembrar que a adoção, pelo direito processual brasileiro, do duplo grau de jurisdição (*doble instancia*, em língua espanhola) foi antecedida de críticas, até certo ponto contundentes; chegou-se, mesmo, a colocar a questão nestes termos: a) ou os órgãos da jurisdição superior são, presumivelmente, mais capacitados que os inferiores, quanto à realização da justiça, e neste caso seria recomendável encaminhar diretamente a eles a ação que se pretendesse promover, ou, ao contrário, b) não devem ser depositários dessa presunção de preeminência jurídica, diante do que haveria um grande risco de confiar-lhes o reexame da matéria, visto que poderiam substituir uma decisão correta por uma errada. Esta foi, a propósito, a preocupação manifestada, há séculos, por Ulpiano.

A par destas, outras objeções foram formuladas à duplicidade de graus jurisdicionais:

a) a confirmação da sentença, pelo órgão superior, implicaria supérflua atividade para o Judiciário, porquanto a manutenção do julgado traria em si uma declaração de ter sido perfeita a decisão do grau inferior;

b) ao contrário, eventual reforma da decisão secundária envolveria certo desprestígio do Estado, porque isto importaria no reconhecimento de um erro daquela decisão, que fora prolatada, em última análise, pelo mesmo Estado (Poder Judiciário);

c) os recursos retardam a formação da *res iudicata* e provocam um prolongamento do conflito de interesses em que se encontram enredadas as partes, além de infundir-lhes maior insegurança quanto ao êxito ou ao fracasso final das pretensões que deduziram em juízo;

d) a utilização dos recursos, pelo litigante de má-fé, em vez de servir ao direito, o escoria sensivelmente.

Não faltaram, entretanto, apologistas do duplo grau de jurisdição, podendo ser assim sintetizados os argumentos dessa corrente doutrinária:

a) a garantia dos recursos está jungida a uma necessidade humana, pois ninguém se conforma com um julgamento único e desfavorável;

b) o recurso atua como forma de purificação da sentença, escoimando-a de erros;

c) os recursos são apreciados por um órgão colegiado, composto de juízes dotados de maior experiência no ofício de julgar;

d) a possibilidade de recorrer faz com que o juízo inferior seja mais prudente, mais cioso no proferimento da decisão, sabendo que esta poderá ser submetida ao crivo do órgão superior, que tem competência para reformá-la, se for o caso.

Coloquemos um grão de sal na discussão do tema.

Os argumentos expostos em defesa do duplo grau de jurisdição talvez no cargo há impressionem o processo civil, em atenção ao qual, aliás, foram concebidos; em face do processo do trabalho, porém, perdem muito da relevância que pudessem ter, em virtude dos princípios informadores deste processo, dentre os quais ressalta o da celeridade.

Respeitante à alegação (ou suposição) de possuírem os juízes dos graus superiores maior conhecimento jurídico das questões suscitadas na ação e apreciadas pela sentença, não se há, *venia permissa*, como reconhecer-lhe eficácia plena, visto que pressupõe serem o saber e a cultura jurídicos produtos do tempo, da prática reiterada, da vivência, enfim; convém chamar a atenção, todavia, para o fato de, não raro, haver nos órgãos superiores magistrados investidos muito *menos* tempo do que os de primeiro grau, como ocorre, p. ex., quando é oriundo da classe dos advogados ou do Ministério Público; suposição dessa natureza, ademais, conduziria à inevitável conclusão de constituírem os juízes de primeiro grau algo como uma espécie de *aprendices para resolver mal los assuntos*, de modo a ser imprescindível a existência dos órgãos superiores, incumbidos de *corregir los errores de aquellos*, na precisa observação de Tomás Jofre (apud LIMA, Alcides de Mendonça, obra cit., p. 134).

Quanto ao fato de a parte não se conformar com um julgamento único e dasfavorável, a sua aceitação implicaria atribuir a uma simples reação psicológica do indivíduo uma relevância jurídica que ela, em verdade, não tem. Em rigor, toda pessoa vencida na ação pode ser tomada por esse estado de "insatisfação psicológica", mesmo sabendo, no foro da sua consciência, que a sentença foi correta e justa. A nosso ver, a própria previsão legal do litigante de má-fé (*improbus litigator*) deita por terra, implicitamente, qualquer importância que se pudesse reconhecer à insatisfação da parte diante de um provimento jurisdicional desfavorável. Não há como conciliar a presença dessa espécie de litigante com a insatisfação subjetiva, que se tem procurado elevar à categoria de argumento destinado a justificar a necessidade do duplo grau de jurisdição.

Fosse de prevalecer essa alegação de desagrado psicológico, como justificar-se o fato de não se consentir que o litigante vencedor em primeiro grau e vencido em segundo interponha recurso ordinário do acórdão do Tribunal Regional para o TST, considerando-se ter sido esta a primeira decisão desfavorável aos seus interesses? Ou, acaso, se pretende que essa diáfana "insatisfação psicológica" justifique a interposição de recurso ordinário para o TST, mesmo fora das hipóteses em que a decisão do Tribunal Regional tenha sido proferida em matéria de sua competência originária?

O processo do trabalho há de receber com a necessária reserva, portanto, a afirmação do ilustre João Monteiro (*Teoria do processo civil*. 6. ed., tomo II. Rio de Janeiro: Borsoi, 1956. p. 607), quanto a estar "na própria natureza humana a gênesis da apelação...".

De outro ponto, os recursos nem sempre acabam aperfeiçoando as decisões de primeiro grau; são conhecidos por todos os casos em que, ao contrário, um mau acórdão substitui uma boa sentença. Diante disso, como poderia sobreviver a afirmação de possuírem ditos remédios um caráter purificador das decisões inferiores?

Propalar-se, ainda, que o juiz, sabendo que a sua sentença poderá ser apreciada pelo órgão da jurisdição superior, via interposição de recurso, tratará de elaborá-la com maior atenção e zelo é insinuar, *data venia*, que os magistrados de primeiro grau são pessoas irresponsáveis e que requerem, por esse motivo, uma vigilância por parte dos órgãos da jurisdição superior, a quem se atribuiu, com vistas a isso, o encargo de corrigir-lhes os desacertos na entrega da prestação jurisdicional. Acreditamos não residir neste fato a circunstância de terem os juízes de primeiro grau aquela *liberdade vigiada*, de que tanto fala a doutrina (BERMUDES, Sérgio, obra cit., p. 11).

É absolutamente imperativo advertir, como o fez Chiovenda, que "No Estado moderno não é possível a pluralidade das instâncias fundar-se na subordinação do juiz inferior ao superior, por não dependerem os juízes, quanto à aplicação da lei, senão da lei mesma" (*Princípios de derecho procesal civil*. Tomo II. Madrid: Instit. Editorial Reues, sem data. p. 98).

As redarguições que efetuamos aos argumentos empenhados na defesa do duplo grau de jurisdição não significam, como se possa conjecturar, que estejamos, com essa atitude, nos colocando ao lado dos que preconizam a total supressão dos recursos; nossas objeções foram formuladas, apenas, para demonstrar que aquelas razões, nimiamente civilistas, quando trasladadas para o campo peculiar do processo do trabalho, perdem, em boa parte, a importância que possam ter.

Somos dos que entendem que os recursos constituem, sem dúvida, um instituto salutar, porque contribuem, em muitos casos, para a perfectibilidade das decisões judiciais e, de certa forma, para a definição de algumas questões controvertidas; discordamos, entretanto, da ampla possibilidade que as leis processuais trabalhistas concedem ao litigante vencido para provocar o reexame da matéria pelo grau superior — mesmo estando consciente da exação da sentença impugnada.

1.1. Duplo grau e Constituição

A apreciação do tema relativo ao duplo grau de jurisdição, a que estamos nos dedicando, não poderia ser concluída sem que examinássemos se, no caso brasileiro, esse princípio está previsto ou assegurado constitucionalmente, pois será da conclusão que quanto a isto chegarmos que extrairemos os fundamentos da opinião que, mais adiante, expenderemos a respeito da supressão, em determinadas hipóteses, dos recursos.

Iniciemos ressaltando que a investigação acerca deste assunto cindiu, com certa profundidade, a doutrina.

Autores de nomeada, p. ex., vêm sustentando que o duplo grau de jurisdição possui previsão constitucional implícita, argumentando com o fato de o art. 92, *caput*, do Texto Supremo, haver minudenciado, em seus incisos, os órgãos aos quais compete o exercício da administração da justiça, sendo que dentre eles encontram-se os diversos tribunais, lá especificados. Desta maneira, a duplicidade de graus de jurisdição estaria configurada pela referência aos tribunais, aos quais a Constituição da República atribui competência para o julgamento dos recursos — sem prejuízo das matérias que lhes são da competência originária.

Não é assim que entendemos.

Em nenhum momento, *data venia*, o texto constitucional proclama, mesmo pela via implícita, a presuntiva *garantia* do duplo grau de jurisdição; o que o art. 92, *caput*, está a indicar é a mera *possibilidade* de o interessado interpor recurso para os graus superiores da jurisdição, sendo exatamente para esse fim que os seus incisos cuidaram de detalhar a competência recursal dos tribunais ali mencionados, sem que seja lícito ao intérprete vislumbrar na dicção do precitado artigo qualquer declaração assecuratória da presença institucional de uma duplicidade de graus jurisdicionais.

Por outra maneira de nos expressarmos: a existência dos tribunais, naquele dispositivo constitucional, deve ser interpretada, exclusivamente, como o reconhecimento da viabilidade de provocar-se o reexame da matéria versada na ação, por órgão superior da jurisdição, e não, segundo se tem entendido, como um *direito* de *sempre* se poder exercitar a pretensão recursal diante de uma decisão desfavorável.

Disto resulta que eventuais leis ordinárias que tenham vetado a interponibilidade de recursos das sentenças de primeiro grau não trouxeram em si, como se chegou a arguir, a eiva da inconstitucionalidade, precisamente porque inexiste em nosso sistema constitucional qualquer declaração, ainda que *implícita*, da duplicidade de graus jurisdicionais como *direito* ou *garantia* do indivíduo.

Sempre que o constituinte pretendeu proclamar a existência de tais direitos e garantias o fez de modo expresso, como ocorreu com a ação *judicial*, verdadeiro direito público subjetivo (art. 5º, XXXV).

Não cremos, por outro lado, que a suposta presença do duplo grau de jurisdição, na Suprema Carta Política, possa ser inferida no art. 5º, LXXVII, § 2º, segundo o qual a especificação dos direitos e garantias expressos na Constituição não exclui outros direitos e garantias decorrentes do regime e dos princípios que ela adota; a razão está em que, como ressaltamos há pouco, em nenhuma parte aquela Carta deixa transparecer haver adotado, *como princípio fundamental*, o reexame dos pronunciamentos judiciais.

Ao assegurar, entretanto, aos litigantes, em processo judicial ou administrativo (*sic*), e aos acusados em geral, "o contraditório e a *ampla defesa*, com os meios e *recursos* a ela inerentes" (sublinhamos), não teria o inciso LV do art. 5º da Constituição Federal revogado o § 4º do art. 2º da Lei n. 5.584/70 — e, de modo geral, toda norma infraconstitucional que tenha vetado a possibilidade de interposição de recurso de determinadas sentenças?

Pensamos que não. O vocábulo *recursos* não foi utilizado pelo constituinte em seu sentido técnico e estrito como meio de impugnação aos provimentos jurisdicionais e sim como significante, genérico, do complexo de medidas e meios necessários à garantia da ampla defesa, da qual o contraditório constitui espécie. É relevante destacar que a Constituição Federal de 1969 assegurava aos acusados (logo, no processo penal) a ampla defesa, com os "recursos a ela inerentes" (art. 153, § 15), e o contraditório (§ 16), ao passo que a atual, conforme vimos, amplia essa garantia aos *litigantes* (alcançado, portanto, o processo civil e, por extensão, o do trabalho).

De qualquer modo, a garantia, aos acusados (e aos litigantes), do *contraditório* e da *ampla defesa*, faz parte de nossa melhor tradição constitucional, como demonstram os Textos de: a) 1891, no art. 72, § 16; b) 1934, no art. 113, § 24; c) 1946, no art. 141, § 25; d) 1967, no art. 150, § 15, que, com a Emenda n. 1/69, passou para art. 153, § 15.

Por aí se vê que o disposto no art. 5º, LV, da Constituição Federal de 1988, não representou nenhuma *novidade*, motivo por que não há razão para supor-se que esse preceito, sendo supostamente inovador, teria passado a assegurar o duplo grau de jurisdição, e, em consequência, revogado o § 2º do art. 4º da Lei n. 5.584/70.

A Súmula n. 303, do TST, assegura o duplo grau de jurisdição à própria Fazenda Pública: "I — Em dissídio individual, está sujeita ao duplo grau de jurisdição, mesmo na vigência da CF/88, decisão contrária à Fazenda Pública, salvo: a) quando a condenação não ultrapassar o valor correspondente a 60 (sessenta) salários-mínimos; (ex-OJ n. 09 incorporada pela Res. 121/03, DJ 21.11.03); b) quando a decisão estiver em consonância com decisão plenária do Supremo Tribunal Federal ou com súmula ou orientação jurisprudencial do Tribunal Superior do Trabalho. (...). (ex-Súmula n. 303 — Res. 121/2003, DJ 21.11.03)".

A propósito, não podemos concordar com J. Cretella Júnior quando, interpretando o inciso LV do art. 5º da vigente Constituição da República, conclui que a garantia, ali expressa, seria: a) para os litigantes em juízo, o *contraditório*; b) para os acusados, a *ampla defesa* (*Comentários à Constituição de 1988*. v. I. Rio de Janeiro: Forense Universitária, 1990. p. 534). Ora, essa disjunção do texto da Suprema Carta, empreendida pelo festejado jurista, implica afirmar que os litigantes em juízo não teriam assegurado a ampla defesa, mas, apenas, o contraditório, pois se sabe que este constitui, somente, um capítulo, um elemento fragmentário daquela. Nada mais equivocado, *venia concessa*. Uma tal discriminação, além de perturbadora dos princípios tradicionais, colide com a regra da igualdade de todos perante a lei, enunciada no *caput* do art. 5º da Constituição Federal.

Em suma, as garantias constitucionais da *ampla defesa* e do *contraditório* (embora bastasse a referência apenas àquela) têm como destinatários tanto os *acusados* quanto os *litigantes* em processo civil e do trabalho, como, também, os interessados, nos procedimentos administrativos.

Retornando ao assunto da irrecorribilidade de certa classe de sentenças, devemos lembrar que, no sistema do CPC de 1939, só eram admissíveis embargos de nulidade ou infringentes do julgado e embargos de declaração dos pronunciamentos de primeiro grau, realizados nas ações cujo valor fosse igual ou inferior a duas vezes o do salário-mínimo vigente (art. 839, *caput*), não se permitindo, pois, dessas decisões, a interposição de nenhum outro recurso.

É oportuno dizer que os princípios nucleares, informadores do processo do trabalho, estão a alvitrar que, aproveitando-se a experiência vitoriosa da Lei n. 5.584/70, sejam ampliados *de lege ferenda* os casos de irrecorribilidade das sentenças de primeiro grau — ressalvando-se, sempre, o envolvimento de ofensa à Constituição — com o que poderão ser obstados, em larga medida, os propósitos, amiúde percebidos, de retardar a formação da coisa julgada e que ficam tão a gosto daqueles que se comprazem em fazer mau uso dos institutos que o processo lhes coloca ao alcance.

A prática tem demonstrado que as ações de alçada exclusiva dos órgãos de primeiro grau vêm prestando bons serviços a esse processo e — o que é mais importante — aos interesses dos trabalhadores; torna-se altamente recomendável, por esse motivo, que em uma futura alteração legislativa aqueles que dela forem incumbidos se façam sensíveis aos efeitos benéficos de uma tal vedação à interponibilidade de recursos, seja elevando o valor de alçada, como já se *cogitou*, seja adotando-se, sem prejuízo do anterior, critério baseado em a natureza da matéria suscitada na ação, como sucede em alguns países.

Se o argumento político é necessário, acrescentemos que o tempo acabou frustrando as previsões feitas quanto a uma possível rejeição, pela comunidade dos jurisdicionados, das ações da alçada exclusiva das Varas do Trabalho, pois os dias da atualidade estão a demonstrar que, ultrapassado o período inicial de justificável hesitação, essas ações foram bem aceitas por todos.

2. O princípio da lesividade da decisão

Tem-se afirmado, com certo caráter dogmático, que o direito de a parte exercitar uma pretensão recursal subordina-se à existência de *prejuízo* oriundo da decisão que lhe foi desfavorável; ausente esse detrimento, o seu apelo deverá ser denegado por falta de *interesse* (CPC, art. 17). O próprio CPC declara, no art. 996, *caput*: "O recurso pode ser interposto pela parte vencida (...)", a fazer crer que, em sentido inverso, o *vencedor* não possuiria interesse para impugnar o pronunciamento jurisdicional.

Foi, por certo, com vistas a essa pressuposição que a doutrina moderna edificou o princípio vogante da *lesividade da resolução judicial* como um dos requisitos subjetivos para a admissibilidade dos recursos em geral.

O pensamento de José Frederico Marques (obra cit., p. 597) pode ser apontado como corolário significativo dessa concepção doutrinária: "Requisito primordial e básico, inarredável e imperativo, em todo recurso, é a lesividade, para o recorrente, da sentença ou da decisão contra a qual recorre. Sem prejuízo ou gravame a direito da parte, não pode esta pretender recorrer. O gravame (ou o 'dano provindo da decisão desfavorável') coloca a parte em situação de derrota no litígio, ou no processo, o que constitui a sucumbência, a qual pode ser conceituada como a situação criada por um julgamento em antagonismo com o que pediu o litigante".

Não nos parece aceitável, todavia — ao menos na generalidade dos casos —, que o princípio da lesividade seja erigido como pressuposto para a admissibilidade dos recursos, nada obstante rendamos o nosso respeito à convicção jurídica dos autores que sustentam o inverso.

Se é verdadeiro que, no mais das vezes, a entrega da prestação jurisdicional implica um gravame para o litigante vencido (ou, às vezes, para ambos), decorrente da rejeição, total ou parcial, das pretensões deduzidas na ação, não menos exato é que esse princípio não encontra base lógica, *e. g.*, na hipótese de revelia (CLT, art. 844, *caput*), onde, até mesmo por definição, o réu *nada pediu* (pois nada respondeu) e a relação jurídica processual, que havia sido instaurada com a citação regular (CLT, art. 841, *caput*), se desenvolveu normalmente até o seu ponto de culminância ou de atração, mesmo sem resposta da parte situada no polo passivo dessa relação. Malgrado tenha sido ela declarada revel, sabemos que poderá interpor recurso ordinário da sentença condenatória; tanto isto é certo, que o processo do trabalho determina, em qualquer caso, a sua intimação após o julgamento (CLT, art. 852).

Não vemos, por isso, como se possa sustentar o princípio da *lesividade* quando, como no caso da revelia, *nada foi pedido pelo réu*, salvo se a doutrina, reformulando o fundamento de sua convicção, entender que a configuração do gravame independe da existência de pedidos formulados pela parte prejudicada, bastando, apenas, que tenha sido *condenada*. O que não nos parece, juridicamente, defensável.

Por todo o exposto, somos de opinião que o critério determinativo do pressuposto recursal ora sob exame deva ter como elemento único o fato de o recorrente haver restado *vencido*, no todo ou em parte, quanto ao mérito ou em relação a alguma preliminar, por força de sentença ou decisão, devendo ser desprezada, por inútil e imprópria, qualquer investigação a respeito de eventual lesão ou prejuízo que possa ter sofrido — até mesmo porque, em concreto, essa lesividade é de difícil constatação, sendo impraticável a mensuração dos seus efeitos.

As boas regras doutrinárias recomendam, em consequência, que se fale em *vencido*, e não em *prejudicado*, sempre que se tiver de aferir o interesse da parte em recorrer de decisão que lhe foi infensa. Assim dizemos porque, a nosso ver, a condição de *vencido* constitui o conteúdo do *interesse* que a lei processual (CPC, art. 17) estabeleceu como um dos pressupostos para o exercício do direito de ação — e, extensivamente, de qualquer pretensão recursal. Obrou com descortino jurídico, por esse motivo, o legislador processual civil de 1973 ao suprimir os adjetivos *econômico* e *moral*, que qualificavam, no Código de 1939, referido interesse, no que foi seguido pelo legislador atual. Hoje, portanto, o que se requer, para a propositura de ação, arguição de exceções, formulação de pedidos contrapostos e *interposição de recursos*, é apenas a existência de interesse, "sem mais nada", *na correta advertência de Pontes de Miranda* (Comentários ao código de processo civil. Rio de Janeiro: Forense, 1974. p. 155).

Não podemos ignorar, contudo, que em alguns casos se deverá admitir o recurso, mesmo que o recorrente não tenha, em rigor, sido lançado em um *estado de vencido*, pela sentença; isto ocorrerá, p. ex., se ele, como autor, tiver acolhido todos os pedidos formulados na inicial, mas a sentença determinar que a liquidação se processe mediante artigos, quando, segundo o seu entendimento, deveria ser via cálculos (embora não haja indicado na petição inaugural essa forma de liquidação). Não se pode afirmar, neste caso, tenha o autor ficado vencido, seja porque todos os seus pedidos foram acolhidos, seja porque, como dissemos, nem sequer mencionou na peça inaugural a forma pela qual a liquidação deveria ser processada (admitindo-se que lhe coubesse efetuar essa indicação).

O recurso, no exemplo citado, haveria de ser admitido em virtude do *interesse* processual do vencedor em ver reformada a sentença, na parte em que determinou a liquidação mediante artigos.

Isto evidencia que acima dos pressupostos do *prejuízo* e da *derrota* se coloca, com preeminência, o do *interesse* processual, cujo conteúdo, nesta hipótese, se confunde com a própria forma.

Um outro caso em que o *vencedor* teria interesse em recorrer ocorreria quando a decisão, apesar de rejeitar as preliminares por ele suscitadas, decidisse o mérito em seu favor. Sucede que, nesta hipótese, se o *vencido* interpusesse recurso dessa decisão (quanto ao mérito), o tribunal poderia dar-lhe provimento, sem questionar as preliminares suscitadas pelo recorrido (que havia sido vencedor em primeiro grau). Por esse motivo, o *vencedor-recorrido* (no que toca ao mérito) teria, apesar disso, interesse, por exemplo, em interpor recurso ordinário adesivo ao recurso manifestado pela parte contrária (vencida), a fim de que o tribunal, admitindo ambos os apelos, invertesse a ordem de julgamento, passando a apreciar, em primeiro lugar, o adesivo (preliminares), vindo a julgar o principal (mérito) somente se aquele não fosse provido. Imaginar-se que, na hipótese, o *vencedor* em primeiro grau devesse impugnar, nas contrarrazões, a sentença, quanto às preliminares rejeitadas, seria demonstrar desconhecimento dos motivos pelos quais se institui, no processo, a figura das contrarrazões. Estas possuem, em essência, a finalidade de *defender* o pronunciamento jurisdicional impugnado pelo adversário, ou, por outras palavras, defender os interesses do recorrido, diante do recurso interposto pela parte contrária. Logo, fazer-se uso das contrarrazões, não para defender a sentença, mas para manifestar contrariedade a ela (ainda que em relação a outras matérias), traduzirá manifesto contrassenso, constituirá demonstração de desconhecimento da verdadeira finalidade dessas contrarrazões. De qualquer forma, o recurso adesivo — hoje aceito no processo do trabalho — retira qualquer possibilidade remota, que houvesse, de argumentar-se que o recorrido não disporia de outra oportunidade processual, que não a das contrarrazões, para, no exemplo que formulamos, atacar a sentença, no ponto em que rejeitou as preliminares por ele suscitadas.

3. Etimologia e conceito de recurso

3.1. Etimologia

O vocábulo recurso é originário do latim *recursus*, que conduz à ideia de regressar, de retroagir, de recuar, de refluir.

Essa característica levou Eduardo Couture a asseverar, com razão, que o vocábulo recurso *quiere decir, literalmente, regreso al punto de partida. Es un re-correr, correr de nuevo el camiño ya hecho*, concluindo que, sob o aspecto jurídico, *la palabra denota tanto el recurrido que se have nuevamente mediante otra instancia, como el medio de impugnación por virtud del cual se re-corre el proceso* (*Fundamentos del derecho procesal civil*. 3. ed. Buenos Aires: Depalma, 1969. p. 340).

João Monteiro leciona que a locução *maris cursus et recursus* foi empregada por Plínio e traduz, indiferentemente, o fluxo e refluxo ou o curso e o recurso do mar" (*Curso de proceso civil*, v. III, p. 48).

Na língua espanhola, o mesmo instituto processual é denominado *recurso*; na italiana, *ricorso*; na francesa, *recours*, a demonstrar, desta maneira, ora uma identidade, ora uma similitude com a forma portuguesa.

Considerando a origem do termo, Alcides de Mendonça Lima observa, com propriedade, ser precisamente na gênese da palavra onde se encontra toda a essência do instituto, porquanto a finalidade de qualquer via impugnativa a uma decisão é a de tornar a mesma sem efeito, desaparecendo o resultado alcançado, de modo a substituir a situação anterior" (obra cit., p. 123).

3.2. Conceito

Os doutrinadores, de modo geral, procuraram esmerar-se na formulação do conceito de recurso; para J. C. Barbosa Moreira (*Comentários*, p. 191) ele é o "remédio voluntário idôneo a ensejar, dentro do mesmo processo, a reforma, a invalidação, o esclarecimento ou a integração da decisão judicial que se impugna"; segundo Moacyr Amaral Santos (*Primeiras linhas de direito processual civil*. v. 3. São Paulo: Saraiva, 1981. p. 82), é o "poder de provocar o reexame de uma decisão, pela mesma autoridade judiciária, ou por outra hierarquicamente superior, visando a obter a sua reformulação ou modificação"; José Frederico Marques (*Manual*, p. 113) o tem como um "procedimento que se forma, para que seja revisto pronunciamento jurisdicional contido em sentença, decisão interlocutória, ou acórdão"; para Sergio Bermudes (*Comentários*, p. 25) é o direito de provocar, no mesmo processo, "o reexame de uma decisão judicial, pelo órgão que a proferiu, ou por outro, hierarquicamente superior, visando a obter sua reforma total, ou parcial, e a impedir a formação da coisa julgada"; João Monteiro (*Teoria do processo civil*. 6. ed. Rio de Janeiro: Borsoi, 1956. p. 605) o via como a "provocação a novo exame dos autos para emenda ou modificação de primeira sentença";

Código de Processo Civil

Alcides de Mendonça Lima (*Introdução*, p. 124/125) o considera como "o meio, dentro da mesma relação processual, de que se pode servir a parte vencida em sua pretensão, ou quem se julgue prejudicado, para obter a anulação ou a reforma, parcial ou total, de uma decisão"; Gabriel de Rezende Filho (*Curso de direito processual civil*. 5. ed., v. III, n. 876) aponta-o como "todo meio empregado pela parte litigante a fim de defender o seu direito".

Para Pontes de Miranda, ainda, recorrer significa *comunicar a vontade* de que o feito, ou parte do feito, continue conhecido, não se tendo, portanto, como definitiva a cognição incompleta, ou completa, que se operara" (obra cit., p. 4).

O nosso conceito desse instituto não possui divergência substancial em relação aos formulados pelos ilustres juristas mencionados; antes, porém, de o apresentarmos, queremos esclarecer que o vocábulo *recurso* pode ser utilizado na linguagem processual em um sentido amplo, genérico, a significar todos os meios utilizados pelas partes, ou por terceiro, com o propósito de defender o seu direito; sendo assim, poderiam ser compreendidas nessa acepção lata a ação, a contestação, a exceção, a reconvenção, as medidas preventivas etc. Daí por que se diz que o interessado "recorreu" a determinada ação, ou processo, como o cautelar; ou à própria Justiça, como é comum ouvir-se pela fala popular.

Interessa-nos, no entanto, o estudo da palavra *recurso* enquanto instituto processual; neste sentido, a sua acepção é estrita, porque eminentemente técnica.

Lançadas estas considerações, vamos ao conceito pessoal: recurso é o direito (a) que a parte vencida ou o terceiro (b) possui de, na mesma relação processual (c), e atendidos os pressupostos de admissibilidade (d), submeter a matéria contida na decisão recorrida (e) a reexame (f), pelo mesmo órgão prolator, ou por órgão distinto e hierarquicamente superior (g), com o objetivo de anulá-la (h), ou de reformá-la (i), total ou parcialmente (j).

Dissemos:

(a) *Recurso é o direito*, porque, efetivamente, há um direito, expresso nas leis processuais, e por elas disciplinado, de a parte, ou o terceiro, interpor recurso das decisões desfavoráveis. Isto não significa, conforme afirmamos, que esse direito esteja presente em todas as hipóteses, pois se sabe que as sentenças proferidas nas ações de alçada exclusiva dos órgãos de primeiro grau são irrecorríveis, exceto se envolverem matéria constitucional. De tal arte, quando a lei prevê o recurso, aí está o direito ao exercício da correspondente pretensão; tanto isto é verdadeiro que, quando o juízo *a quo*, por ato unipessoal, *denega* a interposição do apelo, a lei concede à parte recorrente *um outro remédio*, o agravo de instrumento (CLT, art. 897, "b"), cuja finalidade específica é, justamente, a de obter, perante o órgão *ad quem*, a liberação do apelo trancado por decisão unipessoal, exarada pelo juízo inferior;

(b) *Que a parte vencida ou o terceiro*. Por princípio, têm legitimidade para recorrer as pessoas que são partes na ação. A qualidade de *parte*, contudo, não é suficiente: para que a pretensão recursal possa ser exercida há necessidade, em princípio, de que o litigante tenha ficado vencido, no todo ou em parte, em virtude do conteúdo desfavorável da sentença; caso contrário, o recurso que interpuser será denegado por falta de requisito subjetivo essencial: o interesse processual. Em situações excepcionais, entrementes, como procuramos demonstrar, o vencedor terá legitimidade para recorrer.

Também em caráter excepcional, o recurso poderá ser interposto pelo *terceiro prejudicado* (CPC, art. 996, *caput*), ou seja, por aquele que não é parte na relação jurídica processual; a este incumbirá demonstrar o nexo de interdependência entre o seu interesse de intervir e a relação jurídica levada à apreciação judicial (*ibidem*, parágrafo único), sob pena de ver o recurso não admitido. O Ministério Público possui legitimidade para recorrer, inclusive, nos casos em que atua com fiscal da lei.

Em determinados casos, aliás, como o previsto no art. 898 da CLT, o Presidente do Tribunal e a Procuradoria da Justiça do Trabalho terão legitimidade (e interesse) para interpor recurso de acórdão proferido no julgamento de ação (dissídio) coletivo; também a União poderá recorrer das decisões aí prolatadas (Lei n. 5.584/70, art. 8º).

O *recurso de ofício* (sic), entretanto, como denominação, é uma anomalia jurídica, não obstante a ele se tenha referido o Decreto-Lei n. 779/69; ora, é infundado supor-se (ou afirmar-se) que o juiz deva recorrer da sentença por ele próprio proferida, como se o criador se voltasse contra a criatura. O que em tal hipótese se verifica não é a interposição de recurso, mas a mera *remessa de ofício* — que é obrigatória — ao órgão superior da jurisdição, sempre que a sentença for desfavorável à União, aos Estados, ao Distrito Federal, aos Municípios, às autarquias ou às fundações de direito público, federais, estaduais ou municipais, que não explorem atividade econômica. O processo civil possui regra análoga (art. 496). As fundações, todavia, são pessoa de direito privado (Código Civil, art. 44, III). O Decreto-Lei n. 779/69 confundiu, assim, fundações de direito público com fundações com *finalidade pública*. Sendo o pronunciamento jurisdicional *favorável* a todos esses entes mencionados, a remessa se torna-se desnecessária, por ilógica.

(c) Na *mesma relação processual*, porque, segundo pudemos demonstrar, a distinção fundamental entre os recursos e as ações autônomas de impugnação às resoluções judiciais reside, exatamente, no fato de os primeiros serem sempre interpostos na mesma relação jurídica processual (elastecendo, de certo modo, essa relação), ao passo que as segundas, como a ação rescisória, embora constituam também meio de impugnação, provocam o surgimento de nova relação processual. Outras figuras jurídicas dessa mesma natureza são os embargos de terceiro e o mandado de segurança, a despeito de ser manifesto o caráter de ação de ambos.

(d) *E atendidos os pressupostos de admissibilidade*, porquanto não basta a existência de um direito de recorrer; faz-se necessário que ele seja exercitado com observância de certos requisitos, também ditos pressupostos, que a lei expressamente prevê e que a doutrina tratou de classificá-los em *subjetivos* e *objetivos*. No primeiro grupo estão a *legitimidade*, o *interesse*, a *capacidade* e a *representação*; no segundo, entre outros, a *recorribilidade do ato*; a *regularidade formal* do ato, a *adequação*, a *tempestividade*, e o *preparo* (este incluindo o depósito, as custas e os emolumentos, se for o caso). O não-atendimento a quaisquer desses pressupostos, salvo nos casos expressos em lei, importará a denegação do apelo.

(e) *Submeter a matéria contida na decisão recorrida*. Significa que somente poderá haver o reexame se, como é lógico, a matéria foi apreciada pela sentença; na hipótese de não haver sido, o caso seria de embargos de declaração, que não integram a categoria dos recursos. Há, entretanto, uma exceção legal a ser mencionada: cuida-se do § 3º, do art. 1.013, do CPC, que permite ao tribunal decidir desde logo o mérito, se o processo estiver em condições de imediato julgamento, nos casos ali mencionados, entre os quais se inclui a reforma da sentença fundada no art. 485. É elementar que a apreciação da matéria, pela sentença, pressupõe que ela tenha constado da inicial, sob pena de julgamento *extra petita*, exceto se for o caso de pedido implícito. Tratando-se de recurso ordinário, entretanto, serão objeto de apreciação e julgamento todas as questões suscitadas e discutidas no processo, "ainda que não tenham sido solucionadas" (CPC, 1.013, § 1º), cuja regra foi perfilhada pela Súmula n. 393, do TST.

(f) *A reexame* porque, em verdade, a atuação do órgão *ad quem* consistirá em rever, em reexaminar a matéria que fora apreciada, originariamente, pelo órgão de primeiro grau; porque se tem afirmado que o recurso envolve um *julgamento* de *julgamento*, um *rejulgamento*, por assim dizer. Excepcionalmente, não haverá reexame, como no caso do art. 1.013, § 3º, I e III.

(g) *Pelo mesmo órgão prolator, ou por órgão distinto e hierarquicamente superior*. Embora, no processo do trabalho, o recurso seja sempre julgado por órgão diverso do que prolatou a decisão recorrida, e hierarquicamente superior, isto não significa que o conceito desse instituto processual pressuponha a diversidade do órgão a quem incumbirá o reexame. À guisa de referência histórica, vale lembrar que a alínea "c" do art. 652 da CLT (atualmente revogada) atribuía competência para a Vara julgar os embargos infringentes interpostos das suas próprias decisões. O § 2º do art. 897 do mesmo texto dava competência para o Presidente do Tribunal Regional do Trabalho (logo, atuando como órgão monocrático) julgar os agravos de petição interpostos das decisões do juiz de primeiro grau proferidas nos processos de execução; essa disposição, como se sabe, foi revogada pela Lei n. 5.442, de 24 de maio de 1968. Quando afirmamos que o recurso poderá ser julgado pelo mesmo órgão proferidor da decisão impugnada estamos fazendo uma concessão àqueles que entendem que os embargos de declaração constituem modalidade típica de recurso. Legalmente, esses embargos são considerados modalidade recursal (CPC, art. 994, IV), embora, sob o ponto de vista doutrinário, seja possível sustentar-se o contrário. Retornaremos ao assunto ao comentarmos os arts. 1.022 a 1.026.

(h) *Com o objetivo de anulá-la*, como ocorreria no caso de o órgão *ad quem* declarar, de ofício ou mediante arguição da parte, a nulidade do processo, determinando, em consequência, o desfazimento dos atos procedimentais por ela atingidos, atendida a regra dos arts. 794 e 795 da CLT.

Muitas dessas nulidades são declaradas em virtude de o Tribunal entender ter sido caracterizado o "cerceamento de defesa" (*sic*) — eiva que apenas se poderia admitir se se houvesse negado ao réu a *possibilidade* de responder à ação, pois *cercear* significa cortar rente, cortar cerce. Desta forma, o indeferimento da produção de prova testemunhal (se este fosse o caso) resultaria em *restrição* e não em *cerceamento* de defesa. As nulidades, em geral, resultaram de *error in procedendo* do magistrado e, quando acolhidas, contêm uma declaração implícita de dispêndio inútil de atividade jurisdicional, dado que, quase sempre, compelem ao retorno até o ponto não afetado pelo vício de procedimento.

(i) *Ou reformá-la*, porque também se pode buscar, pela via recursal, a reforma da decisão, vale dizer, a sua alteração, qualitativa ou quantitativa, de modo a fazer com que outra, proferida pelo órgão *ad quem*, a substitua (CPC, art. 1.008) observada, sempre, a proibição de *reformatio in peius*.

(j) *Total ou parcialmente*, porque o Tribunal poderá dar provimento no todo ou em parte ao recurso, reiterando-se o veto à *reformatio in peius*, por força da qual, no passado, se autorizava o agravamento da já desfavorável situação do recorrente, como ocorria ao tempo das Ordenações reinóis portuguesas.

Observe-se que a sentença poderá ser impugnada no todo ou em parte (CPC, art. 1.002), cabendo ao recorrente delimitar a extensão do conteúdo atacado. O § 3º, I, do art. 1.013, do CPC, entretanto, espelha, por exceção ao princípio proibitivo da *reformatio in peius, ao dispor*: "Se o processo estiver em condições de imediato julgamento, o tribunal deve decidir desde logo o mérito quando: I — reformar a sentença fundada no art. 485". O art. 485 trata da sentença que extinguem o processo em resolução do mérito. Ocorre que se o autor interpuser recurso da sentença que extinguiu o processo, sem pronunciamento acerca da lide, e o tribunal der provimento a este, poderá vir a julgar o mérito em desfavor do próprio recorrente, configurando, assim uma espécie de "reforma para pior". Por esse motivo, entendemos que a faculdade prevista no § 3º, I, do art. 1.013, do CPC, somente poderá ser exercida pelo tribunal a requerimento do recorrente — ao menos, no processo do trabalho. Sucede que a manifestação *ex officio* da corte poderia surpreender, de maneira desfavorável, o recorrente. É sensato entender-se por isso, que o julgamento da lide, na situação em que estamos a examinar, só se realize mediante expresso requerimento do recorrente, pois, com isso, ele será o responsável exclusivo pelo fato de o julgamento do mérito vir a ocorrer em seu desfavor, se for o caso.

4. Finalidade dos recursos e fundamento do direito de recorrer

Alguns autores incluem como finalidade dos recursos não apenas a reforma da decisão impugnada, mas o *esclarecimento* ou a *integração*. Tal seria o caso específico dos embargos declaratórios, que, na primeira hipótese, pressuporiam a existência de obscuridade, ou contradição da decisão, e, na segunda, de omissão. A lembrar-se, porém, que a *dúvida* já não constitui fundamento para a apresentação desses embargos.

A nossa discordância dos que reconhecem aos recursos os objetivos de esclarecimento ou de integração radica, exatamente, no fato de entendermos não serem os embargos de declaração participantes do gênero recursal; foi por isso que, em atitude de coerência, nos limitamos a fazer, no mencionado conceito, referência apenas à *reforma* e à *anulação* da decisão.

A doutrina tem apontado, como fundamento do direito de a parte interpor recurso da decisão que lhe foi desfavorável, com o propósito de reformá-la ou de anulá-la: a) a inconformação do indivíduo quanto a um julgamento único e contrário aos seus interesses; e b) a possibilidade de erro ou de má-fé por parte do juiz (REZENDE FILHO, Gabriel de, obra cit., v. III, p. 877).

Sobre a insatisfação do litigante em face de uma decisão desfavorável, tivemos oportunidade de argumentar que se trata de mera reação psicológica, à qual não se pode atribuir uma importância social, política ou jurídica, a ponto de elevá-la à categoria de fundamento do direito de recorrer: a insistência nesse fato venial importaria colocar uma afetação ou capricho da parte acima das razões históricas que justificaram a instituição dos recursos nos sistemas legais de diversos países. Relativamente à possibilidade de má-fé ou de erro do julgador, é pressuposto que, em alguns casos, reveste-se de razoabilidade, máxime com respeito ao *erro* (in procedendo ou in iudicando), visto que a falibilidade é própria da natureza humana. Desta forma, a ocorrência de má-fé ou de erro do juiz põe em realce, ao mesmo tempo, a parte mais significativa da finalidade dos remédios recursais e o fundamento do direito de exercer essa pretensão.

Esse fato, contudo, não basta para justificar, de modo satisfatório, os motivos que levaram os diversos ordenamentos processuais a outorgar ao indivíduo um direito de insurgir-se contra os pronunciamentos jurisdicionais desfavoráveis. De efeito, há situações em que se recorre não porque tenha havido má-fé ou erro do julgador, mas, essencialmente, porque se discorda da interpretação jurídica que ele tenha conferido a determinada norma legal; veja-se que, nesta hipótese, não se pode cogitar da imprecisa "insatisfação psicológica", pois esta, em regra, é destituída de conteúdo jurídico e o que o recorrente pretende, no exemplo indigitado, é que o órgão *ad quem* acolha a interpretação da lei ou do contrato, que lhe parece correta, sendo necessário, para tanto, a reforma da decisão impugnada.

Verificamos, assim, que o fundamento do direito de recorrer residiria, no particular, não na ontogênica inconformação da parte diante de um julgamento único e desfavorável, mas, ao contrário, na possibilidade de a sua interpretação acerca de certa norma legal ou contratual vir a tornar-se prevalecente no âmbito do órgão *ad quem*. E essa efetiva controvérsia hermenêutica afasta, como é elementar, a possibilidade de *error in procedendo* ou *in iudicando* do juiz, bem assim a sua eventual má-fé.

E o que não se dizer quando a parte recorre, simplesmente, para procrastinar a formação da coisa julgada? Como argumentar-se, aqui, com a sua suposta "insatisfação" diante da sentença, ou de ocasional erronia do julgador?

Afirmar-se, por outro lado, que o direito de interpor recurso assenta na necessidade de *segurança* da parte, quanto a uma perfeita entrega da prestação jurisdicional, é incidir no mesmo equívoco anteriormente examinado e esquecer-se, além disso, não ser insólito o fato de uma decisão correta, do órgão *a quo*, vir a ser substituída por outra, incorreta, do *ad quem*. Onde, neste caso, a brandida necessidade de segurança?

O tema comportaria, por certo, uma investigação muito mais ampla e profunda; em todo o caso, pensamos ser pacífico o entendimento de que o direito ao exercício de uma pretensão recursal surgiu, historicamente, com marcante escopo *político*, porquanto destinado a evitar a arbitrariedade dos juízes inferiores; nos tempos modernos, contudo, fundamentam esse direito não apenas o mencionado propósito original, mas uma gama heterogênea de outros objetivos, que se destacarão conforme seja a espécie de remédio e a legislação em que se encontram disciplinados.

Sob o rigor lógico, é inegável que o *direito* de recorrer decorre da existência de previsão legal; segue-se, que as considerações há pouco manifestadas concernem às causas determinantes da norma legal instituidora dos remédios recursais, ou seja, às *razões* que conduziram os sistemas processuais a incorporarem o instituto do recurso.

Para resumir: recorrer-se porque a lei reconhece à parte esse direito; logo, aquela é o fundamento deste. Já os *motivos* que aconselharam ao legislador instituir leis assecuratórias desse direito compreendem um amalgamado de fatores, cujas raízes remotas, como dissemos, são de ordem política.

Concordamos com Sérgio Bermudes, na parte em que reconhece aos recursos a qualidade de instrumentos eficazes para a satisfação de um interesse de justiça, de caráter essencialmente público, "porque ninguém mais empenhado na excelência das decisões judiciais que o próprio Estado" (obra cit., p. 23).

5. Natureza jurídica

Parcela respeitável da doutrina sustenta que o recurso constitui uma ação diversa e autônoma em relação àquela em que as partes se encontram envolvidas.

Ao que se sabe, o sucedâneo dessa tese reside na circunstância de a ação ser proveniente de fatos verificados *fora* do processo, isto é, ocorridos *antes* do estabelecimento da relação jurídica processual, enquanto o recurso, opostamente, decorre de *ato* praticado *dentro* do processo, que, no caso, é a decisão recorrida.

Os que perfilham o entendimento de que o recurso possui caráter distinto e autônomo da ação argumentam, ainda, com o fato de, em certas hipóteses, serem dotadas de legitimidade para interpor esse remédio pessoas diversas daquelas que possuem legitimação *ad causam* — como seria o caso do terceiro prejudicado e do Ministério Público, este agindo como fiscal da lei (*custos legis*).

A mesma tese atribui ao recurso uma qualidade *constitutiva*, em virtude da possibilidade de acarretar o desfazimento (ou a remoção) do pronunciamento jurisdicional contra o qual se dirigiu.

Entendemos, contudo, que a pretensão recursal se apresenta como simples manifestação, aspecto, ou mesmo modalidade do próprio direito de ação, que se exercita no processo.

Sabemos que o Estado, ao instituir a Justiça Oficial, ou Pública — como medida tendente à manutenção da estabilidade das relações sociais —, tornou defeso aos indivíduos continuar fazendo justiça pelas próprias mãos (Código Penal, art. 345); como compensação, outorgou-lhes o *direito* de ação, hoje elevado à categoria constitucional, em grande parte dos países ocidentais, como é o caso do Brasil (art. 5º, XXXV). Assim como o Estado-juiz moderno não permite aos indivíduos a autotutela de direitos, vale dizer, a autossatisfação dos seus interesses, vinculados a bens ou a utilidades da vida, também não consente, como consequência lógica, que se recusem a acatar o provimento jurisdicional desfavorável, salvo se dele interpuserem recurso. Desta forma, o direito de recorrer revela-se como uma espécie de *extensão* do próprio direito de ação e de reação, que se exerce no processo, ou como mero aspecto ou exteriorização do direito de provocar o exercício do poder-dever jurisdicional do Estado, que se realiza por intermédio da ação.

Poder-se-ia, entretanto, objetar esse entendimento sob a argumentação de que, em determinadas situações, como a de interposição de recurso pelo Presidente do Tribunal ou pela Procuradoria da Justiça do Trabalho (CLT, art. 898), ou mesmo por terceiros prejudicados (CPC, art. 996, *caput*), faltaria o pressuposto da existência de uma ação em que fossem partes; assim sendo, não se poderia qualificar o recurso que viessem a interpor como um aspecto, manifestação ou modalidade do direito de ação, sabendo-se que, na espécie, não a estariam exercitando naquele processo. Redargua-se, porém, à guisa de prolepse, que tais órgãos ou pessoas estariam, em verdade, exercendo, como recorrentes, uma forma abreviada do direito de ação, que não puderam exercitar pelo modo normal.

Cumpre observar, ainda, que a inexistência de ação ajuizada pelo recorrente não constitui circunstância capaz de invalidar os ponderáveis argumentos que consideram o recurso mera manifestação do direito de ação; seria o caso, p. ex., de supor-se que o réu, ao recorrer, estaria demonstrando o equívoco de um entendimento quanto a isto. É necessário esclarecer, contudo, que a interposição de recurso pelo réu, longe de contrapor-se à tese da qual compartilhamos, evidencia o seu acerto, porquanto o recurso figuraria, na hipótese, como inequívoca exteriorização do caráter de *bilateralidade*, que é ínsito às ações em geral. Esse fato mais se avultaria sob a circunstância de o recurso haver sido interposto pelo réu que fora declarado *revel* (CLT, art. 844, *caput*).

A afirmação de que o recurso é simples emanação do direito de ação não fica derrogada em face de situações como a da rescisória, dos embargos de terceiro, do mandado de segurança etc., pois ditas ações relacionam-se, embora em maior distância, com a ação principal, não tendo muita relevância, por isso mesmo, a particularidade de serem empreendidas em processo distinto.

O recurso, enfim, não é uma ação autônoma; é um direito subjetivo, que se encontra implícito no direito público, também subjetivo e constitucional, que é o de ação; que não instaura uma nova relação processual, se não que distende a já existente.

Está certa a doutrina quando, sob outro ângulo óptico, vê no recurso um *ônus processual*, porquanto, em verdade, para que a parte obtenha a desejada reforma ou anulação de decisão desfavorável, há necessidade de que *tome a iniciativa* de exercer a pretensão recursal; se não o fizer, a sua sujeição à coisa julgada, como qualidade da sentença, será inevitável, ressalvada a hipótese de *remessa obrigatória*, quando for o caso (Dec.-Lei n. 779/69). Conforme observa J. C. Barbosa Moreira, "*Está presente aí o traço essencial por que o ônus se estrema do dever, ordenado este à satisfação de interesse alheio, aquele à de interesse próprio*" (sublinhado no original; obra cit., p. 195).

6. Classificação dos recursos

A classificação dos recursos não apresenta, no plano doutrinário, a desejável uniformidade; essa variação é consequência natural da adoção de critérios distintos, pelos autores.

Humberto Theodoro Júnior, por exemplo, os distribui em três classes: a) quanto ao fim colimado pelo recorrente; b) quanto ao juiz que os decide; e c) quanto à marcha do processo a caminho da execução" (obra cit., p. 694/695).

No primeiro grupo (a) incluem-se as finalidades de: 1) *reforma*, quando se busca modificar o resultado do julgamento, transformando-o de desfavorável em favorável aos interesses do recorrente; 2) *invalidação*, quando o objetivo seja o de anular ou de invalidar a decisão, a fim de que outra seja proferida em seu lugar; 3) *esclarecimento ou integração*, como no caso dos embargos declaratórios, por intermédio dos quais se deseja afastar a falta de clareza ou de decisão do julgado, ou de suprir alguma omissão do julgador.

No segundo (b), temos os recursos: 1) *devolutivos* (ou reiterativos), quando a matéria é devolvida pelo juiz da causa a outro juiz ou tribunal; 2) *não-devolutivos* (ou iterativos), quando a impugnação é julgada pelo mesmo juiz que proferiu a decisão recorrida; 3) *mistos*, quando permitem tanto o reexame pelo próprio órgão prolator da decisão impugnada, quanto a devolução a órgão diverso e superior.

No terceiro (c), os recursos podem ser: 1) *suspensivos*, quando impedem o início da execução; e 2) *não-suspensivos*, quando permitem a execução provisória.

Temos algumas discordâncias a respeito da classificação estabelecida pelo douto jurista.

No que respeita ao critério do *fim* pretendido pelo recorrente (a), embora admitamos que os recursos tenham o sentido de *reformar* ou de *invalidar* a decisão, não podemos aceitar a terceira finalidade indicada, que seria a de obter *esclarecimento* ou *integração* do julgado, justamente porque, segundo pudemos expressar em linhas pretéritas, somente os embargos declaratórios apresentam essa razão finalística (e o próprio jurista mencionado a eles se referiu, especificamente), sendo certo que tais embargos, ao contrário do que proclama o atual CPC (art. 994, IV), não integram, sob o rigor doutrinário, o gênero dos recursos, sob a perspectiva doutrinária.

Quanto ao juiz que os julga (b), a nossa divergência é mais quanto à nomenclatura utilizada, pois entendemos que a devolutibilidade ou não constituem efeitos dos recursos em confrontação com a eficácia da decisão impugnada, razão por que nos parece impróprio relacionar ditos efeitos com a pessoa do juiz a quem competirá conhecer e julgar o recurso; de outro lado, aludir-se, alternativamente, a serem iterativos esses recursos implica, *data venia*, o cometimento de vício tautológico, porquanto ambos os adjetivos possuem, lexicamente, o mesmo significado.

Quanto à terceira classe de recursos (c), melhor teria sido que se falasse — aqui sim — em seus *efeitos* para, então, apontá-los como suspensivos e não-suspensivos, sem desprezo do meramente devolutivo.

J. C. Barbosa Moreira (*O novo processo civil brasileiro*. v. I. Rio de Janeiro: Forense, 1980. p. 176), por sua vez, classifica os recursos em: a) *totais*; e b) *parciais*, segundo seja a extensão da matéria impugnada. No primeiro caso estariam os remédios que abrangessem todo o conteúdo impugnável da decisão recorrida (mas não, necessariamente, o seu conteúdo integral); no segundo, situar-se-iam aqueles que, por força da limitação voluntária (do recorrente, portanto), não compreendessem a totalidade do conteúdo impugnável da decisão.

Para José Frederico Marques (*Manual*, p. 116/117), os recursos podem ser: a) *comuns*; ou b) *especiais*. Naqueles, a sucumbência constitui condição suficiente para ser pedido novo julgamento, desde que atendidos os pressupostos de admissibilidade; nestes, o direito de recorrer origina-se da sucumbência e de um *plus* que a norma processual exige, como requisito indeclinável para o reexame da decisão.

O festejado jurista indica, como recursos comuns, entre outros, a apelação e o agravo de instrumento, além daqueles previstos no art. 994 do CPC, ou seja, os recursos ordinários constitucionais; como especiais, os embargos infringentes e o extraordinário, pois em ambos se exige, como pressuposto para a interposição, e sem prejuízo da sucumbência, outros, que são específicos. Segundo o mesmo autor, os embargos de declaração apresentam-se como recurso *sui generis*.

Alcides de Mendonça Lima (obra cit., p. 172) edificou minuciosa classificação daqueles que denominou *meios recursórios* (ou vias de impugnação), preocupando-se em estabelecer uma separação fundamental entre serem referidos meios impugnativos interpostos *dentro* ou *fora* da relação processual em que foi proferida a decisão atacada. O resultado desse critério foi a bipartição das vias impugnativas em: a) *sentido amplo* (extraordinários); e b) *sentido estrito* (ordinários); lá, a interposição ocorreu *fora* da relação processual; aqui, *dentro*. Em sentido amplo estão a ação rescisória, o mandado de segurança, os embargos de terceiro, o *habeas corpus* e a correição parcial; em sentido estrito, o autor agrupa os recursos em duas espécies: *ilimitados* e *limitados*;

estão compreendidos, na primeira, a apelação, o agravo de instrumento, os embargos infringentes e os embargos declaratórios; na segunda, o recurso extraordinário e os embargos de divergência no Supremo Tribunal Federal.

A classificação proposta por Alcides de Mendonça *Lima*, entretanto, não foi bem recebida por alguns setores da doutrina, como se pode constatar pelo pronunciamento de J. C. Barbosa Moreira, para quem a referida construção caracteriza-se por um "artificialismo que, acima de tudo, dilui, com graves inconvenientes teóricos e sem nenhuma vantagem prática, os contornos do conceito de recurso" (obra cit., p. 21).

Concordamos com a crítica feita por Barbosa Moreira, uma vez que, dentre outras coisas, a classificação apresentada por Mendonça Lima comete, a nosso ver, a impropriedade de denominar *meios recursais* — em sentido amplo — a ação rescisória, o mandado de segurança, os embargos de terceiro, o *habeas corpus* e a correição parcial, que, em rigor, em nada participam do gênero dos recursos, sendo importante reiterar, neste momento, a orientação contida na Súmula n. 33 do TST, no sentido de não caber mandado de segurança contra decisão judicial transitada em julgado. A Súmula n. 268, do STF, contém disposição idêntica.

Várias outras classificações poderiam ser aqui mencionadas; as que apresentamos, contudo, parecem-nos suficientes para demonstrar certos aspectos essenciais e comuns ao instituto dos recursos.

Pretendendo contribuir para o aprimoramento da matéria, elaboraremos, a seguir, uma classificação específica dos *recursos trabalhistas* (ou admissíveis no processo do trabalho), lembrando que havíamos, anteriormente, esboçado uma sistematização a que denominamos *remédios utilizáveis contra as resoluções judiciais trabalhistas*, na qual os distribuímos em seis classes: a) recursos; b) ações autônomas de impugnação; c) medidas saneadoras; d) providências corretivas; e) providências ordenadoras do procedimento; e f) atos protetivos de direito.

A classificação que apresentaremos agora restringe-se, como dissemos, aos *recursos*.

Em que pese ao fato de o douto J. C. Barbosa Moreira (obra cit., p. 179) haver dito que a distinção entre recursos ordinários e extraordinários não apresenta, no ordenamento brasileiro, qualquer importância teórica nem prática, por existir entre nós uma classe de recurso a que se possa designar, de maneira genérica, de extraordinária, entendemos que essa separação seja necessária no plano do processo do trabalho, mercê de certas peculiaridades que serão oportunamente expostas; demais, a distinção entre recurso ordinário e extraordinário tem assento no próprio texto constitucional (art. 102, III).

A nossa classificação caracteriza-se, pois, por uma divisão dicotômica fundamental, derivante do cotejo das diversas modalidades recursais com a existência, ou não, de previsão constitucional quanto ao seu cabimento.

Em decorrência disso, consideremos como recurso: a) *extraordinário* aquele cuja interposição funda-se em quaisquer dos pressupostos expressamente mencionados pelo art. 102, III, da Constituição Federal; b) *ordinários* (e por exclusão) os demais, previstos pelo ordenamento processual, que não se relacionam com os referidos pressupostos constitucionais.

Esta seria, em consequência, uma *divisão de fundo*; é necessário advertir, entretanto, para que não se esqueça que o seu critério determinante foi a previsão ou imprevisão constitucional; a não ser sob esse ponto de vista, seria difícil justificar, obviamente, o fato de estarmos considerando como recursos ordinários *também* o de revista e o de embargos para o Pleno do TST, sabendo-se que ambos têm *caráter extraordinário*. O primeiro, aliás, era, primitivamente, denominado *recurso extraordinário*, conforme veremos no tempo oportuno.

Esclarecimento feito, prossigamos em nosso objetivo.

Adotando agora como critério o da *finalidade* dos recursos, teremos os: a) dirigidos ao mérito (ou não-liberatórios); e b) não dirigidos ao mérito (ou liberatórios). No primeiro caso, situar-se-iam o ordinário, o agravo de petição, o extraordinário, o de revista e os embargos no TST; no segundo, o agravo de instrumento, cujo fim não é a discussão do mérito da causa, mas, apenas, destrancar o recurso que tenha sido retido pelo juízo de admissibilidade *a quo*. Dessa classe participa, também, o pedido de revisão do valor da causa.

Os recursos dirigidos ao mérito (não liberatórios) subdividem-se em: a) reformativos; ou b) anulantes, conforme pretendem obter a reforma ou a anulação da decisão atacada. A reforma, por sua vez, poderá ser parcial ou total.

Com vistas aos *efeitos* que a interposição acarreta, os recursos podem ser divididos em: a) devolutivos; b) suspensivos; c) expansivos; d) translativos; e) substitutivos. No sistema do processo do trabalho, a devolutibilidade é inerente a todos os recursos (CLT, art. 899, *caput*) e significa que a matéria impugnada é devolvida à cognição do órgão competente para apreciá-la, podendo ser o mesmo que tenha prolatado a decisão recorrida, ou outro, diverso e superior na hierarquia. A suspensividade, todavia, dependerá de decisão que admita o remédio sob esse efeito.

No caso do *recurso de revista*, dispunha o art. 896, § 2º, da CLT, que o juízo de admissibilidade *a quo* deveria declarar o efeito em que o recebia; se fosse no devolutivo, poderia a parte interessada requerer a extração de carta de sentença para nela promover a execução provisória (CLT, art. 899, *caput*). Posteriormente, contudo, por força de alteração legislativa, a matéria passou a ser regulada pelo § 1º da norma precitada, segundo a qual o recurso de revista é "dotado de efeito apenas devolutivo".

Quanto ao *agravo de petição*, é oportuno observar que o § 2º do art. 897, da CLT, permitia ao juiz atribuir-lhe efeito suspensivo, ao estabelecer que este deveria remeter os autos ao tribunal competente para julgar o recurso, se houvesse "sobrestado o andamento do feito". Atualmente, em virtude das Leis n. 8.432, de 11 de junho de 1992, e 10.035, de 25 de outubro de 2000, a matéria se tornou algo dicotômica. Assim afirmamos, em razão do disposto no § 1º do art. 897, da CLT: "O Agravo de Petição só será recebido quando o agravante delimitar, justificadamente, as matérias e os valores impugnados, permitida a execução imediata da parte remanescente até o final, nos próprios autos ou por carta de sentença". Isto significa, em termos concretos, que: a) a parte da decisão que *não* foi impugnada pelo agravo de petição (ou se a impugnação não foi fundamentada) será objeto de execução *definitiva* ("até o final", declara a Lei, seja nos autos originais ou em carta de sentença; b) a parte da decisão que *foi* impugnada (fundamentadamente), o foi por meio de agravo de petição, e poderá ser objeto de execução *provisória* — se houver algo a ser executado, considerando-se que teriam sido elaborados os cálculos, realizada a penhora e oferecidos embargos à execução. No que tange ao *agravo de instrumento*, o juiz *a quo* não lhe pode imprimir efeito suspensivo. Este efeito somente poderá ser dado pelo relator (CPC, art. 1.019, I).

O *recurso ordinário*, por princípio, não possui efeito suspensivo; tê-lo-á, é certo, no caso de ser interposto pela Procuradoria da Justiça do Trabalho das decisões proferidas em ações (dissídios) coletivas, na parte em que ultrapassar o índice fixado pela política salarial do Governo Federal (Lei n. 5.584/70, art. 8º); também o Presidente do TST poderá atribuir efeito suspensivo ao recurso ordinário, atendendo a requerimento fundamentado da parte, nos termos da Lei n. 7.701, de 21 de dezembro de 1988, art. 9º. A Súmula n. 414, I, do TST (ex-OJ n. 51, da SBDI-II), esclarece, em sua parte final, que "A ação cautelar é o meio próprio para se obter efeito suspensivo a recurso". No sistema do processo civil, a apelação terá efeito suspensivo (art. 1.012).

Se pusermos à frente o critério relativo ao órgão competente para julgar o recurso, obteremos as classes de recursos: a) de *julgamento colegiado*; e b) de *julgamento monocrático*; em geral, os recursos trabalhistas são apreciados por órgãos ad quem colegiados; é o caso do ordinário, do agravo de instrumento, do agravo de petição, do extraordinário, do de revista, dos embargos no TST, razão por que estão abrangidos pelo primeiro grupo classificatório (a); excepcionalmente, entretanto, o julgamento incumbirá a órgão unipessoal, como ocorre com a correição parcial — para quem a tem como modalidade de recurso, que não é o nosso caso — e com o *pedido de revisão* do valor arbitrado à causa pelo Juiz, na forma da Lei n. 5.584/70, art. 2º, porquanto essa modalidade de recurso *sui generis* (que, aliás, não possui efeito suspensivo) é também apreciada pelo Presidente do Tribunal Regional (art. 2º, § 1º); logo, integra o segundo grupo (b). Por outro lado, a CLT dispõe, no art. 896, § 5º, que "Estando a decisão recorrida em consonância com enunciado da Súmula da Jurisprudência do Tribunal Superior do Trabalho poderá o Ministro Relator, indicando-o, negar seguimento ao Recurso de Revista, aos Embargos, ou ao Agravo de Instrumento. Será denegado seguimento ao Recurso nas hipóteses de intempestividade, deserção, falta de alçada e ilegitimidade de representação, cabendo a interposição de Agravo".

Conforme pudemos observar, anteriormente, encontra-se revogada a alínea "c" do art. 652 da CLT, que atribuía competência às antigas Juntas para julgarem os embargos infringentes interpostos das suas próprias decisões. Também foi revogado o § 2º do art. 897, pelo qual se concedia competência ao Presidente do Tribunal Regional para julgar, em caráter unipessoal, os agravos de petição interpostos das decisões proferidas pelos juízes de primeiro grau, na execução da sentença; eis a razão por que nenhum desses antigos recursos figurou na classificação que elaboramos. O interesse, que quanto a eles se possa ter, nos dias de hoje, é de índole apenas histórica.

Poderíamos prosseguir neste processo de classificação dos meios recursais; a partir deste ponto, entretanto, cremos que estaríamos ingressando em terreno de nonada, sem qualquer proveito de ordem prática ou científica. Detenhamo-nos por aqui. A classificação que esboçamos não possui, à evidência, a veleidade do perfeccionismo; o propósito que nos moveu a elaborá-la, como fizemos questão de ressaltar, logo no início, foi o de contribuir, ainda que com um cêntimo, para a grande obra de edificação de um sistema classificatório dos recursos trabalhistas, fiel às suas marcantes singularidades.

E, nessa tarefa de construção científica, as imperfeições, que soem acontecer, constituem produto inevitável de uma tal exploração incipiente — e em regra penosa.

7. Recurso e direito intertemporal

Poderá acontecer de, no curso do processo, advir lei que torne irrecorríveis sentenças antes recorríveis, ou vice-versa; que institua novos pressupostos para a admissibilidade dos recursos, ou suprima os existentes; que discipline, enfim, de maneira diversa da vigente o sistema recursal.

Verificada a hipótese, qual das leis regerá a matéria relativa aos recursos pendentes: a antiga ou a nova?

Diante desse problema de direito intertemporal, três soluções poderiam ser, juridicamente, propostas:

a) *a que se fundamenta na unidade do processo* e segundo a qual embora o procedimento seja composto de fases distintas deve prevalecer a *unidade processual*, de sorte que o recurso deveria ser regido pela lei velha, pois a incidência da nova importaria em ruptura dessa unidade, quanto mais não seja porque não se poderia fazer com que a lei posterior retroagisse para alcançar os atos já praticados;

b) *a que se calca na autonomia das fases do procedimento*. Este sistema parte da premissa da especificidade e autonomia de cada fase procedimental (postulatória, instrutória, decisória, recursal, executória); deste modo, a lei atingiria a fase do procedimento que estivesse em curso, respeitando as que se encontrassem encerradas. Isto significa que cada fase poderia ser disciplinada por normas diversas, sem prejuízo da harmonia entre elas e justamente por força da autonomia de cada uma;

c) *a que se lastreia no isolamento dos atos processuais*, isto é, que entende ser a lei nova inaplicável aos atos processuais já realizados, bem como aos efeitos destes, conquanto venha a incidir nos atos futuros. Esta solução difere da anterior porque não circunscreve a eficácia da lei às denominadas fases do procedimento.

A doutrina propendeu, com acerto, para o último sistema de solução indicado.

Realmente, em matéria de direito intertemporal o postulado básico, nuclear, é de que o recurso será regido pela lei que estiver em vigor na data do proferimento da decisão, respeitados os atos anteriores e os efeitos que tenham produzido.

O próprio CPC estabelece, em seu art. 1.046, *caput*, que, "Ao entrar em vigor este Código, suas disposições se aplicarão desde logo aos processos pendentes, ficando revogada a Lei n. 5.869, de 11 de janeiro de 1973"; e o art. 915 da CLT que "Não serão prejudicados os recursos interpostos com apoio em dispositivos alterados ou cujo prazo para interposição esteja em curso à data da vigência desta Consolidação".

Como decorrência da adoção desses princípios, pelo nosso sistema normativo, e feita a ressalva de que a lei regente da interposição do recurso é a vigente na data da *publicação* da sentença, temos que:

a) se a lei superveniente conceder recurso, que era antes vedado, a decisão manter-se-á irrecorrível, ainda que a lei nova tenha entrado em vigor dentro do prazo para a interposição do recurso, por ela fixado;

b) se a lei nova suprimir recurso existente, subsistirá a recorribilidade daquelas decisões que, segundo a lei revogada, poderiam ser objeto da interposição do remédio por ela previsto, e agora supresso, observado o prazo fixado para a interponibilidade;

c) se o recurso for interposto na vigência da lei revogada, mas não estiver ainda julgado, deverá sê-lo segundo essa lei e não de acordo com a nova; sendo assim, se o recurso anteriormente cabível era o de agravo de petição, e agora passou a ser o de apelação, deverá ser interposto, processado e julgado como agravo de petição.

Esclareça-se, contudo, que o *procedimento* a ser obedecido, inclusive para o julgamento, será o estabelecido pela *nova lei*, que neste caso se aplica — ato contínuo à sua vigência — aos processos pendentes (CPC, art. 1.046, *caput*).

Esse princípio também atua em matéria de competência; isto significa que se a lei nova atribuir a órgão diverso a competência para julgar o recurso já interposto (mas ainda não apreciado), o julgamento competirá ao órgão previsto na lei posterior.

Em sentido algo oposto ao que até aqui foi comentado, podemos asseverar que se a lei nova tornar irrecorrível a sentença *ainda não proferida* e *publicada*, não se há que argumentar com o fato de, ao tempo em que a ação foi proposta, a lei vigente prever a possibilidade da interposição do recurso; com a vigência da nova lei, a sentença tornou-se inevitavelmente irrecorrível, pois ainda não havia sido publicada. O exemplo foi trazido para tornar enfático o princípio de que *o se recurso reg pela lei em vigor na data da publicação da sentença*.

8. Atos judiciais sujeitos a recurso

Os recursos são interponíveis de determinados atos que o juiz pratica no processo. Por isso, incluímos a recorribilidade do ato como um dos pressupostos objetivos para a admissibilidade de recursos.

É de extrema importância, diante disso, examinarmos quais são esses atos. À falta de sistematização expressa da CLT, seremos forçados a invocar, supletoriamente, as disposições do processo civil.

O art. 203 do CPC declara que os atos do juiz compreendem: a) as sentenças; b) as decisões interlocutórias; e c) os despachos. A enumeração legal é incompleta, dado que não foram incluídos nesse elenco outros atos, tipicamente *judiciais*, como, *v. g.*, a *inspeção* a que se refere o art. 481 e seguintes, do mesmo Código, sem nos esquecermos de que também integram essa classe de atos o interrogatório dos litigantes (CLT, art. 848, *caput*), a inquirição das testemunhas (CLT, art. 848, § 2º), dos peritos (*ibidem*) e outros.

Embora seja indiscutível a omissão do legislador processual civil quanto aos atos judiciais que indicamos, devemos reconhecer que do ponto de vista específico da interponibilidade, ou não, dos recursos, nos interessam apenas aqueles que se encontram enumerados no art. 203 do CPC.

O Código de 1973, em sua redação original, definia como sentença o ato do juiz que, decidindo o mérito *ou não*, pusesse termo ao processo (art. 162, § 1º); doutrinariamente, portanto, a definição legal era incorreta, porquanto se afastava da melhor tradição ao conceituar como sentença também aqueles atos do juiz que põem fim ao processo *sem* julgamento do mérito. Daí porque concordamos com E. D. Moniz de Aragão, quando assevera que, "Sob esse ângulo, melhor fora não incluir no texto a definição, ficando a doutrina livre para sua elaboração" (*Comentários ao CPC*. 1. ed., v. II. Rio de Janeiro: Forense, 1974. p. 38). Mais tarde, a Lei n. 11.232, de 22.12.2005, alterou a redação do § 1º, do art. 162, para fazer constar: "Sentença é o ato do juiz que implica algumas das situações previstas nos arts. 267 e 269 desta Lei". Conquanto o legislador tenha abandonado a conceituação *expressa* de sentença, na verdade permaneceu implícita a noção de ser essencial ao seu conceito a extinção do processo, pois os arts. 267 e 269, referidos pelo preceito legal em exame, versavam da extinção do processo — com ou sem resolução do mérito.

O CPC atual conceitua, no art. 203, § 1º, a sentença como o pronunciamento por meio do qual o juiz, com fundamento nos arts. 485 e 487, põe fim à fase cognitiva do procedimento comum, bem como extingue a execução.

O legislador trabalhista preferiu denominar de *decisão* àquilo que o processo civil chama, em linguagem clássica, de *sentença*; é o que se constata pela leitura dos arts. 789, § 4º, 831, 832, 833, 834, 835, 850, *caput*, 852, 867, 868, 869, 870, 871, 872, 873, 875, 876, 877, 878, parágrafo único, 884, § 1º, 885, 886, 887, 893 e segs. da CLT, entre outros.

Sabendo-se que os atos do juiz, envolvendo *pronunciamentos* compreendem as sentenças, as decisões interlocutórias e os despachos, verifiquemos quais deles, no processo do trabalho, estão sujeitos à interposição de recursos.

8.1. Sentenças

Os recursos, por princípio, são interponíveis apenas das sentenças e dos acórdãos, entendidas aquelas como as decisões proferidas pelos órgãos de primeiro grau, e estes, pelos órgãos colegiados de segundo e terceiro graus (CPC, arts. 203, § 1º, e 204).

Pouco importa que a sentença aprecie, ou não, o mérito da causa; o que sobreleva, para efeito da interponibilidade do recurso, é o fato de que ela possa acarretar a *terminação* do processo. Embora os arts. 485 e 487 do atual CPC, ao elaborarem o conceito de sentença, não se tenham referido à terminação, ou não do processo, essa extinção, no sistema do CPC, ocorrerá na larga maioria dos casos e, raras vezes, no processo do trabalho. Por esse motivo, preferimos manter integrada ao conceito de sentença trabalhista a extinção do processo.

Pelo sistema da CLT, cabe recurso ordinário: a) para o Tribunal Regional, das sentenças terminativas (que não examinaram o mérito) ou definitivas (que examinaram o mérito); b) para o TST, dos acórdãos proferidos pelos Tribunais Regionais em matéria de sua competência originária (CLT, art. 895, I e II, respectivamente).

Tratando-se de sentenças *terminativas* (não apreciaram o mérito, portanto) prolatadas em matéria de *incompetência* também caberá recurso ordinário (CLT, art. 799, § 2º). É o caso, por exemplo, de a Vara acolher a preliminar de incompetência absoluta (digamos, *ratione materiae*), determinando a remessa dos autos ao juízo que entender competente, implicando, com isso, a subtração do feito da jurisdição trabalhista. Equivocou-se, pois, a Súmula n. 214, letra "c", do TST, ao limitar a possibilidade de recurso, em matéria de incompetência, à relativa (*ratione loci*). A Súmula extraiu, assim, uma interpretação injustificadamente restritiva da regra contida no art. 799, § 2º, da CLT.

Quanto à sua *natureza*, podem ser impugnadas pelos recursos as sentenças declaratórias, as constitutivas, as condenatórias, as executórias e as mandamentais; enfim, em quaisquer das suas espécies. As sentenças proferidas nas causas de alçada exclusiva das Varas do Trabalho (Lei n. 5.584/70, art. 2º, § 4º) podem, ainda que em caráter excepcional, ser impugnadas por meio de recurso extraordinário, dirigido diretamente ao STF.

Sentença declaratória é a que proclama a existência de relação jurídica, ou a autenticidade ou a falsidade de documento (CPC, art. 19), mesmo que já ocorrida a lesão do direito *(art. 20)*. Se, no curso do processo, tornar-se litigiosa relação jurídica material, de cuja existência ou inexistência depender o julgamento da causa, qualquer das partes poderá requerer que o juiz a declare por sentença; é a *declaratória incidental*, que, ao contrário do que sugerem alguns autores, não deve ser requerida pelo autor, por inútil, na ação em que pretende o reconhecimento da existência de relação de emprego com o réu.

Na verdade, *toda* sentença é declaratória, porquanto o pronunciamento jurisdicional, do qual ela é o instrumento específico, contém, sempre, uma declaração de direito, que revela a vontade da lei aplicada ao caso concreto. Diz-se, por isso, que a sentença envolve um *comando*, que a qualifica e que a identifica como a afirmação da vontade legal, feita por intermédio do juiz e incidente no conflito intersubjetivo de interesses, que foi composto.

Desta maneira, a classificação ora estudada se refere àquelas sentenças nas quais a *declaratividade* é um fim em si mesmo, ou seja, em que a declaração de certeza quanto à existência ou inexistência de relação jurídica ou à falsidade ou autenticidade de documento constitui o único objetivo de haver-se provocado o exercício de função jurisdicional do Estado-juiz.

Anota Moacyr Amaral Santos (obra cit., p. 428) que nessa espécie de ação o autor não busca mais do que a própria *certeza*; "por esse motivo, o seu pedido será de declaração de certeza e o bem pretendido será essa mesma certeza".

Sentença constitutiva é a que cria, modifica ou extingue uma relação jurídica; altera, assim, o estado jurídico existente.

Não há dúvida que a declaratividade constitui também efeito inerente a essas sentenças — e de resto às demais, como dissemos; a diferença entre as sentenças ditas constitutivas e as declaratórias reside em que aquelas possuem, em relação a estas, um *plus* consistente no estabelecimento de uma *nova* relação jurídica, ou mesmo na alteração ou extinção da já existente.

Importa dizer: enquanto nas sentenças *declaratórias* proclama-se a existência ou inexistência de relação jurídica, a falsidade ou autenticidade de documento, nas constitutivas encontram-se (além de uma declaração de certeza quanto à preexistência do direito) também as condições exigidas para a criação da relação jurídica, sua modificação ou extinção.

É justamente essa característica que faz possível reconhecer-se, nesse tipo de sentença, o efeito *constitutivo*.

Acrescente-se que não figura como apanágio dessa sentença a criação do direito, mas apenas a declaração de preexistência do direito, do qual, por sua vez, emanam os efeitos previstos no ordenamento jurídico. Conforme observa Coqueijo Costa (obra cit., p. 363), a sentença constitutiva não pressupõe a existência de lesão a um direito, nem restaura o direito que tenha sido infringido, mas exercita direito potestativo.

Relacionam-se como pressupostos dessa sentença: a) um fato que constitua, salvo exceção, uma relação jurídica de caráter privado; b) a existência de um fundamento capaz de produzir a constituição; c) que a constituição somente possa ser conseguida mediante sentença.

Efetivamente, em certos casos apenas se obtém a eficácia constitutiva mediante sentença, em virtude da indisponibilidade do direito, como ocorre, por exemplo, na dissolução do contrato de trabalho de empregado garantido pela estabilidade no emprego, motivada pelo cometimento de falta grave (CLT, arts. 853 a 855).

A sentença constitutiva produz a coisa julgada, porquanto, no magistério de Pontes de Miranda, ao elemento constitutivo responde a eficácia constitutiva *erga omnes* e ao elemento declarativo, se é suficiente, a coisa julgada material (*Comentários*, p. 70).

Sentença condenatória. Proclama o direito e a sua lesão, impondo ao vencido o cumprimento de uma obrigação de dar, fazer ou não-fazer, ou de pagar quantia certa. Essa modalidade de sentença constitui, segundo o sistema processual civil, título executivo judicial (art. 492, I), e também o é pelo processo do trabalho (CLT, art. 876).

Pode-se afirmar, diante disso, que a sentença condenatória é a única, dentre as demais espécies, que outorga ao autor um *novo* direito de ação: a ação executória, que revela o direito à prestação jurisdicional executiva.

Sentença executória. A execução judicial trabalhista, a princípio, somente poderia fundar-se em título judicial, representado por sentença condenatória ou homologatória de transação. Ulteriormente, no entanto, a Lei n. 9.958, de 12 de janeiro de 2000, alterou a redação do art. 876, *caput*, da CLT, para permitir a execução dos "termos de ajuste de conduta firmados perante o Ministério Público do Trabalho e os termos de conciliação firmados perante as Comissões de Conciliação Prévia", ou seja, para declarar que os referidos termos possuem eficácia de título executivo extrajudicial.

Não é despiciendo lembrar que as sentenças declaratórias são inexequíveis, bem assim as constitutivas; estas últimas possuem, na verdade, executoriedade própria. Somente comportam execução, portanto, as *sentenças condenatórias*.

Sentença mandamental. Para Pontes de Miranda é aquela em que o juiz não constitui mas, sim, "manda". Exemplo típico seria a proferida em mandado de segurança (obviamente, concedido).

Essa modalidade de sentença, todavia, não tem sido admitida por alguns segmentos da doutrina, sob o argumento de que "não se trata de categoria processual congruente com as anteriores, pois não se funda na natureza peculiar da prestação jurisdicional invocada, mas, sim, no destinatário da sentença" (CINTRA; GRINOVER; DINAMARCO, obra cit., p. 270/271). Compartilhávamos deste entendimento; todavia, acabamos por modificar a nossa opinião, para admitirmos a existência de sentenças mandamentais. Com efeito, Pontes de Miranda já advertia que os doutores medievais, fazendo uso abuso dos conceitos pertinentes à *notio* (cognição) e ao *imperium* (execução), terminaram por criar embaraços ao estudo das cinco modalidades de ação (declaratória, constitutiva, condenatória, mandamental e executiva), "não só porque as separavam em dois blocos únicos, como também porque acentuaram, demasiadamente, as diferenças entre elas" (*Comentários*, tomo X, p. 537).

No preciso magistério desse jurista, na ação executiva a parte quer mais, vale dizer, quer o ato do juiz, fazendo não o que este faria como juiz, mas, sim, o ato que a própria parte deveria ter praticado; ao contrário disso, "no mandado, o ato é ato que só o juiz pode praticar, por sua estatalidade. Na execução há mandados — no decorrer do processo; mas a solução final é ato da parte (solver o débito). Ou do juiz, forçando" (*idem, ibidem*, tomo IV, p. 64).

São inconfundíveis entre si, portanto, o mandado emitido na ação de segurança e o mandado que é expedido na execução forçada. Enquanto este constitui, essencialmente, ato da parte, ou melhor, ato que o juiz realiza em nome do litigante, aquele figura como ato estatal (*imperium*), assim entendido o que corresponde a uma atuação originária do Estado, que não é feita, portanto, em substituição à do indivíduo. O traço comum, que há entre ambos os mandados, está em que são dotados de aptidão para realizar transformações no mundo dos fatos, embora o *mandamus* caraterístico da ação de segurança não implique expropriação patrimonial, ou seja, transferência de bens do patrimônio do devedor para o do credor, como se dá no mandado próprio das execuções forçadas.

Um outro aspecto, capaz de contribuir para a aviventação da linha que separa o mandado emitido em ação de segurança do que é extraído na execução forçada repousa no *pedido* formulado nessas ações. Enquanto, na execução, o mandado é derivante de uma ação anterior, condenatória, na ação de segurança o *mandamus* representa o próprio pedido formulado, o objeto da ação, enfim.

Repisemos o assunto para dizer que tanto a sentença mandamental quanto a execução acarretam transformações na realidade, no mundo factual, por assim dizer. Ocorre que, no processo cognitivo (sentença condenatória), essa transformação se realiza *exogenamente*, ou seja, *fora* desse processo (pois a sentença condenatória, como vimos, só atua no plano jurídico, só contém pensamento e não ato), ao passo que, na ação mandamental, essa modificação se dá *endogenamente*, isto é, dentro do próprio processo.

Em síntese apurada, Ovídio Baptista da Silva (*As ações cautelares e o novo processo civil*. Rio de Janeiro: Forense, 1979) aponta os seguintes traços que distinguem as ações executivas, em sentido amplo, das mandamentais: a) nas ações condenatórias, o trânsito em julgado da sentença não é bastante para operar as transformações no mundo dos fatos, desejadas pelo autor (credor), consistente, no caso de obrigação de pagar quantia certa, na transferência de parte do patrimônio do devedor para o do credor. Para que isso ocorra, há necessidade de uma nova ação (de execução); b) na atividade que se suceder a uma ação executiva (como a de depósito), à semelhança do que se passa no âmbito da sentença condenatória, há necessidade de uma intromissão no patrimônio do réu, para transferi-lo, no todo ou em parte, ao do autor. A diferença se localiza, contudo, no fato de que, nas ações executivas (despejo, depósito, etc.), essa transferência patrimonial já é realizada pela própria sentença, ao declarar o bem ilegitimamente possuído pelo réu. Aqui, não há necessidade de estabelecer-se a "modificação da linha discriminativa entre os dois patrimônios, depois da sentença", de que fala Pontes de Miranda, uma vez que dita separação é efetuada pela sentença executiva. Em todos esses casos, a atividade subsequente à sentença é jurisdicional e executiva, pois a matéria de que ela trata é atividade originariamente privada, apenas praticada pelo magistrado em substituição à parte; c) em uma ação de segurança, ao contrário, conquanto a transformação da realidade se efetive no mesmo processo (que é de conhecimento), dispensando-se, assim, uma nova ação (de execução), essa transformação não só é atividade tipicamente estatal (*imperium*) — e, portanto, o juiz não age em substituição à parte — como os atos executivos não são dirigidos ao obrigado (adversário).

É certo, porém, que esses argumentos de Ovídio Baptista foram prejudicados, em parte, pela Lei n. 11.232/2005, que, na Justiça Comum, deslocou o cumprimento da sentença para o processo de conhecimento.

De resto, como afirmamos anteriormente, a despeito de serem inconfundíveis os atos ulteriores à sentença executiva (ação de despejo, *v. g.*) e os que se sucedem à ação de segurança, esses atos apresentam um ponto de contato, que, de um lado, os assemelham, e, de outro, assinalam a diferença de ambos quanto aos atos subsequentes às sentenças condenatórias. Referimo-nos ao fato de que tanto a sentença proferida na ação executiva quanto a emitida na ação de segurança serem dotadas de aptidão para realizar modificações no plano jurídico. Para que as transformação da realidade (plano dos fatos) se operem, entretanto, necessitam de um novo processo, o de execução. Sob este ângulo, as sentenças condenatórias se igualam à declaratória e à condenatória, formando um bloco que, de certa maneira, se opõe às executivas e às mandamentais.

Do quanto expusemos até esta altura, parece-nos irrecusável o reconhecimento da existência da sentença *mandamental* como classe distinta, levando-se em conta que: a) ao contrário do mandado expedido em decorrência de sentença condenatória (em que há *iurisdictio* manifesta), o mandado de segurança é ato de império, porquanto, ao outorgá-lo, o juiz não atua em substituição à parte e, sim, em nome da soberania estatal. Cabe recordar que, em Roma, os magistrados exerciam certas funções pretorianas, representadas por um procedimentto diverso do que era próprio da *actio*: o procedimento interdital, em que havia mais *imperium* do que *notio*; b) enquanto, na ação condenatória, o autor pede, unicamente, que se atribua ao réu a obrigação de satisfazer determinada obrigação (= verificação do direito), pois a transformação da realidade (= atuação do direito) só será possível por meio de novo processo (de execução), na ação de segurança o mandado não só figura como o próprio *petitum*, equivale a dizer, o objeto essencial da ação, como é dotado de aptidão para realizar, no plano da realidade concreta (mundo factual), as transformações pretendidas pelo autor (impetrante).

O fato de o mandado de segurança não visar à transferência de parcela do patrimônio de uma parte para o da outra, longe de configurar a sua identidade com o mandado executivo, acentua-lhe a dessemelhança quanto a este, e, assim, justifica a colocação da ação que o gera em classe distinta: a *mandamental*.

8.1.1. O *decisum*

O pronunciamento jurisdicional final, que compõe a lide, está contido na sentença; esta, como

Art. 993

pudemos ver, poderá apreciar o mérito (definitiva) ou não (terminativa); no primeiro caso, terá investigado a relação de direito substancial levada à cognição do órgão judicante (lide); no segundo, determinará, apenas, o término da relação jurídica processual, sem ingressar no exame do conteúdo das pretensões *in iudicio deducta*.

A validade desse importante ato que o juiz pratica no processo está subordinada, com rigidez, ao imperativo da *forma*, pois o legislador, por motivos técnicos e políticos, desejou que a entrega da prestação jurisdicional fosse feita segundo requisitos formais adrede estabelecidos. É o império do *due process of law*. Efetivamente, tendo em conta o fato de a sentença ser o mais importante acontecimento do processo — pois nenhum ato processual é prático sem que se destine, de maneira direta ou indireta, mediata ou imediata, a preparar a entrega da prestação jurisdicional —, o legislador exigiu que essa entrega se desse de maneira formal, estabelecendo, com vistas a isso, os requisitos essenciais para a validade da sentença.

A estrutura orgânica da sentença está prevista na lei processual e a sua inobservância acarretará a nulidade desse ato judicial de coroamento do processo. Dispõe, com efeito, o art. 832 da CLT que a sentença deverá conter: a) "o nome das partes, o resumo do pedido e da defesa", a apreciação das provas; b) os fundamentos da decisão; c) e a respectiva conclusão, ou seja, deverá ser provida do relatório, da fundamentação e do dispositivo, segundo essa ordem lógica de nomeação. No procedimento sumariíssmo, todavia, o relatório é dispensado (CLT, art. 825-I, *caput*).

Os mesmos requisitos extrínsecos são exigidos pelo art. 489, incisos I a III, do CPC, no qual estão enunciados de maneira mais didática. As disposições da CLT e do CPC não diferem, no particular, em sua substância, mas somente na literalidade. O grande problema trazido pelo CPC atual reside nos seus §§ 1º a 3º, que os tornam incompatíveis com o processo do trabalho.

Das três partes estruturais da sentença interessa-nos, em especial, a última, denominada *dispositiva* (ou conclusiva, ou *decisum*), pois é sabido que, sendo a única dotada de eficácia para formar a coisa julgada (CPC, art. 502), será contra ela que se deverá dirigir, especialmente, o recurso.

Tem-se difundido, na doutrina, com certo teor de razão, que a sentença se apresenta como um silogismo, em que figura como premissa *maior* a regra de direito e *menor* a situação de fato narrada na ação, de modo a propiciar, na conclusão, a incidência da regra legal apta a reger o caso concreto. Será no dispositivo, por isso, que o julgador irá *decidir* as questões anteriormente analisadas na parte específica da *motivação* da sentença, acolhendo ou rejeitando, no todo ou em parte, os pedidos formulados pelos litigantes (CPC, art. 490). É precisamente por esse motivo que o *decisum* consubstancia o *comando* ínsito às sentenças em geral, exceto as terminativas — que não decidem o mérito. Essa particularidade conduziu o eminente Moacyr Amaral Santos (obra cit., p. 437) a afirmar que a sentença, sem o dispositivo, é ato inexistente — no que está, rigorosamente, correto.

O dispositivo será *direto* quando o juiz explicitar, quantitativamente, o conteúdo da decisão (condenando, *v. g.*, o réu a pagar ao autor aviso-prévio, 13º salário, férias etc., podendo, conforme seja o caso, especificar as respectivas quantias); *indireto*, quando se limitar a declarar, de modo genérico, a rejeição ou o acolhimento do pedido "como postulado na inicial" (neste último caso). Em rigor, a entrega da prestação jurisdicional deve ser precisa, ou seja, deixar claro a sua extensão (horizontalidade) e sua profundidade (verticalidade), como requisito indispensável à segurança jurídica das partes. A estas deve ser assegurado, portanto, o direito de saber em que consiste a prestação, para, a partir daí, verificarem a atitude jurídica que adotarão em face dela. Sob este aspecto, fica evidente que o dispositivo deve especificar, sempre, os títulos (aviso-prévio, férias, 13º salário, horas extras, indenização, FGTS etc.) a que a condenação se refere. O ideal seria, aliás, que mencionasse, também, os valores a que esses títulos dizem respeito. Censure-se, pois, a existência de sentenças que se limitam a adotar fórmulas vagas e imprecisas, como: "acolhem-se os pedidos, nos termos da fundamentação", designadamente, quando a fundamentação é obscura, ou, mesmo, lacunosa. O mesmo se diga quanto aos acórdãos.

É nesse mesmo *decisum* que se abriga a autoridade da coisa julgada material, conceituada, pela própria letra da lei, como a eficácia que torna imutável e indiscutível a sentença, não mais sujeita a recurso (CPC, art. 502). A *res iudicata*, convém esclarecer, não é *efeito* mas sim *qualidade* da sentença. A autoridade da coisa julgada assenta na *vontade* do Estado de, em nome da preservação da estabilidade das relações jurídicas e sociais, tornar imutável e indiscutível a decisão de mérito, a contar do momento em que ocorre a preclusão dos meios recursais (Const. Fed., art. 5º, XXXVI). Transitada em julgado, a decisão converte-se em uma espécie de lei entre as partes, dentro dos limites da lide e das questões principais por ela expressamente *decididas* (CPC, art. 503). Dissemos expressamente *decididas* porque temos em vista o dispositivo; não fazem coisa julgada, consequentemente, os *motivos*, mesmo que importantes para determinar o alcance do *decisum*, bem como a verdade dos fatos estabelecida como fundamento da sentença e ainda a apreciação de questão prejudicial, resolvida *incidenter tantum* (CPC, art. 504 e incisos).

No momento em que o Estado-juiz realiza a entrega da prestação jurisdicional deve fazê-lo de maneira inteligível, lógica e plena; descurando-se disso, a sentença poderá ser objeto de embargos declaratórios, a ela opostos com o objetivo de eliminar a obscuridade, a contradição ou a omissão existente (CLT, art. 897-A; CPC, art. 1.022 e incisos).

Sentença *obscura* é a ininteligível, a que não permite a intelecção do que pretendeu expressar; *contraditória*, a que encerra proposições entre si inconciliáveis, sendo seu traço característico a desarmonia do raciocínio do julgador; *omissa*, a que deixa de se pronunciar sobre um ou mais pedidos formulados pelas partes. Anteriormente à Lei n. 8.950/94, permitia-se o uso de embargos declaratórios à sentença "que contivesse dúvida". Na verdade, a sentença, em si, não poderia conter *dúvida*, como supôs, em incontornável ilogismo, o legislador processual civil, visto que esse *estado de hesitação da inteligência*, entre a afirmativa e a negativa de um fato como verdadeiro, é de foro eminentemente *subjetivo*, isto é, *nasce no intérprete*, em face da ambiguidade da declaração contida no julgado.

A sinonímia processual entre *obscuridade* e *dúvida*, como imperfeições do pronunciamento jurisdicional, é apenas aparente; sentença *obscura* é a que não permite a sua compreensão, ao passo que, se ela possibilitar a interpretação *por mais de uma forma*, estará suscitando *dúvida* em quem a ler. Por outro modo de dizer: a característica da obscuridade é a impossibilidade de intelecção; da dúvida, a pluralidade de interpretações que se pode extrair do texto.

Logo, inexistiu a imaginada superfetação do legislador processual civil de 1973 ao introduzir, no elenco das falhas de locução da sentença, o vocábulo *dúvida*; desacerto houve, isto sim, quando entendeu que esse estado de hesitação da inteligência se formasse *na sentença* e não *no intérprete*, como seria o correto, e quando se eliminou a dúvida do elenco das causas motivadoras do oferecimento de embargos de declaração. De qualquer modo, esta discussão perdeu o seu interesse prático, pois, segundo afirmamos, a Lei n. 8.950/94 eliminou a *dúvida* como causa para o oferecimento de embargos declaratórios, cuja eliminação foi mantida pelo CPC atual (art. 1.022). Uma ponderação, contudo, se faz necessária: não é o fato de o legislador haver anatematizado a dúvida como causa para o oferecimento dos embargos declaratórios que essa dúvida deixará de existir no espírito da parte, ao ler o conteúdo de uma sentença ou de um acórdão. A despeito dessa alteração legislativa, seguirão a existir pronunciamentos jurisdicionais ambíguos, anfibológicos. O que se passa é que, doravante, a dúvida (realidade) deve ser convertida (artificialidade) em obscuridade, para os efeito dos embargos de declaração, numa curiosa transubstanciação.

O dispositivo, sob outro aspecto, constitui uma espécie de estalão, pelo qual se verificará se a prestação jurisdicional foi entregue dentro dos lindes estabelecidos em lei, atendendo-se à regra de que o juiz não pode proferir sentença, em prol do autor, de natureza diversa da pedida, nem condenar o réu em quantidade superior ou em objeto distinto do que lhe foi demandado (CPC, arts. 141 e 492). Importa afirmar: é pela parte conclusiva que se poderá mensurar se a sentença foi proferida *infra*, *ultra* ou *extra petita*. A sanação, no primeiro caso, estará em se complementá-la; no segundo, em cortar-lhe o excesso; no terceiro, contudo, o comprometimento pode ser substancial: declara-se, em consequência, a sua nulidade, pois, não raro, se torna impossível fazer concreta a vontade do art. 796, "a", da CLT, no qual repousa o princípio doutrinário da proteção.

Constata-se, pelo exposto, a extraordinária importância que o *decisum* representa para a sentença, quanto mais não seja diante do fato de que apenas ele, como dissemos, poderá ser destinatário dos recursos e de ser o único capaz de produzir coisa julgada. É proveitoso observar que embora o dispositivo se apresente, na sentença, como a sua terceira e última parte (porquanto a sequência *lógica* é esta: relatório-fundamentação-dispositivo), isto não significa que ele não possa estar, em determinados casos, entrelaçado com a própria *motivação*, com esta se confundindo e não podendo ser desmembrado, conquanto se encontre perfeitamente identificado. Por outras palavras: o *decisum* não precisa apresentar-se sempre como uma parte destacada, individualizada, da sentença, podendo estar enastrado com a própria fundamentação. Além disso, toda vez que a *motivação* contiver uma decisão, aí estará presente o dispositivo. A decisão, nesta hipótese, deverá concernir não à norma legal apta a reger a espécie, mas sim à rejeição ou ao acolhimento de pedidos, como é elementar.

Sempre que o *decisum* — como de resto as outras partes da sentença — contiver evidentes erros ou enganos de escrita, de datilografia, de cálculo, ou quaisquer inexatidões materiais ou erros de cálculo (CLT, art. 833) a correção poderá ser efetuada pelo juiz, de ofício ou a requerimento da parte, figurando como meio *impróprio* para obter essa retificação os embargos declaratórios.

8.2. Irrecorribilidade das decisões interlocutórias

Com certa frequência, surge, no curso do processo, questão incidente, envolvendo as partes, que deva ser solucionada pelo juiz; a decisão, que neste caso for proferida, será denominada *interlocutória*; ou, como define o art. 203, § 2º, do CPC: "Decisão interlocutória é todo pronunciamento judicial de natureza decisória que não se enquadre na descrição do § 1º" da referida norma legal.

Desde o tempo do direito romano antigo era clara a separação da *sententia* em confronto com a *interlocutio*; aquela ficava reservada para a solução do *mérito* da causa, destinando-se a esta o papel de resolver certos expedientes do processo, como a produção de provas. As interlocutórias não tinham caráter de sentença típica. Caracterizavam-se também pela irrecorribilidade, razão por que não passavam em julgado e, em consequência, não ensejavam o surgimento da *res iudicata*, ainda que formal.

Art. 993

Mesmo nos tempos modernos, seria sobremaneira prejudicial à celeridade do procedimento se fosse permitida a interposição de recursos dessa espécie de decisão, proferida interlocutoriamente (= no curso do processo). Sendo assim, as questões por ela abrangidas somente poderão ser contrariadas ao ensejo do recurso que vier a ser interposto da sentença de fundo, que compuser a lide. Esta é a regra cristalina insculpida no art. 893, § 1º, da CLT, que não se restringe, como se possa pensar, às hipóteses lá previstas.

O processo do trabalho, contudo, prevê algumas exceções ao provecto princípio da irrecorribilidade das interlocutórias. Uma delas é a decisão proferida pelo juiz, com o objetivo de fixar o valor da causa (quando este for indeterminado) na forma do art. 2º da Lei n. 5.584/70. Sucede que se essa decisão for mantida (por força da rejeição do pedido de reconsideração feito pela parte na oportunidade das razões finais), poderá o interessado *formular pedido de revisão* do valor fixado, que será encaminhado ao Presidente do Tribunal Regional do Trabalho correspondente, no prazo de quarenta e oito horas; o pedido será instruído apenas com cópia da petição inicial e da ata da audiência, sem prejuízo da junção de outros documentos que o requerente entenda serem úteis ou necessários. Outra exceção é a decisão (a que o art. 897, "b", da CLT, denomina, erroneamente, de despacho) unipessoal que não admite recurso.

O pedido revisional, que não terá efeito suspensivo, será julgado pelo próprio Presidente do Regional — atuando, desta maneira, como juízo singular — também em quarenta e oito horas, contadas do seu recebimento, sendo irrecorrível a decisão que for prolatada.

Como exemplos de interlocutórias (logo, irrecorríveis), podemos mencionar, dentre tantas, as decisões sobre exceções de impedimento ou de suspeição (CLT, art. 799, § 2º); a "sentença" de liquidação (CLT, art. 884, § 3º); a que decidir o incidente de falsidade documental (CPC, art. 430, parágrafo único). Das decisões sobre incompetência (relativa), como vimos, não se admitirá recurso, exceto na hipótese de que cogita a letra "c", da Súmula n. 214, do TST. Recurso também poderá haver da sentença que acolher preliminar de incompetência absoluta, uma vez que, neste caso, a demanda estará sendo subtraída da competência da Justiça do Trabalho, vale dizer, a sentença será "terminativa" da jurisdição trabalhista...

8.3. Irrecorribilidade dos meros despachos de expediente

No sistema do CPC de 1973 o conceito de despacho era obtido pelo método de *exclusão*, porque o legislador, após fornecer os conceitos de sentença e de decisão interlocutória (art. 161, §§ 1º e 2º, respectivamente), considerava como despachos os demais atos do juiz praticados no processo, de ofício ou a requerimento da parte, "a cujo respeito a lei não estabelece outra forma" (§ 3º).

A terminologia utilizada pelo processo civil, contudo, não era uniforme, pois ora o Código aludia a *despacho* (art. 162, § 3º); ora, a *despacho de expediente* (art. 189, I); ora, ainda, a *despachos de mero expediente* (art. 504). Anfibologia à parte, é certo que essas denominações se referiam ao despacho como espécie integrante do gênero *manifestação jurisdicional*.

É provável que o legislador, ao adicionar as expressões *de expediente*, ou *de mero expediente*, tenha pretendido realçar a finalidade do despacho, no sentido de representar ato judicial consistente na determinação de providências necessárias à desenvolução do procedimento, sem qualquer conteúdo decisório. Daí por que eram também designados de *ordinatórios*.

O CPC atual conceitua o despacho como os *demais* pronunciamentos do juiz praticados no processo, por sua iniciativa ou a requerimento do interessado (art. 203, § 3º). Sob certo aspecto, o legislador da atualidade também fez uso do método da exclusão, pois o vocábulo *demais* (aqui utilizado com função substantiva) representa o que sobrou depois de excluída a sentença e a decisão interlocutória.

Elaboremos, contudo, um conceito direto de despacho: é o ato pelo qual o juiz impulsiona o processo. Realmente, o processo é assinalado por um itinerário que vai da petição inicial à sentença; para que esse itinerário seja percorrido em todas as suas fases, o juiz praticada determinados ato de impulsão, a que denominamos de despacho.

Entretanto, há certos despachos que fogem ao seu escopo ordinário de propulsionar o processo, para assumirem feição de autênticas *decisões interlocutórias*, como, p. ex., o que aprecia pedido de concessão de liminar com objetivo de impedir a transferência de empregado (CLT, art. 659, IX), formulado no curso da ação principal. À risca, seria mais apropriado à técnica falar-se em decisão e não em despacho, nesse caso.

Os despachos, no entanto, são irrecorríveis. O veto legal quanto à irrecorribilidade dos despachos de mero expediente está contido no art. 1.001 do CPC, sendo indiscutível a sua incidência no processo do trabalho. É fácil imaginar-se as consequências tumultuárias e procrastinatórias do procedimento que, por certo, adviriam caso se permitisse a interposição de recurso dos despachos de simples expediente.

É bem verdade que no sistema do processo do trabalho existem alguns "despachos" suscetíveis de serem atacados pelo remédio recursal, como os que denegam a interposição de recursos em geral (CLT, art. 897, *b*). Embora a CLT a eles se refira, expressamente, como despachos, impende observar que, em

Código de Processo Civil — Art. 993

rigor, não integram aquela classe de atos meramente destinados a impulsionar o processo, se não que se caracterizam por um acentuado *conteúdo decisório*. Trata-se, pois, de *decisão*, ou quando menos, de despacho-decisório — que não se confunde com os despachos ordinatórios ou de mero expediente.

Por esse motivo, as decisões unipessoais, denegatórias da admissibilidade de recursos, podem ser objeto de agravo de instrumento.

O que muitas vezes se verifica é a existência de decisões contidas *em* (ou com a aparência *de*) despachos, que, a princípio, se supõe serem de simples expediente.

A dificuldade de precisar se o pronunciamento jurisdicional constitui mero despacho ordinatório ou se, em sentido oposto, encerra alguma decisão, tem sido causa, na prática, de crescente aporia quanto à admissibilidade, ou não, do agravo de petição.

9. Condição jurídica da sentença recorrível

Demonstrados os tipos de pronunciamentos jurisdicionais passíveis de serem impugnados pela via recursal, torna-se necessário examinarmos, agora, qual a *natureza jurídica* da sentença suscetível de recurso.

Diversas foram as teorias que procuraram defini-la. Por apego à síntese, podemos reduzi-las a quatro, de acordo com a exposição feita por J. C. Barbosa Moreira (*Comentários*, p. 192/193), com espeque na doutrina alienígena:

a) A sentença sujeita a recurso é ato submetido à *condição resolutiva*; com isso se afirma que a sentença traz em si, de modo inerente, os requisitos necessários à sua existência estável, no mundo jurídico, embora possa ser destituída dessa eficácia originária na hipótese de haver um pronunciamento jurisdicional contrário, pelo órgão hierárquico superior, mediante a apreciação do recurso dela interposto. A essa alegação, contudo, se contrapôs o argumento de que, a ser dessa maneira, a sentença deveria produzir, desde logo, como consequência normal, o efeito executório, por força do disposto no art. 119 do CC (atuais arts. 127 e 128); na realidade, apenas em caráter excepcional a sentença recorrível produz esse efeito (MORTARA, *Comentarios del códice e delle leggi di procedura civile*. 3. ed., v. IV. Milão, p. 204 e segs).

b) Argumentou-se, sob outro ângulo, com a *situação jurídica*, segundo a qual somente com a concorrência de outras circunstâncias é que a sentença poderia gerar efeitos; *a contrario sensu*, se essas circunstâncias não se verificarem, a eficácia da sentença será nenhuma. A teor dessa concepção, ela seria, assim, mera *possibilidade de sentença*, porquanto dependeria, para poder se aperfeiçoar, de que ficasse afastada, em definitivo, a viabilidade de reexame (CHIOVENDA. *Principii di diritto processuale civile*. Nápoles, 1965. p. 393, nota 1).

c) A sentença seria, a princípio, ato perfeito, em que pese ao fato de estar sujeita à *revogação*, que aconteceria apenas no caso de o órgão *ad quem* reformá-la. Embora o argumento revele o seu acerto sob o aspecto lógico, não podemos ignorar que, à luz do ordenamento processual em vigor, o julgamento proferido pelo órgão superior *substituirá*, sempre, a decisão recorrida, pouco importando que a tenha simplesmente *confirmado* (CPC, art. 512, atual art. 1.008), respeitado, à evidência, o limite da matéria que constituiu objeto do recurso (ROCCO, Ugo. *L'Autoritá della cosa giucata i suoi limiti soggetivi*. Roma, 1917. p. 293/393 e 9541/952).

d) A sentença configuraria um *ato condicionado*, ou melhor, penderia de *condição suspensiva*, isso porque, nada obstante ela se faça dotada de todos os requisitos necessários à sua existência, está tolhida em sua eficácia. Dessa forma, os seus efeitos apenas seriam ativados na hipótese de não ocorrer um novo julgamento, em grau de recurso. Essa suspensividade permaneceria enquanto perdurasse a possibilidade de impugnar-se a decisão, o que equivale a dizer, em sentido inverso, que os seus efeitos seriam liberados assim que ficasse afastada em definitivo a possibilidade recursal (CALAMANDREI. *La casación civil*. Trad. de Santiago Sentís Melendo. Tomo II. Buenos Aires, 1945. p. 211 e segs.).

Cremos ser esta a teoria que mais se ajusta ao nosso ordenamento processual, inclusive o trabalhista, ressalvados os casos em que a lei veda, de maneira expressa, a interposição de recurso, como sucede com as sentenças proferidas nas ações de alçada exclusiva dos órgãos de primeiro grau (Lei n. 5.584/70, art. 2º, § 4º).

10. Sentenças irrecorríveis

A referência, há pouco efetuada, à Lei n. 5.584/70 nos motiva a retornar ao tema relativo à irrecorribilidade de certas sentenças, examinando-o, desta feita, sob lente diversa da anterior.

A resposta às indagações seguintes constitui o objetivo de voltarmos a nos debruçar sobre essa importante exceção ao princípio da recorribilidade:

a) O valor da alçada, a que faz menção a Lei. n. 5.584/70, em seu art. 2º, § 4º, pode continuar a ser determinado com base no salário-mínimo?

b) Em que momento se determina a alçada?

c) O que estabelece a alçada é o valor atribuído à causa (na inicial), o valor do pedido, ou o valor da condenação?

d) O que ocorrerá se o juiz deixar de fixar o valor da causa, contrariando, assim, o que ordena o art. 2º, *caput*, da Lei supracitada?

e) Versando a sentença sobre matéria constitucional, qual o recurso que dela poderá ser interposto?

f) Sendo vencidos na ação de alçada exclusiva do órgão de primeiro grau a União, o Estado-membro, o Município, o Distrito Federal, as autarquias ou as fundações de direito público (sic) que não explorem atividade econômica, poderão interpor recurso da sentença, invocando a prerrogativa que parece lhes assegurar o Decreto-Lei n. 779, de 21 de agosto de 1969?

g) No caso de o juiz haver determinado a reunião de autos, em virtude da conexão ou da continência verificada, cujas causas, isoladamente, não excedem ao valor de alçada, mas, em decorrência da reunião, ultrapassam esse limite, caberá recurso da sentença que for aí prolatada?

h) É cabível ação rescisória da sentença proferida em ação de alçada?

i) E embargos declaratórios?

Enfrentemos essas questões.

a) Salário-mínimo

Originariamente, o valor da alçada era estabelecido com base no *salário-mínimo*, tanto que o art. 2º, § 3º, da Lei n. 5.584/70, faz alusão a ele. Mais tarde, porém, a Lei n. 6.205, de 27 de abril de 1975, descaracterizou o salário-mínimo como fator de correção monetária (art. 1º), instituindo, em seu lugar, o valor de referência (art. 2º). A princípio, sobrepairaram dúvidas à inteligência doutrinária e jurisprudencial sobre serem aplicáveis as disposições da Lei n. 6.205/75 como critério para estabelecer o valor da alçada trabalhista. Essa hesitação era justificável não apenas porque se tratava de uma inovação legislativa, mas principalmente porque a razão teleológica que animara a Lei n. 6.205/75 fora a de vetar a utilização do salário-mínimo como *fator de correção monetária* — sendo certo que a sua mera adoção como critério para estabelecimento do valor da alçada não tinha nenhum propósito de atuar como agente de correção do poder aquisitivo da moeda. No plano do direito positivo, contudo, a cizânia foi (mal) dirimida, com o advento do Decreto n. 75.704, de 8 de maio de 1975 (art. 2º) regulamentador da Lei n. 6.205/75, que dispôs devesse ser o valor de referência utilizado até mesmo para simples efeito de fixação da alçada e de efetivação do depósito recursal a que se refere o art. 899, § 1º, da CLT. Os decretos posteriores, dessa mesma natureza, reproduziram a regra.

Em virtude disso, o entendimento que predominou, a partir daí, foi o de que a alçada se estabelecia com base no *valor-de-referência*, nada obstante estivéssemos convencidos de que alguns argumentos doutrinários poderiam ser perfeitamente opostos àquela conclusão, fazendo com que prevalecesse, para a finalidade mencionada, o *salário-mínimo*.

Mais tarde, por força da Lei n. 7.402, de 5 de novembro de 1985, que deu nova redação ao § 4º do art. 2º da Lei n. 5.584/70, a alçada para recurso voltou a ser fixada com espeque em salário-mínimo. Com o advento do Decreto-Lei n. 2.351, de 7 de agosto de 1987, porém, a alçada passou a ser estabelecida com base no piso nacional de salários. Extinto, posteriormente, esse piso, tornou a ter como supedâneo o salário-mínimo, sem que isso implique ofensa ao art. 7º, IV, da Constituição Federal, como reconhece a Súmula n. 356, do TST.

Realmente, a preocupação do constituinte, ao redigir a norma supracitada, foi a de evitar que a vinculação do salário-mínimo a determinadas situações acarretasse impacto na ordem econômica toda vez que houvesse elevação do valor desse salário. Isso ocorria, por exemplo, quando o salário-mínimo era utilizado como critério para a fixação do valor de aluguéis, de multas administrativas etc. Sob essa perspectiva da *mens legis*, fica claro que a adoção do salário-mínimo como mero critério para a determinação da alçada, em matéria processual, não contravém a regra do art. 7º, IV, da Constituição, pois fica fora de qualquer possibilidade essa vinculação acarretar impacto na ordem econômica. Consagrando este nosso antigo entendimento, estabelece a Súmula n. 356, do TST: "O art. 2º, § 4º, da Lei n. 5.584/70 foi recepcionado pela Constituição da República de 1988, sendo lícita a fixação do valor da alçada com base no salário-mínimo".

A propósito do tema que estamos a examinar, é relevante observar que a alçada é inaplicável à ação rescisória (TST, Súmula n. 365, ex-OJ n. n. 8, da SDII) e à ação de mandado de segurança (TST, Súmula n. 365, ex-OJ n. 10, da SBDI-I).

b) Momento da determinação da alçada

Admitamos que, no curso do processo, o valor do salário-mínimo venha a ser majorado, fazendo com que o valor atribuído à causa, diante disso, torne a sentença passível, em tese, de interposição de recurso, sabendo-se que anteriormente à elevação não o era. Esse é o pressuposto que nos levou a indagar em que momento se determina o valor da alçada; a resposta parece-nos palmar: na data do ajuizamento da petição inicial. Prevalece, portanto, o valor atribuído à *causa*, naquela peça, sendo irrelevante que, mais tarde, ocorra a majoração do salário-mínimo. O valor que a parte atribuiu à causa somente será alterado por força de impugnação. Eis, aí, o princípio da *perpetuatio iurisdicionis*, que ao então Prejulgado n. 40 do Egrégio TST, por havê-lo desrespeitado, custou a sua revogação pela Resolução Administrativa n. 20/76 do Pleno daquela Corte.

A nossa conclusão, como se vê, coincide com a orientação contida na Súmula n. 71 do TST, segundo a qual "A alçada é fixada pelo valor dado à causa na data do seu ajuizamento, desde que não impugnado, sendo inalterável no curso do processo".

c) Valor determinante da alçada

O que determina a alçada, segundo pudemos demonstrar, é o valor atribuído à *causa*, e não o do pedido, ou o da condenação. Dessa maneira, se à causa se atribuíra um valor equivalente, digamos, a um salário-mínimo, e não houve impugnação quanto a isso, a sentença que aí for proferida será irrecorrível, ainda que o valor da condenação ascenda a dez, quinze, vinte ou mais vezes o do mínimo. Incide, também aqui, a Súmula n. 71 do TST.

A CLT, porém, não incluiu, entre os requisitos que deve conter a petição inaugural, quando escrita, o do valor da causa (art. 840, § 1º), dissociando-se, portanto, do CPC de 1973 (art. 282, V), no qual a exigência era clara, sob pena de aquela peça processual vir a ser indeferida (art. 284, parágrafo único). Os requisitos da petição inicial estão previstos no art. 319 do atual CPC, que, seguindo a tradição, faz referência ao valor da causa no inciso V.

Prova inequívoca de que o processo do trabalho não exige que se atribua, logo na inicial, o valor da causa, como dissemos, é a declaração contida no art. 2º, *caput*, da Lei n. 5.584/70, de que o juiz, antes de passar à instrução do procedimento, fixará esse valor, para efeito de alçada, caso seja indeterminado na peça vestibular.

Sabemos que a jurisprudência vogante (e a própria Súmula n. 71 do TST) não reconhece ao juiz o poder de alterar, de ofício, o valor atribuído à causa, pela parte. Exige-se, nessa hipótese, que o litigante contrário o impugne, sob pena de preclusão e da consequente definitividade daquele valor. A despeito de compartilharmos, no geral, esse entendimento, há necessidade de ponderarmos que, em certos casos, as razões *éticas* que dão conteúdo ao processo autorizam ao juiz alterar, *sponte sua*, o valor que a parte conferiu à causa.

Para que o nosso pensamento seja corretamente compreendido, torna-se imprescindível a adução de dois argumentos fundamentais: 1) O critério objetivo, de que se valeu o legislador processual trabalhista (Lei n. 5.584/70) para, rompendo com a tradição, instituir as denominadas ações de alçada exclusivas dos órgãos de primeiro grau (por forma a tornar irrecorríveis as sentenças aí prolatadas), foi o do *pequeno valor econômico das causas*, com o que pressupôs que as consequências de um julgamento único, caso mal realizado, não seriam muito danosas para a parte vencida; tanto é certo haver-se inspirado no critério do pequeno valor econômico, que tratou de ressaltar o envolvimento de matéria constitucional. Postas essas considerações, como justificar-se a proibição de o juiz interferir no valor conferido à causa pela parte quando o próprio *pedido líquido*, por ela formulado, ultrapassa em cinco, dez, vinte ou mais vezes o que foi atribuído, *pro forma*, à causa? Estar-se-ia, com essa vedação, respeitando o mencionado propósito do legislador, quanto mais não seja diante da possibilidade de não se permitir a interposição de recurso da sentença que, acolhendo integralmente os pedidos, irradia uma condenação centenas de vezes superior ao do salário-mínimo — malgrado tenha a parte atribuído, propositada e deslealmente, à causa valor que tornava a sentença irrecorrível? Seria prudente e, acima de tudo, compatível com o inalienável substrato ético do processo consentir-se que a parte se beneficiasse da própria torpeza? O que não se dizer no caso de revelia? 2) Ademais, não se pode ignorar a necessidade de tornar-se concreta e real a declaração inscrita no art. 765 da CLT, que outorga aos Juízes do Trabalho ampla liberdade na direção do processo, cuja amplitude deve, em certos casos (como os que estamos a examinar), ser eficazmente empregada para obstar objetivos desonestos dos litigantes. Lembremos que o Juiz moderno já não é, como outrora, um mero *convidado de piedra en el proceso*, conforme observou, com sabedoria, o Prof. Ricardo Nugent (Congresso Internacional sobre Justiça do Trabalho — *Características del proceso del trabajo*. Brasília: Anais, 1981. p. 106), competindo-lhe, por essa razão, impedir que as partes vilipendiem o referido conteúdo ético do processo, em nome da satisfação de alguns propósitos que muito pouco possuem de leais. Afinal, a má-fé, de que cuida o processo civil (art. 80), não pode ficar sepultada no texto da lei.

Essa imperiosidade de preservação do caráter ético do processo está presente, *e. g*.: a) no comando legal que impõe ao juiz proferir sentença obstativa dos fins escusos eventualmente pretendidos pelo autor e pelo réu, sempre que se convencer, pelas circunstâncias da causa, que esses se valeram do processo para praticar ato simulado ou para a consecução de objetivo proibido por lei (CPC, art. 142); b) na figura do ato atentatório à dignidade da Justiça (CPC, art. 774); c) na multa à parte que oferece embargos de declaração protelatórios (CPC, art. 1.026, § 2º), entre outros casos.

A condenação ao pagamento de multa pecuniária, quando os embargos de declaração forem manifestamente protelatórios, assim como quando ficar configurado ato atentatório à dignidade da justiça, também pode ser mencionada como exemplo de medida punitiva das partes, cujas atitudes se revelem transgressoras do conteúdo ético do processo, visto como método estatal de solução de conflitos de interesses e, portanto, como instrumento posto a serviço do próprio interesse público.

Não é nossa intenção proclamar que o juiz deva, em qualquer hipótese, alterar o valor que a parte deu à causa, para elevá-lo ou diminuí-lo a seu alvedrio; suposição nesse sentido seria equivocada. O que estamos a ponderar é que, em determinados casos, ele, invocando as razões finalísticas que levaram o legislador a instituir as ações de alçada exclusiva dos órgãos de primeiro grau e o próprio componente ético do processo — do qual é guardião por excelência —, poderá modificar, segundo o seu prudente arbítrio, o valor ínfimo que se houver atribuído à causa, de modo a compatibilizá-lo com o do *pedido líquido*, sempre que este sobejar, em muito, àquele. Ou vice-versa.

Reconhecemos que estamos, nesse posicionamento, em acentuada minoria; quando não, até mesmo isolados. Nossa serena convicção, entretanto, quanto ao caráter moralizador de que se faz dotada a providência sugerida nos anima a não resignar a posição que assumimos em face do tema.

É importante destacar que a própria Lei (n. 5.584/70, art. 2º, *caput*), ao dispor que o juiz, antes de passar à instrução, deve fixar o valor da causa "se este for indeterminado *no pedido*" (sublinhamos), deixa transparecer ter sido intenção do legislador estabelecer um nexo entre o *valor da causa* (para fins de alçada) e o que deveria estar expresso *no pedido*.

Essa mesma disposição legal evidencia, por outro lado, conforme pudemos observar anteriormente, não haver necessidade de constar, já da inicial, o valor da causa, embora a causa deva ter um valor certo, ainda que não tenha valor econômico auferível desde logo (CPC, art. 291).

Entendemos, portanto, que, em situações como as de que cogitamos, possa (ou mesmo deva) o magistrado alterar, por sua iniciativa, o valor que a parte atribuiu à causa, para adequá-lo ao do próprio pedido, sempre que este apresentar-se de forma líquida, ou contiver elementos capazes de propiciar ao juiz uma segura verificação de que o valor dado à causa, pela parte, está profundamente dissociado daquele que esses elementos refletem.

Essa nossa opinião acabou sendo consagrada pelo § 3.º do art. 292 do CPC atual, assim redigido: "O juiz corrigirá, de ofício e por arbitramento o valor da causa quando verificar que não corresponde ao conteúdo patrimonial em discussão ou ao proveito econômico perseguido pelo autor, caso em que se procederá ao recolhimento das custas correspondentes".

d) Ausência do valor da causa e sua fixação pelo juiz

Poderá ocorrer de o juiz deixar de fixar o valor da causa, contrariando, com isso, o que estabelece a precitada Lei n. 5.584/70, de tal modo que este permaneça indeterminado; nada obstante, caberá recurso da sentença que vier a ser prolatada, não apenas porque o comando da Lei n. 5.584/70 (art. 2º) é dirigido, com exclusividade, ao juiz, mas, sobretudo, porque o princípio legal é o da recorribilidade das decisões judiciais. Constituindo a irrecorribilidade a exceção, deve estar cabalmente configurada, pois, no ensinamento de Malatesta, "O ordinário se presume e o extraordinário se prova".

e) Matéria constitucional

A única possibilidade de interpor-se recurso da sentença proferida em ação de alçada surge quando o pronunciamento do órgão judicante implicar violação direta à letra do Constituição Federal. Verificada a hipótese, o recurso cabível será o ordinário (CLT, art. 895, "a") ou o extraordinário (CPC, art. 1.029)?

Na vigência das Constituições Federais de 1946 e de 1967 (com a Emenda n. 1/6900, o recurso seria ordinário (embora, de natureza constitucional).

Assim o era porque, na época, somente se previa a interposição de recurso extraordinário das decisões proferidas por *tribunais* — no caso específico da Justiça do Trabalho, pelo TST. Destarte, para que a matéria pudesse chegar ao Supremo Tribunal Federal havia necessidade de serem exauridas todas as instâncias inferiores (Junta de Conciliação, Tribunal Regional e Tribunal Superior do Trabalho).

Os tempos, todavia, são outros.

O inciso III, do art. 102, da Constituição Federal vigente, prevê a interposição de recurso extraordinário nas "causas decididas em *única* ou última *instância*" (destacamos). Assim sendo, da sentença emitida por Vara do Trabalho, que contrarie a Constituição da República, caberá recurso extraordinário, diretamente (*per saltum*, portanto), ao Supremo Tribunal Federal. A lembrar-se que a matéria, versada no recurso, deverá ser pré-questionada.

f) Recurso pelas pessoas jurídicas de direito público

Em rigor, a União, os Estados-membros, os Municípios, o Distrito Federal, as autarquias, ou as fundações de direito público, quando vencidas em ação de alçada exclusiva do órgão de primeiro grau, não poderão interpor *recurso* da sentença, salvo, é evidente, se esta ferir matéria constitucional.

Nossa afirmação não colide, como seja de imaginar-se, com a prerrogativa que a tais entes concedeu o Decreto-Lei n. 779, de 12 de agosto de 1969, subsumida no que aí se denominou de "recurso ordinário *ex officio* das decisões que lhe sejam total ou parcialmente contrárias", justamente porque se cuida, na verdade, de *remessa obrigatória* (de ofício) ao grau superior da jurisdição, cujo ato, *data venia*, não pode ser havido como modalidade ou sucedâneo de *recurso*. A expressão *recurso de ofício* é tecnicamente inadequada, até mesmo porque seria um despautério admitir-se que o juiz tivesse de recorrer da decisão por ele próprio proferida. A conclusão, portanto, que se impõe é esta: as pessoas jurídicas mencionadas pelo Decreto-Lei n. 779/69 (como de resto as partes em geral) não poderão interpor recurso extraordinário das sentenças proferidas em ação de alçada — conquanto os autos devam ser remetidos, *ex officio*, ao órgão superior da jurisdição, para efeito de reexame obrigatório.

A Medida Provisória n. 2.180-35, de 24 de agosto de 2001 (DOU de 27 do mesmo mês), porém, estabelece em seu art. 12: "Não estão sujeitas ao duplo grau de jurisdição obrigatório as sentenças proferidas contra a União, suas autarquias e fundações públicas, quando a respeito da controvérsia o Advogado-Geral da União ou outro órgão administrativo competente houver editado súmula ou instrução normativa determinando a não-interposição de recurso voluntário".

Caso o juiz deixe de efetuar a remessa *ex officio*, quando esta for exigível, a solução é dada pelo art. 496, § 1º, do CPC: o presidente do tribunal competente para julgar o recurso avocará os autos.

Mesmo no caso de ação rescisória, será necessária a remessa de ofício, conforme dispõe o inciso II, da Súmula n. 303, do TST: "Em ação rescisória, a decisão proferida pelo juízo de primeiro grau está sujeita ao duplo grau de jurisdição obrigatório quando desfavorável ao ente público, exceto nas hipóteses das alíneas 'a' e 'b' do inciso anterior".

Em se tratando, contudo, de ação de mandado de segurança, decidida em favor de ente público, por óbvio, não será necessária a remessa de ofício. Neste rumo, a Súmula n. 303, do TST: "III — Em mandado de segurança, somente cabe remessa *ex officio* se, na relação processual, figurar pessoa jurídica de direito público como parte prejudicada pela concessão da ordem. Tal situação não ocorre na hipótese de figurar no feito como impetrante e terceiro interessado pessoa de direito privado, ressalvada a hipótese de matéria administrativa".

Aliás, independentemente do tipo de ação, a remessa não será efetuada quando a decisão for favorável às pessoas jurídicas mencionadas no *inciso V*, do art. 1º, do Decreto-Lei n. 779/69.

Este dispositivo legal faz inequívoca alusão às decisões "total ou parcialmente *contrárias*" (destacamos) ao ente público que figure na causa.

g) Reunião de autos

Poderá o juiz, por sua iniciativa ou a requerimento do interessado, determinar, em alguns casos (e desde que não haja incompatibilidade procedimental), a reunião de autos processuais relativos a ações distintas, em virtude da conexão ou da continência existente (CPC, arts. 55 e 56), conforme seja a hipótese, a fim de que ambas sejam apreciadas simultaneamente. Essa medida visa à economia processual e, ao mesmo tempo, a evitar decisões contraditórias ou colidentes. A sua incidência, no processo do trabalho, é irrecusável, resguardadas as peculiaridades e os princípios que o informam. Admitamos, entretanto, que o valor das duas ações, isoladamente consideradas, não possibilitasse a interposição de recurso; ambas seriam, assim, de alçada exclusiva do órgão de primeiro grau. Ordenada a junção dos autos respectivos, contudo, a soma dos valores faria com que fosse ultrapassada a alçada. Seria recorrível, diante disso, a sentença que viesse a ser prolatada, abrangendo as duas ações?

Entendemos que sim.

A reunião dos autos processuais, na espécie, não produz efeito meramente extrínseco (físico), mas também intrínseco (substancial), pois essa junção pressupõe, exatamente, a comunhão ou a identidade das causas de pedir (embora, na continência, saiba-se que, além disso, o objeto de uma ação é abrangente do da outra); dessa maneira, por uma questão de lógica formal aplicada às normas jurídicas processuais, os valores atribuídos às causas que deram origem à reunião deverão ser somados. E, se o produto dessa adição fizer com que o valor de alçada seja transposto, a sentença que for proferida, compreendendo a ambas, será passível de interposição de recurso.

h) Ação rescisória

Como vimos, o § 4º do art. 2º da Lei n. 5.584/70 veda o recurso das sentenças proferidas nas ações ditas de alçada. A rescisória, como é evidente, não integra o gênero recursal, uma vez que é, ao contrário, *ação autônoma da impugnação* de pronunciamento jurisdicional; logo, não há como negar a possibilidade de ação rescisória da sentença proferida em ação de alçada exclusiva do órgão de primeiro grau, desde que: a) se verifique uma ou mais das situações previstas no art. 966 do CPC; b) a matéria seja pré-questionada (TST, Súmula n. 298).

A prudência recomenda, todavia, que se cuide para que a ação rescisória não venha a ser utilizada como substituinte sub-reptício do recurso extraordinário, com a finalidade de provocar o reexame da matéria — que é inadmissível quando se tratar de sentença qualificada pelo veto da irrecorribilidade.

i) Embargos de declaração

Insistimos em afirmar que, sob o ponto de vista doutrinário, os embargos de declaração não possuem natureza própria dos meios de impugnação aos pronunciamentos jurisdicionais. Ainda que espécie de recurso fossem, haveriam de ser oponíveis às sentenças prolatadas nas ações ditas de alçada. A razão é elementar: os embargos em exame não se destinam a reformar as decisões às quais são dirigidos, mas, apenas a obter, do órgão julgador, uma declaração do exato conteúdo do julgado. A sua utilização, portanto, em relação às sentenças lançadas nas ações de alçada não escoria, ainda que superficialmente, aqueles elevados propósitos que conduziram o legislador a conferir, a essas sentenças, o peculiar atributo da irrecorribilidade.

Seria insensato permitir que tais sentenças fossem remetidas à execução com certas falhas de expressão formal, que poderiam comprometer, a fundo, a sempre desejada celeridade do processo executivo.

Imaginemos, por exemplo, que a sentença houvesse omitido a apreciação de algum pedido formulado pelo autor: de que medida este poderia valer-se, se não dos embargos declaratórios, para obter uma complementação da entrega da prestação jurisdicional? Ou o veto da irrecorribilidade chegaria ao paroxismo de constranger a parte, nesta hipótese, a acatar uma sentença visivelmente omissa, refletindo, por esse modo, uma entrega incompleta da prestação jurisdicional a que tinha direito?

O bom senso recomenda, pois, que os embargos de declaração sejam admitidos das sentenças proferidas nas ações de alçada exclusiva dos órgãos de primeiro grau, seja porque de recurso não se tratam, seja em face da sua finalidade eminentemente *saneadora* dos provimentos jurisdicionais.

Os embargos de declaração se encontram previstos: a) na CLT, no art. 897-A; b) no CPC, nos arts. 1.022 a 1.026.

11. A pessoalidade dos meios recursais

Pelo princípio em questão afirma-se que a eficácia da sentença no recurso interposto aproveita apenas ao recorrente, e não àquele que deixou de recorrer. É conveniente esclarecer que essa declaração só leva em conta o binômio autor-réu; daí por que o remédio interposto por uma das partes não beneficia à *contrária*.

Observação quanto a isso é necessária porque o princípio em exame não atua quando for o caso de *compartes*, como sucede, p. ex., em certos regimes litisconsorciais, em que a interposição do recurso, por um dos litisconsortes, aproveita igualmente aos demais, desde que comuns as questões de fato e de direito, segundo a regra impressa no art. 1.005, *caput*, do CPC.

O princípio da pessoalidade dos meios recursais relaciona-se, intimamente, com a proibição da *reformatio in peius*, pois, do mesmo modo que os efeitos do recurso só aproveitam ao recorrente, não se consente que, em decorrência do julgamento do apelo, se crie para ele uma situação ainda mais desfavorável do que aquela em que se encontrava antes da interposição do recurso. Embora esse veto pareça lógico, sob a óptica do processo moderno, vale rememorar que legislações primitivas não obstavam a reforma da sentença em detrimento da parte que havia interposto o recurso. Dispunham, p. ex., as Ordenações Filipinas: "Não somente proverão os Juízes, que das appellações conhecerem, os appellantes, quando pelos processos acharem, que lhes he feito aggravo pelos Juízes, de que fôr appellado; mas ainda que achem, que o appellante não he aggravado, se acharem que ao appellado foi feito aggravo, provel-o-hão, e emendarão seu aggravo; posto que não seja por ella, nem seu Procurador appellado, nem allegado esse aggravo perante os Juízes de alçada" (Livro III, Título 72).

Observa, a respeito, J. C. Barbosa Moreira que "A tradição jurídica luso-brasileira, até certa fase, jungida ao princípio da *communio rimedii*, era favorável à possibilidade da *reformatio in peius*" (obra cit., p. 338).

A Constituição *ampliorem de Justiniano* (ano 530), a propósito, permitia ao apelado, na oportunidade de seu comparecimento ao órgão *ad quem* (sempre que ele e o recorrente houvessem ficado vencidos em parte), impugnar a sentença e pedir a sua reforma, ainda mesmo que até aquele instante não houvesse dela interposto qualquer recurso. Se o apelado deixasse de comparecer, poderia, o próprio órgão de reexame, corrigir, de ofício, a injustiça que acaso entendesse existente em relação ao apelado. Tais singularidades revelam que, naquele período, e ao contrário do que se dá modernamente, o recurso interposto por uma das partes era considerado como apresentado por *ambas*; o efeito prático desse sistema evidenciava-se na eventualidade de a sentença inferior ser reformada *para pior*, isto é, em prejuízo da parte que houvesse interposto, sozinha, a apelação.

O recurso adesivo não representa exceção ao princípio da *reformatio in peius*, como seria de supor-se, porquanto, segundo o entendimento doutrinário predominante (e do qual divergimos), foi instituído para, de um lado, dissolver a preclusão temporal consumada pelo não-exercício da pretensão recursal autônoma e, de outro, servir como sucedâneo do próprio meio recursal que não fora utilizado no momento oportuno. Continuando: o recurso adesivo, em si mesmo, jamais infringirá a regra proibitiva da *reformatio in peius*, pois não conduz a um empioramento da situação processual do recorrente, mesmo na hipótese de não ser provido. Se, ocasionalmente, esse agravamento da parte ocorrer, o fato não poderá ser atribuído ao recurso adesivo, mas, sim, a uma provável inadvertência do órgão que o julgou — ou ao fato de o tribunal haver dado provimento ao recurso principal.

A pessoalidade dos meios recursais traz, implícito, o escopo de assegurar ao recorrente a certeza de que a sua situação não será alterada para pior, no caso de a sentença impugnada vir a ser reformada. Não se admite, à vista disso, *e. g.*, que o autor-empregado, tendo interposto recurso para obter a condenação do réu-empregador (que não recorreu) ao pagamento de horas extras, tivesse a sua situação jurídica agravada pelo fato de o órgão *ad quem* haver reformado a sentença para excluir da condenação o adicional noturno, que nem sequer fora objeto do apelo. A *reformatio in peius* estaria aí configurada, ainda que o Tribunal viesse a conceder-lhe as horas extras pedidas, mas lhe subtraísse, desautorizadamente, o adicional noturno.

Em um sentido puramente técnico-processual, podemos dizer que a proibição da *reformatio in peius* emana da vontade do próprio texto legal, ao expressar que "A apelação devolverá ao tribunal o conhecimento da matéria impugnada" (CPC, art. 1.013, *caput*); é a regra romana do *tantum devolutum quantum appellatum*, de acordo com a qual é a impugnação que quantifica o reexame a ser efetuado pelo órgão *ad quem*.

A reforma para pior, em relação ao recorrente, pode apresentar natureza *qualitativa* ou *quantitativa*; no primeiro caso, para exemplificar, o empregado pediria a condenação do réu ao pagamento de férias integrais e o reconhecimento da sua qualidade de estável, por ser dirigente de associação profissional, tendo a sentença acolhido o pedido de estabilidade e rejeitado o referente às férias. Inconformado, o empregado recorre sozinho, com o propósito de que o Tribunal lhe reconheça o direito às férias. O órgão *ad quem*, todavia, além de "confirmar" a sentença, quanto às férias, pronuncia que dirigente de associação profissional não pode ser beneficiário da garantia de emprego, ainda que prevista em convenção coletiva de trabalho. A reforma para pior está em que o réu nem sequer havia recorrido da sentença na parte em que declarou a estabilidade do empregado, como de resto de nada recorrera. A *reformatio in peius*, contudo, teria natureza *quantitativa* na hipótese de, sendo o empregado o único recorrente, a decisão do *ad quem* excluir da condenação parcela que não foi objeto de recurso por parte do empregador. O mesmo se diga no caso de o recorrente único ser o réu, e o acórdão do Tribunal vier a acrescer à condenação determinada verba em favor do empregado.

Reformatio in peius, de índole *qualitativa*, também se configuraria se o órgão rejulgador negasse provimento ao apelo interposto exclusivamente pelo empregado e ordenasse que as parcelas deferidas pela sentença (e que não foram objeto de recurso) fossem liquidadas mediante *artigos*, ao contrário do que constatou aquela decisão de primeiro grau, em que a forma indicada era via *cálculos*. É indiscutível que ao empregado-recorrente interessava que a liquidação se processasse mediante simples cálculos, razão por que o Tribunal, ao dispor que fosse por intermédio de artigos, reformou para pior a sentença, sem que o próprio empregador a tivesse impugnado nesse ponto (ou em qualquer outro).

Os exemplos citados espelham, efetivamente, a reforma para pior, de natureza *qualitativa*, pois não se referem à fundamentação ou aos motivos da sentença, uma vez que esses pressupõem tenha a matéria sido devolvida à cognição do órgão *ad quem*, o que não ocorreu nas hipóteses mencionadas. Além disso, os *motivos* do acórdão não produzem a coisa julgada material (CPC, art. 504, I).

Não se cogitará, contudo, de *reformatio in peius* se, possuindo o pedido formulado pelo autor, ou a resposta que a ele tenha o réu oferecido, *mais* de um fundamento, o tribunal conhecê-lo por *todos* os fundamentos, mesmo que a sentença o tenha conhecido apenas por um deles (CPC, art. 1.013, § 2º).

12.1. Que meios o processo do trabalho reserva para a sanação das decisões que implicarem *reformatio in peius*?

A decisão que reformar para pior a sentença impugnada estará, num certo sentido, julgando *ultra* ou *extra petita*, conforme seja o caso, na medida que terá apreciado matéria que não foi trazida à sua cognição jurisdicional de reexame pelo recurso. Como adverte *Paulo Batista* (apud BATALHA, Campos. *Tratado de direito judiciário do trabalho*. São Paulo: LTr, 1977. p. 770), a matéria devolvida ao conhecimento do órgão *ad quem* deve ser apreciada, à risca, "dentro dos limites da derrota do apelante", cujo preceito se articula com o princípio dispositivo que, em boa parte, informa o processo do trabalho.

Realmente, a prestação jurisdicional, seja a realizada pela sentença ou pelo acórdão (em grau de recurso ou nas ações de competência originária dos tribunais), deve conter-se nos limites do pedido, como exige a lei (CPC, arts. 141 e 492), até porque qualquer pronunciamento fora desses lindes estaria ocorrendo sem a necessária provocação da parte interessada (CPC, art. 2º). Quanto a isso, todavia, há no processo do trabalho uma exceção significativa no plano das ações (dissídios") coletivas, pois aqui a lei nem ao menos exige que da inicial conste(m) o(s) pedido(s); fala, apenas, dos *motivos* (*causa petendi*) e das bases da conciliação (CLT, art. 858, "b").

Sendo a *reformatio in peius* proveniente de decisão proferida por Tribunal Regional, o recurso cabível será o de revista, para o TST, com fulcro em violação de literal disposição de lei (CLT, art. 896, "c" — que, na espécie, estaria representada, segundo entendemos ser possível sustentar, entre outros, pelos arts. 2º e 492, ambos do CPC.

Tendo transitado em julgado o acórdão, poder-se-á utilizar a ação rescisória para desconstituir os efeitos da *res iudicata*, com fundamento no art. 966, V, do CPC, porquanto não se trata, na hipótese, de texto legal de interpretação controvertida aos Tribunais (Súmula n. 83 do TST).

Registre-se, todavia, a presença de respeitável corrente doutrinária a entender que a rescisória não é cabível quando for o caso de violação de lei *processual*. Não pensamos assim. O art. 966 do CPC, em seu inciso V, alude à violação manifesta de *norma jurídica*, aqui compreendidas as de natureza material e processual. A referência à sentença e ao acórdão de mérito, feita no *caput* do mencionado artigo, não invalida o nosso argumento, pois o que importa, para a admissibilidade da rescisória, é a infringência de norma jurídica, ressalvada, como dissemos, a existência de interpretação divergente dos tribunais quanto ao texto legal que se alega contravindo pela decisão que se pretende rescindir. É o que adverte a já citada Súmula n. 83 do TST, que constitui reprodução ideológica da Súmula n. 343 do STF.

12. O princípio da unirrecorribilidade

O princípio em tela significa que para cada ato jurisdicional que se deseja impugnar existe recurso único (e adequado); é o que ocorre no sistema processual brasileiro vigente, inclusive no do trabalho, em que cada recurso possui não apenas uma destinação específica, mas também uma exclusividade no ataque à decisão relativamente à qual o interessado se manifesta insatisfeito. Em síntese: a CLT não prevê dois recursos para o mesmo caso. Basta ler os arts. 894 a 897, para constatar, com clareza, essa especificidade e unicidade das espécies recursais. Essas decorrem, assim, do próprio sistema legal, embora não haja, em rigor, na CLT, nenhum dispositivo que confesse, expressamente, o acolhimento do princípio em exame, que a doutrina identifica como da unirrecorribilidade.

Em verdade, nem mesmo o CPC atual contém uma declaração dessa natureza — que estava presente na segunda parte do art. 802 do CPC de 1939 e pelo qual se desautorizava à parte utilizar-se, ao mesmo tempo, "de mais de um recurso".

A discussão doutrinária e jurisprudencial (que subsistiu por longo tempo) quanto a ser cabível recurso ordinário ou agravo de petição da decisão do juiz proferida em embargos de terceiro levou a admitir-se ora aquele, ora este recurso. Isso não representou, contudo, uma exceção ao princípio da unirrecorribilidade, pois não se tratava de permitir qualquer opção entre ambos os remédios, mas, ao contrário, de buscar uma *definição* quanto ao que seria, adequadamente, o único interponível, com a consequente eliminação do outro. Hoje, doutrina e jurisprudência unívocas na conclusão de que o recurso cabível, no caso, é o de agravo de petição.

Tem a doutrina, entretanto, argumentado com os embargos declaratórios para demonstrar a existência de uma real exceção ao princípio mencionado, porquanto esses embargos seriam cabíveis de quaisquer decisões, desde que presentes os pressupostos legais (CPC, art. 1.022, I e II). Em primeiro lugar, os embargos de declaração nada têm que ver com a unirrecorribilidade, pois não significam que possam ser utilizados *juntamente* com outro recurso (no sentido de serem interpostos de forma *simultânea*); ao contrário, guardam os caracteres de unicidade e de especificidade, há pouco referidos; em segundo, ainda que se entenda a unirrecorribilidade como sendo a impossibilidade de uma decisão ser impugnada por *mais* de um recurso (interpostos em épocas não coincidentes e julgados separadamente), os embargos declaratórios não poderiam ser apontados como fuga a esse princípio, visto não constituírem modalidade de recurso, a despeito de terem sido assim classificados, com grande desacerto, pelo CPC (art. 994, IV). Figuram, segundo o esboço classificatório que nos propusemos realizar, como medida saneadora das decisões.

O art. 1.029, do CPC, espelha, todavia, uma exceção ao princípio da unirrecorribilidade, ao prever a possibilidade de ser interposto, do mesmo acórdão, os recursos: especial (para o STJ) e extraordinário (para o STF).

13. Os princípios da variabilidade e da fungibilidade

Os princípios supracitados decorrem do pertinente à unirrecorribilidade, como se verá; por um critério didático, preferimos examinar os dois primeiros separadamente deste último, a fim de poder demonstrar, com a necessária clareza, os traços essenciais que os distinguem entre si.

13.1. Variabilidade

Dispunha o CPC de 1939, na primeira parte do art. 809, que o litigante poderia *variar* de recurso dentro do prazo legal; aí estava expresso, com todas as letras, o princípio legal da *variabilidade* do meio recursal que permitia à parte alterar, tornar diverso, o remédio antes interposto, desde que essa modificação ocorresse dentro do prazo fixado em lei. Lembra *Pontes de Miranda* que a variabilidade constitui velha tradição do direito processual, *"que cedo evitou atribuir-se às interposições o efeito exaustivo"*, com o que se evitava a cumulação de recursos (*Comentários*, p. 55).

O CPC de 1973 não repetiu a regra constante do Código revogado, fato que provocou uma certa disputa doutrinária quanto à possibilidade de poder-se, pela lei nova, *variar* de recurso. O CPC atual também é omisso quanto ao tema. Pelo que nos cabe opinar, entendemos que, a despeito da omissão do texto processual vigente, subsiste a faculdade que era outorgada pela lei antiga, contanto que a variação ocorra *dentro* do prazo para a interposição do recurso cabível. Por outras palavras, a regra do art. 809, do CPC de 1939, foi tacitamente recepcionada pelos Códigos de 1973 e de 2015; logo, também pelo processo do trabalho.

Alguns juristas criticam o fato de exigir-se que a substituição do recurso deva ocorrer dentro do prazo para a interposição do recurso adequado. A crítica não se justifica, porque implicaria deixar sem determinação o prazo para esse recurso ser interposto.

A CLT jamais conteve qualquer previsão acerca da variabilidade. *Campos Batalha* (obra cit., p. 768), comentando o fato de o CPC de 1973 não haver reproduzido a norma constante do art. 809 do Código anterior, afirma que a variabilidade já não é possível, argumentando que interposto o recurso, mesmo antes do término do prazo, se opera a *"preclusão da recorribilidade*, sendo impossível alterar ou complementar recurso já interposto". Discordamos, *data venia*, desse entendimento, que apenas poderia ser sustentado (e ainda assim não pacificamente) no âmbito do processo civil, pois não se pode ignorar que o do trabalho é informado, dentre outros princípios, pelo da *simplicidade* (tanto do processo quanto do procedimento); parece-nos, assim, desrespeitosa desse princípio qualquer vedação quanto à possibilidade de a parte variar de recurso quando ainda não esgotado o prazo para o exercício dessa pretensão. É sempre útil lembrar que o processo do trabalho permite que as partes ingressem em juízo pessoalmente, sem o patrocínio de advogado, podendo, por isso, acompanhar as suas reclamações até o final" (CLT, art. 791, *caput*), inclusive, interpondo recurso por simples petição" (CLT, art. 899, *caput*, primeira parte).

Dessa maneira, não se deverá obstar, no processo do trabalho, que o recorrente (autor ou réu) *varie* de recurso, com a finalidade de interpor aquele que seria o correto ou o adequado, segundo a especificação legal, desde que todos os pressupostos para a admissibilidade do remédio tenham sido satisfeitos.

A faculdade de variar o recurso interposto também encontra fundamento no princípio da unirrecorribilidade, já examinada, e de acordo com o qual não se consente que se interponha, de uma só decisão, mais de um apelo. Impedir-se a alteração do remédio recursal seria, de certa forma, obrigar a que a parte interpusesse um outro recurso, que seria o adequado, fazendo com que, desse modo, restasse sensivelmente escoriado o princípio da unirrecorribilidade.

Com vistas a isso, é importante que a parte, ao apresentar o novo recurso, *desista*, de maneira expressa, do anterior, equivocadamente interposto, a fim de não configurar transgressão ao princípio da unirrecorribilidade.

13.2. Fungibilidade

Poderá acontecer de a parte não variar o recurso interposto, que não era o cabível na espécie, fazendo com que este chegue com essa erronia técnica ao juízo de admissibilidade *a quo* (e, ulteriormente, ao *ad quem*). Indaga-se: deveria o juiz denegar a interposição, alegando a impropriedade do meio recursal eleito pela parte, ou poderia conhecer desse recurso como se fosse o correto?

O CPC de 1939 continha resposta específica para essa questão, pois o seu art. 810 dispunha que "Salvo a hipótese de má-fé ou erro grosseiro, a parte não será prejudicada pela interposição de recurso por outro, devendo os autos ser enviados à Câmara, ou Turma, a que competir o julgamento". O CPC atual, no entanto, como também fizera em relação à *variabilidade*, não contemplou a possibilidade de o juízo conhecer de um recurso por outro — fato que configura o princípio da *fungibilidade*.

Os estudiosos do processo civil vêm entendendo que esse princípio teria sobrevivido no CPC vigente, ressalvadas as hipóteses de má-fé e de erro grosseiro. Sem pretender solapar o campo de atuação da doutrina processual civil, acreditamos ser possível atribuir à complexidade dos meios recursais existentes no CPC de 1939 o fato de esse Código haver disposto que o juízo poderia conhecer de um recurso por outro (art. 810); essa disposição somente não foi reproduzida pelo atual CPC em virtude da *simplificação* do sistema dos recursos. É lícito concluir, por isso, que teria parecido dispensável ao legislador da atualidade fazer qualquer explicitação quanto à fungibilidade, embora a sua imprevisão não deva ser entendida como um veto a essa possibilidade.

Se a própria doutrina do processo civil, como vimos, proclama a sobrevivência, no Código atual, do princípio da fungibilidade, por mais forte razão ele deverá ser admitido no processo do trabalho, em que, a par da já destacada *simplicidade* do procedimento, fundamenta essa aceitação o princípio da *instrumentalidade* das formas procedimentais, materializado pelo art. 277 do CPC em vigor e por força do qual, "Quando a lei prescrever determinada forma, o juiz considerará válido (*sic*) o ato se, realizado de outro modo, lhe alcançar a finalidade".

Em concreto, portanto, no processo do trabalho, se ocorrer de a parte interpor, digamos, o recurso de agravo de petição, quando o correto seria o ordinário, deverá o juízo de admissibilidade *a quo* (e, por igual, o *ad quem*) conhecer do recurso errôneo (agravo de petição) como se o legalmente adequado fosse (ordinário), dado que, longe de estar fazendo um favor ao recorrente (o que lhe é defeso pelas regras de equanimidade processual), estará, sim, respeitando os princípios da *simplicidade* e da *instrumentalidade das formas*, que, por sua vez, dão conteúdo ao da *fungibilidade*.

Discordamos, apenas, de haver-se denominado *fungibilidade* a esse princípio, porquanto, do ponto de vista léxico, o vocábulo *fungível* relaciona-se às coisas que podem ser consumidas com o primeiro uso a que se destinam e cuja restituição só pode ser efetuada com outras da mesma espécie e qualidade; *ergo*, o adjetivo *fungibilidade* não reflete, com exatidão, o conteúdo do princípio que foi destinado a rotular. Poder-se-ia falar, talvez, em princípio da *conversão*, ou da *conversibilidade*, pois o verbo *converter* sugere a ideia de transformar, de transmudar — fato que, em verdade, ocorre quando o juiz conhece de um recurso por outro, justamente porque, de certa maneira, converteu o errôneo em adequado.

De lege ferenda, contudo, o ideal seria que não se fizesse qualquer distinção quanto à nomenclatura dos recursos trabalhistas, a fim de possibilitar que a parte manifestasse a sua contrariedade à decisão que lhe foi desfavorável sem preocupar-se em escolher qual, dentre tantos, seria o remédio cabível; a adoção de um sistema caracterizado pela inespecificidade (ou "indiferença") dos recursos seria congruente com a tantas vezes invocada simplicidade do processo especializado e respeitante do *ius postulandi* que ele outorga às partes.

Independentemente de tornar-se concreto esse anseio, o princípio da fungibilidade (ou da conversibilidade) deve ser admitido, com certa amplitude, no processo do trabalho, salvo se interposição imprópria decorrer de má-fé; excluímos do elenco de exceções o erro grosseiro, porque a sua manutenção desrespeitaria a simplicidade desse processo e do correspondente procedimento.

Se vale a crítica, devemos observar que o processo do trabalho, em si, é verdadeiramente *simples*; a complexidade, que se lhe vem atribuindo, na prática, tem sido produto de certas concepções civilistas, de que se deixam influenciar, ora os juízes, ora os advogados, ora o Ministério Público — afeitos, por vícios acadêmicos, ao formalismo e às regras algo bizantinas do procedimento judicial civil.

Art. 993

Esclareça-se que a simpleza do processo trabalhista não significa que se deva fazer tábua rasa das regras elementares e estruturais do procedimento, cuja observância atende à necessidade de segurança das partes, além do que traçam os caminhos a serem percorridos pelo juiz, na qualidade de reitor do processo; tais regras são componentes do *due process of law*, que compreende, também, o do trabalho.

Reitere-se que o processo moderno já não é *coisa das partes*; segue-se que a margem de disponibilidade lhes é restrita, sendo desaconselhável, por isso, qualquer elastecimento da disciplina processual a que estão vinculadas. O princípio da fungibilidade dos recursos em nada distende essa disciplina, pois a conversão é ato *do juiz* — ao qual não se poderá, com agir assim, assacar um propósito tumultuário do procedimento, de modo a torná-lo susceptível de medida correcional.

Mantenha-se o juiz entre as partes e acima delas, mas com os olhos sempre atentos para a simplicidade e a celeridade do processo e do procedimento trabalhista e ter-se-á o esboço de um quadro ideal.

13.3. Síntese dos princípios recursais examinados

O princípio da *unirrecorribilidade* significa que a lei não prevê mais de um recurso para cada hipótese; sob esse aspecto, pode-se dizer que os recursos são caracterizados pela unidade e pela especificidade, porquanto inexistem recursos genéricos.

Pelo princípio da *variabilidade* permite-se à parte variar o recurso interposto, fazendo com que o posterior, que é o correto, substitua o anterior equivocado; essa variação somente será permitida se ainda não estiver esgotado o prazo para o exercício da pretensão.

O princípio da fungibilidade proclama que o juiz poderá conhecer de um recurso por outro; daí por que entendemos ser mais fiel a denominação de *conversibilidade* quanto a esse princípio.

A despeito de todos os princípios examinados (e que estavam contidos nos arts. 809 e 810 do CPC de 1939) não terem sido previstos *expressis verbis* pelo Código de 1973, e pelo atual, isso não significa que tenham deixado de existir a partir daí, uma vez que pareceu desnecessário ao legislador, diante da simplificação procedida quanto aos meios recursais, consagrá-los explicitamente. Os referidos princípios, de qualquer maneira, devem ser admitidos e conservados pelo processo do trabalho, em virtude de um outro princípio informativo do correspondente procedimento, que é o da *simplicidade*.

Admoeste-se, contudo, que essa simpleza não pode ser reduzida a mero *flatus voci*, a simples anseio irrealizável, mas, ao reverso, deve ser tornada concreta, o quanto possível, sob pena de permitir-se que o processo do trabalho impregne-se de princípios que só se justificam em face do processo civil, ou seja, que representem autênticas "rolhas redondas para orifícios quadrados".

14. Pressupostos recursais

A admissibilidade dos recursos está rigidamente subordinada ao atendimento, pelo recorrente, a determinados *pressupostos* (ou requisitos) previstos em lei e classificados pela doutrina em dois grupos: a) *subjetivos* (ou intrínsecos), que compreendem: 1) a legitimação; 2) a capacidade; 3) o interesse; 4) a representação; b) *objetivos* (ou extrínsecos), abrangendo: 1) a recorribilidade do ato; 2) regularidade formal da peça de impugnação; 3) a adequação; 4) a tempestividade; 5) o depósito; 6) as custas e emolumentos.

Esses são os pressupostos *comuns* a todos os recursos. Dos pressupostos *específicos* cuidaremos mais adiante. Examinemos, agora, os pressupostos comuns.

Subjetivos

1. Legitimidade

Possui legitimidade para recorrer, por princípio, quem for parte na relação jurídica processual. No processo do trabalho são partes, em sentido estrito, o empregado e o empregador, figurando aquele, no mais das vezes, como autor. Em sentido mais amplo, podemos dizer que partes, neste processo, são todas as pessoas vinculadas a uma relação de trabalho, assim como aquelas cuja solução do conflito esteja compreendida pela jurisdição trabalhista, nos termos do art. 114, e incisos, da Constituição Federal.

Entendemos, por esse motivo, que o *preposto* não pode interpor recurso, exatamente porque não é parte, mas simples representante do preponente e cuja atuação em juízo se circunscreve à audiência, e nela se exaure (CLT, art. 843 e § 1º). Desse modo, embora exista um preposto constituído regularmente nos autos, somente admitir-se-á que a petição contendo as razões do recurso seja subscrita pelo preponente-empregador, ou por seu advogado, pois ao primeiro falece legitimação para isso.

Assim como no processo civil (CPC, art. 996, *caput*), no do trabalho consente-se que o *terceiro* interponha recurso, contanto que demonstre, a possibilidade de a decisão acerca da relação jurídica submetida à apreciação judicial "atingir direito de que se afirme titular ou que possa discutir em juízo como substituto processual" (*ibidem*, § 1º).

O sindicato possui legitimidade para recorrer das sentenças proferidas nas ações por ele ajuizadas, seja como parte, seja como substituto processual, pois não seria lógico nem jurídico que se outorgasse a essa espécie de entidade sindical legitimação para a "propositura" da ação, mas se lhe negasse para interpor recurso da sentença proferida nessa mesma causa.

No plano das ações (dissídios") coletivas, possuem legitimidade para recorrer dos acórdãos aí proferidos os sindicatos, as federações e as confederações, desde que a ação tenha sido ajuizada por uma dessas entidades, na forma do art. 857 e parágrafo único da CLT (que alude à obsoleta "instauração da instância").

Na hipótese de a decisão prolatada em ação coletiva afetar empresa de serviço público, ou, em qualquer caso, ser proferida em revisão de acórdão normativo, terão legitimidade para dela interpor recurso o Presidente do Tribunal Regional do Trabalho correspondente e a Procuradoria da Justiça do Trabalho (CLT, art. 898). Posteriormente, a Lei n. 5.584/70, por seu art. 8º, estendeu esse poder da Procuradoria, permitindo-lhe também recorrer da parte da decisão proferida em ação coletiva que exceder ao índice fixado pela política salarial do Governo Federal.

A faculdade que a lei concede ao Presidente do Tribunal Regional do Trabalho para interpor recurso nas causas supracitadas não caracteriza, como se possa supor, uma exceção ao princípio da demanda ou da inércia jurisdicional, embutido no art. 2º do CPC, tratando-se, na verdade, de legitimação anômala.

O Ministério Público do Trabalho, por sua vez, possui legitimidade para recorrer não apenas nos processos em que atua como parte, como naqueles em que funciona como fiscal da Lei.

Conforme pudemos ver em itens anteriores, o Decreto-Lei n. 779/69 instituiu a prerrogativa (e não privilégio, como consta, em manifesta impropriedade, do referido texto legal), em prol das entidades que especifica, de serem, compulsoriamente, objeto de recurso de ofício (sic) as decisões que lhes forem, no todo ou em parte, desfavoráveis. Essa particularidade levou alguns autores a afirmar que teria legitimidade para interpor ditos recursos (sic) o juiz prolator da decisão (GIGLIO, Wagner, obra cit., p. 342). Desconcordamos, *data venia*, com essa opinião; não se trata, na espécie, de recurso *ex officio*, mas de mera remessa *obrigatória*, até porque, como dissemos, haveria ilogismo em admitir-se (como a lei o fez) que o juiz devesse recorrer das decisões que ele mesmo proferiu — como se fosse algo que pertencesse ao senso-comum a possibilidade de, sistematicamente, o criador voltar-se contra a criatura. Por essa razão, não se há que cogitar de legitimação recursal nessa espécie de remessa compulsória. O que há, isto, sim, é dever de o juiz remeter os autos ao Tribunal Regional, sob pena de estes serem avocados (CPC, art. 496, § 1º).

2. Capacidade

Os autores, em regra, não relacionam a capacidade como pressuposto subjetivo para a admissibilidade dos recursos; entendemos que a inclusão seja necessária, pois poderá ocorrer, em certas situações, que, à época da interposição do apelo, a parte tenha perdido, por qualquer das causas previstas em lei, a sua capacidade jurídica, como, p. ex., adquirindo enfermidade ou deficiência mental (CC, art. 3º, II), estando ele a postular em juízo sem advogado.

Por esse motivo, embora ela seja parte legítima para exercer a pretensão recursal, não possui *capacidade* para fazê-lo, devendo, em consequência, ser representada por seu pai, tutor ou curador, na forma da lei.

A CLT estabelece, em seu art. 792: "Os maiores de 18 e menores de 21 anos e as mulheres casadas poderão pleitear perante a Justiça do Trabalho sem a assistência de seus pais, tutores ou maridos". A norma em foco trata da capacidade para estar em juízo ou capacidade para o exercício de direito. Diversa é a capacidade de gozo ou fruição do direito, que é adquirida desde o nascimento com vida. Há pessoas que possuem capacidade para o gozo do direito, mas não para o seu exercício ou a sua defesa judicial.

O art. 792, da CLT, foi elaborado ao tempo em que estava a viger o Código Civil de 1916, que exigia a autorização do marido para que a mulher ingressasse em juízo (art. 6º, II). Por isso, não se pode deixar de elogiar o caráter vanguardeiro da mencionada norma da CLT, ao dispensar a autorização marital para que a mulher invoque a prestação da tutela jurisdicional. Aquela norma do CC, porém, foi revogada pela Lei n. 4.121, de 27.8.62, que instituiu o Estatuto da Mulher casada

Nos termos do Código Civil, os menores de 16 anos, por serem absolutamente incapazes de exercerem, pessoalmente, os atos da vida civil (art. 3º, I), são substituídos em juízo; os maiores de 16 anos e menores de 18 anos, por serem relativamente incapazes (art. 4º, I), serão representados. Ao atingir 18 anos de idade, a pessoa adquire a capacidade plena para o exercício dos seus direitos civis — e, também, trabalhistas.

Essas disposições do CPC se entrelaçam com as do art. 793, da CLT, assim redigido: "A reclamação trabalhista do menor de 18 anos será feita por seus representantes legais e, na falta deste, pela Procuradoria da Justiça do Trabalho, pelo sindicato, pelo Ministério Público estadual ou curador nomeado em juízo".

A representação judicial das pessoas jurídicas está disciplina no art. 75, do CPC, aplicável ao processo do trabalho (CLT, art. 769).

Considerando, portanto, que a *capacidade* constitui requisito para o ingresso em juízo, não vemos como se possa deixá-la à margem do elenco de pressupostos subjetivos para a admissibilidade dos recursos, porquanto o exercício dessa pretensão configura típico *ato processual*, que somente pode ser praticado por quem possuir a imprescindível capacidade.

3. Interesse processual

Regra genérica, o interesse radica na situação desfavorável em que foi lançada a parte recorrente pelo pronunciamento jurisdicional, motivo por que as leis processuais lhe concedem a possibilidade de tentar elidir, mediante os meios recursais, esse *estado de desfavorabilidade*.

Pudemos asseverar, alhures, que o interesse, nesse caso, deriva não da *sucumbência* de uma ou de ambas as partes (que, segundo a doutrina, pressupõe um gravame ou prejuízo ocasionado pela decisão), mas, apenas, da situação jurídica *desfavorável* trazida pela decisão.

Na observação de José Frederico Marques (*Teoria geral do processo*. São Paulo: Saraiva, 1974. p. 158), "afere-se o interesse pela existência de pretensão objetivamente razoável", que, no caso, é de natureza recursal.

Pareceu a Moniz de Aragão (*Comentários*, p. 436), a propósito, que o atual CPC adotou, conforme seja a hipótese, ambas as teorias relativas ao interesse processual: a que o tem como a *necessidade* de obter um provimento judicial e a que o caracteriza como a *utilidade* que essa manifestação jurisdicional representa para o autor.

O interesse de processual, no qual se insere o de recorrer, é desprovido, modernamente, de qualquer *adjetivação*, pois o CPC em vigor não reproduziu a exigência formulada pelo art. 2º, *caput*, do Código de 1939, de que o interesse deva ser, além de *legítimo*, também *econômico* ou *moral*; basta, portanto, o interesse considerado em si mesmo (CPC atual, art. 17). Com isso, o novo Código sepultou, em boa hora, o conceito civilista unitário da ação, consagrado no texto revogado, passando a reconhecê-la, ainda que de maneira implícita, como um direito público subjetivo.

Somente do terceiro é que se exigirá a demonstração de estar o seu interesse relacionado à *res in iudicio deducta* (CPC, art. 996, parágrafo único), e que deverá ser de natureza *jurídica* (e não meramente econômica) quando se referir à intervenção assistencial, simples ou adesiva (Súmula n. 82 do TST).

A afirmação de que o requisito do interesse é destituído de qualquer qualificativo econômico, jurídico ou moral, deve ser entendida, em matéria de recurso, segundo o seu exato significado; a não ser desse modo, poderia levar à conclusão de que estamos sustentando a possibilidade de se recorrer da *motivação* da sentença, o que é inadmissível, visto que somente o *decisum* pode ser impugnado. Dessa forma, a mencionada assertiva só faz sentido quando conjugada com o disposto no art. 504, I, do CPC, que declara não fazer coisa julgada a fundamentação da sentença. Aliás, a considerar o que temos lido, a doutrina e a jurisprudência são uníssonas quanto à impossibilidade de fazer-se destinatários dos recursos os *motivos* (ou fundamentos) da decisão impugnada. No que estão, por princípio, certos.

Em determinadas situações encontradiças na prática, o interesse não se manifesta com a desejável limpidez, situando-se, ao contrário, em zona cinzenta, nebulosa, por modo a dificultar a verificação do juízo de admissibilidade quanto à efetiva presença desse pressuposto processual subjetivo.

Mencionemos, para ilustrar, alguns desses casos.

O juiz indefere requerimento do autor (feito tempestivamente), para produzir provas destinadas à demonstração da veracidade dos fatos narrados na peça vestibular. Este, no momento oportuno, argui a nulidade do processo em decorrência do referido ato judicial. Apesar de não haver podido produzir as provas pretendidas, o autor tem acolhidos todos os pedidos constantes da inicial, tornando-se, assim, inteiramente vencedor na causa. Nada obstante, ele interpõe recurso ordinário da sentença favorável pretendendo que o órgão *ad quem* declare a nulidade do processo a partir — e em virtude — da vedação judicial de produzir as provas requeridas. Argumenta com o fato de que o réu poderia igualmente recorrer da sentença e o tribunal, acatando as razões deste, reformar totalmente a decisão de primeiro grau, por entender que inexistiam nos autos elementos de prova que justificassem o acolhimento dos pedidos formulados por ele, autor, que, com isso, acabaria ficando vencido em segundo grau.

Pergunta-se: teria o autor, na hipótese, *interesse* de interpor recurso adesivo da sentença, à luz dos pressupostos de admissibilidade?

A doutrina tradicional, envolvida em seu dogmatismo reacionário, não hesitaria em responder negativamente, sob o argumento de que não estaria configurado, na espécie, o pressuposto da *sucumbência*, que, em regra, constitui o móvel do interesse, em sede de recurso. Examinando-se, contudo, o problema à luz da moderna concepção sobre o interesse de agir em juízo, chega-se a conclusão oposta.

Com efeito, se o réu, vencido na causa, interpuser, no exemplo apresentado, recurso ordinário da sentença condenatória, e não se reconhecer, ao autor, o interesse de recorrer adesivamente, estar-se-á, com essa atitude dogmática, a compeli-lo a ver, sem qualquer possibilidade de reação jurídica, o tribunal dar provimento ao recurso do adversário, para rejeitar o pedido de horas extras. Ressalta-se que eventual recurso de revista, que o autor viesse a interpor do acórdão regional, teria, certamente, a sua admissibilidade denegada já pelo presidente do tribunal *a quo* (ou por quem o regimento interno atribua competência para realizar o exame dos correspondentes pressupostos), sabendo-se que esse recurso não se presta para o reexame de fatos e provas (TST, Súmula n. 126).

O objetivo do recurso *adesivo* do autor, no caso, seria obter, do tribunal, um pronunciamento de nulidade da sentença, por restrição ao direito de defesa, cuja consequência estaria no retorno dos autos ao juízo de primeiro grau, a fim de permitir que o autor possa produzir a prova testemunhal pretendida. O interesse deste é, pois, concreto e reside na necessidade de obter não somente uma sentença favorável, mas estribada em prova robusta — capaz de fazer com que o pronunciamento jurisdicional possa, ainda que teoricamente, resistir à impugnação a ser realizada pelo réu.

O fato de o autor poder, em suas contrarrazões ao recurso ordinário do réu, promover a defesa da sentença favorável, não lhe retira, de maneira alguma, o interesse em sede de recurso adesivo. Não se ignore que, na espécie em exame, a sentença foi arbitrária, porquanto concedeu as horas extras sem qualquer prova a respeito.

O interesse do autor existirá, aliás, mesmo que o réu não interponha recurso ordinário da sentença. Justifiquemo-nos. Ainda que a sentença, favorável aos interesses do autor, se submeta ao fenômeno da coisa julgada material, poderá ocorrer de o réu vir a atacá-la pela via rescisória, baseando-se, provavelmente, em violação manifesta à ordem jurídica (CPC, art. 966, V).

O que o autor pretende, pois, seja por meio de recurso adesivo ou de recurso autônomo, é produzir a prova testemunhal respeitante à jornada de trabalho mencionada na petição inicial e, com isso, criar condições efetivas para que a sentença, ao acolher o seu pedido, possa resistir ao ataque a ser empreendido pelo réu, mediante recurso ordinário ou ação rescisória.

O interesse, pois, de parte do autor, na situação em exame, não decorreria de suposto capricho, senão que da necessidade de ter a sua pretensão de direito material (horas extras) acolhida por sentença fundamentada na prova dos autos.

O reconhecimento do interesse processual, na referida situação, constitui, por isso, providência indispensável para colocar o direito a serviço da realidade, dos fatos da vida, e, não, de concepções doutrinais comprometidas por uma visão que, submissa ao dogmatismo estrábico, ignora essa realidade.

Será também de admitir-se o recurso interposto pelo autor, que desejar a reforma da sentença na parte em que fez a condenação recair apenas em um dos réus, excluindo o outro da relação jurídica processual.

No caso, teria sido condenado o réu que (por qualquer motivo comprovado nos autos) não tinha condições financeiras ou econômicas para adimplir a obrigação consubstanciada na sentença e excluído da lide aquele que possuía essas condições; daí, o inegável *interesse* de o vencedor ver reformada a sentença, para reintegrar à relação processual este réu e, com isso, garantir a futura satisfação do seu crédito. Seria insensato, portanto, negar-lhe o exercício da pretensão recursal sob o (equivocado) fundamento de ter sido vencedor na causa.

Por tudo isso, verifica-se que o interesse de agir — como condição da ação ou como requisito para o exercício da pretensão recursal — não é algo inútil, supérfluo, nada mais representando do que uma quinta roda do carro (*Calamandrei*); ao contrário, é de grande importância para definir se, em cada caso concreto, o direito de ação está sendo regularmente exercido ou não.

4. Representação por advogado

Em livros anteriores: a) consideramos a representação por advogado como pressuposto para a atuação da parte em juízo, aí incluída a interposição de recurso; b) inserimos essa *representação* no elenco dos pressupostos *objetivos* para a admissibilidade de recursos.

Com referência à letra "a", devemos esclarecer que a nossa atitude derivou do fato de entendermos que o art. 133 da Constituição Federal de 1988 revogou o art. 791 da CLT, que concedia às partes o *ius postulandi*. O entendimento predominante, contudo, é o de que, mesmo com o advento da atual Constituição, as partes podem atuar pessoalmente em juízo, vale dizer, sem representação por advogado. A este respeito deve ser lembrado que o STF concedeu liminar, em junho de 2001, na ADI n. 1.127-8, promovida pela Associação dos Magistrados Brasileiros, para fazer cessar a eficácia do disposto no inciso I, do art. 1º, da Lei n. 8.906/94, segundo o qual "São atividades privativas de advocacia: I — a postulação a qualquer órgão do Poder Judiciário (...)".

Sendo assim, é evidente que para essa corrente de pensamento a representação por advogado não constitui pressuposto para a admissibilidade de recurso. A observar-se, ainda, que a Lei n. 10.288, de 20.9.2001, que alteraria a redação do art. 791, da CLT, foi vetada pelo Presidente da República, cuja veto não foi rejeitado pelo Congresso nacional. Dispunha a referida norma legal: "A assistência de advogado será indispensável a partir da audiência de conciliação, se não houver acordo antes da contestação, inclusive nos dissídios coletivos".

No que diz respeito à letra "b", considerando que, em rigor, a representação por advogado diz respeito à *pessoa* do recorrente, decidimos deslocá-la para o grupo dos pressupostos *subjetivos*, onde melhor se acomoda.

Ainda que se entenda estar em plena vigência o art. 791, *caput*, da CLT, os demandantes, com frequência, constituem procurador judicial, incumbindo-os da prática dos diversos atos do procedimento, inclusive, no que concerne à interposição de recursos

Para tanto, o advogado deve estar regularmente investido de mandato judicial; a procuração representa o instrumento desse mandato. Mesmo quando outorgada por instrumento particular, não há necessidade de a firma do outorgante estar reconhecida por tabelião.

O art. 104, *caput*, do atual CPC permite ao advogado aforar a ação ou formular a resposta do réu mesmo sem procuração (escrita), a fim de evitar a prescrição ou a decadência, podendo, inclusive, intervir no processo para praticar atos reputados urgentes. Nesse caso, o advogado obrigar-se-á, "independentemente de caução", a exibir o instrumento de mandato no prazo de quinze dias, prorrogável por mais quinze, mediante despacho do juiz (§ 1º). Os atos que não forem ratificados no prazo serão considerados ineficazes, respondendo o advogado por despesas e perdas e danos (§ 2º). O CPC de 1973 aludia a atos *inexistentes*, fato que nos levou a observar que teria sido melhor falar-se em *ineficácia* dos atos não ratificados no prazo legal, uma vez que nos parecia algo contrário ao senso lógico admitir-se a possibilidade de serem ratificados atos *inexistentes*. O CPC de 2015 reparou o erro.

Por outro lado, consta da Súmula n. 164, do TST: "O não-cumprimento das determinações dos §§ 1º e 2º do art. 5º da Lei n. 8.906, de 4.7.1994 e do art. 37, parágrafo único, do Código de Processo Civil importa o não-conhecimento de recurso, por inexistente, exceto na hipótese de mandato tácito". A referência, agora, deve ser ao art. 104, § 2º, do CPC.

Em face da redação do art. 791, *caput*, da CLT, seria tecnicamente razoável concluir-se que o *ius postulandi* é privativo de *empregados* e *empregadores*; entrementes, pensamos que a menção feita pelo legislador às pessoas do empregado e do empregador não teve o escopo de excluir a capacidade postulatória de outras, que não se amoldem a esses conceitos, mas que possuam ação na Justiça do Trabalho. Tais são os casos, por exemplo, do pequeno empreiteiro (CLT, art. 652, "a", III), do terceiro e, até mesmo, das pessoas envolvidas em litígio derivante da relação de trabalho (CF, art. 114, I). Em suma, estamos a afirmar que, na Justiça do Trabalho, o *ius postulandi* deve se reconhecido a todas as pessoas que pretendem, nela, exercer os direitos constitucionais de ação e de ampla defesa.

Dispõe a CLT, em seu art. 791, § 1º, que, nas ações individuais, as partes poderão se fazer representar não apenas por advogado, mas por provisionado e solicitador, desde que regularmente inscritos na OAB. O provisionado, a que se refere o texto trabalhista, era o prático de Direito, de outros tempos. *O solicitador* é o atual *estagiário*.

Discute-se, ainda, na doutrina e na jurisprudência, acerca dos atos que podem ser praticados, na Justiça do Trabalho, pelos estagiários.

Como vimos, o art. 791, § 1º, da CLT permite que as partes se façam representar por *estagiário* ("solicitador", diz a lei), a autorizar a conclusão de que este poderia praticar *todos* os atos processuais, inclusive aqueles considerados privativos do advogado.

Parcela significativa da jurisprudência, e o próprio Provimento n. 25 do Conselho Federal da OAB consagraram essa opinião. Nós mesmos, em obra anterior, nos manifestamos em igual sentido.

Refletindo mais detidamente sobre o problema, contudo, acabamos por abandonar o antigo entendimento. Em matéria de exercício profissional da advocacia, a Lei n. 8.906/94, sem dúvida, é *específica*. E o seu art. 3º, § 2º, estabelece que "O estagiário de advocacia, regularmente inscrito, pode praticar os atos previstos no art. 1º, na forma do Regulamento Geral, em conjunto com advogado e sob responsabilidade deste". O próprio Conselho Federal da OAB, pelo Provimento n. 59, de 16 de dezembro de 1986 (DOU de 16.1.1987), revogou o § 1º do art. 4º do Provimento n. 25/66, que permitia aos estagiários praticar, na Justiça do Trabalho, os atos privativos do advogado.

Na prática, como sabemos, alguns juízes têm sido tolerantes quanto à restrição legal dos atos que podem ser praticados pelos estagiários.

Já os assessores jurídicos do Estado não possuem poderes de representação, porquanto essa prerrogativa pertence aos Procuradores; vem daí que não devem ser conhecidos os recursos subscritos apenas pelos assessores.

De resto, o preposto não tem poderes para subscrever razões ou contrarrazões de recurso, pois a representação do preponente, como dissemos, exaure-se na audiência, em que poderá oferecer defesa e prestar depoimento (CLT, art. 843, § 1º). A função processual do preposto, por outro lado, é *representar* a parte, e não *substituí-la*, como consta, em mais uma indisfarçável erronia técnica, da mencionada norma legal.

b) Objetivos

1. Recorribilidade do ato

O primeiro exame que incumbe ao juízo de admissibilidade realizar, sob o aspecto objetivo, é se o ato é recorrível, ou seja, se não há, no ordenamento processual, qualquer óbice ao exercício da pretensão recursal.

Como sabemos, em certas hipóteses a lei veda a possibilidade de impugnação do ato jurisdicional infenso aos interesses da parte. Isso ocorre, *e. g.*, quanto aos despachos de mero expediente (CPC, art. 1.001); às decisões interlocutórias (CLT, art. 893, § 1º; CPC, art. 203, § 2º); às sentenças proferidas nas ações de competência exclusiva do órgão de primeiro grau (Lei n. 5.584/70, art. 2º, § 4º), exceto se envolverem matéria constitucional; às decisões sobre liquidação (CLT, art. 884, § 3º).

Constatando a presença de qualquer veto legal à impugnação — pela via recursal — do ato atacado, deverá o juiz denegar o apelo interposto, com o fundamento de ser "incabível na espécie", para utilizarmos a expressão usual, quase protocolar.

O problema de estabelecer quais os atos recorríveis e quais os que não comportam recurso relaciona-se com a política legislativa, que pode sofrer, ao longo dos anos, natural influência de fatores diversos; ao juiz cabe apenas, nesses casos, tornar concreta a vontade da lei, admitindo ou denegando recursos, conforme seja a hipótese. Não lhe é permitido, por isso, admitir recurso quando a lei não o consente, nem recusá-lo quando esta permitir que o interessado dele se valha, contanto que atenda aos requisitos concernentes ao exercício desse direito processual.

2. Regularidade formal da peça de impugnação

Em obras anteriores, não incluíamos a regularidade formal da peça contendo as razões de recurso como pressuposto objetivo à admissibilidade deste. Considerando, porém, que muitos recursos não são admitidos em razão de a correspondente petição não estar, por exemplo, assinada, entendemos conveniente inserir o referido pressuposto.

Realmente, havia casos em que a petição de *interposição* do recurso, dirigida ao juízo *a quo*, estava assinada, mas a das *razões* de recurso, endereçadas ao órgão *ad quem*, não; ou vice-versa. Havia, na jurisprudência, acesa controvérsia sobre se, em tais situações, o recurso deveria ser admitido, ou não; vale dizer, estava em causa a necessidade de ambas as peças estarem assinadas, ou não. Com o escopo de dar fim a essa polêmica, o TST, por sua SBDI-I, adotou OJ n. 120, para dispor que: "Recurso. Assinatura da petição ou das razões recursais. Validade. O recurso sem assinatura será tido por inexistente. Será considerado válido o apelo assinado, ao menos, na petição de apresentação ou nas razões recursais".

Está claro, pois, que a assinatura do recorrente, ao menos em uma dessas duas peças processuais, traduz requisito formal para a admissibilidade do recurso, motivo por que essa exigência não poderia ficar fora do rol dos pressupostos objetivos.

3. Adequação

Por adequação entende-se a conformidade do recurso com a decisão por ele impugnada, segundo a previsão legal (p. ex., cabe recurso ordinário das sentenças proferidas pelas Varas do Trabalho ou pelos Tribunais Regionais em matéria de sua competência originária). Para cada espécie de pronunciamento jurisdicional a lei prevê um recurso próprio, específico, ou seja, *adequado*. Daí, a adequação figurar como um dos pressupostos objetivos para a admissibilidade dos recursos em geral.

À parte incumbe, em virtude disso, escolher o meio adequado para impugnar a decisão com a qual não concorda. Essa afirmação nos coloca, outra vez, diante dos princípios da variabilidade e da fungibilidade, que pudemos examinar no item 13, retro. Para que não nos tornemos repetitórios, remetemos o leitor àquela parte da obra.

Permitimo-nos, apenas, reiterar a opinião de que a variabilidade deve ser amplamente aceita no processo do trabalho, desde que atendidos os correspondentes pressupostos de admissibilidade, vedada, em qualquer hipótese, a dupla interposição. A fungibilidade, contudo, somente será possível quando se tratar de erro sanável, assim entendido aquele que não compromete a logicidade e a estrutura do sistema recursal. Sendo a erronia na interposição daquelas insanáveis não se deverá adotar nenhuma providência salvadora do remédio inadequado, cuja consequência será a sua inadmissibilidade, já pelo próprio juízo *a quo*.

Os fundamentos jurídicos da incidência dos princípios da variabilidade e da fungibilidade no processo do trabalho encontram-se não só na sobrevivência espectral das regras constantes dos arts. 809 e 810 do CPC de 1939, como nos princípios informativos desse processo especializado, dentre os quais se destaca, no particular, o da simplicidade dos atos integrantes do procedimento.

Convém esclarecer que, para variar de recurso, a parte deve manifestar, de maneira expressa, a sua intenção de desistir do que fora por primeiro interposto (e de maneira inadequada). Se o recorrente houver constituído um procurador judicial, este deverá ser dotado de poderes para desistir do recurso primitivo (CPC, art. 998).

Lembra Pontes de Miranda que há sempre um elevado propósito político de salvar o processo das nulidades, fato que autoriza a afirmar-se, por extensão, que esse escopo também se dirige aos recursos erroneamente interpostos. Afinal, estamos falando de processo do trabalho.

4. Tempestividade

Já se disse, com propriedade, que o tempo constitui uma das dimensões fundamentais da vida humana (ALVIM, Arruda. *Manual de direito processual civil*. v. I. São Paulo: Revista dos Tribunais, 1979. p. 272). E o fator tempo se relaciona, intimamente, com o processo, no qual os atos dos sujeitos que dele participam (e não apenas das partes, em sentido estrito) devem ser praticados dentro dos prazos fixados por lei.

Não é unânime, entre os dicionaristas, a etimologia do vocábulo *prazo*. Sustenta Caldas Aulete (*Dicionário contemporâneo da língua portuguesa*. v. 4. Rio de Janeiro: Delta, 1964. p. 3.234) que ele é originário do latim *placitum* (de *placere* = agradar, estar contente); para De Plácido e Silva (*Vocabulário jurídico*. v. 3. Rio de Janeiro: Forense, 1967. p. 1.192) a sua origem está em *platea* (praça, espaço), também do latim, do qual proveio a forma *plazo* da língua espanhola, para expressar o espaço de tempo em que as coisas são feitas.

Parece-nos mais congruente a origem indicada por De Plácido e Silva, pois, na terminologia processual, prazo significa, exatamente, o lapso de tempo, estabelecido por lei ou pelo próprio juiz, dentro do qual uma ou ambas as partes devem praticar os atos que lhes competem.

Do verbete *prazo* defluem o verbo *aprazar* (marcar prazo) e os substantivos *aprazamento* (designação de prazo) e *aprazador* (o que dá prazo).

Os recursos devem ser interpostos atempadamente, ou seja, dentro do prazo fixado por lei, que é peremptório. Desse modo, esgotado o prazo, o direito de exercer a pretensão recursal torna-se precluso. A interposição, depois de exaurido o prazo, faz com que o apelo não seja admitido por sua intempestividade.

Não se permite que as partes convencionem quanto à redução ou prorrogação dos prazos recursais, por serem peremptórios; a dilatação do prazo só pode ser determinada pelo juiz, nunca por mais de dois meses, nas comarcas onde for difícil o transporte (CPC, art. 178, *caput*), cujo limite de elasticemento poderá ser excedido no caso de calamidade pública (*ibidem*, parágrafo único).

A Lei n. 5.584/70, em disposição elogiável, procedeu à homogeneização dos prazos recursais, fixando-os em oito dias (art. 6º), que são aplicáveis também às contrarrazões. Essa uniformização dos prazos, contudo, está circunscrita aos recursos arrolados no art. 893, I a IV, da CLT, ao qual a sobredita lei faz expressa referência. Sendo assim, os demais recursos previstos no processo do trabalho (como, *v. g.*, o pedido revisional, o agravo regimental etc.) serão interpostos nos prazos fixados pelas respectivas normas legais que os disciplinam. O prazo para a interposição do recurso extraordinário é de quinze dias (CPC, art. 1.003, § 5º), sendo de cinco dias o relativo aos embargos de declaração (CLT, art. 897-A, *caput*).

O prazo para formular reclamação correcional — para quem a considera modalidade de recurso — é previsto nos Regimentos Internos dos Tribunais.

Se, na fluência do prazo para recorrer, sobrevier o falecimento do litigante (ou do interessado, nos casos de administração pública de interesses privados) ou de seu advogado ou se ocorrer motivo de força maior da parte, que suspenda o processo, o prazo restante será restituído em benefício desta, do herdeiro ou do sucessor, contra quem recomeçará a fluir a contar da intimação (CPC, art. 1.004). A morte da parte, contudo, não acarreta, por si só e de maneira automática, a suspensão do prazo; para que isso aconteça, há necessidade de que o fato seja levado ao conhecimento do juízo pelo qual se processa o feito.

Na Justiça do Trabalho, a União, os Estados-membros, o Distrito Federal, os Municípios, as autarquias e as fundações de direito público interno (sic), que não explorem atividade econômica, possuem, por força do Decreto-Lei n. 779/69, entre outras prerrogativas, a do prazo em quádruplo para contestar e em dobro para recorrer (art. 1º, II e III).

Em termos práticos, as pessoas jurídicas de direito público mencionadas no Decreto-Lei n. 779/69 terão, por princípio, o prazo de dezesseis dias para interporem recurso; dissemos *por princípio* porque, no caso de recurso extraordinário, esse prazo será de trinta dias. E, se reconhecermos a qualidade de recurso (embora *sui generis*) ao pedido de revisão a que se refere o art. 2º, § 1º, da Lei n. 5.584/70, seremos levados a concluir que tais pessoas terão o prazo de noventa e seis horas para fazer uso da medida. Do mesmo modo, o prazo para a oposição de embargos declaratórios será de dez dias (TST, SBDI-I, OJ n. 192)

Possuindo, os litisconsortes, procuradores judiciais diversos, de escritórios de advocacia distintos, ser-lhes-ão contados em dobro os prazos para contestar, recorrer e, de maneira geral, para falar nos autos (CPC, art. 229), conquanto a OJ n. 310, da SDI-I do TST, em entendimento do qual discordamos, afirme ser incompatível com o processo do trabalho a duplicação de prazo, prevista na mencionada norma do processo civil.

O comando rígido dos prazos, entretanto, não constrange apenas as partes; projeta-se muito além, para subjugar os demais sujeitos do processo e, em particular, o magistrado, a quem, de certo modo, tiraniza. Tanto isso é verdadeiro, que ao juiz são fixados, entre tantos, os seguintes prazos: a) cinco dias para exarar despachos de expediente (CPC, art. 226, I); b) dez dias para proferir decisões (*idem, ibidem*, II); c) trinta dias para emitir sentenças (III); d) cinco dias para julgar embargos à execução e impugnação à "sentença" de liquidação (CLT, art. 885). No caso dos embargos de declaração o julgamento deverá ocorrer na primeira audiência (Vara) ou sessão (Tribunal) subsequente à sua apresentação (CLT, art. 897-A).

Esteve forte em razões, portanto, Pontes de Miranda ao afirmar que o juiz está "condenando à atividade", dado que a lei o pune por parar (*apud* COSTA, Coqueijo, obra cit., p. 47). Com efeito, estabelece a alínea *d* do art. 658 da CLT que se o Juiz exceder, sem justificativa razoável, aos prazos que lhe são fixados, sujeitar-se-á ao "desconto correspondente a um dia de vencimento para cada dia de retardamento". Essa disposição, entretanto, está em antagonismo com o art. 95, III, da Constituição da República, que assegura aos magistrados a irredutibilidade de vencimentos, ressalvados os impostos gerais e os extraordinários. Aquela Norma da CLT foi, portanto, tacitamente revogada pela Constituição Federal. A observar-se, ainda, o disposto na letra "e" do inciso II do art. 93, da Constituição Federal, segundo a qual o juiz que retiver os autos em seu poder, além do prazo legal, não poderá ser promovido.

O sistema dos prazos processuais é informado, basicamente, por cinco princípios: a) da utilidade; b) da continuidade; c) da inalterabilidade; d) da peremptoriedade; e) da preclusão.

É proveitoso examiná-los.

a) Princípio da utilidade dos prazos

Significa que os prazos fixados por lei ou assinados pelo juiz devem ser úteis, isto é, hábeis à satisfação dos objetivos processuais para os quais foram instituídos. Há, assim, uma profunda relação entre o prazo e a finalidade a que se destina, de acordo com os critérios adotados pelo legislador para a consequente fixação.

Daí, a existência de prazos com maior ou menor duração.

Um efeito prático extrai-se dessa regra. É que se a parte, por motivos que não lhe possam ser irrogados, não pôde valer-se do prazo útil, total ou parcialmente, que lhe era assegurado, a solução será restituir-lhe, por igual, o faltante. Esse é o preceito do art. 176 do CPC, de aplicação supletiva no processo do trabalho.

O princípio da utilidade, porém, não é absoluto, pois são computados na fluência do prazo os dias em que, ordinária ou extraordinariamente, não houver expediente no foro. Citamos, como exemplo: a) do primeiro caso, os sábados, os domingos e os feriados. No passado, incluíamos, também, o denominado recesso do Judiciário Federal, no período de 20 de dezembro a 6 de janeiro, instituído pela Lei n. 5.010/66. Essa norma legal, todavia, foi derrogada pelo inciso XII, do art. 93, da Constituição Federal (acrescentado pela Emenda n. 45/2004), que declara ser ininterrupta a atividade jurisdicional; b) do segundo, o dia em que se houver determinado o fechamento do fórum (Lei n. 1.408/51) ou em que for feriado, em que tenha sido determinado o fechamento do fórum ou o expediente tenha sido encerrado antes ou iniciado depois da hora normal e houver interrupção da comunicação eletrônica (CPC, art. 224, § 1º).

É relevante observar que os prazos não se iniciam nem se vencem em dias desúteis (CLT, arts. 775 e parágrafo único, e 224, *caput* e § 1º).

Sendo contínuos e irrelevantes, os prazos somente podem ser prorrogados nos casos previstos em lei (CLT, art. 775, *caput*).

Sempre que uma das partes houver criado algum obstáculo, o prazo ficará suspenso para a outra. Seria o caso, *e. g.*, de um dos litigantes retirar os autos da Secretaria, para efeito de interposição de recurso, quando o prazo for comum; nessa hipótese, o prazo será restituído ao ex-adverso por tempo igual ao que faltava para a sua complementação (CPC, art. 221).

Importante regra foi introduzida pelo CPC atual, ao declarar que quando o prazo for fixado em dias, seja por força de lei, seja em virtude de despacho judicial, "computar-se-ão somente os dias úteis" (art. 219, *caput*).

O vencimento dos prazos deverá ser sempre certificado nos autos, pelo escrivão ou pelo diretor da Secretaria do órgão (CLT, art. 776). Embora essa certificação não tenha eficácia para subordinar o juízo de admissibilidade *a quo*, ou mesmo o *ad quem*, é certo que a sua existência nos autos, além de obrigatória, permite melhor verificação formal, e de maneira mais rápida, quanto à tempestividade ou não do apelo interposto.

b) Princípio da continuidade

Esse princípio é algo fronteiriço com o da utilidade, com o qual, em certos aspectos, chega a entrelaçar-se.

Por meio dele afirma-se que os prazos são contínuos, cuja suspensão, como fato excepcional, está rigidamente disciplinada por lei. O princípio da continuidade identifica-se, portanto, com a afirmação de que os prazos, uma vez iniciados, devem ter livre curso até o seu final.

Suspensão e interrupção, contudo, não se confundem. Enquanto na primeira o prazo que havia fluído é aproveitado, na segunda esse aproveitamento não ocorre. Importa dizer: lá, a contagem do prazo prossegue a partir do momento em que se verificou a suspensão; aqui, tudo se apaga, iniciando-se nova contagem.

Outrora, os embargos de declaração suspendiam o prazo para a interposição de recurso; atualmente, interrompem-no (CPC, art. 1.026, *caput*).

c) Princípio da inalterabilidade

Iterando o que disséramos na oportunidade do exame do princípio da utilidade, a duração do prazo guarda estreita conexão com a necessidade de tempo que requer para ser praticado. Sob esse prisma, tanto a redução quanto a ampliação dos prazos ferem esse equilíbrio, essa ordem harmoniosa que há entre o lapso de tempo (prazo) e a finalidade a que se visa (prática de determinado ato). Pode-se mesmo asseverar que o princípio da inalterabilidade é consequência direta do da utilidade, ao qual, aliás, Moacyr Amaral Santos reconhece base científica (*Primeiras linhas*, p. 253).

Como demonstramos, a proibição de alterar os prazos processuais é dirigida ao juiz e às partes. A estas torna-se defeso reduzir ou dilatar os prazos peremptórios, ainda que mediante comunhão de vontades.

d) Princípio da peremptoriedade

Dizem-se peremptórios aqueles prazos que são fixados sem qualquer possibilidade de serem alterados; disso resulta que terminam, inexoravelmente, no dia do seu vencimento (*dies ad quem*). São fatais.

Os prazos para interposição de recursos, *v. g.*, caracterizam-se pela peremptoriedade.

O decurso *in albis* do prazo recursal implica a extinção automática, ou seja, independentemente de declaração judicial (CPC, art. 223, *caput*) do direito de exercer a pretensão (preclusão temporal), possibilitando-se à parte, entretanto, comprovar que deixou de praticar o ato em virtude de força maior (CLT, art. 775, *caput*) — a que o processo civil denomina justa causa (CPC, art. 223, *caput*).

e) Princípio da preclusão

A preclusão, em sentido amplo, configura-se pela perda de uma faculdade ou de um direito processual, que, por não haver sido exercido no momento ou no tempo oportuno, fica extinto.

É bem verdade que esse conceito mais se aproxima da preclusão temporal, que, todavia, não é a única espécie. Além dela, há a *lógica*, que diz da incompatibilidade entre o ato que se deseja praticar e o anteriormente realizado, e a *consumativa*, que indica a impossibilidade de colocar-se em prática o ato em virtude de já haver sido realizado.

No caso específico dos recursos, a preclusão que mais incide é a temporal, a despeito de não ser impossível a ocorrência das demais modalidades.

A preclusão não se confunde com a sanção. Esta é a consequência prevista em lei para o não-cumprimento de determinada norma processual, pressupondo, desse modo, o inadimplemento de uma *obrigação* afeta à parte. Na preclusão, ao contrário, inexiste qualquer vínculo obrigacional que tenha sido desrespeitado pelo litigante. Quem deixa fluir em branco o prazo de recurso não está, nem de longe, inadimplindo uma obrigação, mas, apenas, deixando, espontânea ou involuntariamente, de valer-se de uma *faculdade* processual. E o efeito preclusivo desse ato omisso não pode ser comparado a uma sanção.

Daí, o correto magistério de Arruda Alvim de que a preclusão não concerne à existência de um direito, dizendo respeito, isso sim, às faculdades processuais (obra cit., p. 283).

Nenhuma exposição sobre os prazos processuais pode prescindir do estudo acerca dos critérios estabelecidos para a correspondente *contagem*. E a obediência a esse conselho coloca-nos diante das Súmulas ns. 1 e 197 do TST, motivando-nos a comentá-las.

Dispõe a Súmula n. 1 que "Quando a intimação tiver lugar na sexta-feira, ou a publicação com efeito de intimação for feita nesse dia, o prazo judicial será contado da segunda-feira imediata, salvo se não houver expediente, caso que fluirá do dia útil que se seguir".

A Súmula, como se vê, apenas explicita a regra legal (CLT, art. 765) de que os prazos não se iniciam (nem se vencem) em dias não úteis. Para que a fluência do prazo tenha início é imprescindível que as partes sejam *intimadas* (CPC, art. 231). Não se confunda, entretanto, o dia em que a intimação foi feita (*dies a quo*) com o dia em que se inicia a contagem do prazo; somente aquele é excluído, pois *dies a quo non computatur*.

Se a intimação ocorreu em uma sexta-feira, o prazo apenas terá início na segunda-feira subsequente, salvo se nesse dia, por qualquer motivo, não houver expediente no foro, hipótese em que a fluência iniciar-se-á na terça-feira e, ainda assim, se esse dia for útil.

No caso de o jornal oficial contendo a publicação com efeito de intimação apenas circular na parte da tarde, firmou-se a jurisprudência em acrescentar um dia à contagem, cujo procedimento Coqueijo Costa reputou estar está cônsono com a Lei n. 1.408/51 (obra cit., p. 194). O STF, porém, na vigência do CPC de 1973 entendeu revogada a referida lei, razão por que "o prazo começa a fluir do dia imediato ao da intimação, mesmo quando esta se deu mediante publicação no órgão oficial que tenha circulado apenas na parte da tarde, ressalvados apenas os casos especiais previstos no mesmo Código" (RE n. 83.874, Rel. Min. *Cunha Peixoto*, DJU de 9.4.1976, p. 2387).

Quando a intimação for feita pela publicação do ato no jornal oficial, é necessário — sob pena de nulidade — que dela constem os nomes das partes e de seus advogados, e o número da inscrição na OAB, ou da sociedade de advogados (se assim for requerido) de modo suficiente a permitir sua identificação (CPC, art. 272). Em qualquer caso, entretanto, a intimação do Ministério Público será pessoal (Lei Complementar n. 75/93, art. 18, inciso II, letra "h").

Havendo erro ou omissão na publicação, uma nova deverá ser feita, fluindo a partir da última o prazo. Na hipótese, contudo, de o tribunal entender que a republicação era desnecessária, o prazo será contado da primeira publicação, cuja consequência virtual será o não-conhecimento do recurso, por intempestivo. Que se acautelem as partes e seus procuradores quanto a essa particularidade.

Regra específica norteia a contagem dos prazos fixados por hora ou por minuto; aqui, a contagem deveria ser feita, em rigor, minuto a minuto ou hora a hora; a praxe forense, com o beneplácito da jurisprudência, contudo, não tem levado à risca essa regra, notadamente em relação ao prazo/hora.

Súmula do TST que, no passado, mereceu nossos comentários críticos foi a de n. 37. O seu enunciado era o seguinte: "O prazo para recurso da parte que não compareceu à audiência de julgamento, apesar de notificada, conta-se da intimação da sentença".

Tínhamos, de longa data, entendimento frontalmente contrário ao subsumido pela precitada Súmula, conforme pudemos expor em nossos "Comentários às Súmulas Processuais do TST" (São Paulo: LTr, 1981. p. 126/128). Vejamos os argumentos que, na época, utilizávamos.

Código de Processo Civil   Art. 993

Estatui o art. 834 da CLT que "(...) a publicação das decisões e sua notificação aos litigantes, ou a seus patronos, consideram-se realizadas nas próprias audiências em que forem as mesmas proferidas". Essa disposição é reproduzida pelo art. 852 do mesmo texto legal. A doutrina e a jurisprudência, porém, argumentavam, em defesa da Súmula n. 37, que o comando dos arts. 834 e 852 da CLT somente deveria ser observado quando a audiência fosse, efetivamente, una e contínua, como quer o art. 849. Em sentido inverso, ditos preceitos legais não incidiriam sempre que ocorresse o fracionamento da audiência, como geralmente acontecia na realidade prática. Nesse caso, segundo essa corrente de opinião, as partes não estariam obrigadas a comparecer à audiência de julgamento, do que decorria o seu direito a serem intimadas da sentença que aí viesse a ser proferida.

O argumento, *data venia*, não impressionava.

O problema, dizíamos, deveria ser examinado não sob o ângulo da obrigatoriedade, ou não, de as partes comparecerem à audiência de julgamento, mas, sim, a partir do fato de estarem, prévia e regularmente, intimadas de que o proferimento da sentença se daria naquela audiência. Enfatizávamos que, ao se intimarem as partes (geralmente na audiência em que ocorria o encerramento da instrução) de que, na próxima audiência, haveria a publicação da sentença, não se estava, com isso, exigindo-lhes que comparecessem a ela, se não que lhes fixando, por antecipação, o *dies a quo* da contagem do prazo para a oposição de embargos declaratórios ou para a interposição do recurso ordinário.

Não se estava, por outras palavras, pretendendo intimá-las daquilo que ainda não ocorrera (a prolação da sentença) — o que seria inconcebível — mas, sim, dar-lhes ciência de que, na data aprazada, a sentença estaria pronta, publicada e à sua disposição.

Observávamos que o próprio processo civil de 1973 considerava as partes intimadas na audiência em que ocorresse a publicação da sentença (CPC, art. 242, § 1º).

Entendíamos que o conteúdo da Súmula n. 37 era desrespeitoso da realidade forense e de certos princípios cardeais do processo do trabalho. Embora não o pretendesse, a verdade é que a Súmula em pauta retardava a fluência dos prazos, procrastinava a formação da coisa julgada e onerava a Justiça do Trabalho, que se via obrigada a intimar, via postal ou até mesmo mediante carta precatória, as partes que deixassem de comparecer — muitas vezes propositadamente — à audiência de julgamento.

Também não nos impressionava o argumento de que, a considerar-se as partes intimadas na audiência de julgamento, conforme estabelecem os arts. 834 e 852 da CLT, estar-se-ia conferindo um tratamento privilegiado ao revel, uma vez que este, por lei (CLT, art. 852, parte final), deve ser sempre intimado da sentença. Ora, a exigência da intimação do revel articula-se com a *forma* (CLT, art. 841, § 1º) pela qual o réu é citado para o processo de conhecimento, que, sendo mediante registro, não oferece certeza ao juízo, em muitos casos, se o réu foi realmente comunicado daquele ato, quanto mais não seja se levarmos em conta a orientação contida na Súmula n. 16 do TST, que presume recebida a notificação (*sic*) quarenta e oito horas depois de sua regular postagem. Já no processo civil, a citação do réu deveria ser pessoal (CPC, de 1973, art. 215, *caput*) ou, quando menos, na pessoa de seu representante legal ou de seu procurador legalmente autorizado (*ibidem*). Daí por que, naquele processo, os prazos contra o revel corriam independentemente de intimação (art. 322, em sua antiga redação), conquanto ele pudesse intervir no processo, recebendo-o no estado em que se encontrar (*ibidem*).

Lembrávamos ser oportuna a observação de Russomano, para quem a orientação da Súmula n. 37 originava, na prática, uma situação injusta, pois a parte que atende o pregão judicial, comparece à audiência e toma ciência da decisão no ato em que ela é prolatada, tem o prazo de recurso contado desse vencimento. A parte displicente, que desobedece à intimação da Justiça, tem o prazo protelado, prorrogado, pois que ele só começa a fluir do recebimento da intimação que lhe venha a ser endereçada" (*Comentários à Consolidação das Leis do Trabalho*. v. IV. Rio de Janeiro: José Konfino, p. 1.312). A displicência da parte, a que se referiu o eminente jurista gaúcho, cedia lugar, não raro, à astúcia, à artimanha, às atitudes sagazes de que ela se valia para provocar um retardamento da fluência dos prazos.

Concluíamos, sugerindo que o Egrégio TST bem faria se providenciasse o cancelamento da malsinada Súmula, redimindo-se, com isso, do desacerto de havê-la editado. Sob esse aspecto, dizíamos calhar, como mão à luva, as palavras que o notável *Shakespeare* colocou, há mais de três séculos e meio, na boca da sua imortal personagem, Hamlet, o Príncipe da Dinamarca: "É um desses hábitos, cuja quebra honra mais que a observância".

Felizmente, o TST, com grande lucidez, adotou a Súmula n. 197, que, cancelando a de n. 37, dispõe: "O prazo para recurso da parte que, intimada, não comparecer à audiência em prosseguimento para a prolação da sentença, conta-se da sua publicação". Voltou-se a respeitar, com isso, a letra da lei. A intimação da sentença é feita, portanto, na própria audiência de julgamento, estejam as partes presentes ou não. É conveniente deixar claro que essa intimação está subordinada ao atendimento de dois requisitos: a) que a sentença, na data designada, esteja pronta, vale dizer, redigida e assinada pelo juiz; b) que a parte tenha sido intimada em relação a essa audiência. Satisfeitos esses requisitos, considerar-se-á feita a intimação mesmo que as partes tenham deixado de comparecer à audiência.

Pertence a um passado equívoco, pois, o *hábito* de intimar-se os litigantes que não comparecessem à audiência em que ocorria o julgamento. Foi útil, sem dúvida, a advertência feita por Hamlet...

A propósito, se esse hábito levar a que, em determinado caso, se expeça, inadvertidamente, o instrumento de intimação da sentença à parte que não compareceu à audiência em que foi proferida, o prazo para o exercício da pretensão fluirá a contar da audiência, e não da intimação dirigida ao litigante. É que esse eventual descuido da Secretaria da Vara não tem eficácia para derrogar o conteúdo da Súmula n. 197 do TST, que nada mais fez do que respeitar o próprio império da lei (CLT, arts. 834 e 852).

Está no enunciado da Súmula n. 30 do TST: "Quando não juntada a ata, ao processo (sic), em 48 (quarenta e oito) horas contadas da audiência de julgamento (art. 851, § 2º, da CLT), o prazo para recurso será contado da data em que a parte receber a intimação da sentença".

O teor da Súmula requer alguns comentários.

Antes, porém, observemos que o recurso em questão é o ordinário, e que a juntada da ata se dá *nos autos*, e não no processo, como consta.

O princípio geral é de que os litigantes serão intimados da sentença na própria audiência em que essa for proferida (CLT, arts. 834 e 852). Pode ocorrer, todavia, que, em tal oportunidade, a sentença não esteja ainda concluída; nessa hipótese, permite-se que o juiz comunique às partes presentes, por antecipação, apenas o *resultado* do julgamento, providenciando para que a ata, contendo a sentença completa (relatório, fundamento e dispositivo), seja juntada nos autos dentro de quarenta e oito horas. É dessa situação que cogita a Súmula n. 30, em exame.

Ao estabelecer, entretanto, que se a sentença *não* vier aos autos naquelas quarenta e oito horas o prazo para o recurso será contado da data em que as partes forem efetivamente intimadas da sentença, a Súmula acaba afirmando, por via transversa, que se a junção acontecer no referido prazo a contagem para o exercício da pretensão recursal será liberada desde a data da audiência de julgamento.

Surge, diante disso, a nossa discordância quanto a esse singular critério.

Sem embargo, a prevalecer a orientação perfilhada pela Súmula n. 30, o recorrente teria, como se percebe, somente *seis* dias para interpor o recurso (ou três dias para o oferecimento de embargos declaratórios), porquanto o prazo teria começado a fluir já da audiência de julgamento. Ora, nessa ocasião inexistia a sentença, como ato jurisdicional formal; o que nos autos estava lançado era, apenas, o *resultado* do julgamento. Como iria a parte legitimada, em consequência, exercer a sua pretensão se ainda não lhe fora dada a possibilidade de conhecer os *fundamentos* da decisão e, acima de tudo, o *dispositivo*, contra o qual, como sabemos, particularmente se dirige a impugnação?

O critério adotado, implicitamente, pela Súmula fere de morte, pois, certos princípios medulares do processo, dentre os quais o da *utilidade* dos prazos e o de *equanimidade*, no que respeita ao tratamento que o juiz deve conceder às partes, seus direitos e interesses.

É elementar que, mesmo juntada a sentença aos autos nas quarenta e oito horas a que se refere a Súmula, o prazo recursal somente poderá ser contado da data em que os litigantes forem intimados da efetiva entrega da prestação jurisdicional. Fora disso, é restringir direitos subjetivos, constitucionalmente assegurados.

Por outro lado, entendemos que a faculdade de o juiz mandar juntar nos autos a sentença quarenta e oito horas após a audiência de julgamento só se justifica quando for o caso de audiência incindível ("una"), ou seja, na qual são praticados todos os atos do procedimento legal, inclusive (e por princípio) a prolação da própria sentença. Nenhuma razão lógica ou jurídica há para invocar-se essa faculdade quando se adotar, no juízo, a praxe de *fracionar* a audiência (tripartindo-a, p. ex., em inicial, de instrução e de julgamento).

Com efeito, se, encerrada a instrução, o juiz designar, para uma outra data, a audiência de julgamento, advindo esta, a sentença deverá estar elaborada, redigida, juntada aos autos e à disposição das partes, não se justificando que, nessa ocasião, unicamente seja proclamado o resultado do julgamento, para trazer-se aos autos, nas quarenta e oito horas subsequentes, a sentença integral. Compreende-se que essa junção posterior da ata, contendo a sentença, tenha sido permitida quando se tratar de audiência indivisível, pela virtual dificuldade, já mencionada, de o juiz realizar, no mesmo ato, o julgamento motivado.

Cindida que seja a audiência, nada mais autoriza a reservar-se a juntada da sentença nas quarenta e oito horas que se seguirem à audiência de julgamento.

5. Depósito pecuniário

Qualquer recurso, inclusive o extraordinário, somente será admitido mediante o prévio depósito do valor da condenação (CLT, art. 899, § 1º). Essa exigência, como é elementar, concerne apenas ao empregador ou ao réu. Daí por que dele estará dispensado o empregado, mesmo que tenha sido, em virtude de reconvenção formulada pelo empregador, condenado ao pagamento de certa quantia em favor deste. Com *prévio*, quis a lei deixar claro que o depósito deveria anteceder à interposição do recurso. Distendendo a regra legal, todavia, a jurisprudência passou a admitir que o depósito fosse realizado simultaneamente à apresentação do recurso. Mais tarde, a Lei n. 5.584/70, por seu art. 7º, veio determinar que a comprovação do depósito fosse feita *dentro* do prazo para a interposição do apelo. Disso resulta que já não vigora a exigência de prévio depósito, salvo se concluirmos que a antecedência, após o advento da Lei n. 5.584/70, deve ser entendida com relação ao *despacho-decisório* de admissibilidade, proferido pelo juízo *a quo*. Essa interpretação, como percebe-se, seria visivelmente forçada.

Não raro, a parte interpõe o recurso logo nos primeiros dias do prazo; diante disso, é conveniente examinarmos se a comprovação do depósito correspondente deve ser feita no ato de interposição ou pode ser efetuada até o último dia do prazo que a lei estabelece para o exercício da pretensão recursal.

Estamos seguros de que a interposição antecipada do recurso não cassa o direito de a parte comprovar a realização do depósito pecuniário até o último dia do prazo legalmente fixado para o exercício daquela pretensão. Não nos parece possível sustentar que, na espécie, a interposição antecipada do apelo deva ser interpretada como renúncia tácita ao restante do prazo, também para efeito de comprovação do referido depósito; incumbe ao juízo de admissibilidade *a quo*, portanto, aguardar a exaustão do prazo recursal para verificar se o depósito foi ou não efetuado, pouco importando que a pertinente pretensão tenha sido exercida nos primeiros dias desse prazo.

Foi essa, igualmente, a orientação adotada pelo TST, via Súmula n. 245, cujo enunciado dispõe que "O depósito recursal deve ser feito e comprovado no prazo alusivo ao recurso, sendo que a interposição antecipada deste não prejudica a dilação legal". O substantivo *dilação* foi aí utilizado com o sentido de *prazo*.

Cabe reiterar que o depósito deverá ser realizado nos limites previstos em lei, conforme se trate de recurso ordinário, de revista, de embargos infringentes, ou interposto em sede de ação rescisória (Lei n. 8.177/91, art. 40, *caput* e § 1º).

A Instrução Normativa n. 3/93 do TST, alude, também, ao recurso extraordinário, para o STF (inc. II).

É importante assinalar que, em virtude da expressão *sendo (o depósito) devido a cada novo recurso interposto no processo*, constante do *caput* do art. 40. da precitada norma legal, alguns intérpretes afoitos passaram a sustentar que esse depósito deveria ser efetuado, também, quando do pedido de revisão do valor da causa, de que se ocupa o § 1º do art. 2º da Lei n. 5.584/70, e da interposição de embargos declaratórios, de agravo de instrumento e de outros. Foi o caso de António Alves da Silva, em: "Depósito Recursal e Processo do Trabalho" (Brasília: Centro de Assessoria Trabalhista,1991. p. 15/24).

Data venia, essa interpretação é não apenas aberrante do senso literal e do escopo da Lei referida, como conduziria, em concreto, a que tais depósitos sucessivos excedessem, em muito, ao valor da própria condenação — ainda que este fosse atualizado quando da interposição do recurso! Ora, a referência feita pela Lei n. 8.177/91 aos recursos ordinário, de revista e de embargos infringentes (para colocarmos de parte os extraordinários) não foi obra do acaso, traduzindo, isto sim, o propósito inequívoco da norma em limitar os sobreditos depósitos pecuniários às modalidades de impugnação dos pronunciamentos jurisdicionais citados. Logo, o que fez a Instrução Normativa n. 3/93 do TST nada mais foi do que realçar, do que explicitar aquilo que a lei já dizia, sem nada acrescentar, sem nada inovar e sem a nada transbordar.

Mais: se o recorrente (empregador) depositar (quando da interposição do recurso ordinário, p. ex.) o valor integral da condenação, a nenhum outro depósito em pecúnia estará obrigado, exceto se, em decorrência de recurso interposto pela parte contrária (o trabalhador), outros valores forem acrescidos à condenação.

Não menos desassisado seria afirmar-se que até mesmo o trabalhador estaria compelido a realizar esse depósito, nas hipóteses em que fosse condenado a pagar determinada quantia ao empregador, e da sentença desejasse recorrer, porquanto uma tal inferência implicaria subverter a vocação ideológica do processo do trabalho, dirigida à tutela daquele.

Por outro lado, em alguns casos, *todos* os réus, desde que vencidos na causa, deverão realizar o depósito, ainda que um deles já o tenha feito. Essa afirmação, por estar em desarmonia com o pensamento doutrinal predominante, exige justificativa. Antes de mais nada, devemos esclarecer que a nossa opinião não tem em vista a generalidade dos casos, senão que situações algo particulares. Uma dessas situações ocorre quando um dos réus está requerendo a sua exclusão da relação processual. Admitamos, para efeito de ilustração, que A e B foram condenados, em caráter solidário, ao adimplemento de certa obrigação, referida na sentença. Se ambos recorrerem, mas apenas B efetuar o depósito pecuniário, ainda que no valor da condenação (acima do próprio limite legal), esse depósito em nada beneficiará a A, caso B esteja, no recurso, pedindo a sua exclusão do processo. A razão é elementar: se B obtiver êxito em sua pretensão, sendo, em virtude disso, excluído da relação processual, é evidente que levará consigo o depósito pecuniário, anteriormente efetuado, fazendo com que, em termos concretos, o recurso interposto por A tivesse sido admitido, sem que este realizasse o aludido depósito. Ou seja, teríamos uma situação, sem dúvida irregular, em que um dos réus teria o seu recurso admitido (e, talvez, provido), sem atender ao pressuposto legal objetivo do depósito em dinheiro.

Situações como a narrada não são cerebrinas, tendo sido verificadas com frequência, na prática. Há casos, *v. g.*, em que o trabalhador, embora tenha sido contratado por uma empresa prestadora de serviços, obtém o reconhecimento jurisdicional de que a relação de emprego se estabeleceu, na verdade, com a empresa cliente (tomadora). Se a sentença, que assim dispôs, mantiver a primitiva empregadora (empresa prestadora de serviços) na relação processual, a título de responsável solidária, e ambas as empresas vierem a interpor recurso, mas só a tomadora realizar o depósito pecuniário, o recurso da prestadora de serviços não deverá ser admitido. Como dissemos há pouco, poderá acontecer de o tribunal dar provimento ao recurso da tomadora, que, em razão disso, levantará o valor depositado, ficando o recurso da prestadora de serviços, em rigor, deserto. Se um dos objetivos desse depósito repousa na necessidade de assegurar-se, ainda que em parte, o sucesso da futura execução, fica fácil perceber que esse escopo será frustrado toda vez que permanecer na relação jurídica processual, apenas, a ré que não havia feito o mencionado depósito.

Cabe lembrar que, em se tratando de regime litisconsorcial (passivo e simples, como no exemplo citado), incide a regra formulada pelo art. 117 do CPC, conforme a qual os litisconsortes serão considerados, em suas relações com a parte contrária, como litigantes distintos (exceto no litisconsórcio unitário), de tal maneira que os atos ou as omissões de um não prejudicarão o outro, embora possam beneficiá-lo.

Na hipótese de um dos réus efetuar o depósito no valor *da condenação,* mas não estar pretendendo a sua exclusão do processo, esse depósito beneficiará os demais réus, porquanto não haverá o risco de o recurso ficar deserto.

Nosso entendimento sobre a matéria aqui versada acabou sendo consagrado pela Súmula n. 128, do TST (inciso III).

Se a sentença deixar de fixar o valor da condenação, observar-se-á, para efeito de depósito, o que houver sido arbitrado para o cálculo das custas, respeitado, sempre, o limite legal (CLT, art. 899, § 2º). É oportuno lembrar a determinação contida no art. 832, § 2º, da CLT, de que "a decisão mencionará sempre as custas que devam ser pagas pela parte vencida".

Não havendo condenação em pecúnia, é evidente que o depósito será inexigível. Tal seria o caso, p. ex., das sentenças que determinassem unicamente a anotação do contrato de trabalho na CTPS do empregado ou das que fossem apenas declaratórias. Estabelece, a respeito, a Súmula n. 161 do TST que, "Se não há condenação a pagamento em pecúnia, descabe o depósito de que tratam os §§ 1º e 2º do art. 899 da CLT. Ex-Prejulgado n. 39".

O depósito deverá ser feito na conta vinculada do empregado, a que se refere a Lei n. 8.036, de 11.5.1990 (CT, art. 899, § 5º). Se o trabalhador não possuir ainda conta vinculada em seu nome, esta deverá ser aberta pelo empregador, especialmente para essa finalidade. Embora a lei faça alusão a *empregado,* é certo que a conta vinculada deverá ser aberta em nome do autor (reclamante"), mesmo que este seja operário ou artífice (CLT, art. 652, "a", III). De igual modo, esse depósito deve ser efetuado em conta do FGTS, mesmo que se trate de trabalhador rural, pois a Constituição Federal de 1988 fez com que esses trabalhadores passassem, também, a ser abrangidos pelo regime do FGTS (art. 7º, III).

O depósito pecuniário em conta vinculada ao FGTS visa a propiciar que essa quantia seja corrigida monetariamente e sobre ela incidam os juros da mora. Dispunha a Súmula n. 165, do TST (antigo Prejulgado n. 45): "O depósito, para fins de recurso, realizado fora da conta vinculada do trabalhador, desde que feito na sede do Juízo, ou realizado na conta vinculada do trabalhador, apesar de fora da sede do juízo, uma vez que permaneça à disposição deste, não impedirá o conhecimento do apelo". Dissentíamos, profundamente, da orientação consagrada pela referida Súmula, máxime quando permitia que o depósito fosse realizado *fora* da conta vinculada do empregado, embora na sede do juízo.

O argumento implícito da Súmula era de que, nessa hipótese, o depositante (via de regra, o empregador) responderia, diretamente, pela correção monetária e pelos juros da mora devidos, com o que deixaria de haver qualquer prejuízo para o trabalhador. O argumento, todavia, cometia imprudente abstração da realidade prática. Ora, em inúmeros casos verifica-se, na execução da sentença, que o empregador-réu (que havia feito o depósito recursal fora da conta vinculada do empregado) encerrara as suas atividades e mudara-se de endereço sub-repticiamente, de tal modo que não mais era localizado para efeito de ser compelido a adimplir, em sua totalidade, a obrigação estampada no título executivo judicial. Admitamos que o valor da execução excedesse, em muito, ao do depósito feito, digamos, em conta corrente bancária: quem responderia, nesse caso, *ao menos,* pela correção monetária e pelos juros da mora relativos àquele depósito? Como sustentar-se, diante de situações reais como essas, a inexistência de prejuízo manifesto e significativo para o empregado, que receberia aquela quantia gravemente corroída em seu poder de compra por força das elevadas taxas inflacionárias, então existentes?

Afirmávamos que a Súmula n. 165, do TST, a pretexto, talvez, de interpretar a lei (CLT, art. 899, § 4º), acabara por desrespeitá-la, por voltar-se contra ela de maneira danosa e irrefletida. Esses fatos nos autorizaram a aconselhar o cancelamento da precitada Súmula. Tempos depois, ela foi, efetivamente, cancelada pela Resolução Administrativa n. 87/98.

Se autor e réu houverem interposto recurso ordinário da sentença, e o tribunal der provimento apenas ao do primeiro, por modo a acrescer o valor da condenação, deverá o segundo, caso pretenda interpor recurso de revista desse acórdão, *complementar* o valor do depósito, sob pena de o seu apelo não ser admitido, por deserto.

De igual maneira, entendemos que, se houver mais de um autor (litisconsórcio ativo: CLT, art. 842), e embora o réu seja apenas um, este deverá efetuar o depósito *em relação a cada autor* (observado o limite legal), desde que a soma desses depósitos não ultrapasse o valor da condenação. Não há qualquer absurdo nesse parecer; ele decorre de uma interpretação conjugada nos arts. 899 e 842 da CLT. Basta ver que, se os vários autores houvessem proposto ações distintas, isto é, em separado, o réu deveria efetuar um depósito para cada autor, caso pretendesse interpor recurso da sentença condenatória. A singularidade de haver *mais* de um autor na ação não significa que, em qualquer caso, o depósito deva ficar limitado a um só autor. Cremos ser esta a interpretação de melhor consulta ao escopo da lei.

As empresas podem realizar o depósito em banco integrante do mesmo grupo econômico, sendo que este poderá depositar o valor da condenação em suas agências, desde que regularmente credenciado pelo Banco Central do Brasil e admitido à rede arrecadadora mediante convênio com a Caixa Econômica Federal.

Os bancos oficiais estão autorizados a efetuar o referido depósito em seus estabelecimentos, independentemente das exigências feitas, por lei, aos bancos particulares.

Os juízos *a quo* e *ad quem*, a contar de certo momento, passaram a exigir que os bancos comprovem a existência do credenciamento e do convênio a que se refere o art. 4º do Decreto n. 59.820/66, sob pena de não-conhecimento do recurso que vierem a interpor. Alguns tribunais nem sequer admitiam que essa comprovação fosse efetuada por ocasião das razões de recurso, ou mesmo requerida da tribuna, por entender que o caso não se ajustava à previsão da Súmula n. 8, do TST.

Tendo em vista esses pronunciamentos da jurisprudência dos Regionais (e provavelmente preocupado com o fato), o TST não tardou em aprovar a Súmula n. 217, que, revertendo aquela tendência, dispôs: "O credenciamento dos bancos para o fim de recebimento do depósito recursal é fato notório, independendo de prova". Parece-nos acertada a orientação da Súmula, pois o não conhecimento dos recursos, por falta de comprovação do referido credenciamento, tinha, em boa parte dos casos, o objetivo não de fazer cumprir a lei (que, no caso, inexiste), mas, sim, de propiciar um motivo para que não se ingressasse no exame do mérito da impugnação.

Também não se vinha conhecendo de recursos cuja guia "relação de empregados" não contivesse qualquer registro mecânico, rubrica ou carimbo do banco depositário, ou quando a guia de recolhimento (GR) não permitisse identificar a que autos processuais se referia, nem indicasse o nome do(s) empregado(s).

Esse posicionamento se tornou de difícil sustentação após o advento da Súmula n. 216 do TST, segundo a qual "São juridicamente desnecessárias a autenticação mecânica do valor do depósito recursal na relação de empregados (RE) e a individualização do processo na guia de recolhimento (GR), pelo que a falta não importa em deserção". O fato de esta Súmula haver sido, posteriormente, cancelada (Resolução Administrativa n. 87/98) não significa que se deva exigir a autenticação mecânica da mencionada guia.

Do depósito recursal estão dispensados a União, os Estados-membros, o Distrito Federal, os Municípios e as autarquias, na forma do art. 1º, IV, do Decreto-Lei n. 779/69. Não, porém, as *fundações* (sejam federais, estaduais ou municipais), pois são pessoas jurídicas de direito privado (CC, art. 44, III) e as *empresas públicas*.

Também não se exigirá o depósito quando a recorrente for massa falida (TST, Súmula n. 86), embora se venha a exigi-lo no caso de empresa em regime de liquidação extrajudicial (*ibidem*).

De igual maneira, o depósito em questão não deverá ser imposto ao empregador vencido na ação de consignação em pagamento (pois, nesse caso, a sua qualidade processual é de autor), exceto se o empregado houver formulado reconvenção, por força da qual aquele foi condenado a pagar-lhe determinada importância.

É oportuno esclarecer, entretanto, que *estão obrigadas* ao depósito recursal as entidades filantrópicas dispensadas do recolhimento para o FGTS, pois se trata de situações distintas: esta é regida por norma legal de natureza *material*; aquela, por norma caracteristicamente *processual*.

Ao recorrer de decisão condenatória (em pecúnia) em ação rescisória, proveniente do acolhimento desta, e imposição de pagamento em dinheiro, incumbe ao empregador vencido depositar o valor da condenação, no prazo fixado por lei, sob consequência de o seu apelo não ser admitido, por deserto (TST, Súmula n. 99). Assim também dispõe o art. 40, § 1º, da Lei n. 8.177/91.

Outrora, o valor do depósito era calculado com base no salário-mínimo. Daí, a Súmula n. 35, do TST, dispor que "A majoração do salário-mínimo não obriga o recorrente a complementar o depósito de que trata o art. 899 da CLT". Posteriormente, contudo, a Lei n. 8.177/91 estabeleceu valores certos para esse depósito (art. 40), desvinculando-os do salário-mínimo. Em razão disso, o Pleno do TST cancelou a Súmula n. 35 (Resolução Administrativa n. 121/2003).

O depósito é também necessário ainda que se trate de recurso interposto das sentenças proferidas nas denominadas ações da alçada exclusiva dos órgãos de primeiro grau, criadas pela Lei n. 5.584/70 (art. 2º, § 4º); a admissibilidade do recurso (extraordinário), nessas ações, está subordinada, como vimos, ao pressuposto de a sentença haver implicado violação direta à letra da Constituição da República.

Como norma legal faz inconfundível menção a depósito em dinheiro (CLT, art. 899, § 1º), não se deve permitir que o recorrente procure substituí-lo por outros bens, móveis ou imóveis, porquanto não se cuida, no caso, daquela garantia do juízo prevista pelo art. 882 da CLT, como pressuposto para a admissibilidade dos embargos à execução. Ainda que a espécie fosse desses embargos, aliás, a preeminência seria do valor em pecúnia (Lei n. 6.830/80, art. 11, *caput*, I; CLT, art. 882).

Transitando em julgado a sentença, diz a lei (CLT, art. 899, 1º, parte final) que o juiz autorizará o levantamento *imediato* da importância depositada, em favor da parte vencedora, cabendo ao banco depositário elaborar o cálculo da correção monetária e dos juros da mora devidos. Elementar regra de cautela, entretanto, sugere que o juiz, em certos casos, não ordene de pronto a liberação da quantia depositada. Digamos, *e. g.*, que o tribunal tenha reduzido, acentuadamente, o valor da condenação, fazendo com que este fique muito abaixo da própria quantia depositada. Eventual determinação para que fosse imediatamente liberado o depósito em prol do empregado faria com que o trabalhador talvez tivesse, mais tarde, de restituir a importância excedente ao seu crédito; esse fato poderia provocar uma série de transtornos, na prática, pois é provável que o empregado não tivesse condições para devolver o excesso. Sempre, portanto, que o órgão *ad quem*, dando provimento parcial ao recurso interposto pelo empregador, reduzir o valor da condenação, cumprirá ao Juiz ordenar, primeiro, a feitura dos cálculos da execução (incluídos a correção monetária e os juros), para, só depois disso, autorizar a liberação total ou parcial do valor depositado, em benefício do empregado-credor.

Dispunha o § 3º do art. 899 da CLT que, "Na hipótese de se discutir no recurso, matéria já decidida através de prejulgado do Tribunal Superior do Trabalho, o depósito poderá levantar-se, de imediato, pelo vencedor". Essa norma, contudo, foi revogada pela Lei n. 7.033, de 5 de outubro de 1982. Não se suponha que, se a matéria objeto do recurso estiver consubstanciada em *Súmula* do TST, o depósito poderá ser liberado em prol do empregado-recorrido antes de o recurso ser julgado. A regra impressa no revogado § 3º do art. 899 decorria do fato (esdrúxulo, como é óbvio) de a própria CLT haver atribuído aos extintos prejulgados uma eficácia coercitiva dos graus inferiores da jurisdição (TRT e Varas), que nem mesmo a lei possui (CLT, art. 902, revogado pela Lei n. 7.033/1982). Súmulas oriundas de Tribunais do Trabalho ainda não obrigam.

Assunto que não poderia ficar à margem de nossa considerações diz respeito à possibilidade de a parte complementar o valor do depósito para recurso, quando este for inferior ao devido. No processo do trabalho não se tem admitido essa complementação, como patenteia a Orientação Jurisprudencial n. 140, da SBDI-I, do TST: "Depósito judicial e custas. Diferença ínfima. Deserção. Ocorrência. Ocorre deserção do recurso pelo recolhimento insuficiente das custas e do depósito recursal, ainda que a diferença em relação ao quantum devido seja ínfima, referente a centavos". É importante ressaltar, ainda, o teor do inciso I, da Súmula n. 128, do TST, conforme o qual "É ônus da parte recorrente efetuar o depósito legal, integralmente, em relação a cada novo recurso interposto, sob pena de deserção. Atingido o valor da condenação, nenhum depósito mais é exigido para qualquer recurso". Neste processo especializado, o valor do depósito para recurso, em particular, possui "expressão monetária" certa, motivo por que não se tem admitido a sua complementação.

Há, porém, um fato novo.

Ocorre que no sistema do CPC de 2015 permite-se a complementação do valor do preparo, como demonstra o § 2º do art. 1.007: "A insuficiência no valor do preparo, inclusive porte de remessa e de retorno, implicará deserção se o recorrente, intimado na pessoa de seu advogado, não vier a supri-lo no prazo de 5 (cinco) dias".

Diante disso, o TST deverá dizer se mantém a OJ 140, da SBDI-I, e a Súmula n. 128, há pouco reproduzidas, ou se reformula os respectivos enunciados para adequá-los ao novo CPC. No que nos cabe opinar, entendemos que essa adequação deverá ser realizada.

No caso de agravo de petição, conquanto o art. 8º, § 2º, da Lei n. 8.952, de 23 de dezembro de 1992, disponha que "*A exigência de depósito aplica-se, igualmente, aos embargos à execução e a qualquer recurso subsequente do devedor*" (realçamos), vale dizer, ao agravo de petição, a Súmula n. 128, do TST, estabelece: "Garantido o juízo, na fase executória, a exigência de depósito para recorrer de qualquer decisão viola os incisos II e V do art. 5º da CF/1998. Havendo, porém, elevação do valor do débito, exige-se a complementação da garantia do juízo" (inciso II).

6. Custas e emolumentos

Constituem, as custas, espécies do gênero *despesas processuais* e concernem à informação, propulsão e terminação do processo", no magistério de MIRANDA, Pontes de. *Comentários ao código de processo civil*. Tomo II. Rio de Janeiro: Forense, 1975. p. 408/409).

As despesas, *lato sensu*, compreendem todos os gastos que as partes efetuam em juízo, como as próprias custas, os honorários periciais, as publicações em jornais, os gastos realizados para o comparecimento das testemunhas à audiência (CPC, art. 462), os honorários de advogado etc.

Código de Processo Civil

Nos termos do art. 789, § 4º, da CLT, em sua redação anterior, tratando-se de recurso, as custas deveriam ser pagas pelo vencido no prazo de cinco dias, contado da data da interposição do apelo (CLT, art. 789, § 4º), e não da data em que terminaria o prazo para recorrer, sob pena de ser considerado deserto. Sendo assim, se o prazo para exercer a pretensão recursal se esgotasse no dia 10, mas a parte protocolasse a petição de recurso no dia 8, o quinquídio para o pagamento das custas seria contado desta e não daquela data; não pagas até o dia 13, a deserção estaria configurada.

A norma legal supracitada, porém, nada continha a respeito do prazo de que a parte dispunha para comprovar o *recolhimento* das custas. Preenchendo essa lacuna, a Súmula n. 352, do TST, declarou: "O prazo para comprovação do pagamento das custas, sempre a cargo da parte, é de cinco dias contados do seu recolhimento (CLT, art. 789, § 4º, CPC, art. 185)". A referência, agora, deve ser ao art. 218, § 3º, do CPC. Durante largo período, essa Súmula serviu como diretriz para as partes e para o próprio Judiciário. Todavia, publica-se a Lei n. 10.537, de 27 de agosto de 2002 (DOU de 28 do mesmo mês), que dá nova redação, entre outros, ao art. 789, § 1º, da CLT, que passa a ser a seguinte: "As custas serão pagas pelo vencido, após o trânsito em julgado da decisão. No caso de recurso, as custas serão pagas e comprovado o recolhimento dentro do prazo recursal". Posteriormente, o TST: a) em atendimento ao disposto no art. 790, *caput*, da CLT (com a redação imposta pela Lei n. 10.537/2002), edita a Instrução Normativa n. 20/2002, estabelecendo os "procedimentos para o recolhimento de custas e emolumentos devidos à União no âmbito da Justiça do Trabalho"; e b) cancela a Súmula n. 352 (Resolução n. 114/2002). Portanto, na atualidade, as custas deverão ser *pagas*, e *comprovado* o recolhimento, *dentro* do prazo para a interposição de recurso, sob pena de deserção.

Certa jurisprudência vem entendendo, há muito tempo, que o prazo para o pagamento das custas se inicia em *qualquer dia*, seja útil ou não. Segundo esse critério, se o recurso for interposto em uma sexta-feira, o prazo para o pagamento das custas teria fluência já no dia subsequente, pouco importando que fosse sábado, de tal maneira que se esgotaria na quarta-feira. Pensamos ser juridicamente sustentável esse entendimento, pois as custas, em rigor, pertencem ao direito *material* (tanto que o seu não-pagamento, quando devido, enseja a correspondente execução), e não ao direito processual. Em razão disso, não se aplica a elas a regra geral de que os prazos não se iniciam nem se vencem em dias desúteis (CLT, art. 775, parágrafo único; CPC, art. 224, § 1º); tratando-se de tema relativo a direito *substancial*, o prazo é computado *sem exclusão*, no seu início e no fim, dos dias que não forem úteis.

O valor das custas deverá ser fixado pela sentença, porquanto, como já frisamos, há preceito legal nesse sentido (CLT, arts. 789, § 2º, e 832, § 2º). Caso a sentença seja omissa, em tal aspecto, poderá a parte requerer ao juiz a fixação do valor das custas, mediante simples petição, a despeito de os embargos declaratórios serem perfeitamente oponíveis na espécie. Na hipótese em questão, o prazo para o pagamento das custas será contado da intimação do cálculo, conforme estabelece a Súmula n. 53 do TST. É por isso que não se poderá cogitar de deserção do recurso enquanto a parte estiver aguardando o despacho judicial, deferindo ou indeferindo o requerimento de fixação das custas a serem pagas.

Anteriormente à adoção da Súmula, a jurisprudência vinha entendendo que, mesmo no caso de as custas não estarem contadas nos autos, o prazo para pagá-las fluiria na Secretaria do órgão, sem que se devesse intimar o interessado quando fosse feito o cálculo. A ementa da Suprema Corte, que a seguir reproduziremos em parte, bem reflete o pensamento jurisprudencial da época: "Há prazos fatais e peremptórios, que correm em cartório, independentemente de qualquer intimação. É o que acontece, sem dúvida, com o prazo do art. 789, § 4º, da CLT, que começa a ser contado da data da interposição do recurso. Se a conta de custas ainda não estava feita, compete à parte estar atenta, para não ser surpreendida, pois o seu prazo corre em cartório e independe de intimação" (Ac. STF — 1ª T., RE 52.292, Rel. Min. Evandro Luis e Silva, DJU de 5.3.1964).

A orientação perfilhada pelo TST e cristalizada, tempos depois, na Súmula n. 53, foi, sem dúvida, a melhor, porque procurou fazer justiça à parte que, pretendendo recorrer, desconhecia o valor das custas a serem recolhidas e tinha de ficar em permanente estado de vigilância (e de tensão), pois, quando a Secretaria as lançasse nos autos, ela não seria intimada desse ato. Essa situação obrigava a que a parte, ou seu advogado, comparecesse quase que diariamente à secretaria, ou à escrivania do órgão, a fim de evitar ser surpreendida com virtual despacho do juiz, denegatório do recurso interposto, por entendê-lo deserto. Merece encômios, por isso, a orientação expressa na Súmula n. 53 do TST.

No processo do trabalho — tratando-se de ação decorrente da relação de emprego — é inadmissível a condenação *pro rata* das custas quando as pretensões do autor forem acolhidas *em parte*; o pagamento, nesse caso, incumbirá apenas ao réu, com apoio no valor em que tenha sido condenado. O rateio das custas somente é permitido quando se tratar: a) de transação (acordo), a teor do art. 789, § 3º, da CLT; b) de dissídios coletivos (*ibidem*, § 4º); c) de ação derivante de relação de trabalho (TST, Instrução Normativa n. 27/2005, art. 3º). Particularmente, divergimos da mencionada Instrução, porquanto nada justificava a introdução, no processo do trabalho, do princípio civilista da "sucumbência recíproca". O fato de cuidar-se, no caso, de lide concernente a relação jurídica material regulada pelo Direito Civil é irrelevante, pois o conflito será solucionado pela Justiça do Trabalho, mediante a aplicação do proces-

Art. 993

so correspondente e dos princípios que o informam. Ademais, a mencionada Instrução acabou por estabelecer um privilégio às pessoas que se envolvem em conflito de interesses não regido pela legislação do trabalho — em detrimento daquelas cuja lide deriva de relação de emprego.

Neste processo especializado, igualmente não há lugar para a incidência do estatuído no art. 82, do CPC, segundo o qual compete às partes prover as despesas dos atos que realizarem (ou cuja realização requererem) no processo, "antecipando-lhes o pagamento, desde o início até a sentença final ou, na execução, até a plena satisfação do direito reconhecido no título". Na verdade, a referida norma legal não está a referir-se a *pagamento*, na acepção jurídica do vocábulo, mas, sim, à *antecipação* das despesas. Igualmente, não se aplica ao processo do trabalho a regra contida no § 1º do mesmo artigo, que atribui ao autor o adiantamento das despesas relativas a atos cuja realização tenha sido determinada pelo juiz, de ofício, ou a requerimento do Ministério Público, quando a intervenção deste se der na qualidade de fiscal da lei. Sucede que, na sistemática adotada pela CLT, as custas e as despesas, *lato sensu*, somente serão pagas "após o trânsito em julgado da decisão" e, ainda assim, pelo vencido (CLT, art. 789, § 1º) e desde que este não seja a União.

Permite a lei (CLT, art. 790, § 3º) que o juiz conceda, de ofício ou a requerimento do interessado, o benefício da *justiça gratuita*, que compreende a isenção de custas, traslados, emolumentos e outras despesas processuais, desde que o empregado perceba salário igual ou inferior a duas vezes o mínimo legal, ou prove o seu estado de miserabilidade.

Curiosamente, no entanto, o § 10 do mesmo dispositivo legal, introduzido pela Lei n. 10.288, de 20.9.2001, estatuiu que o sindicato da categoria profissional prestaria assistência judiciária gratuita ao trabalhador desempregado ou que percebesse salário inferior a cinco vezes o mínimo legal, ou que declarasse, sob sua responsabilidade, não possuir, em razão dos encargos próprios, e familiares, condições econômicas de prover à demanda. Desse modo, estabeleceu-se uma injustificável dicotomia legislativa, segundo a qual, para efeito de *justiça gratuita* (dispensa do pagamento de custas, emolumentos etc.), o salário do trabalhador deveria ser igual ou inferior ao dobro do mínimo legal; para efeito de *assistência judiciária* (designação de advogado para patrocinar a causa), o salário deveria ser igual ou inferior a cinco mínimos (ou estar, o trabalhador, desempregado). Se, todavia, considerássemos ser, a assistência judiciária, *gênero* do qual participa, como *espécie*, a justiça gratuita, e que o § 10º, do art. 789, da CLT, que cuida da primeira, é mais recente do que o § 9º, que versa sobre a segunda, poderíamos concluir que também com vistas à justiça gratuita se deveria considerar o critério baseado na percepção de salário igual ou inferior a cinco vezes o mínimo legal. Ora bem, mal estávamos todos a ajustar-nos

às disposições da Lei n. 10.288/2001, e eis que advém a Lei n. 10.357, de 27.8.2002. Essa norma legal: a) desloca, do § 9º do art. 789, para o § 3º, do art. 790, da CLT, a matéria concernente à *justiça gratuita*; b) não reproduz a matéria contida no § 10 (que havia sido acrescentado pela Lei n. 10.288/2001), versando sobre *assistência judiciária*. Por enquanto, fiquemos, apenas, com este registro; mais adiante, veremos as consequências dessas modificações.

Ao fazer referência expressa ao salário, como critério para a concessão da justiça gratuita, a lei parece deixar claro que esta não se estende ao *empregador*, ainda que pessoa física e paupérrima. Entendemos, porém, que o juiz possa e deva deferir o benefício da assistência judiciária gratuita também ao empregador, contanto que este demonstre não possuir condições financeiras ou econômicas para realizar o pagamento das custas a que foi condenado. Convém lembrar que a assistência judiciária (gênero) figura como um direito constitucional *do indivíduo* (art. 5º, LXXIV). Aliás, a norma constitucional mencionada alude à prestação de assistência judiciária integral e gratuita "aos que" comprovarem a insuficiência de recursos financeiros (*ibidem*). A expressão aspada demonstra não haver, a Constituição da República, efetuado nenhuma distinção entre pessoas, para efeito de concessão de assistência judiciária, plena e graciosa. a jurisprudência dominante, entretanto, tem entendido que o empregador somente será beneficiário dessa disposição constitucional se for pessoa *física*. Idêntico benefício deverá ser concedido ao denominado pequeno empreiteiro (operário ou artífice), de que fala o art. 652, *a*, II, da CLT, pouco importando que ele não seja, em rigor, empregado.

A prova do estado de miserabilidade do empregado, para efeito de obtenção do benefício da *justiça gratuita*, pode ser feita mediante declaração constante da petição inicial (Lei n. 7.510, de 4.7.86, art. 4º). Com vistas à *assistência judiciária* gratuita, todavia, devemos fazer um escorço histórico, para melhor compreensão da matéria.

Inicialmente, a situação econômica desfavorável do trabalhador deveria ser comprovada por atestado fornecido pela autoridade local do Ministério do Trabalho (Lei n. 5.584/70, art. 14, § 2º); caso inexistisse na localidade esse órgão, o encargo transferir-se-ia para a autoridade policial (*ibidem*, § 3º).

Ulteriormente, a Lei n. 7.115, de 29 de agosto de 1983, dispôs que a declaração *destinada a fazer prova* de vida, residência, *pobreza*, dependência econômica, homonímia ou bons antecedentes, quando firmada pelo próprio interessado ou por procurador bastante, e sob as penas da lei, presume-se verdadeira" (sublinhamos). Com isso, chegamos a afirmar terem sido revogados os §§ 2º e 3º do art. 14 da Lei n. 5.584/70, cumprindo ressaltar que a Lei n. 7.115/83 esclareceu que as suas disposições somente não eram aplicáveis "*para fins de prova em processo penal*" (sublinhamos — parágrafo único). Logo, incidiam no processo civil e no do trabalho.

É evidente que o conteúdo da Lei n. 7.115/83 se harmonizava plenamente com o princípio da simplicidade, que informa o procedimento trabalhista. Dessa maneira, a partir de sua vigência, a prova de pobreza, para efeito de obtenção de assistência judiciária gratuita, deveria ser feita mediante declaração, nesse sentido, da própria parte ou de seu procurador regularmente constituído. Havia necessidade, apenas, de que a declaração mencionasse, de maneira expressa, a responsabilidade (penal e civil) do declarante (art. 3º).

Mais tarde, publica-se a Lei n. 7.510, de 4 de julho de 1986, conforme a qual a parte gozaria dos benefícios da assistência judiciária mediante simples afirmação, na própria petição inicial, de que não estaria em condições de pagar as custas do processo e os honorários do advogado, sem prejuízo próprio ou de sua família (art. 4º, *caput*).

Posteriormente, a matéria passou a ser regulada pelo § 10, do art. 789, da CLT, com a redação dada pela Lei n. 10.288/2001; nos dias da atualidade, é disciplinada pelo § 3º, do art. 790, da CLT.

Voltemos ao assunto das custas.

É importante observar que, se a parte requerer, no prazo para pagamento, a dispensa das custas, o prazo para o recebimento destas ficará suspenso, voltando a fluir da intimação do despacho que indeferiu o requerimento da isenção (se esse for o caso). Verificando-se a hipótese, deverá a parte providenciar, no prazo restante, o pagamento das custas a que foi condenada, sob pena de deserção do recurso que vier a interpor.

Tem-se, pois, que, se o requerimento for apresentado *após* a exaustão do prazo para recolher as custas o apelo estará irremediavelmente deserto, não sendo permitido ao juiz dispensar o interessado desse pressuposto recursal quando já consumada a deserção; fazê-lo, implicaria desrespeitar direito da parte contrária. A Orientação Jurisprudencial n. 269, da SBDI-I, do TST, consagrou este nosso entendimento: "Justiça gratuita. Requerimento de isenção de despesas processuais. Momento oportuno. O benefício da justiça gratuita pode ser requerido em qualquer tempo ou grau de jurisdição, desde que, na fase recursal, seja o requerimento formulado no prazo alusivo ao recurso".

Estabelece o art. 790, § 1º, da CLT, que em se tratando de empregado que não tenha obtido o benefício da justiça gratuita, ou isenção de custas, "o sindicato que houver intervindo no processo responderá solidariamente pelo pagamento das custas devidas". Esse dispositivo tem sido muito mal interpretado na prática e também pela jurisprudência; daí por que, os sindicatos vêm sendo condenados, em caráter solidário, ao pagamento das custas mesmo quando se encontram prestando aquela mera assistência judiciária gratuita, a que faz menção a Lei n. 5.584/70, art. 14. Ora, o sindicato, na espécie, não é *parte* na relação jurídica processual nem sujeito do processo. A presença da entidade sindical nos autos decorre do fato de a referida lei impor-lhe a prestação de assistência judiciária aos integrantes da categoria, associados ou não, sob pena de responsabilidade dos seus diretores (art. 18). Quando o sindicato atua na qualidade de substituto processual (como ocorre nos casos previstos pelos arts. 195, § 2º, e 872, parágrafo único, da CLT e na Lei n. 8.073/90), é justificável a sua condenação ao pagamento das custas. Nem se suponha que a alusão feita pelo § 1º do art. 790 da CLT à *intervenção* do sindicato no processo legitime o entendimento de que ele, nesse caso, possa ou deva ser condenado solidariamente ao pagamento das custas. *Data venia*, em linguagem processual, *intervir* tem um significado próprio, inconfundível. Intervir significa meter-se de permeio, intrometer-se em relação jurídica alheia. Desse modo, se a entidade interviesse nos autos para agir como assistente *ad adiuvandum* da parte (porque teria interesse em que a sentença fosse favorável a esta), seria admissível a sua condenação nas custas, na hipótese de os pedidos do autor (assistido) serem rejeitados. A razão legal está em que o assistente atua como auxiliar da parte principal, exercendo os mesmos poderes e faculdades e sujeitando-se, em consequência, aos mesmos ônus processuais que o assistido (CPC, art. 121, *caput*).

Ao ministrar assistência judiciária aos integrantes da categoria profissional, o sindicato, *venia concessa*, não está agindo como assistente da parte, senão que se desincumbindo de uma obrigação oriunda de norma legal. Podemos afirmar, sem receio de erro, que qualquer condenação do sindicato ao pagamento solidário das custas, nesse caso, será manifestamente *ilegal*. Lamentavelmente, a Súmula n. 223, do STF, ao estatuir que "Concedida a isenção de custas ao empregado, por elas não responde o sindicato que o representa em juízo", admite, embora de maneira implícita, a sua condenação ao pagamento das custas sempre que o autor não houver obtido a mencionada isenção. A Súmula citada, como é evidente, incorreu no mesmo erro de certo segmento da jurisprudência trabalhista, cujo fato se originou de uma interpretação distorcida no § 1º do art. 790, da CLT.

Aliás, se bem refletirmos, veremos que o sindicato já não está obrigado a prestar assistência judiciária gratuita aos integrantes da categoria. Assim opinamos porque, ao tempo da Constituição de 1967, com a Emenda n. 1, de 1969, as entidades sindicais exerciam "funções delegadas de poder público" (art. 166, *caput*), razão por que a Lei n. 5.584/70 foi coerente com o sistema constitucional, então vigente, ao atribuir ao sindicato a obrigação de prestar assistência judiciária graciosa. No sistema da Constituição Federal de 1988, entrementes, as entidades sindicais já não exercem funções delegadas de poder público. Certamente por esse motivo foi que a Constituição atribuiu *ao Estado* o dever de prestar "assistência jurídica integral e gratuita aos que comprovarem insuficiência de recursos" (art. 5º, inciso LXXIV). Sendo assim, colocaram-se em antagonismo com a mencionada norma constitucional as normas infraconstitucionais que cometeram ao sindicato o encargo de ministrar assistência judiciária aos integrantes da categoria profissional. É relevante observar que a assistência jurídica, a que se refere o art. 5º, inciso LXXIV, da Constituição, possui um sentido abrangente, compreendendo não apenas a assistência judiciária, mas, também, a inserção da pessoa na ordem jurídica justa. Tempos depois, o § 10 do art. 789, da CLT, foi revogado pela Lei n. 10.537, de 27 de agosto de 2002.

Nos casos de administração pública de interesses privados (que se tem, inadequadamente, denominado *jurisdição voluntária*, pois aqui não há atividade jurisdicional, mas administrativa, bem como nada tem de voluntária, uma vez que decorre de iniciativa do interessado), não há custas, porquanto inexiste ação, processo ou lide. Nem há partes, mas, sim, meros interessados. Exemplo típico, na Justiça do Trabalho, de administração pública de interesse privado é a "homologação" de opção de empregado estável pelo regime do FGTS e da terminação do contrato de trabalho desses mesmos empregados (CLT, art. 500).

Constitui prerrogativa dos Estados-membros, do Distrito Federal, dos Municípios e das autarquias o pagamento a final das custas (Dec.-Lei n. 779/69, art. 1º, VI). A União, todavia, está dispensada desse pagamento, pois, sendo as custas devidas à Fazenda Pública Federal, seria desarrazoado imaginar que a União devesse, em última análise, recolher custas para si mesma. As empresas públicas e as fundações (sejam federais, estaduais ou municipais) não estão abrangidas pelas disposições do Decreto-Lei n. 779/69, cumprindo-lhes, portanto, efetuar o recolhimento das custas no prazo legal, sempre que pretenderem interpor recurso. É com vistas aos esclarecimentos ora efetuados que devemos entender o enunciado da Súmula n. 4 do TST, conforme o qual "As pessoas jurídicas de direito público não estão sujeitas a prévio pagamento de custas, nem a depósito da importância da condenação, para o processamento de recurso na Justiça do Trabalho". Esta Súmula acabou sendo cancelada pela Resolução Administrativa n. 121/2003, do Pleno do TST, sem que isso signifique, necessariamente, uma alteração do rumo da jurisprudência do TST sobre o assunto.

As sociedades de economia mista também ficam à margem dos privilégios e isenções no foro da Justiça do Trabalho, "ainda que gozassem desses benefícios anteriormente ao Dec.-Lei n. 779, de 1969" (Súmula n. 170 do TST — antigo Prejulgado n. 50).

A massa falida não está obrigada ao pagamento de custas, para efeito de interposição de recurso; consequentemente, não se pode cogitar de deserção quando ela deixar de atender a esse pressuposto de conhecimento, no geral exigível (Súmula n. 86 do TST). Cumpre-nos repisar, contudo, a observação de que as empresas em regime de liquidação extrajudicial estão obrigadas a recolher custas, bem como, a efetuar o depósito para recurso (*ibidem*).

Segundo a antiga redação do § 3º, letra "d", do art. 789, da CLT, no denominado (impropriamente, aliás) inquérito para apuração de falta grave cometida por empregado estável, as custas seriam sempre pagas pelo empregador, calculadas sobre seis vezes o salário mensal do empregado-réu. Dispunha, por isso, a Súmula n. 49 do TST que, se essas custas deixassem de ser pagas no prazo fixado pelo juiz, seria determinado o "arquivamento do processo" (*sic*). Algumas observações críticas se fizeram necessárias a respeito dessa norma legal. Em primeiro lugar, a linguagem utilizada era pouco científica, para dizermos o menos. O não-pagamento das custas, segundo pretendeu dizer a Súmula, acarretaria a extinção do processo sem pronunciamento sobre o mérito, com o consequente arquivamento dos autos (e não "do processo"). Em segundo, o direito processual do trabalho em nenhum momento cominava essa sanção para o empregador que deixasse de recolher as custas; ao contrário, prescrevia o § 8º do art. 789 da CLT que a cobrança das custas seria feita mediante o processo de execução traçado pelo Capítulo V daquele texto legal. Demais, a obediência à orientação contida na Súmula n. 49 implicava denegação da tutela jurisdicional, que é devida pelo Estado. Ora, se o Estado avocou, de maneira monopolística, o encargo de compor os conflitos de interesses verificados entre os indivíduos e as coletividades (no que, a propósito, andou certo, se levarmos em conta a necessidade de preservação da harmonia e da estabilidade das relações sociais), é indiscutível que a jurisdição se tornou, a partir daí, não apenas um poder, mas sobretudo um seu *dever*. Não admitíamos, em razão desses argumentos, como pudesse o Judiciário — sem que o ato configurasse recusa na entrega da prestação jurisdicional a que está obrigado — deixar de pronunciar-se sobre ação destinada a comprovar falta grave perpetrada por empregado estável, a pretexto de que as custas não foram pagas. *Data venia*, se o empregador não as pagar, não poderia o Judiciário eximir-se de compor a lide, pois as custas poderiam ser cobradas, como dissemos, em consonância com as normas que disciplinavam a execução de título judicial (CLT, arts. 876 e segs.).

Nem se ignore — dizíamos — que, contestada a ação, o empregado-réu adquire o direito processual de obter um pronunciamento sobre o mérito, motivo por que a própria desistência desta, por parte do empregador-autor, está subordinada a uma concordância expressa daquele (CPC, art. 267, § 4º, art. 485, § 4º, do CPC atual).

Vemos, agora, que a Lei n. 10.537/2002, que impendeu nova redação ao art. 789, da CLT, não mais se ocupou com as custas a serem pagas no denominado "inquérito" para apuração de falta grave. Esse silêncio da norma legal sobre o tema, visto sob uma perspectiva técnica, está a significar que essas custas não são mais atribuídas, exclusivamente, ao empregador (como autor), devendo, isto sim, ser pagas por aquele que ficar vencido na causa. O critério para o cálculo está previsto no inciso III, do art. 789, da CLT — porquanto as ações em questão contêm, de ordinário, natureza constitutiva. Sendo condenatórias, o cálculos das custas obedecerá ao disposto no inciso I, da mesma norma legal. Neste caso, cremos não ser possível pensar-se em recepção implícita da antiga regra legal acerca do pagamento de custas nos (impropriamente) denominados "inquéritos", porquanto parece ter sido intenção da Lei n. 10.537/2002 reservar ao § 1º, do art. 789, a tarefa de regular todos os casos em que, nos dissídios individuais, houver condenação.

Diz a Súmula n. 25, I, do TST que "A parte vencedora na primeira instância, se vencida na segunda, está obrigada, independentemente de intimação, a pagar as custas fixadas na sentença originária, das quais ficara isenta a parte então vencida". Ao tempo em que foi adotada essa Súmula (Res. Adm. n. 57/70, publicada no DOG de 2.12.1970), estava ainda a viger o CPC de 1939, onde o vocábulo *instância* era largamente utilizado. O CPC de 1973, mais apurado em sua linguagem, passou a aludir a *grau de jurisdição*. A hipótese contemplada pela Súmula em exame é a da parte que, vencedora em primeiro grau, se torna vencida no grau superior, devendo, em virtude disso, responder pelas custas fixadas pela decisão de primeiro grau, das quais ficara (e, não, ficará, como vem constando de algumas edições) dispensada a outra. Para Valentin Carrion (obra cit., p. 490), essa disposição da Súmula "não encontra apoio na lei e decorre de ampliação interpretativa gravíssima, que viola princípios processuais e constitucionais", com o que não concordamos.

Na verdade, por força da Orientação Jurisprudencial n. 186, da SBDI-I, do TST, foi dado novo tratamento à matéria. Está no enunciado dessa OJ: "Custas. Inversão do ônus da sucumbência. Deserção. Não-ocorrência. No caso de inversão do ônus da sucumbência, em segundo grau, sem acréscimo ou atualização do valor das custas e se estas já foram devidamente recolhidas, descabe um novo pagamento pela parte vencida, ao recorrer. Deverá, ao final, se sucumbente, ressarcir a quantia". Posteriormente, com mínima alteração literal, o teor dessa OJ foi convertido no item II da Súmula n. 25.

Deve ser elogiada a solução pragmática adotada por essa OJ, pois a Súmula n. 25, do TST, criava enormes embaraços à parte que, por haver ficado vencida, em primeiro grau, recolhera as custas, e, ulteriormente, ao tornar-se vencedora em segundo grau, encontrava enorme dificuldade para reaver, na esfera administrativa, o valor que havia pago a esse título. Agora, com a nova redação da Súmula n. 25, as custas, uma vez recolhidas, não são devolvidas.

Deste modo, a parte que se tornou vencedora em segundo grau, e que havia recolhido as custas em razão de haver sucumbido em primeiro grau, será reembolsada do correspondente valor, pela parte contrária, nos mesmos autos, no final da causa.

Segundo a Súmula n. 36, do TST, "Nas ações plúrimas as custas incidem sobre o respectivo valor global". As *ações plúrimas*, enquanto expressão, traduzem canhestra criatividade da jurisprudência; melhor teria sido que se tivesse respeitado a tradição jurídica processual falando-se em litisconsórcio ativo. Essa espécie de cumulação subjetiva de ações está prevista pelo art. 842 da CLT.

Em regra, pela orientação da Súmula, o valor só pode ser observado quando a condenação for do réu. Condenação ao pagamento do principal e das custas, esclareça-se. Se os pedidos dos autores forem rejeitados, e estes, condenados ao pagamento das custas, é elementar que aí não será jurídico que sejam calculados sobre o valor global, entendido este como o que tenha sido atribuído à causa. A multiplicidade de autores não pode servir de pretexto para desprezar a individualidade das pretensões por eles deduzidas em juízo. Dessa maneira, a condenação às custas, na hipótese mencionada, deverá observar o valor individual de cada pedido. Esse procedimento haverá de ser também respeitado quando tratar-se de ausência injustificada de alguns dos autores à audiência, quando o juízo, declarando extinto o processo sem julgamento do mérito, em relação a tais autores, os condenará (se for o caso) ao pagamento das custas segundo seja o valor dos seus pedidos.

O não pagamento dos emolumentos, quando esses forem exigíveis, acarretará igualmente a deserção do recurso. Os emolumentos constituem uma espécie de compensação pelos atos praticados pelo poder público, embora sejam atos estranhos, por princípio, à jurisdição propriamente dita. O § 5º do art. 789 da CLT falava de emolumentos de traslados e instrumentos, que deveriam ser pagos dentro de quarenta e oito horas após a sua extração, "feito, contudo, no ato do requerimento, o depósito prévio do valor estimado pelo funcionário encarregado, sujeito à complementação, com ciência da parte, sob pena de deserção".

Ex vi da Lei n. 10.537/2002, a matéria atinente aos emolumentos passou a ser regulada pelo art. 789-B, da CLT e pela Instrução Normativa n. 20/2002, do TST. Esta Instrução, todavia, nada dispõe sobre o prazo para o pagamento dos emolumentos. Pensamos, por isso, que esse prazo deva ser de 48 horas, mediante realização de prévio depósito do valor correspondente, ou seja, como determinava o revogado § 5º, do art. 789, da CLT — que, assim, teria sido recepcionado, implicitamente, pela nova realidade legal.

Atualmente, como afirmamos, a matéria concernente às custas e emolumentos é disciplinada pelos arts. 789 e 790, da CLT, com a redação imposta pela Lei n. 10.537/2002. No caso das custas, dispõe a primeira norma legal que deverão ser pagas e "comprovado o seu recolhimento dentro do prazo recursal". A Instrução Normativa n. 20/2002, do TST, afirma ser "ônus da parte zelar pela exatidão do recolhimento das custas e/ou emolumentos, bem como requerer a juntada aos autos dos respectivos comprovantes". Esclarece, por outro lado, o inciso XVI da mesma Instrução que "Os emolumentos serão suportados pelo requerente".

A OJ n. 140, da SBDI-I, do TST, não permite a complementação do valor das custas — exceto, aditamos, se tiver ocorrido um acréscimo de condenação. Tirante, pois, esta exceção, o recurso da parte não será admitido se o valor das custas for inferior ao que deveria ter sido pago, mesmo que a diferença seja ínfima.

Os honorários periciais, por sua vez, são espécie integrante do gênero despesas processuais. O seu não-pagamento, entretanto, não conduz à deserção do apelo que vier a ser interposto, justamente porque não são custas nem emolumentos, podendo o perito exigi-los de modo autônomo, embora no mesmo processo. Há competência da Justiça do Trabalho para tanto.

Enumeremos, agora, algumas das Orientações Jurisprudenciais da do TST, que versam sobre o tema de custas:

a) SBDI-I:

n. **33**: "Deserção. Custas. Carimbo do banco. Validade. O carimbo do banco recebedor na guia de comprovação do recolhimento das custas supre a ausência de autenticação mecânica"; n. **104**: "Custas. Condenação acrescida. Inexistência de deserção quando não expressamente calculadas, e não intimada a parte, devendo então ser pagas ao final. Não caracteriza deserção a hipótese em que, acrescido o valor da condenação, não houve fixação ou cálculo do valor devido a título de custas e tampouco intimação da parte para o preparo do recurso, devendo, pois, as custas ser pagas ao final"; n. **158**: "Custas. Comprovação de recolhimento. DARF eletrônico. Validade. O denominado 'DARF eletrônico' é válido para comprovar o recolhimento de custas por entidades da administração pública federal, emitido conforme a IN SRF 162, de 4.11.88".

b) SBDI-II:

n. **148**: "Custas, Mandado de segurança. Recurso ordinário. Exigência de pagamento. É responsabilidade da parte, para interpor recurso ordinário em mandado de segurança, a comprovação do recolhimento das custas processuais no prazo recursal, sob pena de deserção". Esta OJ nada mais fez do que reproduzir a regra contida no art. 789, § 1º, da CLT.

7. Pré-questionamento

Conquanto o vocábulo *pré-questionamento* não se encontre dicionarizado, esse neologismo significa, na terminologia processual, o ato de discutir-se, de ventilar-se, de questionar-se de maneira prévia, perante o órgão *a quo*, determinada matéria ou tema, a fim de que o tribunal possa reexaminá-lo, em grau de recurso.

A cláusula do *pré-questionamento* surgiu no direito norte-americano, por meio do *Judiciary Act*, de 24 de setembro de 1789. Esse *Act*, adaptando o *writ of error* do direito inglês às singularidades da organização da Colônia, permitiu recurso para a Suprema Corte. No Brasil, a primeira alusão ao prévio questionamento foi feita pelo Decreto n. 510, de 22 de junho de 1890, do Governo Provisório, cujo art. 59 inspirou-se no mencionado *Judiciary Act*.

A exigência de que a parte interessada ventile a questão, no âmbito do juízo emissor do acórdão a ser impugnado mediante recurso de natureza extraordinária, decorre, em tese, da necessidade de o órgão *ad quem* poder, em face disso, subsumir o tema à moldura legal e, em consequência, formular sobre o mesmo um juízo de valor.

A Súmula n. 282, do STF, por seu turno, declara ser inadmissível o recurso extraordinário quando não ventilada, na decisão recorrida, a questão federal suscitada. E a Súmula n. 356, do mesmo Tribunal, impõe o oferecimento de Embargos Declaratórios, com a finalidade de suprir a omissão do órgão *a quo*, sob pena de o recurso extraordinário não ser admitido, por falta de um tal prequestionar. A Súmula n. 297, do TST, por sua vez, deixa implícito que a necessidade de serem oferecidos Embargos de Declaração diz respeito ao acórdão a ser objeto de recurso (pois alude à "decisão impugnada") com o escopo de suprir o ponto omisso.

A poder de todas essas considerações, pensamos estar claro, a esta altura, que o *prequestionamento* constitui requisito que só se justifica, sob os pontos de vista lógico e jurídico: a) na mesma relação jurídica processual; e, ainda assim, b) no plano dos recursos de natureza extraordinária, considerando-se que no recurso ordinário — o único vinculado ao duplo grau de jurisdição — a devolutibilidade é legalmente ampla (CPC, art. 925).

Seja como for, o fato é que o pré-questionamento constitui pressuposto objetivo à admissibilidade desses recursos.

8. Transcendência

Estabelece o art. 896-A, da CLT, que o TST, em sede de recurso de revista, deverá examinar, previamente, se a causa apresenta "transcendência com relação aos reflexos gerais de natureza econômica, política, social ou jurídica". Essa transcendência passou a constituir um novo pressuposto objetivo para a admissibilidade de recurso de revista. Trata-se, pois, de um requisito exclusivo desta modalidade recursal.

A observar-se, apenas, que essa norma legal, embora esteja em vigor, não possui autoexecutoriedade, porquanto a Medida Provisória n. 2.226, de 4.9.2001 (art. 2º), que a acrescentou à CLT, dispôs que o TST deverá, por seu regimento interno, disciplinar o procedimento da transcendência, a ser realizada em sessão pública, com direito a sustentação oral, sendo exigida fundamentação da decisão.

Conquanto estejamos a examinar a transcendência como pressuposto objetivo para a admissibilidade de recurso de revista, não podemos deixar escapar a oportunidade para dizer de nossa opinião quanto a ser inconstitucional a Medida Provisória n. 2.229/2001, que inseriu o art. 896-A, na CLT. Assim afirmamos porque, nos termos do art. 62, § 1º, inciso I, letra "b", da Constituição Federal, é vedada a edição de Medida Provisória sobre direito processual civil — entendendo-se estar aqui compreendido, para este efeito, o direito processual do trabalho. E a transcendência, sem qualquer sombra de dúvida, é tema pertencente ao direito processual do trabalho.

9. Decisão em conformidade com súmula

Se a decisão impugnada por meio de apelação estivesse em conformidade com súmula do Superior Tribunal de Justiça ou do Supremo Tribunal Federal, o recurso não deveria ser admitido (CPC, de 1973 art. 518, § 1º). Tratava-se da "súmula impeditiva de recurso", que constituía mais um dos pressupostos objetivos para a admissibilidade do recurso de apelação. Essa disposição, contudo, não foi reproduzida pelo CPC atual, não nos parecendo ser possível sustentar, neste caso, que o CPC em vigor teria recepcionado, pela via tácita, a regra do § 1º do art. 518 do CPC revogado.

Atualmente, por força do disposto no § 6º, do art. 896, da CLT, após o julgamento do incidente de uniformização da jurisprudência regional, "unicamente a súmula regional ou a tese jurídica prevalecente no Tribunal Regional do Trabalho e não conflitante com súmula ou orientação jurisprudencial do Tribunal Superior do Trabalho servirá como paradigma para viabilizar o conhecimento do recurso de revista, por divergência".

10. Recurso manifestamente inadmissível, improcedente, prejudicado

Dispõe o § 5º, do art. 896, da CLT, em sua parte final que o relator denegará seguimento aos recursos na hipótese de intempestividade, deserção, falta de alçada e ilegitimidade de representação.

Recurso manifestamente inadmissível é o incabível no caso concreto, seja por haver um veto legal à impugnação do ato jurisdicional (como, p. ex., os despachos de mero expediente, as sentenças proferidas nas ações da alçada exclusiva dos órgãos de primeiro grau, instituídas pela Lei n. 5.584/70, as decisões sobre liquidação da sentença etc.), seja por tratar-se de recurso inadequado (como seria o caso da interposição de recurso de revista de sentença proferida por Vara do Trabalho, que, por decorrer de erro grosseiro, não permite a atuação do princípio da fungibilidade); assim, também o recurso deserto.

Recurso manifestamente improcedente é, por exemplo, o que, sem procurar elidir a revelia, pretende discutir o mérito, sem que haja apresentado contestação ao órgão emissor da sentença impugnada.

Recurso manifestamente prejudicado é aquele cuja apreciação das correspondentes razões se tornou desnecessária, em virtude do julgamento de uma causa ou de outro recurso correlato e prejudicial. Digamos que o relator do recurso ordinário haja denegado determinada liminar, requerida pelo autor recorrente, e este interponha agravo regimental daquela decisão. Se, antes do julgamento do agravo, o tribunal vier a negar provimento ao recurso ordinário do autor, aquele agravo ficará prejudicado.

Recurso em manifesto antagonismo com súmula é, como a própria expressão está a indicar, o que visa a um resultado ou a um entendimento diverso daquele consagrado em súmula do TST, como é o caso do recurso de revista.

11. Repercussão geral

Trata-se de um pressuposto objetivo específico do recurso extraordinário. Prevê-o o § 3º, do art. 102, da Constituição Federal: "No recurso extraordinário o recorrente deverá demonstrar a repercussão geral das questões constitucionais discutidas no caso, nos termos da lei, a fim de que o Tribunal examine a admissão do recurso, somente podendo recusá-lo pela manifestação de dois terços de seus membros".

O art. 1.035, do CPC, disciplina o procedimento da *repercussão geral*, que deverá ser demonstrada, de maneira expressa, pelo recorrente, como preliminar de seu recurso.

Exame mais aprofundado a respeito desse pressuposto objetivo para a admissão do recurso extraordinário será realizado páginas adiante, quando nos dedicarmos ao estudo específico desta modalidade de recurso.

12. Juízo de admissibilidade

Todos os pressupostos recursais — subjetivos e objetivos — se submetem ao crivo do juízo de admissibilidade do recurso. Tradicionalmente, havia dois juízos dessa natureza: o *a quo*, em regra, prolator da decisão impugnada, e o *ad quem*, que era o competente para apreciar o apelo interposto. O novo CPC, contudo, eliminou o juízo de admissibilidade *a quo* na apelação (art. 1.010, § 3º), de tal modo que o único juízo dessa natureza será exercido pelo órgão *ad quem*. Entendemos, todavia, que essa norma é inaplicável ao processo do trabalho.

A função do juízo de admissibilidade (tanto *a quo* quanto *ad quem*) se exaure na verificação da presença, ou não, dos pressupostos do recurso, sejam intrínsecos (subjetivos) ou extrínsecos (objetivos). Daí, a natureza meramente declaratória da decisão exarada por esse juízo, que, por isso, não pode expender um pronunciamento envolvendo o mérito da pretensão recursal. O juízo de primeiro grau não poderia, p. ex., denegar a interposição de recurso ordinário, realizada pelo revel, sob o argumento de que o recorrente não estaria buscando elidir a revelia, mas, sim, impugnar o conteúdo da sentença condenatória; fazê-lo, seria invadir, desautorizadamente, a matéria de mérito, cuja apreciação é reservada ao *ad quem*. Não se deve confundir, aliás, o juízo de *admissibilidade*, com o juízo de *mérito*: aquele pode ser exercido tanto pelo órgão *ao quo*, quanto pelo *ad quem*; este, contudo, é de competência exclusiva *do ad quem*, uma vez que implica uma prospecção da matéria de fundo, da lide. O juízo de mérito, a propósito, é realizado, em princípio, pelo órgão colegiado, de que o relator participa. Em determinados casos, porém, a lei permite ao próprio relator efetuar esse juízo.

Acerca do tema, escreveu Barbosa Moreira: "Chama-se juízo de admissibilidade àquele em que se declara a presença ou ausência de semelhantes requisitos (requisitos indispensáveis à legitimidade do recurso); juízo de mérito àquele em que se apura a existência ou inexistência de fundamento para o que se postula, tirando-se daí as consequências cabíveis, isto é, acolhendo-se ou rejeitando-se a postulação. No primeiro, julga-se admissível ou inadmissível; no segundo, procedente ou improcedente" (*Comentários ao código de processo civil*. 6. ed., v. V. Rio de Janeiro: Forense, 1993. p. 231/232). Um pequeno reparo à afirmação do eminente jurista carioca: conquanto os vocábulos "procedente" e "improcedente" tenham caído no gosto da doutrina e da jurisprudência (e do próprio legislador, em alguns casos), sempre que se referem ao resultado do julgamento, esse uso consagrado não elimina a impropriedade da utilização desses vocábulos, para tal fim. Realmente, sob o rigor da lógica, tudo procede, se considerarmos que o verbo proceder significar: vir, provir de algum lugar. Assim, expressões correntias, como: "julgar a ação procedente" (ou "improcedente") são inadequadas à terminologia jurídica, até porque não conseguem explicar como se pode considerar uma *ação* (direito subjetivo público de provocar o exercício da atividade jurisdicional do Estado) "improcedente", se se chegou a examinar o mérito. Expressões outras, como: "julgar o pedido procedente" (ou "improcedente"), embora tenham o mérito de contornar o problema que a "improcedência da ação", sói acarretar, também não se justifica, pois todo pedido *procede* (ou seja, vem de algum lugar, tem procedência). Sob o rigor da técnica e da terminologia jurídicas, um pedido é *acolhido* ou *rejeitado* (CPC, art. 490), devendo, portanto, ser anatematizado o uso de expressões outras, como: "procedência" e "improcedência".

Por uma questão lógica, o primeiro juízo de admissibilidade é sempre o *a quo*; se este admitir o recurso, abre-se o acesso ao *ad quem*, que funcionará como segundo juízo de admissibilidade. Se, no entanto, o *a quo* não admitir o apelo, surge para o recorrente a possibilidade de interpor, dessa decisão denegatória, outro recurso, destinado a destravar o que foi obstado pelo juízo de primeiro grau: o agravo de instrumento (CLT, art. 897, "b"). A existência, no sistema processual trabalhista, do agravo de instrumento, decorre do princípio de que, independentemente de qual seja a espécie de recurso interposto, a sua admissibilidade não deve ser subtraída da apreciação do órgão *ad quem*. O próprio agravo de instrumento, como recurso de finalidade específica, deve ser sempre admitido, ainda que manifestamente intempestivo.

Um retoque: o agravo de instrumento será interponível de decisão unipessoal (monocrática) que denegar admissibilidade a recurso; se a inadmissibilidade decorreu, por exemplo, de órgão colegiado de tribunal regional (acórdão) o recurso cabível será o de revista.

A decisão exarada pelo juízo de admissibilidade *a quo*, todavia, não vincula o *ad quem*, pois falta-lhe eficácia de coisa julgada formal; não tem, por outro modo de dizer, efeito preclusivo. A sua natureza, em um certo aspecto, é administrativa. E, também, de cognição incompleta. Em face disso, poderá o órgão *ad quem, e. g.*, não admitir recurso que fora conhecido pelo *a quo*, como poderá admitir (via agravo de instrumento ou de recuso de revista) recurso que não o fora pelo *a quo*. É que, a par do que já afirmamos, o juízo de admissibilidade *a quo* realiza apenas um exame preliminar dos pressupostos recursais, e essencialmente provisório, com a finalidade de evitar que os apelos desrespeitosos desses requisitos sejam encaminhados ao órgão *ad quem*.

A despeito de legislação, doutrina e jurisprudência fazerem uso indistinto dos verbos *admitir* e *conhecer*, em tema de recurso, devemos dizer que, em rigor, o primeiro é o único adequado. Afinal, os juízos (*a quo* e *ad quem*) são de *admissibilidade*, não de *conhecimento*. Em todo o caso, não podemos deixar de reconhecer que ambas as formas estão consagradas pela praxe.

Uma coisa é certa: a decisão proferida pelo juízo *a quo*, e mesmo o pronunciamento do *ad quem*, devem ser explícitas quanto à admissibilidade, ou não, do recurso; censurem-se, por isso, as difundidas decisões ("despachos", diz a lei) que admitem "em termos" (ou mediante expressões congêneres) os recursos; ora, ou se admite ou não se admite um recurso. Se o recorrente comprovou o atendimento a todos os pressupostos, impõe-se a admissibilidade do apelo; se não comprovou um só, desde que exigível, a consequência será a declaração da inadmissibilidade. Não há, nesse ato do órgão de admissibilidade, meio-termo, ou "conhecimento com reserva".

De igual modo, a decisão de admissibilidade *a quo* não pode delimitar o campo de conhecimento do recurso, pelo *ad quem*. No caso de recurso de revista ou de embargos, p. ex., o órgão *ad quem* poderá admitir o apelo por fundamento diverso daquele em que foi admitido pelo inferior (este admitiu o recurso por divergência jurisprudencial e aquele, apenas, por violação de letra de lei federal). Eis a razão por que, quando o juízo de admissibilidade *a quo* admite recurso somente por um dos fundamentos apontados pelo recorrente (e não, consequentemente, pelo outro), a decisão é irrecorrível. Não se verifica, na hipótese, nenhum gravame ou prejuízo para o recorrente, porquanto, como observamos, o *ad quem* poderá admitir o recurso por ambos os fundamentos, ou unicamente por aquele que foi recusado pelo juízo *a quo*. O Tribunal também poderá admitir amplamente o recurso, quando o juízo *a quo* o tenha admitido em parte (TST, Súmula n. 285).

Igualmente no caso de recurso extraordinário, a sua interposição por mais de um dos fundamentos mencionados no art. 102, III, da Constituição Federal, fará com que a admissão por apenas um deles não prejudique o conhecimento por qualquer dos outros. Esse é o entendimento corporificado na Súmula n. 292 do Excelso Pretório.

Ocorrendo de a decisão conter partes autônomas, a admissão parcial, pelo Presidente do órgão *a quo* (ou de quem lhe fizer as vezes), do recurso extraordinário que sobre qualquer delas manifestar-se, não limitará a apreciação de todas pelo STF, independentemente de interposição de agravo de instrumento (Súmula n. 528 do STF).

No tocante à Justiça do Trabalho, estabelece a Súmula n. 457 do STF que "O Tribunal Superior do Trabalho, conhecendo da revista, julgará a causa aplicando o direito à espécie".

O órgão *ad quem*, ao admitir o recurso, abre a via de acesso ao exame do mérito. Lembra José Barbosa Moreira (*O novo processo civil brasileiro*. v. I. Rio de Janeiro: Forense, 1978. p. 180) que pode acontecer, por defeito de técnica, que o órgão *ad quem*, ao proferir a decisão, diga não haver conhecido de um recurso por entender infundada a impugnação, embora todos os pressupostos de admissibilidade tenham sido atendidos. De acordo com o ilustre jurista, a correção desse equívoco far-se-á por meio de interpretação: "a decisão do órgão ad quem, erroneamente rotulada como de não-conhecimento, deve ser interpretada como de não-provimento, e assim tratada para todos os efeitos práticos". Na verdade, dispensa-se o oferecimento de embargos declaratórios, para corrigir o equívoco.

Na terminologia processual, admitir um recurso significa que estavam presentes todos os pressupostos subjetivos e objetivos que lhe são inerentes; dar-lhe (ou negar-lhe) provimento é coisa diversa e revela o ingresso, pelo órgão *ad quem*, no exame da matéria de mérito. Daí, o significado específico das expressões "juízo de admissibilidade" e "juízo de mérito", de que falamos há pouco. E repisamos: embora se encontrem consagradas as expressões "conhecer do recurso", "não conhecer do recurso", estas revelam uma certa impropriedade, se examinadas sob o rigor terminológico. Assim dizemos, porque, sendo o juízo de admissibilidade (e não de conhecimento), o correto seria dizer-se: "admito o recurso", "não admito o recurso" etc.

Se o juízo *ad quem*, aliás, dá ou nega provimento ao recurso, sem se pronunciar, expressamente, se, antes, o admitia, isso deve ser entendido como uma admissibilidade *implícita*, embora, dela, não fale a lei; mas também não a proíbe.

Ao contrário do que vinha sustentando boa parcela da doutrina, sempre fomos de opinião que a decisão emitida pelo juízo de admissibilidade *a quo* poderia ser *reconsiderada*, de ofício ou mediante requerimento da parte, tivesse, o recurso, sido admitido ou não Este nosso ponto de vista levava em conta, principalmente, a simplicidade do procedimento trabalhista. Posteriormente a essas nossas considerações, a possibilidade de o próprio juiz *a quo* proceder ao reexame dos pressupostos de admissibilidade dos recursos (ordinário, em particular) foi prevista pela Lei n. 8.950, de 13 de dezembro de 1994, que introduziu, no art. 518 do CPC de 1973, o parágrafo único, assim redigido: "Apresentada a resposta, é facultado ao juiz o reexame dos pressupostos de admissibilidade do recurso". Tempos depois, a Lei n. 11.275/2006 desloca essa matéria para o § 2º do mesmo dispositivo e esclarece que o reexame dos pressupostos de admissibilidade deve ser realizado dentro de cinco dias. Entendíamos que, no processo do trabalho, o juiz poderia reconsiderar a sua decisão, para não admitir recurso antes admitido, mesmo: a) antes do oferecimento das contrarrazões; b) que as contrarrazões deixassem de ser apresentadas. Nosso entendimento se fundava nos fatos de que: 1) a decisão que admite o recurso não produz coisa julgada (formal); 2) o reexame dos pressupostos de admissibilidade pode ser efetuado *ex officio*, no processo do trabalho, por força da regra inscrita no art. 765, da CLT, sendo, por isso, desnecessária a observância ao requisito do art. 518, § 2º, do CPC de 1973 (apresentação de resposta ao recurso).

O CPC atual, contudo, não reproduziu a regra do § 2º do art. 518 do CPC de 1973; apesar disso, seguimos entendendo que no processo do trabalho o juiz poderá reexaminar a sua decisão relativa aos pressupostos de admissibilidade do recurso. Esclarecendo: se, a princípio, o órgão *a quo* o havia admitido o recurso, e agora o denegou, poderá a parte prejudicada interpor agravo de instrumento desta última decisão; se, contudo, o juízo *a quo* havia denegado o recurso para, depois, reconsiderando, admiti-lo, é certo que a parte adversa à recorrente não poderá agravar dessa nova decisão, cabendo-lhe, entretanto, ao ensejo das contrarrazões, ou mesmo da tribuna, em sustentação oral, argumentar com o fato e requerer que o órgão *ad quem* não admita o apelo. Sempre entendemos estar inserida no elenco das faculdades do juiz a de rever a sua decisão, denegatória do recurso, para admitir o apelo.

Esclareça-se, no entanto, que eventual requerimento da parte, formulado no sentido de que o juízo *a quo* reconsidere a decisão denegatória do seu recurso, não suspende o prazo para a interposição do agravo de instrumento.

Se, por outro lado, o litigante que teve o seu apelo não admitido ingressar, ao mesmo tempo, com um pedido de reconsideração da decisão e com agravo de instrumento, o acolhimento daquele tornará prejudicado o processamento deste.

Como estivemos a falar de terminologia processual, é oportuno efetuarmos um reparo de ordem técnica no tocante à conceituação do ato pelo qual o juízo monocrático não admite recurso. Tem-se dito (e o próprio legislador assim o faz) que esse ato traduz *despacho*. Nós mesmo, no passado, fizemos uso esse vocábulo, por um respeito à tradição. Entretanto, não somos como aquela personagem de Graciliano Ramos, em "Vidas Secas", que não se atrevia a mudar a tradição, embora sofresse com ela. Realmente, seja sob o ponto de vista doutrinário, seja do eminentemente técnico, não podemos chamar de despacho o ato pelo qual o juízo unipessoal admite ou denega recurso. Com efeito, esse ato não se destina à mera impulsão processual, como se dá com os despachos de expediente ou meramente ordinatórios, senão que contém uma considerável "carga" decisória, que os desassemelha daqueles. Cuida-se, assim, de um despacho-decisório (espécie à qual a inteligência doutrinária não tem dedicado maiores atenções) ou de típica *decisão* simples. O art. 897, letra "b", da CLT, por exemplo, admite a interposição de agravo de instrumentos de "despachos" que deneguem recursos. Ora, se de despacho efetivamente, fosse o caso, deveríamos convir que o legislador estaria em contradição consigo mesmo, pois se sabe que dos despachos de mero expediente não cabe recurso. O CPC possui regra específica quanto a isso (art. 1.001). Nem se diga que a CLT, por não possuir norma semelhante, admitiria a interposição de recurso de meros despachos; ora, o art. 893, § 1º, deste texto legal, não permite a interposição de recurso, nem mesmo, de decisões interlocutórias (que são o mais), motivo por que seria ilógico e aberrante dos princípios que o admitisse dos simples despachos (que são o menos). Resumindo: o ato pelo qual o juízo monocrático não admite recurso não é despacho e sim decisão (ou, quando menos, despacho-decisório). Tanto é certa essa afirmação, que a própria CLT, que veda a interposição de recurso das decisões interlocutórias, admite a impugnação, por esse meio, do "despacho" que denega recurso (art. 897, alínea "b").

Quando é um tribunal que não admite o recurso, ele o faz, em princípio, por meio de acórdão. Assim, se, como dissemos, o recurso não foi admitido por um Tribunal Regional desse acórdão caberá recurso de revista, para o TST. Não seria cabível, no caso, agravo de instrumento, porque este recurso é interponível, apenas, de decisões *monocráticas*.

É de extrema importância chamar a atenção ao fato de que a decisão denegatória de qualquer recurso deverá ser sempre fundamentada, sob pena de nulidade, por força de exigência contida no art. 93, inciso IX, da Constituição Federal.

Art. 994. São cabíveis os seguintes recursos:

I — apelação;

II — agravo de instrumento;

III — agravo interno;

IV — embargos de declaração;

V — recurso ordinário;

VI — recurso especial;

VII — recurso extraordinário;

VIII — agravo em recurso especial ou extraordinário;

IX — embargos de divergência.

• **Comentário**

Caput. Matéria constava do art. 496 do CPC revogado.

O CPC anterior previa os seguintes recursos:

a) apelação;

b) agravo;

Código de Processo Civil   Art. 995

c) embargos infringentes;

d) embargos de declaração;

e) recurso ordinário;

f) recurso especial;

g) recurso extraordinário;

h) embargos de divergência em recurso especial e em recurso extraordinário (art. 496, incisos I a VIII).

O CPC atual prevê os mesmos recursos, embora: a) tenha eliminado os embargos infringentes; e b) incluído o agravo em recurso especial ou extraordinário (art. 994).

No sistema da CLT são admissíveis os seguintes recursos:

1. próprios:

1.1. recurso ordinário (art. 895);

1.2. recurso de revista (art. 896);

1.3. recurso de embargos de divergência, ao TST (art. 894);

1.4. agravo de petição (art. 897, "a");

1.5. agravo de instrumento (art. 897, "b");

1.6. embargos de declaração (art. 897-A);

1.7. agravo regimental (regimentos internos dos tribunais);

1.8. agravo (CLT, art. 896, § 5º);

1.9. embargos infringentes (TST, Reg. Int., arts. 232/234);

1.10. Pedido de revisão do valor arbitrado à causa (Lei n. 5.584/70, art. 2º, §§ 1º e 2º).

Com exceção do agravo de petição (1.4.) e do pedido de revisão do valor atribuído à causa (1.10.), que escapam à competência do TST, os demais recursos se encontram previstos no Regimento Interno desse Tribunal.

2. oriundos do CPC:

2.1. recurso adesivo (art. 997);

2.2. recurso extraordinário (CPC, art. 1.029).

A partir do art. 1.009, passaremos a fazer comentários individualizados a respeito dos recursos trabalhistas típicos e daqueles que, previstos no sistema do CPC, são admissíveis no processo do trabalho.

Art. 995. Os recursos não impedem a eficácia da decisão, salvo disposição legal ou decisão judicial em sentido diverso.

Parágrafo único. A eficácia da decisão recorrida poderá ser suspensa por decisão do relator, se da imediata produção de seus efeitos houver risco de dano grave, de difícil ou impossível reparação, e ficar demonstrada a probabilidade de provimento do recurso.

• **Comentário**

Caput. A matéria estava dispersa nos arts. 497, 520 e 542 do CPC revogado.

Ao declarar que os recursos não impedem a eficácia da decisão judicial ao qual se dirigem — salvo se houver disposição legal ou decisão judicial em sentido contrário —, norma legal está a afirmar que, em princípio, os recursos previstos no sistema do CPC não possuem efeito suspensivo. Esse é também o princípio que informa o sistema do processo do trabalho (CLT, art. 899, *caput*).

Para melhor compreensão do assunto, vejamos os diversos efeitos dos recursos.

Tradicionalmente vem-se reconhecendo aos meios impugnativos das resoluções judiciais duas classes de efeitos, algo contrapostas: a) devolutivo; b) suspensivo. Mais recentemente, a doutrina passou a acrescentar os efeitos: c) expansivo; d) translativo; e e) substitutivo.

a) Efeito devolutivo

A devolutibilidade é inerente a todos os recursos, dado que a interposição devolve (ou seja, submete a reexame) ao órgão *ad quem* o conhecimento da causa.

Conquanto o vocábulo *devolutivo* tenha caído no gosto da doutrina, que dele se apropriou como elemento identificador de um dos efeitos derivantes da interposição de recurso, não podemos deixar de denunciar o equívoco dessa atitude. Realmente, a ideia de "devolução" nos vem do direito romano antigo, em que o imperador detinha, em caráter monopolístico, o poder de decidir os conflitos de interesses ocorrentes entre os súditos, delegando-os, em alguns casos, a seus prepostos. Assim, quando a parte não ficava satisfeita com a decisão adotada pelo preposto, apelava ao imperador, *devolvendo-lhe*, por assim dizer, a jurisdição. Nos tempos modernos, entretanto, não faz sentido falar-se em efeito devolutivo, porquanto a atividade jurisdicional não é privativa dos tribunais. Destarte, não se pode "devolver" aos tribunais aquilo que jamais lhes pertenceu. Seja como for, o fato é que o vocábulo *devolutivo* está fortemente entranhado em nossa tradição processual — particularidade que não desautoriza, todavia, a crítica ao emprego dessa palavra, com o significado que se lhe vem atribuindo. Conforme observa Palácio, a expressão *efeito devolutivo* "deriva de la época del derecho romano en la que los magistrados inferiores ejercían la jurisdicción como delegados del emperador, devolviéndosela en el caso de mediar um recurso de apelación. Y esa devolución de la jurisdicción traía aparejada el efecto de que *la competencia del juez inferior quedaba suspendida hasta tanto recaye-se sentencia del superior. Originariamente, pues, la apelación producía ambos efectos: devolutivo y suspensivo, siendo este ultimo consecuencia del primero. Pero el derecho canónico — como señala Caravantes — advirtiendo que, em cierto tipo de causas, como las de alimentos, la imposibilidad de ejecutar la decisión del juez inferior era susceptible de produzir perjuicios irreparables, admitió que la apelación pudiera concederse 'al efecto solo devolutivo', o sea, sin que ella suspendiera la jurisdición del inferior"* (apud BATALHA, Campos, obra cit., p. 780).

b) Efeito suspensivo

Segundo a opinião doutrinal predominante, o efeito será suspensivo quando o recurso for dotado de aptidão para obstar a produção dos efeitos inerentes à sentença impugnada. Conquanto consagrado, não nos parece de todo correto esse entendimento. Assim dizemos porque, sendo a sentença um ato sujeito a condição resolutiva — conforme expusemos em item anterior, essa situação jurídica permanece enquanto perdurar a possibilidade de ela ser objeto de recurso. Vista a questão sob esta perspectiva, não seria despropositado asseverarmos que o efeito em estudo não é em rigor, suspensivo, mas, *impeditivo* da prática de atos ordinários, derivantes da decisão impugnada. Aludimos a atos *ordinários* porque, em determinadas situações, mesmo estando a sentença pendente de recurso, o juiz estará autorizado a praticar certos atos urgentes, necessários à conservação de direitos, como, por exemplo, de natureza cautelar.

c) Efeito expansivo

Esse efeito se define conforme as consequências objetivas e subjetivas que o julgamento do recurso possa acarretar. Assim, embora o órgão *ad quem* esteja vinculado à regra do art. 1.013, *caput*, do CPC (*tantum devolutum quantum appellatum*), as consequências do julgamento poderão ser mais amplas, por forma a afetar a esfera jurídica de outras pessoas.

Tem-se classificado o efeito expansivo em: a) *objetivo*; e b) *subjetivo*. O primeiro se refere aos atos do processo; o segundo, às pessoas. Subdivide-se, ainda, o efeito objetivo em: a.a.) *interno*; e a.b.) *externo*, levando-se em conta o ato que é afetado pelo julgamento do recurso. Ou seja, o efeito expansivo será *objetivo interno* quando não transpuser os limites da decisão impugnada (ex.: ao apreciar recurso interposto de pronunciamento jurisdicional de mérito, o acórdão acolhe certa preliminar alegada, fazendo com o que processo se exaura sem julgamento do mérito. Nesta hipótese, o acórdão se expandiu por toda a sentença, inclusive, sobre pontos não impugnados). Será *objetivo externo* quando se projetar para além dos lindes da decisão recorrida (ex.: agravo de instrumento interposto de decisão denegatória de recurso ordinário, já tendo sido realizados atos executivos. Nesta hipótese, referidos atos ficam sem efeito).

Exemplo de efeito expansivo *subjetivo* seria o recurso interposto por um dos litisconsortes, que beneficiaria os demais — desde que se tratasse, à evidência, de regime litisconsorcial do tipo *unitário*. Pondera, entretanto, Barbosa Moreira que, nesse caso, antes de um efeito, *per se*, parece que convém falar em extensão subjetiva dos efeitos propriamente ditos" (obra cit., p. 206). No que está com inteira razão.

d) Efeito translativo

Vimos que a extensão (horizontalidade) da atividade cognitiva do tribunal, em sede de recurso, está na medida direta do *quanto* constituiu objeto de impugnação. Esta é a regra inscrita no *caput* do art. 1.013, do CPC. Em princípio, portanto, o tribunal somente poderá pronunciar-se acerca dos temas contidos na decisão, que tenham sido impugnados pela parte. Há, todavia, situações excepcionais, que, para além de autorizarem, impõem ao órgão jurisdicional conhecer *ex officio* da matéria, nomeadamente, quando esta é de ordem pública.

O efeito translativo se manifesta, especificamente, nos recursos ordinários, em virtude da amplitude cognitiva, dos tribunais, que ele enseja. A sua incidência nos demais recursos é algo rara, em decorrência do requisito do prequestionamento. Visando a formular uma regra pragmática, acerca da incidência deste efeito, podemos dizer que ele se traduz na possibilidade de o tribunal apreciar, por sua iniciativa exclusiva, não apenas matérias de ordem pública, como as enumeradas nos arts. 485, § 3º, do CPC, mas, também, questões que tenham sido suscitadas e debatidas nos autos, resolvidas ou não pela sentença, desde que relativas ao capítulo impugnado (CPC art. 1.013, § 1º).

Faz-se inevitável, a esta altura, a seguinte indagação: em nome do efeito translativo, poderia o tribunal, ao dar provimento ao recurso ordinário do autor, para declarar a existência de vínculo de emprego com o réu, proceder, ato contínuo, à apreciação dos demais pedidos de mérito (salários, férias, 13º, horas extras, FGTS etc.)? Nossa opinião a respeito deste assunto já foi manifestada em páginas anteriores, deste livro. Em todo o caso, a sua possível vinculação com o efeito translativo faz com que retornemos ao tema, agora para examiná-lo sob esta óptica específica. Antes de mais nada, devemos reiterar duas observações, de ordem introdutória, que nos parecem fundamentais: a) o art. 1.013, § 1º, do CPC, não alude a pedidos, e, sim, a *questões*; b) a entender-se que questões possuem, aí, o significado de pedido, esse dispositivo do CPC: b.a.) acarretaria a supressão de um grau jurisdicional; b.b.) seria incompatível com o processo do trabalho.

Efetivamente, a) o que o preceito legal em foco autoriza é o julgamento, pelo tribunal, em grau de recurso ordinário, das *questões* suscitadas e discutidas no processo, ainda que a sentença não as tenha apreciado por inteiro. Ora, o substantivo *questões*, nem mesmo por metonímia, é sinônimo de *pedidos*. A nosso ver, o que o legislador do processo civil fez, com clareza, foi: a.a.) no *caput* do art. 1.013, enunciar a regra cardeal de que a apelação (recurso ordinário, no processo do trabalho) somente "devolve" ao conhecimento do tribunal a matéria impugnada (*tantum devolutum quantum appellatum*), à exceção daquelas que, por serem de ordem pública, autorizam a apreciação *ex officio* (e, nesta exceção, não se encaixa, à evidência, a matéria pertinente à relação de emprego). Logo, a Corte recursal estará impedida de se manifestar sobre pretensões de direito material (*pedidos*) que não tenham sido objeto do recurso, salvo se o pedido for, também, de ordem pública; a.b.) no § 1º do art. 1.013, permitir ao tribunal julgar as *questões* não inteiramente examinadas pela sentença, desde que referentes ao capítulo impugnado. *Questões* são certos aspectos ou pontos do mérito. Se, por exemplo, um empregado é demitido por haver praticado duas faltas graves, conforme alegado na contestação, e a sentença, apreciando, apenas, uma dessas faltas, a acolhe, ensejando, com isso, a que o empregado interponha recurso ordinário, o tribunal, ao examinar o mérito do recurso, poderá não reconhecer a prática da falta grave invocada pela sentença, mas, declarar configurada e comprovada a outra (não apreciada pela decisão de primeiro grau) e, em razão disso, negar provimento ao recurso. Essa segunda falta grave: 1) constitui aspecto do mérito; 2) não fora apreciada pela sentença; 3) se revela como *questão*, para os efeitos do § 1º, do art. 1.013, do CPC.

b) o entendimento de que a norma legal referida estaria a aludir a *pedido,* b.a.) implicaria a supressão de um grau jurisdicional, pois o tribunal estaria a manifestar-se acerca de temas ou matérias que não foram objeto de apreciação pelo órgão de primeiro grau. É bem verdade que alterações legislativas mais recentes autorizam o tribunal, em situações específicas, a suprimir um grau de jurisdição. Isso ocorre, *e. g.*, com o § 3º, do art. 1.013, que permite ao tribunal, caso dê provimento ao recurso da sentença que havia extinto o processo sem exame do mérito, a julgar, desde logo, a lide, caso se verifiquem os requisitos mencionados nessa norma legal (incisos I e III). No caso do recurso ordinário trabalhista, versando sobre relação de emprego, não só há, em regra, matéria factual, como esta é ampla. Sucede que, ao prover o recurso ordinário do autor, para declarar a existência de vínculo de emprego com o réu, e passar, logo em seguida, ao julgamento dos demais pedidos de mérito, o tribunal poderia estar acarretando graves prejuízo às partes, sabendo-se que esse acórdão, por envolver matéria de fato, não poderia ser objeto de recurso de revista, nos termos da Súmula n. 126, do TST. Destarte, as partes teriam que se conformar com um único pronunciamento jurisdicional desfavorável (quanto aos éditos decorrentes da relação de emprego: salários, férias, 13º, FGTS, horas extras etc.). Caso, porém, o tribunal, após declarar o vínculo de emprego entre as partes, determinas-se o retorno dos autos ao juízo de primeiro grau, para complementar a entrega da prestação jurisdicional, desta segunda sentença as partes poderiam interpor recurso ordinário do tribunal regional, por forma a verem assegurados o direito ao duplo grau de jurisdição.

Não cremos, pois, que o efeito translativo justifique a possibilidade de o tribunal deixar de remeter os autos ao juízo de primeiro grau, para essa finalidade.

e) Efeito substitutivo

Este efeito está expresso no art. 1.008, do CPC, segundo o qual, o julgamento proferido pelo tribunal, em grau de recurso, substitui a decisão interlocutória ou a sentença, naquilo que tiver sido objeto de impugnação.

Duas advertências, porém, são necessárias sob a perspectiva do processo do trabalho: a) neste processo vigora o princípio da irrecorribilidade autônoma das decisões interlocutórias (CLT, art. 893, § 1º); b) a substituição de que trata o texto legal em exame, em princípio, somente ocorrerá se o tribunal examinar o mérito da causa. Logo, se o tribunal não admitir o recurso, por faltar-lhe quaisquer dos pressupostos subjetivos ou objetivos, inexistirá substituição, motivo por que subsistirá a sentença impugnada. Esta separação de situações é de extrema importância prática, designadamente, com vistas ao exercício da ação rescisória, pois se o tribunal não admite o recurso e a parte dirige a ação rescisória ao acórdão, deverá ser declarada carecedora da ação, uma vez que não possui o indispensável interesse processual: afinal, está a pretender rescindir um pronunciamento jurisdicional que não apreciou o mérito, deixando, ainda, íntegra, a sentença — esta, sim, julgou a lide —, que está a acarretar-lhe os constrangimentos jurídicos que procurou ver dissipados pelo exercício de uma ação rescisória mal dirigida.

O inciso II, da Súmula n. 192, do TST, constitui exceção a essa regra. Estabelece a mencionada Súmula: "II — Acórdão rescindindo do Tribunal Superior do Trabalho que não conhece de recurso de embargos ou de revista, analisando arguição de violação de dispositivo de lei material ou decidindo em consonância com súmula de direito material ou com iterativa, notória e atual jurisprudência de direito material da Seção de Dissídios Individuais (Súmula n. 333), examina o mérito da causa, cabendo ação rescisória da competência do Tribunal Superior do Trabalho (ex-Súmula n. 192 — Res. 121/03, DJ de 21.11.2003)".

No mais, se bem refletirmos, entretanto, veremos que o efeito substitutivo não é produzido *pelo recurso*, em si, mas, *pelo acórdão* que, em decorrência do recurso, rejulga o mérito.

Voltemos à análise dos efeitos *devolutivo* e *suspensivo*, pela importância que o tema apresenta.

Os recursos trabalhistas, como dissemos, por expressa disposição legal possuem efeito meramente devolutivo (CLT, art. 899, *caput*), embora essa norma faça referência às "exceções previstas neste Título". Inseriam-se no campo dessas exceções os recursos de: a) revista b) agravo de petição; e c) agravo de instrumento.

Quanto ao recurso: a) de *revista*, dispunha o art. 896, § 2º, da CLT que, "Recebido o recurso, a autoridade recorrida dirá o efeito em que o recebe, podendo a parte interessada pedir carta de sentença para execução provisória..."; a execução provisória, na hipótese, apenas seria possível se o despacho do juízo *a quo* dissesse que o recurso havia sido recebido em seu efeito só *devolutivo*. Ulteriormente, contudo, a matéria passou a ser regulada pelo § 1º, do mesmo art. 896, a teor do qual o recurso de revista é dotado de efeito, apenas, devolutivo.

No que respeita aos recursos de agravo de petição e de agravo de instrumento, declarava a Lei (CLT, art. 897, § 1º) que *não* teriam efeito suspensivo, conquanto facultasse ao juiz sobrestar, quando julgasse conveniente, o andamento do feito, "até julgamento do recurso" (*ibidem*) — isto é, suspendesse a eficácia executiva da sentença. Embora a Lei n. 8.432, de 11 de junho de 1992, haja alterado a redação dos parágrafos do art. 897 da CLT, sem aludir ao efeito dos recursos mencionados, cremos que recepcionou o sistema anterior, ainda que implicitamente, exceto quanto ao agravo de instrumento interposto de decisão denegatória de agravo de petição, que não terá efeito suspensivo (§ 2º).

Retornemos ao agravo de petição, para repisar o que havíamos asseverado anteriormente: o § 2º do art. 897, da CLT, em sua redação anterior, permitia ao juiz atribuir efeito suspensivo a esse recurso, ao estabelecer que deveria remeter os autos ao tribunal competente para julgar o agravo, se houvesse "sobrestado o andamento do feito". Atualmente, em virtude das Leis n. 8.432, de 11 de junho de 1992, e 10.035, de 25 de outubro de 2000, a matéria se tornou algo dicotômica. Assim afirmamos, em razão do disposto no § 1º do art. 897, da CLT: "O Agravo de Petição só será recebido quando o agravante delimitar, justificadamente, as matérias e os valores impugnados, permitida a execução imediata da parte remanescente até o final, nos próprios autos ou por carta de sentença". Isto significa, em termos concretos, que: a) a parte da decisão que *não* foi impugnada pelo agravo de petição (ou se a impugnação não foi fundamentada) será objeto de execução *definitiva* ("até o final", declara a Lei, seja nos autos originais ou em carta de sentença; b) a parte da decisão que *foi* impugnada (fundamentadamente), por meio de agravo de petição, poderá ser objeto de execução *provisória* — se houver algo a ser executado, considerando-se que teriam sido elaborados os cálculos, realizada a penhora e oferecidos embargos à execução. Logo, neste caso, o agravo de petição estará dotado de efeito *suspensivo*. A não se entender deste modo, seríamos levados a admitir que o legislador teria apresentado ao mundo algo surrealista: a) a parte da sentença resolutiva dos embargos à execução, que não tivesse sido impugnada, seria objeto de execução definitiva — o que está correto; todavia, a parte impugnada também seria objeto de execução definitiva — o que é inaceitável, sob as perspectivas lógica e jurídica.

Quanto ao agravo de instrumento, o juiz *a quo* não lhe pode imprimir efeito suspensivo. Este efeito somente poderá ser dado pelo relator (CPC, art. 1.019, I).

Estatuía a Lei n. 4.725/65, art. 6º, que sendo a decisão proferida em ação ("dissídio") coletiva, capaz de afetar empresa de serviço público, ou em ação da mesma natureza, promovida de ofício, ou, ainda, em qualquer caso, quando tratar-se de *revisão*, o recurso dela interposto teria efeito *devolutivo*, podendo, entretanto, o Presidente do TST atribuir-lhe efeito *suspensivo* (exceção), mediante requerimento motivado do recorrente (*ibidem*). Posteriormente, a Lei n. 7.701/88 permitiu ao Presidente do TST atribuir efeito suspensivo ao recurso, cujo prazo de suspensão teria eficácia por cento e vinte dias, exceto se o recurso fosse julgado antes do término desse prazo.

Mais tarde, a Lei n. 7.788, de 3 de julho de 1989, dispôs, em seu art. 7º, que "Em qualquer circunstância, não se dará efeito suspensivo aos recursos interpostos em processo de dissídio coletivo". Por último, o art. 14, da Lei n. 10.192, de 14.2.2001, estatui que "O recurso interposto de decisão normativa da Justiça do Trabalho terá efeito suspensivo na medida e extensão conferidas em despacho do Presidente do Tribunal Superior do Trabalho". A alusão feita ao recurso interposto das decisões proferidas nessa espécie de ação coletiva visou apenas a demonstrar que, nesse caso, se pode conceder efeito suspensivo ao apelo, a despeito de sabermos que tais decisões normativas, por terem conteúdo meramente constitutivo ou declaratório (jamais condenatório), não se prestam à execução (CPC, art. 584, I). A registrar-se, porém, o fato de a Súmula n. 246, do TST, dispensar o trânsito em julgado no acórdão normativo para a propositura de ação de cumprimento.

Via de regra, o recurso admitido em seu efeito imanente, que é o devolutivo, permite a execução provisória da sentença impugnada (CLT, art. 899, *caput*). Em obra específica (*Liquidação da sentença no processo do trabalho*. 5. ed. São Paulo: LTr, 1996. p. 172 e segs.), procuramos argumentar que a provisoriedade da execução nessa hipótese tem como limite final a avaliação dos bens penhorados, não compreendendo, por isso, o oferecimento de embargos pelo devedor. Não se justifica, portanto, a praxe, adotada por alguns juízes, consistente em exigir que o devedor, mesmo na execução provisória, ofereça embargos à execução. Ora, essa prática não só é contrária à lei (CLT, art. 899, *caput*), como conduz a uma de duas situações absurdas: ou os embargos são processados e julgados, ou não são. Na primeira hipótese, o julgamento faria com que a parte interpusesse agravo de petição da sentença resolutiva dos embargos, de tal modo que haveria, no tribunal, dois recursos: o ordinário, em cujos autos foi proferida a sentença (processo de conhecimento) que está sendo provisoriamente executada, e o agravo de petição, tendo como objeto a sentença resolutiva dos embargos do devedor. Isso é algo anômalo, pois se a sentença emitida no processo de conhecimento ainda pende de recurso, não se justifica a prática de atos processuais executivos, posteriores à interposição do recurso ordinário, sem que este esteja definitivamente julgado. Se, porém, entender-se que os embargos apresentados na execução provisória não deveriam ser processados, nem julgados, cabe indagar por que motivo, então, se exigiu o oferecimento desses embargos. Nem se diga que a regra inscrita no art. 899, *caput*, da CLT, estaria a pressupor que a penhora — como marco final da execução provisória — deva ter sido julgada subsistente, para que a execução se sobreste aí, e que, para isso, haveria necessidade de os embargos do devedor serem julgados. Não é bem assim. Se se quer definir se a penhora é subsistente, ou não, pode-se admitir embargos restritos a este ato de constrição judicial, sem se ingressar no mérito da execução.

Devendo o recurso ser admitido apenas no efeito devolutivo, mas o juiz atribuir-lhe também o suspensivo, ou, tendo sido admitido no efeito devolutivo, o juiz negar a extração de carta de sentença, o interessado poderá fazer valer o seu direito, em quaisquer desses casos, mediante a impetração de mandado de segurança contra tais atos judiciais. O agravo de petição, embora seja o recurso específico para impugnar decisões proferidas pelo juiz no processo de execução, não teria eficácia para ensejar, à parte que se sentir prejudicada pelo ato do magistrado, a imediata neutralização dos efeitos do ato causador do dano sofrido. Por isso, temos preconizado, desde muito tempo, o uso da ação mandamental em todas as situações em que ficar configurada a transgressão a um "direito líquido e certo" da parte, e em que o agravo de petição seja ineficaz para fazer cessar, desde logo, a causa da lesão do direito. A correição parcial seria incabível na espécie, pois nenhum dos despachos teria, em rigor, atentado contra a boa ordem do procedimento; o que houve, sim, foi lesão a um direito, líquido e certo da parte, subsumido nos arts. 899, *caput*, da CLT.

Se for suspensivo o efeito em que se admitiu o recurso não se consentirá a prática de qualquer ato executivo. A suspensividade, aqui, não é apenas da decisão, como título judicial exequível (CLT, art. 876, *caput*; CPC, arts. 515), mas de todo o encadeamento de eficácias próprias do pronunciamento jurisdicional.

Não nos parece exato afirmar que o recurso *impede* a execução (definitiva) da sentença, porque as declaratórias e as constitutivas não são mesmo passíveis de execução (valendo aquela como simples preceito).

Por outro lado, são corretas as críticas endereçadas à expressão *efeito suspensivo*, pois esta gera a presunção de que somente a interposição do apelo seja apta para fazer cessar os efeitos inerentes à resolução judicial, como se até antes da interposição esses efeitos estivessem sendo produzidos. Na verdade, a sentença, mesmo antes de ser impugnada, é ato ainda destituído de *eficácia* — que só se manifestará, concretamente, com o trânsito em julgado. Antes deste trânsito, portanto, a sentença pende de condição suspensiva. Dessa forma, o que o recurso provoca nada mais é que um elastecimento, uma ampliação dessa ineficácia.

A oportunidade nos sugere reiterar que a interposição do recurso não se destina a *impedir* a formação da coisa julgada, mas, apenas, a *retardá-la* ou *adiá-la*.

Quanto ao recurso *ordinário* (CLT, art. 895), em especial, que corresponde ao de apelação no processo civil (CPC, art. 1.009), a sua interposição devolve ao conhecimento do tribunal a matéria *impugnada*; esta é a regra do art. 1.013, *caput*, do CPC. Pode-se estabelecer, portanto, que a quantidade de devolução está na medida do tanto que se impugnou: *tantum devolutum quantum appellatum*.

Em disposição, entretanto, que vem recebendo interpretações antagônicas, tanto no âmbito da doutrina quanto no da jurisprudência, estatui o § 1º do art. 1.013 do CPC: "Serão, porém, objeto de apreciação e julgamento pelo tribunal todas as questões suscitadas e discutidas no processo, ainda que não tenham sido solucionadas, desde que relativas ao capítulo impugnado".

Com base nessa regra legal tem-se suposto, p. ex., que se a sentença rejeitar os pedidos A + B + C, formulados pelo autor, e este vier a impugnar o pronunciamento de primeiro grau *apenas* em relação a A + B, o órgão *ad quem*, no julgamento do recurso, poderia conhecer *também* de C — observada, em qualquer hipótese, a proibição da *reformatio in peius* (no que concerne, é certo, ao recorrente).

Não é esse, *venia concessa*, o sentido da lei.

Sustentar-se que o recurso devolve ao tribunal *toda a matéria versada na causa*, mesmo que algumas das partes da sentença não tenham sido impugnadas, seria negar, com grande desrazão jurídica, o *caput* do próprio art. 1.013 do CPC, que restringe a devolutibilidade à matéria que tenha sido *objeto* do recurso, e ignorar a faculdade, prevista em lei, de o recorrente manifestar contrariedade *parcial* à resolução jurisdicional desfavorável (CPC, art. 1.002). Além disso, é regra elementar, em matéria de hermenêutica jurídica, que os parágrafos, incisos, alíneas, etc. se subordinam ao *caput* do artigo. Segue-se, que, havendo ocasional antagonismo entre o *caput* e as demais disposições do texto, prevalece o *caput*.

Em tema de *relação de emprego*, *v. g.*, essa interpretação do § 1º do precitado artigo do CPC tem sido particularmente *distorcida*. Segundo ela, se o tribunal der provimento ao recurso ordinário interposto pelo autor, para efeito de reconhecer a *existência* da relação negada pela decisão de primeiro grau, caberá ao órgão *ad quem* passar, em seguida, ao exame das demais pretensões deduzidas na petição inicial (aviso-prévio, 13º salário, férias, indenização etc.), ainda que o autor, em suas razões de recurso, não tenha solicitado um procedimento de revisão acerca desses pedidos. Diz-se que essa possibilidade está compreendida no permissivo do § 1º do art. 1.013 do CPC, de modo a afastar eventual alegação de julgamento *extra petita*.

Não negamos que essa interpretação (forçada, embora) da referida norma legal teria como seu grande argumento de defesa o fato de evitar um constrangimento intelectual do juízo *a quo*, que, contra a sua convicção jurídica (pois negara o pretendido vínculo empregatício), seria chamado a decidir as demais questões de mérito (aviso-prévio, 13º salário, férias etc.), por força da reforma da sentença. Parece-nos, contudo, que esse seria, na verdade, o *único* argumento ponderoso; de resto, a lei em nada ampara a aludida interpretação.

Convém demonstrarmos as razões de nossa assertiva.

Aparentemente, poder-se-ia defender a interpretação de que estamos a discordar, sob o argumento adicional de que tanto a relação de emprego quanto as parcelas pecuniárias postuladas constituem *matéria de mérito*, figurando aquela como pressuposto lógico — e jurídico — para a apreciação destas.

Concordamos com isso, até porque eventual trânsito em julgado da sentença declaratória de *inexistência* de relação de emprego acarretaria a extinção do processo com pronunciamento sobre o mérito, impedindo, dessa maneira, que o autor pudesse invocar o art. 486, *caput*, do CPC, para intentar, outra vez, a ação.

Devemos chamar a atenção, entretanto, primeiramente, para o fato de a Lei (CPC, art. 1.013, § 1º) permitir que o tribunal examine, à vista do recurso, apenas as *questões* suscitadas e discutidas no processo e não aqueles *pedidos*. Fazê-lo, como afirmamos, seria desrespeitar o *caput* do mesmo artigo, ao qual, por princípio hermenêutico e mesmo como técnica legislativa, se subordinam as disposições insertas nos correspondentes parágrafos, incisos, alíneas etc. *Questão* não é a mesma coisa que *pedido*. Aquela é mero *aspecto* do mérito; este constitui objeto da ação e da consequente condenação, quando acolhido. Podemos dizer, pois, que processualmente as questões são aqueles *pontos* ou *aspectos* da causa suscitados e debatidos pelas partes, sobre os quais a decisão se pronunciou, ainda que de modo não integral.

A prevalecer o entendimento de que o art. 1.013, § 1º, do CPC, autorizaria o tribunal a examinar os *pedidos* pecuniários deduzidos na causa, sempre que reformasse a decisão de primeiro grau para declarar a existência da relação de emprego, estar-se-ia coarctando, das partes, a possibilidade de se insurgirem, *pela primeira vez*, contra um pronunciamento jurisdicional relativo à prova, em que se baseou para acolher ou rejeitar (no todo ou em parte) ditos pedidos. Estar-se-ia, por outro lado, suprimindo um grau de jurisdição.

Admitamos, *e. g.*, que o réu haja produzido, em primeiro grau, prova documental do pagamento de alguma quantia postulada pelo autor. Essa prova, contudo, não chegou a ser apreciada pela sentença, em virtude da declaração de inexistência da relação de emprego. Dando provimento ao recurso interposto pelo autor, o tribunal não apenas reconhece a relação de emprego como acolhe os pedidos formulados pelo autor, entendendo que os documentos juntados pelo réu não têm eficácia para provar o pagamento das parcelas pleiteadas. O réu, diante disso, não teria à sua disposição qualquer meio recursal para tentar a reforma do acórdão, pois, como sabemos, o recurso de revista é inadmissível para reexame de *fatos* e *provas*, a teor da Súmula n. 126 do TST. Ressalte-se, que o acórdão seria o *primeiro* pronunciamento jurisdicional acerca dos mencionados documentos; e *único*, acima de tudo.

Constrangimento intelectual à parte, a solução jurídica que se impõe é a consagrada pela prática: reformada a sentença na espécie de que estamos a tratar, caberá ao tribunal determinar o retorno dos autos ao juízo *a quo*, para que aprecie o *restante* (pois relação de emprego também o é) do mérito (ou seja, os pedidos pecuniários), como entender de direito.

Fosse, aliás, de atribuir-se qualquer relevância jurídica ao argumento do constrangimento intelectual, teríamos, sem dúvida, de reconhecê-lo existente nos acórdãos dos tribunais que, solvendo conflitos *negativos* de competência, declarassem qual o juízo competente; e este teria (como tem) de acatar a decisão superior.

Com o retorno dos autos ao juízo *a quo*, para que *complete* o julgamento, não apenas se atende às normas processuais incidentes, como se permite ao réu ou mesmo ao autor impugnar a resolução de primeiro grau quanto ao convencimento deste a respeito da prova existente nos autos.

Em linha de coerência com o que até esta parte expusemos, entendemos que o órgão *ad quem*, ao reformar a sentença recorrida, que proclamara a *prescrição extintiva total* dos direitos deduzidos em juízo pelo autor, não deve examinar os pedidos contidos na peça inaugural, e sim determinar o retorno dos autos ao órgão *a quo*, para que o faça.

Se, por outro lado, o tribunal desse provimento ao recurso para declarar, *v. g.*, a nulidade do processo por invalidade da citação inicial (não se contaminando desse vício apenas a petição vestibular), é certo que não poderia adentrar no exame da lide para proferir uma decisão substitutiva da anterior; se o fizesse, *estaria piorando* ainda mais a situação do réu recorrente (*reformatio in peius*) pois este, anulado o processo, nem sequer poderia formular a sua defesa, em face dos fatos e dos pedidos deduzidos pelo autor-recorrido. Nessa hipótese, como é curial, a Corte de revisão deverá também ordenar o retorno dos autos ao juízo de origem, a fim de que reinstaure o procedimento a partir, exclusive, da inicial e profira, ao final, nova sentença, atendido o princípio do *due process of law*.

Em livros anteriormente escritos, idêntica solução sugerimos no caso de o tribunal reformar a sentença que havia acarretado a extinção do processo em virtude da declaração de inexistência das condições da ação. Aqui, como a extinção ocorreu *sem* julgamento do mérito (CPC, art. 485, VI), vedada estaria, pelo próprio § 1º do art. 1.013 do CPC, a possibilidade de o órgão *ad quem* penetrar no exame do mérito, sob pena de manifesta supressão de grau jurisdicional. Enfim, concluíamos, sempre que o processo se extinguisse *sem* manifestação a respeito do mérito, haveria necessidade de que os autos *retornassem* ao órgão de primeiro grau para que — aí sim — apreciasse o mérito segundo lhe parecesse conforme o direito e em consonância com a sua convicção jurídica.

Dispõe, contudo, § 3º, ao art. 1.013, do CPC, que se o processo estiver em condições de imediato julgamento, o tribunal deve decidir desde logo o mérito quando ocorrer qualquer das situações previstas nos incisos I a IV dessa norma legal. A norma constitui reprodução parcial da contida no § 3º do art. 515 do CPC de 1973, assim redigida: "Nos casos de extinção do processo sem julgamento do mérito (art. 267), o tribunal pode julgar desde logo a lide, se a causa versar questão exclusivamente de direito e estiver em condições de imediato julgamento". Sempre entendemos que a regra do 3º do art. 515 do CPC de 1973 era inaplicável ao processo do trabalho, ao qual ao qual não se fazia conveniente a supressão de um grau de jurisdição. Mantemos esse entendimento em relação ao 3º, ao art. 1.013, do atual CPC, especialmente, quanto aos incisos I e III.

Agora, portanto, no sistema do CPC, extinto o processo sem pronunciamento acerca das questões de fundo (para cogitarmos, apenas, desta hipótese), o tribunal, ao dar provimento ao recurso, para restabelecer o processo, estará autorizado a julgar o mérito. A este respeito, algumas observações devem ser feitas. Em primeiro lugar, parece-nos que a possibilidade de julgamento do mérito, no caso, traduz um *dever*, e não uma faculdade do tribunal, como permite inferir o verbo *dever*, utilizado na redação da norma. Em segundo, para que esse dever possa ser regularmente exercido é imprescindível que causa esteja em condições de imediato julgamento. Para aqueles que, divergindo de nosso pensamento, entenderem ser aplicável ao processo do trabalho o 3º, ao art. 1.013, do atual CPC, fica o alerta: a causa precisa estar em condições de imediato julgamento. Se, por exemplo, o juiz extinguiu o processo sem resolução do mérito, por haver indeferido a petição inicial (CPC, art. 485, I), provavelmente, o tribunal não poderá aplicar o 3º, ao art. 1.013 do CPC, uma vez que se não houve, em primeiro grau, a formulação de propostas conciliatórias (CLT, art. 764), a causa, em rigor, não estará em condições de imediato julgamento. Se, a despeito disso, o tribunal julgar o mérito, ensejará a arguição de nulidade processual (CLT, art. 794).

A propósito do disposto nesta norma legal, é relevante chamar a atenção ao fato de que o exame do mérito, pelo tribunal, poderá acarretar *reformatio in peius*. Exemplifiquemos. Em causa versando, unicamente, matéria de direito, a sentença extingue o processo, sem exame do mérito, por entender que o autor é parte ilegítima e, em consequência, carecedor da ação. Este recorre, e o tribunal, dando provimento ao recurso, para afastar a declaração de ilegitimidade ativa, julga, de imediato, o mérito, rejeitando os pedidos formulados na inicial, ou seja, decidindo contra o próprio autor, por forma a caracterizar uma espécie de julgamento para pior (*reformatio in peius*). Este é um risco a que o autor estará sujeito. Por isso mesmo, pensamos que — ao menos no processo do trabalho — o julgamento do mérito, na forma do art. 1.013, § 3º, do CPC, só deveria ser possível se houvesse requerimento expresso do recorrente, quanto isso. Permitir que o tribunal julgue o mérito *ex officio* seria submeter o recorrente ao grave risco de ver empiorada a sua situação processual. Essa nossa ponderação foi efetuada apenas *ad argumentandum*, pois, conforme afirmamos há pouco, nosso entendimento é de que não se aplica ao processo do trabalho o § 3º do art. 1.013 do CPC, especialmente, em relação aos incisos I e III.

Retornaremos ao assunto ao comentarmos o art. 1.013.

Pois bem. Estabelecido que, para os efeitos do § 1º do art. 1.013 do CPC, os vocábulos *questões* e *pedidos* não podem ser confundidos, entre si, parece-nos oportuno, a esta altura, fixar um critério jurídico capaz de definir, com precisão, quando, nos casos concretos, o tribunal, funcionando como Corte de reexame, deverá apreciar as demais *questões* (e não *pedidos*) que não foram analisadas pelo órgão *ad quem*.

Cremos que esse critério deva ser o da *viabilidade* de essas questões terem sido apreciadas pelo órgão de primeiro grau quando do proferimento da sentença de mérito, que veio a ser mais tarde, impugnada. Expliquemo-nos.

Sempre que era *viável* (= estava desobstruída) a apreciação de *todas* as questões relativas ao mérito, mas o juízo *a quo* não as tenha apreciado por inteiro (em razão de o exame de uma delas ter prejudicado o das restantes), o órgão *ad quem* deverá pronunciar-se sobre as *questões* que ficaram à margem da análise do *a quo*. Se, ao contrário, não havia qualquer viabilidade de o juízo de primeiro grau apreciar a lide, em todos os seus *aspectos*, é elementar que o tribunal, provendo o recurso, determinará, mediante remessa dos autos, que o órgão *a quo complemente* o exame das questões de fundo.

Alguns comentários merecem ser feitos, ainda, a respeito do assunto.

Na hipótese (algo infrequente, na prática), de o autor ajuizar uma ação *exclusivamente declaratória* (CPC, art. 19) da existência de relação de emprego e a decisão inferior vier, ao contrário, a proclamar a *inexistência* dessa relação, é evidente que a eventual reforma da sentença também não autorizará o tribunal a ir além desse limite por absoluta falta de outros pedidos, na peça vestibular.

Caso o empregado tenha indicado *mais* de um fundamento para o pedido feito na ação, e a sentença acolhê-lo apenas por um deles, o recurso que dessa decisão vier a ser interposto devolverá ao tribunal o conhecimento de *todos* os fundamentos. Poderá acontecer, até mesmo, de nesse julgamento o órgão *ad quem* "manter" a sentença, embora por fundamento diverso daquele que fora por ela expressamente invocado. Colocamos aspado o verbo *manter*, porque, na verdade, quando o tribunal julga o mérito, ele *substitui* a decisão recorrida (CPC, art. 1.008), mesmo se negar provimento ao recurso. As únicas possibilidades de a sentença ser *mantida* ocorrem quando: a) o recurso, pertinente ao mérito, é parcial. Neste caso, a sentença fica mantida quanto aos seus capítulos que não foram objeto do recurso; b) a sentença extinguir o processo sem julgamento do mérito e o tribunal negar provimento ao recurso.

Se o réu construiu a sua contestação sobre dois fundamentos e o pronunciamento de primeiro grau acolheu somente um deles (rejeitando, em consequência, os pedidos formulados pelo autor), o recurso que o vencido interpuser submeterá ao reexame do tribunal *ambos* os fundamentos. Esta particularidade, aliás, fará com que eventual impugnação do vencedor (réu) à sentença, na parte em que rejeitou um dos fulcros da defesa, deixe de ser conhecida por falta de interesse do recorrente. Interesse, em sua acepção técnico-processual.

Não nos esqueçamos de que o pressuposto para a incidência do § 1º do art. 1.013 do CPC é que as *questões* a serem apreciadas e devolvidas pelo tribunal tenham sido *suscitadas* e *discutidas* nos autos. Dessa maneira, o recurso interposto pelo *revel* não poderá versar sobre matéria de mérito, sob pena de supressão de grau jurisdicional. É oportuno observar, aliás, que revel é a pessoa que não apresenta contestação; desse modo, pretender, o réu revel, impugnar, no recurso, a sentença quanto ao mérito, seria tentar transformar, arbitrariamente, o recurso em contestação. O que o revel deve buscar, no recurso, é a elisão do seu estado de revelia, ou seja, valer-se de argumentos (e, até mesmo, de documentos) destinados a demonstrar o motivo pelo qual deixou de oferecer contestação, no prazo legal. Provido o recurso, e afastada a revelia, os autos deverão retornar ao órgão *a quo*, a fim de propiciar ao réu oportunidade para responder aos termos da petição inicial.

A mesma razão jurídica impede que se devolva ao conhecimento do colegiado de segundo grau aquelas questões (ou fatos) que não tenham merecido contrariedade específica do réu, na oportunidade de sua resposta. Dá-se que este, ao não se manifestar sobre tais fatos, fez com que eles fossem presumidos verdadeiros; a presunção, a propósito, decorre de previsão legal (CPC, art. 341, *caput*). Logo, como esses fatos não foram *discutidos*, não se submetem ao reexame pelo órgão *ad quem*, segundo a regra do § 1º do art. 1.013 do CPC. É elementar, todavia, que a devolutibilidade ocorrerá se eles forem objeto de impugnação expressa *no recurso*. Nesse caso, atua a norma inserta no *caput* do precitado artigo, que fixa a quantidade de devolução segundo o tanto que tenha sido impugnado pelo recorrente.

Convém sintetizarmos o nosso pensamento acerca do assunto:

a) *Questões* não significam a mesma coisa que *pedidos*: aquelas representam certos aspectos do mérito ou mesmo fundamentos das pretensões deduzidas em juízo; estes constituem o objeto da ação proposta. Supor-se que há sinonímia entre os dois vocábulos seria autorizar, contra a lei (CPC, art. 1.013, *caput*), que o tribunal apreciasse matéria que não foi objeto de impugnação — ressalvadas aquelas que o órgão de reexame devesse conhecer *de ofício* (incompetência absoluta, coisa julgada, etc.). Não há, portanto, antinomia entre o *caput* do art. 1.013 do CPC e seu § 1º, uma vez que dispõem sobre matérias distintas; ainda que houvesse, elementares regras hermenêuticas dizem da subordinação do segundo ao primeiro. Fosse ainda de entender-se questões como *pedidos*, estar-se-ia tornando letra morta a do art. 505 do CPC, conforme a qual a sentença pode ser impugnada, inclusive, apenas em parte. O quanto que se devolve ao *ad quem*, pois, é o tanto que se impugna.

b) Sempre que o tribunal der provimento ao recurso, deverá cuidar para que o seu eventual exame dos demais *pedidos* formulados pelas partes não implique a impossibilidade de estas manifestarem a sua discordância, *pela primeira vez*, sobre a matéria decidida, quando esta relacionar-se a fatos e provas, sabendo-se que, nesse caso, a Súmula n. 126 obsta a interposição de recurso de revista para o TST.

c) Excepcionalmente, o § 3º, do art. 1.013, do CPC, autoriza o tribunal a suprimir um grau de jurisdição, mediante o julgamento do mérito logo após o afastamento da causa que motivara a extinção, pelo órgão *a quo*, do processo sem resolução da lide. Para que isto seja possível, a causa deve estar em condições de ser julgada. Uma das consequências inevitáveis dessa faculdade, será, em determinados casos, a ocorrência de um julgamento para pior, vale dizer, que agrave, ainda mais, a situação processual do recorrente. Reputamos inaplicável ao processo do trabalho o § 3º do art. 1.013, do CPC, designadamente, em seus incisos I e II, por implicarem desaconselhável supressão de grau jurisdicional.

Parágrafo único. Diz, o texto, que o relator poderá suspender a eficácia da sentença se da imediata produção dos seus efeitos houver risco de dano grave, de difícil ou impossível reparação, e ficar demonstrada a probabilidade de provimento ao recurso. Algumas observações complementares são necessárias, para a exata compreensão e aplicação da norma. Em primeiro lugar, a *sustação da eficácia* da sentença, no caso, significa que o relator poderá atribuir efeito suspensivo ao recurso. Em segundo, o risco de dano grave, de difícil ou impossível reparação, deve ser *objetivamente constatável*, não se admitindo, portanto, que o seja mediante simples impressão subjetiva do relator. Em terceiro, a exigência de demonstração da probabilidade de o recurso ser provido releva que esse efeito suspensivo deve ser requerido pelo recorrente, não sendo lícito, portanto, ao relator agir *ex officio* nesse assunto. Em quarto, o relator deverá adotar extrema cautela na verificação da "probabilidade de provimento do recurso", sob pena de implicar prejulgamento do recurso. Na verdade, esse cuidado não é diferente do que o juiz sói adotar quando tem diante de si um pedido de liminar cautelar: ao concedê-la, não deve antecipar o *resultado* do julgamento a ser realizado no processo principal, senão que fundar-se nos pressupostos do *periculum in mora* e do *fumus boni iuris*. No caso do parágrafo único do art. 995, a influência no espírito do relator será tanto do *periculum* quanto do *fumus*.

No sistema do processo do trabalho a concessão de efeito suspensivo a recurso deve ser obtido mediante ação cautelar inominada (TST, Súmula n. 414, I), que corresponde, no sistema do CPC em vigor, à tutela de urgência (art. 300 e seguintes).

Art. 996. O recurso pode ser interposto pela parte vencida, pelo terceiro prejudicado e pelo Ministério Público, como parte ou como fiscal da ordem jurídica.

Parágrafo único. Cumpre ao terceiro demonstrar a possibilidade de a decisão sobre a relação jurídica submetida à apreciação judicial atingir direito de que se afirme titular ou que possa discutir em juízo como substituto processual.

• **Comentário**

Caput. Há correspondência com o art. 499 do CPC revogado.

Recurso interposto pela parte

O princípio legal é de que o recurso pode ser interposto pelo litigante *vencido* (CPC, art. 996, *caput*). Sempre que as pretensões do autor forem acolhidas em parte, isto significa que tanto ele quanto o réu ficaram *vencidos*, ainda que parcialmente. Dá-se que o acolhimento de qualquer pretensão formulada por um dos litigantes faz com que o outro sucumba, automaticamente, nesse ponto, do mesmo modo que a rejeição de uma pretensão faz com que reste vencida a parte, nesse aspecto, e vencedora a adversa.

Ocorrendo de autor e réu ficarem vencidos, ambos estão autorizados a interpor recurso da sentença, em virtude da presença do pressuposto subjetivo do interesse, de que cuida o art. 17 do CPC.

Cada litigante interporá o recurso independentemente do outro (CPC, art. 997, primeira parte); isso significa não apenas que o prazo para o exercício dessa pretensão, embora tenha sempre a mesma duração, não precisa fluir, com obrigatoriedade, a contar de um *dies a quo* comum — pois dependerá da data em que a parte foi intimada da decisão —, mas também que o destino de cada apelo pode ser diverso.

No que tange ao prazo, é elementar que a contagem deverá ter início na mesma data, desde que a intimação dos litigantes tenha sido efetuada em um só dia. Com relação ao destino dos recursos, pode acontecer de ambos serem admitidos e providos ou o provimento ser apenas de um deles; de somente um ser admitido e provido ou negado provimento; de um ser provido em parte e o outro integralmente etc. Enfim, há uma absoluta autonomia processual dessas impugnações (uma em relação à outra) sob o ângulo de sua existência, a despeito de se dirigirem para um mesmo pronunciamento jurisdicional. Essa autonomia, contudo, nem sempre se verifica quanto à *apreciação* dos apelos, pelo órgão ad quem. Seria o caso, p. ex., de o autor haver recorrido da parte da sentença que lhe rejeitou o pedido de horas extras, e o réu, do ponto que reconheceu a presença de relação de emprego entre ambos. Se o tribunal der provimento ao recurso interposto pelo réu — por entender inexistente a relação de emprego que fora declarada pelo órgão de primeiro grau —, torna-se evidente que o recurso do autor ficará prejudicado, pois a sua apreciação seria desnecessária, para não dizermos ilógica. O mesmo aconteceria no caso de o autor haver recorrido para obter o aviso-prévio que lhe foi negado pelo órgão *a quo*, e o tribunal, dando provimento ao recurso interposto pelo réu, declarar a nulidade do processo, a contar, digamos, da citação. O pronunciamento do órgão *ad quem* teria, na espécie, caráter de *prejudicialidade* da apreciação do apelo apresentado pelo autor, em decorrência da circunduta reconhecida.

Se o réu sustenta, no recurso, a incompetência do juízo inferior e o autor, a nulidade do processo por restrição do direito de defesa, ao tribunal caberá apreciar primeiramente o recurso daquele; se provido, dispensada estará a apreciação do interposto por este; negando, porém, provimento, passará o *ad quem* ao exame do recurso do autor, pois estará afastada a incompetência arguida pelo réu. Incidiria em tumultuário *error in procedendo* o órgão de reexame se invertesse, no caso mencionado, a ordem de apreciação das matérias trazidas à sua cognição pelos recursos.

Tratando-se de prazo comum, os advogados não poderão retirar os autos em carga, da Secretaria do juízo para prepararem a interposição do recurso, salvo se houver, entre eles, uma divisão desse prazo. É curial que essa proibição não faria sentido quando o prazo de recurso para uma das partes somente passasse a fluir, por qualquer razão justificável, após o decurso do prazo para a outra. Ocorre que a fluência do prazo, aqui, não seria *simultânea*. Somos de opinião que a parte também poderia retirar os autos em carga quando lhe restasse um ou mais dias do prazo, contanto que já exaurido o da parte contrária.

Se um dos demandantes, por inadvertência ou ignorância do serventuário do órgão, conseguir retirar os autos em carga, sendo o prazo comum, caberá ao juiz restituir o prazo à outra, pois estará caracterizada a justa causa a que se refere o art. 223, *caput*, do CPC. A restituição, na hipótese, será pelo tempo que faltava, pois o prazo ficou suspenso no momento em que o obstáculo foi criado por aquela a quem os autos foram entregues em carga, irregularmente. Da suspensão do prazo e da consequente restituição pelo tempo que faltava para complementá-lo também trata o art. 221 do CPC, de incidência supletória no processo do trabalho (que é omisso no particular), pois ausente o óbice da incompatibilidade, objeto de advertência pelo art. 769 da CLT.

Conquanto não se negue o interesse processual da parte vencida (CPC, art. 996) interpor recurso da sentença ou do acórdão, há situações extraordinárias em que a parte, mesmo vencedora, terá interesse em recorrer da decisão.

Recurso interposto pelo terceiro prejudicado

Examinaremos esse tema no comentário ao parágrafo único do art. 996.

Recurso interposto pelo Ministério Público

O Ministério Público, por força do disposto no art. 83, VI, da Lei Complementar n. 75, de 20.5.1993, possui legitimidade para recorrer nos processos em que for parte ou em que atuar como fiscal da lei (*custos legis*). Neste último caso, é necessário estar presente um interesse público. O art. 996, *caput*, do CPC, reitera essa legitimidade.

O prazo para recorrer será contado em dobro para o Ministério Público, seja como parte, seja como fiscal da lei (CPC, art. 180).

Parágrafo único. No processo do trabalho, têm legitimidade para recorrer, em princípio, as partes. Em alguns casos, como nas ações coletivas, o próprio Presidente do Tribunal poderá interpor recurso (CLT, art. 898). Não cremos que esta norma da CLT tenha sido revogada pelo art. 8º, da Lei n. 5.584/70.

Interessa-nos, porém, neste momento, a legitimidade do *terceiro*, para recorrer.

Terceiro, por definição, é todo aquele que é estranho à relação jurídica processual. Sob um outro prisma, poderíamos dizer que, processualmente, todo aquele que não é parte é terceiro.

Estabelece o parágrafo único do art. 996 do CPC que incumbe ao terceiro demonstrar a possibilidade de a decisão sobre a relação jurídica submetida à apreciação judicial atingir direito de que afirme ser titular ou que possa discutir em juízo na qualidade de substituto processual. O § 1º do art. 499 do CPC revogado aludia à demonstração do nexo de interdependência entre o interesse de o terceiro intervir e a relação jurídica submetida à apreciação jurisdicional. Esteve com razão a doutrina ao criticar a redação dessa norma legal, sob o argumento de que o interesse de o terceiro interpor recurso "*decorria* do nexo de interdependência" entre a relação jurídica de que fosse titular e aquela *in iudicio deducta* pelas partes

De que natureza, entretanto, deve ser o *interesse* capaz de autorizar o terceiro a intervir no processo: meramente de fato, ou tipicamente jurídico? A resposta, segundo julgamos, é fornecida pelo art. 119 do CPC, que se refere à intervenção do terceiro na pendência de uma causa entre duas ou mais pessoas, desde que tenha *interesse jurídico* em que a sentença seja favorável a uma delas. Não nos parece possível, diante disso, sustentar-se que o interesse do terceiro na interposição de recurso seja apenas *econômico*, pois a lei seria de certo modo incongruente se houvesse condicionado a sua intervenção, no primeiro grau de jurisdição (CPC, art. 119), à existência de um *interesse jurídico* e viesse a permitir essa interveniência em grau de recurso mediante a comprovação de um interesse unicamente *econômico*. Corrobora essa opinião, no processo do trabalho, a Súmula n. 82 do TST, que vincula a admissibilidade da intervenção assistencial, simples ou adesiva, à demonstração do interesse jurídico e não o "meramente econômico".

Nessa rota de raciocínio, p. ex., estaria legitimada e provida de interesse jurídico para recorrer, como terceiro, a entidade sindical toda vez que a sentença proferida em ação ajuizada por um ou mais empregados fosse capaz de envolver interesse de toda a categoria profissional que ela representa.

A ideia processual de *interesse* fundamenta-se no binômio utilidade + necessidade. Ensina Mendonça

Lima (obra cit., p. 235/236) que o interesse de exercer a pretensão recursal promana de dois fatores: "de um lado, é preciso que o recorrente possa esperar, da interposição do recurso, a consecução de um resultado a que corresponda situação mais vantajosa, do ponto de vista prático, do que a emergente da decisão recorrida; de outro lado, que lhe seja necessário usar o recurso para alcançar tal vantagem". É claro que sendo o recurso interposto pelo Presidente do Tribunal ou pela Procuradoria, nos casos em que estão legitimados para tanto (CLT, art. 898), não se pode afirmar que a utilidade corresponda a uma vantagem *pessoal* desses órgãos, mas, sim, a uma satisfação do interesse público por eles manifestada nos autos, a ser obtida mediante a reforma da decisão impugnada pela via recursal.

O direito processual do trabalho, porém, não cria para o terceiro uma classe de recurso distinta dos demais meios que coloca ao alcance das partes. De tal sorte, os recursos arrolados no art. 893 da CLT, bem como os demais que incidam supletivamente neste processo, podem ser utilizados, de maneira indistinta, pelas partes e por terceiros. Esse nosso entendimento justifica um outro, sobre ser cabível agravo de petição (CLT, art. 897, "a") de sentença resolutória de embargos de terceiro, mesmo que o recurso seja interposto por essa espécie de embargante. O referido texto trabalhista é suficientemente inteligível ao dispor que o agravo de petição é cabível das decisões do juiz *na execução*. Logo, o que determina a interponibilidade desse remédio não é a *pessoa* ou a *qualidade do recorrente*, mas, sim, a *natureza do processo* em que a decisão atacada é proferida. Esse é, correto ou não, o critério adotado pelo processo do trabalho.

Parece-nos ser lícito inferir que a corrente doutrinária que advoga o cabimento de recurso *ordinário* da sentença resolutiva dos embargos opostos por terceiro traz, velado, o propósito de forçar, mais adiante, a interposição de recurso de revista (CLT, art. 896) do acórdão prolatado pelo tribunal, esquivando-se, desse modo, da restrição contida no § 2º do mesmo artigo. O princípio da *generalidade subjetiva dos meios recursais*, contudo, combinado com a literalidade inequívoca do art. 897, "a", da CLT, constituem argumentos capazes de deitar por terra o pensamento da referida corrente, que tem a nossa inflexível discordância. Nem nos impressiona o fato de os embargos de terceiro serem considerados modalidade de ação. O que vale, insista-se, é a disciplina generalizante que se esplende do tantas vezes citado art. 897, "a", do texto trabalhista. O mesmo dizemos com relação ao INSS, quando desejar recorrer de sentença homologatória de transação (CLT, arts. 832, § 4º, e 897, § 8º).

Cumpre ressaltar que o recurso interposto pelo terceiro não se submete à observância de *todos* os pressupostos de admissibilidade, atinentes aos recursos em geral. Dentre os *objetivos*, é necessário que o terceiro atenda, no exercício da sua pretensão recursal, os requisitos de: a) recorribilidade do ato; b) regularidade formal do ato; c) adequação; d) tempestividade; e e) pagamento das custas (em alguns casos), não lhe sendo exigível o depósito a que se refere o art. 899, §§ 1º e 2º da CLT. No que alude aos *subjetivos*, é palmar que ele deverá: a) estar legitimado; b) possuir interesse (que sabemos ser jurídico; c) estar capacitado; e d) representado corretamente.

Questão relevante é sobre a partir de que momento passará a fluir o prazo para o terceiro que tenha intervindo no processo apenas para interpor recurso, sabendo-se que, por isso mesmo, ele não fora intimado da sentença. Nem a CLT nem o CPC indicam o critério a ser observado. Pensamos que se deva adotar, como *dies a quo* da contagem do prazo, o que corresponder ao da *última* intimação feita (de um dos litigantes) conforme comprovante existente nos autos. Não nos parece recomendável tomar-se como início da contagem o prazo da parte em relação à qual o terceiro pretende (com seu recurso) que o órgão *ad quem* beneficie (= torne a situação mais favorável) com a reforma da sentença.

Se o terceiro tiver ingressado no processo na qualidade de assistente (art. 119), de denunciado à lide (art. 125) ou de chamado ao processo (art. 130) é pacífico que ele deverá ser intimado da sentença que for proferida, contando-se dessa data o prazo para a interposição do recurso que desejar. Ao terceiro admite-se *desistir* do recurso, independentemente de concordância de qualquer das partes (CPC, art. 998). Por princípio, consente-se também que ele *renuncie* ao direito de recorrer (CPC, art. 999), hipótese que não se confunde com a anterior.

Art. 997. Cada parte interporá o recurso independentemente, no prazo e com observância das exigências legais.

§ 1º Sendo vencidos autor e réu, ao recurso interposto por qualquer deles poderá aderir o outro.

§ 2º O recurso adesivo fica subordinado ao recurso independente, sendo-lhe aplicáveis as mesmas regras deste quanto aos requisitos de admissibilidade e julgamento no tribunal, salvo disposição legal diversa, observado, ainda, o seguinte:

I — será dirigido ao órgão perante o qual o recurso independente fora interposto, no prazo de que a parte dispõe para responder;

II — será admissível na apelação, no recurso extraordinário e no recurso especial;

III — não será conhecido, se houver desistência do recurso principal ou se for ele considerado inadmissível.

• **Comentário**

Caput. A tema era objeto do art. 500 do CPC revogado.

O princípio, inscrito no texto legal em estudo é de que cada parte interporá o seu recurso, independentemente do recurso do adversário. Sob esse aspecto, os recursos são, portanto, autônomos.

Ao prever, entanto, no caso de ficarem vencidos autor e réu, a possibilidade de uma das partes aderir ao recurso interposto pela outra, o CPC nos põe diante do denominado *recurso adesivo*.

Lancemos algumas considerações introdutórias a respeito do tema.

1. Origem

Com certa uniformidade, a doutrina admite que o recurso adesivo tem suas raízes no direito romano, mais precisamente no período da *cognitio extra ordinem*.

Essa conclusão doutrinária parece ser exata, a partir do fato de Justiniano haver, por intermédio da Constituição *Ampliorem* (editada no ano de 530 d. C.), permitido que igualmente o apelante pudesse buscar a reforma da sentença, na parte que lhe fora desfavorável; essa faculdade poderia ser exercitada não apenas quando o litigante se encontrasse na audiência de julgamento, mas também no caso de estar ausente dela, hipótese em que, de maneira algo insólita na tradição daquele direito, se permitia ao Juiz substituí-lo na prática desse ato de insurgência diante da decisão desfavorável. A substituição anômala, que aí acontecia, caracterizava o sistema do *benefício comum*, que passou a coexistir com o da iniciativa do interessado.

Como bem observa Carlos Silveira Noronha, "a inusitada e hábil reforma do direito justinianeu teve o alcance de conferir ao recorrido a faculdade de contra-atacar o recurso do apelante, valendo-se desse novo procedimento, que alterou as formas de interposição da appellatio" (*Do recurso adesivo*. Rio de Janeiro: Forense, 1974. p. 33).

Nesses editos *justinianeus* localiza-se, pois, a gênese do meio impugnativo de que estamos a tratar.

2. Denominação

A rotulação de *adesivo*, que o direito brasileiro pespegou ao recurso em exame, inspirou-se, marcadamente, no ordenamento processual alemão (ZPO).

Em que pese ao fato de o douto Frederico Marques afirmar ser o *nomen iuris* adotado pelo legislador pátrio "menos equívoco que o de recurso incidental e mais eufônico que o de recurso subordinado" (*Manual...*, p. 216), entendemos, *venia concessa*, que a denominação de *adesivo* é, ao contrário do que sustenta o ilustre jurista, malsoante e, acima de tudo, desprovida de qualquer traço, índole ou coloração jurídica; o vocábulo *adesivo* não apenas sugere a ideia de algo pegajoso, grudento, colante, senão que significa, do ponto de visita léxico, exatamente isso.

Melhor teria sido que o nosso legislador processual chamasse de *subordinado* ou de *dependente* esse remédio, uma vez que, agindo assim, estaria revelando, com maior fidelidade, a verdadeira relação procedimental desse meio impugnativo com o recurso autônomo, de que, por definição, *depende* para subsistir da ordem processual.

O direito português, a propósito, consagrou as denominações de *subordinado* e de *adesivo*, com o que evitou a confusão entre recursos distintos; na França e na Itália preferiu-se o nominativo *incidental*, sem embargo de outras legislações, como a espanhola e a mexicana, terem feito referências (ainda que transitoriamente) à *apelación acesoria*, ou *secundaria*, ou ainda *derivada*.

É de grande utilidade esclarecer que, embora o sistema italiano aluda somente à *impugnazione incidentale*, a doutrina daquele país, com seu acentuado espírito científico, cindiu em duas classes o referido recurso, colocando, de um lado, o *reconvencional* (de que pode valer-se o recorrido para contra-atacar o recurso manifestado pela parte adversa, sendo seu pressuposto a denominada *sucumbência recíproca*); de outro, o *adesivo* (pelo qual um comparte pode aderir" ao recurso interposto pelo seu litisconsorte).

O desdobramento da *impugnazione incidentale* italiana em *adesiva e riconvenzionale* foi efetuado por Zanzucchi (*Diritto processuale civile*. 5. ed., v. II. Giuffré, 1962. p. 198).

O art. 997, § 2º, do CPC, embora faça referência ao recurso *adesivo*, esclarece que ele fica *subordinado* ao principal; justamente por isso é que, desde sempre, sugerimos que se denominasse de *subordinado* esse recurso.

3. Fisiologia do instituto

O recurso adesivo não estava previsto no CPC de 1939; caracteriza-se, portanto, como inovação do Código de 1973, que lhe dedicou apenas um artigo (500, *caput* e parágrafo único). A matéria também está contida em um só artigo do CPC atual (art. 997).

Sobre essa figura, a CLT, como é compreensível (pois data de 1943), não contém uma linha sequer; a sua admissão, no processo do trabalho, fez-se por obra da Súmula n. 196 do TST, que cancelou a de n. 175 (ex-Prejulgado n. 55), da mesma Corte. Dispunha esta: "O recurso adesivo, previsto no art. 500 (quinhentos) do Código de Processo Civil, **é incompatível** com o processo do trabalho" (sublinhamos); estabelecia aquela: "O recurso adesivo **é compatível** com o processo do trabalho, onde cabe, no prazo de 8 (oito) dias, no recurso ordinário, na revista, nos embargos para o Pleno e no agravo de petição" (enfatizamos).

A Súmula n. 196 foi revista pela de n. 283, com o seguinte enunciado: "O recurso adesivo **é compatível** com o processo do trabalho, onde cabe, no prazo de oito dias, nas hipóteses de interposição de recurso ordinário, de agravo de petição, de revista e de embargos, sendo desnecessário que a matéria nela veiculada esteja relacionada com a do recurso interposto pela parte contrária" (destacamos).

Não é ainda oportuno manifestarmos o nosso pensamento sobre ter sido acertada ou desacertada essa radical mudança de rumo da orientação sumular do TST; somente depois de examinarmos, com a necessária cautela e profundidade, as razões teleológicas que levaram o legislador brasileiro a incorporar, no texto do CPC de 1973 — e preservá-lo no texto do Código atual —, esse recurso forâneo é que poderemos emitir qualquer opinião a respeito do assunto.

Os estudiosos do processo civil, debruçando-se sobre essa figura, não hesitaram em deitar-lhe largos elogios, sob o argumento — dentre outros — de que ela veio atender à necessidade de estabelecer uma situação igualitária entre os dois sujeitos legitimados ao recurso, no caso de sucumbência parcial.

Esse entendimento da doutrina chega a ser aceitável, se considerarmos que na vigência do Código anterior o litigante vencido em parte ficava sempre receoso de aceitar a parte desfavorável da decisão, pois não sabia se o adverso iria, ou não, impugnar a outra parte da sentença; caso isso ocorresse, o primeiro poderia ter a sua situação processual agravada se o Tribunal desse provimento àquele recurso. No texto da lei da época inexistia qualquer possibilidade de um dos litigantes subordinar o exercício da sua pretensão recursal à eventualidade de o outro vir a impugnar a sentença.

Em termos concretos, sempre que a sucumbência fosse parcial os litigantes, ainda que assim desejassem, não se sentiam estimulados (nem seguros) em aceitar o conteúdo desfavorável do provimento jurisdicional, pois havia sempre o risco de a parte contrária recorrer da sentença. Essa incerteza levava, não raro, àquelas cenas algo pitorescas, de que tantos foram testemunhas, em que as partes passavam a exercer severo patrulhamento, uma em relação à outra (inclusive nos protocolos e nos corredores do fórum), até o último instante do prazo, para certificar-se de que não seria interposto recurso da sentença...

Nem eram infrequentes os casos em que essa mesma incerteza fazia com que ambos os litigantes recorressem da sentença unicamente para precatar-se quanto ao adversário, nada obstante nenhum deles desejasse, na verdade, impugnar a decisão, pois ambos estavam, a princípio, satisfeitos com ela.

Até este ponto, nada a objetar quanto aos aplausos que a doutrina ainda vem dirigindo ao recurso adesivo trazido pelo CPC em vigor; nossa divergência instaura-se, porém, a partir da *finalidade* que esse pensamento doutrinário atribuiu a tal remédio.

Ocorre que, na interpretação do art. 500 do diploma processual civil de 1973 (e, certamente, o mesmo ocorrerá em relação ao art. 997 do CPC em vigor), grande parte dos comentaristas do texto concluiu, surpreendentemente, que o recurso adesivo apresenta como característica (ou finalidade) essencial a de *reabrir* o prazo recursal para parte que, no momento oportuno, não exercera essa pretensão, mas agora deseja fazê-lo em decorrência do recurso interposto pela outra. Convém *reproduzirmos algumas dessas opiniões*: "se, ao contrário, a outra parte interpuser recurso e o processo houver de subir (*sic*), por isso, ao grau superior de jurisdição, abre-se ainda ao litigante que de início se conservara inerte, e a despeito de já esgotado aquele prazo, a possibilidade de tentar obter do órgão ad quem pronunciamento que melhore a sua condição" (MOREIRA, Barbosa, obra cit., p. 246); "A função precípua dessa forma de recurso, ou melhor, dessa forma de interposição de recurso, é permitir a reprodução integral da controvérsia, perante o juízo recursal, de tal sorte que se destina a servir, principalmente, a quem só pretende recorrer na medida em que o seu adversário recorra, embora também possa recorrer adesivamente, é claro, aquele que, de qualquer modo, teria recorrido por sua conta, mas perdeu o prazo para interpor o recurso principal" (BERMUDES, Sérgio, obra cit., p. 67); "Instituído, agora, o recurso adesivo, pode o litigante esperar a iniciativa recursal de seu adversário, também vencido, para só então provocar o reexame da providência na parte que lhe foi desfavorável" (BERMUDES, Sérgio, *idem, ibidem*); "A apelação adesiva é total ou plena, quando o apelante subordinado investe contra o apelante principal, impugnando integralmente o capítulo da sentença que lhe traz gravame" (NORONHA, Carlos S. *Do recurso adesivo*. Rio de Janeiro: Forense, 1974. p. 101)

Traduzindo em termos práticos a posição dessa corrente doutrinária — que se tornou predominante —, teríamos a seguinte situação: o autor, tendo sido vencedor quanto a *A* e *B*, mas vencido em *C*, poderia, por princípio, aceitar o conteúdo desfavorável da sentença, deixando (deliberadamente) exaurir o prazo para impugná-la; caso, porém, o seu adversário recorresse quanto a *A* e *B* (em que ficou vencido), aquele poderia, agora, "aderir" a este apelo para impugnar a sentença quanto a *C*; com isso, buscaria reformar a decisão nessa parte, de maneira a tornar-se *integralmente vencedor na ação*. Por outras palavras, o que a referida manifestação doutrinária afirma é que, no exemplo utilizado, *reabrir-se-ia*, para o vencedor em *A* e *B*, o prazo para recorrer quanto a *C*, que lhe fora negado pela decisão do juízo *a quo*.

Nossa discordância, neste aspecto, sob o ponto de vista doutrinário, é frontal.

Ora, se (ainda no mesmo exemplo) o litigante não havia recorrido quanto a *C*, no prazo legal, isto significa, sem maiores rebuços, que a decisão *transitou em julgado* no que concerne a essa parte do provimento jurisdicional! Pretender que o recurso adesivo desfaça a preclusão temporal consumada representa uma ousada tentativa de atribuir a esse simples meio impugnativo uma eficácia de que somente a *ação rescisória* é dotada. Basta ver que, ao *reabrir* o prazo para o exercício da pretensão recursal não exercitada no momento oportuno, o recurso em tela estaria, às escâncaras, desconstituindo, contra princípios e normas fundamentais do ordenamento legal, os efeitos da coisa julgada material — conceituada, pelo didatismo da lei, como a eficácia, que torna imutável e indiscutível a sentença, "não mais sujeita a recurso" (CPC, art. 502).

Ao não interpor o recurso principal, no prazo correspondente, a parte viu formar-se, contra si, a *res iudicata*, a preclusão temporal máxima, não sendo jurídico afirmar-se que poderia, mais tarde, afrontá-la mediante a utilização (inadequada, sem dúvida) do recurso subordinado.

Chama-se a atenção, ainda, para a advertência contida no art. 223, *caput*, do CPC de que, "Decorrido o prazo, extingue-se o direito de praticar ou emendar o ato processual, independentemente de declaração judicial, ficando assegurado, porém, à parte provar que o não realizou por justa causa". Quer com isso dizer a norma legal invocada que o não-exercício do direito (entenda-se: o não-exercício da pretensão recursal) no prazo previsto em lei acarreta, para a parte, a preclusão automática e máxima, com o que se lhe impede de praticar o ato após a exaustão do prazo, exceto se demonstrar que a tanto foi impedido por força de justa causa.

Para sermos específicos, isto significa que, na matéria em exame, se a parte deixar de interpor o recurso, no prazo e na forma legais, constituir-se-á, contra ela, a coisa julgada material, sem que, para isso, haja necessidade de declaração expressa do órgão jurisdicional.

Nem se diga que o trânsito em julgado da decisão deve ser *unitário*, isto é, apenas ocorre quando não mais for possível impugnar-se qualquer capítulo desfavorável da sentença; sabemos, muito bem, que podem passar em julgado apenas *partes* da decisão (do dispositivo), contanto que não sejam impugnadas no prazo e na forma legais. Tanto isto é verdadeiro, que, na hipótese, poder-se-ia promover a execução definitiva dessas partes, conquanto as outras tenham sido objeto de recurso.

Em reforço aos nossos argumentos, invocamos a regra estampada no art. 507 do CPC, a teor da qual "É vedado à parte discutir no curso do processo as questões já decididas a cujo respeito se operou a preclusão", assim como a expressa no art. 508 do mesmo Código: "Transitada em julgado a decisão de mérito, considerar-se-ão deduzidas e repelidas todas as alegações e as defesas a que a parte poderia opor tanto ao acolhimento quanto à rejeição do pedido" — embora se deva ressalvar a hipótese de ação fundada em causa de pedir diversa.

Fosse, aliás, de prevalecer a opinião de que recurso adesivo possui eficácia para desfazer a coisa julgada, teriam os defensores dessa posição doutrinal que admitir, *ipso facto*, o antagonismo do art. 997 do CPC com o art. 5º, XXXVI, da Constituição Federal, que ordena à lei o respeito à *res iudicata*. Esse contraste com a Suprema Carta, porém, inexiste simplesmente porque não é essa a interpretação que comporta a precitada norma processual civil.

Poder-se-ia, diante disso, indagar: se negamos ao adesivo a aptidão para dissolver a *res iudicata*, qual seria, enfim, a razão da sua presença no ordenamento processual de nosso País?

Iniciemos por esclarecer que a possibilidade de a decisão ser impugnada mesmo *em parte* (CPC, art. 1.002), de maneira autônoma, não representa uma absorção dos objetivos do recurso subordinado. Nossa advertência não se prende à circunstância de o remédio autônomo ter vida própria, ao passo que o adesivo não; sucede que a *matéria*, que a ambos cabe impugnar, deve ser essencialmente conexa, conforme procuraremos demonstrar a seguir — e a despeito da Súmula n. 283, do TST.

Com efeito, uma conveniente interpretação *sistemática* do art. 997 do CPC logo aponta para a inviabilidade de o adesivo desconstituir os efeitos inerentes à coisa julgada; os que veem, nesse meio impugnativo, uma tal possibilidade cometem o equívoco de conferir uma interpretação meramente *literal*, insulada, daquela norma do processo civil, sem levar em conta — como é imprescindível no caso — a estrutura, o sistema e os princípios que informa o ordenamento legal, em seu conjunto harmônico. E nessa complexa estrutura normativa, a supremacia inalienável é da Constituição da República, na qual se insere o veto à infringência à coisa julgada.

Dessas observações extrai-se a conclusão inevitável de que a finalidade do recurso adesivo é, exclusivamente, a de *contra-atacar* o recurso principal interposto pela parte contrária. Sob esse aspecto, tem razão Pontes de Miranda ao asseverar que, pelo remédio em exame, *contrarrecorre-se*, ou seja, impugna-se a sentença não quanto ao seu capítulo desfavorável (pois nesse caso há o obstáculo da coisa julgada), mas em relação a certos *pontos* ou *questões* que foram por ela apreciados em desconformidade com o que pretendia o litigante, muito embora este tenha sido vencedor quanto aos pedidos correspondentes.

Digamos, *e. g.*, que o réu tenha alegado a carência da ação e a sentença, rejeitando essa preliminar, venha a decidir o mérito parcialmente em favor do próprio réu, a despeito de fazê-lo por fundamentos frágeis, inconsistentes. Mesmo restando *vencido* quanto a outras partes, o réu concorda com o conteúdo desfavorável da decisão, deixando, portanto, de exercer a pretensão impugnativa. Se, entrementes, o autor interpuser recurso, poderá o réu agora impugnar a sentença, pretendendo que o Tribunal acolha a preliminar de carência da ação, que fora repelida pelo órgão *a quo*. É evidente que o seu interesse, quanto a isso, é não apenas concreto, mas também legítimo.

Em resumo, o réu não recorrera da parte da sentença que rechaçara a alegação de carência da ação porque acabara ficando vencedor (embora em parte) quanto ao mérito; no momento, contudo, em que o autor recorre da decisão, nasce para aquele o interesse em ver reformada a sentença, no ponto em que rejeitou a mencionada preliminar. Caso o tribunal dê provimento ao seu recurso, ficará prejudicada a apreciação do que foi interposto pelo autor.

Um outro exemplo: o juiz indefere requerimento formulado tempestivamente pelo autor, no sentido de produzir prova testemunhal; este protesta pelo indeferimento, chegando a arguir a nulidade do processo em virtude daquele ato judicial, que lhe teria acertado uma restrição no direito de defesa. Apesar disso, a sentença acolhe em grande parte os seus pedidos, inclusive aqueles cujos fatos pretendia provar mediante a inquirição das testemunhas recusadas pelo Magistrado. Também aqui, o autor poderia concordar com a parte desfavorável da sentença, em razão, digamos, da irrelevante expressão pecuniária dos pedidos que lhe foram negados. Vindo, entretanto, o réu a recorrer da sentença, argumentando com a inconsistência da fundamentação desta, diante das provas por ele produzidas, poderia o autor "aderir" a esse recurso ordinário, visando a obter a declaração de nulidade da decisão impugnada, a fim de que, com isso, pudesse produzir perante o juízo *a quo* a prova testemunhal que lhe fora por este negada.

É em situações como as apontadas que o recurso adesivo justifica a sua existência no ordenamento processual brasileiro — destituído, aliás, de qualquer vocação para desrespeitar o princípio constitucional da obediência à coisa julgada. *Mutatis mutandis*, esse remédio poderia ser utilizado igualmente naqueles casos em que o juiz, afastando preliminar de inexistência de citação, de inépcia da peça inicial, de perempção, de litispendência etc., acabasse por decidir o mérito parcialmente em favor de quem suscitara a preliminar.

Bem se percebe, por isso, o caráter *incidental* do recurso adesivo — expressão com que é identificado no código processual italiano.

O momento sugere um esclarecimento. A dependência do recurso adesivo ao principal é não somente quanto ao mérito, mas também quanto ao procedimento, pois, como sabemos, a inadmissibilidade deste implica a automática caducidade daquele. Quanto à ordem de apreciação do mérito, pelo órgão *ad quem*, a preeminência, em geral, é do principal, segundo as razões que até aqui expusemos. Desta forma, se o Tribunal admitir o recurso independente, não deverá, ato contínuo, ingressar na apreciação do seu mérito; incumbe-lhe, antes, passar ao exame dos pressupostos de admissibilidade do recurso subordinado. Ausentes quaisquer desses requisitos, dele não conhecerá; conhecendo-o, porém, deverá adentrar na apreciação do mérito do adesivo, em decorrência da índole *incidental* desse remédio. O procedimento, que ora entendemos deva ser observado pelo órgão *ad quem*, encontra o seu fundamento no art. 20 do CPC.

Daí por que, no primeiro exemplo há pouco formulado, dissemos que a Corte de revisão, admitindo o adesivo, deverá em seguida ingressar na investigação da sua matéria de mérito, porquanto eventual provimento a este recurso (mediante o acolhimento da preliminar de carência da ação) tornaria prejudicado o exame do principal. Seria ilógico proceder-se de maneira inversa, sob pena até mesmo de dispêndio inútil de atividade jurisdicional.

Não ignoramos que certa parcela da doutrina chegou a defender a possibilidade de a parte alegar a nulidade do processo, a prescrição extintiva e o mais nas *contrarrazões* ao recurso independente; *data venia*, essa corrente doutrinária para concluir em tal sentido fez, com grande imprudência, tábula rasa da verdadeira função que o nosso sistema processual reservou para as contrarrazões. Estas, como é elementar, destinam-se exclusivamente a *rebater* as razões pelas quais o recorrente deseja a reforma da decisão impugnada; de certo modo, elas figuram como instrumento de que se vale a parte para defender o pronunciamento jurisdicional, naquilo que lhe foi favorável — e não para impugnar esse pronunciamento. Fora disso, o máximo que se admite é que nas contrarrazões se alegue a ausência de um ou mais pressupostos de admissibilidade do recurso interposto pelo litigante contrário. Jamais poderia o recorrido, portanto, introduzir nas contrarrazões matéria que deixou de suscitar no instante oportuno, vale dizer, no prazo para o exercício da sua pretensão recursal.

Na legislação mexicana, a propósito, a finalidade do recurso análogo apresenta pequenos pontos de contato com o previsto em nossa legislação, como se pode observar pelas palavras de Rafael Pérez Palma (*Guia de derecho procesal civil*, p. 818): *puede ocurrir que la sentencia que favorezca a una de las partes, está fundada en argumentos débiles o en razonamentos poco convincentes o mal expresados, cuando en realidad existan otros más sólidos y de mayor fuerza persuasiva; por este motivo la sentencia corre el riesgo de ser revocada por el superior, al ser revisada en segunda instancia con motivo de la apelación que en contra de ella interponga al parte que perdió. En otras palabras, el peligro de que la sentencia sea revocada dependerá no de que el que obtuvo no tenga la razón, sino de los defectos de confección de la sentencia. En este caso, como lo dice el precpeto (o autor se refere ao art.690 do Código Processuail de seu país), el que venció puede adherirse a la apelación que interponga el que perdió, para estar en mejores condiciones de defender la sentencia ante el tribunal que conozca del recurso... En la apelación principal, lo que se combate son los puntos resolutivos de la sentencia para que el tribunal los revogue o los modifique y en la apelación adhesiva, lo que se recurre, para así decir son los considerandos que sirven de antecedente o de fundamento al fallo, buscando que el superior confirme la sentencia, por razones y argumentos más firmes que los invocados por el juez.*

O ponto de contato que a *apelación adhesiva* mexicana possui com o recurso adesivo brasileiro situa-se na esfera procedimental, pois tanto lá como aqui esse recurso se caracteriza pela dependência direta do principal. Quanto à *finalidade*, a *apelación adhesiva* aproxima-se das contrarrazões do processo civil e trabalhista de nosso País, embora por intermédio do referido instituto alienígena seja possível buscar-se a reforma da decisão para dotá-la de *razones y argumentos más firmes que los invocados por el juez*.

Torna-se recomendável sintetizarmos, em conclusão, o que até esta parte expendemos acerca dessa polêmica figura que a Súmula n. 196 do TST fez ingressar no processo do trabalho, ulteriormente substituída pela Súmula n. 283:

a) O recurso adesivo não pode ser utilizado como sucedâneo (clandestino, é certo) da ação rescisória, por forma a atribuir-lhe eficácia para desconstituir (sub-repticiamente) os efeitos da coisa julgada material; entender-se em sentido oposto seria admitir, inevitavelmente, que o art. 997 do CPC está em manifesto antagonismo com o preceito que se esplende do art. 5º, XXXVI, da Suprema Carta Política do País.

b) A finalidade exclusiva desse remédio é propiciar ao litigante vencido em parte que *contrarrecorra*, isto é, que busque obter, do órgão *ad quem*, a reforma da decisão inferior, mediante o acolhimento de certa alegação (preliminares, p. ex.) que fora por esta repelida, sob pena de, não "aderindo" ao recurso principal, ter a sua situação empiorada na hipótese de o Tribunal dar provimento a este. Daí por que esse meio de impugnação não tem como objetivo propiciar ao recorrente um acréscimo, um *plus*, em relação ao que lhe havia concedido a sentença; destina-se, em rigor, a atacar a decisão naquele capítulo em que rejeitou determinada alegação (ou questão), capaz, por si só, se acolhida fosse, de provocar um resultado jurisdicional que melhor consultaria aos interesses jurídicos de quem a formulou. Sob este aspecto, pode-se afirmar que, por intermédio do adesivo, o recorrente renova tais alegações, a fim de que o Tribunal as acolha e, com isso, reste *prejudicado* o recurso principal interposto pela parte contrária.

Fica a dúvida, entretanto, se foi fincado em semelhantes argumentos que o TST declarou, via Súmula n. 196, ser o recurso adesivo *compatível* com o processo do trabalho, quando, anos antes, afirmara, por meio de uma outra (n. 175, ex-Prejulgado n. 55), haver aí *incompatibilidade*.

De qualquer modo, não podemos deixar de reconhecer que a doutrina e a jurisprudência tomaram rumo diverso do que sugerimos, em tema de finalidade do recurso adesivo. Destarte, mesmo que já tenha decorrido o prazo para determinada parte interpor recurso, esse prazo será reaberto se a parte contrária recorrer. Além disso, a Súmula 283, que reviu a de n. 196, estabelece ser "desnecessário que a matéria nele (recurso adesivo) veiculada esteja relacionada com a do recurso interposto pela parte contrária". Bem ou mal, é assim que as coisas se passam no plano da realidade prática.

Parágrafo único. Sujeita-se o adesivo, em regra, aos pressupostos de admissibilidade que soem ser exigidos em relação aos demais meios impugnativos. Assim, impõe-se a verificação quanto à competência do órgão, a legitimidade do recorrente (CPC, art. 17) e o seu interesse processual em exercer essa pretensão (*idem, ibidem*), bem como a adequação do remédio; os poderes do advogado, quando for o caso (CPC, art. 105); o prazo (Lei n. 5.584/70, art. 6º, e Súmula n. 283 do TST); o depósito em pecúnia (CLT, art. 899); o pagamento das custas (CLT, art. 789) etc.

Código de Processo Civil Art. 997

Como pressupostos *específicos* podem ser indicados:

a) a existência de um recurso principal; e

b) a sucumbência parcial.

Ao exame.

a) Existência de recurso principal

O recurso adesivo pressupõe a presença de um recurso principal ou autônomo, interposto pela parte adversa, do qual é dependente do ponto de vista *do procedimento*.

Desta forma, se o Tribunal não admitir o recurso autônomo, ou se dele desistir a parte que o interpôs, ocorrerá a caducidade do adesivo; há, aqui, como se vê, uma relação de causa e efeito: cessada aquela, este se extingue, automaticamente (CPC, art. 997, III).

b) Sucumbência parcial

A admissibilidade do recurso de revista requer, também, que autor e réu tenham ficado vencidos em face do pronunciamento jurisdicional: é a sucumbência *parcial*, a que a doutrina muitas vezes se refere como sucumbência *recíproca* (sic). Esta última expressão, contudo, é imprópria, se levarmos em conta que cada tópico da decisão constitui, em si, um todo, razão por que peca contra a lógica quem fala em *reciprocidade* no sucumbimento. O que ocorre, isto sim, nesses casos, é que cada litigante fica vencido em partes distintas da sentença, configurando, desse modo, um estado de sucumbência *parcial*.

De sucumbência *paralela* também não se trata, porquanto essa modalidade não é conhecida do sistema brasileiro, para os efeitos recursais. No direito italiano ela figura como característica da *impugnazione incidentale adesiva*, pela qual se permite a um dos litisconsortes aderir (no sentido de reunir-se, de associar-se) ao recurso interposto pelo litisconsorte situado no mesmo pólo da relação jurídica processual. Já a *impugnazione incidentale riconvenzionale* aproxima-se, finalisticamente, de nosso recurso adesivo. Em rigor, a inversão dessa última ordem de referência faria justiça ao código itálico.

Sendo a parte totalmente *vencedora* na ação, falecer-lhe-á, em princípio, o direito de interpor o recurso adesivo; se o fizer, o apelo deverá ser denegado não só por falta de interesse, mas também por desrespeito à previsão legal (CPC, art. 997). O mesmo ocorrerá se ela ficar integralmente *vencida*.

Verificando o órgão *a quo* que o recurso adesivo não satisfez aos pressupostos legais exigíveis, não o admitirá, cabendo dessa decisão denegatória agravo de instrumento (CLT, art. 897, "*b*").

Inciso I. Como o recurso adesivo está vinculado a um recurso principal, é evidente que aquele deverá ser interposto no juízo em que este se processa. O adesivo será interposto no mesmo prazo de que a parte dispõe para contra-arrazoar ou contraminutar o recurso principal.

Inciso II. No processo do trabalho, o recurso adesivo será admissível a) no recurso ordinário; b) no recurso de revista; c) nos embargos; e d) no agravo de petição (TST, Súmula n. 283). Repisemos: a Súmula n. 175 considerava esse recurso incompatível com o processo do trabalho; contudo, a Súmula n. 196 o reputou compatível com o referido processo — e, por esse modo, o recurso adesivo acabou sendo admitido no sistema do processo do trabalho. A Súmula n. 196 foi revista e substituída pela de n. 283.

Cremos ter sido infeliz a Súmula em questão por, no mínimo, dois motivos. Em primeiro lugar, porque o problema não deveria ter sido solucionado em termos de compatibilidade ou incompatibilidade desse remédio com o processo do trabalho; a indagação que se deveria ter feito era se o processo do trabalho *necessitava* desse meio impugnativo, ou não. Na verdade, não necessitava. Ao que nos consta, desde o início da vigência do Decreto-Lei n. 5.452, de 1º de maio de 1943, que instituiu a CLT, jamais qualquer estudioso ou exercente das denominadas *profissões forenses* trabalhistas manifestou necessidade de o processo do trabalho ser dotado de recurso dessa natureza; bastou, porém, que se editasse um novo Código de Processo Civil, em 1973, incorporando o adesivo, para que se passasse a afirmar que o processo do trabalho era lacunoso ou omisso quanto a essa figura. *Data venia*, o sistema recursal trabalhista já é complexo o bastante para aceitar a adoção de instituto trasladado de processo forâneo, que, acima de tudo, nenhuma *falta* lhe faz. Longe, pois, de procurar a simplificação desse sistema, acabou a Súmula n. 196 do TST por torná-lo ainda mais intrincado; e, o que é pior: permitindo que se retardasse a formação da coisa julgada material, bastando argumentar com o fato — já mencionado — de que a decisão denegatória do recurso adesivo abre ao interessado a via impugnativa dessa decisão monocrática mediante o agravo de instrumento. São atitudes como essa, *venia permissa*, que estão a conduzir a uma progressiva transfiguração do processo do trabalho, fazendo com que se torne, em sua essência, uma espécie de *alter ego* do processo civil, do qual ainda acabará por distinguir-se apenas pela natureza das lides que se destina a compor.

Insistamos, portanto, em que o processo trabalhista não *necessitava* dessa figura, de utilidade duvidosa e de finalidade controvertida; e a nossa preocupação aumenta diante da eficácia dissolutória da *res iudicata* que ao referido recurso poderão atribuir a doutrina e a jurisprudência trabalhistas.

Por tudo isso, teria sido mais prudente manter a antiga orientação, espelhada na Súmula n. 175 do TST, a despeito de o seu enunciado falar em incompatibilidade, quando, como argumentamos, seria de aludir à *desnecessidade* desse remédio.

Em segundo lugar, a Súmula n. 196 não só introduziu, ilegitimamente, o adesivo no quadro dos meios impugnativos trabalhistas como também o dirigiu ao *agravo de petição* (na republicação). Ora, a execução trabalhista, como é de lamentável notoriedade, constitui um verdadeiro cipoal, um mar tormentoso onde, não raro, naufragam as esperanças do credor em ver adimplida, com rapidez, a obrigação encartada no título executivo — e a própria credibilidade na Justiça do Trabalho. Lembremos que a execução trabalhista se encontra, hoje, disciplinada por uma multiplicidade de normas legais (CLT; Leis ns. 5.584/70 e 6.830/80; CPC), cujas dúvidas quanto à ordem de incidência (notadamente das duas últimas) faz com que esse processo seja confuso, embaraçante, prenhe de incidentes, quer dizer, desesperadamente *moroso*.

Uma vez mais, ao contrário de buscar-se medidas que o simplifiquem, acabou-se por introduzir nele um novo elemento complicador: o recurso adesivo ao *agravo de petição*. No máximo, seria de tolerar-se a presença desse remédio no processo *de conhecimento*; consenti-lo na execução representou um rude golpe naqueles que, como nós, têm propugnado pela adoção, *de lege ferenda*, de medidas que possibilitem, com eficácia, um fluxo célere (logo, simplificado) da execução, até o atingimento do seu objetivo: o integral adimplemento da obrigação subsumida na sentença ou no acordo.

Inciso III. O recurso adesivo não possui vida própria; ele é dependente, para nascer e para sobreviver, de outro recurso, a que se chama de *principal*. Deste modo, se o recurso principal não for admitido, ou dele a parte desistir, o adesivo ficará, automaticamente, prejudicado. A norma legal afirma que esse recurso "não será conhecido", ou seja, não será admitido. Não é bem assim. Pode ocorrer, por exemplo, de o tribunal admitir o recurso principal e o adesivo, mas, antes da proclamação do resultado do julgamento do recurso principal, o recorrente dele desistir: neste caso, o recurso adesivo ficará prejudicado, no tocante ao exame do seu mérito, não sendo correto, por isso, afirmar-se que ele "não será conhecido", pois, no exemplo, já havia sido admitido.

Singularidades

Ressalvada a nossa opinião, manifestada em linhas anteriores, algumas peculiaridades acerca do recurso adesivo devem ser apontadas:

a) Se uma das partes interpuser recurso independente e a outra, dentro ainda do prazo para recorrer de maneira autônoma, ingressar com o adesivo, este poderá ser admitido como recurso principal, em virtude do princípio da fungibilidade que, como pudemos demonstrar, ainda sobrevive em nosso sistema processual. Nesta linha de critério, deverá ser admitido como subordinado o recurso independente que se interpôs depois de exaurido o prazo para o exercício dessa pretensão.

b) O sucumbente parcial não está obrigado a utilizar-se do recurso subordinado; o exercício dessa pretensão é facultativo, podendo, pois, recorrer autonomamente, caso o prazo ainda esteja em curso.

c) O fato de a parte não haver recorrido da decisão denegatória do recurso principal, que havia interposto, não a impede de ingressar, no momento oportuno, com o adesivo, ainda que este apresente objeto idêntico ao do anterior. Sucede que, na hipótese, a regra genérica do art. 223, *caput*, do CPC fica absorvida pela disposição específica do art. 997 do mesmo diploma processual.

d) Se a parte realizar qualquer ato que implique aceitação, tácita ou expressa, da sentença, não poderá recorrer adesivamente (CPC, art. 1.000), pois a prática de tal ato é legalmente interpretada como incompatível com a vontade de exercer a pretensão (*ibidem*, parágrafo único).

e) Não é admissível a interposição simultânea, pelo mesmo litigante, dos recursos principal e adesivo, dirigidos a um mesmo ponto da decisão. Basta apresentar o principal, que, se não for admitido nessa qualidade (por ser, p. ex., intempestivo), deverá sê-lo como subordinado. Entender-se que essa interposição simultânea seria possível importaria não apenas negar o princípio da fungibilidade, como escoriar o da unirrecorribilidade. Nada obsta, entretanto, a que o mesmo litigante interponha os dois recursos, desde que dirigidos a partes distintas da sentença desfavorável.

f) O recurso adesivo não precisa abranger a totalidade do conteúdo impugnável da decisão; segundo a regra geral, pode dirigir-se apenas contra *parte* do pronunciamento jurisdicional (CPC, art. 1.002).

g) Não cabe recurso adesivo ao denominado *recurso de ofício* (Dec.-lei n. 779/69), na exata medida em que inexiste este último; trata-se, como é de boa técnica concluir, de simples *remessa obrigatória ou necessária* dos autos ao órgão *ad quem*, para efeito de reexame da matéria apreciada e decidida.

h) A interposição de recurso subordinado, pelo réu-empregador, exigirá deste o pagamento das custas fixadas pela sentença (CLT, art. 832, § 2º) e a realização do depósito a que se refere o art. 899, § 1º, do mesmo texto legal, ou a *complementação* de ambos, conforme seja o caso (TST, Súmula n. 128, I). Se o recurso principal, interposto pelo autor-empregado, não for admitido, impõe-se a devolução ao réu dos depósitos efetuados, salvo se o juiz entender, segundo o seu prudente arbítrio, necessária ou mesmo conveniente a não-devolução daquelas quantias.

i) Não há recurso adesivo a outro recurso adesivo; essa modalidade de meio impugnativo só se relaciona — direta e subordinadamente — com o recurso principal.

j) É também de oito dias o prazo para oferecer contrarrazões ao recurso adesivo (Lei n. 5.584/70, art. 6º). A observação é necessária, pois o CPC e a Súmula n. 283, do TST, são omissos quanto a esse prazo.

k) Não sendo admitido o recurso independente, ou dele vindo a desistir a parte que o interpôs,

Código de Processo Civil   Art. 998

dar-se-á a automática caducidade do adesivo. Isto significa que o juízo não precisará formular declaração expressa, nesse sentido; nem poderá, na hipótese, a parte que viu o seu recurso adesivo caducar interpor agravo de instrumento da decisão denegatória do recurso principal, apresentado pelo outro litigante.

l) É admissível o recurso *extraordinário* adesivo, cujo prazo de interposição é de quinze dias (CPC, art. 1.003, § 5º), fluindo a partir da intimação da decisão do Presidente do Tribunal *a quo*, que admitiu o extraordinário principal. Exceto no que concerne ao prazo, essa particularidade também se verifica quanto ao recurso de revista (CLT, art. 896).

m) Primeiramente, o Tribunal deverá dizer se admite, ou não, o recurso principal; admitindo-o, passará ao exame da admissibilidade do adesivo. Admitido este, examinará o mérito do recurso principal e, depois, o do adesivo. Em circunstâncias extraordinárias, todavia, o Tribunal, após admitir ambos os recursos (segundo a ordem aqui indicada), apreciará, em primeiro lugar, o conteúdo do adesivo, para, só depois disso — e, se for o caso –, julgar o principal. Isso ocorrerá, por exemplo, quando o adesivo contiver matéria prejudicial do principal, como: alegação de falta das condições da ação; arguição de prescrição extintiva total; de inconstitucionalidade de lei ou de ato normativo, em que se fundou a sentença impugnada etc.

n) Os Tribunais tiveram de acrescentar aos seus Regimentos Internos normas procedimentais relativas ao recurso adesivo, de modo a disciplinar o seu processamento e julgamento.

o) A parte pode desistir do recurso adesivo, independentemente da concordância da outra (CPC, art. 998). Da mesma forma, pode *renunciar* ao direito de recorrer adesivamente (CPC, art. 999), cabendo ao juiz verificar se essa renúncia não está comprometida por algum vício de consentimento, máxime nos casos em que a parte esteja exercendo o seu *ius postulandi*, onde este for admitido.

p) Tratando-se de litisconsórcio unitário, o recurso adesivo interposto por um dos compartes aproveita aos demais, exceto se distintos ou opostos os seus interesses (CPC, art. 1.005).

q) A devolutibilidade decorrente do recurso adesivo está circunscrita à matéria impugnada, exceto de se tratar de matéria de ordem pública, a que o Tribunal deva conhecer *ex officio*.

r) A Fazenda Pública terá o prazo em dobro (dezesseis dias) para exercer a pretensão recursal adesiva (Dec.-Lei n. 779/69, § 1º, III) ou oferecer contrarrazões a essa espécie do recurso (Lei n. 5.584/70, art. 6º).

Processamento

Intimado da decisão que admitiu o recurso autônomo, interposto pela parte contrária (CPC, art. 997), e sendo o caso de sucumbência parcial (*ibidem*, § 1º), o interessado poderá interpor recurso adesivo no prazo de oito dias (Lei n. 5.584/70, art. 6º). A Fazenda Pública, como acabamos de afirmar, disporá do prazo de dezesseis dias.

O recurso subordinado se submete ao exame dos pressupostos de admissibilidade exigidos em relação aos demais meios impugnativos. Se o juízo *a quo* não admitir o adesivo, poderá a parte interpor, dessa decisão, agravo de instrumento (CLT, art. 897, *b*).

Admitido o adesivo, a parte contrária deverá ser intimada para, querendo, oferecer contrarrazões, no prazo de oito dias (ou de dezesseis dias, se for a Fazenda Pública). Decorrido o prazo, os autos, com ou sem contrarrazões, serão remetidos ao Tribunal.

Se o órgão *ad quem* não admitir o recurso independente ocorrerá a caducidade automática do adesivo, exceto se daquela decisão denegatória o recorrente interpuser recurso de revista.

Admitido o recurso autônomo, incumbirá ao Tribunal passar ao exame dos pressupostos atinentes ao adesivo; satisfeitos esses pressupostos, deverá o órgão de reexame ingressar no *mérito* do recurso *principal* e, depois, no do adesivo. Esta é, por assim dizer, a ordem natural das coisas.

Todavia, em situações excepcionais, como dissemos, o Tribunal, após admitir ambos os recursos, apreciará, em primeiro lugar, o adesivo, como quando este contiver alegação de carência da ação; de inconstitucionalidade da norma legal em que se lastreou a decisão impugnada; de prescrição integral; de decadência; de litispendência ou de coisa julgada — contiver, enfim, quaisquer daquelas matérias que, se acolhidas, *prejudicariam* a investigação do mérito do recurso independente, daí por que se torna necessária a inversão da ordem normal de julgamento.

Haverá um só acórdão, compreendendo os recursos principal e adesivo. Os embargos de declaração poderão dirigir-se a ambos os recursos ou somente a um deles, conforme seja o caso.

Art. 998. O recorrente poderá, a qualquer tempo, sem a anuência do recorrido ou dos litisconsortes, desistir do recurso.

Parágrafo único. A desistência do recurso não impede a análise de questão cuja repercussão geral já tenha sido reconhecida e daquela objeto de julgamento de recursos extraordinários ou especiais repetitivos.

Art. 998

• **Comentário**

Caput. Norma correspondente à do art. 500 do CPC revogado.

Titulares do direito de exercer a pretensão impugnativa, as partes ou terceiros podem, em virtude disso, desistir, a qualquer tempo e sem a concordância do recorrido ou dos litisconsortes, do recurso que tenham interposto.

A desistência do recurso não se confunde com a aceitação, tácita ou expressa, da decisão, a que se refere o art. 1.000 do CPC. É que no primeiro caso a parte, expressamente, desiste de um ato que *havia praticado* (a interposição do recurso), ao passo que, no segundo, um ato por ela realizado *antes* da interposição do apelo cria uma incompatibilidade, sob o aspecto lógico, com a intenção de recorrer. Vale dizer: lá, o recurso fora interposto e, depois disso, a parte dele desistiu; aqui, a interposição foi obstada (ou prejudicada) por ato anterior, que caracterizou a aceitação tácita ou expressa da sentença desfavorável. Se, no prazo para recorrer, o réu retira da secretaria da Vara do Trabalho guia para *pagamento* dos valores expressos na condenação que lhe foi imposta, e paga esses valores, mas, em seguida, ainda dentro do prazo, recorre da sentença, pretendendo converter o *pagamento* no *depósito* a que se refere o art. 899, § 1º, da CLT, o seu recurso não deverá ser admitido.

A desistência do recurso pode ser manifestada, como está na lei, a *qualquer tempo*; com isso, se quer dizer que o recorrente pode desistir do apelo do momento que vai de sua interposição até o instante anterior ao julgamento pelo órgão *ad quem*. Entendemos, por isso, que a desistência pode ser comunicada da própria tribuna, ao ensejo da sustentação oral, em que pese à particularidade de o recurso já haver sido *admitido* pela Corte.

Tirante a hipótese mencionada acima, a desistência, em regra, é feita mediante petição escrita, conquanto nada obste a que, na Justiça do Trabalho, ela seja manifestada por *termo* nos autos, como ocorre, p. ex., quando a parte comparece à Secretaria do órgão e exterioriza a sua desistência do apelo. Importa observar que a lei não exige forma especial para o ato de desistir; daí por que ele pode ser realizado, oralmente, na própria sessão de julgamento do recurso.

A lei deixa claro, por outro lado, que a desistência independe do assentimento do recorrido ou dos litisconsortes; tratando-se, mais uma vez, de um direito potestativo do recorrente, a desistência pode ser manifestada, com eficácia, ainda que com ela não concorde o recorrido. Não é esta a disciplina que a norma processual (CPC, art. 485, § 4º) impôs à desistência *da ação*, em que a sua eficácia depende do consentimento do réu. A diversidade de tratamento é justificável, segundo Barbosa Moreira: é que, no procedimento de primeiro grau, o réu pode ter interesse no proferimento de uma sentença de mérito, que componha logo a lide, evitando, com isso, os inconvenientes e transtornos de uma nova propositura da ação, caso a desistência da primeira independesse da sua concordância. Em grau de recurso, entretanto, já existe uma decisão que pôs fim àquele estado de incerteza do direito, existente antes da prolação da sentença impugnada, que a desistência do recurso normalmente fará prevalecer em definitivo, sem que disso possa advir qualquer prejuízo para a outra parte" (obra cit., p. 261).

Em sede de recurso, portanto, a desistência não é *requerida*, e, sim, *comunicada*.

A desistência, desde que tenha sido comunicada de maneira regular, extingue o procedimento recursal, independentemente de outras formalidades, como termo ou homologação. É a regra do art. 200, *caput*, do CPC, segundo a qual os atos das partes (entenda-se: do recorrente), consistentes em declarações unilaterais (de desistência) ou bilaterais de vontade, produzem *imediatamente* (e de forma automática) a constituição, a modificação ou a *extinção* de direitos processuais.

A única exigência que se faz é de que a desistência seja cientificada ao órgão no qual os autos do recurso se encontram; efetuada, caberá ao juízo competente declarar extinto o procedimento recursal em relação à parte que desistiu. Como é elementar, o procedimento deverá continuar em seu curso se houver apelo interposto pela outra parte da mesma decisão.

O efeito processual imediato da desistência é provocar o trânsito em julgado da sentença naquilo em que fora impugnada pelo desistente. Os pontos não impugnados, como é óbvio, já haviam passado em julgado, dando ensejo à formação da coisa julgada material, conceituada pelo Código como "a autoridade que torna imutável e indiscutível a decisão de mérito não mais sujeita a recurso" (CPC, art. 502).

A parte não precisa justificar as razões que a levaram a desistir do recurso interposto, ou seja, fundamentar a desistência; basta que compareça ao órgão *a quo* ou *ad quem* (conforme os autos encontrem-se lá ou aqui) e diga: "desisto". Conforme esclarecemos há pouco, a desistência do recurso não se *requer*; simplesmente *comunica-se*. Requerer seria supor que a eficácia desse ato se subordinasse ao deferimento do juiz ou do relator, o que não é verdadeiro.

Quando a desistência for externada (máxime por petição escrita e protocolada em juízo) *pessoalmente* por empregado que tenha advogado constituído nos autos, a prudência recomenda que o juiz, antes de declarar extinto o procedimento recursal, dê ciência dessa manifestação do recorrente ao seu advogado, a fim de que este, no prazo que lhe for assinado, se pronuncie a respeito. A providência impõe-se em razão da possibilidade de o empregado haver sido induzido em erro, com o propósito de que viesse a desistir do recurso interposto.

Em tema de litisconsórcio, à desistência do apelo manifestada por um dos compartes, aplicam-se, *mutatis mutandis*, as considerações que expendemos ao examinar o problema da aquiescência tácita à sentença por um dos litisconsortes. Chamamos apenas a atenção para a necessidade de separar-se, também aqui, o litisconsórcio simples do unitário, em face da diversidade de efeitos que acarreta, em cada um, a desistência do recurso.

Acrescentemos, todavia, que, sendo o caso de litisconsórcio *unitário* (em que a solução deve ser homogênea para todos), algumas situações especiais devem ser examinadas. É o que faremos, a seguir:

a) Todos os litisconsortes recorrem (em peça comum ou em peças autônomas) e alguns desistem do recurso.

Nesse caso, o caráter *unitário* do litisconsórcio faz com que não possa ocorrer, quanto aos desistentes, o trânsito em julgado da sentença, como aconteceria se o regime litisconsorcial fosse do tipo simples. Justifica-se a solução: se o que caracteriza o litisconsórcio *unitário* é a imperatividade de a decisão ser uniforme para todos os compartes, seria inadmissível que a sentença transitasse em julgado em relação aos desistentes, pois poderia suceder de o órgão *ad quem* dar provimento ao recurso, reformando pronunciamento de primeiro grau. Ficaríamos, então, diante desta situação anômala: valeria a sentença (contrária) para os litisconsortes desistentes e valeria o acórdão para aqueles que não tivessem desistido do recurso, porquanto, como é de lei, o julgamento proferido pelo tribunal substitui a sentença ou a decisão recorrida no que tiver sido objeto de impugnação (CPC, art. 1.008). Por outro modo de dizer: a matéria submetida à cognição jurisdicional receberia tratamento heterogêneo, colidindo, assim, com a unitariedade do litisconsórcio.

A desistência por parte de um ou de alguns litisconsortes faria somente com que estes fossem responsabilizados pelas custas processuais, pelos honorários de advogado (desde que devidos) e por outras despesas exigíveis, muito embora essa responsabilidade dos desistentes nem sempre existia no processo do trabalho, no qual, como vimos, a disciplina legal relativa às custas e às demais despesas, *lato sensu*, não coincide com a adotada pelo processo civil.

b) Caso o recurso seja interposto apenas por um litisconsorte e este venha a desistir: 1) o ato atingirá os demais litisconsortes que não recorreram, pois o trânsito em julgado da sentença, que se dará em virtude da desistência do apelo, produzirá efeito em relação a *todos* eles; 2) caso o prazo para recurso ainda não se tenha esgotado, os demais litisconsortes poderão exercer essa pretensão, que não será prejudicada pela desistência do recurso que fora interposto por um outro, de cujo apelo veio a desistir. Como a hipótese é de litisconsórcio *unitário*, a interposição de recurso, pelos demais litisconsortes, aproveitará aquele que havia manifestado desistência do apelo interposto anteriormente ao destes, contanto que, sendo réus, as defesas sejam comuns a todos.

c) Em qualquer caso, os litisconsortes que não haviam impugnado a sentença ou a decisão desfavorável não podem opor-se à desistência do recurso que havia sido interposto por todos ou por apenas alguns deles. Aqui incide, com todas as suas letras, a disposição do art. 998 do CPC, onde está evidenciado o caráter potestativo do ato de desistência.

Não se concebe, entretanto, que a parte desista do recurso que ainda não interpôs; admiti-lo, seria abrir censurável concessão ao ilogismo, pois a desistência pressupõe uma situação concreta — a interposição do apelo —, e não mera expectativa ou aleatoriedade (a possibilidade de vir a interpor recurso).

A parte que diz: "desisto do recurso que vou interpor", na verdade não está desistindo, mas, sim, *renunciando* ao direito de recorrer.

O exame dessa espécie de renúncia constituirá objeto de comentário ao art. 999.

Pergunta-se, entanto: a parte que desistiu do recurso poderá tornar a recorrer se o prazo correspondente ainda estava em andamento? Coerentes com o que manifestamos na oportunidade da análise do tema referente à *variabilidade* do recurso, entendemos que sim; a concluir em sentido oposto, estaríamos negando a possibilidade de a parte *variar* de recurso. E para que essa variação — a nosso ver admissível amplamente no processo do trabalho — seja deferida, há necessidade de que o recorrente desista do apelo anterior, equivocadamente interposto. O que não se poderia permitir é que a parte desistisse do recurso para, depois, voltar a interpor recurso idêntico ainda que o prazo não estivesse esgotado. A diversidade de solução para os exemplos apontados é lógica e, sobremodo, jurídica. É que, no primeiro caso, a desistência do remédio inadequado constitui requisito para a possibilidade (e não, necessariamente, para a admissibilidade) de interposição de *um outro*, cabível na espécie; já no segundo, a desistência não figura como pressuposto de uma outra pretensão recursal a ser exercitada. Em síntese: lá, a desistência é meramente um meio (para poder-se apresentar um outro apelo); aqui, nada mais é do que um fim em si mesma, visto que desvinculada de qualquer situação futura.

Parágrafo único. O fato de a parte desistir do recurso não obsta a análise de questão cuja repercussão geral já tenha sido reconhecida e daquela objeto de julgamento de recurso extraordinários ou especiais repetitivos. Neste caso, a decisão que vier a ser proferida no recurso do qual a parte desistiu não produzirá efeitos no caso concreto. Com isso, preserva-se, a um só tempo: a) manifestação de vontade da parte que desistiu do recurso; e b) o interesse público de que não se deixe sem apreciação (solução) o tema relevante.

Art. 999. A renúncia ao direito de recorrer independe da aceitação da outra parte.

• **Comentário**

Reproduziu-se a regra do art. 912 do CPC revogado.

Cremos haver podido demonstrar, com suficiente nitidez, no comentário ao art. 998, que o traço distintivo entre a *desistência* do recurso e a *renúncia* ao direito de recorrer está em que, no primeiro caso, o apelo já foi interposto, ao passo que, no segundo, ainda o será. Daí termos afirmado que, lá, se pressupõe uma situação concreta; aqui, apenas hipotética ou aleatória.

Nem se esqueça, sob outro aspecto, que a renúncia ao direito de exercer a pretensão recursal surge como fato impeditivo da possibilidade de vir-se a interpor, no *mesmo* prazo, recurso da *mesma* sentença.

Se a parte renunciou, expressamente, ao direito de recorrer, não se há que cogitar, mais tarde, da aceitação tácita da sentença desfavorável, a que alude o art. 1.000 do CPC. Quem renunciou, renunciou; não aquiesceu, mesmo que de modo manifesto, ao provimento jurisdicional. Da mesma forma, quem aquiesceu, aquiesceu, não se justificando a sua posterior renúncia. Um fato, portanto, exclui o outro. Não há superioridade de um em relação ao outro, quanto aos *efeitos* processuais que soem acarretar; em termos de *eficácia*, são idênticos. A prevalência que um possa ter é apenas no plano cronológico, temporal: vale o que primeiro surgiu nos autos, ou neles configurou-se.

A menção feita, aliás, ao elemento cronológico, coloca-nos diante de uma nova indagação: em que *momento* a parte deverá exteriorizar a sua *renúncia* ao direito de recorrer? Nada nos esclarece a lei, nesse particular; apenas diz que a renúncia é possível (CPC, art. 999). A doutrina, todavia, parece haver ocupado, com grande eficiência, esse espaço tópico da norma legal.

Sem embargo, tem-se entendido que a renúncia só pode ser manifestada (logo, *aceita*) no instante em que o direito de recorrer for exercitável concretamente (Pontes de Miranda, obra cit., p. 110), ou seja, a contar do momento em que a parte toma conhecimento da sentença ou da decisão desfavorável. Com isso também quer-se afirmar que a renúncia não será admitida *antes* de a sentença ser publicada. Informa Barbosa Moreira (obra cit., p. 268) que o anteprojeto do CPC de 1973 tentou inovar, permitindo, pelo art. 550, segunda parte, a renúncia antecipada, condicionando-a, porém, à "declaração comum de todas as partes". Tal disposição passou, depois, a constar do art. 508 do projeto, embora a Comissão Revisora tenha sugerido modificação para permitir que o litigante somente renunciasse ao direito de recorrer após a publicação da sentença. Posteriormente, o Congresso Nacional suprimiu a parte relativa à "renúncia prévia", se bem que não a proibiu de maneira manifesta. A *communis opinio doctoris*, contudo, vem mantendo o entendimento — firmado já ao tempo do CPC de 1939 — de que essa renúncia apenas é possível quando o litigante está ciente da sentença ou da decisão, por força da qual se tornou vencido na ação, no todo ou em parte.

Publicada a sentença, nasce, pois, para a parte o direito de recorrer e a consequente oportunidade de *renunciar* a esse direito, se for de sua conveniência.

A lei, igualmente, não indica a *forma* pela qual a renúncia, como ato da parte, deve ser explicitada. Diante dessa omissão, parece razoável pretender-se que a espécie seja disciplinada pelo art. 188 do CPC, a teor do qual os atos e termos do processo não dependem de forma determinada, salvo quando a lei expressamente exigi-la. Postas à frente, no entanto, as peculiaridades da renúncia, é de recomendar-se que seja sempre comunicada por escrito, conquanto despida de qualquer outra formalidade. É que, publicada a sentença, não há como presumir-se tenha a parte *renunciado ao direito de renunciar* à pretensão recursal; se ela pratica ato incompatível com o ânimo de recorrer, então a hipótese é de aquiescência tácita à sentença, e não de renúncia. Se o recurso já havia sido interposto e o recorrente vem a juízo para dizer que deseja renunciar ao direito de recorrer, o caso é de desistência e nunca de renúncia, porquanto esta pressupõe que o remédio não tenha sido ainda interposto.

O ponto de contato entre a desistência *do recurso* e a renúncia *ao direito* de recorrer localiza-se na desnecessidade de concordância da parte contrária para que esses atos produzam os efeitos processuais que lhes são próprios. Um outro elemento comum entre ambas está nos efeitos que acarretam: o imediato trânsito em julgado da sentença ou da decisão, que se havia impugnado (desistência) ou que já se podia impugnar (renúncia). Tanto numa quanto noutra não se exige, ainda, homologação judicial; são, de *per se*, atos uni-eficazes.

Se a parte comunica ao juízo que vai recorrer, mas não recorre, a hipótese não é de desistência do

Código de Processo Civil

recurso nem de renúncia ao direito de recorrer ou de aceitação inexpressa ao pronunciamento jurisdicional desfavorável, mas, sim, de decurso *in albis* do prazo recursal; precluiu, temporalmente, o direito de exercer essa pretensão.

No âmbito do litisconsórcio, a disciplina da renúncia ao direito de recorrer coincide, em quase todos os pontos, com a concernente à desistência e à aceitação tácita da resolução judicial; cabe enfatizar apenas que, também na renúncia, se deve separar o litisconsórcio *simples* do *unitário*, sabendo-se que naquele a renúncia de um dos compartes afeta o direito do renunciante, pois não se exige uniformidade da decisão judicial, no que respeita a uns e outros; se o caso for de litisconsórcio unitário, a homogeneidade da solução para a controvérsia *in iudicio deducta* faz com que não seja prejudicado o direito do renunciante; é provável, contudo, que dele se exija o pagamento *pro rata* das custas e de outras despesas processuais — a despeito de havermos antecipado a nossa opinião de ser algo infrequente a ocorrência de atribuição de responsabilidade dessa natureza no processo do trabalho.

Art. 1.000. A parte que aceitar expressa ou tacitamente a decisão não poderá recorrer.

Parágrafo único. Considera-se aceitação tácita a prática, sem nenhuma reserva, de ato incompatível com a vontade de recorrer.

• **Comentário**

Caput. Repetiu-se a norma do art. 503 do CPC revogado.

A lei inibe o exercício da pretensão recursal sempre que a parte aceitar, tácita ou expressamente, a sentença ou a decisão que lhe for desfavorável. Na aquiescência expressa, a parte diz que aceita a sentença; há, portanto, manifestação volitiva. Na tácita, entretanto, a aceitação emana da prática, sem qualquer reserva, de ato incompatível com a vontade de recorrer. Ensina *Pontes de Miranda* que a renúncia tácita, de fundo canonístico, atendia a sugestões do sistema canônico de apelabilidade das sentenças interlocutórias em geral (obr. cit., p. 99).

Nota-se, assim, que a aceitação da sentença desfavorável — em quaisquer de suas formas — foi erigida pelo legislador como fato extintivo do direito de recorrer, que, no geral, se assegura aos litigantes e aos terceiros. O preceito legal tem base lógica (além, é certo, de jurídica), porquanto exige da parte uma atitude de *coerência* em face do provimento jurisdicional desfavorável; daí por que a prática de determinado ato, em consonância com a sentença, fere essa atitude de coerência que se espera da parte: se esta foi vencida e não concorda com a decisão, cumpre-lhe interpor o recurso adequado e não agir, contraditoriamente, de acordo com a sentença desfavorável aos seus interesses. Se assim o fizer, e depois comparecer com o recurso, a sua pretensão estará fulminada pela preclusão lógica.

Parágrafo único. Sempre que a parte praticar, sem ressalva, algum ato que se possa considerar incompatível com o intuito de recorrer, ser-lhe-á vedado o acesso à via recursal. Essa incoerência é fatal à parte.

Nem sempre, na prática, é fácil caracterizar-se a *aceitação tácita* da sentença. O exemplo clássico, mencionado pela doutrina e previsto inclusive em legislação do passado (cite-se, a propósito, o § 2º do Título 79, Livro III, das Ordenações Filipinas), é o da parte que, condenada a pagar certa importância, requer ao juiz, antes de transitada em julgado a decisão, prazo para cumprir a obrigação. Ora, se o vencido manifesta a sua intenção de adimplir a obrigação, esse seu ato importa anuência tácita ao comando da sentença condenatória, motivo por que não se admitirá o recurso que acaso venha a interpor depois de formulado o aludido requerimento, ainda que o prazo para o exercício da pretensão não se tenha exaurido. A aceitação tácita também haveria se o empregador, vencido, efetuasse o pagamento do valor da condenação (em guia própria) e, depois, reconsiderando o seu ato, resolvesse interpor recurso da sentença. No caso de embargos à execução, a propósito, a cautela recomenda que o embargante, ao depositar o valor para garantia do juízo, com vistas à oposição daqueles embargos, exija que essa finalidade seja explicitada na guia de depósito, sob pena de eventual omissão quanto a isso ser interpretada como tendo sido para *pagamento* (e consequente extinção da obrigação) do valor devido. Embora saibamos que os embargos à execução não constituem modalidade de recurso, mas, sim, ação incidental do devedor, o exemplo foi trazido à baila para demonstrar que a atitude de coerência da parte, diante da decisão desfavorável, é exigida não apenas quando se trata de recurso, figurando mesmo como uma característica de todo processo.

A aceitação tácita da sentença pode ocorrer, igualmente, quando for o caso de litisconsórcio, seja ativo ou passivo. O que é necessário separar, apenas, é o litisconsórcio unitário do simples, pois os efeitos dessa aquiescência são distintos.

Se o litisconsórcio for *facultativo-simples*, a anuência à sentença, por parte de um dos litisconsortes, não se comunica aos demais, que, desse modo, poderão exercer a sua pretensão recursal normalmente. Justifica-se o fato pela particularidade de, nesse regime litisconsorcial, a decisão poder ser *diferente* para as várias partes. Já no litisconsórcio do tipo *unitário*, em que, ao reverso, a decisão deve ser uniforme em relação aos litisconsortes, a concordância de um deles em relação à sentença desfavorável afeta os demais compartes, conquanto ela seja eficaz apenas no que respeita às condenações ditas acessórias, observando Barbosa Moreira que a decisão não passa em julgado senão em virtude da aquiescência de *todos* os litisconsortes" (obra cit., p. 274).

Enfim, a aceitação tácita ou expressa da sentença ou da decisão interlocutória pode ser da parte, do litisconsorte (que também é parte) e do terceiro prejudicado. Sendo essa aceitação tácita um ato jurídico tipicamente unilateral, a sua característica é a potestatividade, pois a eficácia não depende da concordância da parte contrária. Ressalta, entretanto, Pontes de Miranda que, se a aceitação da sentença ou da decisão interlocutória foi sob condição, a sua eficácia depende de manifestação volitiva expressa e de conhecimento pela parte adversa, o que importa em implemento pela outra parte, por terceiro ou interessado, que seria o recorrido" (obra cit., p. 114).

Acentua, ainda, o festejado jurista que na técnica legislativa brasileira, quase sempre superior, não se pode pensar que inexista renúncia tácita em decorrência da aceitação da sentença ou da decisão interlocutória, se ficar constatado que poderia caber a ação rescisória, pressupondo-se, evidentemente, tenha ocorrido o trânsito em julgado.

Sendo a aquiescência inexpressa ao julgado, além de um ato unilateral, também informação, a sua eficácia no processo prescinde de qualquer termo ou de homologação, competindo apenas ao juiz verificar se configurou ou não essa espécie de aceitação do provimento jurisdicional desfavorável; entendendo que sim, deverá não admitir o recurso que, porventura, vier a interpor a parte que anuir, embora sem palavras, com a sentença que agora impugnou. Ou pretendeu impugnar.

Duas observações, finalmente, são necessárias: a) havendo *dúvida* quanto a ter a parte renunciado tacitamente ao direito de recorrer, deve o juiz entender que não houve a renúncia; b) esta não deve também ser admitida se houve protesto ou reserva pela parte.

Art. 1.001. Dos despachos não cabe recurso.

• **Comentário**

Transcreveu-se o art. 914 do CPC revogado.

O CPC conceitua o despacho como todo pronunciamento do juiz que não se amolde à previsão dos §§ 1º e 2º do art. 203 (*ibidem*, § 3º).

Os despachos são atos informais, destinados à *impulsão* do processo rumo à sentença. Por isso, têm sido designados, pela doutrina, de despachos ordinatórios, ou de despacho de mero expediente.

Andou bem o legislador ao vedar a possibilidade de interposição de recursos de despachos. Inexistente esse veto legal, por certo a prestação jurisdicional ocorreria em um período de tempo muito superior ao que normalmente se verifica, pois o curso do processo seria embaraçado por inúmeros recursos.

O que, em rigor, separa um despacho de uma decisão monocrática é o seu conteúdo. O despacho, como dissemos, constitui ato de impulsão do processo, e a "carga" de decisão que ele encerra é diminuta; já as decisões monocráticas contêm uma "carga" decisória muito mais acentuada e, em alguns casos, solucionam incidentes processuais. No sistema do processo do trabalho são irrecorríveis não somente os despachos (CPC, art. 1.001), mas as decisões interlocutórias (CLT, art. 893, § 1º).

Há, na legislação processual trabalhista, entretanto, umas poucas exceções ao princípio da irrecorribilidade das decisões monocráricas, que não configuram sentença, como se dá com a que não admite recurso — da qual se permite a interposição de agravo de instrumento (CLT, art. 897, "b"). A referida norma da CLT alude, em manifesto equívoco conceitual, a esse ato como sendo *despacho*.

A propósito de equívocos conceituais, devemos também mencionar o fato de o art. 884, § 3º, da CLT, denominar de sentença o ato pelo qual o juiz julgar a liquidação: cuida-se, na verdade, de decisão de traço interlocutório; justamente por isso é que não se admite a interposição de recurso desse ato.

Art. 1.002. A decisão pode ser impugnada no todo ou em parte.

• **Comentário**

Preservou-se a regra do art. 505 do CPC revogado.

O litigante vencido pode impugnar todo o conteúdo desfavorável da decisão, ou apenas *parte* dele; daí, a possibilidade de recursos totais e de recursos parciais. A extensão da impugnação constitui faculdade que a lei reconhece ao recorrente. Dispõe, com efeito, o art. 1.002 do CPC que a sentença pode ser contrastada no todo ou em parte.

Indaga-se, entretanto: quando o litigante deixar de indicar a parte de que está recorrendo, deve-se presumir como *integral* a impugnação?

O CPC vigente, como sabemos, não reproduziu a norma do art. 811, segunda parte, do Código anterior, em que a solução estava expressamente declarada: presumia-se ser *total* a impugnação. Essa disposição teria sobrevivido após o advento do CPC de 1973? Em livros anteriores, ao respondermos a essa pergunta, dizíamos que ela só teria sentido e importância no plano do processo civil, porquanto, no do trabalho, a CLT, ao estabelecer, no art. 899, *caput*, que os recursos são interpostos por simples petição, não permitia outra inferência que não a de ser ampla a impugnação à sentença. Assim — prosseguíamos —, se o recorrente não especificasse os capítulos da sentença que estava impugnando, haveria de entender-se que o recurso ordinário era amplo, ou seja, abarcava todo o conteúdo desfavorável do pronunciamento jurisdicional.

Nossos argumentos, na ocasião, concentravam-se no fato de o art. 791, *caput*, da CLT, atribuir capacidade postulatória (*ius postulandi*) à próprias partes. Não nos parecia sensato aplicar ao processo do trabalho determinados princípios característicos do processo civil, exatamente porque, no primeiro, as partes, ainda que inscientes de normas processuais, poderiam ingressar pessoalmente em juízo e praticar todos os atos do procedimento. Logo, se deixasse de indicar os pontos da sentença que estavam a impugnar (dizendo, apenas, que dela discordavam), a simplicidade do processo do trabalho, a par com o *ius postulandi*, autorizaria a ilação de que o recurso ordinário era amplo.

Pondo de lado esta nossa opinião, algo heterodoxa, devemos dizer que doutrina e jurisprudência, de modo geral, mesmo entendendo que as partes conservam o *ius postulandi* na Justiça do Trabalho, tendem a aplicar a regra do art. 1.013, *caput*, do CPC, conforme a qual a apelação (leia-se: recurso ordinário) devolve ao tribunal somente o conhecimento da matéria *impugnada* — o que não deixa de ser uma conclusão ideologicamente conflitante com a regra do art. 791, *caput*, da CLT.

Como consequência desse pensamento, temos que se o recorrente impugnar apenas *parte* da sentença, só dessa parte poderá conhecer o órgão *ad quem*. Não seria admissível, p. ex., que o recorrente pedisse A + B e o tribunal, a pretexto de que a devolutibilidade, mesmo assim, era ampla, concedesse também C + D, deferindo ao recorrente mais do que havia pedido. Não vamos nos aprofundar, neste momento, no problema da extensão da devolutibilidade dos recursos, pois isso será objeto de item específico. Reiteremos, todavia, a observação de que o art. 1.013, *caput*, do CPC dispõe que o recurso (ordinário) devolve ao tribunal o conhecimento da matéria *impugnada*; logo, por princípio legal, aquilo que não foi objeto de impugnação não pode ser apreciado pelo órgão de reexame — exceto se competir ao juízo o conhecimento *ex officio* da matéria, por ser de ordem pública (ausência de condições da ação, de pressupostos recursais, etc.). A regra contida no *caput* do art. 1.013, do CPC, espelha a antiga parêmia romana *tantum devolutum quantum appellatum*, de indiscutível atualidade.

O entendimento de que só se devolve ao tribunal aquilo de que se recorreu não se fundamenta, como se possa conjeturar, no art. 1.000 do CPC, em que se veda a possibilidade de exercer a pretensão recursal à parte que "aceitar expressa ou tacitamente a decisão". Veto dessa ordem já estava contido nas Ordenações Filipinas, como demonstra o § 2º do Título 79, Livro III: "nem será recebido a apelar o que por alguma maneira consentiu na sentença dada contra ele; porque se fosse presente ao tempo, que a sentença contra ele fosse publicada, não apelando dela, e fazendo algum auto, por que mostrasse consentir nela, não será jamais recebido a apelar dela; assim como se pedisse tempo para pagar o em que era condenado, em tal caso, ainda que houvesse apelado da sentença, por tal auto mostrara consentir nela, e renunciar à apelação, em tanto que já a não poderá em algum tempo". A parte final dessa disposição da Ordenação reinol transcrita coincide, em conteúdo, com a do parágrafo único do art. 1.000 do CPC vigente, que considera como aceitação tácita da sentença desfavorável a prática, sem reserva alguma, de um ato incompatível com a vontade de recorrer. Ora, não vemos como o fato de o recorrente deixar de impugnar parte do pronunciamento jurisdicional possa ser reputado como prática de ato *incompatível* com o direito de exercer a pretensão recursal. É por isso que não fundamentamos nessa norma legal a nossa opinião de que a parte não impugnada não pode ser reconhecida pelo tribunal. O fulcro legal desse entendimento, a nosso ver, é muito mais significativo; o ponto não atacado simplesmente *transita em julgado*, formando-se, em consequência, a preclusão máxima, que impede o seu reexame pelo órgão *ad quem*. Pouco importa saber, portanto, se a ausência de recurso de certo ponto da sentença implicaria aceitação tácita desse mesmo ponto: sobreleva, isso sim, o fato de que, exaurido o prazo, sem que dela se tenha recorrido, forma-se a coisa julgada, cujo respeito é imposto pelo texto constitucional (art. 5º, XXXVI).

Vale lembrar que "A decisão que julgar total ou parcialmente o mérito tem força de lei nos limites da questão principal expressamente decidida" (CPC, art. 503).

A parte da decisão (sentença, acórdão) que não for objeto de recurso poderá, em princípio, ser executada, em definitivo, se condenatória, pois transitou em julgado.

Art. 1.003

Art. 1.003. O prazo para interposição de recurso conta-se da data em que os advogados, a sociedade de advogados, a Advocacia Pública, a Defensoria Pública ou o Ministério Público são intimados da decisão.

§ 1º Os sujeitos previstos no *caput* considerar-se-ão intimados em audiência quando nesta for proferida a decisão.

§ 2º Aplica-se o disposto no art. 231, incisos I a VI, ao prazo de interposição de recurso pelo réu contra decisão proferida anteriormente à citação.

§ 3º No prazo para interposição de recurso, a petição será protocolada em cartório ou conforme as normas de organização judiciária, ressalvado o disposto em regra especial.

§ 4º Para aferição da tempestividade do recurso remetido pelo correio, será considerada como data de interposição a data de postagem.

§ 5º Excetuados os embargos de declaração, o prazo para interpor os recursos e para responder-lhes é de 15 (quinze) dias.

§ 6º O recorrente comprovará a ocorrência de feriado local no ato de interposição do recurso.

• **Comentário**

Caput. O prazo para interposição de recurso pelas pessoas e entidades mencionadas no *caput* é contado da data em que forem intimadas da decisão.

§ 1º Quando a decisão for proferida em audiência, as referidas pessoas e entidades considerar-se-ão intimadas nessa oportunidade.

§ 2º O art. 231, em seus incisos I a VI estabelece alguns dos critérios pelos quais se considera o dia do início do prazo. Esses critérios são aplicáveis ao prazo de interposição de recurso pelo réu contra decisão emitida anteriormente à citação.

§ 3º A norma é algo óbvia. A petição contendo as razões do recurso deverá ser protocolada no cartório ou na secretaria, de acordo com a norma de organização judiciária, ressalvado o disposto em regra especial.

Por ora, devemos esclarecer que no caso de peticionamento eletrônico será considerado tempestivo o recurso cuja petição vier a ser protocolada (no órgão competente) até às 24 h do último dia do prazo; tratando-se de peticionamento tradicional (físico), a petição deverá ser submetida ao protocolo dentro do horário de expediente externo do órgão (Lei n. 11.419, de 19.12.2006, arts. 3º, parágrafo único, e 10, § 1º). A norma legal citada elucida, no § 2º do art. 10, que "No caso do § 1º deste artigo, se o Sistema do Poder Judiciário se tornar indisponível por motivo técnico, o prazo fica automaticamente prorrogado para o primeiro dia útil seguinte à resolução do problema".

§ 4º Para efeito de verificar-se a tempestividade do recurso remetido pelo correio será considerada como data de interposição a de postagem.

§ 5º No processo do trabalho, em princípio, os recursos a que denominamos de *próprios* são interponíveis no prazo de oito dias, por força do disposto no art. 6º da Lei n. 5.584/70. É o caso dos recursos ordinário, de revista, de embargos, de agravo de petição, de agravo de instrumento e os embargos infringentes. Os embargos de declaração são interponíveis em cinco dias; o agravo regimental será de cinco ou de oito dias, conforme dispuser o regimento interno do tribunal; o pedido de revisão será apresentado em 48 horas.

Quanto aos recursos oriundos do CPC, temos: recurso adesivo: seu prazo será o do recurso principal; recurso extraordinário: quinze dias.

A homogeneização dos prazos dos recursos trabalhistas, em oito dias, realizada pela Lei n. 5.584/90 (art. 6º), foi acompanhada, no plano do processo civil, pelo § 5º do art. 1.003 do CPC, que fixou o prazo de quinze dias — excetuados os embargos de declaração.

As pessoas jurídicas a que se refere o Decreto-Lei n. 779/69 dispõem de prazo em dobro para recorrer (art. 1º, III).

§ 6º Compete ao recorrente o ônus de comprovar a ocorrência de feriado local. Essa comprovação deverá ser efetuada no ato de interposição do recurso e somente se justifica quando o feriado influir no início e no término do prazo (CLT, art. 775, parágrafo único).

Código de Processo Civil   Arts. 1.004 e 1.005

Art. 1.004. Se, durante o prazo para a interposição do recurso, sobrevier o falecimento da parte ou de seu advogado ou ocorrer motivo de força maior que suspenda o curso do processo, será tal prazo restituído em proveito da parte, do herdeiro ou do sucessor, contra quem começará a correr novamente depois da intimação.

• **Comentário**

Há correspondência com o art. 507 do CPC revogado.

Conquanto o art. 775 da CLT declare que os prazos processuais sejam contínuos e irreleváveis, essa própria norma admite a possibilidade de serem prorrogados pelo tempo necessário, pelo juiz ou pelo tribunal, ou em virtude de força maior, devidamente comprovada.

De maneira mais específica e didática, o art. 1.004 do CPC prevê a suspensão do prazo para recurso quando ocorrer o falecimento da parte ou de seu advogado ou advier motivo de força maior. Nesta hipótese, o prazo será restituído em benefício da parte, do herdeiro ou do sucessor, contra os quais passará a ser contado a partir da intimação.

A regra do art. 1.004 do CPC constitui emanação tópica da regra do art. 313, I, do mesmo Código, que prevê a suspensão do processo no caso de falecimento da parte, de seu representante ou de seu procurador. Neste caso, a suspensão será determinada pelo juiz. Para isso, é necessário que ele seja comunicado do falecimento; mais do que isso, esse falecimento seja comprovado documentalmente.

No caso de falecimento do advogado da parte, o mandato a este outorgado ficará, automaticamente, extinto; se era o único advogado constituído nos autos, outro deverá ser nomeado, no prazo assinado pelo juiz. Se o despacho judicial não for cumprido, o recurso não será admitido, por falta de pressuposto subjetivo, consistente na irregularidade da representação.

Mesmo que a parte esteja atuando sem advogado (CLT, art. 791, *caput*), o seu falecimento fará com que o juiz suspenda o processo (CPC, art. 313, I, e § 1º), a fim de ser de ser substituída pelo espólio, na pessoa do inventariante (CPC, art. 75, VII), ou, se for, o caso, por quem figurar como dependente habilitado perante a Previdência Social (Lei n. 6.858, de 24.11.1980, art. 1º).

Art. 1.005. O recurso interposto por um dos litisconsortes a todos aproveita, salvo se distintos ou opostos os seus interesses.

Parágrafo único. Havendo solidariedade passiva, o recurso interposto por um devedor aproveitará aos outros quando as defesas opostas ao credor lhes forem comuns.

• **Comentário**

Caput. O assunto era objeto do art. 507 do CPC revogado.

A norma em exame somente incide no caso de litisconsórcio *unitário*, que se caracteriza quando a situação jurídica submetida à apreciação judicial tiver de receber decisão uniforme (art. 116). Aqui, os atos e omissões de alguns dos litisconsortes não prejudicarão os demais, embora possam beneficiá-los (art. 117).

No âmbito do processo do trabalho, é amplamente conhecida a disposição do art. 842, da CLT, de que "sendo várias as reclamações e havendo identidade de matéria, poderão ser acumuladas num só processo, se se tratar de empregados da mesma empresa ou estabelecimento". Estaria aí configurado o litisconsórcio, de que tanto fala o processo civil? Em caso de resposta afirmativa, de que espécie o seria?

Imperfeições técnicas do texto à parte, entendemos que o art. 842 da CLT espelha um litisconsórcio: a) ativo; b) facultativo; c) irrecusável; e d) simples. Justifiquemo-nos.

Trata-se de *litisconsórcio* porque os autores estão litigando em conjunto, isto é, agrupados em um dos polos da relação jurídica processual. Embora a referida norma legal se refira a *reclamações*, sabe-se que estas correspondem, na linguagem clássica — e mais apropriada —, às ações do processo civil. De outro lado, a *identidade de matéria*, indicada no texto como pressuposto para a formação de litisconsórcio, deve ser entendida como relacionada à causa de pedir e/ou ao pedido. Em rigor, se fôssemos nos deixar influenciar, qual leguleios, pela literalidade equívoca daquele preceito, seríamos forçados a admitir que sempre seria possível a formação do litisconsórcio, ainda que totalmente heterogêneos a causa de pedir e os pedidos, pois a *matéria* submetida à cognição da justiça especializada apresenta-se, no geral, idêntica: é de natureza trabalhista.

a) *ativo*, porque os empregados estão litisconsorciados na qualidade de autores, de sujeitos ativos na relação processual;

b) *facultativo*, se considerarmos que a sua constituição não se dá por força de lei, mas, sim, em decorrência da *vontade* dos autores;

c) *irrecusável*, porquanto, se respeitados fielmente os pressupostos de constituição (identidade de causa de pedir e/ou de pedidos), o litisconsórcio não pode ser recusado pela(s) parte(s) contrária(s);

d) *simples*, porque a decisão não precisa ser, necessariamente, uniforme para os vários litisconsortes; se assim fosse, estaríamos diante do litisconsórcio unitário.

A prospecção técnica do conteúdo do art. 842 da CLT foi necessária para podermos justificar a assertiva de que a hipótese por ele prevista não se rege, em matéria recursal, pelo art. 1.005, *caput*, do CPC. Importa dizer: não tipificando, o art. 842 da CLT, caso de litisconsórcio unitário (nem sequer necessário), mas, sim, da espécie *facultativo-simples*, o recurso que vier a ser interposto por um dos litisconsortes ativos, em princípio, não aproveita aos demais, que tiverem deixado de exercer essa pretensão, no prazo e na forma legais.

Parágrafo único. Sendo os réus solidariamente responsáveis pelo adimplemento da obrigação contida na sentença condenatória, o recurso interposto por um deles aproveitará os demais compartes. Para que este aproveitamento possa ocorrer é indispensável que o conteúdo das defesas apresentadas à ação da parte contrária seja comum entre esses litisconsortes, ou melhor, que o conteúdo das defesas seja idêntico. Destarte, a identidade de defesas justifica o fato de o recurso interposto por um deles beneficiar os demais. Se, ao contrário, as matérias contidas nas defesas forem diversas ou conflitantes, o recurso interposto por um dos litisconsorte não aproveitará os demais — razão por que os litisconsortes que deixarem de recorrem sofrerão as consequências da coisa julgada material que vier a ser constituída.

Aqui, o regime litisconsorcial não é, exclusivamente, o unitário, podendo ser, até mesmo, o facultativo ou o simples: o importante é que: a) haja solidariedade passiva; e b) as defesas opostas ao credor sejam comuns aos litisconsortes.

Art. 1.006. Certificado o trânsito em julgado, com menção expressa da data de sua ocorrência, o escrivão ou o chefe de secretaria, independentemente de despacho, providenciará a baixa dos autos ao juízo de origem, no prazo de 5 (cinco) dias.

• **Comentário**

Reproduziu-se, em linhas gerais, a regra do art. 510 do CPC revogado.

Admitido o recurso pelo órgão *a quo* e decorrido o prazo para o oferecimento de contrarrazões, pelo recorrido, os autos serão encaminhados ao juízo *ad quem* competente. A remessa dos autos ao tribunal não significa, só por isso, que o juízo superior esteja automaticamente obrigado a ingressar no exame do mérito do apelo. A decisão monocrática de admissibilidade proferida pelo órgão *a quo* não tem efeito vinculativo do *ad quem* (pois é destituído da eficácia de coisa julgada formal), que poderá, por isso, não admitir o recurso, dele se exigindo, no entanto, que indique as razões que motivaram essa decisão (Const. Federal, art. 93, inciso IX). Caso o juízo superior venha a admitir o recurso, adentrará na apreciação do mérito, concedendo ou negando provimento ao apelo.

Em regra, ao tribunal são remetidos os próprios autos (ditos principais) em que foi proferida a sentença impugnada, pois é com base em todo o material deles constantes que o órgão *ad quem* irá trabalhar em sua tarefa de, reexaminando o julgado, verificar da necessidade de sua reforma, ou não. Excepcionalmente, entretanto, como ocorre com o agravo de instrumento (CLT, art. 897, "b"), e pode dar-se com o agravo de petição (CLT, art. 897, § 3º), o recurso é encaminhado em autos *apartados*, porquanto os principais permanecem no juízo *a quo* em decorrência da decisão denegatória do recurso principal. Dando provimento ao agravo, o tribunal determinará a liberação dos autos principais e o consequente envio destes para reexame.

Se, contudo, os autos principais, contendo o agravo de instrumento, forem encaminhados ao tribunal, este, provendo o agravo, poderá julgar, na mesma sessão ou em outra, o recurso principal (CLT, art. 897, § 7º).

Transitado em julgado o acórdão, que tenha admitido ou não o recurso, exaure-se a competência do órgão *ad quem naquele recurso*, incumbindo-lhe, diante disso, ordenar o retorno dos autos ao juízo de origem, no prazo de cinco dias, com expressa referência à data em que houve o trânsito em julgado. Dissemos *naquele recurso*, porque poderia acontecer de o tribunal ser provocado a pronunciar-se *outra vez* sobre o mesmo caso concreto, embora por força de novo recurso, assim entendido o que tenha impugnado agora uma outra resolução judicial prolatada no mesmo processo. Seria o caso, *e. g.*, de a parte haver interposto recurso ordinário e, mais tarde, o de agravo de petição.

Chegando os autos ao órgão, *a quo*, este deverá, mediante intimação, dar ciência do fato às partes, para requererem o que entenderem de direito (remessa dos autos à Contadoria para a confecção dos cálculos; oferecimento de artigos de liquidação; solicitarem a liberação de quantias depositadas etc.). Em certas hipóteses, todavia, torna-se desnecessária a intimação das partes quanto ao retorno dos autos, no momento em que estes chegam ao juízo de origem. Admitamos, por exemplo, que o tribunal tenha declarado a nulidade do processo a contar, inclusive, da audiência de instrução; baixados os autos, cumprirá ao órgão *a quo* designar nova audiência, determinando, só depois disso, a intimação das partes — salvo se em situação peculiar estas devam pronunciar-se a respeito da espécie de provas que desejam produzir em a nova audiência.

É oportuno frisar que incide, no caso de retorno dos autos, a norma do art. 106, § 2º, do CPC, que considera realizada ("válida" — *sic* — diz a lei) a intimação que for remetida para o endereço existente nos autos, mediante carta registrada ou meio eletrônico, pouco importando que a parte nele já não resida ou não se encontre estabelecida, se dessa mudança não comunicou, previamente, ao juízo por onde se processa o feito. É regra que atua, por inteiro, no processo do trabalho, ainda mesmo que a parte esteja exercendo o seu *ius postulandi* (CLT, art. 791, *caput*).

Reiteremos os comentários que formulamos ao art. 106 do CPC: ao aludir à "incumbência" do advogado, quando postular em causa própria, na verdade, a lei está a referir-se ao *dever* deste. Entendemos que esse dever, a despeito da literalidade da norma legal em exame, também existe quando o advogado estiver atuando na qualidade de procurador judicial da parte e, não apenas, em causa própria. O mesmo dizemos quando a própria parte estiver postulando, pessoalmente, em juízo.

Problema delicado, e de ocorrência amiúde na prática, se refere à inércia das partes em face do despacho judicial que lhes deu ciência do retorno dos autos, a fim de que requeressem o que reputassem ser de direito. O problema é, antes de tudo, multifacetado, apresentando causas e soluções heterogêneas.

Se o despacho foi para que as partes apresentassem os seus cálculos, visando a tornar líquida a obrigação contida no título executivo sentencial, a providência será justificável, após o advento da Lei n. 10.035/2000, que inseriu o § 1º-B, no art. 879, da CLT. Anteriormente à precitada norma legal, a incumbência de elaborar os cálculos era do contador do juízo (que se tem denominado de "perito"), embora, por força da praxe, se viesse ordenando que os cálculos fossem efetuados pelas partes. Essa praxe, contudo, era, a nosso ver, contrária à lei, então vigente. Por força do § 1º-B, do art. 879, da CLT, no entanto, o juiz passou a estar autorizado a intimar as partes, a fim de apresentarem os cálculos de liquidação, malgrado nada o impeça de determinar que estes sejam confeccionados pelo contador. Se a espécie fosse de apresentação de *artigos*, o despacho intimatório também estaria correto, conquanto o problema surgisse se a parte interessada não atendesse à determinação judicial. O juízo, como é evidente, não pode substituir a parte na oferta dos referidos artigos. Nem poderia declarar extinto o processo *sem julgamento do mérito*, com fulcro no art. 485, III, do CPC, pois, no caso, já houve pronunciamento acerca das questões de fundo, haja vista que se estava para promover a execução da sentença condenatória do réu-devedor. É também óbvio que, nesta hipótese, o processo não se poderia findar, mesmo com exame do mérito, por absoluta falta de previsão legal. Não nos parece possível, igualmente, suspendê-lo pelo prazo de um ano, com base na Lei n. 6.830/80 (art. 40), pois esta apenas cogita de suspensão do processo *de execução* e, na hipótese, os artigos se destinaram a *preparar* a execução — embora reconheçamos que sob o prisma *sistemático* a liquidação integra a execução. A solução que melhor atenderia às exigências jurídicas seria aguardar-se o decurso de dois anos a contar da intimação, para, persistindo a inércia da parte, declarar-se a prescrição intercorrente, que é perfeitamente compatível com o processo do trabalho, na situação em exame, nada obstante a Súmula n. 114 do TST tenha adotado orientação oposta e generalizante. Nosso pensamento a respeito da prescrição intercorrente neste processo especializado foi exposto, com maior amplitude, em outra obra, à qual remetemos o leitor (*Liquidação da sentença no processo do trabalho*. 5. ed. São Paulo: LTr, 1984, 1996, p. 147/150). Em todo o caso, devemos esclarecer que o art. 884, § 1º, da CLT, permite ao devedor alegar, por ocasião de seus embargos à execução, entre outras matérias, a pertinente à *prescrição*. Ora, que prescrição seria essa, senão a intercorrente, vale dizer, a que se forma depois do ingresso em juízo, sabendo-se que a prescrição originária deveria ter sido alegada no processo do conhecimento? Vê-se, pois, que a Súmula n. 114, do TST, está em manifesto antagonismo com a Lei, motivo por que sugerimos o cancelamento daquela. A Súmula n. 327, do STF, todavia, é respeitosa da lei: "O direito trabalhista admite a prescrição intercorrente".

Se o tribunal "confirmar" a sentença que havia rejeitado todos os pedidos formulados pelo autor (julgado "improcedente" a ação, diz a praxe, em má construção), a intimação deste quanto ao retorno dos autos, por princípio, seria de nenhuma utilidade, cabendo ao juízo de origem determinar, ato contínuo, o arquivamento dos autos, exceto se houvesse custas a serem satisfeitas. Em rigor, quanto o tribunal nega provimento ao recurso não está "confirmando" a sentença, conforme se costuma dizer, em sim, *substituindo-a* pelo acórdão (CPC, art. 1.008).

Tratando-se de acórdão que tenha pronunciado a nulidade apenas da sentença impugnada (à qual teria faltado, *e. g.*, o dispositivo), não se há que intimar as partes da baixa dos autos; a medida é desnecessária. A providência que se impõe, isto sim, é o proferimento de nova sentença, desta feita formalmente correta, no lugar da anterior, anulada pelo juízo *ad quem*. É certo que a intimação dos litigantes estaria, mesmo assim, justificada na hipótese de se contar da data da publicação da (nova) sentença, o prazo para recurso (na forma da Súmula n. 197 do TST); aqui, haveria necessidade concreta de dar-se ciência não propriamente da volta dos autos, mas da data em que ocorreria a prolação da sentença.

Art. 1.007

Enfim, é a experiência na judicatura, somada ao bom-senso, que dirá, em cada caso concreto, quando será necessário (ou, pelo menos, aconselhável) dar-se conhecimento às partes do retorno dos autos, do órgão *ad quem*, e quando essa comunicação será dispensável.

De qualquer modo, tanto a remessa dos autos ao órgão de revisão, quanto o regresso deste ao juízo inferior, devem ser certificados nos autos mediante registro manuscrito, datilografado ou a carimbo (CLT, art. 771), pelos funcionários dos respectivos órgãos a quem esse encargo competir, legal ou regimentalmente.

Art. 1.007. No ato de interposição do recurso, o recorrente comprovará, quando exigido pela legislação pertinente, o respectivo preparo, inclusive porte de remessa e de retorno, sob pena de deserção.

§ 1º São dispensados de preparo, inclusive porte de remessa e de retorno, os recursos interpostos pelo Ministério Público, pela União, pelo Distrito Federal, pelos Estados, pelos Municípios, e respectivas autarquias, e pelos que gozam de isenção legal.

§ 2º A insuficiência no valor do preparo, inclusive porte de remessa e de retorno, implicará deserção se o recorrente, intimado na pessoa de seu advogado, não vier a supri-lo no prazo de 5 (cinco) dias.

§ 3º É dispensado o recolhimento do porte de remessa e de retorno no processo em autos eletrônicos.

§ 4º O recorrente que não comprovar, no ato de interposição do recurso, o recolhimento do preparo, inclusive porte de remessa e de retorno, será intimado, na pessoa de seu advogado, para realizar o recolhimento em dobro, sob pena de deserção.

§ 5º É vedada a complementação se houver insuficiência parcial do preparo, inclusive porte de remessa e de retorno, no recolhimento realizado na forma do § 4º.

§ 6º Provando o recorrente justo impedimento, o relator relevará a pena de deserção, por decisão irrecorrível, fixando-lhe prazo de 5 (cinco) dias para efetuar o preparo.

§ 7º O equívoco no preenchimento da guia de custas não implicará a aplicação da pena de deserção, cabendo ao relator, na hipótese de dúvida quanto ao recolhimento, intimar o recorrente para sanar o vício no prazo de 5 (cinco) dias.

• **Comentário**

Caput. O tema era regido pelo art. 511 do CPC revogado.

Na linguagem do processo judicial o *preparo* constitui um dos pressupostos objetivos para a admissibilidade dos recursos. No processo do trabalho o preparo compreende o pagamento das custas, dos emolumentos, das multas impostas pelo juiz e a realização do depósito pecuniário a que se refere o art. 899, § 1º, da CLT. Em casos como o do recurso extraordinário exige-se que a parte deposite, ainda, o valor corresponde ao porte de remessa e de retorno dos autos.

No sistema do processo civil, a comprovação do preparo deve ser efetuada no *ato* de interposição do recurso. No processo do trabalho, por força do contido na Lei n. 5.584/70, art. 7º, a comprovação do depósito deve feita *dentro* do prazo para a interposição do recurso. Disso decorre a conclusão que já não vigora a exigência de *prévio* depósito, salvo se concluirmos que a antecedência, após o advento da Lei n. 5.584/70, deve ser entendida com relação ao *despacho-decisório* de admissibilidade, proferido pelo juízo *a quo*. Essa interpretação seria visivelmente forçada. As custas, por sua vez, devem, ser pagas e comprovado o recolhimento dentro do prazo recursal (CLT, art. 789, § 1º). Conforme se percebe, enquanto, no processo civil, a comprovação do preparo deve ser feita *no ato* de interposição do recurso, no processo do trabalho essa comprovação deve ser efetuada *dentro do prazo* para a interposição do recurso. Deste modo, aqui, a parte pode, por exemplo, protocolar a petição de recurso no terceiro dia do prazo e comprovar o preparo até o último dia do prazo — embora, na prática, as partes, *ad cautelam*, prefiram comprovar o preparo no próprio ato de interposição do recurso. O mesmo se diga quando houver exigência de pagamento referente ao porte de remessa e de retorno.

§ 1º No processo do trabalho, estão dispensados da realização do *depósito* de que cuida o § 1º do art. 899, da CLT: a) a União; b) os Estados-membros; c) o Distrito Federal; d) os Municípios; e) as autarquias; f) as fundações de direito público federais, estaduais e municipais, que não explorem atividade econômica (Dec.-lei n. 779/69, art. 1º, *caput* e inc. IV). Isenta é, também a massa falida (TST, Súmula n. 86). Devem ser incluídos como beneficiários dessa isenção, ainda, o Ministério Público e a Defensoria Pública (CPC, art. 1.007, § 1º).

Quanto ao pagamento de custas, somente a União está dispensada, até porque seria ilógico exigir-se que a União pagasse custas a si mesma. As demais entidades mencionadas nas letras "b" a "f", retro, as pagarão no final (Dec.-lei n. 779/69, art. 1º, *caput* e inc. VI). A massa falida também não pagará custas (TST, Súmula n. 86), assim como o Ministério Público e a Fazenda Pública (CPC, art. 1.007, § 1º).

§ 2º No processo civil, verificando, o juízo de admissibilidade, que o preparo é insuficiente, intimará o recorrente para completá-lo, no prazo de cinco dias. Desatendido o despacho, o recurso não será admitido por deserção. No processo do trabalho a política é outra: havendo insuficiência no preparo — principalmente, no tocante ao depósito e às custas —, o recurso será considerado deserto, mesmo que a diferença, para menos, seja ínfima. A Súmula n. 128, I, do TST, afirma ser "*ônus da parte recorrente efetuar o depósito legal, integralmente (...)*". Destacamos. A OJ n. 140, da SBDI-I, do TST, por sua vez, estabelece: "Depósito recursal e custas. Diferença ínfima. Deserção. Ocorrência. Ocorre deserção do recurso pelo recolhimento insuficiente das custas e do depósito recursal, ainda que a diferença em relação ao quantum devido seja ínfima, referente a centavos".

Nada obsta, todavia, a que jurisprudência inovadora entenda ser aplicável ao processo do trabalho a norma do § 2º, do art. 1.007, do CPC, cujo passo seguinte seria o cancelamento das súmulas e OJs do TST que dispusessem em sentido contrário, como as referidas há pouco. Com vistas a isso devemos argumentar que: a) se não foi feito preparo algum não se há que cogitar de "insuficiência", pois o caso será de *inexistência* de preparo; b) a insuficiência, capaz de autorizar o juiz a intimar o recorrente para complementar o preparo no prazo de cinco dias, deverá ser *ínfima*, embora devamos reconhecer a dificuldade para estabelecer-se um critério objetivo pelo qual se possa definir se a diferença é irrisória, ou não.

§ 3º No caso de processo em autos eletrônicos fica dispensado o recolhimento do porte de remessa e de retorno.

§ 4º A hipótese de que trata este parágrafo é distinta da prevista no § 2º do mesmo preceptivo legal. Enquanto, neste último, o recorrente realizou o preparo de maneira insuficiente, no primeiro, não houve comprovação do preparo, embora este possa ter ocorrido. Diante disso, será intimado, na pessoa de seu advogado para efetuar o recolhimento em dobro (mais 100%), sob pena de deserção. Note-se que o § 4º, *sub examen*, não cogita do fato de o recorrente não haver efetuado preparo algum, e sim, de havê-lo realizado, mas não comprovado. Afinal, o dispositivo legal mencionado não diz que o recorrente deverá *efetuar* o depósito (pressupondo-se, com isso, que não o havia realizado), e sim, que deverá *comprovar* a realização do depósito.

§ 5º A norma está, a um só tempo: a) a comprovar o acerto de nossa interpretação ao § 4º; b) a esclarecer que no caso do mencionado § 4º não será possível a complementação se o preparo foi realizado de maneira parcial, o que significa dizer que o preparo deveria ter sido de maneira integral, embora não comprovado. Registre-se o pleonasmo do legislador ao aludir à "insuficiência parcial do preparo", como se pudesse haver uma "insuficiência total", pois, neste caso, não teria ocorrido preparo algum.

§ 6º Se o recorrente provar o justo impedimento para a realização do preparo, no prazo previsto em lei, o relator relevará, por decisão irrecorrível, a pena de deserção. No sistema do processo civil, a referência ao relator é compreensível, em tema de apelação, pois o art. 1.010, § 3º, suprimiu o juízo de admissibilidade *a quo*. Algumas nótulas complementares: em primeiro lugar, no processo do trabalho a relevação da pena de deserção poderá ser feita pelo próprio juízo de primeiro grau (*a quo*), e não, necessariamente, apenas pelo relator (juízo *ad quem*), pois entendemos ser inaplicável a esse processo o art. 1.010, § 3º, do CPC; em segundo, o fato de o juízo relevar a referida pena não significa que o recurso será admitido e julgado sem o preparo: incumbirá ao juiz, por isso, fixar prazo de cinco dias para que o preparo seja realizado.

Para um estudo mais aprofundado acerca dos pressupostos — subjetivos e objetivos — de admissibilidade dos recursos trabalhistas, remetemos o leitor à introdução (propedêutica) que fizemos ao comentário ao art. 994 do CPC.

§ 7º Pode ocorrer de o recorrente, ao preencher a guia de custas fazê-lo de maneira equivocada. No sistema do processo civil, esse equívoco não acarretará a deserção do recurso, cumprindo ao relator, no caso de dúvida quanto ao recolhimento, intimar o recorrente para sanar o vício no prazo de cinco dias, sob pena, agora sim, de deserção.

A norma é compatível com o processo do trabalho, ao qual repugna determinados formalismos bizantinos.

Art. 1.008. O julgamento proferido pelo tribunal substituirá a decisão impugnada no que tiver sido objeto de recurso.

• **Comentário**

O assunto era objeto do art. 512 do CPC revogado.

O princípio inscrito no texto legal em exame é de que o julgamento realizado pelo tribunal substitui a decisão interlocutória ou a sentença impugnada no que tiver sido objeto do recurso.

No tecnicismo da linguagem processual diz-se que o órgão de reexame pode: a) admitir o recurso; ou b) não o admitir. Admitindo-o, poderá:

a.a) dar-lhe provimento; ou a.b) negar-lhe. No primeiro caso, o provimento pode ser a.a.a) total; ou a.a.b) parcial. Analisemos, agora, esses resultados de julgamento pelo tribunal, diante do disposto no art. 1.008 do CPC.

a) Recurso admitido

Quando o tribunal *admite* o recurso, mas lhe nega provimento, diz-se que houve *confirmação* da sentença impugnada. Embora consagrada, não nos parece correta essa assertiva. Ora, mesmo quando o órgão *ad quem* deixa de prover o recurso, é a sua decisão que passa a prevalecer no mundo jurídico, *em substituição* à de primeiro grau. Conforme observa Pontes de Miranda, a sentença do juízo inferior fica, na hipótese, a figurar apenas como *conteúdo* documental e lógico do acórdão, concluindo que a remissão à sentença só se justifica *brevitatis causa*, quer dizer, pelo menor esforço dos juízes do grau superior, economizadores de tempo e de redação: "*Sentença de primeira instância somente há, depois de julgado o recurso, se algo lhe passara em julgado*" (obra cit., p. 168). O art. 895, § 1º, inciso IV, da CLT, incide no equívoco de aludir à "confirmação" da sentença.

Se o recurso interposto é *parcial* e o provimento *integral*, passam a coexistir dois pronunciamentos jurisdicionais, que constituirão, mais tarde, o título executivo judicial que legitimará a execução por quantia certa: a decisão de primeiro grau (sentença), *naquilo em que não foi impugnada*, e a do *ad quem* (*acórdão*) que proveu o apelo do autor. Sob o aspecto estrito do recurso, a substituição, na espécie, foi *integral*, pois a teor do art. 1.008 do CPC a extensão da substitutividade é mensurada especificamente com vistas à quantidade de matéria impugnada.

Sendo *total* a impugnação e *parcial* o provimento do recurso, a substituição pelo acórdão, é *total*, nos termos do dispositivo do processo civil, mencionado. Ocorrendo de ser *total* a impugnação e o próprio provimento, resulta claro que a substituição também é *plena*, desaparecendo, em face disto, da ordem jurídico-processual a sentença.

b) Recurso não admitido

Cabe, aqui, reiterarmos uma nota sobre uma questão terminológica, lançada em linhas anteriores: em que pese ao fato notório de, na generalidade dos casos, utilizar-se o verbo *conhecer*, em tema de recurso (conhece-se do recurso, não se conhece do recurso etc.), em rigor, o verbo deveria ser *admitir* (admite-se o recurso, não se admite o recurso etc.), pois, afinal de contas, o juízo é de *admissibilidade*, e não de *conhecimento*. O vocábulo *conhecimento* é mais adequado à classificação dos processos: de conhecimento, de execução, cautelar etc., motivo por que o seu uso, em tema de recurso, revela-se algo tumultuário dos conceitos.

Quando o tribunal não admite o recurso (por ausência de um ou mais dos pressupostos), é elementar que o acórdão não ingressou no exame do mérito, não apreciou a *matéria impugnada* a que se refere o art. 1.008 do CPC.

O que se executará (se este for o caso), em futuro, será a decisão de primeiro grau e não o acórdão do juízo superior. A particularidade a ser ressaltada é que o trânsito em julgado do acórdão libera a eficácia da sentença, até então sobrestada pelo recurso interposto.

Uma outra nótula importante deve ser lançada, desta feita, alusiva ao binômio: inadmissibilidade de recurso/ação rescisória. Ocorre que não sendo admitido o recurso o último pronunciamento acerca do mérito (CPC, art. 966, *caput*), terá sido realizado pela sentença. Assim, para efeito de exercício de ação rescisória: a) o objeto da ação será a sentença, não o acórdão; b) todavia, o prazo decadencial de dois anos (CPC, art. 975, *caput*), para o exercício da ação, será contado da data do trânsito em julgado do acórdão (TST, Súmula n. 100, I). Segue-se, que se, na situação em exame, a parte ingressar com ação rescisória do acórdão (com a finalidade de discutir o mérito da causa) deverá ser declarada carecedora da ação, por falta de interesse processual, uma vez que o exame da lide (mérito) foi feito pela sentença, não pelo acórdão. A Súmula n. 192, II, do TST, traduz uma exceção a essa regra.

Nas situações inversas, ou seja, em que o acórdão examina o mérito, se a parte promover ação rescisória, tendo como objeto a sentença, deverá, também, ser declarada carecente da ação, por falta de interesse processual, pois está pretendendo rescindir algo que já não existe, sabendo-se que o acórdão substitui, totalmente, a sentença (CPC, art. 1.008), mesmo que tenha negado provimento ao recurso, dela interposto.

Reclama exame especial o recurso que visa à declaração de nulidade da sentença. Nesse caso, se o tribunal der provimento ao apelo anulará a decisão de primeiro grau, fazendo com que se retorne ao *nihil* existente antes do proferimento daquela decisão; deixa de haver, portanto, qualquer pronunciamento sobre o mérito. Como se trata de recurso, a consequência será a devolução dos autos ao juízo inferior para que profira, novamente, outra sentença, dessa vez de maneira regular — ainda que o seu convencimento quanto à matéria de mérito se mantenha inalterado em relação ao que decidira na sentença anulada. O exemplo bem revela que o acórdão, na hipótese, não *substitui* a decisão do juízo inferior; apenas, anula-a.

A existência de *iudicium rescindens* e de *iudicium rescissorium*, e a distinção entre ambos, só é relevante no plano da ação rescisória, cuja competência para julgá-la é também do tribunal, mas de modo *originário* e não recursal. No *iudicium rescindens* cabe ao tribunal verificar se existe, ou não, na sentença rescindenda, o vício apontado pelo autor. Se entender que sim, a eficácia do acórdão será meramente desconstitutiva, porquanto desfaz, anula, a decisão de primeiro grau. No *iudicium rescissorium,* contudo, a atividade do tribunal se dirige para o reexame do mérito propriamente dito, cumprindo-lhe prolatar uma outra decisão, substitutiva da anterior, invalidada. Esclareça-se que o *iudicium rescindens* não vincula o *rescissorium*; sendo assim, pode o tribunal desconstituir a sentença, como pretendia o autor, mas rejeitar os pedidos de mérito por este formulados. Isto significa que o autor pode sair-se vencedor no *iudicium rescindens* e vencido no *iudicium rescissorium,* como pode ser vencedor ou ficar vencido em ambos.

Nunca é inútil advertir para que se evite confusão entre *iudicium rescindens* e *iudicium rescissorium,* de um lado, e provimento do recurso e substituição da decisão impugnada, de outro; diferem-se não apenas pelos efeitos do acórdão, mas também pela competência dos órgãos judiciários, em certos casos. Argumentemos, uma vez mais, com a declaração de *nulidade* da sentença, obtida em grau de recurso; aqui, como dissemos, os autos são devolvidos ao juízo *a quo* para que profira uma outra; na rescisória, desconstituídos os efeitos da sentença rescindenda, é ao próprio tribunal que compete proferir novo julgamento, desde que este tenha sido solicitado pelo autor (CPC, art. 968, I).

Resumindo: nos casos em que o tribunal nega provimento ao recurso, costumam-se inserir no corpo do acórdão expressões protocolares, como "mantém-se a sentença por seus próprios fundamentos". Há, aí, duas impropriedades: uma, gramatical, consistente no pleonasmo "por *seus próprios*"; outra, de natureza processual, porquanto mesmo *negando* provimento ao recurso, o acórdão *substitui* a sentença (na parte em que foi impugnada, é evidente), que, por esse modo, desaparece do mundo jurídico. Todavia, se o tribunal não admitir o recurso não ocorrerá a substituição da sentença impugnada. Fica evidente, portanto, que essa substituição somente se dará se o tribunal examinar o mérito do recurso, seja para provê-lo, seja para negar-lhe provimento.

CAPÍTULO II

DA APELAÇÃO

Art. 1.009. Da sentença cabe apelação.

§ 1º As questões resolvidas na fase de conhecimento, se a decisão a seu respeito não comportar agravo de instrumento, não são cobertas pela preclusão e devem ser suscitadas em preliminar de apelação, eventualmente interposta contra a decisão final, ou nas contrarrazões.

§ 2º Se as questões referidas no § 1º forem suscitadas em contrarrazões, o recorrente será intimado para, em 15 (quinze) dias, manifestar-se a respeito delas.

§ 3º O disposto no *caput* deste artigo aplica-se mesmo quando as questões mencionadas no art. 1.015 integrarem capítulo da sentença.

• **Comentário**

Caput. A matéria era regulada, em parte, pelo art. 513 do CPC revogado.

1. Introdução

O recurso ordinário trabalhista corresponde, em essência e sob o aspecto finalístico, à apelação do processo civil, conquanto não seja difícil apontar-se naturais diferenças de *forma* (ou extrínsecas) entre um e outro, que atendem às singularidades dos respectivos ordenamentos jurídicos em que se inserem esses meios de impugnação às resoluções jurisdicionais.

O recurso ordinário está diretamente ligado ao princípio do duplo grau de jurisdição — que, todavia, não possui sede constitucional.

No plano do direito comparado, a apelação encontra símile em diversas legislações ocidentais, como é o caso da *apelação* portuguesa; da *apelación* do direito espanhol (e, em sentido mais amplo, do hispano-americano); do *appel* francês; do *appello* italiano; do *appeal* inglês e norte-americano; da *berufung* alemã e austríaca etc.

Historicamente, a apelação tem as suas raízes na *appellatio* romana. Praticada inclusive no período da *cognitio extra ordinem*; essa *appellatio* era interponível (oralmente, ou por intermédio de libelo escrito) perante o *iudex a quo* e destinava-se a impugnar as *sententias* e não as *interlocutiones*: ela constituía, precipuamente, meio de obter o reexame de decisões com base em supostos *errores in iudicando*, "embora tenha sido usada, em certos casos, para a denúncia da *invalidade*, e não da injustiça da sentença" (MOREIRA, Barbosa, obra cit., p. 321).

No direito intermédio ampliou-se a interponibilidade da apelação, que passou a ser admitida também quanto às decisões interlocutórias (ao menos em grande parte delas). Mais tarde, a apelação acabou atraindo para si as funções até então próprias da *querela nullitatis sanabilis*, com o que se firmou também como meio adequado à impugnação dos vícios de atividade, mantendo, todavia, a sua finalidade primitiva de sanar erros de *juízo* ou de *injustiça*.

Já no direito lusitano, a princípio, admitia-se a apelação contra decisões de primeiro grau, fossem definitivas, terminativas ou interlocutórias. É verdade que após séculos de utilização ampla da apelação o direito português impossibilitou a sua interponibilidade das decisões interlocutórias, com o propósito de evitar o procrastinamento do processo, a despeito de terem surgido, algum tempo depois e justamente em decorrência desse fato, as *querimas* ou *querimonias*, empregadas para pedir ao rei a cassação das interlocutórias que tivessem provocado prejuízo às partes.

O recurso ordinário do processo do trabalho, contudo, não tem raízes históricas remotas; isso talvez se deva ao fato de esse recurso constituir, ontologicamente, uma variante peculiar da apelação civilista; uma espécie de expressão *sui generis* daquele meio recursório secular do processo comum. Sob este ângulo, pode-se afirmar que, no Brasil, as origens do recurso ordinário trabalhista se confundem com a própria atualidade, porquanto esse meio de impugnação foi introduzido entre nós pela legislação dos tempos modernos.

2. Cabimento do recurso

Malferindo a estrutura *lógica* do sistema dos recursos do processo do trabalho, o legislador dispôs, em primeiro lugar, no texto da CLT, sobre os embargos (arts. 893, I, e 894), quando tudo recomendava que concedesse essa prioridade ao *ordinário*. Este, como a própria denominação está a indicar, figura como o recurso clássico no quadro geral dos demais meios de impugnação às resoluções judiciais e como o que se relaciona, histórica e finalisticamente, com o princípio do duplo grau de jurisdição. Em rigor, o recurso ordinário é o que, em regra, por primeiro se interpõe das decisões desfavoráveis. Ao principiar, portanto, pelo recurso de embargos, o legislador de 1943 não atendeu ao preceito lógico e às razões históricas que reclamavam uma tal primazia para o recurso ordinário.

Conquanto essa inequívoca falta contra a própria técnica legislativa não comprometa o disciplinamento legal do instituto dos recursos trabalhistas, o anseio de exação científica sugere que seja eliminada *de lege ferenda*.

Feito o reparo, observemos que o recurso ordinário não é interponível apenas das decisões de primeiro grau (no processo de conhecimento), pois a CLT o prevê como meio adequado também para impugnar os pronunciamentos dos órgãos superiores da jurisdição, realizados no exercício de sua competência originária. Desta forma, no âmbito do TST, em sede de matéria jurisdicional, é cabível recurso ordinário : 1) em ação anulatória; 2) em ação cautelar; 3) em ação declaratória; 4) em ação rescisória; 5) em dissídio coletivo; 6) em mandado de segurança. É conveniente, portanto, que separemos, para efeito de comentário, as decisões impugnáveis por esse remédio, conforme o grau de jurisdição em que foram proferidas.

2.1. *Das decisões de primeiro grau*

Dispõe o art. 895, I, da CLT, ser cabível recurso ordinário das (a) decisões definitivas ou terminativas das (b) Varas e Juízos no prazo de 8 (oito) dias. Em linguagem moderna, as sentenças definitivas correspondem às que julgam o mérito, e as terminativas, às que não o julgam.

Comecemos por argumentar com o art. 799, § 2º, da CLT, a teor do qual "Das decisões sobre exceções de suspeição e incompetência salvo, quanto a estas, se terminativas do feito, não caberá recurso, podendo, no entanto, as partes alegá-las novamente no recurso que couber da decisão final". Isto significa que *sempre* caberá recurso (ordinário) da decisão do juízo de primeiro grau que *acolher* a exceção de incompetência arguida, desde que ela seja terminativa do processo no âmbito da jurisdição trabalhista. Esse entendimento foi consagrado pela Súmula n. 214 do TST, assim redigida: "Na Justiça do Trabalho, nos termos do art. 893, § 1º, da CLT, as decisões interlocutórias não ensejam recurso imediato, salvo nas hipóteses de decisão: a) de Tribunal Regional de Trabalho contrária à Súmula ou Orientação Jurisprudencial do Tribunal Superior do Trabalho; b) suscetível de impugnação mediante recurso para o mesmo Tribunal; c) que acolhe exceção de incompetência territorial, com a remessa dos autos para Tribunal Regional distinto daquele a que se vincula o juízo excepcionado, consoante o disposto no art. 799, § 2º, da CLT".

Em sentido contrário, o recurso será incabível da decisão que *rejeitar* a exceção, visto que nesta hipótese atuará o princípio geral que se instilou no art. 799, § 2º, ou seja, de que a matéria relativa à incompetência poderá ser novamente alegada no momento da *decisão final*. As exceções a esse princípio constam das alíneas "a" e "b" da Súmula n. 214 do TST. Uma advertência, entretanto, torna-se necessária. Se o juízo de primeiro grau acolheu a exceção de incompetência arguida pelo réu e o tribunal reformou a sentença (em virtude de recurso ordinário interposto pelo autor) para reconhecer a competência, e do acórdão o réu não recorrer, é palmar que neste caso ele não poderá invocar a regra do art. 799, § 2º, da CLT, para efeito de vir a alegar a incompetência do juízo *a quo* por ocasião da interposição do recurso ordinário da decisão final. Fosse de prevalecer o entendimento de que isto seria possível, ficaríamos diante de uma situação juridicamente insustentável: pretender que o tribunal se pronunciasse, mais uma vez, na mesma relação processual, sobre matéria por ele já decidida; e, o que é pior: estaríamos insinuando ou afirmando que o órgão *ad quem* poderia desrespeitar a própria coisa julgada, que se formara e se encontra consubstanciada no acórdão anteriormente proferido.

A esclarecer-se que o recurso ordinário será interponível não somente quando o juízo acolher a exceção de incompetência (TST, Súmula n. 214, "c"), mas, também, quando pronunciar, *ex officio* ou a requerimento do interessado, a incompetência absoluta (em razão da pessoa, da matéria, da hierarquia), que não é manifestada por meio de exceção (CPC, art. 64 e § 1º).

Entre outros casos em que é de admitir-se a interposição de recurso ordinário das sentenças que acarretam a extinção do processo *sem* julgamento do mérito (logo, e uma vez mais, *terminativas*), temos: a) o indeferimento da petição inicial, por inépcia ou por qualquer outro vício; b) o arquivamento dos autos (e não, *data maxima venia*, do processo) em decorrência do não comparecimento do autor à audiência inaugural; c) a paralisação do processo por mais de um ano, por negligência das partes; d) o não atendimento, pelo autor, do despacho que determinou a prática de ato que lhe competia, de modo a caracterizar o abandono da causa, pelo decurso de mais de um mês de inércia; e) a ausência de pressupostos de constituição e de desenvolvimento regulares da relação processual, e a desistência da ação, pelo autor; f) a confusão entre autor e réu etc.

O CPC indica, ainda, como causas de extinção do processo sem pronunciamento a respeito do mérito o acolhimento, pelo juiz, da alegação de perempção, litispendência e coisa julgada (art. 485, V) e quando o juiz verificar a ausência de legitimidade das partes ou de interesse processual (VI). No que concerne à ilegitimidade *ad causam*, e à falta de interesse processual o autor somente poderá ajuizar, novamente, a ação (CPC, art. 486, *caput*) se o vício for corrigido (*ibidem*, § 1º). Esse vício somente pode dizer respeito ao réu; se fosse atinente ao autor, não se cogitaria no propositura, mais uma vez, da ação, senão que do ajuizamento, pela primeira vez, da ação, pois neste último caso estaria a figurar no polo passivo da relação processual pessoa diversa da que constou nesse polo na ação anterior.

A propósito, ao tempo em que integrávamos o TRT da 9.ª Região, e agindo coerentemente com ponto de vista que acabamos de manifestar, costumávamos bifurcar o mérito em: a) *mérito do recurso*; b) *mérito da causa*. O primeiro dizia respeito a situações que não envolviam o exame das pretensões de direito material, mas, apenas, questões processuais, como: ilegitimidade de parte, inépcia da petição inicial, litispendência, conexão — enfim, basicamente, as matérias que dão conteúdo às preliminares, de que cuida o art. 337, do CPC (art. 301 do CPC revogado). Para quem possa ficar, agora, algo sobressaltado com essa separação que fazíamos (e pela qual classificávamos como *mérito do recurso* as preliminares do art. 337, do CPC) devemos ponderar que havia casos em que a parte recorria, digamos, apenas quanto à ilegitimidade. Nada mais. Esta era, portanto, a *única* matéria do recurso. Sendo assim, como se poderia denominá-la de preliminar, sem ferir-se o senso lógico? Preliminar do quê? De coisa alguma. Essa separação tinha, ainda, um efeito prático, que se ligava a uma outra nossa opinião: a de que seria possível o exercício da ação rescisória tendo como objeto decisão que não apreciasse o mérito da causa, como seria, tipicamente, a que declarasse o autor carecedor da ação, ao argumento de ser, por suposto, parte ilegítima para provocar o exercício da função jurisdicional. O mérito da causa, por sua vez, seria concernente às pretensões de direito material deduzidas pelo autor ou pelas partes (aviso-prévio, férias, horas extras, adicionais etc.).

Retornemos, porém, ao exame do art. 895, I, da CLT, para dizer que, por princípio, o recurso ordinário será interponível das sentenças proferidas pelas Varas do Trabalho, exceto se se tratar daquelas ações da alçada exclusiva desses órgãos de primeiro grau (hipótese em que será cabível recurso extraordinário se a sentença violar a Constituição da República). Com vistas à impugnação da sentença, portanto, mediante o uso de recurso ordinário, é irrelevante investigar-se a decisão examinou, ou não, o mérito da causa, a lide. Se se admitisse esse recurso, unicamente, das sentenças ditas "definitivas", ou seja, que houvessem julgado o mérito, ter-se-ia dificuldade de explicar qual a solução jurídica a dar-se aos casos em que o juízo alega ser, o autor, parte ilegítima, extinguindo, em consequência, o processo, sem pronunciamento acerca da lide. Como não seria admissível o recurso ordinário, esse autor teria de ajuizar a ação, novamente, fazendo com que a sentença extinguisse, mais uma vez, o processo, pelo mesmo motivo. Vale dizer: tantas quantas fossem as vezes que o autor ingressasse em juízo, seriam as que a sentença poria fim ao processo sem pronunciamento sobre o mérito.

Em determinados casos, caberá à parte verificar quanto à conveniência de interpor recurso ordinário da sentença "terminativa", ou promover, outra vez, a ação. No exemplo que invocamos, há pouco, em que a sentença declarou o autor parte ilegítima, seria necessária a interposição do recurso, sob pena de o autor ver-se impedido de exercer o direito de ação; entretanto, se o processo fosse extinto sem exame do mérito, em virtude de a sentença haver declarado a inépcia da petição inicial, cumpriria ao autor deliberar se interporia recurso ordinário ou ingressaria, novamente, em juízo, cuidando, desta feita, de elaborar com mais cuidado a petição inicial.

As decisões recorríveis ordinariamente, além disso, são aquelas proferidas (como está na lei) pelas Varas do Trabalho ou *juízos de direito*.

Os órgãos de primeiro grau da jurisdição trabalhista, por excelência, são as Varas (CLT, art. 647, *caput*). Nas localidades que não houver Varas instaladas, ficam automaticamente investidos na jurisdição trabalhista os Juízes de Direito, sendo essa jurisdição determinada pelas normas de organização judiciária locais (CLT, art. 668).

Pouco importa, no entanto, que se trate de órgão da Justiça do Trabalho ou circunstancialmente investido na jurisdição trabalhista: a sentença por qualquer deles proferida poderá ser impugnada pelo recurso adequado, que é o ordinário.

Competente para julgar o apelo será sempre o TRT em cuja jurisdição estiver situado o órgão de proferimento da decisão (ainda que esta tenha sido emitida por Juiz de Direito), estando essa competência prevista no art. 678, II, "a", da CLT — que faz anacrônica referência à alínea "a" do art. 895, da CLT, pois essa alínea foi substituída pelo inciso I (Lei n. 11.925, de 17.4.2009). De qualquer maneira, o art. 112, da Constituição Federal (com a redação determinada pela Emenda n. 45/2004) explicitou essa competência, ao dispor: "A lei criará varas da Justiça do Trabalho, podendo, nas comarcas não abrangidas por sua jurisdição, atribuí-la aos juízes de direito, com recurso para o respectivo Tribunal Regional do Trabalho".

2.2. *Das decisões dos graus superiores*

Em sentido genérico, o recurso ordinário pode também ser interposto das decisões dos Tribunais Regionais, proferidas em matéria de sua competência originária (CLT, art. 895, II). Desta forma, podem ser impugnadas por esse meio os acórdãos prolatados em ações coletivas (CLT, art. 856) ou individuais (CLT, art. 837), destacando-se, em relação a estas, o mandado de segurança, o *habeas corpus,* a rescisória e a acautelar, sem prejuízo de serem atacadas por esse recurso as decisões emitidas nos procedimentos de natureza administrativa, como os de aplicação de penalidades a servidores.

Com referência às ações de mandado de segurança e rescisória, estabelecia a Súmula n. 154 do TST: "Da decisão do Tribunal Regional do Trabalho em mandado de segurança cabe recurso ordinário, no prazo de dez dias para o Tribunal Superior do Trabalho". Esse prazo passou a ser de oito dias, *ex vi* da Lei n. 5.584/70 (art. 6º). Por esse motivo, a Súmula n. 154 foi cancelada, sendo substituída pela de n. 201, que alude ao prazo de oito dias. Dispõe a Súmula n. 158, do mesmo TST: "Da decisão do Tribunal Regional do Trabalho, em ação rescisória, cabível é o recurso ordinário para o Tribunal Superior do Trabalho, em face da organização judiciária trabalhista".

A Lei n. 7.701/88 prevê a interposição de recurso ordinário ao TST das decisões proferidas pelo *Grupo Normativo* dos TRT (art. 7º, *caput*).

As características desse recurso, em traços gerais, são as seguintes:

a) o juiz relator ou o relator designado disporá de dez dias para lavrar o acórdão (§ 1º);

b) não sendo o acórdão publicado nos vinte dias posteriores ao julgamento, poderá qualquer das partes ou o Ministério Público interpor o recurso, baseado, apenas, na *certidão* de julgamento, inclusive com pedido de efeito *suspensivo*, desde que pagas as custas, se este for o caso. Publicado o acórdão, será reaberto o prazo para aditamento ao recurso (§ 2º);

c) interposto o recurso, na forma da letra anterior, deverão os recorrentes dar ciência do fato à Corregedoria-Geral, para a adoção das providências cabíveis (§ 3º);

d) feita a publicação do acórdão (com o que as partes serão consideradas intimadas), o procedimento a ser observado é o previsto em lei, com a intimação pessoal do Ministério Público, em qualquer de seus procuradores (§ 4º);

e) havendo acordo, da sentença homologatória não caberá nenhum recurso, exceto por parte do Ministério Público (§ 5º);

f) a decisão normativa poderá ser objeto de ação de cumprimento a contar do vigésimo dia subsequente ao julgamento, calcada no acórdão ou na certidão do julgamento, salvo se o Presidente do TST houver concedido efeito suspensivo ao recurso ordinário interposto (§ 6º).

Essa modalidade de recurso ordinário, trazida pela Lei n. 7.701/88, merece algumas considerações complementares.

Em primeiro lugar, a norma legal em estudo não indica dentro de que prazo a pretensão recursal deverá ser exercida, tendo sido o acórdão publicado. Deve-se entender que o prazo será de oito dias, pois esse é o princípio geral que se esplende do art. 895, I e II, da CLT, com a redação dada pelo art. 6º, da Lei n. 5.584/70.

Por outro lado, a possibilidade de o recurso ser interposto apenas com base na *certidão* de julgamento (quando, decorridos mais de vinte dias deste, o acórdão não houver sido publicado) constitui inovação cuja utilidade prática, a nosso ver, radica na eventual obtenção de efeito suspensivo ao recurso, materializada no despacho proferido pelo Presidente do TST. Isto significa que interposto o recurso, nessas condições, os autos devem ser remetidos à mais alta Corte de Justiça Trabalhista do País, a fim de que o seu Presidente aprecie o pedido de concessão de efeito suspensivo.

Com a publicação do acórdão emitido pelo Grupo Normativo do Tribunal Regional, reabrir-se-á o prazo (que é de oito dias) para o aditamento ao recurso antecipadamente interposto, pois somente agora é que o recorrente terá conhecimento da fundamentação do acórdão impugnado *ad cautelam*. Cabe lembrar que a instituição desse Grupo Normativo está prevista no art. 6º da Lei n. 7.701/88 e decorre da *especialização* de um dos Grupos de Turmas, mediante a atribuição de competência exclusiva para a conciliação e o julgamento dos *dissídios coletivos*. Incumbe ao Regimento Interno do Tribunal dispor sobre a constituição e o funcionamento do Grupo Normativo (*ibidem*, parágrafo único)

Digna de encômios é uma outra novidade introduzida pela norma legal em questão, consistente em permitir o ajuizamento da denominada *ação de cumprimento*, com fulcro na certidão do julgado ou no acórdão, sempre que este não for publicado nos vinte dias que se seguirem ao julgamento; isso apenas será possível, é verdade, se o Presidente do TST não houver concedido efeito suspensivo ao recurso ordinário A Súmula n. 246, do TST, que é anterior à Lei n. 7.701/88, estabelece ser "dispensável o trânsito em julgado da sentença normativa para a propositura da ação de cumprimento".

É importante realçar que, em sede de *dissídio coletivo*, as disposições do art. 7º da Lei n. 7.701/88 são igualmente aplicáveis aos Tribunais Regionais *não divididos em Turmas* (art. 8º).

Embora o substantivo *petição* (do latim *petitio*, do verbo *petere* = reclamar, solicitar) seja sempre utilizado para identificar, na linguagem técnica do processo, o pedido que se faz *por escrito* ao juiz, duas observações a respeito do assunto se tornam necessárias. Primeiramente, o processo do trabalho, a poder dos seus várias vezes invocados princípios informativos, não deve impedir que o recurso *ordinário* seja interposto *oralmente*, em audiência, sempre que isto for possível. Se as partes podem provocar, sob a forma *oral*, o exercício da função jurisdicional do Estado (CLT, art. 840, *caput*, parte final), propositura da ação (que é o *mais*), é inegável que não se lhes pode negar a possibilidade de interporem, *pela mesma forma*, o recurso ordinário (que é o *menos*). Seria, portanto, absurdo supor-se que a *oralidade* procedimental ficaria restrita ao ingresso em juízo, negando-se a sua admissão em matéria de impugnação aos pronunciamentos jurisdicionais. Afinal, quem pode o mais, pode o menos.

Evidentemente, a interposição oral do recurso ordinário não dispensará a sua redução a termo, na ata da audiência, ou mesmo na Secretaria do juízo *a quo*, pois *verbi volant, scripta manent*, segundo o sensato anexim latino. É imperioso que o processo do trabalho adote, neste e em outros casos, uma atitude introspectiva, que ponha à frente o *ius postulandi* que ele próprio concede às partes, evitando, com isso, certas influências ou inflexões do formalismo que ainda caracterizam o processo civil. Se, em futuro, tornar-se obrigatória a presença do advogado, no processo trabalhista, então quem sabe seja justificável eventual exigência de que os recursos devam ser sempre interpostos por escrito e dotados de fundamentação jurídica.

No que respeita à *motivação* do recurso ordinário, entendemos ser dispensável (ou melhor, inexigível) quando o recorrente estiver postulando em causa própria (CLT, art. 791, *caput*). Basta que a parte vencida compareça ao juízo de proferimento da sentença e a impugne, no todo ou em parte, mesmo sem declinar os fundamentos de sua discordância ao julgado. Cumpre-lhe, apenas, observar os pressupostos de admissibilidade, tanto subjetivos quanto objetivos, e, em especial, o prazo para o exercício da pretensão recursal. Isto seria perfeitamente admissível em relação ao recurso ordinário e aos agravos de petição e de instrumento, como demonstramos no início deste item.

Em atendimento oposto ao que estamos sustentando, Amauri Mascaro Nascimento afirma que "Recurso sem razões é o mesmo que inicial sem exposição dos fatos ou contestação sem contestar o pedido" (*Elementos de direito processual do trabalho*. São Paulo: LTr, 1973. p. 239). *Data venia* do ilustre jurista, a comparação é imperfeita. Por expressa dicção da lei (CLT, art. 840, § 1º), a peça inaugural *deve* indicar a *causa petendi* (uma breve exposição dos fatos de que resulte o pedido"), que acrescentada ao pedido resulta na pretensão *in iudicio deducta*; quanto à contestação, a necessidade de impugnação específica dos fatos narrados pelo autor repousa na consequência processual que a desobediência a esse ônus acarreta: presunção de veracidade dos fatos não contrariados (CPC, art. 341). Demais, no que respeita à inicial, é elementar que o Estado não possa apreciar e conceder aquilo que sequer tenha sido *pedido*: o nada ao nada conduz, sob pena de julgamento *extra petita*. Quanto ao recurso interposto sem fundamentação, contudo, a situação é absolutamente distinta, pois a insatisfação do recorrente está na medida daquilo em que ficou vencido; logo, o órgão *ad quem* terá sempre elementos concretos para desempenhar a sua atividade de revisão da sentença. Nem se esqueça que a ausência de motivação do apelo ordinário faz com que a devolutibilidade seja ampla, integral, não se aplicando, portanto, à hipótese, a regra *tantum devolutum quantum appellatum* (CPC, art. 1.013, *caput*). Caberá ao órgão *ad quem*, nesta hipótese, examinar todo o conteúdo impugnável do pronunciamento jurisdicional. Afinal, é exatamente isso que o tribunal faz, em sede da *remessa obrigatória*, prevista no art. 1º, inciso V, do Decreto-Lei n. 779/69.

Reconhecemos, entretanto, que na prática o interesse da parte, articulado com o zelo profissional de seu advogado, faz com que os recursos sejam sempre fundamentados (e muitas vezes mediante argumentos estafantes), pois, embora a lei assim não o exija, é certo que também não o proíbe.

Em resumo, o nosso entendimento sobre a matéria é o seguinte: a) vigente o art. 791, *caput*, da CLT, há que se atribuir ao art. 899, *caput*, primeira parte, da CLT, a interpretação que o texto literal sugere, de tal maneira que se a parte recorrer, *pessoalmente, em caráter ordinário*, sem indicar os pontos ou capítulos da sentença que está a impugnar dever-se-á entender-se que o recurso abrange todo o conteúdo desfavorável da sentença, numa situação semelhante à que ocorre com a remessa *ex officio*, de que trata o art. 1º, inciso V, do Decreto-Lei n. 779/69. Também não se exige, neste caso, a fundamentação, ou seja, a referência às razões jurídicas pelas quais a parte está a impugnar a sentença; b) revogado que seja o art. 791, *caput*, da CLT, todavia, e tornada obrigatória a presença de advogado no processo do trabalho, surgiria ambiente propício para exigir-se, da parte que interpõe recurso ordinário, não apenas a especificação dos capítulos que está a impugnar, como a fundamentação jurídica correspondente.

Entrementes, a jurisprudência predominante vem exigindo, com fundamento no art. 1.010, II, do CPC (art. 514, II, do CPC revogado), não apenas que a parte, mesmo postulando em causa própria e sem qualquer formação jurídica, indique os capítulos da sentença de que está a recorrer, mas, também, que fundamente as razões de sua discordância do provimento jurisdicional. É deste modo que as coisas se dispõem na prática.

4. Devolutibilidade

Sobre o tema, já nos manifestamos no comentário ao art. 995.

Importa, agora, acrescentar que o recurso ordinário — entre todos os meios de impugnação aos provimentos jurisdicionais trabalhistas — é o que apresenta, essencialmente, efeito *devolutivo*, embora este seja ínsito a *todos* os recursos (ao contrário do *suspensivo*, que é atributo de uns poucos).

Observa Barbosa Moreira que a exata configuração do efeito devolutivo é problema que se desdobra em dois: "o primeiro concerne à extensão do efeito, o segundo à sua profundidade. Delimitar a extensão do efeito devolutivo é precisar o que se submete, por força do recurso, ao julgamento do órgão ad quem; medir-lhe a profundidade é determinar com que material há de trabalhar o órgão ad quem para julgar" (obra cit., p. 334).

Ao estabelecer que a apelação (leia-se: o recurso ordinário) "devolverá ao tribunal o conhecimento da matéria impugnada", o art. 1.013, *caput*, do CPC não só consagra a parêmia latina *tantum devolutum quantum appellatum*, como fixa a *extensão* do efeito devolutivo, ou seja, delimita a quantidade de matéria que se submete ao conhecimento de revisão do órgão *ad quem*. Se a devolutibilidade está circunscrita ao que se impugnou, é evidente que, por mais forte razão, não poderá o Tribunal apreciar o que nem se pediu, na inicial ou na resposta, pena de incorrer no vício de julgamento *extra petita*. A este respeito estabelece a Súmula n. 393, do TST: "O efeito devolutivo em profundidade do recurso ordinário, que se extrai do § 1º do art. 515 do CPC (art. 1.013, § 1º, do CPC atual), transfere ao Tribunal a apreciação dos fundamentos da inicial ou da defesa, não examinado pela sentença, ainda que não renovados em contrarrazões. Não se aplica, todavia, ao caso de pedido não apreciado na sentença, salvo a hipótese contida no § 3º do art. 515 do CPC (art. 1.013, § 3º, do CPC atual)".

Em livros anteriores, afirmamos que, de igual modo, não poderia o órgão *ad quem* ingressar no exame do mérito quando a sentença recorrida tivesse provocado a extinção do processo *sem* manifestação sobre o conteúdo dos pedidos. Argumentávamos que, nesse caso, o juízo inferior não teria "cumprido e acabado o seu ofício jurisdicional" (CPC, de 1973 art. 463, *caput*, em sua redação primitiva), motivo por que eventual invasão do órgão *ad quem* ao mérito caracterizaria censurável supressão de grau jurisdicional.

Essa nossa opinião estava calcada na legislação, então, vigente. Posteriormente, contudo, a Lei n. 10.352/2001 introduziu o § 3º no art. 515, daquele CPC, para estatuir que, nos casos de extinção do processo sem exame do mérito (CPC, art. 267), "o tribunal pode julgar desde logo a lide, se a causa versar questão exclusivamente de direito e estiver em condições de imediato julgamento". Os pressupostos para esse julgamento eram, portanto: a) que a causa tratasse, apenas, de matéria de direito; e b) estivesse em condições de ser julgada desde logo. Assim, se, por exemplo, a Vara extinguisse o processo sem pronunciamento sobre o mérito, por entender que o autor não possuía interesse processual (sendo, pois, carecedor da ação), e este recorresse da sentença, o tribunal, ao dar provimento ao recurso, poderia, de imediato, proceder ao exame do mérito, contanto que satisfeitos os pressupostos há pouco mencionados. Uma interpretação gramatical do texto da lei conduzia à conclusão de que o julgamento imediato da lide constituía *faculdade*, e não dever, do tribunal, pois o legislador empregara o verbo *poder*, na redação da norma. Ademais, esse julgamento, desde logo, do mérito, só seria possível se o recorrente formulasse requerimento quanto a isso. Assim pensávamos porque, ao julgar o mérito, o tribunal poderia decidir contra o próprio recorrente, por modo a configurar uma forma *sui generis* de *reformatio in peius*. É óbvio que a existência de requerimento do recorrente, para que o tribunal ingressasse no exame da lide, não impediria essa reforma para pior; todavia, legitimava-a.

Pois bem. Como dissemos, ao comentarmos o § 3º do art. 1.013 do CPC atual, houve algumas modificações expressivas em relação ao § 3º do art. 515 do CPC revogado: a) agora, o tribunal *deverá* julgar desde logo a lide (antes, era uma *faculdade*); b) no sistema do CPC revogado, havia *dois* requisitos a serem observados: a causa versar, com exclusividade sobre questão de direito *e* estar em condições de imediato julgamento; no CPC atual, só há um requisito, qual seja o de o processo estar em condições de imediato julgamento.

Em páginas anteriores, sustentamos a opinião de que o § 3º do art. 1.013 do CPC é inaplicável ao processo do trabalho, designadamente, em relação aos suas incisos I e III, por implicar a supressão de um grau jurisdicional. Caso esse nosso entendimento não venha a prevalecer, pensamos que, no processo do trabalho, a incidência do § 3º do art. 1.013 do CPC deverá ser objeto de *requerimento* do recorrente, sob pena de o tribunal vir a decidir o mérito contra o próprio recorrente, ensejando a que este alegue a nulidade do acórdão em virtude de peculiar *reformatio in pejus*; ou melhor, de prejuízo processual. Argumentemos com o recurso de revista, que não pode revolver fatos e provas (TST, Súmula n. 126). Não nos parece recomendável, por isso, que o tribunal regional, logo após prover o recurso ordinário (interposto de sentença que extinguira o processo sem resolução do mérito ou que não observara os limites do pedido) aprecie, por sua iniciativa exclusiva, o mérito, pois o resultado dessa apreciação, como dissemos, poderá apontar para o mencionado prejuízo. Desta ilação se extrai uma outra: o fato de o recorrente solicitar que o órgão *ad quem* realize, ato contínuo ao provimento do seu recurso, uma prospecção da lide (mérito), não significa que terá assegurado, só por isso, um julgamento favorável às suas pretensões. Em todo o caso, esse eventual julgamento desfavorável ao recorrente estará legitimado pelo requerimento por ele formulado, que, assim, assume, de modo consciente, o risco do julgamento imediato do mérito.

No mais, está claro que a imposição feita pela norma legal aos tribunais, para que julguem o mérito, em situações como a que estamos a examinar, implicará manifesta supressão de um grau jurisdicional, porquanto a lide não terá sido apreciada pelo órgão de primeiro grau.

Ademais, se o processo for extinto, sem resolução do mérito, em decorrência do indeferimento, de plano, da petição inicial, o tribunal, ao prover o recurso ordinário do autor, não poderá julgar, desde logo, o mérito, porquanto não houve, em primeiro grau, a apresentação de defesa. Nesta hipótese, a causa não estava em condições de julgamento, cabendo ao tribunal, por isso, ordenar a devolução dos autos à Vara, para que seja designada audiência destinada à recepção da resposta que o réu pretender apresentar, e à prática dos demais atos integrantes do devido processo legal, especialmente a formulação de propostas conciliatórias.

§ 1º A norma em foco é aplicável ao processo do trabalho — se entendermos que as *questões* a que se refere o texto legal tenham sido resolvidas mediante decisão interlocutória. Como, no sistema do processo do trabalho, essa modalidade de decisão é irrecorrível de imediato, a sua impugnação somente poderá ocorrer (geralmente, como preliminar) quando da interposição do recurso da sentença de mérito (CLT, art. 893, § 1º). Justamente porque as decisões interlocutórias, nesse processo, são irrecorríveis de maneira autônoma é que não haverá preclusão no tocante aos temas ("questões") por elas apreciados.

Ao asseverar que essas questões *devem* ser suscitadas como preliminar do recurso ou no ensejo das contrarrazões, o legislador não pretendeu impor à parte um suposto *dever* quanto a isso, senão que esclarecer que será em sede de preliminar ou de contrarrazões que ele encontrará o momento processual oportuno para impugná-las.

§ 2º No caso de as questões mencionadas no § 1º virem a ser suscitadas nas contrarrazões, o princípio constitucional do contraditório ordena a citação do recorrente para manifestar-se a respeito no prazo de quinze dias.

§ 3º A norma está a dizer que caberá apelação mesmo quando houver na sentença um capítulo suscetível de impugnação por meio de agravo de instrumento. Pelas razões expostas no comentário ao § 2º, as disposições do 3º são inaplicáveis ao processo do trabalho.

Art. 1.010. A apelação, interposta por petição dirigida ao juízo de primeiro grau, conterá:

I — os nomes e a qualificação das partes;

II — a exposição do fato e do direito;

III — as razões do pedido de reforma ou de decretação de nulidade;

IV — o pedido de nova decisão.

§ 1º O apelado será intimado para apresentar contrarrazões no prazo de 15 (quinze) dias.

§ 2º Se o apelado interpuser apelação adesiva, o juiz intimará o apelante para apresentar contrarrazões.

§ 3º Após as formalidades previstas nos §§ 1º e 2º, os autos serão remetidos ao tribunal pelo juiz, independentemente de juízo de admissibilidade.

• **Comentário**

Caput. Reproduziu-se, em parte, a regra do art. 514 do CPC revogado.

A norma indica os requisitos que a petição de interposição de recurso ordinário deverá conter. O *caput* do art. 514 do CPC de 1973 dizia, apenas, que a petição deveria ser "dirigida ao juiz"; o *caput* do art. 1.010 do CPC em vigor, mais preciso, esclarece: "dirigida ao juízo de primeiro grau".

Conquanto, de modo geral, o juízo de primeiro grau consiste em Vara do Trabalho, devemos esclarecer que em tema, por exemplo, de ação rescisória de uma sentença, o tribunal regional funcionará, para esse exclusivo efeito, como "juízo de primeiro grau", porquanto a mencionada ação se insere na competência originária dos tribunais do trabalho. Tanto isto é certo, que do acórdão será interponível recurso ordinário ao TST (CLT, art. 895, II)

Caso a parte indique, no cabeçalho da petição de interposição de recurso, ou no cabeçalho das razões do recurso, órgão jurisdicional diverso do competente, mas ambas as peças processuais sejam protocoladas no juízo competente, essa falha na indicação do juízo não deverá acarretar nenhum prejuízo ao recorrente. O inverso, todavia, poderá trazer-lhe sérios embaraços: dirigir ambas as peças aos respectivos juízos competentes (*a quo* e *ad quem*), mas protocolá-las em juízo incompetente. Haverá, nisso, grande probabilidade de o seu recurso não ser admitido, quando chegar ao órgão competente para apreciá-lo. Sob o rigor dos princípios, o recurso terá sido intempestivo, porquanto a sua tempestividade deve ser aferida com vista ao protocolo no juízo competente para recebê-lo.

Inciso I. A qualificação das partes significa a indicação do nome completo, da nacionalidade, do estado civil, da profissão, do domicílio e da residência. No caso de pessoa física costuma-se indicar, também, o número do documento de identidade, do CPF, da Carteira de Trabalho, de inscrição no PIS/PASEP, etc. Tratando-se de pessoa jurídica, menciona-se, além de sua denominação comercial, o endereço em que se encontra instalada, o seu número de inscrição no CNPJ etc.

O objetivo da qualificação é o de estabelecer uma exata individualização das partes e, com isso, evitar homonímia.

Na verdade, a despeito da redação inequívoca do inciso I do art. 1.010 do CPC, não há necessidade de qualificar as partes, na petição de interposição do recurso, pois essa qualificação, por expressa exigência legal (CPC, art. 319, II), já consta da inicial e da contestação. É bastante, pois, que se refira o nome do recorrente e do recorrido. A qualificação integral só se justifica no caso de o recurso estar sendo interposto por terceiro prejudicado (CPC, art. 996, *caput*) e, ainda assim, desde que esse seja o primeiro ato processual por ele praticado.

Inciso II. *Exposição do fato e do direito*. O recorrente deverá, também, fazer uma narração dos fatos vinculados ao capítulo da sentença, impugnado. Fatos que não se ligam a esse capítulo são desnecessários e só servem para confundir o órgão *ad quem*. Há casos em que se torna necessário transcrever trechos da inicial, da contestação, de documentos, de depoimentos de partes, de testemunhas, de peritos e da sentença. Além disso, deverá indicar o direito em que se funda a sua pretensão de reforma da decisão. Esse direito pode estar materializado em norma de natureza material ou processual, ser legal ou convencional etc. Essa exigência, no plano do processo do trabalho, deve receber algum temperamento, por forma a entender-se que ela não significa, necessariamente, a indicação das normas que justificam o pedido de reforma da decisão recorrida, e sim que a argumentação do recorrente, com esse objetivo, deve estar em consonância com a ordem jurídica. Somente em recursos de natureza extraordinária, como o de revista e de embargos, é que se exige, efetivamente, a "indicação expressa do dispositivo de lei ou da Constituição tido como violado" (TST, Súmula n. 221, I). O zelo profissional, todavia, tem feito com que as partes, por seus advogados, mesmo em grau de recurso ordinário, mencionem as normas jurídicas que fundamentam o seu pedido de reforma da sentença impugnada.

Inciso III. *Razões do pedido de reforma ou decretação de nulidade.* Cumpre ao recorrente, apresentar argumentos que justifiquem a sua pretensão de ver a decisão impugnada reformada ou anulada. Nos recursos dirigidos ao TST — aí incluso o ordinário, quando for o caso —, tem sido exigido que o a parte impugne, efetivamente, as razões da decisão recorrida (TST, Súmula n. 422). Essa exigência é justificável, pois, muitas vezes, o recorrente se limita a reproduzir o conteúdo da inicial ou da contestação, sem impugnar a sentença, em especial, a sua fundamentação. É evidente que, em grau de recurso ordinário (para cogitarmos apenas deste), não se pode, em princípio, inovar na causa, razão pela qual é sempre recomendável fazer alusão aos termos da inicial e da contestação; o que não se tolera é que o recurso se resuma a isso, vale dizer, que ignore as razões pelas quais a sentença acolheu ou rejeitou os pedidos formulados na inicial. Nessas situações, em rigor, a sentença não foi impugnada, mas, apenas, referida como justificativa para o recurso.

Inciso IV. *Pedido de nova decisão*. Consequência lógica do exame do conteúdo da decisão que lhe foi desfavorável, será o recorrente pedir que o tribunal profira não exatamente "nova decisão", mas uma decisão que lhe seja favorável. Note-se: a "nova decisão" até pode ser, como a impugnada, contrária aos interesses do recorrente; o que estamos a dizer é que, nas razões de recurso, o seu pedido é para que essa "nova decisão" lhe seja favorável; ou que a decisão que lhe foi desfavorável seja anulada, proferindo-se outra, em substituição.

Embora, no plano do recurso ordinário, venha sendo aceita o pedido de provimento do apelo "na forma da fundamentação", é sempre recomendável que o recorrente especifique quais os títulos e valores que pretende ver incluídos ou excluídos da condenação, pois isso facilita não apenas o julgamento do recurso, mas a própria execução futura — se for o caso.

De modo geral, o recorrente elabora duas petições, que são apresentadas em conjunto ao juízo *a quo*: a primeira se refere à interposição do recurso, na qual o recorrente, após comprovar, entre outras coisas, a realização do depósito de que trata o art. 899, § 1º, da CLT, e o pagamento das custas, pede a admissão do apelo e o seu regular processamento, culminando com a remessa dos autos ao órgão *ad quem*; a segunda contém as razões jurídicas pelas quais o recorrente deseja a reforma da decisão impugnada, sendo dirigida ao órgão competente para o julgamento do recurso.

Desde sempre, houve controvérsia intensa acerca da admissibilidade do recurso em que estivesse assinada, apenas, uma das duas petições mencionadas. Inicialmente, verificou-se a tendência de não se admitir o recurso. Com o decorrer do tempo, entretanto, a jurisprudência tornou-se mais tolerante, de tal sorte que, hoje, admite-se o recurso em que a parte (ou seu advogado) tenha assinado somente a petição de interposição ou somente as razões do recurso (TST-SBDI-I, OJ n. 120). Se, no entanto, nenhuma dessas peças estiver assinada, o recurso será considerado inexistente e, como tal, não merecerá admissibilidade (*ibidem*).

§ 1º No sistema do processo do trabalho, o recorrido disporá do prazo de oito dias para contra-arrazoar o recurso (Lei n. 5.584/70, art. 6º).

§ 2º Caso o recorrido, após haver sido intimado, não apenas apresentar contrarrazões, mas também interpuser recurso adesivo, a parte contrária será intimada para contra-arrazoar este recurso.

§ 3º No sistema do processo civil, cumpridas as formalidades previstas nos §§ 1º e 2º do art. 1.010, os autos serão remetidos pelo juiz ao tribunal, *sem necessidade de proceder ao exame dos pressupostos de admissibilidade*. Esse juízo de admissibilidade será exercido, unicamente, pelo órgão *ad quem*. Converte-se, pois, o juízo *a quo* em mero receptor burocrático das razões e das contrarrazões do recurso.

Caso o juízo *a quo*, por alguma razão, resolva exercer o juízo de admissibilidade que lhe foi subtraído pelo § 3º do art. 1.010, a parte interessada poderá formular *reclamação* ao tribunal *ad quem*, com fundamenteo no art. 988, I. A reclamação, nesta hipótese, visa a preservar a competência do tribunal.

Em resumo, o atual CPC suprimiu o clássico juízo de admissibilidade *a quo*, em sede de apelação, embora o recurso continue a ser interposto no órgão de primeiro grau e aí processado, dentros dos limites legais, mesmo que manifestamente intempestivo, deserto, que o recorrente seja parte ilegítima ou não possua interesse processual etc. Pergunta-se: essa regra deverá ser aplicada no processo do trabalho? Independentemente de investigar se a precitada norma legal seria útil, ou não, a este processo, devemos dizer que ela não se aplica ao processo do trabalho, pois a CLT estabelece, no art. 897, alínea "b", que o agravo de instrumento é cabível dos despachos (*sic*) que denegarem a interposição de recurso. Como a norma não faz distinção entre essa decisão haver sido proferido pelo juízo *a quo* ou pelo *ad quem*, isto significa que o juiz de primeiro grau também pode — como, aliás, sempre pôde — não admitir recursos interpostos; para isso, como é elementar, ele deve realizar o juízo de admissibilidade, para verificar se estão presentes, ou não, os pressupostos subjetivos e objetivos, fundamentando, sempre, a sua decisão, sob pena de nulidade (CF, art. 93, IX).

Rejeite-se, pois, a incidência do § 3º do art. 1.010, do CPC, no processo do trabalho, providência que se destina, entre outras coisas, não apenas a preservar o que resta da autonomia desse processo, mas a evitar uma sobrecarga nos tribunais, para os quais teria sido transferida, em caráter de exclusividade, o juízo de admissibilidade de recursos, e — por que não dizer —, também a não alimentar falsas expectativas quanto ao fato de supor-se que a eliminação do juízo de admissibilidade a quo significaria que o recurso seria admitido pelo *ad quem*.

Art. 1.011. Recebido o recurso de apelação no tribunal e distribuído imediatamente, o relator:

I — decidi-lo-á monocraticamente apenas nas hipóteses do art. 932, incisos III a V;

II — se não for o caso de decisão monocrática, elaborará seu voto para julgamento do recurso pelo órgão colegiado.

• **Comentário**

Caput. A norma estabelece o procedimento a ser observado pelo relator, após o recurso lhe ser distribuído. É importante lembrar o mandamento constitucional de que a distribuição de processos deve ser *imediata* em todos os graus de jurisdição (CPC, art. 929, caput; CF, art. 93, XV).

Inciso I. Deverá julgá-lo em caráter monocrático, nos casos previstos nos incisos III a V do art. 932, ou seja, "III — não conhecer de recurso inadmissível, prejudicado ou que não tenha impugnado especificamente os fundamentos da decisão recorrida; IV — negar provimento a recurso que for contrário a: a) súmula do Supremo Tribunal Federal, do Superior Tribunal de Justiça ou do próprio tribunal; b) acórdão proferido pelo Supremo Tribunal Federal ou pelo Superior Tribunal de Justiça em julgamento de recursos repetitivos; c) entendimento firmado em incidente de resolução de demandas repetitivas ou de assunção de competência; V — depois de facultada a apresentação de contrarrazões, dar provimento ao recurso se a decisão recorrida for contrária a: a) súmula do Supremo Tribunal Federal, do Superior Tribunal de Justiça ou do próprio tribunal; b) acórdão proferido pelo Supremo Tribunal Federal ou pelo Superior Tribunal de Justiça em julgamento de recursos repetitivos; c) entendimento firmado em incidente de resolução de demandas repetitivas ou de assunção de competência".

Inciso II. Não sendo o caso de julgamento monocrático, o relator deverá elaborar o seu voto com vistas ao julgamento do recurso pelo órgão colegiado a que se encontra integrado.

Devemos fazer uma ponderação imprescindível, no tocante a ambos os incisos. Para que o relator julgue o recurso, em caráter monocrático, ou elabore o seu voto, é necessário, antes de mais nada, que ele *admita* o recurso. Devemos lembrar que o juízo de admissibilidade *a quo* foi eliminado pelo § 3º do art. 1.010, do CPC. Ausente quaisquer dos pressupostos legalmente exigíveis, não se há que cogitar da prática, pelo relator, de nenhum dos atos mencionados nos incisos I e II. A propósito, se antes de realizar o exame dos pressupostos o relator verificar a ocorrência de alguma falha, por parte do recorrente, deverá intimá-lo para sanar o vício ou complementar a documentação exigível, no prazo de cinco dias, como determina o parágrafo único do art. 932, parágrafo único, do CPC.

Mais ainda: se o relator verificar a existência de questão apreciável *ex officio*, que deva ser considerada no julgamento do recurso, e que não foi ainda apreciada, deverá intimar as partes para que se manifestem a respeito, no prazo de cinco dias, nos termos do art. 933, *caput*. Somente depois disso é que ele poderá julgar o recurso, monocraticamente, ou confeccionar o seu voto, conforme seja ocaso.

Art. 1.012. A apelação terá efeito suspensivo.

§ 1º Além de outras hipóteses previstas em lei, começa a produzir efeitos imediatamente após a sua publicação a sentença que:

I — homologa divisão ou demarcação de terras;

II — condena a pagar alimentos;

III — extingue sem resolução do mérito ou julga improcedentes os embargos do executado;

IV — julga procedente o pedido de instituição de arbitragem;

V — confirma, concede ou revoga tutela provisória;

VI — decreta a interdição.

§ 2º Nos casos do § 1º, o apelado poderá promover o pedido de cumprimento provisório depois de publicada a sentença.

§ 3º O pedido de concessão de efeito suspensivo nas hipóteses do § 1º poderá ser formulado por requerimento dirigido ao:

I — tribunal, no período compreendido entre a interposição da apelação e sua distribuição, ficando o relator designado para seu exame prevento para julgá-la;

II — relator, se já distribuída a apelação.

§ 4º Nas hipóteses do § 1º, a eficácia da sentença poderá ser suspensa pelo relator se o apelante demonstrar a probabilidade de provimento do recurso ou se, sendo relevante a fundamentação, houver risco de dano grave ou de difícil reparação.

• **Comentário**

Caput. O texto declara que a apelação terá efeito suspensivo. Essa dicção está na contramão do que se passa no sistema do processo do trabalho, em que os recursos, de modo geral — designadamente, o ordinário — possuem efeito meramente devolutivo, como revela o art. 899, *caput*, da CLT. Dentre as exceções legais podemos referir o agravo de instrumento e o agravo de petição.

Conforme deixamos exarados nos comentários ao art. 995 do CPC, embora o vocábulo *devolutivo* tenha caído no gosto da doutrina, que dele se apropriou como elemento identificador de um dos efeitos derivantes da interposição de recurso, não podemos deixar de denunciar o equívoco dessa atitude. Realmente, a ideia de "devolução" nos vem do direito romano antigo, em que o imperador detinha, em caráter monopolístico, o poder de decidir os conflitos de interesses ocorrentes entre os súditos,

Código de Processo Civil   Art. 1.012

delegando-os, em alguns casos, a seus prepostos. Assim, quando a parte não ficava satisfeita com a decisão adotada pelo preposto, apelava ao imperador, *devolvendo-lhe*, por assim dizer, a jurisdição. Nos tempos modernos, entretanto, não faz sentido falar-se em efeito devolutivo, porquanto a atividade jurisdicional não é privativa dos tribunais. Destarte, não se pode "devolver" aos tribunais aquilo que jamais lhes pertenceu. Seja como for, o fato é que o vocábulo *devolutivo* está fortemente entranhado em nossa tradição processual — particularidade que não desautoriza, todavia, a crítica ao emprego dessa palavra, com o significado que se lhe vem atribuindo.

No processo do trabalho, segundo a Súmula n. 414, I, parte final, do TST, se o recorrente desejar que o seu apelo seja recebido no efeito suspensivo deverá fazer uso de medida cautelar inominada. Como essa Súmula foi produzida quando estava a viger o CPC de 1973, deve-se entender, com o advento do CPC de 2015, que esse efeito cumpre ser buscado por meio de *tutela de urgência* (art. 300), desde que o requerente da medida demonstre a probabilidade do direito (*fumus boni iuris*) e o perigo de dano (*periculum in mora*) ou o risco ao resultado útil do processo, observando-se que a tutela pode ser concedida liminarmente ou após justificação prévia (*ibidem*, § 2º).

§ 1º A norma declara que, sem prejuízo de outras situações previstas em lei, passa a produzir efeito imediatos a sentença que se amoldar a uma das situações mencionadas nos incisos I a VI. O que o preceito está a expressar é que a sentença poderá ser, desde logo, objeto de cumprimento provisório (ou execução provisória), ou seja, que ela não terá efeito suspensivo, mas, sim, devolutivo.

Inciso I. Matéria que não é da competência da Justiça do Trabalho.

Inciso II. Matéria que não é da competência da Justiça do Trabalho.

Inciso III. *Extingue os embargos do executado sem resolução do mérito ou os rejeita*. Em quaisquer desses casos, subsiste, íntegro, o título executivo. Havendo, todavia, interposição de agravo de petição, este possuirá efeito suspensivo, naquilo que for objeto da impugnação. A parte incontroversa será objeto de execução imediata e definitiva, nos próprios autos ou em carta de sentença (CLT, art. 897, § 1º).

Inciso IV. *Acolhe o pedido de instituição de arbitragem*. Situação de rara ocorrência no processo do trabalho.

Inciso V. *Confirma, concede ou revoga tutela provisória*. As tutelas provisórias podem ser de urgência ou da evidência (CPC, art. 294). As de urgência se subdividem em cautelar e antecipada e podem ser concedidas em caráter antecedente ou incidental (*ibidem*, parágrafo único). Estamos diante de uma situação algo insólita, do ponto de vista legal, pois mesmo que a apelação tenha efeito suspensivo (art. 1.012, *caput*), se a sentença impugnada houver concedido (cogitemos apenas desta hipótese) tutela provisória, esta não será afetada pelo efeito suspensivo da apelação, podendo, por isso, produzir efeitos imediatos (*ibidem*, § 1º), vale dizer, a tutela poderá ser executada desde logo, ainda que de maneira provisória.

Inciso VI. Matéria que não é da competência da Justiça do Trabalho.

§ 2º Este parágrafo confirma o que havíamos dito no comentário ao § 1º: publicada a sentença, o recorrido poderá promover o cumprimento provisório dessa decisão.

§ 3º Vimos que nos casos dos incisos I a VI do § 1º do art. 1.012, a apelação, em princípio, não possui efeito suspensivo, podendo, por isso, a sentença ser cumprida desde logo, em caráter provisório (execução provisória, no processo do trabalho). O § 3º do mesmo dispositivo legal permite, todavia, ao recorrido requerer a atribuição de efeito suspensivo à apelação quando a sentença incidir em uma das previsões dos sobreditos incisos. A norma indica a quem o requerimento deve ser dirigido.

Inciso I. Ao tribunal, se o requerimento for formulado no período compreendido entre a interposição do recurso e sua distribuição. O relator designado para proceder ao exame do recurso ficará prevento para o julgamento.

Inciso II. Ao relator, se a apelação já havia sido distribuída.

§ 4º Nas situações enumeradas nos incisos I a VI do art. 1º, o recorrente poderá requerer ao relator a suspensão da eficácia da sentença; para isso, deverá atender a dois requisitos: a) demonstrar a probabilidade de o recurso ser provido (*fumus boni iuris*); ou b) sendo relevante a fundamentação, houver risco de dano grave ou de difícil reparação (*periculum in mora*). No processo do trabalho, independentemente da matéria que constitui objeto do recurso, a parte poderá fazer uso da tutela de urgência para atribuir-lhe efeito suspensivo (TST, Súmula n. 414, I, parte final).

Art. 1.013

Art. 1.013. A apelação devolverá ao tribunal o conhecimento da matéria impugnada.

§ 1º Serão, porém, objeto de apreciação e julgamento pelo tribunal todas as questões suscitadas e discutidas no processo, ainda que não tenham sido solucionadas, desde que relativas ao capítulo impugnado.

§ 2º Quando o pedido ou a defesa tiver mais de um fundamento e o juiz acolher apenas um deles, a apelação devolverá ao tribunal o conhecimento dos demais.

§ 3º Se o processo estiver em condições de imediato julgamento, o tribunal deve decidir desde logo o mérito quando:

I – reformar sentença fundada no art. 485;

II – decretar a nulidade da sentença por não ser ela congruente com os limites do pedido ou da causa de pedir;

III – constatar a omissão no exame de um dos pedidos, hipótese em que poderá julgá-lo;

IV – decretar a nulidade de sentença por falta de fundamentação.

§ 4º Quando reformar sentença que reconheça a decadência ou a prescrição, o tribunal, se possível, julgará o mérito, examinando as demais questões, sem determinar o retorno do processo ao juízo de primeiro grau.

§ 5º O capítulo da sentença que confirma, concede ou revoga a tutela provisória é impugnável na apelação.

• **Comentário**

Caput. A matéria constava do art. 515 do CPC revogado.

A norma esclarece a *quantidade* de matérias que é devolvida à apreciação do órgão competente para o julgamento do recurso, preservando, assim, a velha parêmia jurídica de origem latina *tantum devolutum quantum appellatum* (o tanto que se devolve é o quanto se apela).

Não se submetem a esse preceito as matérias que o juiz deve conhecer *ex officio*, como, entre elas, as enumeradas nos incisos IV (pressupostos de constituição e de desenvolvimentos válidos do processo), V (peremção, litispendência e coisa julgada) e VI (ausência de legitimidade ou de interesse processual) do art. 485 do CPC.

Se, por exemplo, a sentença foi desfavorável à parte no tocante aos pedidos A, B e C, mas este recorre apenas de A e B, é vedado ao tribunal pronunciar-se sobre C, exceto se tratar-se de norma de ordem pública. Se o tribunal apreciar pedido que não foi objeto do recurso estará emitindo acórdão *extra petita*, cuja consequência será a sua nulidade. Não haverá, todavia, nulidade total do acórdão, mas somente do excesso que nele se contém. Eliminado esse excesso por força de recurso ou de ação rescisória, o acórdão se conformará ao art. 492 do CPC.

§ 1º O art. 1.013, § 1º, do CPC, não alude a pedidos, e, sim, a *questões*. A entender-se que questões possuem, aí, o significado de pedido, esse dispositivo do CPC: a) acarretaria a supressão de um grau jurisdicional; b) seria incompatível com o processo do trabalho, a qual essa supressão não é conveniente.

a) Efetivamente, o que o texto legal em foco autoriza é o julgamento, pelo tribunal, em grau de recurso ordinário, das *questões* suscitadas e discutidas no processo, resolvidas ou não pela sentença. Ora, o substantivo *questões*, nem mesmo por metonímia, é sinônimo de *pedidos*. A nosso ver, o que o legislador do processo civil fez, com clareza, foi: a.a.) no *caput* do art. 1.013, enunciar a regra cardeal de que a apelação (recurso ordinário, no processo do trabalho) somente "devolve" ao conhecimento do tribunal a matéria impugnada (*tantum devolutum quantum appellatum*), à exceção daquelas que, por serem de ordem pública, autorizam a apreciação *ex officio* (e, nesta exceção, não se encaixa, à evidência, a matéria pertinente à relação de emprego). Logo, a Corte recursal estará impedida de se manifestar sobre pretensões de direito material (*pedidos*) que não tenham sido objeto do recurso, salvo se o pedido for, também, de ordem pública; a.b.) no § 1º do art. 1.013, permitir ao tribunal julgar as *questões* não inteiramente examinadas pela sentença impugnada. *Questões* são certos aspectos ou pontos do mérito. Se, por exemplo, um empregado é demitido por haver praticado duas faltas graves, conforme alegado na contestação, e a sentença, apreciando apenas uma dessas faltas, a acolhe, ensejando, com isso, a que o empregado interponha recurso ordinário, o tribunal, ao examinar o mérito do recurso, poderá não reconhecer a prática da falta grave invocada pela sentença, mas, declarar configurada e comprovada a outra (não apreciada pela decisão de primeiro grau) e, em razão disso, negar provimento ao recurso. Essa segunda falta grave: 1) constitui aspecto do mérito; 2) não fora apreciada pela sentença; 3) se revela como *questão*, para os efeitos do § 1º, do art. 1.013, do CPC.

b) o entendimento de que a norma legal referida estaria a aludir a *pedido*, b.a.) implicaria a supressão de um grau jurisdicional, pois o tribunal estaria a manifestar-se acerca de temas ou matérias que não foram objeto de apreciação pelo órgão de primeiro grau. É bem verdade que alterações legislativas mais recentes autorizam o tribunal, em situações específicas, a suprimir um grau de jurisdição. Isso ocorre, *e. g.*, com o § 3º, do art. 1.013, que permite ao tribunal julgar desde logo o mérito quando: 1) reformar a sentença fundada no art. 485; 2) a decisão impugnada não houver respeitado o limite do pedido; 3) constatar omissão no exame de um dos pedidos; 4) a decisão houver decretado nulidade da sentença por falta de fundamentação. O requisito fundamental é que a causa esteja e condições de imediato julgamento. Todavia, merece atenção especial o disposto no item 1, retro, ou seja, quando o tribunal reformar a sentença fundamentada no art. 485, do CPC. Ocorre que esse dispositivo legal menciona os casos em que a sentença extinguirá o processo sem exame do mérito. Desse modo, se o tribunal — como prevê o § 3º, I, do art. 1.013, do CPC — der provimento ao recurso ordinário e passar, desde logo, ao julgamento do mérito, estaria não apenas suprimindo um grau de jurisdição, como desrespeitando o requisito legal de que o processo esteja em condições de imediato julgamento, uma vez que, tendo sido extinto sem exame do mérito, isso significa que, em muitos casos, não foram formuladas as propostas conciliatórias exigidas pelo processo do trabalho, ou, nem mesmo, oferecida contestação, como ocorre no indeferimento liminar da petição inicial.

Em síntese, da conjugação do disposto no *caput* do art. 1.013 com o seu § 1º, e considerando a preeminência técnica daquele em relação a este, a conclusão lógica que extraímos é de que as *questões* a que se refere o § 1º são aquelas que dizem respeito aos capítulos da decisão que foram impugnados (*caput*) pelo recurso de apelação (ou ordinário, no caso do processo do trabalho).

§ 2º Ao comentarmos o § 1º deste artigo, procuramos demonstrar que o vocábulo *questões*, lá existente, não é sinônimo de *pedidos*. O § 2º, *sub examen*, demonstra que estávamos certos em nossa conclusão, pois aqui há expressa referência a *pedido* (e, também, à defesa). A norma se refere ao fato de o pedido ou a defesa conter mais de um fundamento e a sentença acolher apenas um deles, hipótese em que a apelação devolverá ao conhecimento do tribunal os demais pedidos. Digamos que o autor tenha postulado a sua reintegração no emprego, alegando ser estável em decorrência de ser: a) dirigente sindical; e b) membro titular da CIPA, como representante dos trabalhadores. Se a sentença determinar a reintegração com fulcro, apenas, na estabilidade sindical, sem manifestar-se sobre a estabilidade como "cipeiro", e o autor não oferecer embargos declaratórios para suprir a omissão, isso não impedirá o tribunal de, no julgamento do recurso interposto pelo réu, negar-lhe provimento ao argumento de que embora o autor não possua estabilidade como dirigente sindical, a sua garantia de emprego está assegurada por ser membro titular da CIPA.

§ 3º A norma indica, nos incisos I a III, os casos em que, estando o processo em condições de imediato julgamento, o tribunal deverá resolver desde logo o mérito.

Inciso I. *Reformar a sentença fundada no art. 485.* O art. 485 do CPC cuida dos casos em que o processo é extinto *sem* resolução do mérito. O que o texto legal em exame está a *determinar* é que o tribunal, ao dar provimento ao recurso ordinário (no caso da Justiça do Trabalho), proceda, desde logo, ao julgamento do mérito. Neste caso, como é evidente, estará ocorrendo a supressão de um grau jurisdicional porquanto o órgão de primeiro grau não havia examinado o mérito. Particularmente, entendemos que essa norma é inaplicável ao processo do trabalho, não só por suprimir um grau jurisdicional, como criar para a parte vencida extrema dificuldade para fazer o seu recurso de revista ser admitido, pois, no mais das vezes, haverá envolvimento de matéria de fato ou de provas, circunstâncias inibitórias da admissibilidade do referido recurso, nos termos da Súmula n. 126 do TST. Deste modo, entendemos que, no processo, as coisas devem se dispor como sempre se dispuseram: ao prover o recurso ordinário interposto de sentença que não examinou o mérito, o tribunal deverá determinar o retorno dos autos ao primeiro grau de jurisdição para que o mérito seja então apreciado. Dessa nova sentença a parte vencida poderá interpor recurso ordinário, que, por sua natureza, não possui os mesmos entraves de admissibilidade próprios do recurso de revista.

Devemos argumentar, ainda, com atenção fixada no processo do trabalho, que se a sentença extinguiu o processo sem resolução do mérito, o tribunal não poderia julgar o mérito, pois, em rigor, o processo não estava "em condições de imediato julgamento" uma vez que, em muitos casos, não haviam sido formuladas as propostas conciliatórias. Lembremos a norma imperativa contida no art. 764 da CLT, de que "Os dissídios individuais ou coletivos submetidos à apreciação da Justiça do Trabalho serão sempre sujeitos à conciliação". Reiteremos: se houve, por exemplo, indeferimento liminar da petição inicial, isso significa que a defesa nem sequer havia sido apresentada, e nem as propostas conciliatórias, formuladas; logo, o processo não estaria em condições de imediato julgamento.

Inciso II. *Decretar a nulidade da sentença por não ser congruente com os limites do pedido ou com a causa de pedir.* Nesta hipótese, dando provimento ao recurso, o tribunal poderá, após decretar a nulidade da sentença, proferir nova decisão sobre o mérito, seja para extirpar o excesso (*ultra petita*), seja para completar o que faltava (*infra petita*). Lembremos as regras contidas nos arts. 141 e 492, do CPC. A primeira determina que o juiz decida o mérito nos limites em que foi proposto pelas partes, vedando-lhe a possibilidade de conhecer de questões não suscitadas a cujo respeito a lei exige iniciativa da parte; a segunda proíbe o juiz não apenas de proferir decisão de natureza diversa da pedida, como condenar a parte em quantidade superior ou em objeto diverso do que lhe foi demandado.

Inciso III. *Verificar a omissão no exame de um dos pedidos, hipótese em que poderá julgá-lo.* A hipótese é esta (considerando-se o processo do trabalho): o empregado formula os pedidos A, B, C, D, E e a sentença somente examina A, B, C, D, omitindo-se quanto a E. Diante disso, o empregado interpõe recurso ordinário, ao qual o tribunal dá provimento, para acrescer à condenação o pedido E. *Data venia*, se a sentença era omissa quanto ao pedido E, incumbia ao empregado oferecer embargos de declaração, com a finalidade de suprir essa lacuna. Se ele não fez uso dos referidos embargos, formou-se, contra ele, a preclusão, de tal maneira a impedi-lo de manter esse pedido (E) na mesma relação processual. Como a sentença não havia se manifestado a respeito de E, torna-se evidente que não houve prestação jurisdicional a esse respeito, permitindo, com isso, ao empregado voltar a formular, novamente, o mesmo pedido, em outro processo. A prevalecer a regra do inciso III, do art. 1.013, do CPC, haveria supressão de um grau jurisdicional.

Inciso IV. *Decretar a nulidade de sentença por falta de fundamentação.* A fundamentação da sentença não constitui somente uma exigência da legislação infraconstitucional (CLT, art. 832, *caput*; CPC, art. 489, *caput*), mas da própria Constituição da República, como evidencia o art. 93, IX. Consequentemente, sentença sem fundamentação é, constitucionalmente, nula de pleno direito. A exigência de fundamentação jurídica dos pronunciamentos jurisdicionais decorreu da preocupação do legislador ordinário e do constituinte em evitar decisões judiciais arbitrárias, como tais entendidas não as que refletissem o comando da lei, e sim, a vontade do julgador. A fundamentação das decisões judiciais constitui, portanto, elemento de segurança jurídica indispensável à vida dos Estados Democráticos de Direito, como é o caso do Brasil.

Verificando, o tribunal, em grau de recurso ordinário, que a sentença impugnada é destituída de fundamentação, o proverá, substituindo a decisão de primeiro grau por um acórdão devidamente fundamentado. É necessário esclarecer que o tribunal, neste caso, poderá adotar solução de mérito diversa da que se encontrava estampada na sentença.

§ 4º Nos termos do parágrafo em exame o tribunal quando reformar sentença que haja reconhecido decadência ou prescrição, julgará, se possível, o mérito examinando as demais questões, "sem determinar o retorno do processo ao juízo de primeiro grau".

A prescrição e a decadência são, costumeiramente, denominadas pela doutrina de "prejudiciais de mérito". Entretanto, para os efeitos da sentença, quando esta decreta a prescrição ou a decadência acarreta a extinção do processo com resolução do mérito (CPC, art. 487, II). Manifestamos aqui, *mutatis mutandis*, a mesma divergência exposta quando dos comentários ao inciso I, do § 3º, do art. 1.013: se o tribunal, ao reformar a sentença que havia pronunciado a prescrição (total) ou a decadência, ingressar de imediato no exame do mérito, estará suprimindo um grau de jurisdição, pois o juízo de primeiro grau não terá realizado o exame das pretensões (geralmente, de direito material) deduzidas pelo autor. Assim sendo, entendemos que, no processo do trabalho, a tradição deve ser preservada, de tal modo que, ao dar provimento ao recurso ordinário interposto pelo autor, para afastar a prescrição ou a decadência decretada pelo juízo de primeiro grau, caberá ao tribunal determinar a devolução dos autos ao referido juízo, para que (pela primeira vez, ressalte-se), proceda ao exame do mérito.

Caberá, contudo, à doutrina e a jurisprudência trabalhistas definir o seu entendimento a respeito da incidência, ou não, no processo do trabalho, do disposto neste § 4º, assim como no § 3º. Pela nossa parte, deixamos um contributo para essa definição.

§ 5º A sentença que confirmar, conceder ou revogar a tutela provisória (de urgência ou da evidência) pode ser impugnada por meio de recurso ordinário, que, neste caso, não terá efeito suspensivo, ensejando, com isso, o cumprimento provisório da sentença (CPC, art. 520, *caput*); ou a execução provisória, no caso da justiça do trabalho.

Art. 1.014. As questões de fato não propostas no juízo inferior poderão ser suscitadas na apelação, se a parte provar que deixou de fazê-lo por motivo de força maior.

• **Comentário**

Transcreveu-se o art. 517 do CPC revogado.

Ao invocar a prestação da tutela jurisdicional do Estado, deve o autor narrar, logo na inicial, os fatos em que fundamenta a sua pretensão. Razões éticas e jurídicas determinaram a exigência de que a causa de pedir fosse indicada já naquela peça de instauração do processo (CLT, art. 840, § 1º; CPC, art. 319, III).

É bem verdade que a lei permite ao juiz levar em consideração, no momento de proferir a sentença — seja *ex officio* ou a requerimento da parte — qualquer fato constitutivo, modificativo ou extintivo do direito, surgido após a "propositura" da ação, contanto que esse fato seja capaz de influir no julgamento da lide (CPC, art. 493). Mesmo assim, só se admite o acolhimento do fato superveniente se ele não provocar alteração da causa de pedir e do consequente pedido.

Em resumo, todas as questões de fato devem ser deduzidas não somente no juízo de primeiro grau, mas no momento procedimental oportuno.

Dispõe, contudo, o art. 1.014 do CPC que as questões de fato não propostas no juízo inferior apenas poderão ser suscitadas no recurso se a parte provar que deixou de fazê-lo por motivo de força maior. Trata-se, como se vê, de regra excepcional, cuja aplicação se subordina ao pressuposto da força maior, que deve ser provada pelo recorrente.

Conforme está na lição da doutrina a lei pode atribuir duas finalidades ao órgão de apelação: a) a de propiciar um amplo reexame da causa (*novum iudicium*); b) a de atuar como instância de controle da correção das decisões do juízo inferior (*revisio prioris instantiae*). No primeiro caso, solicita-se ao órgão *ad quem* que realize, com liberdade, a tarefa de reconstrução, embora nesse mister não possa extravasar os limites demarcados pelo recurso; no segundo, pretende-se que a atividade do tribunal seja realizada mediante a utilização do material já posto à sua disposição pela sentença impugnada.

Em nosso meio, predominou, até certo período, o sistema que consagrava a apelação como um *novum iudicium*, a despeito dos inúmeros inconvenientes que ele acarretava, sendo um dos mais graves o estímulo à deslealdade processual, pois a parte, sabendo que a decisão final seria do órgão de reexame, preferia apresentar seus melhores argumentos e as melhores alegações perante este, surpreendendo, dessa forma, a parte contrária. O primeiro código nacional de processo civil (1939), entretanto, influenciado pela legislação austríaca, deu cobro a essa situação, como atestava o § 1º do seu art. 824, que foi reproduzido, com pequenas nuanças de literalidade, pelo art. 517, *caput*, do CPC de 1973, e pelo art. 1.013, *caput*, do CPC atual.

Este último dispositivo, convém ressaltar, não versa sobre a devolutibilidade da matéria impugnada como efeito inerente aos diversos meios recursais, porquanto seria insensato cogitar-se da devolução daquilo que nem sequer foi apresentado e apreciado pelo juízo inferior; cuida ele, ao contrário, de certos fatos que são suscitados pela primeira vez nos autos e, ainda assim, na fase de interposição do recurso, cabendo, por isso, ao órgão *ad quem* realizar o *primeiro* pronunciamento jurisdicional sobre os mesmos. Como esses fatos foram alegados somente perante o tribunal, fica difícil admitir a configuração de *questão*, pois esta pressupõe, de modo geral, a existência de controvérsia, de debate sobre determinado assunto ou fato.

Cumpre esclarecer que não são atingidos pela proibição legal de inovar em grau de recurso as questões de direito e as de fato sobre as quais poderia o órgão *a quo* manifestar-se de ofício. Sucede que as questões ditas de *direito* (ou essencialmente jurídicas) podem ser examinadas em qualquer fase do procedimento e em qualquer grau de jurisdição, *ex officio* ou por iniciativa da parte; já as de fato, que mencionamos, são aquelas que o juízo de primeiro grau poderia examinar *sponte sua*, como se dá com as *questões* mencionadas no § 1º do art. 1.013 do CPC.

Não são igualmente atingidas pelo conteúdo vedatório do art. 1.014 as questões de fato que vierem a ser suscitadas pelo terceiro, ao ensejo do recurso interposto; o motivo é óbvio: não tendo o terceiro participado do processo até aquele momento, apenas poderia propor questões de fato (e mesmo jurídicas) quando de sua primeira intervenção nos autos, que ocorreria na oportunidade da impugnação da sentença que afetou o seu círculo jurídico.

Vimos que a proibição de inovar em grau de recurso, como princípio processual, é excepcionada por motivo de força maior. A CLT, conceitua força maior — no terreno do direito material — como "todo acontecimento inevitável, em relação à vontade do empregador, e para a realização do qual este não concorreu, direta ou indiretamente" (art. 501, *caput*), esclarecendo que a imprevidência do empregador exclui a razão de força maior (*ibidem*, § 1º). No terreno do processo do trabalho, podemos enunciar o seguinte conceito de força maior: é todo fato inevitável, a que a parte não deu causa, que a impediu de praticar determinado ato processual, no prazo fixado pela lei ou pelo juiz. Desta maneira, configurar-se-á a força maior processual sempre que: a) o fato era inevitável; e desde que b) a própria parte que o invocar não lhe tenha dado causa, direta ou indiretamente, voluntária ou inadvertidamente. O conceito de força maior, segundo a óptica do processo, é mais amplo do que o de força maior material. Para Moniz de Aragão "Os contornos doutrinários do instituto são conhecidos, mas a sua aplicação às hipóteses ocorrentes há de ser feita no caso concreto, sem prefixação de limites. A força maior pode bem estar caracterizada pela invencibilidade para uma das partes, apenas, e não para todos os que tivessem de praticar atos em série" (*Comentários ao código de processo civil*. 1. ed. Rio de Janeiro: Forense, 1974. p. 403).

O motivo de força maior pode relacionar-se a fato existente antes da prolação da sentença ou surgido somente *após* esta. No primeiro caso, ou o fato era do conhecimento da parte (que, todavia, dele não pôde dar ciência ao juízo de primeiro grau por qualquer razão ponderável), ou não o era. Em qualquer hipótese, esse motivo deve ser alegado e provado pela parte a quem aproveita, seja a recorrente ou a recorrida.

Art. 1.014

Se a prova do motivo de força maior for documental, caberá ao interessado instruir as razões ou contrarrazões de recurso com os documentos necessários; essa juntada encontra amparo na Súmula n. 8 do TST. É importante alertar que, efetuada a junção, a parte adversa deverá ser ouvida no prazo de quinze dias, atendendo-se assim à regra do art. 437, § 1º, do CPC. A admissão de documentos na fase recursal não impede que a parte, contra a qual foram produzidos, os argua de falso, no prazo de quinze dias (CPC, art. 430). O incidente, nesta hipótese, será processado perante o relator, de acordo com o procedimento traçado pelos arts. 430 a 433 do CPC e pelo regimento interno do órgão *ad quem*.

À falta de previsão legal específica, entendemos que se deve aplicar aos demais meios de prova (testemunhal, pericial), por analogia, a disposição do art. 972 do CPC, que trata da ação rescisória. Deste modo, se os fatos alegados pelo recorrente ou pelo recorrido dependerem de prova, o relator delegará, mediante carta de ordem, a competência instrutória ao juízo *a quo*, no qual a prova deverá ser produzida, cuidando de fixar o prazo de um a três meses para a devolução dos autos, a fim de que o recurso seja incluído em pauta, para julgamento. Duas observações são necessárias, a respeito do assunto. Primeiramente, a conversão do julgamento em diligência (para efeito de produção de prova perante o juízo de primeiro grau) não é ato do relator, individualmente considerado, mas *do tribunal*; em segundo lugar, o juízo de admissibilidade *a quo* não pode indeferir a juntada de documento tendente a provar o motivo de força maior dado que a sua competência está restrita ao exame dos pressupostos objetivos do apelo. O conhecimento, ou não, dos documentos juntados às razões ou contrarrazões do recurso se insere no elenco de atos da competência privativa do órgão *ad quem*, que também funciona como juízo de admissibilidade.

Nem mesmo seria lícito ao juízo inferior denegar o apelo interposto sob o fundamento de que o recorrente está inovando, desautorizadamente, a lide; ainda que o referido juízo estivesse, em tese, com razão, o exame desse fato está reservado ao órgão *ad quem*.

Advirta-se, por fim, que o tribunal não pode conhecer de *fato novo*, que não se abrigue no art. 1.014 do CPC, ainda que as partes hajam consentido nisso; é que a cognição jurisdicional do órgão de reexame está adstrita ao que foi objeto de impugnação (ressalvado o caso do § 1º do art. 1.013 do CPC): *Iudex appellationis non potest cognoscere de novo deducto omnino diverso a deductis in primo iudicio, quia habet iurisdictionem restrictam as deducta in prima instantia*, estabelece o vetusto apotegma latino.

Processamento do recurso ordinário e técnica do julgamento

Como estamos realizando comentários ao atual CPC, sob a perspectiva do processo do trabalho, é conveniente examinarmos a maneira pela qual se interpõe e se julga o recurso ordinário neste processo.

Utilizaremos aqui o vocábulo *processamento* para designar, de modo genérico, o conjunto dos atos — das partes, do juízo e do Ministério Público — que são praticados desde (e em virtude de) a interposição do recurso ordinário até a devolução dos autos ao juízo *a quo*, após o julgamento realizado pelo *ad quem*. Nesta linha de critério, podemos dizer que o processamento compreende, basicamente, as fases distintas, específicas e sucessivas: a) da interposição; b) das medidas preliminares ao julgamento; c) do julgamento propriamente dito.

1. No procedimento ordinário

a) Interposição

1. A contar da data da intimação da sentença (que poderá ser efetuada na própria audiência em que foi proferida: CLT, art. 852; por via postal: CLT, art. 744, parágrafo único; por edital: CLT, art. 852, segunda parte; pela retirada dos autos em carga (quando isto for possível), a parte vencida (ou ambas, se for o caso) terá o prazo de oito dias (CLT, art. 895, "a") para interpor recurso ordinário daquilo que lhe foi negado pelo provimento jurisdicional. Devemos lembrar, contudo, que, no plano dos dissídios coletivos, a Lei n. 7.701/88 permite que o recurso ordinário ao TST seja interposto, apenas, com base na certidão de julgamento, se o acórdão não for publicado nos vinte dias subsequentes (art. 7º, § 2º); e que, em se tratando das entidades previstas no Decreto-Lei n. 779/69, o prazo para recorrer será contado em dobro (art. 1º, III).

O recurso, como é de lei (CLT, art. 889, *caput*), poderá ser interposto mediante simples petição, que será protocolada na Secretaria ou Escrivania (conforme se trate de Vara do Trabalho ou de Juízo de Direito, respectivamente) do próprio órgão proferidor da sentença impugnada. Juntada a petição, contendo as razões do recorrente, os autos serão conclusos ao juiz, para exame dos pressupostos de admissibilidade.

Constatando a presença de todos os pressupostos subjetivos e objetivos exigíveis, o juiz proferirá decisão admitindo o apelo, sendo desnecessário (pelos motivos já examinados) declarar o efeito em que o recebe, pois o princípio legal é de que o efeito seja devolutivo; em seguida, determinará a intimação da parte contrária para que, desejando, ofereça contrarrazões, também no prazo preclusivo de oito dias (Lei n. 5.584/70, art. 6º). Tratando-se das entidades mencionadas no art. 1º, *caput*, do Decreto-Lei n. 779/69, o prazo para contra-arrazoar será de dezesseis dias. Não se aplica ao processo do trabalho o disposto no art. 1.010, § 3º, do CPC.

No caso de indeferimento da petição inicial, o juiz, diante do recurso interposto da sentença que declarou extinto o processo sem exame do mérito, poderá reconsiderar a sua decisão, no prazo de cinco dias (CPC, art. 331, *caput*), com o que ficará prejudicado o recurso; ou melhor, o recorrente perderá o interesse processual na impugnação da sentença. Estabelece, a esse respeito, o § 1º do art. 331, do CPC, que se o juiz não reformar a sua decisão "o juiz mandará citar o réu para responder ao recurso" — lembrando-se que no processo do trabalho esse prazo será de oito dias (Lei n. 5.584/70, art. 6º; CLT, art. 900).

Dispunha o parágrafo único do art. 518, do CPC, revogado que, oferecidas as contrarrazões, ficaria "facultado ao juiz o reexame dos pressupostos de admissibilidade do recurso". Embora o CPC atual não tenha reproduzido essa regra, pensamos que o juiz do trabalho, por força do disposto no art. 765 da CLT, possa reconsiderar a decisão pela qual *admitiu* o recurso; se o recorrente não se conformar com a nova decisão poderá, dela, interpor agravo de instrumento. Seria irônico se, interposto o agravo, o juiz reconsiderasse a decisão agravada, para, agora, novamente, admitir o recurso...

3. Entendendo estar ausentes um ou mais pressupostos de admissibilidade, caberá ao juiz, sempre por decisão fundamentada (CF, art. 93, IX), denegar a admissão do recurso, ordenando a intimação do recorrente (e apenas deste), a fim de que, se pretender, interponha agravo de instrumento dessa decisão (CLT, art. 897, "b"). Ressalve-se-lhe, todavia, a *faculdade de reconsiderar a decisão, para admitir o recurso, seja por sua iniciativa ou em virtude de embargos de declaração (CLT, art. 897-A, *caput*)

4. Decorrido o prazo para a apresentação de contrarrazões, com ou sem estas (se não forem oferecidas deverá a Secretaria certificar nos autos; se forem, fará os autos conclusos), o juiz despachará, determinando o envio dos autos ao juízo *ad quem*, cabendo à Secretaria, uma vez mais, certificar nos autos a remessa e a data em que ocorreu, anotando o fato no registro correspondente

Com o encaminhamento dos autos ao órgão superior, cessa a atuação do juízo *a quo* no recurso interposto (embora a atividade do juízo possa prosseguir, na hipótese de o vencedor-recorrido haver obtido carta de sentença para a execução provisória, tendo o recurso sido admitido no efeito meramente evolutivo, como é o princípio legal: CLT, art. 899, *caput*).

b) Medidas preliminares

O trâmite dos autos, no âmbito dos Tribunais, e a adoção de certas medidas preliminares ao julgamento do recurso, obedecerão ao que dispuser o Regimento Interno da Corte; *mutatis mutandis*, contudo, correspondem à sequência que a seguir indicaremos. Teremos em vista, para esse efeito, o recurso ordinário interposto nas causas submetidas ao procedimento *ordinário*, tradicional.

1. Os autos serão recebidos pelo Serviço de Cadastramento Processual, que deverá: a) registrá--los; b) proceder à revisão das folhas; c) autuá-los novamente, encaminhando-os, depois disso, à Procuradoria Regional. No sistema do CPC, o recurso deverá ser distribuído de imediato (arts. 929 e 1.011).

2. Recebidos pela Secretaria da Procuradoria Regional, os autos serão conclusos ao Procurador Regional, para distribuição e oferecimento de parecer, no prazo de oito dias (Lei n. 5.584/70, art. 5º). Exarado o parecer e juntado aos autos, estes serão devolvidos ao tribunal.

3. Recebidos pelo Serviço de Cadastramento Processual, os autos serão remetidos à Secretaria do Tribunal Pleno, e desta ao Presidente do órgão, para designar audiência pública em que, mediante sorteio em cada classe, fará a distribuição ao relator, observando-se o critério de alternatividade (CPC, art. 930, *caput*). Realizado o sorteio, os autos seguirão conclusos, imediatamente ao relator (CPC, art. 931) e, depois, ao revisor, para aporem os respectivos "vistos". Em determinados casos dispensa-se o revisor. O relator terá o prazo de trinta dias para elaborar o voto (CPC, art. 931). Constitui praxe regimental conceder-se vistas dos autos às partes e seus advogados, no prazo fatal de cinco dias, antes de efetuada a distribuição, por despacho do Presidente, ou, se foi feita, mediante despacho do relator, contanto que não tenham sido colocados em pauta. O primeiro recurso protocolado no tribunal tornará o relator prevento para eventual recurso subsequente que venha a ser interposto no mesmo processo ou em processo conexo (*ibidem*, parágrafo único).

4. Cabe, nesta altura, uma observação importante: O art. 947 do CPC estabelece: "É admissível a assunção de competência quando o julgamento de recurso, de remessa necessária ou de processo de competência originária envolver relevante questão de direito, com grande repercussão social, sem repetição em múltiplos processos. § 1º Ocorrendo a hipótese de assunção de competência, o relator proporá, de ofício ou a requerimento da parte, do Ministério Público ou da Defensoria Pública, que seja o recurso, a remessa necessária ou o processo de competência originária julgado pelo órgão colegiado que o regimento indicar". Não se trata, na espécie, do incidente de uniformização de jurisprudência, que, aliás, foi eliminado pelo atual CPC. Ao contrário do que sustentam alguns estudiosos, não vemos necessidade que o tema seja controvertido no tribunal para que se instaure o incidente de assunção de competência. O que o determina é *relevante questão de direito, com grande repercussão social*. Nem há necessidade de que essa questão esteja sendo — ou tenha sido — repetida em diversos outros processos. A divergência só é exigida no caso do § 4º do mesmo artigo.

O incidente faz com que a competência, que era da turma ou da câmara passe para o órgão colegiado que o regimento interno indicar.

Para que essa pragmática transposição *per saltum* possa ocorrer, é necessário o atendimento aos seguintes requisitos: a) existência de relevante questão de direito, em concreto; b) que a relevante questão de direito tenha grande repercussão social; c) proposta do relator e aprovação dos integrantes da maioria da turma ou câmara julgadora.

O procedimento, em si, da transposição de competência de que cuida o art. 947 do CPC é, em rápido bosquejo, o seguinte: 1) verificando, o relator, que a matéria versada no caso concreto traduz relevante questão de direito, *proporá, ex ofíccio* ou a requerimento das partes, do Ministério Público ou da Defensoria Pública, seja o recurso julgado pelo órgão colegiado que o regimento interno indicar. Uma nota complementar: se a matéria for da competência, digamos, da única seção especializada, do tribunal, não será possível a adoção do procedimento previsto no art. 947 do CPC. Assim dizemos, porque o escopo desse procedimento, como está claro no texto da lei, é evitar ou eliminar divergência entre órgãos fracionários do tribunal, que possuem idênticas competências. Ora, se a competência para julgar a matéria for exclusiva da única seção especializada existente na corte, fica evidente que não haverá possibilidade de ocorrer a divergência, que constitui pressuposto legal indispensável para a transposição, *per saltum*, dessa competência ao órgão colegiado indicado no regimento interno. O fato de a matéria haver sido apreciada, pela referida seção, em ocasiões distintas, de modo divergente, também não justifica a adoção do procedimento de que estamos a tratar, pois, neste caso, a divergência se deveu a fato meramente circunstancial, qual seja, a alteração da composição desse colegiado. Aliás, o próprio tribunal pleno poderia emitir decisões discrepantes entre si, segundo fosse a composição verificada num e noutro julgamentos. Essa oscilação da jurisprudência, em virtude da alteração da composição dos órgãos jurisdicionais colegiados, é algo frequente no plano da Justiça do Trabalho, e constitui emanação característica da idiossincrasia própria da natureza humana. 2) cientificado da assunção da competência, incumbirá ao Presidente do Tribunal, dando-lhe ampla publicidade, determinar a suspensão dos demais recursos ordinários ou agravos que versem sobre a mesma matéria; 3) a decisão que vier a ser proferida vinculará todos os órgãos fracionários, exceto revisão de tese, segundo dispuser o regimento interno do tribunal (art. 947, § 3º). Todavia, o § 3º do art. 947 possui traços de inconstitucionalidade, pelos mesmos argumentos que expendemos quando dos comentários ao art. 927: somente as denominadas *súmulas vinculantes*, oriundas do STF, podem ter *efeito vinculante* em relação aos demais órgãos do Poder judiciário. E isso somente se tornou possível por força do expressamente disposto no art. 103-A, da Constituição da República. O que estamos a argumentar, portanto, é que somente a Constituição Federal pode autorizar um tribunal a adotar súmula ou construção jurisprudencial vinculativa dos outros órgãos integrantes do Poder Judiciário brasileiro, ou normas de caráter genérico, abstrato, impositivas. No caso do art. 947, § 3º, não há *autorização constitucional* para autorizá-lo a *exigir observância*, por parte de juízes e tribunais, do disposto no incidente de assunção de competência. Uma coisa é a norma infraconstitucional pretender uniformizar a jurisprudência dos tribunais, e, outra, *impor*, de modo geral, o *acatamento* a essa jurisprudência.

O relator somente considerará inadmissível o recurso se, após conceder o prazo de cinco dias para o recorrente sanar o vício ou complementar a documentação original este não atender ao despacho (CPC, art. 932, parágrafo único). Quanto aos documentos, é oportuno recordar o enunciado da Súmula n. 8, do TST: "A juntada de documentos na fase recursal só se justifica quando provado o justo impedimento para sua oportuna apresentação ou se referir a fato posterior à sentença".

5. Com o "visto" do relator e do revisor, será o recurso incluído em pauta para julgamento, na sessão que se seguir, respeitado o prazo para a correspondente publicação. Em regra, a elaboração da pauta incumbe ao Secretário do Tribunal, com prévia aprovação do Presidente da Corte. A pauta deverá ser organizada segundo a rigorosa ordem de ingresso dos autos na Secretaria, facultando-se ao relator e ao revisor solicitarem preferência de julgamento para recursos que reputem de urgência manifesta. A preferência será dos processos em que figurar como parte pessoa com idade igual ou superior a 60 anos (Lei n. 10.741, de 1º.10.2003, art. 71), portadora de doença grave ou nos casos da Lei n. 8.069, de 16 de julho de 1990 (Estatuto da Criança e do Adolescente: CPC, art. 1.048). Costuma-se também dar preferência para os processos de dissídio coletivo, de mandado de segurança, de agravo de instrumento e de agravo de petição, ou àqueles cujo relator ou revisor tenha de afastar-se do exercício das suas funções em decorrência de férias. Os processos de *habeas corpus*, a propósito, no geral independem de publicação e de pauta.

Caso o relator verifique, antes da sessão de julgamento, a ocorrência de fato superveniente à decisão recorrida ou a existência de questão apreciável *ex officio* ainda não examinada, que devam ser levados em conta no julgamento do recurso, intimará as partes para que se manifestem no prazo de cinco dias (CPC, art. 933, caput). Se essa verificação ocorrer durante a sessão de julgamento, este será imediatamente suspenso para que as partes se pronunciem de maneira específica (*ibidem*, § 1º). Se a verificação se der em vista dos autos, o juiz que a solicitou deverá encaminhá-los ao relator, que tomará as providências mencionadas no *caput* do art. 933, e, em seguida, solicitará a inclusão do feito em pauta para prosseguimento do julgamento, submetendo, integralmente, a nova questão aos julgadores (*ibidem*, § 2º).

No sistema do processo civil, a publicação da pauta de julgamento no órgão oficial deverá ser feita com a antecedência mínima de cinco dias (art. 935). Os regimentos internos dos Tribunais do Trabalho poderão fixar prazo diverso.

c) Julgamento

6. Ressalvadas as preferências legais e regimentais, a ordem de julgamentos dos processos atenderá ao disposto no art. 936, do CPC.

Anunciando o julgamento do recurso, o Presidente do Tribunal ou do órgão fracionário (conforme seja o caso) dará a palavra ao relator, que efetuará a leitura do seu relatório, contendo exposição circunstanciada da causa. Concluído o relatório e ouvido o revisor, o Presidente dará a palavra às partes ou seus advogados inscritos, pelo prazo regimental, para a sustentação oral das suas alegações. Em primeiro lugar falará o recorrente; se houver interposição de recurso por ambas as partes, o autor terá precedência. Em certas Regiões, firmou-se a praxe de, com a anuência das partes, dispensar-se a leitura do relatório. Também em determinadas Regiões, passou-se a conceder, regimentalmente, oportunidade para a sustentação oral *após* o voto do relator. Mais tarde, essa sustentação posterior ao voto do relator inscreveu-se no rol dos direitos do advogado, por força da Lei n. 8.906/94 (art. 7º, inciso IX). Essa medida é de extrema utilidade prática para os advogados, uma vez que, tendo conhecimento prévio do voto do relator, poderão, na sustentação oral, argumentar em favor desse voto, ou contra ele. Por isso, a medida deve ser elogiada e incentivada. Nos tribunais em que, por força de tradição regimental, a sustentação oral antecedia ao voto do relator, não raro os advogados eram desagradavelmente surpreendidos, como quando sustentavam em nome do recorrente, no tocante ao mérito (requerendo, em razão disso, o provimento do recurso) e, dada a palavra ao relator, este não admitia o apelo, por ausência de um ou mais pressupostos, subjetivos ou objetivos, de admissibilidade. A propósito, a possibilidade de haver sustentação oral, pelos advogados, após o voto do relator, tende a fazer com que este se torne mais zeloso na elaboração do voto. O art. 937, do CPC de 2015, porém, declara que a palavra será dada ao recorrente e ao recorrido (para cogitarmos apenas destes) "depois da exposição da causa pelo relator". Não afirma, pois, que será *após o voto* do relator. A nosso ver, prevalece a regra do art. 7º, IX, da Lei n. 8.906/94, por tratar-se de norma específica. O mesmo preceptivo do CPC estabelece que o prazo parta a sustentação oral será de quinze minutos, improrrogável. Nos processos de competência originária, de que trata o inciso VI do art. 937 do CPC (ação rescisória, mandado de segurança e reclamação), caberá sustentação oral no agravo interno que for interposto contra a decisão do relator que extinguiu o processo.

O advogado com domicílio profissional em cidade diversa daquele quem que o julgamento for realizado poderá efetuar a sustentação oral por meio de videoconferência ou de outro recurso tecnológico de transmissão de sons e imagens em tempo real. Com vistas a isso, deverá formular requerimento até o dia anterior ao da sessão (CPC, art. 937, § 4º).

7. Após a sustentação oral, ou sem ela, será aberta a discussão acerca da matéria submetida à apreciação da Corte, podendo cada juiz, quando entender necessário, solicitar esclarecimento ao relator, fazendo-o após dirigir-se ao Presidente.

8. Encerrada a discussão, pelo Presidente, seguir-se-á a votação, iniciando-se com o voto do relator (salvo se este votou antes da fase de sustentação oral), sucedido pelo do revisor e dos demais juízes, por ordem de antiguidade. Cada juiz terá um tempo regimental para proferir o seu voto. Caso o revisor não divirja do relator, o Presidente consultará em bloco os demais juízes. Discrepando um destes, a votação seguirá a partir da divergência. Nos tribunais divididos em turmas de cinco juízes, passou-se a dispor, no regimento interno, que apenas três deles votarão, a saber: o relator, o revisor e mais um (vogal). Essa inovação foi inspirada no art. 555, *caput*, do CPC de 1973 (embora esteja, aqui, restrita ao julgamento de apelação ou de agravo) e, de certa forma, agiliza os julgamentos, conquanto venha gerando, no espírito das partes, uma certa insegurança, derivante da redução do número de juízes votantes. A regra foi preservada pelo art. 941, § 2º, do CPC de 2015. Na verdade, inexistindo divergência entre relator e revisor, o voto do terceiro juiz é, no mais das vezes, irrelevante, pois não influirá no resultado do julgamento. Servirá, apenas, para determinar se o julgamento foi tomado por unanimidade ou por maioria de votos. Não ignoramos, no entanto, a possibilidade de, em situações extraordinárias, o terceiro voto acabar por influir nos demais, por forma a alterar o resultado do julgamento. Seria o caso, por exemplo, de o terceiro juiz divergir do relator e do revisor, mediante fundamentação irretorquível, de tal modo que o relator ou o revisor, ou mesmo ambos, acabem modificando o voto original, para aderir ao do terceiro juiz. É conveniente observar que, por força de tradição regimental, enquanto não for proclamado o resultado do julgamento (CPC, art. 941, *caput*), os juízes podem alterar os seus votos (*ibidem*, § 1º).

Entendemos inaplicável ao processo do trabalho o disposto no art. 942 do CPC.

9. As questões preliminares, como é lógico, serão examinadas antes do mérito, deste não se conhecendo se incompatível com a decisão adotada quanto àquelas (CPC, art. 938, *caput*). O mesmo procedimento deverá ser observado no caso das questões prejudiciais (prescrição, decadência etc.). Verificando a existência de vício sanável, incluído o que possa ser conhecido de ofício, o relator determinará a realização ou a renovação do ato processual, no próprio tribunal ou em primeiro grau de jurisdição, intimadas as partes (*ibidem*, § 1º). Cumprida a

diligência, o relator prosseguirá no julgamento do recurso, sempre que for possível (*ibidem*, § 2º). Havendo necessidade de produção de prova, o relator converterá o julgamento em diligência, que se realizará no tribunal ou em primeiro grau de jurisdição. Concluída a instrução, o recurso será julgado (*ibidem*, § 3º). As providências previstas nos §§ 1º e 3º do art. 938 poderá ser determinadas pelo órgão competente para o julgamento do recurso, quando o relator se omitir quanto a isso *ibidem*, § 4º).

As preliminares serão votadas em separado. Sempre que puder apreciar o mérito a favor do litigante a quem aproveita a declaração de nulidade, o Tribunal não a pronunciará nem mandará repetir o ato, ou suprir-lhe a falta (CPC, art. 282, § 2º). Sendo a preliminar rejeitada ou se apreciação do mérito for com ela incompatível, passar-se-á à discussão e julgamento da matéria principal, sobre a qual deverão manifestar-se os juízes vencidos na preliminar (CPC, art. 939).

10. Quando o mérito envolver questões distintas, a votação poderá ser feita em relação a cada uma, de maneira sucessiva, cabendo, porém, ao relator mencioná-las, desde logo, após a votação das preliminares.

Se o relator ou outro juiz não se considerar habilitado a proferir, de imediato, o seu voto poderá solicitar vista dos autos pelo prazo de dez dias; decorrido o prazo, os autos serão reincluídos em pauta, para julgamento na sessão subsequente à data da devolução (CPC, art. 940, *caput*). Não sendo devolvidos os autos no prazo de dez dias, nem sendo solicitada a prorrogação por igual prazo, o presidente do órgão fracionário os requisitará para julgamento do recurso na sessão ordinária seguinte, mediante publicação da pauta em que o recurso foi inserido (*ibidem*, § 1º). Requisitados os autos, e o juiz que teve concedida vista ainda não se sentir habilitado a votar, o presidente do órgão fracionário convocará substituto para proferir voto, na forma que dispuser o regimento interno do tribunal (*ibidem*, § 2º).

11. Como afirmamos há pouco, antes de ser proclamado, pelo Presidente, o resultado do julgamento, faculta-se ao juiz reconsiderar seu voto. Os juízes afastados ou substituídos, porém, não poderão alterar seus votos. (CPC, art. 941, § 1º).

12. Entre a tomada de um voto e outro, consente-se que o advogado, invocando questão de ordem, faça uso da palavra, mediante consentimento da Presidência, para, com brevidade, prestar esclarecimentos acerca de equívocos, fatos, dúvidas de documentos e de outros aspectos da causa, relevantes para o julgamento, "bem como para replicar acusação ou censura que lhe forem feitas" (Lei n. 8.906/94, art. 7º, inciso X).

13. Ocorrendo empate no julgamento, caberá ao Presidente proferir o voto de desempate, adotando o entendimento de uma das correntes, sendo-lhe permitido adiar o julgamento para a sessão seguinte.

14. Terminado o julgamento, o Presidente proclamará a decisão (CPC, art. 941, *caput*) designando para redigir o acórdão o relator, ou, se vencido este em questão de mérito (ou considerada matéria principal), o juiz que por primeiro se tenha pronunciado a favor da tese vitoriosa.

15. Os fundamentos do acórdão serão os do voto vencedor. O voto vencido será necessariamente declarado e havido como parte integrante do acórdão para todos os fins legais, inclusive de prequestionamento (CPC, art. 941, § 3º)

16. Finda a sessão, o Secretário certificará nos autos a decisão e o nome dos juízes participantes do julgamento, mencionando os votos vencedores e os vencidos, bem como a situação do juiz (se convocado, deverá indicar o dispositivo da LOMAN que autorizou a convocação), remetendo depois os autos ao Serviço de Acórdãos.

17. Daí, serão encaminhados ao gabinete do relator, para lavratura do acórdão. Lavrado, o acórdão será publicado, após a sua conferência, devendo a publicação ser certificada nos autos. Havendo interposição de recurso (de revista) ou não, o fato será também certificado nos autos. Inexistindo recurso, os autos serão devolvidos ao juízo de origem, cessando, a partir daí, a atuação do *ad quem* naquele recurso.

O processamento do recurso ordinário interposto das decisões proferidas pelo Grupo Normativo dos Tribunais Regionais não difere, substancialmente, do estabelecido em relação aos recursos dessa classe; o próprio § 4º da Lei n. 7.701/88 declara que, publicado o acórdão, o procedimento recursal, a ser observado, é o "previsto em lei", ou seja, na CLT. Eventuais peculiaridades procedimentais ficam por conta da interposição *antecipada* desse recurso, como faculta o § 2º da antedita norma legal.

7.2. No procedimento sumariíssimo

O procedimento relativo ao julgamento dos recursos ordinários interpostos das sentenças emitidas nas causas sujeitas ao procedimento sumariíssimo, instituído pela Lei n. 9.957, de 12 de janeiro de 2000, é regido pelos §§ 1º e 2º, do art. 895, da CLT, diferindo, em certos aspectos, do procedimento tradicional, ordinário.

Em linhas gerais, são estes os pontos que caracterizam o processamento e o julgamento dos recursos, no procedimento sumariíssimo, nos termos do art. 895, § 1º, da CLT.

a) no tribunal, será imediatamente distribuído a relator;

b) não possui revisor;

c) o relator disporá de dez dias para lançar o seu "visto", ou seja, para liberar o recurso;

d) a Secretaria do órgão jurisdicional deverá incluí-lo, imediatamente, em pauta, para julgamento;

e) o parecer do Ministério Público será exarado, oralmente, na própria sessão de julgamento;

f) o acórdão consistirá na certidão de julgamento, que mencionará o número dos autos e conterá as razões de decidir e o dispositivo;

g) os tribunais divididos em turmas poderão designar uma ou mais delas para o julgamento dos recursos concernentes às causas sujeitas ao procedimento sumariíssimo. Lancemos breves comentários acerca desses aspectos particulares do recurso ordinário no procedimento sumariíssimo.

a) Distribuição imediata

A distribuição imediata do recurso, a relator, está a demonstrar que, inversamente ao que ocorre no procedimento ordinário, no sumariíssimo os autos, chegando do tribunal (provenientes do juízo de primeiro grau), não serão encaminhados ao Ministério Público, para parecer, e, sim, distribuídos a relator.

A expressão legal "imediatamente distribuídos" permite concluir, também, que o recurso ordinário deverá ser distribuído a relator, desde logo, ou seja, no mesmo dia em que os autos chegarem ao tribunal, oriundos do juízo *a quo*. Esta nossa interpretação, se não estiver em consonância com a expressão literal da norma (CLT, art. 895, § 1º, inciso II), está em harmonia com o seu espírito, vale dizer, com as razões que levaram o legislador a elaborá-la. Essas razões se concentram na celeridade do procedimento.

b) Sem revisor

Conforme pudemos argumentar em obra específica (*O procedimento sumaríssimo no processo do trabalho*. 2. ed. São Paulo: LTr, 2000. p. 162/163) pareceu-nos de duvidoso acerto a eliminação da figura do revisor. A experiência prática está a demonstrar, a mancheias, que o revisor, muitas vezes, presta relevantes serviços às partes, ao Direito e à Justiça, como quando diverge do relator e provoca, desse modo, um debate na sessão de julgamento, fazendo com que a decisão seja tomada de maneira amadurecida, depurada, como convém à seriedade dos pronunciamentos jurisdicionais e ao interesse das partes.

A importância do revisor, sob esta perspectiva, se avulta se considerarmos que, de modo geral, os demais juízes (excetuado o relator), por não estarem obrigados a compulsar os autos, se deixam influenciar pelos argumentos contidos no voto do relator. Quantas vezes, no exercício da magistratura, pudemos presenciar os demais juízes da Turma, do Pleno etc. votarem com a divergência suscitada pelo revisor; quando não, essa divergência motivava a que um dos juízes solicitasse vista dos autos, fosse em mesa ou no gabinete, a fim de melhor inteirar-se dos fatos e demais circunstâncias da causa, para poder proferir, com segurança, o seu voto.

Estes nossos argumentos ainda mais se justificam com relação aos tribunais, em cujas turmas de cinco juízes somente três votam: o relator, o revisor e mais um.

Não cremos que a eliminação do revisor, nos recursos ordinários sujeitos ao procedimento sumariíssimo, venha a contribuir para a deseja celeridade desse procedimento, máxime se tivermos em conta dois fatos: a) não há nenhuma restrição de considerável monta quanto à interposição de recurso de revista do acórdão proferido nos autos do recurso ordinário, no procedimento sumariíssimo; b) a execução da sentença ou do acórdão será feita pelo processo tradicional, estabelecido na CLT, com todos os seus entraves e incidentes. Destarte, a eliminação da figura do revisor representou muito pouco, quase nada, no que respeita à necessidade de uma rápida formação da coisa julgada material trabalhista, considerando-se que permaneceram inalterados outros pontos embaraçantes do procedimento.

c) Prazo para o visto do relator

Os regimentos internos dos tribunais costumam estabelecer, com certa liberdade, o prazo para o relator lançar o seu visto nos autos. No caso do procedimento sumaríssimo, contudo, a lei fixa em dez dias esse prazo. Essa redução e uniformização do prazo é perfeitamente justificável, por atender ao escopo de celeridade, que anima o procedimento sumaríssimo.

d) Pauta de julgamento

Recebendo os autos do relator, a secretaria do órgão correspondente deverá incluir, de imediato, o feito em pauta, para julgamento. Essa pauta deverá ser publicada no jornal oficial ou em outro, de grande circulação, como ocorre com as pautas em geral.

e) Parecer do Ministério Público

No procedimento ordinário, o Ministério Público exara parecer: a) por escrito; b) antes do sorteio de relator e de revisor. No sumariíssimo, esse parecer será efetuado: a) oralmente, na própria sessão de julgamento; b) depois de o relator haver lançado o seu visto.

O parecer oral, no procedimento sumariíssimo, não é uma faculdade do Ministério Público, senão que a forma exclusiva, determinada pela norma legal. O que se deve pôr a claro é que não se poderá deixar de conceder ao Ministério Público oportunidade para emitir parecer, seja no procedimento ordinário ou no sumariíssimo, sob pena de nulidade processual. Além disso, nos termos do art. 83, da Lei Complementar n. 75, de 20 de maio de 1993 (Estatuto do Ministério Público), insere-se no elenco dos poderes e direitos do *Parquet* o de "manifestar-se em qualquer fase do processo trabalhista, acolhendo solicitação do juiz ou por sua iniciativa, quando entender existente 'interesse público' que justifique a intervenção" (inciso II). Uma outra prerrogativa do Ministério Público é a de "funcionar nas sessões dos Tribunais Trabalhistas, manifestando-se verbalmente sobre a matéria em debate, sempre que entender necessário, sendo-lhe assegurado o direito de vista dos processos em julgamento, podendo solicitar as requisições e diligências que julgar convenientes" (inciso VI).

A determinação legal para que o Ministério Público exare parecer oral, na sessão de julgamento dos recursos ordinários, no procedimento sumariíssimo, derivou, sem dúvida, daquela preocupação legislativa, a que há pouco nos referimos, de acelerar o julgamento desses recursos. Assim afirmamos, porque, não raro, no procedimento ordinário, os autos ficam retidos durante muito tempo, no Ministério Público, retardando, com isso, o julgamento do recurso.

Por outro lado, a emissão de parecer oral, na própria sessão de julgamento, tornou-se um pesado encargo para o Ministério Público, pois, os seus integrantes se vêm obrigados a compulsar, às pressas, os autos, na sessão, a fim de poderem emitir o parecer. Mesmo que não haja necessidade de emissão de parecer, por estar ausente, na causa, qualquer interesse público, o representante do Ministério Público deverá manusear os autos, detidamente, para definir-se quanto à ocasional desnecessidade do parecer. Sabemos que, na prática, alguns tribunais, para evitar que o Ministério Público se sinta algo constrangido, por ter de examinar os autos na própria sessão (com o que retardará o julgamento), vêm permitido que os representantes do *Parquet* tenham acesso informal aos autos, dias antes da sessão de julgamento — justamente para que se possam inteirar das matérias que dão conteúdo ao recurso ordinário.

f) O acórdão

Estabelece o inciso IV, do § 1º, do art. 895, da CLT, que o acórdão consistirá "unicamente na certidão de julgamento". Essa disposição, *data venia*, se nos apresenta teratológica; quando não, surrealista.

A redação desta norma foi baseada no art. 46 da Lei n. 9.099/95, que dispõe: "O julgamento em segunda instância constará apenas da ata, com a indicação suficiente do processo, fundamentação sucinta e parte dispositiva. Se a sentença for confirmada pelos próprios fundamentos, a súmula do julgamento servirá de acórdão".

O legislador trabalhista, no entanto, copiou mal o modelo civilista, pois, ao enumerar os requisitos que a certidão deverá conter, cometeu o ilogismo de colocar o dispositivo antes da fundamentação — deslize técnico em que a Lei inspiradora (n. 9.099/95, art. 46) não incorreu.

Independentemente dessa falha técnica, não nos parece acertada atitude do legislador trabalhista consistente em copiar a Lei n. 8.099/95. Sucede que esta norma legal (instituidora dos Juizados Especiais Cíveis) dispensa a elaboração de acórdão tradicional porque, entre outras coisas, da decisão (que será tomada por uma turma composta por três juízes togados, em exercício no primeiro grau de jurisdição, reunidos na sede do Juizado: art. 41, § 1º) não caberá recurso especial para o STJ, como patenteia a Súmula n. 203, desse Tribunal: "Não cabe recurso especial contra decisão proferida, nos limites de sua competência, por órgão de segundo grau dos Juizados Especiais".

Entretanto, da decisão dos Tribunais Regionais do Trabalho, em recurso ordinário interposto de sentença emitida no procedimento sumariíssimo, caberá recurso de revista, nas situações mencionadas no art. 896, § 6º, da CLT, embora com as restrições aí estabelecidas.

Desta forma, a substituição do acórdão pela certidão de julgamento, prevista no art. 895, § 1º, IV, poderá criar sérios transtornos à parte que desejar interpor recurso de revista da mencionada "certidão", mesmo que esta contenha, como exige a lei, as razões de decidir do voto "prevalente" (*sic*) e o dispositivo (nesta ordem). Aliás, "prevalente" é vocábulo estranho ao nosso léxico, porquanto a grafia correta é *prevalecente*; o resto é corruptela. Cremos que a superação dessas dificuldades só será possível se os tribunais se derem ao hábito salutar de fazer com que a certidão tenha verdadeiro conteúdo de acórdão, ou seja, que reproduza, na íntegra, o voto do relator, se prevalecente. Se isto vier a ocorrer, estaremos diante de mais um caso em que realidade se rebelará contra a lei, sob a bandeira do bom-senso e do apreço às partes. Aliás, já advertia Sir Oliver Wendell que "Quando a lei ignora a realidade, a realidade se rebela, ignorando a lei".

Se o relator ficar vencido no resultado da votação, caberá ao juiz proferidor do voto divergente e vencedor fornecer as razões de decidir, dentro de certo prazo, para constar da certidão, pois é razoável presumir que não sendo ele o relator, não tenha condições de indicar, na própria sessão de julgamento, a necessária fundamentação de seu voto, que constará da certidão. A exigência de fundamentação, nunca é desútil lembrar, tem foro constitucional, como patenteia o art. 93, inciso IX, da Suprema Carta Política de nosso País.

Os Tribunais, enfim, deverão revelar uma certa criatividade para poderem dar adequado atendimento à disposição legal, consistente em atribuir à certidão de julgamento o caráter de sucedâneo do tradicional acórdão.

Embora estejamos preocupados em discorrer sobre os entraves para a interposição de recurso de revista com base nessa insólita certidão, devemos, antes, nos preocupar com o oferecimento de embargos declaratórios. Aqui, as dificuldades poderão ser também de grande monta, a começar pelo fato de saber se essa certidão será publicada na íntegra, ou resumidamente, sob a forma de ementa. A propósito, sempre entendemos incompatível com o processo do trabalho a determinação contida no art. 943, § 1º, do CPC, de que "Todo acórdão conterá ementa".

Por mais forte razão, entendemos inaplicável essa regra aos acórdão emitidos no julgamento dos recursos ordinários submetidos ao procedimento sumariíssimo, pois tais acórdãos serão substituídos por meras certidões — às quais não caem bem ementas.

De qualquer modo, é elementar que resultado do julgamento proferido pelos Tribunais do Trabalho, em sede de recurso ordinário interposto de sentença emitida em causa submetida ao procedimento sumariíssimo, deverá ser publicado, a fim de que sejam intimadas as partes, com vistas ao oferecimento de embargos declaratórios ou à interposição de recurso de revista. Provavelmente, venha a adotar-se a praxe de publicar-se, apenas, a parte dispositiva, constante da certidão de julgamento. É no dispositivo (*decisum*) que o tribunal estampará o resultado do julgamento, como decorrência lógica do raciocínio jurídico desenvolvido na fundamentação, quando examinou as provas produzidas, valorou-as, e realizou a subsunção dos fatos às normas legais incidentes. A importância do dispositivo está em que, por princípio, é a única parte do provimento jurisdicional que produz o fenômeno da coisa julgada material (CPC, art. 502).

É interessante observar, a propósito, que o art. 897-A, da CLT, prevê o oferecimento de embargos declaratórios ao acórdão (e não à certidão com função de acórdão), a demonstrar, com isso, uma certa incongruência com o estatuído no art. 895, inciso IV.

O dispositivo, tanto da sentença quanto do acórdão (certidão), não precisa mencionar os valores da condenação, pois a regra inscrita no art. 852-I, § 2º, da CLT, que impunha essa quantificação, foi vetada pelo Sr. Presidente da República, como demonstramos em linhas anteriores.

Por outro lado, a regra de que se a sentença for "confirmada" pelos próprios fundamentos a certidão de julgamento servirá de acórdão poderá, segundo receamos, conduzir a um certo comodismo dos relatores, que poderão limitar-se a dizer que "confirmam" a sentença pelos próprios fundamentos desta, forrando-se, desse modo, da tarefa e do dever moral de encontrar argumentos próprios para fundar as suas razões de decidir.

Princípios de ordem ética e política recomendam, por esse motivo, que o relator, ou o juiz que tenha proferido o voto prevalecente — a despeito da autorização legal em exame —, procure utilizar argumentação jurídica própria, mesmo nos casos em que nega provimento ao recurso ordinário. A "manutenção" da sentença, exclusivamente, pelos fundamentos dela constantes, soa como que a um menosprezo pelas razões mediante as quais o recorrente impugnou aquele pronunciamento de primeiro grau — e, acima de tudo, torna nulo o acórdão, por ofensa ao art. 93, inciso IX, da Constituição Federal. Aliás, a entender-se que o art. 895, inciso IV, da CLT, esteja a autorizar o tribunal a "manter" a sentença, exclusivamente, pelos fundamentos desta (desobrigando, com isso, o órgão *ad quem* a valer-se de fundamentos próprios), não se poderá fugir à inferência de ser, essa norma infraconstitucional, contrastante com o referido dispositivo da Suprema Carta Política do País. O duplo grau de jurisdição não significa, apenas, o direito de a parte ver a lide novamente julgada, desta feita por uma Corte superior ao juízo emissor da sentença impugnada, mas, o de ter as suas razões efetivamente apreciadas pelo tribunal, entendida essa apreciação como a submissão da matéria, que é objeto do recurso, à atividade intelectual e cognitiva dos juízes integrantes do órgão *ad quem*. Fora disso, o duplo grau de jurisdição será um mero "jogo de cena", um simulacro de julgamento, a comprometer, gravemente, a dignidade do tribunal e a respeitabilidade dos seus pronunciamentos.

Nem se ignore o fato de a sentença vir a ser "mantida" por seus fundamentos criar embaraços de ordem prática, ao recorrente, em tema de prequestionamento, visando à interposição de recurso de revista, e de ação rescisória.

Enfim, tudo sugere que os tribunais não interpretem a regra estampada no art. 895, inciso IV, parte final, da CLT, como um convite ao comodismo, à negligência, à emissão de acórdãos agressores das razões históricas que conduziram à instituição do duplo grau de jurisdição (sob essa perspectiva, deve ser mencionada a influência que a Revolução Francesa exerceu sobre o tema) e, mais do que isso, violadores da Constituição de nossa República.

De qualquer modo, mesmo que o acórdão se limite a "confirmar" a sentença, pelos próprios fundamentos desta, estará a substituí-la no universo do processo, porquanto "O julgamento proferido pelo tribunal substituirá decisão impugnada no que tiver sido objeto de recurso" (CPC, art. 1.008).

Essa substituição da sentença pelo acórdão apresenta extrema importância no terreno da ação rescisória, pois não são raras as situações em que a parte, desatenda a esse fenômeno, dirige essa ação à sentença, a cujo recurso o tribunal deu ou negou provimento. Nesta hipótese, como o recurso ordinário foi julgado, o acórdão (independentemente do resultado do julgamento) toma o lugar da sentença impugnada. Sendo assim, se o autor dirigir a ação rescisória à sentença deverá ser declarado carecedor da ação, pela falta de interesse processual (CPC, art. 17), porquanto está a pretender desconstituir algo que já não existe no mundo jurídico. Estamos a pressupor que, na situação referida, a sentença tenha sido totalmente substituída pelo acórdão.

g) Especialização de turma

Dispõe o § 2º, do art. 895, da CLT, que "Os Tribunais Regionais, divididos em Turmas, poderão designar Turma para o julgamento dos recursos ordinários interpostos das sentenças prolatadas nas demandas sujeitas ao procedimento sumaríssimo".

Trata-se de uma faculdade que a lei atribui aos Tribunais divididos em Turmas. Assim, ficará a critério de cada Tribunal designar, ou não, uma Turma para o julgamento dos recursos ordinários interpostos das sentenças proferidas no procedimento sumariíssimo.

Nada obsta a que, dependendo do volume desses recursos, seja designada mais de uma Turma. Essa "especialização" do órgão fracionário tem a vantagem de fazer com que não haja confusão quanto ao processamento e ao julgamento do recurso, sabendo-se que os pertinentes ao interposto das sentenças emitidas no sumariíssimo não são os mesmos que os das proferidas no ordinário.

Haverá necessidade de o Tribunal Regional (possuindo, ou não, Turma especializada para o julgamento dos recursos ordinários interpostos das sentenças proferidas nas causas de que trata a Lei n. 9.9557/2000) ao autuar o recurso, fazer constar, quando for o caso, a observação: "Procedimento Sumariíssimo", sob pena de a falta dessa providência acarretar inevitáveis transtornos administrativos e judiciais, dentre os quais, os decorrentes da equivocada remessa dos autos ao Ministério Público, para oferecer parecer (escrito); da equivocada distribuição a revisor; do inadvertido descumprimento do prazo de dez dias para o relator exarar o seu "visto" etc.

Não nos parece vedada pela disposição legal em estudo a possibilidade de serem também "especializadas" Varas do Trabalho, com vistas à apreciação e ao julgamento de causas sujeitas ao procedimento sumaríssimo. Nem estamos convencidos de que haja uma tal proibição no art. 852-B, inciso III, que prevê a designação de "pauta especial" para essa finalidade. Deste modo, à especialização de Turmas dos Tribunais deve corresponder a especialização de Varas do Trabalho, segundo deliberação administrativa dos Tribunais, subordinada aos critérios de oportunidade e conveniência.

Resumo: são características do recurso ordinário interposto das sentenças proferidas nas causas sujeitas ao procedimento sumariíssimo:

• imediata distribuição a relator;

• fixação do prazo de dez dias para o relator lançar o seu "visto";

• imediata colocação em pauta de julgamento;

• inexistência de revisor;

• parecer oral e facultativo, pelo Ministério Público, na sessão de julgamento;

• certidão com função de acórdão;

• poder ser julgado por Turma especializada.

CAPÍTULO III

DO AGRAVO DE INSTRUMENTO

Art. 1.015. Cabe agravo de instrumento contra as decisões interlocutórias que versarem sobre:

I — tutelas provisórias;

II — mérito do processo;

III — rejeição da alegação de convenção de arbitragem;

IV — incidente de desconsideração da personalidade jurídica;

V — rejeição do pedido de gratuidade da justiça ou acolhimento do pedido de sua revogação;

VI — exibição ou posse de documento ou coisa;

VII — exclusão de litisconsorte;

VIII — rejeição do pedido de limitação do litisconsórcio;

IX — admissão ou inadmissão de intervenção de terceiros;

X — concessão, modificação ou revogação do efeito suspensivo aos embargos à execução;

XI — redistribuição do ônus da prova nos termos do art. 373, § 1º;

XII — (VETADO);

XIII — outros casos expressamente referidos em lei.

Parágrafo único. Também caberá agravo de instrumento contra decisões interlocutórias proferidas na fase de liquidação de sentença ou de cumprimento de sentença, no processo de execução e no processo de inventário.

Código de Processo Civil

• Comentário

Caput. No sistema do processo do trabalho, o agravo de instrumento tem finalidade, exclusivamente, liberatória, porquanto destinado a impugnar decisões monocráticas que não tenham admitido recursos (CLT, art. 897, "b"). A norma legal mencionada alude a "despachos que denegarem a interposição de recursos". Há, nessa dicção legal, duas impropriedades. Em primeiro lugar, não se trata, aí, de despacho, mas de decisão. Os despachos são irrecorríveis (CPC, art. 1.001); em segundo lugar, o que essa decisão denega não é a interposição do recurso, e sim a sua admissibilidade. A interposição se dá com o protocolo da petição e das razões no juízo competente; só se pode apreciar — mesmo que seja para não admitir — recurso que tenha sido interposto. Diz-se *interpor* porque o protocolo do recurso se dá entre a intimação da decisão e a possibilidade de seu trânsito em julgado.

Por outro lado, no processo do trabalho, o princípio vigente é o da irrecorribilidade autônoma e imediata das decisões interlocutórias (CLT, art. 893, § 1º). Se a parte não se satisfez com determinada decisão dessa natureza, proferida pelo juiz, deverá manifestar o seu usual "protesto antipreclusivo", renovando-o na oportunidade das razões, e aguardar o resulta do julgamento da causa: se for vencedora, provavelmente, não terá interesse em interpor recurso da sentença; se ficar vencida, recorrerá, alegando, em preliminar, quando for o caso, a nulidade da sentença.

Incisos I a XIII. Em nenhum dos casos mencionados nos incisos I a XI do art. 1.015 do CPC será cabível, no processo do trabalho, agravo de instrumento. O que se pode admitir é que esse recurso de natureza liberatória esteja compreendido na menção genérica, feita pelo inciso XIII, aos "outros casos expressamente referidos em lei", ou seja, no art. 897, letra "b", da CLT.

O inciso XII foi vetado. Previa a interposição de agravo de instrumento da decisão interlocutória que convertesse a ação individual em coletiva. Eis as razões do veto: "Da forma como foi redigido, o dispositivo poderia levar à conversão de ação individual em ação coletiva de maneira pouco criteriosa, inclusive em detrimento do interesse das partes. O tema exige disciplina própria para garantir a plena eficácia do instituto. Além disso, o novo Código já contempla mecanismos para tratar demandas repetitivas. No sentido do veto manifestou-se também a Ordem dos Advogados do Brasil — OAB. A Advocacia Geral da União manifestou-se contra". Nota-se que essas razões são, exatamente, as mesmas utilizadas em relação ao veto ao art. 333, que previa a conversão da ação individual em ação coletiva.

Parágrafo único. De igual modo, em nenhuma das situações apontadas neste parágrafo único será cabível agravo de instrumento no processo do trabalho. Quanto à liquidação da CLT, em particular, devemos observar a regra inscrita no art. 884, § 3º, da CLT, conforme a qual somente nos embargos à execução o executado poderá impugnar a "sentença" de liquidação da sentença. Não se trata aí de sentença, mas de *decisão* com traço interlocutório, pois não é dotada de aptidão para dar fim ao processo. Justamente por esse motivo é que o sistema não admite a sua impugnação imediata e de maneira autônoma. Cuida-se de impugnação diferida para a fase de embargos à execução, a que a norma legal se refere, em má técnica, como embargos à penhora.

Art. 1.016. O agravo de instrumento será dirigido diretamente ao tribunal competente, por meio de petição com os seguintes requisitos:

I — os nomes das partes;

II — a exposição do fato e do direito;

III — as razões do pedido de reforma ou de invalidação da decisão e o próprio pedido;

IV — o nome e o endereço completo dos advogados constantes do processo.

• Comentário

Caput. Reproduziu-se, e parte, a regra do art. 524 do CPC revogado.

Com o advento da Lei n. 9.139, de 30 de novembro de 1995, houve profunda alteração no sistema do CPC de 1973, no particular. Com efeito, por força dessa norma legal: a) o agravo de instrumento passou a ser apresentado, diretamente, no tribunal (art. 524); b) em consequência, foi abolida a regra contida no, então, art. 528, segundo a qual o juiz proferidor da decisão impugnada não poderia deixar de processar o agravo de instrumento, ainda que manifestamente intempestivo. A eliminação dessa antiga regra decorreu de razões de ordem lógica, pois, como dissemos, devendo o agravo ser apresentado no próprio tribunal, não havia sentido ficar-se cogitando de uma norma que só se justificava ao tempo em que esse recurso era protocolado no juízo *a quo,* de primeiro grau.

Essa regra do CPC de 1973 foi mantida pelo CPC atual (art. 1.016).

No processo do trabalho, todavia, nada mudou. Conforme veremos adiante, aqui, o agravo de instrumento continua a ser interposto perante o juiz (de primeiro grau) emissor da decisão impugnada. Sendo assim, é absolutamente necessário que sobreviva, neste processo, o espírito do antigo art. 528 do CPC de 1973, *em sua redação primitiva*, sob pena de permitir-se que o juiz *a quo* não admita o referido agravo. É evidente que a eliminação do conteúdo do antigo art. 528 daquele CPC faz com que a parte se sinta em maiores dificuldades de provar a existência de direito líquido e certo, por ocasião da impetração de mandado de segurança contra o ato do juiz *a quo*, que não admitir o agravo de instrumento. Em todo o caso, não sendo cabível agravo de instrumento de decisão que denega agravo de instrumento, resta ao interessado o exercício da ação de segurança, mesmo com a dificuldade apontada.

Deve ser colocado acima de tudo o fato de a sobrevivência da antiga regra inscrita no art. 528 do CPC de 1973 (insistamos: em sua redação anterior à Lei n. 9.139/95) ser não só lógica como necessária ao sistema do processo do trabalho, sabendo-se que este não foi afetado, no particular, pela alteração introduzida no processo civil. No processo do trabalho, como já assinalamos, o agravo de instrumento continua a ser interposto no juízo *a quo*, de primeiro grau, motivo por que não pode ser rejeitado liminarmente (em virtude de sua finalidade exclusivamente liberatória), exceto quando for utilizado para fim diverso do previsto no art. 897, "b", da CLT, vale dizer, quando não se destinar a impugnar decisão denegatória da admissibilidade de outro recurso. Nesta hipótese — é conveniente repisar —, o agravo de instrumento poderá ser denegado liminarmente, porquanto estará sendo utilizado para fim diverso do previsto em lei.

A propósito, o TST editou a Instrução Normativa n. 16, de 5.10.2000, pela qual uniformizou a interpretação da Lei n. 9.756, de 17.12.1998, que, entre outras coisas, acrescentou os §§ 5º e 6º ao art. 897 da CLT. Consta do inciso II dessa Instrução: "Limitado o seu cabimento, no processo do trabalho, aos despachos que denegarem a interposição de recurso (art. 897, alínea b, da CLT), o agravo de instrumento será dirigido à autoridade judiciária prolatora do despacho agravado, no prazo de oito dias de sua intimação e processado em autos apartados". Um retoque: o ato pelo qual o juízo monocrático não admite recurso não é despacho (apesar de a lei assim o considerar), e sim, decisão de traço interlocutório, para a qual o sistema (CLT, art. 897, "b") abre a exceção da impugnabilidade imediata e autônoma.

Vejamos, agora, os requisitos legais para a regularidade da petição de agravo de instrumento.

Inciso I. *Nome das partes*. Constitui elemento necessário para a definição subjetiva das partes.

Inciso II. *Exposição do fato e do direito*. Relatará, aqui, o agravante, em resumo, os fatos da causa e os fundamentos jurídicos do pedido nela formulados. É evidente que esses fatos e fundamentos variarão conforme seja a natureza do recurso cuja admissibilidade tenha sido denegada pela decisão monocrática impugnada pelo agravo.

Inciso III. *Razões do pedido de reforma ou de invalidação*. Cumprirá ao agravante, em seguida, demonstrar as razões jurídicas pelas quais entende deva ser reformada a decisão monocrática agravada, para efeito de ser admitido o recurso por ela denegado. Nesta parte do agravo, a parte impugnará, especificamente, os fundamentos de fato e de direito que levaram o juízo a negar admissibilidade ao recurso — e pedirá o provimento do agravo.

Inciso IV. *Nome e endereço dos advogados*. A indicação do nome completo dos advogados constantes do processo diz respeito não a todos os advogados que se encontram atuando nos autos, mas apenas daqueles que subscreveram a petição e as correspondentes razões do agravo de instrumento.

Código de Processo Civil

Art. 1.017. A petição de agravo de instrumento será instruída:

I – obrigatoriamente, com cópias da petição inicial, da contestação, da petição que ensejou a decisão agravada, da própria decisão agravada, da certidão da respectiva intimação ou outro documento oficial que comprove a tempestividade e das procurações outorgadas aos advogados do agravante e do agravado;

II – com declaração de inexistência de qualquer dos documentos referidos no inciso I, feita pelo advogado do agravante, sob pena de sua responsabilidade pessoal;

III – facultativamente, com outras peças que o agravante reputar úteis.

§ 1º Acompanhará a petição o comprovante do pagamento das respectivas custas e do porte de retorno, quando devidos, conforme tabela publicada pelos tribunais.

§ 2º No prazo do recurso, o agravo será interposto por:

I – protocolo realizado diretamente no tribunal competente para julgá-lo;

II – protocolo realizado na própria comarca, seção ou subseção judiciárias;

III – postagem, sob registro, com aviso de recebimento;

IV – transmissão de dados tipo fac-símile, nos termos da lei;

V – outra forma prevista em lei.

§ 3º Na falta da cópia de qualquer peça ou no caso de algum outro vício que comprometa a admissibilidade do agravo de instrumento, deve o relator aplicar o disposto no art. 932, parágrafo único.

§ 4º Se o recurso for interposto por sistema de transmissão de dados tipo fac-símile ou similar, as peças devem ser juntadas no momento de protocolo da petição original.

§ 5º Sendo eletrônicos os autos do processo, dispensam-se as peças referidas nos incisos I e II do *caput*, facultando-se ao agravante anexar outros documentos que entender úteis para a compreensão da controvérsia.

• **Comentário**

Caput. Diz-se que o agravo em estudo é *de instrumento*, precisamente porque esse recurso se processa em autos apartados, que devem ser instruídos com reproduções de certas peças constantes dos autos principais, nos quais foi lançada a decisão monocrática impugnada.

Essas peças são indicadas pelos incisos I a III do art. 1.017.

Inciso I. No CPC, o agravo de instrumento será *obrigatoriamente* instruído com: cópias da petição inicial, da contestação, da petição que ensejou a decisão agravada, da própria decisão agravada, da certidão da respectiva intimação ou outro documento oficial que comprove a tempestividade e das procurações outorgadas aos advogados do agravante e do agravado.

No processo do trabalho, em virtude do contido no § 5º, I, do art. 897 da CLT, o agravo deverá ser *obrigatoriamente* instruído com: a) cópias da decisão agravada; b) da certidão da respectiva intimação; c) das procurações outorgadas aos advogados do agravante e do agravado; d) da petição inicial; e) da contestação; f) da decisão originária; g) do depósito recursal referente ao recurso que se pretende destrancar; h) da comprovação do recolhimento das custas; i) da comprovação do depósito a quer se refere o § 7º do art. 899 da CLT.

Tanto no caso das peças obrigatórias quanto das facultativas caberá ao agravante fiscalizar a formação do agravo, como evidencia a expressão legal "sob pena de não conhecimento" (CLT, art. 895, § 5.).

Mencionemos algumas das OJs da SBDI-I, do TST, que versam sobre agravo de instrumento:

OJ n. 110: "Representação irregular. Procuração apenas nos autos de agravo de instrumento. A existência de instrumento de mandato apenas nos autos de agravo de instrumento, ainda que em apenso, não legitima a atuação de advogado nos processos de que se originou o agravo".

OJ n. 217: "Agravo de instrumento. Traslado. Lei n. 9.756/1998. Guias de Custas e de depósito recursal. Para a formação do Agravo de Instrumento, não é necessária a juntada de comprovantes de recolhimento de custas e de depósito recursal relativamente ao Recurso Ordinário, desde que não seja objeto de controvérsia no Recurso de Revista a validade daqueles recolhimentos".

OJ n. 283: "Agravo de Instrumento. Peças essenciais. Traslado realizado pelo agravado. Validade. É válido o traslado de peças essenciais efetuado pelo agravado, pois a sua regular formação incumbe às partes e não somente ao agravante".

OJ n. 284: "Agravo de Instrumento. Traslado. Ausência de certidão de publicação. Etiqueta adesiva imprestável para aferição da tempestividade. A etiqueta adesiva na qual consta a expressão 'no prazo' não se presta à aferição da tempestividade do recurso, pois sua finalidade é tão somente servir de controle processual interno do TRT e sequer contém a assinatura do funcionário responsável por sua elaboração".

OJ n. 285: "Agravo de Instrumento. Traslado. Carimbo do protocolo do recurso ilegível. Inservível. O carimbo do protocolo da petição recursal constitui elemento indispensável para aferição da tempestividade do apelo, razão pela qual deverá estar legível, pois um dado ilegível é o mesmo que a inexistência do dado".

OJ n. 286: "Agravo de Instrumento. Traslado. Mandato tácito. Ata de audiência. Configuração. I — A juntada da ata de audiência, em que consignada a presença do advogado, desde que não estivesse atuando com mandato expresso, torna dispensável a procuração deste, porque demonstrada a existência de mandato tácito. II — Configurada a existência de mandato tácito fica suprida a irregularidade detectada no mandato expresso".

OJ n. 374: "Agravo de Instrumento. Representação processual. Regularidade. Procuração ou substabelecimento com cláusula limitativa de poderes no âmbito do Tribunal Regional do Trabalho. É regular a representação processual do subscritor do agravo de instrumento ou do recurso de revista que detém mandato com poderes de representação limitados ao âmbito do Tribunal Regional do Trabalho, pois, embora a apreciação desses recursos seja realizada pelo Tribunal Superior do Trabalho, a sua interposição é ato praticado perante o Tribunal Regional do Trabalho, circunstância que legitima a atuação do advogado no feito".

Inciso II. A declaração de inexistência de qualquer dos documentos mencionados no inciso I, feita pelo advogado do agravante, sob sua responsabilidade pessoal, também é peça obrigatória, quando for o caso.

Inciso III. No CPC, o agravo será *facultativamente* instruído com outras peças que o agravante entender úteis.

No processo do trabalho, essa *facultatividade* se refere a outras peças que o agravante reputar úteis ao deslinde da matéria de mérito controvertida (CLT, art. 897, § 5º, II).

§ 1º Em casos como o de interposição de agravo de instrumento ao STF, cumprirá ao agravante juntar, ainda, o comprovante do pagamento das respectivas custas e do porte de retorno, quando devidos, de conformidade com a tabela publicada pelo STF.

§ 2º No processo do trabalho, embora o agravo de instrumento seja dirigido ao tribunal competente para apreciar o recurso denegado, o protocolo é realizado no próprio juízo emissor da decisão agravada.

Incisos I a V. No processo do trabalho somente não se aplica o disposto no inciso I, que cogita do protocolo do agravo de instrumento diretamente no tribunal.

§ 3º Se o relator verificar a ausência de qualquer peça ou a presença de algum vício que comprometa a admissibilidade do agravo de instrumento, deverá abrir o prazo de cinco dias ao agravante para que sane o vício ou complemente a documentação (CPC, art. 932, parágrafo único). Deixando o agravante de adotar, no prazo legal, a providência que lhe incumbia, o agravo não será admitido. Com relação às peças, entendemos que são as necessárias (incisos I e II), pois a juntada das facultativas fica a critério do agravante.

§ 4º Se a parte interpuser o agravo de instrumento por meio de sistema de transmissão de dados deverá juntar as peças no momento do protocolo da petição original.

§ 5º Tratando-se de autos eletrônicos, fica dispensada a juntada dos documentos mencionados nos incisos I e II (obrigatórios), embora se permita ao agravante juntar outros documentos que repute úteis à compreensão da controvérsia. São os documentos facultativos a que se refere o inciso III.

O agravo de instrumento ao TST

Pela Resolução Administrativa n. 1.418, de 30.8.2010, o Órgão Especial do TST regulamentou o processamento do Agravo de Instrumento interposto de despacho que negar seguimento a recurso de competência do Tribunal Superior do Trabalho.

São estes os artigos integrantes da mencionada Resolução:

Art. 1º O agravo de instrumento interposto de despacho que negar seguimento a recurso para o Tribunal Superior do Trabalho deve ser processado nos autos do recurso denegado.

Art. 2º Após a juntada da petição de agravo de instrumento, o processo será concluso ao juiz prolator do despacho agravado, para sua reforma ou confirmação.

§ 1º Mantido o despacho e não havendo outro recurso admitido, o agravo de instrumento será autuado no TRT.

§ 2º Havendo agravo de instrumento e também recurso admitido, o processo será remetido ao TST com a classe processual anterior à interposição dos recursos, cabendo ao TST proceder à devida autuação do processo.

Art. 3º Nos processos em que haja agravo de instrumento e também recurso admitido, se provido o agravo, publicar-se-á certidão para efeito de intimação das partes, dela constando que o julgamento de ambos os recursos dar-se-á na primeira sessão ordinária subsequente à data da publicação, determinando-se ainda a reautuação do processo e a alteração dos registros.

§ 1º Julgados os recursos, será lavrado um único acórdão, que consignará também os fundamentos do provimento do agravo de instrumento, fluindo a partir da data da publicação do acórdão o prazo para interposição de recursos.

§ 2º Se não for conhecido ou provido o agravo de instrumento, será de imediato julgado o recurso, com lavratura de um único acórdão, que consignará os fundamentos de ambas as decisões.

Art. 4º Interposto apenas agravo de instrumento, se lhe for dado provimento, observar-se-á o procedimento descrito no art. 3º, § 1º.

Art. 5º Esta Resolução Administrativa entra em vigor na data da sua publicação.

A Resolução foi publicada no Diário Eletrônico da Justiça do Trabalho, edição de 31 agosto 2010.

Em rigor, conforme consta do § 1º da Resolução n. 1.418/2010, o agravo em exame não é *de instrumento*, uma vez que deverá ser interposto nos mesmos autos do processo em que foi proferida a decisão impugnada por esse recurso. Diante disso, poder-se-ia denominá-lo de *agravo liberatório nos próprios autos*.

Por outro lado, Órgão Especial do TST, pela Resolução Administrativa n. 1.340, de 1º.6.2009, autorizou o Presidente da Corte a decidir, monocraticamente, os agravos de instrumento em recurso de revista. Lê-se do art. 2º dessa Resolução: "Compete, ainda, ao Presidente, antes da distribuição: I — negar provimento a agravo de instrumento manifestamente incabível; II — negar provimento ao agravo de instrumento na hipótese de o recurso de revista não atender os pressupostos extrínsecos de admissibilidade; III — negar provimento ao agravo de instrumento para manter o despacho que denegou o seguimento ao recurso de revista, por estar a decisão do Tribunal Regional em conformidade com súmula ou orientação jurisprudencial de direito material, da Corte".

Art. 1.018. O agravante poderá requerer a juntada, aos autos do processo, de cópia da petição do agravo de instrumento, do comprovante de sua interposição e da relação dos documentos que instruíram o recurso.

§ 1º Se o juiz comunicar que reformou inteiramente a decisão, o relator considerará prejudicado o agravo de instrumento.

§ 2º Não sendo eletrônicos os autos, o agravante tomará a providência prevista no *caput*, no prazo de 3 (três) dias a contar da interposição do agravo de instrumento.

§ 3º O descumprimento da exigência de que trata o § 2º, desde que arguido e provado pelo agravado, importa inadmissibilidade do agravo de instrumento.

• **Comentário**

Caput. Disposição semelhante estava no art. 526 do CPC revogado. A lei faculta ao agravante juntar aos autos do processo principal cópia da petição do agravo de instrumento, do comprovante de sua interposição e do rol de documentos que instruíram esse recurso. A finalidade dessa juntada é fornecer ao juízo que não admitiu o recurso a possibilidade de retratar-se, vale dizer, de admitir o recurso.

§ 1º A norma diz que se o juiz *comunicar* que reformou inteiramente a decisão o relator considerará prejudicado o agravo de instrumento. Assim se dispôs porque, no processo civil, de ordinário, o agravo de instrumento é protocolado no próprio tribunal que o julgará. Logo, o juiz precisa, efetivamente, dar a conhecer ao relator a sua reconsideração quanto á decisão pela qual não admitiu o recurso impugnado. No processo do trabalho, como o agravo de instrumento é protocolado no próprio juízo que proferiu a decisão impugnada, este, se a reconsiderar, não necessitará dar ciência ao relator porque, em princípio, os autos do agravo estarão na própria Vara. Basta, pois, que o juiz lance nos autos do agravo o despacho pelo qual reconsidera a decisão agravada, para efeito de admitir o recurso, para que fique prejudicado o agravo de instrumento.

§ 2º Tratando-se de autos físicos, cumprirá ao agravante adotar no prazo de três dias as providências previstas no *caput* do art. 1.018. Esse prazo será contado da data da interposição do agravo de instrumento. A norma não incide no processo do trabalho, pelas razões que exaramos no comentário ao § 1º.

§ 3º Se o agravante deixar de atender à exigência formulada pelo § 2º, o agravo de instrumento não será admitido. Para isso, é indispensável a iniciativa do agravado, a quem incumbirá também a prova do alegado descumprimento. Por outras palavras, o juiz não poderá, *ex officio*, inadmitir o agravo no caso do § 3º.

Art. 1.019. Recebido o agravo de instrumento no tribunal e distribuído imediatamente, se não for o caso de aplicação do art. 932, incisos III e IV, o relator, no prazo de 5 (cinco) dias:

I — poderá atribuir efeito suspensivo ao recurso ou deferir, em antecipação de tutela, total ou parcialmente, a pretensão recursal, comunicando ao juiz sua decisão;

II — ordenará a intimação do agravado pessoalmente, por carta com aviso de recebimento, quando não tiver procurador constituído, ou pelo Diário da Justiça ou por carta com aviso de recebimento dirigida ao seu advogado, para que responda no prazo de 15 (quinze) dias, facultando-lhe juntar a documentação que entender necessária ao julgamento do recurso;

III — determinará a intimação do Ministério Público, preferencialmente por meio eletrônico, quando for o caso de sua intervenção, para que se manifeste no prazo de 15 (quinze) dias.

• **Comentário**

Caput. A matéria constava do art. 527 do CPC revogado.

Chegando os autos do agravo de instrumento do tribunal, a sua distribuição deverá ocorrer de maneira imediata, exceto se for o caso de aplicação do art. 932, incisos III e IV. Caberá ao relator, no prazo de cinco dias, praticar os atos descritos nos incisos I a III.

Inciso I. Atribuir efeito suspensivo ao recurso ou deferir, em antecipação de tutela, total ou parcialmente, a pretensão recursal, dando ciência ao juiz de sua decisão.

Efeito suspensivo

O art. 897, da CLT, sempre tratou, de modo conjunto, dos agravos de petição e de instrumento. Essa observação é importante, porque o § 1º da referida norma, em sua redação primitiva, dispunha: "o agravo será interposto no prazo de oito dias e não terá efeito suspensivo". (...).

Posteriormente, a Lei n. 8.432/92 altera a redação do § 1º do art. 897, da CLT, para estabelecer que, em sede de agravo de petição, o recorrente deveria delimitar, de maneira justificada, as matérias e valores impugnados, sob pena de o agravo não ser admitido. Como se percebe, a nova redação dessa norma passou a cuidar, exclusivamente, do *agravo de petição*, não mais fazendo referência ao de *instrumento*. A norma legal em exame também não mais fez referência à possibilidade de o juiz sobrestar o andamento do feito (seja no agravo de petição, seja no de instrumento).

Em livros anteriores, concluímos que, em decorrência da Lei n. 8.432/92, o agravo de instrumento teria, sempre, efeito suspensivo. Estamos, agora, reformulando, *em termos*, a nossa opinião.

Ocorre que, em princípio, o efeito do agravo de instrumento se vincula a dois fatores: a) a quem o interpõe; b) ao efeito do recurso principal. Expliquemos. a) no primeiro caso, a investigação acerca do efeito do agravo de instrumento só faz sentido quando este é interposto pelo réu, vencido na causa. Assim dizemos, porque se o autor teve as suas pretensões totalmente rejeitadas pela sentença, nada há para executar, em seu benefício, deste modo, o recurso que vier a interpor será dotado, apenas e logicamente, de efeito devolutivo, uma vez que nada há a ser suspenso. b) se o recurso principal, interposto pelo réu, foi recebido somente no efeito devolutivo, ele terá interesse (CPC, art. 17) em fazer com que o agravo de instrumento seja admitido no efeito suspensivo; caso, porém, o recurso principal tenha sido recebido no efeito suspensivo, o efeito do agravo de instrumento será o mesmo do principal, por uma questão de ordem lógica.

O art. 1.019, I, do CPC, permite ao relator do agravo de instrumento, entre outras coisas, atribuir efeito suspensivo ao recurso. Essa norma incide no processo do trabalho, *mutatis mutandis*. Como, aqui, o agravo de instrumento é interposto no próprio juízo proferidor da decisão denegatória da admissibilidade do recurso principal, isto significa dizer que, em princípio, este juízo de admissibilidade *a quo* poderá: a) reconsiderar a sua decisão, ficando, com isso, prejudicado o agravo de instrumento; ou b) manter a sua decisão, mas atribuir efeito suspensivo ao recurso. Se o juízo *a quo* não fizer nenhuma coisa nem outra, o *ad quem* poderá atribuir efeito suspensivo ao agravo de instrumento.

Digamos que o juiz de primeiro grau não haja admitido o recurso ordinário interposto pelo réu; interposto agravo de instrumento dessa decisão, o relator poderia atribui-lhe efeito suspensivo da sentença objeto do recurso ordinário denegado. Se vencido na causa fosse o autor, e o recurso ordinário por ele interposto não fosse admitido pelo juízo *a quo*, não se haveria que cogitar de efeito suspensivo do agravo que viesse a interpor, pois, como dissemos, nada haveria a suspender.

Não ignoramos a disposição o item I, *in fine*, da Súmula n. 414, do TST, conforme o qual "A ação cautelar é o meio próprio para se obter efeito suspensivo da recurso". Ocorre que a Súmula somente se aplica ao recurso que *foi admitido* (e ao qual o recorrente pretende ver atribuído efeito suspensivo), ao passo que o art. 1.019, I, do CPC, aplicado ao processo do trabalho, só incide nos casos em que a admissibilidade do recurso é *denegada*.

Antecipação da tutela

O art. 273 do CPC revogado aludia à *antecipação da tutela*.. O CPC atual, nos arts. 300 a 311, cogita das tutelas de urgência e da evidência. A primeira veio, em certa medida, a ocupar o lugar que o CPC de 1973 reservava às cautelares inominadas, derivantes do poder geral de cautela do magistrado (art. 798); a segunda substitui, de certo modo, a antecipação dos efeitos da tutela, de que se ocupava o art. 273 daquele Código do passado.

O inciso I, do art. 1.019, do CPC, permite ao relator não somente atribuir efeito suspensivo ao recurso como acolher a pretensão recursal mediante antecipação total ou parcial da tutela.

Em termos práticos, isso significa dizer que o relator poderá antecipar o resultado útil que a parte procura obter com o recurso interposto, mas denegado pelo ato do juízo de admissibilidade — que é objeto do agravo de instrumento.

A antecipação da tutela, conforme dissemos, poderá ser parcial ou total, dependendo do pedido formulado pela parte e de outras circunstâncias da causa.

Concedida que seja, o relator mandará cientificar o juízo *a quo* de sua decisão.

Algumas situações possíveis de ocorrerem em virtude da antecipação da tutela em sede de agravo de instrumento devem ser agora examinadas, ainda que a voo de pássaro leve.

Digamos que a sentença tenha sido favorável ao autor e que este tenha dado início à execução provisória. O réu interpõe recurso ordinário, cuja admissão é denegada pelo juízo *a quo*; dessa decisão monocrática ele interpõe agravo de instrumento, e o relator antecipa os efeitos da tutela. Como o que se antecipou foi a pretensão recursal, e como essa pretensão consiste na reforma da sentença, em benefício do réu, isso significa que, comunicado da decisão relator, o juiz de primeiro grau deverá tornar sem efeito a execução provisória, ou, quando menos, suspendê-la na fase em que se encontra, até que haja o julgamento do recurso ordinário.

Se, ao contrário, a sentença foi desfavorável ao autor e o juízo *a quo* não admitiu o recurso ordinário dela interposto, o relator do agravo de instrumento poderá antecipar a tutela para condenar o réu pagar ao autor os valores mencionados na petição inicial. Diante disso, o autor poderá promover, no juízo de primeiro grau, a execução provisória do ato antecipador da tutela.

Devolução

A devolutibilidade operada pelo agravo de instrumento é estrita: circunscreve-se à decisão que denegou a interposição do recurso, não se permitindo ao órgão *ad quem* adentrar na investigação do mérito do recurso trancado pelo juízo inferior.

Anteriormente à Lei n. 9.139/95, o agravo de instrumento, no sistema do processo civil (assim como no do trabalho), era apresentado ao próprio juízo emissor da decisão impugnada. Por força da referida norma legal, todavia, o agravo passou a ser apresentado ao próprio tribunal competente para o julgamento do recurso denegado (art. 524). Diante disso, o processo civil, por uma questão de ordem lógica, eliminou a regra, contida no art. 528, segundo a qual o juiz não poderia negar seguimento ao agravo de instrumento, mesmo que interposto fora do prazo legal. No processo do trabalho, contudo, o agravo de instrumento continuou a ser protocolado no próprio juízo emissor da decisão agravada. Por esse motivo, entendemos que o juízo *a quo*, neste processo, a despeito de a antiga regra consubstanciada no art. 528 do CPC de 1973 haver sido eliminada, não poderá deixar de admitir o agravo de instrumento, ainda que interposto fora do prazo legal. Ou seja, no processo do trabalho, subsiste a antiga regra do processo civil. Logo, o juízo de admissibilidade, no processo do trabalho, em princípio, é único, porquanto exercido, apenas, pelo *ad quem*, uma vez que, como se disse, não é dado ao *a quo* deixar de admitir o agravo. Em rigor, o juízo *a quo* somente poderá deixar de processar o agravo de instrumento, como enfatizamos, quando for manifestamente incabível no caso concreto, vale dizer, sempre que este recurso de natureza liberativa estiver sendo utilizado para fim diverso do previsto no art. 897, letra "b", da CLT. Não nos esqueçamos que um dos pressupostos objetivos para a admissibilidade de recursos em geral é o da *adequação*. Isto significa que para cada tipo de ato que se deseja impugnar existe um recurso específico (adequado), previsto em lei. Desse modo, sempre que o recurso escolhido pela parte não for legalmente adequado à impugnação do ato, deverá ser denegado, já pelo juízo *ao quo*. Tal seria o caso de um agravo de instrumento que viesse a ser manejado para impugnar, por exemplo, sentença proferida pela vara do trabalho, em processo de conhecimento. A inadequação do agravo, neste caso, com a decisão impugnada, é manifesta, sendo, mesmo, produto de erro grosseiro, e, por isso, inescusável.

No passado, ao prover o agravo de instrumento, o órgão *ad quem* se limitava a ordenar que o *a quo* lhe remetesse os autos do recurso trancado para melhor exame. Encaminhados os autos, o tribunal poderia não admitir o recurso, por entender que lhe faltava qualquer dos requisitos de admissibilidade, ou, admitindo-o, negar-lhe provimento.

Com a superveniência da Lei n. 9.756/98, que inseriu o § 7º, no art. 897, da CLT, essa disciplina foi

Art. 1.020

profundamente alterada, pois o tribunal, ao dar provimento ao agravo de instrumento, poderá deliberar sobre o imediato julgamento do recurso principal. Justamente por esse motivo, é que o recorrente deverá instruir o agravo de instrumento com as peças referidas nos incisos I e II, do art. 897, § 5º, da CLT, sob consequência de o agravo não vir a ser admitido pelo tribunal ou pelo relator.

Inciso II. Intimação do agravado.

Nos termos do § 6º do art. 897, da CLT, o agravado será intimado para, a um só tempo, oferecer resposta: a) ao agravo de instrumento (contraminuta); e b) ao recurso cuja admissão foi denegada. Faculta-se ao agravado instruir a sua manifestação com peças que reputar necessárias ao julgamento de ambos os recursos.

Cabe aqui, contudo, uma ponderação. A juntada de peças pelo agravado pode ser feita, com certa amplitude, no tocante ao agravo de instrumento; em relação ao recurso denegado, entretanto, deverá o juiz tomar o cuidado de impedir que o agravado, invocando a faculdade que lhe confere o § 6º do art. 897, da CLT, junte novos documentos, em manifesta transgressão à Súmula n. 8, do TST.

A despeito de a CLT possuir norma própria sobre a intimação do agravado, pode-se aplicar, em caráter subsidiário, o art. 1.019, II, do CPC, naquilo em que não contravier o § 5º do art. 897 da CLT (art. 769). O prazo para o agravado contraminutar será, todavia, de oito dias (Lei n. 5.584/70, art. 6º).

Inciso III. Intimação do Ministério Público.

Recebido o agravo de instrumento, o relator determinará a intimação do Ministério Público, quando necessária a sua intervenção, para manifestar-se no prazo de dez dias. Essa intimação deverá ser realizada, de preferência, por meio eletrônico; com vistas a isso, no entanto, não se poderá transgredir o art. 18 da Lei Complementar n. 75/93, que inclui, entre outras prerrogativas processuais do Ministério Público, a de "h) receber intimação pessoalmente nos autos em qualquer processo e grau de jurisdição nos feitos em que tiver que oficiar".

Art. 1.020. O relator solicitará dia para julgamento em prazo não superior a 1 (um) mês da intimação do agravado.

- **Comentário**

Contado da intimação do agravado, o relator disporá de um mês para solicitar dia para o julgamento do agravo de instrumento. É oportuno observar que o CPC de 2015 procurou substituir a fixação do prazo com base na unidade *mês*, adotada pelo CPC de 1973, pela unidade *dias*. No caso do art. 1.020, e de outros, no entanto, o legislador fixou os prazos baseados na unidade *mês*. Seja como for, na prática, o *acúmulo de serviços* tem constituído, com alguma razão, motivo para o descumprimento desse e de outros prazos pelos juízes em geral.

Processamento

Intimada da decisão monocrática de primeiro grau, que não admitiu o recurso interposto, a parte disporá do prazo de oito dias para ingressar com o agravo de instrumento (CLT, art. 897, *caput* e letra "b").

No processo do trabalho, em virtude do contido no § 5º, I, do art. 897 da CLT, como dissemos, o agravo deverá ser *obrigatoriamente* instruído com: a) cópias da decisão agravada; b) da certidão da respectiva intimação; c) das procurações outorgadas aos advogados do agravante e do agravado; d) da petição inicial; e) da contestação; f) da decisão originária; g) do depósito recursal referente ao recurso que se pretende destrancar; h) da comprovação do recolhimento das custas; i) da comprovação do depósito a quer se refere o § 7º do art. 899 da CLT.

O agravante poderá juntar outras peças que considerar úteis à solução da matéria de mérito controvertida (CLT, art. 897, § 5º, II).

O agravo de instrumento será apresentado ao próprio juiz emissor da decisão recorrida. Se este reconsiderar a decisão, ficará extinto o processo de agravo, pelo desaparecimento do interesse processual por parte do agravante (CPC, art. 17). Todavia, não caberá agravo de instrumento da decisão que reconsiderou a anterior, que não havia admitido o recurso. A razão é elementar: o agravo de instrumento é interponível, exclusivamente, de decisão que *não admite recurso*. Assim, na situação ventilada, a decisão proferida em foro de juízo de retratação *admitiu* o recurso, motivo por que não pode ser objeto de agravo de instrumento.

Caso a decisão impugnada, ao contrário, seja mantida, o agravado será intimado para oferecer, no prazo de oito dias (Lei n. 5.584/70, art. 6º), resposta (contraminuta) ao agravo e ao recurso principal, instruindo-a com as peças que considerar necessárias ao julgamento de ambos os recursos (CLT, art. 897, § 6º). Conquanto o vocábulo *resposta*, utilizado pelo legislador, possua, aí, sentido algo impreciso (pois, classicamente, a *resposta* é a manifestação do réu em face da petição inicial, podendo compreender a exceção, a contestação e a formulação de pedidos contrapostos), o seu uso teve o objetivo de abarcar tanto a contraminuta ao agravo de instrumento, como as contrarrazões ao recurso ordinário, ou, ainda, a contraminuta ao agravo de petição, conforme seja o caso.

Antes da resposta do recorrido, competirá à secretaria certificar nos autos principais a interposição do agravo de instrumento e o resultado do juízo de retratação.

Em princípio, o agravo de instrumento não exige preparo; entretanto, quando for o caso, caberá ao recorrente efetuar o pagamento dos emolumentos em quarenta e oito horas, a contar da intimação para tanto, sob pena de o agravo de instrumento vir a ser declarado deserto. Tratando-se de agravo de instrumento interposto de decisão denegatória de agravo de petição haverá custas, que serão pagas a final, pelo executado (CLT, art. 789-A, inciso III).

Estabelecia a Instrução n. 6/96 do TST que se houvesse nos autos principais recursos de ambas as partes e um deles não fosse admitido, o agravo de instrumento, devidamente processado, seria "remetido juntamente com os autos do recurso recebido" (inciso VIII). A ideia, que parecia nutrir a Instrução, nesse ponto, era de que se fosse negado provimento ao agravo de instrumento, o tribunal poderia, desde logo, proceder ao julgamento do recurso que havia sido admitido. Contudo, nem sempre as coisas assim se passavam, pois ocorria de o agravo de instrumento ser provido, hipótese em que, não raro, haveria necessidade de serem devolvidos os autos principais ao juízo *a quo* para que o recorrido apresentasse contrarrazões (estávamos cogitando da situação em que o juiz denegava o recurso, e, em virtude disso, não mandava intimar a parte contrária para arrazoá-lo). A Instrução Normativa n. 6/96, entretanto, foi revogada pela de n. 16/2000. Esta dispõe, entre outras coisas, que o agravo de instrumento será processado nos autos principais nas seguintes situações: a) se o pedido houver sido julgado totalmente improcedente; b) se houver recurso de ambas as partes e denegação de um ou de ambos; c) mediante postulação do agravante no prazo recursal, caso em que, havendo interesse do credor, será extraída carta de sentença, às expensas do recorrente, sob pena de não conhecimento do agravo (inciso II, parágrafo único, letras "a" a "c"). Posteriormente, a Resolução n. 113, de 26 de novembro de 2002, alterou, em parte, a Instrução Normativa n. 16/2000. Uma dessas modificações consistiu na inserção do § 2º no inciso II, daquela Instrução, com o seguinte teor: "na hipótese prevista na alínea "c" do parágrafo anterior, havendo o interesse do credor na extração da carta de sentença, deverá requerê-la no prazo de apresentação das contrarrazões ao agravo, sob pena de,

postulando posteriormente, ser extraída às próprias expensas". Posteriormente, o referido § 2º foi revogado pelo ato GDGCJ n. 162, de 28.4.2003 (DJ de 2.5.2003 e 7.5.2003).

Na vigência do CPC de 1973, o relator poderia indeferir, desde logo, a petição de agravo de instrumento, quando este fosse inadmissível, improcedente, prejudicado ou contrário a súmula do próprio tribunal, do Supremo Tribunal Federal ou de Tribunal Superior (arts. 527 e 557). Essa norma vinha sendo aplicada, em caráter subsidiário, ao processo do trabalho. Por isso, afirmávamos que o agravo seria: a) inadmissível, quando lhe faltasse um dos pressupostos de admissibilidade, fossem subjetivos ou objetivos; b) improcedente, quando fosse utilizado para fim diverso do previsto no art. 897, "b", da CLT; c) prejudicado, quando, por exemplo, o juiz *a quo* comunicasse que reconsiderou (ainda que tardiamente) a decisão agravada (CPC, art. 529, por analogia).

O atual CPC, contudo, não reproduziu as disposições dos arts. 527 e 557 do CPC. Apesar disso, entendemos que o processo do trabalho recepcionou e incorporou ao seu sistema o teor dos arts. 527 e 557 do CPC de 1973. Na verdade, o CPC de 2015 prevê apenas um caso de inadmissibilidade do agravo de instrumento: ocorre quando o agravante deixar de requerer a juntada, aos autos principais, de cópia da petição de instrumento, do comprovante de sua interposição e da relação dos documentos que instruíram o recurso (CPC, art. 1.018, § 3º).

A entender-se de forma diversa, incorreríamos no absurdo de admitir agravos de instrumento que, por exemplo, estivessem prejudicados em decorrência de o juiz proferidor da decisão monocrática agravada havê-la reformulado, para admitir o recurso; ou agravos de instrumento interpostos de decisão que não admitiu a produção de provas etc.

Dando provimento ao agravo de instrumento, a Turma deliberará sobre o julgamento do recurso principal, hipótese em que deverá ser observado o procedimento atinente a esse recurso (CLT, art. 897, § 7º).

A lembrar-se que, no âmbito do TST, o seu Presidente pode, em decisão monocrática, negar provimento ao agravo nos casos previstos nos incisos I a III do art. 2º da Resolução Administrativa n. 1.340/2009, do Órgão Especial daquela Corte.

CAPÍTULO IV
DO AGRAVO INTERNO

Art. 1.021. Contra decisão proferida pelo relator caberá agravo interno para o respectivo órgão colegiado, observadas, quanto ao processamento, as regras do regimento interno do tribunal.

§ 1º Na petição de agravo interno, o recorrente impugnará especificadamente os fundamentos da decisão agravada.

§ 2º O agravo será dirigido ao relator, que intimará o agravado para manifestar-se sobre o recurso no prazo de 15 (quinze) dias, ao final do qual, não havendo retratação, o relator levá-lo-á a julgamento pelo órgão colegiado, com inclusão em pauta.

§ 3º É vedado ao relator limitar-se à reprodução dos fundamentos da decisão agravada para julgar improcedente o agravo interno.

§ 4º Quando o agravo interno for declarado manifestamente inadmissível ou improcedente em votação unânime, o órgão colegiado, em decisão fundamentada, condenará o agravante a pagar ao agravado multa fixada entre um e cinco por cento do valor atualizado da causa.

§ 5º A interposição de qualquer outro recurso está condicionada ao depósito prévio do valor da multa prevista no § 4º, à exceção da Fazenda Pública e do beneficiário de gratuidade da justiça, que farão o pagamento ao final.

• **Comentário**

Caput. O preceito legal em exame trata do denominado *agravo interno*, que é interponível das decisões proferidas pelo relator — portanto, em caráter monocrático — que não admitem recurso, ou que lhes dá ou nega provimento. De resto das decisões do relator será interponível agravo regimental, conforme dispuser a norma *interna corporis* do tribunal. O agravo interno, previsto no art. 1.021, é julgado pelo órgão colegiado de que participa o relator. O processamento desse agravo é regido pelas normas do regimento interno do tribunal.

§ 1º Cabe à parte, ao elaborar a petição de agravo interno, impugnar, de maneira específica, os fundamentos da decisão agravada. Não só os fundamentos — devemos acrescentar — mas a conclusão desta. Não são aceitas impugnações genéricas.

§ 2º O agravo é dirigido ao relator que proferiu a decisão impugnada. Este intimará o agravado para manifestar-se em quinze dias. Decorrido esse prazo, sem que se tenha retratado, o relator submeterá o agravo interno a julgamento pelo colégio de juízes de que participa. O julgamento deverá constar de pauta. Duas nótulas são necessárias: em primeiro lugar, como o agravo interno constitui modalidade de recurso, o relator poderá não o admitir se não forem atendidos os pressupostos legais exigíveis, como, por exemplo, a tempestividade, a legitimidade, o interesse processual, etc.; em segundo, se o agravo for contrário a súmula do STF ou do STJ (ou do TST, no caso da Justiça do Trabalho), ou a acórdão do STF ou STF (ou do TST) proferido no julgamento de recursos repetitivos ou, ainda, a entendimento firmado em incidente de resolução de demandas repetitivas, o relator poderá negar-lhe provimento, com fundamento no art. 932, IV, alíneas "a", "b" e "c", do CPC.

§ 3º O relator (no colegiado), no julgamento do agravo interno, deverá encontrar argumentos próprios para dar-lhe ou negar-lhe provimento, pois a lei o proíbe de limitar-se a reproduzir os argumentos em que se fundou a decisão agravada. A norma é salutar, pois evita a prática de uma espécie de pastiche argumentativo, produto, não raro, do comodismo de alguns relatores. A questão, entretanto, é esta: se o relator limitar-se a reproduzir os fundamentos da decisão agravada, para negar provimento ao agravo, a sua decisão será nula?

O assunto tende a ser polêmico. Antes de mais nada, devemos dizer que os próprios pares do relator, na sessão de julgamento do agravo interno, poderiam chamar-lhe a atenção para o fato de estar desrespeitando a regra inscrita no § 3º do art. 1.021. Caso não ocorra essa advertência, será possível o oferecimento de embargos declaratórios à decisão do colegiado, fundados em omissão, pois, no caso, não teria sido respeitada a sobredita norma legal. Não sendo oferecidos embargos de declaração, ou sendo estes rejeitados, e ocorrendo o trânsito em julgado do acórdão, o interessado poderá ajuizar ação rescisória, com fulcro no art. 966, V ("violar manifestamente norma jurídica"), pois o referidoaresto, ao "julgar improcedente (*sic*) o agravo interno", teria examinado o mérito da causa.

§ 4º Se o órgão colegiado julgar, por unanimidade de votos, em decisão fundamentada, o agravo interno manifestamente inadmissível ou "improcedente", condenará o agravante a pagar ao adversário multa a ser fixada entre um e cinco por cento do valor atualizado da causa. Essa multa não poderá ser aplicada se o julgamento se der por maioria de votos. Observe-se que a expressão legal manifestamente se refere, apenas, à inadmissibilidade do agravo; logo, para efeito de aplicação da multa, no caso de "improcedência" (não provimento), basta que a decisão seja unânime. A mesma unanimidade se exige na inadmissibilidade.

§ 5º A norma declara que a *interposição* de qualquer outro recurso fica condicionada ao depósito prévio do valor da multa a que alude o § 4º Deveria dizer que a admissibilidade do agravo ficaria condicionado a esse depósito, pois a interposição é o ato pelo qual a parte protocola o recurso em juízo. E esse ato não pode ser obstado pela ausência do depósito. A Fazenda Pública, assim como o beneficiário de gratuidade da justiça não estão dispensados da multa, embora devem pagá-la no final. No caso específico do beneficiário da justiça gratuita deverá ser observado o disposto no § 3º do art. 98.

CAPÍTULO V

DOS EMBARGOS DE DECLARAÇÃO

Art. 1.022. Cabem embargos de declaração contra qualquer decisão judicial para:

I — esclarecer obscuridade ou eliminar contradição;

II — suprir omissão de ponto ou questão sobre o qual devia se pronunciar o juiz de ofício ou a requerimento;

III — corrigir erro material.

Parágrafo único. Considera-se omissa a decisão que:

I — deixe de se manifestar sobre tese firmada em julgamento de casos repetitivos ou em incidente de assunção de competência aplicável ao caso sob julgamento;

II — incorra em qualquer das condutas descritas no art. 489, § 1º.

• **Comentário**

Caput. O assunto constava do art. 535 do CPC revogado.

Os embargos de declaração na CLT

Até o advento da Lei n. 2.244, de 23 de junho de 1954, não havia no corpo da CLT nenhuma referência à figura processual de que estamos a tratar. É de lembrar-se que essa Lei deu redação, entre outros artigos, ao 702, II, e e § 2º, "d", estabelecendo serem oponíveis tais embargos aos acórdãos proferidos pelo pleno ou pelas turmas do TST. Esse artigo, porém, foi revogado pela Lei n. 7.701, de 21 de dezembro de 1988 (arts. 2º, II, "d"; 3º, III, "d"; 5º, "d").

Por evidente erronia técnica, entretanto, o legislador somente previu o cabimento dos embargos declaratórios a acórdãos proferidos pelo TST, silenciando quanto à possibilidade de utilização dessa medida em relação às decisões prolatadas pelos tribunais regionais e pelas Varas do Trabalho. Essa omissão, como era de se esperar, rendeu ensejo ao surgimento de dúvida, mais ou menos generalizada, nos sítios da doutrina trabalhista quanto ao cabimento dos embargos de declaração no âmbito do primeiro e segundo graus de jurisdição. Superada, no entanto, essa fase inicial de compreensível hesitação, firmou-se a doutrina no sentido de admiti-los para todos os pronunciamentos jurisdicionais desta justiça especializada, pouco importando qual seja o grau de jurisdição a que pertença o órgão proferidor.

A Lei n. 2.244/54 limitou-se, entretanto, a introduzir na CLT a figura dos embargos declaratórios sem cuidar — como seria desejável — de sistematizá-la e de estabelecer o correspondente procedimento; com isso, permitiu a aplicação supletiva das normas do processo civil concernentes à matéria, do que resultou, por sua vez, o surgimento de controvérsias acerca da compatibilidade de algumas dessas normas com o processo do trabalho. Basta lembrar a discussão a respeito da aplicabilidade, ou não, da multa de 1% e de 10% do valor da causa ao embargante protelador, que assim for considerado pela decisão judicial (CPC de 1973, art. 538, parágrafo único).

Em livros anteriores manifestamos a nossa esperança de que, *de lege ferenda*, a figura dos embargos declaratórios recebesse um tratamento compatível com as peculiaridades e com os princípios que animam o direito processual do trabalho; até lá — dizíamos —, a prudência sugeria que esses embargos fossem admitidos neste processo mediante a necessária adaptação (quando fosse o caso) das normas do processo civil onde repousa essa figura de extrema utilidade para o depuramento formal das decisões judiciais.

A esperada regulamentação dos embargos declaratórios, no processo do trabalho, todavia, ainda não veio. O que tivemos, apenas, foi a edição da Lei n. 9.957, de 12 de janeiro de 2000, que inseriu o art. 897-A, na CLT, para estabelecer, no *caput*, que "Caberão embargos de declaração da sentença ou acórdão, no prazo de cinco dias, devendo seu julgamento ocorrer na primeira audiência ou sessão subsequente a sua apresentação, registrada na certidão, admitido efeito modificativo da decisão nos casos de omissão e contradição no julgado e manifesto equívoco no exame dos pressupostos extrínsecos do recurso". O teor desta norma legal será examinado ao longo deste capítulo.

Conceito e finalidade

O verbo *embargar* é originário do baixo Latim *imbarricare*, que significa prender a barra. O significado desse vocábulo, no âmbito processual, é amplo e poliédrico, embora se possa reconhecer nele um sentido central de obstáculo, estorvo, ou oposição que uma das partes realiza em relação às pretensões da outra.

Em sentido estrito, os embargos de declaração constituem o meio específico que a lei põe ao alcance das partes sempre que desejarem obter do órgão jurisdicional uma declaração com o objetivo de escoimar a sentença ou o acórdão de certa falha de expressão formal, que alegam existir. Pede-se, por intermédio desses embargos, que o julgador sane omissão, aclare obscuridade ou extirpe contraditoriedade. Daí, o caráter acrisolador de que se revestem os embargos de declaração, cujo *nomen iuris* foi corretamente adotado, a despeito de certas divergências doutrinárias.

Nos próprios elementos que compõem o conceito dos embargos declaratórios podemos identificar a finalidade desse proveitosa figura processual: escoimar os pronunciamentos jurisdicionais de certas falhas de expressão formal de que se encontram acometidos. Diríamos que essa finalidade dos embargos se funda em duas razões: uma, de ordem histórica; outra, de ordem prática.

De ordem histórica, porque os indivíduos, ao submeterem ao conhecimento do Poder Judiciário os conflitos de interesses em que se envolvem — considerando-se que o Estado tornou proibido o exercício arbitrário das próprias razões —, têm o direito de exigir que esse pronunciamento jurisdicional seja, sob o aspecto formal, inteligível, lógico e completo, de modo a permitir que possam captar, com fidelidade, aquilo que o órgão quis expressar. Adverte, por isso, Hugo Alsina que *la sentencia debe contener decisión expresa, positiva y precisa, con arreglo a las acciones deducidas em juicio* (*Tratado teorico e practico de derecho procesal civil y comercial*. Tomo I. Buenos Aires: 1963, tomo I, p. 460); daí por que o juiz, ao prolatar uma sentença, deve cuidar de não incidir em tais erros de expressão; incidindo, *la lei acuerda a las partes un recurso, lhamado de aclaratoria, a fin de que el juez corrija su error, precise los términos de su pronunciamiento o subsane la omisión*" (*ibidem*).

De ordem prática, porque se não se sabe ao certo o que consta da decisão, a falta de oposição dos embargos declaratórios faria com que o trânsito em julgado levasse para a execução as falhas nela existentes, ou que se supunha existirem, cujas consequências seriam altamente danosas para o processo. Não são incomuns, na prática, os casos em que as partes se lançam a certas porfias relacionadas à interpretação da sentença, e que poderiam ser evitadas se uma delas se tivesse utilizado, no momento oportuno, dos embargos de declaração. Deste modo, detectada que seja a falha extrínseca do pronunciamento jurisdicional, deve a parte dirigir-se, por meio desses embargos, ao órgão prolator, a fim de que a aclare, a torne coerente ou a complemente, pois a sentença, como está, desatende às exigências de correção formal na entrega da prestação jurisdicional.

Realmente, a sentença (a decisão interlocutória ou o acórdão) que não possibilita a sua intelecção (obscura), que encerra proposições entre si incompatíveis (contraditória) ou que tenha deixado de apreciar um ou mais pedidos (omissa) frustra, de certo modo, a expectativa e o próprio direito das partes quanto à obtenção de um pronunciamento formalmente correto — o que nada tem que ver com o conteúdo intelectual (ou ideológico) daquele ato de composição da lide (ou de mera extinção do processo, sem manifestação sobre o mérito). Os erros intelectuais (*error in iudicando*) e os erros de procedimentos (*error in procedendo*) do julgador são impugnáveis pelos recursos adequados e não pelos embargos de declaração, que, a propósito, não constituem modalidade recursal, do ponto de vista doutrinário, em que pese ao fato de haverem sido assim considerados pelo CPC de 1973 (art. 496, IV) e pelo atual (art. 994, IV).

Classicamente, como demonstramos, os embargos de declaração se destinam a suprir falhas de expressão do julgador, traduzidas sob a forma de omissão, contradição ou obscuridade (CPC, art. 1.022, I e II).

De um tempo até esta altura, entretanto, a doutrina, a jurisprudência e a própria legislação passaram a atribuir a esses embargos outras funções, quais sejam: a) pré-questionar determinadas matérias, com vistas à interposição de recurso (TST, Súmula n. 297) ou ao exercício de ação rescisória (TST, Súmula n. 298); b) corrigir equívocos no exame dos pressupostos extrínsecos de admissibilidade de recurso (CLT, art. 897-A, *caput*), ampliando, assim, o seu campo de incidência.

A jurisprudência tem proclamado, com acerto, que os embargos declaratórios não podem ser utilizados para responder a perguntas ou a consultas formuladas pelas partes. Os órgãos jurisdicionais não são consultivos.

Natureza jurídica

É profunda a cizânia que se estabeleceu na doutrina, a respeito da natureza jurídica dos embargos de declaração. A disputa, que neste particular ainda vem sendo feita, decorre não de imprevisão legal sobre a matéria — porque o art. 1.022, IV, do CPC, classificou esses embargos como recurso — mas, sim, de um questionamento sobre ter sido acertada, ou não, essa atitude do legislador.

No elenco dos autores que reconhecem a natureza recursal desses embargos destacam-se Pontes Miranda (*Comentários*, p. 391/392), Frederico Marques (*Instituições*, p. 219), Mendonça Lima (obra cit., p. 184) e outros. Por todos fala Pontes de Miranda, anotando que o legislador de 1973 quis "pôr à frente a qualidade do recurso de embargos de declaração por serem de cognição de quem proferiu a sentença ou o acórdão: ser de competência de quem julgou, sem órgão ad quem superior" (*idem, ibidem*).

Divergimos, no plano doutrinário, dessa respeitável opinião. O traço essencial, capaz de distinguir com eficácia os embargos de declaração dos recursos, é a *finalidade*. Enquanto estes visam à reforma, à cassação da decisão impugnada, aqueles se destinam, meramente, a obter, do mesmo órgão jurisdicional, uma declaração de qual seja o verdadeiro conteúdo da sentença (ou do acórdão), para integrá-la ou para liberá-la de qualquer eiva de expressão. É de grande utilidade prática a separação doutrinária que se fez entre o *conceito* da sentença e sua *fórmula*: o primeiro tem caráter ideológico, pois encerra as razões que levaram o juiz a formar a sua convicção jurídica acerca dos fatos; já a segunda representa apenas a forma pela qual o conteúdo é manifestado. Os embargos declaratórios têm como destinatária exclusiva a *forma*, a *expressão* material do julgado, ao passo que os recursos se arremetem, em regra, contra o conteúdo.

Quando os embargos obtêm um acréscimo da condenação (a sentença declarativa, *e. g.*, acolheu pedido que a declarada se esquecera de apreciar), há uma aparente interpenetração com a finalidade própria dos recursos, porquanto se obteve uma alteração quantitativa do conteúdo da sentença; essa interpenetração, contudo, é falsa, pois os embargos, mesmo neste caso, não se desviaram um milímetro sequer das suas razões finalísticas: longe de terem provocado uma reforma da decisão embargada, nada mais fizeram do que integrá-la, do que preencher um vazio do primeiro pronunciamento jurisdicional. Destarte, o "efeito modificativo", que se tem reconhecido aos embargos declaratórios (CPC, arts. 1.023, § 2º e 1.024, § 4º; TST, Súmula n. 278), não constitui o escopo, a finalidade destes, senão que mera consequência natural do suprimento de uma falha da sentença, no tocante à sua *fórmula*. Certo segmento da doutrina, não captando com agudeza essa dessemelhança teleológica entre os embargos declaratórios e os recursos, deixou-se impressionar por aparentes reformas da sentença, que os primeiros acarretavam e, em razão disso, reconheceu, neles, o caráter do recurso. Seria equivocado, de outra parte, o argumento de que os embargos em exame não podem ser considerados como meio recursal porque são julgados pelo mesmo órgão prolator da sentença ou do acórdão impugnado e não por órgão diverso e hierarquicamente superior. Ocorre que há casos em que, por exceção, o recurso é julgado pelo mesmo juízo que proferiu a decisão impugnada. Como exemplo, tínhamos, na Justiça Federal comum, os embargos infringentes, instituídos pela Lei n. 6.825/80 (art. 4º, § 1º); no processo do trabalho tivemos os embargos de nulidade, que eram julgados pela própria Junta (atual Vara) e que atualmente só existem na referência histórica do art. 652, "c", da CLT.

A natureza não-recursal dos embargos declaratórios reside, portanto, não no fato de serem julgados pelo mesmo órgão prolator da decisão embargada, mas, sim, na sua finalidade de aclarar a sentença, de integrá-la; enfim, de corrigir alguma falha de expressão formal do pronunciamento do juízo.

A fixação da natureza não-recursal desses embargos terá aplicação prática em outros pontos do estudo desse instituto processual, que faremos mais adiante. A propósito, se os embargos declaratórios traduzissem, efetivamente, modalidade de recurso típico, por certo não poderiam ser oferecidos às sentenças emitidas nas causas de competência exclusiva das Varas do Trabalho, instituídas pela Lei n. 5.584/70, uma vez que, por força desta norma legal, "*nenhum* recurso caberá" (destacamos) — exceto se a sentença implicar violação à norma constitucional (art. 2º, § 4º).

Inalterabilidade do julgado

Esta questão se imbrica, em certo aspecto, com a examinada no item anterior, conquanto dela deva ser separada como providência necessária para evitar-se que a finalidade processual dos embargos declaratórios venha a ser, em concreto, transfigurada.

Parece haver ficado claro, até aqui, que os embargos sobre que estamos a discorrer têm, como razão teleológica, a tarefa específica de escoimar a sentença, o acórdão ou outra decisão, de determinadas imperfeições formais legalmente previstas. Não é dado à parte, portanto, a pretexto de obter uma declaração concernente ao exato conteúdo do pronunciamento jurisdicional, valer-se dos embargos para tentar conseguir, na verdade, a reforma da decisão.

Em concreto, tem-se visto, com certa frequência, os embargos de declaração serem utilizados como autêntico sucedâneo dos embargos de nulidade e infringentes do julgado, outrora previstos no processo do trabalho (CLT, art. 652, "c") e do qual foram extirpados pela Lei n. 5.442, de 24 de maio de 1968.

Art. 1.022

Impõe-se ao órgão jurisdicional, portanto, ficar atento para que os embargos de declaração não tenham a sua finalidade transvertida, adulterada, sob pena de acabarem — embora inadvertidamente — acolhendo esse propósito da parte e permitindo a formação de uma praxe censurável.

A única possibilidade de esses embargos acarretarem a modificação do pronunciamento jurisdicional a que se dirigem ocorre nos casos de omissão, obscuridade ou contradição. É necessário esclarecer, contudo, que em tais situações os embargos não se destinam a modificar o ato judicial; visam, sim, apenas a corrigir uma falha de dicção jurisdicional. O efeito modificativo, que decorrer da decisão declaratória, é, meramente, reflexo, colateral.

De igual maneira, não pode a Vara ou o Tribunal, no julgamento dos embargos declaratórios, pronunciar-se acerca de ponto que não foi objeto daqueles embargos; se assim o fizer, correrá o risco de decidir *extra* ou *ultra petita*, deixando a sentença declarativa extremamente vulnerável a uma impugnação pelo recurso que se vier a interpor da sentença de fundo, à qual aquela se incorporou. Seria o caso, p. ex., de a parte haver solicitado que o juízo se pronunciasse, em razão dos embargos, sobre certo ponto obscuro e este acabasse, além disso, suprindo certa omissão também existente, relativamente à qual, entretanto, nenhuma declaração se pedira. Na precisa advertência de Pimenta Bueno, os embargos em pauta "pressupõem que na declaração haja uniformidade de decisões e não inovação, porque declarar não é por certo reformar, adicionar, corrigir ou estabelecer disposição nova; a não ser assim um tal expediente iludiria a lei, admitindo contra o preceito dela segundo embargos não para declaração, mas sim para reforma do julgado e com excesso de poder, porque pela sentença a jurisdição já está finda" (*apud* SANTOS, Carvalho. *Comentários*. Rio de Janeiro: Forense, 1942. p. 424).

A decisão proferida no julgamento dos embargos declaratórios mantém, com a sentença declarada, relação idêntica à da lei interpretativa com a lei interpretada; à sentença declarativa, por isso mesmo, se inibe a possibilidade de extravasar os limites da sentença declarada, ou dizer menos do que esta pretendeu. A sentença declarativa não substitui a declarada; antes, integra-se a ela, completando, por essa forma, a entrega da prestação jurisdicional, anteriormente efetuada com imperfeição. Cuida-se, portanto, de uma medida de colmatação jurisdicional, máxime, no caso de omissão do julgado.

Cabe lembrar que a disciplina dos embargos declaratórios se insere no princípio geral que diz da inércia da jurisdição; disto decorre que as falhas de expressão do julgado somente podem ser eliminadas por intermédio de embargos que devem ser opostos pela parte interessada, não sendo lícito ao órgão judicante agir *ex officio* na busca dessa correção. Desatendida a regra, o ato do juiz pode ser impugnado por ocasião do recurso que se interpuser da sentença ou do acórdão, irregularmente declarado por iniciativa do próprio juízo de proferimento. Ou, em alguns casos, mediante correição parcial. O juiz estará autorizado, contudo, a agir *ex officio* para corrigir erros materiais da sentença (CLT, art. 833).

Pronunciamentos jurisdicionais embargáveis

O CPC de 1973 previa o cabimento dos embargos de declaração no caso de *sentença* e de *acórdão* (art. 535, I), sendo aquela ato do órgão de primeiro grau (art. 162, § 1º) e este, dos órgãos de segundo e de terceiro graus (art. 163). O art. 897-A da CLT, também alude (apenas) a sentença e a acórdão.

A despeito da antiga disposição do CPC, e da atual da CLT, sempre sustentamos que os embargos declaratórios seriam interponíveis, igualmente, das *decisões* (interlocutórias, ou não) proferidas pelo juiz — e, não apenas, das sentenças e dos acórdãos.

Conforme pudemos escrever, em livro específico: "Ora, se a sentença (ou o acórdão) obscura, contraditória ou omissa deve ser objeto de embargos de declaração, a fim de evitar-se que produza a coisa julgada material com esses graves erros de expressão do pensamento do julgador, não menos necessário é que a doutrina e a jurisprudência admitam o uso de tais embargos, quando vícios dessa natureza estiverem a contaminar outros pronunciamentos jurisdicionais (...). Não seria insensato sustentar, até mesmo, a possibilidade de os embargos de declaração serem utilizados para suprir omissão ou eliminar contraditoriedade ou obscuridade existentes em outros pronunciamentos jurisdicionais, como os despachos com conteúdo decisório. A não ser assim, como cumprir-se um despacho dessa natureza, que se revela lacunoso (omissão), incoerente (contradição) ou ininteligível (obscuro)?" (*Cadernos de processo civil*, v. 16, *Embargos de declaração*. São Paulo: LTr, 1999. p. 21/22).

A SBDI-1, do TST, na linha inversa de nosso entendimento, adotou a OJ n. 377, com este enunciado: "EMBARGOS DE DECLARAÇÃO. DECISÃO DENEGATÓRIA DE RECURSO DE REVISTA EXARADO POR PRESIDENTE DE TRT. DESCABIMENTO. NÃO INTERRUPÇÃO DO PRAZO RECURSAL. Não cabem embargos de declaração interpostos contra decisão de admissibilidade do recurso de revista, não tendo o efeito de interromper qualquer prazo recursal".

O Tribunal Superior do Trabalho, contudo, passou a admitir a possibilidade de os embargos de declaração terem como objeto certas decisões, segundo demonstra a Súmula n. 421: "I — Tendo a decisão monocrática de provimento ou denegação de recurso, previsto no art. 577 do CPC, conteúdo decisório definitivo e conclusivo da lide, comporta ser esclarecida pela via dos embargos de declaração, em decisão aclaratória, também monocrática, quando se pretende tão somente suprir omissão e não, modificação do julgado. II — Postulando o embargante efeito modificativo, os embargos declaratórios deverão ser submetidos ao pronunciamento do Colegiado, convertidos em agravo, em face dos princípios da fungibilidade e celeridade processual".

O Regimento Interno do TST alude ao cabimento dos embargos declaratórios "contra os **despachos** do Relator, provendo ou negando provimento, ou denegando seguimento a recurso" (art. 241, *caput*). Não se trata, no caso, de *despacho*, e sim de *decisão*.

Pois bem. Estamos, agora diante de uma nova realidade normativa. Assim dizemos porque o art. 1.022 do CPC em, vigor prevê o cabimento dos embargos declaratórios "contra qualquer decisão judicial". Destarte, os referidos embargos poderão ter como objeto não apenas a sentença e o acórdão, mas as *decisões* interlocutórias e as decisões unipessoais, simples, proferidas pelo juiz ou pelo relator. O legislador da atualidade atendeu, pois, aos apelos da doutrina, permitindo o uso dos embargos declaratórios não só em face de pronunciamentos jurisdicionais colegiados, mas, também, dos monocráticos (sentenças e decisões), além das decisões interlocutórias.

Justamente, aliás, por ficar convencido de que o ato pelo qual o juiz nega admissibilidade a recurso traduz decisão, e não despacho (CLT, art. 896, "b"), foi que o TST, atento às lições da doutrina, adotou a Súmula n. 421, I, já mencionada, para aceitar o oferecimento de embargos de declaração a esse ato monocrático.

Doravante, portanto, a *decisão* que se apresentar obscura, contraditória ou omissa, poderá ser objeto de embargos declaratórios (pouco importando que se trate de decisão interlocutória ou monocrática), mesmo no processo do trabalho, pois entendemos que o novo tratamento dado à matéria, pelo CPC (art. 1.022), por ter sido doutrinariamente acertado, não deve ser desprezado pelo processo do trabalho. Congemine-se, assim, o art. 897-A, da CLT, com o art. 1.022, do CPC, e ter-se-á uma adequada normatização legal do tema.

Matéria não embargada

Pode a parte, no recurso, alegar obscuridade, contradição, ou omissão da sentença se a ela não opôs, no momento oportuno, embargos declaratórios a fim de que o órgão de primeiro grau corrija o seu pronunciamento? É evidente que, por princípio, a resposta deve ser negativa. Ora, esses embargos foram instituídos exatamente para expungir da sentença, do acórdão ou de outras decisões certas falhas de expressão constatadas pelas partes; deste modo, a possibilidade de se poder arguir essas imperfeições apenas perante o órgão *ad quem*, na oportunidade da interposição do recurso, implicaria negar a própria razão de ser do instituto, na ordem processual: por um comodismo pessoal, a parte preferiria denunciar a falha da sentença quando interpusesse o recurso, dispensando-se, assim, de oferecer embargos declaratórios àquela sentença. É juridicamente possível concluir-se, por esse motivo, que, em princípio, a não utilização dos embargos declaratórios, nos casos em que eram cabíveis (melhor, exigíveis), tem efeito preclusivo, de sorte a obstar a possibilidade de a parte vir a arguir a imperfeição formal do julgado em suas razões de recurso.

Divergimos, por isso, do disposto no inciso III do art. 1.013 do CPC segundo qual, no julgamento da apelação tribunal deve decidir desde logo o mérito quando "constatar a omissão no exame de um dos pedidos, hipótese em que poderá julgá-lo".

Tem sido essa a opinião da doutrina e da jurisprudência predominantes, à qual há muito nos filiamos, estando esse entendimento, inclusive, sedimentado na súmula n. 317 do STF, assim enunciada: "São improcedentes os embargos declaratórios quando não pedida a declaração de julgado anterior, em que se verifica a omissão". O TST aprovou a Súmula n. 184, para dispor — nessa mesma linha — que "Ocorre preclusão quando não forem opostos embargos declaratórios para suprir omissão apontada em recurso de revista ou de embargos".

A matéria relativa à obscuridade, contraditoriedade ou omissão da sentença ou do acórdão deve, consequentemente, ser pré-questionada, pelo interessado, perante o mesmo juízo que proferiu a decisão infectada por um desses vícios; caso contrário, como dissemos, a preclusão temporal consumar-se-á. A exigência de prequestionamento, por intermédio desses embargos, está expressa na súmula n. 356 do Excelso pretório, quanto ao recurso extraordinário: "O ponto omisso da decisão, sobre o qual não foram opostos embargos declaratórios, não pode ser objeto de recurso extraordinário por faltar o requisito de prequestionamento". Semelhante prequestionamento vem sendo exigido com acerto também para efeito de admissibilidade do recurso de revista baseado em violação à norma legal, como revela a Súmula n. 297, do TST: "1. Diz-se prequestionada a matéria quando na decisão impugnada haja sido adotada, explicitamente, tese a respeito. 2. Incumbe à parte interessada, desde que a matéria haja sido invocada no recurso principal, interpor embargos declaratórios objetivando o pronunciamento sobre o tema sob pena de preclusão. III — (...)". Estabelece, a propósito, a OJ n. 256, da SBDI-I, do TST "Prequestionamento. Configuração. Tese explícita. Súmula n. 297. Para fins do requisito do prequestionamento de que trata a súmula n. 297, há necessidade de que haja, no acórdão, de maneira clara, elementos que levem à conclusão de que o Regional adotou uma tese contrária à lei ou à Súmula".

Cremos ser prudente, todavia, colocar um grão de sal no problema que estamos a examinar, sem que, com isso, estejamos recuando um passo sequer de nossa posição já manifestada. Não podemos ignorar que, em matéria de recurso ordinário, a lei permite serem apreciados pelo órgão *ad quem* todas as questões suscitadas e debatidas no processo, resolvidas ou não pela sentença (CPC, art. 1.013, § 1º). Imaginemos, à guisa de exemplo, que o autor haja pedido a condenação do réu ao pagamento de horas extras, cujo divisor, para obtê-las, pretendia fosse 180 e não 220. A sentença acolhe a pretensão, impondo ao réu o pagamento de todas as horas extras postuladas, sem, contudo, pronunciar-se sobre o divisor a ser observado, e que, segundo o réu, deveria ser 220. Nenhuma das partes opôs embargos de declaração, para que o ponto omisso da sentença fosse sanado. Interposto o recurso ordinário pelo réu, o tribunal poderia, usando a faculdade que lhe defere o art. 1.013, § 1º, do CPC, manifestar-se não só quanto à condenação do recorrente ao pagamento das horas extras (objeto do apelo), mas também sobre o divisor a ser utilizado, porquanto essa *questão* (divisor) foi suscitada e discutida no processo de conhecimento, a despeito de a sentença impugnada haver-se omitido na correspondente apreciação. Sustentar-se que, mesmo nesta hipótese, a não-oposição dos embargos declaratórios liberaria o efeito preclusivo que lhe é imanente, seria, de um lado, negar a aplicação do mencionado dispositivo do CPC, e, de outro, permitir que essa omissão fosse transportada, mais tarde, para a execução, quando o juiz teria de resolver o problema, declarando (segundo o seu convencimento pessoal) ser de 180 ou de 220 o divisor — sobre o qual as partes continuaram a controverter na fase da liquidação. Demais, a quem prejudicaria, no exemplo, a preclusão: ao autor ou ao réu, sabendo-se que o interesse em opor embargos declaratórios à sentença omissa era de ambos?

Por tudo isso, julgamos que, por exceção ao princípio cardeal mencionado, pode a parte, ao interpor recurso ordinário (e tão somente neste) arguir a falha de expressão da sentença, relativamente à qual deixou de opor embargos declaratórios. De igual maneira, pode o tribunal apreciar determinado ponto obscuro, contraditório ou omisso da sentença recorrida, ainda que não tenha sido objeto do recurso, contanto que sobre ele tenham as partes debatido no processo de conhecimento. Reputamos ser essa a melhor solução jurídica para o problema, salvo se fosse de entender-se (e não é este o nosso pensamento) que a regra do art.1.013, § 1º, do CPC, não atua, em nenhuma hipótese, no processo do trabalho.

Uma outra ponderação: não haverá preclusão, para efeito de interposição de recurso, quando se tratar de matéria de ordem pública, que, por esse motivo, pode e deve ser conhecida pelo juiz, *ex officio*, como seria o caso das enumeradas nos incisos IV, V, VI e IX do art. 485, do CPC. O mesmo se diga quanto à decadência (CC, art. 210).

Inciso I.

a) Obscuridade

O vocábulo *obscuridade* é originário do latim *obscuritas*, que significa o estado do que é obscuro; falta de clareza nas ideias e nas expressões. Essa causa já estava prevista no CPC de 1939 (art. 862, caput), sendo mantida pelo de 1973 (art. 535, I)

Obscura é a sentença ininteligível, que não permite compreender-se o que consta do seu texto. É consequência, quase sempre, de um pronunciamento jurisdicional confuso, feito em estilo gongórico, em que as ideias estão mal expostas ou mal articuladas. A parte não sabe, enfim, o que o juiz pretendeu dizer, ao realizar a prestação jurisdicional.

A sentença, o acórdão e as decisões devem, portanto, ser perspícuos, significa dizer, claros, inteligíveis, sob consequência de não ocorrer a necessária comunicação entre o juiz, as partes e todos aqueles que, de algum modo, tenham participado do processo (Ministério Público, *amicus curiae*, assistentes simples ou litisconsorciais, terceiros em geral).

É elementar que a obscuridade é um problema de foro subjetivo: o que pode ser ininteligível para a parte pode parecer, aos olhos do julgador, absolutamente claro. Podemos mesmo reconhecer a existência de uma graduação de obscuridade: há as que são manifestas e as que são discutíveis. Importa, contudo, que a parte, convencendo-se da obscuridade da sentença, a ela oponha embargos declaratórios com a finalidade de aclará-la, de torná-la compreensível.

Podemos afirmar que entre as falhas de expressão jurisdicional a obscuridade é a menos frequente. Estamos pressupondo, à evidência, que se trata de obscuridade admitida pelo órgão prolator da sentença embargada, porquanto as meramente alegadas podem chegar a números consideráveis, dependendo, apenas, da conveniência da parte em Alegá-la como fundamento dos embargos. Não seria despropositado afirmar que a sentença obscura é uma sentença enigmática, a conter a terrível cominação da Esfinge mitológica posicionada na entrada de Tebas: "Decifra-me ou devoro-te". Neste caso, os embargos declaratórios fazem as vezes de Édipo.

b) Contradição

Contradição (contra + dique) é o ato pelo qual alguém se coloca em antagonismo com o que havia dito ou feito; é a oposição inconciliável entre duas proposições. Essa causa de oponibilidade dos embargos de declaração estava presente no CPC de 1939, assim como no de 1973 (art. 535, I)

O traço característico da contradição é representado, pois, pela incoerência, pela desarmonia do pensamento; as ideias contrapõem-se, sem que se possa conciliá-las. Uma exclui a outra.

No plano processual, a contradição pode ocorrer entre as partes da sentença (ou do acórdão) ou mesmo dentro de uma delas. Em regra, essa colisão verifica-se entre a fundamentação e o dispositivo: naquela, *v. g.*, o juízo reconhece o cometimento de falta grave, pelo empregado, e, nesta, condena o empregador a pagar-lhe aviso-prévio.

É elementar que a contraditoriedade, capaz de ensejar os embargos declaratórios, tem de estar na sentença, ou no acórdão; se a contradição for entre sentenças ou entre acórdãos, pertinentes a outros processos, não haverá lugar para os embargos, ainda que esses pronunciamento tenham sido realizados pelo mesmo juiz. O problema, aí, é de incoerência do julgador quanto a determinada questão ou tema jurídico sobre os quais se manifestou, em ocasiões distintas, de maneira conflitante.

Acentua Alcides de Mendonça Lima que se a conclusão do acórdão, por erro na contagem dos votos, destoa da soma destes, conforme se vem a constatar nas notas taquigráficas ou em outros elementos (fita magnética relativa àquela sessão do julgamento), são cabíveis embargos de declaração, com o objetivo de, obtendo-se a recontagem dos votos, acertar a conclusão e, em consequência, o próprio resultado do julgamento (*Recursos trabalhistas*, p. 186).

Discute-se, na doutrina e na jurisprudência, se a contradição entre a *ementa* do acórdão e o seu dispositivo pode ensejar o uso de embargos de declaração. Embora entendamos não ser compatível com o processo do trabalho a regra inscrita no art. 943, § 1º, segundo a qual "todo acórdão conterá ementa", pensamos ser possível o oferecimento de embargos declaratórios, na situação mencionada. Ocorre que a ementa constitui — como o próprio vocábulo está a demonstrar — uma síntese da principal matéria apreciada na causa, uma espécie de frontispício desta. Ademais, as ementas, por seu elevado poder de síntese, soem ser mencionadas por juízes, advogados, membros do Ministério Públicos e outros, em suas manifestações, sempre que pretendem fundamentar os argumentos de que se valem. Desta forma, uma desarmonia entre a ementa e o dispositivo do acórdão, por exemplo, poderia acarretar certos transtornos não apenas no caso concreto, em que esse antagonismo se deu, como na generalidade das situações, em que uma ementa equivocada fosse utilizada para fundamentar arrazoados das partes ou dos magistrados. A não se admitir a possibilidade do manejo dos embargos de declaração, nesta hipótese, estar-se-ia, ainda, criando graves prejuízos às partes, pois estas teriam de aceitar uma de duas situações: a) deixar que o antagonismo persistisse, com o risco de, na fase de execução (se este fosse o caso), dar-se uma interpretação ao acórdão totalmente dissociada da intenção do órgão jurisdicional que o produziu; b) ingressar com petição simples, para corrigir a falha, e, com isso, submeter-se a um outro risco: o de perder o prazo para a interposição do recurso cabível, porquanto a mencionada petição é destituída de eficácia interruptiva do prazo recursal. Traduz regra de bom-senso, portanto, admitir-se a possibilidade de a ementa ser objeto de embargos declaratórios, mormente, quando em antagonismo com o dispositivo — mormente se entender-se (contra a nossa opinião) aplicável ao processo do trabalho o art. 943, § 1º, do CPC.

A finalidade dos embargos, ante a contradição existente na sentença ou no acórdão, é fazer com que o juízo prolator corrija essa incoerência do seu pronunciamento, por forma a torná-lo lógico, a harmonizar, entre si, as partes do provimento jurisdicional. Afinal, a coerência não é um requisito específico das decisões judiciais, senão que do próprio pensamento humano, em geral.

Inciso II.

c) Omissão

Do latim *omissio*, o vocábulo identifica a ação de omitir, de não fazer, de preterir, de esquecer. A omissão figurava também no CPC anterior como uma das causas para a oponibilidade dos embargos declaratórios.

Sentença omissa é a que deixa de pronunciar-se sobre um ou mais pedidos formulados pelas partes, pouco importando que estejam na inicial ou na contestação (ou na resposta do réu, *lato sensu*). Etiologicamente, pode ser caracterizada como produto da desatenção, da inadvertência ou do esquecimento do julgador. A sentença (bem assim o acórdão) omissa contém, de certa maneira, um pronunciamento *citra petita*, pois a apreciação do órgão foi, em relação aos pedidos deduzidos na causa, quantitativamente inferior à que deveria ter sido realizada. No caso de omissão, o que se pede ao juiz, por meio dos embargos declaratórios, é que complete a prestação jurisdicional — que, até então, se revela lacunosa. Pode-se dizer, por isso, que a sentença declarativa possui, nesta hipótese, finalidade *completiva*. Ou que ela própria, sentença, é *declaratória-completiva*.

A omissão pressupõe que o pedido não apreciado esteja, como dissemos, na petição inicial ou na contestação, pois inexistirá omissão quando for o caso de pedido não formulado, mas apenas imaginado pela parte. O ingresso no exame deste aspecto da questão nos coloca diante do problema dos denominados *pedidos implícitos*. Sabemos que o juiz pode manifestar-se acerca de certas questões, mesmo que não tenham sido formuladas pela parte, sem que isso acarrete um julgamento *extra petita*.

A essa espécie de pontos de direito ou de parcelas não expressamente lançadas na inicial ou na contestação designou-se, em linguagem não muito apropriada, de pedidos implícitos. Na verdade, a condenação do réu (quando este for o caso) ao pagamento de quantias não postuladas pelo autor não decorre de um pedido implícito, mas, sim, da vontade ou do comando da lei, tanto material quanto formal.

A dificuldade que possa haver, portanto, nesta matéria, não é sobre saber se o julgador pode apreciar, ou não, tais pedidos, mas de definir quais os que podem ser considerados implícitos para esse efeito.

Art. 1.022

Dois deles parecem-nos de configuração inequívoca: a correção monetária e os juros da mora. Por força de lei, os créditos trabalhistas estão sempre sujeitos a essa correção. O mesmo se afirme quanto aos juros da mora. O próprio CPC, que contém a advertência de que os pedidos devem ser interpretados restritivamente, declara: "compreendem-se no principal, os juros legais, a correção monetária e as verbas de sucumbência, inclusive os honorários advocatícios" (art. 322, § 1º). Aparentemente, portanto, revela-se inútil a oposição de embargos declaratórios à sentença que deixou de aludir a essas parcelas, pois omissão, em rigor, não teria havido. Não é bem assim. Os embargos declaratórios se justificariam, no caso, quando menos, para obter, do juiz, um esclarecimento acerca dos *critérios* a serem utilizados para o cálculo da atualização monetária e dos juros da mora, sabendo-se que há uma certa divergência jurisprudencial a respeito desse tema. Logo, o embargante teria interesse processual (CPC, art. 17) no oferecimento desses embargos.

Os honorários de advogado ("verbas de sucumbência") merecem especial referência no processo do trabalho. Aqui, eles somente serão devidos: a) nos casos de relações de emprego, na forma da Súmula n. 219, do TST, reiterada pela de n. 329 do mesmo Tribunal; b) nos casos de relação de trabalho (TST, Instrução Normativa n. 27/2005, art. 5º) podem ser aplicados com base no art. 85, § 2º e seguintes do CPC.

Embora a jurisprudência se venha manifestando vacilante acerca do assunto, julgamos que a incidência da penalidade prevista no art. 467 da CLT (pagamento da parte incontroversa das parcelas da rescisão, sob pena de pagá-las com o acréscimo de cinquenta por cento) independe de requerimento expresso: o seu caráter de sanção legal (pecuniária) autoriza a aplicá-la de ofício.

No elenco das causas de oponibilidade dos embargos declaratórios aos pronunciamentos jurisdicionais mencionados em lei, a omissão aparece como a mais comumente invocada pelo embargante. O fato é justificável sem grande esforço, pois contendo as iniciais trabalhistas, como é de hábito, um elevado número de pedidos (conhecemos casos em que chegaram a mais de três dezenas!), é compreensível, é humano que o juízo acabe se omitindo na apreciação de um ou mais desses pedidos — quanto mais não seja, quando formulados de modo confuso, sem qualquer critério jurídico ou sequência lógica.

A omissão, capaz de propiciar o oferecimento de tais embargos, deve ser relativa a pedido (ainda que inexpresso) ou a fato relevante; sendo assim, não constitui motivo legal para a oposição desses embargos a ausência de pronunciamento do juízo a respeito de fatos absolutamente irrelevantes para a causa (embora possam ser a ela pertinentes), ou de argumentos jurídicos secundários utilizados pelas partes, salvo se o interessado houvesse pedido ao órgão jurisdicional pronunciamento específico acerca de um ou mais argumentos que lançou em sua petição, como quando, p. ex., tencionasse, com essa medida, pré-questionar aquele ponto com a finalidade de resguardar a interposição, no momento oportuno, de recurso de revista, para o TST ou extraordinário, para o STF.

Se a sentença, em sua fundamentação, acolher determinado pedido que fora formulado pelo autor (horas extras, *e. g.*) E o dispositivo, por economia de atividade jurisdicional, embora não mencionando expressamente esse pedido, fizer referência a estar deferindo ao autor as parcelas constantes da inicial "na forma da fundamentação", não há aqui, omissão. A referência integrativa, efetuada pelo dispositivo à motivação da sentença, faz com que àquele se incorpore, se integre tudo o que foi objeto de deferimento por esta. Omissa será a sentença, sem dúvida, se o dispositivo se reportar à fundamentação e, nesta, não se houver apreciado certo pedido; nesta hipótese, o dispositivo teria apontado para o vazio, vinculado o nada ao *nihil*. Deverá o interessado, diante disso, opor embargos declaratórios a essa parte da sentença, se quiser ver sanada a falha do órgão decisório.

O exemplo que formulamos, da remissão integrativa feita pelo dispositivo à fundamentação, não significa que estejamos a elogiar ou a estimular esse procedimento judicial. Na verdade, o dispositivo, com ser, em princípio, a única parte do pronunciamento jurisdicional que produz coisa julgada material (CPC, art. 502), deve mencionar, especificadamente, todas as parcelas integrantes da condenação, até mesmo para dar a necessária segurança jurídica às partes, em relação àquilo que está sendo acolhido e que está sendo rejeitado.

Algumas sentenças costumam dispor que os valores integrantes da condenação serão objeto de "regular liquidação" ou de "oportuna liquidação". Em rigor, essas sentenças nada dizem no particular. É necessário que especifiquem a forma ou modalidade de liquidação a ser observada: cálculos, artigos, arbitramento. Logo, sentenças que fizerem uso das expressões que mencionamos, ou quejandas, são omissas e, como tais, devem ser colmatadas por meio de embargos declaratórios.

O parágrafo único do art. 1.022, do CPC, considera omissa a decisão que: a) deixar de manifestar-se sobre tese firmada em julgamento de casos repetitivos ou em incidente de assunção de competência aplicável ao caso sob julgamento; b) incorrer em quaisquer das "condutas" previstas no § 1º do art. 489. Faremos comentário a esse parágrafo mais adiante.

O problema da dúvida

Na vigência do CPC de 1973, a Lei n. 8.950/94 excluiu a *dúvida* como causa para o oferecimento de embargos declaratórios. Foi acertada essa atitude do legislador? Cremos que não.

Cumpre-nos recordar que o CPC de 1939 não fazia referência à dúvida (do latim *dubitare*, incerteza, vacilação), aludindo, apenas, à obscuridade, à contradição e à omissão. A incorporação desse estado de hesitação do espírito humano, entre a afirmação e a negação de um fato, como causa para o oferecimento de embargos declaratórios (Lei n. 8.950/94), mereceu, na altura, algumas objeções de parcela da doutrina. Basicamente, argumentou-se que esse acréscimo fora desnecessário, pois a dúvida não seria só algo extremamente subjetivo, como guardaria sinonímia com obscuridade.

Não pretendemos, aqui, reacender as antigas e acaloradas discussões que se estabeleceram sobre a matéria. Desejamos, apenas, deixar registrada a nossa opinião de que, em rigor, dúvida e obscuridade não significam a mesma coisa, seja do ponto de vista léxico ou jurídico. Realmente, o que caracteriza a obscuridade é a falta de intelecção, a ininteligibilidade do texto; a dúvida, ao contrário, é assinalada pelo excesso de inteligência, pois o texto permite ser interpretado em mais de um sentido: é anfibológico, dubitativo. Se leio: "o policial prendeu o ladrão em sua casa", não estou diante de um texto obscuro, pois a mensagem central pode ser perfeitamente compreendida: o ladrão foi preso pelo policial. Contudo, o pronome possessivo *sua*, por se referir tanto ao ladrão quanto ao policial, enseja *dúvida*: a prisão teria sido feita na casa de quem? Do policial ou do ladrão? Logo, dúvida não é o mesmo que obscuridade, nem mesmo por metonímia.

O tempo acabou por demonstrar que, na prática, as partes, amiúde, são tomadas de assalto por dúvidas derivantes de certos textos judiciais ambíguos; entretanto, elas não podem indicar esse estado de hesitação da inteligência como fundamento para o uso dos embargos declaratórios: a solução (precária e artificiosa, por certo) tem consistido em converter a dúvida (que é real) em obscuridade (que é fictícia), para que os seus embargos possam ser apreciados, e a imperfeição da sentença ou do acórdão, sanada. Convenhamos: melhor teria sido que as coisas ficassem como estavam, anteriormente à Lei n. 8.950/94.

O CPC atual continuou a não incluir a dúvida como causa para o oferecimento de embargos declaratórios (art. 1.022). Deixou escapar, assim uma excelente oportunidade para corrigir uma falha do sistema. A propósito, em tema de causas para o oferecimento de embargos declaratórios retrocedemos ao sistema do CPC de 1939.

Inciso III. *Erro material.* É produto de erro de cálculo, de escrita ou de datilografia. No que atine ao erro de cálculo, devemos repetir o esclarecimento feito por ocasião dos comentários ao art. 494, I, que somente poderá ser conceituado como tal aquele que decorrer de simples operação aritmética, nunca o que se originar de um *critério* adotado por quem haja confeccionado os cálculos. Se, *v. g.*, somam-se duas parcelas de cem e obtém-se trezentos, é evidente que esse erro é de origem aritmética; logo, de cálculo, e, em consequência, corrigível na forma apontada pelo art. 833 da CLT. Se, ao contrário, entender-se que o cálculo deve ser elaborado deste modo, e não daquele, o erro, que daí advier, não será aritmético, senão que de julgamento, de fixação de critério, motivo por que a modificação dos cálculos só poderá ser obtida por iniciativa do interessado, mediante impugnação fundamentada (CLT, arts. 879, § 2º, ou art. 884, § 3º, conforme seja a hipótese).

É curioso observar que o art. 494, I, afirma que o juiz, após publicar a sentença, somente poderá alterá-la: a) para corrigir inexatidões materiais ou erro de cálculo; b) por meio de embargos de declaração, a revelar, mercê de uma interpretação sistemática, que a correção de inexatidões materiais ou erros de cálculo independe de embargos declaratórios. Todavia, o inciso III, do art. 1.022, prevê o cabimento dos mencionados embargos, entre outras coisas, *para corrigir erro material*. Os arts. 833 e 897-A, § 1º, da CLT, não revelam essa incoerência, pois o primeiro prevê a correção de erro material, inclusive *ex officio*, até antes da execução, cuja possibilidade é reiterada pelo segundo. Para os efeitos do processo do trabalho, a preeminência é dos arts. 833 e 897-A, § 1º, da CLT.

Em termos práticos, isso significa que, publicada a sentença, a parte poderá requerer a correção do erro material mediante simples petição, ou por meio da figura formal dos embargos declaratórios. Também não se pode deixar de concluir que, transcorrido em branco o prazo para o oferecimento desses embargos, a parte poderá tentar obter a correção do erro material via petição simples, sem prejuízo de o juiz realizar, *ex officio*, essa correção. A diferença que há, entre uma medida e outra, é que somente os embargos declaratórios possuem efeito interruptivo do prazo para recorrer (art. 1.026). Sendo assim, caberá à parte decidir se fará uso desta ou daquela medida, conforme seja o momento processual. Se, por exemplo, o erro material está na sentença, e já se iniciou — ou irá iniciar-se — o prazo para a interposição do recurso ordinário, é aconselhável o manejo dos embargos declaratórios, com seu efeito iterruptivo do prazo. Se o erro material se encontra na sentença, mas somente é percebido depois da exaustão do prazo para recorrer, restará a petição simples, destinada a extirpar o erro.

Parágrafo único. O texto indica os casos que configuram decisão omissa, para efeito de embargos declaratórios.

Inciso I. Deixar de manifestar-se sobre tese firmada em julgamento de casos repetitivos ou em incidente de assunção de competência aplicável no caso *sub iudice*. Os primeiros são regulados pelos arts. 976 a 987; o segundo, pelo art. 947, todos do CPC.

Inciso II. Incorrer em quaisquer dos casos previstos no art. 489, § 1º Esse parágrafo considera não fundamentada a sentença que ou acórdão que: "I — se limitar à indicação, à reprodução ou à paráfrase de ato normativo, sem explicar sua relação com a causa ou a questão decidida; II — empregar conceitos jurídicos indeterminados, sem explicar o motivo concreto de sua incidência no caso; III — invocar motivos que se prestariam a justificar qualquer outra decisão; IV — não enfrentar todos os argumentos deduzidos no processo capazes de, em tese, infirmar a conclusão adotada pelo julgador; V — se limitar a invocar precedente ou enunciado de súmula, sem identificar seus fundamentos determinantes nem demonstrar que o caso sob julgamento se ajusta àqueles fundamentos; VI — deixar de seguir enunciado de súmula, jurisprudência ou precedente invocado pela parte, sem demonstrar a existência de distinção no caso em julgamento ou a superação do entendimento".

Na verdade, a norma está a dizer menos do que deveria (*minus dixit quam voluit*) pois os casos de omissão não se resumem aos mencionados nos incisos I e II, senão que compreende todos aqueles em que a decisão judicial deixa de manifestar-se sobre tema versado na causa. Se essa interpretação prevalecerá no plano do processo civil, ou não, é algo irrelevante, porquanto deve ser a prevalecente nos domínios do processo do trabalho.

Nos comentários ao § 1º do art. 489 do CPC manifestamos a nossa opinião quanto a ser, a referida norma, inaplicável ao processo do trabalho, por manifesta incompatibilidade (CLT, art. 769). Por mais forte razão, ela é inconciliável com a decisão resolutiva dos embargos declaratórios.

Art. 1.023. Os embargos serão opostos, no prazo de 5 (cinco) dias, em petição dirigida ao juiz, com indicação do erro, obscuridade, contradição ou omissão, e não se sujeitam a preparo.

§ 1º Aplica-se aos embargos de declaração o art. 229.

§ 2º O juiz intimará o embargado para, querendo, manifestar-se, no prazo de 5 (cinco) dias, sobre os embargos opostos, caso seu eventual acolhimento implique a modificação da decisão embargada.

• **Comentário**

Caput. Anteriormente à Lei n. 8.950/94, o prazo para a apresentação de embargos declaratórios, no processo civil, era regulado por duas normas do CPC: arts. 464 (em primeiro grau de jurisdição) e 538 (nos tribunais). No primeiro caso, o prazo era de quarenta e oito horas; no segundo, de cinco dias.

A Lei n. 8.950, contudo, acertadamente, unificou em cinco dias esses prazos (CPC, art. 536), dando cobro, assim, à antiga dualidade. Em rigor, não se justificava essa duplicidade de prazos, a princípio existente, até porque, na prática, a contagem do prazo de quarenta e oito horas nunca era realizada minuto a minuto, como seria correto.

A elevação do prazo para cinco dias, destinado ao oferecimento de embargos declaratórios, se fez, sem dúvida, em benefício das partes (e de seus advogados), pois o prazo anterior, de quarenta e oito horas, era reconhecidamente exíguo.

O art. 897-A, da CLT, inspirando-se no art. 536, do CPC de 1973, fixou em cinco dias o prazo para o oferecimento desses embargos.

Indaga-se, contudo: sendo, os embargos declaratórios, legalmente classificados como recurso (CPC, art. 994, IV), isso significa que a Fazenda Pública terá o prazo em dobro para oferecê-los, nos termos do art. 1º, II, do Decreto-Lei n. 779, de 21 de agosto de 1969?

Particularmente, entendemos que não.

Do ponto de vista doutrinal, os embargos declaratórios não possuem natureza de recurso. É oportuno rememorar que a finalidade dos recursos (típicos) radica na reforma da decisão a que se dirigem; os embargos declaratórios, entrementes, não se destinam a reformar a sentença ou o acórdão (ou qualquer outro ato judicial), senão que a expungir eventuais falhas de expressão que estejam a comprometer esses pronunciamentos da jurisdição. Se, ocasionalmente, esses embargos modificarem a sentença ou o acórdão (o que é possível, segundo admite a própria Súmula n. 278 do TST), isso não lhes atribui a qualidade de recurso: trata-se de um fato isolado, de uma exceção, que, por isso, não infirma a opinião doutrinária de que os embargos de declaração não possuem natureza de recurso.

Aqueles que insistem em afirmar, com os olhos fixos na equivocada classificação feita pelo art. 994, IV, do CPC, que os embargos de declaração constituem modalidade de recurso — e, portanto, essa sua natureza deve ser considerada para todos os efeitos legais —, ficam a dever-nos uma explicação razoável para o fato de serem admitidos esses embargos às sentenças proferidas nas ações de alçada exclusiva dos órgãos de primeiro grau, instituídas pela Lei n. 5.584/70 (art. 2º, § 4º), segundo a qual *nenhum recurso* é cabível dessas sentenças, à exceção do extraordinário. Quando o legislador inseriu, no elenco das prerrogativas concedidas à Fazenda Pública, a do prazo em dobro para recorrer (Decreto-Lei n. 779/69, art. 1º, inciso III), estava, por certo, com a atenção concentrada nos recursos genuínos, e, não, nos embargos declaratórios, que, por isso, deveriam ser oferecidos pela Fazenda Pública no prazo comum a todas as partes: cinco dias.

Aliás, se esses embargos devessem ser considerados, à risca, como recurso típico, então se deveria exigir ao agravante, entre outras coisas, o depósito pecuniário a que alude o art. 899, § 1º, da CLT (com as alterações posteriormente introduzidas) —, o que seria inconcebível. Pelo mesmo motivo, a parte contrária deveria ser intimada para oferecer contrarrazões. Nem seria despropositado afirmar-se que deveriam ser oferecidos em oito dias, pois esse é, em princípio, o prazo para os recursos praticados no processo do trabalho (Lei n. 5.584/70, art. 6º).

A despeito destes nossos argumentos, a SBDI-I do TST, editou a OJ n. 192, para dispor: "Embargos declaratórios. Prazo em dobro. Pessoa jurídica de direito público. Decreto-lei n. 779/69. É em dobro o prazo para interposição de embargos declaratórios por Pessoa Jurídica de Direito Público". Ao assim estabelecer, contudo, a mencionada OJ criou um problema quanto às fundações. Ocorre que estas, por força da regra inscrita no art. 45, inciso III, do vigente Código Civil (Lei n. 10.406, de 10 de janeiro de 2002) são pessoas jurídicas de direito *privado*. Aliás, no mesmo equívoco incorreu o próprio Decreto-Lei n. 779/69 ao aludir às "fundações de direito público". A nosso ver, as fundações são sempre pessoas jurídicas de direito privado, embora possam exercer atividades visando à satisfação de interesses públicos. O efeito prático desta nossa opinião está em não reconhecer às fundações as prerrogativas atribuídas pelo mencionado Decreto-Lei. Assim, entre outras coisas, as fundações não têm, no processo do trabalho, prazo em quádruplo para contestar, nem em dobro para recorrer ou contra-arrazoar.

No sistema do atual CPC os litisconsortes que possuírem diferentes procuradores, de escritórios de advocacia distintos, a Fazenda Pública, o Ministério Público e a Defensoria Pública terão contados em dobro os prazos para se manifestar nos autos (art. 229).

A petição de embargos declaratórios deverá ser dirigida ao juiz ou ao relator, sendo indispensável a especificação do ponto obscuro, contraditório ou omisso.

O juízo de apreciação dos embargos, entrementes, não deve ser rigoroso na apreciação dessa configuração; se, por exemplo, o embargante alude à obscuridade, mas o caso é de contradição, nada obsta a que o juiz, ressaltando o equívoco da parte, se pronuncie sobre a contradição. A propósito, com a eliminação da *dúvida* como causa para o oferecimento de embargos declaratórios, as partes ficaram em situação algo embaraçosa e desconfortável, pois mesmo havendo dúvida em seu espírito sobre qual seria o sentido da dicção jurisdicional — que se revela ambígua — deverão ingressar com embargos fundados em obscuridade. *C'est la vie...*

Os embargos de declaração não estão sujeitos a preparo (art. 1.023, *caput*). Todavia, quando for o caso, o recurso que vier a ser interposto da decisão deverá ser instruído com o comprovante do pagamento da multa por embargos de declaração protelatórios (e reiterativos), a que se refere o § 3º do art. 1.026, do CPC, sob pena de o recurso não ser admitido, por deserto.

§ 1º Se as partes estiverem consociadas na lide, com diferentes advogados de escritórios de advocacia distintos, terão os prazos contados em dobro, inclusive para efeito de oferecimento de embargos declaratórios. O benefício da contagem dúplice do prazo cessará se, havendo dois réus, a defesa for oferecida por apenas um deles. Contrariando o nosso entendimento, a OJ n. 310 da SBDI-I do TST afirma ser inaplicável ao processo do trabalho a contagem do prazo em dobro, ao argumento de que o art. 191 do CPC é incompatível com o princípio da celeridade inerente ao processo do trabalho. A referência, agora, deve ser ao art. 229.

§ 2º Durante muito tempo, doutrina e jurisprudência, dogmáticas, resistiram em admitir a possibilidade de os embargos de declaração possuírem caráter infringente, ou seja, serem dotados de eficácia para modificar o pronunciamento jurisdicional a que se dirigiam. Afirmavam que essa modificação somente seria possível em sede de recurso típico (ordinário, agravo de petição, de revista etc.).

Essa atitude reacionária da doutrina e da jurisprudência, todavia, era insustentável, fosse do ponto de vista jurídico, fosse do ponto de vista lógico. Sempre argumentamos que, em determinadas situações, o acolhimento dos embargos declaratórios acarretava, como consequência natural e inevitável a modificação da sentença, do acórdão ou da decisão que lhes constituía objeto. Dávamos um exemplo característico: a sentença condenara o réu a pagar ao autor diversas quantias; entretanto, omitira-se em apreciar a arguição de prescrição extintiva integral, constante da contestação. Instado a suprir a lacuna, por meio de embargos de declaração oferecidos pelo réu, o juiz pronuncia a prescrição integral, declarando fulminados por ela todos os pedidos deduzidos na inicial e acolhidos, num primeiro momento, pela sentença declarada. A consequência disso é que o réu, vencido em face da sentença original, acabou por tornar-se vencedor na causa em decorrência da decisão emitida nos embargos declaratórios.

O TST, sensível a essas manifestações da doutrina crítica, adotou a Súmula n. 278, para declarar que "A natureza da omissão suprida pelo julgamento de embargos declaratórios pode ocasionar efeito modificativo no julgado". Melhor teria agido o TST, no entanto, se não fizesse referência restritiva à *omissão*; afinal, o efeito modificativo poder ser produzido pela decisão declaratória mesmo que se cuide de contraditoriedade; na obscuridade reconhecemos ser difícil cogitar-se de efeito modificativo, pois se não se consegue entender o que a decisão quer expressar não faz sentido pensar-se em modificar o que não se consegue entender.

As discussões a respeito da possibilidade de os embargos declaratórios produzirem, em seu julgamento, efeito modificativo do pronunciamento jurisdicional a que se dirigiam decorriam do fato de o CPC de 1973 nada dispor sobre o assunto. Sob esse aspecto, é justo afirmar que o processo do trabalho deu um passo à frente, pois o art. 897-A, da CLT, admite o efeito modificativo da decisão "nos casos de omissão e contradição no julgado e manifesto equívoco no exame dos pressupostos extrínsecos do recurso". Não se justifica, porém, restringir-se a possibilidade de efeito modificativo nos casos de exame dos pressupostos *extrínsecos* (objetivos) de admissibilidade de recursos; esse mesmo efeito deve ser reconhecido nas situações que configurem manifesto exame dos pressupostos *intrínsecos* (subjetivos) de admissibilidade de recursos. Imaginemos, por exemplo, que o recurso não seja admitido por entender-se que o recorrente não possuía legitimidade; a aplicar-se o art. 897-A, da CLT, no rigor de sua literalidade, a decisão monocrática que não admitiu o recurso não poderia ser objeto de embargos declaratórios, mesmo que fosse patente o equívoco em que essa decisão teria incorrido. O bom-senso sugere, pois, que sejam aceitos os embargos declaratórios de qualquer decisão monocrática que não admita recurso — desde que essa inadmissibilidade salte aos olhos, vale dizer, caracterize o "manifesto equívoco" a que alude o art. 897-A, da CLT.

O CPC atual dá o seu contributo ao aprimoramento doutrinário da matéria ao admitir a possibilidade de o julgamento dos embargos declaratórios acarretar efeito modificativo do julgado.

Mesmo na vigência do CPC de 1973 (que, como dissemos, era omisso quanto á possibilidade de o julgamento dos embargos declaratórios modificar a decisão embargada) alguns tribunais do trabalho, com a atenção voltada para o art. 897-A, da CLT, passaram a dispor, em seus regimentos internos, sobre o procedimento a ser observado no caso de a parte pretender que os embargos de declaração por ela oferecidos modificassem o pronunciamento jurisdicional de que eram destinatários aqueles embargos. E, *mutatis mutandis,* as normas *interna corporis* do tribunais, atentas aos princípios constitucionais do contraditório, da ampla defesa e do devido processo legal, determinavam a prévia intimação do embargado para manifestar-se no prazo de cinco dias.

O § 2º, do art. 1.023 do atual CPC ordena, expressamente, a audiência da parte contrária no prazo de cinco dias, sempre que o julgamento dos embargos declaratórios possa implicar modificação do julgado. Conquanto a norma legal não seja explícita, é elementar que essa audição da parte contrária deve ser *prévia*, ou seja, ocorrer antes do julgamento dos embargos. Por outro lado, a precitada audição se impõe não apenas quando o embargante requer, de maneira expressa, a modificação da decisão embargada, mas quando, mesmo no silêncio do embargante, o próprio juiz ou relator verificar que esse efeito modificativo poderá ocorrer.

Também aqui há necessidade de ser realizada uma imbricação entre os arts. 897-A, da CLT, e o § 2º, do art. 1.023, do CPC, a fim de que a matéria tenha *completude,* por assim dizer, e se nos consentem o uso de neologismo.

A despeito dos comentários que acabamos de expender, devemos submeter à reflexão dos ilustres leitores as considerações que lançamos em outro livro sobre a audiência prévia da parte contrária em tema de embargos declaratórios potencialmente dotados de efeito modificativo. Embora nossos argumentos tenham sido manifestados ao tempo em que estava a viger o CPC de 1973, não perderam a atualidade em face do CPC agora em vigor:

De uns tempos até esta altura, a jurisprudência passou a exigir essa intimação sempre que os embargos declaratórios tiverem intuito modificativo, ou seja, forem, potencialmente, capazes de alterar, no todo ou em parte, a decisão embargada. O fundamento dessa corrente de opinião seria o art. 5º, inciso lV, da Constituição Federal, que assegura aos litigantes o contraditório. Não negamos que os embargos de declaração possam ter efeito modificativo do julgado ao qual se dirigem. Esse efeito, muito antes de ser proclamado pela Súmula n. 278, do TST estava previsto no art. 463, inciso II, do CPC. E, agora, reside no art. 897-A, da CLT. O reconhecimento, porém, de que os embargos declaratórios podem ser dotados de efeito infringente (modificativo) não significa que o contraditório deva ser imediato. Realmente, conquanto reconheçamos a existência da garantia constitucional do contraditório, isto não quer dizer que essa garantia deva exteriorizar-se desde logo; ela pode ser, perfeitamente, diferida, vale dizer, vir a manifestar-se mais além. No caso dos embargos de declaração, por exemplo, se a sentença declarativa modificar, ainda que profundamente, a anterior, a oportunidade do contraditório estará assegurada no momento do recurso que vier a ser interposto desta decisão. Em rigor, o contraditório imediato, do modo como vem sendo exigido pela jurisprudência, sob pena de nulidade, acarreta violação da regra inscrita no art. 897-A, da CLT, por força da qual esses embargos devem ser julgados "na primeira audiência ou sessão subsequente a sua apresentação. Ora, na prática, a imposição de contraditório imediato impossibilitará, na grande maioria dos casos, o cumprimento do prazo estabelecido pela mencionada norma legal. Por outras palavras, essa imposição fará com que o tempo necessário para assegurar a prévia manifestação da parte contrária conduza a um desrespeito da lei.

Convidamos, pois, a doutrina a jurisprudência trabalhistas a refletirem, com a necessária profundidade, sobre o assunto, sob pena de uma ideia, de uma tese concebida nos sítios do processo civil, quando adotada pelo processo do trabalho, causar graves escoriações não só aos princípios que informam este processo, como às normas legais específicas, que o regem" (*Sistema dos recursos trabalhistas*. 12. ed. São Paulo: LTr, 2014, p. 392/393).

Não deixa de ser curioso e instigante o fato de somente nos últimos tempos, quando decorridos muitos e muitos anos de vigência da Constituição Federal, vir-se a sustentar a necessidade de ser preservada a garantia do contraditório, com que se ocupa o seu art. 5º, inciso LV.

Duas nótulas: a) Consta do art. 243, do atual Regimento Interno do TST: "Nos embargos de declaração, a concessão de efeito modificativo sujeitar — se — á à prévia concessão de vista à parte contrária"; b) esta é a atual redação da OJ n. 142, da SBDI-I, do TST: "I — É passível de nulidade decisão que acolhe embargos de declaração com efeito modificativo sem que seja concedida oportunidade de manifestação prévia à parte contrária; II — Em decorrência do efeito devolutivo amplo conferido ao recurso ordinário, o item I não se aplica às hipóteses em que não se concede vista à parte contrária para se manifestar sobre os embargos de declaração opostos contra a sentença".

Art. 1.024. O juiz julgará os embargos em 5 (cinco) dias.

§ 1º Nos tribunais, o relator apresentará os embargos em mesa na sessão subsequente, proferindo voto, e, não havendo julgamento nessa sessão, será o recurso incluído em pauta automaticamente.

§ 2º Quando os embargos de declaração forem opostos contra decisão de relator ou outra decisão unipessoal proferida em tribunal, o órgão prolator da decisão embargada decidi-los-á monocraticamente.

§ 3º O órgão julgador conhecerá dos embargos de declaração como agravo interno se entender ser este o recurso cabível, desde que determine previamente a intimação do recorrente para, no prazo de 5 (cinco) dias, complementar as razões recursais, de modo a ajustá-las às exigências do art. 1.021, § 1º.

§ 4º Caso o acolhimento dos embargos de declaração implique modificação da decisão embargada, o embargado que já tiver interposto outro recurso contra a decisão originária tem o direito de complementar ou alterar suas razões, nos exatos limites da modificação, no prazo de 15 (quinze) dias, contado da intimação da decisão dos embargos de declaração.

§ 5º Se os embargos de declaração forem rejeitados ou não alterarem a conclusão do julgamento anterior, o recurso interposto pela outra parte antes da publicação do julgamento dos embargos de declaração será processado e julgado independentemente de ratificação.

• **Comentário**

Caput. O tema era regulado, em parte, pelo art. 536 do CPC revogado.

Embora o art. 226, do CPC, disponha que o juiz proferirá as decisões interlocutórias em dez dias (II) e as sentenças em trinta dias (III), o julgamento dos embargos de declaração deverá ocorrer em cinco dias, tratando-se de primeiro grau de jurisdição, ou na sessão seguinte, tratando-se dos tribunais (art. 1.024, § 1º). No sistema do processo do trabalho, o julgamento deverá ocorrer na primeira audiência ou sessão subsequente à apresentação dos embargos declaratórios (CLT, art. 897-A, *caput*).

Na prática, conforme já salientamos em relação a outros temas, esses prazos dificilmente serão cumpridos, pois os juízes alegarão "acumulo de serviços". Em todo o caso, o legislador fez a sua parte. Aliás, o CPC atual ampliou os prazos para o juiz, lembrando-se que no CPC revogado ele dispunha de dez dias para proferir decisões, aqui incluídas as sentenças (art. 189, II) — cujo prazo para proferimento, atualmente, é de trinta dias (CPC, art. 226, III).

§ 1º Nos tribunais, os embargos de declaração devem ser submetidos a julgamento na sessão subsequente ao de seu protocolo na secretaria do órgão, caso em que os embargos não precisarão ser incluídos em pauta. Se não houver julgamento nessa sessão, eles deverão ser incluídos em pauta de julgamento.

Art. 1.025

Essa inovação legal é elogiável, por permitir à parte saber quando os embargos serão julgados. Na vigência do CPC anterior, como os embargos declaratórios quase nunca eram submetidos a julgamento na sessão subsequente, a parte que os oferecera ficava sem saber quando seriam julgados, uma vez que, mesmo descumprido o prazo legal, não era incluídos em pauta. Agora, a não inclusão dos embargos em pauta — quando essa inclusão era legalmente exigível — tornará nulo o acórdão declaratório.

O art. 1.024, § 1º, do CPC é aplicável ao processo do trabalho?

Em parte, sim. Conforme dissemos, nos termos do ar. 897-A, *caput*, da CLT, os embargos declaratórios devem ser julgados na primeira audiência (Vara) ou sessão (Tribunais) subsequente à sua apresentação. Nesse processo, portanto, não há a fixação do prazo *em dias* para o julgamento desses embargos. O que se pode aplicar do art. 1.024 do CPC é a disposição segundo a qual se não houver julgamento na sessão subsequente o recurso será incluído em pauta (*ibidem*, § 1º).

Esclarecendo: em princípio, os embargos de declaração não são incluídos em pauta para julgamento; todavia, se não forem apreciados na primeira audiência ou sessão subsequentes deverão ser inseridos em pauta, sob pena de nulidade do julgamento que vier a ocorrer.

§ 2º O que o preceito legal está a afirmar é que se os embargos de declaração forem opostos a decisão do relator, deverão ser por este julgados, em caráter monocrático, e não pelo colegiado de que o relator faz parte. Entre as diversas decisões do relator, que podem ser objeto de embargos declaratórios, situam-se a concessiva ou denegatória de liminares; a denegatória da admissibilidade de recurso (a que o art. 897, II, da CLT, se refere, em manifesto deslize, como *despacho*), a que nega provimento a recurso, nos termos do inciso III do art. 932, do CPC, a relativa ao incidente de desconsideração da personalidade jurídica quando o incidente for, originalmente, instaurado no tribnal (*ibidem*, VI).

§ 3º Se a parte oferecer embargos de declaração e o órgão julgador entender que o caso seria de agravo interno (CPC, art. 1.021), conhecerá como se fosse este último recurso. Antes disso, deverá intimar o recorrente para que, no prazo de cinco dias, complemente as razões de recurso, a fim de ajustá-las às exigências do art. 1.021, § 1º Duas observações: a) o "órgão julgador" a que se refere a norma legal é o relator, pois é das decisões deste que se pode interpor agravo interno (art. 1.021); b) a admissão dos embargos declaratórios como agravo interno, pelo relator, configura o princípio da *fungibilidade*, que esteve no sistema do CPC de 1939, tendo sido recepcionado, pela via tácita, pelo CPC de 1973 e de 2015. Por força desse princípio, o juiz está autorizado a admitir um recurso inadequado como se fosse o correto, salvo se for o caso de erro grosseiro.

§ 4º Pode acontecer de uma das partes haver interposto recurso e o seu adversário haver oferecido embargos de declaração, que são acolhidos com efeito modificativo da decisão agravada (e recorrida). Em face disso, o embargado deverá ser intimado para, no prazo de quinze dias, completar ou alterar as suas razões, nos precisos limites da modificação ocorrida. O prazo será contado da data da intimação da decisão resolutiva dos embargos declaratórios. A providência é plenamente jusitificável, pois o recorrente não pode ser prejudicado pelo fato de a decisão resolutiva dos embargos declaratórios haver modificado a decisão por ele impugnada.

§ 5º Caso os embargos de declaração sejam rejeitados ou não impliquem modificação da decisão agravada, o recurso interposto pela outra parte antes da publicação do julgamento dos embargos de declaração será processado e julgado sem necessidade de ser ratificado. Vale dizer, será apreciado segundo os termos em que foi redigido e interposto. Por que motivo deveria reiterar o teor do recurso, se a decisão recorrida não foi modificada?

Art. 1.025. Consideram-se incluídos no acórdão os elementos que o embargante suscitou, para fins de pré-questionamento, ainda que os embargos de declaração sejam inadmitidos ou rejeitados, caso o tribunal superior considere existentes erro, omissão, contradição ou obscuridade.

• Comentário

Cuida-se de inovação do CPC atual.

De modo geral, os juízes de primeiro grau e os tribunais sentem certa irritação quando a sentença ou o acórdão por eles proferido é objeto de embargos de declaratórios, pois isso os obriga a retornar ao exame do caso concreto para examinar os pontos sobre os quais incidem esses embargos. Por este motivo, muitas vezes, uns e outros não admitiam os embargos de declaração sob o argumento de inexistir, na sentença ou no acórdão, a obscuridade, a contradição ou a omissão alegadas pelo embargante.

Este, então, interpunha recurso da decisão e, como preliminar, alegava a nulidade do julgado, por negativa de prestação jurisdicional. Se o tribunal desse provimento ao recurso, reconhecendo a nulidade alegada, ordenava o retorno dos autos ao juízo de origem, para efeito de apreciar o conteúdo dos embargos declaratórios.

Essa situação era tanto mais preocupante nos casos em que a parte oferecia embargos declaratórios ao acórdão para pré-questionar o tema que seria objeto de recurso de revista ou de embargos, para o TST, ou de recurso extraordinário, para o STF.

Era de tal monta a quantidade de casos em que as partes arguiam a nulidade do processo por negativa de prestação jurisdicional, que o TST alterou a redação da sua Súmula n. 297, para esclarecer que "III — Considera-se prequestionada a questão jurídica invocada no recurso principal sobre a qual se omite o Tribunal de pronunciar tese, não obstante opostos embargos de declaração".

O art. 1.025 do atual CPC, na linha de entendimento da Súmula n. 297, III, do TST, afirma que se os embargos declaratórios não forem admitidos, ou forem rejeitados, considerar-se-ão incluídos no acórdão embargado todos os elementos que o embargante pleiteou, para efeito de pré-questionamento. Assim, o embargante não será prejudicado se o tribunal competente para apreciar o recurso entender que no acórdão recorrido há erro, obscuridade, contradição ou omissão.

Conquanto a Súmula n. 297, III, do TST, assim como o art. 1.025, do CPC, estejam a merecer encômios pela solução dada ao problema derivante das situações em que o juiz ou o relator não admitem os embargos declaratórios, por não verem na decisão embargada erro, obscuridade, contradição ou omissão, de outro, põem a nu a fragilidade do discurso com qual a doutrina e a jurisprudência desde sempre empenharam-se em justificar a presença do requisito do prequestionamento em nosso ordenamento jurídico. Realmente, sempre se sustentou, nos domínios da doutrina e da jurisprudência, que o prequestionamento era imprescindível para saber-se se a decisão recorrida havia, ou não, adotado tese a respeito da matéria que foi objeto de posterior recurso. Cite-se, como corolário dessa linha de pensamento, a Súmula n. 297, I, do TST. Ora, bem, se a Súmula n. 297, III, do TST, e o art. 1.025, da CPC, reputam incluídos no acórdão embargado todos os elementos que o embargante procurou explicitar, para efeito de prequestionamento, quando os embargos de declaração não forem admitidos, ou forem rejeitados, como sustentar o argumento de que esse pré-questionamento será sempre indispensável para definir se o tribunal adotou, ou não tese, a respeito da matéria objeto do recurso? Não constituiria o pré-questionamento, se não um pretexto para a inadmissibilidade de recursos (de revista, de embargos, extraordinário), importa dizer, uma regra de conveniência para os tribunais, ou, quando menos, uma regra de mera comodidade para eles — como se, ausentes os embargos declaratórios pré-questionadores, fosse, verdadeiramente, impossível concluir-se se o acórdão recorrido adotou tese sobre o tema?

Art. 1.026. Os embargos de declaração não possuem efeito suspensivo e interrompem o prazo para a interposição de recurso.

§ 1º A eficácia da decisão monocrática ou colegiada poderá ser suspensa pelo respectivo juiz ou relator se demonstrada a probabilidade de provimento do recurso ou, sendo relevante a fundamentação, se houver risco de dano grave ou de difícil reparação.

§ 2º Quando manifestamente protelatórios os embargos de declaração, o juiz ou o tribunal, em decisão fundamentada, condenará o embargante a pagar ao embargado multa não excedente a dois por cento sobre o valor atualizado da causa.

§ 3º Na reiteração de embargos de declaração manifestamente protelatórios, a multa será elevada a até dez por cento sobre o valor atualizado da causa, e a interposição de qualquer recurso ficará condicionada ao depósito prévio do valor da multa, à exceção da Fazenda Pública e do beneficiário de gratuidade da justiça, que a recolherão ao final.

§ 4º Não serão admitidos novos embargos de declaração se os 2 (dois) anteriores houverem sido considerados protelatórios.

• **Comentário**

Caput. A matéria constava do art. 538 do CPC revogado.

Os embargos declaratórios, embora possuam efeito somente devolutivo, interrompem o prazo para a interposição de recurso.

Em termos concretos, significa que a decisão à qual os embargos declaratórios foram dirigidos pode, em princípio, ser executada enquanto não houver a interposição de recurso. Haverá situações, no entanto, em que a execução não será possível, por depender da decisão a ser proferida nos embargos declaratórios.

No sistema do CPC de 1973, inicialmente, os embargos declaratórios possuíam, apenas, efeito suspensivo. Isso significava que, oferecidos os embargos, o prazo para recurso deixava de fluir, embora o prazo anterior aos embargos ficasse

Art. 1.026

computado na contagem. Na Justiça do Trabalho, por exemplo, se a parte fosse intimada na sentença no dia 10, segunda-feira, e viesse a oferecer embargos declaratórios no dia 12, ficaria computado no prazo para recurso o dia 11. Não raro, a parte, intimada da sentença declaratória, interpunha recurso no oitavo dia do prazo, esquecendo-se que, na verdade, só dispunha de sete dias, em virtude de, no exemplo, o dia 11 ter sido computado. A consequência era que o seu recurso não era admitido por ser intempestivo.

Por força da Lei n. 8.950/94, contudo, os embargos de declaração passaram a ter efeito interruptivo; desse modo, se fossem oferecidos, digamos, no quinto dia, todos esses dias eram apagados, iniciando-se a contagem do prazo para recurso somente após a intimação da sentença declaratória.

A interruptividade do prazo para recurso, gerada pelos embargos de declaração, foi preservada pelo art. 1.026, *caput*, do CPC em vigor.

A interrupção do prazo para recurso se dará em prol de ambas as partes, ou seja, mesmo daquela que não fez uso de embargos declaratórios. É oportuno recordar que na vigência do CPC de 1939 era intensa a polêmica a respeito do tema, havendo certo segmento da doutrina para o qual a suspensão beneficiaria, somente, a parte que oferecesse embargos declaratórios. Essa discussão, conforme foi superada em virtude da clareza do art. 538, *caput*, do CPC de 1973. O CPC atual, embora não tenha reproduzida a norma, seguramente a recepcionou pela via tácita manteve a regra (art. 1.026, *caput*).

A propósito, ao tempo em que esteve a viger o CPC de 1939 era frequente a interposição de recurso antes mesmo da apresentação de embargos declaratórios. O motivo era compreensível: pelo sistema da época, se os embargos de declaração fossem considerados protelatórios, a consequência processual estava em que esses embargos ficariam destituídos do efeito suspensivo que lhes atribuía a Lei (art. 862, § 5º).

Assim, para não se submeterem ao risco de verem os seus recursos declarados intempestivos, as partes, muitas vezes, os interpunham antes mesmo dos embargos declaratórios.

Curiosamente, entretanto, temos verificado — mesmo ainda hoje, quando já não vigora a regra de que se os embargos declaratórios forem considerados procrastinatórios ficarão desapercebidos do efeito interruptivo que lhes é inerente —, a existência de situações em que o recurso é interposto quando ainda não se encontra esgotado o prazo para a apresentação de embargos declaratórios. Exemplifiquemos: o réu interpõe recurso ordinário e o autor, depois disso, ingressa com embargos de declaração. A consequência é que, em muitos desses casos, o réu, ao ser intimado da sentença declarativa, tem legítimo interesse em "complementar" o seu recurso, em decorrência do acréscimo de condenação, quando é o caso. Isso ocorre, com certa habitualidade, quando a sentença, manifestando-se sobre ponto omisso, acolhe mais alguns pedidos do autor, elevando, desse modo, o valor da condenação imposta ao réu. Diante disto, este possui inegável interesse em recorrer da sentença declaratória, ou melhor, em complementar o seu recurso, anteriormente interposto, para abarcar, agora, a sentença declarativa. A situação pode ser inquinada de *sui generis*, mas não é absurda, nem imaginária.

De maneira algo surrealista, no entanto, a jurisprudência trabalhista vinha entendendo que, no exemplo citado, o recurso do réu não deveria ser admitido por ser *precipitado*; ora, se à época da interposição do recurso o autor ainda não havia oferecido embargos de declaração, como se pode dizer que o recurso do réu foi precipitado? Deveria o réu ficar diligenciando até o último dia do prazo para o autor apresentar esses embargos, a fim de, só depois disso, interpor recurso? Ora, se o autor vier a apresentar embargos declaratórios depois de o réu haver recorrido, a solução jurídica que se impunha seria intimar o réu da sentença declaratória para que, se fosse o caso, complementasse o seu recurso. O art. 1.024, § 4º, do atual CPC, felizmente, está a demonstrar que o recurso pode ser interposto por uma das partes sem que a outra ainda tenha oferecido embargos declaratórios. Se o julgamento dos embargos acarretar a modificação da decisão a que se dirigiram, o embargado será intimado para, no prazo de quinze dias, completar ou alterar as razões expendidas em seu recurso, obedecidos os limites da modificação provocada pelos embargos de declaração.

Mesmo que os embargos de declaração venham a ser reputados manifestamente protelatórios, aplicando-se ao embargante a multa prevista no § 2º do art. 1.026 do CPC, não ficarão destituídos do efeito interruptivo, que lhes atribui o *caput* dessa norma legal. Particularmente, entendemos que esse efeito só não se verificará se os embargos declaratórios não atenderem aos requisitos de admissibilidade, subjetivos ou objetivos, máxime, quanto a estes, o da tempestividade.

Assim dizemos, porque não podemos aceitar o fato de os embargos de declaração se revestirem de efeito interruptivo quando nem sequer preencheram os requisitos legais indispensáveis à sua admissibilidade. A entender-se de modo diverso, estar-se-á criando um poderoso estímulo para o oferecimento de embargos intempestivos, ou manejados, p. ex., por quem é parte ilegítima etc., com o simples escopo de interromper (leia-se: apagar) o prazo para a interposição de recurso. Nesta hipótese, tais embargos não só devem ficar destituídos de efeito interruptivo, como, por serem evidentemente protelatórios, autorizarão a aplicação da penalidade pecuniária de que trata a sobredita norma do CPC.

É relevante repisar: mesmo que venham a ser considerados procrastinatórios, os embargos de declaração interromperão o prazo para o recurso cabível. Incidem, portanto, em erro inescusável, por ser grosseiro, todos aqueles que sustentam ponto de vista contrário. Mais do que isso, ignoram a própria evolução histórica da figura desses embargos. Com efeito, na vigência do CPC de 1939, como dissemos, os embargos eram dotados de efeito *suspensivo* do prazo para recurso; essa suspensão, entretanto, não se verificava quando os embargos eram considerados protelatórios. Levando em conta o fato de que essa cominação era extremamente gravosa para as partes (pois, julgados protelatórios os embargos, o prazo para a interposição do recurso cabível ter-se-ia exaurido), o legislador processual civil de 1973 *substituiu* a não-suspensão do prazo pela aplicação de *multa pecuniária* ao embargante protelador. Portanto, no sistema do processo civil (e, também, no do trabalho) os embargos declaratórios interromperão o prazo para recurso, vale dizer, mesmo que venham a ser considerados proteladores. Esse efeito interruptivo é automático e imediato, independendo de pronunciamento jurisdicional. Na verdade, quando os autos, contendo os embargos, são conclusos ao juiz, o *efeito interruptivo já terá sido produzido*, motivo por que não competirá ao magistrado manifestar-se a respeito da interrupção, ou não, no prazo para recurso. Os embargos de declaração estarão destituídos desse efeito interruptivo, apenas, quando intempestivos ou não forem, manifestamente, cabíveis.

O efeito interruptivo pressupõe, à evidência, que os embargos declaratórios sejam sido protocolados dentro do prazo legal; em termos inversos, isso significa que embargos intempestivos não são dotados de eficácia interruptivado prazo recursal. Em alguns casos, aliás, o não oferecimento desses embargos no prazo fixado em lei revela que a decisão à qual se dirigiram já havia transitadoem julgado, como quando não tivesse sido impugnada por meio de recurso.

§ 1º Estamos diante de uma interessante e útil inovação. O juiz ou o relator pode atribuir aos embargos de declaração efeito suspensivo da eficácia da decisão embargada. Para isso, é necessário que o embargante demonstre: a) a probabilidade de o seu recurso ser provido. Note-se: *probabilidade,* e não, *possibilidade*; ou b) sendo relevante a fundamentação, houver risco de grave ou de difícil reparação a ele, embargante. Não se confundam, todavia, as coisas: os embargos declaratórios, desde que tempestivos e cabíveis, assim que forem protocolados no órgão judicial competente provocam, de maneira automática, a interrupção do prazo para recurso (para ambas as partes); por outro lado, o juiz, a requerimento do embargante, pode atribuir aos embargos declaratórios efeito suspensivo da eficácia da decisão embargada, contanto que demonstrada a ocorrência de uma das duas situações previstas no § 1º do art. 1.026.

§ 2º Se os embargos de declaração forem manifestamente protelatórios, o juiz ou o tribunal, em decisão fundamentada, condenará o embargante a pagar ao embargado multa não excedente a 2% sobre o valor atualizado da causa.

Cumpre-nos verificar, desde logo, se essa penalidade pecuniária é compatível com o processo do trabalho.

Em primeiro lugar, deve ser dito que a multa em questão decorre da necessidade de punir a parte que adotou uma atitude desrespeitosa do conteúdo ético do processo, como método estatal de solução de conflitos de interesses. É, justamente, esse conteúdo ético que também justifica, no plano do processo civil: a) a condenação do litigante de má-fé ao pagamento de multa, de indenização, de honorários advocatícios, em prol da parte contrária, assim como ao ressarcimento das despesas que esta tenha efetuado (CPC, art. 81); b) a condenação do devedor que pratica ato atentatório à dignidade da justiça ao pagamento de multa não superior a 20% do valor atualizado da execução (CPC, art. 774) etc.

Todas essas penalidades de natureza pecuniária previstas no processo civil — a despeito da finalidade que as justificam — devem ser aplicadas com muita reserva no processo do trabalho, levando-se em conta a possibilidade de serem impostas ao trabalhador — ou a qualquer das partes, quando no exercício do *ius postulandi* que lhes concede a lei (CLT art. 791, *caput*). Somente as multas que tenham como destinatário o empregador poderão ser aplicadas com maior amplitude neste processo, como é o caso da pertinente ao ato atentatório (CPC, art. 774); aos embargos de declaração protelatórios (CPC, art. 1.026 § 2º); ao inadimplemento de obrigação de fazer ou de não fazer (CPC, art. 814).

Como a doutrina e a jurisprudência majoritárias vêm entendendo que a capacidade postulatória das partes (CLT, art. 791, *caput*) não foi afetada pela nova ordem constitucional (art. 133), tem-se uma razão relevante para colocar sérias restrições à aplicação, aos litigantes, da penalidade prevista no § 2º do art. 1.026 do CPC. Assim dizemos porque soa a ignomínia a imposição dessa multa às pessoas que se encontram promovendo *pessoalmente* a defesa dos seus direitos em juízo, sejam trabalhadores ou empregadores: todos eles, inscientes de normas processuais, acabam sendo punidos por atos que possam ter praticado de boa-fé, conquanto o juiz assim não entenda. Aliás, já seria algo raro, para não dizer insólito, a parte "descobrir" que poderia fazer uso de embargos de declaração diante de pronunciamentos jurisdicionais que lhes parecessem, em consciência, obscuros, contraditórios ou omissos — e, ao fazê-lo, seriam desagradavelmente surpreendidas por certa multa prevista em um enigmático texto legal. Em um texto, enfim, que somente poderia ser entendido por advogados. Muitos juristas, seduzidos por uma tendência escolástica de ignorar a realidade da vida, às vezes se esquecem que somos um país em que os analfabetos e as pessoas que vivem abaixo da linha da miséria correspondem à população inteira de países desenvolvidos. Nessa imensa legião de miseráveis incluem-se, não raro, trabalhadores humílimos, que, um dia, necessitam ingressar em juízo (sem advogado), para ter o seu *dia na Corte* (*his day in Court*), para reivindicar o pouco que lhes é devido — e que podem acabar sendo surpreendidos e humilhados por certas multas pecuniárias derivantes de sua desastrada atuação em defesa de um direito ligado à sobrevivência.

Não estamos, com estas considerações, pretendendo fazer discurso piegas, puramente retórico, nem vetar a possibilidade de ser aplicada no processo do trabalho a multa em questão; preocupamo-nos em chamar a atenção ao fato de que a eventual sobrevivência do *ius postulandi* constitui, sem dúvida, um relevante argumento em prol da necessidade de essa multa ser imposta, apenas, em casos verdadeiramente excepcionais.

Também não podemos ignorar o fato de, hoje, a pletora de embargos de declaração decorrer, em larga medida, da Súmula n. 297, II, do TST que exige o pré-questionamento da matéria, para que o recurso (de revista, p. ex.) seja admitido, sob pena de preclusão. Deste modo, constrangidas pela Súmula, as partes oferecem embargos declaratórios para pre-questionar a matéria que será objeto do recurso; como resposta jurisdicional recebem, muitas vezes, não só a sentença declaratória, mas a multa de que estamos a nos ocupar. Há, nisso, certa irrisão, certo escárnio.

Mesmo que a parte esteja acompanhada de advogado, a aplicação dessa multa dever ocorrer em situações excepcionais: não podemos nos esquecer que o responsável pelo pagamento não será o advogado que redigiu os embargos de declaração considerados protelatórios, mas a parte; e esta poderá ser o trabalhador. Cumpre-nos lembrar que, ainda que ele se encontre recebendo o benefício da assistência judiciária graciosa (Lei n. 5.584/70, art. 14), ou da justiça gratuita (CLT, art. 790, § 3º), será condenado ao pagamento da multa, pois as sobreditas assistências só o dispensam das despesas processuais. A referida multa, nem por antonomásia, pode ser conceituada como despesa dessa natureza. É típica sanção processual, que encontra na transgressão ao conteúdo ético do processo o fundamento político e jurídico para a sua aplicação.

Lançados esses comentários, torna-se recomendável reproduzirmos, a seguir, as conclusões que extraímos, em outro livro (*As alterações do CPC e suas repercussões no processo do trabalho*. 4. ed. São Paulo: LTr, 1996. p. 131/136), sobre o assunto:

1) para que os embargos sejam declarados procrastinatórios é necessário que esse objetivo da parte seja *manifesto*, salte aos olhos, fique fora de qualquer dúvida razoável. Essa exigência legal, todavia, não é de grande utilidade prática, como possa parecer, porquanto, muitas vezes, para o juiz os embargos se apresentam visivelmente protelatórios, embora a parte não tenha tido a intenção de usá-los com essa finalidade. Elementar regra de prudência sugere que o magistrado, na dúvida, não considere protelatórios os embargos. Esse objetivo da parte, em retardar o processo, deve ser, portanto, manifesto; nunca, presumido.

É sabido que, de modo geral, os magistrados se sentem irritados quando a parte oferece embargos de declaração às suas decisões, nomeadamente, à sentença. Até certo ponto, é compreensível essa irritação, pois, para emitir a sentença, o magistrado teve de enfrentar, não raro, diversas preliminares e algumas prejudiciais de mérito, para, só depois disso, ingressar na prospecção do mérito substancial, mediante um profundo e minudente exame dos diversos fatos da causa, a fim de submetê-los às normas legais, às súmulas, às OJs, etc., incidentes. Julgando que não mais retornaria ao exame dos elementos dos autos, o magistrado é surpreendido pelos embargos declaratórios, que o obriga a esse retorno prospectivo. Diante disso, muitos, sem maiores reflexões, consideram procrastinários os embargos e aplicam ao embargante a multa prevista em lei. O magistrado pode estar certo em sua conclusão, ou errado. Se, de um lado, há sentenças contendo, efetivamente, obscuridade, contradição ou omissão, cujas eivas de expressão devem ser sanadas pelos embargos de declaração, não menos verdadeiro é que, de outro, a parte também faz uso, muitas vezes, desses embargos apenas para ver interrompido o prazo para a interposição do recurso cabível. Cumprirá o juiz verificar, com serenidade e bom senso, em quais dessas duas situações se encaixam os embargos declaratórios oferecidos à sua decisão, e adotar a atitude prevista em lei, conforme seja o caso;

2) fica patente que também em primeiro grau de jurisdição se pode impor a multa legal à parte que fizer uso dos embargos de declaração com intuito protelatório, pois o § 1º do art. 1.026 do CPC faz nítida alusão a juiz ou relator;

3) a multa reverterá em favor da parte contrária, tendo, por isso, caráter patrimonial;

4) o pronunciamento jurisdicional declarativo de que os embargos são manifestamente protelatórios deve ser fundamentado, sob pena de nulidade (CPC, art. 1.026, § 2º, e Const. Fed., art. 93, IX);

5) a multa será sempre calculada sobre o valor atribuído à causa e, não, sobre o valor dos pedidos, da condenação ou da execução. Lei clara não requer interpretação (CPC, art. 1.026, § 2º). O que se permite, para esse efeito, é que o valor da causa seja corrigido monetariamente, quando a situação da economia do país justificar essa providência;

6) situação verdadeiramente curiosa haverá se ambas as partes oferecerem embargos visivelmente protelatórios. O aspecto irônico, no caso, estará não no fato de cada litigante apresentar tais embargos,

mas em que, se um e outro forem condenados a pagar multa, isso equivale a dizer, em última análise, que ficarão impunes, uma vez que cada multa reverterá em prol da parte contrária...;

7) no tocante à impugnação do ato jurisdicional (decisão, sentença ou acórdão) que aplica a multa pecuniária, há certa controvérsia na doutrina. Em princípio, seria de imaginar-se que se a multa fosse imposta por sentença, proferida pela Vara, a parte deveria discutir o merecimento dessa imposição quando interpusesse recurso ordinário, que teria como objeto, portanto, a sentença declarada e a declaratória. Se a multa fosse aplicada por acórdão, a parte deveria impugnar essa decisão ao interpor recurso de revista. Essa opinião não deixa de ser coerente com o sistema estabelecido pelo processo do trabalho. Entretanto, a prevalência desse ponto de vista conduziria a situações de patente injustiça, na prática. Demonstremos: um tribunal regional julga certo recurso ordinário, a cujo acórdão a parte oferece embargos declaratórios, que são considerados protelatórios, sendo, em virtude disso, condenada a pagar a multa de 2%, prevista no § 2º do art. 1.026, do CPC. Se a parte só pudesse discutir essa condenação no ensejo do recurso de revista que viesse a interpor, isso poderia fazer com que, não sendo admitido esse recurso, a matéria concernente à multa acabasse não sendo apreciada pelo TST. Por outras palavras: não haveria reexame da matéria, pois prevaleceria a decisão do presidente do tribunal regional, que seria a única. Não nos esqueçamos que o recurso de revista não se encontra vinculado ao duplo grau de jurisdição, cuidando-se, isto sim, de um recurso de natureza extraordinária, interponível nos casos expressamente previstos em lei, e cujo exame de admissibilidade é rigoroso, já pelo juízo *a quo*. A possibilidade de a parte interpor agravo de instrumento da decisão monocrática, denegatória do recurso de revista, não afasta as objeções que fizemos àqueles que defendem a ideia de que somente por ocasião do recurso de revista poderá ser impugnada a decisão (acórdão declaratório) que impôs a multa pecuniária à parte que fez do uso de embargos com escopo protelatório. O problema se torna tanto mais grave se considerarmos o acórdão emitido no julgamento de agravo de petição: por força do disposto no art. 896, § 2º, da CLT, o recurso de revista só será admissível se o acórdão acarretar ofensa direta e literal à constituição da república (TST, Súmula n. 266).

Todas essas reais dificuldades que seriam enfrentadas pela parte, caso somente pudesse discutir o merecimento da multa por ocasião do recurso de revista, nos levaram — ao tempo em que integrávamos o TRT da 9ª região — a reconhecer a necessidade de colocar ao alcance desse litigante um meio *autônomo* de impugnação da referida decisão. A partir daí, encontramos, dentro do próprio sistema do processo do trabalho, a seguinte solução, abrangente de todas as situações: 1) se a multa for imposta por Vara do Trabalho (ou juiz de direito), caberia recurso ordinário para uma das Turmas do Tribunal do Trabalho competente (CLT, art. 678, II, "c") ou, para o Pleno, se não estiver dividido em Turmas. Supor que a discordância da parte, quanto à multa, deveria ser manifestada, apenas, na oportunidade em que interpusesse recurso ordinário, seria ignorar, não somente, o teor do art. 678 da CLT, já citado, como o fato de que nas causas de alçada exclusiva dos órgãos de primeiro grau essa opinião faria com que a parte não pudesse discutir o merecimento da multa, pois as sentenças de fundo, aí proferidas, são irrecorríveis. O recurso ordinário *sui generis*, que preconizamos, não encontraria obstáculo na Lei n. 5.584/70 (art. 2º, § 4º), porquanto teria como objeto não a sentença declarada (relativamente à qual há o veto legal da irrecorribilidade), mas a declaratória, vale dizer, estaria restrito à multa pecuniária; 2) sendo a multa aplicada por Turma ou por Seção Especializada de tribunal regional, o recurso ordinário seria interposto ao Pleno do mesmo tribunal (CLT, art. 678, I, "c"; 3) se a multa fosse imposta pelo Pleno do Regional, o recurso ordinário será interposto ao TST.

É evidente que o procedimento que alvitramos deveria ser submetido a certas adaptações técnicas — para tornar-se viável — capazes de produzir alguma inquietação ou turbulência nos espíritos reacionários, infensos, por natureza, a qualquer evolução.

À guisa de informação, devemos dizer que o Tribunal do Trabalho da 9ª região, outrora, admitia recurso ordinário, autônomo, dos acórdãos das turmas ou da seção especializada, que aplicavam a multa prevista no art. 538, parágrafo único, do CPC de 1973 (§ 2º do art. 1.026 do CPC atual) Esse recurso, interponível no prazo de oito dias, era julgado pelo órgão especial. Em linhas gerais, o procedimento era o seguinte: 1) as razões do recurso deveriam ser instruídas com cópias: a) do acórdão embargado; b) da petição de embargos de declaração; c) do acórdão declaratório; d) da intimação deste; e) da procuração outorgada ao advogado do recorrente. Todos esses documentos eram autuados em separado; 2) não se exigia preparo; 3) os autos eram encaminhados ao ministério público, para exarar parecer; 3) depois, sorteava-se relator; 4) não havia revisor; 5) não havia contrarrazões; 6) o feito era levado a julgamento, independentemente de pauta; 7) não havia sustentação oral.

Em suma, com esse procedimento, a parte poderia interpor: a) recurso de revista do acórdão declarado; b) recurso ordinário do acórdão declaratório (que lhe impusera a multa pecuniária). Desta maneira, ainda que o recurso de revista não viesse a ser admitido, o recurso ordinário *sui generis* poderia ser apreciado pelo tribunal regional, que, se fosse o caso, lhe daria provimento para excluir da condenação a precitada multa.

Enfim, havia uma série de pormenores, envolvendo a prática que passou a ser adotada, no particular, pelo Tribunal do Trabalho da 9ª Região; qualquer tentativa de descer a tais minúcias, neste livro, seria submeter o leitor a uma exasperante maçada. O fato relevante a ser destacado é que se procurou encontrar, dentro do próprio sistema do processo do trabalho, uma solução menos injusta para a parte, do que a sustentada pela doutrina dogmática, consistente, esta, em reservar a manifestação de qualquer discordância quanto à decisão impositiva da multa para a oportunidade do recurso de revista.

Os tempos, todavia, agora são outros — assim como a composição e o regimento interno do TRT da 9ª Região. O recurso ordinário *sui generis*, de que estivemos a falar — destinado à impugnação das decisões impositivas de multa pelo oferecimento de embargos de declaração protelatórios —, foi banido da norma *interna corporis* daquele regional. Os motivos que nos levaram a sugerir a sua adoção, entretanto, continuam vivos em nosso espírito.

Cabe, aqui, fazer uma observação de extrema relevância, a respeito da base de incidência da multa prevista no § 2º do art. 1.026 do CPC. Em que pese ao fato de ser translúcida a citada norma legal, ao dizer que a multa seja calculada com fulcro no *valor atualizado da causa*, alguns juízes, numa injustificável rebeldia, têm posto de lado a norma legal e adotado critério arbitrário. Essa arbitrariedade se revela de várias maneiras. Examinemos duas delas. A primeira consiste em calcular a multa com base no valor *da execução*, quando os embargos declaratórios são oferecidos, por exemplo, à sentença resolutiva dos embargos do devedor, ou ao acórdão emitido em sede de agravo de petição. Ora, conquanto saibamos que uma ação judicial possa apresentar, quando menos, quatro valores distintos, quais sejam: a) da causa; b) do pedido; c) da condenação; d) da execução, o legislador, ao redigir o art. 1.026, § 2º, do CPC, optou, com clareza suficiente para impedir qualquer dificuldade de intelecção, pelo valor *da causa*. Logo, revela-se nimiamente arbitrário qualquer critério judicial que não utilize, como base de incidência da penalidade por embargos protelatórios, o valor da causa. Se esse critério é correto, ou não, *legem habemus*. A segunda arbitrariedade se traduz na imbricação, ou melhor, no encambulhamento, na confusão entre coisas distintas. Isto ocorre quando o juiz, entendendo que os embargos de declaração têm escopo procrastinatório, aplicam ao embargante as sanções por litigância de má-fé, condenando-o a pagar multa, indenização, honorários advocatícios e demais despesas processuais. *Data venia*, há, nesse atitude judicial, manifesta impropriedade técnica, sabendo-se que a figura dos embargos de declaração protelatórios possui dispositivo legal *específico*, sancionatório: o art. 1.026, § 2º do CPC. Sendo assim, nenhum intérprete está autorizado a invocar e a aplicar outros dispositivos do mesmo Código, que regulam situações-tipo distintas, como é o caso da litigância de má-fé. O mesmo se diga em relação ao tribunal, quando, ao julgar embargos declaratórios oferecidos a acórdão proferido em agravo de petição, soma à multa do art. 1.026, § 2º, do CPC, a do art. 774, parágrafo único, do mesmo Código (ato atentatório à dignidade da justiça)

§ 3º No sistema do CPC de 1973, se houvesse reiteração de embargos de declaração protelatórios a multa de 1% seria elevada a até 10%, ficando condicionada a interposição de qualquer outro recurso ao depósito do valor respectivo (art. 538, parágrafo único, parte final). O CPC atual adota solução semelhante, fixando a multa inicial em 2%, sendo elevada a 10% no caso de reiteração de embragos protelatórios, ressalvando que a Fazenda Pública e o beneficiário da gratuidade da justiça recolherão a multa no final (art. 1.026, § 3º).

Diz, a norma em exame, que a *interposição* de qualquer recurso ficará condicionada ao depósito do valor da multa que tenha sido aplicado em virtude de embargos de declaração protelatórios. Um reparo de ordem doutrinária: a *interposição* do recurso se configura com o protocolo da correspondente petição no juízo competente; assim, o que o legislador quis dizer é que o recurso somente será *admitido* se houver o pagamento da referidas multa. Para que se possa exercer o juízo de admissibilidade de qualquer recurso o pressuposto lógico é que ele tenha sido *interposto*. Tanto é verdadeira e necessária a distinção que estamos a fazer que mesmo não sendo admitido o recurso, ele permanecerá nos autos, pois foi interposto (protocolado).

Há necessidade, contudo, de deslindarmos o sentido da expressão legal "reiteração de embargos": a) seriam os oferecidos da mesma decisão anteriormente embargada? b) seriam os oferecidos na mesma fase processual (conhecimento, execução)? c) seriam os oferecidos nos mesmos autos do processo?

a) Em princípio (portanto, poderão existir exceções), se a sentença (para cogitarmos, apenas, dela) foi objeto de embargos declaratórios — digamos, por omissão —, considerados protelatórios, não se admitirão novos embargos da mesma sentença, ainda que por fundamento diverso; logo, aqui incidirá vedação do § 3º do art. 1.026 do CPC. Entretanto, com base no exemplo mencionado, se os segundos embargos de declaração forem dirigidos à sentença declaratória, por ser obscura, não deverá incidir o sobredito veto legal.

b) Se houve embargos declaratórios à sentença relativa ao processo de conhecimento, que foram considerados protelatórios, isso não impedirá o oferecimento, mais tarde, de embargos de declaração à sentença resolutiva dos embargos à execução; o pressuposto para a incidência do veto contido no § 3º do art. 1.026, do CPC, portanto, é de que os novos embargos sejam oferecidos na mesma fase processual. Todavia, haverá situações em que esses embargos poderão ser oferecidos em fase processual diversa, como se dá, por exemplo, quando os embargos são oferecidos à sentença no processo de conhecimento, e o novos embargos são opostos à decisão monocrática que não admitiu o recurso ordinário interposto.

c) A particularidade de o autor haver oferecido embargos de declaração à sentença rescindenda (reputados protelatórios) não obsta a que venha a apresentar embargos ao acórdão rescisório.

§ 4º Se os dois primeiros embargos de declaração oferecidos pela parte tiverem sido declarados protelatórios, o terceiro não será admitido. Para efeito de definir, na prática, quanto à incidência, ou não, do parágrafo em exame nos casos concretos, podemos adotar, *mutatis mutandis*, os critérios que sugerimos quanto à configuração de reiteração de embargos de declaração protelatórios (§ 3º).

Embargos à decisão declarativa

A Lei é omissa quanto à possibilidade de embargos à decisão declarativa (decisão interlocutória, sentença, acórdão, decisão monocrática), ou seja, à que declarou a anterior. Se não prevê essa possibilidade, é certo que também não a proíbe, ao contrário do que faziam alguns Códigos de Processo estaduais do passado, como era o caso do de São Paulo. A questão relativa aos embargos à decisão declarativa haverá, portanto, de ser solucionada em cada caso concreto pelo critério do bom-senso, tanto das partes quanto do juiz. Isto não impede que a doutrina e a jurisprudência formulem algumas regras práticas, destinadas a disciplinar a admissibilidade desses embargos, dentre as quais se inclui, p. ex., a que exige tenham os segundos embargos, como objetivo, ponto da decisão diverso do anterior. Desta forma, se os primeiros embargos opostos à decisão de fundo tiveram como pressuposto uma omissão desta, os segundos não podem, em princípio, ser opostos (à decisão declarativa) com base também em omissão do último pronunciamento jurisdicional acerca do mesmo ponto. Ainda assim, a regra não deve ser inflexível, pois há casos em que a decisão declarativa se revela tão omissa (ou obscura, contraditória etc.) quanto à primeira, de modo que negar a possibilidade de os segundos embargos se dirigirem à mesma causa seria permitir que a decisão transitasse em julgado com aquela falha; as consequências disso poderiam ser altamente danosas para a execução, onde, na fase da liquidação e dos embargos, passariam as partes a digladiar-se acerca dessa questiúncula.

Esse fato, acreditamos, confirma e robustece a nossa afirmação de que a possibilidade de serem admitidos embargos à decisão declarativa encontra mais no bom-senso dos sujeitos do processo do que na lei o melhor critério para solucionar o problema.

Pessoalmente, conhecemos diversos casos em que foram justificáveis os segundos embargos, da mesma forma como temos ciência de tantos outros em que os embargos à decisão declarativa tiveram o escopo único de retardar a fluência do prazo recursal — encontrando o embargante, na alegada eiva da expressão desta última decisão, o grande pretexto para colocar em prática o seu desiderato.

Entendíamos que a simples ementa do acórdão não comportava embargos de declaração, visto possuir caráter apenas informativo do teor da decisão, "mormente quando a conclusão do julgado guarda coerência com as notas taquigráficas" (BERMUIDES, Sérgio. *Comentário ao código de processo civil*. São Paulo: Revista dos Tribunais, 1975. p. 214). Todavia, pelas razões expostas no comentário ao art. 1.023 reconsideramos essa opinião, para admitir a possibilidade de a ementa ser objeto de embargos, como quando houver manifesta divergência entre esta e o teor do acórdão. Não enseja ditos embargos, contudo, o voto vencido, que se tenha feito inserir no acórdão, embora a parte possa fazer uso dos embargos declaratórios para saber quais são os fundamentos do mencionado voto que não foi juntado aos autos (foi proferido, oralmente, na sessão de julgamento).

Embargos simultâneos

Nada obsta a que as partes oponham, cada qual ao seu tempo, embargos de declaração à mesma decisão, contanto que o façam no prazo legal. A uma delas, *e. g.*, pode parecer que a decisão é omissa, em certo aspecto, e à outra, que há contraditoriedade no julgado. Cumpre-lhes, então, retornar à presença do órgão de proferimento da decisão, via embargos específicos, a fim de que sejam eliminadas as falhas detectadas.

Inexiste, como é óbvio, qualquer vinculação entre os embargos oferecidos simultaneamente; daí por que podem ser acolhidos os de uma das partes e rejeitados os de outra, assim como o acolhimento ou a rejeição pode ser a ambos. Relação haverá se os dois embargos se referirem a um ponto comum do pronunciamento jurisdicional: é que, nesta hipótese, os que foram opostos por último ficam prejudicados pelos primeiros. É de boa técnica, entretanto, que a decisão declarativa faça alusão aos dois, ainda que para dizer da prevalência somente do primeiro. Para os que sustentam a natureza recursal dos embargos de declaração, o princípio da unirrecorribilidade constitui ponderando argumento para justificar a impossibilidade de serem opostos dois (ou mais) desses embargos a um mesmo ponto da decisão. A nós, que não reconhecemos, doutrinariamente, serem os embargos declaratórios modalidade de recurso, a inviabilidade da sua dupla oposição a um mesmo ponto da decisão encontra fundamento na própria lógica formal.

Quando falamos em embargos simultâneos não estamos pretendendo dizer que o fato se caracterizará com a oposição de mais de um embargo (já aqui dirigidos a falhas distintas da decisão) no mesmo instante e na mesma petição, mas, sim, que haverá simultaneidade quando cada parte, dentro do prazo que lhe corresponde, opuser esses embargos à mesma decisão, embora em momentos que podem não ser coincidentes.

Em todo o caso, os embargos simultâneos requerem uma atenção redobrada, por parte dos litigantes e do próprio juízo, a respeito da contagem do prazo para a interposição do recurso cabível da decisão embargada, pondo-se sempre em primeiro plano o fato de que os embargos declaratórios, mesmo nesta hipótese, interrompem para ambos os litigantes o prazo para o exercício da pretensão recursal.

Erros de escrita ou de cálculo

Pode ocorrer de a decisão — a despeito de não apresentar qualquer ponto obscuro, contraditório, nem haver omitido a apreciação de nenhum dos pedidos deduzidos pelas partes —, conter certos erros de escrita ou de cálculo, que precisem ser corrigidos.

Neste caso, a parte interessada não necessitará valer-se dos embargos de declaração, na medida que a correção dessa espécie de erro pode ser obtida mediante simples petição dirigida ao juízo prolator da decisão. É o que consta do art. 833 da CLT, que permite ao próprio juiz determinar, de ofício, a providência corretiva, além de atribuir legitimidade à Procuradoria da Justiça do Trabalho para requerê-la. Essa regra é reiterada pelo art. 897-A, parágrafo único, da CLT. O CPC contém normas algo conflitantes sobre o tema: o art. 494, I, prevê a correção de erro material por ato do próprio magistrado, inclusive, agindo *ex officio*, ao passo que o art. 1.022, III, atribui essa finalidade aos embargos de declaração, cuja iniciativa é sempre da parte. Para os efeitos do processo do trabalho devem prevalecer os arts. 833, e 897-A, § 1º, da CLT.

Retornemos ao art. 833, da CLT. Essa norma estabelece que a correção de erros de escrita ou de cálculo pode ser efetuada mesmo após o trânsito em julgado da sentença, desde que a execução não tenha sido iniciada. Estamos convencidos, porém, de que essa retificação possa ser realizada mesmo quando a execução tenha sido iniciada. Vedar esta possibilidade seria permitir que a execução principiasse com uma grave falha (de datilografia, de escrita ou de cálculo), que a poderia comprometer, sobremaneira e, até mesmo, implicar violação à coisa julgada material. Por outro lado, entendemos que o tribunal não pode (seja *ex officio* ou a requerimento da parte) corrigir esses erros materiais da sentença, ainda que os autos lhe tenham sido remetidos em virtude do recurso interposto daquela decisão de primeiro grau (sendo evidente que no recurso não se pediu, por incabível, a eliminação do erro de escrita ou de cálculo). A providência saneadora dever ser tomada pelo juízo *a quo*, que prolatou a decisão, no momento do retorno dos autos.

Podemos mencionar como exemplos dessa espécie de erro contido no pronunciamento jurisdicional, dentre tantos, os seguintes: a) de escrita: alude-se a *renumera*r, quando o correto seria *remunerar*; a *falsa greve*, em vez de *falta grave*; a *empregador*, no lugar de *empregado*, etc.; b) de cálculo: quando se multiplica cem por três e se obtém quatrocentos; subtrai-se duzentos de mil e fala-se em setecentos. Enfim, é desnecessário indicar-se, caso a caso, a ocorrência de situações configuradoras de erros de escrita ou de cálculo. O conceito processual dessa espécie de erronia dos pronunciamentos jurisdicionais é por todos conhecido e não oferece maiores dificuldades de ordem prática. Há situações, inclusive, em que se poderia discutir se o erro era de escrita ou de cálculo, como quando a decisão, somando quatro parcelas de duzentos, registra o resultado de novecentos: tanto pode ter havido erro de soma (cálculo) quanto ter decorrido de imprimir-se, equivocadamente, o primeiro algarismo do resultado (9, no lugar de 8), de sorte a poder-se também cogitar de mero erro de datilografia (escrita). Uma tal discussão, entretanto, seria acadêmica, pois o que importa é a presença, na decisão, de erro material, passível de ser sanado com a medida informal criada pela CLT (art. 833).

Se a decisão foi proferida na audiência em que estavam as partes, qualquer delas, invocando questão de ordem, poderá, mesmo oralmente, solicitar ao juiz que proceda à eliminação de eventual erro de escrita ou de cálculo que ela contiver.

Hipótese não infrequente é a de o erro estar não no acórdão, mas sim na sua publicação, ou seja, ser proveniente de falha tipográfica do órgão oficial que o publicou. Neste caso, incumbirá ao presidente do tribunal (e não ao relator, ao revisor, ou ao presidente da turma ou da seção), por sua iniciativa ou a requerimento do interessado, oficiar ao órgão de imprensa, comunicando-o do erro, a fim de que o acórdão seja outra vez publicado. O prazo para a interposição de recurso, como é de direito, somente passará a fluir a contar da republicação do acórdão.

Processamento

a) Em primeiro grau

Os embargos declaratórios, por princípio, devem ser opostos mediante petição letrada (= por escrito), na qual se apontará a falha da sentença que se deseja ver corrigida. Não vislumbramos, contudo, a mínima escoriação ao processo do trabalho se esses embargos forem oferecidos, oralmente, na audiência em que a sentença for prolatada.

O prazo é de cinco dias (CLT, art. 897-A). No caso de litisconsortes com diferentes procuradores de escritórios de advocacia distintos, o art. 1.023, § 1º, do CPC, manda aplicar a regra do art. 229 do mesmo Código, ou seja, os prazos serão contatos em dobro "para todas as suas manifestações, em qualquer juízo ou tribunal, independentemente de requerimento". Norma semelhante estava contida no art. 191 do CPC de 1973, tendo SBDI-I, do TST, por sua OJ 310, declarado ser inaplicável ao processo do trabalho o sobredito artigo do CPC. Considerando a probabilidade de o TST manter esse entendimento na vigência do atual CPC, devemos dizer de nossa opinião quanto a ser aplicável ao processo do trabalho o art. art. 1.023, § 1º, do CPC, conjugado com o art. 229, do mesmo Código. O argumento contido na referida OJ da SBDI-I é, *data venia*, irônico, pois na Justiça do Trabalho existe diversos fatos, episódios e incidentes que conspiram contra a celeridade do procedimento, sem que se tenha levantado contra eles argumentos como os que dão conteúdo à OJ 310 da SBDI-I. O próprio TST costuma proceder ao julgamento dos feitos de sua competência em prazo, manifestamente, superior ao previsto em lei. Nesse contexto, não nos parece correto eleger-se a duplicação do prazo, prevista no art. 1.023, § 1º, como bode expiatório, em detrimento do interesse das partes.

O embargante deverá indicar o ponto obscuro, contraditório ou omisso da sentença (CPC, art. 1.022). Não haverá preparo (*ibidem*). O art. 1.022, parágrafo único, do CPC, indica quais os casos que configuram omissão, para efeito de oferecimento dos embargos declaratórios; contudo, conforme já deixamos registrado em linhas anteriores, o legislador disse aí menos do que deveria, pois os casos de omissão, ao menos no processo do trabalho, não se resumem aos incisos I e II da precitada norma legal. Haverá omissão sempre que o pronunciamento jurisdicional deixar de manifestar-se sobre fato narrado ou pretensão deduzida nos autos.

Protocolada a petição, esta será remetida ao juiz, que determinará: a) a sua juntada nos autos; b) a intimação da parte contrária, para, quando for o caso, manifestar-se no prazo de cinco dias (CPC, art. 1.023, § 2º);

O CPC de 1939 autorizava o indeferimento liminar, por decisão irrecorrível, da petição sempre que o embargante deixasse de indicar qual o ponto da sentença que pretendia ver declarado (art. 862, § 1º). O CPC de 1973 nada disse a respeito; há, também, silêncio do Código atual. Em nosso ver, já não é dado ao juízo rejeitar, *in limine*, os embargos declaratórios quando a petição deixar de indigitar o ponto a ser declarado. Poder-se-ia objetar que não tendo a petição de embargos, nesta hipótese, indicado a causa de pedir, a sua inépcia autorizaria o indeferimento liminar, de que cuida o art. 330, I. O argumento seria imperfeito por, pelo menos, duas razões: em primeiro lugar, o indeferimento previsto nessa norma legal, é da petição inicial, cuja consequência é a extinção do processo sem julgamento do mérito (CPC, art. 485, I). Ora, o juiz, se lhe fosse permitido indeferir de plano a petição de embargos, não estaria ensejando a extinção do processo: a sentença de fundo seria recorrível ou executável. Em segundo, o indeferimento da inicial somente seria possível se o juiz assinasse, antes, o prazo de quinze dias para que a parte emendasse ou completasse aquela peça de provocação da atividade jurisdicional (CPC, art. 321, por analogia). Em conclusão: conquanto não seja lícito ao juiz indeferir, de plano, a petição de embargos declaratórios, quando esta deixar de indicar qual seria a falha do pronunciamento jurisdicional a ser suprida, cumprir-lhe-á fixar prazo para que a petição seja emendada, sob consequência de inadmissibilidade desses embargos (cuja petição, todavia, continuará juntada aos autos).

Os embargos declaratórios deverão ser julgados na audiência subsequente à sua apresentação (CLT, art. 897-A). Se, todavia, o juiz pressentir que o julgamento dos embargos poderá acarretar modificação da sentença à qual se dirigiram mandará intimar a parte contrária para que se manifeste no prazo de cinco dias (CPC, art. 1.023, § 2º). Nesse caso, o prazo fixado pelo art. 897-A, da CLT, para o julgamento dos embargos, não será respeitado.

Embora a Súmula n. 136 do TST afirme ser inaplicável às Varas do Trabalho o princípio da identidade física do juiz, entendemos deva ser regra contornada, sempre que possível, pelos embargos declaratórios. Com efeito, como a finalidade destes é obter uma declaração acerca do conteúdo da sentença, é prudente exigir que essa declaração seja feita por quem a elaborou.

Reputamos ser desaconselhável que a sentença declarativa seja elaborada por juiz diverso do que proferiu a declarada. Na interpretação do pensamento deste, o outro poderia não ser muito feliz, de tal modo que acabaria dando ao ponto embargado um sentido totalmente dissociado daquele que esteve presente na intenção do juiz que redigiu a sentença de fundo. Como pondera Hugo Alsina: *El juez que debe conocer de la aclaratoria es el que dictó la sentencia, porque siendo ésta una expresión de su pensamiento, la resolución que dicte h de fundarse en la misma construcción lógica que determinó su formación* (obra cit., p. 640).

Assim, se a sentença embargada for elaborada por determinado juiz, mas, ao tempo do julgamento dos embargos, este se encontrar ausente do órgão, em virtude de férias, de licença etc., será recomendável ao juiz que estiver respondendo, temporariamente, pela Vara, proferir despacho, naquela petição, determinando que se aguarde o retorno do titular. É óbvio que essa providência pressupõe um afastamento temporário do juiz titular, devendo ser abandonada quando essa ausência for definitiva (decorrente, *v. g.*, de promoção, de remoção, de aposentadoria), ou, sendo provisória, for extremamente longa, de maneira a desaconselhar que se aguarde o regresso do titular do órgão.

A sentença declarativa incorpora-se à declarada, a ela se funde em um só conteúdo, conquanto em corpos distintos; é por isso que uno dever ser o recurso que se vier a interpor. Maltrata os princípios processuais e a lógica a parte que recorre, em separado, supondo haver duas sentenças: confunde a forma com o conteúdo.

Se a sentença declarativa reconhecer que havia omissão a ser declarada e, em consequência, conceder ao embargante determinada parcela a que fazia jus, isto acarretará acréscimo ao valor da condenação imposta à parte contrária. É recomendável, portanto, que a sentença declarativa fixe, sempre que possível, o valor desse acréscimo e das próprias custas, que lhe correspondem. O procedimento, neste aspecto, é semelhante ao do tribunal quando, dando provimento ao recurso do empregado, adiciona à primitiva condenação uma ou mais parcelas.

Não vemos nenhum inconveniente, por outro lado, em que a sentença declarativa fixe o valor relativo às custas, sempre que a sentença declarada, desatendendo ao comando do art. 832, § 2º, da CLT, se houver omitido quanto a isto. Também os honorários advocatícios, no caso da Instrução Normativa n. 27/2005, do TST (art. 5º), podem ser objeto de fixação pela sentença declaratória, segundo o critério da oportunidade. Esses honorários, sempre que devidos, inserem-se no conceito de "pedidos implícitos", sobre os quais discorreremos anteriormente. Basta observar que o art. 85 do CPC diz que a sentença condenará o vencedor a pagar ao vencido tais honorários. Logo, se esses honorários, ainda que não expressamente mencionados pela sentença de fundo, poderiam ser computados no cálculo da execução, é certo que permitem ser objeto de explicitação pela sentença declarativa. A parte que não se conformar com essa atitude do juízo terá à sua disposição as vias recursais ordinárias para exercer o direito de opor-se a essa resolução jurisdicional — com pouca possibilidade de êxito, devemos acrescentar. Quanto aos honorários de advogado, relativos a litígios derivantes de relação de emprego, devemos esclarecer que somente são devidos nos casos previstos nas Súmulas ns. 219 e 329, do TST.

a) Nos tribunais

Antes de adentrarmos na apreciação da matéria objeto deste item, desejamos lançar um comentário oportuno.

Fala-se em graus da jurisdição superior. Em rigor, há impropriedade nessa expressão, pois a jurisdição, em si, não é superior nem inferior; é jurisdição, una, tanto linear quanto verticalmente. A hierarquização vertical, aí existente, é dos *graus* que a caracterizam. Corrija-se aquela expressão, portanto, para graus superiores da jurisdição.

Nos tribunais, os embargos declaratórios deverão ser opostos no prazo de cinco dias, contado da data em que o acórdão embargado foi publicado (CLT art. 897-A, *caput*), devendo a parte indicar, na petição, o ponto obscuro, contraditório ou omisso, que pretende ver declarado (CPC, art. 1.022). Alguns regimentos internos permitem ao relator, por decisão irrecorrível, indeferir liminarmente os embargos, sempre que a petição não indicar o ponto a ser esclarecido. Pelos motivos já expendidos, entendemos ser de duvidosa legalidade essa disposição de tais normas *interna corporis*, após o advento do CPC de 1973 e do atual. Ocorre que os referidos Códigos, ao contrário do de 1939, não preveem a possibilidade de indeferimento liminar dos embargos declaratórios. Destarte, entendemos que o relator deva fixar prazo para o embargante suprir a falta; somente se este não atender ao despacho é que os embargos declaratórios não deverão ser conhecidos, a despeito de permanecerem juntados aos autos. Incidência analógica do disposto no art. 321 do CPC.

Quando a lei diz que a petição de embargos declaratórios (como outras, em geral) será dirigida ao relator, não quer com isso afirmar que o embargante deva mencionar, naquela peça, o *nome* do relator (embora nada impeça que, assim desejando, o faça), mas, sim, que a ele se dirija na qualidade de integrante do colégio julgador.

Ao relator incumbe colocar os embargos em mesa para julgamento, na sessão subsequente (CLT, art. 897-A). Se isso não ocorrer, os embargos deverão ser incluídos em pauta (CPC, art. 1.024, § 1º).

A razão de o próprio relator votar nessa matéria está em que ninguém Melhor do que ele se encontra apto para explicitar o conteúdo do acórdão embargado.

Sendo os embargos declaratórios opostos a decisão do relator ou unipessoal, proferida em tribunal, o julgamento será realizado, em caráter monocrático, pelo respectivo órgão prolator da decisão embargada (CPC, art. 1.024, § 2º).

O órgão competente para o julgamento dos embargos poderá admiti-lo como agravo interno, caso entenda ser este o recurso cabível. Para esse efeito deverá determinar a previa intimação do embargante para, em cinco dias, complementar as razões de recurso, a fim de amoldá-las às exigências do art. 1.021, § 1º, do CPC.

Caso o acolhimento dos embargos declaratórios acarrete modificação da decisão à qual se dirigir, o embargado que já tiver interposto outro recurso contra a decisão originária deverá ser intimado para complementar ou alterar as suas razões, nos precisos limites da modificação. O prazo, para isso, será de quinze dias, contados da intimação da decisão resolutiva dos embargos de declaração (CPC, art. 1.024, § 4º).

Se os embargos declaratórios forem rejeitados ou não modificarem o resultado do julgamento anterior, o recurso interposto pela outra parte antes da publicação do julgamento dos referidos embargos será processado e julgado sem necessidade de ratificação (CPC, art. 1.024, § 5º).

A lei considera incluídos no acórdão todos os elementos suscitados pelo embargante, para efeito de pré-questionamento, mesmo que os embargos declaratórios não sejam admitidos ou sejam rejeitados, na hipótese de o tribunal superior considerar

Código de Processo Civil

existente erro, omissão, contradição ou obscuridade (CPC, art. 1.025).

A eficácia da decisão objeto dos embargos declaratórios, seja monocrática, seja colegiada, poderá ser suspensa pelo juiz ou relator respectivo se ficar demonstrada a probabilidade de provimento do recurso ou, sendo relevante a fundamentação houver risco de dano grave ou de difícil reparação (CPC, art. 1.026, § 1º).

Grande parte do que dissemos quanto ao exame da matéria em face do primeiro grau se aplica, *mutatis mutandis*, aos órgãos superiores da jurisdição, inclusive, o TST. No que concerne, a propósito, à mais alta Corte de Justiça Trabalhista do país, vale registrar o disposto no art. 242 do seu Regimento Interno: "Registrado o protocolo na petição e após sua juntada, os autos serão conclusos ao Relator da decisão embargada, ressalvadas as situações previstas nos arts. 92 a 96 deste Regimento. Parágrafo único. Não sendo possível a aplicação de nenhuma das regras previstas nos arts. 92 a 96, adotar-se-á critério de competência para a distribuição dos embargos de declaração ao Juiz convocado, na hipótese dos processos das Turmas, ou ao Ministro que tenha ocupado a vaga do antigo Relator, nas Turmas e nas Subseções, e, como último critério, distribuir-se-á o processo entre os integrantes do órgão".

Embargos de declaração e pré-questionamento

Em linhas anteriores, pudemos lançar algumas considerações de ordem geral acerca do uso dos embargos de declaração, com o escopo de préquestionar matéria a ser objeto de recurso de natureza extraordinária, como é o caso do de revista. O manejo dos embargos declaratórios, em tais situações, é, mais do que sugerido, imposto pela Súmula n. 297, II, do TST, sob pena de preclusão.

Expenderemos, agora, comentários específicos quanto ao tema. Antes, reiteremos a observação de que a Súmula referida tem sido a responsável direta pela pletora de embargos de declaração, que hoje deságuam nos órgãos da justiça do trabalho. Uma das consequências mais visíveis dessa hipertrofia é a crescente aplicação de multas pecuniárias às partes, ao argumento de que os embargos possuem intuito protelatório. Há que se ter prudência, nesta questão. Se, de um lado, não se pode negar que, em um considerável número de casos, a finalidade dos embargos de declaração é, efetivamente, procrastinatória, porquanto destinada a interromper o prazo para a interposição do recurso cabível, não menos verdadeiro é que, de outro lado, há inúmeras situações em que esses embargos são utilizados com a finalidade de préquestionar a matéria que se pretende submeter à apreciação de outro órgão jurisdicional, mediante recurso de índole extraordinária. Destarte, como dissemos algures, os advogados, não raro, se encontram às voltas com o seguinte dilema: deixar de oferecer embargos de declaração e correr o risco de ver denegado o seu recurso por falta de prequestionamento; ou oferecer embargos e correr o risco de o juízo impor multa pecuniária, ao argumento de que os embargos tinham intuito protelatório. Por isso, pensamos que a Súmula n. 98, do STJ, bem poderia ser adotada como um critério sensato de orientação aos senhores juízes do trabalho. Estabelece a mencionada Súmula: "Embargos de declaração manifestados com notório propósito de prequestionamento não têm caráter protelatório". Eis, aliás, um exemplo a ser seguido pelo TST, que tantas Súmulas já produziu.

Negativa de prestação jurisdicional

Em diversos casos, a sentença ou o acórdão deixam de julgar os embargos de declaração oferecidos, ao argumento de que nada há a ser declarado. Aqui, também, a linha que separa os embargos protelatórios dos embargos pré-questionadores nem sempre é nítida. A definição sobre se os embargos possuem esta ou aquela finalidade ficará reservada, portanto, para cada caso concreto. Preocupam-nos, todavia, as situações em que, por exemplo, a sentença ou o acórdão são realmente omissos, mas, apesar disso, o juízo afirma nada haver a ser declarado; recusa-se, enfim, a preencher a lacuna jurisdicional. Nesta hipótese, está configurado o fato que se convencionou denominar, em doutrina e jurisprudência, de "negativa de prestação jurisdicional". Com efeito, se o pronunciamento jurisdicional embargado é omisso (ou contraditório) e o juízo se recusa a julgar os embargos, ocorre negação de prestação jurisdicional. Essa prestação, como está, revela-se incompleta ou incoerente, ou seja, está contaminada por uma falha de expressão, que lhe compromete a validade formal. Assim, incumbirá à parte prejudicada, ao interpor o recurso cabível, alegar a nulidade da sentença ou do acordo declaratório, por forma a fazer com que o órgão *ad quem*, provendo o recurso, obrigue o *a quo* a julgar os embargos de declaração.

A Súmula n. 297, III, do TST, todavia, abranda as consequências do não julgamento dos embargos declaratórios ao afirmar que, mesmo assim, considera-se pré-questionada a matéria que fora objeto dos referidos embargos.

Por outro lado, a Súmula n. 459, do TST, estabelece: "Recurso de revista. Nulidade por negativa de prestação jurisdicional. O conhecimento do recurso de revista, quanto à preliminar de nulidade por negativa de prestação jurisdicional, supõe indicação de violação do art. 832 da CLT, do art. 458 do CPC ou do art. 93, IX, da CF/1988".

Na verdade, a violação é muito mais ampla do que foi suposta pela mencionada OJ, pois alcança, por igual, dependendo de cada caso concreto, os seguintes artigos da Constituição Federal: a) 5º, incisos LIV (devido processo legal), LV (ampla defesa) e XXXV (direito de ação; e b) 489 (requisitos da sentença), 1.013 (*tantum devolutum quantum apellatum*),

Art. 1.026

1.022, II (omissão do julgado), 141 (limite objetivo da lide) e 492 (adstrição da sentença ao pedido), do CPC.

Como asseveramos, em outras linhas, a jurisdição não constitui uma gentileza, um ato de complacência do estado para com o indivíduo: para além de traduzir um poder, ela é um indeclinável *dever* estatal. Dever que decorre do fato de o estado impedir que as pessoas busquem satisfazer, com os próprios meios pessoais de que disponham, os seus interesses legítimos, vinculados a bens ou a utilidades da vida (Código Penal, art. 345).

Uma nova faceta dos embargos declaratórios

Estabelece o art. 897-A, da CLT, que os embargos de declaração podem ser utilizados não apenas para corrigir obscuridade, omissão ou contradição da sentença ou do acórdão, como, também, no caso de "manifesto equívoco no exame dos pressupostos extrínsecos do recurso".

No que diz respeito a esta última finalidade, há toda uma história a ser narrada.

Ao tempo em que integrávamos o TRT da 9ª Região, percebíamos que, vez e outra, em decorrência do elevado número de julgamentos que era realizado, ocorria de não se admitir determinado recurso — que, na verdade, deveria ser admitido, por estarem presentes os correspondentes pressupostos. Diante disso, incumbia à parte interessada interpor recurso de revista, para tentar modificar o acórdão regional, que não admitiu certo recurso. Levando em conta as enormes dificuldades que a parte enfrentaria, nesse mister — a contar pela grande possibilidade de o próprio recurso de revista não ser admitido —, passamos a defender o uso dos embargos de declaração para corrigir a falha do regional, quando do exame dos pressupostos de admissibilidade do recurso.

Argumentávamos que a recusar da utilização dos embargos declaratórios para essa finalidade implicaria uma brutal injustiça contra a parte que possuía inegável razão jurídica. Assim dizíamos, porque ao tribunal, mesmo reconhecendo que se equivocou ao não admitir o recurso, por julgá-lo, digamos, intempestivo (quando, na verdade, havia sido interposto no prazo legal), só restaria aguardar, impassível, que a parte se valesse do recurso de revista para tentar corrigir esse erro, pois os embargos declaratórios seriam inadequados a tal escopo.

Todavia, conforme dissemos, o recurso de revista poderia não ser admitido, fazendo com que o erro ficasse sem reparação. A possibilidade de a parte interpor agravo de instrumento da decisão denegatória do recurso de revista não significava que a injustiça espelhada no acórdão do tribunal regional seria eliminada, porquanto o TST poderia negar provimento ao aludido agravo.

Daí, a razão de havermos passado a sustentar a necessidade do emprego dos embargos de declaração, a fim de permitir que o próprio tribunal proferidor do acórdão embargado, reconhecendo o erro em que incorrera, desse provimento aos embargos, para declarar que o recurso era tempestivo, e, em razão disso, autorizasse o exame do mérito desse recurso.

Não víamos nenhum obstáculo legal a esse procedimento. Lembrávamos que o art. 463, do CPC de 1973, só proibia o juiz de modificar a sentença ou o acórdão *de mérito*, pois, neste caso, teria cumprido e acabado a sua atuação jurisdicional. Contudo, o acórdão regional, pelo qual não se admitia determinado recurso, não examinava o mérito, motivo por que eventual modificação desse acórdão, pelo próprio órgão que o proferiu, não transgredia a regra inscrita no art. 463 aquele CPC. Para clarificarmos: se a lei (CPC, art. 463, inciso II) permitia que os embargos de declaração produzissem o *mais* (modificação da decisão de mérito), por mais forte razão haveria de se admitir que eles produzissem o *menos* (modificação da decisão que não examinou o mérito). Além disso, esse efeito modificativo, de que eram dotados os embargos de declaração, eram reconhecidos pela Súmula n. 278, do TST.

Na altura, aliás, processo civil dera um notável passo rumo à efetiva simplificação do procedimento ao permitir que o juiz, diante da apelação interposta, revisse a sua decisão, pela qual indeferira a petição inicial (art. 296, *caput*). Com isso, evitava-se que o recurso fosse encaminhado ao tribunal, com o que se economizava tempo e atividade jurisdicional. Eram, precisamente, esses ares de simplificação que deveriam invadir os sítios do processo do trabalho. E uma dessas ocasiões surgia quando se empregavam os embargos de declaração para fazer com que o próprio tribunal reformulasse o acórdão que não havia admitido algum recurso.

Em síntese: a permanente necessidade de evolução do processo, como método estatal de solução de conflitos de interesses, somada ao seu caráter meramente instrumental, não só autorizavam — mas, sobretudo, exigiam — que, eventualmente, se desviasse determinado instituto ou figura processual de sua finalidade original, para permitir, em respeito às partes, que fossem corrigidos pelo órgão jurisdicional certos erros ou injustiças por esse mesmo órgão praticados.

Em termos práticos, portanto, o tribunal, dando provimento aos embargos de declaração, afastaria a deserção, a intempestividade — enfim, o motivo que o levou a não admitir o recurso, com o que teria desobstruído o caminho conducente ao exame do mérito. Evita-se, com isso, sujeitar a parte, que tinha manifesta razão jurídica, às vicissitudes de um recurso de revista — incertezas que se revelavam, não raro, já na fase de admissibilidade, perante o juízo *a quo*.

Até que o sistema oficial fosse dotado de um meio específico e ágil para corrigir falhas dessa natureza, ninguém — que tivesse um mínimo de noção acerca da razão-de-ser do processo judicial —, por certo, haveria de sentir-se em boa sombra para negar a possibilidade de os embargos declaratórios serem utilizados para tal fim.

Tempos depois, o legislador, com os olhos atentos ao que se passava no plano da realidade prática, insere, na CLT, o art. 897-A, para permitir que os embargos declaratórios fossem utilizados, também, para corrigir "manifesto equívoco no exame dos pressupostos extrínsecos do recurso".

Nossa reação, em face dessa norma legal, foi ambivalente: de um lado, aplaudimos o fato de o legislador haver atribuído aos embargos declaratórios essa finalidade, que já vinha sendo sustentada por setores lúcidos da doutrina e posta em prática, quando menos, por um tribunal regional do trabalho; de outro, porém, lamentamos que haja restringido o uso desses embargos à correção dos equívocos praticados no exame do pressupostos *extrínsecos* — ou seja, objetivos, dos recursos. Nos estritos termos da norma legal em foco, esses embargos não podem ser usados para a correção de equívocos perpetrados no exame dos pressupostos *intrínsecos* (ou *subjetivos*) de admissibilidade do recurso, como: legitimidade, interesse, capacidade, representação.

Nossa esperança é de que jurisprudência crítica passe a admitir o manejo desses embargos com a finalidade de corrigir falha manifesta cometida no exame de *quaisquer* requisitos de admissibilidade dos recursos — de tal maneira que se atribua a esses embargos a mesma amplitude teleológica que lhe vinha dando o TRT da 9ª região, antes do advento da Lei n. 9.957, de 12.1.2000, que inseriu o art. 897-A, na CLT.

CAPÍTULO VI
DOS RECURSOS PARA O SUPREMO TRIBUNAL FEDERAL E PARA O SUPERIOR TRIBUNAL DE JUSTIÇA

Seção I
Do Recurso Ordinário

Art. 1.027. Serão julgados em recurso ordinário:

I — pelo Supremo Tribunal Federal, os mandados de segurança, os habeas data e os mandados de injunção decididos em única instância pelos tribunais superiores, quando denegatória a decisão;

II — pelo Superior Tribunal de Justiça:

a) os mandados de segurança decididos em única instância pelos tribunais regionais federais ou pelos tribunais de justiça dos Estados e do Distrito Federal e Territórios, quando denegatória a decisão;

b) os processos em que forem partes, de um lado, Estado estrangeiro ou organismo internacional e, de outro, Município ou pessoa residente ou domiciliada no País.

§ 1º Nos processos referidos no inciso II, alínea "b", contra as decisões interlocutórias caberá agravo de instrumento dirigido ao Superior Tribunal de Justiça, nas hipóteses do art. 1.015.

§ 2º Aplica-se ao recurso ordinário o disposto nos arts. 1.013, § 3º, e 1.029, § 5º.

• **Comentário**

Caput. A matéria era regida pelo art. 539 do CPC revogado.

A norma dispõe sobre a competência do STF e do STJ em tema de recurso ordinário. Esse recurso: a) ao STF, está previsto no art. 102, II, da CF; b) ao STJ, no art. 105, II, da CF.

Inciso I. Ao Supremo Tribunal Federal compete julgar os recursos ordinários interpostos em mandado de segurança, *habeas data* e mandado de injunção decididos em única instância pelos tribunais superiores, quando a decisão for denegatória.

O prazo para a interposição desse recurso é de quinze dias (CPC, art. 1.003, § 5º). úteis (CPC, art. 219, *caput*).

Inciso II. Os recursos ordinários constitucionais da competência do STJ não interessam ao processo do trabalho.

§ 1º No processo do trabalho não cabe recurso (imediato e autônomo) de decisões interlocutórias (CLT, art. 893, § 1º).

§ 2º Ao recurso extraordinário de que trata o art. 1.027, do CPC, são aplicáveis as disposições dos arts. 1.013, § 3º (julgamento imediato do mérito) e 1.029, § 5º (pedido de concessão de efeito suspensivo).

Art. 1.028. Ao recurso mencionado no art. 1.027, inciso II, alínea "b", aplicam-se, quanto aos requisitos de admissibilidade e ao procedimento, as disposições relativas à apelação e o Regimento Interno do Superior Tribunal de Justiça.

§ 1º Na hipótese do art. 1.027, § 1º, aplicam-se as disposições relativas ao agravo de instrumento e o Regimento Interno do Superior Tribunal de Justiça.

§ 2º O recurso previsto no art. 1.027, incisos I e II, alínea "a", deve ser interposto perante o tribunal de origem, cabendo ao seu presidente ou vice-presidente determinar a intimação do recorrido para, em 15 (quinze) dias, apresentar as contrarrazões.

§ 3º Findo o prazo referido no § 2º, os autos serão remetidos ao respectivo tribunal superior, independentemente de juízo de admissibilidade.

• **Comentário**

Caput. Ao recurso ordinário de competência do STJ, interposto com fundamento na letra b, do inciso II, do art. 1.027, aplicam-se, quanto aos requisitos de admissibilidade e ao procedimento as normas pertinentes à apelação e o regimento interno da Corte.

§ 1º No sistema do processo do trabalho as decisões interlocutórias são irrecorríveis (CLT, art. 893, § 1º).

§ 2º A norma estabelece disposições sobre a interposição do recurso a que se refere o art. 1.027, I e II.

§ 3º Esgotado o prazo mencionado no § 2º, os autos serão encaminhados ao respectivo tribunal superior, sem necessidade de juízo de admissibilidade.

Seção II

Do Recurso Extraordinário e do Recurso Especial

Subseção I

Disposições Gerais

Art. 1.029. O recurso extraordinário e o recurso especial, nos casos previstos na Constituição Federal, serão interpostos perante o presidente ou o vice-presidente do tribunal recorrido, em petições distintas que conterão:

I — a exposição do fato e do direito;

II — a demonstração do cabimento do recurso interposto;

III — as razões do pedido de reforma ou de invalidação da decisão recorrida.

§ 1º Quando o recurso fundar-se em dissídio jurisprudencial, o recorrente fará a prova da divergência com a certidão, cópia ou citação do repositório de jurisprudência, oficial ou credenciado, inclusive em mídia eletrônica, em que houver sido publicado o acórdão divergente, ou ainda com a reprodução de julgado disponível na rede mundial de computadores, com indicação da respectiva fonte, devendo-se, em qualquer caso, mencionar as circunstâncias que identifiquem ou assemelhem os casos confrontados.

§ 2º Quando o recurso estiver fundado em dissídio jurisprudencial, é vedado ao tribunal inadmiti-lo com base em fundamento genérico de que as circunstâncias fáticas são diferentes, sem demonstrar a existência da distinção.

§ 3º O Supremo Tribunal Federal ou o Superior Tribunal de Justiça poderá desconsiderar vício formal de recurso tempestivo ou determinar sua correção, desde que não o repute grave.

§ 4º Quando, por ocasião do processamento do incidente de resolução de demandas repetitivas, o presidente do Supremo Tribunal Federal ou do Superior Tribunal de Justiça receber requerimento de suspensão de processos em que se discuta questão federal constitucional ou infraconstitucional, poderá, considerando razões de segurança jurídica ou de excepcional interesse social, estender a suspensão a todo o território nacional, até ulterior decisão do recurso extraordinário ou do recurso especial a ser interposto.

Código de Processo Civil — Art. 1.029

§ 5º O pedido de concessão de efeito suspensivo a recurso extraordinário ou a recurso especial poderá ser formulado por requerimento dirigido:

I – ao tribunal superior respectivo, no período compreendido entre a interposição do recurso e sua distribuição, ficando o relator designado para seu exame prevento para julgá-lo;

II – ao relator, se já distribuído o recurso;

III – ao presidente ou vice-presidente do tribunal local, no caso de o recurso ter sido sobrestado, nos termos do art. 1.037.

• **Comentário**

Caput. Ocupava-se do assunto o art. 541 do CPC revogado.

Apontamentos históricos

Tal como o controle jurisdicional da constitucionalidade, o recurso extraordinário é de origem norte-americana.

O *Judiciary Act*, de 24 de setembro de 1789, editado para organizar a justiça da União, introduziu, na competência da Suprema Corte daquele país, além dos meios de impugnação às resoluções judiciais secundárias, o reexame das sentenças finais, proferidas pelas justiças dos Estados-Membros, quando: a) discutiu-se acerca da validade de tratado, lei ou ato de autoridade dos Estados Unidos, perante o texto constitucional, e a decisão declarou a invalidade; b) questionou-se a respeito da validade de lei ou ato de autoridade do Estado, ante a Suprema Carta, lei ou tratado da União e a decisão foi favorável à validade; c) discutiu-se sobre título, direito, privilégio ou isenção postulada com fundamento em interpretação de dispositivo constitucional, de tratado, lei ou concessão e a decisão foi contrária ao título, ao direito, ao privilégio ou à isenção.

Nos casos mencionados, a decisão da justiça estadual pode ser levada à apreciação da Suprema Corte, por intermédio do *writ of error*, existente tanto no processo federal quanto no estadual dos Estados Unidos, consistente em um mandado expedido pelo Tribunal *ad quem*, a pedido da parte interessada, e encaminhado ao órgão *a quo*, a quem se determina a remessa dos autos relativos à ação principal, a fim de ser reexaminada a matéria.

É bem verdade que, modernamente, a Corte Suprema pode efetuar a revisão das decisões dos tribunais dos Estados-Membros mediante os institutos do *appeal* e do *writ certiorari*.

Na América do Sul, coube à Argentina a primazia de incorporar ao seu direito positivo o recurso extraordinário do sistema norte-americano. A Lei n. 27, de 16 de outubro de 1862, permitiu fosse interposta apelação para a Corte Suprema, por parte do interessado, quando se questionasse, na decisão de um Tribunal de Província, se ao caso se deveria aplicar somente a legislação local e se concluísse que sim.

Também pela Lei n. 48, de 14 de setembro de 1863, se consentia, na Argentina, apelação para a Corte Suprema das decisões proferidas pelos tribunais superiores de Província, sempre que se decidisse: a) contra a validade de tratado, de lei congressual, ou de autorização realizada em nome nacional; b) pela validade de lei, decreto, ou autorização de Província, contestados em face da Constituição Federal, tratados ou leis do Congresso; c) contra a validade de título, direito, privilégio, ou isenção, baseada em dispositivo constitucional, em tratado ou lei do Congresso, ou em comissão exercida em nome de autoridade nacional.

Do cotejo entre as disposições do *Judiciary Act* norte-americano de 1789 e as da Lei argentina n. 48, de 1863, constata-se a acentuada influência que o primeiro exerceu na segunda, a ponto de esta ser quase uma reprodução literal daquele.

No Brasil, a legislação relativa à matéria sofreu, igualmente, forte influxo do *Judiciary Act*, embora, em nosso meio, o recurso extraordinário apenas tenha surgido na fase republicana. Assim é que a Constituição decretada pelo Governo Provisório (e que não chegou a entrar em vigor) previa, no art. 58, § 1º, com inspiração no *Judiciary Act*, casos em que o recurso extraordinário seria interponível para o STF das decisões proferidas em última instância pelas justiças estaduais. O mesmo governo baixou, em 11 de outubro de 1890, o Decreto n. 848, dispondo sobre a organização da Justiça Federal. Estatuía o art. 9º, parágrafo único, desse Decreto: "Haverá, também, recurso para o Supremo Tribunal Federal das sentenças definitivas proferidas pelos tribunais e juízes dos Estados: a) quando a decisão houver sido contrária à validade de um tratado ou convenção, à aplicação de uma lei do Congresso Federal e, finalmente, à legitimidade do exercício de qualquer autoridade que haja obrado em nome da União, qualquer que seja a alçada; b) quando a validade de uma lei, ou ato de qualquer Estado seja posta em questão como contrária à Constituição, aos tratados e às leis federais e a decisão tenha sido em favor da lei ou do ato; c) quando a interpretação de um preceito constitucional ou de lei federal, ou de cláusula de um tratado ou convenção, seja posta em questão e a decisão final tenha sido contrária à validade do título, direito e privilégio ou isenção derivada do preceito ou cláusula".

Pontes de Miranda, após reconhecer a origem norte-americana do instituto, observa que o recurso extraordinário Entrou no Brasil como recurso 'constitucionalizado', independente, portanto, de qualquer legislação ordinária (obra cit., p. 15).

A denominação de *recurso extraordinário* a esse instituto, aliás, somente foi empregada pelo primeiro Regimento Interno do STF (art. 19) de 1891, passando depois à legislação ordinária. O *nomen iuris* "recurso extraordinário", a propósito, parece advir do fato de que, por intermédio dele, a justiça federal intervém, embora excepcionalmente, nas decisões proferidas pelas justiças estaduais, com o que lhes subtrai parte da autonomia. Convém lembrar, com Sergio Bermudes, que esse recurso não é admissível, unicamente, das decisões dos tribunais inferiores, "mas também das cortes de justiça federal" (obra cit., p. 256).

A nossa primeira Constituição da República (1891) estabelecia, no art. 59, § 1º: "Das sentenças das justiças dos Estados em última instância haverá recurso para o Supremo Tribunal Federal: a) quando se questionar sobre a validade ou a aplicação de tratados e leis federaes, e a decisão do tribunal do Estado fôr contra ella; b) quando se contestar a validade de leis ou de actos dos governos dos Estados em face da Constituição, ou das leis federaes, e a decisão do tribunal do Estado considerar validos esses actos, ou essas leis impugnadas".

As Constituições subsequentes mantiveram, com pequenas alterações, o recurso extraordinário (Constituição de 1934, art. 76, n. 2, III; de 1937, art. 101, III; de 1946, art. 101, III; de 1967, art. 114, III; Emenda Constitucional n. 1, art. 119, III; de 1988, art. 102, III).

Importa ressaltar, como notícia histórica, que o Decreto n. 23.055, de 9 de agosto de 1933, criou, no art. 1º, o canhestro recurso extraordinário *ex officio*, que deveria ser interposto, nos casos por ele previstos, pelo Presidente do Tribunal estadual ou da Câmara julgadora. Não se tratava do *recurso de ofício* (sic), ainda hoje exigido pelas leis processuais (Dec.-lei n. 779/69, art. 1º, V; CPC, art. 475), mas de típico *recurso*, que deveria ser interposto *de ofício* pelas autoridades judiciárias legitimadas.

A Constituição de 1934 previa, no art. 76, parágrafo único, a interposição de recursos extraordinários, pelo Presidente do Tribunal estadual, ou pelo Ministério Público, quando ocorresse diversidade de interpretação definitiva de lei federal "entre Côrtes de Appellação de Estados differentes, inclusive do Distrito Federal ou dos Territorios, ou entre um destes tribunaes e a Côrte Suprema, ou outro tribunal federal".

Natureza jurídica

O extraordinário é, fora de qualquer dúvida, um recurso, dada a sua finalidade de submeter a reexame, pelo STF, matérias que tenham sido apreciadas pelas Cortes inferiores, desde que a decisão haja violado a Constituição Federal; declarado a inconstitucionalidade de tratado ou lei federal ou julgado válida lei ou ato de governo local contestado em face da Constituição da República (art. 102, III, "a" a "c"). Como vimos, esse recurso foi introduzido em nosso sistema de direito positivo não por lei ordinária, mas pelo próprio texto constitucional. Dele disse José Frederico Marques: "Instrumento político-constitucional destinado a tutelar sem contraste o direito objetivo da União e, sobretudo, os textos constitucionais, o recurso extraordinário não pertence ao 'processo civil', nem ao 'processo penal' e tampouco ao 'processo trabalhista', ou ao 'processo comum', ao 'processo penal militar', ou ao 'processo eleitoral'. Superpondo-se a todos esses segmentos de regulamentação da atividade jurisdicional, ele somente pode localizar-se na esfera jurídica em que diretamente incide a Constituição Federal" (*Instituições*, v. IV, p. 274).

Entende, por isso, o festejado jurista que o recurso extraordinário pertence ao direito processual constitucional. Dessa opinião, entretanto, não compartilha Sergio Bermudes, para quem o fato de esse recurso ser disciplinado pela Constituição da República não lhe subtrai o caráter exclusivamente processual, na medida em que não é a lei em que uma norma legal se encontra expressa que determina o seu caráter, a sua natureza (obra cit., p. 256).

Ficamos com Frederico Marques.

Não se nega que o recurso extraordinário pertença ao direito processual; não, porém, ao direito processual *ordinário*, mas sim ao *constitucional*. E não nos parece possível negar a existência da classe do direito processual constitucional, cujo procedimento, como é o caso do recurso em exame, vem disciplinado por lei ordinária. Eis aí, pois, a grande característica do extraordinário: instituído pelo texto constitucional e procedimentalmente regido por normas legais ordinárias.

Além disso, enquanto os demais meios de impugnação às resoluções judiciais podem ser suprimidos mediante a revogação da norma ordinária em que se encontram previstos, o recurso extraordinário só poderá desaparecer do sistema recursal mediante alteração do texto da Constituição.

O extraordinário, aliás, não se relaciona — ao contrário dos recursos de natureza ordinária em geral — com o princípio do duplo grau de jurisdição; as razões que determinaram a sua instituição têm natureza mais ampla e não escondem certo propósito político. Sobre este aspecto, escreveu Alfredo Buzaid que o recurso extraordinário surgiu "como uma exigência do regime federativo que, supondo a dualidade legislativa emanada da União e dos Estados, reconhece, contudo, a supremacia da Constituição e das leis federais, cuja vigência se estende a todo o território da República. E, para evitar que cada Estado se arvorasse em unidade soberana na aplicação do direito federal, dando lugar a diferentes maneiras de atuá-lo em cada caso concreto, foi instituído o recurso extraordinário com o propósito de assegurar o primado da Constituição e a unidade da jurisprudência do direito federal" (Estudos de direito. São Paulo: Saraiva, 1972, v. I, p. 181).

O objetivo do recurso extraordinário difere, portanto, daquele que caracteriza os recursos previstos na legislação ordinária: enquanto estes, em regra, visam a atender ao direito das partes, aquele busca resguardar, em sentido mais amplo, toda a legislação federal e, em especial, a inteireza da Constituição, bem como a uniformidade da sua interpretação e da interpretação das leis federais. É certo que o extraordinário também protege o direito subjetivo das partes; o faz, entretanto, de modo indireto, transverso, pois o seu escopo nuclear, como visto, é a defesa da higidez constitucional e das normas legais de origem federal.

A matéria na CLT

A única referência — ainda implícita — que a CLT faz ao recurso extraordinário está no § 2º do art. 893, conforme o qual "A interposição de recurso para o Supremo Tribunal Federal não prejudicará a execução do julgado". Não há, como se percebe, no corpo da CLT qualquer sistematização ou disciplinamento desse recurso. O que o citado § 2º do art. 893 fez, na verdade, foi declarar que o extraordinário não tem efeito suspensivo, tanto que permite a execução do acórdão impugnado. Execução *provisória*, esclareça-se (TST, SBDI-II, OJ n. 56).

Antonio Lamarca, em posição ilhada, sustenta que ambos os parágrafos (inclusive o 2º) do art. 893 da CLT foram revogados pela Lei n. 861, de 13 de outubro de 1949, de tal modo que a CLT se apresenta, hoje, rigorosamente, omissa quanto a esse recurso (obra cit., p. 578).

De qualquer forma, diante da absoluta falta de disciplinação desse remédio, por parte do texto trabalhista, a sua admissibilidade e o consequente procedimento, neste processo especializado, se submetem às disposições dos arts. 102, III, "a", da Constituição Federal, 944 e seguintes, do CPC, e 321 a 329 do Regimento Interno do STF.

A propósito, é interessante observar o que se passou no âmbito do CPC de 1973, a respeito do recurso extraordinário. A princípio, a matéria estava regulada pelos arts. 541 a 546 do referido Código. Esses dispositivos foram, contudo, expressamente revogados pela Lei n. 8.038, de 28.5.90 (art. 44), que instituiu "normas procedimentais para os processos que especifica, perante o Superior Tribunal de Justiça e o Supremo Tribunal Federal" (arts. 26 a 29). Posteriormente, entretanto, a Lei n. 8.950, de 13.12.94, revigorou os arts. 541 a 546, do CPC, que, desse modo, voltaram a reger a matéria.

Atualmente, a matéria é regulada pelos arts. 1.029 a 1.041 do CPC.

Pressupostos

Além dos pressupostos objetivos e subjetivos, exigíveis com relação aos recursos em geral, a admissibilidade do extraordinário requer o atendimento a outros requisitos *específicos*. Esses requisitos, previstos no art. 102, III, da Constituição, são, classicamente: a) a existência de uma causa; b) que essa causa tenha sido decidida em única ou última instância por um Tribunal; c) que a decisão tenha envolvido (direta ou indiretamente) questão federal.

A Emenda Constitucional n. 45/2004, todavia, inseriu o § 3º no art. 102 da Constituição Federal, instituindo mais um pressuposto objetivo para a admissibilidade do recurso em estudo. A prefalada norma constitucional está assim redigida: "*No recurso extraordinário o recorrente deverá demonstrar a repercussão geral das questões constitucionais discutidas no caso, nos termos da lei, a fim de que o Tribunal examine a admissão do recurso, somente podendo recusá-lo pela manifestação de dois terços dos seus membros*" (destacamos).

Posteriormente, a Lei n. 11.418/2006 introduziu no CPC de 1973 os arts. 543-A e 543-B, regulamentando o preceito constitucional referido. Atualmente, a matéria pertinente à *repercussão geral* é regulada pelo art. 1.035 do CPC, sobre o qual faremos comentários específicos no momento oportuno.

a) Antes de ingressarmos no exame dos pressupostos, propriamente ditos, para a admissibilidade do recurso extraordinário, é conveniente procurarmos ver qual o exato sentido do vocábulo *causa*, empregado na redação do art. 102, III, da Constituição.

Causa não tem, aí, o significado estrito da *lide*; se assim fosse, o recurso *sub examen* não poderia ser interposto do acórdão que extinguisse o processo sem pronunciamento a respeito do mérito, justamente porque, segundo o sistema do CPC de 1973, *lide* corresponde a *mérito* (Exposição de Motivos, Cap. III, do Método da Reforma, II, da Terminologia do Projeto). Nem seria interponível das decisões proferidas nos procedimentos de "jurisdição voluntária", pois nesses casos inexiste processo, lide ou partes.

Segue-se, que o vocábulo *causa*, constante do mencionado dispositivo constitucional, deve ser interpretado em sentido amplo, generalizante, para compreender todo e qualquer processo ou procedimento em que o Tribunal profira decisão envolvendo questão constitucional. Na observação correta de Castro Nunes, a admissão do recurso extraordinário não requer, necessariamente, a existência de uma ação: "Qualquer processo, seja de que natureza for, se nele foi proferida decisão de que resulte comprometida uma lei federal, é uma causa para os efeitos do recurso extraordinário. Aliás, é essa acepção que corresponde à palavra causa na terminologia forense — processos judiciários, seja qual for a natureza, ou fim" (*Teoria e prática do poder judiciário*, p. 328).

Lembra, porém, com oportunidade, Washington de Barros Monteiro existirem diversos procedimentos concernentes às atribuições administrativas dos órgãos judiciários (como concurso para o provimento de cargos de juízes e de funcionários), de que podem resultar até mesmo medidas disciplinares ou punição de funcionários, sem que dessas decisões se possa interpor recurso extraordinário. É que, nesses casos, os Tribunais não exercitam funções de natureza jurisdicional, mas meramente administrativa; daí porque se permite ao indivíduo, que se sinta prejudicado por decisão proferida nos referidos *procedimentos*, interpor recurso administrativo ou utilizar de ação judicial (mandado de segurança, ação ordinária etc.), com o propósito de obter a reparação de um seu direito, lesado por aquele ato administrativo.

b) O recurso extraordinário era cabível, por outro lado, das decisões proferidas por *Tribunais* e não por órgãos monocráticos. Em livros anteriores escrevemos que não se poderia dizer, ao menos com a atenção voltado à Justiça do Trabalho, que o recurso extraordinário pressupunha a existência de decisão prolatada por órgão colegiado (como sinônimo de grau superior da jurisdição), porquanto as antigas Juntas de Conciliação e Julgamento possuíam composição colegiada, embora fossem órgãos típicos de primeiro grau. E prosseguíamos, para asseverar que não era apenas em relação às decisões por elas proferidas, que o recurso extraordinário era incabível; de igual maneira, não poderiam ser impugnadas por esse remédio as decisões dos Tribunais Regionais, pois a Constituição Federal, então vigente, de 1967, previa a interponibilidade do extraordinário exclusivamente dos acórdãos proferidos pelo TST (art. 143) Dois fatos significativos, ocorridos ulteriormente, todavia, fizeram com que mudássemos de opinião. Tratou-se, na verdade, de duas alterações legislativas. Em primeiro lugar, a Constituição Federal de 1988, ao contrário da de 1967 (com a Emenda n. 1/69), não mais fez alusão ao cabimento de recurso ordinário, apenas, "Das decisões do Tribunal Superior do Trabalho" (art. 143). O texto atual prevê esse recurso nas "causas decididas em única ou última instância", sempre que a decisão impugnada incidir em uma das situações previstas nas alíneas "a" a "d", do mencionado dispositivo (art. 102, inciso III). Logo, parece-nos sustentável o entendimento de que as sentenças proferidas nas ações de alçada exclusiva dos órgãos de primeiro grau, da Justiça do Trabalho, instituídas pela Lei n. 5.584/70, comportam, *per saltum*, recurso extraordinário diretamente ao Supremo Tribunal Federal sempre que implicarem violação à Suprema Carta Política do País. Em segundo, eliminada a representação classista na Justiça do Trabalho, os órgãos de primeiro grau passaram a ser monocráticos, ou seja, integrados, somente, por um Juiz do Trabalho (art. 116, da Constituição Federal, com a redação imposta pela Emenda n. 24/1999).

Desta forma, o fato de tratar-se de sentença emitida por órgão jurisdicional não colegiado não impede a sua impugnação por meio de recurso extraordinário, ao Supremo Tribunal Federal, contanto que configurada quaisquer das situações previstas nas letras "a" a "d", do art. 102, III, da Constituição — desde que atendido o requisito do prequestionamento.

c) Por fim, a decisão a ser objeto de recurso extraordinário deve envolver *questão federal*. Sempre, pois, que qualquer órgão jurisdicional proferir decisão que implique contrariedade a dispositivo constitucional (CF, art. 102, III, "a"), configurado estará o entretecimento de questão federal, por forma a permitir a utilização do referido recurso.

1) Contrariedade à Constituição

No amplo quadro de nosso sistema de direito positivo, as diversas classes de normas legais, que o compõem, não se encontram dispostas de maneira linear, umas ao lado das outras; ao contrário, submetidas a uma inflexível ordem hierárquica (Constituição Federal, art. 59, I a VII), elas estão integradas em complexa estrutura piramidal, em cujo ápice se situa a Constituição da República — denominada, por isso mesmo, *Lei Suprema*, Lei das leis etc. Como definição, o texto constitucional representa, em essência, um código político, que encerra os princípios e normas que definem e organizam os poderes do Estado, aos quais estabelece atribuições, ao mesmo tempo em que as limita, a par de conter a especificação dos direitos e garantias assegurados aos indivíduos.

Dessa tradicional posição apicular da Constituição, relativamente às demais normas integrantes do ordenamento jurídico — ditas, por isso, inferiores ou secundárias —, decorre não apenas a sua supremacia como a própria necessidade de o Estado instituir órgãos e mecanismos destinados a exercer o controle da constitucionalidade das leis e dos atos normativos do Poder Público.

Reconhece-se, mesmo, nessa hegemonia inflexível da Suprema Carta uma autêntica pedra angular em que se apoia toda a estrutura normativa e política dos Estados ocidentais modernos, entre eles, o Brasil.

E ao STF incumbe, como guardião, por excelência, da supremacia constitucional, exercer o controle da constitucionalidade dos atos inferiores, oriundos da Legislatura ou do Executivo, seja em ação direta, ajuizada por aqueles que se encontram legalmente legitimados (Const. Fed., art. 103), seja de maneira incidental, nos casos concretos submetidos à sua cognição jurisdicional, seja, enfim, em face de recurso extraordinário interposto de decisão emitida por qualquer órgão jurisdicional.

Tanto para efeito de controle da constitucionalidade (em tese ou em concreto), quanto de admissibilidade do recurso extraordinário, pouco importa se a ofensa foi ao *texto* ou ao *espírito* da Constituição. Diz-se, no primeiro caso, que a violação é *direta* porque atinge o direito expresso na Constituição, a sua literalidade; no segundo, que é indireta, pois a infração é a princípio consagrado pela Suprema Carta Política. É oportuno realçar que o art. 5º, § 2º, do texto constitucional vigente esclarece que a especificação dos direitos e garantias nele expressos não exclui outros direitos e garantias decorrentes do regime e dos *princípios* que ele adota. Pretendeu, com isso, dizer o constituinte que a especificação dos direitos e garantias individuais constante do texto não é exaustiva, razão por que são admitidos outros que, embora inexpressos, se harmonizem com o regime ou com os princípios adotados pela Constituição. A propósito, a moderna doutrina publicista começa a reconhecer que, em alguns casos, os princípios são mais importantes do que as próprias normas.

Para resumir: o recurso extraordinário será admissível — sob o ponto de vista do pressuposto que estamos a cuidar — sempre que a decisão judicial (sentença, acórdão) contrastar *diretamente* com a letra ou com os princípios constitucionais. É sob esta perspectiva que se deve interpretar o vocábulo *dispositivo*, constante do art. 102, III, "a", da CF. O que define o cabimento desse remédio é a existência de antagonismo entre a decisão e a Constituição; e a supremacia, como é elementar, é invariavelmente desta.

Não se pode erigir com fundamento do recurso extraordinário, todavia, a ofensa *indireta* à Constituição, como a que decorre, *v. g.*, da alegada aplicação da norma legal ordinária.

A Constituição de 1969 previa também o recurso extraordinário das decisões que negavam vigência a tratado ou lei federal (art. 119, II, "a"); essa regra foi deslocada, pela atual Constituição, para o art. 105, III, que trata da competência do STJ. Embora esse dispositivo jamais fosse aplicável à Justiça do Trabalho, é recomendável examinarmos o seu sentido verdadeiro.

Uma interpretação estritamente literal do texto poderia conduzir à inferência de que o recurso extraordinário apenas seria interponível quando o acórdão houvesse declarado não estar em vigor determinado tratado ou lei federal. Não foi esse o propósito do constituinte. *Negar vigência* tem aí, em verdade, o sentido de *não aplicar* a lei ao caso concreto. Em rigor, o Judiciário não tem competência para negar vigência a tratado ou a norma jurídica, conceituada esta como o modo de ser específico da existência da norma, que, sob este prisma, pode compreender os aspectos *espacial* (onde incide), *pessoal* (sobre quem incide) e *temporal* (quando incide).

O STF, em voto memorável do Ministro Prado Kelly, que invocou o magistério de Pedro Lessa, decidiu caber o recurso em exame sempre que a decisão local deixar de aplicar ao caso concreto o dispositivo legal incidente. Indagando se esse recurso seria cabível qualquer que fosse o modo de não-aplicação da norma legal, o ilustre relator respondeu: "Sem dúvida nenhuma, sim. Pouco importa que a justiça local declare previamente inaplicável a lei federal que pretende não aplicar, ou que, tácita, silenciosamente, sem preliminarmente justificar o seu procedimento, deixe de aplicar a lei invocada e reguladora da hipótese, ou que, depois de interpretar essa lei, a omita ou despreze, ao decidir o feito, ou que interprete essa lei por meio de tais paralogismos, ou de tais sofismas, que o faça negar o título, privilégio, isenção ou direito em geral, que a lei realmente confere" (RE n. 42.225, de 5.4.1967, *in* RTJ 43/666-84).

Como bem destacou Paulo César Aragão, toda decisão que ameace ou negue a eficácia da norma jurídica, a possibilidade de sua aplicação concreta (*enforcement* judicial), deixando de aplicá-la, ou aplicando-a de maneira incorreta, atentará contra a regra da vigência da referida norma e ensejará a interposição do recurso extraordinário.

A cláusula *negar vigência*, como pressuposto para a interponibilidade do recurso extraordinário, significa, em síntese, recusa em aplicar o tratado ou a lei federal ao caso concreto, onde a sua incidência é necessária. É evidente que se o Tribunal negar a aplicação da norma jurídica manifestamente *incabível*, o caso será não de negativa de vigência e sim de declaração de impertinência ou de inadequação da regra de direito invocada pela parte ou pelo interessado.

2) Declaração de inconstitucionalidade

A Constituição da República prevê o cabimento de recurso extraordinário também das decisões dos Tribunais que declararem a inconstitucionalidade de tratado ou de lei federal.

A previsão, quanto a isto, feita pela alínea "b" do art. 102, III, do texto constitucional, parece conter algo de superfetação, na medida em que o Tribunal, ao pronunciar a inconstitucionalidade, está *ipso facto*, negando a aplicação do tratado ou da lei federal, de tal modo que o recurso extraordinário seria interponível com fundamento na letra *a* do mesmo dispositivo, não havendo necessidade de se haver inserido a letra *b*.

Segundo Alfredo Buzaid, entretanto, foi intenção do constituinte, ao introduzir a referida alínea "b", tornar mais eficaz e ampla a proteção do direito federal, que incumbe ao Excelso Pretório. Ele considerou, especificamente, o pronunciamento jurisdicional que declara a colisão do tratado ou da legislação federal com o Texto Supremo; enfim, instituiu como fundamento autônomo essa pronúncia, uma vez que desejou proteger, de modo especial, os atos oriundos do Executivo federal (*Estudos*, p. 196).

É elementar que somente ensejará a interposição do recurso extraordinário a decisão do Tribunal que declarar, *em concreto* (ou seja, de maneira incidental), a contrariedade do ato inferior, relativamente à Constituição, pois o controle *em tese* (abstratamente) da constitucionalidade é da competência exclusiva do STF, que o exerce por provocação das pessoas mencionadas no art. 103 da Constituição.

Se o Tribunal entender que o tratado ou a lei federal *são compatíveis* com a Suprema Carta, o recurso extraordinário, em princípio, será incabível, uma vez que o seu pressuposto, na espécie, é justamente o contrário: declaração de inconstitucionalidade do ato secundário. Parece-nos correta, contudo, a opinião de Sergio Bermudes, de que neste caso o recurso extraordinário seria, mesmo assim, cabível, apenas que com fulcro na letra "a" do mesmo preceito constitucional, porque o órgão judicante, ao considerar conciliáveis com a Constituição o tratado ou a lei federal objeto da arguição estaria *negando vigência* à Carta Magna. Deste modo, do acórdão que pronunciasse a inconstitucionalidade ou que, ao contrário, dissesse da compatibilidade dos atos inferiores com a Constituição seria interponível o recurso extraordinário: no primeiro caso, com fundamento na alínea *b*; no segundo, na *a*, ambas do art. 102, III, do Texto Supremo.

O Excelso Pretório, ao tempo em que estava a viger o CPC de 1939, editou a Súmula n. 513 — ainda subsistente — para deixar claro que a decisão que enseja a interposição de recurso ordinário ou extraordinário não é a do Plenário, que resolve o incidente de inconstitucionalidade, mas a do órgão (Câmaras, Grupos ou Turmas) que completa o julgamento do feito. Daí, havermos falado, há pouco, em julgamento *complementar*, que é realizado pelo órgão fracionário após a apreciação, pelo Pleno, da prejudicial de inconstitucionalidade, cujo recurso extraordinário será interponível da decisão proferida por aquele. É certo que a decisão do Plenário acerca da matéria constrange a Turma a acatá-la, desde que no mesmo processo em que ela foi proferida.

3) Julgar válida lei ou ato do governo local contestado em face da Constituição.

A despeito de essa causa para a interposição do recurso extraordinário (Const. Fed., art. 102, III, "c") não ter incidência na Justiça do Trabalho, convém que a apreciemos, pela oportunidade.

Nesta hipótese, o recurso extraordinário será cabível quando a decisão do Tribunal considerar válida norma legal ou ato do governo local contestado diante da Constituição.

A Constituição, aí, é a *Federal* e o ato do governo local deve ser entendido como todo aquele praticado pelo Poder Executivo estadual, bem assim os atos de natureza administrativa, realizados pelas autoridades judiciárias e pelas Assembleias Legislativas, ou, ainda, pelas Câmaras Municipais.

O Excelso Pretório, em memorável acórdão, interpretando a expressão *governo local*, afirmou: "O dispositivo constitucional alude a lei ou ato dos governos locais, e, na hipótese, o ato é do Procurador-Geral do Estado. Esse alto funcionário, porém, procedeu como órgão da ação governamental, removendo funcionário do Ministério Público. Se a palavra governo fosse entendida restritivamente, para abranger somente o chefe do Poder Executivo e os Secretários de Estado, a Constituição seria burlada, pois as leis locais poderiam transferir para os chefes de serviço e de repartições a execução de certos atos, que, assim, escapariam ao exame da Corte Suprema, embora ofensivos da Constituição ou de leis federais. Nem se compreenderia que os atos da autoridade local suprema estivessem sujeitos a esse exame, e dele pudessem ficar isentos os de órgãos secundários da administração dos Estados".

Na precisa observação de Castro Nunes, se o Estado-Membro encontra-se sob intervenção, mesmo assim será *local* o ato que vier a ser praticado pela autoridade interventora, em que pese a sua investidura federal, bem como os demais atos realizados por seus auxiliares ou prepostos (obra cit., p. 368).

De qualquer forma, o recurso extraordinário, quando cabível, será interposto da *decisão* do Tribunal que julgar válida lei ou ato do governo local e não de tais leis ou atos — o que é inconcebível.

4) Julgar válida lei local contestada em face de lei federal.

Esta causa de interponibilidade de recurso extraordinário foi inserida na Constituição da República (letra "d", do inciso III, do art. 102) pela Emenda n. 45/2004.

O escopo do recurso extraordinário, no caso, será a preservação da supremacia da legislação federal, em confronto com estadual ou da municipal.

No tocante ao pressuposto da repercussão geral, como dissemos, será examinado quanto do comentário ao art. 950.

Súmulas do STF sobre a matéria

O STF adotou diversas Súmulas contendo disposições sobre o recurso extraordinário, normatizando, por essa forma e ainda que em parte, a matéria. A oportunidade sugere que lancemos escólios — conquanto breves — a respeito de algumas dessas Súmulas, ressalvando, antes, que o recurso em questão só é interponível de pronunciamentos jurisdicionais *que acarretarem ofensa à Suprema Carta*. Logo, o exame das Súmulas do STF, que a seguir empreenderemos, visa, apenas, a propiciar ao leitor uma perspectiva mais ampla da matéria.

Súmula n. 279 — "Para simples reexame de prova não cabe recurso extraordinário".

O recurso extraordinário envolve, unicamente, *quaestio iuris*, sendo inadequado para provocar o reexame, pelo órgão *ad quem* (no caso, sempre o STF), de questões *de fato*. Estas devem ser objeto dos recursos ordinários. Como dissemos anteriormente, a razão teleológica do recurso extraordinário não é a tutela de direitos individuais e sim a preservação da incolumidade da legislação federal, aí incluída, à evidência, a Constituição da República.

No plano da Justiça do Trabalho, por igual, não se consente que a revista ou os embargos — recursos de natureza também extraordinária — sejam interpostos com a finalidade de obterem o reexame de fatos ou de provas. Esta foi a judiciosa orientação adotada e que dá conteúdo à Súmula n. 126, do TST.

Embora a revista e os embargos não autorizem a revisão dos critérios utilizados para a valoração da *prova*, pelo juízo inferior, a doutrina civilista vem entendendo que isso é possível no recurso extraordinário, uma vez que este obsta, apenas, o reexame de fatos. No passado, entretanto, certo segmento da jurisprudência trabalhista chegou a admitir a revista quando houvesse forte atrito entre a sentença e a prova.

Súmula n. 280 — "Por ofensa a direito local não cabe recurso extraordinário".

O enunciado desta Súmula merece ser explicitado. O que ele procura expressar é que o recurso extraordinário, quando cabível, deverá ser interposto não da *lei* ou do *ato* do governo local e sim da *decisão* do tribunal sobre a validade da lei ou do ato, contestada em face da Constituição da República ou de lei federal. A Súmula articula-se com o disposto na alínea "c" do art. 102, III, da Carta Magna, sobre a qual já nos manifestamos no item anterior.

Súmula n. 282 — "É inadmissível o recurso extraordinário, quando não ventilada, na decisão recorrida, a questão federal suscitada".

A admissibilidade do recurso extraordinário está subordinada à prévia suscitação da questão federal, no juízo inferior. Trata-se do *prequestionamento*, que, embora não seja mencionado pelo texto constitucional em vigor, foi acertadamente erigido como um dos pressupostos objetivos para o conhecimento do apelo extraordinário. O prequestionamento estava previsto nas Constituições Federais de 1891 (art. 59, III, "a"); de 1934 (art. 76, III, "b"); de 1937 (art. 101, "b") e de 1946 (art. 101, III, "b"). Justifica-se a omissão do Texto de 1967, pois, pelas Emendas ns. 1/69 e 7/77, atribuiu-se ao Regimento Interno do STF competência para dispor sobre sua competência originária ou recursal.

A exigência de prequestionamento, aqui, é juridicamente justificável: o Excelso Pretório somente poderá (re) examinar questões que tenham sido, antes, ventiladas perante os órgãos secundários. "Ventilar quer dizer debater, discutir, tornar a matéria *res controversa*. Está em controvérsia a norma constitucional quando o Tribunal *a quo* a aprecia em seu merecimento, quando a seu respeito há *res dubia*, quando se litiga sobre a sua aplicabilidade, não, porém, quando é excluída de qualquer julgamento por não incidir a norma constitucional" (STF, Ac. 1ª T, RE 97.358-MG, Rel. Min. Alfredo Buzaid, DJU de 11.11.1983, p. 17.452). Consequentemente se nenhum pronunciamento anterior fora feito pelos tribunais inferiores, não se poderá cogitar de recurso extraordinário.

A Súmula n. 356 do próprio STF, que analisaremos mais adiante, reforça esse entendimento.

Pensamos, contudo, que dessa exigência de prequestionamento deva ser dispensado o *terceiro*, que interpuser recurso extraordinário (nos casos em que isso for admissível), pois seria injusto impor-lhe essa prévia arguição quando a sua intervenção no processo se verificasse apenas na oportunidade da interposição do remédio extraordinário.

Súmula n. 283 — "É inadmissível o recurso extraordinário quando a decisão recorrida assenta em mais de um fundamento suficiente e o recurso não abrange todos eles".

Sempre que o acórdão estiver apoiado em mais de um fundamento, o recurso extraordinário, que dele se interpuser, deverá abranger a todos esses fundamentos, sob pena de não ser admitido. É que, na hipótese, se o recurso atacar apenas um dos pontos em que se lastreou o acórdão, este subsistirá em decorrência dos demais.

Refletindo, *mutatis mutandis*, essa orientação, estabelece a Súmula n. 23 do TST que "Não se conhece da revista ou dos embargos, quando a decisão recorrida resolver determinado item do pedido por diversos fundamentos, e a jurisprudência transcrita não abranger a todos". A diferença entre ambas está em que enquanto a Súmula do STF exige que o *recurso* abarque a todos os fundamentos do acórdão impugnado, a do TST impõe que a abrangência seja da *jurisprudência* reproduzida pelo recorrente.

Súmula n. 284 — "É inadmissível o recurso extraordinário, quando a deficiência da sua fundamentação não permitir a exata compreensão da controvérsia".

Estatui o art. 1.029, III, do CPC que a petição de recurso extraordinário deverá, dentre outros requisitos, indicar as razões do pedido de reforma ou de invalidação da decisão. Isto significa que a motivação do recurso deve ser apresentada, desde logo, naquela petição, não se permitindo que o recorrente se reserve para fazê-lo mais tarde, ou seja, na oportunidade do oferecimento das *razões* do recurso. Justifica-se a exigência pela necessidade de o juízo *a quo* verificar, logo de início, se o recurso extraordinário é cabível, ou não, na espécie. Esse exame preliminar da admissibilidade restaria frustrado se o recorrente deixasse de explicitar o fundamento da sua discordância quanto ao acórdão impugnado ou o indicasse de maneira tão imprecisa que não possibilitasse ao órgão *a quo* compreender, com exatidão, a controvérsia alegada.

Neste último caso, o recurso seria denegado com base na Súmula n. 284 do STF.

Castro Nunes, em voto proferido no Excelso Pretório, pôde lançar estas importantes considerações acerca da matéria: "A regra tem de ser a indicação do inciso, não se devendo conhecer do recurso quando se não demonstre que ele cabe no inciso invocado e não sendo possível, sem surpresa para o recorrido, que dele se conheça por fundamento diverso. Mas a jurisprudência deste Supremo Tribunal tem admitido de longa data que se conheça, quando for de conhecer, suprindo a omissão do recorrente, ou se corrija erro deste, deslocando para outro inciso o recurso interposto. É um entendimento que supera os textos para atender à finalidade do recurso extraordinário, como instrumento de preservação da Constituição e das leis federais. Pode ser admitido como faculdade que o Supremo Tribunal se reserva para dela usar em casos excepcionais. Mas, a meu ver, não deve ser usada normalmente, senão naqueles casos em que à evidência se imponha o conhecimento, suprindo-se desse modo a omissão ou erro da parte" (RF, 99/69).

As palavras de Castro Nunes valem como uma espécie de temperamento ao enunciado da Súmula *sub examen*, pois a mera inversão ou equívoco na indicação do dispositivo legal em que se apoia o recurso extraordinário não deve constituir causa de sua inadmissibilidade — desde que, evidentemente, fosse cabível esse recurso. Afinal, a necessidade de preservar a supremacia da Constituição sobrepõe-se a eventual erro técnico do recorrente.

Súmula n. 285 — "Não sendo razoável a arguição de inconstitucionalidade, não se conhece do recurso extraordinário fundado na letra "c" do art. 101, III, da Constituição Federal".

A doutrina não tem economizado críticas ao enunciado desta Súmula, sob o argumento de que, para verificar a *razoabilidade* da suspeita de inconstitucionalidade, o tribunal tem, necessariamente, de ingressar no exame do *mérito*; logo, não será correto falar-se em não-conhecimento do recurso extraordinário, dado que isto pressupõe a ausência de prospecção do mérito.

Essa censura doutrinária ao enunciado da Súmula parece-nos correta, pois é inevitável que o tribunal, para formar a sua convicção jurídica a respeito da razoabilidade da arguição de antagonismo constitucional, examine o mérito da questão federal submetida ao seu conhecimento. Há, portanto, uma indisfarçável incoerência nos termos da Súmula n. 285; se a arguição de inconstitucionalidade não é razoável, a consequência deveria ser o não provimento do recurso, nunca a sua inadmissibilidade.

Inadmissibilidade haveria se, às escâncaras, não fosse o caso do recurso extraordinário.

Súmula n. 286 — "Não se conhece do recurso extraordinário fundado em divergência jurisprudencial, quando a orientação do Plenário do Supremo Tribunal Federal já se firmou no mesmo sentido da decisão recorrida".

O que a Súmula declara, por outras palavras, é que o recurso extraordinário será sempre inadmissível quando o acórdão impugnado estiver em consonância com a jurisprudência do Pleno do Excelso Pretório. Cremos que o veto, nesse sentido, decorre do fato de o STF já haver uniformizado o seu pronunciamento acerca da denominada *federal question*. Com efeito, se a finalidade do recurso extraordinário é uniformizar a interpretação da legislação federal, esse escopo estaria alcançado com a pacificação da jurisprudência do Pleno do próprio STF. Sendo assim, o conhecimento e o provimento do recurso extraordinário, de modo a reformar o acórdão impugnado (mas que se harmoniza com a orientação assente do STF), implicaria pesado golpe naquele propósito de homogeneização.

Nessa mesma linha de objetivos, estabelece a Súmula n. 333 do TST não ensejarem o conhecimento da revista ou dos embargos para o Pleno "decisões superadas por iterativa, notória e atual jurisprudência do Tribunal Superior do Trabalho", nada obstante ponhamos em dúvida o acerto dessa Súmula, ao adotar a iteratividade, a notoriedade e a atualidade como critério de supremacia da jurisprudência do TST em relação ao acórdão paradigma apontado pelo recorrente. Julgamos que boa parte das críticas que, em obra anterior (*Comentários às súmulas processuais do TST*, p. 138/139), endereçamos à Súmula n. 333 do TST são aplicáveis à Súmula n. 286 do STF, pois também neste último caso impede-se, perigosamente, a evolução da jurisprudência. Entre a *utilidade* da pacificação da jurisprudência da Suprema Corte e a *necessidade* de sua evolução, depara-se-nos insensata eventual opção definitiva pela primeira.

Súmula n. 289 — "O provimento do agravo por uma das Turmas, ainda que sem ressalva, não prejudica a questão do cabimento do extraordinário".

Da decisão exarada pelo presidente do órgão *a quo*, denegatório do recurso extraordinário, caberá agravo de instrumento para o STF, no prazo de quinze dias (CPC, art. 1.003, § 5º) úteis (CPC, art. 219). Caso a Turma dê provimento ao agravo, mandando subir os autos do recurso trancado pelo juízo recorrido, isto não impede que, posto em pauta de julgamento o recurso extraordinário, o órgão *ad quem* examine se estão presentes os pressupostos de admissibilidade do apelo.

Embora seja esse o entendimento assente no Excelso Pretório, argumenta Sergio Bermudes que a decisão que der provimento ao agravo, assim como a do relator, que determinou a subida dos autos, é suscetível de fazer coisa julgada formal, caso dela não seja interposto agravo regimental, ou se ocorrer

Código de Processo Civil — Art. 1.029

preclusão do despacho ordinatório da subida dos autos do recurso extraordinário. Deste modo, "repugna a elementares princípios de processo possa o órgão julgador reapreciar a matéria que já foi objeto de apreciação no agravo, ou no despacho do relator" (obra cit., p. 337), para concluir que apenas deveria ser admitido, no ensejo do julgamento do recurso extraordinário, o exame e o julgamento do cabimento desse recurso por outra questão, que refugisse ao âmbito da apreciação definitiva (*idem, ibidem*)

Súmula n. 292 — "Interposto o recurso extraordinário por mais de um dos fundamentos indicados no art. 101, III (atual 102, III), da Constituição, a admissão apenas por um deles não prejudica o seu conhecimento por qualquer dos outros".

Assim como acontece com o recurso de revista, a admissibilidade do extraordinário por um dos fundamentos apontados não impede que o órgão *ad quem* o conheça por fundamento diverso.

Conforme afirmamos em linhas anteriores, isto se deve ao fato de o despacho de admissibilidade, proferido pelo juízo *a quo*, não fazer coisa julgada formal, com o que fica destituído de qualquer eficácia subordinante do *ad quem*. Com este aspecto também se articula a regra da ampla devolutibilidade, como efeito dos recursos, ressalvados os casos especiais.

O enunciado da Súmula n. 292 permite concluir que o recurso extraordinário poderá ser admitido pelo órgão *ad quem* não apenas por um dos vários fundamentos apontados pelo *a quo*, mas também inversamente, ou seja, por *mais* de um dos fundamentos previstos no art. 102, III, da Constituição, nada obstante tenha sido conhecido pelo juízo inferior apenas por *um* deles.

É palmar, por outro lado, que o Tribunal *ad quem* poderá *não* conhecer do recurso que fora admitido pelo *a quo*, e vice-versa.

Súmula n. 355 — "Em caso de embargos infringentes parciais é tardio o recurso extraordinário interposto após o julgamento dos embargos, quanto à parte da decisão embargada que não fora por eles abrangida".

Dispunha o art. 498 do CPC de 1973 que quando o dispositivo do acórdão contivesse julgamento unânime e julgamento por maioria de votos e fossem interpostos embargos infringentes, o prazo para recurso extraordinário, relativamente ao julgamento unânime, ficaria sobrestado até a intimação da decisão concernente aos embargos.

Com isso, permitia-se que a parte recorresse, extraordinariamente, da decisão unânime, e, ao mesmo tempo, daquela em que se registrou uma divergência de votos. Não havia, aqui, em rigor, violação ao princípio da unirrecorribilidade, porquanto o recorrente estaria impugnando partes distintas do acórdão.

Ocorrendo, entretanto, de o interessado interpor apenas embargos infringentes da parte não unânime e não recorrer extraordinariamente da parte unânime, restaria precluso o seu direito de exercer uma pretensão recursal, neste último sentido, depois de serem julgados os embargos. Essa é a orientação adotada, com acerto, pela Súmula n. 355 do STF.

O CPC atual, contudo, não reproduziu a regra constante do art. 498 do CPC de 1973.

Súmula n. 356 — "O ponto omisso da decisão, sobre o qual não foram opostos embargos declaratórios, não pode ser objeto de recurso extraordinário, por faltar o requisito do prequestionamento".

A Súmula reafirma e enfatiza o prequestionamento da *questão federal* como pressuposto *sui generis* para a admissibilidade do recurso extraordinário.

Se a decisão recorrida deveria manifestar-se acerca da *federal question* suscitada, mas não o fez, incumbe à parte interessada suprir a omissão do pronunciamento jurisdicional com a utilização oportuna dos embargos declaratórios. Deixando de opor tais embargos, a parte terá, virtualmente, não admitido o recurso extraordinário que vier a interpor do acórdão, pois ausente o requisito imprescindível do prévio *questionamento*

Sempre entendemos, a propósito, que a não--utilização oportuna dos embargos declaratórios acarretaria, para a parte que os deveria ter oposto, a preclusão do direito de discutir a matéria sobre a qual a decisão deixou de manifestar-se. Sustentar-se o contrário seria contribuir para dois fatos altamente danosos: a) o tumulto processual, pois a parte insistiria em debater, mais tarde, o ponto omisso da decisão; b) o perigo da não-sobrevivência, *de lege ferenda*, do instituto dos embargos de declaração, que se tornariam inúteis em virtude do entendimento de que a sua não-utilização oportuna não traria efeitos preclusivos.

Felizmente, o TST, com elogiável descortino jurídico, adotou, em boa hora, a Súmula n. 184, para estabelecer que "Ocorre preclusão quando não forem opostos embargos declaratórios para suprir omissão apontada em recurso de revista ou de embargos" — calcando-se em fartos precedentes jurisprudenciais daquela Corte. Dentro dessa linha de exigência, estabelece a Súmula n. 297, do mesmo Tribunal: "I. Diz-se prequestionada a matéria ou questão quando na decisão impugnada haja sido adotada, explicitamente, tese a respeito. II. Incumbe à parte interessada, desde que a matéria haja sido invocada no recurso principal, opor embargos declaratórios objetivando o pronunciamento sobre o tema, sob pena de preclusão. III. Considera-se prequestionada a questão jurídica invocada no recurso principal sobre a qual se omite o Tribunal de pronunciar tese, não obstante opostos embargos de declaração".

Art. 1.029

Dentro do assunto sobre o qual estamos a discorrer, entretanto, uma ponderação é indispensável: para a caracterização do prequestionamento não é necessário que a decisão recorrida haja efetuado expressa referência ao texto legal indicado, porquanto, em rigor, o que se prequestiona não é a norma legal em si, mas a *questão de direito* (*quaestio iuris*) ventilada. Por outras palavras, o que se exige, para efeito de prequestionamento, é que a decisão se tenha pronunciado sobre o *tema jurídico*, ainda que não tenha feito menção à norma legal incidente. Não se trata, no caso, de "prequestionamento implícito", mas de prequestionamento efetivo, expresso. Implícito será o prequestionamento, p. ex., quando a parte pretende basear o recurso extraordinário em matéria que a decisão impugnada deveria ter apreciado *ex officio*, mas não o fez.

Súmula n. 369 — Julgados do mesmo tribunal não servem para fundamentar o recurso extraordinário por divergência jurisprudencial.

A Súmula em epígrafe foi editada na vigência da Constituição Federal de 1946, cujo art. 101, III, *caput*, dispunha competir ao Excelso Pretório julgar, em grau de recurso extraordinário, as causas decididas em única ou última instância por outros tribunais, segundo os casos previstos nas letras "a" e "d". A redação do art. 102, III, da atual Constituição repete a regra do Texto de 1946.

Dúvida havia, contudo, se julgados do mesmo Tribunal poderiam ser utilizados para fundamentar o recurso extraordinário interposto com fulcro em discrepância pretoriana. Dirimindo a controvérsia, com grande acuidade jurídica, o STF respondeu que não, via Súmula 369, fazendo, na oportunidade, expressa referência ao art. 190, § 1º, *c*, do Regimento Interno da Colenda Corte.

A admissibilidade do extraordinário pressupõe que a divergência de interpretação tenha ocorrido entre tribunais *distintos*, sendo um deles o próprio STF. Critério semelhante foi adotado, mais tarde, pelo processo do trabalho, em sede de recurso de revista. Com efeito, por força da nova redação dada ao art. 896, da CLT, pela Lei n. 9.756, de 17 de dezembro de 1998, divergência entre Turmas ou Câmaras do mesmo Tribunal não podem fundamentar a interposição do recurso de revista (letra "a").

Súmula n. 389 — "Salvo limite legal, a fixação de honorários de advogado, em complemento da condenação, depende das circunstâncias da causa, não dando lugar a recurso extraordinário".

A matéria de honorários advocatícios, no âmbito da Justiça do Trabalho, é regulada: a) no caso de relação de emprego, pela Lei n. 5.584/70 (art. 16), embora o limite máximo seja estabelecido pela Lei n. 1.060/50 (15%); b) pela Instrução Normativa n. 27/2005, art. 5º, do TST, no caso de relação de trabalho.

Deste modo, se, p. ex., a decisão judicial devesse condenar o réu ao pagamento de tais honorários, mas, por qualquer razão, o negasse, ou, por outro lado, o condenasse *acima* do limite legal, poder-se-ia tentar, com base nisso, o recurso extraordinário para o STF, a despeito da dificuldade de argumentar-se, no caso, com a ofensa à norma constitucional. O que não seria admissível é que a parte se valesse do recurso para discutir o critério de fixação dos honorários (a decisão, p. ex., os fixou em 10% e o recorrente deseja elevá-los, com o extraordinário, para 15%). Essa pretensão estaria obstada pela Súmula em análise.

Súmula n. 400 — "Decisão que deu razoável interpretação à lei, ainda que não seja a melhor, não autoriza recurso extraordinário pela letra a".

Se o acórdão der à norma legal interpretação que o texto comporta, dela não caberá recurso extraordinário, mesmo que essa interpretação não seja a melhor. O recurso será admissível, portanto, apenas quando a interpretação estiver amplamente dissociada da literalidade ou do espírito da lei, de maneira que se possa sustentar a colisão do acórdão com a norma. Por outra forma de expressão: o extraordinário não terá lugar quando o acórdão impugnado houver dado interpretação *razoável* ao dispositivo federal.

É forçoso reconhecer, entretanto, que o critério da razoabilidade, perfilhado pela Súmula n. 400, fundamenta-se em elemento altamente *subjetivo*, pois o que é razoável para alguns pode não sê-lo para outros. Pensamos que, na hipótese em questão, o recurso deveria ser, em regra, admitido, porquanto se o seu objetivo é o de propiciar ao Excelso Pretório uniformizar a interpretação das leis, o seu não- conhecimento (porque o acórdão interpretou com *razoabilidade* o preceito normativo) poderia, em alguns casos, baldar essa finalidade em decorrência do caráter subjetivo do critério da razoabilidade.

A Súmula n. 221 do TST também não admitia a revista e os embargos quando a decisão recorrida houvesse dado "interpretação razoável de preceito de lei, ainda que não seja a melhor"(II). O item II da Súmula, porém, foi cancelado pela Resolução n. 185/2012, do Plenário do TST (DEJT de 25.9.2012).

Súmula n. 432 — "Não cabe recurso extraordinário com fundamento no art. 101, III, *d*, da Constituição Federal, quando a divergência alegada for entre decisões da Justiça do Trabalho".

A referência feita ao art. 101, III, "d", pela Súmula, é em relação ao texto constitucional de 1946, então vigente. Hoje, há de entender-se que a alusão é ao art. 102, III, "c", da Constituição de 1988.

Podemos dizer que, em certo sentido, a Súmula n. 432 do STF complementa a n. 369, do mesmo sodalício.

Súmula n. 454 — "Simples interpretação de cláusulas contratuais não dá lugar a recurso extraordinário".

A mera interpretação de cláusula inserta em contrato, por não estar compreendida no elevado desiderato de uniformização da interpretação das leis federais, afasta a possibilidade de utilização do recurso extraordinário. É certo que se a cláusula contiver disposição que, *v. g.*, contrarie norma constitucional ou mesmo lei federal, e a decisão inferior reconhecer a validade da cláusula, o acórdão poderá ser impugnado extraordinariamente, visto estar aí aflorada a *questão federal*, que autoriza o recurso.

Pensamos que a orientação da Súmula ora comentada é no sentido de que apenas a interpretação da cláusula contratual, enquanto repositório da manifestação de vontade das partes, constitui obstáculo à admissibilidade do recurso de caráter constitucional.

Nos sítios do processo do trabalho, a Súmula n. 208 do TST impedia o recurso de revista quando a decisão impugnada houvesse interpretado o alcance de cláusula contratual. Aludida Súmula, contudo, foi cancelada pela Resolução n. 59, de 20 de junho de 1996, em virtude da nova redação imposta ao art. 896, letra "b", da CLT, pela Lei n. 9.756/98.

Súmula n. 456 — O Supremo Tribunal Federal, conhecendo do recurso extraordinário, julgará a causa, aplicando o direito à espécie.

A declaração inserida nesta Súmula parece conter algo do óbvio, para não dizer desnecessário. Sucede, porém, que o teor do enunciado se justifica a partir da existência de certos recursos, como o de cassação, adotado por diversos países europeus, cuja finalidade se restringe a cassar, a desfazer a decisão impugnada. No caso do recurso extraordinário, entretanto, o Excelso Pretório, ao dar-lhe provimento, deverá *julgar novamente* a causa, não se limitando a cassar o acórdão recorrido. Pode-se dizer que o recurso extraordinário não se resume ao *iudicium rescindens*, se não que compreende também o *iudicium rescissorium*, à semelhança do que se verifica no plano da ação rescisória.

Em livros anteriores, argumentávamos, com fulcro na legislação vigente, que se o STF desse provimento ao extraordinário para anular a decisão judicial impugnada, que houvesse acarretado a extinção do processo *sem* pronunciamento sobre o mérito, não incidiria a Súmula n. 456, cabendo ao órgão *ad quem* determinar o retorno dos autos ao juízo de origem, para que examinasse o mérito como entendesse de direito. Se o Excelso Pretório, na hipótese em tela, ingressasse imediatamente na apreciação do mérito, estaria, em grande parte dos casos, subtraindo um grau de jurisdição, pois o juízo inferior não teria podido examinar o merecimento da pretensão deduzida na ação. Perguntamos, agora: este nosso entendimento deve ser alterado, em face do § 3º do art. 1.013 do CPC, assim redigido: "§ 3º Se o processo estiver em condições de imediato julgamento, o tribunal deve decidir desde logo o mérito quando: I — reformar sentença fundada no art. 485; II — decretar a nulidade da sentença por não ser ela congruente com os limites do pedido ou da causa de pedir; III — constatar a omissão no exame de um dos pedidos, hipótese em que poderá julgá-lo; IV — decretar a nulidade de sentença por falta de fundamentação". Pensamos que, em sede de *recurso extraordinário*, nosso entendimento deve ser mantido, pois a norma do processo civil em foco incide, apenas, em tema de recurso de *apelação* — ou seja, de *recurso ordinário*, no caso do processo do trabalho.

Súmula n. 513 — "A decisão que enseja a interposição de recurso ordinário ou extraordinário não é a do Plenário que resolve o incidente de inconstitucionalidade, mas a do órgão (Câmaras, Grupos ou Turmas), que completa o julgamento do feito".

Sendo o incidente de inconstitucionalidade suscitado perante Câmara de Tribunal, os autos deverão ser remetidos, *per saltum*, ao Plenário da Corte, a quem competirá apreciá-lo. Dessa decisão do Pleno não cabe recurso extraordinário. Explica-se: o Plenário, neste caso, não se teria pronunciado acerca do conflito de interesses, em que se encontram envolvidas as partes, mas apenas resolvido, *incidenter tantum*, a arguição de contrariedade à Constituição. A decisão do Pleno integrar-se-á, depois, no julgamento da causa que vier a ser feito pela Turma onde ocorreu a suscitação do incidente. É da decisão proferida pelo *órgão fracionário* — e não pelo Pleno — que caberá recurso ordinário, conforme esclarece a Súmula n. 513 do STF. Há, portanto, um nítido caráter *complementar* por parte do acórdão prolatado pela Turma, após o Pleno haver-se manifestado a propósito da suspeita de contraste com a Constituição.

A opinião predominante antes do advento da Súmula era de que o extraordinário deveria ser interposto da decisão *do Pleno*. Esse entendimento era desacertado, pois enquanto a Turma não julgar de acordo com a diretriz traçada pelo Pleno inexistirá, em rigor, decisão capaz de autorizar a utilização daquele remédio.

Súmula n. 527 — "Após a vigência do Ato Institucional n. 6, que deu nova redação ao art. 114, III, da Constituição Federal de 1967, não cabe recurso extraordinário das decisões do juiz singular".

Como está expresso no enunciado da Súmula supracitada, com o advento do Ato Institucional n. 6, de 1º de fevereiro de 1969, que deu nova redação ao art. 114, III, da Constituição Federal de 1967, o recurso extraordinário tornou-se incabível das decisões proferidas pelos juízos monocráticos, ou seja, de primeiro grau (embora, como vimos, na Justiça do Trabalho, na época, os órgãos de primeiro grau fossem *colegiados*).

A orientação da Súmula n. 527, vista sob a perspectiva da Constituição Federal de 1967, com a Emenda n. 1/69, nada alterou no âmbito da Justiça do Trabalho, na qual o recurso extraordinário era interponível, exclusivamente, das decisões do TST que contrariassem a Constituição; nunca das proferidas pelos órgãos de primeiro ou mesmo de segundo grau. A observação, quanto a isto, era necessária, na altura, porque se poderia supor que, quando a sentença afetasse matéria constitucional, dela caberia recurso extraordinário, com base no disposto no art. 2º, § 4º, parte inicial, da Lei n. 5.584/70. O recurso, na hipótese, seria o ordinário, com fundamento no art. 895, "a", da CLT. Com o advento da Constituição de 1988, no entanto, tornou-se possível a interposição de recurso extraordinário de determinadas sentenças proferidas pelos órgãos de primeiro grau, como, por exemplo, das emitidas nas causas de competência exclusiva das Varas do Trabalho (Lei n. 5.584/70, art. 2º, § 4º). Assim dizemos, porque o art. 102, inciso III, da Constituição vigente, prevê o cabimento desse recurso nas "*causas decididas em única ou última instância*" (destacamos). Está evidente, portanto, que a Súmula n. 527, do STF, se tornou incompatível com a nova ordem constitucional. Tanto isto é certo, que o STF adotou, posteriormente, a Súmula n. 640, com esta redação: "É cabível recurso extraordinário contra decisão proferida por juiz de primeiro grau nas causas de alçada, ou por turma recursal de juizados especial cível e criminal".

Súmula n. 528 — "Se a decisão contiver partes autônomas, a admissão parcial, pelo Presidente do Tribunal *a quo*, de recurso extraordinário que sobre qualquer delas se manifestar, não limitará a apreciação de todas pelo STF, independentemente de interposição de agravo de instrumento".

A situação, de que cogita a Súmula, é a seguinte: a decisão impugnada possui partes autônomas e o juízo de admissibilidade *a quo* conhece do recurso extraordinário apenas por uma dessas partes. Essa admissibilidade *parcial* do recurso não veda que o Excelso Pretório — sendo o caso — dele venha a conhecer por todas as partes integrantes do acórdão.

Por aí se vê que a decisão exarada pelo juízo de origem é de cognição incompleta, uma vez que não constrange, não delimita o conhecimento do recurso pelo STF. Admitido que seja o apelo, a sua devolutibilidade é ampla.

Isto ocorre, igualmente, no processo do trabalho, em que a admissão da revista, pelo juízo *a quo*, apenas por um dos fundamentos indigitados pelo recorrente, não impede que o TST a conheça por *todos* os fundamentos. Dessa mesma particularidade decorre a razão jurídica de não se admitir agravo de instrumento da parte do despacho do Presidente do órgão inferior, que rejeitou os demais fundamentos da revista: o TST poderá conhecer do recurso pela totalidade dos fundamentos indicados (TST, Súmula n. 285). Além disso, o agravo de instrumento destina-se a atacar decisões monocráticas que *denegam* a interposição de recursos, sendo por isso incabíveis quando a decisão *admite o apelo*, embora não por todos os fundamentos eleitos pelo recorrente.

Pensamos, contudo que a Súmula n. 528 tenha ficado superada pelo art. 1.030, parágrafo único, do CPC de 2015, que eliminou o juízo de admissibilidade *a quo* em matéria de recurso extraordinário e de recurso especial, para nos restringirmos a esses.

Outras Súmulas do STF que versam sobre recurso extraordinário:

Súmula n. 636 — "Não cabe recurso extraordinário por contrariedade ao princípio constitucional da legalidade, quando a sua verificação pressupunha rever a interpretação dada a normas infraconstitucionais pela decisão recorrida".

Súmula 637 — "Não cabe recurso extraordinário contra acórdão de Tribunal de Justiça que defere pedido de intervenção estadual em Município".

Súmula n. 733 — "Não cabe recurso extraordinário contra decisão proferida no processamento de precatórios".

Súmula n. 735 — "Não cabe recurso extraordinário contra acórdão que defere medida liminar".

O recurso extraordinário será interposto, nos casos previstos na Constituição Federal, perante o presidente ou vice-presidente do tribunal *a quo*, devendo conter os requisitos especificados nos incisos I a III, que serão a seguir examinados.

Inciso I. Exposição dos fatos e do direito.

Conquanto somente possam ser objeto do recurso extraordinário as questões de direito, incumbirá ao autor, inicialmente, efetuar um breve retrospecto dos fatos essenciais da causa e indicar os dispositivos legais regentes da matéria. Os fatos, no caso, são os constitutivos do seu direito e também se destinam a propiciar ao STF uma noção do contexto que gerou a decisão recorrida. Esse relato fatual e essa menção às normas legais variarão conforme o recurso extraordinário esteja sendo interposto em última ou em única instância.

Inciso II. Demonstração do cabimento do recurso interposto. Em seguida, cumprirá ao recorrente demonstrar a cabida do recurso extraordinário no caso concreto. Para esse efeito, deverá, antes de tudo, comprovar a presença do pressuposto da *repercussão geral*, de que trata o § 3º do art. 102 da CF. O art. 543-A, § 2º, do CPC de 1973, declarava que essa demonstração deveria ser realizada "em preliminar do recurso". Como o CPC atual não reproduziu a regra, e considerando a dicção do art. 1.029, II, desse Código, conclui-se que a demonstração da *repercussão geral* será feita no corpo das razões de recurso, após a exposição do fato e de direito em que o recorrente funda as suas pretensões.

A prudência sugere, ainda, que o recorrente demonstre haver prequestionado a matéria que é objeto do recurso extraordinário (STF, Súmula n. 356), se for o caso.

Inciso III. As razões do pedido de reforma ou de invalidação da decisão recorrida. Por último, caberá ao recorrente indicar os fundamentos jurídicos pelos quais visa à reforma ou a invalidação da decisão impugnada. Essa fundamentação consistirá, basicamente, na demonstração de que a decisão recorrida incidiu em uma das previsões contidas nas alíneas "a" a "d" do inciso III do art. 102 da Constituição Federal.

Anteriormente, a petição do recorrente deveria conter: a) a exposição do fato e do direito; e b) os fundamentos jurídicos do pedido de modificação da decisão (CPC de 1973, art. 542, I e II), cuja exigência motivou as justificadas críticas que a doutrina lhe dirigiu, porquanto, pelo sistema então vigente, esses "fundamentos jurídicos" só seriam indicados na hipótese de o recurso ter sido admitido, como estatuía o art. 543, § 2º: "Admitido o recurso, abrir-se-á vista dos autos, sucessivamente, ao recorrente e ao recorrido, para que cada um, no prazo de 10 (dez) dias, apresente suas razões".

Posteriormente, com as alterações introduzidas naquele Código exigiu-se que o recorrente indicasse, desde logo, esses fundamentos (art. 541, III). Dispõe, a propósito, a Súmula n. 284 do STF, ser inadmissível o recurso extraordinário "quando a deficiência na sua fundamentação não permitir a exata compreensão da controvérsia". Ponderemos, todavia, que a eventual indicação equivocada do dispositivo constitucional eleito como fundamento do recurso, pela parte, não deveria constituir motivo para a sua inadmissibilidade, porquanto essa mera escorregadela técnica não pode ser sobreposta à finalidade essencial do recurso em exame, que é a preeminência da Constituição, em face dos atos inferiores. É elementar que, *se não for o caso de recurso extraordinário*, este deverá ser denegado de plano.

O texto do CPC atual estabelece: "Recebida a petição do recurso pela secretaria do tribunal, o recorrido será intimado para apresentar contrarrazões no prazo de 15 (quinze) dias, findo o qual os autos serão remetidos ao respectivo tribunal superior" (art. 1.030, *caput*). A remessa dos autos independe de juízo de admissibilidade (*a quo*).

§ 1º Se o recurso extraordinário for interposto com fundamento em divergência jurisprudencial, o recorrente deverá fazer prova da dissensão por meio de certidão, cópia ou citação do repositório de jurisprudência, oficial ou credenciado, inclusive em mídia eletrônica, em que foi publicada a decisão discrepante. Essa comprovação também poderá ser efetuada com a reprodução de julgado disponível na *internet*, hipótese em que o recorrente deverá indicara respectiva fonte. Em qualquer situação, caberá ao recorrente mencionar as circunstâncias que identifiquem ou assemelhem os casos confrontados. Isso significa dizer que o recorrente deverá transcrever o trecho do acórdão paradigma e o trecho do acórdão objeto do recurso extraordinário, a fim de demonstrar ao STF a discrepância dos pronunciamentos jurisdicionais sobre o mesmo tema. *Mutatis mutandis*, é o que ocorrem em sede de recurso de revista interposto com base em divergência jurisprudencial (CLT, art. 896, "a").

Em face do atual CPC, o STF deverá reformular, para atualizá-lo, o enunciado de sua Súmula n. 291, assim redigida: "No recurso extraordinário pela letra d da CF (de 1946, esclarecemos), 101, III, a prova do dissídio jurisprudencial far-se-á por certidão, ou mediante indicação do Diário da Justiça ou repertório de jurisprudência autorizado, com a transcrição do trecho que configure a divergência, **mencionadas as circunstâncias que identifiquem ou assemelhem os casos confrontados**". Perceba-se que a expressão por nós destacada foi incorporada ao texto do § 1º do art. 1.029 do CPC.

Merecem referência específica, ainda, as seguintes Súmulas do STF:

> Súmula n. 286 — "Não se conhece do recurso extraordinário fundado em divergência jurisprudencial, quando a orientação do Plenário do Supremo Tribunal Federal já se firmou no mesmo sentido da decisão recorrida".
>
> Súmula n. 369 — "Julgados do mesmo tribunal não servem para fundamentar o recurso extraordinário por divergência jurisprudencial".
>
> Súmula n. 432 — "Não cabe recurso extraordinário com fundamento na CF (de 1946, esclarecemos), 101, III, d, quando a divergência alegada for entre decisões da Justiça do Trabalho".

§ 2º A norma veda a possibilidade de o tribunal não admitir o recurso fundado em dissídio jurisprudencial, mediante a alegação genérica de que as circunstância factuais são distintas. O tribunal deve demonstrar essa distinção.

§ 3º Faculta-se ao tribunal competente desconsiderar o vício formal do recurso ou determinação a sua correção, desde que não o considere grave. Essas providências somente poderão ser adotadas se o recurso for tempestivo. É evidente, pois, que a intempestividade não se insere no conceito legal de "vício formal".

§ 4º Pode ocorrer de, no processamento do incidente de resolução de demandas repetitivas, o presidente do STF ou do STJ receber requerimento de suspensão de processo em que se discuta questão federal constitucional ou infraconstitucional. Diante disso, levando em conta razões de segurança jurídica ou de excepcional interesse social, o presidente poderá estender a suspensão a todo o território nacional, até posterior decisão do recurso ordinário ou especial a ser interposto.

§ 5º Se a parte pretender formular requerimento destinado à obtenção de efeito suspensivo a recurso extraordinário ou especial deverá dirigi-lo aos órgãos indicados nos incisos I a III. A redação dada ao inciso I permite concluir que ficou superada a Súmula n. 634, do STF, conforme a qual "Não compete ao Supremo Tribunal Federal conceder medida cautelar para dar efeito suspensivo a recurso extraordinário que ainda não foi objeto de juízo de admissibilidade na origem". Também fica superada a Súmula n. 635: "Cabe ao presidente do tribunal de origem decidir o pedido de medida cautelar em recurso extraordinário ainda pendente do seu juízo de admissibilidade".

Inciso I. Conforme dissemos, ao comentarmos o § 5º, no período compreendido entre a interposição do recurso e a sua admissão o pedido de concessão de efeito suspensivo será apreciado pelo tribunal superior competente. Designado o relator, este ficará prevento para julgar o recurso.

Inciso II. Ao relator, se o recurso já havia sido distribuído.

Inciso III. Ao presidente ou vice-presidente do tribunal local, se o recurso foi sobrestado, nos termos do art. 1.037.

Art. 1.030. Recebida a petição do recurso pela secretaria do tribunal, o recorrido será intimado para apresentar contrarrazões no prazo de 15 (quinze) dias, findo o qual os autos serão remetidos ao respectivo tribunal superior.

Parágrafo único. A remessa de que trata o *caput* dar-se-á independentemente de juízo de admissibilidade.

• **Comentário**

Caput. A matéria constava do art. 542 do CPC revogado.

Recebida o recurso pela secretaria do tribunal, o recorrido será intimado para oferecer contrarrazões, no prazo de quinze dias. Exaurido o prazo, com ou sem contrarrazões, os autos serão encaminhados ao tribunal superior competente.

Parágrafo único. A remessa dos autos, de que fala o *caput*, independe de juízo de admissibilidade. Este será exercido pelo tribunal *ad quem*.

Art. 1.031. Na hipótese de interposição conjunta de recurso extraordinário e recurso especial, os autos serão remetidos ao Superior Tribunal de Justiça.

§ 1º Concluído o julgamento do recurso especial, os autos serão remetidos ao Supremo Tribunal Federal para apreciação do recurso extraordinário, se este não estiver prejudicado.

§ 2º Se o relator do recurso especial considerar prejudicial o recurso extraordinário, em decisão irrecorrível, sobrestará o julgamento e remeterá os autos ao Supremo Tribunal Federal.

§ 3º Na hipótese do § 2º, se o relator do recurso extraordinário, em decisão irrecorrível, rejeitar a prejudicialidade, devolverá os autos ao Superior Tribunal de Justiça para o julgamento do recurso especial.

• **Comentário**

A matéria pertinente ao *recurso especial* não é do interesse do processo do trabalho, pois a competência para julgá-lo é do Superior Tribunal de Justiça.

Art. 1.032. Se o relator, no Superior Tribunal de Justiça, entender que o recurso especial versa sobre questão constitucional, deverá conceder prazo de 15 (quinze) dias para que o recorrente demonstre a existência de repercussão geral e se manifeste sobre a questão constitucional.

Parágrafo único. Cumprida a diligência de que trata o *caput*, o relator remeterá o recurso ao Supremo Tribunal Federal, que, em juízo de admissibilidade, poderá devolvê-lo ao Superior Tribunal de Justiça.

Código de Processo Civil

• **Comentário**

A matéria pertinente ao *recurso especial* não é do interesse do processo do trabalho, pois a competência para julgá-lo é do Superior Tribunal de Justiça.

Art. 1.033. Se o Supremo Tribunal Federal considerar como reflexa a ofensa à Constituição afirmada no recurso extraordinário, por pressupor a revisão da interpretação de lei federal ou de tratado, remetê-lo-á ao Superior Tribunal de Justiça para julgamento como recurso especial.

• **Comentário**

A matéria pertinente ao *recurso especial* não é do interesse do processo do trabalho, pois a competência para julgá-lo é do Superior Tribunal de Justiça.

Art. 1.034. Admitido o recurso extraordinário ou o recurso especial, o Supremo Tribunal Federal ou o Superior Tribunal de Justiça julgará o processo, aplicando o direito.

Parágrafo único. Admitido o recurso extraordinário ou o recurso especial por um fundamento, devolve-se ao tribunal superior o conhecimento dos demais fundamentos para a solução do capítulo impugnado.

• **Comentário**

Caput. Admitido o recurso extraordinário, cumprirá ao STF ou ao STJ julgá-lo, aplicando o direito. A Constituição Federal, nos arts. 102, III (STF) e 105, III (STJ), declara que o Tribunal "julgará a causa". O que se deve entender da expressão "julgará o processo, aplicando o direito", constante da redação do art. 1.034 do CPC? Basicamente, significa que o Tribunal deverá adotar uma dessas decisões, conforme sejam as particularidades do caso concreto: a) negar provimento ao recurso; b) dar provimento ao recurso para modificar, no todo ou em parte a decisão recorrida; c) dar provimento ao recurso, para determinar o retorno dos autos ao juízo *a quo*, para a finalidade que especificar.

Parágrafo único. Se o recurso extraordinário foi admitido por um fundamento, devolve-se ao tribunal superior o conhecimento dos demais fundamentos, visando à solução do capítulo impugnado.

De outra parte, estabelece a Súmula n. 528, do STF: "Se a decisão contiver partes autônomas, a admissão parcial, pelo presidente do tribunal 'a quo', de recurso extraordinário que, sobre qualquer delas se manifestar, não limitará a apreciação de todas pelo supremo tribunal federal, independentemente de interposição de agravo de instrumento".

A Súmula n. 528 não está em antagonismo com o parágrafo único do art. 1.034, do CPC, pois enquanto este último dispõe que se o recurso (extraordinário ou especial) for admitido por um fundamento será devolvido ao órgão *ad quem* o conhecimento os demais fundamentos, visando à solução do tema impugnado, aquela estabelece que se o recurso possuir partes autônomas, a admissão parcial, pelo presidente do tribunal a quo, do recurso que, sobre qualquer delas se manifestar, não limitará a apreciação de todas as partes pelo órgão ad quem (mesmo que não tenha sido interposto agravo de instrumento). O que se deve reconhecer é que a Súmula n. 528 está superada em face do parágrafo único do art. 1.030, do CPC de 2015, que eliminou o juízo de admissibilidade a quo em sede de recurso extraordinário e de recurso especial – para cogitarmos apenas destes.

Art. 1.035. O Supremo Tribunal Federal, em decisão irrecorrível, não conhecerá do recurso extraordinário quando a questão constitucional nele versada não tiver repercussão geral, nos termos deste artigo.

§ 1º Para efeito de repercussão geral, será considerada a existência ou não de questões relevantes do ponto de vista econômico, político, social ou jurídico que ultrapassem os interesses subjetivos do processo.

§ 2º O recorrente deverá demonstrar a existência de repercussão geral para apreciação exclusiva pelo Supremo Tribunal Federal.

§ 3º Haverá repercussão geral sempre que o recurso impugnar acórdão que:

I — contrarie súmula ou jurisprudência dominante do Supremo Tribunal Federal;

II — tenha sido proferido em julgamento de casos repetitivos;

III — tenha reconhecido a inconstitucionalidade de tratado ou de lei federal, nos termos do art. 97 da Constituição Federal.

§ 4º O relator poderá admitir, na análise da repercussão geral, a manifestação de terceiros, subscrita por procurador habilitado, nos termos do Regimento Interno do Supremo Tribunal Federal.

§ 5º Reconhecida a repercussão geral, o relator no Supremo Tribunal Federal determinará a suspensão do processamento de todos os processos pendentes, individuais ou coletivos, que versem sobre a questão e tramitem no território nacional.

§ 6º O interessado pode requerer, ao presidente ou ao vice-presidente do tribunal de origem, que exclua da decisão de sobrestamento e inadmita o recurso extraordinário que tenha sido interposto intempestivamente, tendo o recorrente o prazo de 5 (cinco) dias para manifestar-se sobre esse requerimento.

§ 7º Da decisão que indeferir o requerimento referido no § 6º caberá agravo, nos termos do art. 1.042.

§ 8º Negada a repercussão geral, o presidente ou o vice-presidente do tribunal de origem negará seguimento aos recursos extraordinários sobrestados na origem que versem sobre matéria idêntica.

§ 9º O recurso que tiver a repercussão geral reconhecida deverá ser julgado no prazo de 1 (um) ano e terá preferência sobre os demais feitos, ressalvados os que envolvam réu preso e os pedidos de *habeas corpus*.

§ 10. Não ocorrendo o julgamento no prazo de 1 (um) ano a contar do reconhecimento da repercussão geral, cessa, em todo o território nacional, a suspensão dos processos, que retomarão seu curso normal.

§ 11. A súmula da decisão sobre a repercussão geral constará de ata, que será publicada no diário oficial e valerá como acórdão.

• **Comentário**

Caput. O tema era disciplinado pelo art. 543-A, do CPC revogado.

O requisito da *repercussão geral* foi instituído com dois objetivos fundamentais: a) um, de natureza política, consistente na exaltação da competência do Supremo Tribunal Federal, como Corte Constitucional, liberando o órgão do encargo de pronunciar-se sobre questões miúdas, irrelevantes; b) outro, de índole pragmática, tendente a reduzir a quantidade de recursos apreciados pela Suprema Corte, pois era notória a maré-montante de recursos que estavam a abarrotar os gabinetes dos Srs. Ministros.

Não podemos concordar com aqueles que entendem ter sido um dos escopos da *repercussão geral* o atendimento ao interesse das partes, mediante a solução jurisdicional do conflito em tempo razoável. Se esse argumento pode servir ao vencedor, não se ajusta, de modo algum, ao vencido. O mesmo se diga quanto à "razoável duração do processo e os meios que garantam a celeridade de sua tramitação", preconizada pelo inciso LXXVIII, do art. 5º, da Constituição Federal.

A política devotada à redução do volume de recursos, nas cortes superiores de justiça, não traduz criatividade brasileira; vários outros países, há alguns anos, já a adotaram. Tal é o caso dos Estados Unidos da América do Norte, que já em 1925 criava lei com essa finalidade. O *writ of certiorari*, por exemplo, é um expediente pelo qual a Suprema Corte daquele país seleciona os casos a serem julgados, segundo certos critérios objetivos, previamente estabelecidos.

O requisito da *repercussão geral* não se confunde com o da extinta *arguição de relevância*. Enquanto a primeira se destinava a permitir a admissibilidade de certos recursos extraordinários, a segunda, ao contrário, visa a obstar essa admissibilidade quando a matéria versava no recurso não for de interesse público, ou seja, não ultrapassar os interesses meramente subjetivos, particulares, manifestados na causa. Ademais, a arguição de relevância era examinada em sessão secreta e destituída de fundamentação; a repercussão geral é apreciada em sessão pública, cuja decisão deverá ser fundamentada, por imperativo constitucional (CF, art. 93, IX).

Se a questão constitucional, objeto do recurso extraordinário, não oferecer repercussão geral, ele não será admitido (CPC, art. 1.035, *caput*).

§ 1º Arruda Alvim ("A Emenda Constitucional n. 45 e o instituto da repercussão geral", *in* WAMBIER. *A reforma do judiciário*, p. 63) entende como repercussão geral a questão jurídica constitucional "que diga respeito a um grande espectro de pessoas ou a um largo segmento social, uma decisão sobre o assunto constitucional impaciente sobre tema constitucional muito controvertido, em relação a decisão que contrarie decisão do STF; que diga respeito à vida, à liberdade, à federação, à invocação do princípio da proporcionalidade (em relação à aplicação do texto constitucional) etc.; ou, ainda, outros valores conectados a Texto Constitucional que se alberguem debaixo da expressão repercussão social".

De maneira mais objetiva, o § 1º do art. 1.035 do CPC considera, para efeito de repercussão geral, a existência ou inexistência de questões relevantes do ponto de vista econômico, político, social ou jurídico que se projetem para além dos interesses meramente subjetivos do processo.

Portanto, lides nas quais estejam em causas interesses particulares ou pessoais não serão apreciadas pelo STF em grau de recurso extraordinário. Preserva-se, com isso, a função de "guardião constitucional" do STF e sua inegável preeminência na complexa estrutura da organização judiciária brasileira.

§ 2º Incumbirá ao recorrente demonstrar, para exclusiva apreciação do STF, a existência de repercussão geral. Extraem-se dessa manifestação legal as seguintes conclusões: a) a demonstração da repercussão geral, embora não tenha perdido o seu caráter de pressuposto objetivo para a admissibilidade do recurso extraordinário, não será mais objeto de preliminar, como era no sistema do CPC revogado (art. 543-A, § 2º). Ela deverá ser realizada após a exposição dos fatos e do direito (CPC atual, art. 1.029 II); b) a expressão "para apreciação exclusiva pelo Supremo Tribunal Federal", constante da redação do § 2º do art. 1.035 do CPC, revela que o juízo de admissibilidade *a quo* não poderá ingressar no exame desse pressuposto.

§ 3º A configuração da presença do pressuposto da repercussão geral não se exaure com a disposição do § 1º do art. 1.035 do CPC, pois o § 3º da mesma norma legal também considera para esse efeito o fato de o recurso extraordinário incidir em uma das previsões contidas nos incisos I a III.

Inciso I. Contrariar súmula ou jurisprudência dominante do STF.

Inciso II. O acórdão impugnado haver sido proferido em julgamento de casos repetitivos.

Inciso III. O acórdão tenha declarado a inconstitucionalidade de trato ou lei federal, nos termos do art. 97 da CF.

Conquanto do ponto de vista pragmático seja defensável a disposição do inciso I, em exame, não podemos deixar de afirmar que sob o aspecto técnico ela não é inteiramente acertada, pois a Súmula do STF ou a sua jurisprudência dominante podem ter sido adotadas ou construídas a partir de casos nos quais esteve saliente um interesse puramente individual.

§ 4º Será facultado ao relator admitir, na apreciação da repercussão geral, a manifestação de terceiros, desde que subscrita por procurador habilitado, conforme estatuir o regimento interno do STF.

Cuida-se, no caso, da figura do *amicus curiae* (amigo da corte), prevista no *caput* do art. 138 do CPC, assim redigido: "O juiz ou o relator, considerando a relevância da matéria, a especificidade do tema objeto da demanda ou a repercussão social da controvérsia, poderá, por decisão irrecorrível, de ofício ou a requerimento das partes ou de quem pretenda manifestar-se, solicitar ou admitir a manifestação de pessoa natural ou jurídica, órgão ou entidade especializada, com representatividade adequada, no prazo de 15 (quinze) dias da sua intimação".

A figura do *amicus curiae* foi adotada, no início do século XIX, pela Suprema Corte norte-americana com a finalidade de proteger direitos coletivos ou difusos. Cabe esclarecer, porém, que *amicus curiae* não é, nem se torna, parte na causa. Trata-se, na verdade, de alguém que, tendo em vista o interesse público aflorado no processo, se dirige à Corte para

Art. 1.035

fornecer-lhe subsídios destinados a orientá-la no julgamento, ou a chamar-lhe a atenção para um aspecto da matéria, que, sem a intervenção do *amicus curiae*, poderia passar despercebida pelos magistrados. A atuação do *amicus curiae* tem se manifestado, com maior intensidade, mediante apresentação de memoriais, ou formulação de sustentação oral.

No sistema norte-americano, essa figura — que está regulada na Regra n. 37, do Regimento Interno da Suprema Corte — tem sido também denominada de *brandies-brief*, porque, como dissemos, o *amicus curiae* apresenta um memorial (*brief*) aos juízes da Suprema Corte, nos quais expõe os seus argumentos em favor de uma das teses em conflito nos autos do processo.

Nos EUA, o procedimento atinente à intervenção do *amicus curiae*, em traços gerais, é este: o interessado deve apresentar o consentimento das partes envolvidas no conflito. esse consentimento pode ser amplo, compreendendo a prática de todos os atos permitidos ao *amicus curiae*, ou restrito, ficando limitado a certos atos, como a apresentação de memoriais e à formulação de sustentação oral.

No caso de os litigantes se recusarem a autorizar a pessoa a ingressar como *amicus curiae*, esta, ao dirigir-se à Suprema Corte, deverá instruir o seu pedido com os motivos da recusa das partes.

Deve ser dito que a Suprema Corte poderá admitir o *amicus curiae* mesmo contra a vontade das partes demandantes. Tudo dependerá das razões que o *amicus* apresentar à Corte, para justificar o seu interesse em atuar nessa qualidade. Em outras situações, a Corte, antes de admitir o *amicus curiae*, poderá realizar uma audiência com as partes, com a finalidade de obter solução mais apropriada para o incidente.

A instituição, em nosso meio, da figura do *amicus curiae* foi obra da Lei n. 9.868, de 10 de novembro de 1999, que regulamentou o processo e julgamento da ação direta de inconstitucionalidade e da ação declaratória de constitucionalidade no Supremo Tribunal Federal. Lendo-se a correspondente Exposição de Motivos, verifica-se que o legislador buscou inspiração na figura similar do direito norte-americano.

É bem verdade que a Lei n. 9.868/99 não fazia uso da expressão a*micus curiae. A* existência desta figura, contudo, estava insinuada na expressão "outros órgãos ou entidades". Assim como ocorre do direito norte-americano, também em nosso sistema o *amicus curiae* não era considerado parte, mas, terceiro. Entretanto, a sua admissão em determinado processo não se fazia sob o procedimento formal da *intervenção de terceiros*, regulada pelos arts. 56 e seguintes, do CPC revogado. Dispunha o § 2º, do art. 7º, da precitada norma legal: "o relator, considerando a relevância da matéria e a representatividade dos postulantes, poderá por despacho irrecorrível, admitir, observado o prazo fixado no parágrafo anterior, a manifestação de outros órgãos ou entidades".

Algumas conclusões se extraíam, de imediato, dessa norma legal: a) havia necessidade de *requerimento* dos interessados em atuar como *amicus curiae* (a lei faz menção a *postulantes*); b) a admissão desses interessados constituía *faculdade* do relator, que, para isso, levaria em conta: a.a.) a relevância da matéria; a.b.) a representatividade dos postulantes; c) o despacho, de acolhimento ou de rejeição do requerimento é *irrecorrível*.

A remissão efetuada por esse dispositivo legal ao "prazo fixado no parágrafo anterior", ou seja, ao 1º, precipitava-se no vazio, uma vez que esse parágrafo fora vetado.

O § 2º do art. 7º, da Lei n. 9.868/99 revelava, ainda, uma expressiva distinção da figura do *amicus curiae* brasileiro, em relação ao similar norte-americano: sucede que o direito de nosso país não exigia autorização das partes, para que o *amicus curiae* fosse admitido nos autos do processo; essa admissão, conforme salientamos, dependia, apenas, de requerimento do interessado e de despacho do relator.

Em essência, mereceu largos elogios a Lei n. 9.869/99, na parte em que abriu a possibilidade de atuação do *amicus curiae*, pois isso representou, sem dúvida, a concessão de um notável espaço para que os grupos sociais representativos participassem, de maneira efetiva, de certas decisões do Supremo Tribunal Federal, o que significava dizer, por outras palavras, que poderiam também exercer, ainda que com as restrições impostas pela norma legal, o controle da constitucionalidade das leis e dos atos normativos do Poder Público. Sob certo aspecto, podemos firmar que a instituição da figura do *amicus curiae* traduziu um ato de prestigiamento legislativo do cidadão, ao colocar-lhe ao alcance das mãos a possibilidade de, mediante órgão ou entidade representativa, manifestar-se a respeito de leis das quais, como membro da sociedade, era, ou poderia ser, destinatário. Permitiu-se, enfim, por meio da figura do *amicus curiae*, a democratização dos debates acerca da constitucionalidade dos atos da legislatura, da administração e da própria magistratura.

O § 4º do art. 1.035 do CPC atual faculta a intervenção do *amicus curiae*, especificamente, quando da análise, pelo STF, do requisito da repercussão geral como pressuposto objetivo para a admissibilidade do recurso extraordinário.

§ 5º Sendo reconhecida a repercussão geral da matéria que dá conteúdo ao recurso extraordinário, o relator determinará a suspensão de todos os processos pendentes, individuais ou coletivos, em todo o território nacional, nos quais esteja sendo debatida matéria idêntica. A suspensão não figura como faculdade do relator, senão como seu dever, conforme demonstra a redação imperativa da norma em exame: *determinará*.

§ 6º Poderia acontecer de um dos recursos sobrestados ter sido interposto intempestivamente e, mesmo assim, ser alcançado pela tese firmada no julgamento do recurso extraordinário, considerando a repercussão geral. Assim sendo, a norma permite ao interessado formular requerimento ao presidente ou vice-presidente do tribunal, para que exclua da decisão de suspensão o recurso ordinário interposto fora do prazo. Antes de decidir a respeito, a autoridade judiciária intimará o recorrente para que se manifeste, no prazo de cinco dias, sobre o mencionado requerimento.

§ 7º A decisão que indeferir o requerimento mencionado no parágrafo anterior poderá ser impugnada por meio de agravo, nos termos do art. 1.042.

§ 8º Não reconhecida a repercussão geral no recurso representativo da controvérsia, os recursos que haviam sido sobrestados serão, automaticamente, considerados não admitidos.

§ 9º Reconhecida a repercussão geral, o correspondente recurso deverá ser julgado no prazo máximo de um ano e repercutirá nos demais recursos que haviam sido suspensos, exceto os que envolvam réu preso e *habeas corpus*.

§ 10. Caso o julgamento do recurso não ocorra dentro do prazo de um ano, contado do reconhecimento da repercussão geral, ficará sem efeito, em todo o território nacional, a suspensão dos processos, que retomaram seu trâmite normal.

§ 11. Após decidir sobre a existência, ou não, de repercussão geral no caso concreto, o STF deverá emitir súmula a esse respeito, que constará de ata. A súmula espelhará, portanto, a tese jurídica fixada pelo STF, devendo a ata que a contém ser publicada no diário oficial e valerá como acórdão. Curiosamente, os embargos de declaração, quando for o caso, deverão ter como objeto essa ata.

Pela importância do tema, será sempre recomendável que o STF, por seu presidente, divulgue a súmula com a maior amplitude possível, inserindo-a, por exemplo, na página oficial do Tribunal na *internet*.

Subseção II
Do Julgamento dos Recursos Extraordinário e Especial Repetitivos

Art. 1.036. Sempre que houver multiplicidade de recursos extraordinários ou especiais com fundamento em idêntica questão de direito, haverá afetação para julgamento de acordo com as disposições desta Subseção, observado o disposto no Regimento Interno do Supremo Tribunal Federal e no do Superior Tribunal de Justiça.

§ 1º O presidente ou o vice-presidente de tribunal de justiça ou de tribunal regional federal selecionará 2 (dois) ou mais recursos representativos da controvérsia, que serão encaminhados ao Supremo Tribunal Federal ou ao Superior Tribunal de Justiça para fins de afetação, determinando a suspensão do trâmite de todos os processos pendentes, individuais ou coletivos, que tramitem no Estado ou na região, conforme o caso.

§ 2º O interessado pode requerer, ao presidente ou ao vice-presidente, que exclua da decisão de sobrestamento e inadmita o recurso especial ou o recurso extraordinário que tenha sido interposto intempestivamente, tendo o recorrente o prazo de 5 (cinco) dias para manifestar-se sobre esse requerimento.

§ 3º Da decisão que indeferir este requerimento caberá agravo, nos termos do art. 1.042.

§ 4º A escolha feita pelo presidente ou vice-presidente do tribunal de justiça ou do tribunal regional federal não vinculará o relator no tribunal superior, que poderá selecionar outros recursos representativos da controvérsia.

§ 5º O relator em tribunal superior também poderá selecionar 2 (dois) ou mais recursos representativos da controvérsia para julgamento da questão de direito independentemente da iniciativa do presidente ou do vice-presidente do tribunal de origem.

§ 6º Somente podem ser selecionados recursos admissíveis que contenham abrangente argumentação e discussão a respeito da questão a ser decidida.

• **Comentário**

Caput. A Subseção II compreende os recursos extraordinário e especial repetitivos. As normas concernentes ao recurso extraordinário são aplicáveis à Justiça do Trabalho; não, porém, as relativas ao recurso especial dirigido ao STJ. Na Justiça do Trabalho foi instituído pela Lei n. 13.015/2014 o procedimento dos *recursos de revista repetitivos*, mediante a inserção do art. 896-C, §§ 1º a 17, na CLT.

Sempre que houver multiplicidade de recursos extraordinários fundados em idêntica questão de direito haverá afetação para julgamento em conformidade com as disposições da Seção II, observadas as normas do regimento interno do STF.

a) Multiplicidade de recursos

Para já, a primeira investigação que cumpre realizar diz respeito ao que se deva entender por *multiplicidade* de recursos, para os efeitos de incidência do texto legal em estudo. Essa expressão foi utilizada, com precedência, pelo CPC de 1973 (art. 543-C, *caput*).

O substantivo *multiplicidade* significa aquilo que apresenta um grande número, uma grande variedade de algo. Esse conceito léxico, todavia, não é suficiente para fornecer-nos um critério objetivo que nos permita afirmar a presença, nos casos concretos, de multiplicidade de recursos, para os efeitos do art. 1.036, do CPC. Talvez, possamos nos basear no adjetivo *múltiplice*, que significa *a quantidade maior do que três* (*Dicionário Houaiss da Língua Portuguesa*. Rio de Janeiro: Objetiva, 2001. p. 1.978), de tal modo que, a partir de quatro recursos versando sobre a mesma questão de direito, já poderíamos pensar em *multiplicidade* e, em consequência, na instauração do incidente de recursos extraordinários repetitivos.

Eventual alegação de que, para a instauração do incidente, bastaria a existência de somente dois recursos contendo interpretações antagônicas sobre a mesma questão de direito implicaria ousada escapadela à norma legal, que alude, de maneira translúcida, à *multiplicidade* de recursos. Nem mesmo perifraseando poderíamos admitir que *dois* sejam sinônimo de *múltiplos*.

b) Mesma questão de direito (*quaestio iuris*)

O incidente pressupõe a existência de recursos extraordinários interpostos com fundamento na mesma *questão de direito*. Como tal deve ser entendida aquela para cuja apreciação não há necessidade de serem examinados os fatos da causa. É bem verdade que rareiam as questões puramente de direito, pois mesmo em relação a elas há, subjacente, situações factuais.

§ 1º O presidente ou o vice-presidente do TST selecionará dois ou mais recursos representativos da controvérsia e os encaminhará ao STF para fins de afetação, ao mesmo tempo em que determinará o sobrestamento do tramite de todos os processos pendentes, individuais ou coletivos que tramitem na região.

§ 2º Poderia acontecer de um dos recursos sobrestados ter sido interposto intempestivamente e, mesmo assim, ser alcançado pela tese firmada no julgamento do recurso extraordinário. Assim sendo, a norma permite ao interessado formular requerimento ao presidente ou vice-presidente do tribunal, para que exclua da decisão de suspensão o recurso ordinário interposto fora do prazo. Antes de decidir a respeito, a autoridade judiciária intimará o recorrente para que se manifeste, no prazo de cinco dias, sobre o mencionado requerimento.

§ 3º A decisão que indeferir o requerimento mencionado no parágrafo anterior poderá ser impugnada por meio de agravo, nos termos do art. 1.042.

§ 4º A escolha realizada pelo presidente ou vice-presidente do TST não vinculará o relator no STF, razão pela qual este poderá selecionar outros recursos representativos da controvérsia.

§ 5º O relator, no TST, também poderá selecionar dois ou mais recursos representativos da controvérsia para julgamento da *quaestio iuris*, independentemente da iniciativa do presidente ou vice-presidente do tribunal de origem.

§ 6º Para que os recursos possam ser selecionados são necessários dois requisitos: a) que sejam admissíveis; b) que contenham abrangente argumentação e discussão sobre a questão de direito a ser decidida.

Art. 1.037. Selecionados os recursos, o relator, no tribunal superior, constatando a presença do pressuposto do *caput* do art. 1.036, proferirá decisão de afetação, na qual:

I — identificará com precisão a questão a ser submetida a julgamento;

II — determinará a suspensão do processamento de todos os processos pendentes, individuais ou coletivos, que versem sobre a questão e tramitem no território nacional;

III — poderá requisitar aos presidentes ou aos vice-presidentes dos tribunais de justiça ou dos tribunais regionais federais a remessa de um recurso representativo da controvérsia.

§ 1º Se, após receber os recursos selecionados pelo presidente ou pelo vice-presidente de tribunal de justiça ou de tribunal regional federal, não se proceder à afetação, o relator, no tribunal superior, comunicará o fato ao presidente ou ao vice-presidente que os houver enviado, para que seja revogada a decisão de suspensão referida no art. 1.036, § 1º.

§ 2º É vedado ao órgão colegiado decidir, para os fins do art. 1.040, questão não delimitada na decisão a que se refere o inciso I do *caput*.

§ 3º Havendo mais de uma afetação, será prevento o relator que primeiro tiver proferido a decisão a que se refere o inciso I do *caput*.

§ 4º Os recursos afetados deverão ser julgados no prazo de 1 (um) ano e terão preferência sobre os demais feitos, ressalvados os que envolvam réu preso e os pedidos de *habeas corpus*.

§ 5º Não ocorrendo o julgamento no prazo de 1 (um) ano a contar da publicação da decisão de que trata o inciso I do *caput*, cessam automaticamente, em todo o território nacional, a afetação e a suspensão dos processos, que retomarão seu curso normal.

§ 6º Ocorrendo a hipótese do § 5º, é permitido a outro relator do respectivo tribunal superior afetar 2 (dois) ou mais recursos representativos da controvérsia na forma do art. 1.036.

§ 7º Quando os recursos requisitados na forma do inciso III do *caput* contiverem outras questões além daquela que é objeto da afetação, caberá ao tribunal decidir esta em primeiro lugar e depois as demais, em acórdão específico para cada processo.

§ 8º As partes deverão ser intimadas da decisão de suspensão de seu processo, a ser proferida pelo respectivo juiz ou relator quando informado da decisão a que se refere o inciso II do *caput*.

§ 9º Demonstrando distinção entre a questão a ser decidida no processo e aquela a ser julgada no recurso especial ou extraordinário afetado, a parte poderá requerer o prosseguimento do seu processo.

§ 10. O requerimento a que se refere o § 9º será dirigido:

I — ao juiz, se o processo sobrestado estiver em primeiro grau;

II — ao relator, se o processo sobrestado estiver no tribunal de origem;

III — ao relator do acórdão recorrido, se for sobrestado recurso especial ou recurso extraordinário no tribunal de origem;

IV — ao relator, no tribunal superior, de recurso especial ou de recurso extraordinário cujo processamento houver sido sobrestado.

§ 11. A outra parte deverá ser ouvida sobre o requerimento a que se refere o § 9º, no prazo de 5 (cinco) dias.

§ 12. Reconhecida a distinção no caso:

I — dos incisos I, II e IV do § 10, o próprio juiz ou relator dará prosseguimento ao processo;

II — do inciso III do § 10, o relator comunicará a decisão ao presidente ou ao vice-presidente que houver determinado o sobrestamento, para que o recurso especial ou o recurso extraordinário seja encaminhado ao respectivo tribunal superior, na forma do art. 1.030, parágrafo único.

§ 13. Da decisão que resolver o requerimento a que se refere o § 9º caberá:

I — agravo de instrumento, se o processo estiver em primeiro grau;

II — agravo interno, se a decisão for de relator.

Art. 1.037

• **Comentário**

Caput. A norma dispõe sobre o procedimento da afetação a ser observado pelo tribunal superior. Após a seleção dos recursos, o relator, verificando a presença do requisito mencionado no *caput* do art. 1.036, proferirá a decisão de afetação, na qual atenderá aos requisitos referidos nos incisos I a III.

Inciso I. Identificará, de maneira precisa, a questão de direito a ser submetida a julgamento.

Inciso II. Determinará o sobrestamento do trâmite, em todo o território nacional, de todos os processos pendentes, sejam individuais, sejam coletivos, nos quais se discuta sobre questão idêntica.

Inciso III. Poderá requisitar aos presidentes ou aos vice-presidentes dos tribunais regionais a remessa de um recurso representativo da controvérsia.

§ 1º Pode ocorrer de, após o recebimento dos recursos selecionados no âmbito regional, não se proceder à afetação. Diante disso, o relator, no tribunal superior, comunicará o fato ao presidente ou vice-presidente que os houver remetido, para que seja revogada a decisão de sobrestamento prevista no art. 1.036, § 1º.

§ 2º O órgão colegiado não poderá decidir, com vistas ao art. 1.040, questão de direito não delimitada na decisão mencionada no inciso I, *caput*, do art. 1.037.

§ 3º Se houver mais de uma afetação, ficará prevento o relator que primeiro tiver proferido a decisão de que trata o inciso I, *caput*, do art. 1.037.

§ 4º O julgamento dos recursos afetados deverá ser realizado no prazo de um ano e terão preferência sobre os demais processos, excetuados os que envolvam réu preso e pedido de *habeas corpus*. Incluem-se nessa exceção, ainda, os processos nos quais figure como autora, ré ou interveniente pessoa com idade igual ou superior a 60 anos, por força do disposto no art. 71, *caput*, da Lei n. 10.741, de 1º.10.2003 (Estatuto do Idoso) ou portadora de doença grave, além dos procedimentos regulados pela Lei n. 8.069, de 13.7.90 (CPC, art. 1.048, incisos I e II).

§ 5º Se o julgamento não ocorrer dentro de um ano — contado da publicação da decisão de que fala o inciso I do *caput* —, ficarão sem efeito, de modo automático, em todo o território nacional a afetação e o sobrestamento dos processos, que voltaram a tramitar normalmente.

§ 6º As consequências previstas no § 5º não impedem que outro relator, do mesmo tribunal superior, afete dois ou mais recursos representativos da controvérsia, nos termos do art. 1.036.

§ 7º Se os recursos requisitados na forma do inciso III do *caput* contiverem outras questões além daquela que é objeto da afetação o tribunal deverá decidir esta em primeiro lugar e depois as demais. Haverá acórdão específico para cada processo. A norma pode ser aplicada aos incidentes de resolução de demandas repetitivas (arts. 976/987) e de assunção de competência (art. 947).

§ 8º As partes serão intimadas da decisão de sobrestamento de seu processo, a ser proferida pelo relator quando informado da decisão de que cuida o inciso II do *caput*.

§ 9º Pode ocorrer de existir distinção entre a questão a ser decidida no processo e aquela a ser julgada no recurso extraordinário afetada. Em face disso, à parte interessada, demonstrando essa distinção, fica facultado requerer o prosseguimento do seu processo.

§ 10. O texto legal em exame indica, nos incisos I a IV, a quem será dirigido o requerimento previsto no parágrafo anterior.

Inciso I. Ao juiz, se o processo suspenso encontrar-se em primeiro grau.

Inciso II. Ao relator, caso o processo suspenso esteja no tribunal de origem.

Inciso III. Ao relator do acórdão recorrido, se for sobrestado o recurso extraordinário no tribunal de origem.

Inciso IV. Ao relator, no tribunal superior de recurso extraordinário cujo processamento tenha sido suspenso.

§ 11. A parte contrária deverá ser intimada para manifestar-se, no prazo de cinco dias, sobre o requerimento mencionado no § 9º.

§ 12. O preceptivo legal *sub examen* aponta, nos incisos I e II, as consequências do reconhecimento da distinção entre a questão a ser decidida no processo e aquela a ser julgada no recurso extraordinário.

Inciso I. No caso dos incisos I, II e IV do § 10, caberá ao próprio juiz ou relator dar prosseguimento ao processo.

Inciso II. No caso do inciso III do § 10, o relator comunicará a decisão ao presidente ou vice-presidente que houver ordenado a suspensão, para que o recurso extraordinário seja remetido ao respectivo tribunal superior, na forma do art. 1.030, parágrafo único, ou seja, independentemente de juízo de admissibilidade.

§ 13. A decisão resolutiva do requerimento referida no § 9º poderá ser impugnada na forma prevista nos incisos I e II.

Inciso I. Por agravo de instrumento, se o processo estiver em primeiro grau.

Inciso II. Por agravo interno, sendo a decisão do relator.

Art. 1.038

Art. 1.038. O relator poderá:

I – solicitar ou admitir manifestação de pessoas, órgãos ou entidades com interesse na controvérsia, considerando a relevância da matéria e consoante dispuser o regimento interno;

II – fixar data para, em audiência pública, ouvir depoimentos de pessoas com experiência e conhecimento na matéria, com a finalidade de instruir o procedimento;

III – requisitar informações aos tribunais inferiores a respeito da controvérsia e, cumprida a diligência, intimará o Ministério Público para manifestar-se.

§ 1º No caso do inciso III, os prazos respectivos são de 15 (quinze) dias, e os atos serão praticados, sempre que possível, por meio eletrônico.

§ 2º Transcorrido o prazo para o Ministério Público e remetida cópia do relatório aos demais ministros, haverá inclusão em pauta, devendo ocorrer o julgamento com preferência sobre os demais feitos, ressalvados os que envolvam réu preso e os pedidos de *habeas corpus*.

§ 3º O conteúdo do acórdão abrangerá a análise de todos os fundamentos da tese jurídica discutida, favoráveis ou contrários.

• **Comentário**

Caput. Cuidava do assunto o art. 543-C, do CPC revogado.

A norma indica, nos incisos I a III, as faculdades do relator.

Inciso I. Solicitar ou admitir a manifestação de pessoas, órgãos ou entidades com interesse na controvérsia, levando em conta a relevância da matéria e conforme dispuser o regimento interno. A exemplo do que estabelece o § 4º do art. 1.035, do CPC, o inciso I em exame admite a manifestação de terceiros interessados.

Note-se, pois, que a intervenção dessas pessoas, órgãos ou entidades poderá decorrer não apenas de requerimento por elas formulado, mas de iniciativa do próprio relator, sob a forma de *solicitação* deste para que intervenham. Em quaisquer das situações, o relator deverá estar convencido do interesse que tais pessoas, órgãos e entidades possuem em relação à matéria controvertida.

Inciso II. Fixar data a fim de que, em audiência pública sejam tomados os depoimentos de pessoas com experiência e conhecimento na matéria, visando a instruir o procedimento.

Inciso III. Havendo necessidade, o Ministro relator, no STF, poderá requisitar informações dos tribunais inferiores a respeito da controvérsia pertinente à questão de direito objeto do recurso extraordinário. Cumprida a diligência, se for o caso, mandará intimar o Ministério Público para se manifestar.

§ 1º Tanto em relação à requisição de informações aos tribunais inferiores quanto à intimação do Ministério Público o prazo será de quinze dias. Todos esses atos serão praticados, de preferência, por meio eletrônico. No tocante ao Ministério Público deverá ser observado o disposto no art. 18 da Lei Complementar n. 75/93, II, letra "h", que lhe atribui a prerrogativa de "receber intimação pessoalmente nos autos em qualquer processo e grau de jurisdição nos feitos em que tiver de oficiar".

§ 2º Decorrido o prazo para a manifestação do Ministério Público, o relator: a) remeterá cópia do relatório aos demais Ministros; b) solicitará a inclusão do processo em pauta de julgamento. O julgamento do recurso extraordinário terá preferência sobre os demais feitos, à exceção dos que envolvam réu preso e pedido de *habeas corpus*. Incluem-se nessa exceção, ainda, os processos nos quais figure como autora, ré ou interveniente pessoa com idade igual ou superior a 60 anos, por força do disposto no art. 71, *caput*, da Lei n. 10.741, de 1º.10.2003 (Estatuto do Idoso) ou portadora de doença grave, além dos procedimentos regulados pela Lei n. 8.069, de 13.7.90 (CPC, art. 1.048, incisos I e II).

§ 3º O acórdão deverá abranger a análise de todos os fundamento da tese jurídica discutida, sejam favoráveis, sejam contrários.

Art. 1.039. Decididos os recursos afetados, os órgãos colegiados declararão prejudicados os demais recursos versando sobre idêntica controvérsia ou os decidirão aplicando a tese firmada.

Parágrafo único. Negada a existência de repercussão geral no recurso extraordinário afetado, serão considerados automaticamente inadmitidos os recursos extraordinários cujo processamento tenha sido sobrestado.

• **Comentário**

Caput. Decididos os recursos extraordinários afetados, os órgãos colegiados: a) declararão prejudicados os recursos contendo idêntica controvérsia; ou b) decidirão aplicando a tese adotada.

Parágrafo único. Sendo negada a existência de repercussão geral no recurso de revista afetado, não serão admitidos, de modo automático, os recursos extraordinários cujo processamento tenha sido suspenso.

Art. 1.040. Publicado o acórdão paradigma:

I — o presidente ou o vice-presidente do tribunal de origem negará seguimento aos recursos especiais ou extraordinários sobrestados na origem, se o acórdão recorrido coincidir com a orientação do tribunal superior;

II — o órgão que proferiu o acórdão recorrido, na origem, reexaminará o processo de competência originária, a remessa necessária ou o recurso anteriormente julgado, se o acórdão recorrido contrariar a orientação do tribunal superior;

III — os processos suspensos em primeiro e segundo graus de jurisdição retomarão o curso para julgamento e aplicação da tese firmada pelo tribunal superior;

IV — se os recursos versarem sobre questão relativa a prestação de serviço público objeto de concessão, permissão ou autorização, o resultado do julgamento será comunicado ao órgão, ao ente ou à agência reguladora competente para fiscalização da efetiva aplicação, por parte dos entes sujeitos a regulação, da tese adotada.

§ 1º A parte poderá desistir da ação em curso no primeiro grau de jurisdição, antes de proferida a sentença, se a questão nela discutida for idêntica à resolvida pelo recurso representativo da controvérsia.

§ 2º Se a desistência ocorrer antes de oferecida contestação, a parte ficará isenta do pagamento de custas e de honorários de sucumbência.

§ 3º A desistência apresentada nos termos do § 1º independe de consentimento do réu, ainda que apresentada contestação.

• **Comentário**

Caput. O preceito *sub examen* descreve, nos incisos I a IV, as consequências processuais da publicação do acórdão paradigma.

Inciso I. Se o acórdão recorrido coincidir com a tese adotada pelo tribunal superior, o presidente ou vice-presidente do tribunal de origem não admitirá os recursos extraordinários suspensos na origem.

Inciso II. Se o acórdão recorrido contrariar a tese do tribunal superior, o órgão proferidor do referido acórdão, na origem, reexaminará o processo de competência originária, a remessa necessária ou o recurso anteriormente julgado. A partir desse momento, o órgão proferidor do acórdão recorriso poderá adotar uma destas atitudes: a) *rever* a sua decisão (acórdão), para efeito de adequá-la ao entendimento do STF (acórdão paradigma); ou b) *manter* a decisão, e examinar os pressupostos de admissibilidade do recurso extraordinário que havia sido sobrestado, na forma do art. 1.037, II.

Inciso III. Os processos suspensos em primeiro e segundo graus de jurisdição voltarão a tramitar com vistas ao julgamento e à aplicação da tese firmada pelo tribunal superior. Esse inciso se refere aos casos em que a decisão do órgão a *quo* foi revista, reconsiderada.

Inciso IV. Versando os recursos sobre questão alusiva à prestação de serviço público objeto de concessão, permissão ou autorização, o resultado do julgamento será comunicado ao órgão, ente ou à agência reguladora competente para fiscalização e efetiva aplicação, por parte dos entes sujeitos a regulação, da tese adotada.

§ 1º Se a questão contida na ação que tramita em primeiro grau for idêntica à resolvida pelo recurso representativo da controvérsia, a parte poderá desistir na mencionada ação, desde que a sentença não tenha sido proferida. Em princípio, o desistente deverá pagar as custas processuais e os honorários de advogado.

§ 2º Caso a desistência tenha sido manifestada antes da contestação, a parte ficará isenta do pagamento de custas e de honorários de sucumbência.

§ 3º A desistência manifestada antes de ter sido proferida a sentença independe de concordância do réu, mesmo que a contestação tenha sido apresentada.

Art. 1.041. Mantido o acórdão divergente pelo tribunal de origem, o recurso especial ou extraordinário será remetido ao respectivo tribunal superior, na forma do art. 1.036, § 1º.

§ 1º Realizado o juízo de retratação, com alteração do acórdão divergente, o tribunal de origem, se for o caso, decidirá as demais questões ainda não decididas cujo enfrentamento se tornou necessário em decorrência da alteração.

§ 2º Quando ocorrer a hipótese do inciso II do caput do art. 1.040 e o recurso versar sobre outras questões, caberá ao presidente do tribunal, depois do reexame pelo órgão de origem e independentemente de ratificação do recurso ou de juízo de admissibilidade, determinar a remessa do recurso ao tribunal superior para julgamento das demais questões.

• **Comentário**

Caput. Se o tribunal de origem mantiver o acórdão divergente, deverá remeter o recurso extraordinário ao respectivo tribunal superior, na forma do art. 1.036, § 1º.

§ 1º Caso o tribunal de origem reconsidere (juízo de retratação) o acórdão divergente, para modificá-lo, deverá resolver as demais questões ainda não decididas cuja solução se tornou necessária em decorrência da sobredita modificação.

§ 2º Verificada a situação prevista no inciso II do *caput* do art. 1.040, e o recurso contiver outras questões, o presidente do tribunal, após o reexame pelo órgão de origem e independentemente de ratificação do recurso ou de juízo de admissibilidade, determinará a remessa do recurso ao tribunal superior para julgamento das demais questões.

Seção III
Do Agravo em Recurso Especial e em Recurso Extraordinário

Art. 1.042. Cabe agravo contra decisão de presidente ou de vice-presidente do tribunal que:

I — indeferir pedido formulado com base no art. 1.035, § 6º, ou no art. 1.036, § 2º, de inadmissão de recurso especial ou extraordinário intempestivo;

II — inadmitir, com base no art. 1.040, inciso I, recurso especial ou extraordinário sob o fundamento de que o acórdão recorrido coincide com a orientação do tribunal superior;

III — inadmitir recurso extraordinário, com base no art. 1.035, § 8º, ou no art. 1.039, parágrafo único, sob o fundamento de que o Supremo Tribunal Federal reconheceu a inexistência de repercussão geral da questão constitucional discutida.

§ 1º Sob pena de não conhecimento do agravo, incumbirá ao agravante demonstrar, de forma expressa:

I — a intempestividade do recurso especial ou extraordinário sobrestado, quando o recurso fundar-se na hipótese do inciso I do *caput* deste artigo;

II — a existência de distinção entre o caso em análise e o precedente invocado, quando a inadmissão do recurso:

a) especial ou extraordinário fundar-se em entendimento firmado em julgamento de recurso repetitivo por tribunal superior;

b) extraordinário fundar-se em decisão anterior do Supremo Tribunal Federal de inexistência de repercussão geral da questão constitucional discutida.

§ 2º A petição de agravo será dirigida ao presidente ou vice-presidente do tribunal de origem e independe do pagamento de custas e despesas postais.

§ 3º O agravado será intimado, de imediato, para oferecer resposta no prazo de 15 (quinze) dias.

§ 4º Após o prazo de resposta, não havendo retratação, o agravo será remetido ao tribunal superior competente.

§ 5º O agravo poderá ser julgado, conforme o caso, conjuntamente com o recurso especial ou extraordinário, assegurada, neste caso, sustentação oral, observando-se, ainda, o disposto no regimento interno do tribunal respectivo.

§ 6º Na hipótese de interposição conjunta de recursos extraordinário e especial, o agravante deverá interpor um agravo para cada recurso não admitido.

§ 7º Havendo apenas um agravo, o recurso será remetido ao tribunal competente, e, havendo interposição conjunta, os autos serão remetidos ao Superior Tribunal de Justiça.

§ 8º Concluído o julgamento do agravo pelo Superior Tribunal de Justiça e, se for o caso, do recurso especial, independentemente de pedido, os autos serão remetidos ao Supremo Tribunal Federal para apreciação do agravo a ele dirigido, salvo se estiver prejudicado.

• **Comentário**

Caput. Esta Seção (III) dispõe sobre o agravo em recurso especial e em recurso extraordinário. Considerando que o recurso especial não é interponível no âmbito da Justiça do Trabalho, iremos ocupar-nos, essencialmente, com o recurso extraordinário. Apenas em situações esporádicas faremos referência ao recurso especial.

O preceito em estudo aponta, nos incisos I a III, os casos em que cabe agravo da decisão proferida pelo presidente ou vice-presidente do tribunal.

Inciso I. Que indeferir pedido formulado com fundamento no art. 1.035, § 6º, ou no art. 1.036, § 2º, de inadmissão de recurso extraordinário intempestivo.

Inciso II. Que não admitir, com fulcro no art. 1.040, inciso I, recurso extraordinário sob o fundamento de que o acórdão recorrido coincide com a orientação do tribunal superior, vale dizer, com a tese por este firmada no julgamento do recurso representativo da controvérsia sobre questão de direito.

Inciso III. Que não admitir recurso extraordinário, com espeque no art. 1.035, § 8º, ou no art. 1.039, parágrafo único, ao fundamento de que o STF reconheceu a inexistência de repercussão geral da questão constitucional discutida.

§ 1º A norma especifica, nos incisos I e II, as situações que o agravante deverá demonstrar, de modo expresso, sob pena de o agravo não ser admitido.

Inciso I. A intempestividade do recurso extraordinário suspenso, quando o recurso fundar-se na situação prevista no inciso I do *caput* do art. 1.042.

Inciso II. A existência de dessemelhança entre o caso em análise e o precedente invocado, quando a inadmissão do recurso:

Letra "a". Extraordinário fundar-se em entendimento firmado em julgamento de recurso repetitivo por tribunal superior.

Letra "b". Extraordinário embasar-se em decisão anterior do STF de inexistência de repercussão geral da questão constitucional discutida.

§ 2º A petição contendo as razões do agravo: a) deverá ser dirigida ao presidente ou vice-presidente do tribunal de origem; b) independe do pagamento de custas e de despesas postais.

§ 3º O agravado será intimado, desde logo, para oferecer resposta no prazo de quinze dias.

§ 4º Após o prazo para resposta — tendo sido oferecida, ou não —, o juízo emissor da decisão agravada deverá dizer se se retrata, ou não. Não se retratando, deverá remeter o agravo ao tribunal superior competente. A redação deste parágrafo nos motiva a entender estar superada a Súmula n. 639,

Código de Processo Civil — Art. 1.043

do STF: "Aplica-se a Súmula n. 288 quando não constarem do traslado do agravo de instrumento as cópias das peças necessárias à verificação da tempestividade do recurso extraordinário não admitido pela decisão agravada". Lê-se na Súmula n. 288: "Nega-se provimento a agravo para subida de recurso extraordinário, quando faltar no traslado o despacho agravado, a decisão recorrida, a petição de recurso extraordinário ou qualquer peça essencial à compreensão da controvérsia".

§ 5º Faculta-se, conforme o caso, o julgamento do agravo em conjunto com o recurso extraordinário. Nesta hipótese será assegurado o direito à sustentação oral, sem prejuízo do disposto no regimento interno do tribunal.

§ 6º No caso de interposição conjunta de recurso extraordinário e especial, cumprirá ao agravante interpor um agravo para cada recurso não admitido. Reiteremos a observação de que o recurso especial não cabe no âmbito da Justiça do Trabalho.

§ 7º Se houver somente um agravo, o recurso será remetido ao tribunal competente; havendo interposição conjunta, os autos serão encaminhados ao STJ.

§ 8º Julgado o agravo pelo STJ e, sendo o caso, do recurso especial, independentemente de requerimento, os autos deverão ser remetidos ao STF para exame do agravo a ele dirigido, exceto se estiver prejudicado.

Seção IV
Dos Embargos de Divergência

Art. 1.043. É embargável o acórdão de órgão fracionário que:

I — em recurso extraordinário ou em recurso especial, divergir do julgamento de qualquer outro órgão do mesmo tribunal, sendo os acórdãos, embargado e paradigma, de mérito;

II — em recurso extraordinário ou em recurso especial, divergir do julgamento de qualquer outro órgão do mesmo tribunal, sendo os acórdãos, embargado e paradigma, relativos ao juízo de admissibilidade;

III — em recurso extraordinário ou em recurso especial, divergir do julgamento de qualquer outro órgão do mesmo tribunal, sendo um acórdão de mérito e outro que não tenha conhecido do recurso, embora tenha apreciado a controvérsia;

IV — nos processos de competência originária, divergir do julgamento de qualquer outro órgão do mesmo tribunal.

§ 1º Poderão ser confrontadas teses jurídicas contidas em julgamentos de recursos e de ações de competência originária.

§ 2º A divergência que autoriza a interposição de embargos de divergência pode verificar-se na aplicação do direito material ou do direito processual.

§ 3º Cabem embargos de divergência quando o acórdão paradigma for da mesma turma que proferiu a decisão embargada, desde que sua composição tenha sofrido alteração em mais da metade de seus membros.

§ 4º O recorrente provará a divergência com certidão, cópia ou citação de repositório oficial ou credenciado de jurisprudência, inclusive em mídia eletrônica, onde foi publicado o acórdão divergente, ou com a reprodução de julgado disponível na rede mundial de computadores, indicando a respectiva fonte, e mencionará as circunstâncias que identificam ou assemelham os casos confrontados.

§ 5º É vedado ao tribunal inadmitir o recurso com base em fundamento genérico de que as circunstâncias fáticas são diferentes, sem demonstrar a existência da distinção.

• **Comentário**

Caput. O texto legal prevê, nos incisos I a IV, os casos em que cabem embargos de divergência do acórdão emitido pelo órgão fracionário.

Na Justiça do Trabalho cabem embargos no caso de divergência entre as Turmas do TST ou das decisões da Seção de Dissídios Individuais, ou contrárias a súmula ou orientação jurisprudencial do Tribunal Superior do Trabalho ou súmula vinculante do

Art. 1.044

Supremo Tribunal Federal (CLT, art. 894, II). Estabelece, ainda, o art. 894:

> Parágrafo único. (Revogado).
>
> § 2º A divergência apta a ensejar os embargos deve ser atual, não se considerando tal a ultrapassada por súmula do Tribunal Superior do Trabalho ou do Supremo Tribunal Federal, ou superada por iterativa e notória jurisprudência do Tribunal Superior do Trabalho.
>
> § 3º O Ministro Relator denegará seguimento aos embargos:
>
> I — se a decisão recorrida estiver em consonância com súmula da jurisprudência do Tribunal Superior do Trabalho ou do Supremo Tribunal Federal, ou com iterativa, notória e atual jurisprudência do Tribunal Superior do Trabalho, cumprindo-lhe indicá-la;
>
> II — nas hipóteses de intempestividade, deserção, irregularidade de representação ou de ausência de qualquer outro pressuposto extrínseco de admissibilidade.
>
> § 4º Da decisão denegatória dos embargos caberá agravo, no prazo de 8 (oito) dias.

Examinemos os embargos de divergência, à luz do art. 1.043, do CPC, vale dizer, de sua aplicação no âmbito da Justiça Comum, estadual ou federal.

Inciso I. Que, em recurso extraordinário, divergir do julgamento de qualquer outro órgão do mesmo tribunal, sendo de mérito os acórdãos embargado e paradigma.

Inciso II. Que, em recurso extraordinário, divergir do julgamento de qualquer outro órgão do mesmo tribunal, sendo os acórdãos, embargado e paradigma, pertinentes ao juízo de admissibilidade.

Inciso III. Que, em recurso extraordinário, divergir do julgamento de qualquer outro órgão do mesmo tribunal, sendo um acórdão de mérito e outro que não tenha admitido o recurso, conquanto tenha apreciado a controvérsia.

Inciso IV. Que, nos processos de competência originária, discrepar do julgamento de qualquer outro órgão do mesmo tribunal.

§ 1º Nada impede que o confronte seja efetuado entre teses jurídicas versadas em julgamento de recursos e de ações de competência originária.

§ 2º Para efeito de interposição de embargos de divergência, a discrepância pode ocorrer tanto entre normas de direito material ou de direito processual.

§ 3º São cabíveis embargos de divergência quando o acórdão paradigma for da mesma turma que proferiu a decisão embargada. Para que a interposição dos embargos de divergência seja possível é necessário que a composição do órgão tenha sido alterada em mais da metade dos seus membros.

§ 4º A divergência deverá ser comprovada pelo embargante mediante certidão, cópia ou citação do repositório oficial ou credenciado de jurisprudência, inclusive em mídia eletrônica, onde se deu a publicação do acórdão divergente, ou com a reprodução de acórdão disponível na rede mundial de computadores, com indicação da respectiva fonte e das circunstâncias que identificam ou assemelham os casos confrontados.

§ 5º Não de consente que o tribunal deixe de admitir o recurso mediante o argumento genérico de que as circunstâncias factuais são diferentes, sem demonstrar essa diferença. Há, pois, um *dever* do tribunal em *demonstrar* essa distinção das circunstâncias de fato.

Art. 1.044. No recurso de embargos de divergência, será observado o procedimento estabelecido no regimento interno do respectivo tribunal superior.

§ 1º A interposição de embargos de divergência no Superior Tribunal de Justiça interrompe o prazo para interposição de recurso extraordinário por qualquer das partes.

§ 2º Se os embargos de divergência forem desprovidos ou não alterarem a conclusão do julgamento anterior, o recurso extraordinário interposto pela outra parte antes da publicação do julgamento dos embargos de divergência será processado e julgado independentemente de ratificação.

• **Comentário**

Caput. O procedimento para o julgamento dos embargos de divergência será o estabelecido pelo regimento interno do tribunal superior.

§ 1º Interposto o recurso especial no STJ, ficará suspenso o prazo para a interposição do recurso extraordinário por qualquer das partes.

§ 2º Se for negado provimento aos embargos de divergência, ou estes não alterarem a conclusão do julgamento anterior, o recurso extraordinário interposto pela outra parte antes da publicação do resultado do julgamento dos embargos de divergência será processado e julgado sem necessidade de ratificação.

LIVRO COMPLEMENTAR

DISPOSIÇÕES FINAIS E TRANSITÓRIAS

Art. 1.045. Este Código entra em vigor após decorrido 1 (um) ano da data de sua publicação oficial.

• **Comentário**

Norma correspondente constava do art. 1.220 do CPC revogado.

Considerando-se:

a) que a Lei n. 13.105, de 16 de março de 2015, instituidora do atual CPC, foi publicada no Diário Oficial do dia 17 do mesmo mês e ano;

b) o disposto na Lei Complementar n. 95/1988, art. 8º, §§ 1º e 2º, *verbis*: "§ 1º A contagem do prazo para entrada em vigor das leis que estabeleçam período de vacância far-se-á com a inclusão da data da publicação e do último dia do prazo, entrando em vigor no dia subsequente à sua consumação integral. § 2º As leis que estabeleçam período de vacância deverão utilizar a cláusula 'esta lei entra em vigor após decorridos (o número de) dias de sua publicação oficial";

c) A declaração constante dos arts. 1º, 2º, e 3º, da Lei n. 810, de 6.9.1949, que define o ano civil: "Art. 1º Considera-se ano o período de doze meses contado do dia do início ao dia e mês correspondentes do ano seguinte. Art. 2º Considera-se mês o período de tempo contado do dia do início ao dia correspondente do mês seguinte; Art. 3º Quando no ano ou mês do vencimento não houver o dia correspondente ao do início do prazo, êste findará no primeiro dia subsequente", temos que o novo Código de Processo Civil entrará a viger em 18 de março de 2016.

A propósito, na mesma linha do critério perfilhado pela Lei Complementar n. 95/1998, o Código Civil, no art. 132, § 3º — que trata da condição, do termo e do encargo atinentes aos negócios jurídicos —, estabelece: "Os prazos de meses e anos expiram no dia de igual número do de início, ou no imediato, se faltar exata correspondência".

É razoável supor que se possa vir a contestar, com fundamento no art. 2º da Lei Complementar n. 95/1998, a data do início da vigência do novo CPC, por nós apontada; diante disso, devemos redarguir, em caráter proléptico, que o sobredito dispositivo legal ordena que conste da norma legal: "*esta lei entra em vigor após decorridos (o número de) dias de sua publicação oficial*" (destacamos), sendo que, no caso da Lei instituidora do novo CPC, a expressão utilizada na redação do art. 1.045 foi: "*Este Código entra em vigor após decorrido 1 (um) ano da data de sua publicação oficial*" (destacamos). Para resumir e clarificar: se o critério da Lei n. 13.105 fosse baseado em dias, por certo o CPC passaria a viger a contar de 16 de março de 2016 (365 dias); como o critério foi estabelecio em ano, a vigência dar-se-á em 18 do mês e ano mencionados.

O art. 1.220 do CPC de 1973 era mais preciso, pois indicava a data do início da sua vigência: 1º de janeiro de 1974, não deixando, com isso, margem a controvérsias a respeito do assunto.

A *vacatio legis* é necessária para que todos tomem conhecimento do novo texto legal e, a partir de sua vigência, submetam-se a ele.

Art. 1.046. Ao entrar em vigor este Código, suas disposições se aplicarão desde logo aos processos pendentes, ficando revogada a Lei n. 5.869, de 11 de janeiro de 1973.

§ 1º As disposições da Lei n. 5.869, de 11 de janeiro de 1973, relativas ao procedimento sumário e aos procedimentos especiais que forem revogadas aplicar-se-ão às ações propostas e não sentenciadas até o início da vigência deste Código.

§ 2º Permanecem em vigor as disposições especiais dos procedimentos regulados em outras leis, aos quais se aplicará supletivamente este Código.

§ 3º Os processos mencionados no art. 1.218 da Lei n. 5.869, de 11 de janeiro de 1973, cujo procedimento ainda não tenha sido incorporado por lei submetem-se ao procedimento comum previsto neste Código.

§ 4º As remissões a disposições do Código de Processo Civil revogado, existentes em outras leis, passam a referir-se às que lhes são correspondentes neste Código.

§ 5º A primeira lista de processos para julgamento em ordem cronológica observará a antiguidade da distribuição entre os já conclusos na data da entrada em vigor deste Código.

Art. 1.046

• **Comentário**

Caput. A matéria era regida pelo art. 1.211 do CPC revogado.

Assim que entrar em vigor, as disposições do Código serão aplicadas aos processos pendentes.

Diante da questão de direito intertemporal, consistente em saber a quais atos dos processos em curso seria aplicável a lei nova, três soluções poderiam ser, juridicamente, propostas:

a) *a que se fundamenta na unidade do processo* e segundo a qual embora o procedimento seja composto de fases distintas deve prevalecer a *unidade processual*, de sorte que o recurso deveria ser regido pela lei velha, pois a incidência da nova importaria em ruptura dessa unidade, quanto mais não seja porque não se poderia fazer com que a lei posterior retroagisse para alcançar os atos já praticados;

b) *a que se calca na autonomia das fases do procedimento*. Este sistema parte da premissa da especificidade e autonomia de cada fase procedimental (postulatória, instrutória, decisória, recursal, executória); deste modo, a lei atingiria a fase do procedimento que estivesse em curso, respeitando as que se encontrassem encerradas. Isto significa que cada fase poderia ser disciplinada por normas diversas, sem prejuízo da harmonia entre elas e justamente por força da autonomia de cada uma;

c) *a que se lastreia no isolamento dos atos processuais*, isto é, que entende ser a lei nova inaplicável aos atos processuais já realizados, bem como aos efeitos destes, conquanto venha a incidir nos atos futuros. Esta solução difere da anterior porque não circunscreve a eficácia da lei às denominadas fases do procedimento.

A doutrina e o legislador brasileiros propenderam, com acerto, para o último sistema de solução indicado.

Realmente, em matéria de direito intertemporal o postulado básico, nuclear, é de que o ato processual será regido pela lei que estiver em vigor na data de sua realização, respeitados os atos anteriores e os efeitos que tenham produzido.

É o que estatui o art. 1.046, *caput*, do CPC atual. A propósito, consta do art. 915 da CLT que "Não serão prejudicados os recursos interpostos com apoio em dispositivos alterados ou cujo prazo para interposição esteja em curso à data da vigência desta Consolidação".

Como decorrência da adoção desses princípios, pelo nosso sistema normativo, devemos dizer que, em relação aos recursos, a lei aplicável é a vigente na *publicação* da decisão recorrida. Sendo assim:

a) se a lei superveniente conceder recurso, que era antes vedado, a decisão manter-se-á irrecorrível, ainda que a lei nova tenha entrado em vigor dentro do prazo para a interposição do recurso, por ela fixado;

b) se a lei nova suprimir recurso existente, subsistirá a recorribilidade daquelas decisões que, segundo a lei revogada, poderiam ser objeto da interposição do remédio por ela previsto, e agora supresso, observado o prazo fixado para a interponibilidade;

c) se o recurso for interposto na vigência da lei revogada, mas não estiver ainda julgado, deverá sê-lo segundo essa lei e não de acordo com a nova; sendo assim, se o recurso anteriormente cabível era o de agravo de petição, e agora passou a ser o de apelação, deverá ser interposto, processado e julgado como agravo de petição.

Esclareça-se, contudo, que o *procedimento* a ser obedecido, inclusive para o julgamento, será o estabelecido pela *nova lei*, que neste caso se aplica — ato contínuo à sua vigência — aos processos pendentes (CPC, art. 1.046, *caput*, segunda parte).

Esse princípio também atua em matéria de competência; isto significa que se a lei nova atribuir a órgão diverso a competência para julgar o recurso já interposto (mas ainda não apreciado), o julgamento competirá ao órgão previsto na lei posterior.

Em sentido algo oposto ao que até aqui foi comentado, podemos asseverar que se a lei nova tornar irrecorrível a sentença *ainda não proferida* e *publicada*, não se há que argumentar com o fato de, ao tempo em que a ação foi proposta, a lei vigente prever a possibilidade da interposição do recurso; com a vigência da nova lei, a sentença tornou-se inevitavelmente irrecorrível, pois ainda não havia sido publicada. O exemplo foi trazido para tornar enfático o princípio de que *o recurso se rege pela lei em vigor na data da publicação da sentença*.

§ 1º As normas do CPC de 1973, alusivas ao procedimento sumário e aos procedimentos especiais que forem revogadas serão aplicadas às ações ajuizadas e não sentenciadas até o início da vigência do novo CPC.

§ 2º As disposições especiais dos procedimentos regulados em outras leis permanecem em vigor, embora a elas se apliquem, em caráter supletivos, as normas do novo CPC.

§ 3º Os processos apontados no art. 1.218 do CPC de 1973, cujo procedimento ainda não tenha sido incorporado por lei, ficam submetidos ao procedimento comum constante do novo CPC.

§ 4º Muitas leis avulsas fizerem remissão a dispositivos do CPC de 1973; a partir de agora, essas remissões devem ser entendidas em relação ao novo CPC.

Não somente quanto às leis que fizeram remissão ao CPC revogado, mas, também, a súmulas ou orientações jurisprudenciais dos tribunais deverá ser aplicada a regra do § 4º do art. 1.046 do novo CPC. Com o decorrer do tempo, as leis avulsas, assim como as súmulas, as orientações jurisprudenciais e outros atos passarão a fazer menção direta

Código de Processo Civil — Arts. 1.047 e 1.048

a dispositivos do CPC em vigor. Não é só. Alguns desses atos mencionados poderão ser adaptados, cancelados ou revogados se estiverem em desacordo com as normas do atual estatuto processual civil.

§ 5º A primeira lista de processos para julgamento, a que se refere o art. 12, § 1º, observará a antiguidade da distribuição entre os já conclusos na data da entrada em vigor do novo CPC.

Art. 1.047. As disposições de direito probatório adotadas neste Código aplicam-se apenas às provas requeridas ou determinadas de ofício a partir da data de início de sua vigência.

• **Comentário**

O divisor de águas, para saber-se se as provas devem ser produzidas de acordo com o CPC de 1973 ou com o CPC de 2015 é o correspondente *requerimento ou a determinação*: se aquele ou esta foram feitos na vigência do CPC de 1973, a produção da prova continuará sendo regida pelo referido CPC, embora a efetiva produção venha a ocorrer na vigência do CPC de 2015.

Como a norma legal em exame não alude apenas à *produção de provas*, mas, de maneira mais ampla, às "disposições de direito probatório", temos que a conclusão que acabamos de adotar também se aplica, por exemplo, ao ônus da prova, à possibilidade de sua inversão etc. A propósito, não serão de rara ocorrência os casos em que, no processo do trabalho, já vigente o novo CPC, a prova venha a ser produzidas de acordo com o CPC de 1973, nada obstante se apliquem princípios que aqui já vinham sendo adotados antes do advento do CPC de 1973, e que acabaram sendo consagrados por este Código, como é o caso da inversão do ônus da prova.

Art. 1.048. Terão prioridade de tramitação, em qualquer juízo ou tribunal, os procedimentos judiciais:

I — em que figure como parte ou interessado pessoa com idade igual ou superior a 60 (sessenta) anos ou portadora de doença grave, assim compreendida qualquer das enumeradas no art. 6º, inciso XIV, da Lei n. 7.713, de 22 de dezembro de 1988;

II — regulados pela Lei n. 8.069, de 13 de julho de 1990 (Estatuto da Criança e do Adolescente).

§ 1º A pessoa interessada na obtenção do benefício, juntando prova de sua condição, deverá requerê-lo à autoridade judiciária competente para decidir o feito, que determinará ao cartório do juízo as providências a serem cumpridas.

§ 2º Deferida a prioridade, os autos receberão identificação própria que evidencie o regime de tramitação prioritária.

§ 3º Concedida a prioridade, essa não cessará com a morte do beneficiado, estendendo-se em favor do cônjuge supérstite ou do companheiro em união estável.

§ 4º A tramitação prioritária independe de deferimento pelo órgão jurisdicional e deverá ser imediatamente concedida diante da prova da condição de beneficiário.

• **Comentário**

Caput. A norma dispõe sobre a tramitação *prioritária* de processos.

Inciso I. Processos nos quais figure como parte ou interessada pessoa com idade igual ou superior a sessenta anos, ou portadora de doença grave, como tal compreendida a relacionada no art. 6º, inciso XV, da Lei n. 7.713, de 22 de dezembro de 1988.

Sobre as pessoas idosas estabelece o art. 71, *caput*, da Lei n. 10.741, de 1º.10.2003 (Estatuto do Idoso): "É assegurada prioridade na tramitação dos processos e procedimentos e na execução dos atos e diligências judiciais em que figure como parte ou interveniente pessoa com idade igual ou superior da 60 (sessenta) anos, em qualquer instância".

Inciso II. Processos regulados pela Lei n. 8.069, de 13 de julho de 1990 (Estatuto da Criança e do Adolescente) também terão prioridade na tramitação.

§ 1º A pessoa interessada na obtenção do benefício deverá requerê-lo à autoridade judiciária competente para julgar a causa, que determinará ao cartório ou escrivania a adoção das providências a serem cumpridas. O requerimento deverá ser instruído prova da condição (idoso, portador de doença grave, criança ou adolescente) de quem o formulou.

§ 2º Concedido o benefício, os autos deverão receber identificação própria que demonstre o regime de tramitação prioritária. Essa providência é necessária para deixar claro ao juiz e aos serventuários o mencionado regime, toda vez que houver algum ato a ser praticado nos autos. Nos processos físicos, costuma-se lançar essa observação por meio de carimbagem na "capa" dos autos.

§ 3º O benefício da tramitação prioritária, uma vez concedido, não cessará com a morte do beneficiário, pois se estende em favor do cônjuge sobrevivente ou do companheiro em união estável. Essas pessoas deverão produzir prova de sua condição.

Norma semelhante está no § 2º do art. 71 da Lei n. 10.741/2003. Há, aqui, uma particularidade. Em relação ao companheiro ou companheira, a Lei n. 10.741/2003 exige que possuam mais de sessenta anos de idade; o CPC não formula essa imposição. Sendo assim, para os efeitos exclusivos do processo civil (e, por extensão, também do processo do trabalho) não se deve aplicar a norma do § 2º do art. 71 da Lei n. 10.741/2003, sob pena de criar sérios transtornos à tramitação preferencial do processo, como quando, não havendo cônjuge supérstite, o companheiro, ou a companheira, embora em união estável, possuir menos de sessenta anos de idade.

§ 4º Este parágrafo parece estar em antagonismo com o § 1º, pois enquanto este deixa claro que a pessoa interessada na obtenção do benefício de tramitação prioritária do processo deve formular requerimento à autoridade judiciária competente, aquele dispõe que esta tramitação independe de deferimento pelo órgão jurisdicional. Conquanto o legislador não tenha sido claro ao redigir o § 4º, a conclusão a extrair-se, segundo o nosso ponto de vista, é esta: formulado o requerimento, instruído com a prova da condição do requerente, a tramitação prioritária passa a ser automática (§ 4º), embora o juiz venha a apreciar, posteriormente, o requerimento (§ 1º), podendo, em razão disso, deferi-lo, ou não. Note-se que o § 2º se refere ao *deferimento* do benefício. A nosso ver, portanto, não há antinomia entre os §§ 1º e 4º do art. 1.048, a despeito de, conforme dissemos, desejar-se que este último tivesse sido redigido com maior clareza.

Art. 1.049. Sempre que a lei remeter a procedimento previsto na lei processual sem especificá-lo, será observado o procedimento comum previsto neste Código.

Parágrafo único. Na hipótese de a lei remeter ao procedimento sumário, será observado o procedimento comum previsto neste Código, com as modificações previstas na própria lei especial, se houver.

• **Comentário**

Caput. Quando a lei — atual ou futura — remeter a procedimento previsto na lei processual, sem especificá-lo, será observado o procedimento comum traçado no CPC de 2015. De modo geral, o procedimento de divide em *comum* e *especial*, compreendendo, o primeiro, os procedimentos *ordinário* e *sumário* ou *sumariíssimo*. O procedimento comum é, por assim dizer, a regra, o princípio; os especiais constituem exceção.

Parágrafo único. Se a lei fizer alusão ao procedimento *sumário*, também deverá ser observado o procedimento *comum* do CPC de 2015, com as modificações previstas na própria lei especial, caso haja.

Art. 1.050. A União, os Estados, o Distrito Federal, os Municípios, suas respectivas entidades da administração indireta, o Ministério Público, a Defensoria Pública e a Advocacia Pública, no prazo de 30 (trinta) dias a contar da data da entrada em vigor deste Código, deverão se cadastrar perante a administração do tribunal no qual atuem para cumprimento do disposto nos arts. 246, § 2º, e 270, parágrafo único.

• **Comentário**

Trata-se de novação legislativa.

O § 2º do art. 246 faz remissão ao § 1º do mesmo artigo, de tal forma que a União, os Estados, o Distrito Federal, os Municípios e as entidades da administração indireta são obrigadas a manter cadastro nos sistemas de processos em autos eletrônicos, para efeito de recebimento de citações e intimações; o parágrafo único do art. 270, por sua vez, determina que as intimações do Ministério Público, da Defensoria Pública e da Advocacia Pública se realizem, sempre que possível, por meio eletrônico, nos termos da lei.

A exigência legal também serve para evitar que os membros do Ministério Público, da Defensoria Pública e da Advocacia Pública tenham de comprovar, a cada audiência ou sessão a que comparecerem, a sua qualidade funcional.

Código de Processo Civil

Art. 1.051. As empresas públicas e privadas devem cumprir o disposto no art. 246, § 1º, no prazo de 30 (trinta) dias, a contar da data de inscrição do ato constitutivo da pessoa jurídica, perante o juízo onde tenham sede ou filial.

Parágrafo único. O disposto no *caput* não se aplica às microempresas e às empresas de pequeno porte.

• **Comentário**

Caput. Fixa-se o prazo de trinta dias para que as empresas públicas e privadas cumpram a determinação contida no § 1º do art. 246. O prazo passa a fluir da data da inscrição do ato constitutivo da pessoa jurídica, perante o juízo no qual possua sede ou filial.

Tanto o art. 1.051, quanto o art. 246, § 1º, entretanto, não indicam as consequências processuais para as empresas que não atenderem ao cadastramento obrigatório.

Parágrafo único. Excluem-se da exigência formulada no *caput* as microempresas e as empresas de pequeno porte. Essa exclusão já é determinada pelo § 1º do art. 246.

O Estatuto Nacional da Microempresa e da Empresa de Pequeno Porte foi instituído pela Lei Complementar n. 123, de 14.12.2006. Estabelece o art. 3º da precitada norma legal: "Para os efeitos desta Lei Complementar, consideram-se microempresas ou empresas de pequeno porte, a sociedade empresária, a sociedade simples, a empresa individual de responsabilidade limitada e o empresário a que se refere o *art. 966 da Lei no 10.406, de 10 de janeiro de 2002 (Código Civil)*, devidamente registrados no Registro de Empresas Mercantis ou no Registro Civil de Pessoas Jurídicas, conforme o caso, desde que: I — no caso da microempresa, aufira, em cada ano-calendário, receita bruta igual ou inferior a R$ 360.000,00 (trezentos e sessenta mil reais); e II — no caso da empresa de pequeno porte, aufira, em cada ano-calendário, receita bruta superior a R$ 360.000,00 (trezentos e sessenta mil reais) e igual ou inferior a R$ 3.600.000,00 (três milhões e seiscentos mil reais)".

Art. 1.052. Até a edição de lei específica, as execuções contra devedor insolvente, em curso ou que venham a ser propostas, permanecem reguladas pelo Livro II, Título IV, da Lei no 5.869, de 11 de janeiro de 1973.

• **Comentário**

O CPC de 2015 não contém normas pertinentes à execução contra devedor insolvente. Diante disso, o processamento dessa execução deve ser realizado de acordo com as regras do CPC de 1973, até que sobrevenha lei específica. Devemos esclarecer, porém, que no processo do trabalho não há possibilidade de execução forçada contra devedor *insolvente*.

A norma não se aplica ao processo do trabalho, que não prevê a execução por quantia contra devedor insolvente, prevista nos arts. 748 a 786-A, do CPC, de 1973.

Art. 1.053. Os atos processuais praticados por meio eletrônico até a transição definitiva para certificação digital ficam convalidados, ainda que não tenham observado os requisitos mínimos estabelecidos por este Código, desde que tenham atingido sua finalidade e não tenha havido prejuízo à defesa de qualquer das partes.

• **Comentário**

O texto legal consagra os princípios da transcendência (CLT, art. 794; CPC, art. 282, § 1º) e da instrumentalidade (CPC, art. 277), ao declarar que os atos processuais realizados por meio eletrônico até que ocorra a transição definitiva para a certificação digital, ficam convalidados, mesmo que não tenham atendido aos requisitos mínimos estabelecidos no CPC. Os atos que fala a norma em exame são os mencionados nos arts. 194 e 195.

A norma revela lucidez e bom senso do legislador diante das dificuldades da transição do processo eletrônico para a certificação digital, chegando, até mesmo, a dispensar o atendimento aos requisitos mínimos previstos no Código, desde que, conforme dissemos, sejam atendidos dois pressupostos: a) os atos atinjam a sua finalidade; e b) não acarretem prejuízo à defesa de qualquer das partes. O vocábulo defesa, utilizado na redação do preceito legal, não possui o sentido estrito de reação do réu em face das pretensões do autor, e sim, o de que o ato não pode trazer prejuízo ao direito ou ao interesse de quaisquer dos demandantes, independentemente do polo da relação processual em que que situem.

No processo do trabalho, nos dias atuais, dificilmente será possível a prática de ato processual sem a certificação digital.

Art. 1.054. O disposto no art. 503, § 1º, somente se aplica aos processos iniciados após a vigência deste Código, aplicando-se aos anteriores o disposto nos arts. 5º, 325 e 470 da Lei n. 5.869, de 11 de janeiro de 1973.

• Comentário

O *caput* do art. 503 do CPC declara que a decisão que julgar o mérito, no todo ou em parte, possui força de lei nos limites da questão principal expressamente decidida. O § 1º desse artigo manda aplicar o *caput* à resolução de questão prejudicial decidida de maneira expressa e incidental no processo, nos casos mencionados nos incisos I a III.

O art. 1.054 esclarece que o art. 503, § 1º, somente será aplicável aos processos *iniciados* na vigência do CPC de 2015. Aos processos anteriores serão aplicados os arts. 325, § 5º, e 470, do CPC de 1973. A expressão legal "*após* a vigência" é anfibológica; seria preferível que constasse "na vigência".

Art. 1.055. (VETADO).

• Comentário

Constava desse artigo: "O devedor ou arrendatário não se exime da obrigação do pagamento dos tributos, das multas e das taxas incidentes sobre os bens vinculados e de outros encargos previstos em contrato, exceto se a obrigação de pagar não for de sua responsabilidade, conforme contrato, ou for objeto de suspensão em tutela provisória". Razões do veto: "Ao converter em artigo autônomo o § 2º do art. 285-B do Código de Processo Civil de 1973, as hipóteses de sua aplicação, hoje restritas, ficariam imprecisas e ensejariam interpretações equivocadas, tais como possibilitar a transferência de responsabilidade tributária por meio de contrato".

Art. 1.056. Considerar-se-á como termo inicial do prazo da prescrição prevista no art. 924, inciso V, inclusive para as execuções em curso, a data de vigência deste Código.

• Comentário

A norma versa sobre a prescrição *intercorrente*, de que trata o art. 924, V. O termo inicial do prazo dessa prescrição, mesmo para as execuções em curso, é a data do início da vigência do CPC de 2015, vale dizer, 18.3.2016. Pode-se concluir, portanto, que a norma em exame está a declarar a ocorrência de interrupção dos prazos prescricionais em curso, uma vez que os prazos somente passarão a fluir a contar da entrada em vigor do novo CPC.

Art. 1.057. O disposto no art. 525, §§ 14 e 15, e no art. 535, §§ 7º e 8º, aplica-se às decisões transitadas em julgado após a entrada em vigor deste Código, e, às decisões transitadas em julgado anteriormente, aplica-se o disposto no art. 475-L, § 1º, e no art. 741, parágrafo único, da Lei n. 5.869, de 11 de janeiro de 1973.

• Comentário

A norma em foco, que versa sobre direito intertemporal, estabelece o seguinte: a) às decisões transitadas em julgado *após* a entrada em vigor do atual CPC aplicam-se as disposições dos arts. 525, §§ 14 e 15, e do art. 535, §§ 7º e 8º; b) às decisões transitadas em julgado *anteriormente* à vigência do atual CPC aplica-se o disposto no art. 475-L, § 1º, e no art. 741, parágrafo único, do CPC de 1973.

Art. 1.058. Em todos os casos em que houver recolhimento de importância em dinheiro, esta será depositada em nome da parte ou do interessado, em conta especial movimentada por ordem do juiz, nos termos do art. 840, inciso I.

• **Comentário**

Quando houver o recolhimento de importância em dinheiro, esta deverá ser depositada em nome da parte ou do interessado, em conta especial, no Banco do Brasil, na Caixa Econômica Federal ou em banco do qual o Estado ou Distrito Federal possua mais da metade do capital social integralizado. Inexistentes, na sede do juízo, quaisquer desses estabelecimentos, o depósito poderá ser efetuado em instituição de crédito indicada pelo magistrado.

Em quaisquer dessas situações a conta somente deve ser movimentada por ordem do juiz.

Via de regra, na Justiça do Trabalho os depósitos em dinheiro são realizados no Banco do Brasil ou na Caixa Econômica Federal. O art. 882, parágrafo único, da CLT, estabelece que se o exequente não estiver presente no juízo em que se processa a execução o valor a ser pago pelo executado será depositado, mediante guia, "em estabelecimento oficial de crédito ou, em falta deste, em estabelecimento bancário idôneo".

Art. 1.059. À tutela provisória requerida contra a Fazenda Pública aplica-se o disposto nos arts. 1º a 4º da Lei n. 8.437, de 30 de junho de 1992, e no art. 7º, § 2º, da Lei n. 12.016, de 7 de agosto de 2009.

• **Comentário**

Consta dos arts. 1º a 4º da Lei n. 8.437, de 30 de junho de 1992:

Art. 1º Não será cabível medida liminar contra atos do Poder Público, no procedimento cautelar ou em quaisquer outras ações de natureza cautelar ou preventiva, toda vez que providência semelhante não puder ser concedida em ações de mandado de segurança, em virtude de vedação legal.

§ 1º Não será cabível, no juízo de primeiro grau, medida cautelar inominada ou a sua liminar, quando impugnado ato de autoridade sujeita, na via de mandado de segurança, à competência originária de tribunal.

§ 2º O disposto no parágrafo anterior não se aplica aos processos de ação popular e de ação civil pública.

§ 3º Não será cabível medida liminar que esgote, no todo ou em qualquer parte, o objeto da ação.

§ 4º Nos casos em que cabível medida liminar, sem prejuízo da comunicação ao dirigente do órgão ou entidade, o respectivo representante judicial dela será imediatamente intimado.

Dispõe o art. 7º, § 2º, da Lei n. 12.016, de 7 de agosto de 2009:

§ 2º Não será concedida medida liminar que tenha por objeto a compensação de créditos tributários, a entrega de mercadorias e bens provenientes do exterior, a reclassificação ou equiparação de servidores públicos e a concessão de aumento ou a extensão de vantagens ou pagamento de qualquer natureza.

As disposições das normas legais aqui reproduzidas são aplicáveis à tutela provisória requerida contra a Fazenda Pública.

Tempos, entretanto, profunda dúvida quanto à constitucionalidade de algumas dessas disposições da Lei n. 8.437, de 30 de junho de 1992.

Art. 1.060. O inciso II do art. 14 da Lei n. 9.289, de 4 de julho de 1996, passa a vigorar com a seguinte redação:

"Art. 14. (...)

II — aquele que recorrer da sentença adiantará a outra metade das custas, comprovando o adiantamento no ato de interposição do recurso, sob pena de deserção, observado o disposto nos §§ 1º a 7º do art. 1.007 do Código de Processo Civil; (...)".

• **Comentário**

A norma dispõe sobre custas na Justiça Federal Comum. É inaplicável à Justiça do Trabalho, Federal Especializada.

Art. 1.061. O § 3º do art. 33 da Lei n. 9.307, de 23 de setembro de 1996 (Lei de Arbitragem), passa a vigorar com a seguinte redação:

"Art. 33. (...)

§ 3º A decretação da nulidade da sentença arbitral também poderá ser requerida na impugnação ao cumprimento da sentença, nos termos dos arts. 525 e seguintes do Código de Processo Civil, se houver execução judicial".

• **Comentário**

A nulidade da sentença arbitral poderá ser questionada em juízo, na oportunidade da impugnação ao cumprimento da sentença, observados os arts. 525 e subsequentes, do CPC.

Art. 1.062. O incidente de desconsideração da personalidade jurídica aplica-se ao processo de competência dos juizados especiais.

• **Comentário**

A norma não se aplica à Justiça do Trabalho, que não possui "juizados especiais", conquanto o incidente de desconsideração da personalidade jurídica (CPC, arts. 133 a 137) seja aplicável ao processo do trabalho.

Art. 1.063. Até a edição de lei específica, os juizados especiais cíveis previstos na Lei n. 9.099, de 26 de setembro de 1995, continuam competentes para o processamento e julgamento das causas previstas no art. 275, inciso II, da Lei n. 5.869, de 11 de janeiro de 1973.

• **Comentário**

A norma não é aplicável no âmbito da Justiça do Trabalho, onde não existem juizados especiais (cíveis, no caso).

Art. 1.064. O *caput* do art. 48 da Lei n. 9.099, de 26 de setembro de 1995, passa a vigorar com a seguinte redação:

"Art. 48. Caberão embargos de declaração contra sentença ou acórdão nos casos previstos no Código de Processo Civil. (...)".

• **Comentário**

A norma não é aplicável no âmbito da Justiça do Trabalho, porquanto trata do cabimento de embargos declaratórios nos casos da Lei n. 9.099/95, que dispõe sobre os juizados especiais.

Uma nótula técnica: o art. 1.022 do CPC de 2015 prevê o cabimento dos embargos declaratórios contra *qualquer decisão*, ao passo que o art. 48 da Lei n. 9.099/85, reproduzindo a regra do art. 535, I, do CPC de 1973, os restringe à sentença e ao acórdão.

Art. 1.065. O art. 50 da Lei n. 9.099, de 26 de setembro de 1995, passa a vigorar com a seguinte redação:

"Art. 50. Os embargos de declaração interrompem o prazo para a interposição de recurso".

Código de Processo Civil   Arts. 1.066 e 1.067

• Comentário

A norma não é aplicável no âmbito da Justiça do Trabalho, porquanto trata do cabimento de embargos declaratórios nos casos da Lei n. 9.099/95, que dispõe sobre os juizados especiais.

Em todo o caso, os precitados embargos interrompem o prazo para a interposição de qualquer recurso, por força do disposto no art. 1.026, *caput*, do CPC de 2015.

Art. 1.066. O art. 83 da Lei n. 9.099, de 26 de setembro de 1995, passam a vigorar com a seguinte redação:

"Art. 83. Cabem embargos de declaração quando, em sentença ou acórdão, houver obscuridade, contradição ou omissão.

(...)

§ 2º Os embargos de declaração interrompem o prazo para a interposição de recurso.

(...)".

• Comentário

A norma não é aplicável no âmbito da Justiça do Trabalho, porquanto trata do cabimento de embargos declaratórios nos casos da Lei n. 9.099/95, que dispõe sobre os juizados especiais.

Em todo o caso, o art. 50 da Lei n. 9.099/85 já declara o efeito interruptivo do prazo para a interposição de recurso, produzido pelo oferecimento de embargos de declaração. Há, pois, superfetação respeitante ao tema no sistema da precitada Lei (art. 80, § 2º).

Art. 1.067. O art. 275 da Lei n. 4.737, de 15 de julho de 1965 (Código Eleitoral), passa a vigorar com a seguinte redação:

"Art. 275. São admissíveis embargos de declaração nas hipóteses previstas no Código de Processo Civil.

§ 1º Os embargos de declaração serão opostos no prazo de 3 (três) dias, contado da data de publicação da decisão embargada, em petição dirigida ao juiz ou relator, com a indicação do ponto que lhes deu causa.

§ 2º Os embargos de declaração não estão sujeitos a preparo.

§ 3º O juiz julgará os embargos em 5 (cinco) dias.

§ 4º Nos tribunais:

I – o relator apresentará os embargos em mesa na sessão subsequente, proferindo voto;

II – não havendo julgamento na sessão referida no inciso I, será o recurso incluído em pauta;

III – vencido o relator, outro será designado para lavrar o acórdão.

§ 5º Os embargos de declaração interrompem o prazo para a interposição de recurso.

§ 6º Quando manifestamente protelatórios os embargos de declaração, o juiz ou o tribunal, em decisão fundamentada, condenará o embargante a pagar ao embargado multa não excedente a 2 (dois) salários-mínimos.

§ 7º Na reiteração de embargos de declaração manifestamente protelatórios, a multa será elevada a até 10 (dez) salários-mínimos".

• Comentário

A Lei n. 4.737/65 instituiu o Código Eleitoral, matéria que não entra na competência da Justiça do Trabalho.

Art. 1.068. O art. 274 e o *caput* do art. 2.027 da Lei n. 10.406, de 10 de janeiro de 2002 (Código Civil), passam a vigorar com a seguinte redação:

"Art. 274. O julgamento contrário a um dos credores solidários não atinge os demais, mas o julgamento favorável aproveita-lhes, sem prejuízo de exceção pessoal que o devedor tenha direito de invocar em relação a qualquer deles".

"Art. 2.027. A partilha é anulável pelos vícios e defeitos que invalidam, em geral, os negócios jurídicos. (...)".

• **Comentário**

O art. 274 do Código Civil é aplicável ao processo do trabalho, ao contrário do art. 2.027, do mesmo Código, que contém matéria que escapa à competência da Justiça do Trabalho, por dizer respeito à anulação de partilha.

No caso do art. 274, tem-se a seguinte solução: a) se o julgamento for *desfavorável* a um dos credores solidários não atingirá os demais; b) se, ao contrário, o julgamento for *favorável* beneficará a todos eles, sem prejuízo de exceção pessoal que o devedor tenha direito de invocar quanto a qualquer dos credores. A regra contida no art. 276 do Código Civil, todavia, não é absoluta, pois pode ocorrer, por exemplo, de o juiz acolher a alegação de prescrição total, em desfavor aos credores, menos em relação a um deles por ser, digamos, incapaz (CC, art. 198, I). Nesta hipótese, embora a decisão tenha sido favorável ao incapaz, não beneficiará os demais. Cuida-se, porém, de exceção que não invalida a regra.

Art. 1.069. O Conselho Nacional de Justiça promoverá, periodicamente, pesquisas estatísticas para avaliação da efetividade das normas previstas neste Código.

• **Comentário**

Ao Conselho Nacional de Justiça incumbe o controle da atuação administrativa e financeira do Poder Judiciário e do cumprimento dos deveres funcionais dos magistrados, além de outras atribuições, descritas nos incisos I a VII do § 4º do art. 103-B, da Constituição Federal.

Com o objetivo de avaliar a efetividade das normas previstas no CPC em vigor, a norma determina que o CNJ promova, em caráter periódico, pesquisas estatísticas.

Art. 1.070. É de 15 (quinze) dias o prazo para a interposição de qualquer agravo, previsto em lei ou em regimento interno de tribunal, contra decisão de relator ou outra decisão unipessoal proferida em tribunal.

• **Comentário**

A aplicação dessa norma, no processo do trabalho, deve ser feita em termos. Assim dizemos porque o agravo de instrumento, que cabe de decisão unipessoal denegatória da admissibilidade de recurso, é interponível no prazo de oito dias (CLT, art. 897, "b"). Por outro lado, o art. 1.070 do CPC não pode revogar disposições inseridas nos regimentos internos dos tribunais do trabalho. Assim, por exemplo, o agravo a que se refere o art. 239, do regimento interno do TST, continuará a ser interposto no prazo de *oito dias*, conforme estabelece o *caput* dessa norma *interna corporis*.

Art. 1.071. O Capítulo III do Título V da Lei n. 6.015, de 31 de dezembro de 1973 (Lei de Registros Públicos), passa a vigorar acrescida do seguinte art. 216-A:

"Art. 216-A. Sem prejuízo da via jurisdicional, é admitido o pedido de reconhecimento extrajudicial de usucapião, que será processado diretamente perante o cartório do registro de imóveis da comarca em que estiver situado o imóvel usucapiendo, a requerimento do interessado, representado por advogado, instruído com:

I — ata notarial lavrada pelo tabelião, atestando o tempo de posse do requerente e seus antecessores, conforme o caso e suas circunstâncias;

II — planta e memorial descritivo assinado por profissional legalmente habilitado, com prova de anotação de responsabilidade técnica no respectivo conselho de fiscalização profissional, e pelos titulares de direitos reais e de outros direitos registrados ou averbados na matrícula do imóvel usucapiendo e na matrícula dos imóveis confinantes;

III — certidões negativas dos distribuidores da comarca da situação do imóvel e do domicílio do requerente;

IV — justo título ou quaisquer outros documentos que demonstrem a origem, a continuidade, a natureza e o tempo da posse, tais como o pagamento dos impostos e das taxas que incidirem sobre o imóvel.

§ 1º O pedido será autuado pelo registrador, prorrogando-se o prazo da prenotação até o acolhimento ou a rejeição do pedido.

§ 2º Se a planta não contiver a assinatura de qualquer um dos titulares de direitos reais e de outros direitos registrados ou averbados na matrícula do imóvel usucapiendo e na matrícula dos imóveis confinantes, esse será notificado pelo registrador competente, pessoalmente ou pelo correio com aviso de recebimento, para manifestar seu consentimento expresso em 15 (quinze) dias, interpretado o seu silêncio como discordância.

§ 3º O oficial de registro de imóveis dará ciência à União, ao Estado, ao Distrito Federal e ao Município, pessoalmente, por intermédio do oficial de registro de títulos e documentos, ou pelo correio com aviso de recebimento, para que se manifestem, em 15 (quinze) dias, sobre o pedido.

§ 4º O oficial de registro de imóveis promoverá a publicação de edital em jornal de grande circulação, onde houver, para a ciência de terceiros eventualmente interessados, que poderão se manifestar em 15 (quinze) dias.

§ 5º Para a elucidação de qualquer ponto de dúvida, poderão ser solicitadas ou realizadas diligências pelo oficial de registro de imóveis.

§ 6º Transcorrido o prazo de que trata o § 4º deste artigo, sem pendência de diligências na forma do § 5º deste artigo e achando-se em ordem a documentação, com inclusão da concordância expressa dos titulares de direitos reais e de outros direitos registrados ou averbados na matrícula do imóvel usucapiendo e na matrícula dos imóveis confinantes, o oficial de registro de imóveis registrará a aquisição do imóvel com as descrições apresentadas, sendo permitida a abertura de matrícula, se for o caso.

§ 7º Em qualquer caso, é lícito ao interessado suscitar o procedimento de dúvida, nos termos desta Lei.

§ 8º Ao final das diligências, se a documentação não estiver em ordem, o oficial de registro de imóveis rejeitará o pedido.

§ 9º A rejeição do pedido extrajudicial não impede o ajuizamento de ação de usucapião.

§ 10. Em caso de impugnação do pedido de reconhecimento extrajudicial de usucapião, apresentada por qualquer um dos titulares de direito reais e de outros direitos registrados ou averbados na matrícula do imóvel usucapiendo e na matrícula dos imóveis confinantes, por algum dos entes públicos ou por algum terceiro interessado, o oficial de registro de imóveis remeterá os autos ao juízo competente da comarca da situação do imóvel, cabendo ao requerente emendar a petição inicial para adequá-la ao procedimento comum".

Art. 1.072

• Comentário

A Lei n. 6.015/73 trata de registros públicos, matéria que não é da competência da Justiça do Trabalho.

Art. 1.072. Revogam-se:

I — o art. 22 do Decreto-Lei n. 25, de 30 de novembro de 1937;

II — os arts. 227, *caput*, 229, 230, 456, 1.482, 1.483 e 1.768 a 1.773 da Lei n. 10.406, de 10 de janeiro de 2002 (Código Civil);

III — os arts. 2º, 3º, 4º, 6º, 7º, 11, 12 e 17 da Lei n. 1.060, de 5 de fevereiro de 1950;

IV — os arts. 13 a 18, 26 a 29 e 38 da Lei n. 8.038, de 28 de maio de 1990;

V — os arts. 16 a 18 da Lei n. 5.478, de 25 de julho de 1968; e

VI — o art. 98, § 4º, da Lei n. 12.529, de 30 de novembro de 2011.

• Comentário

Caput. Ficam revogadas as normas legais mencionadas nos incisos I a VI.

Inciso I. Decreto-Lei n. 25, de 30 de novembro de 1937. Alienação onerosa de bens tombados. Matéria que não é da competência da Justiça do Trabalho.

Inciso II. Código Civil.

Art. 227, *caput*. Dispunha sobre a prova exclusivamente testemunhal.

Art. 229. Afirmava que ninguém era obrigado a depor sobre os fatos mencionados nos incisos I a III.

Art. 230. Não admitia presunções, exceto as legais, nos casos em que a lei excluísse a prova testemunhal.

Art. 456. Dispunha sobre o exercício do direito que decorria da evicção.

Art. 1.482. Dispunha sobre a remição de imóvel hipotecado.

Art. 1.483. Dispunha sobre a remição no caso de falência ou insolvência do devedor hipotecário.

Arts. 1.768 a 1.773. Dispunham sobre a curatela.

Inciso III. Lei n. 1.060, de 5 de fevereiro de 1950. Assistência judiciária.

Art. 2º Indicava as pessoas que poderiam ser beneficiárias da assistência judiciária.

Art. 3º Apontava as isenções compreendidas pela assistência judiciária.

Art. 4º Mencionava o procedimento para a obtenção da assistência judiciária.

Art. 6º Dispunha sobre o pedido de assistência judiciária formulado no curso do processo.

Art. 7º Permitia à parte contrária requerer, em qualquer fase processual, a revogação do benefício.

Art. 11. Determinava a responsabilidade pelo pagamento dos honorários advocatícios, dos peritos, das custas e de outras despesas processuais.

Art. 12. Previa a possibilidade de a parte beneficiária da assistência judiciária pagar as custas.

Art. 17. Previa o cabimento de apelação das decisões proferidas com fundamento na Lei n. 1.060/50

Inciso IV. Lei n. 8.038, de 28 de maio de 1990. Procedimentos no âmbito do STJ e do STF.

Arts. 13 a 18. Dispunham sobre aspectos do procedimento referente à reclamação.

Arts. 26 a 29. Continham normas sobre os recursos extraordinário e especial.

Art. 38. Atribuía competência ao relator, entre outras coisas, para decidir pedido ou recurso que houvesse perdido o objeto.

Inciso V. Lei n. 5.478, de 25 de julho de 1968. Execução de sentença ou de acordo em ação de alimentos. Matéria que não é da competência da Justiça do Trabalho.

Inciso VI. Lei n. 12.529, de 30 de novembro de 2011. Infrações contra a ordem econômica. Matéria que não é da competência da Justiça do Trabalho.

Brasília, 16 de março de 2015; 194º da Independência e 127º da República.

DILMA ROUSEFF
José Eduardo Cardozo
Jaques Wagner
Joaquim Vieira Ferreira Levy
Luís Inácio Lucena Adams

BIBLIOGRAFIA

A

AGUIAR, Pestana de. *Comentários ao código de processo civil*. São Paulo: Revista dos Tribunais, 1977.

ALVIM, Arruda. *Manual de direito processual civil*. V. I. São Paulo: Revista dos Tribunais, 1979.

ALSINA, Hugo. *Tratado teorico e practico de derecho procesal civil y comercial*. 2. ed., v. 5. Buenos Aires: Bibliográfica Argentina, 1963.

AMERICANO, Jorge. *Estudo teórico e prático da ação rescisória dos julgados no direito brasileiro*. 3. ed. São Paulo: Saraiva, 1936.

ARAGÃO, Egaz Moniz de. *Comentários ao código de processo civil*. 1. ed., v. II. Rio de Janeiro: Forense, 1974.

ATTARDI. *La rivocazione*. Pádua: Cedam, 1959.

B

BARBI, Celso Agrícola. *Comentários ao código de processo civil*. 2. ed., v. I. Rio de Janeiro: Forense, 1981.

BARROS, Hamilton de Moraes e. *Comentários ao código de processo civil*. V. IX. Rio de Janeiro: Forense, sem data.

BASTOS, Celso Ribeiro. *A Constituição na visão dos tribunais* — interpretação e julgados — artigo por artigo. V. I. Brasília: Saraiva, 1997.

BENTHAM, apud CATHARINO, Martins. *Contrato de emprego*. Bahia: Trabalhistas, 1962.

BERMUDES, Sérgio. Ação monitória: primeiras impressões sobre a Lei n. 9.079, de 14.7.95. *Ata*, Rio de Janeiro, n. 20, 1995.

_____. *Comentário ao código de processo civil*. São Paulo: Revista dos Tribunais, 1975.

BUTERA, Antonio. *La rivocazione delle sentenze civile*. Torino: Torinense, 1936.

BUZAID, Alfredo. *Estudos de direito*. V. I. São Paulo: Saraiva, 1972.

C

CALAMANDREI, Piero. *La casación civil*. Trad. de Santiago Sentís Melendo. Tomo II. Buenos Aires: 1945.

CÂMARA, Alexandre Freitas. *Lineamentos do novo processo civil*. Belo Horizonte: Del Rey, 1995.

CANOTILHO, J. J. Gomes. *Direito constitucional*. 6. ed. Coimbra: Almedina, 1993.

CARNELLI, Lorenzo apud AGUIAR, Pestana de. *Comentários ao CPC*. São Paulo: Revista dos Tribunais, 1977.

CARNELUTTI, Francesco. Lide e processo. In: *Studi di diritto processuale*, v. III.

_____. *Sistema de derecho procesal civil*. Trad. de Alcalá-Zamora e Sentís Melendo. Buenos Aires: Utea, 1944.

_____. Mettere il pubblico ministero al suo posto. In: *Rivista di Diritto Processuale*, Padova: Cedam, 1953, v. VIII, parte I.

_____. *La prueba civil*. Trad. de Alcalá-Zamora y Castillo. Buenos Aires, 1955.

CESARINO JÚNIOR. *Direito processual do trabalho*, apud BATALHA, Campos, ob. cit.

CHAVES, Pires. *Da execução trabalhista*. 2. ed. Rio de Janeiro: Forense, 1964.

Bibliografia

CHIOVENDA, Giuseppe. *Diritto e processo*, n. 58.

_____. *Instituições de direito processual civil*. V. III, n. 309. São Paulo: Saraiva, 1945.

_____. *Princípios de derecho procesal civil*. Tomo II. Madrid: Instituto Editorial Réus, sem data.

CINTRA; GRINOVER; DINAMARCO. *Teoria geral do processo*. 21. ed. São Paulo: Malheiros, 2005.

COSTA, Carlos Coqueijo. *Doutrina e jurisprudência do processo trabalhista*. São Paulo: LTr, 1978.

_____. *Ação rescisória*. 3. ed. São Paulo: LTr, 1984.

COSTA, Lopes da. *Direito processual civil brasileiro*. Rio de Janeiro, v. I, n. 483, 1959.

_____. *Medidas preventivas*. 2. ed. Belo Horizonte, 1958.

COSTA, Moacyr Lobo da. *Assistência*. 1968, apud MARQUES, José Frederico. *Manual de direito processual civil*. São Paulo: Saraiva, 1979.

COUTURE, Eduardo. *Fundamentos del derecho procesal civil*. 3. ed. Buenos Aires: Depalma, 1969.

D

DINAMARCO, Cândido Rangel. *Litisconsórcio*. São Paulo: Revista dos Tribunais, 1984.

_____. *Instituições de direito processual civil*. 4. ed., v. III. São Paulo: Malheiros, 2004.

_____. *A reforma no código de processo civil*. 3. ed. São Paulo: Malheiros, 1996.

F

FARIAS, Edilson Pereira. *Colisão de direitos — a honra, a intimidade, a vida privada e a imagem versus a liberdade de expressão e informação*. 2. ed. Porto Alegre: Sérgio Antonio Fabris Editor, 2000.

FRAGA, Affonso. *Instituições do processo civil do Brasil*. Tomo II. São Paulo: Saraiva, 1940.

_____. *Execução das sentenças*. 1. ed. São Paulo, 1922,.

G

GIGLIO, Wagner. *Direito processual do trabalho*. 5. ed. São Paulo: LTr, 1984.

GIUDICIANDREA, Nicola. *La impugnazioni civile*. V. II. Giuffrè, Milão: 1952.

GRECO FILHO, Vicente. *Comentários ao procedimento sumário, ao agravo e à ação monitória*. São Paulo: Saraiva, 1996.

H

HUNGRIA, Nélson. *Comentários ao código penal*. V. IX. Rio de Janeiro: Forense, 1958.

L

LACERDA, Galeno. *Comentários ao código de processo civil*. 2. ed., v. III, tomo I, Rio de Janeiro: Forense, 1981.

LIEBMAN, Enrico Tullio. *Fundamentos do processo civil moderno*. São Paulo: Revista dos Tribunais, 1986.

_____. *Manuale di diritto processuale civile*. 3. ed., v. I. Milano: Giuffrè, 1973.

_____. *Estudos sobre o processo civil brasileiro*. São Paulo: José Bushatsky, 1976.

LISBOA, Celso Anicet. *A utilidade da ação monitória*. Rio de Janeiro: Forense, 1998.

LOBÃO, apud BATALHA, Wilson de Souza Campos. *Tratado de direito judiciário do trabalho*. São Paulo: LTr, 1977.

LÓPEZ, Armando P. *Derecho procesal del trabajo*. Puebla, México: Cajica.

LUÑO, Antonio Enrique Perez. *Derechos humanos, estado de derecho y Constitucion*. 3. ed. Madrid: Tecnos, 1990.

M

MALLAUPOMA, Luis Gustavo de la Cruz (ldelacruz2908@hotmail.com).

MARQUES, José Frederico. *Instituições de direito processual civil*. 3. ed. Rio de Janeiro: Forense, 1958.

MAXIMILIANO, Carlos. *Hermenêutica e aplicação do direito*. 8. ed. Rio-São Paulo: Livraria Freitas Bastos, 1965.

MELENDO, Santiago Sentis. *Manual de derecho civil y comercial*. Tomo IV. Buenos Aires: 1955.

MELO, Celso Antonio Bandeira de. *Curso de direito administrativo*. São Paulo: Malheiros.

MIRANDA, Pontes de. *Comentários ao código de processo civil*. 2. ed., v. I. Rio de Janeiro: Forense, 1979.

_____. *Comentários à Constituição Federal de 1937*. Rio de Janeiro: Irmãos Pongetti, 1938.

Tratado da ação rescisória. 5. ed. Rio de Janeiro: Forense, 1976.

MONTEIRO, João. *Programa do curso de processo civil*. V. III. São Paulo, 1912.

_____. *Teoria do processo civil*. 6. ed., tomo II. Rio de Janeiro: Borsoi, 1956.

MONTEIRO, Washington de Barros. *Curso de direito civil*. 3º v. São Paulo: Saraiva, 1971.

N

NASCENTES, Antenor. *Dicionário etimológico da língua portuguesa*. 1ª ed., 2ª tir. Rio de Janeiro, 1955.

NASCIMENTO, Amauri Mascaro. *Curso de direito processual do trabalho*. São Paulo: Saraiva, 1978.

NERY JUNIOR, Nelson. *Princípios do processo civil na Constituição Federal*. 3. ed. São Paulo: Revista dos Tribunais, 1996.

NERY JUNIOR, Nelson; NERY, Rosa Maria Andrade. *Código de processo civil comentado*. 3. ed. São Paulo: Revista dois Tribunais, 1997.

NORONHA, Carlos Silveira. *Do recurso adesivo*. Rio de Janeiro: Forense, 1974.

O

OLIVEIRA, Antônio Cláudio Mariz de. *Embargos do devedor*. São Paulo: José Bushatsky, 1977.

P

PASSOS, Calmon de. *Comentários ao código de processo civil*. 3. ed., v. III. Rio de Janeiro: Forense, 1979.

R

RAMPONI, Lamberto. Verbete *falso, materiae civile*, v. XI, parte II de *Il Digesto Italiano*. Torino: 1895.

REALE, Miguel. *Filosofia do direito*. São Paulo: Saraiva, 1965.

REQUIÃO, Rubens. *Curso de direito comercial*. 13. ed., 1º v. São Paulo: Saraiva, 1982.

RIZZI, Sérgio. *Ação rescisória*. São Paulo: Revista dos Tribunais, 1979.

RODRIGUES PINTO, José A. *Execução trabalhista*. São Paulo: LTr, 1984.

ROSENBERG. *Tratado de derecho procesal civil*. V. III. Buenos Aires, 1955.

S

SANTOS, Moacyr Amaral. *Primeiras linhas de direito processual civil*. V. I. São Paulo: Saraiva, 1978.

_____. *Prova judiciária*. V. I. São Paulo: Saraiva, 1983.

Bibliografia

SANTOS, Ulderico Pires dos. *Teoria e prática da ação rescisória*. Rio de Janeiro: Forense, 1978.

SARLET, Ingo Wolfgang. *Dignidade da pessoa humana e direitos fundamentais na Constituição Federal de 1988*. Porto Alegre: Livraria do Advogado, 2001.

SILVA, Ovídio Baptista da. *As ações cautelares e o novo processo civil*. Rio de Janeiro: Forense, 1979.

SOUZA PINTO, José Maria Frederico d... In: TELLES, José Homem Corrêa. *Doutrina das ações*. Lisboa: E & H. Laemmert, 1865, aumentada e adequada ao foro do Brasil por José M. F. de Souza Pinto.

SÜSSEKIND, Arnaldo. *Curso de direito do trabalho*. Rio de Janeiro: Renovar, 2002.

_____. *Manual da justiça do trabalho*, apud RUSSOMANO, Mozart Victor. *Direito processual do trabalho*. São Paulo: LTr, 1977.

T

TEIXEIRA FILHO, Manoel Antonio. *A prova no processo do trabalho*. 9. ed. São Paulo: LTr, 2010.

_____. *Manual da audiência trabalhista*. São Paulo: LTr, 2010.

_____. *Litisconsórcio, assistência e intervenção de terceiros no processo do trabalho*. 3. ed. São Paulo: LTr, 1995.

_____. *Curso de direito processual do trabalho*. V. III. São Paulo: LTr, 2009.

_____. *A ação rescisória no processo do trabalho*. 4. ed. São Paulo: LTr, 2005.

_____. *Liquidação da sentença no processo do trabalho*. 5. ed. São Paulo: LTr, 1996.

_____. *Cadernos de Processo Civil*. V. 16. *Embargos de declaração*. São Paulo: LTr, 1999.

_____. *As alterações do CPC e suas repercussões no processo do trabalho*. 4. ed. São Paulo: LTr, 1996.

_____. *A sentença no processo do trabalho*. 4. ed. São Paulo: LTr, 2010.

_____. *Sistema dos recursos trabalhistas*. 11. ed. São Paulo: LTr, 2014.

TENÓRIO, Oscar. *Lei de introdução ao código civil brasileiro*. Rio de Janeiro: Jacinto, 1944.

THEODORO JÚNIOR, Humberto. *Curso de direito processual civil*. 21. ed., v. I. Rio de Janeiro: Forense, 1998.

_____. *Processo de execução*. São Paulo: Univ. de Direito, 1975.

U

URBINA, Trueba. *Nuevo derecho procesal del trabajo*. México: Porrua, 1971.

V

VIDIGAL, Luís Eulálio de Bueno. *Comentários ao código de processo civil*. 2. ed., v. VI. São Paulo: Revista dos Tribunais, 1976.

VILLAR, Castro. *Ação cautelar inominada*. Rio de Janeiro: Forense, 1986.

Z

ZITELMANN. *Las lacunas del derecho*. Trad. Espanhola de Lücken im Recht. In: *La ciência del Derecho*. Buenos Aires: Losada, 1949.

COMENTÁRIOS AO
Novo Código de Processo Civil

SOB A PERSPECTIVA DO
PROCESSO DO TRABALHO
(Lei n. 13.105, de 16 de março de 2015)

MANOEL ANTONIO TEIXEIRA FILHO

Advogado. Conferencista. Juiz aposentado do Tribunal do Trabalho da 9ª Região. Um dos fundadores da Escola da Associação dos Magistrados do Trabalho do Paraná – Ematra. Membro da Academia Nacional de Direito do Trabalho; da Academia Paranaense de Letras Jurídicas; do Instituto dos Advogados de São Paulo e, de outras instituições jurídicas de âmbito internacional. Autor de 25 livros sobre Direito Processual do Trabalho.